Sur tablette ou smartphone :
Téléchargez l'application «iMemento» sur l'Apple Store (iPhone & iPad) ou sur Google Play (Androïd)

Sur votre ordinateur :
RDV sur abonnes.efl.fr

Vos avantages :

> Un contenu actualisé à chaque connexion.

> Des fonctionnalités pratiques : moteur de recherche, copier-coller, marque-page, notes, favoris...

?

COMMENT ÇA MARCHE

Vous disposez déjà de votre login et mot de passe ?

Votre login et votre mot de passe restent identiques.

Si vous avez perdu vos codes d'accès, vous pouvez contacter notre Service Relation Clients au 01 83 10 10 10 (du lundi au vendredi, de 9h à 18h).

Vous n'avez pas d'identifiant ?

Rendez-vous sur :
www.efl.fr/activation

Et utilisez le code personnel d'activation ci-dessous :

1790920MC7

MIG

Cet ouvrage a été réalisé
par la **Rédaction des Éditions Francis Lefebvre**
en collaboration avec :

Anne-Lise COLLOMP
Conseillère à la Cour de cassation
pour Copropriété
et Associations syndicales libres

Cécile BIGUENET-MAUREL
Avocat au barreau de Grasse
Docteur en droit
pour Agents immobiliers

Aline DIVO
Avocat associé du département Droit immobilier
CMS Francis Lefebvre Avocats
pour Bail de droit commun et Bail professionnel

Muriel SUQUET-COZIC
Diplômée notaire
Chargée d'enseignement notarial
pour Fiscalité des opérations immobilières,
Hypothèque garantissant le crédit
et Publicité foncière

Didier CHAUVAUX
Conseiller d'État honoraire
pour Lutte contre l'habitat indigne

Vanessa JULIENNE
Juri-editing
pour Prêts réglementés, Crédit-bail immobilier, Location en meublé, Régimes locatifs particuliers, Locations taxables à la TVA, Contribution sur les revenus locatifs, Marchands de biens,
Taxes foncière et d'habitation, Taxes annuelles sur les bureaux en Île-de-France et en Provence-Côte d'Azur,
Taxe annuelle de 3 %

Maud GRAUDENS, Delphine HUET et Camille SPEGT
Chargées d'expertises juridiques
pour Subventions et aides de l'Anah

ÉDITIONS FRANCIS LEFEBVRE
Tour Lefebvre Dalloz, 10 place des Vosges CS 80357, 92072 Paris La Défense Cedex

ISBN 978-2-36893-742-6

MÉMENTO
FRANCIS LEFEBVRE

PRATIQUE

GESTION IMMOBILIÈRE

26

À jour au 15 octobre 2025

Lefebvre Dalloz

LA RÉDACTION

Responsabilité éditoriale

Astrid Etienne et Olivier Desumeur

Rédacteurs

Fabienne de Beaufort
Stéphanie Bourdin
Camille Cortay
Caroline Dancoisne
Stéphane Glogowski
Anne Icart
Séverine Jaillot
Sophie Meyer
Farah Nassiri
Pauline Perpoil
Corentine Préel
Chrystel Quiney
Mathilde Sourbet

Présentation et mode d'emploi

Le Mémento Gestion immobilière **s'adresse principalement** aux propriétaires, institutionnels ou autres, soucieux de gérer leurs investissements locatifs, aux associations de locataires, aux professionnels de l'immobilier (agents immobiliers, marchands de biens, administrateurs de biens et syndics) et à leurs conseils (avocats, notaires et experts-comptables, en particulier).

Il rassemble, d'un point de vue pratique, l'**ensemble des règles** juridiques, fiscales, sociales et comptables qui gouvernent la gestion de l'immeuble.

À jour au 15 octobre 2025, cet ouvrage tient compte de tous les textes législatifs et réglementaires ainsi que des décisions de jurisprudence les plus importantes publiés à cette date.

Comme dans tous les Mémentos Francis Lefebvre, la **consultation est facilitée** par :

– des **sommaires** placés en tête de chaque chapitre, ainsi qu'un **plan général** très détaillé et une **table alphabétique** figurant respectivement en début et en fin d'ouvrage ;

– l'emploi de **paragraphes numérotés** en marge auxquels sont faits tous les renvois (notamment ceux de la table alphabétique). Le lecteur notera que cette numérotation est discontinue afin de permettre, d'une édition à l'autre, l'intégration des mesures nouvelles ou la création de nouveaux développements ;

– un système de **mots-repères** en caractères gras ;

– une **différenciation typographique,** certains passages (notamment ceux qui présentent des solutions particulières) étant imprimés en petits caractères.

Principales nouveautés

Nos

VENTE IMMOBILIÈRE

Vente amiable d'immeuble

9440 Obligation de mentionner dans le contrat de vente la servitude d'usage à titre de résidence principale.

FINANCEMENT DE L'IMMOBILIER

Prêts et aides

22041 Le PTZ dans le neuf étendu à l'acquisition de logements collectifs et individuels sur l'ensemble du territoire.

COPROPRIÉTÉ DES IMMEUBLES BÂTIS

35345 Loi Le Meur : mention obligatoire relative aux locations meublées touristiques dans les règlements de copropriété.

35406 Nouvelle règle de majorité pour la transformation des parties privatives à usage de bureaux en locaux d'habitation.

39005 Précisions sur le contenu des données essentielles devant figurer dans les grandes rubriques du registre national d'immatriculation.

39668 Fixation de la durée maximale du prêt collectif accordé au syndicat de copropriétaires pour les travaux concernant les parties communes ou des travaux d'intérêt collectif sur parties privatives.

OBLIGATIONS ADMINISTRATIVES

Obligations environnementales

44666 Modification du coefficient de conversion de l'électricité à compter du 1er janvier 2026 dans le DPE.

Lutte contre l'habitat indigne

45695 s. Définition des modalités d'application du diagnostic structurel dans les secteurs à risque.

RAPPORTS LOCATIFS

Bail commercial

55655 Validité de la clause imposant la forme authentique pour une cession de bail.

55900 Précisions sur le champ d'application du droit de préemption du locataire.

59840 Précisions sur l'indemnité d'occupation due par le locataire en cas d'exercice de son droit d'option par le bailleur.

Bail d'habitation

61220 Obligation de mentionner dans le contrat de bail la servitude d'usage à titre de résidence principale.

61840 Possibilité pour le bailleur de saisir le juge aux fins de résiliation du bail lorsque le locataire est lié à des activités de trafic de stupéfiants.

62410 Mise en place, à titre expérimental, du dispositif d'encadrement des loyers dans les départements et régions d'outre-mer.

Locations en meublé

65635 s. Loi Le Meur : modifications substantielles du régime des locations meublées en résidence principale et secondaire.

65795 Loi Le Meur : aménagement des règles d'imposition au régime micro-BIC des loueurs de meublés de tourisme.

N[os]

65828 La plus-value de cession des loueurs en meublé non professionnels est majorée des amortissements déduits.

65915 Modification du seuil d'éligibilité des loueurs en meublé au régime social des micro-entrepreneurs à compter du 1er janvier 2026.

FISCALITÉ
Réductions, crédits d'impôt et TVA sur travaux

75400 s. Aménagements du champ d'application de la TVA au taux intermédiaire et réduit sur les travaux dans les logements.

75600 Prolongation du dispositif Loc'Avantages jusqu'au 31 décembre 2027.

Taxe foncière et taxe d'habitation

83600 s. La taxe d'habitation recentrée sur les seules résidences secondaires.

Impôts et droits sur la vente de l'immeuble

84665 Faculté d'augmentation du taux départemental du droit de vente d'immeubles jusqu'au 31 mars 2028, sauf pour les primo-accédants.

85282 Nouvelles jurisprudences relatives aux conditions dans lesquelles un engagement de construire peut être rempli par le sous-acquéreur de l'immeuble.

85365 Report de l'obligation de télédéclaration des cessions de droits sociaux et du télépaiement des droits correspondants.

85630 Prolongation jusqu'au 31 décembre 2026 de l'exonération des plus-values relatives à la cession d'un droit de surélévation.

Taxes annuelles sur les bureaux en Île-de-France et en Provence-Côte d'Azur

87582 Les locaux vacants au 1er janvier faisant l'objet d'un engagement de transformation en logements exonérés des taxes annuelles sur les bureaux.

AGENTS IMMOBILIERS
Conditions d'exercice

90650 En Corse, la carte professionnelle ne sera plus délivrée par la CCI à compter du 1er janvier 2026.

90710 À partir du 10 juillet 2027, les agents immobiliers devront suivre une formation sur leurs obligations en matière de lutte contre le blanchiment.

Exercice de l'activité

90910 La formation initiale des collaborateurs des agents immobiliers bientôt fixée ?

91780 Fin de la limitation du nombre de mandats du président du CNTGI.

Plan général

Les chiffres renvoient aux paragraphes.

TITRE II

Financement de l'immobilier

CHAPITRE 1

Protection de l'emprunteur immobilier

CHAPITRE 2

Prêt viager hypothécaire et prêt avance mutation

CHAPITRE 3

Prêts réglementés et aides de l'État

Principales abréviations

Administrer Revue « Administrer ».
AFU Association foncière urbaine.
AJDA Actualité juridique Droit administratif.
AJDI Actualité juridique Droit immobilier.
AJPI Actualité juridique Propriété immobilière.
AN Journal officiel (édition des débats) de l'Assemblée nationale.
Anah Agence nationale de l'habitat.
Ann. Loyers Annale des loyers.
APL Aide personnalisée au logement.
BAMC Bulletin de l'association mutuelle des conservateurs.
BF Bulletin fiscal.
BIC Bénéfices industriels et commerciaux.
BID Bulletin d'information et de documentation de la DGCCRF (Direction générale de la concurrence, de la consommation et de la répression des fraudes).
BO Bulletin officiel.
BOCC Bulletin officiel de la concurrence et de la consommation (ancien BOSP).
Bofip (BOI) Bulletin officiel des finances publiques-impôts.
BPIM Bulletin pratique de droit immobilier Francis Lefebvre.
BRDA Bulletin rapide de droit des affaires Francis Lefebvre.
Bull. civ. Bulletin des arrêts de la Cour de cassation, chambres civiles.
Bull. crim. Bulletin des arrêts de la Cour de cassation, chambre criminelle.
Bull. inf. C. cass. Bulletin d'information de la Cour de cassation.
CA Cour d'appel.
CAA Cour administrative d'appel.
CASF Code de l'action sociale et des familles.
C. ass. Code des assurances.
Cass. ass. plén. Cour de cassation, assemblée plénière.
Cass. ch. mixte Cour de cassation, chambre mixte.
Cass. civ. Cour de cassation, chambre civile.
Cass. com. Cour de cassation, chambre commerciale.
Cass. crim. Cour de cassation, chambre criminelle.
Cass. req. Cour de cassation, chambre des requêtes.
Cass. soc. Cour de cassation, chambre sociale.
CCH Code de la construction et de l'habitation.
C. civ. Code civil.
C. com. Code de commerce.
C. consom. Code de la consommation.
C. exécution Code des procédures civiles d'exécution.
C. mon. fin. Code monétaire et financier.
C. pén. Code pénal.
CDC Caisse des dépôts et consignations.
C. dom. État Code du domaine de l'État.
CE Conseil d'État.
CEL Compte d'épargne-logement.
C. envir. Code de l'environnement.
C. expr. Code de l'expropriation pour cause d'utilité publique.
CFF Crédit foncier de France.
CGCT Code général des collectivités territoriales.
CGI Code général des impôts.
CIBS Code des impositions sur les biens et services.
Circ. Circulaire.
CJCE Cour de justice des Communautés européennes.
CJUE Cour de justice de l'Union européenne.
CNC Conseil national de la comptabilité.
COJ Code de l'organisation judiciaire.
Consom. Act. Consommateurs Actualités.
Constr.-urb. Revue « Construction Urbanisme ».
Contrats conc. consom. Revue « Contrats Concurrence Consommation ».
CPC Code de procédure civile.
CPP Code de procédure pénale.
C. rur. Code rural et de la pêche maritime.
CSI Code de la sécurité intérieure.
C. trav. Code du travail.
C. tourisme Code du tourisme.

CSP	Code de la santé publique.
C. urb.	Code de l'urbanisme.
C. voirie routière	Code de la voirie routière.
D. (DA, DC, DH ou DP)	Recueil Dalloz (analytique, critique, hebdomadaire ou périodique).
DDE	Direction départementale de l'équipement.
Déb.	Débats (AN ou Sénat).
Defrénois	Répertoire du notariat Defrénois.
DGFiP	Direction générale des finances publiques.
DIA	Déclaration d'intention d'aliéner.
DOM	Département d'outre-mer.
DPU	Droit de préemption urbain.
Droit adm.	Revue « Droit administratif ».
DUP	Déclaration d'utilité publique.
EPCI	Établissement public de coopération intercommunale.
EPERS	Élément pouvant entraîner la responsabilité solidaire.
EURL	Entreprise unipersonnelle à responsabilité limitée.
Gaz. Pal.	Gazette du Palais.
HLM	Habitation à loyer modéré.
ICC	Indice du coût de la construction.
ILC	Indice des loyers commerciaux.
Inf. rap. copr.	Informations rapides de la copropriété.
IS	Impôt sur les sociétés.
JCP E	Jurisclasseur périodique, édition entreprise.
JCP G	Jurisclasseur périodique, édition générale.
JCP N	Jurisclasseur périodique, édition notariale.
JO	Journal officiel de la République française (lois et décrets).
JONC	Journal officiel de la République française (Numéro complémentaire).
Lebon	Recueil Lebon.
Lebon T.	Tables du recueil Lebon.
Loyers et copr.	Revue « Loyers et copropriété ».
LPF	Livre des procédures fiscales.
Obs.	Observations.
Ord.	Ordonnance.
PAMTZ	Prêt avance mutation à taux zéro
PC	Prêts conventionnés.
PEL	Plan d'épargne logement.
PLA-I	Prêts locatifs aidés d'intégration.
PLI	Prêts locatifs intermédiaires.
PLS	Prêts locatifs sociaux.
PLUS	Prêts locatifs à usage social.
PRUAM	Prêt pour le renouvellement urbain aménagement.
PSLA	Prêt social de location-accession.
PTZ	Prêt à taux zéro.
Quot. jur.	Quotidien juridique.
RDI	Revue de droit immobilier.
Rec.	Recueil de la jurisprudence de la Cour de justice des Communautés européennes.
Rép.	Réponse ministérielle à des parlementaires.
Rev. Huissiers	Revue des huissiers de justice.
Rev. Loyers	Revue des loyers.
RJDA	Revue de jurisprudence de droit des affaires, Francis Lefebvre.
RJF	Revue de jurisprudence fiscale, Francis Lefebvre.
RJS	Revue de jurisprudence sociale, Francis Lefebvre.
RTD civ.	Revue trimestrielle de droit civil.
RTD com.	Revue trimestrielle de droit commercial.
RTD im.	Revue trimestrielle de droit immobilier.
S	Sirey.
SA	Société anonyme.
SARL	Société à responsabilité limitée.
SCI	Société civile immobilière.
SEM	Société d'économie mixte.
Sén.	Journal officiel, éditions des débats du Sénat.
SNH	Solution Notaire Hebdo.
TA	Tribunal administratif.
TGI	Tribunal de grande instance.
TI	Tribunal d'instance.
TJ	Tribunal judiciaire.
TOM	Territoire d'outre-mer.
TPF	Taxe de publicité foncière.
TTC	Toutes taxes comprises.
VRD	Voirie et réseaux divers (voirie, réseaux et distribution).
ZAC	Zone d'aménagement concerté.
ZAD	Zone d'aménagement différé.

TITRE I

Vente immobilière

DÉFINITION DE LA VENTE IMMOBILIÈRE

La vente est le contrat par lequel le propriétaire d'un bien transmet ses droits à l'acquéreur moyennant le paiement d'un prix (C. civ. art. 1582). 100

Comme toute vente, la vente d'immeuble est un **contrat consensuel** : elle se forme entre les parties par le simple échange des consentements.

C'est également un contrat **synallagmatique,** dans lequel vendeur et acquéreur contractent des obligations réciproques, le premier s'engageant à transmettre la propriété et le second à payer un prix.

La vente comporte **deux éléments essentiels** : le prix et le transfert de propriété. Si l'un d'eux fait défaut, il n'y a pas vente. Ainsi, ces caractéristiques permettent de **distinguer** la vente d'**autres contrats.**

PRIX DE LA VENTE IMMOBILIÈRE

Nécessité d'une contrepartie Le prix est un élément essentiel de la vente : la vente sans prix est nulle. Si un contrat translatif de propriété est conclu sans prix, il ne peut s'agir d'une vente. 105

L'existence d'une contrepartie permet ainsi de distinguer la vente de la **donation** : ce contrat transfère également la propriété de la chose donnée, mais il se caractérise par l'intention libérale qui anime le donateur.

> **> Précisions** Une donation peut être conclue avec charge : le donataire reçoit alors le bien avec une contrepartie, qui réside dans l'affectation du bien à un emploi particulier. Cette **donation** avec charge peut être **requalifiée en vente** si les charges ont une valeur égale ou supérieure à celle du bien transmis (Cass. soc. 26-1-1956 : JCP G 1956 II n° 9267).
>
> À l'inverse, une **vente** peut parfois être **requalifiée en donation** : c'est le cas lorsqu'aucun prix n'a été convenu et qu'une intention libérale est caractérisée, ou lorsqu'un contrat est stipulé avec prix mais que le vendeur dispense l'acquéreur de payer le prix convenu.

Nécessité d'une contrepartie en argent D'autres contrats donnent lieu à une contrepartie, mais non monétaire, ce qui permet de les distinguer de la vente. 107

Ainsi, la **dation en paiement** est un acte par lequel le débiteur remet à son créancier, avec l'accord de ce dernier, un autre bien que celui qui avait été convenu. C'est le cas par exemple lorsque l'acquéreur d'un bien se libère moyennant une contrepartie autre que le versement d'une somme d'argent (Cass. 3e civ. 9-12-1986 nº 85-13.373 : Bull. civ. III nº 177, vente moyennant un prix converti en obligation de construire).

De même, dans l'**apport en société,** un associé transfère la propriété d'un bien à la société, mais avec une contrepartie exprimée en parts sociales : l'apporteur n'est pas rémunéré par un prix, mais par un droit d'associé ou d'actionnaire.

Enfin, dans l'**échange,** les parties se donnent respectivement une chose pour une autre (C. civ. art. 1702) : la contrepartie est non monétaire, ce qui permet de distinguer ce contrat de la vente.

Lorsque l'échange porte sur deux biens de valeurs différentes, il peut donner lieu au versement d'une **soulte** en complément. Si la soulte est trop importante et devient l'objet principal de l'engagement d'une partie, elle peut conduire à requalifier le contrat en vente (Cass. 3e civ. 26-6-1973 nº 72-12.489 : Bull. civ. III nº 436).

TRANSFERT DE PROPRIÉTÉ LORS DE LA VENTE IMMOBILIÈRE

110 Le transfert de propriété permet de distinguer le **bail** de la vente : le locataire n'est investi que d'un droit de jouissance, de nature personnelle, et ne se voit pas transférer la propriété de la chose.

Ce transfert de propriété permet également de distinguer le **prêt à usage** (aussi appelé commodat) de la vente. Le prêteur conserve en effet la propriété du bien remis à l'emprunteur, tandis que ce dernier se voit accorder le droit de l'utiliser mais à charge de le restituer (C. civ. art. 1875).

> **Précisions a.** Certaines conventions complexes mêlent vente et location. Les parties peuvent ainsi conclure un contrat dit de **location-vente** comprenant deux contrats autonomes qui se succèdent (un bail et une vente) et qui sont liés dans une même opération. Le prix de vente tient compte d'une partie du loyer (surloyer) acquitté par le « locataire-acquéreur ».
>
> **b.** Une **clause de réserve de propriété** est parfois insérée dans le contrat de vente, en vue de garantir le vendeur du complet paiement du prix. L'effet translatif est alors suspendu jusqu'à ce que l'acquéreur ait entièrement versé le prix de vente. Deux dénouements sont alors possibles : soit le vendeur reçoit le complet paiement et la propriété de la chose est alors transférée à l'acheteur ; soit le vendeur n'est pas payé et la chose doit lui être restituée (voir nº 620).

CHAPITRE 1

CONTRATS PRÉPARATOIRES

SOMMAIRE

PROCESSUS DE FORMATION DU CONTRAT DE VENTE

Le contrat suppose une rencontre de volontés des parties : chacune doit accepter de s'engager par rapport à l'autre. L'offre, ou pollicitation, doit ainsi rencontrer une acceptation. En théorie, la vente est parfaite lorsqu'il y a eu accord des parties sur le bien cédé et sur le prix, même si le bien n'a pas encore été livré et le prix payé (C. civ. art. 1583). 160

Mais en matière de vente immobilière, l'objet du contrat revêt une certaine importance. Les négociations donnent donc lieu à des étapes successives, jalonnées d'**accords préparatoires** à la vente : ce sont les avant-contrats. Ils permettent notamment de rassembler des documents administratifs, de purger des hypothèques, des droits de préemption, et permettent surtout au consentement des parties d'être mûrement réfléchi.

Le domaine d'application des avant-contrats est très étendu. Il concerne les **immeubles de toute nature,** existants (récents ou non) ou à construire, quel que soit leur usage (habitation, commercial, industriel, agricole, etc.).

DÉFINITION DE L'AVANT-CONTRAT

165 L'avant-contrat désigne les différents types de conventions utilisées en pratique pour préparer une vente d'immeuble. Malgré cette terminologie, l'avant-contrat est pleinement un contrat : il est donc, notamment, assorti des effets d'irrévocabilité et de force obligatoire.

SECTION 1 RÈGLES COMMUNES AUX CONTRATS PRÉPARATOIRES

I. QUALIFICATION DES AVANT-CONTRATS

DIFFÉRENTS TYPES D'AVANT-CONTRATS

170 Les contrats préparatoires à une vente immobilière peuvent être classés dans les **quatre principales familles** suivantes :

- la promesse unilatérale de vente ou d'achat ;
- la promesse synallagmatique de vente valant vente ;
- la promesse synallagmatique de vente ne valant pas vente ;
- le pacte de préférence.

175 **Promesse unilatérale** La promesse unilatérale est le contrat par lequel une partie, le promettant, accorde à l'autre, le bénéficiaire, le droit d'opter pour la conclusion d'un contrat dont les éléments essentiels sont déterminés, et pour la formation duquel ne manque que le consentement du bénéficiaire (C. civ. art. 1124).

La promesse unilatérale de **vente** est l'écrit contenant engagement de vendre par le promettant et réserve de la faculté d'acquérir par le bénéficiaire. Le bénéficiaire accepte alors la promesse en tant qu'offre de vente, sans s'engager encore à acquérir. La promesse unilatérale permet à son bénéficiaire d'étudier l'opération projetée, sans contracter d'obligation d'achat, mais à charge, la plupart du temps, de verser une somme au promettant en contrepartie de la promesse qui lui est ainsi consentie.

La promesse unilatérale d'**achat** suppose quant à elle un engagement d'acquérir par le promettant à l'égard du bénéficiaire, qui accepte seulement la promesse en tant que telle, pour le cas où celui-ci consentirait à vendre. La situation est exactement inverse de celle résultant d'une promesse unilatérale de vente.

180 **Promesse synallagmatique** La promesse synallagmatique de vente ou promesse réciproque de vente et d'achat, usuellement dénommée « **compromis** », suppose un engagement réciproque des contractants qui se comportent alors respectivement comme vendeur et acheteur et se promettent de constater une vente définitive dès la réalisation des conditions suspensives généralement stipulées, lorsqu'une telle promesse vaut vente, ou à la condition qu'ils comparaissent l'un et l'autre devant un notaire en vue de la constatation de leur accord dans un acte authentique.

La promesse synallagmatique de vente **valant vente** permet de lier définitivement des parties qui se sont mises d'accord sur une chose et son prix, mais qui ne peuvent conclure définitivement le contrat de vente par suite de l'existence d'une ou plusieurs conditions suspensives dont la réalisation préalable conditionne la formation du contrat (cette condition résidera très fréquemment en pratique dans l'obtention d'un prêt par l'acquéreur), ou simplement parce que les formalités préalables à l'établissement d'un acte authentique ne sont pas encore accomplies.

La promesse synallagmatique de vente **ne valant pas vente** permet aux parties qui se sont mises d'accord sur une chose et son prix de ne pas se trouver liées dans les termes d'une vente sans avoir signé un acte notarié. Chaque partie prend alors le risque que l'autre partie refuse de signer un tel acte.

> **Précisions** La promesse de vente figurant dans le contrat de **crédit-bail immobilier,** contrat de nature complexe, n'est qu'un élément d'une technique juridique permettant aux parties de réaliser une opération globale, leur offrant des avantages réciproques. Elle ne constitue qu'un aspect d'une technique juridique indivisible et possédant une nature spécifique, compte tenu de l'objet financier du contrat.
> Par ailleurs, en matière de **lotissement,** les promesses de vente sont soumises à des règles particulières examinées dans le Mémento Urbanisme-Construction n° 26860.

Pacte de préférence Le pacte de préférence est une convention aux termes de laquelle un propriétaire s'engage envers une personne à lui donner la préférence pour l'achat d'un bien au cas où il se déciderait à le vendre (C. civ. art. 1123, al. 1) ; le prix de vente peut être soit prédéterminé, soit celui qu'un tiers viendrait à offrir pour ce bien. **185**

CONTRÔLE JUDICIAIRE DE LA QUALIFICATION

Le juge peut, dans l'exercice de son pouvoir d'appréciation, contrôler la qualification de l'acte, en fonction de la commune intention des parties au moment de l'établissement de la convention et des circonstances de la cause, et qualifier, ou disqualifier, le contrat en fonction des stipulations qu'il contient (pour un cas de requalification d'une promesse synallagmatique de vente en promesse unilatérale, voir Cass. 3e civ. 8-2-2011 n° 10-10.408 : BPIM 2/11 inf. 132). **190**

En pratique il convient de veiller à ce que l'avant-contrat signé possède un dispositif cohérent exclusif de toute interrogation sur sa nature et, corrélativement, sur les obligations respectives des parties et les sanctions attachées à leur irrespect. La pratique révèle l'utilisation de cadres d'actes ignorant les caractères fondamentaux des différents types d'avant-contrats et les dispositions incompatibles avec chacun d'entre eux ; en pareil cas, l'avant-contrat est très souvent la source d'interrogations et de difficultés d'application tant juridiques que fiscales.

II. PRATIQUE DE L'AVANT-CONTRAT

Le **choix** de l'avant-contrat s'effectue en fonction des **caractéristiques propres** à chaque type d'avant-contrat : caractère définitif ou non des engagements respectifs, modalités de dénouement, etc. **400**

Quel qu'il soit, l'avant-contrat doit contenir les **conditions générales** (ou faire référence à des conditions de cette nature) **et particulières de la vente** car l'acte notarié ultérieurement établi ne peut, sauf accord exprès des parties, ni ajouter ni retrancher aux conditions auxquelles la vente s'est formée. C'est pourquoi il faut examiner attentivement, lors de l'établissement de la promesse, le consentement du promettant, la définition de l'immeuble, les modalités de fixation de prix et l'ensemble des conditions générales et particulières ; tous ces éléments seront définitivement applicables à la vente qui se formera en exécution de cette promesse. **405**

L'acte notarié n'est établi qu'afin de donner au contrat formé sa pleine efficacité : en effet, seuls les actes revêtant cette forme (et ceux établis par l'autorité administrative) peuvent être publiés au fichier immobilier. Cette publication, si elle est sans effet sur la validité de la vente et l'opposabilité de celle-ci entre les parties, rend la vente opposable aux tiers et lui confère une véritable efficacité. Il n'en demeure pas moins que l'acte authentique ne présente pas de ce fait de prééminence sur la promesse.

> **Précisions** **a.** On ne peut, de ce point de vue, que favorablement souscrire à la pratique croissante consistant à **annexer à la promesse le projet détaillé de l'acte de vente,** cela évitant de voir figurer dans la promesse des clauses incomplètes ou imparfaites, ou de voir surgir des discordances ou compléments dans l'acte authentique par rapport à la promesse de vente et ce, quelle que soit la nature de la promesse.
> **b.** L'établissement d'un **état des lieux de l'immeuble** objet de la promesse, de plus en plus souvent préconisé, s'avère être une précaution élémentaire en présence d'éléments pouvant se prêter à une soustraction ou démontage (tels cheminée, cuisine « intégrée », convecteurs électriques...).

DEVOIR D'INFORMATION

406 Le Code civil consacre un devoir général d'information, déjà admis en jurisprudence et par diverses lois spéciales (C. civ. art. 1112-1).

Dès la promesse, le **promettant,** futur vendeur, doit remplir les devoirs d'information et de loyauté qui lui incombent en cette qualité (Cass. 3e civ. 1-7-1998 no 96-20.358 : RJDA 10/98 no 1092 ; sur l'ensemble de ces obligations, voir nos 3805 s.).

Le promettant est notamment fautif si à l'occasion de la signature de la promesse de vente :

– il omet délibérément de faire état d'**inscriptions hypothécaires** dont il avait connaissance (CA Versailles 12-9-2002 : JCP N 2002 no 1662) ;

– il manque à son devoir d'information, et donne des informations incomplètes et ambiguës sur des éléments touchant aux **qualités essentielles** du bien vendu (surface du bâtiment, nature des travaux réalisés, non-conformité de ces travaux avec les règles d'urbanisme) ; il provoque alors l'erreur du bénéficiaire de la promesse synallagmatique dont le consentement se trouve vicié et refuse légitimement de réitérer la vente (CA Grenoble 7-6-2004 : Constr.-urb. 2004 no 232) ;

– il n'informe pas clairement l'acquéreur de la **situation juridique de l'immeuble** devant être soumis au statut de la copropriété ; il vicie alors le consentement du bénéficiaire de la promesse synallagmatique dont l'erreur justifie que la promesse soit annulée et la somme versée restituée (CA Paris 25-3-2003 : Constr.-urb. 2003 no 183).

POSSIBILITÉS PARTICULIÈRES DU BÉNÉFICIAIRE

407 Au regard du droit de l'urbanisme, le bénéficiaire d'une promesse de vente peut déposer une **demande de permis de construire.** Aux termes de l'article R 423-1 du Code de l'urbanisme, les demandes de permis de construire, d'aménager ou de démolir et les déclarations préalables sont déposées par le propriétaire, son mandataire ou par une personne attestant être autorisée par lui à exécuter les travaux. Il convient néanmoins de recommander que la promesse de vente contienne de façon expresse l'accord du promettant à un tel dépôt, indiquant que cet accord vaut autorisation au sens de l'article R 423-1 précité et de joindre une copie de la promesse à titre d'information du service instructeur. En effet le bénéficiaire de la promesse dépose rarement une demande de permis en qualité de mandataire du promettant.

410 Le candidat à l'acquisition d'un **immeuble** peut être autorisé par le propriétaire à l'**occuper pendant le cours des négociations.** Si la responsabilité de la non-réalisation de la vente n'est pas imputable au propriétaire, l'occupant peut être jugé redevable d'une indemnité d'occupation (Cass. 3e civ. 3-7-2002 no 00-22.192 : RJDA 10/02 no 971 ; Cass. 3e civ. 28-2-2007 no 05-20.294 : RJDA 7/07 no 705). Cela doit conduire, afin de dissiper toute incertitude sur ce point, à organiser expressément les modalités de cette occupation selon les hypothèses de dénouement de l'avant-contrat lorsque celui-ci autorise une telle occupation, totale ou partielle.

III. STIPULATION DE CONDITIONS

500 La condition a un caractère juridique purement accessoire : elle n'est qu'une modalité adjointe à un contrat complet et fonctionnel. Mais elle revêt une **grande importance pratique** : il est exceptionnel qu'un avant-contrat ne soit pas affecté d'une ou plusieurs conditions suspensives. L'acte notarié constatant la vente n'interviendra quant à lui que lorsque les éléments d'incertitude auront été dissipés : il n'est qu'exceptionnellement conditionnel.

A. Généralités

DÉFINITION DE LA CONDITION

505 Aux termes de l'article 1304 du Code civil, « L'obligation est conditionnelle lorsqu'elle dépend d'un événement futur et incertain. La condition est suspensive lorsque son accomplissement rend l'obligation pure et simple. Elle est résolutoire lorsque son accomplissement entraîne l'anéantissement de l'obligation ».

DISTINCTION ENTRE TERME ET CONDITION

510 La condition ne doit pas être confondue avec le terme, événement futur et certain dont dépend l'exigibilité ou l'extinction de l'obligation. Deux traits permettent ainsi de distinguer le terme de la condition : l'événement est certain, et non plus incertain ; ce n'est plus l'existence d'une

obligation dont il s'agit, mais son exigibilité ou son extinction. Le **terme** est **suspensif** lorsque sa survenance rend l'obligation exigible ; il est **extinctif** lorsque cette survenance entraîne l'extinction de l'obligation, sans rétroactivité.

Si terme et condition sont donc bien distincts en théorie, l'**indétermination de l'échéance** rend parfois cette distinction difficile en pratique. Mais pour le terme, l'incertitude ne concerne que la date d'exécution, le principe de l'obligation ne faisant aucun doute. Dans la condition en revanche, c'est sur la réalisation de l'événement et donc sur l'existence même de l'obligation que porte l'incertitude. Les parties doivent en principe préciser le caractère qu'elles veulent attribuer à cet événement. Si un doute subsiste quant à la qualification de terme ou de condition, il faudra interpréter l'intention des parties.

> **Précisions** Pour des exemples de distinction entre **condition et terme incertain,** voir Cass. 1e civ. 21-7-1965 : Bull. civ. I n° 496 ; Cass. 3e civ 27-11-1969 : Bull. civ. III n° 772 ; Cass. 3e civ. 4-12-1985 n° 84-14.353 : Bull. civ. III n° 162 ; Cass. 1e civ. 13-7-2004 n° 01-01.429 : RJDA 11/04 n° 1186 ; Cass. com. 20-9-2011 n° 10-17.555 : RJDA 1/12 n° 3. Par ailleurs, le terme est sans influence sur l'exigibilité immédiate du **droit de mutation.**

INTÉRÊT PRATIQUE DE LA CONDITION

La condition revêt une grande importance pratique : il est exceptionnel qu'un avant-contrat ne **515** soit pas affecté d'une ou plusieurs conditions suspensives. L'insertion d'une condition permet aux parties de contracter immédiatement, en intégrant dans leur convention un événement futur et incertain suffisamment important pour que sa survenance conditionne l'existence du contrat.

La condition est très utile en matière immobilière, en raison de la durée du processus contractuel : elle permet d'intégrer une contrainte temporelle dans les contrats, afin de tenir compte des nombreuses vérifications et documents à obtenir pour parvenir à une vente sûre et efficace. Par exemple, l'acquéreur peut contracter immédiatement sous la condition que son prêt soit obtenu, plutôt que d'attendre d'obtenir son prêt pour s'engager dans l'acquisition, ou s'engager tout de suite au risque de ne pas obtenir son prêt. L'acte notarié constatant la vente ne sera régularisé que lorsque tous les éléments d'incertitude auront été dissipés.

B. Typologie des conditions

CONDITION SUSPENSIVE

La condition est suspensive quand la naissance du contrat ou de l'obligation dépend de la **540** survenance de l'événement futur et incertain considéré. Son accomplissement rend l'obligation pure et simple (C. civ. art. 1304, al. 2).

La **réalisation de la condition** suspensive ne rétroagit pas au jour de la conclusion du contrat mais produit ses effets au jour de son accomplissement (C. civ. art. 1304-6, al. 1). La rétroactivité était la règle avant la réforme du droit des contrats.

La défaillance de la condition empêche la naissance de l'obligation : tout se passe comme si le contrat n'avait pas été conclu.

Sur les incidences fiscales des conditions suspensives, voir n° 8610.

CONDITION RÉSOLUTOIRE

La condition est résolutoire quand de sa survenance dépend la disparition d'une obligation ou **600** d'un contrat déjà nés, exécutoires et même parfois exécutés. Son accomplissement entraîne l'anéantissement de l'obligation (C. civ. art. 1304, al. 3). La condition résolutoire ne s'oppose pas à la **perfection immédiate du contrat de vente,** ni au transfert immédiat de la propriété. Tant que la condition ne s'est pas encore réalisée, la vente est considérée comme étant pure et simple.

Si la **condition** résolutoire **ne se réalise pas,** elle a pour effet de rendre définitif le droit qui en était assorti, et l'acte est rétroactivement consolidé. Tout se passe comme s'il avait toujours été pur et simple, et non conditionnel.

Si à l'inverse la condition résolutoire **se réalise,** elle efface de plein droit l'obligation née de la vente formée. Sauf stipulation contraire, cet effacement a un effet rétroactif. L'acquéreur doit restituer la chose et le vendeur lui rembourser le prix. Tous les droits qui auraient été consentis par l'acquéreur à des tiers, sous condition résolutoire, disparaissent en même temps que son propre droit.

Généralement, un délai est prévu pour la défaillance de la condition résolutoire.

605 **Condition résolutoire et fiscalité** En cas de vente sous condition résolutoire, les droits de mutation (TVA ou droits d'enregistrement : voir nos 84505 s.) sont exigibles immédiatement.

Si la **condition ne se réalise pas,** la perception du droit de mutation n'est pas remise en cause puisque le droit de l'acquéreur sur le bien est maintenu.

Si la condition **se réalise,** le contrat de vente est juridiquement anéanti. Les incidences fiscales diffèrent alors selon la nature du droit de mutation. Sauf en cas de résolution légale ou fondée sur un cas de force majeure, les **droits d'enregistrement** ne sont pas restitués (CGI art. 1961). Si la vente a été soumise à la **TVA,** la taxe perçue est soit imputée sur celle due sur des opérations ultérieures, soit restituée (CGI art. 272, 1°). Si la vente portait sur un terrain mais que, au moment de la résolution, le terrain supporte une construction édifiée par l'acquéreur depuis moins de cinq ans, seul le transfert de propriété du terrain est soumis au droit fixe ; le transfert de propriété de la construction au vendeur est taxable, le cas échéant, à la TVA dans les mêmes conditions que la vente d'une construction neuve (Cass. com. 20-1-2015 n° 13-27.454 F-PB : RJF 5/15 n° 413).

L'acte constatant la réalisation de la condition résolutoire est passible du **droit fixe** des actes innomés de 125 € prévu à l'article 680 du CGI (Rép. Gérard : AN 2-6-2015 n° 7691).

610 **Stipulation d'un délai** Il faut indiquer expressément et clairement au contrat que l'**absence de réalisation** de la condition dans un délai déterminé entraîne la caducité de l'acte. En effet, faute de précision suffisante, ou en cas d'ambiguïté ou de contradiction des termes de la promesse, le délai stipulé peut être considéré comme indicatif et non impératif (Cass. 3e civ. 4-4-2001 : AJDI 2001 p. 733), son dépassement n'entraînant pas, en pareil cas, la caducité de l'acte.

> **Précisions** Le délai doit toujours être fixé compte tenu des caractéristiques de la condition stipulée. Par exemple, en cas de condition de l'obtention d'un **permis de construire** exempt de retrait de la part de l'administration (dans un délai de trois mois de la délivrance) et de tout recours, il convient de calculer le délai résultant des phases de préparation du dossier, d'instruction (en fonction du lieu de situation de l'immeuble) et d'expiration des délais de recours (en ménageant la preuve des affichages auxquels il doit être procédé). S'il est envisagé de purger ces recours, le cumul du délai de recours gracieux, de celui de réponse de l'administration et de celui de recours contentieux va jusqu'à six mois après la délivrance du permis. Rappelons que le bénéficiaire du permis reçoit une notification du recours formé dans les quinze jours (C. urb. art. R 600-1). Il est utile de prévoir, en pareil cas, l'obligation pour le bénéficiaire du permis de procéder et justifier d'un constat par huissier de l'affichage du permis sur le terrain pendant deux mois dans les conditions de visibilité réglementaire (au premier, trentième et soixantième jour).

CONDITION POTESTATIVE

615 Le Code civil ne fait plus référence à la « condition potestative », mais **conserve la substance** de ce que cette **terminologie** recouvrait en affirmant que : « Est nulle l'obligation contractée sous une condition dont la réalisation dépend de la seule volonté du débiteur » (C. civ. art. 1304-2). Couramment employé par les praticiens, il est probable que le terme « potestatif » perdurera néanmoins.

L'article 1304-2 du Code civil n'a pas repris la distinction opérée par la doctrine antérieure dans la catégorie des conditions potestatives. Seule était interdite la condition **purement potestative,** qui dépendait uniquement de la volonté de l'une des parties (clause du type : « si je maintiens mon accord »). Cette clause était nulle et emportait la nullité de l'obligation elle-même.

À l'inverse, la condition **simplement potestative,** qui dépendait à la fois de la volonté de l'une des parties et d'une circonstance dont elle n'est pas maîtresse (par exemple, « si je déménage dans telle ville »), était valable.

Cette distinction étant compliquée à opérer en pratique (exemple : la clause « si je déménage » dépend largement de la volonté de celui en faveur duquel elle a été stipulée), les juges se fondaient sur l'**emprise effective de la volonté du débiteur** sur la condition.

RÉSERVE DE PROPRIÉTÉ

620 Les articles L 620-1 et suivants du Code de commerce, relatifs à la sauvegarde, au redressement et à la liquidation judiciaires, limitant l'efficacité de l'hypothèque, la vente conclue avec réserve de propriété a paru une technique efficace pour **protéger le vendeur** qui accepte un paiement à terme.

Par cette clause, le vendeur conserve la propriété du bien vendu tant que l'acquéreur ne s'est pas totalement acquitté du prix. Mais le transfert de propriété peut également être subordonné à un autre événement que le paiement du prix. La validité d'une telle clause en matière immobilière est expressément admise (C. civ. art. 2374).

La clause de réserve de propriété s'analyse en une **condition suspensive** lorsque le transfert de propriété est subordonné au paiement du prix. Elle constitue un **terme suspensif** lorsque le transfert est différé jusqu'au paiement du prix.

Le Conseil supérieur du notariat a émis les plus grandes réserves sur cette clause (JCP N 1986 prat. 9976). Néanmoins, en cas de mise en redressement ou en liquidation judiciaire de l'acheteur, elle nous paraît opposable à la procédure collective dès lors qu'elle a été **publiée** au service chargé de la publicité foncière (en faveur de l'application de la clause, voir F. Derrida : Defrénois 1989 p. 1089).

IV. PROTECTION DU BÉNÉFICIAIRE

A. Protection de l'acquéreur immobilier non professionnel

Les articles L 271-1 et L 271-2 du Code de la construction et de l'habitation (CCH) organisent **700**
la protection de l'acquéreur non professionnel qui a conclu un avant-contrat avant la signature du contrat constatant ou réalisant la convention d'acquisition de l'immeuble. Ce **régime d'ordre public** instaure au profit de l'acquéreur un droit de rétractation et réglemente les versements d'argent à l'occasion de la signature des avant-contrats.

> Précisions a. La protection de l'acquéreur non professionnel ainsi édictée ne s'applique qu'autant que l'**avant-contrat** a été **signé** par l'ensemble des parties, promettant et bénéficiaire (Cass. 3e civ. 13-9-2006 n° 05-12.087 : RJDA 1/07 n° 34).

b. Si l'**acquisition** n'est **pas précédée d'un avant-contrat,** le dispositif de protection de l'acquéreur non professionnel alors applicable à l'acte d'acquisition lui-même est celui d'un délai de réflexion préalable (n° 5420).

c. Les **promesses de vente des lots d'un lotissement** font l'objet de règles particulières étudiées dans le Mémento Urbanisme-Construction n° 26860.

1. CHAMP D'APPLICATION DE LA PROTECTION DE L'ACQUÉREUR IMMOBILIER NON PROFESSIONNEL

IMMEUBLES CONCERNÉS

La réglementation s'applique aux acquisitions portant sur des **immeubles d'habitation,** bâtis ou **705**
à construire (CCH art. L 271-1). Sont concernés :

- les immeubles individuels ou collectifs, sans distinction en fonction du nombre de logements objets de la vente promise ;
- les immeubles à usage de résidence principale ou secondaire, les logements destinés à l'usage de l'acquéreur ou à la location ;
- les immeubles anciens ou neufs ;
- les immeubles vendus en l'état futur d'achèvement (ou à terme) ;
- les immeubles libres ou occupés.

Les **immeubles à usage mixte** (professionnel et d'habitation ou commercial et d'habitation) ne sont en revanche pas concernés (Cass. 3e civ. 30-1-2008 n° 06-21.145 : RJDA 7/08 n° 787).

L'affectation d'habitation doit être appréciée non pas en fonction des caractéristiques physiques de l'immeuble au moment où se noue la relation entre le vendeur et l'acquéreur, mais en fonction de l'usage que l'acquéreur prévoit d'en avoir (Cass. 3e civ. 12-10-2017 n° 16-22.416 FS-PBI : BPIM 6/17 inf. 421).

> Précisions a. La protection légale ne s'applique pas à l'acquisition d'un **terrain à bâtir,** lorsque celui-ci n'est pas inclus dans un lotissement et est destiné à la construction par un non-professionnel d'un immeuble d'habitation (Cass. 3e civ. 4-2-2016 n° 15-11.140 : BPIM 2/16 : inf. 116 ; dans le même sens : Rép. Valleix : AN 15-10-2001 p. 5967 n° 65241 ; en sens contraire : CA Aix-en-Provence 7-9-2006 n° 05/08653). Au contraire, la vente d'un terrain à bâtir inclus dans un lotissement soumis à permis d'aménager est soumise au droit de rétractation (C. urb. art. L 442-8).

b. La réglementation ne s'applique pas aux **contrats** conclus entre **architectes** et particuliers, même lorsqu'ils comportent une mission complète (réalisation de plans, coordination et surveillance des travaux, assistance du maître de l'ouvrage à la réception) (Rép. Rimbert : AN 24-9-2001 p. 5468 n° 64672).

c. La Cour de cassation a précisé que ce droit de rétractation ne s'applique pas en cas d'**achat d'une propriété agricole** (Cass. 3e civ. 24-9-2013 n° 12-24.511 : BPIM 6/13 inf. 404).

d. Les dispositions protectrices ne s'appliquant pas à la personne qui réalise une acquisition dans le cadre d'une **activité commerciale,** l'acquéreur d'une maison à usage d'habitation et d'un terrain destiné à la création d'un lotissement ne bénéficie pas de ce droit de rétractation, à moins de justifier spécialement en quoi l'acquéreur répond aux conditions d'application de l'article L 271-1 du Code de la construction et de l'habitation (Cass. 3e civ. 12-3-2014 no 12-16.644 : BPIM 3/14 inf. 186).

OPÉRATIONS CONCERNÉES

720 Cette réglementation s'applique aux avant-contrats ayant pour objet l'acquisition d'un immeuble bâti ou la vente d'immeuble à construire.

Tous les types de **promesses** doivent respecter les prescriptions des articles L 271-1 et L 271-2 du Code de la construction et de l'habitation : promesses unilatérales de vente, synallagmatiques valant vente (« compromis »), synallagmatiques ne valant pas vente ou promesses unilatérales d'achat ainsi que le contrat préliminaire à une vente d'immeuble à construire (« contrat de réservation »).

Le régime s'applique également aux avant-contrats relatifs à la **souscription de parts** donnant vocation à l'attribution en propriété ou en jouissance, et à ceux relatifs à la **location-accession,** seul contrat susceptible d'être pratiqué dans le secteur protégé (nos 12500 s.).

En revanche, les **adjudications** forcées, régies par des textes spécifiques, ne sont pas soumises à ce dispositif, à la différence des adjudications non réglementées (Rép. Morange : AN 25-6-2001 p. 3719 no 59771).

> Précisions a. Les pactes de préférence ne sont pas concernés par la réglementation ; les notifications effectuées en application de tels pactes ne le semblent pas non plus. En revanche, l'acte authentique passé consécutivement à l'acceptation du pacte par son titulaire sera soumis au régime de protection de l'acquéreur non professionnel. Ce régime est en effet applicable à de tels actes lorsqu'ils n'ont pas été précédés d'un avant-contrat soumis au régime de rétractation.

b. La nullité des engagements unilatéraux à titre onéreux en vue de l'acquisition d'un bien (no 2645) fait, semble-t-il, obstacle à la **signature décalée de promesses** synallagmatiques dans laquelle l'« acquéreur » signe et verse un dépôt de fonds avant la signature par le promettant. Concernant les promesses unilatérales de vente qui peuvent également contenir des engagements de nature unilatérale à charge du bénéficiaire, cette pratique de signature décalée semble également devoir être écartée. Les arguments plus généraux de cohérence juridique militent d'ailleurs dans le même sens : ce type de pratique conduit en effet les bénéficiaires à accepter un engagement qui n'a pas encore été pris par le promettant.

PROMETTANTS ET VENDEURS CONCERNÉS

740 Tous les **vendeurs** d'immeuble sans exception ni distinction sont soumis à cette réglementation : vendeurs professionnels (tels qu'organismes financiers, compagnies d'assurances, etc.) ou non, personnes physiques et personnes morales, ainsi que les personnes de droit privé ou celles de droit public.

BÉNÉFICIAIRES ET ACQUÉREURS CONCERNÉS

745 La réglementation bénéficie exclusivement aux **acquéreurs non professionnels** : elle a vocation à protéger le particulier qui réalise une opération privée. Faute de définition, il faut considérer que sont concernés les acquéreurs qui contractent un avant-contrat immobilier pour leurs besoins privés et familiaux. La loi s'applique en cas d'investissement locatif, tant qu'il ne s'agit pas d'une activité professionnelle pour l'acquéreur.

Concernant les **acquéreurs professionnels,** ils sont en principe exclus de la protection. C'est le cas par exemple du marchand de biens, mais également du loueur professionnel, dont l'activité principale, de laquelle il tire ses revenus essentiels, consiste à louer des immeubles et qui les acquiert dans ce but.

Jugé toutefois que les parties peuvent conférer contractuellement à un acheteur professionnel la faculté de rétractation prévue à l'article L 271-1 du CCH : ainsi, le vendeur qui accepte sciemment la clause de l'acte de vente conférant à l'acheteur un droit de rétractation, bien qu'il s'agisse d'un acheteur professionnel, ne peut contester ce droit (Cass. 3e civ. 5-12-2019 no 18-24.152 FS-PBI : BPIM 1/20 inf. 48).

En revanche, le professionnel qui réalise une acquisition pour son logement personnel ou qui agit dans le cadre de son patrimoine personnel bénéficie de la protection légale.

S'agissant des **personnes morales,** la qualification d'acquéreur professionnel dépend de l'objet social et non de l'activité réelle. Dès lors que l'acte d'acquisition a un rapport direct avec l'objet de la société, celle-ci est un acquéreur professionnel ne bénéficiant pas de la protection (CA Aix-en-Provence 15-4-2011 n° 10/04628 : RJDA 7/11 n° 623 et, sur pourvoi Cass. 3e civ. 24-10-2012 n° 11-18.774 : RJDA 1/13 n° 26). Tel est le cas de la société civile immobilière qui a pour objet social la propriété, l'acquisition et la location de tous biens ou droits immobiliers et l'acquisition d'une maison d'habitation en vue de la louer, puisque la promesse de vente a un rapport direct avec l'objet social de la SCI (Cass. 3e civ. 16-9-2014 n° 13-20.002 : BPIM 6/14 inf. 400).

2. DROIT DE RÉTRACTATION DE L'ACQUÉREUR IMMOBILIER NON PROFESSIONNEL

NOTIFICATION DE L'AVANT-CONTRAT

Le bénéficiaire de l'avant-contrat peut exercer son droit de rétractation dès que le vendeur a procédé à une formalité essentielle à son égard : la notification de l'avant-contrat. En l'absence de précision des textes, il semble que ce soit au rédacteur de l'acte sous signature privée, ou au professionnel qui a prêté son concours à cette rédaction, de se charger de sa notification. 830

Formes de la notification L'acte doit être notifié par **lettre recommandée avec demande d'avis de réception** ou par tout autre moyen présentant des garanties équivalentes pour la détermination de la date de réception ou de remise (CCH art. L 271-1, al. 2). Sont donc envisageables les notifications par « Chronopost », ou similaire, et par huissier (Rép. Estrosi : AN 5-10-2004 n° 41440). S'agissant du contenu de la lettre de notification, il n'est pas nécessaire qu'elle fasse référence au droit de rétractation (Cass. 3e civ. 17-11-2010 n° 09-17.297 : RJDA 3/11 n° 233). L'article L 271-1 du CCH n'exige pas qu'une lettre d'accompagnement soit jointe à la notification de la promesse de vente faisant courir le délai de rétractation : la notification d'une copie de la promesse de vente sans lettre d'accompagnement à l'acheteur est régulière (Cass. 3e civ. 9-7-2020 n° 19-18.943 F-D : BPIM 5/20 inf. 326). 832

L'avant-contrat doit indiquer, de manière **lisible et compréhensible,** les informations relatives aux conditions et aux modalités d'exercice du droit de rétractation ou de réflexion (CCH art. L 271-1, al. 6).

Tout manquement est passible d'une amende administrative dont le montant ne peut excéder 3 000 euros pour une personne physique et 15 000 euros pour une personne morale (CCH art. L 271-1, al. 7).

Lorsqu'il est conclu par « l'intermédiaire d'un professionnel ayant reçu mandat pour prêter son concours à la vente », l'acte peut être **remis directement** au bénéficiaire du droit de rétractation (CCH art. L 271-1, al. 3). L'acte ainsi remis doit :

- reproduire les dispositions de l'article L 271-2 du Code de la construction et de l'habitation qui réglemente les versements d'argent lors de la conclusion de l'avant-contrat (nos 900 s.) ;
- et comporter les mentions suivantes écrites par l'acquéreur : « remis par (nom du professionnel)... à (lieu)... le (date)... » ; « Je déclare avoir connaissance qu'un délai de rétractation de 10 jours m'est accordé par l'article L 271-1 du Code de la construction et de l'habitation, et qu'il court à compter du lendemain de la date de remise inscrite de ma main sur le présent acte, soit à compter du... » (CCH art. D 271-6).

> **Précisions** **a.** Le délai de rétractation de l'acquéreur non professionnel ne peut pas commencer à courir si l'**avant-contrat** n'a **pas** été **signé** par le promettant (Cass. 3e civ. 13-9-2006 n° 05-12.087 : RJDA 1/07 n° 34). En pareil cas, l'envoi ou la remise doivent être considérés comme dénués d'effet.
> **b.** En cas de **promesse unilatérale de vente,** le mécanisme de rétractation est sans incidence sur l'obligation d'enregistrer la promesse à peine de nullité (n° 1660). Quels que soient la forme et le délai de la notification, il convient d'enregistrer en tout état de cause la promesse sans attendre.
> **c.** S'agissant de la **remise en main propre** de l'avant-contrat, une réponse ministérielle a admis que les mentions manuscrites obligatoires puissent figurer sur une attestation distincte établie par le notaire rédacteur de l'acte et signée par l'acquéreur non professionnel (Rép. Bourdouleix : AN 2-2-2010 p. 1168 n° 44075). Une telle pratique étant contraire au texte qui exige que les mentions soient portées sur l'avant-contrat, il est recommandé de ne pas y recourir.
> **d.** S'il n'est pas possible de notifier l'avant-contrat par un simple mail, il est cependant admis aujourd'hui qu'une **lettre recommandée** relative à la conclusion ou à l'exécution d'un contrat soit envoyée **par voie électronique.** Il faudra que ce courrier soit « acheminé par un tiers selon un procédé permettant d'identifier le tiers, de désigner l'expéditeur, de garantir l'identité du destinataire et d'établir si la lettre a été remise ou non au destinataire » (CPCE art. R 53).

Destinataires de la notification Le destinataire de la notification est l'acquéreur. En cas de **pluralité d'acquéreurs** (acquéreurs en indivision, acquisition réalisée par des époux communs en biens ou séparés de biens), la notification doit être faite à chacun d'eux. Il en est de même lorsque la pluralité d'acquéreurs résulte d'un démembrement de propriété. 833

Il est concevable que la notification soit adressée par une lettre recommandée unique adressée à l'un et l'autre des acquéreurs, mais la notification ne sera régulière que si l'accusé de réception porte les deux signatures ou si le signataire unique est muni d'un pouvoir à l'effet de représenter son coacquéreur (Cass. 3e civ. 9-6-2010 nos 09-14.503 et 09-15.361 : RJDA 11/10 no 1059 ; Cass. 3e civ. 10-3-2016 no 15-12.735 : BPIM 3/16 inf. 189 ; Cass. 3e civ. 4-10-2018 no 17-25.688 F-D : BPIM 6/18 inf. 423).

Il en est de même si la notification est effectuée par deux courriers séparés : l'époux qui réceptionne le courrier adressé à son conjoint doit être muni d'un pouvoir à cet effet (Cass. 3e civ. 21-3-2019 no 18-10.772 FS-PBI : BPIM 2/19 inf. 124).

Lorsque l'acquéreur est représenté à l'acte par un **mandataire conventionnel,** c'est l'acquéreur représenté qui bénéficie de la protection.

Le changement d'acquéreur sans qu'une **faculté de substitution** ait été prévue dans l'avant-contrat ne peut être alors imposé au vendeur, mais celui-ci peut l'accepter. S'il l'accepte, le nouvel acquéreur, s'il est non professionnel, doit bénéficier de la protection légale.
En cas d'exercice d'une faculté de substitution contractuellement prévue, l'acquéreur substitué, s'il est un non-professionnel, doit bénéficier de la protection légale.

835 **Sanction du défaut de notification** Aucune sanction n'est prévue en cas de non-respect de ces prescriptions. À notre avis, ainsi que l'a jugé la Cour de cassation sous l'empire de l'ancienne réglementation qui interdisait la remise de l'acte (Cass. 3e civ. 27-2-2008 nos 07-11.303, 07-11.936 : RJDA 7/08 no 788), le délai de rétractation ne court pas. Mais le fait de signer la vente sans émettre de réserve vaut renonciation à contester l'irrégularité de la purge du droit de rétractation (Cass. 3e civ. 8-7-2014 no 13-19.330 : BPIM 5/14 inf. 330 à propos d'une promesse unilatérale de vente ; Cass. 3e civ. 7-4-2016 no 15-13.064 FS-P3 : BPIM 3/16 inf. 79, à propos d'une VEFA).

Dans le cadre d'une VEFA, lorsque le contrat de réservation est annulé, l'acheteur qui n'a pas bénéficié du délai de réflexion au stade de la vente définitive conserve la faculté de se rétracter et d'anéantir ainsi la vente (Cass. 3e civ. 12-4-2018 no 17-13.118 FS-PBI : BPIM 3/18 inf. 195).

EXERCICE DU DROIT DE RÉTRACTATION

840 Le bénéficiaire d'un avant-contrat peut se rétracter dans un **délai de 10 jours** à compter du lendemain soit de la première présentation de la lettre lui notifiant l'avant-contrat, soit de la remise de l'acte (CCH art. L 271-1, al. 1).

En cas de notification par **courrier recommandé** avec demande d'avis de réception, le délai court à compter du lendemain de la première présentation (CCH art. L 271-1, al. 1). Le premier jour du délai est donc celui qui suit celui de la première présentation de la lettre recommandée. Par exemple, la lettre recommandée est expédiée le 30 août et sa première présentation intervient le 4 septembre : le délai court à compter du lendemain, soit le 5 septembre, et expire le 14 à minuit (Cass. 3e civ. 19-12-2024 no 23-12.652 FS-B : BPIM 1/25 inf. 43).

En cas de vente d'un lot de copropriété, ce délai ne court qu'à compter du lendemain de la communication de certains documents relatifs à la copropriété, s'ils ne sont pas remis à l'acquéreur à la date de la signature de la promesse de vente (CCH art. L 721-3).

En cas de **rétractation par voie postale,** les règles générales de computation de délais sont applicables (CPC art. 642) : si le délai expire un samedi, un dimanche, un jour férié ou chômé, il est prorogé jusqu'au premier jour ouvrable suivant (Cass. 3e civ. 5-12-2007 no 06-19.567 : RJDA 5/08 no 510). La date de la rétractation est celle de l'expédition de la lettre recommandée par l'acquéreur (Cass. 3e civ. 5-12-2007 no 06-19.567 : RJDA 5/08 no 510).

Si la rétractation n'a pas à être motivée, elle doit toutefois être exercée sous une forme analogue à celle de la notification : LRAR ou tout autre moyen présentant des garanties équivalentes. Cela ne veut pas dire que la rétractation doit emprunter la même forme que la notification.
Les juges doivent rechercher si l'envoi d'un e-mail au notaire mandaté par le vendeur pour recevoir l'éventuelle notification de la rétractation présente des garanties équivalentes à celles d'une notification par lettre recommandée avec demande d'avis de réception (Cass. 3e civ. 2-2-2022 no 20-23.468 FS-DB : BPIM 2/22 inf. 135).

Lorsque le délai de rétractation n'a pas couru faute de notification régulière de l'avant-contrat, l'acquéreur peut se rétracter en notifiant des conclusions au vendeur dans l'instance qui les oppose (Cass. 3e civ. 25-5-2011 no 10-14.641 : RJDA 5/12 no 488).

La rétractation a pour **effet** l'annulation rétroactive de l'acte. Elle est immédiate et irréversible : l'acquéreur ne peut pas se repentir en acceptant d'acquérir le bien, même si le délai de rétractation n'est pas expiré (Cass. 3e civ. 13-2-2008 n° 06-20.334 : RJDA 7/08 n° 789 ; Cass. 3e civ. 13-2-2012 n° 11-12.232 : RJDA 6/12 n° 581). La Cour de cassation donne toute sa portée à ce principe en précisant que la rétractation d'un seul acquéreur fait disparaître le contrat à l'égard de tous (Cass. 3e civ. 4-12-2013 n° 12-27.293 : BPIM 1/14 inf. 35 ; Cass. 3e civ. 14-9-2017 n° 16-17.856).

> Précisions a. Les contrats conclus « **hors établissement** » ou « **à distance** » portant sur la création, l'acquisition ou le transfert de biens immobiliers ou de droits sur les biens immobiliers ne sont pas soumis au délai de rétractation spécifique de 14 jours (C. consom. art. L 121-16-1, 12°). Seuls les contrats conclus du 13 juin 2014 au 8 août 2015 ont été soumis au délai de 14 jours.

b. L'acheteur peut valablement **adresser sa rétractation à son notaire** par lettre recommandée avec accusé de réception si la promesse de vente donne pouvoir au notaire pour effectuer toutes les formalités et notifications exigées par la loi et qu'elle contient une élection de domicile en l'étude (Cass. 3e civ. 11-6-2013 n° 11-23.184 : BPIM 4/13 inf. 270).

3. RÉGLEMENTATION DES VERSEMENTS D'ARGENT

VERSEMENT INTERDIT

900 Lors de la conclusion d'un avant-contrat, nul ne peut **percevoir de l'acquéreur non professionnel,** directement ou indirectement, aucun versement à quelque titre ou sous quelque forme que ce soit avant l'expiration du délai de rétractation (CCH art. L 271-2, al. 1). L'interdiction vise tout versement, quelle qu'en soit la dénomination (acompte, arrhes, dédit, dépôt de garantie, indemnité d'immobilisation) ou la forme (remise de chèque, espèces, billet à ordre ou lettre de change, virement, etc.).

Le fait d'exiger ou de recevoir un versement ou un engagement de versement en méconnaissance de ces règles est puni d'une amende de 30 000 € (CCH art. L 271-2, al. 4).

> Précisions a. Cette prohibition vise également, et c'est d'ailleurs son objectif premier, les versements remis à l'occasion d'une **offre unilatérale d'achat** (chèque dits « de garantie »). Elle prohibe donc les « appels d'offre » accompagnés d'un versement usités en matière d'immobilier d'entreprise.

b. Le caractère général de cette prohibition semble interdire la perception des sommes destinées à acquitter les **droits d'enregistrement** pour l'exécution de cette dernière formalité, pourtant impérative à peine de nullité en cas de promesse unilatérale. Compte tenu de cette incertitude, il est préférable de faire supporter ces frais par le promettant.

VERSEMENT AUTORISÉ

901 L'article L 271-2 du Code de la construction et de l'habitation réserve la possibilité des versements autorisés par des dispositions expresses contraires : c'est le cas pour les ventes d'immeuble à construire (CCH art. L 261-15), les contrats de location-accession (Loi 84-595 du 12-7-1984 art. 3) et les cessions de parts de société d'attribution (CCH art. L 212-11).

905 **Versement avant expiration du délai de rétractation** Un versement peut être autorisé lorsque l'avant-contrat est conclu par l'intermédiaire d'un **professionnel** (agent immobilier, notaire et avocat) **ayant reçu mandat** pour prêter son concours à la vente objet de la promesse, si le versement est effectué **entre les mains d'un professionnel disposant d'une garantie financière** affectée au remboursement des fonds déposés (CCH art. L 271-2, al. 2). Un agent immobilier peut avoir reçu mandat et un notaire recevoir les fonds.

En cas d'exercice par le bénéficiaire de l'avant-contrat de la faculté de rétractation, le professionnel dépositaire des fonds doit les lui restituer dans un délai de 21 jours à compter du lendemain de la date de cette rétractation (CCH art. L 271-2, al. 2). La **restitution** n'est pas liée à une demande expresse de restitution de la part du bénéficiaire de cette restitution. Il n'a pas été édicté de règle relative au sort des intérêts produits par les sommes concernées.

915 **Versement après purge du droit de rétractation** Après la purge du droit de rétractation, il est possible d'effectuer un versement. L'intervention d'un professionnel n'est plus nécessaire, l'opération peut se faire directement entre vendeur et acquéreur.

Si les parties en conviennent dès l'avant-contrat, cet acte est conclu sous la condition suspensive de la remise de la somme à la date convenue (CCH art. L 271-2, al. 1). Le défaut de versement entraîne la défaillance de la condition et la caducité de l'avant-contrat.

B. Autres protections du bénéficiaire

CAS PARTICULIER DES ENGAGEMENTS UNILATÉRAUX

1030 L'article 1589-1 du Code civil frappe de nullité tout engagement unilatéral souscrit en vue de l'acquisition d'un bien ou d'un droit immobilier pour lequel il est exigé ou reçu de celui qui s'engage un versement, quelles qu'en soient la cause et la forme.

PROTECTION EN CAS D'ACQUISITION D'UN TERRAIN À BÂTIR

1060 L'article L 115-4 du Code de l'urbanisme contient des mesures visant à améliorer l'information de l'acquéreur d'un terrain en vue de bâtir un **immeuble à usage d'habitation ou mixte** d'habitation et professionnel.

Les avant-contrats portant sur ces terrains doivent mentionner si le **descriptif dudit terrain** résulte ou non d'un **bornage.** Si le terrain est situé dans un lotissement, issu d'une division effectuée à l'intérieur d'une zone d'aménagement concerté (ZAC) ou issu d'un remembrement réalisé par une association foncière urbaine (AFU), la mention du descriptif du terrain résultant du bornage doit figurer dans l'avant-contrat. L'exigence légale de bornage est satisfaite lorsque l'acte de vente d'un lot de lotissement à bâtir mentionne que le descriptif du terrain résulte d'un piquetage et que les documents d'arpentage et de piquetage y sont annexés (Cass. 3e civ. 30-6-2016 n° 15-20.623 : BPIM 4/16 inf. 265).

Seul est protégé le consommateur immobilier qui achète pour ses besoins personnels ou familiaux.

Les dispositions de l'article L 115-4 du Code de l'urbanisme sont applicables à toutes les promesses unilatérales de vente ou d'achat, aux promesses synallagmatiques, qu'elles vaillent vente (« compromis ») ou non. L'**absence de la mention** exigée par ce texte est sanctionnée par la nullité de l'acte que peut seul invoquer le bénéficiaire de l'avant-contrat dans le mois de la signature de l'acte authentique si ce dernier n'a pas comporté la mention obligatoire (C. urb. art. L 115-5).

En cas de vente d'un terrain non bâti constructible, destiné à la construction d'une maison individuelle et situé dans une zone exposée au phénomène de mouvement de terrain différentiel consécutif à la sécheresse et à la réhydratation des sols (terrain argileux notamment), une **étude géotechnique** préalable doit être fournie par le vendeur. Cette étude est annexée à la promesse de vente du terrain, à défaut, à l'acte de vente. Elle reste annexée au titre de propriété du terrain et suit les mutations successives de celui-ci (CCH art. L 132-4 et L 132-5 ; CCH art. R 132-8).

Le dispositif est **opérationnel** depuis la publication de trois arrêtés du 22 juillet 2020 qui définissent les zones exposées au phénomène de mouvement de terrain et le contenu des études géotechniques (Arrêté LOGL2019476A du 22-7-2020 : JO 6 texte n° 50 ; Arrêté TREP2019233A du 22-7-2020 : JO 9 texte n° 2 ; Arrêté LOGL2021179A du 22-7-2020 : JO 15 texte n° 57).

La date d'**entrée en vigueur** de ces arrêtés a été fixée au 1er octobre 2020 (Arrêté LOGL2023407A du 24-9-2020 : JO 30 texte n° 59 ; Arrêté LOGL2023409A du 24-9-2020 : JO 30 texte n° 60).

Avant la conclusion du CCMI, le maître de l'ouvrage doit transmettre cette étude géotechnique au **constructeur.** Le contrat doit préciser que le constructeur en a reçu un exemplaire et, le cas échéant, que les travaux qu'ils s'engagent à réaliser ou pour lesquels ils s'engagent à assurer la maîtrise d'œuvre intègrent les mesures rendues nécessaires par le risque de mouvement de terrain (CCH art. L 132-6 ; CCH art. R 132-3 s.).

Le constructeur de l'ouvrage est tenu soit de suivre les recommandations de l'étude fournie, soit de respecter les techniques particulières de construction définies par arrêtés. Si l'étude indique une absence de risque, le constructeur n'est pas tenu par cette obligation (CCH art. L 132-7).

Les frais liés à l'étude géotechnique sont à la charge du vendeur du terrain, à défaut, du maître de l'ouvrage (CCH art. L 132-6, al. 1 et 2).

S'agissant de l'**indemnisation des effets des catastrophes naturelles** liés aux mouvements de terrain consécutifs à la sécheresse ou à la réhydratation des sols, le propriétaire du bien au moment du sinistre doit justifier que l'attestation de retrait-gonflement des argiles, dite « **attestation RGA** », a bien été transmise à l'achèvement des travaux de construction ou de rénovation à l'autorité ayant délivré le permis de construire.

Ce document, élaboré par un professionnel du bâtiment, justifie du respect des règles de prévention des risques liées aux terrains argileux (CCH art. L 122-11 ; C. urb. art. R 462-4). Sont concernés les bâtiments d'habitation ou à usage mixte professionnel et d'habitation ne comportant pas plus de deux logements (CCH art. L 132-6 et L 132-7).

Le propriétaire qui ne peut pas justifier de ce dépôt ne peut pas bénéficier de la garantie CatNat retrait-gonflement des sols pendant 10 ans à compter de la réception des travaux. Les bâtiments construits sans permis sont exclus de la garantie (C. ass. art. L 125-7).

C'est pour faciliter cette justification en cas de changement de propriétaire que l'attestation RGA doit être annexée à la promesse de vente ou à l'acte authentique de vente (ou au cahier des charges en cas de vente publique). Elle reste annexée au titre de propriété du bien et le suit en cas de mutation (CCH art. L 132-8, al. 3).

L'obligation est en vigueur en même temps que l'attestation RGA, c'est-à-dire pour les bâtiments dont le permis de construire a été déposé après le 1er janvier 2024 (C. ass. art. L 125-7).

> Précisions Ne sont pas concernés par l'étude géotechnique les contrats ayant pour objet des travaux qui n'affectent pas les fondations ou la structure du bâtiment, l'écoulement des eaux ou les échanges thermiques entre le bâtiment et le terrain adjacent (CCH art. R 132-7, al. 1). Il en est de même pour les contrats ayant pour objet des travaux relatifs à des extensions, y compris des vérandas et des garages, sous réserve que la superficie du projet soit inférieure à 20 m^2 et que la nouvelle construction soit désolidarisée du bâtiment existant (CCH art. R 132-7, al. 2).

IMMEUBLE ACHEVÉ DEPUIS MOINS DE DIX ANS

Le vendeur d'un tel immeuble, quelle qu'en soit la destination, qu'il l'ait construit ou fait construire, est réputé constructeur et débiteur de la garantie biennale de bon fonctionnement et de la responsabilité décennale. 1080

Le bénéficiaire de la promesse doit être informé exactement sur la souscription de l'**assurance dommages-ouvrage** avant la réalisation de l'acte. À défaut, le promettant commet une faute justifiant la non-réalisation de la vente par le bénéficiaire (Cass. 3e civ. 23-4-1992 n° 90-13.553 : RJDA 11/92 n° 1011). Il convient donc d'indiquer les références de la police dans la promesse.

PROTECTION DE L'ACQUÉREUR DE LOTS DE COPROPRIÉTÉ

Toute promesse unilatérale de vente ou d'achat, tout contrat réalisant (ou constatant) la vente d'un lot ou d'une fraction de lot doit, sous peine de nullité, mentionner la superficie de la partie privative du lot (ou de la fraction de lot). L'acquéreur d'un lot de copropriété peut à sa demande consulter le carnet d'entretien de l'immeuble ainsi que le diagnostic technique de l'immeuble. 1100

INFORMATION SUR L'ÉTAT SANITAIRE DE L'IMMEUBLE

Les états, constats et diagnostics existant en matière d'amiante, plomb, termites, installations de gaz, d'électricité et d'assainissement, risques naturels et technologiques, performance énergétique sont regroupés dans un seul dossier appelé « **dossier de diagnostic technique** » qui doit être communiqué par le vendeur de l'immeuble bâti dès la promesse de vente ou, à défaut de promesse, lors de la signature de l'acte authentique de vente (CCH art. L 271-4). 1120

Sur le contenu du « dossier de diagnostic technique » et les sanctions applicables, voir nos 9000 s.

V. AVANT-CONTRATS ET PROCÉDURES COLLECTIVES

La liquidation judiciaire du promettant est sans effet sur la promesse de vente qu'il a consentie alors qu'il était maître de ses biens et ne prive pas le bénéficiaire de son droit de lever l'option d'achat ; excède donc ses pouvoirs le juge-commissaire qui, **après la levée de l'option** d'achat par le bénéficiaire, autorise la cession à un tiers du bien objet de la promesse (Cass. com. 7-3-2006 n° 05-10.371 : RJDA 7/06 n° 811). 1300

Mais **tant que l'option n'est pas levée** et donc tant que le transfert de propriété n'a pas eu lieu, la promesse est considérée comme un contrat en cours et les organes de la procédure (administrateur ou liquidateur judiciaire), seuls habilités à se prononcer sur le sort de ces contrats (C. com. art. L 622-13, II-al. 1 et L 641-11-1, II-al. 1), peuvent y mettre fin.

Une promesse unilatérale de vente d'immeuble est un contrat en cours dès lors que le promettant ou le bénéficiaire a fait l'objet d'une procédure collective avant la levée de l'option ou l'expiration du délai pour y procéder (Cass. com. 1-2-2000 n° 97-21.642 : Rev. proc. coll. 1/03 p. 18 n° 3). Tel est également le cas d'une promesse synallagmatique de vente immobilière prévoyant le transfert de propriété et le paiement du prix lors de la signature de l'acte authentique de réitération lorsque ces opérations ne sont pas intervenues avant l'ouverture d'une procédure collective à l'encontre de l'une des parties (Cass. com. 1-2-2000 n° 97-15.263 : RJDA 4/00 n° 445, rendu à propos d'une vente d'immeuble à construire mais transposable à une promesse synallagmatique de vente ; CA Paris 22-9-2011 n° 10/11758 : RJDA 3/12 n° 309).

> Précisions En matière de **vente mobilière,** la Cour de cassation a au contraire jugé que la vente n'est pas en cours si le transfert de propriété a été subordonné au paiement intégral du prix et si celui-ci n'a pas été payé avant l'ouverture de la procédure (Cass. com. 3-4-2001 n° 98-11.169 : RJDA 10/01 n° 1004 ; Cass. com. 5-5-2004 n° 01-17.201 : RJDA 11/04 n° 1238). Mais cette solution, fondée sur la volonté de maintenir l'efficacité des procédures de revendication des biens meubles en cas de procédure collective, n'est pas transposable aux ventes immobilières qui ne sont pas visées par ces procédures (en ce sens F. Pérochon : Act. proc. coll. 2004/11 p. 1).

SECTION 2

PROMESSE UNILATÉRALE DE VENTE

GÉNÉRALITÉS

1600 **Définition** La promesse unilatérale est le contrat par lequel une partie, le **promettant,** accorde à l'autre, le **bénéficiaire,** le droit d'opter pour la conclusion d'un contrat dont les éléments essentiels sont déterminés, et pour la formation duquel ne manque que le consentement du bénéficiaire (C. civ. art. 1124).

Le bénéficiaire d'une promesse unilatérale de vente dispose d'une **option discrétionnaire** lui permettant de conclure ou non la vente. S'il décide d'acquérir, il « lève l'option » ; s'il préfère ne pas acquérir, il renonce à l'exercice de cette « option ». Il n'y a promesse unilatérale de vente que si cette faculté d'option existe (Cass. 3e civ. 23-1-1991 n° 89-10.489 : Bull. civ. III n° 39 ; Cass. 3e civ. 5-12-2007 n° 06-20.009 : RJDA 5/08 n° 502 ; Cass. 3e civ. 19-10-2011 n° 10-30.655 : RJDA 3/12 n° 276).

1605 **Nature juridique** La promesse unilatérale de vente est un **contrat,** assorti de la force obligatoire. Elle contractualise l'offre de vente faite par le propriétaire à son destinataire.

Seul le promettant s'engage à vendre, mais la promesse doit être acceptée par le bénéficiaire. L'**acceptation** de la promesse unilatérale de vente consiste pour le bénéficiaire à prendre acte de l'offre de vente tout en réservant sa décision d'acquérir.

Le caractère unilatéral de l'engagement de vendre pris par le promettant n'exclut nullement la stipulation d'**obligations à la charge du bénéficiaire.**

> Précisions a. La formation d'un contrat de promesse unilatérale de vente suppose une offre ferme et précise. La simple acceptation d'une invitation à entrer en **pourparlers** ne peut pas engendrer la formation d'une telle promesse (CA Paris 29-1-1996 : Defrénois 1996 n° 144 p. 1360).

b. Dans le cas où le bénéficiaire d'une promesse de vente lui a apporté des **modifications** qui n'ont pas été ratifiées par le promettant, ce dernier n'est pas engagé par ce document qu'il n'a pas signé ; il engage toutefois sa responsabilité sur le terrain de la rupture abusive des pourparlers en rétractant de manière brutale et imprévue la promesse de vente à un stade avancé des négociations, concrétisé par un échange de correspondances, l'envoi d'une promesse présentée comme « définitive » et le paiement par le bénéficiaire des frais d'enregistrement (CA Paris 20-10-2005 : JCP N 2006 n° 1135 ; C. civ. art. 1112).

c. Le fait qu'une promesse unilatérale de vente soit conclue **concomitamment avec une promesse unilatérale d'achat** ne confère pas nécessairement à l'ensemble contractuel ainsi formé le caractère d'une promesse synallagmatique (Cass. com. 14-1-2014 n° 12-29.071).

A. Conditions de validité de la promesse unilatérale de vente

1610 Comme toutes les conventions, la promesse unilatérale est soumise aux règles générales de formation des contrats et plus particulièrement à celles de la vente. Sont nécessaires à la validité de la promesse, le consentement des parties, leur capacité de contracter et un contenu licite et certain (C. civ. art. 1128 s.). Le consentement des parties doit être exempt de tout vice, le bien promis doit être dans le commerce et le prix de la vente éventuelle doit être déterminé ou déterminable. Les parties doivent également être d'accord sur les conditions essentielles de la vente promise.

CONDITIONS DE FOND

Consentement Le consentement de chacune des parties doit porter sur l'opération spécifique que constitue la promesse unilatérale de vente. Le promettant donne son consentement au contrat de promesse et au contrat de vente, par anticipation. 1615

L'**acceptation** par le bénéficiaire ne porte que sur la promesse : il réserve sa décision d'acquérir. Ce n'est que plus tard, s'il lève l'option, qu'il exprimera son consentement à la vente.

Seul le promettant s'engage à vendre ; le bénéficiaire ne contracte pas l'obligation d'acheter. L'acte authentique de vente qui suit une telle promesse n'est pas une réitération de vente mais la réalisation de celle-ci (Cass. 3e civ. 19-1-2022 n° 20-13.951 F-D : BPIM 2/22 inf. 136).

L'acceptation du bénéficiaire n'est soumise à aucune **forme** (Cass. 3e civ. 7-1-1989 n° 85-14.930 : Bull. civ. III n° 7). Elle peut être expresse ou tacite, mais elle ne peut pas être déduite du simple silence du bénéficiaire.

Capacité des parties Le **promettant** doit avoir la capacité de vendre au jour de la promesse, puisqu'il consent déjà à la vente. Toute modification ultérieure de sa capacité est sans influence sur la validité de l'option (Cass. 3e civ. 30-11-1971 : JCP G 1972 II n° 17018 ; Cass. 3e civ. 7-1-1982 : Gaz. Pal. 1982 pan. p. 184). 1620

Le **bénéficiaire** doit, quant à lui, avoir la capacité d'acquérir au moment de la levée de l'option, et non au moment où il accepte le bénéfice de la promesse. Peu importe que le vendeur ne soit pas propriétaire mais seulement concessionnaire de la parcelle au moment de la signature de la promesse d'achat (Cass. 3e civ. 10-9-2020 n° 19-13.818 F-D).

> **Précisions** **a.** La promesse de vente d'un **bien indivis** faite par un seul des indivisaires est valable seulement pour la portion indivise qui lui appartient (Cass. 3e civ. 21-6-1995 n° 93-17.522 : RJDA 3/96 n° 403). Le promettant indivisaire qui se porte fort de la régularisation de la vente par les autres coïndivisaires peut être condamné à payer au bénéficiaire le montant de la clause pénale prévue à la promesse (CA Paris 2-5-2001 : AJDI 2002 p. 639).
> **b.** La promesse de vente d'un **bien appartenant à autrui** est licite dès lors que la levée de l'option est subordonnée à la condition suspensive de l'acquisition préalable du bien par le promettant.

CONDITIONS DE FORME

Écrit authentique ou sous signature privée L'article 1589-2 du Code civil prévoit qu'est nulle et de nul effet toute promesse de vente afférente à un immeuble (par nature ou par destination) ou à un droit immobilier (usufruit, nue-propriété, servitudes, mitoyennetés, droit de surélévation, de superficie, etc.) si elle n'est pas constatée par un acte authentique, ou par un acte sous signature privée enregistré dans le délai de 10 jours à compter de son acceptation par le bénéficiaire. 1660

> **Précisions** **a.** Le fait qu'une promesse unilatérale de vente soit conclue concomitamment avec une promesse unilatérale d'achat ne confère pas nécessairement à l'**ensemble contractuel** ainsi formé le caractère d'une promesse synallagmatique (Cass. com. 14-1-2014 n° 12-29.071). Si les promesses diffèrent par leur objet ou leurs conditions, la promesse unilatérale de vente demeure soumise à l'obligation d'enregistrement (Cass. 3e civ. 26-6-2002 : Defrénois 2002 art. 37607 p. 1261).
> **b.** Concernant les promesses de vente figurant dans un **accord comportant** un ensemble d'**obligations contractuelles réciproques,** la Cour de cassation exclut l'application de l'article 1589-2 du Code civil (Cass. ass. plén. 24-2-2006 n° 04-20.525 : RJDA 10/06 n° 1003 considérant qu'une promesse unilatérale contenue dans une transaction stipulant des engagements réciproques interdépendants, dont elle n'est qu'un élément, n'est pas soumise à la formalité de l'enregistrement), à la condition qu'il existe un lien de dépendance nécessaire entre ces diverses obligations réciproques susceptible de modifier les caractéristiques de la promesse de vente, par exemple si elles sont de nature à contraindre le bénéficiaire à lever l'option (notamment Cass. com. 15-1-2002 n° 99-10.362 : RJDA 5/02 n° 487).
> **c.** N'est pas non plus soumise à l'obligation d'enregistrement la **promesse** unilatérale de vente qui n'a **jamais** été **acceptée** par le bénéficiaire et qui a directement fait l'objet d'une levée d'option (notamment Cass. 3e civ. 6-10-2010 n° 09-15.890 : RJDA 2/11 n° 131).
> **d.** L'obligation d'enregistrer ne s'étend pas aux **prorogations** dont la promesse peut faire l'objet.
> **e.** La cour d'appel de Paris a jugé que le dépôt, dans son intégralité, d'une promesse unilatérale au rang des **minutes d'un notaire** dans les 10 jours équivaut à l'enregistrement exigé par l'article 1589-2 du Code civil (CA Paris 4-3-2010 n° 09/12344).

Promesse de longue durée Toute promesse conclue par une personne physique, dont la **validité** est **supérieure à 18 mois,** ou toute prorogation d'une telle promesse portant sa durée totale à plus de 18 mois, est nulle et de nul effet lorsqu'elle n'est pas constatée par un acte authentique (CCH art. L 290-1 ; Cass. 3e civ. 18-2-2015 n° 14-14.416 : BPIM 2/15 inf. 124). 1662

Seule la partie qui promet de vendre peut demander l'annulation pour défaut d'acte notarié d'une promesse de vente immobilière d'une durée supérieure à 18 mois (Cass. 3e civ. 26-11-2020 nº 19-14.601 FS-PBI : BPIM 1/21 inf. 46).

Cette obligation n'est applicable qu'aux promesses de vente consenties après le 1er juillet 2009 et à leur prorogation. Elle ne s'applique pas à la prorogation effectuée après le 1er juillet 2009 dès lors que la promesse de vente a été consentie avant cette date (Cass. 3e civ. 14-4-2019 nº 18-13.238 FS-PBI : BPIM 3/19 inf. 227-5).

1665 **Double original** La promesse unilatérale de vente sous signature privée n'est soumise à la règle du « double original » que si elle contient des **conventions synallagmatiques,** c'est-à-dire des obligations réciproques du promettant et du bénéficiaire. Tel est le cas lorsque le bénéficiaire s'oblige à verser au promettant une somme d'argent pour prix de l'option que lui procure la promesse, somme que l'on appelle indemnité d'immobilisation. Elle doit alors être établie en **autant d'originaux** qu'il y a de **parties** ayant un intérêt distinct et chaque original doit contenir la mention du nombre des originaux qui ont été faits (C. civ. art. 1375). L'inobservation de ces dispositions n'entraîne pas la nullité de la convention mais prive l'écrit de sa force probante (Cass. 3e civ. 23-1-1991 nº 89-15.519 : RJDA 3/91 nº 259).

Lorsque le bénéficiaire n'a pris aucun engagement, le fait qu'il ait apposé sa signature sur la promesse ne confère pas à celle-ci un caractère synallagmatique (Cass. com. 11-6-1979 : JCP G 1979 IV p. 275) : les formalités de l'article 1375 du Code civil n'ont donc pas lieu d'être respectées.

1668 **Mention de la somme en toutes lettres et en chiffres** La promesse unilatérale de vente, lorsqu'elle prévoit le versement par le bénéficiaire d'une somme d'argent au promettant pour prix de la promesse, n'est pas soumise à l'obligation prescrite par l'article 1376 du Code civil qui impose la mention, écrite par le débiteur lui-même, de la somme en toutes lettres et en chiffres. Ce texte n'est en effet applicable qu'aux contrats unilatéraux et non aux contrats synallagmatiques, ce qu'est bien la promesse unilatérale de vente onéreuse.

PUBLICATION DE LA PROMESSE

1670 Lorsque la promesse porte sur des biens ou droits immobiliers, elle peut être publiée à titre facultatif au service chargé de la publicité foncière pour l'**information des tiers,** dans les conditions prévues par l'article 37, 1-1° du décret 55-22 du 4 janvier 1955 (nº 15440). Cette publication est effectuée en franchise de taxe de publicité foncière si la promesse a déjà été enregistrée, et moyennant une taxe fixe dans le cas contraire ; elle donne lieu à une contribution de sécurité immobilière de 0,10 % sur le montant prévu du prix de vente.

La promesse unilatérale de vente n'est pas considérée comme constitutive d'une restriction au droit de disposer et, par conséquent, sa publication n'entraîne **aucune opposabilité** aux tiers (Cass. 3e civ. 22-2-1977 nº 75-12.717 : Bull. civ. III nº 91). Par suite, la vente à un tiers d'un bien objet d'une promesse de vente publiée est opposable au bénéficiaire de la promesse, lequel n'a d'autre recours qu'une action en exécution de la promesse ou en dommages-intérêts contre le promettant. Il en va différemment s'il est établi que le tiers acquéreur a eu connaissance de l'existence de la promesse préalablement à son acquisition. Il ne pourrait alors invoquer sa bonne foi, et pourrait être tenu responsable in solidum avec le promettant de la réparation du dommage causé au bénéficiaire.

En pratique, la promesse est publiée lorsqu'elle prévoit un long délai d'option ou lorsque, prévoyant un court délai d'option (inférieur à six mois), une difficulté surgit ou est à craindre (par exemple, la vente de l'immeuble par le promettant à un tiers). Dans les deux cas, la publicité, compte tenu de son absence d'opposabilité, **ne vise qu'à faire dissuasion** mais elle n'empêche pas juridiquement le promettant de vendre à un tiers.
Compte tenu de son effet purement informatif, la publicité de la promesse unilatérale de vente ne présentera un **intérêt** que si le fichier immobilier bénéficie d'un délai raisonnable de mise à jour par l'administration (inférieur à la durée prévue pour la réalisation de la promesse).

ENREGISTREMENT DE LA PROMESSE

1678 **Formalité d'enregistrement de la promesse** L'enregistrement de la promesse **sous signature privée** doit être fait sous peine de nullité dans les 10 jours au service des impôts du domicile de l'une des parties, à la diligence de l'une d'entre elles (C. civ. art. 1589-2). Il donne lieu à la perception du **droit fixe** des actes innomés prévu à l'article 680 du CGI (125 €).

Si la promesse unilatérale de vente est passée sous **forme notariée,** elle doit obligatoirement être enregistrée sur état avec dispense de présentation à l'administration de l'acte comme d'une copie (CGI ann. IV art. 60). Le tarif est le même.

ATTENTION

La promesse unilatérale de vente **sous signature privée** établie par **acte électronique** ne peut pas, contrairement aux autres actes sous signature privée établis sous forme électronique, faire l'objet d'un enregistrement sur **présentation d'une copie** (CGI art. 658). En pratique, cela exclut l'établissement de ce contrat sous cette forme.

Sanctions Tout **intéressé,** y compris le bénéficiaire, peut invoquer cette nullité (Cass. 3e civ. 1-7-1998 n° 96-19.802 : RJDA 11/98 n° 1208). 1680

La nullité de la promesse de vente pour défaut d'enregistrement entraîne l'**anéantissement du contrat** en toutes ses dispositions (Cass. 3e civ. 20-3-2002 n° 00-17.637 : RJDA 7/02 n° 751). Elle s'étend aux clauses accessoires stipulées dans la promesse (par exemple, le droit à commission d'un intermédiaire : Cass. 3e civ. 7-7-1982 n° 81-13.361 : Bull. civ. III n° 176) et le promettant ne peut pas réclamer, à titre d'indemnité d'immobilisation, la somme versée par le bénéficiaire de la promesse (CA Versailles 24-5-1991 : RJDA 7/91 n° 579). Si une telle indemnité a été versée, il doit la restituer (CA Paris 16-6-1992 : RJDA 10/92 n° 901).

L'omission de la formalité d'enregistrement rend la promesse insusceptible d'être établie par quelque mode de **preuve** que ce soit ; l'acte nul ne peut constituer un commencement de preuve par écrit (Cass. 3e civ. 2-6-1993 n° 91-12.347 : RJDA 8-9/93 n° 684).

La **nullité** ne peut **pas** être **couverte** par la renonciation, même expresse, des parties. Une telle promesse ne peut pas être ratifiée et n'est susceptible de produire aucun effet (Cass. 3e civ. 14-12-1994 n° 92-20.633 : Bull. civ. III n° 218). La constatation de la promesse par acte d'huissier ne lui confère pas un caractère authentique et ne la purge pas de la nullité considérée (Cass. 1e civ. 19-2-1991 n° 89-16.486 : Bull. civ. I n° 65). Il en est de même du dépôt d'une telle promesse au rang des minutes d'un notaire (CA Aix-en-Provence 5-5-1998 : Constr.-urb. 1999 n° 52).

En revanche, si les **parties,** ayant maintenu leur commune volonté, **signent ultérieurement** un **acte authentique,** l'acquéreur ne serait pas fondé, faute d'intérêt, à poursuivre l'annulation de la promesse non enregistrée (Cass. com. 27-6-2000 n° 95-15.406 : Bull. civ. IV n° 132, décision rendue à propos de la cession d'un fonds de commerce consécutivement à une promesse irrégulière et transposable).

S'il rapporte la preuve que la nullité de la promesse résulte de la carence fautive du bénéficiaire, 1685
le promettant peut obtenir des **dommages-intérêts,** sans qu'il y ait lieu, pour apprécier la faute, d'examiner les conditions de réalisation, ou non, de la condition suspensive qui affectait la promesse non enregistrée (Cass. 3e civ. 20-3-2002 n° 00-17.637 : RJDA 7/02 n° 751).

Si, après expiration du délai d'enregistrement, les parties ont poursuivi leurs pourparlers, à une époque où la nullité était acquise, la rupture de ces pourparlers peut constituer une faute engageant la responsabilité délictuelle de son auteur (Cass. com. 26-10-1993 n° 91-16.593 ; C. civ. art. 1112).

Le rédacteur de la promesse commet une **faute** en n'informant pas le bénéficiaire de l'obligation d'enregistrer la promesse (Cass. 1e civ. 1-10-1986 : JCP G 1988 II n° 20825).

B. Option réservée au bénéficiaire de la promesse unilatérale de vente

Le bénéficiaire conserve son entière liberté quant à la levée de l'option qui lui a été consentie ; 1760
mais s'il renonce à la promesse, il peut être tenu d'abandonner au promettant l'indemnité d'immobilisation.

DURÉE DE L'OPTION

Absence de stipulation d'un délai d'option La stipulation d'un délai déterminé 1765
dans lequel l'option doit être exercée n'est pas obligatoire, mais très utile. Si aucun délai n'est stipulé, la **promesse** ne devient **caduque** qu'après l'expiration du délai de droit commun de cinq ans : le bénéficiaire peut exercer son option pendant toute cette durée. Le **promettant,** pendant cette période, **peut se libérer** en mettant en demeure le bénéficiaire d'accepter ou de refuser l'acquisition dans un délai déterminé, ou en prouvant la renonciation du bénéficiaire à se prévaloir de la promesse (Cass. 3e civ. 24-4-1970 n° 68-10.536 : Bull. civ. III n° 279).

Stipulation d'un délai d'option La promesse est généralement enfermée dans un 1767
délai déterminé. La stipulation d'un délai est généralement **expresse,** mais elle peut être **tacite**

ou implicite : le juge devra alors en cas de litige interpréter la volonté des parties pour déterminer ce délai. La survenance de la date ou l'écoulement du délai prévu sans que le bénéficiaire n'exerce son option entraîne sa caducité. Le bénéficiaire est en effet considéré comme ayant renoncé à acquérir.

La durée de l'option n'est soumise à aucune règle impérative : aucune durée minimale ou maximale n'est prescrite. La durée est fixée librement par les parties : il peut s'agir d'un délai **déterminé** de manière fixe (date ou délai fixés), ou **déterminable** (Cass. 3e civ. 17-7-1997 n° 95-19.222 : RJDA 12/97 n° 1454 : est valable la clause qui proroge de plein droit la durée de validité de la promesse pour expirer un nombre déterminé de jours à partir de la date où la dernière des pièces prévues à l'acte aura été remise au notaire).

Si la **durée** du délai d'option conduit à ce que la promesse excède **18 mois,** le dispositif propre à ce type de promesse s'applique : il faudra notamment respecter la forme authentique (n° 1662).

> **Précisions a.** Si la durée choisie est **trop longue,** la valeur du prix de l'immeuble peut évoluer de telle sorte que le prix convenu, même indexé, se révèle lésionnaire à la date de levée d'option.
> **b.** Lorsque la **promesse** de vente est l'**accessoire d'un autre contrat** (par exemple un bail), la promesse expire au terme dudit contrat, en dépit de sa tacite reconduction, laquelle donne naissance à un nouveau contrat (Cass. com. 22-10-1996 n° 94-13.373 : RJDA 1/97 n° 9).

1768 **Renonciation au délai d'option** Le promettant peut renoncer au délai d'option, **expressément** ou **tacitement.** Sa renonciation doit intervenir avant l'expiration du délai : la promesse est sinon irrémédiablement caduque. Le bénéficiaire pourra alors exprimer sa volonté d'acquérir postérieurement au délai initialement fixé.

1770 **Prorogation du délai d'option** **Avant son expiration,** la durée de l'option peut faire l'objet d'une prorogation. La prorogation résulte d'un accord entre promettant et bénéficiaire. Elle est le plus souvent **expresse,** mais peut également être **tacite** (pour un exemple, voir Cass. com. 1-6-1993 n° 1015 : RJDA 12/93 n° 1009, 2e esp.).

Si le délai est prorogé sans qu'un terme précis ne soit fixé, la promesse est maintenue pour une **durée indéterminée.** Le promettant peut alors mettre fin à son engagement à tout moment sous réserve de ne pas user abusivement de ce droit (CA Versailles 8-11-1991 : RJDA 1/92 n° 19), comme cela est admis en matière d'offre simple d'acquérir (Cass. 3e civ. 20-5-1992 n° 856 : RJDA 11/92 n° 998). En pratique, le promettant a tout intérêt dans cette hypothèse à adresser au bénéficiaire une mise en demeure d'avoir à faire connaître son intention dans un certain délai.

Après l'expiration du délai d'option, la promesse est irrémédiablement caduque. Promettant et bénéficiaire ne pourront pas proroger le délai, mais devront conclure une nouvelle promesse.

> **Précisions a.** De nombreuses promesses stipulent une **prorogation de la date** limite fixée **pour la réalisation de la vente** par acte notarié du seul fait que le notaire ne serait pas en possession de toutes les pièces et de tous les documents nécessaires à cet effet, et non pas une prorogation du délai de levée d'option. En général, la promesse stipule que si à la date d'expiration de la promesse (délai fixé pour lever l'option) « les divers documents nécessaires à la régularisation de l'acte ne sont pas encore portés à la connaissance du notaire, le délai de régularisation sera automatiquement prorogé aux « x » jours calendaires qui suivront la date à laquelle le notaire aura reçu les pièces indispensables »; ce type de clause, claire et précise, ne concerne pas le délai d'option mais seulement la signature de l'acte de sorte que, en l'absence de levée de l'option par le bénéficiaire, la promesse devient caduque à sa date d'expiration sans que le bénéficiaire puisse prétendre que l'objet de ce type de clause est de proroger, fût-ce tacitement, le délai de la levée de l'option (Cass. 3e civ. 27-3-2007 n° 06-12.319 : RJDA 10/07 n° 945 ; dans le même sens, Cass. 3e civ. 8-10-2003 n° 02-11.953 : RJDA 2/04 n° 145). Ce type de stipulation mérite d'être considéré avec attention, sinon réserve, dans la mesure où il peut être inopportun que le bénéficiaire soit amené à prendre sa décision avant que le notaire ne détienne l'intégralité des éléments d'information relatifs à l'opération et notamment au bien objet de la promesse (même si l'on ne peut que rappeler l'opportunité de disposer de ces éléments dès la promesse). S'il est souhaité que ce soit le délai de levée de l'option qui soit prorogé, la promesse doit revêtir une rédaction explicite.
> **b.** Lorsque la prorogation est expressément prévue par la promesse, le **respect des conditions** fixées pour cette **prorogation** doit être strictement apprécié (en ce sens, Cass. 3e civ. 8-10-2003 n° 02-11.953 : RJDA 2/04 n° 145).

1775 **Délai d'option et réalisation d'une condition** La **durée** de l'option doit être combinée avec celle éventuellement **prévue** pour la réalisation des **conditions suspensives.** Lorsqu'une promesse unilatérale est soumise à une condition suspensive, la question se pose de savoir s'il est possible de **lever l'option dans le délai** prévu alors que la **condition** ne s'est **pas réalisée.**

Si les deux **délais** sont **identiques,** le bénéficiaire peut choisir de lever l'option le dernier jour du délai, même si la condition ne s'est pas réalisée. Il renonce alors à se prévaloir des conséquences juridiques du défaut de réalisation de la condition.

Si le **terme du délai d'option** est **antérieur** au **terme du délai de réalisation de la condition,** le bénéficiaire peut lever l'option sous la condition non encore réalisée : la promesse se transforme en vente sous condition. Il est donc conseillé de ne pas autoriser la levée d'option tant qu'une ou plusieurs conditions suspensives sont encore pendantes, et de déterminer le délai d'option compte tenu de la date de réalisation de la dernière des conditions (par exemple quinze jours après ladite date). Par ailleurs, la prorogation du délai de réalisation d'une condition suspensive n'entraînant pas le report du délai d'option si ce second délai est inférieur au premier, le bénéficiaire qui souhaite lever l'option doit le faire avant son expiration (Cass. 3e civ. 2-11-1995 : RDI 1996 p. 231).

Si le terme du délai d'option est **postérieur** au terme du délai de réalisation de la condition, le bénéficiaire peut lever l'option en renonçant, le cas échéant, à se prévaloir des conséquences juridiques de la défaillance de la condition (Cass. 3e civ. 12-4-1995 n° 93-10.097 : RJDA 7/95 n° 831 : la défaillance de la condition ne rend pas la promesse caduque et la levée d'option est valable).

Si **aucun délai** n'a été prévu pour la **réalisation de la condition** suspensive, le bénéficiaire peut lever l'option dans le délai prévu par la promesse même si la condition n'est pas réalisée ; la promesse se transforme alors en vente sous condition. S'il ne le fait pas, le défaut de réalisation de la promesse lui est imputable.

> **Précisions** Il est tout à fait possible de stipuler que la levée d'option devra être effectuée dans le mois de la réalisation des conditions suspensives (Cass. 3e civ. 24-2-1999 n° 97-15.683 : RJDA 5/99 n° 537). Dans ce cas, le délai de prescription de l'action en rescision pour lésion (C. civ. art. 1676) ne commence à courir qu'à compter du jour de la réalisation de la condition (Cass. 3e civ. 24-2-1999 n° 97-15.683 : RJDA 5/99 n° 537).

FORMALITÉS CONVENTIONNELLES

Diversité des formalités Les parties peuvent aménager à leur guise les modalités selon lesquelles la levée de l'option doit être portée à la connaissance du promettant : par exemple, envoi d'une lettre recommandée avec demande d'avis de réception au promettant ou au notaire chargé de l'acte authentique de vente, forme la plus souvent retenue, ou acte extrajudiciaire. En tout état de cause, lorsque la levée de l'option doit être réalisée dans un délai déterminé, les parties ont intérêt à mettre en place un formalisme tel qu'aucun doute ne puisse exister sur la date de la manifestation de la volonté du bénéficiaire. **1780**

La validité de la levée de l'option peut être contractuellement subordonnée à une offre de paiement par le bénéficiaire, matérialisée par le versement préalable ou concomitant du prix de vente et des frais.

Il peut également être prévu que la levée de l'option résultera exclusivement de la signature d'un acte authentique d'acquisition accompagnée du versement total du prix. Ainsi, en l'absence d'acte authentique signé, aucune vente ne peut se former. Ce faisant, les parties solennisent la levée de l'option et, corrélativement, la formation de la vente.

Respect des formalités Les modalités conventionnellement prévues pour la levée de l'option sont de rigueur : toute levée d'option accomplie sans respecter les formes prescrites est sans effet. Le bénéficiaire de la promesse ne peut pas y **renoncer unilatéralement,** ni arguer du fait que le promettant avait connaissance de la levée d'option. Ainsi, il ne peut pas remplacer la forme recommandée avec demande d'avis de réception par une forme qu'il jugerait équivalente (Cass. 3e civ. 13-7-1994 : Dr. et patrimoine hebdo 1994 p. 2). La multiplicité des stipulations observées en pratique entraîne autant de solutions différentes. La portée accordée par les parties à la régularisation par acte authentique relève de l'appréciation souveraine des juges du fond. Ainsi, si la promesse subordonne la réalisation de la vente à la signature de l'acte authentique et à un versement du prix, la seule manifestation d'acquérir n'est pas suffisante pour former la vente (Cass. 3e civ. 16-2-2000 : Constr.-urb. 2000 n° 151). **1785**

Il demeure loisible aux parties de **modifier d'un commun accord** les modalités qu'elles avaient initialement retenues. Elles peuvent également convenir ultérieurement de renoncer à la forme prévue par la promesse (Cass. 1e civ. 24-11-1965 n° 63-12.668 : Bull. civ. I n° 652 : promettant qui accepte une levée d'option par lettre simple alors que la promesse exigeait un envoi recommandé).

Absence de formalités Lorsque les parties n'ont pas défini au sein de la promesse de forme particulière pour la levée d'option, le bénéficiaire est libre de choisir la forme. **1790**

Plus généralement, la volonté du bénéficiaire de lever l'option peut résulter de tout acte la manifestant sans équivoque : levée d'option verbale (Cass. 3e civ. 19-12-2012 n° 08-14.225 : RJDA 3/13 n° 207 : option régulièrement levée, promettant informé oralement par son notaire de la décision du bénéficiaire avant l'échéance), remise simple, ou contre récépissé sont notamment utilisés. Le bénéficiaire peut également demander de réaliser la vente devant notaire, ou envoyer au promettant des documents établissant que les conditions suspensives éventuellement prévues sont réalisées.

En revanche, le versement d'une somme par le bénéficiaire à son propre notaire n'établit pas qu'il a eu la volonté de transformer la promesse en vente parfaite (Cass. 3e civ. 1-6-1994 : Dr. et patrimoine hebdo 1994 p. 4).

CARACTÈRES DE LA LEVÉE D'OPTION

1795 La levée d'option doit être **pure et simple** : elle ne doit pas être assortie de conditions ou de réserves. Si le bénéficiaire accepte tout en formulant de nouvelles conditions, par exemple en prévoyant un paiement à terme du prix alors que la promesse prévoyait un paiement comptant, il ouvre en réalité des pourparlers avec le promettant en vue d'une acquisition dans de nouvelles conditions.

L'option est également **irrévocable** : une fois levée, elle ne peut être rétractée. La vente est formée.

Même si la vente est formée par la levée d'option, il n'est pas certain qu'elle se réalisera : elle peut être soumise à une condition suspensive non encore réalisée, et dont le délai de réalisation n'est pas expiré. Mais l'incertitude tient alors à un événement qui est étranger à la volonté des parties.

C. Indemnité d'immobilisation

1840 Le plus souvent, il est prévu que si le bénéficiaire décide de ne pas lever l'option qui lui est offerte dans la promesse, il devra verser au promettant, en contrepartie de l'offre qui lui est consentie, une « indemnité d'immobilisation ». Cette dernière constitue le **prix de l'exclusivité** consentie au bénéficiaire de la promesse (Cass. 1e civ. 5-12-1995 n° 93-19.874 : RJDA 4/96 n° 477).

CARACTÈRE FACULTATIF

1845 S'il est d'usage de verser une « indemnité d'immobilisation », celle-ci ne relève cependant ni de la nature, ni de l'essence d'une promesse unilatérale de vente. La stipulation d'une telle indemnité est facultative.

Pour éviter toute discussion ultérieure, il est préférable, lorsque les parties écartent le versement d'une telle indemnité, de le préciser expressément dans le texte de la promesse.

ÉPOQUE DU VERSEMENT DE L'INDEMNITÉ

1860 **Versement lors de la signature de la promesse** La stipulation de l'abandon d'une « indemnité d'immobilisation » dans diverses hypothèses de non-levée d'option ne commande pas le versement d'une telle indemnité lors de la signature de la promesse. Tel est cependant le plus souvent le cas : le bénéficiaire dispose dès la souscription de la promesse du droit d'option et peut en principe immédiatement l'exercer. Toutefois, le bénéficiaire conserve la vocation à la **restitution** de la somme versée dans différents cas (absence de justification de l'origine de propriété, privilèges et hypothèques d'un montant supérieur au prix de vente, etc.). À la garantie de cette restitution la somme versée est généralement affectée en nantissement avec remise entre les mains d'un tiers séquestre.

Si l'acquéreur est un non-professionnel et que l'acte est un acte sous signature privée non conclu par l'intermédiaire d'un professionnel ayant reçu mandat pour prêter son concours à la vente, aucun versement ne peut être reçu avant l'expiration du délai de rétractation (CCH art. L 271-2, al. 1 ; nos 900 s.).

L'**encaissement** effectif et **immédiat** par le promettant est aussi possible ; dans ce cas, la prudence recommande au bénéficiaire d'exiger la fourniture de la part du promettant d'un cautionnement garantissant la restitution dans les cas où celle-ci pourrait intervenir.

1865 **Versement lors du refus de levée d'option** Le versement peut aussi intervenir à l'époque de la manifestation, expresse ou tacite, de l'intention de non-acquisition, excepté le cas de la rétractation prévue par l'article L 271-1 du Code de la construction et de l'habitation (nos 830 s.). En pareil cas, aucun versement n'intervient lors de la signature de la promesse ;

le bénéficiaire s'engage à verser l'indemnité d'immobilisation s'il vient à ne pas lever l'option. L'efficacité de cet engagement est usuellement confortée par un cautionnement solidaire, voire une garantie à première demande, au profit du promettant du versement de ladite indemnité.
Lorsque le versement est différé, il est conseillé de lier le sort du contrat à ce versement effectif, au moyen d'une clause résolutoire expresse dont la mise en œuvre sera réservée au promettant.
Certains établissements financiers proposent la délivrance d'un cautionnement au profit du promettant en contrepartie du nantissement des sommes équivalentes à l'indemnité garantie. L'attrait de cette formule réside dans la perception par le bénéficiaire des fruits ou plus-values attachées au placement de ces sommes ; en effet, la détention par le séquestre (notaire ou agent immobilier) n'est en général source d'aucun profit.

NATURE DE L'INDEMNITÉ

La stipulation d'une indemnité d'immobilisation n'a pas pour objet de faire assurer par une des parties l'exécution de son obligation, puisque le bénéficiaire conserve la faculté de ne pas acquérir pour des motifs dont il n'a pas à justifier et qui peuvent relever de la pure convenance personnelle. **1880**

Elle ne constitue **pas** une **clause pénale** au sens de l'article 1231-5 du Code civil puisque le bénéficiaire ne manque pas à une obligation contractuelle en s'abstenant de requérir l'exécution de la promesse (Cass. 3e civ. 5-12-1984 : Bull. civ. III no 208 ; CA Versailles 27-3-1992 : D. 1993 som. p. 233).

Il ne s'agit pas non plus d'une **clause de dédit,** clause qui permet à celui au profit duquel elle est stipulée de renoncer à son engagement : le bénéficiaire d'une promesse unilatérale de vente n'a pas pris l'engagement d'acquérir.

L'indemnité d'immobilisation a vocation à être exigible en cas d'**absence de levée d'option.** Elle est acquise au promettant lorsque le bénéficiaire abandonne le projet d'achat et ne lève pas l'option. En revanche elle ne l'est pas si, sauf volonté expresse des parties, l'absence de levée d'option et de réalisation de la vente résulte du fait du promettant ou d'une cause extérieure (Cass. 3e civ. 15-12-2010 no 09-15.211 : RJDA 4/11 no 297). En cas de non-réalisation d'une condition suspensive prévue dans la promesse, les dispositions relatives à la protection de l'emprunteur immobilier imposent notamment la restitution de toute somme perçue par le promettant (no 21290).

Jugé que le point de départ du délai de prescription de 5 ans applicable aux actions personnelles ou mobilières prévu par l'article 2224 du Code civil se situe au terme du délai de réalisation de la condition suspensive pour l'**action en restitution** de l'indemnité d'immobilisation (Cass. 3e civ. 11-7-2024 no 22-22.058 FS-B : BPIM 5/24 inf. 318).

Une fois l'option levée, les stipulations concernant l'indemnité d'immobilisation deviennent sans objet. C'est pourquoi la promesse unilatérale de vente contient souvent une clause pénale sanctionnant le comportement fautif du bénéficiaire qui, ayant levé l'option, ne se présente pas pour signer l'acte authentique et payer le prix (no 2240).

En dépit de sa dénomination, l'« indemnité d'immobilisation » (terme auquel il convient de préférer celui de « prix de l'exclusivité ») ne possède **pas un caractère indemnitaire** : elle n'est pas destinée à dédommager le promettant d'un préjudice qu'il aurait subi du fait de l'immobilisation de l'immeuble, et le bénéficiaire, s'il refuse de former la vente, ne commet pas de faute. Le bénéficiaire ne peut donc pas se soustraire à son versement au motif que le promettant n'a subi aucun préjudice, notamment s'il renonce à vendre (Cass. 1e civ. 5-12-1995 no 93-19.874 : RJDA 4/96 no 477).

Lorsque le bénéficiaire lève l'option et fait le choix d'acquérir mais, en définitive, refuse de passer l'acte authentique d'acquisition, la somme versée pour garantir le paiement de l'indemnité d'immobilisation ne peut pas, à défaut de stipulation contraire, garantir le paiement du montant prévu par la clause pénale ou des indemnités dont le bénéficiaire pourrait être débiteur. **1885**

En pratique, la promesse unilatérale de vente doit **préciser ce que garantit la somme** versée lors de sa signature : le paiement de l'indemnité d'immobilisation jusqu'à la date de levée d'option ou d'expiration de la promesse et/ou le paiement des pénalités pour non-signature de l'acte définitif une fois la levée d'option intervenue.

MONTANT DE L'INDEMNITÉ

Fixation Le montant de l'indemnité d'immobilisation peut être **librement fixé.** L'usage s'établit à un montant représentant 10 % du prix de la vente proposée, pour des opérations de petite et moyenne importance et une « immobilisation » du bien de quelques mois ; ce pourcentage est inférieur pour les acquisitions à un prix élevé ou pour une durée d'immobilisation plus brève. **1900**

La stipulation d'une indemnité d'immobilisation n'a pas pour effet de transformer la promesse unilatérale en promesse synallagmatique de vente. Toutefois, si l'**indemnité** due se révèle **élevée,** compte tenu soit de la valeur du bien objet de la promesse, soit de la durée de ladite promesse, l'indemnité s'analyse alors en un **moyen** détourné **d'obliger le bénéficiaire à lever l'option,** puisque, à défaut, il abandonnera un montant conséquent sans contrepartie réelle. Dans ce cas, la promesse est susceptible d'être assimilée à une véritable promesse synallagmatique de vente (Cass. com. 20-11-1962 : Bull. civ. III n° 470 ; Cass. com. 13-2-1978 : Bull. civ. IV n° 60 ; Cass. 3e civ. 26-9-2012 n° 10-23.912 : RJDA 1/13 n° 21). La Cour de cassation précise que le montant de l'indemnité doit être apprécié par rapport au prix de vente et non dans l'absolu pour savoir s'il prive le bénéficiaire de sa liberté d'acheter ou de ne pas acheter (Cass. 3e civ. 26-9-2012 n° 10-23.912 : RJDA 1/13 n° 21).

Pour les **promesses** unilatérales consenties par une personne physique, dont la **durée** est **supérieure à 18 mois,** ou dont la prorogation de durée conduit à une durée totale supérieure à 18 mois, un montant minimal de l'indemnité d'immobilisation est exigé : il est fixé à 5 % du prix de vente (CCH art. L 290-2).

1905 **Révision** L'indemnité d'immobilisation ne sanctionne pas l'inexécution d'une obligation et ne constitue donc pas une clause pénale (n° 1880). Cela exclut le **pouvoir du juge** de **modérer l'indemnité** contractuellement convenue (CA Paris 25-3-1999 : D. 1999 IR p. 154).

Il est néanmoins possible de convenir par une clause appropriée que le montant de l'indemnité éventuellement abandonnée au promettant sera calculé en fonction de la durée de l'immobilisation du bien, dans le cas où le bénéficiaire manifesterait son intention de ne pas lever l'option avant la date limite qui lui a été impartie pour le faire.

En outre, même en l'absence d'une clause explicite, le juge doit rechercher si l'indemnité n'a pas été fixée par les parties en fonction de la durée d'immobilisation de l'immeuble et si son montant ne doit pas être réduit du fait de la renonciation anticipée du bénéficiaire (Cass. 3e civ. 5-12-1984 n° 83-12.895 : Bull. civ. III n° 208 ; CA Paris 31-5-1990 : D. 1990 IR p. 180).

Il est donc recommandé d'affirmer explicitement dans le contrat le caractère non révisable de l'indemnité si tel est le choix des parties : le juge ne pourra pas modérer l'indemnité si les parties ont prévu que la somme est acquise de plein droit au promettant (Cass. 3e civ. 10-12-1986).

1910 **Cautionnement** Lorsque le bénéficiaire ne verse pas de somme destinée à **garantir** le **paiement** de l'**indemnité,** le promettant prend souvent la précaution de solliciter la délivrance d'une caution garantissant le paiement de cette indemnité. Dans ce cas, la prorogation de la promesse n'emporte pas prorogation du cautionnement (CA Paris 14-5-1998 : RDI 1998 p. 391).

D. Issue de la promesse

1. ABSENCE DE LEVÉE D'OPTION

DÉFAILLANCE DU BÉNÉFICIAIRE

2000 **Expiration du délai** En cas d'absence de levée d'option dans le délai prévu, la **promesse** est **caduque** ; le promettant est dégagé de toute obligation sans qu'il lui soit nécessaire d'adresser au bénéficiaire une mise en demeure d'acquérir ou de faire constater judiciairement la caducité de la promesse. Le promettant est en droit de se faire attribuer l'indemnité d'immobilisation s'il en a été prévu une dans cette hypothèse.

L'**option levée tardivement** ne peut former le contrat, à moins qu'une prorogation n'ait été au préalable convenue, expressément ou tacitement (n° 1770). Jugé néanmoins que le retard de quelques jours apporté par le bénéficiaire pour lever l'option ne constituait pas une violation suffisamment grave de la promesse de nature à en entraîner la résolution (Cass. com. 1-6-1993 n° 91-16.347 : RJDA 12/93 n° 1009, 1re esp.). La Cour suprême a relevé qu'en l'espèce, les parties n'avaient pas expressément stipulé que l'échéance du terme serait sanctionnée par la caducité ou la résolution de l'accord. Aussi, la **prudence** recommande de prévoir une telle stipulation.

2020 **Renonciation du bénéficiaire** Le **comportement** du bénéficiaire peut être interprété comme constitutif d'une renonciation au bénéfice de la promesse (sur le cas d'un silence durable de sa part à réception de deux lettres du promettant lui indiquant qu'il n'entendait donner aucune suite à la promesse, voir Cass. com. 26-1-1993 : D. 1994 p. 69, vente mobilière). En cas de non-levée d'option, le bénéficiaire ne peut en principe pas prétendre à une réduction du montant de l'indemnité d'immobilisation (n° 1880).

Mais le comportement du promettant peut aussi conduire le bénéficiaire à **renoncer valablement** au bénéfice de la promesse. En effet, comme le vendeur, le promettant est tenu d'expliquer clairement ce à quoi il s'oblige ; il pèse sur lui une obligation de renseignements sur le fondement de l'article 1602 du Code civil. Ainsi, l'absence de révélation d'une servitude EDF de la part du promettant fait échec au versement de l'indemnité d'immobilisation entre ses mains (Cass. 3e civ. 1-7-1998 n° 96-20.358 : RJDA 10/98 n° 1092).

La jurisprudence considère que l'indemnité d'immobilisation doit être restituée au bénéficiaire lorsque son refus d'achat est légitime. Cette légitimité peut d'abord résulter de la découverte d'éléments qui auraient pu manifestement conduire à l'annulation de la vente si celle-ci était intervenue (vice, défaut de conformité du bien). Jugé que si l'acheteur renonce à la vente en raison de nuisances sonores qu'il découvre après la signature de la promesse, la non-réalisation de la vente est imputable au vendeur, de sorte que l'indemnisation d'immobilisation n'est pas due (Cass. 3e civ. 3-10-2024 n° 21-24.480 F-D : BPIM 6/24 inf. 361).

Refus de verser une somme d'argent Le bénéficiaire peut s'obliger, dans le cadre d'une promesse unilatérale onéreuse, à verser une somme d'argent en contrepartie de l'option qui lui est offerte. L'inexécution de cette obligation peut conduire à prononcer judiciairement la **résolution de la promesse,** si le promettant en fait la demande. **2025**

Le promettant pourra également demander le versement de **dommages-intérêts** au bénéficiaire, sur le fondement de la responsabilité contractuelle.

DÉFAILLANCE DU PROMETTANT

Révocation de la promesse Pour les contrats conclus depuis le 1er octobre 2016, la révocation de la promesse pendant le temps laissé au bénéficiaire pour opter n'empêche pas la formation du contrat promis (C. civ. art. 1124, al. 2). Le contrat étant formé par la levée d'option malgré la révocation exprimée par le promettant, le bénéficiaire peut agir en **exécution forcée de la vente.** Le bénéficiaire peut également, si le promettant se refuse à réitérer la vente, agir en résolution de la promesse et solliciter des dommages et intérêts. Jugé que le consentement du bénéficiaire d'une promesse unilatérale de vente, donné après rétractation du promettant, emporte formation du contrat, sans contrarier la liberté contractuelle et la protection du droit de propriété du promettant (Cass. 3e civ. QPC 17-10-2019 n° 19-40.028 FS-PBI : BPIM 6/19 inf. 410). **2040**

Avant cette date, il était jugé, au contraire, que la « rétractation » du promettant avant la levée d'option empêchait la rencontre des volontés et mettait obstacle à la formation de la vente, dont la réalisation forcée ne pouvait plus être judiciairement demandée (Cass. 3e civ. 12-6-2013 n° 12-19.105 ; CE 2-4-2015 n° 364539).

La solution nouvelle a été adoptée concernant des faits soumis au droit antérieur : jugé que la rétractation du promettant n'empêche pas la formation de la vente même pour une promesse antérieure à 2016 (Cass. 3e civ. 23-6-2021 n° 20-17.554 FS-PBI : BPIM 4/21 inf. 264 ; Cass. 3e civ. 20-10-2021 n° 20-18.514 FS-B : BPIM 6/21 inf. 384 ; Cass. com. 15-3-2023 n° 21-20.399 FS-B : BPIM 3/23 inf. 203 ; Cass. 3e civ. 21-11-2024 n° 21-12.661 FS-B : BPIM 1/25 inf. 44, pour une promesse unilatérale de vente signée en 1971).

Aliénation de l'immeuble Lorsque le **promettant** vend l'immeuble à un tiers avant la levée d'option, le bénéficiaire peut, cumulativement ou alternativement selon son choix, demander la résolution de la promesse pour inexécution et solliciter l'octroi de dommages-intérêts. **2042**

Les conséquences du manquement du promettant à son obligation de faire peuvent en outre être aménagées dans une **clause pénale.** Le montant de la pénalité pourra être réduit par le juge s'il est manifestement excessif (C. civ. art. 1231-1).

La question se pose par ailleurs d'un recours contre le **tiers acquéreur** de l'immeuble. S'il est de **bonne foi,** le bénéficiaire n'a aucun recours contre lui. **2043**

En revanche, le tiers qui contracte avec le promettant en connaissant l'existence de la promesse unilatérale est de **mauvaise foi.** Le contrat qu'il passe avec le promettant est sanctionné par la **nullité** (C. civ. art. 1124, al. 3). La simple connaissance du contrat suffit à justifier la sanction ; l'existence d'un concert frauduleux entre le promettant et le tiers n'est pas nécessaire.

Cette connaissance par le tiers de la promesse antérieurement conclue par le promettant doit exister au moment où il contracte avec ce dernier. Le tiers est de bonne foi s'il apprend l'existence de la promesse alors qu'il a lui-même déjà contracté avec le promettant.

Il s'agit d'une nullité **relative,** destinée à protéger les intérêts du bénéficiaire. Le contrat conclu en violation de la promesse étant annulé, le promettant et le bénéficiaire se retrouvent dans la situation contractuelle d'origine. Le bénéficiaire pourra, à la condition d'avoir levé l'option dans les conditions prévues par la promesse, poursuivre la réalisation de la vente.

2. LEVÉE DE L'OPTION

MODALITÉS

2100 La levée d'option doit intervenir selon les modalités de fond et de forme convenues et de façon non équivoque ; elle suppose que le bénéficiaire ait préalablement rempli les obligations qui lui incombent en vertu de la promesse (pour celle de verser l'indemnité d'immobilisation à une date déterminée, voir Cass. 3e civ. 27-2-1991 no 89-19.942 : RJDA 4/91 no 286).

Le délai de levée de l'option possède une importance majeure. Si, à l'expiration du délai contractuel fixé pour la levée d'option, celle-ci n'a pas été levée, le bénéficiaire perd le bénéfice de la promesse sans qu'il y ait lieu de rechercher la cause pour laquelle il n'a pas jugé opportun de lever l'option dans le délai qui lui était offert pour ce faire. Le bénéficiaire ne saurait invoquer la nécessité pour le promettant de le mettre en demeure d'avoir à confirmer sa position négative.

La levée d'option est inefficace et aucun accord n'existe si le bénéficiaire n'accepte la promesse que sous réserve, ou avec des modalités non prévues initialement, ou encore à titre conditionnel ou conservatoire. La levée d'option est indivisible.

Si l'on souhaite publier la levée d'option au fichier immobilier, celle-ci doit être requise en qualité de demande en réitération forcée d'une cession (Décret 55-22 du 4-1-1955 art. 37, 2), en respectant le formalisme très particulier édicté par ce texte (voir no 15425). À défaut, la publication de la levée d'option en tant que telle, même consécutive à la publication de la promesse unilatérale de vente notariée, est insuffisante à publier la vente elle-même et ne permet pas à l'acquéreur de rendre son droit opposable aux tiers (Cass. 3e civ. 16-1-2020 no 19-11.497 : SNH 10/20 inf. 2). Il en va ainsi car les règles formalistes de publication de la vente (voir no 15670) ne sont pas respectées.

> **Précisions** **a.** Si les parties acceptaient de **nouvelles modalités** lors de la levée de l'option, il se formerait alors entre elles un contrat nouveau par novation du contrat initial.
> **b.** Lorsque la **promesse porte sur des terrains déjà lotis ou à lotir,** son acceptation et la convention qui en résultera s'établissent dès que l'acquéreur a versé un **acompte** sur le prix, quel que soit le nom donné à cet acompte, et a **pris possession** du terrain, la date du transfert de propriété étant censée être celle du versement du premier acompte (C. civ. art. 1589, al. 2). La réunion de ces deux conditions est indispensable pour réaliser la vente, mais il n'est pas nécessaire qu'elles soient simultanées. Lorsque la prise de possession est postérieure au versement du premier acompte, la vente **rétroagit** jusqu'à cette date; mais en application de l'article 676 du CGI, c'est la date de prise de possession qui détermine le régime fiscal et la valeur imposable.

EFFETS DE LA LEVÉE DE L'OPTION

2120 **Formation de la vente** La levée de l'option par le bénéficiaire est un acte de volonté irrévocable, unilatéral, définitif. Elle substitue à la promesse unilatérale de vente une **vente parfaite et définitive** (Cass. 3e civ. 11-12-1984 no 83-14.829 : Bull. civ. III no 212 ; CA Paris 4-10-1991 : RJDA 2/92 no 135, vente mobilière). En découlent les effets de la vente elle-même, et notamment le transfert de propriété, le transfert des risques, les obligations pesant sur le promettant et le bénéficiaire devenus vendeur et acquéreur. Cette substitution est indépendante du délai convenu pour la passation de l'acte authentique. Les parties se retrouvent dans une situation alors similaire à celle résultant de la signature d'une promesse synallagmatique de vente, à la différence que la vente n'est pas constatée dans un acte écrit unique.

Si une condition suspensive n'est pas encore réalisée, la vente se forme sous ladite condition.

À compter de la levée de l'option, le promettant ne peut plus se rétracter (Cass. 3e civ. 26-6-1996 no 94-16.326 : RJDA 7/96 no 905).

Une fois l'option levée, la vente définitivement formée entre les parties ne peut plus être anéantie qu'en demandant en justice sa résolution ou en application d'une clause résolutoire (Cass. 3e civ. 14-11-1996 no 1662 : RJDA 3/97 no 337 et sur renvoi CA Versailles 13-1-1999 no 96-9686 : RJDA 5/99 no 538).

2125 **Absence de rétroactivité** La décision d'acquérir prend effet au jour où elle est formulée, sans aucune rétroactivité. Ce principe implique les conséquences suivantes :

- **envers les tiers,** l'acquéreur ne sera propriétaire qu'à dater de l'accomplissement de la formalité de publicité foncière (après constatation judiciaire ou notariée de la vente) ;
- les **risques** et périls de la chose passent sur la tête du bénéficiaire à dater de la levée de l'option (Cass. 2e civ. 21-12-1970 no 69-13.031 : Bull. civ. II no 353) ;
- l'**existence des vices cachés** s'apprécie au jour de la levée d'option ;
- les **actes** et faits émanant **du promettant** depuis la conclusion de la promesse sont opposables à l'acquéreur, sauf action éventuelle en dommages-intérêts contre le promettant ;

– la **lésion** éventuelle s'apprécie au jour de la levée de l'option, lequel est aussi celui de la vente, et le délai imparti par l'article 1676 du Code civil pour exercer l'action en rescision court à compter de ce jour (Cass. 3e civ. 29-3-2000 : Constr.-urb. 2000 n° 152 ; CA Paris 8-10-1991 : RJDA 12/91 n° 1011). Il ne s'agit donc pas du jour de l'acte authentique (Cass. civ. 18-6-1962 : D. 1962 p. 608) quels que soient la date de passation et les effets de la vente reportés à ce jour. En cas de modification ultérieure de l'objet ou des conditions de la vente, le point de départ de ce délai est reporté (Cass. 3e civ. 9-7-1984 n° 83-12.493 : Bull. civ. III n° 137).

Compte tenu de la rigueur de ces principes, en ce qui concerne la **date d'effet** de la vente en matière de garde, de délivrance, de paiement du prix, de transfert de propriété, des risques et de la jouissance, les parties conviennent le plus souvent de la fixer à la date de l'**acte authentique** d'acquisition ; mais cet aménagement conventionnel des effets de la vente ne modifie pas la date de formation de celle-ci et le fait que les parties sont liées par un contrat définitif.

Si l'acte authentique précise que l'acquéreur sera, conformément aux stipulations de la promesse, propriétaire des lieux vendus et en prendra jouissance à compter dudit acte, cela ne fait pas obstacle à ce que le **promettant,** devenu vendeur, en ait perdu la **garde.** Tel est le cas si la promesse autorise le bénéficiaire à faire des aménagements avant la conclusion effective de l'acte de vente (CA Versailles 17-2-1994 : RDI 1995 p. 118).

Paiement du prix En cas de **réalisation de la vente,** la somme éventuellement versée par le bénéficiaire s'impute sur le prix de la vente, à la condition que cela ait été expressément stipulé. Elle constitue alors un **acompte** sur le prix. Le prix est le plus souvent stipulé payable au jour de l'acte authentique de réalisation. 2130

Conséquences fiscales La levée de l'option constitue le fait générateur de l'impôt de mutation. L'assiette des droits de mutation est constituée par la valeur du bien au jour de la levée de l'option et non au jour de la promesse. La preuve de la levée de l'option peut être établie par l'administration à l'aide de tout moyen compatible avec la procédure écrite. 2135

Réitération authentique Le plus souvent, la promesse contient l'indication du **délai** dans lequel les parties s'engagent réciproquement à signer l'acte de vente. Si un tel délai est stipulé, il appartient au notaire rédacteur de l'acte de prendre toute disposition pour que la signature de la vente puisse intervenir dans le délai contractuellement fixé. 2140

Si la promesse de vente prévoit un délai assez bref dans lequel les parties auront l'obligation de signer l'acte de vente (par exemple, quinze jours après la levée de l'option par son bénéficiaire), il appartient au notaire de ne pas attendre la levée effective de l'option pour déclarer l'intention d'aliéner selon les modalités de l'article R 213-5 du Code de l'urbanisme ; à défaut, il commet une faute génératrice de responsabilité en ne mettant pas fin sans délai à l'aléa que l'existence du droit de préemption fait peser sur l'opération (Cass. 1e civ. 17-3-1993 n° 89-20.991 : RJDA 10/93 n° 827).

Les parties peuvent prévoir que le **transfert de propriété** aura lieu à la date de signature de l'acte authentique. D'autres dispositions de la promesse ne doivent pas contredire cette stipulation. Ainsi, jugé par exemple que sont ambiguës les clauses d'une promesse prévoyant, d'une part, que le transfert de propriété est retardé au jour de la constatation de la vente devant notaire et, d'autre part, que l'entrée en jouissance a lieu dès le jour de la promesse (Cass. 3e civ. 12-1-1994 : D. 1995 p. 52, ayant déclaré valable le bail consenti par le bénéficiaire avant la signature de l'acte authentique).

3. REFUS DE VENDRE OU D'ACHETER APRÈS LA LEVÉE DE L'OPTION

REFUS DU PROMETTANT

Vente à un tiers Si le promettant vend le bien à un tiers alors que l'option a été levée, le bénéficiaire peut obtenir la **constatation judiciaire** de la vente, la levée de l'option ayant eu pour effet de rendre la vente parfaite. La décision de justice constatant le caractère parfait de la vente pourra être publiée directement. Mais cette constatation judiciaire n'a d'intérêt que si la vente au profit du tiers n'a pas été **préalablement publiée.** Si tel était le cas, la vente consentie au tiers ne pourrait pas être remise en cause (en ce sens, Cass. 3e civ. 12-1-2011 n° 10-10.667) : elle serait opposable aux tiers, et ce, même si le tiers acquéreur était de mauvaise foi. Seule une fraude avérée du tiers acquéreur, qui doit dépasser la simple connaissance de la première vente, permettrait de remettre en cause l'efficacité de la vente à son profit. 2220

La **responsabilité** contractuelle du promettant serait en tout état de cause engagée et la responsabilité délictuelle du tiers acquéreur de mauvaise foi pourrait être recherchée.

2225 **Refus injustifié** Le bénéficiaire peut être exposé à un refus de la part du promettant de passer l'acte authentique de vente.

Le contrat de vente étant formé entre les parties par le seul fait de la levée de l'option et sauf la faculté de dédit ouverte au promettant, une rétractation du vendeur n'est pas concevable et est dépourvue d'effet. Le **bénéficiaire** peut **obtenir** en justice que le **promettant** soit **condamné à signer l'acte authentique** dans un certain délai, ou que le jugement tienne lieu d'acte de vente. Il peut en outre demander des dommages-intérêts pour le préjudice subi.

Pour préserver ses droits dans le cadre de cette assez longue procédure, il est prudent pour le bénéficiaire de prendre des **mesures conservatoires.** Il peut à cet effet faire publier au service chargé de la publicité foncière la demande en justice tendant à la réalisation de la vente en la forme authentique, le procès-verbal notarié constatant le défaut ou le refus du promettant, ou encore la déclaration notariée de sa propre volonté d'exiger la réalisation de la promesse (Décret du 4-1-1955 art. 37, 2). Il s'agit d'une prénotation dans l'attente de la publication de la décision définitive ou de l'acte au service chargé de la publicité foncière. Cette dernière doit intervenir dans les trois ans, faute de quoi l'opposabilité de la promesse qui résulte des dispositions ci-dessus risque de se voir dénier toute portée.

Cette publicité ne doit pas être confondue avec celle de la promesse dont l'option n'a pas encore été levée (n° 1670).

Le bénéficiaire peut aussi solliciter seulement la condamnation du promettant à verser des dommages-intérêts pour refus d'exécuter ses engagements.

REFUS DU BÉNÉFICIAIRE

2240 Si, après la levée de l'option, le bénéficiaire ne peut pas ou ne veut pas réitérer la vente par acte authentique, la vente peut être résolue à la demande du promettant, devenu vendeur, qui conservera alors le plus souvent la somme initialement versée à titre d'indemnité d'immobilisation, à titre de sanction pécuniaire stipulée dans la clause pénale visant cette hypothèse.

4. PERTE OU DÉGRADATION DU BIEN

2280 Si, depuis la promesse et **avant la levée de l'option,** la chose qui en a été l'objet vient à **périr totalement,** la promesse se trouve frappée de caducité, sauf la faculté pour le bénéficiaire de réclamer au promettant des dommages-intérêts si la perte résulte de son fait.

Si l'immeuble ne **périt** que **partiellement,** le bénéficiaire peut lever l'option et exiger la réalisation de la vente. La vente doit alors être réalisée au prix initialement fixé dans la promesse. Il ne peut pas demander la réalisation de la vente moyennant un prix diminué, sauf nouvel accord avec le promettant.

Si **au moment de la levée de l'option** la chose objet de la promesse est périe en totalité, la **vente** est **nulle** (C. civ. art. 1601, al. 1). Si une partie seulement de la chose est périe, le bénéficiaire devenu acquéreur peut soit abandonner la vente, soit demander la partie conservée, en faisant déterminer le prix de la partie restante (C. civ. art. 1601, al. 2).

> **Précisions** Il est important, en **pratique**, de préciser les conséquences de la destruction, totale ou partielle, des immeubles, installations ou plantations sur l'existence et l'issue de la promesse.
> Afin d'éviter tout litige en cas de **destruction partielle** de l'immeuble, les parties pourront notamment prévoir si le bénéficiaire pourra demander, outre la réalisation de la vente à son profit, le versement de l'**indemnité** due par la compagnie **d'assurance** au propriétaire.
> La solution étant incertaine également quant à la **restitution** en cas de sinistre de la **somme versée par le bénéficiaire** en contrepartie de l'option, il est conseillé de prévoir dans la promesse si cette somme reste acquise au promettant ou si elle doit être restituée au bénéficiaire, en tout ou en partie, si le bénéficiaire ne lève pas l'option.

E. Transmission de la promesse

2300 La promesse unilatérale de vente ne produit en principe d'effet qu'entre les parties contractantes.

Mais le promettant peut trouver un avantage à la transmission du bénéfice de la promesse. Cela augmente ses chances que l'option soit levée, puisqu'au bénéficiaire initial peut être adjoint un second acquéreur potentiel.

Le bénéficiaire y trouve également un avantage : il peut soit décider de ne pas acquérir sans perdre la somme versée au titre de l'option, soit tirer un profit pécuniaire de l'opération si elle est réalisée à titre onéreux.
Le mécanisme de la **cession de contrat** permet au contractant de céder sa qualité de partie au contrat (C. civ. art. 1216, al. 1).
Avant la réforme du droit des contrats, une promesse unilatérale de vente pouvait être transférée par le bénéficiaire selon deux modalités : sa **cession** ou la **substitution** par celui-ci d'un tiers dans ses droits.
Nous prenons ici le parti d'inscrire strictement la transmission entre vifs de la promesse unilatérale dans le moule de la cession de contrat tel qu'il est désormais prévu par le Code civil.

1. CESSION DE LA PROMESSE

PRINCIPE DE CESSIBILITÉ

Un contractant, le cédant, peut céder à un tiers, le cessionnaire, sa **qualité de partie au contrat,** avec l'accord de son cocontractant, le cédé (C. civ. art. 1216, al. 1). **2305**
La **transmission** de la promesse peut être réalisée **à titre onéreux,** c'est-à-dire moyennant un prix versé par le cessionnaire au cédant, ou **à titre gratuit,** c'est-à-dire sans contrepartie.
La cession peut intervenir avant comme après réalisation des conditions suspensives affectant la promesse. La **cession** peut être pure et simple, même si elle **porte sur une promesse conditionnelle.** Elle peut également être soumise aux conditions suspensives de la promesse cédée ou à ses propres conditions suspensives.

RESTRICTIONS

Accord du cocontractant La cessibilité du bénéfice d'une promesse unilatérale de vente suppose l'accord du cocontractant. Cet accord peut être donné dans la cession elle-même ou après celle-ci, sur la sollicitation du bénéficiaire. **2310**

Restrictions légales La cession à titre onéreux par un professionnel de l'immobilier des droits conférés par une promesse de vente portant sur un immeuble est frappée de **nullité** d'ordre public (Loi 93-122 du 29-1-1993 art. 52). **2320**
Le **caractère onéreux** de la cession ne saurait résulter du seul remboursement de l'« indemnité d'immobilisation », ou de la somme séquestrée quelle que soit sa qualification, versée lors de la signature de la promesse (unilatérale ou synallagmatique) cédée ; un tel remboursement ne constitue pas un prix d'acquisition de la promesse. En revanche, il convient de s'assurer que la cession consentie en apparence sans prix ne s'inscrit pas dans un ensemble de contrats non détachables consentis eux-mêmes à titre onéreux et susceptibles de conférer ce caractère à la cession (Cass. 3e civ. 3-3-1993 n° 91-15.613 : Bull. civ. III n° 28, écartant le caractère lésicnnaire d'une vente dont la contrepartie se trouve dans l'économie générale de l'ensemble des opérations dans lequel elle s'insérait).
La nullité ne frappe que la cession des droits conférés par la promesse et non la promesse elle-même.

> **Précisions a.** La notion de professionnel de l'immobilier est très large et ne se limite pas aux seules personnes effectuant des opérations immobilières à titre principal (agents immobiliers, marchands de biens, promoteurs, lotisseurs et aménageurs). Jugé notamment que doit être considérée comme un professionnel de l'immobilier la société anonyme qui, en marge de son activité principale de vente en gros et au détail de fruits et légumes frais, réalise régulièrement des opérations immobilières dans le cadre de son objet social, comprenant l'acquisition et la gestion de biens immobiliers (Cass. 3e civ. 28-3-2012 n° 11-12.872 : RJDA 7/12 n° 661).
> **b.** Le procédé qui consiste pour une personne **à se faire consentir de manière habituelle des promesses de vente en vue de les céder** contrevient à la loi du 2 janvier 1970, dite « loi Hoguet » (nos 90100 s.). Aux sanctions pénales encourues en pareille circonstance pour exercice illégal de la profession d'agent immobilier (n° 90720) s'ajoute la nullité civile de la cession (CA Pau 17-4-1991 : RDI 1991 p. 357).

FORME DE LA CESSION

La cession doit être constatée par **écrit,** à peine de **nullité** (C. civ. art. 1216, al. 3). La cession de promesse est donc un contrat solennel, comme toute cession de contrat. Il pourra s'agir d'un écrit authentique ou d'un écrit sous signature privée. **2321**

FORMALITÉS LIÉES À LA CESSION D'UNE PROMESSE UNILATÉRALE DE VENTE

En vertu de l'article 1589-2 du Code civil, la cession d'une promesse unilatérale de vente afférente à un immeuble ou à un droit immobilier est nulle et de nul effet si elle n'est pas **2330** constatée par un **acte** authentique ou par un acte sous signature privée **enregistré** dans le délai de 10 jours à compter de sa signature. Cette nullité présente les mêmes caractéristiques que celles résultant du défaut de respect de l'article 1589-2 du Code civil à l'occasion de l'acceptation initiale de ce type de promesse (nos 1680 s.).

L'enregistrement donne lieu à la perception du droit fixe des actes innomés de 125 € (CGI art. 680).

Cette règle s'applique, que la cession s'accompagne ou non de la stipulation d'un **prix.** Mais seules sont visées les **cessions** effectuées **avant** la **levée de l'option** ; en effet, la cession réalisée après que le bénéficiaire de la promesse de vente a manifesté son intention d'acquérir, c'est-à-dire postérieurement à l'acquisition par ce bénéficiaire du bien qui faisait l'objet de la promesse, ne s'analyse pas en une cession de promesse unilatérale de vente mais en une nouvelle transmission du bien.

Lorsque la cession de promesse a lieu par **acte notarié,** un doute plane sur la forme de cet enregistrement. Contrairement à la promesse unilatérale elle-même, la cession de promesse n'est pas expressément visée par l'article 60 de l'annexe IV au CGI qui définit le champ d'application de l'**enregistrement sur état.** Selon nous, si le législateur admet l'enregistrement sur état d'une promesse unilatérale de vente – ce qui implique que l'administration fiscale en ignore le contenu, donc l'identité du bénéficiaire – on peut penser qu'il peut en aller de même de la cession de cette promesse à un tiers. Une confirmation sur ce point de la part de l'administration fiscale serait la bienvenue.

2335 La cession est immédiatement **opposable** au promettant au moment où il donne son accord, puisque cet accord est requis pour que le bénéficiaire cède sa qualité de partie au contrat. Cet accord sera concrétisé soit par son intervention à l'acte, soit postérieurement au vu de l'acte de cession lui-même.

EFFETS DE LA CESSION

2340 **Entre le cédant et le cessionnaire** Par l'effet de la cession de la promesse, le cessionnaire devient titulaire du droit d'option. Au contraire, le cédant ne peut plus exercer l'option puisqu'il n'en est plus titulaire.

Si la cession est consentie à titre onéreux, le cessionnaire doit verser au cédant le prix convenu, qui est exigible même si le cessionnaire ne lève pas l'option.

La seule obligation du **cédant** sera en principe de **garantir** au cessionnaire l'existence de sa qualité de contractant et du droit d'option cédé. Il ne garantit pas l'exécution du contrat de promesse cédé, ni celle de la vente consécutive à la levée d'option par le cessionnaire, sauf si le contrat de promesse prévoit que le cédant reste garant de la bonne exécution du contrat.

Le cessionnaire peut opposer au cédé les exceptions inhérentes à la dette, telles que la nullité, l'exception d'inexécution, la résolution ou la compensation de dettes connexes. Il ne peut lui opposer les exceptions personnelles au cédant. Le cédé peut opposer au cessionnaire toutes les exceptions qu'il aurait pu opposer au cédant (C. civ. art. 1216-2, al. 1).

2345 **Entre le promettant et le cessionnaire** Le cessionnaire prend la place du cédant dans le rapport contractuel initial. Il devient **titulaire** du **droit d'option** et a seul qualité pour l'exercer. S'il lève l'option, la vente sera formée et il pourra en demander l'exécution au promettant.

Le cessionnaire est tenu aux **obligations** du cédant à l'égard du promettant (Cass. 1e civ. 14-12-1982 : D. 1983 p. 416). Il doit notamment lui verser la somme convenue pour prix de l'option en cas de promesse onéreuse, si cette somme reste due au jour de la cession.

2346 **Entre le promettant et le cédant** Si le cédé y consent expressément, la cession de contrat libère le cédant **pour l'avenir.** À défaut, et sauf clause contraire, le cédant est tenu **solidairement** à l'exécution du contrat (C. civ. art. 1216-1).

FISCALITÉ DE LA CESSION D'UNE PROMESSE UNILATÉRALE DE VENTE

2348 Si la promesse porte sur un immeuble dont la cession entre dans le champ d'application de la **TVA,** la cession de la promesse suit le régime fiscal de la cession de l'immeuble (CGI art. 257, I-1-2° ; n° 84940). Par suite, la cession de la promesse se trouve soumise à la TVA de plein droit si elle porte sur un terrain à bâtir ou un immeuble bâti achevé depuis cinq ans au plus, ou sur option si elle porte sur un terrain non à bâtir ou un immeuble achevé depuis plus de cinq ans, pour autant qu'elle est réalisée par un assujetti agissant en tant que tel (BOI-TVA-IMM-10-10-20 n° 110).

En ce qui concerne les **droits d'enregistrement,** voir n° 2330.

La cession occasionnelle par un particulier du bénéfice d'une promesse unilatérale de vente n'entre pas dans le champ d'application du régime des **plus-values immobilières des particuliers** (Inst. 8 M-1-05 n° 9, solution non reprise au Bofip mais qui semble garder sa pertinence). 2350

Les sommes perçues ne sont susceptibles d'être imposées à l'impôt sur le revenu que si le cédant peut être considéré comme s'étant livré à une activité d'entremise imposable dans la catégorie des **BNC** (CE 25-3-1991 n° 57421 : RJF 5/91 n° 598 ; CAA Nantes 14-5-2007 n° 04-552 : RJF 10/07 n° 1040).

2. FACULTÉ DE « SUBSTITUTION »

DÉFINITION ET NATURE

Le promettant peut, par anticipation, autoriser le bénéficiaire à céder sa qualité de partie au contrat (C. civ. art. 1216, al. 2). Dans ce cas, la cession produit effet à l'égard du cédé lorsque le contrat conclu entre le cédant et le cessionnaire lui est notifié ou lorsqu'il en prend acte. 2360

Les promesses unilatérales de vente contiennent fréquemment une clause de « substitution », par laquelle le bénéficiaire peut désigner une autre personne dans le bénéfice de la promesse. Il y a faculté de substitution lorsque le bénéficiaire peut se substituer un tiers non désigné dans la promesse comme futur acquéreur. En cas d'exercice de cette faculté, le tiers vient alors aux droits et obligations du bénéficiaire initial : il peut lever l'option et demander la réalisation de la vente à son profit.

Depuis l'entrée en vigueur de la réforme du droit des contrats, la terminologie de « faculté de cession » est sans doute appropriée, mais celle de « faculté de substitution » peut sans doute être maintenue dans la pratique.

La faculté pour un contractant de céder sa qualité de partie au contrat sur l'autorisation donnée par avance par le contractant cédé s'analyse comme une cession de la promesse. 2365

Avant la réforme du droit des contrats, la **nature** juridique de la substitution demeurait source d'interrogations.

INTERDICTION DE LA SUBSTITUTION

La substitution consentie à titre onéreux par un **professionnel de l'immobilier** est frappée d'une nullité d'ordre public (Loi 93-122 du 29-1-1993 art. 52). 2370

L'article 52 précité frappe de nullité la « cession des droits conférés » par une promesse de vente. Ce libellé et les termes explicites des travaux préparatoires révèlent la volonté expresse du législateur de désigner sous ce vocable les substitutions, compte tenu du résultat similaire de celles-ci et de la cession, à savoir la possibilité pour le cessionnaire ou le substitué de lever ou non l'option ouverte par la promesse.

FORMALITÉS

La cession doit, **à peine de nullité,** être **constatée par écrit** (C. civ. art. 1216, al. 3). La mise en œuvre de la substitution suppose donc l'établissement de cet écrit si, comme nous le pensons, la substitution dans le bénéfice d'une promesse est désormais une cession. Selon les pratiques antérieures à la réforme du droit des contrats et des obligations (Ord. 2016-131 du 10-2-2016), la **substitution** était généralement très peu **formalisée** dans les relations entre le substituant et le substitué, spécialement lorsque la substitution était opérée à titre gratuit. 2380

La substitution dans le bénéfice d'une promesse unilatérale de vente échappait à l'obligation d'**enregistrement** prescrite par l'article 1589-2 du Code civil (Cass. 3e civ. 17-4-1984 n° 82-12.106 : Bull. civ. III n° 87 ; Cass. 3e civ. 13-7-1999 n° 1264 : RJDA 10/99 n° 1064), et c'était d'ailleurs ce qui expliquait son origine et la faveur qu'elle connaissait dans la pratique. Si on considère que le changement de bénéficiaire s'analyse en une cession de la promesse sur autorisation anticipée du promettant, il devrait logiquement s'ensuivre l'obligation de soumettre la cession à cette formalité (voir n° 2330).

Sur la forme de l'enregistrement de la substitution lorsqu'elle a lieu par **acte notarié,** voir n° 2330.

EFFETS DE LA SUBSTITUTION

Les effets d'une cession réalisée sur autorisation anticipée du promettant sont ceux de toute cession. Il est renvoyé aux développements ci-dessus pour les effets de la cession entre le cédant et le cessionnaire (n° 2340), entre le promettant et le cessionnaire (n° 2345) et ceux entre le promettant et le cédant (n° 2346). 2390

3. CAS SPÉCIFIQUES DE TRANSMISSION DE LA PROMESSE

2400 Il y a transmission des promesses de vente dans les cas spécifiques suivants :

1. Décès. En cas de décès **du promettant** avant la levée de l'option, ses héritiers qui ont accepté la succession ou les légataires sont tenus d'exécuter la promesse, sauf si celle-ci a été conclue intuitu personae, c'est-à-dire en considération de la personne du promettant (Cass. 1e civ. 22-10-1963 : Bull. civ. I no 448 ; Cass. 1e civ. 6-11-1963 : D. 1964 p. 119 ; Cass. 3e civ. 8-9-2010 no 09-13.345 : RJDA 12/10 no 1142). La même solution est admise en cas de décès **du bénéficiaire.**

2. Fusion. Lorsque la promesse a été conclue par une personne morale, les droits et obligations qui en résultent sont, en cas de fusion, transmis à la société absorbante, sauf clause contraire de la promesse.

2410 Par ailleurs, certains **textes spéciaux** prévoient expressément le transfert des droits et obligations résultant d'un contrat préparatoire. Ainsi, malgré toute clause contraire, toute aliénation des **logements réservés** dans le cadre de la **participation des employeurs** à l'effort de construction substitue de plein droit l'acquéreur dans les droits et obligations du vendeur, y compris celles du contrat de réservation (CCH art. L 313-26).

L'aliénation par le vendeur d'un immeuble grevé d'un contrat de **location-accession** (Loi 84-595 du 12-7-1984) substitue de plein droit le nouveau propriétaire dans les droits et obligations du vendeur (art. 20), dont celle de vendre le logement si l'accédant le demande.

En cas de cession d'un immeuble compris dans une opération de **crédit-bail,** et pendant la durée de l'opération, le cessionnaire est tenu des mêmes obligations que le cédant qui reste garant ; parmi celles-ci figure l'exécution de l'éventuelle promesse de vente (C. mon. fin. art. L 313-8).

SECTION 3

PROMESSE UNILATÉRALE D'ACHAT

DÉFINITION

2600 La promesse unilatérale d'achat est la convention par laquelle une personne, le **promettant,** s'engage à l'égard d'une autre personne, le **bénéficiaire,** à acheter un bien à un prix déterminé, pour le cas où celle-ci se déciderait à le vendre.

UTILISATION

2620 En pratique, cette formule se rencontre assez rarement : le propriétaire bénéficiaire n'est dans ce cas pas assuré que le promettant sera en mesure de payer le prix, et l'acquéreur peu enclin à accepter d'acquérir sous la condition d'une manifestation de volonté discrétionnaire du propriétaire.

Elle intervient, en général, en tant qu'**accessoire** d'une autre convention, adjointe par exemple à un bail.

RÉGIME

2640 Le promettant souscrit l'**obligation** d'acquérir : à son égard, la promesse d'achat vaut achat dès sa conclusion, puisqu'il s'engage irrévocablement sur la chose et sur le prix. Si le propriétaire lève l'option, le consentement du promettant devra simplement être réitéré dans l'acte notarié constatant la vente.

Le bénéficiaire, au contraire, ne souscrit aucune obligation : il dispose simplement d'une **option,** qu'il peut exercer en décidant de vendre ou de ne pas vendre. S'il décide de lever l'option, il doit respecter les formes et conditions prévues par la promesse (Cass. 3e civ. 13-7-1994 : Dr. et patrimoine hebdo 1994 p. 2) ; la vente sera alors formée, sans rétroactivité. Le bénéficiaire conserve la propriété de l'immeuble tant qu'il n'a pas levé l'option : il en supporte les risques et peut exercer les prérogatives du propriétaire.

Contrairement à la promesse de vente, la promesse d'achat n'est **pas** soumise à un **enregistrement** obligatoire dans les 10 jours de son acceptation, à peine de nullité, lorsqu'elle est constatée par acte sous signature privée : l'article 1589-2 du Code civil ne vise que la promesse unilatérale de vente sous signature privée.

Les dispositions des articles L 313-1 et suivants du Code de la consommation concernant la protection de l'**emprunteur immobilier** s'appliquent à la promesse d'achat consentie par un « non-professionnel » lorsque l'opération entre dans son champ d'application (nos 20000 s.).

AMÉNAGEMENTS CONVENTIONNELS

Versement d'une somme d'argent Un **versement** peut être fait **par le promettant,** sous forme notamment d'un acompte sur le prix. Mais cette pratique semble interdite par l'article 1589-1 du Code civil, qui frappe de nullité tout engagement unilatéral souscrit en vue de l'acquisition d'un bien ou d'un droit immobilier pour lequel est exigé ou reçu de celui qui s'engage un versement, quelles qu'en soient la cause et la forme. Cet article ne distingue ni en fonction de la nature, de la destination ou de l'usage du bien objet de la promesse, ni en fonction de la qualité, professionnelle ou non, du promettant. Il s'agit d'une nullité relative que seul l'acquéreur peut invoquer, partie que la loi a entendu protéger (CA Versailles 25-11-2005 no 04-4015 : RJDA 7/06 no 765). 2645

Un **versement** peut également être fait **par le bénéficiaire** : les parties peuvent prévoir le versement d'une somme d'argent par le propriétaire à défaut de levée d'option. Il faut alors insérer à la promesse les conditions de la restitution de cette somme au bénéficiaire, s'il lève l'option et réalise la vente (Cass. 3e civ. 13-5-1998 no 96-17.508 : RJDA 7/98 no 849).

Autres aménagements conventionnels Il est possible de prévoir dans la promesse unilatérale d'achat diverses **conditions** suspensives et la date de transfert de propriété. Il est même conseillé aux parties de prévoir ces éléments : dans le cas contraire, le transfert de propriété se réaliserait dès la levée de l'option, avant même que le prix ne soit payé par l'acquéreur. 2650

L'articulation entre le délai de l'option et celui de la réalisation des conditions suspensives appelle les mêmes observations et précautions qu'en matière de promesse unilatérale de vente (no 1775).

SECTION 4

PROMESSE SYNALLAGMATIQUE ET VENTE SOUS SIGNATURE PRIVÉE

GÉNÉRALITÉS

Définition La promesse synallagmatique de vente est un contrat préparatoire par lequel chacun des cocontractants s'engage respectivement à vendre et à acheter une chose à des conditions et à un prix convenus. L'acte constate les **engagements réciproques** et symétriques des parties : à l'engagement de vendre du promettant répond l'engagement d'acquérir du bénéficiaire. La qualification dépend exclusivement de l'option réservée à chaque bénéficiaire et non des obligations accessoires mises à leur charge ou de la terminologie employée. 2800

En pratique, les parties peuvent ne pas vouloir conférer un caractère définitif à leur engagement réciproque, ce qui aurait pour effet de rendre la vente parfaite ; dans ce cas l'opération demeure dépendante d'une levée d'option émanant de l'un ou l'autre des cocontractants. Il est alors opportun de décrire avec précision le fait que chacune des deux parties conçoit que l'autre partie puisse ne pas lever l'option et manifeste ce faisant expressément sa volonté que, dans ces conditions, l'opération ne débouche sur aucune vente.

Objet L'objet de la promesse synallagmatique est de **préparer** les éléments essentiels de la **vente.** Ce qui distingue cette promesse de la promesse unilatérale, c'est que vendeur et acquéreur ont promis de conclure la vente. Le consentement qu'ils devront donner lors de la signature de l'acte notarié sera alors seulement réitératif. 2805

2810 **Utilité** La promesse synallagmatique de vente permet aux parties de constater leur accord sur les éléments essentiels de la vente, tout en subordonnant la perfection de la vente à la réalisation de conditions suspensives. Cela permet notamment à l'acquéreur de bénéficier d'un délai pour demander l'octroi d'un prêt, et au notaire de procéder à diverses vérifications quant à la situation du bien.

L'attrait principal de ces contrats réside dans leur validité indépendante de toute formalité d'enregistrement, contrairement à la promesse unilatérale de vente (n° 1660) et, corrélativement, dans la **confidentialité** qui en résulte.

2815 **Distinction avec les promesses croisées de vente et d'achat** L'engagement réciproque de vendre et d'acheter résulte quelquefois de la signature, d'une part, d'une promesse unilatérale de vente consentie par le vendeur, d'autre part, d'une promesse unilatérale d'achat consentie par l'acquéreur ; ces **promesses croisées** d'achat et de vente, bien que comportant l'accord des parties sur la chose et sur le prix, ne valent pas nécessairement vente (sur l'analyse en faveur de la vente, voir Cass. com. 16-1-1990 : JCP G 1991 II 21748 ; sur l'analyse en défaveur de la vente, voir CA Douai 15-6-1992 : D. 1993 p. 257 ; Cass. com. 14-1-2014 n° 12-29.071). L'échange d'une promesse unilatérale de vente et d'une promesse unilatérale d'achat ne réalise une promesse synallagmatique de vente valant vente que si les deux promesses réciproques ont le **même objet** et qu'elles sont stipulées dans les **mêmes termes** (Cass. com. 22-11-2005 n° 04-12.183 : RJDA 4/06 n° 396). À défaut, et notamment en cas de conditions différentes, chaque promesse conserve sa nature (sur la conséquence en matière d'enregistrement, voir n° 1660).

2820 **Distinction entre promesse valant et ne valant pas vente** La **rédaction imprécise** des promesses synallagmatiques de vente est souvent à l'origine d'incertitudes sur l'appréciation de leur nature et de leur portée : les parties entendent-elles se lier définitivement ou demeurer libres, en dépit de la prévision d'une « réitération » par acte notarié ?

L'expression « promesse synallagmatique de vente » recouvre deux types principaux de contrat : la promesse synallagmatique valant vente et la vente sous signature privée (également dénommées « compromis »), et la promesse synallagmatique de vente ne valant pas vente.

Selon le cas, leur régime juridique est très différent. La promesse synallagmatique de vente valant vente et la vente sous conditions suspensives possèdent une identité de nature ; les règles qui leur sont applicables sont communes (nos 2875 s.). La promesse synallagmatique de vente ne valant pas vente présente une nature spécifique (nos 3040 s.).

A. Promesse synallagmatique valant vente et vente sous signature privée

NATURE

2875 La promesse valant vente et la vente sous signature privée constituent une **véritable vente,** parfaite et immédiate, qui intervient le plus souvent sous des conditions suspensives légales (n° 8524) ou conventionnelles mais extérieures au contrat (urbanisme, situation hypothécaire, servitudes restreignant la propriété, l'usage ou la jouissance, etc.). Seuls les effets de la vente (délivrance, transfert de propriété, paiement du prix) sont différés.

La vente sous signature privée est le véritable contrat et **non** un **avant-contrat** ; c'est l'acte authentique qui est un « après-contrat », dont le seul effet est d'accroître l'efficacité du contrat en permettant sa publication afin qu'il soit opposable aux tiers (au sens de la publicité foncière).

PRÉCISIONS TERMINOLOGIQUES

2880 La **promesse synallagmatique de vente valant vente** et la **vente sous signature privée** présentent la même nature et les mêmes effets juridiques : les parties sont définitivement unies dans les liens du contrat ; elles ne peuvent pas, de leur propre chef, renoncer à la vente ou à l'achat.

Néanmoins, la pratique continue à utiliser les **deux appellations** et on constate que la promesse valant vente et la vente sont perçues différemment : ainsi, en présence d'un acte intitulé « promesse synallagmatique », un doute peut toujours subsister sur la nature exacte du contrat et une partie peut être tentée de soutenir qu'il s'agit d'une promesse ne valant pas vente, si bien qu'en cas de contestation le juge devra être saisi aux fins de déterminer l'exacte qualification du contrat ; à l'inverse, la nature d'un contrat dénommé « vente » est moins sujette à controverse. En outre, lorsqu'une promesse synallagmatique est présentée au service chargé de la publicité foncière en vue d'être publiée, il n'est pas rare que l'administration refuse de la considérer comme une vente alors même qu'elle vaut juridiquement vente.

CONDITIONS DE FORME

En principe, la promesse synallagmatique de vente peut être contractée selon la forme choisie **2885**
par les parties. Elles ont toutefois intérêt à la conclure par **écrit,** l'article 1359, alinéa 1 du Code civil prévoyant que la preuve des actes juridiques d'une somme supérieure à 1 500 € doit être apportée par écrit.

Toutefois, la **promesse de longue durée,** promesse ayant pour objet la cession d'un immeuble ou droit réel immobilier par une personne physique et dont la validité est supérieure à 18 mois, est nulle si elle n'a pas été constatée par acte authentique (CCH art. L 290-1).

RÔLE DE L'ACTE AUTHENTIQUE

Clause de réitération par acte authentique Cette clause s'analyse en principe **2900**
comme un **terme suspensif,** simple modalité d'exécution d'une vente déjà formée. Elle ne retarde donc pas la formation du contrat de vente, mais seulement le transfert de propriété et l'exigibilité des obligations auxquelles vendeur et acquéreur sont tenus.

Mais le plus souvent, les parties considèrent et présentent la « réitération » par acte authentique comme une **condition suspensive** ; cette vente sous condition ne devient définitive que lors de sa régularisation postérieure par acte authentique. Une telle volonté est notamment illustrée par les stipulations suivantes : « le paiement du prix et des frais ainsi que la signature de l'acte constituant les dernières conditions suspensives », « à défaut de réalisation authentique dans le délai convenu, les présentes seront considérées comme nulles et non avenues » (CA Toulouse 21-6-1993 : RDI 1995 p. 121). Toutefois, les événements ainsi érigés en condition n'en présentent pas toujours les caractéristiques : si les parties entendent s'engager à exécuter l'acte, ces événements ne sont pas incertains. La possibilité de contraindre les parties étant le plus souvent prévue, ces événements sont plutôt constitutifs d'un terme suspensif et donc qualifiés à tort dans le contrat de condition suspensive (CA Chambéry 6-2-1990 : D. 1991 som. p. 157 obs. O. Tournafond). En cas d'ambiguïté, les tribunaux inclinent en faveur de la simple modalité d'exécution du contrat définitif (sur une telle analyse en cas de report du transfert de propriété au jour de l'acte authentique de vente, voir Cass. 3e civ. 2-5-1968 n° 65-13.280 : Bull. civ. III n° 182), requalifiant alors la date d'expiration du délai de signature de l'acte authentique en terme suspensif (Cass. civ. 3-12-1934 : S. 1935 I p. 68).

ATTENTION

a. La **stipulation** selon laquelle le vendeur aura le droit de poursuivre l'acquéreur en vue de l'obliger, si bon lui semble, à la réalisation de la vente est purement **« potestative »** et entraîne la nullité du compromis (CA Toulouse 21-6-1993, précité).

b. Les parties peuvent convenir que la non-signature de l'acte authentique par l'acquéreur dans le délai fixé constituera une **condition résolutoire** (Cass. 3e civ. 31-1-1978 : D. 1978 p. 348).

Stipulation d'un délai de réitération Lorsque la promesse de vente contient un **2905**
délai, le **dépassement du délai** convenu dans la promesse de vente pour réitérer la vente par acte authentique n'est en principe pas sanctionné par la caducité de la promesse (Cass. 3e civ. 18-2-2009 n° 08-10.677). La promesse de vente n'est pas caduque si les vendeurs ont renoncé de manière non équivoque à se prévaloir du dépassement du délai conventionnel de réitération de la vente, ce qui ressort des échanges entre les parties (Cass. 3e civ. 20-3-2025 n° 23-20.170 F-D : BPIM 3/25 inf. 156). La date à laquelle doit intervenir la réitération n'est pas extinctive, elle détermine seulement le moment à partir duquel il est possible de **mettre en demeure** le cocontractant de **réitérer l'acte authentique** (Cass. 3e civ. 21-11-2012 n° 11-23.382 ; Cass. 3e civ. 3-4-2013 n° 12-15.148 ; Cass. 3e civ. 30-11-2017 n° 16-25.107 : RJDA 3/18 n° 219). Cette mise en demeure suppose que les conditions suspensives soient réalisées avant la date fixée dans la promesse. À défaut, la promesse est caduque (Cass. 3e civ. 4-2-2021 n° 20-15.913 F-D : BPIM 2/21 inf. 128). Il n'en serait autrement que si le délai était assorti de la sanction de la caducité en cas de dépassement, ou si les parties avaient fait de la réitération par acte authentique un élément constitutif de leur consentement (Cass. 3e civ. 9-7-2014 n° 13-12.470 : RJDA 2/15 inf. 77).

ATTENTION

a. La signature par les mêmes parties d'un acte notarié ayant le même objet que l'acte sous signature privée, mais après l'expiration du délai de réitération prévu dans la promesse, implique de leur part la **renonciation** à se prévaloir des conséquences juridiques du **dépassement du délai stipulé** pour la réalisation de l'acte de vente (Cass. 1e civ. 24-10-1978 n° 76-13.811 : Bull. civ. I n° 321).

b. Lorsque **aucun délai** de réitération n'a été prévu, chacune des parties peut solliciter de l'autre la réitération de l'acte authentique, en lui offrant un **délai raisonnable** pour y procéder (Cass. 3e civ. 20-5-2015 n° 14-11.851 FS-PB). A toutefois été accueillie en 2018 une demande en réalisation forcée d'un compromis de vente conclu en 2007 dans une espèce où aucune condition suspensive ne figurait dans l'acte (Cass. 3e civ. 30-1-2020 n° 18-25.381 FS-PBI : BPIM 2/20 inf. 127).

2935 **Effets de l'acte authentique** En cas d'acte de vente sous signature privée suivi d'une réitération par acte authentique, il n'existe aucune primauté du second sur le premier ni en raison de son caractère authentique, ni en raison de sa date plus récente. En cas de **discordance entre** l'**acte authentique** et l'**acte sous signature privée,** ce sont les dispositions de ce dernier qui doivent recevoir application (Cass. com. 23-2-1999 n° 96-20.015 : RJDA 5/99 n° 505 ; CA Poitiers 20-2-1991 : D. 1991 som. p. 315). Il demeure loisible aux parties, si elles l'entendent, de révoquer expressément tout ou partie de l'acte sous signature privée à l'occasion de l'établissement de l'acte authentique.

Si les documents produits par le vendeur en vue de l'établissement de l'acte authentique pour justifier les caractéristiques de l'immeuble vendu ne permettent pas d'établir ces dernières, il s'ensuit qu'en l'absence d'accord des parties sur la chose et sur le prix, le bénéficiaire d'une promesse synallagmatique de vente valant vente refuse à bon droit de régulariser la vente par acte authentique et la vente doit être résolue aux torts du vendeur (CA Paris 8-1-1993 : D. 1993 IR p. 104, absence de justification de la commercialité du local vendu).

2938 **Refus de réitérer la vente** Lorsque les parties ont prévu dans la promesse ou la vente de reporter le transfert de propriété au jour de la signature de **l'acte authentique** et que **l'une des parties refuse de le signer** sans raison légitime, son cocontractant peut à l'expiration du délai prévu soit engager un processus d'**exécution forcée** de la vente, puisque la signature de l'acte authentique n'est pas une condition de formation de la vente mais une simple modalité de son exécution, soit poursuivre la **résolution** de la promesse pour se dégager du lien contractuel en demandant des dommages-intérêts (C. civ. art. 1228 ; Cass. 3e civ. 29-11-2000 n° 98-20.502 : RJDA 4/01 n° 434 ; dans le même sens, Cass. 3e civ. 15-12-2004 n° 03-10.460 : RJDA 5/05 n° 519) ; le juge rend une décision tenant lieu d'un tel acte (Cass. 3e civ. 5-1-1983 n° 81-14.890 : Bull. civ. III n° 7 ; Cass. 1e civ. 8-4-1986 n° 84-16.167 : Bull. civ. I n° 80 ; Cass. 3e civ. 17-7-1991 n° 90-11.940 : RJDA 11/91 n° 906). Une troisième issue est possible : la notification au cocontractant en cas d'inexécution suffisamment grave (C. civ. art. 1224).

L'exécution forcée peut donc avoir lieu en nature ; c'est toutefois à la condition qu'une faculté de dédit n'ait pas été expressément réservée ou que la caducité de l'acte n'ait pas été prévue. Cela ne fait pas obstacle à la perception d'une somme forfaitaire à titre de sanction du défaut ou du retard de signature (n° 3070), sauf application par le juge de son pouvoir modérateur issu de l'article 1231-5 du Code civil (CA Paris 30-4-1998 : RDI 1998 p. 391, résolution aux torts de l'acheteur et réduction de moitié de la clause pénale).

> **Précisions** **a.** Le bénéficiaire doit poursuivre l'**exécution forcée** de la promesse dans un **délai raisonnable** ; à défaut, il peut être présumé y avoir renoncé. Le notaire rédige un procès-verbal de carence qui sera produit dans le cadre de l'assignation. A toutefois été accueillie en 2018 une demande en réalisation forcée d'un compromis de vente conclu en 2007 dans une espèce où aucune condition suspensive ne figurait dans l'acte (Cass. 3e civ. 30-1-2020 n° 18-25.381 FS-PBI : BPIM 2/20 inf. 127).
> **b.** L'acquéreur signataire d'une promesse synallagmatique de vente qui **refuse de signer l'acte authentique** de vente sans conditions nouvelles et dans les termes du compromis, lesquels font pourtant seuls la loi des parties, et prolonge dans le temps cette position, manifeste un refus de sa part de réitérer la vente et ne peut plus, par la suite, demander l'exécution forcée de celle-ci (Cass. 3e civ. 27-3-2007 n° 06-12.121).

2940 **Opposabilité de la vente** Puisqu'elle a la nature d'une vente (C. civ. art. 1589), la promesse synallagmatique valant vente doit être traitée comme une vente au regard de la publicité foncière. Elle est donc soumise à **publicité obligatoire** sous peine d'inopposabilité au titre de l'article 28, 1°-a du décret 55-22 du 4 janvier 1955, dans le délai d'un mois à compter de la date de l'échange des consentements. Cela suppose que l'acte soit authentique, normalisé en deux parties, et respecte les fondamentaux de la publicité foncière (désignation des personnes et des immeubles, effet relatif). Il s'ensuit que la formalité est obligatoirement fusionnée, l'administration de l'enregistrement étant tenue à défaut de refuser l'acte (CGI art. 660 et ann. III art. 260).

Cette publicité donne lieu à la perception des droits de vente et de la contribution de sécurité immobilière au taux de 0,10 %. Si la promesse est sous condition suspensive, elle ne donne ouverture qu'à une taxe fixe de 125 € (et à une contribution de sécurité immobilière), les droits de vente étant perçus à la réalisation de la condition.

En pratique, cette publicité n'est généralement pas réalisée car elle est suivie à court terme de la publication de l'acte authentique de vente, et ce sans sanction immédiate car l'administration fiscale ignore l'existence de l'acte sous signature privée valant vente. Il en résulte que les droits de l'acquéreur, non publiés, ne sont pas opposables aux tiers et que celui-ci pourrait subir un préjudice en cas de publication plus rapide de son titre par un tiers de bonne foi. Rappelons que la dispense de publication qui serait accordée par les parties au notaire est interdite (Décret 55-22 du 4-1-1955 art. 32).

RECOMMANDATIONS PRATIQUES

Dans le cas d'une vente sous conditions suspensives ou d'une vente affectée d'un terme, le vendeur est engagé à titre irrévocable alors qu'il n'a perçu au mieux qu'un acompte sur le prix. **2960**
Si l'acquéreur ne veut pas ou ne peut pas payer, il est nécessaire d'engager une procédure pour faire constater la mutation et, éventuellement, en demander la résolution pour défaut de paiement du prix. L'acte sous signature privée n'ayant pas force exécutoire, le vendeur doit faire reconnaître son titre en justice.

En cas de vente sous signature privée, sous condition ou non, l'acquéreur quant à lui devient propriétaire d'un bien avec transfert immédiat des risques ; l'acte ne peut pas être publié sous cette forme au service chargé de la publicité foncière et sa teneur risque bien souvent d'être défectueuse ou incomplète. Il est impératif d'en faire élaborer ou vérifier le texte par un notaire ou un avocat dont l'intervention sera un gage de sécurité.

Pour l'ensemble des raisons exposées ci-dessus, il est indispensable que les stipulations de la promesse établissent de façon extrêmement explicite que le vendeur entend être libéré de tout engagement dès lors qu'il ne reçoit pas le prix à la date convenue, quelle qu'en soit la raison. Le vendeur peut aussi préférer la conclusion d'une promesse synallagmatique de vente ne valant pas vente.

B. Promesse ne valant pas vente

UTILITÉ ET MÉCANISME

Les parties souhaitent parfois s'engager réciproquement et irrévocablement à une vente, mais **ne veulent pas** que la **vente** soit **immédiatement formée.** Parfois, elles **ne peuvent pas** contracter une promesse de vente valant vente parce qu'un élément nécessaire à la validité de l'opération fait défaut : c'est le cas par exemple lorsqu'un époux souhaite vendre le logement de la famille mais n'a pas encore obtenu le consentement de son conjoint, nécessaire pour conclure la vente (C. civ. art. 215, al. 3). **3040**

Elles peuvent alors choisir de conclure une promesse de vente ne valant pas vente : c'est la **formation de la vente,** et pas seulement ses effets, qui sont retardés, alors même qu'elles échangent leur consentement sur les éléments essentiels du futur contrat définitif que sont la chose et le prix (Cass. 3e civ. 10-5-2005 n° 03-19.238 : RJDA 10/05 n° 1087). Ce type de promesse est d'une nature différente de la vente définitive. C'est une institution autonome qui vaut comme preuve d'un accord préliminaire (et non encore comme vente parfaite) dans l'attente de la réalisation de l'accord définitif à intervenir.

La formation de la vente est alors **subordonnée à un événement,** le plus souvent à la signature de l'acte notarié de vente : simple modalité accessoire dans le droit commun de la vente, elles souhaitent en faire un élément constitutif obligatoire de leur consentement (Cass. 3e civ. 14-1-1987 n° 85-16.306 : D. 1988 p. 80 note Schmidt ; Cass. 3e civ. 30-11-1988 n° 87-14.641 : Bull. civ. III n° 173 ; Cass. 3e civ. 20-12-1994 n° 92-20.878 : RJDA 4/95 n° 419).

Les parties sont d'accord sur les éléments essentiels de la vente (chose et prix) mais la solennité d'un acte notarié est nécessaire pour les engager dans les termes d'un contrat définitif (Cass. 3e civ. 5-1-1983 n° 81-14.890 : Bull. civ. III n° 7 ; Cass. 3e civ. 17-7-1991 n° 90-11.940 : RJDA 11/91 n° 906 ; Cass. com. 25-9-2012 n° 11-24.524 : RJDA 1/13 n° 23). Cette **volonté** de déroger au droit commun de la vente doit être **clairement exprimée.**

> **Précisions** Tel n'est pas le cas :
> – s'il est précisé qu'« un acte notarié sera ultérieurement dressé » (Cass. req. 4-5-1936 : DH 1936 p. 313) ou que « l'accord ne prendra son effet définitif qu'après avoir été entériné par un notaire » (Cass. 3e civ. 14-1-1987 n° 85-16.306 : D. 1988 p. 80 note Schmidt) ;
> – si les parties ont reporté le transfert de propriété au jour de la régularisation du contrat par acte authentique (Cass. 3e civ. 2-5-1968 : Bull. civ. III n° 182 ; Cass. 3e civ. 20-12-1994 n° 92-20.878 : RJDA 4/95 n° 419 ; Cass. 3e civ. 28-5-1997 : RJDA 8-9/97 n° 1022) ;
> – s'il est stipulé un délai pour signer l'acte authentique dont le non-respect n'est pas sanctionné par la caducité de l'accord, et ne fait qu'ouvrir la possibilité d'une exécution forcée de la vente (Cass. 3e civ. 15-12-2004 n° 03-10.460 : RJDA 5/05 n° 519).
> Tel est en revanche le cas s'il n'est fait mention que d'une vente au jour de la signature de l'acte authentique et de simples intentions de vendre et d'acquérir (Cass. 3e civ. 17-7-1997 : RJDA 12/97 n° 1475).

CONDITIONS DE FORME

3050 La promesse de vente ne valant pas vente peut en principe indifféremment être constatée par **acte authentique** ou par acte **sous signature privée,** bien que cette dernière forme soit la plus usitée.

Toutefois, lorsque la promesse a pour objet la cession d'un immeuble par une personne physique et que sa **validité** est **supérieure à 18 mois,** elle doit être constatée par acte authentique sous peine de nullité (CCH art. L 290-1).

EFFETS DE LA PROMESSE NE VALANT PAS VENTE

3060 La vente n'étant pas formée, la **promesse** ne génère pas les obligations de la vente : l'entrée en jouissance, le transfert des risques et de la propriété et le paiement du prix interviennent le jour de l'acte notarié car, avant cette date, aucune vente ne s'est formée.

Les parties ne sont tenues que d'une **obligation de faire** : elles ne sont tenues qu'aux obligations de la promesse. Le promettant vendeur doit ainsi effectuer les démarches, formalités ou fournitures de pièces nécessaires à la vente. Il doit également s'abstenir de vendre à autrui, sans quoi sa responsabilité contractuelle pourrait être engagée.

En cas de refus d'une des parties de signer l'acte authentique sans raison légitime, la rencontre des volontés prévue par les parties n'a pas lieu. Il n'est pas possible de demander l'exécution forcée de la promesse et donc la formation de la vente malgré ce refus (Cass. com. 25-9-2012 n° 11-24.524 : RJDA 1/13 n° 23). L'autre partie peut seulement demander l'allocation de dommages-intérêts ; si les parties ne sont pas convenues de leur évaluation, il doit être procédé à l'examen des éléments produits par leur bénéficiaire pour établir le préjudice qu'il aurait subi du fait de la non-réalisation de la vente (Cass. 1e civ. 15-11-1994 : JCP G 1995 IV p. 145).

Dans ce type de promesse, il peut être prévu que si la signature de l'acte authentique, condition de l'engagement des parties, n'a pas été établie dans le délai raisonnable convenu, la convention devient caduque (Cass. 3e civ. 12-10-1994 : Dr. et patrimoine hebdo 1994 p. 3).

C. Stipulations diverses

CLAUSE PÉNALE

3070 Fréquente dans les promesses synallagmatiques de vente, la clause pénale a pour but principal de fixer immédiatement le montant de la **pénalité** que le créancier de l'obligation peut réclamer, soit du fait de l'inexécution de l'obligation principale, soit par suite du retard dans son exécution (C. civ. art. 1231-5, al. 2 ; voir par exemple Cass. 3e civ. 14-5-2013 n° 12-18.542).

La pénalité, prévue par une clause contractuelle, n'est encourue que lorsque son débiteur a été mis en demeure (C. civ. art. 1231-5, al. 5). Jugé, avant l'entrée en vigueur de ce texte, que lorsque la clause pénale prévoit une mise en demeure préalable à l'action en paiement des vendeurs, celle-ci est obligatoire même si elle s'avère inopérante, l'acheteur ayant renoncé à acheter (Cass. 3e civ. 2-2-2022 n° 20-21.705 F-D : BPIM 2/22 inf. 137).

Le **montant** de la clause pénale peut être modéré ou augmenté d'office par le juge si elle est manifestement excessive ou dérisoire (C. civ. art. 1231-5, al. 2). Il a été jugé que la fixation du montant de l'indemnité à 10 % du prix de vente n'apparaît ni excessive ni dérisoire (CA Paris 9-11-1981 : D. 1982 p. 171). Cette disproportion s'apprécie au jour où le juge statue et non au jour de la conclusion du contrat.

Il peut être prévu dans la clause que le **versement** se fait à l'occasion de la promesse. Le montant de ce versement est alors généralement plus faible que le montant de la clause pénale : il s'imputera sur ce montant. Il peut également être prévu que le versement de la somme convenue à titre de clause pénale est subordonné à la défaillance du débiteur, auquel cas le versement n'interviendra qu'à ce moment-là.

› Précisions **a.** Si l'acquéreur est un **non-professionnel** et que l'acte est un acte sous signature privée non conclu par l'intermédiaire d'un professionnel ayant reçu mandat pour prêter son concours à la vente, l'article L 271-2, alinéa 1 du Code de la construction et de l'habitation dispose qu'aucun **versement** destiné à garantir le paiement de la clause pénale ne peut être reçu **avant l'expiration du délai de rétractation** (nos 900 s.). La rétractation prévue par cet article est dépourvue de conséquence financière pour le bénéficiaire auteur de la renonciation et ne peut, bien entendu, être sanctionnée.

b. La clause pénale sanctionnant l'inexécution de ses obligations par l'une des parties (à savoir le vendeur et un candidat acquéreur), un **tiers au contrat** ne peut en obtenir le montant

(CA Bordeaux 26-9-2005 : JCP N 2006 n° 1135). Par exemple, un agent immobilier ne peut pas se prévaloir de la clause pénale insérée dans un compromis qui sanctionne la partie refusant la régularisation de la vente malgré la réalisation des différentes conditions suspensives (arrêt précité).

c. Le vendeur qui ne se présente pas devant le notaire en raison d'un problème cardiaque diagnostiqué deux mois avant la réitération est tenu au paiement de la clause pénale, les caractéristiques de la **force majeure** n'étant pas réunies (Cass. 3e civ. 19-9-2019 n° 18-18.921 F-D : BPIM 6/19 inf. 411). Les acquéreurs qui informent les vendeurs de leur renonciation à la vente, sans pour autant annuler la promesse de vente, sont bien fondés à demander l'application de la clause pénale, le courrier électronique du notaire aux vendeurs ne valant pas annulation de la promesse (Cass. 3e civ. 4-4-2024 n° 21-21.147 F-D : BPIM 3/24 Inf. 197).

ACOMPTE

Les parties peuvent convenir du versement d'un acompte lors de la signature de la promesse, **paiement partiel et anticipé** du prix de vente qui sera dû par le promettant acquéreur. Le prix n'est pas encore exigible lors de la signature de la promesse, son paiement étant différé à la signature de l'acte authentique. Mais l'acompte permet au vendeur de vérifier la solvabilité de l'acquéreur, et permet aux parties de se sentir davantage liées par la promesse. **3075**

DÉDIT

La promesse peut contenir une **clause** de dédit, permettant à l'une et/ou l'autre partie de **ne pas exécuter son obligation** moyennant le versement d'une somme à son cocontractant. Cette somme due au titre de la clause de dédit n'est pas révisable, contrairement à celle due au titre de la clause pénale (n° 3070). **3080**

La clause de dédit, qui autorise une partie à dénoncer le contrat moyennant dédommagement de son cocontractant, n'a pas pour objet de sanctionner une inexécution du contrat ; elle ne constitue donc **pas** une **clause pénale** (Cass. 3e civ. 9-1-1991 n° 89-15.780 : Bull. civ. III n° 19). En pratique, il faut toutefois noter le fait que la clause de dédit résulte le plus souvent d'une imprécision terminologique : le souhait des parties est de prévoir le versement d'une somme par le promettant acquéreur, qu'il perd s'il ne respecte pas son engagement, ce qui correspond davantage à la clause pénale.

Jugé que la clause d'une promesse synallagmatique de vente selon laquelle le dépôt de garantie sera définitivement acquis au vendeur en cas de non-réalisation de la vente n'est pas une clause pénale mais une faculté de dédit (Cass. 3e civ. 22-6-2023 n° 19-25.822 F-D : BPIM 5/23 inf. 322).

Le dédit doit être exercé dans le **délai** fixé. Dans le silence du contrat, chaque partie peut mettre l'autre en demeure de faire connaître sa décision dans un délai raisonnable. Le dédit doit être exercé de **bonne foi** (Cass. 3e civ. 11-5-1976 n° 75-10.854 : Bull. civ. III n° 199, ayant en l'espèce déduit la mauvaise foi du promettant du fait qu'il avait subordonné la réalisation de la vente à des conditions non prévues dans la promesse).

Sauf stipulation contraire, la clause de dédit s'analyse comme une **condition résolutoire** ; elle n'empêche donc pas la formation immédiate du contrat même si sa mise en œuvre peut l'anéantir rétroactivement. Mais rien n'interdit aux parties d'ériger la stipulation de dédit en **condition suspensive.** Elles doivent alors subordonner expressément la réalisation de la vente à la condition suspensive du non-exercice de la faculté de dédit.

ATTENTION

Si l'acquéreur est un non-professionnel et que l'acte est un acte sous signature privée non conclu par l'intermédiaire d'un professionnel ayant reçu mandat pour prêter son concours à la vente, l'article L 271-2, alinéa 1 du Code de la construction et de l'habitation dispose qu'aucun **versement** destiné à garantir le paiement au titre du dédit ne peut être reçu **avant l'expiration du délai de rétractation** (nos 900 s.). La rétractation prévue par cet article est dépourvue de conséquence financière pour le bénéficiaire auteur de la renonciation.

INDEMNITÉ D'IMMOBILISATION

Une telle indemnité peut être prévue dans la promesse synallagmatique de vente. Il s'agit d'une somme versée par le promettant acquéreur, qui restera acquise au promettant en cas de **défaillance d'une condition suspensive** stipulée en faveur du promettant acquéreur (par exemple, l'obtention d'un financement). La somme versée représente la contrepartie dont les parties conviennent pour que l'acquéreur puisse, dans son intérêt exclusif, soumettre la convention à une condition dont la défaillance le libérera de la vente. Il ne s'agit pas d'une clause pénale : elle n'est donc pas révisable judiciairement sur le fondement de l'article 1231-5, alinéa 2 du Code civil. **3085**

D. Fiscalité de la promesse synallagmatique

ENREGISTREMENT DE LA PROMESSE SYNALLAGMATIQUE

3120 L'obligation d'enregistrer dans les dix jours, édictée par l'article 1589-2 du Code civil pour les promesses unilatérales de vente sous signature privée, ne s'étend pas aux **promesses réciproques** (Cass. 3e civ. 15-3-1977 n° 75-12.596 : Bull. civ. III n° 124).

Si la **promesse** synallagmatique **ne vaut pas vente,** elle peut néanmoins être présentée à l'enregistrement, soit de façon obligatoire (en raison par exemple de sa forme notariée), soit volontairement. Seul est alors dû le droit fixe des actes innomés de 125 € prévu à l'article 680 du CGI.

Si en revanche la **promesse vaut vente,** elle donne obligatoirement ouverture aux droits de mutation. Il en est ainsi même dans le cas où un terme est stipulé. Si elle comporte des conditions suspensives, seul le droit fixe de 125 € est dû ; les droits de mutation ne sont exigibles qu'à la réalisation des conditions. En qualité de vente, la promesse (conditionnelle ou non) est obligatoirement soumise à la formalité fusionnée et doit en principe à ce titre être présentée au service de la publicité foncière. Sa présentation à l'enregistrement exposerait à un refus (CGI art. 660 ; CGI ann. III art. 260). Elle ne figure pas non plus dans la liste des actes admis à l'enregistrement sur état (CGI ann. IV art. 60). La présentation de la promesse à la publication suppose qu'elle remplisse certaines conditions de forme : acte authentique, présentation normalisée, désignation conforme des immeubles et des personnes, effet relatif, etc., de telle sorte qu'en pratique cette formalité est rarement effectuée bien qu'obligatoire. La forme sous signature privée est généralement recherchée pour sa discrétion vis-à-vis de l'administration fiscale, tant au regard des droits de mutation qu'au regard de l'imposition des plus-values immobilières, de façon à différer la perception de ces impositions à l'enregistrement de l'acte authentique de vente définitif.

PROMESSE SYNALLAGMATIQUE ET IMPÔT SUR LES PLUS-VALUES

3130 Le fait générateur de l'impôt prévu aux articles 150 U et suivants du CGI est constitué par la cession de l'immeuble ou des droits immobiliers.

Par suite, la **promesse ne valant pas vente** ne constitue pas un fait générateur d'imposition des plus-values des particuliers.

En revanche, la promesse **valant vente** est un fait générateur de cet impôt. Si elle est conclue sous condition suspensive, la cession n'est effective, au regard de cet impôt, qu'à la date de réalisation de la condition (CGI ann. II art. 74 SA). Lorsque la condition est constituée par l'absence d'exercice d'un droit de préemption et que le bénéficiaire s'abstient de l'exercer, la vente est effective au jour de l'expiration du délai qui lui est imparti pour préempter (en ce sens, à propos du droit de préemption de la Safer, CAA Nantes 22-10-2020 n° 18NT03626 : BPIM 6/20 inf. 447-8). À défaut de condition suspensive, l'impôt est exigible dès la signature de la promesse synallagmatique (CE 4-6-2012 nos 331214 et 331215 : RJF 10/12 n° 939). Si les parties ont expressément fixé, dans la promesse, la date du transfert de propriété à la date de l'acte authentique, c'est à cette dernière date que la vente est réputée réalisée et que l'impôt est dû (CAA Bordeaux 10-7-2014 n° 13BX00494 : RJF 12/14 n° 1106).

E. Transmission de la promesse

TRANSMISSIBILITÉ

3150 Un contractant, le cédant, peut céder à un tiers, le cessionnaire, sa qualité de partie au contrat, avec l'accord de son cocontractant, le cédé : il s'agit d'une **cession de contrat** (C. civ. art. 1216, al. 1). Le promettant peut, **par anticipation,** autoriser le bénéficiaire à céder sa qualité de partie au contrat (C. civ. art. 1216, al. 2).

Avant la réforme du droit des contrats, la pratique, initiée en matière de promesses unilatérales de vente, s'était développée d'introduire dans les promesses synallagmatiques des **clauses de substitution,** par lesquelles le promettant acquéreur se réserve le droit de se substituer, de manière plus ou moins large, une personne dans son rapport contractuel avec le promettant vendeur, dont la validité avait été reconnue par la Cour de cassation (Cass. 3e civ. 7-7-1993 n° 91-12.368 : Bull. civ. III n° 111 ; Cass. 3e civ. 6-12-2006 n° 05-18.421 : RJDA 5/07 n° 460).

Il est vraisemblable que la terminologie de « clause de substitution » sera maintenue en pratique. Mais cette clause ne serait rien d'autre que l'accord donné, dans le contrat lui-même, par le vendeur, à la cession par l'acquéreur de sa qualité de partie au contrat, tel que le permet l'article 1216 du Code civil.

L'**utilité** pour le **promettant** peut être soit de se réserver la possibilité de se retirer de l'acquisition en cours si elle ne lui convient plus, soit de tirer un profit pécuniaire de l'exercice de la faculté de substitution, si elle est conclue avec contrepartie financière à la charge du substitué, soit encore d'arrêter rapidement avec le vendeur les conditions d'une vente, en se ménageant le temps de déterminer si celle-ci sera réalisée avec un partenaire (par exemple une société de crédit-bail immobilier) ou par l'intermédiaire d'une société (par exemple une SCI).

Quant au **vendeur,** il peut également y trouver un avantage : il se verra présenter un autre acquéreur par son cocontractant initial et améliorera ainsi la probabilité de réaliser une vente.

CONSENTEMENT DU VENDEUR

La transmission de la promesse est impérativement subordonnée à l'**accord du cédé.** Ce consentement peut être donné à l'avance dans la promesse ou postérieurement, lorsque la cession se réalise (C. civ. art. 1216). Ces solutions avaient été dégagées par la jurisprudence avant la réforme du droit des contrats (Cass. com. 6-5-1997 n° 95-10.252 : RJDA 11/97 n° 1333, 1e esp. ; Cass. com. 6-5-1997 n° 94-16.335 : RJDA 11/97 n° 1333, 2e esp.). 3155

MODALITÉS

Les parties sont libres d'aménager les modalités de la transmission. Elles pourront notamment préciser dans quelles conditions la transmission peut intervenir : la qualité (personne physique ou morale, ou parent ou allié du cédant), la possibilité de cession partielle, un éventuel délai à respecter, les formalités à accomplir à l'égard du vendeur, l'éventualité d'un agrément du cessionnaire... 3160

La cession doit être constatée par **écrit,** à peine de nullité (C. civ. art. 1216, al. 3). La cession de contrat est un **contrat solennel.**

EFFETS DE LA TRANSMISSION

Si le vendeur a simplement consenti à la cession par l'acquéreur à un tiers de sa qualité de partie au contrat, le cédant n'est pas libéré (C. civ. art. 1216, al. 1) ; en l'absence de clause contraire, le cédant est tenu solidairement à l'exécution du contrat (C. civ. art. 1216-1, al. 2). 3165

La libération du cédant ne peut résulter que du consentement expressément donné par le vendeur à cet effet ; elle ne vaut que pour l'avenir (C. civ. art. 1216-1).

FORMALITÉS

L'article 1589-2 du Code civil imposant l'**enregistrement** de la cession de la promesse ne s'appliquant qu'aux promesses unilatérales, la substitution dans le bénéfice d'une promesse synallagmatique n'entre pas dans son champ d'application et n'est donc pas soumise à la formalité de l'enregistrement. 3170

INCIDENCES FISCALES DE LA TRANSMISSION DE LA PROMESSE SYNALLAGMATIQUE

Le régime fiscal d'une substitution dans le bénéfice d'une promesse synallagmatique de vente n'est pas clairement établi. La doctrine administrative actuelle ne le précise pas et la jurisprudence n'a pas eu l'occasion de se prononcer. Dans une ancienne instruction du 1er juillet 1970 (BOI 7 C-13-70), l'administration avait précisé que « dès lors qu'elle opère transmission d'un droit incorporel mobilier, la cession d'une promesse synallagmatique de vente donne ouverture à un **droit proportionnel de mutation,** puisqu'elle constitue en réalité une nouvelle vente ». En pratique, les transmissions de promesses synallagmatiques connaissent une relative neutralité fiscale qui tient à la discrétion dans laquelle elles sont généralement réalisées. 3175

Notons toutefois que le risque de taxation est important si la promesse porte sur une mutation taxable à la **TVA,** l'article 257, I-1-2° du CGI incluant dans le champ d'application de cet impôt les cessions de droits relatifs aux promesses de vente. L'administration s'était expressément prononcée en ce sens pour l'application de l'ancienne TVA immobilière, considérant que la substitution ultérieure au bénéficiaire primitif de la promesse d'une personne physique ou morale quelconque constituait une nouvelle mutation du bien taxable, le cas échéant, à la TVA (ancienne D. adm. 8 A-1131 n° 3).

Ces incertitudes doivent conduire à un usage très prudent des substitutions dans les promesses synallagmatiques de vente.

SECTION 5 PACTE DE PRÉFÉRENCE

GÉNÉRALITÉS

3800 **Définition** Le pacte de préférence est le contrat par lequel une partie s'engage à proposer prioritairement à son bénéficiaire de traiter avec lui pour le cas où elle se déciderait de contracter (C. civ. art. 1123, al. 1). Cette convention instaure donc une espèce de **droit de préemption conventionnel** au profit de son bénéficiaire.

Avant la réforme du droit des contrats, aucune disposition du Code civil ne définissait ni ne régissait le pacte de préférence : il s'agissait d'un contrat innommé.

La terminologie utilisée pour désigner les parties au pacte de préférence emprunte aux avant-contrats : les parties sont dénommées « **promettant** » et « **bénéficiaire** ».

3802 **Conditions de forme** Le pacte de préférence est un **contrat consensuel** : il n'est soumis à aucune exigence particulière de forme. L'**écrit** est cependant fortement conseillé : il est exigé pour faire la preuve du pacte, et sera très utile pour éviter les incertitudes.

Le pacte de préférence conclu par acte sous signature privée n'est pas soumis à la formalité de l'**enregistrement** l'article 1589-2 du Code civil n'exige cette formalité que pour les promesses unilatérales de vente. Les parties peuvent cependant décider de faire enregistrer leur pacte afin de lui donner date certaine.

A. Nature du pacte de préférence

3805 Le pacte de préférence n'ayant pas pour objet direct la vente de l'immeuble, il ne s'agit pas d'un avant-contrat, contrairement aux promesses de vente, mais plutôt d'un **contrat préparatoire à la vente.** Dans le cadre d'un pacte de préférence, le principe de la vente n'est donc pas arrêté ; le pacte de préférence n'est donc pas un acte de disposition. Toutefois, il s'agit bien d'un contrat, créateur d'obligations.

Le pacte de préférence peut être consenti à **titre gratuit ou onéreux** : dans ce cas, le bénéficiaire s'engage à une contrepartie financière en contrepartie de l'engagement du promettant.

Le pacte peut être conclu à **titre autonome ou** à titre **accessoire** d'un autre contrat. En pratique, il est souvent inséré dans un autre contrat, dans lequel il prend alors la forme d'une clause particulière. Il peut notamment être inséré dans un bail : il permet alors au locataire d'acquérir par priorité le bien loué si le bailleur décide de le vendre. L'insertion d'un tel pacte n'est prohibée par aucun texte même si elle intervient dans le cadre d'un bail de locaux à usage commercial (Cass. 3e civ. 12-7-2000 : JCP N 2001 II p. 598).

> **Précisions a.** Lors de la vente d'un immeuble, le vendeur peut se réserver un droit de préférence en cas de revente du bien par l'acheteur. Il s'agit bien d'un **droit de préférence** puisqu'il y a une vente, et non d'une **faculté de rachat** qui permet au vendeur de reprendre le bien vendu moyennant restitution du prix sans opérer de nouvelle mutation (Cass. 3e civ. 1-12-2010 no 09-16.126 : RJDA 3/11 no 230).
> **b.** L'obligation de proposer de vendre un immeuble à des bénéficiaires déterminés sans qu'aucun prix ne soit prévu ne constitue pas une **condition « potestative »** (au sens de l'article 1304-2 du Code civil) et ne fait pas obstacle à la validité du pacte de préférence. L'émetteur du pacte n'est pas débiteur d'une obligation de vendre mais seulement d'un engagement à proposer la conclusion du contrat au bénéficiaire pour le cas où il déciderait de le conclure (Cass. 3e civ. 15-1-2003 no 01-03.700 : RJDA 4/03 no 371).

B. Contenu du pacte de préférence

OBJET

3810 Le pacte de préférence doit fixer avec précision son objet, de manière analogue à la fixation de l'objet de la vente (nos 7700 s.) ou de la promesse de vente : la **désignation de l'immeuble** doit être assez précise pour éviter toute ambiguïté. Il peut ainsi être utile d'indiquer les références cadastrales de l'immeuble.

Tel est plus particulièrement le cas si le **pacte ne porte pas sur la totalité du bien vendu** car dans ce cas la volonté des parties est sujette à interprétation. Tel est le cas également si le **pacte porte sur une propriété** en son entier **susceptible de vente par lots** ou fractions détachées ; il est préférable de dissiper toute ambiguïté en confirmant la portée du pacte en ce cas, et d'en détailler les modalités d'application.

Le **changement de nature du bien** est en principe sans influence sur la pérennité de la préférence (sur le maintien du pacte portant sur une terre de labour devenue lotissable, voir Cass. 3e civ. 2-7-1974 : Bull. civ. III no 283) ; mais les parties peuvent convenir de lier le bénéfice du pacte au maintien de la situation administrative des biens telle qu'elle existe au jour où le pacte est consenti.

> **Précisions** **a.** Le pacte de préférence peut porter sur un **immeuble dont le promettant n'est pas encore propriétaire,** et dont il est susceptible de devenir propriétaire.
b. Le droit de préemption ne s'applique que sur les locaux loués, et ne peut être exercé en **cas de vente de l'immeuble entier** (Cass. 3e civ. 9-4-2014 no 13-13.949).
c. Le pacte portant sur la **vente d'un pré** ne comporte pas renonciation de la part du propriétaire à la vente en bloc de son domaine de sorte qu'en proposant au bénéficiaire du pacte la préférence pour l'acquisition de l'intégralité du domaine aux conditions consenties à un tiers, le propriétaire a bien respecté le pacte (Cass. 3e civ. 15-12-1971 : Bull. civ. III no 635 ; dans le même sens, CA Versailles 16-12-2005 no 05-1199 : RJDA 10/06 no 1002 ; CA Paris 6-2-2013 no 09-14940 : RJDA 8-9/13 no 700).
d. Le locataire bénéficiaire d'un pacte sur une partie d'immeuble, stipulant la possible substitution au dernier enchérisseur en cas de **vente sur adjudication,** ne peut valablement prétendre être partiellement substitué à un adjudicataire de l'entier immeuble pour la partie d'immeuble objet du pacte (Cass. 3e civ. 16-5-2002 no 00-22.104 : RJDA 11/02 no 1126).

OPÉRATIONS CONCERNÉES

Le pacte concerne en général la **vente de gré à gré** de l'immeuble. Toutefois, il peut concerner **3820**
d'**autres types de mutations** : mutation à titre onéreux, ou également à titre gratuit, vente amiable, vente judiciaire (droit pour le bénéficiaire d'y être convoqué pour y concourir), apport en société, échange, dation en paiement. Le pacte n'ouvre droit à préférence que dans les hypothèses qui ont fait l'objet d'une stipulation expresse (Cass. civ. 5-3-1951 : JCP 1951 II 6496 note Laurent, dans le cas d'un apport ; Cass. soc. 13-5-1944 : D. 1949 p. 477 note Savatier, pour un échange). Par exemple, le pacte accordant au locataire d'un immeuble appartenant à une société un droit de préférence en cas de vente, d'échange ou d'apport en société de l'immeuble loué ne s'applique pas en cas de fusion (Cass. com. 9-11-2010 no 09-70.726 : RJDA 3/11 no 244).

En pratique, le pacte doit préciser le type de mutations concernées. L'**application du pacte** est souvent **exclue** concernant les aliénations dont la contrepartie n'est pas un prix (donation, dation en paiement) ou pour lesquelles le promettant doit recevoir une contrepartie que le bénéficiaire ne peut pas offrir (apport en société, échange, partage).

CONDITIONS D'ACHAT

Le plus souvent, la préférence est consentie au bénéficiaire s'il accepte d'acquérir aux **3825**
conditions, et plus particulièrement au prix, **proposées par un acquéreur intéressé.**

Pour certaines opérations, l'incapacité du bénéficiaire à pouvoir se substituer au cocontractant pressenti en offrant la prestation convenue doit inciter à prévoir l'adoption de conditions prédéterminées.

En cas de non-exercice de la préférence au prix proposé, le bénéfice en est le plus souvent perdu pour son bénéficiaire qui ne peut le réclamer ultérieurement à l'occasion d'une vente réalisée au même prix que celui qui lui avait été proposé (Cass. 3e civ. 29-1-2003 no 01-03.707 : RJDA 4/03 no 372). Mais le contrat peut prévoir que le bénéfice du pacte perdurera en cas de non-dénouement de l'opération avec l'acquéreur tiers pressenti (non-levée d'option de sa part en cas de promesse unilatérale de vente, non-réalisation des conditions suspensives qui affectaient l'acquisition). En l'absence de stipulation, la solution n'est pas certaine.

Un pacte de préférence peut être consenti à titre gratuit. S'il l'est à titre onéreux, le **prix** de la vente ne doit pas nécessairement être fixé lors de la conclusion du pacte. Mais, afin que le prix corresponde à la valeur de l'immeuble lors de la vente, il est en général déterminé lors de la formulation de l'offre de vente par le promettant au bénéficiaire.

> **ATTENTION**
>
> Le pacte peut très bien fixer un prix, même lorsqu'il est conclu pour une **longue durée** telle que 20 ans : en l'espèce, les parties avaient prévu qu'en cas de vente, le prix du bien devant être proposé au bénéficiaire ne pourrait excéder un montant prédéterminé, réactualisé en fonction de la variation de l'indice Insee du coût de la construction (Cass. 3e civ. 23-9-2009 no 08-18.187 : RJDA 2/10 no 135).

DURÉE

3835 La stipulation d'un délai pour son exécution n'est pas une condition de validité du pacte de préférence : il peut être conclu **sans indication de délai** (Cass. 1e civ. 6-6-2001 n° 98-20.673 : RJDA 1/02 n° 25 ; Cass. 3e civ. 15-1-2003 n° 01-03.700 : RJDA 4/03 n° 371 ; Cass. 3e civ. 29-1-2008 n° 06-20.610 : RJDA 7/08 n° 773).

Faute de durée déterminée ou déterminable fixée lors de sa conclusion, solution la plus sûre, la date d'expiration du pacte prête à interrogation. Si le pacte s'éteint au mieux par prescription quinquennale, il est cependant habituel de souligner son caractère illimité, puisque le délai de prescription ne peut pas courir tant qu'aucune offre de vente n'a été formulée par l'émetteur du pacte (ou ses héritiers).

Le pacte de préférence conclu sans terme ni durée n'encourt pas la nullité, mais les parties peuvent le **résilier** à tout moment, sous réserve de respecter le délai de préavis contractuellement prévu ou, à défaut, un délai raisonnable (Cass. 1e civ. 25-9-2024 n° 23-14.777 F-B : BPIM 6/24 inf. 362).

La **fixation d'un délai** est donc conseillée pour limiter dans le temps l'obligation du promettant. L'obligation peut être limitée par un terme certain, comme une date déterminée, ou incertain, comme le décès du promettant.

> **Précisions** Lorsqu'un délai a été assigné au droit de préférence dans le pacte et que la vente n'a pas eu lieu dans ce délai, le bénéficiaire ne peut pas obtenir une **prolongation** de ce **délai** en invoquant un moratoire légal ; tant que la vente n'a pas eu lieu, l'émetteur du pacte n'est tenu à aucune obligation (Cass. civ. 17-6-1927 : DH 1927 p. 464).
> Dans le cas où un **bail commercial** comportait au profit du locataire un **pacte de préférence valable pour la durée du bail** et où la stipulation relative au pacte n'avait pas été reprise par les parties dans l'avenant de renouvellement, jugé que ce pacte constituait une convention distincte du bail frappée de caducité à l'expiration de la location (Cass. 3e civ. 21-12-1988 : JCP N 1989 II p. 205 obs. Dagot). En revanche, même après expiration du bail, dans le cadre du maintien dans les lieux en application de l'article L 145-28 du Code de commerce, le locataire peut être conduit à exercer valablement son droit offert par le bailleur au cours de cette période (Cass. 3e civ. 16-6-1999 n° 97-16.764 : RJDA 8-9/99 n° 900).

C. Modalités de mise en œuvre du pacte de préférence

NOTIFICATION DE L'OFFRE DE VENTE AU BÉNÉFICIAIRE

3840 **Formes de la notification** La forme de la notification de l'offre de vente est **libre** lorsque les parties ne l'ont pas déterminée dans le pacte. Concernant ce qu'elles peuvent prévoir dans le pacte, la détermination du contenu des obligations des parties est librement organisée par les parties, en l'absence de texte définissant le pacte et organisant son régime. En pratique, la notification par lettre recommandée ou l'exploit d'huissier sont recommandés puisqu'ils permettent de constituer la preuve de l'exécution de son obligation par le promettant.

3842 **Date et contenu de la notification** Le pacte de préférence impose au promettant de donner la préférence au bénéficiaire lorsqu'il prend la décision de vendre le bien (Cass. 3e civ. 6-12-2018 n° 17-23.321 FS-PBI : BPIM 1/19 inf. 47). Doivent être portées à la connaissance du bénéficiaire les **informations** qui peuvent être **déterminantes** de son consentement : la désignation de l'immeuble, le prix de vente, les charges incombant à l'acquéreur notamment. En pratique, il sera donc conseillé de notifier au bénéficiaire du pacte un projet d'acte de vente. Doivent également être portées à la connaissance de l'acquéreur les informations requises selon la nature du bien, notamment les diagnostics de recherche d'amiante, de plomb, de termites, les informations sur la superficie du bien s'il s'agit d'un lot de copropriété. L'information par l'émetteur du pacte doit être strictement formalisée comme doit l'être la notification de la décision du bénéficiaire. En cette matière, la stipulation d'élection de domicile et les modalités d'informations éventuelles sur ses modifications revêtent une importance capitale. En l'absence de précision, le bénéficiaire pourrait exiger que le projet de vente établi au profit du tiers lui soit communiqué (Cass. req. 12-1-1926 : DH 1926 p. 116).

La notification doit préciser le fait qu'elle vaut offre de vente aux conditions proposées, et que la vente sera formée par l'acceptation du bénéficiaire.

Sauf stipulations contraires, le bénéficiaire d'un pacte de préférence ne peut faire de l'absence d'indication du nom de l'acquéreur dans la notification des conditions de vente une cause d'annulation de la vente (Cass. 3e civ. 10-6-2002 : AJDI 2003 p. 461). La notification peut d'ailleurs être faite lorsque le promettant a trouvé un candidat acquéreur avec lequel le bénéficiaire se trouve alors en concours, et contenir alors la promesse de vente, mais elle peut également consister simplement en l'envoi d'une offre au bénéficiaire, sur laquelle il doit prendre parti. Il convient alors de définir le contenu de ladite offre. Aucune règle n'impose qu'il existe un éventuel tiers acquéreur ou, s'il en existe un, d'indiquer son identité, en l'absence de disposition du pacte en ce sens (Cass. 3e civ. 10-7-2002 no 00-21.165 : RJDA 11/02 no 1125). Lorsque sa mise en œuvre est possible en l'absence de tiers acquéreur, le pacte doit indiquer si le bénéficiaire possède, ou non, le pouvoir de négocier le prix (ou toute autre condition) tout en restant bénéficiaire préférentiel.

EXERCICE DE LA PRÉFÉRENCE

Durée de l'offre Le pacte de préférence doit prévoir le **délai** pendant lequel le bénéficiaire peut **accepter ou décliner l'offre** ; ce délai pourra être rappelé dans la notification. 3845

À défaut de prévision d'un délai, le délai d'exercice du droit de préférence sera le délai de prescription quinquennal, qui court à compter de la notification de la vente projetée (C. civ. art. 2232).

Acceptation Le pacte prévoit généralement que l'acceptation par le bénéficiaire doit respecter la même **forme** que la notification de l'offre. 3850

Lorsque l'offre formulée respecte les prévisions du pacte, l'acceptation par le bénéficiaire ne peut pas être assortie de **réserves** ou conditions non prévues par le pacte. Si la réponse formulée par le bénéficiaire ne correspond pas à l'offre, elle n'entraîne pas la formation de la vente. Il s'agit alors d'une contre-offre, qui ouvre une période de négociation contractuelle pouvant déboucher sur une vente à des conditions différentes de l'offre.

L'exercice du droit de préférence doit se faire au vu de la **notification de l'offre** qui, pour être valable, doit contenir tous les éléments dont il a été convenu qu'ils permettraient au bénéficiaire du pacte de prendre sa décision en toute connaissance de cause. L'**acceptation par le bénéficiaire** du pacte de l'offre de vente formulée en exécution du pacte vaut vente (Cass. 3e civ. 22-9-2004 no 02-21.441 : RJDA 1/05 no 15), ce qui exclut notamment que postérieurement à une telle acceptation le bénéficiaire du pacte prétende à une négociation et une modification des termes du contrat.

> **Précisions** Même en l'**absence de notification de la promesse** unilatérale de vente **consentie à un tiers** par l'émetteur d'un pacte au bénéficiaire de celui-ci, l'exercice par le bénéficiaire de son droit de préférence, au prix et dans les formes fixés par la promesse, notifié à l'émetteur du pacte, qui n'a pas réagi, et au tiers bénéficiaire de la promesse, qui en a pris acte, formalise la rencontre des volontés et rend la vente parfaite entre l'émetteur et le bénéficiaire dudit pacte (Cass. 3e civ. 31-1-2007 no 05-16.175 : RJDA 6/07 no 596, solution rendue en matière de fonds de commerce mais transposable en matière immobilière). Le consentement de l'émetteur résulte donc du fait même de la conclusion du pacte initial et il ne saurait, pour tenter de se soustraire à l'exécution dudit pacte, se retrancher derrière le fait qu'il n'a pas informé le bénéficiaire du pacte de l'existence de la promesse de vente au profit d'un tiers.

Renonciation Le bénéficiaire du pacte peut renoncer tacitement au droit de préférence, à condition que cette renonciation soit certaine et **non équivoque** (Cass. 3e civ. 3-11-2011 no 10-20.297 : RJDA 2/12 no 139 ; Cass. 3e civ. 14-12-2011 no 10-18.105 : RJDA 4/12 no 386). Le silence du bénéficiaire ne suffit pas à lui seul à caractériser sa renonciation : ainsi, en cas de défaut de fixation de la durée de validité du pacte, il avait été jugé que le bénéficiaire ne pouvait être réputé avoir renoncé à son droit pour la seule raison qu'il ne s'en était pas prévalu dans un délai normal après la notification faite par le propriétaire de son intention de vendre (Cass. civ. 3-3-1953 : JCP G 1953 II no 7653 note Laurent). De même, jugé que ne vaut pas renonciation le fait pour un locataire, bénéficiaire d'un pacte de préférence consenti par son bailleur, d'avoir eu connaissance postérieurement à l'acte de vente du changement d'identité du bailleur et de l'existence d'un contrat de crédit-bail conclu entre le nouveau bailleur et un tiers (Cass. 3e civ. 14-12-2011 no 10-18.105, précité). 3855

La renonciation tacite par le locataire commercial à un pacte de préférence consenti par le bailleur est établie dès lors que le locataire, informé de la vente et invité à faire une offre, a payé les loyers au nouveau propriétaire pendant 2 ans sans se prévaloir du pacte (Cass. 3e civ. 2-2-2022 no 21-10.527 F-D : BPIM 3/22 inf. 239).

D. Effets juridiques du pacte de préférence

PRÉVENTION DE LA VIOLATION DU PACTE

Le **tiers qui envisage de contracter** avec le vendeur et qui **soupçonne l'existence d'un pacte de préférence** peut demander par écrit au bénéficiaire présumé de confirmer, dans un délai qu'il fixe et qui doit être raisonnable, l'existence d'un pacte et s'il entend s'en prévaloir (C. civ. art. 1123, al. 3). 3856

L'écrit doit mentionner qu'à défaut de réponse dans ce délai, le bénéficiaire du pacte ne pourra plus solliciter sa substitution au contrat conclu avec le tiers ou sa nullité (C. civ. art. 1123, al. 4). Si le bénéficiaire du pacte ne répond pas ou fait savoir qu'il n'entend pas se prévaloir du pacte, cela ne dispense pas, à notre avis, le promettant de purger le droit de préférence, ce dernier n'étant pas concerné par l'action interrogatoire.

NON-RESPECT DU PACTE PAR LE PROMETTANT

3860 **Responsabilité contractuelle du promettant** Le promettant **conserve la propriété** du bien objet du pacte. Il peut donc effectuer des actes d'administration et de disposition. Il doit cependant respecter les droits de l'acquéreur : ses actes peuvent lui être préjudiciables.

Si le promettant **conclut un contrat avec un tiers** en violation du pacte de préférence, le bénéficiaire peut obtenir réparation du préjudice subi (C. civ. art. 1123, al. 2).

Ainsi, le promettant qui **vend** l'immeuble à un tiers **sans offrir la préférence au bénéficiaire** commet une faute qui engage sa responsabilité contractuelle. Il sera condamné à l'octroi de dommages et intérêts.

Le promettant peut également **conclure un bail** au profit d'un locataire ; les droits du locataire seraient alors opposables au bénéficiaire, s'il acceptait l'offre de vente du promettant. De plus, le tiers locataire peut bénéficier en cas de vente d'un droit de préemption. Dès lors le propriétaire se met volontairement dans l'impossibilité d'exécuter le pacte de préférence. Ce faisant, il engage sa responsabilité et doit payer des dommages-intérêts au bénéficiaire privé de son droit (Cass. 3e civ. 10-5-1984 : Bull. civ. III no 96 ; Cass. 3e civ. 1-4-1992 : RTD civ. 1993 p. 347 obs. J. Mestre, solutions rendues en matière de baux ruraux mais transposables aux baux d'habitation).

> **Précisions** Le **propriétaire,** qui a **rempli l'intégralité de ses obligations,** peut consentir la vente à un tiers au prix initialement proposé au bénéficiaire (Cass. 3e civ. 10-7-2002 no 00-21.165 : RJDA 11/02 no 1125), sans que le bénéficiaire puisse prétendre bénéficier d'autres prérogatives que celles stipulées ou exiger de les exercer dans des conditions non prévues par le pacte (même arrêt). Le fait que la vente intervienne au prix qui avait été proposé au bénéficiaire du pacte, lequel avait en son temps refusé l'offre, très longtemps après l'époque de ce refus, n'est pas constitutif d'une violation du pacte de préférence (Cass. 3e civ. 29-1-2003 no 01-03.707 : RJDA 4/03 no 372, au cas particulier sept ans plus tard).

3862 **Responsabilité délictuelle du tiers acquéreur** Le tiers acquéreur qui contracte une vente avec le promettant alors qu'il a connaissance du pacte et du droit d'acquisition prioritaire du bénéficiaire commet une faute qui engage sa responsabilité. Le tiers acquéreur n'étant pas partie à l'acte, sa responsabilité est de nature délictuelle. La **mauvaise foi** du tiers acquéreur, tenant à sa connaissance du pacte, s'apprécie à la date de la promesse de vente valant vente intervenue entre lui et le vendeur, et non à la date de réitération de la vente par acte authentique (Cass. 3e civ. 25-3-2009 no 07-22.027 : Bull. civ. III no 68).

3863 **Sort de l'acte de vente frauduleux** Le bénéficiaire du pacte peut agir en nullité ou demander au juge sa substitution au tiers dans le contrat conclu en violation du pacte, à la **double condition** que le tiers ait eu connaissance du pacte et de l'intention de son bénéficiaire de s'en prévaloir (C. civ. art. 1123).

Il s'agit d'une consécration de la jurisprudence antérieure à la réforme du droit des contrats (Cass. ch. mixte 26-5-2006 no 240 : RJDA 8-9/06 no 883 ; Cass. 3e civ. 31-1-2007 no 05-21.071 : RJDA 6/07 no 597 ; Cass. 3e civ. 3-11-2011 no 10-20.936 : RJDA 2/12 no 140 ; Cass. 3e civ. 4-3-2021 no 19-22.971 FS-P : BPIM 2/21 inf. 129, décision rendue sous l'empire du droit antérieur à ord. 2016-131 du 10-2-2016).

La double **preuve** de la connaissance du tiers du pacte et de l'intention de son bénéficiaire de s'en prévaloir est délicate à rapporter (pour des cas dans lesquels cette preuve a été rapportée, voir Cass. 3e civ. 14-2-2007 no 05-21.814 : Bull. civ. III no 25 et Cass. 3e civ. 3-11-2011 no 10-20.936 : RJDA 2/12 no 140). Ainsi, la simple connaissance du droit ne suffit pas à rendre le tiers complice (Cass. 1e civ. 15-12-1965 : Bull. civ. I no 718). Jugé que la publication au fichier immobilier d'un acte rappelant l'existence d'un pacte de préférence et exprimant l'intention de son bénéficiaire de s'en prévaloir est insuffisante à prouver que l'acquéreur en avait connaissance et, partant, à obtenir substitution dans ses droits (Cass. 3e civ. 7-3-2024 no 22-10.639 F-D : BPIM 3/24 inf. 198).

La connaissance par l'acquéreur du pacte de préférence et de l'intention de son bénéficiaire de s'en prévaloir s'apprécie à la **date** de la promesse et non à celle de sa réitération par acte authentique dès lors que les parties n'ont pas entendu faire de celle-ci un élément constitutif de leur engagement (Cass. 3e civ. 25-3-2009 no 07-22.027 : RJDA 8-9/09 no 712). Ainsi, lorsque le tiers acquéreur ne prend connaissance de l'intention du bénéficiaire du pacte de se prévaloir de celui-ci que postérieurement à la signature d'une promesse synallagmatique de vente, il ne peut pas lui être reproché une collusion frauduleuse (Cass. 3e civ. 29-1-2003 n° 01-03.707 : RJDA 4/03 n° 372).

À défaut d'établir cette connaissance, le bénéficiaire du pacte ne peut obtenir, en cas de violation de ce dernier, que l'allocation de **dommages-intérêts** (Cass. 3e civ. 31-1-2007 n° 05-21.071 : RJDA 6/07 n° 597).

ATTENTION

La **publication du pacte** au service chargé de la publicité foncière n'établit pas, à elle seule, la connaissance du pacte, car elle ne rend pas le pacte opposable aux tiers. Elle permet encore moins d'établir la connaissance de l'intention de son bénéficiaire de s'en prévaloir. De même le seul fait que le **notaire,** en sa qualité de rédacteur de l'acte définitif de la vente, soit obligé de **purger le pacte de préférence** ne suffit pas à établir qu'il ait averti le tiers acquéreur de l'intention du bénéficiaire d'user de son droit (Cass. 3e civ. 17-11-2004 n° 02-18.466 : RJDA 5/05 n° 517).

TRANSMISSION

Comme tous les autres avant-contrats, le pacte de préférence est transmis aux **héritiers** par décès du **promettant** (Cass. 3e civ. 16-5-1973 n° 72-11.778 : Bull. civ. III n° 356). De même, il est transmis aux successeurs par décès du **bénéficiaire.** Les parties peuvent toutefois prévoir dans le contrat que le pacte sera caduc par décès du promettant, et que le pacte est conclu intuitu personae et donc intransmissible aux héritiers du bénéficiaire. Les circonstances peuvent également révéler une intention, même tacite, de ne conférer à cette obligation qu'un caractère intuitu personae (Cass. 1e civ. 24-2-1987 : Bull. civ. I n° 75). **3865**

Le bénéfice du pacte est aussi cessible (Cass. 1e civ. 21-2-1951 : Bull. civ. I p. 60), sauf stipulation contraire. Elle peut être consentie sans contrepartie, ou à titre onéreux. La **cession** d'un pacte de préférence, créance de nature personnelle (Cass. com. 13-2-2007 n° 05-17.296 : RJDA 8-9/07 n° 826 ; Cass. com. 31-5-2011 n° 10-18.311 : RJDA 10/11 n° 778), n'est opposable au promettant que si les formalités de l'article 1690 du Code civil ont été respectées : elle doit lui être signifiée par acte d'huissier ou être acceptée par lui dans un acte authentique (Cass. 3e civ. 4-1-1995 n° 92-21.449 : RJDA 2/95 n° 124).

PUBLICITÉ

Le pacte de préférence ne constitue pas une restriction au droit de disposer sujet à publicité foncière obligatoire à ce titre (Décret 55-22 du 4-1-1955 art. 28, 2°). Au regard de la publicité foncière, il s'analyse en une promesse unilatérale conditionnelle (Cass. 3e civ. 16-3-1994 n° 91-19.797 : RJDA 2/95 n° 124) ; il est donc possible de le publier à titre facultatif pour l'information des usagers (Décret 55-22 du 4-1-1955 art. 37, 1). Cette publicité ne le rend pas opposable aux tiers au sens de la publicité foncière (n° 15300), néanmoins, elle améliore nécessairement la connaissance du pacte et son respect par les tiers. **3870**

La publicité facultative du pacte de préférence donne lieu à une taxe fixe de publicité foncière de 125 € – qui n'est pas perçue si le pacte est contenu dans un acte contenant une autre convention objet d'une taxe proportionnelle – et à une contribution de sécurité immobilière de 0,10 % de la valeur du pacte.

> **Précisions** Sauf réquisition spéciale du notaire à cette fin, l'administration n'a pas l'obligation légale de publier un pacte de préférence qui ne fait pas l'objet d'un acte distinct par rapport à l'acte de vente dont il est solidaire (CA Bordeaux 1-10-1987 : JCP N 1989 II p. 17 note Lafond). L'acte authentique doit donc contenir une réquisition expresse d'avoir à publier le pacte.

PACTE DE PRÉFÉRENCE ET PROCÉDURE COLLECTIVE

Les cessions d'activité intervenant dans le cadre des procédures collectives, en dépit de leur caractère judiciaire et de l'objectif de redressement de l'entreprise, n'entravent pas l'efficacité du pacte de préférence. **3890**

Ainsi, la cession du contrat de bail ordonnée par le jugement arrêtant le plan de cession du preneur mis en redressement judiciaire n'emporte pas transmission au profit du cessionnaire du pacte de préférence inclus dans ce bail (Cass. com. 13-2-2007 n° 05-17.296 : RJDA 8-9/07 n° 826).

De même, le liquidateur judiciaire, autorisé par le juge-commissaire à céder des biens du débiteur est tenu de respecter la clause du bail stipulant un droit de préférence au profit d'un tiers (Cass. com. 13-2-2007 n° 06-11.289 : RJDA 8-9/07 n° 826).

> **Précisions** Il semble que les principes énoncés dans ces deux arrêts devraient valoir quel que soit le mode de cession des actifs – meubles ou immeubles – du débiteur (C. com. art. L 642-18 et L 642-19).

SECTION 6 CLAUSES CARACTÉRISTIQUES DES AVANT-CONTRATS

4110 **Remarque préliminaire** Quel que soit le type de promesse, il ne saurait être raisonnablement envisagé par le rédacteur de la promesse de rédiger celle-ci sans être en possession du titre de propriété du promettant, ni avoir lu attentivement le contenu de celui-ci (cohérence entre la description de la propriété telle que décrite dans celui-ci et description des biens objet de la promesse projetée, servitudes, conditions particulières...) ainsi que de la documentation relative à toute construction (ou modification, extension, surélévation) intervenue depuis l'acquisition du promettant (dossier de demande de permis de construire, arrêté de permis de construire, justification de la conformité des travaux).

Cela n'exclut cependant pas de prévoir l'obligation pour le promettant de justifier d'une origine de propriété régulière et trentenaire lors de la réalisation de la vente ainsi que de fournir en temps utile au notaire rédacteur tous autres titres, documents et renseignements nécessaires à la rédaction de l'acte authentique.

Sur la description des biens soumis à un régime particulier (copropriété) et sur les divers diagnostics devant être produits par le promettant et annexés à la promesse, voir n°s 37000 s. et n°s 9000 s.

Il convient d'encourager la pratique consistant à intégrer **dans la promesse** – ou à annexer à celle-ci (en allégeant corrélativement son contenu) – le texte du **projet complet de l'acte notarié** de vente car quel que soit le type de promesse, c'est dès la conclusion de celle-ci que doivent être convenues de façon détaillée les conditions générales et particulières de la vente immobilière projetée (promesse unilatérale de vente, d'achat, ou compromis ne valant pas vente) ou convenue (compromis valant vente).

4115 L'**acte** sous signature privée **contresigné par les avocats** de chacune des parties ou par l'avocat de toutes les parties fait foi de l'écriture et de la signature des parties, tant à leur égard qu'à celui de leurs héritiers ou ayants cause (C. civ. art. 1374). En contresignant un tel acte, l'avocat atteste avoir éclairé pleinement la ou les parties qu'il conseille sur les conséquences juridiques de cet acte (Loi 71-1130 du 31-12-1971 art. 66-3-1).

Tout acte sujet à publicité foncière doit, indépendamment des décisions juridictionnelles et de certaines décisions administratives, être dressé en la forme authentique par un notaire exerçant en France (C. civ. art. 710-1).

L'acte contresigné par un avocat comme l'acte notarié sont, sauf disposition expresse, dispensés de toute **mention manuscrite** exigée par la loi (C. civ. art. 1369 al. 3 et 1374 al. 3). Lorsque l'acte de vente est conclu sous l'une de ces formes, il n'y a donc plus lieu d'y faire apposer par l'acquéreur la mention de renonciation au bénéfice de la condition suspensive d'un prêt immobilier prévue par l'article L 313-42 du Code de la consommation (Cass. 3e civ. 18-3-2021 n° 20-16.354 : RJDA 2/95 n° 124). En revanche, cette dispense ne permet pas d'éviter les mentions manuscrites spéciales imposées pour la purge du droit de rétractation de l'acquéreur d'habitation en cas de remise en main propre (CCH art. D 271-6) car celles-ci ne sont pas apposées dans le cadre et au moment de la signature de l'acte, mais ultérieurement lors de sa notification, laquelle peut être réalisée hors la présence du notaire.

A. Clauses caractéristiques d'une promesse unilatérale de vente

4125 Cas d'une promesse unilatérale de vente, conclue sous signature privée et non contresignée par un avocat, pour un non-professionnel d'un bien immobilier, sous conditions suspensives, sans faculté de dédit pour le promettant, et non négociée dans le cadre d'un démarchage à domicile (ou assimilé).

MODÈLE

Promesse unilatérale de vente sous conditions suspensives

4125 (suite)

Entre les soussignés :
M.
Ci-après dénommé « LE PROMETTANT »,

d'une part

Et :
M.
Ci-après dénommé « LE BÉNÉFICIAIRE »,

d'autre part

Il a été convenu ce qui suit :
Par les présentes, le PROMETTANT, en s'obligeant et en obligeant solidairement et indivisiblement entre eux ses héritiers et ayants cause à quelque titre que ce soit à toutes les garanties ordinaires de fait et de droit les plus étendues en pareille matière,
Confère au BÉNÉFICIAIRE, qui accepte la présente promesse en tant que telle, mais sans prendre l'engagement d'acquérir, ainsi qu'à ses héritiers, donataires, légataires, cessionnaires ou substitués éventuels,
La faculté, si bon lui semble, d'acquérir dans le délai et aux prix et conditions ci-après :
L'immeuble dont la désignation suit :

Désignation

Description physique des biens ; identification cadastrale (se référer au titre de propriété et examiner avec attention les variations entre l'état qu'il contient et l'état actuel) ; situation des biens au jour de la promesse (libres, loués, occupés par le promettant) et situation au jour de la délivrance.

Durée de validité de la présente promesse

La présente promesse est consentie et acceptée pour une durée qui expirera le... à... heures.
*** (Il faut prévoir un délai supérieur à celui de la réalisation de toutes les conditions suspensives ; en pratique, un délai minimal de trois mois est nécessaire.)

Le BÉNÉFICIAIRE ne pourra lever l'option qu'une fois les conditions suspensives réalisées ou après avoir renoncé à celles stipulées exclusivement en sa faveur. Faute par le BÉNÉFICIAIRE, ou ses ayants cause ou ayants droit, d'avoir, à la date ultime ci-dessus fixée, notifié au PROMETTANT sa décision d'acquérir l'immeuble sus-désigné, en levant l'option dans les conditions prévues ci-après, il sera déchu des droits que lui confère la présente promesse de vente, qui deviendra caduque de plein droit et sans formalité par la seule survenance du terme : les parties étant alors déliées de tout engagement, sauf les effets de la clause relative à l'indemnité d'immobilisation, ci-après stipulée.

Engagement du promettant

Le PROMETTANT a en tous points et définitivement consenti à la vente, laquelle pourra être formée à la seule initiative du BÉNÉFICIAIRE par la levée d'option intervenant dans le délai convenu. Il ne pourra en conséquence pas se rétracter ni révoquer son engagement pendant la durée de la promesse, même avant la levée d'option, cet engagement étant irrévocable. Les parties sont informées qu'en application de l'article 1124 alinéa 2 du Code civil une révocation de la promesse pendant le temps laissé au bénéficiaire pour opter n'empêche pas le bénéficiaire de lever efficacement l'option et de poursuivre judiciairement l'exécution forcée de la vente ainsi formée.

Modalités de la levée d'option

Si le BÉNÉFICIAIRE décide d'acquérir, il devra en faire la notification au PROMETTANT, au domicile par lui élu, par acte extrajudiciaire, lettre recommandée avec demande d'avis de réception, ou remise en main propre contre récépissé, et qui devra lui être parvenue au plus tard à la date ultime prévue pour la levée de l'option, ci-dessus visée.

*** Il est recommandé de stipuler ce qui suit : « Pour être valable, la levée d'option devra avoir été précédée ou accompagnée du versement effectif matérialisé par l'encaissement du chèque, entre les mains du notaire chargé de la rédaction de l'acte authentique de vente, de la somme de... euros (... €), représentant avec les... euros (... €) dont le versement est constaté plus loin, le prix de la vente, soit... euros (€), ainsi que de la provision sur frais, droits

4125 (suite)

et loyaux coûts du contrat de vente, telle que cette provision sera indiquée par ledit notaire. En cas de difficulté, le bénéficiaire pourra procéder valablement à la consignation des sommes susvisées. »

*** (Si le « BÉNÉFICIAIRE » a déclaré solliciter un ou plusieurs prêts, c'est bien entendu le montant de son apport personnel et de la provision sur frais qu'il devra verser préalablement.)

*** Il est aussi possible de stipuler : « La levée d'option ne pourra résulter que de la signature d'un acte authentique d'acquisition, les parties entendant solenniser la vente, objet de la présente promesse unilatérale. »

Propriété-jouissance

Le transfert de propriété et l'entrée en jouissance auront lieu au jour de l'acte authentique de vente.

Constatation authentique de la vente

La vente, résultant de la levée d'option par le BÉNÉFICIAIRE, devra être constatée par acte authentique, au plus tard... jours après cette levée d'option.

Sommation à comparaître à tel jour et à telle heure, en l'étude de maître... notaire à... chargé dès à présent de la rédaction de l'acte authentique, sera délivrée à l'autre partie à la requête de la partie la plus diligente, avec déclaration à la partie sommée que, faute par elle de se présenter ni personne pour elle, l'autre partie requerra défaut et se pourvoira par toutes voies de droit, toute demande en dommages-intérêts étant expressément réservée.

Si la partie sommée ne se présente pas ni personne pour elle, procès-verbal de carence sera dressé à la requête de la partie ayant sommé, à laquelle il appartiendra alors de se pourvoir en justice pour faire constater la mutation intervenue par le seul fait de la levée de l'option dans les conditions susvisées.

Les frais, droits et honoraires occasionnés par ces difficultés incomberont à la partie défaillante.

Conditions de la vente éventuelle

La vente, si elle est réalisée, aura lieu aux conditions ordinaires et de droit en pareille matière, et notamment sous les conditions suivantes : ... /...

Prix de la vente éventuelle

Si elle se réalise, la vente aura lieu moyennant le prix de... euros (... €) payable comptant.

FINANCEMENT DE L'ACQUISITION ÉVENTUELLE

(Code de la consommation art. L 313-1 s.)

Le BÉNÉFICIAIRE déclare que, en cas de réalisation de la vente, il en paiera le prix de ses deniers personnels ou assimilés, sans recourir à un prêt. En conséquence, il a ci-dessous apposé la mention visée à l'article L 313-42 du Code de la consommation. Par suite, les présentes ne sont pas soumises à la condition suspensive d'obtention d'un prêt, prévue à l'article L 313-41 du Code de la consommation.

*** Texte proposé : Je soussigné (nom, prénom), reconnais avoir été informé que si, contrairement aux déclarations qui précèdent, je recours néanmoins à un prêt, je ne pourrai pas me prévaloir de la condition suspensive d'obtention d'un prêt prévue à l'article L 313-41 du Code de la consommation.

*** Variante : Si le bénéficiaire doit obtenir un ou plusieurs prêts destinés à financer son acquisition :

CONDITION SUSPENSIVE LÉGALE

(Code de la consommation art. L 313-1 s.)

Le BÉNÉFICIAIRE déclare que, pour financer le coût global de son acquisition éventuelle, il lui sera nécessaire d'obtenir au préalable un ou plusieurs prêts d'un montant au moins égal à... euros (... €).

Par suite de cette déclaration, la présente promesse est soumise à la condition suspensive de l'obtention du ou des prêts qui seront sollicités par le BENEFICIAIRE et dont les principales caractéristiques sont les suivantes :

Financement :

Apport personnel (et assimilé) .... €

Prêt(s) sollicité(s) .... €

TOTAL égal à la somme à financer .... €

Caractéristiques : 4125 (suite)
– Nature du prêt :
– Durée minimale :
– Taux d'intérêt maximal :
– Périodicité des remboursements :
– Garanties et sûretés :
Organismes financiers sollicités (non limitatifs) :
– Nom(s) de(s) (l')organisme(s) :
– Agence(s) :
Le BÉNÉFICIAIRE s'oblige à fournir, à première demande, aux organismes sollicités, toutes les pièces et renseignements nécessaires à l'instruction des dossiers des prêts, et à se soumettre à toute visite médicale qui lui serait imposée. La présente condition suspensive sera réputée réalisée dès la présentation par le ou les organismes de crédit sollicités d'une ou plusieurs offres régulières correspondant aux caractéristiques susvisées, et après l'agrément des assureurs, en cas d'adhésion obligatoire à un contrat d'assurance collective lié à ces prêts.
Cette acceptation ne pourra intervenir que dix jours après la réception des offres et devra être donnée par lettre, le cachet de La Poste faisant foi.
Si le montant total des prêts offerts est inférieur à celui des prêts sollicités, le bénéficiaire pourra renoncer à la présente condition, en portant de sa main dans la notification la mention manuscrite visée à l'article L 313-42 du Code de la consommation.
Toute notification devra être faite par lettre recommandée avec demande d'avis de réception, acte extrajudiciaire, ou remise en main propre contre récépissé.
Si le BÉNÉFICIAIRE décidait, pour des raisons de pure convenance personnelle, de renoncer à la présente condition suspensive, il devrait alors le notifier au promettant dans les forme et délai susvisés.
Cette notification devra obligatoirement contenir la mention, écrite de sa main, et dont fait état l'article L 313-42 du Code de la consommation.

Versement du prix de l'immobilisation

En considération de la promesse faite par le PROMETTANT et de l'exclusivité consentie, le BÉNÉFICIAIRE a versé au PROMETTANT qui le reconnaît et lui en consent bonne et valable quittance d'autant, sous réserve de l'encaissement du chèque, la somme de... euros (... €), à titre de prix de l'exclusivité.

Variante (si la promesse est soumise à l'article L 271-1 du CCH et n'est pas conclue par l'intermédiaire d'un professionnel ayant reçu mandat pour prêter son concours à la vente) :
La présente promesse est conclue sous la condition suspensive du versement au PROMETTANT par le BÉNÉFICIAIRE n'ayant pas fait usage de la faculté de rétractation dont il dispose en application de l'article L 271-1 du CCH, postérieurement au délai fixé par ledit article pour l'exercice de cette faculté, et au plus tard... jours après l'expiration dudit délai, en considération de la promesse faite par le PROMETTANT et de l'exclusivité consentie, de la somme de... euros (... €), à titre de prix de l'exclusivité.
Le sort de cette somme sera le suivant :

1. Elle s'imputera à due concurrence sur le prix, en cas de réalisation de la vente.

2. Elle sera immédiatement et intégralement restituée au BÉNÉFICIAIRE, sans retenue ni indemnité d'aucune sorte, en cas de caducité des présentes, par suite de la défaillance de l'une seulement des conditions suspensives avant le délai d'expiration de la présente promesse, ou bien encore du fait de la non-réalisation desdites conditions suspensives ou de l'une d'entre elles seulement, à la date ultime impartie au BÉNÉFICIAIRE pour lever l'option.
Toutefois, si la défaillance concerne une ou plusieurs des conditions suspensives stipulées dans l'intérêt exclusif du BÉNÉFICIAIRE, celui-ci aura la faculté d'y renoncer en levant l'option dans les délais et conditions stipulés aux présentes.

3. Elle restera acquise de plein droit et sans formalité au PROMETTANT, au cas où, soit sans attendre l'expiration du délai de réalisation des conditions suspensives, le BÉNÉFICIAIRE ferait part de sa décision de ne pas acquérir, soit toutes les conditions suspensives étant réalisées avant l'expiration de la promesse selon les conditions indiquées aux présentes, le BÉNÉFICIAIRE n'aurait pas levé l'option, ou l'aurait levée sans respecter les modalités prévues aux présentes.
Le montant de la somme ainsi acquise au PROMETTANT est fixé irrévocablement et ne subira aucune variation en fonction de la date à laquelle le BÉNÉFICIAIRE fera connaître, activement ou passivement, sa décision de ne pas acquérir.

4125 (suite) Le PROMETTANT, dont l'engagement est définitif, ne pourra pas se refuser à réaliser la vente en se prévalant des dispositions de l'article 1590 du Code civil.

*** Il est toutefois possible de prévoir un dédit en faveur du PROMETTANT, au moins jusqu'à la date de levée d'option par le bénéficiaire.

Nantissement et séquestre

La somme dont le versement à titre de prix de l'immobilisation est stipulé ci-dessus est affectée en nantissement par le PROMETTANT au profit du BÉNÉFICIAIRE, à titre de gage, pour lui en assurer le remboursement éventuel.

Afin d'assurer l'efficacité de ce nantissement, ladite somme de... € a été **(variante : sera)** remise par le PROMETTANT à :

M.

tiers convenu entre les parties, dans les termes de l'article 1956 du Code civil, constitué séquestre pendant la durée de validité de la promesse, ici intervenant et qui accepte.

Le tiers convenu agira comme suit, ce qui est expressément accepté par les parties :

1. Il versera cette somme au PROMETTANT en cas de réalisation de la vente, afin d'en permettre l'imputation sur le prix.

2. Il restituera cette somme au BÉNÉFICIAIRE, en cas de caducité de la présente promesse par suite de la défaillance ou de la non-réalisation, à la date ultime impartie du BÉNÉFICIAIRE pour lever l'option, des conditions suspensives ci-après stipulées ou de l'une d'entre elles seulement ; et ce, sauf renonciation par ce dernier au bénéfice d'une ou de plusieurs conditions suspensives stipulées dans son intérêt exclusif.

3. Il versera cette somme au PROMETTANT au cas où, soit sans avoir attendu l'expiration du délai de réalisation des conditions suspensives le BÉNÉFICIAIRE aurait fait part de la décision de ne pas acquérir, soit toutes les conditions suspensives ayant été réalisées, le BÉNÉFICIAIRE n'aurait pas levé l'option sans en avoir donné bonne raison dans les délais et conditions des présentes.

Le versement effectué par le tiers convenu dans les conditions qui viennent d'être indiquées emportera décharge de sa mission.

*** Cette clause (facultative), qui a pour objet d'assurer la restitution ou le versement à qui de droit de la somme remise, constitue une sécurité indéniable pour les deux parties.

Faculté de cession

Le BÉNÉFICIAIRE aura la faculté de céder le bénéfice de la présente cession à toute personne physique ou morale de son choix. Cette cession devra être effectuée exclusivement à titre gratuit. La cession devra intervenir pendant le délai d'option, et avant exercice de celle-ci.

Elle sera opposable au PROMETTANT après que notification ou signification lui en aura été faite, ou que par son intervention à l'acte de cession il en aura pris acte. Une copie de la cession devra être remise au notaire rédacteur de la présente promesse.

En cas de cession et de levée d'option, le cédant restera tenu solidairement avec le cessionnaire de l'exécution de toutes les obligations de la promesse et de celles de la vente en cas de levée d'option par le cessionnaire.

La cession emportera irréversiblement déchéance pour le cédant de former la vente à son profit en levant l'option, même si le cessionnaire ne la lève pas.

Cédant et cessionnaire se régleront directement entre eux toutes conséquences pécuniaires de la cession, notamment au regard de la somme versée par le cédant au titre du prix de l'option et des frais de la promesse, sans que le promettant ait à intervenir de quelque manière que ce soit à ce sujet.

Les parties sont informées que la cession, si elle est constatée par un acte sous signature privée, devra à peine de nullité être enregistrée dans le délai de dix jours, en application de l'article 1589-2 du Code civil.

CONDITIONS SUSPENSIVES (autres que celles résultant des art. L 313-1 s. du Code de la consommation)

En outre, la présente promesse de vente est consentie et acceptée sous réserve de l'avènement dans le délai ci-dessus fixé des conditions suspensives suivantes :

1. Que le renseignement hypothécaire urgent hors formalité, qui sera requis du chef du « PROMETTANT » et des précédents propriétaires, relativement à l'immeuble objet des présentes, ne révèle aucune inscription prise pour un montant supérieur au prix de la vente éventuelle ni aucune transcription ou mention pouvant porter atteinte à la libre disposition desdits biens.

2. Que la note de renseignements d'urbanisme concernant l'immeuble ci-dessus désigné ne révèle aucune injonction de travaux, ni état de péril ou insalubrité ni aucune servitude ou autre empêchement susceptible de réduire sensiblement la valeur vénale de l'immeuble ou son usage normal. **4125** (suite)

*** (Lorsque la promesse porte sur un terrain à bâtir, il est conseillé de se référer à la délivrance d'un certificat d'urbanisme positif ou, mieux, d'un permis de construire, mais dans ce dernier cas la durée de la condition suspensive atteint plusieurs mois, et il convient d'imposer au bénéficiaire un délai strict de dépôt d'un dossier conforme aux règles d'urbanisme applicables à la zone de situation et à la nature du projet envisagé.)

Ces renseignements seront produits par le PROMETTANT qui s'oblige à faire toute diligence à cet effet, et à les communiquer immédiatement au BÉNÉFICIAIRE.

3. Que l'examen des titres de propriété ne révèle l'existence d'aucune servitude susceptible de restreindre notablement l'usage du bien vendu, ou d'en déprécier la valeur.

*** (Variante : 4. Que le BÉNÉFICIAIRE ait obtenu le financement sollicité, ainsi qu'il a été dit ci-dessus.)

Ces conditions sont stipulées dans l'intérêt exclusif du BÉNÉFICIAIRE qui pourra seul y renoncer à tout moment en décidant de lever l'option.

4. (ou **5.**) La purge de tous droits de préemption. Dans le cas où un droit de préemption devrait être purgé préalablement, le PROMETTANT s'oblige à effectuer sans délai la formalité nécessaire : il confère, en outre, au BÉNÉFICIAIRE, à titre irrévocable, tous pouvoirs à cet effet.

La présente promesse de vente deviendrait caduque au cas où un droit de préemption serait exercé.

La réalisation desdites conditions suspensives n'entraînera pas le transfert de la propriété de l'immeuble sus-désigné, lequel est subordonné à la levée de l'option consécutive à ladite réalisation par le BÉNÉFICIAIRE.

Faculté de rétractation

Le BÉNÉFICIAIRE de la présente promesse ayant la qualité de non-professionnel, il bénéficie de la faculté légale de rétractation, prévue par l'article L 271-1 du CCH ; en conséquence le PROMETTANT adressera au BÉNÉFICIAIRE un exemplaire des présentes par lettre recommandée avec demande d'avis de réception. À compter du lendemain de la première présentation de la lettre lui notifiant l'acte, le BÉNÉFICIAIRE aura 10 jours pour se rétracter en en faisant part au promettant par lettre recommandée avec demande d'avis de réception.

*** Variante : Faculté de rétractation.

Frais

Tous les frais et droits des présentes seront supportés par le BÉNÉFICIAIRE, ou par le PROMETTANT en cas de non-réalisation résultant de son fait.

Élection de domicile

Pour l'exécution des présentes et de leur suite, les parties font élection de domicile en leurs demeures respectives, sus-indiquées.

Déclarations

Les parties déclarent avoir la pleine capacité pour s'obliger. En outre, le PROMETTANT déclare avoir la libre disposition de l'immeuble objet des présentes. Il s'engage à rapporter les mainlevées et certificats de radiation de toutes les inscriptions qui seraient révélées par l'état requis sur la formalité de publication de la vente, si elle se réalise.

Enregistrement

L'enregistrement des présentes est requis, dans le délai de dix jours, à peine de nullité, conformément à l'article 1589-2 du Code civil, moyennant le paiement du droit fixe des actes innomés. Cet enregistrement sera effectué par...

Établi en trois (quatre) originaux, dont un pour l'enregistrement (un pour le tiers séquestre), et un pour chacune des parties sur... pages.

B. Clauses caractéristiques d'une promesse synallagmatique valant vente

4245 Promesse synallagmatique de vente et d'achat, conclue sous signature privée et non contresignée par un avocat, pour un non-professionnel d'un bien immobilier, sous conditions suspensives, sans faculté de dédit pour le promettant, et non négociée dans le cadre d'un démarchage à domicile (ou assimilé), usuellement dénommée « compromis de vente ».

MODÈLE

Promesse synallagmatique de vente et d'achat sous conditions suspensives

Les soussignés :

M.

Ci-après dénommé impersonnellement « LE VENDEUR »,

d'une part

ET :

M.

Ci-après dénommé impersonnellement « L'ACQUÉREUR »,

d'autre part

Étant précisé que si la vente intervient entre plusieurs acquéreurs ou vendeurs, ceux-ci agiront respectivement avec entre eux stipulation de solidarité active et passive pour l'exécution des présentes et de leurs suites, ainsi que les soussignés les y obligent expressément,

Sont convenus de ce qui suit :

Par les présentes le VENDEUR promet de vendre, en s'obligeant et en obligeant solidairement entre eux ses héritiers et ayants droit, fussent-ils mineurs ou autrement incapables, à toutes les garanties ordinaires de fait et de droit les plus étendues en pareille matière, mais sous les conditions suspensives et modalités ci-après stipulées à l'ACQUÉREUR, qui s'engage à acheter sous les mêmes conditions tant pour lui-même que pour toutes personnes physiques ou morales à qui il céderait son droit ou qu'il pourrait se substituer avant la réalisation des conditions suspensives, mais dont il restera garant et solidaire,

L'immeuble dont la désignation suit :

Désignation

Description physique des biens, identification cadastrale (se référer au titre de propriété et examiner avec attention les variations entre l'état qu'il contient et l'état actuel) ; situation des biens au jour de la promesse (libres, loués, occupés par le promettant), situation des biens au jour de la délivrance.

Charges et conditions de la vente

La vente, si elle devient parfaite, aura lieu aux conditions ordinaires et de droit en pareille matière, et notamment sous les conditions suivantes : ...

Transfert de propriété-jouissance

Il est formellement convenu que, outre la réalisation des conditions suspensives ci-après stipulées, le transfert de la jouissance, des risques et de la propriété au profit de l'acquéreur est subordonné à la passation de l'acte authentique de réitération des présentes, lequel devra intervenir dans les quinze jours qui suivront la réalisation, dans le délai ci-après prévu, de la dernière des conditions suspensives, accompagnée du versement préalable du prix et des frais et loyaux coûts du contrat en l'étude du notaire rédacteur de l'acte authentique.

Sommation à comparaître à tel jour et à telle heure, en l'étude de maître..., notaire à..., chargé dès à présent de la rédaction de l'acte authentique, sera délivrée à l'autre partie à la requête de la partie la plus diligente.

Si la partie sommée ne se présente pas, ni personne pour elle, procès-verbal de carence sera dressé à la requête de la partie ayant sommé, à laquelle il appartiendra alors de se pourvoir en justice soit pour faire constater la mutation intervenue, soit pour demander la condamnation de la partie défaillante à signer l'acte authentique, soit pour solliciter la résolution de la présente promesse aux torts de la partie défaillante.

Si la vente devient parfaite, l'ACQUÉREUR aura la jouissance de l'immeuble vendu à compter du jour de l'acte authentique ou de la décision judiciaire en tenant lieu, par la prise de possession réelle, l'immeuble devant être pris à cette date entièrement libre de toute location ou occupation quelconque. **4245** (suite)

À ce sujet, le VENDEUR s'interdit, pendant la durée de validité de la présente promesse, d'aliéner l'immeuble qui en est l'objet, de l'hypothéquer, de le louer, de consentir ou de laisser acquérir toute servitude, et, d'une manière générale, d'accomplir tout acte ou de consentir à tous fait et action qui aurait pour effet d'en déprécier la valeur ou l'usage.

Prix

Si elle devient parfaite, la vente aura lieu moyennant le prix de... euros (... €) payable comptant.

FINANCEMENT DE L'ACQUISITION ÉVENTUELLE

(Code de la consommation art. L 313-1 s.)

L'ACQUÉREUR déclare que, en cas de réalisation de la vente, il en paiera le prix de ses deniers personnels ou assimilés, sans recourir à un prêt. En conséquence, il a ci-dessous apposé la mention visée à l'article L 313-42 du Code de la consommation. Par suite, le présent acte n'est pas soumis à la condition suspensive d'obtention d'un prêt, prévue à l'article L 312-16 du Code de la consommation.

*** Texte proposé : « Je soussigné (nom, prénom), reconnais avoir été informé que si, contrairement aux déclarations qui précèdent, je recours à un prêt, je ne pourrai pas me prévaloir de la condition suspensive d'obtention d'un prêt prévue à l'article L 312-16 du Code de la consommation. »

*** Variante : Si l'ACQUÉREUR doit obtenir un ou plusieurs prêts destinés à financer son acquisition :

FINANCEMENT DE L'ACQUISITION ÉVENTUELLE

CONDITION SUSPENSIVE LÉGALE

(Code de la consommation art. L 313-1 s.)

L'ACQUÉREUR déclare que, pour financer le coût global de son acquisition éventuelle, il lui sera nécessaire d'obtenir au préalable un ou plusieurs prêts d'un montant total de... euros (... €).

Par suite de cette déclaration, la présente promesse est soumise à la condition suspensive de l'obtention du ou des prêts qui seront sollicités par l'ACQUÉREUR et dont les principales caractéristiques sont les suivantes :

Financement :

Apport personnel (et assimilé) .... €

Prêt(s) sollicité(s) .... €

TOTAL égal à la somme à financer .... €

Caractéristiques :

- Nature du prêt :
- Durée minimale :
- Taux d'intérêt maximal :
- Périodicité des remboursements :
- Garanties et sûretés :

Organismes financiers sollicités (non limitatifs) :

- Nom(s) de(s) (l')organisme(s) :
- Agence(s) :

L'ACQUÉREUR s'oblige à fournir à première demande aux organismes sollicités toutes les pièces et renseignements nécessaires à l'instruction des dossiers des prêts, et à se soumettre à toute visite médicale qui lui serait imposée.

La présente condition suspensive sera réputée réalisée dès la présentation par le ou les organismes de crédit sollicités d'une ou plusieurs offres régulières correspondant aux caractéristiques susvisées, ainsi que dès l'agrément des assureurs, en cas d'adhésion obligatoire à un contrat d'assurance collective lié à ces prêts.

Cette acceptation ne pourra intervenir que dix jours après la réception des offres et devra être donnée par lettre, le cachet de La Poste faisant foi.

Si le montant total des prêts offerts est inférieur à celui des prêts sollicités, l'acquéreur pourra renoncer à la présente condition, en portant de sa main dans la notification la mention manuscrite visée à l'article L 313-42 du Code de la consommation.

Toute notification devra être faite par lettre recommandée avec demande d'avis de réception, acte extrajudiciaire, ou remise en main propre contre récépissé.

4245 (suite) Si l'ACQUÉREUR décidait, pour des raisons de pure convenance personnelle, de renoncer à la présente condition suspensive, il devrait alors le notifier au vendeur dans les forme et délai susvisés.

Cette notification devra obligatoirement contenir la mention, écrite de sa main, et dont fait état l'article L 313-42 du Code de la consommation.

Acompte sur le prix

À l'instant même, l'ACQUÉREUR a versé au vendeur, qui le reconnaît, la somme de... euros (... €), à titre d'acompte sur le prix de vente.

Variante (si la promesse est soumise à l'article L 271-1 du CCH et n'est pas conclue par l'intermédiaire d'un professionnel ayant reçu mandat pour prêter son concours à la vente) :

La présente promesse est conclue sous la condition suspensive du versement au promettant par le bénéficiaire n'ayant pas fait usage de la faculté de rétractation dont il dispose en application de l'article L 271-1 du Code de la construction et de l'habitation, postérieurement au délai fixé par ledit article pour l'exercice de cette faculté, et au plus tard... jours après l'expiration dudit délai, en considération de la promesse faite par le promettant et de l'exclusivité consentie, la somme de... euros (... €), à titre d'acompte sur le prix de vente.

1. En cas de perfection de la vente, cette somme s'imputera à due concurrence sur le prix.

2. En cas de caducité des présentes par suite de la défaillance de l'une seulement des conditions suspensives ci-après stipulées, ladite somme sera immédiatement et intégralement restituée à l'ACQUÉREUR, ce à quoi s'oblige dès à présent le vendeur.

Toutefois, si la défaillance concerne une ou plusieurs des conditions suspensives stipulées dans l'intérêt exclusif de l'ACQUÉREUR, celui-ci aura la faculté d'y renoncer, en notifiant cette renonciation au vendeur dans les formes ci-avant stipulées, et en portant, le cas échéant, dans la notification, la mention manuscrite visée à l'article L 313-42 du Code de la consommation.

3. Elle restera acquise de plein droit au VENDEUR à titre de dommages-intérêts forfaitairement fixés, pour l'indemniser du préjudice qu'il subirait au cas où, toutes les conditions suspensives étant réalisées dans le délai ci-après fixé, l'ACQUÉREUR aurait refusé de signer l'acte authentique, nonobstant la sommation à lui délivrée par le vendeur, et ce, sans préjudice pour ce dernier de la faculté de demander en justice la condamnation de l'acquéreur à signer l'acte authentique ou la constatation de la mutation intervenue. Elle restera acquise également en cas de résolution de la présente promesse synallagmatique de vente aux torts de l'ACQUÉREUR.

La somme ci-dessus versée ne pourra pas être considérée comme un versement d'arrhes, réservant à l'une ou l'autre des parties la faculté de se dédire.

Nantissement et séquestre

Le montant de l'acompte ci-dessus versé est (variante : convenu sera) affecté en nantissement par le VENDEUR, à titre de gage, au profit de l'ACQUÉREUR, et pour lui en assurer le remboursement éventuel.

Afin d'assurer l'efficacité du nantissement, la somme ci-dessus versée a été (variante : convenue sera) remise par le VENDEUR à :

M.

tiers convenu entre les parties dans les termes de l'article 1956 du Code civil, constitué séquestre, ici intervenant et qui accepte.

Le tiers convenu agira comme suit, ce qui est expressément accepté par les parties.

1. Il versera cette somme au VENDEUR ou pour son compte, en cas de réalisation de la présente promesse, afin d'en permettre l'imputation sur le prix de la vente.

2. Il restituera cette somme à l'ACQUÉREUR, en cas de caducité de la présente promesse par suite de la défaillance ou de la non-réalisation, à la date ultime prévue pour leur réalisation, des conditions suspensives ci-après stipulées ou de l'une d'entre elles seulement, sauf renonciation par ce dernier au bénéfice d'une ou plusieurs conditions suspensives stipulées dans son intérêt exclusif.

3. Il versera cette somme au VENDEUR au cas où, la présente promesse n'étant pas frappée de caducité par suite de la défaillance ou de la non-réalisation desdites conditions suspensives ou de l'une d'entre elles seulement, l'ACQUÉREUR aurait refusé de réitérer la vente par acte authentique, malgré la sommation qui lui aurait été délivrée par le vendeur, et sans en avoir donné bonne raison.

Le versement effectué par le tiers convenu, s'il est effectué dans les conditions qui viennent d'être indiquées, emportera décharge de sa mission. **4245** (suite)

*** Cette clause (facultative), qui a pour objet d'assurer la restitution ou le versement à qui de droit de la somme remise, constitue une sécurité indéniable pour les deux parties.

CONDITIONS SUSPENSIVES (autres que celles résultant des articles L 313-1 s. du Code de la consommation)

En outre, la présente promesse de vente est consentie et acceptée sous réserve de l'avènement, au plus tard le..., des conditions suspensives ci-après stipulées, à savoir :

1. Que le renseignement hypothécaire urgent hors formalité, qui sera requis du chef du VENDEUR et des précédents propriétaires, relativement à l'immeuble objet des présentes, ne révèle aucune inscription prise pour un montant supérieur au prix de vente sus-énoncé ni aucune transcription ou mention pouvant porter atteinte à la libre disposition desdits biens.

2. Que la note de renseignements d'urbanisme concernant l'immeuble ci-dessus désigné ne révèle aucune injonction de travaux, ni état de péril ou insalubrité ni aucune servitude ou autre empêchement susceptible de réduire sensiblement la valeur vénale de l'immeuble ou son usage normal.

*** (Lorsque la promesse porte sur un terrain à bâtir, il est conseillé de se référer à la délivrance d'un certificat d'urbanisme positif ou, mieux, d'un permis de construire, mais dans ce dernier cas la durée de la condition suspensive atteint plusieurs mois, et il convient d'imposer au bénéficiaire un délai strict de dépôt d'un dossier conforme aux règles d'urbanisme applicables à la zone de situation et à la nature du projet envisagé.)

Ces renseignements seront produits par le VENDEUR qui s'oblige à faire toute diligence à cet effet et à les communiquer immédiatement à l'ACQUÉREUR.

3. Que l'examen des titres de propriété ne révèle l'existence d'aucune servitude susceptible de restreindre notablement l'usage du bien vendu, ou d'en déprécier la valeur.

*** Variante : 4. Que l'ACQUÉREUR ait obtenu le financement sollicité, ainsi qu'il a été dit ci-dessus.

Ces conditions sont stipulées dans l'intérêt exclusif de l'ACQUÉREUR qui pourra seul y renoncer avant la date susvisée.

4. (ou **5.**) La purge de tous droits de préemption. Dans le cas où un droit de préemption devrait être purgé préalablement, le VENDEUR s'oblige à effectuer sans délai la formalité nécessaire ; il confère en outre à l'ACQUÉREUR, à titre irrévocable, tous pouvoirs à cet effet. La présente promesse de vente deviendrait caduque au cas où un droit de préemption serait exercé.

La réalisation desdites conditions suspensives n'entraînera pas le transfert de la propriété de l'immeuble sus-désigné, lequel est subordonné au versement en l'étude de maître... notaire, choisi d'un commun accord pour dresser l'acte authentique (du complément) du prix de vente, des frais et loyaux coûts du contrat, ainsi qu'à la signature de l'acte authentique de réalisation.

Par dérogation à l'article 1179 du Code civil, il est dès à présent convenu que la réalisation des conditions suspensives n'aura pas d'effet rétroactif.

En cas de défaillance, de l'une seulement des conditions suspensives, et sauf renonciation éventuellement à s'en prévaloir par l'ACQUÉREUR, la présente promesse deviendra caduque de plein droit, les parties seront déliées de tout engagement, et la somme versée (en séquestre) sera alors immédiatement et intégralement restituée à l'acquéreur.

Il en sera de même dans le cas où l'une quelconque des conditions suspensives ne serait pas réalisée à la date ultime prévue pour leur réalisation.

Faculté de cession

Le BÉNÉFICIAIRE aura la faculté de céder le bénéfice de la présente cession à toute personne physique ou morale de son choix. Cette cession devra être effectuée exclusivement à titre gratuit. La cession devra intervenir pendant le délai d'option, et avant exercice de celle-ci.

Elle sera opposable au PROMETTANT après que notification ou signification lui en aura été faite, ou que par son intervention à l'acte de cession il en aura pris acte. Une copie de la cession devra être remise au notaire rédacteur de la présente promesse.

En cas de cession et de levée d'option, le cédant restera tenu solidairement avec le cessionnaire de l'exécution de toutes les obligations de la promesse et de celles de la vente en cas de levée d'option par le cessionnaire.

La cession emportera irréversiblement déchéance pour le cédant de former la vente à son profit en levant l'option, même si le cessionnaire ne la lève pas.

Cédant et cessionnaire se régleront directement entre eux toutes conséquences pécuniaires de la cession, notamment au regard de la somme versée par le cédant au titre du prix de l'option et des frais de la promesse, sans que le promettant ait à intervenir de quelque manière que ce soit à ce sujet.

Les parties sont informées que la cession, si elle est constatée par un acte sous signature privée, devra à peine de nullité être enregistrée dans le délai de dix jours, en application de l'article 1589-2 du Code civil.

Faculté de rétractation

Le bénéficiaire de la présente promesse ayant la qualité de non-professionnel, il bénéficie de la faculté légale de rétractation, prévue par l'article L 271-1 du Code de la construction et de l'habitation ; en conséquence le promettant adressera au bénéficiaire un exemplaire des présentes par lettre recommandée avec demande d'avis de réception. À compter du lendemain de la première présentation de la lettre lui notifiant l'acte, le bénéficiaire aura 10 jours pour se rétracter en en faisant part au promettant par lettre recommandée avec demande d'avis de réception.

Frais

Tous les frais des présentes seront supportés par l'ACQUÉREUR ou par le VENDEUR en cas de non-réalisation résultant de son fait.

Élection de domicile – Attribution de juridiction

Pour l'exécution des présentes et de leur suite, les parties font élection de domicile en leurs demeures respectives, sus-indiquées, et attribuent compétence aux tribunaux du lieu de situation de l'immeuble.

Affirmation de sincérité

VENDEUR et ACQUÉREUR affirment, sous les peines édictées par l'article 1837 du Code général des impôts, que le présent acte exprime l'intégralité du prix de la vente éventuelle.

Établi en deux (trois) originaux, dont un pour chacune des parties (et un pour le tiers séquestre), sur... pages, comprenant :

Fait et passé à...

Le...

C. Clauses caractéristiques d'un pacte de préférence

4310 **Remarque préliminaire** La rédaction d'un pacte de préférence diffère sensiblement selon le type de bien en cause, sa situation juridique, les modalités de sa cession potentielle...
Pour les pactes portant sur des actifs immobiliers importants impliquant la possibilité d'effectuer des diligences approfondies, ou d'accéder aux mêmes données que celles qui ont été fournies à l'acquéreur potentiel, il convient de veiller à concevoir le pacte comme un véritable contrat, suffisamment étoffé pour prévoir notamment que les **éléments communiqués au bénéficiaire** du pacte ne se limitent pas aux seules conditions essentielles de la vente projetée. La notification de la vente projetée doit s'accompagner de la communication, ou de la possibilité d'accès, et consultation, aux mêmes données que celles auxquelles l'acquéreur potentiel a pu avoir accès (*data room*, réelle ou virtuelle, copie de dossier physique, etc.). Les modalités d'exercice du pacte doivent alors en tenir compte (notamment en termes de délai de traitement de ces données avant la prise de décision de se substituer ou non).

PACTE DE PRÉFÉRENCE INSÉRÉ DANS UN BAIL COMMERCIAL

4320 En cas de cession de son droit au bail, le preneur s'engage à notifier au bailleur par lettre recommandée avec accusé de réception son projet de cession, en lui indiquant, à peine de nullité de la notification, les coordonnées du bénéficiaire de la cession, le prix et les conditions de paiement ainsi que la date de réalisation de la cession, qui ne pourra pas intervenir moins d'un mois après réception par le bailleur de ladite notification. Dans ce délai d'un mois, le bailleur aura la faculté, à égalité de conditions, d'user du présent droit de préférence à son profit ou à celui de toute personne physique ou morale qu'il pourra se substituer. Si le bailleur exerce le droit de préférence, la cession devra être réalisée dans la quinzaine de la notification par le bailleur au preneur de l'exercice de son droit de préférence.

PACTE DE PRÉFÉRENCE INSÉRÉ DANS UN BAIL À CONSTRUCTION

Si, pendant la durée du bail, le bailleur décidait de la vente des biens et droits immobiliers, objet du présent bail, il serait tenu de faire connaître au preneur par simple lettre recommandée avec demande d'avis de réception avant de réaliser la vente, les nom, prénoms, profession, domicile de l'amateur, s'il s'agit d'une personne physique, ou dénomination s'il s'agit d'une personne morale avec lequel ou laquelle elle sera d'accord, le prix offert par l'amateur, ses modalités de paiement et les conditions générales de la vente projetée. **4340**

À égalité de prix et de conditions de vente, le bailleur devra donner la préférence au preneur sur tout autre amateur.

En conséquence, le preneur aura le droit d'exiger que les biens ci-dessus lui soient vendus pour un prix égal à celui qui sera offert par un tiers et aux mêmes conditions.

Le preneur disposera d'un délai de TRENTE JOURS partant de celui de la réception de la notification des conditions de la vente projetée pour user de son droit de préférence en adressant une lettre recommandée avec demande d'avis de réception adressée au bailleur.

Si son acceptation n'est pas parvenue dans ce délai au vendeur, le bénéficiaire du pacte de préférence en sera définitivement déchu.

Le bailleur aura toujours le droit de disposer à titre gratuit des biens et droits immobiliers sus-désignés mais il devra imposer à son donataire l'obligation de respecter le présent pacte de préférence pour le cas où ce donataire voudrait disposer à titre onéreux desdits biens, avant l'expiration du délai de validité du pacte de préférence.

En cas de vente aux enchères publiques par adjudication volontaire ou judiciaire le bailleur sera tenu, DIX JOURS au moins avant l'adjudication, de faire sommation par lettre recommandée au preneur de prendre connaissance du cahier des charges avec indication des date, heure et lieu fixés pour l'adjudication.

Le preneur sera invité à assister à l'adjudication.

Le preneur pour pouvoir exercer son droit de préemption devra déclarer son intention de se substituer au dernier enchérisseur aussitôt après l'extinction du dernier feu et avant la clôture du procès-verbal.

En ce cas, il sera déclaré adjudicataire au prix résultant de la dernière enchère ; à défaut, le droit de préemption sera définitivement purgé s'il survient une surenchère.

Ce pacte de préférence constitue une condition essentielle du bail à construction, et non dissociable de la convention de bail ; à défaut du droit de préférence qui lui est ainsi accordé, le preneur n'aurait pas contracté le bail.

CHAPITRE 2

VENTE AMIABLE D'IMMEUBLE

SOMMAIRE

SECTION 1 CONCLUSION DE LA VENTE

I. RENCONTRE DE LA VOLONTÉ DES PARTIES

Le contrat est formé par la rencontre d'une offre et d'une acceptation par lesquelles les parties manifestent leur volonté de s'engager (C. civ. art. 1113). Le Code civil consacre des dispositions à la rencontre d'une offre et d'une acceptation, qui constitue le mode ordinaire de formation des contrats en droit privé français (C. civ. art. 1113 à 1122). 5000

A. Offre de contrat

Le processus de la vente débute le plus souvent par une proposition du vendeur qui souhaite vendre son bien. La proposition peut également provenir d'un acheteur potentiel qui s'engage à acquérir un immeuble dans l'hypothèse où le propriétaire viendrait à le vendre. 5125
Cette proposition est dite offre ou **pollicitation** et se définit comme étant une proposition ferme de conclure un contrat déterminé à des conditions déterminées.

CONTENU DE L'OFFRE

L'offre comprend les **éléments essentiels** du contrat envisagé et exprime la **volonté** de son auteur d'être lié en cas d'acceptation. À défaut, il y a seulement invitation à entrer en négociation (C. civ. art. 1114 ; Cass. com. 6-3-1990 : Bull. civ. IV n° 74). 5130
La volonté de s'engager peut résulter d'une déclaration ou d'un comportement non équivoque de son auteur (C. civ. art. 1113, al. 2).
A été jugé que la volonté est équivoque lorsque l'offrant adresse en même temps plusieurs offres inconciliables au destinataire (Cass. 1e civ. 18-7-1967 : Bull. civ. I n° 268), lorsque l'offre comporte des réserves (Cass. 3e civ. 2-5-1978 : D. 1979 p. 317) ou constitue seulement une invitation à engager des pourparlers (Cass. 3e civ. 24-4-1929 : DP 1929 I p. 283).
S'agissant de la vente, l'offre doit donc préciser son objet et le prix (pour un exemple de lettre adressée par un vendeur à un acheteur potentiel et considérée comme une offre de vente, voir Cass. 3e civ. 24-10-2012 n° 11-17.077 : BPIM 6/12 inf. 453).
Elle peut être soumise à **condition ou restriction** (par exemple, être réservée aux particuliers). Dans ce cas, il faut que cette condition ou cette restriction soit expressément mentionnée, sinon l'acceptation de l'offre emportera formation du contrat de vente, même si le candidat à l'acquisition ne remplit pas la condition ou est atteint par la restriction (Cass. 3e civ. 30-5-1996 n° 94-14.678 : RJDA 8-9/96 n° 1030 ; Cass. 3e civ. 1-7-1998 n° 96-20.605 : RJDA 11/98 n° 1198).

DESTINATAIRE DE L'OFFRE

L'offre peut être faite à **personne déterminée ou indéterminée** (C. civ. art. 1114). A été jugé que l'offre faite au public lie le pollicitant à l'égard du premier acceptant dans les mêmes conditions que l'offre faite à une personne déterminée (Cass. 3e civ. 28-11-1968 : Bull. civ. III n° 507). 5135

CADUCITÉ DE L'OFFRE

Lorsque l'offrant a fixé un **délai,** il a l'obligation de maintenir sa proposition pendant le délai prévu (C. civ. art. 1116, al. 1). En effet, si une offre de vente peut en principe être rétractée tant qu'elle n'a pas été acceptée, il en est autrement quand l'offrant s'est expressément engagé à ne pas la retirer avant une certaine époque ; jugé en ce sens avant l'entrée en vigueur de la réforme du droit des contrats (Cass. 3e civ. 10-5-1968 : Bull. civ. III n° 209 ; Cass. 3e civ. 7-5-2008 n° 07-11.690 : RJDA 2/09 n° 83). 5140
À l'expiration du délai prévu et en l'absence d'acceptation, l'offre est caduque (C. civ. art. 1117, al. 1 ; Cass. 1e civ. 26-3-1962 : Bull. civ. I n° 179). Était jugé que l'offrant n'est pas tenu de notifier au destinataire de l'offre la conclusion de contrat avec un tiers (Cass. 3e civ. 20-5-1992 n° 856 : RJDA 11/92 n° 998).
En l'**absence** d'indication **de délai,** l'offre doit être maintenue pendant un délai raisonnable (C. civ. art. 1116, al. 1 ; Cass. 3e civ. 20-5-2009 n° 08-13.230 : RJDA 11/09 n° 938). Jugé que l'appréciation de ce délai raisonnable relève du pouvoir souverain des juges du fond, qui doivent tenir compte de la nature du bien et de la qualité de l'acquéreur (Cass. 3e civ. 25-5-2005 n° 03-19.411 : RJDA 12/05 n° 1335). Ainsi, un délai de six ans entre l'offre de vente d'un terrain et son acceptation n'a pas été jugé raisonnable (Cass. 3e civ. 20-5-2009 n° 08-13.230 précité). Il en va de même d'un délai de quatre mois entre

une offre d'achat et son acceptation lorsque celle-ci a été effectuée par le biais d'une sommation pour régulariser la vente, procédure qui tend à démontrer que l'offrant n'a plus la volonté d'acheter (Cass. 3e civ. 24-1-2012 n° 10-27.965 : RJDA 5/12 n° 487).

5145 Le **décès de l'offrant** entraîne la caducité de l'offre non encore acceptée sans qu'il y ait lieu de distinguer selon que l'offre est assortie ou non d'un délai (C. civ. art. 1117, al. 2).

Cette disposition s'applique aux offres signées depuis le 1er octobre 2016.

Avant cette date, était jugé que l'offre qui n'est pas assortie d'un délai est caduque au décès de l'offrant si elle n'a pas été acceptée par son bénéficiaire (Cass. 1e civ. 25-6-2014 n° 13-16.529 : BPIM 6/14 inf. 401). A contrario, l'offre assortie d'un délai survivait à son auteur et ses héritiers étaient tenus par une acceptation de l'offre formulée entre le décès et l'expiration du délai.

Pour les offres signées depuis le 1er octobre 2018, le **décès du destinataire de l'offre** entraîne également la caducité de l'offre non encore acceptée sans qu'il y ait lieu de distinguer selon que l'offre est assortie ou non d'un délai (C. civ. art. 1117, al. 2). Cette disposition est conforme à la jurisprudence antérieure (Cass. 1e civ. 5-11-2008 n° 07-16.505, inédit).

B. Acceptation de l'offre

5220 Pour que la vente soit formée, l'offre doit rencontrer une acceptation (C. civ. art. 1113 ; Cass. com. 1-10-1991 : RJDA 6/92 n° 551 ; Cass. 3e civ. 16-9-2003 n° 02-13.508 : RJDA 1/04 n° 29).

ACCEPTATION PURE ET SIMPLE DE L'OFFRE

5225 L'acceptation est la manifestation de volonté de son auteur d'être lié **dans les termes de l'offre** (C. civ. art. 1118, al. 1). L'acceptation doit être identique à l'offre pour entraîner la formation de la vente.

L'acceptation pure et simple d'une offre précisant les éléments essentiels de la vente (la chose et le prix) entraîne la formation définitive du contrat de vente. Le cas échéant, les parties devront s'entendre sur les autres points, par définition secondaires, de la vente. L'absence d'accord des parties sur ces points ne les autorise pas à revenir sur leur consentement initial à la vente. Si elles ne parviennent pas à s'entendre, il y a lieu d'appliquer les règles du Code civil supplétives de la volonté des parties.

ILLUSTRATIONS

Jugé que :

– en cas de litige sur la portée d'une acceptation, un comportement de l'acceptant contradictoire avec les termes de l'offre peut conduire les juges du fond à considérer que la vente n'est pas formée (Cass. 3e civ. 20-6-2012 n° 11-14.851 : BPIM 4/12 inf. 327) ;

– le vendeur qui répond au conditionnel à une offre d'achat et ne donne pas son accord sur les aspects essentiels du contrat pour l'offrant ne fait que poursuivre les pourparlers et la vente ne peut être considérée comme parfaite (Cass. 3e civ. 16-11-2017 n° 15-12.268 F-D : BPIM 1/18 inf. 39).

CONTRE-PROPOSITION

5230 L'acceptation non conforme à l'offre est dépourvue d'effet, sauf à constituer une **offre nouvelle** (C. civ. art. 1118, al. 3). Si l'acceptation diffère de l'offre, elle s'analyse en une contre-proposition. Les parties entrent alors dans le **processus des pourparlers** : engagées seulement à discuter, elles sont libres de rompre, sous certaines conditions, les négociations si elles ne sont pas parvenues à un accord total sur la chose et sur le prix.

Dans les ventes d'immeubles complexes, la négociation peut s'étendre sur de longs mois et donner lieu à de nombreux échanges écrits constatant l'accord des parties sur les clauses essentielles du contrat de vente. Si les parties n'ont pas pris le soin de préciser que leur consentement à la vente est subordonné à un accord sur toutes les clauses et conditions du contrat de vente, il existe un risque important que la vente soit réputée formée dès l'accord des négociateurs sur la chose et sur le prix.

5235 Les parties ne peuvent pas **rompre les négociations** à leur gré. Si l'initiative, le déroulement et la rupture des négociations précontractuelles sont libres, cette liberté est toutefois contrainte par l'exigence de **bonne foi** à laquelle la négociation est soumise (C. civ. art. 1112, al. 1). Les solutions dégagées par la jurisprudence avant la réforme du droit des contrats restent applicables. Le manquement à l'exigence de bonne foi peut entraîner la condamnation des parties à des dommages et intérêts sur le fondement de la responsabilité extracontractuelle (C. civ. art. 1240). Ainsi a été retenue la responsabilité d'une entreprise qui a rompu les longs pourparlers engagés avec un propriétaire en vue de l'acquisition de locaux après avoir incité ce dernier à réaliser des travaux d'aménagement (Cass. 3e civ. 3-10-1972 : Bull. civ. III no 491 ; pour une autre illustration de rupture fautive, voir CA Versailles 10-9-2009 no 08/04982 : RJDA 2/10 no 111).

Le **préjudice** causé par une rupture fautive des pourparlers résulte le plus souvent des frais et études préalables engagés pour la négociation (Cass. com. 26-11-2003 no 00-10.243 : RJDA 5/04 no 511). La réparation du préjudice ne peut avoir pour objet de compenser la perte des avantages attendus du contrat non conclu (C. civ. art. 1112, al. 2 ; dans le même sens : Cass. com. 26-11-2003 précité ; Cass. 3e civ. 28-6-2006 no 04-20.040 : RJDA 1/07 no 3 ; Cass. 3e civ. 3-6-2009 no 08-16.813 : RJDA 12/09 no 1031 ; Cass. com. 18-9-2012 no 11-19.629 : RJDA 1/13 no 2).

> **Précisions** Il arrive que le candidat à l'acquisition soit autorisé par le propriétaire à **occuper l'immeuble pendant** la période des **pourparlers.** En cas d'échec des négociations, l'occupant est redevable à l'égard du propriétaire d'une indemnité du seul fait de son occupation, et en dehors de toute faute de sa part (Cass. 3e civ. 3-7-2002 no 00-22.192 : RJDA 10/02 no 971 ; dans le même sens, Cass. 3e civ. 28-2-2007 no 05-20.294 : RJDA 7/07 no 705).

FORME DE L'ACCEPTATION DE L'OFFRE

En l'absence de précision dans l'offre, la forme de l'acceptation est libre. Elle peut être **tacite,** à condition qu'elle se déduise des circonstances de l'espèce. Il appartient à la partie qui se prévaut d'une acceptation tacite d'en faire la preuve (Cass. com. 17-2-1965 : Bull. civ. III no 130). **5240**

Avant la réforme du droit des contrats, il a été jugé que le **silence** après réception d'une offre ne vaut pas acceptation (Cass. com. 6-4-1965 : Bull. civ. III no 264 ; Cass. 1e civ. 16-4-1996 no 94-16.528 : RJDA 7/96 no 873 ; Cass. 1e civ. 18-4-2000 no 97-22.421 : RJDA 2/01 no 120).

L'article 1120 du Code civil énonce que le silence du destinataire ne vaut pas acceptation, à moins qu'il n'en résulte autrement de la loi, des usages, des relations d'affaires ou de circonstances particulières. En matière immobilière, le silence devrait toutefois très exceptionnellement valoir acceptation.

> **Précisions** Selon la jurisprudence rendue avant la réforme du droit des contrats, la lettre de l'avocat d'un covendeur informant son confrère, conseil de l'autre covendeur, de l'accord de son client pour la vente du bien au prix proposé par l'offrant et contenant une copie de l'offre d'achat signée par son client avec la mention « bon pour accord » constitue bien une acceptation qui, en raison du caractère officiel de la lettre, peut être transmise à l'offrant (Cass. 3e civ. 9-5-2012 no 11-15.161 : RJDA 12/12 no 1037). Mais la signature apposée sur une offre de vente par son bénéficiaire et précédée de la mention « vu et pris connaissance » ne suffit pas à caractériser une acceptation (Cass. 3e civ. 19-10-2011 no 10-30.655 : RJDA 3/12 no 276).

C. Moment et lieu de la rencontre des volontés

Lorsqu'une vente est formée instantanément par la rencontre des volontés des parties qui sont en présence physiquement l'une de l'autre, on parle de « **contrat entre personnes présentes** ». Dans cette hypothèse, la détermination du moment et du lieu de la formation de la vente ne pose pas de problème : elle est conclue aux lieu et date de la rencontre définitive des volontés. **5280**

La situation est différente et une difficulté apparaît si l'offrant et l'acceptant ne sont pas au même lieu au moment de l'acceptation et si leurs manifestations de volonté sont séparées par un certain délai. On parle alors de « contrat par correspondance » ou de « **contrat entre absents** » puisque l'acceptation est exprimée en l'absence de l'offrant. C'est le cas par exemple lorsque le destinataire de l'offre manifeste son acceptation par courrier ou par téléphone. **5285**

L'article 1121 du Code civil retient le système de la réception : le contrat est conclu dès que l'acceptation parvient à l'offrant. L'acceptation peut donc être librement rétractée dans l'intervalle qui sépare son émission de sa réception par l'offrant (C. civ. art. 1118, al. 2).

La survenance du décès ou de l'incapacité de l'auteur de l'offre dans l'intervalle de temps entre l'émission de l'acceptation et sa réception entraîne la caducité de l'offre et fait donc obstacle à la formation du contrat.

En retenant la théorie de la réception de l'offre, l'article 1121 du Code civil prend le contrepied de la jurisprudence antérieure qui considérait que c'est l'émission de l'acceptation qui formait le contrat, et non sa réception par son destinataire (Cass. com. 7-1-1981 no 79-13.499 : Bull. civ. IV no 14). Cette disposition apporte une plus grande sécurité.

En cas de **pluralité d'offres et d'acceptations,** c'est l'antériorité de la réception de la première acceptation qui permet de départager les concurrents.

> **Précisions** À notre avis, la solution qui consiste à prendre en considération la réception de l'acceptation est supplétive de volonté. L'auteur de l'offre peut **prévoir dans l'offre** que l'acceptation, pour être valable, devra être émise dans un certain délai et que le contrat sera formé non pas à la réception, mais à l'émission de l'acceptation.

D. Droits de rétractation ou de réflexion de l'acquéreur

DROIT COMMUN DES CONTRATS

5400 Lorsque la **loi ou les parties** prévoient un délai de réflexion, le destinataire de l'offre ne peut consentir efficacement au contrat par **acceptation de l'offre** avant l'expiration de ce délai. Lorsque la loi ou les parties prévoient un délai de rétractation, il est permis au destinataire de l'offre de **rétracter** discrétionnairement son consentement au contrat jusqu'à l'expiration de ce délai (C. civ. art. 1122).

En matière immobilière, cette disposition n'a pas, a priori, vocation à s'appliquer, l'acquéreur non professionnel bénéficiant d'un dispositif protecteur régi par le Code de la construction et de l'habitation (n° 5420).

VENTE D'UN IMMEUBLE D'HABITATION

5420 L'acquéreur d'un immeuble d'habitation neuf ou ancien bénéficie d'un délai de rétractation de 10 jours (CCH art. L 271-1).

Cette faculté de rétractation s'applique à tout **avant-contrat** (contrat préliminaire, promesse synallagmatique ou unilatérale), qu'il soit établi par acte sous signature privée ou par acte authentique, ayant pour objet l'acquisition du bien (CCH art. L 271-1, al. 4).

Lorsque la vente est constatée ou réalisée par un **acte authentique non précédé d'un avant-contrat,** l'acquéreur dispose également d'un délai de réflexion de 10 jours pendant lequel l'acte ne peut en aucun cas être signé (CCH art. L 271-1, al. 5) et aucune somme ne peut être versée (CCH art. L 271-2, al. 3).

Le **délai** de rétractation **court à compter** du lendemain de la première présentation de la lettre recommandée AR notifiant l'acte à l'acquéreur ou de tout autre moyen offrant des garanties équivalentes pour déterminer la date de réception ou de remise (CCH art. L 271-1, al. 1 à 3). Le délai de réflexion court à compter de la notification ou de la remise du projet d'acte authentique opérée dans les mêmes conditions (CCH art. L 271-1, al. 5).

Pour de plus amples développements sur le délai de rétractation, voir n°s 700 s.

VENTE À CRÉDIT

5440 La réglementation sur le crédit immobilier (C. consom. art. L 311-1 s.) établit une étroite dépendance entre la vente et le prêt, en prévoyant, d'une part, que l'acceptation ne peut intervenir que 10 jours après la réception de l'offre par l'emprunteur (n° 20710), d'autre part, que la promesse synallagmatique de vente d'un immeuble à usage d'habitation ou professionnel et d'habitation doit être conclue sous la condition suspensive d'obtention du prêt, sauf renonciation expresse de l'acquéreur (n°s 21245 s.).

II. VICES DU CONSENTEMENT

5700 La vente immobilière est soumise au respect des dispositions du Code civil applicables aux contrats ou obligations (C. civ. art. 1100 s.). Parmi les conditions essentielles de validité des contrats, l'on trouve le consentement de la partie qui s'oblige (C. civ. art. 1128, 1°). À cette condition positive d'**existence du consentement** s'ajoute une condition négative, celle de l'absence de tout vice du consentement.

La **réforme du droit des contrats** a repris les vices du consentement existants et a consacré en partie la jurisprudence antérieure (Ord. 2016-131 du 10-2-2016 et loi 2018-287 du 20-4-2018). À noter également la consécration d'un devoir général d'information, obligation précontractuelle pouvant entraîner l'annulation du contrat dans les conditions prévues pour les actions pour vices du consentement (C. civ. art. 1112-1).

A. Erreur

5705 L'erreur peut, sous certaines conditions, être une cause de nullité de la convention (C. civ. art. 1132).

1. DIFFÉRENTES ERREURS

a. Erreur sur les qualités essentielles

L'erreur n'est une cause de nullité de la convention que si elle porte sur les qualités essentielles de la prestation due ou sur celles du cocontractant (C. civ. art. 1132). L'ancien article 1110 du Code civil visait non pas les qualités essentielles de la prestation, mais « la substance même de la chose ». Cette modification terminologique par la réforme du droit des contrats ne devrait pas modifier la jurisprudence rendue sous l'empire de ce texte. 5710

Les qualités essentielles de la prestation sont celles qui ont été expressément ou tacitement convenues et en considération desquelles les parties ont contracté (C. civ. art. 1133, al. 1). En revanche, l'erreur sur un simple motif, étranger aux qualités essentielles de la prestation due ou du cocontractant, n'est pas une cause de nullité, à moins que les parties n'en aient fait expressément un élément déterminant de leur consentement (C. civ. art. 1135, al. 1).

Le **contenu du contrat** joue donc un rôle essentiel, notamment lorsque les parties ont précisé les qualités que devait posséder le bien vendu. À défaut, les juges apprécient souverainement quelles qualités doivent être considérées comme essentielles (Cass. 3e civ. 17-7-1969 : Bull. civ. III no 601 ; Cass. 3e civ. 29-5-1970 no 69-10.530 : Bull. civ. III no 374 ; Cass. 1e civ. 10-3-1998 no 96-14.890 : Bull. civ. I no 97, RJDA 6/98 no 672).

ERREUR SUR LA PERSONNE

L'erreur sur les qualités essentielles du cocontractant n'est une cause de nullité que dans les contrats conclus en considération de la personne (C. civ. art. 1134). Pour que l'erreur sur la personne puisse être invoquée valablement à l'appui d'une demande en nullité, la cause principale de la convention doit précisément résider dans la personne avec laquelle on a contracté. Les cas d'erreur sur la personne sont donc relativement rares en matière de vente immobilière car la volonté de contracter se fait essentiellement en considération du bien immobilier pour l'acquéreur, ou de la contre-valeur qui peut en résulter pour le vendeur. 5711

L'erreur sur la personne du cocontractant a toutefois été retenue à l'égard d'un vendeur ayant cédé son château à un acquéreur qu'il croyait capable alors que celui-ci avait en réalité été condamné à la confiscation de ses biens présents et à venir (Cass. 1e civ. 20-3-1963 no 61-11.900 : Bull. civ. I no 179).

ERREUR SUR L'USAGE ENVISAGÉ DU BIEN

En cas d'erreur sur l'usage envisagé du bien, l'erreur est telle qu'elle rend l'immeuble **impropre à sa destination.** 5717

Pour un **immeuble destiné à l'habitation,** il va de soi que l'habitabilité constitue une qualité substantielle. Par exemple, une maison d'habitation qui risque d'être emportée par un éboulement, sans qu'il soit possible d'obtenir l'autorisation de la reconstruire, comporte un défaut portant sur ses qualités substantielles (Cass. 3e civ. 23-5-1991 no 89-16.084 : RTD civ. 1992 p. 80). De même, l'acquéreur peut obtenir la nullité de la vente si la maison comporte un rez-de-chaussée habitable alors qu'il ne l'est pas au regard des dispositions du plan de prévention des risques d'inondation (Cass. 3e civ. 13-7-2022 no 20-21.293 F-D : BPIM 5/22 inf. 372).

De même, l'usage professionnel particulier auquel est voué l'immeuble acheté constitue une qualité substantielle de ce bien. Ainsi, il y a erreur sur la substance de la chose lorsque l'immeuble acheté en vue de la location présente des défauts de conformité au regard de la sécurité physique et de la santé des locataires (Cass. 3e civ. 30-9-2015 no 14-17.434 FS-D). En revanche, l'acquéreur ne peut pas invoquer l'impossibilité de louer le bien qu'il a acquis pour son usage d'habitation et qu'il a habité pendant six ans s'il n'est pas établi qu'un **projet de location** était envisagé lors de la signature du contrat de vente. Sa demande d'annulation de la vente pour erreur sur les qualités substantielles de la chose vendue ne peut pas être accueillie, quand bien même le bien ne répond pas aux conditions d'habitabilité posées par le règlement sanitaire départemental (Cass. 3e civ. 16-3-2023 no 21-25.041 F-D).

L'appréciation erronée de la **rentabilité économique d'une opération** immobilière ne constitue pas une erreur sur la substance de nature à vicier le consentement (Cass. 3e civ. 31-3-2005 no 03-20.096 FS-PB : RJDA 3/06 no 219). Ni le chiffre d'affaires réalisé par le locataire d'un local commercial ni la rentabilité économique d'un investissement immobilier ne constituent une qualité substantielle du bien vendu, dès lors que la rentabilité n'est pas entrée dans le champ contractuel (Cass. 3e civ. 5-11-2020 no 19-21.575 F-D : RJDA 3/21 no 144). Néanmoins, s'agissant d'un immeuble de rapport, une erreur portant sur la rentabilité du bien acheté pourra être considérée comme afférente aux qualités substantielles de celui-ci, lorsque, par exemple, les loyers trimestriels auront été inexactement considérés comme mensuels (TGI Fontainebleau 9-12-1970 : D. 1972 p. 89 note J. Ghestin ; RTD civ. 1972 p. 386 obs. Y. Loussouarn).

Pour un **terrain à bâtir,** le caractère constructible constitue une qualité substantielle de la parcelle (Cass. 3e civ. 21-6-1995 n° 92-12.969). Par exemple, il a été jugé que l'existence d'une ancienne carrière remblayée et la mauvaise qualité du sol en résultant, qui rendaient impossible toute construction ordinaire, constituaient un élément substantiel de la qualité du terrain (Cass. 3e civ. 30-3-2005 n° 04-10.661 F-D : RJDA 12/05 n° 1336, 2e espèce).

> Précisions Il y a erreur sur la substance même si l'**inconstructibilité** n'est **révélée** que **postérieurement à l'acte de vente,** par exemple à la suite de sondages effectués par l'entreprise de construction (Cass. 3e civ. 30-3-2005 n° 04-10.661 F-D précité), ou si le terrain est constructible mais impropre à la construction projetée (Cass. 3e civ. 28-10-1980 : Gaz. Pal. 1981 pan. p. 104).

Dans le cas où l'inconstructibilité résulte de l'**annulation rétroactive d'une décision administrative (certificat d'urbanisme, permis de construire...),** la troisième chambre civile de la Cour de cassation, contrairement à la première chambre civile (Cass. 1e civ. 1-6-1983 : Bull. civ. I n° 168), rejette l'existence d'une erreur au motif que le terrain était constructible à la date de conclusion de la vente (Cass. 3e civ. 25-10-1977 : Bull. civ. III n° 270 ; Cass. 3e civ. 26-5-2004 n° 02-19.354 FS-PB : RJDA 10/04 n° 1081 ; Cass. 3e civ. 23-5-2007 n° 06-11.889 FS-PB : RJDA 11/07 n° 1075 ; Cass. 3e civ. 24-11-2016 n° 15-26.226 FS-PB : BPIM 1/17 inf. 27). Elle admet néanmoins l'action fondée sur l'erreur si l'annulation rétroactive de la décision administrative n'a fait que prendre en compte la **réalité d'un risque** d'inconstructibilité, inconnu des acquéreurs au jour de la vente, et pourtant déjà existant à cette date (Cass. 3e civ. 12-6-2014 n° 13-18.446 FS-PB : BPIM 4/14 inf. 264, le risque étant lié à la présence d'une cavité souterraine ; Cass. 3e civ. 15-6-2022 n° 21-11.708 F-D : SNH 26/22 inf. 2, au cas d'un permis de construire suspendu après la vente en raison de l'annulation du PLU suite aux recours exercés avant la promesse de vente et dont les parties n'avaient pas connaissance ; voir au contraire Cass. 3e civ. 13-11-2014 n° 13-24.027 FS-PBR : BPIM 1/15 inf. 50, rejetant l'action en nullité fondée sur l'erreur, le risque d'inconstructibilité totale du terrain n'étant pas inéluctable au jour de la vente).

ERREUR SUR LA CONTENANCE DE L'IMMEUBLE

5720 En principe, l'erreur de contenance ne suffit pas à elle seule à caractériser le vice du consentement. Pour qu'il en aille autrement, la contenance doit constituer une qualité substantielle du bien acquis, c'est-à-dire qu'elle doit être suffisamment importante ou entraîner une impropriété à la destination prévue (inconstructibilité, par exemple).

ILLUSTRATIONS

Il y a erreur sur les qualités substantielles d'un logement en cas de différence importante entre la superficie annoncée et la **superficie réelle d'un lot de copropriété** (Cass. 3e civ. 9-11-1999 n° 98-15.009). De même, constitue une erreur sur une qualité substantielle l'indication dans une promesse de vente d'une superficie de **terrain** de 1 000 mètres carrés alors que la superficie réelle est de 775 mètres carrés, différence dont il n'était pas aisé de s'apercevoir compte tenu de la présence de deux bâtiments importants (Cass. 3e civ. 30-3-2005 n° 04-12.224 F-D : RJDA 12/05 n° 1336, 1e espèce).

ERREUR SUR LA SITUATION JURIDIQUE DE L'IMMEUBLE

5722 Une erreur sur la situation juridique de l'immeuble à l'égard de sa conformité aux **règles d'urbanisme** et au **règlement de copropriété** peut constituer un vice du consentement, s'il est établi que l'acquéreur n'aurait pas conclu le contrat de vente s'il avait été informé de ces irrégularités (Cass. 3e civ. 12-3-2003 n° 01-17.207 FS-PB). Ces erreurs doivent être suffisamment rédhibitoires pour recevoir le qualificatif de vice du consentement.

ILLUSTRATIONS

Les cas d'erreur sur la situation juridique du bien sont nombreux et peuvent consister en une indisponibilité immédiate du bien, surtout si l'acquéreur est marchand de biens (CA Lyon 25-3-1999 n° 95/08805 : Juris-Data n° 1999-040348), ou en l'existence de charges importantes et imprévues (Cass. 1e civ. 27-2-1967 : D. 1967 p. 413). L'erreur peut encore résulter de la situation locative du bien interdisant une reprise, s'il est établi que l'acquéreur avait fait de cette reprise personnelle du logement une condition à défaut de laquelle il n'aurait pas contracté (CA Versailles 4-12-1984 : D. 1984 IR p. 134).

Mais n'est pas suffisante pour demander la nullité la découverte d'une modification du règlement de copropriété applicable au bien acquis ayant pour seule conséquence une légère diminution des charges de copropriété et sans incidence notable sur le pouvoir de décision des intéressés dans la copropriété et la valeur du bien (CA Paris 25-1-2001, 2e ch. B).

ERREUR SUR LE PRIX DE L'IMMEUBLE

5724 L'erreur sur la valeur par laquelle, sans se tromper sur les qualités essentielles de la prestation, un contractant fait seulement de celle-ci une **appréciation économique** inexacte, n'est pas une cause de nullité (C. civ. art. 1136). L'erreur sur la valeur ne peut donc être retenue comme cause de nullité que si elle résulte d'une erreur sur les qualités substantielles de l'immeuble (Cass. 1e civ.

24-1-1979 n° 77-11.519 : Bull. civ. I n° 34) ou si elle résulte d'un dol (C. civ. art. 1139 ; voir n° 6265). Ainsi, un malentendu sur le prix peut fonder une action en nullité pour erreur. L'erreur sur le prix peut résulter d'une confusion dans l'**unité monétaire** choisie (Cass. com. 14-1-1969 : Bull. civ. III n° 13 ; CA Orléans 13-5-2004 n° 03/1013 : Com. com. électr. 2004 comm. n° 144 obs. Ph. Stoffel-Munck), d'une erreur de conversion (Cass. 3e civ. 4-7-2007 n° 06-15.881 FS-PB : RJDA 12/07 n° 1204) ou reposer sur un **malentendu** dû à une offre mal rédigée (en ce sens, Cass. 3e civ. 17-6-2008 n° 07-14.554 F-D : RJDA 12/08 n° 1238, à propos d'un vendeur profane ayant compris la mention du prix « TVA incluse » comme l'indication d'un « prix net vendeur »).

ERREUR DE FAIT OU ERREUR DE DROIT

L'erreur de droit ou de fait peut être une cause de nullité du contrat (C. civ. art. 1132). L'erreur de droit résulte de la méconnaissance d'une règle de droit, tandis que l'erreur de fait réside dans l'ignorance des caractéristiques de la chose vendue. Ainsi, constitue une erreur de droit le fait pour le vendeur, ignorant l'inexistence du droit de préemption de l'acquéreur, de croire ne pouvoir vendre qu'à ce dernier (Cass. 3e civ. 5-7-1995 n° 92-20.425 : Bull. civ. III n° 174 ; Cass. 3e civ. 24-5-2000 n° 98-16.132 : Bull. civ. III n° 114, RJDA 9-10/00 n° 828 ; Cass. 3e civ. 20-10-2010 n° 09-66.113 FS-PB : RJDA 2/11 n° 103) ou l'ignorance de l'acquéreur quant à la nécessité d'une autorisation de la copropriété pour percer le mur séparant son appartement du bâtiment acquis (Cass. 3e civ. 8-11-2005 n° 04-16.126 F-D : RJDA 4/06 n° 397). **5740**

La jurisprudence est plus réticente à admettre l'**erreur sur les conséquences juridiques d'un engagement** (Cass. 1e civ. 3-3-1953 : D. 1953 p. 301). L'erreur de droit consécutive à une diversité de jurisprudence et à une controverse établie ne saurait être une cause de nullité de la convention (Cass. soc. 5-12-1952 : Bull. civ. IV n° 890).

Sous l'empire du droit antérieur à l'ordonnance portant réforme du droit des contrats, la Cour de cassation considérait que l'**erreur** de droit justifiait l'annulation même si elle était **inexcusable** (Cass. 3e civ. 20-10-2010 n° 09-66.113 FS-PB : RJDA 2/11 n° 103). À présent, l'erreur de droit est expressément visée comme étant source de nullité du contrat. Mais elle est également soumise aux mêmes conditions que l'erreur de fait, à savoir notamment le caractère excusable de l'erreur (C. civ. art. 1132). La jurisprudence selon laquelle l'erreur de droit peut justifier l'annulation même si elle est inexcusable pourrait donc disparaître.

b. Erreur-obstacle

On distingue habituellement, à côté de l'erreur vice du consentement, celle qui ferait obstacle à la rencontre des volontés, dite « erreur-obstacle ». **5840**

Entre dans la catégorie de l'erreur-obstacle l'erreur sur la **nature du contrat.** Par exemple, une partie pense donner à bail un immeuble que l'autre croit acquérir. Encourt ainsi la nullité en raison d'une erreur-obstacle la vente conclue dans l'ignorance de ce qu'elle recouvre en fait un échange (Cass. 3e civ. 18-3-1980 n° 78-13.125 : Bull. civ. III n° 65) ou une opération en viager (Cass. req. 9-6-1947 : S. 1949 I p. 75).

De même, il y a absence et non vice du consentement en cas d'erreur sur l'**identité du bien vendu.** Jugé notamment qu'il y a défaut d'accord sur le bien lorsque l'acquéreur croit acheter un appartement alors que le vendeur entend céder des parts sociales donnant droit à l'attribution de l'appartement (CA Paris 8-7-1966 : Gaz. Pal. 1967 I p. 33) ou lorsque l'immeuble vendu était qualifié, par une partie, d'immeuble ancien rénové et, par l'autre, de maison entièrement refaite (Cass. 3e civ. 20-12-2006 n° 06-10.122 FS-D : RJDA 5/07 n° 461).

L'ordonnance portant réforme du droit des contrats n'a pas consacré la notion d'erreur-obstacle. Mais comme l'ont relevé plusieurs auteurs, le silence du texte sur ce point « ne doit pas être analysé comme le rejet de la notion d'inexistence mais comme le refus d'un texte jugé inutile » (P. Rémy-Corlay et D. Fenouillet, Pour une réforme du droit des contrats : Dalloz 2008 dir. F. Terré p. 170).

> **> Précisions a.** L'ordonnance portant réforme du droit des contrats reste muette sur la notion d'erreur-obstacle et la **nature de sa sanction.** Toutefois, la distinction qu'elle entérine entre nullité absolue et nullité relative nous laisse à penser que la sanction encourue est celle de la nullité relative (C. civ. art. 1179). La jurisprudence ne s'est pas encore prononcée.
> **b.** **Le caractère inexcusable de l'erreur-obstacle** ne paralyse pas l'action de la victime (Cass. 3e civ. 1-2-1995 n° 92-16.729 : Bull. civ. III n° 36, RJDA 5/95 n° 535 ; Cass. 1e civ. 10-5-1995 n° 92-10.736 : Bull. civ. I n° 194).

2. CARACTÉRISTIQUES DE L'ERREUR

CARACTÈRE DÉTERMINANT DE L'ERREUR

L'erreur n'entraîne la nullité du contrat que si elle a déterminé la partie trompée à acheter ou vendre (Cass. 3e civ. 3-10-1972 n° 71-11.705 : Bull. civ. III n° 485), les juges du fond appréciant souverainement ce caractère déterminant (Cass. 1e civ. 28-10-1964 : Bull. civ. I n° 477). Ainsi, l'acceptation d'un aléa sur une qualité de la prestation exclut l'erreur relative à cette qualité (C. civ. art. 1133). Le caractère **5940** déterminant de l'erreur s'apprécie eu égard aux personnes et aux circonstances dans lesquelles le consentement a été donné (C. civ. art. 1130, al. 2).

CARACTÈRE EXCUSABLE DE L'ERREUR

5960 L'erreur de droit ou de fait n'est pas une cause de nullité si elle est inexcusable (C. civ. art. 1132). Sauf en présence d'une erreur-obstacle (n° 5840), la nullité n'est admise que si l'erreur est excusable (Cass. 1e civ. 2-3-1964 : Bull. civ. I n° 122 ; Cass. 3e civ. 27-11-1979 n° 78-11.962 : Bull. civ. III n° 215 ; CA Paris 6-1-2000 : RJDA 11/00 n° 968). L'erreur est excusable lorsqu'elle a été provoquée par une **manœuvre ou réticence dolosive** de l'autre partie (Cass. 3e civ. 21-2-2001 n° 98-20.817 FS-PBI : RJDA 5/01 n° 554 ; Cass. 3e civ. 29-1-2002 n° 00-17.201 F-D : RJDA 4/02 n° 355). Elle est inexcusable lorsqu'elle est le résultat d'une **négligence** de la victime (Cass. 3e civ. 27-11-1979 n° 78-11.962 précité) ou d'un manquement à son **obligation de se renseigner** (Cass. 3e civ. 24-10-1972 n° 71-11.782 : Bull. civ. III n° 534 ; Cass. 3e civ. 5-12-2012 n° 11-18.773 FS-D : RJDA 6/13 n° 495).

ILLUSTRATIONS

Est **inexcusable** :
– l'erreur commise par un architecte sur la constructibilité du terrain (Cass. 1e civ. 2-3-1964 : Bull. civ. I n° 122) ;
– l'erreur de conversion en euros du prix de vente négocié en francs commise par un marchand de biens (Cass. 3e civ. 4-7-2007 n° 06-15.881 FS-PB : RJDA 12/07 n° 1204) ;
– l'erreur sur la nécessité d'un permis de construire pour rénover une maison dès lors que la note d'urbanisme conseillait de demander un certificat d'urbanisme si une modification de la maison était envisagée (Cass. 3e civ. 5-12-2012 n° 11-18.773 FS-D : RJDA 6/13 n° 495) ;
– l'erreur sur la substance commise par le vendeur de terrains au motif qu'il ignorait leur constructibilité, alors qu'ils se trouvaient à proximité immédiate d'une grande ville (Cass. 3e civ. 8-10-2014 n° 13-18.150 FS-D : BPIM 6/14 inf. 402).

Au contraire, est **excusable** l'erreur sur la nature de la structure d'une maison commise par un acquéreur, profane dans le domaine de la construction, qui ne pouvait pas déduire de l'aspect intérieur et extérieur de la maison qu'elle était en bois (Cass. 3e civ. 26-10-2005 n° 04-15.354 FS-D : RJDA 4/06 n° 398).

3. PREUVE DE L'ERREUR

6000 Il appartient au demandeur en nullité d'établir l'erreur et le caractère pour lui déterminant de cette erreur (Cass. 1e civ. 13-6-1967 : Bull. civ. I n° 215 ; Cass. com. 4-6-1973 : D. 1974 p. 538). L'existence de l'erreur s'apprécie au moment de la formation du contrat (Cass. 1e civ. 20-3-1989 n° 87-15.450 : Bull. civ. I n° 127 ; CA Paris 19-1-1999 : RJDA 4/99 n° 394), et plus précisément à la date de l'acte authentique de vente (Cass. 3e civ. 2-2-2022 n° 20-23.468 FS-DB : BPIM 2/22 inf. 135). Toutefois, les juges peuvent se fonder sur des éléments d'appréciation postérieurs à la vente dès lors qu'ils établissent l'existence de l'erreur à la date de conclusion de la vente (Cass. 1e civ. 13-12-1983 n° 82-12.237 : Bull. civ. I n° 293 ; Cass. 3e civ. 30-3-2005 n° 04-10.661 F-D : RJDA 12/05 n° 1336, 2e esp).

B. Dol

6160 Le dol est le fait pour un contractant d'obtenir le consentement de l'autre par des **manœuvres** ou des **mensonges.** Constitue également un dol la **dissimulation intentionnelle** par l'un des contractants d'une information dont il sait le caractère déterminant pour l'autre partie (C. civ. art. 1137, al. 1 et 2).

1. AUTEUR DU DOL

6180 Le dol émanant de l'une des **parties** est une cause de nullité de l'acte. Il est également constitué s'il émane du représentant, gérant d'affaires, préposé ou porte-fort du contractant, ou encore d'un tiers de connivence (C. civ. art. 1138).

Dans la grande majorité des cas, le dol est commis par le **vendeur.** Les cas de dol commis par **l'acquéreur** sont évidemment beaucoup plus rares, le vendeur connaissant généralement mieux le bien objet de la convention. Mais la situation peut néanmoins se présenter, car l'**obligation de bonne foi** contractuelle est telle qu'elle impose à l'acquéreur d'informer le vendeur des qualités du bien proposé à la vente. Quand les deux sociétés cédante et acheteuse d'un immeuble ont le même dirigeant, l'existence d'un dol peut être caractérisée au préjudice de celle qui a été défavorisée au profit de l'autre (Cass. 3e civ. 27-1-2015 n° 13-20.974 F-D ; Cass. 3e civ. 11-5-2022 n° 21-16.992 F-D : RJDA 8-9/22 n° 458).

> Précisions Avant la réforme du droit des contrats, le dol n'était une cause de nullité de l'acte que s'il émanait de l'une des parties à l'acte (C. civ. art. 1116 ancien). Toutefois, la jurisprudence admettait que le contractant engageait sa responsabilité en cas de dol commis par son représentant (Cass. com. 13-6-1995 n° 93-17.409 : Bull. civ. IV n° 175, RJDA 12/95 n° 1404 ; Cass. com. 18-6-2002 n° 00-16.629 F-D : RJDA 12/02 n° 1223 ; Cass. 3e civ. 5-7-2018 n° 17-20.121 FS-PBI : BPIM 4/18 inf. 27), par un mandataire (Cass. 3e civ. 29-4-1998 n° 96-17.540 : Bull. civ. III n° 87, RJDA 7/98 n° 825) ou par un gérant d'affaires (Cass. 1e civ. 7-7-1960 : Bull. civ. I n° 371).
Quant au dol commis par un tiers, les juges excluaient la nullité sauf s'il était possible de faire état d'une collusion frauduleuse entre le tiers et le contractant (Cass. com. 16-12-2008 n° 08-12.946 F-D).

2. ÉLÉMENTS CONSTITUTIFS DU DOL

a. Manœuvres ou réticence dolosives

Les principes dégagés par la jurisprudence selon lesquels le dol par manœuvres, par mensonge et par réticence peuvent être cause de nullité, dès lors qu'il est intentionnel, ont été intégrés dans le Code civil par la réforme du droit des contrats (C. civ. art. 1137). **6240**

MANŒUVRES DOLOSIVES

Par « manœuvres », on entend tous les agissements malhonnêtes tendant à surprendre une personne en vue de lui faire souscrire un engagement qu'elle n'aurait pas souscrit si on n'avait pas usé de la sorte envers elle (CA Colmar 30-1-1970 : JCP G 1971 II n° 16609). Il peut s'agir d'une véritable **mise en scène** destinée à tromper (Cass. com. 18-3-1974 n° 72-12.383 : Bull. civ. IV n° 92 ; Cass. 3e civ. 15-11-2000 n° 99-11.203 FS-PB : RJDA 1/01 n° 19). Par exemple, commet un dol le vendeur qui a maquillé la structure en vieux bois de la maison pour lui donner l'apparence d'un pavillon en brique (CA Paris 4-12-1997 : RJDA 4/98 n° 380). **6250**

Un **simple mensonge,** non appuyé d'actes extérieurs, peut aussi s'analyser en manœuvres dolosives (C. civ. art. 1137 ; Cass. 3e civ. 6-11-1970 n° 69-11.665 : Bull. civ. III n° 587). Il en est ainsi lorsque le vendeur d'un local commercial situé dans une galerie marchande a présenté l'opération à l'acheteur, un médecin, comme un placement sans risque et de bon rapport alors que la rentabilité de la galerie était très réduite, la valeur locative du local très surestimée et que le locataire en place ne parvenait pas à régler les loyers avec les ressources de son activité (Cass. 3e civ. 8-10-2003 n° 01-01.145 FS-D : RJDA 2/04 n° 125). De même, commet un dol le vendeur qui a faussement laissé croire que la résidence services, dans laquelle était situé l'appartement vendu, disposait d'une assistance médicale (CA Versailles 11-5-2001 n° 97/9910 : RJDA 11/01 n° 1090). Enfin, lorsque l'occupation par un locataire au jour de la vente est une condition substantielle du consentement des acheteurs, le fait d'annexer un bail à la promesse de vente, alors qu'aucune location n'est en cours au jour de la vente, est une manœuvre dolosive (Cass. 3e civ. 21-10-2014 n° 13-12.433 F-D : BPIM 1/15 inf. 51).

En revanche, la **seule insistance,** manifestée par de fréquentes démarches pour convaincre l'autre partie de vendre un bien, n'est pas constitutive d'une manœuvre dolosive (Cass. com. 2-6-1981 n° 79-13.931 : Bull. civ. IV n° 259). De même, le seul fait que l'acquéreur d'un immeuble ait fait la connaissance du vendeur dans une maison de santé et ait **tiré avantage de la situation** ne constitue pas une manœuvre dolosive (Cass. 1e civ. 15-1-1968 : Bull. civ. I n° 17).

DISSIMULATION D'INFORMATION

Constitue un dol la dissimulation intentionnelle par l'un des contractants d'une information dont il sait le caractère déterminant pour l'autre partie (C. civ. art. 1137). La jurisprudence admet depuis longtemps que le dol peut résulter d'une simple réticence, en l'absence même de tout acte positif (Cass. 1e civ. 21-6-1960 : Bull. civ. I n° 339 ; Cass. 3e civ. 22-10-1974 n° 73-11.901 : Bull. civ. III n° 330 ; Cass. 3e civ. 25-2-1987 n° 85-13.654 : Bull. civ. III n° 36). La réticence consiste à **dissimuler** à son cocontractant **un fait** qui, s'il avait été connu de lui, l'aurait empêché de contracter. La dissimulation s'apprécie lors de la formation du contrat, peu importe que le dommage se révèle après la vente (Cass. 3e civ. 23-9-2020 n° 19-18.598 F-D : BPIM 6/20 inf. 402). Le silence est alors considéré comme un manquement à l'**obligation de contracter de bonne foi** (Cass. 1e civ. 21-1-1981 n° 79-15.443 : Bull. civ. I n° 25 ; Cass. 3e civ. 27-3-1991 n° 89-16.975 : Bull. civ. III n° 108) et la réticence dolosive résulte de cette double constatation que son auteur connaissait la vérité et l'importance du fait dissimulé pour l'autre partie. La solution s'applique aussi bien à l'encontre des vendeurs que des acheteurs, des professionnels que des particuliers. **6260**

La **réticence dolosive du vendeur** peut porter sur les **caractéristiques du bien** en tant que tel : absence ou insuffisance d'alimentation en eau (Cass. 3e civ. 7-5-1974 : Bull. civ. III n° 186 ; Cass. 3e civ. 10-2-1999 n° 97-18.430 : RJDA 4/99 n° 395) ; inondations répétées avant la vente (Cass. 3e civ. 3-3-2010 n° 08-21.056 FS-PB : RJDA 7/10 n° 808) ; présence passée de termites (Cass. 3e civ. 14-3-2006 n° 05-13.030 F-D : RJDA 8-9/06 n° 885) ; **6262** présence d'amiante, même en l'absence d'une obligation légale de recherche d'amiante (Cass. 3e civ. 16-3-2011 no 10-10.503 FS-PB : BPIM 3/11 inf. 218) ; impossibilité d'user du bien à titre d'habitation (Cass. 3e civ. 29-11-2000 nc 98-21.224 FS-PBI : RJDA 4/01 no 435 ; Cass. 3e civ. 16-9-2003 no 02-13.234 FS-D : RJDA 1/04 no 30 ; Cass. 3e civ. 25-03-2009 no 07-20.234 FS-D : RJDA 7/09 no 595) ; travaux d'aménagement réalisés sans permis de construire (Cass. 3e civ. 18-6-2008 no 07-13.568 FS-D : RJDA 11/08 no 1102) ; travaux d'agrandissement réalisés sans autorisation (Cass. 3e civ. 21-10-2014 no 13-12.433 F-D : BPIM 1/15 inf. 51) ; fosse à purin non vidée (Cass. 3e civ. 7-7-2015 no 14-20.336 F-D : BPIM 5/15 inf. 337) ; présence d'étais soutenant la dalle du séjour (Cass. 3e civ. 30-11-2017 no 15-15.885 F-D : BPIM 1/18 inf. 40) ; affaissement du plancher, dysfonctionnement de la pompe de relevage, humidité anormale du sous-sol et nécessité de remplacer la chaudière (Cass. 3e civ. 21-6-2018 no 17-19.512 F-D) ; changement significatif de la situation locative d'un bien vendu loué (Cass. 3e civ. 16-9-2021 no 20-19.229 F-D : BPIM 6/21 inf. 385).

Le silence peut également consister à dissimuler des informations sur l'**environnement situé à proximité de l'immeuble** : installation prochaine d'une porcherie (Cass. 3e civ. 2-10-1974 no 73-11.901 : Bull. civ. III no 330) ou d'une décharge (Cass. 3e civ. 4-5-2016 no 14-18.490 F-D : BPIM 4/16 inf. 261) ; parcours de golf occasionnant des troubles de voisinage dus à la projection de balles (Cass. 3e civ. 22-11-2006 no 05-16.719 FS-D : RJDA 5/07 no 462) ; installation classée soumise à autorisation comme présentant des dangers et des inconvénients (Cass. 3e civ. 25-5-2011 no 09-16.677 FS-D : RJDA 10/11 no 780) ; projet immobilier contigu privant le bien vendu de son principal intérêt pour l'acheteur (Cass. 3e civ. 20-12-1995 no 94-14.887 : Bull. civ. III no 268, RJDA 2/96 no 206) ; projet d'implantation d'un parc éolien (CA Rennes 18-3-2010 no 07/07420 : RJDA 6/10 no 609) ; projet de ligne à très haute tension (Cass. 3e civ. 10-9-2013 no 12-23.626 F-D : BPIM 6/13 inf. 405).

NON-DIVULGATION D'UNE INFORMATION SUR LA VALEUR

6265 Ne constitue pas un dol le fait pour une partie de ne pas révéler à son cocontractant son estimation de la valeur de la prestation (C. civ. art. 1137, al. 3 ; voir « Ratification de l'ordonnance de réforme des obligations : précisions sur le dol par réticence » : BPIM 3/18 inf. 168). La non-divulgation d'une information sur la valeur, fût-elle intentionnelle, n'est donc pas une cause de nullité. Cet article est applicable aux contrats conclus depuis le 1er octobre 2018.

Cette disposition est toutefois à rapprocher de l'article 1139 du Code civil qui précise que l'erreur qui résulte d'un dol est une cause de nullité, alors même qu'elle porterait sur la valeur de la prestation. Il résulte de l'application combinée de ces deux articles que si le fait de ne pas révéler à son cocontractant son estimation de la valeur réelle du bien ne constitue pas un dol (C. civ. art. 1137, al. 3), cela ne l'autorise bien évidemment pas à dissimuler des informations qui, sans porter directement sur le prix, sont susceptibles d'avoir une répercussion sur la valeur du bien.

Il en résulte que **le vendeur** peut parfaitement vendre à un prix supérieur à celui du marché, à condition toutefois de ne dissimuler à l'acquéreur aucune information susceptible de diminuer la valeur du bien, telle que par exemple l'existence de désordres importants (Cass. 3e civ. 29-3-2018 no 17-13.964 F-D) ou d'une action en cours (Cass. 1e civ. 12-12-1995 no 97-12.791).

L'**acheteur,** même professionnel, n'est pas tenu d'une obligation d'information au profit du vendeur sur le prix réel du bien acquis (Cass. 3e civ. 17-1-2007 no 06-10.442 FS-PB : RJDA 6/07 no 599). Par conséquent, il ne lui est pas interdit de faire une bonne affaire en achetant un bien pour un prix qu'il sait inférieur à sa valeur réelle.

Il en va différemment lorsque le silence est relayé par des **manœuvres déloyales.** Commet ainsi une réticence dolosive l'acquéreur, professionnel de l'immobilier, qui garde le silence sur une estimation qu'il sait volontairement sous-évaluée par un agent immobilier et qui offre au vendeur de payer un prix supérieur à l'estimation afin que son offre paraisse avantageuse (Cass. 3e civ. 5-12-2006 no 05-20.247 F-D : RJDA 8-9/07 no 829). De même, constitue une réticence dolosive le silence gardé par l'acheteur d'un terrain sur la richesse du sous-sol, accompagné de manœuvres tendant à maintenir le vendeur dans l'ignorance (Cass. 3e civ. 15-11-2000 no 99-11.203 FS-PB : RJDA 1/01 no 19 ; Cass. 3e civ. 21-11-2001 no 00-15.863 FS-D : RJDA 2/02 no 143).

La **qualité de l'acheteur** peut lui donner accès à des informations ignorées du vendeur qui, si elles ont une incidence sur le prix de vente notamment, doivent être communiquées à ce dernier, sous peine pour l'acheteur de commettre un dol. Tel est le cas d'une commune acheteuse qui dissimule l'existence d'un projet de suppression d'un espace boisé à conserver qui grève la parcelle vendue, lequel a une incidence directe sur la valeur de la parcelle (Cass. 3e civ. 11-9-2012 no 11-22.389 F-D : BPIM 6/12 inf. 455) ou celui d'un acheteur qui sait, en sa qualité de maire et de participant aux réunions du conseil municipal, que la révision en cours du plan d'occupation des sols va rendre le bien acheté constructible (Cass. 3e civ. 29-1-2013 no 12-11.944 F-D : BPIM 2/13 inf. 133). En revanche, la réticence dolosive a été écartée pour un acquéreur architecte qui avait réalisé une mission d'aménagement de la maison, dès lors qu'il n'était pas démontré qu'il disposait d'informations sur la constructibilité future du terrain que le vendeur n'était pas en mesure d'obtenir (Cass. 3e civ. 16-9-2015 no 14-11.912 FS-D : RJDA 2/16 no 95).

b. Intention délibérée de tromper

Le dol consiste à dissimuler intentionnellement une information dont on sait le caractère déterminant pour l'autre partie (C. civ. art. 1137). La jurisprudence a toujours considéré que le dol supposait l'intention délibérée de tromper (Cass. 1e civ. 21-5-1958 : Bull. civ. I no 263 ; Cass. 1e civ. 12-11-1987 no 85-18.350 : Bull. civ. III no 293 ; Cass. com. 28-6-2005 no 03-16.794 F-PB : RJDA 12/05 no 1314 ; Cass. 3e civ. 13-3-2012 no 11-10.584 F-D : RJDA 7/12 no 652). C'est une **faute civile intentionnelle.** Ainsi, ne commet pas une réticence dolosive le vendeur d'un immeuble qui ne révèle pas à l'acquéreur le mauvais état de la toiture, dès lors que ces désordres étaient apparents et qu'il n'a rien fait pour les cacher (Cass. 3e civ. 29-3-2011 no 10-14.503 F-D : RJDA 10/11 no 779), l'existence de fissures, stables depuis des années, dont il ignore qu'elles sont le signe d'une instabilité du sous-sol (Cass. 3e civ. 11-4-2012 no 11-14.891 F-D : RJDA 12/12 no 1061), l'absence d'autorisation de construire la maison que les vendeurs ont pu ignorer compte tenu de l'ancienneté de la construction (environ 20 ans avant la vente) et de l'absence d'information donnée par les constructeurs (Cass. 3e civ. 15-3-2018 no 17-11.850 F-D : BPIM 3/18 inf. 202) ou l'irrégularité administrative de la création d'un étang sur son bien, dès lors qu'il n'est pas un professionnel du droit, de l'immobilier et des questions écologiques (Cass. 3e civ. 2-2-2017 no 15-26.515 FS-D : BPIM 2/17 inf. 123). **6320**

Faute d'intention de tromper, le dol ne peut pas être constitué par de simples démarches pour convaincre l'autre partie de vendre son bien (Cass. com. 2-6-1981 no 79-12.979 : Bull. civ. IV no 259), par une simple négligence, même si celle-ci provoque une erreur (Cass. com. 10-3-1981 no 79-14.477 : Bull. civ. IV no 128), ou par une simple exagération du prix (Cass. soc. 24-6-1964 : Bull. civ. IV no 549).

c. Erreur provoquée

CARACTÈRE DÉTERMINANT DE L'ERREUR

Le dol vicie le consentement lorsqu'il est de **telle nature** que, sans lui, l'une des parties n'aurait pas contracté ou aurait contracté à des conditions substantiellement différentes. Le caractère déterminant du vice s'apprécie **eu égard aux personnes et aux circonstances** dans lesquelles le consentement a été donné (C. civ. art. 1130). Dès lors qu'il est établi que des manœuvres ont été commises, les juges doivent rechercher si l'acheteur aurait poursuivi la vente en l'absence de ces manœuvres. **6360**

Jugé qu'il n'est pas prouvé que les SMS du vendeur au gérant du bar voisin lui demandant de réduire le volume de sa musique pendant les visites de l'acheteur aient eu un rôle déterminant du consentement de celui-ci (Cass. 3e civ. 21-12-2017 no 16-27.821 F-D : BPIM 2/18 inf. 130).

Jugé au contraire que le vendeur qui dissimule à l'acquéreur le comportement problématique de son voisin de palier commet un dol entraînant la nullité de la promesse de vente, la tranquillité et la sécurité d'un logement étant des éléments déterminants pour l'acquéreur (Cass. 3e civ. 18-4-2019 no 17-24.330 F-D : BPIM 3/19 inf. 193).

L'annulation du contrat est également encourue lorsque les manœuvres de l'une des parties n'ont pas altéré le consentement de la victime, qui aurait de toute façon contracté, mais ont seulement entraîné la **conclusion du contrat à des conditions moins avantageuses** (Cass. 3e civ. 22-6-2005 no 04-10.415 FS-PB : RJDA 1/06 no 15) ; on parle alors de « dol incident ».

L'erreur n'est pas déterminante lorsque la **victime connaissait la situation** dont elle se plaint. **6365**
Ainsi, le dol ne peut pas être retenu en cas de silence gardé par le vendeur à propos :

- d'un projet d'inscription de l'immeuble vendu à l'inventaire des monuments historiques dès lors qu'il n'est pas démontré que l'inscription aurait été de nature à influer de manière nouvelle et sensible sur les contraintes pesant déjà sur l'édifice, contraintes que l'acquéreur connaissait, non seulement en sa qualité de professionnel de l'immobilier, mais encore parce qu'elles résultaient des mentions du certificat d'urbanisme annexé à l'acte de vente (Cass. 3e civ. 17-4-1996 no 94-17.726 : RJDA 7/96 no 967) ;
- des ruissellements d'eau en sous-sol ayant contribué à l'effondrement du terrain sur lequel était située la maison vendue dès lors que l'acheteur était informé du phénomène d'érosion marine et que les ruissellements ne pouvaient avoir une valeur déterminante pour lui (Cass. 3e civ. 16-1-2002 no 00-15.620 FS-D : RJDA 4/02 no 368) ;
- de l'existence d'une opération de ravalement obligatoire de l'immeuble, dès lors qu'au jour de la signature de l'acte de vente les acquéreurs n'ignoraient pas que l'immeuble était situé dans un périmètre de ravalement obligatoire, qu'ils reconnaissaient que le notaire leur avait fourni tous éclaircissements complémentaires sur la portée, l'étendue et les effets de ces charges, et qu'ils déclaraient être parfaitement informés de cette situation et voulaient en faire

leur affaire personnelle sans recours contre quiconque (Cass. 3e civ. 17-10-2019 n° 18-15.942 F-D : BPIM 6/19 inf. 412) ;

– du mauvais état de la toiture dès lors que le caractère apparent des désordres indiquait clairement la nécessité d'engager d'importants travaux (Cass. 3e civ. 29-3-2011 n° 10-14.503 F-D : RJDA 10/11 n° 779) ;

– d'une carrière exploitée à 700 mètres de la maison dès lors que l'acheteur avait visité plusieurs fois la maison avant la vente, que la carrière était visible de la maison et de la route qui y conduisait et que l'existence de cette carrière en cours d'exploitation était notoire (Cass. 3e civ. 9-10-2012 n° 11-23.869 F-D : BPIM 6/12 inf. 456) ;

– de la médiocre isolation phonique d'un appartement, courante dans un immeuble ancien réhabilité (Cass. 3e civ. 20-1-2015 n° 13-12.244 F-D : BPIM 2/15 inf. 123).

La situation personnelle de la victime peut être prise en compte pour déterminer son aptitude, ou au contraire son incapacité, à **identifier les manœuvres** utilisées pour tenter de la déterminer à contracter (C. civ. art. 1130). Ainsi, l'acheteur, qui n'est pas un acquéreur profane et inexpérimenté et qui a visité le logement en procédant à toutes constatations utiles, ne peut pas demander la nullité de la promesse de vente en raison de l'insalubrité du logement (Cass. 3e civ. 7-5-2014 n° 13-15.073 FS-D : BPIM 4/14 inf. 265).

CARACTÈRE EXCUSABLE DE L'ERREUR

6380 La réticence dolosive rend toujours excusable l'erreur provoquée (C. civ. art. 1139). Autrement dit, il n'y a pas lieu de prendre en compte la faute de la victime.

Cette règle légale, posée par la réforme du droit des contrats, consacre les solutions jurisprudentielles antérieures (Cass. 3e civ. 21-2-2001 n° 98-20.817 FS-PBI : RJDA 5/01 n° 554 ; Cass. 3e civ. 4-1-2006 n° 04-17.662 FS-D : RJDA 5/06 n° 520).

3. PREUVE DU DOL

6480 La **charge de la preuve** de l'existence du dol repose sur le demandeur en nullité, selon le droit commun (C. civ. art. 1353). S'agissant d'un fait, la preuve est libre et peut être rapportée par **tous moyens** (Cass. 1e civ. 4-1-1949 : Bull. civ. I p. 2).

Le dol s'apprécie **à la date de** conclusion de **la vente** (Cass. com. 20-6-1995 n° 92-16.647 : Bull. civ. IV n° 186, RJDA 12/95 n° 1321). Toutefois, les juges du fond peuvent prendre en compte des **éléments postérieurs** au contrat dès lors que ceux-ci contribuent à établir l'existence du dol à la date de formation du contrat (Cass. com. 13-2-1996 n° 93-19.654 : Bull. civ. IV n° 50, RJDA 6/96 n° 795 ; Cass. com. 18-2-1997 n° 95-12.617 : Bull. civ. IV n° 55, RJDA 7/97 n° 911).

C. Violence

6640 La violence exercée contre celui qui a contracté est une cause de nullité lorsqu'elle est de telle nature que, sans elle, l'une des parties n'aurait pas contracté ou aurait contracté à des conditions substantiellement différentes (C. civ. art. 1130).

1. VICTIME ET AUTEUR DE LA VIOLENCE

VICTIME DE LA VIOLENCE

6645 La violence peut affecter non seulement le consentement d'une personne physique mais aussi celui d'une personne morale ; le danger peut alors viser la société elle-même ou ses représentants légaux (Cass. soc 8-11-1984 n° 82-14.816 : Bull. civ. V n° 423).

6650 La violence est une cause de nullité du contrat, non seulement lorsqu'elle a été exercée sur la partie contractante, mais encore lorsqu'elle l'a été sur ses proches (C. civ. art. 1140).

AUTEUR DE LA VIOLENCE

6660 La violence est une cause de nullité qu'elle ait été exercée par une partie ou par un tiers (C. civ. art. 1142). L'auteur de la contrainte n'est donc pas nécessairement le cocontractant. Jugé que la vente est nulle pour violence lorsque la vendeuse, atteinte de troubles mentaux, prouve les manipulations de son concubin, tiers au contrat, qui a retiré de son compte 10 000 € après la vente selon une procuration obtenue deux mois avant (Cass. 3e civ. 4-5-2016 n° 15-12.454 FS-D : BPIM 4/16 inf. 262).

2. ÉLÉMENTS CONSTITUTIFS DE LA VIOLENCE

DÉFINITION DE LA VIOLENCE

Il y a violence lorsqu'une partie s'engage sous la pression d'une contrainte qui lui inspire la crainte d'exposer sa personne, sa fortune ou celles de ses proches à un mal considérable (C. civ. art. 1140). **6720**

La violence est donc le fait de susciter ou d'exploiter un sentiment de crainte afin de contraindre une personne à donner son consentement. La violence, à la différence de l'erreur et du dol, ne porte pas sur une appréciation erronée, une tromperie, mais sur la liberté de contracter. La violence est une contrainte, caractérisée par la menace d'un danger, élément objectif, qui amène une personne à donner contre son gré un consentement qu'elle ne donnerait pas si sa liberté était dégagée de cette impression, élément subjectif.

La violence peut être physique ou morale. La violence morale peut résulter, par exemple, du fait que l'acquéreur a menacé le vendeur, âgé ou malade, de l'abandonner (Cass. 3e civ. 19-2-1969 : Bull. civ. III n° 157).

MENACE D'UN MAL

La violence exige la menace d'un mal. Le danger doit consister dans la perspective d'un « mal considérable », ce qui suppose une certaine gravité (C. civ. art. 1140). Le caractère déterminant de la violence s'apprécie eu égard aux personnes et aux circonstances dans lesquelles le consentement a été donné (C. civ. art. 1130). Il s'apprécie donc in concreto, c'est-à-dire en considération de la situation personnelle de la victime et non pas par comparaison avec des critères généraux de normalité, qui seraient communs à toutes les victimes. **6740**

ABUS D'UN ÉTAT DE DÉPENDANCE

Il y a également violence lorsqu'une partie, abusant de l'état de dépendance dans lequel se trouve son cocontractant à son égard, obtient de lui un engagement qu'il n'aurait pas souscrit en l'absence d'une telle contrainte et en tire un avantage manifestement excessif (C. civ. art. 1143). **6741**

L'état de nécessité dans lequel se trouve la victime ne suffit pas à lui seul à caractériser la violence (T. civ. Saumur 5-6-1947 : Gaz. Pal. 1947 p. 59). Ce n'est que s'il y a abus de cette situation particulière et avantage manifestement excessif par le cocontractant que la nullité pour violence morale sera prononcée, cet abus résultant le plus souvent du déséquilibre constaté au détriment de la victime du vice dans la convention souscrite.

CARACTÈRE DÉTERMINANT DE LA MENACE

La violence doit avoir déterminé le consentement de la victime. La crainte qu'elle inspire doit être telle que, sans elle, le contrat n'aurait pas été conclu. **6760**

La violence doit revêtir un degré de gravité suffisamment important pour pouvoir être qualifiée de mal considérable (C. civ. art. 1140). La gravité de la violence s'apprécie au regard de la capacité de celle-ci à avoir emporté le consentement de la victime. Les moyens utilisés doivent avoir été de nature à faire impression sur la victime et avoir pu lui inspirer la crainte d'exposer sa personne, sa fortune ou celles de ses proches à un mal considérable (C. civ. art. 1140).

Le juge qui annule un contrat pour violence doit préciser la nature de la menace et son caractère déterminant du consentement obtenu (Cass. 3e civ. 7-2-1984 n° 82-14.163 : Bull. civ. III n° 27).

> **Précisions** L'ancien article 1114 du Code civil dans sa rédaction antérieure à la réforme du droit des contrats disposait que la seule crainte révérencielle envers le père, la mère ou un autre ascendant, sans qu'il y ait eu de violence exercée, ne suffisait pas pour annuler le contrat. Cette disposition n'a pas été reprise par l'ordonnance portant réforme du droit des contrats. Mais la jurisprudence rendue en pareille situation factuelle ne devrait pour autant pas différer sensiblement à la suite de la réforme du droit des contrats. Il est donc probable que, comme auparavant, ce ne sera que si la menace dépasse les limites de l'**autorité morale** admissible qu'elle pourra être qualifiée de déterminante (Cass. 1e civ. 22-4-1986 : JCP G 1986 IV 181).

CARACTÈRE ILLÉGITIME DE LA MENACE

La violence peut être caractérisée soit par une menace illégitime, soit par l'abus d'une menace légitime. **6780**

Menace illégitime La menace doit en principe être illégitime. C'est bien évidemment le cas lorsqu'elle résulte d'**actes illicites,** tels que la violence physique. **6785**

Cette condition s'explique par le fait qu'il peut y avoir des **formes licites de contrainte.** La menace est légitime lorsque son auteur a pour objectif la satisfaction directe d'un droit lui appartenant ; ainsi, en règle générale, est licite la menace d'employer les voies légales pour contraindre un débiteur à exécuter ses engagements (Cass. civ. 25-2-1879 : DP 1870 I p. 273).

6790 **Usage abusif de la menace légitime** La menace d'une **voie de droit** ne constitue pas une violence. Il en va autrement lorsque la voie de droit est détournée de son but ou lorsqu'elle est invoquée ou exercée pour obtenir un avantage manifestement excessif (C. civ. art. 1141). Il en est ainsi, par exemple, de la vente consentie sous la menace d'une surenchère, l'avantage obtenu étant sans rapport avec le droit invoqué (Cass. 1e civ. 3-11-1959 : D. 1960 p. 187).

3. PREUVE DE LA VIOLENCE

6840 S'agissant d'un fait, la preuve de la violence est libre et peut être faite par **tous moyens.** Les juges peuvent se fonder sur des **éléments** d'appréciation **postérieurs au contrat** dès lors que ceux-ci contribuent à établir l'existence de la violence au moment de la conclusion du contrat (Cass. 3e civ. 13-1-1999 n° 96-18.309 : Bull. civ. III n° 11, RJDA 3/99 n° 252).

C'est à celui qui se prétend victime d'une violence de la prouver.

D. Sanctions d'un vice du consentement

CHOIX DE L'ACTION POUR VICE DU CONSENTEMENT

6900 La victime d'un vice du consentement peut demander l'**annulation de la vente** (C. civ. art. 1131), accompagnée le cas échéant de dommages-intérêts.

Elle peut aussi se contenter d'exercer une **action en responsabilité** délictuelle en vue d'obtenir des **dommages-intérêts** (C. civ. art. 1178) ; il en est ainsi en cas de dol (Cass. 1e civ. 4-2-1975 n° 72-13.217 : Bull. civ. I n° 43, JCP 1975 II n° 18100 ; Cass. 1e civ. 25-6-2008 n° 07-18.108 F-PB : Bull. civ. I n° 184 ; Cass. 3e civ. 14-1-2021 n° 19-24.881 FS-P : BPIM 2/21 inf. 130), de violence (Cass. 1e civ. 17-7-1967 : D. 1967 p. 509), d'erreur (Cass. 3e civ. 29-11-1968 : Gaz. Pal. 1969 I p. 63).

Sur l'action ouverte à la victime en cas de **coexistence d'un vice du consentement et d'un vice caché,** voir n° 10870.

> **Précisions** L'action en nullité et l'action en responsabilité délictuelle engagées par la victime d'un vice du consentement sont des actions **distinctes** ; il en résulte notamment les conséquences suivantes :
> – même en cas de **renonciation** ou de désistement **à l'action en nullité,** la victime peut agir en responsabilité contre son cocontractant (Cass. 1e civ. 4-10-1988 n° 85-18.763 : Bull. civ. I n° 265 ; Cass. com. 18-10-1994 n° 92-19.390 : Bull. civ. IV n° 293, RJDA 2/95 n° 102, rectificatif RJDA 4/95 n° 401) ;
> – la victime du vice du consentement, qui a choisi d'**agir en nullité en première instance,** ne peut pas en **appel** opter pour une demande en dommages-intérêts (Cass. com. 18-1-1984 n° 82-11.958 : Bull. civ. IV n° 23 ; Cass. com. 30-11-1999 n° 97-15.733 : RJDA 4/00 n° 496) ;
> – le **juge** ne peut pas **substituer des dommages-intérêts à la nullité,** seule demandée, sans avoir au préalable invité les parties à présenter leurs observations (Cass. com. 3-10-2000 n° 97-22.344 : RJDA 1/01 n° 3).

1. NULLITÉ DE LA VENTE POUR VICE DU CONSENTEMENT

AUTEUR DE L'ACTION EN NULLITÉ DE LA VENTE POUR VICE DU CONSENTEMENT

6910 La nullité consécutive à la constatation d'un vice du consentement est une nullité **relative** (C. civ. art. 1131). L'action en nullité ne peut donc être formée que par la partie **victime** du vice du consentement.

Les **ayants cause universels** de la victime (Cass. 1e civ. 4-7-1995 n° 93-15.005 : Bull. civ. I n° 291) ainsi que le **liquidateur judiciaire** de celle-ci (Cass. com. 7-12-2004 n° 01-15.437 F-D : RJDA 4/05 n° 354) peuvent également agir en nullité. Depuis la réforme du droit des sûretés, la **caution** peut se prévaloir d'un vice affectant le consentement de son débiteur (C. civ. art. 2298 modifié par ord. 2021-1192 du 15-9-2021).

PRESCRIPTION DE L'ACTION EN NULLITÉ POUR VICE DU CONSENTEMENT

6920 Le **délai** pour agir en nullité pour vices du consentement est de cinq ans (C. civ. art. 2224).

Le régime de la prescription de l'action en nullité pour vices du consentement obéit aux règles de droit commun (sur la computation, l'interruption et la suspension des délais de prescription, voir Mémento Droit commercial nos 71748 s.), à l'exception de la détermination du point de départ du délai.

Le délai de l'action en nullité ne court, en cas d'erreur ou de dol, que du jour où ils ont été découverts et, en cas de violence, que du jour où elle a cessé (C. civ. art. 1144). Devrait perdurer la jurisprudence, antérieure à la réforme du droit des contrats, selon laquelle la prescription ne commence à courir qu'à compter de la connaissance avérée du vice et non pas seulement soupçonnée (Cass. 1e civ. 31-5-1972 no 71-10.571 : Bull. civ. I no 142).

PUBLICITÉ DE L'ACTION EN NULLITÉ DE LA VENTE

Les demandes en justice tendant à obtenir la résolution, l'annulation ou la rescision d'une **convention soumise à publicité foncière** doivent être elles-mêmes publiées (Décret 55-22 du 4-1-1955 art. 28, 4o-c). L'action en nullité d'une vente immobilière fondée sur l'existence d'un vice du consentement est donc soumise à cette obligation, toute vente immobilière devant être publiée au service chargé de la publicité foncière. À défaut de publication, l'action est irrecevable (Décret 55-22 du 4-1-1955 art. 30, 5). **6925**

CONFIRMATION DE L'ACTE DE VENTE AFFECTÉ D'UN VICE DU CONSENTEMENT

Dans la mesure où la nullité encourue est une nullité relative, la partie qui peut s'en prévaloir peut renoncer à l'invoquer en confirmant la vente (C. civ. art. 1182). **6930**

La confirmation de l'acte nul est soumise à certaines **conditions.** Elle ne peut intervenir qu'après la conclusion du contrat (C. civ. art. 1182, al. 2). En cas de violence, la confirmation ne peut intervenir qu'après que la violence a cessé (C. civ. art. 1182, al. 3).

La jurisprudence selon laquelle la confirmation ne se présume pas, antérieure à la réforme du droit des contrats, devrait perdurer (Cass. 1e civ. 27-4-1953 : Bull. civ. I p. 115). La confirmation peut résulter d'un acte exprès qui doit mentionner l'objet de l'obligation et le vice affectant le contrat (C. civ. art. 1182, al. 1). De même, dans la mesure où l'exécution volontaire du contrat, en connaissance de la cause de nullité, vaut confirmation (C. civ. art. 1182, al. 3), la jurisprudence selon laquelle la confirmation peut être tacite dans la mesure où la volonté de confirmer est non équivoque devrait se maintenir (Cass. 1e civ. 6-2-1957 : Bull. civ. I no 60 ; Cass. 3e civ. 20-11-1974 no 73-12.328 : Bull. civ. III no 421).

La confirmation **emporte renonciation** aux moyens et exceptions qui pouvaient être opposés, sans préjudice néanmoins des droits des tiers (C. civ. art. 1182, al. 4).

Avec la réforme du droit des contrats, l'une des parties peut **sommer** celle qui pourrait se prévaloir de la nullité soit de confirmer le contrat soit d'agir en nullité dans un délai de 6 mois, à peine de forclusion. La cause de la nullité doit avoir cessé (C. civ. art. 1183).

ILLUSTRATIONS

Bien qu'une reconnaissance de dette souscrite sous l'empire de la violence ait été exécutée par quatre versements successifs, cette circonstance ne saurait faire disparaître le vice dont l'engagement était affecté dès lors que les juges du fond constatent que le souscripteur n'avait jamais voulu acquiescer au règlement de la dette (Cass. 1e civ. 30-6-1954 : JCP G 1954 II no 8325).

EFFETS DE LA NULLITÉ DE LA VENTE

À compter du jour où la nullité est prononcée, la vente est privée de toute **efficacité juridique** tant pour l'avenir que pour le passé (Cass. 1e civ. 16-7-1998 no 96-18.404 : Bull. civ. I no 251 ; Cass. 3e civ. 2-10-2002 no 01-02.924 : RJDA 1/03 no 8). **6940**

Le contrat annulé est censé n'avoir jamais existé (C. civ. art. 1178, al. 2).

Les prestations exécutées donnent lieu à **restitution** (C. civ. art. 1352 à 1352-9).

Le vendeur peut réclamer une **indemnité d'occupation** à l'acquéreur puisque ce dernier, par l'effet de l'annulation rétroactive, a occupé les lieux sans droit ni titre. La restitution doit en effet inclure la valeur de la jouissance que la chose a procurée (C. civ. art. 1352-3). La mauvaise foi du vendeur ne le prive pas de l'indemnité d'occupation due par l'acquéreur de bonne foi, qui ne doit cette indemnité qu'à compter du jour de la demande (C. civ. art. 1352-7), et non depuis le jour de la mise à disposition du bien. En outre, l'acquéreur ainsi condamné peut obtenir compensation entre l'indemnité qu'il doit au vendeur et celle qui lui est due par ce dernier au titre de la réparation de son préjudice (Cass. 3e civ. 5-12-2024 no 23-16.270 FS-B : BPIM 1/25 inf. 45).

2. INDEMNISATION DE LA VICTIME D'UN VICE DU CONSENTEMENT

CONDITIONS D'INDEMNISATION DE LA VICTIME D'UN VICE DU CONSENTEMENT

Outre la nullité du contrat (ou au lieu et place de celle-ci), la victime d'un **dol** ou d'une **violence** peut exercer une action en responsabilité délictuelle pour obtenir réparation de son préjudice (Cass. 1e civ. 4-2-1975 no 72-13.217 : Bull. civ. I no 43, JCP G 1975 II no 18100 ; Cass. com. 4-3-1997 no 95-15.271 : RJDA 6/97 no 746 ; Cass. 3e civ. 14-1-2021 no 19-24.881 FS-P : BPIM 2/21 inf. 130). Si la recevabilité d'une action en responsabilité relève de l'évidence en matière de dol ou de violence, car il y a alors bien faute de la part de son **6960** auteur, elle l'est moins en matière d'**erreur.** Dans ce cas, l'action en responsabilité n'est ouverte à la victime que si son erreur est le résultat d'une faute de son cocontractant, tel un défaut d'information qui, en raison de son absence de caractère intentionnel, ne pourrait pas être qualifié de dolosif (Cass. 3e civ. 29-11-1968 : Gaz. Pal. 1969 I p. 63).

Seule la partie de bonne foi au contrat de vente annulé, c'est-à-dire la victime, peut demander la condamnation de la partie fautive à réparer le préjudice qu'elle a subi en raison de la conclusion du contrat annulé (Cass. mixte 9-7-2004 no 02-16.302 : Bull. mixte no 2, RJDA 2/05 no 116). Elle doit rapporter la **preuve d'un préjudice distinct,** non réparé par l'annulation de la vente et la restitution du prix (Cass. com. 9-10-2007 no 05-22.023 F-D : RJDA 12/07 no 1243 ; Cass. com. 12-7-2011 no 10-19.297 : RJDA 11/11 no 922). Sur le choix entre l'action en nullité et l'action en responsabilité ou sur le cumul des deux actions, voir no 6900.

Cette action, généralement fondée sur l'article 1178 du Code civil, suppose que le demandeur établisse que les manœuvres dolosives invoquées (ou la violence) ont été la cause directe et exclusive de son préjudice (Cass. com. 16-5-2000 no 97-16.386 : RJDA 11/00 no 974 ; Cass. 3e civ. 26-5-2004 no 02-19.201 FS-D : RJDA 10/04 no 1082 ; Cass. 2e civ. 30-6-2011 no 10-16.330 F-D : RJDA 12/11 no 1040). Par exemple, le vendeur d'un pavillon qui a dissimulé la présence d'amiante dans les murs et les cloisons, obligeant ainsi l'acheteur à procéder au désamiantage de l'immeuble, peut être condamné à verser des dommages-intérêts correspondant au coût des travaux de désamiantage (Cass. 3e civ. 16-3-2011 no 10-10.503 FS-PB : BPIM 3/11 inf. 218).

DÉBITEUR DE L'INDEMNISATION DE LA VICTIME DU VICE DU CONSENTEMENT

6970 En principe, l'indemnisation est due par le **cocontractant** de la victime auteur du dol ou de la violence.

En cas de dol ou de violence imputable à une **société,** seule cette dernière peut être poursuivie par l'intermédiaire de son représentant légal, mais non les associés de celle-ci, qui ne sont pas parties à la vente (Cass. com. 18-6-2002 no 00-16.629 F-D : RJDA 12/02 no 1223). Par ailleurs, le mandant est responsable des actes commis par son **mandataire.**

6980 En cas de **pluralité de vendeurs,** si **un seul** d'entre eux est l'**auteur** de manœuvres dolosives ou de violence, les autres ne peuvent pas être condamnés solidairement à réparer le préjudice subi par la victime (Cass. com. 12-7-2005 no 02-13.583 F-D : RJDA 11/05 no 1228). La solidarité entre les vendeurs ne peut pas être déduite du fait que la vente a donné lieu à un acte unique et que le dol de l'un d'eux l'a vicié en son entier. Elle ne peut pas non plus résulter de la clause de solidarité figurant dans l'acte annulé (arrêt précité).

6990 Lorsque le dol ou la violence sont le **fait de plusieurs personnes,** celles-ci doivent être condamnées « in solidum » à indemniser la victime (en ce sens, Cass. 2e civ. 26-2-1970 no 69-10.185 : Bull. civ. II no 75 ; Cass. 2e civ. 12-1-1984 no 82-14.346 : Bull. civ. II no 5 ; Cass. com. 3-12-2002 no 01-00.641 FS-D : RJDA 5/03 no 468). L'une d'elles peut aussi être condamnée à garantir le paiement de l'indemnisation en cas d'insolvabilité du vendeur (Cass. 1e civ. 28-6-2023 no 21-21.181 FS-B : BPIM 4/23 inf. 282, dans ce cas l'agent immobilier). La victime peut, en cas de condamnation « in solidum », demander la réparation intégrale de son dommage à l'un quelconque des coauteurs, sans avoir à tenir compte d'un éventuel partage de responsabilité entre eux (Cass. 3e civ. 22-6-1994 no 92-20.158 : Bull. civ. III no 127, RJDA 11/94 no 1180). Celui qui a indemnisé la victime dispose d'un recours contre les autres coauteurs.

III. CAPACITÉ ET POUVOIR DES PARTIES

7100 La capacité de contracter est une condition de validité de la vente (C. civ. art. 1128).

ÉTRANGERS

7105 Les étrangers, personnes physiques, peuvent librement acheter des immeubles en France. Il en va de même pour les personnes morales étrangères dès lors que leur personnalité morale est reconnue en France.

A. Capacité

7120 Tous ceux auxquels la loi ne l'interdit pas peuvent acheter ou vendre (C. civ. art. 1594). Toutefois, certaines personnes sont privées du droit d'accomplir un acte juridique. D'autres, qui ne sont pas dépossédées de leurs droits, ne peuvent néanmoins pas les exercer librement.

1. MINEURS

MINEUR NON ÉMANCIPÉ

Vente d'un immeuble La vente d'un immeuble appartenant à un mineur non émancipé s'effectue en principe à l'amiable (adjudication ou vente de gré à gré), après **autorisation** du juge des tutelles sous le régime de l'administration légale (C. civ. art. 387-1) et autorisation du conseil de famille sous le régime de la tutelle (C. civ. art. 505, al. 1). **7125**

Si la valeur de l'immeuble n'excède pas 50 000 €, l'autorisation de vendre l'immeuble d'un mineur en tutelle peut être donnée par le juge des tutelles au lieu et place du conseil de famille (C. civ. art. 502, al. 2 ; Décret 2008-1484 du 22-12-2008 art. 4).

En cas d'urgence, ce juge peut également prendre seul la décision de vendre l'immeuble d'un mineur en tutelle si le quorum fixé par la loi pour la validité des décisions du conseil de famille n'est pas atteint (CPC art. 1234-3).

En cas de **tutelle,** l'autorisation détermine le prix et les conditions de la vente (C. civ. art. 505, al. 2). Elle ne peut être donnée qu'après la réalisation d'une mesure d'instruction exécutée par un technicien ou le recueil de l'avis d'au moins deux professionnels qualifiés (C. civ. art. 505, al. 3).

En cas d'**administration légale,** la vente n'est plus soumise de droit à une mesure d'instruction ou au recueil de l'avis d'au moins deux professionnels. Le juge pourra toutefois demander des justifications de la valeur du bien afin d'apprécier la conformité de l'opération à l'intérêt du mineur.

> **Précisions a.** Avant le 1er janvier 2016, l'**administration légale** était dite **« pure et simple »** lorsque les deux parents exerçaient en commun l'autorité parentale et **« sous contrôle judiciaire »** lorsque l'un des parents était décédé ou se trouvait privé de l'autorité parentale. Depuis le 1er janvier 2016, si l'autorité parentale est exercée en commun par les deux parents, chacun d'entre eux est administrateur légal. Dans les autres cas, l'administration légale appartient à celui des parents qui exerce l'autorité parentale (C. civ. art. 382).
b. Sous l'empire du droit antérieur au 1er janvier 2016, la **vente de l'immeuble d'une société civile** a été jugée nulle faute pour la gérante, administratrice légale sous contrôle judiciaire de ses enfants **mineurs associés** de la société, d'avoir sollicité l'autorisation du juge des tutelles (Cass. 1e civ. 17-5-2017 n° 15-24.840 FS-PB : BPIM 4/17 inf. 283 note N. Peterka ; Décret 2008-1484 du 22-12-2008 ann. II ; C. civ. art. 389-6 ancien). Pour une majorité d'auteurs, la solution n'est pas transposable au régime actuel de l'administration légale, seule la vente des biens appartenant directement au mineur nécessitant désormais l'autorisation du juge (en ce sens, N. Peterka précitée ; Bull. Cridon Paris 15-6-2017 p. 16 ; pour une appréciation plus nuancée, voir J. Combret, Mineur et société civile : soyons vigilants ! : Defrénois 2017 art. DEF126y6 n° 12 ; C. civ. art. 387-1). En revanche, la solution du 17 mai 2017 continuera à recevoir application pour tous les associés mineurs placés sous tutelle (autorisation du conseil de famille ou, à défaut, du juge des tutelles).

Achat d'un immeuble L'achat d'un immeuble est un mode parmi d'autres d'emploi des liquidités du mineur. Seul l'intérêt de celui-ci doit être pris en compte pour déterminer le type de placement à réaliser. **7130**

L'achat d'un bien immobilier par un mineur soumis au régime de l'**administration légale** doit être réalisé par les deux parents exerçant conjointement l'autorité parentale ou par le parent l'exerçant seul (C. civ. art. 382-1 ; Décret 2008-1484 du 22-12-2008 ann. I). À défaut d'accord entre les parents exerçant conjointement l'autorité parentale, l'achat doit être autorisé par le juge des tutelles (C. civ. art. 387).

Sous le régime de la **tutelle,** l'achat est réalisé par le tuteur sur autorisation du conseil de famille ou, à défaut, du juge (C. civ. art. 505, al. 1 ; Décret 2008-1484 du 22-12-2008 ann. I). Lorsque la valeur de l'immeuble est inférieure à 50 000 €, l'autorisation du juge des tutelles peut suppléer celle du conseil de famille (C. civ. art. 502 ; Décret 2008-1484 du 22-12-2008 art. 4).

En cas d'urgence, le juge peut également prendre seul la décision d'acheter l'immeuble si le quorum fixé par la loi pour la validité des décisions du conseil de famille n'est pas atteint (CPC art. 1234-3).

Lorsque l'acquisition nécessite de contracter un **emprunt,** le représentant légal du mineur doit obtenir en principe l'accord préalable du juge des tutelles dans l'administration légale (C. civ. art. 387-1) et du conseil de famille dans la tutelle (C. civ. art. 505). **7132**

Omission des formalités protectrices L'omission des formalités protectrices des intérêts des mineurs est **sanctionnée** par une nullité relative. L'action en nullité est prescrite dans un délai de cinq ans à compter de la majorité ou de l'émancipation. En cas de décès de l'incapable, le délai court à compter de la date du décès, s'il n'a pas commencé à courir auparavant (C. civ. art. 1152). **7135**

La nullité ne peut être invoquée que par le mineur, et non par son cocontractant capable de s'engager au moment de l'acte (Cass. 1e civ. 14-1-2009 n° 07-16.451 F-PB : Bull. civ. I n° 6, concernant une acquisition par un mineur et transposable à la vente).

En cas d'annulation, les restitutions dues au mineur non émancipé sont réduites à proportion du profit qu'il a retiré de l'acte annulé (C. civ. art. 1352-4) ; autrement dit, en cas de vente, il ne doit rendre que la partie du prix conservée par lui.

MINEUR ÉMANCIPÉ

7140 Le mineur émancipé est capable, comme un majeur, de tous les actes de la vie civile (C. civ. art. 413-6) ; il peut donc librement **vendre ou acheter** un immeuble, sous réserve que cette opération ne relève pas de l'exercice d'actes de commerce à titre habituel et ne confère pas au mineur la qualité de commerçant (par exemple, marchand de biens).

> **Précisions** Le mineur émancipé peut être **commerçant** sur autorisation du juge des tutelles au moment de la décision d'émancipation et du président du tribunal judiciaire s'il formule cette demande après avoir été émancipé (C. civ. art. 413-8). En pratique, cette possibilité reste toutefois très exceptionnelle.

2. MAJEURS VULNÉRABLES

MAJEUR VULNÉRABLE SANS MESURE DE PROTECTION

7160 Pour faire un acte valable, il faut être sain d'esprit (C. civ. art. 414-1). Par suite, la **vente ou** l'**achat** d'un immeuble conclu par une personne qui, au moment de l'acte, était atteinte d'un trouble mental l'ayant rendu hors d'état de vouloir et de comprendre ce à quoi elle s'engageait encourt la **nullité.**

L'existence du **trouble mental** est souverainement appréciée par les tribunaux (Cass. 2e civ. 23-10-1985 : Bull. civ. II n° 158 ; Cass. 1e civ. 2-12-1992 : Bull. civ. I n° 299).

C'est au demandeur à la nullité (en pratique, le majeur ou ses héritiers dans certains cas) qu'il incombe de prouver l'existence d'un trouble mental au moment de la conclusion de l'acte (C. civ. art. 414-1). Il appartient aux juges du fond d'apprécier si la preuve de l'altération des facultés mentales est ou non rapportée. Tel n'est pas le cas lorsque les éléments soumis, en l'espèce un certificat médical et une expertise psychiatrique, ne permettent pas de démontrer l'existence d'une pathologie au moment de l'acte (Cass. 3e civ., 14-9-2023, n° 22-19.223 F-D : BPIM 6/23 inf. 386, à propos d'une promesse de vente).

7165 **Nullité demandée par le majeur vulnérable** **Du vivant du majeur,** l'action en nullité ne peut être exercée que par lui (C. civ. art. 414-2, al. 1). Elle doit l'être dans un délai de cinq ans (C. civ. art. 414-2, al. 6 et 2224). Ce délai court à compter du jour où le majeur a connu ou aurait dû connaître les faits lui permettant d'agir (C. civ. art. 2224), c'est-à-dire à compter du jour de l'acte. Toutefois, la prescription peut être suspendue en cas d'impossibilité pour le majeur à agir (C. civ. art. 2234 ; Cass. 1e civ. 19-11-1991 n° 1512 : RJDA 1/92 n° 1). Ainsi, un majeur qui avait donné à bail un immeuble a pu demander la nullité de ce bail treize ans plus tard lorsqu'il avait été mis sous tutelle car, selon les conclusions d'un médecin, il était atteint d'un trouble mental à la date de conclusion du bail jusqu'à la date de son placement sous tutelle, de sorte que la prescription quinquennale avait été suspendue jusqu'à cette dernière date (Cass. 1e civ. 1-7-2009 n° 08-13.518 FS-PBI : RJDA 10/09 n° 810, arrêt rendu à propos de la conclusion d'un bail mais transposable en cas de vente d'un immeuble).

7170 **Nullité demandée par les héritiers du majeur vulnérable** En cas de **décès du majeur,** ses héritiers peuvent poursuivre l'action si elle a été engagée avant le décès (Cass. 1e civ. 14-6-1977 : Bull. civ. I n° 272, arrêt rendu sous l'empire de l'ancien article 504 du Code civil mais transposable au régime actuel). Ayant la qualité d'héritier de son époux décédé, le conjoint survivant peut, même en présence de descendants du défunt, agir en nullité, pour insanité d'esprit, de la procuration et de la vente conclues par ce dernier (Cass. 3e civ. 12-10-2022 n° 21-15.669 F-D : BPAT 6/22 inf. 269).

Si l'action n'a pas été engagée avant le décès, l'action des héritiers n'est recevable que dans les cas suivants (C. civ. art. 414-2) :

1° L'**acte porte** en lui-même la **preuve d'un trouble mental.** Tous les troubles mentaux sont visés quelle que soit leur origine (Cass. 1e civ. 12-11-1975 : Bull. civ. I n° 319).

La preuve du trouble mental ne peut pas résulter d'éléments extérieurs à l'acte tels qu'un certificat médical (Cass. 1e civ. 15-3-1977 : Bull. civ. I n° 131), une expertise mentale accompagnée de documents administratifs et de témoignages (Cass. 1e civ. 13-7-1960 : JCP G 1960 II n° 11798), les conséquences économiques et familiales de l'acte (Cass. 1e civ. 23-6-1964 : Bull. civ. I n° 332, arrêt rendu sous l'empire de l'ancien art. 504 du Code civil mais transposable au régime actuel). Les juges ne peuvent donc pas ordonner une mesure d'instruction pour rechercher cette preuve (Cass. 3e civ. 28-9-1982 : Gaz. Pal. 1983 jur. p. 455).

Il importe peu que l'acte ait été rédigé par un tiers et n'ait été signé que par celui dont le trouble mental est invoqué (Cass. 1e civ. 23-6-1964 : Bull. civ. I n° 332, arrêt rendu sous l'empire de l'ancien art. 504 du Code civil mais transposable au régime actuel ; Cass. 1e civ. 12-11-1975 : Bull. civ. I n° 319).

2° L'acte a été fait dans un temps où l'individu était placé sous **sauvegarde de justice.**

3° Une action a été introduite avant le décès de l'auteur aux fins d'une **habilitation familiale,** aux fins de faire ouvrir une **tutelle ou** une **curatelle, ou** effet a été donné à un **mandat de protection future.**

Il importe peu que cette action ait été introduite avant ou après la date de l'acte dont la nullité est demandée (Cass. 1e civ. 27-1-1987 : Bull. civ. I n° 31). La preuve de l'aliénation peut être faite par tous moyens (Cass. 1e civ. 18-12-1984 : Gaz. Pal. 1985 p. 387 ; Cass. 1e civ. 27-1-1987, précité). Ainsi, elle peut être déduite du certificat médical établi deux jours après la conclusion d'une vente et faisant ressortir que le vendeur présentait des troubles psychiques qui le mettaient dans l'impossibilité de gérer ses biens au point qu'il était nécessaire de le mettre sous tutelle, ces constatations étant corroborées par des anomalies relevées dans l'acte de vente (Cass. 1e civ. 27-1-1987 précité).

L'action en nullité d'un acte à titre onéreux exercée par un héritier étant celle de son auteur est **7172** soumise aux mêmes points de départ et causes de suspension de la **prescription** de sorte que celle-ci ne court pas pendant la période de tutelle précédant le décès du majeur (Cass. 1e civ. 13-12-2023 n° 18-25.557 FS-B : BPIM 1/24 inf. 79-18). Il en résulte que les héritiers de la personne souffrant de son vivant d'un trouble mental peuvent exercer l'action en nullité de leur auteur dès lors que celle-ci n'est pas prescrite.

En dehors des hypothèses visées par l'article 414-2, la nullité de l'acte ne peut pas être **7175** demandée sur le fondement d'un **vice du consentement** (erreur ou dol) qui résulterait du trouble mental (Cass. 3e civ. 20-10-2004 n° 03-10.989 F-PB : RJDA 2/05 n° 91).

MAJEUR SOUS SAUVEGARDE DE JUSTICE

Les **personnes concernées** par le placement sous sauvegarde de justice sont celles qui, en **7180** raison de l'altération médicalement constatée de leurs facultés mentales ou corporelles de nature à empêcher l'expression de leur volonté, ont besoin d'une protection juridique temporaire ou d'être représentées pour l'accomplissement de certains actes déterminés (C. civ. art. 433).

Capacité En **principe,** le majeur sous sauvegarde de justice conserve l'exercice normal de **7182** ses droits (C. civ. art. 435, al. 1). Il peut donc **vendre ou acheter** seul un immeuble, sauf si ce pouvoir a été confié à un mandataire spécial.

Le juge des contentieux de la protection dans ses fonctions de juge des tutelles peut désigner un **mandataire spécial** chargé de faire un acte de disposition, telle la vente d'un immeuble, lorsque cet acte est rendu nécessaire par la gestion du patrimoine du majeur sous sauvegarde (C. civ. art. 437).

Par ailleurs, si le majeur sous sauvegarde a désigné un **mandataire chargé d'administrer ses biens** avant d'être mis sous sauvegarde de justice, le mandat continue à recevoir exécution (C. civ. art. 436, al. 1). Aux termes de ce mandat, le mandataire peut avoir reçu le pouvoir de conclure une vente immobilière au nom du majeur protégé.

Protection Le majeur sous sauvegarde dispose de la faculté de demander la **rescision pour** **7185** **lésion ou** la **réduction pour excès** de la vente qu'il a conclue (C. civ. art. 435, al. 2). L'action en rescision pour lésion est possible dès que le majeur a subi un préjudice financier, quelle que soit son importance, au moment de la conclusion de l'acte, par exemple si la preuve est rapportée que le prix est inférieur à la valeur de l'immeuble. L'action en réduction sanctionne quant à elle les engagements excessifs du majeur protégé, c'est-à-dire ceux qui présentent un caractère inutile ou disproportionné à ses besoins ou ses ressources.

Du vivant du majeur protégé, il est seul **titulaire de l'action** en rescision ou en réduction (C. civ. art. 435, al. 3) ; à son décès, ses héritiers peuvent agir (C. civ. art. 435, al. 3).

La **prescription de ces actions** est de cinq ans à compter du jour où le majeur protégé a eu connaissance de l'acte, après la mainlevée de la sauvegarde de justice ; toutefois, à l'égard des héritiers du majeur, ce délai ne commence à courir que du jour du décès de celui-ci, sauf si la prescription a commencé à courir avant (C. civ. art. 2224 sur renvoi de l'article 435, al. 3).

La rescision du contrat de vente a pour **effet** l'anéantissement du contrat et, par suite, une obligation de restitution à la charge de chacune des parties, étant précisé que le majeur protégé n'est tenu qu'à la restitution de ce qui a tourné à son profit (C. civ. art. 1352-4). L'action en réduction a en principe des effets plus limités : lorsque c'est possible, l'acte contesté est maintenu et les engagements du majeur protégé sont réduits pour être ramenés à des proportions raisonnables, en rapport avec son patrimoine.

7190 Si les conditions de l'action en nullité pour **insanité d'esprit** au moment de l'acte sont réunies, le majeur peut évidemment agir sur ce fondement (sur cette action, voir n°s 7160 s.), avec la particularité que l'action peut librement être engagée par les héritiers du majeur ; ceux-ci n'ont alors pas à rapporter la preuve d'un trouble mental ou qu'une action en vue du placement de l'intéressé sous tutelle ou curatelle a été ouverte ou qu'effet a été donné au mandat de protection future (C. civ. art. 414-2, al. 2).

MAJEUR EN CURATELLE

7200 **Capacité** Peut être placé en curatelle celui qui, en raison de l'altération médicalement constatée de ses facultés mentales ou corporelles, a besoin, même s'il n'est pas hors d'état d'agir lui-même, d'être conseillé ou contrôlé dans les actes de la vie civile (C. civ. art. 440). L'**achat ou** la **vente** d'un immeuble par le majeur placé sous un tel régime requiert, par son importance, l'assentiment du curateur, sous peine de la nullité de l'acte (C. civ. art. 467 et 468, al. 2). Si le curateur refuse son assistance pour la conclusion d'une vente, le majeur peut demander au juge des contentieux de la protection, dans ses fonctions de juge des tutelles, l'autorisation de la conclure seul (C. civ. art. 471).

La **capacité** du majeur en curatelle peut être **augmentée.** Ainsi, une décision de justice peut à tout moment permettre au majeur en curatelle de conclure seul l'achat ou la vente d'un immeuble (C. civ. art. 471).

7205 **Sanction des actes irréguliers** La **vente ou** l'**achat** d'un immeuble **conclu par le majeur** en curatelle **seul,** sans l'assistance de son curateur, ne peut être annulé que si le majeur a subi un préjudice (C. civ. art. 465, 2°).

La vente ou l'achat d'un immeuble **conclu par le curateur seul** alors qu'il aurait dû être passé par le majeur avec son assistance est nul de plein droit sans qu'il soit nécessaire de justifier d'un préjudice (C. civ. art. 465, 4°).

Ces **actions se prescrivent** par cinq ans ; ce délai de prescription court à compter du jour où le majeur a eu connaissance de l'acte effectué, après la cessation de la curatelle ; toutefois, à l'égard des héritiers du majeur, le délai ne commence à courir qu'à compter du jour du décès de celui-ci, sauf s'il a commencé à courir avant (C. civ. art. 465, al. 7 ; C. civ. art. 2224).

MAJEUR SOUS TUTELLE

7210 **Capacité** Un majeur est mis sous tutelle quand il a besoin d'être représenté d'une manière continue dans les actes de la vie civile, en raison de l'altération médicalement constatée de ses facultés mentales ou corporelles (C. civ. art. 440, al. 3). Il s'agit du régime de protection le plus fort : le majeur est en principe atteint d'une **incapacité absolue,** la gestion de ses biens étant confiée au tuteur qui va le représenter.

Le majeur sous tutelle est placé dans la même situation juridique que le mineur sous tutelle car les textes applicables sont communs. Le tuteur ne peut donc **acheter ou vendre** un immeuble au nom du majeur protégé sans y être autorisé par le conseil de famille ou, à défaut, par le juge (n°s 7125 s.).

La **capacité** du majeur sous tutelle peut être **augmentée.** Ainsi, une décision de justice peut, à l'ouverture de la tutelle ou ultérieurement, permettre au majeur sous tutelle de conclure un contrat de vente d'un immeuble lui-même, soit seul, soit avec l'assistance du tuteur (C. civ. art. 473, al. 2). Cette possibilité est toutefois très peu utilisée en pratique.

7215 **Sanction des actes irréguliers** Les obligations résultant d'un **acte conclu** par le majeur protégé **moins de deux ans avant la publicité du jugement d'ouverture** de la tutelle peuvent être réduites sur la seule preuve que l'inaptitude du majeur à défendre ses intérêts, par suite de l'altération de ses facultés personnelles, était notoire ou connue du cocontractant à l'époque où le contrat a été conclu. Le contrat peut même être annulé si le majeur protégé a subi un préjudice (C. civ. art. 464, al. 1 et 2).

L'irrégularité des **actes contractés** par le majeur protégé **après le jugement de tutelle** est sanctionnée dans les conditions suivantes (C. civ. art. 465) : en principe, le contrat de vente ou d'achat d'un immeuble conclu par le majeur protégé est nul de plein droit sans qu'il soit nécessaire de justifier d'un préjudice ; mais si la capacité du majeur a été augmentée par le juge, dans une mesure telle qu'elle lui permet de conclure l'un de ces contrats avec l'assistance du tuteur, ce contrat ne peut être annulé que si le majeur a subi un préjudice ; si l'augmentation de la capacité du majeur aboutit à lui permettre de conclure un contrat de vente ou d'achat seul, ce contrat peut être « annulé » ou réduit dans les mêmes conditions que s'il avait été effectué par un majeur sous sauvegarde de justice (n° 7185), à moins que le majeur n'ait été expressément autorisé par le juge ou par le conseil de famille.

Le tuteur peut **agir** seul **en nullité** de la vente, au nom du majeur protégé, c'est-à-dire sans autorisation du juge des contentieux de la protection ou du conseil de famille s'il en a été constitué un (Cass. 1e civ. 6-1-2010 n° 08-14.120 : RJDA 4/10 n° 357).

HABILITATION FAMILIALE

Capacité Un majeur est mis sous habilitation familiale quand il est dans l'impossibilité de pourvoir seul à ses intérêts en raison d'une altération, médicalement constatée, soit de ses facultés mentales, soit de ses facultés corporelles, de nature à empêcher l'expression de sa volonté (C. civ. art. 494-1 et 425). 7217

Les **personnes** pouvant être **habilitées** sont ses ascendants, descendants, frères et sœurs, ou, à moins que la communauté de vie ait cessé entre eux, le conjoint, le partenaire d'un pacte civil de solidarité ou le concubin (C. civ. art. 494-1). La personne habilitée aura pour mission soit de représenter le majeur, soit de l'assister dans les conditions de la curatelle, soit de passer un ou des actes en son nom. On distingue ainsi l'habilitation-représentation et l'habilitation-assistance. Le mandat peut être général ou spécial.

Le juge ne peut pas ordonner une habilitation familiale lorsqu'il peut être suffisamment pourvu aux intérêts de la personne par la **représentation de droit commun ou** par le **mandat de protection future** conclu par l'intéressé. Si l'habilitation familiale sollicitée ne permet pas d'assurer une protection suffisante, le juge peut ouvrir une mesure de protection judiciaire (C. civ. art. 494-5, al. 2).

La personne habilitée peut recevoir le pouvoir d'accomplir sur les biens du majeur **certains actes déterminés** qu'un tuteur peut réaliser seul ou avec une autorisation (C. civ. art. 494-6). En revanche, elle ne peut pas accomplir les actes qui sont interdits au tuteur en vertu de l'article 509 du Code civil, et le juge ne peut pas l'autoriser à passer de tels actes (Cass. 1e civ. avis 20-10-2022 n° 22-70.011 B : BPAT 6/22 inf. 270). Aucune durée n'est prévue, mais la mesure prend fin une fois le ou les actes accomplis (J. Combret et N. Baillon-Wirtz, L'habilitation familiale : une innovation à parfaire : JCP N 2015 n° 1248). Signalons que la personne habilitée peut aussi recevoir le pouvoir d'accomplir un ou plusieurs actes relatifs à la personne à protéger (C. civ. art. 494-6, al. 3).

Si l'intérêt du majeur le justifie, le juge peut délivrer une **habilitation générale.** La personne habilitée peut alors accomplir l'ensemble des actes que le tuteur a le pouvoir d'accomplir, seul ou avec une autorisation, sur les biens du majeur et tous ceux relatifs à la personne du majeur ; le juge peut toutefois limiter l'habilitation générale aux seuls actes relatifs aux biens ou aux seuls actes relatifs à la personne à protéger (C. civ. art. 494-6, al. 5). En cas d'habilitation générale, la personne habilitée ne peut pas accomplir un acte pour lequel elle serait en opposition d'intérêts avec la personne protégée. Toutefois, à titre exceptionnel et lorsque l'intérêt de celle-ci l'impose, le juge peut autoriser la personne habilitée à accomplir cet acte (C. civ. art. 494-6, al. 6).

En cas d'habilitation générale, le juge fixe la durée du dispositif de protection dans la limite de 10 ans, renouvelables pour la même durée en cas de demande des proches du majeur susmentionnés (C. civ. art. 494-6, al. 5). La durée du renouvellement est en principe celle de la durée initiale.

Sanction des actes irréguliers Si la **personne protégée a agi seule** alors que la vente ou l'achat d'immeuble ont été confiés à la personne habilitée, l'acte est nul de plein droit sans qu'il soit nécessaire de justifier d'un préjudice (C. civ. art. 494-9, al. 1). Si elle agit seule alors que l'accomplissement de l'acte nécessitait l'assistance de la personne habilitée, l'acte ne peut être annulé que s'il est établi que la personne protégée a subi un préjudice (C. civ. art. 494-9, al. 2). 7218

Les actes effectués avant la mise en place de l'habilitation sont en principe valables. Toutefois, s'ils ont été accomplis moins de deux ans avant le jugement délivrant l'habilitation, ils peuvent être réduits ou annulés dans les mêmes conditions que pour les majeurs en tutelle ou en curatelle (C. civ. art. 494-9, al. 3 et 464).

La personne habilitée peut, avec l'autorisation du juge ou du conseil de famille, engager seule l'action en nullité ou en réduction (C. civ. art. 494-9, al. 4).

Si la **personne habilitée a agi seule** pour l'achat ou la vente d'un immeuble alors qu'ils ne rentraient pas dans le champ de l'habilitation, l'acte est nul de plein droit sans qu'il soit nécessaire de justifier d'un préjudice (C. civ. art. 494-9, al. 5).

Dans tous les cas, l'action doit être exercée dans un **délai** de 5 ans prévu à l'article 2224 du Code civil. Pendant le délai de 5 ans et tant que la mesure d'habilitation est en cours, l'acte contesté peut être confirmé avec l'autorisation du juge des tutelles (C. civ. art. 494-9, al. 6 et 7).

MANDAT DE PROTECTION FUTURE

7220 Toute personne majeure ou mineure émancipée ne faisant pas l'objet d'une mesure de tutelle ou d'une habilitation familiale peut charger une personne (**mandataire**) de la représenter lors de son **achat ou** de sa **vente** par le biais d'un mandat de protection future, pour le cas où il ne pourrait plus pourvoir seul à ses intérêts en raison de l'altération médicalement constatée de ses facultés mentales ou corporelles (C. civ. art. 477, al. 1). Pour des raisons identiques, des parents peuvent également conclure un mandat de protection future pour le compte de leur enfant ; le mandat prend alors effet à compter du jour où le mandant décède ou ne peut plus prendre soin de l'intéressé (C. civ. art. 477, al. 3).

La personne en curatelle ne peut conclure un mandat de protection future qu'avec l'assistance de son curateur (C. civ. art. 477, al. 2).

7222 Un tel mandat peut être conclu par acte sous signature privée ou par acte notarié (C. civ. art. 477, al. 4).

Si le **mandat** est donné par acte **sous signature privée,** le mandataire ne peut effectuer que les actes qu'un tuteur peut faire sans autorisation (C. civ. art. 493, al. 1). En conséquence, il ne peut ni acheter ni vendre un immeuble au nom du mandant. Si l'achat ou la vente s'avère nécessaire dans l'intérêt du mandant, le mandataire peut saisir le juge des tutelles pour que cet acte soit ordonné (C. civ. art. 493, al. 2).

Si le mandat est donné par **acte notarié,** le mandataire peut effectuer les actes que le tuteur peut faire seul ou avec une autorisation (C. civ. art. 490). Il peut donc acheter ou vendre un immeuble au nom du mandant.

7225 Malgré l'existence du mandat, le **mandant peut acheter ou vendre seul** un immeuble. Émanant d'une personne dont les facultés sont altérées, ces actes peuvent être annulés pour lésion ou réduits en cas d'excès. Les tribunaux doivent prendre en considération notamment l'utilité ou l'inutilité de l'opération, l'importance ou la consistance du patrimoine du mandant et la bonne ou la mauvaise foi de ceux avec qui il a contracté. Cette action appartient au mandant et, après son décès, à ses héritiers ; elle se prescrit par cinq ans à compter du jour où le mandant a eu connaissance du vice, alors qu'il était en situation de refaire l'acte valablement (C. civ. art. 488 et 2224).

LOGEMENT DE LA PERSONNE PROTÉGÉE

7230 Sous **tous les régimes de protection,** « le logement de la personne protégée et les meubles meublants dont il est garni doivent être conservés à sa disposition aussi longtemps qu'il est possible » (C. civ. art. 426, al. 1). La **vente** du logement du majeur protégé est, en conséquence, dans tous les cas subordonnée à l'accord du juge des tutelles ou à celui du conseil de famille s'il a été constitué (C. civ. art. 426, al. 3).

L'autorisation donnée par le juge des tutelles de vendre la résidence d'un majeur protégé ne fait pas obstacle à l'action en annulation pour insanité d'esprit de la promesse de vente passée par le majeur (Cass. 1e civ. 20-10-2010 n° 09-13.635 FS-PBI : RJDA 1/11 n° 23). Sur la nullité d'un acte pour insanité d'esprit, voir nos 7160 s.

3. INTERDICTIONS SPÉCIALES D'ACQUÉRIR

PERSONNES CONCERNÉES

7250 **Personnes visées par une interdiction** Il est en principe interdit aux **tuteurs** des mineurs et des majeurs d'acheter les biens de ceux dont ils ont la tutelle (C. civ. art. 1596, al. 2 et art. 509). Toutefois, à titre exceptionnel et dans l'intérêt de la personne protégée, le tuteur, s'il n'est pas mandataire judiciaire, peut, sur autorisation du conseil de famille ou, à défaut, du juge des tutelles, acheter les biens de celle-ci ; pour la conclusion de l'acte, le tuteur est alors réputé être en opposition d'intérêts avec la personne protégée (C. civ. art. 508). L'acte doit donc être passé par le subrogé tuteur (C. civ. art. 410 et 454) ou, en l'absence de subrogé tuteur, par un tuteur ad hoc (C. civ. art. 455). L'interdiction ne concerne pas le **subrogé tuteur** (Cass. civ. 21-12-1852 : DP 1852 I p. 314).

Concernant le **curateur,** il ne lui est pas interdit d'acheter les biens de la personne qu'il assiste ; toutefois, il se trouve alors en opposition d'intérêts avec cette personne, de sorte que l'acte doit être passé par le subrogé curateur (C. civ. art. 454) ou, en l'absence de subrogé curateur, par un curateur ad hoc (C. civ. art. 455).

Les **mandataires** ne peuvent pas se porter acquéreurs des biens qu'ils sont **chargés de vendre** (C. civ. art. 1596, al. 3). L'interdiction vise notamment l'**agent immobilier** (Cass. 1e civ. 20-10-1980 : Bull. civ. I nº 241), le **notaire** mais à la condition qu'il ait été personnellement chargé de la mission de vendre (Cass. civ. 24-10-1950 : D. 1951 p. 2), un commissaire de justice (anciennement huissier) dans les mêmes conditions. La prohibition ne s'étend pas aux personnes dont la mission est limitée à la gestion et à l'administration du bien mis en vente. De même, n'est pas concerné par l'incapacité d'acquérir le négociateur salarié de l'agence immobilière mandatée pour la vente (Cass. 1e civ. 18-6-2014 nº 13-18.010 F-D : BPIM 4/14 inf. 293) dès lors qu'il n'était pas chargé de traiter lui-même l'opération (Cass. 3e civ. 15-10-2015 nº 13-28.255 F-D : BPIM 6/15 inf. 397). Enfin, le mandataire peut acquérir le bien si une **clause expresse du mandat** le lui permet (Cass. com. 29-1-1979 : Bull. civ. IV nº 36). 7255

Les **administrateurs publics** (maires et adjoints remplissant les fonctions de maire, mais non les conseillers municipaux) ne peuvent pas se porter acquéreurs des biens des communes ou des établissements publics confiés à leurs soins (C. civ. art. 1596, al. 4). 7257

Il en est de même pour les **officiers publics** (à savoir les représentants de l'administration des domaines, les préfets et sous-préfets, ainsi que les maires pris en leur qualité d'officiers publics procédant à la vente), qui ne peuvent pas acquérir les biens nationaux dont les ventes se font par leur ministère (C. civ. art. 1596, al. 5).

S'ils vendent des biens ou des droits composant le patrimoine fiduciaire, les **fiduciaires** ne peuvent pas s'en rendre adjudicataires (C. civ. art. 1596, al. 6). La fiducie, institution qui se rapproche par ses effets du trust anglo-saxon, permet à une personne (le constituant ou le fiduciant) de transférer la propriété d'un droit lui appartenant à un fiduciaire chargé de l'administrer dans un but déterminé, à charge pour le fiduciaire de restituer ce droit. 7260

L'article 1597 du Code civil interdit aux **magistrats** remplissant le ministère public, aux juges, à leurs suppléants, aux **greffiers, commissaires de justice, avocats, avoués,** défenseurs officieux et **notaires** de devenir cessionnaires des procès, droits et actions litigieux qui sont de la compétence du tribunal dans le ressort duquel ils exercent leurs fonctions. Cette liste présentant un caractère limitatif, les **experts** ne sont pas atteints par l'interdiction (Cass. 1e civ. 2-5-1961 : D. 1961 p. 454). 7262

Deux **conditions** sont exigées : que le droit dont la cession est envisagée soit litigieux et que le litige relève de la compétence de la juridiction auprès de laquelle l'acquéreur exerce ses fonctions. Le caractère litigieux du droit relève de l'appréciation souveraine des juges du fond (Cass. req. 21-2-1887 : DP 1888 I p. 87). Est litigieux le droit qui fait l'objet d'une instance en cours au moment de sa cession (Cass. req. 11-2-1851 : DP 1851 I p. 242). Tel est le cas de la vente d'un immeuble conclue entre une société civile immobilière et l'avocat qui la représentait dans l'instance opposant cette société au bénéficiaire d'une promesse de vente (Cass. 3e civ. 15-5-1991 : Bull. civ. III nº 146).

> **Précisions** Des textes spéciaux instituent également des incapacités d'acheter pour les mêmes motifs de protection et de moralité publique, notamment à la charge :
> – des personnes physiques **propriétaires, gestionnaires ou employés d'établissements sociaux et médico-sociaux** hébergeant ou accomplissant des services d'aide à des personnes âgées ou vulnérables (CASF art. L 116-4, II). Depuis le 13 mars 2021, les employés de maison, les salariés et les bénévoles accomplissant des **services d'aide à la personne** ne sont plus concernés par cette interdiction mise en place à leur égard (CASF art. L 116-4, II créé par loi 2015-1776 du 28-12-2015 art. 28 et modifié par ord. 2016-131 du 10-2-2016 art. 6). En effet, l'incapacité d'acquérir qui leur était faite a été déclarée contraire à la Constitution par effet d'entraînement. La censure du Conseil constitutionnel portait sur l'incapacité de recevoir à titre gratuit de ces mêmes personnes visée au I du texte (Cons. const. 12-3-2021 nº 2020-888 QPC) ;
> – du **personnel dispensant des soins psychiatriques** (CSP art. L 3211-5-1) ;
> – des **mandataires de justice** intervenant dans une procédure collective d'apurement du passif pour les biens du débiteur (C. com. art. L 654-12, II) et des liquidateurs d'une société commerciale (C. com. art. L 237-7).

SANCTION DE LA VIOLATION D'UNE INTERDICTION

L'acte passé en violation de la règle de l'interdiction est frappé de **nullité.** S'agissant d'une nullité de protection, elle est relative et ne peut donc être invoquée que par les personnes dans l'intérêt desquelles l'interdiction a été prévue (Cass. req. 17-6-1907 : DP 1908 I p. 248). Lorsque la nullité résulte de l'interdiction à laquelle sont soumis les magistrats et les auxiliaires de justice (nº 7262), celle-ci peut être invoquée autant par le cédant que par le tiers à la vente qui a émis, dans le litige, une prétention sur les droits cédés (Cass. 3e civ. 15-5-1991 : Bull. civ. III nº 146). 7265

L'**action** doit être intentée dans le **délai** de cinq ans (C. civ. art. 2224). Ce délai court en principe à compter du jour où la personne protégée a eu connaissance ou aurait dû avoir connaissance de la violation de l'interdiction (C. civ. art. 2224). Ce délai ne court pas ou est suspendu à l'égard des mineurs et des majeurs en tutelle (C. civ. art. 2235).

4. INTERDICTION PÉNALE D'ACHETER AU TITRE DE L'HABITAT INDIGNE

7266 Sauf décision spécialement motivée du juge pénal, une **peine** d'interdiction d'acheter certains biens est prononcée pour les infractions suivantes liées à l'habitat indigne :

– pendant une durée de 15 ans au plus s'agissant du délit de soumission d'une personne vulnérable ou en état de dépendance à des conditions d'hébergement incompatibles avec la dignité humaine (C. pén. art. 225-26, I-2°) ;

– pendant une durée de 10 ans au plus en cas d'infractions aux dispositions du CCH relatives à la sécurité des établissements d'hébergement recevant du public (CCH art. L 184-7, 3° et art. L 184-8, al. 2), aux immeubles menaçant ruine et à ceux insalubres (CCH art. L 511-22, IV-3° et V-al. 2), et à la protection des occupants (CCH art. L 521-4, II-3° et III-al. 3 et 4).

Afin d'assurer l'effectivité du dispositif, la loi prévoit l'**obligation pour le notaire** chargé de recevoir l'acte authentique de vente d'un bien concerné, de vérifier au préalable que l'acheteur n'a pas été définitivement condamné à la peine d'interdiction d'acheter.

Pour en savoir plus sur les dispositifs de lutte contre l'habitat indigne, voir n°s 45000 s.

DOMAINE DE L'INTERDICTION

7267 La peine d'interdiction d'acheter ne peut être prononcée que contre les **personnes physiques** mais elle rejaillit également sur les acquisitions réalisées par **certaines sociétés.** Sont en effet visées les acquisitions réalisées soit à titre personnel, soit en tant qu'associé ou mandataire social d'une SCI ou d'une SNC se portant acquéreur. Les autres formes sociales (SARL, EURL, SAS, etc.) ne sont en revanche pas visées.

L'interdiction d'acheter concerne deux catégories de biens. Elle vise, tout d'abord, l'acquisition d'un **bien immobilier à usage d'habitation** réalisée à toute autre fin que son occupation à titre personnel par l'acquéreur. Il peut notamment s'agir de sa location ou de sa mise à la disposition d'un tiers, même à titre gratuit. L'interdiction s'applique que l'acquisition soit réalisée en propriété ou sous la forme de « parts immobilières ».

Sont également visés par l'interdiction pénale d'acheter les **fonds de commerce d'établissement recevant du public à usage total ou partiel d'hébergement** (hôtels, résidences de tourisme, etc.).

Toute personne condamnée à une interdiction d'acheter ne peut pas participer à une **vente par adjudication** dans le cadre d'une procédure de saisie immobilière sauf dans le cas d'une acquisition pour une occupation à titre personnel (C. exécution art. L 322-7-1, art. R 322-41-1, art. R 322-46 et art. R 322-49-1 s.).

VÉRIFICATION PAR LE NOTAIRE

7268 Le **notaire chargé de recevoir l'acte authentique de vente** d'un bien susceptible d'être concerné doit vérifier au préalable que l'acquéreur ou l'un des associés ou mandataires sociaux d'une SCI ou d'une SNC se portant acquéreur n'ont pas fait l'objet d'une condamnation définitive à la peine d'interdiction d'acheter (CCH art. L 551-1, I-al. 1). Bien que le texte ne vise pas expressément le dispositif propre à la protection de l'occupant (CCH art. L 521-4, II-3° et III-al. 3 et 4), la vérification du notaire devrait s'effectuer de la même manière.

Aucune obligation de vérification analogue n'est prévue à la charge des **autres professionnels du droit et du chiffre** (avocats, experts-comptables...) **ou** des **agents immobiliers** dans l'hypothèse où la cession de fonds de commerce ou de parts de société est réalisée par acte sous signature privée.

La **procédure de vérification** se déroule par l'intermédiaire de l'Association pour le développement du service notarial (ADSN) placée sous le contrôle du Conseil supérieur du notariat (CSN). Le notaire chargé de recevoir l'acte de vente interroge l'ADSN, qui effectue les démarches pour obtenir le bulletin n° 2 du casier judiciaire et indique ensuite au notaire si l'acquéreur fait ou non l'objet d'une condamnation à la peine d'interdiction d'acheter.

Lorsque l'acquéreur a fait l'objet d'une telle condamnation, l'acte authentique n'est pas signé et l'avant-contrat de vente signé antérieurement est réputé nul et non avenu aux torts de l'acquéreur. Dans ce cas, le maire de la commune sur le territoire de laquelle est situé le bien en est informé.

À aucun moment, le notaire n'a directement connaissance du contenu du casier judiciaire.

INTERDICTION D'INSTRUMENTER

Lorsque la procédure de vérification révèle une condamnation définitive de l'acquéreur à la peine d'interdiction d'acheter, le notaire a interdiction de recevoir l'acte authentique de vente (CCH art. L 551-1, I-al. 4). 7269

Une **exception** est toutefois prévue afin de ne pas porter atteinte au droit au logement de la personne condamnée. Lorsqu'il s'agit d'un bien immobilier à usage d'habitation, la vente peut être régularisée à condition que l'acquéreur personne physique atteste, dans l'acte, que le bien est destiné à son occupation personnelle. L'acte de vente et l'attestation doivent ensuite être notifiés à l'administration fiscale par le notaire.

SANCTIONS

En cas de violation de l'interdiction d'acheter, l'acquéreur encourt des **sanctions pénales** pouvant aller jusqu'à deux ans d'emprisonnement et/ou 30 000 € d'amende (C. pén. art. 434-14). 7270

Sur le **plan civil,** lorsque la vérification effectuée par le notaire avant la signature de l'acte authentique de vente révèle l'existence d'une condamnation à la peine d'interdiction d'acheter, l'**avant-contrat** signé antérieurement est réputé nul et non avenu aux torts de l'acquéreur (CCH art. L 551-1, I-al. 4). Il en résulte que l'indemnité d'immobilisation prévue dans une promesse unilatérale de vente est définitivement acquise au promettant. La nullité aux torts de l'acquéreur permet également le jeu d'une clause pénale stipulée dans une promesse synallagmatique de vente.

La loi ne précise pas le sort d'un **contrat de vente** qui serait conclu en violation de l'interdiction d'acheter, qu'il s'agisse d'une vente authentique conclue en dépit de l'interdiction d'instrumenter du notaire ou d'une vente sous signature privée. Il est permis de penser qu'une telle vente serait nulle pour illicéité de l'objet et contrariété aux dispositions d'ordre public (C. civ. art. 6). L'interdiction visant à protéger l'intérêt général, il devrait s'agir d'une nullité absolue. Au plan civil, l'interdiction pénale d'acheter paraît donc assimilable à une incapacité spéciale de jouissance.

5. ENTREPRISE FAISANT L'OBJET D'UNE PROCÉDURE COLLECTIVE

VENTE CONCLUE AVANT LE JUGEMENT D'OUVERTURE

Vente non publiée à la date du jugement La vente conclue avant le jugement d'ouverture d'une procédure de sauvegarde, de redressement ou de liquidation judiciaire, mais non publiée au service de publicité foncière à cette date, ne peut pas faire l'objet d'une **publication ultérieure** sauf si elle a acquis date certaine avant le jugement (C. com. art. L 622-30, L 631-14 et L 641-3), c'est-à-dire si elle a été constatée par acte authentique ou enregistrée. À défaut de publication, la vente est inopposable aux autres créanciers. 7320

Vente conclue pendant la période suspecte Les ventes conclues par le débiteur **entre la date de cessation de ses paiements et celle du jugement** ouvrant une procédure de redressement ou de liquidation judiciaire du vendeur (période suspecte) sont nulles ou peuvent être annulées par le juge. 7330

Ainsi, est obligatoirement nul tout contrat commutatif dans lequel les obligations du débiteur excèdent notablement celles de l'autre partie (C. com. art. L 632-1 et L 641-14, al. 1). Est par exemple nulle la vente de son fonds de commerce consentie par le débiteur pour un prix trois à quatre fois inférieur à la valeur du droit au bail, élément essentiel du fonds (CA Paris 19-5-1992 : RJDA 8-9/93 n° 764).

À supposer que la transaction soit parfaitement équilibrée, le juge peut l'annuler, à sa libre appréciation, si l'acquéreur avait connaissance de l'état de cessation des paiements du vendeur (C. com. art. L 632-2 et L 641-14, al. 1).

Si la vente passée en période suspecte est annulée, l'acquéreur doit restituer l'immeuble et déclarer sa créance de prix de vente à titre chirographaire (Cass. com. 28-1-2004 n° 00-22.905 F-D : RJDA 7/04 n° 856 ; Cass. com. 20-1-2009 n° 08-11.098 F-PBR : RJDA 4/09 n° 370).

Conseils Compte tenu de ces écueils, l'acquéreur et ses conseils doivent s'entourer des plus grandes précautions. Notamment, en cas de doute sur la situation d'une société qui envisage de vendre un immeuble, le notaire pourra utilement faire certifier par le commissaire aux comptes que la société n'est pas en état de cessation des paiements. 7335

VENTE CONCLUE APRÈS LE JUGEMENT D'OUVERTURE

7360 Pendant la **période d'observation** suivant l'ouverture d'une procédure de sauvegarde ou de redressement judiciaire, la vente d'un immeuble appartenant au débiteur doit être autorisée par le juge-commissaire si elle constitue un acte étranger à la gestion courante de l'entreprise (C. com. art. L 622-7, II et L 631-14).

Si tel n'est pas le cas, la vente est effectuée :

– en cas de sauvegarde, par le débiteur, le cas échéant, avec l'assistance ou sous la surveillance de l'administrateur judiciaire lorsqu'il en a été désigné un (C. com. art. L 622-1, II) ;

– en cas de redressement judiciaire, par le débiteur assisté par l'administrateur judiciaire ou seulement par ce dernier s'il est chargé d'assurer seul la gestion de l'entreprise (C. com. art. L 631-12).

Le **plan de sauvegarde** ou le **plan de redressement** adopté par le tribunal peut prévoir que certains immeubles indispensables à la continuation de l'entreprise ne peuvent pas être vendus sans son autorisation, pendant une période qui ne peut pas excéder celle du plan (C. com. art. L 626-14 et L 631-19).

7365 Lorsque la vente de l'immeuble a été ordonnée par le tribunal dans le cadre d'un **plan de cession totale ou partielle** de l'entreprise, le paiement du prix de vente emporte la purge des privilèges et hypothèques (C. com. art. L 642-12 pour la liquidation judiciaire et sur renvoi des art. L 626-1 et L 631-22 pour la sauvegarde et le redressement judiciaires).

Les **immeubles non compris dans le plan de cession** sont vendus selon les modalités définies par le juge-commissaire : vente sur adjudication, judiciaire ou amiable, ou vente de gré à gré (C. com. art. L 642-18, al. 1 pour la liquidation judiciaire et sur renvoi de l'article L 631-22, al. 3 pour le redressement judiciaire). Dans le premier cas, le paiement du prix d'adjudication au liquidateur entraîne la purge des inscriptions (art. L 642-18, al. 3 et 4). La vente de gré à gré n'emporte pas, en revanche, purge de plein droit des inscriptions : un créancier inscrit peut requérir la mise en vente aux enchères publiques du bien grevé. Il existe, par exception, un maintien des sûretés et un transfert de leur charge dans l'hypothèse où l'immeuble vendu est financé par un crédit (C. com. art. L 642-12, al. 4). Il reviendra au liquidateur de procéder aux radiations (C. com. art. R 643-9).

B. Pouvoirs

7520 L'aptitude à contracter ne suffit pas, il faut encore que les parties puissent justifier de leur pouvoir d'acheter ou de vendre. En principe, la **capacité et** le **pouvoir** se confondent ; tel est le cas du majeur célibataire qui souhaite vendre son appartement. Il en va différemment, en revanche, en présence d'« êtres collectifs » tels que les époux ou les personnes morales, dont le pouvoir d'agir obéit à des règles propres. Il y a, de même, dissociation volontaire entre capacité et pouvoir lorsque les parties font appel à des intermédiaires pour les représenter.

ÉPOUX

7525 **Principe** Lorsque les époux ont adopté le régime de la **séparation** de biens, chacun d'eux peut vendre ses biens personnels et acheter seul un immeuble (C. civ. art. 1536).

S'ils sont mariés sous le régime de la **communauté** légale, chacun des époux peut librement vendre ses biens propres, qu'ils soient mobiliers ou immobiliers (C. civ. art. 1428). La vente d'un immeuble ayant la nature d'un bien commun requiert, en revanche, à peine de nullité, le consentement des deux conjoints (C. civ. art. 1424). L'action en nullité doit être exercée dans un délai de deux ans à compter du jour où le conjoint a eu connaissance de l'acte irrégulier, sans pouvoir excéder plus de deux ans après dissolution de la communauté (C. civ. art. 1427). Cette nullité étant relative, elle ne peut être invoquée que par le conjoint victime du dépassement de pouvoir (Cass. 1e civ. 20-1-1998 n° 96-10.433 : Dr. famille 1998 n° 137).

Par ailleurs, chaque époux commun en biens peut procéder seul à l'**acquisition** d'un immeuble et utiliser à cet effet soit des deniers communs (C. civ. art. 1421, al. 1), soit des deniers personnels (C. civ. art. 1428). Sauf en cas de déclaration d'emploi ou de remploi de biens propres, l'immeuble ainsi acquis tombera en communauté (C. civ. art. 1434).

7530 **Restrictions au droit de disposer des biens propres** Le législateur a institué un régime impératif, dit « primaire », dont les règles s'imposent à tous les régimes matrimoniaux légaux ou conventionnels, dans un but de protection de la famille. Ainsi, en cas de **manquement** de l'un des époux à ses devoirs **mettant en péril les intérêts de la famille,** son conjoint peut demander au juge aux affaires familiales d'arrêter des mesures urgentes, notamment patrimoniales. Le juge aux affaires familiales peut ainsi interdire au conjoint défaillant de vendre un immeuble propre (C. civ. art. 220-1, al. 2), par une ordonnance qui est publiée au service chargé de la publicité foncière. La violation de cette ordonnance entraîne la nullité de l'acte de vente intervenu postérieurement à la publication (C. civ. art. 220-3).

Le **logement familial** fait également l'objet d'une protection particulière ; quel que soit son statut, il ne peut pas être **aliéné** sans le consentement du conjoint (C. civ. art. 215, al. 3). **7535**

L'interdiction de vendre concerne généralement l'immeuble détenu directement par l'un au moins des époux. Elle peut aussi concerner des droits sociaux, notamment lorsque l'immeuble est détenu par une société. Dans ce dernier cas, pour que la protection de l'article 215, alinéa 3 du Code civil puisse jouer, il faut que l'époux associé soit titulaire d'un droit d'associé ou d'une décision unanime l'autorisant à occuper l'immeuble à titre de résidence principale : bail d'habitation, convention de mise à disposition... À défaut d'une telle convention entre la personne morale et l'époux associé, la protection ne joue pas (pour une illustration, Cass. 1e civ. 14-3-2018 nº 17-16.482 F-PB : BPIM 3/18 inf. 203).

Par ailleurs, la vente peut être valablement conclue si elle n'entraîne pas l'éviction de l'autre conjoint et des enfants. La jurisprudence valide ainsi la vente par un époux du logement familial avec réserve d'usufruit au profit du conjoint survivant (TGI Paris 16-12-1970 : D. 1971 som. p. 61). Mais la vente est nulle si la réserve d'usufruit est stipulée au profit du vendeur (Cass. 1e civ. 16-6-1992 nº 89-17.305 : Bull. civ. I nº 185). On peut toutefois se demander si cette dernière solution n'a pas été indirectement remise en cause. La Cour de cassation a en effet considéré, à propos d'une donation, que l'époux propriétaire du logement pouvait en disposer seul avec réserve d'usufruit à son seul profit, dès lors qu'il n'était pas porté atteinte à l'usage et à la jouissance du logement familial par l'épouse durant le mariage (Cass. 1e civ. 22-5-2019 nº 18-16.666 FS-PB : BPAT 4/19 inf. 135 ; Cass. 1e civ. 22-6-2022 nº 20-387 F-D : BPAT 5/22 inf. 234).

Extension de pouvoir sur les biens communs et les biens propres Lorsque l'un des **époux** est **hors d'état de manifester sa volonté,** son conjoint peut se faire habiliter en justice à le représenter dans l'exercice des pouvoirs résultant du régime matrimonial (C. civ. art. 219). Le tribunal dispose des prérogatives les plus larges pour définir l'étendue de l'habilitation, qui peut porter tant sur les biens communs que sur les biens propres. Le conjoint peut ainsi se voir reconnaître le pouvoir d'aliéner un immeuble appartenant en propre à son époux. **7540**

Un époux peut également se faire « autoriser à passer seul un acte pour lequel le concours ou le consentement de son conjoint serait nécessaire, si celui-ci est hors d'état de manifester sa volonté ou si son refus n'est pas justifié par l'intérêt de la famille » (C. civ. art. 217, al. 1). Le recours à cette mesure suppose toutefois que l'époux demandeur ait vocation à exercer un pouvoir sur le bien concerné. Tel est le cas, par exemple, de la vente d'un immeuble commun. En revanche, il semble douteux que l'époux puisse se faire autoriser à vendre le logement familial qui appartiendrait en propre à son conjoint.

Par ailleurs, un époux peut **donner mandat** à l'autre **de** le **représenter** dans l'exercice des pouvoirs que le régime matrimonial lui attribue (C. civ. art. 218) ; il peut ainsi donner mandat en vue de vendre un immeuble dont il est personnellement propriétaire. Ce mandat est librement révocable (C. civ. art. 218, al. 2). **7542**

Vente entre époux Si les époux ont contracté un régime de **séparation de biens** pure et simple ou de participation aux acquêts, la vente entre époux est valable. **7545**

Les **époux communs en biens** peuvent également céder un bien propre à leur conjoint, à condition que ce dernier paye le prix avec des deniers qui lui appartiennent en propre ou, s'ils appartiennent à la communauté, à titre d'emploi anticipé (C. civ. art. 1435). Cependant, la majorité de la doctrine considère qu'en vertu de la règle de l'immutabilité des conventions matrimoniales la vente ne peut porter ni sur un bien commun ni sur un bien propre que le conjoint voudrait acquérir pour le compte de la communauté (G. Champenois, Defrénois 1992 art. 35303 nº 86 ; G. Morin, Les ventes entre époux : Defrénois 1991 art. 35117 ; en sens contraire, favorable à de telles ventes : M. Dagot, La vente entre époux : JCP G 1987, I nº 3272).

PERSONNES PACSÉES

Les partenaires qui ont conclu un pacte civil de solidarité (Pacs) **avant le 1er janvier 2007** sont soumis à une présomption d'indivision (C. civ. art. 515-5, al. 2 ancien). Celui qui veut acheter seul un immeuble, pour son compte personnel, doit donc l'indiquer expressément dans l'acte d'**achat.** À défaut, l'immeuble appartient aux deux partenaires pour moitié indivise, même si l'un d'eux n'est pas intervenu à l'acte. **7547**

Pour les Pacs conclus **après le 1er janvier 2007,** le régime applicable est celui de la séparation des biens (C. civ. art. 515-5). L'achat d'un immeuble par un seul des partenaires n'engage que celui-ci. Il n'en va autrement que si les partenaires ont opté pour un régime d'indivision.

S'agissant de la vente d'un immeuble acquis **en indivision** au cours d'un Pacs, le partenaire du vendeur doit concourir à la vente en tant que covendeur car il est propriétaire indivis. Contrairement au logement des époux (nº 7535), celui des partenaires d'un Pacs ne bénéficie d'aucune protection particulière lorsqu'il est vendu.

INDIVISAIRES

7550 **Vente de l'immeuble** La vente d'un immeuble indivis dans son entier requiert en principe le **consentement unanime** des indivisaires (C. civ. art. 815-3, al. 2). Il en va **autrement dans trois cas** :

– si l'un des indivisaires se trouve hors d'état de manifester sa volonté, un autre indivisaire peut se faire habiliter par justice à le représenter (C. civ. art. 815-4, al. 1) ;

– en cas de refus d'un indivisaire mettant en péril l'intérêt commun, le coïndivisaire peut être autorisé en justice à passer seul un acte pour lequel le consentement du premier serait nécessaire (C. civ. art. 815-5) ;

– la vente d'un bien indivis peut être autorisée en justice à la demande de l'un ou des indivisaires titulaires d'au moins deux tiers des droits indivis, sauf en cas de démembrement de la propriété du bien ou si l'indivisaire défendeur fait l'objet d'un régime de protection, est présumé absent ou, par suite d'éloignement, se trouve hors d'état de manifester sa volonté (C. civ. art. 815-5-1 et, sur renvoi, art. 836).

7555 **Vente de droits indivis** Lorsque la **vente à un indivisaire** conduit à faire sortir le vendeur de l'indivision, l'opération constitue une opération de partage, assortie de l'effet déclaratif du partage. En revanche, si le vendeur ne cède à un ou plusieurs coïndivisaires qu'une partie de ses droits indivis, et reste dans l'indivision pour le surplus, l'opération a un caractère translatif et est soumise au régime des ventes.

La **vente** par un indivisaire **à un tiers** de tout ou partie de ses droits indivis dans un immeuble est une vente soumise au droit de préemption des indivisaires.

REPRÉSENTATION DES PERSONNES MORALES DE DROIT PRIVÉ

7560 La société, civile ou commerciale, acquiert la personnalité morale au jour de son immatriculation au registre du commerce et des sociétés (C. civ. art. 1842 ; C. com. art. L 210-6).

Une fois immatriculée, la société est valablement engagée par la vente conclue par ses dirigeants en son nom. Quelle que soit la forme de la société, les clauses limitatives de pouvoir stipulées dans les statuts sont inopposables aux tiers.

Il faut que la vente d'immeuble entre bien dans l'objet social de la société. En effet, dans les sociétés à responsabilité illimitée (SNC, société civile, notamment), le dirigeant n'engage la société à l'égard des tiers que par les actes entrant dans l'objet social. Par exemple, quand une SCI a pour objet social « la propriété, la possession, la jouissance, l'administration, l'aménagement, la transformation et l'exploitation par bail, location ou autrement des terrains et immeubles », son gérant ne peut pas vendre un immeuble sans l'autorisation des associés (Cass. 3e civ. 5-11-2020 nº 19-21.214 F-D : BPIM 1/21 inf. 47 ; Cass. 3e civ. 23-11-2023 nº 22-17.475 FS-D : BPIM 1/24 inf. 43). À l'inverse, les SARL et les sociétés par actions sont liées même par les actes qui dépassent leur objet social, sauf à prouver la connaissance par le tiers du dépassement de l'objet.

7565 De nombreux actes de vente sont conclus avec des **sociétés en formation** représentées par une personne physique agissant pour le compte de la société. Les actes ainsi passés sont parfaitement valables : soit la société, une fois immatriculée, les reprend à son compte et la vente est réputée contractée dès l'origine par cette société, soit elle ne les confirme pas et la vente est réputée conclue avec le prétendu mandataire (C. civ. art. 1843).

Mais, si la société non immatriculée intervient en son nom propre, le contrat est nul car il a été contracté par une société inexistante (Cass. 3e civ. 28-10-1992 : RTD civ. 1993 p. 348 obs. J. Mestre ; Cass. com. 2-5-2007 nº 05-14.071 : RJDA 8-9/07 nº 836).

REPRÉSENTATION PAR UN INTERMÉDIAIRE

7580 **Mandat** Les parties au contrat de vente, personnes physiques ou morales, peuvent valablement confier à un tiers une mission de représentation.

Le mandat est l'acte par lequel une personne donne à une autre le pouvoir de faire quelque chose pour elle et en son nom (C. civ. art. 1984). La vente étant un contrat consensuel, le mandat revêt la forme sous signature privée ou authentique.

> Précisions **a.** La représentation d'une personne dans une opération de vente d'immeuble peut constituer une **activité d'entremise** qui, aux termes de la loi 70-9 du 2 janvier 1970, est réservée aux professionnels titulaires de la carte « transaction immobilière ». Il appartient au rédacteur de l'acte de vérifier que le mandataire dispose bien de la qualité requise et que son mandat répond aux conditions définies par ce texte (nos 91200 s.). À défaut, le pouvoir de l'agent immobilier de conclure la vente peut être contesté.
b. Le projet de loi de simplification de la vie économique donne deux ans au Gouvernement pour **réformer** par ordonnance les règles applicables aux contrats spéciaux, notamment le mandat (projet de loi Sén. 24-4-2024 n° 550 art. 11).

Promesse de porte-fort On peut se porter fort **en promettant le fait d'un tiers** (C. civ. art. 1204, al. 1). Ainsi, lorsque l'intermédiaire n'a pas encore obtenu le consentement du vendeur ou de l'acquéreur, il peut néanmoins conclure la vente pour le compte d'un tiers et promettre à l'autre partie que ce tiers ratifiera la vente. Une fois confirmée, la vente sera réputée conclue avec le tiers depuis le jour de la promesse de porte-fort. À défaut de ratification, il n'y a pas de vente, mais le porte-fort devra indemniser le bénéficiaire de la promesse du préjudice causé par ce refus de contracter (C. civ. art. 1204, al. 2). Toutefois, la faute du bénéficiaire de la promesse ou de son représentant peut exonérer totalement ou partiellement le promettant de sa responsabilité (Cass. com. 22-5-2002 n° 00-12.523 : RJDA 11/02 n° 1112). Lorsque le porte-fort a pour objet la ratification d'un engagement (celui de vendre ou d'acheter, par exemple), celui-ci est rétroactivement validé à la date à laquelle le porte-fort a été souscrit (C. civ. art. 1204, al. 3). 7595

IV. CONTENU DE L'ACCORD DES PARTIES

Sauf aménagements conventionnels (nos 8480 s.), la vente est parfaite dès l'accord des parties sur la chose et sur le prix (C. civ. art. 1583) : l'une d'elles ne peut pas invoquer un défaut d'accord sur les modalités de la vente pour se soustraire à son exécution (Cass. 1e civ. 26-11-1962 : Bull. civ. I n° 504) et il n'est pas nécessaire de rechercher si, à la date de la réalisation d'une condition suspensive, l'acquéreur était entré en possession du bien vendu et en avait payé le prix (Cass. com. 10-1-1989 n° 87-15.740 : Bull. civ. IV n° 15). 7700

Le **contenu du contrat** est fixé librement par les parties. Seule limite : on ne peut déroger par des conventions particulières aux lois qui intéressent l'ordre public et les bonnes mœurs (C. civ. art. 6). 7705

A. Immeuble

EXISTENCE DE L'IMMEUBLE

L'immeuble vendu doit exister. 7710
Si, au moment de la vente, il est **détruit** en totalité, la vente est nulle ; si une partie seulement est détruite, l'acquéreur a le choix d'abandonner la vente ou de demander la partie conservée, en faisant déterminer le prix de celle-ci (C. civ. art. 1601).

CARACTÈRE ALIÉNABLE DE L'IMMEUBLE

Tout ce qui est dans le commerce peut être vendu, lorsque des **lois particulières** n'en ont pas prohibé l'aliénation (C. civ. art. 1598). Par exemple, les tombeaux et concessions funéraires sont hors du commerce et dès lors inaliénables (Cass. 1e civ. 25-3-1958 : Bull. civ. I n° 178). En revanche, n'est pas inaliénable un immeuble bâti sans permis de construire et en violation des règles d'urbanisme (Cass. 3e civ. 15-6-1982 n° 81-10.509 : Bull. civ. III n° 155). 7720

En cas de donation ou de legs, une **clause d'inaliénabilité** peut interdire au donataire ou au légataire de vendre le bien. Cette clause n'est valable que si elle est temporaire et justifiée par un intérêt sérieux et légitime ; si cet intérêt a disparu ou si un intérêt plus important l'exige, le donataire ou le légataire peut demander au juge de l'autoriser à vendre le bien (C. civ. art. 900-1, al. 1 ; pour un cas de disparition d'intérêt sérieux et légitime, voir Cass. 3e civ. 5-6-2012 n° 11-19.294 F-D : BPIM 4/12 inf. 329). Toutefois, cette demande ne peut pas être effectuée lorsque la donation a été consentie à une personne morale ou à une personne physique à charge de constituer une personne morale (C. civ. art. 900-1, al. 2 ; Cass. 1e civ. 23-1-2008 n° 06-16.120 F-PB : RJDA 7/08 n° 782). La personne morale peut seulement demander judiciairement la révision de l'interdiction d'aliéner lorsque, par suite d'un changement de circonstances, l'exécution en est devenue pour elle soit extrêmement difficile, soit sérieusement dommageable (C. civ. art. 900-2). 7725

VENTE DE LA CHOSE D'AUTRUI

7740 Il y a vente de la chose d'autrui lorsque le bien vendu appartient à une personne autre que le vendeur. Tel est le cas lorsque le vendeur est le propriétaire initial d'un bien dont un tiers a entre-temps acquis la propriété par prescription (usucapion) car, par l'effet rétroactif de l'usucapion, ce tiers est censé être propriétaire depuis le jour de son entrée en possession (Cass. 3e civ. 10-7-1996 n° 94-21.168 : Bull. civ. III n° 180, RJDA 10/96 n° 1242).

7745 La vente de la chose d'autrui est **sanctionnée** par la nullité et peut donner lieu à des dommages-intérêts, lorsque l'acheteur a ignoré que la chose fût à autrui (C. civ. art. 1599).
La nullité est relative : l'action n'est ouverte qu'à l'acquéreur et la nullité ne peut être invoquée ni par le vendeur ni par le véritable propriétaire (Cass. 3e civ. 16-4-1973 n° 72-11.276 : Bull. civ. III n° 303 ; Cass. 3e civ. 9-3-2005 n° 03-14.916 FP-PB : RJDA 8-9/05 n° 950 ; Cass. 3e civ. 24-3-2009 n° 07-21.824 F-D : RJDA 8-9/09 n° 792 ; Cass. 3e civ. 13-1-2010 n° 08-20.171 FS-D : RJDA 7/10 n° 725). De son côté, le véritable propriétaire dispose d'une action en revendication pour faire valoir ses droits ; cette action n'est pas conditionnée par l'annulation de la vente (Cass. 3e civ. 22-5-1997 n° 95-17.480 : Bull. civ. III n° 144, RJDA 8-9/97 n° 1024). En cas de ventes successives, le sous-acquéreur ne peut pas obtenir la nullité résultant de la vente de la chose d'autrui si son risque d'éviction a disparu au jour où le juge statue, du fait de la régularisation de la vente initiale au cours de l'instance (Cass. 3e civ. 5-12-2024 n° 21-18.445 FS-B : BPIM 1/25 inf. 48).

VENTE D'UN IMMEUBLE LOUÉ

7750 Le fait que l'immeuble fasse l'objet d'un bail n'interdit pas au propriétaire de vendre ; cette faculté lui est d'ailleurs reconnue par la loi (C. civ. art. 1743). L'existence du bail emporte toutefois des conséquences à plusieurs niveaux.
D'une part, il doit respecter le **droit de préemption** du locataire (nos 64000 s.). D'autre part, il doit **informer le candidat à l'acquisition** de l'existence du bail ; à défaut, il devra garantir l'acquéreur au titre des charges non déclarées (nos 10530 s.). En outre, la dissimulation du bail peut entraîner la nullité de la vente sur le fondement de l'erreur ou du dol.

DESCRIPTION DE L'IMMEUBLE DANS L'ACTE DE VENTE

7760 Le bien vendu doit être déterminé ou déterminable. Sa désignation dans l'acte de vente doit être suffisamment précise pour que l'étendue du bien vendu puisse être déterminée (Cass. 3e civ. 11-3-2008 n° 07-10.348 F-D : RJDA 10/08 n° 1004). Ainsi, la vente d'un terrain nécessite l'indication de la localisation des parcelles, de leur nombre, de leur qualité intrinsèque ou de leur statut juridique (Cass. 3e civ. 17-7-1997 n° 96-11.142 : Bull. civ. III n° 172, RJDA 1/98 n° 29) et la vente portant sur une partie d'un immeuble doit décrire de manière précise l'étendue et la portée de la division à intervenir (Cass. 3e civ. 12-9-2006 n° 05-15.281 F-D : RJDA 2/07 n° 137). En revanche, dès lors que les lots de copropriété sont individualisés, l'absence de rédaction et de publication d'un règlement de copropriété ne fait pas obstacle à la vente de ces lots (Cass. 3e civ. 17-11-2010 n° 10-11.287 FS-PB). De la même manière, les décisions d'assemblée générale étant immédiatement exécutoires, les tantièmes de copropriété résultant de la nouvelle répartition consécutive à la création d'un nouveau lot et à sa vente sont applicables malgré le recours contre cette décision (Cass. 3e civ. 13-12-2018 n° 17-19.800 F-D : BPIM 1/19 inf. 59).

ILLUSTRATIONS

L'immeuble est considéré comme déterminé lorsque la vente porte sur :
– un hectare et demi de terrain à prendre dans les bois du domaine dont le vendeur est propriétaire (Cass. 3e civ. 17-7-1968 : Bull. civ. III n° 354) ;
– une villa et une parcelle à détacher qui ne devrait pas avoir une contenance inférieure à 2 500 m^2 (Cass. 3e civ. 2-7-1997 n° 95-18.303 : Bull. civ. n° 162, RJDA 11/97 n° 1327 ; dans le même sens, Cass. 3e civ. 30-1-2008 n° 06-20.551 FS-D : RJDA 7/08 n° 781) ;
– une partie d'un lot privatif de copropriété et d'une quote-part des parties communes, même en l'absence d'un état descriptif de division créant le ou les nouveaux lots (Cass. 3e civ. 10-9-2008 n° 07-16.858 FS-PB : RJDA 3/09 n° 194) ;
– une parcelle à prendre dans un terrain, dès lors que l'acte de vente précise la situation cadastrale du terrain et la contenance de la parcelle à détacher (Cass. 3e civ. 20-9-2011 n° 10-20.350 F-D : BPIM 6/11 inf. 471).

B. Prix de vente

7830 Le prix peut prendre différentes **formes.** Le plus souvent, il s'agit d'une somme d'argent. Mais il peut aussi être exprimé sous forme d'un autre type de contrepartie : par exemple, la vente d'un terrain peut être réalisée moyennant des bâtiments à construire (Cass. 3e civ. 9-12-1986 n° 85-13.373 : Bull. civ. III n° 177).

1. DÉTERMINATION DU PRIX

OBLIGATION DE DÉTERMINER LE PRIX

Principe En principe, le prix de la vente doit être déterminé et désigné par les parties (C. civ. art. 1591 ; Cass. 3e civ. 6-6-1969 : Bull. civ. III no 464). Mais il suffit, pour que la vente soit parfaite, que le prix soit déterminable, au vu des clauses du contrat, par des éléments ne dépendant pas de la volonté de l'une des parties ou de la réalisation d'accords ultérieurs (notamment, Cass. 3e civ. 15-11-1968 : Bull. civ. III no 73 ; Cass. com. 16-1-2001 no 98-15.663 F-D : Bull. Joly 2001 p. 391 no 97). **7840**

Le public peut **accéder aux informations que l'administration fiscale** détient concernant les valeurs foncières déclarées à l'occasion des **mutations immobilières** des cinq dernières années (LPF art. L 112 A et R 112 A-1 à R 112 A-3). Gratuite, cette communication se fait par l'intermédiaire du site internet « **Demande de valeur foncière** » (DVF). Les acheteurs et vendeurs potentiels d'un bien immobilier ont également accès au téléservice « **Patrim** » qui donne des informations sur les transactions immobilières portant sur des biens similaires (LPF art. L 107 B).

> **Précisions** En cas de **pluralité de vendeurs,** l'exigence de la détermination du prix n'implique pas que la part revenant à chacun d'eux soit déterminée par le contrat (Cass. 3e civ. 6-7-1983 no 82-12.022 : Bull. civ. III no 162 ; Cass. 3e civ. 19-3-1986 no 84-13.582 : Bull. civ. III no 36). Réciproquement, la clause de ventilation du prix qui figure parmi les déclarations des **acquéreurs** dans le projet d'acte de vente d'un immeuble n'engage que ceux-ci et est inopposable au vendeur, si bien que cette clause n'affecte pas la validité de l'accord sur la chose et sur le prix (Cass. 3e civ. 21-3-1990 no 88-19.924 : Bull. civ. III no 84).

Illustrations Jugé que le prix de vente était **déterminable** : **7850**

- en cas de vente d'un immeuble consentie moyennant diverses obligations à la charge de l'acquéreur, dont celle de verser au vendeur au cas où celui-ci viendrait à perdre ses revenus une pension lui permettant de vivre décemment, car cette clause laisse aux juges la possibilité de déterminer le prix de la vente par voie de relation avec des éléments ne dépendant pas de la volonté des parties (Cass. 3e civ. 5-1-1972 no 70-13.759 : Bull. civ. III no 4) ;
- si, sans indiquer le prix convenu, l'acte de vente mentionne en revanche que le vendeur donne quittance à l'acquéreur du paiement du prix, ce qui démontre à l'évidence que le prix a été déterminé et désigné par les parties au jour de la signature de l'acte, voire antérieurement (Cass. 3e civ. 26-9-2007 no 06-14.357 FS-PB : RJDA 1/08 no 19) ;
- dès lors que le vendeur a accepté que le prix de vente du terrain soit réduit proportionnellement à la surface conservée par lui, et qu'ainsi les parties ont convenu d'une nouvelle vente en déterminant un nouvel objet résultant de la nouvelle délimitation ainsi que d'un nouveau prix déterminable par réduction du prix proposé à proportion de la surface effectivement vendue (Cass. 3e civ. 17-12-2013 no 12-27.125 F-D : RJDA 4/14 no 312).

En revanche, ont été annulés pour **indétermination** du prix :

- l'acte de vente d'une parcelle de terrain prévoyant que le vendeur s'engageait à le viabiliser et que le prix serait ultérieurement arrêté d'une façon précise lors de la passation des marchés des voies et réseaux divers et s'établirait dans les limites d'une fourchette donnée, ce dont il résultait que le montant définitif du prix devait faire l'objet d'une fixation ultérieure en fonction de travaux dont ni l'importance ni le coût n'étaient exactement déterminés (Cass. 3e civ. 10-5-1995 no 93-10.718 : Contrats, conc., consom. 1998 comm. no 140) ;
- la vente d'un immeuble dont le prix était payable en sa majeure partie sous forme de dation en paiement d'un appartement destiné au logement du vendeur alors que cet appartement n'était pas déterminé, qu'aucun délai de livraison n'était prévu et que le plan de l'appartement, seul susceptible de témoigner de la consistance et de la valeur du bien, n'était pas annexé au compromis ni signé du vendeur (CA Rennes 30-9-1997 : Juris-Data no 1997-047202, JCP G 1998 IV no 2174).

MODALITÉS DE DÉTERMINATION

Le prix est librement fixé par les **parties** (C. civ. art. 1591). Elles peuvent aussi décider de laisser sa détermination à l'arbitrage d'un **tiers.** Si le tiers ne veut pas ou ne peut faire l'estimation, il n'y a point vente, sauf estimation par un autre tiers (C. civ. art. 1592). La désignation du tiers doit s'effectuer d'un commun accord entre les parties (Cass. 1e civ. 9-1-1996 no 93-19.468 : Bull. civ. I no 26, RJDA 5/96 no 642 ; CA Versailles 30-9-1999 no 97/1516 : RJDA 4/00 no 425). Soit l'acte de vente désigne nommément le tiers, soit il prévoit une désignation ultérieure ; dans ce dernier cas, la partie qui refuserait la désignation commettrait une faute contractuelle (Cass. com. 27-4-1968 : Bull. civ. IV no 141). **7860**

L'arbitre doit être un tiers, ce qui implique qu'il ne soit pas sous la dépendance de l'une des parties (Cass. 1e civ. 2-12-1997 no 95-19.791 : Bull. civ. I no 334, RJDA 4/98 no 403). Il peut s'agir de n'importe quel tiers, par exemple du service des domaines (Cass. 3e civ. 23-10-1979 no 78-13.367 : Bull. civ. III no 188).

7865 L'estimation retenue par le tiers rend le prix déterminable (Cass. com. 25-5-1981 n° 79-16.033 : Bull. civ. IV n° 246). La **fixation** du prix de vente **par le tiers** est définitive et s'impose aux parties et au juge, sauf en cas d'**erreur grossière** commise par le tiers (Cass. com. 9-4-1991 n° 89-21.611 : Bull. civ. IV n° 139, RJDA 7/91 n° 561 ; Cass. 1e civ. 25-11-2003 n° 00-22.089 FS-P : RJDA 5/04 n° 568), de dol ou de violence (Cass. com. 12-11-1962 : Bull. civ. III n° 444).

Même en l'absence d'erreur grossière, la responsabilité du tiers peut être engagée en cas de **sous-évaluation fautive** du prix (Cass. com. 4-2-2004 n° 01-13.516 FS-PB : RJDA 6/04 n° 688 ; Cass. com. 6-2-2007 n° 05-21.271 F-PB : RJDA 5/07 n° 490).

SANCTION DE L'INDÉTERMINATION

7880 À défaut de prix déterminé ou déterminable, la vente est nulle (notamment Cass. com. 5-5-1959 n° 57-11.318 : Bull. civ. IV n° 193 ; Cass. com. 13-1-1971 n° 69-12.174 : Bull. civ. IV n° 13).

La jurisprudence dominante moderne considère qu'il s'agit d'une **nullité relative.**

La chambre commerciale a jugé récemment que l'action en nullité d'une vente conclue pour un prix indéterminé ou vil relève du régime des actions en nullité relative (Cass. com. 22-3-2016 n° 14-14.218 FS-PB ; à propos d'une cession de parts sociales, Cass. com. 10-4-2019 n° 14-12.409 F-D). Elle considérait auparavant qu'à défaut de prix sérieux la vente était affectée d'une nullité absolue (Cass. com. 23-10-2007 n° 06-13.979 FS-PB : RJDA 2/08 n° 115). La 3e chambre civile opte également pour une nullité relative fondée sur l'absence de cause (Cass. 3e civ. 21-9-2011 n° 10-21.900 FS-PB : BPIM 6/11 inf. 461 ; Cass. 3e civ. 24-10-2012 n° 11-21.980 FS-D : RJDA 2/13 n° 100). Quant à la 1e chambre civile, elle retient que la nullité d'un contrat pour défaut de cause est une nullité relative (Cass. 1e civ. 29-9-2004 n° 03-10.766 FS-PB). Elle considérait auparavant qu'il s'agissait d'une nullité absolue (Cass. 1e civ. 20-10-1981 n° 80-14.741 : Bull. civ. I n° 301) en raison de l'inexistence de l'acte (Cass. 1e civ. 24-3-1993 n° 90-21.462).

Les juges ne peuvent ni ordonner la réalisation forcée de la vente (Cass. com. 21-2-1995 n° 92-21.512 : RJDA 7/95 n° 832) ni se substituer aux parties pour déterminer le prix (Cass. 1e civ. 19-1-1999 n° 97-10.695 : Bulll. civ. I n° 25, RJDA 3/99 n° 272 ; Cass. 1e civ. 28-11-2000 n° 98-10.433 F-D : RJDA 3/01 n° 284), notamment en leur imposant une méthode de détermination différente de celle prévue au contrat (Cass. 1e civ. 25-4-1972 : D. 1973 p. 661).

2. PRIX LÉSIONNAIRE

7980 Par exception au droit commun de la vente, le vendeur d'immeuble a la faculté de demander la rescision de la vente lorsqu'il a été lésé de plus de sept douzièmes sur le prix (C. civ. art. 1674).

a. Champ d'application de la rescision pour lésion

VENTE D'UN IMMEUBLE

7990 La lésion n'est envisagée dans le Code civil que de façon exceptionnelle. S'agissant du contrat de vente, elle ne concerne que la vente immobilière.

La lésion est donc écartée lorsque l'opération litigieuse n'est pas une vente mais, par exemple, un **échange** (C. civ. art. 1706) ou un apport en société, même s'il s'agit d'un **apport immobilier** (Cass. req. 12-6-1945 : S. 1946 I p. 32). En présence de **contrats mixtes ou complexes,** tels que les baux assortis d'une promesse de vente par exemple, il convient de distinguer selon que l'ensemble contractuel est ou non divisible. S'il y a indivisibilité, le contrat complexe se distingue d'une vente et l'action en rescision n'est pas ouverte au vendeur (Cass. 3e civ. 8-1-1992 n° 90-12.141 : Bull. civ. III n° 9). Au contraire, si les actes sont divisibles, l'acte qui est qualifiable de vente et détachable de l'opération globale peut donner lieu à une action en rescision pour lésion (Cass. 3e civ. 7-7-2010 n° 09-14.579 FS-PB : RJDA 11/10 n° 1061 ; Cass. 3e civ. 4-4-2013 n° 12-14.134 FS-D : RJDA 6/13 n° 501).

La lésion ne peut être invoquée que si la vente porte sur un immeuble : la vente de **meubles** n'est pas susceptible d'être rescindée (Cass. 3e civ. 9-4-1970 n° 68-13.956 : Bull. civ. III n° 234, D. 1970 p. 726).

VENTE JUDICIAIRE

7992 La rescision pour lésion est expressément exclue pour les ventes qui ne peuvent être faites que d'autorité de justice (C. civ. art. 1684). Ainsi, la lésion ne concerne ni les ventes d'immeubles dépendant d'une succession bénéficiaire (Cass. req. 7-11-1927 : DP 1928 I p. 43), ni la vente des immeubles d'un débiteur en liquidation judiciaire par le liquidateur, fût-elle de gré à gré (C. com. art. L 642-18 ; pour des illustrations jurisprudentielles, Cass. com. 16-6-2004 n° 01-17.185 FS-PB : RJDA 12/04 n° 1359 ; Cass. 3e civ. 6-10-2010 n° 09-66.683 FS-PB : RJDA 12/10 n° 1179).

VENTE AMIABLE SUR AUTORISATION JUDICIAIRE

7993 La vente amiable sur autorisation judiciaire produit les effets d'une vente volontaire mais ne peut pas donner lieu à rescision pour lésion (C. exécution art. L 322-3).

VENTE ALÉATOIRE

Un contrat aléatoire n'est pas susceptible d'être rescindé pour lésion (Cass. 1e civ. 14-6-1977 n° 76-11.458 : Bull. civ. I n° 279 ; Cass. 1e civ. 19-7-1983 n° 82-13.162 : Bull. civ. I n° 212) puisque le prix payé dépend de l'aléa, c'est-à-dire du **risque pris par l'acheteur** résultant généralement de la durée de vie du vendeur. **7995**

Est aléatoire la vente comportant un bail à nourriture (Cass. req. 6-5-1946 : D. 1946 p. 287), la vente avec réserve d'usufruit (Cass. 1e civ. 14-12-1959 : D. 1960 p. 244) ou avec réserve d'un droit d'usage et d'habitation (Cass. 1e civ. 19-7-1983 n° 82-13.162 précité) ou la vente moyennant le versement d'une rente viagère (Cass. 3e civ. 26-5-1992 n° 90-17.514 : Bull. civ. III n° 177 ; Cass. 3e civ. 5-11-2008 n° 07-17.106 FS-D : RJDA 4/09 n° 328).

La rescision pour lésion est cependant possible si la vente ne revêt **pas de véritable aléa.** Tel est le cas lorsque la vente est conclue moyennant une rente viagère sans contrepartie effective (Cass. 3e civ. 12-6-1996 n° 94-16.988 : Bull. civ. III n° 147, RJDA 10/96 n° 1180 ; Cass. 3e civ. 10-6-1998 n° 94-11.778 : Bull. civ. III n° 125, RJDA 8-9/98 n° 971), ou lorsque l'acquéreur n'encourt aucun risque (Cass. 3e civ. 10-6-1998 n° 94-11.778 précité), par exemple si le montant des arrérages de la vente est inférieur ou égal aux revenus de l'immeuble.

L'**appréciation du caractère aléatoire** de la convention relève du pouvoir souverain des juges du fond (Cass. 3e civ. 23-10-1969 : Bull. civ. III n° 670 ; Cass. 3e civ. 21-11-1972 n° 71-13.188 : Bull. civ. III n° 624 ; Cass. 3e civ. 26-5-1992 n° 90-17.514 : Bull. civ. III n° 177), qui doivent suffisamment motiver leur décision (Cass. 3e civ. 13-5-1971 n° 69-14.354 : Bull. civ. III n° 301 ; Cass. 3e civ. 18-5-1971 : Bull. civ. III n° 318). C'est au jour de la vente que s'apprécie l'aléa (Cass. 3e civ. 7-7-2010 n° 09-14.579 FS-PB : RJDA 11/10 n° 1061). **8000**

Il n'est pas nécessaire que l'aléa résulte de l'acte lui-même. Par exemple, le caractère aléatoire de la vente peut résulter d'un acte reçu le même jour par le même notaire aux termes duquel l'acquéreur donne à bail à loyer au vendeur partie de l'immeuble pour la durée de sa vie moyennant une indemnité (Cass. 3e civ. 2-5-1972 n° 71-10.281 : Bull. civ. III n° 272).

b. Appréciation de la lésion

DÉFINITION

Pour qu'il y ait lésion, le vendeur doit avoir été lésé de plus de sept douzièmes dans le prix de l'immeuble (C. civ. art. 1674). En d'autres termes, le **prix** indiqué à l'acte de vente doit être **inférieur** aux cinq douzièmes de la **valeur réelle de l'immeuble** au moment de la vente. Par suite, la constatation d'une lésion égale aux sept douzièmes de cette valeur ne saurait entraîner la rescision de la vente (Cass. 3e civ. 20-11-1984 n° 83-14.155 : Bull. civ. III n° 195). La vente d'un immeuble qui vaut 240 000 € ne pourrait donc être attaquée pour lésion que si son prix est inférieur à 100 000 €. **8020**

L'existence matérielle de la lésion est la seule condition. La preuve d'une contrainte morale ou d'un dol n'est pas exigée (C. civ. art. 1674 ; pour une illustration jurisprudentielle, Cass. req. 21-3-1933 : DP 1933 p. 235).

VALEUR DE L'IMMEUBLE

Détermination Les **juges** du fond disposent d'un **pouvoir** souverain d'appréciation pour déterminer, retenir et apprécier les éléments constitutifs de la valeur de l'immeuble (Cass. 1e civ. 19-1-1966 : Bull. civ. I n° 50 ; Cass. 3e civ. 19-2-1970 n° 68-12.893 : Bull. civ. III n° 129 ; Cass. 3e civ. 4-10-1972 n° 71-11.984 : Bull. civ. III n° 500). Ils ne sont pas tenus de suivre les conclusions du **rapport d'expertise** (n° 8130). **8030**

Les **juges** ne **peuvent** que **se référer** au contenu de l'acte de vente pour déterminer la consistance des biens vendus (Cass. 1e civ. 2-5-1960 : Bull. civ. I n° 226 ; Cass. 3e civ. 5-12-2012 n° 11-21.026 FS-PB : RJDA 2/13 n° 106). Ils ne peuvent pas fonder leur appréciation sur des éléments étrangers à l'état du bien vendu et à sa valeur vénale au moment de la vente (Cass. 3e civ. 6-2-1974 n° 73-10.435 : Bull. civ. III n° 68). **8035**

Pour évaluer la valeur vénale de l'immeuble, les juges peuvent notamment prendre en considération :

– la situation de l'immeuble et sa « convenance » pour un acquéreur éventuel (Cass. 1e civ. 28-4-1953 : Bull. civ. I n° 142) ;

– l'existence d'un bail même si l'acquéreur en est le bénéficiaire (Cass. 3e civ. 13-3-1979 n° 77-10.598 : Bull. civ. III n° 64) ;

– la somme représentant le droit viager d'habitation que s'est réservé le vendeur pour la déduire de la valeur vénale de l'immeuble vendu (Cass. 1e civ. 7-6-1966 : Bull. civ. I n° 346 ; Cass 3e civ. 10-10-2012 n° 11-11.069).

En cas de **vente portant sur un ensemble unique et indivisible,** la lésion s'apprécie au regard de l'opération globale (Cass. 3e civ. 30-6-1999 n° 97-16.882 : Bull. civ. III n° 161, RJDA 8-9/99 n° 912 ; Cass. 3e civ. 3-11-2011 n° 10-19.452 : RJDA 2/12 n° 149). Ainsi, en cas de vente de plusieurs biens appartenant à des propriétaires distincts pour un prix unique, la lésion invoquée pour un seul des biens doit s'apprécier au regard de l'opération dans son ensemble si elle est indivisible (Cass. 3e civ. 3-11-2011 n° 10-19.452 précité).

8045 **Date d'appréciation** L'immeuble doit être estimé suivant son état et sa valeur **au moment de la vente** (C. civ. art. 1675, al. 1 ; Cass. 1e civ. 7-11-1962 : Bull. civ. I n° 469 ; Cass. 3e civ. 25-3-1971 n° 70-10.434 : Bull. civ. III n° 222 ; Cass. 3e civ. 21-5-1974 n° 73-10.051 : Bull. civ. III n° 220 ; Cass. 3e civ. 5-12-2012 n° 11-21.026 FS-PB : RJDA 2/13 n° 106).

En cas de **promesse unilatérale de vente,** la lésion s'apprécie au jour de la réalisation de la vente (C. civ. art. 1675, al. 2), donc au jour de la levée de l'option (Cass. 3e civ. 23-5-1978 n° 77-11.067 : Bull. civ. III n° 215 ; Cass. 3e civ. 29-9-1999 n° 97-21.738 : Bull. civ. III n° 195, RJDA 12/99 n° 1315 ; Cass. 3e civ. 2-12-2008 n° 07-19.347 F-D : RJDA 7/09 n° 625).

En cas de **vente sous condition suspensive,** la lésion s'apprécie au jour de la réalisation de la condition. Toutefois, si les parties souhaitent maintenir l'effet rétroactif de la condition (C. civ. art. 1304-6), la lésion s'apprécie au jour de la vente ou de la promesse synallagmatique.

8050 Les modifications qui ont affecté la valeur de l'immeuble **après la vente** ne doivent pas être prises en compte. Ainsi, l'annulation d'un plan d'occupation des sols après la vente d'un terrain non constructible qui a eu pour effet de rendre celui-ci rétroactivement constructible est sans incidence sur l'appréciation de la lésion (Cass. 3e civ. 17-6-2009 n° 08-15.055 FS-PB : RJDA 12/09 n° 1068). Mais une évaluation faite par expertise est valable, même si elle intervient 19 mois après la vente, dès lors que l'acheteur n'apporte aucun élément probant permettant d'établir qu'une modification a affecté la valeur de l'immeuble entre le jour de la vente et celui de l'expertise (Cass. 3e civ. 18-10-2011 n° 10-25.025 F-D : BPIM 6/11 inf. 473).

Pour savoir s'il y a lésion de plus de 7/12e, il faut estimer l'immeuble suivant son état et sa valeur au moment de la vente (C. civ. art. 1675). Il ne faut pas retenir les modifications qui ont affecté la valeur de l'immeuble après la vente (Cass. 1e civ. 7-11-1962 : Bull. civ. I n° 469). L'estimation d'un terrain par rapport à la valeur locative des futurs locaux, ou en retenant sa valeur avec des aménagements à venir, prend en compte des modifications susceptibles d'influencer l'usage et la valeur du terrain après la vente. Ces méthodes d'évaluation et de comparaison n'apportent pas la preuve de faits assez graves pour faire présumer la lésion (Cass. 3e civ. 21-9-2022 n° 21-15.125 FS-D).

DÉTERMINATION DU PRIX DE VENTE

8060 L'appréciation de la lésion consiste à comparer le prix de vente avec la valeur vénale de l'immeuble au jour de la vente. Le prix de vente à prendre en compte correspond à la **somme d'argent** effectivement payée par l'acheteur au titre du prix convenu et aux éventuels **frais** qu'il a été contraint d'acquitter (par exemple, frais de purge des hypothèques et impositions arriérées dues pour l'immeuble vendu alors que leur paiement incombait normalement au vendeur).

Le juge doit prendre en considération le **prix indiqué dans l'acte apparent,** sans avoir à tenir compte des majorations résultant de contre-lettres frappées de nullité (Cass. 1e civ. 1-2-1960 : Bull. civ. I n° 68).

c. Action en rescision

TITULAIRE DE L'ACTION

8070 Seul le vendeur (ou ses créanciers par la voie de l'action oblique) peut agir en rescision. La rescision pour lésion n'a pas lieu en faveur de l'acheteur (C. civ. art. 1683).

La protection du vendeur est si forte que celui-ci a le droit de demander la rescision même s'il y a renoncé dans le contrat (C. civ. art. 1674 ; Cass. 1e civ. 17-6-1963 : Bull. civ. I n° 322 ; Cass. 3e civ. 4-10-1995 n° 93-19.702 : Bull. civ. III n° 215, RJDA 1/96 n° 113).

Lorsque l'acheteur est en possession de l'immeuble, son droit de propriété n'est pas remis en cause par l'action en rescision pour lésion (Cass. 3e civ. 14-12-2011 n° 10-25.408 FS-PB : RJDA 3/12 n° 278). Il peut donc, pendant la procédure, effectuer des travaux sur le bien vendu (arrêt précité).

DÉLAI POUR AGIR

8080 L'action est recevable dans un délai de deux années **à compter** du jour **de la vente** (C. civ. art. 1676, al. 1).

Les deux années sont calculées selon les modalités déterminées par les articles 641 et 642 du Code de procédure civile (Cass. 3e civ. 8-12-1993 n° 90-22.070 : Bull. civ. III n° 165).

> **Précisions a.** Le délai court à compter de la rencontre des volontés du vendeur et de l'acheteur (Cass. 3e civ. 29-3-2000 n° 98-16.741 : Bull. civ. III n° 79, RJDA 6/00 n° 648). En cas de **promesse de vente,** le délai court à compter de la promesse si elle est synallagmatique, et de la levée de l'option si elle est unilatérale (Cass. 3e civ. 24-2-1999 n° 97-15.683 : Bull. civ. III n° 53, RJDA 5/99 n° 537 ; Cass. 3e civ. 2-12-2008 n° 07-19.347 F-D : RJDA 7/09 n° 625 ; Cass. 3e civ. 5-7-2011 n° 10-19.280 F-D : BPIM 5/11 inf. 392).
> **b.** En présence d'une **vente sous condition suspensive,** le délai ne court que du jour où la

condition est réalisée (Cass. 1e civ. 24-3-1965 n° 62-11.877 : Bull. civ. I n° 220 ; Cass. 3e civ. 11-12-1984 n° 83-14.829 : Bull. civ. III n° 212) ou de la renonciation par l'acquéreur au bénéfice de la condition suspensive conclue dans son intérêt exclusif (Cass. 1e civ. 27-5-1964 : Bull. civ. I n° 281 ; Cass. 3e civ. 1-10-1997 n° 95-20.897 : Bull. civ. III n° 182, RJDA 12/97 n° 1532 ; Cass. 3e civ. 16-11-2005 n° 04-11.152 FP-PB : RJDA 4/06 n° 401).

PUBLICITÉ DE LA DEMANDE EN RESCISION

La demande en rescision doit être publiée au service chargé de la publicité foncière du lieu de l'immeuble, sous peine d'irrecevabilité (Décret 55-22 du 4-1-1955 art. 28, 4°-c et art. 30, 5). Cette publication ne s'impose que dans la mesure où la vente attaquée a elle-même été publiée (Cass. 1e civ. 14-11-1967 : D. 1968 p. 77). 8090

Le vendeur doit justifier de cette publication par un certificat du service chargé de la publicité foncière ou la production d'une copie de la demande revêtue de la mention de publicité (Décret précité art. 30, 5).

L'action en rescision est recevable dès lors que la demande a été publiée avant la clôture des débats (Cass. 1e civ. 18-12-1962 : D. 1963 p. 146), même en cause d'appel (Cass. 1e civ. 21-6-1965 n° 63-10.031 : Bull. civ. I n° 410).

RECEVABILITÉ DE L'ACTE ET PREUVE DE LA LÉSION

L'action en rescision s'exerce en deux temps. La preuve de la lésion ne peut être admise que par jugement (C. civ. art. 1677). 8120

Jugement d'autorisation Les juges ne peuvent pas directement statuer au fond sans examiner au préalable la recevabilité de l'action (Cass. 3e civ. 20-12-1994 n° 92-21.392 : Bull. civ. III n° 230, RJDA 4/95 n° 495). 8125

À ce stade, le juge doit constater que les **faits** exposés par le vendeur sont assez **vraisemblables et** assez **graves** pour faire présumer la lésion (C. civ. art. 1677). Le juge dispose à ce titre d'un pouvoir souverain d'appréciation (Cass. 3e civ. 3-5-1968 n° 64-14.321 : Bull. civ. III n° 188 ; Cass. 3e civ. 15-2-1972 n° 70-13.592 : Bull. civ. III n° 105 ; Cass. 3e civ. 28-3-2006 n° 05-14.134 F-D : RJDA 10/06 n° 1012).

ILLUSTRATIONS

Jugé que les faits ne sont pas assez vraisemblables ou graves pour faire présumer la lésion lorsque :
– le rapport officieux produit par le vendeur ne fournit aucune justification des estimations et évaluations qu'il donne, ni aucun élément à l'appui des chiffres et affirmations qu'il énonce (Cass. 1e civ. 18-12-1963 : Bull. civ. I n° 568) ;
– l'argumentation du vendeur est vague et repose sur des considérations générales (Cass. 3e civ. 21-6-1978 n° 77-12.181 : Bull. civ. III n° 267) ou se fonde sur un rapport établi à sa demande qui ne contient aucun élément précis et objectif (Cass. 3e civ. 30-11-2010 n° 09-11.713 F-D) ;
– le vendeur produit uniquement la liste des ventes immobilières notariales ayant eu lieu dans la commune et soutient que les juges doivent se fonder sur la valeur de l'immeuble la plus élevée qu'il aurait pu obtenir alors qu'il convient, compte tenu de la situation du bien en zone sismique et de l'absence de raccordement au réseau public d'assainissement, de prendre en considération la valeur moyenne au prix du mètre carré (Cass. 3e civ. 28-3-2006 n° 05-14.134 F-D : RJDA 10/06 n° 1012).

Jugement admettant la preuve Dans un second temps et une fois admise la recevabilité de l'action, la lésion doit être prouvée. Cette preuve ne peut être établie que par un rapport de trois **experts.** Ceux-ci sont nommés d'office, à moins que les parties ne se soient accordées pour les nommer tous les trois conjointement (C. civ. art. 1680). 8130

Les trois experts sont tenus de dresser un seul procès-verbal commun et de ne former qu'un seul avis à la pluralité des voix (C. civ. art. 1678). S'il y a des avis différents, le procès-verbal en contient les motifs, sans qu'il soit permis de faire connaître de quel avis chaque expert a été (C. civ. art. 1679).

Les juges ne sont pas tenus de suivre les conclusions du rapport d'expertise (Cass. 2e civ. 9-11-1961 : Bull. civ. II n° 746) : si celui-ci est obligatoire, il ne constitue qu'un **avis** ne liant pas le juge (Cass. civ. 17-6-1957 : D. 1957 p. 594 ; Cass. 3e civ. 11-1-1977 : D. 1977 IR p. 176).

d. Sanction de la lésion

Lorsque l'action en rescision est admise, l'**acquéreur** a le **choix** ou de rendre l'immeuble en récupérant le prix payé ou de le garder en payant un supplément du juste prix, sous la déduction du dixième du prix total (C. civ. art. 1681, al. 1). 8240

L'acquéreur a seul l'initiative de l'option entre l'annulation de la vente ou la conservation du bien avec paiement du supplément de prix (Cass. 3e civ. 6-6-2007 n° 06-14.773 FS-PB : RJDA 11/07 n° 1081). En l'absence de délai fixé par l'article 1681 du Code civil, l'acheteur peut exercer son choix jusqu'à l'exécution de la décision qui admet la lésion et même après l'exécution s'il n'a pas connu celle-ci (Cass. 3e civ. 15-10-1970 n° 69-11.352 : Bull. civ. III n° 521 ; CA Paris 12-11-1997 : RJDA 2/98 n° 162). À défaut de délai pour opter prévu par la décision qui a admis la lésion, l'acheteur doit exercer ce droit dans un délai raisonnable (Cass. 3e civ. 5-1-2022 nº 20-18.918 FS-B : BPIM 1/22 inf. 46 où le choix opéré 4 ans après le jugement est jugé raisonnable). Si l'acquéreur ne prend pas l'initiative de l'option, les juges du fond peuvent ordonner la restitution du bien.

RESCISION DE LA VENTE

8242 La rescision de la vente entraîne l'anéantissement rétroactif du contrat de vente. L'**acquéreur doit restituer** l'immeuble.

En l'absence de texte spécifique, les problèmes liés à la restitution de l'immeuble (en cas de perte ou dégradation de l'immeuble notamment) doivent, à notre avis, être résolus de la même manière que ceux afférents à l'action en nullité de la vente (Mémento Vente immobilière nº 24700). Outre l'immeuble, l'acheteur doit également rendre les fruits du jour de la demande en rescision (C. civ. art. 1682, al. 2).

La restitution du prix par le **vendeur** doit prendre en compte les intérêts au taux légal qui ont couru à compter de la demande en rescision ou du paiement du prix si l'acheteur n'a perçu aucun fruit (C. civ. art. 1682, al. 3).

RÉVISION DU PRIX

8245 Le supplément de prix est destiné à rétablir le juste prix. Il doit correspondre, non pas à la valeur vénale de l'immeuble au moment où il a été vendu, mais à sa **valeur réelle à l'époque** où doit intervenir ce règlement complémentaire (Cass. 1e civ. 7-6-1966 : Bull. civ. I nº 346 ; Cass. 3e civ. 4-7-1968 : Bull. civ. III nº 324 ; Cass. 3e civ. 16-10-1969 : Bull. civ. III nº 648).

Le **complément de prix** ne doit porter que sur la partie impayée du juste prix. Par suite, le supplément du juste prix est égal à la quotité impayée de l'immeuble, exprimée en fonction de la valeur actuelle de l'immeuble, moins un dixième de cette valeur (Cass. 3e civ. 22-1-1970 nº 68-12.429 : Bull. civ. III nº 57). Il s'agit donc d'une réévaluation proportionnelle, étant précisé que le dixième, admis à titre de réduction par l'article 1681 du Code civil, porte sur le prix total résultant du versement initial augmenté du complément de prix (Cass. 3e civ. 4-12-1973 nº 72-12.856 : Bull. civ. III nº 614).

8250 L'acquéreur qui préfère garder le bien et payer le supplément de prix doit les **intérêts sur ce complément** à compter du jour de la demande en rescision (C. civ. art. 1682). Le supplément du juste prix, qui produit cet intérêt, étant une quotité de la valeur du bien que l'acquéreur a préféré garder, suit, jusqu'à son évaluation définitive, les variations de valeur de ce bien (Cass. 3e civ. 3-5-1972 nº 71-11.404 : Bull. civ. III nº 284).

3. PRIX RÉEL ET SÉRIEUX

PRIX DÉRISOIRE (OU VIL PRIX)

8340 Le prix de la vente doit être réel et sérieux. Il ne peut donc pas être dérisoire au point de laisser sans contrepartie l'obligation du vendeur de délivrer l'immeuble.

Les juges du fond apprécient souverainement le caractère réel et sérieux du prix (Cass. 1e civ. 17-1-1966 : Bull. civ. I nº 37 ; Cass. 3e civ. 11-3-2003 nº 01-11.756 F-D : RJDA 7/03 nº 709 ; Cass. 3e civ. 26-9-2007 nº 06-16.292 FS-D : RJDA 1/08 nº 27).

ILLUSTRATIONS

N'a pas été considéré comme dérisoire :
– le prix d'un terrain, revendu douze ans après à un prix identique à son prix d'achat, dès lors qu'il n'existait pas d'éléments sur l'évolution du marché immobilier dans le secteur pendant la période concernée (Cass. 3e civ. 25-1-2005 nº 03-19.113 F-D : RJDA 5/05 nº 534) ;
– le prix de parcelles de terrain vendues par des parents à leur fils, bien que ce prix soit très bas, eu égard à l'importance de l'aide financière apportée par ailleurs par le fils à ses parents (Cass. 3e civ. 26-9-2006 nº 05-18.703 F-D : RJDA 3/07 nº 252).
En revanche, 2 € le mètre carré est un prix de vente dérisoire s'agissant de parcelles de terrain constructibles avec vue imprenable sur Nice et la baie des Anges (Cass. 3e civ. 25-5-2011 nº 10-14.875 FS-D : RJDA 3/12 nº 267).

8350 À défaut **d'un prix réel et sérieux,** la vente est nulle (Cass. 3e civ. 8-1-1970 nº 67-14.671 : Bull. civ. III nº 28).

Comme en matière d'action en rescision pour lésion (nºs 7995 s.), l'existence d'une **vente aléatoire** exclut en principe la possibilité d'agir en nullité pour vileté du prix (Cass. 1e civ. 26-4-1988 nº 86-12.481 : Bull. civ. I nº 121). Mais encore faut-il qu'il existe bien un aléa.

> Précisions L'action en **annulation** d'une vente pour vileté du prix et l'**action en rescision** pour lésion sont deux actions distinctes (Cass. 3e civ. 18-7-2001 nº 99-17.496 FS-PB : RJDA 1/02 nº 33 ; Cass. 3e civ. 15-12-2010 nº 09-16.838 FS-PB : RJDA 4/11 nº 303), exclusives l'une de l'autre, la première ayant un domaine d'application plus étendu et un régime juridique (preuve et prescription) moins strict que la seconde. La preuve de la vileté du prix n'est pas subordonnée au respect des règles de preuve relatives à la lésion (Cass. 3e civ. 16-12-1998 no 97-11.541 : Bull. civ. III no 256, RJDA 2/99 no 162).

PRIX SYMBOLIQUE

Malgré l'exigence d'un prix réel et sérieux, la validité d'une vente pour un prix symbolique peut être admise. Tel est le cas lorsque l'opération s'inscrit dans un **cadre contractuel plus vaste** procurant au vendeur un avantage réel (en ce sens, Cass. 3e civ. 3-3-1993 no 91-15.613 : Bull. civ. III no 28) ou lorsque le bien vendu a une **autre contrepartie** onéreuse qui restitue à l'opération sa cause (Cass. 1e civ. 17-1-1966 : Bull. civ. I no 37 ; Cass. 3e civ. 26-9-2007 no 06-16.292 FS-D : RJDA 1/08 no 27 ; Cass. com. 10-10-2018 no 17-12.564 : RJDA 1/19 no 20). **8360**

PRIX MINORÉ

Donation indirecte Il s'agit du cas où le **prix** de vente est **volontairement minoré** par le vendeur qui souhaite avantager l'acheteur. La vente reste néanmoins valable dès lors, d'une part, qu'elle trouve sa cause dans l'intention libérale du propriétaire et que, d'autre part, les règles de forme requises pour une vente immobilière ont été respectées (Cass. 1e civ. 22-10-1975 no 73-14.076 : Bull. civ. I no 288). **8370**

Si l'administration fiscale prouve l'intention libérale, elle peut taxer la donation indirecte aux droits de mutation à titre gratuit.

Simulation Dans cette hypothèse, le **prix réel** est **dissimulé** : le prix indiqué dans l'acte de vente est minoré par rapport au prix effectivement payé par l'acquéreur dans le but de diminuer les droits d'enregistrement. **8380**

Les parties ont recours à la technique de la **contre-lettre** par laquelle elles conviennent du versement d'une somme venant en complément du prix exprimé dans l'acte de vente apparent.

Cette pratique, qui a pour but de dissimuler une partie du prix de vente de l'immeuble, est **sanctionnée** par la nullité (C. civ. art. 1202). Il s'agit d'une **nullité d'ordre public** (Cass. 3e civ. 25-6-1985 no 84-13.160 : Bull. civ. III no 103) qui s'applique quels que soient les mobiles de la dissimulation (Cass. 3e civ. 18-3-1981 no 79-15.951 : Bull. civ. III no 61) et même si l'acte secret n'est pas écrit (Cass. 3e civ. 5-3-1997 no 95-14.838 : Bull. civ. III no 51, RJDA 6/97 no 824). La nullité sanctionnant la fraude à la loi, la preuve par tous moyens de la contre-lettre est possible (Cass. 1e civ. 15-2-1961 : Bull. civ. I no 99 ; Cass. 1e civ. 17-12-2009 no 08-13.276 F-PB : RJDA 3/10 no 227). **8385**

La nullité ne vise que la convention secrète et laisse subsister pour les parties les **obligations résultant de l'acte de vente apparent** (Cass. mixte 12-6-1981 no 78-14.971 : Bull. mixte no 5 ; Cass. com. 11-5-1984 no 83-11.875 : Bull. civ. IV no 155). Le vendeur doit alors se contenter du prix stipulé dans l'acte apparent. Si l'acheteur a versé la partie du prix dissimulée, le vendeur doit la lui restituer (Cass. 3e civ. 25-2-2004 no 02-15.269 FS-PB : RJDA 7/04 no 799 ; Cass. 3e civ. 10-1-2012 no 10-18.881 F-D : RJDA 4/12 no 371).

Les parties encourent également des **sanctions fiscales et pénales** si l'administration prouve l'existence d'un complément de prix occulte : **8390**

– amende égale à 80 % du montant des droits afférents à la partie occulte du prix, qui s'ajoute aux droits simples et à l'intérêt de retard (CGI art. 1729). Toutefois, la somme versée par les acquéreurs d'un immeuble en plus du prix de vente mentionné dans l'acte ne constitue pas, pour le vendeur, un profit accessoire imposable dans la catégorie des bénéfices non commerciaux mais un supplément de plus-value (CAA Nantes 30-1-2020 no 18NT00678 : BPIM 2/20 inf. 163) ;

– peines correctionnelles pouvant aller jusqu'à trois ans d'emprisonnement et 45 000 € d'amende (CGI art. 1837).

C. Vente affectée d'une condition ou d'un terme

1. VENTE AFFECTÉE D'UNE CONDITION

a. Condition potestative

La condition potestative est celle dont la réalisation dépend de la seule volonté du débiteur (C. civ. art. 1170 dans sa rédaction antérieure à ord. 2016-131 du 10-2-2016). L'ordonnance 2016-131 du 10 février 2016 ne fait plus référence à la condition potestative, mais **conserve la substance** de ce que cette **8480**

terminologie recouvrait en affirmant que : « Est nulle l'obligation contractée sous une condition dont la réalisation dépend de la seule volonté du débiteur » (C. civ. art. 1304-2). Couramment employé par les praticiens, il est probable que le terme « potestative » perdurera néanmoins. L'ordonnance n'a pas repris la distinction opérée par la doctrine antérieure entre la condition purement potestative et la condition simplement potestative. En cas de condition purement potestative, le contrat en son entier était nul et non la seule condition (Cass. com. 9-12-1980 n° 79-11.550 : Bull. civ. IV n° 421). En cas de condition mixte, celle-ci dépendait tout à la fois de la volonté d'une des parties contractantes et de la volonté d'un tiers et était valable. Cette distinction étant compliquée à opérer en pratique, les juges se fondaient sur l'emprise effective de la volonté du débiteur sur la condition.

ILLUSTRATIONS

Constitue une **condition potestative** la clause qui autorise l'acquéreur, de sa seule volonté, à accepter ou refuser de passer l'acte authentique et de payer le prix (Cass. 3e civ. 7-6-1983 n° 82-10.281 : Bull. civ. III n° 132) ou qui prévoit que la vente est conclue sous réserve de l'accord des vendeurs sur le prix mentionné dans l'acte (Cass. 3e civ. 6-12-2005 n° 04-18.094 F-D : RJDA 7/06 n° 759).
En revanche, la clause subordonnant le transfert de propriété à l'établissement d'un acte authentique et à la vente, par l'acquéreur, de ses appartements ne constitue **pas** une **condition potestative** (Cass. 3e civ. 27-11-1969 : Bull. civ. III n° 772). En effet, une telle condition n'exige pas du débiteur une simple manifestation de volonté, mais suppose l'accomplissement d'un fait extérieur échappant à son action, à savoir la découverte d'un acquéreur pour le bien dont il est propriétaire et il y a là un aléa écartant d'emblée la nullité prétendue (Cass. com. 17-5-1965 n° 63-10.288 : Bull. civ. III n° 321 ; Cass. 3e civ. 22-11-1995 n° 94-11.014 : Bull. civ. III n° 243, RJDA 3/96 n° 310). Dans un tel cas, il est judicieux de préciser dans la promesse le délai de diligence, le prix minimal qui sera accepté, les modalités de publicité de la vente et le recours à un mandataire professionnel. De même, n'est pas potestative la convention par laquelle un acquéreur s'engage, en paiement du prix de vente d'un terrain, à construire et à délivrer une maison au vendeur sans qu'aucune date soit fixée pour le respect de ces obligations, cette convention étant affectée d'un terme à échéance incertain pouvant être fixé judiciairement (Cass. 3e civ. 4-12-1985 n° 84-14.353 : Bull. civ. III n° 162).

b. Vente sous condition suspensive

OBJET DE LA CONDITION SUSPENSIVE

8520 La vente est conclue sous condition suspensive lorsqu'on la fait dépendre d'un événement futur et incertain en la suspendant jusqu'à ce que l'événement arrive (C. civ. art. 1304, al. 1). La condition est suspensive lorsque son accomplissement rend l'obligation pure et simple (C. civ. art. 1304, al. 2).
La stipulation d'une condition suspensive implique la **survenance d'un événement** qui doit :
- être suffisamment précis ;
- être licite, faute de quoi la convention qui en dépend est nulle (C. civ. art. 1304-1) ;
- ne constituer qu'une modalité d'exécution de l'acte ;
- être futur et incertain (C. civ. art. 1304, al. 1) ;
- être indépendant de la volonté des contractants (n° 8480).

> Précisions Avant la réforme du droit des contrats, le Code civil distinguait les conditions impossibles, celles contraires aux bonnes mœurs et celles illicites (C. civ. art. 1172 ancien). Le concept de condition impossible, jugé superflu par le rapport au Président de la République relatif à l'ordonnance, ne figure plus dans le Code civil mais subsiste dans les faits. La contrariété aux bonnes mœurs disparaît également du Code civil ; elle est absorbée par la notion d'illicéité.

CONDITION SUSPENSIVE D'ORIGINE LÉGALE

8524 La vente peut être subordonnée à des conditions suspensives issues de dispositions légales telles que :
- la purge du droit de préemption du locataire d'habitation lorsqu'un congé pour vendre lui est délivré ou lors de la vente des locaux loués consécutive à une division de l'immeuble ;
- l'obtention du prêt par l'acquéreur ;
- la purge du droit de préemption urbain (Mémento Urbanisme-Construction nos 33200 s.), du droit de préemption du preneur à bail rural (Mémento Vente immobilière nos 39500 s.) ou de la Safer (Mémento Vente immobilière nos 38500 s.).

CONDITION SUSPENSIVE D'ORIGINE CONTRACTUELLE

8525 La condition suspensive ne se présume pas, réserve étant faite des présomptions légales, comme celle relative à l'obtention des prêts. Il faut que les parties aient manifesté clairement leur **intention** de subordonner la naissance de leurs obligations réciproques à la survenance d'un événement futur et incertain.

C'est ainsi que ne doivent **pas** être considérés comme **conditions suspensives** :
– la simple mention dans un acte de vente que le prix sera payé comptant ;
– le dédit, lorsqu'il est prévu, à titre d'indemnité dans une convention ayant un caractère parfait et actuel ;
– la clause, insérée dans un acte sous signature privée, de recourir plus tard à la forme authentique, sauf volonté expresse contraire des parties. Dans ce cas, si la conclusion de la vente est effectivement subordonnée à la réalisation de la condition suspensive de la rédaction d'un acte authentique, la prise de possession de l'immeuble par l'acquéreur, même avec l'accord du vendeur, ne modifie pas les modalités du contrat (Cass. 1e civ. 11-12-1963 : Bull. civ. I n° 548).

Les juges doivent s'attacher au rôle exact que les parties ont entendu attribuer à la formalité présentée comme devant compléter leur consentement (Cass. 3e civ. 12-12-1968 : Bull. civ. III n° 548 ; Cass. 3e civ. 1-12-1971 n° 70-13.285 : Bull. civ. III n° 596).

SITUATION DES PARTIES AVANT LA RÉALISATION DE LA CONDITION SUSPENSIVE

Pendant la période conditionnelle, les parties ne peuvent pas exiger l'une de l'autre l'exécution des obligations en suspens. Ainsi, le vendeur ne peut pas exiger de l'acquéreur le paiement du prix. Ce qui a été payé avant la réalisation de la condition peut être répété par l'acquéreur (C. civ. art. 1304-5, al. 2). L'acheteur ne peut pas exiger du vendeur la délivrance de l'immeuble ni la garantie des vices cachés ou d'éviction. **8550**

L'acheteur peut néanmoins exercer sur l'immeuble des actes conservatoires en cas de négligence du propriétaire (C. civ. art. 1304-5, al. 1) ou constituer une hypothèque qui sera soumise à la condition affectant la vente (C. civ. art. 2411).

Avant l'accomplissement de la condition suspensive, le débiteur doit s'abstenir de tout acte qui empêcherait la bonne exécution de l'obligation (C. civ. art. 1304-5, al. 1).

DÉLAI DE RÉALISATION DE LA CONDITION SUSPENSIVE

Le Code civil ne contient plus de dispositions relatives au délai de réalisation des conditions suspensives depuis la **réforme du droit des contrats** (Ord. 2016-131 du 10-2-2016). Avant la réforme, le Code civil envisageait la situation de la **condition positive** : « Lorsqu'une obligation est contractée sous la condition qu'un événement arrivera dans un temps fixe, cette condition est censée défaillie lorsque le temps est expiré sans que l'événement soit arrivé » (C. civ. art. 1176 dans sa rédaction antérieure à ord. 2016-131 du 10-2-2016). **8560**

Le Code civil envisageait également la situation de la **condition négative** : « Lorsqu'une obligation est contractée sous la condition qu'un événement n'arrivera pas dans un temps fixe, cette condition est accomplie lorsque ce temps est expiré sans que l'événement soit arrivé » (C. civ. art. 1177 dans sa rédaction antérieure à ord. 2016-131 du 10-2-2016).

Ce même texte envisageait la **certitude** que l'événement ne se produirait pas et lui faisait logiquement produire les mêmes effets que l'expiration du délai : « Elle l'est également si, avant le terme, il est certain que l'événement n'arrivera pas ». Dans ce cas, l'opération devient pure et simple.

Ces solutions logiques perdurent bien que le Code civil ne les exprime plus.

> **Précisions** Selon la **jurisprudence rendue avant la réforme du droit des contrats,** le décès du vendeur entraînait la caducité de la vente si celle-ci était conclue sous la condition suspensive de l'homologation de l'état liquidatif de partage lui attribuant le bien (Cass. 3e civ. 9-10-1974 n° 73-12.113 : Bull. civ. III n° 355). S'il est incertain que l'événement n'arriverait pas, la condition était censée pouvoir s'accomplir un jour, dans un délai inconnu. Sur la position à adopter face au caractère incertain du délai, la jurisprudence était néanmoins divisée. Certains juges interprétaient la volonté des parties pour enfermer la condition dans un délai raisonnable (Cass. 3e civ. 3-2-1982 n° 80-15.794 : Bull. civ. III n° 37 ; Cass. 3e civ. 20-5-2015 n° 14-11.851 FS-PB : BPIM 4/15 inf. 262, jugeant caduque la promesse de vente conclue sous condition suspensive d'un certificat d'urbanisme demandé seulement sept ans après la date de réitération prévue). À l'inverse, d'autres juges appliquaient strictement l'ancien article 1176 du Code civil et ne recherchaient pas la volonté des parties en décidant que le contrat subsiste tant que la condition peut être accomplie (Cass. 1e civ. 4-6-1991 n° 90-11.295 : Bull. civ. I n° 180 ; Cass. 3e civ. 19-12-2001 n° 99-15.682 : Bull. civ. III n° 158, RJDA 12/03 n° 116). Dans ce cas, faute de prévoir un délai pour la réalisation de la condition, la vente était formée dès que la condition était accomplie, et cela même si la date butoir de signature de l'acte notarié était largement dépassée, à condition que cette date butoir n'ait pas été envisagée comme un terme extinctif (Cass. 3e civ. 6-10-2010 n° 09-15.566 FS-D : RJDA 1/11 n° 24 ; Cass. 3e civ. 21-11-2012 n° 11-23.382 FS-PB : RJDA 3/13 n° 210 ; Cass. 3e civ. 15-1-2014 n° 12-28.362 FS-D : BPIM 2/14 inf. 115). Par souci de sécurité juridique, la prévision d'un délai

était donc fortement conseillée, étant rappelé que l'une des parties ne pouvait pas, de son propre chef, mettre un terme à la condition (Cass. com. 6-5-2003 n° 00-18.915 F-D : RJDA 12/03 n° 1161 ; Cass. com. 6-3-2007 n° 05-17.546 FS-PB : RJDA 8-9/07 n° 810 ; Cass. 3e civ. 9-2-2010 n° 09-11.972 F-D : RJDA 6/10 n° 594).

EMPÊCHEMENT DE LA CONDITION SUSPENSIVE

8565 La condition est réputée accomplie si le **débiteur,** obligé sous cette condition, **en a empêché l'accomplissement** (C. civ. art. 1304-3, al. 1).

Le comportement du débiteur est sanctionné lorsqu'il a fautivement empêché la réalisation de la condition ou provoqué sa défaillance. Tel est le cas, notamment, lorsque la condition suspensive d'obtention d'un permis de construire ou d'un prêt ne se réalise pas, faute pour l'acheteur d'avoir effectué les démarches nécessaires (pour le permis de construire, voir notamment Cass. 3e civ. 16-4-1986 : JCP G 1988 II n° 21033 ; Cass. 3e civ. 18-3-1998 n° 95-22.089 : RJDA 6/98 n° 695 ; Cass. 3e civ. 1-4-2021 n° 20-14.194 F-D : BPIM 3/21 inf. 201 ; pour le prêt, voir Cass. 3e civ. 20-11-2013 n° 12-29.021 FS-PBI : BPIM 1/14 inf. 36, où l'acheteur se voit refuser un prêt à un taux inférieur à celui prévu dans la promesse ; Cass. 3e civ. 9-7-2020 n° 19-18.893 F-D : BPIM 5/20 inf. 327, où l'acheteur se voit refuser un prêt à un taux d'intérêt et un montant d'emprunt inférieurs à ceux prévus dans la promesse).

En revanche, il ne peut pas être reproché au débiteur de l'obligation l'absence de réalisation de la condition lorsque celle-ci est due à un **événement étranger à son comportement,** voire à un cas de **force majeure** (Cass. 3e civ. 20-3-1996 n° 94-17.341 : RJDA 6/96 n° 740 ; CA Versailles 4-11-2005 n° 04/3742 : RJDA 3/06 n° 244). Il en va de même si la condition, telle que prévue dans la promesse, est vouée à ne pas se réaliser (Cass. 3e civ. 15-12-2010 n° 10-10.473 FS-PB : Bull. civ. III n° 225, pour une condition suspensive d'obtention d'un permis de construire ; Cass. 3e civ. 9-11-2023 n° 22-13.900 F-D : BPIM 1/24 inf. 48, pour une condition suspensive d'obtention d'un crédit).

8570 Il appartient au **créancier** de l'obligation sous condition suspensive d'apporter la **preuve** que la vente définitive ne s'est pas réalisée pour un motif imputable au seul débiteur (Cass. 3e civ. 24-3-2004 n° 02-15.689 FS-D : RJDA 7/04 n° 795 ; Cass. 3e civ. 26-5-2010 n° 09-15.317 F-PB : RJDA 11/10 n° 1052 ; Cass. 3e civ. 6-10-2010 n° 09-69.914 FS-PB : RJDA 2/11 n° 121).

RÉALISATION DE LA CONDITION SUSPENSIVE

8580 Il n'est pas attaché d'effet rétroactif au jeu de la **condition suspensive** si elle **se réalise.** L'obligation devient pure et simple à compter de l'accomplissement de la condition suspensive (C. civ. art. 1304-6, al. 1). La rétroactivité, qui était la règle avant la réforme du droit des contrats, conduisait à considérer que lorsque la condition suspensive se réalisait, l'obligation avait pris naissance au jour de la conclusion de l'acte et non au jour de la réalisation de l'événement. L'effet rétroactif de la condition suspensive n'étant pas d'ordre public, les parties pouvaient l'écarter par la convention, ce qui était fréquent en ce qui concerne le transfert de propriété de l'immeuble et l'exécution des obligations des parties, reportés à la signature de l'acte authentique.

Le principe de non-rétroactivité de la condition suspensive a un caractère supplétif. Les parties peuvent **restaurer la rétroactivité** de la condition (C. civ. art. 1304-6, al. 2). Cette faculté ne présentera aucun intérêt en matière immobilière, puisqu'au contraire les effets du contrat – transfert de propriété et exigibilité des obligations – sont généralement contractuellement reportés à la signature de l'acte authentique, soit au-delà de la réalisation des conditions.

À l'inverse, si la **condition suspensive défaille,** l'obligation est considérée comme n'ayant jamais existé (C. civ. art. 1304-6, al. 3). La rétroactivité est dans ce cas maintenue.

DÉFAILLANCE DE LA CONDITION SUSPENSIVE

8600 **Sort du contrat** Sauf si la condition suspensive a été stipulée dans l'intérêt exclusif d'une partie (Cass. 3e civ. 16-12-2003 n° 02-16.327 F-D : RJDA 6/04 n° 662 ; Cass. 3e civ. 20-6-2006 n° 05-12.319 F-D : RJDA 1/07 n° 25 ; Cass. 3e civ. 12-1-2010 n° 08-18.624 F-PB : RJDA 7/10 n° 726), la défaillance de la condition emporte **caducité de l'acte de vente,** dont peuvent se prévaloir les deux parties (C. civ. art. 1186 ; Cass. 3e civ. 30-4-1997 n° 95-15.452 : Bull. civ. III n° 95, RJDA 7/97 n° 922 ; Cass. 3e civ. 13-7-1999 n° 97-20.110 : Bull. civ. III n° 179, RJDA 10/99 n° 1065). La vente est considérée comme n'ayant jamais existé (C. civ. art. 1304-6, dernier al.).

En conséquence, le vendeur est resté propriétaire du bien : l'occupation à titre gratuit qu'il a autorisée n'est pas sans droit (Cass. 3e civ. 18-12-1973 n° 73-10.135 : Bull. civ. III n° 640) et l'acquéreur qui a réalisé des travaux sur l'immeuble en qualité de possesseur peut en réclamer le remboursement (Cass. 3e civ. 15-1-2003 n° 01-12.522 FS-PB : RJDA 4/03 n° 375).

> **Précisions** Lorsque l'**autorisation** dont l'obtention a été **érigée en condition** suspensive est dans un premier temps **obtenue puis,** dans un second temps, **annulée,** cette annulation opère rétroactivement ; la condition est censée ne s'être jamais réalisée (Cass. 3e civ. 24-5-2000 n° 98-15.499 FS-PB : RJDA 9-10/00 n° 847, dans le cas d'un arrêté préfectoral d'autorisation d'implantation d'une installation classée annulé ensuite par le tribunal administratif).

Mais pour le compromis de vente signé sous la **condition suspensive du non-exercice du droit de préemption urbain,** la décision de préemption entraîne la défaillance de la condition et la caducité de la promesse, même si la commune renonce ensuite à la préemption après fixation judiciaire du prix (Cass. 3e civ. 10-10-2012 no 11-15.473 FS-PB : BPIM 6/12 inf. 459).

Sort de la somme versée En cas de défaillance de la **condition d'obtention de prêt,** la somme versée au propriétaire ou à un tiers séquestre par un bénéficiaire de promesse ou un acquéreur conditionnel doit être intégralement et impérativement remboursée sans retenue ni indemnité (C. consom. art. L 313-41, al. 2). L'action en restitution doit être exercée dans les cinq ans (C. civ. art. 2224) à compter du terme du délai de réalisation de la condition suspensive, cette somme devenant immédiatement remboursable à cette date du fait de la défaillance de la condition suspensive (Cass. 3e civ. 11-7-2024 no 22-22.058 FS-B : BPIM 5/24 inf. 318). **8602**

Sort des frais Le sort des **frais engagés** dépend de l'intention des parties. Celles-ci ont tout intérêt à stipuler clairement dans le contrat ce qu'il advient en cas de non-réalisation de la condition suspensive. À défaut, il appartient au juge de déterminer quelle était la commune intention des parties. Ainsi, dans un cas où la promesse de vente, rédigée par l'avocat du vendeur, mettait les frais de rédaction d'acte à la charge de l'acquéreur, jugé que celui-ci n'était pas tenu de payer les **honoraires de l'avocat** dès lors qu'en l'absence de toute précision contraire de l'acte la prise en charge des honoraires par l'acquéreur n'était due que si la vente se réalisait et que l'acceptation de la clause litigieuse par l'acquéreur ne pouvait pas être étendue à l'hypothèse de non-réalisation de la vente (Cass. 2e civ. 22-1-2004 no 02-14.965 FS-PB : RJDA 5/04 no 541). **8603**

Renonciation à se prévaloir de la condition L'article 1304-4 du Code civil affirme l'impossibilité, pour la partie dans l'intérêt exclusif de laquelle la condition a été stipulée, de renoncer à celle-ci **après sa défaillance.** Cette disposition s'applique aux contrats conclus depuis le 1er octobre 2016 (Loi 2018-287 du 20-4-2018 art. 16, II). **8604**

Une partie est donc libre de renoncer à la condition suspensive stipulée **dans son intérêt exclusif,** tant que celle-ci n'est pas accomplie ou n'a pas défailli (C. civ. art. 1304-4).

La détermination du **bénéficiaire d'une condition suspensive** relève du pouvoir souverain des juges du fond (Cass. 3e civ. 4-11-1976 no 75-12.178 : Bull. civ. III no 382). Jugé que la condition d'obtention d'un permis de construire par l'acquéreur doit être considérée comme stipulée au seul profit de ce dernier, car prévue dans son seul intérêt (Cass. 3e civ. 26-6-1996 no 94-18.525 : Bull. civ. III no 163, RJDA 10/96 no 1151 ; voir cependant Cass. 3e civ. 13-7-1999 : Gaz. Pal. 1999 pan. p. 288, semblant exiger que la condition suspensive ait été stipulée dans l'intérêt exclusif de l'acquéreur).

> **Précisions** **Avant la réforme du droit des contrats,** si la condition était prévue dans le seul intérêt de l'acquéreur et si celui-ci y renonçait, le vendeur ne pouvait pas s'abriter derrière la défaillance de la condition pour refuser de réaliser la vente (Cass. 3e civ. 26-6-1996 no 94-18.525 ; Cass. 3e civ. 12-1-2010 no 08-18.624 F-PB : RJDA 7/10 no 726). Mais si l'acheteur n'y avait pas renoncé à la date fixée pour la signature de l'acte authentique, le vendeur pouvait lui opposer la caducité de la promesse à compter de cette date (Cass. 3e civ. 29-5-2013 no 12-17.077 FS-PBR : BPIM 4/13 inf. 273).

Renonciation à se prévaloir de la caducité La défaillance de la condition ouvre aux parties une **seule alternative** : se prévaloir de la caducité du contrat ou y renoncer et poursuivre la vente aux conditions initiales ; mais elles ne peuvent pas demander la réalisation forcée de la vente moyennant réduction du prix (Cass. 3e civ. 31-3-2005 no 04-11.752 FS-PB : RJDA 8-9/05 no 946). **8605**

Depuis la réforme du droit des contrats (Ord. 2016-131 du 10-2-2016), une partie ne peut renoncer à la condition stipulée dans son intérêt exclusif que si elle n'est pas accomplie ou n'a pas encore défailli (no 8604). Pour les contrats conclus depuis le 1er octobre 2016, le bénéficiaire exclusif de la condition inaccomplie ou défaillie ne peut pas **renoncer unilatéralement** à se prévaloir de la caducité du contrat.

> **Précisions** La jurisprudence rendue **avant la réforme du droit des contrats** admettait que lorsque la condition était stipulée dans l'intérêt exclusif d'un cocontractant, seul celui-ci pouvait renoncer à se prévaloir de la caducité. Cette solution présentait un grave inconvénient en pratique : le sort du contrat était soumis sans limite de temps à la volonté du bénéficiaire de la condition de se prévaloir ou non de la défaillance. Des arrêts de la Cour de cassation avaient limité dans le temps la possibilité pour le bénéficiaire de la condition de renoncer à sa défaillance. À défaut de précision sur ce délai, et si le contrat prévoyait une date pour la signature de l'acte authentique, cette renonciation devait intervenir avant cette date, faute de quoi la vente était caduque (Cass. 3e civ. 17-12-2008 no 07-18.062 FS-PB : RJDA 7/09 no 614 ; Cass. 3e civ. 29-5-2013 no 12-17.077 FS-PBR : BPIM 4/13 inf. 273 ; Cass. 3e civ. 9-3-2017 no 15-16.182 FS-PB : BPIM 3/17 inf. 222).

FISCALITÉ DE LA CONDITION SUSPENSIVE

8610 La condition suspensive affectant l'existence même du contrat, la **promesse** qui est faite sous une telle condition est enregistrée au **droit fixe** des actes innomés de 125 € (CGI art. 680).

Si la **condition vient à défaillir,** l'exigibilité du droit proportionnel de mutation se trouve définitivement écartée.

Lorsque, au contraire, la **condition se réalise,** l'obligation devient pure et simple à compter de l'accomplissement de la condition. Toutefois, les parties peuvent stipuler que la condition rétroagira au jour du contrat (C. civ. art. 1304-6). Mais les dispositions de l'article 676 du CGI conduisent à faire complètement abstraction, au point de vue fiscal, de l'effet éventuellement rétroactif de la condition et c'est à la date de la réalisation de cette dernière qu'il convient de se placer pour déterminer la nature de la ou des impositions exigibles (droits d'enregistrement et/ou TVA), leur taux et les valeurs taxables.

Dès que la condition se réalise, l'impôt de mutation est exigible, même si aucun acte n'est établi pour constater cette réalisation. Le droit fixe perçu sur l'acte originaire n'est pas susceptible d'être imputé sur le droit définitivement exigible.

> **Précisions** Les droits d'enregistrement sont acquis tels qu'ils résultent des stipulations de l'acte relatives aux conditions suspensives, sans pouvoir être subordonnés à des faits extérieurs ou à des dispositions étrangères au contrat : la réalisation de la condition rend la vente définitive et les droits exigibles, même si les **parties renoncent amiablement** à la vente, postérieurement à cet événement (Cass. com. 10-1-1989 n° 87-15.740 P : Bull. civ. IV n° 15 ; BOI-ENR-DMTOI-10-10-30-10 n° 60).

2. VENTE AFFECTÉE D'UN TERME

DÉFINITION DU TERME

8700 L'obligation est à terme lorsque son exigibilité est différée jusqu'à la survenance d'un **événement futur et certain,** encore que la date en soit incertaine (C. civ. art. 1305).

La **vente** est définitivement formée, mais son exécution est **différée** jusqu'à l'arrivée du terme. Dès lors que l'événement est incertain non seulement dans sa date mais aussi quant à sa réalisation, il ne s'agit plus d'un terme mais d'une condition (Cass. 1e civ. 13-4-1999 n° 97-11.156 : RJDA 7/99 n° 759 ; Cass. 1e civ. 13-7-2004 n° 01-01.429 : RJDA 11/04 n° 1186 ; Cass. com. 20-9-2011 n° 10-17.555 F-D : RJDA 1/12 n° 3).

Ce qui n'est dû qu'à terme ne peut être exigé avant l'échéance du terme. Ainsi, la clause habituelle selon laquelle l'acquéreur n'aura la jouissance qu'à compter de la signature de l'acte authentique ne remet pas en cause la force de l'accord, sauf si les parties ont entendu faire de la solennité un élément constitutif de leur engagement (Cass. 3e civ. 20-12-1994 n° 92-20.878 : Bull. civ. III n° 229, RJDA 4/95 n° 419), mais aboutit à différer le transfert de propriété. La vente est alors affectée d'un terme suspensif.

BÉNÉFICIAIRE DU TERME

8705 Le terme profite au débiteur, s'il ne résulte de la loi, de la volonté des parties ou des circonstances qu'il a été établi en faveur du créancier ou des deux parties (C. civ. art. 1305-3).

V. FORMALITÉS

A. Formalités préalables à la vente

8900 Le notaire rédacteur de l'acte doit accomplir toutes les formalités conditionnant la conclusion de la vente.

Certaines ventes nécessitent une autorisation préalable (par exemple, arrêté de lotir pour la vente de terrains bâtis ou non bâtis compris dans un lotissement) ou une mesure d'information (notification préalable au préfet de la région concernée en cas de vente d'un monument historique appartenant à une collectivité locale). La contrainte essentielle résulte toutefois de l'existence des droits de préemption au profit de tiers.

Sur les formalités préalables à la vente d'un lot de copropriété, voir n°s 37020 s.

1. FORMALITÉS AFFÉRENTES AU DROIT DE PRÉEMPTION

DIFFÉRENTS DROITS DE PRÉEMPTION

8905 Le plus courant est le **droit de préemption urbain** institué par les communes, lorsqu'elles se sont dotées d'un plan d'occupation des sols (POS) ou d'un plan local d'urbanisme (PLU) opposable aux tiers. L'institution d'une **zone d'aménagement différé** (ZAD) par le préfet après avis ou sur proposition de la commune concernée emporte également création d'un droit de préemption (Mémento Urbanisme-Construction n°s 31900 s.). Le département peut de même créer une zone de préemption afin de protéger les **espaces naturels sensibles** (C. urb. art. L 142-3). Les **Safer** bénéficient d'un droit de préemption en cas d'aliénation d'un bien agricole (C. rur. art. L 143-1 s. ; Mémento Vente immobilière n° 38500).

La loi Climat a créé au bénéfice de la commune ou de l'EPCI un droit de préemption pour les biens exposés à l'érosion du littoral (C. urb. art. L 219-1 s.). Des textes d'application sont nécessaires pour permettre son entrée en vigueur.

La loi a également institué des droits de préemption au profit du **preneur d'un bien rural** (C. rur. art. L 412-1) remplissant certaines conditions (Mémento Vente immobilière n°s 39500 s.), du **locataire d'un immeuble** à usage **d'habitation ou à usage mixte,** lors de la première vente du local après division d'un immeuble par appartements, ainsi qu'en cas de congé donné par le propriétaire en vue de vendre et du locataire lors de la vente d'un local commercial ou artisanal (C. com art. L 145-46-1).

Les **coïndivisaires** jouissent d'un droit de préemption pour le cas où l'un d'entre eux entend céder sa quote-part à un tiers (C. civ. art. 815-14).

CONDITIONS D'EXERCICE

Préalablement à la conclusion de la vente, le vendeur (ou son notaire) doit **notifier** aux titulaires du droit de préemption son **intention de vendre.** La vente peut toutefois intervenir avant la notification mais elle est alors conclue sous la condition suspensive de non-préemption (Cass. 3e civ. 8-11-1995 n° 93-18.987 : RJDA 12/95 n° 1432 ; Cass. 3e civ. 25-9-2002 n° 00-20.849 : RJDA 12/02 n° 1257). **8920**

La déclaration d'intention doit préciser le prix et les conditions essentielles de la vente. Les conditions de la vente non mentionnées dans la déclaration d'intention d'aliéner sont inopposables au titulaire du droit de **préemption** (Cass. 3e civ. 11-5-2000 n° 97-18.610 : RJDA 7-8/00 n° 753).

La loi impartit au bénéficiaire du droit de préemption un **délai pour répondre,** au-delà duquel il est réputé avoir renoncé à son droit. **8922**

L'exercice du droit de préemption n'a pas pour effet d'emporter la caducité de la vente initialement convenue mais seulement de substituer le préempteur à l'acquéreur (Cass. 3e civ. 19-7-2000 n° 98-21.855 : RJDA 12/00 n° 1082). En cas de résiliation de la promesse de vente, la décision de préemption n'a d'effet que si sa notification est intervenue avant celle de la résiliation (Cass. 3e civ. 17-9-2014 n° 13-21.824 : BPIM 6/14 inf. 373).

Hormis le cas du locataire et des coïndivisaires, le bénéficiaire du droit de préemption n'est pas tenu d'accepter purement et simplement le prix proposé. Il peut émettre une **contre-proposition,** laquelle ouvre, en principe, un **droit pour le propriétaire de renoncer** à l'opération. À défaut de renonciation, le prix est fixé par le juge. En cas d'acceptation pure et simple, la vente est formée de plein droit entre le propriétaire et le préempteur, à l'exception de la notification faite par un coïndivisaire qui ne vaut pas, à défaut de stipulation expresse, offre de vente (Cass. 1e civ. 5-6-1984 : Bull. civ. I n° 183 ; Cass. 1e civ. 9-2-2011 n° 10-10.759 : RJDA 5/11 n° 476).

NON-RESPECT DU DROIT DE PRÉEMPTION

La violation du droit de préemption est **sanctionnée** le plus souvent par la nullité de la vente (indivision, droit de préemption du Code de l'urbanisme). **8925**

Certains textes reconnaissent toutefois un droit de substitution au profit du bénéficiaire du droit de préemption (preneur rural et Safer par décision judiciaire) ; sur le second droit de préemption dont bénéficie le titulaire d'un bail d'habitation, voir n° 64885.

INCIDENCES SUR LE PROCESSUS CONTRACTUEL

La **purge du droit de préemption** intervient en principe au stade de la promesse unilatérale de vente, avant que l'acquéreur ne lève l'option. Compte tenu des délais de purge et de la fragilité intrinsèque de la promesse unilatérale de vente, les parties peuvent souhaiter s'engager définitivement et ériger le non-exercice du droit de préemption en condition de la vente. **8940**

La **vente sous condition** résolutoire est prohibée car elle a pour but de faire échec au droit lui-même. Il en va de même de la condition suspensive érigée en condition substantielle et déterminante de la volonté de vendre qui est expressément prohibée en matière de Safer, sauf en cas d'apport en société ou d'échange.

> **Précisions** En matière de vente d'un immeuble soumis au droit de préemption urbain ou relevant d'une zone d'aménagement différé, la Cour de cassation a précisé que les parties ont la possibilité de conclure, par acte sous signature privée, la vente sous condition suspensive de

non-préemption avant même d'adresser la déclaration d'intention d'aliéner (Cass. 3e civ. 8-11-1995 no 93-18.987 : RJDA 12/95 no 1432). Mais cette possibilité ne s'étend pas à l'acte authentique de vente (Cass. 3e civ. 19-7-1982 : Bull. civ. III no 180 ; Cass. 3e civ. 20-3-1996 no 94-13.960 : RJDA 8-9/96 no 1099).

2. CARNET D'INFORMATION DU LOGEMENT

8950 La loi Élan avait créé un carnet numérique de suivi et d'entretien du logement (CCH art. L 111-10-5 abrogé par ord. 2020-71 du 29-1-2020) dont les modalités d'application devaient être précisées par un décret qui n'est pas paru.

Il est remplacé, dans la loi Climat, par un **carnet d'information du logement,** destiné à faciliter et accompagner les travaux d'amélioration de la performance énergétique du logement ainsi que l'installation d'équipements de contrôle et de gestion active de l'énergie (CCH art. L 126-35-2 s.).

Le carnet d'information du logement doit permettre de conserver les **informations utiles sur les caractéristiques du logement et sur les travaux passés,** dont la connaissance est indispensable à l'évaluation de la performance énergétique et à la programmation d'opérations de rénovation efficaces sur le bâti et les systèmes énergétiques (équipements de chauffage, pilotage des consommations énergétiques, ventilation, etc.).

Il est établi pour chaque logement dont la construction ou les travaux de rénovation font l'objet d'une demande de permis de construire ou d'une déclaration préalable déposée depuis le 1er janvier 2023. En l'absence de toute formalité d'urbanisme, il est réalisé pour les travaux faisant l'objet d'un devis accepté depuis le 1er janvier 2023 ou, à défaut de devis, pour ceux débutant depuis le 1er janvier 2023 (CCH art. L 126-35-4).

Les catégories de travaux de rénovation concernés sont les travaux d'isolation thermique des toitures, des planchers bas, des murs, parois vitrées et portes donnant sur l'extérieur. Il s'agit également des travaux d'installation, de régulation ou de remplacement de systèmes de chauffage ou de refroidissement, ou encore des travaux d'installation d'équipements de chauffage ou de production d'eau chaude sanitaire utilisant une source d'énergie renouvelable (CCH art. R 126-33 I).

Chaque **constructeur** au sens de l'article 1792-1 du Code civil transmet au propriétaire du logement les éléments le concernant pour constituer le carnet d'information, au plus tard à la réception des travaux. Si le propriétaire du logement n'est pas le maître de l'ouvrage, le carnet d'information doit lui être transmis par le maître de l'ouvrage au plus tard à la livraison du logement ou à la réception des travaux (CCH art. L 126-35-5).

Il est transféré à l'acquéreur lors de la **mutation du logement** (CCH art. L 126-35-10). Le document remis est celui « tel qu'il est au moment de la vente ». La transmission du carnet aura lieu au plus tard à la date de la signature de l'acte authentique. L'acquéreur devra alors en attester dans l'acte authentique lui-même.

3. DOSSIER DE DIAGNOSTIC TECHNIQUE

9000 L'ensemble des états, constats ou diagnostics sanitaires, qui doivent être communiqués par le vendeur à l'acquéreur sont regroupés dans un document unique appelé dossier de diagnostic technique (CCH art. L 271-4 à L 271-6).

> **Précisions** Depuis le 1er juin 2020, l'acquéreur doit savoir si le bien est situé ou non dans une zone de bruit définie par un plan d'exposition au **bruit des aérodromes** (C. urb. art. L 112-11, I). Le document n'a qu'une valeur indicative.
> Depuis le 11 avril 2024, le dossier de diagnostic technique contient les arrêtés pris au titre de la police de sécurité et de la salubrité des immeubles, locaux et installations (CCH art. L 271-4, I dans sa rédaction issue de la loi 2024-322 du 9-4-2024, dite loi « Rénovation de l'habitat dégradé »).
> Sur le plan d'exposition au bruit, voir Mémento Urbanisme-Construction no 9160.

COMMUNICATION DU DOSSIER

9005 Le dossier de diagnostic technique doit, en cas de vente de tout ou partie d'un immeuble bâti, être fourni par le vendeur et annexé à la **promesse de vente** ou, à défaut de promesse, à l'**acte authentique de vente** (CCH art. L 271-4 à L 271-6). En cas de vente publique, le dossier est annexé au **cahier des charges** (CCH art. L 271-4).

L'obligation légale mise à la charge du vendeur de fournir le diagnostic technique implique qu'il en supporte le **coût.** Mais les parties peuvent prévoir de mettre ces frais à la charge de l'acheteur (Cass. 3e civ. 16-1-2013 no 11-22.591 : BPIM 2/13 inf. 135).

CONTENU DU DOSSIER

9020 **Termites, mérule, amiante et plomb** Le dossier de diagnostic technique comprend, tout d'abord, les documents suivants (CCH art. L 271-4, I) :

– un **état** relatif à la présence de termites dans le bâtiment lorsque celui-ci est situé dans une zone infestée (nº 44480) ;

– une information sur la présence d'un risque de mérule dans les zones délimitées par le préfet (nº 44481) ;

– un état mentionnant la présence ou l'absence de matériaux ou produits contenant de l'amiante lorsque le permis de construire a été délivré avant le 1er juillet 1997 (nos 44210 s.) ;

– un **constat de risque** d'exposition au plomb pour les immeubles construits avant le 1er janvier 1949 (nº 44280).

> **Précisions** **a.** Le document relatif au plomb n'est requis que pour les **immeubles** ou parties d'immeuble à usage **d'habitation** (CCH art. L 271-4, I).
> **b.** En cas de **vente d'un lot de copropriété,** le document relatif au plomb porte exclusivement sur la partie privative du lot affectée au logement et l'état concernant les termites sur la partie privative du lot (même article). Le métrage de la partie privative (nos 37120 s.) ne figure pas dans le dossier de diagnostic technique (Rép. Repentin : Sén. 1-11-2007 p. 1991 nº 766).
> **c.** La **transmission** à l'acquéreur d'un **diagnostic négatif** quant à la présence d'amiante ne constitue pas une garantie que l'immeuble vendu est exempt d'amiante (Cass. 3e civ. 23-9-2009 nº 08-13.373 : RJDA 2/10 nº 141).

9021 **Gaz, électricité, assainissement** Les installations intérieures de **gaz et** d'**électricité** réalisées depuis plus de 15 ans doivent être contrôlées avant la vente d'un logement en vue d'évaluer les risques pouvant compromettre la sécurité des personnes (CCH art. L 134-6 et art. R 134-6 à R 134-9 pour le gaz ; art. L 134-7 et art. R 134-10 à R 134-13 pour l'électricité). Cette obligation est applicable depuis le 1er novembre 2007 pour le gaz (Décret 2006-1147 du 14-9-2006 art. 2) et depuis le 1er janvier 2009 pour l'électricité (Décret 2008-384 du 22-4-2008 art. 2). Les certificats de contrôle décrivent l'état des installations (appareils et tuyauteries pour le gaz ; de l'aval du compteur individuel jusqu'aux bornes d'alimentation et aux socles des prises de courant pour l'électricité).

En cas de vente d'un immeuble d'habitation non raccordé à l'égout, un certificat de contrôle du bon état et du bon fonctionnement de l'installation d'**assainissement** non collectif doit être fourni (CSP art. L 1331-11-1 ; Loi 2010-788 du 12-7-2010, dite Grenelle II, art. 102). En pratique, est concerné le vendeur d'une maison individuelle équipée d'une fosse septique.

> **Précisions** **a.** Les documents relatifs à l'état des installations de **gaz et d'électricité** ne sont requis que pour les **immeubles** ou parties d'immeuble à usage **d'habitation** (CCH art. L 271-4, I). La proposition de loi relative à la simplification du fonctionnement des collectivités territoriales, telle qu'adoptée en seconde lecture par le Sénat le 12 juin 2013, prévoit que ces documents ne sont pas requis lorsque l'immeuble ou la partie d'immeuble acheté est voué à la destruction ; dans ce cas, l'acquéreur devra remettre au vendeur une déclaration sur l'honneur attestant son intention de détruire l'immeuble acheté.
> **b.** En cas de **vente d'un lot de copropriété,** l'état des installations de gaz et d'électricité porte exclusivement sur la partie privative du lot (même article).
> **c.** S'agissant de l'état relatif aux installations d'**assainissement,** le contrôle de la commune doit dater de moins de trois ans au moment de la signature de l'acte de vente ; si le contrôle est plus ancien ou inexistant, le vendeur doit en faire réaliser un nouveau à sa charge (CSP art. L 1331-11-1). En cas de non-conformité de l'installation individuelle d'assainissement lors de la signature de l'acte authentique de vente, l'acquéreur doit faire procéder aux travaux de mise en conformité dans un délai d'un an après l'acte de vente (CCH art. L 271-4).

9023 **Risques naturels et technologiques** En cas de vente d'un bien immobilier situé dans une zone couverte par un plan de prévention des risques technologiques ou un plan de prévention des risques naturels prévisibles dans les zones de sismicité définies par décret ou dans une zone exposée aux risques délimités par un plan de prévention des risques miniers, ou dans les zones à potentiel radon, le vendeur doit informer l'acquéreur de l'existence des risques visés par le plan ou le décret (C. envir. art. L 125-5, I et R 125-23).

À cet effet, un **état des risques** est établi à partir des informations mises à disposition par le préfet et selon un modèle défini par arrêté ministériel (Arrêté TREP1819058A du 13-7-2018 ; modèle disponible en préfecture, en sous-préfecture, en mairie et sur www.georisques.gouv.fr).

Les informations mises à disposition par le préfet sur le site internet de la préfecture relatives aux zones à risque n'ont qu'une **valeur informative.** Le vendeur doit faire des vérifications plus approfondies en consultant les recueils administratifs (Cass. 3e civ. 18-9-2019 nº 18-16.700 FS-PBI : BPIM 6/19 inf. 422).

La loi Climat prévoit que l'information environnementale concerne, depuis le **1er janvier 2023,** les biens situés dans les zones susceptibles d'être atteintes par le **recul du trait de côte** (C. envir. art. L 125-5).

Le « recul du trait de côte » consiste à déplacer vers l'intérieur des terres la limite du domaine maritime afin de protéger le littoral menacé par l'érosion ou la montée des eaux. La liste des communes vulnérables à l'érosion du littoral est fixée par décret (Décret 2023-698 du 31-7-2023).

Depuis le 1er janvier 2023 :

– l'annonce relative à la vente d'un bien pour lequel doit être établi un état des risques doit comporter la mention : « les informations sur les risques auxquels ce bien est exposé sont disponibles sur le site Géorisques » (C. envir. art. R 125-25, I) ;

– l'état des risques doit être remis lors de la première visite au potentiel acquéreur par le vendeur (C. envir. art. R 125-25, II) ;

– l'état des risques devra être annexé à l'acte authentique de vente mais remis à l'acquéreur au plus tard lors de la promesse de vente, étant précisé que, s'il n'est pas remis, le délai de rétractation prévu par l'article L 271-1 du CCH ne commencera à courir qu'à compter du lendemain de sa communication à l'acquéreur (C. envir. art. L 125-5, I bis-al. 6).

Le vendeur doit en outre informer par écrit l'acquéreur de tout **sinistre** survenu pendant la période où il a été propriétaire (ou dont il aura lui-même été informé en application des présentes dispositions) et ayant donné lieu au versement d'une indemnité au titre d'une catastrophe naturelle ou technologique ; cette information n'a pas à figurer dans le dossier de diagnostic technique, mais doit être mentionnée dans l'acte authentique constatant la réalisation de la vente sous peine de résiliation de la vente ou de réduction du prix (C. envir. art. L 125-5, IV et V).

Depuis le 1er janvier 2025, l'information sur l'**obligation de débroussailler** ou de maintenir en l'état débroussaillé est intégrée dans l'état des risques. Un décret du 29 avril 2024 précise que cette information prend la forme d'une fiche d'information qui est disponible sur le site www.georisques.gouv.fr (C. envir. art. R 125-24). Elle doit être produite dès l'annonce immobilière et actualisée, si besoin est, à chaque étape de la vente (C. envir. art. R 125-23).

Sur les risques de pollution des sols, voir n° 11170.

9025 **Diagnostic de performance énergétique** La production du diagnostic de performance énergétique est exigée pour les ventes d'immeubles ou parties d'**immeubles existants** réalisées depuis le 1er novembre 2006 ainsi que pour les ventes d'**immeubles neufs** pour lesquels une demande de permis de construire a été déposée depuis le 1er juillet 2007 (CCH art. L 126-26 s. et R 134-1 à R 134-5 ; Décret 2006-1147 du 14-9-2006 art. 2). Cette obligation concerne les bâtiments clos et couverts sous réserve des exceptions mentionnées nos 44660 s.

Ce diagnostic indique la quantité d'énergie effectivement consommée ou estimée pour une utilisation standardisée du bâtiment, ainsi qu'une classification en fonction de valeurs de référence afin de permettre de comparer et d'évaluer sa performance énergétique. Il est accompagné de recommandations destinées à améliorer cette performance (CCH art. L 126-26 ; CCH art. R 134-2).

Aux termes de la **loi Climat** du 22 août 2021, à compter du 1er janvier 2028, les bâtiments ou parties de bâtiment existants à usage d'habitation sont classés, par niveaux de performance décroissants (classement de A à G), en fonction de leur niveau de **performance énergétique** et de leur performance en matière d'**émissions de gaz à effet de serre** (CCH art. L 173-1-1 et L 173-2).

Ce niveau de performance est exprimé en kWh d'énergie primaire par m^2, s'agissant de la consommation énergétique, et en kg de CO_2 par m^2, s'agissant des émissions de gaz à effet de serre.

Le **chauffage électrique,** jusque-là défavorisé dans la méthode de calcul 3CL-DPE 2021, va être mieux pris en compte, dès 2026, dans les éléments de détermination de la performance énergétique. Fixé pour l'instant à 2,3, le **coefficient de conversion de l'électricité,** nécessaire au calcul du coefficient d'énergie primaire (Cep), va être abaissé à 1,9, et ce, à compter du 1er janvier 2026. Un arrêté du 13 août 2025 confirme ce changement de valeur pour l'ensemble des DPE établis à compter de cette date. Le texte précise aussi les modalités de mise à jour, à cette date, des DPE et audits énergétiques déjà réalisés sur les bâtiments d'habitation et en cours de validité (Arrêté ATDL2519132A du 13-8-2025).

DURÉE DE VALIDITÉ DES DIAGNOSTICS

9040 La durée de validité des documents énumérés ci-dessus (nos 9020 s.) est fixée par décret en fonction de la nature du constat, de l'état ou du diagnostic (CCH art. L 271-5, al. 1) et par rapport à la date de la promesse de vente ou à la date de l'acte authentique de vente de l'immeuble.

Cette durée est de :
– moins de six mois pour l'état relatif à la présence de **termites** (CCH art. R 271-5) ;
– illimitée s'agissant de l'état mentionnant l'absence de matériaux ou produits contenant de l'**amiante** ;
– moins d'un an en cas de constat positif de risque d'exposition au **plomb** (CCH art. R 271-5) et illimitée en cas de constat négatif (CCH art. L 271-5, al. 3) ;
– moins de trois ans pour l'état de l'installation intérieure de **gaz** ou d'**électricité** (CCH art. R 271-5) ;
– moins de trois ans pour l'état de l'**installation d'assainissement** (CSP art. L 1331-11-1) ;
– moins de six mois concernant l'état des **risques naturels et technologiques** (C. envir. art. R 125-26) ;
– moins de dix ans pour le diagnostic de **performance énergétique** (CCH art. D 126-19 et D 134-4-2).
La durée de validité de l'information sur la présence d'un risque de **mérule** n'est pas précisée par les textes actuels.

L'article L 271-5 du Code de la construction et de l'habitation précise les conséquences des **modifications** qui peuvent survenir **entre la promesse et l'acte définitif de vente** : 9045
– si l'un des documents produits lors de la signature de la promesse de vente n'est plus en cours de validité à la date de la signature de l'acte authentique de vente, il devra être remplacé par un nouveau document pour être annexé à l'acte authentique de vente ;
– si, postérieurement à la promesse de vente, la parcelle sur laquelle est implanté l'immeuble est inscrite dans une zone couverte par un plan de prévention des risques technologiques, un plan de prévention des risques naturels ou dans une zone de sismicité, le dossier de diagnostic technique devra être complété lors de la signature de l'acte authentique de vente par un état des risques naturels et technologiques ou par la mise à jour de l'état existant.

PERSONNES HABILITÉES À ÉTABLIR LE DOSSIER

Les documents relatifs au plomb, à l'amiante, aux termites, aux installations de gaz et d'électricité ainsi que le diagnostic de performance énergétique doivent être établis par une personne (CCH art. L 271-6, R 271-1 et R 271-2) : 9050
– dont les **compétences** auront été certifiées par un organisme accrédité dans le domaine de la construction et disposant d'une organisation et de moyens appropriés ;
– ayant souscrit une **assurance** permettant de couvrir les conséquences d'un engagement de sa responsabilité en raison de ses interventions (garantie minimale de 300 000 € par sinistre et 500 000 € par année d'assurance) ;
– n'ayant aucun lien de nature à porter atteinte à son impartialité et à son **indépendance** ni avec le propriétaire (ou les préposés), ni avec une entreprise susceptible de réaliser des travaux sur les ouvrages, installations ou équipements pour lesquels il lui est demandé d'établir l'un des documents cités.
Le non-respect de ces dispositions est sanctionné par une amende de 1 500 € (CCH art. R 271-4).
Pour de plus amples développements sur le **diagnostiqueur immobilier,** voir Mémento Vente immobilière nos 71600 s.

> Précisions **a.** Les documents établis par le diagnostiqueur sous couvert de la certification comportent la mention suivante : « Le présent rapport est établi par une personne dont les compétences sont certifiées par... », complétée par le nom et l'adresse postale de l'organisme certificateur concerné (CCH art. R 271-3, al. 2).
b. Depuis la même date et sous peine d'une amende de 1 500 €, il est interdit au diagnostiqueur et à ses employés (CCH art. R 271-3, al. 3 et 4) :
– d'accorder, directement ou indirectement, aucun avantage ni rétribution, sous quelque forme que ce soit, aux intermédiaires qui interviennent pour la vente ou la location immobilière pour laquelle un diagnostic est demandé ;
– de recevoir, directement ou indirectement, aucun avantage ni rétribution, sous quelque forme que ce soit, de la part d'une entreprise pouvant réaliser des travaux sur les ouvrages, installations ou équipements sur lesquels porte le diagnostic.

SANCTIONS

Les sanctions prévues par l'article L 271-4, II sont : 9060
– en l'absence des **documents relatifs au plomb, à l'amiante, aux termites et aux installations de gaz, d'électricité et d'assainissement** lors de la signature de l'acte authentique de vente, l'impossibilité pour le vendeur de s'exonérer de la garantie des vices cachés ;
– en l'absence de l'**état des risques naturels et technologiques,** la possibilité pour l'acquéreur de demander au juge la résolution de la vente ou une diminution du prix.
Aucune sanction n'est prévue en cas d'absence de l'information sur la présence d'un risque de **mérule.**

Depuis le 1er juillet 2021, les informations relatives à la performance énergétique (exemple : classement E) sont **opposables** au vendeur. Le DPE a une **valeur contractuelle.** Seules les recommandations (exemple : isolation des combles) conservent une valeur purement informative (CCH L 271-4, dernier al.).

Par ailleurs, le vendeur qui fait appel à une personne ne satisfaisant pas aux conditions exposées n° 9050 est passible d'une **amende** de 1 500 € (CCH art. R 271-4).

9065 Outre ces sanctions spécifiques, le défaut de communication des documents composant le diagnostic technique peut toujours être **sanctionné sur le fondement du droit commun,** notamment par le biais du dol ou d'un manquement au devoir d'information ou encore par la mise en œuvre de la garantie des vices cachés.

TABLEAU RÉCAPITULATIF

9070

Objet du contrôle	Immeuble concerné	Élément contrôlé	Durée de validité du certificat
Termites	Immeuble bâti situé dans une zone délimitée par le préfet	Immeuble ou partie privative d'un lot de copropriété	6 mois
Mérule	Immeuble bâti situé dans une zone délimitée par le préfet	Immeuble ou partie privative d'un lot de copropriété	Information à fournir au moment de la vente
Amiante	Immeuble dont le permis de construire a été délivré avant le 1er juillet 1997	Parois verticales intérieures et enduits, planchers, plafonds et faux plafonds, conduits et canalisations, ascenseur et monte-charge ainsi que, pour les ventes intervenues depuis le 1er février 2012, toitures, bardages, façades légères, conduits extérieurs (n° 44220)	Illimitée : constat négatif
Plomb	Immeuble d'habitation dont le permis de construire a été délivré avant le 1er janvier 1949	Peintures de l'immeuble ou de la partie privative affectée au logement	Illimitée : constat négatif Un an : constat positif
Gaz	Bâtiment d'habitation comportant une installation intérieure de gaz de plus de 15 ans	Immeuble ou partie privative d'un lot de copropriété	3 ans
Électricité	Bâtiment d'habitation comportant une installation d'électricité de plus de 15 ans	Immeuble ou partie privative d'un lot de copropriété	3 ans
Assainissement	Immeuble à usage d'habitation non raccordé à l'égout	Installation d'assainissement non collectif	3 ans
Risques	Immeuble situé dans une zone couverte par un plan de prévention des risques naturels prévisibles ou des risques miniers résiduels, un plan de prévention des risques technologiques ou dans certaines zones sismiques	Immeuble	6 mois

Objet du contrôle	Immeuble concerné	Élément contrôlé	Durée de validité du certificat
Performance énergétique	Immeuble clos et couvert équipé d'une installation de chauffage (sous réserve de quelques exceptions) dont la vente est intervenue depuis le 1er novembre 2006 ou, en cas d'immeuble neuf, dont le permis de construire a été déposé à compter du 1er juillet 2007	Immeuble ou partie privative d'un lot de copropriété	10 ans

B. Acte authentique

RÔLE DE L'ACTE AUTHENTIQUE

Entre les parties, la vente d'immeuble obéit au principe du consensualisme. L'existence de l'accord est une condition suffisante de la vente (Cass. 3e civ. 15-12-1970 : Bull. civ. III n° 333). Il s'ensuit qu'aucune forme n'est exigée : la vente est parfaite même en l'absence d'écrit (Cass. 1e civ. 11-3-1964 : Bull. civ. I n° 150). Ainsi, une demande en réalisation de la vente ne peut pas être rejetée en raison de l'absence de signature de l'acte notarié s'il n'est pas démontré que les parties avaient fait de la réitération par acte notarié un élément constitutif de leur consentement (Cass. 3e civ. 20-12-1994 n° 92-20.878 : RJDA 4/95 n° 419 ; Cass. 3e civ. 29-11-2000 n° 98-20.502 : RJDA 4/01 n° 434 ; Cass. 3e civ. 15-12-2004 n° 03-10.460 : RJDA 5/05 n° 519). 9200

En revanche, le respect des règles de forme conditionne l'opposabilité de la vente aux **tiers.** Celle-ci doit obligatoirement être constatée par acte authentique pour pouvoir être publiée au service chargé de la publicité foncière et être ainsi opposable à tous les tiers ayant vocation à faire valoir un droit concurrent sur l'immeuble. La loi 2011-331 du 28 mars 2011, qui a institué l'acte sous signature privée contresigné par un avocat, a réaffirmé le rôle de l'acte authentique en matière de publicité foncière : tout acte sujet à publicité foncière doit, indépendamment des décisions judiciaires et de certaines décisions administratives, être dressé en la forme authentique (C. civ. art. 710-1, al. 1). En outre, le dépôt au rang des minutes d'un notaire d'un acte sous signature privée, contresigné ou non, même avec reconnaissance d'écriture et de signature, ne peut pas donner lieu aux formalités de publicité foncière (C. civ. art. 710-1, al. 2). Un avocat ne peut donc pas contresigner des actes sujets à publicité foncière et en faire effectuer ensuite le dépôt au rang des minutes d'un notaire.

RÔLE DU NOTAIRE

L'ordonnance 45-2590 du 2 novembre 1945 investit les notaires d'un monopole pour recevoir les actes ou contrats auxquels les parties doivent ou veulent faire donner le **caractère d'authenticité attaché aux actes de l'autorité publique.** Le procès-verbal dressé par un commissaire de justice (anciennement huissier) pour constater une vente ne vaut pas acte authentique (Cass. 3e civ. 4-2-1976 : Defrénois 1976 art. 311811 obs. Aubert). 9202

Les actes notariés ne sont toutefois pas les seuls actes authentiques. Ont également cette forme les actes dressés en la forme administrative et les jugements.

En cas de **vente d'un lot de copropriété,** le notaire doit remettre aux parties, le jour de la signature de l'acte authentique constatant la réalisation de la vente, contre émargement ou récépissé, une copie simple de l'acte signé ou un certificat reproduisant la clause de l'acte mentionnant la superficie de la partie privative du lot ou de la fraction de lot vendu, ainsi qu'une copie des dispositions de l'article 46 de la loi 65-557 du 10 juillet 1965, lorsque celles-ci ne sont pas intégralement reprises dans l'acte de vente ou le certificat (Décret 67-223 du 17-3-1967 art. 4-3 issu du décret 97-532 du 23-5-1997). Sur l'ensemble de cette question, voir nos 37000 s. 9205

C. Formalités postérieures à la vente

PUBLICATION DE L'ACTE DE VENTE

9285 Afin de rendre opposable aux tiers le droit de propriété de l'acquéreur, l'acte de vente doit obligatoirement être publié au service chargé de la publicité foncière (Décret 55-22 du 4-1-1955 art. 28, 1°). Sauf exception, le dépôt au service chargé de la publicité foncière doit être réalisé sous forme dématérialisée par l'application Télé@ctes sous peine de refus (Décret 55-1350 du 14-10-1955 art. 73-1).

Il appartient au notaire qui a dressé l'acte de procéder à sa publication dans le **délai** légal qui est en principe de trois mois à compter de la date de l'acte (Décret 55-22 du 4-1-1955 art. 32 et 33, C). En pratique, ce délai de trois mois concerne peu de ventes d'immeubles (celles soumises à la double formalité de l'enregistrement et de la publicité foncière : ventes par décision de justice, immeubles situés en Alsace-Moselle, ventes ayant fait l'objet d'un refus de publier). Pour la quasi-totalité des ventes d'immeubles, soumises à la **formalité fusionnée** de l'enregistrement et de la publicité foncière, ce délai est réduit à un mois (CGI art. 647, III). La jurisprudence se montre particulièrement exigeante à l'égard du notaire sur ce point : son obligation de prudence et de diligence lui impose de procéder aux formalités de publication dans les meilleurs délais dès lors qu'il remet le prix de vente au vendeur le jour de la signature de l'acte, afin d'assurer l'opposabilité de l'acte aux tiers. En cas de publication concurrente intercalaire, sa responsabilité pourrait être retenue quand bien même il aurait publié son acte dans le délai légal (Cass. 1e civ. 15-5-2015 nos 14-14.988 et 14-19.724 : BPIM 4/15 inf. 283).

Le notaire ne peut pas se faire **dispenser** par les parties de procéder à cette publication (Décret 55-22 du 4-1-1955 art. 32).

Pour plus de détails sur les règles de la publicité foncière, voir nos 15000 s.

FORMALITÉS COMPLÉMENTAIRES

9300 Le **vendeur privilégié** ou le prêteur de deniers conserve son privilège par une inscription qui doit être prise au service chargé de la publicité foncière, à sa diligence, en la forme prévue aux articles 2426 et 2428 du Code civil, et dans le délai de deux mois de l'acte de vente. Le privilège prend rang rétroactivement à compter de la date dudit acte. À défaut d'être inscrit dans ce délai, le privilège « dégénère » et ne prend rang qu'à compter de son inscription (C. civ. art. 2379). En pratique, cette formalité est effectuée la plupart du temps simultanément à la publication de l'acte de vente.

9305 Le vendeur doit notifier la vente à l'**assureur de l'immeuble** par lettre recommandée avec demande d'avis de réception afin d'éteindre son obligation de payer les primes à échoir (C. ass. art. L 121-10, al. 3). S'il bénéficie d'un privilège, il doit notifier à l'assureur sa qualité, de telle sorte qu'en cas de sinistre l'assureur ne puisse pas valablement payer l'indemnité entre les mains de l'acquéreur ; il résulte, en effet, de l'article L 121-13 du Code des assurances que les paiements effectués de bonne foi avant opposition du vendeur sont valables.

9310 Lorsque la **vente porte sur un lot de copropriété,** il appartient au notaire, dans le cas où le vendeur ne lui a pas délivré un certificat ayant moins d'un mois de date, attestant qu'il est libre de toute obligation à l'égard du syndicat, d'adresser au syndic, par lettre recommandée avec demande d'avis de réception, un avis de mutation. Cet envoi fait courir, à compter de sa réception, le délai de quinze jours pendant lequel le syndic peut faire opposition entre les mains du notaire par acte extrajudiciaire, empêchant ainsi ce dernier de verser le prix de vente au vendeur (voir nos 37300 s.).

9315 La loi 2011-331 du 28 mars 2011 de modernisation des professions judiciaires ou juridiques et de certaines professions réglementées, complétée par le décret d'application 2013-803 du 3 septembre 2013 (JO 5 p. 14976), a instauré, pour toute mutation d'immeuble à titre onéreux, une obligation de **transmission d'informations par les notaires au Conseil supérieur du notariat.** Ces informations portent sur le bien vendu, le montant de la transaction, des taxes frais et commissions.

VI. CLAUSES USUELLES

9400 Les contraintes de la publicité foncière imposent un **contenu minimal** à l'acte authentique de vente. L'adoption du document hypothécaire normalisé a entraîné la modification de la présentation des actes de vente (J.-C. Bez, Vente d'immeuble, nouvelle présentation : JCP N 1991 I p. 1779).

Devant la complexité croissante des actes de vente et les risques d'omission générés par leur informatisation, il est recommandé d'établir un **sommaire,** en tête de l'acte, avec indication des pages (Cl. Destame : JCP N 1995 I p. 309).

PARTIES

L'acte de vente doit identifier avec précision les parties de façon à respecter les prescriptions du décret du 4 janvier 1955. **9405**

Pour les **personnes physiques,** sont mentionnés les nom, prénoms dans l'ordre de l'état civil, date et lieu de naissance, profession, ainsi que le nom de leur conjoint.

Les **personnes morales** sont identifiées par leur dénomination. Il faut, en outre, indiquer, pour toutes les sociétés, leur forme juridique et leur siège social, pour les sociétés commerciales, leur numéro d'immatriculation au registre du commerce. Pour les associations, il faut, outre la dénomination, indiquer le siège, la date et le lieu de leur déclaration.

IMMEUBLE

L'article 7 du décret du 4 janvier 1955 exige une **identification** minutieuse de l'immeuble vendu : nature, situation, contenance, désignation cadastrale, éventuellement la rue et le numéro. **9420**

Il appartient au notaire d'établir le **droit de propriété du vendeur** sur l'immeuble aliéné. L'usage est de remonter trente ans en arrière et de reconstituer, maillon par maillon, la chaîne des mutations jusqu'à la vente.

CHARGES ET CONDITIONS

Sont mentionnées les conditions générales et spécifiques de la vente, notamment celles relatives à la contenance et aux vices cachés, les servitudes occultes, les baux grevant l'immeuble. **9440**

Il convient d'apporter le plus grand soin aux clauses de non-garantie et de proscrire les clauses de style, la renonciation à un droit devant toujours être expresse et éclairée.

L'acte notarié est, sauf disposition expresse, dispensé de toute mention manuscrite exigée par la loi (C. civ. art. 1369, al. 3 ; M. Suquet-Cozic, La dispense de mention manuscrite : une facilité pas si simple : SN 3/11 n° 79 p. 26 s.). Il n'y a donc plus lieu d'y faire apposer par l'acheteur la mention de renonciation au bénéfice de la condition suspensive d'un prêt immobilier prévue par l'article L 313-42 du Code de la consommation.

PRIX

La clause concernant le prix doit être détaillée avec soin, car il s'agit d'un élément essentiel de la vente. Le montant peut ne pas être définitivement arrêté au jour de la vente, mais tous les paramètres permettant son calcul doivent être définis (nos 7840 s.). **9460**

Aux termes de l'article 1650 du Code civil, « la principale obligation de l'acheteur est de payer le prix au jour et au lieu réglés par la vente ». Il convient de préciser la **forme du paiement** et d'indiquer s'il a été remis au notaire ou hors sa comptabilité. Dans le premier cas, l'acquéreur est assuré que le prix de vente ne sera versé au vendeur qu'après accomplissement des formalités de publicité ou, dans la négative, qu'il sera couvert contre le risque d'une situation hypothécaire aggravée (si l'acte est passé au vu d'un état hypothécaire ayant moins de deux mois de date). Dans le second cas, l'acquéreur s'expose au droit de suite des créanciers bénéficiant d'une sûreté réelle.

Lorsque le **prix** est **payable à terme,** le contrat précise l'échéancier des paiements, le taux d'intérêt, les pénalités de retard, les modalités de déchéance du terme. L'acte de vente peut utilement réserver le privilège du vendeur et l'action résolutoire, lesquels obéissent à des règles particulières de publicité.

L'origine des deniers doit, en outre, être établie, afin de respecter les prescriptions de l'article L 312-15 du Code de la consommation, selon lequel l'acte de vente doit indiquer si le **prix** sera **payé** en tout ou en partie **avec** ou sans **l'aide d'un prêt.** L'acte de vente doit, dans cette hypothèse, être conclu sous la condition suspensive de l'obtention dudit prêt.

CLAUSE DE TONTINE

La clause de tontine (également appelée clause d'accroissement ou de réversion) permet en cas d'acquisition d'un immeuble par plusieurs personnes (tels des concubins) de prévoir qu'au décès de l'une d'elles la part du bien acquis reviendra sans indemnité au survivant, de telle sorte que ce dernier sera réputé seul propriétaire de la totalité du bien (sur le régime juridique et fiscal de cette clause, voir Mémento Vente immobilière nos 13090 s.). **9480**

CLÔTURE DE L'ACTE DE VENTE

9500 Il doit être fait mention à la fin de l'acte de la signature des parties, des témoins, du notaire et, le cas échéant, du clerc habilité (Décret du 26-11-1971 art. 10, al. 3). L'absence de signature des parties entraîne la nullité de la vente et à défaut de signature du notaire l'acte authentique dégénère en une convention sous signature privée.

L'acte doit en outre porter mention qu'il a été lu par les parties ou que lecture leur en a été donnée. Il en va de même de la date (année et jour) et du lieu où l'acte de vente est passé, du nombre de pages, de blancs barrés, de mots rayés.

VII. OBLIGATIONS DU NOTAIRE

9600 La jurisprudence fait peser sur le notaire une **obligation toute particulière de vigilance.** Il est en effet tenu d'éclairer les parties et de s'assurer de la validité et de l'efficacité des actes qu'il dresse (notamment, Cass. 1e civ. 11-10-1966 : Bull. civ. I n° 465 ; Cass. 1e civ. 4-2-1997 : Bull. civ. I n° 41 ; Cass. 3e civ. 3-5-2006 n° 05-15.487 : RJDA 11/06 n° 1121 ; Cass. 1e civ. 14-12-2012 n° 11-24.726 : RJDA 2/13 n° 102 ; Cass. 1e civ. 20-3-2014 n° 13-14.121 : BPIM 3/14 inf. 214). La mauvaise foi des parties ne l'exonère pas de cette obligation (Cass. 3e civ. 30-1-2013 n° 11-26.074 : RJDA 5/13 n° 394).

Cette obligation incombe au notaire qu'il **se contente de donner forme authentique** à une convention arrêtée auparavant sans son concours ni sa participation (Cass. 1e civ. 25-3-1991 : Bull. civ. I n° 110 ; Cass. 1e civ. 3-4-2007 n° 06-13.304 : RJDA 10/07 n° 1030) ou qu'il intervienne en qualité de **négociateur** et de **rédacteur** de l'acte de vente quand bien même cet acte aurait été reçu par un autre notaire (Cass. 1e civ. 12-5-1993 : Bull. civ. I n° 167).

Le notaire qui ne remplit pas ses obligations engage sa **responsabilité** sur le fondement de la responsabilité civile de droit commun (C. civ. art. 1231-1 et 1240). Pour un point détaillé sur la question, voir Mémento Vente immobilière nos 70000 s.

> **> Précisions** Le notaire rédacteur d'une **promesse unilatérale de vente** n'est tenu d'une obligation de vigilance qu'à l'égard du bénéficiaire identifié lors de la signature de la promesse, et non à l'égard du tiers substitué ultérieurement dans le bénéfice de celle-ci (Cass. 1e civ. 26-10-2004 n° 02-13.456 : RJDA 2/05 n° 112).

OBLIGATION DE VÉRIFICATION

9610 **Situation des parties** Afin de s'assurer de la validité et de l'efficacité des actes qu'il dresse, le notaire doit procéder préalablement à certaines vérifications.

C'est ainsi qu'il doit vérifier l'**identité et** la **capacité des parties** et le cas échéant, les pouvoirs de leurs représentants. Commet une faute le notaire qui ne s'assure pas de la capacité de disposer du vendeur (Cass. 1e civ. 27-11-2008 n° 07-18.875 : RJDA 8-9/09 n° 701 ; Cass. 1e civ. 8-1-2009 n° 07-18.780 : RJDA 3/10 n° 230 ; Cass. 1e civ. 12-5-2011 n° 10-17.602 : RJDA 10/11 n° 783 ; Cass. 1e civ. 2-10-2013 n° 12-24.754 : BPIM 6/13 inf. 434) ou qui ne vérifie pas la sincérité au moins apparente de la signature figurant sur une procuration sous signature privée (Cass. 1e civ. 6-1-1994 n° 91-22.359 : RJDA 4/94 n° 473 ; Cass. 1e civ. 20-1-1998 : Bull. civ. I n° 21 ; dans le même sens, Cass. 1e civ. 29-5-2013 n° 12-21.781 : BPIM 4/13 inf. 299). Pour les ventes de biens immobiliers à usage d'habitation ou d'un fonds de commerce d'un établissement recevant du public à usage total ou partiel d'hébergement, le notaire doit vérifier que l'acquéreur ne fait pas l'objet d'une **peine d'interdiction d'acheter** (n° 7266).

Les **règles de publicité foncière** imposent au notaire de certifier l'identité des parties au vu d'un extrait d'acte de naissance de moins de 6 mois (Décret 55-22 du 4-1-1955 art. 5). En outre, les notaires sont assujettis aux obligations prévues en matière de lutte contre le **blanchiment** (C. mon. fin. art. L 561-2, 13°).

Le notaire doit également vérifier les **déclarations des parties** lorsqu'elles sont facilement vérifiables et/ou lorsqu'elles conditionnent la validité ou l'efficacité de l'acte qu'il dresse, avec les moyens juridiques et techniques d'investigation dont il dispose (Cass. 3e civ. 5-7-2018 n° 17-20.121 FS-PBI : SNH 25/18 inf. 2) et en considération des éventuels éléments factuels de nature à éveiller ses soupçons. En cas de déclarations erronées des parties quant aux faits rapportés, sa responsabilité n'est engagée que s'il dispose d'éléments de nature à faire douter de leur véracité ou de leur exactitude (Cass. 1e civ. 8-1-2009 n° 07-18.780 : RJDA 3/10 n° 230 ; Cass. 1e civ. 12-5-2011 n° 10-17.602 : RJDA 10/11 n° 783 ; Cass. 1e civ. 23-2-2012 n° 09-13.113 : RJDA 6/12 n° 617 ; Cass. 1e civ. 5-4-2012 n° 11-12.039 : BPIM 3/12 inf. 275). Cette obligation de vérification est renforcée lorsqu'une partie est représentée par un mandataire : dans ce cas, le notaire doit vérifier, par toutes investigations utiles, les déclarations faites en son nom et qui conditionnent la validité et l'efficacité de l'acte (arrêts précités).

Si le notaire n'a pas à s'assurer de la **solvabilité** de l'acquéreur dès lors qu'il est demeuré étranger à la conclusion des différents prêts souscrits par ce dernier (Cass. 1e civ. 28-6-2007 n° 06-11.076 : RJDA 11/07 n° 1058) ni de celle de la caution en l'absence d'éléments révélant une insuffisance des garanties prévues à l'acte de vente (Cass. 1e civ. 13-3-2007 n° 05-21.150 : RJDA 7/07 n° 711), il a néanmoins l'obligation de vérifier auprès du syndic que l'acquéreur d'un lot de copropriété, s'il est déjà copropriétaire dans l'immeuble, n'a pas déjà fait l'objet d'une mise en demeure de payer du syndic restée infructueuse depuis plus de 45 jours (n° 37280).

Situation de l'immeuble Dans le cadre d'une vente d'immeuble, le notaire doit vérifier les origines de propriété de l'immeuble vendu (Cass. 1e civ. 12-12-1995 : JCP N 1996 II p. 727), sa situation juridique (règles d'urbanisme et de permis de construire), sa consistance et son état hypothécaire. Par exemple, le notaire doit consulter le certificat d'urbanisme lorsque la vente est conclue sous la condition suspensive d'un certificat d'urbanisme ne révélant pas de servitude d'urbanisme, l'immeuble étant situé dans la zone de recul d'un cimetière (Cass. 3e civ. 28-2-2001 n° 256 : BPIM 4/01 n° 265) et les certificats administratifs attestant la régularité de l'affectation des locaux en cas de vente de bureaux (Cass. 1e civ. 25-1-1989 : D. 1989 p. 301). Il doit aussi s'assurer de l'existence et de la validité de l'assurance « dommages-ouvrage » de l'immeuble (Cass. 1e civ. 8-7-1994 : Bull. civ. I n° 237 ; Cass. 1e civ. 7-3-1995 : RJDA 8-9/95 n° 972 ; Cass. com. 12-10-2004 n° 00-13.348 : RJDA 3/05 n° 291). N'engage toutefois pas sa responsabilité le notaire qui reçoit l'attestation d'assurance dommages-ouvrages du vendeur sans effectuer de diligences complémentaires pour vérifier l'existence et l'étendue de l'assurance dès lors qu'il n'y a pas d'éléments de nature à en faire douter (Cass. 1e civ. 27-6-2018 n° 17-18.582 FS-PB : BPIM 4/18 inf. 282). 9615

Le notaire doit également vérifier la **validité du titre** du vendeur. Ainsi, commet une négligence le notaire qui ne s'inquiète pas de savoir si la décision judiciaire ayant prononcé la résiliation de la vente consentie aux propriétaires est ou non frappée d'un recours (Cass. 1e civ. 5-1-2022 n° 20-11.837 ; 20-13.725).

Mais le notaire n'est pas tenu de contrôler les informations fournies par l'administration, sauf s'il a des raisons de soupçonner leur inexactitude (Cass. 1e civ. 4-3-2003 n° 99-18.259 : RJDA 11/03 n° 1051), ni de rechercher si le bien vendu est soumis, pour son exploitation, à des prescriptions administratives qui n'ont fait l'objet d'aucune publicité (Cass. 3e civ. 6-7-2005 n° 01-03.590 : RJDA 2/06 n° 122).

> **Précisions** **a.** Au stade de l'avant-contrat (promesse unilatérale, notamment), il ne peut pas être imposé au notaire d'établir avec certitude l'origine de propriété du bien (Cass. 1e civ. 3-2-2011 n° 09-69.617 : RJDA 5/11 n° 401) ni de solliciter un état hypothécaire (Cass. 1e civ. 25-3-2010 n° 08-20.351 : RJDA 7/10 n° 728).
> **b.** Sauf circonstances exceptionnelles (suspension ou interruption du délai de prescription consolidant le droit du propriétaire), le notaire n'est pas tenu de **vérifier l'origine** d'une propriété **au-delà de 30 ans** (Cass. 1e civ. 17-11-2011 n° 10-25.583 : BPIM 1/12 inf. 87). Mais le notaire ne peut pas se contenter de recopier l'origine de propriété figurant dans les précédents actes (Cass. 3e civ. 3-11-2016 n° 14-21.568 : BPIM 1/17 inf. 68).

Authenticité de l'acte Le notaire doit respecter les **conditions de forme et de fond** attachées au caractère authentique de l'acte. Par exemple, il doit veiller à recueillir les signatures de toutes les parties contractantes (Décret 71-941 du 26-11-1971 art. 41 ; Cass. 1e civ. 6-7-2004 n° 1195 : RJDA 11/04 n° 1204 prononçant l'annulation de l'intégralité d'un acte notarié constatant une vente, le prêt destiné à la financer et les cautionnements garantissant le remboursement de ce dernier au motif que la signature d'une des cautions faisait défaut). 9620

OBLIGATION D'INFORMATION ET DE CONSEIL

Dans le cadre de son obligation générale d'information, le notaire doit, en tant que juriste professionnel, éclairer ses clients sur ce qui est juridiquement possible et ce qui ne l'est pas, sur les **risques** de l'opération et les risques encourus par chacun. Il ne doit donc pas donner l'authentification à des contrats dont il pourrait ou devrait suspecter l'illégalité ou la nullité (Cass. 1e civ. 23-1-1962 : Bull. civ. I n° 465 ; Cass. 1e civ. 11-7-2006 n° 03-18.528 : RJDA 12/06 n° 1211). 9630

Le notaire doit vérifier et garantir la bonne compréhension de l'acte et des informations délivrées. Ainsi, le notaire ne conseillant pas son client étranger de se faire assister par un interprète, alors qu'il avait constaté sa mauvaise connaissance de la langue française, commet une faute engageant sa responsabilité professionnelle (Cass. 1e civ. 13 mai 2014 n° 13-13.509 : BPIM 4/14 inf. 291).

Il doit en outre, en présence de solutions (légales ou jurisprudentielles) nouvelles ou faisant l'objet d'interprétations divergentes, attirer l'attention de ses clients sur les risques susceptibles d'être encourus du fait d'une interprétation ultérieure qui pourrait être contraire à leurs intérêts ou qui pourrait affecter la validité de l'acte envisagé (voir notamment Cass. 1e civ. 17-2-1971 : Bull. civ. I n° 52 ; Cass. 1e civ. 9-12-1997 : Bull. civ. I n° 362 ; Cass. 3e civ. 21-11-2001 n° 99-10.557 : RJDA 2/02 n° 125). L'éventuel manquement du notaire doit être apprécié au regard du droit positif existant à l'époque de son intervention sans qu'on puisse lui reprocher de ne pas avoir prévu une évolution ultérieure du droit (Cass. 1e civ. 25-11-1997 : Bull. civ. I n° 328).

Le notaire n'est tenu d'aucun devoir d'information et de conseil envers les tiers (Cass. 1e civ. 3-5-2018 n° 17-12.473 FS-PB : BPIM 3/18 inf. 235).

9635 Le **vendeur** doit notamment être informé des risques liés au paiement du prix de vente : risques à accorder un paiement différé sans autre garantie que le privilège du vendeur (Cass. 1e civ. 21-2-1995 : Bull. civ. I n° 95), risques à octroyer des modalités de paiement particulièrement favorables à l'acheteur (Cass. 1e civ. 14-11-2001 n° 98-21.531 : RJDA 6/02 n° 618), risques à ne pas mentionner un bouquet en plus de la rente dans une vente en viager (Cass. 1e civ. 3-5-2018 n° 16-20.419 FS-PB : BPIM 3/18 inf. 235).

L'**acheteur,** quant à lui, doit être tout particulièrement éclairé sur l'existence d'éléments risquant de mettre en péril son projet. Lorsqu'il envisage d'habiter le bien, le notaire doit l'informer de l'existence d'un arrêté d'interdiction d'habiter ou d'un règlement de copropriété pouvant remettre en cause la possibilité d'habiter (Cass. 1e civ. 26-3-1996 n° 94-12.228 : RJDA 12/96 n° 1518 ; Cass. 3e civ. 16-9-2003 n° 02-13.234 : RJDA 1/04 n° 30) ou du risque de remise en cause de son droit de jouissance de l'immeuble (Cass. 1e civ. 20-1-1998 : Bull. civ. I n° 22). Lorsque l'acquéreur souhaite construire sur le terrain acquis, le notaire doit l'alerter du caractère inconstructible du terrain (Cass. 1e civ. 12-6-1990 : Bull. civ. I n° 160), de la date prochaine de caducité du permis de construire (Cass. 1e civ. 12-11-1987 : Bull. civ. II n° 288) ou des risques inhérents à la signature de l'acte authentique avant l'expiration du délai de recours contre le permis (Cass. 1e civ. 9-12-2010 n° 09-70.816 : RJDA 5/11 n° 399). Il doit également l'informer des conséquences juridiques de l'acquisition d'un immeuble édifié sans permis de construire (Cass. 3e civ. 10-5-2005 n° 04-13.200 : RJDA 11/05 n° 1199), d'une maison construite sans autorisation (Cass. 3e civ. 15-3-2018 n° 17-11.850 F-D : BPIM 3/18 inf. 202), des risques afférents au changement de destination de l'immeuble (Cass. 3e civ. 30-1-2013 n° 11-26.074 : RJDA 5/13 n° 394) ou encore des risques engendrés par des modifications apportées au projet d'acte initial (Cass. 1e civ. 6-2-2013 n° 12-12.123 : BPIM 2/13 inf. 159). Le notaire qui n'annexe pas à l'acte de vente un jugement, relatif à un ancien sinistre, préconisant la démolition du bien est fautif (Cass. 3e civ. 14-12-2017 n° 16-24.170 FS-PBI : BPIM 1/18 Inf. 84). En cas d'emprunt par acte authentique, le notaire doit informer l'emprunteur des conséquences du défaut de souscription d'une assurance facultative (Cass. 1e civ. 8-1-2020 n° 18-23.948 F-D : BPIM 2/20 inf. 135).

9640 Le notaire est tenu d'informer et d'éclairer les parties sur les **conséquences fiscales** de l'acte qu'il doit rédiger (Cass. com. 12-10-1993 n° 91-10.417 P : Bull. civ. IV n° 336 ; Cass. 1e civ. 13-12-2005 n° 03-11.443 P : RJDA 5/06 n° 492). Il doit à ce titre informer l'acheteur de l'impossibilité de bénéficier d'un régime fiscal de faveur (Cass. 1e civ. 3-5-1995 n° 93-11.992 P : Bull. civ. I n° 189) et préciser qui paiera la taxe d'habitation (Cass. 1e civ. 20-1-2011 n° 10-13.948 D : BPIM 2/11 inf. 170) ou la TVA (Cass. 1e civ. 21-5-1990 n° 87-11.806 P : Bull. civ. I n° 119).

PREUVE DE LA FAUTE DU NOTAIRE

9645 Il appartient au demandeur de prouver que le notaire n'a pas réalisé une **vérification** ou une **formalité** obligatoire.

En revanche, lorsque la responsabilité du notaire est engagée pour manquement à son **devoir d'information et de conseil,** c'est à lui qu'il incombe de prouver qu'il a correctement accompli son obligation (Cass. 1e civ. 25-2-1997 n° 94-19.685 : Bull. civ. I n° 75). À cet effet, il peut établir un document, signé par son client, par lequel celui-ci atteste avoir été correctement informé.

EXONÉRATION DE RESPONSABILITÉ

9650 Le notaire ne peut pas s'exonérer de sa responsabilité en invoquant les compétences personnelles de son client (Cass. 1e civ. 9-6-1998 n° 96-13.785 : RJDA 11/98 n° 1183 ; Cass. 1e civ. 4-4-2001 n° 98-19.825 : RJDA 3/02 n° 224 ; Cass. 1e civ. 3-4-2007 n° 06-12.831 : RJDA 7/07 n° 710) ou la présence d'un conseiller personnel au côté de celui-ci (Cass. 1e civ. 10-7-1995 : Bull. civ. I n° 312 ; Cass. 1e civ. 3-3-1998 : Bull. civ. I n° 93 ; Cass. 1e civ. 9-5-2001 n° 98-19.898).

En revanche, le notaire peut voir sa responsabilité écartée :

– s'il prouve qu'il lui était impossible de connaître l'information qu'il lui est reproché de ne pas avoir donnée ou vérifiée (Cass. 3e civ. 20-2-2002 n° 00-11.411 ; Cass. 1e civ. 23-2-2012 n° 09-13.113 : RJDA 6/12 n° 617 ; Cass. 1e civ. 17-10-2012 n° 11-24.038 : BPIM 6/12 inf. 488) ;

– en cas de faute d'un tiers à l'origine du préjudice, à condition que le notaire n'ait eu aucun moyen de suspecter une telle faute ;

– si la preuve est contenue dans un courrier couvert par le secret professionnel, dès lors que la loi n'en impose ou n'en autorise pas la révélation (Cass. 1e civ. 4-6-2014 n° 12-21.244 : BPIM 4/14 inf. 292).

Par ailleurs, la faute de la victime peut entraîner un partage de responsabilité (Cass. 1e civ. 29-2-2000 n° 97-18.734 : RJDA 12/00 n° 1194 ; Cass. 3e civ. 25-5-2011 n° 09-16.677 : RJDA 10/11 n° 780), sauf si la faute du notaire est dolosive (Cass. 1e civ. 1-7-2010 n° 09-13.896 : RJDA 11/10 n° 1116).

En cas d'annulation de la vente, le notaire ne peut pas être condamné à supporter la restitution du prix de vente car elle ne constitue pas par elle-même un préjudice indemnisable (Cass. 3e civ. 14-12-2017 no 16-24.170 FS-PBI : BPIM 1/18 inf. 84).

SECTION 2 OBLIGATIONS DES PARTIES

I. OBLIGATIONS DU VENDEUR

Le vendeur est tenu d'expliquer clairement ce à quoi il s'oblige (C. civ. art. 1602). Il a deux obligations principales, celle de délivrer et celle de garantir le bien qu'il vend (C. civ. art. 1603). 9800

A. Devoir d'information

INFORMATIONS SPÉCIFIQUES D'ORIGINE LÉGALE

Certains textes prévoient expressément la communication par le vendeur d'informations spécifiques relatives notamment : 9805

- à l'amiante (nos 44210 s.) ;
- au plomb (nos 44280 s.) ;
- aux termites (no 44480) ;
- à la mérule (no 44481) ;
- à l'exploitation d'une installation classée sur le site (nos 11120 s.) ;
- aux installations de gaz, d'électricité et d'assainissement (no 9021) ;
- à la situation de l'immeuble dans une zone couverte par un plan de prévention des **risques** naturels prévisibles ou technologiques ou dans une zone de sismicité (no 9023) ;
- aux servitudes d'utilité publique instituées dans le périmètre d'une installation classée dangereuse ou d'un stockage de gaz, d'hydrocarbures ou de produits chimiques (C. min. art. 104-3, III) ;
- à la servitude d'usage à titre de résidence principale instituée dans les zones délimitées par le PLU. Toute promesse de vente ou tout contrat de vente doit comporter une mention expresse à peine de nullité. (C. urb. art. L 151-14-1, al. 4 dans sa rédaction issue de la loi 2025-541 du 16-6-2025).

Sur la faculté pour l'acquéreur d'un lot en copropriété de prendre connaissance de certaines informations relatives à la copropriété, voir no 37080.

En outre, la **garantie des vices cachés** (nos 10740 s.) et **celle des charges** affectant l'immeuble vendu et **non déclarées** lors de la vente (nos 10530 s.), que le Code civil fait peser sur le vendeur, ne peuvent pas être mises en œuvre, comme leur nom l'indique, lorsque l'acquéreur a été correctement informé par le vendeur.

DEVOIR GÉNÉRAL D'INFORMATION

Contenu de l'obligation L'article 1112-1 du Code civil consacre un devoir général d'information en imposant à celle des parties qui connaît une information dont l'importance est déterminante pour le consentement de l'autre de l'en informer dès lors que, légitimement, cette dernière ignore cette information ou fait confiance à son cocontractant. Néanmoins, ce devoir d'information ne porte pas sur l'estimation de la valeur de la prestation. Ont une **importance déterminante** les informations qui ont un lien direct et nécessaire avec le contenu du contrat ou la qualité des parties. Il incombe à celui qui prétend qu'une information lui était due de prouver que l'autre partie la lui devait, à charge pour cette autre partie de prouver qu'elle l'a fournie. Les parties ne peuvent ni limiter, ni exclure ce devoir. Outre la responsabilité de celui qui en était tenu, le manquement à ce devoir d'information peut entraîner l'annulation du contrat dans les conditions prévues aux articles 1130 et suivants du Code civil. 9815

Avant la réforme du droit des contrats, la jurisprudence imposait au vendeur d'un immeuble, sur le fondement de l'article 1602 du Code civil ou de l'ancien article 1134 du même Code (devenu C. civ. art. 1104), d'informer l'acheteur sur tous les **faits** qu'il est seul à connaître et qui ne sont **pas notoires.** Il s'agit d'une obligation de moyens dont l'inexécution engage la responsabilité contractuelle du vendeur et autorise l'acheteur à demander l'octroi de dommages-intérêts ou la résolution de la vente.

Ainsi, selon la jurisprudence rendue avant la réforme du droit des contrats, le vendeur doit révéler à l'acheteur l'existence d'une caractéristique inhabituelle du bien (Cass. 3e civ. 4-10-2011 n° 10-25.051 : RJDA 12/11 n° 1011), d'une procédure affectant les qualités substantielles du terrain (Cass. 3e civ. 30-6-1992 n° 90-19.931 : RJDA 12/92 n° 1115), l'informer, quelle que soit l'utilisation envisagée pour l'immeuble, de la situation juridique de la propriété vis-à-vis de l'exercice du droit de chasse (Cass. 3e civ. 21-2-2001 n° 99-17.666 : RJDA 5/01 n° 574), de l'état du raccordement au réseau d'eau potable de l'immeuble (Cass. 3e civ. 28-6-2000 n° 98-20.376 : RJDA 9-10/00 n° 851), de l'existence des servitudes affectant le terrain vendu (Cass. 3e civ. 1-7-1998 n° 96-20.358 : RJDA 10/98 n° 1092), d'un vis-à-vis (Cass. 3e civ. 8-11-2005 n° 04-17.683 : RJDA 5/06 n° 499 s'agissant de la vente d'un duplex en l'état futur d'achèvement pour lequel l'acquéreur pensait bénéficier d'une vue dégagée), d'une indemnisation provisoire obtenue pour des désordres décennaux sans avoir fait les travaux (Cass. 3e civ. 10-11-2016 n° 14-25.318 : BPIM 1/17 inf. 28).

> **Précisions** Un défaut total ou partiel d'information de la part du vendeur permet à l'acheteur de soutenir qu'il a donné son consentement à l'opération par **erreur** et d'obtenir ainsi l'annulation de la vente (nos 5705 s.). Il en est de même lorsque le vendeur a sciemment dissimulé ou falsifié une information déterminante, l'acquéreur pouvant alors se prévaloir de l'existence d'un **dol** (nos 6160 s.).

9820 **Exonération du vendeur** Il ne peut être reproché au vendeur de n'avoir pas communiqué des **informations dont l'acheteur avait,** ou aurait dû avoir, **connaissance** compte tenu de sa qualité de professionnel. L'ignorance de l'acheteur doit être légitime (Cass. 1e civ. 3-5-2000 n° 98-11.381 : RJDA 9-10/00 n° 848).

Ainsi, le vendeur d'un local à usage de supérette ne commet pas de faute en omettant d'informer l'acheteur d'un projet d'implantation d'un supermarché à proximité dès lors que ce projet était de notoriété publique et que l'acheteur, professionnel expérimenté du commerce, avait la possibilité de consulter les documents d'urbanisme (Cass. com. 17-7-2001 n° 97-17.259 : RJDA 1/02 n° 28). En revanche, il ne peut pas être utilement soutenu que l'acquéreur d'un terrain devait s'attendre à ce qu'un réseau de câbles souterrains traversât le terrain situé dans le voisinage immédiat d'un transformateur électrique, celui-ci figurant sur les plans annexés au permis de construire qui avait été demandé et délivré avant la signature de la promesse (Cass. 3e civ. 1-7-1998 n° 96-20.358 : RJDA 10/98 n° 1092).

B. Obligation de délivrance

9840 Aux termes de l'article 1604 du Code civil, la délivrance est le transport de la chose vendue en la puissance et possession de l'acheteur. Le vendeur doit donc mettre l'immeuble vendu à la disposition de l'acheteur, ce qui suppose la remise d'un immeuble conforme à sa destination (Cass. 1e civ. 14-2-1989 : Bull. civ. I n° 84) et conforme aux stipulations contractuelles (Cass. 3e civ. 14-5-1997 n° 95-13.840 : RJDA 1/98 n° 31). En plus de l'immeuble proprement dit, le vendeur doit délivrer les accessoires de l'immeuble et tout ce qui a été destiné à son usage perpétuel (C. civ. art. 1615). Peuvent ainsi constituer les accessoires du bien vendu les documents administratifs indispensables à son utilisation (Cass. 1e civ. 29-11-1994 n° 93-10.303 : RJDA 6/95 n° 702, à propos de certificats sanitaires alimentaires ; Cass. 1e civ. 21-10-2014 n° 13-23.142 : BPIM 6/14 inf. 403, à propos d'une autorisation administrative d'exploiter des vignes).

9842 Le débiteur de l'obligation de délivrance est le **vendeur.** En cas de décès, l'obligation se transmet à ses héritiers qui ont accepté purement et simplement la succession (Cass. 1e civ. 13-2-1967 : Bull. civ. I n° 62).

9843 L'**acheteur** est en principe seul créancier de l'obligation de délivrance. En cas de ventes successives, le sous-acquéreur, qui jouit de tous les droits et actions attachés à la chose qui appartenait à son auteur, dispose en principe contre le vendeur initial d'une action contractuelle directe fondée sur le non-respect de l'obligation de délivrance (Cass. ass. plén. 7-2-1986 nos 83-14.631 et 84-15.189 : D. 1986 p. 293 ; Cass. 1e civ. 22-2-2000 n° 378 : Contrats conc. consom. 2000 n° 91). Toutefois, dans un arrêt demeuré isolé à notre connaissance et non publié au Bulletin civil de la Cour de cassation, la troisième chambre civile a jugé qu'une telle action n'était pas transmise de plein droit avec la propriété de l'immeuble (Cass. 3e civ. 8-1-1997 : JCP N 1997 II p. 1535).

1. OBJET DE LA DÉLIVRANCE

a. L'immeuble

CONFORMITÉ DE L'IMMEUBLE

L'immeuble délivré doit être conforme à celui promis, tel qu'il a été **identifié au contrat** avec ses caractéristiques propres. Ainsi, le vendeur ne se libère pas de son obligation en délivrant un bien différent, même s'il est de même nature et remplit la même fonction que celui qui a été prévu au contrat ; par exemple, manque à son obligation une société civile immobilière qui attribue à un associé un lot différent de celui qui correspond à ses parts (Cass. 3e civ. 17-4-1974 : Bull. civ. III nº 145). **9845**

L'étendue de l'obligation est donc une question d'espèce et s'apprécie par rapport aux **engagements particuliers** pris par le vendeur **dans le contrat de vente,** tel l'engagement de vendre un terrain avec les droits à construire (Cass. 3e civ. 16-7-1998 nº 95-21.530 : RJDA 11/98 nº 1200), de démonter les hangars édifiés sur le terrain vendu (Cass. 3e civ. 4-11-1998 : RJDA 12/98 nº 1350) ou encore de viabiliser le terrain vendu afin qu'il soit constructible (Cass. 3e civ. 22-9-2009 nº 08-19.551 : RJDA 2/10 nº 138).

Il y a **manquement à l'obligation de délivrance** lorsque l'acte de vente mentionne que des fenêtres murées pourront être rouvertes, alors que le vendeur s'était engagé envers ses voisins, par acte notarié, à murer ces fenêtres (Cass. 3e civ. 25-5-2005 nº 03-20.476 : RJDA 12/05 nº 1338). Il en va de même lorsqu'une pollution résiduelle subsiste sur le terrain vendu alors que l'acte de vente précise qu'il a fait l'objet d'une dépollution (Cass. 3e civ. 29-2-2012 nº 11-10.318 : RJDA 6/12 nº 577 ; Cass. 3e civ. 30-9-2021 nº 20-15.354 FS-B : BPIM 6/21 inf. 386) ou mentionne l'absence de pollution (Cass. 3e civ. 12-11-2014 nº 13-25.079 : BPIM 1/15 inf. 53). Jugé également qu'il y a manquement à l'obligation de délivrance lorsqu'une maison n'est que partiellement reliée au réseau public d'assainissement alors que l'acte de vente précise qu'elle y est raccordée (Cass. 3e civ. 11-7-2012 nº 11-14.062 : RJDA 12/12 nº 1063 ; dans le même sens, Cass. 3e civ. 28-1-2015 nº 13-19.945 : BPIM 2/15 inf. 128). Le vendeur manque à son obligation de délivrance lorsque le terrain livré ne dispose pas d'un accès direct sur la voie publique, mais d'une voie privée, contrairement à ce que les parties avaient convenu lors de la vente (Cass. 3e civ. 15-9-2016 nº 15-20.377 : BPIM 6/16 Inf. 386). La délivrance d'une maison implique que l'acheteur puisse y accéder, même si l'acte de vente est silencieux sur les modalités d'accès à la maison (Cass. 3e civ. 5-12-2019 nº 18-23.709 F-D : BPIM 1/20 inf. 49). L'obligation de délivrance conforme du vendeur vaut pour les travaux réalisés avant son acquisition sans permis de construire préalable, même si l'acte de vente ne comporte aucune stipulation concernant la conformité de ces travaux (Cass. 3e civ. 11-9-2025 nº 23-17.751 F-D : SNH 33/25 inf. 1).

À l'inverse, le vendeur ne s'engage pas à livrer un immeuble exempt d'amiante par la seule communication à l'acheteur d'un diagnostic amiante négatif (Cass. 3e civ. 23-9-2009 nº 08-13.373 : RJDA 2/10 nº 141) : un engagement spécifique dans l'acte de vente est nécessaire. De même, la délivrance d'un terrain pollué est conforme à la convention des parties, dès lors que celle-ci porte sur un terrain comportant un risque de pollution connu de l'acheteur (Cass. 3e civ. 16-1-2013 nº 11-27.101 : RJDA 5/13 nº 395). L'acheteur d'un terrain qui, informé des activités classées exercées sur le bien et de l'absence de diagnostic pollution, connaissait l'existence d'un risque de pollution ne peut solliciter le paiement des frais de dépollution (Cass. 3e civ. 16-1-2020 nº 18-23.504 F-D : BPIM 1/20 inf. 128). Les acheteurs d'un appartement pourvu d'une isolation phonique de piètre qualité ne peuvent pas invoquer le manquement à l'obligation de délivrance du vendeur s'ils ne prouvent pas le défaut de conformité par rapport au descriptif de vente (Cass. 3e civ. 20-1-2015 nº 13-12.244 : BPIM 2/15 inf. 123). Le vendeur ne manque pas à son obligation de délivrance conforme d'un immeuble à construire si le permis de construire bénéficiant à l'acquéreur est caduc à la suite d'une décision rendue après la vente, peu importe l'effet rétroactif de sa caducité (Cass. 3e civ. 16-3-2023 nº 21-19.460 FS-B : BPIM 3/23 inf. 204). Le respect de l'obligation de délivrance d'un terrain à bâtir s'apprécie à la date du transfert de propriété, au regard des dispositions du PLU en vigueur à cette date, la délibération du conseil municipal rendant le terrain inconstructible non encore publiée n'étant pas applicable (Cass. 3e civ. 25-5-2023 nº 22-12.870 FS-B : BPIM 4/23 inf. 266).

L'étendue de l'obligation peut également être définie par référence à un **document extra-** **9850**
contractuel dès lors qu'il est entré dans le champ contractuel. Tel est le cas du plan de masse et du plan de commercialisation dans lesquels le vendeur fait figurer la mention d'espaces verts situés en bordure de la parcelle vendue (Cass. 3e civ. 17-7-1997 nº 95-19.166 : RJDA 1/98 nº 6), ou de la fiche de l'agence immobilière faisant état d'un grenier aménageable (Cass. 3e civ. 2-2-2017 nº 15-20.625 : BPIM 2/17 inf. 124).

L'étendue du champ contractuel est contrôlée par la Cour de cassation (Cass. 3e civ. 17-7-1996 nº 94-17.810 : Bull. civ. III nº 197).

ÉTAT DE L'IMMEUBLE

9860 Le bien doit être délivré en l'état où il se trouve au moment de la vente (C. civ. art. 1614). Le moment de la vente s'entend du jour de la conclusion du contrat, qui peut correspondre à la signature de la promesse synallagmatique de vente (Cass. 3e civ. 19-12-2006 n° 05-20.258 : RJDA 5/07 n° 465).

Le vendeur est donc tenu d'assurer la **conservation de l'immeuble** jusqu'à sa date de mise à disposition (Cass. com. 12-5-2004 n° 01-11.735 : RJDA 11/04 n° 1206 rendu à propos de la vente d'un fonds de commerce mais transposable à la vente immobilière). Il s'agit d'une obligation de moyens. Il s'ensuit qu'en cas de perte de l'immeuble entre la vente et la délivrance, l'acheteur doit, pour demander la résolution de la vente, prouver que cette perte est due à une faute du vendeur (Cass. com. 19-3-1963 : D. 1963 p. 345).

b. Les fruits et accessoires de l'immeuble

9900 L'obligation de délivrer comprend les fruits ainsi que les accessoires de l'immeuble et tout ce qui a été destiné à son usage perpétuel (C. civ. art. 1614 et 1615). Les parties peuvent décider d'exclure certains accessoires de la vente.

FRUITS

9905 Depuis le jour de la vente, tous les fruits appartiennent à l'acquéreur (C. civ. art. 1614, al. 2). Cette règle est une conséquence du principe selon lequel le transfert de propriété s'opère dès l'échange des consentements. Le contrat peut déroger à cette règle en retardant le transfert de propriété.

MEUBLES

9910 Dans le silence des parties, la vente de l'immeuble n'emporte pas vente des **meubles meublants.** Ainsi, la clause indiquant que l'immeuble est vendu avec ses aisances et dépendances n'inclut pas le mobilier (Cass. 3e civ. 30-1-1979 : Gaz. Pal. 1979 I som. p. 249).

Le Code civil donne quelques précisions : la vente d'une maison « meublée » ne comprend que les meubles meublants (C. civ. art. 535). La vente d'une maison « avec tout ce qui s'y trouve » ne comprend pas l'argent comptant ni les dettes actives et autres droits dont les titres peuvent être déposés dans la maison ; tous les autres effets mobiliers y sont compris (C. civ. art. 536).

9912 Sauf clause contraire, certains meubles, fictivement considérés comme des immeubles eux-mêmes, sont également compris dans la vente. Ce sont les **meubles** que le propriétaire a attachés à l'immeuble à perpétuelle demeure, c'est-à-dire qui ne peuvent **pas** être **matériellement dissociés** de l'immeuble sans détérioration (C. civ. art. 525). Il s'agit, par exemple, des installations électriques (Cass. civ. 4-5-1937 : Gaz. Pal. 1937 II p. 190), des convecteurs électriques insusceptibles d'être enlevés sans porter atteinte à l'intégrité de l'immeuble (Cass. 3e civ. 23-1-2002 n° 99-18.102 : RJDA 6/02 n° 707), d'un meuble de salle de bains dont l'enlèvement entraînerait la détérioration de faïences murales (Cass. 3e civ. 17-12-2014 n° 13-24.597 : BPIM 1/15 inf. 49) ou des bas-reliefs en marbre formant avec celui-ci un tout indivisible (CE 24-2-1999 n° 191317 : Lebon p. 33).

9915 Les **meubles affectés** au service ou **à l'exploitation** de l'immeuble peuvent être compris dans la vente (C. civ. art. 524). Tel est le cas, pour la vente d'une exploitation agricole, des animaux, des ruches à miel ou des engrais (article précité) ou, en cas de vente d'un immeuble à usage d'hôtel, des meubles affectés à l'exploitation de l'hôtel (Cass. 3e civ. 29-10-1984 n° 82-14.037 : Bull. civ. III n° 177).

AUTRES ACCESSOIRES

9920 Le vendeur doit délivrer les **accessoires indispensables** de l'immeuble vendu (Cass. 3e civ. 13-11-2003 n° 02-13.974 : RJDA 3/04 n° 288).

Il doit fournir les **titres et actes relatifs à l'immeuble** : acte de propriété, certificat d'urbanisme, extrait cadastral, documents d'arpentage ou de bornage, décisions judiciaires concernant l'immeuble.

Les **droits réels** attachés à l'immeuble suivent celui-ci. Les servitudes sont ainsi transférées automatiquement.

La question est plus délicate s'agissant des **droits personnels.** En principe, ils ne sont pas transmis, à moins que les parties prévoient la transmission d'un droit ou d'une action spécifique. Par exemple, les actions en réparation ne sont pas transmises de plein droit à l'acquéreur (Cass. 3e civ. 25-1-1983 : Bull. civ. III n° 26 ; Cass. 3e civ. 4-12-2002 n° 01-02.383 : RJDA 2/03 n° 126 ; Cass. 3e civ. 17-11-2004 n° 03-16.988 : RJDA 5/05 n° 536). Les restrictions au droit de propriété consenties par le vendeur sur son bien ne s'imposent à l'acquéreur que si elles sont mentionnées dans l'acte de vente ou que si celui-ci en a eu connaissance et les a acceptées (Cass. 3e civ. 23-1-2002 n° 00-17.005 : RJDA 6/02 n° 623). Ne sont pas non plus transmis l'assurance dommages-ouvrage (Cass. 3e civ. 13-11-2003 n° 02-13.974 : RJDA 2/04 n° 288 ; Cass. 3e civ. 2-3-2011 n° 09-72.576 : RJDA 10/11 n° 784) et le mandat de gestion du bien (Cass. 1e civ. 17-11-2011 n° 10-22.865 :

RJDA 2/12 n° 145). En revanche, les actions en garantie décennale contre les constructeurs et les actions en garantie des vices cachés ou en garantie d'éviction sont transmises de plein droit à l'acquéreur.

> **Précisions** Lorsque le vendeur d'un lot de copropriété s'engage envers l'acquéreur à supporter les frais de rénovation de la cage d'escalier et lorsque le lot fait l'objet d'une **revente,** la clause expresse subrogeant le sous-acquéreur dans les droits du revendeur à l'égard du vendeur initial emporte transmission au profit du sous-acquéreur de l'accessoire que constitue l'engagement pris sans restriction par le vendeur initial (Cass. 3e civ. 8-12-2010 n° 09-72.525 : RJDA 2/11 n° 129).

c. La contenance de l'immeuble

Le vendeur est tenu de délivrer la contenance telle qu'elle est portée au **contrat** (C. civ. art. 1616). **9950**
Il ne doit pas y avoir de discordance entre la contenance indiquée au contrat et la contenance réelle de l'immeuble.
Sur l'obligation de mentionner la superficie dans les contrats de vente d'un **lot de copropriété,** voir nos 37120 s.

CHAMP D'APPLICATION DE L'OBLIGATION DE CONTENANCE

Les règles relatives à la contenance ne jouent pas en cas : **9955**
– d'inexécution de l'obligation de délivrance résultant par exemple de l'impossibilité pour le vendeur de délivrer des parcelles dont il n'était pas propriétaire (Cass. 3e civ. 28-11-1972 : Bull. civ. III n° 637) ;
– d'action concernant l'exécution de conventions particulières intervenues entre les parties, comme l'action tendant à faire exécuter une convention portant sur l'obligation de construire un immeuble et d'en remettre une fraction à titre de dation en paiement (Cass. 3e civ. 19-7-1983 : Bull. civ. III n° 168) ou portant sur l'obligation d'agrandir les locaux vendus, le prix devant être réduit d'un certain montant par mètre carré manquant après exécution des travaux (Cass. 3e civ. 12-7-1995 n° 92-13.749 : RJDA 1/96 n° 29).

CONTENANCE INFÉRIEURE À CELLE PRÉVUE

Dans les **ventes « à raison de tant la mesure »** où le prix de l'immeuble a été déterminé en fonction de la superficie (vente d'un terrain de tant de m^2 à raison de tant d'euros le mètre carré), les parties ont fait de la contenance un élément déterminant de leur consentement ; il s'ensuit que le moindre déficit de contenance oblige le vendeur à délivrer la quantité indiquée au contrat. Si le vendeur ne peut pas fournir ce complément de délivrance ou si l'acquéreur ne l'exige pas, le prix de vente est diminué en proportion (C. civ. art. 1617). **9970**

Dans les ventes faites pour un **prix global** avec indication de la contenance (vente d'un terrain de tant de m^2 moyennant tant d'euros), seule une différence de plus d'un vingtième entre la contenance indiquée et celle délivrée, eu égard à la valeur totale des biens vendus, justifie une diminution du prix pour moindre mesure (C. civ. art. 1619). **9975**

La diminution du prix est dans cette hypothèse la seule sanction possible à l'exclusion de l'attribution en propriété du complément de superficie (Cass. 3e civ. 24-1-1990 : Bull. civ. I n° 32). Toutefois, la vente peut être annulée pour erreur sur la substance si la différence de contenance empêche l'usage envisagé par l'acheteur (Cass. civ. 23-11-1931 : Gaz. Pal. 1932 I p. 96 ; Cass. 3e civ. 15-12-1981 : D. 1982 IR p. 164).

La réduction du prix résultant d'un déficit de contenance s'impose au vendeur, qui ne peut pas renoncer à la vente.

En cas de **vente englobant deux immeubles** pour un prix unique mais précisant la mesure de chacun, s'il se trouve moins de contenance dans l'un et plus dans l'autre, il y a compensation sans supplément ou diminution de prix, sauf s'il reste après compensation une différence de valeur d'un vingtième (C. civ. art. 1623). **9980**

CONTENANCE SUPÉRIEURE À CELLE PRÉVUE

Quelle que soit la vente, seul un excédent de contenance de plus du vingtième est pris en compte. L'**acheteur a** alors **le choix** entre payer un supplément de prix ou se désister du contrat (C. civ. art. 1618 pour les ventes à tant la mesure ; art. 1619 et 1620 pour les ventes à prix global). **9990**

Si l'acheteur choisit de se désister, le vendeur est tenu de lui restituer, outre le prix, s'il l'a reçu, les frais du contrat (C. civ. art. 1621).

RÉGIME DES ACTIONS

L'action en supplément de prix de la part du vendeur, en diminution de prix ou en résiliation par l'acquéreur doit être intentée dans l'année à compter du jour du contrat, à peine de déchéance **9995**

(C. civ. art. 1622). Ce **délai** d'un an est un délai de forclusion et non de prescription (CA Versailles 5-2-1999 n° 96-7012 : RJDA 6/99 n° 658).

CLAUSE DE NON-GARANTIE

10000 Il est possible de déroger contractuellement à l'obligation de contenance (C. civ. art. 1619). La **clause** de non-garantie de contenance **s'applique** à condition d'exprimer une volonté contractuelle réelle, ce qui est le cas lorsqu'elle est rédigée en termes simples, précis et non équivoques (Cass. 3e civ. 20-2-1973 : Bull. civ. III n° 144). Est ainsi valable la clause prévoyant que « les acquéreurs prendront les immeubles dans leur état actuel, sans recours possible pour erreur de désignation ou différence entre les contenances indiquées et celles réelles, cette différence, fût-elle supérieure à un vingtième, devant faire le profit ou la perte des acquéreurs » (arrêt précité).

10005 La **clause** de non-garantie est **écartée** en cas de fraude (Cass. 3e civ. 13-4-1972 : Bull. civ. III n° 232), de faute lourde (Cass. 3e civ. 16-12-1959 : Bull. civ. I n° 542) ou de dol du vendeur (CA Versailles 4-10-1996 : Bull. inf. C. cass. 1997/448 p. 35 n° 408).

Elle tombe sous le coup de la prohibition des clauses abusives lorsque la vente est conclue entre un professionnel de l'immobilier et un non-professionnel ou consommateur (en ce sens, CA Paris 7-4-1998 : D. 1998 IR p. 136). L'article R 132-1 du Code de la consommation interdit en effet toute clause « ayant pour objet ou pour effet de supprimer ou de réduire le droit à réparation du préjudice subi par le non-professionnel ou le consommateur en cas de manquement par le professionnel à l'une quelconque de ses obligations ».

2. MODALITÉS DE DÉLIVRANCE

REMISE DE L'IMMEUBLE

10140 L'obligation de délivrance est remplie lorsque le vendeur a **remis les clefs** et/ou les **titres de propriété** (C. civ. art. 1605). L'article 1605 n'oblige le vendeur à remettre les clefs que s'il les a en sa possession (Cass. 1e civ. 16-6-1982 : Bull. civ. I n° 231).

Jugé que ne satisfait pas à son obligation le vendeur d'un appartement qui, n'étant propriétaire que de parts d'une société civile immobilière donnant droit à la jouissance de cet appartement pendant le cours de cette société et à sa pleine propriété seulement à sa dissolution ou à sa liquidation, ne peut pas effectuer la remise des titres de propriété de l'appartement vendu (Cass. 3e civ. 17-3-1981 : Bull. civ. I n° 57).

10145 Le vendeur doit permettre à l'acheteur d'occuper les lieux. Ainsi, sauf clause particulière de l'acte de vente limitant l'obligation de délivrance du vendeur, ce dernier doit **vider l'immeuble,** notamment en le faisant évacuer s'il est occupé par un tiers (Cass. 3e civ. 12-10-1977 : Bull. civ. III n° 345). Le vendeur doit également effectuer la radiation des inscriptions des privilèges et hypothèques ayant grevé l'immeuble avant la vente (Cass. 1e civ. 23-10-1963 : Bull. civ. I n° 452).

Le vendeur qui s'engage dans l'acte de vente à faire son affaire personnelle de la libération des lieux par le locataire doit indemniser l'acheteur en cas d'inexécution. Il ne peut invoquer le moyen tiré de ce qu'il n'est plus propriétaire et ne peut donc plus contraindre le locataire à libérer les lieux pour échapper à l'application de la clause pénale prévue en cas de manquement à son obligation de délivrance (Cass. 3e civ. 14-2-2019 n° 18-11.683 F-D : BPIM 2/19 inf. 121).

LIEU DE LA DÉLIVRANCE

10200 La délivrance doit se faire au lieu où était, au temps de la vente, le bien qui en fait l'objet, s'il n'en a été autrement convenu (C. civ. art. 1609). S'agissant de la vente d'un immeuble, la délivrance se réalise à l'endroit où se fait la remise des titres de propriété.

DÉLAI DE LA DÉLIVRANCE

10260 Le vendeur doit délivrer la chose dans le délai convenu par les parties au contrat (C. civ. art. 1610). Il lui incombe de prouver qu'il a mis le bien vendu à la disposition de l'acheteur dans ce délai (Cass. 1e civ. 19-3-1996 n° 94-14.155 : RJDA 7/96 n° 907). Les juges doivent rechercher si le **délai fixé** par les parties est « de rigueur », donc impératif, ou indicatif. S'il est impératif, il s'impose tant au vendeur (Cass. com. 30-11-1971 : Bull. civ. IV n° 289) qu'à l'acheteur, qui ne peut pas exiger une livraison anticipée (Cass. com. 2-11-1967 : Bull. civ. III n° 348).

Lorsque le contrat ne fixe **aucun délai,** il appartient aux juges du fond de déterminer le délai raisonnable dans lequel le vendeur doit délivrer le bien (Cass. 3e civ. 10-4-1973 : Bull. civ. III n° 274 ; Cass. com. 12-11-2008 n° 07-19.676 : RJDA 3/09 n° 201, rendu à propos de la vente de matériel mais transposable à la vente immobilière).

3. SANCTIONS DE L'INEXÉCUTION DE L'OBLIGATION DE DÉLIVRANCE

OPTION OUVERTE À L'ACQUÉREUR

La partie envers laquelle l'engagement n'a pas été exécuté, ou l'a été imparfaitement, peut (C. civ. art. 1217) : 10340
- refuser d'exécuter ou suspendre l'exécution de sa propre obligation ;
- poursuivre l'exécution forcée en nature de l'obligation (C. civ. art. 1221 et 1610) ;
- solliciter une réduction du prix (C. civ. art. 1223) ;
- provoquer la résolution du contrat (C. civ. art. 1224 et 1610) ;
- demander réparation des conséquences de l'inexécution.

Les sanctions qui ne sont pas incompatibles peuvent être cumulées et des dommages et intérêts peuvent toujours s'y ajouter.

Si le défaut s'analyse à la fois comme un **manquement à l'obligation de délivrance et** comme un **vice caché** (par exemple, vente d'un logement inhabitable), l'acheteur ne peut pas agir sur le fondement du défaut de délivrance et peut seulement agir en garantie des vices cachés (Cass. 3e civ. 15-3-2000 n° 97-19.959 : RJDA 5/00 n° 526 ; Cass. 3e civ. 8-6-2010 n° 08-20.303 : RJDA 10/10 n° 935).

> **Précisions** L'action en diminution du prix de vente d'un lot de copropriété pour déficit de superficie est régie exclusivement par la loi Carrez. L'acheteur, déchu du droit d'agir sur ce fondement, ne peut pas invoquer un manquement à l'obligation générale de délivrance (Cass. 3e civ. 26-11-2015 nos 14-14.778 et 14-28.394 : BPIM 1/16 inf. 42).

La **résolution** du contrat doit être prononcée par le juge (C. civ. art. 1227). Le juge est libre, selon les circonstances, de constater ou prononcer la résolution ou d'ordonner l'exécution du contrat, en accordant éventuellement un délai au débiteur, ou allouer seulement des dommages et intérêts (C. civ. art. 1228). Pour être recevable, la demande en résolution doit être publiée au service chargé de la publicité foncière (n° 15325). 10345

Sur les effets de la résolution de la vente, voir nos 11840 s.

L'acheteur qui demande l'**exécution forcée** n'est pas tenu de prouver que l'inexécution lui a causé un préjudice.

INDEMNISATION

L'acheteur peut demander des dommages-intérêts s'il justifie avoir subi un **préjudice** en raison de l'inexécution de l'obligation de délivrance (C. civ. art. 1611). Il peut le faire à titre principal ou en complément de son action en résolution ou en exécution forcée. Par exemple, le vendeur d'un terrain destiné à la construction qui, pour obtenir le permis de construire, dépose un plan de situation ne correspondant pas à la superficie du terrain cause un préjudice à l'acheteur ainsi contraint d'obtenir un permis rectificatif, cela entraînant un retard préjudiciable pour ce dernier (Cass. 3e civ. 24-5-1972 : Bull. civ. III n° 324). 10350

Le juge ne peut pas réparer le préjudice subi par l'acheteur par une réduction du prix de vente (Cass. 3e civ. 29-1-2003 n° 01-02.759 : RJDA 4/03 n° 374).

Si le préjudice de l'acheteur résulte de l'impossibilité de louer et d'habiter le bien en raison de son insalubrité, les loyers perçus par celui-ci doivent venir en déduction de la somme fixée à titre de réparation (Cass. 3e civ. 30-1-2025 n° 21-14.158 F-D : BPIM 2/25 inf. 93).

MOYENS DE DÉFENSE DU VENDEUR

Le vendeur peut s'opposer à la demande de l'acheteur en démontrant que l'inexécution de l'obligation de délivrance n'est pas due à son fait mais à un cas de **force majeure.** 10360

Quand la demande de l'acheteur porte sur un défaut de conformité de l'immeuble, le vendeur n'est pas tenu des défauts de conformité apparents si l'acheteur a accepté la **délivrance** de l'immeuble **sans** émettre aucune **réserve** (Cass. 3e civ. 22-1-1997 n° 94-20.127 : RJDA 4/97 n° 488 ; Cass. 3e civ. 13-10-1999 : RJDA 12/99 n° 1308). L'acceptation sans réserve doit être suffisamment caractérisée. Par exemple, le fait que l'acheteur laisse à plusieurs reprises le vendeur vider la fosse septique après la vente ne caractérise pas une acceptation sans réserve par l'acheteur du bien vendu, alors que l'acte de vente mentionne un raccordement au réseau d'assainissement collectif communal (Cass. 3e civ. 20-5-2014 : BPIM 4/14 inf. 272).

Le vendeur peut également invoquer l'**exception d'inexécution.** Lorsque le prix est stipulé comptant et que l'acheteur ne paie pas le prix, le vendeur peut refuser la livraison de l'immeuble (C. civ. art. 1612), et donc refuser l'accès des lieux à l'acheteur qui n'a pas payé le prix dans le délai imparti (Cass. 2e civ. 23-5-1973 : Bull. civ. II n° 175).

Si le prix est payable à terme, le vendeur ne peut suspendre la livraison, sauf convention contraire. L'article 1613 du Code civil dispose néanmoins que le vendeur n'est pas obligé à la délivrance « quand même il aurait accordé un délai pour le paiement si, depuis la vente, l'acheteur est tombé en faillite ou en état de déconfiture, en sorte que le vendeur se trouve en danger imminent de perdre le prix, à moins que l'acheteur ne lui donne caution de payer au terme ». Cette exception à l'obligation de délivrance joue dès que la situation financière de l'acquéreur présente les caractéristiques de la cessation des paiements (Cass. req. 20-12-1939 : DP 1940 I p. 114).

10365 Le vendeur peut aussi opposer une **clause limitative de responsabilité,** à condition qu'il n'ait pas commis un dol ou une faute lourde. Une telle clause ne pourrait être valable qu'en cas de contrat de vente conclu entre des non-professionnels ou entre des professionnels. En outre, l'obligation de délivrance étant une obligation essentielle du contrat de vente, la clause ne doit pas limiter la responsabilité du vendeur au point de décharger celui-ci de son obligation (Mémento Vente immobilière nos 49720 s.).

C. Garantie d'éviction

10485 Le vendeur doit garantir à l'acquéreur la possession paisible du bien vendu (C. civ. art. 1625). Il est également tenu de droit de garantir l'acquéreur de l'éviction dont il souffre dans la totalité ou partie du bien vendu, ou des charges prétendues sur ce bien, et non déclarées lors de la vente (C. civ. art. 1626).

La garantie d'éviction crée donc pour le vendeur deux obligations : celle de s'abstenir de porter personnellement atteinte au droit transmis à l'acquéreur et celle de lui assurer une protection en cas d'atteinte des tiers.

La garantie d'éviction existe de plein droit sans qu'il soit nécessaire de la stipuler. Elle s'applique à toutes les ventes d'immeubles, à l'exception des ventes judiciaires.

1. CAS D'ÉVICTION

DÉFINITION DE L'ÉVICTION

10490 Il y a éviction toutes les fois qu'un trouble est apporté à la jouissance paisible du bien à laquelle l'acquéreur peut prétendre. Il va de soi qu'il n'y a pas éviction lorsque la menace porte sur un bien non compris dans la vente (Cass. 3e civ. 8-12-1969 : Bull. civ. III no 805).

La notion d'éviction vise aussi bien le trouble de droit que le trouble de fait.

Le **trouble de droit** résulte d'une atteinte à la propriété de l'acquéreur par le vendeur ou un tiers qui conteste l'existence, la nature ou l'étendue du droit de propriété. Il en est ainsi, par exemple, lorsqu'un tiers se prétend propriétaire du bien vendu (Cass. 3e civ. 29-4-1981 : Bull. civ. III no 88) ou lorsque le vendeur prétend avoir conservé la possession du bien et l'avoir ainsi acquis par l'effet de la prescription (Cass. 3e civ. 30-6-2021 no 20-14.743 F-B : BPIM 4/21 inf. 268).

Le **trouble de fait** résulte d'une atteinte matérielle à la jouissance du bien vendu, telle une construction sur la partie non vendue du terrain privant le bien vendu de l'exercice de la servitude de vue sur la mer (Cass. 1e civ. 29-11-1955 : RTD civ. 1956 p. 548).

Il convient de ne pas se tromper de fondement car la jurisprudence considère par exemple que l'acheteur qui découvre qu'une canalisation traversant son terrain a fait l'objet d'une servitude conventionnelle non mentionnée à l'acte de vente et non publiée doit agir en garantie d'éviction et non en garantie des vices cachés (Cass. 3e civ. 27-2-2013 no 11-28.783).

ÉVICTION DU FAIT PERSONNEL

10505 Le vendeur s'interdit d'accomplir un acte de nature à troubler la jouissance de l'immeuble vendu. La garantie joue qu'il s'agisse d'un **trouble de droit ou** d'un trouble **de fait.**

Encore faut-il que le trouble résulte du fait personnel du vendeur. Tel n'est pas le cas lorsque le bénéfice du permis de construire cédé par le vendeur a été rapporté par arrêté préfectoral après la vente et que le nouveau permis accordé n'a autorisé l'édification que d'un immeuble moins important, dès lors que le vendeur n'est pas tenu de garantir un acte unilatéral de l'administration et qu'il n'avait pas pris un engagement précis quant à ce permis (Cass. 3e civ. 29-4-1975 : Bull. civ. III no 144). Il n'y a pas lieu à garantie non plus s'il est établi que la construction réalisée par l'acquéreur ayant nécessité la délivrance de trois permis modificatifs n'était pas conforme au permis de construire cédé avec le terrain (Cass. 3e civ. 8-7-2014 no 13-20.031). En revanche, si le trouble de droit imputable à l'autorité publique résultant du retrait de permis de construire a une cause antérieure à la vente et a persisté postérieurement à l'annulation de l'arrêté municipal de retrait par la juridiction administrative en raison du non-respect par la venderesse de son obligation contractuelle de demander le transfert du permis à l'acquéreur, alors la garantie d'éviction est due (Cass. 3e civ. 10-3-2015 no 13-27.279).

Il n'y a pas lieu à garantie si le gestionnaire d'un Ehpad déplace son établissement : l'acquéreur des locaux abandonnés ne peut obtenir ni la résiliation de la vente ni des dommages-intérêts si l'acte de vente ne prévoit pas d'engagement du vendeur sur le maintien des autorisations administratives (Cass. 3e civ. 28-9-2023 no 22-15.236 FS-B, Sté Twinkyco c/ SCI l'Étang du Manoir : BPIM 6/23 Inf. 390).

Le vendeur doit la garantie de son fait personnel non seulement à l'acquéreur, mais également à toute personne qui tient de l'acheteur ses droits sur le bien vendu (Cass. 3e civ. 4-7-1973 : Bull. civ. III no 465).

Sur l'impossibilité pour le vendeur de **s'exonérer** conventionnellement de l'éviction résultant de son fait personnel, voir no 10685.

ÉVICTION DU FAIT D'UN TIERS

La garantie d'éviction ne joue, selon une jurisprudence constante, que « si le trouble subi par l'acheteur est un **trouble de droit,** existant au moment de la vente, non déclaré et ignoré de l'acheteur » (Cass. 1e civ. 28-10-2015 no 14-15.114). Pour autant, la simple découverte par l'acquéreur de l'existence d'un droit au profit d'un tiers susceptible de l'évincer ne suffit pas à lui permettre d'agir en garantie. Il faut que le trouble soit actuel, et pas seulement éventuel. Jugé que constitue un trouble actuel la découverte d'un droit sur le bien vendu invoqué en justice par un tiers, sans qu'il soit nécessaire qu'un jugement constate la réalité du trouble (Cass. 3e civ. 3-12-2008 no 07-14.545 : RJDA 7/09 no 619). Il faut au moins qu'une action soit intentée par le tiers pour prouver l'existence du trouble (Cass. 3e civ. 30-11-2022 no 21-20.033 FS-B : BPIM 1/23 inf. 43). **10520**

Traditionnellement, les troubles de fait émanant des tiers sont exclus de la garantie. Tel est le cas du trouble subi par l'acquéreur d'une place de parking située dans une copropriété qui ne peut pas en jouir normalement en raison de l'invasion d'une haie de troènes due à un défaut d'entretien des parties communes (Cass. 3e civ. 11-5-2011 no 10-13.679 : RJDA 2/12 no 147). Toutefois, en matière de bail, où l'article 1725 du Code civil exclut les troubles de fait des tiers de la garantie de jouissance paisible due par le bailleur au locataire, la jurisprudence a admis la mise en œuvre de cette garantie dès lors que les troubles ont pu intervenir en raison d'une faute du bailleur (Cass. civ. 8-4-1941 : D. 1945 p. 13 note A. Tunc ; Cass. 3e civ. 28-2-1990 : Bull. civ. III no 63 ; Cass. 3e civ. 8-7-1992 : Loyers et copr. 1992 no 376). Ce principe paraît transposable à la garantie d'éviction due par le vendeur, domaine dans lequel le Code civil n'a prévu aucune exclusion expresse.

L'obligation de garantie a un double **objet.** En premier lieu, elle impose au vendeur de prendre la défense de l'acquéreur afin de faire rejeter la prétention du tiers. En second lieu, l'obligation du vendeur consiste aussi à avertir l'acquéreur de toutes les charges qui grèvent le bien vendu.

Éviction proprement dite L'acheteur est évincé par un **tiers** lorsque ce dernier émet une prétention juridique sur l'immeuble vendu. Le tiers peut se prévaloir d'un droit de propriété comme d'un droit personnel. Toutefois, il a été jugé que l'existence d'un bail sur l'immeuble vendu ne permettait pas à l'acquéreur d'invoquer la garantie d'éviction, mais relevait de la garantie des charges qui n'est pas due lorsque l'acheteur en a eu connaissance lors de la vente (Cass. soc. 10-7-1962 : Bull. civ. IV no 640). Sur cette garantie, voir no 10530. **10525**

Le **trouble** doit avoir son origine dans un fait antérieur à la vente (Cass. civ. 9-3-1937 : DP 1937 I p. 253 ; Cass. 3e civ. 30-10-1984 : Bull. civ. III no 183 ; Cass. 3e civ. 14-6-2005 no 02-15.765 : RJDA 1/06 no 18). **10527**

La garantie ne joue que si l'acquéreur est réellement menacé. Le trouble doit être actuel et pas simplement éventuel ; la simple crainte d'être évincé ne suffit pas.

Le **vendeur** n'est **pas tenu** de garantir l'éviction lorsqu'elle résulte de la faute de l'acheteur, d'un cas de force majeure ou d'un changement de réglementation ou du fait du prince (expropriation notamment). **10528**

Sur les clauses limitant ou excluant la garantie d'éviction, voir nos 10680 s.

Charges non déclarées Si le bien vendu se trouve grevé, sans qu'il en ait été fait de déclaration, de servitudes non apparentes, et qu'elles soient de telle importance qu'il y a lieu de présumer que l'acquéreur n'aurait pas acheté s'il en avait été instruit, il peut demander la résiliation du contrat ou une indemnité (C. civ. art. 1638). **10530**

La charge, au sens de l'article 1638, suppose l'existence d'un droit entraînant une atteinte à la jouissance du bien vendu. Il peut s'agir d'un **droit réel ou** d'un droit **personnel.** On peut citer l'usufruit (Cass. 1e civ. 11-6-1954 : JCP G 1954 II no 8288), l'hypothèque (Cass. req. 11-5-1898 : DP 1899 I p. 223), le bail

(Cass. 1e civ. 16-12-1958 : DP 1959-I p. 34 ; Cass. 3e civ. 13-11-2003 n° 02-16.285 : RJDA 3/04 n° 291) ou une servitude non apparente. Mais le droit doit préexister à la vente puisque la sanction résulte de sa non-déclaration lors de la vente.

10532 Pour que le vendeur soit tenu à garantie, il faut que l'acheteur ait ignoré la menace d'éviction. Sont donc exclues de la garantie les **servitudes connues ou réputées connues** par l'acheteur. Tel est le cas des charges ou servitudes apparentes.

Certaines charges ou servitudes légales ou administratives sont également réputées connues de l'acheteur lorsqu'elles sont une conséquence normale de la nature ou de la situation de l'immeuble (Cass. 1e civ. 21-2-1956 : Bull. civ. I n° 87) ou lorsqu'elles dérivent du régime ordinaire de la propriété, telle que la servitude de passage au profit d'un fonds enclavé (Cass. 1e civ. 15-10-1963 : Bull. civ. I n° 372). En revanche, relève de la garantie d'éviction la servitude légale ou administrative qui, constituant une charge exceptionnelle, ne peut être réputée connue de l'acquéreur. Il en est ainsi de la canalisation souterraine passant sous le bien cédé (Cass. 3e civ. 16-6-1999 n° 97-15.056 : RJDA 12/99 n° 1309 ; Cass. 3e civ. 27-2-2013 n° 11-28.783 : RJDA 8-9/13 n° 702).

Enfin, la garantie n'est pas due lorsque l'acquéreur avait, au moment de la vente, connaissance des charges non déclarées (Cass. 3e civ. 1-7-1980 : Bull. civ. III n° 131 ; Cass. 1e civ. 26-11-1996 n° 94-20.334 : RJDA 4/97 n° 489). La connaissance par l'acheteur de l'existence d'un bail sur la parcelle acquise ne peut pas être déduite du fait qu'il était au courant de son occupation par un tiers, celle-ci pouvant résulter d'une simple tolérance non créatrice de droit (Cass. 3e civ. 13-11-2003 n° 02-16.285 : RJDA 3/04 n° 291). À noter que certaines servitudes d'utilité publique doivent être mentionnées dans l'acte de vente (n° 9440).

10540 Le fait que le **vendeur** n'ait **pas eu** lui-même **connaissance de la charge** ne l'exonère pas de sa garantie (Cass. 3e civ. 13-11-2003 n° 02-16.285 : RJDA 3/04 n° 291 ; Cass. 3e civ. 2-2-2005 n° 03-15.539 : RJDA 6/05 n° 676).

Même si les conditions de mise en œuvre de la garantie d'éviction ne sont pas remplies, l'absence de déclaration d'une servitude apparente constitue une faute contractuelle de la part du vendeur et autorise l'acheteur à réclamer des dommages-intérêts à ce dernier (Cass. 3e civ. 5-2-1974 : Bull. civ. III n° 57 ; Cass. 3e civ. 21-3-2001 n° 408 : BPIM 3/01 inf. 200).

2. MISE EN ŒUVRE DE LA GARANTIE

TITULAIRE DE L'ACTION EN GARANTIE

10560 L'**action** en garantie peut être **exercée par** l'acheteur et par tous ses ayants cause tant à titre particulier qu'à titre universel (Cass. 3e civ. 4-7-1973 : Bull. civ. III n° 465). Le sous-acquéreur peut ainsi agir directement contre le vendeur initial si ce dernier est à l'origine de l'éviction (Cass. 3e civ. 28-3-1990 : Bull. civ. III n° 93). L'acheteur peut agir même s'il a revendu l'immeuble, dès lors qu'il a intérêt à agir, ce qui est le cas lorsqu'il a été lui-même condamné à garantir son propre acquéreur (Cass. 1e civ. 21-3-2000 n° 98-10.828 : RJDA 6/00 n° 642).

L'acheteur peut **agir contre** le vendeur alors même que la précédente vente par laquelle ce vendeur est lui-même devenu propriétaire a été annulée (Cass. 3e civ. 25-5-1983 : Bull. civ. III n° 121).

MISE EN ŒUVRE À TITRE INCIDENT OU PRINCIPAL

10565 L'acquéreur dispose d'une option. Il peut, dès qu'il est menacé, appeler son vendeur en garantie. Il s'agit de la **garantie** dite **incidente.** Mais il peut aussi se défendre seul puis se retourner contre son vendeur. Il s'agit alors de la **garantie** dite **principale.**

L'acheteur est libre de son choix entre ces deux voies. Toutefois, la garantie incidente apparaît pour lui plus sécurisante : il ne peut plus agir en garantie principale s'il s'est laissé condamner par un jugement en dernier ressort (ou dont l'appel n'est plus recevable) sans appeler son vendeur et si celui-ci prouve qu'il existait des moyens suffisants pour faire rejeter la demande (C. civ. art. 1640 ; Cass. 1e civ. 10-3-1953 : Bull. civ. I n° 97).

DÉLAI POUR AGIR

10570 L'**action en garantie** d'éviction est soumise à la prescription de droit commun. Depuis la réforme de 2008, la prescription de droit commun est de trente ans pour une action réelle immobilière (C. civ. art. 2227) et de cinq ans pour une action personnelle (C. civ. art. 2224). À notre avis, l'action en garantie d'éviction qui vise à obtenir une garantie ne présente pas les caractères d'une action réelle immobilière et est soumise à une prescription de cinq ans (Mémento Vente immobilière n° 50905). Le délai ne court que du jour où l'acquéreur a connu ou aurait dû connaître les faits lui permettant d'exercer son droit.

En revanche, l'**exception de garantie** est perpétuelle : il s'ensuit que le vendeur ou ses ayants cause, qui sont restés en possession de l'immeuble vendu, ne peuvent pas évincer l'acquéreur en invoquant la prescription acquisitive, l'acquéreur étant toujours recevable, dans ce cas, à leur opposer l'exception de garantie (Cass. civ. 13-5-1912 : DP 1913 I p. 143 ; Cass. 3e civ. 20-10-1981 : Bull. civ. III no 168 ; CA Versailles 12-2-2004 no 02-8420 : RJDA 11/04 no 1207).

3. EFFETS DE LA GARANTIE

Les effets de la garantie sont différents selon que l'éviction est totale, partielle ou qu'elle résulte d'une charge non déclarée. **10580**

Outres les effets présentés ci-dessous, l'acheteur peut, dans certains cas d'éviction et dès lors qu'il n'a pas encore versé le prix de vente, exercer un droit de rétention sur celui-ci jusqu'à la cessation du trouble (no 11360).

ÉVICTION TOTALE

Restitution du prix et des fruits La totalité du **prix** doit être remboursée à l'acheteur **10585**
même si le **bien** vendu se trouve, au moment de l'éviction, **diminué de valeur** ou considérablement détérioré, soit par la négligence de l'acheteur, soit par la survenance d'un événement de force majeure (C. civ. art. 1630 et 1631). Toutefois, si l'acquéreur a tiré profit des dégradations qu'il a faites, le vendeur a le droit de retenir sur le prix une somme égale à ce profit (C. civ. art. 1632).

Si la **valeur** du bien a **augmenté,** le vendeur doit verser à l'acheteur la différence entre le prix de vente et la valeur du bien, même si la valorisation du bien ne résulte pas d'une amélioration apportée par l'acheteur (C. civ. art. 1633).

La plus-value doit être évaluée à la date de la décision constatant l'éviction et non pas à celle de l'introduction de l'action en garantie (Cass. 3e civ. 16-1-1991 : Bull. civ. III no 26). En tout état de cause, l'indemnité ne peut, en aucun cas, être calculée sur la valeur du bien au jour de la vente (Cass. 3e civ. 21-3-1969 : Bull. civ. III no 258). La plus-value due à l'acheteur en cas d'éviction totale n'est pas une restitution mais une indemnisation de la perte subie par l'effet de l'éviction (Cass. 3e civ. 27-10-2016 no 15-21.495 : BPIM 1/17 inf. 31).

En outre, le vendeur doit rembourser à l'acquéreur toutes les **réparations et améliorations** **10586**
(impenses) utiles que celui-ci a apportées au fonds (C. civ. art. 1634). L'obligation s'étend à toutes les dépenses, même somptuaires ou d'agrément, si le vendeur a vendu de mauvaise foi le bien d'autrui (C. civ. art. 1635).

Le remboursement ne concerne pas les constructions neuves, dont l'indemnisation est organisée par l'article 555 du Code civil (Cass. 3e civ. 10-7-1970 : Bull. civ. III no 484), ni les impôts fonciers (Cass. 3e civ. 16-1-1991 : Bull. civ. III no 26).

L'acheteur peut aussi demander au vendeur la restitution des **fruits,** lorsqu'il est obligé de les rendre au propriétaire qui l'évince (C. civ. art. 1630, 2o).

Remboursement de frais et dommages-intérêts L'acquéreur évincé a également **10588**
le droit de demander (C. civ. art. 1630, 3o et 4o) :

- le remboursement des **frais de justice** qu'il a engagés pour agir contre le vendeur ou pour résister à la prétention du tiers ;
- le paiement des **dommages-intérêts,** ainsi que le remboursement des **frais** et loyaux coûts **du contrat** (frais de notaire, droits d'enregistrement, de publicité foncière), à condition qu'il ait été de bonne foi lors de la conclusion du contrat (Cass. 1e civ. 12-2-1980 : Gaz. Pal. 1980 2 pan. p. 373) ; le vendeur doit des dommages-intérêts même s'il a été de bonne foi (Cass. req. 2-12-1890 : DP 1891 I p. 478) ; en tout état de cause, les juges doivent relever l'existence d'un préjudice résultant de l'éviction et non encore réparé (Cass. 3e civ. 21-11-1974 : Bull. civ. III no 428).

ÉVICTION PARTIELLE

L'acquéreur peut demander la **résolution de la vente** si la partie de l'immeuble dont il est évincé **10590**
est telle que sans elle il n'eût point acheté (C. civ. art. 1636). Les juges du fond apprécient souverainement si l'éviction est suffisamment grave pour justifier la résolution (Cass. 3e civ. 13-6-1990 : Bull. civ. III no 148).

Si la **vente** n'est **pas résolue,** soit parce que l'acquéreur n'a pas demandé la résolution, soit parce qu'il ne l'a pas obtenue, il conserve la fraction de l'immeuble dont il n'a pas été évincé et a droit au remboursement de la valeur de la partie dont il est évincé suivant l'estimation à l'époque de l'éviction et non proportionnellement au prix total de la vente (C. civ. art. 1637 ; Cass. 3e civ. 21-3-2001 no 99-16.706 : RJDA 10/01 no 960). Cette règle ne joue pas lorsque le prix de vente n'a pas été payé avant l'éviction ; il appartient, dans ce cas, aux juges de fixer souverainement l'indemnité revenant à l'acquéreur en réparation de son préjudice (Cass. 3e civ. 4-5-1988 : Bull. civ. III no 88).

CHARGES NON DÉCLARÉES

10595 Si la charge non apparente et non déclarée est d'une importance telle que l'acheteur, informé, n'aurait pas conclu la vente, il peut demander soit la **résolution** du contrat, soit des **dommages-intérêts** (C. civ. art. 1638). Dans le cas inverse, il ne peut prétendre qu'à des dommages-intérêts (Cass. 1e civ. 21-2-1956 : Bull. civ. I n° 87).

Jugé que l'acquéreur d'un bien immobilier comprenant des terres agricoles soumises à une redevance d'appartenance à une association syndicale autorisée d'un canal d'irrigation ne pouvait pas réclamer des dommages-intérêts au vendeur dès lors que l'absence de mention dans l'acte de vente de cette charge n'était pas constitutive d'un **préjudice** : en effet, l'adhésion à l'association permettait l'irrigation à tarif avantageux de parcelles à vocation agricole, maintenant la valorisation objective du bien, et l'acheteur n'avait pas demandé son retrait de cette association pour manque d'intérêt aux travaux d'irrigation (Cass. 3e civ. 2-2-2005 n° 03-15.539 : RJDA 6/05 n° 676).

Même lorsque l'éviction est reconnue, l'acheteur ne peut obtenir du notaire, qui a omis de mentionner dans l'acte de vente une charge préexistante qu'il ne pouvait pas ignorer, réparation de son préjudice que s'il est dans l'impossibilité d'obtenir une réparation du vendeur (Cass. 1e civ. 23-9-2003 n° 99-21.174 : RJDA 2/04 n° 149).

4. AMÉNAGEMENTS CONVENTIONNELS DE LA GARANTIE

10680 Les parties peuvent conventionnellement ajouter à l'obligation légale de garantie ou en diminuer les effets ; elles peuvent même convenir que le vendeur ne sera soumis à aucune garantie (C. civ. art. 1627).

CLAUSES PROHIBÉES

10685 Les **clauses restrictives** de garantie sont prohibées dans deux hypothèses :

– le vendeur ne peut pas s'exonérer de la garantie d'éviction résultant de son fait personnel, toute clause contraire étant nulle (C. civ. art. 1628) ; ainsi, le vendeur doit garantir l'acheteur des dégradations qu'il a causées même si une clause de l'acte de vente substituait l'acquéreur dans ses droits et obligations (Cass. 3e civ. 17-7-1973 : Bull. civ. III n° 487) ;

– lorsque la vente immobilière est conclue entre un professionnel et un non-professionnel, les clauses limitant ou excluant la garantie d'éviction (du fait personnel du vendeur, du fait des tiers ou des charges non déclarées) sont interdites et réputées non écrites (C. consom. art. R 132-1, 6° et 7°).

CLAUSES AUTORISÉES

10690 En dehors des exceptions précitées, les parties peuvent **librement restreindre** la garantie d'éviction du fait de tiers et des charges non déclarées, soit en l'excluant totalement, soit en la limitant dans le temps ou à des faits ou des charges particuliers. Par exemple, est valable la clause par laquelle l'acheteur, qui a été informé d'un fait précis et défini, antérieur à la vente et de nature à provoquer son éviction, a accepté d'en supporter le risque sans pouvoir former de recours contre le vendeur (Cass. 1e civ. 17-7-1962 : D. 1962 p. 534).

La clause doit traduire la volonté des parties d'exclure ou de limiter la garantie : elle doit être expresse et dénuée d'ambiguïté. Une clause de style n'est pas suffisante (Cass. 1e civ. 21-6-1967 : Bull. civ. I n° 231 ; Cass. 3e civ. 4-7-1979 : D. 1980 IR p. 221). Si aucune clause ne figure dans l'acte de vente, le vendeur ne peut pas s'exonérer de la garantie d'éviction en établissant que l'acheteur évincé a eu, lors de la vente, connaissance du risque auquel il était exposé (Cass. civ. 9-3-1937 : DH 1937 p. 253 ; Cass. 3e civ. 24-6-1998 n° 96-19.042 : Bull. civ. III n° 130 ; Cass. 3e civ. 6-6-2012 n° 11-14.032 : RJDA 12/12 n° 1064).

La clause est interprétée restrictivement par les juges du fond. Ainsi, la clause de non-garantie de contenance ne dispense pas le vendeur de garantir l'acheteur contre l'éviction d'une partie du bien vendu (Cass. 3e civ. 12-1-1982 : Bull. civ. III n° 12). La clause stipulant que l'acheteur prend le bien dans l'état où il se trouve au jour de la vente sans recours contre le vendeur, notamment en raison des vices apparents ou des vices cachés, ne dispense pas le vendeur de sa garantie d'éviction pour servitudes non apparentes (Cass. 3e civ. 13-2-2025 n° 23-17.636 FS-B : BPIM 2/25 inf. 94).

La clause limitative ou exclusive de garantie d'éviction ne peut être appliquée que si le vendeur est de bonne foi (en ce sens, Cass. 3e civ. 20-2-1973 : Bull. civ. III n° 144 ; Cass. 3e civ. 23-2-1994 : D. 1994 p. 524).

10692 Les **clauses extensives** de garantie sont valables. Très rares en pratique, elles doivent être expresses et spéciales.

EFFETS DES CLAUSES LIMITATIVES DE GARANTIE

10695 En cas de stipulation valable de non-garantie, le vendeur reste tenu à la **restitution du prix,** sauf si l'acquéreur avait connaissance, lors de la vente, du danger de l'éviction, ou s'il a acheté à ses risques et périls (C. civ. art. 1629). En principe, même en présence d'une clause de non-garantie, l'acheteur a donc droit à la restitution du prix ; mais il n'a pas droit aux dommages-intérêts, aux fruits et au remboursement des divers frais.

En outre, la clause exclusive de garantie ne saurait produire aucun effet s'il est établi que l'éviction dont souffrent les acquéreurs ne résulte pas de l'existence de la servitude mentionnée dans le titre, mais de sa violation par le vendeur (Cass. 3e civ. 7-1-2016 n° 14-24.777 : BPIM 2/16 inf. 117). La solution est logique puisque dans ce cas, il s'agit d'une éviction qui résulte du fait personnel du vendeur, or toute exclusion de garantie est alors prohibée en application de l'article 1628 du Code civil.

D. Garantie des vices cachés

Le vendeur est tenu de la garantie à raison des défauts cachés du bien vendu qui le rendent impropre à l'usage auquel on le destine, ou qui diminuent tellement cet usage que l'acheteur ne l'aurait pas acquis, ou n'en aurait donné qu'un moindre prix, s'il les avait connus (C. civ. art. 1641). **10740**

1. CHAMP D'APPLICATION

La garantie des vices cachés ne s'applique pas à toutes les **ventes immobilières.** En sont **exclues** : **10742**

- les ventes faites par autorité de justice (C. civ. art. 1649), telles les ventes de gré à gré d'un immeuble figurant dans l'actif d'un débiteur en liquidation judiciaire (Cass. com. 16-6-2004 n° 01-17.185 : RJDA 12/04 n° 1359) ;
- les ventes aléatoires (Cass. com. 23-11-1999 n° 97-11.834 : RJDA 2/00 n° 196) ;
- les ventes d'immeubles à construire, soumises à un régime spécifique de garantie édicté par les articles 1792 et suivants du Code civil (Cass. 3e civ. 29-3-2000 n° 97-21.681 : RJDA 6/00 n° 649 ; Cass. 3e civ. 7-4-2004 n° 02-31.015 : RJDA 8-9/04 n° 965), sauf lorsque le constructeur est le vendeur (Cass. 3e civ. 2-3-2005 n° 03-16.561 : RJDA 8-9/05 n° 954 ; Cass. 3e civ. 17-6-2009 n° 08-15.503 : RJDA 11/09 n° 943).

La garantie des vices cachés ne s'applique pas non plus en cas de disparition du vice originaire : l'acheteur d'un bien comportant un vice caché qui accepte que le vendeur procède à la **remise en état** de ce bien ne peut plus agir en garantie si le vice a disparu (Cass. com. 1-2-2011 n° 10-11.269 : RJDA 5/11 n° 405 ; Cass. com. 4-6-2013 n° 12-17.786). Il peut toutefois solliciter l'indemnisation du préjudice éventuellement subi du fait de ce vice. **10743**

2. DÉBITEUR DE LA GARANTIE

Le débiteur de la garantie est en premier lieu le **vendeur immédiat** de l'immeuble. Son ignorance du vice ne l'exonère pas de son obligation à garantie (C. civ. art. 1643 ; Cass. 3e civ. 12-9-2006 n° 05-17.228 : RJDA 1/07 n° 31), sa bonne foi n'ayant d'incidence que sur les réparations susceptibles d'être dues à l'acquéreur (n° 10960). La qualité de vendeur supposant celle de propriétaire, il a été jugé que l'épouse séparée de biens du vendeur et cosignataire de l'acte de vente portant sur un bien personnel de son époux n'était pas tenue de garantir l'acquéreur des vices cachés dès lors qu'elle n'avait aucun droit sur le bien vendu par son mari et n'avait pas consenti à être codébitrice de la garantie (Cass. com. 1-6-1999 n° 97-16.379 : RJDA 8-9/99 n° 907). **10745**

La garantie peut être invoquée par le dernier acquéreur contre les **vendeurs antérieurs** (n° 10880).

3. CARACTÉRISTIQUES DU VICE

Le vice affectant l'immeuble doit répondre à certaines caractéristiques pour permettre à l'acquéreur de mettre utilement en jeu la garantie. Il appartient à l'acquéreur d'apporter la **preuve** que le vice existe et qu'il remplit toutes les conditions requises. Cette preuve peut être apportée par tous moyens. **10755**

VICE AFFECTANT L'USAGE DE L'IMMEUBLE

L'article 1641 du Code civil n'admet la mise en œuvre de la garantie des vices cachés que si le défaut invoqué rend le bien impropre à l'usage auquel on le destine ou en diminue tellement son usage que l'acheteur n'aurait pas procédé à l'achat ou l'aurait acquis à un moindre prix. **10760**

Il résulte des termes mêmes de cette disposition que ces conditions sont alternatives et non cumulatives. Par conséquent, lorsque le **vice rend le bien impropre à sa destination,** il n'y a pas à rechercher si ce vice a été déterminant dans le consentement de l'acquéreur (Cass. com. 7-2-1995 n° 93-12.940 : RJDA 6/95 n° 703). En revanche, le caractère déterminant est requis lorsque le **vice réduit l'usage** de l'immeuble acquis.

À défaut de précision au moment de la vente, l'usage auquel on destine l'immeuble vendu s'apprécie par rapport à un **usage normal et habituel.** Ainsi, le vendeur ne doit pas sa garantie lorsque l'acquéreur n'a pas précisé l'usage qu'il entendait faire du bien et qu'il l'a utilisé à une fin à laquelle ce bien n'était pas destiné (Cass. com. 17-5-1994 n° 92-16.290 : RJDA 11/94 n° 1126).

EXEMPLE

Jugé qu'affectent l'usage de l'immeuble vendu :

– une fissure dans le sol de la salle de séjour et une fente dans un mur extérieur dès lors que ces désordres ont une incidence sur la solidité de l'immeuble (Cass. 3e civ. 21-7-1998 n° 1228 : RJDA 11/98 n° 1201) ou la fragilité du sol d'assise des fondations rendant l'immeuble inhabitable et non louable (Cass. 3e civ. 24-1-2012 n° 11-10.420 : RJDA 5/12 n° 484) ;

– le risque d'inondation dans un sous-sol à usage d'habitation (Cass. 3e civ. 22-1-1997 n° 95-11.045 : RJDA 4/97 n° 490) ;

– l'instabilité géologique du terrain sur lequel la maison est implantée et qui a causé l'effondrement d'une partie du terrain dont le surplus est appelé, à terme, à disparaître (CA Paris 13-10-1995 : RJDA 2/96 n° 209) ;

– l'insalubrité d'un appartement ne pouvant être habité en l'état (Cass. 3e civ. 24-1-1996 n° 94-10.551 : RJDA 4/96 n° 483) ;

– le défaut de raccordement de la maison au réseau collectif d'assainissement (Cass. 3e civ. 5-7-2011 n° 10-18.278 : RJDA 11/11 n° 895) ou le non-fonctionnement du système d'alimentation en eau d'une maison vendue « alimentée en eau par une source » (Cass. 3e civ. 29-2-2012 n° 10-20.558 : RJDA 7/12 n° 659) ;

– la présence d'une rampe en béton rendant un emplacement de stationnement inutilisable pour un véhicule de dimension normale (Cass. 3e civ. 20-3-1996 n° 94-14.761 : RJDA 5/96 n° 626) ;

– la sensibilité à l'eau d'un enduit de façade (Cass. 3e civ. 28-6-1995 n° 93-17.379 : RJDA 1/96 n° 32) ;

– l'inconstructibilité du terrain vendu comme présentant une certaine constructibilité (Cass. 3e civ. 1-10-1997 n° 95-22.263 : RJDA 12/97 n° 1476 ; Cass. 3e civ. 15-3-2000 n° 97-19.959 : RJDA 5/00 n° 526 ; Cass. 3e civ. 30-9-2021 n° 20-15.354 FS-B : BPIM 6/21 inf. 386) ;

– le défaut d'homogénéité du dallage (Cass. 3e civ. 27-9-2000 n° 1274 : RJDA 2/01 n° 139) ou le défaut du carrelage d'une maison nuisant considérablement à l'esthétique de la pièce principale (Cass. 3e civ. 11-4-2012 n° 09-65.950 : RJDA 10/12 n° 842) ;

– la pollution d'un terrain anciennement utilisé pour le stockage d'hydrocarbures vendu en vue d'une opération de construction, dès lors que toute construction reste risquée pour la santé ou la sécurité des participants au chantier et des futurs utilisateurs (Cass. 3e civ. 8-6-2006 n° 04-19.069 : RJDA 11/06 n° 1125 ; Cass. 3e civ. 30-9-2021 n° 20-15.354 FS-B : BPIM 6/21 inf. 386) ;

– le défaut d'étanchéité d'une terrasse recouvrant une cave, ce qui empêche de stocker quoi que ce soit dans celle-ci (CA Paris 30-1-2008 n° 07-6620 : RJDA 5/08 n° 506) ;

– la présence d'amiante sur les revêtements de sol et les cloisons (Cass. 3e civ. 7-10-2009 n° 08-12.920 : RJDA 2/10 n° 139), à moins que sa présence soit très localisée et ne présente pas de danger (Cass. 3e civ. 5-6-2012 n° 11-15.628 : BPIM 4/12 inf. 331 ; Cass. 3e civ. 16-12-2014 : BPIM 1/15 inf. 54) ou que la pollution de l'air par les éléments amiantés résulte uniquement de travaux de démolition réalisés après la vente (CA Versailles 3-2-2011 n° 09/07274 : RJDA 5/11 n° 404). La présence d'amiante, même confiné par l'isolation en toiture, constitue un vice caché dès lors que des travaux de désamiantage seront nécessaires avant tous travaux d'isolation ou portant sur la toiture (Cass. 3e civ. 15-4-2021 n° 20-16.320 FS-D : BPIM 3/21 inf. 202).

CARACTÈRE CACHÉ DU VICE

10780 Le vendeur ne doit sa garantie que pour les défauts cachés de l'immeuble (C. civ. art. 1641). Il n'est pas tenu des vices apparents et dont l'acheteur a pu se convaincre lui-même (C. civ. art. 1642). La connaissance du vice par l'acheteur suppose une connaissance de l'ampleur du vice et de ses conséquences (Cass. 3e civ. 14-3-2012 n° 11-10.861 : RJDA 6/12 n° 578 ; Cass. 3e civ. 10-3-2015 n° 13-19.445 : BPIM 3/15 inf. 200).

Pour retenir la garantie du vendeur, il appartient aux juges de rechercher si l'acheteur avait connaissance du vice (Cass. 3e civ. 16-9-2014 n° 13-19.911 : BPIM 6/14 inf. 404).

Le caractère caché du vice est apprécié différemment par les tribunaux selon la qualité de l'acquéreur.

> Précisions La loi imposant au vendeur de fournir des **diagnostics afférents à certains risques** – présence de plomb, de termites ou encore existence de risques naturels ou technologiques (nos 9000 s.) –, l'acquéreur ne peut pas utilement soutenir que ces risques constituent des vices cachés dès lors que le vendeur lui a communiqué ces documents. Sur les obligations et la responsabilité du diagnostiqueur immobilier, voir Mémento Vente immobilière nos 71680 s. De même, s'agissant du **caractère inondable** de certains immeubles, le candidat à l'acquisition peut désormais identifier plus facilement ce risque, d'une part, grâce à un repère qui doit être apposé sur l'immeuble et visible de la voie publique et, d'autre part, en consultant la liste des repères de crues, jointe au document d'information communal sur les risques majeurs, disponible en mairie (Décret 2005-233 du 14-3-2005 ; Arrêté du 14-3-2005 : JO 16 p. 4500).

Si le vice est **partiellement visible,** les juges peuvent considérer que le vendeur ne sera tenu à rembourser qu'une partie des travaux. Ainsi, l'acheteur d'un bien immobilier ne peut pas obtenir la condamnation du vendeur à lui payer l'intégralité du coût des travaux de reprise d'une charpente affectée de divers désordres, dès lors que sa vétusté était partiellement visible (Cass. 3e civ. 30-1-2019 n° 17-31.268 F-D : BPIM 2/19 inf. 122).

Vente à un acquéreur non professionnel Lorsque l'acquéreur est un non-professionnel, le défaut est réputé caché à son égard s'il a pu légitimement en ignorer l'existence au jour de la vente et à condition qu'il ait au moins porté à l'examen du bien l'attention qu'aurait montrée une **personne normalement soucieuse de ses intérêts,** sans avoir pour autant à procéder à des investigations particulières (Cass. ass. plén. 27-10-2006 n° 05-18.977 ; Cass. 3e civ. 10-9-2013 n° 12-22.844 : BPIM 6/13 inf. 406). Ainsi, l'acquéreur négligent qui n'a effectué aucune vérification ne peut pas se prévaloir de l'ignorance d'un vice, alors que son attention a été attirée sur la possible existence d'un tel défaut. Tel est le cas de l'acheteur qui, ayant eu accès à la maison bien avant la signature de l'acte authentique, aurait pu constater que la maison était en préfabriqué (Cass. 3e civ. 28-5-2013 n° 12-20.105 : BPIM 4/13 inf. 275). Jugé que la clause générale de l'acte de vente énonçant que « le vendeur a transmis à l'acquéreur le dossier concernant l'assurance dommages-ouvrage et les procédures en cours » suffit à exclure le vice caché, même si le rapport d'expertise n'est pas annexé à l'acte (Cass. 3e civ. 28-1-2021 n° 19-17.574 F-D : BPIM 2/21 inf. 131). 10782

Toutefois, il ne peut pas lui être imposé de se faire assister par un professionnel pour connaître l'état réel de l'immeuble (Cass. 3e civ. 3-5-1989 : Bull. civ. III n° 101 ; Cass. 3e civ. 4-2-2004 n° 02-18.029 : RJDA 6/04 n° 692 ; Cass. ass. plén. 27-10-2006 n° 05-18.977 : RJDA 6/07 n° 600 ; Cass. 3e civ. 3-11-2011 n° 10-21.052 : BPIM 6/11 inf. 478).

Jugé que la présence d'insectes xylophages constituait un **vice apparent** : 10785

– dès lors qu'un traitement antiparasitaire ayant été effectué, l'attention de l'acheteur avait été attirée sur le risque d'un retour des termites et qu'il s'était contenté d'attestations décrivant sommairement l'état sanitaire et parasitaire de l'immeuble (Cass. 3e civ. 22-11-1995 n° 93-15.347 : RJDA 2/96 n° 207) ;

– lorsque, informé de la présence de capricornes dans la charpente, l'acheteur n'a pas été prudent et n'a pas suivi le conseil de l'agent immobilier préconisant l'appel à un professionnel (Cass. 3e civ. 26-2-2003 n° 01-12.750 : RJDA 6/03 n° 578) ;

– lorsque l'infestation de l'immeuble par des insectes xylophages a été expressément mentionnée dans l'acte de vente (Cass. 3e civ. 10-5-2007 n° 05-21.290 : RJDA 10/07 n° 952 ; Cass. 3e civ. 30-1-2008 n° 07-10.133 : RJDA 7/08 n° 786), à moins que l'acte n'indique la présence d'insectes uniquement dans une cave et un escalier et qu'en dépit du très bon état apparent de la maison au moment de la vente, l'infestation soit généralisée (Cass. 3e civ. 22-6-2011 n° 10-17.321 : BPIM 4/11 inf. 311).

En revanche ont été considérés comme un **vice caché** la précarité du permis de construire résultant d'une mise en demeure d'arrêter les travaux qui avait été adressée au vendeur avant la vente (Cass. 1e civ. 16-6-1966 : Bull. civ. I n° 374), la fissure extérieure d'un mur masquée par une vigne vierge et la fissure du sol d'une salle de séjour recouverte par une épaisse moquette (Cass. 3e civ. 21-7-1998 n° 1228 : RJDA 11/98 n° 1201), les désordres causés par l'absence d'étanchéité d'une dalle-toiture que l'existence d'un faux plafond dans l'ensemble de l'immeuble empêchait d'observer (Cass. 3e civ. 12-9-2006 n° 05-17.228 : RJDA 1/07 n° 31), la présence d'amiante dans des calorifugeages et des flocages alors que le contrôleur technique chargé du diagnostic de recherche d'amiante par le vendeur n'avait pas décelé la présence de projections d'amiante (CA Versailles 11-5-2007 n° 06-1554 : RJDA 12/07 n° 1209) ou encore les fissures constatées par l'acquéreur avant la vente si elles ont pour origine l'inadaptation des fondations au sol, si elles évoluent et si l'acquéreur n'avait pas pu se faire une idée de leur ampleur et de leurs conséquences (Cass. 3e civ. 14-9-2023 n° 22-16.623 F-D : BPIM 6/23 Inf. 389). 10787

Vente à un acquéreur professionnel L'acquéreur professionnel est, en raison de ses **compétences techniques,** présumé connaître le vice (Cass. com. 29-04-2003 n° 01-12.504), notamment à l'égard d'un vendeur professionnel de la même spécialité (Cass. com. 8-12-1980 : Bull. civ. IV n° 415). Peut notamment être considéré comme un acheteur professionnel de l'immobilier l'agent immobilier, le marchand de biens, l'entrepreneur ou encore l'architecte. 10790

Le juge **doit** rechercher si la qualité de professionnel de l'immobilier de l'acquéreur ne lui impose pas de procéder à des vérifications élémentaires et ainsi de se rendre compte de la nécessité de procéder à un contrôle des lieux par un bureau d'étude après la réalisation de travaux touchant à la structure même du bâtiment (Cass. 3e civ. 26-1-2022 n° 18-23.578, 18-24.065, 18-24.944 : BRDA 8/22 n° 8).

Cependant, le vice est toujours réputé caché même à l'égard de l'acquéreur professionnel s'il était indécelable au jour de la vente (Cass. com. 21-2-1966 : Bull. civ. III n° 109 ; Cass. 3e civ. 28-2-2012 n° 11-10.705 : RJDA 3/13 n° 212). Le vice indécelable est celui qui ne se manifeste qu'avec le temps.

VICE INHÉRENT À L'IMMEUBLE

10800 Le vice invoqué par l'acheteur doit être inhérent au bien vendu (Cass. 1e civ. 8-4-1986 : Bull. civ. I n° 82). Cela ne signifie pas que le vice doit avoir nécessairement une **origine interne** à l'immeuble et ne puisse pas provenir de **facteurs extérieurs** à celui-ci (en ce sens, Cass. 3e civ. 6-10-2004 n° 03-12.497 : RJDA 1/05 n° 20). Il peut s'agir d'un vice imputable à la situation de l'immeuble.

Ainsi, le caractère inondable d'un immeuble constitue un vice caché inhérent à celui-ci même si les travaux pour y remédier doivent être exécutés sur un terrain voisin (Cass. 3e civ. 7-7-2004 n° 01-17.446 : RJDA 1/05 n° 19). Il en va de même des nuisances sonores provenant de la chaufferie d'un immeuble située en sous-sol sous l'appartement vendu (CA Paris 23-2-1999 : D. 1999 IR p. 106) ou située au sein de la copropriété dont dépend l'appartement (Cass. 3e civ. 6-10-2004 n° 03-12.497 : RJDA 1/05 n° 20). Jugé également que la construction d'un hôtel de cinq étages ayant une vue plongeante sur des pavillons dont la vente a été précédée d'une publicité vantant spécialement la préservation de l'intimité des acquéreurs constitue un vice caché permettant à l'acquéreur de l'un de ces pavillons de réclamer des dommages-intérêts au vendeur, qui était également le promoteur de l'hôtel (Cass. 3e civ. 23-1-1979 : JCP G 1979 II n° 19241 note B. Stemmer).

En revanche, n'est pas inhérente à l'immeuble une procédure en cours opposant le vendeur au locataire du bien vendu (Cass. 3e civ. 21-6-1995 n° 92-16671 : RJDA 1/96 n° 31).

S'agissant de la rentabilité du bien vendu, le vendeur, s'il doit garantir le potentiel technique de rendement du bien vendu, ne peut en garantir la rentabilité économique, faute d'avoir la maîtrise de son utilisation ultérieure. L'acquéreur ne peut donc pas soutenir que la vente d'immeubles à usage locatif était affectée d'un vice caché au seul motif qu'il n'en a pas retiré le profit escompté (Cass. 3e civ. 21-3-2019 n° 18-12.026 F-D : BPIM 3/19 inf. 194).

ANTÉRIORITÉ DU VICE

10820 Le vice n'est retenu que s'il **existait** antérieurement à la vente (Cass. 1e civ. 12-1-1977 : Bull. civ. I n° 28), **ou** s'il était **en germe** à la date de celle-ci (Cass. com. 9-2-1965 : Bull. civ. III n° 103).

L'acheteur peut demander au juge compétent toute mesure d'instruction, notamment la nomination d'un expert qui établira la cause du désordre. L'antériorité d'un vice du sol, telle que la présence de matières toxiques, sera aisément démontrée. En revanche, les vices affectant la structure du bâtiment sont plus délicats à dater. Dans certaines hypothèses, la jurisprudence admet les présomptions de fait ; par exemple, l'antériorité peut être déduite de l'importance des dégâts causés par les termites (Cass. 1e civ. 31-3-1954 : D. 1954 p. 417).

4. ACTION EN GARANTIE

CONCOURS AVEC D'AUTRES ACTIONS

10870 En présence d'un vice caché, l'acheteur a intérêt à agir à la fois sur le fondement de la garantie des vices cachés et sur celui du manquement du vendeur à son obligation de délivrance d'un bien conforme, car le juge, saisi d'une demande fondée sur l'existence d'un vice caché dont la preuve n'est pas rapportée, n'est pas tenu de rechercher si cette action peut être fondée sur un manquement du vendeur à son obligation de délivrance (Cass. ass. plén. 21-12-2007 n° 06-11.343 : BPIM 2/08 inf. 147). Mais si le défaut invoqué constitue un vice caché, la garantie des vices cachés constitue l'unique fondement possible de l'action de l'acquéreur (Cass. 3e civ. 17-11-2021 n° 20-15.567 F-D ; Cass. 3e civ. 19-10-2023 n° 22-10.090 F-D : BPIM 1/24 inf. 44).

En conséquence, l'acquéreur ne peut ni invoquer la nullité de la vente pour erreur lorsque le défaut affectant le bien s'analyse à la fois comme un vice caché et une **erreur sur les qualités « substantielles »** (Cass. 3e civ. 7-6-2000 n° 98-18.966 : RJDA 9-10/00 n° 852 ; Cass. 3e civ. 17-11-2004 n° 03-14.958 : RJDA 3/05 n° 241 ; Cass. 3e civ. 30-3-2011 n° 10-15.309 : RJDA 10/11 n° 786), ni agir sur le fondement du défaut de délivrance lorsque le défaut s'analyse à la fois comme un vice caché et comme un **manquement à l'obligation de délivrance** (Cass. 3e civ. 15-3-2000 n° 97-19.959 : RJDA 5/00 n° 526 ; Cass. 3e civ. 26-10-2005 n° 04-15.774 : RJDA 3/06 n° 250 ; Cass. 3e civ. 25-1-2012 n° 10-27.357 : RJDA 5/12 n° 483).

En revanche, lorsque le vendeur a dissimulé le vice caché à l'acheteur, celui-ci peut choisir d'agir en garantie des vices cachés ou en annulation de la vente pour **dol** (Cass. 3e civ. 29-11-2000 n° 98-21.224 : RJDA 4/01 n° 435 ; Cass. 3e civ. 10-4-2002 n° 00-16.939 : RJDA 8-9/02 n° 875 ; Cass. 1e civ. 6-11-2002 n° 00-10.192 : RJDA 3/03 n° 249 ; Cass. 3e civ. 23-9-2020 n° 19-18.104 FS-PBI). L'action en garantie des vices cachés n'est pas exclusive de l'action en réparation du préjudice causé par un dol (Cass. 3e civ. 23-9-2020 n° 19-18.104 FS-PBI : BPIM 6/20 inf. 447-3).

TITULAIRE DE L'ACTION

Le plus souvent, la garantie est mise en œuvre par l'**acquéreur immédiat.** Il peut l'invoquer même s'il a revendu le bien, à condition d'avoir un intérêt à agir, ce qui est le cas lorsqu'il a revendu le bien moins cher du fait du vice (Cass. 3e civ. 27-6-2001 no 99-14.851 : RJDA 10/01 no 958). 10880

Le **sous-acquéreur** peut également agir en garantie contre le vendeur initial (Cass. 1e civ. 4-2-1963 : Bull. civ. I no 77). Il dispose en effet de tous les droits et actions attachés au bien.

OPTION DE L'ACQUÉREUR

En application de l'article 1644 du Code civil, l'acquéreur qui met en œuvre la garantie des vices cachés a le choix entre : 10900

– rendre l'immeuble et se faire restituer le prix (**action rédhibitoire** ; sur les conséquences de celle-ci : voir nos 11840 s.) ;

– demander une diminution du prix (**action estimatoire**).

L'acheteur peut exercer ce **choix discrétionnairement,** sans avoir à le justifier (Cass. 1e civ. 11-6-1980 : Bull. civ. I no 185 ; Cass. 1e civ. 23-5-1995 no 93-17.367 : RJDA 12/95 no 1349). Il peut demander la résolution de la vente même s'il a remédié au vice (Cass. 3e civ. 17-2-1988 : Bull. civ. III no 38) ou même si le vendeur lui a proposé d'effectuer les réparations nécessaires à la remise en état du bien et si ces travaux sont modiques (Cass. 1e civ. 23-5-1995 no 93-17.367 : RJDA 12/95 no 1349). 10905

Ce choix n'appartient qu'à lui et non à la juridiction saisie en vue de statuer sur ces demandes (Cass. 3e civ. 20-10-2010 no 09-16.788 : RJDA 2/11 no 126).

Toutefois, seule la réduction du prix peut être demandée lorsque :

– le vice n'est pas assez grave pour justifier la résolution (Cass. com. 5-1-1961 : Bull. civ. III no 11 ; Cass. com. 6-3-1990 : Bull. civ. IV no 75) ;

– l'immeuble ne peut plus être restitué au vendeur (Cass. com. 6-7-1999 no 96-20.014 : RJDA 11/99 no 1190), sauf si la restitution a été rendue impossible par la faute du vendeur (Cass. com. 10-5-2000 no 97-17.472 : RJDA 9-10/00 no 853) ;

– le bien a péri par la faute de l'acheteur ou par cas fortuit (Cass. 1e civ. 3-12-1996 no 94-19.176 : RJDA 2/97 no 191).

L'acheteur peut **substituer une action à l'autre,** même devant la cour d'appel, tant qu'il n'a pas été statué sur sa demande par une décision passée en force de chose jugée ou que le vendeur n'a pas acquiescé (Cass. 2e civ. 11-7-1974 : Bull. civ. II no 231 ; Cass. com. 12-10-1999 no 96-22.578 : RJDA 12/99 no 1312). 10910

DÉLAI POUR AGIR

Durée L'action en garantie des vices cachés doit être engagée par l'acquéreur dans les 2 ans de la découverte du vice (C. civ. art. 1648). 10920

Les juges du fond doivent préciser la date exacte de la **découverte du vice** par l'acheteur, date qui fixe le point de départ du délai (Cass. com. 29-11-1982 : Bull. civ. IV no 381 ; Cass. com. 21-1-1992 : Bull. civ. IV no 32) et faire connaître les motifs par lesquels ils se déterminent (Cass. 3e civ. 5-12-1968 : Bull. civ. III no 533). Cette date peut notamment se situer au jour de la notification du rapport d'expertise (Cass. 1e civ. 11-1-1989 : Bull. civ. I no 12).

En application des articles 1648, alinéa 1 et 2232 du Code civil, l'action en garantie des vices cachés doit être exercée dans les **deux ans** de la découverte du vice, sans pouvoir dépasser le délai de **vingt ans** à compter du jour de la vente (Cass. 3e civ. 8-12-2021 no 20-21.439 FS-B). Par quatre arrêts rendus, la chambre mixte de la Cour de cassation tranche plusieurs questions qui avaient donné lieu à des décisions contradictoires ces dernières années en ce qui concerne la nature du délai pour agir et sa durée (Cass. mixte 21-7-2023 nos 21-15.809 BR, 20-10.763 BR, 21-17.789 BR et 21-19.936 BR : BPIM 5/23 inf. 326). 10925

Jugé que le délai pour agir en garantie est :

– un délai de prescription, pas de forclusion (Cass. 3e civ. 15-2-2024 no 22-20.065 F-D : BPIM 2/24 inf. 125). Il peut donc être interrompu et suspendu notamment par une demande en référé-expertise et par l'expertise elle-même ;

– enfermé dans un délai butoir, de 20 ans à compter du jour de la vente conclue par la partie recherchée en garantie (Cass. 3e civ. 21-3-2024 no 22-22.967 F-D, G. c/ Sté Pierres et terres : BPIM 3/24 inf. 201).

En d'autres termes, le vice découvert plus de 20 ans après l'acquisition ne peut plus donner lieu à une action en garantie. Toutefois, l'action en garantie des vices cachés engagée plus de 20 ans après la naissance du droit reste recevable pour les ventes antérieures au 19 juin 2008 car le délai butoir de l'article 2232 du Code civil n'est pas applicable à une situation où le droit est né avant l'entrée en vigueur de la loi du 17 juin 2008 (Cass. 3e civ. 1-10-2020 no 19-16.986 FS-PBI : BPIM 6/20 inf. 404).

La charge de la preuve du dépassement du délai de prescription biennale repose sur le vendeur (Cass. 3e civ. 9-2-2011 no 10-11.573 : RJDA 6/11 no 514).

À noter que l'avant-projet de réforme du droit des contrats spéciaux propose deux versions alternatives du futur article 1648 du Code civil. Les décisions commentées s'inscrivent dans la droite ligne de la première d'entre elles, selon laquelle l'action en garantie pour vice caché se prescrit par deux ans, ce délai commençant à courir à compter du moment où l'acheteur a découvert ou aurait dû découvrir le vice, sans que l'action puisse être exercée au-delà du délai butoir de l'article 2232 du Code civil. La seconde version, évoquée pour exprimer une position minoritaire, prévoit un délai butoir de dix ans à compter de la délivrance du bien.

10930 **Interruption du délai** Le délai de 2 ans est bien évidemment interrompu par l'exercice de l'action en garantie pour vice caché. Il est également interrompu lorsque l'acquéreur saisit le juge des référés d'une demande d'expertise (Cass. com. 6-3-2001 n° 98-18.562 : RJDA 7/01 n° 767 ; Cass. 3ᵉ civ. 5-12-2001 n° 00-87.898 : RJDA 2/02 n° 146), que cette demande soit formée à titre principal ou par voie incidente ou reconventionnelle, c'est-à-dire, par exemple, à l'occasion de l'action engagée par le vendeur pour obtenir le règlement du prix de vente (Cass. com. 2-4-1996 n° 93-20.901 : RJDA 10/96 n° 1179).

L'interruption du délai efface le délai acquis et fait courir un nouveau délai de même durée que l'ancien (C. civ. art. 2231 ; Cass. 3ᵉ civ. 5-1-2017 n° 15-12.605 : BPIM 2/17 inf. 126).

10935 **Expiration du délai** À l'expiration du délai de 2 ans, l'acquéreur ne peut plus agir. Son action est donc en principe irrecevable. Mais cette **fin de non-recevoir** n'est pas d'ordre public : elle ne peut donc pas être soulevée d'office par le juge (Cass. 1ʳᵉ civ. 12-12-2000 n° 98-21.789 : RJDA 4/01 n° 436) ni pour la première fois devant la Cour de cassation (Cass. 1ʳᵉ civ. 5-12-1995 n° 94-11.135 : RJDA 4/96 n° 486). Il appartient dès lors au vendeur de s'en prévaloir.

RÉPARATIONS DUES PAR LE VENDEUR

10960 Outre la restitution du prix, le vendeur peut être condamné à réparer le préjudice subi par l'acquéreur. Cette action en réparation n'est pas subordonnée à l'exercice d'une action rédhibitoire ou estimatoire : elle peut donc être engagée de manière autonome (Cass. com. 19-6-2012 n° 11-13.176 : RJDA 3/13 n° 214 ; Cass. 1ʳᵉ civ. 26-9-2012 n° 11-22.399 : RJDA 4/13 n° 306).

L'étendue de la réparation varie selon que le vendeur avait ou non connaissance du vice allégué. Si le **vendeur ignorait le vice** au jour de la vente, il n'est tenu de rembourser à l'acquéreur que les frais occasionnés par la vente (C. civ. art. 1646) et non des éventuels dommages subis (Cass. 1ʳᵉ civ. 4-2-1969 : JCP G 1963 II n° 13159 note R. Savatier ; Cass. 3ᵉ civ. 8-4-2009 n° 07-19.690 : RJDA 11/09 n° 941).

Si le **vendeur connaissait le vice,** ou aurait dû le connaître, il est tenu de tous les dommages-intérêts à l'égard de l'acquéreur (C. civ. art. 1645). Le vendeur doit donc indemniser l'acheteur de tous les préjudices que lui a causés le vice, y compris des dommages dont il n'avait pas connaissance (Cass. 3ᵉ civ. 19-11-2008 n° 07-16.746 : RJDA 7/09 n° 623 ; Cass. 3ᵉ civ. 14-4-2010 n° 09-14.455 : RJDA 10/10 n° 937). Les réparations allouées peuvent excéder le montant du prix d'achat (Cass. 1ʳᵉ civ. 8-6-1999 n° 95-13.866 : RJDA 8-9/99 n° 909). Si le bien vendu est atteint de vices cachés nécessitant sa démolition, l'acheteur qui choisit de conserver le bien sans demander la restitution du prix de vente est en droit d'obtenir du vendeur de mauvaise foi le paiement des frais de démolition et de reconstruction (Cass. 3ᵉ civ. 30-1-2020 n° 19-10.176 FS-PBI : BPIM 2/20 inf. 129). La victime n'est pas tenue de limiter son préjudice dans l'intérêt du vendeur responsable. Il en résulte que les juges ne peuvent pas rejeter sa demande en paiement d'un surcoût de travaux dû au vice du terrain au seul motif qu'elle n'aurait pas suffisamment négocié le surcoût imposé par le constructeur (Cass. 3ᵉ civ. 2-3-2022 n° 20-14.762).

Ces dispositions s'appliquent même si le **bien affecté d'un vice a péri** par suite de sa mauvaise qualité (C. civ. art. 1647). En effet, alors que les risques du bien vendu sont en principe à la charge de l'acquéreur à partir du transfert de propriété, il n'en est plus de même si le bien transféré était antérieurement atteint de vice caché (Cass. com. 9-2-1965 : Bull. civ. III n° 103).

Lorsque la vente d'une maison et d'un terrain est résolue pour vices cachés, alors que la maison a été détruite par un incendie sans lien avec les vices, l'acheteur, qui supporte sa perte, doit restituer le terrain et la valeur avant incendie de la maison viciée (Cass. 3ᵉ civ. 7-1-2016 n° 14-25.664 : BPIM 2/16 inf. 118).

Si l'acheteur accepte que le vendeur procède à la **remise en état** le bien vendu, il ne peut plus invoquer l'action en garantie, dès lors que le vice a disparu. Cette solution ne peut pas être étendue à la réparation du vice caché par un tiers (Cass. 3ᵉ civ. 8-2-2023 n° 22-10.743 FS-B : BPIM 2/23 inf. 125). Cette circonstance, qui est sans incidence sur les rapports contractuels entre l'acquéreur et le vendeur, ne supprime pas l'action estimatoire permettant à l'acheteur d'obtenir la restitution du prix à hauteur du coût des travaux mis à sa charge pour remédier au vice.

> Précisions a. Le vendeur peut également se voir condamné à **réparer le préjudice subi par des tiers.** Le constructeur d'une maison individuelle, qui a été obligé de procéder à des études et analyses de sol en raison de la faute du vendeur professionnel qui a vendu un terrain constructible atteint d'un vice caché, peut en demander le remboursement à ce dernier sur le fondement de l'article 1382 du Code civil (Cass. 3e civ. 12-05-2004 no 02-20.911 : RJDA 10/04 no 1108).

b. Un **tiers** ne peut pas être condamné à **garantir le vendeur des dommages-intérêts** mis à la charge de ce dernier **en réparation du préjudice subi par l'acquéreur,** même s'il a commis une faute à l'origine du vice (Cass. 3e civ. 18-6-2008 nos 06-20.713 et 06-21.062 : RJDA 11/08 no 1106 ; Cass. 3e civ. 7-10-2009 no 08-12.920 : RJDA 2/10 no 139).

c. Le vendeur condamné sur le fondement de la garantie des vices cachés à restituer à l'acquéreur une partie du prix de vente ne peut pas agir en garantie contre l'**agent immobilier** (Cass. 3e civ. 29-3-2018 no 17-13.157 F-D : BPIM 3/18 inf. 204), ni contre le **notaire** (Cass. 3e civ. 14-12-2017 no 16-24.170 FS-PBI : BPIM 1/18 inf. 84), cette restitution ne constituant pas, par elle-même, un préjudice indemnisable.

5. CLAUSES LIMITATIVES OU EXCLUSIVES DE GARANTIE

Il résulte de l'article 1643 du Code civil et de l'application qu'en font les tribunaux qu'une clause limitant ou éludant totalement la garantie due par le vendeur d'immeuble au titre des vices cachés est rarement efficace. **10965**

L'**efficacité** d'une telle clause dépend, d'une part, de la bonne foi du vendeur (nos 10970 s.) et du respect par ce dernier de l'obligation de communication du dossier de diagnostic technique (no 9060).

En cas de **ventes successives,** le vendeur initial poursuivi en garantie par le sous-acquéreur peut opposer à ce dernier la clause limitative ou exclusive de garantie figurant dans l'acte de cession le liant à son propre acquéreur (Cass. 1e civ. 7-6-1995 no 93-13.898 : RJDA 1/96 no 47 ; Cass. com. 28-1-2004 no 02-11.522 : RJDA 6/04 no 667). En revanche, le vendeur initial ne peut pas se prévaloir à l'encontre du sous-acquéreur final d'une clause de non-garantie figurant dans l'une des ventes intermédiaires à laquelle il n'a pas été partie (Cass. 3e civ. 16-11-2005 no 04-10.824 : RJDA 5/06 no 528 ; Cass. 3e civ. 22-6-2011 no 08-21.804 : RJDA 11/11 no 898). **10967**

VENTE ENTRE NON-PROFESSIONNELS

La clause limitant ou excluant la garantie des vices cachés est valable entre non-professionnels mais elle ne peut pas être invoquée par un vendeur de **mauvaise foi.** Il suffit, pour caractériser cette mauvaise foi, que le vendeur ait eu connaissance du vice au moment de la vente et n'en ait pas informé l'acheteur. Peu importe que la non-révélation du vice n'ait pas été faite de façon intentionnelle pour tromper l'acheteur (Cass. 3e civ. 28-3-2007 no 06-12.299 : RJDA 7/07 no 712 ; Cass. 3e civ. 16-12-2009 no 09-10.540 : RJDA 7/10 no 729) ou que le vendeur ait eu connaissance du vice très longtemps avant la mise en œuvre de la garantie (Cass. 3e civ. 10-9-2013 no 12-22.844 : BPIM 6/13 inf. 406). **10970**

Peu importe également que le vendeur n'ait pas eu conscience de l'ampleur des dégâts que pouvait causer le vice caché (Cass. 3e civ. 19-11-2008 no 07-16.746 : RJDA 7/09 no 623 ; Cass. 3e civ. 8-4-2009 no 08-12.960 : RJDA 11/09 no 942 ; Cass. 3e civ. 14-4-2010 no 09-14.455 : RJDA 10/10 no 937, à propos de la dissimulation de la présence d'insectes ou champignons lignivores).

La réalisation de travaux par le vendeur est souvent un indice de sa connaissance du vice : est évidemment de mauvaise foi le vendeur qui a procédé à des réparations pour dissimuler certains vices (Cass. 3e civ. 13-1-2010 no 08-21.677 : RJDA 7/10 no 703 ; Cass. 3e civ. 21-1-2015 no 13-17.982 : BPIM 2/15 inf. 125, le vendeur ayant repeint les murs pour faire disparaître les traces d'infiltration).

La faiblesse et la dangerosité du plancher des combles résultant de travaux d'aménagement effectués par le vendeur constituent des vices cachés. La clause d'exclusion de garantie ne peut pas s'appliquer, le vendeur ayant nécessairement connaissance des vices (Cass. 3e civ. 4-5-2016 no 15-12.429 : BPIM 4/16 inf. 263).

Mais la clause de non-garantie demeure **efficace** si le vice, constitué par l'engorgement du système d'évacuation des eaux usées, est apparu à une période où le vendeur n'habitait plus l'immeuble vendu (CA Versailles 13-1-2000 no 96-4711 : RJDA 5/00 no 527). La mauvaise foi du vendeur ne peut pas non plus être déduite du seul fait qu'il a omis d'informer l'acheteur qu'une installation classée avait été exploitée sur le terrain ainsi que l'article L 514-20 du Code de l'environnement (nos 11120 s.) lui en fait l'obligation (Cass. 3e civ. 10-9-2008 no 07-17.086 : RJDA 3/09 no 202).

De même, le vendeur qui ignorait l'instabilité du sol de sa maison révélée par des pluies exceptionnelles peut invoquer la clause de non-garantie des vices cachés alors même qu'il a dissimulé à l'acheteur une procédure judiciaire antérieure relative à l'effondrement d'un mur, cette dissimulation ne suffisant pas à caractériser la mauvaise foi (Cass. 3e civ. 4-4-2019 no 16-22.528 FS-D : BPIM 3/19 inf. 195).

Une clause d'exclusion de la garantie des vices cachés peut s'appliquer à la vente d'une maison dont le vendeur, profane en matière de construction, a hérité peu de temps avant sans jamais y avoir vécu et dont il pouvait ignorer le désordre structurel qui l'affectait (Cass. 3e civ. 21-12-2023 n° 22-21.518 F-D, F. c/ Sté L'immobilière Guignard : BPIM 2/24 inf. 126).

VENTE ENTRE UN PROFESSIONNEL ET UN NON-PROFESSIONNEL

10975 La clause limitative ou exclusive de garantie ne peut pas être invoquée par un vendeur professionnel, celui-ci étant présumé de mauvaise foi (Cass. 1e civ. 24-11-1954 : JCP G 1955 II n° 8565 ; Cass. 3e civ. 25-1-1972 : Bull. civ. III n° 46 ; Cass. 3e civ. 18-10-1977 : Bull. civ. III n° 348). Ont été considérés comme **vendeurs professionnels de l'immobilier** :

– le promoteur qui vend des appartements (Cass. 3e civ. 25-1-1972 : Bull. civ. III n° 46) ;

– la société qui fait profession de vendre des immeubles ou fractions d'immeubles (Cass. 3e civ. 22-1-1974 : Bull. civ. III n° 33) ou qui restaure des immeubles anciens pour les revendre par appartements (Cass. 3e civ. 23-6-1971 : Bull. civ. III n° 403) ;

– le technicien du bâtiment qui a vendu un immeuble après l'avoir conçu ou construit (Cass. 3e civ. 26-2-1980 : Bull. civ. III n° 47 ; dans le même sens, Cass. 3e civ. 5-4-1978 : Bull. civ. III n° 155) ;

– le vendeur qui, bien qu'âgé de 93 ans au moment de la vente, a été ingénieur des travaux publics et a dirigé pendant de nombreuses années une entreprise du bâtiment (Cass. 3e civ. 26-4-2006 n° 04-18.466 : RJDA 11/06 n° 1126) ;

– le particulier qui achète plusieurs lots d'un immeuble puis les revend après travaux d'aménagement, de réfection et d'embellissement (Cass. 3e civ. 11-5-2010 n° 09-14.095 : RJDA 10/10 n° 936) ou qui, avec le concours d'un chauffagiste, installe dans sa maison un poêle à bois à l'origine d'un incendie (Cass. 3e civ. 9-2-2011 n° 09-71.498 : RJDA 5/11 n° 406) ;

– le maçon qui achète un immeuble pour le restructurer, le diviser en lots et procéder à 10 ventes en moins de deux ans (Cass. 3e civ. 4-3-2014 n° 13-11.058 : BPIM 3/14 inf. 190) ;

– la SCI qui achète un immeuble qu'elle rénove pour en vendre une partie et louer le reste en réinvestissant les profits ainsi retirés dans une autre opération immobilière (Cass. 3e civ. 27-10-2016 n° 15-24.232 : BPIM 1/17 inf. 32) ;

– la SCI qui a réalisé elle-même les travaux à l'origine des désordres : elle se comporte comme un constructeur et est présumée avoir connaissance du vice affectant l'ouvrage (Cass. 3e civ. 19-10-2023 n° 22-15.536 FS-B, R. c/ SCI Les Hauteurs de Sérignac : BPIM 6/23 inf. 377).

À l'inverse n'est **pas** un **vendeur professionnel** :

– la filiale d'une compagnie pétrolière, créée pour gérer le patrimoine immobilier de celle-ci, mais qui n'a eu à son actif que les immeubles constituant le siège de la compagnie (Cass. 3e civ. 10-7-2001 n° 00-13.556 : RJDA 12/01 n° 1199) ;

– la société d'assurance qui a vendu des appartements dans deux immeubles qu'elle a fait construire, le fait qu'elle effectue des opérations sur le marché de l'immobilier et qu'elle dispose, compte tenu de sa taille, d'un patrimoine immobilier justifiant l'existence d'un service immobilier ne suffisant pas à lui donner la qualité de professionnel de la vente immobilière (Cass. 3e civ. 25-4-2007 n° 06-13.290 : RJDA 10/07 n° 953) ;

– l'établissement de crédit qui n'a pas pour activité professionnelle la vente d'immeubles et n'a fait que gérer son patrimoine immobilier (Cass. 3e civ. 5-5-2009 n° 08-13.141 : RJDA 4/10 n° 353) ;

– le vendeur qui exerce une activité professionnelle de commerce en gros de matériel électrique et qui est gérant de sociétés civiles immobilières dont l'objet social est la location de biens immobiliers (Cass. 3e civ. 18-12-2012 n° 11-29.036 : RJDA 4/13 n° 307) ;

– le vendeur qui a lui-même conçu et installé le système de chauffage qui s'est révélé défectueux (Cass. 3e civ. 10-7-2013 n° 12-17.149 : BPIM 5/13 inf. 338).

VENTE ENTRE PROFESSIONNELS

10990 Le vendeur professionnel peut se prévaloir d'une clause exclusive ou limitative de garantie à l'égard de l'acheteur professionnel de la **même spécialité** (Cass. 3e civ. 30-10-1978 : JCP G 1979 II n° 19178 ; Cass. 3e civ. 26-4-2006 n° 04-19.107 : RJDA 11/06 n° 1127). L'identité de spécialité relève de l'appréciation souveraine des juges du fond (Cass. 1e civ. 21-7-1987 : Bull. civ. I n° 241 ; Cass. 1e civ. 20-2-1996 : Bull. civ. I n° 86 ; Cass. 3e civ. 5-12-2006 n° 1289 : RJDA 5/07 n° 466).

Ont été reconnus de la même spécialité un lotisseur qui vend des terrains viabilisés et un promoteur qui les achète pour son activité professionnelle en vue d'y construire des pavillons pour les revendre (Cass. 3e civ. 26-4-2006 n° 04-19.107 précité) mais pas deux sociétés civiles immobilières, la société acquéreur n'ayant effectué qu'une opération unique d'achat de terrain pour la construction d'une maison destinée à son gérant, dirigeant par ailleurs d'une société ayant pour activité la réparation d'articles électriques à usage domestique (Cass. 3e civ. 5-12-2006 n° 1289 précité). En cas de vente entre professionnels de même spécialité d'un bien contenant de l'amiante, la clause de non-garantie des vices cachés s'applique si la connaissance par le vendeur de la présence d'amiante n'est pas prouvée (Cass. 3e civ. 30-6-2016 n° 14-28.839 : BPIM 5/16 inf. 316).

E. Garanties des vices de pollution

1. RISQUES DE POLLUTION LIÉS À UNE INSTALLATION CLASSÉE

Lorsqu'un propriétaire vend un terrain sur lequel a été exploitée une installation classée soumise à autorisation ou enregistrement, il est tenu à l'égard de l'acquéreur à un devoir d'information spécifique (C. envir. art. L 514-20, al. 1). 11120

Constituent des **installations classées** les bâtiments, ateliers, usines et autres « sources fixes de nuisance » qui sont soumises à un régime particulier (autorisation, enregistrement ou déclaration auprès de l'administration) dès lors qu'elles ont pour objet des activités inscrites à la « nomenclature des installations classées » annexée à l'article R 511-9 du Code de l'environnement (C. envir. art. L 511-1 et L 511-2). Tel est le cas des abattoirs selon leur capacité d'abattage, des garages en fonction de leur superficie d'atelier, des entreprises produisant ou utilisant des substances radioactives, etc.

CHAMP D'APPLICATION

L'obligation d'information ne porte que sur les installations **soumises à autorisation** (ou enregistrement) et non sur celles soumises à une simple déclaration. Celles-ci continuent à être soumises, en cas de vente, à la garantie légale : par exemple, la pollution d'un puits dans une propriété rurale peut constituer un vice caché si elle rend l'immeuble impropre à son usage (Cass. 3e civ. 8-3-1989 n° 86-19.659). 11125

L'obligation d'information se limite à la vente de terrains sur lesquels l'exploitation de l'installation classée a cessé. Il en découle deux conséquences : 11130

– l'obligation d'information ne s'applique qu'à la **vente du terrain** lui-même, de telle sorte qu'elle ne s'impose pas à la vente portant seulement sur des locaux édifiés sur le terrain (CA Paris 1-10-2009 n° 08-19089 : RJDA 4/10 n° 413 et, sur pourvoi, Cass. com. 3-5-2011 n° 09-72.664 : RJDA 10/11 n° 762) ;

– le vendeur n'y est pas tenu lorsque l'**exploitation** est **en cours** (Cass. 3e civ. 9-4-2008 n° 07-10.795 : RJDA 10/08 n° 1007) ; en revanche, l'obligation s'impose même si l'installation soumise à autorisation ou enregistrement a cessé d'être exploitée avant l'entrée en vigueur de l'article L 514-20 du Code de l'environnement, c'est-à-dire avant juillet 1976 (Cass. 3e civ. 17-11-2004 n° 03-14.038 : RJDA 5/05 n° 532).

> Précisions L'obligation d'information nécessite qu'une installation classée ait été implantée, en tout ou partie, sur le terrain vendu : elle ne s'applique pas à la vente d'un **bien situé à proximité** de l'installation classée (Cass. 3e civ. 22-11-2018 n° 17-26.209 FS-PBI : BPIM 1/19 inf. 46 ; jugé en sens contraire, sur le fondement de l'obligation d'information de droit commun : Cass. 3e civ. 25-5-2011 n° 09-16.677 : BPIM 4/11 inf. 310, qui retient un dol commis par le vendeur). Si le terrain vendu est inclus dans le périmètre de l'installation classée soumise à autorisation, le vendeur doit en informer l'acheteur. Tel est le cas d'une parcelle constituant l'entrée d'une usine exploitée pour une activité de traitement des déchets d'usines à gaz (Cass. 3e civ. 21-9-2022 n° 21-21.933 FS-B).

MODALITÉS D'INFORMATION DE L'ACQUÉREUR

Lorsqu'une installation soumise à autorisation a été exploitée sur un terrain, le vendeur de ce terrain est tenu d'en informer par écrit l'acheteur ; il doit l'informer également, pour autant qu'il les connaisse, des dangers ou inconvénients importants qui résultent de l'exploitation (C. envir. art. L 514-20, al. 1). 11140

Si le **vendeur** est l'**exploitant de l'installation** classée, il doit indiquer par écrit à l'acquéreur si son activité a entraîné la manipulation ou le stockage de substances chimiques ou radioactives ; l'acte de vente doit attester de l'accomplissement de cette formalité (C. envir. art. L 514-20, al. 2).

> Précisions Le vendeur a intérêt à procéder à un **audit environnemental** du site. Il remplira de cette façon l'obligation d'information prévue par le Code de l'environnement et, s'il a communiqué les résultats de l'expertise à son acquéreur, au moment de la vente, conférera au vice de pollution un caractère apparent. Le vendeur professionnel restera toutefois garant des vices indécelables qui n'auront pas été révélés par l'étude d'environnement.

SANCTIONS

11160 En cas de **manquement** du vendeur **à son obligation** légale d'information, l'acheteur a le choix de poursuivre la résolution de la vente ou de se faire restituer une partie du prix ; il peut aussi demander la remise en état du site auprès du vendeur lorsque le coût de cette remise en état ne paraît pas disproportionné par rapport au prix de vente (C. envir. art. L 514-20, al. 3).

11165 Le vendeur ne saurait **échapper à son obligation** d'information écrite en apportant la preuve que l'acquéreur savait dès avant la vente du terrain qu'une installation classée y avait été exploitée, y compris lorsque cette information lui a été communiquée dans le cadre de ses fonctions par un tiers (Cass. 3e civ. 12-1-2005 no 03-18.055 : RJDA 6/05 no 680).

2. RISQUES DE POLLUTION DES SOLS

11170 Les terrains situés en secteur d'information sur les sols (SIS) comprennent les terrains où la connaissance de la **pollution des sols** justifie, notamment en cas de changement d'« usage », la réalisation d'études de sols et de mesures de gestion de la pollution pour préserver la sécurité, la santé ou la salubrité publiques et l'environnement (C. envir. art. L 125-6 ; C. envir. art. R 512-39-3, R 512-46-27 et R 556-1 dans leur rédaction issue du décret 2024-742 du 6-7-2024).

La loi Climat définit « l'usage » comme la fonction ou la ou les activités ayant cours ou envisagées pour un terrain ou un ensemble de terrains donnés, le sol de ces terrains ou les constructions et installations qui y sont implantées (C. envir. art. L 556-1 A, I). Le ou les usages d'un site ou d'un sol pollué sont classés par catégories : usage industriel, usage tertiaire, usage résidentiel, usage récréatif de plein air, usage agricole, usage d'accueil des populations sensibles, usage de renaturation et autres usages (C. envir. art. D 556-1 A).

La **liste des secteurs d'information sur les sols** devait être établie par le représentant de l'État dans le département avant le 1er janvier 2019 (C. envir. art. R 125-41, I). Toutes les listes n'ont pas été établies au 1er janvier 2019. Une carte d'avancement par département de l'élaboration des SIS est consultable sur le site www.georisques.gouv.fr.

En cas de **vente portant sur un terrain** situé en secteur d'information sur les sols, le vendeur est tenu d'en informer par écrit l'acquéreur (C. envir. art. L 125-7). Depuis le 1er janvier 2023, le document d'information en matière de pollution des sols doit être annexé à la promesse de vente, ainsi qu'à l'acte authentique de vente (C. envir. art. R 126-27 et R 125-27). À défaut et si une pollution constatée rend le terrain impropre à la destination précisée dans le contrat, l'acheteur peut demander la résolution du contrat ou se faire restituer une partie du prix de vente, dans un délai de 2 ans à compter de la découverte de la pollution. L'acheteur peut aussi demander la réhabilitation du terrain aux frais du vendeur lorsque le coût de cette réhabilitation ne paraît pas disproportionné par rapport au prix de vente.

Cette obligation se cumule avec l'obligation d'information à laquelle est soumis le vendeur d'un terrain sur lequel a été exploitée une installation classée soumise à autorisation ou à enregistrement (C. envir. art. L 125-7).

II. OBLIGATIONS DE L'ACHETEUR

A. Obligation de payer le prix de vente

11300 La principale obligation de l'acheteur est de payer le prix au jour et au lieu prévus par le contrat (C. civ. art. 1650). Sur la fixation du prix dans l'acte de vente, voir nos 7840 s. ; sur la réglementation des versements d'argent avant la conclusion de la vente, voir nos 900 s.

PRIX DE VENTE ET INTÉRÊTS

11305 Outre le prix, l'acheteur doit payer des **intérêts** dans les trois cas suivants (C. civ. art. 1652) :
- s'il en a été ainsi convenu lors de la vente ;
- si le bien vendu et livré produit des fruits ou autres revenus, ce qui est le cas d'un immeuble susceptible d'être loué, même si l'acheteur n'a pas usé de cette faculté (Cass. req. 19-6-1928 : DP 1928 I p. 144 ; Cass. 3e civ. 29-4-2009 no 08-14.607 : RJDA 7/09 no 624) ;
- si l'acheteur a été sommé de payer, étant précisé que, dans ce dernier cas, l'intérêt ne court que depuis la sommation.

Afin d'éviter la formalité de la sommation, il est préférable de prévoir qu'en cas de retard de paiement par rapport à la date convenue l'acquéreur sera redevable de plein droit d'un intérêt de retard et de stipuler un taux conventionnel dissuasif.

L'intérêt du prix représentant l'équivalent de la jouissance du bien, les intérêts légaux du prix de vente d'un immeuble sont dus pour la **période** séparant la prise de possession de la signature de l'acte notarié (Cass. 3e civ. 30-6-1992 : Bull. civ. III no 237).

DÉBITEURS DU PAIEMENT DU PRIX DE VENTE

L'acheteur est tenu de payer le prix de vente (C. civ. art. 1582 et 1650). S'il décède avant le paiement du prix, son engagement passe à ses héritiers, à titre indivisible (C. civ. art. 870 s.). **11320**

L'obligation de paiement peut même être acquittée par une personne qui n'y est pas tenue, sauf refus légitime du créancier (C. civ. art. 1342-1). Il peut s'agir, par exemple, d'une caution, d'un coacquéreur ou encore d'un créancier hypothécaire de l'acquéreur. S'agissant des coacquéreurs, à défaut de solidarité entre eux, chacun n'est tenu que du paiement d'une partie du prix correspondant à la fraction acquise.

BÉNÉFICIAIRE DU PAIEMENT DU PRIX DE VENTE

Le principe est évidemment que le paiement doit être fait au créancier ou à la personne désignée pour le recevoir (C. civ. art. 1342-2, al. 1). Le paiement fait à une personne qui n'avait pas qualité pour le recevoir est néanmoins valable si le créancier le ratifie ou s'il en a profité, tandis que celui fait à un créancier dans l'incapacité de contracter n'est pas valable, s'il n'en a tiré profit (C. civ. art. 1342-2, al. 2 et 3). **11325**

Pluralité de vendeurs En cas de pluralité de vendeurs, il y a solidarité active entre eux si l'acte donne expressément à chacun d'eux le droit de demander le **paiement du total de la créance** et que le paiement fait à l'un d'eux libère le débiteur, encore que le bénéfice de l'obligation soit partageable et divisible entre eux. Jugé que la clause selon laquelle « il y aura solidarité entre tous les vendeurs d'une part et tous les acquéreurs d'autre part » n'autorise pas l'un des vendeurs à demander le paiement de la totalité du prix à l'acheteur (Cass. 1e civ. 27-4-2004 no 02-10.347 : RJDA 4/05 no 448). **11326**

Lorsque l'immeuble a été vendu simultanément par le **nu-propriétaire** et l'**usufruitier** pour un prix global, chacun d'eux a droit à une portion du prix total correspondant à la valeur comparative de l'usufruit avec la nue-propriété (Cass. 1e civ. 25-2-1997 no 94-20.785 : RJDA 8-9/97 no 1099). L'opération s'analyse en effet en deux ventes distinctes portant l'une sur l'usufruit, l'autre sur la nue-propriété, à moins qu'une clause du contrat ne stipule expressément le report de l'usufruit sur le prix. Si le contrat ne ventile pas le prix entre les deux « vendeurs », il existe un risque de nullité de la vente pour indétermination du prix. **11327**

Créanciers titulaires de sûretés réelles Compte tenu du droit de suite des créanciers titulaires de sûretés réelles qui pourraient, en cas de non-respect de la procédure de purge, provoquer la vente de l'immeuble, il est d'usage de faire transiter les fonds par la comptabilité du notaire. Les modalités de paiement du prix de vente peuvent alors se dérouler de deux manières : **11328**

– soit le vendeur réussit à convenir avec tous les créanciers inscrits, dans le cadre de la **purge** amiable **de l'hypothèque,** que le prix de vente est affecté au paiement total ou partiel de leurs créances ou de certaines d'entre elles ; les créanciers exercent sur le prix leur droit de préférence, qui est opposable à tout cessionnaire ou créancier saisissant. Par l'effet de ce paiement, l'immeuble est purgé du droit de suite des créanciers (C. civ. art. 2463). Dans cette hypothèse, les créanciers inscrits sont payés quasi immédiatement et le solde du prix de vente remis au vendeur ;

– soit le vendeur et ses créanciers ne parviennent pas à un accord et il est procédé aux formalités de purge (C. civ. art. 2461 à 2464). Dans ce cas, la totalité du prix de vente est affectée au paiement des créanciers inscrits et le notaire doit conserver les fonds jusqu'à la réception de l'état hypothécaire.

DATE ET LIEU DE PAIEMENT DU PRIX DE VENTE

L'acquéreur doit payer le prix au jour et au lieu réglés par la vente (C. civ. art. 1650). **11330**

Les **parties peuvent convenir** d'un paiement comptant le jour de la signature de l'acte authentique de vente. Le paiement peut être stipulé à terme ; le contrat prévoit alors des garanties.

Les paiements, qu'ils soient à terme ou comptants, sont souvent en pratique domiciliés en l'étude du notaire rédacteur de l'acte, mais cela n'est en général que la conséquence d'engagements pris à l'égard des prêteurs respectifs.

11335 **À défaut de stipulation des parties,** les règles supplétives de l'article 1651 du Code civil s'appliquent : l'acheteur est tenu de payer au lieu et dans le temps où doit se faire la délivrance. C'est donc lors de la remise des clefs et des titres de propriété que s'effectue le paiement (C. civ. art. 1605). L'acquéreur doit s'exécuter à la date de la délivrance, sans qu'une mise en demeure soit nécessaire.

Le lieu de paiement est également celui de la délivrance (C. civ. art. 1605). Lorsque le prix est payable à terme, la jurisprudence considère, à défaut de clause contraire et par dérogation à l'article 1247 du Code civil, que le paiement doit être effectué au domicile du vendeur (Cass. com. 2-5-1984 : Bull. civ. IV n° 173).

Lorsque le paiement consiste en une rente viagère, il a lieu, en l'absence de stipulation particulière, soit au domicile du crédirentier, soit en l'étude du notaire rédacteur de l'acte.

PREUVE DU PAIEMENT DU PRIX DE VENTE

11340 Lorsque le prix est payé comptant le jour de la signature de l'acte authentique de vente et que celui-ci transite par la **comptabilité du notaire,** la quittance de ce paiement résulte de l'acte lui-même, de sorte que la réalité du paiement et de son montant est constatée personnellement par le notaire dans un acte authentique. Le paiement ne peut alors être contesté que par la procédure d'inscription de faux.

En revanche, quand le prix (même quittancé dans l'acte) est payé **hors la comptabilité du notaire,** ce dernier ne fait que constater la déclaration des parties, dont il n'a pas pu vérifier personnellement la réalité ou l'exactitude, selon laquelle le paiement est intervenu. La preuve contraire peut alors être rapportée **par tous moyens** (C. civ. art. 1342-8) et sans recourir à la procédure d'inscription de faux (Cass. 1re civ. 2-11-2005 n° 03-19.622 : RJDA 5/06 n° 607). La charge de la preuve du non-paiement incombe au créancier (Cass. 1re civ. 6-12-2007 n° 06-19.666).

Avant la **réforme du droit des contrats,** la jurisprudence considérait que le prix quittancé payé hors la comptabilité du notaire devait être prouvé par écrit conformément aux dispositions de l'ancien article 1341 du Code civil (Cass. 1re civ. 4-11-2011 n° 26-10-27.035 : Bull. civ. I n° 194 ; Cass. 3e civ. 27-2-2008 n° 07-10.222 : RJDA 7/08 n° 846).

SUSPENSION DE L'OBLIGATION DE PAIEMENT DU PRIX DE VENTE

11360 L'acheteur peut refuser de payer le prix si le vendeur n'exécute pas ses obligations, à condition toutefois que ce manquement soit assez grave pour justifier l'**exception d'inexécution.**

En matière immobilière, une règle spéciale prévoit que « si l'acheteur est troublé ou a juste sujet de craindre d'être troublé par une action, soit hypothécaire, soit en revendication, il peut suspendre le paiement du prix jusqu'à ce que le vendeur ait fait cesser le trouble, si mieux n'aime celui-ci donner caution, ou à moins qu'il n'ait été stipulé que, nonobstant le trouble, l'acheteur payera » (C. civ. art. 1653). Cette règle est appelée « **rétention du prix** ». Les parties peuvent décider d'y déroger contractuellement.

11370 L'article 1653 du Code civil vise les **risques d'éviction** résultant d'une action hypothécaire et d'une action en revendication. À ce titre, l'acheteur peut notamment exercer un droit de rétention sur le prix tant que le vendeur n'a pas effectué la radiation des inscriptions des privilèges et hypothèques grevant l'immeuble (Cass. 3e civ. 7-11-1978 : Bull. civ. III n° 337).

Mais la Cour de cassation considère que l'article 1653 du Code civil, dont les termes ont un caractère purement énonciatif, est applicable toutes les fois que le paiement du prix est réclamé à un acheteur contre lequel est dirigée une action qui peut avoir pour résultat de l'évincer (Cass. req. 29-11-1939 : DH 1940 p. 52 ; Cass. 3e civ. 18-1-1983 : Bull. civ. III n° 17). Il peut s'agir, par exemple, d'une action en rescision pour lésion (Cass. 3e civ. 26-5-1992 : Bull. civ. III n° 176).

Encore faut-il qu'il existe une menace d'éviction. Tel n'est pas le cas lorsque, après l'adjudication d'un immeuble destiné à la démolition, se sont révélées des sous-locations dont les bénéficiaires ont demandé le renouvellement, ces actions ne constituant pas pour l'acquéreur un danger d'éviction (Cass. 3e civ. 30-1-1970 : Bull. civ. III n° 84).

11375 Pour pouvoir invoquer la rétention du prix, l'acquéreur doit avoir ignoré la menace d'éviction au moment de la conclusion de la vente et il doit avoir **mis en demeure** le vendeur **de faire cesser le trouble** ou de fournir caution (Cass. 3e civ. 26-5-1992 : Bull. civ. III n° 176). L'acquéreur ne peut pas suspendre le paiement du prix s'il a fait des offres réelles de paiement après commandement (arrêt précité).

SANCTION DU DÉFAUT DE PAIEMENT DU PRIX DE VENTE

Résolution judiciaire Si l'acheteur ne paie pas le prix, le vendeur peut demander la résolution de la vente (C. civ. art. 1654). **11380**

La résolution est prononcée aussitôt si le vendeur est en danger de perdre la chose et le prix ; si ce danger n'existe pas, le juge peut accorder à l'acquéreur un délai plus ou moins long suivant les circonstances (C. civ. art. 1655, al. 1 et 2). Les juges du fond disposent d'un pouvoir souverain pour accorder un **délai de grâce** à l'acquéreur (Cass. 3e civ. 20-2-1973 : Bull. civ. III n° 147). Passé ce délai sans paiement, la résolution de la vente est prononcée (C. civ. art. 1655, al. 3).

Résolution de plein droit Les parties peuvent stipuler dans l'acte de vente que le défaut de paiement dans le terme convenu entraînera la résolution de plein droit de la vente ; dans ce cas, l'acquéreur peut néanmoins payer après l'expiration du délai, tant qu'il n'a pas été mis en demeure par une sommation, mais après cette sommation le juge ne peut pas lui accorder de délai (C. civ. art. 1656). **11385**

Ce texte n'étant pas d'ordre public, les parties peuvent convenir que la résolution aura lieu de plein droit sans **mise en demeure** (Cass. 1e civ. 27-1-1960 : Bull. civ. I n° 61) mais les juges ne peuvent pas prononcer la résolution sans constater que l'acquéreur a été sommé de payer ou qu'il avait été convenu que l'échéance du terme constituerait l'acquéreur en demeure (Cass. 1e civ. 16-11-1960 : Bull. civ. I n° 498).

Pour de plus amples détails sur les modalités de la résolution, voir nos 11800 s.

B. Autres obligations de l'acheteur

Hormis le paiement du prix de vente, une grande variété d'obligations peuvent être mises à la charge de l'acheteur. Tout dépend de ce que les parties sont convenues. Seule l'obligation de prendre en charge les frais d'actes et certains impôts sera ici évoquée. **11438**

OBLIGATION DE PAYER LES FRAIS DE LA VENTE

Les **frais d'actes et autres accessoires** à la vente sont à la charge de l'acheteur (C. civ. art. 1593). La règle a un caractère supplétif (Cass. civ. 23-12-1931 : Gaz. Pal. 1932 1 p. 433). Les parties peuvent déroger aux dispositions de l'article 1593 et prévoir que le vendeur supportera les frais dits accessoires (vente « acte en main »). La répartition des frais n'est valable qu'entre les parties. Vendeur et acquéreur sont solidaires à l'égard du notaire du paiement des honoraires et des frais exposés par lui. Il en va de même le plus souvent des impôts liés à la vente ou à l'immeuble (droits de mutation). **11440**

> **Précisions** Certains **impôts** sont dus par celui qui était **propriétaire de l'immeuble au 1er janvier** de l'année. Tel est le cas de l'impôt foncier ou des taxes annuelles sur les bureaux. En l'absence de précision dans l'acte, le vendeur qui a cédé l'immeuble après le 1er janvier ne peut réclamer à l'acquéreur aucun remboursement prorata temporis (pour l'impôt foncier, Cass. com. 15-7-1992 n° 90-11.231 D : RJF 11/92 n° 1516). Mais un tel remboursement constitue un usage. La demande peut donc prospérer si les parties se sont référées aux usages en cette matière.

SECTION 3

TRANSFERT DE LA PROPRIÉTÉ, DES RISQUES ET DE LA JOUISSANCE

TRANSFERT DE LA PROPRIÉTÉ ET DES RISQUES

La vente immobilière opère le **transfert de la propriété** et de ses accessoires à l'acquéreur. La vente est parfaite entre les parties et la propriété acquise de droit à l'acheteur à l'égard du vendeur, dès qu'on est convenu de la chose et du prix, quoique la chose n'ait pas encore été livrée ni le prix payé (C. civ. art. 1583). Dans les contrats ayant pour objet l'aliénation de la propriété ou la cession d'un autre droit, le transfert s'opère lors de la conclusion du contrat (C. civ. art. 1196, **11600** al. 1er). Il en résulte que la promesse de vente vaut vente lorsqu'il y a consentement réciproque des deux parties sur la chose et sur le prix (C. civ. art. 1589, al. 1).

Le paiement effectif du prix, l'entrée en jouissance ou la signature de l'acte authentique de vente ne consacrent pas le transfert du droit de propriété. Dès l'accord sur la chose et le prix, l'acquéreur devient, sauf disposition conventionnelle contraire, titulaire de toutes les prérogatives attachées à la propriété et peut ainsi, par exemple, revendre valablement le bien, même si la vente n'a pas encore été constatée par acte authentique ni le prix payé.

En principe, seuls les **sinistres** intervenus **après le transfert** de propriété permettent à l'acquéreur de se prévaloir du droit à l'indemnité d'assurance (C. ass. art. L 121-10). Ainsi, le **bénéficiaire de l'indemnité** est la personne qui était propriétaire au moment du sinistre (Cass. 3e civ. 16-12-2009 n° 09-65.697 : BPIM 1/10 inf. 37). Toutefois, ce principe tend à disparaître au profit des exceptions toujours plus nombreuses.

Si le **sinistre** intervient **avant la vente,** l'indemnité d'assurance peut être transmise à l'acquéreur contre remise sur le prix de vente, à charge pour lui d'effectuer les réparations pour lesquelles l'indemnité est versée, à défaut l'assureur peut lui réclamer la restitution (Cass. 3e civ. 13-4-2023 n° 19-24.060 FS-B : BPIM 3/23 inf. 202). En cas de revente, lorsqu'une action en garantie a été engagée par l'acheteur initial et est en cours, celui-ci dispose d'une option : soit il prévoit dans le contrat de revente, dont le prix tient compte des désordres, qu'il conserve l'action en garantie, soit il admet que celle-ci est transmise.

Pour toutes les assurances dommages, lorsqu'un **sinistre** intervient **entre la promesse de vente et la signature de l'acte authentique,** l'acquéreur du bien assuré se voit transmettre l'ensemble des droits nés du contrat d'assurance souscrit par le vendeur et il peut en conséquence réclamer le versement entre ses mains de l'indemnité due au titre du sinistre, alors même que celui-ci est antérieur au transfert de propriété (Cass. 3e civ. 7-3-2019 n° 18-10.973 FS-PB, Sté Axiatis c/ Sté La Poste : BPIM 2/19 inf. 123).

11605 Le transfert de propriété emporte **transfert des risques** de la chose (C. civ. art. 1196, al. 3). C'est donc également par le seul effet du consentement que s'opère le transfert des risques du bien. Et si les parties reportent conventionnellement le transfert de propriété, le transfert des risques est également reporté. En l'absence de report conventionnel, l'acquéreur supporte donc les pertes survenues par cas fortuit, notamment la destruction ou la détérioration de l'immeuble, dès l'instant où il a échangé son consentement avec le vendeur et même s'il n'est pas encore entré en possession du bien, n'a pas payé le prix, ni même signé l'acte authentique.

Outre le fait que peuvent être prises des conventions contraires au transfert des risques à l'acquéreur par le seul effet du consentement, le bien reste aux risques du vendeur si celui-ci a été mis en demeure par l'acquéreur de le lui livrer (C. civ. art. 1196, al. 3). En matière immobilière, cette mise en demeure consiste à demander la remise des clés et l'accès à l'immeuble.

11607 En pratique, il est d'ailleurs préférable que les **parties,** au moyen d'une stipulation dans l'avant-contrat, **retardent** le **transfert de la propriété et des risques** à la signature de l'acte authentique. Car, à défaut de stipulation expresse et si toutes les conditions nécessaires à la validité de l'acte sont remplies (aliénabilité du bien, capacité des parties, prix réel et sérieux, etc.), le transfert de la propriété et des risques est immédiat.

Outre une disposition conventionnelle expresse, la stipulation d'une condition suspensive et l'existence du droit de rétractation (nos 830 s.) reportent le transfert de la propriété et des risques.

TRANSFERT DE LA JOUISSANCE

11620 Le transfert de la jouissance du bien permet au nouveau propriétaire de se servir personnellement de l'immeuble (par exemple, en l'habitant ou en le louant) et d'en percevoir les fruits (notamment les loyers).

En l'**absence de délai** convenu, l'entrée en jouissance est censée intervenir dès la conclusion du contrat, c'est-à-dire dès l'échange des consentements ou dès la réalisation de la condition suspensive s'il y a lieu.

Le plus souvent, une **clause de l'avant-contrat** de vente prévoit que l'entrée en jouissance de l'acquéreur se produira en même temps que le transfert de propriété. Elle peut aussi stipuler que l'entrée en jouissance aura lieu postérieurement au transfert de propriété. Dans ce cas, afin d'éviter le risque de non-libération des lieux, la clause d'entrée en jouissance différée doit prévoir la date limite au-delà de laquelle le vendeur devra avoir quitté les lieux, ainsi que les sanctions et garanties en cas d'inexécution. Il est enfin possible de prévoir que l'acquéreur entrera en jouissance avant le transfert de propriété. Il est alors vivement conseillé d'établir à cette occasion une convention de mise à disposition du bien (convention d'occupation précaire) afin de préciser la nature juridique de l'occupation ainsi que les obligations qui en résultent.

SECTION 4 RÉSOLUTION DE LA VENTE

On a vu que l'inexécution tant des obligations du vendeur que de celles de l'acheteur peut entraîner la résolution de la vente (par exemple, en cas de défaut de délivrance ou de paiement du prix). 11800

Si les dispositions du Code civil régissant la vente précisent les causes de résolution de ce contrat, elles sont muettes sur les modalités et les effets de celle-ci. Sur ces questions, il y a lieu de faire application du **droit commun** des contrats. Nous rappellerons seulement quelques principes concernant la clause résolutoire, la résolution judiciaire et les effets de la résolution.

CLAUSE RÉSOLUTOIRE

Définition Les parties peuvent prévoir que la vente sera résolue de plein droit si l'une des parties n'exécute pas ses obligations ou certaines d'entre elles. La résolution peut résulter de l'application d'une clause résolutoire (C. civ. art. 1224) qui doit indiquer les engagements dont l'inexécution entraînera la résolution du contrat. La résolution est subordonnée à une **mise en demeure** infructueuse, s'il n'a pas été convenu que celle-ci résulterait du seul fait de l'inexécution. La mise en demeure ne produit effet que si elle mentionne expressément la clause résolutoire (C. civ. art. 1225). 11805

Lorsqu'est prévue une résolution de plein droit, la partie qui invoque l'inexécution d'une obligation de son cocontractant n'est pas tenue de saisir le **juge,** sauf si l'autre partie résiste : dans ce cas, le bénéficiaire de la clause doit demander au juge qu'il constate la résolution.

N'est pas une clause résolutoire de plein droit celle qui offre au vendeur, en cas de défaut de paiement du prix, plusieurs possibilités (Cass. 1e civ. 13-12-1988 : Bull. civ. I n° 353) ou celle qui précise qu'une partie peut demander la résolution de la vente (Cass. 3e civ. 7-10-1998 n° 97-10.926 : RJDA 12/98 n° 1325 ; Cass. 3e civ. 24-2-1999 n° 96-22.664 : RJDA 5/99 n° 511). Dans un tel cas, la résolution doit être demandée au juge, qui peut refuser de la prononcer s'il estime que le manquement invoqué ne justifie pas la sanction de la résolution (voir n° 11820).

Concours avec des actions judiciaires L'existence de la clause n'interdit pas au bénéficiaire de demander l'exécution forcée du contrat ou encore sa **résolution judiciaire** (Cass. 3e civ. 8-6-2006 n° 05-14.356 : RJDA 11/06 n° 1128). Jugé ainsi que la résolution d'une vente en viager devait être résolue aux torts de l'acheteur dès lors que les retards renouvelés dans le paiement de la rente puis leur absence de règlement constituaient une violation grave et renouvelée de ses obligations par l'acheteur, le paiement régulier de la rente étant essentiel pour les vendeurs, âgés de plus de 80 ans et n'ayant que des ressources modestes (Cass. 3e civ. 8-6-2006 n° 05-14.356 : RJDA 11/06 n° 1128). 11810

Le juge saisi par le vendeur d'une demande en constatation de la résolution en application d'une clause résolutoire et par l'acheteur d'une demande en **résolution pour défaut de délivrance** doit d'abord se prononcer sur la demande formée par l'acheteur, dès lors que la demande de celui-ci tend à l'anéantissement rétroactif du contrat et de la clause résolutoire qu'il contient (Cass. 3e civ. 24-11-1999 n° 97-17.026 : RJDA 1/00 n° 8).

Limites au jeu de la clause Le **jeu de la clause** résolutoire peut être **paralysé** si celui qui l'invoque le fait de mauvaise foi (Cass. 3e civ. 6-6-1984 : Bull. civ. III n° 111) ou si l'inexécution résulte d'un cas de force majeure (Cass. 3e civ. 6-5-2003 n° 02-10.624 : RJDA 12/03 n° 1163). En revanche, la bonne foi du débiteur qui n'a pas exécuté ses obligations est sans incidence (Cass. 3e civ. 24-9-2003 n° 02-12.474 : RJDA 1/04 n° 10). 11815

Par ailleurs, l'action résolutoire ne produira aucun effet à l'égard des tiers ayant publié leur droit depuis la vente si le vendeur n'a pas inscrit son hypothèque légale ou si celle-ci est éteinte (C. civ. art. 2403). La publication de la clause résolutoire est en effet la condition sine qua non de sa mise en œuvre, et cette publication ne résulte pas de la seule publication de la vente qui la contient. Elle doit faire l'objet d'une réquisition expresse et d'une mention particulière au fichier immobilier (Cass. 3e civ. 15-10-2015 n° 14-20.400 : BPIM 6/15 inf. 360).

La **renonciation** au bénéfice de la clause résolutoire est possible mais elle doit être claire et non équivoque. Ainsi, il n'y a pas eu renonciation de la part du vendeur d'un immeuble, dont le prix était payable pour partie sous forme d'une rente viagère, dès lors que l'intéressé a accepté le paiement de la rente après avoir fait délivrer un commandement de payer et fait constater l'acquisition de la clause par acte notarié (Cass. 3e civ. 10-9-2008 n° 07-11.528 : RJDA 3/09 n° 207).

RÉSOLUTION JUDICIAIRE

11820 Le **juge** saisi **apprécie** souverainement si les manquements invoqués justifient l'anéantissement du contrat (jurisprudence constante, notamment Cass. 1e civ. 15-7-1999 : Bull. civ. I n° 245). Par exemple, le juge peut refuser de prononcer la résolution de la vente pour malfaçons si l'acquéreur, qui avait suspendu ses paiements en raison des malfaçons, n'a pas consigné le prix (Cass. 3e civ. 18-12-1991 : Bull. civ. III n° 331).

Au lieu de la résolution demandée ou en complément de celle-ci, le juge peut allouer des **dommages-intérêts** à la victime de l'inexécution (C. civ. art. 1228 ; Cass. 3e civ. 22-3-1983 : Bull. civ. III n° 84 ; Cass. 1e civ. 7-4-1998 n° 98-18.790 : RJDA 8-9/98 n° 946). Ainsi, dans un cas où le propriétaire d'une maison avait réalisé des travaux d'extension sans permis de construire avant la vente, l'acquéreur a obtenu la résolution de la vente, des dommages-intérêts correspondant à son préjudice moral et matériel et le remboursement de la commission versée à l'agence immobilière au motif que le vendeur avait commis une faute en exécutant des travaux en dehors de la réglementation et que cette faute avait causé un préjudice à l'acheteur qui pouvait craindre pour l'avenir une réaction ou une sanction de l'administration (Cass. 3e civ. 3-6-2009 n° 07-19.097 : BRDA 17/09 inf. 12).

La **renonciation par anticipation** à agir en résolution est possible, à condition que l'acte de vente contienne une clause de renonciation non équivoque, rédigée de manière claire, précise, non ambiguë et compréhensible par un profane (Cass. 3e civ. 3-11-2011 n° 10-26.203 : RJDA 2/12 n° 125).

EFFETS DE LA RÉSOLUTION

11840 **Restitutions réciproques** La résolution de la vente entraîne la remise des parties en leur état antérieur, comme si la vente n'avait pas existé.

Les parties sont tenues à une obligation de **restitution réciproque** : l'acheteur doit remettre la propriété de l'immeuble et le vendeur le prix perçu (Cass. com. 3-2-1998 n° 95-19.443 : RJDA 6/98 n° 702 ; Cass. 1e civ. 7-4-1998 n° 98-18.790 : RJDA 8-9/98 n° 946 ; Cass. com. 13-4-1999 n° 96-19.383 : RJDA 6/99 n° 656).

Mais la partie contre laquelle la résolution est prononcée ne peut prétendre au remboursement des frais qu'elle a engagés que s'ils ont été utiles à son cocontractant (Cass. 3e civ. 4-12-2002 n° 00-17.925 : RJDA 2/03 n° 127).

11842 Le **vendeur** doit restituer les sommes qu'il a reçues, éventuellement augmentées des **intérêts** (Cass. 1e civ. 7-4-1998 n° 98-18.790 : RJDA 8-9/98 n° 946). Ainsi a-t-il été jugé qu'une société anonyme d'HLM, aux torts de laquelle avait été résolue une vente à terme de pavillons, a dû restituer aux acquéreurs le montant des aides personnalisées au logement (Cass. 3e civ. 2-3-1994 : RTD civ. 1994 p. 860). Doit également être restitué à l'acheteur le montant de la **commission d'agence** mise à la charge du vendeur et payée par lui, dès lors que le prix de vente incluait la commission (Cass. 3e civ. 4-3-2014 n° 12-25.801 : BPIM 3/14 inf. 191).

Les **impôts** fonciers restent à la charge du vendeur quel que soit le responsable de la résolution de la vente, leur paiement étant nécessaire à la conservation de l'immeuble qui était réputé n'avoir jamais quitté le patrimoine du vendeur et ce dernier ayant continué à occuper l'immeuble (Cass. 3e civ. 12-1-1994 n° 91-19.540 : RJDA 4/94 n° 386 ; Cass. 3e civ. 4-12-2002 n° 00-17.925 : BPIM 2/03 inf. 107).

11845 Du côté de l'**acquéreur,** l'anéantissement rétroactif de la vente a pour effet d'emporter de plein droit la résolution du **crédit immobilier** qu'il a souscrit (Cass. 1e civ. 1-12-1993 n° 91-20.539 : RJDA 3/94 n° 316 ; Cass. 1e civ. 7-7-1998 n° 96-15.098 : RJDA 10/98 n° 1148).

Autre conséquence, l'**indemnité d'assurance** versée à l'acquéreur pour les dommages subis par l'immeuble doit être considérée, une fois la vente résolue ou annulée, comme faisant partie du patrimoine du vendeur, censé n'avoir jamais été dépossédé de l'immeuble, de sorte que l'assureur ne peut pas en réclamer le remboursement à l'acheteur sur le fondement de la répétition de l'indu (Cass. 3e civ. 21-11-2001 n° 00-14.728 : RJDA 3/02 n° 239).

En cas de résolution de la vente en l'état futur d'achèvement (Vefa) et du prêt, l'inscription prise en garantie sur l'immeuble est maintenue (Cass. 3e civ. 26-10-2022 n° 21-12.765 F-D). L'obligation inhérente au contrat de prêt résolu demeure tant que les parties n'ont pas été remises en l'état antérieur à la conclusion de leur convention, de sorte que l'**hypothèque** en considération de laquelle ce prêt a été consenti subsiste jusqu'à l'extinction de cette obligation (Cass. 3e civ. 5-11-2008 n° 07-17.357 : Bull. civ. III n° 167). Le prêteur peut donc solliciter le maintien de ses garanties jusqu'au remboursement complet de sa créance.

11850 **Cas de l'immeuble loué** Lorsque le bien vendu faisait l'objet d'un bail **avant la vente,** le vendeur, qui est censé être resté propriétaire, est tenu de restituer à l'acquéreur l'indemnité d'éviction que celui-ci a versée au locataire commercial évincé après la vente (Cass. 1e civ. 5-5-2004 n° 00-22.902 : RJDA 8-9/04 n° 964). Par ailleurs, si le bien a été vendu au locataire, celui-ci redevient locataire, peu important que la vente ait opéré une confusion des qualités de propriétaire et de locataire dans une même personne (Cass. 3e civ. 22-6-2005 n° 03-18.624 : RJDA 2/06 n° 127).

Lorsqu'un bail commercial a été consenti **après la vente,** celui-ci n'est maintenu que si le locataire a contracté de bonne foi avec l'acquéreur (Cass. 3e civ. 25-10-1983 : Bull. civ. III n° 196).

La restitution des **fruits générés par un bien** depuis la vente constitue également une conséquence légale de l'anéantissement du contrat. Toutefois, une telle restitution est subordonnée à la bonne foi du possesseur (C. civ. art. 549 et 550 ; Cass. 3e civ. 27-11-2002 n° 01-12.444 FS-PB : RJDA 6/03 n° 582 ; Cass. 3e civ. 23-5-2019 n° 18-10.118 F-D). Dès lors, elle ne peut pas être prononcée d'office par le juge (Cass. 3e civ. 11-2-2021 n° 20-11.037 FS-PL : BPIM 2/21 inf. 132).

Indemnisations Le vendeur est bien fondé à réclamer une **indemnité d'occupation** à 11855 l'acquéreur, dès lors que ce dernier, par l'effet de l'annulation rétroactive, a occupé les lieux sans droit ni titre. La restitution doit en effet inclure la valeur de la jouissance que la chose a procurée (C. civ. art. 1352-3). **Avant la réforme du droit des contrats,** la jurisprudence apportait une solution contraire (Cass. ch. mixte 9-7-2004 n° 02-16.302 : RJDA 2/05 n° 116 ; Cass. 3e civ. 16-1-2013 n° 11-18.483 : RJDA 5/13 n° 397 ; Cass. 3e civ. 6-6-2024 n° 23-10.944 F-D : BPIM 4/24 inf. 265).

Le vendeur peut être indemnisé également du coût de la remise en état des lieux (en ce sens, Cass. 1e civ. 2-6-1987 : Bull. civ. I n° 183). Par exemple, le vendeur peut être indemnisé lorsqu'il a été contraint de détruire ou de mettre en conformité des aménagements illicites réalisés par l'acquéreur (CA Angers 9-3-2010 n° 06/00150 : RJDA 10/10 n° 940). Le vendeur ne peut en revanche être indemnisé si la dégradation du bien n'est pas le fait de l'acquéreur (Cass. 3e civ. 6-11-2013 n° 12-21.108 : BPIM 1/14 inf. 41, le mauvais état du bien lors de la restitution étant dû à son exposition aux intempéries, à l'air marin et à des actes de vandalisme, constitutifs de cas fortuits).

La résolution de la vente **aux torts de l'acquéreur** n'ouvre droit à des **dommages-intérêts** au 11860 profit du vendeur que si celui-ci démontre l'existence d'un préjudice imputable à la faute de son cocontractant (Cass. 3e civ. 25-5-2004 n° 03-10.231 : RJDA 1/05 n° 21). Doit ainsi être rejetée la demande d'indemnisation formée par un vendeur qui n'a récupéré qu'une partie du terrain vendu dès lors qu'il a imprudemment autorisé l'acquéreur à vendre l'autre partie du terrain avant même d'être payé et qu'il ne démontre pas l'existence d'une perte de valeur, imputable à l'acquéreur, sur la parcelle récupérée (Cass. 3e civ. 25-5-2004 n° 03-10.231 précité).

Inversement, la résolution **aux torts du vendeur** ouvre droit à des dommages et intérêts au profit de l'acquéreur s'il démontre l'existence d'un préjudice imputable à la faute de son cocontractant. Constitue un préjudice indemnisable la perte de chance pour l'acquéreur promoteur de réaliser les bénéfices attendus de la réalisation du lotissement que devait permettre le compromis de vente, s'il y a disparition actuelle et certaine d'une éventualité favorable (Cass. 3e civ. 8-10-2013 n° 12-23.751 : BPIM 1/14 inf. 42).

CHAPITRE 3 LOCATION-ACCESSION À LA PROPRIÉTÉ IMMOBILIÈRE

SOMMAIRE

DÉFINITION DE LA LOCATION-ACCESSION

12500 Issue de la loi 84-595 du 12 juillet 1984, la location-accession à la propriété immobilière est un mode particulier d'accession au logement, permettant à un acquéreur potentiel de se constituer un apport personnel sans toutefois se trouver engagé dans un processus d'acquisition irréversible. Ce contrat est un **contrat autonome** et indivisible, qui ne se résume pas à l'adjonction d'une location à une promesse de vente, l'accédant n'étant pas un simple locataire.
La loi de 1984 définit la location-accession comme le contrat **par lequel** un vendeur (au sens de propriétaire) s'engage envers un accédant à lui transférer, par la manifestation ultérieure de la volonté de ce dernier et après une période de jouissance à titre onéreux, la propriété de tout ou partie d'un immeuble, moyennant le paiement fractionné ou différé du prix de vente et le versement d'une redevance jusqu'à la date de levée de l'option ; la redevance est la contrepartie du droit de l'accédant à la jouissance du logement et « de son droit personnel au transfert de propriété du bien » (Loi du 12-7-1984 art. 1er).

12505 Un **contrat** ne peut être qualifié de contrat de location-accession et régi par la loi de 1984 que s'il présente les **caractéristiques** suivantes :
- un transfert à terme de la propriété d'un immeuble ;
- une période de jouissance à titre onéreux ;
- une redevance périodique qui est la contrepartie de la jouissance du bien par l'accédant et de son droit au transfert de propriété du bien ;
- un prix payable de façon fractionnée ou différée ;
- un droit accordé à l'accédant d'opter à une certaine date en faveur du transfert de propriété.

ILLUSTRATIONS

Constitue un contrat de location-accession le contrat dénommé « **location-vente** » prévoyant le versement d'une redevance périodique correspondant à la jouissance du logement et au paiement du prix (Cass. 3e civ. 15-5-1996 nº 94-18.207 : RJDA 10/96 nº 1250).
À l'inverse, ne s'analyse pas en une location-accession le contrat qui ne prévoit pas d'option d'achat au profit de l'accédant mais qui comporte des **obligations réciproques de vendre et d'acheter** (Cass. 3e civ. 8-4-2009 nº 07-21.496 : RJDA 11/09 nº 952 ; Cass. 3e civ. 21-10-2009 nº 08-19.199 : RJDA 4/10 nº 359).
De même, n'est pas accédant à la propriété en vertu d'une location-accession le particulier qui a signé un contrat de réservation à l'occasion d'une **vente à terme** et verse des sommes correspondant uniquement au remboursement d'un prêt (Cass. 3e civ. 25-10-2006 nº 05-19.647 : RJDA 3/07 nº 237).

CHAMP D'APPLICATION ET NATURE DE LA RÉGLEMENTATION DE LA LOCATION-ACCESSION

Le régime particulier issu de la loi du 12 juillet 1984 ne concerne que les contrats de location-accession tels que définis ci-dessus et portant sur des **immeubles** d'habitation ou à **usage** mixte d'habitation et professionnel, achevés ou en cours de construction à la date de la signature du contrat (Loi du 12-7-1984 art. 2). L'accédant doit conserver l'immeuble à cet usage mais il importe peu qu'il le destine ou non à sa résidence principale. **12520**

Les dispositions de la loi de 1984 sont d'**ordre public** et leur violation est sanctionnée par la nullité. La loi ayant pour objet de protéger les intérêts de l'accédant, la nullité devrait être relative. Telle n'est pas la solution retenue par la Cour de cassation, qui s'est prononcée en faveur de la nullité absolue en prononçant la nullité d'un contrat à la demande du propriétaire (Cass. 3e civ. 13-12-2000 nº 97-20.989 : RJDA 3/01 nº 301).

> Précisions **a.** La loi ne s'applique ni aux **sociétés d'attribution** ni aux sociétés coopératives de construction recourant à la technique de l'attribution (Loi du 12-7-1984 art. 2 ; Mémento Urbanisme-Construction nos 67300 s. et 71500 s.).
b. Il ne paraît pas possible d'**étendre conventionnellement** le champ d'application de la loi de 1984. Si tel était le cas, la qualification du contrat pourrait être remise en cause avec toutes les conséquences juridiques et fiscales en découlant.
c. Les locataires de logements **HLM** susceptibles d'acquérir les logements qu'ils occupent peuvent recourir à la location-accession (CCH art. L 443-7).
d. Le prêt social de location-accession (**PSLA**) est une option de financement pour les opérations de location-accession qui remplissent les conditions tenant au bien et aux ressources de l'accédant. Toutes les opérations de location-accession ne sont donc pas éligibles au PSLA et l'accédant peut financer l'opération au moyen d'un autre type de prêt.

SECTION 1

RÉGIME JURIDIQUE DE LA LOCATION-ACCESSION

A. Conditions de forme de la location-accession

AVANT-CONTRAT DE LOCATION-ACCESSION

Le contrat de location-accession ne peut être précédé que par un contrat préliminaire par lequel, en contrepartie d'un dépôt de garantie effectué par l'accédant, le **vendeur s'engage à** lui **réserver** un immeuble ou une partie d'immeuble (Loi du 12-7-1984 art. 3, al. 1). Est nulle toute autre promesse de location-accession (art. 3, al. 4). **12540**

Lorsque l'immeuble vendu est à usage exclusif d'habitation, l'**acquéreur** non professionnel bénéficie d'un délai de **rétractation** de 10 jours dans les conditions exposées nos 830 s. (CCH art. L 271-1).

Contenu Ce contrat préliminaire, qui peut être établi par acte sous signature privée, doit comporter les **indications** essentielles visées nº 12565, ainsi que sa durée maximale de validité et l'indication que les fonds déposés en garantie seront, à la signature du contrat de location-accession, restitués à l'accédant ou imputés sur les premières redevances. Si rien n'est stipulé quant à l'utilisation de ces fonds, ceux-ci devront être restitués à l'accédant (Loi du 12-7-1984 art. 3, al. 2). **12542**

La durée du contrat préliminaire ne peut pas excéder le délai à l'issue duquel le vendeur est tenu de restituer le dépôt de garantie en l'absence de conclusion du contrat de location-accession (n° 12545).

12545 **Dépôt de garantie** Le dépôt de garantie effectué par l'accédant ne peut pas excéder 5 % du **montant** du prix de vente de l'immeuble. Il doit être déposé sur un **compte spécial** ouvert au nom du réservataire dans une banque ou un établissement habilité ou chez un notaire. Les fonds ainsi déposés sont indisponibles, incessibles et insaisissables jusqu'à la conclusion du contrat de location-accession (Loi du 12-7-1984 art. 3).

Si le **contrat** de location-accession n'est **pas conclu,** les fonds doivent être restitués intégralement à l'accédant, au plus tard trois mois après la signature du contrat préliminaire si l'immeuble est achevé ou, dans le cas contraire, dans les deux mois suivant l'achèvement de l'immeuble (Loi du 12-7-1984 art. 3).

> Précisions **a.** Bien que la loi ne le précise pas, on peut supposer que l'accédant ne saurait prétendre à la restitution du dépôt s'il refusait, sans raison sérieuse, de signer le contrat de location-accession.
b. Sur l'interdiction pour le vendeur de réclamer le versement d'une somme autre que le dépôt de garantie avant la conclusion du contrat, voir n°s 13300 et 13620, ou avant l'expiration du délai de rétractation, voir n° 900.

CONTRAT DÉFINITIF DE LOCATION-ACCESSION

12560 Le contrat de location-accession doit être obligatoirement passé en la **forme authentique** et publié au fichier immobilier en qualité de restriction au droit de disposer (Loi du 12-7-1984 art. 4). Cette publication prend la forme d'une charge grevant l'immeuble.

Lorsque la location-accession porte sur un immeuble en copropriété, le contrat doit être notifié au syndic de la copropriété.

Les droits et taxes du contrat sont, sauf clause contraire, à la charge de l'accédant (Loi du 12-7-1984 art. 42).

> Précisions **a.** Le défaut d'établissement du contrat par acte authentique est sanctionné par la **nullité** absolue de l'acte (Cass. 3e civ. 13-12-2000 n° 97-20.989 : RJDA 3/01 n° 301).
b. Les **droits de préemption** institués en matière d'urbanisme doivent être purgés avant la signature du contrat de location-accession et non pas au moment de la levée de l'option (C. urb. art. L 213-1, 4°).
c. À défaut de contrat préliminaire, le **délai de réflexion** s'applique lors de l'acte notarié (CCH art. L 271-1 ; n° 5420).

12565 **Mentions obligatoires** Doivent figurer dans le contrat authentique les mentions suivantes (Loi du 12-7-1984 art. 5) :

– la **description de l'immeuble** et les indications utiles relatives à sa consistance et à ses caractéristiques techniques ;

– le **prix** de vente du bien et ses modalités de paiement ; le cas échéant, la faculté pour l'accédant de payer, par anticipation, tout ou partie du prix, et les modalités de révision de celui-ci (n°s 12740 s.) ;

– l'intention de l'accédant de payer tout ou partie du prix, directement ou indirectement, avec ou sans l'aide d'un ou de plusieurs **prêts immobiliers** régis par les articles L 313-1 et suivants du Code de la consommation ;

– la date **d'entrée en jouissance** et le **délai d'option** à l'intérieur duquel l'accédant devra exercer la faculté qui lui est reconnue d'acquérir la propriété (n° 12645) ;

– les conditions de **résiliation anticipée** du contrat (n°s 12960 s.) ;

– le montant de la **redevance** mise à la charge de l'accédant, sa périodicité et, le cas échéant, les modalités de sa révision et de son imputation sur le prix (n° 12725) ;

– les modalités de calcul des **restitutions** et des **indemnités** (n°s 12975 et 12985) ;

– la nature de la **garantie** de remboursement (n° 12980) ;

– les catégories de **charges** incombant à l'accédant et l'estimation de leur montant prévisionnel pour la première année d'exécution du contrat (n° 12780) ;

– l'absence de **maintien** de plein droit **dans les lieux** en cas de résolution du contrat ou de non-levée de l'option (n° 12965), sous réserve des dispositions visant les logements financés par un PSLA (n° 12970) ;

– les références des **contrats d'assurance-construction** de l'immeuble (n° 12800) et de ceux garantissant l'immeuble.

> Précisions a. En pratique, le contrat doit contenir les indications concernant le recours ou le non-recours à un **prêt** pour le financement du solde du prix de vente (nos 13340 s.).

b. Par « **financement indirect** », on peut entendre notamment la reprise, par l'accédant, d'un prêt transférable souscrit par le vendeur.

c. Sur le cas particulier du contrat portant sur un **immeuble inachevé,** voir no 13605.

État des lieux L'état des lieux est établi contradictoirement par les parties lors de la **remise des clefs** à l'accédant ou lors de la signature du contrat si l'accédant est déjà dans les lieux (Loi du 12-7-1984 art. 8, al. 1). 12570

En cas de résiliation du contrat ou lorsque le transfert de propriété n'a pas lieu, un état des lieux « de sortie » doit également être établi contradictoirement lors de la **restitution** des clefs (Loi du 12-7-1984 art. 8, al. 2).

À **défaut,** et huit jours après mise en demeure restée sans effet, l'état des lieux est établi par commissaire de justice, à l'initiative de la partie la plus diligente, l'autre partie étant dûment appelée. Les frais sont supportés par moitié par les deux parties (Loi du 12-7-1984 art. 8, al. 3).

B. Droits et obligations des parties au contrat de location-accession

1. DROITS DE L'ACCÉDANT PAR LOCATION-ACCESSION

L'accédant bénéficie d'un droit à la jouissance du logement pendant le cours du contrat, auquel est lié un droit personnel au transfert de propriété de ce bien. 12640

JOUISSANCE DU LOGEMENT OBJET DE LA LOCATION-ACCESSION

Tout contrat de location-accession doit obligatoirement commencer par une période de jouissance préalable, à titre onéreux, avant de se transformer éventuellement en accession à la propriété. 12645

La **durée** de cette période de jouissance peut être librement fixée par les parties.

Dans le cadre des anciens prêts en accession à la propriété (PAP), la période de jouissance ne peut pas excéder huit années (CCH art. D 317-2, 3°). Elle peut être portée à 30 ans (voire 35 ans) pour un prêt conventionné (CCH art. D 331-76).

La jouissance **cesse** à la date limite de levée de l'option par l'accédant.

L'accédant peut permettre l'**occupation de l'immeuble** par une tierce personne, à condition d'avoir obtenu préalablement l'accord écrit du vendeur (Loi du 12-7-1984 art. 28, al. 2). Le droit à la jouissance n'implique donc pas la jouissance effective.

DROIT PERSONNEL AU TRANSFERT DE PROPRIÉTÉ DU BIEN OBJET DE LA LOCATION-ACCESSION

Le droit de l'accédant à acquérir la propriété de l'immeuble objet du contrat résulte de l'**engagement irrévocable du vendeur** de la lui transférer. En fait, le transfert de propriété résultera seulement d'une déclaration de volonté de la part de l'accédant, qu'il pourra opposer à tout nouveau propriétaire de l'immeuble (par suite de vente, succession, etc.). 12660

2. DROITS DU VENDEUR PAR LOCATION-ACCESSION

Il s'agit essentiellement de la perception de la redevance et du paiement du prix. 12720

REDEVANCE DE LA LOCATION-ACCESSION

La redevance est **obligatoire** et elle constitue la contrepartie des droits conférés à l'accédant. Elle comprend à la fois une fraction correspondant au droit à l'occupation du logement et une fraction représentant le montant cumulé des sommes appelées normalement à être imputées sur le prix de vente, à titre d'apport personnel. Son **montant** et sa **périodicité** sont librement déterminés par les parties. Elle peut être révisée dans les mêmes conditions que le prix de vente (no 12745). 12725

La **fraction** de cette redevance qui constituera, par voie de capitalisation, l'apport personnel de l'accédant sera **imputable** sur le prix de vente.

Il est également possible de prévoir l'**imputation totale** de la redevance sur le prix.

> **Précisions** **a.** Une telle clause ne saurait toutefois être étendue hors du cas pour lequel elle a été prévue, à savoir celui de la **levée de l'option.** À défaut, c'est-à-dire en cas de résiliation ou de non-levée de l'option, l'accédant ne peut pas, sauf disposition expresse du contrat, être remboursé des sommes correspondant à la jouissance du logement (Rép. Hage : AN 11-2-1985 p. 571 n° 58607).
> **b.** Sur le plafonnement de la redevance en cas de financement du logement par un prêt social de location-accession (PSLA), voir n° 26110.

PRIX DE VENTE DE LA LOCATION-ACCESSION

12740 Le prix doit être **déterminé** dans le contrat et les modalités de son paiement doivent être précisées.

Généralement, le **paiement du solde** du prix, déduction faite de la fraction de celui-ci incluse dans la redevance, interviendra soit au moment de la levée de l'option, soit au jour de l'acte de transfert de propriété. Il est également concevable qu'il soit stipulé payable après le transfert de propriété ou qu'une clause spéciale permette à l'accédant de s'en libérer avant la date prévue pour la levée de l'option.

Dans ce dernier cas, si ce **paiement par anticipation** correspond à la totalité du solde du prix, le transfert de propriété s'opère immédiatement (Loi du 12-7-1984 art. 26, al. 3). Si le paiement excède 50 % du prix de vente, l'accédant ne pourra pas bénéficier de l'hypothèque légale spéciale en tant que garantie de remboursement des sommes versées correspondant à la fraction de la redevance imputable sur le prix de vente (n° 12980).

À défaut de stipulation expresse dans le contrat, le paiement par anticipation ne semble pas possible (Loi du 12-7-1984 art. 5, 2°).

Sur le plafonnement du prix en cas de financement du logement par un prêt social de location-accession (**PSLA**), voir n° 26115.

12745 **Révision** Le prix peut être stipulé révisable. Dans ce cas, les parties jouissent d'une liberté totale pour arrêter directement les modalités de l'**indexation,** sous la réserve expresse toutefois que cette révision n'excède pas la variation de l'indice de référence des loyers calculé par l'Insee, entre celui publié au jour de la signature du contrat et celui publié au jour de la levée de l'option (au jour du versement de la redevance, lorsqu'il s'agit de la révision de cette dernière ; voir n° 12725) (Loi du 12-7-1984 art. 7).

La révision du prix ne porte que sur la fraction restant due après chaque versement de la redevance.

12750 Si, avant la date limite prévue pour la levée de l'option, le **vendeur** est contraint de réaliser ou de participer au paiement de **travaux d'amélioration** d'un montant supérieur à 10 % du prix de l'immeuble éventuellement révisé, qui lui seraient imposés dans le cadre d'une décision de la copropriété et qui porteraient sur des gros ouvrages (n° 12780), il peut proposer à l'accédant la modification des charges ainsi qu'une réévaluation du prix de l'immeuble, laquelle ne pourra excéder la dépense réellement effectuée, éventuellement révisée dans les conditions visées n° 12745 (Loi du 12-7-1984 art. 30).

À défaut d'accord entre le vendeur et l'accédant, ce dernier peut mettre fin unilatéralement au contrat. Dans ce cas, les règles normales de la résiliation du contrat vont trouver à s'appliquer (nos 12960 s.). En revanche, aucune indemnité n'est due de part et d'autre.

3. GESTION ET ENTRETIEN DE L'IMMEUBLE OBJET DE LA LOCATION-ACCESSION PENDANT LA PÉRIODE DE JOUISSANCE

OBLIGATIONS PRINCIPALES DE L'ACCÉDANT PAR LOCATION-ACCESSION

12780 Pendant la période de jouissance, l'accédant est tenu (Loi du 12-7-1984 art. 28 et 29) :

– d'user de l'immeuble raisonnablement et suivant sa **destination,** telle qu'elle figure au contrat (habitation ou usage mixte d'habitation et professionnel) ;

– de s'assurer pour les **risques** dont il répond en sa qualité d'occupant (par exemple, souscription d'un contrat « multirisque-habitation » avec paiement régulier des primes) ;

– de payer les **charges périodiques** telles que les contributions, taxes et impôts, les charges de copropriété ou de lotissement ;

– d'**occuper** personnellement le logement, sauf accord préalable et écrit du vendeur (n° 12645) ;

– d'**entretenir** et de réparer l'immeuble, sauf en ce qui concerne les réparations des gros ouvrages (éléments porteurs concourant à la stabilité ou à la solidité du bâtiment, éléments intégrés ou indissociables ou assurant le clos, le couvert et l'étanchéité à l'exclusion de leurs parties mobiles).

Sur l'impact des travaux d'amélioration réalisés par le vendeur, voir n° 12750.

ASSURANCE-CONSTRUCTION EN LOCATION-ACCESSION

En cas de **défaillance du vendeur,** l'accédant peut mettre en œuvre les garanties des contrats souscrits au titre de l'assurance de responsabilité décennale et de l'assurance dommages-ouvrage (C. ass. art. L 241-1 et L 242-1 ; Mémento Urbanisme-Construction n°s 92600 s.). En outre, il peut être judiciairement autorisé à exécuter les travaux et à percevoir les indemnités dues sur présentation des factures correspondantes (Loi du 12-7-1984 art. 31). 12800

INCIDENCES DE L'ORGANISATION COLLECTIVE DE L'IMMEUBLE OBJET DE LA LOCATION-ACCESSION

Copropriété La signature d'un contrat de location-accession est, au regard de la copropriété, assimilée à une mutation et l'**accédant** est **subrogé** par l'effet de la loi (Loi du 12-7-1984 art. 32) dans les droits et obligations du vendeur à l'encontre du syndicat et exerce les droits de copropriétaire dans les assemblées, sous réserve de deux **exceptions** : 12820

– le vendeur est déclaré garant envers le syndicat pour le règlement des **charges de copropriété** incombant à l'accédant et l'hypothèque légale du syndicat ne peut être inscrite qu'après mise en demeure adressée par le syndic au vendeur et demeurée infructueuse ;

– le vendeur dispose du **droit de vote** pour toutes les décisions de l'assemblée des copropriétaires statuant soit sur les charges qui lui incombent (n° 12780), soit sur un acte de disposition visé aux articles 26 (actes de disposition autres que ceux résultant d'obligations légales ou réglementaires) ou 35 (surélévation de l'immeuble et construction de bâtiments aux fins de créer de nouveaux locaux à usage privatif) de la loi du 10 juillet 1965. Il exerce également les actions qui ont pour objet de contester les décisions pour lesquelles il dispose du droit de vote.

Vendeur et accédant peuvent assister à l'assemblée générale et y formuler toutes observations sur les questions pour lesquelles ils ne disposent pas du droit de vote.

En fait, le syndicat des copropriétaires d'un immeuble, dont une partie ou la totalité serait cédée en location-accession, est composé à la fois du ou des vendeurs ayant consenti des contrats de ce type, ainsi que, par le fait de la subrogation, des accédants bénéficiant de tels contrats.

Association syndicale L'**accédant** est également **subrogé** dans les droits du vendeur au sein de toute association syndicale dans le périmètre de laquelle l'immeuble est inclus et qui a pour objet de recevoir la propriété ou la gestion d'équipements communs dont bénéficie l'immeuble. 12825

Toutefois, le vendeur dispose du droit de vote à l'assemblée générale pour les décisions concernant les charges qui lui incombent (n° 12780).

Vendeur et accédant peuvent assister à l'assemblée générale et y formuler toutes observations sur les questions pour lesquelles ils ne disposent pas du droit de vote (Loi du 12-7-1984 art. 33).

C. Garanties des parties au contrat de location-accession

1. RÉSILIATION DE LA LOCATION-ACCESSION ET ABSENCE DE TRANSFERT DE PROPRIÉTÉ

La **résiliation** du contrat peut intervenir dans **trois cas** : absence de transfert de propriété (n°s 13440 s.), manquement par l'accédant à ses obligations, manquement par le vendeur à ses obligations. 12960

CONSÉQUENCES DE LA RÉSILIATION DE LA LOCATION-ACCESSION POUR L'ACCÉDANT

Maintien dans les lieux **En cas de résiliation ou de non-transfert** de propriété **au terme convenu,** l'accédant ne bénéficie d'aucun droit au maintien dans les lieux, sauf clause contraire du contrat, et sauf le cas où la résiliation du contrat, à la demande de l'accédant, résulte de l'inexécution par le vendeur de ses obligations (Loi du 12-7-1984 art. 9). 12965

En cas de **résiliation imputable au vendeur,** l'accédant bénéficie, nonobstant toute convention contraire, d'un droit au maintien dans les lieux qui ne peut être inférieur à une durée de 3 mois à dater soit de la résiliation, soit de la date prévue pour la levée de l'option (Loi du 12-7-1984 art. 13). Il semble qu'il faille retenir, comme point de départ de ce délai, la plus tardive de ces deux dates (en ce sens, Dagot : J.-Cl. Const. et urbanisme fasc. 700-10 n° 46).

En outre, l'accédant est, en tout état de cause, en droit de se maintenir dans les lieux tant que le vendeur ne lui a pas restitué les sommes visées n° 12975. L'indemnité d'occupation alors due ne peut être supérieure au montant de la redevance, diminué de la fraction imputable sur le prix de l'immeuble (n° 12725).

Sur l'établissement d'un état des lieux de « sortie », voir n° 12570.

12970 **Offre de relogement** Lorsque le **logement** est **financé par un PSLA** (prêt social de location-accession ; n°s 26080 s.), le vendeur est tenu de proposer à l'accédant trois offres de logement dans un délai de six mois à partir de la date limite fixée pour la levée d'option. Ce dernier dispose alors d'un mois pour répondre à chaque offre et, s'il refuse toutes les propositions, il est déchu de tout titre d'occupation à l'expiration d'un délai de trois mois à compter de la dernière offre.

L'accédant doit verser une indemnité au titre de l'occupation du logement pour la période courant à compter de la date limite fixée pour la levée d'option jusqu'à son départ des lieux, indemnité qui ne peut pas être supérieure au montant de la redevance diminué de la fraction imputable sur le prix de l'immeuble (Loi du 12-7-1984 art. 9, al. 2).

12975 **Remboursement des sommes versées** L'accédant peut exiger la restitution des sommes qu'il a versées et qui correspondent à la **fraction de la redevance imputable sur le prix** de l'immeuble. Dès lors que le prix de vente a été stipulé révisable, les sommes restituables sont révisées dans les mêmes conditions que le prix de vente (n° 12745). En ce qui concerne le cas où la totalité de la redevance a été stipulée imputable sur le prix, voir n° 12725.

Ces sommes doivent être restituées dans le **délai** maximal de trois mois à compter du départ de l'occupant déduction faite, le cas échéant, des sommes restant dues au vendeur (Loi du 12-7-1984 art. 10).

12980 **Garanties de remboursement** Le remboursement des sommes visées ci-dessus doit être obligatoirement garanti (Loi du 12-7-1984 art. 14 à 17) :

– soit par un **cautionnement** solidaire fourni par un organisme bancaire ou un organisme financier habilité (Décret 85-534 du 15-5-1985) ;

– soit par l'inscription d'une **hypothèque légale spéciale** sur l'immeuble objet du contrat (C. civ. art. 2402, 6°) et qui prend rang à la date de son inscription au fichier immobilier (C. civ. art. 2418) à condition que les sommes correspondant au prix de l'immeuble, payables avant le transfert de propriété, n'excèdent pas 50 % de sa valeur et que cette hypothèque ne soit, à la date du contrat, ni primée ni en concurrence avec une autre hypothèque dont les causes ne seraient pas éteintes à la même date, sauf cession d'antériorité au profit de l'accédant ;

– soit par une **garantie liée à la qualité du vendeur** (société d'économie mixte à participation publique majoritaire, organisme d'HLM agréé à cet effet).

> **Précisions a.** Lorsque la **redevance** est **employée au remboursement des créanciers** privilégiés ou hypothécaires du vendeur, l'accédant n'est subrogé de plein droit dans leurs sûretés que pour la partie de la redevance imputable sur le prix (Loi du 12-7-1984 art. 18).
> **b.** En cas de **défaillance du garant** s'étant porté caution, il existe un mécanisme de garantie (voir Mémento Urbanisme-Construction n° 80545).
> **c.** Jusqu'au 31 décembre 2021, l'accédant pouvait inscrire un **privilège spécial** sur l'immeuble objet du contrat (C. civ. art. 2374, 7° ancien) et qui prenait rang à la date de l'acte authentique. Il devait inscrire son privilège au service de la publicité foncière dans les deux mois de la conclusion du contrat (C. civ. art. 2384 ancien). Ce privilège est **supprimé et remplacé** depuis le 1er janvier 2022 par l'inscription d'une hypothèque légale spéciale qui prend rang à la date de son inscription au fichier immobilier.

12985 **Indemnité** En cas de résiliation du contrat pour inexécution par le vendeur de ses obligations, l'accédant peut obtenir, outre l'intégralité des sommes visées n° 12975, une indemnité égale au plus à 3 % du prix de l'immeuble, éventuellement révisé (Loi du 12-7-1984 art. 13).

CONSÉQUENCES DE LA RÉSILIATION DE LA LOCATION-ACCESSION POUR LE VENDEUR

13000 En cas de **défaillance de l'accédant ou** de **non-levée de l'option,** le vendeur a droit au remboursement sur justification des frais taxables qui lui auraient été occasionnés par cette défaillance, à l'exclusion de tout remboursement forfaitaire des frais de recouvrement (Loi du 12-7-1984 art. 12).

Paiement des redevances et des dépenses Quelle que soit la cause de la résiliation, l'accédant est tenu du paiement des **redevances échues** et non réglées, ainsi que des **dépenses** résultant des **pertes et dégradations** survenues pendant l'occupation et des frais dont le vendeur pourrait être tenu en ses lieu et place (charges de copropriété, impôt et taxes, etc.) (Loi du 12-7-1984 art. 9, al. 3). 13005

Indemnité Une indemnité est due par l'accédant soit en cas de résiliation du contrat pour inexécution de l'une quelconque de ses obligations, soit en cas d'absence de transfert de propriété (Loi du 12-7-1984 art. 11). 13010

a. Indemnité normale Si le transfert de propriété n'a pas lieu au terme convenu pour une cause autre que l'inexécution par l'accédant de ses obligations, le vendeur peut obtenir, sans préjudice des sommes dont l'accédant serait par ailleurs tenu (redevances échues et dépenses résultant de son fait), une indemnité qui ne peut dépasser 1 % du prix de l'immeuble, éventuellement révisé.

Cette indemnité n'est pas due lorsque le logement est financé par un prêt social de location-accession (Loi du 12-7-1984 art. 11, al. 2).

b. Indemnité majorée En cas de résiliation du contrat imputable à l'accédant, le vendeur est en droit d'exiger le versement d'une indemnité forfaitaire qui ne peut dépasser 2 % du prix de l'immeuble, éventuellement révisé.

c. Indemnité exceptionnelle Les deux indemnités susvisées peuvent être fixées à 3 % du prix de vente quand l'immeuble est achevé depuis moins de cinq ans (sur l'incidence fiscale de la stipulation d'une indemnité majorée, voir n° 14040).

2. CESSION DES DROITS DU CONTRAT DE LOCATION-ACCESSION

L'**accédant** peut **céder à un tiers,** mais pour leur totalité seulement, les droits qu'il tient du contrat, sauf opposition justifiée du vendeur, fondée sur des motifs sérieux et légitimes, tels que l'insolvabilité de l'acquéreur ou le fait qu'il ne remplit pas les conditions exigées pour la transmissibilité à son profit des prêts ayant assuré le financement de la construction de l'immeuble (Loi du 12-7-1984 art. 19). 13080

La clause imposant l'**agrément** de l'acquéreur **par le vendeur** semble licite (en ce sens, Dagot : J.-Cl. Const. et urbanisme fasc. 700-10 n° 87).

Lorsqu'un contrat de cession fait intervenir uniquement le premier accédant et le nouveau bénéficiaire, il n'entre pas dans le champ d'application de la **publicité foncière,** le cédant n'étant titulaire que d'un droit personnel, non susceptible de publication au fichier immobilier (Inst. 10 E-4-85 n° 7 ; solution non reprise au Bofip).

La cession de droits doit, en tout état de cause, être **signifiée** au vendeur ou **acceptée** par lui dans un acte authentique (C. civ. art. 1690).

3. ALIÉNATION DE L'IMMEUBLE OBJET DE LA LOCATION-ACCESSION

L'aliénation de l'immeuble, qu'elle intervienne à titre onéreux ou à titre gratuit, ou par suite d'adjudication, substitue de plein droit le nouveau propriétaire dans les droits et obligations du vendeur. Si la garantie de remboursement ne revêt pas la forme de l'hypothèque légale spéciale du 6° de l'article 2402 du Code civil dans les conditions fixées à l'article 16 de la loi du 12 juillet 1984, l'aliénation est subordonnée à la fourniture, par le nouveau propriétaire, de l'une des autres garanties visées au n° 12980 (Loi du 12-7-1984 art. 20). 13140

Si le **vendeur** est une **personne physique** et si la garantie revêt la forme d'un **cautionnement,** il faut expressément stipuler dans la convention y afférente que l'obligation solidaire de la caution ne s'éteindra pas en cas de décès du vendeur, mais au contraire qu'elle survivra à cet événement.

D. Information et protection de l'accédant par location-accession

PUBLICITÉ DU CONTRAT DE LOCATION-ACCESSION

Toute publicité faite, reçue ou perçue en France qui porte sur un contrat de location-accession à la propriété immobilière doit **préciser** l'identité du vendeur, la nature et l'objet du contrat (Loi du 12-7-1984 art. 43). 13280

INTERDICTION DE VERSEMENTS ANTICIPÉS EN LOCATION-ACCESSION

13300 **Avant la signature du contrat,** le vendeur ne peut exiger ni accepter de l'accédant, au titre de la location-accession, aucun versement, aucun dépôt, aucune souscription ou acceptation d'effets de commerce, aucun chèque ou aucune autorisation de prélèvement sur compte bancaire ou postal au profit du vendeur ou pour son compte, à l'**exception** des sommes qui seraient versées au titre du dépôt de garantie dans le cadre d'un contrat préliminaire (nos 12540 s. ; Loi du 12-7-1984 art. 22).

Sur le versement de la redevance avant l'achèvement de l'immeuble, voir n° 13620.

NOTIFICATION DU PROJET D'ACTE DE LOCATION-ACCESSION

13320 Le vendeur, ou son mandataire, doit notifier à l'accédant, par lettre recommandée avec demande d'avis de réception, le projet d'acte un mois au moins avant la date de sa signature (Loi du 12-7-1984 art. 23). La remise en main propre par le notaire contre décharge semble également possible.

La notification du projet oblige le vendeur à maintenir les conditions du projet de contrat jusqu'à sa signature (Loi du 12-7-1984 art. 23).

> **Précisions** **a.** Par analogie avec la notification applicable en matière de vente d'immeubles à construire du « secteur protégé » (Mémento Urbanisme-Construction n° 77105), nous pensons qu'il est possible, après notification du projet d'acte, d'abréger à la demande de l'accédant le **délai légal** et de procéder à la signature avant l'expiration dudit délai.
> **b.** Également par analogie avec la notification applicable en matière de vente d'immeubles à construire du « secteur protégé », nous estimons que cette notification ne doit avoir lieu que lorsqu'il a été signé un contrat préliminaire. Dans le cas contraire, c'est le délai de réflexion visé à l'article L 271-1 du CCH qu'il y a lieu de mettre en œuvre (sur ce délai voir n° 5420).
> **c.** Sur les éléments que doit contenir le projet, on peut également se référer aux règles applicables en matière de vente d'immeubles à construire (Mémento Urbanisme-Construction n° 77100). Le cas échéant, doit être joint au projet le **règlement de copropriété** ou le cahier des charges (Loi du 12-7-1984 art. 23).

FINANCEMENT DE L'ACQUISITION ÉVENTUELLE DE L'IMMEUBLE OBJET DE LA LOCATION-ACCESSION

13340 Afin de protéger l'accédant qui recourt au crédit pour financer le solde du prix d'acquisition, la loi du 12 juillet 1984 a institué un dispositif quasi identique à celui prévu en matière de crédit immobilier par les articles L 313-1 s. du Code de la consommation (nos 20000 s.).

> **Précisions** Les dispositions des articles L 313-53 à L 313-63 du Code de la consommation, essentiellement consacrées à la location assortie d'une promesse de vente (nos 21400 s.), sont inapplicables à la location-accession (Loi du 12-7-1984 art. 21).

13345 **Condition suspensive de l'obtention d'un prêt** Lorsque le **contrat indique** que l'accédant entend recourir à un ou plusieurs **prêts immobiliers** régis par les articles L 313-1 s. du Code de la consommation pour financer le **solde du prix de vente,** le transfert de propriété résultant de la levée de l'option est subordonné à la condition suspensive de l'obtention des prêts qui en assurent le financement. Cette condition doit être réalisée à la date d'exigibilité du paiement (Loi du 12-7-1984 art. 24, al. 1).

Si le **contrat** est **muet** quant au financement du solde du prix, la condition suspensive s'applique.

La condition suspensive d'obtention du prêt ne produit aucun effet au niveau du contrat de location-accession, spécialement en ce qui concerne le paiement de la **redevance.**

13346 Si le **contrat** de location-accession **indique** que le **prix** sera **payé sans** l'aide d'un ou de plusieurs **prêts,** cet acte doit porter la mention manuscrite de l'accédant ou de son mandataire, par laquelle il reconnaît que s'il recourt néanmoins à un prêt il ne pourra pas se prévaloir de la condition suspensive légale d'obtention dudit prêt (Loi du 12-7-1984 art. 25, al. 1).

Le transfert de propriété est automatiquement subordonné à la condition suspensive d'obtention d'un prêt si la mention manuscrite a été omise ou si elle n'est pas de la main de l'accédant ou de son mandataire et si un prêt est néanmoins demandé (art. 25, al. 2).

13350 **Date d'exigibilité du solde du prix** C'est aux parties de prévoir contractuellement la date d'exigibilité du paiement du solde du prix. La loi ne prévoit aucun **délai** minimal entre la levée d'option et le paiement de ce solde. En revanche, il n'apparaît pas possible de subordonner l'exercice de la levée de l'option à l'obtention préalable du ou des prêts sollicités, puisque la situation de l'accédant pour l'octroi des prêts peut s'apprécier également à cette date. En effet, la situation de l'accédant prise en considération par le ou les organismes prêteurs pour l'octroi de ces prêts s'apprécie soit à la date de la signature du contrat, ou, s'il s'agit d'une cession de droits, à la date de la cession, soit à la date de la levée de l'option lorsque la situation à cette date est plus favorable à l'accédant. En toute hypothèse, l'organisme prêteur peut refuser l'octroi du prêt pour des motifs sérieux et légitimes, tels que l'insolvabilité de l'accédant (Loi du 12-7-1984 art. 24, al. 2).

E. Transfert de propriété par location-accession

La disposition fondamentale de l'opération de location-accession est, à l'expiration de la période de jouissance, l'**option** ouverte à l'accédant de se porter ou non acquéreur du logement. **13440**

CONDITIONS DU TRANSFERT DE PROPRIÉTÉ PAR LOCATION-ACCESSION

Mise en demeure et levée de l'option Trois mois avant le terme prévu pour la levée de l'option, le vendeur ou son mandataire doit, par lettre recommandée avec demande d'avis de réception, mettre l'accédant en demeure d'exercer, dans le délai convenu, la faculté qui lui est reconnue d'acquérir la propriété de l'immeuble objet du contrat (Loi du 12-7-1984 art. 26, al. 1). **13445**

À peine de nullité, cette mise en demeure doit contenir l'**état des créances** garanties par des inscriptions prises sur l'immeuble et non encore caduques du fait d'un remboursement. Lorsque le montant de ces créances excède celui du prix restant dû par l'accédant, ce dernier peut renoncer à l'acquisition. Dans ce cas, l'accédant bénéficie des mêmes mesures de protection qu'en cas de résiliation du contrat par suite de l'inexécution par le vendeur de ses obligations (n° 12965 ; Loi du 12-7-1984 art. 26, al. 2).

Le **transfert de propriété** résulte de la levée de l'option, faite par lettre recommandée avec demande d'avis de réception.

Paiement du prix par anticipation Le paiement par anticipation de la **totalité** du prix de vente entraîne transfert de propriété (Loi du 12-7-1984 art. 26, al. 3). Cette **faculté** doit cependant avoir été prévue dans le contrat (n° 12740). **13450**

Constatation du transfert Le transfert de propriété, qui résulte en règle générale de la levée de l'option, doit être constaté par un **acte authentique** publié au service chargé de la publicité foncière (Loi du 12-7-1984 art. 27). Cette publication a pour effet de rendre opposable aux tiers le droit de propriété de l'acquéreur. Les frais y afférents sont à la charge de l'accédant, sauf clause contraire du contrat (art. 42). **13455**

Si la publication de l'acte authentique révèle des **inscriptions supérieures au prix,** nous pensons que l'accédant conserve encore la faculté de renoncer à l'acquisition. En revanche, le droit d'enregistrement, dans le cas où la mutation y est soumise, ne semble pas pouvoir être restitué.

CONSÉQUENCES DU TRANSFERT DE PROPRIÉTÉ PAR LOCATION-ACCESSION

Le transfert de propriété, qui ne rétroagit pas à la date du contrat de location-accession, emporte les conséquences suivantes. **13480**

Adhésion aux associations syndicales La signature de l'acte constatant le transfert de propriété emporte adhésion de l'accédant à toute association syndicale, de quelque forme qu'elle soit, dans le périmètre de laquelle l'immeuble est inclus, et qui a pour objet de recevoir la propriété ou la gestion d'équipements communs dont bénéficie l'immeuble (Loi du 12-7-1984 art. 27, al. 1). **13485**

Prise des lieux en l'état L'accédant doit prendre les lieux dans l'état où ils se trouvent alors, sans pouvoir prétendre à une indemnité ni à une quelconque réduction du prix, sans préjudice, le cas échéant, du droit de mettre en œuvre les garanties liées à la construction de l'immeuble (n° 12800 ; Loi du 12-7-1984 art. 27, al. 2). **13490**

Action en rescision pour lésion Le **délai de prescription** de l'action en rescision pour lésion (n° 8080) court du jour où l'option est levée ou de celui de l'obtention des prêts lorsque la vente est conclue sous la condition suspensive de l'obtention du financement (Cass. 1e civ. 20-1-1998 n° 96-13.073 : Bull. civ. I n° 24). **13495**

13500 **Garantie de rachat en cas de PSLA** Lorsque le logement est financé par un prêt social de location-accession (nos 26080 s.), les accédants bénéficient d'une garantie de rachat en cas de difficultés pendant la phase d'accession, dans les conditions définies no 26125.

F. Cas particulier de location-accession d'immeubles en construction

13600 La loi du 12 juillet 1984 visant expressément le cas des immeubles à construire (art. 6), deux dispositions particulières sont prévues.

GARANTIE D'ACHÈVEMENT DE L'IMMEUBLE OBJET DE LA LOCATION-ACCESSION

13605 Quand le contrat est signé avant l'achèvement de l'immeuble au sens de l'article R 261-1 du CCH, il doit comporter la garantie d'achèvement de celui-ci.

Cette garantie, qui prend fin à l'achèvement de l'immeuble, peut résulter de la **qualité du vendeur,** lorsque celui-ci remplit les conditions visées no 12980. À défaut, elle doit être donnée par un organisme financier habilité (CCH art. R 261-17) et prend la forme soit d'une **ouverture de crédit,** soit d'une convention de **cautionnement.**

> **Précisions** L'immeuble est achevé au sens de l'article R 261-1 du CCH lorsque sont exécutés les ouvrages et sont installés les éléments d'équipement qui sont indispensables à l'utilisation du bien conformément à sa destination.

INTERDICTION DE CERTAINS VERSEMENTS EN LOCATION-ACCESSION

13620 Aucun versement ne peut être fait au titre de la partie de la redevance correspondant au droit de l'accédant à la jouissance du logement **avant la date d'entrée en jouissance** (Loi du 12-7-1984 art. 6, II). Aucune sanction pénale n'est prévue par la loi en cas de violation de ces dispositions.

SECTION 2 RÉGIME FISCAL DE LA LOCATION-ACCESSION

A. Location-accession et impôts directs

13800 Ni la loi ni l'administration fiscale n'ont précisé les règles applicables en matière d'impôts directs. Nous indiquons ci-après brièvement les principes généraux qui paraissent devoir être retenus.

LOCATION-ACCESSION : TAXATION DES SOMMES PERÇUES DURANT LA PÉRIODE DE LOCATION

13805 La redevance versée par l'accédant pendant la période de location constitue la contrepartie, d'une part, du droit de celui-ci à la jouissance de l'immeuble à titre onéreux, d'autre part, de son droit au transfert de propriété du bien.

a. Le **loyer proprement dit,** représentant la contrepartie de la jouissance de l'immeuble, constitue un revenu foncier lorsque le cédant est un **particulier** agissant en tant que tel dans le cadre de la gestion de son patrimoine privé.

Il en est ainsi même si l'immeuble figure à l'actif du bilan d'une **entreprise individuelle, industrielle ou commerciale** dès lors que le bien n'est pas utilisé pour l'exercice de l'activité professionnelle. Il constitue un bénéfice professionnel dans le cas contraire ou si l'immeuble fait partie du stock des **professionnels de l'immobilier** (promoteurs-constructeurs, marchands de biens) commercialisant leurs produits sous forme de contrats de location-accession.

Si le cédant est une **société passible de l'IS,** le loyer est compris dans l'assiette de cet impôt.

b. La fraction de la redevance représentant la contrepartie du **droit** personnel de l'accédant **au transfert de propriété** constitue un acompte sur le prix de cession qui n'est pas imposable immédiatement, mais seulement lors du transfert de propriété (voir no 13820).

En effet, ces sommes sont incluses dans le prix de vente fixé lors de la levée de l'option et ne sont définitivement acquises au cédant qu'en cas de levée effective de l'option d'achat. Si le **contrat est résilié ou l'option non levée,** le cédant est tenu de reverser ces sommes à l'accédant (voir n° 12975).

> Précisions Le propriétaire d'un **logement** faisant l'objet d'un contrat de location-accession peut bénéficier, toutes conditions étant remplies par ailleurs, des avantages fiscaux prévus dans le cadre des dispositifs **Duflot-Pinel, Denormandie ancien, Scellier, Borloo, Robien ou Périssol** si le logement demeure sa propriété durant la période couverte par l'engagement de location. La levée de l'option par l'accédant pendant cette période entraîne la remise en cause de ces avantages (BOI-IR-RICI-360-20-20 n° 40 ; BOI-IR-RICI-365-20 n° 40 ; BOI-IR-RICI-230-20-20 n° 110 ; BOI-RFPI-SPEC-20-40-20-20 n° 40 ; BOI-RFPI-SPEC-20-30 n° 20 ; BOI-RFPI-SPEC-20-20-20 n° 110 ; BOI-RFPI-SPEC-20-10-10-10 n° 250). Il devrait en être de même pour le dispositif **Cosse.**

LOCATION-ACCESSION : TAXATION DU PROFIT RÉALISÉ PAR LE VENDEUR LORS DE LA LEVÉE DE L'OPTION

Le régime fiscal applicable au profit réalisé diffère selon la qualité du vendeur. **13820**

a. Le vendeur n'est pas un professionnel de l'immobilier. Le profit réalisé lors de la vente du logement, qui intervient lors de la levée de l'option, relève en principe du régime des plus-values privées. En effet, même si l'immeuble est inscrit à l'actif immobilisé d'une entreprise, la plus-value ne relève du régime des plus-values d'actif que s'il est utilisé pour les besoins de l'exploitation.

b. Le vendeur est un professionnel de l'immobilier (marchand de biens, promoteur). L'immeuble cédé est réputé faire partie du patrimoine professionnel du cédant (la preuve contraire peut toutefois être apportée, si l'immeuble a été acquis par succession, par exemple). Par ailleurs, il doit, semble-t-il, être réputé faire partie du stock immobilier du cédant, et non pas de l'actif immobilisé, malgré son affectation préalable à la location. En effet, quelle que soit la durée stipulée et malgré le caractère aléatoire de la levée de l'option, les locaux faisant l'objet d'un contrat de location-accession sont normalement destinés à la vente (l'article premier de la loi qualifie expressément de « vendeur » celui qui consent un tel contrat) ; c'est d'ailleurs la solution qu'a retenue l'administration fiscale en matière de TVA.

Le profit résultant de la vente de l'immeuble constitue donc un produit d'exploitation taxé à l'impôt sur le revenu ou à l'IS dans les conditions de droit commun, et non selon le régime des plus-values d'actif immobilisé.

Par ailleurs, la construction ne peut pas faire l'objet d'un amortissement.

Le profit est rattaché aux résultats de l'exercice en cours à la date de l'échange de consentements lors de la levée de l'option.

B. Location-accession : régimes de TVA et droits d'enregistrement

Nous distinguerons ci-après le cas où le contrat ne prévoit pas de majoration exceptionnelle de l'indemnité due en cas de résiliation ou de non-levée de l'option de celui où le contrat prévoit une telle majoration (voir n° 13010). **13920**

> Précisions a. Aux termes de l'article 42 de la loi du 12 juillet 1984, tous les droits et taxes du contrat de location-accession et de l'acte constatant le transfert de la propriété sont, sauf stipulations contraires, à la charge de l'accédant. Cette disposition n'a pas pour effet de rendre le locataire-accédant **redevable légal** de la **TVA,** mais le contrat peut prévoir de lui faire supporter la TVA.

b. Les opérations de **location-accession agréées** bénéficient de règles spéciales : voir n°s 26160 s.

1. CONTRATS DE LOCATION-ACCESSION NE PRÉVOYANT PAS D'INDEMNITÉ MAJORÉE EXCEPTIONNELLE

Le contrat de location-accession confère à l'accédant un droit de jouissance sur le logement et un droit personnel au transfert ultérieur de propriété s'il lève l'option. **13925**

Cette convention suit donc le régime des **locations** pour la période antérieure à la levée d'option.

Au moment de la levée d'option, le **transfert de propriété** donne lieu au paiement de la TVA et/ou des droits d'enregistrement selon que l'opération entre ou non dans le champ d'application de la TVA (voir nos 84520 s.).

CONCLUSION DU CONTRAT DE LOCATION-ACCESSION

13930 Le contrat de location-accession, conformément à l'article 4 de la loi du 12 juillet 1984, est conclu par acte authentique et publié au service de la publicité foncière. Il est réputé emporter restriction au droit de disposer au sens et pour l'application du 2° de l'article 28 du décret 55-22 du 4 janvier 1955 (BOI-TVA-IMM-20-20-10 n° 240). Par suite, étant soumis à publicité foncière obligatoire ainsi qu'à enregistrement obligatoire du fait de sa forme notariée, il relève de la **formalité fusionnée** (CGI art. 647).

Il donne ouverture à cette occasion au seul **droit fixe** des actes innomés de l'article 680 du CGI dont le montant s'élève à 125 € (BOI-ENR-DG-20-30-30-10 n° 240).

LOCATION-ACCESSION ET RÉGIME APPLICABLE AVANT LA LEVÉE D'OPTION

13940 La fraction de redevance constituant la contrepartie de la jouissance des locaux est exonérée de TVA sans possibilité d'option pour le paiement de cette taxe en vertu des dispositions combinées des articles 260, 2° et 261 D, 2° du CGI (BOI-TVA-IMM-20-20-10 n° 260).

La fraction de la redevance ainsi exonérée de TVA est soumise, le cas échéant, à la contribution sur les revenus locatifs (voir nos 80500 s.).

LOCATION-ACCESSION ET LEVÉE D'OPTION

13960 Le régime applicable à la cession – TVA et/ou droits d'enregistrement – est fonction tant de l'ancienneté de l'immeuble que de la qualité du vendeur.

En principe, le **vendeur** est un assujetti à la TVA agissant en tant que tel (hypothèse développée dans les paragraphes ci-après). Si toutefois il ne l'était pas, ce qui semblerait exceptionnel en l'espèce, la vente serait hors du champ de la TVA quelle que soit l'ancienneté de l'immeuble. Corrélativement, les droits d'enregistrement seraient dus au taux de droit commun (nos 84660 s.).

13965 **Immeubles achevés depuis cinq ans au plus** La cession d'un tel immeuble par un assujetti habituel à un non-assujetti entre dans le champ d'application de la **TVA** (CGI art. 257).

Cette dernière est calculée en principe au taux de 20 % sur le prix de vente, majoré des charges augmentatives (CGI art. 266, 2-b). Toutefois, le taux réduit de 5,5 % s'applique aux livraisons de logements destinés à être occupés par des titulaires de contrats de location-accession lorsqu'ils font l'objet d'une convention et d'une décision d'agrément prise par le préfet (CGI art. 278 sexies, III-1° et 278 sexies-0 A). Par ailleurs, le taux intermédiaire de 10 % s'applique à la cession de certains logements locatifs du secteur intermédiaire (CGI art. 279-0 bis A).

Le redevable légal de la TVA est dans tous les cas le vendeur (CGI art. 283), mais le poids de la taxe est à la charge de l'acquéreur (Loi du 12-7-1984 art. 42).

La vente de l'immeuble est soumise en outre à la **taxe de publicité foncière** au taux global de 0,71498 % sur le prix stipulé dans l'acte de transfert de propriété (CGI art. 1594 F quinquies, A).

Le rehaussement de la base d'imposition par référence à la **valeur vénale** n'est possible que dans les cas exceptionnels où l'administration peut établir la fraude ou l'évasion fiscale (BOI-TVA-IMM-10-20-10 n° 190).

13970 **Immeubles achevés depuis plus de cinq ans** Lorsque l'immeuble est achevé depuis plus de cinq ans, la cession est en principe exonérée de TVA (CGI art. 261, 5) et corrélativement soumise aux **droits d'enregistrement** au taux de droit commun (nos 84660 s.). Le cas échéant, le cédant doit régulariser la taxe antérieurement déduite (CGI ann. II art. 207).

Le cédant peut toutefois opter pour la soumission de l'opération à la **TVA** (CGI art. 260, 5° bis), par exemple s'il souhaite éviter des régularisations de taxe. Dans ce cas, la taxe est calculée, au taux indiqué n° 13965, sur le prix total, ou sur la marge dès lors que les conditions d'application de ce régime sont remplies. Les droits d'enregistrement demeurent dus au taux de droit commun.

LOCATION-ACCESSION ET ABSENCE DE LEVÉE D'OPTION

14000 Lorsque l'accédant ne lève pas l'option, l'immeuble reste la propriété du vendeur. Les situations diffèrent en fonction notamment de la nature de l'immeuble à l'égard de ce dernier.

Si le vendeur est un assujetti habituel à la TVA (par exemple, un professionnel de l'immobilier) et que l'immeuble objet de la location-accession constitue pour lui un **stock,** aucune livraison à soi-même n'était exigible au titre de l'achèvement de l'immeuble. La TVA grevant les dépenses de construction était immédiatement déductible et ne donne en principe lieu à aucune régularisation tant que l'immeuble n'est pas assimilé à une immobilisation. Mais si l'immeuble est affecté dans l'attente de sa revente pour une opération relevant d'une activité économique (telle une location) pendant plus d'un an au-delà du 31 décembre de la deuxième année suivant celle de son achèvement, il est assimilé à une immobilisation pour les régularisations annuelles et globales dues en cas de cession (CGI ann. II art. 207, IV). Il en va ainsi même si l'immeuble est partiellement vacant, dès lors qu'il peut être démontré une recherche active de locataires (Rép. Grau : AN 31-12-2019 n° 24298). Si, en revanche, l'immeuble est désormais destiné par le bailleur exclusivement à la location (à usage d'habitation, par hypothèse) sans objectif de revente, une livraison à soi-même doit être constatée en raison de l'affectation de l'immeuble à un secteur d'activité exonéré (BOI-TVA-CHAMP-10-20-20 n° 330).

Si l'immeuble constitue une **immobilisation** pour le vendeur, il convient de distinguer :

a. Si l'activité de l'entreprise ouvre droit à récupération intégrale de TVA, aucune livraison à soi-même n'était exigible du fait de l'achèvement de l'immeuble.

b. Si l'activité de l'entreprise n'ouvre pas droit à récupération intégrale de TVA, une livraison à soi-même a dû être constatée du fait de l'achèvement de l'immeuble.

La cession ultérieure de l'immeuble, selon qu'elle est ou non soumise à la TVA, peut entraîner une régularisation globale de la TVA initialement déduite.

Les **indemnités de résiliation** perçues par un vendeur assujetti ne sont soumises à la TVA que si elles constituent la contrepartie d'une prestation de services individualisée rendue à celui qui la verse (BOI-TVA-BASE-10-10-50 n° 240). À cet égard, l'indemnité **majorée ou non** versée par l'accédant ayant pour but de réparer un préjudice causé par la non-exécution de ses obligations ou lorsque le transfert de propriété n'a pas eu lieu au terme convenu du fait de ce dernier n'a pas à être soumise à la TVA (BOI-TVA-IMM-20-20-10 n° 290). **14005**

2. CONTRATS DE LOCATION-ACCESSION PRÉVOYANT UNE INDEMNITÉ MAJORÉE EXCEPTIONNELLE

Quand le contrat de location-accession porte sur un immeuble situé dans le champ d'application de l'ancienne TVA immobilière (immeuble achevé depuis moins de cinq ans ou qui, dans les cinq ans de l'achèvement, n'a pas fait l'objet d'une mutation à un non-marchand de biens), les parties peuvent prévoir que l'indemnité de résiliation due par l'accédant peut être portée à 3 % du prix de l'immeuble (n° 13010). **14040**

Dans ce cas, le contrat de location-accession est considéré en principe comme une vente pure et simple pour l'application de la **TVA** (Loi du 12-7-1984 art. 11, al. 4), ce qui entraîne sa soumission à la TVA selon des modalités particulières.

ATTENTION

Cette disposition ne trouve généralement plus à s'appliquer **aujourd'hui** dans la mesure où, depuis la loi 2004-804 du 9 août 2004, elle est écartée pour les locations-accessions agréées, qui sont les seules rencontrées en pratique (Loi 84-595 du 12-7-1984 art. 11, dernier al.).

En tout état de cause, l'article 11 de la loi 84-595 du 12 juillet 1984 n'ayant pas été modifié, le régime fiscal de la location-accession non agréée qui comporte une clause d'indemnité majorée exceptionnelle, si un tel contrat était conclu aujourd'hui, fait l'objet d'un vide législatif.

CHAPITRE 4

VENTE AVEC FACULTÉ DE RACHAT

SOMMAIRE

DÉFINITION DE LA VENTE AVEC FACULTÉ DE RACHAT

14500 La vente avec faculté de rachat (anciennement « vente à **réméré** ») est une construction juridique ancienne, régie par les articles 1659 à 1673 du Code civil, qui permet au vendeur de se réserver la faculté de reprendre l'immeuble vendu dans un certain délai, moyennant la restitution du prix principal et le remboursement à l'acquéreur des frais par lui exposés.

Il s'agit d'une **vente assortie** d'une faculté d'exercer **une condition résolutoire** légale. L'exercice du droit de rachat replace les parties dans le même état où elles se trouvaient avant la vente sans opérer une nouvelle mutation (Cass. 3ᵉ civ. 31-1-1984 : Bull. civ. III nº 21).

La vente avec faculté de rachat **ne doit pas être confondue** avec :

– la promesse de revente, qui est un contrat autonome ;

– le pacte de préférence qui ne pourrait être exercé qu'en cas de revente éventuelle par l'acquéreur (Cass. 3ᵉ civ. 1-12-2010 nº 09-16.126 : RJDA 3/11 nº 230) ;

– le gage immobilier (anciennement dénommé l'antichrèse) qui n'est pas translatif de propriété (C. civ. art. 2379 s.) ;

– le contrat pignoratif qui peut dissimuler une convention de prêt usuraire, notamment lorsque le prix de rachat est très supérieur au prix de vente ;

– le pacte commissoire interdit par l'article 2452 du Code civil, quand il s'agit de la résidence principale du débiteur.

Le juge exerce son pouvoir d'appréciation quant à la nature réelle du contrat.

14505 **Intérêt** La vente avec faculté de rachat est fréquemment utilisée en vue de **se procurer des fonds** avec l'avantage de ne **pas** être tenu à leur **remboursement,** quitte à perdre définitivement la propriété du bien vendu.

A. Aspects juridiques

CONCLUSION DE LA VENTE AVEC FACULTÉ DE RACHAT

14510 La vente avec faculté de rachat est soumise aux règles générales de **formation des contrats** synallagmatiques. Pour qu'il y ait véritablement une telle vente, la faculté de rachat doit avoir été stipulée dans l'acte de vente ou, à défaut et avec tous les risques que cela comporte notamment sur le plan fiscal, dans un acte distinct (nº 14680).

L'exercice du rachat peut être consenti à titre pur et simple ou sous condition. Par exemple, le vendeur peut être tenu d'accomplir certaines obligations dans un délai prévu, sous peine de déchéance du droit d'exercer le rachat du bien.

Lorsque la vente porte sur un immeuble, elle doit être conclue par acte authentique pour être opposable aux tiers.

14515 **Délai de rétractation** Les dispositions générales de l'article L 271-1 du Code de la construction et de l'habitation (nºˢ 830 s.) s'appliquent à l'acquéreur non professionnel malgré la faculté de rachat par le vendeur. En revanche, elles ne sauraient s'appliquer lors de l'exercice du rachat puisqu'il s'agit d'une faculté réservée au seul vendeur.

14520 **Durée** La durée de la faculté de rachat ne peut pas excéder **cinq ans.** Si elle a été stipulée pour une durée supérieure ou si aucun délai n'a été stipulé, elle est réduite de plein droit à ce terme (C. civ. art. 1660), mais un délai plus court peut être prévu. Le délai légal de cinq ans ne peut pas être prorogé (C. civ. art. 1661). Les clauses de déchéance conventionnelle de faculté de rachat sont licites.

Publicité Comme toute vente, la convention doit être publiée au fichier immobilier (Décret 55-22 du 4-1-1955 art. 28, 1° et 2°). Lors de cette publication, il doit être fait mention de la faculté de rachat. À défaut, les charges et hypothèques dont l'acquéreur aurait grevé l'immeuble avant l'exercice du droit de rachat sont inopposables au vendeur (C. civ. art. 1673, al. 2). 14525

SITUATION DES PARTIES PENDANT LA DURÉE DE LA FACULTÉ DE RACHAT

Situation du vendeur Le droit du vendeur se résume à un droit de créance lui permettant d'exiger la restitution du bien en conséquence de la résolution de la vente (Cass. req. 21-12-1825 : S. 1826 I p. 275 ; Cass. com. 20-11-2007 n° 06-13.055 : RJF 3/08 n° 368). 14540

Avant l'expiration du délai, le vendeur peut renoncer à son droit de rachat. Cette **renonciation** peut être expresse ou tacite, à titre gratuit ou onéreux.

L'existence du pacte de rachat ne fait pas obstacle à l'exercice de l'action en rescision pour lésion (nos 7980 s.).

Sauf disposition contraire dans l'acte de vente, le droit de rachat peut être **cédé** par le vendeur. Dans ce cas, les formalités de l'article 1690 du Code civil (signification par commissaire de justice de la cession à l'acquéreur de l'immeuble ou acceptation de celle-ci par l'acquéreur dans un acte authentique) doivent être respectées. Il semble également utile de publier la cession de ce droit au fichier immobilier.

Il est également **transmissible.**

Créanciers du vendeur Les créanciers du vendeur ne peuvent pas réaliser le droit de rachat directement par voie de saisie du bien concerné. Ils doivent au préalable exercer le rachat par la voie de l'**action oblique** (qui, en application de l'article 1341-1 du Code civil, permet à un créancier d'exercer au lieu et place de son débiteur les droits, autres que personnels, que celui-ci détient sur ses propres débiteurs) pour pouvoir ensuite saisir le bien dans le patrimoine du vendeur. Le bien sert alors de gage à tous les créanciers. L'acquéreur peut toutefois leur opposer le bénéfice de discussion (C. civ. art. 1666). 14545

Le créancier qui exerce le rachat doit supporter personnellement la charge des restitutions à opérer, sauf à exercer une action à l'encontre des autres créanciers.

Situation de l'acquéreur L'acquéreur jouit de tous les attributs d'un propriétaire tant que la faculté de rachat n'est pas exercée (C. civ. art. 1665). Il peut notamment grever l'immeuble de droits réels, lesquels seront eux-mêmes consentis sous la condition résolutoire de l'exercice de rachat. Il a le droit de purger définitivement les hypothèques existant sur l'immeuble du chef du vendeur. Il peut opposer aux créanciers du vendeur le bénéfice de la discussion (C. civ. art. 1666). Il peut prescrire (C. civ. art. 1665) et aliéner l'immeuble dans la limite de ses droits (C. civ. art. 1664). Il doit agir avec raison. Si l'immeuble périt par sa faute, il doit indemniser le vendeur. 14550

En cas de décès de l'acquéreur, le bien passe à ses héritiers (C. civ. art. 1672).

Faute pour le vendeur d'avoir exercé le rachat dans le délai imparti, l'acquéreur demeure propriétaire de façon irrévocable (C. civ. art. 1662). Si le vendeur se maintient dans les lieux après l'expiration de la faculté de rachat, il devient occupant sans droits ni titre et l'acquéreur peut obtenir le paiement d'une indemnité d'occupation (Cass. 3e civ. 7-9-2022 n° 21-20.387 F-D : RJDA 2/23 n° 67).

EXERCICE DU RACHAT

Le rachat doit être exercé par le vendeur ou, lorsqu'il a cédé son droit, par le cessionnaire de ce droit. 14560

Si le bien appartenait à plusieurs propriétaires, les articles 1668 à 1671 du Code civil distinguent, pour l'exercice du rachat, selon que chacun des vendeurs a aliéné individuellement sa part ou qu'il y a eu vente conjointe. Si l'acquéreur d'une part indivise s'est rendu adjudicataire du tout sur une licitation provoquée par lui, il peut obliger son vendeur à retirer le tout lorsque celui-ci veut user du pacte (C. civ. art. 1667).

L'exercice du droit de rachat est soumis aux **conditions** suivantes : 14565

1. Le vendeur doit déclarer son intention d'exercer le droit : la **déclaration d'exercer le rachat** doit être notifiée par le vendeur ou le cessionnaire de ce droit à l'acquéreur, ou directement au tiers détenteur en cas de revente de l'immeuble ou de transmission à titre gratuit, avant le terme prévu.

Si le bien a été acquis par plusieurs acquéreurs en parts divises, le vendeur doit déclarer son intention de rachat à chaque acquéreur, et à chacun d'eux pour sa part divise si le bien est en indivision entre les cohéritiers de l'acquéreur. Il en est de même si le bien a été partagé entre tous (C. civ. art. 1672, al. 1). Si, à la suite d'un partage, le bien a été mis dans le lot d'un copartageant, celui-ci doit être poursuivi pour le tout (C. civ. art. 1672, al. 2).

La déclaration d'intention du vendeur d'exercer la faculté de rachat lui permet de conserver ce droit et de se prémunir contre toute forclusion (n° 14520) et l'empêche de revenir sur sa déclaration sans le consentement de l'acquéreur, lequel peut dès lors agir en paiement du prix et des accessoires. En revanche, elle ne suffit pas à lui faire recouvrer la propriété du bien (en ce sens, Cass. 3e civ. 20-12-2006 n° 06-13.078 : RJDA 5/07 n° 467).

Si la demande d'exercice du rachat du vendeur prend la forme d'une **demande en justice,** celle-ci doit être publiée au fichier immobilier sous peine d'irrecevabilité (Décret 55-22 du 4-1-1955 art. 28, 4°). En revanche, l'action en justice visant à faire constater l'exercice de la faculté de rachat n'est pas soumise à la formalité de publication préalable pour être recevable (CA Paris 19-6-2020 n° 18/20600). Cette action se prescrit par 5 ans (Cass. 3e civ. 8-6-2023 n° 22-17.992 FS-B : SNH 25/23 inf. 1).

2. Le vendeur doit **rembourser** le **prix convenu,** les accessoires éventuels, les frais d'actes et autres ainsi que le coût des réparations nécessaires et celles qui ont augmenté la valeur du bien jusqu'à concurrence de cette augmentation (C. civ. art. 1673, al. 1).

En principe, le vendeur doit rembourser le prix qu'il a reçu (Cass. 3e civ. 25-10-2006 n° 05-16.250 : Contrats, conc. consom. 2006 comm. n° 42, note L. Leveneur) et non pas celui que vaut le bien au jour du rachat. Les parties peuvent cependant convenir dans l'acte de vente que la somme à restituer sera soit inférieure, soit supérieure à celle reçue (Cass. req. 15-4-1872 : DP 1872.1 p. 415 ; Cass. 3e civ. 13-11-1970 n° 68-13.109 : Bull. civ. III n° 601). Si le prix de rachat a été fixé à un montant nettement supérieur au prix de vente, l'opération peut dissimuler un prêt usuraire ou un pacte commissoire prohibé (n° 14500).

Ce remboursement conditionne la résolution de la vente (Cass. req. 14-1-1873 : DP 1873.1 p. 185), le transfert de propriété (Cass. 3e civ. 20-12-2006 n° 06-13.078, précité) et la prise de possession corrélative de l'immeuble (C. civ. art. 1673, al. 1 ; Cass. 3e civ. 8-11-2018 n° 14-25.005 FS-PBI).

L'inaction persistante du vendeur ayant fait une offre de rachat, par ailleurs notoirement dépourvu des ressources nécessaires pour opérer le remboursement indispensable, peut constituer une renonciation tacite à la faculté de rachat (Cass. req. 19-10-1904 : DP 1907.1 p. 426).

EFFETS DU RACHAT

14580 L'exercice du droit de rachat remet les parties dans l'état existant avant la vente. Un acte authentique constatant le transfert de propriété résultant du rachat doit être dressé pour les besoins de la publicité foncière et publié (Décret 55-22 du 4-1-1955 art. 28, 4°).

Le vendeur reprend l'immeuble exempt de toutes charges et hypothèques dont l'acquéreur l'aurait grevé, à la condition que le pacte de rachat ait été régulièrement publié au fichier immobilier antérieurement (C. civ. art. 1673, al. 2).

Toutefois, le principe de rétroactivité ne joue pas en ce qui concerne les **baux** conclus sans fraude par l'acheteur. Le vendeur est tenu de les exécuter (C. civ. art. 1673, al. 2).

Par ailleurs, les **hypothèques** existant du chef du vendeur qui ont été purgées par l'acheteur pendant la durée de la faculté de rachat sont définitivement **éteintes.**

B. Aspects fiscaux

CONCLUSION DE LA VENTE AVEC FACULTÉ DE RACHAT

14640 La vente avec faculté de rachat produit les effets ordinaires de toute vente, notamment au regard des **plus-values** pouvant être dégagées à cette occasion.

Les **droits de mutation** et/ou la **TVA** sont applicables, selon le cas, dans les conditions de droit commun.

La restitution à l'acquéreur des droits perçus, en cas d'exercice du rachat, n'est pas possible (CGI art. 1961).

> **Précisions a.** S'agissant de **l'évaluation d'un immeuble** grevé d'une clause de rachat, la Cour de cassation considère que, compte tenu de l'usage peu fréquent d'une telle clause, l'application d'une décote forfaitaire de 10 % sur le prix de vente déterminé par comparaison avec des cessions de biens par ailleurs comparables permet de calculer la valeur vénale réelle du bien et de tenir compte de sa situation juridique spécifique (Cass. com. 20-11-2007 n° 06-13.055 F-PB : RJF 3/08 n° 368).

b. Pour l'application du régime spécial d'**achat-revente** (CGI art. 1115), il a été jugé avant la réforme du 9 mars 2010 que l'exercice par le vendeur de la faculté de rachat avant l'expiration du délai légal imparti à l'acquéreur marchand de biens pour revendre dispensait ce dernier du paiement des droits pour défaut de revente dans le délai légal. Mais il incombe au marchand de biens acquéreur d'établir que le retrait ayant entraîné l'annulation de la vente s'est opéré dans les conditions légales (Cass. com. 2-6-1992 n° 90-18.381 : RJF 8-9/92 n° 1269). Cette solution paraît pouvoir être maintenue sous le régime issu de la loi du 9 mars 2010 (BOI-ENR-DMTOI-10-50 n° 70).

SITUATION PENDANT LA DURÉE DU DROIT DE RACHAT

Cession du droit de rachat La cession à un tiers du droit de rachat donne lieu à la perception du droit fixe des actes innomés de 125 € (CGI art. 680). **14645**

Si l'acte de cession est publié au fichier immobilier, la taxe de publicité foncière au taux de 0,71498 % est exigible sur le prix de cession.

Renonciation à la faculté de rachat La renonciation **à titre gratuit** à la faculté de rachat n'est passible que du droit fixe des actes innomés de 125 € dès lors qu'elle ne constitue pas une libéralité (CGI art. 680). **14650**

Si cette renonciation est faite **à titre onéreux,** la somme versée à ce titre est considérée comme un complément du prix de vente de l'immeuble et doit par conséquent être assujettie au droit de mutation.

Droits de succession En cas de **décès de l'acquéreur** pendant la durée du droit de rachat, le bien vendu dépend de sa succession. Si le droit est exercé après le décès et avant le dépôt de la déclaration de succession, c'est la somme remboursée par le vendeur qui doit être déclarée. **14655**

En cas de **décès du vendeur** pendant la durée du droit de rachat, il n'y a pas lieu de déclarer et d'évaluer le droit de rachat. Si les héritiers cèdent le droit de rachat à un tiers, ils doivent souscrire une déclaration complémentaire dans le délai légal décompté du jour de la cession et acquitter l'impôt sur le prix (BOI-ENR-DMTG-10-10-40-50 n° 150).

Impôt sur la fortune immobilière Tant que la faculté de rachat n'est pas exercée, le bien doit être compris dans la déclaration d'IFI de l'acquéreur (BOI-PAT-IFI-20-20-40 n° 60). **14660**

EXERCICE DU RACHAT

Droits de mutation Dès lors que la **faculté** de rachat a été **prévue dans l'acte de vente,** l'exercice du retrait dans le délai stipulé dans l'acte constitue l'accomplissement d'une condition résolutoire légale. L'acte le constatant est enregistré au **droit fixe** de 125 € sous certaines **conditions** (BOI-ENR-DMTOI-10-10-30-40 n° 80) : **14680**

- la faculté de rachat prévue dans le contrat de vente doit être exercée dans le délai stipulé ;
- l'acte constatant le retrait doit revêtir la forme authentique ou avoir acquis date certaine avant l'expiration du délai, même autrement que par l'enregistrement ;
- le retrait doit être exercé par le vendeur lui-même, par son ayant cause à titre universel (héritier, légataire universel ou à titre universel), ou, à notre avis, par le créancier agissant au nom de son débiteur en vertu de l'article 1341-1 du Code civil et non par un tiers cessionnaire de la faculté de rachat.

La stipulation de la faculté de rachat dans un **acte distinct,** fût-il authentique et de même date, ne permet pas au vendeur exerçant le retrait de se prévaloir de l'application du seul droit fixe.

Si le retrait est exercé **par le tiers cessionnaire** à titre onéreux de la faculté de rachat, le droit de mutation est applicable. Il est liquidé sur le montant des sommes remboursées à l'acquéreur.

Le droit de mutation est également applicable dans le cas où le retrait est exercé par un **donataire,** un **légataire particulier** ou un **héritier présomptif** du vendeur avant le décès de ce dernier ou lorsqu'il est exercé par le **vendeur** lui-même **après l'expiration du délai** convenu dans l'acte de vente.

TVA En matière de TVA, l'exercice de la faculté de rachat par le vendeur initial ne doit pas être regardé comme une livraison de biens au sens de l'article 256 du CGI. La faculté de rachat s'analyse comme une condition résolutoire replaçant les parties en l'état où elles se trouvaient avant la vente. Dans cette situation, l'acquéreur initial doit soumettre à la TVA la somme correspondant à la différence entre le prix de rachat et le prix de vente (profit brut égal aux sommes remboursées en sus du prix principal) : cette somme constitue la rémunération d'une **prestation de services** visant à réserver au vendeur la possibilité d'obtenir la résolution de la **14682**

cession immobilière et ainsi de récupérer effectivement son bien dans le délai fixé par le contrat (CE 7-10-2021 n° 430136 : RJF 1/22 n° 12). Par suite, cette somme est taxable pour l'acquéreur assujetti même si le rachat porte sur un immeuble exonéré comme étant achevé depuis plus de cinq ans.

14685 **Impôts directs** Lorsque **le vendeur est un particulier,** l'administration admet qu'il obtienne, sur réclamation, la restitution totale ou partielle de l'impôt correspondant à la plus-value initialement réalisée (BOI-RFPI-PVI-10-30 n° 30).

En cas de **revente ultérieure** du même immeuble, la plus-value imposable est calculée sur la base du prix d'acquisition initial. De même, la date d'acquisition de l'immeuble à retenir correspond à la date d'entrée d'origine du bien dans le patrimoine du cédant (Rép. Houillon : AN 22-8-1994 n° 15716, solution non reprise au Bofip mais qui conserve sa pertinence).

14690 Lorsque le **vendeur est une entreprise,** la résolution de la vente au cours d'un exercice postérieur à celui de la cession est constatée dans les résultats de l'exercice en cours à la date d'exercice de la faculté de rachat.

Dans le cas où le bien cédé constituait un élément de l'actif immobilisé du vendeur, celui-ci réinscrit le bien à son bilan ainsi que les **amortissements et provisions** de toute nature y afférents tels qu'ils figuraient dans ses comptes annuels à la date de la cession.

L'entreprise doit constater un résultat inverse de celui initialement pris en compte et le soumettre à un régime fiscal symétrique. Ainsi, si la cession a dégagé une **plus-value,** sa résolution se traduit par la constatation d'une moins-value qui sera traitée, selon le cas, comme une moins-value à long terme ou à court terme ou, dans les sociétés soumises à l'IS, comme une perte ordinaire. À l'inverse, la résolution d'une vente génératrice de **moins-value** se traduit par la prise en compte, selon le cas, d'une plus-value à long terme ou à court terme ou d'un résultat ordinaire (CGI art. 39 duodecies, 9).

> Précisions a. Le dispositif d'« annulation » du résultat de cession n'est applicable (BOI-BIC-PVMV-40-40-20 n°s 60 et 90) :
– ni aux **opérations bénéficiant d'une exonération ;**
– ni à celles placées sous un régime de **report ou de sursis d'imposition.**
Dans ces hypothèses, le profit (ou la perte) résultant de la résolution de la vente doit être extourné pour la détermination du résultat fiscal.
Lorsque la plus-value initiale a bénéficié d'un dispositif fiscal d'**étalement,** la perte constatée en comptabilité lors de la résolution de la cession ne peut être déduite fiscalement qu'à hauteur de la fraction de plus-value déjà imposée (BOI précité n° 120).
b. Selon l'administration, les **aménagements** éventuellement **effectués par l'acquéreur** doivent être inscrits au bilan du vendeur pour leur valeur réelle à la date de la résolution, et génèrent un profit d'égal montant si aucune indemnité n'est versée à ce titre à l'acquéreur. Ce dernier est, pour sa part, fondé à constater une perte égale à la valeur nette comptable des agencements s'ils sont remis sans indemnité (BOI précité n° 10).
c. Le vendeur est autorisé à déduire en une seule fois des résultats de l'exercice de résolution le montant des **amortissements** correspondant à la période pendant laquelle il a été dessaisi de la propriété du bien. La déduction de ces amortissements est subordonnée à leur constatation effective en comptabilité.
Au cours des exercices suivants, les amortissements sont pratiqués comme si l'entreprise était toujours restée propriétaire du bien (BOI précité n°s 20 et 30).
d. Le **taux applicable** à la plus-value ou moins-value à long terme constatée du fait de la résolution est celui en vigueur à la date où celle-ci intervient (BOI précité n° 100).
e. Chez l'**acquéreur,** l'annulation ou la résolution de la vente se traduit d'une part par un profit imposable égal au montant des amortissements antérieurement déduits, d'autre part par la réintégration des provisions éventuellement constatées et qui deviennent sans objet du fait de la résolution de la vente (BOI précité n° 160).

CHAPITRE 5 BAIL RÉEL SOLIDAIRE

SOMMAIRE

SECTION 1 BAIL RÉEL SOLIDAIRE (LOGEMENT)

DÉFINITION DU BAIL RÉEL SOLIDAIRE

En vue de mobiliser l'offre de **logements en accession ou en location destinés aux ménages les plus modestes dans les agglomérations,** l'ordonnance 2016-985 du 20 juillet 2016 a créé le bail réel solidaire (BRS) (CCH art. L 255-1 à L 255-19) qui repose sur une dissociation économique du sol et du bâti. Le décret 2017-1038 du 10 mai 2017 en fixe les modalités d'application (CCH art. R 255-1 à R 255-11). 14800

Le BRS est un contrat par lequel un organisme de foncier solidaire (OFS), propriétaire d'un terrain bâti ou non, consent à un preneur, pour une durée comprise entre 18 et 99 ans, des droits réels temporaires en vue de la **location** ou de l'**accession à la propriété** d'un logement avec, s'il y a lieu, l'obligation pour ce dernier de construire ou réhabiliter des constructions existantes (CCH art. L 255-1). Le logement doit être occupé à titre de résidence principale pendant toute la durée du bail.

En raison de sa durée, ce bail est soumis à publicité foncière (voir n° 14905) et doit obligatoirement prendre la forme authentique (C. civ. art. 710-1).

> **Précisions** La doctrine discute la notion juridique de dissociation du foncier et du bâti (X. Lièvre, F. Caumes, Bail réel solidaire : clarification de la nature du droit créé et quelques autres précisions, JCP N 2020 n° 1258), car le mécanisme du BRS confère au preneur des droits réels sur l'immeuble sans distinction. Le montage est donc essentiellement économique et stratégique, lié au modèle de gestion de l'OFS (Le bail réel solidaire, Ed. novembre 2024, Arecoop Guide n° 31 p. 17).

A. Régime juridique du bail réel solidaire

QUALITÉ DU BAILLEUR DE BRS

Le BRS est réservé aux **organismes de fonciers solidaires** (OFS), organismes sans but lucratif agréés ayant pour objet de constituer un parc pérenne de logements à destination des ménages modestes (C. urb. art. L 329-1 et R 329-1 à R 329-5). 14810

QUALITÉ DU PRENEUR À BRS

Preneur familial Le BRS peut être consenti à un **ménage** occupant le logement, qui remplit les **conditions de ressources** applicables pour l'obtention d'un prêt social de location-accession (voir nos 26080 s.). Le prix des droits réels immobiliers cédés doit respecter les plafonds de prix de cession fixés par l'arrêté EQUU0400077A du 26 mars 2004. Mais l'OFS peut, en fonction de ses objectifs et des caractéristiques de chaque opération, appliquer un seuil de ressources inférieur (CCH art. L 255-2). 14820

> **Précisions** Pour les demandes de logement présentées à compter du 1er janvier 2025, le **patrimoine immobilier des candidats** au BRS est pris en compte dans la procédure d'attribution des logements : le preneur ne doit pas être propriétaire d'un logement adapté à ses besoins et capacités, qui pourrait constituer sa résidence principale, ni d'un logement dont les revenus lui permettraient d'établir sa résidence principale dans un autre logement du parc privé (CCH art. R 255-1-1 issu du décret 2024-838 du 16-7-2024).

14825 **Preneur professionnel** Le BRS peut être consenti à un **opérateur** qui, le cas échéant, construit ou réhabilite des logements (voir Bail réel solidaire avec engagement de construire, SNH 34/22 inf. 11 à 14). Il s'engage, dans le cadre d'une opération d'accession sociale à la propriété, à **vendre** les droits réels immobiliers attachés à ces logements à des bénéficiaires répondant aux conditions de ressources et à un prix fixés par décret, ou à proposer la souscription de parts ou actions permettant la jouissance du logement (CCH art. L 255-3). Les bénéficiaires doivent remplir les conditions de ressources applicables au PSLA (n° 26090). Le prix de vente des droits réels immobiliers et des droits sociaux doit respecter les plafonds de prix de cession applicables au PSLA (n° 26115).

L'opérateur peut également s'engager à les **mettre en location** au profit de ménages aux revenus modestes ne dépassant pas, lors de l'entrée dans les lieux, les plafonds de ressources applicables aux PLUS (n° 23145), et moyennant un loyer n'excédant pas les plafonds de loyer applicables aux logements conventionnés à l'APL (financement PLUS) (CCH art. L 255-4). L'opérateur doit notifier à l'OFS une copie du bail et de ses annexes (CCH art. R 255-4).

DROITS ET OBLIGATIONS DU PRENEUR AU COURS DU BRS

14830 **Jouissance** Le preneur peut jouir des droits réels immobiliers et des installations ou constructions qu'il a édifiées, rénovées ou réhabilitées, dès lors qu'il n'est pas porté atteinte à la **destination de l'immeuble** ou à l'état dans lequel il a été convenu que ces droits réels immobiliers seraient remis en fin de bail (CCH art. L 255-7, al. 4). Si le BRS le stipule, le preneur doit occuper le logement à titre de **résidence principale** sans pouvoir le louer (CCH art. L 255-2, al. 3). Sauf interdiction de mise en location prévue au BRS, le preneur peut louer son logement et mentionne, en caractères apparents, la date d'extinction du BRS et son effet sur le contrat de location (CCH art. L 255-16, al. 2). Pour les demandes de logement présentées à compter du 1er janvier 2025, le preneur doit informer au préalable l'OFS en précisant la période et la partie du logement sur laquelle porte cette location (CCH art. R 255-1 modifié par décret 2024-838 du 16-7-2024). Tout **changement d'activité ou d'affectation** est soumis à l'accord de l'OFS. L'exercice d'activités accessoires peut être autorisé par le bail, sans déroger à la destination de résidence principale de l'occupant (CCH art. L 255-7, al. 5).

Les droits réels conférés par le BRS souffrent de certaines **limitations** induites par son caractère temporaire. Les parties peuvent librement convenir de la date d'échéance des **sûretés** qu'elles constituent. À défaut, celles-ci prennent fin en cas de résiliation du bail. Ils peuvent faire l'objet d'une saisie immobilière (CCH art. L 255-9).

> **Précisions a.** Le preneur peut acquérir des **servitudes** actives et consentir les servitudes passives indispensables à la réalisation des constructions et ouvrages édifiés ou à réhabiliter en application du contrat du bail. Sauf accord de l'OFS, il ne peut constituer des servitudes passives au-delà de la durée du bail (CCH art. L 255-7, al. 6).
> **b.** Lorsque le bien est situé dans un **immeuble en copropriété,** une copie du règlement de copropriété est remise au preneur lors de la cession des droits réels immobiliers (CCH art. R 255-10 issu du décret 2024-838 du 16-7-2024). Le preneur est assimilé à un copropriétaire et exerce les droits et obligations du bailleur, sauf pour certaines décisions portant notamment sur les actes de disposition ou concernant la modification du règlement de copropriété. Le bailleur reste celui qui peut contester les décisions de l'assemblée générale pour lesquelles il dispose d'un droit de vote. Il n'est redevable d'aucune charge. Bailleur et preneur peuvent assister aux assemblées générales et formuler des observations sur des questions pour lesquelles ils n'ont pas le droit de vote (CCH art. L 255-7-1). La convocation à l'assemblée générale et le procès-verbal dressé à l'issue de cette assemblée devront être notifiés par le syndic au preneur du BRS, ainsi qu'à l'OFS (CCH art. R 255-11 issu du décret 2024-838 du 16-7-2024).

14835 **Redevance** Le preneur s'acquitte du **paiement** d'une redevance dont le montant tient compte des conditions d'acquisition du patrimoine par l'OFS et, le cas échéant, des conditions financières et techniques de l'opération de construction ou de réhabilitation des logements et des conditions d'occupation des logements, objets du BRS (CCH art. L 255-8, al. 1).

14840 **Travaux** Le BRS peut imposer au preneur la **réalisation de travaux** de construction ou de réhabilitation des constructions existantes et il ne peut, sauf stipulations contraires, exécuter d'autres ouvrages ou travaux que ceux prévus initialement, à l'exception de tous travaux nécessaires à la conservation du bien en état d'usage, conformément aux stipulations du bail (CCH art. L 255-7, al. 1).

Les constructions et améliorations réalisées par le preneur demeurent sa propriété au cours du BRS et deviennent celle de l'OFS à son expiration (CCH art. L 255-7, al. 3).

Le preneur doit maintenir **en bon état d'entretien et de réparations** les constructions existantes et celles qu'il réalise pendant la durée de celui-ci. Il est tenu des réparations de toute nature en ce qui concerne les constructions existantes au moment du BRS et celles qu'il aura édifiées. Il n'est pas obligé de les **reconstruire** s'il prouve qu'elles ont été détruites par cas fortuit, force majeure, ou qu'elles ont péri par le vice de la construction antérieure au BRS. En cas de **sinistre** entraînant la résiliation du BRS, le preneur est indemnisé de la valeur de ses droits réels, dans les conditions qui y sont prévues (CCH art. L 255-7, al. 7).

Le preneur ne peut effectuer aucun **changement** qui diminue la valeur de l'immeuble et ne peut, sauf stipulation contraire, démolir, même en vue de les reconstruire, les ouvrages existants ou qu'il a édifiés ou réhabilités (CCH art. L 255-7, al. 2).

CESSION ET TRANSMISSION DU BRS

Modalités de cession ou de donation des droits réels Le **prix de vente** ou la valeur maximale des droits réels immobiliers, parts et actions conférant la jouissance du bien sont limités à leur valeur initiale, par application de la variation d'un indice choisi par l'OFS et majoré de la valorisation des travaux effectués depuis l'acquisition. Le BRS peut prévoir la nature des travaux pris en compte et les modalités de leur valorisation, ainsi que la méthode d'évaluation du prix de cession des droits réels, parts ou actions. 14850

Pour prétendre pouvoir accéder au **bénéfice du statut,** l'acquéreur, le donataire ou l'ayant droit de la succession dont dépendent les droits réels immobiliers ou les parts ou actions donnant droit à l'attribution en jouissance du bien doit répondre aux conditions visées n° 14820 (CCH art. L 255-5, al. 2).

En cas de cession ou de donation des droits réels afférents au bien objet du BRS, le cédant ou donateur doit obtenir préalablement un **agrément de l'OFS** (CCH art. L 255-10 s. et R 255-6), l'acquéreur ou donataire devant répondre aux mêmes conditions de ressources.

En cas de **décès du preneur,** les droits réels afférents au bien sont transmis à son ayant droit s'il répond aux conditions d'éligibilité. Le BRS fait de plein droit l'objet d'une prorogation de telle manière que l'ayant droit bénéficie d'un BRS d'une durée identique à celle prévue dans le BRS initial (CCH art. L 255-14, al. 1). Ces conditions d'éligibilité ne sont pas opposables au conjoint survivant, quel que fût le régime matrimonial des époux, ou au partenaire pacsé (CCH art. L 255-14, al. 2). 14855

Les **conditions d'éligibilité** de l'ayant droit sont différentes s'il souhaite occuper le bien. Dans ce cas, il doit obtenir de l'OFS l'agrément de la transmission. S'il met le logement en location, celle-ci doit respecter les conditions de loyer et de ressources des PLUS par le locataire (CCH art. R 255-7, al. 1).

Si l'ayant droit ne satisfait pas aux conditions d'éligibilité, il dispose d'un **délai** de douze mois à compter du décès **pour céder ses droits réels** à un acquéreur répondant auxdites conditions et agréé par l'OFS. Ce délai peut être prorogé pour une durée correspondant aux délais de la régularisation par acte notarié de la cession des droits réels immobiliers. À défaut de cession dans ces délais, le BRS est résilié et l'ayant droit est indemnisé par l'OFS de la valeur de ses droits réels immobiliers, dans les conditions qui y sont prévues (CCH art. L 255-14, al. 3).

Toute cession ou donation des droits réels du preneur doit être précédée d'une **offre préalable** mentionnant expressément le caractère temporaire du droit réel, sa date d'extinction, la nouvelle durée du BRS résultant de l'application de l'article L 255-12 du CCH (n° 14875), dès lors que l'OFS aura agréé la transmission des droits réels dans les conditions prévues à l'article L 255-11 (n° 14870), les conditions de délivrance de cet agrément par l'OFS, les modalités de calcul du prix de vente ou de la valeur donnée, telles que prévues au BRS (CCH art. L 255-10, al. 1). 14860

Les dispositions des articles L 271-1 et L 271-2 du CCH relatives à la **protection de l'acquéreur** (nos 700 s.) sont applicables aux actes conclus en vue de l'acquisition des droits réels afférents au logement, objet du BRS (CCH art. L 255-18). L'offre préalable doit être maintenue pendant une durée de 30 jours minimum à compter de sa réception par l'acquéreur ou le donataire potentiel. Elle ne peut être acceptée avant un délai de 10 jours à compter de sa réception (CCH art. L 255-10, al. 2). 14865

Particularités de la cession des droits de l'opérateur En cas de cession des droits réels de l'opérateur, l'avant-contrat doit **mentionner expressément** le caractère indissociable du contrat avec le BRS signé avec l'OFS ainsi que le caractère temporaire du droit réel, la nouvelle durée du BRS si l'OFS agrée la transmission des droits réels, les conditions de délivrance 14868 de cet agrément par l'OFS et les modalités de calcul du prix de vente ou de la valeur donnée, telles que prévues au BRS initial (CCH art. L 255-10-1).

Depuis la loi 2022-217 du 21 février 2022, dite 3DS, l'accession à la propriété du premier ménage est régularisée par un acte unique de cession des droits réels de l'opérateur sur le BRS initial. Chaque cession crée un lien direct et individuel entre l'OFS et chacun des preneurs, et désolidarise les preneurs entre eux et chaque preneur de l'opérateur. À l'issue de cette cession, le preneur est réputé être titulaire d'un BRS portant sur son logement avec une date de prise d'effet au jour de la cession qui lui est propre (CCH art. L 255-3, al. 3 et 4 nouveaux). La **chaîne de propriété entre l'OFS, l'opérateur et le premier accédant** est simplifiée : il n'y a plus lieu de régulariser un BRS entre l'OFS et l'accédant. La vigilance des notaires doit être portée sur la rédaction de cet acte unique conclu avec l'opérateur puis cédé aux ménages successifs (voir X. Lièvre et C. Vrielinck, « BRS et loi 3 DS : simplification et clarifications bienvenues » : SNH 10/22 inf. 15).

Ces dispositions de la loi 3DS s'appliquent aux cessions de droits réels découlant d'un BRS initial conclu depuis le 23 février 2022. Les cessions de droits réels découlant d'un **BRS initial conclu avant la loi** demeurent soumises aux anciennes dispositions, sauf volonté des parties d'actualiser le contrat. L'accession de chacun des ménages est régularisée en deux étapes simultanées : la cession des droits réels par l'opérateur sur le BRS initial et la conclusion d'un BRS avec l'OFS. Concomitamment à la signature de l'acte authentique de cession des droits par l'opérateur, un BRS portant sur les droits acquis par chaque preneur est signé avec l'OFS (CCH art. L 255-3, al. 3 dans sa rédaction antérieure à loi 2022-217 du 21-2-2022).

14870 **Information et avis de l'OFS** Le cédant ou le donateur informe l'OFS de son **intention de céder** les droits réels immobiliers qu'il tient de son BRS dans les 30 jours qui suivent la réception par lui de l'acceptation de l'offre et sollicite l'agrément de l'acquéreur ou du donataire. Il joint à sa demande l'offre préalable de cession ou de donation, les pièces permettant d'établir l'éligibilité de l'acquéreur ou du donataire, ainsi que le dossier de diagnostic immobilier prévu à l'article L 271-4 du CCH (CCH art. L 255-10, al. 3).

Le cas échéant, l'opérateur informe l'OFS de tout **avant-contrat conclu** dans les 30 jours qui suivent sa signature. Il joint à sa demande l'avant-contrat et les pièces permettant d'établir l'éligibilité de l'acquéreur (CCH art. L 255-10-1, al. 2).

14875 La vente ou la donation est subordonnée à l'**agrément de l'acquéreur ou du donataire** par l'OFS. Il dispose d'un délai de 2 mois à compter de la date de transmission de l'offre ou de l'avant-contrat pour délivrer son agrément. Celui-ci est fondé sur la vérification du respect des conditions d'éligibilité, de la conformité de l'offre préalable ou de l'avant-contrat avec le bail en vigueur, notamment quant au respect des stipulations concernant les modalités de calcul du prix de vente ou de l'évaluation des droits réels appartenant au vendeur, au donateur ou à l'opérateur et, le cas échéant, de la validité du plan de financement de l'acquisition (CCH art. L 255-11, al. 1 et 2 et L 255-11-1, al. 1).

Ces règles sont prescrites à peine de nullité de la vente ou de la donation. La preuve du contenu et de la notification de l'offre préalable de vente ou de donation pèse sur le cédant, le donateur ou l'opérateur (CCH art. L 255-11, al. 3 et L 255-11-1, al. 2).

Si cet **agrément** est **délivré,** la durée du BRS est de plein droit prorogée afin de permettre à tout nouveau preneur de bénéficier d'un droit réel d'une durée égale à celle prévue dans le BRS initial (CCH art. L 255-12). Le BRS doit être adapté, s'il y a lieu, pour tenir compte du nouveau preneur et de l'usage du bien (CCH art. R 255-6, al. 4).

En cas de **refus d'agrément** lors d'une cession, le cédant peut demander à l'OFS de lui proposer un acquéreur répondant aux conditions d'éligibilité susvisées. Les conditions d'acquisition respectent les modalités de calcul du prix de vente stipulées dans le BRS. Dans le cas où l'OFS n'est pas en mesure de proposer un acquéreur dans les 6 mois suivant la demande du cédant ou en cas de refus d'agrément lors d'une donation des droits réels immobiliers, le BRS peut être résilié conventionnellement et le preneur est indemnisé de la valeur de ses droits, dans les conditions prévues par le bail (CCH art. L 255-13).

14878 L'OFS dispose d'un **droit de préemption** à son profit, qui doit être mentionné dans le BRS, à l'occasion de toute cession ou donation. Dans ce cas, il peut racheter les droits réels afférents au bien ou les faire acquérir par un bénéficiaire répondant aux conditions de ressources exigées. L'OFS fait connaître sa décision d'exercer son droit de préemption dans un délai de 2 mois à compter de la transmission de l'offre préalable. Ce délai est prorogé d'un mois en cas de refus de l'agrément (CCH art. L 255-15, al. 1).

Le preneur est indemnisé de la valeur de ses droits dans le respect des modalités de calcul du prix de vente stipulées dans le BRS et de leur valeur initiale, actualisée selon des modalités qui seront fixées par voie réglementaire (CCH art. L 255-15, al. 2).

FIN DU BRS

Expiration À la fin de la durée prévue, le BRS ne peut faire l'objet d'aucune tacite reconduction (CCH art. L 255-6). Les droits du preneur deviennent la propriété de l'OFS après indemnisation, dans les conditions prévues par le BRS et dans la limite de la valeur initiale, actualisée selon des modalités définies par décret en Conseil d'État (CCH art. L 255-16, al. 1). 14881

À défaut de la mention dans tout contrat de location de la date d'extinction du BRS et son effet sur le contrat de bail en cours, les bénéficiaires du droit au bail d'habitation ont le droit de se maintenir dans les lieux pendant une durée de 36 mois à compter de la date d'expiration du BRS, moyennant une indemnité d'occupation égale au dernier loyer d'habitation expiré et payable dans les mêmes conditions. Cette durée est réduite à 12 mois pour les bénéficiaires de baux consentis à des occupants de certains meublés et aux personnes logées en logement-foyer (CCH art. L 255-16, al. 3).

Résiliation Le BRS ne peut prévoir aucune faculté de résiliation unilatérale **de la part du bailleur,** sauf dans le cas où les conditions d'exigibilité cessent d'être remplies ou en cas de manquements du preneur à ses obligations (CCH art. L 255-6). 14884

Le BRS est résilié, après indemnisation de la valeur des droits réels immobiliers tenant compte du manquement ayant entraîné la résiliation du BRS, selon les **modalités** qui y sont prévues et dans les cas suivants (CCH art. L 255-7, L 255-8, al. 2, L 255-14, al. 3 et R 255-5) :
- non-exécution par le preneur ou l'ayant droit de ses obligations contractuelles (notamment en cas de non-paiement de la redevance) ;
- non-agrément du donataire par l'OFS ;
- absence de cession des droits réels afférents au BRS dans le délai imparti par l'ayant droit ne satisfaisant pas aux conditions d'éligibilité au bail ;
- expiration du BRS.

Cession des droits de l'opérateur aux accédants Le BRS initial prend fin par la cession des droits de l'opérateur au profit des ménages accédants. 14887

> Précisions Quand le **BRS initial** a été **conclu avant l'entrée en vigueur de la loi 3DS,** les droits de l'opérateur se réduisent à mesure qu'il les cède à chacun des ménages. Ces droits sont automatiquement retirés du BRS initial conclu à son profit. Lorsque la totalité des droits du bail initial est retirée, celui-ci s'éteint (CCH art. L 255-3, al. 3 dans sa rédaction antérieure à loi 2022-217 du 21-2-2022).

INDEMNISATION

Le BRS doit prévoir les méthodes d'évaluation de l'indemnisation de la valeur des droits réels ou des droits sociaux. L'indemnisation intervient dans un délai de 6 mois suivant soit la notification par l'OFS de sa décision d'indemnisation, soit de la date d'expiration du BRS (CCH art. L 255-7, L 255-8, al. 2 et R 255-5). 14890

NULLITÉ DU BRS

Le non-respect des dispositions des articles L 255-2, L 255-3 et L 255-4 du CCH (nos 14820 et 14825) est sanctionné par une nullité relative qui peut être invoquée par les parties pendant 5 ans à compter de la date de signature du BRS (CCH art. R 255-8). 14893

B. Régime fiscal du bail réel solidaire

Ne seront envisagées ci-après que les particularités du régime fiscal du bail réel solidaire tenant aux droits d'enregistrement et à la TVA. Sur les particularités tenant au régime des plus-values immobilières, voir n° 85640. En ce qui concerne certaines spécificités liées à la taxe foncière, voir n° 83100. 14900

BRS : ENREGISTREMENT ET TAXE DE PUBLICITÉ FONCIÈRE

Les **baux à durée limitée d'immeubles** sont dispensés de la formalité obligatoire d'**enregistrement** (BOI-ENR-JOMI-10 n° 10). Si le bail est présenté à la formalité, ce qui sera le cas s'il est notarié, il supporte un droit fixe de 25 € (CGI art. 739 ; BOI-ENR-JOMI-10 n° 20). 14905

Le BRS est à la fois un bail de plus de 12 ans et un bail constitutif de droits réels pour le preneur. Il est, en **principe,** obligatoirement soumis à **publicité foncière,** essentiellement en sa qualité d'acte constitutif de droits réels (Décret 55-22 du 4-1-1955 art. 28, 1°-a). Par suite, il relève de la formalité fusionnée d'enregistrement et de publicité foncière (CGI art. 647). Celle-ci doit être accomplie dans le mois à compter de la date de l'acte.

Á l'occasion de cette formalité, supportent la taxe de publicité foncière les **BRS conclus en vue de la location** prévus aux articles L 255-2 et L 255-4 du CCH (nos 14820 s.). La taxe est **assise** sur le montant cumulé des loyers augmenté des charges éventuelles, ou sur la valeur locative réelle du bien loué si elle est supérieure (CGI art. 742). Le **taux** global de la taxe s'élève à 0,71498 %.

S'agissant des **BRS conclus en vue de l'accession à la propriété** conformément à l'article L 255-3 du CCH, une application stricte des principes relatifs aux droits de mutation conduirait à soumettre l'opération à la taxe de publicité foncière à chacune des étapes de l'opération :

– étape 1 : l'organisme de foncier solidaire (OFS), propriétaire d'un terrain, conclut un BRS initial avec un opérateur qui s'engage à construire ou réhabiliter des logements ;

– étape 2 : l'opérateur vend les droits réels immobiliers attachés aux logements construits ou réhabilités à des bénéficiaires, sous conditions de ressources et de prix de vente (cession des droits issus du BRS soumise à publicité foncière obligatoire conformément à l'article 28, 1°-a du décret 55-22 du 4-1-1955).

Comme indiqué précédemment (n° 14868), la conclusion séparée d'un bail réel solidaire entre l'occupant et l'OFS à la suite de la vente des droits réels immobiliers (qui constituait l'étape 3) est supprimée pour les cessions de droits réels découlant d'un bail réel solidaire initial conclu depuis le **23 février 2022** (CCH art. L 255-3, al. 3 et 4) : la cession des droits réels immobiliers par l'opérateur à chaque preneur (étape 2) crée un lien direct et individuel entre l'OFS et chacun des preneurs, et désolidarise les preneurs entre eux et chaque preneur de l'opérateur. À l'issue de cette cession, le preneur est réputé être titulaire d'un bail réel solidaire portant sur son logement avec une date de prise d'effet au jour de la cession qui lui est propre.

Sauf volonté des parties d'actualiser le contrat, les cessions de droits réels découlant d'un bail réel solidaire initial conclu avant cette date demeurent soumises aux anciennes dispositions de l'article L 255-3 du CCH ; cette situation implique la signature d'un nouveau bail réel solidaire entre le ménage bénéficiaire et l'OFS (les droits réels immobiliers vendus venant réduire à due concurrence ceux conférés au titre du bail réel solidaire initial, jusqu'à extinction de ce dernier).

Par **dérogation,** les BRS conclus en application de l'article L 255-3 du CCH sont exonérés de taxe de publicité foncière pour les **étapes 1 et 3** (le cas échéant) de l'opération. En revanche la cession des droits issus du BRS (**étape 2** de l'opération) demeure soumise à la taxe de publicité foncière par assimilation à l'immeuble sous-jacent (CGI art. 743, 5° et 1378 ter). La taxe de publicité foncière est alors **calculée** au tarif des ventes d'immeubles.

L'exonération de taxe de publicité foncière pour les BRS conclus en vue de l'accession à la propriété ne s'étend pas à la **contribution de sécurité immobilière** en l'absence d'exonération expresse la concernant (CGI art. 879, II).

TVA ET BRS

14910 Le **taux réduit** de TVA de 5,5 % **s'applique** aux opérations suivantes réalisées en vue de la conclusion d'un BRS dans les conditions prévues nos 14800 s. (CGI art. 278 sexies, III-4° et 278 sexies-0 A, 1°) :

– les **livraisons** à un OFS **d'immeubles,** bâtis ou non bâtis, destinés, le cas échéant après travaux, à faire l'objet d'un BRS ;

– les **livraisons à soi-même** des mêmes immeubles effectuées par un OFS ;

– les cessions des **droits réels immobiliers** attachés à de tels logements.

Le taux de 5,5 % applicable à la livraison initiale des logements et terrains visée ci-dessus reste applicable lors de leur **revente.**

Le taux réduit de TVA de 5,5 % s'applique également aux livraisons à soi-même des **travaux** suivants réalisés en vue de la conclusion d'un BRS (CGI art. 278 sexies A) :

– les travaux acquis par un OFS et portant sur un immeuble destiné à faire l'objet d'un BRS ;

– les travaux acquis par le détenteur des droits réels immobiliers avant qu'ils n'aient été cédés à l'occupant ou que les logements n'aient été mis en location et portant sur un immeuble faisant l'objet d'un BRS.

Le taux réduit de TVA est **remis en cause** si les conditions auxquelles est subordonné son octroi ne sont pas remplies dans les 5 ans qui suivent le fait générateur de l'opération (notamment absence d'octroi de BRS dans ce délai) ou cessent d'être remplies dans les 15 ans qui suivent l'acquisition des droits réels par la personne qui occupe le logement. Dans ce dernier cas, le complément de TVA à reverser par l'OFS est modulé (CGI art. 284, IV) :

– dans tous les cas, il est diminué d'un dixième par année de détention au-delà de la cinquième année (il sera donc nul en cas de non-respect des conditions intervenant la quinzième année) ;

– lorsque le non-respect des conditions d'application du taux réduit ne concerne que certains logements au sein d'un ensemble de logements, le complément de TVA est calculé au prorata de la surface des logements concernés rapportée à la surface de l'ensemble des logements.

La conclusion du BRS (à la fois la constitution des droits réels immobiliers issus du BRS au profit du ménage mais également la redevance payée en cours de bail) est exonérée de TVA (CGI art. 261 D, 1° bis). Toutefois l'OFS peut trouver un intérêt à exercer l'option pour la TVA, notamment s'il a réalisé des travaux de réhabilitation.

> **Précisions** Rappelons que l'une des conditions de la conclusion d'un BRS est que le **logement** soit **destiné à être occupé à titre de résidence principale.** L'administration précise qu'il faut entendre par là une occupation d'au moins huit mois par an, sauf en cas d'obligation de déplacement liée à l'activité professionnelle, de raison de santé ou en cas de force majeure. Le logement doit être affecté à cet usage pendant toute la durée du bail (BOI-TVA-IMM-20-20-50 n° 60).

ILLUSTRATIONS PRATIQUES

Cas du BRS directement conclu avec l'occupant (CCH art. L 255-2) La situation visée est la suivante : un OFS acquiert un logement neuf ou ancien et conclut directement un BRS avec un ménage qui occupe le logement. Par hypothèse, toutes les conditions pour la conclusion de ce bail (notamment de ressources et de loyers) sont remplies. **14915**

Si elle est soumise à TVA, l'acquisition du logement par l'OFS supporte un taux de TVA de 5,5 %. Elle est soumise aux droits de mutation selon le régime de droit commun. La conclusion du BRS est exonérée de TVA ; toutefois l'OFS peut exercer l'option pour la TVA s'il y a intérêt. La conclusion du BRS est soumise à la taxe de publicité foncière au taux de 0,71498 %.

Cas du BRS initial conclu entre l'OFS et l'opérateur en vue de l'accession à la propriété des occupants (CCH art. L 255-3) Dans cette situation, un OFS acquiert un terrain à bâtir ou un logement ancien. Un BRS initial est conclu entre l'OFS et un opérateur (par exemple un organisme HLM) qui s'engage à la construction (ou à la réhabilitation, dans le cas d'un logement ancien) de logements à usage d'habitation. L'opérateur cède ensuite les droits réels immobiliers attachés à ces logements à des ménages. Ces derniers concluent directement un BRS avec l'OFS (ou, pour les cessions de droits résultant des BRS conclus depuis le 23 février 2022, les ménages sont considérés, du fait de la cession, avoir conclu un BRS avec l'OFS). L'OFS reste propriétaire du terrain ou du logement ancien. Par hypothèse toutes les conditions pour la conclusion du BRS (notamment de ressources et de loyers) sont remplies. **14920**

Si elle est soumise à TVA, l'acquisition du terrain à bâtir par l'OFS supporte un taux de TVA de 5,5 %. S'il s'agit de l'acquisition d'un logement ancien, l'opération est exonérée de TVA avec possibilité d'option pour la TVA le cas échéant (taux de 5,5 %). Elle est soumise aux droits de mutation selon le régime de droit commun. Dans les deux cas de figure, la conclusion du BRS entre l'OFS et l'opérateur est exonérée de TVA ; toutefois l'OFS peut exercer l'option pour la TVA s'il y trouve un intérêt. La conclusion du bail entre l'OFS et l'opérateur est exonérée de droits de mutation. L'opérateur constate une livraison à soi-même soumise au taux de TVA de 5,5 % au titre de la construction de l'immeuble (ou au titre des travaux de réhabilitation).

La cession par l'opérateur des droits réels immobiliers aux occupants est ensuite soumise à la TVA au taux de 5,5 %. Elle supporte par ailleurs les droits de mutation au tarif des droits de vente d'immeubles. En revanche la conclusion (effective ou réputée) du BRS entre l'OFS et l'occupant est exonérée de TVA (l'OFS peut toutefois opter pour la soumission du bail à la TVA). La conclusion du bail est également exonérée de droits de mutation.

Cas du BRS conclu entre l'OFS et l'opérateur en vue de la location par des ménages (CCH art. L 255-4) La situation est la suivante : l'OFS acquiert un terrain à bâtir ou un logement ancien. Un BRS est conclu entre l'OFS et un opérateur qui s'engage à la construction (ou la réhabilitation) de logements à usage d'habitation et donne en location ces logements à des ménages. L'OFS reste propriétaire du terrain ou du logement ancien. L'opérateur demeure le preneur du BRS. Par hypothèse, toutes les conditions pour la conclusion de ce bail (notamment de ressources et de loyers) sont remplies. **14925**

Si elle est soumise à TVA, l'acquisition du terrain à bâtir par l'OFS supporte un taux de TVA de 5,5 %. S'il s'agit de l'acquisition d'un logement ancien, l'opération est exonérée de TVA avec possibilité d'option pour la TVA le cas échéant (taux de 5,5 %). Elle est soumise aux droits de mutation selon le régime de droit commun. Dans les deux cas de figure, la conclusion du BRS entre l'OFS et l'opérateur est exonérée de TVA ; toutefois l'OFS peut exercer l'option pour la TVA s'il y trouve un intérêt. La conclusion du bail entre l'OFS et l'opérateur est exonérée de droits de mutation. L'opérateur constate une livraison à soi-même soumise au taux de TVA de 5,5 % au titre de la construction de l'immeuble (ou au titre des travaux de réhabilitation).

SECTION 2

BAIL RÉEL SOLIDAIRE D'ACTIVITÉ

DÉFINITION DU BAIL RÉEL SOLIDAIRE D'ACTIVITÉ

14930 Pour favoriser l'installation de certaines entreprises en vue de créer de la mixité dans les opérations immobilières, l'ordonnance 2023-80 du 8 février 2023 a créé le bail réel solidaire d'activité (BRSA) (CCH art. L 256-1 à L 256-21) qui repose sur une dissociation économique du sol et du bâti, tout comme le BRS (logement). Le décret 2024-838 du 16 juillet 2024 en fixe les modalités d'application (CCH art. R 256-1 à R 256-11).

Le BRSA est un contrat par lequel un organisme de foncier solidaire (OFS) consent à un preneur, pour une durée comprise entre 12 et 99 ans, des droits réels en vue de la location ou de l'accession à la propriété de locaux à usage professionnel ou commercial, sous conditions de plafond de prix de cession et avec, s'il y a lieu, obligation pour le preneur de construire ou de réhabiliter des constructions existantes (CCH art. L 256-1).

En raison de sa durée, ce bail est soumis à publicité foncière et doit obligatoirement prendre la forme authentique (C. civ. art. 710-1).

> **Précisions** La doctrine discute la notion juridique de dissociation du foncier et du bâti (X. Lièvre, F. Caumes, Bail réel solidaire : clarification de la nature du droit créé et quelques autres précisions, JCP N 2020 nº 1258), car le mécanisme du BRS confère au preneur des droits réels sur l'immeuble sans distinction. Le montage est donc essentiellement économique et stratégique, lié au modèle de gestion de l'OFS (Le bail réel solidaire, Ed. novembre 2024, Arecoop Guide nº 31 p. 17).

A. Régime juridique du bail réel solidaire d'activité

QUALITÉ DU BAILLEUR DE BRSA

14933 Le BRSA est réservé aux **organismes de fonciers solidaires** (OFS), organismes sans but lucratif agréés ayant pour objet, à titre subsidiaire, de constituer un parc pérenne de locaux professionnels à destination des microentreprises sur des terrains acquis ou gérés au titre de leur activité principale de logements en BRS (C. urb. art. L 329-1 et R 329-1 à R 329-5).

> **Précisions** Le caractère subsidiaire de l'activité est appréciée au regard de la surface de plancher pouvant être affectée au BRSA. Elle doit être limitée à 30 % de la surface totale de plancher affectée au logement en BRS au sein d'une même opération immobilière (C. urb. art. R 329-3 modifié par décret 2024-838 du 16-7-2024).

QUALITÉ DU PRENEUR À BRSA

14935 Le BRSA ne peut être consenti qu'à une **microentreprise,** au sens de la recommandation 2003/361/CE de la Commission du 6 mai 2003 concernant la définition des micro, petites et moyennes entreprises (CCH art. L 256-2). On parle d'une entreprise qui occupe moins de 10 personnes et dont le chiffre d'affaires annuel ou le total du bilan annuel n'excède pas 2 millions d'euros.

Il peut être conclu avec un **opérateur** qui, le cas échéant, construit ou réhabilite des locaux à usage professionnel ou commercial et qui s'engage à les mettre en location à une microentreprise (CCH art. L 256-3) ou à vendre les droits réels immobiliers attachés à ces locaux à des bénéficiaires répondant aux conditions fixées en application de l'article L 256-2 et à un prix fixé en application de l'article L 256-1, ou à proposer la souscription de parts ou actions permettant la jouissance du bien par ces bénéficiaires, dans le respect des conditions prévues à l'article L 256-2 (CCH art. L 256-4, al. 1). L'opérateur peut être celui qui réalise les logements dans le cadre d'un BRS (CCH art. L 256-4, al. 2) ou un organisme HLM (CCH art. L 256-3, al. 2 modifié par loi 2024-322 du 9-4-2024 : BPIM 3/24 inf. 188).

L'OFS peut fixer des critères d'éligibilité pour ces microentreprises, fondés notamment sur le chiffre d'affaires, l'effectif de l'entreprise ou le type d'activité (CCH art. L 256-2, al. 2 et R 256-3).

DROITS ET OBLIGATIONS DU PRENEUR AU COURS DU BRSA

Jouissance Le BRSA précise la **destination** des lieux et la ou les **activités autorisées** et, le cas échéant, les activités accessoires qui peuvent être exercées. Tout changement de destination des lieux ou des activités est subordonné à l'accord préalable du bailleur, qui devra être sollicité dans un délai d'un mois avant ce changement (CCH art. L 256-7, al. 1). Le preneur peut jouir librement des droits réels immobiliers et des installations ou constructions qu'il a édifiées, rénovées ou réhabilitées, dès lors qu'il n'est pas porté atteinte à la destination de l'immeuble, ou à l'état dans lequel il a été convenu que ces droits réels immobiliers seraient remis en fin de bail (CCH art. L 256-7, al. 5). **14938**

Le preneur doit **occuper personnellement** le local, qu'il soit titulaire du BRSA (CCH art. L 256-2, al. 3), locataire de l'opérateur (CCH art. L 256-3, al. 5) ou acquéreur de l'opérateur (CCH art. L 256-4, al. 1 renvoyant aux conditions de l'art. L 256-2).

Quand l'opérateur s'engage à **louer le local à une microentreprise,** tout contrat d'occupation conclu en vertu des dispositions précédentes reproduit les dispositions des articles L 256-1 à L 256-3 et mentionne la date du terme contractuel du BRSA et son effet sur le contrat d'occupation. Toute mention contraire à ces dispositions est réputée non écrite. À défaut, le cocontractant occupant peut solliciter l'annulation du contrat ou la réduction du loyer. Le preneur transmet à l'occupant la copie du BRSA (CCH art. L 256-3, al. 3 et 4). Le contrat d'occupation s'éteint de plein droit au terme du BRSA. L'occupant ne peut se prévaloir d'aucun droit à l'encontre du bailleur ni d'aucun titre d'occupation au terme du BRSA mentionné dans son contrat d'occupation (CCH art. L 256-3, al. 6). Le montant des plafonds de loyer applicables, par contrat d'occupation, à la microentreprise est fixé par le BRSA. Ce plafond doit présenter une décote significative par comparaison aux loyers pratiqués pour des biens similaires situés à proximité du local. Révisé tous les 3 ans à l'initiative de l'opérateur, le loyer est constitué d'une part fixe ne pouvant excéder le plafond et, le cas échéant, d'une part variable. Lorsqu'elle est prévue, les modalités de calcul de la part variable sont fixées dans le contrat d'occupation. Lors des révisions triennales, le montant de la part variable est calculé à due proportion de l'évolution constatée des bénéfices de la microentreprise sur la période des 3 exercices précédents. Le **montant du loyer** ne peut pas être inférieur au montant de la redevance foncière due par l'opérateur à l'OFS (CCH art. R 256-4 issu du décret 2024-838 du 16-7-2024). L'opérateur peut, en fonction de ses objectifs et des caractéristiques de chaque opération, fixer des seuils inférieurs. Il en informe l'OFS (CCH art. L 256-3, al. 7).

Les droits réels issus du BRSA ainsi que les constructions édifiées, rénovées ou réhabilitées sur le terrain ou l'immeuble bâti donné à bail peuvent être saisis dans les formes prescrites pour la saisie immobilière. Les parties peuvent librement convenir de la date d'échéance des **sûretés** qu'elles constituent. À défaut, celles-ci prennent fin en cas de résiliation du contrat de bail (CCH art. L 256-20 renvoyant à l'art. L 255-9).

> **Précisions a.** Le preneur peut acquérir des **servitudes** actives et consentir les servitudes passives indispensables à la réalisation des constructions et ouvrages édifiés ou à réhabiliter en application du contrat de bail. Sauf accord de l'OFS, il ne peut constituer des servitudes passives au-delà de la durée du bail (CCH art. L 256-7, al. 6).

b. Dans les immeubles en **copropriété** où l'ensemble des locaux ou, à défaut, l'ensemble des locaux d'un volume distinct font l'objet de baux réels solidaires auprès d'un même OFS, les titulaires de BRSA confèrent au syndicat des copropriétaires la gestion de leurs droits réels indivis, en complément des missions qui lui sont attribuées notamment par l'article 14 de la loi 65-557 du 10 juillet 1965 fixant le statut de la copropriété des immeubles bâtis. Le règlement de copropriété peut également prévoir un mandat de recouvrement des redevances au profit du syndic en application de l'article L 256-8 du CCH (CCH art. L 256-7, al. 8). Une copie du règlement de copropriété est remise au preneur lors de la cession des droits réels immobiliers (CCH art. R 256-10 issu du décret 2024-838 du 16-7-2024).

Le preneur est assimilé à un copropriétaire et exerce les droits et obligations du bailleur, sauf pour certaines décisions portant notamment sur les actes de disposition ou concernant la modification du règlement de copropriété. Le bailleur reste celui qui peut contester les décisions de l'assemblée générale pour lesquelles il dispose d'un droit de vote. Il n'est redevable d'aucune charge. Bailleur et preneur peuvent assister aux assemblées générales et formuler des observations sur des questions pour lesquelles ils n'ont pas le droit de vote (CCH art. L 255-20 renvoyant à l'art. L 255-7-1). La convocation à l'assemblée générale et le procès-verbal dressé à l'issue de cette assemblée devront être notifiés par le syndic au preneur du BRSA ainsi qu'à l'OFS (CCH art. R 256-11 issu du décret 2024-838 du 16-7-2024).

14940 **Redevance** Le preneur s'acquitte du **paiement** d'une redevance dont le montant tient compte des conditions d'acquisition du patrimoine par l'OFS et, le cas échéant, des conditions financières et techniques de l'opération de construction ou de réhabilitation et des conditions d'occupation des locaux, objet du BRSA. À défaut pour le preneur d'exécuter ses obligations contractuelles, notamment en cas de défaut de paiement de la redevance, le bail est résilié, après indemnisation de la valeur des droits réels immobiliers tenant compte du manquement ayant entraîné la résiliation du bail, selon les modalités prévues au contrat (CCH art. L 256-8, al. 1).

La redevance tient également compte des avantages de toute nature procurés au preneur. Pour tenir compte des évolutions de la situation du preneur ou, le cas échéant, de celles du locataire dans le cadre d'un BRSA opérateur, la redevance peut être composée d'une part fixe, le cas échéant indexée sur une référence de prix, et d'une part variable, définies dans le contrat de bail (CCH art. L 256-8, al. 2). L'OFS fixe au BRSA le montant de la redevance, qui est révisé tous les trois ans à l'initiative du bailleur. Lorsqu'elle est prévue, les **modalités de calcul** de la part variable sont fixées dans le contrat de BRSA. Lors des révisions triennales, le montant de la part variable est calculé à due proportion de l'évolution constatée des bénéfices de la microentreprise sur la période des trois exercices précédents (CCH art. R 256-7 issu du décret 2024-838 du 16-7-2024).

Le preneur ne peut ni se libérer de la redevance, ni, en cas de BRSA opérateur se soustraire à l'exécution des conditions du contrat en délaissant l'immeuble (CCH art. L 256-8, al. 3).

14942 **Travaux** Le BRSA peut imposer au preneur de **construire ou** de **réhabiliter** les constructions existantes et il ne peut, sauf stipulations contraires, exécuter d'autres ouvrages ou travaux que ceux prévus initialement, à l'exception de tous travaux nécessaires à la conservation du bien en état d'usage, conformément aux stipulations du bail (CCH art. L 256-7, al. 2).

Les constructions et améliorations réalisées par le preneur demeurent sa propriété au cours du BRSA et deviennent celle de l'OFS à son expiration (CCH art. L 256-7, al. 4).

Le preneur doit maintenir **en bon état d'entretien et de réparations** les constructions existantes et celles qu'il réalise pendant la durée de celui-ci. Il est tenu des réparations de toute nature en ce qui concerne les constructions existantes au moment du BRSA et celles qu'il aura édifiées. Il n'est pas obligé de les **reconstruire** s'il prouve qu'elles ont été détruites par cas fortuit, force majeure, ou qu'elles ont péri par le vice de la construction antérieure au BRSA. En cas de **sinistre** entraînant la résiliation du BRSA, le preneur est indemnisé de la valeur de ses droits réels, dans les conditions qui y sont prévues (CCH art. L 256-7, al. 7).

Le preneur ne peut effectuer aucun **changement** qui diminue la valeur de l'immeuble et ne peut, sauf stipulation contraire, démolir, même en vue de les reconstruire, les ouvrages existants ou qu'il a édifiés ou réhabilités (CCH art. L 256-7, al. 3).

CESSION ET TRANSMISSION DU BRSA

14945 **Modalités de cession ou de donation des droits réels** Toute intention de proposer la conclusion d'un BRSA fait l'objet d'une **publicité préalable** réalisée par l'OFS. Cette publicité préalable peut être réalisée, le cas échéant, par l'opérateur qui vend les droits afférents aux locaux dans des conditions déterminées avec l'OFS. L'opérateur qui loue les locaux procède également, le cas échéant, à une publicité préalable en vue de la mise en location du local dans des conditions déterminées avec l'OFS (CCH art. L 256-5). Tout projet de cession de droits réels immobiliers par le preneur fait l'objet d'une publicité préalable par l'OFS ou l'opérateur, selon les mêmes modalités que celles prévues à l'article L 256-5 (CCH art. L 256-11).

Le **prix de vente** ou la valeur des droits réels immobiliers, parts et actions permettant la jouissance du bien sont limités à leur valeur initiale, actualisée selon des modalités à définir par décret en Conseil d'État (CCH art. L 256-6, al. 1). Du fait que la cession ne porte pas sur la pleine propriété du local, le plafond de prix de cession du bien objet du BRSA doit présenter une décote significative par comparaison à la valeur, sur le marché libre, de locaux commerciaux similaires et situés à proximité du local. En cas de cession par le preneur, le prix des droits réels, parts et actions permettant la jouissance du bien n'excède pas le prix d'acquisition de ces droits réels, actualisé par application de la variation d'un indice choisi par l'OFS et majoré de la valorisation des travaux d'amélioration effectués entre l'acquisition et la cession, à l'exception de ceux réalisés pour l'adaptation du local à l'activité du cédant. Les **modalités de valorisation** et la nature des travaux sont déterminées par le BRSA liant le preneur et l'OFS. Le BRSA peut fixer une méthode d'évaluation du prix de cession des droits réels, parts et actions permettant la jouissance du bien (CCH art. R 256-1 et R 256-2 issus du décret 2024-838 du 16-7-2024). L'OFS peut, en fonction de ses objectifs et des caractéristiques de chaque opération, appliquer des seuils inférieurs (CCH art. L 256-1, al. 2).

Pour prétendre pouvoir accéder au **bénéfice du statut,** l'acquéreur, le donataire ou l'ayant droit des droits réels immobiliers ou de parts ou actions donnant droit à l'attribution en jouissance du bien doit répondre aux conditions définies aux articles L 256-1, L 256-2, L 256-3 ou L 256-4 (CCH art. L 256-6, al. 2).

Pour tout projet de cession ou donation des droits réels immobiliers afférents au bien objet du BRSA, l'acquéreur ou donataire reçoit, de la part du cédant ou donateur, une **offre préalable** de cession ou de donation mentionnant expressément le caractère temporaire du droit réel, sa date d'extinction, la nouvelle durée du BRSA résultant de l'application de l'article L 256-12 si l'OFS agrée la transmission des droits réels immobiliers dans les conditions prévues à l'article L 256-11, les conditions de délivrance de cet agrément par l'OFS, les modalités de calcul du prix de vente ou de la valeur donnée, telles que prévues au bail. L'offre reproduit les dispositions des articles (CCH art. L 256-9, al. 1).

Le cédant ou donateur **informe l'OFS** de son intention de céder les droits réels immobiliers qu'il tient de son BRSA, dans les trente jours qui suivent la réception par lui de l'acceptation de l'offre préalable de cession ou donation des droits réels immobiliers et sollicite l'accord de l'acquéreur ou donataire par l'OFS. Il joint à sa demande l'offre préalable de cession ou de donation, les pièces permettant d'établir l'éligibilité de l'acquéreur ou du donataire choisi par lui, ainsi que le dossier de diagnostic immobilier prévu à l'article L 271-4 du CCH et, le cas échéant, des informations relatives au fonds faisant l'objet de la même cession ou donation (CCH art. L 256-9, al. 2).

Pour tout projet de vente des droits réels immobiliers afférents au bien objet du BRSA opérateur-vendeur, l'**avant-contrat mentionne** expressément l'objet et le caractère indissociable du contrat avec le BRSA signé avec l'OFS ainsi que le caractère temporaire du droit réel immobilier, la nouvelle durée du BRSA si l'OFS agrée la transmission des droits réels immobiliers, les conditions de délivrance de cet agrément par l'OFS, les modalités de calcul du prix de vente ou de la valeur donnée, telles que prévues au bail (CCH art. L 256-10, al. 1). L'opérateur informe l'OFS de tout avant-contrat conclu dans les trente jours qui suivent sa signature. Il joint à sa demande l'avant-contrat et les pièces permettant d'établir l'éligibilité de l'acquéreur (CCH art. L 256-10, al. 2).

Agrément par l'OFS La vente ou la donation de droits réels afférents au bien objet du BRSA est subordonnée à l'agrément de l'acquéreur ou du donataire par l'OFS. L'OFS dispose d'un **délai** de deux mois à compter de la date de transmission de l'offre préalable de cession ou de donation par le preneur ou de l'avant-contrat de vente des droits réels immobiliers par l'opérateur pour délivrer son agrément. Celui-ci est fondé sur la vérification du respect des critères d'éligibilité du preneur, de la conformité de l'offre préalable de cession ou de donation avec le bail en vigueur, notamment du respect des stipulations concernant les **modalités** de calcul du prix de vente ou de l'évaluation des droits réels appartenant au vendeur ou au donateur et, le cas échéant, de l'équilibre du plan de financement de l'acquisition, qui peut ressortir notamment d'une offre de crédit. Ces règles sont prescrites à peine de nullité de la vente ou de la donation. La preuve du contenu et de la notification de l'offre préalable de vente ou de donation pèse sur le cédant ou le donateur (CCH art. L 256-12 et L 256-13). **14948**

Si cet **agrément** est **délivré,** la durée du bail est de plein droit prorogée afin de permettre à tout nouveau preneur de bénéficier d'un droit réel d'une durée égale à celle prévue dans le contrat initial (CCH art. L 256-14).

En cas de **refus d'agrément** lors d'une cession ou d'une donation, l'OFS peut désigner un acquéreur répondant aux conditions d'éligibilité (CCH art. L 256-15, al. 1).

Les conditions d'acquisition respectent les modalités de calcul du prix de vente stipulées dans le bail. Le cas échéant, l'acquéreur désigné par l'OFS doit également acquérir le fonds faisant l'objet de la même cession ou donation. En l'absence d'accord entre les parties au bail dans les six mois suivant la demande du cédant, le BRSA peut être résilié conventionnellement et le preneur est indemnisé de la valeur de ses droits réels immobiliers ainsi que le cas échéant du fonds existant et dans les conditions prévues par le bail (CCH art. L 256-15, al. 2).

L'**indemnisation** du fonds porte notamment sur sa valeur marchande, déterminée suivant les usages de la profession (CCH art. L 256-15, al. 3).

Transmission En cas de décès du preneur, en cas de transfert du patrimoine affecté d'une **personne physique** ou d'apport en société de celui-ci dans les conditions prévues à l'article L 526-17 **14950**

du Code de commerce et en cas de transfert universel du patrimoine professionnel d'une personne physique dans les conditions prévues aux articles L 526-27 à L 526-31, les droits réels afférents au bien objet du BRSA sont transmis à l'ayant droit (CCH art. L 256-16, al. 1).

Il en est de même pour les **personnes morales** en cas de fusion ou de scission de sociétés, en cas de transmission universelle de patrimoine d'une société réalisée dans les conditions prévues à l'article 1844-5 du Code civil, en cas d'apport d'une partie de l'actif d'une société réalisé dans les conditions prévues aux articles L 236-6-1, L 236-22 et L 236-24 du Code de commerce ou en cas de dissolution de sociétés à associé unique (CCH art. L 256-16, al. 2).

Si **l'ayant droit ne satisfait pas aux conditions d'éligibilité,** il dispose d'un délai de douze mois à compter d'un des cas mentionnés ci-dessus pour céder les droits réels afférents au bien objet du BRSA à un acquéreur répondant aux conditions susmentionnées et agréé par l'OFS. Ce délai peut être prorogé par l'OFS pour une durée correspondant aux délais de la régularisation par acte notarié de la cession des droits réels immobiliers. À défaut de cession dans ces délais, le BRSA est résilié et l'ayant droit est indemnisé par l'OFS de la valeur de ses droits réels immobiliers ainsi que, le cas échéant, du fonds existant, à hauteur du préjudice causé par le défaut d'agrément et dans les conditions prévues par le bail (CCH art. L 256-16, al. 3).

L'**indemnisation** du fonds porte notamment sur sa valeur marchande, déterminée suivant les usages de la profession (CCH art. L 256-16, al. 4).

14952 **Droit de préemption de l'OFS** L'OFS dispose d'un droit de préemption à son profit, mentionné dans le BRSA, à l'occasion de toute cession ou donation. Dans ce cas, il peut racheter les droits réels immobiliers afférents au bien objet du BRSA ou les faire acquérir par un bénéficiaire répondant aux conditions d'éligibilité du preneur. L'OFS fait connaître sa décision d'exercer son droit de préemption dans un **délai** de deux mois à compter de la transmission de l'offre préalable de cession ou de donation. Ce délai est prorogé d'un mois en cas de refus de l'agrément (CCH art. L 256-17, al. 1).

Le preneur est indemnisé de la valeur de ses droits réels immobiliers dans le respect des modalités de calcul du prix de vente stipulées dans le bail et de la valeur maximale mentionnée à l'article L 256-6 ainsi que, le cas échéant, du fonds existant, à hauteur du préjudice causé par le défaut d'agrément et dans les conditions prévues par le bail (CCH art. L 256-17, al. 2).

L'**indemnisation** du fonds porte notamment sur sa valeur marchande, déterminée suivant les usages de la profession (CCH art. L 256-17, al. 3).

FIN DU BRSA

14955 **Expiration** À la fin de la durée prévue, le BRSA ne peut faire l'objet d'aucune tacite reconduction (CCH art. L 256-20 renvoyant à l'article L 255-6). Les droits du preneur deviennent la propriété de l'OFS après indemnisation de la valeur de ses droits réels immobiliers, dans les conditions prévues par le bail et dans la limite de la valeur maximale mentionnée à l'article L 256-6 (CCH art. L 256-18).

14957 **Résiliation** Le BRSA ne peut prévoir aucune faculté de résiliation unilatérale **de la part du bailleur,** sauf dans le cas où les conditions d'exigibilité cessent d'être remplies ou en cas de manquements du preneur à ses obligations (CCH art. L 256-20 renvoyant à l'article L 255-6).

Le BRSA est résilié, après indemnisation de la valeur des droits réels immobiliers tenant compte du manquement ayant entraîné la résiliation du BRSA, selon les **modalités** qui y sont prévues et dans les cas suivants :

– non-exécution par le preneur ou l'ayant droit de ses obligations contractuelles (notamment en cas de non-paiement de la redevance) (CCH art. L 256-7 et L 256-8) ;

– non-agrément de l'acquéreur ou du donataire par l'OFS (CCH art. L 256-15) ;

– absence de cession des droits réels afférents au BRSA dans le délai imparti par l'ayant droit ne satisfaisant pas aux conditions d'éligibilité au bail (CCH art. L 256-16) ;

– expiration du BRSA.

14960 **Cession des droits de l'opérateur aux accédants** La cession des droits réels immobiliers par l'opérateur à chaque preneur crée un lien direct et individuel entre l'OFS et chacun des preneurs et désolidarise les preneurs entre eux et chaque preneur de l'opérateur (CCH art. L 256-4, al. 4). À l'issue de cette cession, le preneur est réputé être titulaire d'un BRSA portant sur son local avec une date de prise d'effet au jour de la cession qui lui est propre (CCH art. L 256-4, al. 5).

NULLITÉ DU BRSA

Le non-respect des dispositions des articles L 256-1, L 256-2, L 256-3, L 256-4, L 256-6 et L 256-7 du CCH est sanctionné par une nullité du BRSA (CCH art. L 256-19). L'action doit être exercée par les parties dans un délai de cinq ans à compter de la date de signature du BRSA (CCH art. R 256-9 issu du décret 2024-838 du 16-7-2024). **14965**

B. Régime fiscal du bail réel solidaire d'activité

Le législateur ne s'est pas encore emparé de la fiscalité liée au BRSA. Toutefois, il semble possible de dégager de grands principes. **14970**

Les baux à durée limitée d'immeubles sont dispensés de la formalité obligatoire d'**enregistrement** (BOI-ENR-JOMI-10 n° 10). Si le bail est présenté à la formalité, ce qui sera le cas s'il est notarié, il supporte un droit fixe de 25 € (CGI art. 739 ; BOI-ENR-JOMI-10 n° 20).

Le BRSA est à la fois un bail de plus de 12 ans et un bail constitutif de droits réels pour le preneur. Il est, en principe, obligatoirement soumis à publicité foncière, essentiellement en sa qualité d'acte constitutif de droits réels (Décret 55-22 du 4-1-1955 art. 28, 1°-a). Par suite, il relève de la **formalité fusionnée** d'**enregistrement** et de **publicité foncière** (CGI art. 647). Celle-ci doit être accomplie dans le mois à compter de la date de l'acte.

À l'occasion de cette formalité, et en l'absence d'exonération spécifique prévue par le législateur, devraient supporter la **taxe de publicité foncière** les BRSA prévus aux articles L 256-2, L 256-3 et L 256-4 du CCH. La taxe est assise sur le montant cumulé des loyers augmenté des charges éventuelles, ou sur la valeur locative réelle du bien loué si elle est supérieure (CGI art. 742). Le taux global de la taxe s'élève à 0,71498 %.

Les BRSA devraient être soumis à **contribution de sécurité immobilière** en l'absence d'exonération expresse les concernant (CGI art. 879, II).

La conclusion du BRSA (à la fois la constitution des droits réels immobiliers issus du BRSA au profit de la microentreprise mais également la redevance payée en cours de bail) devrait être exonérée de **TVA** (CGI art. 261 D, 1° bis). Toutefois l'OFS pourrait trouver un intérêt à exercer l'option pour la TVA, notamment s'il a réalisé des travaux de réhabilitation.

Toutes les opérations de livraisons d'immeubles, livraisons à soi-même, cessions de droits immobiliers ou encore les travaux de réhabilitation intervenant dans le cadre d'un BRSA devraient être, en l'absence de dispositions législatives dérogatoires, soumises à un **taux de TVA** de 20 %.

CHAPITRE 6 PUBLICITÉ FONCIÈRE

SOMMAIRE

FINALITÉ DE LA PUBLICITÉ FONCIÈRE

15000 La finalité de la publicité foncière est double. Elle permet d'assurer, d'une part, l'**information des tiers** sans porter atteinte ni au principe de l'autonomie de la volonté ni à l'effet constitutif ou translatif du consentement échangé par les parties et, d'autre part, la **protection des tiers** en privant d'efficacité certaines conventions qui, bien que valablement formées, n'ont pas été publiées.

Ce rôle est assuré par les **services chargés de la publicité foncière** qui tiennent, pour chaque commune de leur circonscription, un « fichier immobilier », document qui assure la publicité juridique des opérations sur les immeubles. L'État est responsable de l'exécution de la mission de publicité foncière exercée par chaque service (C. civ. art. 2444).

RÉGLEMENTATION DE LA PUBLICITÉ FONCIÈRE

15005 La publicité foncière est réglementée par le **Code civil** (C. civ. art. 710-1 et 2443 à 2449) ainsi que par **deux décrets** (Décret 55-22 du 4-1-1955 et Décret 55-1350 du 14-10-1955).

Les règles spécifiques applicables au livre foncier en vigueur dans les départements du **Bas-Rhin,** du **Haut-Rhin** et de la **Moselle** sont régies par la loi du 1er juin 1924 modifiée notamment par la loi 2009-323 du 25 mars 2009 et la loi 90-1248 du 29 décembre 1990 (loi dite d'« harmonisation »), ainsi que le décret 2009-1193 du 7 octobre 2009.

À **Mayotte,** la publicité foncière est également organisée sous forme de livre foncier, tenu par un service de la conservation de la propriété immobilière. Ce système est réglementé par les articles 2509 et suivants du Code civil.

Sur les **perceptions** (contribution de sécurité immobilière et/ou taxes) dues pour tout acte soumis à publicité foncière, voir nos 15840 s.

> **Précisions** Le Gouvernement a été habilité à **réformer par voie d'ordonnance le droit de la publicité foncière** (Loi 2023-1059 du 20-11-2023 art. 51). En application de cette loi, a été adoptée l'ordonnance 2024-562 du 19 juin 2024 modifiant et codifiant le droit de la publicité foncière (M. Suquet-Cozic, Publicité foncière : la réforme tranquille : BPIM 4/24 inf. 222). La réforme devait entrer en vigueur à une date fixée par décret en Conseil d'État, et au plus tard le 31 décembre 2028 (Ord. 2024-562 du 19-6-2024 art. 25). Mais faute de dépôt d'un projet de loi de ratification dans le délai de 3 mois imparti par la loi d'habilitation du 20 novembre 2023, l'ordonnance est devenue caduque en application de l'article 38, alinéa 2 de la Constitution. La réforme est donc restée lettre morte.

A. Principes généraux de la publicité foncière

1. AUTHENTICITÉ DE L'ACTE À PUBLIER

PRINCIPE

Tout acte ou droit doit, pour donner lieu aux formalités de publicité foncière, résulter (C. civ. art. 710-1, al. 1) : **15010**

- d'un acte reçu en la forme authentique par un notaire exerçant en France ;
- ou d'une décision juridictionnelle, ce terme visant les décisions par lesquelles le juge fait usage de l'autorité qui lui permet d'imposer sa décision ;
- ou d'un acte authentique émanant d'une autorité administrative.

L'authenticité n'est exigée que pour la publication de l'acte. Par suite, la seule sanction du **défaut** d'authenticité est l'**inopposabilité aux tiers de l'acte** (pour les actes dont la publicité produit cet effet) qui n'en demeure pas moins valable dans les rapports réciproques des parties (C. civ. art. 1173 ; Cass. 3e civ. 11-12-1969 : Bull. civ. III n° 833 ; Cass. 3e civ. 24-10-1972 n° 71-10.051 : Bull. civ. III n° 541 ; Cass. 3e civ. 30-9-1998 n° 96-10.885 D).

> Précisions **a.** Les décisions rendues par les **juridictions étrangères** ne peuvent être publiées que si elles ont été légalisées par un fonctionnaire qualifié du ministère français des affaires étrangères et déposées au rang des minutes d'un notaire français ou si elles ont été rendues exécutoires en France. Elles doivent être accompagnées d'une traduction en français certifiée soit par le fonctionnaire susvisé, soit par un interprète habituellement commis par les tribunaux (Décret du 4-1-1955 art. 4, al. 3).

b. Les actes reçus par les **officiers publics ou ministériels étrangers,** même rédigés en français, ne sont pas publiables directement, le texte exigeant un acte reçu par un notaire exerçant en France. Ces actes doivent donc être réitérés devant un notaire français. Les juridictions communautaires ont confirmé qu'un État membre pouvait réserver aux notaires le pouvoir d'authentifier les décisions à publier, et de ce fait exclure la possibilité pour un avocat d'authentifier les signatures ; il s'agit d'une restriction à la liberté des prestations de services, mais cette restriction est justifiée (CJUE 9-3-2017 aff. C-342/15).

c. Il résulte de l'article 835 du Code civil que le **partage** d'indivision portant sur des immeubles n'est assujetti à aucune règle de forme et que l'exigence d'un acte notarié n'a pour but que d'assurer l'effectivité de la publicité foncière et non la validité de l'acte (Cass. 1e civ. 24-10-2012 n° 11-19.855 : Bull. civ. I n° 218).

EXCEPTIONS

Il existe plusieurs exceptions au principe de l'authenticité de l'acte. **15015**

En premier lieu, et à condition d'être **annexés** à un acte qui en constate le **dépôt au rang des minutes** d'un notaire, peuvent être publiés (C. civ. art. 710-1, al. 2) :

- les procès-verbaux des délibérations des assemblées générales préalables ou consécutives à l'apport de biens ou droits immobiliers à une société ou par une société ; cette exception est d'interprétation stricte et ne saurait être étendue aux associations (Rép. Sermier : AN 7-6-2016 p. 5126 n° 63502) ;
- les procès-verbaux d'abornement.

Un dépôt simple suffit. La reconnaissance d'écritures et de signatures n'est pas nécessaire.

Excepté ces deux cas, les actes sous signature privée déposés au rang des minutes d'un notaire ne peuvent plus, depuis l'entrée en vigueur de l'article 710-1, al. 2 du Code civil, le 30 mars 2011, donner lieu aux formalités de publicité foncière comme c'était le cas auparavant. Néanmoins, l'acte sous signature privée peut toujours être publié en présentant l'opération différemment : il convient de faire comparaître toutes les parties devant le notaire afin de **renouveler intégralement par acte notarié** leur convention sous signature privée, au lieu de les faire comparaître aux fins de reconnaissance d'écritures et de signatures.

En second lieu, l'exigence d'un acte authentique n'est pas non plus applicable aux formalités de publicité foncière des **assignations** en justice, des **commandements valant saisie,** des différents actes de procédure qui s'y rattachent et des jugements d'adjudication, des documents portant **limitation administrative au droit de propriété** ou portant servitude administrative, des **procès-verbaux** établis par le service du **cadastre,** des **documents d'arpentage** établis par un géomètre et des modifications provenant de décisions administratives ou d'événements naturels (C. civ. art. 710-1, al. 3). **15025**

Dans ces hypothèses, aucun acte de dépôt au rang des minutes n'est nécessaire. L'acte est publiable directement en l'état.

SANCTION

15030 L'article 710-1 du Code civil n'édicte pas expressément de sanction à la règle exigeant un acte authentique pour pouvoir publier.

L'esprit de la loi invite à considérer que la **sanction tacite** pour le législateur est le refus de publier, car il s'agit là de faire respecter l'une des règles essentielles de la publicité foncière. L'opinion de l'Association des conservateurs est dans le même sens (Bull. AMC 2010/2011 art. 1956 qui, sans développer cette question, évoque à trois reprises la possibilité de refus à défaut d'authenticité de l'acte à publier).

2. NOTION DE TIERS AU SENS DE LA PUBLICITÉ FONCIÈRE

CONDITIONS DE LA QUALITÉ DE TIERS

15060 Le tiers est celui qui a acquis d'un auteur commun des **droits concurrents** sur le même immeuble en vertu d'actes ou de décisions soumis à la même obligation de publicité et publiés. Pour pouvoir se prévaloir de la qualité de tiers, il faut remplir les conditions ci-après.

1. Avoir acquis des droits du même auteur Les droits des deux acquéreurs doivent remonter à un même auteur originaire. Tel est le cas entre l'acquéreur d'un immeuble, qui tient ses droits d'un vendeur ultérieurement décédé, et un second acquéreur du même immeuble, tenant ses droits de l'héritier de ce vendeur (Cass. 1e civ. 14-6-1961 : Bull. civ. I n° 313 ; Cass. 3e civ. 11-6-1997 n° 95-18.535 P : RJDA 8-9/97 n° 1092).

Si les deux parties tiennent leur droit d'un auteur distinct, la résolution du conflit ne relève plus de la publicité foncière, mais du droit civil. Il appartient alors au juge de rechercher lequel des deux auteurs est le véritable propriétaire. Un problème de validité des droits se substitue alors à celui de l'opposabilité, seul évoqué en matière de publicité foncière.

2. Ne pas avoir été chargé d'opérer la publication Les tiers qui étaient eux-mêmes chargés de faire publier les droits concurrents ou leurs ayants cause à titre universel ne peuvent pas se prévaloir du défaut de publicité (Décret du 4-1-1955 art. 30, 1-al. 2). Cette règle est fondée sur le principe selon lequel nul ne peut fonder son droit sur sa propre négligence ou sur son dol (Cass. 3e civ. 3-10-1973 n° 72-11.108 : Bull. civ. III n° 505).

3. Se prévaloir de droits concurrents sur un même immeuble Les règles de la publicité foncière ne s'appliquent pas lorsque les droits concurrents ne portent pas sur un même immeuble. Tel est le cas de deux ventes successives ne concernant pas la même parcelle (Cass. 2e civ. 19-5-1960 : Bull. civ. II n° 334 ; Cass. 3e civ. 4-10-1972 n° 71-12.183 : Bull. civ. III n° 495). Cette condition écarte aussi les créanciers chirographaires qui n'ont qu'un droit général sur le patrimoine de leur débiteur et non un droit relatif à un bien déterminé. Les règles de publicité foncière ne s'appliquent pas non plus aux conflits survenus entre un nouveau propriétaire et un locataire (Cass. 3e civ. 4-5-2000 n° 98-20.136 FS-PB : RJDA 7-8/00 n° 812).

4. En vertu d'actes soumis à la même obligation de publicité L'expression « même obligation de publicité » signifie non seulement obligation de publier, mais aussi obligation dont la violation entraîne la même sanction, c'est-à-dire l'inopposabilité. Il faut donc qu'il y ait identité de régime entre le droit du tiers et le droit que le tiers prétend écarter. En conséquence, lorsque l'inopposabilité d'un droit ne dépend pas de sa publication, son titulaire ne peut pas se prévaloir du défaut de publication du droit d'un autre ayant cause. Ainsi, le preneur à bail d'un domaine rural ne peut pas se prévaloir du défaut de publication de la vente du domaine rural (Cass. 3e civ. 23-10-1970 n° 68-14.516 : Bull. civ. III n° 546 ; Cass. 3e civ. 23-3-2011 n° 10-12.162 : Bull. civ. III n° 49).

5. Et publiés L'inopposabilité de l'acte non publié ne peut être invoquée que par le tiers qui a lui-même fait publier son titre. Il a toutefois été jugé que l'acquéreur dont le titre n'a pas été publié, alors qu'il aurait dû l'être, peut se prévaloir efficacement de la prescription acquisitive à l'encontre d'un acquéreur concurrent titulaire d'un titre publié (Cass. 3e civ. 17-12-2020 n° 18-24.434 FP-PBI : BPIM 1/21 inf. 502). L'usucapion ne donnant pas lieu à publicité foncière (excepté en Corse et dans les DOM), le conflit entre propriétaires ne peut pas être tranché sur ce terrain mais doit l'être sur celui du droit civil.

15070 ILLUSTRATIONS

Sont des tiers au sens de la publicité foncière :

– les ayants cause à titre particulier, respectivement, de l'auteur et de son successeur (Cass. 1e civ. 14-6-1961 : Bull. civ. I n° 313 ; Cass. 3e civ. 11-6-1997 n° 95-18.535 P : RJDA 8-9/97 n° 1092) ;

– l'acquéreur d'un fonds grevé d'une servitude de passage (Cass. 3e civ. 27-10-1993 n° 91-19.874 : Bull. civ. III n° 132).

En revanche, **ne sont pas des tiers** au sens de la publicité foncière :

– les ayants cause universels ayant accepté la succession (Cass. 3e civ. 6-7-1976 n° 75-10.697 : Bull. civ. III n° 300 ; Cass. 3e civ. 5-5-1987 n° 85-14.558 : Bull. civ. III n° 142 ; Cass. 3e civ. 20-3-1991 n° 89-19.357 : Bull. civ. III n° 98) ;

– les parties à l'acte (Cass. 3e civ. 25-3-1992 n° 89-21.866 : Bull. civ. III n° 106 ; Cass. 3e civ. 28-5-1997 n° 95-17.564 P : RJDA 8-9/97 n° 1091). Ainsi, le défaut d'inscription d'une promesse de vente au livre foncier (droit d'Alsace-Moselle) ne libère pas le promettant de son obligation envers le bénéficiaire de la promesse (CA Colmar 3-11-1983 : RDI 1984 p. 340). De même, le défaut de publication d'une clause résolutoire insérée dans un contrat de vente avec rente viagère ne peut être opposé au vendeur par l'acquéreur ayant cessé de payer la rente (Cass. 3e civ. 28-5-1997 n° 95-17.564 P précité) ;
– l'autorité expropriante d'un terrain (Cass. 3e civ. 10-5-1977 n° 76-10.029 : Bull. civ. III n° 201) ;
– le copartageant surenchérisseur, après adjudication à un attributaire étranger à l'indivision, à l'occasion du partage judiciaire d'indivisions ayant donné lieu à la vente publique des immeubles indivis (Cass. 3e civ. 17-12-1984 n° 83-14.716 : Bull. civ. III n° 196) ;
– le vendeur qui a cédé le même bien à deux acquéreurs successifs (Cass. 3e civ. 10-7-1996 n° 94-15.115 P : RJDA 10/96 n° 1248) ; la Cour de cassation en a déduit que le vendeur ne peut pas invoquer, à l'encontre du premier acquéreur, l'opposabilité de la seconde vente publiée en premier ;
– les créanciers du crédit-preneur, représentés par le liquidateur judiciaire (Cass. com. 15-5-2001 n° 98-14.965 FS-P : RJDA 10/01 n° 1025). Par suite, un contrat de crédit-bail immobilier qui n'a pas été publié peut être opposé par le crédit-bailleur à la procédure collective ouverte à l'égard du preneur (même arrêt) ;
– le bénéficiaire d'une promesse de vente sous signature privée ayant publié une demande en justice de réitération forcée de la cession à son profit, car cette formalité est insuffisante, en l'absence de publication de l'acte authentique de vente, pour réaliser la mutation de propriété. Par suite, ce bénéficiaire ne peut pas faire obstacle à une demande en justice de l'auteur de son vendeur, même non publiée (Cass. 3e civ. 1-10-2020 n° 19-17.549 FS-PBI).

INCIDENCE DE LA QUALITÉ DE TIERS

Les actes et décisions judiciaires soumis à publicité par application du 1° de l'article 28 du décret du 4 janvier 1955 sont inopposables aux tiers remplissant les conditions définies ci-dessus qui ont fait publier leur droit antérieurement (Décret 4-1-1955 art. 30, 1). Il en va de même des actes expressément soumis à publicité sous peine d'inopposabilité par d'autres dispositions. Autrement dit, toute personne ayant publié son droit est en droit d'ignorer les **actes concurrents publiés postérieurement** sur l'immeuble (L. Aynès et P. Crocq : Les sûretés, La publicité foncière, Defrénois 2008 n° 647). **15120**

Cet effet d'opposabilité n'est attaché qu'à la publication des actes visés nos 15280 à 15305. La publication des autres actes (nos 15320 s.) fait l'objet de sanctions différentes.

3. EFFET RELATIF DE LA PUBLICITÉ FONCIÈRE

PRINCIPE DE L'EFFET RELATIF

La règle dite de l'effet relatif de la publicité foncière signifie qu'aucun acte ou décision sujet à publicité dans un service chargé de la publicité foncière ne peut être publié au fichier immobilier si le titre du **disposant ou** du **dernier titulaire** n'a pas été préalablement publié (Décret du 4-1-1955 art. 3, al. 1). Ce principe a une portée générale. Il s'applique donc à tout acte ou à toute décision judiciaire (Cass. 3e civ. 13-5-1987 : JCP éd. N 1987 II p. 277), même publié à titre facultatif. **15180**

Pour l'application de ce principe, le disposant s'entend nécessairement du dernier titulaire du droit. En effet, le titre du disposant ne doit pas avoir cessé de produire effet au moment du dépôt de la formalité (Cass. 3e civ. 12-6-1996 n° 94-18.004 : RJDA 7/96 n° 966, JCP N 1997 I p. 53 note P. Frémont ; Cass. 3e civ. 18-7-2001 n° 99-19.102 : RJDA 12/01 n° 1280, BPIM 6/01 inf. 380). À défaut, l'administration devrait opposer un rejet.

La règle de l'effet relatif de la publicité foncière n'empêche pas, **toutefois,** le renouvellement d'une inscription hypothécaire prise contre un ancien propriétaire lorsque l'immeuble a, entre-temps, été revendu. Ceci est le corollaire du droit de suite du créancier hypothécaire, attaché au bien grevé d'hypothèque en quelques mains qu'il se trouve (CA Paris 23-3-2018 n° 16/06644, ch. 4,1).

ASSOUPLISSEMENTS AU PRINCIPE DE L'EFFET RELATIF

La règle de l'effet relatif est assouplie dans certains cas, notamment : **15190**

– pour le **titre en cours de publication** : l'article 32, 2 alinéa 2 du décret du 14 octobre 1955 permet de publier simultanément l'acte par lequel le disposant a acquis le droit qu'il transmet et l'acte par lequel il transmet ce droit. La Cour de cassation a encore assoupli la règle en jugeant que la publication du droit du disposant intervenue dans le délai d'un mois à compter du dépôt de l'acte à publier satisfait à la règle de la publication simultanée de l'acte à publier et du titre du disposant (Cass. 3e civ. 4-10-1989 n° 87-17.769 : Bull. civ. III n° 181) ;

– pour les **actes dressés sans le concours du titulaire du droit** (par exemple, saisie, expropriation ou sûreté judiciaire) : l'acte peut être déposé sans indication de l'effet relatif (Décret du 14-10-1955 art. 36, 1). Toutefois, le fait de ne rien indiquer entraînera alors l'application d'une procédure longue et complexe ;

– pour les **actes effectués du chef du défunt** (par exemple, saisie immobilière ou aliénation dans le cadre d'une procédure collective) : l'acte peut être publié sans publication préalable d'une attestation de propriété immobilière après décès (Décret du 14-10-1955 art. 36, 5).

EXCEPTIONS AU PRINCIPE DE L'EFFET RELATIF

15200 Il est fait exception à la règle de l'effet relatif de la publicité foncière dans deux cas (Décret du 4-1-1955 art. 3, al. 2) :

– si le droit a été **acquis sans titre,** notamment par prescription ou accession. La publication préalable d'un acte de notoriété acquisitive n'est donc d'aucune utilité du strict point de vue de la publicité foncière ;

– si le **titre** du disposant ou du dernier titulaire est **antérieur au 1er janvier 1956.**

> **Précisions** En Corse et dans les DOM, publier un acte de **notoriété acquisitive** permet de faire courir un délai de contestation réduit à 5 ans de la prescription acquisitive réalisée sur un immeuble. Ce régime, qui vise à faciliter la reconstitution des titres de propriété et s'accompagne de mesures fiscales de faveur, s'applique aux actes publiés avant le 31 décembre 2037 en Corse et avant le 31 décembre 2038 dans les DOM (Loi 2017-285 du 6-3-2017 art. 1 modifié par la loi 2025-115 du 7-2-2025, pour la Corse ; Loi 2009-594 du 27-5-2009 art. 35-2 modifié par la loi 2025-797 du 11-8-2025, pour les DOM ; Décret 2017-1802 du 28-12-2017 et Circ. min. justice JUSC1814046C du 4-7-2018 pour la Corse et les DOM : BPIM 1/18 inf. 47). Ce dispositif, entré en vigueur le 1er janvier 2018, ne s'applique pas aux actes de notoriété publiés avant cette date. En conséquence, un acte de notoriété publié avant le 1er janvier 2018 demeure contestable au-delà des 5 ans de sa publication (Cass. 3e civ. 28-11-2024 no 23-14.640 FS-B : BPIM 1/25 inf. 46). On notera qu'à défaut de respecter ce processus, en particulier l'obligation de publier l'acte de notoriété acquisitive, le possesseur doit établir une possession trentenaire dans les conditions de droit commun pour pouvoir prescrire (CA Bastia 5-10-2022 no 21/00232).

B. Domaines d'application de la publicité foncière

1. DOMAINE DE LA PUBLICITÉ OBLIGATOIRE

PUBLICITÉ SANCTIONNÉE PAR L'INOPPOSABILITÉ DE L'ACTE AUX TIERS

15280 **Actes et décisions judiciaires portant ou constatant entre vifs mutation ou constitution de droits réels immobiliers autres que les privilèges et hypothèques (Décret du 4-1-1955 art. 28, 1°-a)** Les droits visés par cette disposition sont les **droits réels** immobiliers stricto sensu : propriété, usufruit et nue-propriété, droit d'usage et d'habitation, droit de superficie, servitudes conventionnelles, emphytéose et baux conférant un droit réel.

La publication concerne les **actes** entre vifs, qu'ils soient à titre onéreux ou à titre gratuit, et les décisions de justice qui créent un droit. Lorsque le droit trouve sa source dans la loi elle-même, il n'y a pas lieu à publication.

Les mutations à cause de mort sont soumises à un régime particulier (no 15320).

Les **actes conditionnels** sont visés. En revanche, l'acte constatant la **réalisation de la condition** n'est pas soumis à publicité obligatoire sous peine d'inopposabilité, mais sous peine de dommages-intérêts (Décret du 4-1-1955 art. 30, 4). Les deux sanctions ne peuvent pas se cumuler. Par suite, le défaut de publicité de l'acte constatant l'accomplissement de la condition n'entraîne pas l'inopposabilité de l'acte conditionnel aux tiers (Cass. 3e civ. 13-7-2011 no 10-19.461 FS-PB : RJDA 12/11 no 1084). Ainsi, dès lors que l'acte conditionnel a été publié, la réalisation de la condition suspensive est en tout état de cause opposable aux tiers, même non publiée. Les tiers qui subiraient le cas échéant un préjudice du fait du défaut de publication ne peuvent que demander des dommages-intérêts. Le texte ne vise que les conditions suspensives, mais on peut admettre qu'il concerne également les conditions résolutoires.

15285 Doivent être **obligatoirement publiés** :

– les donations entre vifs (Cass. 1e civ. 19-10-1966 : Bull. civ. I no 477) ;

– les actes onéreux translatifs de droit réel. Il en est ainsi, par exemple, de la vente, de l'échange ou de l'apport en société ;

– les actes constitutifs d'usufruit, de droit d'usage et d'habitation, de servitude ou de droit de superficie, étant précisé que seules les servitudes conventionnelles doivent être publiées pour être opposables. Tel est le cas, par exemple, de la servitude non aedificandi (Cass. 3e civ. 4-2-1971 n° 69-11.259 : Bull. civ. III n° 81) ou des servitudes de lotissement (Cass. 3e civ. 23-5-1991 n° 89-19.363 : Bull. civ. III n° 151). Les servitudes administratives sont, en revanche, opposables même sans publicité foncière (Arrêt du 4-2-1971 précité ; CE 4-6-2015 n° 366861, Cne de Sarzeau : BPIM 2/15 inf. 90) ;

Les servitudes établies par le fait de l'homme ne sont opposables aux acquéreurs que si elles sont mentionnées dans leur titre de propriété ou si elles font l'objet de la publicité foncière (Cass. 3e civ. 27-10-1993 n° 91-19.874 : Bull. civ. III n° 132).

À noter qu'à défaut de publication, une servitude est opposable à l'acquéreur de l'immeuble grevé si son acte d'acquisition en fait mention ou s'il en connaissait l'existence au moment de la vente, cette connaissance étant appréciée souverainement par les juges du fond (Cass. 3e civ. 16-9-2009 n° 08-16.499 FS-PB : BPIM 6/09 inf. 481 ; Cass. 3e civ. 16-3-2011 n° 10-13.771 FS-PB : BPIM 3/11 inf. 259). Cette connaissance peut résulter de la mention de la servitude dans un jugement relaté dans l'acte d'acquisition (Cass. 3e civ. 24-9-2020 n° 19-19.179 FS-PBI : BPIM 6/20 inf. 447).

– les actes portant renonciation à un droit réel. Il en est ainsi de la renonciation à une servitude conventionnelle ou légale, y compris celles qui sont créées par destination du père de famille (Cass. 3e civ. 5-2-1970 n° 68-11.430 : Bull. civ. III n° 92) et notamment de la renonciation à la servitude de ne pas construire au-delà de la hauteur fixée au cahier des charges d'un lotissement dite « servitude non altius tollendi » (Cass. 3e civ. 6-5-1980 n° 78-15.562 : Bull. civ. III n° 65) ;

– le changement d'un régime matrimonial lorsqu'il entraîne mutation d'un bien. Il en va ainsi, par exemple, du passage d'un régime de séparation de biens à celui de la communauté universelle, dans la mesure où un tel changement a pour effet de conférer aux immeubles propres de l'un des époux le statut d'immeubles communs (Cass. com. 10-2-1998 n° 95-16.924 P : RJF 5/98 n° 627). Mais la publication n'est pas nécessaire si les biens étaient, préalablement au changement, indivis entre les époux (Rép. Laffineur : AN 8-3-1999 p. 1399).

Ne sont **pas soumis à publication** : 15290

– l'autorisation donnée à un voisin de construire un mur à cheval sur la ligne séparative des fonds, dès lors qu'elle ne constate aucune modification des droits de propriété (Cass. 3e civ. 4-3-1971 n° 69-12.140 : Bull. civ. III n° 161) ;

– l'acquisition d'un immeuble par prescription (Décret du 4-1-1955 art. 3 ; Cass. 3e civ. 13-11-1984 n° 83-13.865 : Bull. civ. III n° 188). Toutefois, même non publiée, l'acquisition par prescription est opposable aux tiers (même arrêt). Il en va ainsi même si les titres respectifs des parties étaient tous deux soumis à publicité foncière et que seule l'autre partie a publié son titre, le possesseur ayant négligé de publier le sien (Cass. 3e civ. 17-12-2020 n° 18-24.434 FP-PBI : BPIM 1/21 inf. 50). Il a également été jugé sur le fondement de l'ancien article 2265 du Code civil que, même en l'absence de transcription, l'acte par lequel la partie qui invoque l'usucapion abrégée a été mise en possession de l'immeuble constitue un juste titre, dès lors que cet acte était susceptible de transférer la propriété (Cass. 3e civ. 31-1-1984 n° 82-12.156 : Bull. civ. III n° 23) ;

– l'acte constatant un droit de propriété préexistant sur le sol du couloir séparant deux immeubles, à l'exclusion de toute mutation ou constitution de droits réels (Cass. 3e civ. 18-12-1979 n° 78-12.927 : Bull. civ. III n° 228) ;

– l'acte d'abandon des biens d'une succession par l'héritier bénéficiaire (Rép. Mathieu : AN 25-5-1992 p. 2356) ;

– le prêt à usage viager d'un immeuble (CA Paris 1-6-1988 : D. 1988 IR p. 198) ;

– le changement d'un régime matrimonial communautaire à un régime séparatiste ; dans ce cas, les immeubles communs deviennent indivis et seul le partage pourrait donner lieu à publicité (Rép. Balarello : Sén. 30-3-1995 p. 771 n° 9719) ;

– le droit de rétention portant sur un immeuble (Cass. 3e civ. 16-12-1998 n° 97-12.702 PB : RJDA 2/99 n° 229), dès lors que le créancier détient le bien, est titulaire d'une créance certaine et liquide, et qu'il existe un lien de connexité entre la créance réclamée et la détention du bien.

Actes relatifs à certains droits personnels (Décret du 4-1-1955 art. 28, 1°-b) 15295

Deux actes sont expressément visés par cette disposition.

1. Les **baux** immobiliers **de plus de 12 ans.** L'inopposabilité se limite à la fraction du bail conclue pour la durée excédant la première période de 12 ans déterminée à compter de l'entrée en jouissance du preneur et non de la date d'acquisition par le tiers du droit concurrent (Cass. req. 20-8-1940 : JCP 1942 II 1542).

Il a été jugé que l'inopposabilité aux tiers du bail non publié pour la période excédant 12 ans s'applique au bail initialement conclu pour une période inférieure à 12 ans, mais dont la durée a été portée par avenant à plus de 12 ans (Cass. 3e civ. 3-2-2010 n° 09-11.389 FS-PB : RJDA 4/10 n° 333). Dans le cas d'un bail de plus de 12 ans non publié et grevant un immeuble objet d'une adjudication, le bail est opposable à l'adjudicataire lorsque celui-ci en a eu connaissance avant l'adjudication, mais uniquement dans la limite de ses 12 premières années (Cass. 3e civ. 7-3-2007 n° 05-10.794 FP-PB : RJDA 6/07 n° 593).

2. Les quittances ou **cessions** portant sur **plus de 3 années de loyers non échus.** Il s'agit donc du paiement anticipé des loyers ou de la cession de loyers non échus.

ATTENTION

La **convention d'occupation précaire** n'ayant pas la nature d'un bail, elle n'a pas à être publiée pour être opposable aux tiers, quand bien même elle aurait été conclue pour une durée de 30 ans (Cass. 3e civ. 19-11-2014 n° 13-20.089 FS-PB : Sol. Not. 2/15 inf. 30).

15297 Deux autres actes sont soumis à publicité foncière sous peine d'inopposabilité :
- le contrat de **concession immobilière** (Loi du 30-12-1967 art. 48 s.) ;
- le contrat de **crédit-bail immobilier** à condition qu'il soit d'une durée supérieure à 12 ans (C. mon. fin. art. R 313-13).

> **Précisions** Le contrat de **crédit-bail immobilier** est soumis à publicité foncière selon les stipulations qu'il comporte (C. mon. fin. art. R 313-12). Par suite, le contrat d'une durée inférieure ou égale à 12 ans est soumis soit à publicité facultative en qualité de promesse de vente, cette publicité n'emportant alors pas opposabilité aux tiers, soit à publicité obligatoire en raison de stipulations particulières telles qu'une interdiction d'aliéner par exemple.

15300 **Actes entre vifs dressés distinctement pour constater des clauses d'inaliénabilité temporaire et toutes autres restrictions au droit de disposer, des clauses susceptibles d'entraîner la résolution ou la révocation d'actes soumis à publicité et les décisions judiciaires constatant l'existence de telles clauses (Décret du 4-1-1955 art. 28, 2°)** Sont assimilés à une restriction au droit de disposer le contrat de promotion immobilière (CCH art. L 221-6) et le contrat de location-accession à la propriété (Loi 84-595 du 12-7-1984 art. 4). Ce dernier doit faire l'objet d'une publication même si la durée de jouissance préalable est inférieure à 12 ans.

Hormis ces assimilations, sont considérées comme des restrictions au droit de disposer : les donations à charge de restitution, la clause imposant le rapport en nature d'une donation immobilière, la clause de remploi après aliénation, l'institution contractuelle, la clause de retour conventionnel, la faculté de rachat (autrefois dénommée réméré).

En revanche, la Cour de cassation considère que le **pacte de préférence** est une simple promesse unilatérale conditionnelle et ne constitue pas une restriction au droit de disposer dont la publication serait obligatoire (Cass. 3e civ. 13-3-1979 n° 77-15.031 : Bull. civ. III n° 63 ; Cass. 3e civ. 16-3-1994 n° 91-19.797 P : RJDA 2/95 n° 124). En conséquence, la publication du pacte de préférence est facultative et ne crée pas d'opposabilité aux tiers (n° 15440).

> **Précisions** **a.** L'article 28, 2° du décret du 4 janvier 1955 ne vise que les **actes dressés distinctement.** Lorsque la clause est constatée dans l'acte même, translatif ou constitutif du droit réel qu'elle affecte, la publicité de la clause se fait simultanément à celle de l'acte mais elle donne lieu à une mention particulière au fichier immobilier.
> **b.** Le **commandement** qui invite le débiteur à l'exécution de ses obligations et lui rappelle l'existence d'une clause résolutoire susceptible de jouer en cas d'inexécution ne constitue pas un acte « constatant la résolution d'une convention » et sa publication n'est pas prévue par les textes régissant la publicité foncière (Cass. 3e civ. 25-1-1968 n° 66-10.571 : Bull. civ. III n° 36).
> **c.** La décision d'inaliénabilité temporaire d'un bien immobilier prise dans le cadre d'une **procédure collective** est également soumise à publicité foncière, à la diligence du commissaire à l'exécution du plan (C. com. art. L 626-14 et R 626-25).

15305 **Actes divers expressément soumis à publicité sous peine d'inopposabilité (Décret du 4-1-1955 art. 35, 6°, 7°, 8°)** Sont visés par cette disposition :
- les **règlements de copropriété** des immeubles ou ensembles immobiliers et les modifications qui peuvent leur être apportées. Ils ne sont opposables aux ayants cause à titre particulier des copropriétaires qu'à dater de leur publication au fichier immobilier (Loi 65-557 du 10-7-1965 art. 13). Le texte ne vise que les ayants cause à titre particulier (par exemple, l'acquéreur). En effet, le règlement de copropriété est de plein droit opposable, même lorsqu'il n'est pas publié, aux copropriétaires eux-mêmes ainsi qu'à leurs ayants cause universels ou à titre universel, c'est-à-dire héritiers et légataires universels (Cass. 3e civ. 23-6-1976 n° 75-10.575 : Bull. civ. III n° 285) ;
- les décisions de classement et de déclassement des **monuments historiques** et des sites ;

– les actes ou décisions judiciaires dont la publication est prescrite par les **dispositions législatives particulières.** Figure parmi ces actes le contrat de promotion immobilière (C. civ. art. 1831-3 ; CCH art. L 221-6).

La jurisprudence assimile aux règlements de copropriété les **règlements régissant les groupements d'habitations** ne relevant pas du statut de la copropriété. Il a été jugé que les restrictions au droit de propriété grevant les lots d'un groupement d'habitations ont un caractère réel et s'imposent aux acquéreurs, même si elles ne figurent pas dans leur acte de vente, dès lors que les documents qui les contiennent ont été publiés au fichier immobilier (Cass. 3e civ. 9-12-1986 no 85-14.348 : Bull. civ. III no 174, lotissement ; Cass. 3e civ. 20-12-1989 no 88-19.438 : Bull. civ. III no 248, lotissement ; Cass. 3e civ. 13-7-2023 no 22-13.233 FS-B : BPIM 5/23 inf. 307, groupe d'habitations).

> Précisions a. Les décisions se bornant à préciser les clauses du **règlement de copropriété** ne sont pas des modifications au sens de l'article 13 de la loi 65-557 du 10 juillet 1965 et **n'ont pas à être publiées.** Il en est ainsi lorsque le règlement fixe les bases de répartition des charges de chauffage collectif en fonction de l'importance des surfaces de chauffe, du relevé des surfaces adopté par l'assemblée générale (Cass. 3e civ. 27-2-1991 no 89-16.352 : Bull. civ. III no 69).
Il a été jugé que la publicité ne s'étend pas aux plans annexés au règlement de copropriété (CA Versailles 18-10-1983 : RDI 1984 p. 339). En conséquence, un tiers ne peut pas se prévaloir du défaut de publicité de ces plans. Toutefois, on notera que tout nouvel état descriptif de division ou modificatif à l'état descriptif publié depuis le 1er janvier 2013 doit contenir un plan annexé (Décret 55-1350 du 14-10-1955 art. 71-3).
b. Bien que le régime des **biens de famille** insaisissables ait été abrogé par la loi 2011-1862 du 13 décembre 2011, les anciennes déclarations publiées (Décret du 4-1-1955 art. 35, 2° abrogé) demeurent efficaces.

PUBLICITÉ SANCTIONNÉE AUTREMENT QUE PAR L'INOPPOSABILITÉ

Dommages-intérêts Toute personne intéressée qui, ayant publié son propre droit, 15320
prouve qu'elle a subi un **préjudice** à raison soit du défaut de publication avant l'expiration du délai légal, soit de la publicité incomplète ou irrégulière d'un des actes visés ci-dessous peut demander des dommages-intérêts (Décret du 4-1-1955 art. 30, 4).

1. Actes opposables par eux-mêmes, sans formalisme (Décret du 4-1-1955 art. 28, 3° et 9°) :

– attestations notariées établies en vue de constater la transmission ou la constitution par décès de droits réels immobiliers, les droits concernés étant les mêmes que ceux-cités no 15280. L'établissement de l'attestation notariée doit être requis par les successeurs dans les six mois du décès et établi dans les quatre mois à dater du jour où le notaire a été requis (Décret du 4-1-1955 art. 33). Toutefois, il n'y a pas lieu d'établir d'attestation notariée si un acte de partage sur la totalité des immeubles héréditaires est dressé et publié dans les dix mois du décès (Décret du 4-1-1955 art. 29) ;

– documents dont la forme et le contenu seront fixés par décret, destinés à constater tout changement ou modification du nom ou des prénoms des personnes physiques, et les changements de dénomination, de forme juridique ou de siège des sociétés, associations, syndicats et autres personnes morales, lorsque ces changements intéressent des personnes physiques ou morales au nom desquelles une formalité de publicité a été faite depuis le 1er janvier 1956.

2. Actes et décisions judiciaires affectant un droit déjà publié sans menacer celui-ci (Décret du 4-1-1955 art. 28, 4°-a-b-e, 6° et 8°) :

– actes confirmatifs de conventions entachées de causes de nullité ou de rescision ;

– actes constatant l'accomplissement d'une condition suspensive (voir no 15280) ;

– actes et décisions déclaratifs, c'est-à-dire qui se bornent à constater une situation préexistante. Ils doivent faire l'objet d'une publication, mais demeurent opposables même lorsqu'ils n'ont pas été publiés. Tel est le cas du partage successoral (Cass. 1e civ. 4-11-1963 : Bull. civ. I no 474 ; Cass. 3e civ. 23-4-1981 no 79-14.044 : Bull. civ. III no 80) ou du procès-verbal de bornage (Cass. 3e civ. 9-4-2013 no 12-13.516 F-D : BPIM 4/13 inf. 231). Le partage inclus dans le jugement prononçant le divorce est opposable aux tiers dès l'accomplissement des mesures de publicité en marge des actes de l'état civil, et avant toute publicité foncière (Cass. 1e civ. 12-4-2012 no 11-13.456 F-PBI : Bull. civ. I no 91) ;

– conventions d'indivision immobilière (Cass. 1e civ. 10-7-2013 no 12-12.115 F-PB : Bull. civ. I no 154) ;

– actes interrompant la prescription acquisitive conformément aux articles 2244 et 2248 [anciens] du Code civil, et actes de renonciation à la prescription acquise. N'est donc pas visée l'assignation en démolition pour violation d'une servitude « non altius tollendi », laquelle ne peut donner ouverture qu'à la prescription extinctive (Cass. 3e civ. 26-11-1970 no 69-10.256 : Bull. civ. III no 642).

3. Actes et décisions constatant l'anéantissement rétroactif d'un droit, décisions rejetant les demandes en justice tendant à cette fin (Décret du 4-1-1955 art. 28, 4°-c et d) :

– actes et décisions constatant la résolution, la révocation, l'annulation ou la rescision d'une convention ou d'une disposition à cause de mort ;

– décisions rejetant les demandes tendant à obtenir la résolution, la révocation, l'annulation ou la rescision d'une convention ou d'une disposition à cause de mort et les désistements d'action et d'instance.

4. Certains actes administratifs dont la publicité incombe à l'administration (Décret du 4-1-1955 art. 35, 3°, 5° et 36) :

– ordonnances, cessions amiables en matière d'expropriation pour cause d'utilité publique et accords visés à l'article L 323-2 du Code de l'expropriation, quel que soit le montant de l'indemnité ;

– arrêtés pris en vue du remembrement préalable à la reconstruction et projets de remembrement amiable approuvés ;

– procès-verbaux établis par le service du cadastre, pour constater les changements intervenus dans la désignation des rues et des numéros d'immeubles, les constructions et démolitions affectant des immeubles inscrits au fichier immobilier et situés dans la partie agglomérée d'une commune urbaine, ainsi que les modifications provenant de décisions administratives ou d'événements naturels ;

– limitations administratives au droit de propriété, et les dérogations à ces limitations.

Dans tous ces cas de figure, le défaut de publication ouvre un éventuel recours en responsabilité contre l'administration, s'il a causé un préjudice démontré aux usagers.

15322 **Caducité** Le **commandement valant saisie** et les différents actes de procédure qui s'y rattachent sont soumis à publicité obligatoire sous peine de caducité (C. exécution art. R 311-11 et R 321-6) et non de nullité (Cass. 2e civ. 5-1-2017 n° 15-25.692 F-PB : RJDA 4/17 n° 276). Par suite, si ces actes ne sont pas publiés dans les délais prévus, ils doivent être refaits et la procédure reprise au départ.

Si la publicité du commandement est obligatoire, les commissaires de justice (anciennement huissiers de justice) ne sont pas tenus d'y procéder contre le gré de leur client. En effet, les commandements ne figurent pas dans la liste des actes dont la publicité doit être effectuée obligatoirement par le professionnel (Rép. Bedoussac : AN 14-11-1983 p. 4888 n° 35353). La raison en est que le créancier peut toujours renoncer à continuer la procédure engagée notamment en cas d'arrangement amiable.

15325 **Irrecevabilité** Les **demandes en justice non publiées** tendant à **faire prononcer la résolution, la révocation, l'annulation ou la rescision** de droits résultant d'actes soumis à publicité sont irrecevables (Décret du 4-1-1955 art. 28, 4°-c et 30, 5°). Explicitant ce texte, la Cour de cassation a posé en principe que la publicité foncière n'est exigée, à peine d'irrecevabilité, que pour les demandes en justice tendant à l'anéantissement rétroactif d'un droit antérieurement publié (Cass. 3e civ. 26-5-2004 n° 02-21.205 FS-PB : RJDA 11/04 n° 1278).

Doivent être publiés :

– la demande en nullité d'une vente immobilière (Cass. 1e civ. 20-10-1981 n° 80-14.741 : Bull. civ. I n° 301) ;

– la demande en annulation d'un jugement d'adjudication sur saisie immobilière (Cass. 3e civ. 22-7-1992 n° 89-11.622 : Bull. civ. III n° 262 ; Cass. 3e civ. 4-4-2002 n° 00-19.520 FS-D : RJDA 7/02 n° 832). Lorsque la demande en annulation n'a pas été publiée, la demande d'indemnisation du débiteur tirée de ce que la procédure de saisie aurait été irrégulièrement conduite par le créancier poursuivant ne peut plus être accueillie puisque l'action en nullité de la procédure d'adjudication, qui seule permettrait de caractériser l'éventuelle faute du créancier poursuivant, est irrecevable (même décision) ;

– la demande en annulation d'un lot d'un état descriptif de division et de l'acte modificatif à l'état descriptif de division-règlement de copropriété subdivisant ce lot (Cass. 3e civ. 17-12-2014 n° 13-23.350 FS-PB : BPIM 2/15 inf. 131) ;

– la demande tendant à la résolution d'un bail à construction (Cass. 3e civ. 27-6-1990 n° 88-18.349 : Bull. civ. III n° 159) ;

– la demande en annulation d'une hypothèque judiciaire, dès lors que les hypothèques, qu'elles soient légales, judiciaires ou conventionnelles, sont soumises à publicité (Cass. com. 12-4-2005 n° 03-18.606 FS-PBIR : RJDA 8-9/05 n° 1055) ;

– le recours en révision formé à l'encontre d'une décision annulant la vente d'un terrain (Cass. 3e civ. 10-2-1999 n° 95-15.845 P-F : RJDA 4/99 n° 489, solution implicite). Cette solution s'explique par le fait que le recours en révision, voie de rétractation, aurait pour conséquence, en cas de succès, de mettre rétroactivement à néant la décision d'annulation en opérant nécessairement une nouvelle mutation ;

– la demande en annulation d'un partage successoral pour avoir dissimulé des cohéritiers (Cass. 1e civ. 13-5-2015 n° 14-14.733 D).

En revanche **sont exclues de** la formalité de la **publication** : 15326

– l'action en revendication (Cass. 2e civ. 7-12-1961 : Bull. civ. II n° 846 ; Cass. 3e civ. 8-1-1997 n° 95-11.234 D : RJDA 2/97 n° 258 ; Cass. 3e civ. 2-10-2013 n° 11-21.833 FS-D : BPIM 6/13 inf. 408), en particulier lorsque l'action en revendication repose sur un droit de propriété acquis par usucapion (Cass. 3e civ. 20-1-2015 n° 13-26.132 F-D) ;

– la demande en résiliation d'un bail (Cass. 1e civ. 1-6-1964 : Bull. civ. I n° 284 ; Cass. 3e civ. 10-5-1989 n° 87-18.487 : Bull. civ. III n° 108) ou d'un contrat de crédit-bail immobilier (Cass. 3e civ. 21-2-1996 n° 94-13.836 P : RJDA 5/96 n° 659 ; Cass. 3e civ. 27-5-1998 n° 96-16.171 PF : RJDA 7/98 n° 905) car la résiliation ne produit effet que pour l'avenir ;

– la demande en rétrocession de droits réels immobiliers (Cass. 3e civ. 8-6-1988 n° 86-19.430 : Bull. civ. III n° 106) ainsi que la demande en exécution d'une convention conclue parallèlement à une vente et contenant engagement de rétrocession du bien vendu, car cette convention ne vise pas à mettre la vente à néant (Cass. 3e civ. 20-5-2021 n° 20-12.377 F-D) ;

– l'assignation tendant à la résolution d'un acte non publié en vertu du principe de la relativité de la publicité (Cass. 3e civ. 10-6-1970 n° 68-12.884 : Bull. civ. III n° 397 ; Cass. 3e civ. 6-2-1974 n° 72-12.240 : Bull. civ. III n° 67 ; Cass. 3e civ. 8-4-1999 n° 97-18.484 D : RJDA 6/99 n° 739). Il en est de même de l'assignation tendant à la rescision d'un acte non publié (Cass. 1e civ. 14-11-1967 n° 65-13.374 : Bull. civ. I n° 330) ;

– la demande en résolution d'un avant-contrat de vente d'immeuble soumis à publicité facultative et publié (Cass. 3e civ. 16-1-2013 n° 11-25.262 FS-PB : BPIM 2/13 inf. 141) ;

– la demande en nullité de l'acte unilatéral de préemption par lequel le preneur manifeste son intention de se substituer à l'adjudicataire (Cass. 3e civ. 6-2-1979 n° 77-12.206 : Bull. civ. III n° 35) ;

– la demande en annulation du jugement ordonnant la vente sur licitation de biens immobiliers indivis et du cahier des charges d'adjudication car ils ne sont pas eux-mêmes soumis à publication au titre de l'article 28 du décret du 4 janvier 1955 (Cass. 2e civ. 23-2-2017 n° 15-27.330 F-D) ;

– la demande en révision du règlement de copropriété (Cass. 3e civ. 18-12-1996 n° 94-21.573 PB : RJDA 2/97 n° 259 ; Cass. 3e civ. 21-1-2004 n° 02-16.571 FS-PB : Bull. civ. III n° 11) ;

– la demande en annulation d'une déclaration de renonciation à succession et la demande de licitation et de partage (Cass. 3e civ. 15-2-2006 n° 04-20.521 FS-PB : Bull. civ. III n° 42) ;

– l'action paulienne qui tend à faire déclarer inopposable au créancier un acte de cession d'un immeuble consenti par le débiteur (Cass. 3e civ. 1-3-2006 n° 04-20.356 FS-PB : RJDA 11/06 n° 1184). Cette solution se justifie pour deux raisons : en premier lieu, l'action paulienne constitue une action en inopposabilité et non en nullité ou révocabilité, ces dernières supposant la destruction totale de l'acte alors que l'action paulienne n'a d'effet qu'à l'égard du demandeur à l'action et seulement dans la limite de la créance invoquée, et qu'une fois celui-ci payé l'acte frauduleux subsistera pour le surplus. En second lieu, et surtout, l'acte demeurera valable à l'égard du sous-acquéreur de bonne foi, l'action paulienne, en raison de son caractère personnel, ne pouvant atteindre que l'auteur et les complices de la fraude ;

– l'action en déclaration de simulation (Cass. 3e civ. 2-10-2013 n° 11-21.833 FS-D : BPIM 6/13 inf. 408) car si elle est accueillie par le juge avec succès, l'acte publié n'en sera pas pour autant remis en cause à l'égard des tiers et leurs droits seront préservés ;

– l'action en complément de part (Cass. 1e civ. 6-11-2013 n° 12-15.393 FS-PB : SN 1/14 inf. 15) car elle ne vise pas à remettre en cause le partage déjà réalisé ;

– la demande tendant à faire déclarer non écrites des clauses relatives à la répartition des charges de copropriété, ces clauses n'affectant pas la propriété des lots (Cass. 3e civ. 15-3-2011 n° 10-10.727 F-D : AJDI 2011 p. 377) ;

– la demande aux fins de reconnaissance de la prescription acquisitive réalisée (CA Douai 14-12-2017 n° 17/01552) ;

– la demande en partage d'une indivision, même assortie d'une demande d'attribution préférentielle (CA Lyon 4-9-2018 n° 17/03658) ;

– la demande en reconnaissance d'une servitude légale de passage pour enclave (CA Aix-en-Provence 30-1-2020 n° 18/04035) ;

– l'assignation tendant à obtenir la reconnaissance du caractère parfait d'une vente sous signature privée. Par suite, la publication d'une telle assignation peut être constitutive d'un abus de droit en ce qu'elle vise uniquement à empêcher le vendeur de disposer librement de son bien (CA Chambéry 1-10-2019 n° 18/00605) ;

– la demande en justice visant à faire constater l'exercice de la faculté de rachat prévue dans un acte de vente, l'article 28, 4° du décret du 4 janvier 1955 obligeant seulement la publication de l'acte constatant la résolution de la vente, ce qui vise l'exercice de la faculté de réméré lui-même (CA Paris 19-6-2020 n° 18/20600, ch. 4-1) ;

– la demande en justice en annulation d'un cautionnement hypothécaire fourni par une société civile immobilière car l'article 28, 1°-a du décret du 4 janvier 1955 exclut expressément de son champ d'application les privilèges et hypothèques (CA Montpellier 16-3-2023 n° 18/02393) ;

– la demande d'annulation d'un prêt viager hypothécaire, qu'elle vise ou non la convention d'hypothèque garantissant le prêt (Cass. 1e civ. 19-6-2024 n° 22-20.533 FS-B : BPIM 4/24 inf. 264). La Cour de cassation fonde sa décision sur une double motivation : si l'hypothèque conventionnelle qui garantit le prêt est bien constitutive d'un droit réel accessoire, celui-ci ne fait pas partie de ceux dont la publicité est régie par l'article 28 du décret du 4 janvier 1955. En outre, les hypothèques ne sont pas comprises dans le champ d'application de l'article 30,5 du décret dans la mesure où l'article 28 est inséré, comme lui, dans un chapitre intitulé « publicité des droits sur les immeubles autres que les privilèges et hypothèques ».

15327 La **preuve de la publication** des demandes en justice tendant à faire prononcer la résolution, la révocation, l'annulation ou la rescision de droits est rapportée par un certificat du service chargé de la publicité foncière ou la production d'une copie de la demande revêtue de la mention de publicité (Décret du 4-1-1955 art. 30, 5), que les juges doivent constater (Cass. 3e civ. 10-2-2010 n° 07-19.228 FS-PB : RJDA 7/10 n° 790).

Ni la production de l'accusé de réception émanant du service de la publicité foncière ni la facture adressée par ce service ne constituent des éléments de preuve suffisants, dès lors qu'il ne s'agit pas des documents visés par l'article 30, 5 du décret du 4 janvier 1955 (Cass. 3e civ. 5-11-2008 n° 07-15.179 FS-D : RJDA 4/09 n° 394 ; CA Paris 5-7-2012 n° 11/12240).

15328 La jurisprudence va dans le sens d'un élargissement des **possibilités de régularisation** et d'un assouplissement des modalités de la publication. Elle a d'abord jugé que la demande devait être publiée, même lorsqu'elle était formulée en cours d'instance dans un acte autre que l'assignation (Cass. 1e civ. 7-1-1992 n° 90-14.930 : Bull. civ. I n° 9), et ce même si la demande était présentée par voie de conclusions dans une procédure où la demande originaire a été publiée de façon régulière (Cass. 3e civ. 19-3-1997 n° 95-16.247 P : RJDA 5/97 n° 715). La Cour suprême a ensuite admis la régularisation de la procédure en cause d'appel, mais en maintenant l'exigence de production d'un certificat du service de la publicité foncière ou d'une copie de la demande revêtue de la mention de publicité (Cass. 3e civ. 5-11-2008 n° 07-15.179 FS-D : RJDA 4/09 n° 394). Puis elle a abandonné l'exigence de reproduction intégrale de l'assignation, se contentant de la publication du jugement contenant mention de l'acte introductif d'instance, dont elle a considéré qu'il rendait recevable la demande d'annulation en cause d'appel (Cass. 3e civ. 18-11-2009 n° 08-11.893 FS-PB : RJDA 4/10 n° 444 ; Cass. 3e civ. 14-12-2017 n° 16-20.032 F-D). Par la suite, elle a admis que la publication de simples conclusions récapitulatives d'appel, dès lors qu'elles contiennent la demande d'annulation ou de résolution, rend la demande recevable (Cass. 3e civ. 20-10-2010 n° 09-16.640 FS-PB : RJDA 2/11 n° 192). Elle a également jugé recevable la demande en résolution d'une vente alors même que la publicité effectuée portait sur une « demande en nullité » (Cass. 3e civ. 17-9-2014 n° 13-16.651 FS-PB : SN 11/14 inf. 228).

15329 La seule sanction du défaut de publication étant l'irrecevabilité de la demande en justice, la publication de l'assignation n'a pas pour effet nécessaire de rendre l'assignation opposable aux tiers (Cass. 3e civ. 25-1-1983 n° 81-11.841 : Bull. civ. III n° 25). La Cour de cassation a réitéré cette solution en retenant que lorsqu'une demande en justice tendant à la résolution d'une convention portant sur des droits réels immobiliers est **formulée en cours d'instance** dans un acte autre que l'assignation, c'est cet autre acte qui doit, à peine d'irrecevabilité, faire l'objet de la publicité foncière (Cass. 3e civ. 18-3-1998 n° 96-17.072 PB : RJDA 5/98 n° 660).

15330 Le **défaut de publication** n'est pas un vice de forme de l'acte introductif d'instance cause de nullité, mais constitue une fin de non-recevoir pouvant être soulevée en tout état de cause (c'est-à-dire à tout moment), même par l'un des contractants ou son ayant cause à titre universel (Cass. 3e civ. 20-10-1981 n° 80-14.741 : Bull. civ. III n° 301 ; Cass. 3e civ. 12-2-1985 n° 83-17.153 : Bull. civ. III n° 32 ; Cass. 1e civ. 7-6-1988 n° 86-14.809 : Bull. civ. I n° 181). Réciproquement, dans le cas où la situation est susceptible d'être régularisée, cette irrecevabilité sera écartée en application de l'article 126 du Code de procédure civile si sa cause a disparu au moment où le juge statue (Cass. 3e civ. 26-11-2003 n° 02-13.438 FS-PB : RJDA 3/04 n° 378 ; Cass. 1e civ. 7-11-2012 n° 11-22.275 F-D).

15335 La **publication tardive,** même en cause d'appel, n'entraîne aucune déchéance dès lors qu'elle a été effectuée avant la clôture des débats (Cass. 1e civ. 5-2-1964 : Bull. civ. I n° 72 ; Cass. 1e civ. 16-1-1967 : Bull. civ. I n° 21 ; Cass. 3e civ. 4-11-1995 n° 93-19.441 D : RJDA 1/96 n° 114). Toutefois, le juge n'est pas tenu d'impartir un délai pour permettre au demandeur de se conformer aux prescriptions légales (Cass. 3e civ. 22-7-1992 n° 89-11.622 : Bull. civ. III n° 262 ; contra Cass. 1e civ. 15-3-1967 : Bull. civ. I n° 103).

L'irrecevabilité d'une demande non publiée ne présente aucun caractère d'ordre public (Cass. 1e civ. 16-5-1966 : Bull. civ. I n° 293). Il s'ensuit que, édictée principalement en vue de la protection d'intérêts particuliers, elle ne saurait autoriser le juge à **soulever d'office l'exception d'irrecevabilité** d'une demande non publiée que seules les parties ont qualité pour invoquer (Cass. 1e civ. 7-12-1965 : Bull. civ. I n° 678 ; Cass. 3e civ. 7-11-2001 n° 97-22.231 FS-PB : RJDA 2/02 n° 211 ; Cass. 2e civ. 19-10-2017 n° 16-50.031 F-D). Réciproquement, les parties ne sauraient reprocher au juge de ne pas avoir soulevé d'office l'irrecevabilité (Cass. 3e civ. 18-1-1995 n° 92-10.655 P : RJDA 3/95 n° 346). 15340

2. DOMAINE DE LA PUBLICITÉ FACULTATIVE

PUBLICITÉ SANCTIONNÉE PAR L'INOPPOSABILITÉ DE L'ACTE AUX TIERS

Publicité des hypothèques Depuis le 1er janvier 2022, les privilèges de vendeur, de prêteur de deniers, des copartageants, de séparation des patrimoines, des accédants à la propriété, de l'État ou de la commune pour les travaux sur les immeubles frappés d'interdiction d'habiter ou d'exploiter (C. civ. art. 2374) sont devenus des **« hypothèques légales spéciales »** du vendeur, du prêteur de deniers, des copartageants, de séparation des patrimoines, des accédants à la propriété, de l'État ou de la commune pour les travaux sur les immeubles frappés d'interdiction d'habiter ou d'exploiter (C. civ. art. 2402). Le privilège des architectes et entrepreneurs et le privilège de prêteur de deniers pour la rémunération des ouvriers ont été supprimés. 15420

Le défaut de publicité des hypothèques (qu'elles soient légales générales, légales spéciales, judiciaires ou conventionnelles) rend l'acte inopposable aux tiers (C. civ. art. 2418). Les hypothèques **doivent** donc en pratique **être inscrites,** pour pouvoir être opposées aux créanciers concurrents.

L'hypothèque légale spéciale du syndicat des copropriétaires (privilège du syndicat des copropriétaires avant le 1er janvier 2022) est dispensée d'inscription (C. civ. art. 2418).

> **Précisions** Jusqu'au **31 décembre 2021,** les privilèges immobiliers spéciaux visés à l'article 2374 ancien du Code civil, à l'exception du privilège du syndicat des copropriétaires, devaient être inscrits pour pouvoir être opposés aux créanciers concurrents (C. civ. art. 2374, 2377 et 2379 anciens). Les **privilèges qui n'auraient pas été inscrits** avant cette date peuvent encore l'être après selon les dispositions antérieures (Ord. 2021-1192 du 15-9-2021 art. 37, IV). Il n'existe pas de limitation dans le temps pour le faire. L'inscription d'un privilège qui aurait été omise peut ainsi toujours être régularisée (M. Suquet-Cozic, Un privilège de prêteur de deniers né d'un acte reçu en 2021 peut-il être inscrit aujourd'hui ? : SNH 14/22 inf. 14).

Publicité facultative à fin d'opposabilité Le titulaire d'un droit, dont le transfert est obligatoirement soumis à publicité sous peine d'inopposabilité, qui se trouve dans l'impossibilité d'y procéder par suite du refus de son cocontractant de passer l'acte authentique, alors qu'un accord définitif constaté dans un acte sous signature privée est intervenu entre les parties, est autorisé à effectuer la publication d'actes particuliers pour **pallier le défaut d'acte authentique** dans l'attente de l'obtention de celui-ci (Décret du 4-1-1955 art. 37, 2). Ce dispositif, dit de « **prénotation** », n'est pas remis en cause par l'article 710-1 du Code civil qui exige un acte authentique pour procéder aux mesures de publicité. 15425

Les actes pouvant être publiés sont les suivants :

– la demande en justice tendant à obtenir la réitération ou la réalisation en la forme authentique d'actes soumis ou admis à publicité et n'ayant pas été dressés en la forme authentique ;

– le procès-verbal notarié constatant le défaut ou le refus du cocontractant, ou promettant de procéder à ladite réitération ou réalisation ;

– la déclaration, par acte notarié, de la volonté du bénéficiaire de l'acte d'exiger ladite réitération ou réalisation. C'est à ce titre, par exemple, que devra être publiée la levée d'option d'une promesse unilatérale de vente pour être opposable aux tiers (voir n° 2100).

Les **conditions** suivantes doivent être remplies pour pouvoir procéder à la publicité. 15430

1. L'**acte** non dressé en la forme authentique doit être **annexé ou littéralement reproduit** dans l'assignation, le procès-verbal ou la déclaration. À défaut, la demande est inopposable aux tiers (Cass. 3e civ. 1-3-1983 n° 81-15.413 : Bull. civ. III n° 61). Cette exigence ne s'étend pas aux documents étrangers à l'acte lui-même (Cass. 1e civ. 14-3-1967 : Bull. civ. I n° 100).

Ainsi, une cour d'appel, qui constate que les lettres d'offre et d'acceptation de la vente d'un immeuble n'ont été ni annexées à l'assignation publiée ni reproduites littéralement dans cet acte, décide à bon droit que la publication de l'assignation, irrégulière au regard des prescriptions de l'article 37, 2 du décret du 4 janvier 1955, est inopposable aux tiers (Cass. 3e civ. 16-5-1990 n° 87-14.923 : Bull. civ. III n° 122). Il en est de même lorsque la lettre, constituant le titre dont se prévaut l'acheteur d'un terrain, n'a été ni annexée ni reproduite littéralement (Cass. 3e civ. 21-11-1978 n° 77-11.588 : Bull. civ. III n° 352).

2. L'**inscription** est **provisoire** et prend rang à sa date. Il s'ensuit notamment que, lorsque l'acquéreur d'un immeuble a publié l'assignation par laquelle il a mis son vendeur en demeure de réitérer la vente par acte authentique, les juges du fond ne sauraient déclarer irrecevable la tierce opposition qu'il a formée contre l'arrêt constatant l'existence d'un droit réel sur l'immeuble au profit d'un tiers, au motif qu'il a été représenté à cette action par son vendeur et que la vente n'a pas été publiée avant l'arrêt de tierce opposition (Cass. 1e civ. 18-4-1967 : Bull. civ. I n° 130).

3. Pour lui assurer une efficacité totale, l'**inscription** doit être **suivie,** dans un délai de trois ans, **de la publication de l'acte authentique** ou de la décision judiciaire constatant la réitération ou la réalisation. L'acte authentique, ou la décision judiciaire, publié dans le délai de trois ans est opposable non à la date de sa propre publication, mais à la date où ont été publiés la demande en justice, le procès-verbal notarié ou la déclaration notariée préalable (Cass. 3e civ. 22-11-1968 : Bull. civ. III n° 494). Par suite, l'hypothèque judiciaire inscrite du chef du vendeur le même jour que la publication de la décision judiciaire constatant la vente, et faisant suite à la publication de la demande en justice, est inopposable à l'acquéreur (Cass. 2e civ. 7-4-2016 n° 15-12.307 F-PB : BPIM 3/16 inf. 192). En revanche, si l'acte définitif constatant la réitération ou la réalisation n'est pas publié, le bénéficiaire de la prénotation n'acquiert pas la qualité de tiers au sens de la publicité foncière et ne peut pas opposer son droit aux titulaires de droits concurrents ayant publié les leurs (Cass. 3e civ. 1-10-2020 n° 19-17.549 FS-PBI : SNH 33/20 inf. 1).

Le délai de trois ans est susceptible de prorogation en cas d'instance judiciaire par la publication d'une ou de plusieurs ordonnances successives rendues à cet effet par le président de la juridiction saisie.

À défaut d'inscription définitive, l'inscription provisoire est caduque (Cass. 3e civ. 22-11-1968 : Bull. civ. III n° 494 ; Cass. 3e civ. 13-10-1981 n° 80-11.402 : Bull. civ. III n° 153).

ATTENTION

La **prénotation** d'un acte au fichier immobilier peut être constitutive d'une faute caractérisant un **abus de droit** de la part de l'acquéreur, en raison de l'indisponibilité de fait qu'elle crée pour le bien (Cass. 3e civ. 3-6-2015 n° 13-27.143 FS-D : Sol. Not. 8-9/15 inf. 155 ; Cass. 3e civ. 28-1-2021 n° 19-24.962 F-D). Il peut en aller ainsi, par exemple, lorsque la publication n'a pas été suivie d'une demande au fond tendant à obtenir l'acte authentique qui fait défaut. Mais pour retenir la responsabilité civile de l'acquéreur sur ce terrain, les juges du fond doivent caractériser en quoi son attitude est constitutive d'un abus (Cass. 3e civ. 30-6-2016 n° 15-18.647 F-D).

PUBLICITÉ FACULTATIVE DÉPOURVUE D'EFFET D'OPPOSABILITÉ

15440 La publicité est ici exclusivement destinée à assurer l'**information des tiers** ; elle ne permet pas au bénéficiaire d'opposer ses droits aux tiers, même s'ils publient postérieurement. Elle concerne les actes suivants (Décret du 4-1-1955 art. 37, 1) :

– les **promesses unilatérales** de **vente** et les promesses unilatérales de **bail de plus de 12 ans** : ces dernières ne conférant aucun droit réel à leur bénéficiaire, qui dispose seulement d'une créance de nature personnelle, de telles promesses ne sont pas soumises à la publicité obligatoire (Cass. 1e civ. 22-3-1966 : Bull. civ. I n° 203). La Cour de cassation a réaffirmé l'application de l'article 37, 1 du décret du 4 janvier 1955 aux promesses unilatérales de vente (Cass. 3e civ. 22-2-1977 n° 75-12.717 : Bull. civ. III n° 91 ; Cass. 3e civ. 20-2-1979 n° 77-14.273 : JCP éd. G 1980 II n° 19376). Dans l'arrêt de 1979, la Cour énonce que l'article 37, 1 du décret du 4 janvier 1955 prévoyant la publicité facultative des promesses unilatérales de vente, elles ne bénéficient pas de la publicité aux fins d'opposabilité aux tiers applicable aux actes portant restriction du droit de disposer ;

– les **conventions relatives à l'exercice des servitudes légales** : les servitudes ayant leur source dans la loi sont réputées connues des tiers dans leur existence. Seules leurs modalités d'exercice justifient l'information. Sont concernés, notamment, les droit de surplomb et servitude de tour d'échelle pour l'isolation thermique des bâtiments (CCH art. L 113-5-1).

C. Conflits entre acquéreurs successifs

SOLUTION DU CONFLIT

15520 Dès lors que l'un au moins des droits a été publié, l'opposabilité ou l'inopposabilité aux tiers des droits concurrents soumis à publicité acquis du même auteur, sur un même immeuble, ne se règle pas d'après les dates des actes respectifs, mais selon l'**antériorité de** leur **publication**

(Décret du 4-1-1955 art. 30 ; Cass. 3e civ. 29-5-1969 : Bull. civ. III no 430). La préférence est donnée à la partie qui a effectué en premier la formalité de publicité (voir toutefois l'exception no 15525). En cas de formalités effectuées le même jour, la préférence est donnée à l'usager qui présente le titre le plus ancien (Décret du 4-1-1955 art. 31). Si la seconde vente est opposable au premier acquéreur, la responsabilité du vendeur de mauvaise foi vis-à-vis de ce dernier est d'ordre contractuel et le dommage qu'il lui a causé doit être évalué au jour de la décision (Cass. 1e civ. 10-1-1962 : Bull. civ. I no 24).

Lorsqu'une **publication et une inscription d'hypothèque** sont requises le même jour relativement au même immeuble, et que l'acte à publier et le titre de l'inscription portent la même date, l'inscription est réputée d'un rang antérieur, quel que soit l'ordre du registre des dépôts (Décret du 4-1-1955 art. 31, 2). Il a été jugé qu'il découle des articles 30, 1 et 31, 2 du décret du 4 janvier 1955 que, lorsqu'une publication et une inscription d'hypothèque sont requises le même jour mais en vertu de titres de dates différentes, l'inscription hypothécaire est réputée de rang antérieur si le titre de cette inscription est antérieur à l'acte à publier (Cass. 3e civ. 7-11-2024 no 23-12.514 FS-B : BPIM 6/24 inf. 364).

INCIDENCE DE LA CONNAISSANCE DU SECOND ACQUÉREUR

L'acquéreur qui a publié son titre le premier est préféré, même si son droit est postérieur, à **15525**
condition qu'il soit de **bonne foi** (C. civ. art. 1198, al. 2 dans sa rédaction issue de l'ord. 2016-131 du 10-2-2016). La question se pose de savoir si la bonne foi exigée par l'article 1198 du Code civil s'analyse en une simple connaissance par le second acquéreur de la première vente ou doit consister en une véritable collusion frauduleuse entre le vendeur et le tiers acquéreur ? Il appartiendra à la jurisprudence d'y répondre.

Traditionnellement, la jurisprudence posait comme condition à la possibilité d'invoquer l'inopposabilité que les ayants cause en conflit soient de bonne foi (Cass. 1e civ. 28-10-1952 : Bull. civ. I no 15). Cette condition trouvait sa justification dans l'idée que, si la publicité foncière pouvait procurer un avantage à celui qui a été le plus diligent, elle ne devait pas permettre à celui qui a un titre postérieur de l'emporter sur un concurrent titré en premier dont il connaissait l'antériorité du titre. La Cour de cassation a tout d'abord exigé une collusion frauduleuse entre le vendeur et le second acquéreur pour caractériser la mauvaise foi de ce dernier (Cass. civ. 10-5-1949 : JCP 1949 II no 4972 note E. Beque). Puis elle a réduit son niveau d'exigence en considérant qu'il suffisait que le second acquéreur ait, au moment où il contracte, connaissance de l'existence de la première aliénation pour que soit neutralisé l'effet d'opposabilité de la publication de son titre à l'égard du premier acquéreur (Cass. 3e civ. 22-3-1968 : Bull. civ. III no 129 ; Cass. 3e civ. 30-1-1974 no 72-14.197 : Bull. civ. III no 50 ; Cass. 3e civ. 11-6-1992 no 90-10.687 : Bull. civ. III no 200).

Opérant un revirement, la Cour de cassation a fait prévaloir une application objective de la règle d'antériorité de la publication malgré la connaissance par le second acquéreur de la première vente, quelle que soit la bonne ou mauvaise foi de celui-ci. Elle a ainsi décidé que le second acquéreur, pourvu qu'il ait publié le premier, pouvait opposer son droit au premier acquéreur qui n'avait pas publié ou qui avait publié plus tard, peu important qu'il ait eu connaissance de cette première cession (Cass. 3e civ. 10-2-2010 no 08-21.656 FS-PB : Bull. civ. III no 41 ; Cass. 3e civ. 12-1-2011 no 10-10.667 FS-PB : Bull. civ. III no 5 ; Cass. 3e civ. 19-6-2012 no 11-17.105 F-D : BPIM 4/12 inf. 340). Cette jurisprudence a été critiquée par une partie de la doctrine (S. Piedelièvre, Retour sur les conséquences du défaut de publication d'une promesse de vente, Defrénois 2010 art. 39123 ; T. Revet, Un revirement fâcheux, l'abandon de la condition d'ignorance par le second contractant ayant procédé le premier aux formalités de publicité foncière, de l'existence d'un premier contrat translatif, RTD civ. 2011 p. 369 ; voir toutefois, en faveur de la solution : L. Aynès, Publicité foncière et mauvaise foi de l'acquéreur : un revirement de jurisprudence radical et salutaire, D. 2011 p. 851).

C'est en réponse à cette jurisprudence que l'article 1198 du Code civil a été adopté dans sa rédaction issue de l'ordonnance du 10 février 2016. Il subordonne l'opposabilité des droits du premier publiant à sa bonne foi. Malgré cette réforme, la Cour de cassation a maintenu pour l'instant sa jurisprudence en faisant prévaloir le titre le premier publié sans examiner la bonne ou mauvaise foi du publiant, c'est-à-dire sa connaissance d'une vente concurrente (Cass. 3e civ. 4-10-2018 no 17-15.425 F-D : SNH 39/18 inf. 10, concernant des faits antérieurs à 2016).

INCIDENCE DES RÈGLES DE PUBLICITÉ FONCIÈRE

La règle de l'antériorité de la publication est également écartée lorsque les règles de la publicité **15540**
foncière ne sont **pas applicables** (no 15200). Tel est le cas lorsque :

– l'une des parties à l'action en revendication prétend avoir usucapé l'immeuble (Cass. 1e civ. 5-5-1965 : Bull. civ. I no 300) car l'acte par lequel la partie qui invoque l'usucapion abrégée constitue un juste titre même s'il n'a pas été publié (Cass. 3e civ. 31-1-1984 no 83-13.865 : Bull. civ. III no 188 ; Cass. 3e civ. 17-12-2020 no 18-24.434 FP-PBI : BPIM 1/21 inf. 50) ;

– la première vente n'a pas été constatée par un acte authentique (Cass. 1e civ. 5-4-1967 : Bull. civ. I no 107 ; Cass. 3e civ. 13-3-1974 no 73-11.811 : Bull. civ. III no 119). Dans ce dernier cas, en effet, l'inopposabilité de la première vente résulte du défaut de publication et non de l'autorité de la seconde vente.

D. Régime de la publicité foncière

1. DÉPÔT DE L'ACTE AU SERVICE CHARGÉ DE LA PUBLICITÉ FONCIÈRE

IDENTIFICATION DES PERSONNES

15600 L'acte à publier doit contenir une identification des parties, certifiée par le notaire.

Pour les **personnes physiques,** les actes et décisions judiciaires sujets à publicité doivent contenir « les nom, prénoms dans l'ordre de l'état civil, domicile, date et lieu de naissance et profession des parties, ainsi que le nom de leur conjoint ». Ces mentions doivent être certifiées par un notaire, un commissaire de justice (anciennement huissier de justice), un avocat, un administrateur ou mandataire judiciaire, ou une autorité administrative (représentant d'une personne publique, magistrat du ministère public, agent judiciaire du Trésor, représentants de certains organismes de sécurité sociale ou de certains établissements bancaires), au pied de tout bordereau, extrait, expédition ou copie, déposé pour l'exécution de la formalité (Décret du 4-1-1955 art. 5 ; Décret du 14-10-1955 art. 38).

15610 Pour les **personnes morales,** les actes et décisions judiciaires sujets à publicité doivent contenir leur dénomination et indiquer, en outre : pour toutes les sociétés, leur forme juridique et leur siège social ; pour les sociétés commerciales, leur numéro d'immatriculation au registre du commerce ; pour les associations, leur siège, la date et le lieu de leur déclaration ; pour les syndicats, leur siège, la date et le lieu de dépôt de leurs statuts. L'identification des personnes morales est certifiée dans les mêmes conditions que pour les personnes physiques (Décret du 4-1-1955 art. 6).

Tout **changement** de dénomination, de forme juridique ou de siège doit être obligatoirement publié.

Lorsqu'il procède à l'examen du dépôt, le **service chargé de la publicité foncière** doit, à partir de la deuxième formalité accomplie après le 1er juillet 1998, limiter son **contrôle** de concordance des éléments d'identification des personnes morales à la dénomination et au numéro d'identité (Décret du 4-1-1955 art. 42-1).

15615 La **sanction** soit **du défaut de publication,** soit de la publication incomplète ou irrégulière, ne consiste pas en l'inopposabilité aux tiers des modifications non publiées, mais en la possibilité pour toute personne intéressée ayant publié son propre droit et prouvant qu'elle a subi un préjudice de demander des **dommages-intérêts** (Cass. 3e civ. 2-7-1974 no 73-10.393 : Bull. civ. III no 280).

DÉSIGNATION DES IMMEUBLES

15640 Les actes et décisions judiciaires sujets à publicité doivent indiquer, pour chacun des immeubles qu'ils concernent, la nature, la situation, la contenance et la désignation cadastrale (section, numéro du plan et lieudit). Le lieudit est remplacé par l'indication de la rue et du numéro pour les immeubles situés dans les parties agglomérées des communes urbaines (Décret du 4-1-1955 art. 7).

La désignation doit être faite conformément à un **extrait cadastral** ayant moins de six mois de date au jour de la remise au service chargé de la publicité foncière (Décret du 4-1-1955 art. 7, al. 5).

ATTENTION

La publication d'un acte comportant des indications cadastrales inexactes ne permet pas à la formalité de remplir son rôle de publicité à l'égard des tiers (Cass. 3e civ. 13-2-1991 no 82-12.046 : Bull. civ. III no 59). Il en est de même de la publication d'un acte ne mentionnant pas la parcelle sur laquelle portent les droits de l'acquéreur (Cass. 3e civ. 30-5-1996 no 93-21.573 D : RJDA 8-9/96 no 1105).

15645 Lorsque l'acte ne porte pas sur un immeuble entier, deux situations doivent être distinguées.

1. L'acte réalise ou constate une **division** de la propriété du sol **entraînant changement de limite** de propriété : l'acte ou la décision doit désigner l'immeuble tel qu'il existait avant la division et chacun des nouveaux immeubles résultant de cette division. La division doit donner lieu à un document d'arpentage dressé par un géomètre expert préalablement à la publication.

La constitution sur une fraction de parcelle d'un droit d'usufruit, d'un droit de superficie ou d'un bail emphytéotique est considérée comme un changement de limite de propriété. En revanche, aucun document d'arpentage n'est exigé pour la constitution sur une partie de parcelle d'une servitude.

2. L'acte ne réalise et ne constate pas une division de propriété du sol entraînant changement de limite, mais ne concerne qu'une ou plusieurs **fractions d'un immeuble** : l'acte ou la décision doit comporter à la fois la désignation desdites fractions et celle de l'ensemble de l'immeuble. Ces mentions ne sont pas exigées lorsque l'acte ou la décision concerne soit une servitude, soit un droit d'usage ou d'habitation, soit un bail de plus de 12 années ou lorsque l'acte ou la décision entraîne la suppression de la division de l'immeuble.

La désignation de la fraction est faite conformément à un état descriptif de division ou, éventuellement, à un état modificatif préalablement publié. Cette disposition s'applique sans qu'il y ait lieu de distinguer entre un immeuble urbain et un immeuble rural (Cass. 3e civ. 2-7-1969 : Bull. civ. III n° 539).

DÉPÔT AU SERVICE DE LA PUBLICITÉ FONCIÈRE

Dépôt via Télé@ctes Le dépôt au service de la publicité foncière doit être effectué via la plateforme Télé@ctes pour un certain nombre d'actes notariés, **sous peine de refus** de la formalité. Le refus de dépôt n'est toutefois pas opposé en cas d'indisponibilité du service de télétransmission ne permettant pas de respecter le délai de publication d'un mois imparti par l'article 647, III du CGI pour la formalité fusionnée (Décret du 14-10-1955 art. 73-1). 15660

La notion d'**indisponibilité du service** de télétransmission recouvre à la fois (Inst. DGFiP 2017-11-3139 du 8-12-2017) :

– l'indisponibilité technique, qui correspond à un événement indépendant de la volonté du notaire affectant la chaîne de transmission (serveur local de l'office, boîtier, réseau, serveur Planète) et rendant impossible la transmission du flux informatisé le dernier jour de la date légale de dépôt ;

– l'impossibilité logicielle de téléacter, qui correspond à une absence provisoire de mise à jour du logiciel de rédaction d'actes qui bloque la constitution du flux informatisé contenant la formalité à publier. À ce titre, seuls sont concernés : les actes de constitution de servitudes, les actes rectificatifs et les ventes avec déclaration de plus-value tant que les nouveaux taux en vigueur au 1er janvier n'ont pas été mis à jour.

En cas d'indisponibilité technique, l'instruction propose deux solutions :

– soit le notaire effectue son dépôt par voie papier, en fournissant à l'appui un justificatif de l'impossibilité technique de télétransmission (établi par le notaire sous sa responsabilité) et une demande de remise de pénalités ;

– soit il patiente afin de télépublier dès le rétablissement du service de télétransmission. Il doit alors adresser par courriel au service de la publicité foncière le justificatif de l'impossibilité technique précité et une demande de remise de pénalités. À défaut de justificatif dans ce cas, il n'y aura pas de refus, mais le service de la publicité foncière n'accordera pas de remise de pénalités.

Les **actes soumis à l'obligation de dépôt électronique** sont les suivants (Arrêté CPAE17161114A du 2-6-2017) : 15662

– les actes de vente, y compris ceux accompagnés d'une déclaration de plus-value immobilière et/ou des taxes prévues aux articles 1529 et 1605 nonies du CGI et/ou d'un ou plusieurs documents d'arpentage, à l'exception des actes de vente donnant lieu au dépôt d'une déclaration de TVA ;

– les actes portant constitution d'une servitude ;

– les attestations immobilières après décès ;

– les actes rectificatifs et les attestations rectificatives faisant suite à la notification d'une ou plusieurs causes de rejet ;

– les actes portant convention de rechargement d'une hypothèque conventionnelle (hypothèque rechargeable) ;

– les actes portant mainlevée d'une inscription et les actes par lesquels le notaire certifie que le créancier a, à la demande du débiteur, donné son accord à la radiation d'une ou plusieurs inscriptions (radiations simplifiées).

Pour les **autres actes** ou documents techniquement téléactables mais non visés par ces dispositions, la forme du dépôt reste libre. Le notaire peut choisir d'effectuer le dépôt par Télé@ctes ou sous forme « papier » (n° 15670).

Lorsque le dépôt est effectué via la plateforme Télé@ctes, la **copie hypothécaire** est **dématérialisée.** Si elle contient une vente, elle doit être présentée sous forme normalisée en deux 15664 parties comme c'est le cas lors d'un dépôt papier (n° 15670). Le service de la publicité foncière puise directement dans les données structurées de l'acte les éléments nécessaires à la mise à jour du fichier immobilier et à la transmission des informations aux autres services fiscaux. Par suite, le déposant est dispensé de joindre l'extrait d'acte, ainsi que l'extrait cadastral qui sont requis lors d'un dépôt papier. Seules les références de l'extrait cadastral dématérialisé obtenu doivent être rappelées lors du dépôt.

Le paiement des **droits et taxes** doit être effectué par virement dématérialisé avant le télédépôt, et le numéro de l'avis d'opéré doit être transmis au service de la publicité foncière pour lui permettre d'affecter les fonds reçus à la publication de l'acte concerné.

Une fois la publicité effectuée par le service de la publicité foncière, les **mentions de publication** sont transmises à l'office via la plateforme Télé@ctes. Selon le logiciel utilisé, elles s'intègrent automatiquement ou non au dossier informatique détenu à l'office ainsi qu'au répertoire des actes du notaire.

15670 **Dépôt papier** Le dépôt papier demeure le principe pour la publication des **actes** autres que notariés. Il peut également être choisi par le notaire pour les actes notariés techniquement téléactables qui ne sont pas soumis à l'obligation de dépôt via Télé@ctes (n° 15662).

Deux expéditions, extraits littéraux ou copies de l'acte ou de la décision judiciaire à publier doivent être remis au service chargé de la publicité foncière. L'un de ces documents est rendu au déposant après avoir été revêtu par l'administration d'une mention attestant l'exécution de la formalité. L'autre (la « copie hypothécaire »), qui doit porter la mention certifiant l'identité des parties, est conservé au service chargé de la publicité foncière (Décret du 4-1-1955 art. 34, 1).

Les actes de **vente** immobilière (autres que vente judiciaire) doivent comporter, sous peine de refus, une **partie normalisée** qui doit figurer au début des expéditions, extraits littéraux ou copies déposées et comporter une mention de clôture afin que l'administration puisse contrôler aisément les éléments indispensables à la publicité des droits réels et à l'assiette des contributions, impôts, droits et taxes (Décret du 4-1-1955 art. 34-1).

L'acte déposé doit être **accompagné** des pièces suivantes :

– un extrait cadastral ayant moins de six mois au jour du dépôt et, le cas échéant, un document d'arpentage (n° 15645) ou le document délivré par le service du cadastre en tenant lieu (Décret du 4-1-1955 art. 7) ;

– un extrait d'acte en double exemplaire (CGI art. 860) ;

– toutes les déclarations fiscales imposées par l'opération à publier (déclaration de plus-value, déclaration de taxe forfaitaire sur les terrains, pièces justificatives de régimes fiscaux particuliers, etc.) ;

– le paiement de l'ensemble des droits et taxes exigibles sous peine de refus (CGI art. 1701). Pour les notaires, ce paiement doit impérativement avoir lieu par virement sous peine d'amende dès lors qu'il excède 3 000 € (C. mon. fin. art. L 112-6-1, L 112-7 et R 112-5).

2. RÔLE DU SERVICE CHARGÉ DE LA PUBLICITÉ FONCIÈRE

CONTRÔLE DE LA RÉGULARITÉ DU DÉPÔT

15720 **Pouvoirs du service de la publicité foncière** L'administration n'a pas qualité pour apprécier la validité d'un acte, le droit du disposant ou la capacité des parties. Elle n'est pas **juge au fond** de la régularité des actes déposés aux fins de publication (Rép. Lamant : AN 31-8-1987 p. 4867 n° 28044).

Toutefois, elle détient des pouvoirs importants quant au contrôle de la **régularité de la forme.** Elle dispose en la matière de deux moyens : le refus de dépôt et le rejet de la formalité. Elle ne peut refuser le dépôt d'un acte dont la publicité est requise ou rejeter la formalité que dans les cas limitativement énumérés par la loi. Toutefois, elle doit s'assurer de la concordance du document déposé et des documents publiés antérieurement (Cass. 3e civ. 12-6-1996 n° 94-18.004 P : RJDA 7/96 n° 966).

La **responsabilité de l'État** est engagée toutes les fois qu'un service de la publicité foncière commet dans l'exercice de sa mission une faute ou une négligence préjudiciable. De façon dérogatoire, cette responsabilité est de nature civile (C. civ. art. 2444, II), le tribunal judiciaire de Paris étant seul compétent pour connaître de ce contentieux (C. org. jud. art. R 211-7-1). Ce contentieux ne doit pas être confondu avec celui des recours contre les rejets et refus obéissant à des règles différentes (pour un exemple de recours dirigé, en apparence, contre l'administration mais qui ne recherchait pas sa responsabilité et constituait en réalité un recours contre une décision de rejet, voir Cass. 3e civ. 21-1-2016 n° 14-24.795 FS-PB : RJDA 5/16 n° 404).

> Précisions Par exception au principe selon lequel le silence vaut acceptation, le silence gardé par l'administration pendant six mois vaut **rejet implicite** (au sens du droit administratif et non au sens de la publicité foncière) de la demande de publication ou d'inscription au fichier immobilier (Loi 2000-321 du 12-4-2000 art. 21, II ; Décret 2014-1280 du 23-10-2014). La jurisprudence devra préciser comment appliquer à la publicité foncière ce texte conçu pour de pures décisions administratives. À notre connaissance, cette disposition n'a pas reçu de véritable application pratique depuis sa création.

Refus de dépôt Le refus de dépôt sanctionne une **irrégularité** qui peut être **décelée au seul vu de l'acte** déposé, sans qu'il soit nécessaire de le rapprocher du fichier ou d'un acte antérieurement publié. Le dépôt est refusé (Décret du 4-1-1955 art. 34, 2) : **15725**

– si l'expédition, extrait ou copie, qui doit être conservée ne comporte pas la mention de certification de l'identité des parties ;

– si les immeubles ne sont pas individuellement désignés, avec indication de la commune où ils sont situés ;

– en cas d'inobservation des prescriptions visées n° 15670 ;

– en cas de défaut de remise (ou, en cas de télépublication, d'indication de leurs références) de l'extrait cadastral ou des documents d'arpentage visés n° 15670.

Le dépôt est également refusé :

– si la requête se rapporte à des immeubles situés hors du ressort du service de la publicité foncière (Décret du 14-10-1955 art. 68-1) ;

– si les expéditions, copies ou bordereaux présentés ne mentionnent pas les références de la publicité du titre du disposant ou du dernier titulaire du droit, ou si la publicité du titre ou de l'attestation n'est pas effectuée au plus tard en même temps que la formalité nouvelle (Décret du 14-10-1955 art. 33) ;

– si l'acte n'est pas accompagné de la déclaration de la plus-value ou si l'acte ne comporte pas les mentions obligatoires relatives à la plus-value (voir nos 86240 s.) ;

– si l'acte est déposé par un notaire sous forme papier alors qu'il est de ceux qui doivent obligatoirement être télépubliés (voir nos 15660 s.).

L'administration doit **notifier** sa **décision** de refus au déposant par lettre recommandée AR ou remise contre récépissé dans un délai de 15 jours au maximum à compter de la remise des documents en indiquant les causes de son refus ; ce délai est fixé à huit jours pour les commandements valant saisie et à un mois pour les mentions en marge (Décret du 14-10-1955 art. 74, 1).

ATTENTION

En cas de refus, les pièces et fonds versés sont purement et simplement restitués au déposant, et aucune annotation du fichier n'est effectuée, de sorte qu'aucune **opposabilité** ne découle du dépôt dont l'irrégularité est ainsi sanctionnée. **Fiscalement,** l'acte refusé ne peut être considéré comme enregistré (BOI-ENR-DG-40-20-20-20 n° 140).

Rejet de la formalité Le rejet de formalité révèle généralement une **discordance** entre l'**acte** déposé **et** les énonciations du **fichier immobilier** dont il est rapproché. La formalité est rejetée si, après avoir accepté le dépôt, l'administration constate (Décret du 14-10-1955 art. 34, 3) : **15735**

– soit l'omission d'une des énonciations prescrites par les articles 5, 6 et 7 (nos 15600 s. et 15640 s.), sous réserve du droit pour les intéressés de redresser les erreurs matérielles de l'expédition, extrait ou copie, par un document rectificatif prenant effet à la date de son dépôt ;

– soit une discordance entre, d'une part, les énonciations relatives à l'identification des parties ou à la désignation des immeubles contenues dans le document à publier, et, d'autre part, les énonciations correspondantes contenues dans les titres déjà publiés depuis le 1er janvier 1956, sauf justification de l'exactitude du document à publier.

Il en est de même en cas :

– de défaut de remise d'un extrait cadastral (Décret du 14-10-1955 art. 30, 4) ;

– d'omission sur l'extrait cadastral d'un seul des immeubles figurant sur le document déposé (Décret du 14-10-1955 art. 31) ;

– d'omission, dans un bordereau d'inscription, de la date, du volume et du numéro sous lequel a été publié le titre de propriété du débiteur grevé (Décret du 14-10-1955 art. 33) ;

– lorsque, après acceptation du dépôt, l'administration constate l'une des irrégularités qui auraient justifié un refus de dépôt : « rejet pour refus non opposé » (Décret du 14-10-1955 art. 74, 3).

La **notification** par l'administration de l'existence d'une **cause de rejet** doit être faite, en principe, dans le délai d'un mois à compter de la date du dépôt. Elle peut être remise directement au déposant qui signe une reconnaissance de notification, ou lui être adressée par lettre recommandée avec demande d'avis de réception ou par télécopie (Inst. 10 E-4-80 n°s 2, 3 et 21 et Inst. 10 D-1-00 n° 4, toutefois non reprises au Bofip).

La formalité qui a fait l'objet d'une notification de cause de rejet est alors placée par l'administration en attente de **régularisation.** Le requérant dispose d'un délai d'un mois à compter de la date de la notification pour régulariser, faute de quoi la formalité fait l'objet d'un rejet définitif (Décret du 14-10-1955 art. 34, 3).

Dans l'attente de la régularisation, l'acte objet d'un rejet est réputé enregistré à la date du dépôt (CGI art. 647, IV). Cette règle ne vaut que pour les actes soumis ou admis à la formalité fusionnée (Cass. com. 4-4-2024 n° 22-20.616 F-B : SNH 15/24 inf. 1, RJF 7/24 n° 565). Pour les autres, c'est-à-dire les actes hors champ, l'acte refusé doit être considéré comme non enregistré.

> **Précisions** La Cour de cassation a jugé que le délai de régularisation d'un mois de la cause de rejet est un délai impératif et qu'en acceptant une inscription après ce délai le conservateur (aujourd'hui, l'administration) commet une faute (Cass. 3e civ. 29-11-2000 n° 99-11.022 FS-PB : RJDA 2/01 n° 247).

15740 **Recours contre les décisions de rejet et de refus** Les parties peuvent exercer un recours contre la décision de rejet de la formalité et contre la décision de refus du dépôt (Décret 55-22 du 4-1-1955 art. 26 et 34).

Le recours doit être **porté** dans les huit jours de la notification de la décision de l'administration devant le président du tribunal judiciaire dans le ressort duquel sont situés les immeubles.

Il est statué selon la procédure accélérée au fond. Le jugement du président du tribunal judiciaire n'est pas susceptible d'exécution provisoire. En cas d'exercice des voies de recours, il est statué par priorité et d'extrême urgence.

En cas de **confirmation** par le juge **de la décision de refus,** l'usager doit, le cas échéant, régulariser les documents déposés et procéder à un nouveau dépôt au service chargé de la publicité foncière. En cas d'**annulation de la décision de refus,** l'usager doit redéposer les documents initialement refusés et l'administration doit se conformer à la décision du juge et procéder à l'exécution de la formalité. Dans ces deux hypothèses, la formalité ne prend rang qu'à compter du nouveau dépôt.

En cas de **confirmation** par le juge **de la décision de rejet,** la formalité litigieuse est définitivement rejetée. En cas d'**annulation de la décision de rejet,** la formalité est exécutée avec effet rétroactif à la date d'enregistrement du dépôt.

> **Précisions** Excède ses pouvoirs la cour d'appel qui, après avoir retenu l'absence de fondement d'une décision de refus d'un conservateur des hypothèques (aujourd'hui l'administration) du dépôt d'un acte, lui impose de notifier en lieu et place de cette décision de refus une décision de rejet ouvrant droit à régularisation en vertu de l'article 34, 3 du décret 55-1350 du 14 octobre 1955 (Cass. 3e civ. 1-3-2006 n° 04-18.363 FS-PB : RJDA 10/06 n° 1087). En effet, ce faisant, le juge ouvrait la possibilité d'une régularisation de l'inscription prenant rang à la date du premier dépôt, ce qui n'était pas conforme à l'article 26 du décret du 4 janvier 1955. Le juge n'a donc que le pouvoir de confirmer ou d'annuler la décision de l'administration, mais pas de lui dicter une décision autre.

DÉLIVRANCE DE DOCUMENTS

15760 Les services chargés de la publicité foncière sont tenus de délivrer à tous ceux qui le requièrent **copie ou extraits** des documents, autres que les bordereaux d'inscription, qui y sont déposés dans la limite des 50 années précédant celle de la réquisition. Ils sont également tenus de délivrer sur réquisition, dans un délai de 10 jours, des copies ou extraits du fichier immobilier (C. civ. art. 2443).

Les notaires peuvent **consulter directement** et en quelques minutes, au moyen de l'application informatique « **Accès des notaires au fichier immobilier** » (ANF), les données publiées afin d'obtenir délivrance des renseignements hypothécaires et copies d'actes (Décret du 14-10-1955 art. 54 ter à 54 septies).

3. FRAIS DE PUBLICATION

CONTRIBUTION DE SÉCURITÉ IMMOBILIÈRE

15840 La contribution de sécurité immobilière est perçue lors de la publication au service de la publicité foncière des **actes** ou conventions **portant transfert** ou constitution **des droits réels immobiliers.** Il s'agit :

– des **publications** : la contribution est exigible lors de l'accomplissement de la formalité unifiée d'enregistrement et de publicité foncière (cas des ventes d'immeubles, des donations immobilières) ou de la formalité civile de publicité foncière (cas notamment des attestations notariées de propriété après décès) ;

– des **inscriptions** : la contribution est due essentiellement sur la formalité d'inscription **d'hypothèques** ;

– des **mentions** (en particulier, radiation des inscriptions d'hypothèques).

Tarifs **Contribution sur les publications** : tarif proportionnel fixé au taux unique de 0,10 % qui s'applique au prix ou à l'évaluation des immeubles ou des droits immobiliers faisant l'objet de la publication (CGI art. 881 K). **15845**

Le même tarif s'applique à la contribution due sur les **mentions** des radiations d'inscription (à l'exception d'un taux réduit de 0,05 % applicable pour les radiations simplifiées effectuées conformément aux dispositions du troisième alinéa de l'article 2436 du Code civil) (CGI art. 881 J).

Tarif minimum : 15 € par radiation ou par publication (CGI art. 881 M).

Contribution sur les inscriptions : taux proportionnel de 0,05 %, liquidé sur le montant des sommes ou valeurs énoncées au bordereau d'inscription des privilèges immobiliers ou des hypothèques y compris pour les bordereaux d'inscription d'une hypothèque conventionnelle rechargeable (CGI art. 881 H). S'agissant des privilèges, ce tarif ne concerne plus désormais que les privilèges nés d'un acte antérieur au 1er janvier 2022 (date d'entrée en vigueur de l'ordonnance 2021-1192 du 15 septembre 2021 portant réforme du droit des sûretés) qui seraient inscrits tardivement après cette date. Sur cette question, voir Muriel Suquet-Cozic, Un privilège de prêteur de deniers né d'un acte reçu en 2021 peut-il être inscrit aujourd'hui ? : SNH 14/22 inf. 14.

Le même tarif s'applique à la contribution due sur les **mentions** des déclarations de cession d'antériorité, ou de subrogation et de changement de domicile par le même acte et des publications des conventions de rechargement prévues à l'article 2416 du Code civil (CGI art. 881 I).

Tarif minimum : 8 € par inscription, par déclaration de cession d'antériorité ou de subrogation ou par convention de rechargement (CGI art. 881 M).

> **Précisions** **a.** La contribution proportionnelle est **réduite de moitié** pour certaines formalités, notamment inscription d'hypothèque en garantie du paiement fractionné ou différé de certains impôts (CGI art. 881 L).
> **b.** Seules sont **exonérées** de contribution de sécurité immobilière les formalités requises au profit de l'État ainsi que celles pour lesquelles la loi prévoit expressément et formellement cette exonération (CGI art. 879). Ainsi, les opérations exonérées « de tous droits et taxes » supportent néanmoins la contribution de sécurité immobilière.

DROITS D'ENREGISTREMENT

Indépendamment de la contribution de sécurité immobilière, la publication de certains actes au fichier immobilier peut comporter le paiement d'une imposition correspondant à la formalité fiscale de « l'enregistrement » des actes qui constatent certaines opérations juridiques (ventes, échanges, partages, donations, publication de certains baux, etc.). **15860**

Les impositions auxquelles donne lieu la formalité de l'enregistrement sont désignées de deux façons différentes selon le service compétent pour l'exécuter : elles portent l'appellation de « droits d'enregistrement » lorsqu'il s'agit du service des impôts et celle de « taxe de publicité foncière » pour les actes formalisés au service de la publicité foncière. **15865**

Lorsqu'un acte est soumis obligatoirement à l'enregistrement et obligatoirement à la publicité foncière, il relève sauf exceptions de la **formalité fusionnée,** qui est accomplie au service de la publicité foncière. Il est donc assujetti à une imposition unique dite taxe de publicité foncière (à laquelle s'ajoute la contribution de sécurité immobilière), sauf dans le cas des donations où la taxe de publicité foncière demeure distincte des droits de donation, ces deux impositions étant acquittées simultanément au service de la publicité foncière (BOI-ENR-DMTG-20-40 n° 20).

Les actes et mutations relevant de la seule **formalité de l'enregistrement,** effectuée par le service des impôts, sont soumis à un droit d'enregistrement. Les tarifs des droits d'enregistrement sont fixes, progressifs ou proportionnels.

Quant aux actes exclus de la formalité fusionnée et relevant de la **double formalité de l'enregistrement et de la publicité foncière** (décisions de justice, immeubles situés en Alsace-Moselle), ils sont soumis à une perception unique de l'impôt au service des impôts (droit d'enregistrement) ; la publication ultérieure de ces actes au service de la publicité foncière est alors dispensée de la taxe de publicité foncière et ne donne lieu qu'à la perception de la contribution de sécurité immobilière (CGI art. 665).

15870 **Paiement des droits** En principe, les droits sont payés comptant **préalablement** à l'accomplissement de la formalité soit au service des impôts, soit au service de la publicité foncière (CGI art. 1701).

Les parties sont solidaires pour le paiement des droits, mais ceux-ci ne doivent, en définitive, et sauf conventions contraires, être **supportés** que par l'acquéreur ou le bénéficiaire de la convention (CGI art. 1712).

AUTRES PERCEPTIONS

15880 À l'occasion de la réalisation de la formalité de publicité foncière, les services de la publicité foncière sont également chargés de collecter d'autres impôts et taxes générés par la mutation : impôt sur les plus-values immobilières des particuliers (CGI art. 150 U s.), impôt sur les plus-values immobilières des non-résidents (CGI art. 244 bis) et taxes forfaitaires sur certaines plus-values (CGI art. 1529, 1605 nonies et 1609 nonies G).

CHAPITRE 7 SAISIE IMMOBILIÈRE

SOMMAIRE

DÉFINITION DE LA SAISIE IMMOBILIÈRE

16000 La saisie immobilière est une mesure d'exécution forcée qui permet à un créancier muni d'un titre exécutoire (jugement, par exemple) de recouvrer les sommes qui lui sont dues par son débiteur quand une tentative de recouvrement amiable a échoué.

Cette mesure est particulièrement efficace car elle permet la vente forcée de l'immeuble du débiteur ou, le cas échéant, du tiers acquéreur en vue de la distribution de son prix (C. exécution art. L 311-1). Elle n'est pas réservée aux créanciers hypothécaires ou privilégiés et peut être mise en œuvre par tout créancier.

SECTION 1 CARACTÉRISTIQUES DE LA SAISIE IMMOBILIÈRE

TEXTES APPLICABLES À LA SAISIE IMMOBILIÈRE

16010 La saisie immobilière est soumise :

– à un **régime spécifique** figurant aux articles L 311-1 à L 341-1 et R 311-1 à R 334-3 du Code des procédures civiles d'exécution ;

– aux **dispositions communes** aux différentes mesures d'exécution prévues par le livre I du même Code lorsqu'elles ne sont pas contraires au régime spécifique (C. exécution art. L 111-1 à L 162-2 et R 111-1 à R 162-9).

Lorsque le débiteur fait l'objet d'une **procédure collective,** la saisie immobilière est régie par des règles particulières qui ne sont pas traitées dans les développements qui suivent.

16015 Le régime de la saisie immobilière est d'**ordre public** : toute convention autorisant un créancier à faire vendre les immeubles de son débiteur en dehors des formes prescrites est nulle (C. exécution art. L 311-3). En effet, la saisie et la vente d'un immeuble portent atteinte au droit de propriété et, le cas échéant, au droit au logement ; elles nécessitent donc un encadrement strict.

ILLUSTRATIONS

Le jugement d'orientation qui ordonne la vente forcée de l'immeuble saisi interdit de procéder à la **vente du bien** selon une **autre modalité** que celle qu'il a prévue. Dès lors qu'à aucun moment le juge de l'exécution n'a autorisé la vente amiable de l'immeuble, est nulle la promesse synallagmatique de vente conclue par le débiteur saisi avec un tiers la veille de la date de la vente forcée, même si cette promesse a été signée sous la condition suspensive de la radiation du commandement valant saisie et si tous les créanciers ont donné leur accord à cette radiation (Cass. 2e civ. 9-4-2015 no 14-16.878 : Bull. civ. II no 96).

A. Conditions de la saisie immobilière

EXISTENCE DE LA CRÉANCE JUSTIFIANT LA SAISIE

16020 Pour faire procéder à une saisie immobilière, le créancier doit justifier d'une créance non éteinte. Si, au cours de la procédure, le créancier saisissant a été désintéressé des causes du commandement en principal par le débiteur saisi, il est fondé à continuer les poursuites de saisie immobilière contre celui-ci tant qu'il n'a pas été réglé de ses frais (Cass. 2e civ. 22-6-2017 no 16-18.901 : RJDA 10/17 no 658).

TITRE EXÉCUTOIRE CONSTATANT UNE CRÉANCE LIQUIDE ET EXIGIBLE

16021 Tout créancier qui entend faire procéder à une saisie immobilière doit être muni d'un titre exécutoire constatant une créance liquide et exigible (C. exécution art. L 311-2).

16022 **Titre exécutoire** **Seuls** constituent des titres exécutoires (art. L 111-3) :

– les décisions de justice lorsqu'elles ont force exécutoire, ainsi que les accords entre les parties auxquels il a été conféré force exécutoire par un juge : transaction (Cass. 2e civ. 27-5-2004 no 02-18.542 : Bull. civ. II no 253), accord issu de la procédure participative, accord issu d'une médiation ou d'une conciliation (CPC art. 1543 modifié par Décret 2025-660 du 18-7-2025) ;

– les actes et les jugements étrangers ainsi que les sentences arbitrales déclarés exécutoires par une décision non susceptible d'un recours suspensif d'exécution, sans préjudice des dispositions du droit de l'Union européenne applicables ;
– les décisions rendues par la juridiction unifiée du brevet (JUB) ;
– les extraits de procès-verbaux de conciliation signés par le juge et les parties ;
– les actes notariés revêtus de la formule exécutoire ;
– les accords par lesquels les époux consentent mutuellement à leur divorce par acte sous signature privée contresigné par avocats, déposés au rang des minutes d'un notaire selon les modalités prévues à l'article 229-1 du Code civil ;
– le titre délivré par l'huissier ou le commissaire de justice en cas de non-paiement d'un chèque ou en cas d'accord entre le créancier et le débiteur dans le cadre de la procédure simplifiée de recouvrement des petites créances (C. exécution art. L 125-1) ;
– les titres délivrés par les personnes morales de droit public qualifiés comme tels par la loi ou les décisions auxquelles la loi attache les effets d'un jugement ;
– les transactions et les actes constatant un accord issu d'une médiation, d'une conciliation ou d'une procédure participative, lorsqu'ils sont contresignés par les avocats de chacune des parties et revêtus de la formule exécutoire par le greffe compétent (CPC art. 1546 modifié par Décret 2025-660 du 18-7-2025).

Lorsque la décision de justice est **exécutoire** simplement **à titre provisoire** (par exemple, une ordonnance de référé), la saisie immobilière peut être engagée mais la vente forcée de l'immeuble ne pourra intervenir qu'après une décision définitive passée en force de chose jugée (C. exécution art. L 311-4, al. 1). **16025**

Si la **décision de justice** a été **rendue par défaut,** c'est-à-dire en l'absence du défendeur, aucune poursuite ne peut être engagée pendant le délai d'opposition (art. L 311-4, al. 2) qui est, en matière contentieuse, d'un mois à compter de la notification de la décision (CPC art. 527 s. et 538).

> Précisions **a.** Le Code de procédure civile ne définit pas la **notion de décision définitive** mais, selon une partie de la doctrine, c'est une décision qui tranche tout ou partie du principal dans son dispositif ou statue sur une exception de procédure, une fin de non-recevoir ou tout autre incident (N. Fricero : Droit et pratique de la procédure civile, Dalloz Action 2024-2025 n° 521.41 ; S. Guinchard, F. Ferrand, C. Chainais, L. Mayer : Procédure civile, Précis Dalloz 2024, 37e éd. n° 1248), ce qui lui confère, dès son prononcé, l'autorité de chose jugée relativement à la contestation qu'elle tranche (CPC art. 480 ; C. civ. art. 1355).
b. La **notion de force de chose jugée** ne doit pas être confondue avec la **notion de force exécutoire.** Pour avoir force de chose jugée, la décision ne doit être susceptible d'aucun recours suspensif d'exécution. Si elle l'est et qu'aucun recours n'a été exercé dans le délai imparti, elle aura force de chose jugée à l'expiration de ce délai (CPC art. 500).
Pour avoir force exécutoire, la décision doit être passée en force de chose jugée (CPC art. 501) puis remplir certaines conditions (art. 502 s.), dont la notification, étant précisé que la simple jonction des décisions fondant les poursuites au commandement de payer n'assure pas la régularité de la notification (Cass. 2e civ. 3-7-2025 n° 23-20.538 F-B).

Créance liquide et exigible La créance doit être **liquide,** c'est-à-dire évaluée en argent ou évaluable au moyen des éléments contenus dans le titre exécutoire (C. exécution art. L 111-6). **16030**

Elle doit également être **exigible** (art. L 311-2), ce qui n'est pas le cas, par exemple, lorsque le juge a accordé un délai de paiement au débiteur (C. civ. art. 1343-5, al. 4) ou que celui-ci se trouve en situation de surendettement (C. consom. art. L 722-2 s.).

ILLUSTRATIONS

Est liquide et exigible une indemnité de recouvrement non fixée par le juge, consistant en l'application d'un pourcentage des sommes restant dues (pénalité en cas de défaillance du débiteur), dès lors qu'elle est expressément convenue entre les parties (Cass. 2e civ. 8-1-2015 n° 13-26.657 : RJDA 1/16 n° 4). La créance résultant d'un prêt notarié revêtu de la formule exécutoire, modifié par un avenant sous signature privée qui n'a pas opéré novation, est liquide dès lors que l'acte ou l'avenant contient les éléments permettant son évaluation (Cass. 2e civ. 23-5-2024 n° 21-25.084 F-B).

NATURE DES BIENS SAISISSABLES

Droits réels et accessoires La saisie immobilière peut, sauf dispositions législatives particulières, porter non seulement sur tous les droits réels afférents aux immeubles mais également sur leurs accessoires réputés immeubles, susceptibles de faire l'objet d'une cession (C. exécution art. L 311-6). **16035**

Peuvent donc être saisis non seulement le **droit de propriété** du débiteur sur l'immeuble, mais également :
– les **autres droits réels** appartenant au débiteur, tels que le droit d'usufruit, la nue-propriété, l'emphytéose (C. rur. art. L 451-1), le bail à construction (CCH art. L 251-3), les droits de superficie (qui sont

des droits réels autres que la propriété du sol, portant sur les éléments situés au-dessus du sol, comme des plantations, ou des éléments situés en dessous du sol, comme un garage) ;

– les **accessoires matériels,** immeubles par destination (C. civ. art. 522 s.), comme les biens immobiliers affectés à un fonds de commerce d'hôtel exploité personnellement par le propriétaire de l'immeuble (Cass. com. 31-3-2009 n° 08-14.180 : RJDA 3/10 n° 286) ;

– les **accessoires juridiques** tels que les servitudes et droits de mitoyenneté qui sont indissociables de l'immeuble auquel ils sont attachés.

Un terrain comportant une sépulture est saisissable et peut donc être vendu amiablement ou judiciairement, sous réserve qu'il en soit fait mention dans le cahier des charges (devenu cahier des conditions de vente) et qu'un accès soit réservé à la famille (Cass. 2e civ. 17-10-2013 n° 12-23.375 : RJDA 2/14 n° 97).

> Précisions Des dispositions législatives particulières prévoient que l'**immeuble** :
– est de droit insaisissable lorsqu'un **professionnel y a fixé sa résidence principale** et que les droits des créanciers sont nés à l'occasion de l'activité professionnelle de ce dernier ; lorsque la résidence principale est utilisée en partie pour un usage professionnel, la partie non utilisée pour cet usage est insaisissable (C. com. art. L 526-1, al. 1 et L 526-22 s.). Si le professionnel cesse son activité, les effets de l'insaisissabilité perdurent jusqu'à l'extinction des droits des créanciers auxquels elle est opposable (Cass. com. 11-9-2024 n° 22-13.482 : RJDA 12/24 n° 669) ;
– est insaisissable notamment lorsqu'il a fait l'**objet d'une libéralité graduelle** (C. civ. art. 1048 s.) ou en cas de **déclaration d'insaisissabilité** par un professionnel indépendant (C. com. art. L 526-1, al. 2), étant entendu que cette déclaration n'a pas d'effet à l'égard des créanciers dont les droits sont nés avant sa publication (Cass. com. 8-1-2020 n° 18-20.885 F-D : RJDA 4/20 n° 238), qu'elle peut être opposée par le débiteur au liquidateur si elle a été effectuée avant la liquidation judiciaire (Cass. com. 28-6-2011 n° 10-15.482 : RJDA 11/11 n° 957 ; Cass. com. 24-3-2015 n° 14-10.175 : RJDA 6/15 n° 451) et que ses effets subsistent tant que les droits des créanciers auxquels elle est opposable ne sont pas éteints, même si le débiteur a cessé son activité professionnelle (Cass. com. 17-11-2021 n° 20-20.821 FS-PB : RJDA 3/22 n° 167) ;
– est **insaisissable,** par exemple lorsqu'il appartient au **domaine public** (CGPPP art. L 2311-1) ;
– ne peut être cédé du fait d'une **clause d'inaliénabilité** publiée au service chargé de la publicité foncière (C. civ. art. 900-1).

16040 **Bien commun** Si l'immeuble est un bien commun, la saisie doit être poursuivie contre les deux époux (C. exécution art. L 311-7).

16045 **Bien d'un mineur ou d'un majeur protégé** Si le débiteur est un mineur, même émancipé, ou un majeur sous curatelle ou sous tutelle, le créancier doit, **avant de saisir** l'immeuble, tenter de recouvrer sa créance sur les **biens meubles** (C. exécution art. L 311-8, al. 1). Cependant, la tentative de recouvrement préalable sur les biens meubles n'est pas exigée (art. L 311-8, al. 2) :

– si la dette est commune à un majeur et à un mineur ou à un majeur et à un majeur sous curatelle ou sous tutelle et que l'immeuble est en indivision ;

– lorsque les poursuites ont commencé alors que le majeur n'était pas encore placé sous curatelle ou sous tutelle.

PROPORTIONNALITÉ DE LA SAISIE

16050 Le créancier doit respecter une proportionnalité entre le montant de sa créance et la valeur du bien saisi ; sa demande ne peut excéder ce qui est nécessaire pour obtenir le paiement de la créance (C. exécution art. L 111-7).

En conséquence :

– le créancier ne peut procéder à la saisie de plusieurs immeubles que dans le cas où la saisie d'un seul ou de certains d'entre eux n'est pas suffisante pour le désintéresser et désintéresser les créanciers inscrits (art. L 311-5, al. 1) ;

– il ne peut saisir les immeubles qui ne sont pas hypothéqués en sa faveur que dans le cas où l'hypothèque dont il bénéficie ne lui permet pas d'être rempli de ses droits (art. L 311-5, al. 2).

B. Principales règles de la procédure de saisie immobilière

1. INTERVENTION DU JUGE DE L'EXÉCUTION

16055 La saisie immobilière est divisée en trois grandes étapes : saisie, vente (amiable ou forcée) puis distribution du prix de vente entre les créanciers. Le juge de l'exécution (JEX) n'intervient pas dans l'acte de saisie en tant que tel mais il intervient dès la préparation de la vente, puis lors de la vente elle-même et de la distribution.

COMPÉTENCE D'ATTRIBUTION DU JUGE DE L'EXÉCUTION

La procédure de saisie immobilière relève du JEX (C. exécution art. L 121-1 ; C. org. jud. art. L 213-6, al. 3). Il ne peut pas être dérogé à la compétence d'attribution de ce juge car les règles de compétence prévues au Code des procédures civiles d'exécution sont d'**ordre public** (C. exécution art. R 121-4). **16060**

Le **JEX** a notamment **compétence** pour statuer sur (C. org. jud. art. L 213-6, al. 3 et 4) :

– la procédure de saisie immobilière, les contestations s'élevant à l'occasion de la procédure de saisie immobilière et les demandes nées de celle-ci ou s'y rapportant directement, même si elles portent sur le fond du droit, à moins qu'elles n'échappent à la compétence des juridictions de l'ordre judiciaire ;

– la procédure de distribution qui découle de la procédure de saisie immobilière ;

– les demandes en réparation fondées sur l'exécution ou l'inexécution dommageables des mesures d'exécution forcée ; il n'entre donc pas dans ses attributions de se prononcer sur une demande tendant à la condamnation d'une banque pour manquement à son devoir d'information et de mise en garde lors de la souscription de prêts ayant servi de fondement à la saisie immobilière (Cass. 2e civ. 20-10-2022 n° 21-11.783 F-B).

Il a également compétence pour statuer sur la demande de délai de grâce formée après signification du commandement ou de l'acte de saisie (C. exécution art. R 121-1, al. 2).

Tout **autre juge** saisi des questions listées ci-dessus doit relever d'office son incompétence (art. R 121-1, al. 1).

Le JEX n'a pas compétence pour modifier le dispositif de la décision de justice qui sert de fondement aux poursuites ou en suspendre l'exécution ; il peut relever d'office son incompétence (C. exécution art. R 121-1, al. 2 et 3). **16065**

ILLUSTRATIONS

Le JEX est compétent pour statuer sur une demande de compensation avec la créance à recouvrer (Cass. 2e civ. 16-12-2004 n° 03-13.117 : RJDA 5/05 n° 620 ; Cass. 2e civ. 15-11-2007 n° 06-20.057 : Bull. civ. II n° 251). En revanche, si les emprunteurs ne se bornent pas à se prévaloir d'une compensation, le JEX n'est pas compétent pour statuer sur leur demande reconventionnelle de condamnation de la banque à des dommages-intérêts car il ne peut pas délivrer de titre exécutoire hors les cas prévus par la loi (Cass. 2e civ. 25-9-2014 n° 13-20.561 : Bull. civ. II n° 195).

COMPÉTENCE TERRITORIALE DU JUGE DE L'EXÉCUTION

La saisie immobilière est poursuivie devant le JEX du **lieu** où est situé l'**immeuble** (C. exécution art. R 311-2). **16070**

Si **plusieurs immeubles** appartenant à un même débiteur sont saisis, le JEX territorialement compétent est celui du tribunal judiciaire dans le ressort duquel est situé l'immeuble où demeure le débiteur et, à défaut, dans le ressort duquel est situé l'un quelconque des immeubles saisis (art. R 311-3).

2. REPRÉSENTATION DES PARTIES DANS LA PROCÉDURE DE SAISIE IMMOBILIÈRE

Sauf dispositions contraires, dans le cadre d'une procédure de saisie immobilière, les parties doivent, en **principe,** être représentées par un avocat (C. exécution art. R 311-4). Cet avocat doit être inscrit au **barreau** du **tribunal judiciaire** (auparavant tribunal de grande instance) devant lequel la **vente** est poursuivie, conformément aux articles 5 et 5-1 de la loi 71-1130 du 31 décembre 1971 (Cass. avis 16-5-2008 n° 0080003P : Bull. civ. n° 3). Il s'agit d'une exception à la multipostulation dont bénéficient les avocats inscrits au barreau de l'un des tribunaux judiciaires de Paris, Bobigny, Créteil et Nanterre (Loi 71-1130 du 31-12-1971 art. 5-1, al. 1). **16075**

Cette impossibilité de multipostulation s'applique à tous les actes de la procédure de saisie immobilière soumis à la représentation obligatoire (Cass. 2e civ. 5-5-2011 n° 10-14.066 : RJDA 8-9/11 n° 732).

La représentation par un **avocat** n'est **pas imposée** pour certaines demandes comme celle d'autorisation de vente amiable qui peut être formée par le débiteur seul, lors de l'audience d'orientation (C. exécution art. R 322-17). Elle n'est pas non plus imposée à l'intervenant qui n'est pas, en tant que tel, partie à la procédure de saisie immobilière, comme un huissier ou commissaire de justice qui rencontre des difficultés pour dresser le procès-verbal de description des lieux (CA Lyon 31-1-2008 n° 07/07287 : D. 2009 pan. 1168 obs. Leborgne).

> Précisions a. Bien que la représentation par un avocat ne soit pas exigée pour une **demande de vente amiable,** une telle demande formulée par l'avocat du débiteur saisi est valable (Cass. 2e civ. 7-4-2016 n° 15-14.856 : RJDA 10/16 n° 730).
b. L'avocat peut toujours adresser ses demandes et pièces par la voie du réseau privé virtuel des avocats (RPVA), et ce même si la convention sur la **communication électronique** signée entre le barreau et le tribunal n'inclut pas dans son périmètre les saisies immobilières (Cass. 2e civ. 1-3-2018 n° 16-25.462 : RJDA 6/18 n° 531).

3. VOIES DE RECOURS CONTRE LES DÉCISIONS DU JEX

APPEL

16080 **Appel d'un jugement ordinaire du juge de l'exécution** Sauf dispositions contraires, les jugements du JEX sont susceptibles d'appel dans un **délai** de quinze jours à compter de leur signification. L'appel est jugé selon la procédure à bref délai ou selon la procédure à jour fixe (C. exécution art. R 311-7, al. 1 et CPC art. 905).

Les décisions du JEX sont normalement notifiées par voie de **signification** par acte extrajudiciaire. Mais certaines décisions sont **notifiées** directement par le **greffe,** simultanément aux parties et à leurs avocats, telles que : l'ordonnance rendue en dernier ressort, le jugement d'orientation vers une vente amiable (art. R 311-7, al. 2), la déclaration de caducité du commandement de payer valant saisie (art. R 311-11) et le constat de péremption du commandement de payer (art. R 321-21).

> Précisions N'est pas susceptible de recours et n'est pas soumise à l'article R 311-7 du Code des procédures civiles d'exécution la **décision** du JEX qui se borne à **ordonner la réouverture des débats,** à inviter les parties à produire des pièces complémentaires et à renvoyer l'affaire à une date ultérieure dès lors qu'il s'agit d'une mesure d'administration judiciaire non susceptible de recours ; par suite, elle n'a pas à être signifiée (Cass. 2e civ. 13-5-2015 n° 14-16.483 : Bull. civ. II n° 116).

16085 **Appel du jugement d'orientation** Le jugement d'orientation peut faire l'objet d'un appel dans un délai de **quinze jours** à compter de sa signification selon les modalités de la procédure à **jour fixe** (CPC art. 917 s.), sans toutefois que l'appelant ait à se prévaloir d'un péril dans sa requête (C. exécution art. R 322-19, al. 1). Ce formalisme doit être respecté, à défaut de quoi l'appel est irrecevable (Cass. 2e civ. 16-10-2014 n° 13-24.634 : Bull. civ. II n° 217 ; Cass. 2e civ. 19-3-2015 n° 14-14.926 : Bull. civ. II n° 69), même si le jugement ne fixe pas les modalités de la vente (Cass. 2e civ. 25-9-2014 n° 13-19.000 : Bull. civ. II n° 199). Mais l'irrecevabilité de l'appel ne peut pas être prononcée du seul fait que la requête adressée au premier président ne contient pas les conclusions au fond, cette sanction étant disproportionnée au regard du droit d'accès au juge (Cass. 2e civ. 23-5-2024 n° 22-12.517 FS-B).

Lorsque le **jugement** d'orientation ordonne la **vente forcée,** la cour d'appel doit statuer au plus tard un mois avant la date prévue pour l'adjudication, à défaut de quoi, le JEX peut reporter la date de l'audience de vente forcée (C. exécution art. R 322-19, al. 2).

> Précisions a. Si, en l'**absence** de signification ou en cas de **signification irrégulière** du jugement, le délai d'appel ne court pas, ce manquement n'a pas d'incidence sur la **recevabilité de l'appel** au regard des règles énoncées par les articles R 311-7 et R 322-19 du Code des procédures civiles d'exécution (Cass. 2e civ. 28-9-2017 n° 16-22.143 : RJDA 1/18 n° 62).
b. Si la cour d'appel **annule le jugement d'orientation ayant ordonné l'adjudication,** ce jugement est anéanti de plein droit par perte de fondement juridique (Cass. 2e civ. 1-2-2018 n° 16-28.066 : RJDA 5/18 n° 480).
c. La cour d'appel qui **infirme le jugement d'orientation ayant ordonné la mainlevée** de la procédure de saisie immobilière est **tenue de déterminer les modalités de poursuite de la procédure,** en autorisant la vente amiable ou en ordonnant la vente forcée du bien et en mentionnant le montant retenu pour la créance du poursuivant ; elle ne peut pas renvoyer l'affaire au JEX pour ce faire (Cass. 2e civ. 16-5-2019 n° 18-10.033 : RJDA 10/19 n° 654).

16090 **Décisions insusceptibles d'appel** N'est pas susceptible d'appel la décision du JEX :
– rejetant la demande de subrogation, sauf si elle met fin à la procédure (C. exécution art. R 311-9, al. 3) ;
– reportant la date de la vente forcée, en cas d'appel du jugement ordonnant la vente par adjudication et de dépassement par la cour d'appel du délai dans lequel elle doit statuer (art. R 322-19, al. 2 ; n° 16085) ;
– ordonnant la reprise de la procédure à la suite de la carence du débiteur (art. R 322-22, al. 4) ;
– constatant la vente amiable (art. R 322-25, al. 2 ; n° 16355) ;
– ordonnant la radiation des inscriptions hypothécaires (art. R 322-65, al. 2) ;

– donnant force exécutoire au projet de distribution amiable ou au procès-verbal d'accord de distribution amiable ou refusant l'homologation de ces actes (art. R 332-10, in fine ; nos 16630 s.) ;

– ordonnant l'adjudication, sauf si une contestation a été tranchée, l'appel étant alors possible sur ce seul point (art. R 322-60, al. 2).

> **Précisions** Contrairement à la décision qui rejette la demande de subrogation sans mettre fin à la procédure, la **décision** qui **accueille** la **demande de subrogation** est susceptible d'appel (Cass. 2e civ. 16-5-2013 no 12-18.938 : Bull. civ. II no 97).

POURVOI EN CASSATION

En l'absence de dispositions dans le Code des procédures civiles d'exécution sur les possibilités de pourvoi en cassation, il faut s'appuyer sur les dispositions du **Code de procédure civile** qui prévoient que le pourvoi n'est ouvert qu'à l'encontre des jugements rendus en **dernier ressort** (CPC art. 605). **16095**

La **jurisprudence** fixe les règles au cas par cas. Ainsi, un jugement du JEX constatant la vente amiable peut être frappé d'un pourvoi en cassation (Cass. 2e civ. 18-10-2012 no 11-20.450 : Bull. civ. II no 173), tout comme l'ordonnance du JEX homologuant le projet de distribution amiable du prix de vente de l'immeuble (Cass. 2e civ. 18-10-2012 no 11-20.314 : Bull. civ. II no 172).

Mais le pourvoi déposé contre l'ordonnance du JEX refusant d'homologuer un projet de distribution, en raison de sa non-conformité à l'ordre public, est irrecevable (Cass. 2e civ. 27-3-2025 no 22-20.194 F-B).

N'est pas susceptible d'un pourvoi en cassation le jugement du JEX qui se limite à fixer une nouvelle date d'audience d'adjudication alors que la cour d'appel avait, postérieurement à la date d'adjudication initialement fixée, confirmé le jugement d'orientation ayant ordonné l'adjudication et que le JEX avait ordonné un report dans l'attente de l'arrêt d'appel (Cass. 2e civ. 8-1-2015 no 14-10.205 : Bull. civ. II no 1).

Le pourvoi formé contre un arrêt d'appel qui se borne à confirmer un jugement du JEX ordonnant un report de l'audience d'adjudication compte tenu du recours exercé par les débiteurs contre le premier jugement fixant la date initiale de l'adjudication n'est pas recevable (Cass. 2e civ. 19-2-2015 no 14-12.226 : Bull. civ. II no 37).

4. NULLITÉ DES ACTES DE LA PROCÉDURE DE SAISIE IMMOBILIÈRE

La nullité des actes de la procédure de saisie immobilière n'est pas régie par les dispositions du Code des procédures civiles d'exécution mais par celles du **Code de procédure civile** (C. exécution art. R 311-10) qui traitent de la nullité des actes pour vice de **forme** (CPC art. 112 à 116) et pour irrégularité de **fond** (art. 117 à 121). **16100**

Les nullités pour **vice de forme** ne sont prononcées que lorsqu'un **grief** est caractérisé (art. 114), ce qui n'est pas le cas lorsqu'une assignation à une audience d'orientation devant le JEX comporte une heure d'audience erronée (Cass. 2e civ. 20-10-2011 no 10-24.109 : Bull. civ. II no 194).

La nullité du commandement de payer valant saisie immobilière atteint tous les actes de la procédure qu'il engage. La **contestation de la validité du commandement,** soulevée après l'assignation par le créancier poursuivant, constitue une exception de procédure devant être soulevée **avant toute défense au fond** ou fin de non-recevoir (Cass. 2e civ. 6-3-2025 no 22-12.742 F-B).

ILLUSTRATIONS

> La procédure de saisie immobilière doit être annulée lorsque le commandement valant saisie immobilière, qui est un acte de disposition et d'exécution forcée, a été délivré alors que la créance concernée était indisponible du fait d'une saisie pénale (Cass. 2e civ. 18-2-2016 no 14-24.321 : RJDA 6/16 no 475).

5. DÉLAIS PRESCRITS À PEINE DE CADUCITÉ DE L'ACTE DE SAISIE IMMOBILIÈRE

À peine de caducité du commandement de payer valant saisie et, **sauf motif légitime** du créancier poursuivant, qu'il peut invoquer à l'audience ou dans les quinze jours du prononcé de la caducité, des délais spécifiques doivent être respectés dans les **cas suivants** (C. exécution art. R 311-11) : **16105**

– dénonciation du commandement au conjoint au plus tard le premier jour ouvrable suivant la signification de l'acte lorsque l'immeuble appartenant en propre à l'un des époux constitue la résidence de famille (art. R 321-1) ;

– publication du commandement au « fichier immobilier » dans les deux mois de sa signification (art. R 321-6 ; Cass. 2e civ. 5-1-2017 n° 15-25.692 : RJDA 4/17 n° 276) ;

– dénonciation du commandement aux créanciers inscrits au jour de la publication du commandement au plus tard le cinquième jour ouvrable suivant la délivrance de l'assignation au débiteur (art. R 322-6) ;

– dépôt au greffe du cahier des conditions de vente comportant l'état descriptif de l'immeuble et les modalités de la vente au plus tard le cinquième jour ouvrable suivant l'assignation délivrée au débiteur saisi (art. R 322-10) ;

– annonce de la vente forcée dans un journal d'annonces légales, entre un et deux mois avant l'audience d'adjudication (art. R 322-31) ;

– assignation du débiteur saisi devant le JEX à une audience d'orientation dans les deux mois qui suivent la publication du commandement au « fichier immobilier » (art. R 322-4, al. 1) ; en revanche, l'obligation de délivrer au débiteur, au moins un mois avant l'audience, l'assignation à comparaître à celle-ci (art. R 322-4, al. 2) n'est pas prescrite, par l'article R 311-11, à peine de caducité du commandement (Cass. 2e civ. 21-2-2019 n° 17-27.487 : RJDA 5/19 n° 371).

En cas de **non-respect des délais de publicité légale** de la vente forcée, le commandement doit être déclaré caduc malgré la grève postale avancée par le créancier comme constituant un motif légitime, ce dernier n'apportant aucune preuve des démarches de publicité accomplies et donc de l'incidence éventuelle de la grève postale sur les délais (CA Aix-en-Provence 21-11-2008 n° 08/11803).

16107 La **caducité** du commandement de payer valant saisie peut être **demandée** au JEX par toute partie intéressée, avec apposition d'une mention en marge de la copie du commandement publié au « fichier immobilier » (C. exécution art. R 311-11, al. 2). Sur les effets de la caducité, voir nos 16240 s. Cette caducité, contrairement à la sanction de la nullité pour vice de forme, n'est **pas** soumise à la **démonstration** d'un **grief.**

6. DEMANDE EN DISTRACTION ET DEMANDE DE SUBROGATION

DEMANDE EN DISTRACTION DES BIENS SAISIS

16110 Les **tiers** prétendant disposer d'un droit réel sur l'immeuble saisi peuvent en revendiquer la propriété en tout ou en partie en formant une demande en distraction de tout ou partie des biens saisis jusqu'à leur vente (C. exécution art. R 311-8). Après celle-ci, ils peuvent agir en revendication à l'encontre de l'adjudicataire.

DEMANDE DE SUBROGATION DANS LES DROITS DU POURSUIVANT

16115 Les **créanciers inscrits et les créanciers privilégiés** visés aux articles 2377 et 2402, 3° du Code civil peuvent demander au JEX leur subrogation dans les droits du poursuivant, notamment en cas de désistement, négligence, fraude, collusion de ce dernier ou de toute autre cause de retard qui lui serait imputable (C. exécution art. R 311-9).

SECTION 2 SAISIE DE L'IMMEUBLE

A. Établissement de l'acte de saisie

1. SAISIE ENTRE LES MAINS DU DÉBITEUR

SIGNIFICATION D'UN COMMANDEMENT DE PAYER VALANT SAISIE

16120 La première étape de la procédure de saisie immobilière est la signification par huissier ou commissaire de justice, à la demande du créancier, d'un acte au débiteur ou au tiers acquéreur (C. exécution art. L 321-1) : le commandement de payer valant saisie. La **signification** de ce commandement est un **acte de disposition** qui est réalisé aux risques du créancier et qui engage la procédure d'exécution (art. R 321-1, al. 1 et 2).

L'expression « aux risques du créancier » signifie que, en l'**absence** d'**enchères,** celui-ci devient automatiquement **acquéreur** du bien, ce qui n'est pas le cas des commandements propres aux autres mesures d'exécution forcée.

DÉNONCIATION DU COMMANDEMENT DE PAYER AU CONJOINT

Lorsque l'**immeuble saisi** appartient en **commun** à des époux, la saisie doit être poursuivie contre les deux époux (C. exécution art. L 311-7). Il en résulte que le commandement de payer doit être signifié à chacun des époux. **16125**

Si l'immeuble saisi appartient en **propre** à l'un des époux et constitue la **résidence de la famille,** le commandement de payer doit être dénoncé au conjoint au plus tard le premier jour ouvrable suivant la signification de cet acte (art. R 321-1, al. 3). Le conjoint doit, en effet, avoir la possibilité d'effectuer toute démarche pour protéger le logement familial. La dénonciation au conjoint peut être accomplie par la signification, à chaque époux débiteur, du commandement de payer valant saisie (Cass. 2e civ. 22-3-2018 no 17-10.106 F-D).

DÉBITEUR EN CONCUBINAGE OU PACSÉ

Aucune disposition législative ou réglementaire ne prévoit l'obligation, pour le créancier poursuivant, de signifier le commandement de payer valant saisie au concubin du débiteur (Cass. 2e civ. 30-4-2009 no 08-12.105 : Bull. civ. II no 111). Il en est de même concernant la personne avec laquelle le débiteur a conclu un pacte civil de solidarité. **16127**

SAISIE DE PLUSIEURS IMMEUBLES

Lorsque la saisie comprend plusieurs immeubles situés dans le ressort de **plusieurs services de la publicité foncière,** le créancier poursuivant doit faire établir un commandement de payer par ressort (C. exécution art. R 321-2). En effet, le commandement de payer doit être présenté en **original** à chaque service de la publicité foncière (Décret 55-22 du 4-1-1955 art. 34-1 ; Décret 2021-1625 du 10-12-2021 art. 14 et 15). **16130**

MENTIONS DU COMMANDEMENT DE PAYER

Le commandement de payer doit, à peine de nullité, comporter les mentions figurant dans tous les **actes extrajudiciaires** (CPC art. 114 et 648) ainsi que des **mentions spécifiques** (C. exécution art. R 321-3). Ces dernières peuvent être regroupées en deux catégories, la première liée au commandement lui-même et la seconde liée à la procédure judiciaire dont découle le commandement. **16135**

Le **non-respect** de ces dispositions entraîne une nullité de forme qui exige la preuve d'un grief (CPC art. 114, al. 2).

ILLUSTRATIONS

Dans un cas où un commandement de payer ne mentionnait pas le taux des intérêts moratoires, une cour d'appel a pu retenir que la nullité du commandement n'était pas encourue, dès lors qu'il n'était pas soutenu que ce manquement causait un grief au débiteur (Cass. 2e civ. 31-1-2019 no 17-26.706 : RJDA 4/19 no 294).

La nullité du commandement ne s'applique pas si le montant mentionné au titre des sommes réclamées est supérieur à celui des sommes réellement dues (C. exécution art. R 321-3, dernier al.).

Outre les mentions prescrites pour tout acte extrajudiciaire, le commandement de payer signifié au débiteur doit comporter les **indications suivantes** (C. exécution art. R 321-3, 1o à 13o) : **16140**

– la constitution d'avocat du créancier poursuivant, laquelle emporte élection de domicile ;

– la date et la nature du titre exécutoire en vertu duquel le commandement est délivré (nos 16022 s.) ;

– le décompte des sommes réclamées en principal, frais et intérêts échus ainsi que l'indication du taux des intérêts moratoires ;

– l'avertissement que le débiteur doit payer ces sommes dans un délai de huit jours, qu'à défaut de paiement la procédure à fin de vente de l'immeuble se poursuivra et qu'à cet effet le débiteur sera assigné à comparaître à une audience du JEX pour voir statuer sur les modalités de la procédure ;

– la désignation de chacun des biens ou droits objets de la saisie telle qu'exigée par les règles de la publicité foncière ;

– la sommation, lorsque le bien fait l'objet d'un bail, d'avoir à indiquer à l'huissier ou au commissaire de justice les nom, prénom et adresse du locataire ou, s'il s'agit d'une personne morale, sa dénomination et son siège social ;

– le JEX territorialement compétent pour connaître de la procédure de saisie et des contestations et demandes incidentes ;

– que le commandement vaut saisie de l'immeuble et que le bien est indisponible à l'égard du débiteur à compter de la signification de l'acte et, à l'égard des tiers, à compter de la publication de celui-ci au fichier immobilier ;

– que le commandement vaut saisie des fruits et que le débiteur en est séquestre ;

– que le débiteur garde la possibilité de rechercher un acquéreur de l'immeuble saisi pour procéder à sa vente amiable ou de donner mandat à cet effet et la mention que cette vente ne pourra néanmoins être conclue qu'après autorisation du JEX ;

– qu'un huissier ou un commissaire de justice pourra pénétrer dans les lieux afin de dresser un procès-verbal de description de l'immeuble ;

– que le débiteur qui en fait préalablement la demande peut bénéficier, pour la procédure de saisie, de l'aide juridictionnelle s'il remplit les conditions de ressources prévues par la loi 91-647 du 10 juillet 1991 relative à l'aide juridique et le décret 2020-1717 du 28 décembre 2020 ;

– que si le débiteur personne physique s'estime en situation de surendettement, il a la faculté de saisir la commission de surendettement des particuliers instituée par l'article L 712-1 du Code de la consommation.

Si le créancier saisissant agit en vertu d'une **transmission,** à quelque titre que ce soit, **de la créance** contenue dans le titre exécutoire fondant les poursuites, le commandement doit viser l'acte de transmission, à moins que le débiteur n'en ait été régulièrement avisé au préalable (C. exécution art. R 321-3, al. 15).

ILLUSTRATIONS

La publicité au registre du commerce et des sociétés de la fusion-absorption concernant le créancier poursuivant ne permet pas de considérer que le débiteur a été « régulièrement avisé » de la transmission de la créance (Cass. 2e civ. 29-9-2022 n° 21-16.146 F-B).

Dans le **décompte des sommes réclamées,** les intérêts capitalisés conformément à un acte de prêt constituent un nouveau capital qui s'ajoute au premier et n'ont donc pas à être distingués du capital échu ; ces intérêts ayant été intégrés dans le montant du capital échu figurant sur le commandement de payer, cet acte est valable (Cass. 2e civ. 8-1-2015 n° 13-26.657 : RJDA 1/16 n° 4).

16145 Quand un **tiers** a **hypothéqué un immeuble** pour garantir le paiement de la dette du débiteur principal, le créancier impayé peut effectuer la saisie entre les mains de ce tiers. Le **commandement de payer** doit alors comporter les mêmes **mentions** que si la saisie était effectuée contre le débiteur principal (n° 16140). Toutefois, le délai de sommation de payer prévu dans le commandement est d'un mois au lieu de huit jours (C. exécution art. R 321-3, al. 16).

EFFET DU COMMANDEMENT DE PAYER SUR LA PRESCRIPTION

16150 Un acte d'exécution forcée interrompt le délai de prescription attaché à la créance (C. civ. art. 2244). Tel est le cas d'un commandement de payer valant saisie immobilière (Cass. 2e civ. 2-3-2023 n° 20-20.776 F-B).

Cette interruption produit ses effets jusqu'à l'intervention de la décision validant le commandement, sans incidence d'une décision préalable qui rejette la demande de prorogation des effets du commandement (Cass. 2e civ. 25-9-2014 n° 13-19.935 : Bull. civ. II n° 198).

Le commandement de payer n'interrompt toutefois la prescription qu'à l'égard de celui auquel il est délivré. Ainsi, le commandement de payer signifié au tiers détenteur (devenu tiers acquéreur) n'interrompt pas la prescription à l'égard du débiteur principal. Cette prescription n'est interrompue que par la signification faite à ce débiteur du commandement de payer mentionnant que le commandement valant saisie immobilière est signifié au tiers acquéreur (Cass. 2e civ. 23-6-2016 n° 15-14.633).

> **Précisions** **a.** La **péremption** du commandement est sans **incidence** sur l'effet interruptif de prescription (Cass. 2e civ. 1-2-2018 n° 16-24.732 F-D). En revanche, l'annulation du commandement le prive de cet effet interruptif (Cass. 2e civ. 1-3-2018 n° 16-25.746 F-PB : RJDA 8-9/18 n° 677).
> **b.** La **radiation** du commandement par le JEX **après désistement** du créancier ne suffit pas à mettre fin à l'effet interruptif de prescription, qui perdure tant que l'instance n'est pas éteinte (Cass. 2e civ. 26-10-2023 n° 21-12.580 FS-B).

2. SAISIE ENTRE LES MAINS DU TIERS ACQUÉREUR

CHAMP D'APPLICATION DE LA SAISIE ENTRE LES MAINS DU TIERS ACQUÉREUR

16155 Les créanciers hypothécaires sont titulaires d'un droit de suite (C. civ. art. 2454) qui leur permet de poursuivre le tiers acquéreur du bien hypothéqué, notamment par le biais de la saisie immobilière, au titre de la dette du précédent propriétaire. Si la saisie est diligentée par les créanciers titulaires d'un droit de suite, elle est poursuivie contre le tiers acquéreur (C. exécution art. R 321-4).

ATTENTION

Le **tiers acquéreur** ne doit pas être confondu avec **celui qui a consenti une hypothèque sur l'un de ses biens** pour garantir la dette du débiteur principal (« caution réelle ») et auquel le commandement de payer valant saisie peut être délivré, garant assimilé au débiteur principal mais bénéficiant d'un délai d'un mois pour payer (C. exécution art. R 321-3, al. 16 ; n° 16145).

MODALITÉS DE LA SAISIE ENTRE LES MAINS DU TIERS ACQUÉREUR

Le créancier poursuivant doit faire signifier par huissier ou commissaire de justice un comman- 16160
dement de payer au débiteur principal. L'acte doit comporter la mention qu'un commandement de payer valant saisie est délivré au tiers acquéreur (C. exécution art. R 321-5, al. 1). Le créancier doit également signifier au tiers acquéreur un commandement de payer valant saisie (C. exécution art. L 321-1).

Ainsi, la saisie immobilière entre les mains d'un tiers acquéreur suppose la **signification** de deux actes : un **commandement de payer** au débiteur principal **et** un **commandement de payer valant saisie** au tiers acquéreur.

Dans la mesure où aucun texte ne fixe d'**ordre** chronologique entre la date de signification du commandement de payer au débiteur principal et celle au tiers détenteur (devenu tiers acquéreur), rien n'empêche de faire signifier en premier lieu à ce dernier (Cass. 2e civ. 19-2-2015 n° 13-27.691 : RJDA 6/15 n° 460).

Le commandement de payer valant saisie délivré au tiers acquéreur doit comporter les **mentions** prévues en cas de saisie entre les mains du débiteur (nos 16135 s.). Toutefois, l'avertissement que la procédure se poursuivra en cas de défaut de paiement par le débiteur des sommes dues dans un délai de huit jours doit être remplacé par une sommation de payer et l'indication que, sauf le bénéfice de discussion, le tiers acquéreur peut soit purger l'immeuble soit se laisser saisir (C. civ. art. 2456). La mention du débiteur doit être remplacée par celle du tiers acquéreur. Le commandement de payer doit aussi rappeler les dispositions de l'article 2454 du Code civil sur le droit de suite (C. exécution art. R 321-5).

B. Publication de l'acte de saisie immobilière

MODALITÉS DE LA PUBLICATION DE L'ACTE DE SAISIE

Le commandement de payer valant saisie immobilière doit être publié au « fichier immobilier » 16175
dans un **délai** de deux mois à compter de sa signification (C. exécution art. R 321-6).

Cette formalité doit être effectuée selon les modalités prévues par le décret 55-22 du 4 janvier 1955 portant réforme de la **publicité foncière** et le décret 55-1350 du 14 octobre 1955 pris pour l'application de ce décret (art. R 321-7, al. 1 ; pour une étude d'ensemble, voir nos 15000 s.).

Si un **rejet** notifié **par le service de la publicité foncière** a retardé l'exécution de la formalité, le **délai** de deux mois est **augmenté** du nombre de jours écoulés entre le dépôt du commandement à ce service et l'exécution de la formalité et, en cas d'impossibilité du service d'y procéder immédiatement, la date du dépôt est mentionnée sur le commandement (art. R 321-7, al. 2 et 3).

EFFETS DE LA PUBLICATION DE L'ACTE DE SAISIE

Opposabilité de la saisie aux tiers La saisie immobilière et ses effets (indisponibilité 16180
du bien, saisie des fruits, restriction au droit de jouissance et d'administration du bien) sont opposables aux tiers à partir de la publication de l'acte de saisie (C. exécution art. L 321-5, al. 1 et R 321-13, al. 2).

Les **aliénations** de l'immeuble ainsi que les inscriptions du chef du saisi **non publiées ou publiées postérieurement à l'acte de saisie** sont inopposables au créancier poursuivant comme à l'acquéreur, sauf consignation d'une somme suffisante pour s'acquitter de ce qui est dû aux créanciers inscrits et au créancier poursuivant (art. L 321-5, al. 2 et 3).

Si, **avant la publication** de l'acte de saisie, le débiteur a conclu un contrat en violation des effets 16182
de la saisie, le tiers **cocontractant** peut **demander** au JEX **la nullité** de ce contrat (C. exécution art. R 321-13, al. 3). Notamment, si le débiteur a conclu avant la publication du commandement un acte de vente de l'immeuble avec un tiers, celui-ci peut demander la nullité de cette vente.

La **conclusion d'un bail** obéit à une **règle particulière.** Dès la signification du commandement au débiteur, les baux consentis par lui sont inopposables au créancier poursuivant comme à l'acquéreur de l'immeuble (art. L 321-4). Le locataire risque donc l'expulsion, même si le commandement de payer n'a pas encore été publié.

Toutefois, la délivrance d'un commandement valant saisie immobilière n'interdit pas la conclusion d'un bail ou la reconduction tacite d'un bail antérieurement conclu ; ainsi, même conclu après la publication du commandement, le bail est opposable à l'adjudicataire qui en a eu connaissance avant l'adjudication (Cass. 2e civ. 27-2-2020 no 18-19.174 : RJDA 7/20 no 386 ; Cass. 2e civ. 16-1-2025 no 21-17.794 : RJDA 4/25 no 191).

C. Pluralité de saisies immobilières et d'immeubles

SAISIE SIMULTANÉE DE PLUSIEURS IMMEUBLES

16185 Lorsque des saisies sont réalisées simultanément sur plusieurs immeubles du débiteur, celui-ci peut solliciter du JEX leur **cantonnement** (C. exécution art. L 321-6, al. 1) ou une conversion partielle des saisies sur certains immeubles en **hypothèque** qui prendra rang au jour de la publication de la saisie, sous réserve de l'inscription de la sûreté dans le mois de la notification de la décision du JEX (art. L 321-6, al. 2).

La demande de cantonnement est accueillie par le JEX lorsque le débiteur établit que la **valeur** des biens qui seront cantonnés **suffit** à **désintéresser** les créanciers, les poursuites sur les autres immeubles étant alors provisoirement suspendues et pouvant être reprises après la vente définitive si le prix d'adjudication est insuffisant (art. R 321-12, al. 1).

En cas de radiation des saisies initiales du fait de leur conversion partielle en hypothèque judiciaire, le créancier poursuivant doit faire procéder, dans les conditions de droit commun, à la **publication du jugement** en marge de la copie du commandement valant saisie afin que l'inscription prenne rang à la date du commandement, ainsi qu'à l'**inscription de l'hypothèque** (art. R 321-12, al. 2).

DEMANDES DE PUBLICATION DE PLUSIEURS SAISIES PORTANT SUR LE MÊME IMMEUBLE

16190 **Demandes de publication simultanées** Lorsque plusieurs créanciers demandent, en même temps, la publication d'un commandement de payer valant saisie portant sur le même bien, les **critères** de publication sont les suivants (C. exécution art. R 321-8) :

- seul est publié le commandement qui mentionne le titre exécutoire dont la date est la plus ancienne ;
- si plusieurs titres exécutoires portent la même date, seul est publié le commandement le plus ancien ;
- si les commandements sont de la même date, seul est publié celui dont la créance en principal est la plus élevée.

Les commandements non publiés sont inscrits en marge de la copie du précédent commandement publié dans l'ordre de leur présentation ; la radiation de la saisie ne peut alors plus être opérée sans le consentement des créanciers poursuivants ultérieurs (art. R 321-10).

16195 **Commandement déjà publié** Si un commandement de payer valant saisie a déjà été publié, un **nouveau** commandement relatif au même bien n'a **pas** à être **publié** (C. exécution art. R 321-9, al. 1). Toutefois, si le nouveau commandement comprend plus d'immeubles que le précédent, la nouvelle publication porte alors uniquement sur les immeubles non compris dans le premier commandement. Ce second commandement publié doit être dénoncé au précédent créancier qui, selon le cas, doit poursuivre les deux procédures si elles en sont au même stade ou doit suivre la nouvelle procédure tout en suspendant la première jusqu'à ce que les deux procédures en soient au même point (art. R 321-9, al. 2). Si le précédent créancier ne poursuit pas la nouvelle saisie qui lui a été dénoncée, le nouveau créancier peut demander à être subrogé dans ses droits (art. R 321-9, al. 3 et R 311-9).

Les commandements non publiés sont inscrits en marge de la copie du précédent commandement publié dans l'ordre de leur présentation ; la radiation de la saisie ne peut alors plus être opérée sans le consentement des créanciers poursuivants ultérieurs (art. R 321-10).

16200 **Jonction d'instances** En cas de jonction d'instances, la procédure est continuée par le créancier (C. exécution art. R 321-11) :

- dont le commandement a été publié en premier ;
- dont le commandement est le premier en date si les commandements ont été publiés le même jour ;
- dont la créance en principal est la plus élevée si les commandements sont du même jour.

D. Effets de l'acte de saisie à l'égard du débiteur ou du tiers acquéreur

POINT DE DÉPART DES EFFETS DE LA SAISIE

Les effets de la saisie – indisponibilité du bien, saisie des fruits et restriction aux droits de jouissance et d'administration du débiteur – courent à l'égard de ce dernier à compter de la **signification** du **commandement** de payer et à compter de sa publication à l'égard des tiers (C. exécution art. R 321-13, al. 1 et 2). 16205

INDISPONIBILITÉ DU BIEN IMMOBILIER SAISI

L'acte de saisie rend l'immeuble indisponible, le débiteur ne pouvant pas le vendre en dehors de la procédure de saisie immobilière ou le grever de droits réels (C. exécution art. L 321-2, al. 1 et 2), **sauf consignation** auprès de la Caisse des dépôts et consignations d'une somme couvrant l'ensemble des créances (C. exécution art. L 321-5, al. 2). 16210

Cette consignation doit être signifiée aux créanciers avant l'audience d'adjudication, sans possibilité de délai, afin que leur soit rendue opposable la vente publiée postérieurement à la publication du commandement de payer valant saisie (art. R 321-14).

Lorsque la vente forcée a été ordonnée par le jugement d'orientation, le bien immobilier étant alors indisponible, la **promesse** synallagmatique **de vente** qui porte sur ce bien est atteinte de nullité même si elle est assortie d'une **condition suspensive de radiation du commandement de payer** valant saisie (Cass. 2e civ. 9-4-2015 nº 14-16.878 : Bull. civ. II nº 96). Si cette radiation est prononcée, le débiteur qui a consenti une promesse de vente portant sur le bien saisi ne peut pas se prévaloir des effets de l'indisponibilité du bien pour l'opposer à la demande en réitération de la promesse (Cass. 2e civ. 7-12-2017 nº 16-21.356 : RJDA 3/18 nº 275).

RESTRICTION AUX DROITS DE JOUISSANCE ET D'ADMINISTRATION DU DÉBITEUR SAISI

L'acte de saisie restreint les droits de jouissance et d'administration du débiteur saisi (C. exécution art. L 321-2, al. 1). Le débiteur saisi conserve néanmoins, sauf expulsion, l'usage de l'immeuble mais est **responsable** tant civilement que pénalement de ses **actes** matériels susceptibles d'en **amoindrir la valeur** (art. R 321-15, al. 1). 16215

Le créancier poursuivant ou le débiteur saisi peuvent être autorisés par le JEX à accomplir certains actes sur le bien saisi si les circonstances le justifient (art. R 321-15, al. 2).

À moins que le bien ne soit loué, le débiteur saisi en est constitué **séquestre** sauf à ce que les circonstances justifient la désignation d'un tiers ou l'expulsion du débiteur pour cause grave (art. L 321-2, al. 3).

SAISIE DES FRUITS DU DÉBITEUR SAISI

Le commandement de payer valant saisie emporte, sauf l'effet d'une saisie antérieure, saisie des fruits à compter de sa signification (C. exécution art. L 321-3 et R 321-16). 16220

Les **fruits immobilisés** sont distribués avec le prix de l'immeuble selon le même ordre que la distribution de celui-ci (art. R 321-16).

Le créancier poursuivant peut autoriser le saisi à **vendre amiablement** les fruits ou peut être autorisé par le JEX à faire procéder à la coupe et à la vente des fruits soit aux enchères, soit par un autre moyen, le prix étant remis à un **séquestre** désigné par le créancier poursuivant ou consigné à la Caisse des dépôts et consignations (art. R 321-17).

Le créancier poursuivant peut, par acte d'huissier ou de commissaire de justice, contraindre le locataire à verser les loyers et fermages à un séquestre ou à les consigner à la Caisse des dépôts et consignations ; à défaut, c'est le débiteur qui est séquestre des sommes reçues (art. R 321-18).

EFFETS DE L'ACTE DE SAISIE À L'ÉGARD DU TIERS ACQUÉREUR

Les effets de la signification au tiers acquéreur du commandement de payer valant saisie sont ceux attachés à la signification de celui-ci au débiteur, les dispositions sur la saisie immobilière et la vente applicables au débiteur l'étant au tiers acquéreur, sauf s'il satisfait à la sommation qui lui est faite (C. exécution art. R 321-19 ; nº 16160). 16225

E. Péremption de l'acte de saisie immobilière

DÉLAI DE PÉREMPTION DE L'ACTE DE SAISIE

16230 Si aucun **jugement constatant la vente** du bien saisi n'a été mentionné en marge de la **publication du commandement** de payer valant saisie dans les cinq ans de cette publication, le commandement cesse de plein droit de produire effet (C. exécution art. R 321-20, al. 1).

ILLUSTRATIONS

S'il apparaît que la seule décision de justice publiée ne l'a été qu'après le délai maximal de deux ans (désormais cinq ans) imposé par la loi, le commandement de payer a cessé de produire ses effets (Cass. 2e civ. 19-10-2017 n° 16-15.236 : RJDA 2/18 n° 172).

En cas de **refus du dépôt de commandement** ou de **rejet** de la formalité de **publication,** le délai de cinq ans court à compter de la régularisation de la demande ou de la décision de justice issue du recours exercé contre ce refus ou rejet (art. R 321-20, al. 2 ; Décret 55-22 du 4-1-1955 art. 26).

16232 Le **délai de péremption** est **suspendu ou prorogé** par la mention en marge de la copie du commandement publié d'une décision de justice ordonnant la suspension des procédures d'exécution, le report de la vente, la prorogation des effets du commandement ou la décision ordonnant la réitération des enchères (C. exécution art. R 321-22). Il peut également être prorogé par la publication d'un jugement ordonnant la prorogation des effets du commandement (Cass. 2e civ. 7-9-2017 n° 16-17.824 : RJDA 2/18 n° 171), à condition que, au jour où il statue, le délai de deux ans (désormais cinq ans), le cas échéant prolongé, n'ait pas expiré (Cass. 2e civ. 18-10-2018 n° 17-24.199 : RJDA 12/18 n° 941). La **demande de prorogation** des effets du commandement de payer valant saisie, qui est nécessairement liée au risque d'expiration du délai de validité de celui-ci, peut être formée après l'audience d'orientation et n'est donc pas soumise aux conditions de recevabilité de l'article R 311-5 du Code des procédures civiles d'exécution (Cass. 2e civ. 9-6-2011 n° 10-30.310 : Bull. civ. II n° 131).

> Précisions a. La **contestation** de la prorogation du délai de péremption est opérée par voie de conclusions, selon les règles spéciales de la saisie immobilière (art. R 311-6) et non par voie d'assignation, selon la procédure ordinaire (Cass. 2e civ. 6-3-2025 n° 22-18.023 F-B).
b. Le Code des procédures civiles d'exécution prévoyant un **dispositif** de péremption qui est **propre** à la procédure de saisie immobilière, les dispositions du Code de procédure civile sur la péremption d'instance ne peuvent pas s'appliquer à cette procédure (Cass. 2e civ. 2-10-2025 n° 22-24.252 F-B).

CONSTAT DE LA PÉREMPTION DE L'ACTE DE SAISIE

16235 Le juge qui constate que le commandement de payer valant saisie est périmé peut **relever d'office** la péremption (Cass. 2e civ. 21-3-2019 n° 17-31.170) mais il n'est pas tenu de le faire (Cass. 2e civ. 5-10-2023 n° 21-17.190 F-B). Ce constat peut aussi résulter de la demande d'une partie. En effet, jusqu'à la publication du titre de vente, **toute partie intéressée** peut demander au JEX de constater la péremption du commandement et d'ordonner la mention de cette péremption en marge de la copie du commandement publié au « fichier immobilier » (C. exécution art. R 321-21).

Les dispositions de l'article R 321-21 dérogent à celles de l'article R 311-5 aux termes duquel les contestations ou demandes incidentes présentées après l'audience d'orientation sont irrecevables. Par suite, la péremption du commandement peut être invoquée par le débiteur saisi pour la première fois devant la cour d'appel, peu important qu'elle ait été acquise avant l'audience d'orientation (Cass. 2e civ. 18-10-2018 n° 17-21.293 : RJDA 3/19 n° 221).

Lorsque la péremption du commandement de payer valant saisie est constatée et que les effets de celui-ci ont donc cessé de plein droit, le juge ne peut pas connaître des contestations portant sur le fond du droit relatives à la validité du titre exécutoire fondant les poursuites (Cass. 2e civ. 19-3-2015 n° 14-10.239 : Bull. civ. II n° 70).

Si la péremption du commandement est constatée à une date antérieure à celle de la publication du **jugement d'adjudication,** celui-ci **cesse de produire effet** et aucune distribution du prix ne peut intervenir (Cass. 2e civ. 30-9-2021 n° 20-14.779 F-D : RJDA 4/22 n° 220). Le juge saisi d'une **demande de péremption et d'une demande de caducité** du commandement examine en premier lieu si le commandement est périmé et, si tel est le cas, il n'a pas à statuer sur la caducité (Cass. 2e civ. 19-3-2020 n° 19-11.722 : RJDA 8-9/20 n° 451).

F. Caducité de l'acte de saisie immobilière

16240 Si **aucun créancier** ne **sollicite la vente** au jour fixé par le JEX pour la vente forcée (n° 16370), ce dernier constate la caducité du commandement de payer valant saisie, les frais étant alors imputés au créancier poursuivant sauf décision contraire du juge spécialement motivée (C. exécution art. R 322-27).

La **caducité** du commandement de payer valant saisie immobilière le prive rétroactivement de tous ses **effets** (Cass. 2e civ. 4-9-2014 no 13-11.887 : RJDA 3/15 no 218 ; Cass. 3e civ. 31-3-2016 no 14-25.604 : RJDA 8-9/16 no 644), parmi lesquels la prescription, et atteint tous les actes de la procédure de saisie qu'il engage (Cass. 2e civ. 19-2-2015 no 13-28.445 : RJDA 6/15 no 457 ; Cass. 1e civ. 5-7-2017 no 16-15.650). Il s'ensuit qu'un bail commercial conclu postérieurement à la publication du commandement déclaré caduc ne saurait être annulé.

ILLUSTRATIONS

Encourt la censure l'arrêt d'une cour d'appel retenant que la caducité d'un commandement valant saisie immobilière entraîne seulement la caducité de la procédure de saisie immobilière et non celle de l'assignation à comparaître à l'audience d'orientation ou celle de la décision statuant sur cette orientation. Par suite, en cas de constat de caducité d'un premier commandement, il est vain de faire délivrer un second commandement de payer au-delà du délai de prescription en croyant bénéficier de l'effet interruptif de la prescription attaché à la délivrance, entre les deux commandements, de l'assignation à l'audience d'orientation (Cass. 2e civ. 19-2-2015 no 13-28.445 : RJDA 6/15 no 457).

Bien que la caducité du commandement valant saisie immobilière entraîne l'anéantissement de la mesure d'exécution, elle n'atteint pas les autres dispositions du jugement d'orientation telles que celles portant sur une demande en revendication, laquelle ne perd pas son fondement juridique (Cass. 2e civ. 2-6-2016 no 15-12.828 : Bull. civ. II no 151).

La caducité est une **sanction** sévère. Or, il se peut que le créancier poursuivant ait uniquement **16242** besoin d'un délai dans l'attente de l'arrêt de la cour saisie de l'appel du jugement d'orientation ayant ordonné la vente forcée. Ce créancier n'a pas à s'inquiéter du délai dans lequel la cour d'appel va statuer puisque celui-ci est d'un mois au moins avant la date prévue pour l'adjudication, à défaut de quoi le JEX peut reporter la date de l'audience de vente forcée (C. exécution art. R 322-19).

SECTION 3 VENTE DE L'IMMEUBLE SAISI

I. ACTES PRÉPARATOIRES À LA VENTE

A. Procès-verbal de description des lieux saisis

ÉTABLISSEMENT DU PROCÈS-VERBAL DE DESCRIPTION DES LIEUX SAISIS

Afin de vendre l'immeuble, il est nécessaire de le décrire précisément. **16245**

Cette description doit être faite par un **huissier ou un commissaire de justice** qui est autorisé à pénétrer dans les lieux en faisant procéder, le cas échéant, à l'ouverture des portes et des meubles, à l'expiration d'un **délai** de huit jours à compter de la délivrance du commandement de payer valant saisie (C. exécution art. L 322-2, al. 1 et R 322-1).

ABSENCE DE L'OCCUPANT DES LIEUX SAISIS OU REFUS D'ACCÈS

En cas d'absence de l'occupant ou de refus d'accès, l'huissier ou le commissaire de justice doit **16250** procéder à la description des lieux en présence du **maire** de la commune, d'un conseiller municipal ou d'un fonctionnaire municipal délégué par le maire à cette fin, d'une autorité de **police** ou de gendarmerie, requis pour assister au déroulement des opérations ou, à défaut, de deux **témoins** majeurs qui ne sont au service ni du créancier ni de l'huissier ou du commissaire de justice, ces derniers devant assurer la fermeture du local (C. exécution art. L 142-1, L 142-2 et L 322-2, al. 2).

Toutefois, lorsque les lieux sont occupés par un tiers en vertu d'un droit opposable au débiteur, à défaut d'accord de ce tiers, l'huissier ou le commissaire de justice ne peut y pénétrer que sur autorisation préalable du **JEX** (art. L 322-2, al. 2).

CONTENU DU PROCÈS-VERBAL DE DESCRIPTION DES LIEUX SAISIS

16255 Le procès-verbal de description des lieux **doit comprendre** (C. exécution art. R 322-2) :

– la description des lieux, leur composition et leur superficie ;

– l'indication des conditions d'occupation et l'identité des occupants ainsi que la mention des droits dont ils se prévalent ;

– les coordonnées du syndic de copropriété, en cas de lot de copropriété ;

– tous autres renseignements utiles sur l'immeuble, fournis notamment par l'occupant.

La description doit inclure l'empiètement d'un bien sur une parcelle contiguë à celle faisant l'objet de la saisie (Cass. 1e civ. 26-6-2024 nº 23-13.236 F-B).

L'huissier ou le commissaire de justice peut **s'appuyer sur tout moyen approprié et tout professionnel** qualifié pour décrire les lieux (art. R 322-3).

La **non-conformité des mentions** contenues dans le procès-verbal de description dressé par l'huissier ou le commissaire de justice n'entraîne pas la nullité de celui-ci et la responsabilité de l'avocat qui s'est conformé à ce procès-verbal erroné pour élaborer le cahier des conditions de vente ne saurait être retenue (Cass. 1e civ. 25-11-2010 nº 09-70.767 : RJDA 2/11 nº 194).

B. Assignation à l'audience d'orientation

ASSIGNATION DU DÉBITEUR À L'AUDIENCE D'ORIENTATION

16260 **Obligation d'assigner le débiteur** Le créancier poursuivant doit assigner le débiteur saisi à comparaître devant le JEX (C. exécution art. R 322-4). Lorsque la saisie est poursuivie contre le tiers détenteur (devenu tiers acquéreur), aucune disposition légale n'exige que le débiteur soit assigné à l'audience d'orientation, de sorte que l'assignation à comparaître à l'audience d'orientation délivrée à ce seul tiers détenteur n'entraîne pas la nullité de la procédure (Cass. 2e civ. 26-6-2014 nº 13-18.428 : Bull. civ. II nº 164).

16262 **Délai d'assignation du débiteur** Le créancier poursuivant doit assigner le débiteur saisi à comparaître devant le JEX à une audience d'orientation dans le délai de deux mois suivant la publication du commandement de payer valant saisie au « fichier immobilier », la délivrance de l'assignation devant avoir lieu dans un délai compris entre un et trois mois avant la date de l'audience (C. exécution art. R 322-4).

> **Précisions** Seuls les délais de deux et trois mois prévus par l'article R 322-4 sont prescrits à peine de caducité du commandement (art. R 311-11). Sur la **sanction du non-respect du délai** d'un mois pour délivrer au débiteur l'assignation à comparaître à l'audience d'orientation, voir nº 16105.

16265 **Mentions de l'assignation du débiteur** L'assignation à comparaître à l'audience d'orientation du JEX doit contenir, à peine de **nullité,** non seulement les mentions prescrites pour l'assignation et les **actes d'huissier ou de commissaire de justice** (CPC art. 56 et 648) mais également les mentions **spécifiques** suivantes (C. exécution art. R 322-5) :

– lieu, jour et heure de l'audience d'orientation du JEX ;

– objet de l'audience d'orientation : examen de la validité de la saisie, appréciation des contestations et demandes incidentes y afférentes, détermination des modalités de la procédure ;

– information que, si le débiteur n'est pas présent ou représenté par un avocat à l'audience, la procédure sera poursuivie en vente forcée, sur les seules indications fournies par le créancier ;

– sommation de prendre connaissance des conditions de la vente figurant dans le cahier des conditions de vente qui peut être consulté au greffe du JEX où il sera déposé le cinquième jour ouvrable au plus tard après l'assignation ou au cabinet de l'avocat du créancier poursuivant ;

– indication de la mise à prix telle que fixée dans le cahier des conditions de vente et de la possibilité d'en contester le montant pour insuffisance manifeste ;

– avertissement que le débiteur peut demander au JEX à être autorisé à vendre le bien saisi à l'amiable s'il justifie qu'une vente non judiciaire peut être conclue dans des conditions satisfaisantes ;

– indication, en caractères très apparents, qu'à peine d'irrecevabilité, toute contestation ou demande incidente est déposée au greffe du JEX par conclusions d'avocat au plus tard lors de l'audience ;

– rappel des dispositions de l'article R 322-16 du Code des procédures civiles d'exécution (demande de suspension de la procédure en cas de surendettement) et de l'article R 322-17 du même Code (demande d'autorisation de vente amiable dispensée du ministère d'avocat) ;

– indication que le débiteur, qui en fait préalablement la demande, peut bénéficier de l'aide juridictionnelle pour la procédure de saisie, s'il remplit les conditions de ressources prévues par la loi 91-647 du 10 juillet 1991 relative à l'aide juridique et le décret 2020-1717 du 28 décembre 2020 portant application de cette loi.

Une **erreur** portant sur **l'heure de l'audience** mentionnée dans l'assignation n'entraîne pas la nullité de celle-ci pour vice de forme, faute de grief caractérisé (Cass. 2e civ. 20-10-2011 n° 10-24.109 : Bull. civ. II n° 194).

ASSIGNATION DES CRÉANCIERS INSCRITS À L'AUDIENCE D'ORIENTATION

Modalités d'assignation des créanciers inscrits La **dénonciation** du **commandement** de payer valant saisie aux créanciers qui sont inscrits au jour de la publication de celui-ci vaut **assignation** à comparaître à l'audience d'orientation et doit être effectuée **au plus tard** le cinquième jour ouvrable suivant la délivrance de l'assignation au débiteur (C. exécution art. R 322-6), à peine de caducité du commandement (art. R 311-11). **16270**

Elle peut être faite aux domiciles élus sur les bordereaux d'inscription (art. R 322-8, al. 1) ou au domicile réel des créanciers inscrits (CPC art. 689).

Mentions de l'assignation aux créanciers inscrits La dénonciation du commandement de payer valant saisie aux créanciers qui sont inscrits au jour de la publication doit contenir, à peine de **nullité** (de forme), non seulement les mentions prescrites pour l'assignation et les actes extrajudiciaires (CPC art. 56 et 648) mais également les mentions spécifiques suivantes (C. exécution art. R 322-7) : **16275**

– lieu, jour et heure de l'audience d'orientation ;

– sommation de prendre connaissance du cahier des conditions de vente qui peut être consulté au greffe du JEX où il est déposé le cinquième jour ouvrable au plus tard après la date de l'assignation du débiteur à l'audience d'orientation ou au cabinet de l'avocat du créancier poursuivant ;

– indication de la mise à prix telle que fixée dans le cahier des conditions de vente ;

– sommation d'avoir à déclarer les créances inscrites sur le bien saisi, en principal, frais et intérêts échus, avec l'indication du taux des intérêts moratoires, par acte d'avocat déposé au greffe du JEX et accompagné d'une copie du titre de créance et du bordereau d'inscription et à dénoncer le même jour ou le premier jour ouvrable suivant cette déclaration au créancier poursuivant et au débiteur, dans les mêmes formes ou par signification ;

– reproduction, en caractères très apparents, des articles L 331-2 du Code des procédures civiles d'exécution (déchéance du bénéfice de la sûreté en cas d'omission de déclaration) et de l'article R 322-12 du même Code (modalités de la déclaration de créance et du relevé de forclusion) ;

– reproduction de l'article R 311-6 du Code des procédures civiles d'exécution (date et lieu de l'audience d'orientation et modalités de contestation ou demande incidente).

MENTION DES ASSIGNATIONS À L'AUDIENCE D'ORIENTATION EN MARGE DU COMMANDEMENT DE PAYER

La mention de la délivrance tant de l'assignation au débiteur que de la dénonciation aux créanciers inscrits doit être portée en marge de la copie du commandement de payer valant saisie publiée au « fichier immobilier » dans un **délai** de huit jours à partir de la date la plus récente de délivrance ; cette mention entraîne l'impossibilité de radier l'inscription du commandement, sauf si la radiation est consentie par tous les créanciers inscrits ou ordonnée par jugement opposable à ces derniers (C. exécution art. R 322-9). L'impossibilité de radiation est justifiée par le droit de tout créancier participant à la procédure de solliciter sa subrogation dans les droits du créancier poursuivant (n° 16115). **16280**

C. Cahier des conditions de vente

CONTENU DU CAHIER DES CONDITIONS DE VENTE

Le cahier des conditions de vente est un document significatif de la procédure de saisie immobilière car il contient tous les éléments d'information nécessaires à la réalisation de la vente. **16285**

À peine de **nullité,** le cahier des conditions de vente contient, outre l'état descriptif de l'immeuble (nos 16245 s.) et les modalités de la vente, les éléments qui portent sur la **procédure**

de saisie immobilière et sur la vente envisagée de l'immeuble saisi (C. exécution art. R 322-10), c'est-à-dire :
– l'énonciation du titre exécutoire en vertu duquel les poursuites sont exercées ;
– le décompte des sommes dues au créancier poursuivant en principal, frais et intérêts échus ainsi que l'indication du taux des intérêts moratoires ;
– l'énonciation du commandement de payer valant saisie avec la mention de sa publication et des autres actes et jugements intervenus postérieurement ;
– la désignation de l'immeuble saisi, l'origine de propriété, les servitudes grevant l'immeuble, les baux consentis sur celui-ci et le procès-verbal de description ;
– les conditions de la vente judiciaire et la mise à prix fixée par le créancier poursuivant ;
– la désignation d'un séquestre des fonds provenant de la vente ou de la Caisse des dépôts et consignations.

Cette liste n'est pas exhaustive et, par **exemple,** lorsque le bien saisi est donné à bail rural, ces mentions doivent être complétées notamment par des informations sur la nature, le coût et la date des améliorations apportées par le locataire (C. rur. art. L 411-69, al. 4). Mais l'omission de ces dernières mentions ne prive pas le locataire de son droit de demander à l'adjudicataire, bailleur à l'expiration du bail, le paiement d'une indemnité au titre de ces améliorations (Cass. 3e civ. 25-5-2023 n° 21-23.015 FS-B).

Le Conseil national des barreaux (CNB) a élaboré un **modèle** de cahier des conditions de vente en matière de saisie immobilière, auquel **l'avocat** du créancier poursuivant doit **se conformer** (RIN art. 12.1, ann. n° 1).

Le procès-verbal de description des lieux que le cahier des conditions de vente doit contenir doit être dressé conformément aux articles R 322-1 et R 322-2 du Code des procédures civiles d'exécution (nos 16245 s.), sans que puisse lui être assimilé un procès-verbal établi à l'occasion de la délivrance antérieure d'un autre commandement de payer valant saisie immobilière ; aussi, à défaut de dépôt dans le délai prescrit (C. exécution art. R 322-10 ; n° 16287) d'un cahier des conditions de vente comportant un procès-verbal de description conforme aux articles R 322-1 à R 322-3 du Code des procédures civiles d'exécution, la sanction de caducité du commandement de payer valant saisie est encourue (Cass. 2e civ. 21-2-2013 n° 12-15.643 : Bull. civ. II n° 42).

DÉPÔT AU GREFFE DU CAHIER DES CONDITIONS DE VENTE

16287 À peine de caducité du commandement de payer valant saisie (C. exécution art. R 311-11), le cahier des conditions de vente doit être déposé par le créancier poursuivant au greffe du JEX **au plus tard** le cinquième jour ouvrable suivant la délivrance de l'assignation au débiteur saisi, dont la copie y est annexée avec un **état hypothécaire certifié** à la date de la publication du commandement de payer valant saisie (art. R 322-10).

CONTESTATION DU CAHIER DES CONDITIONS DE VENTE

16290 Le cahier des conditions de vente est élaboré sous la responsabilité du créancier poursuivant et peut être consulté chez son avocat ou au greffe du JEX ; tout intéressé peut le contester à moins qu'il ne s'agisse de contester le montant de la mise à prix, auquel cas seul le débiteur peut agir (C. exécution art. R 322-11 et L 322-6 ; nos 16311 s.).

D. Déclaration de créance en cas de saisie immobilière visant le débiteur

DÉLAI DE DÉCLARATION DE CRÉANCE

16295 Le créancier inscrit auquel le commandement de payer valant saisie a été dénoncé (n° 16270) doit, en principe, déclarer sa créance dans les deux mois à compter de la dénonciation (C. exécution art. R 322-12, al. 1), et ce, peu important que la créance ne soit pas exigible et que le décompte de la créance ne soit pas actualisé au jour même de la déclaration (Cass. 2e civ. 28-9-2017 n° 16-17.010 : RJDA 1/18 n° 63).

ILLUSTRATIONS

Un créancier inscrit doit déclarer sa créance, peu important que son exigibilité soit suspendue en conséquence d'une demande de sursis à paiement formée par le débiteur en application de l'article L 277 du Livre des procédures fiscales (Cass. 2e civ. 6-9-2018 n° 17-22.364 : RJDA 2/19 n° 130).

Le créancier peut être autorisé par ordonnance du JEX à déclarer **au-delà** de ce délai s'il justifie que sa défaillance n'est pas de son fait ; la requête à cette fin doit être déposée, à peine d'irrecevabilité, quinze jours au plus tard avant la date fixée pour l'audience d'adjudication ou de constatation de la vente amiable (art. R 322-12, al. 2).

Le juge du fond apprécie souverainement les causes de la défaillance du créancier qui demande à être **relevé de la forclusion** et le déboute s'il a tardé à remettre à son avocat les éléments nécessaires à formaliser la déclaration de créance, sans avoir pris soin de s'assurer de la disponibilité de son avocat (Cass. 2e civ. 9-9-2010 n° 09-15.728 : Bull. civ. II n° 153).

La **demande en rétractation de l'ordonnance du JEX** statuant sur la requête en relevé de forclusion d'un créancier inscrit, qui tend à faire trancher contradictoirement, par le JEX ayant rendu l'ordonnance, la contestation de la validité de la déclaration de créance, doit être introduite selon les modalités de l'article 7 du décret 2006-936 du 27 juillet 2006 (désormais, C. exécution art. R 311-6), c'est-à-dire par dépôt au greffe de **conclusions** signées d'un **avocat** et non par assignation (Cass. 2e civ. 9-9-2010 n° 09-15.728, précité).

DÉCLARATION DE CRÉANCE DES NOUVEAUX CRÉANCIERS INSCRITS

Les créanciers qui ont inscrit leur sûreté **entre** la date de publication du **commandement** de payer valant saisie et la date de publication de la **vente** interviennent à la procédure en déclarant leur créance, à peine d'irrecevabilité, par **acte d'avocat** déposé au greffe du JEX dans un délai d'un mois suivant l'inscription ; cette déclaration doit être **dénoncée** au créancier poursuivant et au débiteur le même jour ou le premier jour ouvrable suivant, par acte d'avocat ou par signification (C. exécution art. R 322-13). **16300**

L'avocat doit être inscrit au **barreau** du **tribunal** de grande instance (désormais tribunal judiciaire) devant lequel la **vente** est poursuivie (Cass. avis 16-5-2008 n° 0080003P : Bull. civ. n° 3 ; n° 16075). La **nullité** de la déclaration de créance effectuée par un avocat d'un barreau autre que celui du tribunal devant lequel la vente est poursuivie est **couverte** par la seconde déclaration de créance effectuée le même jour par un avocat territorialement compétent (Cass. 2e civ. 5-5-2011 n° 10-14.066 : Bull. civ. II n° 105).

REMISE DE L'ÉTAT DES CRÉANCES AU CRÉANCIER POURSUIVANT LA SAISIE

En vue d'établir le projet de distribution du prix, le créancier poursuivant doit se faire remettre par le greffe copie des créances produites (C. exécution art. R 322-14). **16305**

II. AUDIENCE ET JUGEMENT D'ORIENTATION

OBJET DE L'AUDIENCE D'ORIENTATION

L'audience d'orientation devant le JEX a pour objet de vérifier la **conformité** de la saisie (titre exécutoire constatant une créance liquide et exigible, proportionnalité de la saisie), d'apprécier les éventuelles **contestations** et **demandes** incidentes, de déterminer les modalités de poursuite de la procédure vers une **vente amiable,** en s'assurant que celle-ci puisse être conclue dans des conditions satisfaisantes, **ou** vers une **vente forcée** (C. exécution art. R 322-15). **16310**

Le JEX doit vérifier si le créancier est bien muni d'un titre exécutoire constatant une créance liquide et exigible, même si le débiteur n'a pas lui-même contesté l'existence de la créance censée être consacrée par le titre (Cass. 2e civ. 7-12-2017 n° 16-19.336 : RJDA 3/18 n° 276). Le juge n'est, en revanche, pas obligé de relever d'office la prescription du titre servant de fondement aux poursuites (Cass. 2e civ. 11-1-2018 n° 15-27.941 : RJDA 3/18 n° 277).

Contestations et demandes incidentes À moins qu'il n'en soit disposé autrement, les contestations et demandes incidentes sont formées par le dépôt au greffe de conclusions d'avocat. Si elles ne peuvent pas être examinées à l'audience d'orientation, une autre audience est fixée à cet effet dans les quinze jours du dépôt de la demande sans que cela ne suspende le cours de la procédure (C. exécution art. R 311-6). **16311**

Par **exemple,** si le montant de la mise à prix est manifestement trop bas par rapport à la valeur vénale de l'immeuble et les conditions du marché, le débiteur peut demander au JEX de fixer un nouveau montant (art. L 322-6, al. 2). Cette possibilité de contester le prix n'appartient qu'au débiteur ; ainsi, le créancier poursuivant ne peut pas demander la réduction du montant de la mise à prix du bien telle qu'elle figure dans le cahier des conditions de vente (Cass. 2e civ. 28-6-2018 n° 17-11.076 : RJDA 10/18 n° 769).

Le débiteur peut également demander la **suspension** de la **procédure** s'il est en situation de surendettement mais il doit présenter cette demande dans les formes et conditions prévues aux articles L 721-4 et R 721-5 du Code de la consommation (C. exécution art. R 322-16).

ATTENTION

Les règles spécifiques à la saisie immobilière prennent effet dès la délivrance du commandement et se substituent à la compétence générale du JEX qui ne peut plus se prononcer sur les contestations relatives à cette procédure avant l'audience d'orientation (Cass. 2e civ. 21-11-2024 n° 22-12.499 FS-B).

16312 À peine d'irrecevabilité prononcée d'office, et sauf disposition contraire, aucune contestation ne peut être formée, par les **parties,** après l'audience d'orientation à moins qu'elle ne porte sur des actes de procédure postérieurs à cette audience (C. exécution art. R 311-5 ; Cass. 2e civ. 1-12-2016 n° 14-27.169) ou si, née de circonstances postérieures à celle-ci, elle est de nature à interdire la poursuite de la saisie (Cass. 2e civ. 6-9-2018 n° 16-26.059 : RJDA 2/19 n° 129 ; Cass. 2e civ. 21-2-2019 n° 18-10.362). Cette règle de principe ne s'applique pas à la demande en distraction (art. R 311-8). Elle ne fait pas non plus obstacle à ce qu'un créancier inscrit se prévale, en cause d'appel, de la déchéance du terme du prêt prononcée postérieurement à l'audience d'orientation pour obtenir la modification du montant de sa créance (Cass. 2e civ. 28-6-2018 n° 17-19.894 : RJDA 11/18 n° 865). De même, un créancier inscrit auquel la déclaration de créance n'a pas été dénoncée peut, après l'audience d'orientation, contester la régularité de la déclaration de créance effectuée antérieurement à l'audience (Cass. 2e civ. 1-10-2020 n° 19-15.612 : RJDA 2/21 n° 118). Le débiteur saisi peut également contester les superficies mentionnées dans les actes de publicité effectués après l'audience d'orientation, même s'ils reproduisent des actes de procédure antérieurs à cette audience (Cass. 2e civ. 6-2-2025 n° 21-23.315 F-D).

ATTENTION

En cas de **réouverture** totale des **débats** qui ont donné lieu à une audience d'orientation, des contestations et demandes incidentes peuvent être formulées, au plus tard, à l'audience à laquelle l'affaire est rappelée (Cass. 2e civ. 5-12-2013 n° 12-26.980 : Bull. civ. II n° 233).

L'impossibilité de former des contestations et demandes incidentes après l'audience d'orientation **s'impose** à toutes les parties appelées à cette audience ; y est même soumis le débiteur saisi qui n'a pas comparu alors qu'il avait été régulièrement assigné (Cass. 2e civ. 17-11-2011 n° 10-26.784 : Bull. civ. II n° 214, précisant que cette solution n'est pas contraire à l'article 6, 1 de la convention européenne de sauvegarde des droits de l'Homme et des libertés fondamentales du 4-11-1950). Par suite, les demandes et moyens formulés par le créancier lors de la procédure d'appel sont irrecevables, même s'il s'agit pour lui de répondre aux contestations soulevées par le débiteur au cours de l'audience d'orientation, contestations auxquelles le créancier n'avait pas répondu (Cass. 2e civ. 22-6-2017 n° 16-18.343), ou de répondre à une fin de non-recevoir soulevée par le débiteur (Cass. 2e civ. 14-11-2019 n° 18-21.917 : RJDA 3/20 n° 173).

L'impossibilité de former des contestations et demandes incidentes après l'audience d'orientation est **sans incidence sur l'office du juge** qui demeure tenu de trancher le litige conformément aux règles de droit applicables (Cass. 2e civ. 28-6-2018 n° 17-15.054 : RJDA 12/18 n° 942).

16313 Les **tiers** à l'instance peuvent former des contestations et demandes incidentes après l'audience d'orientation (Cass. 2e civ. 4-12-2014 n° 13-24.870 : Bull. civ. II n° 244).

JUGEMENT D'ORIENTATION

16320 Le jugement d'orientation mentionne le **montant** retenu pour la **créance** du poursuivant en principal, frais, intérêts et autres accessoires (C. exécution art. R 322-18). Le juge est donc tenu de vérifier d'office que le montant réclamé est conforme aux énonciations du titre exécutoire, même si le débiteur ne conteste pas ce montant (Cass. 2e civ. avis 12-4-2018 n° 18-70.004 : RJDA 7/18 n° 601). La mention de la créance dans le dispositif du jugement d'orientation a autorité de la chose jugée même en l'absence de contestation formée devant le JEX sur l'existence ou le montant de cette créance (Cass. 2e civ. 6-9-2018 n° 17-21.337 : RJDA 1/19 n° 41). En cas de contestation, le juge doit arrêter ce montant en faisant, si nécessaire, les comptes entre les parties (Cass. 2e civ. 11-5-2017 n° 16-16.106 : RJDA 11/17 n° 755). Toutefois, en l'absence de demande en ce sens, la cour d'appel qui se prononce sur le jugement d'orientation n'est pas tenue d'actualiser d'office le montant de la créance en principal, frais, intérêts et autres accessoires (Cass. 2e civ. 1-2-2018 n° 16-28.066 : RJDA 5/18 n° 456).

Après avoir effectué les vérifications, le **JEX** peut **ordonner** :

– la vente amiable ; dans ce cas, il doit au préalable s'assurer que la vente peut être conclue dans des conditions satisfaisantes, compte tenu de la situation du bien, des conditions économiques du marché et des diligences éventuelles du débiteur ; son appréciation est souveraine (Cass. 2e civ. 10-9-2009 n° 08-70.204 : Bull. civ. II n° 212) ;

– la vente forcée, auquel cas il détermine aussi les modalités de visite de l'immeuble à la demande du créancier poursuivant (art. R 322-26) ;
– la mainlevée de la saisie, sa suspension ou son interruption.

L'immeuble peut également être vendu de **gré à gré** dans les conditions exposées n° 16360.

L'**appel** du jugement d'orientation est soumis à un régime spécifique (n° 16085).

III. VENTE AMIABLE SUR AUTORISATION JUDICIAIRE DE L'IMMEUBLE SAISI

DEMANDE D'AUTORISATION JUDICIAIRE DE VENDRE L'IMMEUBLE À L'AMIABLE

Le débiteur dont l'immeuble est saisi peut demander de vendre celui-ci à l'amiable, ce qui lui permet de négocier lui-même. Il peut présenter une telle demande au JEX **lors de l'audience d'orientation** (C. exécution art. R 322-17). **16325**

Sur la possibilité pour l'avocat de présenter la demande, voir n° 16075.

Le débiteur peut également présenter la **demande en amont,** sous réserve de mettre en cause les créanciers inscrits, présenter la demande de vente amiable et obtenir une décision du JEX à ce titre avant la signification de l'assignation à comparaître à l'audience d'orientation (art. R 322-20, al. 1). Dans ce cas, il doit constituer avocat (art. R 311-4) car aucune disposition ne l'en dispense, contrairement à ce qui est prévu si cette demande est formée à l'audience d'orientation (art. R 322-17).

AUTORISATION DU JEX DE VENDRE L'IMMEUBLE À L'AMIABLE

La décision du JEX qui autorise la vente amiable de l'immeuble saisi fixe le **prix minimal** de **vente** en considération du marché ainsi que, le cas échéant, des conditions particulières de la vente ; cette décision taxe les frais de poursuite à la demande du créancier poursuivant et fixe la date de la **prochaine audience** dans les quatre mois. Un délai supplémentaire maximal de trois mois peut être accordé au débiteur lors de cette audience pour régulariser l'acte authentique de vente s'il justifie d'un engagement d'acquisition écrit (C. exécution art. R 322-21). **16335**

Lorsque le JEX a autorisé la vente amiable et que l'affaire revient à l'audience fixée par lui, il peut ordonner la vente forcée sans méconnaître l'étendue de ses pouvoirs, dès lors qu'il n'a pas l'obligation d'accorder un délai supplémentaire (Cass. 2e civ. 13-1-2012 n° 11-13.495 : Bull. civ. II n° 12). Mais il commet un excès de pouvoir s'il adjuge l'immeuble sur une mise à prix inférieure à celle qu'a fixée le jugement d'orientation, devenu irrévocable, en cas d'échec de la vente amiable (Cass. 2e civ. 13-6-2024 n° 22-10.790 F-B).

Si le JEX fait droit à la demande, son autorisation a pour **effet** de suspendre le cours de la procédure d'exécution à l'exception du délai imparti aux créanciers inscrits pour déclarer leur créance (C. exécution art. R 322-20, al. 2 ; nos 16295 s.). **16337**

DILIGENCES DU DÉBITEUR AUTORISÉ À VENDRE L'IMMEUBLE À L'AMIABLE

Le débiteur dont l'immeuble est vendu à l'amiable sur autorisation judiciaire doit accomplir les diligences nécessaires à la conclusion de cette vente et en rendre compte au créancier poursuivant. Ce dernier peut demander au JEX de constater la **carence** du **débiteur** et d'ordonner, en conséquence, la **reprise** de la procédure sur **vente forcée,** par une décision non susceptible d'appel ; si l'audience d'orientation a été tenue avant la reprise de la procédure, le JEX fixe la date de l'audience d'adjudication dans les deux à quatre mois (C. exécution art. R 322-22). **16340**

La reprise des poursuites n'est cependant pas subordonnée à la preuve de la carence du débiteur saisi lorsque l'affaire revient à l'audience préalablement fixée par le JEX (Cass. 2e civ. 13-1-2012 n° 11-13.495 : Bull. civ. II n° 12 ; nos 16335 s.) et c'est à ce dernier d'établir l'avancement de ses diligences.

La demande de reprise de la procédure par le **créancier** poursuivant peut être valablement formée **oralement** à l'audience de renvoi (Cass. 2e civ. 6-1-2011 n° 09-71.146 : Bull. civ. II n° 7).

SORT DU PRIX DE LA VENTE AMIABLE AUTORISÉE JUDICIAIREMENT

Le prix de vente de l'immeuble saisi vendu à l'amiable sur autorisation judiciaire et toutes les sommes acquittées par l'acquéreur sont consignés auprès de la **Caisse des dépôts et consignations** pour être distribués aux créanciers participants et, le cas échéant, au débiteur. **16345**

Si la vente n'a pas lieu du fait de l'acquéreur, sous réserve des conditions de son droit de rétractation, les versements qu'il a effectués restent consignés et s'ajoutent au prix de vente dans la distribution (C. exécution art. R 322-23).

La consignation ne peut pas être autorisée auprès d'**organismes autres** que la Caisse des dépôts et consignations, de sorte que le JEX constatant la vente amiable ne peut pas ordonner la consignation du prix de vente à la caisse des règlements pécuniaires des avocats (Cass. 2e civ. 6-12-2012 nº 11-24.443 : Bull. civ. II nº 203).

EFFETS DE LA VENTE AMIABLE AUTORISÉE JUDICIAIREMENT

16350 La vente amiable sur autorisation judiciaire de l'immeuble saisi produit les effets d'une vente volontaire. Elle ne peut pas donner lieu à rescision pour **lésion** (C. exécution art. L 322-3).

L'acte notarié de vente n'est établi que sur **consignation** du prix de vente auprès de la Caisse des dépôts et consignations et justification du paiement des frais de la vente et des frais taxés (art. L 322-4).

Le **notaire** peut obtenir du créancier poursuivant les **documents** recueillis pour l'élaboration du cahier des conditions de vente. Les **frais taxés** sont versés directement par l'acquéreur en plus du prix de vente (art. R 322-24) ; il ne peut pas être dérogé à cette règle (Cass. 2e civ. 22-6-2017 nº 16-12.882 : RJDA 1/18 nº 64).

> **Précisions** À notre avis, les **frais de vente** doivent également être **directement versés** par l'acquéreur puisque, avant la réforme introduite par la loi « Programmation 2018-2022 et réforme pour la justice » du 23 mars 2019, ces frais devaient être consignés avec le prix de vente.

CONSTAT DE LA VENTE AMIABLE SUR AUTORISATION JUDICIAIRE

16355 Par un jugement non susceptible d'appel (nº 16090) publié au service de la publicité foncière et mentionné en marge de la copie du commandement de payer valant saisie, le JEX ne constate la vente qu'après avoir vérifié que l'acte de vente est **conforme** et le prix consigné, puis il ordonne la radiation des inscriptions d'hypothèque (C. exécution art. R 322-25, al. 1 à 3).

Dès lors que la vente amiable a permis le désintéressement intégral de tous les créanciers, un **pourvoi** formé par un créancier inscrit contre le jugement constatant cette vente est irrecevable, faute d'intérêt à agir (Cass. 2e civ. 18-10-2012 nº 11-20.450 : Bull. civ. II nº 173).

À **défaut de constat** de la vente amiable, la vente forcée est ordonnée par le JEX, comme en cas de reprise de la procédure à la demande du créancier poursuivant du fait de la carence du débiteur (nº 16340).

IV. VENTE DE GRÉ À GRÉ DE L'IMMEUBLE SAISI AU COURS DE LA PROCÉDURE D'ADJUDICATION

16360 L'immeuble saisi peut être **vendu** de gré à gré après que le juge a ordonné la vente forcée du bien mais avant l'**ouverture des enchères.**

Pour que cette vente ait lieu, il faut un accord entre le débiteur, le créancier poursuivant, les créanciers inscrits sur l'immeuble saisi à la date de la publication du commandement de payer valant saisie, les créanciers inscrits sur l'immeuble avant la publication du titre de vente et qui sont intervenus dans la procédure ainsi que le créancier mentionné au 3º de l'article 2402 du Code civil : syndicat des copropriétaires pour le paiement de certains travaux et charges (C. exécution art. L 322-1, al. 2).

V. VENTE PAR ADJUDICATION DE L'IMMEUBLE SAISI

A. Date d'adjudication

16370 Le JEX qui a ordonné la vente forcée (le plus souvent, dans le jugement d'orientation) de l'immeuble saisi doit avoir fixé la date de l'audience à laquelle il y sera procédé (audience d'adjudication) dans un délai compris entre deux et quatre mois à compter du prononcé de sa décision (C. exécution art. R 322-26).

Ce délai ne s'impose pas à la cour d'appel saisie de l'appel du jugement d'orientation (Cass. 2e civ. 8-7-2010 n° 09-15.051 : Bull. civ. II n° 139), le JEX conservant cependant, en cas de besoin, le pouvoir de modifier la date fixée par la cour d'appel (Cass. 2e civ. 11-3-2010 n° 09-13.312 : Bull. civ. II n° 55).

Seuls un cas de force majeure ou une demande de la commission de surendettement peuvent justifier un **report de la vente forcée** (C. exécution art. R 322-28). 16380

ILLUSTRATIONS

La demande de report de la date d'adjudication, formulée par l'avocat du débiteur, dans l'attente qu'il soit statué sur le recours formé par ce dernier contre la décision d'irrecevabilité de la commission de surendettement est irrecevable (Cass. 2e civ. 13-4-2023 n° 21-14.429 F-D).

Si le report est ordonné, il est procédé à une nouvelle **publicité** dans les formes et délais prévus initialement (art. R 322-29).

B. Publicité préalable à la vente forcée de l'immeuble saisi

OBJECTIF DE LA PUBLICITÉ PRÉALABLE À LA VENTE FORCÉE DE L'IMMEUBLE

La publicité préalable à la vente forcée a pour objectif de faire participer le plus grand **nombre** possible d'**enchérisseurs** à sa réalisation (C. exécution art. R 322-30). 16385

Outre les modalités à respecter dans le cadre de la publicité de droit commun, les créanciers peuvent annoncer la vente par tous autres moyens, sous réserve de ce qu'ils n'entraînent pas de frais pour le débiteur et ne fassent apparaître ni son identité ni le caractère forcé de la vente (art. R 322-36).

PUBLICITÉ DE DROIT COMMUN DE LA VENTE FORCÉE DE L'IMMEUBLE

Dans un **délai** compris entre un et deux mois avant l'audience d'adjudication, le créancier poursuivant doit faire annoncer la vente forcée de l'immeuble saisi et préciser ses modalités par **avis,** dont il doit assurer le dépôt au greffe du JEX pour qu'il soit affiché à un emplacement facilement accessible dans les locaux de la juridiction et dont il doit faire procéder à la publication dans un support d'annonces légales diffusé dans la localité de l'immeuble saisi (C. exécution art. R 322-31). 16390

Dans le même délai, un avis **simplifié** qui n'indique ni l'identité du débiteur ni le caractère forcé de la vente doit être apposé à l'initiative du créancier poursuivant dans l'immeuble saisi, tout en étant publié dans deux éditions périodiques de journaux à diffusion locale ou régionale (art. R 322-32) ; l'insertion des avis est justifiée par un procès-verbal d'huissier ou de commissaire de justice (art. R 322-33).

> **Précisions** Les actes de publicité préalables à l'adjudication constituent une **formalité substantielle,** sanctionnée par une nullité pour vice de forme si celui qui l'invoque peut prouver un grief (Cass. 2e civ. 13-1-2022 n° 20-18.155 F-B).

AMÉNAGEMENT DE LA PUBLICITÉ DE LA VENTE FORCÉE DE L'IMMEUBLE

À l'audience d'orientation, deux mois au plus tard avant l'audience d'adjudication ou deux jours ouvrables à compter de la vente, les créanciers ou la partie saisie peuvent présenter une **requête** au **JEX** tendant à ce que soient aménagées, restreintes ou complétées les mesures de publicité de droit commun afin, notamment, de livrer d'**autres informations sur l'immeuble,** d'employer d'autres modes de communication ou de désigner d'autres lieux d'affichage des avis situés dans les communes de la situation des biens (C. exécution art. R 322-37, al. 1 à 7). 16400

Lorsque le JEX statue par ordonnance, c'est-à-dire que la requête est présentée en dehors de l'audience d'orientation, sa décision n'est pas susceptible d'appel (art. R 322-37, al. 8). Les nouvelles mesures de publicité sont réalisées à la **diligence** et aux **frais** de la **partie** qui les a sollicitées (art. R 322-38).

C. Audience d'adjudication de l'immeuble saisi

RÈGLES GÉNÉRALES

Les enchères publiques en vue de l'adjudication de l'immeuble ont lieu en audience devant le JEX (C. exécution L 322-5). La **vente** doit être **sollicitée** par le créancier poursuivant ou par tout créancier inscrit, alors subrogé, à défaut de quoi le JEX constate la caducité du commandement 16405 de payer valant saisie (nos 16240 s.) ; les frais restent à la charge du créancier, sauf décision contraire du juge (art. R 322-27).

Le JEX excède ses pouvoirs s'il adjuge un immeuble après avoir fixé la première enchère au montant de la mise à prix initiale du créancier poursuivant, alors que le jugement d'orientation avait irrévocablement fixé la mise à prix à un montant supérieur (Cass. 2e civ. 19-2-2015 n° 14-13.786 : Bull. civ. II n° 46). De même, le JEX qui prononce l'adjudication alors que le débiteur saisi n'a pas été appelé à l'audience commet un excès de pouvoir (Cass. 2e civ. 8-2-2024 n° 21-18.702 F-B).

L'**immeuble** peut également être **vendu de gré à gré** après que sa vente forcée a été ordonnée par le juge et tant que les enchères ne sont pas ouvertes (n° 16360).

CAPACITÉ D'ENCHÉRIR

16407 En dehors du débiteur saisi, des auxiliaires de justice qui sont intervenus dans la procédure de saisie immobilière à un titre quelconque et des magistrats devant lesquels la vente est poursuivie (C. exécution art. R 322-39), toute personne peut, sauf **incompatibilité** avec ses fonctions ou interdiction d'enchérir, se porter enchérisseur dès lors qu'elle présente des garanties de paiement (art. L 322-7 et L 322-7-1).

Un auxiliaire de justice est considéré comme étant **intervenu** en cette qualité dans la procédure au sens de l'article R 322-39 du Code des procédures civiles d'exécution s'il est, à la fois, **avocat** d'un associé de la société **débitrice** saisie et **gérant et unique associé** de la société s'étant portée **enchérisseur,** ce qui entraîne la nullité de la surenchère (Cass. 2e civ. 18-10-2012 n° 11-23.646 : Bull. civ. II n° 178).

Si la **même personne** se trouve, sous couvert de deux sociétés, être à la fois débiteur **saisi et surenchérisseur** dans le seul objectif de maintenir le bien saisi dans le patrimoine des sociétés dont il détenait la quasi-totalité du capital, il y a fraude destinée à faire échec à la vente sur adjudication ; la surenchère est donc nulle (Cass. 2e civ. 15-11-2012 n° 11-24.599).

L'adjudication ne peut **pas** être réalisée anonymement et donner lieu à une **déclaration de command** (art. L 322-8), qui consiste à faire connaître le nom du véritable bénéficiaire dans les vingt-quatre heures de la vente forcée.

DÉROULEMENT DES ENCHÈRES

16420 **Représentation et garantie de paiement** Les enchères doivent être portées par l'intermédiaire d'un **avocat** inscrit au barreau du tribunal judiciaire devant lequel la vente est poursuivie (C. exécution art. R 322-40, al. 1). Un avocat ne peut être porteur que d'un seul mandat (art. R 322-40, al. 2).

L'avocat doit se faire remettre, au préalable par son **mandant** et contre récépissé formel, une **garantie de paiement** (caution bancaire ou chèque de banque à l'ordre du séquestre désigné dans le cahier des conditions de vente ou de la Caisse des dépôts et consignations) représentant **10 %** de la **mise à prix** avec un plancher de 3 000 €, cette somme étant restituée à l'enchérisseur non adjudicataire à la fin de l'audience ; en cas de défaillance de l'adjudicataire, cette garantie est acquise en vue de sa distribution avec le prix de l'immeuble (art. R 322-41).

ATTENTION

En pratique, il est impossible de mettre en œuvre, en fin d'audience, l'exigence de restitution à l'enchérisseur non adjudicataire de la garantie de paiement qu'il a versée à son avocat et qui a été encaissée par le séquestre ou la Caisse des dépôts et consignations. Chaque barreau procède donc selon ses propres modalités.

Lorsque l'immeuble saisi est un **immeuble à usage d'habitation** ou un **fonds de commerce d'un établissement recevant du public à usage total ou partiel d'hébergement,** l'avocat doit également se faire remettre par son mandant une attestation sur l'honneur indiquant s'il fait l'objet ou non d'une condamnation à l'une des peines mentionnées à l'article L 322-7-1 (interdiction d'acheter ou d'être usufruitier d'un bien immobilier à usage d'habitation ou d'un fonds de commerce d'un établissement recevant du public à usage total ou partiel d'hébergement) et, lorsque le mandant est une personne physique, indiquant si le bien est destiné ou non à son occupation personnelle (art. R 322-41-1).

> **Précisions** Le **mandat unique de l'avocat** est applicable aux enchères mais pas à la surenchère. Il en résulte qu'un même avocat peut, dans le cadre d'une vente forcée de biens immobiliers en indivision, faire une déclaration de substitution au nom d'une partie pour conférer à celle-ci la qualité d'adjudicataire puis procéder ultérieurement à une déclaration de surenchère au nom d'une autre partie (Cass. 2e civ. 5-12-2013 n° 10-22.901 : Bull. civ. II n° 232).

Frais de poursuite Avant l'ouverture des enchères, le JEX annonce publiquement sa **taxation** des **frais** de poursuite dûment justifiés par le créancier poursuivant et le surenchérisseur le cas échéant, aucun autre frais ne pouvant s'ajouter à cette taxe ; cette règle d'**ordre public** n'est susceptible d'aucun aménagement (C. exécution art. R 322-42). Il est indispensable que les enchérisseurs connaissent le montant des frais car ils seront à la charge de l'adjudicataire, en plus du prix de vente (art. R 322-58). 16425

Mise à prix et enchères successives Le JEX rappelle que le **montant de départ** des enchères est le montant de la mise à prix fixé par le créancier poursuivant dans le cahier des conditions de vente ou par lui, à la demande du débiteur, si le montant de la mise à prix était manifestement trop bas (C. exécution art. R 322-43). 16430

Chaque enchère doit couvrir la précédente (art. R 322-44, al. 2).

Les enchères doivent être pures et simples, c'est-à-dire qu'elles ne peuvent être assorties d'aucune condition (art. R 322-44, al. 1).

Issue de la vente forcée Les enchères sont arrêtées dès le constat par le JEX de l'écoulement de **90 secondes** depuis la **dernière enchère,** celle-ci emportant **adjudication** à son montant ; le temps est décompté par tout moyen visuel ou sonore qui signale au public chaque seconde écoulée (C. exécution art. R 322-45). 16435

Avant la fin de l'audience, l'avocat **dernier enchérisseur** est tenu de déclarer l'**identité** de son **mandant** au greffier et lui remet l'attestation sur l'honneur mentionnée n° 16420 (art. R 322-46).

À **défaut d'enchère,** le créancier poursuivant est déclaré adjudicataire d'office au montant de la mise à prix fixé par lui (C. exécution art. L 322-6, al. 1). Mais, lorsque le **montant** de la mise à prix a été fixé par le JEX à la demande du débiteur principal quand la mise à prix était trop faible et qu'il n'y a aucune enchère, le bien est immédiatement remis en vente sur baisses successives de ce montant pouvant aller jusqu'à celui de la mise à prix initiale (art. R 322-47). 16445

CONTESTATION DES ENCHÈRES

Les règles sur la capacité d'enchérir et sur le déroulement des enchères (C. exécution art. R 322-39 à R 322-47) sont prescrites à peine de **nullité** de l'enchère soulevée d'office, cette nullité étant cependant **couverte** par toute nouvelle enchère régulière ; la nullité de la dernière enchère entraîne de plein droit la nullité de l'adjudication (art. R 322-48). 16447

Mais n'est pas soumise à cette nullité la notification par le greffe de la date de la nouvelle audience sur réitération des enchères qui ne répond pas aux modalités de notification fixées par l'article R 121-15 du Code des procédures civiles d'exécution (Cass. 2e civ. 31-3-2011 n° 09-70.920 : Bull. civ. II n° 81).

La partie qui conteste la validité des enchères doit le faire, par l'intermédiaire de son **avocat, verbalement** à l'audience, le JEX se prononçant immédiatement sur le sort des enchères et leur reprise éventuelle (art. R 322-49).

D. Surenchère après adjudication de l'immeuble saisi

PRINCIPE DE LA SURENCHÈRE

Grâce au mécanisme de la surenchère, il est possible de reprendre les enchères après l'audience d'adjudication afin d'obtenir le **meilleur prix de vente possible** dans l'intérêt tant des créanciers que du débiteur et de répondre à un objectif de pleine concurrence entre les enchérisseurs. 16450

AFFICHAGE DES INFORMATIONS NÉCESSAIRES À LA SURENCHÈRE

Pendant le délai imparti pour la déclaration de surenchère, un extrait du **procès-verbal d'audience** d'adjudication mentionnant la description sommaire de l'immeuble, le prix d'adjudication, les frais taxés et le greffe compétent pour recevoir les offres de surenchère est **affiché** sur la porte de la salle d'audience au premier jour ouvrable suivant la vente (C. exécution art. R 322-34). 16452

DÉCLARATION DE SURENCHÈRE

16455 **Conditions de la déclaration de surenchère** La surenchère peut être faite par toute **personne** (en dehors du débiteur saisi et des personnes interdites d'enchères) à **hauteur** du dixième au moins du prix principal de la vente (C. exécution art. R 322-50). Elle doit, à peine d'irrecevabilité, être formée par acte d'avocat (conclusions) et déposée au greffe du JEX dans le **délai** de dix jours de l'audience d'adjudication, aux fins de fixation d'une audience de surenchère (art. R 322-51, al. 1).

Aucune **rétractation** de la déclaration de surenchère n'est possible, l'avocat devant attester avoir reçu de son mandant une caution bancaire irrévocable ou un chèque de banque du dixième du prix principal de la vente (art. R 322-51, al. 2 et 3). À défaut d'attestation de l'avocat sur la remise de ces garanties, la surenchère est irrecevable (Cass. 2e civ. 11-4-2013 nº 12-10.053 : Bull. civ. II nº 81). Mais aucun texte n'impose que le chèque de garantie soit encaissé par l'avocat du surenchérisseur à peine d'irrecevabilité de la surenchère (Cass. 2e civ. 28-6-2012 nº 11-18.121 : RD bancaire et financier 2012 comm. nº 161 note S. Piedelièvre).

> **Précisions** Il a été jugé que la **déclaration de surenchère** constituait un **acte de disposition** et que le maire ne pouvait donc l'accomplir que dûment autorisé par le conseil municipal (Cass. 2e civ. 21-3-2013 nº 12-10.091 : RD bancaire et financier 2013 comm. nº 137 note S. Piedelièvre).

16460 **Dénonciation de la surenchère** La surenchère doit, à peine d'**irrecevabilité,** être dénoncée par acte extrajudiciaire ou par notification entre avocats – avec une copie de l'attestation de l'avocat du surenchérisseur sur la remise des garanties de son mandant (nº 16455) – au créancier poursuivant, à l'adjudicataire et au débiteur saisi, **au plus tard** le troisième jour ouvrable suivant la déclaration de surenchère (C. exécution art. R 322-52), étant précisé que chacun de ces trois jours doit être ouvrable et que le samedi n'est pas un jour ouvrable au sens de ce texte (Cass. 2e civ. 14-11-2019 nº 18-16.294 : RJDA 2/20 nº 104).

L'acte de dénonciation doit rappeler les dispositions de l'article R 311-6 du Code des procédures civiles d'exécution sur les possibilités de contestation ou de demande incidente ainsi que les dispositions de l'alinéa 2 de l'article R 322-52 du même Code précisant que la validité de la **surenchère** peut être **contestée** dans les quinze jours de la dénonciation (même art.).

En l'absence d'exigence contraire de l'article R 322-52 du Code des procédures civiles d'exécution, la déclaration de surenchère peut faire l'objet d'une **dénonciation unique** à la personne ayant à la fois la qualité de coïndivisaire **poursuivant** la vente aux enchères **et** celle d'**adjudicataire** par l'exercice de la faculté de substitution qui lui était ouverte (Cass. 2e civ. 5-12-2013 nº 10-22.901 : Bull. civ. II nº 232).

AUDIENCE DE SURENCHÈRE

16465 **Délai de tenue de l'audience de surenchère** Le JEX fixe une audience de surenchère dans les deux à quatre mois de la **déclaration de surenchère** ou, en cas de **contestation** de celle-ci, de la **décision de rejet** ; le greffe en avise le débiteur saisi, le créancier poursuivant, les créanciers inscrits, l'adjudicataire et le surenchérisseur par lettre recommandée avec demande d'avis de réception (C. exécution art. R 322-53).

Le jour de l'audience, il y a **reprise** des enchères dans les **conditions** des **premières** enchères (art. R 322-39 s. ; nos 16405 s.), le surenchérisseur étant déclaré adjudicataire si la surenchère n'est pas couverte et cette seconde adjudication n'étant pas susceptible de surenchère (art. R 322-55).

16467 **Cas particulier de l'invalidité de la surenchère** En l'absence de surenchère valide et lorsque l'attestation mentionnée à l'article R 322-41-1 (nº 16420) ne précise pas que le bien est destiné à l'occupation personnelle du mandant, le greffe demande le bulletin nº 2 du casier judiciaire de l'enchérisseur déclaré adjudicataire.

Lorsque l'enchérisseur déclaré adjudicataire a fait l'objet d'une condamnation à l'une des peines mentionnées à l'article L 322-7-1 (interdiction d'acheter ou d'être usufruitier d'un bien immobilier à usage d'habitation ou d'un fonds de commerce d'un établissement recevant du public à usage total ou partiel d'hébergement), le juge, après avoir sollicité les observations des parties, prononce d'office la **nullité de l'adjudication** par une ordonnance non susceptible d'appel dans laquelle il fixe la **nouvelle audience** de vente à une date comprise dans un délai de deux à quatre mois suivant le prononcé de sa décision (C. exécution art. R 322-49-1).

PUBLICITÉ DE LA SURENCHÈRE

16470 La nouvelle vente est précédée de la publicité de droit commun (C. exécution art. R 322-35 ; nos 16385 s.). Les formalités de publicité sur la mise à prix modifiée par la surenchère sont réalisées à la **diligence** du surenchérisseur ou, à son défaut, du créancier poursuivant (C. exécution art. R 322-54).

E. Jugement d'adjudication de l'immeuble saisi

CONTENU DU JUGEMENT D'ADJUDICATION

Outre les **mentions** prescrites pour tout jugement, le jugement d'adjudication doit contenir (C. exécution art. R 322-59) : **16475**

- le visa du jugement d'orientation ainsi que des jugements tranchant les contestations et du cahier des conditions de vente ;
- la désignation du créancier poursuivant et, le cas échéant, du créancier subrogé dans ses droits ;
- l'indication des formalités de publicité et de leur date ;
- la désignation de l'immeuble adjugé ;
- les date et lieu de la vente forcée ;
- l'identité de l'adjudicataire, le prix d'adjudication et le montant des frais taxés ;
- le cas échéant, les contestations qu'il tranche.

NOTIFICATION DU JUGEMENT D'ADJUDICATION

Le créancier poursuivant doit notifier le jugement d'adjudication au débiteur, aux créanciers inscrits, à l'adjudicataire ainsi qu'à toute personne ayant élevé une contestation tranchée par la décision (C. exécution art. R 322-60). **16480**

APPEL DU JUGEMENT D'ADJUDICATION

L'appel du jugement d'adjudication n'est possible que s'il statue sur une **contestation,** le périmètre de l'appel étant alors limité à ce seul chef du jugement (Cass. 2e civ. 5-10-2023 n° 21-17.190 F-B) ; le **délai** pour former appel est de quinze jours à compter de sa notification (C. exécution art. R 322-60). **16485**

Le jugement d'adjudication ne peut pas faire l'objet d'un appel pour **excès de pouvoir** car le pourvoi en cassation reste ouvert contre ce jugement (Cass. 2e civ. 6-12-2012 n° 11-24.028 : Bull. civ. II n° 198).

EXPULSION DU DÉBITEUR SAISI

Le jugement d'adjudication constitue un titre d'expulsion à l'encontre du débiteur saisi (C. exécution art. L 322-13 ; n° 16530), à condition qu'il ait été rendu depuis le 1er janvier 2007, date d'entrée en vigueur de l'ordonnance 2006-461 du 21 avril 2006 qui a fixé cette règle (CE 3-2-2016 n° 380935 : BPIM 2/16 inf. 134). **16490**

F. Paiement du prix de vente de l'immeuble adjugé

MODALITÉS DE PAIEMENT DU PRIX DE VENTE DE L'IMMEUBLE

Avant le paiement du prix, le seul acte de disposition sur le bien qui est permis à l'adjudicataire est la constitution d'une **hypothèque** accessoire à un contrat de prêt destiné à financer l'acquisition de ce bien (C. exécution art. L 322-9, al. 2). **16495**

Dans un délai de deux mois à compter de la date d'adjudication définitive (art. R 322-56), le prix d'adjudication doit être versé par l'adjudicataire sur un compte séquestre ou consigné auprès de la Caisse des dépôts et consignations, les frais de la vente (frais taxés de poursuite, le cas échéant frais taxés de surenchère et droits de mutation) étant payés par lui par priorité en sus du prix et sans possibilité d'aménagement (art. L 322-9, al. 1 et R 322-58).

Si les fonds sont versés sur un compte séquestre, ils produisent des intérêts qui seront distribués avec le prix de l'immeuble (nos 16580 s.), dont le taux fixé dans le cahier des conditions de vente ne peut être inférieur à celui servi par la Caisse des dépôts et consignations (art. R 322-57).

Passé le délai de deux mois dans lequel doit intervenir le paiement, le prix de vente est augmenté de plein droit des **intérêts au taux légal** jusqu'au versement complet du prix ou sa consignation (art. R 322-56).

EFFETS DU PAIEMENT DU PRIX DE VENTE DE L'IMMEUBLE

Titre de vente Ce n'est que sur **justificatif** fourni au greffe du **paiement** des frais taxés dans le délai imparti (n° 16495) que le titre de vente est délivré à l'adjudicataire (C. exécution art. L 322-11 et R 322-58). **16500**

16505 **Transfert de propriété de l'immeuble saisi** L'adjudication emporte vente forcée du bien saisi et transfert de propriété à l'adjudicataire, celui-ci n'étant pas investi d'autres droits que ceux du débiteur saisi (C. exécution art. L 322-10). Ainsi, sauf disposition contraire du cahier des conditions de vente, le débiteur saisi perd tout **droit d'occupation** dès le prononcé du jugement d'adjudication (Cass. 2e civ. 6-6-2019 n° 18-12.353).

16510 **Obligations du débiteur saisi** Le débiteur saisi est, à l'égard de l'adjudicataire, tenu à la **délivrance** du bien et à la garantie d'**éviction** (C. exécution art. L 322-10, al. 2).

En revanche, dans la mesure où il s'agit d'une vente forcée ordonnée judiciairement, le débiteur saisi ne doit pas à l'adjudicataire la **garantie des vices cachés** (C. civ. art. 1649) et il ne peut pas agir en rescision de la vente pour lésion (art. 1684) si le prix d'adjudication est inférieur à sa valeur réelle.

EFFETS DU NON-PAIEMENT DU PRIX DE VENTE DE L'IMMEUBLE

16512 À défaut de versement du prix ou de sa consignation et de paiement des frais dans les délais requis, la **vente** est **résolue** de plein droit (C. exécution art. L 322-12, al. 1). L'action en constatation de la résolution relève de la compétence du JEX (Cass. 2e civ. 23-2-2017 n° 16-13.178 : Gaz. Pal. 20-6-2017 jur. p. 49).

ATTENTION

Pour que la résolution de la vente puisse être constatée, encore faut-il qu'il y ait absence de consignation ou de versement du prix et de paiement des frais à la **date où le juge statue** ; par suite, la demande de résolution de plein droit d'une vente par adjudication dès l'expiration du délai de deux mois après la date d'adjudication définitive doit être rejetée, dès lors qu'au jour où le juge statue l'adjudicataire a consigné le prix de vente et les intérêts de retard (Cass. 2e civ. 1-10-2020 n° 19-12.830 F-PBI : RJDA 2/21 n° 120 ; Cass. 2e civ. 3-2-2022 n° 20-19.522 F-B).

L'adjudicataire défaillant ne peut pas prétendre au **remboursement des sommes** qu'il a **acquittées** et doit, si le prix de revente est moindre, payer la différence entre son enchère et ce prix de revente (art. L 322-12, al. 2).

Les **ayants droit du débiteur** saisi, qui peuvent agir en résolution de la vente par adjudication, notamment en cas de défaut de paiement du prix par l'adjudicataire, sont recevables à solliciter la radiation de la publication du jugement d'adjudication (Cass. 2e civ. 11-7-2013 n° 12-13.737 : Bull. civ. II n° 157).

L'action en résolution de la vente ne peut être engagée que sur le fondement des dispositions spéciales du Code des procédures civiles d'exécution, lesquelles dérogent à celles du droit commun de la vente (Cass. 2e civ. 3-2-2022 n° 20-19.522 FB).

G. Titre de vente de l'immeuble adjugé

CONTENU DU TITRE DE VENTE DE L'IMMEUBLE

16515 Le greffe établit le titre de vente. Ce dernier consiste dans **l'expédition** (copie certifiée conforme à l'original) du **cahier des conditions de vente** revêtue de la **formule exécutoire,** à la suite de laquelle sont transcrits le jugement d'adjudication et, éventuellement en annexe, une déclaration complémentaire remise au greffe par l'avocat de l'adjudicataire au plus tard le troisième jour ouvrable suivant l'adjudication, répondant aux exigences de la publicité foncière sur les renseignements d'identité fournis par l'adjudicataire ; en cas de difficulté, le JEX statue par une ordonnance non susceptible d'appel (C. exécution art. R 322-61).

Le titre de vente comprend, en outre, la **quittance** du paiement des **frais** (art. R 322-62, al. 3).

DESTINATAIRES DU TITRE DE VENTE DE L'IMMEUBLE

16520 Le titre de vente est délivré par le greffe à l'adjudicataire ; en cas de pluralité de lots, le greffe doit délivrer une expédition à **chaque acquéreur** ; le créancier poursuivant peut demander au greffe la délivrance du titre de vente afin de combler la carence éventuelle de l'adjudicataire dans l'accomplissement des formalités de publicité y afférentes (C. exécution art. R 322-62, al. 1 et 2).

PUBLICATION DU TITRE DE VENTE DE L'IMMEUBLE

16525 La publication du titre de vente au « fichier immobilier » par l'acquéreur ou, à défaut, par le créancier poursuivant la distribution est conforme à celle des ventes judiciaires (C. exécution art. R 322-63) régie par le décret 55-22 du 4 janvier 1955 portant réforme de la **publicité foncière** et le décret 55-1350 du 14 octobre 1955 pris pour l'application de ce décret (pour une étude d'ensemble, voir nos 15000 s.).

La publication est mentionnée par le service de la publicité foncière en **marge de la copie du commandement** de payer valant saisie publié, afin d'informer de l'état de la procédure de saisie immobilière.

H. Effets de l'adjudication de l'immeuble saisi

EXPULSION DE L'OCCUPANT

Le titre d'expulsion constitué par le jugement d'adjudication (C. exécution art. L 322-13) peut, à compter du versement du prix ou de sa consignation et du paiement des frais taxés par l'adjudicataire (nos 16495 s.), être mis à exécution non seulement **à l'encontre** du débiteur saisi mais également de tout **occupant** de son chef n'ayant aucun droit opposable au débiteur saisi, sauf si le cahier des conditions de vente prévoit le maintien dans les lieux du débiteur saisi (art. R 322-64). **16530**

L'adjudicataire peut solliciter le concours de la **force publique** afin de faire procéder à l'expulsion du débiteur saisi (Rép. Zimmermann : AN 26-8-2008 n° 15650 p. 7419).

PURGE DES HYPOTHÈQUES

Après la **publication** du titre de vente, le **paiement** du prix et des frais de vente ou la consignation par l'adjudicataire purgent de plein droit l'immeuble de toute sûreté publiée du chef du débiteur (C. exécution art. L 322-14 ; nos 31115 s.). **16535**

À la demande de l'adjudicataire, le JEX qui constate cette purge ordonne la **radiation** des **inscriptions** correspondantes au « fichier immobilier », son ordonnance n'étant pas susceptible d'appel (art. R 322-65).

I. Réitération des enchères

PRINCIPE DE LA RÉITÉRATION DES ENCHÈRES

Lorsque **l'adjudicataire ne paye pas** dans les délais prescrits le prix, les frais taxés ou les droits de mutation (nos 16495 s.), le créancier poursuivant, un créancier inscrit ou le débiteur saisi peut demander la remise en vente du bien aux conditions de la première vente forcée (C. exécution art. R 322-66). **16540**

MODALITÉS DE LA RÉITÉRATION DES ENCHÈRES

La personne qui poursuit la réitération des enchères doit se faire délivrer par le greffe du JEX un **certificat** constatant le non-respect de ses obligations par l'adjudicataire ; puis elle doit faire signifier par acte extrajudiciaire ce certificat à l'adjudicataire, en le sommant de payer dans un **délai** de huit jours le prix, les frais taxés et les droits de mutation et, le cas échéant, au créancier ayant sollicité la vente (C. exécution art. R 322-67). **16545**

Dans un **délai** de quinze jours à compter de cette signification, l'adjudicataire peut **contester le certificat** devant le JEX, la décision de ce dernier n'étant pas susceptible d'appel (art. R 322-68).

Lorsque le certificat est signifié tant à l'adjudicataire qu'au créancier qui a sollicité la vente, la date de signification à prendre en compte pour déterminer le **point de départ du délai** de quinze jours n'est pas celle de l'ultime signification mais celle de la signification à l'adjudicataire car lui seul peut contester le certificat (Cass. 2e civ. 16-12-2010 n° 09-71.327 : Bull. civ. II n° 214).

La décision du JEX, qui se prononce à la fois sur la contestation du certificat et sur la demande visant la réitération des enchères, est susceptible d'appel concernant cette dernière demande (Cass. 2e civ. 24-3-2022 n° 21-11.452 F-B).

Si l'adjudicataire ne conteste pas le certificat et ne satisfait pas à la sommation, l'immeuble est remis en vente par voie d'adjudication. **16555**

La **nouvelle audience devant le JEX** doit être fixée dans les deux à quatre mois à compter de la date de signification du certificat à l'adjudicataire ou, si ce dernier l'a contesté devant le JEX (n° 16545), à compter de la décision de rejet de ce dernier (C. exécution art. R 322-69, al. 1 à 3).

Le greffe doit notifier la date de l'audience par lettre recommandée avec accusé de réception aux débiteur saisi, créancier poursuivant, créanciers inscrits et à l'adjudicataire défaillant (art. R 322-69, al. 4).

ILLUSTRATIONS

L'adjudicataire défaillant, propriétaire du bien adjugé tant que la résolution de la vente n'a pas été constatée, doit être appelé à l'audience d'adjudication sur réitération des enchères, à laquelle il est partie (Cass. 2e civ. 9-6-2022 n° 20-21.352 F-B).

16565 Les **formalités de publicité** (nos 16385 s.) avec mention du montant de la nouvelle adjudication ainsi que le déroulement des enchères (nos 16420 s.) se font dans des conditions identiques à celles de la première adjudication (C. exécution art. R 322-70 et R 322-71).

Les **frais** taxés de la première adjudication restent à la charge de l'adjudicataire défaillant, les **intérêts** au taux légal commençant à courir sur le montant de la première adjudication passé un **délai** de deux mois suivant sa date, jusqu'à la nouvelle vente (art. R 322-72, al. 1).

Le nouvel adjudicataire doit les frais afférents à la nouvelle adjudication (art. R 322-72, al. 2).

> **Précisions** L'article R 322-71 du Code des procédures civiles d'exécution, relatif à la réitération des enchères, n'a trait qu'aux conditions de déroulement des enchères et n'exclut pas la **faculté de surenchérir,** celle-ci n'étant susceptible d'intervenir que postérieurement aux enchères ; il s'ensuit qu'en l'absence de dispositions contraires, une déclaration de surenchère est recevable après la réitération de la vente (Cass. 2e civ. 7-1-2016 no 14-26.887 : Bull. civ. II no 7).

SECTION 4 DISTRIBUTION DU PRIX DE L'IMMEUBLE SAISI

A. Règles communes

CRÉANCIERS VISÉS PAR LA DISTRIBUTION DU PRIX DE L'IMMEUBLE

16580 Les **seuls créanciers admis** à faire valoir leurs droits sur le prix de la vente de l'immeuble saisi sont (C. exécution art. L 331-1) :

- le créancier poursuivant ;
- les créanciers inscrits sur l'immeuble saisi à la date de la publication du commandement de payer valant saisie ;
- les créanciers inscrits sur l'immeuble saisi avant la publication du titre de vente et qui sont intervenus dans la procédure ;
- les créanciers énumérés au 3° de l'article 2402 du Code civil, soit le syndicat des copropriétaires pour le paiement des créances de toute nature relatives à l'année courante ainsi qu'aux quatre dernières années échues sur le lot vendu du copropriétaire débiteur ;
- les créanciers énumérés à l'article 2377 du Code civil, par exemple, les créanciers de frais de justice ou d'indemnités dues pour les congés payés ;
- les créanciers titulaires d'une sûreté publiée sur les immeubles par destination saisis avant la publication du titre de vente.

16585 Les **créanciers qui ont omis de déclarer leur créance,** alors qu'ils y ont été **sommés,** sont déchus du bénéfice de leur sûreté pour la distribution du prix de vente de l'immeuble (C. exécution art. L 331-2) mais admis à faire valoir leurs droits sur la répartition de ce prix (Cass. 2e civ. 2-12-2021 no 20-15.274 F-B : RJDA 5/22 no 303). Les créanciers chirographaires n'ont pas qualité pour contester le projet de distribution (Cass. 2e civ. 12-4-2018 no 17-13.235 : Bull. civ. II no 85).

Sur le refus du JEX d'homologuer un projet de distribution intégrant des créanciers non admis à y participer, voir no 16635.

MODALITÉS DE DISTRIBUTION DU PRIX DE VENTE DE L'IMMEUBLE

16595 Le **créancier saisissant** ou, à défaut, le **créancier le plus diligent** ou le **débiteur** peuvent poursuivre la distribution du prix de l'immeuble (C. exécution art. R 331-1), que la vente soit amiable ou forcée (CA Paris 29-5-2008 no 07/15892).

16600 Les **frais** afférents à la procédure de distribution, hors contestations ou réclamations, sont avancés par celui qui sollicite la distribution et sont prélevés par priorité à tous autres (C. exécution art. R 331-2).

B. Distribution amiable du prix de vente de l'immeuble saisi

NOTIFICATIONS DE LA DISTRIBUTION ET CONVOCATIONS

L'ensemble des notifications et convocations effectuées dans le cadre de la distribution amiable répondent aux règles des **notifications entre avocats** (CPC art. 671) auxquels les actes sont notifiés directement (CPC art. 652), sauf nécessité de procéder par voie de signification à l'égard du débiteur qui n'a pas constitué avocat (C. exécution art. R 332-9). 16605

1. CRÉANCIER UNIQUE

DEMANDE DE PAIEMENT DU CRÉANCIER

Dans le **délai** de deux mois suivant la publication du titre de vente, le créancier qui poursuit la distribution doit adresser, par lettre recommandée avec accusé de réception au séquestre ou à la Caisse des dépôts et consignations, une demande **motivée** de paiement de sa créance accompagnée des **documents suivants** (C. exécution art. R 332-1, al. 1 à 3) : 16610

- l'état hypothécaire certifié à la date de la publication du commandement de payer valant saisie ;
- les états des inscriptions figurant sur le registre des sûretés mobilières et autres opérations connexes à la date de la publication du titre de vente ;
- la copie revêtue de la formule exécutoire du jugement d'orientation ;
- la copie revêtue de la formule exécutoire du jugement d'adjudication **ou,** le cas échéant, du jugement constatant la fin de l'instance avec une copie du contrat de vente amiable ;
- le certificat du greffe du JEX attestant qu'aucun créancier inscrit après la date de la publication du commandement n'est intervenu dans la procédure, ce certificat ne pouvant pas être délivré avant l'expiration d'un délai d'un mois suivant la publication du titre de vente.

PAIEMENT DU CRÉANCIER

Dans le **délai** d'un mois suivant la demande, le séquestre ou la Caisse des dépôts et consignations procède au paiement et, passé ce délai, les sommes dues portent intérêt au taux légal ; le débiteur saisi est informé dans le même délai du montant versé au créancier et reçoit le solde éventuel (C. exécution art. R 332-1, al. 4 et 5). 16615

Ce n'est que dans le cas où les documents produits démontrent l'existence d'un **autre créancier** éligible à la distribution que le séquestre ou la Caisse des dépôts et consignations peut refuser le paiement, le JEX devant être saisi par le créancier poursuivant ou par le débiteur en cas de contestation (art. R 332-1, al. 6), de quelque nature que ce soit (Cir. CIV 2006-17 : BOMJ n° 104, point 5.3.1., dernier al.).

2. PLURALITÉ DE CRÉANCIERS

ACTUALISATION DES DÉCLARATIONS DE CRÉANCES

S'il y a plusieurs créanciers éligibles à la distribution, dans le **délai** de deux mois suivant la publication du titre de vente, la partie poursuivante notifie une **demande de déclaration** actualisée des créances aux **créanciers inscrits** ainsi que, si elle en a connaissance, aux créanciers énumérés à l'article 2377 du Code civil (C. exécution art. R 332-2, al. 1). 16620

Les créanciers notifiés doivent **répondre** par conclusions d'avocat dans les quinze jours de la demande. À défaut, ils sont déchus des intérêts postérieurs à la déclaration de créance visée (art. R 332-2, al. 2) :

- à l'article R 322-7, 4° du Code des procédures civiles d'exécution (sommation de déclarer les créances en vue de l'audience d'orientation) ou ;
- à l'article R 322-13 du Code des procédures civiles d'exécution (déclarations des créanciers ayant inscrit leur sûreté entre la date de publication du commandement de payer valant saisie et la publication de la vente).

ATTENTION

Le **non-respect du délai** de deux mois suivant la publication du titre de vente prescrit pour la notification d'une demande de déclaration actualisée des créances n'étant assorti d'aucune **sanction** et le débiteur saisi pouvant lui-même poursuivre la distribution judiciaire, le dépassement de ce délai ne saurait être sanctionné par l'engagement de la responsabilité civile du créancier saisissant (Cass. 2e civ. 21-3-2013 n° 12-13.813 : Bull. civ. II n° 60).

16625 Si une déclaration de créance n'avait **pas à être faite** en vertu des articles R 322-7, 4° et R 322-13 du Code des procédures civiles d'exécution, la **demande de déclaration** actualisée vaut sommation au sens de l'article L 331-2 du Code des procédures civiles d'exécution (n° 16585).

Les **créanciers** inscrits qui **devaient déclarer leur créance mais ont omis de la déclarer** malgré la sommation ont tout de même la possibilité de se répartir le solde éventuel comme de simples créanciers chirographaires, en procédant à une déclaration de créance par conclusions d'avocat dans les quinze jours de la demande d'actualisation (C. exécution art. R 332-2, al. 2 et 3).

PROJET DE DISTRIBUTION DU PRIX DE VENTE DE L'IMMEUBLE

16630 **Notification du projet de distribution** La partie poursuivante notifie, dans un **délai** d'un mois suivant l'expiration du délai imparti aux créanciers pour actualiser leur créance, le projet de distribution qu'elle a élaboré aux personnes suivantes (C. exécution art. R 332-3 et R 332-4) :

– les créanciers mentionnés à l'article R 332-2 du Code des procédures civiles d'exécution (nos 16620 s.) et à l'article R 331-4 du même Code (titulaire d'une sûreté publiée sur un immeuble par destination) ;

– le débiteur ;

– le syndic qui a formé l'opposition visée à l'article 20 de la loi 65-557 du 10 juillet 1965 (opposition au versement des fonds pour obtenir paiement des sommes que l'ancien propriétaire reste lui devoir), par lettre recommandée avec accusé de réception.

À **peine** de nullité, la notification mentionne la possibilité de contestation motivée et, à défaut de celle-ci dans les quinze jours suivant la réception de la notification, la soumission au JEX du projet de distribution réputé accepté, aux fins d'homologation (art. R 332-5).

> **Précisions** Le délai d'un mois prévu par l'article R 332-4 pour notifier aux débiteurs le projet de distribution n'est assorti d'aucune **sanction** ; par suite, la distribution judiciaire peut être ordonnée au-delà de ce délai dès lors qu'aucun procès-verbal d'accord revêtu de la formule exécutoire n'a été établi (Cass. 2e civ. 5-1-2017 n° 15-28.798 : RJDA 4/17 n° 277).

16635 **Homologation du projet de distribution** La **requête** aux fins d'homologation du projet de distribution est **présentée** par la partie poursuivante ou, à défaut, par toute partie au projet de distribution, dans le **délai,** à peine d'irrecevabilité, d'un mois à compter de l'expiration du délai de quinze jours suivant la réception de la notification du projet de distribution (C. exécution art. R 332-6, al. 1). La requête doit contenir les annexes détaillées à l'article R 332-10 du Code des procédures civiles d'exécution (n° 16645).

Après vérification de la conformité de la procédure sur les possibilités de contestations ou réclamations, le JEX confère **force exécutoire** au projet de distribution (art. R 332-6, al. 2), étant précisé que le JEX n'a pas le pouvoir d'apprécier sur le fond le projet, sauf à vérifier sa conformité à l'ordre public (Cass. 2e civ. 17-9-2020 n° 19-10.366 : RJDA 2/21 n° 119). L'ordonnance du JEX n'est pas susceptible d'**appel** (art. R 332-10 in fine) et ne peut pas faire l'objet d'une opposition (Cass. 2e civ. 5-1-2017 n° 15-29.148 : RJDA 4/17 n° 278). En revanche, elle peut donner lieu à un pourvoi en cassation (CPC art. 606 ; n° 16095).

L'ordonnance du JEX qui confère force exécutoire au projet de distribution est réputée avoir adopté les motifs de la requête qu'elle vise et qui comporte l'indication des dates de notification du projet de distribution aux créanciers concernés et au saisi, ainsi que les pièces qui y sont annexées (Cass. 2e civ. 21-2-2013 n° 12-13.738 : Bull. civ. II n° 41).

Le JEX peut refuser d'homologuer un projet prévoyant le versement de sommes au titre de la commission de l'agence immobilière à un ou plusieurs créanciers chirographaires, non admis à participer à la distribution (Cass. 2e civ. 27-3-2025 n° 22-20.194 F-B).

Si **le JEX refuse l'homologation,** la distribution devient judiciaire (nos 16650 s.).

16640 **Contestations du projet de distribution et procès-verbal d'accord** Si le projet de distribution donne lieu à des contestations dans le **délai** de quinze jours suivant la réception de la notification, les créanciers parties à la procédure et le débiteur saisi sont convoqués par le requérant entre quinze jours et un mois suivant la première contestation (C. exécution art. R 332-7). S'ils parviennent à un **accord** sur la distribution du prix – et, par application de l'article R 331-3 du Code des procédures civiles d'exécution, à un accord sur la mainlevée des inscriptions et publications dans le cadre d'une distribution hors saisie immobilière (hors procédure d'exécution forcée) – ils signent à ce titre un **procès-verbal** dont ils reçoivent une copie (art. R 332-8, al. 1 et 2).

La partie la plus diligente présente au JEX une **requête** qui doit contenir les annexes détaillées à l'article R 332-10 du Code des procédures civiles d'exécution (n° 16645) afin que, après vérification de la régularité de ce procès-verbal, la **force exécutoire** lui soit conférée (art. R 332-8, al. 3), son ordonnance n'étant pas susceptible d'**appel** mais pouvant donner lieu à un pourvoi en cassation (CPC art. 606).

Si **le JEX refuse de conférer force exécutoire** au procès-verbal d'accord, la distribution devient judiciaire (nos 16650 s.).

Les **débiteurs** saisis **qui n'ont pas contesté** le projet de distribution dans le délai de quinze jours à compter de la réception de sa notification sont réputés l'avoir accepté et ne sont donc pas recevables à soulever, devant la Cour de cassation, un moyen contraire à l'accord qu'ils ont donné (Cass. 2e civ. 18-10-2012 n° 11-20.314 : Bull. civ. II n° 172). **16642**

Annexes aux requêtes Les requêtes en homologation du projet de distribution (n° 16635) ou du procès-verbal d'accord (n° 16640) **doivent contenir** en annexe (C. exécution art. R 332-10) : **16645**

- un état hypothécaire postérieur à la publication de la vente ;
- les justificatifs de réception du projet de distribution ;
- le projet de distribution ou le procès-verbal d'accord contenant, le cas échéant, autorisation de mainlevée des inscriptions et radiation du commandement de payer valant saisie ;
- les états des inscriptions figurant sur le registre des sûretés mobilières et autres opérations connexes ;
- le cahier des conditions de vente ;
- le jugement d'orientation ;
- selon le cas, le jugement constatant la vente auquel est annexé la copie du contrat de vente amiable ou le jugement d'adjudication.

C. Distribution judiciaire du prix de l'immeuble saisi

PRINCIPE DE DISTRIBUTION JUDICIAIRE DU PRIX DE VENTE DE L'IMMEUBLE

Il convient d'initier la procédure de distribution judiciaire en cas d'échec de la distribution amiable et donc dans les **cas** suivants : **16650**

- la partie poursuivante ne respecte pas les délais prescrits dans le cadre de la distribution amiable ;
- aucun accord n'est trouvé entre les parties ;
- le JEX refuse d'homologuer le projet ou le procès-verbal d'accord.

MODALITÉS DE DISTRIBUTION JUDICIAIRE DU PRIX DE VENTE DE L'IMMEUBLE

La partie poursuivante ou, à défaut de diligence de celle-ci, toute partie intéressée, peut saisir le JEX aux fins de distribution judiciaire (C. exécution art. R 333-1, al. 2). **16655**

Lorsque, à défaut de procès-verbal d'accord revêtu de la formule exécutoire, la saisine du JEX émane de la partie poursuivante, celle-ci lui transmet le projet de distribution ainsi qu'un procès-verbal exposant les difficultés rencontrées et tous documents utiles (art. R 333-1, al. 1).

Dans le cadre d'une **saisie immobilière,** la demande de distribution judiciaire constitue une **demande incidente** qui est formée par voie de **conclusions d'avocat** déposées au greffe, conformément à l'article R 311-6 du Code des procédures civiles d'exécution (art. R 333-1, al. 2).

Lorsqu'il y a lieu de ventiler le prix de **plusieurs immeubles** vendus collectivement ou de déterminer la fraction du prix de vente correspondant à la valeur d'un **immeuble par destination,** un **expert** peut, à la demande des parties ou d'office, être désigné par une ordonnance du JEX qui fixe le délai dans lequel sera déposé le rapport d'expertise au vu duquel la ventilation sera prononcée (C. exécution art. R 333-2). **16660**

Le **JEX** établit **l'état des répartitions** et statue sur les **frais** liés à la procédure de distribution, en ordonnant, en tant que de besoin, la **radiation des inscriptions** des sûretés prises sur l'immeuble, du chef du débiteur. Le **jugement** du JEX est **susceptible d'appel** avec effet suspensif d'exécution (C. exécution art. R 333-3). **16665**

D. Paiement des créanciers

PAIEMENT PROVISIONNEL DES CRÉANCIERS AVANT DISTRIBUTION DÉFINITIVE

16670 En vertu de dispositions d'**ordre public,** le créancier de **premier rang** peut, par requête au JEX, demander, après la publication du titre de vente et, au vu d'un état hypothécaire, un paiement à titre provisionnel pour le **principal** de sa créance par le séquestre ou la Caisse des dépôts et consignations, les intérêts, frais et accessoires n'étant payés qu'une fois le projet de distribution devenu définitif ; le créancier de premier rang notifie la décision du JEX au débiteur saisi et aux créanciers inscrits, qui disposent d'un délai de quinze jours pour faire **opposition** à cette décision (C. exécution art. R 334-1).

Sans préjuger de la distribution, ce paiement provisionnel permet d'apurer plus rapidement l'endettement du débiteur saisi.

PAIEMENT DES CRÉANCIERS EN EXÉCUTION DE LA DISTRIBUTION DÉFINITIVE

16675 Dans le **délai** d'un mois de la notification au séquestre ou à la Caisse des dépôts et consignations du projet de distribution homologué ou du procès-verbal d'accord revêtu de la formule exécutoire ou d'une copie revêtue de la formule exécutoire de la décision arrêtant l'état de répartition, il est procédé au paiement des créanciers et, le cas échéant, du débiteur saisi (C. exécution art. R 334-2).

LIBÉRATION DU DÉBITEUR SAISI MALGRÉ L'ABSENCE DE DISTRIBUTION

16680 Si la distribution du prix n'est pas intervenue, ce n'est qu'à l'expiration d'un **délai** de six mois que le versement du prix de vente ou sa consignation auprès de la Caisse des dépôts par l'acquéreur produit tous les **effets d'un paiement** à l'égard du débiteur saisi (C. exécution art. L 334-1 et R 334-3).

Mais si le prix d'adjudication ne couvre pas le montant des créances, le **capital restant dû** continuera à produire **intérêts** conformément au titre exécutoire.

Les lenteurs de la procédure de distribution ne sont en revanche pas préjudiciables aux créanciers car les sommes séquestrées ou consignées produisent intérêts (art. R 322-57 ; n° 16495).

TITRE II

Financement de l'immobilier

CHAPITRE 1

PROTECTION DE L'EMPRUNTEUR IMMOBILIER

SOMMAIRE

NATURE ET OBJET DE LA RÉGLEMENTATION SUR LE CRÉDIT IMMOBILIER

20000 Le recours au crédit en vue d'acquérir un bien immobilier est une nécessité pour la plupart des particuliers. Le crédit immobilier est réglementé par la loi Scrivener II du 13 juillet 1979, codifiée aux articles L 313-1 et suivants du Code de la consommation.

Elle a été complétée par l'ordonnance 2016-351 du 25 mars 2016 transposant la directive 2014/17/UE du 4 février 2014 sur les contrats de crédit aux consommateurs relatifs aux biens immobiliers à usage résidentiel.

Ces dispositions sont d'**ordre public** (C. consom. art. L 314-26). Leur méconnaissance peut être relevée d'**office** par le **juge** (C. consom. art. R 632-1 ; Cass. 1e civ. 22-1-2009 n° 05-20.176 : RJDA 4/09 n° 382). Par ailleurs, les parties ne peuvent pas **renoncer** à l'avance au bénéfice de ces dispositions protectrices (Cass. 1e civ. 17-3-1993 n° 90-12.797 : RJDA 11/93 n° 930 ; Cass. 1e civ. 27-6-1995 n° 92-19.856 : RJDA 12/95 n° 1412 ; Cass. 1e civ. 26-1-1999 n° 96-17.290 : RJDA 4/99 n° 461), mais elles peuvent renoncer à leurs effets acquis (Cass. 1e civ. 17-3-1998 n° 96-13.972 : RJDA 7/98 n° 904) à condition de le manifester par un acte positif sans équivoque (Cass. 1e civ. 1-3-2005 n° 03-10.456 : RJDA 7/05 n° 880).

Cette réglementation a mis en place un système de **protection de l'emprunteur non professionnel** qui sollicite un prêt d'un professionnel pour financer une opération immobilière relevant du secteur de l'habitation. Elle a notamment pour objet :

– d'améliorer l'information des emprunteurs en leur imposant, ainsi qu'aux cautions personnes physiques, un temps de réflexion avant de s'engager à l'égard de l'organisme financier ;

– de lier le sort du contrat principal constatant l'opération immobilière à celui du contrat de prêt, la non-conclusion de l'un entraînant la suspension ou la résolution de l'autre ;

– de limiter les pénalités pouvant être mises à la charge des emprunteurs défaillants ou de ceux qui effectuent un remboursement par anticipation.

CONTRAT DE CRÉDIT IMMOBILIER CONCLU À DISTANCE

20007 Les dispositions du Code de la consommation relatives au crédit immobilier ont été pour l'essentiel élaborées en considération d'un **contrat** de crédit conclu sous la forme d'un écrit **papier.** Mais les actes électroniques peuvent aujourd'hui faire la preuve d'un engagement (C. civ. art. 1366) et en assurer la validité (C. civ. art. 1174 et 1175).

La loi n'exige plus que l'offre de crédit et son acceptation soient obligatoirement envoyées par **voie postale.** Elles peuvent donc être adressées par **voie électronique** (C. consom. art. L 313-24 et L 313-34). L'envoi recommandé électronique est équivalent à l'envoi d'une lettre recommandée par voie postale dès lors qu'il satisfait à certaines exigences en matière notamment d'identification des parties, de preuve du dépôt ou de réception ou encore d'intégrité des données transmises. Dans le cas où le destinataire n'est pas un professionnel, celui-ci doit avoir exprimé à l'expéditeur son consentement à recevoir des envois recommandés électroniques (CPCE art. L 100 et R 53).

Un crédit immobilier conclu à distance tombe sous le coup du dispositif de protection du consommateur applicable en cas de commercialisation à distance de services financiers (nos 20480 s.).

SECTION 1

CHAMP D'APPLICATION DE LA RÉGLEMENTATION SUR LE CRÉDIT IMMOBILIER

OPÉRATIONS CONCERNÉES

20010 Sous réserve des exclusions énumérées ci-dessous (n° 20040), la réglementation s'applique aux **prêts** énumérés à l'article L 313-1 du Code de la consommation. Sont ainsi notamment concernés le prêt amortissable, le prêt remboursable à l'échéance, appelé « prêt in fine », certains découverts en compte, le crédit relais, les divers prêts aidés par l'État, etc.

20015 Ces prêts doivent permettre de financer des **opérations** portant sur un **immeuble à usage d'habitation ou** à usage mixte **professionnel et d'habitation** (C. consom. art. L 313-1).

ILLUSTRATIONS

Un immeuble **entre dans la catégorie** des immeubles à usage mixte dès qu'il réserve à l'usage d'habitation au moins la surface nécessaire au logement de celui ou de ceux dont l'activité professionnelle s'exerce dans les autres parties de l'immeuble, sans qu'il soit besoin d'établir un rapport entre la surface réservée à l'habitation et la surface affectée à l'exercice de la profession (Rép. Branger : AN 24-11-1980 p. 4924 n° 36465).
En revanche, la réglementation **ne s'applique pas** en cas d'achat d'un domaine agricole ou vinicole dès lors que les bâtiments d'habitation n'en constituent que l'accessoire (Cass. 3e civ. 25-4-1984 n° 82-16.573 : Bull. civ. III n° 91) ou que l'achat a été effectué en vue de l'exploitation du domaine par l'acheteur (Cass. 1e civ. 7-10-1992 n° 89-18.702 : Bull. civ. I n° 244).
Elle est également inapplicable en cas d'acquisition d'un local aménagé en totalité pour la pratique d'activités sportives et faisant l'objet d'un bail commercial consenti à une société ayant cette activité, sans que l'emprunteur ait entendu, par cet achat, satisfaire un besoin personnel ou familial (Cass. 1e civ. 29-10-2002 n° 00-20.033) ou en cas d'acquisition de parts d'une société dont l'objet est la construction et l'aménagement d'un hôtel, cet immeuble ayant une vocation commerciale (Cass. 1e civ. 20-3-2007 n° 06-13.884 : RJDA 7/07 n° 768).

Les opérations relevant du champ d'application de la réglementation sont limitativement énumérées par l'article L 313-1 du Code de la consommation. Il s'agit de : **20020**

1° L'**acquisition** en propriété ou en jouissance d'immeubles, y compris si l'opération vise également à permettre la réalisation de travaux de réparation, d'amélioration ou d'entretien de l'immeuble acquis.

La réglementation est applicable aux ventes par **adjudication,** à l'exception des dispositions relatives à la suspension du contrat de prêt en cas de contestation sur l'exécution du contrat principal (n° 20885) et des dispositions relatives à la condition suspensive de l'obtention des prêts (nos 21260 s.).

Les contrats de vente d'**immeubles à construire** (CCH art. L 261-1 s.) et les contrats de **construction de maisons individuelles** (CCH art. L 231-1 s.) sont également visés par la loi.

Le prêt consenti après la vente de l'immeuble pour apurer le solde restant dû sur le prêt immobilier initial accordé pour l'achat de cet immeuble s'inscrit dans l'opération d'acquisition du bien et est donc soumis à la réglementation (Avis C. cass. 20-6-1997 n° 09-70.006 : Bull. civ. Avis n° 4).

2° La souscription ou l'achat de **parts ou d'actions** de sociétés donnant vocation à leur attribution en propriété ou en jouissance.

3° Les dépenses relatives à la **construction** de ces immeubles, quel que soit leur montant.

Les **honoraires d'architecte** sont considérés comme des dépenses relatives à la construction (Cass. crim. 9-11-1993 n° 92-86.598 : Bull. crim. n° 331 ; Cass. 1e civ. 3-1-1996 n° 93-19.128 : RJDA 4/96 n° 525 ; Cass. 3e civ. 28-3-2007 n° 06-11.280 : RJDA 7/07 n° 769).

4° L'achat de **terrains** destinés à leur construction. La réglementation ne s'applique pas au financement de l'achat d'un terrain destiné à être revendu sans construction (Cass. com. 18-5-2005 n° 03-10.508 : RJDA 8-9/05 n° 1029).

L'article L 313-1 du Code de la consommation prévoit que la réglementation protectrice sur le crédit immobilier s'applique également : **20022**

1° Aux contrats de crédit accordé à un emprunteur particulier garantis par une **hypothèque,** par une **autre sûreté comparable** sur les biens immobiliers à usage d'habitation, ou par un **droit lié à un bien immobilier à usage d'habitation.** Les contrats ainsi garantis sont notamment ceux destinés à financer, pour les immeubles à usage d'habitation ou à usage professionnel et d'habitation, les dépenses relatives à leur réparation, leur amélioration ou leur entretien.

2° Aux contrats de crédit souscrits par les **personnes morales de droit privé,** lorsque le crédit accordé **n'est pas destiné à financer une activité professionnelle,** notamment celle des personnes morales qui, à titre habituel, même accessoire à une autre activité, ou en vertu de leur objet social, procurent, sous quelque forme que ce soit, des immeubles ou fractions d'immeubles, bâtis ou non, achevés ou non, collectifs ou individuels, en propriété ou en jouissance.

Sont également visés, mais avec un régime particulier (nos 21400 s.), les contrats de **location-vente** ou de location assortie d'une promesse de vente portant sur ces immeubles (C. consom. art. L 313-53). **20025**

Les **baux à construction** assortis d'une clause prévoyant le transfert de propriété d'un terrain au preneur moyennant un supplément de loyer qui constituent en fait une location-vente (Rép. Peretti : AN 24-7-1965 p. 2953 n° 13615) sont soumis à la réglementation s'ils portent sur des immeubles à usage d'habitation ou à usage professionnel et d'habitation.

La doctrine est divisée sur l'application de la réglementation au **partage avec soulte** lorsque la soulte doit être financée par un prêt (en faveur de l'application : J.-M. Olivier, La formation du contrat de crédit immobilier : **20027**

Petites Affiches 29-4-1998 p. 13 n° 52 ; en sens contraire, B. Nuytten et J.-F. Sagaut, De quelques cas encore incertains de l'application de la loi Scrivener : RDC 2009 p. 251). La Cour de cassation ne s'est, à notre connaissance, jamais prononcée expressément sur cette question. La décision par laquelle elle a refusé d'appliquer la réglementation du crédit immobilier à un prêt-relais destiné à régler une soulte au titre d'un terrain reçu en donation-partage ne saurait être interprétée comme une réponse négative puisqu'elle s'est fondée sur le fait que l'opération financée ne constituait pas un achat de terrain en vue de la construction (C. consom. art. L 313-1, 1°), celui-ci ayant été aussitôt revendu, et n'entrait donc pas dans le champ de la réglementation (Cass. com. 18-5-2005 n° 03-10.508 : RJDA 8-9/05 n° 1029).

OPÉRATIONS EXCLUES

20040 Les opérations suivantes sont exclues du champ d'application de la réglementation (C. consom. art. L 313-2) :

1° Les prêts consentis aux **personnes morales de droit public** (État, collectivités locales, établissements publics...).

2° Les prêts destinés, sous quelque forme que ce soit, à financer une **activité professionnelle** (activité des professionnels de l'immobilier en pratique) et notamment « celles des personnes physiques ou morales qui, à titre habituel, même accessoire à une autre activité, ou en vertu de leur objet social, procurent, sous quelque forme que ce soit, des immeubles ou fractions d'immeubles, bâtis ou non, achevés ou non, collectifs ou individuels, en propriété ou en jouissance ». Cette précision vise essentiellement les opérations réalisées par les sociétés civiles immobilières (Rapport au Sénat n° 376 p. 13). La Cour de cassation a précisé que, pour l'application de ce texte, le nombre d'immeubles sur lesquels s'exerce l'activité est indifférent (Cass. 1e civ. 10-2-1993 n° 91-12.382 : RJDA 6/93 n° 541 ; Cass. 1e civ. 11-10-1994 n° 92-20.563 : RJDA 6/95 n° 747). Par suite, une société civile immobilière dont l'objet social porte sur l'acquisition et la mise en vente d'un seul appartement ne peut pas se prévaloir du bénéfice de la réglementation (Cass. 1e civ. 10-2-1993 n° 91-12.382 précité).

La notion d'activité professionnelle peut viser une activité secondaire, accessoire à l'activité principale du contractant. Ainsi, n'est pas un consommateur et ne peut donc bénéficier des dispositions protectrices le médecin qui, dans le cadre d'une opération de défiscalisation, souscrit un crédit pour acheter plusieurs lots de copropriété au sein d'une résidence hôtelière et s'inscrit à cet effet au registre du commerce et des sociétés en qualité de loueur en meublé professionnel (Cass. 1e civ. 25-1-2017 n° 16-10.105 F-PB : BRDA 6/17 inf. 18).

Le bénéficiaire d'une promesse de vente ne peut pas invoquer la réglementation sur le crédit immobilier dès lors qu'il a pris l'apparence d'un marchand de biens auprès de son cocontractant, en déclarant dans la promesse vouloir faire l'acquisition du bien dans le cadre de son activité de marchand de biens et en s'adressant à des organismes de prêt spécialisés dans les opérations de crédit aux professionnels de l'immobilier (Cass. com. 3-5-1994 n° 92-17.273 : RJDA 10/94 n° 1091).

3° Les opérations de **crédit différé** régies par la loi 52-332 du 24 mars 1952, sauf celles qui sont associées à un crédit d'anticipation.

4° Les prêts à caractère **exceptionnel** consentis par les **entreprises** à leurs **salariés** pour des motifs d'ordre social.

5° Les crédits accordés **sans intérêt et sans autres frais** autres que ceux couvrant les coûts directement liés à la garantie du crédit.

6° Les facilités de **découvert** remboursables dans le délai d'un mois.

7° Les contrats qui sont l'expression d'un **accord intervenu devant une juridiction.**

8° Les crédits résultant d'un **plan conventionnel de redressement** conclu devant la commission de surendettement des particuliers.

9° Les crédits conclus à l'occasion d'un **délai de paiement** accordé, sans frais, pour le règlement d'une dette existante qui ne sont pas garantis par une hypothèque ou une sûreté réelle comparable.

10° Le **prêt viager hypothécaire.**

> **Précisions** **a.** Sont également exclues les opérations de **crédit-bail immobilier** qui, aux termes de l'article L 313-7 du Code monétaire et financier, concernent des biens immobiliers à usage exclusivement professionnel.
> **b.** Les **prêts pour le logement locatif social (ou aidé)** qui, même dans les cas très rares où ils sont contractés par des personnes physiques, ont toujours le caractère d'endettement professionnel (Rép. Masson : AN 12-12-1988 p. 3646 n° 4450).
> **c.** Un emprunt qui n'est qu'**accessoirement affecté** au remboursement d'un précédent crédit immobilier n'entre pas dans le champ d'application des dispositions du Code de la consommation relatives aux crédits immobiliers (Cass. 1e civ. 1-3-2023 n° 21-17.018 FS-B : RJDA 8-9/23 n° 454).

d. Les prêts destinés à financer des **travaux de réparation, d'amélioration ou d'entretien** non liés à l'acquisition d'un bien immobilier sont soumis à la réglementation sur le crédit à la consommation, quel que soit leur montant, dès lors que le crédit n'est pas garanti par une hypothèque ou par une autre sûreté comparable (C. consom. art. L 312-4, 3°).

DÉROGATIONS CONVENTIONNELLES

Lorsque l'**opération n'entre pas dans le domaine d'application de la réglementation,** les parties peuvent néanmoins y soumettre le contrat de prêt (Cass. 1e civ. 7-4-1992 n° 89-16.459 : Contrats conc. consom. 1992 n° 144 note G. Raymond ; Cass. 1e civ. 23-3-1999 n° 97-11.525 : RJDA 5/99 n° 597, 1e esp.). Encore faut-il que leur manifestation de **volonté** pour s'y soumettre soit **dépourvue d'équivoque** (Cass. 1e civ. 1-6-1999 n° 97-13.779 : RJDA 8-9/99 n° 991 ; Cass. 1e civ. 26-4-2000 n° 98-10.917 : RJDA 12/00 n° 1153 ; Cass. 1e civ. 2-10-2002 n° 00-10.499 : RJDA 1/03 n° 56). **20045**

> Précisions Dans un cas où le prêt était destiné à financer un besoin de trésorerie et où la banque avait par erreur utilisé un formulaire d'offre de prêt visant la loi du 13 juillet 1979 (désormais C. consom. art. L 313-1 s.), une cour d'appel a pu retenir que l'intention de la banque n'avait pas été de soumettre ce prêt aux dispositions de cette loi (Cass. com. 26-4-1994 n° 92-13.020).
La commune intention des parties de se soumettre à la réglementation du crédit immobilier n'est pas établie dès lors que l'acte authentique mentionnait que l'offre avait été émise et acceptée dans les conditions de cette réglementation mais que les conditions générales du prêt précédemment conclu par les parties et annexé à cet acte rappelaient que cette réglementation n'était pas applicable au financement d'une activité professionnelle, ce qui était le cas en l'espèce (Cass. 1e civ. 2-10-2002 n° 00-10.499 : Bull. civ. I n° 227).

Lorsque les parties ont opté pour la réglementation sur le crédit immobilier, les **dispositions** du Code de la consommation sont alors **impérativement applicables** et les parties ne peuvent plus y déroger (Cass. 1e civ. 23-3-1999 n° 97-11.525 : RJDA 5/99 n° 597, 1e esp.). **20047**
Toutefois, en renouvelant le crédit par un nouveau contrat, les parties peuvent en modifier les conditions contractuelles initiales ou les conditions impératives auxquelles elles s'étaient auparavant soumises volontairement et exclure l'application de la réglementation pour le **nouveau contrat** (Cass. com. 18-5-2005 n° 03-10.508 : RJDA 8-9/05 n° 1029).

PERSONNES CONCERNÉES

Doivent être considérés comme des **« prêteurs »** au sens de la réglementation non seulement les dispensateurs traditionnels de crédit (banques et établissements financiers) mais encore toute personne physique ou morale qui consent les prêts visés ci-dessus dans le cadre de leur **activité commerciale ou professionnelle** (C. consom. art. L 311-1, 1°). Tel peut être le cas des prêts accordés par les promoteurs ou vendeurs professionnels ou encore les prêts aidés par l'État pour l'accession à la propriété et pour l'amélioration de l'habitat. De même, l'entreprise qui consent à un salarié un contrat de prêt immobilier destiné à l'acquisition de la résidence principale doit être considérée comme un professionnel, même si consentir des crédits ne constitue pas son activité principale (CJUE 19-3-2019 aff. C-590/17 ; Cass. 1e civ. 5-6-2019 n° 16-12.519 : RJDA 11/19 n° 715). **20060**

En revanche, ne peut pas être considérée comme « prêteur » une société d'éditions musicales qui consent une avance sur droits d'auteur à un musicien pour lui permettre de financer l'achat d'un immeuble (CA Paris 4-6-1985, inédit).

Les **emprunteurs** visés par la réglementation sont les acquéreurs de logements, personnes physiques ou morales, investissant des capitaux **hors du cadre d'une activité professionnelle** ; peu importe qu'ils achètent un logement pour l'habiter ou pour le louer. La réglementation n'est pas applicable aux prêts consentis à des **personnes morales de droit public** (C. consom. art. L 313-2, 1°), c'est-à-dire à l'État, aux collectivités locales et aux établissements publics. **20065**

Les **cautions** visées par certaines dispositions sont les **personnes physiques** qui cautionnent le remboursement d'un crédit entrant dans le champ d'application de cette réglementation.

> Précisions Si un cautionnement peut être souscrit, sous certaines conditions (nos 21300 s.), à l'occasion d'un crédit relevant de la réglementation sur le crédit immobilier, il n'en va pas de même s'agissant des garanties autonomes. En effet, une **garantie autonome** ne peut pas être souscrite à l'occasion d'un tel crédit (C. consom. art. L 314-19). Cette garantie, parfois appelée à première demande, est l'engagement par lequel le garant s'oblige, en considération d'une obligation souscrite par un tiers, à verser une somme soit à première demande, soit suivant des modalités convenues (C. civ. art. 2321, al. 1). Elle se distingue du cautionnement dans la mesure où le garant s'engage à payer une somme et non, comme dans le cautionnement, à exécuter l'obligation du débiteur principal.

APPLICATION TERRITORIALE

20080 Le Code de la consommation est muet sur le domaine d'application de la réglementation dans l'espace, c'est-à-dire sur la situation des étrangers qui empruntent ou achètent en France.

En application des **règles de conflits de lois,** selon l'administration, trois situations sont possibles (Rép. Poudonson : Sén. 5-2-1981 p. 183 n° 1339 ; Rép. Briane : AN 9-3-1981 p. 1031 n° 40845) :

a. Si les parties décident de soumettre le contrat au droit français, les dispositions du Code de la consommation, qui sont d'ordre public, s'appliquent dans leur totalité, sans dérogation conventionnelle possible.

b. Si les parties décident de choisir une loi étrangère, les dispositions du Code de la consommation, qui constituent une loi de police contractuelle, doivent être respectées lorsque les opérations de prêt sont liées à l'ordre économique français. Il en est ainsi lorsque l'immeuble est situé en France et que l'établissement du prêteur ou la résidence de l'emprunteur se trouve en France.

Un contrat de prêt conclu à Genève et prévoyant l'application du droit suisse doit être soumis à la loi d'autonomie, dès lors que l'acte notarié établi en France avait juste pour objet de constituer des hypothèques sur des immeubles situés en France (Cass. 1e civ. 19-1-1999 n° 96-17.269 : RJDA 4/99 n° 380).

c. En l'absence de désignation expresse de la loi (française ou étrangère) s'appliquant au contrat, les dispositions du Code de la consommation doivent être respectées, si l'immeuble est situé en France d'une part, et si le prêteur ou l'emprunteur est établi en France d'autre part.

20085 Le règlement 593/2008 du 17 juin 2008 sur la loi applicable aux obligations contractuelles, appelé « Rome I » et applicable au sein de l'**Union européenne,** contient des dispositions visant les contrats conclus par un consommateur, pour un usage pouvant être considéré comme étranger à son activité professionnelle, avec un professionnel.

Ainsi, les contrats conclus après le 17 décembre 2009 (date d'entrée en vigueur du règlement) sont régis par la **loi choisie par les parties** à condition que ce choix n'ait pas pour résultat de priver le consommateur de la protection que lui assurent les dispositions impératives de la loi qui aurait été applicable en l'absence de choix (Règl. 593/2008 du 17-6-2008 art. 6, § 2).

Il a été jugé qu'un prêt conclu entre un emprunteur français et une banque allemande, destiné à financer l'acquisition d'un immeuble situé en France, pour lequel les démarches afférentes à sa conclusion et l'offre ont été faites en France, était soumis aux dispositions d'ordre public des articles L 313-1 et suivants du Code de la consommation, d'autant que les parties, en reproduisant l'article L 313-34, s'étaient soumises volontairement à l'ensemble des dispositions sur le crédit immobilier (TI Niort 1-7-1998 : RJDA 5/99 n° 598).

À défaut de choix, la loi applicable est la loi du pays où le consommateur a sa résidence habituelle, à condition que le professionnel exerce son activité professionnelle dans le pays dans lequel le consommateur a sa résidence habituelle ou dirige cette activité vers ce pays, et que le contrat rentre dans le cadre de cette activité (Règl. 593/2008 du 17-6-2008 art. 6, § 1).

SECTION 2

INFORMATION DE L'EMPRUNTEUR IMMOBILIER

A. Publicité sur le crédit immobilier

MENTIONS REQUISES

20200 Toute publicité portant sur un prêt réglementé (nos 20010 s.) doit contenir les indications suivantes (C. consom. art. L 313-4) :

- l'**identité** du prêteur ;
- la **nature et** l'**objet** du prêt.

Par « nature du prêt » il faut entendre les modalités du financement offert qui peut consister soit en un véritable prêt, dont les deniers sont intégralement versés lors de la signature du contrat de prêt, soit en une ouverture de crédit réalisable par fractions échelonnées ;

la désignation de l'objet est celle du bien immobilier à acquérir. Toutefois, le sens des termes « nature et objet du prêt » dépend de chaque cas d'espèce et les précisions à apporter seront plus ou moins grandes selon la spécificité de l'opération immobilière envisagée (Rép. Poudonson : Sén. 5-3-1981 p. 303 n° 1184 ; Rép. Briane : AN 9-3-1981 p. 1031 n° 40840).

Lorsque la publicité comporte un **taux d'intérêt** ou des chiffres relatifs au **coût du crédit** pour l'emprunteur, elle doit préciser également de façon claire, concise et visible les **informations complémentaires** sur les caractéristiques du crédit, fournies, le cas échéant, à l'aide d'un exemple représentatif (C. consom. art. L 313-4). **20202**

Les informations complémentaires sont les suivantes (C. consom. art. R 313-1) :

1° Le taux débiteur et sa nature fixe, variable ou révisable, ou une combinaison des deux, ainsi que les informations relatives à tous les frais compris dans le coût total du crédit pour l'emprunteur ;

2° Le montant total du crédit ;

3° Le taux annuel effectif global (TAEG), avec éventuellement la mention de l'obligation de conclure un contrat d'assurance ;

4° La durée du contrat de crédit ;

5° Le montant total dû par l'emprunteur ;

6° Le montant et le nombre des échéances ;

7° Le cas échéant, un avertissement relatif aux éventuelles fluctuations du taux de change susceptibles de modifier le montant dû par l'emprunteur ;

8° Le cas échéant, le fait que le contrat sera garanti par une hypothèque ou une autre sûreté comparable ou par un droit lié à un bien immobilier à usage d'habitation.

L'**exemple représentatif** ne peut pas viser un prêt d'un montant supérieur à 500 000 € ou d'une durée supérieure à 30 ans. Lorsque la publicité mentionne un taux promotionnel ou des modalités spéciales d'utilisation qui dérogent au fonctionnement normal du crédit concerné, applicables à titre temporaire, l'exemple représentatif doit illustrer les conditions normales d'exécution du contrat de crédit (C. consom. art. R 313-2).

Toutes ces mentions sont obligatoires dès lors que la publicité est « faite, reçue ou perçue en **France** », peu importe le **support utilisé** (affiches, journaux, prospectus, radio, télévision, Internet) (C. consom. art. L 313-4). Ces dispositions ne s'appliquent donc pas à la publicité effectuée exclusivement à l'étranger, ni, semble-t-il, à la publicité reçue en France par des résidents abonnés à des revues étrangères qui ne sont pas destinées au marché français. Mais, compte tenu du domaine d'application de la réglementation (nos 20010 s.), la publicité réalisée à l'étranger pour le compte d'un établissement français doit respecter ces dispositions si elle est dirigée vers la France pour y être reçue ou perçue et si les immeubles dont le financement est l'objet de la publicité sont situés en France (Rép. Poudonson : Sén. 5-2-1981 p. 182 n° 1185 ; Rép. Briane : AN 9-3-1981 p. 1031 n° 40838). **20205**

Par ailleurs, tout document publicitaire remis à l'emprunteur portant sur une opération réglementée doit mentionner que l'emprunteur dispose d'un **délai de réflexion** de 10 jours, que la vente est subordonnée à l'obtention du prêt et que, si celui-ci n'est pas obtenu, le vendeur doit lui rembourser les sommes versées (C. consom. art. L 313-3).

Enfin, il est **interdit** dans toute communication publicitaire et commerciale (C. consom. art. L 313-5) :

– d'assimiler les mensualités de remboursement à des loyers ou faisant référence, pour le calcul des échéances, à des **prestations sociales** (allocations familiales, par exemple) qui ne sont pas assurées pendant toute la durée du contrat ;

– de faire figurer toute formulation susceptible de faire naître chez le consommateur de **fausses attentes** concernant la disponibilité ou le coût d'un crédit.

Les dispositions sur la publicité s'appliquent quel que soit l'**annonceur** (Cass. crim. 3-5-1988 : BID 1988/7 p. 56 ; pour un constructeur de maisons individuelles, CA Agen 4-6-1998 : RJDA 7/99 n° 831) à toutes les **publicités** impliquant le recours à un crédit immobilier, même lorsqu'elles ont un **objet autre qu'un prêt** (Cass. crim. 3-10-1991 n° 90-87.285 : RJDA 2/92 n° 178). Peu importe que la publicité soit destinée aux clients seulement désireux de réaliser un placement (Cass. crim. 7-8-1990 n° 87-80.303 : Bull. crim. n° 300). **20210**

Toute publicité diffusée par ou pour le compte d'un **intermédiaire de crédit** (personne physique ou morale qui apporte son concours, à quelque titre que ce soit et de quelque manière que ce soit, directement ou indirectement, à l'obtention d'un ou plusieurs prêts d'argent par un particulier, à l'exception des opérations relevant du crédit à la consommation) doit comporter, **20212** de manière apparente, la **mention** suivante : « Aucun versement, de quelque nature que ce soit, ne peut être exigé d'un particulier, avant l'obtention d'un ou plusieurs prêts d'argent ».

La publicité doit indiquer le nom et l'adresse de l'établissement de crédit, des établissements de crédit, de la société de financement ou des sociétés de financement pour le compte duquel, desquels, de laquelle ou desquelles l'intermédiaire exerce son activité (C. consom. art. L 322-2).

SANCTIONS

20220 L'annonceur pour le compte duquel est diffusée une publicité ne comportant pas les mentions exigées (nº 20200) s'exposerait à une **amende** de 30 000 € au plus (C. consom. art. L 341-21).

L'intermédiaire de crédit qui diffuse ou fait diffuser une publicité ne respectant pas les prescriptions exposées nº 20212 encourt une amende de 150 000 € (C. consom. art. L 342-2) et des peines complémentaires (C. consom. art. L 342-6).

B. Informations générales sur le contrat de crédit immobilier

20250 Le prêteur et l'intermédiaire de crédit doivent assurer la **disponibilité permanente** des informations générales, claires et compréhensibles, sur les contrats de crédit immobilier. Les informations doivent être délivrées sur papier, sur tout autre support durable ou sous forme électronique. Elles doivent être facilement accessibles et fournies gratuitement à l'emprunteur (C. consom. art. L 313-6).

LISTE ET CONTENUS

20255 Les informations générales sont les suivantes (C. consom. art. R 313-3) :

1° L'identité du prêteur, ou le cas échéant de l'intermédiaire de crédit, et l'adresse géographique de la partie qui fournit les informations ;

2° La nature, la destination et la durée possibles des crédits proposés ;

3° Les types de taux débiteur proposés et leur nature fixe, variable ou révisable, ou une combinaison des deux, ainsi qu'un bref exposé des caractéristiques d'un taux fixe et d'un taux variable ou révisable, y compris de leurs implications pour l'emprunteur ;

4° Les formes de sûreté réelle ou personnelle possibles pour garantir le contrat de crédit. Le cas échéant, le prêteur ou l'intermédiaire de crédit fournit à l'emprunteur des informations expliquant la nature juridique, les bénéficiaires, le fonctionnement et les effets de cette sûreté réelle ou personnelle ;

5° Le cas échéant, dans le cas où des prêts en devises autres que l'euro sont proposés, l'indication de la ou des devises ainsi qu'un avertissement relatif aux éventuelles fluctuations du taux de change susceptibles de modifier le montant dû par l'emprunteur ;

6° Un exemple représentatif du montant total du crédit, du coût total du crédit pour l'emprunteur, du montant total dû par l'emprunteur et du taux annuel effectif global ;

7° L'indication d'autres coûts éventuels supportés par l'emprunteur en lien avec le contrat de crédit qui ne sont pas compris dans le coût total du crédit ;

8° L'éventail des différentes modalités de remboursement possibles, y compris le nombre, la périodicité et le montant des versements réguliers ;

9° Les conditions directement liées à un remboursement anticipé ;

10° Le cas échéant, la nécessité de faire expertiser le bien concerné, l'identité du responsable chargé de veiller à la réalisation de cette expertise ainsi que les coûts qui en découlent éventuellement pour l'emprunteur ;

11° L'indication des services accessoires que l'emprunteur est obligé de souscrire pour obtenir le crédit ou pour l'obtenir aux conditions annoncées et, le cas échéant, la précision que les services peuvent être acquis auprès d'un fournisseur autre que le prêteur ;

12° Un avertissement général relatif aux éventuelles conséquences du non-respect par l'emprunteur des obligations liées au contrat de crédit.

SANCTIONS

20258 Le prêteur ou l'intermédiaire de crédit qui ne respecte pas les obligations en matière d'informations générales s'expose à une amende de 30 000 € (C. consom. art. L 341-23).

C. Information précontractuelle

Certaines obligations d'information sont mises à la charge du prêteur immobilier dès avant la conclusion du contrat de prêt. 20260

1. FICHE D'INFORMATION STANDARDISÉE

L'établissement prêteur doit fournir à l'emprunteur, par écrit ou sur un autre support durable, une fiche d'information standardisée européenne (Fise). Ce document doit être **remis** à l'emprunteur au plus tard lors de l'émission de l'offre de crédit. Il comporte des informations permettant à l'emprunteur de comparer les différentes offres de crédit du marché, d'évaluer leurs implications et de se déterminer en toute connaissance de cause sur l'opportunité de conclure un crédit (C. consom. art. L 313-7). 20265

La liste et le contenu des informations doivent être présentés suivant un **modèle type** et porter sur (C. consom. art. R 313-4) :

1° Le prêteur ;

2° L'intermédiaire de crédit, le cas échéant ;

3° Les principales caractéristiques du prêt ;

4° Le taux d'intérêt et les autres frais ;

5° Le nombre, la périodicité de chaque versement ;

6° Le montant de chaque versement ;

7° L'échéancier indicatif, le cas échéant ;

8° Les obligations supplémentaires ;

9° Le remboursement anticipé ;

10° Les caractéristiques variables ;

11° Les autres droits de l'emprunteur ;

12° Les réclamations ;

13° Les conséquences pour l'emprunteur du non-respect de ses engagements ;

14° Le cas échéant, des informations complémentaires ;

15° Les autorités habilitées à assurer le contrôle du respect de la réglementation applicable.

Si le prêteur souhaite donner à l'emprunteur des **informations complémentaires,** il doit le faire dans un document distinct de cette fiche. Ce document peut cependant être joint en annexe à la fiche d'information standardisée européenne (C. consom. art. R 313-7).

Lorsque le contrat de crédit permet des adaptations du **taux débiteur,** cette possibilité et ses effets possibles sur les montants dus et sur le taux annuel effectif global doivent être mentionnés dans la fiche d'information. À cette fin, un taux annuel effectif global supplémentaire illustrant les risques éventuels liés à une augmentation substantielle du taux débiteur devra être communiqué à l'emprunteur. Lorsque le taux débiteur n'est pas plafonné, ces informations devront être assorties d'un avertissement rappelant que le coût total du crédit pour l'emprunteur, indiqué par le taux annuel effectif global, peut évoluer (C. consom. art. R 313-6). 20270

> **Précisions** Cette disposition ne s'applique pas aux contrats de crédit pour lesquels le taux débiteur est fixé pour une **période initiale de 5 ans** au moins, au terme de laquelle une **négociation** est menée sur le taux débiteur afin de convenir d'un nouveau taux fixe pour une nouvelle période. Dans ce cas, un taux annuel effectif global illustratif supplémentaire doit être prévu dans la fiche d'information standardisée européenne.

SANCTIONS

Le prêteur qui accorde un crédit sans respecter les conditions applicables en matière d'information précontractuelle peut être déchu du droit aux intérêts, dans la proportion fixée par le juge, jusqu'à un montant ne pouvant excéder 30 % des intérêts et plafonné à 30 000 € (C. consom. art. L 341-25, al. 1). 20275

S'il accorde un crédit sans communiquer la fiche d'information standardisée européenne à l'emprunteur, il peut être déchu du droit aux intérêts, en totalité ou dans la proportion fixée par le juge (C. consom. art. L 341-26, al. 1).

En cas de défaut ou d'erreur du TAEG, le prêteur peut être sanctionné par la déchéance du droit aux intérêts dans la proportion fixée par le juge, au regard notamment du préjudice pour l'emprunteur (C. consom. art. L 341-25, al. 2 et L 341-26, al. 2).

2. DEVOIR D'EXPLICATION DU PRÊTEUR

20280 L'établissement prêteur doit fournir gratuitement à l'emprunteur les **explications adéquates** lui permettant de déterminer si le ou les crédits proposés et les éventuels services accessoires sont **adaptés à ses besoins et à sa situation financière** (C. consom. art. L 313-11).

Ces explications doivent comprendre notamment :

1° Les informations contenues dans la fiche d'information standardisée européenne ;

2° Les principales caractéristiques du ou des crédits et services accessoires proposés ;

3° Les effets spécifiques que le ou les crédits et services accessoires proposés peuvent avoir sur l'emprunteur, y compris les conséquences d'un défaut de paiement de l'emprunteur, notamment en cas de réalisation des garanties. Lorsque la garantie est constituée par un cautionnement accordé par un organisme de cautionnement professionnel, le prêteur doit informer l'emprunteur de la nature, des bénéficiaires et des conditions dans lesquelles celle-ci peut être actionnée et des conséquences pour l'emprunteur ;

4° S'agissant des éventuels services accessoires liés au contrat de crédit, l'indication de la possibilité ou non de résilier chaque composante séparément et les implications d'une telle procédure pour l'emprunteur.

3. DEVOIR DE MISE EN GARDE DU PRÊTEUR

20285 L'établissement prêteur doit mettre en garde gratuitement l'emprunteur lorsque, compte tenu de sa **situation financière,** le crédit peut induire des **risques spécifiques** pour lui (C. consom. art. L 313-12 créé par ord. 2016-351 du 25-3-2016). Ce devoir de mise en garde s'applique que l'emprunteur **soit averti ou non.**

20287 Cette obligation d'information entérine l'obligation de conseil et de mise en garde que la Cour de cassation fait peser sur le prêteur quand l'emprunteur est **profane** : il doit le mettre en garde sur le caractère excessif de la charge du crédit par rapport à ses ressources (Cass. ch. mixte 29-6-2007 nos 05-21.104 et 06-11.673 : RJDA 11/07 n° 1142). Lorsqu'un emprunt est souscrit par plusieurs emprunteurs, l'existence d'un risque d'endettement excessif résultant de celui-ci doit s'apprécier au regard des capacités financières globales de ces coemprunteurs (Cass. 1e civ. 10-9-2015 n° 14-18.851 : RJDA 12/15 n° 856 ; Cass. 1e civ. 29-6-2022 n° 21-11.690 : RJDA 10/22 n° 580 ; Cass. com. 2-7-2025 n° 24-14.305 F-D). Le devoir de mise en garde est identique que le prêt soit remboursable par échéances successives ou en une seule fois à la fin du prêt (Cass. com. 8-11-2023 n° 22-13.750 F-B : RJDA 2/24 n° 125).

Pour apprécier la capacité contributive de l'emprunteur, la Cour de cassation juge que doivent être pris en considération son patrimoine (Cass. com. 31-5-2011 n° 09-71.509 : RJDA 10/11 n° 837 ; Cass. com. 6-12-2011 n° 10-24.268 : RJDA 3/12 n° 328), ses revenus existant à la date de l'octroi de crédit ou ceux devant « raisonnablement » échoir (Cass. 1e civ. 12-7-2005 n° 1265 et 1266 : RJDA 3/06 n° 319 ; Cass. com. 3-5-2006 n° 04-15.517 : RJDA 11/06 n° 1159), ses dettes existantes ou potentielles, tel un cautionnement en cours (Cass. com. 24-1-2018 n° 16-19.330) ou encore la valeur du bien immobilier financé, sous déduction du montant de la dette au jour de la conclusion du prêt (Cass. 1e civ. 9-11-2022 n° 21-16.846 : RJDA 3/23 n° 160).

La responsabilité de la banque n'est pas engagée dès lors que l'emprunteur lui a sciemment fourni des informations erronées, en lui dissimulant par exemple l'existence de prêts en cours ou en majorant ses ressources réelles (Cass. 1e civ. 30-10-2007 n° 06-17.003 : RJDA 5/08 n° 565 ; Cass. 1e civ. 25-6-2009 n° 08-16.434 : RJDA 4/10 n° 422 ; Cass. 1e civ. 25-2-2010 n° 08-70.072 : RJDA 5/10 n° 548). Semble toutefois réservé le cas où la banque aurait normalement pu déceler la déloyauté (Cass. 1e civ. 30-10-2007 n° 06-17.003 précité), par exemple en présence d'informations comportant des contradictions ou d'omissions laissant suspecter une fausse déclaration.

L'action en responsabilité de l'emprunteur non averti à l'encontre du prêteur au titre d'un manquement à son devoir de mise en garde se prescrit par 5 ans à compter du jour du premier incident de paiement et non à compter de la conclusion du prêt (Cass. 1e civ. 5-1-2022 n° 20-18.893 : RJDA 4/22 n° 215 ; Cass. 1e civ. 5-1-2022 n° 20-17.325 : RJDA 5/22 n° 306). S'agissant d'un investissement immobilier locatif avec défiscalisation, la prescription de l'action en responsabilité court à compter de la date de la révélation à l'investisseur d'une rentabilité inférieure à celle promise (Cass. 3e civ. 26-10-2022 n° 21-19.898 FS-B : BRDA 23/22 inf. 9 ; Cass. 2e civ. 5-10-2023 n° 23-13.104 F-B : RJDA 1/24 n° 14), ou de celle où il a appris qu'il serait dans l'impossibilité de revendre le bien à un prix lui permettant de rembourser le capital emprunté (Cass. 3e civ. 1-2-2024 n° 22-13.446 FS-B : RJDA 4/24 n° 264).

À l'égard d'un emprunteur **averti** (pour une illustration : Cass. 1e civ. 5-1-2022 n° 19-24.436 : RJDA 5/22 n° 300), la banque n'est en principe tenue d'un devoir de mise en garde que dans le cas exceptionnel où elle possède, sur les facultés contributives de l'emprunteur, des informations que lui-même ignore (Cass. 1e civ. 12-7-2005 n° 1264 : RJDA 3/06 n° 319).

> **Précisions** Comme toute partie à un contrat, le prêteur qui connaît une information dont l'importance est **déterminante pour le consentement** de l'emprunteur doit l'en informer dès lors que légitimement ce dernier ignore cette information ou fait confiance au prêteur (C. civ. art. 1112-1).

4. CONTRÔLE DE LA SOLVABILITÉ DE L'EMPRUNTEUR IMMOBILIER

L'établissement prêteur doit vérifier que les obligations découlant du contrat de crédit seront vraisemblablement respectées par l'emprunteur conformément à ce qui est prévu au contrat. À cette fin, le prêteur doit procéder à une **évaluation rigoureuse** de la solvabilité de l'emprunteur avant de conclure le prêt (C. consom. art. L 313-16). **20290**

Cette évaluation doit prendre en compte de manière appropriée les facteurs pertinents permettant d'apprécier la capacité de l'emprunteur à remplir ses obligations. Le prêteur doit s'appuyer sur les informations nécessaires, suffisantes et proportionnées relatives notamment à (C. consom. art. R 313-14) :

- ses **revenus,** son épargne et ses actifs ;
- ses **dépenses** régulières, ses dettes et ses autres engagements financiers.

Le prêteur doit tenir compte, dans la mesure du possible, des événements pouvant survenir pendant la durée du contrat de crédit proposé tels que, le cas échéant, une augmentation possible du taux débiteur ou un risque d'évolution négative du taux de change en cas de prêt libellé en devise autre que l'euro.

Ces informations sont **recueillies** auprès de sources internes ou externes pertinentes, y compris de l'emprunteur, et comprennent notamment les informations fournies, le cas échéant, par l'intermédiaire de crédit au cours de la procédure de demande de crédit.

L'emprunteur doit être **informé** par le prêteur, au stade précontractuel, des informations nécessaires à la conduite de l'évaluation de solvabilité et des délais dans lesquels celles-ci doivent lui être fournies.

Le prêteur doit également consulter, comme en matière de crédit à la consommation, le **fichier national des incidents de remboursement des crédits aux particuliers** (FICP). **20292**

À l'issue de la vérification de la solvabilité, si la demande de crédit est **rejetée,** le prêteur doit informer l'emprunteur, dans les meilleurs délais. Lorsque la décision est fondée sur le résultat de la consultation du fichier, le prêteur doit en informer l'emprunteur et lui communiquer également le résultat ainsi que les renseignements issus de cette consultation (C. consom. art. L 313-16, dernier al.).

Le prêteur ne peut **ni résilier ni modifier** ultérieurement le contrat de crédit conclu avec l'emprunteur au motif que les informations fournies étaient incomplètes ou qu'il a vérifié la solvabilité de manière incorrecte, sauf si des informations essentielles à la conclusion du contrat ont été sciemment dissimulées ou falsifiées par l'emprunteur (C. consom. art. L 313-17). **20295**

> **Précisions** Le prêteur doit **réévaluer la solvabilité** de l'emprunteur, sur la base d'informations mises à jour, avant qu'une **augmentation significative** du montant total du crédit ne soit accordée après la conclusion du contrat de crédit, à moins que ce crédit supplémentaire n'ait été prévu et intégré dans l'évaluation initiale de la solvabilité (C. consom. art. L 313-18).

SANCTIONS

Le prêteur qui accorde un crédit à l'emprunteur sans lui avoir fourni les **explications adéquates** permettant à celui-ci de déterminer si le contrat de crédit et les éventuels services accessoires sont adaptés à ses besoins et à sa situation financière ou sans l'avoir **mis en garde contre les risques spécifiques** que le prêt peut induire pour lui : **20300**

- peut être déchu du droit aux intérêts dans la proportion fixée par le juge, jusqu'à un montant ne pouvant excéder 30 % des intérêts et plafonné à 30 000 € (C. consom. art. L 341-27) ;
- peut être condamné à une amende de 30 000 € (C. consom. art. L 341-31).

Le prêteur qui accorde un crédit sans réaliser l'**étude de solvabilité** peut être déchu du droit aux intérêts, en totalité ou dans la proportion fixée par le juge (C. consom. art. L 341-28).

D. Offre préalable de prêt immobilier

20320 Afin de permettre aux emprunteurs – et éventuellement à leurs cautions –, d'une part, d'être parfaitement **informés** des conditions exactes du prêt avant de s'engager et de connaître l'ensemble des charges financières qui en résulteront pour eux (notamment lorsqu'ils auront recours à plusieurs prêts), d'autre part, de **comparer** les propositions faites par les différents organismes financiers, le législateur a transposé au crédit immobilier le mécanisme de l'offre préalable institué par la réglementation sur le crédit à la consommation. Toutefois, contrairement à celle-ci, les dispositions sur le crédit immobilier ne prévoient pas de faculté de rétractation mais l'interdiction pour les emprunteurs d'accepter l'offre reçue avant l'expiration d'un délai de 10 jours.

1. PERSONNES TENUES D'ÉTABLIR L'OFFRE PRÉALABLE DE PRÊT IMMOBILIER

20325 L'offre préalable doit être remise par toute personne qui accepte de consentir un prêt soumis à la réglementation : prêteur proprement dit, vendeur s'il finance une partie de l'opération, bailleur en cas de location-vente (l'offre étant toutefois soumise dans ce dernier cas à un régime particulier, voir n° 21410).

2. FORME ET CONTENU DE L'OFFRE PRÉALABLE DE PRÊT IMMOBILIER

FORME ET TRANSMISSION DE L'OFFRE

20340 L'offre préalable doit être fournie gratuitement sur papier ou sur un autre support durable à l'emprunteur éventuel, ainsi qu'aux cautions déclarées par l'emprunteur s'il s'agit de personnes physiques (C. consom. art. L 313-24). Le prêteur ne respecte pas cette obligation en adressant l'offre préalable, non à l'emprunteur, mais au mandataire auquel l'emprunteur a confié le soin de rechercher un prêteur (Cass. 1e civ. 16-1-2013 n° 05-12.081 : RJDA 8-9/13 n° 746).

La loi n'exige plus que l'offre soit envoyée obligatoirement par **voie postale.** Elle peut donc être adressée par **voie électronique** (C. consom. art. L 313-24).

Sur les particularités de l'offre lorsque le prêt est destiné à financer la construction d'une maison individuelle, voir Mémento Urbanisme-Construction n° 80400.

CONTENU DE L'OFFRE

20345 **Mentions obligatoires** L'offre préalable doit comporter **toutes les caractéristiques** du crédit (C. consom. art. L 313-25) :

1° l'identité des parties et, le cas échéant, des cautions déclarées ;

2° la nature, l'objet et les modalités du prêt, notamment celles relatives aux dates et conditions de mise à disposition des fonds ;

3° pour les offres de prêt à taux fixe, un échéancier des amortissements détaillant pour chaque échéance la répartition du remboursement entre le capital et les intérêts ; il n'est pas nécessaire de joindre un échéancier aux offres de prêt-relais remboursable en une seule annuité (Cass. 1e civ. 15-1-2002 n° 99-14.962 : RJDA 4/02 n° 423) ;

4° pour les offres de prêts dont le taux d'intérêt est variable ou révisable, une notice présentant les conditions et modalités de variation du taux d'intérêt ainsi qu'un document d'information contenant une simulation de l'impact d'une variation de ce taux sur les mensualités, la durée du prêt et le coût total du crédit ; ce document doit mentionner le caractère indicatif de la simulation et l'absence de responsabilité du prêteur quant à l'évolution effective du taux et de son impact ;

5° le montant du crédit susceptible d'être consenti, le cas échéant le montant de ses fractions périodiquement disponibles, son coût total, son taux effectif global déterminé conformément aux articles L 314-1 à L 314-4 du Code de la consommation (voir nos 20360 s.) ainsi que, s'il y a lieu, les modalités de l'indexation (indice retenu notamment) ;

6° les stipulations particulières, les assurances et les sûretés réelles (hypothèques par exemple) ou personnelles (cautionnement) qui conditionnent la conclusion du prêt, ainsi qu'une évaluation de leur coût ;

7° la mention que l'emprunteur peut souscrire auprès de l'assureur de son choix une assurance équivalente à celle proposée par le prêteur (cette mention doit préciser les documents que doit contenir la demande de substitution) ;
8° les conditions requises pour un transfert éventuel du prêt à une tierce personne (notamment celles concernant la solvabilité de ce cessionnaire) ; en revanche le prix de cession n'a pas à être mentionné (Cass. 1e civ. 18-1-2000 nº 98-13.230 : RJDA 3/00 nº 328) ;
9° le rappel des dispositions de l'article L 313-34 du Code de la consommation ; cet article concerne les délais de réflexion et d'acceptation qui doivent obligatoirement être accordés à l'emprunteur (nos 20380 et 20710).
L'offre préalable doit **en outre** :
– préciser le montant des frais qui pourront être retenus en cas de non-conclusion du contrat principal ainsi que les conditions dans lesquelles ils sont perçus (C. consom. art. L 313-38, al. 2 ; nº 20760) ;
– mentionner les modalités de calcul des intérêts compensatoires de l'indemnité dus par l'emprunteur en cas de remboursement anticipé du prêt (nº 21205).
Le cas échéant, l'information relative aux différents contrats de crédit composant une opération de financement peut figurer dans l'offre (C. consom. art. L 313-25, dernier al.).

> Précisions a. Ces **indications** constituent le **minimum** de ce que doit contenir l'offre préalable. Ainsi, il n'est pas nécessaire de faire mention des clauses sanctionnant l'inexécution du contrat (Cass. 1e civ. 20-6-2000 nº 97-22.394 : RJDA 2/01 nº 214). Mais il n'est pas interdit d'y ajouter des **mentions complémentaires,** telles qu'une autorisation de prélèvement sur compte bancaire donnée par l'emprunteur.
b. Les **dates de mise à disposition des fonds** peuvent être fixées par référence à un événement, par exemple à la signature de l'acte ou à la constatation de l'exécution des tranches de travaux. En effet, au moment de l'offre préalable, la date précise ne sera pas connue puisqu'il y aura alors incertitude quant à la réalisation même de l'opération et aux délais de cette réalisation (Rapport de Richomme à l'AN nº 1015 p. 31 ; Rép. Poudonson : Sén. 25-9-1981 p. 1643 nº 601 ; Rép. Briane : AN 8-3-1982 p. 950 nº 5606).
c. N'est pas conforme aux exigences légales le **tableau d'amortissement** distinguant, dans le montant de l'annuité, le capital remboursé, les intérêts et le capital restant dû dès lors que ce tableau est établi pour un montant de 1 500 € et impose ainsi à l'emprunteur d'une somme plus importante un calcul pour mesurer l'étendue et les modalités de son engagement éventuel (Cass. 1e civ. 2-7-1996 nº 94-17.530 : RJDA 3/97 nº 386).
d. Le prêteur ou l'intermédiaire de crédit doit, avant l'envoi de l'offre et sauf s'il apparaît manifestement que tel n'est pas le cas, demander à l'emprunteur si l'opération de crédit a pour objet le remboursement d'au moins deux créances antérieures dont un crédit en cours. En cas de réponse positive, l'emprunteur bénéficie de l'**information prévue pour les opérations de regroupement de crédits** (C. consom. art. R 313-21). Sur le contenu de cette information, voir nº 21515.

Mentions interdites Sont bien sûr interdites les **clauses nulles** en application du **droit commun des obligations.** Par exemple, a été déclarée nulle la clause d'un prêt immobilier interdisant à l'emprunteur de louer, en tout ou en partie, l'immeuble acquis sans l'accord du prêteur sous peine d'exigibilité anticipée du prêt car cette clause, qui ne procurait aucun avantage particulier à l'une des parties, portait atteinte au principe reconnu par la Constitution et le Code civil de disposer de son bien de la manière la plus absolue (Cass. 1e civ. 13-12-2005 nº 04-13.772 : RJDA 5/06 nº 498). **20350**

Le prêteur ne peut pas intégrer dans le contrat des clauses qui pourraient constituer des **clauses abusives,** c'est-à-dire des clauses créant au détriment du non-professionnel ou du consommateur (en matière de crédit, l'emprunteur) un déséquilibre significatif entre les droits et obligations des parties (sur cette notion et les sanctions encourues, voir Mémento Concurrence Consommation nos 16850 s.). A par exemple été jugée abusive la clause stipulant que les sommes dues en exécution du crédit seront exigibles si bon semble au prêteur sans formalité ni mise en demeure en cas d'exigibilité anticipée de tout autre concours financier consenti à l'emprunteur (Cass. 1e civ. 27-11-2008 nº 07-15.226 : RJDA 7/09 nº 685). A également été jugée abusive la clause prévoyant l'exigibilité anticipée des sommes dues en cas de déclaration inexacte de l'emprunteur (Cass. 1e civ. 10-10-2018 nº 17-20.441 : RJDA 1/19 nº 51) ou encore celle prévoyant la déchéance du terme sans préavis d'une durée raisonnable (Cass. 1e civ. 22-3-2023 nos 21-16.044 et 21-16.476 : RJDA 7/23 nº 403 ; Cass. 1e civ. 29-5-2024 nº 23-12.904 : RJDA 8-9/24 nº 492).

La Commission des clauses abusives a émis deux recommandations tendant à la suppression ou à la modification de certaines clauses dans les contrats de prêt pour l'accession à la propriété immobilière (Recommandation 88-01 : BOCC du 30-6-1988 ; Recommandation 04-3 : BOCC du 30-9-2004 p. 629).

3. ÉLÉMENTS CONSTITUTIFS DU TAEG DU PRÊT IMMOBILIER

20360 Pour les crédits à la consommation et les crédits immobiliers, le taux effectif global est **dénommé** « taux annuel effectif global » ou TAEG (C. consom. art. L 314-3).

Pour la détermination de ce taux, sont ajoutés aux intérêts les frais, les taxes, les commissions ou rémunérations de toute nature, directs ou indirects, supportés par l'emprunteur et connus du prêteur à la date d'émission de l'offre de crédit ou de l'avenant au contrat de crédit, ou dont le montant peut être déterminé à ces mêmes dates, et qui constituent une condition pour obtenir le crédit ou pour l'obtenir aux conditions annoncées (C. consom. art. L 314-1).

Les frais, commissions ou rémunérations peuvent résulter d'un acte différent du contrat de prêt (Cass. crim. 12-11-1998 n° 97-82.954 : RJDA 3/99 n° 319) ou même d'un simple accord verbal (Cass. crim. 30-1-1975 : Defrénois 1975 p. 696). Peu importe qu'ils soient payés intégralement au moment du prêt ou ultérieurement par versements échelonnés (Cass. crim. 5-6-1989 n° 88-84.170 : BRDA 17/89 p. 6).

Pour réintégrer ou exclure des frais ou commissions de l'assiette du TAEG, le juge doit vérifier le lien de dépendance de ces frais avec l'opération de crédit (Cass. crim. 10-9-2003 n° 02-85.188 : RJDA 5/04 n° 607).

20365 **Sont compris** dans le TAEG du prêt, lorsqu'ils sont nécessaires pour obtenir le crédit ou pour l'obtenir aux conditions annoncées, notamment (C. consom. art. R 314-4) :

1° les frais de dossier ;

2° les frais payés ou dus à des intermédiaires intervenus de quelque manière que ce soit dans l'octroi du prêt, même si ces frais, commissions ou rémunérations correspondent à des débours réels. Il peut s'agir des honoraires de l'intermédiaire par lequel les fonds ont été obtenus (TGI Dijon 7-12-1982 : JCP CI 1983 n° 14120 obs. Husset) ou encore de la commission versée à une société chargée de gérer le prêt (Cass. 1e civ. 12-6-1990 n° 89-10.811 : Bull. civ. I n° 161), sans que la banque puisse faire valoir qu'elle n'en avait pas connaissance (Cass. 1e civ. 28-6-2007 n° 05-19.853 : Bull. civ. I n° 248) ;

3° les coûts d'assurance (décès, invalidité, incendie...) et de garanties obligatoires ;

4° les frais d'ouverture et de tenue d'un compte donné, d'utilisation d'un moyen de paiement permettant d'effectuer à la fois des opérations et des prélèvements à partir de ce compte ainsi que les autres frais liés aux opérations de paiement ;

5° le coût de l'évaluation du bien immobilier, hors frais d'enregistrement liés au transfert de propriété du bien immobilier.

20370 En revanche, **ne sont pas compris** dans le TAEG (C. consom. art. R 314-5), notamment :

– les frais liés à l'acquisition des immeubles à usage d'habitation ou à usage professionnel et d'habitation tels que les taxes y afférentes et les **frais d'acte notarié** ;

– les frais à la charge de l'emprunteur en cas de **non-respect** de l'une de ses obligations prévues dans le contrat de crédit.

4. DURÉE DE L'OFFRE PRÉALABLE DE PRÊT IMMOBILIER

20380 L'envoi de l'offre oblige le prêteur à maintenir les conditions qu'elle indique pendant une **durée minimale** de 30 jours à compter de sa réception par l'emprunteur (C. consom. art. L 313-34, al. 1). En cas d'emprunteurs multiples ou de cautions personnes physiques, le délai court à compter de la dernière date de réception de l'offre par ces personnes.

Étant un minimum, ce délai peut être **augmenté** à l'initiative du prêteur.

> **Précisions** **a.** Ce **délai** ne doit pas être considéré comme un délai franc (Rép. Poudonson : Sén. 25-9-1981 p. 1643 n° 627 ; Rép. Briane : AN 8-3-1982 p. 950 n° 5609). Il **expire** donc le dernier jour à minuit (application de l'art. 642 du Code de procédure civile) et non le lendemain.
b. La **date de réception** est, semble-t-il, en pratique celle du récépissé remis lors de la signature par l'emprunteur d'un registre auprès de l'établissement prêteur.
c. L'**indexation** éventuelle du prêt ne peut s'appliquer qu'au contrat définitivement conclu et ne peut donc, en aucun cas, faire varier les conditions de prêt pendant le délai de 30 jours (Rép. Cauchon : Sén. 25-9-1981 p. 1644 n° 844 ; Rép. Briane : AN 22-3-1982 p. 1167 n° 5608).
d. Sur la durée de validité de l'**offre** une fois **acceptée,** voir n° 20760.

5. SANCTIONS

SANCTIONS PÉNALES

20400 Le prêteur qui ne respecte pas l'une des obligations prévues aux articles L 313-24 et L 313-25 du Code de la consommation, relatives à la remise de l'offre préalable et au contenu obligatoire de celle-ci, s'expose à une amende de 150 000 € (C. consom. art. L 341-37) et à des peines complémentaires (C. consom. art. L 341-44).

SANCTIONS CIVILES

En cas de **non-respect des obligations** prévues aux articles L 313-24 et L 313-25 du Code de la consommation, le prêteur peut en outre être déchu du droit aux intérêts, en totalité ou dans la proportion fixée par le juge. 20410

En cas de **défaut ou d'absence du TAEG,** il est sanctionné par la déchéance du droit aux intérêts dans la proportion fixée par le juge, au regard notamment du préjudice pour l'emprunteur (C. consom. art. L 341-34 modifié par ord. 2019-740 du 17-7-2019 entrée en vigueur le 19-7-2019).

Pour les contrats conclus avant le 19 juillet 2019, le régime des sanctions est uniformisé : seule peut être prononcée la déchéance du droit aux intérêts dans la proportion fixée par le juge, au regard notamment de la gravité de la faute du prêteur et du préjudice subi par l'emprunteur (Avis Cass. 10-6-2020 n° 15004 PBRI : RJDA 10/20 n° 523 ; Cass. 1e civ. 10-6-2020 n° 18-24.287 FS-PBRI : RJDA 10/20 n° 524). Cette sanction ne joue qu'en cas d'écart supérieur à une décimale entre le taux mentionné dans le prêt et le taux réel (Cass. 1e civ. 5-2-2020 n° 19-11.939 FS-PBI : RJDA 6/20 n° 327 ; Cass. 1e civ. 10-6-2020 n° 18-24.287 FS-PBRI : RJDA 10/20 n° 524).

Lorsque le prêteur est déchu du droit aux intérêts, l'emprunteur n'est tenu qu'au seul **remboursement du capital** suivant l'échéancier prévu ainsi que, le cas échéant, au paiement des intérêts dont le prêteur n'a pas été déchu. Les sommes perçues au titre des intérêts, qui sont productives d'intérêts au taux de l'intérêt légal à compter du jour de leur versement, sont restituées par le prêteur ou imputées sur le capital restant dû (C. consom. art. L 341-47 et L 341-48-1).

L'action en déchéance relève de la **prescription** quinquennale issue de l'article L 110-4, I du Code de commerce pour les obligations nées entre commerçants et non-commerçants (Cass. 1e civ. 30-9-1997 : RJDA 4/98 n° 495 ; Cass. 1e civ. 9-7-2003 n° 01-11.153 : RJDA 11/03 n° 1114 ; Cass. 1e civ. 15-2-2005 n° 381 : RJDA 6/05 n° 753). En effet, les établissements de crédit sont des commerçants car ils effectuent à titre habituel des actes que la loi qualifie d'actes de commerce (application des art. L 110-1 et L 121-1 du Code de commerce). Le délai de 5 ans court à compter du jour où l'emprunteur a connu ou aurait dû connaître les faits lui permettant d'exercer son droit (C. civ. art. 2224). 20415

E. Fourniture de crédit à distance

La fourniture à distance de services financiers est réglementée par les articles L 222-1 s. du Code de la consommation et les articles R 222-1 à R 222-4 du même Code. Ces textes mettent en place un dispositif de protection du consommateur, notamment fondé sur une obligation d'information préalable de ce dernier, laquelle se superpose à celle déjà prévue par la réglementation sur le crédit immobilier (C. consom. art. L 222-5, al. 9). 20480

Seuls les **consommateurs** sont protégés par la réglementation, le consommateur étant défini par le Code de la consommation comme toute personne physique qui agit à des fins qui n'entrent pas dans le cadre de son activité commerciale, industrielle, artisanale, libérale ou agricole (C. consom. art. liminaire, 1°).

CHAMP D'APPLICATION

Est concernée la fourniture de services financiers par un professionnel à un consommateur dans le cadre d'un système organisé de vente ou de prestation de services à distance, **sans la présence physique** simultanée du professionnel et du consommateur, par le recours exclusif à une ou à plusieurs techniques de communication à distance jusqu'à la conclusion du contrat (C. consom. art. L 221-1). 20485

Constituent une **technique de communication à distance** la voie postale, Internet, le téléphone ou le fax (Dir. 2011/83 considérant 20).

INFORMATION PRÉALABLE DU CONSOMMATEUR

Avant la conclusion du contrat, le consommateur doit recevoir des informations dont le **contenu** est détaillé à l'article R 222-1 du Code de la consommation et qui portent notamment sur (C. consom. art. L 222-5, al. 2 à 6) : 20500

1° L'identité et les coordonnées du professionnel et de toute personne agissant pour son compte ;

2° Les informations relatives aux produits, instruments et services financiers proposés ;

3° Le droit de rétractation ;

4° Les conditions contractuelles, notamment tarifaires, et les modalités ainsi que le lieu de conclusion du contrat ;

5° La loi applicable au contrat et la juridiction compétente.

Ces informations, dont le caractère commercial doit apparaître sans équivoque, doivent être fournies de manière lisible et compréhensible par tout moyen adapté à la technique de communication à distance utilisée (C. consom. art. L 222-5, al. 8).

20505 En matière de **communication par téléphonie vocale,** l'article R 222-2 du Code de la consommation précise que l'identité du fournisseur et le caractère commercial de l'appel dont le fournisseur a pris l'initiative sont indiqués sans équivoque au début de toute conversation avec le consommateur.

Sous réserve de l'accord formel du consommateur, seules les informations ci-après doivent être fournies :

1° L'identité de la personne en contact avec le consommateur et le lien de cette personne avec le fournisseur ;

2° Une description des principales caractéristiques du service financier ;

3° Le prix total dû par le consommateur au fournisseur pour le service financier, qui comprend toutes les taxes acquittées par l'intermédiaire du fournisseur ou, lorsqu'un prix exact ne peut être indiqué, la base de calcul du prix permettant au consommateur de vérifier ce dernier ;

4° L'indication de l'existence éventuelle d'autres taxes ou frais qui ne sont pas acquittés par l'intermédiaire du fournisseur ou facturés par lui ;

5° L'existence ou l'absence du droit de rétractation de 14 jours mentionné à l'article L 222-7, et, si ce droit existe, sa durée et les modalités de son exercice, y compris des informations sur le montant que le consommateur peut être tenu de payer en application de l'article L 222-13.

Enfin, le fournisseur doit informer le consommateur sur, d'une part, le fait que d'**autres informations** peuvent être fournies sur demande et, d'autre part, la **nature** de ces informations.

CONFIRMATION DES INFORMATIONS

20520 Le consommateur doit recevoir, par **écrit** ou sur un **autre support durable** à sa disposition et auquel il a accès en temps utile et avant tout engagement, les informations préalables exposées ci-dessus (n° 20500) et les conditions contractuelles.

L'ensemble de ces informations peut constituer un document unique, à la condition qu'il s'agisse d'un support écrit ou d'un autre support durable et que les informations mentionnées ne varient pas jusqu'à la conclusion du contrat, y compris la conclusion du contrat lui-même (C. consom. art. L 222-6, al. 1).

> **> Précisions** Le **support durable** est **défini** comme « tout instrument permettant au consommateur ou au professionnel de stocker des informations qui lui sont adressées personnellement afin de pouvoir s'y reporter ultérieurement pendant un laps de temps adapté aux fins auxquelles les informations sont destinées et qui permet la reproduction à l'identique des informations stockées » (C. consom. art. liminaire, 8°). Cette notion vise donc notamment les clés USB, les DVD et les disques durs.

SANCTIONS

20540 Les dispositions des articles L 222-1 s. relatifs à la commercialisation à distance des services financiers étant d'ordre public (C. consom. art. L 222-18), la **sanction civile** encourue est la nullité du contrat passé en violation de celles-ci.

Par ailleurs, le fournisseur de crédit peut s'exposer à une **amende** de 1 500 € (C. consom. art. R 242-1 à R 242-4) si :

– il ne communique pas les informations relatives à l'identité du fournisseur au service financier proposé et au contrat à distance (C. consom. art. R 222-1, 1° à 3°) ;

– il ne communique pas les informations relatives à la loi applicable au contrat et à la juridiction compétente (C. consom. art. L 222-5, 5°) ;

– il ne respecte pas les règles applicables en matière de communication par téléphonie vocale (C. consom. art. R 222-2 ; n° 20505) ;

– en communiquant les informations énumérées ci-dessus, il ne fait pas apparaître de manière claire le caractère commercial de sa démarche ou ne respecte pas les conditions de l'article L 222-6 du Code de la consommation (n° 20520).

SECTION 3

CONTRAT DE PRÊT IMMOBILIER

A. Conclusion du contrat de prêt immobilier

Le contrat de crédit devient parfait dès l'acceptation de l'offre préalable. Toutefois, cette acceptation ne peut intervenir qu'après un délai de réflexion de 10 jours ; en outre, le contrat de prêt est réputé conclu sous la double condition : 20700
- de la conclusion du contrat principal ;
- de l'octroi des autres prêts si l'emprunteur recourt à plusieurs prêts pour la même opération.

Le contrat de prêt peut également être résolu, sous certaines conditions, si l'assureur n'agrée pas l'emprunteur.

Jusqu'à l'acceptation de l'offre, il ne peut être fait aucun paiement par le prêteur à l'emprunteur ou par l'emprunteur au prêteur.

Le prêteur qui accorde un crédit dont les **conditions d'attribution** sont fixées par la loi doit **vérifier** que ces conditions sont remplies par l'emprunteur au moment où il accepte l'offre préalable de crédit, mais il n'est pas tenu de contrôler ensuite que les fonds ont été employés conformément aux documents fournis par l'emprunteur lors de la demande de prêt (Cass. 1e civ. 30-1-1996 n° 94-10.445 : RJDA 4/96 n° 526). 20705

1. ACCEPTATION DE L'OFFRE PRÉALABLE DE PRÊT IMMOBILIER

FORME ET DÉLAI

L'offre préalable est soumise à l'acceptation de l'emprunteur et des cautions personnes physiques déclarées par l'emprunteur. 20710

Cette acceptation doit être donnée par **lettre,** le cachet de La Poste faisant foi, ou selon tout **autre moyen convenu entre les parties** de nature à rendre certaine la date de l'acceptation par l'emprunteur (C. consom. art. L 313-34, al. 2). L'emprunteur et les cautions ne peuvent accepter l'offre préalable que 10 jours au moins après réception de celle-ci (C. consom. art. L 313-34, al. 2).

Le jour de la remise de l'offre doit être exclu dans la **computation du délai** ; ainsi une offre de prêt remise le premier jour d'un mois donné ne peut être acceptée avant le onzième jour de ce mois (Rép. Poudonson : Sén. 5-3-1981 p. 302 n° 876 ; Rép. Briane : AN 9-3-1981 p. 1031 n° 40841). Compte tenu de l'obligation faite au prêteur de maintenir son offre aux mêmes conditions pendant 30 jours au moins (n° 20380), l'emprunteur dispose donc d'un délai de 20 jours (ou plus si l'offre l'y autorise) pour accepter l'offre.

Le prêteur qui imposerait à l'emprunteur ou aux cautions d'accepter une offre préalable **sans** indication de **date ou** avec l'indication d'une **date fausse** de nature à faire croire que l'acceptation a été donnée après l'expiration du délai de 10 jours à compter de la réception de l'offre visée ci-dessus (en pratique acceptation postdatée), ou qui recevrait de leur part une telle offre, s'exposerait à une amende de 300 000 € (C. consom. art. L 341-40). Il pourrait en outre être déchu du droit aux intérêts en totalité ou dans la proportion fixée par le juge (C. consom. art. L 341-34) et être condamné à des peines complémentaires (C. consom. art. L 341-44). Un envoi de complaisance (enveloppe vide, par exemple) équivaut à un faux en écriture privée, et ses auteurs et complices sont passibles d'un emprisonnement de 3 ans et d'une amende de 45 000 € (C. pén. art. 441-1). 20715

La Cour de cassation a jugé que l'**inobservation** des dispositions relatives au **délai de réflexion** est sanctionnée par la nullité relative, celle-ci pouvant être demandée seulement par la personne que la loi a vocation à protéger (emprunteur et caution) (Cass. 1e civ. 27-2-2001 n° 98-19.857 : RJDA 5/01 n° 626 ; Cass. 1e civ. 9-7-2003 n° 01-11.153 : RJDA 11/03 n° 1114). Toutefois, le **non-respect des règles de forme** imposées par l'article L 313-34 pour l'acceptation de l'offre n'emporte pas la nullité mais la seule déchéance du droit aux intérêts (Cass. 1e civ. 29-10-2002 n° 99-17.333 : RJDA 2/03 n° 180).

Ces sanctions ne peuvent pas se cumuler avec une action en responsabilité civile de droit commun qui serait fondée sur le même acte fautif du prêteur (Cass. 1e civ. 4-12-2001 n° 98-21.581 : RJDA 6/02 n° 683).

EFFET DE L'ACCEPTATION

20720 Dès lors que l'offre de prêt a été régulièrement acceptée par l'emprunteur, le contrat de **prêt** est **définitivement formé** même si les fonds n'ont pas été remis à l'emprunteur (cf. Cass. 1e civ. 27-5-1998 n° 96-17.312 : RJDA 1/99 n° 87, ayant précisé qu'un crédit immobilier n'est pas un contrat réel).

En conséquence, une fois le contrat définitivement formé, si l'**emprunteur décède** avant la remise des fonds, le prêteur est tenu de les verser aux héritiers (Cass. 1e civ. 28-3-2000 n° 97-21.422 : RJDA 5/00 n° 583). De même, si l'emprunteur fait l'objet d'une **procédure collective,** le prêteur doit déclarer sa créance de remboursement au passif de l'emprunteur dès lors que ce dernier a accepté l'offre de prêt avant sa mise en redressement judiciaire, peu important que les fonds aient été mis à sa disposition après (Cass. com. 11-2-2004 n° 01-11.654 : RJDA 7/04 n° 860).

Le prêteur ne peut plus **modifier** les termes d'une **offre** acceptée (CA Paris 28-6-1990 : JCP N 1990 II p. 241 obs. Salats, prononçant à l'égard du prêteur, qui avait imposé à l'emprunteur des conditions supplémentaires, la déchéance du droit aux intérêts ; CA Paris 13-10-1998 : RJDA 2/99 n° 214). Ainsi, le prêteur ne peut pas utilement se prévaloir d'une erreur de calcul pour modifier unilatéralement le montant des échéances dues dès lors que ce montant, entré dans le champ contractuel à compter de l'acceptation de l'offre et réitéré par acte authentique, avait un caractère déterminant dans la conclusion du contrat (Cass. 1e civ. 16-1-1996 n° 93-15.152 : RJDA 5/96 n° 663).

MODIFICATIONS DU CONTRAT DE PRÊT

20730 Toute modification des « conditions d'obtention » d'un prêt immobilier, notamment du montant ou du taux du crédit, doit faire l'objet d'une **nouvelle offre préalable** sur support papier ou sur un autre support durable (C. consom. art. L 313-27).

Cette obligation n'est cependant pas applicable :

– aux prêts dont le **taux d'intérêt** est **variable** (en ce sens, C. consom. art. L 313-27, qui ne vise que les prêts dont le taux d'intérêt est fixe) ;

– en cas de **substitution d'un taux d'intérêt fixe** au taux variable initial si cette substitution n'est que l'application d'une option prévue par le contrat de prêt (Cass. 1e civ. 15-2-2005 n° 03-11.979 : RJDA 6/05 n° 753) ;

– en cas de prolongation de la **durée** du prêt dès lors que celui-ci porte sur la même somme et que ses conditions sont inchangées (Cass. 1e civ. 8-10-1996 n° 94-18.745 : RJDA 3/97 n° 387) ;

– en cas de **transfert d'un prêt** aidé par l'État (PAP) lors de la revente de l'immeuble (Cass. 1e civ. 13-11-1996 n° 95-04.039 : RJDA 6/97 n° 804) ;

– en cas de **reprise** du prêt **par l'acquéreur,** à l'occasion de la vente de l'immeuble financé, dès lors que sa nature, son objet et ses conditions de remboursements sont demeurés inchangés et ont été portés à la connaissance de l'acquéreur lors de la vente (Cass. 1e civ. 28-9-2004 n° 01-14.744 : RJDA 3/05 n° 317) ;

– en cas de modification des conditions du prêt prévue dans le **plan conventionnel de redressement de la situation de surendettement** de l'emprunteur (Cass. 1e civ. 4-10-2000 n° 99-04.122 : RJDA 1/01 n° 74).

Par ailleurs, si l'emprunteur présente un autre contrat d'assurance que celui proposé par le prêteur, ce dernier peut émettre une offre modifiée, sans que soient pour autant modifiés ou prorogés le délai de maintien de l'offre par le prêteur (30 jours) et le délai pendant lequel ni l'emprunteur ni la caution ne peuvent accepter l'offre (10 jours) ; ces délais courent à compter de la réception de l'offre initiale (C. consom. art. L 313-28).

2. CONDITIONS AFFECTANT LE CONTRAT DE PRÊT IMMOBILIER

NON-CONCLUSION DU CONTRAT PRINCIPAL

20760 L'offre est réputée acceptée sous la **condition résolutoire** de la non-conclusion, dans un délai de **4 mois** à compter de son acceptation, du contrat pour lequel le prêt sera demandé, les parties pouvant convenir d'un délai plus long (C. consom. art. L 313-36). Ce délai est destiné à permettre à l'emprunteur d'accomplir les diverses formalités préalables à la conclusion de l'opération immobilière envisagée.

Mais, pendant ce délai, rien n'interdit au prêteur de verser des fonds à l'emprunteur ou à un tiers pour le compte de celui-ci (C. consom. art. L 313-35, arg. a contrario, voir n° 20800). Il peut en être ainsi, par exemple, lorsque le prêteur accorde à l'emprunteur une avance de fonds au moment de la conclusion d'une promesse de vente assortie d'une clause de dédit.

Si le **contrat principal** n'est **pas conclu** dans le délai visé ci-dessus, le contrat de prêt se trouve de ce fait résolu. L'emprunteur doit alors rembourser la totalité des sommes que le prêteur lui a déjà versées ou qu'il a versées pour son compte et payer les intérêts y afférents. Le prêteur, quant à lui, ne peut retenir ou demander que des frais d'étude dont le montant est limité à 0,75 % du montant du prêt, sans pouvoir excéder 150 € à l'exclusion de toute autre indemnité. Le montant de ces frais ainsi que les conditions dans lesquelles ils sont perçus doivent figurer distinctement dans l'offre préalable (C. consom. art. L 313-38, al. 2 et R 313-22).

Le prêteur qui, ayant perçu des sommes d'avance, ne restituerait pas ces sommes, sous déduction bien entendu des frais visés ci-dessus, s'exposerait à une amende de 300 000 € (C. consom. art. L 341-43) et à des peines complémentaires (C. consom. art. L 341-44).

La **résolution** ou l'annulation du contrat principal, qui ont un effet rétroactif, entraînent la résolution de plein droit du prêt (Cass. 1e civ. 16-12-1992 nº 90-18.151 : Bull. civ. I nº 316 ; Cass. 1e civ. 21-10-2003 nº 01-11.760 : RJDA 5/04 nº 610 ; Cass. 1e civ. 3-5-2006 nº 05-16.169 : RJDA 8-9/06 nº 944). Ainsi, lorsqu'un prêt a été consenti pour financer l'achat d'un terrain et la construction d'une villa et que le contrat de construction a été annulé après l'expiration du délai de 4 mois, ce contrat est, du fait de l'effet rétroactif de l'annulation, censé n'avoir jamais été conclu dans le délai fixé par la loi, de sorte que le prêt, souscrit pour assurer globalement le financement de l'opération, se trouve annulé de plein droit (Cass. 1e civ. 18-6-1996 nº 94-16.456 : RJDA 11/96 nº 1365 ; Cass. 1e civ. 7-7-1998 nº 96-15.098 : RJDA 10/98 nº 1148 ; dans le même sens à propos d'une vente immobilière financée par un prêt, Cass. 1e civ. 10-5-2005 nº 02-11.759 : RJDA 10/05 nº 1139).

La résolution du contrat de prêt consécutive à l'annulation (ou à la résolution) du contrat principal entraîne la remise des choses au même état que si le prêt n'avait pas existé, de sorte que le prêteur ne peut pas prétendre aux intérêts conventionnels (Cass. 1e civ. 7-4-1999 nº 97-15.728 : RJDA 4/00 nº 467). Il ne peut prétendre à des intérêts au taux légal qu'à compter d'une mise en demeure délivrée à l'emprunteur d'avoir à lui restituer le capital (Cass. 1e civ. 26-11-2002 nº 99-19.919 : RJDA 3/03 nº 303).

L'emprunteur peut renoncer à se prévaloir de l'interdépendance du prêt et du contrat principal et par suite de la résolution du contrat de prêt, à condition que cette volonté se manifeste par un acte positif sans équivoque. Tel est le cas de l'emprunteur qui, après la résolution de la vente immobilière, a disposé des fonds prêtés à d'autres fins que le remboursement du prêt et n'a pas attrait le prêteur à l'instance en résolution de la vente (Cass. 1e civ. 6-1-1998 nº 95-21.205 : Bull. civ. I nº 6 ; dans le même sens, Cass. 3e civ. 1-3-2005 nº 03-20.350 : RJDA 8-9/05 nº 1030). Mais ne manifeste pas une telle volonté de renonciation l'emprunteur qui n'a pas appelé le prêteur en la cause lors de l'instance en annulation de la vente, n'a fait aucune demande en vue d'obtenir du vendeur la restitution du prix suite à l'annulation de la vente, ni effectué de démarche afin de restituer au prêteur les sommes prêtées et n'a demandé l'annulation du prêt que tardivement, 2 ans après l'annulation de la vente (Cass. 1e civ. 1-3-2005 nº 03-10.456 : RJDA 7/05 nº 880).

> **Précisions** La jurisprudence en matière de résolution a été établie sous l'empire du droit antérieur à la **réforme du droit des contrats** (Ord. 2016-131 du 10-2-2016 entrée en vigueur le 1-10-2016). Désormais, l'article 1186, alinéa 2 du Code civil prévoit expressément l'interdépendance des contrats lorsque ceux-ci ont été conclus en vue d'une opération d'ensemble et que la disparition de l'un d'eux rend impossible ou sans intérêt l'exécution de l'autre. L'extinction du contrat subséquent se traduit par sa **caducité**, laquelle n'interviendra toutefois que si le contractant contre lequel elle est invoquée connaissait l'existence de l'opération d'ensemble lorsqu'il a donné son consentement (C. civ. art. 1186, al. 3). Reste à savoir si la vente immobilière financée à crédit relève ou non de ces nouvelles dispositions. Si tel est le cas, la solution jurisprudentielle antérieure n'est pas pour autant bouleversée. Bien que différente de la résolution en ce qu'elle sanctionne un événement postérieur à la conclusion du contrat et qu'elle l'éteint pour l'avenir sans remettre le passé en cause, la caducité peut donner lieu à **restitution** dans les conditions prévues aux articles 1352 à 1352-9 du Code civil (C. civ. art. 1187).

PLURALITÉ DE CONTRATS DE PRÊT IMMOBILIER

Lorsque l'emprunteur a recours à plusieurs prêts pour financer une même opération (cas **20765** fréquent en pratique) et qu'il en informe ses prêteurs, chaque prêt est conclu sous la condition suspensive de l'octroi de chacun des autres prêts. Toutefois, cette disposition ne s'applique qu'aux prêts dont le montant est supérieur à 10 % du crédit total (C. consom. art. L 313-37).

3. ASSURANCE GARANTISSANT LE REMBOURSEMENT DU PRÊT IMMOBILIER

Le prêteur exige généralement que l'emprunteur souscrive une assurance destinée à garantir, **20780** en cas notamment de décès, d'invalidité ou de chômage de l'emprunteur, soit le remboursement total ou partiel du montant du prêt restant dû, soit le paiement de tout ou partie des échéances du prêt. À cette fin, le **prêteur** peut lui **proposer l'adhésion** à un contrat d'assurance de groupe (C. consom. art. L 313-28 à L 313-33).

a. Conclusion du contrat d'assurance groupe

INFORMATION SUR LES RISQUES GARANTIS

20781 Une **notice** énumérant les risques garantis et précisant toutes les modalités de la mise en jeu de l'assurance doit être annexée au contrat de prêt (C. consom. art. L 313-29). Il n'est pas nécessaire qu'elle soit remise au moment de l'offre de prêt (Cass. 1e civ. 20-1-1998 n° 95-20.207 : RJDA 4/98 n° 496). Cette notice doit indiquer la possibilité pour l'emprunteur de résilier le contrat d'assurance à tout moment à compter de la signature de l'offre de prêt (voir n° 20797 s.) (C. consom. art. L 313-8).

Pour satisfaire à son obligation d'information, la banque ne doit pas se contenter de remettre la notice. Elle est également tenue d'éclairer l'emprunteur sur l'**adéquation** entre les **risques** couverts par l'assurance de groupe et sa **situation personnelle** d'emprunteur (Cass. ass. plén. 2-3-2007 n° 06-15.267 : RJDA 7/07 n° 766 ; Cass. 2e civ. 3-9-2009 n° 08-13.952 : RJDA 12/09 n° 1111 ; Cass. com. 31-1-2012 n° 11-11.700 : RJDA 4/12 n° 429 ; Cass. 2e civ. 15-9-2022 n° 21-13.670 : BPIM 5/22 inf. 375). Lorsque l'emprunteur **n'adhère pas** au contrat d'assurance de groupe proposé par la banque, cette dernière doit néanmoins l'éclairer sur l'adéquation d'un défaut d'assurance à sa situation personnelle (Cass. com. 2-5-2024 F-B n° 22-21.642 : RJDA 10/24 n° 544).

Une **fiche standardisée d'information** doit également être fournie, lors de la première simulation, à toute personne qui se voit proposer ou qui sollicite une assurance ayant pour objet de garantir le remboursement d'un prêt immobilier (C. consom. art. L 313-10 et R 313-8 à R 313-10). Elle doit notamment préciser les types de garanties proposées, mentionner la possibilité pour l'emprunteur de souscrire auprès de l'assureur de son choix une assurance présentant un niveau de garantie équivalent à celui proposé par le prêteur et indiquer que l'assurance en cours peut être résiliée à tout moment (Arrêté FCPT1425918A du 29-4-2015 modifié par arrêté ECOT2213644A du 27-5-2022).

> Précisions a. Le devoir d'information de la banque en matière d'assurance bénéficie à **tous les emprunteurs,** même avertis. Il s'impose indépendamment de tout risque d'endettement excessif (Cass. 1e civ. 30-9-2015 n° 14-18.854 : BPIM 6/15 inf. 404).
b. À défaut d'information, la banque fait **perdre une chance** au client emprunteur de souscrire une assurance mieux adaptée à sa situation personnelle (Cass. com. 31-1-2012 n° 11-11.700 : RJDA 4/12 n° 429), toute perte de chance étant réparable (Cass. 2e civ. 20-5-2020 n° 18-25.440 : RJDA 11/20 n° 592). S'agissant de la charge de la preuve, il ne peut pas être exigé de l'assuré qu'il démontre que, s'il avait été parfaitement informé par la banque sur l'adéquation ou non de l'assurance à sa situation, il aurait souscrit, de manière certaine, un contrat mieux adapté (Cass. 2e civ. 20-5-2020 n° 18-25.440 ; Cass. 2e civ. 15-9-2022 n° 21-13.670 : RJDA 12/22 n° 711) ou une assurance garantissant le risque réalisé (Cass. 2e civ. 17-6-2021 n° 19-24.467 : RJDA 10/21 n° 651).
c. L'emprunteur qui a adhéré à une assurance de groupe peut **agir en responsabilité** contre le prêteur qui ne l'a pas éclairé sur l'adéquation des risques couverts par l'assurance à sa situation personnelle dans un délai de 5 ans à partir du refus de garantie de l'assureur (Cass. com. 6-1-2021 n° 18-24.954 : RJDA 4/21 n° 256).
d. Une banque ne manque pas à son devoir de conseil envers l'emprunteur lorsque l'acte authentique de prêt mentionne que l'emprunteur a été informé de l'**intérêt de souscrire** à une assurance facultative (Cass. com. 15-1-2025 n° 23-14.338 F-D : RJDA 5/25 n° 279).

INFORMATION SUR LE COÛT DE L'ASSURANCE

20783 Tout document remis à l'emprunteur, sur support papier ou tout autre support durable, préalablement à la formulation de l'offre de prêt et comportant un ou plusieurs éléments chiffrés sur l'assurance de groupe, doit mentionner le coût de cette assurance (C. consom. art. L 313-8). Ce coût doit être exprimé :

– à l'exclusion de tout autre taux, en **taux annuel effectif de l'assurance,** pour permettre une comparaison avec le taux annuel effectif global du crédit ;

– en **montant total dû** en euros au titre de l'assurance, sur une durée de 8 ans et sur la durée totale du prêt ;

– en **euros et par période,** selon la périodicité de paiement. Il doit être précisé si ce montant s'ajoute ou non à l'échéance de remboursement du crédit.

Tout intermédiaire d'assurance ou organisme assureur proposant à l'emprunteur une assurance en couverture d'un crédit immobilier est soumis à ces obligations (C. consom. art. L 313-9).

Les modalités de calcul du taux annuel effectif de l'assurance (TAEA) sont définies à l'article R 314-12 du Code de la consommation.

PRISE EN COMPTE DE L'ÉTAT DE SANTÉ DE L'EMPRUNTEUR

20785 **Questionnaire de santé** L'emprunteur est tenu de répondre exactement aux **questions posées** par l'assureur notamment dans le formulaire de déclaration du risque (C. ass. art. L 113-2, 2°). En cas de réticence ou de fausse déclaration intentionnelle de la part de l'assuré, le contrat d'assurance est nul, quand cette réticence ou fausse déclaration change l'objet du risque ou en diminue l'opinion pour l'assureur, alors même que le risque omis ou dénaturé par l'assuré a été sans influence sur le sinistre (C. ass. art. L 113-8, al. 1).

Aucune information relative à l'état de santé de l'emprunteur ni aucun examen médical ne peut toutefois être exigé lorsque (C. ass. art. L 113-2-1) :

– la part assurée sur l'encours cumulé des contrats de crédit n'excède pas 200 000 € par emprunteur ;

– l'échéance du remboursement du crédit contracté intervient avant les 60 ans de l'emprunteur.

Convention Aeras Une procédure spéciale (convention Aeras : « s'assurer et emprunter avec un risque aggravé de santé ») est prévue pour les personnes dont le dossier a été refusé par l'assureur groupe en raison d'un **risque aggravé de santé** : personne souffrant d'une maladie grave ou d'un handicap (CSP art. L 1141-2). 20787

Cette procédure s'applique à la souscription d'un prêt immobilier si les conditions suivantes sont simultanément réunies : le prêt ne dépasse pas 420 000 €, l'emprunteur sera âgé de 70 ans au plus à la fin du prêt, l'encours cumulé des prêts immobiliers et professionnels souscrits par l'emprunteur n'excède pas 420 000 €. Le dossier de l'emprunteur est automatiquement transféré vers un dispositif d'assurance « de deuxième niveau » pour réexamen. En cas de nouveau refus, le dossier est alors transmis directement par l'assureur à une commission spéciale dite des risques aggravés qui statue.

La convention Aeras a instauré un « **droit à l'oubli** » permettant aux personnes ayant été atteintes d'un cancer ou d'une hépatite C de ne pas le déclarer au moment de souscrire une assurance emprunteur. Les personnes guéries sont dispensées de déclarer leur ancienne pathologie à l'assureur 5 ans après la fin du protocole thérapeutique, quel que soit l'âge auquel la maladie a été diagnostiquée (CSP art. L 1141-5, al. 4). 20789

La convention Aeras a également mis en place une grille de référence permettant de déterminer pour certains types d'affection les délais au-delà desquels les anciens malades ne pourront se voir appliquer de surprimes ou d'exclusions de garantie (CSP art. L 1141-5, al. 2).

> **Précisions** Les assureurs ou les prêteurs proposant un contrat d'assurance groupe doivent remettre aux emprunteurs un **document d'information** portant sur les conditions de mise en œuvre du droit à l'oubli et les modalités de consultation de la grille de référence.

INOPPOSABILITÉ DES MODIFICATIONS ULTÉRIEURES

Toute modification apportée ultérieurement à la définition des risques garantis, aux modalités de la mise en jeu de l'assurance ou à la tarification du contrat est inopposable à l'emprunteur s'il ne l'a pas acceptée (C. consom. art. L 313-29, 2°). 20791

Cette disposition ayant été édictée dans l'intérêt exclusif de l'assuré, l'assureur ne peut pas invoquer l'absence d'acceptation par l'assuré d'un avenant introduisant une garantie supplémentaire (Cass. 1e civ. 11-6-2003 n° 00-14.124 : RJDA 11/03 n° 1116).

> **Précisions** Pendant toute la durée du contrat d'assurance du prêt, l'assureur ne peut pas le **résilier** pour cause d'**aggravation du risque,** sauf dans certaines conditions résultant d'un changement de comportement volontaire de l'assuré (C. ass. art. L 113-12-2, al. 3).
> Pour pouvoir procéder à une telle résiliation, les conditions suivantes doivent être réunies (C. ass. art. R 113-13) :
> – l'assuré pratique régulièrement une **activité sportive** présentant un risque particulier pour sa santé ou sa sécurité ;
> – l'exercice de cette nouvelle activité conduit à rendre inexactes ou caduques les réponses faites par l'assuré aux questions relatives à sa pratique sportive ;
> – l'assuré n'a pas déclaré cette nouvelle activité.

CONDITION RÉSOLUTOIRE DE L'AGRÉMENT

Lorsque l'assureur a subordonné sa garantie à l'agrément de la personne de l'assuré et que cet agrément n'a pas été donné, le contrat de prêt peut être résolu de plein droit à la demande de l'emprunteur sans frais ni pénalité d'aucune sorte. 20793

Cette demande doit être présentée dans le délai d'un mois à compter de la notification du refus de l'agrément (C. consom. art. L 313-29, 3°). Le prêteur qui omet d'informer l'emprunteur de cette faculté de résolution engage sa responsabilité (Cass. 1e civ. 8-6-1994 n° 92-10.560 : Bull. civ. I n° 207).

> **Précisions** En cas de refus d'agrément de la part de l'assurance, les banques se sont engagées à accepter des **garanties alternatives** à l'assurance groupe lorsque ces garanties leur offrent le même niveau de sécurité (par exemple, souscription d'une assurance décès-invalidité par laquelle l'emprunteur désigne la banque comme bénéficiaire du contrat, nantissement d'un portefeuille de valeurs mobilières, mise en place de caution ou de gage).

b. L'alternative à l'assurance groupe : l'assurance individuelle

CHOIX DE L'ASSURANCE INDIVIDUELLE AVANT LA SIGNATURE DE L'OFFRE DE PRÊT

20795 L'emprunteur peut souscrire auprès de l'assureur de son choix une assurance équivalente à celle proposée par le prêteur (C. consom. art. L 313-25, 7°).

Jusqu'à la signature de l'offre de prêt par l'emprunteur, le prêteur **ne peut pas refuser** en garantie un autre contrat d'assurance présenté par l'emprunteur dès lors que ce contrat présente un niveau de garantie équivalent au contrat d'assurance qu'il propose (C. consom. art. L 313-30).

Si l'offre de prêt a été émise, le prêteur **informe** l'emprunteur sur support papier ou tout autre support durable de **sa décision** d'acceptation ou de refus et lui adresse, s'il y a lieu, l'offre modifiée, dans un délai de 10 jours ouvrés à compter de la réception de la demande de substitution (C. consom. art. L 313-31, al. 1).

Toute décision de **refus** doit être explicite et comporter l'intégralité des motifs de refus. Elle doit préciser, le cas échéant, les informations et garanties manquantes (C. consom. art. L 313-30).

Le prêteur **ne peut, en contrepartie de son acceptation** en garantie d'un contrat d'assurance autre que celui qu'il propose (C. consom. art. L 313-32) :

- ni modifier le taux, qu'il soit fixe, variable ou révisable, ou les conditions d'octroi du crédit, y compris son mode d'amortissement ;
- ni exiger le paiement de frais supplémentaires, y compris les frais liés aux travaux d'analyse de l'autre contrat d'assurance.

RÉSILIATION À TOUT MOMENT DE L'ASSURANCE APRÈS LA SIGNATURE DE L'OFFRE DE PRÊT

20797 L'emprunteur peut résilier le contrat d'assurance à tout moment à compter de la signature de l'offre de prêt (C. ass. art. L 113-12-2, al. 1).

Il doit **notifier** à l'assureur sa demande de résiliation par lettre ou tout autre support durable, par déclaration faite au siège social ou chez le représentant de l'assureur, par acte extrajudiciaire, par un mode de communication à distance si l'assureur a proposé la conclusion du contrat via ce mode ou par tout autre moyen prévu au contrat (C. ass. art. L 113-12-2, al. 1 et, sur renvoi, art. L 113-14).

Il doit également adresser au prêteur le nouveau contrat d'assurance qui **ne peut le refuser** dès lors que ce dernier présente un niveau de garantie équivalent à son contrat d'assurance (C. consom. art. L 313-30).

20798 Le prêteur doit **informer** l'emprunteur de sa **décision d'acceptation ou de refus** dans un délai de 10 jours ouvrés à compter de la réception de l'autre contrat d'assurance (C. consom. art. L 313-31).

Toute décision de refus doit être explicite et comporter l'intégralité des motifs de refus. Elle doit préciser, le cas échéant, les informations et garanties manquantes (C. consom. art. L 313-30).

L'emprunteur doit **notifier** à l'assureur par recommandé postal ou électronique (C. ass. art. L 113-12-2, al. 1) :

- la décision du prêteur ;
- ainsi que, le cas échéant, la date de prise d'effet du contrat accepté en substitution.

20799 En cas de **refus** par le prêteur, le contrat d'assurance initial n'est pas résilié.

En cas d'**acceptation,** la résiliation du contrat d'assurance prend effet 10 jours après la réception par l'assureur de la décision du prêteur ou à la date de prise d'effet du contrat accepté en substitution par le prêteur si celle-ci est postérieure (C. ass. art. L 113-12-2, al. 1).

Le prêteur doit alors modifier par voie d'avenant, dans un délai de 10 jours ouvrés à compter de la réception de la demande de substitution, le contrat de crédit en y mentionnant, notamment, le nouveau taux annuel effectif global (C. consom. art. L 313-31, al. 3).

Le prêteur ne peut, en contrepartie de cette acceptation (C. consom. art. L 313-32) :

- ni modifier le taux, qu'il soit fixe, variable ou révisable, ou les conditions d'octroi du crédit, y compris son mode d'amortissement ;
- ni exiger le paiement de frais supplémentaires, y compris les frais liés aux travaux d'analyse de l'autre contrat d'assurance.

20800 L'**assureur** doit **informer** chaque année l'emprunteur, sur support papier ou tout autre support durable, du droit qu'il a de résilier le contrat d'assurance à tout moment, des modalités de résiliation et des différents délais de notification et d'information qu'il doit respecter (C. ass. art. L 113-15-3, al. 1).

Les manquements à cette obligation sont passibles d'une **amende** de 3 000 € pour une personne physique et 15 000 € pour une personne morale (C. ass. art. L 113-15-3, al. 4).

> **Précisions** Le **prêteur** qui ne respecte pas l'une des obligations prévues aux articles L 313-30 à L 313-32 du Code de la consommation est également passible d'une **amende** de 3 000 € pour une personne physique et 15 000 € pour une personne morale (C. consom. art. L 341-44-1).

c. Fonctionnement des garanties

Les garanties proposées peuvent couvrir 4 types de **risques** : le décès, l'invalidité, l'incapacité temporaire de travail et le chômage de l'emprunteur. **20802**

La plupart des contrats prévoient un **âge butoir** au-delà duquel les garanties prennent fin même si l'emprunteur a adhéré à l'assurance avant cet âge : ces limites d'âge ne sont pas les mêmes selon les risques couverts.

LA GARANTIE DÉCÈS

En cas de décès, l'assurance groupe rembourse par anticipation le capital restant dû à la date du décès, dans la limite du montant assuré. **20804**

Mais dans la plupart des contrats, cette garantie **ne joue pas** dans les cas suivants :

– suicide de l'assuré pendant la première année d'assurance lorsque l'assurance est liée à un prêt immobilier destiné au financement d'un logement autre que la résidence principale ;

– décès de l'assuré âgé de plus de 70, 75, 80 ou 85 ans, selon les contrats ;

– décès de l'assuré survenu à l'occasion de la pratique d'un sport dangereux : parachutisme, deltaplane, escalade, saut à l'élastique, etc.

Certains contrats prévoient également un délai de carence, d'un an le plus souvent, pendant lequel le décès ne sera pas couvert sauf s'il est accidentel.

> **Précisions** Lorsque le prêt couvert par l'assurance est destiné au financement de la **résidence principale** de l'assuré, la garantie décès doit couvrir le **suicide** dès la souscription du contrat dans la limite d'un plafond qui ne peut être inférieur à 120 000 € (C. ass. art. L 132-7, al. 4 et R 132-5).

LA GARANTIE INVALIDITÉ

En matière d'invalidité, chaque assureur peut avoir sa propre **définition** et déterminer comme il l'entend le contenu de ses garanties. En pratique, la définition de l'invalidité varie d'un assureur à l'autre. Certains contrats font explicitement référence aux décisions de la sécurité sociale : l'assuré ne sera alors pris en charge par son assurance que s'il est classé invalide par la sécurité sociale. Mais, dans la plupart des cas, les assureurs se réservent la possibilité d'apprécier médicalement l'état de santé de l'assuré sans être liés par les décisions de la sécurité sociale. L'assuré ne sera alors indemnisé que si son état de santé correspond à la définition de l'invalidité mentionnée dans son contrat d'assurance (et rappelée sur la notice d'information qui lui a été remise). **20806**

En outre, l'invalidité de l'emprunteur peut mettre en jeu **plusieurs types de garanties** : certains contrats ne couvrent que l'invalidité « absolue et définitive » alors que d'autres garantissent également l'invalidité « permanente partielle ou totale ».

> **Précisions** La **fiche standardisée d'information** qui doit être remise à toute personne qui se voit proposer ou qui sollicite une assurance ayant pour objet de garantir le remboursement d'un prêt immobilier doit préciser que la garantie invalidité (Arrêté FCPT1425918A du 29-4-2015 modifié par arrêté ECOT2213644A du 27-5-2022) :
> – est « indépendante de la notion d'invalidité retenue par la sécurité sociale ou tout autre organisme compétent qui juge de l'inaptitude professionnelle » ;
> – et que « la reconnaissance d'un état d'invalidité par l'un de ces organismes ne s'impose pas à l'assureur, qui est tenu par la seule définition figurant au contrat ».

LA GARANTIE INCAPACITÉ TEMPORAIRE DE TRAVAIL

La garantie incapacité temporaire de travail prévoit la prise en charge par l'assurance des échéances du prêt lorsque l'assuré ne peut exercer une activité rémunérée à la suite d'un **accident** ou d'une **maladie de longue durée** couverts par un arrêt de travail. **20808**

Les périodes d'incapacité de travail couvertes par le congé légal de **maternité** ou liées à une grossesse difficile ne sont pas considérées comme des périodes d'inactivité indemnisables. Ce n'est que lorsque l'incapacité de travail se prolonge au-delà de la période couverte par le congé légal de maternité qu'elle pourra être indemnisée (avec application de la période de franchise).

La garantie ne joue que si l'assuré est dans l'**incapacité totale** de reprendre toute activité professionnelle rémunérée, même à temps partiel. Cette définition est source de nombreux litiges :

selon les contrats, l'incapacité totale peut viser l'impossibilité de reprendre son ancien travail ou être interprétée de manière plus restrictive comme l'impossibilité de reprendre une activité professionnelle quelconque.

La garantie incapacité temporaire de travail ne prend généralement en charge que les assurés qui n'ont pas atteint la **limite d'âge** fixée au contrat et qui exerçaient effectivement une **activité professionnelle rémunérée** à la date de l'accident ou de la maladie. Certains assureurs exigent en outre que l'assuré reçoive des prestations en espèces de son régime de protection sociale (indemnités journalières maladie ou accident, pension d'invalidité, rente d'accident du travail...).

Cette garantie comporte toujours une **période de franchise** pendant laquelle l'assureur ne verse aucune indemnité. Généralement, les indemnités cessent d'être versées avec la **reprise d'activité,** même partielle, de l'assuré.

> **Précisions** Dans le cadre du Comité consultatif du secteur financier (CCSF), les assureurs se sont engagés à prévoir une **garantie « aide à la famille »** dans au moins un de leurs contrats d'assurance emprunteur, au plus tard en juillet 2025 (Avis CCSF du 12-12-2023). Cette nouvelle garantie doit permettre une prise en charge temporaire de tout ou partie des échéances des crédits immobiliers pour financer l'achat de la résidence principale dans le cas d'un assuré contraint de cesser partiellement ou totalement son activité professionnelle pour assister son enfant mineur (atteint d'une maladie grave ou victime d'un accident grave de la vie). Elle peut être conditionnée à la souscription d'une couverture incapacité temporaire de travail.

LA GARANTIE PERTE D'EMPLOI

20810 Avec la garantie perte d'emploi, l'assureur règle à la banque tout ou partie des mensualités exigibles pendant que l'assuré est privé d'emploi. Cette garantie n'est jamais imposée par la banque et comporte de nombreuses **exclusions.**

Elle n'est généralement offerte qu'aux titulaires d'un contrat de travail à durée indéterminée, employés depuis plus de 6 mois consécutifs (parfois 12) chez le même employeur. Les personnes âgées de moins de 25 ans et de plus de 50 ou 55 ans sont généralement exclues du bénéfice de cette garantie (lorsqu'elles atteignent la limite d'âge en cours de contrat, la garantie cesse automatiquement). Les préretraités ainsi que les salariés en préavis suite à un licenciement ou à une démission sont également exclus.

Les **périodes d'inactivité indemnisables** sont définies de manière restrictive : l'assurance perte d'emploi ne couvre que les périodes de chômage indemnisées par France Travail. Ne sont en principe pas garanties les pertes d'emploi liées à la mise à la retraite ou à la préretraite de l'assuré, à son licenciement pour faute grave, à sa démission volontaire, non plus que les ruptures de contrat de travail consécutives à la maladie ou à l'invalidité de l'assuré.

> **Précisions** L'indemnisation ne devient effective qu'après une période d'attente également appelée « **délai de carence** » qui varie généralement de 6 à 12 mois selon les assureurs. Le point de départ de cette période d'attente est la date de prise d'effet du contrat d'assurance. Autrement dit, si l'assuré est licencié moins de 6 mois après la prise d'effet de son contrat, il ne sera pas indemnisé.
>
> À ce délai de carence s'ajoute le plus souvent un « **délai de franchise** » pendant lequel aucune prestation n'est versée par l'assureur. Ce délai court à partir du versement des indemnités par France Travail ; il est généralement de 3 mois.

4. INTERDICTION DES PAIEMENTS ANTICIPÉS

20812 **Jusqu'à l'acceptation de l'offre** par l'emprunteur, aucun versement, sous quelque forme que ce soit, ne peut, au titre de l'opération en cause, être fait par le prêteur à l'emprunteur ou à une autre personne (par exemple le vendeur, l'entrepreneur ou le promoteur) pour le compte de celui-ci, ni par l'emprunteur au prêteur. Jusqu'à cette acceptation, l'emprunteur ne peut, au même titre, faire aucun dépôt, ni souscrire ou avaliser aucun effet de commerce ni signer aucun chèque (C. consom. art. L 313-35).

Cette interdiction vise tous les paiements, même ceux correspondant aux frais de dossier ou aux primes d'assurance.

En outre, si une **autorisation de prélèvement** sur compte bancaire a été signée par l'emprunteur, sa validité et sa **prise d'effet** sont subordonnées à celles du contrat de crédit (C. consom. art. L 313-35).

20814 Le prêteur qui, en infraction aux dispositions qui précèdent (nº 20800), accepterait de recevoir de l'emprunteur, ou pour le compte de celui-ci, un versement ou un dépôt, un chèque ou un effet de commerce souscrit, endossé ou avalisé à son profit, ou utiliserait une autorisation de prélèvement sur compte bancaire, s'exposerait à une **amende** de 300 000 € au plus (C. consom. art. L 341-42) et à des peines complémentaires (C. consom. art. L 341-44).

5. INTERDICTION DES EFFETS DE COMMERCE

Le Code de la consommation déclare nuls les lettres de change et billets à ordre **souscrits ou avalisés** par un emprunteur, même majeur, **à l'occasion des opérations relevant de la réglementation** sur le crédit immobilier (C. consom. art. L 314-21). 20820

L'effet de commerce est nul même s'il a été souscrit après la conclusion du crédit (Cass. 1e civ. 30-9-1997 n° 95-20.171 : RJDA 2/98 n° 204). Mais la nullité ne concerne pas les effets souscrits ou avalisés **à l'occasion du contrat principal financé par le crédit** (Cass. 1e civ. 4-2-2003 n° 99-17.394 : RJDA 11/03 n° 1115).

> Précisions Cet article a pour objet de **protéger** les emprunteurs en évitant que la règle de l'inopposabilité des exceptions attachées aux effets de commerce ne fasse échec à l'interdépendance du contrat de crédit immobilier et du contrat principal. En effet, une fois la lettre de change mise en circulation, l'emprunteur pourrait être tenu de payer le porteur de l'effet quel que soit le sort du contrat principal. Afin d'assurer cette protection, la loi a assimilé les majeurs à des mineurs incapables.

B. Exécution du contrat de prêt immobilier

Outre les dispositions tendant à assurer la protection du demandeur de crédit pendant la période précédant la conclusion définitive du contrat de prêt, le législateur a prévu un certain nombre de mesures en faveur de l'emprunteur au cours de l'exécution de ce contrat. Ces mesures concernent : 20880

- l'information de l'emprunteur pour les prêts à taux variable (n° 20882) ;
- les cas dans lesquels l'emprunteur peut suspendre ses remboursements (nos 20885 s.) ;
- les mesures de remédiation en cas de difficultés de remboursement de l'emprunteur (n° 20910) ;
- les conséquences de la défaillance de l'emprunteur dans l'exécution de ses obligations (nos 20940 s.) ;
- les indemnités dues au prêteur en cas de remboursement anticipé par l'emprunteur (nos 21200 s.).

> Précisions **a.** Si le contrat principal n'est pas conclu dans les 4 mois de l'acceptation de l'offre préalable, le contrat de prêt se trouve résolu rétroactivement (n° 20760).
b. Après l'exécution du contrat de prêt, l'**exception de nullité** du contrat ne peut plus être invoquée (Cass. 1e civ. 9-11-1999 n° 97-16.454 : RJDA 3/00 n° 242 ; Cass. 1e civ. 3-7-2001 n° 99-19.084 : RJDA 12/01 n° 1248).

1. INFORMATION DE L'EMPRUNTEUR IMMOBILIER

Pour les **prêts à taux variable ou révisable,** le prêteur doit informer l'emprunteur en cours d'exécution du prêt : il doit lui indiquer, une fois par an, le montant du capital restant à rembourser (C. consom. art. L 313-46, al. 1). 20882

En cas de modification du taux débiteur, l'emprunteur doit être informé sur support papier ou sur un autre support durable, avant que la modification n'entre en vigueur. Cette information doit indiquer le montant des échéances après l'entrée en vigueur du nouveau taux débiteur ainsi que, le cas échéant, toute modification du nombre ou de la périodicité des échéances (C. consom. art. L 313-46, al. 2).

Lorsque la modification du taux débiteur résulte d'une variation du taux de référence, que le nouveau taux de référence est rendu public et que l'information relative au nouveau taux de référence est également disponible dans les locaux du prêteur, les parties peuvent convenir dans le contrat de crédit que cette information est communiquée périodiquement à l'emprunteur avec le montant des nouveaux paiements périodiques (C. consom. art. L 313-46, al. 3).

Le prêteur qui n'a pas respecté l'obligation d'information de l'emprunteur en cas de modification du taux débiteur peut être déchu du droit aux intérêts, en totalité ou dans la proportion fixée par le juge (C. consom. art. L 341-45).

> Précisions Lorsque le contrat de crédit est un crédit à taux variable ou révisable, le prêteur veille à utiliser un indice ou taux de référence **clair, accessible, objectif et vérifiable.** Il doit en outre conserver des archives des indices utilisés pour calculer les taux débiteurs (C. consom. art. L 313-46, al. 4).

2. SUSPENSION DES OBLIGATIONS DE L'EMPRUNTEUR IMMOBILIER

CONTESTATION SUR L'EXÉCUTION DU CONTRAT PRINCIPAL

Lorsqu'il a été déclaré dans l'acte constatant le prêt que celui-ci est destiné à financer des ouvrages ou des travaux immobiliers au moyen d'un contrat de promotion, de construction, 20885 de maîtrise d'œuvre ou d'entreprise (donc à l'exclusion, notamment, des contrats de vente), le tribunal peut, en cas de contestation ou d'accidents affectant l'exécution du contrat principal, **suspendre** l'exécution du contrat de **prêt jusqu'à la solution du litige.** Toutefois, cette suspension n'est possible que si le prêteur est intervenu à l'instance ou s'il a été mis en cause par l'une des parties (C. consom. art. L 313-44).

La seule existence d'un litige l'opposant au « constructeur » ne permet donc pas à l'emprunteur de suspendre ses remboursements. Il ne peut le faire que sur autorisation du tribunal saisi du litige, ce tribunal disposant d'un pouvoir souverain d'appréciation quant à l'opportunité de cette suspension. La demande de suspension doit intervenir pendant la période d'exécution du contrat principal (Cass. 1e civ. 26-5-1994 n° 92-12.524 : RJDA 1/95 n° 53).

Le prêteur peut obtenir une indemnisation du préjudice qu'il aurait subi du fait de cette suspension (C. consom. art. L 313-44).

La suspension du contrat de prêt prend fin lorsque le litige a trouvé une solution.

Si le **contrat principal continue,** le contrat de prêt reprend ses effets. En l'absence d'une disposition légale l'y autorisant, l'emprunteur ne peut pas, à notre avis, imposer alors au prêteur un décalage des échéances d'une période égale à celle de la suspension, ni un arrêt du cours des intérêts. Il s'ensuit, notamment, que les remboursements de capital et les intérêts échus pendant la période de suspension sont, nous semble-t-il, exigibles dès que celle-ci prend fin.

> **Précisions a.** Il a par exemple été jugé que l'exécution du contrat de prêt pouvait être suspendue en raison de **malfaçons** affectant la construction d'une maison (TGI Rouen 21-4-1983 : Consom. Act. n° 393 p. 10) ou de la mise en règlement judiciaire de l'entreprise de construction (CA Douai 30-6-1983 : Consom. Act. n° 393 p. 9). Mais la demande de suspension d'un contrat de prêt destiné à financer la construction d'une maison individuelle est irrecevable dès lors que les malfaçons sont apparues après la prise de possession des lieux par l'emprunteur et le paiement intégral du prix des travaux (Cass. 1e civ. 26-5-1994 n° 92-12.524 précité).
> **b.** Ces dispositions ne sont pas applicables aux **ventes par adjudication** (C. consom. art. L 313-45).

DÉLAI DE GRÂCE

20900 L'emprunteur de **bonne foi** qui éprouve des difficultés à rembourser son prêteur peut demander au juge des contentieux de la protection de **suspendre** ses obligations pour une **durée** maximale de 2 ans (C. consom. art. L 314-20 et C. civ. art. 1343-5, al. 1). Toute clause contraire est réputée non écrite (C. civ. art. 1343-5, al. 5).

L'emprunteur peut demander un délai de grâce même si une clause du prêt prévoit l'exigibilité immédiate des échéances restant dues en cas de défaillance de sa part (Cass. 1e civ. 24-2-1987 n° 84-14.330 : Bull. civ. I n° 71).

20902 Le juge apprécie souverainement la **situation du débiteur** et les besoins du créancier pour accorder un délai de grâce. Un délai peut ainsi être accordé :

– en cas de **licenciement** du débiteur (C. consom. art. L 314-20, al. 1), à moins, par exemple, qu'il ne dispose d'une fortune personnelle suffisante pour pouvoir respecter ses engagements ;

– en cas de **difficultés financières** liées à l'état de santé du débiteur (TI Saint-Avold 21-11-1984 : Consom. Act. n° 526 du 7-11-1986) ;

– en cas d'**interruption des travaux** de construction d'une maison individuelle à la suite de la liquidation des biens de l'entrepreneur, cette interruption ayant compromis la situation de l'emprunteur qui, empêché d'habiter sa maison, ne bénéficiait pas de l'aide personnalisée au logement et devait payer un loyer (TGI Marmande 10-5-1985 : JCP N 1986 II p. 129 note Cornille et Raffray).

Le juge peut refuser un délai sans avoir à motiver sa décision (Cass. 1e civ. 29-10-2002 n° 00-12.703 : Bull. civ. I n° 257 ; Cass. 1e civ. 24-10-2006 n° 05-16.517 : RJDA 3/07 n° 288). En revanche, si la décision d'octroyer un délai est souveraine (Cass. 3e civ. 12-2-1970 n° 69-10.397 : Bull. civ. III n° 100 ; Cass. 3e civ. 27-10-1993 n° 1542 : RJDA 12/93 n° 1006, 2e esp.) et échappe ainsi dans une large mesure au contrôle de la Cour de cassation, elle doit être motivée puisque fondée sur la situation du débiteur et les besoins du créancier.

20905 **Pendant le délai de grâce,** les procédures d'exécution engagées par le prêteur et le cours des pénalités ou majorations d'intérêts dues en cas de retard sont suspendus (C. civ. art. 1343-5, al. 4). Il en est de même des effets de l'éventuelle déchéance du terme du prêt (Cass. 1e civ. 7-1-1997 n° 94-20.248 : RJDA 5/97 n° 677 ; Cass. 1e civ. 2-6-2004 n° 02-16.055 : RJDA 10/04 n° 1156).

Le juge peut en outre décider que, pendant cette durée, les échéances reportées ne produiront pas intérêt (C. consom. art. L 314-20, al. 1) ou en produiront à un taux réduit et que les paiements effectués s'imputeront d'abord sur le capital (C. civ. art. 1343-5, al. 2).

Ces mesures peuvent être subordonnées à l'accomplissement par le débiteur d'actes propres à faciliter ou à garantir le paiement de la dette (C. civ. art. 1343-5, al. 3).

À l'expiration du délai de grâce, les échéances reportées sont payées selon les modalités fixées par le juge (taux d'intérêt réduit ou nul, imputation des paiements sur le capital, échelonnement), sans que le dernier versement puisse excéder de plus de 2 ans le terme initialement prévu pour le remboursement du prêt (C. consom. art. L 314-20, al. 2).

Ces modalités sont fixées soit lors du jugement accordant le délai de grâce, soit à l'expiration de celui-ci. Cette dernière solution est la plus fréquemment retenue car ce n'est qu'au vu de la situation financière du débiteur à l'issue de ce délai que le juge peut opportunément décider soit de reporter le terme du contrat, soit de cumuler en partie ou en totalité les échéances à échoir et celles qui ont été suspendues.

Si l'octroi d'un **délai** de grâce **ne suffit pas** compte tenu de la situation du débiteur, celui-ci peut demander à bénéficier d'une procédure de traitement des situations de surendettement (voir n° 21000).

3. MESURES DE REMÉDIATION EN CAS DE DIFFICULTÉS DE REMBOURSEMENT DE L'EMPRUNTEUR IMMOBILIER

Les prêteurs doivent mettre en place des politiques et des procédures « adéquates les incitant à faire preuve d'une tolérance raisonnable avant d'engager une procédure d'exécution à l'encontre d'un emprunteur en difficulté ». Ils doivent lui « proposer, s'il y a lieu, des mesures de renégociation tenant notamment compte de sa situation personnelle » (C. consom. art. L 313-49-1). **20910**

Deux **types de mesures** peuvent être proposées :

– soit le refinancement total ou partiel du contrat de crédit ;

– soit la modification des conditions existantes de ce contrat, notamment : prolongation de sa durée ; suspension de tout ou partie des versements du remboursement pendant une période donnée ; modification du taux d'intérêt ; réaménagement de l'échéancier, et notamment réduction du montant des versements du remboursement ; remise de dette partielle et consolidation de la dette.

Avant de modifier les conditions du contrat de crédit, le prêteur doit communiquer à l'emprunteur les **informations** relatives (C. consom. art. L 313-46-1) :

– aux modifications envisagées, en précisant celles qui nécessitent son consentement ;

– au calendrier de leur mise en œuvre ;

– aux modalités de réclamation et de médiation.

La liste des informations devant être communiquées à l'emprunteur est fixée par décret (C. consom. art. R 313-24-1).

4. DÉFAILLANCE DE L'EMPRUNTEUR IMMOBILIER

En cas de défaillance de l'emprunteur non justifiée par une suspension de ses obligations (n°s 20885 s.), le prêteur peut, soit accorder des délais de paiement à l'emprunteur (n° 20945), soit exiger le remboursement immédiat du prêt (n° 20960), dans les conditions fixées par les articles L 313-50 et L 313-51 du Code de la consommation. Le prêteur est libre de choisir entre ces deux solutions. La poursuite de l'exécution du prêt, qui profite à l'emprunteur défaillant, n'est pas en soi constitutive d'une faute (Cass. 1e civ. 6-11-2001 n° 00-04.164 : RJDA 3/02 n° 298). **20940**

En outre, l'emprunteur qui se trouve dans l'impossibilité de rembourser son crédit peut demander à bénéficier d'une procédure de traitement de situation de surendettement (n° 21000).

OCTROI DE DÉLAIS DE PAIEMENT

Si le prêteur accorde des délais de paiement, il peut **majorer le taux d'intérêt** que l'emprunteur aura à payer jusqu'à ce qu'il ait repris le cours normal des échéances contractuelles. Cette majoration ne peut pas excéder 3 points (C. consom. art. R 313-26). **20945**

Cette majoration ne devrait s'appliquer qu'au montant des échéances impayées et non à la totalité du capital restant dû à la date de la défaillance (Rép. Caillaud, Warsmann et Michel : AN 9-11-1998 p. 6130).

RÉSOLUTION DU CONTRAT

Le prêteur peut demander la résolution du prêt même si le contrat ne contient pas de **clause résolutoire,** ce qui est rare en pratique. La clause résolutoire prévoit généralement que la résolution interviendra de plein droit si le prêteur l'invoque, sans formalité. **20955**

Si le prêteur opte pour la résolution du contrat, il peut exiger le **remboursement** immédiat du **capital** restant dû, ainsi que le paiement des **intérêts échus** (à l'exclusion des intérêts à échoir). **20960**

Jusqu'à la date de leur règlement effectif, les sommes dues (capital et intérêts) produisent des **intérêts de retard** à un taux égal à celui du prêt. Le juge n'a donc pas à rechercher s'il existe un éventuel accord des parties sur le taux applicable en cas de défaillance de l'emprunteur (Cass. 1e civ. 27-11-1990 n° 87-17.922 : Bull. civ. I n° 268).

20965 Outre ces intérêts de retard, le prêteur peut demander le versement d'une **indemnité** qui ne doit pas dépasser 7 % des sommes dues au titre du capital restant dû ainsi que des intérêts échus et non versés (C. consom. art. R 313-28).

Une telle indemnité ne peut être due que si le prêteur a demandé la résolution du contrat, soit en justice, soit par la mise en œuvre d'une clause résolutoire (Cass. 1e civ. 3-7-1996 n° 94-14.542). Tel n'est pas le cas lorsque le contrat a pris fin par l'**arrivée du terme** (Cass. 1e civ. 5-3-2009 n° 08-11.539 : RJDA 7/09 n° 669). La **clause pénale** d'un contrat de prêt fixant le montant de l'indemnité due au prêteur en cas de défaillance de l'emprunteur à 7 % du capital restant dû n'est pas abusive dès lors que l'indemnité n'excède pas le plafond réglementaire fixé par l'article R 313-28 du Code de la consommation et que l'emprunteur n'établit pas que la clause lui a été imposée par un abus de puissance économique de la part du prêteur ou qu'elle a conféré à ce dernier un avantage excessif (Cass. com. 3-5-2006 n° 02-11.211 : RJDA 11/06 n° 1159, 2e esp.).

Cette indemnité peut être **réduite** par le tribunal, sur demande de l'emprunteur, si elle est « manifestement excessive » (C. consom. art. L 313-51 et, sur renvoi, C. civ. art. 1231-5). Nous ne pensons pas en revanche que le prêteur puisse utilement invoquer l'autre disposition de l'article 1231-5 du Code civil, qui permet au juge de majorer toute pénalité qui serait « manifestement dérisoire », pour obtenir une indemnisation supérieure aux limites fixées par la loi. Une telle demande serait contraire à l'esprit de la réglementation qui tend notamment à limiter les clauses pénales figurant dans les contrats de crédit.

En cas d'**exécution partielle** du contrat de prêt, le juge peut aussi, en application de l'article 1231-5 du Code civil, diminuer le montant de l'indemnité à proportion de l'intérêt que cette exécution partielle a procuré au créancier (C. consom. art. L 313-51).

La réduction de la pénalité par le juge est possible en dépit de toute clause contraire.

20970 L'**action en paiement** d'un crédit immobilier se prescrit par 2 ans (C. consom. art. L 218-2 ; Cass. 1e civ. 28-11-2012 n° 11-26.508 : RJDA 2/13 n° 153 ; Cass. avis 4-7-2016 n° 16006 P : BRDA 14/16 inf. 18). Le point de départ de la **prescription biennale** est différent selon que l'action porte sur les mensualités impayées ou sur le capital restant dû. L'action en paiement des mensualités impayées se prescrit à compter de leurs dates d'échéance successives tandis que l'action en paiement du capital restant dû se prescrit à compter de la déchéance du terme (Cass. 1e civ. 11-2-2016 nos 14-22.938, 14-27.143, 14-28.383 et 14-29.539 : RJDA 6/16 n° 473).

ILLUSTRATIONS

Pour bénéficier du délai biennal de prescription, l'**emprunteur** doit avoir la qualité de **consommateur,** défini comme la personne physique agissant à des fins qui n'entrent pas dans le cadre de son activité commerciale, industrielle, artisanale, libérale ou agricole (C. consom. art. liminaire).

Tel n'est pas le cas d'une personne morale, comme une SCI, qui reste soumise au délai de prescription de droit commun de 5 ans (C. civ. art. 2224). Le fait pour une SCI de soumettre volontairement le prêt à la réglementation protectrice du Code de la consommation ne lui confère pas la qualité de consommateur (Cass. 1e civ. 3-2-2016 n° 15-14.689 : RJDA 6/16 n° 497 ; Cass. 1e civ. 14-2-2018 n° 16-28.550). Tel n'est pas non plus le cas d'une personne physique inscrite au registre des sociétés en qualité de loueur en meublé professionnel qui emprunte pour acquérir des lots de copropriété en vue de les louer (Cass. 1e civ. 25-1-2017 n° 16-10.105 : BRDA 6/17 inf. 18).

En revanche, la caution **peut se prévaloir** de la prescription biennale du Code de la consommation, que son engagement ait été souscrit :

– après le 1er janvier 2022, soit la date d'entrée en vigueur de l'ordonnance du 15 septembre 2021 portant réforme du droit des sûretés (C. civ. art. 2298 issu de ord. 2021-1192 du 15-9-2021) ;

– ou avant cette date (Cass. 1e civ. 20-4-2022 n° 20-22.866 FS-B : RJDA 7/22 inf. 432).

LIMITES À L'INDEMNISATION DU PRÊTEUR

20980 Aucun **versement autre** que ceux énumérés nos 20945 et 20960 ne peut être **mis à la charge de l'emprunteur** (C. consom. art. L 313-52, al. 1). Notamment, le prêteur ne peut pas demander la capitalisation des intérêts (Cass. 1e civ. 20-4-2022 n° 20-23.617 : RJDA 8-9/22 n° 506).

Toutefois, le prêteur peut réclamer le remboursement sur justification des « **frais taxables** » que lui a occasionnés la défaillance de l'emprunteur, à l'exclusion de tout remboursement forfaitaire de frais de recouvrement (C. consom. art. L 313-52, al. 2). Par « frais taxables », il faut entendre les frais de justice (CPC art. 695) ainsi que les sommes mises à la charge de l'emprunteur par le juge en application de l'article 700 du Code de procédure civile. En revanche sont exclus les frais d'envoi

de lettres recommandées ou de sommation d'huissier (CA Nîmes 19-2-1987 : Gaz. Pal. 1987 p. 506 note E.-M. Bey, décision rendue en matière de crédit à la consommation mais transposable) et les frais de vente aux enchères (Cass. 1e civ. 9-3-1999 : RJDA 5/99 n° 594, décision rendue en matière de crédit à la consommation mais transposable). La Commission des clauses abusives recommande que soit supprimée la clause du contrat de prêt laissant croire que le prêteur peut réclamer le remboursement des frais taxables sans produire de justificatifs (Recommandation CCA 2004-3 : BOCC du 30-9-2004 p. 629).
En outre, le prêteur peut réclamer à l'emprunteur le paiement de la **créance qu'il détient sur lui** à un autre titre, par exemple le paiement des primes d'assurance-vie (Cass. 1e civ. 20-10-1998 n° 96-17.324 : RJDA 2/99 n° 212, décision rendue en matière de crédit à la consommation mais transposable).

SURENDETTEMENT DE L'EMPRUNTEUR

L'emprunteur de bonne foi qui se trouve dans l'impossibilité manifeste de faire face à l'ensemble de ses dettes professionnelles et non professionnelles exigibles et à échoir peut bénéficier d'une procédure de traitement de sa situation de surendettement (C. consom. art. L 711-1). **21000**
Le traitement de la situation de surendettement s'effectue devant la commission de surendettement des particuliers. Celle-ci s'efforce de concilier l'emprunteur et son ou ses créanciers en vue d'obtenir un plan conventionnel de redressement. En cas d'échec de la conciliation, elle peut imposer certaines mesures, comme le rééchelonnement des dettes (C. consom. art. L 733-1). Elle peut également imposer diverses mesures par décision spéciale et motivée et notamment la **remise des dettes immobilières** en cas de vente du logement du débiteur (C. consom. art. L 733-4).
Lorsque l'emprunteur se trouve dans une situation irrémédiablement compromise caractérisée par l'impossibilité manifeste de mettre en œuvre les mesures de traitement, la commission de surendettement peut soit imposer un rétablissement personnel sans liquidation judiciaire, avec effacement de toutes les dettes non professionnelles du débiteur, si ce dernier ne possède que des biens meublants nécessaires à la vie courante ou des biens de peu de valeur, soit saisir le juge des contentieux de la protection aux fins d'ouverture d'une procédure de rétablissement personnel avec liquidation judiciaire si le débiteur n'est pas dans la première situation (C. consom. art. L 724-1).

5. REMBOURSEMENT PAR ANTICIPATION DU PRÊT IMMOBILIER

L'emprunteur peut toujours, à son initiative, rembourser par anticipation son prêt, en tout ou **21200**
en partie. Toutefois, afin d'éviter un alourdissement trop important des frais de gestion des établissements financiers, il est prévu que le contrat de prêt peut interdire les **remboursements** égaux ou **inférieurs à 10 %** du montant initial du prêt, sauf s'il s'agit du remboursement du solde (C. consom. art. L 313-47, al. 1) qui doit être accepté quel qu'en soit son montant.
Le contrat de prêt peut, toutefois, comporter une clause aux termes de laquelle, en cas de remboursement par anticipation, le prêteur est en droit d'exiger une **indemnité** au titre des intérêts non encore échus (C. consom. art. L 313-47, al. 2). Cette clause doit être expresse (Cass. 1e civ. 24-4-2013 n° 12-19.070). Aucune autre somme ne peut être mise à la charge de l'emprunteur qui se libérerait par anticipation (C. consom. art. L 313-49).
Cette indemnité ne peut excéder la valeur d'un semestre d'intérêts sur le capital remboursé au taux moyen du prêt, sans pouvoir dépasser 3 % du capital restant dû avant le remboursement (C. consom. art. R 313-25, al. 1). Si elle apparaît manifestement excessive, l'indemnité peut être réduite par le juge (C. consom. art. L 313-47, al. 2 et, sur renvoi, C. civ. art. 1231-5).
Le prêteur doit fournir à l'emprunteur, après réception de la demande de remboursement par anticipation, sur support papier ou sur un autre support durable, les **informations** nécessaires à l'examen de cette faculté. Ces informations doivent chiffrer au moins les conséquences qui s'imposeront à l'emprunteur s'il s'acquitte de ses obligations avant l'expiration du contrat de crédit et formuler clairement les hypothèses utilisées (C. consom. art. L 313-47, al. 3).
L'indemnité de remboursement anticipé est **écartée** lorsque le remboursement est motivé par la vente du bien immobilier acquis à l'aide du prêt à la suite de l'un des événements suivants : changement du lieu d'activité professionnelle de l'emprunteur ou de son conjoint, décès ou cessation forcée de l'activité professionnelle de ces derniers (C. consom. art. L 313-48).

Lorsque le contrat de **prêt** est **assorti de taux d'intérêt différents selon les périodes de** **21205**
remboursement, l'indemnité de remboursement anticipé peut être majorée de la somme permettant d'assurer au prêteur, sur la durée courue depuis l'origine, le taux moyen prévu lors de l'octroi du prêt (C. consom. art. R 313-25, al. 2). Cette disposition n'est pas applicable aux crédits à taux fixe, même assortis d'un paiement différé des intérêts entraînant des taux différents selon les périodes de remboursement, mais vise seulement les crédits à taux variable (Cass. 1e civ. 5-5-2004 n° 01-15.046 : RJDA 8-9/04 n° 1032).

> Précisions a. À la différence de l'indemnité elle-même, ces **intérêts compensatoires,** qui visent à porter la rémunération du prêteur à un montant conforme au taux d'intérêt convenu, ne constituent pas une clause pénale ; ils ne peuvent pas être **réduits par le juge** en application de l'article 1231-5 du Code civil (Cass. 1e civ. 7-10-1992 n° 90-21.272 : RJDA 2/93 n° 144 ; Cass. 1e civ. 2-12-1992 n° 90-20.712 : RJDA 2/93 n° 144 ; Cass. 1e civ. 30-3-1994 n° 92-11.759 : RJDA 1/95 n° 54).

b. Les **modalités de calcul** des intérêts compensatoires de l'indemnité ainsi dus par l'emprunteur doivent être indiquées dans l'offre préalable pour permettre à l'emprunteur « de connaître à tout instant le maximum de ce qui pourrait lui être réclamé en cas de remboursement anticipé » (Cass. 1e civ. 30-3-1994 n° 92-11.759 : RJDA 1/95 n° 54) ; à défaut, l'établissement financier n'est pas en droit de les exiger (Cass. 1e civ. 21-2-1995 n° 92-21.748 : RJDA 6/95 n° 748).

6. MODIFICATION DU CONTRAT DE PRÊT IMMOBILIER EN COURS

21215 Les modifications d'un contrat de prêt résultant d'une renégociation intervenue en cours d'exécution du prêt doivent être apportées sous la seule forme d'un **avenant** établi sur support papier ou sur un autre support durable (C. consom. art. L 313-39) et ne nécessitent donc pas une nouvelle offre préalable.

L'article L 313-39 du Code de la consommation a vocation à s'appliquer aux **modifications de prêts en cours** (Cass. 1e civ. 3-3-2011 n° 10-15.152 : Bull. civ. I n° 46), tandis que l'article L 313-27 vise seulement le cas de la modification des conditions de prêt avant l'acceptation de l'offre préalable (n° 20730).

Cet avenant doit comprendre, d'une part, un échéancier des amortissements détaillant pour chaque échéance le capital restant dû en cas de remboursement anticipé et, d'autre part, le taux annuel effectif global (TAEG) et le coût du crédit calculés sur la base des seuls échéances et frais à venir (C. consom. art. L 313-39). Le taux et la durée de la période permettant de calculer le TAEG n'ont pas à figurer dans l'avenant (Cass. 1e civ. 5-2-2020 n° 18-26.769 F-PBI : BRDA 6/20 inf. 18).

Pour les prêts à taux variable ou révisable, l'avenant doit comprendre le TAEG et le coût du crédit calculés sur la base des seuls échéances et frais à venir jusqu'à la date de la révision du taux, ainsi que les conditions et modalités de variation du taux (C. consom. art. L 313-39).

À notre connaissance, la Cour de cassation n'a pas encore eu l'occasion de se prononcer sur la **sanction** applicable en cas de non-respect de cette disposition. À notre avis, la déchéance du droit aux intérêts n'est pas encourue, car l'article L 313-39 du Code de la consommation n'est pas visé par l' article L 341-34 du même Code.

À compter de la réception de ces informations, l'emprunteur dispose d'un **délai de réflexion** de 10 jours. L'acceptation doit être donnée par lettre, le cachet de l'opérateur postal faisant foi, ou selon tout autre moyen convenu entre les parties de nature à rendre certaine la date de l'acceptation par l'emprunteur (C. consom. art. L 313-39).

SECTION 4 INCIDENCE DU CONTRAT DE PRÊT IMMOBILIER SUR LE CONTRAT PRINCIPAL

21240 Dans les développements qui précèdent, nous avons notamment signalé certains aspects de l'interdépendance instituée par la réglementation entre le contrat de crédit et le contrat principal en ce qui concerne les rapports entre l'emprunteur et l'organisme de crédit. Nous allons maintenant examiner les autres aspects de cette interdépendance, c'est-à-dire ceux concernant les **rapports entre l'emprunteur et** le **vendeur** ou le « constructeur ».

Les **dispositions** qui suivent ne sont **pas applicables** :

– aux ventes par adjudication (C. consom. art. L 313-45) car le mécanisme de la condition suspensive de l'obtention des prêts paraît difficilement compatible en pratique avec la technique de ce type de ventes ;

– à l'achat par un locataire de l'appartement qu'il occupe après division ou subdivision de l'immeuble par lots (Loi 75-1351 du 31-12-1975 art. 10), car ces dispositions particulières dérogent à la réglementation sur le crédit immobilier (Rép. Daillet : AN 11-10-1982 p. 4075 n° 18029 ; Rép. Fosset : Sén. 27-10-1982 p. 4828 n° 7172).

A. Existence du crédit immobilier

Pour assurer l'information du vendeur et permettre l'application du principe d'interdépendance, l'**acte écrit constatant** une **opération** immobilière entrant dans le champ d'application de la réglementation (nos 20010 s.) doit indiquer si le prix doit être payé directement ou indirectement, même en partie, avec ou sans l'aide d'un ou de plusieurs prêts (C. consom. art. L 313-40). **21245**

Cette obligation s'applique aux **promesses unilatérales de vente** acceptées (art. précité), étant rappelé qu'une promesse unilatérale de vente est acceptée lorsque le bénéficiaire a pris acte de l'offre qui lui est faite tout en réservant sa décision. L'acceptation de la promesse ne se confond pas avec l'acceptation de l'offre elle-même, appelée « levée d'option », qui transforme la promesse en une vente parfaite. C'est l'acceptation de la promesse qui entraîne application de la réglementation et non la levée de l'option.

Elle s'applique aussi au **contrat préliminaire** prévu à l'article L 261-15 du Code de la construction et de l'habitation (C. consom. art. L 313-40).

Lorsque l'acte indique que le **prix est payé sans l'aide de prêt,** cet acte doit porter de la main de l'acquéreur une **mention** par laquelle celui-ci reconnaît avoir été informé que, s'il recourt néanmoins à un prêt, il ne pourra se prévaloir des dispositions de la réglementation (C. consom. art. L 313-42, al. 1). **21250**

Cette mention n'est toutefois pas exigée en cas d'acte authentique (C. civ. art. 1369, al. 3 ; Cass. 3e civ. 18-3-2021 no 20-16.354 : RJDA 8-9/21 no 598) ou d'acte sous signature privée contresigné par avocat (C. civ. art. 1374, al. 3) : **en pratique,** seules les promesses unilatérales de vente passées par acte sous signature privée doivent donc contenir cette mention. Sur les conséquences du défaut de mention manuscrite voir no 21295.

> Précisions **a.** La **sincérité** de la mention est nécessaire pour écarter le bénéfice de la protection légale. Il a ainsi été jugé qu'équivalait à une absence de mention la mention non conforme et ne permettant pas de savoir si le bénéficiaire du contrat avait été ou non informé des conséquences de sa renonciation et plus particulièrement du fait que, s'il recourait néanmoins à un prêt, il ne pourrait pas se prévaloir de la réglementation sur le crédit immobilier (CA Paris 13-5-1992 : RJDA 10/92 no 948).

Par ailleurs, il a été jugé qu'était contraire à la réalité la mention manuscrite insérée dans une promesse de vente dès lors que, le jour même, l'intermédiaire ayant négocié la transaction avait établi une attestation dans laquelle il était fait état de prêts sollicités par les acquéreurs. Par suite, la promesse a été considérée comme ayant été conclue sous condition suspensive du prêt sollicité (Cass. 1e civ. 10-3-1987 no 85-15.839 : Bull. civ. I no 90).

b. Les personnes **ne sachant pas écrire** ne peuvent pas recourir à l'acte sous signature privée, mais seulement à l'acte authentique, reçu en ce cas avec l'assistance d'un second notaire ou de deux témoins, avec déclaration, à la fin de l'acte, de l'impossibilité rencontrée. Si l'emprunteur n'est **pas francophone,** la mention manuscrite apposée dans sa langue maternelle est valable dès lors qu'il est assisté d'un interprète et que la mention est conforme à la loi française (Cass. 3e civ. 18-12-2012 no 11-25.055 : RJDA 4/13 no 358). Mais doit être annulé pour erreur sur une qualité substantielle l'acte par lequel un étranger ne maîtrisant pas la langue française a renoncé au bénéfice de la réglementation en se contentant de recopier une formule sans en mesurer la portée (CA Versailles 30-10-1992).

c. En cas d'acte conclu par un **mandataire,** c'est l'acquéreur mandant qui doit, de sa main, porter la mention manuscrite dans la procuration, laquelle demeurera annexée à l'acte d'acquisition. En cas de **pluralité d'emprunteurs,** les mentions doivent être portées par chacun d'eux, même si un emprunteur représente les autres (CA Paris 15-3-1994 : RJDA 10/95 no 1129).

d. La mention manuscrite peut figurer **dans un document séparé** à la condition que l'acte constatant la vente ou la promesse de vente s'y réfère (Cass. 1e civ. 16-2-1994 : RJDA 8-9/94 no 951 ; Cass. 1e civ. 22-3-2012 no 10-25.981 : RJDA 2/13 no 101).

e. L'auteur de la mention prescrite par l'article L 313-42 ne peut pas, s'il recourt néanmoins à un prêt, se prévaloir de la **non-obtention** de celui-ci, sauf cas de fraude à la loi (Cass. 1e civ. 16-5-1995 : RJDA 3/96 no 373 ; Cass. 3e civ. 29-1-2014 no 12-28.836 : RJDA 5/14 no 471). La connaissance du vendeur, dès l'origine, de l'intention de l'acheteur de recourir à un prêt est constitutive de **fraude** (Cass. 3e civ. 29-1-2014 no 12-28.836 précité).

B. Condition suspensive de l'obtention du ou des prêts immobiliers

Lorsqu'il indique que le prix doit être payé avec l'aide d'un ou de plusieurs prêts (no 21245), le contrat constatant l'opération immobilière est réputé conclu sous la condition suspensive de l'obtention de ce ou ces prêts (C. consom. art. L 313-41, al. 1). **21260**

> Précisions **a.** De même que la validité du contrat de prêt est subordonnée à la conclusion du contrat principal (nº 20760), la validité de ce contrat est subordonnée à l'obtention du prêt. On notera toutefois que la conclusion du contrat de prêt est affectée d'une condition **résolutoire** (c'est-à-dire que le contrat est exécutoire dès sa conclusion mais que, si le contrat principal n'est pas conclu dans les délais, le contrat de prêt se trouvera résolu), alors que celle du contrat principal est affectée d'une condition **suspensive** (c'est-à-dire que ce contrat ne devient exécutoire qu'à compter de l'obtention du prêt).
b. Dans le cas de l'achat d'un **terrain destiné à la construction** d'un immeuble à usage d'habitation ou à usage professionnel et d'habitation, les pouvoirs publics considèrent que, si le financement global de l'opération peut se traduire du point de vue de la technique bancaire par deux prêts distincts, l'un finançant l'achat du terrain et l'autre la construction, l'acquisition du terrain ne doit pas être suspendue à l'obtention du prêt destiné à la construction. Toutefois, lorsque le terrain et l'immeuble à construire font l'objet d'un financement unique (ou lié par des lois particulières ou par la volonté de l'acquéreur et du vendeur), la condition suspensive de l'obtention de l'ensemble du financement nécessaire joue pour le contrat d'achat du terrain (Rép. de Gastines : AN 15-12-1980 p. 5241 nº 35196 ; Rép. Houteer : AN 2-2-1981 p. 488 nº 35927 ; Rép. Hage : AN 9-3-1981 p. 1032 nº 41335).

1. DURÉE ET CONTENU DE LA CONDITION SUSPENSIVE

21265 La **durée de validité** de cette condition suspensive ne peut être inférieure à un mois à compter de la date de la signature de l'acte ou, s'il s'agit d'un acte sous signature privée soumis à peine de nullité à la formalité de l'enregistrement (cas, par exemple, des promesses unilatérales de vente d'immeuble : C. civ. art. 1589-2), à compter de la date de l'enregistrement (C. consom. art. L 313-41, al. 1). Autrement dit, sauf convention contraire des parties prévoyant une durée plus longue, la condition est considérée comme « défaillie » et le contrat principal comme n'ayant jamais existé si l'acheteur emprunteur n'a pas obtenu ses prêts dans le mois de la signature (ou de l'enregistrement) du contrat.

Lorsque la promesse prévoit une durée de validité de la condition suspensive inférieure à un mois, la promesse n'est pas nulle et le bénéficiaire dispose du délai légal pour obtenir un financement (CA Paris 19-5-1995).

21266 Hormis la durée, les parties fixent elles-mêmes le **contenu de la condition** suspensive : par exemple, montant des prêts nécessaires, taux maximaux des prêts, conditions du crédit susceptibles d'être acceptées par l'emprunteur, etc. (Rapport AN 1015 p. 43). Mais l'absence d'indication des caractéristiques du prêt n'entraîne pas la nullité de la condition suspensive (Avis C. cass. 18-5-1998 nº 98-00.003 : RJDA 8-9/98 nº 1033).

L'article L 313-41 du Code de la consommation étant d'ordre public, il ne peut pas être imposé à l'emprunteur des **obligations** contractuelles **plus strictes** de nature à accroître les exigences résultant de ce texte (Cass. 3e civ. 18-7-1986 nº 85-12.604 : Bull. civ. III nº 126 ; Cass. 1e civ. 7-7-1993 nº 91-20.395 : RJDA 2/94 nº 186 ; Cass. 3e civ. 7-11-2007 nº 06-17.867 : RJDA 3/08 nº 321).

ILLUSTRATIONS

Est **contraire** aux dispositions de l'article L 313-41 la clause :
– prévoyant que la condition suspensive sera réputée réalisée à défaut de notification au vendeur de la décision du prêteur dans un certain délai (Cass. 1e civ. 18-7-1986 nº 85-12.604 précité ; Cass. 1e civ. 11-7-1988 nº 86-18.919 : Bull. civ. I nº 239) ;
– imposant à l'acheteur de déposer sa demande de prêt dans un délai de 10 jours (Cass. 3e civ. 12-2-2014 nº 12-27.182 : RJDA 11/14 nº 861) ;
– obligeant l'acheteur à informer le vendeur (et l'agent immobilier ou le notaire rédacteur de l'acte) de la réalisation de la condition dans un certain délai à compter de celle-ci (Cass. 3e civ. 7-11-2007 nº 06-17.867 précité).

En revanche **n'ajoute rien aux exigences légales** la clause :
– prévoyant la déchéance du bénéfice de la condition suspensive en cas de non-présentation de la demande de prêt dans un délai d'un mois (Cass. 1e civ. 4-6-1996 nº 94-12.418 : RJDA 3/97 nº 388) ;
– précisant que la condition est réalisée dès l'acceptation par l'acquéreur de l'offre préalable de prêt, cette offre devant intervenir dans le délai d'un mois et l'acceptation entre le dixième et le quinzième jour après réception de l'offre (Cass. 3e civ. 30-4-1997 nº 95-15.452 : RJDA 7/97 nº 922) ;
– imposant à l'acquéreur de justifier du refus du prêt au moyen d'une lettre de la banque (Cass. 1e civ. 7-1-1997 nº 94-16.868 : RJDA 7/97 nº 923).

2. RÉALISATION DE LA CONDITION SUSPENSIVE

OBTENTION DU PRÊT

21270 La condition est réalisée et l'opération immobilière conclue à compter de l'obtention du prêt (C. consom. art. L 313-41). La Cour de cassation a précisé que constitue l'« **obtention** » visée par la loi la présentation par un organisme de crédit d'une offre régulière de prêt conforme aux caractéristiques prévues dans l'acte constatant l'opération immobilière (Cass. 1e civ. 9-12-1992 nº 91-12.498 : RJDA 3/93 nº 239, 2e esp. ; Cass. 1e civ. 16-2-1994 : Contrats conc. consom. 1994 comm. nº 88 note G. Raymond).

L'**offre** doit être **ferme et sans réserve** (Cass. 3e civ. 7-11-2007 nº 06-17.413 : RJDA 3/08 nº 245 ; Cass. 3e civ. 7-11-2007 nº 06-19.148 : BRDA 23/07 inf. 29).

ILLUSTRATIONS

Constitue une **offre ferme** le courrier électronique par lequel une banque indique son intention d'accorder un prêt conforme au montant et conditions prévus à la promesse et une lettre ultérieure par laquelle la banque notifie son accord sur ce prêt (Cass. 3e civ. 7-11-2007 nº 06-11.750 : RJDA 3/08 nº 244). Emporte aussi réalisation de la condition la production par l'emprunteur d'une lettre de la banque l'informant de l'octroi du crédit, la formule d'usage « sous réserve de prise de garanties et des assurances » ne rendant pas cet accord conditionnel et ne portant pas atteinte à son caractère ferme (Cass. 1e civ. 14-1-2010 nº 08-21.520 : RJDA 7/10 nº 779 ; Cass. 3e civ. 23-6-2010 nº 09-15.963 : RJDA 11/10 nº 1100).

En revanche, **ne constituent pas une offre de prêt** :

– une attestation par laquelle une banque donne un accord de principe à l'acquéreur pour un prêt d'un montant déterminé (Cass. 3e civ. 7-11-2007 nº 06-17.413 précité ; Cass. 1e civ. 16-10-2013 nº 12-24.509 : RJDA 2/14 nº 94) ;

– la notification d'accord de prêt dont la mise en place est subordonnée à la réalisation des formalités contractuelles et à la prise de garanties stipulées dans l'offre de prêt à venir (Cass. 3e civ. 7-11-2007 nº 06-19.148 précité ; en sens contraire à propos des garanties, Cass. 1e civ. 14-1-2010 nº 08-21.520 précité).

En principe, il n'est pas nécessaire que l'**offre de prêt** soit **conforme** à la **réglementation** sur le crédit immobilier pour que le prêt soit considéré comme obtenu. La notification par la banque de l'octroi du prêt dans le délai de la condition suffit, peu important que l'offre de prêt soit formalisée après (Cass. 3e civ. 24-9-2003 nº 02-11.815 : RJDA 1/04 nº 89). En effet, les exigences formelles posées par le Code de la consommation en matière d'offre de prêt immobilier ne sont édictées que dans un souci de protection de l'emprunteur (Cass. 3e civ. 7-11-2007 nº 06-11.750 précité). Toutefois, si les parties à la promesse de vente ont pris soin de préciser les circonstances de la réalisation de la condition en se référant expressément au Code de la consommation, l'acheteur est tenu d'obtenir une offre de prêt remise par écrit par l'établissement prêteur (Cass. 3e civ. 7-11-2007 nº 06-17.589 : BRDA 23/07 inf. 29). Dans ce cas, un courrier manuscrit de la banque attestant que le prêt demandé est accordé mais que les offres sont en cours d'édition ne constitue pas une offre de prêt (Cass. 3e civ. 7-11-2007 nº 06-17.589 précité). **21272**

Si le contrat principal ne contient aucune indication ou des indications imprécises sur les caractéristiques du financement, la condition suspensive d'obtention du prêt est subordonnée à l'acceptation effective de l'offre préalable (Rép. Migaud : AN 31-10-1994 p. 5428).

Une fois le prêt « obtenu », la condition est alors réalisée même si l'**emprunteur décline l'offre** faite par l'établissement de crédit (Cass. 1e civ. 2-6-1993 nº 91-10.578 : Bull. civ. I nº 198 ; Cass. 1e civ. 4-4-1995 nº 93-11.316 : RJDA 6/95 nº 749) ou s'il ne justifie pas avoir accompli toutes les démarches nécessaires pour obtenir le prêt (Cass. 3e civ. 23-5-1995 nº 93-11.486 : RJDA 8-9/95 nº 1011).

> Précisions Dans un cas où une personne avait **sollicité deux prêts,** l'un pour l'achat d'un immeuble, l'autre pour les travaux d'amélioration de celui-ci, et où seul le premier prêt avait été accordé, jugé que l'emprunteur ne pouvait pas prétendre renoncer à l'ensemble de l'opération pour cause de non-réalisation de la condition dès lors que la vente de l'immeuble était parfaite depuis l'obtention du premier prêt (Cass. 1e civ. 21-2-1989 nº 87-15.355 : Bull. civ. I nº 91). En effet, l'acte dont l'article L 313-41 subordonne la validité à l'obtention d'un prêt est celui en vue duquel ce prêt a été demandé. La non-obtention du second crédit était donc sans influence sur la vente de l'immeuble, à moins que celle-ci n'ait été conventionnellement subordonnée à l'acceptation de crédits ultérieurs destinés à des améliorations, ce qui n'était pas le cas en l'espèce.

EMPRUNTEUR AYANT EMPÊCHÉ LA RÉALISATION DE LA CONDITION

La condition suspensive est réputée accomplie lorsque c'est le **débiteur,** obligé sous cette condition, qui en a **empêché l'accomplissement** (C. civ. art. 1304-3). **21275**

Il incombe à l'emprunteur de prouver qu'il a sollicité un prêt conforme aux caractéristiques définies dans la promesse, faute de quoi la condition est réputée accomplie (Cass. 3e civ. 13-1-1999 nº 97-14.349 : RJDA 3/99 nº 254 ; Cass. 1e civ. 7-5-2002 nº 99-17.520 : RJDA 10/02 nº 976 ; Cass. 3e civ. 30-1-2008 nº 06-21.117 : RJDA 7/08 nº 775), mais pas de prouver que le défaut d'obtention du prêt ne lui est pas imputable (Cass. 3e civ. 26-5-2010 nº 09-15.317 : RJDA 11/10 nº 1052). C'est en effet le créancier de l'obligation sous condition suspensive qui doit prouver que l'emprunteur a empêché la réalisation de celle-ci (Cass. 3e civ. 24-3-2004 nº 02-15.689 : RJDA 7/04 nº 795 ; Cass. 3e civ. 26-5-2010 nº 09-15.317 précité ; Cass. 3e civ. 6-10-2010 nº 09-69.914 : RJDA 2/11 nº 121).

ILLUSTRATIONS

La **condition** est **réputée accomplie** lorsque l'acquéreur :

– s'abstient de déposer le dossier de demande de prêt auprès des organismes de crédit (Cass. 3e civ. 11-1-1989 : BRDA 7/89 p. 6) ou ne le dépose pas en temps utile (Cass. 1re civ. 19-6-1990 n° 88-16.196 : Bull. civ. I n° 175, au cas d'espèce, l'emprunteur s'était borné à solliciter un crédit auprès d'une banque le jour de l'expiration de la promesse) ou le dépose en sachant que sa demande serait vouée à l'échec faute d'avoir notamment indiqué une partie de ses revenus et le « rapport charges/ressources » (Cass. 1re civ. 25-10-1994 n° 92-11.400 : RJDA 2/95 n° 179) ;

– présente une demande dans une seule banque alors que la promesse prévoit l'obligation de rechercher éventuellement plusieurs prêts auprès de tout organisme bancaire de son choix (CA Versailles 19-10-2001 : RJDA 3/02 n° 237) ;

– retire les pièces déposées à l'appui de sa demande sans attendre la décision de l'organisme de crédit (Cass. 3e civ. 4-2-1987 : JCP N 1988 II p. 142) ;

– renonce à l'opération, faute d'avoir obtenu un prêt complémentaire, avant que le vendeur n'ait terminé les recherches qu'il s'était engagé à effectuer en vue de trouver un financement aux mêmes conditions (Cass. 1re civ. 6-1-1993 : Bull. civ. I n° 3) ;

– sollicite un prêt non conforme aux caractéristiques de la promesse (Cass. 1re civ. 7-5-2002 : RJDA 10/02 n° 976 ; Cass. 3e civ. 30-3-2004 n° 02-11.688 : RJDA 8-9/04 n° 941), par exemple d'un montant plus élevé que celui prévu dans la condition suspensive (Cass. 3e civ. 24-6-1998 : RJDA 10/98 n° 1072 ; Cass. 3e civ. 11-1-2005 n° 03-18.266 : RJDA 5/05 n° 518 ; Cass. 3e civ. 16-1-2013 n° 11-26.557 : RJDA 5/13 n° 393, 1re esp.) ou à un taux légèrement inférieur au taux prévu (Cass. 3e civ. 20-11-2013 n° 12-29.021 : RJDA 2/14 n° 93 ; Cass. 3e civ. 17-10-2019 n° 17-21.859) ;

– effectue une demande de prêt à titre personnel qu'il sait vouée à l'échec, alors que la banque s'était engagée à accepter une demande au nom d'une SCI constituée avec des tiers (Cass. 3e civ. 12-2-2013 n° 12-13.760 : RJDA 5/13 n° 393, 2e esp) ou fait une demande au nom d'une SCI en cours de constitution et pas en son nom comme le prévoyait le contrat (Cass. 3e civ. 27-2-2013 n° 12-13.796 : RJDA 6/13 n° 497).

En revanche, **n'empêche pas l'accomplissement de la condition** l'acquéreur qui :

– ne peut obtenir de prêt en raison de l'insuffisance de ses ressources (CA Paris 19-11-1986 : Gaz. Pal. 1987 som. p. 143 ; CA Paris 18-12-1987 : D. 1988 p. 237 concl. Paire), même si la demande de prêt n'était pas exactement conforme à ce que prévoyait l'acte de vente (Cass. 3e civ. 12-9-2007 n° 06-15.640 : RJDA 1/08 n° 20, au cas d'espèce, l'emprunteur avait demandé un prêt sur 12 ans au lieu de 15 mais les calculs de la banque démontraient qu'en tout état de cause le prêt aurait été refusé faute de capacités financières suffisantes) ;

– se voit refuser un prêt du fait de la loi en vigueur interdisant l'octroi d'un prêt au titre de l'épargne-logement pour l'achat d'une résidence secondaire (CA Paris 25-11-1992 n° 91-18990) ;

– refuse de satisfaire à des conditions exorbitantes imposées par la banque (CA Aix-en-Provence 6-10-1987 : RTD civ. 1988 p. 544 obs. J. Mestre) ;

– présente une seule demande d'emprunt conforme aux caractéristiques prévues dans la promesse (Cass. 3e civ. 8-12-1999 : RJDA 2/00 n° 140 ; dans le même sens, Cass. com. 2-11-2011 n° 10-25.638 : RJDA 2/12 n° 120), sauf si la promesse lui impose de contacter plusieurs établissements (CA Versailles 19-10-2001 : RJDA 3/02 n° 237) ;

– demande à la banque, le dernier jour du délai accordé pour la réalisation de la condition suspensive, une modification du plan initial de financement dès lors que cette demande, destinée à pallier l'insuffisance de son financement personnel, manifeste sa volonté de réaliser la vente et ne correspond pas à une attitude déloyale de sa part (CA Rouen 30-10-1996 : RJDA 7/97 n° 924) ;

– demande et obtient un prêt inférieur au montant maximal prévu dans la promesse de vente (Cass. 3e civ. 14-1-2021 n° 20-11.224 F-P : BPIM 2/21 inf. 135) ou encore demande un prêt conforme au maximum prévu par la promesse mais obtient un prêt inférieur qu'il refuse (Cass. 3e civ. 14-12-2022 n° 21-24.539 FS-B : RJDA 3/23 n° 135) ;

– sollicite un prêt treize jours avant la date d'échéance de la condition (Cass. 3e civ. 7-11-2007 n° 06-14.227 : BRDA 23/07 inf. 29 ; dans le même sens, Cass. 3e civ. 17-3-2004 n° 02-17.984 : RJDA 10/04 n° 1106) ou, en l'absence de toute stipulation contractuelle, effectue une demande de prêt supérieure au prix de vente (Cass. 3e civ. 14-3-2007 n° 06-11.152 : RJDA 7/07 n° 770), dès lors qu'il n'est pas établi que le retard mis par l'acquéreur dans la constitution de sa demande ou le montant sollicité est à l'origine du refus de la banque ;

– s'adresse à un courtier en prêts immobiliers, dès lors qu'une banque avait opposé un refus (Cass. 3e civ. 12-2-2014 n° 12-27.182 : RJDA 11/14 n° 861).

EFFETS DE LA RÉALISATION DE LA CONDITION

21280 Une fois la condition suspensive réalisée, le **contrat principal** est conclu. L'emprunteur ne peut pas y renoncer sauf à perdre l'indemnité d'immobilisation ou l'acompte qu'il aurait éventuellement versé.

21281 Le fait que le **prix de vente** du logement soit **révisable** ne modifie pas les modalités de réalisation de la condition suspensive. Il suffit que le notaire constate que le ou les prêts visés au contrat ont bien été obtenus. Si le prix de vente effectif, après révision, ne peut être couvert dans la proportion prévue à l'origine par les emprunts déjà obtenus, l'acquéreur doit faire son affaire du complément de financement nécessaire ou renoncer à son acquisition en perdant éventuellement l'indemnité d'immobilisation qu'il a versée (Rép. Briane : AN 8-3-1982 p. 950 n° 5601).

3. NON-RÉALISATION DE LA CONDITION SUSPENSIVE

Si le prêt n'est pas obtenu dans le délai fixé au contrat principal pour la durée de la condition suspensive, le contrat principal n'est pas conclu. **21285**

Sauf stipulation contraire, le fait pour le bénéficiaire d'une promesse de vente sous condition suspensive de l'obtention d'un prêt de **ne pas informer** le promettant **du refus de la demande de prêt** avant l'expiration du délai de validité de la promesse ne constitue pas, à lui seul, une faute contractuelle justifiant le versement de dommages-intérêts au promettant pour l'immobilisation du bien (Cass. 3e civ. 11-5-2006 n° 05-12.629 : RJDA 11/06 n° 1120).

> **Précisions** Selon le ministre de la justice, la **non-obtention** d'un **prêt,** même **inférieur** ou égal **à 10 % du crédit total,** suffit à faire défaillir la condition suspensive et le contrat de vente est censé n'avoir jamais été conclu. Dès lors, par application de l'article L 313-36 du Code de la consommation, se trouve accomplie la condition résolutoire qui a pour effet de rendre caduques toutes les autres offres de prêt acceptées (Rép. Briane : AN 13-4-1981 p. 1679 n° 40844). Cette interprétation nous semble discutable dans la mesure où elle prive d'effet la dérogation prévue à l'article L 313-37 qui exclut de l'interdépendance des prêts les crédits n'excédant pas 10 % du crédit total (n° 20765).

Si le prêt n'est pas obtenu dans le délai fixé au contrat pour la durée de la condition suspensive, toute **somme versée d'avance** par l'acquéreur au vendeur (ou constructeur), ou pour son compte, doit être immédiatement et intégralement remboursée sans retenue ni indemnité à quelque titre que ce soit (C. consom. art. L 313-41, al. 2). **21290**

À compter du 15e jour suivant la demande de remboursement, cette somme est productive d'**intérêts** au taux légal majoré de moitié (C. consom. art. L 341-35), soit 9,975 % au 2e semestre 2025. Cette majoration n'est applicable qu'en cas de non-réalisation de la condition suspensive et non lorsque le vendeur est tenu de restituer la somme en raison de l'annulation de la vente (Cass. 3e civ. 20-3-2002 n° 00-17.637 : RJDA 7/02 n° 751).

Le vendeur qui ne restituerait pas ces sommes s'exposerait à une amende de 300 000 € (C. consom. art. L 341-43) et à des peines complémentaires (C. consom. art. L 341-44).

> **Précisions** **a.** Depuis que ce mécanisme de protection s'applique au **contrat de réservation** qui précède la vente d'immeuble à construire (n° 21245), l'acheteur qui n'a pas obtenu son financement peut réclamer la restitution du dépôt de garantie versé lors de la réservation alors que cela ne lui était pas permis sous le précédent régime (Cass. 3e civ. 20-12-1994 n° 92-18.794 : RJDA 3/95 n° 317 ; Cass. 3e civ. 6-2-2002 n° 00-12.675 : RJDA 10/02 n° 1003).
> **b.** L'acquéreur qui se prévaut de l'article L 313-41, al. 2 est tenu d'établir l'existence d'une **demande de prêt n'ayant pas abouti.** À défaut, le vendeur n'est pas obligé de restituer les sommes perçues d'avance (CA Rouen 22-4-1986 : BRDA 22/86 p. 7 ; Cass. 1e civ. 9-2-1999 n° 97-10.195 : D. aff. 156/1999 p. 587). Toutefois, il ne peut s'en prévaloir que s'il n'a pas empêché l'accomplissement de la condition (Cass. 1e civ. 25-10-1994 n° 92-11.400 : RJDA 2/95 n° 179 ; sur l'appréciation du comportement de l'acquéreur, voir n° 21275).
> **c.** Lorsque les parties ne sont pas convenues d'un **autre mode de financement** susceptible de se substituer au prêt refusé, les sommes versées d'avance doivent être restituées à l'acquéreur quand bien même le vendeur lui offrirait de remplacer à des conditions identiques le prêteur défaillant (Cass. 3e civ. 9-11-1988 n° 87-10.586 : Bull. civ. III n° 159).

Par ailleurs, les **agents immobiliers** ne peuvent réclamer aucun bien, effet, valeur ou somme d'argent, représentatifs de commissions, de frais de recherche, de démarche ou d'entremise quelconques tant que la condition suspensive n'est pas réalisée (nos 91385 s.). **21291**

4. CAS PARTICULIER : DÉFAUT DE MENTION EXPRESSE DE RECOURS AU CRÉDIT IMMOBILIER

En l'absence de mention relative à un recours au crédit, ou si la mention par laquelle l'acquéreur qui ne recourt pas à un prêt reconnaît avoir été informé des dispositions de la loi n'est pas de la main de celui-ci (n° 21245) et si un prêt est néanmoins demandé, le contrat est considéré comme conclu sous la condition suspensive visée ci-dessus n° 21260 (C. consom. art. L 313-42, al. 2). Il s'ensuit notamment qu'en cas de non-obtention du prêt sollicité le contrat principal sera résolu rétroactivement (Cass. 1e civ. 16-2-1994 n° 91-17.270 : RJDA 8-9/94 n° 951). **21295**

Toutefois, pour les **dépenses de réparation, d'amélioration ou d'entretien** d'immeubles à usage d'habitation ou à usage professionnel et d'habitation, lorsque le crédit est garanti par une hypothèque ou par une autre sûreté comparable (n° 20020), c'est la solution inverse qui est retenue : en l'absence de contrat signé des deux parties (ce qui est fréquemment le cas pour les contrats d'entreprise), la condition suspensive de l'obtention des prêts ne joue que si le maître de l'ouvrage indique dans un avis donné par écrit avant tout commencement d'exécution des travaux qu'il entend en payer le prix directement ou indirectement, même en partie, avec l'aide d'un ou de plusieurs prêts (C. consom. art. L 313-43).

> Précisions a. La loi ne faisant aucune distinction selon la **date** de la **demande de prêt** par rapport à celle du contrat, le refus d'un prêt sollicité avant la signature de l'acte de vente entraîne la restitution à l'acquéreur de l'acompte versé (Cass. 3e civ. 24-6-1987 n° 86-11.545 : Bull. civ. III n° 132). Il en va de même lorsque le prêt est demandé après la signature de l'acte (Cass. 1e civ. 3-7-1990 n° 88-19.517 : Bull. civ. I n° 190).
b. La **preuve de la demande** de prêt peut être apportée par tous moyens (Cass. 3e civ. 10-12-1986 n° 85-16.144 : Bull. civ. III n° 181, en l'espèce des attestations délivrées par les organismes bancaires ont été jugées satisfaisantes).

C. Commission des vendeurs

21297 Tout vendeur personne physique, salarié ou non d'un prêteur, ne peut, en aucun cas, être **rémunéré** en fonction du **taux du crédit** ou du **type de crédit** qu'il a fait contracter (C. consom. art. L 314-23, al. 3).
Les infractions à cette disposition sont punies d'une amende de 30 000 € au plus (C. consom. art. L 341-52).
Cette amende est applicable à ceux qui rémunèrent ou font rémunérer le vendeur.

SECTION 5 PROTECTION DES CAUTIONS

21300 Le prêteur exige parfois comme garantie une sûreté personnelle sous forme d'un cautionnement donné par un tiers, personne physique, le plus souvent un membre de la famille ou un proche.
Auparavant, le **Code de la consommation** prévoyait un certain nombre de dispositions assurant la protection des personnes cautionnant le remboursement d'un crédit. Ces dispositions ont été **abrogées** par l'ordonnance du 15 septembre 2021 portant réforme du droit des sûretés (Ord. 2021-1192 du 15-9-2021 art. 32). Les cautionnements conclus **jusqu'au 31 décembre 2021** restent toutefois soumis à la loi ancienne, sauf exception (Ord. 2021-1192 du 15-9-2021 art. 37, II et III).
Les nouvelles règles protectrices sont intégrées au **Code civil** et s'appliquent aux cautionnements conclus **depuis le 1er janvier 2022** (Ord. 2021-1192 du 15-9-2021 art. 37, I).

A. Dispositions applicables aux cautionnements conclus depuis le 1er janvier 2022

MENTIONS APPOSÉES PAR LA CAUTION

21303 Le Code civil unifie et simplifie les règles relatives aux mentions devant être apposées par la caution, personne physique. Il n'est ainsi **plus exigé** la reproduction par la caution de mentions conformes à un **modèle légal impératif,** source d'un important contentieux (voir n° 21348).
En cas de contestation, il appartient au juge d'**apprécier** le caractère suffisant des mentions et d'indiquer les rédactions acceptables et celles qui ne le sont pas.
Comme auparavant, de telles mentions ne sont pas obligatoires pour les cautionnements souscrits par les personnes morales ni pour ceux consentis par acte notarié ou par acte sous signature privée contresigné par un avocat (C. civ. art. 1369, al. 3, et art. 1374, al. 3).

21306 « À peine de nullité de son engagement, la caution personne physique appose elle-même la mention qu'elle s'engage en qualité de caution à payer au créancier ce que lui doit le débiteur en cas de défaillance de celui-ci, dans la limite d'un montant en principal et accessoires exprimé en toutes lettres et en chiffres. En cas de différence, le cautionnement vaut pour la somme écrite en toutes lettres » (C. civ. art. 2297, al. 1).

Le montant de l'engagement de la caution doit donc être indiqué à la fois **en chiffres et en lettres,** ce qui n'était pas auparavant exigé dans les modèles imposés par le Code de la consommation (Cass. com. 18-1-2017 n° 14-26.604 F-PB : RJDA 3/17n° 206).

Cette mention n'énumère pas les **accessoires** de la dette qui sont couverts par le cautionnement. Cela est sans incidence sur les droits du créancier puisque, sauf clause contraire, le cautionnement s'étend aux intérêts et autres accessoires, ainsi qu'aux frais de la première demande, et à tous ceux postérieurs à la dénonciation faite à la caution (C. civ. art. 2295).

La caution n'est pas tenue de mentionner la **durée** de son engagement alors que cette indication était auparavant requise par le Code de la consommation (voir n° 21342).

Protégeant l'intérêt privé de la caution, la **nullité** prévue par l'article 2297 est, à notre avis, relative (C. civ. art. 1179). Le cautionnement irrégulier peut donc être confirmé par la caution, par exemple par son exécution volontaire, comme cela a été admis en cas d'irrégularité de la mention prescrite par le Code de la consommation pour le cautionnement d'un crédit à un consommateur (Cass. com. 5-2-2013 n° 12-11.720 FS-PB : RJDA 5/13 n° 452).

La mention requise par l'article 2297 du Code civil ne doit pas nécessairement être **manuscrite,** l'ordonnance du 15 septembre 2021 permettant de conclure par voie **électronique** l'ensemble des sûretés depuis le 1er janvier 2022 (C. civ. art. 1175). **21309**

La caution ne peut toutefois apposer la mention sous format électronique que si les conditions de cette apposition sont de nature à garantir qu'elle n'est effectuée que par la caution elle-même (C. civ. art. 1174).

Une mention spécifique est prévue en cas de renonciation au **bénéfice de discussion** (C. civ. art. 2305) ou de **division** (C. civ. art. 2306) : « Si la caution est privée des bénéfices de discussion ou de division, elle reconnaît dans cette mention ne pouvoir exiger du créancier qu'il poursuive d'abord le débiteur ou qu'il divise ses poursuites entre les cautions. À défaut, elle conserve le droit de se prévaloir de ces bénéfices » (C. civ. art. 2297, al. 2). **21312**

Le législateur consacre ainsi la solution dégagée par la Cour de cassation sous l'empire des dispositions antérieures à l'ordonnance du 15 septembre 2021 (Cass. com. 8-3-2011 n° 10-10.699 : RJDA 5/11 n° 466 : voir n° 21348) : le défaut de mention relative au caractère solidaire de la caution ne rend pas nul l'acte de **cautionnement,** mais **simple.**

EXIGENCE DE PROPORTIONNALITÉ DU CAUTIONNEMENT

L'ordonnance du 15 septembre 2021 unifie les dispositions relatives à l'exigence de proportionnalité du cautionnement qui étaient auparavant dispersées dans le Code de la consommation. **21315**

Elle leur substitue une disposition unique intégrée dans le Code civil : « Si le cautionnement souscrit par une personne physique envers un créancier professionnel était, lors de sa conclusion, **manifestement disproportionné** aux revenus et au patrimoine de la caution, il est réduit au montant à hauteur duquel elle pouvait s'engager à cette date » (C. civ. art. 2300).

Le créancier ne peut plus, pour échapper à toute sanction, établir que la caution était en mesure de faire face à son obligation « au moment où celle-ci est appelée », comme le prévoyait antérieurement le Code de la consommation (voir n° 21351). Il suffit désormais qu'un cautionnement soit disproportionné au **jour** de sa souscription pour que la sanction soit encourue, quand bien même l'engagement serait devenu supportable au moment où le cautionnement est mis en œuvre.

Sous l'empire du droit antérieur, le Code de la consommation prévoyait, à titre de **sanction,** la décharge totale de la caution (voir n° 21357). Une sanction moins sévère pour le prêteur lui est substituée : la réduction du cautionnement au montant à hauteur duquel la caution pouvait s'engager à la date où elle s'est engagée. **21318**

OBLIGATION DE MISE EN GARDE DE LA CAUTION

Avant l'entrée en vigueur de la réforme du droit des sûretés, la **jurisprudence** faisait peser sur les établissements de crédit l'obligation de mettre en garde la caution : **21321**

- si l'engagement de celle-ci était, lors de sa conclusion, inadapté à ses capacités financières ;
- et s'il existait un risque d'endettement né de l'opération garantie, risque résultant de l'inadaptation du contrat aux capacités financières de l'emprunteur (Cass. com. 15-11-2017 n° 16-16.790 : RJDA 3/18 n° 270).

L'établissement était tenu d'une telle obligation envers la caution non avertie mais en était, sauf exception, dispensé à l'égard des cautions averties (voir par exemple Cass. com. 31-5-2016 n° 15-12.354).

21323 L'ordonnance du 15 septembre 2021 **codifie partiellement** cette jurisprudence : « Le créancier professionnel est tenu de mettre en garde la caution personne physique lorsque l'engagement du débiteur principal est inadapté aux capacités financières de ce dernier » (C. civ. art. 2299, al. 1).

Le nouveau texte ne reprend pas l'obligation de mettre en garde la caution sur l'inadaptation du cautionnement à ses propres capacités financières. En effet, cette question relève désormais de l'interdiction faite au créancier de se prévaloir d'un cautionnement disproportionné (voir n° 21315).

La nouvelle obligation légale profite à toutes les cautions personnes physiques, quelles que soient leurs compétences et expériences, autrement dit, qu'elles soient **averties ou profanes.**

21327 Sous l'empire du droit antérieur, le créancier qui manquait à son devoir de mise en garde engageait sa responsabilité contractuelle à l'égard de la caution pour lui avoir fait perdre la chance de ne pas s'engager (Cass. com. 20-10-2009 n° 08-20.274 FS-PB : RJDA 1/10 n° 68).

L'ordonnance substitue une **déchéance** à cette action en responsabilité : le créancier est déchu de son droit contre la caution à hauteur du préjudice subi par celle-ci (C. civ. art. 2299, al. 2).

INFORMATION DE LA CAUTION

21330 L'ordonnance du 15 septembre 2021 unifie le régime de l'information que le créancier doit communiquer à la caution sur l'évolution de la dette et les éventuels défauts de paiement du débiteur principal. Les nouvelles dispositions s'appliquent à **tous les cautionnements** quelle que soit la date à laquelle ils ont été consentis (Ord. 2021-1192 du 15-9-2021 art. 37, III).

21333 **Information annuelle de la caution sur l'évolution de la dette garantie**
Selon l'article 2302 du Code civil : « Le créancier professionnel est tenu, **avant le 31 mars de chaque année** et à ses frais, de faire connaître à toute caution personne physique le montant du principal de la dette, des intérêts et autres accessoires restant dus au 31 décembre de l'année précédente au titre de l'obligation garantie, sous peine de déchéance de la garantie des intérêts et pénalités échus depuis la date de la précédente information et jusqu'à celle de la communication de la nouvelle information. Dans les rapports entre le créancier et la caution, les paiements effectués par le débiteur pendant cette période sont imputés prioritairement sur le principal de la dette.

Le créancier professionnel est tenu, à ses frais et sous la même sanction, de rappeler à la caution personne physique le **terme de son engagement** ou, si le cautionnement est à durée indéterminée, sa **faculté de résiliation** à tout moment et les conditions dans lesquelles celle-ci peut être exercée ».

L'article 2302 précisant que les **frais** incombent au créancier, il est interdit à ce dernier de les répercuter non seulement sur la caution mais aussi sur le débiteur principal (Rapport au Président de la République relatif à ord. 2021-1192 du 15-9-2021).

21336 **Information de la caution sur les incidents de paiement du débiteur** Aux termes de l'article 2303 du Code civil : « Le créancier professionnel est tenu d'informer toute caution personne physique de la défaillance du débiteur principal **dès le premier incident de paiement** non régularisé dans le mois de l'exigibilité de ce paiement, à peine de déchéance de la garantie des intérêts et pénalités échus entre la date de cet incident et celle à laquelle elle en a été informée.

Dans les rapports entre le créancier et la caution, les paiements effectués par le débiteur pendant cette période sont imputés prioritairement sur le principal de la dette ».

Cette dernière précision sur l'**imputation des paiements** ne figurait pas dans les textes anciens. À cet égard, le régime de l'information annuelle et de celle sur les incidents de paiement est harmonisé.

En revanche, l'article 2303 ne précise pas si les **frais** de cette dernière information sont à la charge du créancier, contrairement à ce qu'indique l'article 2302 pour l'information annuelle.

B. Dispositions applicables aux cautionnements conclus jusqu'au 31 décembre 2021

21338 Les cautionnements conclus avant le 1er janvier 2022 restent soumis à la **loi ancienne,** y compris « pour leurs effets légaux et pour les dispositions d'ordre public » (Ord. 2021-1192 du 15-9-2021 art. 37, II).

Il est toutefois **dérogé** à ce principe pour les dispositions relatives à l'**information** de la caution par le créancier qui s'appliquent depuis le 1er janvier 2022 même aux cautionnements consentis avant cette date (voir nos 21330 s.).

Sur l'obligation de **mise en garde** de la caution avant l'entrée en vigueur de la réforme du droit des sûretés : voir n° 21321 et 21327.

MENTIONS MANUSCRITES

Pour les cautionnements souscrits avant le 1er janvier 2022, le Code de la consommation subordonne la validité du cautionnement garantissant un crédit immobilier à des mentions particulières qui ont pour **objet** d'informer la caution, personne physique, de la portée et de l'étendue de son engagement. 21339

Ces **mentions** doivent en principe être **manuscrites.** La faculté de recourir à un écrit électronique est en effet exclue pour les cautionnements conclus avant le 1er janvier 2022, qu'ils soient de nature civile ou commerciale, sauf s'ils sont passés par une personne pour les besoins de sa profession (C. civ. art. 1175 dans sa version en vigueur avant le 1-1-2022).

Ces mentions sont également requises pour la validité du **mandat** sous signature privée **de se porter caution** d'une opération relevant de la réglementation sur le crédit immobilier (Cass. 1e civ. 8-12-2009 n° 08-17.531 : RJDA 3/10 n° 287).

En revanche, elles ne le sont pas :

– si le cautionnement est donné par une personne morale (C. consom. art. L 314-15 et L 314-16 dans leur version en vigueur avant le 1-1-2022) ;

– si le cautionnement a été donné par une personne physique par acte authentique (C. consom. art. L 314-15 ; C. civ. art. 1369) ou par acte sous signature privée contresigné par avocat (C. civ. art. 1374).

Toute personne qui, par acte sous signature privée, s'est portée caution de l'emprunteur avant le 1er janvier 2022 doit, à peine de nullité de son engagement, faire précéder sa signature de la mention manuscrite suivante et **uniquement** de **celle-ci** : « En me portant caution de X... dans la limite de la somme de... couvrant le paiement du principal, des intérêts et, le cas échéant, des pénalités ou intérêts de retard et pour la durée de..., je m'engage à rembourser au prêteur les sommes dues sur mes revenus et mes biens si X... n'y satisfait pas lui-même » (C. consom. art. L 314-15 et L 341-51-1 dans leur version en vigueur avant le 1-1-2022). 21342

Cette mention énonce un **plafond** chiffré que la dette réclamée à la caution ne peut en aucun cas dépasser, en principal, intérêts ou pénalités de retard (Cass. 1e civ. 7-7-1998 n° 96-16.161 : RJDA 10/98 n° 1147).

Toute personne physique qui s'est portée **caution solidaire** avant le 1er janvier 2022 doit, à peine de nullité de son engagement, faire précéder sa signature de la mention manuscrite suivante : « En **renonçant au bénéfice de discussion** défini à l'article 2298 du Code civil et en m'obligeant solidairement avec X..., je m'engage à rembourser le créancier sans pouvoir exiger qu'il poursuive préalablement X... » (C. consom. art. L 314-16 et L 341-51-1 dans leur version en vigueur avant le 1-1-2022). 21345

La validité du cautionnement solidaire est également subordonnée à la mention concernant le **montant de l'engagement** (n° 21342).

L'article L 341-51-1 du Code de la consommation dans sa version en vigueur avant le 1er janvier 2022 précise que la mention est exigée de la caution « à peine de nullité de l'engagement ». Si, en application de l'ancien article L 314-15 (mention de la portée de l'engagement), la nullité du cautionnement en son entier ne fait guère de doute, la question de l'étendue de la nullité se pose en cas d'**irrégularité de la mention de la solidarité** (C. consom. art. L 314-16 dans sa version en vigueur avant le 1-1-2022). 21348

Sur le fondement des anciens articles L 331-1 et L 331-2 du Code de la consommation (qui prévoient des dispositions identiques à celles des articles L 314-15 et L 314-16 pour les cautionnements consentis à un créancier professionnel), la Cour de cassation a estimé que, si la mention de la solidarité n'est pas conforme aux exigences de la loi, le cautionnement n'est pas nul mais vaut comme cautionnement simple dès lors que la mention relative à la portée de l'engagement est conforme (Cass. com. 8-3-2011 n° 10-10.699 : RJDA 5/11 n° 466 ; Cass. com. 10-5-2012 n° 11-17.671 : RJDA 8-9/12 n° 800 ; Cass. com. 16-10-2013 n° 12-17.858 : RJDA 2/14 n° 168). La nullité ne vise donc que la clause de solidarité irrégulière, sauf en cas de cumul avec une irrégularité affectant la mention relative à la portée du cautionnement. La solution est, à notre avis, transposable aux anciens articles L 314-15 et L 314-16.

Si les mentions n'ont pas été apposées sur le **mandat sous signature privée** de se porter caution (n° 21339), l'irrégularité qui entache le mandat s'étend au cautionnement subséquent donné sous la forme authentique (Cass. 1e civ. 8-12-2009 n° 08-17.531 : RJDA 3/10 n° 287).

La **nullité** prévue par l'ancien article L 341-51-1 est **relative,** de sorte que le cautionnement irrégulier peut être confirmé par la caution, par exemple par son exécution volontaire (Cass. com. 5-2-2013 n° 12-11.720 : RJDA 5/13 n° 452, décision rendue en matière de cautionnement consenti à un créancier professionnel mais transposable).

L'acte de **cautionnement reste valable** en cas de discordance minime avec la mention manuscrite imposée par la loi n'en affectant ni le sens ni la portée (Cass. 1e civ. 9-11-2004 nº 02-17.028 : RJDA 4/05 nº 442).

CAUTIONNEMENT DISPROPORTIONNÉ

21351 Un établissement de crédit ou tout organisme autorisé à consentir des crédits ne peut **pas se prévaloir** d'un cautionnement donné par une personne physique pour garantir une opération de crédit qui relève de la réglementation sur le crédit immobilier dès lors que cet engagement était, lors de sa conclusion, manifestement disproportionné à ses biens et revenus, à moins que le patrimoine de cette caution, au moment où celle-ci est appelée, ne lui permette de faire face à son obligation (C. consom. art. L 314-18 dans sa version en vigueur avant le 1-1-2022).

21354 Le caractère manifestement disproportionné du cautionnement s'apprécie à la **date** de la conclusion de ce dernier (Cass. com. 12-3-2013 nº 11-29.030 : RJDA 7/13 nº 663 ; CA Versailles 5-2-2015 nº 13/02658 : RJDA 5/15 nº 384). Il suppose que la caution soit, au moment où elle souscrit le cautionnement, dans l'impossibilité manifeste de faire face à son engagement avec ses biens et ses revenus (Cass. com. 28-2-2018 nº 16-24.841 F-PBI : RJDA 6/18 nº 533).

Il faut prendre en considération l'**endettement global** de la caution, y compris celui résultant d'autres cautionnements (Cass. com. 22-5-2013 nº 11-24.812 : RJDA 10/13 nº 839), à condition qu'ils soient antérieurs (Cass. com. 12-3-2013 nº 11-29.030 : RJDA 7/13 nº 663).

En l'**absence d'anomalies apparentes,** le créancier n'est pas tenu de vérifier les biens et revenus déclarés par la caution au moment où elle s'engage (Cass. com. 14-12-2010 nº 09-69.807 : RJDA 4/11 nº 348 ; Cass. com. 10-3-2015 nº 13-15.867 : RJDA 7/15 nº 526 ; Cass. com. 24-1-2018 nº 16-15.118 : RJDA 4/18 nº 361), ni de s'assurer de l'exactitude et de l'exhaustivité des renseignements transmis par elle (Cass. com. 27-9-2017 nº 15-24.726 F-D : RJDA 1/18 nº 69).

Lorsque deux personnes se sont portées **cautions solidaires** et qu'elles peuvent donc se voir réclamer chacune le paiement intégral de la dette, le caractère manifestement disproportionné de leur engagement est apprécié au regard des revenus de chacune d'elles (Cass. 1e civ. 22-10-1996 nº 94-15.615 : Bull. civ. I nº 362 ; Cass. 1e civ. 29-10-2002 nº 1552 : RJDA 2/03 nº 191).

Lorsque la caution est mariée sous le régime de la **séparation de biens,** le caractère disproportionné de son engagement s'apprécie au regard de ses seuls biens et revenus personnels (Cass. com. 24-5-2018 nº 16-23.036 : RJDA 10/18 nº 772).

Lorsqu'elle est mariée sous le **régime de la communauté,** tous ses biens, propres et communs, et ses revenus doivent être pris en considération pour évaluer le caractère disproportionné de son engagement, sans qu'il soit nécessaire de savoir si son conjoint a donné ou non son consentement (Cass. com. 15-11-2017 nº 16-10.504 : RJDA 2/18 nº 177 ; Cass. com. 6-6-2018 nº 16-26.182 : RJDA 8-9/18 nº 680).

21357 Conformément au droit commun de la **preuve,** la caution poursuivie par la banque doit prouver que son engagement était manifestement disproportionné par rapport aux revenus dont elle disposait au moment où elle s'est engagée (Cass. com. 2-10-2007 nº 06-13.474 : RJDA 1/08 nº 85 ; Cass. com. 12-3-2013 nº 11-29.030 : RJDA 7/13 nº 663 ; Cass. com. 13-9-2017 nº 15-20.294 : RJDA 1/18 nº 67). Par exemple, la preuve du caractère disproportionné peut résulter d'avis d'imposition relatifs à plusieurs années (CA Paris 1-6-2007 nº 05-22456 : RJDA 12/07 nº 1280).

Si le cautionnement était disproportionné à sa conclusion et que la **caution ne peut pas faire face à l'intégralité de son engagement,** le cautionnement est nul (Cass. 1e civ. 22-10-1996 nº 94-15.615 : Bull. civ. I nº 362) mais la banque ne peut pas se prévaloir de la nullité (C. consom. art. L 314-18).

Il en résulte que la caution est totalement déchargée de son engagement et non pas seulement de la part qui excède sa capacité financière à la date de la mise en œuvre de la garantie. Cette solution a été rendue pour l'application de l'ancien article L 332-1 du Code de la consommation qui prévoit, pour le cautionnement consenti par une personne physique au profit d'un créancier professionnel, un dispositif protecteur dans des termes identiques à celui de l'ancien article L 314-18 dans sa version en vigueur avant le 1er janvier 2022 (Cass. com. 22-6-2010 nº 09-67.814 : RJDA 11/10 nº 1106) et elle est à notre avis transposable.

SECTION 6

LOCATION-VENTE OU LOCATION ASSORTIE D'UNE PROMESSE DE VENTE

GÉNÉRALITÉS

Afin de tenir compte de la spécificité des opérations de location-vente ou de location assortie d'une promesse de vente, les articles L 313-53 à L 313-63 du Code de la consommation instituent une réglementation particulière adaptant à ce type d'opération les procédures prévues pour les opérations immobilières en général. Toutefois, ces dispositions ne sont **pas** applicables aux contrats de **location-accession** à la propriété immobilière régis par la loi 84-595 du 12 juillet 1984. Sur cette réglementation, voir nos 13340 s. **21400**

L'article L 313-53 du Code vise les contrats de location-vente ou de location assortie d'une promesse de vente relatifs aux immeubles mentionnés au a du 1° de l'article L 313-1 (immeubles à usage d'habitation ou à usage professionnel et d'habitation).

Il n'existe aucune définition précise des **notions d'opération de location-vente et de location assortie d'une promesse de vente.** En raison de la généralité des termes de l'article L 313-53, semblent entrer dans le champ d'application de la réglementation les baux prévoyant, selon quelque modalité que ce soit (paiement d'une redevance constituant à la fois un loyer et une partie du prix, location simple avec promesse de vente au locataire au terme du contrat, etc.), que le locataire acquerra la propriété de l'immeuble ou, s'agissant d'une location assortie d'une promesse de vente, pourra l'acquérir s'il le désire, c'est-à-dire s'il lève l'option au terme convenu.

Sur l'application de la loi aux baux à construction ou assortis d'une promesse de vente, voir n° 20025.

> **Précisions** Contrairement à l'interdiction faite en matière de crédit immobilier (n° 20820), l'emprunteur peut **souscrire ou avaliser des effets de commerce** à l'occasion d'une location-vente ou d'une location assortie d'une promesse de vente (C. consom. art. L 314-21).

A. Information du preneur

PUBLICITÉ

Toute publicité faite, reçue ou perçue en France qui porte sur un contrat réglementé doit comporter les indications exigées par les articles L 313-3 à L 313-5 du Code de la consommation et exposées nos 20200 s. En outre, si cette publicité comporte un ou plusieurs éléments chiffrés, elle doit mentionner la durée du bail ainsi que le coût annuel et le coût total de l'opération (C. consom. art. L 313-54). Le fait pour l'annonceur de diffuser ou de faire diffuser une publicité non conforme aux obligations prévues par la loi l'expose à une amende de 30 000 € (C. consom. art. L 341-21). **21405**

OFFRE PRÉALABLE

La **procédure** de l'offre préalable résultant de la réglementation générale (nos 20320 s.) ainsi que les **sanctions** prévues en cas d'inobservation de cette procédure (nos 20400 s.) sont applicables en cas de location-vente ou de location assortie d'une promesse de vente (C. consom. art. L 313-55, L 313-58, al. 1 et L 341-37). **21410**

Toutefois, le **contenu** obligatoire de l'offre préalable est différent de celui du droit commun (n° 20340). Doivent être précisés (C. consom. art. L 313-55 et L 313-56) :

– l'**identité** des parties ;

– la **nature et l'objet du contrat** ainsi que ses modalités, notamment les dates et conditions de mise du bien à la disposition du locataire, le montant des versements initiaux que celui-ci devra effectuer, le montant des loyers et, le cas échéant, les modalités d'indexation ;

– les dispositions de l'article L 313-58 relatif aux **délais de réflexion et d'acceptation** (n° 21420) qui devront obligatoirement être accordés au preneur.

En outre, pour les contrats de location assortis d'une promesse de vente, l'offre préalable doit fixer (C. consom. art. L 313-56) :

– les **conditions de levée d'option** (sur cette notion, voir n° 21245) et son coût décomposé entre, d'une part, la fraction des versements initiaux et des loyers prise en compte pour le paiement du prix de vente et, d'autre part, la valeur résiduelle du bien, compte tenu de l'incidence des clauses de révision éventuellement prévues au contrat. Il est donc nécessaire de préciser clairement dans l'offre préalable comment est calculée la valeur résiduelle qui constitue en fait le « prix de vente » à payer ;

– les conditions et le coût de la **non-réalisation** de la vente.

Les parties peuvent, par exemple, prévoir que, faute pour le locataire de lever l'option à une date déterminée ou à l'intérieur d'une certaine fourchette, la vente ne sera pas réalisée et que la location prendra (ou non) fin à cette date. Elles peuvent également, semble-t-il, fixer librement le coût de cette non-réalisation, notamment l'indemnité que pourra exiger le bailleur à raison de « l'immobilisation » de son bien. À cet égard, notons toutefois que la loi réglemente strictement les cas de non-réalisation de la vente due à la non-obtention des crédits nécessaires au paiement du prix de vente ou à une défaillance du preneur (n°s 21420 s.).

Comme dans le régime de droit commun (n° 20380), l'envoi de l'offre oblige le bailleur à **maintenir** les conditions qu'elle indique pendant une durée minimale de **30 jours** à compter de sa réception par le preneur (C. consom. art. L 313-58).

B. Conclusion du contrat

21420 L'**offre** doit être **adressée** gratuitement au preneur (C. consom. art. L 313-55, al. 1). L'**acceptation** doit être **donnée** par lettre, le cachet de La Poste faisant foi, ou selon tout autre moyen convenu entre les parties de nature à rendre certaine la date de l'acceptation par l'emprunteur (sur la preuve de la date d'acceptation, voir n° 20710) ; elle ne peut intervenir que 10 jours au moins après réception de l'offre (C. consom. art. L 313-58, al. 2).

Le bailleur qui imposerait au preneur d'accepter l'offre sans indication de date sur cette offre ou avec l'indication d'une **date fausse** de nature à faire croire qu'elle a été donnée après l'expiration du délai de 10 jours, ou qui recevrait de sa part une telle acceptation, s'exposerait à une amende de 300 000 € (C. consom. art. L 341-40) et à des peines complémentaires (C. consom. art. L 341-44) et pourrait en outre être déchu du droit aux intérêts, en totalité ou dans la proportion fixée par le juge (C. consom. art. L 341-34).

Jusqu'à l'acceptation de l'offre, le preneur ne peut faire aucun dépôt, souscrire ou avaliser aucun effet de commerce, ni signer aucun chèque ou autorisation de prélèvement sur compte bancaire au profit du bailleur ou pour le compte de celui-ci (C. consom. art. L 313-59). Le bailleur qui accepterait un **paiement anticipé** s'exposerait à une amende de 300 000 € (C. consom. art. L 341-42) et à des peines complémentaires (C. consom. art. L 341-44).

21425 En cas de **location assortie d'une promesse de vente,** le preneur bénéficie d'une protection supplémentaire. En effet, l'article L 313-62, al. 1 du Code de la consommation prévoit que, dans cette hypothèse, l'acte constatant la levée de l'option est conclu « sous la condition suspensive prévue à l'article L 313-41 » (n° 21260), c'est-à-dire sous la condition suspensive de l'obtention du financement nécessaire au paiement du prix de vente. Si les prêts ne sont pas obtenus, le bailleur sera tenu, sous peine d'une amende de 300 000 € (C. consom. art. L 341-43) et de peines complémentaires (C. consom. art. L 341-44), de restituer toutes les sommes versées par le preneur à l'exception des loyers et des frais de remise en état du bien. Ces sommes sont en outre productives d'intérêts au taux légal majoré de moitié (soit 9,975 % pour le 2e semestre 2025) à compter du 15e jour suivant la demande de remboursement (C. consom. art. L 341-36).

Le droit d'entrée, généralement perçu en début de location et qui correspond à une indemnité d'immobilisation pour le cas de non-réalisation de la vente, devra donc être restitué par le bailleur alors que la fraction des loyers correspondant au risque de non-vente lui sera définitivement acquise (notamment Rapport AN 1015 p. 49 et Rapport Sénat 402 p. 13 ; voir aussi JO Déb. Sénat 30-6-1979 p. 2544).

C. Exécution du contrat

21440 Le preneur qui éprouve des difficultés de paiement peut demander au juge des contentieux de la protection un **délai de grâce** dans les conditions de droit commun (C. consom. art. L 314-20 sur renvoi de l'article L 313-63).

Par ailleurs, en cas de **défaillance** du preneur dans l'exécution du contrat (en pratique, en cas de non-paiement des loyers ou redevances), le bailleur peut exiger (C. consom. art. L 313-60, al. 1) :

– le paiement des loyers échus et non réglés (mais non les loyers à échoir) ;

– le versement d'une indemnité dont le montant ne peut excéder 2 % de la part des versements correspondant à la valeur du bien en capital qui reste à effectuer jusqu'à la date prévue du transfert de propriété (C. consom. art. D 313-29). Cette indemnité peut toutefois être réduite en justice si elle est manifestement excessive (n° 20960).

En cas de location-vente, le bailleur ne peut exiger la remise du bien qu'après remboursement de la part des sommes versées correspondant à la valeur en capital du bien (C. consom. art. L 313-60, al. 2).

Aucune indemnité ni aucun coût autres que ceux visés ci-dessus ne peuvent être mis à la charge du preneur (C. consom. art. L 313-61).

Toutefois, le bailleur peut réclamer, sur justification, le remboursement des frais taxables (sur cette notion, voir n° 20980) que lui a occasionnés la défaillance du preneur, à l'exclusion de tout remboursement forfaitaire de frais de recouvrement (C. consom. art. L 313-61).

SECTION 7

REGROUPEMENT DE CRÉDITS

Le regroupement de crédits consiste à substituer un contrat de crédit **unique** à plusieurs contrats de crédit préexistants présentant des caractéristiques différentes, qui font alors l'objet d'un remboursement anticipé (C. consom. art. L 314-10 à L 314-14 ; art. R 314-18 à R 314-21). **21500**

Le régime ainsi défini est **impératif** (C. consom. art. L 314-26), de sorte que l'emprunteur et le prêteur ne peuvent pas y déroger.

DÉTERMINATION DU RÉGIME APPLICABLE AU NOUVEAU CRÉDIT

Le prêt issu du regroupement de plusieurs crédits antérieurs relève (C. consom. art. L 314-11, L 314-12 et R 314-18, al. 1) : **21510**

– de la réglementation sur le **crédit immobilier** si le regroupement concerne exclusivement des crédits immobiliers ou si la part de ces crédits représente au moins 60 % du montant total de l'opération de regroupement. Toute opération de regroupement de crédits garantie par une hypothèque, par une autre sûreté comparable sur les biens immobiliers à usage d'habitation ou par un droit lié à un bien immobilier à usage d'habitation est également soumise à la réglementation sur le crédit immobilier ;

– de la réglementation sur le **crédit à la consommation** si le regroupement porte seulement sur des crédits à la consommation ou si la part des crédits immobiliers concernés est inférieure au seuil précité. Il en est ainsi même si le montant total du nouveau prêt dépasse le plafond de 75 000 € au-delà duquel la réglementation sur le crédit à la consommation n'est en principe plus applicable (C. consom. art. L 312-1).

> **Précisions** Doivent être **pris en compte dans le montant des crédits immobiliers** tous les coûts, les intérêts, les commissions, les taxes, les pénalités et autres frais que l'emprunteur est tenu de payer pour le remboursement de ces crédits, à condition que ces frais figurent dans le montant total de l'opération de regroupement de crédits (C. consom. art. R 314-18, al. 2).

INFORMATION DE L'EMPRUNTEUR

Le prêteur doit respecter les prescriptions suivantes, destinées à garantir la bonne information de l'emprunteur (C. consom. art. L 314-14). **21515**

Lorsque l'opération de crédit a pour objet le remboursement d'un ou plusieurs crédits et, le cas échéant, d'autres dettes, le prêteur (ou l'intermédiaire de crédit) doit établir, après dialogue avec l'emprunteur, un document qu'il lui remet (C. consom. art. R 314-19). Ce document d'information doit être établi sur un **support** durable et comporter, présentées de manière claire et lisible en

21515 (suite) caractères dont la hauteur ne peut être inférieure à celle du corps huit, les informations et mentions suivantes (art. R 314-20) :

1° Pour **chaque contrat de crédit dont le regroupement est envisagé,** des informations relatives à ce contrat ainsi qu'aux conditions et modalités de son remboursement :

– la nature du crédit, le montant des échéances, le montant du capital restant dû et la durée prévue au contrat pour le remboursement de ce montant à la date de l'établissement du document ;

– la date envisagée pour le remboursement anticipé ;

– l'estimation du montant nécessaire à ce remboursement, déterminé en fonction de la date prévue pour le remboursement anticipé ;

– une estimation de l'indemnité de remboursement anticipé, déterminée en fonction du montant mentionné ci-dessus, si le contrat prévoit une telle indemnité ;

– les modalités prévues pour le remboursement anticipé, notamment, le cas échéant, son délai de préavis contractuel ;

– le cas échéant, la date à laquelle doit être notifié le préavis, en fonction de la date envisagée pour le remboursement anticipé ;

– une estimation des frais de mainlevée d'hypothèque dont l'emprunteur devra s'acquitter si une mainlevée est nécessaire du fait de l'opération ;

2° Dans le cas où l'opération de regroupement a également pour objet le **remboursement de dettes autres que des crédits,** la liste de ces dettes ainsi que, pour chacune d'elles, son montant et la date à laquelle elle est exigible ;

3° Un **avertissement adressé à l'emprunteur,** adapté à sa situation et portant sur les points suivants :

– l'emprunteur doit continuer à s'acquitter des mensualités dues au titre des crédits dont le regroupement est envisagé, jusqu'à leur remboursement effectif ;

– il doit continuer à s'acquitter des cotisations dues au titre des assurances garantissant le remboursement des crédits dont le regroupement est envisagé, jusqu'à leur remboursement effectif, s'il a souscrit de telles assurances ;

– après remboursement anticipé, il ne bénéficiera plus des cautionnements garantissant, le cas échéant, un ou plusieurs des crédits sur lesquels porte l'opération de regroupement ;

– après remboursement anticipé, il perdra le bénéfice des assurances garantissant, le cas échéant, le remboursement d'un ou plusieurs crédits dont le regroupement est envisagé ainsi que des prises en charge éventuellement en cours à ce titre ;

– s'il souscrit une nouvelle assurance garantissant le remboursement de l'opération de regroupement envisagée, l'emprunteur pourrait bénéficier de moindres garanties contractuelles, notamment en raison de changements éventuels de sa situation personnelle ou de l'existence de nouveaux délais de carence et de nouvelles franchises ;

– dans le cas d'un crédit renouvelable, le prêteur qui consent l'opération de regroupement sera tenu de rembourser directement le prêteur initial et, lorsque l'opération de regroupement porte sur la totalité du montant restant dû au titre de ce crédit, l'emprunteur peut en demander la résiliation à l'aide d'une lettre signée de sa main, que le nouveau prêteur adressera sans frais au prêteur initial ;

– dans le cas où il existe un co-emprunteur au titre d'un ou de plusieurs crédits dont le regroupement est envisagé, l'emprunteur doit l'informer de son intention de procéder au regroupement de ce crédit ;

– dans le cas où le regroupement envisagé comprend un ou des crédits affectés, il entraînera la perte du droit pour l'emprunteur d'obtenir du vendeur la garantie de leur remboursement dans le cas où une résolution judiciaire ou une annulation du contrat principal survenait du fait de ce dernier ;

– dans le cas où il comprend un ou des crédits garantis par un contrat de cautionnement, leur remboursement anticipé pourra entraîner une moins-value sur les sommes qui doivent être restituées à l'emprunteur au titre de ce contrat, lorsque ce dernier le prévoit ;

– il ne bénéficiera plus des services accessoires ou avantages commerciaux éventuellement liés à un ou plusieurs crédits qui font l'objet du regroupement envisagé ;

4° Les informations concernant les **modalités** de mise en œuvre et de prise d'effet de l'**opération de regroupement** envisagée :

– les démarches que le prêteur qui consent le regroupement accomplira ;

– les démarches qui seront à la charge de l'emprunteur ;

– la date à laquelle doivent être interrompus les versements ou prélèvements réalisés pour le paiement des échéances des crédits dont le regroupement est envisagé ainsi que les modalités d'interruption de ces versements ou prélèvements ;

5° Les éléments permettant à l'emprunteur de procéder à l'évaluation du **bilan économique du regroupement** envisagé. Si le regroupement se traduit par un allongement de la durée de remboursement ou par une augmentation du coût total du crédit, le prêteur devra l'indiquer à l'emprunteur.

Pour établir le document d'information sur le fondement d'éléments exacts, le prêteur (ou l'intermédiaire) doit demander à l'**emprunteur communication des pièces,** notamment contractuelles, fournies par les prêteurs initiaux ou tout autre créancier pour chaque crédit ou créance dont le regroupement est envisagé. Si l'emprunteur ne dispose pas de ces pièces, le prêteur (ou l'intermédiaire) doit inviter l'emprunteur à demander à ses créanciers et prêteurs initiaux les informations nécessaires. **21518**

Si ces pièces n'ont pu être réunies, le prêteur (ou l'intermédiaire) peut établir tout ou partie du document d'information sur le fondement d'éléments déclaratifs fournis par l'emprunteur. Dans ce cas, le prêteur (ou l'intermédiaire) l'indique clairement sur le document fourni à l'emprunteur.

Si l'emprunteur n'est pas non plus en mesure de fournir ces éléments déclaratifs, le prêteur (ou l'intermédiaire) indique sur le document les mentions qui n'ont pu être complétées et avertit l'emprunteur des difficultés financières et pratiques qu'il pourrait rencontrer s'il souhaitait néanmoins poursuivre l'opération sans en connaître tous les paramètres (C. consom. art. R 314-21).

> **Précisions** **a.** La banque qui ne respecte pas les **modalités d'information de l'emprunteur** prévues par le Code de la consommation en matière de regroupements de crédit n'encourt pas la déchéance du droit aux intérêts (Cass. 1e civ. 9-1-2019 nº 17-20.565 : RJDA 4/19 nº 291).
> **b.** Une banque qui rachète des crédits permettant de réduire le montant total de la mensualité sans coût supplémentaire n'est **pas tenue d'un devoir de mise en garde** car le prêt ainsi consenti ne crée pas de risque d'endettement nouveau (Cass. com. 17-4-2019 nº 18-11.895 : RJDA 12/19 nº 777 ; Cass. 1e civ. 23-11-2022 nº 21-15.435 : RJDA 4/23 nº 217).

REGROUPEMENT COMPORTANT DES CRÉDITS RENOUVELABLES

Le prêteur qui consent une opération de regroupement de crédits comprenant un ou plusieurs contrats de crédits renouvelables effectue le **remboursement** du montant dû au titre de ces crédits directement auprès du prêteur initial (C. consom. art. L 314-13). **21530**

Lorsque l'opération porte sur la totalité du montant restant dû au titre d'un crédit renouvelable, le prêteur rappelle à l'emprunteur la possibilité de **résilier** le contrat afférent et lui propose d'adresser sans frais la lettre de résiliation signée par l'emprunteur.

À la différence d'un crédit « classique », le remboursement par anticipation de la dette contractée dans le cadre d'un crédit renouvelable n'emporte pas résiliation du contrat mais reconstitue au contraire la réserve d'argent disponible.

CHAPITRE 2

PRÊT VIAGER HYPOTHÉCAIRE ET PRÊT AVANCE MUTATION

SOMMAIRE

SECTION 1

PRÊT VIAGER HYPOTHÉCAIRE

A. Champ d'application du prêt viager hypothécaire

21740 Encore appelé « hypothèque inversée », le prêt viager hypothécaire (PVH) est le prêt consenti par un établissement de crédit ou un établissement financier à une personne physique sous forme d'un capital ou de versements périodiques (C. consom. art. L 315-1, al. 1) :

– garanti par une **hypothèque** constituée sur un immeuble à usage exclusif d'habitation appartenant à l'emprunteur ;

– dont le **remboursement** en principal et intérêts capitalisés annuellement ne peut être exigé qu'au décès de l'emprunteur, ou lors de la vente ou du démembrement de l'immeuble hypothéqué s'ils surviennent avant le décès.

Un prêt viager hypothécaire peut prévoir un remboursement périodique des seuls intérêts (C. consom. art. L 315-1, al. 2).

> Précisions **a.** Toute **publicité** faite, reçue ou perçue en France, quel que soit son support, qui porte sur une opération de prêt viager hypothécaire doit être loyale et informative et comporter certaines mentions obligatoires (identité du prêteur, nature de l'opération proposée, coût total et TAEG, notamment) (C. consom. art. L 315-4). Sont interdites dans toute publicité d'une part la mention qu'un prêt peut être octroyé sans élément d'information permettant d'apprécier la situation financière et patrimoniale de l'emprunteur et d'autre part l'indication de la ressource supplémentaire qu'offre le prêt si elle n'est suivie d'une information sur les modalités du terme de l'opération (C. consom. art. L 315-6).
b. Une opération de prêt viager hypothécaire ne peut pas faire l'objet d'un **démarchage** (C. consom. art. L 315-8).

B. Conclusion du contrat de prêt viager hypothécaire

PARTIES À L'ACTE

Le prêt viager hypothécaire est nécessairement consenti par un professionnel (établissement de crédit ou établissement financier) à un **particulier,** personne physique (C. consom. art. L 315-1, al. 1). 21745

Il ne peut pas être consenti pour le financement des besoins d'une **activité professionnelle,** sous peine de nullité (C. consom. art. L 315-3).

BIEN DONNÉ EN GARANTIE

Le contrat de prêt doit être garanti par une hypothèque constituée sur un bien immobilier de l'emprunteur à usage exclusif d'habitation (C. consom. art. L 315-1, al. 1). Cette formulation exclut expressément l'affectation d'un immeuble en hypothèque par un tiers, distinct de l'emprunteur (opération qui, appelée en pratique cautionnement hypothécaire ou réel, constitue une sûreté réelle). 21750

L'usage exclusif d'habitation écarte manifestement dans l'esprit des rédacteurs du texte non seulement l'immeuble à usage commercial ou professionnel, mais également l'immeuble à usage mixte. Dans ce dernier cas, et si l'immeuble est divisible, l'emprunteur a toujours la ressource d'effectuer une division cadastrale au sol, ou d'établir un état descriptif de division pour individualiser, en vue de son affectation en garantie, la partie à usage d'habitation.

L'emprunteur doit apporter à l'immeuble hypothéqué tous les soins raisonnables (C. consom. art. L 315-12). La diminution de valeur de l'immeuble du fait de l'emprunteur peut entraîner la perte du bénéfice du terme ; il en est de même du **changement d'affectation** de l'immeuble ou du refus de laisser le créancier y accéder pour s'assurer de son bon état d'**entretien** et de conservation ou, en cas de prêt à versement périodique d'intérêts, lorsque l'emprunteur est **défaillant** dans le versement d'une ou de plusieurs échéances d'intérêts (C. consom. art. L 315-14, al. 1). 21755

La durée du prêt étant par définition inconnue, **l'hypothèque conventionnelle** sera inscrite pour une **durée** maximale de 50 années à compter du jour de la formalité (C. civ. art. 2429, al. 3). 21760

OBJET DU CONTRAT

Aux termes de l'article L 315-1 du Code de la consommation, le PVH doit être consenti sous forme d'un **capital** ou de **versements périodiques.** 21765

Lorsqu'ils sont destinés à compléter les ressources de l'emprunteur et qu'il en aura besoin toute sa vie durant, les versements périodiques peuvent-ils alors prendre la forme d'une rente viagère, versée pendant toute la durée de la vie de l'emprunteur ?

À supposer que le prêt viager hypothécaire constitué sous forme de rente viagère se heurte à une difficulté liée à la définition des opérations de crédit, à l'objet social de l'établissement prêteur, voire à la rigidité de l'offre de prêt qui ne semble pas permettre une telle éventualité (nº 21770), il reste possible de scinder l'opération en deux **opérations successives** et de recourir à un prêt viager hypothécaire dont le capital est payable en une seule fois, et à la constitution, au moyen de ce capital, d'une rente viagère, selon les règles applicables en matière de constitution de rente.

Cette constitution de rente pourrait ne porter que sur une partie du montant du prêt, le surplus étant conservé par l'emprunteur, selon la pratique du « bouquet » en matière de vente d'immeuble en viager ; bien évidemment, une indexation de la rente pourrait être prévue comme cela est d'usage dans ce domaine.

> **Précisions** **a.** Certes, le contrat ainsi envisagé cumulerait deux **risques** : le risque lié au plafonnement du remboursement (nº 21790), et le risque lié à la durée de versement de la rente. Mais, s'agissant de deux risques liés au même événement, à savoir la durée de vie de l'emprunteur, il est permis de penser que leur prise en compte ne devrait pas susciter de difficultés particulières pour un établissement de crédit.
>
> **b.** Un tel montage rendrait l'opération en pratique très proche de la **vente en viager** dit « occupé » selon laquelle le vendeur, tout en se réservant un droit d'usufruit ou un droit d'usage et d'habitation, vend la propriété démembrée de son habitation moyennant la constitution d'une rente viagère.
>
> **c.** Aux versements périodiques, la **pratique** préfère le versement d'un capital investi dans un contrat d'assurance-vie.

OFFRE PRÉALABLE

Contenu L'offre préalable de prêt viager hypothécaire doit comporter les **mentions** suivantes (C. consom. art. L 315-9) : 21770

- l'identité des parties et la date d'acceptation de l'offre ;
- la désignation exacte du bien hypothéqué, conforme aux exigences de la publicité foncière ;

– la valeur du bien hypothéqué estimée par un expert choisi par les parties et les frais afférents à l'expertise lorsqu'ils sont mis à la charge de l'emprunteur ;

– la nature du prêt ;

– les modalités du prêt et, notamment, les dates et les conditions de mise à disposition des fonds ;

– en cas de versements échelonnés du capital, l'échéancier des versements périodiques distinguant la part du capital de celle des intérêts accumulés sur ces sommes durant la durée prévisionnelle du prêt et permettant à l'emprunteur de connaître le moment où il aura épuisé l'actif net de son logement ;

– lorsque le capital est versé en une seule fois, un état des intérêts accumulés sur ces sommes durant la durée prévisionnelle du prêt, permettant à l'emprunteur de connaître le moment où il aura épuisé l'actif net de son logement ;

– à partir d'exemples représentatifs établis en fonction d'hypothèses relatives, notamment, à la durée du prêt, le coût global du crédit, le taux effectif global défini conformément aux dispositions des articles L 314-1 à L 314-4 du Code de la consommation ainsi que, s'il y a lieu, les modalités de l'indexation ;

– la durée de validité de l'offre ;

– en cas de remboursement périodique des intérêts, l'échéancier des versements périodiques d'intérêts pour les prêts dont le taux d'intérêt est fixe, ou la simulation de l'impact d'une variation du taux sur les mensualités d'intérêts pour les prêts dont le taux d'intérêt est variable. Cette simulation ne constitue pas un engagement du prêteur à l'égard de l'emprunteur quant à l'évolution effective des taux d'intérêt pendant le prêt et à son impact sur les mensualités.

L'offre doit également **reproduire les dispositions** des articles L 315-10 à L 315-15 (durée minimale de l'offre, délai d'acceptation, conservation et affectation de l'immeuble hypothéqué, montant du remboursement), L 315-20 (dénouement de l'opération) et L 341-55 (sanction civile) du Code de la consommation.

> **Précisions** L'**évaluation à dire d'expert** du bien hypothéqué, que la loi impose d'inclure dans l'offre de prêt viager hypothécaire et fait donc entrer dans le champ contractuel, est nécessairement déterminante du consentement de l'emprunteur et justifie, en cas d'erreur, l'annulation du prêt (Cass. 1e civ. 19-6-2024 n° 22-20.533 FS-B : RJDA 12/24 n° 666).

21775 **Durée et acceptation de l'offre** La remise de l'offre oblige le **prêteur** à en **maintenir** les conditions pendant une durée minimale de 30 jours à compter de son émission (C. consom. art. L 315-10).

Sous peine de nullité du contrat de prêt, l'**acceptation de l'offre** ne peut intervenir que 10 jours au moins après sa réception par l'emprunteur ; elle doit alors faire l'objet d'un acte notarié (C. consom. art. L 315-11, al. 1 et art. L 341-55). Pendant ce délai, aucun **versement** sous quelque forme que ce soit ne peut être fait au titre de l'opération de prêt et l'emprunteur ne peut faire aucun dépôt à ce titre ni souscrire ou valider aucun effet de commerce ou signer aucun chèque (C. consom. art. L 315-11, al. 2).

Le délai de réflexion de 10 jours entre l'offre et l'acceptation de l'offre s'applique même si le **contrat** est **conclu à distance.** En effet, l'emprunteur ne bénéficie pas du délai de rétractation de 14 jours prévu par l'article L 222-7 du Code de la consommation pour les contrats conclus à distance (C. consom. art. L 222-9, 4°).

> **Précisions** La validité et la prise d'effet de toute **autorisation de prélèvement** sur compte bancaire signée par l'emprunteur sont subordonnées à celles du contrat de crédit.

21780 **Sanctions** Le non-respect par le prêteur des dispositions relatives à l'offre de prêt et aux délais d'acceptation (nos 21770 et 21775) est sanctionné par :

– la déchéance du droit aux intérêts, en totalité ou dans la proportion fixée par le juge, ou en cas d'erreur ou de défaut du taux effectif global, déchéance du droit aux intérêts dans la proportion fixée par le juge au regard notamment du préjudice pour l'emprunteur (C. consom. art. L 341-54) ;

– une amende de 150 000 € (C. consom. art. L 341-57) et des peines complémentaires (C. consom. art. L 341-60).

C. Remboursement du prêt viager hypothécaire

PRINCIPES

Terme du contrat de prêt Le terme normal du **prêt viager hypothécaire** est le décès de l'emprunteur, ou du dernier des coemprunteurs ; mais ce terme peut également être l'aliénation de l'immeuble (vente, donation...) ou le démembrement du droit de propriété, s'il survient avant le décès (C. consom. art. L 315-1). 21785

La loi prévoit également la possibilité de remboursement anticipé (nos 21805 s.) ainsi que la déchéance du terme si l'emprunteur ne satisfait pas à ses obligations (n° 21755). Lorsque le contrat de prêt prévoit un remboursement périodique des seuls intérêts, le prêteur peut demander la résolution du contrat en cas de défaillance de l'emprunteur (n° 21825).

Plafonnement de la dette La dette de l'emprunteur ou de ses ayants droit ne peut jamais excéder la **valeur de l'immeuble hypothéqué** appréciée lors de l'échéance du terme (C. consom. art. L 315-15, al. 1). 21790

Lorsque le prêteur met en jeu sa garantie à l'échéance du terme, si la dette est alors inférieure à la valeur de l'immeuble, la **différence** entre cette valeur et le **montant de la créance** est versée, selon le cas, à l'emprunteur ou à ses héritiers (C. consom. art. L 315-15, al. 2).

Le prêteur qui ne restituerait pas cette différence s'exposerait à une amende de 300 000 € (C. consom. art. L 341-58) et à des peines complémentaires (C. consom. art. L 341-60).

EN CAS DE DÉCÈS DE L'EMPRUNTEUR

En cas de décès de l'emprunteur ou du dernier vivant des coemprunteurs, les **héritiers** peuvent **payer la dette** plafonnée à la valeur de l'immeuble estimée au jour de l'ouverture de la succession ; il est procédé à cette estimation en tant que de besoin par un expert choisi d'un commun accord par le prêteur et l'emprunteur ou désigné sur requête (C. consom. art. L 315-20, al. 1). 21795

À défaut d'un tel paiement, le prêteur peut, à son choix, et même si la succession a été acceptée à concurrence de l'actif net (C. consom. art. L 315-20, al. 2) :

- soit poursuivre la saisie et la vente de l'immeuble dans les conditions de droit commun ;
- soit se voir attribuer la propriété de l'immeuble par décision judiciaire ou en vertu d'un pacte commissoire alors même que l'immeuble constituait la résidence principale de l'emprunteur.

Cette option est également ouverte au prêteur en cas de **succession vacante** (C. consom. art. L 315-20, dernier al.).

> **> Précisions** La **prescription** de l'action de la banque en remboursement d'un prêt viager hypothécaire devenu exigible par le décès du dernier coemprunteur court à compter du jour où la banque a eu connaissance non seulement de ce décès mais aussi de l'identité de l'héritier (Cass. 1e civ. 15-3-2017 n° 15-27.574 : RJDA 7/17 n° 522).

EN CAS DE VENTE OU DÉMEMBREMENT DE PROPRIÉTÉ DE L'IMMEUBLE HYPOTHÉQUÉ

En cas d'aliénation de l'immeuble hypothéqué (vente, donation ou autre), par l'emprunteur ou ses héritiers, le **projet de cession** doit être **notifié** au prêteur (C. consom. art. L 315-21, al. 1). 21800

La **valeur de l'immeuble** est en principe celle **indiquée dans l'acte de cession** (C. consom. art. L 315-15, al. 3). En cas de cas de contestation de cette dernière par le prêteur, il est procédé à l'estimation du bien par un expert choisi d'un commun accord ou désigné sur requête (C. consom. art. L 315-21, al. 2).

Si la **valeur** de l'immeuble retenue dans l'acte de cession est inférieure à l'**estimation** faite **par l'expert,** et sauf accord des parties sur une nouvelle valeur, la créance du prêteur est alors plafonnée, comme en cas de décès de l'emprunteur, soit au prix d'adjudication de l'immeuble, soit à la valeur d'expertise retenue pour son attribution judiciaire (C. consom. art. L 315-21, al. 3 à 5).

Ces dispositions s'appliquent également en cas de démembrement de la propriété de l'immeuble hypothéqué (C. consom. art. L 315-21, dernier al.).

REMBOURSEMENT ANTICIPÉ

Montant du remboursement L'emprunteur peut toujours, à son initiative, mettre un terme au contrat de prêt qui lui a été consenti en **remboursant la totalité** des sommes déjà versées en principal et intérêts (C. consom. art. L 315-16, al. 1). Dans cette hypothèse, le plafonnement ne joue pas, sauf bien sûr si l'emprunteur recourt à la vente ou au démembrement de propriété de l'immeuble hypothéqué pour provoquer ce remboursement anticipé. 21805

21810 Lorsque le prêt a été constitué par le versement d'un capital en une seule fois, l'emprunteur peut **rembourser une partie** des sommes versées sans que le prêteur soit tenu d'accepter un remboursement partiel inférieur à 10 % du capital versé (C. consom. art. L 315-16, al. 2 et art. R 315-1).

Bien que les textes ne le précisent pas, le prêteur ne peut pas, à notre avis, refuser le remboursement du solde du prêt même s'il est inférieur à ce montant minimal.

21815 **Indemnité due au prêteur** En cas de remboursement anticipé, total ou partiel, le prêteur peut exiger une indemnité qui ne peut pas excéder un **montant** dépendant de la durée du contrat déjà réalisée (C. consom. art. L 315-17). Le prêteur ne peut prétendre à aucune autre indemnité ni mettre aucun autre coût à la charge de l'emprunteur (C. consom. art. L 315-18).

Le montant prévu par les articles L 315-16 et R 315-1 constitue un plafond qui peut être réduit par le juge, sur demande de l'emprunteur, s'il est manifestement excessif (C. civ. art. 1231-5, sur renvoi de l'article L 315-17 du Code de la consommation). Nous ne pensons pas que le prêteur puisse utilement invoquer l'autre disposition de l'article 1231-5 du Code civil, qui permet au juge de majorer toute pénalité qui serait « manifestement dérisoire », pour obtenir une indemnisation supérieure aux limites fixées par la loi. Une telle demande serait contraire à l'esprit de la loi qui est notamment de limiter les clauses pénales figurant dans les contrats de crédit.

Lorsque le montant en **capital** du prêt est **versé en une seule fois,** l'indemnité ne peut pas être supérieure à (C. consom. art. R 315-2, 1°) :

– quatre mois d'intérêts sur le capital à rembourser, au taux d'intérêt du prêt figurant dans le contrat de prêt, si la demande de remboursement par anticipation intervient entre la première année du prêt et la fin de la quatrième année ;

– deux mois d'intérêts sur le capital à rembourser, au taux d'intérêt du prêt figurant dans le contrat de prêt, si la demande de remboursement par anticipation intervient entre la cinquième année du prêt et jusqu'à la fin de la neuvième année ;

– un mois d'intérêts sur le capital à rembourser, au taux d'intérêt du prêt figurant dans le contrat de prêt, si la demande de remboursement intervient à partir de la dixième année.

Lorsque le montant en **capital** du prêt est **versé périodiquement,** l'indemnité ne peut pas excéder (C. consom. art. R 315-2, 2°) :

– 5/12e des versements dus au titre de la première année, si la demande de remboursement par anticipation intervient entre la date du premier versement du prêt et la fin de la quatrième année ;

– 3/12e de la totalité des versements effectués la première année, si la demande de remboursement par anticipation intervient entre la cinquième année du prêt et jusqu'à la fin de la neuvième année ;

– 2/12e de la totalité des versements effectués la première année, si la demande de remboursement intervient à partir de la dixième année.

L'**année de référence** correspond à une période de 12 mois à compter du versement ou du premier versement en capital du contrat de prêt (C. consom. art. R 315-2, dernier al.).

21820 **Rééchelonnement** En cas de versements périodiques du capital, l'emprunteur peut demander une suspension ou une modification de l'échéancier des versements. Ces aménagements se font au taux conventionnel défini au contrat principal et donnent lieu à l'établissement d'un nouvel état des versements périodiques et des intérêts accumulés sur ces sommes pour la durée prévisionnelle du prêt restant à courir (C. consom. art. L 315-19).

La part du capital et celle des intérêts doivent apparaître de manière distincte.

Les modifications visant à accélérer les versements peuvent intervenir conformément aux stipulations contractuelles (C. consom. art. L 315-19, dernier al.).

DÉFAILLANCE DE L'EMPRUNTEUR

21825 Un prêt viager hypothécaire peut prévoir un remboursement périodique des seuls intérêts (C. consom. art. L 315-1, al. 2).

En cas de défaillance de l'emprunteur sur le remboursement périodique des intérêts, le prêteur peut **exiger** le remboursement immédiat des intérêts échus mais non payés (C. consom. art. L 315-22).

21830 Lorsque le prêteur est amené à demander la résolution du contrat, il peut exiger le **remboursement immédiat du capital** versé, ainsi que le **paiement des intérêts échus** (C. consom. art. L 315-23, al. 1). Jusqu'au règlement effectif, les sommes dues (capital et intérêts) produisent des intérêts

de retard à un taux égal à celui du prêt. Outre ces intérêts de retard, le prêteur peut demander le versement d'une **indemnité** (C. consom. art. L 315-23, al. 2). Cette indemnité ne peut pas excéder (Décret 2015-1849 du 29-12-2015 art. 2) :
– un mois d'intérêts sur le capital à rembourser, au taux d'intérêt figurant dans le contrat de prêt, si la durée résiduelle du prêt est inférieure à 5 ans ou si elle est négative ;
– deux mois d'intérêts sur le capital à rembourser, au taux d'intérêt figurant dans le contrat de prêt, si la durée résiduelle du prêt est comprise entre 5 ans et moins de 10 ans ;
– trois mois d'intérêts sur le capital à rembourser, au taux d'intérêt figurant dans le contrat de prêt, si la durée résiduelle du prêt est comprise entre 10 ans et moins de 15 ans ;
– quatre mois d'intérêts sur le capital à rembourser, au taux d'intérêt figurant dans le contrat de prêt, si la durée résiduelle du prêt est égale ou supérieure à 15 ans.
Cette indemnité peut être réduite par le juge si elle apparaît manifestement excessive (C. civ. art. 1231-5).

> **Précisions** La **durée résiduelle** du prêt correspond à la différence entre la durée théorique du prêt et la période écoulée pendant laquelle l'emprunteur a versé les intérêts dus. La **durée théorique** du prêt est déterminée en fonction de l'espérance de vie de l'emprunteur établie à partir des tables de mortalité en vigueur à la date d'acceptation de l'offre de prêt par l'emprunteur.

SECTION 2 PRÊT AVANCE MUTATION

I. CHAMP D'APPLICATION DU PRÊT AVANCE MUTATION

DÉFINITION

S'inspirant du prêt viager hypothécaire, le prêt avance mutation (PAM) est un prêt consenti par un établissement de crédit, un établissement financier ou une société de tiers-financement à une personne physique pour financer des **travaux de rénovation** (C. consom. art. L 315-2) : **21835**
– garanti par une hypothèque constituée à hauteur du montant initial du prêt augmenté des intérêts capitalisés annuellement ;
– dont le remboursement ne peut être exigé que lors de la mutation du bien.
Il peut également financer les **frais** liés à l'inscription d'une **hypothèque** et les **frais notariés.**

Afin d'en favoriser sa distribution, le **fonds de garantie pour la rénovation** (FGR) peut garantir, sous certaines conditions, les prêts avance mutation destinés à la réalisation de travaux permettant d'améliorer la performance énergétique du logement occupé à titre de résidence principale (CCH art. L 312-7, I-4° et R 312-7-3). **21840**
En l'absence de remboursement du prêt dans les 20 ans de sa souscription, l'établissement prêteur bénéficie de la garantie du fonds dans la limite de 75 % du montant total lui restant dû à la date de la demande (CCH art. R 312-7-4-1, al. 1). Lorsque l'emprunteur a choisi un remboursement progressif des intérêts, le prêteur peut, chaque année, bénéficier d'une avance sur garantie du fonds, dans la limite de 75 % des intérêts impayés constatés au cours de l'année précédente (CCH art. R 312-7-4-1, al. 2).

> **Précisions** Créé par la loi du 17 août 2015, le prêt avance mutation n'avait jusqu'à récemment pas été commercialisé, les établissements financiers considérant que ce dispositif présentait des risques en raison de l'impossibilité de connaître à l'avance la durée du prêt et la valeur du bien lors de la mutation. Suite à la loi Climat du 22 août 2021 et son décret d'application du 17 décembre 2021, il est désormais proposé par plusieurs réseaux bancaires sous la dénomination de « **prêt avance rénovation** ».

PARTICULARITÉS

La plupart des dispositions applicables au prêt viager hypothécaire ont été étendues au prêt avance mutation : interdiction de financer les besoins d'une activité professionnelle (C. consom. art. L 315-3) ; encadrement de la publicité et interdiction du démarchage (C. consom. art. L 315-4 s.) ; formation du contrat de crédit (C. consom. art. L 315-9 s.) ; affectation et entretien de l'immeuble (C. consom. art. L 315-12 s.) ; plafonnement de la dette et remboursement (C. consom. art. L 315-15 s.). **21845**

21847 Le contenu de l'**offre préalable** de prêt est ainsi identique (nos 21770 s.), à la seule différence que l'estimation du bien peut être effectuée par l'établissement prêteur et non pas nécessairement par un expert indépendant (C. consom. art. L 315-9).

Le terme du prêt avance mutation est la mutation du bien. Son **remboursement** n'intervient en effet que lorsque le bien immobilier change de propriétaire (à l'occasion d'une vente, d'une donation ou encore d'une succession) (C. consom. art. L 315-2, al. 1), étant précisé que le remboursement des intérêts peut faire l'objet d'un remboursement progressif, selon une périodicité convenue (C. consom. art. L 315-2, al. 2). Pour éviter aux ménages de voir les intérêts capitalisés s'accumuler en l'absence de mutation du bien, l'établissement prêteur peut prévoir une durée d'au minimum 10 ans, à l'issue de laquelle le remboursement du prêt est initié si la mutation du bien n'a pas eu lieu avant cette date (C. consom. art. L 315-2, al. 4 et R 315-3). Cette disposition peut être prise soit :

- au moment de la conclusion du contrat de prêt initial ;
- soit ultérieurement avec le consentement de l'emprunteur.

En cas de **défaillance de l'emprunteur** ayant opté initialement pour le remboursement périodique des intérêts d'un PAM garanti par le FGR (n° 21840), l'établissement prêteur peut lui proposer d'opter pour la capitalisation annuelle des intérêts futurs. L'emprunteur conserve alors le bénéfice du terme (C. consom. art. L 315-14, al. 2).

II. PRÊT AVANCE MUTATION À TAUX ZÉRO (PAMTZ)

21850 Le prêt avance mutation peut désormais être consenti sans intérêt, sous conditions de ressources des emprunteurs, pour financer les travaux de rénovation énergétique des logements anciens (C. consom. art. L 315-2, al. 3 ; CGI art. 244 quater T et CCH art. D 31-11-1 à D 31-11-16). Sont concernées les offres de prêts émises entre le 1er septembre 2024 et le 31 décembre 2027.

A. Conditions d'attribution du PAMTZ

BÉNÉFICIAIRES

21855 Seules peuvent bénéficier du prêt avance mutation à taux zéro (PAMTZ), les personnes physiques dont les **ressources** sont inférieures aux plafonds retenus pour l'attribution aux ménages modestes de certaines aides de l'Anah. Les plafonds de ressources à respecter en 2025, sont les suivants (Arrêté ATDL2431583A du 23-12-2024) :

Nombre de personnes composant le ménage	Île-de-France	Autres collectivités
1	28 933 €	22 015 €
2	42 463 €	32 197 €
3	51 000 €	38 719 €
4	59 549 €	45 234 €
5	68 123 €	51 775 €
Par personne supplémentaire	+ 8 568 €	+ 6 525 €

LOGEMENTS

21860 Les logements pouvant bénéficier du PAMTZ doivent être :

- **achevés** depuis plus de 2 ans à la date de début d'exécution de travaux et situés sur le territoire national (CGI art. 244 quater T, I-A ; CCH art. D 31-11-14) ;
- utilisés en tant que **résidence principale** pendant toute la durée du prêt. Si tel n'est pas le cas, la condition d'occupation doit être remplie au plus tard dans les 6 mois suivant la date de clôture du prêt, autrement dit, la date à laquelle l'emprunteur a transmis tous les documents justifiant de la réalisation des travaux financés (CCH art. D 31-11-2).

21865 L'obligation d'occuper le bien à titre de résidence principale entraîne l'**impossibilité de le transformer** en local commercial ou professionnel, de l'affecter à la location ou de l'utiliser comme résidence secondaire, sous peine de remboursement intégral du prêt.

Si le logement est détruit avant le terme du prêt pendant lequel il ne porte pas intérêt, ce dernier est maintenu si le logement est reconstruit dans les 4 ans du sinistre (CCH art. D 31-11-3).

TRAVAUX

Le PAMTZ peut financer les mêmes travaux que ceux ouvrant droit à l'**éco-PTZ classique** (nos 22685, 22690 et 22695). Il peut **inclure** les frais liés à l'inscription hypothécaire et les frais notariés. **21870**

En revanche sont **exclus** du champ d'application du prêt les travaux déjà financés par un éco-PTZ ou un PTZ (CGI art. 244 quater T, I-B ; CCH art. D 31-11-4).

Les travaux, obligatoirement réalisés par une entreprise « reconnue garant de l'environnement » (RGE), ne doivent pas avoir été commencés plus de 3 mois avant l'émission de l'offre de prêt (CCH art. D 31-11-14, I et II).

B. Caractéristiques du PAMTZ

MONTANT

Le montant du prêt ne peut excéder 50 000 € par logement (CGI art. 244 quater T, I-D). **21875**

Chaque catégorie de travaux de rénovation éligibles est soumise à un plafonnement qui varie, en fonction de la nature des travaux concernés, de 7 000 € à 50 000 € : voir no 22790 (CCH art. D 319-21 sur renvoi de D 31-11-4).

DURÉE

La durée du prêt sans intérêt ne peut pas être supérieure à 10 ans. **21880**

L'établissement prêteur peut toutefois accorder un prêt global sur une durée plus longue.

À l'expiration de la période « pendant laquelle le prêt avance mutation ne porte pas intérêt », le prêt se poursuivra dans les conditions financières et de remboursement classiques d'un prêt avance mutation portant intérêt. Dans cette hypothèse, l'offre préalable de prêt doit mentionner le taux effectif global applicable à compter du lendemain de l'expiration de la durée du PAMTZ (CCH art. D 31-11-7).

C. Modalités d'octroi et contrôle de la mise en œuvre du PAMTZ

OCTROI

Les prêts avance mutation à 0 % sont accordés par les établissements prêteurs ayant signé une convention avec l'État (CGI art. 244 quater T, III ; CCH art. D 31-11-8). **21885**

À l'appui de sa demande de PAMTZ, l'emprunteur doit **fournir** (CCH art. D 31-11-15) :

- le justificatif lié à l'occupation du logement en tant que résidence principale (ou l'engagement à l'utiliser si ce n'est pas encore le cas) ;
- le dernier avis d'imposition disponible afin de contrôler le respect de la condition de ressources ;
- le descriptif des travaux (complété, le cas échéant, d'un audit énergétique justifiant le respect des exigences de performance des travaux envisagés) ;
- l'ensemble des devis détaillés associés.

Le prêt est **versé** en une ou plusieurs fois, sur la base du descriptif et des devis détaillés, ou sur la base des factures des travaux effectivement réalisés transmises par l'emprunteur à tout moment avant la date de clôture du prêt. **21890**

Le montant versé peut être réajusté par le prêteur si le coût total des travaux dépasse les sommes initialement retenues lors de la demande de prêt. En tout état de cause, plus aucun versement n'est opéré 3 mois après la date de clôture du prêt (CCH art. D 31-11-5).

CONTRÔLE

L'emprunteur doit **communiquer** à l'établissement prêteur (CCH art. D 31-11-16) : **21895**

- le descriptif des travaux réalisés ;
- le montant des travaux éligibles au prêt ;
- l'ensemble des factures détaillées ;
- et, le cas échéant, le document confirmant l'utilisation du logement à titre de résidence principale si tel n'était pas le cas au moment de l'émission de l'offre de prêt.

Cette transmission doit avoir lieu dans le délai de 3 ans à compter de la date d'octroi du prêt. Toutefois, au plus tard 3 mois avant l'expiration de ce délai, l'emprunteur peut demander un allongement de celui-ci en cas de :
– force majeure ;
– maladie, accident grave ou décès ;
– procédure contentieuse liée à l'opération de rénovation ;
– ou reconnaissance d'état de catastrophe naturelle ou technologique.

Le délai est alors prorogé pour un an renouvelable par le directeur général du Trésor. Les modalités de l'allongement et les conditions dans lesquelles il peut être accordé sont définies par arrêté (Arrêté ECOT2013713A du 29-6-2020 modifié par arrêté ECOT2430597A du 3-12-2024).

21900 Si l'emprunteur **ne respecte pas** le délai de 3 ans pour justifier de la réalisation des travaux (sauf exceptions), celui-ci s'expose au remboursement de l'avantage indûment perçu, qui ne peut excéder le montant du crédit d'impôt majoré de 25 %.

Après relance, le prêteur peut proposer une régularisation prenant la forme d'un paiement direct des sommes indues, auquel cas la majoration de 25 % ne s'appliquera pas (CGI, art. 199 ter V, II, A, 2° ; CCH art. D 31-11-11).

CHAPITRE 3

PRÊTS RÉGLEMENTÉS ET AIDES DE L'ÉTAT

SOMMAIRE

VUE D'ENSEMBLE

22000 Le financement d'une opération immobilière est, généralement, constitué d'un apport personnel et de prêts. L'apport personnel est constitué des liquidités mobilisées par l'emprunteur pour financer l'opération (épargne constituée sur un plan ou un compte épargne logement, avoirs bancaires, contenu d'un livret d'épargne, produit de la vente de titres, etc.). Certains prêts sont dits « assimilables à un apport personnel » (prêt à taux zéro, prêt épargne logement, prêt Action Logement – ex-1 % logement –, notamment). Ils permettent de compléter le plan de financement, le cas échéant, jusqu'à 100 % mais comptent dans le taux d'effort de l'emprunteur.

> **> Précisions** Un **financement à 100 %** par l'emprunt est encore possible mais de plus en plus rare. En effet, les conditions réglementaires d'octroi fixées par le Haut Conseil de stabilité financière (HCSF) ont désormais un caractère juridiquement contraignant pour les établissements bancaires (Décision D-HCSF-2021-7 du 29-9-2021). Le taux d'effort des emprunteurs, autrement dit la part maximale des revenus consacrée au remboursement du prêt, ne doit pas excéder 35 % et la durée maximale d'un prêt immobilier ne doit pas dépasser 25 ans (durée à laquelle s'ajoute une période maximale de 2 ans de différé d'amortissement dans les cas où la date d'entrée en jouissance du bien est décalée par rapport à l'octroi du crédit). Malgré une marge de flexibilité pour les établissements financiers de 20 % de la production trimestrielle de nouveaux crédits pouvant déroger à ces règles, cet encadrement réglementaire ne permet plus, le plus souvent, d'accorder un financement à 100 %.

22005 Il n'entre pas dans notre propos d'étudier les prêts bancaires classiques dont les conditions et caractéristiques sont très variables d'un établissement financier à l'autre et dépendent du profil de l'emprunteur. Les développements qui suivent sont consacrés aux principaux prêts réglementés et aides que l'État a mis en place pour favoriser non seulement l'accession à la propriété d'une résidence principale ou la construction de logements locatifs, mais également la rénovation, notamment énergétique, du patrimoine immobilier.

TABLEAU COMPARATIF DES PRINCIPAUX PRÊTS

22007 Nous présentons ci-dessous un tableau récapitulatif des **principales caractéristiques** des principaux prêts réglementés et aides de l'État.

	Bénéficiaires	Opérations financées	Montant	Durée
PTZ	Personnes physiques en primo-accession sous conditions de ressources	Construction ou acquisition d'un logement neuf ou ancien (avec travaux de réhabilitation ou situé dans le parc social) occupé à titre de résidence principale	Plafond variant selon la taille de la famille, la zone géographique et le coût de l'opération	10, 15, 20 ou 25 ans en fonction des revenus du ménage
Éco-PTZ	• Personnes physiques propriétaires (bailleur ou occupant) • Société civile (bailleur ou mettant gratuitement le logement à la disposition d'un associé) • Syndicats de copropriétaires	Travaux dans la résidence principale ayant un impact positif sur la performance énergétique	Plafond variant selon la nature des travaux (de 7 000 à 50 000 €)	15 ou 20 ans au maximum Réduction à 3 ans possible
PLUS PLS	Bailleurs sociaux ou investisseurs privés ayant signé une convention avec l'État	Construction ou acquisition d'un logement destiné à la location et occupé à titre de résidence principale sous conditions de ressources	Selon des modalités de calcul fixées par la réglementation	40 ans en règle générale

	Bénéficiaires	Opérations financées	Montant	Durée
PC	• Personnes physiques • Personnes physiques ou morales destinant le bien à la location • Syndicats de copropriétaires	• Construction ou acquisition de la résidence principale • Travaux d'amélioration dans un logement de plus de 10 ans occupé à titre de résidence principale	Coût de l'opération	5 à 30 ans avec possibilité d'allongement à 35 ans
PAS	Personnes physiques	Construction ou acquisition avec ou sans travaux de la résidence principale sous conditions de ressources	Idem PC	Idem PC
Action Loge-ment	Salariés du secteur privé non agricole en situation de mobilité professionnelle, primo-accédant ou devant faire face à une situation de handicap au sein du ménage, sous conditions de ressources	• Construction ou acquisition de la résidence principale dans le neuf ou l'ancien sans travaux • Travaux d'amélioration dans la résidence principale	• Prêt accession : 30 000 € au maximum pour les opérations d'achat et de construction • Prêt travaux : prix de revient de l'opération plafonné à 10 000 €	• Prêt accession : 25 ans au plus • Prêt travaux : 10 ans au plus
CEL, PEL	Personnes physiques	Construction, acquisition, extension, réparation ou amélioration de la résidence principale	• Prêt au titre d'un CEL : ⩽ 23 000 € • Prêt au titre d'un PEL : ⩽ 92 000 €	De 2 à 15 ans

SECTION 1 PRÊT À TAUX ZÉRO (PTZ)

Le « prêt à taux zéro » (ou PTZ) est distribué depuis le 1er janvier 2011 (CCH art. L et D 31-10-1 s. ; Arrêté DEVL1026553A du 30-12-2010). Le régime présenté ci-après est celui applicable aux **offres de prêts émises depuis le 1er avril 2025.** 22010

Cette formule consiste en l'octroi d'un prêt sans intérêts destiné à financer la primo-accession à la propriété et assimilable partiellement ou en totalité à un apport personnel (au même titre que les autres crédits à caractère social ou les prêts d'épargne logement).

> **Précisions a.** Le dispositif s'applique aux **offres de prêt émises jusqu'au 31 décembre 2027.**
> **b.** Pour le prêteur, le prêt n'est pas sans taux d'intérêt. En contrepartie de l'application d'un taux égal à zéro, l'**établissement prêteur** bénéficie en compensation d'un crédit d'impôt (CGI art. 244 quater V). Pour pouvoir distribuer ces prêts, ces établissements doivent passer une convention avec l'État et avec la société de gestion agissant pour son compte (CCH art. L 31-10-13).
> **c.** La réglementation des **anciens prêts à taux zéro** n'est pas étudiée ici. Celle de l'« avance aidée par l'État » s'applique aux offres de prêt émises jusqu'au 31 janvier 2005 (CCH art. D 317-1 à D 317-25 ; Arrêté LOGC9500077A du 2-10-1995) et celle de l'« avance remboursable sans intérêts » aux offres émises entre le 1er février 2005 et le 31 décembre 2010 (CCH art. R 318-1 à D 318-34 ; Arrêté SOCU0510099A du 31-1-2005).

A. Champ d'application du PTZ

22040 Le PTZ est exclusivement accordé pour le financement de la **résidence principale** (CCH art. L 31-10-2). En aucun cas, il ne sera possible d'acquérir une résidence secondaire, un garage seul, ou d'utiliser le prêt pour effectuer uniquement des travaux.

Les travaux accompagnant une acquisition doivent être réalisés dans les 3 ans de la date d'émission de l'offre de prêt (CCH art. L 31-10-3 sur renvoi de D 31-10-8 sur renvoi de l'arrêté DEVL1026553A du 30-12-2010 art. 6). Une prolongation de ce délai peut être accordée dans certaines circonstances (voir n° 22310).

LOGEMENT NEUF

22041 Pour les offres de prêt émises entre le 1er avril 2025 et le 31 décembre 2027, le PTZ peut financer l'**achat ou** la **construction** d'un logement neuf sur **l'ensemble du territoire** (CCH art. L 31-10-2 modifié par loi 2025-127 du 14-2-2025 et D 31-10-2 modifiés) :

– construction d'une maison individuelle précédée, le cas échéant, de l'achat du terrain à bâtir ;

– achat d'un logement qui n'a encore jamais été occupé : maison individuelle ou appartement achevé, en état futur d'achèvement ou droits réels immobiliers dans le cadre d'un bail réel solidaire ;

– achat d'un logement faisant l'objet d'un contrat de location-accession régi par la loi 84-595 du 12 juillet 1984 (nos 12500 s.) ;

– aménagement à usage de logement de locaux non destinés à l'origine à l'habitation ;

– achat d'un logement ancien accompagné de travaux de rénovation de très grande ampleur équivalant à une opération de production ou de livraison d'un immeuble neuf au sens de l'article 257, I-2-2° du CGI. Ces travaux peuvent être réalisés par le vendeur ou l'emprunteur et une attestation doit être jointe à la demande de prêt (Arrêté DEVL1026553A du 30-12-2010 art. 8).

> **Précisions** Pour les offres de prêt émises **jusqu'au 31 mars 2025**, le PTZ dans le neuf était réservé, sauf exception, au financement des logements situés dans un bâtiment d'habitation collectif, autrement dit un bâtiment à usage d'habitation regroupant plus de 2 logements partiellement ou totalement superposés (CCH art. L 111-1, 6°) en zones tendues : zones A et B1.

LOGEMENT ANCIEN

22042 **Achat avec travaux** Le PTZ peut financer les acquisitions de logements nécessitant des **travaux de réhabilitation** situés dans une zone géographique **ne présentant pas un déséquilibre important** entre l'offre et la demande de logements (zones B2 et C) (CCH art. L 31-10-2).

L'acquéreur doit présenter un programme de travaux d'amélioration au moment de l'acquisition. Il dispose, pour procéder aux travaux requis, d'un délai de 3 ans maximum à compter de la date d'émission de l'offre de prêt. Ce délai de réalisation peut être prolongé dans certaines circonstances (voir n° 22310).

Le coût des travaux d'amélioration doit représenter plus de 25 % du coût total de l'opération. Sont considérés comme des travaux d'amélioration les travaux (CCH art. L 31-10-3, V et D 31-10-2, III modifiés) :

– de création de surface habitable (y compris de surfaces annexes), de modernisation, d'assainissement ou d'aménagement des surfaces habitables ou des surfaces annexes ;

– d'économie d'énergie à l'exception de ceux financés par un éco-PTZ ou un prêt avance mutation à taux zéro et de ceux portant sur l'installation d'un dispositif de chauffage fonctionnant aux énergies fossiles.

L'emprunteur doit justifier du programme de travaux à réaliser dans sa demande de prêt en fournissant le devis, puis de leur réalisation dans les délais en fournissant les factures (Arrêté DEVL1026553A du 30-12-2010 art. 6-1). Les travaux ne doivent pas en principe avoir été commencés par l'emprunteur avant l'émission de l'offre de prêt (CCH art. D 31-10-2). Certaines exceptions sont toutefois prévues (voir n° 22043, Précisions).

22043 Le programme de travaux doit permettre d'atteindre un **niveau de performance énergétique minimal** défini par arrêté (CCH art. D 31-10-2, II bis).

Pour satisfaire ce niveau de performance énergétique minimal, l'emprunteur doit justifier d'un niveau de performance minimal après travaux correspondant à la classe D (Arrêté DEVL1026553A du 30-12-2010 art. 6-1 modifié par arrêté TREL2401594A du 2-4-2024).

> **Précisions** a. Les acquisitions de logements anciens réalisées dans le cadre d'une **vente d'immeubles à rénover** mentionnées à l'article L 262-1 du CCH peuvent ouvrir droit au PTZ dans l'ancien avec travaux (CCH art. L 31-10-3, V modifié). Dans ce cas, les travaux d'amélioration peuvent avoir été commencés par le vendeur avant l'émission de l'offre de prêt de l'acheteur (CCH art. D 31-10-2 modifié). Les travaux d'amélioration peuvent également avoir été commencés par le vendeur avant

l'émission de l'offre de prêt de l'acheteur pour les logements faisant l'objet d'un **prêt social de location-accession** (PSLA) (CCH art. D 31-10-2).

b. Les ménages primo-accédants, modestes ou très modestes (au sens des plafonds de ressources Anah), qui bénéficient d'un PTZ pour l'acquisition d'un logement ancien peuvent obtenir, dès leur achat, une aide « **MaPrimeRénov' Parcours accompagné** » (CCH art. R 321-13 modifié par décret 2025-249 du 19-3-2025).

Achat d'un logement social Le PTZ peut également financer l'achat d'un logement ancien accompagné ou non de travaux, quelle que soit sa localisation. Cette possibilité, y compris dans le cadre d'une location-accession, est limitée à l'acquisition d'un **logement HLM** ou d'un **logement conventionné** appartenant à une société d'économie mixte si l'acquisition a lieu sans travaux ou avec des travaux ne dépassant pas 25 % du coût réglementaire d'opération (CCH art. L 31-10-2). 22044

Un logement occupé ne peut être vendu qu'à son locataire (ce dernier devant l'occuper depuis au moins 2 ans). À sa demande, le logement peut être vendu à son conjoint ou, sous réserve du respect de certaines conditions de ressources, à ses ascendants ou ses descendants, qui peuvent acquérir ce logement de manière conjointe avec leur conjoint, partenaire pacsé ou concubin.

Un logement vacant peut être vendu à toute personne physique remplissant les conditions notamment de ressources des bénéficiaires des opérations d'accession des organismes HLM (CCH art. L 443-1). Parmi ces bénéficiaires, sont prioritaires les locataires des bailleurs sociaux du département où se situe le logement ainsi que les gardiens d'immeuble employés par ces bailleurs (CCH art. L 443-11, III).

Le compromis de vente signé par l'emprunteur doit comporter les mentions permettant de justifier du respect de ces conditions. Il est accompagné, le cas échéant, de la convention applicable au logement. Tous ces documents doivent être communiqués à la banque qui accorde le PTZ (Arrêté DEVL1026553A du 30-12-2010 art. 9).

CAS DES DÉPENDANCES DU LOGEMENT

Le PTZ peut financer la construction ou l'acquisition des dépendances des logements. Sont considérés comme telles les garages, emplacements de stationnement, jardins, locaux collectifs à usage commun ainsi que les annexes, c'est-à-dire en habitat collectif les loggias, balcons, terrasses accessibles privatives, vérandas, séchoirs extérieurs au logement, caves d'une surface d'au moins 2 m². À cette liste s'ajoutent, pour l'habitat individuel, les garages individuels et les combles accessibles (CCH art. D 31-10-2 ; Arrêté DEVL1026553A du 30-12-2010 art. 1). 22045

Ces dépendances et annexes ne peuvent être financées que si elles sont construites ou acquises simultanément avec le logement financé par le PTZ.

CAS PARTICULIERS

Le PTZ peut servir à financer l'acquisition d'un logement en **indivision** dès lors que les coïndivisaires occupent le logement. Lorsque deux ou plusieurs ménages réalisent une telle opération, le prêt ne peut être accordé que si, après travaux, deux ou plusieurs logements indépendants sont identifiables. Dans ce cas, le PTZ est calculé et attribué par logement et par ménage. Le PTZ peut également permettre à un **coïndivisaire** d'acquérir le reste des droits indivis sur un logement. 22050

L'**usufruitier** d'un terrain ou d'un logement peut en acquérir la nue-propriété à l'aide du PTZ ; la même règle s'applique pour le **nu-propriétaire** qui en achète l'usufruit. En revanche, l'acquisition de la nue-propriété ou de l'usufruit seul sans reconstitution de la pleine propriété ne permet pas de bénéficier d'un PTZ.

De la même façon, le **détenteur de parts d'une SCI d'attribution** peut acquérir la totalité des autres parts correspondant à un unique lot d'habitation. Hors ce dernier cas, le PTZ ne peut pas être affecté au financement d'une société civile immobilière ni à l'achat de valeurs mobilières à vocation de financement de l'immobilier.

L'opération de construction peut se réaliser dans le cadre d'un **bail emphytéotique** dès lors que ce dernier prévoit une clause donnant à l'emprunteur la possibilité d'acquérir la propriété du logement ou d'un **bail à construction** dès lors qu'il est prévu une clause de transfert à terme de la propriété du terrain à l'emprunteur. Le PTZ peut également financer l'acquisition de la résidence principale dans le cadre d'un **bail réel solidaire** ou d'un **contrat d'accession à la propriété** respectant les conditions prévues au 2° du III de l'article 278 sexies du CGI (accession sociale à la propriété dans les zones ANRU ou dans un quartier prioritaire de la politique de la ville, ouvrant droit à la TVA au taux réduit de 5,5 %) (CCH art. D 31-10-2, I 4° et 5° modifié).

Le PTZ ne peut pas servir à **refinancer** un ou plusieurs autres prêts, y compris les prêts-relais. Il peut en revanche refinancer le terrain préacquis dans les 2 ans au maximum précédant l'émission de l'offre de prêt.

B. Conditions d'attribution du PTZ

1. CONDITIONS RELATIVES AU BÉNÉFICIAIRE DU PTZ

NON-PROPRIÉTÉ DE LA RÉSIDENCE PRINCIPALE

22100 **Principe** Le PTZ ne peut être accordé qu'aux personnes physiques n'ayant pas été propriétaires de leur résidence principale ou n'ayant pas acquis les droits réels immobiliers de leur résidence principale dans le cadre d'un bail réel solidaire, au cours des 2 années précédant l'émission de l'offre de prêt (CCH art. L 31-10-2 et L 31-10-3).

Ne sont **pas** considérés comme **propriétaires** les nus-propriétaires ou les usufruitiers (CCH art. D 31-10-3, al. 1), les titulaires d'un droit d'usage et d'habitation, d'un bail à construction ou d'un bail emphytéotique ainsi que les titulaires d'un contrat de location-accession, avant la levée de l'option.

Seule la propriété d'une **résidence** principale étant exclusive de l'octroi du prêt, la propriété d'une résidence secondaire ou d'un logement à usage locatif ne constitue pas une cause d'inéligibilité au prêt.

La condition de non-propriété de la résidence principale doit être respectée de façon continue pendant la **durée** de 2 ans.

22105 **Justification de la non-propriété** L'emprunteur doit, lors de la demande de prêt, fournir les pièces justificatives attestant de son lieu de résidence principale et apporter la preuve qu'il n'en a pas été propriétaire pendant cette période (CCH art. D 31-10-4 ; Arrêté DEVL1026553A du 30-12-2010 art. 3).

Doivent être produits :

– pour les **locataires,** le ou les contrats de bail ainsi que la dernière quittance de loyer pour chaque période de location au titre d'un bail différent ;

– pour les **occupants d'un logement de fonction** (ou attribué en raison de l'exercice d'un emploi), une attestation de l'employeur couvrant la période des 2 années ;

– pour les **personnes ayant résidé** sur tout ou partie de la période **à l'étranger,** un document établissant leur date d'arrivée sur le territoire national et ensuite un autre justificatif prouvant la non-propriété de la résidence principale jusqu'à la date d'émission d'offre de prêt.

Dans tous les **autres cas,** ou lorsque le demandeur ne peut pas fournir les pièces précitées, il doit :

– justifier de son lieu de résidence principale en fournissant, pour chacune des 2 années : l'avis d'imposition sur le revenu, ou deux documents concordants établissant le lieu de sa résidence principale (attestation d'assurance en matière de responsabilité civile touchant le logement, facture d'électricité, d'eau, de gaz ou de téléphone), ou une pièce d'identité. Ces derniers documents ne justifient du lieu de résidence principale que pour leur année d'établissement ; néanmoins, deux de ces documents en cours de validité indiquant une même adresse justifient du lieu d'habitation principale ;

– prouver son statut d'occupation en se procurant, auprès du centre des impôts fonciers dont dépend sa résidence principale, un extrait cadastral mentionnant l'identité du propriétaire du lot cadastral correspondant à chacun des logements désignés par cette personne comme étant ou ayant été le lieu de sa résidence principale. Il peut produire également une fiche personnelle de renseignement immobilier, délivrée par le service de la publicité foncière.

> Précisions a. En cas de **double résidence,** le ou les demandeurs doivent fournir une pièce justifiant de chaque adresse.

b. Le demandeur qui justifie du lieu de résidence principale et de la **cohabitation** avec une personne qui apporte la preuve de la non-propriété est dispensé d'apporter cette preuve.

22110 **Exceptions à la règle de non-propriété préalable** La condition de non-propriété de la résidence principale ne s'applique pas lorsque l'emprunteur ou l'un des occupants du logement (CCH art. L 31-10-3 modifié et D 31-10-3) :

– est titulaire de la carte « mobilité inclusion » comportant la mention « invalidité » délivrée depuis le 1er janvier 2017 (ou de la carte d'invalidité délivrée antérieurement) ;

– perçoit une pension d'invalidité de 2e ou 3e catégorie ;

– bénéficie de l'allocation attribuée aux adultes handicapés ou de l'allocation d'éducation qui est versée à toute personne assumant la charge d'un enfant handicapé ;

– a été victime d'une catastrophe naturelle ou technologique ayant conduit à rendre inhabitable de manière définitive sa résidence principale et entraînant l'application de l'un des textes suivants : la loi 82-600 du 13 juillet 1982 relative à l'indemnisation des victimes de catastrophes naturelles, l'article L 122-7 du Code des assurances pour les dommages causés par les effets du vent suite aux tempêtes, ouragans ou cyclones, l'article L 128-1, alinéa 1 du Code des assurances pour des dommages dus à des catastrophes technologiques ;

– a été exproprié dans le cadre de la procédure d'extrême urgence en cas de risque naturel ou technologique (C. expr. art. L 521-1 et L 521-4 à L 521-8).

> **Précisions** **a.** Pour bénéficier de l'exception à la règle de non-propriété préalable, les **victimes de catastrophes naturelles** doivent présenter leur demande de PTZ au plus tard 2 ans après la date de publication de la décision constatant l'état de catastrophe ou la survenance du sinistre. Elle doit être accompagnée d'une attestation selon laquelle les dommages subis nécessitent la réalisation ou l'acquisition d'un nouveau logement sur un autre site (CCH art. D 31-10-3, dernier al.).
> **b.** La condition de non-propriété préalable ne s'applique pas lorsque l'emprunteur vend son logement financé par un PTZ pour en acheter un autre répondant aux normes fixées pour bénéficier d'un PTZ. L'emprunteur peut alors bénéficier d'un **transfert de prêt** sur sa nouvelle opération (voir n° 22345).

CONDITIONS DE RESSOURCES

Plafonds de ressources Le bénéfice du PTZ est réservé aux personnes physiques dont le montant total des ressources est inférieur à un plafond. Ce plafond est fixé en fonction du nombre de personnes destinées à occuper le logement à titre de résidence principale et de la zone géographique d'implantation du logement (CCH art. L 31-10-2, al. 1 et L 31-10-3, II). **22115**

La **composition du foyer** s'apprécie au moment de l'offre de prêt (année N). Aucune distinction n'est faite entre les couples mariés et non mariés, ni entre les foyers comportant un ou deux actifs : seul compte le nombre de personnes qui vont habiter dans le logement. En cas d'enfant à naître, un certificat de grossesse permet d'en tenir compte (Arrêté DEVL1026553A du 30-12-2010 art. 5).

Les **zones géographiques** A, B1, B2 et C sont fixées par arrêté en fonction du déséquilibre entre l'offre et la demande de logements (Arrêté ETLL1417102A du 1-8-2014 modifié par arrêté ATDL2524318A du 5-9-2025).

Les plafonds de ressources à respecter sont les suivants (CCH art. D 31-10-3-1 modifié) :

Plafonds de ressources PTZ				
Nombres de personnes destinées à occuper le logement	Zone A	Zone B1	Zone B2	Zone C
1	49 000 €	34 500 €	31 500 €	28 500 €
2	73 500 €	51 750 €	47 250 €	42 750 €
3	88 200 €	62 100 €	56 700 €	51 300 €
4	102 900 €	72 450 €	66 150 €	59 850 €
5	117 600 €	82 800 €	75 600 €	68 400 €
6	132 300 €	93 150 €	85 050 €	76 950 €
7	147 000 €	103 500 €	94 500 €	85 500 €
8 et plus	161 700 €	113 850 €	103 950 €	94 050 €

Ressources prises en compte Les ressources prises en compte correspondent à la somme des revenus fiscaux de référence des personnes destinées à occuper le logement. Il s'agit des revenus de l'année N – 2 par rapport à la date d'émission du prêt. Ainsi, un prêt accordé en mai 2025 dépendra des revenus de l'année 2023 figurant sur l'avis d'imposition reçu en 2024. **22120**

Lorsque la composition du ou des foyers fiscaux inclut lors de l'année N – 2 des personnes qui ne sont pas destinées à occuper le logement (décès, divorce, séparation, enfant ayant quitté le foyer), le ou les revenus fiscaux de référence sont corrigés, le cas échéant de manière forfaitaire, pour ne tenir compte que des personnes qui occuperont le logement. Le ou les revenus du ou des foyers fiscaux qui ne peuvent pas être individualisés sur les avis d'imposition sont affectés pour moitié à l'emprunteur et pour moitié au conjoint ou en totalité à l'emprunteur en l'absence de conjoint (CCH D 31-10-3-2).

Lorsque le montant total des ressources est inférieur à 1/9e du coût total de l'opération (tel que défini n° 22310), c'est ce dernier montant qui est retenu (CCH art. D 31-10-3-2, b).

22125 **Justification des ressources** L'emprunteur doit produire, lors de sa demande de prêt, son avis d'imposition N - 2 et, le cas échéant, les avis d'imposition des personnes destinées à occuper le logement. L'emprunteur qui, l'année N - 2, était rattaché à un foyer fiscal ou était à la charge de ses parents doit fournir l'avis d'imposition de ce foyer et une attestation sur l'honneur précisant le montant correspondant à ses propres revenus (Arrêté DEVL1026553A du 30-12-2010 art. 4 et ann. V).

Les **personnes non imposables** doivent fournir à l'appui de leur demande de prêt à taux zéro un avis de situation déclarative de l'impôt sur le revenu (Asdir).

2. CONDITIONS D'OCCUPATION DU LOGEMENT

OCCUPATION DU LOGEMENT À TITRE DE RÉSIDENCE PRINCIPALE

22150 Le PTZ n'est octroyé que pour la construction ou l'acquisition d'un logement en vue de l'occuper à titre de résidence principale. Par « résidence principale », il faut entendre un logement occupé pendant une **durée minimale de 8 mois** par an par le bénéficiaire du prêt (CCH art. D 31-10-6, 1°) sauf :

– cas de force majeure : c'est-à-dire les événements extérieurs et indépendants de la volonté de l'occupant qui rendent impossible toute occupation du logement ;

– raisons de santé : sont concernées les personnes séjournant temporairement dans des centres hospitaliers ou dans des établissements de soins sociaux ou médico-sociaux ;

– obligation liée à l'activité professionnelle caractérisée par des déplacements réguliers : sont visées l'emprunteur ou l'une des personnes occupant le logement à titre de résidence principale, contraints par la nécessité absolue de service découlant de dispositions statutaires ou par une obligation figurant dans le contrat de travail, de résider dans un logement qui n'est pas le logement financé avec le prêt (travailleurs saisonniers, représentants de commerce, personnes appelées à des missions temporaires à l'étranger, marins d'État ou de commerce, par exemple). La nécessité absolue de service découlant de dispositions statutaires ou d'une obligation figurant dans le contrat de travail de résider dans un logement autre que le logement financé est admise comme obligation professionnelle permettant de déroger à la règle des 8 mois (Rép. Huyghe : AN 20-9-2011 n° 62758). Il en va de même de l'éloignement temporaire entre le logement financé et le lieu d'activité, dans la limite de 3 ans.

22155 L'**entrée dans les lieux** doit intervenir dans le délai maximal d'un an suivant soit la déclaration d'achèvement des travaux, soit l'acquisition du logement si celle-ci est postérieure à cette déclaration. Ce délai est porté à 6 ans lorsque le logement est destiné à être occupé par le bénéficiaire de l'avance dès son départ en retraite, à condition toutefois que le logement soit loué entre-temps selon les modalités indiquées n° 22160 (CCH art. L 31-10-6 et D 31-10-6, 1°).

La **condition d'occupation** en tant que résidence principale doit être respectée au cours des 6 années suivant la date de versement du prêt. Cela signifie que, pendant cette période de 6 années, l'emprunteur ne peut ni transformer son logement en local destiné à un autre usage, ni l'utiliser comme résidence secondaire, ni le donner en location meublée ou saisonnière ou l'occuper à titre accessoire à un contrat de travail.

Par exception, le logement peut être utilisé à titre accessoire pour un **usage commercial ou professionnel** par l'emprunteur et les personnes déclarées comme devant y habiter. La surface affectée à cette activité ne doit pas excéder 15 % de la surface financée par le PTZ (CCH art. D 31-10-6, 4°). L'établissement prêteur doit être informé de l'exercice de cette activité au moyen d'une déclaration conforme à un modèle type (Arrêté DEVL1026553A du 30-12-2010 art. 10 et ann. VII).

MISE EN LOCATION DU LOGEMENT

22160 Tant que le délai de 6 ans à compter du versement du PTZ n'est pas écoulé, le logement ne peut être mis en location que si les **conditions** suivantes sont respectées (CCH art. D 31-10-6, 2°) :

– l'**emprunteur** est confronté à l'une des situations suivantes : logement acheté en vue de son départ à la retraite, mobilité professionnelle entraînant un trajet aller d'au moins 1 h 30 ou d'une distance d'au moins 50 km, décès d'une personne composant le ménage, divorce, dissolution d'un pacte civil de solidarité, invalidité ou incapacité reconnue par une décision de la commission des droits et de l'autonomie des personnes handicapées (CASF art. L 146-9) ou par une carte mobilité inclusion comportant la mention « invalidité » délivrée depuis le 1er janvier 2017 (ou par une carte d'invalidité délivrée auparavant) (CASF art. L 241-3), chômage d'une durée supérieure à un an attestée par l'inscription sur la liste des demandeurs d'emploi de l'article L 5411-1 du Code du travail ;

– la location est d'une **durée** maximale de 6 ans ;

– les ressources du **locataire** ne sont pas supérieures aux plafonds applicables aux logements financés par un prêt locatif social (PLS) (nº 23145) ;

– le montant du **loyer** ne peut pas excéder celui de ces mêmes logements PLS (nº 23116).

L'emprunteur doit déclarer la location du logement auprès de l'établissement prêteur et, le cas échéant, de l'organisme payeur des aides personnalisées au logement (APL).

3. CONDITIONS RELATIVES AU PTZ

Il ne peut être accordé qu'un seul PTZ par opération (CCH art. L 31-10-2, dernier al.). 22200

L'emprunteur doit remettre à l'établissement prêteur une déclaration sur l'honneur attestant qu'il n'a recours qu'à un seul PTZ pour l'opération. Lorsqu'un ou plusieurs autres établissements de crédit concourent au financement de l'opération, l'établissement qui accorde le PTZ doit leur demander une attestation certifiant qu'ils n'accordent pas ce type de prêt pour l'opération (Arrêté DEVL1026553A du 30-12-2010 art. 2).

CUMUL AVEC D'AUTRES AIDES OU PRÊTS

Le PTZ ne peut pas constituer le financement unique ou principal de l'opération puisqu'il est limité dans son montant (nº 22315). L'emprunteur peut compléter son financement par un prêt conventionné (nºs 25600 s.) ou un prêt d'accession sociale PAS (nºs 26000 s.), un prêt d'épargne logement (nºs 27800 s.), un prêt Action Logement (nºs 27400 s.), un prêt à taux zéro ou à taux bonifié mis en place par certaines collectivités territoriales, un prêt bancaire classique non réglementé ou encore une aide à la pierre de l'Anah (nºs 24800 s.). 22205

CONTRÔLE DES CONDITIONS D'ATTRIBUTION DU PTZ

Les établissements prêteurs doivent vérifier que les conditions d'attribution du PTZ sont respectées au moment de son octroi. Ils doivent indiquer dans le contrat de prêt les conditions générales du PTZ et les obligations d'information incombant à l'emprunteur notamment en cas de changement de situation (CCH art. L 31-10-7, dernier al.). 22215

Les contrôles des conditions d'application des dispositions régissant les PTZ sont effectués par des agents de la Société de gestion des financements et de la garantie de l'accession sociale à la propriété (SGFGAS) missionnés par le ministère chargé de l'économie et le ministère chargé du logement (CCH art. L 31-10-14).

SANCTIONS EN CAS DE NON-RESPECT DES CONDITIONS RÉGLEMENTAIRES

L'établissement prêteur doit indiquer dans le contrat de prêt les obligations d'information incombant à l'emprunteur, notamment en cas de changement de situation (CCH art. L 31-10-7). 22230

Lorsque les **conditions d'attribution du prêt** n'ont pas été respectées du fait de l'emprunteur (par exemple, déclaration erronée), le montant et les conditions du prêt peuvent être modifiés. L'exigibilité totale du PTZ peut être prononcée par le prêteur en cas de non-conformité rendant l'opération en définitive inéligible au PTZ. L'emprunteur s'expose donc soit à devoir rembourser immédiatement tout ou partie du capital restant dû, soit à régler des intérêts jusqu'à la fin de son prêt au taux fixé dans l'offre de prêt. En outre, dans les deux cas, il peut avoir à régler des intérêts sur le capital déjà remboursé (CCH art. D 31-10-7).

Lorsque l'emprunteur ne respecte pas les **conditions du maintien du prêt** (par exemple, le logement n'est plus sa résidence principale), le capital restant dû devient immédiatement exigible (CCH art. L 31-10-7).

C. Caractéristiques du PTZ

MONTANT DU PRÊT

Le montant du PTZ est égal à une **quotité** du **coût total** de l'opération retenu dans la limite d'un **plafond** (CCH art. L 31-10-8, al. 1). 22300

22305 **Quotité du prêt** Cette quotité est fixée en fonction des ressources de l'emprunteur, de la localisation du logement et de son caractère neuf ou ancien (CCH art. L 31-10-9). Elle est modulée en fonction de l'appartenance de l'emprunteur à des **tranches** de ressources (CCH art. D 31-10-9, I modifié) :

Tranche	Zone A	Zone B1	Zone B2	Zone C
1	⩽ 25 000 €	⩽ 21 500 €	⩽ 18 000 €	⩽ 15 000 €
2	⩽ 31 000 €	⩽ 26 000 €	⩽ 22 500 €	⩽ 19 500 €
3	⩽ 37 000 €	⩽ 30 000 €	⩽ 27 000 €	⩽ 24 000 €
4	⩽ 49 000 €	⩽ 34 500 €	⩽ 31 500 €	⩽ 28 500 €

22307 L'appartenance à une tranche est déterminée par la comparaison entre les limites des tranches et le montant total des ressources des personnes destinées à occuper le logement divisé par un **coefficient familial** (CCH art. L 31-10-10) :

Nombre de personnes occupant le logement	1	2	3	4	5 et plus
Coefficient familial	1,0	1,5	1,8	2,1	2,4

22309 La quotité du prêt est **modulée** en fonction de l'appartenance de l'emprunteur à l'une des tranches de ressources suivantes (CCH art. D 31-10-9, II modifié par décret 2025-299 du 29-3-2025) :

Tout type de logement (sauf logement individuel neuf et logement du parc social)	
Tranche	Quotité
1	50 %
2	40 %
3	40 %
4	20 %

Pour le PTZ finançant l'acquisition d'un **logement du parc social** (n° 22044), cette quotité est égale à 20 %.

Logement individuel neuf	
Tranche	Quotité
1	30 %
2	20 %
3	20 %
4	10 %

Les conditions dérogatoires indiquées dans le tableau ci-dessus **ne s'appliquent pas** pour :
– l'aménagement de locaux en logements ;
– l'acquisition d'un logement neuf en location-accession, en bail réel solidaire (BRS) ou en accession sociale à la propriété (accession en zone ANRU ou en QPV quartier de la politique de la ville).

22310 **Coût total de l'opération** Le coût de l'opération **comprend** (CCH art. D 31-10-8) :
– le prix d'acquisition du terrain (dès lors qu'il a été acheté moins de 2 ans avant l'émission d'offre du PTZ) ou du logement, y compris les honoraires de géomètre et les taxes afférentes à l'exclusion des frais de notaire et des droits d'enregistrement pour les terrains à bâtir et les logements anciens ;
– les honoraires de négociation à la charge de l'acheteur ;
– le coût d'aménagement et de viabilisation du terrain, y compris les honoraires liés à leur réalisation ;

– le coût des travaux, y compris les honoraires liés à leur réalisation ou à leur certification, à l'exception du montant financé par un éco-prêt à taux zéro ou un prêt avance mutation à taux zéro et, lorsque le logement est ancien, du coût des travaux portant sur l'installation d'un dispositif de chauffage fonctionnant aux énergies fossiles ;
– les frais d'assurance de responsabilité des constructeurs et de dommages-ouvrage ;
– la taxe d'aménagement.

L'emprunteur doit **justifier** du coût total de son opération au moyen de tout contrat, devis, facture ou acte.

Pour être intégrés au coût de l'opération, les éventuels travaux doivent être **terminés** au plus tard 3 ans après l'émission de l'offre de prêt. Une prolongation de ce délai peut être accordée dans certaines circonstances. La demande motivée doit être formulée auprès de la banque au plus tard 3 mois avant l'échéance des 3 ans. La dérogation ne peut être obtenue que dans l'une des situations suivantes :
– cas de force majeure ;
– maladie ou accident de l'emprunteur ayant entraîné une incapacité temporaire de travail d'au moins 3 mois (ou décès de l'emprunteur) ;
– contentieux en cours lié à la réalisation de l'opération ;
– reconnaissance de l'état de catastrophe naturelle ou technologique.

Cet allongement de délai est accordé pour une durée d'un an renouvelable. Les modalités de l'allongement et les conditions dans lesquelles il peut être accordé sont définies par arrêté (Arrêté ECOT2013713A du 29-6-2020 modifié par arrêté ECOT2430597A du 3-12-2024).

> Précisions **a.** Pour les **locaux à usage mixte** professionnel et d'habitation, le PTZ est calculé au prorata de la surface destinée au seul logement.
b. Si le **terrain** a fait l'objet d'une donation, il n'entre pas dans le coût de l'opération, seul celui de la construction étant pris en compte.

Double plafonnement du prêt Le **plafond** dans la limite duquel est retenu le coût total de l'opération est fixé en fonction de la composition de la famille et de la zone géographique du logement financé (CCH art. D 31-10-10) : 22315

Nombre de personnes occupant le logement	Zone A	Zone B1	Zone B2	Zone C
1	150 000 €	135 000 €	110 000 €	100 000 €
2	225 000 €	202 500 €	165 000 €	150 000 €
3	270 000 €	243 000 €	198 000 €	180 000 €
4	315 000 €	283 500 €	231 000 €	210 000 €
5 et plus	360 000 €	324 000 €	264 000 €	240 000 €

Le montant du prêt accordé ne peut en principe jamais **excéder** le montant **du ou des autres prêts** immobiliers d'une durée au moins égale à 2 ans obtenus pour la même opération. Par dérogation, lorsque la quotité du prêt est égale à 50 %, le montant du PTZ ne peut excéder de plus de 25 % le montant du ou des autres prêts (de 2 ans ou plus) finançant cette même opération (CCH art. L 31-10-8, al. 1). 22317

VERSEMENT DU PRÊT

Le prêt est versé au vendeur ou au cocontractant de l'acquéreur par l'établissement de crédit pour le compte du bénéficiaire. Si l'acquéreur réalise lui-même les travaux de construction ou de réhabilitation, le montant du prêt lui est versé directement sur présentation des factures (Rép. Vidal : Sén. 11-9-1997 n° 995). 22320

REMBOURSEMENT DU PRÊT

Les conditions de remboursement du prêt sont déterminées à la date d'émission de l'offre de prêt. Le remboursement du prêt s'effectue, en fonction des ressources de l'emprunteur (CCH art. L 31-10-11) : 22325
– soit en une seule période ;
– soit, lorsqu'il y a un différé de remboursement, en deux périodes.

Les remboursements sont obligatoirement réalisés par mensualités constantes, sauf pendant la période de différé d'amortissement portant sur la totalité du prêt.

Cette période de **différé de remboursement** pendant laquelle l'emprunteur ne rembourse rien est prévue pour les ménages appartenant aux 3 premières tranches de revenus. La durée de la période de différé peut être réduite à la demande de l'emprunteur, mais elle ne peut pas être inférieure à 2 ans désormais (CCH art. L 31-10-11, al. 4 modifié). La période de différé d'amortissement ne peut, en aucun cas, être supérieure à la durée la plus longue des prêts complémentaires (CCH art. L 31-10-11, al. 3).

Selon les tranches de revenus, les conditions de remboursement sont les suivantes (CCH art. D 31-10-11) :

Tranche	Capital différé	Modalités de remboursement	Durée totale
1	100 %	Pendant 10 ans, aucun remboursement Après 10 ans, le prêt est remboursé en 15 ans	25 ans
2	100 %	Pendant 8 ans, aucun remboursement Après 8 ans, le prêt est remboursé en 12 ans	20 ans
3	100 %	Pendant 2 ans, aucun remboursement Après 2 ans, le prêt est remboursé en 13 ans	15 ans
4	0 %	Pas de différé de remboursement Le prêt est remboursé en 10 ans	10 ans

EXEMPLE

Hypothèse n° 1 : Un couple avec deux enfants dont les revenus correspondent à la tranche 3 envisage l'acquisition d'une maison individuelle neuve en zone B1. Le coût de l'opération s'élève à 350 000 € et le montant des autres prêts à 230 000 €. Le montant du PTZ sera de 56 700 € (soit 20 % du coût plafond de 283 500 €).
Après un différé de remboursement de 2 ans, le PTZ sera remboursé en 13 ans.
Hypothèse n° 2 : Un couple avec 1 enfant dont les revenus correspondent à la tranche 4 envisage l'acquisition d'un appartement neuf en zone A. Le coût de l'opération s'élève à 300 000 € et le montant des autres prêts à 50 000 €. Le montant du PTZ devrait en principe être égal à 54 000 € (soit 20 % du coût plafond de 270 000 €), mais ce montant est plafonné à 50 000 € puisque le PTZ ne peut pas dépasser le montant des autres prêts.
Le prêt sera remboursé en 10 ans sans différé de remboursement.

22345 **Remboursement anticipé** Toute **mutation** entre vifs des logements financés avec un PTZ entraîne le remboursement intégral du capital restant dû au plus tard au moment de l'accomplissement des formalités de publicité foncière. Chaque mutation doit être signalée à l'établissement prêteur dès la signature de l'acte authentique (CCH art. D 31-10-6, 6°).

Toutefois, à titre dérogatoire, le bénéficiaire d'un PTZ qui vend le logement ainsi financé pour acquérir une nouvelle résidence principale peut obtenir le **transfert du capital** restant dû du prêt initial sur le nouveau logement et poursuivre ses remboursements dans les conditions initialement prévues. Au cours des 6 années suivant la date de versement du prêt, la nouvelle résidence principale doit respecter les conditions d'obtention d'un PTZ en vigueur à la date du transfert. Au-delà, l'assouplissement de la condition d'occupation du logement à titre de résidence principale s'applique et le PTZ pourra être transféré sur tout type de logement. L'établissement prêteur peut toujours refuser le transfert s'il considère que la garantie prise sur le nouveau bien n'est pas à même de protéger ses intérêts (CCH art. L 31-10-6, al. 2 et D 31-10-6, 6°). En aucun cas, ce prêt transféré ne peut servir au remboursement d'un éventuel prêt-relais. L'emprunteur doit avertir l'établissement prêteur avant la vente du logement, et le transfert doit intervenir dans un délai maximal de 6 mois à partir de la date à laquelle le logement cesse d'être la résidence principale de l'emprunteur.

En cas de succession, le capital restant dû au titre du PTZ doit être intégralement remboursé, sauf si l'héritier est coemprunteur ou si l'assurance décès de l'emprunteur a intégralement remboursé les sommes restant dues.

En cas de divorce ou de séparation, l'époux, le concubin ou le partenaire lié par un Pacs qui reprend le logement peut continuer à bénéficier de l'intégralité du PTZ en cours de remboursement ou différé.

22350 **Retard de paiement** En cas de retard de paiement des échéances de remboursement du PTZ, la perception d'un intérêt de retard est possible. Dans ce cas, le taux ne peut pas dépasser de plus de 50 points de base le taux de référence défini au dernier alinéa de l'article D 31-10-7 du CCH et servant au calcul des taux plafonds des prêts conventionnés et des PAS.

DISPOSITIONS D'ORDRE FISCAL

Le financement partiel de l'acquisition par un prêt à taux zéro n'exclut pas, le cas échéant, de bénéficier des avantages fiscaux du logement social. Ainsi, le bénéficiaire d'un PTZ peut bénéficier, toutes autres conditions remplies par ailleurs, de l'exonération de **taxe foncière** de longue durée prévue par l'article 1384 A du CGI pour les constructions neuves financées à l'aide de prêts aidés par l'État (CE 3-2-2021 n° 429004 : RJF 4/21 n° 384, jugeant que le PTZ ne constitue pas une « avance remboursable ne portant pas intérêt au sens de l'article D 317-1 du CCH » exclusive de l'exonération de taxe foncière de longue durée sur le fondement de l'art. 1384 A, I al. 4 du CGI) : n° 83045. **22370**

L'acquisition d'un terrain ou d'un immeuble bâti financée par le prêt à taux zéro est soumise aux **droits d'enregistrement** et/ou à la **TVA** dans les conditions de droit commun (nos 84500 s.). **22372**

Alors que les inscriptions hypothécaires prises en garantie du remboursement des prêts à taux zéro consentis jusqu'au 31 décembre 2010 étaient exonérées systématiquement de la **taxe de publicité foncière,** cette exonération ne s'applique qu'aux inscriptions garantissant les PTZ sous plafonds de ressources permettant l'éligibilité au fonds de garantie de l'accession sociale (FGAS), c'est-à-dire du niveau des plafonds des prêts PAS. En effet, l'article 845 du CGI énonçant cette exonération ne renvoie pas à l'article 244 quater V du même Code qui réglemente les PTZ. Les plafonds de ressources des prêts d'accession sociale PAS ayant été alignés sur ceux du PTZ depuis le 1er octobre 2014, l'ensemble des PTZ émis depuis cette date bénéficie de facto de l'exonération de taxe de publicité foncière. **22375**

SECTION 2 ÉCO-PRÊT À TAUX ZÉRO

Directement inspiré du prêt à taux zéro pour l'acquisition de logements, l'éco-prêt à taux zéro (éco-PTZ) est une avance remboursable sans intérêts destinée au financement des travaux d'amélioration de la performance énergétique des logements anciens. **22600**

Ce dispositif est **régi** par l'article 244 quater U du CGI dont les modalités d'application sont précisées aux articles D 319-1 à D 319-58 du CCH, 49 septies ZZA à ZZE de l'annexe III du CGI et par les arrêtés DEVU0903668A du 30 mars 2009 pour la métropole et DEVL1109911A du 25 mai 2011 pour les départements d'outre-mer et Saint-Martin modifiés par l'arrêté ATDL2434978A du 27 mars 2025.

Il s'applique aux avances remboursables émises entre le 1er avril 2009 et le 31 décembre 2027.

> **Précisions a.** L'avance est distribuée par les **établissements de crédit,** les **sociétés de tiers-financement** et les **sociétés de financement** ayant signé une convention avec l'État dont le modèle est approuvé par arrêté. Deux autres conventions complètent le dispositif, l'une signée entre l'État et la Société de gestion des financements et de la garantie de l'accession sociale à la propriété (SGFGAS), l'autre, entre cette dernière et les établissements de crédit (Arrêté DEVU0907623A du 4-5-2009).
> **b.** Les établissements qui octroient des avances remboursables sans intérêts bénéficient d'un **crédit d'impôt** sur 5 ans pour compenser l'absence d'intérêt.

A. Conditions d'attribution de l'éco-PTZ

1. BÉNÉFICIAIRES DE L'ÉCO-PTZ

Seuls peuvent bénéficier de l'éco-PTZ les **propriétaires,** personnes physiques ou sociétés civiles non soumises à l'impôt sur les sociétés dont l'un au moins des associés est une personne physique, qu'ils soient occupants, bailleurs ou s'engagent à donner le bien en location (CGI art. 244 quater U, I-3, 1° et 2°). **22610**

Lorsque l'**immeuble** est **en copropriété,** les copropriétaires peuvent également bénéficier à titre individuel de l'éco-PTZ pour les travaux éligibles entrepris par le syndicat des copropriétaires (n° 22660) à raison du prorata des travaux qui leur revient (CGI art. 244 quater U, I-3, 3° ; CCH art. D 319-1).

Un « **éco-prêt à taux zéro copropriétés** » est ouvert aux **syndicats de copropriétaires** afin de financer les travaux d'économie d'énergie portant sur les parties communes de la copropriété ou les travaux d'intérêt collectif réalisés sur les parties privatives (CGI art. 244 quater U, VI bis).

CONDITION RELATIVE AU LOGEMENT

22620 **Occupation à titre de résidence principale** Quelles que soient les modalités de son occupation (par le propriétaire, un locataire ou un associé de société civile bénéficiant d'une mise à disposition gratuite), le logement doit être exclusivement affecté, ou être destiné, à la résidence principale de son occupant (CGI art. 244 quater U, I-1). Par « résidence principale », il faut entendre un logement occupé pendant une **durée minimale** de 8 mois par an (CCH art. R 318-7, al. 1 sur renvoi de D 319-2, al. 1 pour l'éco-PTZ classique ; Décret 2020-26 du 14-1-2020 art. 1 III sur renvoi de CCH art. D 319-45, al. 1 pour l'éco-PTZ « MaPrimeRénov' »).

L'utilisation en tant que résidence principale doit être effective **au plus tard** dans un délai de 6 mois suivant la date à laquelle l'emprunteur a transmis l'ensemble des justificatifs des travaux réalisés (dite « date de clôture de l'avance »), ces derniers devant en tout état de cause avoir été communiqués, sauf exception, à l'établissement prêteur au plus tard 3 ans après la date de l'émission de l'offre de prêt, dite « date d'octroi de l'avance » (CCH art. D 319-2, al. 2). Pour les éco-PTZ copropriétés, la date d'octroi de l'avance s'entend de la date de signature par l'emprunteur du contrat de prêt (CCH art. D 319-25).

Cette condition d'occupation à titre de résidence principale doit être respectée jusqu'au remboursement intégral de l'avance. En conséquence, **durant toute la durée du prêt,** et sous peine de remboursement anticipé du capital de l'avance restant dû, le logement ne peut être (CCH art. D 319-3) :

- ni transformé en locaux commerciaux ou professionnels ;
- ni affecté à la location saisonnière ;
- ni utilisé comme résidence secondaire ;
- ni détruit sans qu'il soit procédé à sa reconstruction dans un délai de 4 ans à compter de la date du sinistre.

Les dispositions des articles D 319-2 et D 319-3 ne sont pas applicables en cas d'éco-prêt associé à une aide de l'Anah au titre de la lutte contre la précarité énergétique (voir n° 22700) (CCH art. D 319-36).

22630 **Conséquence du transfert de la propriété du logement** Toute mutation entre vifs de la propriété du logement ayant bénéficié de l'avance entraîne le **remboursement intégral** du capital de l'avance restant dû au plus tard au moment de l'accomplissement des formalités de publicité foncière. La mutation doit être déclarée à l'établissement prêteur dès la signature de l'acte authentique qui la constate (CCH art. D 319-4). L'éco-PTZ associé à une aide de l'Anah (voir n° 22700) n'est pas soumis à cette condition (CCH art. D 319-36).

Les dispositions de l'article D 319-4 ne sont par ailleurs pas applicables en cas de vente du logement avant le remboursement de l'**éco-PTZ copropriétés.** L'obligation de payer les sommes restant dues peut en effet être **transmise** au nouveau copropriétaire dans les conditions fixées par l'article 26-8 de la loi 65-557 du 10 juillet 1965, c'est-à-dire avec l'accord de la banque, de la caution et de l'acquéreur (CCH art. D 319-27).

CONDITION DE RESSOURCES

22635 Le bénéfice de l'éco-PTZ n'est soumis à aucun plafond de ressources.

2. IMMEUBLES CONCERNÉS PAR L'ÉCO-PTZ

22650 L'éco-PTZ est réservé aux travaux effectués dans un logement achevé depuis **plus de 2 ans** à la date de début d'exécution des travaux et utilisé en tant que **résidence principale** (CGI art. 244 quater U, I-1).

Cette condition d'ancienneté **ne s'applique toutefois pas** dans le cadre de l'éco-PTZ associé à une aide de l'Anah (voir n° 22700) ou de l'éco-PTZ « MaPrimeRénov' » (voir n° 25510). Dans ces cas, les logements doivent être achevés depuis plus de 15 ans.

22660 Dans les immeubles en copropriété, l'**éco-PTZ individuel** peut financer les travaux réalisés (CGI art. 244 quater U, I-3-3° et 4° ; CCH art. D 319-1) : dans les parties privatives, les parties communes ou encore les « parties privatives d'intérêt collectif ». Sont visés des travaux d'intérêt commun comme le changement de toutes les fenêtres d'un immeuble avec chauffage collectif.

22670 L'**éco-PTZ copropriétés** ouvert aux syndicats de copropriétaires (voir n° 22610) permet de financer (CGI art. 244 quater U, VI bis) :

- les travaux d'intérêt collectif réalisés sur les parties privatives (Loi 65-557 du 10-7-1965 art. 25, f). Il s'agit de travaux d'économie d'énergie ou de réduction des gaz à effet de serre qui peuvent être décidés par la copropriété mais qui sont réalisés sur les parties privatives aux frais du

copropriétaire du lot concerné sauf s'il apporte la preuve de la réalisation de travaux équivalents dans les 10 années précédentes ;
– les travaux réalisés sur les parties et équipements communs.

> Précisions Les syndicats de copropriétaire peuvent financer grâce à l'éco-PTZ copropriétés le **reste à charge** des travaux d'intérêt collectif réalisés sur les parties privatives ou des travaux effectués sur les parties communes, et ayant ouverts droit à **MaPrimeRénov' Copropriétés** (nº 25520) (CCH art. D 319-52 s.).

3. TRAVAUX FINANCÉS PAR L'ÉCO-PTZ

ÉCO-PTZ CLASSIQUE

L'éco-PTZ classique permet de financer trois groupes de travaux ayant un impact positif sur la performance énergétique des logements (CGI art. 244 quater U, I-2 ; CCH art. D 319-16 ; Arrêté DEVU0903668A du 30-3-2009 ; Arrêté DEVL1109911A du 25-5-2011 pour les logements situés dans les DOM et à Saint-Martin). **22680**

> Précisions L'**éco-PTZ copropriétés** permet de financer les travaux mentionnés nºs 22685, 22690 et 22695 et ceux permettant d'améliorer la performance énergétique de la copropriété et ayant ouvert droit à une aide accordée par l'Anah au syndicat de copropriétaires (CGI art. 244 quater U, VI bis B).

Travaux améliorant la performance énergétique Le premier groupe recouvre **7 catégories de travaux.** **22685**

L'éco-PTZ individuel peut être accordé si l'emprunteur envisage la réalisation d'au moins une des actions suivantes (CCH art. D 319-16, 1º) :
– l'isolation thermique des toitures ;
– l'isolation thermique des murs donnant sur l'extérieur ;
– l'isolation thermique des parois vitrées et portes donnant sur l'extérieur ;
– l'installation, la régulation ou le remplacement de systèmes de chauffage, le cas échéant, associés à des systèmes de ventilation économiques et performants, ou de production d'eau chaude sanitaire ;
– l'installation d'équipements de chauffage utilisant une source d'énergie renouvelable ;
– l'installation d'équipements de production d'eau chaude utilisant une source d'énergie renouvelable ;
– l'isolation des planchers bas.

> Précisions Pour les offres de prêt émises depuis le 1er juillet 2025, les **chaudières à énergie fossile** ne sont plus éligibles en éco-PTZ individuel. En éco-PTZ copropriétés, ces chaudières ne sont plus éligibles pour les travaux votés en assemblée générale depuis le 1er juillet 2025 (Arrêté ATDL2434978A du 27-3-2025).

Travaux permettant l'amélioration de la performance énergétique globale Ce deuxième groupe de travaux doit permettre d'atteindre une performance énergétique globale minimale du logement en limitant la consommation d'énergie du bâtiment pour le chauffage, l'eau chaude sanitaire, le refroidissement, l'éclairage et les auxiliaires en dessous d'un seuil défini par arrêté (CCH art. D 319-16, 2º ; Arrêté DEVU0903668A du 30-3-2009 art. 11). **22690**

La réalisation d'un **audit énergétique** est nécessaire pour demander un éco-PTZ performance énergétique globale. Les critères d'éligibilité d'un tel audit sont alignés sur ceux prévus pour la prime de transition énergétique versée par l'Anah.

> Précisions Pour les logements situés dans les **départements d'outre-mer,** les niveaux d'exigence définissant les caractéristiques thermiques minimales des bâtiments d'habitation sont fixés par arrêté (Arrêté DEVL1109911A du 25-5-2011 art. 7). Le référentiel technique est adapté pour tenir compte du climat ultramarin et encourager la protection solaire plutôt que l'isolation du froid.

Réhabilitation des systèmes d'assainissement non collectifs Le troisième groupe de travaux concerne les travaux de réhabilitation de systèmes d'assainissement non collectifs ne consommant pas d'énergie. Sont principalement concernés les travaux de **mise en conformité des fosses septiques** que les communes devaient avoir contrôlées au plus tard le 31 décembre 2012, puis doivent recontrôler tous les 10 ans (CCH art. D 319-16, 3º ; CGCT art. L 2224-8, III). **22695**

ÉCO-PTZ ASSOCIÉ À UNE AIDE DE L'ANAH AU TITRE DE LA LUTTE CONTRE LA PRÉCARITÉ ÉNERGÉTIQUE

L'éco-PTZ associé à une aide de l'Anah permet de financer les travaux permettant d'améliorer la performance énergétique du logement et ayant ouvert droit à une aide accordée par l'Anah au titre de la lutte contre la précarité énergétique (CGI art. 244 quater U, I-2-1º bis ; CCH art. D 319-16, I-1º bis et D 319-35). **22700**

Ces travaux ne sont pas cumulables avec les autres travaux mentionnés nos 22685, 22690, 22695 et 22705 (CCH art. D 319-35).

ÉCO-PTZ « MAPRIMERÉNOV' »

22705 L'éco-PTZ « MaPrimeRénov' » permet de financer les travaux ayant ouvert droit à la prime de transition énergétique (voir nos 25500 s.), dite « MaPrimeRénov' ».

Ces travaux ne sont pas cumulables avec les autres travaux mentionnés nos 22685, 22690, 22695 et 22700 (CCH art. D 319-44).

CONDITIONS D'EXÉCUTION DES TRAVAUX

22710 L'éco-PTZ ne peut être octroyé que si les travaux sont réalisés par une entreprise **« reconnue garant de l'environnement »** (**RGE**). Les travaux de réhabilitation des systèmes d'assainissement non collectifs ne sont toutefois pas soumis à cette exigence.

Par ailleurs, les travaux ne doivent pas avoir commencé plus de 3 mois avant l'émission de l'offre du prêt (CCH art. D 319-16, al. 1).

> **> Précisions** Les critères techniques de performance à respecter dans le cadre de l'éco-PTZ, en France métropolitaine et en outre-mer, correspondent, pour les offres de prêts émises depuis le 1er juillet 2025, aux spécifications imposées en matière de prime de transition énergétique (MaPrimeRénov') ou de TVA à 5,5 % (Arrêté ATDL2434978A du 27-3-2025).

4. CONDITIONS RELATIVES AU PRÊT

22730 Un éco-PTZ **individuel** ne peut financer que la part des dépenses relatives à un même logement (CGI art. 244 quater U, I-6 ; CCH art. D 319-5).

Dans un délai de 5 ans à compter de l'émission de l'offre de prêt initiale, un emprunteur ayant déjà bénéficié d'un éco-PTZ pour un montant inférieur au plafond réglementaire peut solliciter un éco-PTZ **complémentaire** pour le même logement (CGI art. 244 quater U, I-6 bis ; CCH art. D 319-21).

La somme des montants de l'éco-PTZ initial et de l'éco-PTZ complémentaire ne peut dépasser au titre d'un même logement la somme de 30 000 € ou, par dérogation, 50 000 € lorsqu'un des 2 éco-prêts a financé ou finance des travaux :

– permettant d'atteindre une performance énergétique globale minimale du logement ;

– ou permettant d'améliorer la performance énergétique du logement et ayant ouvert droit à une aide accordée par l'Anah au titre de la lutte contre la précarité énergétique ;

– ou encore d'amélioration de la performance énergétique du logement ayant ouvert droit à la prime de transition énergétique « MaPrimeRénov' ».

22735 Il ne peut être accordé qu'un seul éco-PTZ collectif par **copropriété,** qui peut porter sur un ou plusieurs bâtiments de la copropriété (CGI art. 244 quater U, VI bis ; CCH art. D 319-24).

Toutefois, un **éco-PTZ copropriétés** peut être accordé au titre d'un logement ayant déjà fait l'objet d'un **éco-PTZ individuel** sous certaines conditions (CGI art. 244 quater U, VI bis E). L'offre de contrat d'éco-PTZ copropriétés doit être émise dans un délai de 5 ans à compter de l'émission de l'offre d'éco-PTZ individuel. La somme des montants des deux avances ne doit pas dépasser au titre d'un même logement 30 000 € ou, par dérogation, 50 000 € lorsqu'un des 2 éco-prêts a financé ou finance des travaux :

– permettant d'atteindre une performance énergétique globale minimale du logement ;

– ou permettant d'améliorer la performance énergétique du logement et ayant ouvert droit à une aide accordée par l'Anah au titre de la lutte contre la précarité énergétique ;

– ou permettant d'améliorer la performance énergétique de la copropriété et ayant ouvert droit à une aide accordée par l'Anah au syndicat de copropriétaires ;

– ou encore d'amélioration de la performance énergétique du logement ayant ouvert droit à la prime de transition énergétique ou ayant ouvert droit à la prime de transition énergétique « MaPrimeRénov' Copropriété ».

22737 De même est également autorisé le cumul entre un premier **éco-PTZ accordé à un syndicat de copropriétaires** et un **éco-PTZ complémentaire attribué à ce même syndicat** au titre des mêmes logements mais pour financer d'autres travaux (CGI art. 244 quater U, VI bis H). L'offre de contrat d'éco-PTZ copropriétés complémentaire doit être émise dans un délai de 5 ans à compter de l'émission de l'offre d'éco-PTZ copropriétés initial.

La somme des montants des deux avances ne doit pas dépasser au titre d'un même logement 30 000 € ou, par dérogation, 50 000 € lorsqu'un des 2 éco-prêts a financé ou finance des travaux :

– permettant d'atteindre une performance énergétique globale minimale du logement ;

– ou permettant d'améliorer la performance énergétique de la copropriété et ayant ouvert droit à une aide accordée par l'Anah au syndicat de copropriétaires : « MaPrimeRénov' Copropriété ».

Un copropriétaire peut souscrire un **éco-PTZ individuel complémentaire** en vue de financer pour son logement d'autres travaux que ceux réalisés à l'aide de l'**éco-PTZ copropriétés initial** (CGI art. 244 quater U, VI ter). Dans un tel cas, l'offre d'éco-PTZ individuel complémentaire doit intervenir dans le délai de 5 ans à compter de l'émission de l'offre de contrat d'éco-PTZ copropriétés. 22740

La somme des montants des deux avances ne doit pas dépasser au titre d'un même logement 30 000 € ou, par dérogation, 50 000 € lorsqu'un des 2 éco-prêts a financé ou finance des travaux :

– permettant d'atteindre une performance énergétique globale minimale du logement ;

– ou permettant d'améliorer la performance énergétique du logement et ayant ouvert droit à une aide accordée par l'Anah au titre de la lutte contre la précarité énergétique ;

– ou d'amélioration de la performance énergétique du logement ayant ouvert droit à la prime de transition énergétique « MaPrimeRénov' » ;

– ou encore permettant d'améliorer la performance énergétique de la copropriété et ayant ouvert droit à une aide accordée par l'Anah au syndicat de copropriétaires : « MaPrimeRénov' Copropriété ».

B. Caractéristiques financières de l'éco-PTZ

MONTANT

Éco-PTZ classique Le montant de l'éco-PTZ classique est égal au montant des dépenses de travaux (ou de la quote-part de chaque copropriétaire participant à l'éco-PTZ copropriétés) telles que définies n° 22775, plafonné en fonction de la nature et du nombre des travaux (n° 22790). Il peut être réduit à la demande de l'emprunteur (CCH art. D 319-5). 22770

Dans le cadre d'un éco-PTZ classique, sont prises en compte les dépenses suivantes (CCH art. D 319-17) : 22775

– le coût de la fourniture et de la pose des équipements, produits et ouvrages nécessaires à la réalisation des travaux d'économie d'énergie ;

– le coût de la dépose et de la mise en décharge des ouvrages, produits et équipements existants ;

– les frais de maîtrise d'œuvre ou autres études techniques nécessaires à la réalisation des travaux ;

– les frais de l'assurance maître d'ouvrage éventuellement souscrite par l'emprunteur ;

– le coût des travaux nécessaires, indissociablement liés à la bonne exécution ou à la bonne réalisation des travaux d'amélioration de la performance énergétique du logement ou permettant l'atteinte d'une performance énergétique globale. La liste de ces travaux est fixée par arrêté.

> **Précisions** Pour les **éco-PTZ copropriétés,** sont prises en compte (CCH art. D 319-32) :
> – les dépenses définies à l'article D 319-17 du Code de la construction et de l'habitation ;
> – le coût des autres travaux et frais nécessaires à la bonne exécution ou à la bonne réalisation des travaux d'amélioration de la performance énergétique du logement ou permettant l'atteinte d'une performance énergétique globale dans la limite de 30 % du montant des travaux d'amélioration de la performance énergétique.

Éco-PTZ associé à une aide de l'Anah au titre de la lutte contre la précarité énergétique Le montant de l'éco-PTZ « Anah » (n° 22700) ne peut excéder la différence entre : 22780

– le montant toutes taxes comprises des dépenses qui peuvent donner lieu à subvention au titre des travaux réalisés dans le logement faisant l'objet de l'avance ;

– et le montant de l'aide de l'Anah accordée à l'emprunteur au titre de ces dépenses (CCH art. D 319-37).

Éco-PTZ « MaPrimeRénov' » Le montant de l'éco-PTZ « MaPrimeRénov' » (n° 22705) ne peut excéder la différence entre : 22785

– le montant TTC des dépenses éligibles à MaPrimeRénov' (nos 25500 s.) ;

– et le montant de la prime effectivement versée à ce titre par l'Anah, complété, le cas échéant, des autres aides cumulables avec MaPrimeRénov' (par exemple, les certificats d'économie d'énergie) (CCH art. D 319-46).

PLAFONDS

22790 Les plafonds de l'éco-PTZ sont les suivants (CCH art. D 319-21) :

Type de travaux	Plafonds
Travaux de réhabilitation des réseaux d'assainissement visés nº 22695	10 000 €
Travaux améliorant la performance énergétique comportant une, et seulement une, des 7 actions définies nº 22685	15 000 € [1]
Travaux améliorant la performance énergétique comportant 2, et seulement 2, des 7 actions définies nº 22685	25 000 €
Travaux améliorant la performance énergétique comportant au moins 3 des 7 actions définies nº 22685	30 000 €
Travaux destinés à améliorer la performance énergétique globale visés nº 22690	50 000 €
Travaux permettant d'améliorer la performance énergétique du logement et ayant ouvert droit à une aide accordée par l'Anah au titre de la lutte contre la précarité énergétique visés nº 22700 : éco-PTZ associé à une aide de l'Anah au titre de la précarité énergétique	50 000 €
Travaux ayant ouvert droit à la prime de transition énergétique visés nº 22705 : éco-PTZ « MaPrimeRénov' »	50 000 €

1. Plafond ramené à 7 000 € en cas de travaux d'isolation des parois vitrées et portes donnant sur l'extérieur.

REMBOURSEMENT

22795 Les conditions du remboursement de l'avance sont déterminées à la date d'émission de l'offre. Le remboursement s'effectue par mensualités constantes sur une **durée maximale** de (CGI art. 244 quater U, I-9 ; CCH art. D 319-8) :

– 180 mois (soit 15 ans) en règle générale ;

– 240 mois (soit 20 ans) en cas d'éco-PTZ finançant des travaux permettant d'atteindre une performance énergétique globale minimale du logement et en cas d'éco-PTZ associé à une aide de l'Anah ou d'éco-PTZ « MaPrimeRénov' ».

À la demande de l'emprunteur, cette durée peut être réduite dans la limite d'une durée minimale de 3 ans (CCH art. D 319-8, dernier al.).

C. Modalités d'octroi du prêt

DEMANDE D'AVANCE

22800 Dans le cadre d'un **éco-PTZ classique,** l'emprunteur doit fournir à l'établissement de crédit le « **formulaire type emprunteur individuel** » et le « **formulaire type entreprise** » dûment complétés par ses soins et par l'entreprise labellisée « reconnus garant de l'environnement » (RGE), qui atteste la conformité réglementaire des travaux (CGI art. 244 quater U, I-5 ; CCH art. D 319-19 ; Arrêté DEVU0903668A du 30-3-2009 ; Arrêté DEVL1109911A du 25-5-2011). Ces formulaires doivent **préciser** notamment le descriptif des travaux prévus, le montant prévisionnel des dépenses, le montant souhaité de l'avance si celui-ci est inférieur à celui auquel l'emprunteur peut prétendre et la durée de remboursement. Les formulaires applicables depuis le 1er juillet 2025 figurent en annexes de l'arrêté ATDL2434978A du 27 mars 2025.

La demande doit en outre être accompagnée de l'ensemble des **devis détaillés** (y compris pour les travaux nécessaires et les frais – étude, architecte, géomètre, assurance, etc.) ainsi que d'un justificatif de l'utilisation du logement en tant que résidence principale et du dernier avis d'imposition disponible portant mention du revenu fiscal de référence du foyer fiscal lorsque l'emprunteur est une personne physique.

Une exception est toutefois prévue à cette règle. Dans le cas où la demande d'éco-PTZ intervient **concomitamment à une demande de prêt** pour l'acquisition d'un logement faisant l'objet des travaux, le descriptif et le devis détaillés des travaux envisagés peuvent être fournis postérieurement, au plus tard à la date de versement du prêt (CGI art. 244 quater U, I-5).

> **Précisions** En cas de demande d'**éco-PTZ associé à une aide de l'Anah,** l'emprunteur doit fournir au prêteur la décision d'octroi de l'aide adressée par l'Anah (CCH art. D 319-41). Dans le cas de l'**éco-PTZ MaPrime Rénov',** l'emprunteur doit fournir à l'appui de sa demande la décision d'octroi de la prime de transition énergétique adressée par l'Anah (CCH art. D 319-50).

En cas **d'éco-PTZ copropriétés,** le syndic de copropriété doit fournir à la banque au plus tard à la date de signature du contrat définitif de prêt les **renseignements** suivants (CCH art. D 319-33) : **22805**
- le nombre total de logements dans la copropriété ;
- le nombre total de bâtiments dans la copropriété ;
- le nombre de bâtiments de la copropriété qui font l'objet des travaux ;
- le nombre de copropriétaires participant à l'avance ;
- le descriptif des travaux prévus et l'ensemble des devis détaillés associés, justifiant du respect des modalités d'attribution du prêt ;
- le montant prévisionnel des dépenses de travaux d'économie d'énergie.

EXAMEN DE LA DEMANDE

Dans le cadre d'un **éco-PTZ classique,** l'établissement prêteur apprécie sous sa propre responsabilité la solvabilité et les garanties de remboursement présentées par l'emprunteur (CCH art. D 319-7). Il doit informer l'emprunteur des conséquences du non-respect des conditions d'attribution de l'avance, dès l'émission de l'offre de prêt (CCH art. D 319-14, III-al. 3). **22820**

Le contrat de prêt doit indiquer les conditions générales de l'avance et les obligations d'information incombant à l'emprunteur, notamment en cas de changement de situation (CCH art. D 319-15). En outre, l'offre de prêt peut expressément prévoir de rendre immédiatement exigible l'avance si, pendant la durée de son remboursement et tant qu'elle n'est pas intégralement remboursée, l'emprunteur ne respecte plus les conditions de maintien de l'éco-PTZ (CGI art. 199 ter S, II-3 ; CCH art. D 319-15).

VERSEMENT DU PRÊT

Dans le cadre de l'éco-PTZ classique, le versement de l'avance peut s'effectuer en **une ou plusieurs fois,** sur la base du descriptif et des devis détaillés des travaux envisagés ou sur la base des factures de travaux effectivement réalisés. Ces factures doivent être transmises à l'établissement de crédit par l'emprunteur à tout moment avant la date de clôture de l'avance (CCH art. D 319-6), c'est-à-dire au plus tard dans les 3 ans de la date d'émission du prêt (CCH art. D 319-2). **22825**

Aucun versement ne peut intervenir au titre de l'avance après un délai de 3 mois suivant la date de clôture de l'avance (CCH art. D 319-6, al. 3).

> **> Précisions** Dans le cadre de **l'éco-PTZ associé à une aide de l'Anah** et de **l'éco-PTZ « MaPrimeRénov' »,** la **production** de la décision d'octroi et celle de versement de l'aide adressée à l'emprunteur par l'Anah se substitue à la production des descriptifs, devis et factures.

D. Situation après l'exécution des travaux

PREUVE DE LA RÉALISATION DES TRAVAUX

Justification à l'initiative de l'emprunteur Après l'exécution des travaux, l'emprunteur doit transmettre à l'établissement prêteur le **descriptif** des travaux réalisés uniquement si la nature des travaux, leur montant ou l'entreprise les ayant réalisés diffèrent de ceux initialement prévus. Il doit également transmettre l'ensemble des **factures détaillées associées** (CCH art. D 319-20). **22850**

La date d'envoi de l'ensemble de ces justificatifs constitue la **date de clôture de l'avance** et doit intervenir dans un **délai maximal de 3 ans** à compter de la date d'émission de l'offre de prêt, dite « date d'octroi de l'avance » (CGI art. 244 quater U, I-5 ; CCH art. D 319-20 ; Arrêté DEVU0903668A du 30-3-2009 art. 14 ; Arrêté DEVL1109911A du 25-5-2011 art. 9). Par exception, pour les éco-PTZ copropriétés, le délai de 3 ans est calculé à partir de la date de signature du contrat de prêt (CGI art. 244 quater U, VI bis ; CCH art. D 319-25).

Une **dérogation** au délai de 3 ans est prévue dans **certaines circonstances** (CGI art. 244 quater U, I-5 ; CCH art. D 319-20) :
- cas de force majeure ;
- maladie ou accident de l'emprunteur ayant entraîné une incapacité temporaire de travail d'au moins 3 mois ;
- décès de l'emprunteur ;
- contentieux lié à la réalisation de l'opération ;
- reconnaissance de l'état de catastrophe naturelle ou technologique.

Cet allongement de délai est accordé pour un an renouvelable. Les modalités de l'allongement et les conditions dans lesquelles il peut être accordé sont définies par arrêté (Arrêté ECOT2013713A du 29-6-2020 modifié par arrêté ECOT2430597A du 3-12-2024).

> **Précisions** Dans le cadre de **l'éco-PTZ associé à une aide de l'Anah** et de **l'éco-PTZ « MaPrimeRénov' »**, l'emprunteur justifie de la réalisation des travaux d'économie d'énergie dans les 3 ans de l'octroi du prêt, grâce à la **notification** du versement de l'aide par l'Anah (CCH art. D 319-42 et D 319-51).

22855 **Relance par l'établissement de crédit** L'établissement de crédit doit relancer les emprunteurs qui n'ont pas encore transmis l'ensemble des éléments justifiant de l'exécution effective des travaux au plus tard 2 mois avant l'expiration du délai de transmission mentionné n° 22850. Cette relance doit mentionner le montant maximum du remboursement de l'avantage auquel est susceptible de s'exposer l'emprunteur (CCH art. D 319-14, II-a). Ce dernier doit y répondre par lettre recommandée avec demande d'avis de réception.

Par exception, en cas d'éco-PTZ associé à une aide de l'Anah, cette relance est effectuée 2 mois avant l'expiration du délai de clôture par l'Anah (CCH art. D 319-40) pour obtenir la justification du bénéfice de la subvention.

ABSENCE DE PREUVE DE L'EXÉCUTION DES TRAVAUX

22860 L'emprunteur qui n'a pas transmis, à l'expiration du délai maximal de clôture mentionné n° 22850, l'ensemble des justificatifs requis devient redevable d'un avantage indûment perçu dont le montant est égal à la différence, majorée de 25 %, entre le montant du crédit d'impôt correspondant à l'avance effectivement versée et le montant du crédit d'impôt correspondant à l'avance dont aurait dû bénéficier l'emprunteur (CCH art. D 319-14, I).

L'établissement prêteur doit alors proposer à l'emprunteur de régulariser sa situation. Cette proposition doit lui être envoyée au plus tard 2 mois après la date de clôture de l'avance. La **régularisation** prend la forme d'un paiement direct à l'établissement prêteur qui doit être effectué au plus tard 2 mois après la proposition de régularisation. Dans ce cas, la majoration de 25 % ne s'applique pas (CCH art. D 319-14, II-b).

À défaut, l'emprunteur doit rembourser aux comptables de la Direction générale des finances publiques les sommes indûment perçues majorées de 25 % (CCH art. D 319-14, III-al. 2).

SECTION 3

PRÊTS POUR LE LOGEMENT LOCATIF AIDÉ

23000 La réglementation des prêts pour le logement locatif social a été profondément modifiée depuis sa création. À l'origine, malgré les spécificités résultant des objectifs assignés à telle ou telle catégorie de financement, ils étaient tous regroupés sous l'appellation de PLA. Depuis le 1er janvier 2000, les financements des logements locatifs aidés par l'État ont reçu des dénominations différentes :

– les **prêts locatifs à usage social (PLUS),** créés par le décret 99-794 du 14 septembre 1999, se sont substitués aux PLA « ordinaires » et aux PLA « à loyer minoré » (PLA-LM) distribués par la Caisse des dépôts et consignations (CDC). Les PLUS construction-démolition (PLUS-CD) sont destinés au financement d'opérations réalisées pour reloger des habitants provenant d'immeubles à démolir dans le cadre d'un plan de relogement, d'immeubles insalubres ou de copropriétés en difficulté. Les caractéristiques des PLUS leur sont applicables (Circ. 2000-6 du 31-1-2000) ;

– les **prêts locatifs sociaux (PLS)** sont destinés à financer des opérations correspondant à des niveaux de loyers et de ressources supérieurs à ceux des PLUS ;

– les **prêts pour le renouvellement urbain aménagement (PRUAM)** peuvent financer, dans le cadre d'un projet de renouvellement urbain, les dépenses de restructuration du bâti à usage d'habitation, d'aménagement urbain, de requalification des copropriétés en plan de sauvegarde et d'équipements publics au titre du projet de renouvellement urbain ; ils peuvent également financer dans le cadre des quartiers prioritaires de la politique de la ville les équipements publics, les infrastructures, les bâtiments tertiaires privés contribuant à la revitalisation économique du quartier et le portage foncier de projets d'aménagement ;

– les **« prêts locatifs aidés d'intégration » (PLA-I)** sont distribués par la CDC.

Dans la pratique, ces différents types de financements sont toujours regroupés sous le vocable général de « prêts aidés pour le logement locatif social ». Ils sont régis par les articles D 331-1 à D 331-28 du CCH. Des dispositions spécifiques régissent le financement des logements locatifs aidés dans les DOM (CCH art. R 372-1 à D 372-19).

A. Champ d'application

Les prêts pour le logement locatif social peuvent être octroyés pour financer les **opérations** suivantes (CCH art. D 331-1, I) : 23015

1° L'acquisition de **droits de construire** ou de **terrains** destinés à la construction de logements à usage locatif et la construction de ces logements ;

2° La **construction de logements** à usage locatif ;

3° L'**acquisition de logements** et d'immeubles destinés à l'habitation en vue, le cas échéant, de leur amélioration ainsi que les éventuels travaux d'amélioration correspondants ;

4° L'**acquisition** de locaux ou d'immeubles non affectés à l'habitation **et les travaux pour leur transformation ou aménagement** en logements ;

5° Les terrains, droits immobiliers, logements ou immeubles acquis par des organismes d'**habitations à loyer modéré,** des sociétés d'économie mixte ou des collectivités locales ou leurs groupements ainsi que les travaux de construction, de transformation ou d'amélioration à réaliser sur ces terrains, logements ou immeubles, à condition que les biens concernés aient été acquis depuis moins de 10 ans à la date de la demande de décision favorable ;

6° Les travaux d'**amélioration** exécutés sur des immeubles ou des logements cédés à bail emphytéotique par l'État, des collectivités locales ou leurs groupements ;

7° Les travaux de **transformation ou d'aménagement** en logements de locaux ou d'immeubles non affectés à cet usage ;

8° La réalisation des **dépendances** de ces immeubles ou de ces logements, et notamment les garages, jardins, locaux collectifs à usage commun, annexes dans des limites fixées par arrêté du ministre chargé de la construction et de l'habitation ;

9° La réalisation d'opérations de construction ou d'acquisition avec ou sans travaux d'amélioration de **logements-foyers** à usage locatif tels que définis aux articles R 832-20 et R 832-21 du CCH (logements-foyers pour personnes âgées et pour personnes handicapées, notamment) ;

10° L'acquisition de logements au moyen d'une **vente en l'état futur d'achèvement** ou d'une **vente d'immeubles à rénover.**

L'acquisition d'un **usufruit locatif social** est également finançable en PLUS et en PLS (CCH art. L 253-1 s.).

Dans le cadre des PLA d'intégration (PLA-I), des subventions et des prêts peuvent être accordés pour financer l'acquisition de logements locatifs existants et, le cas échéant, les travaux d'amélioration, ainsi que les opérations et travaux mentionnés ci-dessus, sauf exception. Les logements concernés doivent être adaptés aux besoins des ménages rencontrant des difficultés d'insertion particulières (CCH art. D 331-1, II). 23016

> Précisions **a.** En ce qui concerne les prêts pour le renouvellement urbain aménagement (**PRUAM**), les dépenses finançables doivent s'inscrire dans un projet de renouvellement urbain (n° 23000).

b. Les travaux de construction ou d'acquisition-réhabilitation de **résidences sociales** peuvent être financés par des PLA-I mais pas par des PLS (Circ. 2001-19 du 12-3-2001 : BO équip. 2001/6). Par contre, les PLS peuvent assurer le financement d'opérations de construction neuve ou d'acquisition-amélioration d'**établissements** sociaux, médico-sociaux **pour personnes âgées et handicapées** (Circ. 2006-13 du 1-3-2006 : BO équip. 2006/5) et de logements collectifs pour étudiants.

c. Le financement en PLUS, PLS ou en PLA-I de **logements acquis en l'état futur d'achèvement** n'est possible que si ce type d'acquisition reste accessoire pour l'organisme bénéficiaire et que si les logements financés sont situés dans des immeubles où la majorité de logements n'appartient pas à des organismes de logement social (Circ. 2000-42 du 13-6-2000 : BO équip. 2000/13). Toutefois, l'article L 433-2 du CCH a assoupli les acquisitions en Vefa des HLM ou des SEM, d'une part, sous certaines conditions lorsque l'acquisition porte sur des logements inclus dans un programme de construction et, d'autre part, lorsque l'acquisition porte sur des logements-foyers ou des résidences hôtelières à vocation sociale.

d. Les opérations d'**acquisition** de logements **sans travaux d'amélioration** peuvent être financées en PLUS (CCH art. D 331-1, I-3°). Elles sont également finançables en PLA-I et PLS.

e. Les PLS ne peuvent pas financer les **opérations de réhabilitation** sans acquisition préalable. Seuls les travaux d'extension peuvent être financés (Circ. 2001-59 du 9-8-2001 : BO équip. 2001/16 ; n° 23585) ou les travaux de transformation de locaux non destinés à l'habitation en logement.

f. Pour les **opérations d'acquisition-amélioration,** les logements concernés doivent avoir été construits depuis plus de 20 ans à la date de la décision favorable pour ce qui concerne les logements-foyers mais plus pour les logements ordinaires (Arrêté DEVU0913269A du 1-10-2009).

1. ÉTABLISSEMENTS PRÊTEURS

23020 La Caisse des dépôts et consignations distribue de manière exclusive les PLUS, les PLUS-CD, les PLA-I et les PRUAM. Les PLS sont consentis par la Caisse des dépôts et consignations et par les établissements de crédit ayant émis le souhait de distribuer l'enveloppe annuelle de prêts et ayant conclu une convention avec cette dernière.

La CDC ne peut distribuer les prêts PLS qu'aux bailleurs sociaux personnes morales.

> **Précisions** Des PLUS et des PLAI sont toutefois distribués par Action Logement Services (ALS) en contrepartie de droits de réservation locatifs établis en fonction du montant des financements versés par ALS.

2. BÉNÉFICIAIRES

23040 Peuvent être bénéficiaires des prêts pour le logement locatif social, après **décision favorable d'agrément** des services du préfet (la DDT) ou de la collectivité territoriale délégataire de la compétence pour les aides à la pierre :

a) En ce qui concerne les opérations financées par des subventions et des prêts distribués exclusivement par la **Caisse des dépôts et consignations** :

– les organismes d'HLM et les SEM ;

– les collectivités territoriales ou leurs groupements, sauf pour les opérations de construction que les organismes HLM ou les SEM peuvent réaliser sur leur territoire, dès lors que ces collectivités ou groupements n'ont pas conclu les conventions prévues aux articles L 301-5-1 et L 301-5-2 du CCH (CCH art. D 331-14) ;

– les organismes agréés « Maîtrise d'ouvrage d'insertion » dont l'un des objets est de contribuer au logement des personnes défavorisées, sous réserve que les opérations concernées comprennent majoritairement des logements PLA-I mentionnés à l'article D 331-1, II du CCH (CCH art. D 331-14) ;

b) Pour les opérations financées avec un **PLS,** toutes personnes physiques ou morales, qu'il s'agisse de bailleurs sociaux ou d'investisseurs privés, s'engageant à assurer elles-mêmes la gestion des immeubles ou à la confier à des gestionnaires agréés par arrêté ;

c) Pour les opérations financées en **PRUAM** dans le cadre d'une opération de renouvellement urbain dans un quartier prioritaire de la politique de la ville (QPV), tous les opérateurs ayant qualité de maître d'ouvrage : collectivités locales et leurs groupements (EPCI), organismes de logement social, entreprises publiques locales, établissements publics fonciers ou d'aménagement, opérateurs de droit privé et, notamment, investisseurs économiques.

3. CONDITIONS D'OCTROI

23100 L'octroi du financement locatif aidé est subordonné au respect de plusieurs conditions. Ainsi, le **logement** doit répondre à certaines caractéristiques (surface habitable minimale) et faire l'objet d'une convention de location entre le bailleur et l'État ou la collectivité délégataire. Le **locataire** doit par ailleurs satisfaire à des conditions de ressources maximales et destiner le logement à son habitation principale.

CONVENTIONNEMENT DU LOGEMENT

23105 L'octroi des prêts pour le logement locatif aidé est subordonné à la passation, par le demandeur, d'une convention de location portant sur l'ensemble des logements à financer et ouvrant droit pour les locataires à l'aide personnalisée au logement (CCH art. D 331-2). Cette convention, prévue par l'article L 831-1, 3° du CCH, est régie par les articles L 353-1 s. et D 353-1 s. du même Code. En règle générale, elle doit être publiée au fichier immobilier (CCH art. L 353-3). Elle doit être conforme à la convention type figurant à l'annexe II de l'article D 353-90 du CCH. Il existe des conventions types spécifiques pour les HLM (CCH art. D 353-1 à D 353-22), les sociétés d'économie mixte (CCH art. D 353-58 à D 353-73) et les bailleurs privés personnes physiques ou morales (CCH art. D 353-89 à D 353-103).

Elle est conclue **entre l'État et les bailleurs.** Elle fixe notamment les travaux incombant à chacun des bailleurs, ainsi que les caractéristiques des travaux à exécuter, de l'occupation future des locaux, des baux, des loyers et de leur révision, et du relogement des occupants pendant les travaux (CCH art. L 353-2).

La **signature** doit intervenir avant la prise de décision favorable d'agrément (CCH art. D 331-6). Pour les opérations PLUS et PLA-I bénéficiant d'une subvention, la convention doit être signée au plus tard à la date de versement du premier acompte de la subvention prévue par l'article D 331-16 du Code de la construction et de l'habitation (CCH art. D 331-6).

La **durée** de la convention fixée par les parties doit être au minimum de 9 ans. Il existe des durées différentes de conventions (au-delà de la période de 9 ans) selon le type de prêts (CCH art. D 353-92).

En cas de **mutation des biens** financés par un prêt pour le logement locatif aidé, la convention s'applique de plein droit au nouveau propriétaire qui peut être l'ancien locataire (CCH art. L 353-4). **23110**

Aucun remboursement ni aucune modification dans la situation personnelle du propriétaire ne saurait mettre fin à la convention avant le terme prévu (Rép. Bécot : Sén. 7-3-2002 n° 38147). Une exception toutefois : dans le cadre de la vente HLM de logement au locataire après un délai d'utilisation du logement de 10 ans minimum.

Les logements locatifs soumis au conventionnement ne peuvent être loués à un prix au mètre carré de surface utile supérieur aux **loyers plafonds** prévus pour ces logements. Les loyers sont fixés par circulaire ministérielle en fonction de la localisation des logements et de leurs caractéristiques. **23115**

Le loyer maximal des logements conventionnés depuis le 1er juillet 1996, bénéficiant de financements locatifs aidés (PLA à l'époque), repose sur la **surface utile** et non plus sur la surface corrigée comme précédemment. Le loyer maximal des logements nouvellement conventionnés et financés en PLUS, PLA-I et en PLS, exprimé en euros par mois et par mètre carré, se calcule de la manière suivante (CCH art. D 353-16) : loyer maximal de zone × coefficient de structure × (1 + marge départementale exprimée en pourcentage).

> **Précisions** **a.** Le **coefficient de structure** permet de tenir compte de la taille moyenne de l'opération pour compenser les écarts de prix de revient entre grands et petits appartements.
> **b.** Les **marges départementales** permettent d'accorder des dépassements de loyer, afin de tenir compte de la diversité du marché locatif et de la qualité des opérations : les opérations financées en PLUS et en PLA-I peuvent en bénéficier. Les majorations de loyer ne sont pas autorisées pour les opérations neuves ou d'acquisition de logements, éventuellement suivies de travaux d'amélioration, financées en PLS.

Le loyer maximal de base mensuel est fixé au 1er janvier de chaque année, étant précisé que pour les conventions en cours la révision des loyers s'opère en fonction de la variation de l'indice de référence des loyers (IRL) du 2e trimestre de l'année précédente (CCH art. L 353-9-2) le cas échéant plafonné. **23116**

Pour les conventions conclues entre le 1er janvier 2025 et le 31 décembre 2025, le loyer maximal de zone (par m^2 de surface utile) s'établit comme suit pour les logements financés en **PLUS** et en **PLA-I** (Avis ATDL2502074V du 5-2-2025 : BO écologie du 20-2-2025) :

Type de logements	Zone 1 par m^2 de surface utile	Zone 1 bis par m^2 de surface utile	Zone 2 par m^2 de surface utile	Zone 3 par m^2 de surface utile
Logements financés en PLUS	7,32 €	7,77 €	6,42 € (1)	5,95 €
Logements financés en PLA-I	6,50 €	6,93 €	5,71 € (1)	5,28 €

(1) Pour la collectivité de Corse : 6,33 € en PLUS et 5,63 € en PLAI.

Pour les logements financés en **PLS**, le loyer maximal est fonction du zonage « Pinel ». Il est fixé comme suit : zone A bis : 15,16 € ; zone A : 11,68 € ; zone B1 : 10,07 € ; zone B2 : 9,64 € ; zone C : 8,94 €.

Pour la collectivité de Corse : Zone A : 11,51 € ; Zone B1 : 9,92 € ; Zone B2 : 9,50 €.

> **Précisions** **a.** À compter de la signature de la convention avec l'État, ou de la date d'achèvement des travaux d'amélioration, le **bailleur** bénéficiaire d'un financement locatif aidé doit **notifier** le montant du loyer au locataire.
> **b.** Le propriétaire bailleur d'un logement financé par un PLS ne peut **interrompre la location** au profit d'un de ses ascendants ou descendants ou ceux de son conjoint, puisque la convention qu'il doit conclure pour ledit logement interdit cette possibilité de location (Rép. Carrez : AN 25-2-2002 n° 69464).
> **c.** Le **loyer** maximal est **majoré** pour les conventions portant sur les logements (CCH art. D 353-16, 4°) :
> – déjà occupés lors du conventionnement lorsque les ménages occupants disposent de ressources supérieures aux plafonds PLUS (n° 23145) ;
> – financés par des prêts PLUS quand les logements sont attribués à des ménages dont les ressources sont supérieures aux plafonds PLUS (+ 33 % en PLUS pour un ménage ayant des ressources supérieures à 10 % des plafonds de ressources PLUS).

d. Le loyer maximum des logements financés en **PLA-I,** occupés ou devant être occupés par des ménages dont les ressources n'excèdent pas celles correspondant à un PLUS, peut être **majoré** dans la limite du loyer maximum des logements financés en PLUS. Les conditions d'application de cette majoration de loyer sont définies par arrêté préfectoral en tenant compte notamment de la situation des occupants et des caractéristiques des logements occupés (CCH art. D 353-16, 5° et D 353-70-1).

RESSOURCES DES LOCATAIRES

23140 Les prêts du secteur locatif aidé sont réservés aux logements destinés à être loués à des locataires dont les ressources n'excèdent pas un **plafond** déterminé par arrêté (CCH art. D 331-12 ; Arrêté EQUC8700526A du 29-7-1987). Ces plafonds sont **révisés** chaque année, le 1er janvier, en fonction de la variation de l'IRL entre le 3e trimestre de l'antépénultième année et le 3e trimestre de l'année précédente (CCH art. R 441-1).

Le montant des **ressources à prendre en compte** pour apprécier la situation de chaque ménage est égal au revenu fiscal de référence de chaque personne composant le ménage figurant sur les avis d'imposition établis au titre de l'avant-dernière année précédant celle de la signature du contrat de location (soit, pour l'année 2025, l'avis d'imposition établi en 2024 par les services fiscaux au titre des revenus perçus en 2023). Les bailleurs doivent être en mesure de justifier du respect de cette condition. Il est possible de prendre en compte les revenus au titre de la dernière année précédant celle de la signature du contrat de location (N – 1) lorsque le ménage justifie que ses revenus annuels ont connu une baisse de 10 % par rapport à ceux de N – 2.

Pour les logements financés en **PLA d'intégration,** le plafond de ressources à l'entrée dans les lieux ne peut excéder 60 % du montant déterminé par l'arrêté du 29 juillet 1987 actualisé chaque année, sauf dérogations accordées par le préfet (CCH art. D 331-12).

En ce qui concerne les **opérations financées à l'aide d'un PLUS,** 30 % au moins des logements doivent être occupés par des ménages dont les ressources n'excèdent pas 60 % du plafond de ressources fixé par l'arrêté du 29 juillet 1987 actualisé chaque année, et 10 % des logements peuvent être loués à des personnes dont les revenus excèdent ces plafonds dans la limite de 120 %. Ces règles d'attribution sont assouplies pour les opérations comportant moins de 10 logements.

23145 Depuis le 1er janvier 2025, les **plafonds** annuels **de ressources** des locataires de logements **PLUS** sont les suivants (Arrêté EQUC8700526A du 29-7-1987 ann. I modifié par arrêté ATDL2432625A du 23-12-2024) :

Logements PLUS			
Catégorie de ménage	Paris et communes limitrophes	Reste de l'Île-de-France	Autres régions
1	26 687 €	26 687 €	23 201 €
2	39 885 €	39 885 €	30 984 €
3	52 284 €	47 944 €	37 259 €
4	62 424 €	57 429 €	44 982 €
5	74 271 €	67 984 €	52 915 €
6	83 575 €	76 504 €	59 636 €
Par personne supplémentaire	+ 9 313 €	+ 8 524 €	+ 6 652 €

Pour les logements financés en **PLS,** le montant plafond des ressources des locataires est celui prévu pour les prêts PLUS majoré de 30 % (Arrêté EQUC8700526A du 29-7-1987 art. 1).

Pour les logements bénéficiant d'un financement **PLA-I,** les plafonds de ressources en 2025 sont les suivants :

Logements PLA d'intégration			
Catégorie de ménage	Paris et communes limitrophes	Reste de l'Île-de-France	Autres régions
1	14 683 €	14 683 €	12 759 €
2	23 931 €	23 931 €	18 591 €
3	31 369 €	28 767 €	22 356 €
4	34 338 €	31 585 €	24 875 €
5	40 847 €	37 393 €	29 105 €
6	45 968 €	42 077 €	32 800 €
Par personne supplémentaire	+ 5 121 €	+ 4 686 €	+ 3 657 €

> Précisions **a.** Les **catégories de ménages** figurant dans les tableaux ci-dessus sont définies comme suit : une personne seule (1) ; deux personnes ne comportant aucune personne à charge, à l'exclusion des jeunes ménages ou une personne seule en situation de handicap (2) ; trois personnes ou une personne seule avec une personne à charge ou un jeune ménage sans personne à charge ou 2 personnes dont au moins une est en situation de handicap (3) ; 4 personnes ou une personne seule avec deux personnes à charge ou 3 personnes dont au moins une est en situation de handicap (4) ; 5 personnes ou une personne seule avec 3 personnes à charge ou 4 personnes dont au moins une est en situation de handicap (5) ; 6 personnes ou une personne seule avec quatre personnes à charge ou 5 personnes dont au moins une est en situation de handicap (6) (Arrêté EQUC8700526A du 29-7-1987 art. 2).
b. Pour être considérés comme **jeune ménage,** la somme des âges des deux conjoints doit être au plus égale à 55 ans. La personne en situation de **handicap** est celle titulaire de la carte « mobilité inclusion » portant la mention « invalidité » prévue à l'article L 241-3 du Code de l'action sociale et des familles (Arrêté du 29-7-1987 art. 2).
c. Est assimilée au conjoint la personne vivant en concubinage avec le candidat locataire ou le partenaire lié à celui-ci par un pacte civil de solidarité, et cosignataire du contrat de location. La notion de **couple** s'applique aux personnes mariées, vivant en concubinage ou liées par un pacte civil de solidarité (Arrêté EQUC8700526A du 29-7-1987 art. 9).
d. Le locataire HLM dont les ressources dépassent 150 % des plafonds de ressources PLS en zones tendues peut être contraint de quitter son logement (CCH art. L 442-3-3). La période de maintien dans les lieux est ramenée de 3 ans à 18 mois après 3 ans de dépassement de ressources (CCH art. L 442-3-4).
e. Pour les PLUS, les délégataires des aides à la pierre peuvent majorer les plafonds de ressources dans la limite de 30 % au plus pour des raisons de mixité sociale et sous conditions prévues par l'article L 441-1-2 du CCH (20 % au moins de logements vacants par exemple).

DESTINATION DES LOGEMENTS

Les logements financés par les financements locatifs aidés ne peuvent être que des **résidences principales** pour les locataires. Les baux ont une durée de 3 ans, tacitement reconductible par périodes de 3 ans, sauf dénonciation expresse par le locataire ou non-respect de ses obligations. **23160**

Les demandeurs de prêts doivent s'engager à ne pas modifier cette destination exclusive (qui ne tolère ni l'occupation en meublé, ni le logement de fonction, ni même la destruction non suivie de reconstruction), pendant une durée minimale de 15 ans (CCH art. D 331-4). Toutefois, les établissements prêteurs peuvent, dans le contrat de prêt, convenir d'une durée supérieure, dans la limite de la durée de remboursement du prêt.

LOGEMENTS EXCLUS

Ne peuvent pas bénéficier de prêts ou subventions du secteur locatif aidé les logements faisant l'objet d'une **autre aide de l'État** à l'investissement (sauf dispositions contraires expresses et sauf logements ayant fait l'objet d'une convention résiliée depuis plus de 10 ans ou logements n'ayant jamais fait l'objet d'une telle convention), ou dont les **travaux** auraient été commencés **avant** l'acquisition du droit d'utiliser le terrain, ou l'obtention de la **décision** favorable d'agrément de l'opération à un financement locatif aidé, sauf pour les logements acquis en l'état futur d'achèvement et sauf dérogation accordée par le préfet (CCH art. D 331-5). **23180**

> Précisions Le préfet peut accorder des **dérogations** pour permettre le démarrage des travaux de construction ou d'amélioration d'opérations financées par la CDC (et, en PLS, les prêteurs habilités à distribuer ces prêts) et devant bénéficier d'une décision de subvention d'État ou d'une décision favorable d'agrément, avant obtention de celle-ci.

CARACTÉRISTIQUES DES LOGEMENTS

Normes des logements Conformément à l'article D 331-8 du CCH, les logements doivent présenter un minimum de **qualité** (utilisation du guide Qualitel applicable à la date de dépôt de la demande de décision favorable pour la plomberie, l'électricité, l'acoustique, l'extérieur). En outre, la **réglementation thermique** doit être respectée. **23200**

Les logements des immeubles bâtis, acquis et améliorés ou cédés à bail emphytéotique ou à construction en vue de leur amélioration avec l'aide de l'État doivent satisfaire, après travaux, à des normes minimales d'**habitabilité** fixées par arrêté (Arrêté DEVL1127358A du 17-10-2011 ann. II). Les logements-foyers neufs ou acquis et améliorés avec les financements locatifs aidés par l'État doivent également respecter certaines **caractéristiques techniques et dimensionnelles** (Arrêté DEVL1127358A du 17-10-2011 ann. III).

Seuls les logements dont la consommation énergétique est inférieure ou égale à 330 kWh/m²/an peuvent être aliénés dans les conditions prévues à l'article L 443-7 du CCH (CCH art. R 443-11-1).

23205 **Prix de revient prévisionnel des logements** Qu'il s'agisse de logements neufs ou anciens, ils doivent satisfaire aux conditions prévues par les textes en ce qui concerne le **prix** de revient de l'opération.

Pour les opérations de **construction neuve,** le prix de revient prévisionnel est composé de trois éléments (CCH art. D 331-9, I) : la charge foncière, le prix de revient du bâtiment et les honoraires des architectes et techniciens. Ces trois éléments sont détaillés par arrêté (Arrêté DEVL1127358A du 17-10-2011 ann. I).

23210 En cas d'opération d'**acquisition-amélioration,** le prix de revient prévisionnel comprend les éléments suivants (CCH art. D 331-9, II) : la charge immobilière, le coût des travaux et les honoraires des architectes et techniciens (Arrêté DEVL1127358A du 17-10-2011 ann. I).

23215 Dans les deux cas, le prix de revient prévisionnel de l'opération est établi à la date de demande de décision favorable d'agrément (n° 23240).

23220 Le prix de revient prévisionnel comprend les révisions de prix afférentes aux travaux ainsi que la part des intérêts de préfinancement courus depuis la décision de lancement de l'opération jusqu'à l'achèvement de celle-ci (Arrêté DEVL1127358A du 17-10-2011 art. 15).

DÉCISION FAVORABLE D'AGRÉMENT

23240 L'octroi des subventions et prêts pour le logement locatif aidé est subordonné à l'obtention d'une décision favorable prise par le représentant de l'État dans le département ou la collectivité délégataire de la compétence relative aux aides à la pierre (CCH art. D 331-3, D 331-6 et D 331-13-1). Les dossiers de demandes de subventions et de prêts (PLUS, PLA-I et PLS) doivent comprendre un certain nombre de pièces dont la liste est fixée par arrêté (Arrêté LHAL1709921A du 5-5-2017). Ce dossier peut être fourni sous forme dématérialisée (CCH art. D 331-6).

La décision favorable portant octroi de subvention de l'État porte agrément de l'opération et ouvre droit à des prêts accordés par la Caisse des dépôts et consignations (CDC) : PLUS et PLA-I. Pour les opérations ne bénéficiant pas de subventions, la décision favorable porte agrément de l'opération et donne droit à des prêts PLS accordés par la CDC ainsi que par les établissements de crédit ayant conclu une convention avec celle-ci (CCH art. D 331-17 s.).

Lorsque la réponse à la demande de décision favorable d'agrément n'est pas intervenue dans un délai maximum de 4 mois à compter de la date de la demande, celle-ci est réputée rejetée (CCH art. D 331-6).

La décision favorable d'agrément ne peut être prise qu'après passation par le demandeur d'une convention prévue au 3° de l'article L 831-1 du CCH.

23245 En cas d'opérations d'**acquisition sans travaux,** le bénéficiaire de la décision favorable est tenu de déposer, dans un délai de 3 ans à compter de la date de notification de cette décision favorable, un dossier de demande de clôture de l'opération (CCH art. D 331-7, al. 1).

Pour les opérations de **construction ou d'acquisition avec travaux d'amélioration,** ce délai est porté à 7 ans (CCH art. D 331-7, al. 2).

En cas de dépôt d'un dossier complet de demande de clôture et si l'opération est conforme aux caractéristiques définies par la décision favorable, le préfet prend une décision de clôture d'opération au vu d'un dossier dont la composition est fixée par arrêté (Arrêté LHAL1709921A du 5-5-2017).

Une **prorogation** de 2 ans peut être accordée par le préfet si les motifs qui n'ont pas permis la réalisation de l'opération dans les délais initialement prévus sont indépendants de la volonté du bénéficiaire (CCH art. D 331-7, al. 4).

Le **non-respect** de ces dispositions entraîne la caducité de la décision favorable (CCH art. D 331-7, III et IV).

B. Modalités du financement

23360 Dans le régime actuel coexistent :

– les PLUS et les PLA-I comportant des subventions de l'État et des prêts de la CDC accordés aux organismes d'HLM, aux SEM, aux collectivités territoriales ou aux EPCI n'ayant pas d'organisme d'HLM sur leur territoire ainsi qu'aux organismes agréés « maîtrise d'ouvrage d'insertion » réalisant majoritairement des PLA-I ;

– les PLS accordés par la CDC ainsi que par les établissements ayant émis le souhait de distribuer l'enveloppe financière dédiée sur fonds d'épargne et ayant conclu une convention annuelle de refinancement avec celle-ci ;

– les PRUAM accordés par la CDC aux organismes d'HLM, aux SEM, aux collectivités locales, ainsi qu'à tous opérateurs concernés pour financer des opérations inscrites dans des opérations dans les quartiers prioritaires de la politique de la ville (QPV) et les projets de renouvellement urbain.

1. PLUS ET PLA-I

a. Subvention de l'État

Les opérations ouvrant droit au bénéfice de la subvention sont : **23365**
- les opérations de construction et d'acquisition ;
- les opérations d'acquisition-amélioration, sous réserve du respect de certaines règles visées nos 23400 s.

Les prêts PLUS et PLA-I peuvent bénéficier d'une subvention de l'État.

> **Précisions** **a.** La décision favorable octroyant la subvention de l'État (n° 23240) porte agrément de l'opération et ouvre droit auxdits prêts.
> **b.** Les opérations de construction, d'acquisition et d'acquisition-amélioration de logements ordinaires et de logements-foyers sont finançables à l'aide des PLUS.
> **c.** Les **PLUS construction-démolition** (PLUS-CD) adaptés à la nature particulière de certaines opérations (n° 23000) ont les mêmes caractéristiques que les PLUS (modalités de prêt, plafonds de ressources, loyers).
> **d.** Les PLA-I sont destinés à financer les logements adaptés aux besoins des ménages ayant des **difficultés d'insertion** particulières. Ils financent les mêmes types d'opérations que les PLUS, à l'exception de la réalisation de logements-foyers à usage locatif autres que les résidences sociales.

DEMANDE

La demande de subvention est instruite par le représentant de l'État dans le département ou le représentant de la collectivité territoriale délégataire de la compétence des aides à la pierre (EPCI ou département, notamment) (CCH art. D 331-13-1). La décision, prise par le représentant de l'État dans le département ou de la collectivité délégataire est ensuite notifiée au demandeur (CCH art. D 331-6). **23370**

L'opération faisant l'objet d'une subvention doit constituer une **tranche fonctionnelle.** Peuvent être considérées comme tranches fonctionnelles : **23375**
- la construction d'un corps de bâtiment, la construction d'un ensemble de logements desservis par un même escalier, dans un immeuble collectif ;
- la construction de chaque logement individuel dans un lotissement ;
- l'acquisition du terrain ou de l'immeuble.

CALCUL

Le **montant** de la subvention de l'État est au plus égal à (CCH art. R 331-15, 1°) : **23400**
- 20 000 € par logement pour les opérations mentionnées à l'article D 331-1 du CCH (n° 23015) ;
- 60 000 € par logement pour les opérations mentionnées au II de l'article D 331-1 du CCH (n° 23016) et adaptées aux besoins des ménages rencontrant des difficultés d'insertion particulières (opérations finançables en PLA-I).

Toutefois, si une opération présente des **surcoûts exceptionnels,** le préfet de région peut accorder des dérogations à ces montants plafonds dans les limites suivantes (CCH art. R 331-15, 1°) : **23410**
- 5 000 € par logement pour les opérations mentionnées à l'article D 331-1 du CCH ;
- 20 000 € par logement pour les opérations mentionnées au II de l'article D 331-1 adaptées aux besoins des ménages rencontrant des difficultés d'insertion particulières (opérations financées en PLA-I).

MODALITÉS DE VERSEMENT

Des **acomptes** sur la subvention peuvent être versés au fur et à mesure de l'exécution des travaux ou de la livraison des fournitures. Le montant total des acomptes ne peut dépasser 80 % du montant de la subvention. Le règlement pour solde de la subvention est subordonné à la production de la décision de clôture de l'opération. Il est versé dans la limite du montant de la subvention recalculée (CCH art. D 331-16). **23440**

SUBVENTION SPÉCIFIQUE

La subvention de l'État **ne peut donner lieu** à l'attribution d'une **subvention complémentaire** de l'État **sauf** pour les logements bénéficiant de la subvention définie à l'article D 331-25-1 du CCH (CCH art. R 331-15, 2°). **23450**

Cette subvention spécifique en faveur du développement d'une **offre de logements locatifs très sociaux** peut être accordée aux logements fiancés en PLA-I et réservés aux ménages **23460**

prioritaires rencontrant des difficultés sociales et économiques dont la situation justifie une gestion locative et un loyer adapté (CCH art. D 331-25-1).
Ce type de subvention peut expressément s'ajouter aux subventions de l'article R 331-15 du CCH ainsi qu'aux participations ou subventions des collectivités locales.

b. Prêts de la Caisse des dépôts et consignations

23480 La décision favorable de subvention ouvre droit à l'octroi, par la Caisse des dépôts et consignations (CDC), des prêts PLUS ou PLA-I, après appréciation des sûretés nécessaires.

CARACTÉRISTIQUES DES PRÊTS

23485 **Prêts PLUS** Ils sont d'une durée maximale de 40 ans pour le bâti. La durée maximale des PLUS est portée de 50 à 80 ans pour la partie foncière en zones tendues (zones A et B1 définies par l'arrêté ETLL1417102A du 1-8-2014 modifié par arrêté ATDL2524318A du 5-9-2025).
Le **taux** actuariel applicable aux PLUS est basé sur le taux du livret A augmenté de 60 points de base, soit un taux de 2,30 % l'an avec un taux du livret A à 1,70 % depuis le 1er août 2025 (Arrêté ECOT2519971A du 23-7-2025).
Les prêts PLUS peuvent financer jusqu'à 100 % du coût de revient de l'opération TVA comprise, sans que l'ensemble des financements affectés à ladite opération dépasse son prix de revient, déduction faite des subventions.

23490 **Prêts PLA-I** Ils sont d'une **durée maximale** de 40 ans pour la partie travaux. La durée maximale des PLA-I est portée de 50 à 80 ans pour la partie foncière en zones tendues (zones A et B1 définies par l'arrêté ETLL1417102A du 1-8-2014 modifié par arrêté ATDL2524318A du 5-9-2025).
Le **taux** des PLA-I est basé sur le taux du livret A diminué de 40 points de base, soit un taux de 1,30 % l'an avec un taux du livret A à 1,70 % depuis le 1er août 2025 (Arrêté ECOT2519971A du 23-7-2025).
Le montant du prêt peut couvrir le prix de revient total de l'opération TVA comprise, déduction faite des autres financements, sous réserve de l'équilibre de l'opération.

2. PRÊTS LOCATIFS SOCIAUX (PLS)

23580 L'octroi des PLS est subordonné à l'obtention d'une décision favorable d'agrément du préfet (DDT) ou du représentant de la collectivité territoriale délégataire prise dans les conditions prévues aux articles D 331-3 et D 331-6 du CCH (CCH art. D 331-19) (n° 23240).

23585 Ces prêts sont destinés à financer les **opérations** de construction, d'acquisition et d'acquisition-amélioration portant sur des logements ordinaires et des logements-foyers pour personnes âgées, handicapés, étudiants et jeunes actifs à l'exception des structures d'accueil assimilables à des structures hospitalières (Circ. 2003-79 du 30-12-2003 : BO équip. 2004/1 du 25-1-2004).
Sont exclues du champ d'application de ces prêts les opérations de réhabilitation de logements (sans acquisition préalable), y compris pour la réalisation de travaux « lourds ». Par suite, en cas de réhabilitation lourde de logements accompagnée d'extension de l'immeuble, seuls les travaux de construction de l'extension sont éligibles au PLS (Circ. 2001-59 du 9-8-2001 : BO équip. 2001/16 du 10-9-2001 p. 64 ; Circ. 2003-79 précitée).

23590 Les **bénéficiaires** des PLS sont des personnes physiques ou morales s'engageant à assurer elles-mêmes la gestion des immeubles ou à les confier à des gestionnaires agréés (CCH art. D 331-18).
Les organismes HLM et collectivités locales peuvent bénéficier d'un PLS mais ce prêt ne leur est pas réservé. Les promoteurs privés y sont éligibles (Circ. 2001-59 du 9-8-2001, IV.1), avec des conditions particulières (voir Circ. 2003-79 du 30-12-2003 : BO équip. 2004/1 du 25-1-2004).
Les PLS attribués à des personnes autres que les organismes HLM et les SEM peuvent être cumulés avec une subvention de l'Anah qui ne finance que les travaux d'amélioration, sous certaines conditions (Circ. 2003-79 du 30-12-2003).

23600 Le PLS entraîne des frais de dossier à la charge de l'emprunteur qui sont plafonnés à 700 € pour les personnes physiques et à 1 % du prix de revient prévisionnel pour les personnes morales.
L'établissement prêteur apprécie les sûretés nécessaires à la **garantie** de ses créances. Les garanties sont soit une hypothèque, soit une caution, soit la garantie d'une collectivité locale.
Aucun **apport** en financement propre minimal n'est exigé de l'emprunteur.
La **quotité** minimale du prêt PLS ne peut être inférieure à 50 % du prix de revient de l'opération défini par l'article D 331-9 du CCH en fonction du type d'opérations réalisées ; toutefois la quotité peut être ramenée à 30 % pour les logements locatifs réalisés par l'Association foncière logement (AFL) (CCH art. D 331-20). La durée maximale d'amortissement est de 40 ans pour le bâti et de 50 à 80 ans pour la partie foncière.

Le **taux** d'intérêt est fixé à un niveau identique annuellement pour tous les établissements distributeurs de l'enveloppe financière de PLS. Ce taux est indexé sur celui du livret A augmenté de 111 points de base. Ainsi, sur la base d'un taux du livret A de 1,70 % depuis le 1er août 2025 (Arrêté ECOT2519971A du 23-7-2025), les taux du PLS sont fixés à 2,81 % pour les HLM, SEM et bailleurs sociaux garantis par une collectivité territoriale, entre 2,81 et 3,06 % pour les bailleurs privés personnes morales et entre 2,81 et 3,11 % pour les bailleurs privés personnes physiques.

> Précisions Les PLS peuvent être **transférés** à l'acquéreur du logement financé, sous réserve de l'accord du représentant de l'État dans le département ou de la collectivité territoriale délégataire et de l'établissement prêteur.

3. PRÊTS RENOUVELLEMENT URBAIN AMÉNAGEMENT (PRUAM)

Les **opérations** finançables par des PRUAM doivent s'inscrire dans un projet de renouvellement urbain (nº 23000) dans un des quartiers prioritaires de la politique de la ville, sous réserve de bénéficier de subventions de l'Agence nationale pour la rénovation urbaine (Anru). **23640**

Sont ainsi éligibles les opérations portant sur :

– les équipements publics : construction, acquisition ou réhabilitation de bâtiments publics (à vocation culturelle, sportive, sociale, technique ou administrative) et d'établissements d'enseignement ;

– les infrastructures et les aménagements urbains : transport, eau potable, assainissement, valorisation des déchets, infrastructures hospitalières, systèmes de production et de distribution d'énergies renouvelables, requalification d'espaces publics ;

– la construction, l'acquisition ou la réhabilitation de bâtiments tertiaires privés contribuant à la revitalisation économique du quartier et aménagements concourant au projet urbain du quartier ;

– le portage foncier dans le cadre de projets d'aménagement.

Les PRUAM peuvent couvrir le prix de revient total de l'opération, déduction faite des autres financements. Les bénéficiaires de PRUAM sont :

– les collectivités locales et leurs groupements ;

– les organismes de logement social (OPH, ESH, SEM ayant pour objet statutaire la réalisation de logements) ;

– les établissements publics fonciers et d'aménagement ;

– les investisseurs économiques privés.

Les **demandes** de PRUAM sont déposées parallèlement à la direction régionale de la CDC et à la DDT, avec le projet de renouvellement urbain. **23645**

Les PRUAM sont accordés par la CDC après avis conforme du préfet du département ; lorsqu'une demande de subvention de l'État est sollicitée – subvention pour PLUS construction-démolition (PLUS-CD), Palulos, subvention pour démolition ou changement d'usage –, la décision d'octroi doit être un préalable à l'autorisation des prêts (Circ. 2000-67 du 4-9-2000 : BO équip. 2000/18). **23650**

Le **taux** d'intérêt est basé sur le livret A augmenté de 60 points de base, soit 2,30 % l'an pour un livret A à 1,70 % depuis le 1er août 2025 (Arrêté ECOT2519971A du 23-7-2025), révisable sur la base du taux du livret A. Un différé d'amortissement d'une durée maximale de 2 ans peut être accordé. Une possibilité de prêt à taux fixe existe sous réserve d'éligibilité du projet à un financement sur des ressources de la Banque européenne d'investissement (BEI) et comporte une dimension de Transformation économique et environnementale (TEE). **23660**

C. Sanctions

En cas de non-respect des conditions définies par les textes, le bénéficiaire peut se trouver dans l'obligation de rembourser la subvention. Le remboursement est de plein droit lorsque l'aide a été obtenue à la suite de fausses déclarations ou de manœuvres frauduleuses (CCH art. D 331-26). **23670**

D. Conséquences fiscales

EXONÉRATIONS DE TAXE FONCIÈRE

L'octroi d'un prêt aidé par l'État entraîne l'exonération de la taxe foncière sur les propriétés bâties pendant une **durée** de 25 ans pour les opérations bénéficiant d'une décision d'octroi de subvention ou de prêt aidé prise entre le 1er juillet 2004 et le 31 décembre 2026. Cette durée **24000** peut être portée à 30 ans pour les logements qui satisfont à des critères de performance énergétique et environnementale mentionnés à l'article 1384 A, I bis du CGI pour les opérations bénéficiant d'une décision d'octroi de subvention ou de prêt aidé prise entre le 1er juillet 2004 et le 31 décembre 2026 : voir nos 83045 s.

DISPOSITIF PINEL

24010 L'avantage fiscal prévu dans le cadre du dispositif Pinel en faveur de l'investissement locatif privé n'était pas applicable aux **logements financés au moyen d'un prêt** mentionné à l'article D 331-1 du CCH (CGI art. 199 novovicies, I-D).

TAUX RÉDUIT DE TVA

24020 Les bailleurs de logements sociaux qui financent leurs opérations au moyen de prêts visés à l'article D 331-1 du CCH bénéficient, lorsque l'opération entre dans le champ de la taxe, des taux réduits de TVA de 5,5 % (livraison de logements neufs et travaux dans le cadre d'acquisition-amélioration financés par un PLA-I, un PLUS, opération dans le cadre de la politique de la ville en PLUS) ou de 10 % (autres PLUS, financement PLS sauf cas particulier) pour les opérations dont le fait générateur est postérieur au 1er janvier 2020 (CGI art. 278 sexies, 278 sexies-0 A et 278 sexies A) :

1. Pour l'**acquisition** des **terrains à bâtir** destinés à la construction de logements sociaux, voir Mémento Urbanisme-Construction n° 44547 ;

2. Pour la **vente** de **logements sociaux neufs,** voir nos 84991 et 84994 ;

3. Pour les opérations de **construction** de logements locatifs sociaux bénéficiant d'une décision favorable d'agrément ;

4. Pour certains travaux d'**amélioration, de transformation, d'aménagement** ou d'**entretien,** autres que l'entretien des espaces verts et les travaux de nettoyage, réalisés dans les mêmes logements après décision favorable d'agrément. Sont visés les travaux autres que ceux bénéficiant du taux réduit de TVA de 5,5 % en vertu de l'article 278-0 bis A du CGI ou du taux intermédiaire de TVA de 10 % en vertu de l'article 279-0 bis du CGI ;

5. Pour les livraisons de locaux dans le cadre d'une **acquisition-amélioration** (acquisition des locaux financée par un prêt réglementé, ou mise à disposition des locaux dans le cadre d'un bail emphytéotique consenti par l'État, une collectivité territoriale ou un groupement de collectivités territoriales, suivie de travaux d'amélioration, de transformation ou d'aménagement financés par un prêt réglementé, ou vente d'immeuble à rénover financée par un prêt réglementé) financées par un PLA-I, un PLUS ou un PLS, sous réserve, pour ce dernier prêt, que les travaux consistent en une transformation en logements locatifs sociaux de locaux à usage autre que d'habitation.

> **Précisions** **a.** S'agissant de l'**acquisition de terrain** à bâtir ou de la **vente de logement neuf,** le fait générateur de l'opération est fixé à la date de la signature de l'acte authentique de vente.
> **b.** Pour les opérations de construction de logements et les travaux, le bénéfice du taux réduit de TVA prend la forme d'une « **livraison à soi-même** ». Pour les opérations de construction de logements, le fait générateur de la livraison à soi-même est le dépôt de la déclaration d'achèvement et de conformité des travaux (DAACT).
> **c.** Il est admis qu'il soit constitué un seul **secteur d'activité** pour l'ensemble des travaux d'amélioration, de transformation, d'aménagement et d'entretien effectués, par année civile, par un bailleur pour l'ensemble de ses logements locatifs sociaux (BOI-TVA-IMM-20-10-20-20 n° 280).
> **d.** Pour les **ventes en l'état futur d'achèvement,** le fait générateur de la Vefa est fixé à la date de livraison de l'immeuble (Lettre de la DLF à l'Union nationale des fédérations d'organismes HLM du 25-5-2000 ; dans le même sens BOI-TVA-IMM-20-10-10-10 n° 160).

SECTION 4

PRÊT LOCATIF INTERMÉDIAIRE (PLI)

Les prêts locatifs intermédiaires (PLI) sont destinés à financer dans des zones géographiques prioritaires, c'est-à-dire les plus tendues en matière locative (zones A et B du dispositif fiscal en locatif privé Pinel), des logements dont les loyers se situent entre ceux pratiqués dans le secteur libre et ceux pratiqués dans le secteur locatif social. Ils sont régis par les articles D 391-1 s. du CCH, l'arrêté SOCU0411236A du 29 juillet 2004 et la circulaire 2001-19 du 12 mars 2001 (BO équip. 2001/6 du 10-4-2001 p. 76). 24500

BÉNÉFICIAIRES ET OPÉRATIONS FINANÇABLES

Les **PLI** sont **distribués** par la Caisse des dépôts et consignations (CDC) et les établissements de crédit ayant manifesté leur souhait de distribuer une part de l'enveloppe de prêt et ayant conclu avec la CDC une convention sous l'égide de l'État (CCH art. D 391-2). La CDC est habilitée à consentir des PLI aux organismes bénéficiaires du régime fiscal du logement intermédiaire défini à l'article 279-0 bis A du CGI tels que les SEM et les HLM et à l'Association foncière logement (CCH art. D 391-3, al. 1). 24505

Les PLI peuvent être accordés à toute personne physique ou morale souhaitant réaliser une **opération à destination locative,** à l'exception des logements-foyers et des résidences sociales, selon les modalités suivantes (CCH art. D 391-1) :

- acquisition de droits de construire ou de terrains destinés à la construction de logements à usage locatif et la construction de ces logements ;
- construction de logements à usage locatif ;
- acquisition de logements et d'immeubles destinés à l'habitation ainsi que, le cas échéant, les travaux d'amélioration correspondants ;
- acquisition de locaux ou d'immeubles non affectés à l'habitation et leur transformation ou aménagement en logements ;
- travaux de transformation ou d'aménagement en logements de locaux ou d'immeubles non affectés à cet usage. Ces logements doivent respecter les normes minimales d'habitabilité mentionnées à l'article D 331-8 du CCH ;
- réalisation des dépendances de ces immeubles ou de ces logements, notamment les garages, jardins, locaux collectifs à usage commun, annexes dans des limites fixées par l'arrêté mentionné à l'article D 331-8 du CCH.

Ces opérations doivent normalement être situées dans des **zones géographiques prioritaires** en raison de tensions locatives. Il s'agit des zones A et B définies par l'arrêté mentionné à l'article D 304-1 du CCH (Arrêté ETLL1417102A du 1-8-2014 modifié par arrêté ATDL2524318A du 5-9-2025). En zone C, l'octroi d'un PLI nécessite l'accord préalable du préfet (Arrêté SOCU0411236A du 29-7-2004 art. 1).

CARACTÉRISTIQUES DES PLI

Les caractéristiques des PLI sont les suivantes. 24520

Il n'existe pas de **quotité** plafond de financement, le montant des PLI pouvant couvrir 100 % du prix de revient prévisionnel de l'opération, comprenant (CCH art. D 391-6) :

- pour les opérations de construction neuve : la charge foncière, le prix de revient du bâtiment et les honoraires d'architecte et de techniciens ;
- pour les autres catégories d'opérations : la charge immobilière, le coût des travaux ainsi que les honoraires d'architecte et de techniciens.

Le **taux d'intérêt** varie selon les bénéficiaires (bailleurs sociaux ou autres emprunteurs). Il est indexé sur le livret A. Pour un taux du livret A à 1,70 % depuis le 1er août 2025 (Arrêté ECOT2519971A du 23-7-2025), le taux du PLI augmenté de 140 points de base est fixé à 3,10 % pour les HLM, SEM et bailleurs sociaux garantis par une collectivité territoriale et varie de 3,10 % à 3,35 % pour les personnes morales privées et de 3,10 % à 3,40 % pour les personnes physiques.

La **durée** de l'amortissement est de 35 ans au maximum et de 50 ans sur option pour une quotité de prêt représentative de la charge foncière ou immobilière.

Le PLI peut faire l'objet d'un **transfert** aux personnes et organismes répondant aux critères en vigueur pour bénéficier de ce type de prêt, sous réserve de l'accord de l'établissement prêteur (CCH art. D 391-9).

CONDITIONS RELATIVES À LA LOCATION

24525 **Affectation du logement** Les bénéficiaires d'un PLI doivent s'engager à louer les logements financés à titre de résidence principale pendant une durée égale à la durée initiale du prêt, la durée obligatoire de la location ne pouvant être inférieure à 9 ans ni supérieure en principe à 30 ans. Les locations doivent être conformes aux dispositions des articles D 391-7 et D 391-8 du CCH et de la loi 89-462 du 6 juillet 1989 sur les baux d'habitation (CCH art. D 391-4).

Pendant toute la durée de l'engagement de location, ces logements ne devront être :
- ni transformés en locaux entièrement commerciaux ou professionnels ;
- ni affectés à la location en meublé ou à la location saisonnière ;
- ni utilisés comme résidences secondaires ;
- ni occupés à titre d'accessoire d'un contrat de travail ou en raison de l'exercice d'une fonction ;
- ni détruits sans qu'il soit procédé à leur reconstruction dans un délai de 4 ans à compter du sinistre.

24530 **Plafonds de ressources** Les logements financés en PLI ne peuvent être loués qu'aux personnes dont les ressources n'excèdent pas, à la date d'entrée dans les lieux, certains plafonds. Au **1er janvier 2025,** ces plafonds sont le suivants :

Composition du foyer locataire	Zone A bis	Zone A	Zone B1	Zones B2 et C
Personne seule	43 953 €	43 953 €	35 825 €	32 243 €
Couple	65 691 €	65 691 €	47 842 €	43 056 €
Personne seule ou couple avec une personne à charge	86 112 €	78 963 €	57 531 €	51 778 €
Personne seule ou couple avec deux personnes à charge	102 812 €	94 585 €	69 455 €	62 510 €
Personne seule ou couple avec trois personnes à charge	122 326 €	111 971 €	81 705 €	73 535 €
Personne seule ou couple avec quatre personnes à charge	137 649 €	126 001 €	92 080 €	82 873 €
Majoration par personne supplémentaire à charge	+ 15 335 €	+ 14 039 €	+ 10 273 €	+ 9 243 €

> **Précisions a. Les ressources prises en considération** s'entendent du revenu fiscal de référence figurant sur l'avis d'impôt sur le revenu établi au titre de l'avant-dernière année précédant celle de la signature du contrat de location (en 2025, il convient de tenir compte du revenu de l'année 2023 figurant sur l'avis d'imposition reçu en 2024).
b. Les **plafonds de ressources** sont ceux du dispositif fiscal pour investissements locatifs **Duflot-Pinel** définis à l'article 2 terdecies D de l'annexe III du CGI (CCH art. D 302-27 sur renvoi de D 391-8). Des plafonds de ressources spécifiques s'appliquent en outre-mer (CGI ann. III art. 2 terdecies F sur renvoi de CCH art. D 302-27 sur renvoi de D 391-8).
c. La liste détaillée des communes par **zone géographique** est fixée par arrêté (Arrêté ETLL1417102A du 1-8-2014 modifié par arrêté ATDL2524318A du 5-9-2025).

24535 **Plafonds de loyers** Pendant la durée de l'engagement, le bailleur doit respecter des plafonds de loyers mensuels par mètre carré, charges non comprises. Ces plafonds sont ceux du dispositif fiscal pour investissements locatifs Pinel définis à l'article 2 terdecies D de l'annexe III du CGI (CCH art. D 302-29 sur renvoi de D 391-7).

Pour les **baux conclus depuis le 1er janvier 2025,** les plafonds sont les suivants :
- zone A bis : 19,51 € ;
- zone A : 14,49 € ;
- zone B1 : 11,68 € ;
- zones B2 et C : 10,15 €.

À ces plafonds de loyers, il est ensuite appliqué un coefficient multiplicateur calculé selon la formule suivante : 0,7 + 19/S, dans laquelle S est la surface du logement. Le coefficient ainsi obtenu est arrondi à la deuxième décimale la plus proche et ne peut excéder 1,2.

> Précisions **a.** La **surface** prise en compte s'entend de la surface habitable, augmentée de la moitié de celle des annexes (caves, balcons, remises, etc.) dans la limite de 8 m² par logement et à l'exclusion des garages.

b. Les plafonds de loyers peuvent être **réduits** par le représentant de l'État dans la région après avis du comité régional de l'habitat, afin d'être adaptés aux particularités des marchés locatifs locaux (CGI ann. III art. 2 terdecies D, III).

c. Des plafonds de loyers spécifiques s'appliquent en **outre-mer** (CGI ann. III art. 2 terdecies F sur renvoi de CCH art. D 302-29 sur renvoi de D 391-7).

AVANTAGES FISCAUX

Les PLI sont cumulables avec les avantages fiscaux liés aux **investissements locatifs privés** et notamment le dispositif Pinel pour les personnes physiques dans le neuf (CGI art. 199 novovicies). Ce dispositif n'est plus accessible pour les investissements locatifs réalisés depuis le 1er janvier 2025. Sous certaines conditions, le cumul est possible avec la TVA à 10 % pour les investisseurs institutionnels personnes morales (CGI art. 279-0 bis A). **24560**

> Précisions Les bénéficiaires des PLI ne relèvent pas en principe du taux réduit de **TVA** prévu en faveur des logements sociaux pour les acquisitions de terrains à bâtir (Mémento Urbanisme-Construction nº 44547) ou pour la vente des immeubles neufs (voir nos 84991 et 84994), sauf s'il s'agit d'organismes HLM (bénéficiaires de ces mesures quel que soit le financement).

SECTION 5 SUBVENTIONS ET AIDES DE L'ANAH

L'Agence nationale de l'habitat (Anah) est un partenaire majeur de la politique de développement et d'amélioration du parc immobilier privé. **24800**

Ses missions ont été diversifiées et élargies notamment par la loi SRU 2000-1208 du 13 décembre 2000, la loi 2005-32 de programmation pour la cohésion sociale du 18 janvier 2005, la loi ENL 2006-872 du 13 juillet 2006 et la loi 2009-323 de mobilisation pour le logement et la lutte contre l'exclusion du 25 mars 2009. Cette dernière loi lui confie notamment un rôle étendu en matière de financement de la lutte contre l'habitat indigne (reprise des financements antérieurement octroyés par l'État aux collectivités ou à leurs opérateurs pour les opérations de résorption d'habitat insalubre – RHI) et des travaux d'amélioration des structures d'hébergement.

La loi Alur 2014-366 du 24 mars 2014 réaffirme le rôle de l'Anah en matière de lutte contre la précarité énergétique, d'adaptation des logements à la perte d'autonomie, de lutte contre l'habitat indigne et dégradé, et d'actions de prévention et de traitement des copropriétés fragiles ou en difficulté (en élargissant dans ce dernier cas les financements de l'Anah aux opérations de portage ciblé de lots d'habitation d'une copropriété en difficulté).

La loi Élan 2018-1021 du 23 novembre 2018 permet à l'Anah d'apporter son soutien financier à des opérations de résorption des copropriétés dont l'état de carence a été déclaré.

La loi de finances pour 2020 a chargé l'Anah d'attribuer, pour le compte de l'État, une prime de transition énergétique (dispositif « MaPrimeRénov' ») destinée à financer les travaux et dépenses en faveur de la rénovation énergétique des logements (nos 25500 s.).

Depuis la loi Climat 2021-1104 du 22 août 2021, l'Anah peut participer au service public de la performance énergétique de l'habitat.

Enfin, depuis le 1er janvier 2024, l'Anah accorde aux ménages disposant de ressources modestes une nouvelle aide pour financer la réalisation de travaux d'accessibilité ou d'adaptation des logements au vieillissement ou au handicap (dispositif « MaPrimeAdapt' ») : nº 25045.

L'Anah est un établissement public administratif placé sous la tutelle des ministres chargés du logement, de l'énergie, du budget et de l'économie et régi par les **articles L 321-1 à L 321-12** et **R 321-1 à R 321-36 du CCH.** **24805**

Les aides de l'Anah, à l'exclusion du dispositif MaPrimeRénov' qui fait l'objet de textes spécifiques, sont également régies par un **règlement général** qui précise les conditions de recevabilité et les modalités de traitement des demandes de subventions ou d'application de certaines procédures. Différentes versions se sont succédé au cours des dernières années. La plus récente est en vigueur depuis le 2 juin 2025 (Règl. gén. Anah approuvé par arrêté ATDL2509915A du 28-5-2025).

Le conseil d'administration de l'Anah est habilité à déterminer les travaux subventionnables par l'Agence, les conditions d'octroi des aides et les programmes d'actions en fonction des orientations générales fixées par le ministre chargé du logement (CCH art. R 321-5). Les **délibérations du conseil d'administration** sont opposables aux bénéficiaires de subventions dès leur publication au Bulletin officiel du ministère chargé de l'écologie, ex-BO du ministère de l'équipement (CAA Lyon 26-9-2000 n° 99LY02183, Anah) et, depuis le 1er janvier 2021, sur le site internet de l'Agence nationale de l'habitat.

24806 **Au niveau local,** l'autorité décisionnelle pour les demandes de subventions est, selon le cas :

– le président de l'EPCI ou le président du conseil départemental dans les territoires concernés par une délégation de compétence pour l'attribution des aides à la pierre (CCH art. L 301-5-1, L 301-5-1-1, L 301-5-2 et L 321-1-1) ;

– le préfet, délégué de l'Agence dans le département, dans les territoires non concernés par une telle délégation de compétence.

Dans un cas comme dans l'autre, les décisions sont prises **dans le cadre d'un programme d'actions,** véritable document de référence local pour l'attribution des aides, établi par le préfet ou par le délégataire et soumis pour avis à la commission locale d'amélioration de l'habitat (CLAH) du territoire de compétence concerné (CCH art. R 321-10, I-1° et II-1°).

> Précisions Dans son ressort territorial, la CLAH est en outre consultée sur le rapport annuel d'activité établi par le délégué de l'Agence dans le département ou le délégataire, toute convention intéressant l'amélioration de l'habitat et engageant l'Agence, les demandes de subventions pour lesquelles le règlement général de l'Anah requiert l'avis de la commission, ainsi que les recours gracieux à l'exception de ceux formés contre les décisions de retrait ou de reversement des subventions prises par le directeur général de l'Agence après le versement du solde de la subvention. Elle est également destinataire, au moins une fois par an, d'un état récapitulatif des décisions d'attribution ou de rejet prononcées par le délégué de l'Agence ou par le délégataire (CCH art. R 321-10 ; Règl. gén. Anah chap. 1, B).

24807 Le programme d'actions hiérarchise les priorités d'intervention de l'Anah. Il peut également préciser des critères d'éligibilité et de hiérarchisation d'attribution des aides de l'Agence dans le respect des orientations générales fixées par le conseil d'administration de l'Agence et des enjeux locaux tels qu'ils ressortent notamment des divers plans et programmes relatifs au logement ou à l'habitat intéressant son secteur géographique, de la connaissance du marché local et des objectifs contenus dans les conventions conclues avec l'Anah.

Le programme d'actions comporte notamment :

– les **priorités** d'intervention et les **critères d'éligibilité et de hiérarchisation** des projets. Ces priorités et critères peuvent être thématiques, territoriaux ou plus particulièrement ciblés sur certaines catégories de bénéficiaires en fonction de critères liés aux revenus des demandeurs, de critères géographiques ou de conditions de location acceptées par les propriétaires, notamment du niveau des loyers pratiqués. L'application des priorités et des critères ainsi définis peut conduire à fixer des conditions de recevabilité, d'éligibilité ou de calcul de l'aide plus restrictives que celles fixées par le conseil d'administration ;

– les **modalités financières** d'intervention en ce qui concerne les aides de l'Agence. À ce titre, il tient compte de la complémentarité des aides de l'Agence avec les autres aides à l'habitat privé ;

– le dispositif relatif aux **loyers applicables aux conventions** signées en application des articles L 321-4 et L 321-8 du CCH, dans le respect des loyers plafonds par voie réglementaire et des délibérations du conseil d'administration concernant les loyers conventionnés ;

– un état des programmes en cours intéressant l'amélioration de l'habitat et engageant l'Anah sur le plan financier et une projection à moyen terme de ceux-ci, comportant les engagements pris et à venir pour le financement des travaux et des subventions d'ingénierie associées et, le cas échéant, un état des actions ou des partenariats mis en place en faveur de l'amélioration de l'habitat intéressant l'Anah.

> Précisions **a.** Le programme d'actions détermine la **date d'application** des mesures qu'il contient.

b. Des adaptations peuvent y être apportées à tout moment dans les mêmes conditions que pour son approbation.

c. Après avis de la CLAH, le programme d'actions et ses modifications successives font l'objet d'une publication dans le respect des conditions prévues à l'article L 221-2 du Code des relations entre le public et l'administration.

A. Conditions d'attribution des subventions de l'Anah

1. LOGEMENTS FINANÇABLES

CONDITIONS RELATIVES À L'IMMEUBLE

Les immeubles ou logements doivent être **achevés depuis 15 ans au moins** à la date de notification de la décision d'octroi de subvention (CCH art. R 321-14). Cette condition d'ancienneté est exigée quelle que soit la qualité du propriétaire bénéficiaire (bailleur ou occupant). 24810

Une **dérogation** à cette condition d'ancienneté peut être octroyée par l'Anah lorsque les travaux tendent à adapter les logements aux besoins spécifiques des personnes handicapées ou des personnes âgées.

Des dérogations **exceptionnelles,** en fonction de l'urgence ou de l'intérêt des travaux, peuvent également être accordées par l'Anah dans les cas suivants :

– immeuble présentant un risque pour la sécurité ou la santé des personnes ou nécessitant des travaux de mise en sécurité d'équipements communs à usage collectif ;

– travaux consécutifs à une catastrophe naturelle ou technologique, ou aux effets du vent dûs aux tempêtes, ouragans et cyclones ;

– travaux sur des logements ou immeubles affectés de manière prépondérante à l'usage d'habitation situés dans le périmètre d'un plan de sauvegarde, d'une opération programmée d'amélioration de l'habitat ou d'une opération de requalification de copropriétés dégradées, lorsque cette opération vise, dans son ensemble ou dans un volet dédié, au redressement d'une ou plusieurs copropriétés rencontrant des difficultés sur le plan technique, financier, social ou juridique, et identifiées à la suite d'actions de repérage et de diagnostic, ou lorsqu'un administrateur provisoire a été désigné, conformément aux dispositions des articles 29-1 ou 29-11 de la loi 65-557 du 10 juillet 1965 ;

– travaux relatifs à la prévention des risques naturels ou technologiques ou visant à lutter contre les nuisances sonores aux abords des aérodromes ou autre site particulièrement exposé (Règl. gén. Anah art. 6).

Le conseil d'administration peut déroger à cette condition de délai, à titre expérimental et pour des projets s'inscrivant dans des opérations d'ensemble, dans des conditions qu'il détermine.

CONDITIONS QUANT À L'OCCUPATION DU LOGEMENT

Les logements doivent en principe être occupés, à titre de **résidence principale,** pendant une durée déterminée par le règlement général de l'Agence (CCH art. R 321-20), le non-respect de ce délai d'occupation entraînant la restitution de la subvention (CE 30-6-1995 n° 116040, Mortier). Sur le reversement de la subvention, voir n° 25200. Cette occupation, à titre de résidence principale, doit être effective au moins 8 mois par an, sauf obligation professionnelle, raison de santé ou cas de force majeure. 24820

> **Précisions** **a.** Les logements destinés à être occupés par des **travailleurs saisonniers** sont concernés par l'exception au titre des obligations professionnelles (Règl. gén. Anah art. 15).
> **b.** Les **logements dépendant d'une exploitation agricole, ou inclus dans un bail commercial,** peuvent, dès lors qu'ils sont utilisés à titre de résidence principale par le propriétaire ou par le locataire, faire l'objet d'une aide de l'Anah (CCH art. R 321-12 II et D 321-23, ann. IV – convention type).

Le **propriétaire bailleur** doit prendre l'**engagement de louer** le logement bénéficiant de la subvention Anah à titre de résidence principale dans les conditions susmentionnées, pendant une période d'au moins 6 ans à compter de la date de déclaration d'achèvement de l'opération (Règl. gén. Anah art. 15-A). 24825

Par ailleurs, sauf exception, l'octroi d'une subvention « propriétaire bailleur » engage celui-ci à louer le logement dans le cadre du conventionnement Anah (CCH art. L 321-4 et L 321-8), c'est-à-dire dans le respect de plafonds de loyers et de ressources, pour une durée de 6 ans courant à compter de la date de transmission à l'Anah par le propriétaire de l'ensemble des pièces nécessaires au paiement de la subvention. Pour les travaux non soumis au conventionnement, le logement doit être loué dans un délai d'un an à compter de la date de demande de paiement du solde de la subvention (Règl. gén. Anah art. 15-A).

La **preuve** du respect de cet engagement (dans le cadre du conventionnement : nouveau bail ou renouvellement du bail et avis d'imposition du locataire) doit être apportée au moment du paiement du solde de la subvention. En cas de changement de locataire, le propriétaire doit conserver les pièces prouvant que la nouvelle location est conforme aux engagements souscrits, afin d'être en mesure de répondre aux contrôles de l'Anah ou de l'administration fiscale.

En cas de départ du fait du locataire, lorsque les **travaux** réalisés avec l'aide de l'Agence relèvent de l'accessibilité ou de l'adaptation de l'immeuble ou du logement aux personnes en situation de **handicap** et ont eu pour objet de répondre aux besoins spécifiques de la personne logée, cette durée d'engagement peut ne plus être exigée, sur décision du délégué de l'Agence dans le département ou du délégataire. Cette décision est fonction notamment des caractéristiques du logement et de la possibilité de remise en location, en particulier au profit d'une personne en situation de handicap pour laquelle la configuration du logement serait adaptée. Ces dispositions ne sont pas applicables en cas de conventionnement.

> Précisions a. Ne constitue pas un **cas de force majeure** de nature à justifier le non-respect de l'engagement de location pris par le propriétaire le fait que l'alimentation en eau potable du logement subventionné ait été coupée par un voisin (CE 29-10-2003 n° 232250, Sénéchal : BPIM 1/04 inf. 42).

b. Les logements financés par l'Anah doivent, à l'issue des **travaux,** répondre aux caractéristiques de **décence** imposées par l'article 6 de la loi 89-462 du 6 juillet 1989 (nos 62005 s.). À défaut, les travaux ne peuvent ouvrir droit à la subvention pour les propriétaires bailleurs (Règl. gén. Anah art. 15-A, al. 1).

c. Seuls les logements respectant un **niveau de performance énergétique globale** fixé par arrêté conjoint des ministres chargés du logement, de l'énergie et du budget peuvent en principe faire l'objet d'un conventionnement avec l'Anah ouvrant droit au bénéfice des dispositions du o du 1° du I de l'article 31 du CGI (déduction spécifique au titre des revenus fonciers perçus par les propriétaires pour les conventions dont la demande a été enregistrée par l'Anah jusqu'au 28 février 2022) ou des dispositions de l'article 199 tricies du CGI (réduction d'impôt sur le revenu dont bénéficient les propriétaires pour les conventions dont la demande est enregistrée par l'Anah entre le 1er mars 2022 et le 31 décembre 2027). Pour les logements situés en France métropolitaine, ce seuil est fixé à une consommation conventionnelle en énergie primaire du logement inférieure à 331 kWh/m^2/an, évaluée sur les usages de l'énergie pour le chauffage, la production d'eau chaude sanitaire et le refroidissement (logements disposant d'une évaluation énergétique réalisée avant le 30 juin 2021 en cours de validité) ou, pour les autres logements, à un niveau de performance minimal correspondant à la classe énergie E au sens de l'article L 173-1-1 du CCH (CGI ann. IV art. 01 ter, I, issu de arrêté LOGL2012460A du 10-11-2020 ; CGI ann. IV art. 18-0 bis E, issu de arrêté LOGL2206704A du 29-3-2022). Pour les baux conclus ou renouvelés à compter du 1er janvier 2028, le contribuable devra justifier d'un niveau de performance minimal correspondant à la classe D au sens de l'article L 173-1-1 du CCH.

24830 Le **propriétaire occupant** doit occuper le logement financé par l'Anah à titre de résidence principale pendant 3 ans, étant précisé que le logement doit être occupé dans le délai maximum d'un an qui suit la date de déclaration d'achèvement des travaux (transmission de l'ensemble des pièces nécessaires au paiement). Le délégué de l'Agence dans le département ou le délégataire peut autoriser, avec maintien de la subvention, que le logement ne soit pas occupé lorsque les bénéficiaires de la subvention invoquent des motifs d'ordre médical, familial ou professionnel rendant impossible le maintien dans le logement. L'autorisation peut être conditionnée à l'obligation de louer le logement à titre de résidence principale avec, le cas échéant, des engagements de location spécifique ou prévoir la possibilité de vente du logement, dans les cas prévus par délibération du conseil d'administration de l'Agence (Règl. gén. Anah art. 15-D).

24835 Conformément aux dispositions de l'article R 321-20 du CCH, le bénéficiaire de la subvention ou, le cas échéant, ses ayants droit doivent déclarer, dans un délai de 3 mois suivant l'événement, au délégué de l'Agence dans le département ou au délégataire, tout **changement d'occupation, d'utilisation des logements** ou toute **mutation de propriété** intervenant pendant la période d'engagement (Règl. gén. Anah art. 16).

24840 **En cas de non-respect des engagements d'occupation,** la décision de subvention est retirée et tout ou partie des sommes perçues doit être reversé (CCH art. R 321-21, I-al. 4) dans les conditions précisées à l'article 21 du règlement général de l'Anah, à l'exception notamment des cas suivants :

– lorsque la mutation résulte d'une expropriation ou de l'exercice d'un droit de préemption ;

– concernant les propriétaires bailleurs : lorsque les acquéreurs, héritiers ou cessionnaires justifient, de façon expresse, du respect de l'ensemble des engagements réglementaires fixés par les articles R 321-12 à R 321-22 du CCH ainsi que, le cas échéant, des obligations conventionnelles spécifiques signées par le bénéficiaire initial de la subvention (par exemple dans le cadre de l'aide « MaPrimeRénov' Parcours accompagné » si l'acheteur reprend l'engagement de location) ou lorsque l'acheteur est une personne morale entrant dans l'une des catégories mentionnées à l'article R 321-13 du CCH, si un motif économique manifeste le justifie et si le logement concerné conserve une vocation sociale pendant la durée restante des engagements initiaux ;

– concernant les propriétaires occupants : en cas de décès ou lorsque les acquéreurs justifient, de façon expresse, du respect de l'ensemble des engagements réglementaires d'occupation fixés à l'article R 321-20 du CCH et répondent aux conditions de ressources définies à l'article R 321-12, I.

La non-reprise, par le nouveau propriétaire, de l'engagement de location pendant la durée réglementaire à la suite d'un achat sur saisie immobilière autorise l'Anah à retirer la subvention au précédent propriétaire (CAA Lyon 14-4-1998 n° 94LY20150, SCI Les Arches).

2. TRAVAUX SUBVENTIONNABLES

OPÉRATIONS CONCERNÉES

Les aides de l'Anah doivent permettre de réaliser des travaux de réparation, d'assainissement, d'amélioration et d'adaptation d'immeubles d'habitation ou de logements ainsi que la transformation en logements de locaux non affectés à cet usage dès lors que ces derniers seront utilisés à titre de résidence principale (CCH art. L 321-1). **24860**

En ce qui concerne les bénéficiaires mentionnés à l'article R 321-12, I et II (propriétaires bailleurs et propriétaires occupants notamment), la liste des travaux recevables et autres dépenses associées (maîtrise d'œuvre, diagnostics techniques) est fixée par la délibération Anah 2025-06 du 12 mars 2025.

Sont subventionnables les travaux destinés à l'**amélioration de l'habitat** et réalisés dans les parties privatives ou communes des immeubles, notamment en matière de sécurité, de salubrité, d'équipement, d'amélioration de la performance énergétique et d'économie d'eau, d'isolation acoustique, d'accessibilité ou d'adaptation aux besoins des personnes handicapées ou en situation de perte d'autonomie liée au vieillissement.

Sont également subventionnables :

– les travaux d'**élimination ou d'isolation des matériaux** contenant de l'amiante, des sels de plomb (saturnisme) ainsi que le traitement préventif ou curatif contre les termites ou autres insectes xylophages ;

– les **diagnostics** techniques (saturnisme, amiante, acoustique, thermique, etc.), à condition d'être suivis des travaux préconisés ;

– les travaux de **finition** (peinture par exemple), uniquement s'ils sont consécutifs à une opération de réhabilitation globale ou à une autre intervention : ces travaux ne peuvent être financés seuls ou associés à des travaux de faible ampleur ;

– les travaux de **ravalement** uniquement dans le cadre de travaux d'isolation nécessitant une intervention sur le gros œuvre ;

– les **extensions de logements** ne dépassant pas 14 m² de surface habitable par logement, ou 20 m² lorsqu'il s'agit de travaux d'adaptation de logements de personnes âgées ou handicapées ;

– la **création de locaux annexes aux parties communes,** dans la limite de 14 m² par local (chaufferies collectives, locaux pour les poubelles, locaux pour vélos et poussettes, etc.).

> **› Précisions** En ce qui concerne les **autres types d'opérations** :
> – subvention pour l'amélioration ou l'humanisation des structures d'hébergement visées à l'article R 321-12, III : les dépenses subventionnables sont notamment définies par le règlement général de l'Anah (art. 33) et la délibération Anah 2023-14 du 15 mars 2023 ;
> – opérations de résorption de l'habitat insalubre irrémédiable ou dangereux (RHI) et du traitement de l'habitat insalubre remédiable ou dangereux et des opérations de restauration immobilière (Thirori) visées à l'article R 321-12, IV et V : les dépenses et déficits subventionnables sont précisés par la délibération Anah 2023-13 du 15 mars 2023 ;
> – travaux de résidentialisation et de scission de copropriétés incluses dans un plan de sauvegarde : les dépenses subventionnables sont notamment définies par délibération Anah 2018-36 du 28 novembre 2018 ;
> – travaux d'amélioration de la performance énergétique réalisés par des syndicats de copropriétaires en outre-mer (dispositif MPR Copropriété en outre-mer) : les dépenses subventionnables sont notamment définies par la délibération Anah 2023-24 du 14 juin 2023.

CAS PARTICULIER

24862 En ce qui concerne les **propriétaires occupants de ressources modestes,** il existe deux types de **plafonds de ressources** : les plafonds de ressources dits « très modestes » et les plafonds de ressources dits « modestes » tels que définis par l'arrêté ETLL1305399A du 24 mai 2013 et la circulaire LRUL2433645C du 21 novembre 2024 (nº 24925).

Ces propriétaires occupants sont éligibles aux aides de l'Anah pour les travaux ou projets de travaux suivants :

– travaux prescrits par un arrêté préfectoral de traitement de l'insalubrité (CCH art. L 511-1 s.) ;

– travaux prescrits par un arrêté de mise en sécurité (CCH art. L 511-1 s.) ;

– travaux destinés à supprimer le risque de saturnisme (CSP art. L 1334-2 s.) ;

– travaux destinés à remédier à une situation d'insalubrité ou de dégradation très importante constatée sur la base d'un rapport d'analyse réalisé par un professionnel qualifié à l'aide d'un modèle de grille d'évaluation (Inst. du 4-10-2010 ann. II : BO écologie 2010/21 du 25-11-2010) ;

– travaux de remise en état des équipements communs des immeubles collectifs à usage principal d'habitation (CCH art. L 126-7 s.) ;

– travaux d'adaptation des logements et des immeubles aux besoins des personnes handicapées ou en perte d'autonomie liée au vieillissement, dits « travaux pour l'autonomie de la personne » au sens du régime d'aides (nº 25060) ;

– travaux d'amélioration de la performance énergétique (nº 25145) ;

– travaux sur les parties communes des immeubles ou sur les logements faisant l'objet d'un plan de sauvegarde situés dans le périmètre d'une Opah « copropriété dégradée » ou situés dans le périmètre d'une opération de requalification de copropriétés dégradées.

DIAGNOSTIC DE L'ÉTAT INITIAL ET OBJECTIFS DU PROJET

24863 Le seul fait de comprendre des travaux subventionnables en application des règles ci-dessus ne suffit pas à rendre le projet éligible. Les dispositions du régime d'aides (nºs 25040 s.) conduisent à favoriser le financement des projets de travaux suivants :

– projets de travaux pour réhabiliter un logement indigne ou dégradé, cet état étant attesté dans le cadre d'une procédure (arrêté, injonction) ou par la production d'un rapport d'évaluation de la dégradation réalisé par un professionnel qualifié ;

– projets de travaux d'accessibilité et d'adaptation du logement au vieillissement ou au handicap ;

– projets d'amélioration de la performance énergétique dans lesquels la production d'une évaluation ou d'un audit énergétique avant travaux et projetée après travaux permet de rendre les logements concernés éligibles à l'aide de base de l'Anah, aux bonifications ou primes.

Dans le cas des copropriétés en difficulté, l'octroi de l'aide de l'Anah au syndicat des copropriétaires est en principe subordonné, au préalable, à la réalisation d'un diagnostic complet et à l'élaboration d'une stratégie de redressement et d'un programme de travaux cohérent. En outre, une évaluation énergétique ou un audit énergétique avant travaux et projetée après travaux doit être jointe à la demande (Délib. Anah 2024-44 du 11-12-2024).

> **› Précisions** Dans certains dispositifs, une **bonification ou une prime** est mise en place au titre de la lutte contre les « passoires thermiques » pour les travaux de sortie de précarité énergétique en faveur des propriétaires (occupants ou bailleurs) et des syndicats des copropriétaires.

OPÉRATIONS EXCLUES

24865 Les travaux suivants sont exclus des subventions de l'Anah (CCH art. R 321-15, al. 2) :

– les travaux destinés exclusivement à l'**embellissement** des locaux et les travaux de **petit entretien** (dont la liste figure nº 65320), sauf si ces travaux font partie des mesures prescrites sur un immeuble par un arrêté de péril, de remise en état d'équipements communs dans des immeubles à usage d'habitation ou d'insalubrité ;

– les travaux de **réhabilitation lourde** qui, ayant pour effet d'apporter une modification importante au gros œuvre ou d'accroître sensiblement le volume ou la surface habitable des locaux d'habitation, équivalent à des travaux de construction ou de reconstruction, à moins qu'ils ne soient réalisés sur un immeuble faisant l'objet d'un arrêté d'insalubrité ou d'un arrêté de péril ou qu'ils ne constituent la transformation en logements de locaux affectés à un autre usage ou des travaux indispensables à l'adaptation des logements aux besoins spécifiques des personnes handicapées. C'est ainsi que ne peuvent bénéficier d'une subvention Anah des travaux de restructuration d'un immeuble dont on ne conserve que les murs et la charpente (CAA Nancy 4-5-1995 nº 94NC00222).

Il peut être dérogé à ces dispositions, à titre expérimental et pour des projets s'inscrivant dans des opérations d'ensemble, dans des conditions déterminées par le conseil d'administration (CCH art. R 321-15).

CONDITIONS D'EXÉCUTION DES TRAVAUX

Les travaux doivent être exécutés par des **entreprises** professionnelles du bâtiment inscrites au registre du commerce et des sociétés ou au répertoire des métiers ou légalement installées dans un pays membre de l'Union européenne, ou par des structures d'insertion par l'activité économique telles que définies à l'article L 5132-4 du Code du travail ou des établissements et services d'aide par le travail dûment habilités par une autorité administrative. Ces entreprises doivent être soumises aux règles de garantie légale (Règl. gén. Anah art. 13-A). **24870**

L'intervention doit comprendre la fourniture et la pose des matériaux et équipements, ainsi que leur mise en marche. L'achat direct par le bénéficiaire des matériaux et équipements exclut ces travaux du bénéfice de l'aide, même en cas d'utilisation par une entreprise (Délib. Anah 2025-06 du 12-3-2025 et Inst. travaux recevables du 3-5-2024). Néanmoins, dans les conditions définies par instruction du directeur général de l'Agence nationale de l'habitat, les travaux réalisés à partir de matériaux ou d'équipements obtenus par voie de don peuvent être éligibles au bénéfice d'une subvention, sans que le coût de ces matériaux ou équipements puisse être comptabilisé au titre des dépenses subventionnables. Par ailleurs, les propriétaires occupants peuvent obtenir une subvention de l'Anah pour les travaux qu'ils réalisent eux-mêmes (opération dite « d'autoréhabilitation »), à condition de faire l'objet d'un accompagnement et d'un encadrement technique adapté (CCH art. R 321-18, al. 11 ; Règl. gén. Anah art. 13-B ; Délib. Anah 2019-44 du 4-12-2019 : BO MTES/MCT du 7-1-2020).

Les entreprises doivent disposer de la mention « RGE » (« reconnu garant de l'environnement ») pour tous les travaux d'amélioration de la performance énergétique.

Au-dessous d'un **montant minimal** de travaux subventionnables de 1 000 € HT, la demande de subvention n'est pas recevable (Délib. Anah 2023-52 du 6-12-2023).

Pour les demandes de subventions déposées par des copropriétaires concernant des travaux sur les parties communes, le seuil de recevabilité s'apprécie pour chaque copropriétaire en fonction de la quote-part qui lui incombe (Règl. gén. Anah art. 4).

Les **travaux** doivent avoir été **commencés après** le dépôt de la demande de subvention. Toutefois, le délégué de l'Agence dans le département ou le délégataire peut, à titre exceptionnel, accorder une subvention lorsque le dossier n'a pu être déposé qu'après le commencement des travaux. Il en est ainsi notamment pour les travaux urgents en raison d'un risque manifeste pour la santé ou la sécurité des personnes, les travaux d'office et ceux rendus nécessaires à la suite de catastrophes naturelles ou technologiques ou par les effets du vent dus aux tempêtes, ouragans et cyclones (Règl. gén. Anah art. 5).

> Précisions L'opération doit donner lieu à une mission de **maîtrise d'œuvre complète** réalisée par un professionnel lorsqu'il s'agit de travaux :
– d'un montant supérieur à 100 000 € HT ;
– de grosses réparations et de restructuration effectuées sur les parties communes d'un immeuble faisant l'objet d'un plan de sauvegarde ou situé dans le périmètre d'une opération programmée d'amélioration de l'habitat « copropriété dégradée », d'une opération programmée d'amélioration de l'habitat (OPAH) comprenant un volet « copropriété en difficulté » ou d'une opération de requalification des copropriétés dégradées prévue à l'article L 741-1 du CCH ;
– de grosses réparations et de restructuration sur des immeubles ou des logements en situation d'insalubrité ou faisant l'objet d'un arrêté de mise en sécurité ou de traitement de l'insalubrité (Délib. Anah 2023-52 du 6-12-2023).

CONDITIONS RELATIVES AU FINANCEMENT DES TRAVAUX

La subvention de l'Anah peut être cumulée avec un prêt conventionné, un PEL, un prêt locatif social (PLS), un prêt Action Logement (ex-1 % logement) ou un prêt bancaire (Circ. 2001-59 du 9-8-2001 : BO équip. 2001/16 du 10-9-2001). Elle peut aussi, le cas échéant, se cumuler avec les régimes fiscaux de déduction spécifique sur les revenus des logements locatifs (« Borloo ancien » et « Cosse ») ou de réduction d'impôt sur le revenu (dispositif « Loc'Avantages »). **24875**

Les logements ayant fait l'objet d'une vente HLM (CCH art. L 443-7 à L 443-15-5) ne peuvent bénéficier d'une subvention de l'Anah qu'à l'expiration d'un délai de 5 ans pour une aide au propriétaire occupant ou de 15 ans pour une aide au syndicat de copropriétaires.

Les bailleurs (propriétaires bailleurs et organismes de maîtrise d'ouvrage d'insertion) ne peuvent bénéficier d'une aide de l'Anah pour des logements ou immeubles ayant fait l'objet de concours financiers de l'Etat pour leur construction, leur acquisition ou leur amélioration ou ayant appartenu à un organisme HLM, sauf dans le cas où, au moment du dépôt de la demande, la location des logements concernés n'est plus soumise à plafonds de loyers ou de ressources du locataire (CCH art. R 321-13).

Ne peuvent enfin bénéficier d'une subvention de l'Anah, les propriétaires occupants dont les logements ou immeubles ont fait l'objet d'un concours financier de l'État pour leur construction, leur acquisition ou leur amélioration ou ayant appartenu aux organismes HLM octroyé moins de 5 ans avant la demande d'aide à l'Anah, sauf lorsque le logement est dans le périmètre d'une Opah (CCH art. R 321-13). Cette règle de non-cumul ne s'applique pas au prêt à taux zéro.

> **Précisions** **a.** Les travaux ayant ouvert droit à une aide de l'Anah au titre de la lutte contre la précarité énergétique peuvent être financés par un **éco-PTZ** (voir nos 22600 s.).
> **b.** Un **propriétaire privé** qui réalise des travaux financés par l'Anah peut vendre ultérieurement son logement à une société HLM dès lors que les engagements contenus dans la convention conclue au moment de l'octroi de l'aide sont repris par l'organisme de logement social (CE 15-11-2017 n° 400542, Sté Foncière Chapal : BPIM 1/18 inf. 52).

3. BÉNÉFICIAIRES DE LA SUBVENTION

24900 L'Anah peut accorder des subventions aux personnes désignées ci-après (CCH art. R 321-12). Les étrangers résidant en France et assujettis à l'impôt sur le revenu peuvent bénéficier d'une aide de l'Anah dès lors qu'ils remplissent les conditions de son octroi, notamment celles tenant à l'occupation du logement visées nos 24820 s. (Inst. régimes d'aides 2024 du 3-5-2024).

PROPRIÉTAIRES BAILLEURS

24901 Les propriétaires bailleurs (CCH art. R 321-12, I-1°) qui engagent des travaux d'amélioration dans des logements répondant aux conditions de recevabilité définies nos 24860 s., ou tout autre titulaire d'un droit réel conférant l'usage des locaux pour des logements qu'ils donnent à bail et qui sont occupés dans les conditions exposées (usufruitier, preneur de bail emphytéotique rural, de bail à construction ou de bail à réhabilitation et indivisions, sous certaines conditions) nos 24820 s.

Sauf exceptions (notamment dans le cas des travaux de rénovation énergétique au titre du dispositif « MaPrimeRénov' Parcours accompagné »), les engagements de location sont souscrits dans le cadre du conventionnement Anah : location à un locataire sous plafonds de ressources et pour un montant de loyer lui-même plafonné.

Une aide peut également être octroyée aux propriétaires ou titulaires de droits réels immobiliers mettant gratuitement un logement à la disposition d'autrui (CCH art. R 321-12, I-1°) dans les conditions fixées par l'article 15-B du règlement général de l'Anah.

LOCATAIRES

24902 Les locataires (CCH art. R 321-12, I-5° ; Délib. Anah 2023-46 du 6-12-2023) qui effectuent des travaux de mise en décence du logement qu'ils occupent dans le cadre des articles 1 et 4 de la loi 67-561 du 12 juillet 1967 relative à l'amélioration de l'habitat. Les normes visées sont celles fixées par le décret 2002-120 du 30 janvier 2002 relatif aux caractéristiques du logement décent (sur celles-ci, voir nos 62005 s.), hors celles prévues à l'article 3 bis relatives à la consommation énergétique du logement.

Sont également finançables les travaux d'accessibilité ou d'adaptation de leur logement au handicap réalisés par leurs soins, avec l'accord exprès du bailleur.

Les dispositions du régime d'aides prévoient de n'octroyer une aide que si le ménage locataire respecte les plafonds de ressources dits « modestes » ou « très modestes » applicables aux propriétaires occupants (Délib. Anah 2023-46 du 6-12-2023).

PROPRIÉTAIRES OCCUPANTS

24904 Les propriétaires occupants et tous les autres titulaires d'un droit réel (usufruitiers, occupants ou bénéficiaires d'un droit d'usage et d'habitation et indivisaires sous certaines conditions) conférant l'usage des locaux pour les logements qu'ils occupent eux-mêmes dans les conditions prévues n° 24820.

Ils doivent de surcroît respecter les conditions de ressources prévues n° 24920 s. (CCH art. R 321-12, II al. 5).

PERSONNES SUPPORTANT LA CHARGE EFFECTIVE DE CERTAINS TRAVAUX

24906 Les personnes qui supportent la charge effective des travaux effectués dans des logements **occupés par leurs proches** (ascendants, descendants ou ceux de leur conjoint, concubin ou partenaire lié par un Pacs).

Ces occupants doivent être propriétaires ou titulaires d'un droit réel conférant l'usage des locaux et les occuper à titre de résidence principale dans les conditions prévues n° 24820 ; seul le ménage bénéficiaire de l'aide est soumis aux conditions de ressources prévues n° 24920 s. (CCH art. R 321-12, I-3° ; Règl. gén. Anah, art. 15-B, 3°). Ces dossiers relèvent du régime d'aides « propriétaires occupants » (Délib. Anah 2025-20 du 5-9-2025).

PROPRIÉTAIRES DES MURS OU EXPLOITANTS D'UN ÉTABLISSEMENT COMMERCIAL

Les propriétaires des murs ou exploitants d'un établissement commercial de **locaux meublés à usage d'habitation** occupés à titre de résidence principale, qui effectuent des travaux d'amélioration portant sur les parties communes et privatives de l'immeuble concerné, dès lors qu'ils remplissent les conditions fixées par l'article 15-C, I-1 du règlement général de l'Anah. **24908**

Sur le régime d'aides spécifiques dit « **hôtels meublés** », mis en place par le conseil d'administration de l'Anah, voir la délibération Anah 2022-17 du 16 mars 2022 et l'instruction 2007-01 du 14 septembre 2007 (BO écologie 2007/22 du 10-12-2007).

À titre exceptionnel, le propriétaire d'un local à usage d'habitation inclus dans un **bail commercial,** ou le titulaire du bail commercial, occupant le logement à titre de résidence principale engageant des travaux d'amélioration ou d'accès sur la partie des locaux affectés à l'habitation. Si le titulaire du bail occupe lui-même le logement, il doit respecter les conditions applicables aux propriétaires occupants (n° 24904) et, si le logement est donné à bail, les conditions applicables aux propriétaires bailleurs s'imposent (Règl. gén. Anah art. 15-C, I). **24910**

L'article R 321-12, II du Code de la construction et de l'habitation étend par ailleurs la possibilité pour l'Anah d'accorder des subventions, pour des travaux réalisés dans des locaux à usage d'habitation inclus dans un **bail à ferme** et occupés par le preneur à titre de résidence principale, soit à ce dernier, soit au propriétaire.

SYNDICATS DE COPROPRIÉTAIRES

Les syndicats de copropriétaires peuvent obtenir une subvention de l'Anah pour les travaux portant sur les parties communes et les équipements communs d'un immeuble en copropriété faisant l'objet d'un **plan de sauvegarde** situé dans le périmètre d'une Opah « copropriété dégradée » ou situé dans le périmètre d'une **opération de requalification de copropriétés dégradées** (CCH art. L 741-1), lorsque cette opération vise, dans son ensemble ou dans un volet dédié, au redressement d'une ou plusieurs copropriétés rencontrant des difficultés sur le plan technique, financier, social ou juridique, et identifiées à la suite d'actions de repérage et de diagnostic. **24915**

Il en est de même en cas d'**arrêté de mise en sécurité ou de traitement de l'insalubrité ou de péril,** pris en application des 1°, 2° ou 4° de l'article L 511-2 du CCH s'il ne prescrit pas la démolition, à l'exclusion des situations mentionnées à l'article L 1331-23 du Code de la santé publique ainsi que des mesures prises au titre de l'urgence en application de l'article L 511-19 du CCH pour l'ensemble des mesures prescrites sur l'immeuble. L'ensemble des mesures prescrites en application du deuxième alinéa de l'article L 1331-22 du Code de la santé publique peut également faire l'objet d'une subvention de l'Agence pour les travaux de sécurité des équipements communs, ainsi que les travaux nécessaires au fonctionnement normal de la copropriété ordonnés par un administrateur provisoire (CCH art. R 321-12, I-7° ; Règl. gén. Anah art. 15-H, I et II).

Les syndicats de copropriétaires peuvent également obtenir une subvention pour les travaux d'accessibilité de l'immeuble et portant sur les parties communes et équipements communs (CCH art. R 321-12, I-8°).

L'article R 321-12, I-8° du Code de la construction et de l'habitation étend le champ d'intervention de l'Anah en faveur des syndicats de copropriétaires aux travaux d'amélioration des **performances énergétiques** des copropriétés (aide dite « MaPrimeRénov' Copropriété » : voir n° 25520).

Seuls les syndicats de copropriété d'immeubles affectés de manière prépondérante à usage d'habitation (comprenant au moins 65 % de lots principaux ou, à défaut, 65 % des tantièmes dédiés à l'habitation pour les copropriétés de 20 lots ou moins et au moins 75 % des lots principaux ou, à défaut, 75 % des tantièmes dédiés à l'habitation pour les copropriétés de plus de 20 lots) et appartenant à des propriétaires privés peuvent bénéficier des aides (Règl. gén. Anah art. 15-H, I ; Délib. Anah 2024-44 et 2024-45 du 11-12-2024). Les conditions d'occupation des locaux et de ressources des copropriétaires occupants ne sont pas prises en considération. **24916**

La subvention bénéficie à tous les copropriétaires, quelle que soit l'affectation de leur lot. Sous certaines conditions, les demandes individuelles de copropriétaires concernant les mêmes travaux peuvent être financées de façon complémentaire. L'attribution de la subvention au syndicat des copropriétaires peut être cumulée, pour les mêmes travaux, avec des aides individuelles aux copropriétaires. Le règlement général de l'agence fixe les modalités de ce cumul (CCH art. R 321-12, I-7° et 8°).

L'éventualité d'un cumul d'aides individuelles et au syndicat pour les mêmes travaux fait l'objet d'une procédure d'étude préalable définie par le règlement général de l'Agence (Règl. gén. Anah art. 15-H, I-3°).

L'aide au syndicat des copropriétaires visée au 7° du I de l'article R 321-12 peut être cumulée, pour les mêmes travaux, avec des aides individuelles versées directement aux copropriétaires. En dehors de ces cas, le conseil d'administration peut également autoriser ce cumul.

En tout état de cause, le cumul des aides individuelles et de l'aide directe au syndicat des copropriétaires ne peut dépasser le montant maximum susceptible d'être versé au seul syndicat.

> **Précisions** L'Anah a mis en place une **aide pour accompagner le « portage ciblé »** pour une durée déterminée dans les copropriétés en difficulté. Cette aide consiste en l'acquisition, par un opérateur missionné par une collectivité publique, d'un nombre limité de lots dans une copropriété, puis en leur conservation pendant une certaine durée en vue de l'amélioration des parties privatives et communes avant leur revente ultérieure dans un objectif de mixité sociale (Délib. Anah 2022-39 du 12-10-22).

AUTRES BÉNÉFICIAIRES

24917 Parmi les autres bénéficiaires figurent :

– les **communes** ou leurs groupements réalisant d'office les travaux prescrits par un arrêté d'insalubrité ou de péril, ou des travaux de mise en sécurité, en se substituant aux propriétaires défaillants (CCH art. R 321-12, I-4° ; Délib. Anah 2024-48 du 11-12-2024 ; Inst. 2007-03 du 31-12-2007) ;

– les **organismes HLM,** les **SEM,** les sociétés publiques locales, les sociétés publiques locales d'aménagement, les établissements publics fonciers d'État et locaux, les établissements publics d'aménagement et les concessionnaires d'opérations d'aménagement pour les opérations de portage ciblé de copropriétés en difficulté lorsqu'elles font l'objet d'un plan de sauvegarde, ou qu'elles sont concernées par la convention d'Opah « copropriété dégradée » ou la convention d'opération de requalification de copropriétés dégradées (CCH art. R 321-12, I-11° ; Règl. gén. Anah art. 15-I ; Délib. Anah 2022-39 du 12-10-2022) ;

– les **établissements publics d'aménagement** (C. urb. art. L 321-1), les établissements publics fonciers de l'État et locaux, Grand Paris Aménagement, l'établissement public d'aménagement Paris-Saclay et les établissements publics fonciers et d'aménagement de Guyane et de Mayotte, pour les travaux qu'ils réalisent sur des logements acquis en vue de leur revente dans le cadre d'un dispositif coordonné d'intervention immobilière et foncière (DCIIF) approuvé par le conseil d'administration de l'Anah ainsi que, pour les établissements publics d'aménagement, les établissements publics fonciers d'État et Grand Paris Aménagement, les ministres en charge de l'urbanisme et du logement (CCH art. R 321-12, I-10° ; Règl. gén. Anah art. 15-J) ;

– les organismes mentionnés à l'article D 331-14 du CCH et les centres communaux et intercommunaux d'action sociale, propriétaires ou titulaires d'un droit réel immobilier sur des établissements d'hébergement mentionnés au 8° du I de l'article L 312-1 du Code de l'action sociale et des familles assurant ou non l'accueil de jour, des « lits halte soins santé » ou des « lits d'accueil médicalisés » mentionnées au 9° du I du même article, des structures assurant l'accueil et l'hébergement de personnes en difficultés dans le cadre de l'agrément défini à l'article L 265-1 du même Code ou des établissements d'hébergement destinés aux personnes sans domicile mentionnés à l'article L 322-1 du même Code (CCH art. R 321-12, III ; Règl. gén. Anah Chap. IV ; Délib. Anah 2022-31 du 15-6-2022) ;

– les maîtres d'ouvrage d'opérations dites de « RHI-Thirori » (RHI : opération de résorption de l'**habitat insalubre** irrémédiable ou dangereux, sous interdiction définitive d'habiter ; Thirori : traitement de l'habitat insalubre remédiable ou dangereux et des opérations de restauration immobilière) (CCH art. R 321-12, IV et V ; Règl. gén. Anah, chap. V ; Délib. Anah 2023-13 du 15-3-2023 ; Inst. du 12-9-2014 : BO écologie 2014/24 du 10-1-2015).

> **Précisions** **a.** Les propriétaires porteurs d'un projet pour l'amélioration de logements qu'ils acquièrent dans le cadre du **dispositif d'intervention immobilière et foncière (DIIF)** peuvent bénéficier d'une subvention de l'Anah (CCH art. R 321-12, 10° bis ; Délib. Anah 2024-50 (C) du 11-12-2024). Un DIIF contribue « à la revalorisation des îlots d'habitat vacant ou dégradé » et « inclut notamment des actions d'acquisition, de travaux et de portage de lots de copropriétés » (CCH art. L 303-2, III).
> **b.** Dans le cadre d'un **projet de travaux en vente d'immeuble à rénover (VIR),** l'Anah peut accorder des aides aux propriétaires porteurs du projet (CCH art. R 321-12, 14° ; Délib. Anah 2024-50 (B) du 11-12-2024).

c. Dans le cadre du dispositif d'aide **expérimental** en faveur de l'habitat collectif, l'Anah peut accorder des aides aux propriétaires porteurs du projet d'**habitat participatif ou inclusif** ou aux organismes de foncier solidaire mentionnés à l'article L 329-1 du Code de l'urbanisme (CCH art. R 321-12 ; Délib. Anah 2024-50 (A) du 11-12-2024).

d. La commune ou l'établissement public de coopération intercommunale compétent en matière d'habitat peut bénéficier d'un financement de l'Anah lorsqu'un **état de carence d'un syndicat de copropriétaires** aura été prononcé par le tribunal judiciaire (CCH art. R 321-12, 13° ; Délib. Anah 2022-38 du 12-10-22).

4. RESSOURCES

MODALITÉS D'APPRÉCIATION

La subvention pour travaux est accordée sous condition de ressources aux propriétaires occupants et aux personnes assumant la charge effective des travaux réalisés dans les logements occupés par leurs proches (CCH art. R 321-12, I-2°, 3° et II-dernier al.), ainsi qu'aux titulaires de baux à ferme et de baux commerciaux occupant eux-mêmes la partie des locaux affectés à l'habitation (CCH art. R 321-12, II) et aux locataires (Délib. Anah 2023-46 du 6-12-2023). Les modalités d'examen des ressources des demandeurs sont appréciées comme suit (Inst. régimes d'aides du 3-5-2024). Les plafonds de ressources applicables au 1er janvier sont ceux fixés annuellement par circulaire conformément à l'article 5 de l'arrêté ETLL1305399A du 24 mai 2013 modifié. **24920**

1. Constitue un **ménage** toute personne destinée à occuper le logement, étant précisé qu'aucune distinction n'est faite entre les couples mariés, les concubins ou les personnes ayant conclu un Pacs. Il en est ainsi :

– des étudiants qui occupent le logement, peu importants qu'ils soient ou non rattachés au foyer fiscal des parents ; en cas d'occupation intermittente, les étudiants peuvent faire partie du ménage occupant lorsqu'ils sont rattachés au foyer fiscal du demandeur ;

– des personnes âgées ou handicapées résidant dans le logement ;

– des enfants recueillis de façon permanente à la suite d'une décision de justice.

La composition du ménage s'apprécie à la date de la demande de subvention auprès de l'Anah.

2. Les **revenus** du demandeur sont appréciés sur la base de l'avis d'imposition de chaque membre du ménage au titre de l'année N - 1. L'indisponibilité des justificatifs N - 1 (avis d'imposition ou avis de situation déclarative à l'impôt sur le revenu) est le seul critère qui permet de retenir l'année N - 2. Le montant des ressources à prendre en compte est égal à la somme des revenus fiscaux de référence de chaque personne composant le ménage.

Les subventions pour travaux au titre du dispositif MaPrimeRénov' Parcours accompagné (nos 25500 s.) sont accordées sous condition de ressources aux propriétaires bailleurs personnes physiques dans les conditions définies au 25050 s.

PLAFONDS DE RESSOURCES

Les plafonds de ressources sont révisés le 1er janvier de chaque année par circulaire du directeur général de l'Anah selon l'évolution de l'indice des prix à la consommation hors tabac (CCH art. R 321-12, II-dernier al.). Les plafonds de ressources déterminent l'éligibilité des demandeurs et les montants d'aides auxquels ils sont éligibles (Délib. Anah 2025-20 et 2025-21 du 5-9-2025). **24925**

Les plafonds de ressources dits « très modestes » et « modestes » sont ceux mentionnés respectivement à l'article 1 (ann. 1) et à l'article 2 (ann. 2) de l'arrêté ETLL1305399A du 24 mai 2013 modifié relatif aux plafonds de ressources applicables à certains bénéficiaires des subventions de l'Anah.

Par référence à ces plafonds de ressources, sont dénommés :

– **« ménages aux ressources très modestes »** ceux dont les ressources sont inférieures ou égales aux plafonds de ressources « très modestes » ;

– **« ménages aux ressources modestes »** ceux dont les ressources sont supérieures aux plafonds de ressources « très modestes » mais inférieures ou égales aux plafonds de ressources « modestes » ;

– **« ménages aux ressources intermédiaires »** ceux dont les ressources sont supérieures aux plafonds de ressources « modestes » mais inférieures ou égales aux plafonds de ressources « intermédiaires » ;

– **« ménages aux ressources supérieures »** ceux dont les ressources sont supérieures aux plafonds de ressources « intermédiaires ».

24926 Les plafonds de ressources applicables en 2025 sont les suivants :

Île-de-France			
Nombre de personnes composant le ménage	Plafonds de ressources « très modestes »	Plafonds de ressources « modestes »	Plafonds de ressources « intermédiaires »
1	23 768 €	28 933 €	40 404 €
2	34 884 €	42 463 €	59 394 €
3	41 893 €	51 000 €	71 060 €
4	48 914 €	59 549 €	83 637 €
5	55 961 €	68 123 €	95 758 €
Par personne supplémentaire	+ 7 038 €	+ 8 568 €	+ 12 122 €

Autres collectivités			
Nombre de personnes composant le ménage	Plafonds de ressources « très modestes »	Plafonds de ressources « modestes »	Plafonds de ressources « intermédiaires »
1	17 173 €	22 015 €	30 844 €
2	25 115 €	32 197 €	45 340 €
3	30 206 €	38 719 €	54 592 €
4	35 285 €	45 234 €	63 844 €
5	40 388 €	51 775 €	73 098 €
Par personne supplémentaire	+ 5 094 €	+ 6 525 €	+ 9 254 €

> **Précisions a.** Le **montant des ressources** à prendre en compte est égal à la somme des revenus fiscaux de référence de chaque personne composant le ménage au titre de la dernière année précédant celle de la demande de subvention lorsque les avis d'impôt sur le revenu ou les avis de situation déclarative à l'impôt sur le revenu sont disponibles, pour l'ensemble du ménage, à la date de la demande. Dans le cas contraire, les ressources s'apprécient, dans les mêmes conditions, sur la base des ressources de l'avant-dernière année précédant celle de la demande de subvention.
> **b.** Ces plafonds permettent de déterminer l'**éligibilité** à l'aide « MaPrimeRénov' » et aux autres aides de l'Anah (propriétaires occupants, locataires, propriétaires non occupants modestes hébergeant à titre gratuit, propriétaires bailleurs personnes physique sous certaines conditions). À noter que les plafonds de ressources « intermédiaires » sont uniquement applicables à « MaPrimeRénov' ».

5. CONVENTIONNEMENT ANAH

24930 En conventionnant un logement avec l'Anah, les propriétaires s'engagent notamment à le louer à des locataires dont les revenus sont inférieurs à des plafonds de ressources fixés au niveau national et pour un loyer lui-même plafonné (BOI-BAREME-000017 n°s 50 à 80 et 180 à 210 ; CGI ann. III art. 2 terdecies H).

À noter que le logement peut être conventionné, qu'il fasse ou non l'objet d'une aide de l'Anah.

Il existe quatre **types de conventions** :

– les conventions à loyer intermédiaire portant sur un logement ne bénéficiant pas d'une subvention pour travaux et n'ouvrant pas droit à l'APL (CCH art. L 321-4 et décret 2022-465 du 31-3-2022, ann. I) ;

– les conventions à loyer social ou très social portant sur un logement ne bénéficiant pas d'une subvention pour travaux mais ouvrant droit à l'APL (CCH art. L 321-8 et décret 2022-465 du 31-3-2022, ann. II) ;

– les conventions avec travaux (dites aussi « à l'immeuble »), portant sur un immeuble ou sur un ou plusieurs logements bénéficiant de subventions pour travaux (Décret 2022-465 du 31-3-2022, ann. III), et valables tant pour le secteur locatif social/très social (logement ouvrant droit à l'APL, CCH art. L 321-8) que pour le secteur locatif intermédiaire (logement n'ouvrant pas droit à l'APL, CCH art. L 321-4) ;

– les conventions applicables au secteur locatif intermédiaire et au secteur locatif social portant sur un logement loué dans le cadre d'un bail à ferme (conventionnement avec travaux seulement) (CCH art. L 321-4, L 321-8 et Décret 2022-465 du 31-3-2022, ann. IV).

> **Précisions** En cas de **conventionnement très social,** le préfet doit obligatoirement être informé, par le bailleur, de la mise en location du logement, sur lequel il dispose d'un droit de désignation. Le préfet adresse une liste de candidats locataires au bailleur, lequel est alors tenu de choisir son locataire parmi eux. Ce droit de désignation existe également dans le cas d'une convention à loyer très social « sans travaux ».

B. Demande de subvention de l'Anah

CONSTITUTION DU DOSSIER

Les dossiers doivent être présentés par les personnes ayant la qualité de bénéficiaires ou par leurs mandataires. **24960**

La demande doit être faite en utilisant le service en ligne de demande d'aides de l'Anah lorsqu'il est disponible sur le territoire concerné. Toutefois, des **formulaires** Anah peuvent être téléchargés sur le site internet de l'Agence (www.anah.gouv.fr). Les demandeurs doivent fournir un certain nombre de **renseignements et** de **pièces** qui sont déterminés par l'annexe au règlement général de l'Agence ainsi que, pour ce qui concerne certains bénéficiaires, par les délibérations relatives aux régimes d'aides « propriétaires occupants », « propriétaires bailleurs », « locataires » et « syndicats de copropriété » (Délib. Anah 2023-46 du 6-12-2023 ; Délib. Anah 2024-44 et 2024-45 du 11-12-2024 ; Délib. Anah 2025-20 et 2025-21 du 5-9-2025) qui prévoient, dans la plupart des cas, la production de pièces ou diagnostics permettant d'apprécier l'existence d'une situation justifiant la mise en œuvre de travaux particuliers et, partant, le financement de l'Agence.

En ce qui concerne les propriétaires bailleurs, il convient également, le cas échéant, de joindre les formulaires nécessaires au conventionnement du ou des logements. Le conventionnement constitue en effet, sauf exception, une condition d'octroi de l'aide.

Le dossier de demande de subvention doit être **déposé** avant le commencement des travaux objets de la demande. Sauf exceptions, aucune aide ne peut être accordée si les travaux ont commencé avant le dépôt de la demande de subvention auprès de l'Anah (CCH art. R 321-18). Des dérogations à cette règle peuvent être accordées par le délégué de l'Agence dans le département ou le délégataire, à titre exceptionnel, lorsque le dossier n'a pu être déposé qu'après le début des travaux (n° 24870).

Lorsqu'il y a modification ou extension des travaux, une demande complémentaire doit être présentée.

Un même logement peut faire l'objet de plusieurs demandes de subventions à condition que le plafond de travaux ne soit pas atteint. Dans le cas contraire, la nouvelle demande ne peut être déposée qu'à l'issue d'un délai de 5 ans courant à compter de la date du dépôt de la première demande. Le délai peut être réduit en cas de survenance ou d'évolution d'un handicap nécessitant de nouveaux travaux d'aménagement (Délib. Anah 2025-20 du 5-9-2025).

INSTRUCTION DE LA DEMANDE

Pour tout dépôt de dossier, les délégations locales de l'Anah (ou les collectivités délégataires de compétence lorsqu'elles instruisent les demandes de subventions) doivent délivrer un récépissé au demandeur attestant de la date de réception par l'Anah de la demande. **24980**

Si le dossier est réputé complet, la demande qui n'a pas donné lieu à la notification d'une décision explicite dans un délai de 4 mois à compter du récépissé est réputée rejetée (CCH art. R 321-18, al. 1 et 5 ; CRPA art. L 112-3 s. ; Règl. gén. Anah art. 1).

Si le dossier présenté n'est pas complet ou nécessite que soient présentées d'autres pièces nécessaires à la bonne instruction de la demande, le service instructeur des aides de l'Anah adresse une demande de pièces complémentaires, pour la réception desquelles il fixe une date limite. Si les pièces n'ont pas été produites dans le délai imparti, le délégué de l'Agence dans le département ou le délégataire notifie au demandeur le rejet du dossier en l'informant des voies de recours dont il dispose. Si les pièces ont été produites dans le délai imparti, le délai à partir duquel, à défaut de décision expresse, la demande de subvention est réputée rejetée ne court qu'à compter de la réception des pièces dans le délai requis (CCH art. R 321-18, al. 5 ; Règl. gén. Anah art. 9 et 11).

Il existe des dispositions spécifiques pour les opérations importantes de réhabilitation (OIR), définies comme les projets qui concernent un immeuble ou un groupe d'immeubles appartenant à un même propriétaire et pour lequel le montant projeté des travaux subventionnables est supérieur à 750 000 € HT (Règl. gén. Anah art. 7-B ; Délib. Anah 2023-52 du 6-12-2023).

24990 La décision d'octroi de la subvention est prise, selon le cas, par le délégué de l'Agence dans le département ou le président de la collectivité délégataire des aides de l'Anah (délégation de compétence des aides à la pierre).

Au-delà de la stricte application des règles d'éligibilité et d'octroi (y compris celles fixées dans le régime d'aides), la décision est prise au regard de l'**intérêt du projet** sur le plan économique, social, environnemental et technique, évalué en fonction notamment des dispositions et des priorités du programme d'actions (Règl. gén. Anah art. 11). Sur le programme d'actions, voir nos 24806 s.

La **notification** de la décision doit comporter un certain nombre de mentions obligatoires concernant les travaux à réaliser et la subvention attribuée : montant de la subvention, conditions de son versement et dispositions relatives à son reversement éventuel ainsi que le comptable assignataire. Le cas échéant, elle comporte également les mentions prévues à l'article 7-A du règlement général de l'Agence (CCH art. R 321-18, al. 5 ; Règl. gén. Anah art. 11).

Seule la décision expresse d'octroi de subvention engage l'Anah. Le récépissé de dépôt de la demande ne vaut en aucun cas promesse de subvention.

La **décision de rejet** peut être notifiée par voie dématérialisée ou par lettre simple ; elle doit préciser les voies et délais de recours ouverts au demandeur.

RÉALISATION DES TRAVAUX

25000 L'exécution des travaux doit respecter les règles suivantes (CCH art. R 321-19 ; Règl. gén. Anah art. 14). Hormis pour les propriétaires bailleurs et les propriétaires occupants et assimilés, les travaux doivent être **commencés** dans un délai d'un an à compter de la date de notification de la décision d'octroi de la subvention, sous peine de caducité de cette dernière.

Ils doivent être **achevés** dans les 3 ans de la notification de la décision d'attribution de la subvention sous peine d'annulation de cette dernière et de remboursement des sommes déjà perçues. Ce délai est porté à 4 ans, lorsque les travaux portent sur des immeubles en copropriété répondant aux conditions fixées au 7° du I de l'article R 321-12 du CCH, et à 5 ans lorsque les travaux portent sur les immeubles faisant l'objet d'un plan de sauvegarde des copropriétés en difficulté.

Le bénéficiaire de la subvention peut demander une **prorogation** de ces délais, notamment lorsque des circonstances extérieures à sa volonté ont fait obstacle au commencement des travaux (motif d'ordre familial ou de santé, indisponibilité ou défaillance de l'entreprise, difficultés notamment financières ou de gestion rencontrées par le syndicat des copropriétaires). Il doit alors motiver et justifier sa demande. Cette prorogation ne peut pas excéder un an pour le délai de commencement des travaux et 2 ans pour le délai d'achèvement des travaux. Elle est accordée par le délégué de l'Agence dans le département ou par le délégataire selon des critères fixés par le règlement général de l'Agence.

Est considérée comme date d'achèvement de l'opération, la date de réception par l'Anah de la demande de paiement du solde de la subvention et de l'ensemble des justificatifs permettant de vérifier le respect de l'ensemble des engagements auxquels le bénéfice de la subvention est conditionné, notamment les factures des travaux, le cas échéant les baux d'habitation, ou encore les conventions conclues au titre des articles L 321-4 ou L 321-8 du CCH (Règl. gén. Anah art. 14).

C. Octroi de la subvention de l'Anah

1. CALCUL DU MONTANT DE LA SUBVENTION

PRINCIPE

25030 Le montant de la subvention est calculé en appliquant à la dépense subventionnable, éventuellement plafonnée, un **taux exprimé en pourcentage.** Les taux maximaux de subvention, les plafonds de travaux, le montant des primes ou des bonifications éventuelles sont fixés par délibération du conseil d'administration de l'Anah (CCH art. R 321-17).

Un délégataire peut majorer, pour les propriétaires bailleurs et occupants, les taux maximaux de subvention dans la limite de 10 points en fonction de critères liés aux revenus des demandeurs, de critères géographiques ou des conditions de location acceptées par les propriétaires, notamment du niveau des loyers pratiqués après réhabilitation. Ce pouvoir de modulation ne s'applique pas aux travaux d'accessibilité et d'adaptation de son logement réalisés par un propriétaire occupant. Dans les mêmes conditions, les primes forfaitaires éventuelles et les plafonds peuvent être majorés dans la limite de 25 % (CCH art. R 321-21-1). Ces adaptations sont fixées par la convention de gestion passée entre l'Anah et le délégataire en application de l'article L 321-1-1 du CCH.

Localement, les taux maximaux peuvent être modulés à la baisse, dans le cadre du programme d'actions, pour tenir compte des priorités d'action locales.

Le montant de la subvention versée par l'Agence ne peut avoir pour effet de porter le montant total des aides octroyées au bénéficiaire à plus de 80 % du coût global de l'opération toutes taxes comprises.

Pour les bénéficiaires propriétaires occupants ou bailleurs aux ressources « modestes », au sens de l'arrêté ETLL1305399A du 24 mai 2013 modifié, ce plafond peut être porté jusqu'à 90 % du coût global de l'opération TTC.

Le bénéficiaire doit déclarer à l'Agence toutes les aides reçues pour le financement de son projet (CCH art. R 321-17 ; Règl. gén. Anah art. 12).

En cas de dépassement, il est procédé à un **écrêtement** de la subvention Anah au moment de son versement, qui s'opère sur la base des financements acquis ou demandés à cette date et déclarés par les bénéficiaires (Inst. I-2001-01 du 21-12-2001 : BO équip. 2002/10 du 19-6-2002 ; Note Anah 2002-21 du 14-11-2002 : BO équip. 2003/1 du 25-1-2003).

Toutefois, il existe des **dérogations,** ce plafond pouvant atteindre 100 % du coût global de l'opération pour des opérations spécifiques visant à préserver la santé ou la sécurité des personnes et des biens ou certaines opérations à caractère social répondant à des critères fixés par le règlement général de l'Anah (Délib. Anah 2024-36 du 9-10-2024), notamment :
- ménages de ressources très modestes (nº 24862) ;
- travaux d'isolation ou d'élimination des peintures et revêtement contenant du plomb (lutte contre le saturnisme) ;
- production en zone A de logements conventionnés sociaux ou, sur tout le territoire, de logements conventionnés très sociaux ;
- travaux d'accessibilité ou d'adaptation des immeubles aux personnes handicapées ;
- opérations réalisées sur les immeubles situés dans le périmètre d'un plan de sauvegarde ou d'une Opah « copropriété dégradée » ;
- opérations concernées par un arrêté de catastrophe naturelle ou technologique ou travaux consécutifs à des dommages causés par des tempêtes, ouragans, cyclones.

ILLUSTRATIONS

Sont considérées comme des **aides** au sens de l'article R 321-17 du CCH (Délib. Anah 2024-36 du 9-10-2024 ; Règl. gén. Anah art. 12), notamment :
- les subventions en faveur de la réalisation de travaux ou de prestations d'ingénierie accordées par l'État, les collectivités territoriales ou leurs groupements à l'exception des aides versées aux bénéficiaires maîtres d'ouvrage d'une convention de PIG Pacte territorial France Rénov', les établissements publics à caractère administratif ou industriel et commercial, notamment l'Ademe, l'Union européenne, les organismes d'assurance vieillesse obligatoire et les organismes chargés du service des prestations familiales ;
- les certificats d'économie d'énergie (C. énergie art. L 221-1 s.) ;
- les aides d'Action Logement en faveur des travaux de rénovation énergétique ou d'adaptation des logements à la perte d'autonomie ;
- les aides aux propriétaires de locaux d'habitation recensés comme points noirs du bruit des réseaux routier et ferroviaire nationaux pour la mise en œuvre des dispositions nécessaires à l'atténuation des nuisances sonores ;
- les aides délivrées au titre des actions de prévention et de traitement des catastrophes naturelles ou technologiques ou mobilisées dans le cadre d'opérations concernées par un arrêté constatant l'état de catastrophe naturelle ou technologique ou pour les travaux consécutifs à des dommages causés par les effets du vent dus aux tempêtes, ouragans et cyclones ;
- et les aides aux riverains d'aérodromes pour la mise en œuvre des dispositions nécessaires à l'atténuation des nuisances sonores (C. envir. art. L 571-14 s.).

PROJETS DE TRAVAUX AU TITRE DU RÉGIME D'AIDES « PROPRIÉTAIRES OCCUPANTS »

Les régimes d'aides « propriétaires occupants » et « propriétaires bailleurs » ont défini différentes catégories de projets de travaux. **25035**

25040 **« Ma Prime Logement Décent »** Cette aide destinée aux personnes physiques aux ressources « très modestes » ou « modestes » permet de financer les **travaux de lutte contre l'habitat indigne ou dégradé.** Ils visent à résoudre les situations suivantes :

– arrêté de mise en sécurité ou de traitement de l'insalubrité relatif à un immeuble en situation de péril (CCH art. L 511-2, 1°), à des locaux ou installations en situation d'insalubrité (CCH art. L 511-2, 4°) hors situations de danger imminent (CCH art. L 511-19) et locaux impropres à l'habitation (CSP art. L 1331-23) ;

– arrêté de mise en sécurité ou de traitement de l'insalubrité relatif au fonctionnement défectueux ou au défaut d'entretien des équipements communs d'un immeuble collectif d'habitation (CCH art L 511-2, 2°) hors situations de danger imminent (CCH art. L 511-19) ;

– existence avérée d'une situation de dégradation importante ou très importante, constatée sur la base d'un rapport d'analyse réalisé par un professionnel qualifié à l'aide d'une grille d'évaluation de la dégradation de l'habitat ;

– existence avérée d'une situation d'insalubrité, constatée sur la base d'un rapport d'analyse réalisé par un professionnel qualifié à l'aide d'une grille d'évaluation de l'insalubrité ;

– notification de travaux de suppression du risque saturnin (CSP art. L 1331-22) ;

– constat de risque d'exposition au plomb (CREP) réalisé au cours des 2 années précédant le dépôt du dossier (CSP art. L 1334-5).

Le plafond de travaux de 50 000 € HT peut être réhaussé à 70 000 € HT lorsque le logement est classé « E » après travaux.

25045 **« MaPrimeAdapt' »** Cette aide permet de financer les **travaux d'accessibilité et d'adaptation du logement au vieillissement ou au handicap.** Elle s'adresse notamment aux personnes disposant de ressources modestes ou très modestes (Circ. TREL2332812C du 29-11-2023) :

– âgées de 70 ans ou plus (ou dès 60 ans en cas de perte d'autonomie) ;

– ou en situation de handicap justifiant d'une incapacité d'au moins 50 % ou bénéficiaire de la prestation de compensation du handicap.

Les travaux éligibles sont ceux permettant d'adapter le logement et ses accès aux besoins spécifiques de la personne en situation de handicap ou de perte d'autonomie liée au vieillissement (élargissement des portes, installation d'ascenseur, pose de main courante, etc.). La liste des travaux éligibles est fixée par l'Anah (Délib. Anah 2025-06 du 12-3-2025).

Le montant de MaPrimeAdapt' est fixé dans les limites d'un plafond de travaux (22 000 € HT au maximum) et d'un taux de subvention maximal qui dépend du niveau de ressources du bénéficiaire :

– 70 % pour les ménages très modestes (soit une aide de 15 400 € au maximum) ;

– 50 % pour les ménages modestes (soit une aide de 11 000 € au maximum).

Sur les travaux d'amélioration de la performance énergétique au titre de l'aide « **MaPrimeRénov'** » : voir nos 25500 s.

TRAVAUX AU TITRE DU RÉGIME D'AIDES « PROPRIÉTAIRES BAILLEURS »

25050 **Travaux de rénovation énergétique** Depuis le 1er juillet 2024, deux dispositifs d'aides peuvent être mis en œuvre pour la réalisation de **travaux de rénovation énergétique** par les propriétaires bailleurs :

– le dispositif « **MaPrimeRénov' Parcours accompagné** » (voir nos 25500 s.) ;

– et le **dispositif « Habiter Mieux »** ouvert à tous les propriétaires bailleurs, personnes physiques et morales, quels que soient leur niveau de ressources et le nombre de logements aidés.

L'octroi d'une aide au titre du dispositif « Habiter Mieux » est conditionné à l'atteinte d'un gain de performance énergétique de 35 % justifié par un audit énergétique.

25055 **Travaux de lutte contre l'habitat indigne ou dégradé** Il existe deux catégories de projets de travaux de lutte contre l'habitat indigne ou dégradé : les projets de travaux lourds de réhabilitation d'un logement indigne ou très dégradé et les projets de travaux d'amélioration pour lutter contre l'habitat indigne ou dégradé. Ces catégories se distinguent en fonction de la gravité de la situation à laquelle il répond et de l'importance des travaux nécessaires pour y remédier.

Les **projets de travaux lourds pour réhabiliter un logement indigne ou très dégradé** sont définis comme ceux permettant de remédier aux situations suivantes :

– situation d'insalubrité constatée par arrêté (CCH art. L 511-1 s.) justifiant l'application d'un plafond de travaux majoré ;

– situation de péril, constatée par arrêté (CCH art. L 511-1 s.) ;
– situation d'insalubrité ou de dégradation très importante constatée sur la base d'un rapport d'analyse réalisé par un professionnel qualifié à l'aide d'une grille d'évaluation de la dégradation de l'habitat (Inst. du 4-10-2010 ann. : BO écologie 2010/21 du 25-11-2010).

Les **projets relatifs aux travaux d'amélioration pour la lutte contre l'habitat indigne ou dégradé** sont définis comme les travaux dont l'ampleur et le coût ne permettent pas de les placer dans la catégorie des projets de travaux lourds. Il peut s'agir notamment des :
– travaux pour la salubrité et la sécurité de l'habitat qui correspondent aux situations d'habitat indigne ne justifiant pas l'application d'un plafond de travaux majoré : arrêté de péril ou d'insalubrité (hors situation justifiant l'application d'un plafond de travaux majoré), travaux de mise en sécurité des équipements communs (CCH art. L 126-7 s.), travaux de suppression du risque saturnin (CSP art. L 1334-2) ou constat de risque d'exposition au plomb (CSP art. L 1334-5) ;
– travaux pour réhabiliter un logement en situation de dégradation « moyenne », constatée sur la base d'un rapport d'analyse réalisé par un professionnel qualifié à l'aide d'une grille d'évaluation de la dégradation de l'habitat (Inst. du 4-10-2010 ann. : BO écologie 2010/21 du 25-11-2010) ;
– travaux réalisés à la suite d'une procédure RSD (situation de non-conformité au règlement sanitaire départemental ayant donné lieu à une prescription des actions utiles à la disparition des causes de cette non-conformité) ou d'un contrôle de décence (situation de non-décence mise en évidence à la suite d'un contrôle diligenté par la CAF ou la MSA, ou pour leur compte).

Autres travaux Les **travaux de transformation d'usage** consistent principalement à transformer un local qui n'est pas à usage d'habitation pour créer un logement ou de la surface habitable complémentaire, que ce local soit autonome ou attenant à une habitation principale. **25060**

Les **travaux pour l'autonomie de la personne** permettent d'adapter le logement et les accès au logement aux besoins spécifiques du locataire, et dont la nécessité a pu être justifiée par le demandeur dans les mêmes conditions que celles applicables aux propriétaires occupants et aux personnes assurant la charge effective des travaux.

Enfin, dans le cas de **travaux réalisés par un organisme agréé** au titre de l'article L 365-2 du CCH dans le cadre de la modalité de financement qui leur est spécifiquement réservée (avec plafond de travaux et taux de subvention majorés), tous les travaux du projet sont subventionnables, sans justification d'une situation particulière.

> **Précisions** Une prime est ouverte aux propriétaires bailleurs ou assimilés qui concluent une convention à loyer social ou très social, sous condition du recours à un dispositif d'intermédiation locative en vue de favoriser l'insertion sociale des ménages en difficulté, dite **prime d'intermédiation locative** (PIL) (Délib. Anah 2023-25 du 14-6-2023).

TRAVAUX AU TITRE DU RÉGIME D'AIDES « LOCATAIRES »

Seules deux catégories de travaux peuvent donner lieu à subvention (Délib. Anah 2023-46 du 6-12-2023) : **25065**
– travaux d'accessibilité ou d'adaptation du logement au vieillissement ou au handicap « MaPrimeAdapt' » (n° 25045) ;
– travaux de mise en décence réalisés en application du décret 2002-120 du 30 janvier 2002 (hors travaux visant à répondre aux exigences de performance énergétique définies à l'article 3 bis du décret).

DÉPENSE SUBVENTIONNABLE

La dépense subventionnable comprend les seuls travaux précisés nos 24860 s. et correspond au coût des travaux hors taxe porté sur les devis des entreprises ou résultant d'une estimation détaillée du maître d'œuvre. **25070**

S'y ajoutent, hors plafond de travaux : les honoraires de maîtrise d'œuvre, les diagnostics et études techniques préalables, les devis et factures d'études hors taxe produits dans le dossier et retenus au prorata des travaux subventionnables (Inst. du 4-10-2010 : BO écologie 2010/21 du 25-11-2010).

Le **montant minimal** de recevabilité d'un dossier est de 1 000 € hors taxe de travaux subventionnables (Règl. gén. Anah art. 4 ; Délib. Anah 2023-52 du 6-12-2023).

La dépense subventionnable est **plafonnée** de manière différente selon la qualité du bénéficiaire et la nature de la situation à résoudre. **25075**

Ces plafonds peuvent être majorés dans certains cas, pour les propriétaires bailleurs et occupants, sur les territoires concernés par une délégation de compétence, et uniquement dans les conditions fixées par la convention prévue à l'article L 321-1-1 du CCH (n° 25030).

25080 **Propriétaires bailleurs** Les plafonds de travaux sont définis en fonction de la nature des travaux (Délib. Anah 2025-21 du 5-9-2025) :

– projets de travaux lourds pour réhabiliter un logement indigne ou très dégradé : plafonds de travaux de 1 000 € HT/m² de surface habitable fiscale, dans la limite de 80 m² par logement (plafond de travaux majoré) ;

– projet de travaux de rénovation énergétique au titre du dispositif « MaPrimeRénov' Parcours accompagné » : plafonds de travaux en fonction du gain de classe énergétique réalisé (30 000 € HT pour un gain de 2 classes et 40 000 € HT pour un gain de 3 classes ou plus) ;

– autres projets de travaux (notamment, les travaux de rénovation énergétique au titre du dispositif « Habiter Mieux », les travaux de lutte contre l'habitat indigne ou dégradé hors travaux lourds, les travaux pour l'autonomie de la personne, les travaux de transformation d'usage) : plafonds de travaux de 750 € HT/m² de surface habitable fiscale, dans la limite de 80 m² par logement.

En ce qui concerne la modalité réservée aux propriétaires bailleurs ayant la qualité d'organisme agréé au titre de l'article L 365-2 du CCH, le plafond de travaux est de 1 250 € HT/m² de surface habitable fiscale, dans la limite de 120 m² par logement.

25085 **Propriétaires occupants** Les plafonds de travaux sont également définis en fonction de la nature des travaux (Délib. Anah 2025-20 du 5-9-2025) :

– projet de travaux de lutte contre l'habitat indigne ou dégradé : plafonds de travaux de 50 000 € HT majorés à 70 000 € HT si le logement est en classe E après travaux ;

– projet de travaux de rénovation énergétique : plafonds de travaux en fonction du gain de classe énergétique réalisé (30 000 € HT pour un gain de 2 classes et 40 000 € HT pour un gain de 3 classes ou plus) ;

– projet de travaux d'accessibilité ou d'adaptation du logement au vieillissement ou au handicap : plafonds de travaux de 22 000 € HT ;

– autres projets d'amélioration : plafonds de travaux de 20 000 € HT.

25090 **Syndicats de copropriétaires** Le montant des travaux subventionnables est plafonné à 20 000 € HT par accès à l'immeuble pour les travaux d'accessibilité.

En revanche, aucun plafond n'est prévu :

– en Opah « copropriété dégradée », en opération de requalification de copropriétés dégradées, ou en cas de travaux réalisés dans le cadre d'un plan de sauvegarde (y compris pour les travaux à réaliser en urgence en phase d'élaboration du plan de sauvegarde) ;

– en cas de mesures prescrites au titre de la lutte contre l'habitat indigne (insalubrité, saturnisme, péril, sécurité des équipements communs) mais les travaux sont limités à ceux nécessaires pour lever la procédure ou mettre fin à la situation d'habitat indigne ;

– en cas d'administration provisoire ou d'administration provisoire renforcée, mais le financement est réservé aux travaux nécessaires au fonctionnement normal de la copropriété (Délib. Anah 2024-44 du 11-12-2024).

Sur le plafond du montant des travaux dans le cadre du dispositif « MaPrimeRénov' Copropriété », voir n° 25580.

25095 **Locataires** Le plafond de travaux subventionnables dans le cadre du dispositif « Ma PrimeAdapt' » (voir n° 25045) est de :

– 20 000 € HT pour les travaux de mise en décence ;

– 22 000 € HT pour les travaux d'accessibilité ou d'adaptation du logement au vieillissement ou au handicap (Délib. Anah 2023-46 du 6-12-2023).

Ce régime d'aides est rattaché au régime d'aides applicable aux propriétaires occupants : voir nos 25035 s.

25100 **Propriétaires des murs ou exploitants d'un établissement commercial de locaux meublés** Le plafond de travaux subventionnables est de 13 000 € HT par chambre. Il est porté à 18 000 € HT si les chambres atteignent après travaux les normes de décence définies par le décret 2002-120 du 30 janvier 2002 (sur ces normes, voir nos 62005 s.) (Délib. Anah 2022-17 du 16-3-2022 ; Inst. 2007-1 du 14-9-2007 : BO écologie 2007/22 du 10-12-2007).

Titulaires d'un bail commercial Lorsqu'ils occupent des locaux pour partie affectés à 25105
l'habitation, les conditions concernant les propriétaires occupants leur sont applicables (nº 25085) (Règl. gén. Anah art. 15-D) ; s'ils les donnent à bail, les conditions concernant les propriétaires bailleurs s'appliquent (nº 25075) (Règl. gén. Anah art. 15 C I-2 et D ; Délib. Anah 2025-20 et 2025-21 du 5-9-2025).

Les titulaires d'un bail à ferme se voient appliquer le même régime (Règl. gén. Anah art. 15-C II).

TAUX APPLICABLE

Les taux maximaux s'appliquent à la dépense subventionnable HT (dépenses correspondant aux 25110
travaux, éventuellement plafonnées, auxquelles s'ajoutent les dépenses subventionnables hors plafond : nº 25070). Ces taux peuvent être majorés dans certains cas, pour les propriétaires bailleurs et occupants, sur les territoires concernés par une délégation de compétence, et uniquement dans les conditions fixées par la convention prévue à l'article L 321-1-1 du CCH (nº 25030).

Propriétaires bailleurs Les taux maximaux dépendent du type de travaux et de la 25115
situation à résoudre (Délib. Anah 2025-21 du 5-9-2025).

Dans le cas d'un projet de **travaux lourds** pour réhabiliter un logement indigne ou très dégradé et pour les travaux portant sur la **sécurité et la salubrité** de l'habitat, un taux de 35 % s'applique à l'ensemble de la dépense subventionnable, dans la limite du plafond. Ce taux est porté à 50 % dans les DROM (Départements et régions d'outre-mer).

Dans le cas des **autres projets,** le taux maximal varie en fonction du type de travaux :

– 80 % pour les ménages aux ressources « très modestes » et 60 % pour les ménages aux ressources « modestes » réalisant des travaux de rénovation énergétique dans le cadre du dispositif « MaPrimeRénov' Parcours accompagné » ;

– 35 % pour les travaux pour l'autonomie de la personne ;

– 25 % dans le cas de travaux pour réhabiliter un logement moyennement dégradé (dans ce cas, les autres travaux compris dans le projet peuvent également être financés, au même taux et sans justification particulière, dans les limites du plafond de travaux), de travaux de rénovation énergétique au titre du dispositif « Habiter Mieux », de travaux de transformation d'usage et de travaux réalisés à la suite d'une procédure RSD (règlement sanitaire départemental) ou d'un contrôle de décence.

En ce qui concerne les **organismes agréés** au titre de l'article L 365-2 du CCH, le taux de subvention est au maximum de 60 %.

Propriétaires occupants Les taux maximaux dépendent de la nature des travaux et des 25120
ressources du ménage propriétaire (Délib. Anah 2025-20 du 5-9-2025) :

Taux maximal par type d'intervention			
		Ménages aux ressources…	
		très modestes	modestes
Projet de travaux de lutte contre l'habitat indigne ou dégradé	Atteinte de la classe « E » minimum après travaux	80 %	60 %
	Non-atteinte de la classe « E » après travaux	50 %	
Projet de travaux de rénovation énergétique « MaPrimeRénov' Parcours accompagné »		80 %	60 %
Projet de travaux d'accessibilité ou d'adaptation du logement au vieillissement ou au handicap « MaPrimeAdapt' »		70 %	50 %
Autres travaux		35 %	25 %

Syndicats de copropriétaires Le taux maximal de la subvention est de (Délib. Anah 2024-44 25125
du 11-12-2024) :

– 35 % en Opah « copropriété dégradée » ou volet « copropriétés dégradées » d'une opération programmée ou dans le cas d'une opération de requalification de copropriétés dégradées (voire 50 %, sous certaines conditions, dans le cas de copropriétés connaissant une situation de dégradation très importante ou désordres structurels inhabituels du bâti) ;

– 50 % dans le cas de travaux réalisés sur les parties communes dans le cadre d'un plan de sauvegarde, de lutte contre l'habitat indigne (insalubrité, péril, saturnisme, sécurité d'équipements collectifs) ou en cas d'administration provisoire ou d'administration provisoire renforcée ;

– 50 % pour des travaux tendant à permettre l'accessibilité de l'immeuble, avec un plafond de travaux de 20 000 € par accès à l'immeuble modifié et rendu adapté.

Sur le montant des aides dans le cadre du dispositif « MaPrimeRénov' Copropriété », voir n° 25580.

25130 **Locataires** Le taux maximal applicable résulte de l'application du régime d'aides « propriétaires occupants ». Il est fonction de la nature des travaux et des ressources du ménage (Délib. Anah 2023-46 du 6-12-2023) :

Taux maximal par type d'intervention		
	Ménages aux ressources…	
	très modestes	modestes
Travaux pour l'autonomie de la personne	70 %	50 %
Travaux pour la mise en décence	35 %	20 %

25135 **Propriétaires des murs ou exploitants d'un établissement commercial de locaux meublés** (locaux en meublé à usage d'habitation inclus dans un bail commercial). Le taux maximal de la subvention est de 35 %.

PRIMES ET BONIFICATIONS COMPLÉMENTAIRES

25140 Suivant la nature du projet ou les engagements pris, des primes peuvent être accordées pour majorer le montant de la subvention.

En ce qui concerne les propriétaires bailleurs, cinq types de primes peuvent être attribués (Délib. Anah 2023-25 du 14-6-2023).

1. La **prime « Habiter Mieux »** d'un montant de 1 500 € par logement est versée dans le cas de travaux d'amélioration de la performance énergétique du logement permettant d'atteindre un gain énergétique de 35 % attesté par une évaluation énergétique. Cette prime est portée à 2 000 € en cas de sortie de passoire thermique (passage d'une étiquette « F » ou « G » à une étiquette « D » au moins en sortie de travaux).

Le bénéfice de la prime est conditionné à l'engagement du bénéficiaire, de réserver l'exclusivité de la valorisation des certificats d'économie d'énergie (CEE) à l'Anah.

2. La **prime de réduction du loyer** peut être attribuée sous les trois conditions cumulatives suivantes :

– conventionnement du logement en secteur social ou très social ;

– logement situé en secteur dans lequel il existe un écart de plus de 5 € mensuels/m² entre la valeur d'estimation du loyer de marché défini à la commune ou à l'arrondissement par le Code général des impôts et la valeur de loyer social défini à l'arrondissement ou à la commune par le CGI ;

– participation financière d'un ou plusieurs cofinanceurs (collectivités locales ou EPCI).

Le montant de la prime octroyée par l'Anah est égal au maximum à la plus petite des deux valeurs suivantes :

– le triple de la participation des autres financeurs ;

– ou 150 € par mètre carré de surface habitable fiscale, dans la limite de 80 m² par logement.

3. La **prime liée à un dispositif de réservation** (n° 24930), d'un montant maximal de 2 000 € par logement (porté à 4 000 € en secteur ouvrant droit au bénéfice de la prime de réduction de loyer) est attribuée lorsque le logement subventionné :

– n'est pas occupé au moment des travaux (aucun bail n'est en cours) ;

– fait l'objet d'une convention à loyer très social (CCH art. L 321-8) ;

– au terme des travaux, est effectivement attribué à un ménage ou à une personne reconnus prioritaires au titre du droit au logement opposable du plan départemental d'action pour l'hébergement et le logement des personnes défavorisées, ou de la lutte contre l'habitat indigne.

4. La **prime en faveur de l'intermédiation locative** d'un montant de 1 000 € par logement (Délib. Anah 2023-25 du 14-6-2023). Cette prime est attribuée pour chaque logement conventionné à niveau social ou très social, avec ou sans travaux subventionnés, lorsque le bailleur s'engage dans un dispositif d'intermédiation locative via un organisme agréé pour une durée minimale de 3 ans.

Ce dispositif d'intermédiation locative peut être réalisé dans le cadre d'une location à un organisme agréé avec sous-location à des personnes défavorisées ou dans le cadre d'une location avec mandat de gestion à une agence immobilière sociale.

La prime en faveur de l'intermédiation locative est majorée de 1 000 € en cas de mandat de gestion et de 1 000 € si la surface du logement est inférieure ou égale à 40 m², ces deux majorations étant cumulables.

5. La **prime de sortie de la vacance** d'un montant de 5 000 € par logement (Délib. Anah 2024-03 du 13-3-2024). Cette prime est attribuée aux logements situés en zone rurale (commune classée en niveau 5, 6 ou 7 de la grille communale de densité à 7 niveaux publiée par l'Insee), dans le périmètre d'une opération programmée d'amélioration de l'habitat ou d'un programme d'intérêt général d'amélioration de l'habitat et remis en location à titre de résidence principale après une période de vacance de plus de 2 ans.

Sont éligibles à une **bonification** dite **« de sortie de passoire thermique »** de 10 points du taux de subvention en cas de passage d'une étiquette « F » ou « G » à une étiquette « D » au moins en sortie de travaux, les **propriétaires occupants** réalisant des travaux de lutte contre l'habitat indigne ou dégradé (Délib. Anah 2025-20 du 5-9-2025). **25145**

FINANCEMENT DES PRESTATIONS AMO

Les bénéficiaires des aides de l'Anah peuvent obtenir un complément de subvention pour financer les prestations d'**assistance à la maîtrise d'ouvrage** (AMO) : **25150**

– à condition que la prestation ne soit pas déjà financée dans le cadre d'une Opah, d'un programme d'intérêt général, d'un Plan de sauvegarde ou d'une opération de requalification de copropriétés dégradées ;

– et dès lors que le prestataire remplit certaines conditions (assurance professionnelle, contenu de la mission, prestataire agréé par l'État au titre de l'article L 365-3 du CCH, ou habilité par l'Anah lorsque l'opérateur ne relève pas du régime des agréments, opérateur agréé « Mon Accompagnateur Rénov' » en application de l'article L 232-3 du Code de l'énergie).

L'opérateur est notamment chargé de réaliser les évaluations énergétiques et le diagnostic du logement, et d'assister le propriétaire dans la prise de décision, l'élaboration du projet et le montage du dossier de financement.

Ce complément au titre de l'AMO peut être attribué aux bénéficiaires des régimes d'aides « propriétaires occupants » et « propriétaires bailleurs ». Pour les dossiers déposés depuis le 1er janvier 2024, il est plafonné à :

– 2 000 € par logement objet d'un projet de travaux de lutte contre l'habitat indigne ou dégradé ;

– 2 000 € par logement objet d'un projet de travaux de rénovation énergétique « MaPrimeRénov' Parcours accompagné » pour les propriétaires occupants aux ressources très modestes et pour les propriétaires bailleurs aux ressources très modestes ;

– 1 600 € par logement objet d'un projet de travaux de rénovation énergétique « MaPrimeRénov' Parcours accompagné » pour les propriétaires occupants et les propriétaires occupants aux ressources modestes et par logement objet d'un projet de travaux de rénovation énergétique « Habiter Mieux » (uniquement pour les propriétaires bailleurs) ;

– 4 000 € par logement objet d'un projet de travaux cumulant des travaux de rénovation énergétique et de lutte contre l'habitat indigne ou dégradé ;

– 350 € par logement objet d'un projet de travaux d'accessibilité ou d'adaptation du logement au vieillissement ou au handicap réalisé par un propriétaire occupant (600 € en cas d'AMO « complète » et 800 € en cas d'AMO « ergothérapeute ») ;

– 313 € par logement objet d'un projet de travaux pour l'autonomie de la personne réalisé par un propriétaire bailleur ;

– 156 € par logement dans les autres cas.

Une majoration de 520 € est prévue pour les propriétaires bailleurs en cas d'octroi de la prime liée à un dispositif de réservation au profit de publics prioritaires.

Les locataires qui réalisent par leurs soins, avec l'accord exprès du bailleur, des travaux d'autonomie peuvent bénéficier d'un complément d'AMO d'un même montant que pour les propriétaires occupants.

Ces montants sont révisés chaque année par circulaire.

> Précisions Le syndicat de copropriétaires, dans le cas de travaux de rénovation énergétique réalisés au titre de **MaPrimeRénov' Copropriété** (n° 25550) et en l'absence d'un dispositif d'ingénierie sous maîtrise d'ouvrage d'une collectivité ou d'un EPCI, peut se voir attribuer une aide de l'Anah au titre de l'assistance à maitrise d'ouvrage réalisée dans le cadre d'un contrat le liant directement à l'opérateur.
Cette aide, attribuée au taux maximum de 50 %, est calculée sur la base du montant hors taxe de la dépense correspondante prise en compte dans la limite d'un plafond de 1 000 € par logement pour les copropriétés de 20 logements ou moins et de 600 € par logement pour les copropriétés de plus de 20 logements. L'aide ne peut être inférieure à 3 000 € par copropriété. La demande d'aide relative aux prestations d'AMO peut être déposée antérieurement à celle relative aux travaux (Délib. Anah 2023-24 du 14-6-2023 et 2024-45 du 11-12-2024).

2. DISPOSITIONS PARTICULIÈRES DU RÉGIME D'AIDES « PROPRIÉTAIRES BAILLEURS »

25155 Le régime d'aides « propriétaires bailleurs » indique que l'octroi de l'aide est soumis, sauf dérogation, à une double condition (Délib. Anah 2025-21 du 5-9-2025) :
– respect des règles d'**éco-conditionnalité** après travaux : niveau de performance au moins équivalent à celui de l'étiquette « D », étant précisé que le programme d'actions (n°s 24806 s.) peut exiger une étiquette correspondant à un niveau de performance plus élevé et que, à l'inverse, dans certains cas particuliers d'impossibilité technique démontrée, il est possible de n'exiger que l'étiquette « E », notamment pour les travaux de rénovation énergétique au titre du dispositif « MaPrimeRénov' Parcours accompagné ». Cette règle d'éco-conditionnalité ne s'applique pas outre-mer dans le cas de travaux portant uniquement sur des parties communes ou se rattachant à une situation de perte d'autonomie. En tout état de cause, et sauf exception, la fourniture d'un audit énergétique est obligatoire ;
– **conventionnement** du logement (n° 24930), au moins dans le secteur intermédiaire (le conventionnement dans le secteur social ou très social peut être exigé dans certains territoires, en fonction du niveau des prix du marché et des dispositions du programme d'actions relatives aux loyers conventionnés). Par dérogation, l'obligation de conventionnement ne s'applique pas en cas de travaux de rénovation énergétique au titre du dispositif « MaPrimeRénov' Parcours accompagné », dans le cas où le logement est mis à disposition d'autrui et, dans certaines hypothèses, sur décision de l'autorité décisionnaire.

Pour les **demandes d'aide portant sur plusieurs logements,** il est possible d'appliquer la modalité « travaux lourds » à l'ensemble des logements objet d'une même demande de subvention lorsque :
– le projet de travaux lourds porte principalement sur les parties communes ou consiste en un traitement d'ensemble du bâtiment ;
– et que la surface des logements reconnus en situation d'habitat indigne particulièrement grave ou de dégradation très importante représente plus de la moitié de la surface habitable totale de ce bâtiment.

Enfin, concernant les propriétaires bailleurs ayant la qualité d'**organisme agréé** au titre de l'article L 365-2 du CCH (activités de maîtrise d'ouvrage), l'application de la modalité de financement réservée à ces organismes (plafond de travaux et taux de subvention spécifiques plus favorables, avec possibilité d'octroyer la prime de réservation de 4 000 €, et éligibilité à la prime Habiter Mieux) est, outre l'éco-conditionnalité (étiquette « D »), soumise à des règles d'octroi particulières. L'organisme doit s'engager à louer le logement dans le cadre d'un conventionnement Anah très social (avec des règles spécifiques pour la fixation du plafond de loyer inscrit dans la convention) ou à le mettre gratuitement à disposition d'une personne défavorisée. La durée d'engagement est d'au moins 15 ans.

3. RÈGLEMENT DE LA SUBVENTION

PRINCIPE

25160 Le versement de la subvention est effectué, sur déclaration d'achèvement de l'opération, après vérification de la **concordance** de la réalisation du projet avec les caractéristiques mentionnées dans la demande de subvention. La déclaration d'achèvement de l'opération est, au sens de l'Anah, la date à laquelle la délégation de l'Anah, ou le délégataire, réceptionne la demande de paiement du solde de la subvention.

Ce versement est réalisé sur présentation des **factures** des entreprises ayant réalisé les travaux, sauf cas exceptionnels dus, notamment, à la défaillance d'une entreprise. Toutefois dans certains cas, des avances ou des acomptes peuvent être versés.

> Précisions a. Lors de la demande de paiement pour solde de la subvention, les propriétaires occupants ainsi que les propriétaires bailleurs relevant du régime général doivent fournir le **plan de financement** portant notamment l'indication des aides publiques sollicitées ou obtenues pour le projet.
b. L'ensemble des **justificatifs** nécessaires au paiement de la subvention doivent être fournis par les bénéficiaires dans un délai de 3 ans suivant la notification de la décision d'octroi de subvention, ce délai pouvant être porté à 4 ans lorsque les travaux portent sur des immeubles en copropriété répondant aux conditions fixées au 7° du I de l'article R 321-12 du CCH et à 5 ans lorsque les travaux portent sur des immeubles faisant l'objet d'un plan de sauvegarde des copropriétés en difficulté. Ces délais peuvent être prorogés de 2 ans maximum, par décision du délégué de l'Anah ou du délégataire de compétence et sur demande motivée du bénéficiaire notamment en cas de défaillance d'entreprises ou de difficultés importantes d'exécution des travaux.
c. En ce qui concerne les **travaux** réalisés sur les **parties communes** des immeubles faisant l'objet d'une aide au syndicat des copropriétaires, le paiement de la subvention peut être subordonné à la mise en œuvre de moyens comptables et financiers garantissant l'affectation de ladite subvention au profit exclusif des travaux subventionnés : un compte spécifique dédié aux travaux est ainsi exigé si une avance est sollicitée, ou si le montant de la subvention dépasse 30 000 €. Dans les autres cas, un compte séparé au nom du syndicat des copropriétaires est exigé.

AVANCES

Une avance sur subvention peut être versée **avant le démarrage des travaux** à certains bénéficiaires (CCH art. R 321-18 ; Règl. gén. Anah art. 18 bis, 43 et 72 ; Délib. 2025-17 du 25-6-2025). 25165

Une avance, qui ne peut en aucun cas être supérieur à 300 000 €, est versée :

– aux propriétaires occupants aux ressources très modestes ou modestes (n° 24926), lorsqu'ils réalisent des travaux de rénovation énergétique, des travaux d'accessibilité ou d'adaptation du logement au vieillissement ou au handicap ou des travaux de lutte contre l'habitat indigne ou dégradé, dans la limite de 70 % du montant de la subvention ;

– aux syndicats de copropriétaires (copropriétés en difficulté) bénéficiant d'une aide à l'ingénierie dans le cadre d'un plan de sauvegarde ou d'une opération de requalification des copropriétés dégradées, dans la limite de 70 % du montant de la subvention ;

– aux maîtres d'ouvrage de travaux d'amélioration de structures d'hébergement, dans la limite de 70 % du montant de la subvention.

Depuis le 1er janvier 2024, les syndicats de copropriétaires de copropriétés en difficulté peuvent bénéficier d'une avance qui ne peut pas excéder 900 000 €, dans la limite de 70 % du montant de la subvention, pour la réalisation de leurs travaux.

Le décret 2019-498 du 22 mai 2019 a également ouvert la possibilité de verser une avance sur subvention pour faciliter la réalisation d'opérations en copropriété en état de carence totale. Le montant de cette avance ne peut pas excéder 40 % du montant prévisionnel de l'aide et ne peut en aucun cas être supérieur à 6 millions d'euros.

> Précisions a. Les modalités de la **demande d'avance** ainsi que les **pièces à produire** sont fixées par le règlement général de l'Agence.
b. À défaut de commencer les travaux dans le délai requis, l'avance doit être **remboursée.**
c. Sauf lorsqu'ils sont mandatés par un propriétaire occupant aux ressources « modestes » ou « très modestes » bénéficiant d'une aide au titre du dispositif « **Ma Prime Logement Décent** », les **mandataires financiers** intervenant pour le compte de propriétaires occupants ne sont pas autorisés à percevoir une avance.
d. À titre **expérimental,** jusqu'au 31 décembre 2027, les **locataires** éligibles aux aides de l'Anah sont autorisés à percevoir une avance, dont le montant maximal est fixé à 300 000 € dans la limite de 70 % du montant prévisionnel de l'aide (Délib. Anah 2024-31 du 9-10-2024).

ACOMPTES

La subvention peut, sur demande du bénéficiaire, faire l'objet d'un maximum de 3 acomptes. La part de subvention versée sous forme d'acomptes ne peut excéder 70 % (CCH art. R 321-18, al. 7). 25170

Le règlement général de l'Agence fixe les pièces à produire à l'appui de la demande d'acompte ; celle-ci doit être accompagnée de factures permettant de constater l'avancement des travaux ou d'un état d'avancement délivré par le maître d'œuvre (Règl. gén. Anah art. 19).

Le montant de l'acompte est calculé au prorata de cet avancement.

Le conseil d'administration de l'Agence précise le taux d'avancement en dessous duquel aucun acompte ne pourra être accordé et fixe, en fonction du montant de la subvention, le nombre maximum d'acomptes pouvant être sollicités dans la limite de trois (Délib. Anah 2022-15 du 16-3-2022). Les règles ci-après concernent les bénéficiaires d'aides aux travaux visés à l'article R 321-12, I et II du CCH (propriétaires bailleurs et occupants principalement).

1. Un premier acompte, s'il est possible, peut être versé dès lors qu'au moins 25 % des travaux subventionnables ont été exécutés. Celui-ci ne pourra être inférieur à 25 % du montant prévisionnel de la subvention.

2. Le nombre d'acomptes possibles varie en fonction du montant prévisionnel de la subvention dans les conditions suivantes :
- pour les subventions inférieures à 1 500 € inclus : aucun acompte ne pourra être versé ;
- pour les subventions comprises entre 1 501 et 15 000 € inclus : un acompte unique ;
- pour les subventions comprises entre 15 001 et 30 000 € inclus : 2 acomptes au maximum ;
- pour les subventions supérieures à 30 000 € : 3 acomptes au maximum.

D. Recours

25175 Le demandeur peut, dans un délai de 2 mois à compter de la notification de la décision par le délégué de l'Agence dans le département ou le délégataire, déposer :
- un **recours gracieux** auprès du délégué de l'Agence dans le département ou du délégataire ;
- un **recours hiérarchique** auprès du conseil d'administration de l'Anah, ce dernier pouvant déléguer ce pouvoir au directeur général (CCH art. R 321-5, I-9° -a et b). La décision est rendue après avis préalable de la commission des recours (CCH art. R 321-6-3) ;
- un **recours contentieux** devant le tribunal administratif.

> **Précisions** Le Conseil d'État vérifie si les décisions de l'Anah sont fondées légalement et si elles ne sont pas entachées d'**erreurs** de fait ou de droit ou d'**inexactitudes** matérielles (CE 17-2-1992 n° 105117, Guérin : D. adm. 1992 n° 125 ; CE 6-5-1996 n° 125647 ; CA Paris 5-11-1996 n° 95PA03514, Sté Foncina).

E. Reversements et sanctions

REVERSEMENT DE LA SUBVENTION

25200 L'Anah doit vérifier le bon usage des subventions qu'elle accorde. Une **procédure de contrôle** de la réalité des travaux et des engagements d'occupation des logements est mise en place.

En cas de méconnaissance dûment constatée des prescriptions relatives à l'attribution des subventions Anah, le retrait et le reversement total ou partiel de la subvention sont prononcés par l'autorité compétente désignée à l'article 21 du règlement général de l'Anah. Cet article définit la procédure applicable.

Le reversement est exigé s'il s'avère que la subvention a été obtenue à la suite de **fausses déclarations** ou de **manœuvres frauduleuses** (CCH art. R 321-21). Il peut également être exigé si les conditions d'occupation du logement prévues à l'article R 321-20 du CCH ne sont pas respectées (n° 24820).

> **Précisions** L'Anah doit motiver la décision prononçant le **retrait** d'une décision attribuant une subvention, même en cas de fraude (CE 25-4-1990 n° 93196, Figuereo et Bernachy : Gaz. Pal. 1990 som. p. 661). Les **litiges** concernant les retraits de subvention relèvent de la compétence des juridictions administratives ; ils ne peuvent pas être remis en cause par les juridictions civiles (CA Paris 10-12-1998 n° 1996/19222, Hivert c/ Anah).

SANCTIONS

25210 Le conseil d'administration de l'Anah ou, sur délégation de pouvoir de ce dernier (CCH art. R 321-5, I-9°-a), le directeur général dispose d'un pouvoir de sanction à l'encontre des bénéficiaires des aides ou de leurs mandataires, ainsi que des signataires d'une convention Anah ayant contrevenu aux règles ou aux conventions conclues (CCH art. L 321-2). Cela consiste en :
- une **sanction pécuniaire,** notamment en cas de fausse déclaration ou de manœuvres frauduleuses. Les règles de calcul de la sanction sont fixées en fonction de la gravité des faits et de la situation financière de la personne ou de l'organisme intéressé (CCH art. D 321-22-1 s. ; Règl. gén. Anah art. 23 et ann. V) ;
- un refus de toute **nouvelle demande de subvention** émanant du même bénéficiaire ou du même mandataire, pendant une durée maximale de 5 ans.

Ce pouvoir de sanction s'exerce sans préjudice de poursuites judiciaires. L'article 23 du règlement général de l'Anah définit la procédure applicable aux sanctions (CCH art. R 321-21).

> Précisions a. Pour les **personnes physiques,** la sanction pécuniaire ne peut excéder la moitié de l'aide accordée ou une somme équivalant à 2 ans de loyers. Pour les **personnes morales,** le montant des sanctions ne peut excéder 10 fois le montant de la subvention accordée par dossier, ou, si cette valeur est inférieure et déterminable, 4 % du dernier chiffre d'affaires HT connu à la date des faits, et 6 % en cas de manquements réitérés.
b. La décision infligeant une sanction pécuniaire prononcée à l'encontre d'une personne physique ou morale fait l'objet, compte tenu de la gravité des faits reprochés, en tout ou partie d'une mesure de **publicité sur le site internet** de l'agence.

F. Fiscalité

TVA

Le bénéfice d'une subvention de l'Anah ne préjuge pas du taux de TVA applicable aux travaux mais, en principe, hors transformation d'usage, les travaux subventionnés par l'Anah peuvent bénéficier du taux de 10 % ou 5,5 %, dans les limites et conditions exposées n°s 75400 s. **25360**

TAXE FONCIÈRE

Certains logements améliorés avec une aide de l'Anah en vue de leur location bénéficient d'une exonération de taxe foncière pendant 15 ou 25 ans (voir n° 83050). **25380**

REVENUS FONCIERS

Selon l'administration, les subventions allouées par l'Anah doivent être comprises dans les recettes brutes de l'année de leur encaissement, lorsqu'elles permettent de financer des charges déductibles des revenus fonciers (BOI-RFPI-BASE-10-20 n°s 120 et 130). Le tribunal administratif de Lyon a toutefois jugé que ces subventions sont imposables au titre de l'année de la conclusion du premier bail, date à laquelle elles sont définitivement acquises au propriétaire (TA Lyon 8-11-2016 n° 1401925 : RJF 3/17 n° 240). Elles sont imposables même si les travaux ne sont pas réalisés (BOI-RFPI-BASE-10-20 n° 180). **25400**

Le caractère imposable de ces subventions est étroitement lié à la nature des travaux effectués : le versement d'une subvention par l'Anah ne préjuge pas du caractère déductible ou non déductible des travaux subventionnés, y compris lorsqu'ils sont réalisés dans le cadre d'une opération programmée de l'habitat (BOI-RFPI-BASE-20-30-10 n° 70).

G. Aide à la rénovation énergétique « MaPrimeRénov' »

La « prime de transition énergétique », également appelée « MaPrimeRénov' », est une aide en faveur de la rénovation énergétique attribuée par l'Anah pour le compte de l'État (Loi 2019-1479 du 28-12-2019 art. 15 ; Décret 2020-26 du 14-1-2020 modifié ; Arrêté LOGL1935578A du 14-1-2020 modifié ; Arrêté TRER2028402A du 17-11-2020 modifié). **25500**

Cette aide est scindée en plusieurs volets :

– « **MaPrimeRénov' Parcours par geste** » qui permet de financer certains travaux de rénovation énergétique ;

– « **MaPrimeRénov' Parcours accompagné** » pour les travaux d'ampleur visant à améliorer la performance globale d'un logement classé E, F ou G avant travaux ;

– « **MaPrimeRénov' Copropriété** » pour la rénovation des parties communes en copropriété et pour les travaux d'intérêt collectif en parties privatives.

> Précisions Les **démarches** liées à « MaPrimeRénov' Parcours par gestes » et « MaPrimeRénov' Parcours accompagné » pour les ménages aux ressources « intermédiaires » et « supérieures » doivent être effectuées en ligne sur www.maprimerenov.gouv.fr : création d'un compte, demande de subvention, demande de paiement, notamment.

1. BÉNEFICIAIRES

PROPRIÉTAIRES OCCUPANTS

« MaPrimeRénov' » est ouverte à toutes les personnes physiques **propriétaires** ou titulaires d'un **autre droit réel immobilier** conférant l'usage d'un logement, pour financer les dépenses en faveur de la rénovation énergétique du logement qu'elles occupent (Décret 2020-26 du 14-1-2020 art. 1-I modifié). **25505**

Le logement doit être occupé à titre de résidence principale dans un délai maximum d'un an suivant la date de demande du solde de la prime.

Dans le cadre de « MaPrimeRénov' Parcours accompagné », le logement doit en outre être occupé à titre de résidence principale pendant une durée minimale de 3 ans à compter de la date de demande de paiement du solde de la prime (sauf circonstances d'ordre familial, de santé ou professionnel).

Par « résidence principale », il faut entendre un logement occupé au moins 8 mois par an sauf obligation professionnelle, raison de santé ou cas de force majeure (Loi 89-462 du 6-7-1989 art. 2 sur renvoi de décret 2020-26 du 14-1-2020 art. 1, III).

25510 Lorsqu'il est situé en France métropolitaine, le **logement** doit être achevé depuis au moins 15 ans à la date de notification de la décision d'octroi de la prime.

Par exception, le logement concerné peut être achevé depuis plus de 2 ans à la date de notification de la décision d'octroi de la prime :

- dans le cadre d'une demande de prime au titre notamment de l'acquisition et de la pose d'un équipement de chauffage ou de fourniture d'eau chaude sanitaire, intervenant en remplacement d'une chaudière fonctionnant au fioul. Cette demande de prime doit être accompagnée d'une demande de prime au titre de la dépose d'une cuve à fioul ;
- lorsque le logement est situé dans les départements et régions d'outre-mer (Guadeloupe, Guyane, Martinique, La Réunion ou Mayotte).

Les travaux et prestations dont les dépenses sont éligibles à la prime peuvent être réalisés dans un immeuble individuel ou collectif.

> **Précisions** Dans le cadre de « MaPrimeRénov' Parcours accompagné », la **classe énergétique** du logement doit être E, F ou G avant travaux pour les demandes de prime déposées depuis le 30 septembre 2025. S'agissant de « MaPrimeRénov' Parcours par geste », la classe du logement devra être en principe comprise entre A et E avant travaux pour les demandes de prime déposées à compter du 1er janvier 2027 (Décret 2020-26 du 14-1-2020 art. 1-I modifié).

PROPRIÉTAIRES BAILLEURS

25515 La prime de transition énergétique peut être attribuée aux personnes physiques **propriétaires** ou titulaires d'un **autre droit réel immobilier** conférant l'usage d'un logement pour financer les dépenses en faveur de la rénovation énergétique du logement qu'elles donnent à bail (Décret 2020-26 du 14-1-2020 art. 1 modifié).

Le logement doit être **achevé** dans les délais mentionnés nº 25510 et **loué** à titre de résidence principale :

- dans un délai d'un an suivant la date de demande du solde de la prime ;
- pendant une durée minimale de 6 ans à compter de la date du paiement du solde de la prime.

Les propriétaires doivent **s'engager** :

- à informer leur locataire de la réalisation de travaux financés par la prime ;
- dans le cas d'une éventuelle réévaluation du montant du loyer, à déduire le montant de la prime du montant des travaux d'amélioration ou de mise en conformité justifiant cette réévaluation et à en informer leur locataire.

Sur la condition relative à la classe énergétique du logement, voir nº 25510, Précisions.

COPROPRIÉTÉS

25520 Les syndicats de copropriétaires peuvent bénéficier d'une aide, dite « MaPrimeRénov' Copropriété », destinée à financer les travaux d'amélioration de la performance énergétique (Délib. Anah 2024-45 du 11-12-2024). Sont concernés :

- les travaux portant sur les **parties communes** et équipements communs de l'immeuble ;
- ainsi que, le cas échéant, les travaux d'intérêt collectif réalisés sur les **parties privatives** sous la maîtrise d'ouvrage du syndicat de copropriétaires.

L'aide « MaPrimeRénov' Copropriété » est ouverte à **toutes** les copropriétés :

- achevées depuis 15 ans au moins (CCH art. R 321-14) ;
- affectées de manière prépondérante à l'usage d'habitation principale (au minimum 65 % des lots principaux ou à défaut 65 % des tantièmes dédiés à l'habitation principale de leurs occupants pour les copropriétés de 20 lots d'habitation ou moins et au minimum 75 % des lots principaux ou à défaut 75 % des tantièmes dédiés à l'habitation principale de leurs occupants pour les copropriétés de plus de 20 lots) (CCH art. R 321-12, I, 7°; Règl. gén. Anah art. 15-H, III) ;
- et immatriculées au Registre national des copropriétés (l'immatriculation devant être à jour à la date du dépôt de la demande) (CCH art. L 711-1).

> Précisions Depuis le 1er septembre 2023, les syndicats de copropriétaires d'immeubles situés en Guadeloupe, en Guyane, en Martinique, à Mayotte et à La Réunion peuvent bénéficier de « **MaPrimeRénov' Copropriété outre-mer** ». Cette aide obéit aux règles applicables en métropole avec quelques différences concernant notamment les travaux éligibles et son montant (Délib. Anah 2023-24 du 14-6-2023).

2. TRAVAUX ET PRESTATIONS

PROPRIÉTAIRES OCCUPANTS ET PROPRIÉTAIRES BAILLEURS

L'aide « **MaPrimeRénov' Parcours par geste** » permet le financement de gestes de travaux correspondant aux dépenses éligibles mentionnées aux 2 à 13-2 de l'annexe 1 du décret 2020-26 du 14 janvier 2020 : équipements de chauffage ou de fourniture d'eau chaude sanitaire, dépose d'une cuve à fioul, isolation thermique des parois vitrées ou des murs, par exemple. **25530**

Ce dispositif est ouvert en principe à tous les ménages quelle que soit leur catégorie de ressources.

> Précisions Les dépenses éligibles mentionnées au 13 à 13-2 de l'annexe 1 du décret précité (équipements ou matériaux de protection des parois vitrées ou opaques contre les rayonnements solaires, sur-toitures ventilées et bardages ventilés) ne peuvent être réalisées que dans un logement situé dans les départements et régions d'**outre-mer.**
À compter du 1er janvier 2026, les forfaits correspondants aux chaudières biomasse et aux travaux d'isolation des murs seront **supprimés** des dépenses éligibles de l'aide « MaPrimeRénov' Parcours par geste » (Décret 2025-956 du 8-9-2025).

L'aide **« MaPrimeRénov' Parcours accompagné »** permet le financement d'un ensemble de travaux de rénovation d'ampleur correspondant aux dépenses éligibles mentionnées au 15 (ensemble de travaux de rénovation énergétique visant à améliorer la performance globale du logement en France métropolitaine) et 15 bis (mission d'accompagnement par un opérateur agréé « MonAccompagnateurRénov' ») de l'annexe 1 du décret 2020-26 du 14 janvier 2020. **25535**

Ce dispositif est conditionné à l'accompagnement obligatoire réalisé par un opérateur agréé « Mon Accompagnateur Rénov' » (C. énergie art. L 232-3 et R 232-2). Il est ouvert aux ménages aux ressources « intermédiaires » ou « supérieures ».

> Précisions **a.** Les travaux de rénovation énergétique « MaPrimeRénov' Parcours accompagné » doivent permettre un **gain** d'au moins deux classes énergétiques du logement justifié par un audit énergétique et comprendre au moins deux gestes d'**isolation.**
b. Du **30 septembre 2025 au 31 décembre 2025,** seuls les propriétaires occupants et les propriétaires bailleurs personnes physiques, aux ressources **« très modestes »**, sont éligibles à ce dispositif.

Les **caractéristiques techniques** des travaux sont précisées par arrêté (Arrêté TRER2028402A du 17-11-2020 modifié). **25540**

Ils ne peuvent en principe être réalisés que par des professionnels disposant du label RGE (reconnu garant de l'environnement).

Seuls les travaux et prestations commencés après l'accusé de réception par l'Anah de la demande de prime peuvent bénéficier de « MaPrimeRénov' ». Toutefois, la prime peut être accordée lorsque le dossier a été déposé après le commencement des travaux ou prestations dès lors que ces derniers sont (Décret 2020-26 du 14-1-2020 art. 2 modifié) : **25545**

- urgents en raison d'un risque manifeste pour la santé ou la sécurité des personnes ;
- ou consécutifs à une catastrophe naturelle ou technologique.

Le bénéficiaire de la prime doit en principe justifier de l'achèvement des travaux et prestations dans un délai de :

- 2 ans à compter de la notification de la décision d'octroi de la prime (délai ramené à un an lorsqu'une avance a été versée) pour les dépenses éligibles dans le cadre de « MaPrimeRénov' Parcours par geste » ;
- 3 ans à compter de la notification de la décision d'octroi de la prime pour la dépense éligible mentionnée au 15 de l'annexe 1 du décret 2020-26 du 14 janvier 2020 (« MaPrimeRénov' Parcours accompagné »).

Un délai supplémentaire peut être accordé dans certaines circonstances (motif d'ordre familial, professionnel ou de santé, indisponibilité ou défaillance de l'entreprise, difficultés notamment financières ou de gestion du syndicat des copropriétaires ou encore, difficultés ou erreurs rencontrées par l'Anah dans l'instruction des dossiers) :

- 6 mois pour les travaux et prestations effectués dans le cadre de « MaPrimeRénov' Parcours par geste » ;

– 2 ans pour les travaux de rénovation énergétique visant à améliorer la performance globale du logement (« MaPrimeRénov' Parcours accompagné »).

> Précisions Les travaux de rénovation énergétique visant à améliorer la performance globale du logement doivent faire l'objet d'un accompagnement obligatoire par des opérateurs agréés par l'État dénommés « **Mon Accompagnateur Rénov'** » pour les projets dont le coût est supérieur à 5 000 € TTC (C. énergie art. R 232-8).

L'accompagnement a pour objectif d'apporter au ménage les informations (financières, administratives, techniques et sociales) détaillées, objectives et adaptées à son projet de rénovation énergétique tout au long de sa réalisation. Outre une évaluation de l'état du logement et de la situation du ménage, il comprend un audit énergétique ou la présentation d'un audit énergétique existant ainsi que la préparation et l'accompagnement à la réalisation du projet de travaux.

Les ménages doivent s'adresser aux « Espaces conseil France Rénov' » pour connaître la liste des accompagnateurs agréés capables d'intervenir sur leur lieu de résidence.

COPROPRIÉTÉS

25550 Pour les copropriétés, la **liste** des travaux d'économies d'énergie éligibles est fixée par une délibération de l'Anah (Délib. Anah 2025-06 du 12-3-2025). L'ensemble des travaux induits pour réaliser les travaux d'économie d'énergie sont subventionnables dès lors qu'ils répondent à des caractéristiques techniques définies par instruction du directeur général de l'Anah.

Ils doivent permettre un gain de performance énergétique du ou des bâtiments d'au moins 35 % justifié par une évaluation énergétique (Délib. Anah 2024-45 du 11-12-2024).

Cette évaluation, jointe au dossier de demande d'aide, indique la consommation conventionnelle du bâtiment en kWhep/m^2/an et son « étiquette énergie » telles que résultant de la situation existante avant la réalisation des travaux, d'une part, et telles que projetées après travaux, d'autre part.

Les travaux doivent en principe être réalisés par des entreprises bénéficiant de la qualification RGE (reconnu garant de l'environnement) et être obligatoirement accompagnés par un opérateur assurant une prestation d'assistance à maîtrise d'ouvrage (AMO).

L'AMO doit comprendre les éléments suivants : accompagnement technique, social, financier, accompagnement du syndicat de copropriétaires au suivi des travaux, au montage des dossiers ou du dossier de demandes individuelles groupées, au montage des dossiers de demandes de paiement d'acomptes et de solde des aides (voir également nº 25150, Précisions).

3. MONTANT DE LA PRIME

PROPRIÉTAIRES OCCUPANTS ET PROPRIÉTAIRES BAILLEURS

25555 Le montant de la prime est fixé sur la base d'un **montant forfaitaire** par type de dépenses éligibles, en fonction de leurs caractéristiques et des ressources des ménages.

Les plafonds de ressources des **propriétaires occupants** (ou titulaires de tous autres droits réels immobiliers conférant l'usage d'un logement) sont appréciés en tenant compte du nombre de personnes composant le ménage et de la localisation du logement.

Pour les **propriétaires bailleurs,** les plafonds de ressources sont appréciés en tenant compte de la composition de leur propre ménage et de la localisation du logement qu'ils occupent à titre de résidence principale.

25560 La demande de prime peut porter sur **une ou plusieurs dépenses** éligibles. Certaines dépenses sont par ailleurs conditionnées à la réalisation **simultanée** d'une autre dépense éligible.

Chaque dépense éligible à la prime s'entend du montant toutes taxes comprises (« MaPrimeRénov' Parcours par geste ») ou hors taxe (« MaPrimeRénov' Parcours accompagné »), après déduction des éventuels aides, ristournes, remises, rabais ou contreparties accordés par l'entreprise réalisant les travaux, sauf exception, dans la limite d'un **plafond** défini par arrêté (Arrêté LOGL1935578A du 14-1-2020 modifié).

25565 Sur une période de 5 années consécutives à compter de la date de la première décision d'attribution de primes, et pour un même logement :

– dans le cadre de « MaPrimeRénov' Parcours par geste » : le **montant cumulé** de primes ne peut pas excéder 20 000 € pour les travaux et prestations effectués ;

– dans le cadre de « MaPrimeRénov' Parcours accompagné » : le montant cumulé des dépenses éligibles prises en compte pour la détermination du montant de la prime ne peut excéder un plafond fixé par arrêté (Arrêté LOGL1935578A du 14-1-2020 modifié).

Sur cette période, un même propriétaire bailleur peut être aidé dans la **limite** de 3 logements. Un même ménage peut bénéficier de la prime de transition énergétique pour le logement qu'il occupe mais également pour celui qu'il loue, pour des projets de travaux différents.
La décision d'octroi ou de rejet de la prime est prise au regard de l'intérêt du projet sur le plan économique, social, environnemental et technique et dans la limite des autorisations d'engagement annuelles inscrites au budget de l'Anah (Décret 2020-26 du 14-1-2020 art. 3 modifié).

Pour des mêmes travaux et dépenses éligibles, le cumul de l'aide **« MaPrimeRénov' Parcours par geste »** et de certaines aides complémentaires (certificats d'économie d'énergie, aides d'Action Logement et certaines aides versées outre-mer) ne peut couvrir l'intégralité du prix des travaux. Un **reste à charge** minimal est laissé aux ménages (Décret 2020-26 du 14-1-2020 art. 3 modifié) : 25575
- 10 % pour les ménages aux ressources très modestes ;
- 25 % pour les ménages aux ressources modestes ;
- 40 % pour les ménages aux ressources intermédiaires ;
- 60 % pour les ménages aux ressources supérieures.

Pour l'ensemble des travaux de rénovation énergétique visant à améliorer la performance globale du logement, le cumul de l'aide « **MaPrimeRénov' Parcours accompagné** » et de certaines aides publiques et privées ne peut couvrir l'intégralité du prix des travaux. Un **reste à charge** minimal est laissé aux ménages (Décret 2020-26 du 14-1-2020 art. 3 modifié) : 25578
- 20 % pour les ménages aux ressources intermédiaires ;
- 50 % pour les ménages aux revenus supérieurs.

> **Précisions** Compte tenu des coûts d'instruction, l'Anah **ne verse pas** la prime de transition énergétique lorsque son montant est inférieur à 80 €. Pour la même raison, l'Agence renonce à recouvrer la prime indûment perçue lorsqu'elle est inférieure à 80 € (Arrêté LOGL1935578A du 14-1-2020 art. 7-1 modifié).

COPROPRIÉTÉS

Le syndicat de copropriétaires peut bénéficier : 25580
- en cas de gain de performance énergétique d'au moins 35 %, d'une **aide socle** dite « de **premier niveau** » plafonnée à 30 % du montant des travaux pris en compte dans la limite d'un plafond de 25 000 € HT par logement ;
- en cas de gain de performance énergétique d'au moins 50 %, d'une **aide socle** dite « de **second niveau** » plafonnée à 45 % du montant des travaux pris en compte dans la limite d'un plafond de 25 000 € HT par logement (Délib. Anah 2024-45 du 11-12-2024).

L'aide est calculée sur la totalité des travaux appliqués à la totalité des lots de l'immeuble concerné.
Dans le cadre de demandes d'aides successives, le plafond de 25 000 € par logement est valable pour une durée de 5 ans à compter de la date de dépôt de la première de ces demandes.

L'aide socle est **cumulable** avec les primes et bonifications suivantes (Délib. Anah 2024-45 du 11-12-2024) : 25585
- bonification du taux de l'aide socle de 10 points pour les copropriétés dont l'état initial présente un niveau de performance énergétique correspondant à une étiquette « F » ou « G » et une consommation énergétique projetée après travaux équivalant au moins à l'étiquette « D » incluse ;
- bonification du taux de l'aide socle de 20 points pour les copropriétés fragiles (taux d'impayés de charges de copropriété d'au moins 8 % du budget et/ou copropriété située en quartier NPNRU) ou en difficulté ;
- primes individuelles attribuées pour le compte de propriétaires occupants modestes ou très modestes, respectivement de 1 500 € et 3 000 € (ces primes font l'objet d'une demande groupée pour l'ensemble des copropriétaires éligibles dans des conditions définies par instruction du directeur général de l'Anah).

Ces primes sont cumulables entre elles.

4. CUMUL AVEC D'AUTRES DISPOSITIFS

Le dispositif « MaPrimeRénov' » **peut être cumulé** avec (Décret 2020-26 du 14-1-2020 art. 3 modifié) : 25590
- les aides des collectivités territoriales ;
- les chèques énergie ;
- les aides d'Action Logement, ex-1 % logement (n°s 27400 s.) ;
- l'éco-PTZ (n°s 22600 s.).

Les dépenses éligibles dans le cadre de l'aide « MaPrimeRénov' Parcours par geste » peuvent être cumulées avec des certificats d'économie d'énergie (CEE).

25595 En revanche, il **ne peut pas être cumulé** pour une ou des dépenses relatives à des travaux ou prestations identiques réalisés au titre du même logement avec (Décret 2020-26 du 14-1-2020 art. 4 modifié) :
– une aide de l'Anah délivrée dans les conditions prévues aux articles R 321-12 et suivants du Code de la construction et de l'habitation, notamment l'aide « MaPrimeRénov' Sérénité » ;
– une aide à l'amélioration de l'habitat versée aux logements situés en outre-mer au titre de l'article L 301-1 du Code de la construction et de l'habitation.

> **Précisions** La dépense éligible dans le cadre de « MaPrimeRénov' Parcours accompagné » ne peut être cumulée par le ménage demandeur avec des certificats d'économie d'énergie (CEE), la valorisation des CEE pour les travaux financés par ce dispositif étant réservée à l'Anah.

SECTION 6 PRÊTS CONVENTIONNÉS

25600 Il existe plusieurs catégories de prêts conventionnés (CCH art. D 331-63 s.) :
– les **prêts conventionnés ordinaires (PC),** qui ne bénéficient d'aucune aide à la pierre de l'État mais dont le taux est plafonné et les caractéristiques sont réglementées ;
– le **prêt à l'accession sociale (PAS),** à vocation sociale, garanti par l'État via le dispositif du Fonds de garantie de l'accession sociale à la propriété (FGAS) ; il ne peut pas être cumulé avec un prêt conventionné ordinaire (nos 26000 s.) ;
– le **prêt social de location-accession (PSLA),** destiné à financer des opérations de location-accession au profit de ménages modestes et qui peut être associé avec un prêt à taux zéro (nos 26080 s.).

25605 Seuls sont habilités à consentir des prêts conventionnés les **établissements prêteurs** ayant signé, avec l'État ou avec la Société de gestion des financements et de la garantie de l'accession sociale à la propriété (SGFGAS) agissant pour le compte de celui-ci, une convention conforme à une convention type (CCH art. D 331-65, al. 1).

A. Prêt conventionné ordinaire

1. CHAMP D'APPLICATION

OPÉRATIONS CONCERNÉES

25620 Les prêts conventionnés (PC) peuvent être attribués pour financer les opérations suivantes (CCH art. D 331-63) :

1. L'acquisition de droits de construire ou de **terrains** destinés à la construction de logements, la **construction** de ces logements ou leur acquisition. Sont assimilés à la construction de logements l'acquisition d'un logement en vue de sa première occupation après la réalisation de travaux concourant à la production ou à la livraison d'un immeuble neuf au sens de la TVA immobilière, l'aménagement, à usage de logement, de locaux non destinés à l'habitation et l'**agrandissement** de logements existants, par extension ou surélévation (CCH art. D 331-63, 1°) ;

2. L'**acquisition de logements existants,** sans obligation de travaux et sans condition d'âge, ainsi que, le cas échéant, les travaux d'amélioration nécessaires, sans montant minimal de travaux à réaliser (CCH art. D 331-63, 3°) ;

3. Dans la limite d'un montant minimal de 4 000 € TTC, les **travaux d'amélioration** de logements achevés depuis au moins 10 ans, ces travaux pouvant notamment concerner l'adaptation des logements aux besoins des personnes handicapées, ainsi que les **travaux destinés à réduire les dépenses d'énergie** dans des logements existant au 1er juillet 1981 ou ayant fait, avant cette date, l'objet d'une demande de permis de construire (CCH art. D 331-63, 4° ; Arrêté EQUU0100060A du 4-10-2001 art. 11). Le propriétaire ne peut pas bénéficier de l'APL pour le financement des seuls travaux (CCH art. D 331-64). Les travaux d'adaptation des logements aux besoins des personnes handicapées et les travaux d'économie d'énergie concernés sont définis par arrêté (Arrêté EQUU0100060A du 4-10-2001 ann. III et IV) ;

4. Le **remboursement** anticipé total d'un prêt conventionné à annuités progressives, consenti dans le cadre des 1° et 3° ci-dessus, et assorti de l'APL (CCH art. D 331-63, 5° et D 331-66, 3°) ;

5. Le financement de logements faisant l'objet d'un contrat de **location-accession** à la propriété immobilière régi par la loi 84-595 du 12 juillet 1984 prévoyant un paiement fractionné du prix (CCH art. D 331-76-1).

> Précisions **a.** Les **travaux financés par le prêt** doivent être achevés dans un **délai** de 3 ans à compter de l'émission de l'offre de prêt (CCH art. L 31-10-3 sur renvoi de D 31-10-8 sur renvoi de l'arrêté DEVL1026553A du 30-12-2010 art. 6 sur renvoi de l'arrêté EQUU0100060A du 4-10-2001 art. 12). Un allongement de ce délai peut être demandé en cas de retard lié à la force majeure, maladie, accident, contentieux relatif à la réalisation de l'opération ou encore en cas de reconnaissance de l'état de catastrophe naturelle ou de catastrophe technologique (Arrêté ECOT2013713A du 29-6-2020 modifié par arrêté ECOT2430597A du 3-12-2024).

b. Le PC peut servir à **refinancer la valeur d'acquisition des terrains** destinés à la construction si cette acquisition est intervenue depuis moins de 2 ans à la date de l'émission de l'offre de prêt (CCH art. D 31-10-8 sur renvoi de l'arrêté EQUU0100060A du 4-10-2001 art. 7).

c. Le PC peut financer une **soulte** et les travaux d'amélioration du logement concerné, un achat par des indivisaires, ou l'achat d'une part d'**indivision,** et les travaux d'amélioration du local. Il peut également financer l'acquisition d'une **nue-propriété** par l'usufruitier mais non l'acquisition d'un usufruit seul.

BÉNÉFICIAIRES DES PRÊTS

Peuvent bénéficier de prêts conventionnés (CCH art. D 331-66 et D 331-67) : 25640

1. Les personnes physiques qui **construisent** ou **acquièrent** des logements neufs ou celles qui acquièrent des logements existants et, le cas échéant, les améliorent (ou souscrivent dans ce but des parts de sociétés d'attribution ou de coopératives de construction).

2. Les propriétaires, personnes physiques, qui exécutent des travaux d'**amélioration** ou d'**économie d'énergie.**

3. Les personnes physiques ou morales qui destinent dès l'origine un ou des logements à la **location.**

4. Les **syndicats de copropriétaires** réalisant les travaux visés n° 25620 (3.) dans des immeubles où la moitié au moins des voix correspond à des habitations principales de personnes physiques.

5. Les personnes qui **renégocient des prêts conventionnés** dans les conditions visées n° 25620 (4.).

Les PC ne peuvent pas être accordés à des **sociétés civiles immobilières** constituées entre particuliers pour l'acquisition ou la construction d'un logement destiné à l'habitation principale des associés.

Les demandeurs de prêts conventionnés classiques ne sont soumis à aucun plafond de **ressources.** 25645

Les personnes physiques dont les revenus sont inférieurs aux plafonds de ressources visés n° 26015 ne peuvent bénéficier que du PAS assorti de la garantie de l'État, pour une opération d'accession à la propriété, ou d'un prêt non réglementé. Ils ne peuvent bénéficier d'un PC ordinaire.

2. CONDITIONS D'OCTROI DES PRÊTS CONVENTIONNÉS

CONDITIONS D'AFFECTATION DU LOGEMENT

Hors le cas de l'investissement locatif visé n° 25740, les conditions d'occupation et d'affectation du logement sont **identiques à celles prévues en matière de PTZ.** Ces conditions doivent être respectées pendant un délai de 6 ans à compter du versement du prêt (CCH art. L 31-10-6 et D 31-10-6 sur renvoi de D 331-66, al. 7). 25720

Le bénéficiaire doit destiner le logement à son **habitation principale** au moins 8 mois par an, sauf obligation professionnelle, raison de santé ou cas de force majeure. Cette condition d'occupation doit être remplie par le bénéficiaire lui-même et par les personnes qui, lors de la demande de prêt, ont été déclarées comme devant habiter le logement.

L'**entrée dans les lieux** doit intervenir au plus tard un an après l'achèvement ou l'acquisition du logement si celle-ci est postérieure. Ce délai peut être porté à 6 ans lorsque le bénéficiaire du logement l'acquiert pour l'occuper dès sa mise à la retraite mais le logement doit alors être loué entre-temps aux conditions indiquées n° 25725.

25725 Le bénéficiaire peut mettre son logement en **location** pour une durée maximale de 6 ans lorsqu'il se trouve dans l'impossibilité d'y habiter pour l'une des raisons suivantes : mobilité professionnelle, décès, divorce, dissolution d'un Pacs, chômage supérieur à un an ou invalidité frappant l'une des personnes déclarées comme devant habiter le logement. Le bénéficiaire doit en informer l'établissement de crédit et, le cas échéant, l'organisme payeur de l'APL.

25730 Le logement ne doit être ni affecté à la **location meublée ou saisonnière,** ni utilisé comme **résidence secondaire** ou comme accessoire d'un contrat de travail.

Par exception, le logement peut être utilisé, en cours de vie du prêt, à titre accessoire pour un **usage commercial ou professionnel** par le bénéficiaire ou les personnes déclarées comme devant y habiter lorsque la surface affectée à cette activité n'excède pas 15 % de la surface financée par le prêt.

Les personnes physiques accédant à la propriété au moyen d'un prêt conventionné peuvent également passer un contrat pour l'**accueil** à leur domicile de **personnes âgées ou handicapées** adultes (CCH art. D 331-66, al. 8).

PRÊT CONVENTIONNÉ LOCATIF

25740 Dès lors qu'il s'agit de financer l'acquisition d'un logement existant visé n° 25620 (2.) destiné à la location, l'octroi du prêt est subordonné à la **passation** d'une **convention** avec l'État. Ce prêt conventionné locatif (PCL) ne peut pas bénéficier de la garantie de l'État (CCH art. D 331-67) mais le locataire peut bénéficier de l'APL locative s'il en remplit les conditions d'octroi (CCH art. D 353-129).

Pour les conventions conclues depuis le 1er juillet 1996, le **loyer** est fixé, quel que soit le type de bailleur, au mètre carré de surface utile, telle que définie par l'article D 353-16 du CCH.

Le loyer maximum mensuel est le produit du loyer maximum de base mensuel et d'une marge départementale définie qui permet une majoration des valeurs ci-dessous, dans la limite de 50 %, en fonction du niveau de charge foncière (pour le neuf) ou immobilière (pour l'ancien).

Le loyer maximum de base pour les logements construits, acquis ou améliorés avec un PCL est fixé au 1er janvier de chaque année. Pour les conventions en cours, la révision des loyers s'opère en fonction de la variation de l'indice de référence des loyers du 2e trimestre de l'année précédente (CCH art. L 353-9-2).

Pour les conventions conclues entre le 1er janvier et le 31 décembre 2025, le loyer plafond est fixé par mètre carré de surface utile à (Avis ATDL2502074V du 5-2-2025 : BO écologie du 20-2-2025) :

- 8,17 € en zone 1 ;
- 8,64 € en zone 1 bis ;
- 7,11 € en zone 2 ;
- et 6,61 € en zone 3.

Lorsqu'il ne s'agit pas de l'acquisition d'un logement existant, l'octroi du prêt conventionné locatif n'est **pas soumis** à la passation d'une **convention** et le propriétaire doit respecter les conditions définies par la loi 89-462 du 6 juillet 1989 (nos 61000 s.).

25745 Pendant toute la durée du prêt conventionné locatif, le logement ne doit pas être transformé en local à **usage commercial** ou professionnel, ni affecté à la **location meublée** ou **saisonnière** plus de 4 mois par an (sauf lorsqu'il s'agit de l'hébergement à titre onéreux de personnes âgées ou handicapées adultes), ni utilisé comme **résidence secondaire** ou accessoire à un contrat de travail, le tout sous peine d'exigibilité immédiate du remboursement du prêt (CCH art. D 331-70).

3. CARACTÉRISTIQUES DES PRÊTS CONVENTIONNÉS

DURÉE

25840 La durée du prêt est comprise entre 5 et 30 ans. Elle peut être réduite ou allongée en cours de remboursement sans pouvoir, dans ce dernier cas, dépasser 35 ans (CCH art. D 331-76).

L'**amortissement du prêt** (capital et intérêts) se fait à chaque échéance prévue par le contrat. Lorsque le prêt est consenti avant la date d'achèvement des travaux, la période d'amortissement choisie peut être précédée d'une période d'anticipation avec règlement des seuls intérêts calculés sur les sommes effectivement versées (Arrêté EQUU0100060A du 4-10-2001 art. 8). En conséquence, les bénéficiaires ne peuvent pas se voir accorder un autre crédit d'anticipation.

En cas de **remboursement anticipé,** les règles de droit commun du Code de la consommation sont applicables (C. consom. art. L 313-47, L 313-48 et R 313-25) : l'organisme prêteur peut exiger, si cela est prévu au contrat, que le paiement au titre du remboursement anticipé représente au moins une somme égale à 1/10 du capital emprunté (sauf s'il s'agit du solde du prêt) et, en principe, le paiement d'une indemnité n'excédant pas un semestre d'intérêts sur le capital remboursé, au taux moyen du prêt, dans la limite de 3 % du capital restant dû avant le remboursement.

Tout remboursement anticipé **partiel** d'un PC à l'aide d'un prêt autre que ceux visés n° 25850 entraîne la perte du droit à l'APL (Circ. 11-90 du 22-2-1990).

> **Précisions** Les **durées maximales** de 30 ou 35 ans sont actuellement **théoriques** en raison de l'application de la décision du Haut Conseil de stabilité financière limitant la durée des crédits immobiliers aux particuliers à 25 ans (augmentés le cas échéant de 2 ans en cas d'opération dans le neuf ou avec d'importants travaux induisant une entrée dans les lieux décalée) pour les prêts décaissés depuis le 1er janvier 2022 (Décision D-HCSF-2021-7 du 29-9-2021).

MONTANT

Le prêt conventionné peut financer l'intégralité du **coût de l'opération** (CCH art. D 331-71). **25845**

Les éléments pris en compte pour déterminer le coût total de l'opération sont identiques à ceux retenus pour le PTZ (CCH art. D 31-10-8 sur renvoi de l'arrêté EQUU0100060A du 4-10-2001 art. 7). Sur ces éléments, voir n° 22310.

CUMUL AVEC D'AUTRES PRÊTS

Le prêt conventionné est exclusif de tout **autre prêt** à l'exception des prêts suivants (CCH art. D 331-72) : **25850**

- le PTZ (nos 22010 s.) ;
- l'éco-PTZ (nos 22600 s.) ;
- les prêts consentis au titre d'Action Logement, ex-1 % logement (nos 27400 s.) ;
- les prêts complémentaires aux fonctionnaires ;
- les crédits relais ;
- les prêts aux rapatriés d'outre-mer ;
- les prêts principaux d'épargne logement (nos 27800 s.) ;
- les prêts à taux fixe dont le taux est inférieur ou égal à celui d'un prêt octroyé au titre d'un CEL à partir d'intérêts acquis au taux de rémunération des dépôts en vigueur à la date d'émission de l'offre de ces prêts (sur ce taux, voir n° 28100).

TAUX DES PRÊTS

La banque doit proposer aux emprunteurs au moins un barème de prêt à **taux fixe** et à montant d'échéance constant et un barème de prêt à **taux révisable.** Elle peut également proposer des prêts mixtes, mêlant des périodes à taux fixe et à taux révisable, ou des prêts à échéances modulables (CCH art. D 331-73). **25860**

Lorsque le prêt est modulable, l'emprunteur ne doit supporter aucuns frais spécifiques à ce titre (Arrêté EQUU0100060A du 4-10-2001 art. 10).

Le taux d'intérêt des prêts conventionnés ne peut excéder un **taux maximal** qui résulte de l'addition d'un taux de référence et d'une marge, variable en fonction des caractéristiques du prêt (CCH art. D 331-74, al. 1 ; Arrêté 22-11-1977 ann. art. 9). Le taux de référence (qui ne peut être inférieur à zéro) est calculé et publié par la SGFGAS (Société de gestion des financements et de la garantie de l'accession sociale à la propriété) (CCH art. D 331-74, al. 4). **25865**

Depuis le 1er juin 2025, compte tenu de la marge applicable et du taux de référence, les taux plafonds (en taux nominal et hors assurance) des prêts conventionnés et des prêts d'accession sociale (PAS) sont les suivants (Avis SGFGAS du 2-5-2025) :

Nature des prêts	PC ordinaire et PAS (métropole et DOM)
Prêts à taux fixes dont la durée est :	
⩽ 12 ans	5,65 %
> 12 ans et ⩽ 15 ans	5,85 %
> 15 ans et ⩽ 20 ans	6,00 %
> 20 ans	6,10 %
Prêts à taux variables ou révisables quelle que soit la durée du prêt	5,65 %

Les **prêts à taux révisables** doivent respecter les **conditions** suivantes (CCH art. D 331-75) : **25870**

- le taux moyen du prêt avant la mise en jeu des clauses de révision ne peut excéder le taux maximal visé n° 25865 ;
- les indices de révision ne peuvent jouer qu'une fois par an et au plus tôt à la première date anniversaire du contrat de prêt ;
- l'impact des variations du taux d'intérêt doit être limité : soit par un plafond de variation du taux (« cap » de taux), soit par un dispositif de plafonnement du montant de l'échéance de

remboursement à la hausse avec ajustement résiduel sur la durée du prêt, soit par une limitation de la durée du prêt avec ajustement résiduel sur le montant de l'échéance de remboursement ou une combinaison des deux.

> **Précisions** **a.** L'augmentation annuelle des **échéances de remboursement** ne peut pas excéder la variation annuelle de l'indice Insee des prix à la consommation ; l'allongement de la durée est plafonné à 20 % de la durée initiale du prêt. Si le montant de l'échéance est resté constant pendant plus d'un an, l'augmentation ne peut pas excéder la variation, sur la même durée, de l'indice des prix à la consommation Insee plafonnée à 12 % de l'échéance précédente (Arrêté EQUU0100060A du 4-10-2001 art. 9).
> **b.** Après application d'une révision du taux, l'établissement de crédit doit fournir gratuitement à l'emprunteur un nouveau **tableau d'amortissement** qui s'impose jusqu'à la révision suivante.

EMPRUNTEURS EN DIFFICULTÉ ET REFINANCEMENT

25875 Les emprunteurs en difficulté peuvent, notamment dans le cadre des dispositions du Code de la consommation relatives au surendettement des particuliers, obtenir du juge une réduction du taux d'intérêt du prêt (n° 21000), étant précisé qu'une renégociation des prêts conventionnés peut toujours être effectuée auprès de l'établissement prêteur.

> **Précisions** **a.** Les prêts conventionnés à annuités progressives peuvent être **refinancés** par un autre prêt conventionné (n° 25620, 4.).
> **b.** Les PC peuvent être **renégociés** pour prévoir une diminution des taux d'intérêt ou de progressivité ou un allongement de la durée, sans perdre la qualité de prêts conventionnés.

TRANSFERT DES PRÊTS

25900 Le transfert est possible si le **nouveau bénéficiaire** acquéreur du logement initialement financé destine le logement à son habitation principale et si le prêteur donne son accord après notamment une étude de solvabilité. Ce bénéficiaire peut compléter son financement avec d'autres crédits, si le prêt a déjà été en partie remboursé au moment du transfert.

L'**emprunteur** qui vend son logement financé par un PC pour **acheter un autre bien** répondant lui aussi aux conditions des prêts conventionnés, et qu'il destine à son habitation principale, peut obtenir le maintien de son prêt sur la nouvelle opération avec l'accord du prêteur.

TAXE DE PUBLICITÉ FONCIÈRE

25940 Les inscriptions d'hypothèques conventionnelles prises en garantie d'un PC ou d'un prêt complémentaire sont exonérées de taxe de publicité foncière (CGI art. 845).

B. Prêt à l'accession sociale (PAS)

26000 Le prêt à l'accession sociale (PAS) est un prêt conventionné réservé à des ménages dont les revenus ne dépassent pas des **plafonds de ressources** fixés réglementairement. Une personne physique qui remplit les conditions d'éligibilité au PAS ne peut se voir accorder un PC de droit commun.

Ce prêt est assorti de la garantie de l'État via le dispositif du Fonds de garantie de l'accession sociale à la propriété (FGAS).

OBJET

26005 Le PAS peut être obtenu pour financer les **opérations** susceptibles de bénéficier d'un prêt conventionné, à l'exception des investissements locatifs (nos 25620 s.).

CARACTÉRISTIQUES

26010 De façon générale, le PAS suit la réglementation applicable au prêt conventionné ordinaire.

Depuis le 1er juillet 2015, les taux plafonds maximaux (fixes et révisables) sont identiques à ceux des **prêts conventionnés ordinaires** (PC). Sur les taux plafonds applicables, voir n° 25865.

PLAFONDS DE RESSOURCES

26015 Les plafonds de ressources des emprunteurs sont alignés sur ceux du **PTZ** (voir n° 22115).

26017 Les **ressources prises en compte** sont appréciées comme en matière de PTZ (voir n° 22120) (Arrêté EQUU0100060A du 4-10-2001 art. 3).

TAXE DE PUBLICITÉ FONCIÈRE

Le PAS doit réglementairement être garanti par une hypothèque de 1er rang sans concurrence si son montant est supérieur à 15 000 €. L'**inscription hypothécaire** prise en garantie d'un PAS est exonérée de la taxe de publicité foncière (CGI art. 845). 26020

C. Prêt social de location-accession (PSLA)

Le prêt social de location-accession (PSLA) est un prêt conventionné à destination des ménages aux revenus modestes et destiné à financer des opérations de location-accession à la propriété immobilière dans le neuf (construction ou acquisition) ou opération assimilée (nos 12500 s.) et dans l'ancien (acquisition-amélioration) dès lors que les travaux permettent d'atteindre une performance énergétique minimale. 26080

Ce prêt est régi par les articles D 331-76-1 à D 331-76-5-4 du CCH, l'arrêté EQUU0400077A du 26 mars 2004 et la circulaire 2004-11 du 26 mai 2004 (BO équip. 2004/12 du 10-7-2004) modifiée par une circulaire 2006-10 du 20 février 2006 (BO équip. 2006/5 p. 40).

CHAMP D'APPLICATION

Les PSLA sont octroyés par les établissements de crédit habilités à délivrer des prêts conventionnés (n° 25605). Ils sont consentis à des bailleurs sociaux ou à des promoteurs privés en vue de la construction ou de l'acquisition de logements faisant l'objet d'un contrat de location-accession régi par la loi 84-595 du 12 juillet 1984 et peuvent financer jusqu'à 100 % du coût de l'opération, TVA à 5,5 % incluse. 26085

Sont concernées :

- la construction ou l'acquisition de logements dans le **neuf.** Est **assimilée à la construction de logements neufs** l'acquisition d'un logement en vue de sa première occupation après la réalisation de travaux concourant à la production ou à la livraison d'un immeuble neuf au sens de l'article 257, I-2-2° du CGI (CCH art. D 331-76-5-1 I, 1°) ;
- l'acquisition de **logements anciens** : opérations d'aménagement à usage de logement de locaux non destinés à l'habitation (CCH art. D 331-76-5-1 I, 1°) et opérations d'acquisition-amélioration de logements anciens, à condition que le programme de travaux dont ils font l'objet représente au moins 25 % du coût total de l'opération et permette au logement d'atteindre une performance énergétique minimale (CCH art. D 331-76-5-1, I-2°). Ces conditions sont alignées sur celles du PTZ dans l'ancien (voir n° 22042 et 22043) afin de permettre le financement d'une acquisition en PSLA dans l'ancien par un PTZ.

CONDITIONS D'OCTROI

Le logement financé doit être occupé à titre de **résidence principale** par le locataire-accédant ; il ne peut pas être transformé en local commercial ou professionnel pendant toute la durée de remboursement du prêt. 26090

Le locataire-accédant doit disposer de revenus inférieurs aux **plafonds de ressources** fixés comme suit (CCH art. D 331-76-5-1) depuis le 1er janvier 2025 (Arrêté ATDL2432630A du 23-12-2024) :

Nombre de personnes destinées à occuper le logement	Zones A et A bis (1)	Zone B1 (1)	Zones B2 et C (1)
1	38 508 €	38 508 €	33 479 €
2	57 555 €	57 555 €	44 710 €
3	75 447 €	69 183 €	53 766 €
4	90 078 €	82 871 €	64 910 €
5	107 173 €	98 101 €	76 357 €
6	120 598 €	110 396 €	86 055 €
Par personne supplémentaire	+ 13 440 €	+ 12 301 €	+ 9 599 €

(1) Le zonage correspond à celui fixé par l'arrêté ETLL1417102A du 1er août 2014 (modifié par arrêté ATDL2524318A du 5-9-2025).

26100 Pour pouvoir bénéficier d'un PSLA, le vendeur doit obtenir une **décision d'agrément,** prise par le préfet ou le président du conseil départemental ou de l'EPCI lorsque le logement concerné est situé dans le périmètre d'une convention de délégation de compétence (CCH art. D 331-76-5-3, II). La décision d'agrément est subordonnée à la signature d'une **convention** avec l'État comportant des engagements en faveur de l'accédant pendant la phase locative et la phase d'accession (sur le modèle de convention, voir Circ. du 26-5-2004 ann. IV). La liste des pièces justificatives à fournir lors d'une demande d'agrément d'une opération financée par un PSLA est fixée par arrêté (Arrêté EQUU0400077A du 26-3-2004 art. 3-1).

Les travaux doivent commencer après l'obtention de la décision d'agrément, sauf si les logements font l'objet d'une vente en l'état futur d'achèvement (CCH art. D 331-76-5-1, II-dernier al. ; Circ. 2004-11 du 26-5-2004 ann. I-3).

26105 Le vendeur doit disposer de l'**engagement d'un établissement de crédit** de proposer, le moment venu, à l'accédant un ou plusieurs prêts conventionnés qui permettent de financer le transfert de propriété. Il peut s'agir d'un engagement unilatéral de l'établissement de crédit ou d'une convention liant ce dernier au vendeur.

La charge totale de remboursement ne doit pas excéder, au moment de la levée d'option, le montant de la redevance versée au titre du mois précédant le transfert de propriété (CCH art. D 331-76-5-1, II ; Circ. du 26-5-2004).

26110 Le montant de la partie de la **redevance mensuelle payée par le locataire-accédant** au titre de son droit à la jouissance du logement doit respecter des plafonds de loyers. Il peut être révisé chaque année à la date anniversaire du contrat dans la limite de la variation annuelle de l'indice de référence des loyers (IRL), à partir du dernier indice publié à la date de signature du contrat (CCH art. D 331-76-5-1, II-al. 2).

Les **loyers plafonds** sont révisés chaque année au 1er janvier dans la limite de la variation annuelle de l'IRL, laquelle est appréciée entre la valeur du 2e trimestre de l'antépénultième année et celle du 2e trimestre de l'année précédente. Ils sont établis en €/m² de surface utile/mois, étant précisé que la surface utile du logement peut être augmentée, dans la limite de 6 m², de la moitié de la surface du garage ou de l'emplacement réservé au stationnement des véhicules annexé au logement (Arrêté EQUU0400077A du 26-3-2004 art. 2). Pour la période comprise entre le 1er janvier et le 31 décembre 2025, ils s'établissent comme suit (Arrêté ATDL2432630A du 23-12-2024) :

Zone géographique (1)	Plafond de loyers
A bis	15,30 €/m²
A	11,75 €/m²
B1	10,13 €/m²
B2	9,73 €/m²
C	9,00 €/m²
(1) Sur le zonage, voir n° 26090.	

26115 Le **prix de vente** du logement est non révisable et doit respecter des prix **plafonds** révisés au 1er janvier de chaque année, en fonction de la variation annuelle de l'indice du coût de la construction (CCH art. D 331-76-5-1, II-al. 3 ; Arrêté EQUU0400077A du 26-3-2004 art. 3 et ann. II).

Pour les ventes intervenant en 2025 (agréments délivrés depuis le 1er janvier 2025), les plafonds, établis en €/m² de surface utile, sont les suivants (Arrêté ATDL2432630A du 23-12-2024) :

Zone géographique (1)	Prix maximum
A bis	6 170 €/m²
A	4 675 €/m²
B1	3 744 €/m²
B2	3 269 €/m²
C	2 857 €/m²
(1) Sur le zonage, voir n° 26090.	

Le prix de vente est **minoré,** à chaque anniversaire de l'entrée dans les lieux, de 1 % du prix de vente par an.

Si plusieurs dates de levée d'option sont prévues dans le contrat, le vendeur doit indiquer, pour chacune de ces dates, le prix du logement et la minoration appliquée.

La **durée de la phase locative** est encadrée : le locataire-accédant ne peut lever l'option d'achat avant l'expiration d'un délai de 6 mois à compter de la date d'entrée dans les lieux (CCH art. D 331-76-5-1, II).

Le locataire-accédant bénéficie d'une **garantie de relogement** prévue dans le contrat de location-accession, lorsqu'il ne lève pas l'option, notamment pour des raisons financières. **26120**

Au titre de cette garantie, trois offres de relogement correspondant à ses besoins et ses possibilités doivent lui être proposées dans un délai de 6 mois à compter de la demande de mise en jeu de la garantie qui doit être faite par lettre recommandée avec demande d'avis de réception. Le locataire-accédant dispose d'un délai d'un mois à compter de la dernière offre pour l'accepter. À l'expiration de ce délai, à défaut d'acceptation de l'une de ces offres, la garantie cesse de s'appliquer (Arrêté EQUU0400077A du 26-3-2004 art. 5).

Il peut être décidé, d'un commun accord avec le vendeur, de reporter la date de transfert de propriété ; si la situation financière du locataire-accédant ne s'améliore pas, le contrat est résilié et la garantie de relogement est mobilisable (Circ. du 26-5-2004).

L'accédant (ou en cas de décès de celui-ci, ses descendants directs ou son conjoint marié, pacsé ou concubin occupant le logement au jour du décès) peut demander au vendeur la mise en jeu de la **garantie de rachat,** dans un délai de 15 ans à compter de la date de levée d'option, à condition que le logement soit toujours occupé à titre de résidence principale, dans les cas suivants (Arrêté EQUU0400077A du 26-3-2004 art. 4) : **26125**

- décès ;
- décès du conjoint (marié, pacsé ou concubin) ou d'un descendant direct faisant partie du ménage ;
- mobilité professionnelle impliquant un trajet de plus de 70 km entre le nouveau lieu de travail et le logement financé ;
- chômage d'une durée supérieure à un an attestée par l'inscription à France Travail ;
- invalidité reconnue soit par la carte d'invalidité (ou, depuis le 1er janvier 2017, la carte mobilité inclusion mention « invalidité »), soit par la décision de la commission des droits et de l'autonomie des personnes handicapées (CDAPH) ;
- divorce ;
- dissolution d'un Pacs.

La demande doit être faite par lettre recommandée avec demande d'avis de réception dans un délai d'un an suivant la survenance de l'une des situations précitées.

Si la garantie vient à jouer, le logement devra être racheté par le vendeur dans les conditions suivantes :

- dans les 5 premières années à compter de la date de levée d'option, le prix est égal au prix de vente du logement à la levée d'option ;
- de la 6e à la 15e année à compter de la date de levée d'option, le prix est égal au prix de vente du logement à la levée d'option, minoré de 2,5 % par année écoulée.

Le prix est minoré le cas échéant des frais de réparation nécessaires à une nouvelle occupation.

TRANSFERT DU PSLA

Le PSLA est transférable à l'acquéreur (CCH art. D 331-76-5-2 ; Circ. du 26-5-2004 ann. III, 2) si le prêteur et le locataire-accédant y ont convenance : le prêt octroyé au vendeur peut être transformé en plusieurs prêts accordés, au moment de la levée d'option, aux différents locataires-accédants, pour le montant du capital restant dû, au prorata de la fraction correspondant aux logements qu'ils acquièrent. En cas de transfert, la révision du taux du PSLA ou la modification de l'échéance de remboursement peuvent intervenir deux fois par an. **26140**

L'acquéreur n'est pas obligé d'accepter le transfert du PSLA et peut choisir un autre prêt conventionné, associé le cas échéant à un PTZ.

L'organisme de crédit qui considère que la solvabilité du locataire-accédant n'est pas suffisante au moment de la levée d'option peut refuser le transfert du prêt, de même que le financement par un autre prêt conventionné ordinaire, PAS et PTZ. Le locataire peut alors bénéficier de la garantie de relogement (n° 26120).

> **Précisions** Les personnes qui accèdent à la propriété d'un logement sous le régime de la location-accession peuvent bénéficier, sur **option,** de la réglementation relative au **PTZ** en vigueur à la date de signature du contrat de location-accession (CCH art. L 31-10-2, al. 6 et D 31-10-2-1).

AVANTAGES FISCAUX

26160 **Taxe sur la valeur ajoutée** Les **livraisons** de logements destinés à être occupés par des titulaires de contrats de location-accession conventionnée et agréée sont soumises au **taux réduit** de TVA **de 5,5 %** (CGI art. 278 sexies, III-1° et 278 sexies-0 A). L'acquisition de l'immeuble par l'organisme bailleur est donc soumise à la TVA à 5,5 %.

L'organisme bailleur qui fait construire un immeuble destiné à une opération de location-accession conventionnée et agréée doit en principe procéder à une livraison à soi-même soumise au taux réduit de TVA de 5,5 %. Ce dispositif permet aux bailleurs de supporter in fine une charge définitive de TVA au taux réduit au lieu et place de la taxe qui leur a été facturée dans les conditions de droit commun au titre des différentes opérations participant à la construction de l'immeuble (BOI-TVA-IMM-20-20-10 n° 50).

L'immeuble est comptabilisé par le bailleur dans ses **stocks** dès lors qu'il a vocation à être cédé à court terme au titulaire du contrat. Toutefois, lorsqu'il n'a pas été cédé au titulaire du contrat au 1er janvier de la quatrième année qui suit l'achèvement de la construction et qu'il continue de ce fait d'être loué, le logement est assimilé à un bien immobilisé pour l'application des régularisations de TVA (CGI ann. II art. 207, IV-3).

Le fait que la cession soit, de droit commun, imposable à la TVA au cas où elle intervient dans les 5 années de l'achèvement (n° 26165) ouvre au bailleur un **droit à déduction** immédiat de la taxe ayant grevé les dépenses engagées dans cette phase du contrat, qu'il s'agisse de l'acquisition du terrain et des travaux de construction des logements, de l'acquisition de ces logements par le bailleur auprès d'un promoteur ou de la livraison à soi-même que le bailleur doit éventuellement réaliser. Il est admis que le bailleur ne procède pas à la liquidation de la livraison à soi-même lorsque l'option d'achat est exercée par le titulaire du contrat dans la limite du 31 décembre de la deuxième année qui suit l'achèvement de la construction (BOI-TVA-IMM-20-20-10 nos 180 et 190).

26165 Lors de la levée de l'option, le régime de la **vente du logement au locataire-accédant** et ses incidences en matière de TVA pour le bailleur dépendent de la **date du transfert de propriété.**

Si la livraison de l'immeuble a lieu avant le 1er janvier de la 4e année suivant l'achèvement, la cession est soumise à la TVA sur le prix total au taux réduit de 5,5 %. L'immeuble étant réputé demeuré en stock depuis son achèvement, la TVA grevant les dépenses de construction est intégralement déductible et le cédant n'a pas à faire de régularisation. Les droits de mutation sont dus au taux réduit de 0,71498 % (CGI art. 1594 F quinquies, A).

Si la livraison de l'immeuble a lieu entre cette même date et l'expiration du délai de 5 ans suivant l'achèvement, la cession est soumise à la TVA sur le prix total. Mais l'immeuble qui a été affecté à une opération n'ouvrant pas droit à déduction (location exonérée) est assimilé à une immobilisation depuis l'année N + 4, ce qui entraîne une régularisation (au titre des régularisations annuelles) d'un vingtième de la taxe afférente à la construction. Comme dans le cas précédent, les droits de mutation sont dus au taux de 0,71498 %.

Si la livraison de l'immeuble a lieu plus de 5 ans après l'achèvement, elle est en principe exonérée de TVA (CGI art. 261, 5). L'immeuble ayant été assimilé à une immobilisation à compter de l'année N + 4, le cédant a dû procéder à des régularisations annuelles depuis cette assimilation. En outre, il lui faut procéder lors de la cession à une régularisation globale pour un nombre de vingtièmes égal au nombre d'années restant à courir entre l'année de la cession et le terme du délai de 20 ans. Le cédant peut soumettre la cession à la TVA au taux réduit de 5,5 %, ce qui lui permet d'éviter cette régularisation globale par reversement de taxe, les régularisations annuelles demeurant dues. Dans les deux cas (exonération de TVA ou soumission à la taxe sur option), les droits de mutation sont dus au taux de droit commun (n° 84660) dès lors que la vente a lieu au-delà des 5 ans après achèvement.

ATTENTION

L'application du **taux réduit de TVA** aux opérations de location-accession conventionnée et agréée est **remise en cause** à l'égard de l'acquéreur personne physique lorsque les conditions requises, notamment l'obligation de résidence principale, cessent d'être remplies dans les 10 ans suivant l'acquisition du logement soumise à la TVA. Le complément d'impôt dû est diminué d'un dixième par année de détention. Toutefois, ce **reversement** du complément de taxe n'est **pas exigé** en cas de survenance d'un des événements suivants pour l'emprunteur ou le coemprunteur : décès, décès d'un descendant direct faisant partie du ménage, mobilité professionnelle impliquant un trajet de plus de 70 km entre le logement et le nouveau lieu de travail, chômage de plus d'un an, invalidité, divorce, dissolution d'un Pacs, mariage ou conclusion d'un Pacs à condition que le bien n'ait pas été acquis dans le cadre d'une indivision, naissance d'un enfant, invalidité d'un enfant à charge (BOI-TVA-IMM-20-20-10 n° 360).

Taxe foncière Les logements neufs affectés à l'habitation principale, construits dans le cadre d'une opération de location-accession agréée, ouvrent droit à une **exonération** de taxe foncière pendant 15 ans (CGI art. 1384 A, III). En cas d'opération d'acquisition avec travaux, une exonération de taxe foncière de 15 ans est possible sur délibération des collectivités bénéficiaires de la taxe (CGI art. 1384 A, IV). 26175

L'exonération s'applique à compter de l'année suivant celle de l'achèvement de la construction (ou de l'achèvement des travaux).

Elle est maintenue pour la période restant à courir :

– lorsque le locataire-accédant **lève l'option,** le cas échéant jusqu'à la date de cession du logement ;

– ou lorsque le logement fait l'objet d'un **nouveau contrat de location-accession** respectant les mêmes conditions que le précédent contrat ;

– ou lorsque le logement est **remis en location** comme logement social (logement faisant l'objet d'une convention prévue par l'article L 353-2 du CCH – convention APL).

SECTION 7

PRÊTS ET AIDES ACTION LOGEMENT

Les employeurs occupant au moins 50 salariés doivent participer à l'effort de construction en versant une contribution, la participation des employeurs à l'effort de construction plus connue sous le nom de « 1 % logement » et désormais dénommée « Action Logement », qui est calculée sur le montant des salaires qu'ils ont payés au cours de l'année précédente. 27400

Au fil des ans, le régime de l'**ex-1 % logement** a été modernisé afin de permettre un élargissement de son champ d'intervention dans le domaine social (CCH art. L 313-1 s.).

Les ressources collectées sont affectées aux différents **emplois** définis à l'article L 313-3 du CCH : 27401

a) Aides aux personnes physiques pour leurs projets d'accession à la propriété, de réhabilitation de leur logement, d'accès au logement locatif, de changement de logement ou de maintien dans celui-ci ;

b) Soutien à la construction, à la réhabilitation et à l'acquisition de logements locatifs sociaux ainsi qu'à la production de logements locatifs intermédiaires ou de logements destinés à l'accession sociale à la propriété ;

c) Interventions à caractère très social dans le domaine du logement, notamment sous la forme d'opérations relatives au logement ou à l'hébergement des personnes défavorisées et de dépenses d'accompagnement social ;

d) Mise en œuvre du programme national de rénovation urbaine et du nouveau programme national de renouvellement urbain ;

e) Mise en œuvre du programme national de requalification des quartiers anciens dégradés ainsi qu'au soutien à l'amélioration du parc privé ;

f) Participation à des actions de formation, d'information ou de réflexion dans le domaine du logement et de la politique de la ville menées par des organismes agréés par l'État ;

g) Versement de compensations à des organismes d'assurances qui proposent des contrats d'assurance contre les impayés de loyer qui respectent un cahier des charges fixé par décret.

Nous retiendrons ici les seules **aides aux personnes physiques** relevant de l'article L 313-1, a et c. À ce titre, des prêts peuvent être consentis par les employeurs dans le cadre de l'investissement direct ou par les organismes collecteurs. Les **prêts directs des employeurs** à leurs salariés sont réservés aux opérations de construction ou d'acquisition d'un logement ou d'un terrain (CCH art. R 313-7, 1° et R 313-14 s.) alors que les **organismes collecteurs** peuvent octroyer des prêts pour financer l'ensemble des opérations autorisées par l'article L 313-3. 27402

A. Dispositions générales

CONDITION RELATIVE AU LOGEMENT

27410 Les logements financés par Action Logement doivent constituer la **résidence principale** de leurs occupants dans les conditions prévues pour le PTZ (CCH art. L 31-10-6 et D 31-10-6 sur renvoi de R 313-14) : occupation personnelle du logement au moins 8 mois par an, sauf obligation professionnelle, raison de santé ou cas de force majeure. Cette occupation doit être effective dans le délai maximum d'un an suivant soit la déclaration d'achèvement des travaux, soit l'acquisition des logements si celle-ci est postérieure à ladite déclaration, ce délai pouvant être porté à 6 ans lorsque le logement est destiné à être occupé par le bénéficiaire du prêt dès sa mise à la retraite.

Les accédants peuvent interrompre ou différer cette occupation dans les conditions énoncées n°s 22150 s.

Cette condition doit être **maintenue** (CCH art. R 313-16, II) :

- pendant la durée du prêt lorsque celui-ci est octroyé au titre de l'aide aux personnes physiques mentionnées à l'article L 313-3, a du CCH (n° 27401) ; à défaut, le prêt doit être remboursé par anticipation ;
- pendant la durée du conventionnement du logement ou, à défaut de conventionnement, pendant 9 ans au minimum si l'aide est octroyée en application de l'article L 313-3, b ou c (n° 27401).

Cette condition d'occupation **ne s'applique pas** (CCH art. R 313-14) :

- aux logements meublés destinés aux salariés ou aux stagiaires tenus de se loger hors de leur résidence principale, pour des raisons professionnelles liées à l'exercice d'une activité à caractère saisonnier ou d'une activité temporaire d'une durée comprise entre 3 mois et un an, ou pour des raisons de formation ;
- aux logements conventionnés mentionnés à l'article L 353-19-2 du CCH ;
- aux structures d'hébergement ;
- aux résidences hôtelières à vocation sociale.

27411 **Pendant la durée du financement,** les logements ne peuvent pas (CCH art. R 313-14, al. 2) :

- être transformés en locaux industriels, commerciaux, artisanaux ou professionnels, ni dépendre, pour leur accès, uniquement de locaux de cette nature ;
- être occupés à titre accessoire à un contrat de travail, sauf lorsqu'ils sont loués meublés à des salariés ou des stagiaires dans les situations indiquées ci-dessus.

27412 Action Logement peut financer des logements faisant l'objet d'un **démembrement** de la propriété ou de l'un des **contrats de location** suivants : bail emphytéotique, bail à construction ou bail à réhabilitation (CCH art. R 313-15, al. 1).

DATE DE VERSEMENT DES AIDES

27415 Les aides doivent être versées au plus tard (CCH art. R 313-16, I) :

- s'il s'agit d'une opération de **construction** de logements ou d'**acquisition** de logements neufs, à l'expiration de celui des deux délais suivants dont le terme est le plus éloigné : soit un an après la déclaration d'achèvement des travaux de l'opération considérée, soit 3 mois après la première occupation du logement ;
- s'il s'agit d'une opération d'**amélioration** de logements : 3 mois après l'achèvement des travaux ;
- s'il s'agit d'une opération d'**acquisition de logements existants** : 3 mois après l'acquisition ou la décision favorable visée à l'article D 331-3, ce délai étant porté à 24 mois lorsque l'aide finance également des travaux d'amélioration.

B. Financement des opérations de construction-acquisition

27450 Le financement des opérations de construction-acquisition est régi par les articles R 313-19-1 et R 313-20-1 du CCH.

> **› Précisions** Action Logement peut octroyer des prêts à taux réduit à court terme aux salariés en situation de **mobilité professionnelle** ou d'**accès à l'emploi** pour l'acquisition ou la construction de leur logement, à condition qu'ils prennent l'engagement de vendre leur logement précédent dont l'occupation est incompatible avec l'exercice de leur activité professionnelle dans un nouveau lieu de travail (CCH art. R 313-19-1, VII).

CONDITIONS D'OCTROI

Les prêts peuvent être accordés aux **salariés** (ou préretraités) des entreprises du secteur privé non agricole de 10 salariés et plus, quelles que soient leur ancienneté et la nature de leur contrat de travail dès lors que le revenu fiscal de référence du ménage (N - 2 ou N - 1 s'il est plus favorable au demandeur) est inférieur au plafond de ressources des PLI (n° 24530). **27455**

Le **logement** doit présenter les caractéristiques suivantes :

- répondre aux caractéristiques des bâtiments d'habitation au sens du CCH, ce qui interdit le financement de l'acquisition de bateaux-logements ou d'habitations légères de loisir ;
- respecter un certain niveau de performance énergétique dont il doit être justifié : dans le neuf, la construction doit être conforme à la réglementation thermique en vigueur ; dans l'ancien, le logement doit présenter un niveau de performance compris entre A et E ;
- être affecté à la résidence principale de l'emprunteur.

> **> Précisions** Les prêts peuvent être attribués **en priorité** aux salariés, notamment :
> – en situation de mobilité professionnelle ;
> – ou devant faire face à une situation de handicap au sein du ménage.

CARACTÉRISTIQUES DU PRÊT ACCESSION

Sont finançables notamment les **opérations** suivantes : **27460**

- acquisition ou construction d'un bien immobilier neuf ;
- accession sociale à la propriété dans le neuf dont le prêt social de location-accession (PSLA) ;
- accession en bail réel solidaire (BRS) ;
- acquisition d'un logement ancien vendu par un organisme de logement social dans le cadre de la vente HLM.

La **durée** maximale du prêt est de 25 ans et son **montant** maximum est de 30 000 €. **27465**

Le **taux d'intérêt** de 1 % (hors assurance obligatoire) est fixe.

Les bénéficiaires du prêt doivent être propriétaires de leur résidence principale pour la **première fois** ou ne pas en avoir été propriétaires au cours des **10 dernières années.** **27470**

> **> Précisions** **Le coût total de l'opération** comprend, TTC (CCH art. R 318-11) :
> – le prix d'acquisition du terrain ou du logement y compris les frais d'état des lieux, les honoraires de géomètre et les taxes afférentes à l'exclusion des frais de notaire et des droits d'enregistrement ;
> – les honoraires de négociation à la charge de l'acheteur ;
> – le coût des travaux, y compris les honoraires liés à leur réalisation, à l'exception du montant financé par un éco-prêt à taux zéro ;
> – les frais d'assurance de responsabilité des constructeurs et de dommages-ouvrage ;
> – la taxe d'aménagement.

C. Financement des travaux d'amélioration

Le financement des travaux d'amélioration par Action Logement est destiné **en priorité** aux **personnes** physiques placées **ou** dont le **logement** est placé dans l'une des situations suivantes (CCH art. R 313-19-1, III) : **27500**

a) Personnes en situation de handicap au sens de l'article L 114 du Code de l'action sociale et des familles ;

b) Propriétaires occupants pour des travaux ouvrant droit à une subvention de l'Agence nationale de l'habitat (Anah) ;

c) Logements situés au sein de copropriétés faisant l'objet d'un plan de sauvegarde prévu à l'article L 615-1 du CCH ou d'une convention d'opération programmée d'amélioration de l'habitat, et comportant des actions destinées aux copropriétés dégradées ;

d) Logements ou immeubles placés dans une situation d'habitat indigne selon des modalités définies par le règlement général de l'Anah, et pour l'amélioration desquels les propriétaires occupants obtiennent une subvention de l'Agence ;

e) Logements dont l'habitabilité est compromise à la suite d'une catastrophe mentionnée à l'article R 318-1 (tempête, ouragan, cyclone, catastrophe naturelle ou technologique) ;

f) Logements faisant l'objet de travaux d'amélioration de la performance énergétique non-financés par un éco-PTZ.

Dans ces situations le montant des aides est majoré.

27502 **Hors actions prioritaires,** le prêt travaux peut financer les travaux d'amélioration d'un logement dont la liste est fixée par arrêté (Arrêté EQUC8701110A du 30-12-1987 ann. I, A et B, ann. II et ann. III, A et B).

27505 Le **montant** du prêt travaux peut couvrir au plus 100 % du prix de revient prévisionnel de l'opération dans la limite de 10 000 € par logement.
La **durée** maximale du prêt est de 10 ans.
Le **taux d'intérêt** de 1,5 % (hors assurance obligatoire) est fixe.

D. Aides à la location

27560 Action Logement peut également intervenir pour aider les personnes physiques à accéder au logement locatif. Peuvent ainsi leur être accordés, le cas échéant, en fonction de l'activité ou des ressources du demandeur (CCH art. R 313-19-1, IV à VI), notamment :

– des prêts sans intérêts ou à taux réduit pour financer le dépôt de garantie ;

– des garanties ou cautions afin de couvrir le risque de non-paiement du loyer et des charges locatives.

AVANCE « LOCA-PASS »

27565 L'avance prend en charge le **dépôt de garantie** exigé lors de la conclusion d'un bail à usage d'habitation principale. Ses caractéristiques sont les suivantes : d'un montant maximal de 1 200 €, ce prêt sans intérêts est remboursable sur une durée maximale de 25 mois avec un différé de paiement de 3 mois ; la mensualité est de 20 € minimum (sauf la dernière).

> **Précisions a.** Entrent également dans le **champ d'application** de l'avance le bail mixte d'habitation et professionnel dès lors qu'il est soumis à la loi 89-462 du 6 juillet 1989, les locations meublées à usage de résidence principale dont le bail est établi conformément à l'article L 632-1 du CCH (nos 65530 s.), les conventions d'occupation en structure collective (logement-foyer ou résidence sociale) ainsi que les « baux glissants » lorsque l'occupant est devenu titulaire du titre d'occupation. En revanche, l'avance ne peut être accordée aux baux professionnels ou commerciaux, conventions d'occupation précaire ou sous-locations hors structures collectives.
b. En cas de **colocation,** seule est prise en charge la quote-part du bénéficiaire de l'avance.
c. Pour faciliter la **mobilité professionnelle,** les personnes ayant une résidence séparée imposée par les conditions de travail peuvent exceptionnellement bénéficier de l'avance même si une aide de même nature est accordée pour le logement où demeure la famille.

VISALE (VISA POUR LE LOGEMENT ET L'EMPLOI)

27570 Visale est un dispositif facultatif de **sécurisation des loyers** financé par Action Logement à destination principalement des **bailleurs** privés.

Visale s'adresse aux **locataires** :

– de 30 ans au plus : salariés, non-salariés, fonctionnaires, étudiants, demandeurs d'emploi ;

– aux salariés de plus de 30 ans du secteur privé ou agricole disposant de ressources inférieures à 1 500 € nets par mois, ou en situation précaire (CDD, intérim, CDI en période d'essai) embauchés depuis moins de 6 mois, ou encore en situation de mutation professionnelle quel que soit leur statut (précaire et CDI confirmé).

Les ménages en difficulté entrant dans un logement locatif via un organisme d'intermédiation locative agréé peuvent également bénéficier du dispositif.

Les locataires doivent percevoir des ressources mensuelles minimales : le « taux d'effort » doit être inférieur ou égal à 50 % (loyers + charges/revenus) en règle générale.

Seuls peuvent bénéficier de Visale les **logements** loués ou sous-loués nus ou meublés à titre de résidence principale dont le loyer mensuel, charges comprises, ne dépasse pas 1 500 € en Île-de-France et 1 300 € sur le reste du territoire.

Visale couvre tous les **loyers impayés** (charges comprises) durant toute la durée du contrat de location dans la limite de 36 mensualités impayées. Les dégradations locatives sont prises en charge dans la limite de 2 mois de loyers et charges pour les logements relevant du parc locatif privé.

L'ensemble des **démarches** doit être réalisé en ligne sur le site www.visale.fr.

> Précisions La garantie Visale a été étendue aux **salariés saisonniers,** en particulier :
– sont garantis les locaux à usage d'habitation loués nus ou meublés dans le cadre de la mission saisonnière (avec un loyer maximum de 800 € en Île-de-France et 600 € sur le reste du territoire), à l'exception notamment des tentes, cabanes, camping-car, habitations sans structure fixe et meublés de tourisme ;
– sont couverts les bailleurs au titre des loyers impayés dès le 1er mois d'occupation et dans la limite de 9 mois et, le cas échéant, des dégradations locatives dans la limite de 3 mois de loyer (dont 1 mois au titre des dommages mobiliers).

E. Aides aux personnes en difficulté

Les personnes physiques, qu'elles soient locataires, copropriétaires ou accédants à la propriété de leur logement, peuvent bénéficier d'aides du 1 % logement quand elles rencontrent des difficultés financières graves ou une évolution très défavorable de leur situation (CCH art. R 313-19-3, V) : **27600**

a) Refinancement de prêts immobiliers plus onéreux par octroi de prêts à taux réduit ;

b) Rachat de logements par des personnes morales à condition que l'accédant soit maintenu dans les lieux en qualité de locataire ;

c) Allégement temporaire des charges de logement par octroi de prêts sans intérêts ;

d) Report en fin de prêt d'une fraction des mensualités des prêts bénéficiant de la garantie de l'État en application de l'article L 312-1 du CCH.

SECTION 8

ÉPARGNE LOGEMENT

L'aide de l'État à la construction, par le biais de différents prêts aidés, ne peut à elle seule résoudre les problèmes liés au financement de l'acquisition de logements pour ceux des accédants qui doivent impérativement recourir à l'emprunt. Le régime actuel de l'épargne logement a donc été mis en place dans le but de mobiliser l'épargne individuelle en faveur du logement. **27800**

L'épargne logement permet d'obtenir des **prêts immobiliers** destinés au financement des dépenses de construction, d'acquisition, d'extension, voire de réparation ou d'amélioration des logements des particuliers (CCH art. L et R 315-1 s.). **27801**

Il existe deux produits d'épargne logement : le compte d'épargne logement (CEL) et le plan d'épargne logement (PEL). Leur rémunération est réglementée et comprend, à certaines conditions, pour les comptes et plans ouverts avant le 1er janvier 2018, une prime d'épargne versée par l'État, dont le montant est plafonné.

Les CEL et PEL fonctionnent sur le même principe et comportent deux phases successives :

– une **phase d'épargne** pendant laquelle le souscripteur alimente son compte : les sommes déposées sur le compte sont rémunérées et donnent naissance à des droits à prêt ;

– une **phase de prêt,** le montant et la durée du prêt dépendant du montant des droits accumulés pendant la phase d'épargne.

L'originalité de ces comptes réside dans la possibilité de céder, sous certaines conditions, les **droits à prêt** accumulés pendant la phase d'épargne afin de permettre au bénéficiaire de la cession d'obtenir un prêt plus important que celui auquel il aurait pu prétendre avec les seuls droits issus de son compte. Il est ainsi possible, par exemple, d'aider ses enfants ou ses petits-enfants à réaliser un projet immobilier sans se démunir de son épargne.

Le PEL est plus avantageux que le CEL pour ce qui concerne le montant des dépôts durant la phase d'épargne ainsi que le montant maximal du prêt. De son côté, le CEL a une plus grande souplesse de fonctionnement que le PEL. **27802**

Tableau comparatif des principales caractéristiques des CEL et PEL

	Compte d'épargne logement (quelle que soit la date d'ouverture)	Plan d'épargne logement (ouvert depuis le 1-1-2025)
Phase d'épargne		
Disponibilité des sommes versées	Tous retraits possibles (1)	Sommes bloquées pendant la durée du plan
Dépôts :		
– périodicité des versements	Libre	Régulière
– durée minimale d'épargne	18 mois (2)	4 ans (2)
– dépôt initial	300 €	225 €
– montant maximal des dépôts	15 300 €	61 200 €
Rémunération des dépôts :		
– taux d'intérêt hors prime d'épargne	1,25 % (3)	1,75 %
– plafond de la prime d'épargne (5)	1 144 €	1 000 € (1 525 € pour les logements performants énergétiquement (4))
Phase de prêt		
Taux d'intérêt du prêt (hors assurance)	2,75 % (3)	2,95 %
Montant maximal du prêt	23 000 €	92 000 €

(1) Mais le compte ne doit pas tomber au-dessous de 300 €.
(2) La durée minimale d'épargne sur un CEL peut être ramenée à 12 mois lorsque le bénéficiaire du prêt utilise les droits à prêt acquis par un membre de sa famille sur un CEL ouvert depuis au moins 18 mois. Elle peut être ramenée à 3 ans sur un PEL mais dans ce cas, pour un PEL ouvert avant le 1er janvier 2018, la prime d'épargne est réduite de moitié.
(3) Pour les intérêts acquis depuis le 1er août 2025 (voir nos 27865 et 28100).
(4) Sous certaines conditions, le bénéficiaire du droit à prêt peut obtenir une majoration de la prime d'épargne pour charge de famille (no 27945).
(5) Pour les CEL et PEL ouverts avant le 1er janvier 2018 (la prime d'épargne a été supprimée pour les CEL et PEL ouverts depuis le 1er janvier 2018).

A. Fonctionnement des CEL et des PEL

OUVERTURE D'UN CEL OU D'UN PEL

27810 Ces comptes sont réservés aux **particuliers** et peuvent être ouverts par toute personne quels que soient son âge, sa nationalité ou son lieu de résidence. Une même personne peut ouvrir **un PEL et un CEL** ; dans ce cas, il faut que les deux comptes soient domiciliés dans le même établissement (CCH art. R 315-26).

L'ouverture d'un plan ou d'un compte fait l'objet d'un **contrat** écrit entre la banque et le souscripteur.

Il n'est pas possible d'ouvrir un PEL ou un CEL sous forme de **compte joint.**

La **possession simultanée de plusieurs CEL ou** de plusieurs **PEL** est interdite. Elle entraîne la perte de la totalité des intérêts acquis, du bénéfice des droits à prêts et, pour les PEL et CEL ouverts avant le 1er janvier 2018, des droits à la prime d'épargne (CCH art. R 315-5 et R 315-26). Lors de l'ouverture d'un plan ou d'un compte, le titulaire déclare ne pas être titulaire d'un autre CEL ou d'un autre PEL et s'engage à ne pas en ouvrir un autre. À compter d'une date fixée par arrêté et au plus tard le 1er janvier 2026, toute demande d'ouverture d'un CEL ou d'un PEL donnera lieu à des vérifications préalables de la part de l'établissement bancaire selon un dispositif similaire à celui déjà mis en place pour le livret A. En particulier, l'établissement bancaire devra interroger l'administration fiscale sur la détention éventuelle par l'épargnant, selon le cas, d'un précédent CEL ou PEL (C. mon. fin. art. R 221-121 s. modifiés par décret 2023-1323 du 28-12-2023).

27815 Il est possible d'ouvrir un CEL et/ou un PEL au nom de ses **enfants mineurs.** Les comptes peuvent être alimentés par les parents sans taxation aux droits de donation, l'administration fiscale considérant que les sommes versées par les parents sur un PEL ou un CEL ouvert au nom de leur enfant mineur constituent un présent d'usage (BOI-ENR-DMTG-20-10-20-10 n° 250). En cas de clôture ou d'utilisation des droits à prêt issus de ces comptes, la signature des parents est exigée.

Chaque personne composant la **famille** (conjoints, enfants) peut ainsi détenir un CEL et/ou un PEL. La souscription de plusieurs CEL ou PEL au sein d'une même famille permet de cumuler les droits à prêt en vue d'une acquisition immobilière.

ATTENTION

Si le titulaire d'un CEL et/ou d'un PEL souhaite aider un membre de sa famille, il est nécessaire que ce dernier ait préalablement ouvert un compte et/ou un plan d'épargne logement à son nom. En effet, les **cessions de droits à prêt** (nos 28150 s.) ne sont autorisées que si le bénéficiaire de la cession est déjà lui-même titulaire, selon le cas, d'un CEL ou d'un PEL.

TRANSFERT D'UN CEL OU D'UN PEL ENTRE ÉTABLISSEMENTS

Le titulaire d'un CEL (ou d'un PEL) peut le transférer dans un autre établissement ; s'il est également titulaire d'un PEL (ou d'un CEL), la demande de transfert doit porter sur les deux produits. L'établissement auprès duquel le CEL et/ou le PEL étaient ouverts peut facturer des frais de transfert à condition que ces **frais** aient été portés à la connaissance du titulaire lors de l'ouverture du compte et/ou du plan. **27820**

Le titulaire du CEL et/ou du PEL transférés a tout intérêt à demander à son nouvel établissement bancaire de prendre en charge tout ou partie des frais de transfert.

1. CEL

CARACTÉRISTIQUES GÉNÉRALES DU CEL

Le compte d'épargne logement est un **compte d'épargne à vue** sur lequel les fonds sont librement disponibles. Le souscripteur peut donc, à tout moment, retirer les sommes inscrites sur son compte sans perdre le bénéfice des intérêts acquis. **27850**

VERSEMENTS SUR UN CEL

L'ouverture d'un CEL s'accompagne d'un **dépôt minimum** de 300 €. La périodicité et le montant des **versements ultérieurs** sont libres sous réserve de respecter un montant minimum par versement de 75 €. **27855**

Le **montant maximal** des sommes qui peuvent être déposées sur un CEL est fixé à 15 300 €. Ce maximum ne peut être dépassé que par la capitalisation des intérêts. Lorsque le solde créditeur d'un CEL a atteint ce plafond, y compris par capitalisation des intérêts, tout nouveau versement est interdit.

Le compte ne peut être alimenté que par des versements d'espèces, remises de chèques et virements en provenance d'un compte à vue.

> **Précisions** Les dépôts effectués sur un CEL doivent résulter d'un effort d'épargne du souscripteur. En conséquence, ces dépôts ne peuvent être constitués au moyen des **prêts** accordés par des établissements de crédit, des organismes à caractère social ou Action Logement.

RETRAITS SUR UN CEL

Les sommes inscrites sur le CEL sont remboursables **à tout moment,** en totalité ou partiellement. Toutefois, tout retrait qui a pour effet de ramener le niveau des dépôts au-dessous de 300 € entraîne la clôture du compte (CCH art. R 315-3, al. 3). Il ne peut pas être délivré de carnet de chèques au titre du CEL. **27860**

La banque ne peut pas prélever automatiquement les sommes inscrites sur un CEL pour les porter au crédit du compte à vue du titulaire, pour couvrir un découvert par exemple. Chaque virement d'un CEL vers un compte à vue doit faire l'objet d'une demande expresse du titulaire du compte. Engage sa **responsabilité** la banque qui vire une somme du CEL ouvert au seul nom de l'épouse sur le compte personnel de l'époux alors que celui-ci ne dispose pas de procuration (CA Lyon 20-9-2001 n° 1999/02875).

RÉMUNÉRATION DES SOMMES VERSÉES SUR UN CEL

Calcul des intérêts Le **taux** d'intérêt des CEL est égal aux deux tiers de celui du livret A, avec arrondi au quart de point le plus proche ou, à défaut, au quart de point supérieur (Arrêté ECOT2101218A du 27-1-2021 art. 1). Depuis le 1er août 2025, ce taux est fixé à 1,25 % (Arrêté ECOT2519971A du 23-7-2025). **27865**

Ce taux s'applique à tous les CEL existants, quelle que soit leur **date d'ouverture.**

Les fonds déposés portent intérêt à partir du premier jour de la **quinzaine civile** suivant le versement, soit le 16 du mois en cours ou le 1er du mois suivant. Les sommes retirées cessent de porter intérêt le dernier jour de la quinzaine civile précédant la date du retrait, soit le 15 du mois en cours ou le 30 (ou 31) du mois précédent.

Les intérêts dus pour une année sont **capitalisés** le 31 décembre. À cette date, ils sont portés au crédit du compte pour devenir, eux-mêmes, productifs d'intérêts.

27870 **Prime d'épargne (CEL ouvert avant le 1er janvier 2018)** La prime rémunérant un CEL ouvert avant le 1er janvier 2018 est versée au **bénéficiaire du prêt** au moment du déblocage du prêt (CCH art. R 315-16). Cela signifie que, lorsque le souscripteur cède ses droits à prêt, cette cession entraîne le transfert de la prime au bénéficiaire du prêt.

Si la réalisation du prêt comporte **plusieurs versements,** la prime est versée lors du dernier déblocage des fonds.

Si le titulaire du CEL **n'emprunte pas** ou **ne cède pas ses droits à prêts,** la prime n'est pas versée.

Le **montant** de la prime d'épargne versée au bénéficiaire du prêt est égal à une fraction des intérêts acquis à la date de la demande du prêt et pris en compte pour le calcul de ce prêt.

Le montant de la prime d'épargne est égal, **pour tous les CEL** ouverts avant le 1er janvier 2018, à la somme de :

- la moitié des intérêts acquis depuis le 16 juin 1998 ;
- et de 5/9e des intérêts acquis entre le 16 février 1994 et le 15 juin 1998.

À cette somme, il convient d'ajouter les intérêts acquis au 16 février 1994 à hauteur de (CCH art. R 315-16) :

- 5/11e, pour les CEL ouverts entre le 15 mai 1986 et le 16 février 1994 ;
- 9/13e, pour les CEL ouverts entre le 1er juillet 1985 et le 15 mai 1986 ;
- la totalité, pour les CEL ouverts avant le 1er juillet 1985.

Dans tous les cas, la prime est **plafonnée** à 1 144 € par opération. Ce plafond s'applique globalement à l'ensemble des bénéficiaires. Chacun d'entre eux a donc droit à la prime au prorata du montant des intérêts qu'il utilise.

La prime d'épargne a été **supprimée** pour les **CEL ouverts depuis le 1er janvier 2018.**

CESSION OU TRANSMISSION D'UN CEL

27880 La cession d'un CEL **entre personnes vivantes** est interdite. Mais il est possible de céder les capitaux, intérêts et droits à prêt à l'une des personnes pouvant bénéficier d'une cession de droits à prêt.

Si le **bénéficiaire** de la cession est **déjà titulaire d'un CEL,** les capitaux et droits cédés sont transférés directement sur son CEL. Mais ce transfert est limité à la différence entre le montant maximal des dépôts autorisés et celui des sommes déjà inscrites sur son CEL. Le surplus lui est remis ainsi qu'une attestation d'intérêts acquis sur les sommes excédentaires. Ces intérêts seront pris en compte pour déterminer le montant du prêt auquel il pourra prétendre.

S'il n'est **pas titulaire d'un CEL,** il doit ouvrir un CEL pour obtenir le transfert des capitaux et des droits cédés.

Au décès du titulaire du CEL, les avoirs détenus sur le compte sont bloqués dans l'attente du règlement de la succession mais continuent à produire des **intérêts** : un décompte des intérêts acquis est arrêté au moment du règlement de la succession et non à la date du décès du titulaire du CEL.

Le titulaire d'un CEL peut le transmettre par **testament** à toute personne de son choix, éventuellement à plusieurs bénéficiaires. Les droits à prêt et à prime d'épargne peuvent faire l'objet d'un partage, indépendamment du partage des capitaux inscrits sur le compte.

Les héritiers ou légataires peuvent obtenir le prêt et la prime d'épargne dans les mêmes conditions que le titulaire du compte (CCH art. R 315-15). Le **partage des droits** entre les héritiers ou légataires est effectué sur présentation d'une autorisation donnée par tous les ayants droit ou d'un extrait de l'acte de partage. En présence de plusieurs héritiers ou légataires, une attestation d'intérêts acquis doit être établie par bénéficiaire au prorata des droits issus de l'acte de succession. Les droits attribués aux bénéficiaires sont transférés sur leur CEL, s'ils en ont déjà un, ou sur un CEL ouvert à cet effet ; toutefois, s'ils demandent à bénéficier immédiatement d'un prêt d'épargne logement, l'ouverture d'un CEL n'est pas nécessaire.

Le **partage des capitaux** est effectué entre les héritiers ou légataires sur présentation d'un certificat attestant de leur droit de propriété (certificat de propriété, notamment). Les capitaux peuvent être remboursés aux bénéficiaires ou transférés sur leur CEL, dans la limite du plafond de dépôt autorisé.

CLÔTURE DU CEL

En pratique, le titulaire d'un CEL peut le clôturer à tout moment : il lui suffit d'effectuer un **retrait** ayant pour effet de ramener le solde de son compte en dessous de 300 €. 27885

Le CEL est également fermé, à l'initiative de l'établissement de crédit, en cas d'**infraction** à la réglementation sur les CEL (possession simultanée de plusieurs CEL, par exemple).

L'**octroi d'un prêt** d'épargne logement ne clôt pas le CEL, à condition que le solde minimum de 300 € soit maintenu. Les intérêts non utilisés et les capitaux restent disponibles.

2. PEL

CARACTÉRISTIQUES GÉNÉRALES DU PEL

Le plan d'épargne logement est un **compte d'épargne bloqué** sur lequel les sommes déposées sont en principe indisponibles pendant une durée minimale d'épargne de 4 ans (3 ans en cas de prêt accordé à l'issue de la 3e année). En contrepartie, elles sont rémunérées à un taux garanti pendant toute la durée du plan. Ce taux dépend de la date d'ouverture du PEL. 27900

VERSEMENTS SUR UN PEL

L'ouverture d'un PEL s'accompagne du versement d'un **dépôt initial** d'au moins 225 €. 27905

Chaque année, le souscripteur doit verser sur son plan au moins 540 € (à défaut, son PEL est automatiquement résilié). Les versements, d'un montant déterminé par le contrat, doivent être effectués à **échéances régulières** et selon une périodicité qui peut être mensuelle, trimestrielle ou semestrielle.

Toutefois, le souscripteur peut effectuer un ou plusieurs versements d'un montant inférieur à celui prévu au contrat à condition que le **montant annuel** de ses versements ne soit pas inférieur à 540 €. À l'inverse, il peut majorer un ou plusieurs versements ou effectuer des versements exceptionnels.

Dans tous les cas, l'ensemble des versements est **plafonné** à 61 200 €, intérêts capitalisés non compris.

DURÉE DU PEL

Le souscripteur choisit librement la durée de son plan lors de l'ouverture (il s'agit de l'échéance contractuelle du plan). Celle-ci ne peut être **inférieure** à 4 ans à compter de la date du premier versement ni **supérieure** à 10 ans ; seuls les PEL ouverts avant le 1er avril 1992 peuvent avoir une durée contractuelle supérieure à 10 ans (CCH art. R 315-28). 27910

Quelle que soit la date d'ouverture du plan, celui-ci fait l'objet, à compter de l'année de son échéance contractuelle, d'une **prolongation** annuelle tacite dans la limite de la durée maximale de 10 ans. Chaque année, la banque informe le souscripteur, au moins un mois avant la date anniversaire du plan, de la prolongation de ce dernier pour un an. Sauf décision expresse contraire notifiée par le souscripteur au plus tard 5 jours ouvrés avant cette date anniversaire, le plan est prolongé. En cas de refus de la prolongation tacite, le souscripteur peut prolonger la durée de son plan par avenant au contrat avant la date anniversaire du plan.

La prolongation du plan est possible à condition de ne pas avoir atteint le plafond de versements de 61 200 € et si le souscripteur s'engage à effectuer des versements réguliers sur son plan. Cette solution peut lui permettre de bénéficier d'une rémunération compétitive, compte tenu de la date d'ouverture de son plan, tout en ne laissant les sommes bloquées que pendant un an.

> **Précisions** Lorsqu'un **PEL a plus de 10 ans,** le souscripteur ne peut pas le proroger. Mais le PEL n'est pas clos pour autant. Les sommes laissées sur le plan ne produisent plus ni droit à prêt ni droit à prime (pour un PEL ouvert avant le 1er janvier 2018) mais continuent à être rémunérées au taux d'origine (par exemple, pour un PEL ouvert entre le 1er juillet 2000 et le 31 juillet 2003, à 3,27 % avant impôt mais sans droit à la prime d'épargne). Seule contrainte : le souscripteur ne peut plus continuer à alimenter son plan.

ÉCHÉANCE DU PEL

À l'échéance du PEL (après prolongation, le cas échéant), le souscripteur a la possibilité de : 27915

- **demander un prêt** (nos 28000 s.). Pour un PEL ouvert depuis le 1er mars 2011, il dispose d'un délai maximal de 5 ans à compter de l'échéance de son PEL pour demander un prêt ;
- retirer les fonds déposés et **fermer son plan.** Il bénéficie d'un délai d'un an à compter du retrait des fonds pour utiliser ses droits à prêt ou les céder à un membre de sa famille ;
- **maintenir les sommes déposées** sur son plan mais sans le prolonger (no 27910) : l'arrivée du terme lui interdit d'effectuer de nouveaux versements mais les sommes laissées sur son plan continuent à être rémunérées jusqu'au retrait des fonds et les droits à prêt sont conservés

(toutefois, les dépôts ne produisent plus ni droit à prêt ni droit à prime pour un PEL ouvert avant le 1er janvier 2018). Ce n'est qu'à compter de la date du retrait des fonds que court le délai d'un an pour utiliser ou céder ses droits. Pour un PEL ouvert depuis le 1er mars 2011, 5 ans après le terme du plan et en l'absence de demande de prêt et de retrait de l'épargne, le PEL sera automatiquement transformé en compte sur livret ordinaire. Pour un PEL ouvert avant le 1er mars 2011, les sommes déposées sur le plan peuvent être conservées sans limitation de durée.

RÉMUNÉRATION DES SOMMES VERSÉES SUR UN PEL

27920 Les sommes versées sur un PEL portent intérêts à partir du premier jour de la **quinzaine civile** qui suit le versement, soit le 16 du mois en cours ou le 1er du mois suivant. Au 31 décembre de chaque année, les intérêts acquis s'ajoutent au capital pour devenir, à leur tour, productifs d'intérêts.

La rémunération des dépôts dépend de la **date d'ouverture** du PEL et se **compose** :
- d'intérêts bancaires,
- et, pour un PEL ouvert avant le 1er janvier 2018, d'intérêts à la charge de l'État versés sous forme de prime d'épargne.

La prime d'épargne a été supprimée pour les PEL ouverts depuis le 1er janvier 2018.

Le taux de rémunération annoncé à l'ouverture du PEL (hors prime d'épargne, le cas échéant) est valable **pendant toute la durée de vie du plan.**

Pour un PEL ouvert depuis le 1er mars 2011, le taux d'intérêt annuel est calculé chaque année par la Banque de France, au plus tard le 5 décembre, selon une formule mathématique basée sur la moyenne des taux de contrats d'échange de taux d'intérêt (« taux swap »), sans pouvoir être inférieur à un taux plancher (Arrêté ECOT2101218A du 27-1-2021 art. 1). La Banque de France peut considérer qu'il convient de ne pas retenir le taux issu de la formule de calcul et transmettre une autre proposition au ministre chargé de l'économie. Le taux retenu est publié par voie d'arrêté et s'applique aux PEL ouverts à compter du premier jour du mois suivant la publication de l'arrêté.

La **prime d'épargne rémunérant un PEL ouvert avant le 1er janvier 2018** représente une fraction des intérêts bancaires acquis sur le plan, par années pleines de fonctionnement, jusqu'au terme du plan (CCH art. R 315-40).

Pour les **PEL ouverts jusqu'au 11 décembre 2002,** la prime d'épargne est versée automatiquement au souscripteur lors du retrait des fonds. Pour les **PEL ouverts du 12 décembre 2002 au 31 décembre 2017,** la prime d'épargne n'est versée au souscripteur que si un prêt d'épargne logement est octroyé à l'issue du PEL (y compris lorsque le prêt est accordé à un membre de sa famille auquel il a cédé ses droits à prêt et y compris si ce prêt est symbolique, sous la réserve du minimum énoncé n° 27942 pour les PEL ouverts du 1er mars 2011 au 31 décembre 2017).

Lorsque le **plafond de prime est atteint,** lorsque le PEL est arrivé à son **terme** (après prolongation, le cas échéant) ou a **plus de 10 ans,** l'État ne verse plus la fraction des intérêts correspondant à la prime d'épargne : le souscripteur ne perçoit plus que les intérêts à la charge de la banque.

27925 **PEL ouverts jusqu'au 31 juillet 2003** La prime d'épargne est plafonnée à 1 525 € par plan. En pratique, le **plafond** de 1 525 € **de prime d'épargne** a été atteint lorsque les intérêts acquis par le souscripteur représentent un total de :
- 5 337,50 € pour les PEL ouverts du 7 février 1994 au 31 juillet 2003 (soit 3 812,50 € d'intérêts bancaires et 1 525 € de prime d'épargne) ;
- 6 100 € pour les PEL ouverts du 16 mai 1986 au 6 février 1994 (soit 4 575 € d'intérêts bancaires et 1 525 € de prime).

27935

Rémunération des PEL ouverts jusqu'au 31-7-2003

	Date d'ouverture du PEL					
	Du 1-7-2000 au 31-7-2003	Du 26-7-1999 au 30-6-2000	Du 9-6-1998 au 25-7-1999	Du 23-1-1997 au 8-6-1998	Du 7-2-1994 au 22-1-1997	Du 16-5-1986 au 6-2-1994
Intérêts bancaires[(a)]	3,27 %	2,61 %	2,90 %	3,10 %	3,84 %	4,62 %

(a) Ces PEL ayant plus de 10 ans, l'État ne verse plus la fraction des intérêts correspondant à la prime d'épargne.

PEL ouverts du 1er août 2003 au 28 février 2011 La rémunération annoncée à l'ouverture du PEL a été fixée hors prime d'épargne. Pendant la phase d'épargne, le souscripteur ne perçoit que les **intérêts à la charge de la banque,** soit 2,5 %. Lors du déblocage du prêt, le souscripteur perçoit la **prime d'épargne** : elle représente 2/5e des intérêts versés par la banque. Elle est plafonnée à 1 525 € par plan. En pratique, le plafond de 1 525 € de prime d'épargne a été atteint lorsque les intérêts acquis par le souscripteur représentent un total de 3 812,50 €. 27940

PEL ouverts du 1er mars 2011 au 31 janvier 2017 Le **taux de rémunération** du PEL, hors prime d'épargne, dépend de sa date d'ouverture. 27942

S'agissant de la **prime d'épargne,** son **octroi** est subordonné à la souscription d'un prêt d'épargne logement d'un montant minimal de 5 000 €. Le **montant** de la prime, qui dépend de la date d'ouverture du PEL, est **plafonné** à 1 000 € par plan. Ce plafond est porté à 1 525 € lorsque le prêt souscrit sert à financer un logement performant énergétiquement, à savoir :

– un logement neuf justifiant d'un niveau de performance énergétique globale supérieur à celui qu'impose la réglementation en vigueur au moment du dépôt de la demande de permis de construire ;

– ou un logement ancien justifiant d'un niveau de consommation énergétique peu élevé (classe énergétique comprise entre A et D). L'évaluation de ce niveau est réalisée en fonction de la norme en vigueur à la date de la signature de l'acte authentique.

Rémunération des PEL ouverts du 1-3-2011 au 31-12-2017

	Date d'ouverture du PEL			
	Du 1-8-2016 au 31-12-2017	Du 1-2-2016 au 31-7-2016	Du 1-2-2015 au 31-1-2016	Du 1-3-2011 au 31-1-2015
Intérets bancaires	1 %	1,5 %	2 %	2,5 %
Prime d'épargne[a]	Montant des intérêts acquis	2/3	1/2	2/5

(a) La prime d'épargne est égale à une fraction des intérêts acquis à la date de venue à terme du plan.

PEL ouverts depuis le 1er janvier 2018 Le **taux de rémunération** (sans prime d'épargne) est fixé à : 27943

– 1 % pour les PEL ouverts du 1er janvier 2018 au 31 décembre 2022 ;

– 2 % pour les PEL ouverts du 1er janvier 2023 au 31 décembre 2023 ;

– 2,25 % pour les PEL ouverts du 1er janvier au 31 décembre 2024 ;

– 1,75 % pour les PEL ouverts depuis le 1er janvier 2025 (Avis ECOT2432787V du 18-12-2024).

Majoration de la prime d'épargne Une majoration de la prime d'épargne est accordée aux emprunteurs **chargés de famille** à condition que le prêt soit destiné au financement de dépenses liées à leur habitation personnelle. Cette majoration est **plafonnée** à : 27945

– 153 € par personne à charge pour les PEL ouverts jusqu'au 28 février 2011 ;

– 100 € par personne à charge ou 153 € lorsque le prêt souscrit sert à financer un logement performant énergétiquement (sur cette notion, voir n° 27942), pour les PEL ouverts du 1er mars 2011 au 31 décembre 2017.

Pour chaque personne à charge, la majoration est **égale** à 10 % du montant des intérêts retenus pour le calcul du montant du prêt (à l'exclusion de ceux provenant de droits cédés par des membres de la famille du souscripteur).

CONSÉQUENCES D'UN RETRAIT SUR UN PEL

Tout retrait sur un PEL entraîne sa **fermeture** (avec perte d'une partie de la rémunération et de certains droits en cas de retrait avant le 4e anniversaire du PEL) (CCH art. R 315-31). Un **retrait partiel** sur un PEL n'est donc pas possible. 27950

Si le **retrait** intervient **avant les 2 ans** du PEL, les intérêts sont recalculés au taux du CEL en vigueur à la date du retrait et le souscripteur perd la totalité des droits à prêt (CCH art. R 315-32). Si le retrait intervient **au cours de la 3e année,** le souscripteur perd le bénéfice des droits à prêt mais conserve les intérêts servis par la banque. Si le retrait (ou le prêt) intervient **au cours de la 4e année,** le souscripteur conserve les intérêts versés par la banque mais ses droits à prêt sont décomptés sur les intérêts acquis jusqu'à la fin de la 3e année.

CESSION D'UN PEL

27955 La cession d'un PEL ne peut être effectuée qu'au profit d'une des **personnes habilitées** à bénéficier d'une cession de droits à prêt (nos 28150 s.). Toutefois, ces dernières ne doivent pas être elles-mêmes **titulaires d'un PEL** puisque la souscription de plusieurs plans au nom d'une même personne est interdite. En revanche, rien ne les empêche de transformer leur PEL en CEL afin de pouvoir bénéficier de la cession. Dans ce cas, le plan cédé et le CEL doivent être détenus dans la même banque.

La cession doit **porter** sur la totalité de l'épargne (capital, intérêts, droits à prêt et, le cas échéant, à prime). Cette cession est considérée comme une donation et doit faire l'objet d'un **acte notarié.** En l'absence d'acte notarié, elle s'analyse fiscalement comme un don manuel qui, lorsqu'il est révélé à l'administration fiscale, doit être enregistré. La base taxable est égale au montant du capital inscrit au compte (sommes déposées et intérêts capitalisés). Les droits à prêt et à prime d'épargne sont exclus de cette base.

Si la cession porte sur un PEL ouvert au nom d'un **mineur,** il est préférable d'obtenir préalablement une ordonnance du juge des tutelles autorisant la cession.

DÉCÈS DU TITULAIRE D'UN PEL

27960 Le décès entraîne en principe la résiliation du contrat. Toutefois, dans le cas d'un **PEL non parvenu à terme** à la date du décès du titulaire, lorsque l'héritier unique ou l'un des héritiers du titulaire, en accord avec les autres, s'engage à reprendre à son nom l'ensemble des engagements du défunt sans en modifier les dispositions (en particulier celles qui concernent la durée ou le montant des versements périodiques), il peut lui être substitué comme souscripteur du PEL (Rép. Narquin : AN 19-7-1982 n° 12341). S'il a déjà un PEL ouvert à son nom, il peut le conserver. Si aucun héritier ne reprend le PEL, celui-ci est clôturé automatiquement.

Si le **PEL est parvenu à terme** à la date du décès du titulaire, le plan n'est pas transmis aux héritiers en l'absence de testament mais est clôturé (Cass. com. 19-1-2016 n° 14-12.806 : BPIM 2/16 inf. 124). L'héritier peut retirer les fonds et se prévaloir des droits à prêt et, le cas échéant, à prime. En présence de plusieurs héritiers, ceux-ci doivent désigner l'un d'entre eux pour bénéficier du droit à prêt ou demander conjointement un prêt. Les fonds sont répartis entre eux selon les règles de droit commun.

Le souscripteur d'un PEL peut le transmettre par **testament** à toute personne de son choix, à condition que le transfert soit effectué au profit d'un bénéficiaire unique (Circ. 11-7-1986 art. 43 : JO 24). Si le bénéficiaire de la cession est déjà titulaire d'un PEL, il peut le conserver.

27965 **Droits de succession** Les sommes inscrites sur un PEL ouvert au nom du défunt sont soumises aux droits de succession dans les conditions de droit commun. Ces droits sont **calculés** sur le montant du capital inscrit au crédit du plan (versements et intérêts capitalisés) ; les droits à prêt et à prime sont exclus de la base de calcul des droits.

S'agissant des **PEL ouverts au nom des enfants mineurs du défunt,** les sommes versées par les parents sont, en principe, qualifiées de présents d'usage par l'administration fiscale (BOI-ENR-DMTG-20-10-20-10 n° 250). Aucune taxation aux droits de succession n'est donc encourue à raison des sommes figurant sur ces PEL.

RÉSILIATION DU PEL

27970 Le plan est clôturé automatiquement par la banque lorsque (CCH art. R 315-31) :

– le total des **versements annuels** est inférieur à 540 € ;

– les sommes déposées font l'objet d'un **retrait** total ou partiel au cours de la **période d'indisponibilité** des fonds.

Le souscripteur a alors la possibilité de retirer la totalité des sommes déposées sur son PEL ou de demander la transformation de son PEL en CEL. Dans les deux cas, il perd une partie de la rémunération prévue au contrat et des droits à prêt et, le cas échéant, à prime d'épargne acquis jusqu'à cette date (ou la totalité de ces droits à prime). Les **intérêts acquis** sont alors **recalculés** selon des modalités qui dépendent de la date à laquelle le PEL est résilié et de l'affectation des sommes (n° 27950).

La banque n'a pas le droit de clôturer unilatéralement un PEL pour couvrir le **solde débiteur d'un compte de dépôt** ouvert dans le même établissement (Cass. com. 22-11-2005 n° 1455 : RJDA 3/06 n° 318).

TRANSFORMATION D'UN PEL EN CEL

27975 À **tout moment,** le titulaire d'un PEL peut demander la transformation de son PEL en CEL, même lors de la résiliation du PEL (n° 27970).

La transformation entraîne le transfert des sommes déposées sur le PEL :
– sur un **CEL ouvert à cet effet** : dans ce cas, le CEL est réputé ouvert depuis la date de souscription du PEL mais les conditions de rémunération sont celles en vigueur à la date de transformation ;
– ou, si le titulaire du PEL a **déjà un CEL,** sur ce dernier.
Dans les deux cas, les **intérêts** acquis par le souscripteur font l'objet d'une nouvelle évaluation. Ils sont **recalculés** en appliquant à l'ensemble des dépôts le taux du CEL en vigueur à la date de transformation, soit 1,25 % depuis le 1er août 2025 (CCH art. R 315-32).

> Précisions La transformation d'un PEL en CEL ne peut pas permettre de dépasser le **maximum de 15 300 €** autorisé sur un CEL. Si le montant des sommes déjà versées sur le PEL est supérieur à 15 300 €, le transfert sur un **nouveau CEL** est limité à 15 300 €. Seuls les intérêts acquis et calculés sur les dépôts dans la limite de 15 300 € peuvent faire l'objet du transfert. Le surplus en capital et en intérêts est mis à la disposition du souscripteur. Quant au transfert sur un **CEL déjà ouvert,** il est limité à la différence entre le montant des dépôts autorisés (soit 15 300 €) et le montant des sommes déjà inscrites sur le CEL. Une attestation d'intérêts acquis sur les sommes excédentaires est délivrée au souscripteur. Ces intérêts acquis sont pris en considération pour déterminer le montant du prêt auquel il pourra prétendre.

B. Prêt d'épargne logement

Les prêts d'épargne logement sont réservés au financement des investissements immobiliers des particuliers. Lorsqu'elles sont sollicitées pour des prêts complémentaires, les banques considèrent généralement les prêts d'épargne logement comme constitutifs de l'**apport personnel** de l'emprunteur. Ces prêts sont soumis aux dispositions du Code de la consommation sur le crédit immobilier (nos 20000 s.). 28000

1. OBJET DU PRÊT D'ÉPARGNE LOGEMENT

Les prêts d'épargne logement ont deux objets principaux (CCH art. L 315-1) : 28010
– le financement de la résidence principale ;
– le financement de l'habitat de loisirs (uniquement pour les prêts octroyés au titre d'un CEL et/ou d'un PEL ouverts avant le 1er mars 2011).

TABLEAU RÉCAPITULATIF DES OPÉRATIONS POUVANT FAIRE L'OBJET D'UN PRÊT D'ÉPARGNE LOGEMENT

Nous récapitulons dans le tableau suivant les opérations qui peuvent faire l'objet d'un prêt d'épargne logement et celles qui sont exclues du dispositif. 28015

	Financements possibles	Financements exclus
Logement destiné à l'habitation principale(1)	• Dépenses d'acquisition, de construction, d'extension et certaines dépenses de réparation et d'amélioration • Financement du « bouquet » dans le cas d'une acquisition en viager (c'est-à-dire du capital versé immédiatement au vendeur)	• Acquisition d'un bien ne comportant pas de fondations tel que mobile home, abri de jardin, piscine • Construction d'un bien sur un terrain dont l'emprunteur n'est pas propriétaire
Résidences secondaires ou de tourisme(4)	• Dépenses de construction, d'extension et certaines dépenses de réparation et d'amélioration des résidences secondaires utilisées à titre personnel ou familial ou des résidences de tourisme	• Acquisition d'une construction ancienne • Acquisition d'un bien ne comportant pas de fondations tel que camping-car, bateau, caravane • Acquisition de gîtes ruraux, parcs résidentiels de loisirs, campings
Terrains(5)	• Acquisition d'un terrain à construire lorsque la demande de prêt porte également sur les dépenses de construction	• Achat d'un terrain seul

28015
(suite)

	Financements possibles	Financements exclus
Locaux professionnels	• Dépenses d'acquisition, de construction, d'extension, de réparation et d'amélioration de locaux à usage commercial ou professionnel lorsque ces locaux comportent également l'habitation principale du bénéficiaire du prêt	• Acquisition d'un bien à usage professionnel ou commercial exclusif
Garages, places de stationnement	• Acquisition d'un garage ou d'un emplacement de parking situé à proximité de la résidence principale dont l'acquéreur est le propriétaire	• Parkings faisant l'objet d'un bail emphytéotique ou d'une concession de longue durée
Parts et actions de société	• Acquisition de parts de sociétés d'immeubles en jouissance à temps partagé destinés aux loisirs (multipropriété ou pluripropriété)(4) • Acquisition de parts de société civile immobilière d'attribution destinée à l'habitation principale(3) • Acquisition ou souscription de parts de SCPI dont le patrimoine est destiné à l'habitation(4)	• Acquisition d'actions de sociétés immobilières d'investissement • Acquisition de parts de groupements fonciers agricoles • Achat de valeurs mobilières même si elles sont affectées au financement de l'immobilier
Travaux(2)	• Travaux comportant la création de surfaces habitables nouvelles par surélévation, extension, aménagement ou division de locaux existants • Travaux de modernisation, de conservation, d'assainissement, d'équipement et d'amélioration du confort du logement, des conditions de vie et de sécurité • Travaux d'aménagement d'une cuisine intégrée • Travaux d'économie d'énergie : isolation thermique, amélioration du chauffage, recours à des techniques ou sources d'énergie nouvelles • Travaux de ravalement d'un immeuble en copropriété ou tous travaux dans les parties communes à concurrence de la quote-part de l'emprunteur	• Travaux de menu entretien : papiers peints, peinture
Divers		• Financement concomitant d'une résidence principale et d'une résidence secondaire • Frais notariés et droits de succession • Opérations faisant l'objet d'un bail emphytéotique ou d'un bail à construction • Remboursement d'un autre emprunt

(1) Le logement utilisé doit être occupé pendant au moins 8 mois par an. Il peut s'agir de la résidence principale du bénéficiaire du prêt, de celle de ses ascendants ou descendants ou, pour les prêts octroyés au titre de CEL et/ou PEL ouverts avant le 1er mars 2011, de celle d'un locataire.
(2) En dessous de 3 000 €, prêt accordé sur présentation des factures pour le financement des matériaux. Au-delà, prêt accordé sur production de mémoires ou de factures d'entrepreneurs. Pour les prêts octroyés au titre de CEL et/ou PEL ouverts depuis le 1er mars 2011, seuls sont autorisés les travaux portant sur la résidence principale.
(3) L'immeuble doit être divisé en plusieurs logements correspondant aux différentes fractions attribuées aux associés de la SCI.
(4) Uniquement pour les prêts octroyés au titre de CEL et/ou PEL ouverts avant le 1er mars 2011.
(5) Pour les prêts octroyés au titre de CEL et/ou PEL ouverts depuis le 1er mars 2011, seuls sont autorisés les achats de terrain pour la construction d'une résidence principale.

2. DÉPÔT DE LA DEMANDE DE PRÊT D'ÉPARGNE LOGEMENT

ÉTABLISSEMENT PRÊTEUR

La demande de prêt d'épargne logement est déposée en principe auprès de l'établissement qui tient le compte et/ou le plan. Toutefois, un autre établissement peut accorder un prêt sans avoir préalablement recueilli les dépôts dès lors qu'il dispose des attestations de droits acquis lui permettant de connaître le montant des droits à prêt. **28030**

Le **cumul des prêts** du régime des PEL et des CEL n'est possible que si ces prêts sont consentis par le même établissement. Lorsque l'emprunteur utilise des **droits provenant de différents PEL ou CEL,** le prêt doit être consenti, à défaut d'accord entre les établissements, par celui où est domicilié le compte comportant le montant le plus élevé d'intérêts.

En aucun cas, l'octroi du prêt ne pourra être subordonné à la **domiciliation des revenus** sur un compte ouvert chez l'établissement prêteur.

L'établissement prêteur est tenu de conserver les pièces permettant le contrôle de la matérialité des opérations et peut en outre exiger que lui soient fournies des **justifications** de la **complète réalisation des opérations,** telles que la déclaration d'achèvement des travaux.

REFUS DE PRÊT D'ÉPARGNE LOGEMENT

L'appréciation de la **solvabilité** de l'emprunteur et de ses capacités à faire face aux échéances de remboursement est effectuée par les établissements de crédit selon les critères retenus pour l'octroi des autres prêts immobiliers qu'ils consentent. Toutefois, la Cour de cassation considère que, sauf situation de **surendettement** de l'emprunteur, la banque a une obligation contractuelle d'accorder le prêt au terme de la période d'épargne dès lors que les conditions légales et réglementaires régissant le contrat sont réunies. Notamment, elle a jugé qu'une mesure d'**interdiction bancaire** ne peut suffire à justifier un refus d'octroi du prêt (Cass. 1e civ. 3-6-1997 nº 95-10.593 : Bull. civ. I nº 181). **28035**

GARANTIES DU PRÊT D'ÉPARGNE LOGEMENT

L'établissement prêteur peut demander toutes les **garanties qu'il estime utiles** pour le remboursement du prêt (hypothèque, notamment). Il peut également exiger une assurance décès-invalidité. Toutefois, lorsque l'emprunteur n'est pas susceptible d'être assuré, le prêt peut être accordé si la banque estime que les garanties offertes sont suffisantes. **28040**

Les prêts d'épargne logement ainsi que les prêts complémentaires à ces prêts, à condition qu'ils soient utilisés pour le financement d'une opération ayant bénéficié d'un prêt aidé par l'État ou d'un prêt conventionné, sont exonérés de la **taxe de publicité foncière,** taxe normalement comprise dans les frais d'inscription au service de la publicité foncière.

DEMANDE DE PRÊT D'ÉPARGNE LOGEMENT

Avant de présenter sa demande de prêt, l'emprunteur fait arrêter le montant d'intérêts acquis à son compte d'épargne logement. L'établissement gestionnaire du compte délivre à l'intéressé un **relevé** faisant apparaître le montant des intérêts acquis. Les **intérêts** acquis à cette date et **non utilisés** pourront servir à l'attribution de prêts ultérieurs. Si le titulaire d'un CEL ou d'un PEL entend bénéficier d'une **cession de droits à prêt** dans les conditions examinées nos 28150 s., il doit obtenir des cédants un relevé des intérêts à utiliser et produire leur autorisation expresse. **28045**

L'emprunteur doit s'**engager** à conserver au bien financé une destination conforme à la réglementation en vigueur.

Délai de dépôt de la demande La demande de prêt doit être présentée au plus tard : **28050**

1. À l'expiration de l'année qui suit le dépôt de la déclaration d'achèvement et de conformité des travaux, s'il s'agit :
- de la construction d'une maison individuelle dont l'emprunteur est le maître d'ouvrage ;
- d'un logement construit en copropriété ;
- d'un logement vendu en l'état futur d'achèvement ;
- d'une acquisition de parts sociales ou d'actions d'une société de construction donnant droit à la jouissance et à l'attribution d'un logement en cours de construction.

2. Ou dans le délai de 6 mois suivant :
- l'acquisition d'un logement existant, que la cession concerne directement le logement ou les parts sociales donnant droit à la jouissance et à l'attribution du logement ;
- le transfert de propriété du logement, en cas de vente à terme et de location-vente ;
- l'achèvement des travaux d'extension, de réparation ou d'amélioration du logement.

Ces délais sont applicables pour toutes les catégories de logements, qu'ils soient ou non destinés à l'habitation principale.

SANCTIONS EN CAS D'INFRACTION AUX DISPOSITIONS RELATIVES À L'ÉPARGNE LOGEMENT

28055 Toute infraction aux dispositions relatives à l'épargne logement entraîne l'obligation pour l'emprunteur de rembourser immédiatement les sommes prêtées. Tel est le cas :
– lorsque le prêt est utilisé au **remboursement de prêts déjà consentis** pour le financement de la même opération ;
– en cas de **cessation d'occupation** du logement dans les conditions conformes à la réglementation. Toutefois, en cas de changement de destination du bien, le prêt peut être maintenu dès lors qu'il aurait pu être accordé s'il s'était agi d'une demande initiale de financement ;
– en cas de **défaut de paiement** : les sommes exigibles en principal, en intérêts et accessoires et demeurées impayées portent intérêts au taux d'intérêt des prêts majoré de 3 points (CCH art. R 315-9).

En cas de **vente du logement,** le prêt peut être maintenu dès lors que l'emprunteur procède à une nouvelle acquisition ou à une construction destinée à sa résidence principale.

3. OCTROI DU PRÊT D'ÉPARGNE LOGEMENT

a. Prêt au titre d'un CEL

CONDITIONS D'OCTROI D'UN PRÊT AU TITRE D'UN CEL

28090 Pour bénéficier d'un prêt au titre d'un CEL, les deux conditions suivantes doivent être réunies :
– le **compte** est **ouvert** depuis 18 mois au moins (ou 12 mois si le demandeur bénéficie d'une cession de droits issus d'un CEL ouvert depuis 18 mois au moins) ;
– le **montant des intérêts** acquis et utilisés pour le prêt s'élève à 37 € au minimum si le prêt a pour objet le financement de travaux de réparation ou d'amélioration, à 22,50 € au minimum si le prêt est destiné au financement de travaux d'économie d'énergie et à 75 € au minimum dans tous les cas d'acquisition et de construction.

Lorsque l'emprunteur bénéficie d'une **cession de droits à prêt issus d'autres CEL,** le montant minimum des intérêts acquis doit être atteint par chacun des comptes concernés et non par la réunion des droits acquis sur chacun d'entre eux.

> **> Précisions** Sur demande du titulaire du compte, l'organisme auprès duquel le compte est ouvert délivre une **attestation** indiquant que ces deux conditions sont remplies (CCH art. R 315-7, al. 3). La délivrance de l'attestation ne bloque pas le compte : les fonds déposés continuent de produire des intérêts jusqu'à la date à laquelle le compte est clôturé.

MONTANT ET DURÉE DU PRÊT AU TITRE D'UN CEL

28095 Le montant et la durée du prêt au titre d'un CEL sont déterminés de telle sorte que le total des intérêts à payer par l'emprunteur soit égal au total des **intérêts acquis** (avant prélèvements sociaux) à la date de la demande du prêt multiplié par un coefficient. Ce **coefficient** est de 1,5 à l'exception des prêts destinés au financement de la souscription de parts de sociétés civiles de placement immobilier (SCPI) pour lequel il est fixé à 1 (CCH art. R 315-12). Les **intérêts non utilisés** pour le calcul du prêt peuvent servir à l'attribution de prêts ultérieurs.

Le montant du prêt est au **maximum** de 23 000 €. Sa durée ne peut être inférieure à 2 ans ni supérieure à 15 ans. Un **remboursement anticipé** est possible mais, lorsque le contrat de prêt le prévoit, l'emprunteur peut être tenu de verser une indemnité de remboursement anticipé (n° 21200).

TAUX D'INTÉRÊT DU PRÊT AU TITRE D'UN CEL

28100 Pour les prêts obtenus grâce à des **intérêts acquis** sur un CEL **depuis le 1er août 2025,** le taux d'intérêt maximal est fixé à 2,75 % hors assurance (taux de rémunération du CEL majoré de 1,5 %). Il comprend les frais de gestion et les frais financiers liés à l'octroi du prêt (CCH art. R 315-9).

Lorsque le titulaire d'un CEL obtient un prêt en vertu d'**intérêts acquis à des taux différents,** le taux du prêt est égal à la moyenne pondérée des taux des prêts qui auraient été accordés au titre des différents comptes. Ces taux sont pondérés par les montants des prêts de même durée qui résultent des droits acquis et utilisés sur ces comptes.

b. Prêt au titre d'un PEL

BÉNÉFICIAIRE DU DROIT À PRÊT AU TITRE D'UN PEL

Lorsque le PEL est arrivé à terme, le titulaire peut demander un prêt ou céder ses droits à prêt à un membre de sa famille. En pratique, le titulaire d'un PEL peut **demander un prêt dès la fin de la 3e année** de son plan mais, dans ce cas, ses droits à prime d'épargne (réduits de moitié) s'il en a, et ses droits à prêt sont décomptés sur les intérêts acquis jusqu'à la fin de la 3e année. **28110**

Le titulaire du plan, comme le bénéficiaire des droits, dispose d'un **délai maximum** d'un an **à compter du retrait des fonds** pour déposer sa demande de prêt.

Pour un PEL ouvert depuis le 1er mars 2011, le titulaire dispose d'un délai maximum de 5 ans après le **terme du plan** pour demander un prêt d'épargne logement (CCH art. R 315-39).

MONTANT ET DURÉE DU PRÊT AU TITRE D'UN PEL

Le montant et la durée du prêt sont déterminés à partir des **intérêts acquis** (avant prélèvements sociaux) lors de la phase d'épargne. Ils sont calculés de telle sorte que le total des intérêts à payer par l'emprunteur soit égal au total des intérêts acquis pendant la phase d'épargne et utilisés pour le calcul du prêt multiplié par un **coefficient.** Ce coefficient est de 2,5 sauf pour les prêts destinés au financement de parts de SCPI pour lesquels il est réduit à 1,5 (CCH art. R 315-37). **28115**

Seuls les **intérêts servis par la banque,** par années pleines de fonctionnement, jusqu'à la date de l'échéance du plan sont retenus pour déterminer les droits à prêt. La partie de la rémunération correspondant à la **prime d'épargne** (pour un PEL ouvert avant le 1er janvier 2018) et les intérêts versés par la banque à compter de l'échéance du plan ne sont pas pris en compte.

Le montant **maximum du prêt** est de 92 000 €. Sa **durée** est comprise entre 2 et 15 ans. Le **remboursement anticipé** du prêt est possible mais, si le contrat de prêt le prévoit, l'emprunteur peut être tenu de verser une indemnité de remboursement anticipé (n° 21200).

> **Précisions a.** Pour une même somme d'intérêts acquis, le **montant du prêt** varie en fonction inverse de la **durée de remboursement** choisie : plus la durée de remboursement choisie sera longue, moins le montant du prêt sera élevé.
> **b.** Pour le cas où le prêt obtenu n'entraîne pas l'utilisation de la totalité des intérêts acquis, le **reliquat d'intérêts** ne donne pas droit à un nouveau prêt.

TAUX D'INTÉRÊT DU PRÊT AU TITRE D'UN PEL

Le taux d'intérêt maximum du prêt au titre d'un PEL dépend de la **date d'ouverture du PEL.** **28120**

Il est fixé (hors assurance) à :

- 2,95 % pour les PEL ouverts depuis le 1er janvier 2025 ;
- 3,45 % pour les PEL ouverts du 1er janvier 2024 au 31 décembre 2024 ;
- 3,20 % pour les PEL ouverts du 1er janvier 2023 au 31 décembre 2023 ;
- 2,20 % pour les PEL ouverts du 1er août 2016 au 31 décembre 2022 ;
- 2,70 % pour les PEL ouverts du 1er février 2016 au 31 juillet 2016 ;
- 3,20 % pour les PEL ouverts du 1er février 2015 au 31 janvier 2016 ;
- 4,20 % pour les PEL ouverts du 1er août 2003 au 31 janvier 2015 ;
- 4,97 % pour les PEL ouverts du 1er juillet 2000 au 31 juillet 2003 ;
- 4,31 % pour les PEL ouverts du 26 juillet 1999 au 30 juin 2000 ;
- 4,60 % pour les PEL ouverts du 9 juin 1998 au 25 juillet 1999 ;
- 4,80 % pour les PEL ouverts du 23 janvier 1997 au 8 juin 1998 ;
- 5,54 % pour les PEL ouverts du 7 février 1994 au 22 janvier 1997 ;
- 6,32 % pour les PEL ouverts du 16 mai 1986 au 6 février 1994.

Ce taux comprend déjà les **frais financiers** et de gestion liés au prêt (à hauteur de 1,20 % pour les PEL ouverts depuis le 1er février 2015). En conséquence, il n'y a pas de frais de dossier supplémentaires à verser lors de l'octroi du prêt.

4. CESSION DE DROITS À PRÊT PAR DES MEMBRES DE LA FAMILLE

Afin d'obtenir un prêt plus important, le bénéficiaire d'un prêt d'épargne logement peut, sous certaines conditions, profiter des droits à prêt issus de plans ou de comptes des membres de sa famille. Cette possibilité n'est accordée que si le titulaire utilise l'intégralité de ses propres droits. **28150**

Pour déterminer le montant du prêt, il peut ainsi être tenu compte des **intérêts acquis selon le cas sur le CEL ou sur le PEL** (CCH art. R 315-35) :
- du conjoint du bénéficiaire (mais pas de son concubin ni de son partenaire de Pacs) ;
- des ascendants et des descendants du bénéficiaire ainsi que ceux de son conjoint ;
- des oncles et tantes du bénéficiaire ou ceux de son conjoint ;
- des frères et sœurs du bénéficiaire ou ceux de son conjoint ;
- des neveux et nièces du bénéficiaire ou ceux de son conjoint ;
- des conjoints des frères, sœurs, ascendants et descendants du bénéficiaire et de ceux de son conjoint ;
- en cas de remariage du père ou de la mère du bénéficiaire, de leur nouveau conjoint.

28155 Le **titulaire d'un CEL** ne peut bénéficier que de cession de droits issus d'autres CEL. Chacun de ces comptes doit être ouvert depuis 1 an au moins et l'un d'entre eux doit être ouvert depuis 18 mois au moins (CCH art. R 315-13, al. 2).

Le **titulaire d'un PEL** peut bénéficier de la cession de droits issus de CEL ou de PEL à condition que chacun des PEL soit ouvert depuis au moins 3 ans. Les droits issus d'un PEL doivent être cédés en une seule fois à un même bénéficiaire : ils ne peuvent pas être cédés par fractions.

Lorsque la **cession de droits** s'avère **impossible,** notamment lorsque le bénéficiaire de la cession ne dispose pas d'un PEL ouvert depuis au moins 3 ans, il est toujours possible de céder le plan dans les conditions prévues n° 27955 à condition que le bénéficiaire de la cession ferme préalablement son plan (ou le transforme en CEL).

CONSEIL

Les banques se tenant à une application rigoureuse du régime des cessions de droits à prêt, il peut être recommandé aux **parents d'ouvrir un PEL ou un CEL au nom de leurs enfants** s'ils entendent leur céder leurs droits issus de leurs PEL ou CEL.

28160 Le tableau ci-après résume les conditions dans lesquelles peuvent intervenir les cessions de droits à prêt.

Possibilité de céder des droits à prêt entre membres d'une famille			
Produit détenu par le bénéficiaire de la cession	Produit souscrit par le cédant		
	CEL 12 mois au minimum	CEL 18 mois au minimum	PEL 3 ans au minimum
Ni CEL ni PEL	Non	Non	Non
CEL 12 mois au minimum	Non	Oui	Non
CEL 18 mois au minimum	Oui	Oui	Non
PEL 3 ans au minimum	Oui	Oui	Oui

28165 La réglementation n'autorise pas les **cessions de droits à prêt entre concubins,** qu'ils soient ou non liés par un Pacs. Ces derniers n'ont donc pas la possibilité, contrairement aux couples mariés, de regrouper, pour le financement d'une même opération, les droits à prêt issus de leurs plans et comptes respectifs. Mais ils peuvent financer l'acquisition d'un bien immobilier en indivision en utilisant les droits à prêt issus de leurs comptes ou plans d'épargne logement au prorata de leur part respective dans l'indivision.

5. CAS PARTICULIERS

FINANCEMENT EN INDIVISION

28200 Dans le cas d'un logement acquis en indivision, chaque indivisaire peut bénéficier d'un prêt. Le **montant du prêt** accordé à chaque indivisaire ne peut excéder la part du financement qui lui incombe. Le total des prêts accordés à l'ensemble des bénéficiaires est plafonné à :
- 23 000 € par logement lorsque les prêts sont accordés au titre des CEL ;
- 92 000 € par logement lorsque les prêts sont accordés au titre des PEL ou lorsque l'opération est financée au moyen de prêts jumelés relevant du régime des comptes et de celui des plans (sous réserve que la fraction de l'encours au titre du régime des CEL n'excède pas 23 000 €).

EXEMPLE

Dans le cas d'un appartement acquis en indivision, si l'un des deux indivisaires obtient un prêt de 11 000 € à partir de droits à prêt acquis sur un CEL, l'autre indivisaire ne pourra obtenir au titre du régime du CEL qu'un prêt de 12 000 € même si les droits acquis sur son CEL lui permettent de prétendre à un prêt plus important.

FINANCEMENT DE PLUSIEURS INVESTISSEMENTS IMMOBILIERS

Il ne peut être accordé qu'un seul prêt à l'issue d'un **PEL.** 28205

En revanche, un **même emprunteur** peut obtenir, à partir des intérêts acquis sur son **CEL,** successivement plusieurs prêts. En toute hypothèse, l'**encours des capitaux** prêtés ne doit à aucun moment dépasser 23 000 € (CCH art. R 315-11, al. 2).

Un même emprunteur ne peut pas financer **en même temps** en épargne logement une **résidence principale** et une résidence **secondaire** (le financement d'une résidence secondaire n'étant, en tout état de cause, possible que pour les prêts octroyés au titre de CEL et/ou PEL ouverts avant le 1er mars 2011). Par conséquent, lorsqu'un emprunteur souhaite financer des logements ayant un objet différent (par exemple, une résidence principale et une résidence secondaire), il ne peut obtenir le second prêt tant que le premier n'a pas été intégralement remboursé (CCH art. R 315-8). Il est possible, afin d'obtenir un nouveau prêt destiné au financement d'un logement ayant une autre destination, de rembourser le premier prêt par anticipation. 28210

Des **époux** peuvent demander séparément à bénéficier d'un prêt d'épargne logement pour la réalisation de deux **investissements immobiliers différents** dès lors qu'ils possèdent chacun un compte et/ou un plan d'épargne logement. Cette formule peut, par exemple, leur permettre de financer en même temps une résidence principale et une résidence secondaire, chacune d'entre elles étant financée par un seul des époux. Dans ce cas, chacun des conjoints peut obtenir des prêts pouvant atteindre 23 000 ou 92 000 € selon qu'ils possèdent des comptes ou des plans d'épargne logement. 28215

> **Précisions** Lorsque les époux sont mariés sous le **régime de la communauté de biens,** ils sont considérés comme coemprunteurs et ne peuvent donc financer en même temps, au moyen de prêts d'épargne logement, leur résidence principale et leur résidence secondaire (pour les prêts octroyés au titre de CEL et/ou PEL ouverts avant le 1er mars 2011) (Rép. Masson : AN 9-1-1995 n° 18139).

CUMUL DES PRÊTS D'ÉPARGNE LOGEMENT

Le montant cumulé des prêts consentis au titre de l'épargne logement pour le financement d'**opérations différentes** portant sur un **même logement** (acquisition, travaux d'extension, d'amélioration, etc.) ne peut pas excéder le plafond réglementaire : 23 000 € au titre des CEL et 92 000 € au titre des PEL. 28220

Lorsqu'un même emprunteur obtient des **prêts jumelés** du régime des comptes et des plans d'épargne logement consentis pour le financement d'une **même opération,** l'encours maximal des capitaux prêtés ne doit à aucun moment dépasser 92 000 € (la fraction de l'encours au titre du régime des comptes épargne logement ne doit pas excéder 23 000 €). Ces plafonds sont également retenus lorsque le même emprunteur finance au moyen des prêts des deux régimes des **opérations différentes.**

> **Précisions** Lorsqu'une opération est financée au moyen de prêts jumelés, l'emprunteur bénéficie du paiement des **primes d'épargne** selon les règles propres à chacun des deux régimes (dans le cas de CEL et PEL ouverts avant le 1er janvier 2018). Sous réserve qu'il remplisse les conditions propres à chacun des régimes, il peut donc bénéficier d'une prime dont le montant total peut atteindre 2 669 € : 1 525 € au titre du PEL (si les conditions visées nos 27942 sont remplies s'agissant d'un PEL ouvert du 1er mars 2011 au 31 décembre 2017) et 1 144 € au titre du CEL.

Couples mariés Pour les conjoints mariés sous le régime de la communauté de biens ou de la séparation de biens, l'**encours global** du ou des prêts **par opération et par objet** (financement de la résidence principale, d'une part, et financement de l'habitat de loisirs, lorsque cela est possible, d'autre part) ne peut pas dépasser 92 000 €. Par exemple, un couple marié disposant de deux PEL ne pourra obtenir pour le financement de la même opération qu'un ou plusieurs prêts plafonnés à 92 000 € (et non 184 000 €). 28225

En cas d'utilisation en un **prêt unique** des droits à prêt acquis au titre de **plusieurs CEL,** le **taux** de ce prêt unique est égal à la moyenne pondérée des taux des prêts qui auraient été consentis au titre des différents CEL.

C. Régime fiscal

RÉGIME FISCAL DU CEL

28250 **Impôt sur le revenu** Les intérêts des sommes inscrites sur les CEL **ouverts depuis le 1er janvier 2018** sont soumis à l'impôt sur le revenu dans les conditions de droit commun dès la première année du compte. Lors de leur inscription en compte (au 31 décembre de chaque année), ils sont soumis au prélèvement forfaitaire non libératoire (PFNL) de 12,8 %. L'année suivante, ils sont soumis à l'impôt sur le revenu au taux forfaitaire de 12,8 % (prélèvement forfaitaire unique, ou PFU) ou, sur option globale du contribuable, au barème progressif de l'impôt sur le revenu. Le PFNL prélevé à la source est imputable sur l'impôt sur le revenu dû au titre de l'année au cours de laquelle il a été opéré. L'excédent éventuel (notamment en cas d'option pour l'imposition au barème progressif) est restituable.

Les intérêts des CEL **ouverts jusqu'au 31 décembre 2017** ainsi que la prime d'épargne versée au bénéficiaire du prêt sont exonérés d'impôt sur le revenu (CGI art. 157, 9e bis).

CONSEIL

Les personnes physiques appartenant à un foyer fiscal dont le revenu fiscal de référence de l'avant-dernière année est inférieur à 25 000 € pour les contribuables célibataires, divorcés ou veufs ou 50 000 € pour les contribuables soumis à imposition commune peuvent demander une **dispense du prélèvement forfaitaire non libératoire.** La demande doit être formulée auprès de l'établissement payeur, au plus tard le 30 novembre de l'année précédant celle du versement.

28255 **Prélèvements sociaux** Lors de leur inscription en compte, les **intérêts** des CEL supportent les prélèvements sociaux qui sont recouvrés directement par la banque. Le taux des prélèvements sociaux sur les revenus de placement est de 17,2 %.

La **prime d'épargne** (supprimée pour les CEL ouverts depuis le 1er janvier 2018) est soumise aux prélèvements sociaux lors de son versement, au taux applicable à cette date.

RÉGIME FISCAL DU PEL

28260 **Impôt sur le revenu** Les intérêts des sommes inscrites sur les PEL **ouverts depuis le 1er janvier 2018** sont soumis à l'impôt sur le revenu dans les conditions de droit commun dès la première année du compte (selon les modalités exposées n° 28250). La prime d'épargne est supprimée.

Pour les PEL **ouverts jusqu'au 31 décembre 2017,** la prime d'épargne est exonérée d'impôt sur le revenu. Il en est de même des intérêts acquis sur un PEL depuis son ouverture jusqu'à son 12e anniversaire (CGI art. 157, 9e bis). En revanche, les intérêts courus à compter du 12e anniversaire du plan (ou à compter de son échéance pour un PEL ouvert avant le 1er avril 1992) sont imposables, chaque année, lors de leur inscription en compte et lors du dénouement du plan (pour la fraction courue entre le 1er janvier et la date du dénouement). L'année du 12e anniversaire du plan, seule la fraction des intérêts courus de la date du 12e anniversaire au 31 décembre est imposable. Pour les modalités d'imposition, voir n° 28250.

28265 **Prélèvements sociaux sur les intérêts d'un PEL ouvert jusqu'au 28 février 2011**

Les intérêts capitalisés sur le PEL depuis sa date d'ouverture ont été soumis aux prélèvements sociaux au 31 décembre de l'année de son **10e anniversaire** ou à la date de son dénouement s'il a été dénoué avant son 10e anniversaire (s'il s'agit d'un PEL ouvert avant le 1er avril 1992, les intérêts capitalisés sont soumis aux prélèvements sociaux à la date d'échéance ou au dénouement s'il est antérieur). Les prélèvements sociaux ont été recouvrés directement par la banque à des taux différents en fonction de la date d'acquisition des produits.

À compter du 31 décembre de chacune des **années qui suit celle du 10e anniversaire** du plan (ou celle de sa date d'échéance pour les PEL souscrits avant le 1er avril 1992), les intérêts courus chaque année supportent 17,2 % de prélèvements sociaux recouvrés directement par la banque lors de leur inscription en compte et/ou lors du dénouement du plan.

28270 **Prélèvements sociaux sur les intérêts d'un PEL ouvert depuis le 1er mars 2011**

Les intérêts capitalisés supportent **chaque année** les prélèvements sociaux recouvrés directement par la banque lors de leur inscription en compte, quelle que soit la durée du plan, au taux de 17,2 %.

Lorsque le **PEL est transformé en CEL** ou en cas de **résiliation anticipée du PEL** dans les 2 ans de son ouverture, les intérêts sont recalculés en appliquant à l'ensemble des dépôts du plan le taux de rémunération du CEL en vigueur à la date de la transformation ou de la résiliation. Afin que les prélèvements effectués en cours de vie du PEL correspondent aux prélèvements dus sur des produits réellement acquis, les prélèvements sont restitués dans la mesure où ils excèdent ceux dus sur les intérêts recalculés.

Prélèvements sociaux sur la prime d'épargne Pour les **PEL ouverts jusqu'au 31 décembre 2017,** la prime d'épargne est soumise aux prélèvements sociaux lors de son versement : **28275**

– soit lors du retrait des fonds pour les PEL ouverts avant le 12 décembre 2002 ;

– soit à la date du premier déblocage des fonds du prêt d'épargne logement, pour les PEL ouverts depuis le 12 décembre 2002.

Les taux applicables sont ceux en vigueur à la date du versement.

CHAPITRE 4

CRÉDIT-BAIL IMMOBILIER

SOMMAIRE

DESCRIPTION ET INTÉRÊT DE L'OPÉRATION DE CRÉDIT-BAIL IMMOBILIER

28500 Le crédit-bail (ou leasing) est une **technique de financement** des investissements mobiliers ou immobiliers des entreprises commerciales et industrielles, principalement.

28505 Dans le domaine immobilier, seul étudié ici, cette formule conduit le propriétaire d'un **immeuble** à en concéder l'usage, à titre **professionnel,** à une entreprise utilisatrice qui pourra l'**acquérir à l'issue** d'une période irrévocable de **location,** moyennant un prix forfaitaire déterminé et qui tient compte du montant des loyers s'appliquant pendant la période de location. La durée de la location correspond, en principe, à la période d'amortissement fiscal des biens.

À l'expiration de la période de **location,** l'entreprise utilisatrice dispose d'une triple option :
- soit acheter les biens pour leur valeur convenue dès l'origine ;
- soit les restituer ;
- soit, avec l'accord du crédit-bailleur, s'engager pour une nouvelle période de location.

28515 Le crédit-bail immobilier est régi par les articles L 313-7 s., R 313-3 et R 313-12 s. du Code monétaire et financier ainsi que par l'ordonnance 67-837 du 28 septembre 1967.

28520 **En pratique,** les opérations de crédit-bail immobilier sont généralement réalisées soit en crédit-bail direct, soit, plus rarement, au moyen de l'intervention d'une société civile immobilière (crédit-bail indirect).

Dans le **crédit-bail direct,** l'immeuble est choisi par l'utilisateur. Dans le **crédit-bail indirect,** une société civile immobilière (SCI) est constituée entre l'établissement de crédit-bail et le futur utilisateur, ce dernier souscrivant la plus grande partie du capital. Le solde des ressources nécessaires à la réalisation de l'opération est fourni par des avances de l'établissement de crédit-bail et par un ou plusieurs prêts à long terme obtenus par la SCI. Pour réaliser l'opération, la SCI peut se porter acquéreur d'un immeuble neuf ou ancien ou procéder elle-même à la construction de l'immeuble.

L'immeuble est ensuite donné à bail à l'utilisateur, à titre de location simple. En même temps, l'établissement de crédit-bail consent au preneur une promesse unilatérale de vente des parts qu'il détient dans la SCI.

Avec les loyers reçus, la société rembourse ses emprunts et paie ses charges. À la fin de la période de location, si l'utilisateur devient acquéreur de l'immeuble, la société de crédit-bail devra exécuter sa promesse de cession de parts, à la demande de l'acquéreur.

Le crédit-bail immobilier permet au **crédit-bailleur** d'amortir et de rentabiliser son investissement pendant la durée de location du bien en percevant des loyers puis le prix convenu. 28521

Le **crédit-preneur** utilise le bien qu'il prend en location et dispose de la faculté de l'acquérir moyennant un prix convenu tenant compte des loyers versés. La charge financière de son investissement se trouve ainsi étalée dans le temps.

SECTION 1 ASPECTS JURIDIQUES DU CRÉDIT-BAIL IMMOBILIER

A. Champ d'application de la réglementation

DÉFINITION DU CRÉDIT-BAIL IMMOBILIER

Les opérations de crédit-bail immobilier sont celles par lesquelles une entreprise donne en location des biens immobiliers **à usage professionnel,** achetés par elle ou construits pour son compte, lorsque ces opérations, quelle que soit leur qualification, permettent aux locataires de devenir propriétaires de tout ou partie des biens loués, au plus tard à l'expiration du bail (C. mon. fin. art. L 313-7) : 28535

- soit par cession en exécution d'une promesse unilatérale de vente ;
- soit par acquisition directe ou indirecte des droits de propriété du terrain sur lequel ont été édifiés le ou les immeubles loués ;
- soit par transfert de plein droit de la propriété des constructions édifiées sur le terrain appartenant audit locataire.

À noter que ce mode de financement n'est pas ouvert aux **particuliers** désirant acquérir un local à usage mixte d'habitation et professionnel (Rép. de Panafieu : AN 2-11-2004 n° 28538).

CRÉDIT-BAILLEUR

Toute personne, y compris les collectivités locales, peut consentir un crédit-bail à titre **isolé,** mais la pratique **habituelle** des opérations de crédit-bail telles que les définit le Code monétaire et financier est réservée aux **entreprises commerciales,** obligatoirement soumises aux articles L 511-1 et suivants du Code monétaire et financier. Il peut s'agir d'établissements financiers classiques ou de sociétés commerciales à statut spécial (Sofergie). 28540

Les entreprises qui font ainsi des opérations de crédit-bail sont dotées d'un régime fiscal particulier ; pour les contrats conclus depuis le 1er janvier 1996, ce régime ne dépend plus de la forme qu'elles revêtent (nos 29765 s.).

> Précisions a. Le financement des équipements destinés à économiser l'énergie, des équipements des collectivités locales et des ouvrages et équipements destinés à la récupération, au transport, au traitement, au recyclage et à la valorisation des déchets et effluents de toute nature a été confié aux sociétés de financement des économies d'énergie (Sofergie). Ces sociétés peuvent financer par crédit-bail des installations destinées à économiser l'énergie dans le cadre de contrats de partenariat (Loi 80-531 du 15-7-1980 art. 30).

b. Les **collectivités locales** peuvent, à titre exceptionnel et lorsque l'intérêt local l'exige, effectuer des opérations de crédit-bail en vue d'assurer le développement ou le maintien d'activités économiques (Circ. du 13-7-1989). Cette possibilité ne doit cependant en aucun cas revêtir un caractère habituel et doit rester pour une collectivité locale un moyen occasionnel de remédier à l'absence ou à la défaillance de l'initiative privée (Rép. Paillé : AN 20-5-1996 n° 37196).

c. Si le **maire** a outrepassé ses pouvoirs, tels qu'ils résultent de la délibération du conseil municipal, le contrat est affecté d'une nullité absolue qui peut être invoquée par le crédit-preneur assortie d'une demande en restitution des loyers (Cass. 1e civ. 16-1-2013 n° 11-27.837 : RJDA 5/13 n° 378).

IMMEUBLE OBJET DU CRÉDIT-BAIL

28545 Le contrat peut porter tant sur un immeuble bâti que sur un immeuble à construire.

28546 Si l'**immeuble est déjà construit,** la société de crédit-bail peut l'acheter pour le louer immédiatement à son client. Elle peut aussi conclure avec le propriétaire de l'immeuble un bail emphytéotique ; elle peut alors le donner en location à l'entreprise cliente car elle est titulaire d'un droit réel immobilier en tant qu'emphytéote (CA Paris 31-10-2002, Lewy c/ Sté Bail investissement).

Il est également possible pour une entreprise de vendre son immeuble à un établissement de crédit-bail qui lui en rétrocède immédiatement l'usage par un contrat de crédit-bail immobilier. Ce procédé est connu sous le nom de **« lease-back » ou cession-bail.** Il permet à l'entreprise de se procurer des liquidités (pour un exemple des conséquences d'un tel montage dans le cas d'une liquidation judiciaire, voir Cass. 3e civ. 19-5-1999 n° 97-18.433 : JCP E 2000 p. 268 obs. P. Neau-Leduc).

Si l'entreprise se réserve la possibilité de sous-louer à un tiers le bien qu'elle a vendu à la société du crédit-bail, il s'agit alors d'un **crédit-bail adossé.**

28547 Quand il s'agit de la **construction d'un immeuble,** le contrat est généralement précédé d'un protocole d'accord pour l'achat du **terrain** (éventuellement) et la construction de l'immeuble ; ce protocole contient une promesse de crédit-bail. Quand le terrain appartient au futur utilisateur, il le donne à bail emphytéotique ou à bail à construction à la société de crédit-bail. Le crédit-bail porte alors sur les constructions édifiées sur le terrain. Très souvent, les sociétés de crédit-bail donnent mandat de construire aux futurs utilisateurs (n° 28705). Plus exceptionnellement, elles leur confèrent la qualité d'entrepreneur général.

DOMAINE PUBLIC

28560 Le titulaire d'une autorisation d'occupation temporaire du domaine public de l'État et de ses établissements publics peut conclure un contrat de crédit-bail avec des **investisseurs privés** pour des constructions à usage privé (CGPPP art. L 2122-13 ; voir Mémento Urbanisme-Construction n° 85160). Le contrat de crédit-bail ne portera que sur les constructions.

Les constructions réalisées dans le cadre de baux emphytéotiques administratifs peuvent également donner lieu à la conclusion d'un contrat de crédit-bail, dès lors que le contrat comporte des clauses permettant de préserver les exigences du service public (CGCT art. L 1311-3, 5°).

> Précisions a. Relèvent des **juridictions judiciaires** les litiges concernant un contrat de crédit-bail immobilier passé entre deux personnes privées pour la réalisation de constructions sur le domaine public d'une commune, même si celle-ci s'est substituée au crédit-preneur pour l'exécution de la convention (T. confl. 21-3-2005 n° 3436 : RJDA 3/06 n° 256 ; Cass. 1e civ. 28-5-2008 n° 07-17.648 : RJDA 5/09 n° 422 ; Cass. 1e civ. 23-2-2011 n° 09-69.507). Relèvent en revanche de la compétence du **juge administratif** les litiges portant sur l'exécution du contrat de concession de service public, même si le délégataire a la qualité de crédit-preneur (T. confl. 15-10-2012 n° 3866, Sté Avenance Enseignement et Santé c/ Cne de Vierzon).

b. À défaut de déclassement, les **terrains dépendant du domaine public communal** donnés à crédit-bail ne peuvent être cédés au preneur, même si le contrat prévoit un tel transfert (CE 13-2-2015 n° 376864).

B. Publicité du contrat de crédit-bail immobilier

28580 Dès lors qu'il **excède douze années,** le contrat de crédit-bail immobilier doit être publié au service chargé de la publicité foncière dans les conditions de droit commun (n° 29205). À défaut, le contrat est inopposable aux tiers (C. mon. fin. art. L 313-10 et R 313-13). Les tiers en question sont ceux qui ont acquis du crédit-bailleur des droits concurrents sur l'immeuble (Décret 55-22 du 4-1-1955 art. 30, 1), ce qui n'est pas le cas des créanciers du crédit-preneur (Cass. com. 15-5-2001 n° 98-14.965 : RJDA 10/01 n° 1025). En outre, la publication du contrat permet de bénéficier ultérieurement d'un régime avantageux de droits de mutation (voir n° 29210).

Si le bail est conclu pour une **durée inférieure à douze ans,** il n'est pas soumis à publicité obligatoire en qualité de bail. Il peut néanmoins faire l'objet d'une publicité facultative en sa qualité de contrat contenant une promesse unilatérale de vente (Décret 55-22 du 4-1-1955 art. 37, 1). Il est alors recommandé de faire publier ce contrat, quelle que soit sa durée, afin de lui donner date certaine et pour l'information des tiers.

Quelle que soit leur durée, doivent être, en tout état de cause, obligatoirement publiés les contrats de crédit-bail portant constitution de droits réels immobiliers (autres que les hypothèques) ou s'ils prévoient des restrictions au droit de disposer, telles qu'une interdiction d'aliéner par exemple (Décret 55-22 du 4-1-1955 art. 28, 1°-a et 2°).

C. Éléments du contrat de crédit-bail immobilier

Le contrat de crédit-bail immobilier est essentiellement une **technique de financement de nature complexe** comprenant à la fois une location et la faculté d'accéder à la propriété de biens immobiliers au plus tard à l'expiration du bail, notamment par la réalisation d'une promesse unilatérale de vente présentant un caractère spécifique (comparer nos 1600 s.). **28640**

> **Précisions** Un contrat de crédit-bail immobilier peut être conventionnellement compris parmi les éléments incorporels d'un **fonds de commerce** (en ce sens, CA Paris 19-6-1991 : D. 1991 IR p. 204).

1. ASPECT LOCATION DU CRÉDIT-BAIL IMMOBILIER

La société de crédit-bail reste propriétaire de l'immeuble pendant la durée du contrat de location qui est librement fixée par les parties. Le crédit-bailleur peut exiger des garanties : versement d'un dépôt de garantie, exigence d'une caution, etc. **28645**

En ce qui concerne son aspect locatif, et bien qu'il ne puisse être ramené à un bail pur et simple, le contrat de crédit-bail est, en principe, soumis à l'ensemble des règles de forme et de fond applicables au **bail d'immeuble** en vertu des articles 1713 s. du Code civil. Toutefois, le **privilège du bailleur** (C. civ. art. 2332, 1°) ne s'étend pas aux entreprises de crédit-bail (Cass. com. 9-4-1991 n° 89-17.447 : RJDA 5/91 n° 422).

En pratique, la finalité de l'opération étant de permettre au locataire de devenir propriétaire, il est apporté de nombreuses **dérogations conventionnelles** à celles des règles du Code civil qui ne présentent pas un caractère d'ordre public, et dont l'étendue varie en fonction des caractéristiques financières de l'opération. **28646**

Ainsi, la somme appelée **loyer,** que le locataire doit payer par versements échelonnés, recouvre en fait à la fois l'usage des biens et le prix de l'acquisition éventuelle, par un système d'amortissement progressif et la fixation de valeurs résiduelles. Elle constitue en fait une opération de financement. Si le contrat est conclu pendant la période de construction de l'immeuble, le preneur pourra être tenu au versement de préloyers. Le contrat peut aussi prévoir que la subvention versée par une collectivité territoriale au crédit-bailleur sera déduite du loyer (Cass. 3e civ. 7-9-2011 n° 10-30.686).

La convention de crédit-bail immobilier peut emprunter des éléments à d'autres contrats ou législation telle que celle relative aux baux commerciaux (C. mon. fin. art. L 313-7, 2°-al. 2). Elle n'en demeure pas moins une institution juridique particulière. En conséquence, la **législation sur les baux commerciaux** (C. com. art. L 145-1 s.) ne lui est pas applicable (C. mon. fin. art. L 313-9, al. 1 ; Cass. 3e civ. 10-6-1980 n° 78-11.032 : Bull. civ. III n° 113 ; Cass. 3e civ. 7-5-1997 n° 95-15.504 : RJDA 1/98 n° 97 ; CA Paris 6-6-2019 n° 18/28687). **28647**

Le juge des loyers commerciaux n'a pas le pouvoir de **réviser le loyer,** dès lors que celui-ci constitue, au moins pour partie, la contrepartie de la faculté d'acquérir l'immeuble après un certain nombre d'années d'occupation pour une valeur résiduelle symbolique. Le locataire n'a pas le droit de **résilier le bail** à l'expiration de chaque période triennale (C. mon. fin. art. L 313-9, al. 1), comme la faculté en est offerte au locataire d'un bail régi par le Code de commerce (n° 55440). En revanche, le statut des baux commerciaux peut s'appliquer aux sous-locations consenties par le crédit-preneur (n° 28650) ainsi qu'à la location que l'entreprise de crédit-bail peut consentir au crédit-preneur à l'issue du crédit-bail (n° 28940).

Le contrat de crédit-bail peut autoriser le **crédit-preneur** à **donner l'immeuble en location** (sur les conséquences fiscales, voir n° 29580). Cette location ne crée pas de lien de droit entre le crédit-bailleur et le locataire, qui n'est juridiquement lié qu'avec le crédit-preneur. Il s'agit en fait d'un contrat distinct, obéissant à ses règles propres, le statut des baux commerciaux pouvant **28650** s'appliquer dans les rapports entre le crédit-preneur et son locataire (Cass. 3e civ. 10-12-2002 n° 01-15.062 : RJDA 3/03 n° 234 ; sur les conditions d'application de ce statut, voir nos 53505 s.).

28660 Si l'**entreprise de crédit-bail cède un bien** compris dans une opération de crédit-bail, le cessionnaire reste tenu, pendant la durée de l'opération, des mêmes obligations que le cédant qui en reste, en principe, garant (C. mon. fin. art. L 313-8).

Sur la cession du contrat par le crédit-preneur, voir n° 28715.

2. ASPECT ACQUISITION DU CRÉDIT-BAIL IMMOBILIER

FACULTÉ D'ACQUISITION DU CRÉDIT-PRENEUR

28680 Dans tout contrat de crédit-bail, le locataire a la faculté de devenir propriétaire de tout ou partie des biens loués, au plus tard à l'expiration du bail (C. mon. fin. art. L 313-7, 2) :

– soit par achat en exécution d'une **promesse unilatérale de vente** moyennant un prix convenu, tenant compte, au moins pour partie, des versements faits au titre des « loyers-acomptes » ;

– soit par **acquisition directe ou indirecte** des droits de propriété du terrain sur lequel ont été édifiés les immeubles loués ;

– soit par **transfert de plein droit** de la propriété des constructions édifiées sur le terrain appartenant à ce locataire.

L'acquisition peut aussi bien intervenir au profit du locataire initial que d'un tiers substitué dans le bénéfice de la promesse de vente, à condition que cette **faculté de substitution** soit prévue par la promesse (Cass. 3e civ. 19-10-2011 n° 10-13.651 : RJDA 2/12 n° 197).

La **promesse** unilatérale de vente est un élément du contrat dans lequel elle ne constitue qu'un aspect d'une technique juridique indivisible permettant aux parties de réaliser une opération globale de sorte que l'acte qui constate la promesse est valable sans qu'il soit nécessaire de procéder à la formalité de l'**enregistrement** prévue par l'article 1589-2 du Code civil (Cass. 3e civ. 3-11-1981 n° 79-15.671 : Bull. civ. III n° 173 ; dans le même sens, Cass. 3e civ. 3-6-1982 : Gaz. Pal. 1983 1 p. 83 note E. M. Bey).

> Précisions **a.** Ne constitue pas une convention de crédit-bail immobilier, mais un **contrat de bail assorti d'une promesse unilatérale de vente,** la convention qui ne tient pas compte des versements effectués à titre de loyer pour fixer le prix d'acquisition de l'immeuble loué.

b. Il convient de distinguer le crédit-bail de la **location-vente** dont la finalité est l'acquisition obligatoire du bien par le preneur en fin de contrat.

c. Le contrat de crédit-bail n'étant pas une **vente à tempérament,** les dispositions des articles L 314-6, L 341-48 et L 341-50 du Code de la consommation, relatifs à l'usure – qui prévoient l'application de sanctions civiles et pénales lorsqu'un prêt conventionnel, ou une vente à tempérament, est consenti à un taux trop élevé –, ne lui sont pas applicables (CA Rouen 3-7-1970 : D. 1971 p. 465 note Dessens).

PRIX

28685 Le montant du prix de vente de l'immeuble (ou **valeur résiduelle**) doit toujours être précisé dans le contrat. Souvent, la valeur de cession est symbolique. Quand la société de crédit-bail a acheté le terrain, le prix de cession peut être limité à la valeur du terrain, non amortissable fiscalement.

28690 La valeur résiduelle devrait être égale, théoriquement, à la valeur nette comptable au bilan de l'établissement de crédit-bail. Mais les loyers étant calculés en vue d'un amortissement financier de l'investissement total, la valeur résiduelle s'obtient alors en faisant la **différence** entre les **capitaux non encore amortis** par l'établissement de crédit-bail et le **montant des amortissements** tels qu'ils sont calculés dans les loyers. Ainsi la valeur résiduelle fixée dans le contrat pour l'ensemble « terrain-construction » est-elle souvent ramenée à un prix symbolique.

D. Droits et obligations des parties

28700 En principe, le **crédit-bailleur** est tenu envers le preneur de l'**obligation de délivrance et de garantie** conformément aux articles 1719 et suivants du Code civil. Mais il est fréquent qu'une **clause exonère le crédit-bailleur** de toute responsabilité en cas de défaut de délivrance, de livraison imparfaite ou de vice dans le cas où ce dernier n'a qu'un rôle financier dans l'opération et donne mandat au preneur afin qu'il prenne l'initiative et assure la maîtrise de l'opération d'acquisition (Cass. 3e civ. 15-1-2003 n° 00-16.106 : RJDA 6/03 n° 628) ou afin qu'il assure la réalisation des opérations de construction de l'immeuble en tant que maître d'ouvrage délégué.

Pour être valable, cette renonciation du preneur à la garantie du bailleur doit avoir pour contrepartie le transfert au premier des droits et actions du second (Cass. com. 30-10-1973 n° 72-11.231 :

Bull. civ. IV n° 303 ; Cass. com. 7-5-1974 n° 73-10.310 : Bull. civ. IV n° 147 ; Cass. com. 8-2-1984 n° 81-16.228 : Bull. civ. IV n° 60). A ainsi été déclarée non écrite la clause d'exonération de responsabilité et de transfert des risques, contenue dans un contrat de crédit-bail portant sur un immeuble en l'état futur d'achèvement, accordée en contrepartie de la délégation de la maîtrise d'ouvrage au preneur, dès lors que cette délégation n'est jamais intervenue (Cass. 3e civ. 13-9-2006 n° 04-20.729 : RJDA 12/06 n° 1260).

Dans le cadre d'un contrat de crédit-bail conclu en vue de financer un **immeuble à construire,** le crédit-bailleur peut déléguer ses prérogatives de maître de l'ouvrage pour la réalisation des opérations de construction au preneur, celui-ci ayant la qualité de maître d'ouvrage délégué. **28705**
En donnant ainsi **mandat de construire au preneur,** le crédit-bailleur est tenu des actes de son mandataire dans les limites du mandat donné à celui-ci (C. civ. art. 1998), et il peut donc être condamné à payer à l'entrepreneur un solde de travaux non réglés par le crédit-preneur (Cass. 3e civ. 2-10-2002 n° 01-01.783 : RJDA 1/03 n° 58).

Le preneur, maître de l'ouvrage délégué, peut mettre en œuvre la **garantie décennale** pour les désordres affectant l'immeuble lorsqu'il a reçu mandat d'exercer tous les recours ouverts au crédit-bailleur contre les constructeurs (Cass. 3e civ. 16-5-2001 n° 99-19.085 : BPIM 4/01 inf. 253 ; Cass. 3e civ. 26-3-2003 n° 01-15.321 : RJDA 10/03 n° 998 ; Cass. 3e civ. 16-3-2011 n° 10-30.189).

En l'absence d'un tel mandat, le preneur ne peut pas agir sur le fondement de la garantie décennale pour demander la réparation des désordres de construction (Cass. 3e civ. 12-10-2005 n° 04-15.479 : RJDA 3/06 n° 321 ; Cass. 3e civ. 8-9-2010 n° 09-14.967 : RJDA 2/11 n° 177) ; il peut seulement, en sa qualité de locataire, demander réparation de son préjudice résultant desdits désordres (Cass. 3e civ. 27-5-1999 n° 97-19.599 : BPIM 4/99 inf. 292 ; Cass. 3e civ. 18-1-2006 n° 03-20.999 : RJDA 5/06 n° 569).

> Précisions a. L'existence d'un mandat donné au preneur d'agir au lieu et place du crédit-bailleur sur quelque fondement que ce soit à l'encontre des constructeurs ne peut pas être déduite de la clause selon laquelle le crédit-bailleur assume seulement le financement du programme de construction dont le preneur assure la réalisation et de celle par laquelle le preneur décharge le crédit-bailleur de toute responsabilité du fait de cet ouvrage (Cass. 3e civ. 12-10-2005 n° 04-15.479 précité ; dans le même sens, Cass. 3e civ. 8-9-2010 n° 09-14.967 précité).

b. Le crédit-bailleur peut conclure avec le preneur un contrat de **louage d'ouvrage** pour la réalisation de l'opération de construction. Si le preneur a recours à des entrepreneurs, ceux-ci doivent être agréés par le crédit-bailleur.

Le crédit-bailleur est en principe le bénéficiaire des indemnités d'**assurance dommages-ouvrage** puisque cette assurance est une assurance de la chose. Mais le preneur qui a souscrit l'assurance dommages-ouvrage lorsqu'il a fait réaliser des travaux de construction de l'immeuble objet du crédit-bail et qui a financé les travaux de remise en état après un sinistre peut avoir la qualité de bénéficiaire (Cass. 1e civ. 17-7-2001 n° 98-21.913 : Bull. civ. I n° 232). Il peut également bénéficier de cette assurance s'il l'a souscrite pour le compte du crédit-bailleur et si ce dernier n'entend pas la faire jouer à son profit (Cass. 1e civ. 12-2-2002 n° 99-11.062 : Bull. civ. I n° 52). **28710**

Comme les locataires, le **crédit-preneur** doit s'acquitter des loyers prévus par le contrat ; il doit aussi maintenir les locaux en parfait état d'entretien et effectuer les réparations locatives. Sur ces **obligations** du locataire, voir nos 51200 s. **28715**

Conformément au droit commun des obligations (Mémento Droit commercial nos 14150 s.), le crédit-preneur ne peut **céder** à un tiers les droits qu'il tient du **contrat** de crédit-bail que dans les conditions prévues par le contrat ou, à défaut, avec l'accord du crédit-bailleur. Sauf clause contraire du contrat ou décharge consentie par le crédit-bailleur, il reste alors tenu de l'exécution du contrat envers celui-ci.

Il peut en outre **donner l'immeuble en location** dans les conditions prévues n° 28650.

E. Dénouement de l'opération de crédit-bail immobilier

Le contrat de crédit-bail immobilier prend fin normalement par l'arrivée du terme fixé (nos 28920 s.). Toutefois, le contrat peut faire l'objet d'une résiliation anticipée (nos 28805 s.). **28800**

Si la **résolution ou l'annulation de la vente** des biens donnés en crédit-bail affecte la validité du contrat de crédit-bail, privé de sa cause, l'**annulation du crédit-bail** n'a pas d'incidence sur le contrat de vente qui, même lorsqu'il constitue un préalable nécessaire à l'exécution du contrat de crédit-bail, est un contrat distinct, conclu avec un tiers et dont la cause réside dans le paiement du prix de vente (Cass. 3e civ. 17-11-2004 n° 03-10.622 : RJDA 4/05 n° 445). **28802**

> Précisions En cas d'annulation d'un contrat et en cas d'impossibilité de remise en l'état antérieur, la partie qui a bénéficié d'une prestation qu'elle ne peut pas restituer, comme la jouissance d'un bien loué, doit s'acquitter d'une **indemnité d'occupation** (Cass. 3e civ. 8-7-2015 n° 14-11.582 : RJDA 10/15 n° 699).

1. RÉSILIATION ANTICIPÉE

RÉSILIATION À LA DEMANDE DU PRENEUR

28805 **Nécessité d'une clause la prévoyant** Le contrat de crédit-bail immobilier doit prévoir, à peine de nullité, les conditions dans lesquelles la résiliation pourra, le cas échéant, intervenir à la demande du preneur (C. mon. fin. art. L 313-9, al. 2). Ne répond pas à cette exigence la clause selon laquelle le contrat peut être résilié « notamment en cas de non-respect d'une quelconque obligation à la charge du preneur » car elle ne vise que les causes de résiliation susceptibles d'être invoquées par le crédit-bailleur (Cass. 3e civ. 19-12-1983 n° 81-13.798 : Bull. civ. III n° 267).

En dehors des limites concernant le montant de l'indemnité de résiliation due par le crédit-preneur (n° 28810), les parties fixent librement les conditions et modalités de la résiliation.

La mise en œuvre de cette faculté de résiliation n'est pas soumise à publicité foncière (n° 28840, Précisions, a).

28807 La plupart des contrats prévoient que la faculté de résiliation ne pourra être exercée qu'à l'issue d'une **période irrévocable de location.** La Cour de cassation admet la validité d'une telle clause ayant pour objet de maintenir l'équilibre économique d'un contrat qui nécessite des investissements financiers importants (Cass. 3e civ. 18-11-1998 n° 97-11.023 : RJDA 1/99 n° 90). Ainsi, a été jugée valable une clause interdisant au preneur de résilier avant la dixième année un contrat conclu pour quinze ans (Cass. 3e civ. 18-11-1998 n° 97-11.023 : RJDA 1/99 n° 90) ou pour vingt ans (CA Paris 6-2-1998 : RJDA 4/98 n° 497 et, sur pourvoi, Cass. com. 15-5-2001 n° 98-14.965 : RJDA 10/01 n° 1025).

Le crédit-preneur ne bénéficie enfin pas de la faculté de **résiliation triennale** applicable aux baux commerciaux (n° 28647).

28810 **Plafonnement de l'indemnité de résiliation** D'une manière générale, les cas de résiliation à la demande du preneur peuvent être librement convenus. Toutefois, la clause de résiliation ne doit pas mettre à la charge du crédit-preneur le paiement d'une **indemnité qui aboutit,** en termes de coût, **à l'exécution du contrat** de crédit-bail (Cass. 3e civ. 27-4-1988 n° 84-13.101 : Bull. civ. III n° 81). Le coût de la résiliation doit être apprécié au regard des modalités fixées par les parties, sans que le juge puisse se référer à des éléments extérieurs au contrat (Cass. 3e civ. 30-6-2004 n° 02-16.863 : RJDA 12/04 n° 1369, sanctionnant les juges du fond d'avoir apprécié le résultat économique d'une clause de résiliation au regard de la valeur actualisée des loyers et non de leur valeur nominale alors que le contrat ne prévoyait pas une telle actualisation). Le coût de la levée d'option (c'est-à-dire la valeur résiduelle du bien donné en crédit-bail) ne doit pas être compris dans le montant de l'indemnité de résiliation (Cass. 3e civ. 1-7-1998 n° 96-15.467 : RJDA 10/98 n° 1149 ; Cass. 3e civ. 29-9-1999 n° 97-22.200 : RJDA 12/99 n° 1376 ; Cass. 3e civ. 29-5-2002 n° 00-15.367 : RJDA 8-9/02 n° 929) car cette option est facultative pour le crédit-preneur.

ILLUSTRATIONS

Aboutit à l'exécution totale du contrat de crédit-bail la stipulation d'une indemnité égale au cumul des loyers révisés restant à courir jusqu'au terme du bail (Cass. 3e civ. 27-4-1988 n° 84-13.101 précité).
En revanche, **n'a pas un tel effet** :
– la stipulation d'une indemnité contractuelle de résiliation égale aux deux tiers de la valeur financière résiduelle du crédit-bail au bout de dix ans, majorée de 20 % sans que ce montant puisse être supérieur à 90 % du montant cumulé des versements à échoir entre la date effective de résiliation et la date d'échéance du contrat (Cass. 3e civ. 27-11-1996 n° 94-20.034 : RJDA 3/97 n° 389) ou celle prévoyant l'obligation pour le preneur de payer le capital restant dû, représentant une somme sensiblement inférieure au cumul des loyers restant à courir jusqu'au terme du contrat puisqu'elle ne comprend pas les intérêts (Cass. 3e civ. 27-6-2001 n° 00-11.996 : RJDA 11/01 n° 1143) ;
– la clause qui oblige le preneur à payer une indemnité égale au montant des loyers, charges et accessoires de la période pendant laquelle l'immeuble restera vacant jusqu'à sa relocation ou sa vente par le crédit-bailleur (Cass. 3e civ. 18-11-1998 n° 97-11.023 : RJDA 1/99 n° 90 et, dans le même sens, Cass. 3e civ. 5-5-1999 n° 97-18.576 : Bull. civ. III n° 107) ;
– la clause qui prévoit, en cas de résiliation anticipée à la demande du preneur, le paiement d'une indemnité égale à la totalité des loyers restant dus jusqu'à l'expiration du contrat, sans qu'elle puisse être supérieure au montant cumulé de cinq ans de loyers (Cass. 3e civ. 19-4-2000 n° 98-11.471 : RJDA 6/00 n° 711).

28812 L'indemnité de résiliation anticipée correspond au prix que le crédit-preneur doit payer pour sortir du contrat ; elle ne constitue pas une **clause pénale** susceptible d'être réduite par le juge en application de l'article 1231-5 du Code civil (Cass. 3e civ. 27-6-2001 n° 00-11.996 : RJDA 11/01 n° 1143 ; Cass. com. 11-4-2018 n° 16-24.143 : RJDA 7/18 n° 602 ; Cass. com. 10-3-2021 n° 19-18.091 : RJDA 6/21 n° 423).

Sanctions Le **contrat de crédit-bail** est **nul** s'il ne prévoit pas de faculté de résiliation anticipée (C. mon. fin. art. L 313-9, al. 2) ou si la clause de résiliation n'assure pas au preneur une faculté effective de résiliation (Cass. 3e civ. 27-4-1988 n° 84-13.101 : Bull. civ. III n° 81). 28815

L'illicéité de la clause de résiliation anticipée, et à notre avis son absence, entraîne la nullité du contrat dans son entier, même si le crédit-preneur n'a pas revendiqué l'application de la clause (Cass. 3e civ. 13-7-1999 n° 97-16.179 : RJDA 10/99 n° 1119 ; Cass. 3e civ. 3-10-2000 n° 97-16.177 : Constr.-urb. 2000 n° 299). Il s'ensuit que la question de la validité du contrat peut très bien se poser en défense à une demande en paiement de loyers impayés (cf. Cass. 3e civ. 4-10-2000 nos 98-22.379 et 98-22.554 : RJDA 1/01 n° 75 ; en sens contraire, CA Paris 9-11-2001 n° 99-6272 : RJDA 4/02 n° 426).

Édictée dans l'intérêt exclusif du preneur, cette **nullité** est **relative** (Cass. 3e civ. 15-5-1996 n° 94-14.987 : Bull. civ. III n° 116). Il en résulte qu'elle ne peut être invoquée que par le crédit-preneur et non par les tiers. Ainsi, un associé d'une SCI crédit-preneur ne peut pas s'en prévaloir (Cass. 3e civ. 28-3-2001 n° 99-17.395 : RJDA 10/01 n° 984).

Conformément au droit commun, le crédit-preneur peut opposer l'**exception de nullité,** même après l'expiration de la prescription quinquennale, à une demande d'exécution du contrat (Cass. 3e civ. 4-10-2000 n° 98-22.379 précité). Mais encore faut-il que le contrat ne soit pas exécuté ; le crédit-preneur ne peut plus présenter l'exception de nullité plus de cinq ans après la conclusion du contrat dès lors que le crédit-bailleur a mis l'immeuble à sa disposition et a ainsi exécuté l'opération de crédit (Cass. 3e civ. 30-1-2002 n° 00-18.682 : RJDA 4/02 n° 352 ; Cass. com. 3-5-2006 n° 04-19.315 : RJDA 11/06 n° 1112). Dès lors qu'un avenant ne modifie pas les conditions financières de la résiliation anticipée du contrat, le délai de prescription court à compter de la date du contrat d'origine (Cass. 3e civ. 13-7-2016 n° 15-18.924 : RJDA 10/16 n° 725).

> **Précisions** La faute du crédit-bailleur qui a omis d'insérer dans le contrat une clause définissant les **modalités de résiliation anticipée** du crédit-bail par le preneur ne peut pas servir de fondement à la résiliation du contrat (Cass. 3e civ. 25-5-2005 n° 04-11.986 : RJDA 3/06 n° 322).

RÉSILIATION À LA DEMANDE DU BAILLEUR

Le contrat peut contenir une **clause de résiliation** de plein droit en cas de manquement du locataire à ses obligations (notamment, le **non-paiement des loyers**). 28840

Le preneur peut demander des **délais de paiement** sur le fondement de l'article 1343-5 du Code civil (nos 20900 s.) pour s'acquitter de sa dette mais aucun texte ne lui permet de solliciter la suspension des effets de la clause résolutoire pendant le cours de ces délais (CA Paris 4-10-2006 n° 06-1403 : RJDA 3/07 n° 282).

> **Précisions a.** La demande en résiliation n'est pas soumise à **publicité foncière** (Cass. 3e civ. 21-2-1996 n° 94-13.836 : RJDA 5/96 n° 659 ; Cass. 3e civ. 27-5-1998 n° 96-16.171 : RJDA 7/98 n° 905).
> **b.** La clause « d'**apport-preneur** » prévoyant qu'une certaine somme d'argent apportée par le crédit-preneur est affectée à titre de gage-espèces à la garantie de la parfaite exécution de toutes les obligations contractées par celui-ci à l'égard du crédit-bailleur et en particulier du paiement des loyers et indemnités de résiliation ne constitue pas un mode de paiement de nature à pallier la défaillance du crédit-preneur mais une garantie de paiement, et elle n'empêche pas le crédit-bailleur de se prévaloir en cas d'impayés de l'application de la clause résolutoire (CA Paris 17-1-2002 n° 99-15565 : RJDA 7/02 n° 801).

Indemnité de résiliation La clause résolutoire met généralement une indemnité de résiliation à la charge du crédit-preneur défaillant. Cette indemnité s'analyse en une **clause pénale** (Cass. 3e civ. 4-1-2006 n° 04-18.642 : RJDA 7/06 n° 826) qui, majorant les charges financières du crédit-preneur (généralement l'exigibilité anticipée des loyers ainsi qu'une somme supplémentaire), est stipulée à la fois pour contraindre à l'exécution du contrat et comme évaluation conventionnelle et forfaitaire du préjudice subi par le crédit-bailleur du fait de la rupture fautive du contrat (Cass. 3e civ. 21-5-2008 n° 07-12.848 : RJDA 10/08 n° 985). En conséquence, le juge peut, d'une part, modérer la peine convenue à proportion de l'intérêt que l'exécution partielle a procuré au créancier et, d'autre part, en **réviser le montant** à la hausse ou à la baisse selon que la peine est manifestement excessive ou dérisoire (C. civ. art. 1231-5, al. 2 et 3). N'a pas été jugée excessive une indemnité égale à 5 % des loyers échus et à échoir (Cass. com. 5-5-2009 n° 08-10.261 : RJDA 8-9/09 n° 698). 28842

> **Précisions** La clause d'un contrat de crédit-bail immobilier qui fixe, à l'avance et de manière forfaitaire, une indemnité à la charge du crédit-preneur en cas de **maintien dans les lieux** après résiliation, peut présenter le caractère d'une **clause pénale** lorsqu'elle est sans rapport avec le loyer prévu au contrat, et être, par conséquent, si elle apparaît manifestement excessive, réduite par le juge (Cass. 3e civ. 16-1-2025 n° 23-15.256 F-D : AJDI 2025 p. 462).

EFFETS DE LA RÉSILIATION

28850 La résiliation du contrat de crédit-bail entraîne l'obligation pour le preneur de **libérer les locaux.** À défaut, le crédit-bailleur peut obtenir son expulsion (Cass. com. 3-1-1972 n° 69-14.049 : Bull. civ. IV n° 1).

28860 En cas de poursuite de l'**occupation des locaux** après la résiliation du crédit-bail immobilier, le crédit-bailleur peut demander réparation des **dégradations** survenues pendant cette période sur le fondement de l'article 1732 du Code civil (Cass. 3e civ. 2-3-2005 n° 02-15.298 : RJDA 7/05 n° 879) applicable en matière de bail de droit commun et qui fixe les conditions de responsabilité du locataire pour les dégradations survenues pendant sa jouissance (nos 51220 s.). La Cour de cassation a justifié cette solution par le fait, d'une part, que les articles L 313-7 et suivants du Code monétaire et financier régissant le crédit-bail ne contiennent pas de disposition spéciale sur les obligations du crédit-preneur quant à l'entretien de l'immeuble et, d'autre part, que la continuation de l'occupation après résiliation du contrat peut s'éclairer, quant aux obligations des parties, d'après la convention intervenue. Il convient de déduire de ce dernier point que la solution retenue par la Cour de cassation ne peut être appliquée lorsque le contrat résilié excluait expressément l'article 1732 précité. L'intérêt de la solution réside dans la **charge** de la preuve. Si la responsabilité de droit commun était applicable (C. civ. art. 1240), le crédit-bailleur aurait dû apporter la **preuve de la faute du preneur,** du préjudice subi et du lien de causalité entre ces deux éléments alors qu'en application de l'article 1732, le preneur est responsable de plein droit des dégradations à moins qu'il ne prouve qu'elles ne lui sont pas imputables.

28865 La résiliation (ou l'annulation) du contrat de crédit-bail n'emporte en principe pas celle de la **vente** qui a pu le précéder (n° 28802) mais elle peut entraîner celle du **bail à construction** éventuellement conclu entre le crédit-preneur (propriétaire du terrain) et l'établissement de crédit-bail qui finance la construction si les contrats sont indivisibles (Cass. 3e civ. 20-11-2002 n° 01-10.862). Les parties peuvent écarter l'indivisibilité des contrats en cas de résiliation ou de résolution du contrat de crédit-bail (Cass. 3e civ. 10-9-2013 n° 12-22.280 : RJDA 1/14 n° 1 ; sur la notion d'indivisibilité ou d'interdépendance des contrats, voir Mémento Droit commercial n° 10103).

2. ÉCHÉANCE DU TERME

28920 Au terme du contrat de crédit-bail immobilier, **trois possibilités** s'offrent au preneur-utilisateur, à savoir soit accéder à la propriété, soit demander à se faire consentir un bail simple, soit enfin restituer l'immeuble.

ACCESSION À LA PROPRIÉTÉ

28925 Tout contrat de crédit-bail immobilier est **nécessairement** assorti de modalités permettant au preneur de devenir propriétaire de l'immeuble loué moyennant paiement de sa **valeur résiduelle** prévue au contrat qui doit obligatoirement tenir compte des loyers versés, au moins pour partie.

Le locataire (ou son substitué) peut acquérir l'immeuble (C. mon. fin. art. L 313-7) :

– soit par **cession** en exécution d'une promesse unilatérale de vente après levée de l'option par le locataire, et selon les conditions et modalités prévues au contrat (dans ce cas, l'opération n'entre pas dans le champ d'application du droit de préemption urbain et de celui applicable dans les ZAD dès lors qu'il s'agit d'une cession consentie par une entreprise visée à l'article L 313-7 du Code monétaire et financier et pratiquant le crédit-bail de façon habituelle (C. urb. art. L 213-1, al. 8-d) ;

– soit par **acquisition directe ou indirecte** des droits de propriété du terrain sur lequel ont été édifiés le ou les immeubles loués, à la condition que le contrat de crédit-bail contienne les clauses appropriées ;

– soit par **transfert de plein droit** de la propriété des constructions édifiées sur le terrain appartenant au preneur.

Le crédit-preneur devenu acquéreur peut agir contre le vendeur d'origine en réparation des désordres de l'immeuble (Cass. 3e civ. 22-6-2011 n° 08-21.804 : RJDA 11/11 n° 898).

NOUVEAU BAIL

28940 Avec l'accord de l'organisme loueur, un bail peut être établi. L'opération s'analysera alors comme une **location simple** et non plus comme un crédit-bail. Elle sera soumise au **statut des baux commerciaux** si les conditions d'application exposées nos 53505 s. sont remplies.

RESTITUTION DE L'IMMEUBLE

28960 S'il choisit de ne pas acquérir l'immeuble, le locataire doit le libérer dans les conditions prévues au contrat et restituer les clefs au crédit-bailleur.

F. Procédure collective du crédit-preneur

Dès lors qu'il a été averti dans les conditions de l'article L 622-26, al. 3 du Code de commerce de l'ouverture d'une procédure collective à l'encontre de son cocontractant, le crédit-bailleur doit déclarer sa créance et demander à l'administrateur judiciaire (ou au liquidateur) s'il entend ou non poursuivre le contrat en cours d'exécution. 28962

RENONCIATION AU CONTRAT

Si l'administrateur judiciaire (ou le liquidateur) renonce à poursuivre l'exécution du contrat, le crédit-bailleur peut se prévaloir de l'application automatique de la clause pénale et demander des dommages-intérêts (Cass. 3e civ. 8-4-2009 n° 08-16.249). La créance du crédit-bailleur ne bénéficie pas du privilège du bailleur d'immeuble de l'article 2332, 1° du Code civil (Cass. com. 9-4-1991 n° 89-17.447 : RJDA 5/91 n° 422). 28963

POURSUITE DU CONTRAT

La faculté de poursuivre le contrat, ouverte à l'administrateur judiciaire (ou au liquidateur), s'exerce conformément au droit des procédures collectives. Si le crédit-preneur fait l'objet d'un plan de **sauvegarde ou** de **continuation** et décide d'acquérir l'immeuble, les délais de paiement imposés par la décision judiciaire ne lui sont pas opposables (C. com. art. L 626-1). Si l'entreprise fait l'objet d'un plan de **cession,** le contrat est poursuivi par le repreneur dans les conditions fixées par le tribunal. Si le repreneur décide de lever l'option, il doit payer les sommes restant dues dans la limite de la valeur du bien fixée d'un commun accord entre les parties ou à défaut par le tribunal à la date de la cession (C. com. art. L 642-7, al. 5 et R 642-8, al. 2). 28964

SECTION 2

ASPECTS FISCAUX DU CRÉDIT-BAIL IMMOBILIER

Le régime fiscal du crédit-bail immobilier a été plusieurs fois aménagé : la loi 95-115 du 4 février 1995, applicable aux contrats conclus depuis le 1er janvier 1996, a introduit une réforme substantielle du crédit-bail en privilégiant la composante financière de ces opérations. 29200

La mise en œuvre des règles de comptabilisation des actifs et d'amortissement par composants applicables aux exercices ouverts depuis le 1er janvier 2005 (Règlement CRC 2004-06 du 23-11-2004) a par ailleurs sensiblement modifié le contexte comptable de ces opérations.

Nous examinerons successivement la situation du crédit-preneur (nos 29220 s.) et la situation du crédit-bailleur (nos 29760 s.).

Un **tableau de synthèse** du régime du crédit-bail immobilier est reproduit n° 30120.

PUBLICATION DU CONTRAT DE CRÉDIT-BAIL

Crédit-bail de plus de 12 ans La **formalité de publicité foncière** est obligatoire si le bail a une durée supérieure à 12 ans (voir n° 28580). 29205

Les baux présentés à la publication sont soumis à la formalité fusionnée d'enregistrement et de publicité foncière (CGI art. 647). Celle-ci doit être accomplie dans le mois à compter de la date de l'acte.

La **taxe de publicité foncière** au taux de 0,70 % est exigible lors de cette publication.

La TPF est due sur le montant cumulé des loyers prévus pour la durée du contrat réduit du montant de la quote-part de loyers correspondant aux frais financiers versés par le preneur (CGI art. 743 bis). En d'autres termes, l'assiette de la taxe est limitée à la part des loyers correspondant au financement en capital de l'investissement supporté par le crédit-preneur. Pour l'application de cette règle, il importe en pratique que le contrat fasse explicitement apparaître quelle est la quote-part des loyers qui correspond aux frais financiers (BOI-ENR-JOMI-10 n° 100).

À la taxe proprement dite s'ajoute un prélèvement pour frais d'assiette et de recouvrement de 2,14 % calculé sur la taxe elle-même. Le taux global de l'imposition est donc de 0,71498 %.

La publication donne lieu, par ailleurs, à une **contribution de sécurité immobilière** de 0,10 % calculée sur le montant cumulé des loyers.

> **Précisions a.** Lorsque le bail est soumis à la **TVA,** la TPF est liquidée sur le prix exprimé augmenté des charges ou sur la valeur locative réelle si elle est supérieure, abstraction faite de la TVA payée par le bailleur et facturée au locataire (BOI-ENR-JOMI-10 n° 120).
> **b.** Lorsque le contrat de crédit-bail mentionne une période de **préloyers,** le montant des préloyers n'entre pas dans l'assiette de la taxe de publicité foncière à la double condition que le contrat de crédit-bail mentionne expressément la période au titre de laquelle ils sont perçus et qu'ils correspondent effectivement au seul remboursement de frais financiers, c'est-à-dire qu'ils ne soient pas pris en compte pour la fixation du prix de cession de l'immeuble. Cette période de versement des préloyers n'est pas prise en compte pour l'appréciation du délai de 12 ans susvisé (BOI-ENR-JOMI-10 n°s 40 et 110).

29207 **Crédit-bail inférieur à 12 ans** S'il est procédé à la **publicité foncière à titre facultatif** (n° 28580), celle-ci donne lieu à une taxe fixe de publicité foncière de 125 € (CGI art. 680) assortie d'une contribution de sécurité immobilière de 0,10 % sur la valeur de la promesse de vente.

Si le contrat de crédit-bail de moins de 12 ans est publié **à titre obligatoire** en raison d'une stipulation particulière qu'il contient (n° 28580), il convient d'appliquer le tarif propre à cette disposition. Par exemple, une restriction au droit de disposer sera soumise à une taxe fixe de publicité foncière de 125 € (CGI art. 680) et à une contribution de sécurité immobilière de 0,10 % sur la valeur de l'engagement de ne pas aliéner déterminée par une déclaration estimative des parties (Bull. Association des conservateurs 1982 art. 1234).

Que le crédit-bail soit présenté à la publicité foncière à titre facultatif ou à titre obligatoire, il relève dans les deux cas de la formalité fusionnée d'enregistrement et de publicité foncière.

29210 **Conséquences fiscales du défaut de publication** En pratique, la question se pose surtout pour les contrats conclus avant le 1er janvier 1996, dans la mesure où, pour les **contrats conclus depuis le 1er janvier 1996,** l'incitation à publier est forte : en effet, pour les contrats conclus depuis cette date, l'absence de publication fait perdre le bénéfice de la mesure de tolérance consistant à plafonner l'assiette des droits de mutation au seul prix de cession, lors de la levée de l'option (voir n° 29340), et l'application du taux réduit aux opérations de cession-bail (voir n° 29960).

Se prononçant sur des **contrats conclus avant 1996,** la Cour de cassation a jugé que l'administration pouvait exiger le versement de la taxe de publicité foncière sur le fondement de l'article 742 du CGI qui vise les baux de plus de 12 ans. Elle s'en tient ainsi à l'approche d'après laquelle un contrat de crédit-bail s'analyse comme une location suivie, le cas échéant, d'une cession (Cass. com. 23-4-2003 n° 00-11.396 FS-PB : RJF 8-9/03 n° 1054).

À noter qu'il a été jugé également que si l'administration découvre à l'occasion d'un contrôle un contrat de crédit-bail non publié, elle peut mettre en recouvrement la taxe de publicité foncière et, ce qui peut paraître nettement plus contestable, le salaire du conservateur des hypothèques – remplacé depuis le 1er janvier 2013 par la contribution de sécurité immobilière (CA Amiens 21-2-2002 : JCP éd. N 2003 p. 520 obs. J. Lafond).

A. Situation du crédit-preneur

1. LOCATION DE L'IMMEUBLE

a. Situation au regard de la TVA

29220 La location est imposable à la TVA, soit de **plein droit** lorsqu'elle porte sur un immeuble aménagé à usage professionnel, soit à la suite de l'exercice par le bailleur de l'**option** prévue par l'article 260, 2° du CGI. La TVA est due au taux de 20 % sur le montant intégral des loyers, augmenté de toutes les sommes prises en charge ou remboursées par le locataire, à la décharge du propriétaire, pendant toute la période de location.

La TVA est **récupérable** par le locataire lorsqu'il est redevable de cette taxe.

b. Déductibilité des loyers

PRINCIPES

Les loyers versés dans le cadre d'opérations de crédit-bail portant sur des locaux professionnels sont normalement déductibles des bénéfices de l'entreprise locataire, dès lors qu'ils remplissent les conditions générales de déductibilité des charges. Toutefois, pour les contrats conclus depuis le 1er janvier 1996, les **déductions** susceptibles d'être opérées par le crédit-preneur au titre des loyers sont **limitées** : deux dispositifs sont prévus, l'un concernant la généralité des opérations (nos 29250 s.), l'autre applicable exclusivement aux immeubles de bureaux situés en Île-de-France (nos 29260 s.). 29240

Ces dispositions s'appliquent aux entreprises relevant de l'impôt sur le revenu dans la catégorie des BIC, ainsi qu'à celles passibles de l'IS, mais également aux contribuables imposables dans la catégorie des bénéfices non commerciaux.

Par ailleurs, afin d'assurer une neutralité fiscale aux opérations de crédit-bail, le législateur a prévu :

– l'assimilation indirecte des loyers déduits à des amortissements pour l'imposition des plus-values de cession des contrats de crédit-bail et des biens acquis à leur terme : voir nos 29390 et 29490 ;

– la réintégration d'une fraction des loyers versés au moment de la levée de l'option qui tient compte, pour les contrats conclus depuis le 1er janvier 1996, des réintégrations précédemment effectuées (voir no 29370).

Pour les **entreprises soumises à l'impôt sur les sociétés,** les loyers afférents aux opérations de crédit-bail sont pris en compte au titre du dispositif de limitation de la déductibilité des charges financières (CGI art. 212 bis, III) : les charges financières visées par le dispositif incluent le montant des loyers, déduction faite de l'amortissement, de l'amortissement financier pratiqué par le bailleur en application de l'article 39 C, I du CGI et des frais et prestations accessoires facturés au preneur.

> **> Précisions** **a.** En application des règles de droit commun, la déduction des loyers de crédit-bail doit être opérée selon la **règle du couru.**
> La mise en œuvre de la règle du couru n'implique cependant pas une linéarité des loyers. En particulier, la **dégressivité des loyers** est à notre avis compatible avec leur déduction immédiate sous réserve qu'elle soit justifiée par des considérations économiques et reste dans des proportions telles que les versements effectués ne puissent pas être assimilés à des loyers payés d'avance. De même, la **progressivité des loyers** doit être admise dès lors qu'elle est fondée sur des circonstances économiques tenant par exemple à l'existence d'une période de montée en puissance de l'investissement (CE 29-11-2000 nos 192100 et 192109 : RJF 2/01 no 149 ; CE 29-2-2008 no 271799 : RJF 8-9/08 no 929).
> **b.** Les **préloyers** versés par le preneur d'un contrat de crédit-bail immobilier correspondant aux charges financières supportées par la société de crédit-bail au cours de la période de construction de l'immeuble sont déductibles du résultat de l'exercice au cours duquel ils ont été engagés (CE 12-1-2004 no 243273 : RJF 4/04 no 351).

RÉGIME GÉNÉRAL

La **quote-part des loyers** prise en compte pour la détermination du prix de vente de l'immeuble à l'issue du contrat et **se rapportant à des éléments non amortissables** n'est pas déductible du résultat imposable du crédit-preneur (CGI art. 39, 10-al. 1). 29250

En d'autres termes, les loyers correspondant aux frais financiers, à l'amortissement financier du coût des constructions et à la répercussion des frais d'acquisition de l'immeuble par la société de crédit-bail sont déductibles alors que la fraction correspondant à l'amortissement financier du coût du terrain doit être réintégrée aux résultats imposables. Les modalités de mise en œuvre de cette règle sont telles que les réintégrations de loyers n'interviendront, en toute hypothèse, qu'en fin de contrat. Il n'y aura lieu à réintégration que si le **prix de levée de l'option** est **inférieur au coût d'acquisition du terrain** par le bailleur.

Pour la détermination de cette fraction des loyers non déductible (correspondant à l'amortissement financier du coût d'acquisition du terrain répercuté par le bailleur au preneur au cours du contrat), le prix de levée de l'option est réputé constituer un élément du financement du terrain, et le loyer dû est réputé affecté en premier lieu au financement des frais supportés par le crédit-bailleur lors de l'acquisition de l'immeuble, puis aux éléments amortissables et enfin aux éléments non amortissables (CGI art. 39, 10-al. 3). Cette affectation prioritaire du loyer au financement des frais d'acquisition de l'immeuble par le bailleur puis des constructions permet la déduction intégrale des loyers dans une première phase du contrat, la quote-part non déductible n'apparaissant que durant les dernières années de location (BOI-BIC-BASE-60-30-10 no 60).

> Précisions a. Le locataire pourra déduire la totalité des loyers dus si le **prix** convenu pour la **cession de l'immeuble** est au moins **égal à la valeur du terrain** dans les écritures du bailleur (BOI-BIC-BASE-60-30-10 n° 60).
b. La **notion de loyer** pris en compte pour la détermination du prix de vente de l'immeuble, et qui permet de déterminer la quote-part de loyers non déductibles, correspond à une approche financière du crédit-bail : le montant du loyer pris en compte pour la fixation du prix de vente sera égal, en pratique, à la fraction des annuités affectées au remboursement du capital, telles qu'elles figurent sur l'échéancier de financement du crédit-bailleur (voir exemple ci-après).

29255 EXEMPLE

Hypothèses :
– contrat de crédit-bail immobilier d'une durée de 15 ans conclu le 1er janvier N ;
– durée normale d'utilisation des constructions : 30 ans ;
– le taux de financement de la société de crédit-bail, augmenté de sa marge, est de 9 % ;
– prix d'acquisition de l'immeuble (A) : 1 500 000 € ;
– prix des constructions : 1 050 000 € ;
– prix du terrain (30 %) : 450 000 € ;
– frais d'acquisition (B) : 120 000 € ;
– prix de levée de l'option (C) : 75 000 €.

En application des dispositions de l'article 39, 10-al. 1 et 3 du CGI, les loyers versés sont d'abord affectés au financement des frais d'acquisition puis à celui des constructions et enfin du terrain.

Quote-part des loyers non déductible : la fraction du financement que le crédit-bailleur peut répercuter sur le crédit-preneur dans le montant des loyers est égale à la différence existant entre le prix de revient de l'immeuble (A + B) et le prix convenu pour la cession de l'immeuble à l'issue du contrat (C), soit 1 545 000 €.

Déterminé sur la base d'une annuité constante, le loyer sera égal à 198 421 €.

La quote-part des loyers non déductible peut être présentée comme suit :

Loyer			Affectation de la quote-part prise en compte pour la fixation du prix de vente				
Annuité	Intérêts (1)	Quote-part prise en compte pour la fixation du prix de vente (2)	Frais d'acquisition	Construction	Terrain	Montant déductible	Cumul déduit
1 198 421	145 800	52 621	52 621	0	0	52 621	52 621
2 198 421	141 064	57 357	57 357	0	0	57 357	109 978
3 198 421	135 902	62 519	10 022	52 497	0	62 519	172 497
4 198 421	130 275	68 146	0	68 146	0	68 146	240 643
5 198 421	124 142	74 279	0	74 279	0	74 279	314 922
6 198 421	117 457	80 964	0	80 964	0	80 964	395 886
7 198 421	110 170	88 251	0	88 251	0	88 251	484 137
8 198 421	102 228	96 193	0	96 193	0	96 193	580 330
9 198 421	93 570	104 851	0	104 851	0	104 851	685 181
10 198 421	84 134	114 287	0	114 287	0	114 287	799 468
11 198 421	73 848	124 573	0	124 573	0	124 573	924 041
12 198 421	62 636	135 785	0	135 785	0	135 785	1 059 826
13 198 421	50 416	148 005	0	110 174	37 831	110 174	1 170 000

	Loyer			Affectation de la quote-part prise en compte pour la fixation du prix de vente				
	Annuité	Intérêts (1)	Quote-part prise en compte pour la fixation du prix de vente (2)	Frais d'acquisition	Construction	Terrain	Montant déductible	Cumul déduit
14	198 421	37 095	161 326	0	0	161 326	0	1 170 000
15	198 421	22 576	175 845	0	0	175 845	0	1 170 000

(1) et (2) L'annuité de loyer peut être considérée comme le remboursement d'un capital égal à la valeur de l'immeuble dont le financement est répercuté sur le crédit-preneur, augmenté du service de l'intérêt correspondant au financement total supporté par le crédit-bailleur et permettant sa rémunération. Pour la première annuité, le capital « emprunté » est égal à 1 545 000 €, rémunéré au taux de 9 %, il donne lieu au versement d'une rémunération égale à 145 800 € qui se décompose en 139 050 € au titre du financement répercuté sur le crédit-preneur et 6 750 € au titre du coût de portage du prix de levée de l'option. Le loyer peut ainsi être scindé en 52 621 € réputés affectés à l'amortissement de « l'emprunt théorique » ainsi mis en place : c'est la quote-part prise en compte pour la fixation du prix de vente. Les années suivantes, la répartition du loyer entre ces deux éléments s'effectue de façon analogue en fonction du « capital » ainsi amorti au titre des années précédentes.

IMMEUBLES DE BUREAUX SITUÉS EN ÎLE-DE-FRANCE

Une règle spéciale est prévue pour les immeubles achevés et pris en crédit-bail après le 31 décembre 1995, et affectés à titre principal à usage de bureaux en Île-de-France, qui entrent dans le champ d'application de la taxe annuelle sur les bureaux en Île-de-France prévue à l'article 231 ter du CGI (voir nos 87505 s.) et qui ne sont situés ni dans les zones de redynamisation urbaine (précisons que l'article 42, 3-A de la loi 95-115 qui définissait les zones de redynamisation urbaine a été abrogé, depuis le 1er janvier 2015, par l'article 27 de la loi 2014-173 du 21 février 2014), ni, pour les contrats conclus avant 2007, dans les zones d'aménagement du territoire (zones éligibles à la prime d'aménagement du territoire) ou dans les territoires ruraux de développement prioritaire, ni, pour les contrats conclus depuis le 1er janvier 2007, dans les zones d'aide à finalité régionale. Pour ces immeubles, les loyers ne sont déductibles qu'à concurrence des déductions que le preneur aurait pu pratiquer s'il avait été propriétaire de l'ensemble immobilier dès l'origine, correspondant aux frais financiers, aux frais d'acquisition de l'immeuble et aux amortissements techniques des constructions (CGI art. 39, 10-al. 2). 29260

Les **réintégrations** à effectuer portent sur la quote-part des loyers correspondant :
– à l'amortissement financier du terrain ;
– et à l'amortissement financier des constructions, pour la fraction excédant le montant des amortissements techniques que le preneur aurait pu constater s'il avait été propriétaire de l'immeuble.

> Précisions a. Les parties sont **libres de définir l'affectation des loyers** réintégrés : elles peuvent en particulier prévoir qu'ils correspondent prioritairement au financement des constructions, puis au financement du terrain, ou l'inverse. Quelle que soit l'affectation des loyers réintégrés, les quotes-parts déductibles ou non sont les mêmes, mais les conséquences au regard des plus-values ultérieures sont différentes : voir n° 29500.
b. L'affectation des immeubles à usage de bureaux résulte, en principe, de leur destination, mais l'administration admet que ne soient pas considérés comme tels les **immeubles dont la surface des bureaux n'excède pas 50 %** de leur superficie totale (BOI-BIC-BASE-60-30-10 n° 110).

EXEMPLE 29265

Hypothèses : mêmes données que l'exemple ci-dessus n° 29255 mais l'immeuble financé est un immeuble de bureaux situé en Île-de-France.
La quote-part non déductible des loyers est réputée être affectée en priorité au financement de la fraction du prix d'acquisition des constructions par le crédit-bailleur.

La **quote-part des loyers non déductible** peut être présentée comme suit :

	Quote-part prise en compte pour la fixation du prix de vente	Cumul	Quote-part affectée au financement des frais d'acquisition	Amortissement théorique (1)	Cumul frais d'acquisition et amortissement théorique	Quote-part du loyer non déductible
1	52 621	52 621	120 000	35 000	155 000	0
2	57 357	109 978	0	35 000	190 000	0
3	62 519	172 497	0	35 000	225 000	0
4	68 146	240 643	0	35 000	260 000	0
5	74 279	314 922	0	35 000	295 000	19 922
6	80 964	395 886	0	35 000	330 000	45 964
7	88 251	484 137	0	35 000	365 000	53 251
8	96 193	580 330	0	35 000	400 000	61 193
9	104 851	685 181	0	35 000	435 000	69 851
10	114 287	799 468	0	35 000	470 000	79 287
11	124 573	924 041	0	35 000	505 000	89 573
12	135 785	1 059 826	0	35 000	540 000	100 785
13	148 005	1 207 831	0	35 000	575 000	113 005
14	161 325	1 369 156	0	35 000	610 000	126 325
15	175 844	1 545 000	0	35 000	645 000	140 844
	1 545 000		120 000	525 000		900 000

(1) Amortissement théorique calculé de façon globale sur le coût des constructions : 1 050 000/30 = 35 000 €.
Sur les incidences de la mise en œuvre de la **méthode d'amortissement par composants** applicable depuis le 1er janvier 2005, voir n° 29372.

OBLIGATIONS DÉCLARATIVES

29270 Le preneur doit conserver à l'appui de sa comptabilité pendant toute la durée de la location l'état et le tableau prévus à l'article 38 quindecies H de l'annexe III au CGI. Ils lui sont délivrés par l'entreprise bailleresse à la date d'effet du contrat et lui permettent de déterminer sous sa seule responsabilité le montant non déductible des loyers dus au titre de chaque exercice.

Cette quote-part des loyers non déductible des résultats imposables est mentionnée sur un tableau récapitulatif établi par le preneur sur papier libre, conformément au modèle établi par l'administration (CGI ann. III art. 38 quindecies I).

c. Incidences de la détention de l'immeuble par le preneur

INSCRIPTION À L'ACTIF : PRINCIPES

29275 Par exception aux règles comptables issues du règlement CRC (devenu ANC) 2004-06 du 23 novembre 2004 qui privilégient le critère du contrôle pour définir les immobilisations, les biens objets d'un contrat de crédit-bail sont soumis au principe selon lequel l'inscription à l'actif d'une immobilisation nécessite que l'entreprise en soit propriétaire. Par suite, l'**immeuble pris en crédit-bail** ne peut pas être inscrit à l'actif du preneur, tant qu'il n'a pas levé l'option d'achat. Le **droit d'option** pour l'achat n'a pas non plus à être inscrit au bilan du preneur.

FRAIS D'ENTRETIEN ET DE RÉPARATION INCOMBANT AU PRENEUR

Pour la détermination du régime des frais d'entretien et de réparation de l'immeuble loué qui incombent contractuellement au crédit-preneur, il convient de tenir compte des règles de comptabilisation des actifs. Ainsi, les **éléments principaux d'immobilisations corporelles** qui doivent faire l'objet d'un remplacement à intervalles réguliers et qui ont une durée d'utilisation différente de celle du bien considéré dans son ensemble doivent être comptabilisés séparément à l'actif en tant que composants. À titre d'exemple, lors du renouvellement de l'installation de chauffage, il faudra inscrire distinctement cet élément à l'actif en tant que composant de l'immeuble dès lors que sa durée d'utilisation propre est inférieure à celle de la structure. La dépense de remplacement sera nécessairement immobilisée sans qu'il y ait lieu de rechercher si elle se traduit par un accroissement de la valeur ou de la durée probable d'utilisation de l'immeuble. **29280**

Ces principes sont applicables aux immeubles pris en crédit-bail alors même que le crédit-preneur n'en est pas, par hypothèse, propriétaire. Les règles de comptabilisation par composants rappelées ci-dessus viennent limiter en pratique la portée des critères jurisprudentiels de classification des dépenses (en charges, si elles n'ont pas d'autre objet que de maintenir les éléments d'actif concernés en état d'usage et de fonctionnement jusqu'au terme de leur période normale d'utilisation, sans augmenter ni leur valeur, ni leur durée d'utilisation ; en immobilisations, si les dépenses se traduisent au contraire par un accroissement de la valeur ou de la durée probable d'utilisation des biens). Ces critères jurisprudentiels restent applicables pour la comptabilisation des dépenses relatives à des éléments qui ne répondent pas aux critères de définition d'un composant. Ainsi, les **dépenses courantes d'entretien et de réparation** constituent des charges immédiatement déductibles de l'exercice au cours duquel elles sont engagées.

Les dépenses de réparation qui n'entraînent pas une augmentation des valeurs d'actif et ne sont pas identifiées comme un composant en comptabilité peuvent donner lieu à une provision déductible si elles excèdent, par leur nature et leur importance, les dépenses courantes d'entretien et de réparation. Ces **provisions** dites « **pour gros entretien** » sont les seules qui sont admises au plan comptable. En effet, comme on vient de le voir, les dépenses destinées à remplacer des éléments principaux d'immobilisations corporelles ne peuvent en aucun cas donner lieu à la comptabilisation de provisions : elles doivent être immobilisées en tant que composant de l'actif principal.

CONSTRUCTIONS COMPLÉMENTAIRES RÉALISÉES PAR LE PRENEUR

Les constructions ou aménagements complémentaires auxquels procède le crédit-preneur sur l'immeuble pris à bail ont la nature de constructions sur sol d'autrui dès lors qu'il en assure le financement. Il doit les porter à l'**actif** de son bilan et, en principe, pratiquer l'**amortissement** sur la durée normale d'utilisation de chaque élément dans la mesure où il peut escompter que cette utilisation se poursuivra au-delà de la durée du contrat de crédit-bail. **29285**

À cet égard, le crédit-preneur est tenu de se conformer aux **règles de comptabilisation des actifs par composants.** Ainsi, lorsque dès l'origine, un ou plusieurs éléments constitutifs d'un actif ont chacun des utilisations différentes, ou procurent des avantages économiques à l'entreprise selon un rythme différent, chaque élément est comptabilisé séparément et un plan d'amortissement propre à chacun d'eux est retenu.

PRIMES ET INDEMNITÉS D'ASSURANCE

Conformément aux règles de droit commun, les **primes** d'assurance **versées** par le preneur en exécution d'une stipulation de crédit-bail constituent des dépenses exposées dans l'intérêt de l'entreprise et sont normalement déductibles de ses résultats imposables. **29290**

COTISATION FONCIÈRE DES ENTREPRISES

Les immeubles faisant l'objet d'un contrat de crédit-bail sont compris dans les **bases d'imposition** de la cotisation foncière des entreprises de l'entreprise qui en a la disposition, c'est-à-dire le crédit-preneur. **29295**

2. ACQUISITION DE L'IMMEUBLE EN FIN DE BAIL

a. Droits d'enregistrement et TVA

DROITS D'ENREGISTREMENT

L'exercice de l'option d'achat par le crédit-preneur est normalement susceptible de rendre exigibles les droits de mutation à titre onéreux dus à raison des ventes d'immeubles, calculés dans les conditions de droit commun. **29340**

L'administration admet toutefois que l'**assiette** de ces droits soit constituée non pas par la valeur vénale de l'immeuble à la date de son acquisition par le crédit-preneur, mais par le prix de levée d'option. Pour les contrats conclus depuis le 1er janvier 1996 d'une **durée supérieure à 12 ans,** l'application de cette mesure administrative est subordonnée à la condition qu'ils aient été soumis à la taxe de publicité foncière dans les conditions de l'article 742 du CGI (BOI-ENR-DMTOI-10-60 n° 70). Pour les contrats d'une **durée inférieure à 12 ans,** l'administration admet également la liquidation des droits sur le prix de vente, quelle que soit la valeur vénale réelle des immeubles, et ce, même si le contrat n'a pas été publié. L'administration justifie cette solution par le fait que, n'étant pas visé par l'article 28 du décret 55-22 du 4 janvier 1955, ce contrat n'est pas soumis à publicité obligatoire (BOI-ENR-DMTOI-10-60 n° 75). Si le contrat de crédit-bail de moins de 12 ans devait faire l'objet d'une publicité obligatoire en raison d'une stipulation particulière qu'il contient (n° 28580), et que cette publication n'ait pas eu lieu, on peut douter que cette mesure de faveur trouve application. La doctrine de l'administration fiscale énonce en effet, de façon générale et sans faire de distinction selon la durée du contrat, que **si le contrat** de crédit-bail **dont la publication était obligatoire n'a pas été publié** ou a été publié tardivement, l'assiette des droits de mutation est constituée par la valeur vénale réelle des biens au jour de l'acquisition par le preneur (BOI-ENR-DMTOI-10-60 n° 80). En tout état de cause, l'hypothèse devrait être rare.

Le **taux** applicable au transfert de propriété de l'immeuble au preneur est le taux de droit commun visé nos 84660 s. À ce droit de vente s'ajoute, le cas échéant, la taxe additionnelle sur les cessions de bureaux, locaux commerciaux et de stockage en Île-de-France (n° 84745).

TVA

29345 **Levées d'option soumises à la TVA** Lorsque le cédant est un assujetti agissant en tant que tel, la cession de l'immeuble est soumise à la TVA (CGI art. 257) :

- de plein droit si elle porte sur un immeuble bâti achevé depuis cinq ans au plus ;
- sur option si elle porte sur un immeuble bâti achevé depuis plus de cinq ans.

L'option résulte d'une déclaration formulée par le crédit-bailleur dans l'acte de cession (CGI ann. II art. 201 quater).

Corrélativement, les **droits de mutation** sont alors dus :

- au taux global de 0,71498 % (droit départemental de 0,70 % et frais d'assiette et de recouvrement de 2,14 % sur le montant du droit départemental) dans le premier cas ci-dessus (CGI art. 1594 F quinquies) ;
- au taux de droit commun visé nos 84660 s., assorti le cas échéant de la taxe additionnelle sur les cessions de bureaux, locaux commerciaux et de stockage en Île-de-France (n° 84745), dans le second cas.

Toutefois, seul le droit fixe de 125 € est dû si le crédit-preneur prend un engagement de construire (CGI art. 1594-0 G). S'il prend l'engagement de revendre l'immeuble, c'est le droit au taux réduit de 0,71498 % qui s'applique (CGI art. 1115).

29346 **Assiette de la taxe** En **principe,** la TVA est liquidée sur le prix de cession augmenté des charges, ou sur la valeur vénale réelle des biens si elle est supérieure.

Néanmoins, dans le cas de la levée d'option d'achat au cours ou au terme d'un contrat de crédit-bail, l'administration admet de liquider la taxe sur le **prix contractuel d'exercice de l'option** – et non sur la valeur vénale de l'immeuble – quand bien même ce prix est négligeable, l'essentiel du coût de l'immeuble ayant de fait été supporté dans les loyers (BOI-TVA-IMM-10-20-10 n° 190).

29347 Par **exception,** dans le cas où la cession assujettie à la TVA sur option porte sur un **immeuble bâti de plus de cinq ans** et que l'**acquisition** du bien par le crédit-bailleur ne lui a **pas ouvert droit à déduction,** la TVA est obligatoirement liquidée sur la marge (CGI art. 268).

Il en ira ainsi si l'acquisition n'était pas soumise à la TVA (acquisition auprès d'un non-assujetti ou d'un assujetti n'ayant pas agi en tant que tel, ou acquisition exonérée pour laquelle l'option n'a pas été formulée), ou si le bien a initialement été acquis pour la réalisation exclusive d'opérations situées hors du champ de la TVA (coefficient d'assujettissement égal à zéro), ou encore si l'acquisition, bien que soumise à la TVA, a été réalisée sans mention de la taxe déductible dans l'acte ou dans tout document valant facture (BOI-TVA-IMM-10-20-10 nos 30 s.).

Le **montant de la marge** correspond à la différence entre (CGI art. 268) :

1° d'une part, le prix exprimé et les charges qui s'y ajoutent ;

2° d'autre part, les sommes que le cédant a versées, à quelque titre que ce soit, pour l'acquisition du terrain ou de l'immeuble.

Pour déterminer la base d'imposition, qui est réputée TTC, il y a donc lieu de procéder à un **calcul « en dedans »** selon la formule suivante (BOI-TVA-IMM-10-20-10 n° 250) :

$$\text{Marge taxable} = \frac{\text{montant payé par le cessionnaire} + \text{charges augmentatives} - \text{prix d'achat}}{(100 + \text{taux applicable à l'opération}) / 100}$$

En tout état de cause, il n'y a lieu de rechercher le régime de l'acquisition aux fins de déterminer la base d'imposition que pour les seules livraisons d'immeubles acquis et revendus en gardant la même qualification (BOI-TVA-IMM-10-20-10 n° 20). Autrement dit, ne sont, le cas échéant, taxables à la TVA sur marge que les reventes d'**immeubles n'ayant pas changé de consistance** depuis leur acquisition, tels que les terrains à bâtir ayant été préalablement acquis comme terrains nus ou les immeubles achevés depuis plus de cinq ans précédemment acquis comme immeubles déjà bâtis. Sur cette question, voir n° 84978.

> **Précisions a.** Lors de la **revente de l'immeuble** par le crédit-preneur, si cette revente est soumise à la TVA sur option, la TVA sera calculée sur la marge si la levée de l'option d'achat n'a pas ouvert droit à déduction pour le crédit-preneur. S'agissant de la base, lorsque les loyers n'ont eux-mêmes pas ouvert droit à déduction, il sera admis, pour la détermination du deuxième terme de la différence, que soient pris en compte, au lieu du prix de levée de l'option, le prix d'achat du terrain et le prix de revient des constructions pour le bailleur sous réserve qu'ils aient été mentionnés dans le contrat (BOI-TVA-IMM-10-20-10 n° 290).

b. La **marge** peut se révéler **nulle ou négative.** La base d'imposition sera alors prise pour zéro. Cette situation peut notamment se présenter dans le cadre d'une opération de crédit-bail portant sur un immeuble achevé depuis plus de cinq ans et acquis sans TVA par le crédit-bailleur (cession-bail notamment) lorsque les parties ont intérêt à exercer l'option pour la taxation lors de la levée d'option d'achat par le crédit-preneur pour préserver un droit à déduction sur des travaux de rénovation (BOI-TVA-IMM-10-20-10 n° 300).

Régularisations Lorsque l'immeuble au sujet duquel des régularisations doivent être opérées en application de l'article 207 de l'annexe II au CGI est donné en crédit-bail, la **durée de régularisation** n'est pas de 20 années mais du nombre d'années qui courent jusqu'à l'échéance du contrat, arrondi à l'entier supérieur, sans pouvoir excéder 20 années (CGI ann. II art. 207, II-3). 29350

Par exemple, pour un contrat de crédit-bail conclu pour une durée de 15 ans, les régularisations éventuelles se calculeront par 1/15e.

Le dispositif actuel, en faisant coïncider la durée de régularisation avec la durée du contrat de crédit-bail et en accordant une faculté de soumission à la TVA sur option des ventes d'immeubles de plus de cinq ans, permet en principe au crédit-bailleur d'éviter les régularisations de TVA en toute hypothèse.

En effet, soit la **levée d'option** a lieu **en fin de bail** et la période de régularisation est par définition à son terme. Dès lors, aucune régularisation n'est à effectuer.
Soit la **levée d'option** par le crédit-preneur a lieu en **cours de bail.** Deux situations doivent alors être distinguées (BOI-TVA-IMM-10-30 n° 250) :

– les loyers ont été soumis à la TVA et, par suite, la taxe grevant l'acquisition a été déduite ; si la levée d'option est soumise à la TVA (sur option lorsque l'immeuble est achevé depuis plus de cinq ans), le crédit-bailleur n'a aucune régularisation négative à effectuer. En conséquence, il n'y a pas de transfert des droits à déduction ;

– les loyers n'ont pas supporté la TVA ; la levée d'option portant sur un immeuble achevé depuis plus de cinq ans n'est en principe pas soumise à la TVA et supporte les seuls droits d'enregistrement au taux de droit commun. Aucune régularisation positive de la taxe n'est à opérer. Toutefois, l'option pour la TVA dans cette hypothèse peut présenter un intérêt car elle a pour effet d'améliorer le coefficient de taxation du crédit-bailleur.

> **Précisions** Dans le cas où un avenant conduit à **modifier la durée du contrat** (qu'il s'agisse d'un raccourcissement ou d'une prorogation), les régularisations doivent être calculées sur la base de la nouvelle durée. Une correction globale devra être opérée à due concurrence sur la déclaration CA3 qui suit la prise d'effet de l'avenant (BOI-TVA-IMM-10-30 n° 270).

TRANSMISSIONS D'UNIVERSALITÉS

Lors de la transmission à titre onéreux, à titre gratuit ou sous forme d'apport à une société d'une universalité totale ou partielle de biens effectuée entre redevables de la TVA, aucune livraison de biens n'est réputée intervenir (CGI art. 257 bis). 29352

Dans le cadre d'un crédit-bail, l'administration admet l'application du régime de l'article 257 bis aux opérations suivantes (BOI-TVA-DED-60-20-10 n° 286) :

– la **levée d'option d'achat du crédit-preneur auprès du crédit-bailleur,** qui emporte cession de l'immeuble initialement donné en location dans le cadre d'un contrat de crédit-bail soumis à la taxe, dès lors que le crédit-preneur, qui affectait l'immeuble à une activité de sous-location taxée, entend continuer à l'affecter à une telle activité locative soumise à la taxe ; la doctrine administrative ajoute même, dans ce cas, que la circonstance que le crédit-preneur ou l'acquéreur in fine ait pris, par ailleurs, un engagement de revendre ou de construire est sans incidence dès lors que l'immeuble n'est pas inscrit en stock chez l'acquéreur in fine (Rép. Grau : AN 10-7-2018 n° 7359) ;

– les **transferts d'immeubles opérés, pour le changement de crédits-bailleurs,** au profit du crédit-preneur puis d'un groupement de crédits-bailleurs. Dans cette hypothèse, le crédit-preneur qui affecte l'immeuble à une activité soumise à la TVA lève l'option d'achat au titre de son contrat de crédit-bail existant. Il revend l'immeuble à un autre crédit-bailleur, puis le prend en location dans le cadre d'un autre contrat de crédit-bail.

Dans ces deux cas, l'administration indique que le fait que la **revente n'intervienne pas le même jour que la levée d'option** est sans incidence.

L'administration indique également que la **nature de l'activité économique** à laquelle est affecté l'immeuble par le crédit-preneur n'a pas d'incidence. Le dispositif de l'article 257 bis du CGI s'applique par conséquent lorsqu'un exploitant d'une **activité d'hôtellerie,** crédit-preneur des locaux dans lesquels il exerce son activité, exerce l'option d'achat attachée à son contrat de crédit-bail pour les céder à un crédit-bailleur dans le cadre d'une opération dite de « lease-back » ou dans le cadre de la mise en place d'un crédit-bail avec un crédit-preneur autre que le cédant (Rép. Louwagie : AN 4-7-2023 n° 5782). En revanche, l'acquisition d'un immeuble par l'exploitant d'une activité d'hôtellerie qu'il prenait précédemment en location en crédit-bail ne s'inscrit pas dans le cadre du transfert d'une universalité totale ou partielle. En l'occurrence, il s'agit de la simple acquisition d'une immobilisation affectée à son activité préexistante d'exploitant hôtelier. Dans ces conditions, les dispositions de l'article 257 bis du CGI ne trouvent pas à s'appliquer (Rép. Grau : AN 5-4-2022 n° 35808). La solution s'explique par le fait que l'exploitant hôtelier ne mène pas une activité locative mais une activité commerciale.

CAS PARTICULIER : CONSTRUCTION ÉDIFIÉE SUR UN TERRAIN DONNÉ À BAIL À LA SOCIÉTÉ DE CRÉDIT-BAIL

29355 L'administration a précisé que lorsque, l'immeuble loué ayant été édifié sur un terrain préalablement donné à bail par l'entreprise utilisatrice à la société de crédit-bail, la propriété dudit immeuble est transférée à l'entreprise propriétaire du terrain en vertu des droits qu'elle tient du bail qu'elle a consenti, la taxe de publicité foncière n'est exigible qu'au taux réduit de 0,70 % (0,71498 % avec les impositions additionnelles). En effet, le transfert est opéré en application du droit d'accession s'il s'agit d'un **bail emphytéotique ou** d'un **bail ordinaire** prévoyant l'obligation pour le preneur d'édifier des constructions devant revenir au propriétaire du terrain avec ou sans indemnité (BOI-ENR-DMTOI-10-60 n° 140).

Suite à l'arrêt de la Cour de cassation du 22 mars 1988 qui a jugé, dans une espèce où le propriétaire d'un terrain à bâtir avait vendu une part indivise de ce dernier à un constructeur qui s'était engagé à en payer le prix par la remise de locaux à édifier sur la partie du terrain conservée par le vendeur (le même acte contenant, en outre, un état descriptif de division de l'ensemble immobilier à construire attribuant des lots individualisés à chaque partie au contrat), que la remise des locaux au vendeur du terrain constituait une simple modalité de paiement du prix (et non une opération translative de propriété) exclusive de toute exigibilité de la TPF (Cass. com. 22-3-1988 n° 86-16.920 : RJF 6/88 n° 828), on peut cependant s'interroger sur le bien-fondé de la perception de la taxe sur ce type d'opération.

29356 Si le transfert de propriété est réalisé en application d'un **bail à construction,** il est exonéré de taxe de publicité foncière en vertu de l'article 743, 1° du CGI (BOI-ENR-DMTOI-10-60 n° 150).

b. Impôts directs

29360 Nous examinerons successivement le régime fiscal applicable à l'acquisition de l'immeuble par le locataire à l'échéance du contrat de crédit-bail, puis celui concernant la cession ultérieure de ce même immeuble.

Les règles exposées ci-après concernent l'ensemble des entreprises relevant de l'impôt sur le revenu dans la catégorie des **BIC** ainsi que celles passibles de l'**impôt sur les sociétés.** Le dispositif s'applique également aux contribuables relevant de la catégorie des **BNC** : les contrats de crédit-bail sont considérés comme des immobilisations lorsque les loyers versés ont été déduits du bénéfice. Les biens acquis à l'échéance de tels contrats constituent des éléments d'actif affectés à l'exercice de l'activité (CGI art. 93, 6 et 93 quater, III). L'immeuble acquis au terme du contrat de crédit-bail doit donc être inscrit au registre des immobilisations et amortissements selon les modalités décrites ci-après.

ACQUISITION DE L'IMMEUBLE PAR LE LOCATAIRE EN FIN DE BAIL

Inscription à l'actif Le locataire qui accepte, à l'échéance du contrat de crédit-bail, la promesse unilatérale de vente dont il est titulaire devient propriétaire du bien objet du contrat. Ce bien est alors inscrit à son bilan parmi les éléments de l'actif immobilisé. **29365**

En application des **règles comptables,** l'inscription est normalement effectuée pour le **prix convenu** pour la levée de l'option. S'agissant d'un immeuble, ce prix doit en principe être **ventilé entre le coût du terrain et celui des constructions.** Toutefois, dans le cas courant des contrats qui prévoient un prix de levée d'option symbolique ou inférieur au coût d'acquisition du terrain par la société de crédit-bail, il peut être affecté intégralement au terrain. **29366**

Lorsque le prix de levée d'option excède le prix de revient du terrain, le crédit-preneur affecte aux constructions la fraction de son montant qui excède le prix pour lequel le terrain figure dans les comptes du crédit-bailleur. Le cas échéant, il doit **ventiler** ce prix de revient des **constructions entre la structure et les composants** identifiés, compte tenu de l'évaluation qui peut être faite de leurs valeurs respectives à la date de levée de l'option. L'**amortissement** de ces éléments est ensuite déterminé compte tenu de leurs durées respectives d'utilisation, appréciées à la date du transfert de propriété.

Sur le plan fiscal, le **prix de revient global** de l'ensemble immobilier correspond au prix de levée de l'option augmenté (CGI art. 239 sexies C) : **29367**

– des réintégrations aux résultats imposables de l'exercice de levée d'option, déterminées selon les modalités exposées ci-après (nos 29370 s.) ;

– et, pour les contrats conclus depuis le 1er janvier 1996, des quotes-parts de loyers non admises en déduction (nos 29250 s.).

Le **prix de revient du terrain acquis** coïncide avec son prix d'acquisition par le bailleur.

Le surplus du prix de revient global de l'immeuble (excédant le prix de revient du terrain) constitue le **prix de revient des constructions.** Le prix de revient fiscal des constructions ainsi déterminé fait l'objet d'une décomposition en application de l'article 15 bis de l'annexe II au CGI, aux seules fins de la détermination des **amortissements** déductibles des résultats imposables. Elle s'appuie sur les perspectives d'utilisation des différents éléments qui composent l'immeuble à la date de levée de l'option d'achat. Elle peut donner lieu à l'établissement d'un document annexé à la liasse fiscale. Ainsi, une décomposition fiscale du bien acquis à l'échéance complète la liste des composants identifiés lors des remplacements réalisés avant l'échéance du contrat (voir n° 29280).

Les éléments identifiés par le crédit-preneur sont ensuite amortis sur leur propre durée d'utilisation, appréciée à la date de levée d'option (BOI-BIC-AMT-20-40-20 n° 290). Toutefois, pour les contrats conclus depuis le 1er janvier 1996 à raison d'**immeubles de bureaux situés en Île-de-France** achevés depuis le 31 décembre 1995, la durée d'amortissement des constructions acquises à l'échéance correspond à leur durée normale d'utilisation restant à courir depuis leur acquisition par le bailleur.

Dans la plupart des situations, une **divergence** existe donc entre le prix de revient de l'immeuble dans les comptes et son prix de revient fiscal. La doctrine administrative subordonnant la déduction des amortissements relatifs à l'immeuble acquis par le crédit-preneur à leur comptabilisation, cette obligation ne peut être respectée que par l'utilisation du compte de **provision pour amortissement dérogatoire.** **29368**

Réintégrations à effectuer à l'échéance Le preneur est tenu de procéder à certaines réintégrations aux résultats imposables de l'exercice en cours à la date de l'acquisition de l'immeuble résultant de la levée d'option, qui sont destinées à le placer dans une situation analogue à celle dans laquelle il se serait trouvé s'il avait été propriétaire du bien dès la conclusion du contrat. En particulier, l'avantage retiré de l'opération de crédit-bail, du fait de la déduction des loyers correspondant à l'amortissement financier du coût des constructions d'un montant supérieur à leur amortissement technique, se trouve compensé intégralement à l'échéance par la réintégration de cette différence. **29370**

Le **montant à réintégrer** correspond à la valeur nette comptable qu'aurait eue l'immeuble à cette date si le preneur l'avait amorti lui-même, c'est-à-dire, en principe, à la différence existant, le cas échéant, entre :

– la valeur de l'immeuble lors de la signature du contrat diminuée du prix de levée de l'option ;

– et le montant des amortissements que le locataire aurait pu pratiquer s'il avait été propriétaire du bien depuis cette date (CGI art. 239 sexies).

Pour les contrats conclus depuis le 1er janvier 1996, ce dernier montant est toutefois diminué de la quote-part des loyers non déduite des résultats imposables au cours du contrat (nos 29250 s.).

> Précisions a. Les réintégrations doivent être effectuées dans les bénéfices de l'**exercice en cours au moment du transfert de propriété de l'immeuble.** Ce transfert de propriété intervient en principe à la date de la levée d'option, sauf si les parties en conviennent autrement. Par suite, le preneur qui lève l'option d'achat d'un immeuble pris en crédit-bail en vertu d'un contrat prévoyant de reporter le transfert de propriété de l'immeuble à la date de signature de l'acte authentique de vente doit procéder aux réintégrations au titre de l'exercice au cours duquel est intervenue la signature de cet acte authentique (CAA Nantes 24-9-2015 n° 14NT00443 : RJF 1/16 n° 5).

b. La **valeur d'un immeuble pris en crédit-bail auprès d'une collectivité locale** s'entend de celle mentionnée lors de la signature du contrat, sans qu'il y ait lieu de la diminuer de la subvention consentie au bailleur, alors même que cette subvention a permis de réduire la somme à verser par l'acheteur. Par suite, l'administration peut retenir pour déterminer la valeur du bien le prix d'acquisition de l'immeuble par la collectivité locale majoré du montant des travaux portant sur ce bien (CE 19-6-2017 n° 395452 : RJF 10/17 n° 907).

c. Selon le tribunal administratif de Montreuil, la fraction des loyers excédentaires à réintégrer par une société qui lève l'option d'achat sur un immeuble faisant l'objet d'un **contrat de crédit-bail reçu dans le cadre du régime spécial des apports partiels d'actifs** prévu aux articles 210 A et 210 B du CGI s'apprécie à compter de la date à laquelle le contrat a été conclu par la société apporteuse, et non à compter de la date de l'apport (TA Montreuil 29-6-2015 n° 1311236 : RJF 11/15 n° 887). Cette solution, qui n'est pas exempte de critiques au regard de l'économie générale du régime du crédit-bail, méritera d'être confirmée.

d. Les **PME** sont dispensées de toute réintégration à l'échéance lorsqu'elles acquièrent des immeubles à usage industriel ou commercial (y compris les immeubles de bureaux) situés dans les zones éligibles à la prime d'aménagement du territoire, les territoires ruraux de développement prioritaire, les zones de revitalisation rurale et les zones de redynamisation urbaine à l'issue de contrats d'une **durée au moins égale à quinze ans** conclus entre le 1er janvier 1996 et le 31 décembre 2006. Cette dispense concerne aussi les contrats conclus entre le 1er janvier 2007 et le 31 décembre 2015 portant sur des immeubles situés dans les zones d'aide à finalité régionale, les zones de revitalisation rurale et les zones de redynamisation urbaine (étant précisé que la référence aux zones de redynamisation urbaine ne concerne que les contrats conclus jusqu'au 31 décembre 2014), mais cet avantage est désormais soumis à la réglementation européenne de plafonnement des aides à finalité régionale (CGI art. 239 sexies D).

e. En ce qui concerne les contrats de crédit-bail portant sur des **immeubles de bureaux en Île-de-France** conclus depuis le 1er janvier 1996, aucune disposition spécifique ne régit leur situation à l'échéance du contrat. Toutefois, l'application des règles générales de réintégration, selon lesquelles les réintégrations effectuées en cours de contrat minorent celles exigées à l'échéance, aboutit en pratique à les dispenser de toute réintégration : en effet, le mode de calcul de la quote-part de loyers non déductibles en cours de contrat (n° 29260) inclut déjà la fraction de l'amortissement financier qui excède l'amortissement technique de l'immeuble (en ce sens, BOI-BIC-BASE-60-30-20 n° 80).

EXEMPLE

Si l'on reprend les données de l'exemple du n° 29255, la réintégration exigée du locataire à l'échéance est déterminée comme suit, en retenant un amortissement théorique calculé sur la base d'une durée normale d'utilisation des constructions de 30 ans (sur l'incidence de la méthode par composants applicable depuis le 1er janvier 2005 sur le montant des réintégrations, voir ci-après n° 29372) :

Valeur à la signature :	– constructions (A)	1 050 000 €
	– terrain (B)	450 000 €
Levée de l'option (C)		75 000 €
Amortissement théorique du locataire (D)		525 000 €
Loyers non déductibles (E)		375 000 €
Réintégration (A + B) – (C + D + E)		525 000 €

29372 **Incidence de la méthode par composants applicable depuis le 1er janvier 2005 sur les réintégrations à effectuer à l'échéance** Le mécanisme de réintégration exposé ci-avant n° 29370 vise à placer le crédit-preneur dans une situation analogue à celle dans laquelle il se trouverait s'il avait été propriétaire du bien dès la conclusion du contrat. La question se pose alors de savoir si le montant de la réintégration peut être déterminé comme si le crédit-preneur avait lui-même, dès l'origine, c'est-à-dire dès la conclusion du contrat, mis en œuvre la méthode d'amortissement par composants de l'immeuble. **29372** (suite)

La réponse est à notre avis positive. En effet, l'article 239 sexies du CGI fait expressément référence, pour le calcul de la réintégration, au montant total des **amortissements que le locataire aurait pu pratiquer** s'il avait été propriétaire du bien depuis la date de conclusion du contrat. Ainsi, alors même que la société de crédit-bail ne décompose pas l'immeuble (voir n° 29770), le crédit-preneur devrait pouvoir, comme il l'aurait fait s'il avait été propriétaire, **ventiler** le prix de revient des constructions tel qu'il figure dans les livres du crédit-bailleur **entre structure et composants,** puis appliquer à chacun d'eux le **taux d'amortissement qui lui est propre.** Ce taux résulte de la durée d'usage admise avant 2005 pour l'immeuble dans son ensemble s'agissant de la structure, et, en ce qui concerne les composants, de leur durée réelle d'utilisation. La réintégration à effectuer résulterait selon nous de l'écart entre l'amortissement financier des constructions contenu dans les redevances et la somme des amortissements ainsi calculés.

Comme le montre l'exemple qui suit, cette méthode de calcul aboutit en pratique à **minorer** sensiblement **le montant de la réintégration** que le crédit-preneur doit effectuer. Dans toutes les situations où les composants que le crédit-preneur aurait identifiés s'il avait été propriétaire de l'immeuble dès l'origine ont une durée d'utilisation inférieure ou égale à la durée du contrat, la réintégration qui doit être opérée lors de la levée d'option ne se rapporte en définitive qu'à la structure. La réintégration à opérer est alors limitée à la différence entre l'amortissement financier de la structure contenu dans les redevances et l'amortissement technique que le crédit-preneur aurait pu pratiquer par application des durées d'usage en vigueur jusqu'en 2005 s'il avait été propriétaire.

Notons que l'application de cette méthode de calcul nécessite en pratique que le crédit-preneur établisse pour chaque immeuble pris en crédit-bail un **tableau d'amortissement théorique** comportant une décomposition en harmonie avec celle qu'il pratique dans ses comptes pour des immeubles de même nature.

Signalons enfin que l'**administration** n'a pas encore pris formellement position en faveur de cette méthode de calcul mais que, d'après nos renseignements, elle devrait l'accepter, en pratique, comme un corollaire de la mise en œuvre de la méthode par composants. Il lui appartiendra de préciser si elle entend conférer un caractère obligatoire à ces règles. Une telle solution ne présenterait pas d'inconvénient dans la plupart des situations.

EXEMPLE

Hypothèses :
- contrat de crédit-bail immobilier conclu le 1er janvier N pour une durée de 15 ans;
- prix d'acquisition de l'immeuble : 300 000 €;
- prix des constructions : 255 000 €;
- prix du terrain : 45 000 €;
- prix de levée de l'option : 30 000 €.

Le montant des loyers non déductibles par le crédit-preneur pendant la location s'élève à 15 000 € (fraction de loyer prise en compte pour la fixation du prix de vente réputée affectée au terrain).
Supposons que s'il en avait été propriétaire dès l'origine, le crédit-preneur aurait décomposé comme suit les constructions :

	Quote-part du prix de revient	Prix de revient des composants	Durée d'amortissement fiscale	Annuité fiscale d'amortissement reconstituée	Somme des annuités fiscales reconstituées au titre des exercices N à N + 14
Structure	70 %	178 500 €	20 ans(1)	8 925 €	133 875 €
Second œuvre	10 %	25 500 €	20 ans(2)	1 275 €	19 125 €
Aménagements intérieurs	10 %	25 500 €	15 ans(2)	1 700 €	25 500 €

	Quote-part du prix de revient	Prix de revient des composants	Durée d'amortis-sement fiscale	Annuité fiscale d'amortis-sement reconstituée	Somme des annuités fiscales reconstituées au titre des exercices N à N + 14
Installations techniques	10 %	25 500 €	10 ans(2)	2 550 €	25 500 €
Total	100 %	255 000 €			204 000 €

(1) Pour reconstituer l'amortissement fiscal de la structure, le crédit-preneur peut retenir la durée d'usage admise avant 2005 pour l'immeuble considéré dans son ensemble (sauf s'il s'agit d'un immeuble de placement).
(2) L'amortissement fiscal des composants est calculé sur leur durée réelle d'utilisation, limitée en tout état de cause à la durée d'usage appliquée à la structure.

Il ressort du tableau ci-dessus que la somme des amortissements théoriques qui auraient été pratiqués par le crédit-preneur s'il avait été propriétaire des constructions dès l'origine s'élève à 204 000 €. La valeur nette comptable théorique de l'immeuble est donc égale à :
(300 000 – 204 000) = 96 000 €.
On rappelle par ailleurs que le prix de levée d'option est fixé à 30 000 € et que le montant des loyers non déduits est égal à 15 000 €.
Le **montant à réintégrer** par le crédit-preneur s'élève par conséquent à :
(96 000 – 30 000) – 15 000 = 51 000 €.
Dans le cadre de la réglementation antérieure à 2005, la réintégration à effectuer aurait été de :
255 000 – (255 000 × 15/20) = 63 750 €.

CESSION ULTÉRIEURE DE L'IMMEUBLE

29390 Lors de la cession de l'immeuble acquis en crédit-bail, le **montant** de la **plus-value** réalisée est déterminé dans les conditions de droit commun par différence entre :
– le prix de vente de l'immeuble ;
– et son prix de revient tel qu'il est défini n° 29367, diminué des amortissements pratiqués (CGI art. 39 duodecies A).

Le résultat de cession doit être déterminé en distinguant la part afférente respectivement aux constructions et au terrain.

Pour les **entreprises** soumises à l'**impôt sur les sociétés,** le montant total de la plus-value est compris dans le résultat imposable au taux de droit commun.

Pour les entreprises soumises à l'**impôt sur le revenu,** il convient de ventiler la plus-value réalisée entre une plus-value à court terme et une plus-value à long terme, à condition que le bien ait été détenu pendant au moins deux ans avant sa cession. La plus-value réalisée est alors à court terme à hauteur des amortissements effectivement déduits, majorés de la fraction déduite, pendant la période au cours de laquelle l'entreprise a été titulaire du contrat, des quotes-parts de loyers prises en compte pour la fixation du prix de vente convenu pour la cession éventuelle de l'immeuble à l'issue du contrat, ces quotes-parts étant elles-mêmes diminuées du montant des sommes réintégrées au moment de la levée d'option et des frais d'acquisition compris dans ces loyers (BOI-BIC-PVMV-40-50-30 n° 140). Au-delà de ce montant, la plus-value est soumise au régime des plus-values à long terme et peut bénéficier d'un abattement de 10 % par année de détention au-delà de la cinquième (CGI art. 151 septies B), qui conduit à exonérer totalement les plus-values réalisées sur des biens immobiliers détenus depuis plus de quinze ans. À cet égard, l'administration admet que le point de départ du délai de détention pour le calcul de l'abattement se situe à la date de souscription du contrat de crédit-bail (et non à la date d'inscription de l'immeuble à l'actif) dès lors que l'immeuble en cause a été affecté à l'exploitation de manière continue depuis la signature du contrat (BOI-BIC-PVMV-20-40-30 n° 330).

> **Précisions** Pour l'appréciation du délai de deux ans à partir duquel les entreprises soumises à l'impôt sur le revenu peuvent bénéficier du régime du long terme, la **durée de détention** du bien est normalement décomptée à partir de la date de levée de l'option d'achat. Toutefois, en cas de cession d'immeubles de **bureaux situés en Île-de-France** acquis à l'échéance de contrats conclus depuis le 1er janvier 1996, le délai de détention est décompté d'après la date de leur inscription à l'actif du crédit-bailleur (BOI-BIC-PVMV-40-50-30 nos 60 et 70).

OBLIGATIONS DÉCLARATIVES

Lors de l'**acquisition de l'immeuble,** le locataire doit joindre à la déclaration de résultat de l'exercice en cours lors de l'acquisition un état comportant le montant de la quote-part des loyers non déduite pour la détermination du résultat imposable au titre de chaque échéance de la période de location. Cet état doit distinguer, le cas échéant, la quote-part afférente à des éléments non amortissables de celle relative aux éléments amortissables (CGI ann. III art. 38 quindecies J). Cet état doit être établi sur papier libre, conformément au modèle fixé par l'administration (BOI-BIC-PVMV-40-50-40 n° 160). 29395

Quelle que soit la date de conclusion du contrat de crédit-bail, en cas de **cession d'un bien acquis à l'issue d'un contrat de crédit-bail,** la société cédante doit fournir un état comportant les renseignements nécessaires au calcul de la plus-value réalisée et comportant notamment la part représentative respectivement des constructions et du terrain (BOI-BIC-PVMV-40-50-40 nos 1 s.).

3. CESSION DU CONTRAT DE CRÉDIT-BAIL

a. Droits d'enregistrement et TVA

La cession d'un contrat de crédit-bail immobilier se décompose en **deux opérations distinctes** : la cession d'un droit à un bail portant sur tout ou partie d'un immeuble pour la durée du contrat restant à courir et la cession d'une promesse unilatérale de vente (Cass. com. 7-4-1998 n° 95-13.783 D : RJF 7/98 n° 867 ; Cass. com. 23-4-2003 n° 00-21.938 FS-PB : RJF 8-9/03 n° 1053). 29460

En cas de **cession** du contrat de crédit-bail **par le crédit-bailleur,** voir n° 29980.

CESSION DU DROIT DE JOUISSANCE

En raison des termes généraux du 1er alinéa de l'article 725 du CGI, la **cession du droit de jouissance** d'un immeuble à destination industrielle ou commerciale, quelle que soit la forme qui lui est donnée par les parties, est soumise au droit de mutation ainsi qu'aux taxes locales additionnelles, aux tarifs prévus pour les cessions de fonds de commerce et de clientèles. L'assiette de ces droits et taxes est constituée par le prix stipulé ou estimé ou par la valeur vénale si celle-ci est supérieure (CGI art. 719). 29465

Par ailleurs, le transfert du droit de jouissance de l'immeuble objet d'un crédit-bail est normalement imposable à la **TVA** sur le fondement de l'article 256, IV-1° du CGI (prestations de services). Il demeure néanmoins admis que la taxe due à ce titre ne soit **pas effectivement exigée** à raison de ce qu'elle viendrait en concurrence avec l'application des droits proportionnels d'enregistrement prévue par l'article 725 du CGI (BOI-TVA-IMM-10-10-20 n° 120).

CESSION DE LA PROMESSE UNILATÉRALE DE VENTE

La cession de la promesse unilatérale de vente inhérente au contrat de crédit-bail entre dans le champ de la TVA si le crédit-bailleur est un assujetti et que le crédit-bail porte sur un **terrain à bâtir ou un immeuble bâti achevé depuis cinq ans au plus** ou, sur **option,** sur un terrain non à bâtir ou un immeuble achevé depuis plus de cinq ans. Cette solution résulte de l'article 257, I-1-2° du CGI qui soumet au régime applicable à l'immeuble la cession des droits conférés par une promesse de vente (BOI-TVA-IMM-10-10-20 n° 110). 29470

L'**assiette** de la taxe est en principe constituée par la fraction du prix de la vente correspondant à la cession de la promesse unilatérale de vente. Par exception, l'assiette est constituée par la marge calculée sur cette même fraction si l'immeuble est un terrain à bâtir ou un immeuble de plus de cinq ans et que l'acquisition de ses droits par le crédit-preneur ne lui a pas ouvert droit à déduction. À ce sujet, il convient selon nous de considérer que le coût de l'acquisition pour le crédit-preneur correspond aux loyers versés mais cette analyse devra être confirmée par l'administration.

Corrélativement, les **droits d'enregistrement** dus sur l'opération passible de TVA s'établissent à :

– pour le contrat portant sur un terrain non à bâtir : 5,09006 % (taux qui peut être porté jusqu'à 6,3185 % lorsqu'a été voté un relèvement du droit départemental) ;

– pour le contrat portant sur un terrain à bâtir : 0,71498 % si la TVA est liquidée sur le prix de vente et 5,09006 % (jusqu'à 6,3185 % lorsqu'a été voté un relèvement du droit départemental) si elle est liquidée sur la marge ;

– pour le contrat portant sur un immeuble neuf : 0,71498 % ;

– pour le contrat portant sur un immeuble de plus de cinq ans : 5,09006 % (jusqu'à 6,3185 % lorsqu'a été voté un relèvement du droit départemental).

Il est précisé que ce droit proportionnel n'est pas perçu si le droit prévu à l'article 725 du CGI (voir n° 29465) est d'un taux plus élevé. Inversement, ce droit sera seul perçu si le droit de l'article 725 est d'un taux moins élevé (CGI art. 670).

29471 Si le crédit-bail porte sur un **terrain non à bâtir ou un immeuble de plus de cinq ans** et que l'**option pour la TVA n'est pas exercée,** la cession de la promesse de vente est hors du champ de la TVA et donne seulement ouverture aux droits d'enregistrement. Par suite, n'est dû que le droit fixe des actes innomés, qui n'est pas perçu si le droit proportionnel de mutation prévu à l'article 725 du CGI (voir n° 29465) est exigible pour un montant plus élevé.

b. Impôts directs

29480 Les droits attachés à un contrat de crédit-bail sont traités comme des immobilisations incorporelles pour le cédant comme pour l'acquéreur et relèvent, en cas de cession du contrat, du régime des **plus-values professionnelles** (CGI art. 39 duodecies A).

SITUATION DU CÉDANT

29485 Le **montant de la plus-value** réalisée par le souscripteur initial correspond en principe au prix de cession des droits. En cas de cession d'un contrat de crédit-bail immobilier conclu depuis le 1er janvier 1996, la fraction des loyers non admise en déduction des résultats imposables du preneur est considérée comme un élément du prix de revient du contrat, qui minore le montant de la plus-value imposable.

29487 **Entreprises soumises à l'impôt sur les sociétés** Pour les entreprises soumises à l'IS, le montant total de la plus-value est en **principe** compris dans le résultat imposable au **taux de droit commun.**

Pour le cas particulier où le contrat de crédit-bail est transféré à l'occasion de la réalisation d'une **fusion ou opération assimilée** soumise au régime fiscal de faveur prévu à l'article 210 A du CGI, voir n° 29530.

29488 **Entreprises soumises à l'impôt sur le revenu** Pour les entreprises relevant de l'impôt sur le revenu, il convient, conformément aux règles générales lorsque la cession est réalisée au moins deux ans après la conclusion du contrat, de faire une **ventilation de la plus-value** réalisée entre court terme et long terme. La plus-value de cession du contrat doit pour cela être ventilée entre la fraction qui se rapporte aux droits sur le terrain et celle qui concerne les droits sur les constructions.

29490 Pour les contrats conclus depuis le 1er janvier 1996, la **ventilation** de la plus-value entre terrain et constructions est réalisée de la façon suivante : la valeur des droits afférents au **terrain** correspond à la différence entre la valeur réelle du terrain à la date de la cession du contrat et la valeur du terrain à la conclusion du contrat de crédit-bail, augmentée de l'amortissement financier du terrain effectivement supporté par le preneur par le biais des loyers versés. La valeur des droits afférents aux **constructions** correspond à la fraction du prix de cession qui excède ce montant.

La **plus-value** réalisée est à **court terme** à hauteur de la fraction déduite des loyers pris en compte pour la détermination du prix de vente diminuée des frais d'acquisition de l'immeuble par le bailleur. Dès lors que cette somme ne comprend que des loyers déduits, et que les loyers correspondant à l'amortissement financier du terrain sont exclus des charges déductibles, elle ne peut à notre avis être imputée que sur la plus-value afférente aux droits sur les constructions.

Le montant de la plus-value sur les droits représentatifs du terrain correspond à la plus-value acquise par le terrain lui-même entre les dates de conclusion et de cession du contrat. Elle est toujours à **long terme** lorsque le contrat est cédé au moins deux ans après sa conclusion. Lorsque celui-ci est cédé au moins cinq ans après sa conclusion, la plus-value à long terme réalisée peut bénéficier du régime de l'**abattement pour durée de détention** prévu à l'article 151 septies B du CGI (voir n° 29390).

SITUATION DE L'ACQUÉREUR

29500 L'acquéreur d'un contrat de crédit-bail immobilier a la possibilité de pratiquer, selon le mode linéaire, l'**amortissement** de la fraction du prix d'acquisition du contrat représentative des constructions, sur la durée d'amortissement des constructions à la date d'acquisition du contrat. En revanche, les droits afférents au terrain ne sont pas amortissables.

Pour la détermination de la base amortissable, la **ventilation du prix d'acquisition** est opérée selon les règles présentées ci-avant n° 29490 fondées sur les caractéristiques financières du contrat.

Il en résulte que la **valeur des droits représentatifs du terrain** comprend :
– la plus-value réelle acquise par le terrain entre la date de conclusion et la date de cession du contrat ;
– la fraction des loyers versés affectée au financement du terrain.

La valeur des **droits représentatifs des constructions** correspond à la fraction du prix d'acquisition total du contrat qui excède la valeur des droits afférents au terrain ainsi déterminée.

Dans le cas d'**immeubles de bureaux situés en Île-de-France,** la situation se présente différemment selon l'option retenue quant à l'affectation des loyers réintégrés (n° 29260). Les parties au contrat ont intérêt à affecter les loyers correspondant à l'amortissement financier de l'investissement prioritairement au financement des constructions, puis au financement du terrain afin de limiter, en cas de cession du contrat, la fraction du prix correspondant à des droits non amortissables.

EXEMPLE

(en reprenant les données initiales : n° 29265)
a. Hypothèse 1 : quote-part non déductible des loyers réputée affectée en priorité au financement du prix d'acquisition des constructions.
La valeur des droits sur le terrain, non amortissables, s'élève à :
520 000 € - 450 000 € = 70 000 €.
Le surplus du prix d'acquisition du contrat, soit 930 000 €, constitue le prix d'acquisition des droits représentatifs des constructions, amortissables sur leur durée normale d'utilisation à la date de l'opération.
b. Hypothèse 2 : quote-part non déductible des loyers réputée affectée en priorité au financement du prix d'acquisition du terrain.
La valeur des droits sur le terrain, non amortissables, est de :
(520 000 € - 450 000 €) + 329 468 € = 399 468 €.
La valeur des droits sur les constructions, amortissables, est de :
1 000 000 € - 399 468 € = 600 532 €.

Si l'acquéreur du contrat de crédit-bail **cède** à son tour **le contrat acquis,** la plus-value réalisée correspond à la différence entre son prix de vente et son prix d'acquisition, diminuée des amortissements déduits. La plus-value est déterminée en distinguant la situation des droits afférents aux constructions, de celle des droits afférents au terrain compris dans l'ensemble immobilier. Le cessionnaire doit nécessairement déterminer deux plus-values, l'une concernant les droits représentatifs du terrain, l'autre concernant les droits représentatifs des constructions (droits assimilés à un élément non amortissable). Pour les contrats conclus depuis le 1er janvier 1996, la quote-part de loyers non déductible doit être considérée comme un élément du prix de revient du contrat pour le calcul de la plus-value (BOI-BIC-PVMV-40-50-10 nos 100 s.). **29505**

OBLIGATIONS DÉCLARATIVES

Le **cédant** doit joindre à la déclaration des résultats de l'exercice en cours lors de la cession du contrat l'état mentionné n° 29395 (BOI-BIC-PVMV-40-50-40 n° 160). **29520**

Il doit fournir en outre un état comportant les renseignements nécessaires à la ventilation du prix de vente des droits et au calcul de la plus-value (CGI ann. III art. 38 quindecies F ; BOI-BIC-PVMV-40-50-40 nos 1 s.).

Le cédant doit remettre au cessionnaire une copie des documents délivrés par le crédit-bailleur ou le précédent souscripteur (CGI ann. III art. 38 quindecies I ; BOI-BIC-PVMV-40-50-40 n° 160).

L'**acquéreur** doit joindre à la déclaration de résultats de l'exercice en cours lors de l'acquisition un état établi sur un document conforme au modèle fixé par l'administration et destiné à fournir les renseignements nécessaires à la ventilation du prix entre la fraction représentative des constructions et celle représentative du terrain (CGI ann. III art. 38 quindecies G ; BOI-BIC-PVMV-40-50-40 nos 30 s.).

CAS PARTICULIER : TRANSFERT D'UN CONTRAT DE CRÉDIT-BAIL DANS LE CADRE D'UNE OPÉRATION DE FUSION OU ASSIMILÉE

Dans l'hypothèse où le contrat de crédit-bail est transféré à l'occasion de la réalisation d'une fusion ou d'un apport partiel d'actifs entre sociétés soumises à l'impôt sur les sociétés, la plus-value constatée suit le régime prévu à l'article 210 A du CGI lorsque l'opération est placée sous ce régime. La société absorbée ou apporteuse doit alors distinguer entre la plus-value afférente aux droits sur le terrain et celle qui se rapporte aux droits sur les constructions ; à cet effet, elle doit **ventiler le montant global de la plus-value** selon les modalités exposées ci-avant (nos 29488 s.). **29530**

La plus-value sur les droits afférents au **terrain** ne fait l'objet d'aucune imposition immédiate. En contrepartie, la société absorbante ou bénéficiaire des apports doit s'engager dans l'acte à calculer la plus-value qu'elle réalisera ultérieurement lors d'une nouvelle cession des droits sur le terrain ou lors de la cession du terrain lui-même, postérieurement à la levée de l'option, d'après la valeur fiscale de ces droits dans les écritures de la société absorbée ou apporteuse. Cette plus-value sera alors soumise intégralement au taux normal de l'impôt sur les sociétés.

La plus-value sur les droits afférents aux **constructions** est traitée, pour l'application du régime des fusions, comme une plus-value sur éléments amortissables. Elle est réintégrée aux résultats imposables au taux normal de la société absorbante de manière étalée sur une période de quinze ans (BOI-BIC-PVMV-40-50-10 n°s 260 s.).

Il est à noter que ces règles s'appliquent également en cas d'**apport en société d'une exploitation individuelle** titulaire d'un contrat de crédit-bail immobilier, réalisé dans les conditions prévues à l'article 151 octies du CGI. Les modalités de mise en œuvre du dispositif ont été précisées par l'administration (BOI-BIC-PVMV-40-20-30-20 n°s 330 s.).

Sur les **réintégrations** à effectuer par la société absorbante **lors de la levée de l'option d'achat,** voir n° 29370, Précisions.

4. OPÉRATION DE CESSION-BAIL (OU « LEASE-BACK »)

29550 Une opération de cession-bail consiste, pour une entreprise, à vendre un immeuble à un établissement de crédit-bail qui lui en rétrocède immédiatement l'usage par un contrat de crédit-bail immobilier ; elle a généralement pour objectif de permettre à l'entreprise de dégager des liquidités.

La cession de l'immeuble donne lieu en principe à la constatation d'une **plus-value** imposable dans les conditions de **droit commun** au titre de l'exercice de réalisation de la cession (elle peut donc être génératrice d'un coût fiscal ou avoir pour effet d'apurer des reports déficitaires de l'entreprise).

Néanmoins, pour les **cessions** d'immeuble à une société de crédit-bail **réalisées entre le 1er janvier 2021 et le 30 juin 2023** et précédées d'un accord de financement accepté par le crédit-preneur entre le 28 septembre 2020 et le 31 décembre 2022, la plus-value peut être imposée de façon échelonnée par parts égales sur la durée couverte par le contrat de crédit-bail ou sur 15 ans si le contrat a été conclu pour une durée supérieure. Lorsque l'immeuble est acquis par le crédit-preneur ou que le contrat de crédit-bail est résilié, le solde est imposé immédiatement. Ce dispositif s'applique aux immeubles qui sont affectés par le crédit-preneur à son activité commerciale, industrielle, artisanale, libérale ou agricole. Il ne s'applique pas aux immeubles de placement, sauf lorsque l'immeuble est loué par le crédit-preneur à une entreprise avec laquelle il entretient des liens de dépendance et qui l'affecte à une activité économique (CGI art. 39 novodecies). La condition d'affectation du bien à l'activité économique du crédit-preneur (ou de l'entreprise liée à laquelle l'immeuble est loué) doit être satisfaite à la date de la cession du bien immobilier, puis pendant toute la durée du contrat de crédit-bail (BOI-BIC-PVMV-40-20-60 n°s 55 et 57). Par ailleurs, selon l'administration, la cession du contrat emporte imposition immédiate de la plus-value (BOI-BIC-PVMV-40-20-60 n° 90).

Sur le régime des opérations de cession-bail au regard de la **taxe de publicité foncière,** voir n° 29960.

> **Précisions a.** Un dispositif d'étalement des plus-values similaire à celui prévu par l'actuel article 39 novodecies du CGI s'est appliqué aux **cessions réalisées entre le 23 avril 2009 et le 31 décembre 2012** et a concerné les immeubles de toute nature, y compris les immeubles de placement.
> **b.** Se prononçant sur le cas d'une opération de cession-bail par voie d'emphytéose non soumise à la TVA réalisée en Belgique, la Cour de justice a jugé qu'une telle opération n'implique pas régularisation de la taxe déduite en amont dès lors que le crédit-preneur continue à utiliser l'immeuble pour ses activités taxables. La cession-bail est une opération financière unique qui ne constitue pas une livraison de biens au sens de la TVA (CJUE 27-3-2019 aff. 201/18 : RJF 7/19 n° 734, solution qui paraît transposable aux opérations de cession-bail réalisées en France dans des conditions identiques).

5. SOUS-LOCATION D'IMMEUBLES PRIS EN CRÉDIT-BAIL

29580 Les règles exposées ci-après, qui concernent essentiellement les conséquences de l'exercice de l'option d'achat prévue par les contrats de crédit-bail immobilier, s'appliquent aux **personnes physiques** ou aux **sociétés de personnes** non passibles de l'impôt sur les sociétés dont les associés sont des personnes physiques – et en particulier aux sociétés civiles immobilières – qui procèdent à la sous-location d'immeubles pris en crédit-bail.

Les **revenus** tirés de la **sous-location nue** d'un immeuble pris en crédit-bail relèvent de la catégorie des bénéfices non commerciaux (BOI-BNC-BASE-30-10 n° 320).

Pour les contrats conclus depuis le 1er janvier 1996, les **limitations de déduction** des loyers mentionnées ci-avant nos 29250 s. sont applicables à ces opérations (CGI art. 93, 1-6°).

Dans la mesure où, en application de l'article 93 quater, III du CGI, le contrat de crédit-bail immobilier constitue un élément d'actif immobilisé, les règles exposées à propos du régime des **cessions de contrats** nos 29480 s. sont applicables dans ces situations. De même, les **réintégrations** mentionnées nos 29370 s. doivent être effectuées **lors de l'exercice de l'option d'achat.**

En outre, le transfert de propriété de l'immeuble résultant de la levée d'option entraîne le **changement de régime fiscal** du contribuable, du fait de la cessation de l'activité de sous-location qui devient une activité de location nue, relevant des revenus fonciers. En conséquence, une **plus-value** professionnelle imposable est dégagée à cette date (CE 4-3-2015 n° 360508 : RJF 5/15 n° 402 ; BOI-BNC-BASE-30-10 nos 350 s.), et ce, même en l'absence de sous-location effective à la date de levée d'option depuis plus d'un an ou à défaut de location après la levée (CE 9-6-2020 n° 423598 : RJF 11/20 n° 888). Le montant de cette plus-value, qui est selon l'administration intégralement à court terme (BOI-BNC-BASE-30-10 n° 380), correspond à la différence entre la valeur vénale de l'immeuble à la date d'exercice de l'option d'achat et son prix de revient déterminé selon les modalités exposées n° 29367.

À la demande expresse du contribuable, qui doit figurer dans l'acte constatant le transfert de propriété de l'immeuble, l'imposition de la plus-value peut être **reportée** à la date à laquelle interviendra la transmission de l'immeuble ou la transmission ou le rachat de tout ou partie des titres de la société propriétaire, ou sa dissolution (CGI art. 93 quater, IV).

On notera en outre que la taxation de la plus-value peut être évitée si la société titulaire du contrat de crédit-bail exerce l'**option pour l'impôt sur les sociétés** avant la date d'échéance du contrat.

> **Précisions** **a.** La plus-value réalisée à la suite de la levée d'option d'achat d'un immeuble précédemment pris en crédit-bail et donné en sous-location par une société relevant du régime fiscal des sociétés de personnes dont les titres font l'objet d'un **démembrement de propriété** est imposable au nom du nu-propriétaire des titres (CAA Nantes 17-5-2018 n° 16NT03894 : RJF 10/18 n° 957).
> **b.** Lorsque la SCI comprend parmi ses **membres** à la fois des **personnes physiques** et des **sociétés soumises à l'impôt sur les sociétés**, elle doit procéder à une double détermination de son résultat imposable au titre de l'exercice de levée de l'option, conformément aux dispositions de l'article 238 bis K du CGI. La quote-part de résultat revenant aux associés soumis à l'impôt sur les sociétés doit être déterminée en appliquant les règles relatives aux bénéfices industriels et commerciaux et ne pas inclure la plus-value latente sur l'immeuble (CE 26-4-2024 n° 472855 : RJF 7/24 inf. 540).

6. RÉSILIATION DU CONTRAT DE CRÉDIT-BAIL

La résiliation du contrat présentée à la formalité de l'enregistrement entraîne la perception du **droit fixe** de 125 €. **29640**

Lorsque le contrat de crédit-bail est résilié, ou lorsque l'immeuble n'est pas acquis à l'issue du contrat, les quotes-parts de loyer non déduites durant la période de location sont admises en **déduction du résultat imposable** (CGI art. 39, 10). **29645**

Cette disposition s'applique aux contrats conclus depuis le 1er janvier 1996.

B. Situation du crédit-bailleur

L'article 57 de la loi 95-115 du 4 février 1995 a modifié le régime fiscal applicable aux crédits-bailleurs : les aménagements apportés par cette loi s'appliquent à toutes les sociétés de crédit-bail, quel que soit leur statut. **29760**

Ainsi, le **régime fiscal** de l'ensemble des bailleurs a été **unifié** pour les contrats conclus depuis le 1er janvier 1996. Nous exposerons leur situation en matière d'impôts directs (nos 29765 s.) puis au regard des droits d'enregistrement et de la TVA (nos 29940 s.).

1. IMPÔTS DIRECTS

RÈGLES APPLICABLES EN COURS DE CONTRAT

29765 **Imposition des loyers** Les loyers constituent un produit d'exploitation imposable dans les conditions de droit commun. En tant que **prestations continues,** ils sont retenus dans les résultats imposables selon les modalités fixées à l'article 38, 2 bis du CGI.

Le Conseil d'État a jugé que la seule circonstance qu'une prestation de services présente un caractère continu n'implique pas de manière obligatoire le **rattachement linéaire** de sa rémunération (CE 29-11-2000 n°s 192100 et 192109 : RJF 2/01 n° 149 ; CE 29-2-2008 n° 271799 : RJF 8-9/08 n° 929 ; voir également n° 29240, précision a).

Pour les **entreprises soumises à l'impôt sur les sociétés,** les loyers afférents aux opérations de crédit-bail sont pris en compte au titre du dispositif de limitation de la déductibilité des charges financières (CGI art. 212 bis, III) : les charges et les produits financiers visés par le dispositif incluent le montant des loyers, déduction faite de l'amortissement, de l'amortissement financier pratiqué par le bailleur en application de l'article 39 C, I du CGI et des frais et prestations accessoires facturés au preneur.

> **Précisions** Le **versement initial** exigé dans le cadre d'un contrat de location avec option d'achat peut être étalé de manière linéaire dans les résultats du bailleur dès lors qu'il ne rémunère pas une prestation particulière distincte de la location (CE 29-11-2000 précité).

29770 **Amortissement des immeubles** On rappelle que, par exception aux règles comptables issues du règlement CRC 2004-06 du 23 novembre 2004 qui privilégient le critère du contrôle pour définir les immobilisations, les sociétés de crédit-bail doivent inscrire à leur bilan les biens qu'elles financent tant que le crédit-preneur n'a pas levé l'option d'achat prévue au contrat. Ces sociétés n'ont pas à pratiquer la **décomposition** des biens loués dès lors que la charge de renouvellement ne leur incombe pas (Avis CNC 2006-C du 4-10-2006 et BOI-BIC-CHG-20-10-10 n° 140).

La société de crédit-bail peut amortir les biens loués dans les conditions de droit commun, sur la base de leur **durée d'utilisation,** selon le mode dégressif, le cas échéant (BOI-BIC-BASE-60-30-10 n° 230).

Pour les contrats conclus au cours d'exercices clos depuis le 1er janvier 2000, l'entreprise peut choisir d'amortir l'ensemble des biens loués sur la **durée des contrats** correspondants, au rythme de l'amortissement du capital engagé pour l'acquisition de ces investissements répercuté dans les loyers (CGI art. 39 C). Cette **option,** d'un caractère irrévocable, est exercée lors de la souscription de la déclaration de résultat. Les nouveaux principes comptables sont compatibles avec l'application de ces règles dans les comptes des sociétés de crédit-bail.

L'amortissement ne pouvant être pratiqué que sur les constructions, une **provision** spéciale peut être constituée si le prix de levée de l'option est inférieur au coût d'acquisition du terrain (voir ci-après n° 29775).

> **Précisions** La **limitation** prévue lorsque les biens sont loués par une **personne physique,** une société ou un groupement soumis au régime des **sociétés de personnes** s'applique aux opérations de crédit-bail, y compris lorsque l'amortissement est calculé sur la durée du contrat. Sur cette limitation, voir n° 65802.

29775 **Provision spéciale** Les entreprises de crédit-bail peuvent constituer en franchise d'impôt une provision pour prendre en compte la différence entre, d'une part, la valeur du terrain et la valeur résiduelle des constructions à l'échéance et, d'autre part, le prix convenu pour la cession éventuelle de l'immeuble à cette date (CGI art. 39 quinquies I ; BOI-BIC-BASE-60-30-10 n° 290).

Cette provision peut être **cumulée** avec l'amortissement financier calculé sur la durée du contrat (n° 29770). Elle peut notamment être constituée à raison de la différence entre le prix de revient du terrain et le prix de levée de l'option.

La provision doit être déterminée distinctement pour **chaque immeuble** faisant l'objet d'un contrat de crédit-bail immobilier.

Le **calcul de la provision** doit être effectué à la clôture de chaque exercice. Son montant correspond à la différence qui existe entre :

– le montant cumulé de la quote-part de loyers déjà acquis prise en compte pour la fixation du prix de vente convenu pour la cession éventuelle de l'immeuble à l'issue du contrat ;

– et le total des amortissements pratiqués et des frais supportés par le crédit-bailleur lors de l'acquisition de l'immeuble.

29780 **Obligations déclaratives** Afin de pouvoir justifier rapidement du montant provisionné à la clôture d'un exercice, le crédit-bailleur doit conserver durant toute la période de location un tableau de calcul de la **provision déductible constituée en cas de perte subie** lors de la levée d'option (n° 29775), faisant apparaître, pour chaque échéance, le montant de la provision déductible (BOI-BIC-PROV-30-30-30 n° 20).

Il doit également conserver à l'appui de sa comptabilité pour chaque opération de crédit-bail réalisée un état récapitulant les **conditions générales du contrat** et un tableau faisant apparaître pour chaque loyer la **quote-part** de ce dernier **prise en compte pour la fixation du prix de cession** éventuelle de l'immeuble à l'issue du contrat. Lorsque l'économie du contrat est modifiée en raison de changements dans la situation du preneur ou des biens pris en crédit-bail, un état récapitulatif modifié doit être établi par le bailleur (CGI ann. III art. 38 quindecies H ; BOI-BIC-PVMV-40-50-40 n°s 90 s.).

Le crédit-bailleur doit également tenir sur papier libre, un tableau faisant apparaître, pour chaque échéance, la **quote-part du loyer prise en compte pour la fixation du prix de cession** éventuelle de l'immeuble à l'issue du contrat ou les informations permettant de déterminer celle-ci, ainsi que son **affectation** au financement respectif des frais d'acquisition, des éléments amortissables et des éléments non amortissables.

Il doit remettre l'**état récapitulatif** et le **tableau** au crédit-preneur à la prise d'effet du contrat et des avenants éventuels (BOI-BIC-PVMV-40-50-40 n° 120).

RÉGIME APPLICABLE EN FIN DE CONTRAT

Sort de la provision spéciale La provision spéciale constituée par le crédit-bailleur doit être rapportée en totalité au résultat imposable de l'exercice au cours duquel le preneur **lève l'option** d'achat du bien. 29785

Lorsque l'**option** n'est **pas levée,** la provision est rapportée sur la durée résiduelle d'amortissement, au rythme de cet amortissement et, au plus tard, au résultat imposable de l'exercice au cours duquel le bien est cédé (CGI art. 39 quinquies I, al. 4).

Lorsque le **bien** vient à être **cédé** avant la fin de sa durée d'amortissement, la provision résiduelle est intégralement rapportée au résultat.

Amortissement Dans tous les cas où le contrat de crédit-bail prend fin sans transfert de propriété au profit du crédit-preneur, le crédit-bailleur resté propriétaire du bien doit amortir linéairement la **valeur nette comptable** du bien sur la durée restant à courir jusqu'à la fin de la période normale d'utilisation de ce bien (BOI-BIC-BASE-60-30-10 n° 250). 29790

Cession de l'immeuble Pour les **entreprises** soumises à l'**impôt sur les sociétés,** le résultat de la cession est compris dans le résultat taxable au taux de droit commun. 29795

Pour les **entreprises** soumises à l'**impôt sur le revenu,** l'article 39 duodecies, 7 du CGI prévoit expressément que le régime des plus-values professionnelles ne s'applique pas au résultat réalisé lors de la cession au preneur des éléments de leur actif immobilisé faisant l'objet d'un contrat de crédit-bail conclu depuis le 1er janvier 1996.

Dans le cas général où la levée d'option d'achat par le preneur se traduit par la constatation d'une **perte** par le bailleur, celle-ci est intégralement déductible du résultat imposable au taux de droit commun.

La déduction de la perte résultant de la levée de l'option d'achat pour la détermination du résultat imposable aux taux de droit commun est en pratique compensée par la réintégration de la provision antérieurement constituée, de telle sorte que la cession de l'immeuble est globalement neutre à l'égard du montant des résultats du bailleur au titre de l'exercice concerné.

2. DROITS D'ENREGISTREMENT ET TVA

OPÉRATIONS DE CRÉDIT-BAIL

On rappelle que la **publication** du **contrat** de crédit-bail donne lieu au paiement de la taxe de publicité foncière : voir n° 29205. Par ailleurs, l'**acquisition** de **l'immeuble** par le locataire par la levée d'option en cours ou en fin de contrat donne lieu au paiement des droits de mutation et éventuellement de la TVA dans les conditions énoncées n°s 29340 s. 29940

La **cession de l'immeuble** n'entraîne pas de régularisation de la TVA initialement déduite si certaines précautions sont prises (voir n° 29350).

OPÉRATIONS DE CESSION-BAIL

Les **acquisitions d'immeubles par les sociétés de crédit-bail** en vue d'en concéder immédiatement la jouissance au vendeur par un contrat de crédit-bail (conventions dénommées 29960

« cession-bail » ou « lease-back ») sont soumises au droit de vente au taux réduit de 0,71498 %. Ce régime est subordonné à la condition que le contrat de crédit-bail soit régulièrement publié si sa durée est supérieure à douze ans (voir n° 29205) (CGI art. 1594 F quinquies, H).

CESSION DU CONTRAT PAR LE CRÉDIT-BAILLEUR

29980 Les mutations de toute nature qui ont pour objet, en matière de bail à construction, de bail réel immobilier ou de bail réel solidaire, les droits du bailleur ou du preneur sont assujetties aux dispositions fiscales applicables aux mutations d'immeubles (CGI art. 1378 ter).

Toutefois, pour l'administration, la cession des droits du bailleur ne constitue pas à proprement parler une opération concourant à la production ou à la livraison d'immeuble. Par suite, la cession en cause n'est pas assujettie à la TVA, quelle que soit la date à laquelle elle intervient (BOI-ENR-JOMI-30 n° 210). Selon cette doctrine, cette cession devrait donc être exonérée de TVA comme portant sur un terrain qui n'est pas à bâtir (CGI art. 261, 5-1°), sauf option du bailleur pour l'application de la taxe dans les conditions prévues à l'article 260, 5° bis du CGI.

Corrélativement, la cession des droits du bailleur supporte les droits d'enregistrement au taux de droit commun, y compris en cas d'option pour la TVA, ainsi que, le cas échéant, la taxe additionnelle sur les cessions de bureaux, locaux commerciaux et de stockage en Île-de-France de l'article 1599 sexies du CGI.

RÉSOLUTION OU RÉSILIATION DU CONTRAT

29990 Lorsque les loyers sont soumis à la TVA (n° 29220), la **résolution ou l'annulation** du contrat ouvre en principe droit à imputation ou remboursement pour le bailleur en application de l'article 272 du CGI.

Toutefois, l'article 90 de la directive TVA, dont ces dispositions sont la transposition, n'est pas applicable lorsque l'immeuble objet du contrat est restitué au crédit-bailleur en raison de l'**inexécution partielle par le preneur de ses obligations,** conformément à ce que prévoyait le contrat de crédit-bail, car dans ce cas le bailleur a effectivement perçu l'ensemble des paiements qui lui étaient dus en contrepartie de la prestation qu'il a fournie (CJUE 2-7-2015 aff. 209/14 : RJF 10/15 n° 873).

Jugé par ailleurs que l'**indemnité contractuelle** due **en cas de résiliation anticipée** pour non-paiement des loyers doit être soumise à la TVA dès lors qu'elle fait partie intégrante du montant que le preneur s'était engagé à verser pour l'exécution par le bailleur de ses obligations (CJUE 3-7-2019 aff. 242/18 : RJF 10/19 n° 997).

C. Tableau de synthèse

30120 Nous présentons ci-après un tableau comparatif des règles applicables pour les contrats de crédit-bail immobilier conclus depuis le 1er janvier 1996, selon le lieu de situation de l'immeuble.

	Régime général	Régime zones (contrats d'une durée d'au moins 15 ans)	Bureaux neufs en Île-de-France
Règles applicables en cours de contrat	Déduction des frais financiers, de l'amortissement financier des constructions, des frais d'acquisition de l'immeuble	Déduction des frais financiers, de l'amortissement financier des constructions, des frais d'acquisition de l'immeuble	Déduction des frais financiers, de l'amortissement technique qui aurait été pratiqué en cas d'acquisition directe et des frais d'acquisition de l'immeuble
	Réintégration de l'amortissement financier du terrain	Réintégration de l'amortissement financier du terrain	Réintégration de l'intégralité de l'amortissement financier excédant l'amortissement technique

30120
(suite)

	Régime général	Régime zones (contrats d'une durée d'au moins 15 ans)	Bureaux neufs en Île-de-France
Règles applicables à l'échéance	Réintégration de l'excédent de l'amortissement financier des constructions sur leur amortissement technique (ex. : si contrat 15 ans, prix d'option 1 €, durée d'amortissement 20 ans, réintégration = 5/20 du prix de revient des constructions). Ce montant doit néanmoins être adapté compte tenu de la décomposition pratiquée par l'entreprise	Aucune réintégration	Aucune réintégration

CHAPITRE 5

HYPOTHÈQUE GARANTISSANT LE CRÉDIT

SOMMAIRE

DROIT DE PRÉFÉRENCE

30600 Chaque créancier dispose d'un droit de gage général sur l'ensemble des biens de son débiteur en vertu de l'article 2285 du Code civil. Mais **tous les créanciers** ayant vocation à exercer cette prérogative, au prorata de leurs droits respectifs, la garantie légale se révèle généralement insuffisante. Le droit de préférence résultant des sûretés portant sur les biens immobiliers améliore donc sensiblement les chances de remboursement en permettant aux **créanciers bénéficiaires de** ces **sûretés** de l'emporter sur les créanciers chirographaires dont la garantie est limitée au droit de gage général.

SOURCE DES SÛRETÉS RÉELLES IMMOBILIÈRES

30601 Les sûretés réelles immobilières sont issues soit de la convention des parties – c'est le cas notamment de l'**hypothèque** conventionnelle –, soit de la loi, lorsque cette dernière assortit une créance déterminée d'une garantie spécifique, ce qui est le cas par exemple des hypothèques légales générales de l'article 2393 du Code civil dans sa rédaction issue de l'ordonnance 2021-1192 du 15 septembre 2021 (succédant depuis le 1er janvier 2022 aux hypothèques légales prévues aux articles 2400 et suivants du Code civil dans leur rédaction antérieure à la réforme) et des hypothèques légales spéciales de l'article 2402 dans sa rédaction issue de l'ordonnance 2021-1192 du 15 septembre 2021 (succédant depuis le 1er janvier 2022 aux privilèges immobiliers spéciaux énumérés à l'article 2374 du Code civil dans sa rédaction antérieure à la réforme), soit d'un jugement (cas de l'hypothèque judiciaire prévue aux articles L 531-1 et suivants du Code des procédures civiles d'exécution).

La promesse d'hypothèque (voir n° 30660), le mandat d'hypothéquer, la dispense d'inscription ou l'interdiction d'aliéner et d'hypothéquer sont parfois proposés en **alternative aux sûretés réelles immobilières classiques.** Elles n'offrent pourtant pas les mêmes garanties pour le prêteur. Pour une étude comparative de ces différentes techniques : M. Suquet-Cozic, Tour d'horizon de quelques alternatives à l'hypothèque : BPIM 6/13 inf. 363.

> Précisions Les **privilèges immobiliers spéciaux,** notamment le privilège du vendeur d'immeubles (C. civ. art. 2374, 1° dans sa rédaction antérieure à ord. 2021-1192 du 15-9-2021) et le privilège de prêteur de deniers (C. civ. art. 2374, 2° dans sa rédaction antérieure à ord. 2021-1192 du 15-9-2021) sont des hypothèques accordées par la loi. Ils suivent pour l'essentiel le même régime que l'hypothèque, sauf pour la prise de rang, puisqu'ils rétroagissent au jour de l'événement qui a donné naissance à la créance, contrairement à l'hypothèque qui est fixée au jour de son inscription. Depuis le 1er janvier 2022, ces privilèges sont remplacés par des hypothèques légales spéciales sans rétroactivité de rang (Ord. 2021-1192 du 15-9-2021). Les privilèges immobiliers spéciaux nés avant cette date sont pour l'avenir assimilés à des hypothèques légales spéciales, sans préjudice le cas échéant de la rétroactivité de leur rang (Ord. 2021-1192 du 15-9-2021 art. 37, IV).

SECTION 1 HYPOTHÈQUE CONVENTIONNELLE

CARACTÉRISTIQUES DE L'HYPOTHÈQUE CONVENTIONNELLE

30610 Constituée par la voie contractuelle, l'hypothèque conventionnelle se distingue par sa **source** de l'hypothèque légale, accordée à certains créanciers par la loi, et de l'hypothèque judiciaire résultant d'un jugement.

30611 L'hypothèque conventionnelle est l'affectation d'un immeuble en garantie d'une obligation, sans dépossession de celui qui la constitue (C. civ. art. 2385). Elle permet au créancier de saisir le bien en quelque main qu'il se trouve afin d'être payé en priorité sur le prix.

Contrairement au gage immobilier (anciennement dénommé antichrèse) (C. civ. art. 2379, al. 1), l'hypothèque ne dépossède pas le propriétaire, qui en conserve donc la propriété et la jouissance, mais elle emporte, comme tout droit réel, **droit de préférence** (nos 31040 s.) et **droit de suite** (nos 31100 s.) au profit du créancier bénéficiaire. Ces prérogatives majeures existent, en l'absence de dépossession, grâce au mécanisme de la publicité foncière.

30612 Comme toute sûreté réelle, l'hypothèque est **indivisible** en raison de sa nature et subsiste en entier sur les immeubles affectés, sur chacun et sur chaque portion de l'immeuble (C. civ. art. 2391, al. 2).

Il résulte de cette indivisibilité deux principales conséquences :

1. Le principe de l'indivisibilité intéresse d'abord la **créance garantie,** en cas de succession notamment. Le bénéfice de division, selon lequel les cohéritiers du débiteur ne sont tenus des dettes de la succession que dans la proportion de leur part, ne s'applique pas à l'hypothèque. Ainsi, celui qui a reçu l'immeuble hypothéqué dans son lot peut être poursuivi pour le tout, à charge pour lui de se retourner contre ses cohéritiers.

Quant aux cohéritiers du créancier, la division de la créance n'interdit pas à chacun de saisir la totalité de l'immeuble.

Si la créance est éteinte à l'égard de l'un des débiteurs solidaires seulement, l'hypothèque demeure pour garantir la créance à l'égard de l'autre (Cass. com. 19-1-1993 : JCP E 1993 II n° 411).

2. Le principe d'indivisibilité intéresse en outre l'**immeuble grevé.** Lorsque plusieurs immeubles sont hypothéqués pour la même dette, chacun répond de la totalité et le créancier peut exercer son droit sur celui qu'il choisit (Cass. 3e civ. 15-2-1972 : D. 1972 p. 463). De même, la division de l'immeuble à la suite d'un partage, d'un lotissement, de la création d'une copropriété n'entraîne pas division de l'hypothèque : chacun des lots reste grevé pour la totalité de la dette (Cass. 3e civ. 6-3-1996 : RJDA 8-9/96 n° 1097). Il en irait différemment si la créance était garantie par un privilège ou une hypothèque légale sur plusieurs immeubles et qu'elle faisait l'objet d'une ventilation (voir M. Suquet-Cozic, Privilège de prêteur de deniers et pluralité d'immeubles acquis : comment prendre inscription ? : SNH 41/20 inf. 12, dont les commentaires sont transposables aux hypothèques légales spéciales).

30613 Ayant pour objet de garantir l'acquittement d'une obligation (C. civ. art. 2385), l'hypothèque est un droit réel **accessoire.** Elle suppose l'existence d'une créance et se transmet ou disparaît avec elle (C. civ. art. 2473 et 2474 ; voir nos 31200 s. et 31240 s.).

Bien qu'en raison de son caractère accessoire l'hypothèque ne puisse précéder la naissance de la créance, la loi permet de garantir une **créance conditionnelle ou éventuelle** (n° 30728), telle qu'une ouverture de crédit ou le solde débiteur d'un compte courant. L'obligation à laquelle se soumet le débiteur est en effet autorisée par les articles 1163 et 1304 du Code civil.

A. Constitution de l'hypothèque conventionnelle

1. CONVENTION HYPOTHÉCAIRE

30650 La constitution de l'hypothèque conventionnelle est un acte d'une gravité particulière puisqu'elle réduit la maîtrise du constituant sur son bien et altère la valeur de l'immeuble ; c'est pourquoi la validité de la convention d'hypothèque est subordonnée au respect d'un formalisme rigoureux.

FORME DE LA CONVENTION D'HYPOTHÈQUE

30652 Le contrat d'hypothèque conclu entre le créancier et le constituant doit être passé par **acte** authentique devant un notaire (C. civ. art. 2409). L'acte **notarié** peut être rédigé en brevet mais dans la pratique il est dressé en minute de façon à permettre la délivrance d'une copie exécutoire nominative ou à ordre nécessaire pour l'exécution forcée (Loi 76-519 du 15-6-1976 art. 2 s.).

Lorsque la convention a été conclue dans un pays **étranger,** elle ne peut donner d'hypothèque sur des immeubles situés en France que par le ministère d'un notaire établi en France, sauf traité international contraire (C. civ. art. 2413).

> **Précisions a.** L'hypothèque conventionnelle ne peut pas résulter d'un **acte sous signature privée** déposé au rang des minutes d'un notaire car il s'agit d'un acte solennel qui exige la présence du notaire au moment où le constituant donne son consentement, sous peine de nullité. En outre, un acte sous signature privée déposé au rang des minutes d'un notaire, même avec reconnaissance d'écriture et de signature, ne peut pas être le fondement des formalités de publicité foncière (C. civ. art. 710-1, al. 2).
b. S'agissant d'un **prêt consenti dans un pays étranger** stipulant l'application de la loi étrangère et la constitution d'une hypothèque sur un immeuble situé en France, il n'y a pas application d'un seul droit à cet ensemble contractuel, mais application distributive d'une loi à la créance née du prêt et d'une autre à la sûreté : la loi applicable à la créance est la loi d'autonomie choisie par les parties, en l'occurrence la loi étrangère. En revanche, la sûreté immobilière destinée à garantir la créance sur des **immeubles situés en France** est soumise à la loi de situation des biens et ne peut être constituée qu'en vertu du droit français (Cass. 1e civ. 19-1-1999 n° 96-17.269 : RJDA 4/99 n° 380).
c. Il n'est pas interdit au constituant de donner **mandat à un tiers** de contracter l'hypothèque en son nom, pourvu que le mandat soit, à peine de nullité, constaté par un acte notarié (C. civ. art. 2409) et qu'il soit spécial (Cass. civ. 23-12-1885 : DP 1886 I p. 97). Si le mandat est conclu en **pays étranger,** il n'a pas nécessairement à obéir aux règles de forme locales, la règle selon laquelle la forme des actes est réglée par la loi du lieu dans lequel ils ont été passés n'ayant pas de caractère impératif (Cass. 1e civ. 12-6-2013 n° 12-15.467 : Bull. civ. I n° 122). Il suffit donc que la procuration étrangère obéisse aux règles de forme du droit français pour permettre la réitération de la constitution d'hypothèque par acte notarié en France. À cet égard, il convient de signaler que ne remplit pas les conditions de solennité exigées par le droit français une procuration reçue par un notary public australien (Cass. 1e civ. 14-4-2016 n° 15-18.157 : SN 6/16 inf. 141 obs. R. Crône).

30653 **Sanctions** La forme notariée ayant notamment pour objet de protéger le constituant et de permettre la publicité de l'hypothèque, son exigence est sanctionnée par la nullité absolue (Cass. civ. 7-2-1854 : DP 1854 I p. 49).

Le notaire doit donc impérativement constater le consentement du constituant. En revanche, l'**acceptation du créancier** échappe au formalisme de l'authenticité. Le bénéficiaire de la convention d'hypothèque peut donc accepter tacitement l'hypothèque en requérant son inscription (Cass. req. 3-11-1903 : DP 1906 I p. 529) ou donner mandat sous signature privée de signer l'acte.

SPÉCIALITÉ DE L'ACTE D'AFFECTATION HYPOTHÉCAIRE

30655 La validité de l'acte notarié est subordonnée au respect d'un principe de spécialité dont l'objet est d'assurer l'observation des règles légales et la protection des parties et des tiers. Il faut que le débiteur soit conscient de la portée de son engagement et que le créancier et les tiers connaissent avec précision l'étendue des garanties. C'est pourquoi le principe de spécialité gouverne la constitution même de la sûreté avant de s'appliquer également à la publicité. Il s'agit donc d'une condition de forme et de fond.

La spécialité concerne le bien assujetti et la créance garantie ; en conséquence :

– l'acte notarié doit contenir, à peine de nullité, l'indication précise de la nature et de la situation des **immeubles** hypothéqués (C. civ. art. 2414, al. 2). Il n'est pas interdit au débiteur

d'hypothéquer tous ses immeubles, mais chacun d'eux doit être désigné individuellement. Toute formule emportant hypothèque générale est proscrite ;
– l'hypothèque peut être consentie en garantie d'une ou de plusieurs **créances** présentes ou futures ; dans ce dernier cas, elles doivent être déterminables (C. civ. art. 2415, al. 1). Bien entendu, le constituant doit respecter les engagements qu'il a éventuellement pris, notamment via une clause pari passu, voir n° 30665. La **cause** des créances doit également être déterminée dans l'acte (C. civ. art. 2415, al. 2).

Par ailleurs, l'hypothèque doit toujours être consentie **à hauteur d'une somme déterminée** mentionnée dans l'acte notarié à peine de nullité (C. civ. art. 2417, al. 1). Cette exigence, introduite par la réforme des sûretés de 2006 en vue d'adapter le droit commun de l'hypothèque à l'hypothèque rechargeable (Ord. 2006-346 du 23-3-2006 entrée en vigueur le 25-3-2006), n'affecte pas la validité des hypothèques consenties antérieurement sans indication de montant.

Le cas échéant, les parties évaluent à cette fin les rentes, prestations et droits indéterminés, éventuels ou conditionnels. Si la créance est assortie d'une **clause de réévaluation,** la garantie s'étend à la créance réévaluée, à condition que l'acte le mentionne (C. civ. art. 2417, al. 1).

> **> Précisions** Le fait de **porter le solde d'un prêt en compte courant** fait perdre à la créance de la banque son autonomie en transformant les opérations portées en compte courant en articles de crédit et de débit attachés au compte. Par suite, l'inscription d'hypothèque judiciaire prise pour **garantir le paiement du solde débiteur du compte courant** ne saurait reposer sur le titre exécutoire constatant le prêt immobilier d'origine. Cette inscription n'est pas valable car elle garantit le solde du compte courant pour lequel il n'existe pas de titre exécutoire (Cass. 2e civ. 13-11-2014 n° 13-25.193 : RJDA 5/15 n° 380).

PROMESSE D'HYPOTHÈQUE

La promesse d'hypothèque peut être valablement faite par un **acte sous signature privée** **30660**
(Cass. req. 5-11-1860 : DP 1861 I p. 300 ; Cass. 2e civ. 7-1-1987 : Bull. civ. II n° 4).

Mais elle n'a pas la valeur d'une constitution d'hypothèque (Cass. 1e civ. 21-3-2006 n° 05-11.810) et n'est pas publiable au fichier immobilier (Bull. AMC 1996 art. 1721). En cas de **défaillance du promettant,** le juge ne peut pas décider que son jugement tiendra lieu d'acte d'hypothèque. La promesse ne fait naître qu'une obligation de faire dont l'inexécution par le promettant se résout en dommages-intérêts au profit du bénéficiaire (Cass. 3e civ. 7-4-1993 n° 91-10.032 : RJDA 7/93 n° 645 ; Cass. 1e civ. 3-11-2004 n° 01-15.614 : Bull. civ. I n° 243). De plus, le préjudice pour le prêteur n'est pas égal au montant de sa créance. Il est limité à la perte de chance d'obtenir une inscription d'hypothèque qui lui aurait permis de faire saisir l'immeuble et d'obtenir le remboursement de sa créance (Cass. 1e civ. 5-2-2014 n° 12-19.425). Le prêteur ne peut pas non plus résilier le prêt au motif que l'emprunteur refuserait de constituer l'hypothèque promise : la clause doit être mise en œuvre de bonne foi par la banque. Cette bonne foi fait défaut lorsque la banque connaît les difficultés financières de l'emprunteur, sait que le coût de constitution de l'hypothèque est trop élevé eu égard à sa situation financière, et que le prêt est en outre couvert par une garantie de la Casden (Cass. 1e civ. 1-6-2016 n° 15-14.914 F-D). Il en va d'autant plus ainsi depuis que la loi oblige le prêteur à proposer des mesures de renégociation à l'emprunteur en difficulté avant d'engager des procédures d'exécution (C. conso. art. L 313-49-1 issu de l'ord. 2023-1139 du 6-12-2023 art. 7).

En pratique, la promesse d'hypothèque, qui vise en général principalement à une économie de frais, ne présente donc pas d'intérêt et peut se révéler illusoire pour le créancier. On lui préférera une affectation hypothécaire en bonne et due forme, avec dispense provisoire d'inscription, qui présente des inconvénients moindres.

Pour une **étude comparative,** voir M. Suquet-Cozic, Tour d'horizon de quelques alternatives à l'hypothèque : BPIM 6/13 inf. 363.

CLAUSE PARI PASSU

La clause pari passu est une clause par laquelle le débiteur s'engage envers son créancier à ne **30665**
pas octroyer à des créanciers ultérieurs une position plus avantageuse que la sienne s'il venait à contracter de nouvelles dettes.

L'**objectif** est d'assurer au créancier en place qu'il ne sera pas primé par des créanciers futurs. Elle est dite aussi clause de traitement égal (T. com. Seine 16-7-1924 : J. soc. 1926.675). Ainsi, en cas de souscription d'un emprunt ultérieur, le débiteur a le choix : il peut soit ne pas accorder de sûreté plus avantageuse au nouveau créancier, soit accorder à ce moment-là au créancier actuel les mêmes garanties que celles consenties au nouveau créancier de façon à les placer sur un pied d'égalité. Cette clause est d'interprétation stricte (T. com. Seine 27-6-1935 : DP 1937.2.93).

Développée au sujet des emprunts obligataires émis par les sociétés, cette technique est transposable au domaine des emprunts bancaires, quel que soit le type de sûreté accordée.

La clause pari passu ne fait l'objet d'aucune mesure de **publicité foncière** car elle n'entre dans aucune des catégories d'actes publiables (voir M. Suquet-Cozic, Doit-on publier la clause pari passu ? : SN 12/13 inf. 298). Elle ne pourra pas non plus être publiée en tant qu'élément d'une convention plus large, qu'il s'agisse d'une vente d'immeuble avec prêt, d'une sûreté hypothécaire avec clause pari passu ou d'une sûreté déjà inscrite (M. Suquet-Cozic, art. précité). Elle demeure donc invisible aux yeux des tiers et n'intéresse que les rapports entre le débiteur et ce créancier.

Cette clause n'est donc pas sans **risque** car elle n'empêche nullement le débiteur de consentir efficacement des sûretés au profit de créanciers futurs au mépris de son obligation. L'inexécution de cette clause se résout seulement en dommages-intérêts. Le créancier bénéficiaire de la clause pari passu n'étant pas inscrit, il demeure chirographaire dans ses rapports avec les tiers en cas de concours.

> **Précisions** La clause pari passu se distingue de la **convention de cession de rang** ou cession d'antériorité qui ne peut être conclue qu'entre créanciers déjà titulaires de sûretés (soit déjà inscrits, soit dont seule l'inscription reste à prendre).
> Elle se distingue également de la **stipulation de concurrence** ; dans cette dernière, les créanciers conviennent qu'ils viendront tous au même rang, donc en concurrence les uns avec les autres, sans avoir égard à leurs causes de privilège éventuelles.
> À la différence de la clause pari passu, ces conventions peuvent faire l'objet de publicité foncière par voie de mention en marge des inscriptions concernées.

2. CONDITIONS CONCERNANT LE CONSTITUANT DE L'HYPOTHÈQUE CONVENTIONNELLE

30680 Le constituant doit avoir la capacité et le pouvoir de constituer l'hypothèque et être propriétaire du droit hypothéqué.

CAPACITÉ DU CONSTITUANT DE L'HYPOTHÈQUE CONVENTIONNELLE

30682 L'hypothèque pouvant aboutir à la vente forcée de l'immeuble, la capacité de disposer est exigée du constituant (C. civ. art. 2410). La même capacité que celle nécessaire pour vendre un immeuble est donc requise (sur les règles de capacité, voir n°s 7125 s.).

POUVOIRS DU CONSTITUANT DE L'HYPOTHÈQUE CONVENTIONNELLE

30684 **Époux** S'agissant des époux mariés sous le régime de la communauté, ils ne peuvent l'un sans l'autre grever de droits réels un **immeuble commun** (C. civ. art. 1424). Une solution similaire est obtenue en matière de sûreté légale : lorsqu'un époux acquiert seul, pour le compte de la communauté, un immeuble à l'aide d'un emprunt garanti par un privilège de prêteur de deniers, ce dernier ne peut être mis en œuvre par le créancier que si le conjoint a donné son consentement à l'emprunt comme l'exige l'article 1415 du Code civil (Cass. 1e civ. 5-5-2021 n° 19-15.072 FS-P : SNH 17/21 inf. 1, RJDA 8-9/21 n° 600, dont la solution est transposable à l'hypothèque légale spéciale de prêteur de deniers).

Le **logement familial** bénéficie par ailleurs d'une protection particulière : le consentement du conjoint est toujours nécessaire même si l'un des époux en est seul propriétaire (C. civ. art. 215, al. 3 ; Cass. 1e civ. 17-12-1991 : Bull. civ. I n° 357). Mais un seul époux peut valablement consentir une **promesse** d'hypothèque portant sur le logement familial (Cass. 3e civ. 29-5-2002 n° 99-21.018 : RJDA 10/02 n° 1086). Ceci s'explique par le fait que la promesse d'hypothèque, qui ne vaut pas constitution d'hypothèque (n° 30660), n'est pas soumise aux règles de capacité des articles 2410 et suivants du Code civil (Cass. com. 13-2-2001 n° 97-21.460 : RJDA 6/01 n° 718).

L'époux dont le **conjoint** a **outrepassé ses pouvoirs** dispose d'une action en nullité (C. civ. art. 1427) qui prive l'acte de ses effets non seulement dans les rapports des époux mais également à l'égard du tiers contractant (Cass. 1e civ. 17-6-1981 : JCP G 1982 II n° 19809 note Patarin ; Cass. 1e civ. 28-3-1984 : JCP G 1985 II n° 20430 note Henry).

30685 **Personnes morales de droit privé** Dans les **sociétés anonymes,** la constitution d'hypothèques en vue de garantir les engagements pris par la société elle-même doit être autorisée par le conseil d'administration ou le conseil de surveillance, qui en limite le montant. Le conseil peut toutefois donner cette autorisation globalement et annuellement sans limite de montant pour garantir les engagements pris par les sociétés contrôlées (C. com. art. L 233-16, II). Il peut également autoriser le directeur général ou le directoire à donner, globalement et sans limite de montant, des cautions, avals et garanties pour garantir les engagements pris par ces sociétés contrôlées, sous réserve que ce dernier en rende compte au conseil au moins une fois par an. Le directeur général ou le directoire peut également être autorisé à donner, à l'égard des administrations fiscales et douanières, des cautions, avals ou garanties au nom de la société, sans limite de montant (C. com. art. L 225-35, al. 4 et L 225-68, al. 2).

Les autres sociétés par actions – **société par actions simplifiée** et **société en commandite par actions** – sont engagées par les hypothèques consenties en leur nom par leur représentant légal, même si la constitution d'une telle garantie n'entre pas dans l'objet social, à moins que la société ne prouve que le bénéficiaire de l'hypothèque savait que l'acte dépassait cet objet ou qu'il ne pouvait l'ignorer compte tenu des circonstances (C. com. art. L 226-7, al. 2 et L 227-6, al. 2). Il en va de même dans les **SARL** (C. com. art. L 223-18, al. 5).

Concernant les **sociétés de personnes** (société civile, société en nom collectif et société en commandite simple), les hypothèques consenties par leur représentant légal n'engagent la société que si elles entrent dans l'objet social (C. civ. art. 1849, al. 1 ; C. com. art. L 221-5, al. 1 et L 222-2). Lorsque la sûreté immobilière est consentie en garantie de la dette d'un tiers (un associé par exemple), elle n'est valable que si elle est en outre conforme à l'intérêt social, ce qui ne saurait être le cas si elle est de nature à compromettre l'existence même de la société (Cass. com. 3-6-2008 n° 07-11.785 : RJDA 10/08 n° 1027 ; Cass. com. 8-11-2011 n° 10-24.438 : RJDA 2/12 n° 165 ; Cass. 3e civ. 12-9-2012 n° 11-17.948 : RJDA 1/13 n° 48). Le fait que l'acte entre dans l'objet social est insuffisant à établir qu'il est conforme à l'intérêt social (Cass. com. 23-9-2014 n° 13-17.347 : RJDA 12/14 n° 914).

> **Précisions** **a.** Lorsqu'une **société** dissimule par une façade les agissements d'une autre personne physique ou morale, elle est dite **fictive**. La Cour de cassation considère qu'une telle société n'est pas inexistante mais nulle, d'une nullité opérant sans rétroactivité, si bien qu'une sûreté réelle consentie par une société fictive avant que sa fictivité ne soit déclarée demeure valable et opposable aux créanciers chirographaires, en l'absence de fraude à leurs droits (Cass. com. 12-6-1999 n° 1285 : RJDA 10/99 n° 1077).
> **b.** La réforme du droit des contrats de 2016 a instauré une **limite légale de capacité** des personnes morales applicable aux sociétés de personnes, à combiner avec les règles encadrant les pouvoirs du représentant de la société (C. civ. art. 1145 dans sa rédaction issue de ord. 2016-131 du 10-2-2016). Pour les **contrats conclus entre le 1er octobre 2016 et le 30 septembre 2018,** une société de personnes avait ainsi la capacité de passer des actes utiles à la réalisation de son objet social mais qui lui seraient extérieurs ou encore des actes accessoires à ceux-ci, alors même que la loi ne donne pas ce pouvoir au gérant (Les effets de la réforme du droit des contrats sur la capacité et la représentation des sociétés : BRDA 19/16 inf. 22). La loi de ratification de la réforme a toutefois modifié cette règle (C. civ. art. 1145 modifié par loi 2018-287 du 20-4-2018) : pour les contrats conclus **depuis le 1er octobre 2018,** la capacité des sociétés est limitée par les seules règles applicables à chacune d'entre elles.
> **c.** Sur la **forme,** l'hypothèque sur les biens d'une personne morale de droit privé peut être consentie en vertu de pouvoirs résultant de délibérations ou **délégations établies sous signatures privées** alors même que la constitution de la sûreté doit l'être par acte authentique (C. civ. art. 2326 dans sa rédaction issue de ord. 2021-1192 du 15-9-2021). Cette disposition est une généralisation de la règle qui bénéficiait auparavant aux seules sociétés civiles (C. civ. art. 1844-2 abrogé). En pratique, cette disposition profite essentiellement aux **associations** (Rapport au Président de la République relatif à ord. 2021-1192 du 15-9-2021 p. 7).

Procédure collective L'hypothèque, comme toute sûreté réelle conventionnelle, constituée avant le jugement ouvrant le redressement ou la liquidation judiciaires mais **après la date de cessation des paiements** du constituant pour une dette antérieurement contractée est nulle, à moins qu'elle ne remplace une sûreté antérieure d'une nature et d'une assiette au moins équivalente (C. com. art. L 632-1, 6° et L 641-14), peu important qu'une promesse d'hypothèque ait été consentie avant cette date (Cass. com. 12-11-1997 n° 95-14.900 : RJDA 1/98 n° 76). **30687**

Après l'ouverture de la procédure collective (sauvegarde, redressement ou liquidation judiciaire), l'inscription des hypothèques est suspendue (C. civ. art. 2422, al. 3 ; C. com. art. L 622-30, al. 1, L 631-14 et L 641-3) et une hypothèque sur un bien du débiteur ne peut être consentie qu'avec l'autorisation du juge-commissaire (C. com. art. L 622-7, II et L 631-14, al. 1). Cela vaut également dans le cas exceptionnel où le délai de déclaration d'une créance née d'une infraction pénale commise avant l'ouverture de la procédure ne commence à courir qu'après le jugement d'ouverture en vertu de l'article L 622-24, alinéa 7 du Code de commerce (Cass. com. 27-11-2019 n° 13-21.068 F-PB : BPIM 1/20 inf. 54).

QUALITÉ DE PROPRIÉTAIRE DU CONSTITUANT DE L'HYPOTHÈQUE CONVENTIONNELLE

Le constituant doit être titulaire d'un **droit actuel de propriété** sur le bien donné en gage mais il est possible de constituer une hypothèque sur des biens à venir (n° 30710). Si le droit de propriété est soumis à une condition suspensive ou résolutoire, l'hypothèque l'est aussi (C. civ. art. 2411). **30690**

L'hypothèque de la **chose d'autrui** est exceptionnellement validée, conformément au droit commun, lorsque les conditions d'application de la théorie de l'apparence sont réunies. Le constituant doit se prévaloir d'un titre et se comporter comme un véritable propriétaire. Les tiers doivent pouvoir se prévaloir d'une erreur légitime caractérisée (Cass. 3e civ. 24-9-2003 n° 02-13.030 :

RJDA 1/04 n° 102). Est par exemple valable l'hypothèque consentie par un acquéreur dont le titre a été ultérieurement annulé (Cass. req. 12-2-1941 : S 1941 I p. 68).

30692 **Immeuble indivis** Lorsque l'immeuble est indivis, il faut distinguer selon que l'hypothèque a été accordée par tous les indivisaires ou par un seul. L'indivision est en effet une situation provisoire dont l'issue dépend du choix des indivisaires. Le partage ou la licitation du bien peut faire perdre au constituant ses droits de propriété sur l'immeuble ou au contraire les confirmer.

1. Accord de tous les coïndivisaires. En cas de constitution par tous les indivisaires, l'hypothèque conserve exceptionnellement son effet quel que soit ultérieurement le résultat de la licitation ou du partage (C. civ. art. 2412). C'est pourquoi le créancier hypothécaire, fut-il créancier de l'un seulement des indivisaires, peut poursuivre la saisie et la vente de l'immeuble avant le partage de l'indivision (Cass. 1e civ. 20-11-1990 : Bull. civ. I n° 259).

Il est même admis que l'ouverture de la procédure collective de l'un des coïndivisaires ne fait pas obstacle aux poursuites exercées, avant le partage, par le titulaire d'une hypothèque accordée par tous les indivisaires, fut-il créancier de l'un d'eux seulement. La procédure de saisie-vente est en effet valable du chef des indivisaires restés maîtres de leurs biens, à l'égard desquels l'interdiction d'exercer des voies de recours contre la personne en état de procédure collective est sans effet (Cass. com. 19-12-2000 : RJDA 3/01 n° 386 ; Cass. 1e civ. 28-6-2005 n° 02-20.452 : RJDA 11/05 n° 1294).

2. Hypothèque consentie par un seul indivisaire. L'hypothèque d'un immeuble soumis à une indivision est une opération aléatoire lorsqu'elle est consentie par un seul des coïndivisaires, à moins que celui-ci n'ait obtenu une autorisation judiciaire (C. civ. art. 815-5). En effet, un immeuble ou un droit immobilier indivis peut être hypothéqué par un seul des indivisaires (Cass. 3e civ. 29-11-1989 n° 87-13.947 : Bull. civ. III n° 221), même si l'autre indivisaire est en redressement ou en liquidation judiciaire (Cass. com. 20-6-1995 : RJDA 12/95 n° 1442). Mais le sort de la garantie dépend des résultats du **partage** : l'hypothèque produit tous ses effets, en application du principe de l'effet déclaratif du partage, si l'immeuble est attribué au constituant (C. civ. art. 2412, al. 1) ; en revanche, elle disparaît rétroactivement, pour la même raison, lorsque le bien est attribué à un autre indivisaire (Cass. 1e civ. 26-10-1976 n° 74-12.930 : Bull. civ. I n° 307). Si l'immeuble est vendu aux enchères (licitation) à un tiers, elle conserve son effet dans la limite du prix de la licitation remis au constituant.

L'hypothèque portant sur une **quote-part** dans un ou plusieurs immeubles ne conserve son effet que si l'indivisaire qui l'a consentie est attributaire de l'immeuble hypothéqué lors du partage ; elle le conserve dans toute la mesure de cette attribution sans être limitée à la quote-part appartenant à l'indivisaire ; il en est de même lorsque l'immeuble étant licité à un tiers, le prix est attribué à l'indivisaire (C. civ. art. 2412, al. 2).

3. BIENS SUSCEPTIBLES D'ÊTRE HYPOTHÉQUÉS

HYPOTHÈQUE DE BIENS DANS LE COMMERCE

30700 Le bien grevé étant exposé à une vente, on ne peut hypothéquer que les biens « dans le commerce » (C. civ. art. 2388), c'est-à-dire les biens **saisissables et aliénables.** Sont donc notamment exclus de cette garantie les biens du domaine public.

À cet égard, sont considérés comme n'étant pas dans le commerce au sens de l'article 2388 du Code civil, les biens frappés d'une clause d'inaliénabilité temporaire (Cass. 1e civ. 23-2-2012 n° 09-13.113 : Bull. civ. I n° 39). Par suite, ces biens ne peuvent pas être hypothéqués pendant la durée de l'inaliénabilité.

Les biens acquis en viager ne peuvent généralement pas être hypothéqués sans le consentement des crédirentiers.

HYPOTHÈQUE DE DROITS IMMOBILIERS

30706 L'hypothèque porte le plus souvent sur le **droit de propriété** lui-même. Mais les **autres droits réels** immobiliers résultant d'un démembrement de la propriété sont également susceptibles d'être hypothéqués :

– la nue-propriété ; dans ce cas, l'hypothèque a automatiquement pour objet la pleine propriété du bien à compter de l'extinction de l'usufruit (Cass. com. 13-3-2012 n° 11-10.289 : Bull. civ. IV n° 55) ;
– l'usufruit des biens immobiliers pendant le temps de sa durée ;
– les baux emphytéotiques (baux de plus de 18 ans) (Cass. 3e civ. 15-5-1991 : Bull. civ. III n° 140 ; Cass. 3e civ. 13-5-1998 nos 96-13.586, 96-14.076 : Bull. civ. III n° 101) ;
– les baux à construction régis par les articles L 251-1 et suivants du CCH ;
– les droits indivis sur les immeubles (voir n° 30692) ;
– le droit de superficie.

En revanche, le droit d'usage ou d'habitation qui est insaisissable et les servitudes qui sont inséparables du fonds dominant ne peuvent pas faire l'objet d'une hypothèque (CA Paris 10-5-1898 : DP 1898 II p. 497).

HYPOTHÈQUE DE BIENS PRÉSENTS OU FUTURS

Depuis le 1er janvier 2022, l'hypothèque peut être consentie sur des immeubles présents ou futurs. À peine de nullité, l'acte notarié désigne spécialement la nature et la situation de chacun de ces immeubles (C. civ. art. 2414 dans sa rédaction issue de ord. 2021-1192 du 15-9-2021). Cette disposition ne remet pas en cause la règle de l'effet relatif de la publicité foncière : l'hypothèque de bien futur ne peut être inscrite que lorsque le constituant est devenu propriétaire du bien. 30710

> **Précisions** La règle permettant de constituer une hypothèque conventionnelle générale en cas d'insuffisance de biens présents (C. civ. art. 2420 1° dans sa rédaction antérieure à ord. 2021-1192 du 15-9-2021 applicable jusqu'au 31-12-2021) n'est pas reprise par la réforme du droit des sûretés. Non utilisée en pratique, elle était en effet dangereuse pour le constituant, en ce qu'elle lui permettait de se priver en une seule fois de tout son crédit hypothécaire (Rapport au Président de la République relatif à ord. 2021-1192 du 15-9-2021 p. 12).

ASSIETTE DE L'HYPOTHÈQUE CONVENTIONNELLE

L'hypothèque porte non seulement sur l'**immeuble** par nature mais aussi sur tous ses **accessoires** (C. civ. art. 2389), tels que les servitudes. 30715

Elle s'applique également aux produits de l'immeuble, car ils contribuent à la valeur du bien, aux fruits non détachés et aux immeubles par destination (tels les meubles affectés au service d'une exploitation agricole, industrielle ou commerciale) qui ne peuvent pas être hypothéqués séparément.

Elle s'étend enfin aux **améliorations** apportées à l'immeuble (C. civ. art. 2389), qu'elles émanent du constituant ou d'un tiers détenteur de l'immeuble (Cass. req. 2-7-1901 : DP 1909 I p. 342 ; Cass. 3e civ. 6-1-1972 : D. 1972 p. 398) et notamment aux constructions proprement dites, par l'effet du principe de l'accession.

> **Précisions** **a.** La **prime d'arrachage de vigne** ne constitue pas un produit car elle n'est pas la représentation de la valeur de la vigne détruite et ne constitue pas le prix des produits de celle-ci (Cass. 3e civ. 12-10-1994 : RJDA 1/95 n° 61).
> **b.** L'hypothèque porte sur le **bien subrogé** à l'immeuble hypothéqué, notamment sur l'indemnité d'assurance (n° 31260), l'indemnité d'expropriation (C. expr. art. L 222-3), sur l'immeuble substitué à celui qui avait été hypothéqué (C. civ. art. 2420, 3°).
> **c.** En **copropriété,** seule doit être désignée dans l'affectation hypothécaire la partie privative du lot grevé, ainsi que le numéro de lot. Pour les besoins de la publicité foncière, l'hypothèque du lot est réputée ne pas grever les parties communes (Décret 55-1350 du 14-10-1955 art. 71-9, dernier al.).
> **d.** L'hypothèque s'étendant aux **immeubles par destination,** elle est susceptible d'entrer en concours avec le gage de meubles portant sur des meubles immobilisés par destination (M. Suquet-Cozic, Le nouveau gage sur meubles immobilisés par destination : les points de vigilance pour le notaire : SNH 9/22 inf. 15).

4. PUBLICITÉ DE L'HYPOTHÈQUE CONVENTIONNELLE

RÔLE DE LA PUBLICITÉ DE L'HYPOTHÈQUE CONVENTIONNELLE

Le créancier qui a obtenu une hypothèque doit l'inscrire auprès du service chargé de la publicité foncière (C. civ. art. 2421). 30720

Cette mesure n'est pas une condition de validité de la sûreté qui existe du seul fait de l'acte constitutif et peut donc lier le débiteur et ses ayants droit indépendamment de sa publication. Mais, **à défaut de publicité,** l'hypothèque est inopposable aux tiers, même s'ils en ont connaissance (Cass. 3e civ. 17-7-1986 : Bull. civ. III n° 118). En revanche, l'hypothèque inscrite est opposable aux acquéreurs d'un droit réel et aux créanciers hypothécaires, postérieurs à l'inscription, ainsi qu'aux créanciers chirographaires (C. civ. art. 2418).

Notons que l'inscription d'une hypothèque, quelle que soit la personne qui l'effectue, en constitue un commencement d'exécution qui empêche d'invoquer l'exception de nullité de la garantie (Cass. 3e civ. 9-3-2017 n° 16-11.728 FS-PBRI : BPIM 3/17 inf. 230).

a. Modalités de publicité de l'hypothèque conventionnelle

BORDEREAU D'INSCRIPTION

La publicité de l'hypothèque s'opère par une inscription au service de la publicité foncière dans le ressort duquel les biens sont situés (C. civ. art. 2421). Cette inscription est faite par ce service 30725 à l'**initiative** du créancier ou de son notaire qui a mandat tacite à cet effet. Les **frais** d'inscription sont, sauf stipulation contraire, à la charge du débiteur (C. civ. art. 2433).

30726 Le créancier est tenu de remettre à l'administration deux bordereaux rédigés sur une **formule spéciale** qu'elle fournit (C. civ. art. 2423 ; Décret 55-1350 du 14-10-1955 art. 55). Le premier est destiné à être conservé au registre des inscriptions et le second est restitué au déposant avec la preuve que l'inscription a été prise. Y sont donc mentionnées la date du dépôt et les références de la publication (C. civ. art. 2426).

De même que l'acte constitutif, le bordereau doit **désigner** notamment l'identité des parties, l'immeuble grevé, la date et la nature du titre donnant naissance à la sûreté, la cause de l'obligation garantie et, le cas échéant, la mention expresse du caractère rechargeable de l'hypothèque (et de la somme en capital pour laquelle l'hypothèque pourra être affectée à la garantie d'autres créances) et du pacte commissoire (n° 31021) ; il comporte également élection de domicile du créancier (Décret 55-1350 du 14-10-1955 art. 55, 2).

La **date de l'inscription** est déterminée par la mention portée sur le registre des dépôts (C. civ. art. 2426, al. 2).

30727 La publicité doit respecter le principe de spécialité de l'hypothèque quant à son **assiette** : chacun des **immeubles** sur lequel l'inscription est requise doit être désigné dans le bordereau conformément aux règles de désignation de la publicité foncière (C. civ. art. 2421 et 2423, al. 8 ; Décret 55-22 du 4-1-1955 art. 7).

30728 Afin de renseigner notamment les tiers sur le montant exact de la **créance garantie,** le bordereau doit indiquer le capital de la créance, ses accessoires et la date prévue pour son exigibilité (Décret 55-1350 du 14-10-1955 art. 55, 2-4°). Il convient donc de préciser, dans le bordereau, le montant des **intérêts** échus et le taux des intérêts à échoir (Cass. 1e civ. 8-6-1983 n° 82-11.993 : Bull. civ. I n° 171). Les intérêts ne sont conservés par l'inscription initiale au même rang que le principal que dans la limite de trois années (C. civ. art. 2427). Pour garantir d'autres intérêts, des inscriptions complémentaires seront nécessaires à mesure des échéances. Le montant des **accessoires** à inscrire est évalué librement par le créancier (voir M. Suquet-Cozic, Quel est le montant maximum des accessoires en cas d'inscription d'une sûreté ? : SN 8-9/15 inf. 166).

Lorsque la **créance** est **indéterminée, conditionnelle ou éventuelle,** l'article 55, 2-4° précité précise les règles à suivre :

– le créancier doit évaluer la créance, sans préjudice, en cas d'excès, d'une réduction arbitrée par le juge à la demande du débiteur (voir n° 30780) ; l'événement ou la condition dont dépend l'existence de la créance doit être également indiqué ;

– si la créance est assortie d'une clause de réévaluation (prêt indexé par exemple), l'inscription mentionne le montant de la créance originaire ainsi que la clause.

COÛT DE L'INSCRIPTION

30730 L'inscription au service chargé de la publicité foncière entraîne l'exigibilité de la **taxe** de publicité foncière au taux de 0,70 % (0,71498 % en incluant le prélèvement de 2,14 % pour frais d'assiette et de recouvrement) (CGI art. 844).

Des exonérations sont prévues pour certains prêts à la construction ou au logement (CGI art. 845).

Sur la **contribution de sécurité immobilière,** voir nos 15840 s.

b. Délai d'inscription de l'hypothèque conventionnelle

30740 L'inscription de l'hypothèque ne peut pas être requise avant la naissance de la garantie résultant de l'acte constitutif ou avant l'entrée du bien dans le patrimoine du débiteur lorsque l'hypothèque porte sur des biens à venir.

Sous ces réserves, aucun **délai** n'est imposé pour l'inscription de l'hypothèque (Cass. 3e civ. 10-7-2002 n° 00-22.433 : RJDA 11/02 n° 1201), mais l'inscription étant attributive de rang, le créancier a intérêt à y procéder sans attendre. En cas de retard, il risque même de ne plus pouvoir procéder à une inscription utile, s'il s'est produit un des **événements qui arrêtent le cours des inscriptions.**

Ces événements sont :

– la publication de l'aliénation de l'immeuble au profit d'un tiers (C. civ. art. 2422, al. 1 ; Cass. 3e civ. 1-3-2006 n° 04-20.253 : RJDA 8-9/06 n° 957) antérieure à l'inscription de l'hypothèque ; dans le conflit entre deux droits concurrents, priorité est en effet donnée à la première formalité publiée ;

– la publication d'un commandement valant saisie (C. exécution art. L 321-2), qui interdit au débiteur de disposer de l'immeuble et rend inopposable au créancier saisissant toute inscription postérieure ;

– le décès du débiteur lorsque la succession n'est acceptée qu'à concurrence de l'actif net ou est déclarée vacante (C. civ. art. 2422, al. 2) ;

– l'ouverture d'une procédure collective contre le débiteur (n° 30687).

c. Durée des effets de l'inscription de l'hypothèque conventionnelle

L'inscription hypothécaire ne produit pas indéfiniment ses effets. À défaut de renouvellement, la péremption lui fait perdre son opposabilité, alors même que l'hypothèque n'est pas éteinte. Quant à la radiation, elle lui retire toute efficacité. **30750**

Lorsqu'un terme a été fixé dans l'acte constitutif de l'hypothèque garantissant la dette d'un tiers, le juge doit rechercher s'il s'agit de la date d'expiration de la durée de validité de l'inscription ou du terme de l'engagement du propriétaire (Cass. 1e civ. 12-1-2012 n° 10-18.669 : RJDA 4/12 n° 434 ; Cass. 3e civ. 22-10-2014 n° 13-28.477).

PÉREMPTION DE L'INSCRIPTION DE L'HYPOTHÈQUE CONVENTIONNELLE

L'inscription de l'hypothèque conserve le rang de celle-ci pour la durée fixée par le créancier sous réserve des limites maximales suivantes (C. civ. art. 2429) : **30760**

– si le principal de l'obligation garantie doit être acquitté à une ou plusieurs dates déterminées, la **date extrême de l'effet de l'inscription** prise avant l'échéance ou la dernière échéance prévue est, au plus, postérieure de un an à cette échéance, sans toutefois que la durée de l'inscription puisse excéder cinquante années ;

– si l'échéance ou la dernière échéance est indéterminée, notamment dans le cas du prêt viager hypothécaire, ou si l'hypothèque est assortie d'une clause de rechargement (voir n° 32060), la durée de l'inscription est au plus de cinquante années au jour de la formalité ;

– si l'échéance ou la dernière échéance est antérieure ou concomitante à l'inscription, la durée de l'inscription est au plus de dix années au jour de la formalité ;

– lorsque la sûreté garantit plusieurs créances et que celles-ci sont telles que plusieurs des trois cas ci-dessus sont applicables, le créancier peut requérir soit, pour chacune d'elles, des inscriptions distinctes, soit une inscription unique pour l'ensemble jusqu'à la date la plus éloignée ; il en est de même lorsque la première des trois dispositions susvisées étant seule applicable, les différentes créances ne comportent pas les mêmes échéances ou dernières échéances.

La péremption n'a pas pour **conséquence** d'éteindre l'hypothèque, si l'obligation persiste, mais l'inscription cesse de produire effet à défaut de renouvellement ; l'hypothèque dont l'inscription est périmée peut à nouveau être inscrite, même sans l'accord du débiteur (Cass. 3e civ. 25-4-2007 n° 06-11.524 : RJDA 10/07 n° 1014), mais elle ne retrouvera pas le rang de l'hypothèque d'origine. **30762**

Toutefois, l'absence de renouvellement n'interdit pas de poursuivre la saisie immobilière introduite avant l'expiration du délai de l'inscription (Cass. 3e civ. 21-1-1998 : Bull. civ. III n° 16).

RENOUVELLEMENT DE L'INSCRIPTION DE L'HYPOTHÈQUE CONVENTIONNELLE

Pour éviter que la péremption ne s'accomplisse à la date qui avait été fixée par le créancier, ce dernier doit renouveler son inscription si une créance subsiste (C. civ. art. 2430, al. 1). **30765**

Le **renouvellement incombe** en principe au créancier. Toutefois, le notaire qui a dressé l'acte constitutif est tenu d'y procéder dès lors qu'il a reçu un mandat spécial exprès ou tacite ou un mandat général l'obligeant à une telle diligence (Cass. 1e civ. 19-5-1999 n° 96-22.460 : Bull. civ. I n° 165 ; Cass. 1e civ. 12-1-1999 n° 96-18.775 : Bull. civ. I n° 15). Ainsi, lorsqu'il a reçu de son client mission de recouvrement de prêts par voie amiable ou judiciaire, le notaire doit accomplir tous les actes d'administration nécessaires à l'efficacité du recouvrement et notamment procéder au renouvellement des inscriptions hypothécaires (Cass. 1e civ. 14-6-1989 : Bull. civ. I n° 238). Mais la responsabilité du notaire ne saurait être retenue lorsque celui-ci a communiqué en temps utile au créancier le rejet dont le renouvellement a fait l'objet et les solutions envisageables, qui supposaient une démarche active du créancier, car le notaire ne pouvait agir différemment (CA Lyon 6-10-2015 n° 13/06612 : SN 1/16 inf. 25).

Le renouvellement doit **intervenir avant** la péremption, faute de quoi le créancier perd son rang et doit reprendre une nouvelle inscription (C. civ. art. 2430, al. 1). Il s'agit de la seule condition de temps posée par le législateur en matière de renouvellement d'inscription. Hormis cette condition, il n'existe pas de date minimum à respecter. Le renouvellement peut être demandé à tout moment au cours du délai de validité de l'inscription (Bull. AMC 1965 art. 602). Il peut donc être demandé sans attendre la fin de ce délai. Ce sera notamment le cas pour proroger une inscription lorsque le créancier accorde un délai de paiement supplémentaire ou lorsque, pour n'importe quelle raison, l'inscription a été prise pour une durée trop courte (M. Suquet-Cozic, Comment corriger une inscription hypothécaire prise pour une durée trop courte ? : SNH 17/23 inf. 10).

Le renouvellement peut être requis malgré la survenance d'un des événements arrêtant le cours des inscriptions (voir n° 30740) puisqu'il ne s'agit pas d'une nouvelle inscription (Cass. 2e civ. 10-2-1993 : JCP G 1993 IV n° 949). Il peut aussi être requis malgré le décès du propriétaire de l'immeuble, et sans avoir à mentionner l'identité de ses héritiers, puisque le bordereau de renouvellement n'a à indiquer que le propriétaire grevé originaire (Décret 55-1350 du 14-10-1955 art. 61 ; voir M. Suquet-Cozic, Peut-on renouveler une inscription hypothécaire lorsque le propriétaire-débiteur est décédé ? : SNH 24/21 inf. 7).

Il doit être encore accompli lorsque l'hypothèque a produit son effet légal, c'est-à-dire a été transformée en droit sur le prix par la réalisation du gage, tant que le prix n'a pas été payé ou consigné (C. civ. art. 2430, al. 3). Jusque-là, le créancier n'est pas tenu de donner mainlevée de son inscription (Cass. 2e civ. 25-5-1987 n° 85-15.820 : Bull. civ. II n° 115).

Le créancier choisit la **durée de renouvellement,** dans les mêmes conditions que celle de la première inscription (C. civ. art. 2430, al. 2 ; Cass. 3e civ. 17-1-2007 n° 05-21.871 : RJDA 6/07 n° 661).

Le renouvellement a pour **effet** de conserver le rang de l'hypothèque primitive.

Une même inscription peut être renouvelée **plusieurs fois** tant qu'une créance subsiste.

> **Précisions** **a.** Une **consignation** irrégulière ne serait pas libératoire. Le créancier dont l'inscription est arrivée à péremption après une consignation irrégulièrement faite n'est donc pas dispensé de procéder au renouvellement de son inscription pour en conserver le bénéfice (Cass. 3e civ. 19-5-1999 n° 97-16.673 : RJDA 8-9/99 n° 1012).
> **b.** En cas de **fusion-absorption du créancier hypothécaire,** le renouvellement fait par la société absorbante au nom de la société absorbée et donc dissoute produit néanmoins ses effets (Cass. 3e civ. 11-10-2006 n° 05-21.313 : RJDA 3/07 n° 263 ; Cass. 3e civ. 8-2-2012 n° 10-25.292 : Bull. civ. III n° 26).
> **c.** L'inscription en renouvellement n'est pas soumise à la **taxe de publicité foncière** (CGI art. 663, 1°).

RADIATION DE L'INSCRIPTION DE L'HYPOTHÈQUE CONVENTIONNELLE

30770 La radiation, à laquelle il est procédé par une mention en marge de l'inscription, a pour **effet** de retirer toute efficacité à une inscription non encore périmée.

Il n'existe pas de **délai** limite pour que le constituant demande la radiation au créancier. Il résulte de l'article 2438 du Code civil que, tant que l'inscription subsiste, la radiation peut toujours être demandée, alors même que la créance serait éteinte depuis plusieurs années (Cass. 3e civ. 16-3-2022 n° 20-21.337 FS-B ; BPIM 3/22 inf. 228).

30772 **Causes de radiation** La radiation peut être volontaire ou judiciaire (C. civ. art. 2435, al. 1).

La radiation volontaire, appelée **mainlevée,** est réalisée par le créancier, généralement après le paiement de sa créance mais aussi en cas de remise de dette ou de renonciation à l'hypothèque. En l'absence de distinction dans l'article 2435 du Code civil, la radiation volontaire est possible pour tout type d'hypothèque : conventionnelle, légale ou judiciaire.

Le créancier qui y procède doit avoir la capacité (C. civ. art. 2435, al. 1) soit de recevoir le paiement, si la mainlevée est consentie après le paiement de la créance, soit de renoncer à un droit réel immobilier, si la mainlevée a lieu sans paiement préalable (Cass. 3e civ. 16-7-1975 n° 74-11.405 : Bull. civ. III n° 257).

30773 La **radiation judiciaire** ou forcée est prononcée par le tribunal dans le ressort duquel l'inscription a été faite (C. civ. art. 2437). Elle ne peut pas être ordonnée en référé (Cass. 2e civ. 8-6-1995 : Bull. civ. II n° 176 ; Cass. 3e civ. 25-4-2001 n° 99-20.138 : RJDA 7/01 n° 826).

Elle peut être demandée par le débiteur ou tout autre créancier, lorsque le bénéficiaire de l'hypothèque refuse la radiation volontaire, alors que l'inscription n'est plus justifiée. Le tribunal doit prononcer la radiation lorsque l'inscription a été prise sans un fondement légal ou sans titre, en vertu d'un titre irrégulier ou éteint, ou encore lorsque l'hypothèque est légalement épuisée (C. civ. art. 2438). La radiation s'impose aussi au créancier qui n'a pas procédé à la publication, sous forme de mention en marge, prévue en cas de rechargement de l'hypothèque (C. civ. art. 2435, al. 2).

La radiation ne peut être opérée que si la décision du tribunal est définitive (C. civ. art. 2435, al. 1).

> **Précisions** **a.** L'époux qui reçoit, à la **dissolution de la communauté,** l'immeuble commun sur lequel son conjoint avait pris une **hypothèque en garantie d'une dette commune** ne peut pas demander la radiation de cette hypothèque bien qu'il ne soit tenu qu'au paiement de la moitié des dettes entrées dans la communauté du chef de son conjoint (Cass. civ. 31-1-1989 : Bull. civ. I n° 46 ; Cass. 1e civ. 10-5-2006 n° 763 : RJDA 11/06 n° 1170).
> **b.** Seules les **inscriptions de sûretés ou de saisies,** par essence **temporaires,** peuvent donner lieu à radiation (Bull. AMC 1995 art. 1702). Les autres publications, même erronées, ne peuvent pas faire l'objet de radiation. La sanction d'une

publication erronée réside dans la publication postérieure d'une décision jugeant qu'elle ne peut produire aucun effet (Cass. 3e civ. 15-6-2017 no 16-12.817 FS-PBRI).

c. L'inscription prise par erreur sur un immeuble qui ne devait pas être inclus dans la formalité ne peut être modifiée que par une mainlevée, volontaire ou à défaut judiciaire. Un bordereau rectificatif serait inefficace pour **dégrever** l'immeuble concerné. La mainlevée est la seule voie possible pour mettre fin aux effets d'une inscription, fût-elle injustifiée (M. Suquet-Cozic, Comment corriger une inscription hypothécaire prise sur une parcelle supplémentaire par erreur ? : SNH 29/23 inf. 14).

Modalités de radiation La radiation s'opère par le dépôt au service de la publicité foncière, par ceux qui la requièrent, de l'expédition de l'**acte** authentique **constatant le consentement des deux parties,** ou de celle du jugement, l'administration ne pouvant exiger la production de pièces justificatives de l'état, la capacité et la qualité des parties dès lors que ces énonciations sont certifiées exactes par le notaire ou l'autorité administrative ayant reçu l'acte (C. civ. art. 2436). **30775**

La radiation peut aussi être faite par dépôt d'une copie authentique de l'**acte** notarié **certifiant que le créancier a,** à la demande du débiteur, **donné son accord** à cette radiation (radiation dite simplifiée ; C. civ. art. 2436, al. 3). Le contrôle de l'administration se limite alors à la régularité formelle de l'acte à l'exclusion de sa validité au fond (même article).

En cas d'annulation d'une **radiation irrégulière,** l'inscription rétablie rétroagit au jour de l'inscription originaire. Toutefois elle ne peut être opposée ni au créancier inscrit entre la radiation et son annulation ni au tiers acquéreur dont le titre a été publié dans cet intervalle (Cass. 3e civ. 4-2-1998 : RJDA 4/98 no 519).

> Précisions a. La mainlevée de l'inscription, qui ne donne pas lieu à la perception de la taxe de publicité foncière (comme toute mention en marge), est soumise à un **droit fixe** d'enregistrement sur états de 25 € (CGI art. 846 bis).

Sur la **contribution de sécurité immobilière,** voir nos 15840 s.

b. Les notaires sont **obligatoirement** tenus de déposer leurs actes de mainlevée et de radiation simplifiée au service chargé de la publicité foncière au moyen de l'application **Télé@ctes** sous peine de refus (Décret 55-1350 du 14-10-1955 art. 73-1 modifié par décret 2017-770 du 4-5-2017 ; Arrêté CPAE1716114A du 2-6-2017 ; Arrêté du 30-4-2018).

RÉDUCTION DE L'INSCRIPTION DE L'HYPOTHÈQUE CONVENTIONNELLE

Le **créancier** peut alléger la charge hypothécaire en consentant une réduction de l'inscription qui se traduit en fait par une radiation partielle. L'inscription est maintenue à son rang mais garantit désormais une créance moins élevée ou porte sur un moins grand nombre d'immeubles. La réduction volontaire est soumise aux mêmes conditions de validité que la radiation volontaire (no 30772). **30780**

L'hypothèque conventionnelle ne peut pas faire l'objet d'une réduction judiciaire, le **juge** n'ayant pas le pouvoir de réviser le contrat. Il n'est fait exception à ce principe qu'à l'égard des inscriptions excessives, c'est-à-dire : grevant plusieurs immeubles alors que la valeur d'un seul ou de quelques-uns excède le double du montant de la créance en principal et accessoires légaux augmenté du tiers de ce montant (C. civ. art. 2439).

B. Effets de l'hypothèque conventionnelle

SITUATION PRIVILÉGIÉE DU CRÉANCIER HYPOTHÉCAIRE

L'hypothèque confère au créancier hypothécaire une situation privilégiée dans ses rapports avec le débiteur, avec les autres créanciers (droit de préférence) et avec les tiers acquéreurs de l'immeuble hypothéqué (droit de suite). La promesse d'hypothèque ou le mandat d'hypothéquer, parfois proposés comme alternative à l'hypothèque conventionnelle (no 30601) n'offrent pas ces avantages. **31000**

1. RAPPORTS ENTRE LE CRÉANCIER HYPOTHÉCAIRE ET LE DÉBITEUR

DROITS DU CONSTITUANT DE L'HYPOTHÈQUE CONVENTIONNELLE

L'hypothèque grève l'immeuble affecté au paiement de la créance garantie mais elle ne se traduit pas par un démembrement de la propriété, comme l'usufruit ou la servitude, et n'entraîne pas dessaisissement du propriétaire, comme le gage. **31005**

Le constituant conserve donc toutes ses **prérogatives de propriétaire** sur l'immeuble assujetti. Il peut en jouir, l'administrer, en percevoir les fruits, le louer. Il peut même le vendre, constituer de nouvelles sûretés (Cass. 3e civ. 18-6-2008 no 07-15.129 : RJDA 11/08 no 1185) ou concéder sur lui des droits réels, sous réserve de l'exercice par le créancier de ses droits de préférence et de suite.

Toutefois, une jurisprudence ancienne lui interdit d'accomplir des **actes qui diminueraient la valeur** du bien hypothéqué.

EXEMPLE

Le constituant ne peut percevoir par anticipation les revenus de l'immeuble (loyers, fermages) pour une durée supérieure à trois ans. Une telle perception serait inopposable au créancier hypothécaire (Décret 55-22 du 4-1-1955 art. 30, 3).

La vente de **produits** qui, à l'inverse des fruits, ne se renouvellent pas est inopposable au créancier, telle la vente de coupes abusives des bois d'une forêt (Cass. 1e civ. 16-7-1974 : Bull. civ. I no 232).

Sont également prohibées la concession d'un bail de plus de douze ans ou la vente d'immeubles par destination tels que du matériel d'exploitation d'une usine (Cass. req. 20-12-1875 : DP 1876 I p. 343).

Si le meuble détaché à tort a été vendu par anticipation à un acquéreur de bonne foi, l'acheteur entré en possession peut invoquer le bénéfice de l'article 2279 du Code civil (désormais art. 2276) (Cass. civ. 1-5-1906 : DP 1909 I p. 345). Le créancier peut toutefois invoquer la déchéance du terme pour diminution de la sûreté et s'opposer au paiement du prix entre les mains du débiteur en exerçant son droit de préférence. Lorsque le meuble vendu n'a pas encore été détaché, le créancier a le droit de s'opposer à la prise de possession par l'acheteur ou exercer une saisie immobilière qui inclura les meubles cédés par anticipation (Cass. req. 18-11-1933 : DP 1933 I p. 193 note Frejaville).

DROITS DU CRÉANCIER HYPOTHÉCAIRE

31010 Le créancier hypothécaire a le **choix** entre saisir l'immeuble et se faire attribuer ce dernier en paiement (C. civ. art. 2451).

Le créancier titulaire d'une hypothèque inscrite sur **plusieurs immeubles** d'un même débiteur peut choisir celui sur lequel il va exercer ses poursuites, à condition que son choix soit exercé dans un intérêt légitime et sans intention de nuire (Cass. 3e civ. 15-2-1972 : D 1972 p. 463).

31015 **Droit de saisir** Le créancier peut poursuivre la vente du bien hypothéqué en procédant à une saisie dans les **conditions** définies par les articles L 311-1 et suivants du Code des procédures civiles d'exécution (C. civ. art. 2450).

Le créancier peut aussi saisir les immeubles qui ne sont pas hypothéqués en sa faveur, mais seulement dans le cas où l'hypothèque dont il bénéficie ne lui permet pas d'être rempli de ses droits (C. exécution art. L 311-5, al. 2).

La saisie tend à la **vente forcée** de l'immeuble en vue de la distribution de son prix (C. exécution art. L 311-1). Le juge peut autoriser le débiteur à vendre l'immeuble à l'amiable ; à défaut, le bien est vendu par adjudication, aux enchères publiques (C. exécution art. L 322-1).

La saisie rend l'immeuble indisponible et restreint les droits de jouissance et d'administration du débiteur (C. exécution art. L 321-2).

31016 Les dispositions sur la saisie immobilière sont impératives (C. civ. art. 2450). Toute **clause** autorisant le créancier hypothécaire à faire vendre l'immeuble en cas de défaut de paiement sans respecter la procédure de saisie immobilière (clause dite « de **voie parée** ») est nulle (C. exécution art. L 311-3 ; voir par exemple Cass. 3e civ. 20-12-2018 no 17-17.939 F-D : RJDA 5/19 inf. 326).

31020 **Droit de se faire attribuer l'immeuble hypothéqué** Le créancier hypothécaire impayé peut demander **en justice** que l'immeuble lui demeure en paiement.

Cette faculté ne lui est toutefois pas offerte si l'immeuble constitue la **résidence principale** du débiteur (C. civ. art. 2450).

Elle ne lui est pas non plus ouverte si le débiteur est en **procédure collective** : elle tombe dans ce cas sous le coup de l'interdiction des poursuites individuelles (Cass. com. 28-6-2017 no 16-10.591 FS-PBI : BRDA 17/17 inf. 7 ; Cass. com. 19-8-2018 no 17-14.964 F-D : RJDA 1/19 inf. 35). En effet, l'action en attribution du créancier hypothécaire a pour but le paiement d'une somme d'argent, et l'ouverture d'une procédure collective interdit toute action en justice, notamment de la part des créanciers dont la créance est antérieure, tendant à la condamnation du débiteur au paiement d'une somme d'argent (C. com. art. L 622-21, I). En outre, l'ouverture de la procédure collective interdit également toute procédure d'exécution de la part des créanciers tant sur les meubles que sur les immeubles (C. com. art. L 622-21, II).

31021 La **convention** d'hypothèque peut **prévoir** que le créancier deviendra propriétaire de l'immeuble hypothéqué, cette clause appelée « pacte commissoire » étant toutefois sans effet si l'immeuble constitue la résidence principale du débiteur (C. civ. art. 2452). Mais le jugement d'ouverture d'une procédure de sauvegarde, de redressement ou de liquidation judiciaire à l'égard du débiteur fait obstacle à la conclusion ou à la réalisation d'un tel pacte (C. com. art. L 622-7, I-al. 3, L 631-14, al. 1 et L 641-3).

Aucune condition de forme n'est prévue ; il n'est pas exigé que la clause figure en caractères apparents ; le notaire devra donc exercer son devoir de conseil pour éclairer le débiteur au moment de la signature de la convention d'hypothèque ou d'un avenant.

Que l'attribution soit judiciaire ou conventionnelle, l'**immeuble** doit être **estimé** par expert désigné à l'amiable ou judiciairement ; si sa valeur excède le montant de la dette garantie, le créancier doit au débiteur une somme égale à la différence ; s'il existe d'autres créanciers hypothécaires, il la consigne (C. civ. art. 2453). **31022**

Si, à l'inverse, la valeur du bien est inférieure au montant de la créance, le créancier conserve sa créance pour le solde encore dû mais à titre chirographaire.

2. RAPPORTS ENTRE LE CRÉANCIER HYPOTHÉCAIRE ET LES AUTRES CRÉANCIERS

Le créancier hypothécaire est titulaire d'un **droit de préférence** sur les autres créanciers. C'est l'effet essentiel de l'hypothèque puisque tout créancier, même non hypothécaire, peut saisir l'immeuble de son débiteur. **31040**

Le droit de préférence permet au créancier hypothécaire d'être payé par **priorité** aux autres créanciers **sur la valeur de l'immeuble.** **31041**

Ce droit s'exerce, pour le montant de la somme mentionnée dans l'inscription, sur les sommes résultant de l'adjudication ou de la vente de l'immeuble. La transformation de l'immeuble en un **prix,** que l'on qualifie d'« effet légal » de l'hypothèque, est donc nécessaire à l'exercice du droit hypothécaire.

CLASSEMENT ENTRE LES CRÉANCIERS

L'hypothèque prend **rang** à la date de son inscription (C. civ. art. 2418 ; Cass. 3e civ. 1-2-2005 no 02-13.054 : RJDA 6/05 no 761). Le créancier hypothécaire peut se trouver en concours avec d'autres créanciers titulaires d'une sûreté – privilège ou hypothèque – sur le même immeuble. Un classement doit donc être opéré entre les créanciers. **31045**

Classement entre créanciers hypothécaires Les hypothèques légales, judiciaires et conventionnelles n'ont rang que du jour de leur inscription prise au fichier immobilier (C. civ. art. 2418), et non pas de la date de constitution de la sûreté. Par exception, l'hypothèque légale du syndicat des copropriétaires est dispensée d'inscription. Elle prime toutes les autres hypothèques pour l'année courante et pour les deux dernières années échues. Elle vient en concours avec l'hypothèque du vendeur et du prêteur de deniers pour les années antérieures. **31050**

Lorsque plusieurs inscriptions sont prises le même jour relativement au même immeuble, leur rang respectif est déterminé comme suit, quel que soit l'ordre qui résulte du registre tenu par le service de la publicité foncière :

– l'inscription d'une hypothèque légale est réputée d'un rang antérieur à celui d'une hypothèque judiciaire ou conventionnelle ; et s'il y a plusieurs inscriptions d'hypothèques légales, elles viennent en concurrence, sauf s'il s'agit de l'hypothèque spéciale du vendeur et de l'hypothèque spéciale du prêteur de deniers, la première étant réputée antérieure à la seconde ;

– en présence de plusieurs inscriptions d'hypothèques conventionnelles ou judiciaires, celle qui est prise en vertu du titre portant la date la plus ancienne est réputée d'un rang antérieur ; et si les titres ont la même date, elles viennent en concurrence.

Le créancier peut **renoncer au rang** que lui confère la loi en fonction de la date d'inscription (Cass. 3e civ. 6-11-2002 no 01-03.798 FS-PB : RJDA 2/03 no 192).

Sur le rang du créancier bénéficiaire d'une convention de rechargement, voir no 32060, Précision, a.

> **Précisions** La date d'inscription au fichier immobilier des différentes inscriptions n'a pas vocation à régir l'**ordre de paiement des dettes,** garanties chacune par une sûreté sur le même immeuble, contractées auprès d'un même créancier. En effet, lorsque toutes les inscriptions prises sur l'immeuble bénéficient à un **créancier unique,** l'imputation des paiements partiels est déterminée par application de l'article 1256 ancien du Code civil (devenu art. 1342-10), quelle que soit la date des inscriptions (Cass. 3e civ. 12-6-2014 no 13-18.595 FS-PB : Sol. Not. 8-9/14 inf. 179).

Classement entre hypothèques et privilèges **Depuis le 1er janvier 2022,** les privilèges immobiliers spéciaux sont transformés en hypothèques légales spéciales. Les règles de classement les concernant sont énoncées no 31050. **31055**

Les privilèges immobiliers spéciaux nés **avant le 1er janvier 2022** sont pour l'avenir assimilés à des hypothèques légales, sans préjudice, le cas échéant, de la rétroactivité de leur rang. Ceux qui n'ont pas fait l'objet des formalités de publicité foncière à cette date seront inscrits au fichier immobilier selon les dispositions applicables avant cette date (Ord. 2021-1192 du 15-9-2021 art. 37, IV).

Les privilèges immobiliers généraux, dispensés d'inscription, l'emportent sur l'hypothèque ; ils ne jouent toutefois sur les immeubles que si les meubles sont insuffisants.

3. RAPPORTS ENTRE LE CRÉANCIER HYPOTHÉCAIRE ET LE TIERS ACQUÉREUR

DROIT DE SUITE DU CRÉANCIER HYPOTHÉCAIRE

31100 Le créancier hypothécaire bénéficie d'un droit de suite, c'est-à-dire qu'il peut, quel que soit son rang, **en cas d'aliénation de l'immeuble par le constituant,** saisir le bien entre les mains du tiers acquéreur afin de le faire vendre et exercer son droit de préférence sur le prix (C. civ. art. 2454).

En effet, en cas de vente amiable par le constituant, le droit de préférence ne se reporte pas sur le prix de la cession. Le créancier doit, pour exercer ce droit de préférence, satisfaire préalablement aux formalités du droit de suite en faisant saisir et vendre l'immeuble (Cass. 3e civ. 27-1-1999 : RJDA 3/99 no 344).

Le **droit** de suite est un droit réel **opposable** à tout acquéreur, qu'il soit de bonne ou de mauvaise foi (Cass. 3e civ. 6-11-2002 no 01-11.882 : RJDA 2/03 no 193).

Le tiers acquéreur subit donc le risque de perdre la propriété qu'il a acquise ; c'est pourquoi le législateur lui confère le moyen de prévenir le droit de suite par la procédure de la **purge** (nos 31115 s.). En pratique, le droit de suite et la purge sont rarement exercés, l'acquéreur préférant prendre les devants et payer directement les créanciers inscrits.

31105 **Conditions d'exercice du droit de suite** Le droit de suite peut être **exercé contre** les ayants cause à titre particulier, c'est-à-dire l'acquéreur, le donataire et le légataire particulier. Il ne peut pas l'être contre les ayants cause à titre universel car ils sont tenus en leur qualité de successeurs de la personne du défunt.

L'exercice du droit de suite suppose que soient réunies un certain nombre de **conditions** :

- une hypothèque valable (dont l'inscription a éventuellement été renouvelée) et opposable au tiers acquéreur comme ayant été inscrite avant le titre d'acquisition (Cass. 3e civ. 1-2-2005 no 02-13.054 : RJDA 6/05 no 761) ;
- une aliénation de l'immeuble donnant prise au droit de suite opposable au créancier hypothécaire et donc publiée ;
- une créance exigible, car le tiers acquéreur jouit des termes et délais accordés au débiteur originaire (C. civ. art. 2454, al. 2) ;
- la constatation du droit hypothécaire par un titre exécutoire ;
- l'absence d'extinction du droit de suite par la purge des hypothèques inscrites.

31108 **Modalités d'exercice du droit de suite** Le droit de suite s'exerce contre le tiers acquéreur selon les **formes** de la saisie immobilière (C. civ. art. 2454, al. 3). Notamment, la procédure doit débuter par un commandement de payer au débiteur principal. Ce commandement de payer valant saisie est ensuite signifié au tiers acquéreur (C. exécution art. R 321-5).

31109 Le **tiers acquéreur** peut tenter de s'**opposer** à l'action en invoquant soit des **exceptions** appartenant au débiteur (Cass. com. 22-1-2008 no 07-10.221 : RJDA 5/08 no 550 ; C. civ. art. 2455, al. 2), tels les délais de paiement accordés par le créancier ou une nullité, soit des exceptions personnelles, comme celle fondée sur l'irrégularité de la procédure diligentée contre lui.

Il peut choisir de **payer la dette** du créancier afin d'obtenir la mainlevée de l'inscription, si le prix n'a pas encore été payé au vendeur et si la créance hypothécaire n'est pas supérieure à ce prix. Du fait de ce paiement, le tiers acquéreur est subrogé dans les droits du créancier désintéressé (C. civ. art. 1346) et devient créancier hypothécaire de premier rang.

> **Précisions** Depuis le 1er janvier 2022, la réforme du droit des sûretés supprime la **faculté de délaissement** prévue aux articles 2467 et suivants du Code civil dans leur rédaction antérieure à l'ordonnance 2021-1192 du 15 septembre 2021. Avant, le tiers acquéreur pouvait soit payer tous les capitaux et intérêts exigibles, soit délaisser l'immeuble sans aucune réserve (C. civ. art. 2463 dans sa rédaction antérieure à ord. 2021-1192 du 15-9-2021 applicable jusqu'au 31-12-2021). Il pouvait délaisser l'immeuble (C. civ. art. 2467 dans sa rédaction antérieure à ord. 2021-1192 du 15-9-2021 applicable jusqu'au 31-12-2021) en abandonnant la détention matérielle à un curateur

désigné par le tribunal (C. civ. art. 2469 dans sa rédaction antérieure à ord. 2021-1192 du 15-9-2021 applicable jusqu'au 31-12-2021). Il échappait alors à la procédure de saisie tout en restant propriétaire du bien. Mais ses chances de percevoir un reliquat substantiel sur le prix d'adjudication, après le paiement des créanciers hypothécaires, étaient très réduites.

PURGE DE L'HYPOTHÈQUE CONVENTIONNELLE

Procédure légale Le tiers acquéreur peut **laisser la procédure de saisie suivre son cours** jusqu'à l'adjudication de l'immeuble. Un jugement d'adjudication valant purge des hypothèques est alors rendu au profit du tiers exproprié. Mais celui-ci ne peut espérer percevoir que le solde subsistant après le désintéressement des créanciers, dont les droits se sont reportés sur le prix, ainsi que le remboursement de la plus-value éventuellement apportée à l'immeuble (C. civ. art. 2457). En outre, il est redevable des dégradations qui lui sont imputables (C. civ. art. 2457) et des fruits à compter de la signification du commandement (C. exécution art. R 321-16). Ce parti n'est donc pas très favorable. Certes, le tiers acquéreur n'est pas dépourvu de recours. Il peut agir contre le vendeur au titre de la garantie d'éviction, ou exercer un recours subrogatoire contre le débiteur puisqu'il a payé la dette d'autrui (C. civ. art. 1346). Mais ces recours sont souvent illusoires. **31115**

Purge amiable Lorsque, à l'occasion de la vente d'un immeuble hypothéqué, tous les **créanciers inscrits conviennent avec le vendeur-débiteur** que le prix en sera affecté au paiement total ou partiel de leurs créances ou de certaines d'entre elles, ils exercent leur droit de préférence sur le prix et ils peuvent l'opposer à tout cessionnaire comme à tout créancier saisissant de la créance du prix ; par l'effet de ce paiement, l'immeuble est purgé du droit de suite attaché à l'hypothèque (C. civ. art. 2463). Cette procédure est facultative et nécessite l'accord du vendeur, sans qu'il ne soit tenu d'y consentir (Cass. 3e civ. 5-3-2020 no 19-10.398 FS-PBI : BPIM 3/20 inf. 204). Il peut ainsi préférer imposer au tiers acquéreur une purge judiciaire. **31118**

À défaut d'accord entre le vendeur et ses créanciers, il est procédé aux formalités de purge (C. civ. art. 2464).

Le **tiers acquéreur** peut écarter le droit de suite du créancier hypothécaire par la purge des hypothèques qui grèvent l'immeuble en offrant de verser aux créanciers hypothécaires inscrits le prix qu'il doit payer ou la valeur de l'immeuble s'il a acquis celui-ci à titre gratuit (C. civ. art. 2461 s.). Si les créanciers acceptent le prix offert, ils se paient sur son montant ; s'ils refusent l'offre pour insuffisance, ils doivent alors requérir la vente aux enchères de l'immeuble en s'engageant notamment à porter le prix à un dixième de plus que celui proposé (C. civ. art. 2465).

Pour bénéficier des **effets de la purge,** le tiers acquéreur doit faire publier la vente (C. civ. art. 2464) ; à défaut, la vente est inopposable à un autre créancier qui a fait inscrire une hypothèque à son nom, même après la vente, et qui peut donc demander l'attribution du prix par préférence (Cass. 3e civ. 13-9-2006 no 05-13.849 FS-PB : Bull. civ. III no 177).

C. Transmission de l'hypothèque conventionnelle

L'hypothèque présente un caractère mixte : elle est à la fois l'accessoire d'une créance contre le débiteur et un droit réel affectant un immeuble ; c'est pourquoi elle est transmise de plein droit avec la créance garantie, dont elle est l'accessoire, mais elle peut l'être également sans cette créance. **31200**

TRANSMISSION DE L'HYPOTHÈQUE CONVENTIONNELLE À TITRE ACCESSOIRE

Le transfert de la créance garantie emporte transmission de plein droit des accessoires et notamment de l'hypothèque (C. civ. art. 2473). **31205**

La transmission peut avoir lieu à **titre universel** du fait du décès du créancier et de l'ouverture de sa succession, les héritiers du créancier initial devenant titulaires de l'hypothèque. La transmission universelle intervient aussi si la société créancière est absorbée ou procède à un apport partiel d'actif soumis au régime des scissions : sauf clause contraire du traité de fusion ou d'apport, la société absorbante ou bénéficiaire de l'apport (comportant la créance garantie par l'hypothèque) peut invoquer l'hypothèque, même si ce changement de bénéficiaire n'a pas été inscrit en marge de l'inscription hypothécaire (Cass. 3e civ. 17-11-2010 no 09-70.452 : RJDA 2/11 no 151 pour un apport partiel d'actif).

Le transfert peut intervenir également à **titre particulier** en cas de legs, de paiement par subrogation (C. civ. art. 1346-1) ou de cession de la créance garantie (C. civ. art. 1321).

31206 Aux termes de la loi 76-519 du 15 juin 1976, la **cession de la créance hypothécaire** se fait dans les conditions suivantes :

– par l'accomplissement des formalités de l'article 1690 du Code civil lorsque la créance a été constatée par un acte reçu en brevet ou par un acte sous signature privée (art. 12) ;

– par endossement constaté par acte notarié et porté sur la copie exécutoire elle-même lorsque a été créée une copie exécutoire à ordre, laquelle ne peut l'être qu'en représentation d'une créance garantie par un privilège spécial immobilier ou par une hypothèque immobilière (art. 3 et 6) ;

– par endossement des billets à ordre lorsque la créance a été constatée par un acte reçu en minute et qu'elle est représentée par de tels billets, sans qu'il soit besoin d'autre formalité, étant observé que cette créance ne peut pas alors être représentée par une copie exécutoire à ordre (art. 13).

> **Précisions** **a.** La loi du 15 juin 1976 n'a pas été mise à jour suite à la **réforme du droit des contrats** réalisée par l'ordonnance 2016-131 du 10 février 2016. L'**article 1690 du Code civil** n'étant désormais plus applicable aux cessions de créances de sommes d'argent, il y a lieu de penser que la cession de créance hypothécaire satisfait aux exigences de la loi du 15 juin 1976 dès lors que sont respectées les prescriptions des nouveaux articles 1323 et 1324 du Code civil concernant ces cessions de créances. Or, ces articles prévoient que la cession de créance est opposable aux tiers dès la date de l'acte, sans formalité. Elle est opposable au débiteur s'il y a consenti, si elle lui a été notifiée ou s'il en a pris acte. Il n'est donc plus exigé de signification par commissaire de justice ni d'acceptation dans un acte authentique.
> **b.** En cas de **fusion-absorption** de sociétés, la créance, représentée par un titre exécutoire à ordre, détenue par la société absorbée est transmise à la société absorbante par l'effet de la transmission universelle de patrimoine avec tous ses accessoires. Par suite, la société absorbante devient titulaire de la créance, ainsi que du titre exécutoire à ordre (Cass. com. 5-2-2008 n° 06-17.029 F-PB), quand bien même les formalités d'endossement n'auraient pas été effectuées, celles-ci n'étant dans ce cas pas applicables (Cass. com. 13-3-2024 n° 21-20.417 F-B : SNH 14/24 inf. 2).

TRANSMISSION DE L'HYPOTHÈQUE CONVENTIONNELLE À TITRE PRINCIPAL

31210 **Transmission totale** Le créancier hypothécaire peut, tout en conservant sa créance, céder son hypothèque soit à un autre créancier du même débiteur, soit à l'un de ses propres créanciers (C. civ. art. 2473). Cette convention est souvent dénommée « **contrat de subrogation d'hypothèque** ».

La convention transmet au cessionnaire les droits que le cédant tenait de l'hypothèque, mais seulement à concurrence des droits du cédant. Le cessionnaire ne saurait donc être colloqué pour une somme supérieure à celle que garantissait l'hypothèque transmise.

En outre, l'extinction de la créance du cédant entraîne la disparition de l'hypothèque (Cass. req. 25-1-1853 : S 1853 I p. 423). La garantie du cessionnaire est donc éteinte par le paiement effectué par le débiteur entre les mains du cédant. Mais pour pallier ce risque, la créance peut être donnée en nantissement au cessionnaire.

La **subrogation** doit être **mentionnée** en marge de l'inscription hypothécaire (C. civ. art. 2425) ; elle est opposable à l'acquéreur de l'immeuble même si sa publication est postérieure au jugement d'adjudication, dès lors qu'elle n'aggrave pas la situation du débiteur, puisqu'elle investit le subrogé de la créance primitive (Cass. 3e civ. 16-7-1987 n° 85-10.541 : Bull. civ. III n° 145 ; CA Orléans 22-6-2000 : RJDA 1/01 n° 81), ou même si elle n'a pas été publiée (Cass. 3e civ. 20-12-1989 n° 88-11.904 : Bull. civ. III n° 246).

31215 **Cession d'antériorité** La cession d'antériorité est le contrat par lequel le créancier hypothécaire cède non pas la garantie elle-même mais son **rang** à un autre créancier également titulaire d'une hypothèque, mais d'un rang inférieur, portant sur le même immeuble (C. civ. art. 2473, al. 2). Chaque créancier reste titulaire de sa propre sûreté, laquelle demeure l'accessoire de sa créance d'origine.

La convention accordant une priorité de rang peut être antérieure à la constitution de l'hypothèque (Cass. 3e civ. 19-6-1979 : Bull. civ. III n° 134).

Cette **cession** doit être **mentionnée** en marge de l'inscription (C. civ. art. 2425). Dans la mesure où elle n'aggrave pas la situation du débiteur, il y a lieu de considérer, par analogie avec la subrogation ou la cession de créance, qu'elle est opposable même à défaut de mention. Cependant, un arrêt contesté a considéré qu'en l'absence de publicité, cette cession était inopposable à la caution (Cass. com. 6-1-1987 : D. 1987 p. 345 note L. Aynès, RDI 1988 p. 331 obs. Ph. Simler).

La cession d'antériorité met le cessionnaire au lieu et place qu'aurait occupé, dans l'ordre, le cédant.

Il en résulte notamment :

– que la cession d'antériorité n'agit qu'entre le cédant et le cessionnaire, sans pouvoir modifier les droits et obligations des autres créanciers, ni du débiteur ou de ses co-obligés, ni des tiers (Cass. 3e civ. 23-1-1973 : D 1973 p. 427) ;

– qu'elle n'opère que dans la limite de la plus faible des créances (même arrêt) ;

– que le cessionnaire de la priorité ne peut pas se prévaloir du rang hypothécaire cédé si la créance garantie par l'hypothèque est éteinte ou a elle-même perdu son rang (Cass. req. 25-1-1853 : S 1853 I p. 423).

Les créanciers peuvent dès l'origine convenir de la hiérarchie des inscriptions, sans recourir à la cession d'antériorité, par une inscription initiale des sûretés à des dates successives directement dans l'ordre souhaité. Cette solution est rendue possible depuis que la réforme du droit des sûretés (Ord. 2021-1192 du 15-9-2021) a mis fin à la rétroactivité des privilèges et a limité les exceptions à la règle selon laquelle les inscriptions prennent rang à la date de la formalité (C. civ. art. 2418) (voir M. Suquet-Cozic, La cession d'antériorité est-elle encore nécessaire depuis la réforme des sûretés ? : SNH 3/21 inf. 11).

D. Extinction de l'hypothèque conventionnelle

L'hypothèque disparaît soit par voie accessoire, lorsque s'éteint la créance garantie, soit par voie principale, lorsque la créance subsiste après l'extinction de l'hypothèque. **31240**

L'article 2474 du Code civil énumère les **causes** d'extinction – principales et accessoires – de l'hypothèque : disparition de l'obligation principale, renonciation du créancier à l'hypothèque, accomplissement de la procédure de purge par le tiers acquéreur de l'immeuble (n° 31115), et résiliation de l'hypothèque garantissant des créances futures.

L'hypothèque disparaît aussi si l'acte constitutif est annulé ou résolu (pour un exemple de résolution, Cass. 3e civ. 7-5-1986 : JCP G 1987 II n° 20737) ou si le bien sur lequel elle porte disparaît (Cass. 3e civ. 7-10-2009 n° 08-14.962 : RJDA 2/10 n° 174 prononçant l'extinction de l'hypothèque à l'expiration du bail emphytéotique grevé ; sur le cas particulier de la disparition de l'immeuble hypothéqué, voir n° 31260). En revanche, la faute du créancier hypothécaire n'est pas une cause d'extinction de la garantie (Cass. com. 2-6-1980 : Bull. civ. IV n° 229).

> **Précisions** Un cas d'extinction de l'hypothèque par voie principale existe en cas de **procédure collective** du débiteur. En cours de période d'observation d'une procédure de sauvegarde ou de redressement judiciaire, le juge-commissaire peut ordonner la substitution à l'hypothèque d'une garantie équivalente (C. com. art. L 622-8, al. 3 et L 631-14). En cas de plan de sauvegarde ou de redressement, le tribunal peut également, à l'occasion de la vente d'un bien grevé, substituer à l'hypothèque une garantie équivalente (C. com. art. L 626-22, al. 3 et L 631-19).

EXTINCTION DE LA CRÉANCE GARANTIE PAR HYPOTHÈQUE CONVENTIONNELLE

Toutes les causes d'**extinction de l'obligation** peuvent éteindre l'hypothèque (C. civ. art. 2474, 1°) : le paiement, la compensation, la dation en paiement, la prescription de la créance, la prescription de l'action en paiement (Cass. 3e civ. 12-5-2021 n° 19-16.515 FS-P : SNH 19/21 inf. 1, RJDA 8-9/21 n° 606), la novation, sauf si le créancier la réserve expressément pour la rattacher à la nouvelle obligation (C. civ. art. 1334). **31245**

Néanmoins, en cas d'annulation ou de résolution d'un prêt garanti par une hypothèque, l'obligation de restituer inhérente au contrat de prêt demeure valable tant que les parties n'ont pas été remises en l'état antérieur à la conclusion de la convention annulée et l'hypothèque en considération de laquelle le prêt a été consenti subsiste tant que cette obligation n'est pas éteinte (C. civ. art. 1352-9 ; Cass. com. 26-3-2002 n° 98-23.378 : RJDA 8-9/02 n° 926 ; Cass. 3e civ. 5-11-2008 n° 07-17.357 : RJDA 4/09 n° 381 ; Cass. 3e civ. 7-4-2016 n° 14-24.164 F-D : RJDA 7/16 n° 518 ; Cass. 3e civ. 26-10-2017 n° 16-15.754 F-D ; Cass. 1e civ. 12-9-2019 n° 18-17.598 F-D : BPIM 6/19 inf. 413 ; Cass. 3e civ. 26-10-2022 n° 21-12.765 F-D). Si la somme prêtée n'avait pas encore été remise à l'emprunteur, il en résulte que celui-ci a immédiatement droit d'obtenir la mainlevée de l'inscription.

L'extinction de l'obligation principale doit être totale. En cas de paiement partiel, l'hypothèque subsiste en garantie du solde restant dû et le créancier tire du principe de l'indivisibilité de l'hypothèque le droit de saisir le bien dans sa totalité.

L'extinction de la créance n'emporte pas celle de l'**hypothèque rechargeable** (C. civ. art. 2474, 1°) qui, par définition, peut garantir des créanciers distincts. Sur les règles particulières à cette hypothèque, voir n°s 32000 s.

> **Précisions a.** La **réforme du droit des sûretés** a transféré à l'article 2474 nouveau les dispositions de l'article 2488 dans sa rédaction antérieure à l'ordonnance 2021-1192 du 15 septembre 2021 applicable jusqu'au 31 décembre 2021. Le nouvel article 2474 fait toujours réserve de l'extinction de l'hypothèque dans le « cas prévu à l'article 2422 », qui est le siège de l'hypothèque rechargeable sous la numérotation antérieure à cette réforme, devenu l'article 2416. Selon nous, il y a donc lieu de lire « 2416 » au lieu et place de « 2422 » en attendant une correction législative.
> **b.** Depuis le 1er janvier 2022, les dispositions de l'article 2488, 4° al. 5 à 8 dans sa rédaction antérieure à l'ordonnance 2021-1192 du 15 septembre 2021 sont supprimées. La **prescription de l'hypothèque** n'est plus mentionnée à titre autonome car c'est la prescription de la créance garantie qui importe et qui entraîne l'extinction par accessoire de l'hypothèque (Rapport au Président de la République relatif à ord. 2021-1192 du 15-9-2021 p. 13). Avant cette réforme, les textes prévoyaient que l'hypothèque pouvait être prescrite indépendamment de la créance (C. civ. art. 2488, 4° dans sa rédaction antérieure à ord. 2021-1192 du 15-9-2021 applicable jusqu'au 31-12-2021). À l'égard du débiteur qui avait conservé l'immeuble grevé entre ses mains, l'hypothèque était prescrite lorsque l'action du créancier en exécution de sa créance garantie était elle-même prescrite (C. civ. art. 2488, al. 6 dans sa rédaction antérieure à ord. 2021-1192 du 15-9-2021 applicable jusqu'au 31-12-2021). La prescription ne courait pas tant que la créance n'était pas échue (Cass. req. 30-12-1879 : DP 1880 I p. 338). À l'égard du tiers détenteur, l'hypothèque était éteinte lorsque l'intéressé avait usucapé l'immeuble, la prescription ne commençant à courir, lorsque la prescription de la propriété (l'usucapion) était fondée sur un titre, que du jour où ce titre avait été publié (C. civ. art. 2488, al. 7 dans sa rédaction antérieure à ord. 2021-1192 du 15-9-2021 applicable jusqu'au 31-12-2021). Le délai de prescription courait à l'égard tant du débiteur que du tiers acquéreur même si le créancier avait inscrit son hypothèque (C. civ. art. 2488, al. 8 dans sa rédaction antérieure à ord. 2021-1192 du 15-9-2021 applicable jusqu'au 31-12-2021).

RENONCIATION À L'HYPOTHÈQUE CONVENTIONNELLE

31250 Le créancier peut renoncer à son hypothèque (C. civ. art. 2474, 2°), à condition que la renonciation ne soit pas équivoque, celle-ci ne se présumant pas (Cass. 3e civ. 8-6-2005 n° 04-12.516 : RJDA 3/06 n° 334).

L'extinction est absolue lorsque le créancier renonce purement et simplement à sa sûreté à l'égard de tous. Mais l'hypothèque reste opposable aux autres créanciers si, par une **« promesse d'abstention »,** le créancier ne renonce à son hypothèque qu'au profit d'une personne déterminée ; par exemple, pour permettre au débiteur de souscrire un prêt, le créancier peut renoncer à exercer son hypothèque contre le prêteur. Cette promesse laisse subsister la sûreté.

Précisons enfin que la renonciation du créancier n'emporte pas extinction de l'**hypothèque rechargeable** (C. civ. art. 2474, 2°) qui, par définition, peut garantir des créanciers distincts. Sur les règles particulières à cette hypothèque, voir n°s 32000 s.

RÉSILIATION DE L'HYPOTHÈQUE CONVENTIONNELLE

31255 L'hypothèque consentie pour une durée indéterminée en garantie de **créances futures** est résiliable par le constituant à tout moment, sous réserve de respecter un préavis de trois mois ; une fois résiliée, l'hypothèque ne demeure que pour la garantie des créances nées antérieurement (C. civ. art. 2474, 4° et art. 2417, al. 2).

DESTRUCTION MATÉRIELLE DE L'IMMEUBLE GREVÉ DE L'HYPOTHÈQUE CONVENTIONNELLE

31260 La destruction de l'immeuble grevé entraîne l'extinction par voie principale de l'hypothèque lorsqu'elle ne concerne que les constructions. Elle peut, le cas échéant, continuer à porter sur le terrain.

Pour protéger le créancier contre le risque de destruction matérielle de l'immeuble, l'article L 121-13 du Code des assurances a prévu que l'**indemnité d'assurance** contre l'incendie ou en cas de sinistre par le locataire ou un voisin est attribuée aux créanciers privilégiés et hypothécaires suivant leur rang, sans qu'il y ait besoin de délégation expresse.

Le créancier hypothécaire dont le droit est ainsi reporté sur l'indemnité bénéficie à compter du sinistre d'un droit propre sur l'indemnité, de sorte que les exceptions que l'assureur aurait pu opposer à son assuré lui sont inopposables ; l'assureur ne peut pas notamment opposer au créancier hypothécaire le défaut de paiement des primes par l'assuré (Cass. civ. 4-12-1946 : D. 1947 p. 25 note PLP).

Toutefois l'assureur n'étant pas un tiers à qui l'hypothèque serait rendue opposable par les formalités de publicité, les paiements faits de bonne foi à l'assuré sont libératoires

(C. ass. art. L 121-13, al. 2 ; Cass. 1e civ. 17-6-1969 : Bull. civ. I n° 232). Le créancier hypothécaire doit donc faire connaître à l'assureur l'existence de l'hypothèque afin de rendre inopposable le paiement qui serait fait à l'assuré.

> Précisions Lorsque l'immeuble assuré et hypothéqué a été détruit par **un incendie après la mise en redressement judiciaire de l'assuré,** l'indemnité d'assurance n'entre pas dans le patrimoine de celui-ci et la procédure collective est sans effet sur l'attribution de cette indemnité au créancier hypothécaire (Cass. 1e civ. 28-10-1997 n° 95-20.318 : Bull. civ. I n° 294).

SECTION 2 HYPOTHÈQUE RECHARGEABLE

INTÉRÊT DE L'HYPOTHÈQUE RECHARGEABLE

Dans le but de faciliter le recours des entreprises au crédit à moindre coût, la loi du 20 décembre 2014 de simplification du droit, entrée en vigueur le 22 décembre 2014, a réintroduit le mécanisme de l'hypothèque rechargeable en le limitant à la garantie des **créances professionnelles** (C. civ. art. 2416). 32000

Contrairement à l'**hypothèque classique** qui est indissociable de la créance en garantie de laquelle elle a été inscrite (n° 30613), l'hypothèque rechargeable peut être utilisée pour garantir une ou plusieurs créances professionnelles autres que celle qui a donné lieu à son inscription initiale (C. civ. art. 2416, al. 1). Elle permet ainsi d'éviter de procéder à une nouvelle inscription hypothécaire pour une créance ultérieure, ce qui limite les frais.

> Précisions L'hypothèque rechargeable **ancienne version,** initialement introduite par l'ordonnance 2006-346 du 23 mars 2006 relative aux sûretés, bénéficiait à tout emprunteur, particulier comme professionnel. Accusée d'avoir augmenté le risque de surendettement des ménages, et en tout état de cause peu usitée, elle a été abrogée par la loi 2014-344 du 17 mars 2014 relative à la consommation depuis le 1er juillet 2014.
Cette abrogation laisse néanmoins subsister les hypothèques rechargeables conclues avant cette date (Loi 2014-344 du 17-3-2014 art. 46), lesquelles demeurent donc rechargeables pour toute leur durée convenue au départ.
Hormis l'objet de l'hypothèque rechargeable, laquelle doit être constituée à des fins professionnelles, rien ne différencie l'hypothèque rechargeable nouvelle formule de celle en vigueur jusqu'au 1er juillet 2014. Par suite, les **précisions** – notamment fiscales – **apportées sous l'empire du régime antérieur** sont selon nous transposables à l'hypothèque rechargeable professionnelle, dont le texte reprend presque mot pour mot l'ancien article 2422 du Code civil.

TAXE DE PUBLICITÉ FONCIÈRE ET CONTRIBUTION DE SÉCURITÉ IMMOBILIÈRE

Les modalités de taxation de l'hypothèque rechargeable sont les suivantes (BOI-REC-GAR-10-20-10-50 32010
nos 120 à 180, doctrine adoptée au sujet de l'hypothèque rechargeable antérieure au 1-7-2014 mais qui devrait conserver toute sa valeur pour l'hypothèque rechargeable professionnelle ; les solutions exposées en matière de salaire du conservateur sont transposables à la contribution de sécurité immobilière qui l'a remplacé) :

– l'**inscription de l'hypothèque conventionnelle rechargeable** rend exigible la taxe de publicité foncière au taux de 0,70 % (0,71498 % en incluant les 2,14 % de prélèvement pour frais d'assiette et de recouvrement) (CGI art. 663, 1°). La taxe est liquidée sur la plus élevée des sommes garanties dans le bordereau d'inscription : soit la somme rechargeable exprimée en capital, soit la valeur du capital de la créance éventuellement augmentée de celle de ses accessoires. La contribution de sécurité immobilière (CSI) perçue à l'occasion de l'inscription de l'hypothèque conventionnelle rechargeable est liquidée au taux de 0,05 % sur les sommes ou valeurs de la créance garantie énoncées au bordereau (CGI art. 881 H). Lorsque le bordereau d'inscription mentionne deux sommes, l'administration préconise de liquider la CSI sur le montant de la créance garantie ;

– la **convention de rechargement,** publiée au fichier immobilier en marge de l'inscription de l'hypothèque conventionnelle rechargeable ou de l'avenant, n'est pas soumise à la taxe de publicité foncière mais donne lieu à la perception de la contribution de sécurité immobilière liquidée au taux de 0,05 % sur les sommes énoncées dans l'acte (CGI art. 881 I).

Notons que la mention d'un **pacte commissoire** (n° 31021) dans le bordereau d'inscription d'une hypothèque ne modifie pas le tarif de la contribution de sécurité immobilière (BOI-REC-GAR-10-20-10-50 n° 190).

RÉGIME D'ORDRE PUBLIC DE L'HYPOTHÈQUE RECHARGEABLE

32020 Seule l'interdiction de réserver l'hypothèque rechargeable au créancier originaire est d'ordre public : « Le constituant peut alors l'offrir en garantie, dans la limite de la somme prévue dans l'acte constitutif et mentionné à l'article 2417, non seulement au créancier originaire, mais aussi, nonobstant toute clause contraire, à un nouveau créancier, encore que le premier n'ait pas été payé » (C. civ. art. 2416 al. 2).

CONDITIONS DE LA STIPULATION DE RECHARGEMENT DE L'HYPOTHÈQUE

32030 L'article 2416 du Code civil relatif à la possibilité de rechargement figure dans une section du Code civil consacrée aux **hypothèques conventionnelles.** En sont donc exclus non seulement les hypothèques légales ou judiciaires, mais également les anciens privilèges immobiliers spéciaux tels le privilège de vendeur ou celui de prêteur de deniers.

Les dispositions transitoires qui permettaient au propriétaire de transformer un **privilège de prêteur de deniers** en hypothèque rechargeable entre le 20 février 2007 et le 20 février 2009 (Loi de ratification 2007-212 du 20-2-2007 art. 10, III-al. 2) ne concernaient que l'hypothèque rechargeable telle qu'instaurée par l'ordonnance du 23 mars 2006. Ces dispositions ne s'appliquent pas à la nouvelle hypothèque rechargeable professionnelle créée par la loi du 20 décembre 2014.

32035 L'hypothèque rechargeable doit être constituée par une **personne physique ou morale** et à des fins professionnelles (C. civ. art. 2416). Toute personne est donc admise à consentir une hypothèque rechargeable (entrepreneur individuel, EIRL, société quelle que soit sa forme, association, etc.), dès lors que la garantie présente un intérêt pour le financement d'une activité professionnelle, qu'il s'agisse de celle du constituant ou d'un tiers (garantie fournie par le dirigeant de société pour le financement d'un crédit souscrit par sa société par exemple).

Le texte ne pose pas de restriction aux **activités professionnelles concernées** qui peuvent être commerciales, artisanales, agricoles ou libérales.

32040 L'**acte constitutif** de l'hypothèque doit préciser expressément la faculté de rechargement (C. civ. art. 2416, al. 1) et celle-ci fait l'objet d'une mention expresse lors de l'**inscription** de l'hypothèque (C. civ. art. 2423, al. 5 ; Décret 55-1350 du 14-10-1955 art. 55, 2).

S'agissant du **montant de l'inscription d'origine,** l'article 2417 du Code civil prévoit que l'hypothèque est, à peine de nullité, consentie pour le capital, à hauteur d'une somme déterminée par l'acte notarié lui-même. Cet article s'applique à toutes les hypothèques conventionnelles et, par voie de conséquence, aux hypothèques rechargeables. Le rechargement ultérieur ne semble donc pouvoir s'effectuer que dans cette limite et dans la mesure où la créance d'origine a été totalement ou partiellement remboursée.

Il ressort toutefois de la loi de ratification du 20 février 2007 que « par dérogation à l'article 2423 du même Code, la somme garantie ne peut être supérieure au montant en capital de la créance privilégiée » en cas de transformation d'un privilège de prêteur de deniers en hypothèque rechargeable (n° 32030). Il paraît légitime d'en déduire que l'article 2423 (devenu art. 2417 à compter du 1-1-2022) permet que le montant du capital inscrit initialement puisse être supérieur au montant du capital de la créance d'origine (Ph. Théry, L'hypothèque rechargeable : Dr. et patrimoine 2007 n° 159 p. 42 s. ; voir aussi M. Grimaldi, L'hypothèque rechargeable et le prêt viager hypothécaire : JCP N 2006 n° 19 p. 947 s.). Bien que ces dispositions transitoires issues de la loi de ratification ne soient pas applicables à l'hypothèque rechargeable professionnelle issue de la loi du 20 décembre 2014, la possibilité d'inscrire l'hypothèque rechargeable pour un montant supérieur à la créance d'origine semble transposable à cette nouvelle forme d'hypothèque rechargeable.

CONVENTION DE RECHARGEMENT DE L'HYPOTHÈQUE

32060 Le constituant de l'hypothèque rechargeable peut l'offrir en garantie, dans la limite de la somme prévue dans l'acte constitutif, non seulement au créancier originaire, mais aussi à un nouveau créancier, même si le premier n'a pas été payé, cette disposition étant d'ordre public (C. civ. art. 2416, al. 2). Le rechargement ne permet de garantir que des créances professionnelles (C. civ. art. 2416, al. 1).

Quel que soit le créancier bénéficiaire, la convention de rechargement doit être conclue par **acte notarié** (C. civ. art. 2416, al. 3), et être publiée sous forme de mention en marge au fichier immobilier (C. civ. art. 2416, al. 4 et art. 2425). Cette mention en marge rend le rechargement opposable aux tiers.

> Précisions **a.** La convention devenue opposable aux tiers permet au créancier bénéficiaire du rechargement de se prévaloir, à l'égard des autres créanciers, de la date d'inscription de l'hypothèque : en conséquence, dans la détermination du **rang des créanciers,** il vient avant les créanciers inscrits postérieurement au créancier d'origine et avant la mention en marge du rechargement. Toutefois, il est primé par les créanciers titulaires d'hypothèques légales ou judiciaires inscrites avant la convention de rechargement (C. civ. art. 2420), ce qui inclut notamment les organismes gestionnaires d'un régime de protection sociale et le Trésor.

Exemple : A est inscrit en T1 (hypothèque rechargeable), B en T2 (hypothèque conventionnelle ordinaire), C en T3 (hypothèque judiciaire provisoire), D en T4 (bénéficiaire du rechargement), E en T5 (hypothèque conventionnelle ordinaire). Le rang sera le suivant : A, C (sous réserve de confirmation de l'hypothèque provisoire), D, B, E.

b. La publication de la convention de rechargement détermine, **entre eux,** le **rang des créanciers inscrits** sur l'hypothèque rechargeable (C. civ.art. 2420, al. 2).

c. Lorsqu'un **privilège du prêteur de deniers** a été **transformé en hypothèque rechargeable,** faculté qui n'était ouverte que pour l'ancienne hypothèque rechargeable (n° 32030), l'hypothèque ainsi constituée prend le rang du privilège de prêteur de deniers antérieurement inscrit. Toutefois, si une convention de rechargement est publiée, ce rang est inopposable aux créanciers qui ont inscrit une hypothèque entre la date de publicité du privilège de prêteur de deniers et celle de l'acte notarié organisant la transformation de sûreté.

VENTE DE L'IMMEUBLE GREVÉ DE L'HYPOTHÈQUE RECHARGEABLE

La loi ne comporte aucune disposition sur la vente d'un immeuble grevé d'une hypothèque rechargeable. Conformément au droit commun, l'acquéreur peut procéder à la **purge de l'inscription hypothécaire.** 32080

L'hypothèque peut aussi suivre l'immeuble avec la faculté de rechargement, mais la doctrine est divisée sur la question de savoir si la **faculté de rechargement** peut ensuite être exercée par l'acquéreur (indiquant que la question n'est toujours pas tranchée, L. Andreu, L'hypothèque rechargeable ressuscitée : JCP G 2015 n° 78 ; S. Cabrillac, Hypothèque rechargeable, réhabilitation partielle au profit des créances professionnelles : Defrénois 2015 p. 494 ; en faveur de cette transmissibilité, M. Dagot, L'hypothèque rechargeable : Litec 2006 n° 452 ; Simler et Delebecque, Sûretés, publicité foncière : Dalloz 2012 n° 407).

MAINLEVÉE DE L'HYPOTHÈQUE RECHARGEABLE

La loi n'énonce pas de règle générale relative à la mainlevée de l'inscription de l'hypothèque rechargeable. Elle n'aborde cette question que de façon elliptique en énonçant que la radiation de l'inscription s'impose au créancier qui n'a pas procédé à la publication, sous forme de mention en marge, de sa convention de rechargement (C. civ. art. 2435, al. 2). 32090

Selon la doctrine, la mainlevée de l'inscription d'hypothèque rechargeable requiert cumulativement (M. Suquet-Cozic, Hypothèque rechargeable : qui doit consentir à la mainlevée ? : Sol. not. 8-9/14 inf. 192) :

- le consentement du créancier initial en application du droit commun (C. civ. art. 2435, al. 1) ;
- le consentement du créancier rechargé dès lors que sa convention de rechargement a été publiée (C. civ. art. 2435, al. 2). Cette mention en marge lui profitant n'a pas de date extrême d'effet propre. Sa durée est celle de l'hypothèque rechargeable sur laquelle elle est greffée, quelle que soit la date d'exigibilité de sa créance ;
- le consentement du propriétaire constituant. En effet, le législateur exige « le consentement des parties intéressées » pour radier une inscription hypothécaire (C. civ. art. 2435, al. 1). Or, dans le cas de l'hypothèque rechargeable, la sûreté est également dans l'intérêt du constituant puisque celui-ci peut réutiliser la garantie (M. Grimaldi, L'hypothèque rechargeable et le prêt viager hypothécaire : JCP N 2006 n° 1195).

TITRE III

Copropriété des immeubles bâtis

CHAPITRE 1

CHAMP D'APPLICATION DU STATUT DE LA COPROPRIÉTÉ

SOMMAIRE

INTRODUCTION

Nous examinerons le statut de la copropriété tel qu'il résulte de la **loi 65-557 du 10 juillet 1965.** **35000**
Cette loi a fait l'objet de multiples modifications, en dernier lieu par l'ordonnance 2019-1101 du 30 octobre 2019 « portant réforme du droit de la copropriété des immeubles bâtis », adoptée en application de l'article 215 de la loi « Élan » du 23 novembre 2018, et entrée en vigueur le 1er juin 2020 (Ord. 2019-1101 du 30-10-2019 art. 41). Les modalités d'application du statut sont précisées par le **décret 67-223 du 17 mars 1967** également **modifié** à plusieurs reprises, en dernier lieu par le décret 2020-834 du 2 juillet 2020.

Par ailleurs, nous étudierons les **normes comptables** applicables aux syndicats de copropriétaires et précisées par le décret 2005-240 du 14 mars 2005.

Le statut de la copropriété des immeubles bâtis s'applique en vertu de l'article 1er de la loi du **35015**
10 juillet 1965 :

– **à titre obligatoire** à tout immeuble bâti, ou groupe d'immeubles bâtis à usage total ou partiel d'habitation, dont la propriété est répartie par lots entre plusieurs personnes. Un lot comporte obligatoirement une partie privative et une quote-part des parties communes, lesquelles sont indissociables (Loi 65-557 du 10-7-1965 art. 1, al. 1 et 2). Le lot peut être un lot transitoire, formé d'une partie privative constituée d'un droit de construire précisément défini quant aux constructions qu'il permet de réaliser, et d'une quote-part de parties communes correspondante (Loi 65-557 du 10-7-1965 art. 1, al. 3) ;

– **à défaut de convention contraire** y dérogeant expressément et mettant en place une organisation dotée de la personnalité morale et suffisamment structurée pour assurer la gestion de leurs éléments et services communs :

1° à tout immeuble ou groupe d'immeubles bâtis à destination totale autre que d'habitation dont la propriété est répartie par lots entre plusieurs personnes,

2° à tout ensemble immobilier qui, outre des terrains, des volumes, des aménagements et des services communs, comporte des parcelles ou des volumes, bâtis ou non, faisant l'objet de droits de propriété privatifs.

A. Application obligatoire du statut de la copropriété

1. IMMEUBLES BÂTIS ET ACHEVÉS

PRINCIPE

35020 La loi du 10 juillet 1965 ne vise que les immeubles bâtis. Il en résulte que la loi ne s'applique jamais aux immeubles **non bâtis** alors même qu'ils seraient **organisés par un état descriptif de division** (par exemple, un ensemble de places de stationnement appartenant à des propriétaires différents). Il a par exemple été jugé qu'une parcelle acquise en indivision ne peut être soumise au statut de la copropriété dès lors que la construction prévue n'a pas été édifiée (Cass. 3e civ. 16-12-2008 n° 07-20.373 : Administrer avril 2009 p. 57 obs. J.-R. Bouyeure) ou qu'une voie privée desservant plusieurs immeubles obéit aux règles de l'indivision forcée et non à la loi de 1965 (CA Paris 2-7-1997 : Loyers et copr. 1997 n° 320).

NAISSANCE DE LA COPROPRIÉTÉ

35025 **Deux hypothèses** sont à distinguer (Loi 65-557 du 10-7-1965 art. 1-1) :

– en cas de mise en copropriété d'un immeuble bâti existant, l'ensemble du statut s'applique à compter du premier transfert de propriété d'un lot ;

– pour les immeubles à construire, le fonctionnement de la copropriété découlant de la personnalité morale du syndicat de copropriétaires prend effet lors de la livraison du premier lot.

Avant l'entrée en vigueur de **la loi Élan,** les solutions, de nature jurisprudentielle, étaient les suivantes :

– le statut ne s'appliquait qu'à partir du moment où l'immeuble était achevé. Pendant la période de construction, le statut de la copropriété n'avait pas vocation à s'appliquer (Cass. 3e civ. 15-12-1966 : Inf. rap. copr. 1966 p. 165 ; Cass. 3e civ. 20-12-1978 : JCP éd. G 1978 II n° 18800 note Guillot ; Cass. 3e civ. 23-10-2002 n° 01-10.446 : RJDA 6/03 n° 577) ; la clause du règlement de copropriété prévoyant l'application de ses stipulations au fur et à mesure de l'achèvement du bâtiment était jugée contraire aux dispositions de la loi du 10 juillet 1965 et réputée non écrite (Cass. 3e civ. 30-6-1998 n° 96-20.758 : BPIM 5/98 inf. 344). Le syndicat des copropriétaires ne pouvait pas agir en recouvrement des charges communes afférentes à la période antérieure à l'achèvement (Cass. 3e civ. 22-1-2014 n° 12-29.368 : BPIM 2/14 inf. 122) ;

– le statut de la copropriété commençait à s'appliquer le jour où l'immeuble comportait deux lots bâtis appartenant à des propriétaires différents (Cass. 3e civ. 12-1-2011 n° 09-13.822 : BPIM 2/11 inf. 142) ;

– en cas de pluralité de bâtiments, il était admis que la copropriété naissait pour le premier bâtiment dès son achèvement et donnait naissance au syndicat des copropriétaires (et au syndicat secondaire de l'immeuble achevé si cela avait été prévu par le règlement de copropriété), ce syndicat comprenant également, le cas échéant, les « lots transitoires » ou encore « lots en attente » (n° 35030).

Pendant la **phase de construction,** les relations sont soumises, selon le cas, aux dispositions de la loi relative aux ventes d'immeubles à construire (Mémento Urbanisme-Construction nos 75700 s.), à la législation applicable aux sociétés d'attribution (Mémento Urbanisme-Construction nos 67300 s.), ou à tout autre état de droit précédant l'achèvement des constructions de la future copropriété.

ATTENTION

La mise en copropriété d'un immeuble frappé d'un **arrêté de péril** n'est pas possible (CCH art. L 126-17), sauf s'il s'agit d'y réaliser des travaux de restauration immobilière déclarés d'utilité publique en application de l'article L 313-4 du Code de l'urbanisme.

CAS PARTICULIER DES LOTS TRANSITOIRES

35030 La notion de « lots transitoires » ou « lots en attente » avait été dégagée par la jurisprudence pour désigner les lots non encore bâtis conférant à leur titulaire le droit exclusif d'utiliser la superficie d'une partie commune pour y édifier une construction. Elle a été consacrée par la loi Élan 2018-1021 du 23 novembre 2018. Ainsi, le lot de copropriété peut être un lot transitoire (Loi 65-557 du 10-7-1965 art. 1, al. 3). Il est alors formé d'une partie privative constituée d'un **droit de construire** précisément défini quant aux constructions qu'il permet de réaliser et d'une quote-part de parties communes correspondante. Les droits de construire, d'affouiller et de surélever peuvent constituer la partie privative d'un lot transitoire (Loi 65-557 du 10-7-1965 art. 37-1).

Constituent par exemple des lots transitoires les lots constitués par le droit d'affouiller sous les bâtiments pour construire des niveaux de sous-sol (Cass. 3e civ. 7-4-2004 n° 02-14.670 : BPIM 4/04 inf. 237).

Ils correspondent souvent à un bâtiment à construire, qui sera subdivisé en lots une fois l'immeuble achevé. Il s'agit de lots à part entière qui sont soumis au statut de la copropriété (Cass. 3e civ. 7-4-2004 précité).

> **Précisions** La définition du lot transitoire a été clarifiée par l'ordonnance du 30 octobre 2019, qui a supprimé la référence à une partie privative constituée d'un droit de construire « sur une surface déterminée du sol », afin d'être en adéquation avec le nouvel article 37-1 de la loi du 10 juillet 1965 prévoyant que « le droit de surélever peut constituer la partie privative d'un lot transitoire ». La référence à une « surface déterminée du sol », utilisée dans certains règlements de copropriété, laissait supposer qu'un lot transitoire ne pourrait pas porter sur un droit de surélever alors qu'une telle possibilité a toujours été admise par la jurisprudence (pour la jurisprudence antérieure à la loi Élan, voir Cass. 3e civ. 18-9-2013 no 12-16.358 : AJDI 2014 p. 212 obs. N. Le Rudulier ; Cass. 3e civ. 14-11-1991 no 89-21.167 : Bull. civ. III no 27).

En conséquence : **35032**

1. Les titulaires de tels lots ont **droit de vote** aux assemblées de la copropriété (Cass. 3e civ. 30-6-1998 : Loyers et copr. 1998 no 254). Il résulte de cette décision qu'est non écrite la clause d'un règlement de copropriété stipulant que les lots non bâtis ne participent pas aux assemblées car elle est contraire au principe selon lequel les copropriétaires de ces lots sont des copropriétaires à part entière et ne peuvent être assujettis à un régime particulier. Le propriétaire d'un lot transitoire doit donc être convoqué aux assemblées (Cass. 3e civ. 3-5-1990 : Bull. civ. III no 107 ; Cass. 3e civ. 16-5-2001 : BPIM 4/01 inf. 269).

2. Ils doivent participer aux **charges,** suivant la distinction établie par la loi (no 36005 ; Cass. 3e civ. 3-5-1990 : Bull. civ. III no 107 ; Cass. 3e civ. 14-11-1991 no 89-21.167 : D. 1992 p. 277 note Tomasin ; Cass. 3e civ. 10-10-2007 no 06-18.122 : BPIM 1/08 inf. 67), même si le règlement de copropriété prévoit que ses stipulations, en particulier celles relatives aux charges, ne s'appliqueront qu'au fur et à mesure de l'achèvement du bâtiment, une telle clause étant illicite (Cass. 3e civ. 30-6-1998 : Loyers et copr. 1998 no 254). Ils doivent être considérés comme ayant la valeur non de terrains nus, mais du bâtiment qu'ils préfigurent pour la répartition des charges visées aux nos 36005 s. (Cass. 3e civ. 23-4-1992 : Bull. civ. III no 136) : ils doivent ainsi participer aux charges générales à proportion de leurs tantièmes sans pouvoir prétendre qu'elles n'ont aucune utilité pour leur lot (Cass. 3e civ. 7-4-2004 no 02-14.670 : BPIM 4/04 inf. 237 ; Cass. 3e civ. 8-2-1995 no 92-15.799 : Administrer mars 1996 p. 73 comm. D. Sizaire). Les titulaires des lots transitoires sont ainsi redevables des charges relatives à l'administration (honoraires du syndic, frais de gestion et prime d'assurance) (Cass. 3e civ. 1-4-1987 : Bull. civ. III no 74), au gardiennage (Cass. 3e civ. 4-1-1991 : Bull. civ. III no 3), à l'entretien des parties communes (Cass. 3e civ. 1-4-1987 : Bull. civ. III no 73), aux frais d'éclairage (Cass. 3e civ. 4-1-1989 : Bull. civ. III no 2), aux frais de sécurisation de l'ensemble immobilier (Cass. 3e civ. 10-10-2007 no 06-18.122 : BPIM 1/08 inf. 67), et ce alors même qu'ils ne profitent pas des installations correspondantes (espaces verts, services de gardiennage : Cass. 3e civ. 7-4-2004 précité).

3. Les titulaires de lots transitoires faisant partie d'un même bâtiment peuvent également demander le **retrait ou** la **scission de la copropriété** en application de l'article 28 de la loi (Cass. 3e civ. 30-9-1998 : Bull. civ. III no 182 ; CA Aix 16-4-1992 : JCP éd. N 1993 II p. 130 obs. B. Stemmer).

4. Ils ne sont pas tenus de solliciter l'**autorisation** de l'**assemblée générale pour construire sur le lot** dès lors qu'ils ne font qu'user du droit que leur confère le règlement de copropriété (Cass. 3e civ. 4-11-2010 no 09-70.235 : BPIM 1/11 inf. 62 ; Cass. 3e civ. 8-6-2011 no 10-20.276 : BPIM 4/11 inf. 323 ; Cass. 3e civ. 13-12-2018 no 17-23.008 F-D : BPIM 1/19 inf. 56).

5. En revanche, s'ils souhaitent **modifier** ce droit, ils doivent recueillir l'autorisation de l'assemblée générale à la majorité de l'article 25. À défaut, le syndicat est en droit de solliciter la démolition des ouvrages construits sans autorisation, étant précisé toutefois que les juges doivent apprécier si les atteintes portées aux parties communes et privatives sont telles qu'elles justifient la démolition de l'ouvrage (Cass. 3e civ. 12-9-2019 no 18-19.232 : BPIM 5/19 inf. 347). L'application du principe de proportionnalité a vocation à s'appliquer à la demande de démolition (Cass. 3e civ. 27-2-2020 no 18-18.189 : BPIM 3/20 no 214).

6. Les lots peuvent être saisis (Cass. 3e civ. 15-11-1989 : Bull. civ. III no 213).

Pour les immeubles mis en copropriété **après le 1er juillet 2022,** la création et la consistance du lot transitoire doivent être stipulées dans le **règlement de copropriété** (Loi 65-557 du 10-7-1965 art. 1, al. 3). **35035**

Pour les immeubles dont la mise en copropriété est **antérieure au 1er juillet 2022,** quand le règlement de copropriété ne mentionne pas la consistance des lots transitoires existants, le syndicat des copropriétaires inscrit à l'ordre du jour de chaque assemblée générale des copropriétaires la question de cette mention dans le règlement de copropriété. Cette décision est prise à la majorité des voix exprimées des copropriétaires présents, représentés ou ayant voté par correspondance. L'absence de mention de la consistance du lot transitoire dans le règlement de copropriété est sans conséquence sur l'existence de ce lot (Loi 65-557 du 10-7-1965 art. 1).

Le délai de 3 ans qui avait été imparti aux syndicats des copropriétaires par la loi Élan du 23 novembre 2018 pour mettre leur règlement de copropriété en conformité avec les nouvelles dispositions légales relatives au lot transitoire a été supprimé par la loi 3DS du 21 février 2022.

CAS PARTICULIER DE LA VENTE DE LOGEMENTS APPARTENANT À DES ORGANISMES HLM

35036 **Application différée du statut de la copropriété** Depuis le **1er janvier 2020,** la vente à des personnes physiques de logements situés dans des immeubles appartenant à des organismes d'habitations à loyer modéré (HLM), et destinés en conséquence à être soumis au statut de la copropriété, peut prévoir un transfert différé de la propriété de la quote-part des parties communes attachées au lot vendu. Ce différé ne peut excéder un délai de 10 ans à compter de la première vente intervenue dans l'immeuble (CCH art. L 443-15-5-1).

Le contrat de vente doit préciser la date à laquelle interviendra le transfert de la propriété de la quote-part de parties communes. Au plus tard six mois avant le transfert de propriété, l'organisme HLM rappelle à l'acquéreur la date de ce transfert par lettre recommandée (CCH art. R 443-17-1). À la date prévue, l'organisme HLM fait constater le transfert de propriété de la quote-part des parties communes par un **acte authentique** publié au service de la publicité foncière. Les frais d'acte sont à la charge de l'organisme vendeur.

À compter de la date du transfert, le statut de la copropriété devient applicable, et le **syndicat des copropriétaires** est constitué.

La **date de transfert** de propriété de la quote-part des parties communes afférentes au premier lot s'imposera à toutes les ventes de lots situés dans le même immeuble (CCH art. L 443-15-5-2).

En cas de **revente** du logement par le particulier acquéreur avant que le transfert de la propriété de la quote-part des parties communes ait eu lieu, le nouvel acquéreur du logement se substitue de plein droit dans les droits et obligations de son vendeur envers l'organisme HLM (CCH art. L 443-15-5-6).

> **Précisions** Sont toutefois immédiatement applicables à ces ventes : l'article 8 de la loi du 10 juillet 1965 relatif au règlement de copropriété, l'article 46 de la même loi relatif au mesurage de la superficie du lot et les dispositions de l'article L 721-2 du Code de la construction et de l'habitation relatives au règlement de copropriété et à l'état descriptif de division.

35037 **Obligations de l'organisme HLM** Entre la date de la vente du logement et celle de transfert de la propriété de la quote-part des parties communes, deux obligations pèsent principalement sur l'organisme HLM. Il doit **entretenir** et veiller à la **conservation des parties communes et des éléments d'équipement communs,** et supporter les dépenses nécessaires pour ce faire. Il doit également, le cas échéant, supporter les dépenses relatives à leur amélioration (CCH art. L 443-15-5-3, 1°). L'organisme HLM doit également faire une **présentation annuelle,** à l'ensemble des acquéreurs, de la gestion des parties communes et des équipements communs, des travaux qu'il envisage de réaliser sur ces mêmes parties et équipements et leur coût prévisionnel.

Par ailleurs, il lui est fait **interdiction** de prendre des décisions qui porteraient atteinte à la valeur ou aux conditions de jouissance des parties communes et des parties privatives, telles qu'elles résultent du règlement de copropriété.

35038 **Droits et obligations de l'acquéreur** L'acquéreur bénéficie, jusqu'au transfert de propriété de la quote-part des parties communes attachée à son lot, d'un **droit d'usage réel** des parties communes et équipements communs de l'immeuble.

Il doit s'acquitter d'une **contribution** à un certain nombre de charges en contrepartie :

- des services rendus liés à l'usage des parties communes et des équipements communs ;
- des dépenses d'entretien courant et des menues réparations sur les parties communes et les équipements communs ;
- des services rendus liés à l'usage des différents éléments du logement, y compris dans le cadre d'un contrat d'entreprise ou d'un contrat d'achat.

Le décret 2021-1534 du 26 novembre 2021 précise la liste des charges auxquelles l'acquéreur contribue et détermine leurs modalités de paiement (CCH art. R 443-17-1 à R 443-17-6). Cette liste est fixée par l'annexe de l'article R 443-17-2. La contribution à ces charges est réglée mensuellement à terme à échoir. Elle peut donner lieu au versement de provisions et doit, dans ce cas, faire l'objet d'une régularisation annuelle. L'article R 443-17-4 du Code précité réglemente les modalités de régularisation de ces charges, lesquelles présentent certaines similitudes avec les règles applicables en matière de régularisation de charges locatives.

Travaux L'**acquéreur** ne peut pas s'opposer à l'exécution par l'organisme HLM d'un certain nombre de travaux, même à l'intérieur de son logement, si les circonstances exigent leur réalisation et à condition que l'affectation, la consistance ou la jouissance de son logement ne soient pas altérées de manière durable. Les travaux qui nécessitent un **accès au logement** doivent lui être notifiés au moins huit jours avant le début de leur réalisation, sauf impératif de sécurité ou de conservation des biens. Si ces travaux lui causent un préjudice en raison soit d'un trouble de jouissance grave, fût-il temporaire, soit de dégradations, l'organisme HLM est tenu de lui verser une indemnité. 35039

Ces travaux sont les suivants (CCH art. L 443-15-5-4) :

– travaux nécessaires à la conservation de l'immeuble, à la préservation de la santé ou de la sécurité physique des occupants ou aux travaux permettant d'assurer la mise en conformité des logements avec les normes de salubrité, de sécurité et d'équipement définies par les dispositions prévues pour l'application de l'article 1er de la loi du 12 juillet 1967 relative à l'amélioration de l'habitat ;

– travaux rendus obligatoires en vertu de dispositions législatives ou réglementaires ou d'un arrêté de police administrative relatif à la sécurité ou à la salubrité publique notifié à l'organisme HLM.

2. IMMEUBLES DIVISÉS EN LOTS DE COPROPRIÉTÉ

NÉCESSITÉ D'UNE DIVISION EN LOTS DE COPROPRIÉTÉ

La loi de 1965 ne s'applique qu'aux immeubles divisés par lots comprenant chacun une partie privative et une quote-part des parties communes (Loi 65-557 du 10-7-1965 art. 1, al. 1). Un lot est composé indissociablement d'une partie privative et d'une quote-part de parties communes (Loi 65-557 du 10-7-1965 art. 1). Cette définition du lot est impérative, et cela quel que soit le contenu du règlement de copropriété (Cass. 3e civ. 19-6-1996 no 94-12.354 : RJDA 12/96 no 1528). Il ne peut pas y avoir de lot ne comportant que des parties privatives (Cass. 3e civ. 29-11-1972 : JCP éd. G 1973 II no 17338), ou que des parties communes (Cass. 3e civ. 19-1-1977 : D. 1977 IR p. 154 ; CA Paris 21-9-1992 : Loyers et copr. 1992 no 479). De même, ne peut pas constituer un lot de copropriété celui composé d'un droit de jouissance privatif sur des parties communes et d'une quote-part de ces parties communes (nos 35570 s.). 35040

Nombre de lots Le statut de la copropriété s'applique quel que soit le nombre de lots, et donc même s'il n'y a que deux lots, des dispositions spécifiques régissant les petites copropriétés et les copropriétés comportant deux copropriétaires seulement (voir nos 40180 s.). Il est ainsi applicable à une maison qui, à la suite d'un partage, a été divisée en deux lots attribués à des personnes différentes, avec création de parties communes dont, nécessairement, une quote-part a été attribuée à chaque copropriétaire (Cass. 3e civ. 11-3-1987 no 85-14.990). Il faut cependant caractériser l'existence de parties communes, le seul fait que des constructions aient été divisées en lots attribués à plusieurs copropriétaires ne permettant pas l'application du statut de la copropriété à défaut de caractérisation de véritables parties communes (Cass. 3e civ. 8-9-2010 no 09-15.554 : BPIM 6/10 inf. 484). 35055

EXCLUSION DU STATUT EN L'ABSENCE DE LOTS DE COPROPRIÉTÉ

Il résulte de la définition du lot que sont exclus du champ d'application de la loi du 10 juillet 1965 : 35060

– les immeubles en indivision simple ;

– les immeubles appartenant à un seul propriétaire dont seule la jouissance est divisée ;

– les immeubles qui appartiennent à une société d'attribution jusqu'à son partage ou du moins jusqu'au premier retrait d'associé (Mémento Urbanisme-Construction nos 67300 s.) ;

– les immeubles divisés en volumes superposés (Mémento Urbanisme-Construction nos 30100 s. ; Cass. 3e civ. 8-9-2010 no 09-15.554 : BPIM 6/10 inf. 484) ;

– les immeubles simplement accolés ou imbriqués les uns dans les autres mais qui restent distincts ;

– deux immeubles situés sur des terrains différents et n'ayant entre eux aucun élément commun (CA Aix 1-2-1983 : Bull. Aix 1/1983 no 25).

Le Conseil d'État estime, quant à lui, que le statut de la copropriété – et notamment le régime de propriété indivise des parties communes – est incompatible avec le régime de la **domanialité publique** et avec les caractères des ouvrages publics. Un local acquis par l'État dans un immeuble en copropriété, même pour les besoins d'un service public, ne peut donc pas constituer un ouvrage public (CE 11-2-1994 : Lebon p. 65) ; il appartient au domaine privé et est soumis au statut. De même, les dommages qui trouveraient leur source dans l'aménagement ou l'entretien de ces locaux ne sont pas des dommages de travaux publics. Un litige relatif à de tels dommages relève de la juridiction judiciaire (T. confl. 7-10-2024 n° 4319 : BPIM 6/24 inf. 366). Par ailleurs, un lot « passage piétons et espaces verts », rétrocédé à la commune qui ne l'a pas classé dans son domaine public, reste un lot soumis au statut (CA Chambéry 10-1-2006 : Loyers et copr. 2006 n° 162).

3. CARACTÈRE INDIFFÉRENT DE L'EXISTENCE D'UN RÈGLEMENT DE COPROPRIÉTÉ

35065 Le statut s'applique impérativement, dès lors que les conditions de la définition de l'article 1er, al. 1 sont remplies, sous réserve des dérogations permises par cet article (voir n° 35015), même si aucun règlement de copropriété n'a été établi (Cass. 3e civ. 15-11-1989 n° 87-15.213 : Bull. civ. III n° 214 ; Cass. 3e civ. 29-5-2002 n° 935 : BPIM 5/02 inf. 342 ; Cass. 3e civ. 11-1-2012 n° 10-24.413 : BPIM 2/12 inf. 154 ; Cass. 3e civ. 19-9-2012 n° 11-10.827 : RJDA 12/12 n° 1045). La division de l'immeuble par lots peut, en l'absence de règlement, résulter de l'état descriptif de division. Tel est le cas lorsque cet état décrit les lots privatifs et que les deux propriétaires de l'immeuble en cause se sont engagés à contribuer par moitié aux frais d'entretien et de réparation du bâtiment, notamment ceux de toiture, gouttières, canalisation extérieure, peinture extérieure ainsi que tous autres travaux pouvant avoir un caractère commun (Cass. 3e civ. 29-5-2002 n° 00-17.542 : BPIM 5/02 inf. 342).

B. Application supplétive du statut de la copropriété

35080 Le statut est également applicable aux **ensembles immobiliers** et, depuis le 1er juin 2020, aux **immeubles à destination totale autre que d'habitation** dont la propriété est répartie par lots, si ces ensembles ou immeubles ne font pas l'objet d'une organisation différente (Loi 65-557 du 10-7-1965 art. 1, II).

EXISTENCE D'UN ENSEMBLE IMMOBILIER

35085 Les « ensembles immobiliers » sont définis par la loi comme comportant, outre des terrains, des volumes, des aménagements et des services communs, des parcelles ou des volumes, bâtis ou non, faisant l'objet de droits de propriété privatifs (Loi 65-557 du 10-7-1965 art. 1, II-2°). Ils sont donc constitués lorsque le sol fait l'objet de modes d'appropriation différents, **hétérogènes.** Ils sont ainsi opposés au « groupe d'immeubles ». La notion de pluralité de bâtiments n'est donc pas un critère en soi. Ainsi, par exemple, un ensemble immobilier pourra comprendre un ou plusieurs immeubles assis sur un **sol commun,** et un ou plusieurs immeubles extérieurs ou parcelles, qui auront avec les premiers non plus un sol commun, mais des **équipements** ou **services communs** (éléments de viabilisation, gardiennage, cantine, piscine...). Ces aménagements et services communs doivent nécessairement faire l'objet d'une appropriation indivise pour que soit caractérisé un ensemble immobilier ; ils ne peuvent faire l'objet d'une propriété privative (Cass. 3e civ. 26-3-2020 n° 18-16.117 FS-PBI : BPIM 3/20 inf. 208 ; pour la jurisprudence antérieure à l'ordonnance du 30-10-2019 : Cass. 3e civ. 17-1-1996 : RJDA 6/96 n° 824 ; Cass. 3e civ. 28-11-2002 n° 1631 : Bull. civ. III n° 138).

> **> Précisions** La notion de « volume » a été intégrée à la définition de l'ensemble immobilier par l'ordonnance du 30 octobre 2019, par cohérence avec l'article 28, IV, qui prévoit la possibilité d'une scission en volumes pour les « ensembles immobiliers complexes ».

EXISTENCE D'UN IMMEUBLE OU GROUPE D'IMMEUBLES BÂTIS À DESTINATION AUTRE QUE D'HABITATION

35086 La possibilité de **déroger au statut** de la copropriété pour les immeubles à destination totale autre que d'habitation a été introduite par l'ordonnance du 30 octobre 2019. Elle a modifié l'article 1er de la loi du 10 juillet 1965 pour recentrer le régime de la copropriété autour de la notion d'habitation. Désormais, la loi de 1965 n'est applicable que de manière supplétive aux immeubles ou groupes d'immeubles bâtis à destination totale autre que d'habitation dont la propriété est répartie par lots entre plusieurs personnes. Sur le modèle des ensembles immobiliers, la liberté contractuelle est ainsi autorisée pour ces immeubles.

ABSENCE D'ADOPTION D'UNE ORGANISATION DIFFÉRENTE

Dans les deux cas, la **liberté contractuelle** est désormais la règle, sous réserve que soit mise en place une organisation conventionnelle qui réponde à plusieurs exigences : elle doit déroger expressément à la loi de 1965, disposer de la personnalité morale, et être suffisamment structurée pour permettre la gestion des éléments communs (Loi 65-557 du 10-7-1965 art. 1). **35090**

Le statut de la copropriété n'est cependant pas adapté aux **ensembles immobiliers importants.** La rigidité de ses règles contrarie les possibilités d'évolution, et il est très difficile d'obtenir les majorités requises par la loi pour la prise des décisions ; d'où l'intérêt d'opter pour un mode d'organisation différent lorsque celui-ci est possible. La loi ne définit pas « l'organisation différente » qu'il est possible d'adopter dans le cas des ensembles immobiliers. Ce pourra être une union de syndicats (nos 39260 s.), une association syndicale (nos 42000 s.), une association foncière urbaine (Mémento Urbanisme-Construction nos 30900 s.), voire une société civile, ou encore, plus simplement, une convention de gestion des éléments communs aux divers immeubles (Cass. 3e civ. 28-11-2001 no 00-14.539 : Bull. civ. III no 138). Cette dernière solution suppose que ces éléments soient peu nombreux et que les modalités de leur gestion ne soient pas, a priori, évolutives.

À défaut d'organisation différente, le statut de la copropriété s'applique (Cass. 3e civ. 15-12-1993 : Bull. civ. III nos 171 et 172 ; Cass. 3e civ. 19-9-2012 nos 11-13.679 et 11-13.789 : BPIM 6/12 inf. 465 ; Cass. 1e civ. 12-6-2018 no 17-18.705 F-D : BPIM 4/18 inf. 285), quels que puissent être les inconvénients qui en résultent pour leur gestion (Cass. 3e civ. 11-2-2009 no 08-10.109 : BPIM 3/09 inf. 223). Tel sera aussi le cas si l'organisation mise en place ne répond pas aux critères légaux.

EXEMPLE

Le statut de la copropriété est applicable, à défaut d'organisation différente, à :
– la juxtaposition d'immeubles en copropriété et d'immeubles appartenant à une société détentrice de droits réels exclusifs sur une partie du terrain (CA Paris 29-10-1997 : Loyers et copr. 1998 no 20) ;
– un groupe d'immeubles avec une hétérogénéité du régime juridique des fractions d'immeubles (Cass. 3e civ. 17-2-1999 : Loyers et copr. 1999 no 104) ;
– des immeubles appartenant à des (co)propriétaires différents et desservis par une chaufferie unique (Cass. 3e civ. 21-6-2000 : Administrer novembre 2000 p. 38 obs. P. Capoulade) ;
– un passage commun desservant les bâtiments et les terrains riverains (CA Reims 20-1-2000 : Constr.-urb. 2000 no 267) ;
– un passage parisien ouvert au public et desservant les propriétés riveraines (CA Paris 30-6-1999 : BPIM 6/99 inf. 440, l'organisation du passage ne prévoyant ni le régime des décisions majoritaires ni les organes d'exécution) ;
– une voie privée dont la propriété était partagée entre les riverains (Cass. 3e civ. 11-10-2000 no 99-10.039 : Administrer janvier 2001 p. 38 obs. P. Capoulade) ;
– un ensemble pavillonnaire résultant du partage d'un sol en lots divis sans quote-part de parties communes mais en présence d'aménagements communs (CA Paris 28-6-2001 : Loyers et copr. 2002 no 49).

MODALITÉS D'ADOPTION D'UNE ORGANISATION DIFFÉRENTE

Lorsque des immeubles, groupes d'immeubles et ensembles immobiliers mentionnés nos 35085 et 35086 sont déjà régis par la loi de 1965, l'unanimité des voix de tous les copropriétaires composant le syndicat est nécessaire pour qu'ils puissent être soumis à une organisation différente (Loi 65-557 du 10-7-1965 art. 1, dernier al.). **35095**

C. Portée du statut de la copropriété

Une grande partie des dispositions de la loi du 10 juillet 1965 est **impérative.** Les clauses contraires aux dispositions auxquelles il ne peut être dérogé sont « réputées non écrites ». La liste de ces dispositions a été étendue aux articles 1 (champ d'application de la loi), 1-1 (date d'entrée en vigueur du statut en cas de mise en copropriété d'un immeuble bâti existant et pour les immeubles à construire), 4 (définition des parties communes générales et spéciales), 41-8 à 41-23 (dispositions particulières aux petites copropriétés et aux syndicats dont le nombre de voix est réparti entre deux copropriétaires), 42-1 (dématérialisation des notifications et mises en demeure) (Loi 65-557 du 10-7-1965 art. 43). **35097**

CHAPITRE 2

DIVISION DE L'IMMEUBLE EN LOTS DE COPROPRIÉTÉ

SOMMAIRE

A. Détermination des parties privatives et des parties communes

35200 La loi du 10 juillet 1965 définit les parties privatives (Loi 65-557 du 10-7-1965 art. 2) et les parties communes (Loi 65-557 du 10-7-1965 art. 3) de l'immeuble en copropriété. Toutefois, ces deux articles, qui ne sont pas cités par l'article 43 de la loi, ne sont pas d'ordre public et s'appliquent donc, faute de dispositions contraires du règlement de copropriété.

Le **règlement de copropriété** détermine la destination des parties tant privatives que communes ainsi que les conditions de leur jouissance (Loi 65-557 du 10-7-1965 art. 8). C'est donc au premier chef par référence au règlement de copropriété, au besoin complété par l'état descriptif de division, que doit être déterminée la nature commune ou privative des différentes parties de l'immeuble. Toute clause claire et précise du règlement de copropriété doit être appliquée (Cass. 3e civ. 19-6-1996 n° 94-12.354 : RJDA 12/96 n° 1528 ; Cass. 3e civ. 7-1-2021 n° 19-19.459 : BPIM 2/21 inf. 138) et il n'est pas nécessaire dans ce cas de se référer aux articles 2 et 3 de la loi du 10 juillet 1965, qui ne sont que supplétifs. En revanche, les stipulations d'un acte de vente sont inopérantes (Cass. 3e civ. 9-4-2013 n° 12-15.408 : Administrer juillet 2013 p. 58 note J.-R. Bouyeure) et les indications portées dans la notice descriptive annexée à l'acte de vente ne sauraient prévaloir sur les dispositions contraires du règlement de copropriété (Cass. 3e civ. 9-5-2019 n° 18-16717 : BPIM 2/19 inf. 201).

En pratique, les **critères légaux** sont donc appliqués par les juges lorsque le règlement de copropriété est muet ou s'il comporte des imprécisions ou des contradictions quant à la nature privative ou commune de la partie d'immeuble considérée (Cass. 3e civ. 30-3-2010 n° 09-14.229 : BPIM 3/10 inf. 236 ; Cass. 3e civ. 9-7-2020 n° 19-14.368 F-D : BPIM 5/20 inf. 332).

1. PARTIES PRIVATIVES

35210 Sont des parties privatives les parties des bâtiments et des terrains réservées à l'**usage exclusif** d'un copropriétaire déterminé. Les parties privatives sont la **propriété exclusive** de chaque copropriétaire (Loi 65-557 du 10-7-1965 art. 2).

Mais il n'y a aucune énumération légale des parties privatives. Le **critère de l'exclusivité d'usage** est celui qui sert de guide en cas d'hésitation sur la qualification d'un élément de l'immeuble (Cass. 3e civ. 19-7-1995 n° 93-21.044).

35220 Sont généralement considérés comme « parties privatives » :

– l'intérieur des appartements ou des locaux commerciaux et professionnels, y compris les fenêtres, les volets, les balustrades et les appuis des balcons ;

– les parquets, carrelages ou tout autre revêtement du sol ;

– les éléments d'équipement (appareils sanitaires, appareils de chauffage individuel, installations de cuisine) ;

– les cloisons intérieures non comprises dans le gros œuvre ;
– les devantures des magasins ;
– les locaux accessoires accessibles par un seul copropriétaire et n'abritant aucun élément d'équipement collectif tels que les caves, les combles ou les greniers ;
– les balcons.

Sur le régime applicable aux parties communes affectées d'un droit de jouissance privatif, voir n°s 35570 s.

> **Précisions** **a.** Les **cloisons** ou murs séparant deux parties privatives et ne faisant pas partie du gros œuvre sont présumés mitoyens entre les locaux qu'ils séparent (Loi 65-557 du 10-7-1965 art. 7).
> **b.** Les **balcons** font parfois l'objet de dispositions différentes selon les règlements de copropriété : ils peuvent être considérés comme parties privatives ou parties communes pour le gros œuvre et privatives pour les balustrades, le revêtement du sol ou encore comme parties communes affectées en jouissance privative (voir n° 35228).
> **c.** À défaut de précision dans le règlement de copropriété, le classement des **combles** dans les parties communes ou dans les parties privatives suscite des difficultés. Tout dépend du point de savoir si cette fraction de l'immeuble est à l'usage ou à l'utilité de tous les copropriétaires ou de plusieurs d'entre eux ou, au contraire, à l'usage exclusif d'un seul. Ainsi, des combles ne pouvant servir qu'à la réparation de la toiture, partie commune, constituent eux-mêmes une partie commune, et il importe peu que la trappe d'accès se situe dans un appartement et permette d'accéder non seulement à la partie située au-dessus de l'appartement, mais aussi à l'ensemble des combles (Cass. 3e civ. 30-5-1995 n° 93-16.347). De même, sont des parties communes les combles qui ne sont accessibles qu'à partir d'une trappe située dans un appartement mais qui abritent une gaine VMC externe (Cass. 3e civ. 15-12-2009 n° 09-12.908 : BPIM 1/10 inf. 50). Constituent en revanche des parties privatives les combles auxquels on ne peut accéder qu'en empruntant les parties privatives d'un lot et qui n'abritent aucun élément d'équipement collectif et ne sont d'aucune utilité pour les autres copropriétaires (Cass. 3e civ. 6-10-1993 : RDI 1993 p. 537 note Capoulade et Giverdon ; Cass. 3e civ. 3-7-1996 n° 94-19.462 ; Cass. 3e civ. 22-3-2000 : Loyers et copr. 2000 comm. n° 126). Mais, si l'usage privatif des combles procède d'une voie de fait, il ne saurait être retenu comme critère pour les qualifier de parties privatives (Cass. 3e civ. 17-1-2007 n° 05-19.104 : BPIM 2/07 inf. 140, au cas particulier aménagement d'une trappe dans le plafond de l'appartement sans autorisation de l'assemblée).

2. PARTIES COMMUNES

Aux termes de l'article 3 de la loi de 1965, sont des parties communes les parties des bâtiments et des terrains affectées à l'usage ou à l'utilité de tous les copropriétaires ou de plusieurs d'entre eux. Il n'y a **pas de partie commune par nature.** Les juges ne peuvent se dispenser de rechercher si la partie d'immeuble litigieuse est ou non affectée à l'usage exclusif d'un copropriétaire au motif qu'il s'agirait d'une « partie commune par nature » (Cass. 3e civ. 23-1-1991 n° 89-14.242). **35225**

ÉNUMÉRATION LÉGALE DES PARTIES COMMUNES

Dans le silence ou la contradiction des titres, l'article 3 répute parties communes les éléments de l'immeuble suivants : **35228**
– le sol, les cours, les parcs et jardins, les voies d'accès ;
– le gros œuvre ;
– les éléments d'équipement commun, y compris les parties de canalisations y afférentes qui traversent des locaux privatifs ;
– les coffres, gaines et têtes de cheminées ;
– les locaux des services communs ;
– les passages et corridors ;
– tout élément incorporé dans les parties communes.

Les **éléments d'équipement commun** regroupent notamment les ascenseurs, le chauffage central, le système d'air conditionné, les antennes collectives de télévision, les interphones, boîtes aux lettres et sonnettes d'appel, les compteurs. Les **locaux des services communs** sont par exemple la loge du concierge, les locaux utilisés par le syndicat et le conseil syndical pour leur activité (salle de réunion, bureaux), les locaux techniques ou ceux servant au rangement du matériel.

> **Précisions** **a.** La présomption de l'article 3 de la loi de 1965 a uniquement vocation à s'appliquer **en cas d'absence de précision du règlement** de copropriété **ou,** ce qui est plus fréquent, en cas **d'ambiguïté** des clauses du règlement, voire de contradiction entre ce dernier et l'état descriptif de division. Pour des exemples concernant la qualification des

canalisations, voir Cass. 3e civ. 3-6-1998 : Rev. loyers 1999 p. 389 ; Cass. 3e civ. 21-3-2000 : AJDI 2000 p. 822 obs. P. Guitard. Pour la qualification des garde-corps des balcons, le rôle primordial du règlement de copropriété et le pouvoir d'interprétation des juges du fond, voir Cass. 3e civ. 20-5-1998 : RDI 1998 p. 412. Pour la qualification de partie privative d'une marquise installée par un copropriétaire au-dessus de son balcon, voir Cass. 3e civ. 20-12-2018 no 17-28.925 : BPIM 1/19 inf. 55. Pour la qualification en partie commune du flocage d'amiante appliqué au plafond du local commercial situé au rez-de-chaussée d'un immeuble à usage commercial et d'habitation lors de sa construction, il a été tenu compte des raisons ayant présidé à son installation, à savoir la sécurité de l'ensemble des copropriétaires, le flocage ayant été appliqué pour répondre aux exigences du permis de construire en matière de résistance au feu (Cass. 3e civ. 7-5-2003 no 577 : BPIM 4/03 inf. 244). Pour la qualification en gros œuvre d'un plancher, constitué d'une ossature bois de poutrelles fichées directement dans le mur et destinées à accueillir la portance du revêtement du sol, au regard de la fonction de ces poutrelles, voir Cass. 3e civ. 20-10-2016 no 15-22.671 : BPIM 6/16 inf. 394. Pour la qualification d'un jardin, figurant dans la colonne des parties privatives tout en étant défini comme en jouissance privative et perpétuelle, voir Cass. 3e civ. 6-2-2020 no 18-18.825 : BPIM 2/20 inf. 137.

b. Il a été jugé qu'un **vide sanitaire,** dont le rôle était de protéger le gros œuvre d'un immeuble en l'isolant du versant de la montagne à laquelle il était accolé et qui contenait de nombreuses canalisations, était une partie commune alors même que l'accès à ce vide sanitaire ne pouvait se faire que par le lot privatif contigu d'un copropriétaire (Cass. 3e civ. 4-4-2002 no 677 : BPIM 3/02 inf. 208). De même, dans le silence du règlement de copropriété, la cour d'appel a pu retenir que le vide sanitaire situé sous un centre commercial était de par sa fonction un local de service commun et constituait une partie commune (Cass. 3e civ. 6-5-2014 no 13-11.775). À l'inverse, un vide sanitaire situé sous une maison individuelle et affecté à l'usage exclusif de celle-ci peut être qualifié de partie privative (Cass. 3e civ. 10-7-2012 no 11-18.229 : AJDI 2012 p. 680 obs. S. Porcheron). Cette jurisprudence peut être comparée à celle qui admet qu'un comble peut être partie privative (no 35220, Précision, c).

DROITS ACCESSOIRES AUX PARTIES COMMUNES

35230 **Présomption légale** L'article 3 de la loi du 10 juillet 1965 répute « droits accessoires aux parties communes », dans le silence ou la contradiction des titres :

- le droit de surélever un bâtiment affecté à l'usage commun ou composé de plusieurs lots privatifs, ou d'en affouiller le sol ;
- le droit d'édifier de nouveaux bâtiments dans les cours et jardins communs ;
- le droit d'affouiller les cours et jardins communs ;
- le droit de mitoyenneté afférent aux parties communes ;
- le droit d'affichage dans les parties communes ;
- le droit de construire afférent aux parties communes.

> Précisions a. Le droit de **surélever** un bâtiment entièrement privatif est un droit exclusif du propriétaire de ce bâtiment – sauf à respecter l'article 25, b de la loi relatif à « l'aspect extérieur de l'immeuble » (no 37870).

b. Le droit d'**affouiller** les cours et jardins étant un droit accessoire à une partie commune, il en résulte que le copropriétaire qui veut creuser le sol ou le tréfonds, par exemple pour installer une piscine (ou créer une cave ou un garage souterrain), doit solliciter au préalable l'autorisation de l'assemblée générale (Cass. 3e civ. 1-12-1996 no 98-13.438 : Loyers et copr. 2000 comm. no 57 note G. Vigneron).

c. Le droit de **mitoyenneté** est en réalité un droit de propriété, semble-t-il, faisant partie des parties communes de l'immeuble (sous réserve toutefois que les cloisons ou les murs, séparant des parties privatives et non compris dans le gros œuvre, soient présumés mitoyens entre les locaux qu'ils séparent).

d. Il peut exister d'**autres droits accessoires** aux parties communes, la liste de l'article 3 n'étant pas limitative (Cass. 3e civ. 24-5-2006 no 05-14.038 : Bull. civ. III no 134) : par exemple, l'utilisation du COS afférent au terrain de la copropriété (Cass. 3e civ. 10-1-2001 : JCP éd. G 2001 IV p. 1380) ou encore le droit de fermer une terrasse (Cass. 3e civ. 24-5-2006 précité).

35235 **Conventions de réserve** La constitution et l'usage de ces droits accessoires sont régis par l'article 37 de la loi du 10 juillet 1965. La convention par laquelle un propriétaire ou un tiers se réserve l'exercice d'un des droits accessoires visés à l'article 3 de la loi autre que le droit de mitoyenneté doit être **exécutée dans les dix ans** de sa date, à peine de caducité. Ce délai décennal n'est pas un délai de prescription et n'est donc pas susceptible d'interruption ou de suspension.

Avant l'expiration de ce délai de dix ans, le syndicat peut, à la majorité de l'article 25, s'opposer à l'exercice du droit réservé sauf à devoir indemniser le titulaire si celui-ci prouve que la réserve du droit comportait une contrepartie à sa charge. La Cour de cassation estime que cette contrepartie doit, pour être indemnisable, avoir existé au profit de la copropriété (Cass. 3e civ. 15-10-1970 : Gaz. Pal. 1971 p. 30). C'est le cas si celle-ci a perçu un prix au moment de la convention. Ce n'est pas le cas si le titulaire du droit réservé l'a, par exemple, acquis et payé à un précédent titulaire.

Ne **peuvent pas** faire l'objet d'une convention (Loi 65-557 du 10-7-1965 art. 37-1 créé par la loi Élan 2018-1021 du 23-11-2018, étant précisé que les conventions antérieures à cette loi demeurent valables) :

- le droit de construire ;
- le droit d'affouiller ;
- le droit de surélever.

Ces droits peuvent toutefois constituer la partie privative d'un lot transitoire.

> Précisions **a.** Les conventions antérieures à la loi du 10 juillet 1965 sont devenues caduques dix ans après la promulgation de la loi.
b. Le droit de construire assortissant la jouissance privative d'un lot constitue un droit accessoire aux parties communes qui devient caduc au bout de dix ans (CA Paris 3-3-2005 : Loyers et copr. 2005 comm. n° 164), mais le droit de construire reconnu au titulaire d'un lot transitoire (n° 35030) n'est pas soumis à la caducité décennale (Cass. 3e civ. 17-12-2013 n° 12-23.636 : Administrer mars 2014 p. 43 note J.-R. Bouyeure ; CA Paris 9-2-2006 : Loyers et copr. 2006 comm. n° 113).
c. L'autorisation donnée dans le règlement de copropriété de fermer une terrasse affectée en jouissance privative devient caduque dans le délai de dix ans (Cass. 3e civ. 24-5-2006 n° 05-14.038 : Bull. civ. III n° 134).

Si la **collectivité des copropriétaires,** titulaire du droit accessoire (de construire sur un terrain commun, par exemple), **cède ce droit à un tiers,** le syndicat ne pourra pas, ensuite, s'opposer à la construction entreprise par ce tiers (auquel il doit la garantie du vendeur selon le droit commun). Cette situation semble donc devoir être distinguée nettement de la « réserve » d'exercice du droit accessoire visée à l'article 37. **35240**

Distinction avec les droits accessoires à des parties privatives Les « droits accessoires » ne sont accessoires aux parties communes que dans le silence ou la contradiction des titres (Loi 65-557 du 10-7-1965 art. 3 ; Cass. 3e civ. 22-3-1995 n° 92-19.599 : JCP éd. N 1995 p. 661). La jurisprudence a donc admis que ces droits pouvaient, **conventionnellement,** être réputés accessoires aux parties privatives. Il en est ainsi, par exemple, si le règlement de copropriété rattache à un lot privatif le droit de construire une piscine (Cass. 3e civ. 13-11-2013 n° 12-24.097 : AJDI 2014 p. 148 note S. Porcheron), de transformer une construction existante sur un lot dont le sol est privatif en appartement et d'y édifier une nouvelle construction (Cass. 3e civ. 13-12-2018 n° 17-23.008 F-D : BPIM 1/19 inf. 56) ou si le droit de construire constitue la partie privative d'un lot ainsi désigné « le droit d'utiliser une surface de 1 012 mètres carrés et d'y construire tout bâtiment, avec affectation d'une quote-part de parties communes » (Cass. 3e civ. 17-12-2013 n° 12-23.636 : Administrer mars 2014 p. 43 note J.-R. Bouyeure). **35245**

Dans ce cas, l'exercice du droit ainsi érigé en **droit privatif** ne relève plus des dispositions de l'article 37 de la loi de 1965 (n° 35235) et, notamment, le syndicat ne peut plus opposer son veto à cet exercice, la construction autorisée pouvant l'être sans autorisation de l'assemblée générale (Cass. 3e civ. 13-12-2018 n° 17-23.008 F-D précité).

B. Statut des parties communes

1. PROPRIÉTÉ INDIVISE DES COPROPRIÉTAIRES

Les parties communes sont l'objet d'une propriété indivise des copropriétaires. Cette indivision échappe aux règles édictées par les articles 815 et suivants du Code civil : est notamment inapplicable le **droit de préemption** de l'indivisaire prévu par l'article 815-14 (Cass. 3e civ. 27-5-2010 n° 09-65.338 : BPIM 5/10 inf. 400) et il ne peut être mis fin à l'indivision, si le partage est matériellement possible, que sur décision unanime des copropriétaires. Leur administration et leur jouissance doivent être organisées conformément à la loi du 10 juillet 1965 (Loi 65-557 du 10-7-1965 art. 4). **35250**

La propriété des parties communes peut être répartie entre l'ensemble des copropriétaires (il s'agit alors de **parties communes « générales »**) ou certains d'entre eux seulement (**parties communes « spéciales »**) (Loi 65-557 du 10-7-1965 art. 4). La création, par le règlement de copropriété, de parties communes spéciales, définies comme celles affectées à l'usage ou à l'utilité de plusieurs copropriétaires (Loi 65-557 du 10-7-1965 art. 6-2), se justifie notamment lorsque la copropriété comporte plusieurs bâtiments : il est possible, par exemple, de stipuler que les murs et la toiture de chaque bâtiment seront des parties communes aux seuls copropriétaires du bâtiment concerné. Tel est également le cas lorsqu'un même bâtiment comporte plusieurs cages **35260** d'escalier, ou plus généralement lorsque certaines parties d'un immeuble ne peuvent servir qu'à certains copropriétaires (l'aire de roulement peut être déclarée partie commune spéciale aux propriétaires de parking, par exemple). Les parties communes spéciales doivent être exclusivement affectées à l'usage des copropriétaires dont elles sont la propriété, le fait qu'elles soient affectées principalement à l'usage de certains propriétaires ne suffisant pas (Cass. 3e civ. 8-4-2021 no 19-19.201 : BPIM 3/21 inf. 206).

Pour les immeubles dont la **mise en copropriété** est **postérieure au 1er juillet 2022,** l'existence de parties communes spéciales est subordonnée à leur **mention expresse** dans le **règlement de copropriété** (Loi 65-557 du 10-7-1965 art. 6-4).

Pour les immeubles dont la **mise en copropriété** est **antérieure au 1er juillet 2022,** quand le règlement de copropriété ne mentionne pas les parties communes spéciales existantes, le syndicat des copropriétaires inscrit à l'ordre du jour de chaque assemblée générale la question de cette mention dans le règlement de copropriété. Cette décision est prise à la majorité des voix des copropriétaires présents, représentés ou ayant voté par correspondance. L'absence d'une telle mention dans le règlement de copropriété est sans conséquence sur l'existence des parties communes spéciales. Le délai de 3 ans imparti par la loi Élan du 23 novembre 2018 pour mettre le règlement de copropriété en conformité a été supprimé par la loi 3DS 2022-217 du 21 février 2022.

> **Précisions** Sur la tenue des **assemblées** en présence de parties communes spéciales à certains copropriétaires, voir no 37414.

2. RÉPARTITION DES QUOTES-PARTS DE PARTIES COMMUNES

35270 Lors de la mise en copropriété d'un immeuble, le **règlement de copropriété** détermine la part de propriété indivise des parties communes affectée à chaque partie privative d'un lot, c'est-à-dire plus communément le nombre de « tantièmes » de copropriété attachés à ce lot (exprimés le plus souvent en millièmes).

CARACTÈRE SUPPLÉTIF DES CRITÈRES DE L'ARTICLE 5

35280 L'article 5 de la loi du 10 juillet 1965 propose des critères de répartition des quotes-parts de parties communes. Mais ces dispositions ne sont pas impératives, ainsi que le précise cet article (ce que confirme l'article 43 de la même loi). C'est donc **le principe de l'autonomie de la volonté** qui prévaut pour cette répartition. Toutefois, cela ne signifie pas que l'auteur du règlement peut procéder à une répartition aléatoire des quotes-parts de parties communes : tout règlement de copropriété (et non plus seulement ceux publiés depuis le 31 décembre 2002) doit indiquer les éléments pris en considération et la méthode de calcul permettant de fixer les quotes-parts de parties communes et la répartition des charges (Loi 65-557 du 10-7-1965 art. 10).

35285 Il est important de souligner que si les critères de l'article 5 ne gouvernent pas obligatoirement la détermination des quotes-parts de parties communes, ils sont en revanche impératifs en ce qui concerne la **répartition des charges** visées à l'article 10, al. 2 de la loi, qui doit être conforme à ces critères (voir no 36070). Il n'est donc pas obligatoire d'avoir une concordance entre millièmes de parties communes et millièmes de charges et il est possible d'avoir une répartition des tantièmes de copropriété différente de celle des tantièmes de charges (Cass. 3e civ. 4-11-2014 no 13-22.243 : BPIM 1/15 inf. 58 ; Cass. 3e civ. 9-7-2020 no 19-13.849 F-D : BPIM 5/20 inf. 333). Néanmoins, cette situation n'est pas souhaitable car elle est source de complexité et de conflits, d'autant que la quote-part de parties communes attribuées à chaque lot a des incidences importantes sur le fonctionnement de la copropriété puisqu'elle détermine notamment le nombre de voix de son propriétaire à l'assemblée générale (Loi 65-557 du 10-7-1965 art. 22), la part qui lui revient dans le prix de cession de parties communes (Loi 65-557 du 10-7-1965 art. 16-1), dans le prix des acquisitions, dans les indemnités à payer.

35290 La répartition des quotes-parts de parties communes, tant générales que spéciales, est donc, en pratique, le plus souvent faite conformément aux critères prévus par l'article 5, qui dispose que la propriété des parties communes est répartie **proportionnellement** à la valeur relative de chaque partie privative par rapport à l'ensemble des valeurs desdites parties, telles que ces valeurs résultent, lors de l'établissement de la copropriété, de la consistance, de la superficie et de la situation des lots, sans égard à leur utilisation (Loi 65-557 du 10-7-1965 art. 5).

35295 Le **critère de consistance** recouvre la qualité intrinsèque des lieux (hauteur sous plafond, qualité des prestations, etc.) et prend aussi en considération la nature physique des lots : appartement, cave, parking, balcon, loggia, terrasse ou jardin en jouissance privative, etc. Cela conduit à utiliser des coefficients de pondération en plus ou en moins, en partant d'une base constituée par la superficie des locaux : coefficient majorateur pour hauteur sous plafond, coefficient minorateur pour locaux ou éléments annexes. Ainsi, par exemple, les garages peuvent être comptés pour 0,3 à 0,5 de leur superficie réelle, les caves pour 1/10e de cette superficie, 0,2 à 0,4 pour les terrasses, les balcons ou les jardins en jouissance privative : il n'y a dans les textes aucune norme de calcul imposée, et seule la pratique utilise ces façons de faire.

Le **critère de situation** permet de tenir compte de l'étage (coefficient majorateur de 0,05 à 0,10 par étage) et de l'ensoleillement (coefficient majorateur).

En revanche, l'article 5 de la loi interdit que soit prise en considération l'**utilisation des lots** (appartement, bureau, commerce).

> **Précisions** Un arrêt a admis que le prix de vente des lots peut être considéré comme le reflet de leur consistance, de leur superficie et de leur situation (Cass. 3e civ. 4-4-2001 no 99-17.634, Synd. des coprop. de l'ens. imm. La Bastide Neuve).

CARACTÈRE INTANGIBLE DE LA RÉPARTITION DES QUOTES-PARTS DE PARTIES COMMUNES

La répartition des tantièmes de copropriété, telle qu'elle est établie lors de la mise en place de la copropriété, reste ensuite intangible. Les tribunaux ne peuvent pas la modifier (Cass. 3e civ. 6-3-1991 : Bull. civ. III no 82 ; Cass. 3e civ. 28-11-2012 no 11-23.838 : BPIM 1/13 inf. 69). Ainsi, un lot devenu inconstructible reste valablement affecté des tantièmes qui lui ont été attribués lors de l'établissement du règlement de copropriété, à une époque où il était constructible et où sa valeur avait été estimée en conséquence (Cass. 3e civ. 19-2-2002 : Administrer juin 2002 p. 54). **35300**

Cette répartition ne pourra être modifiée que par une **décision unanime** des copropriétaires, sauf exception lorsque certains événements y conduisent. Ainsi, par exemple, en cas de surélévation, la modification de la répartition des parties communes s'opère à la même majorité que la décision de surélever. **35305**

3. RÉGIME JURIDIQUE APPLICABLE AUX PARTIES COMMUNES

ALIÉNATION ET ACQUISITION DE PARTIES COMMUNES

Les parties communes peuvent être vendues (c'est notamment le cas de la loge de gardien lorsque la suppression du poste de concierge a été décidée), acquises ou cédées gratuitement à un copropriétaire. Ces décisions sont prises à l'**unanimité** (no 37985). Tout acte d'acquisition ou d'aliénation des parties communes (ou toute constitution de droit réel au profit ou à la charge de celles-ci), régulièrement décidé par l'assemblée des copropriétaires, est valablement passé par le syndicat lui-même et de son chef. C'est le syndic qui établit et publie ces actes, sans que les copropriétaires aient à intervenir à l'acte (Bull. AMC art. 640, 678, 968), bien que seuls ces derniers soient propriétaires des parties communes. En cas de vente de parties communes, le prix est remis à chaque copropriétaire, au prorata des tantièmes qu'il possédait dans ces parties communes, après déduction des sommes exigibles par le syndicat des copropriétaires (Loi 65-557 du 10-7-1965 art. 16-1). Cette déduction, dont le principe a été introduit par l'ordonnance de 2019, constitue une forme de compensation de plein droit entre créances réciproques, liquides, certaines et exigibles, conformément aux articles 1347 et 1347-1 du Code civil, et doit permettre d'améliorer le recouvrement des charges de copropriété impayées. **35310**

> **Précisions** **a.** La déduction prévue par l'article 16-1 de la loi de 1965 s'applique aux ventes conclues depuis le 1er juin 2020.
> **b.** En cas de vente de la loge de concierge, partie commune d'un immeuble comportant deux bâtiments, le syndic ne peut affecter à chacun des deux bâtiments la moitié du prix de vente, puis répartir chaque moitié entre les copropriétaires de chaque bâtiment au prorata de leur quote-part de parties communes dans ce bâtiment, mais doit répartir le prix entre les copropriétaires de tous les lots ayant des droits dans cette partie commune, proportionnellement à leurs tantièmes dans les « parties communes générales » de l'immeuble (Cass. 3e civ. 22-1-2014 no 12-25.785 : BPIM 2/14 inf. 123).

Modification des quotes-parts des parties communes En cas de modification subséquente dans les quotes-parts des parties communes afférentes aux lots, les **droits** soumis ou admis à publicité dont les lots sont l'objet s'éteignent sur les quotes-parts qui en sont détachées et s'étendent à celles qui y sont rattachées (Loi 65-557 du 10-7-1965 art. 6-1, al. 2). Il s'agit, en cas de changement dans la quote-part de parties communes incluses dans un lot, résultant par exemple de la transformation d'un lot en parties communes ou inversement, de la cession de parties communes modifiant l'emprise de la copropriété, de la réunion ou de la division de copropriétés, de faire en sorte que les propriétaires de lots aient toujours pour **35315**

assiette de leurs prérogatives l'ensemble des « millièmes » inclus dans ce lot, et seulement ceux-ci. C'est le cas par exemple en cas de vente par la copropriété d'un morceau de terrain commun.

Dans ce cas, les droits soumis ou admis à publicité, autres que les servitudes, dont les lots sont l'objet, s'éteignent sur le bien cédé et s'étendent au bien acquis. Toutefois, cette extension – qui s'opère avec le rang attaché à la publicité primitive – n'a lieu que par la publication au fichier immobilier de la déclaration faite par le syndic ou un créancier que le bien acquis est libre de tout droit de même nature au jour de la mutation, ou qu'il est devenu libre de ces mêmes droits. L'inexactitude de cette déclaration entraîne le rejet de la formalité de publicité (Loi 65-557 du 10-7-1965 art. 6-1, al. 3). L'effet d'extension et d'extinction est automatique, sauf l'événement visé par ce dernier alinéa.

Sur les incidences de l'aliénation ou de l'acquisition d'une partie commune sur la répartition des charges, voir n° 36150.

LOCATION DES PARTIES COMMUNES

35320 Les parties communes peuvent être données à bail par le syndicat. C'est souvent le cas de la loge du gardien lorsque celle-ci n'est plus occupée.

SERVITUDES SUR LES PARTIES COMMUNES

35325 Une servitude peut exister sur les parties communes d'une copropriété au profit d'un fonds appartenant à un tiers (pour une servitude de passage, voir Cass. 3e civ. 8-4-1970 : D. 1971 p. 382). En revanche, aucune servitude ne peut être établie sur une partie commune au profit d'un lot privatif. Cette solution, désormais consacrée par le législateur depuis l'entrée en vigueur de l'ordonnance 2019-1101 du 30 octobre 2019 (Loi 65-557 du 10-7-1965 art. 6-1 A), avait été dégagée antérieurement par la jurisprudence (Cass. 3e civ. 2-12-1980 n° 79-11.182 : Bull. civ. III n° 187 ; Cass. 3e civ. 11-1-1989 n° 87-13.605 : Bull. civ. III n° 11 ; Cass. 3e civ. 9-12-1998 n° 97-13.010). En effet, le propriétaire d'un lot est également propriétaire indivis des parties communes, de sorte qu'il n'y a pas de fonds distincts constituant des propriétés indépendantes et appartenant à des propriétaires différents, justifiant la création d'une servitude. Tel est le cas même sur une partie commune à jouissance privative (Cass. 3e civ. 23-9-2021 n° 19-22.556 : BPIM 6/21 inf. 391). En conséquence, un droit de passage qui serait attribué à un lot sur une partie commune par le règlement de copropriété ne peut s'interpréter que comme un droit de jouissance exclusif sur cette partie commune, cette stipulation n'ayant à défaut aucun sens puisque tous les copropriétaires ont vocation à jouir des parties communes notamment pour y passer (Cass. 3e civ. 1-2-2018 n° 17-10.482 : BPIM 2/18 inf. 136 ; Loi 65-557 du 10-7-1965 art. 6-1 A).

PRESCRIPTION ACQUISITIVE DES PARTIES COMMUNES

35330 La propriété d'une partie commune d'un immeuble soumis au statut de la copropriété peut être acquise par un copropriétaire par la prescription acquisitive (« **usucapion** »), si la possession est continue et non interrompue, paisible, publique, non équivoque et à titre de propriétaire (Cass. 3e civ. 29-2-2012 n° 10-26.738 : D. 2012 pan. p. 2131 obs. B. Mallet-Bricout ; Cass. 3e civ. 11-7-2019 n° 18-17.771 F-D : BPIM 5/19 inf. 346). Le droit commun de la prescription acquisitive s'applique, et notamment les articles 2261 (qualités que doit revêtir la possession) et 2272 (délai de prescription en matière immobilière) du Code civil. Ainsi, si la possession est dûment caractérisée par des actes d'appropriation exclusive, le possesseur peut alors acquérir cette partie au détriment des autres copropriétaires (Cass. 3e civ. 25-1-2005 n° 03-18.926 : AJDI 2005 p. 314 note S. Porcheron). À défaut, la demande est rejetée (Cass. 3e civ. 20-9-2011 n° 10-24.221 : AJDI 2011 p. 871 obs. S. Porcheron), notamment si la maîtrise matérielle de cette partie résulte d'une simple tolérance (Cass. 3e civ. 20-3-1996 n° 94-15.698 ; Cass. 3e civ. 29-1-2003 n° 01-12.566 ; Cass. 3e civ. 10-12-2003 n° 02-13.820 ; Cass. 3e civ. 3-3-2004 n° 02-17.390 : BPIM 3/04 inf. 176 ; Cass. 3e civ. 6-5-2014 n° 13-16.790 : Rev. loyers 2014 p. 309 note P. Gomar). Le copropriétaire qui invoque la prescription acquisitive peut joindre à sa possession celle de son auteur en application de l'article 2265 du Code civil (Cass. 3e civ 29-2-2012 n° 10-26.738 : D. 2012 pan. p. 2131 obs. B. Mallet-Bricout ; Cass. 3e civ. 14-12-2004 n° 03-13.275). Il ne peut toutefois se prévaloir de la possession de son auteur sur une partie commune si celle-ci n'a pas été comprise dans l'acte de vente (Cass. 3e civ. 15-2-2023 n° 21-21.446 : BPIM 2/23 inf. 128).

> **Précisions** Le défaut d'autorisation, par l'assemblée générale, du percement par un copropriétaire du mur extérieur de la copropriété, partie commune, et l'absence de déclaration d'urbanisme ne font pas obstacle à l'acquisition par prescription d'une servitude de vue sur le fonds voisin (Cass. 3e civ. 21-4-2022 n° 21-12.240 : BPIM 3/22 inf. 229).

35335 Un **droit de jouissance privatif** sur une partie commune, qui est un droit réel et perpétuel, peut également s'acquérir par prescription acquisitive (Cass. 3e civ. 4-7-2007 n° 06-19.260 : BPIM 6/07 inf. 430). Tel est le cas, par exemple, d'un droit de jouissance privatif consistant dans l'apposition d'enseignes sur la façade de l'immeuble (Cass. 3e civ. 22-10-2020 n° 19-21.732 F-D : BPIM 6/20 inf. 412) ou d'un droit de jouissance exclusif sur un jardin partie commune (Cass. 3e civ. 12-12-2024 n° 23-12.804 F-D : BPIM 1/25 inf. 51).

Des parties communes peuvent enfin faire l'objet d'une prescription acquisitive par l'**ensemble des copropriétaires** (Cass. 3e civ. 30-4-2003 no 01-15.078 : Bull. civ. III no 91, selon lequel l'ensemble des copropriétaires peut prescrire sur les parties communes de la copropriété « les droits indivis de propriété qu'ils ont acquis accessoirement aux droits exclusifs qu'ils détiennent sur les parties privatives de leur lot » ; Cass. 3e civ. 25-3-2014 no 11-17.435 : AJDI 2014 p. 874 note N. Le Rudulier), si les conditions de l'usucapion sont remplies : **35337**

– acquisition d'une personne qui n'était pas le propriétaire exclusif des parcelles, assimilable à une acquisition a non domino ;

– juste titre, c'est-à-dire un titre qui, considéré en soi, serait de nature à transférer la propriété à celui qui invoque la prescription ;

– bonne foi.

Cette hypothèse doit être distinguée du cas où le syndicat des copropriétaires acquiert par prescription la propriété d'un lot privatif (Cass. 3e civ. 8-10-2015 no 14-16.071 : BPIM 6/15 inf. 412).

> **Précisions** Sur l'ensemble de cette question délicate, voir J.-M. Roux, La prescription des parties communes en copropriété : Constr.-urb. 2004 chron. no 4.

C. Organisation de la copropriété

1. RÈGLEMENT DE COPROPRIÉTÉ

NATURE ET CONTENU DU RÈGLEMENT DE COPROPRIÉTÉ

Le règlement de copropriété est un **document contractuel.** Il constitue la charte commune qui s'impose à tous avec force de loi : aucun copropriétaire ne peut y déroger ou le modifier (Cass. 3e civ. 4-1-1990 no 88-13.136 : Administrer octobre 1990 p. 50). C'est un document **obligatoire.** **35340**

Il a pour objet (Loi 65-557 du 10-7-1965 art. 8, al. 1) :

– de déterminer la destination des parties privatives et des parties communes, d'indiquer les conditions de leur jouissance et les règles d'administration des parties communes ;

– de déterminer les règles de fonctionnement et les pouvoirs des assemblées générales, dans le respect des dispositions impératives de la loi (Loi 65-557 du 10-7-1965 art. 22) ;

– de comporter l'état de répartition des charges communes (Décret 67-223 du 17-3-1967 art. 1) et de fixer la quote-part qui incombe à chaque lot dans chacune des deux catégories de charges mentionnées à l'article 10 de la loi du 10 juillet 1965. Il doit préciser les éléments pris en considération et la méthode de calcul ayant permis de fixer la quote-part de charges afférentes à chaque lot ; cette obligation s'applique, depuis l'ordonnance du 30 octobre 2019, à toute copropriété, quelle que soit la date de publication du règlement de copropriété ;

– d'énumérer, s'il y a lieu, les parties communes spéciales et les parties communes à jouissance privative (Loi 65-557 du 10-7-1965 art. 8), celles-ci ne pouvant en effet exister, pour les immeubles dont la mise en copropriété est postérieure au 1er juillet 2022, que si le règlement de copropriété le prévoit (Loi 65-557 du 10-7-1965 art. 6-4).

Il inclut, ou non, l'état descriptif de division (Loi 65-557 du 10-7-1965 art. 8, al. 1 ; voir no 35065).

Les clauses du règlement doivent respecter l'**ordre public** et les bonnes mœurs (C. civ. art. 6) ainsi que les dispositions impératives de la loi du 10 juillet 1965, qui sont, aux termes de l'article 43 de cette loi, les articles 1 (champ d'application de la loi), 1-1 (date d'entrée en vigueur du statut en cas de mise en copropriété d'un immeuble bâti existant et pour les immeubles à construire), 4 (définition des parties communes générales et spéciales), 6 à 37, 41-1 à 42-1 et 46. Toute clause contraire est réputée non écrite (Loi 65-557 du 10-7-1965 art. 43).

Clause réputée non écrite Une clause contraire aux dispositions d'ordre public peut être contestée à tout moment par l'assemblée générale (Cass. 3e civ. 10-9-2020 no 19-17.045 FS-PBI : BPIM 5/20 inf. 336) ou devant le juge (Cass. 3e civ. 7-5-2008 no 07-13.409 : BPIM 3/08 inf. 244), sans qu'aucun délai de prescription ne puisse être opposé à une telle demande (Cass. 3e civ. 18-11-2008 no 07-18.823 : BPIM 1/09 inf. 63 ; Cass. 3e civ. 28-1-2016 no 14-26.921 : BPIM 2/16 inf. 127). **35341**

L'action tendant à voir prononcer le caractère non écrit d'une clause d'un règlement de copropriété peut être introduite par le syndicat des copropriétaires (Cass. 3e civ. 3-5-2001 no 99-19.974) ou par tout copropriétaire. Lorsque l'action est exercée par un copropriétaire, il n'a pas à justifier d'un intérêt personnel et direct à agir (Cass. 3e civ. 12-3-1997 no 95-15.953 : BPIM 3/97 inf. 208 ; Cass. 3e civ. 11-5-2005 no 03-19.183 : BPIM 5/05 inf. 348). En revanche, son action n'est recevable que si le syndicat des copropriétaires est appelé à la cause ou entendu, celui-ci étant intéressé au premier chef par le contenu du règlement de copropriété (Cass. 3e civ. 10-10-2024 n° 22-22.649 FS-B : BPIM 6/24 inf. 367).

Une fois déclarée non écrite par le juge, la clause est censée n'avoir jamais existé (Cass. 3e civ. 28-4-2011 n° 10-20.514 : BPIM 3/11 inf. 227), étant précisé néanmoins que, par exception à ce principe, lorsque c'est une clause de répartition des charges qui est réputée non écrite, la nouvelle répartition à laquelle est tenue de procéder le juge ne prend effet qu'au premier jour de l'exercice comptable suivant la date à laquelle la décision est devenue définitive, la clause précédente s'appliquant donc jusqu'à cette date (Loi 65-557 du 10-7-1965 art. 43). En revanche, tant qu'une clause n'a pas été déclarée non écrite par une décision de justice exécutoire, la clause, même irrégulière, s'applique (Cass. 3e civ. 28-4-2011 n° 10-14.298 : BPIM 3/11 inf. 227 ; Cass. 3e civ. 9-5-2012 n° 11-13.201 : BPIM 4/12 inf. 346 ; Cass. 3e civ. 9-7-2020 n° 19-12.599 F-D : BPIM 5/20 inf. 334).

Afin de remédier à l'opacité de nombreux règlements de copropriété, la loi SRU du 13 décembre 2000 avait prévu que les **règlements** de copropriété **publiés depuis le 31 décembre 2002** devaient indiquer les éléments et la **méthode de calcul** permettant de fixer les quotes-parts de parties communes et la répartition des charges. Ce sont désormais tous les règlements de copropriété qui doivent comporter ces précisions (Loi 65-557 du 10-7-1965 art. 10, dernier al.).

> **Précisions** **a.** L'assemblée ne peut autoriser des dérogations individuelles à un principe général d'interdiction posé par le règlement (par exemple, interdiction de construire dans le jardin commun) sans modifier celui-ci dans ce sens (Cass. 3e civ. 10-10-2007 n° 06-17.932 : BPIM 6/07 inf. 431 ; Cass. 3e civ. 29-10-2013 n° 12-23.972 : BPIM 1/14 inf. 52).
> **b.** En cas de divergence entre les mentions de l'acte de vente d'un lot et le règlement de copropriété, ce dernier prévaut (Cass. 3e civ. 7-7-2010 n° 09-13.498 : BPIM 6/10 inf. 485).

ÉTABLISSEMENT DU RÈGLEMENT DE COPROPRIÉTÉ

35342 Le plus souvent, l'établissement du règlement de copropriété est antérieur à l'application du statut de la copropriété. Mais il arrive que le syndicat des copropriétaires, qui naît de plein droit dès que l'immeuble est divisé en lots appartenant à plusieurs copropriétaires, existe sans que ait été établi de règlement de copropriété (n° 35065). Il appartient alors à l'assemblée générale des copropriétaires d'adopter un tel règlement (Loi 65-557 du 10-7-1965 art. 26). À défaut d'adoption par une assemblée générale, en cas de désaccord des copropriétaires par exemple, le règlement de copropriété peut également résulter d'un acte judiciaire : le tribunal judiciaire sera saisi afin de faire établir un règlement qu'il devra ensuite homologuer, ou afin d'homologuer le projet de règlement établi par un notaire à la demande d'un des copropriétaires (Cass. 3e civ. 17-10-2012 n° 11-18.439 : BPIM 6/12 inf. 471). Aucun règlement ne peut, après la naissance de la copropriété, être adopté sans avoir été voté par une assemblée générale ou homologué par le tribunal judiciaire. L'établissement d'un règlement de copropriété par un notaire désigné par un juge-commissaire n'est pas suffisant (Cass. 3e civ 22-3-2018 n° 17-16.449 : BPIM 3/18 inf. 209).

MODIFICATIONS ET ADAPTATIONS DU RÈGLEMENT DE COPROPRIÉTÉ

35345 Seule l'**assemblée générale des copropriétaires** peut décider de modifier le règlement de copropriété (sur la majorité requise en cas de modification du règlement de copropriété, voir n° 37942). Une modification du règlement qui est décidée en dehors de l'assemblée (Cass. 3e civ. 8-6-2011 n° 10-18.220 : BPIM 5/11 inf. 402) ou encore par le juge (Cass. 3e civ. 9-9-2021 n° 20-11.674 F-D : BPIM 5/21 inf. 340) est réputée non écrite.

L'assemblée générale des copropriétaires peut décider d'une simple « adaptation » du règlement de copropriété afin de le mettre en **conformité** avec les différentes modifications législatives et réglementaires intervenues depuis 1965. Pour inciter les copropriétés à y procéder, la règle de majorité a été allégée, cette décision relevant de la majorité simple de l'article 24. Afin d'en réduire le coût, la publication de ces modifications est soumise au droit fixe (Loi 65-557 du 10-7-1965 art. 24, f).

Pour les règlements de copropriété établis depuis le 21 novembre 2024, les syndicats de copropriétaires doivent désormais y mentionner de manière explicite l'autorisation ou l'interdiction des **locations de meublés touristiques** (Loi 65-557 du 10-7-1965 art. 8-1-1 nouveau créé par loi 2024-1039 du 19-11-2024). Le vote se fait à la majorité des membres du syndicat représentant au moins les deux tiers des voix lorsque la modification du règlement de copropriété concerne l'interdiction de location des lots d'habitation autres que la résidence principale (Loi 65-557 du 10-7-1965 art. 26, d nouveau créé par loi 2024-1039 du 19-11-2024). Toutefois, cette exception ne s'applique pas dans les copropriétés dont le règlement interdit toute activité commerciale dans les lots qui ne sont pas spécifiquement à destination commerciale. Dans ce cas, l'unanimité retrouve son empire (Loi 65-557 du 10-7-1965 art. 26, al. 6 nouveau créé par loi 2024-1039 du 19-11-2024).

> Précisions **a.** Les dispositions législatives et réglementaires sont applicables dès leur **entrée en vigueur.** En conséquence, les copropriétaires ne sauraient en écarter l'application au seul motif que le règlement de copropriété n'a pas été adapté (Rép. Accoyer : AN 14-4-2003 n° 12894).

b. La modification de la répartition des charges est en **principe** votée à l'unanimité. Mais un vote à la majorité de l'article 24 peut s'appliquer si la modification est consécutive au changement d'usage d'une partie privative à usage de bureaux en logements (Loi 65-557 du 10-7-1965 art. 25, e) ou encore si la répartition est issue d'un règlement de copropriété antérieur à la loi de 1965 et qu'elle n'est pas conforme à ses dispositions d'ordre public (Cass. 3e civ. 23-5-2012 n° 10-28.619 : BPIM 5/12 inf. 402 pour un changement de répartition des charges d'ascenseur ; Cass. 3e civ. 8-4-2014 n° 13-11.633 : AJDI 2014 p. 525 note S. Porcheron pour un règlement antérieur à 1965 prévoyant une répartition des charges ne respectant pas la distinction entre les charges relatives à la conservation, l'entretien et l'administration des parties communes et celles entraînées par les services collectifs et les éléments d'équipement communs).

c. L'adjonction de **clauses** qui ne sont qu'un rappel des dispositions impératives de la loi du 10 juillet 1965 est possible dans le cadre de l'adaptation du règlement de copropriété (Cass. 3e civ. 8-4-2014 n° 13-11.633 précité).

d. L'article 24, f de la loi n'exclut pas que les adaptations fassent l'objet d'un **vote global** à la majorité de l'article 26 si la modification du règlement a un objet plus large qu'une simple adaptation : la refonte d'un règlement de copropriété comportant à la fois des adaptations et des modifications peut être approuvée globalement à la majorité de l'article 26, sous réserve qu'aucune des modifications apportées ne porte atteinte aux droits des copropriétaires sur leurs parties privatives auquel cas l'unanimité serait requise (Cass. 3e civ. 23-1-2013 n° 11-27.477 : BPIM 2/13 inf. 143).

e. Un copropriétaire ne peut pas se prévaloir du **défaut d'adaptation du règlement de copropriété** aux textes en vigueur, quand bien même l'état de répartition ne serait plus conforme aux dispositions impératives de l'article 10 de la loi du 10 juillet 1965, pour refuser de payer ses charges, les clauses du règlement ayant vocation à s'appliquer tant qu'elles ne sont pas déclarées non écrites (Cass. 3e civ. 3-11-2016 n° 15-24.793 : BPIM 6/16 inf. 395).

OPPOSABILITÉ DU RÈGLEMENT DE COPROPRIÉTÉ

Le règlement, publié ou non, est de plein droit opposable aux **copropriétaires** et à leurs **ayants cause universels ou à titre universel.** 35360

En revanche, pour que le règlement ou ses modifications ultérieures soient opposables aux **ayants cause à titre particulier des copropriétaires** (acquéreur, donataire, légataire à titre particulier), ils doivent être publiés au fichier immobilier (Loi 65-557 du 10-7-1965 art. 13). Sur les modalités de la publication foncière, voir nos 15600 s.

En cas de **vente** de lots, le règlement de copropriété et les actes modificatifs ne sont opposables à l'acquéreur que s'ils ont été publiés au fichier immobilier **antérieurement** à l'acte d'acquisition (Cass. 3e civ. 31-1-1996 : RJDA 10/96 n° 1251 ; Cass. 3e civ. 22-9-2009 n° 08-16.120 : BPIM 6/09 inf. 455 ; Cass. 3e civ. 26-11-2013 n° 12-23.549 : AJDI 2014 p. 215 obs. S. Porcheron).

Une exception est néanmoins prévue par l'article 4, al. 3 du décret 67-223 du 17 mars 1967, selon lequel le règlement de copropriété, l'état descriptif de division et leurs modificatifs s'imposent à l'acquéreur d'un lot, même s'ils n'ont pas été publiés, s'il est **expressément constaté** dans l'acte de transfert de propriété qu'il en a eu préalablement **connaissance** et qu'il a adhéré aux obligations qui en résultent. À défaut de cette constatation expresse, les documents susvisés sont inopposables à l'acquéreur, même s'il est établi qu'il en avait eu connaissance par ailleurs (CA Paris 13-10-1995 : Loyers et copr. 1996 n° 132).

En conséquence, en cas de **modification du règlement de copropriété avant la vente** d'un lot et de publication postérieure, la situation est la suivante : si l'acquéreur y a adhéré dans l'acte de vente, elles lui sont opposables à compter de la signature de l'acte de vente. Dans le cas contraire, les modifications lui seront inopposables même après leur publication (CA Paris 22-10-1997 : Constr.-urb. 1998 n° 114).

L'article 13 de la loi du 10 juillet 1965 ne s'applique pas au **syndicat des copropriétaires** : les modifications même non publiées lui sont opposables (Cass. 3e civ. 19-11-2008 n° 06-12.567 : Loyers et copr. 2009 comm. n° 45).

2. ÉTAT DESCRIPTIF DE DIVISION

NATURE DE L'ÉTAT DESCRIPTIF DE DIVISION

Caractère obligatoire L'état descriptif est destiné à identifier les lots pour la publicité foncière. Il est obligatoire. L'établissement de ce document est prescrit par l'article 7 du décret 55-22 du 4 janvier 1955, portant réforme de la publicité foncière, qui a institué un fichier immobilier. 35365

CONTENU DE L'ÉTAT DESCRIPTIF DE DIVISION

35366 L'état descriptif de division a une **fonction** différente de celle du règlement de copropriété. Il doit identifier l'immeuble auquel il s'applique, opérer une division en lots et attribuer un numéro à chaque lot (Décret 55-1350 du 14-10-1955 art. 71-1). L'état descriptif est résumé obligatoirement dans un tableau incorporé à l'acte lui-même ou annexé à celui-ci et comportant obligatoirement les indications suivantes : bâtiment, escalier, étage, quote-part de parties communes (Décret 55-1350 du 14-10-1955 art. 71-5). Les lots font l'objet d'un numérotage continu dans une série unique à partir de l'unité. Dans tout état descriptif de division établi après la suppression d'un état descriptif antérieur, le numérotage des lots ne doit reprendre aucun des numéros précédemment attribués.

La description des lots est **immuable** jusqu'à la modification de l'état descriptif de division. Notamment, l'incorporation de fait d'un lot à un autre laisse subsister l'existence juridique des deux lots jusqu'à ce qu'intervienne ladite modification (Cass. 3e civ. 6-2-2002 n° 00-17.781 : BPIM 4/02 inf. 281).

35367 L'état descriptif de division est un document **non contractuel** établi pour les besoins de la publicité foncière (Cass. 3e civ. 8-7-1992 n° 90-11.578 : Bull. civ. III n° 241 ; Cass. 3e civ. 8-4-2014 n° 13-11.633), et ce même si l'état descriptif de division est inclus dans le règlement de copropriété (Cass. 3e civ. 3-6-1998 n° 96-20.142 : Loyers et copr. 1998 comm. n° 226). Mais la Cour de cassation admet la valeur contractuelle de l'état descriptif lorsque, faute de règlement de copropriété établi pour l'immeuble, il est le seul document de référence définissant la nature et la destination de chaque lot (Cass. 3e civ. 3-12-2008 n° 07-19.313 : BPIM 1/09 inf. 58) ou lorsque le règlement de copropriété lui a expressément conféré une valeur contractuelle (Cass. 3e civ. 6-7-2017 n° 16-16.849 FS-PBI : BPIM 5/17 inf. 351).

> **Précisions** **a.** L'état descriptif de division ne peut pas prévaloir sur les stipulations du règlement de copropriété en ce qui concerne la destination des lots (Cass. 3e civ. 14-12-1999 n° 96-12.963 : Constr.-urb. 2000 n° 97). En effet, l'état descriptif de division ou l'acte qui le modifie est un **document technique** qui, en principe, ne peut pas imposer une affectation aux lots de copropriété ni en limiter l'usage ou la disposition. Il ne peut en aller autrement que dans les cas où la destination de l'immeuble ou l'affectation des lots sont déterminées par les énonciations du seul état descriptif de division, ce qui recouvre en fait la situation où il n'existe pas de règlement de copropriété (Cass. 3e civ. 7-9-2011 n° 10-14.154 : BPIM 6/11 inf. 491).
> **b.** Toute **modification, soit de l'immeuble, soit des lots,** doit être constatée par un acte modificatif de l'état descriptif. La publication, postérieurement au règlement de copropriété, d'un nouvel état descriptif de division non contesté ne lui donne pas valeur contractuelle (Cass. 3e civ. 7-9-2011 n° 10-14.154 : BPIM 6/11 inf. 491).

FORME DE L'ÉTAT DESCRIPTIF DE DIVISION

35370 L'état descriptif de division doit être obligatoirement établi en la forme **authentique** pour être publié au fichier immobilier, l'acte de dépôt au rang des minutes d'un état descriptif de division sous signature privée ne permettant plus l'accomplissement de la formalité de publicité foncière (C. civ. art. 710-1).

35375 Il peut être inclus dans le **règlement de copropriété** (Décret 67-223 du 17-3-1967 art. 2). Néanmoins, si tel est le cas, le règlement de copropriété doit être rédigé de manière à éviter toute confusion entre ses différentes parties, et les clauses particulières au règlement de copropriété doivent se distinguer nettement de celles de l'état descriptif de division (Décret 67-223 du 17-3-1967 art. 3). Dans ce cas, seules les stipulations dont l'objet est précisé à l'article 1er du décret du 17 mars 1967 constituent le règlement de copropriété au sens et pour l'application de ladite loi.

MODIFICATION DE L'ÉTAT DESCRIPTIF DE DIVISION

35377 L'état descriptif de division n'ayant pas, en principe, de valeur contractuelle, c'est aux copropriétaires concernés qu'il appartient en premier lieu de procéder, par un acte modificatif, à la rectification des erreurs qui l'affectent. Sa modification n'a pas à être soumise à un vote de l'assemblée générale (Cass. 3e civ. 8-4-2014 n° 13-11.633). Mais lorsque les copropriétaires ne procèdent pas eux-mêmes à cette rectification, notamment parce qu'ils sont en désaccord sur celle-ci, le juge judiciaire, qui a le pouvoir de réparer les erreurs matérielles affectant les actes authentiques, peut alors procéder lui-même à cette rectification (Cass. 3e civ. 22-3-2018 n° 17-14.168 : BPIM 3/18 inf. 210).

CHAPITRE 3

DROITS DES COPROPRIÉTAIRES

SOMMAIRE

EN BREF

Le lot de copropriété – composé de la partie privative et de sa quote-part des parties communes – est un **bien immeuble** dont le propriétaire use et dispose à son gré, sous réserve des restrictions liées au statut de la copropriété et des règles fixées par le règlement de copropriété. 35380

A. Droits des copropriétaires sur les parties privatives

Les **prérogatives** des copropriétaires sur les parties privatives de leur lot, dont ils ont la propriété exclusive, se rapprochent de celles attachées à la propriété classique, mais comportent néanmoins des **restrictions,** inhérentes à l'existence de droits concurrents à l'intérieur de l'immeuble, et à l'organisation conventionnelle de la vie en collectivité. 35385

1. PRINCIPE DE LA LIBERTÉ D'USAGE

Chaque propriétaire dispose des parties privatives de son lot et en jouit librement, à condition de ne porter atteinte ni aux droits des autres copropriétaires, ni à la destination de l'immeuble (Loi 65-557 du 10-7-1965 art. 9). La jurisprudence rappelle régulièrement le principe de liberté d'usage des parties privatives. Les aménagements intérieurs d'un lot ne sont pas soumis à l'autorisation de l'assemblée générale s'ils n'affectent pas les parties communes de l'immeuble ou son aspect extérieur (Cass. 3e civ. 20-5-1998 n° 96-20.889). Ainsi, un copropriétaire peut librement aménager un escalier intérieur pour faire communiquer entre eux deux lots s'il n'a pas besoin pour cela de porter atteinte à des parties communes (CA Versailles 29-10-1990 : Bull. inf. C. cass. 1991/322 n° 646), il peut créer une mezzanine (Cass. 3e civ. 26-5-1993 : Loyers et copr. 1993 n° 315). De même, il peut changer la nature du revêtement des sols des parties privatives, à condition de ne pas aggraver les nuisances sonores. 35390

2. LIBERTÉ ENCADRÉE

La liberté des copropriétaires n'est pas absolue, l'article 9 de la loi de 1965 interdisant aux copropriétaires de faire un usage de leurs lots portant atteinte aux droits des autres copropriétaires et à la destination de l'immeuble. 35395

À ces deux restrictions s'ajoute celle liée à l'obligation pour les copropriétaires de respecter le règlement de copropriété, notamment en ce qu'il « détermine la destination des parties privatives et les conditions de leur jouissance » (Loi 65-557 du 10-7-1965 art. 8, al. 1).

RESPECT DE LA DESTINATION DE L'IMMEUBLE

L'article 9 de la loi du 10 juillet 1965 fait interdiction aux copropriétaires de porter atteinte à la « destination de l'immeuble ». 35400

Cette notion floue, objet de très nombreuses décisions de jurisprudence, est une notion clé à laquelle la loi de 1965 se réfère en plusieurs endroits (art. 8, 9, 25, 26, 30, 34), et qui a pour objet essentiel de situer l'immeuble dans une sorte de définition de base, qui est à la fois la limite et la protection des copropriétaires.

La destination de l'immeuble résulte des actes (le règlement de copropriété prévoit que l'immeuble est à usage d'habitation, mixte d'habitation et commercial, que les activités libérales y sont autorisées ou non, etc.), des caractères de l'immeuble (aspect, standing, « niveau social »...), et de sa situation (quartier, environnement), autant d'éléments qui doivent être examinés par les juges appelés à se prononcer sur la destination d'un immeuble (Cass. 3e civ. 9-6-2010 n° 09-14.206 : BPIM 5/10 inf. 394). Elle ne peut être modifiée que par une décision de l'assemblée générale des copropriétaires prise à l'unanimité (Loi 65-557 du 10-7-1965 art. 26, dernier al. ; Cass. 3e civ. 19-10-2011 n° 10-20.634 : BPIM 6/11 inf. 492).

35403 **Transformation de l'usage des parties privatives** Lorsque la transformation envisagée n'est pas contraire au règlement de copropriété ou à la destination de l'immeuble, cette modification est librement réalisée. La modification de la répartition des charges rendue nécessaire par le changement d'usage d'une partie privative doit être votée à la majorité de l'article 25 (Loi 65-557 du 10-7-1965 art. 25, e).

En revanche, lorsque la transformation de l'usage des parties privatives envisagée est contraire au règlement de copropriété ou à la destination de l'immeuble, celle-ci doit être autorisée par un vote unanime des copropriétaires. Seule exception à cette règle : lorsqu'il s'agit de transformer des bureaux en logements (n° 35406).

35406 **Transformation de parties privatives à usage de bureaux en locaux d'habitation** Lorsque le règlement de copropriété ou la destination de l'immeuble font obstacle à la transformation en logements de locaux à usage de bureaux, cette transformation doit être autorisée par l'assemblée générale des copropriétaires. Cette décision, qui nécessitait comme pour toute décision contraire au règlement de copropriété ou à la destination de l'immeuble un vote unanime des copropriétaires, relève désormais de la majorité simple de l'article 24 de la loi du 10 juillet 1965 (Loi 65-557 du 10-7-1965 art. 9, I dans sa rédaction issue de loi 2025-541 du 16-6-2025 art. 8 et 9) ; le législateur, pour répondre à la baisse constante du taux d'occupation des bureaux et à la pénurie de logements, a voulu faciliter cette transformation. La majorité requise pour la modification de la répartition des charges consécutive à ce changement d'usage est également la majorité simple de l'article 24 (Loi 65-557 du 10-7-1965 art. 24, II-l ; Loi 65-557 du 10-7-1965 art. 25, e) ; voir n° 36192.

À noter que cette règle ne s'applique pas à la transformation en logements de locaux commerciaux, qui reste soumise à la règle de l'unanimité (Loi 65-557 du 10-7-1965 art. 9, I-al. 2).

35410 L'assemblée générale peut autoriser, à la majorité des voix de tous les copropriétaires, un copropriétaire à effectuer à ses frais des **travaux affectant les parties communes ou l'aspect extérieur de l'immeuble,** et conformes à la destination de celui-ci (Loi 65-557 du 10-7-1965 art. 25, b). À défaut, la décision ne pourrait être adoptée qu'avec l'accord unanime de tous les copropriétaires, puisqu'elle serait contraire au principe selon lequel les copropriétaires ne peuvent porter atteinte à la destination de l'immeuble, posé par l'article 9 de la loi de 1965. En cas de contestation, c'est au juge qu'il appartient de vérifier si les travaux sont conformes à la destination de l'immeuble (Cass. 3e civ. 22-10-2020 n° 19-21.961 F-D : BPIM 6/20 inf. 413).

A été jugée conforme à la destination d'un immeuble à usage mixte d'habitation et commercial la clause du règlement stipulant qu'en raison de la destination bourgeoise du bâtiment, tout changement d'activité commerciale devrait faire l'objet d'un agrément de l'assemblée générale des copropriétaires et que seront refusés les commerces qui par leur odeur, leur bruit, leur aspect et leurs dangers ne respectent pas ces conditions en raison de la part très majoritaire d'habitations bourgeoises (Cass. 3e civ. 18-9-2013 n° 12-23.602 : BPIM 6/13 inf. 413).

RESPECT DES DROITS DES AUTRES COPROPRIÉTAIRES

35415 Indépendamment même des stipulations du règlement de copropriété, les copropriétaires doivent s'abstenir, dans l'usage de leurs lots, de tous actes nuisant aux droits des autres copropriétaires. Ils ne peuvent donc pas, par exemple, poser des claustras sur une terrasse accentuant le caractère de confinement et d'encaissement du cadre bâti, réduisant l'ensoleillement et nuisant au calme des voisins (Cass. 3e civ. 13-11-2012 n° 11-19.943 : AJDI 2013 p. 47 note S. Porcheron), aménager un grenier en pièce à usage d'habitation de nature à créer des nuisances sonores pour l'appartement situé en dessous (Cass. 3e civ. 5-7-2011 n° 09-71.263 : AJDI 2011 p. 712 obs. S. Porcheron), cloisonner un emplacement de stationnement gênant l'usage de l'emplacement voisin (Cass. 3e civ. 28-5-2002 n° 00-22.037), installer un système de vidéosurveillance sur une partie privative mais dirigé vers une partie commune (Cass. 3e civ. 11-5-2011 n° 10-16.967 : BPIM 4/11 inf. 326). Les copropriétaires peuvent se voir condamner à remettre les lieux en état, et engagent le cas échéant leur responsabilité à l'égard des copropriétaires auxquels ils ont causé un préjudice.

> **Précisions** **a.** La responsabilité d'un copropriétaire peut être engagée s'il réalise des **travaux d'aménagement** importants sans se faire assister d'un maître d'œuvre, qui causent des dommages aux autres copropriétaires (CA Paris 24-6-1998 : BPIM 1/99 inf. 52).
> **b.** Sur le régime particulier applicable aux **troubles anormaux de voisinage,** voir n° 35555.
> **c.** Même si l'exercice d'une **activité professionnelle** exercée dans un immeuble en copropriété n'est pas contraire à la destination de l'immeuble car prévu par le règlement de copropriété, elle peut être supprimée si elle est constitutive d'un trouble anormal de voisinage (Cass. 3e civ. 29-2-2012 n° 10-28.618 : BPIM 3/12 inf. 256).
> **d.** Un copropriétaire qui contribue, par sa faute, à la survenance de son dommage peut, même si l'origine du désordre incombe à un autre copropriétaire, se voir opposer un **partage de responsabilité** (Cass. 3e civ. 8-7-2015 n° 13-28.083 : BPIM 5/15 inf. 338).

RESPECT DU RÈGLEMENT DE COPROPRIÉTÉ

Force obligatoire Le règlement de copropriété s'impose à tous les copropriétaires (Cass. 3e civ. 22-11-2006 n° 05-19.042 : BPIM 1/07 inf. 64). En raison de la force obligatoire du règlement, les copropriétaires doivent se conformer à l'ensemble des stipulations qu'il comporte. Ils ne peuvent s'en abstenir par une manifestation unilatérale de volonté, quel que soit le motif allégué : absence d'utilisation d'un équipement commun, répartition prétendument inéquitable des charges, infractions commises par d'autres copropriétaires et non sanctionnées, etc. **35420**

Les **clauses restrictives** de droit du règlement de copropriété doivent être justifiées par la destination de l'immeuble. En effet, la possibilité pour le règlement de copropriété de limiter le droit de jouissance des copropriétaires sur leurs parties privatives est limitée : le règlement de copropriété ne peut imposer que des restrictions qui sont justifiées par la destination de l'immeuble, telle qu'elle est définie aux actes, par ses caractères ou sa situation (Loi 65-557 du 10-7-1965 art. 8). C'est ainsi qu'a été jugée licite une clause interdisant l'apposition d'enseignes sur la façade d'un immeuble comportant des locaux commerciaux dès lors qu'elle était justifiée par la destination de l'immeuble, situé dans un périmètre architectural protégé (Cass. 3e civ. 26-3-2020 n° 18-22.441 : BPIM 3/20 n° 209). **35430**

Les clauses qui limitent la possibilité de **changer l'affectation des lots** ne sont licites que dans la mesure où elles sont « justifiées par la destination de l'immeuble » telle qu'elle résulte du règlement de copropriété (Loi 65-557 du 10-7-1965 art. 8, al. 2). Et elles doivent être interprétées restrictivement (voir n° 35475). **35435**

Les **clauses de non-concurrence,** qui interdisent ou restreignent la concurrence entre les lots à usage commercial d'une même copropriété, étrangères à la destination de l'immeuble et à l'intérêt collectif, sont sans valeur (Cass. 3e civ. 27-5-1971 : JCP éd. G 1971 II n° 16819, suivi de nombreux arrêts dans le même sens), sauf cas particuliers tels que les centres commerciaux excentrés où la diversité des commerces peut paraître souhaitable (Cass. 3e civ. 25-11-1980 : Bull. civ. III n° 184). Cependant ces clauses peuvent être valables dans les actes de vente de lots dès lors qu'elles se justifient par les relations entre vendeur et acheteur : clause d'exclusivité (Cass. 3e civ. 29-6-1977 : Gaz. Pal. 1977 pan. p. 308 ; Cass. 3e civ. 9-11-1982 : Bull. civ. III n° 215 ; Cass. 3e civ. 7-3-1984 : Bull. civ. III n° 63). **35440**

SANCTIONS

Les sanctions applicables en cas d'infraction à ces stipulations sont celles attachées à l'inexécution de tout contrat par les articles 1217 et suivants du Code civil, à savoir l'obligation imposée au copropriétaire défaillant de tenir ses engagements (remise en état des lieux suite à des travaux irrégulièrement effectués : Cass. 3e civ. 1-3-2011 n° 10-15.337 ; Cass. 3e civ. 17-12-1996 n° 95-10.699) et/ou l'obligation de réparer le préjudice causé au syndicat ou aux autres copropriétaires par le paiement de dommages et intérêts. L'action du syndic en remboursement des frais générés par la violation du règlement de copropriété est une action en réparation d'un préjudice et nécessite l'autorisation de l'assemblée générale (Cass. 3e civ. 2-10-2013 n° 12-19.481 : BPIM 6/13 inf. 419). L'exercice par un copropriétaire d'une activité contraire au règlement de copropriété constitue un trouble manifestement illicite dont le juge doit ordonner la cessation (Cass. 3e civ. 18-1-2023 n° 21-23.119 F-D : BPIM 1/23 inf. 47). **35445**

> **Précisions** **a.** Dans un cas où un règlement de copropriété stipulait que le revêtement des sols des parties privatives ne pouvait être modifié qu'après autorisation du syndic et à condition que le procédé utilisé et les matériaux employés présentent des caractéristiques d'**isolation phonique** au moins égales à celles des matériaux d'origine, un copropriétaire qui avait remplacé une moquette par du marbre au mépris de ces conditions a été condamné à

remettre les lieux en l'état et à réparer le préjudice subi par un copropriétaire en raison des nuisances sonores (CA Paris 21-12-2000 : BPIM 6/01 inf. 387 ; dans le même sens CA Versailles 23-11-2009 n° 08-6312 : BPIM 3/10 inf. 245), ou à procéder à des travaux d'isolation phonique (Cass. 3e civ. 15-1-2003 : BPIM 2/03 inf. 114 pour un copropriétaire ayant remplacé la moquette par du parquet flottant en présence d'un règlement de copropriété interdisant tous actes de nature à troubler la tranquillité de l'immeuble).

b. Les clauses interdisant les **nuisances sonores et olfactives** doivent être respectées et l'exercice d'une activité culturelle peut être interdite si elle génère de telles nuisances interdites par le règlement de copropriété (Cass. 3e civ. 16 septembre 2015 n° 14-14.518 : BPIM 6/15 inf. 405).

35446 **Détention d'animaux** Est réputée non écrite la clause interdisant la détention d'animaux « familiers ». Toutefois, la détention de chiens d'attaque peut être interdite (Loi 70-598 du 9-7-1970 art. 10, I). Le règlement de copropriété peut également réglementer la tenue des animaux domestiques dans les parties communes (obligation de tenir les chiens en laisse, interdiction de souiller les parties communes, etc.).

> **Précisions** La liste des types de chiens relevant de la catégorie des chiens dangereux est fixée par l'arrêté du 27 avril 1999 (JO 30 p. 6499).

35450 **Adhésion à une société** Le règlement de copropriété peut valablement faire obligation aux copropriétaires de souscrire des parts d'une société chargée de gérer des aménagements propres à une copropriété (Cass. 3e civ. 8-7-1998 : RJDA 8-9/99 n° 953).

3. APPLICATIONS

CHANGEMENT D'AFFECTATION DES LOTS DE COPROPRIÉTÉ

35455 Un lot a une affectation donnée (appartement, boutique, cave, grenier...) par le règlement de copropriété, qui doit en principe être respectée.

Cependant, la jurisprudence s'est peu à peu fixée en ce sens que les locaux peuvent voir leur affectation modifiée dès lors que leur **nouvelle affectation** n'est pas contraire à la destination générale de l'immeuble et ne porte pas atteinte aux droits des autres copropriétaires (Cass. 3e civ. 25-1-1995 : RJDA 5/95 n° 634 ; Cass. 3e civ. 5-12-1997 n° 06-16.031 : Rev. loyers 2008 p. 119 ; Cass. 3e civ. 4-7-2012 n° 11-16.051 : BPIM 5/12 inf. 403). Il faut également que cette affectation soit compatible avec les stipulations du règlement de copropriété.

35460 **Clauses restrictives du règlement de copropriété** Les règlements de copropriété peuvent comporter des clauses qui imposent une affectation ou édictent des restrictions. Ces clauses sont elles-mêmes, en ce qu'elles portent atteinte aux droits des copropriétaires sur leur lot, **strictement encadrées.** En effet, les restrictions à la liberté des copropriétaires doivent être **justifiées par la destination de l'immeuble** telle qu'elle résulte du règlement de copropriété (Loi 65-557 du 10-7-1965 art. 8, al. 2). La licéité de ces clauses, lorsqu'elle est discutée, est donc appréciée au regard de la destination de l'immeuble. Il est généralement admis que, dans les immeubles à destination mixte d'habitation et commerciale, les clauses interdisant l'exercice de certaines activités commerciales susceptibles de troubler la quiétude des copropriétaires ou les commerces bruyants ou malodorants sont justifiées par la destination de l'immeuble et sont donc licites (Cass. 3e civ. 13-7-2013 n° 11-26.363 : RJDA 12/13 n° 983 ; Cass. 3e civ. 18-9-2013 n° 12-23.602 : BPIM 6/13 inf. 413). Mais, même licites, ces clauses doivent être interprétées strictement en ce qu'elles constituent une restriction au droit des copropriétaires d'user et de jouir librement de leurs parties privatives. En conséquence, si ces clauses édictent une interdiction précise, elle doit être respectée. Ainsi, lorsqu'une clause interdit tout commerce de restauration, l'assemblée générale est fondée à refuser l'installation d'un salon de thé et de vente de glaces à la place d'un magasin de chaussures (Cass. 3e civ. 4-10-1995 n° 93-14.134). Les interdictions édictées ne peuvent en revanche être étendues au-delà de leur objet précis : les clauses interdisant les nuisances sonores ou olfactives n'interdisent pas, en elles-mêmes, d'exploiter un restaurant (Cass. 3e civ. 2-7-2013 n° 12-19.096 : RJDA 12/13 n° 983 ; Cass. 3e civ. 14-10-2010 n° 09-71.134 : BPIM 1/11 inf. 63 ; Cass. 3e civ. 21-11-2000 n° 96-17.101 : BPIM 1/01 inf. 74 ; Cass. 3e civ. 11-5-1999 n° 97-17.390 ; Cass. 3e civ. 3-6-1998 n° 96-21.429). Cette activité ne peut être prohibée que s'il est établi qu'elle cause effectivement de telles nuisances (Cass. 3e civ. 13-11-2013 n° 12-26.121 : AJDI 2014 p. 149 note S. Porcheron ; Cass. 3e civ. 18-12-1991 n° 90-12.737 ; Cass. 3e civ. 26-5-1993 n° 91-11.656).

35465 **Immeuble à usage d'habitation** La jurisprudence admet que la qualification des lots prévue par le règlement de copropriété (cave, chambre de bonne, grenier, garage, etc.) n'empêche pas leurs propriétaires d'en changer la nature pour les affecter à un autre usage, à la double condition que cela ne porte pas atteinte à la destination de l'immeuble ni aux droits des autres copropriétaires. A ainsi été admise, dans un immeuble à usage d'habitation, la transformation en logement d'un grenier ou de combles (Cass. 3e civ. 10-12-1986 : D. 1987 p. 146 ; Cass 3e civ. 3-5-2001 n° 99-18.179), d'un atelier à usage de remise (Cass. 3e civ. 8-7-1987 : Bull. civ. III n° 141), de resserre (CA Versailles 21-12-1989 : Administrer février 1991 p. 45), de locaux en sous-sol (CA Versailles 30-4-1990 : RDI 1990 p. 407), de bureaux (Cass. 3e civ. 17-4-1991 : Loyers et copr. 1991 n° 313), de chambres de service (Cass. 3e civ. 6-12-1989 : Rev. loyers 1990 p. 137), de celliers ou « réserves » (Cass. 3e civ. 17-4-1991 : Loyers et copr. 1991 n° 312 ; Cass. 3e civ. 3-6-1998 : Loyers et copr. 1998 n° 226), d'une ancienne sellerie qualifiée de « dépôt » par le règlement de copropriété (CA Paris 9-2-2006 : Loyers et copr. 2006 comm. n° 187).

En revanche, le syndicat des copropriétaires peut s'opposer au changement d'affectation d'un lot en invoquant la clause du règlement de copropriété qui interdit la transformation des appartements en chambres meublées destinées à la location à des personnes distinctes (CA Paris 15-10-1998 : Gaz. Pal. 9-2-1999 som. p. 15), la transformation en appartement d'une dépendance édifiée sur une terrasse privative (Cass. 3e civ. 26-5-2016 n° 15-12.556 : BPIM 4/16 inf. 270), la clause qui impose le respect des « règlements d'hygiène, de ville et de police », en considération de l'article L 1331-22 du Code de la santé publique interdisant la mise à disposition de caves à des fins d'habitation (Cass. 3e civ. 6-9-2018 n° 17-22.172 : BPIM 5/18 inf. 360) ou encore le non-respect de l'article L 631-7 du CCH (Cass. 3e civ. 15-1-2003 n° 01-03.076 : BPIM 2/03 inf. 120). Le développement de la mise en location de logements pour de courtes durées pose également la question de la conformité de cette pratique avec le règlement de copropriété et la destination résidentielle de l'immeuble. Ainsi, a été accueillie la demande de remise en état d'un appartement qui avait été divisé en studios destinés à la location de courte durée, jugée contraire à la destination de l'immeuble à usage principal d'habitation ou mixte professionnel et d'habitation, à l'exclusion de toute activité commerciale (Cass. 3e civ. 8-3-2018 n° 14-15.864 : BPIM 2/18 inf. 135) ; sur la réglementation applicable en cas de changement d'usage des locaux d'habitation, voir Mémento Urbanisme-Construction nos 19550 s.

Depuis le 21 novembre 2024, tout copropriétaire, ou éventuellement locataire autorisé, doit informer le syndic que son lot fait l'objet d'un enregistrement en tant que **meublé de tourisme** (Loi 65-557 du 10-7-1965 art. 9-2 nouveau créé par loi 2024-1039 du 19-11-2024). Une fois informé, le syndic doit inscrire à l'ordre du jour de la prochaine assemblée générale un point d'information relatif à l'activité de location de meublés touristiques au sein de la copropriété.

> **Précisions** Dans un cas où un règlement de copropriété stipulait que les **chambres de service** ne pouvaient être utilisées que par le personnel dépendant des copropriétaires, la cour d'appel de Paris a jugé que si un copropriétaire, n'ayant pas de personnel ou n'étant pas propriétaire d'un appartement dans l'immeuble, pouvait utiliser les chambres de service à titre de résidence principale, celles-ci n'avaient pas vocation à devenir un « appartement ». Par suite, l'assemblée des copropriétaires avait pu valablement refuser d'autoriser l'installation, aux frais du copropriétaire, d'une gâche électrique commandée à partir des chambres, d'une boîte aux lettres et d'un poste d'interphone (CA Paris 29-6-2006 : Loyers et copr. 2007 comm. n° 14).

Clause d'habitation bourgeoise La présence d'une clause d'habitation bourgeoise **exclusive** dans le règlement de copropriété interdit l'affectation des parties privatives concernées à l'exercice de toute activité professionnelle ou commerciale. **35470**

En revanche, une telle affectation sera possible en cas de clause d'habitation bourgeoise **simple,** sous réserve qu'elle soit conforme à la destination de l'immeuble et qu'elle ne porte pas atteinte aux droits des autres copropriétaires. Ainsi, l'exercice d'une activité d'enseignement a été admise (Cass. 3e civ. 27-2-1991 n° 89-17.017) mais pas l'installation d'une clinique de jour (Cass. 3e civ. 17-6-2003 n° 02-10.398).

Dans l'un et l'autre cas, et sauf stipulation expresse du règlement de copropriété les admettant par **exception,** les activités commerciales, notamment hôtelières, sont interdites (Cass. 3e civ. 8-3-2019 n° 14-15.864 : BPIM 2/18 inf. 135). Tel est notamment le cas de l'activité commerciale de location d'un lot à la journée ou à la semaine (Cass. 3e civ. 27-2-2020 n° 18-14.305 : BPIM 3/20 n° 210).

> **Précisions** En présence d'une clause d'habitation bourgeoise simple, un médecin peut exercer son activité dès lors que la preuve n'est pas rapportée de nuisances « supérieures à celles susceptibles d'être générées par l'activité d'un cabinet d'avocats » (CA Paris 4-7-2002 : Loyers et copr. 2002 comm. n° 294).

Domiciliation d'une société commerciale Le représentant d'une personne morale est autorisé, dans certaines conditions strictement définies, à domicilier son siège à son domicile, nonobstant les stipulations du règlement de copropriété et quand bien même l'immeuble serait à usage d'habitation et comporterait une clause d'habitation bourgeoise, sans qu'il en résulte de changement de destination de l'immeuble (C. com. art. L 123-11-1) : **35472**

- pour une durée de cinq années à compter de la création de la société ;
- pour une durée ne pouvant dépasser le terme légal, contractuel ou judiciaire de l'occupation des lieux ;

– à charge pour l'intéressé de notifier par écrit au syndicat des copropriétaires, avant le dépôt de la demande d'immatriculation ou de modification d'immatriculation, son intention d'user de cette faculté.

35475 **Immeuble à usage commercial** Dans un immeuble à usage commercial ou à usage mixte, le changement d'usage est possible à moins qu'il ne soit contraire à la destination de l'immeuble ou ne porte atteinte aux droits des copropriétaires (Cass. 3e civ. 11-12-2012 no 11-25.339 : JCP N 2012 no 157). Ainsi a été admise dans un immeuble à usage commercial la transformation d'une cave en annexe du local commercial (Cass. 3e civ. 18-12-1987 : Administrer août-septembre 1987 p. 48) et, dans un immeuble à usage mixte d'habitation et de commerce, celle d'une remise en annexe des boutiques (Cass. 3e civ. 10-5-1994 : Rev. loyers 1994 p. 508). Le changement d'activité commerciale est, en l'absence de clause restrictive du règlement de copropriété, libre. Par exemple, la transformation d'un commerce de fleurs en pizzeria et sex-shop, dans un lot à destination commerciale, n'a pas à être autorisée par l'assemblée des copropriétaires et, en tout état de cause, ne peut être interdite dès lors qu'il n'y a atteinte ni aux droits des autres copropriétaires ni à la destination de l'immeuble (Cass. 3e civ. 20-1-2004 no 02-17.120 : BPIM 3/04 inf. 170). Un lot désigné comme étant une « salle de spectacle » peut être utilisé pour l'exploitation d'un restaurant (Cass. 3e civ. 10-12-1986 no 85-11.374 : Bull. civ. III no 197).

En revanche, a été refusée la transformation de garages en dépôt de marchandises car cette utilisation occasionnait un risque d'incendie portant atteinte à la sécurité de l'immeuble (Cass. 3e civ. 11-10-1995 no 94-10.192 : RJDA 3/96 no 398), ou encore la transformation de locaux désignés comme étant à usage de garage en cuisine et laboratoire à glaces si elle est contraire à la destination de l'immeuble (Cass. 3e civ. 27-5-1998 no 96-15.847 : RDI 1998 p. 413).

> Précisions a. La cour d'appel de Paris a jugé que le propriétaire de deux lots (une boutique et un appartement situé au 1er étage) ne pouvait pas, sans autorisation de l'assemblée générale, transformer l'appartement en bureau servant à la gestion du commerce exploité au rez-de-chaussée car, d'une part, l'**activité administrative** exercée dans l'appartement était par nature rattachée au commerce et, d'autre part, cette transformation était de nature à occasionner une gêne accrue pour les copropriétaires, contraints de supporter l'utilisation de l'escalier commun par les salariés en l'absence d'escalier intérieur et, par voie de conséquence, à porter atteinte aux modalités de jouissance des parties privatives telles qu'elles étaient définies par le règlement de copropriété en lui apportant une restriction qu'il ne contenait pas (CA Paris 18-9-1996 : BPIM 6/96 inf. 419).

b. Sur la répartition de la **surprime d'assurance** éventuellement générée par l'activité exercée dans un lot, voir no 36070, Précision, b.

LOCATION DES LOTS DE COPROPRIÉTÉ

35480 **Liberté de donner les lots en location** Les copropriétaires sont, en principe, libres de louer leurs lots.

Toutefois, le règlement de copropriété peut comporter des **clauses restrictives** du droit de louer les lots afin de préserver la destination de l'immeuble. Conformément aux principes ci-dessus rappelés, la licéité de telles clauses dépend de la destination de l'immeuble. Par exemple, la clause interdisant de louer les chambres de service à des personnes étrangères à la copropriété est valable pour un immeuble de grand standing (CA Paris 12-2-1976 : D. 1977 IR p. 42 ; Cass. 3e civ. 26-11-2003 no 02-14.158 : Administrer mars 2004 p. 39) mais ne l'est pas pour un immeuble de standing moyen (CA Paris 31-1-1976 : AJPI 1976 p. 880). De même, la clause interdisant les locations en meublé peut être réputée non écrite si la restriction n'est pas justifiée par la destination de l'immeuble dans lequel est admis l'exercice d'une profession libérale générant des inconvénients similaires (Cass. 3e civ. 8-6-2011 no 10-15.891 : BPIM 4/11 inf. 324). De même, il a été jugé que la location en meublé n'est pas en elle-même contraire à la destination de l'immeuble, dès lors que des nuisances particulières et répétées ne sont pas démontrées (Cass. 3e civ. 22-5-2012 no 11-10.032 : AJDI 2012 p. 524 obs. S. Porcheron).

À l'inverse, il est impossible d'**obliger les copropriétaires à louer** leur lot, fût-ce par une stipulation du règlement de copropriété (Cass. 3e civ. 4-11-2004 no 03-14.711 : BPIM 1/05 inf. 59 ; CA Versailles 13-3-2000 : BPIM 4/00 inf. 268 pour une location imposée en vue de loger le gardien de l'immeuble).

35485 **Rapports entre le locataire et le syndicat** Il n'existe en **principe** aucun lien de droit entre le locataire et la copropriété.

Le bailleur reste seul débiteur des charges et seul interlocuteur de la copropriété (par exemple pour demander la réalisation de travaux sur les parties communes, Cass. 3e civ. 20-7-1988 : Administrer février 1989 p. 24 ; Cass. 3e civ. 16-6-1993 : RJDA 10/93 no 831 déclarant irrecevable l'action du locataire pour exiger de tels travaux). Le copropriétaire bailleur doit faire toutes diligences auprès de l'assemblée des copropriétaires pour obtenir les autorisations nécessaires à l'exécution de ses obligations contractuelles envers son locataire, qu'il s'agisse de la nature de l'activité exercée ou des travaux nécessaires (Cass. 3e civ. 17-6-2014 n° 13-14.759 : Administrer Novembre 2014 p. 52 note J.-R. Bouyeure). Mais le locataire ne peut pas procéder, sans autorisation de la copropriété, à des travaux sur les parties communes, même s'ils sont nécessaires à l'exercice de l'activité autorisée par le bail (Cass. 3e civ. 15-2-2018 n° 16-17.759 : BPIM 2/18 inf. 137).

C'est également au bailleur de faire toutes diligences auprès du syndicat pour faire cesser le trouble de jouissance subi par son locataire du fait d'un désordre affectant les parties communes (Cass. 3e civ. 18-11-1992 n° 91-12.984) et il peut demander au syndicat réparation du préjudice personnel qu'il subit du fait de sa propre obligation de réparer le préjudice de son locataire (Cass. 3e civ. 14-1-2015 n° 13-28.030 : BPIM 2/15 inf. 136).

Le locataire ne peut pas participer aux réunions d'assemblées générales ni demander l'inscription d'une question à l'ordre du jour (Cass. 3e civ. 23-3-1988 n° 86-15.368 : Bull. civ. III n° 64). S'il souhaite mettre en cause la responsabilité du syndicat, il ne peut le faire que sur un fondement délictuel (Cass. 3e civ. 17-6-2008 n° 07-14.864 : BPIM 4/08 inf. 318 ; CA Paris 5-5-1999 : BPIM 2/00 inf. 118 ; CA Paris 16-4-2000 : Loyers et copr. 2000 comm. n° 238).

Mais le locataire n'est pas pour autant totalement étranger au fonctionnement de la copropriété. 35490

Il doit notamment **respecter le règlement de copropriété** et **les décisions de l'assemblée générale** des copropriétaires, qui doivent être portés à leur connaissance :

– en matière de bail d'habitation, le bailleur a l'obligation, lors de la conclusion du bail, de communiquer au locataire les extraits du règlement de copropriété concernant la destination de l'immeuble, la jouissance et l'usage des parties privatives et communes, et précisant la quote-part afférente au lot loué dans chacune des catégories de charges (Loi 65-557 du 10-7-1989 art. 3) ;

– depuis le 1er avril 2016, le syndic doit informer les occupants de l'immeuble des décisions prises par l'assemblée générale (Décret 2015-1681 du 15-12-2015) et depuis le 11 avril 2024, il doit également les informer si l'immeuble fait l'objet d'une procédure relevant de l'exercice de la police de la sécurité et de la salubrité des immeubles (Loi 65-557 du 10-7-1965 art. 18, I-al. 11 créé par loi 2024-322 du 9-4-2024) (n° 37780).

Le locataire peut ainsi avoir à répondre à l'égard du syndicat, sur le fondement de la responsabilité délictuelle, d'un manquement ayant causé un dommage dans les parties communes (Cass. 3e civ. 30-10-2015 n° 14-21.237 : BPIM 6/15 inf. 406) ou de travaux réalisés sur la façade de l'immeuble sans autorisation préalable de l'assemblée (Cass. 3e civ. 14-4-2010 n° 09-13.315 : BPIM 3/10 inf. 239).

Le syndicat garde, en pareil cas, tous ses droits d'agir contre le bailleur également. De même, il peut intervenir dans une action intentée contre un locataire par son propriétaire, en raison des nuisances causées à la copropriété (CA Paris 8-3-1993 : Loyers et copr. 1993 comm. n° 283).

> **Précisions** En cas d'infraction au règlement de copropriété par un locataire, le syndicat des copropriétaires est fondé, en cas d'abstention du copropriétaire bailleur, à poursuivre le locataire par la voie de l'**action oblique** (Cass. 3e civ. 22-6-2005 n° 04-12.540 : Administrer mai 2006 p. 36 note J.-D. Barbier ; Cass. 3e civ. 14-11-1985 : Bull. civ. III n° 143 ; Cass. 3e civ. 20-12-1994 : Bull. civ. III n° 225) à la condition que la carence du bailleur soit caractérisée (Cass. 3e civ. 12-7-2018 n° 17-20.680 FS-D : BPIM 5/18 inf. 361). En revanche, le locataire victime de cette infraction n'a pas d'action contre le syndicat qui n'attaquerait pas le copropriétaire bailleur, faute d'un lien de droit entre lui et le syndicat (CA Paris 9-9-2008 n° 06-9821 : Loyers et copr. 2009 comm. n° 22).

Rapports entre le locataire et les autres copropriétaires Un copropriétaire victime de **troubles de voisinage** de la part du locataire d'un autre lot peut agir contre celui-ci et contre le copropriétaire bailleur (Cass. 3e civ. 17-4-1996 n° 94-15.876 : RJDA 7/96 n° 968 ; Cass. 2e civ. 31-5-2000 n° 98-17.532 : RJDA 11/00 n° 1062) ; ce dernier ne peut pas lui opposer la présomption de responsabilité pour dégradations que l'article 1732 du Code civil fait peser sur le locataire (nos 51220 s.), ce texte étant applicable dans les seuls rapports bailleur-locataire (CA Paris 28-1-1999 : Loyers et copr. 1999 comm. n° 166). 35495

En cas de **carence du bailleur,** tout copropriétaire peut agir, au même titre que le syndicat (voir n° 35490) en vue de faire respecter le règlement de copropriété par son locataire, en résiliation du bail (Cass. 3e civ. 8-4-2021 n° 20-18.327 : BPIM 3/21 inf. 207).

Sur l'obligation du bailleur de faire cesser les troubles causés par ses locataires en matière de bail d'habitation, voir nos 61820 et 61840.

VENTE DES LOTS DE COPROPRIÉTÉ

En principe, la vente du lot de copropriété est libre. 35500

La destination de l'immeuble peut néanmoins justifier certaines **clauses restrictives** du droit de vendre les lots. Ainsi en est-il par exemple de la clause interdisant la vente séparée des chambres de service pour ne pas multiplier le nombre des occupants (Cass. 3e civ. 10-3-1981 : JCP éd. G 1982 II n° 19765 ;

Cass. 3e civ. 9-3-1982 : Administrer janvier 1982 p. 28 ; Cass. 3e civ. 4-6-1998 : Loyers et copr. 1998 n° 278), de la clause interdisant de vendre un garage à d'autres personnes que des occupants de l'immeuble (Cass. 3e civ. 9-6-2010 n° 09-14.206 : BPIM 5/10 inf. 394), ou de la clause instituant un pacte de préférence au profit des copropriétaires en place dans l'immeuble (CA Paris 22-3-1996 : Loyers et copr. 1996 comm. n° 315).

De même a été admise la clause du règlement de copropriété d'un centre commercial qui prévoyait l'obligation pour tout acquéreur de lots de souscrire des actions d'une société ayant pour objet de regrouper les commerçants, gérer le centre et en assurer la promotion commerciale, dès lors que la destination de l'immeuble, exclusivement commerciale, mettait l'accent sur la volonté d'une politique commerciale commune (Cass. 3e civ. 12-1-1997 : RJDA 6/97 n° 826 ; dans le même sens, CA Lyon 23-2-2000 : Loyers et copr. 2000 comm. n° 286).

Mais ne peuvent pas être justifiées par la destination de l'immeuble des clauses subordonnant la vente à l'accord de l'assemblée (Cass. 3e civ. 6-3-1973 : Gaz. Pal. 1973.2 p. 497) ou encore imposant l'obligation de vendre comme sanction de la violation du règlement de copropriété (TGI Grenoble 6-4-1964 : JCP éd. G 1964 II n° 13663).

Sur les règles spécifiques applicables en cas de vente de lots, voir nos 37000 s.

35510 Afin d'éviter le démantèlement des copropriétés, le règlement de copropriété peut prévoir un droit de priorité au profit des copropriétaires en cas de vente de **lots à usage exclusif de stationnement** (Loi 65-557 du 10-7-1965 art. 8-1). Dans ce cas, préalablement à la conclusion de la vente, le copropriétaire vendeur doit faire connaître au syndic par lettre recommandée AR son intention de vendre, en indiquant le prix et les conditions de la vente. Cette information, transmise sans délai par le syndic à chaque copropriétaire par lettre recommandée AR, vaut offre de vente pendant une durée de deux mois à compter de sa notification. Cette disposition est applicable pour les immeubles dont le permis de construire a été délivré conformément à un PLU (plan local d'urbanisme) ou d'autres documents d'urbanisme imposant la réalisation d'aires de stationnement.

35512 En cas de vente d'un lot d'un immeuble en copropriété situé dans le périmètre d'une **opération de réhabilitation de l'immobilier de loisir** (Oril), le propriétaire vendeur doit notifier, avant toute autre forme de publicité, son intention de vendre au syndic de la copropriété (Loi 2016-1888 du 28-12-2016 art. 81). Il doit indiquer le prix souhaité et les conditions de la vente projetée. Cette information est communiquée dans un délai de 10 jours ouvrés par le syndic à chaque copropriétaire par tout moyen permettant d'en accuser réception, aux frais du syndic. Lors de la notification aux copropriétaires, le syndic doit préciser que cette information est donnée par le vendeur à titre indicatif et qu'elle ne constitue pas une offre de vente (C. urb. art. L 318-6). Elle permet toutefois aux autres copropriétaires de prendre connaissance de la mise en vente du bien et, le cas échéant, de formuler une offre d'achat.

Cette obligation d'information s'applique également aux cessions d'usufruit ou de nue-propriété, pour lesquelles sont notamment précisées la consistance et la valeur des biens concernés.

> **> Précisions** Ce dispositif doit permettre la restructuration et l'agrandissement des **« studios cabines »**, appartements situés dans les résidences de tourisme ou autres ensembles immobiliers construits dans les années 1970 qui ne répondent plus aux attentes de la clientèle. Il s'agit d'aider les propriétaires à regrouper ces « studios cabines » pour créer des appartements de plus grande taille.

DIVISION ET RÉUNION DES LOTS DE COPROPRIÉTÉ

35515 En principe, la division des lots est libre (jurisprudence constante depuis Cass. 3e civ. 4-2-1987 : D. 1987 p. 541 note Atias). Il en est de même de la réunion de lots.

L'**autorisation de l'assemblée générale** n'est nécessaire que si la division des lots nécessite la réalisation de travaux affectant les parties communes ou l'aspect extérieur de l'immeuble (Loi 65-557 du 10-7-1965 art. 25, b) ou si la division porte atteinte aux droits des autres copropriétaires. Elle est également nécessaire si le règlement de copropriété limite cette possibilité, sous réserve cependant de la licéité de cette clause. Une restriction à ce droit de diviser ne peut en effet se concevoir que si elle est justifiée par la destination de l'immeuble, telle la nécessité de limiter le nombre des lots pour ne pas altérer le caractère de l'immeuble ni modifier le genre de vie des occupants, ne pas bouleverser l'équilibre et le fonctionnement de la copropriété, etc. (pour des exemples, voir Cass. 3e civ. 24-2-2009 n° 08-11.852 : BPIM 2/09 inf. 150 ; Cass. 3e civ. 7-10-2009 n° 08-18.133 : BPIM 6/09 inf. 454).

En cas de division d'un **lot à usage commercial,** le propriétaire du lot issu de la division qui n'a pas d'accès sur rue doit pouvoir bénéficier pour sa clientèle d'un droit d'accès dans les parties communes de circulation de l'immeuble (CA Paris 4-3-1998 : Loyers et copr. 1998 comm. n° 278).

En cas de division de lots, l'assemblée doit en tout état de cause être saisie pour approuver la **nouvelle répartition des charges** entre les lots issus de la subdivision.

> **Précisions** Il est possible de constituer en **lots distincts** les annexes de l'appartement principal, notamment les chambres de service, ayant une surface ou un volume inférieurs aux exigences de l'article L 126-17 du Code de la construction et de l'habitation (Cass. 3e civ. 3-6-2021 n° 20-16.777 : BPIM 4/20 inf. 272).

CONSTITUTION DE SERVITUDES ENTRE LES PARTIES PRIVATIVES

La Cour de cassation, qui considère qu'il ne peut être créé de servitude sur une partie commune au profit d'un lot privatif (n° 35325) a également longtemps considéré qu'une servitude ne pouvait pas être créée entre deux parties privatives dès lors qu'il n'existait pas en pareil cas de **fonds servant** et de **fonds dominant** constituant des propriétés indépendantes (notamment Cass. 3e civ. 18-6-1997 : RJDA 11/97 n° 1388 ; Cass. 3e civ. 21-3-2001 : BPIM 3/01 inf. 210). De même, il ne pouvait y avoir de servitude entre une partie privative et une partie commune (Cass. 3e civ. 11-1-1989 : Bull. civ. III n° 11). Mais elle est revenue sur cette jurisprudence : elle admet la compatibilité de servitudes conventionnelles avec le statut de la copropriété. Est donc désormais possible l'établissement d'une servitude entre les parties privatives de deux lots appartenant à des propriétaires distincts (Cass. 3e civ. 30-6-2004 n° 03-11.562 : BPIM 5/04 inf. 278, jurisprudence confirmée par Cass. 3e civ. 1-7-2009 n° 08-14.963 : BPIM 5/09 inf. 371). En revanche, la constitution d'une servitude sur une partie commune au profit d'un lot est désormais expressément prohibée (Loi 65-557 du 10-7-1965 art. 6-1 A). 35530

INSTALLATION D'ANTENNES INDIVIDUELLES DE TÉLÉVISION

Les copropriétaires ont le droit d'installer ou de faire installer à leurs frais une antenne extérieure réceptive de radiodiffusion (Loi du 2-7-1966 art. 1, al. 1), ce qui inclut les antennes paraboliques (CA Paris 26-11-1998 : BPIM 2/99 inf. 151). Ce droit bénéficie aux personnes physiques et aux personnes morales (Loi du 2-7-1966 art. 1, al. 1), et toute clause du règlement de copropriété interdisant l'installation de tels dispositifs ou prévoyant des prescriptions non conformes à la loi de 1966 est réputée non écrite (CA Paris 30-5-2001 : Loyers et copr. 2001 comm. n° 233). Toutefois, les copropriétaires doivent au préalable obtenir l'autorisation de la copropriété. 35535

Les détails de la procédure et les conditions d'installation, qui concernent aussi bien les copropriétaires (occupants ou bailleurs) que les locataires, sont exposés aux nos 51680 s.

Sur les services de télévision hertzienne numérique, voir n° 37550, Précision, b.

ACTIVITÉ CULTUELLE

Dans un local à usage commercial ou professionnel, ou à usage mixte d'habitation et professionnel ou commercial, l'exercice d'une activité cultuelle n'est a priori pas interdite si elle n'est pas de nature à créer des nuisances ou des risques excédant ceux qui peuvent résulter de la **destination de l'immeuble** (Cass. 3e civ. 20-7-1994 n° 92-17.651 : Bull. civ. III n° 156) ou si elle ne crée pas de nuisances supérieures à celles existant antérieurement ni plus perturbantes que celles autorisées par le règlement, l'exercice d'une telle activité n'impliquant pas, en lui-même, une modification ou une atteinte à la destination de l'immeuble (Cass. 3e civ. 8-3-1995 n° 93-10.883 : RJDA 5/95 n° 633). 35540

En revanche, pour fondamentale qu'elle soit, la liberté religieuse ne peut avoir pour effet de rendre licites les violations des dispositions d'un **règlement de copropriété.** En conséquence, dès lors qu'était interdite l'édification de toute construction, même à titre provisoire et amovible, sur les terrasses attenantes aux appartements, c'est à bon droit que le syndicat des copropriétaires avait demandé en référé la démolition d'une cabane érigée sur un balcon à l'occasion de Souccoth, la « fête des cabanes », d'une durée de sept jours au cours desquels il est prescrit de construire des cabanes de feuillages et de bois pour commémorer l'errance du peuple hébreu dans le désert (Cass. 3e civ. 8-6-2006 n° 05-14.774 : Bull. civ. III n° 140). De même, le syndicat peut s'opposer à l'exercice d'une telle activité si elle génère des nuisances sonores et olfactives interdites par le règlement de copropriété (Cass. 3e civ. 16-9-2015 n° 14-14.518 : BPIM 6/15 inf. 405).

4. RESPONSABILITÉ DES COPROPRIÉTAIRES

À L'ÉGARD DU SYNDICAT DES COPROPRIÉTAIRES

Chaque copropriétaire est tenu envers le syndicat des dommages causés à la copropriété du fait de ses **installations privatives.** Ainsi en est-il, par exemple, de travaux ayant entraîné un affaissement de la charpente (Cass. 3e civ. 20-5-1998 n° 96-20.889), de la surconsommation d'eau résultant de la fuite d'un ballon d'eau chaude (CA Paris 5-6-1997 : BPIM 6/97 inf. 401), des désordres causés à l'installation de chauffage collectif par le remplacement de radiateurs privatifs (Cass. 3e civ. 7-5-2003 : BPIM 6/03 inf. 364). 35545

La responsabilité d'un copropriétaire peut également être engagée par le syndicat des copropriétaires sur le fondement des **troubles anormaux de voisinage,** comme elle peut l'être par un copropriétaire individuellement (Cass. 3e civ. 11-5-2017 n° 16-14.339 FS-PBI : BPIM 3/17 inf. 231 ; voir n° 35555).

À L'ÉGARD DES AUTRES COPROPRIÉTAIRES

35550 **Responsabilité délictuelle** Les copropriétaires qui, par l'usage qu'ils font de leurs parties privatives, causent un **préjudice** aux autres copropriétaires en doivent réparation, notamment s'ils ont commis une **faute** à l'origine de ce dommage, en omettant par exemple de respecter le règlement de copropriété (bruit excessif et récurrent, nuisances olfactives, etc.). Leur responsabilité peut dans ce cas être engagée sur le fondement de l'article 1240 du Code civil.

35555 **Troubles anormaux de voisinage** La responsabilité des copropriétaires peut également être engagée sur le fondement de la théorie autonome des troubles anormaux de voisinage. En application de cette théorie d'origine jurisprudentielle, nul ne peut causer à autrui un dommage excédant les « inconvénients normaux du voisinage ». Cette théorie a vocation à s'appliquer en matière de copropriété : la jouissance par un copropriétaire de ses parties privatives, même conforme au règlement de copropriété, est subordonnée au respect de la tranquillité d'autrui (Cass. 3e civ. 24-10-1990 n° 88-19.383 : Bull. civ. III n° 205 ; Cass. 3e civ. 2-10-1996 n° 94-14.321 ; Cass. 3e civ. 11-2-1998 n° 95-22.112 : BPIM 4/98 inf. 279 ; Cass. 3e civ. 5-10-2017 n° 16-21.087 : BPIM 6/17 inf. 426 sur le bruit excessif causé par un sanibroyeur installé à l'occasion de la transformation d'un grenier en local d'habitation ; Cass. 3e civ. 14-6-2018 n° 17-14.191 F-D : BPIM 4/18 inf. 286 sur l'effondrement d'un escalier et d'un mur de soutènement situés sur le lot d'un copropriétaire et qu'il avait la charge d'entretenir). Ce principe s'applique à tous les occupants d'un immeuble en copropriété quel que soit leur titre d'occupation (Cass. 2e civ. 17-3-2005 n° 04-11.279 : Bull. civ. II n° 73). La responsabilité pour trouble de voisinage est une responsabilité sans faute dont la mise en œuvre suppose la preuve d'une nuisance excédant les inconvénients normaux de voisinage (Cass. 3e civ. 5-10-1994 n° 92-12.031 : Bull. civ. III n° 168), et non celle d'une violation du règlement de copropriété ou d'un abus de jouissance.

35560 Le fait qu'une **activité professionnelle** ait été autorisée par le règlement de copropriété ou qu'elle s'exerce dans le respect de la réglementation qui lui est applicable n'interdit pas d'agir sur le fondement d'un trouble anormal de voisinage (Cass. 3e civ. 23-1-1991 n° 89-16.163 : Bull. civ. III n° 31 ; Cass. 3e civ. 11-2-1998 n° 95-22.112 : Bull. civ. III n° 33).

> **Précisions** **a.** Le **règlement de copropriété** ne peut pas **exonérer** un copropriétaire de sa responsabilité à l'égard d'un autre pour trouble anormal de voisinage (Cass. 3e civ. 20-2-1973 n° 71-14.174 : Bull. civ. III n° 138 écartant l'application d'une clause qui prévoyait que l'acquéreur d'un lot s'engageait à souffrir l'exploitation d'un fonds de commerce dans un autre lot).
> **b.** Sur le cas du **trouble** de voisinage **causé par le locataire d'un copropriétaire,** voir n° 35395.
> **c.** Saisi d'une demande de réparation pour trouble anormal de voisinage, le **juge** ne peut apporter à l'utilisation et à la jouissance des parties privatives d'un lot de copropriété aucune **restriction** à celles stipulées au règlement de copropriété (Cass. 3e civ. 17-1-1996 n° 94-12.715 : Resp. civ. et assur. 1996 n° 89 ; Cass. 3e civ. 11-10-2005 n° 04-17.159 : Loyers et copr. 2005 comm. n° 230 note G. Vigneron). Par exemple, en cas de transformation de parkings privatifs en terrasse de restaurant (générant bruits et odeurs pour les autres copropriétaires), le juge ne peut pas ordonner la remise des parkings dans leur destination d'origine dès lors que le règlement de copropriété précise que les parties privatives sont, au choix des copropriétaires, à usage d'habitation, à usage professionnel ou à usage commercial (Cass. 3e civ. 11-10-2005 précité).

B. Droits des copropriétaires sur les parties communes

1. DROIT DE JOUISSANCE DES PARTIES COMMUNES

JOUISSANCE COMMUNE

35565 Les parties communes appartenant indivisément aux copropriétaires, chacun d'eux a le droit d'en jouir, c'est-à-dire d'y passer et de les utiliser. Ne peut donc être refusé à un copropriétaire l'accès à une partie commune de l'immeuble, dont il est dès lors propriétaire indivis, quand bien même il n'en a pas l'utilité, à moins qu'il ne s'agisse d'une partie commune spéciale sur laquelle il n'a aucun droit.

> **Précisions** Il ne peut être refusée à un copropriétaire la délivrance du badge permettant l'accès à la cage de l'escalier principal de l'immeuble au motif qu'il accède à son lot par une porte donnant sur l'escalier de service, ou encore qu'il ne participe pas aux charges de cet escalier principal, sans constater que cet escalier est une partie commune spéciale sur laquelle il n'a aucun droit (Cass. 3e civ. 8-2-2024 n° 22-24.119 : BPIM 2/24 inf. 132).

JOUISSANCE PRIVATIVE D'UNE PARTIE COMMUNE

Le règlement de copropriété peut déroger à ce principe de la jouissance commune des parties communes en affectant à un lot déterminé un droit de jouissance exclusif sur une partie commune de l'immeuble. La loi **Élan** consacre ce droit de jouissance privative, créé par la pratique et admis de longue date par la jurisprudence, en le définissant comme les parties communes affectées à l'usage ou à l'utilité exclusifs d'un lot (Loi 65-557 du 10-7-1965 art. 6-3). En revanche, pour les immeubles dont la **mise en copropriété** est **postérieure au 1er juillet 2022,** l'existence de parties communes à jouissance privative est désormais subordonnée à leur mention expresse dans le règlement de copropriété (Loi 65-557 du 10-7-1965 art. 6-4). Pour les immeubles dont la mise en copropriété est **antérieure au 1er juillet 2022,** quand le règlement de copropriété ne mentionne pas les parties communes à jouissance privatives existantes, le syndicat des copropriétaires inscrit à l'ordre du jour de chaque assemblée générale la question de cette mention dans le règlement de copropriété. Cette décision est prise à la majorité des voix exprimées des copropriétaires présents, représentés ou ayant voté par correspondance. Toutefois, l'absence d'une telle mention dans le règlement de copropriété est sans conséquence sur l'existence de ces parties communes à jouissance privative (Loi 65-557 du 10-7-1965 art. 6-4). **35570**

En conséquence, pour les immeubles mis en copropriété à partir du 1er juillet 2022, l'assemblée doit, si elle souhaite accorder un tel droit de jouissance privative, non seulement le décider à la majorité de l'article 26, voire à l'unanimité, si elle porte atteinte à la destination de l'immeuble ou aux conditions de jouissance des autres copropriétaires (Cass. 3e civ. 23-11-1994 n° 92-21.367 : RJDA 1/95 n° 64) mais également modifier le règlement de copropriété. Ce droit concerne le plus souvent les toitures-terrasses ou les jardins attenant à un lot situé en rez-de-chaussée.

L'autorisation d'occuper une partie commune peut également être donnée à titre précaire. Elle est dans ce cas révocable et relève de la majorité simple de l'article 24 (Cass. 3e civ. 2-3-2010 n° 09-13.090 ; Cass. 3e civ. 5-4-2018 n° 17-14.138 : BPIM 3/18 inf. 211 ; Cass. 3e civ. 6-9-2018 n° 17-22.180 : BPIM 5/18 inf. 362).

> **Précisions** **a.** Le remplacement, par l'ordonnance du 30 octobre 2019, de la conjonction « et » par « ou » dans la définition des parties communes à jouissance privative (« affectés à l'usage ou à l'utilité exclusifs d'un lot »), qui harmonise la rédaction de cet article avec l'article 3 de la loi de 1965, doit permettre une certaine souplesse dans la constitution des parties communes à jouissance privative.
> **b.** Des aménagements à l'exclusivité de la jouissance sont possibles. Ainsi, la clause du règlement de copropriété qui prévoit que le titulaire d'un droit de jouissance privatif sur une terrasse devra laisser un passage suffisant pour préserver l'accès à une galerie marchande et à la piscine aux autres copropriétaires doit être respectée (Cass. 3e civ. 24-10-2019 n° 18-21-202 : BPIM 6/19 inf. 416).
> **c.** La décision accordant à un copropriétaire le droit d'installer son ballon d'eau chaude dans les combles n'est pas une simple autorisation de travaux mais un droit de jouissance privative, qui relève de la majorité de l'article 26 (Cass. 3e civ. 26-3-2020 n° 19-10.210 : BPIM 3/20 inf. 211).

La partie ainsi affectée à l'usage privatif d'un copropriétaire appartient indivisément à tous les copropriétaires (Loi 65-557 du 10-7-1965 art. 6-3) et conserve sa nature et sa qualification de **partie commune** (Cass. 3e civ. 29-10-1973 n° 72-12.531 : Bull. civ. n° 552 ; Cass. 3e civ. 28-10-1980 : JCP éd. N 1981 II p. 113 note B. Stemmer ; Cass. 3e civ. 27-11-1990 : Administrer mai 1991 p. 54 note Guillot). **35575**

Le **règlement de copropriété** précise, le cas échéant, les **charges** que le titulaire de ce droit de jouissance privative supporte (Loi 65-557 du 10-7-1965 art. 6-3). À défaut, les charges correspondant à la partie dont le copropriétaire jouit privativement sont réparties entre tous les copropriétaires proportionnellement aux valeurs relatives des parties privatives comprises dans leurs lots, alors même qu'ils n'en ont pas la jouissance. **35580**

Dans ce cas, l'ensemble de la copropriété est tenu d'en assurer l'**entretien** et la **conservation,** l'utilisateur ayant la charge de l'entretien du revêtement du sol (Cass. 3e civ. 16-11-1976 : D. 1977 IR p. 62). Lorsque des travaux d'étanchéité sont effectués par la copropriété sur une **terrasse** à jouissance privative, les frais de dépose et de repose des aménagements réalisés par le copropriétaire sont à la charge de ce dernier, de tels aménagements ne relevant pas des parties communes (Cass. 3e civ. 30-4-2002 n° 727 : BPIM 1/03 inf. 39 pour des murets, cheminements piétonniers, bacs à fleurs en pierre de taille et des graviers non solidaires de l'étanchéité). Concernant l'entretien d'un **jardin** à usage privatif, la taille et le remplacement des arbres de haute futaie qui y sont implantés sont pris en charge par la copropriété alors que l'arrosage, qui relève de l'entretien courant, est à la charge de l'utilisateur du jardin (CA Aix-en-Provence 6-6-2008 : Loyers et copr. 2009 comm. n° 74).

Sauf stipulation du règlement de copropriété, le **droit de jouissance privatif n'emporte pas,** par lui-même, le droit de construire, d'affouiller le sol pour aménager une piscine (Cass. 3e civ. 22-7-1987 n° 86-11.433), de surélever (Cass. 3e civ. 5-10-1994 n° 93-11.020020 : D. 1997 som. p. 243 obs. P. Capoulade ; Cass. 3e civ. 4-5-1995 n° 93-11.121 : D. 1995 IR p. 137), d'édifier un jardin d'hiver au lieu d'un jardin d'été **35585**

(Cass. 3e civ. 30-1-1996 no 94-13.816), d'édifier un abri de jardin sur une dalle en béton (Cass. 3e civ. 23-1-2020, no 18-24.676 : BPIM 2/20 inf. 138), de transformer une cour en local clos privatif (Cass. 3e civ. 19-12-1990 no 89-12.526 : Bull. civ. III no 267 ; Cass. 3e civ. 4-11-2004 no 03-11.741 : Bull. civ. III no 189), de transformer une remise de jardin en salle d'attente d'un cabinet médical (Cass. 3e civ. 13-12-1995 no 94-14.751 : RJDA 3/96 no 397). Un copropriétaire qui dépose la véranda existante sur une terrasse dont il a la jouissance privative pour y édifier une nouvelle construction ne bénéficie pas pour cette dernière de la prescription acquise pour la véranda initiale (Cass. 3e civ. 24-9-2014 no 13-12.751 : AJDI 2014 p. 876).

Le syndicat des copropriétaires est en droit de demander la **destruction** des constructions faites irrégulièrement sur une partie commune à jouissance privative sans avoir à justifier d'un préjudice (Cass. 3e civ. 25-1-1995 : RJDA 5/95 no 634).

Après une longue période d'incertitude et de décisions non concordantes, la Cour de cassation a jugé que l'**autorisation** d'édifier une construction sur une partie commune à jouissance privative doit être donnée à la majorité des copropriétaires représentant les 2/3 des voix (application de l'article 26 de la loi de 1965) (Cass. 3e civ. 20-3-2002 no 590 : BPIM 4/02 inf. 279 ; Cass. 3e civ. 4-11-2004 no 03-11.741 : BPIM 1/05 inf. 58 ; Cass. 3e civ. 8-11-2006 no 1147 : BPIM 6/06 inf. 453 ; Cass. 3e civ. 16-3-2017 no 15-28.784 F-D : BPIM 3/17 inf. 232). Il en est de même lorsque l'autorisation est donnée a posteriori moyennant le versement d'une indemnité (Cass. 3e civ. 20-3-2002 no 590 précité).

35590 Le droit de jouissance exclusif et privatif sur une partie commune a un **caractère réel et perpétuel** (Cass. 3e civ. 24-10-2007 no 06-19.260 : BPIM 6/07 inf. 430 ; Cass. 3e civ. 2-12-2009 no 08-20.310 : BPIM 1/10 inf. 49), jurisprudence réaffirmée récemment par la Cour de cassation : est perpétuel le droit réel attaché à un lot de copropriété conférant à ce lot un droit de jouissance sur un autre lot, solution transposable à un droit de jouissance s'exerçant sur les parties communes (Cass. 3e civ. 7-6-2018 no 17-17.240 : BPIM 4/18 inf. 287) ; il peut s'acquérir par prescription (Cass. 3e civ. 24-10-2007 précité). L'usage effectif de ce droit est sans incidence sur sa pérennité (Cass. 3e civ. 4-3-1992 no 90-13.145 : RJDA 6/92 no 632).

35595 Le droit de jouissance constitue l'**accessoire du lot** de copropriété auquel il est attaché (Loi 65-557 du 10-7-1965 art. 6-3). Cette solution avait été dégagée par la jurisprudence (Cass. 3e civ. 16-1-2008 no 06-15.314 : BPIM 2/08 inf. 156) qui considérait ainsi que le titulaire de la jouissance privative d'un jardin ne pouvait ni vendre ni louer cette jouissance indépendamment de son lot (Cass. 3e civ. 4-1-1990 : Administrer octobre 1990 p. 50 ; Cass. 3e civ. 25-1-1995 no 92-19.600 : RJDA 5/95 no 632) sauf à obtenir l'autorisation de l'assemblée générale des copropriétaires, y compris lorsque la cession ne porte que sur une partie de la jouissance exclusive affectée à un lot (Cass. 3e civ. 17-12-2013 no 12-23.670 : BPIM 1/14 inf. 51). À l'inverse, un bail peut porter sur les seules parties privatives d'un lot, et non sur le droit de jouissance privative sur les parties communes attaché à ce lot (Cass. 3e civ. 23-9-2021 no 20-18.901 FS-B : BPIM 6/21 inf. 392).

35600 Le droit de jouissance privative ne peut en aucun cas constituer la partie privative d'un lot (Loi 65-557 du 10-7-1965 art. 6-3). Ce **principe** avait été consacré par la jurisprudence (Cass. 3e civ. 6-6-2007 no 06-13.477 : BPIM 4/07 inf. 287 ; Cass. 3e civ. 7-11-2007 no 06-18.420 : BPIM 1/08 inf. 69 ; Cass. 3e civ. 16-1-2008 no 06-15.314 : BPIM 2/08 inf. 156), qui en avait déduit qu'aucune quote-part de propriété des parties communes ne peut lui être affectée ; que, si tel était le cas, elle ne pouvait correspondre qu'à la quote-part de charges de conservation, d'administration ou d'entretien des parties communes sur lesquelles il portait (Cass. 3e civ. 4-5-1995 no 93-11.121 précité ; Cass. 3e civ. 27-3-2008 no 07-11.801 : BPIM 3/08 inf. 237) et qu'en conséquence un copropriétaire qui bénéficiait de la jouissance exclusive d'une partie commune érigée en lot auquel une quote-part sur les parties communes était attribuée pouvait remettre en cause ces tantièmes de propriété (Cass. 3e civ. 6-11-2002 no 01-03.436 : Bull. civ. III no 215 ; Cass. 3e civ. 4-11-2014 no 13-22.243 : BPIM 1/15 inf. 58).

2. RESTRICTIONS AU DROIT DE JOUISSANCE DES PARTIES COMMUNES

RESTRICTIONS INHÉRENTES À LA NATURE COMMUNE DE LA JOUISSANCE

35605 Comme pour les parties privatives, chaque copropriétaire use et jouit librement des parties communes sous la condition de ne porter atteinte ni aux droits des autres copropriétaires ni à la destination de l'immeuble (Loi 65-557 du 10-7-1965 art. 9).

Mais la nature commune de la jouissance oblige en outre les copropriétaires à s'abstenir de tous actes portant atteinte aux parties communes, sauf à avoir obtenu préalablement l'autorisation de l'assemblée générale. Un copropriétaire ne peut ainsi :

– utiliser les parties communes pour son usage exclusif. Il ne peut donc utiliser une cour commune pour y stationner son véhicule ou apposer des enseignes sur la façade d'un immeuble ;

– s'approprier des parties communes sans une autorisation de l'assemblée générale prise à la majorité de l'article 26 : il ne peut pas s'approprier un couloir commun, un palier, des combles, etc. ;
– faire des travaux affectant les parties communes ou l'aspect extérieur de l'immeuble sans autorisation de l'assemblée générale accordée à la majorité de l'article 25, b ;
– faire un usage abusif de sa liberté d'expression en affichant des notes injurieuses ou diffamatoires dans les parties communes, de tels faits étant sanctionnés sur le fondement de la loi du 19 juillet 1881 et non sur celui de la responsabilité de droit commun (Cass. 3e civ. 1-12-2016 n° 15-26.559 : BPIM 1/17 inf. 39 ; Cass. 3e civ. 3-11-2016 n° 15-17.150 : D. 2016 act. p. 2283).

LIMITES TENANT AU RÈGLEMENT DE COPROPRIÉTÉ ET À LA DESTINATION DE L'IMMEUBLE

La destination de l'immeuble peut justifier des **restrictions** : 35610
– à l'apposition d'enseignes, de plaques professionnelles ou de panneaux publicitaires (Cass. 3e civ. 18-6-1975 : Gaz. Pal. 1975 pan. p. 224) ;
– au droit de stationner dans les parties communes (Cass. 3e civ. 11-12-1973 : JCP éd. G 1974 II n° 17659), mais non l'interdiction totale de circuler (CA Paris 9-4-1987 : D. 1987 IR p. 130, nécessité de livrer les commerçants). Jugé que la faculté de stationner sur les parties communes dont bénéficie le locataire d'un local commercial ne s'étend pas, sauf disposition contraire du règlement de copropriété, à sa clientèle (Cass. 3e civ. 23-3-1988 : Bull. civ. III n° 64) ;
– à l'étendage du linge (Cass. 3e civ. 27-11-1973 : Bull. civ. III n° 602) ;
– au dépôt d'objets dans les parties communes.

Ces restrictions ne doivent pas entraîner une **rupture d'égalité** entre les copropriétaires, sous peine d'être abusives (Cass. 3e civ. 11-5-2006 n° 05-10.924 : Bull. civ. III n° 120 ; Cass. 3e civ. 8-9-2016 n° 15-16.954 : BPIM 5/16 inf. 323, à propos des modalités d'attribution des emplacements de stationnement ; Cass. 3e civ. 11-3-2009 n° 08-10.566 : BPIM 2/09 inf. 151, à propos de l'interdiction faite à un restaurateur d'entreposer ses poubelles dans le local prévu à cet effet ; Cass. 3e civ. 8-9-2016 n° 15-18.800 : BPIM 5/16 inf. 324, à propos d'une décision d'assemblée générale qui conditionne l'autorisation donnée à un copropriétaire d'effectuer des travaux privatifs affectant les parties communes à la réalisation, à ses frais, d'un coffrage qui n'existait pas avant les travaux).

Le règlement de copropriété peut prévoir des **sanctions,** telles que des pénalités par exemple pour stationnement abusif (Cass. 3e civ. 17-1-1990 : Administrer août-septembre 1990 p. 52), ou des clauses pénales (Cass. 3e civ. 30-10-1973 : JCP éd. G 1973 IV p. 402), sous réserve du jeu de l'article 1231-5 du Code civil. Mais une « indemnité forfaitaire de déménagement » ne peut pas être prévue par le règlement car elle sanctionne l'exercice d'un droit légitime des copropriétaires (CA Lyon 22-1-1969 : Inf. rap. copr. mars 1969 p. 4). 35615

CHAPITRE 4

CHARGES DE COPROPRIÉTÉ

SOMMAIRE

EN BREF

36000 En dehors de l'obligation de respecter le règlement de copropriété, qui est la charte commune, la destination de l'immeuble et le droit des autres copropriétaires, les copropriétaires ont pour principale obligation de contribuer au **paiement des charges** de l'immeuble. En ce qui concerne les obligations administratives susceptibles d'être mises à la charge des copropriétaires ou du syndicat des copropriétaires, voir ci-après nos 44000 s.

A. Répartition des charges de copropriété

36005 L'article 10 de la loi du 10 juillet 1965, qui est d'ordre public et dont les dispositions sont donc impératives, distingue **deux catégories de charges** :

- les charges entraînées par les services collectifs et les éléments d'équipement communs ;
- et les charges relatives à la conservation, à l'entretien et à l'administration des parties communes.

Toute autre classification et tout autre critère de répartition que ceux qui vont être indiqués ci-après sont exclus.

Les **règlements** de copropriété, et **non plus seulement ceux publiés depuis le 31 décembre 2002,** doivent indiquer les éléments et la méthode de calcul permettant de fixer les quotes-parts de parties communes et la répartition des charges (Loi 65-557 du 10-7-1965 art. 10, dernier al.).

1. CHARGES ENTRAÎNÉES PAR LES SERVICES COLLECTIFS ET LES ÉLÉMENTS D'ÉQUIPEMENT COMMUNS

CHARGES CONCERNÉES

36010 Il s'agit des charges prévues par l'article 10, alinéa 1er de la loi du 10 juillet 1965. Dans cette catégorie de charges entrent notamment les charges relatives à l'ascenseur, au chauffage collectif et à l'eau chaude collective si l'immeuble est ainsi équipé, aux gaines de vide-ordures, aux interphones, aux tapis d'escaliers, à l'antenne collective du réseau TV, à l'installation collective de climatisation s'il en existe une. Il est quelquefois difficile de déterminer si certaines parties de l'immeuble doivent être considérées comme des éléments d'équipement ou comme une partie intégrante de l'immeuble. Ainsi en est-il de la piscine, par exemple, et il appartient au règlement de copropriété de prendre parti sur ce point, le cas échéant.

Les charges visées par l'article 10, alinéa 1er de la loi englobent le coût de remplacement ou la remise en état des éléments d'équipement considérés (CA Paris 16-5-1997 : Loyers et copr. 1997 comm. n° 293).

MODALITÉS DE RÉPARTITION DES CHARGES

Critère Les charges entraînées par les services collectifs et les éléments d'équipement communs sont réparties en fonction de l'**utilité objective** qu'ils présentent à l'égard de chaque lot, dès lors que ces charges ne sont pas individualisées. S'il existe un système de comptage individuel, chaque copropriétaire paye en effet les charges correspondant à sa consommation. 36030

Un service ou un équipement présente une utilité objective si un lot peut utiliser l'élément ou le service considéré. Le copropriétaire doit alors participer aux charges correspondantes même s'il ne l'utilise pas effectivement pour des raisons de convenances personnelles (Cass. 3e civ. 16-11-2011 n° 10-18.056 : AJDI 2012 p. 44 pour des blocs sanitaires ; Cass. 3e civ. 26-10-1983 n° 81-16.768 : Bull. civ. III n° 201 pour un système de chauffage collectif).

Ainsi, le coût d'installation de la partie commune d'un système de réception satellite par implantation d'antennes paraboliques collectives s'impose à tous les copropriétaires, seule la part individuelle concernant le raccordement aux appartements est à la charge des copropriétaires concernés (CA Lyon 10-5-2000 : Bull. inf. C. cass. 2001/532 n° 377).

Au contraire, si un lot ne peut pas utiliser l'élément ou le service considéré, il ne doit pas en assumer la charge (pour un lot ne pouvant pas être raccordé au système collectif de chauffage central, voir Cass. 3e civ. 9-12-1998 : BPIM 2/99 inf. 152). Et si cet élément ou ce service n'a pour un lot aucune utilité, aucune charge ne peut être imputée à ce lot : ainsi en est-il des charges d'ascenseur pour un lot situé au rez-de-chaussée ou des charges de chauffage, d'eau chaude, d'antennes de télévision pour des lots de parkings situés en sous-sol (CA Paris 15-1-1997 : Loyers et copr. 1997 comm. n° 150 ; Cass. 3e civ. 12-3-2003 n° 01-16.754). Tel n'est pas le cas en revanche pour un lot qui, bien que situé à un niveau non desservi par l'ascenseur, a la possibilité de l'utiliser jusqu'à un certain niveau avant d'emprunter les escaliers et qui peut donc se voir affecter des charges au titre de l'ascenseur (Cass. 3e civ. 22-9-2016 n° 15-20.086 : BPIM 6/16 inf. 396). Le critère d'utilité interdit en revanche que les charges liées à l'ascenseur, qui n'a pas la même utilité pour les lots situés à des étages différents, soient réparties par parts égales entre tous les lots (Cass. 3e civ. 9-5-2019 n° 18-17.334 : BPIM 3/19 inf. 202).

Il appartient au syndicat qui demande à un copropriétaire le paiement de charges d'entretien d'un élément d'équipement commun de démontrer que le raccordement du lot à cet équipement est techniquement possible (Cass. 3e civ. 11-10-2006 n° 05-15.208 : BPIM 6/06 inf. 456 ; Cass. 3e civ. 26-1-2010 n° 09-11.014 : BPIM 2/10 inf. 141), même si la répartition résulte d'une clause du règlement de copropriété.

> **Précisions** Lorsqu'un lot est **devenu inhabitable**, le copropriétaire doit néanmoins acquitter toutes les charges de copropriété sans distinction selon leur nature, le paiement des charges étant lié à la propriété des lots et non à leur occupation effective (Cass. 3e civ. 13-7-1993 n° 91-19.762 ; Cass. 3e civ. 17-5-1995 n° 96-13.624 dans le cas d'un arrêté d'insalubrité et d'interdiction d'habiter). Il n'y a pas à tenir compte d'éléments temporaires et conjoncturels pour apprécier l'utilité objective des éléments d'équipement communs et des services collectifs.

Méthodes de répartition En pratique, les charges relatives aux **ascenseurs** se répartissent en fonction de la superficie des lots desservis (censée correspondre à leur occupation potentielle) et de l'étage où ils se situent. Les **interphones** ont, a priori, une utilité égale pour tous les lots desservis. 36050

Pour le **chauffage collectif,** la décision d'installer des compteurs individuels d'énergie thermique relève de la majorité de l'article 25 (Loi 65-557 du 10-7-1965 art. 25, I). Lorsqu'un immeuble est soumis à l'obligation d'individualisation des frais de chauffage, de froid ou d'eau chaude sanitaire en application de l'article L 174-2 du Code de la construction et de l'habitation, le syndic doit inscrire à l'ordre du jour de l'assemblée générale la question des travaux permettant de munir l'immeuble d'un tel dispositif d'individualisation, ainsi que la présentation des devis élaborés à cet effet (Loi 65-557 du 10-7-1965 art. 24-9). À défaut de compteurs, les charges de chauffage collectif se répartissent en général à la surface chauffée ou au volume chauffés ou refroidis (parfois, à la superficie développée des radiateurs). S'agissant de la **climatisation** et de la répartition des frais de refroidissement, un dispositif similaire à celui du chauffage est prévu (CCH art. L 174-2). La loi de 1965 n'a pas encore été modifiée en ce sens.

S'agissant de la répartition de la consommation d'**eau chaude** produite collectivement, les frais de combustible ou d'énergie nécessaire au chauffage de l'eau sont calculés par les compteurs individuels dont les immeubles doivent en principe être équipés. Il en est de même des charges d'**eau froide** qui relèvent en principe du critère de l'utilité relative. La loi SRU du 13 décembre 2000 a entendu faciliter l'installation de compteurs d'eau froide divisionnaires en prévoyant que cette décision relève de la majorité de l'article 25 (Loi 65-557 du 10-7-1965 art. 25, k), alors qu'il était généralement admis antérieurement qu'elle devait être prise à la majorité de l'article 26, voire à l'unanimité. En l'absence de compteur individuel, la plupart des règlements de copropriété optent pour une répartition en fonction des tantièmes des charges générales (Cass. 3e civ. 10-10-1990 n° 88-17.701).

> **Précisions** **a.** La répartition des charges de **chauffage** selon les quotes-parts de parties communes est conforme au critère de l'utilité objective dès lors qu'il est tenu compte de la solidarité thermique et des critères de construction et que les modifications de lots intervenues n'avaient entraîné ni augmentation du volume et de la surface chauffés ni modification des surfaces de chauffe (Cass. 3e civ. 9-11-1994 : RJDA 12/94 n° 1358). En revanche, les charges de chauffage ne sont plus réparties en fonction du critère d'utilité s'il est prévu qu'un forfait peut être appliqué aux copropriétaires dans certains cas en lieu et place de leur consommation réelle (Cass. 3e civ. 7-7-2016 n° 15-16.694 : BPIM 5/16 inf. 325).
> **b.** Pour les charges d'**eau froide,** la répartition d'après les consommations réelles ne peut s'appliquer qu'à partir du moment où tous les lots sont équipés d'un compteur. Aussi un copropriétaire ne peut-il se soustraire à la répartition des charges en fonction des tantièmes en faisant installer un compteur individuel dans ses parties privatives (Cass. 3e civ. 12-2-1986 n° 84-15.246). Le relevé des compteurs ne constitue qu'une présomption simple de la consommation des copropriétaires. Le simple constat d'une surconsommation ne fait pas échec à cette présomption d'exactitude et il incombe au copropriétaire de justifier des éléments de nature à renverser cette présomption (Cass. 3e civ. 7-2-2019 n° 17-21.568 : BPIM 2/19 n° 128). La preuve contraire peut en revanche résulter de l'invraisemblance de la consommation attribuée à un copropriétaire et de consommations enregistrées manifestement anormales, auquel cas c'est alors au syndicat de justifier de l'exactitude des relevés (Cass. 3e civ. 26-11-2013 n° 12-25.863 : AJDI 2014 p. 215 obs. S. Porcheron).
> **c.** La répartition en fonction des tantièmes de parties communes peut également être admise pour les charges d'**ascenseur** à condition de correspondre à celle qui résulterait de l'application du critère de l'utilité objective (Cass. 3e civ. 23-6-2010 n° 09-67.529 : BPIM 5/10 inf. 396).

2. CHARGES RELATIVES À LA CONSERVATION, L'ENTRETIEN ET L'ADMINISTRATION DES PARTIES COMMUNES

CHARGES CONCERNÉES

36070 Dans cette catégorie de charges entrent notamment les charges relatives aux assurances de la copropriété, aux honoraires du syndic, au coût de tenue des assemblées (Cass. 3e civ. 21-5-2003 n° 607 : BPIM 5/03 inf. 303), au service de gardiennage ou de conciergerie (Cass. 3e civ. 4-1-1991 : Bull. civ. III n° 312) même si ce service n'a aucune utilité pour un lot (CA Paris 1-12-1998 : Loyers et copr. 1999 comm. n° 133), à l'éclairage des parties communes (CA Paris 23-4-1997 : Loyers et copr. 1997 comm. n° 272), à l'entretien des parties communes, en ce compris les balcons ou les garde-corps, s'ils sont classés dans les parties communes (ce qui implique que tous les copropriétaires doivent participer aux charges les concernant proportionnellement à leurs « tantièmes » quand bien même leur lot ne dispose pas de ces éléments : Cass. 3e civ. 9-11-2017 n° 16-17.851 F-D : BPIM 1/18 inf. 54), aux escaliers (Cass. 3e civ. 12-1-1982 : Gaz. Pal. 1983.1 p. 227), au nettoyage et à l'entretien courant de l'immeuble, au ravalement (Cass. 3e civ. 10-2-1988 : JCP éd. G 1988 II n° 21118 ; Cass. 3e civ. 8-7-1998 : BPIM 5/98 inf. 345), à l'entretien du gros œuvre, à l'entretien des espaces verts (Cass. 3e civ. 12-7-1995 : Loyers et copr. 1995 comm. n° 436 ; CA Paris 17-2-1996 : Loyers et copr. 1996 comm. n° 176), au système de vidéosurveillance et interphones (Cass. 3e civ. 21-11-2000 : Loyers et copr. 2001 comm. n° 42), aux frais de procédure, etc.

> **Précisions** **a.** La taxe sur les **balcons** n'est pas une charge de la copropriété. Elle incombe aux copropriétaires de balcons empiétant sur la voie publique (CA Paris 19-1-1990, Synd. copr. rue Armand-Carrel c/ Negri).
> **b.** La **surprime d'assurance** occasionnée par **l'activité particulière d'un copropriétaire** (exploitation d'une discothèque, par exemple) est une charge d'administration de l'immeuble (Cass. 3e civ. 4-6-2009 n° 08-14.889 : BPIM 4/09 n° 302 ; Cass. 3e civ. 17-3-2010 n° 09-12.196 : BPIM 3/10 inf. 240 ; Cass. 3e civ. 8-9-2016 n° 15-17.000 : BPIM 5/16 inf. 326). Elle doit donc être répartie entre tous les copropriétaires. Cette solution se heurte à la résistance de certains juges du fond (CA Paris 14-4-2010 n° 09-5519 : Loyers et copr. 2010 comm. n° 264 ; CA Paris 8-12-2010 n° 09-14645, inédit).
> **c.** Les **frais de convocation et de tenue d'une assemblée générale** convoquée à l'initiative du syndic sont des charges relatives à l'administration des parties communes qui incombent à tous les copropriétaires et ne peuvent être imputés à un seul d'entre eux même si cette assemblée générale est rendue nécessaire par les agissements de celui-ci (Cass. 3e civ. 12-11-2020 n° 19-22.060 F-D : BPIM 1/21 inf. 58).

MODALITÉS DE RÉPARTITION DES CHARGES

36090 **Répartition de principe** Les charges relatives à la conservation, l'entretien et l'administration des parties communes sont obligatoirement réparties **en fonction de la valeur relative**

de chaque partie privative telle que ces valeurs résultent des critères énumérés à l'article 5 de la loi, à savoir la consistance, la superficie et la situation des lots, sans égard à leur utilisation (sur ces critères, voir n° 35305). Ces critères, qui ne sont que supplétifs pour la détermination des quotes-parts de parties communes (n° 35270), sont en revanche impératifs concernant la répartition des charges de l'article 10, al. 2.

Toute **clause** de répartition des charges ne respectant pas ces critères peut être déclarée **non écrite.** Tel est le cas par exemple d'une clause exonérant certains lots de toute participation à ces charges, tous les lots devant participer aux charges générales qui ne sont pas réparties en fonction de leur utilité mais des critères de l'article 5 (clause dispensant un lot du paiement des frais de gestion et de la prime d'assurance : Cass. 3e civ. 1-4-1987 n° 85-16.025 : Bull. civ. III n° 74 ; clause dispensant les locaux commerciaux du rez-de-chaussée de participer aux frais de ravalement de l'immeuble : Cass. 3e civ. 8-7-1998 n° 96-21.629 : BPIM 5/98 inf. 345 ; clause dispensant un lot de toute participation aux frais concernant le concierge : Cass. 3e civ. 12-7-1995 n° 93-20.414 ; clause du règlement de copropriété qui a pour effet de faire supporter la surprime d'assurance par le copropriétaire qui en est responsable : Cass. 3e civ. 8-9-2016 n° 15-17.000 : BPIM 5/16 inf. 326). Il en est de même, en ce qui concerne les charges relatives au digicode et au vide-ordures, pour les lots à usage commercial situés en rez-de-chaussée lorsque l'issue de secours donne dans l'entrée de l'immeuble (Cass. 3e civ. 20-12-2000 : Bull. civ. III n° 198). De même, il a été jugé que l'installation, dans des parkings souterrains, d'un système de vidéosurveillance et d'un système de détection automatique des fumées constituait une charge générale incombant à tous les copropriétaires, de telles installations bénéficiant à l'ensemble des copropriétaires (CA Paris 15-1-2004 n° 03-12119 : BPIM 5/04 inf. 315). Le syndic d'une copropriété comprenant un bâtiment divisé en appartements et une maison ne peut donc pas dispenser le propriétaire de la maison de participer aux dépenses relatives au contrat de syndic, d'assurance, d'entretien des espaces verts, de ravalement au motif qu'il n'en a pas l'utilité, ce critère étant inopérant s'agissant des charges de conservation, d'entretien et d'administration de l'immeuble (Cass. 3e civ. 14-3-2019 n° 18-50.026 : BPIM 2/19 inf. 129).

> **Précisions** Lorsque l'assemblée générale décide de faire procéder à des travaux sur des parties privatives pour en diminuer le coût ou pour respecter l'harmonie de l'immeuble (par exemple, la réfection des garde-corps des balcons), les dispositions de l'article 10, al. 2 de la loi du 10 juillet 1965 ne sont pas applicables. En effet, la part des dépenses imputables aux parties privatives doit être supportée personnellement par chaque copropriétaire selon les modalités prévues par l'assemblée générale, en fonction de la longueur des garde-corps des balcons, par exemple (Cass. 3e civ. 22-3-2018 n° 17-13.867 : BPIM 3/18 inf. 216).

Répartition spéciale Il existe des **dérogations** au principe de la contribution obligatoire de tous les copropriétaires aux charges communes générales, dans les situations où il est nécessaire de l'adapter aux particularités aussi bien matérielles que juridiques de l'immeuble. C'est le cas notamment lorsque tous les lots ne se trouvent pas placés dans une situation identique au regard de l'utilisation des parties communes. Ces dérogations sont possibles : **36110**

– lorsque le règlement de copropriété crée des **parties communes spéciales,** dont la propriété n'est répartie qu'entre certains copropriétaires seulement (Loi 65-557 du 10-7-1965 art. 24, al. 4) : ces parties communes spéciales ont pour **corollaire obligatoire** l'instauration de **charges spéciales** (Loi 65-557 du 10-7-1965 art. 6-2). Ainsi, une voie de desserte réservée aux seuls copropriétaires des locaux commerciaux de la copropriété doit être entretenue par eux seuls (Cass. 3e civ. 6-7-1988 : Loyers et copr. 1988 comm. n° 407) ;

– ou, **à défaut** de parties communes spéciales, lorsqu'une **répartition spécifique** et dérogatoire est **conventionnellement prévue** par le règlement de copropriété pour certains lots (Cass. 3e civ. 1-2-2006 n° 05-10.398 : Loyers et copr. 2006 comm. n° 85) ; ces dérogations ne peuvent résulter que de clauses formelles du règlement (Cass. 3e civ. 6-3-1991 n° 89-17.050 : Bull. civ. III n° 80) et doivent, pour être licites, être justifiées par la situation particulière des lots au profit desquels la dérogation est consentie (Cass. 3e civ. 18-12-1996 n° 94-17.620 ; Cass. 3e civ. 1-4-1987 n° 85-18.044 : Bull. civ. III n° 72 : licéité d'une clause du règlement dispensant un copropriétaire de participer à la rémunération du concierge dès lors que ce règlement prévoit que ce lot, à usage de supermarché, sera desservi par un service entièrement autonome de garde et d'entretien ; Cass. 3e civ. 12-9-2019 n° 18-11.922 : BPIM 5/19 inf. 353 : licéité d'une clause dispensant les appartements du rez-de-chaussée de participation aux frais d'entretien des escaliers extérieurs permettant l'accès aux appartements situés en étage).

En revanche, si aucune de ces deux conditions n'est remplie, la simple configuration géographique de l'immeuble, et notamment sa division en plusieurs bâtiments distincts, ne suffit pas à justifier une répartition des charges de conservation et d'entretien des parties communes par bâtiments (Cass. 3e civ. 19-11-2015 n° 14-25.510 : BPIM 2/16 inf. 126).

36120 **Charges imputables au seul propriétaire concerné** L'article 10-1 de la loi du 10 juillet 1965 prévoit que, par dérogation aux dispositions de l'article 10, al. 2, sont imputables au seul propriétaire concerné **certains frais exposés par le syndicat,** notamment :

– les frais nécessaires pour le recouvrement d'une créance justifiée à l'encontre d'un copropriétaire (frais de mise en demeure, de relance et de prise d'hypothèque à compter de la mise en demeure) ainsi que les droits et émoluments des actes des huissiers de justice et le droit de recouvrement ou d'encaissement à la charge du débiteur ;

– les frais et honoraires du syndic afférents aux prestations effectuées au profit de ce copropriétaire (et non plus seulement, comme avant l'ordonnance précitée, les honoraires afférents aux prestations qu'il doit effectuer pour l'établissement de l'état daté). Ce qui inclut, notamment, les frais et honoraires liés aux mutations, tels que l'opposition sur mutation (Loi 65-557 du 10-7-1965 art. 20, I) ou les frais de délivrance de documents sur support papier (Décret 67-223 du 17-3-1967 art. 33), mentionnés aux points 9.2 et 9.3 du contrat type. En revanche, seuls les honoraires et frais perçus par le syndic au titre de l'établissement de l'état daté sont plafonnés et ne peuvent excéder un montant fixé par décret ;

– les dépenses pour travaux d'intérêt collectif réalisés sur les parties privatives notamment en application de l'article 24, c et de l'article 25, f ;

– les astreintes, fixées par lot, relatives à des mesures ou travaux prescrits par l'autorité administrative compétente ayant fait l'objet d'un vote en assemblée générale et qui n'ont pu être réalisés en raison de la défaillance du copropriétaire. Ne sont donc plus visés les articles L 1331-29-1 (insalubrité) et L 1334-2 (exposition au plomb) du Code de la santé publique, l'article L 129-2 (risques sérieux pour la sécurité des occupants ou de nature à compromettre gravement leurs conditions d'habitation) et l'article L 511-1 (bâtiments menaçant ruine) du Code de la construction et de l'habitation.

À l'inverse, le copropriétaire qui, à l'issue d'une instance judiciaire l'opposant au syndicat, voit sa prétention déclarée fondée par le juge est **dispensé,** même en l'absence de demande de sa part, de toute participation à la dépense commune des frais de procédure, dont la charge est répartie entre les autres copropriétaires, à moins que le juge n'en décide autrement (Loi 65-557 du 10-7-1965 art. 10-1, dernier al.). En revanche, il ne peut pas être dispensé de participer, à hauteur de sa quote-part de charges, au montant des dommages et intérêts qui lui ont été alloués dans le cadre d'une procédure judiciaire, qui constituent une charge commune à la charge du syndicat et donc de l'ensemble des copropriétaires (Cass. 3e civ. 20-6-2019 n° 18-12.714 : BPIM 4/19 inf. 283).

B. Modification conventionnelle de la répartition des charges de copropriété

1. PRINCIPE : DÉCISION ADOPTÉE À L'UNANIMITÉ

36130 La répartition des charges entre les copropriétaires ne peut être modifiée que par l'**assemblée générale** (Cass. 3e civ. 8-4-2008 n° 07-14.020 : Rev. loyers 2008 p. 343) statuant à l'unanimité des copropriétaires (Loi 65-557 du 10-7-1965 art. 11, al. 1) sous réserve des situations exposées ci-après. Ce principe est constamment réaffirmé : la modification de la répartition des charges ne peut résulter ni d'un accord individuel des copropriétaires qui serait recueilli en dehors de l'assemblée (Cass. 3e civ. 22-5-1973 : Bull. civ. III n° 360 ; Cass. 3e civ. 14-6-2000 : Loyers et copr. 2000 n° 239), ni d'une convention signée par tous (Cass. 3e civ. 27-2-2002 : Administrer juillet 2002 p. 25 ; Cass. 3e civ. 8-4-2008 précité), ni de l'approbation de comptes incluant une telle modification (Cass. 3e civ. 25-11-2003 n° 02-14.119 : BPIM 1/04 inf. 45), ni d'une décision modificative du règlement de copropriété non prise à l'unanimité (Cass. 3e civ. 18-2-2004 n° 02-17.470 : BPIM 2/04 inf. 118).

2. EXCEPTION : DÉCISION ADOPTÉE À LA MAJORITÉ

TRAVAUX OU ACTES D'ACQUISITION OU DE DISPOSITION RENDANT NÉCESSAIRE LA MODIFICATION DE LA RÉPARTITION DES CHARGES

36150 Lorsque des travaux ou des actes de disposition ou d'acquisition sont décidés par l'assemblée générale à la majorité prévue par la loi, la modification de la répartition des charges ainsi rendue nécessaire peut être décidée par l'assemblée générale statuant à la même majorité (Loi 65-557 du 10-7-1965 art. 11, al. 1). Il en est ainsi par exemple de l'aliénation d'une partie commune (un couloir, un palier, des combles, etc.) ou de la création de locaux privatifs par surélévation.

DIVISION DE LOTS DE COPROPRIÉTÉ

Le règlement de copropriété peut avoir prévu, dans ce cas, comment se répartiraient les charges entre les lots issus de la division. Elle s'impose alors à tous les copropriétaires. 36170

À défaut, cette sous-répartition est opérée par le propriétaire seul et elle est soumise ensuite à l'approbation de l'assemblée des copropriétaires, qui n'a pas à être consultée préalablement (Loi 65-557 du 10-7-1965 art. 11, al. 2). Cette approbation est obligatoire, même si le total des quotes-parts des lots issus de la division est égal à celui des lots dont ils sont issus (Cass. 3e civ. 11-10-1995 no 93-21.887 : RJDA 3/96 no 399 ; Cass. 3e civ. 10-9-2020 no 19-17.045 FS-PBI : BPIM 5/20 inf. 335), le fait que le règlement de copropriété prévoit que la division serait établie par le copropriétaire des lots divisés n'étant pas suffisant dès lors qu'il n'en fixe ni les modalités ni les bases (Cass. 3e civ. 2-2-2005 no 03-16.900 : Administrer mai 2005 p. 47 obs. J.-R. Bouyeure).

> **> Précisions** Si l'assemblée n'a pas réparti les charges entre les lots issus de la division, le syndic est en droit de réclamer l'ensemble des charges du lot qui a été divisé à l'acquéreur du lot portant le même numéro quand bien même il n'aurait pas acquis les autres lots issus de la division (Cass. 3e civ. 6-10-1999 : BPIM 6/99 inf. 442 confirmant CA Paris 27-11-1997 : Loyers et copr. 1998 comm. no 138).

CHANGEMENT D'USAGE DE PARTIES PRIVATIVES

La répartition des charges peut être modifiée par l'assemblée des copropriétaires à la majorité absolue des voix si le changement d'usage d'une ou plusieurs parties privatives entraîne une aggravation ou une diminution des charges de l'article 10 alinéa 1er (charges liées aux services et équipements collectifs) (Loi 65-557 du 10-7-1965 art. 25, e). Tel est le cas, par exemple, lorsque des locaux à usage d'habitation sont affectés à un usage commercial. Mais tel n'est pas le cas lorsque le copropriétaire ne fait qu'user de son lot conformément aux stipulations du règlement de copropriété (CA Paris 12-1-2006 : Loyers et copr. 2006 comm. no 158). Néanmoins, si le règlement de copropriété prévoit un usage alternatif pour un lot (habitation ou exercice d'une profession libérale, par exemple), le changement d'utilisation d'un appartement, antérieurement habité, pour le louer à une personne exerçant une profession libérale justifie une modification de la répartition des charges (Cass. 3e civ. 1-10-2014 no 13-21.745 : BPIM 6/14 inf. 413). 36190

Seules sont concernées les charges réparties en fonction du critère de l'utilité (no 36010) : par exemple, la transformation d'un local d'habitation en cabinet médical entraînant l'aggravation des charges d'ascenseur.

> **> Précisions** L'assemblée ne peut pas, au visa de l'article 25, décider de créer un nouveau lot en raison de la modification en local d'habitation d'un local commercial car cette décision modifie la quote-part des parties communes du lot en cause (Cass. 3e civ. 22-7-1998 : Loyers et copr. 1998 comm. no 277).

Exception en cas de transformation de bureaux en logements Il est fait exception à la règle de la majorité absolue lorsque la modification de la répartition des charges est rendue nécessaire par la transformation de parties privatives à usage de bureaux en logements. Dans ce cas, la modification de la répartition des charges doit être adoptée à la majorité simple de l'article 24 (Loi 65-557 du 10-7-1965 art. 24, i et 25, e dans leur rédaction issue de loi 2025-541 du 16-6-2005). 36192

CRÉATION D'UN SYNDICAT SECONDAIRE

En cas de création de syndicats secondaires, il est nécessaire de modifier la répartition des charges, ce qui peut se faire à la majorité absolue des voix de tous les copropriétaires (Cass. 3e civ. 10-3-1981 : Bull. civ. III no 51). 36210

C. Modification judiciaire de la répartition des charges de copropriété

SAISINE DU TRIBUNAL PAR UN COPROPRIÉTAIRE

Si l'assemblée ne procède pas à une nouvelle répartition des charges dans les deux cas visés par les alinéas 1 et 2 de l'article 11 de la loi de 1965 (nos 36150 s.), tout copropriétaire peut demander au tribunal de le faire (Loi 65-557 du 10-7-1965 art. 11, al. 3). Une telle demande est néanmoins irrecevable si l'assemblée n'a pas encore été appelée à se prononcer sur la question (Cass. 3e civ. 6-10-1999 no 98-10.924 : BPIM 6/99 inf. 442, pour une division de lots). 36230

RÉVISION DE LA RÉPARTITION DES CHARGES

Dans les cinq ans de la publication du règlement de copropriété, tout copropriétaire peut demander en justice la révision de la répartition des charges si sa quote-part excède de plus de 25 % celle qu'elle devrait être, ou si un autre copropriétaire a une quote-part de charges 36250 inférieure de plus de 25 % à celle qu'elle devrait être. S'il estime que l'action est fondée, le juge fixe la nouvelle répartition (Loi 65-557 du 10-7-1965 art. 12, al. 1).

La même action appartient au copropriétaire d'un lot avant l'expiration d'un délai de **deux ans** à compter de la **première mutation** à titre onéreux de ce lot depuis la publication du règlement de copropriété (Loi 65-557 du 10-7-1965 art. 12, al. 2).

La procédure de révision relève du **tribunal judiciaire** (application de l'article L 211-3 du Code de l'organisation judiciaire), et la décision ne vaut que pour l'avenir. Aucun « rappel » n'est possible pour les règlements effectués dans le passé (Cass. 3e civ. 24-10-1972 no 71-11.870 : Bull. civ. III no 158).

> Précisions **a.** L'écart de 25 % s'apprécie par référence aux critères de répartition visés aux nos 36030 et 36090.

b. Le délai de cinq ans court de la publication du règlement de copropriété au fichier immobilier, même si, à ce moment-là, la construction n'est pas encore achevée, ni même commencée.

c. Le délai de deux ans ne court pas tant que celui de cinq ans n'est pas expiré (CA Aix 24-7-1984 : Bull. Aix no 70). Mais il survit, sans limitation, au délai de cinq ans, dans ses conditions propres.

d. Si l'immeuble est construit par une société d'attribution, le délai ne court que lorsque naît l'état de copropriété, par dissolution, partage ou retrait d'associé.

e. L'action en révision ne concerne que les répartitions de charges établies par le règlement de copropriété. Une répartition incorrecte établie par une décision d'assemblée des copropriétaires relèverait du contentieux des assemblées, et donc du délai de deux mois fixé par l'article 42 de la loi (no 38120 ; Cass. 3e civ. 26-2-1980 : JCP éd. G 1980 IV p. 183 ; Cass. 3e civ. 17-7-1991 : Loyers et copr. 1991 comm. no 394).

f. La recevabilité d'une demande en révision des charges de copropriété n'est pas subordonnée à sa publication à la conservation des hypothèques (Cass. 3e civ. 18 décembre 1996 no 94-21.573 : RJDA 2/97 no 259 ; Cass. 3e civ. 21-11-2000 : Loyers et copr. 2001 comm. no 48).

g. L'action tendant à faire rectifier une répartition des charges erronée par suite de l'interversion de la surface de deux lots est une action en révision et non une action en nullité fondée sur l'article 43 de la loi (Cass. 3e civ. 17-6-2009 no 08-16.324 : BPIM 4/09 no 305 ; dans le même sens pour des travaux d'aménagement Cass. 3e civ. 23-5-2013 no 12-14.692 : BPIM 4/13 inf. 284).

h. Le syndicat des copropriétaires peut décider de soumettre un litige relatif à la répartition des charges à une procédure d'arbitrage (Cass. 3e civ. 8-7-2015 no 14-17.544).

RÉPARTITION DES CHARGES NON CONFORME À LA LOI

36270 Cette hypothèse ne se confond pas avec la précédente (Cass. 3e civ. 9-6-2010 no 09-13.067 : BPIM 4/10 inf. 316). Qu'il y ait ou non lésion de plus 25 %, il se peut qu'une répartition des charges ait été opérée sans que soient respectées les règles de l'article 10 (nos 36030 et 36090). Dans ce cas, les copropriétaires disposent d'une action en justice, distincte de l'action en révision, qui est une action tendant à voir déclarer **non écrite** la clause de répartition des charges, fondée sur l'article 43 de la loi du 10 juillet 1965 (selon cet article, toute clause contraire à un certain nombre de dispositions de la loi de 1965, et notamment à l'article 10, est réputée non écrite), même si la répartition illégale résulte d'une décision d'assemblée (Cass. 3e civ. 27-9-2000 : Bull. civ. III no 154). L'action tendant à voir déclarer non écrite une clause de répartition des charges qui s'affranchirait des critères légaux peut être exercée pour l'ensemble des charges de l'article 10 : celles de l'article 10, alinéa 1 (par exemple, des charges d'ascenseur réparties en fonction des tantièmes de copropriété, ou par parts égales entre tous les lots), ou les charges de conservation, d'entretien et d'administration des parties communes, lorsque la contestation porte sur les principes légaux de répartition des charges (Cass. 3e civ. 12-6-1991 no 89-18.331 : Loyers et copr. 1991 comm. no 359 ; Cass. 3e civ. 20-1-1993 no 91-17.509 : Loyers et copr. 1993 comm. no 109 : Cass. 3e civ. 17-3-2010 no 09-12.196 : BPIM 3/10 inf. 240 ; Cass. 3e civ. 30-4-2002 no 00-17.332) ; elle peut être exercée à tout moment, sans condition de délai, et même lorsque la clause de répartition des charges litigieuse résulte d'une décision d'assemblée générale devenue définitive (Cass. 3e civ. 27-9-2000 no 92-22.792 : BPIM 6/00 inf. 376 ; Cass. 3e civ. 28-1-2016 no 14-26.921 : BPIM 2/16 inf. 127 ; Cass. 3e civ. 12-5-2016 no 15-15.166 : BPIM 3/16 inf. 202 ; Cass. 3e civ. 28-11-2019 no 18-15.307 : BPIM 1/20 inf. 55).

La juridiction qui déclare une clause de répartition des charges non écrite doit indiquer en quoi les critères de répartition de l'article 10 de la loi du 10 juillet 1965 ne sont pas respectés (Cass. 3e civ. 30-6-1998 no 96-21.879 : BPIM 5/98 inf. 346 ; Cass. 3e civ. 9-6-2010 no 09-13.067 : BPIM 4/10 inf. 316 ; Cass. 3e civ. 7-6-2011 no 09-15.863 : Loyers et copr. 2011 comm. no 252).

Mais tant qu'elle n'a pas été déclarée non écrite par le juge, une clause contraire à l'article 10 de la loi doit recevoir application (Cass. 3e civ. 21-6-2006 no 05-13.607 : Loyers et copr. 2006 comm. no 216).

Sur la possibilité pour l'assemblée générale de reconnaître le caractère non écrit d'une clause du règlement de copropriété, voir no 37411.

36275 **Conditions d'exercice de la clause réputée non écrite** L'action tendant à voir une clause de répartition des charges réputée non écrite se distingue de l'action en nullité.

Ces deux notions coexistent en droit de la copropriété, une clause du règlement pouvant être annulée si elle contrevient aux bonnes mœurs, à l'ordre public, à un principe constitutionnel, à une liberté fondamentale ou à l'une des dispositions de la loi 65-557 du 10 juillet 1965 visée par l'article 43 de cette loi.

Le régime de ces deux actions diffère puisqu'elles ne répondent pas au même délai de prescription : contrairement à une demande d'annulation, l'action tendant à faire reconnaître une clause réputée non écrite est **imprescriptible** (Cass. 3e civ. 26-4-1989 : Bull. civ. III n° 93 ; Cass. 3e civ. 18-11-2008 n° 07-18.823 : BPIM 1/09 inf. 63 ; Cass. 3e civ. 28-1-2016 n° 14-26.921 : BPIM 2/16 inf. 127).

Elle peut être introduite par le syndicat des copropriétaires (Cass. 3e civ. 3-5-2001 n° 99-19.974) ou par tout copropriétaire, sans qu'il ait à justifier d'un intérêt personnel (Cass. 3e civ. 9-2-1982 n° 80-11.710 : Bull. civ. III n° 38). En revanche, lorsqu'elle est introduite par un copropriétaire, le syndicat des copropriétaires doit être appelé à la cause ou entendu (Cass. 3e civ. 10-10-2024 n° 22-22.649 FS-B : BPIM 6/24 inf. 367).

Cette demande n'est pas soumise à **publicité foncière** (Cass. 3e civ. 21-11-2000 : Loyers et copr. n° 48 ; Cass. 3e civ. 21-1-2004 n° 02-16.571 : BPIM 2/04 inf. 119). En revanche, la modification du règlement de copropriété en résultant doit être publiée (Loi 65-557 du 10-7-1965 art. 13).

Distinction avec les autres fondements juridiques Le fait qu'une action spécifique soit prévue par l'article 11, alinéa 3 de la loi du 10 juillet 1965 en cas d'actes de disposition décidés par l'assemblée générale ne fait pas obstacle à ce qu'une clause de répartition des charges ne répondant plus aux exigences de l'article 10 à la suite de la transformation de parties communes en parties privatives et de leur cession à un copropriétaire soit déclarée non écrite sur le fondement de l'article 43 (Cass. 3e civ. 28-1-2016 n° 14-26.921 : BPIM 2/16 inf. 127). **36280**

En revanche, eu égard aux enjeux de la prescription de l'action, la jurisprudence s'attache à distinguer les domaines d'application de l'action en révision de l'article 12 et de l'action tendant à voir déclarée non écrite une clause de répartition des charges non conforme aux critères légaux. Les juges ne peuvent retenir que l'action dont ils sont saisis est une action en déclaration d'illégalité et non une action en révision sans constater que le mode de répartition prévu par le règlement est contraire aux critères légaux prévus par l'article 10 de la loi du 10 juillet 1965 (Cass. 3e civ. 30-6-1998 n° 96-21.879 : Bull. civ. III n° 141), et sans préciser en quoi il leur est contraire (Cass. 3e civ. 7-6-1991 n° 09-15.863 : Loyers et copr. 2011 comm. n° 252 note G. Vigneron).

Effets Lorsque le juge annule une répartition des charges non conforme à la loi de 1965, il doit procéder à leur **nouvelle répartition** (Loi 65-557 du 10-7-1965 art. 43, al. 2 ; Cass. 3e civ. 30-1-2008 n° 06-19.773 : BPIM 2/08 inf. 154) et fixer toutes les modalités que le respect des dispositions d'ordre public impose, y compris la création de charges spéciales à certains bâtiments lorsqu'elle s'avère indispensable (Cass. 3e civ. 22-6-2005 n° 04-12.659 : BPIM 5/05 inf. 347). C'est au juge qu'il revient de procéder à cette nouvelle répartition (Cass. 3e civ. 30-1-2018 n° 06-19.773 : BPIM 2/08 inf. 154) et il ne peut pas renvoyer à l'assemblée générale le soin de le faire (Cass. 3e civ. 25-1-2024 n° 22-22.036 FS-B : BPIM 1/24 inf. 56). **36290**

La jurisprudence considérait que la nouvelle répartition de charges à laquelle le juge avait procédé s'appliquait **à compter** de la décision de justice qui l'ordonnait (Cass. 3e civ. 10-7-2013 n° 12-14.569 : BPIM 4/13 inf. 285 ; solution réitérée par Cass. 3e civ. 21-1-2014 n° 12-26.689 : Loyers et copr. 2014 comm. n° 91 note G. Vigneron). Elle prend désormais effet au premier jour de l'exercice comptable suivant la date à laquelle la décision est devenue définitive (Loi 65-557 du 10-7-1965 art. 43).

D. Paiement des charges de copropriété

Chaque copropriétaire a l'obligation de s'acquitter de sa quote-part de dépenses communes. Il s'agit là d'une obligation impérative. **36300**

1. DÉBITEUR DES CHARGES DE COPROPRIÉTÉ

PRINCIPE

Le débiteur des charges est en principe le **copropriétaire du lot** concerné. **36310**

En cas de vente des lots, voir nos 37000 s.

NAISSANCE DE LA COPROPRIÉTÉ

La copropriété naît dans les conditions mentionnées au n° 35025. L'obligation aux charges naît à compter de la naissance de la copropriété. **36320**

SUCCESSION D'UN COPROPRIÉTAIRE

36340 En cas d'acceptation pure et simple de la succession d'un copropriétaire décédé, l'héritier répond des **dettes** et **charges** qui en dépendent (C. civ. art. 785). Il est donc tenu de répondre, le cas échéant, de la dette de son auteur à l'égard du syndicat. En revanche, en cas d'acceptation de la succession à concurrence de l'actif net, l'héritier ne peut être poursuivi en paiement des charges que dans la limite de la valeur des biens qu'il a recueillis (C. civ. art. 791, 3°).

> **Précisions** **a.** L'indivision successorale n'ayant pas de personnalité morale, le syndic peut agir contre les héritiers du copropriétaire décédé, mais seulement à concurrence de la part de chacun. La règle doit s'appliquer en cas d'opposition au prix de vente des lots (CA Paris 20-12-2001 : Loyers et copr. 2002 comm. n° 134).
b. En cas de renonciation de l'héritier à la succession, celui-ci ne peut pas être poursuivi en paiement des charges arriérées sur les lots de son auteur (CA Paris 5-7-2006 n° 05-1260, Synd. des copr. de l'immeuble 11 à 17 rue Nodot à Dijon).
c. Le syndicat peut utiliser la possibilité offerte par l'article 813-1 du Code civil qui permet à tout créancier de faire désigner un « mandataire successoral » chargé d'administrer provisoirement la succession (Cass. 3e civ. 7-5-2014 n° 13-12.541 : BPIM 3/14 inf. 202). Cette demande doit être portée devant le président du tribunal judiciaire qui statue selon la procédure accélérée au fond (CPC art. 1380). Le syndicat ne peut donc former une telle demande par voie de requête (Cass. 1e civ. 4-12-2013 n° 12-10.183 : SN 2/14 inf. 40).
d. Le syndicat des copropriétaires ne peut obtenir en justice que le notaire chargé de la succession lui communique l'identité des héritiers aux fins de poursuivre le paiement des charges de copropriété, en raison du secret professionnel auquel le notaire est astreint (Cass. 1e civ. 20-4-2022 n° 20-23.160 : BPIM 3/22 inf. 230). Le syndicat doit dans ce cas solliciter la désignation d'un mandataire successoral.

DÉMEMBREMENT DE PROPRIÉTÉ DU LOT

36350 Le démembrement de la propriété d'un lot entre **usufruitier** et **nu-propriétaire** est opposable au syndicat dès lors qu'il a été régulièrement notifié au syndic, conformément à l'article 6 du décret du 17 mars 1967. Il n'y a pas de solidarité entre eux pour le paiement des charges. En l'**absence de stipulation contractuelle,** les charges doivent donc être réparties selon les principes posés par les articles 605 et suivants du Code civil (Cass. 3e civ. 21-3-1962 : D. 1962 som. p. 102) : l'usufruitier doit supporter les charges ou dépenses qui se rattachent à la jouissance, les grosses réparations – c'est-à-dire celles qui constituent une dépense exceptionnelle normalement prise sur le capital – étant à la charge du nu-propriétaire.

En revanche, lorsque l'acte constitutif de l'usufruit stipule une répartition des charges différente de celle prévue par l'article 605 du Code civil, cette **clause** doit recevoir application dès lors qu'elle n'est pas équivoque (Cass. 3e civ. 9-10-1985 : Bull. civ. III n° 119).

Afin d'éviter les difficultés liées à l'existence d'une pluralité de redevables, les **règlements de copropriété** prévoient souvent que nu-propriétaire et usufruitier seront solidairement tenus du paiement des charges du lot. La Cour de cassation a admis l'application de ce type de clause même lorsque le démembrement n'a pas été notifié au syndic (Cass. 3e civ. 30-11-2004 n° 03-11.201 ; Cass. 3e civ. 14-4-2016 n° 15-12.545 : BPIM 3/16 inf. 196).

Lorsqu'il existe une clause de solidarité, celle-ci s'applique également aux cotisations au **fonds de travaux** prévues par l'article 14-2 de la loi du 10 juillet 1965. À défaut, le versement de ces cotisations étant une charge annuelle obligatoire, elle pourrait s'analyser comme une charge annuelle incombant à l'usufruitier au sens de l'article 608 du Code civil, sans préjudice d'une éventuelle action de ce dernier à l'encontre du nu-propriétaire en cas d'emploi des fonds à des fins de grosses réparations incombant à ce dernier (Rép. Rauch : AN 2-11-2021 n° 40008 : BPIM 1/22 inf. 56). La Cour de cassation n'a pas encore statué.

> **Précisions** L'usufruitier doit assumer les dépenses d'entretien et de réparations courantes de l'immeuble, y compris les frais de ravalement, les dépenses d'administration de l'immeuble, les frais de fonctionnement des services collectifs et éléments d'équipement communs, les impôts et taxes perçues sur l'immeuble, les primes d'assurance collectives, la réfection de l'ascenseur ou de l'installation de chauffage (CA Paris 1-7-1999 : BPIM 6/99 inf. 443 ; CA Paris 11-1-2000 : Loyers et copr. 2000 comm. n° 122). En revanche, les frais de réfection du portail en fer de l'immeuble et du mur pignon, laquelle constitue une restauration d'une structure essentielle de l'immeuble, sont à la charge du nu-propriétaire (CA Paris 17-7-1999 précité).

DROIT D'USAGE ET D'HABITATION

36355 La Cour de cassation a admis que le propriétaire du lot et le titulaire d'un droit d'usage et d'habitation soient condamnés in solidum au paiement des charges de copropriété (Cass. 3e civ. 23-2-2000 n° 98-17.231 : BPIM 3/00 inf. 196).

INDIVISION SUR LE LOT DE COPROPRIÉTÉ

Lorsque le lot appartient à des **coïndivisaires,** il n'y a pas de solidarité entre eux pour le paiement des charges, et chacun d'eux doit donc s'acquitter de sa quote-part en fonction de ses droits dans l'indivision (Cass. 1e civ. 16-7-1992 : Bull. civ. I n° 236 ; Cass. 3e civ. 22-6-1994 n° 92-19.571), à moins toutefois que le **règlement de copropriété** ne contienne une clause instituant une solidarité entre propriétaires indivis d'un lot pour le paiement des charges, clause dont la licéité a admise, que l'indivision soit conventionnelle (Cass. 3e civ. 1-12-2004 n° 03-17.518 : BPIM 1/05 inf. 60 ; Cass. 3e civ. 14-4-2016 n° 15-12.545 : BPIM 3/16 inf. 196) ou légale (Cass. 3e civ. 23-5-2007 n° 06-13.459 : BPIM 3/07 inf. 218). **36360**

LOCATION DE LOTS DE COPROPRIÉTÉ

En cas de location de lot, et quelles que soient les conventions entre bailleur et locataire, le propriétaire reste seul tenu de toutes les charges vis-à-vis du syndicat des copropriétaires. **36370**

LOT DE COPROPRIÉTÉ APPARTENANT À L'ÉTAT

Un lot appartenant à l'État ou à une collectivité publique reste un lot privatif et oblige son propriétaire à en payer les charges (CAA Paris 20-6-1989 : Loyers et copr. 1989 comm. n° 495). **36380**

PROCÉDURE COLLECTIVE DU COPROPRIÉTAIRE

En cas d'ouverture d'une procédure de sauvegarde, de redressement ou de liquidation judiciaires à l'encontre d'un copropriétaire, le syndic doit déclarer sa créance auprès du mandataire judiciaire dans les délais légaux (C. com. art. L 622-24, L 631-14, al. 1 et L 641-3, al. 4), toutes poursuites étant interrompues pour les **charges antérieures au jugement d'ouverture** et demeurées impayées (C. com. art. L 622-21, L 631-14, al. 1 et L 641-3, al. 1). **36390**

Doivent également être déclarées les **charges nées postérieurement au jugement** d'ouverture dès lors qu'elles ne sont pas nécessaires à la poursuite de la procédure ou à l'activité professionnelle du copropriétaire (C. com. art. L 622-24, al. 5, L 631-14, al. 1 et L 641-3, al. 4). Tel peut être le cas de celles afférentes au logement de ce dernier.

En revanche, les charges postérieures et nécessaires à la poursuite de la procédure ou à l'activité professionnelle du copropriétaire n'ont pas à être déclarées et sont payées à leur échéance (C. com. art. L 622-17, L 631-14, al. 1 et L 641-13, I). Si elles ne sont pas réglées à cette date, elles sont ultérieurement payées par privilège à d'autres créances (créances des salariés, des frais de justice ou relatives à des apports de trésorerie effectués lors de la conciliation). Mais ce privilège disparaît si les créances n'ont pas été portées à la connaissance de l'administrateur et, à défaut, du mandataire de justice (ou du commissaire à l'exécution du plan ou du liquidateur) dans un délai d'un an à compter de la fin de la période d'observation (C. com. art. L 622-17, dernier al. et L 631-14, al. 1). En cas de liquidation judiciaire, cette communication doit intervenir dans un délai de six mois à compter de la publication du jugement d'ouverture de la liquidation ou, à défaut, dans le délai d'un an à compter de celle du jugement arrêtant le plan de cession (art. L 641-13, IV).

> Précisions a. Le **délai de déclaration,** fixé à deux mois, court à compter de la publication du jugement ouvrant la procédure collective pour charges antérieures à ce jugement ou à compter de la date d'exigibilité des charges pour celles échues postérieurement au jugement lorsqu'elles doivent être déclarées (C. com. art. L 622-24, L 631-14, al. 1, L 641-3, al. 4 et R 622-24).

b. Lors de la déclaration de ses créances, le **syndic ne doit pas omettre** de mentionner son privilège ; à défaut, il est considéré comme un créancier chirographaire.

c. **À défaut de déclaration** dans le délai et en l'absence de relevé de forclusion, la créance n'est pas éteinte mais le syndic n'est pas admis dans les répartitions et dividendes fixés dans le cadre de la procédure collective (C. com. art. L 622-26, L 631-14, al. 1 et L 641-3, al. 4).

d. Le syndic ne peut pas être assimilé à un créancier titulaire d'une sûreté ayant fait l'objet d'une publication, le **privilège immobilier spécial** que lui confère l'article 2374, 1° bis du Code civil pour le paiement des charges et travaux étant dispensé de publicité (Cass. com. 4-3-2003 n° 406 : BPIM 3/03 inf. 181). Par suite, il ne bénéficie donc ni d'un avertissement personnel d'avoir à déclarer sa créance, ni de l'extension du délai de déclaration des créances, ni de l'extension du délai de la demande en relevé de forclusion qui sont réservés, par les articles L 622-24 et L 622-26 du Code de commerce, aux créanciers titulaires de sûretés publiées.

Sur la transformation, depuis le 1er janvier 2022, du privilège immobilier spécial en hypothèque légale spéciale par l'ordonnance de réforme des sûretés du 15 septembre 2021, voir n° 36725.

e. Avant la réforme des procédures collectives de 2005, il a été jugé que, pour les créances garanties par le privilège de l'article 2374, 1° bis du Code civil et nées après la mise en liquidation judiciaire d'un copropriétaire, le syndicat de copropriétaires devait être colloqué selon les dispositions de l'article L 621-32, III-5° du Code de commerce (aujourd'hui abrogé), c'est-à-dire au cinquième **rang des**

créanciers privilégiés, juste avant les créanciers chirographaires (Avis C. cass. 21-1-2002 n° 20002 : RJDA 6/02 n° 670 ; Cl. Giverdon, L'efficacité du privilège immobilier spécial du syndicat des copropriétaires est-elle compromise ? : Loyers et copr. 2003 n° 1).
Cette solution paraît en partie transposable aux procédures de sauvegarde, de redressement et de liquidation judiciaires ouvertes à compter du 1er janvier 2006, les dispositions de l'ancien article L 621-32 ayant été pour l'essentiel reprises par les articles L 622-17 et L 641-13 du Code de commerce, étant toutefois précisé que le privilège de paiement est désormais limité aux créances nécessaires à la procédure collective ou à l'activité professionnelle du copropriétaire et doit être porté à la connaissance du mandataire de justice.
Sur la transformation, depuis le 1er janvier 2022, du privilège immobilier spécial en hypothèque légale spéciale par l'ordonnance de réforme des sûretés du 15 septembre 2021, voir n° 36725.

2. PROVISIONS, AVANCES ET CHARGES

DÉFINITIONS

36400 Tout copropriétaire doit s'acquitter des provisions et avances, puis des charges définitives. L'article 45-1 du décret de 1967 tel que modifié par le décret 2020-834 du 2 juillet 2020 définit ces notions :
– les **charges** sont les dépenses incombant définitivement à chaque copropriétaire, chacun pour sa quote-part, après approbation des comptes annuels ;
– les **provisions** sur charges sont les sommes appelées au regard du budget prévisionnel, en attendant l'appel pour solde définitif, qui résultera de l'approbation des comptes du syndicat ;
– les **avances** sont les fonds destinés à constituer des réserves, selon les dispositions du règlement de copropriété ou de décisions de l'assemblée. Ces avances sont remboursables.

36410 Les **provisions et avances** sont constituées (Décret du 17-3-1967 art. 35) :
– de l'avance prévue au règlement de copropriété à titre de réserve, dans la limite de 1/6 du budget prévisionnel ;
– des provisions du budget prévisionnel prévues « aux alinéas 2 et 3 de l'article 14-1 de la loi du 10 juillet 1965 » : elles sont en principe égales au quart du budget prévisionnel voté, et sont exigibles le premier jour de chaque trimestre, sauf autres modalités fixées par l'assemblée générale ;
– des provisions sur dépenses hors budget prévisionnel ;
– des avances correspondant à l'échéancier du plan prévisionnel de travaux voté par l'assemblée ;
– des cotisations au fonds de travaux prévues au II de l'article 14-1 de la loi du 10 juillet 1965 ;
– des provisions sur les sommes allouées au conseil syndical au titre des dépenses non comprises dans le budget prévisionnel, pour la mise en œuvre de sa délégation, prévues à l'article 21-3 de la loi du 10 juillet 1965 ;
– des avances décidées en assemblée générale et destinées à pallier un manque temporaire de trésorerie du syndicat.

> **Précisions** **a.** Lors de la **mise en copropriété**, le **syndic provisoire** peut exiger le versement d'une provision pour faire face aux dépenses de maintenance, de fonctionnement et d'administration des parties et équipements communs de l'immeuble, à condition toutefois que le règlement de copropriété ait prévu cette provision. À défaut, ou si la provision est épuisée, le syndic provisoire peut réclamer auprès des copropriétaires le remboursement des sommes correspondant aux dépenses régulièrement engagées et acquittées, et ce, jusqu'à la première assemblée générale (Décret du 17-3-1967 art. 35, al. 7).
> **b.** Les **cotisations pour le fonds de travaux** sont versées selon les mêmes modalités que celles décidées par l'assemblée générale pour le versement des provisions du budget prévisionnel, et le montant de la cotisation due par chaque copropriétaire est calculé comme les charges relatives à la conservation, à l'entretien et à l'administration des parties communes, sur la base des tantièmes de copropriété (Cass. 3e civ. 4-7-2024 n° 22-21.758 : BPIM 4/24 inf. 268). C'est seulement au stade de l'affectation des sommes qu'il est tenu compte, le cas échéant, de l'existence de parties communes spéciales ou d'autres clés de répartition.

AVANCE DE TRÉSORERIE

36420 Le règlement peut prévoir la constitution d'une avance de trésorerie, qui ne peut excéder 1/6e du budget prévisionnel (Décret du 17-3-1967 art. 35, al. 1). Si le règlement ne le prévoit pas, l'assemblée générale peut également décider d'instituer une telle avance, à la majorité de l'article 26. La réserve ainsi constituée n'est pas destinée au règlement des dépenses courantes, mais constitue une sorte de « fonds de prévoyance » en cas de dépenses imprévues, permet de constituer un fonds de réserve pour le financement de travaux importants.

PROVISIONS SUR BUDGET PRÉVISIONNEL

Principe L'article 14-1 de la loi du 10 juillet 1965 prévoit le versement de provisions calculées en fonction du budget prévisionnel, lequel est destiné au financement de toutes les charges usuelles de l'année. Pour faire face à ces dépenses, l'assemblée générale vote, chaque année, un budget prévisionnel. Ce vote permet au syndic d'appeler auprès des copropriétaires des provisions trimestrielles égales au quart du budget voté (sauf modalités différentes fixées par l'assemblée générale), ce qui lui permet de disposer de la trésorerie nécessaire pour faire face aux frais de fonctionnement du syndicat avant l'approbation des comptes définitifs. La provision est exigible le premier jour de chaque trimestre ou le premier jour de la période fixée par l'assemblée générale. **36430**

> **Précisions** L'intervention de l'assemblée peut porter sur la **périodicité et** sur le **montant** de chaque provision en fonction du montant des dépenses courantes, par exemple l'hiver pendant la période de chauffe (Avis Sén. n° 307).

Vote du budget Le budget prévisionnel couvre un exercice comptable de douze mois et il est voté, en principe, avant le début de l'exercice qu'il concerne (Décret 67-223 du 17-3-1967 art. 43, al. 1), mais en tout état de cause dans les six mois à compter du dernier jour de l'exercice comptable précédent (Loi 65-557 du 10-7-1965 art. 14-1, al. 1 in fine). Ces provisions ne peuvent être recouvrées que dans la mesure où le budget prévisionnel a effectivement été voté par l'assemblée générale, sous la réserve mentionnée ci-après Précisions, a. **36440**

> **Précisions** **a.** Lorsque le budget n'est **voté qu'en cours d'exercice,** le syndic peut, sur autorisation de l'assemblée, appeler successivement deux provisions trimestrielles sur la base du quart du budget précédent. Dans ce cas, la déchéance du terme édictée par l'article 19-2 de la loi du 10 juillet 1965 ne s'appliquera pas (exigibilité immédiate des provisions non encore échues en cas de non-versement d'une provision exigible) (Décret du 17-3-1967 art. 43, al. 2). L'hypothèse devrait en pratique se révéler très fréquente, et l'article 19-2, y perdre de son efficacité.
> **b.** Le syndic doit, depuis l'entrée en vigueur de la loi Alur, établir le **budget** prévisionnel **en concertation avec le conseil syndical** (Loi 65-557 du 10-7-1965 art. 18, II). Cette pratique était déjà communément répandue.

Contenu du budget Le budget doit porter sur les **dépenses courantes** de maintenance, de fonctionnement et d'administration des parties communes et équipements communs de l'immeuble (Loi 65-557 du 10-7-1965 art. 14-1, al. 1), à l'exclusion des dépenses pour travaux, dont les modalités d'exigibilité doivent être déterminées de façon distincte par l'assemblée des copropriétaires (Loi 65-557 du 10-7-1965 art. 14-1, II). **36450**

Les **travaux de maintenance** sont des travaux d'entretien courant, y compris les menues réparations, destinés à maintenir l'état de l'immeuble ou à prévenir la défaillance d'un élément d'équipement commun. Sont assimilés à des travaux de maintenance les travaux de remplacement d'éléments d'équipement communs tels que la chaudière ou l'ascenseur, lorsque le prix de ce remplacement est compris forfaitairement dans le contrat de maintenance ou d'entretien y afférent. La maintenance inclut également les vérifications périodiques des éléments d'équipement commun imposées par les réglementations en vigueur (Décret 67-223 du 17-3-1967 art. 45).

Ne sont **pas en revanche comprises dans le budget** prévisionnel les dépenses suivantes (Décret 67-223 du 17-3-1967 art. 44) :

- travaux de conservation ou d'entretien autres que ceux de maintenance ;
- travaux portant sur des éléments d'équipement communs autres que ceux de maintenance ;
- travaux d'amélioration (notamment transformation d'éléments d'équipement communs existants, adjonction d'éléments nouveaux, aménagement de locaux affectés à l'usage commun ou création de tels locaux, affouillement du sol et surélévation de bâtiments) ;
- études techniques (notamment diagnostics et consultations) ;
- et, d'une manière générale, toute dépense qui ne concourt pas « à la maintenance et l'administration des parties communes ».

PROVISIONS POUR DÉPENSES NON COMPRISES DANS LE BUDGET PRÉVISIONNEL

Ces provisions concernent les dépenses prévues à l'article 14-2, II de la loi : **36460**

- les dépenses pour travaux prévues par l'article 44 du décret du 17 mars 1967 (n° 36450) ;
- depuis le 1er janvier 2017 : approvisionnement du fonds de travaux que le syndicat doit constituer (Loi 65-557 du 10-7-1965 art. 14-2, II) ; voir n° 39660.

Ces provisions, dues en exécution de décisions de l'assemblée générale, sont dues avant même l'approbation des comptes et portent intérêt au taux légal à compter de la mise en demeure adressée par le syndic au copropriétaire défaillant (Cass. 3e civ. 9-7-1997 nº 95-16.672 : BPIM 6/97 inf. 405).

AUTRES AVANCES

36470 L'article 35 permet également au syndic d'exiger le versement, sans autorisation particulière de l'assemblée des avances correspondant à l'échéancier prévu dans le **plan pluriannuel de travaux** adopté par l'assemblée générale.

PAIEMENT DES AVANCES ET PROVISIONS

36480 **Appels de fonds** Pour recouvrer les provisions et avances, le syndic procède à des appels de fonds, avant la date d'exigibilité légale (provisions sur budget prévisionnel) ou la date décidée par l'assemblée (provisions sur dépenses hors budget prévisionnel). À cette fin, le syndic adresse à chaque copropriétaire un avis indiquant le montant de la somme exigible et, pour les dépenses non comprises dans le budget prévisionnel, l'objet de la dépense, avis qui peut être adressé par lettre simple ou, si le copropriétaire l'a expressément accepté, par message électronique à l'adresse déclarée par lui à cet effet (Décret 67-223 du 17-3-1967 art. 35-2).

> **Précisions** **a.** L'assemblée peut décider, s'il y a lieu, du **placement des fonds** recueillis et de l'affectation des intérêts (Décret du 17-3-1967 art. 35-1).
> **b.** Les appels de provisions sur budget prévisionnel et les appels des cotisations sur fonds de travaux font partie des **prestations incluses dans la rémunération forfaitaire du syndic** (Décret 2015-342 du 26-3-2015).

RÉGULARISATION DES CHARGES

36490 À l'issue de l'exercice, l'assemblée générale doit approuver les comptes de l'année écoulée, qui font apparaître les dépenses effectivement réalisées et les sommes perçues par le syndicat. Après **approbation des comptes,** le syndic établit le compte individuel de chaque copropriétaire en considération de sa quote-part dans les charges de copropriété et détermine ainsi, déduction faite des provisions qu'il a versées, le montant du solde débiteur qu'il reste devoir (si les provisions versées sont inférieures au montant finalement dû), ou au contraire du solde créditeur devant lui être remboursé. À partir de cette approbation, le syndic est en droit de réclamer le paiement des éventuels soldes débiteurs des copropriétaires.

36495 En conséquence, tout copropriétaire devient **débiteur** à l'égard du syndicat de sa quote-part de charges dès l'instant où les comptes du syndic ont été approuvés par une décision de l'assemblée générale, non contestée dans le délai légal (Cass. 3e civ. 1-12-2010 nº 09-72.402 : BPIM 1/11 inf. 61 ; Cass. 3e civ. 14-10-2014 nº 13-19.634). Il en est ainsi même si la décision d'assemblée générale ayant autorisé les travaux est ultérieurement annulée, dès lors que les dépenses correspondant à ces travaux, qui ont été entre-temps entrepris, ont été approuvées dans les comptes de la copropriété (Cass. 3e civ. 22-10-2020 nº 19-22.278 : BPIM 6/20 inf. 414). En revanche, cette approbation des comptes du syndicat ne l'empêche pas de contester la **régularité** de son compte individuel de charges. L'article 45-1 du décret du 17-3-1967 dispose en effet expressément que l'approbation des comptes du syndicat par l'assemblée générale ne constitue pas une approbation du compte individuel de chacun des copropriétaires. Chaque copropriétaire peut donc demander la **rectification** d'erreurs commises par le syndic dans l'établissement de son compte individuel (Cass. 3e civ. 1-12-2010 nº 09-72.402 précité ; Cass. 3e civ. 27-3-2012 nº 11-13.064 : AJDI 2012 p. 438 note S. Porcheron).

> **Précisions** Les **appels sur régularisation de charges** font partie des prestations incluses dans la rémunération forfaitaire du syndic (Décret 2015-342 du 26-3-2015).

3. RECOUVREMENT DES CHARGES PAR LE SYNDIC

COMPÉTENCE

36500 Le recouvrement des charges est de la compétence exclusive du **syndic** (Rép. Arribagé : AN 15-9-2015 nº 79285 : BPIM 6/15 inf. 407) qui doit veiller à ce que les copropriétaires règlent ponctuellement leur quote-part de dépenses collectives. Il ne peut ainsi déléguer ce pouvoir à l'association à laquelle a été confiée la fourniture de services spécifiques dans une résidence-services (Cass. 3e civ. 8-10-2015 nº 14-19.245 : BPIM 6/15 inf. 413). Le syndic engage sa responsabilité en ne prenant pas les dispositions nécessaires pour recouvrer les charges dues par les copropriétaires.

36510 Il détient pour ce faire un large pouvoir d'initiative qui lui permet de poursuivre le recouvrement des charges, au besoin par la **voie judiciaire** sans avoir à solliciter l'autorisation de l'assemblée générale (Décret 67-223 du 17-3-1967 art. 55). Outre les procédures de droit commun (saisies, assignation, etc.), le syndic peut mettre en œuvre les garanties instaurées par la loi du 10 juillet 1965.

PROCÉDURE JUDICIAIRE APRÈS APPROBATION DES COMPTES

Faute de paiement volontaire par les copropriétaires des charges dont ils sont débiteurs, il appartient au syndic de mettre en œuvre les voies de droit pour recouvrer les sommes dues, notamment par l'obtention d'un **titre exécutoire** (décision de justice) qui lui permettra de procéder au recouvrement forcé de la créance. Il n'a pas à solliciter l'habilitation de l'assemblée générale (Décret 67-223 du 10-3-1967 art. 55). 36520

Juridiction compétente La **demande en paiement du syndic** est portée devant le tribunal judiciaire du lieu de situation de l'immeuble. Le syndic peut utiliser la procédure d'**injonction de payer** (Décret 67-223 du 17-3-1967 art. 60), procédure régie par les articles 1405 à 1425 du Code de procédure civile. 36530

L'**assignation** en recouvrement des charges de copropriété doit être accompagnée d'un certain nombre de pièces justificatives de la créance du syndicat des copropriétaires : le procès-verbal de l'assemblée générale approuvant les comptes de l'exercice précédent et adoptant le budget prévisionnel de l'exercice à venir, le procès-verbal de l'assemblée générale de l'année suivante s'il est nécessaire, ainsi que les décomptes individuels de charges, et un état récapitulatif détaillé de leur créance mentionnant les provisions versées (Cass. 3e civ. 3-12-2002 n° 01-12.008 ; Cass. 3e civ. 11-12-12 n° 11-26.348 : AJDI 2013 p. 125 obs. S. Porcheron). Si les comptes ont été définitivement approuvés, le copropriétaire assigné ne peut plus se soustraire à son obligation, sauf à contester son décompte individuel de charges (n° 36495). Lorsque le décompte individuel comporte une ligne intitulée « report à nouveau », le syndicat doit, lorsqu'elle est contestée, justifier à quoi elle correspond (Cass. 3e civ. 11-7-2019 n° 18-18.502 : BPIM 5/19 inf. 348). 36540

Intérêts de retard et dommages et intérêts Sauf stipulation contraire du règlement de copropriété, les sommes dues au titre de l'article 35 portent **intérêt au taux légal** en matière civile à compter de la mise en demeure adressée par le syndic au copropriétaire défaillant (Décret du 17-3-1967 art. 36). Le règlement de copropriété ne peut pas prévoir un taux différent du taux légal ; il peut seulement exclure tout intérêt (Cass. 3e civ. 11-6-1992 : Bull. civ. III n° 197 ; Cass. 3e civ. 3-3-1999 : BPIM 3/99 inf. 231). 36550

Le copropriétaire défaillant peut, en sus des intérêts moratoires dont il est redevable, être condamné à des **dommages-intérêts** pour réparer le préjudice causé au syndicat ou à un autre copropriétaire (Cass. 3e civ. 7-9-2017 n° 16-18.777 F-PBI : BPIM 5/17 inf. 352). Deux conditions sont nécessaires pour que des dommages et intérêts puissent être accordés au syndicat en raison du retard de paiement d'un copropriétaire (C. civ. art. 1231-6) : que ce retard soit consécutif à un comportement de **mauvaise foi** du copropriétaire concerné et que le syndicat justifie avoir subi un **préjudice indépendant** du simple retard (par exemple, l'impossibilité d'effectuer des travaux qui étaient nécessaires, de payer certaines créances, d'entretenir l'immeuble, obligation pour les autres copropriétaires de pallier cette carence, etc.). S'il justifie que ces deux conditions sont remplies, le syndicat peut obtenir des dommages et intérêts (Cass. 3e civ. 23-1-2013 n° 11-26.288). Tel peut être par exemple le cas lorsque le défaut de paiement a compromis la trésorerie et empêché ainsi l'exécution de travaux (CA Paris 3-12-1997 : Loyers et copr. 1998 comm. n° 139 ; CA Paris 24-4-1998 : Loyers et copr. 1998 comm. n° 315 ; CA Paris 18-5-2000 : Loyers et copr. 2000 comm. n° 253). Il a également été admis que le fait pour le syndicat d'avoir dû supporter un déficit de trésorerie persistant ou la privation de sommes importantes nécessaires au fonctionnement de la copropriété constituait pour le syndicat un préjudice indemnisable (Cass. 3e civ. 8-9-09 n° 08-17.343 : AJDI 2009 p. 802 obs. S. Porcheron ; Cass. 3e civ. 23-11-2017 n° 16-24.123 F-D : BPIM 1/18 inf. 55 ; Cass. 3e civ. 12-7-2018 n° 17-21.518 F-D : BPIM 5/18 inf. 364). Mais le simple fait d'invoquer un retard ou un défaut de paiement n'est pas suffisant pour justifier l'allocation de dommages et intérêts (Cass. 3e civ. 18-2-2014 n° 12-29.860 ; Cass. 3e civ. 20-10-2016 n° 15-20.587 : BPIM 6/16 inf. 397). La demande du syndic en paiement de dommages et intérêts en réparation du préjudice causé par le retard dans le paiement des charges, accessoire de la demande principale en paiement des arriérés de charges, ne nécessite pas une **autorisation** de l'assemblée générale (Cass. 3e civ. 25-1-2012 n° 10-19.180 : BPIM 2/12 inf. 157).

> **Précisions a.** Pour les règles spécifiques applicables aux **copropriétés à deux** (Loi 65-557 du 10-7-1965 art. 41-15 et 41-20), voir n°s 40190 s.
>
> **b.** Le **copropriétaire poursuivi en paiement de charges** ne peut pas se prévaloir de l'inexécution des obligations du syndicat ou de la carence de ce dernier en matière de travaux pour refuser le paiement de ses charges (Cass. 3e civ. 10-7-2007 n° 06-12.576 : BPIM 5/07 inf. 360 ; Cass. 3e civ. 19-12-2007 n° 06-21.012 : BPIM 1/08 inf. 70 ; Cass. 3e civ. 30-3-2017 n° 15-24.882 : BPIM 3/17 inf. 233). Il ne peut davantage solliciter reconventionnellement des dommages et intérêts pour le défaut d'entretien de l'immeuble alors qu'en ne payant pas ses charges, il a commis une faute à l'origine de son préjudice puisqu'il a privé le syndic de la trésorerie nécessaire pour faire face à ses obligations (Cass. 3e civ. 26-5-2016 n° 15-17.378 : BPIM 4/16 inf. 272 ; Cass. 3e civ. 30-3-2017 n° 15-24.882 précité).

c. Le copropriétaire poursuivi en paiement des charges ne peut pas se prévaloir du **défaut d'adaptation du règlement de copropriété** aux lois en vigueur, et notamment de la non-conformité avec l'article 10 de la loi du 10 juillet 1965 de l'état de répartition des charges figurant dans le règlement de copropriété, pour refuser de payer les charges. En effet, l'obligation d'adapter le règlement de copropriété aux modifications législatives et réglementaires n'est assortie d'aucune sanction et les clauses du règlement sont applicables tant qu'elles n'ont pas été déclarées non écrites (Cass. 3e civ. 3-11-2016 n° 15-24.793 FS-PB : BPIM 6/16 inf. 395).
d. En cas **de carence du syndicat à agir,** les créanciers de ce dernier peuvent engager, par l'action oblique, l'action en recouvrement des charges contre les copropriétaires eux-mêmes (Cass. 3e civ. 13-7-1999 : RDI 1999 p. 680 ; CA Paris 12-1-2000 : Loyers et copr. 2000 comm. n° 156).
e. Lorsque l'immeuble fait l'objet d'un **plan de sauvegarde** (CCH art. L 615-1), le syndicat des copropriétaires peut bénéficier de l'aide juridictionnelle pour agir en recouvrement de ses créances (Loi 91-647 du 10-7-1991 art. 2, al. 3).
f. Le **taux de l'intérêt légal** est fixé par arrêté tous les semestres.
g. Depuis le **1er janvier 2017,** les dommages et intérêts alloués par les juridictions au syndicat des copropriétaires, de même que le remboursement des dépens, sont garantis par le **privilège immobilier spécial** prévu à l'article 2374 du Code civil (Loi 65-557 du 10-7-1965 art. 19-1).
Sur la transformation, depuis le 1er janvier 2022, du privilège immobilier spécial en hypothèque légale spéciale par l'ordonnance de réforme des sûretés du 15 septembre 2021, voir n° 36725.

36560 **Prescription** L'action en recouvrement des charges de copropriété se prescrit par cinq ans (Loi 65-557 du 10-7-1965 art. 42, al. 1). Jusqu'à l'entrée en vigueur de la loi Élan du 23 novembre 2018, elle se prescrivait par dix ans, conformément à l'article 42 dans sa rédaction antérieure à cette loi (Cass. 3e civ. 17-11-1999 : Bull. civ. III n° 218 ; Cass. 3e civ. 9-2-2010 n° 09-12.366 : BPIM 2/10 inf. 142 ; Cass. 3e civ. 1-2-2018 n° 16-26.992 : BPIM 2/18 inf. 138).

PROCÉDURE DE RECOUVREMENT ANTICIPÉ DE CERTAINES PROVISIONS

36570 Une procédure d'exigibilité anticipée des provisions a été instaurée par la loi du 13 décembre 2000 : l'article 19-2, alinéa 1 de la loi du 10 juillet 1965 sanctionne le non-paiement d'une provision prévue par l'article 14-1 (budget courant) ou par l'article 14-2 (dépenses pour travaux), par l'exigibilité anticipée des provisions non encore échues et, depuis l'entrée en vigueur de la loi Élan, des sommes restant dues appelées au titre des exercices précédents après approbation des comptes.

À défaut de versement à sa date d'exigibilité d'une provision sur budget prévisionnel ou d'une provision sur travaux, les autres provisions non encore échues et les sommes restant dues appelées au titre des exercices précédents après approbation des comptes deviennent immédiatement exigibles après mise en demeure par lettre recommandée AR restée infructueuse pendant plus de 30 jours. Le syndic peut alors saisir le juge pour obtenir le paiement de ces sommes.

Le **président du tribunal judiciaire statuant selon la procédure accélérée au fond,** après avoir constaté, selon le cas, l'approbation par l'assemblée générale des copropriétaires du budget prévisionnel, des travaux ou des comptes annuels, ainsi que la défaillance du copropriétaire, peut condamner ce dernier au paiement des provisions ou sommes exigibles.

Cette procédure s'applique également aux cotisations alimentant le fonds de travaux.

Lorsque le **copropriétaire** défaillant est également **bailleur,** le syndicat dispose d'une garantie supplémentaire puisque le syndic peut obtenir du juge un titre exécutoire permettant la saisie des loyers, mesure qui se poursuit jusqu'à l'extinction de la créance du syndicat.

> Précisions a. La **procédure accélérée** ne peut pas être mise en œuvre lorsque le budget prévisionnel a été voté en cours d'exercice (n° 36440, Précision, a).
b. La **mise en demeure** visée à l'article 19-2 de la loi du 10 juillet 1965 doit indiquer avec précision la nature et le montant des provisions réclamées au titre du budget prévisionnel de l'exercice en cours ou des dépenses pour travaux non comprises dans ce budget, à peine d'irrecevabilité de la demande (Cass. 3e civ. avis 12-12-2024 n° 24-70.007 FS-PB : BPIM 1/25 inf. 3).
c. La mise en demeure peut également être adressée par **voie électronique.** Lorsqu'elle est envoyée par lettre recommandée électronique, le point de départ du délai de 30 jours court à partir du lendemain de la transmission, par le prestataire de services de confiance qualifié, de l'avis électronique informant le destinataire d'un envoi électronique. Si l'expéditeur ou le destinataire non professionnel ont demandé la distribution de la lettre recommandée électronique imprimée sur papier, le délai court à compter du lendemain de la première présentation de la lettre recommandée électronique imprimée sur papier avec demande d'avis de réception au domicile du destinataire. La mise en demeure sera valablement faite à la dernière adresse électronique indiquée au syndic (Décret 67-223 du 17-3-1967 art. 64-2 et 65).

MESURES CONSERVATOIRES

Depuis le 11 avril 2024, les syndics peuvent recourir aux mesures conservatoires sur les biens du copropriétaire débiteur, sans avoir besoin de solliciter l'autorisation préalable du juge, pour les impayés de provisions dues au titre du budget prévisionnel, exigibles ou rendues exigibles en application de l'article 19-2 de la loi du 10 juillet 1965 (C. exécution art. L 511-2 modifié par loi 2024-322 du 9-4-2024). **36575**

FRAIS DE RECOUVREMENT DES CHARGES

Dérogeant à l'article 10, alinéa 2 de la loi de 1965 qui pose la règle de la répartition des frais d'administration entre tous les copropriétaires, l'article 10-1 de la loi prévoit que le syndic impute au seul copropriétaire défaillant les frais nécessaires exposés par le syndicat, notamment les frais de mise en demeure, de relance et de prise d'hypothèque à compter de la mise en demeure, pour le recouvrement d'une créance justifiée à son encontre ainsi que les droits et émoluments des actes des huissiers de justice et le droit de recouvrement ou d'encaissement à la charge du débiteur. En conséquence, il a été jugé que : **36580**

– seuls les frais de relance exposés à compter de la mise en demeure pouvaient être imputés au copropriétaire défaillant (Cass. 3e civ. 27-9-2006 n° 05-15.048 : BPIM 6/06 inf. 457 ; Cass. 3e civ. 12-11-2020 n° 19-21.018 : BPIM 1/21 inf. 59) ;

– seuls les frais « nécessaires » peuvent lui être imputés (Cass. 3e civ. 30-11-2010 n° 09-17.219 : BPIM 2/11 inf. 143 ; Cass. 3e civ. 12-11-2020 n° 19-21.018 : BPIM 1/21 inf. 59).

La liste des « frais nécessaires » n'est pas limitative. Pour être considérés comme tels, les frais de recouvrement doivent sortir de la gestion courante du syndic et traduire des diligences réelles, inhabituelles et nécessaires (CA Paris 3-5-2007 n° 06-8323, 23e ch. B). Tel n'est pas le cas des factures de suivi de procédure émises trimestriellement à un prix forfaitaire (même arrêt) ou des frais de relance par lettre simple des copropriétaires n'ayant pas acquitté leurs charges (Rép. Herth : AN 8-7-2008 n° 19389).

Les frais de prise d'hypothèque visés par l'article 10-1 incluent ceux de l'état hypothécaire parallèlement demandé et ceux résultant des commandes de copie d'actes.

FRAIS DE PROCÉDURE

Si le juge reconnaît le **bien-fondé** de la **prétention du copropriétaire** défaillant, ce dernier est dispensé, même en l'absence de demande de sa part, de toute participation à la dépense commune des frais de procédure, dont la charge est répartie entre les autres copropriétaires (Loi 65-557 du 10-7-1965 art. 10-1, avant-dernier al.). **36590**

Les frais de procédure doivent, à notre avis, inclure non seulement les dépens mais aussi les condamnations au titre de l'article 700 du Code de procédure civile, ainsi que les honoraires d'avocat (en ce sens, Rép. Pemezec : AN 12-9-2006 n° 86132).

Le juge peut toutefois décider d'une **répartition** des frais **différente** de celle prévue par les alinéas 1 à 4 en prenant en compte l'équité ou la situation économique des parties (Loi 65-557 du 10-7-1965 art. 10-1, al. 5). Ainsi, il peut estimer équitable de répartir les frais de procédure entre tous les copropriétaires, y compris celui qui a gagné son procès contre le syndicat, si la procédure s'est avérée nécessaire pour établir les droits respectifs des parties (Cass. 3e civ. 10-12-2013 n° 09-71.287 : AJDI 2014 p. 290 note S. Porcheron). Il peut également valider une décision d'assemblée répartissant entre tous les copropriétaires, y compris les gagnants, les frais et dépens d'un procès intenté contre le syndicat (CA Paris 1-2-2001 : AJDI 2001 p. 713 obs. Giverdon).

> Précisions a. Avant de mettre à la charge du copropriétaire défaillant des frais non expressément visés par l'article 10-1, les juges du fond doivent rechercher si de tels frais sont « nécessaires » (Cass. 3e civ. 7-10-2009 n° 08-19.001 : BPIM 6/09 inf. 457 ; Cass. 3e civ. 30-11-2010 n° 09-17.219 : BPIM 2/11 inf. 143 ; Cass. 3e civ. 12-11-2020 n° 19-21.018 F-D : BPIM 1/21 inf. 59). Cette question relève de leur pouvoir souverain d'appréciation (Cass. 3e civ. 14-12-2010 n° 10-10.725 : BPIM 1/11 inf. 60).

b. Pour les contrats de syndic conclus ou renouvelés depuis le 1er juillet 2015, une tarification spécifique complémentaire peut être prévue par le contrat pour les prestations au recouvrement d'une créance auprès de copropriétaires défaillants (mise en demeure par lettre recommandée avec accusé de réception, relance après mise en demeure, frais de constitution et de mainlevée d'hypothèque, dépôt d'une requête en injonction de payer, constitution et suivi du dossier transmis à l'avocat en cas de diligences exceptionnelles), qui sera supportée par le seul copropriétaire concerné et non par le syndicat des copropriétaires (Décret 2015-342 du 26-3-2015).

4. GARANTIES DE RECOUVREMENT DU SYNDICAT DES COPROPRIÉTAIRES

36700 La loi 65-557 du 10 juillet 1965 instaure au profit du syndicat des copropriétaires des garanties spécifiques pour les créances de toute nature que ce dernier peut avoir contre un copropriétaire, qu'il s'agisse de provision ou de paiement définitif (Loi 65-557 du 10-7-1965 art. 19). Mais le syndicat peut également avoir recours aux procédures de recouvrement de droit commun.

HYPOTHÈQUE LÉGALE DU SYNDICAT

36710 L'hypothèque légale du syndicat sur le lot du copropriétaire, prévue par l'article 19 de la loi du 10 juillet 1965, peut être inscrite après mise en demeure de ce dernier restée infructueuse, ou dès que celui-ci demande le bénéfice du paiement par annuités des travaux d'amélioration. La mise en demeure peut valablement être effectuée par lettre recommandée avec demande d'avis de réception (Décret 67-223 du 17-3-1967 art. 64 et 64-2).

L'inscription n'est possible que pour une **créance exigible.** Elle est dispensée de taxe de publicité foncière (seules les inscriptions d'hypothèques judiciaires ou conventionnelles étant soumises à la taxe, en vertu des articles 663 et 677 du CGI), y compris en cas d'inscription par un créancier subrogé.

Le syndic a qualité pour faire procéder seul, **sans autorisation préalable** de l'assemblée générale, à l'inscription de l'hypothèque légale, à en consentir la mainlevée et à en requérir la radiation en cas d'extinction de la dette (Loi 65-557 du 10-7-1965 art. 19, al. 2). En revanche, la mainlevée amiable sans paiement requiert l'autorisation de l'assemblée générale.

L'inscription prend rang à sa date d'inscription.

Matériellement, la formalité doit être effectuée à la requête du syndic par un avocat, un notaire ou un huissier en application de l'article 5 du décret 55-22 du 4 janvier 1955. La demande se fait par le dépôt d'un bordereau d'inscription en deux exemplaires au service chargé de la publicité foncière dans le ressort duquel se trouve l'immeuble (Décret 55-1350 du 14-10-1955 art. 54-1). S'agissant d'une sûreté légale, le bordereau peut valablement viser comme titre de créance la mise en demeure réalisée par courrier recommandé (en ce sens, Bull. Association des conservateurs 1969 art. 775 admettant que la mise en demeure authentique peut être remplacée par une reconnaissance de dette sous signature privée du copropriétaire).

L'hypothèque légale, inscrite sur le lot du copropriétaire débiteur, peut, par dérogation aux règles civiles (C. civ. art. 2440), être levée par le président du tribunal judiciaire statuant selon la procédure accélérée au fond, à la demande du copropriétaire débiteur, s'il offre un paiement suffisant ou une garantie équivalente.

Les créances exigibles depuis plus de cinq ans ne peuvent faire l'objet d'aucune inscription d'hypothèque sur le lot correspondant.

> **Précisions** **a.** En cas de vente d'un lot, les annuités de paiement des améliorations deviennent exigibles immédiatement (Loi 65-557 du 10-7-1965 art. 33). Mais, dans ce dernier cas, l'hypothèque légale du syndicat ne peut être inscrite que si la vente n'a pas encore été publiée, bien entendu.
> **b.** Dès lors que les sommes garanties par l'hypothèque ont été réglées, le débiteur est fondé à en obtenir la mainlevée, alors même que d'autres sommes resteraient dues au syndicat ou au syndic telles que des honoraires ou des « frais de mainlevée » (Cass. 3e civ. 26-6-2002 n° 1111 : BPIM 5/02 inf. 343).

PRIVILÈGE MOBILIER

36720 Le syndic peut également recourir au privilège mobilier prévu par l'article 2332, 1° du Code civil, qui est le privilège du bailleur d'immeubles. La loi de 1965 prévoit qu'il porte sur les meubles garnissant les lieux appartenant au copropriétaire ainsi que sur les sommes dues par le locataire à son bailleur (Loi 65-557 du 10-7-1965 art. 19, al. 5). L'assiette de ce privilège est donc plus large que les seuls meubles garnissant les locaux du copropriétaire débiteur. Cette assiette permet d'inclure, notamment, les redevances dues par l'accédant au vendeur dans le cadre du contrat de location-accession. Le privilège du syndicat l'emporte sur une délégation de loyer à un créancier, sauf si celui-ci a signifié la délégation au locataire avant la saisie des loyers par le syndic.

HYPOTHÈQUE LÉGALE SPÉCIALE DEPUIS LE 1er JANVIER 2022

36725 Depuis le 1er janvier 2022, le privilège immobilier spécial du syndicat des copropriétaires est transformé en hypothèque légale spéciale (C. civ. art. 2402, 3°). Son champ d'application et ses effets restent les mêmes puisqu'elle garantit les créances de toute nature du syndicat des copropriétaires relatives à l'année courante ainsi qu'aux quatre dernières années échues.

L'hypothèque légale spéciale est **dispensée d'inscription** ; elle prime toutes les autres hypothèques pour l'année courante et pour les deux dernières années échues. Elle vient en concours avec l'hypothèque du vendeur et du prêteur de deniers pour les années antérieures (C. civ. art. 2418, al. 2).

PRIVILÈGE IMMOBILIER SPÉCIAL JUSQU'AU 31 DÉCEMBRE 2021

Les privilèges immobiliers spéciaux nés avant le 1er janvier 2022 sont pour l'avenir assimilés à des hypothèques légales, sans préjudice le cas échéant de la rétroactivité de leur rang (Ord. 2021-1192 du 15-9-2021 de réforme des sûretés art. 37, IV). **36730**

Le syndicat des copropriétaires bénéficie lors de la vente d'un lot d'un privilège immobilier spécial, prévu par l'article 2374 du Code civil, qui garantit désormais les créances de toute nature du syndicat à l'encontre de chaque copropriétaire. L'assiette de ce privilège avait déjà été étendue par la loi Alur du 24 mars 2014 aux cotisations au fonds de travaux prévu à l'article 14-2 de la loi de 1965, aux créances afférentes aux travaux de restauration immobilière réalisés en application de l'article 24, II, c, aux dommages et intérêts alloués par les juridictions au syndicat et au remboursement des dépens. Cet élargissement conduit également à étendre l'assiette du privilège aux créances relatives à certains frais imputables au seul copropriétaire (mise en demeure, relance, honoraires et frais pour l'établissement de l'état daté, astreintes, etc.) ou encore à la clause pénale stipulée dans le règlement de copropriété (Loi 65-557 du 10-7-1965 art. 19-1).

L'opposition du syndic à la vente du lot met en œuvre automatiquement le privilège du syndicat des copropriétaires qui s'exerce dans les **conditions** suivantes (C. civ. art. 2374, 1° bis) :

– par préférence au privilège du vendeur et au privilège de prêteur de deniers pour les créances afférentes aux charges et travaux de l'année courante et des deux dernières années échues ;

– concurremment avec ces deux privilèges pour le paiement des charges et travaux mentionnés aux articles 10, 24, II, c et 30 (travaux d'amélioration) et des cotisations au fonds de travaux pour l'année courante et les quatre dernières années échues ;

– pour les dommages et intérêts alloués par les juridictions et les dépens.

Au-delà de la quatrième année, le privilège immobilier ne joue plus.

> Précisions a. L'**année** au sens de l'article 2374, 1° bis du Code civil s'entend, non plus de l'année civile comptée du 1er janvier au 31 décembre, mais de l'exercice comptable au sens de l'article 5 du décret du 14 mars 2005 (n° 40230) (Décret du 17-3-1967 art. 5-2).

b. Sur le concours du syndic avec les autres créanciers d'un copropriétaire faisant l'objet d'une **procédure collective d'apurement du passif,** voir n° 36390).

c. Seule une **opposition régulière du syndic** est susceptible de mettre en œuvre le privilège immobilier (sur le contenu et la forme de cette opposition, voir n° 37300). Tel n'est pas le cas de celle qui ne précise pas l'origine des créances ni la ventilation des divers chefs de créance (CA Paris 12-6-1999 : Loyers et copr. 1999 comm. n° 190 ; CA Paris 10-10-2000 : Gaz. Pal. 7-2-2001 p. 7), qui ne mentionne qu'une somme globale sans préciser la nature des charges réclamées, qui énonce de façon insuffisante les causes et le montant des créances (Cass. 3e civ. 25-10-2006 n° 05-16.835 : Bull. civ. III n° 206 ; BPIM 6/06 inf. 458), étant rappelé que l'opposition doit distinguer entre les quatre types de créances prévues par l'article 5-1 du décret du 17 mars 1967 (Cass. 3e civ. 12-10-2023 n° 22-18.723 : BPIM 6/23 inf. 396), ou encore de celle faite à une personne sans qualité pour la recevoir (Cass. 3e civ. 28-2-2001 n° 240 : Bull. civ. III n° 24, bâtonnier de l'ordre des avocats constitué séquestre). En cas d'irrégularité de l'opposition, les créances ne cessent pas d'exister mais elles perdent leur caractère de créances privilégiées et superprivilégiées pour ne valoir que comme créances hypothécaires ou chirographaires (Cass. 3e civ. 15-12-2004 n° 03-15.174 : Bull. civ. III n° 244, Administrer mars 2005 p. 39 ; Cass. 3e civ. 25-10-2006 n° 05-16.835 précité ; Cass. 3e civ. 27-11-2013 n° 12-25.824 : BPIM 1/14 inf. 53).

Par ailleurs, le **syndic** commet une **faute** en omettant, dans la déclaration des créances, de préciser la nature du privilège dont la créance est assortie, et ce, indépendamment des précisions que doit comporter l'opposition (CA Paris 28-2-2002 : Administrer janvier 2003 p. 52).

d. Le **créancier subrogé dans les droits du syndicat** des copropriétaires pour la créance qu'il a éteinte peut bénéficier du privilège à condition d'avoir fait opposition dans le délai de quinze jours à compter de la date de l'avis de mutation notifié au syndic par le notaire (Cass. 3e civ. 3-3-2004 n° 02-15.337 : Loyers et copr. 2004 comm. n° 119).

VOIES D'EXÉCUTION DE DROIT COMMUN

Le syndicat peut décider d'engager une procédure de saisie immobilière d'un lot de copropriété. **36740**
Le syndic doit y être autorisé par une décision de l'assemblée générale (Décret 67-223 du 17-3-1967 art. 55).
Lorsque l'assemblée générale doit voter pour autoriser le syndic à agir en justice pour obtenir la saisie en vue de la vente d'un lot d'un copropriétaire débiteur vis-à-vis du syndicat, la voix de ce copropriétaire n'est pas prise en compte dans le décompte de la majorité. De plus, ce copropriétaire ne peut recevoir mandat pour en représenter un autre (Loi 65-557 du 10-7-1965 art. 19-2).

Le syndic peut également procéder à une saisie conservatoire, à une saisie-attribution ou à une **36750**
saisie-vente (C. exécution art. R 221-1 s. et R 521-1 s.).

CHAPITRE 5 VENTE DES LOTS DE COPROPRIÉTÉ

SOMMAIRE

DISPOSITIONS SPÉCIFIQUES EN COMPLÉMENT DE DISPOSITIONS GÉNÉRALES

37000 Sous réserve des dispositions exposées ci-après, la vente d'un lot dans une copropriété est une vente immobilière sans particularité en elle-même (sur les promesses de vente ou d'achat, voir nos 160 s. ; sur le contrat de vente, voir nos 5000 s.).

Néanmoins, en raison de la propriété indivise d'une partie de l'immeuble résultant du statut de la copropriété, la vente d'un lot de copropriété présente certaines spécificités qui seront exposées ci-après.

La loi du 24 mars 2014 et ses décrets d'application ont récemment complété les dispositions de la loi du 10 juillet 1965 en instaurant de nouvelles obligations destinées à améliorer l'information de l'acquéreur et à limiter les impayés dans les copropriétés.

A. Formalités destinées à améliorer l'information de l'acquéreur du lot

37020 En sus des obligations de diagnostic qui incombent à tout vendeur (nos 9000 s.), plusieurs formalités sont prévues par la loi du 10 juillet 1965 et désormais par le Code de la construction et de l'habitation.

> **Précisions** Pour faciliter l'information des acquéreurs de lots de copropriété et accomplir la mission qui leur est confiée en application de l'article L 711-5 du Code de la construction et de l'habitation, les **notaires** ont accès à l'ensemble des données du **registre d'immatriculation des copropriétés** (CCH art. L 711-3 al. 2).

1. FORMALITÉS AVANT LA VENTE DU LOT

ANNONCES IMMOBILIÈRES

37040 Le contenu des annonces immobilières portant sur la vente d'un lot de copropriété est désormais réglementé. L'article L 721-1 du Code de la construction et de l'habitation oblige en effet le propriétaire à mentionner dans son annonce :

- le fait que le bien est soumis au statut de la copropriété ;
- le nombre de lots dans l'immeuble ;
- le montant moyen annuel de la quote-part, à la charge du vendeur, du budget prévisionnel correspondant aux dépenses courantes ;
- pour les lots à usage d'habitation et à titre d'information, une indication sur le montant des dépenses théoriques de l'ensemble des usages énumérés dans le diagnostic de performance énergétique et définis par voie réglementaire ;
- si le syndicat des copropriétaires fait l'objet de procédures menées sur le fondement des articles 29-1 A et 29-1 de la loi du 10 juillet 1965 et de l'article L 615-6 du Code de la construction et de l'habitation (dispositions relatives aux copropriétés en difficulté).

2. FORMALITÉS LORS DE LA CONCLUSION DES ACTES

a. Documents à remettre à l'acquéreur

DOCUMENTS CONCERNÉS

Un certain nombre de documents doivent être remis à l'acquéreur, en sus du dossier de diagnostic technique fourni par le vendeur qui doit quant à lui être annexé à la promesse de vente ou, à défaut de promesse, à l'acte authentique de vente (CCH art. L 271-4). 37080

Ces documents, qui doivent être remis à l'acquéreur au plus tard à la date de signature de la **promesse de vente,** ou, à défaut, lors de la notification du projet d'acte authentique de vente (CCH art. L 721-2), sont les suivants :

– les documents relatifs à l'**organisation de l'immeuble** : la fiche synthétique de la copropriété regroupant les données financières et techniques essentielles relatives à la copropriété et à son bâti (Loi 65-557 du 10-7-1965 art. 8-2), le règlement de copropriété et l'état descriptif de division ainsi que ses actes modificatifs s'ils ont été publiés, les procès-verbaux des assemblées générales des trois dernières années, sauf si le copropriétaire vendeur n'a pas été en mesure d'obtenir ces documents auprès du syndic ;

– les documents relatifs à la **situation financière de la copropriété** : le montant des charges courantes du budget prévisionnel et des charges hors budget prévisionnel payées par le copropriétaire vendeur au titre des deux exercices comptables précédant la vente, les sommes qui seront dues au syndicat par l'acquéreur, l'état global des impayés de charges au sein du syndicat et de la dette vis-à-vis des fournisseurs, le montant de la part du fonds de travaux rattachée au lot principal vendu et le montant de la dernière cotisation au fonds versée par le copropriétaire vendu au titre de son lot lorsque le syndicat dispose d'un fond de travaux ;

– le **carnet d'entretien** de l'immeuble ;

– une **notice d'information** relative aux droits et obligations des copropriétaires ainsi qu'au fonctionnement des instances du syndicat de copropriété dont le contenu doit être déterminé par arrêté ministériel ;

– le cas échéant, les conclusions du **diagnostic technique global** (CCH art. L 731-1) ;

– à compter du 1er janvier 2024, le **plan pluriannuel de travaux** adopté ou, à défaut, le projet de plan pluriannuel de travaux s'il a été élaboré (CCH art. L 721-2 ; Loi 65-557 du 10-7-1965 art. 14-2, I et II).

> **Précisions** **a.** L'ordonnance 2015-1075 du 27 août 2015 modifiant l'article L 721-2 du Code de la construction et de l'habitation a allégé la liste des documents d'information (suppression des informations relatives à la situation financière du copropriétaire vendeur, de l'attestation comportant la mention de superficie) et supprimé l'obligation de les annexer à la promesse de vente, initialement prévue. Une simple **remise** suffit désormais.
> **b.** Lorsque l'**acquéreur** est **déjà propriétaire d'au moins un lot** dans la même copropriété, **ou** lorsque la **transaction** porte **sur des lots secondaires** (fraction de lot, cave, emplacement de stationnement, etc.), les documents relatifs à l'organisation de l'immeuble, le carnet d'entretien, la notice d'information relative aux droits et obligations des copropriétaires et les informations relatives au diagnostic technique global ne sont pas exigés.
> **c.** Lorsque les **documents** relatifs à l'organisation de l'immeuble et la situation financière de la copropriété ne sont **pas remis** à l'acquéreur au plus tard **à la date de la signature de la promesse de vente** ou joints au projet d'acte authentique de vente, le délai de rétractation ou de réflexion prévu à l'article L 271-1 ne court qu'à compter du lendemain de la communication de ces documents et informations de l'acquéreur (CCH art. L 721-3).

MODALITÉS ET PREUVE DE LA REMISE

Ces informations peuvent être transmises sur support papier ou, sous réserve de l'acceptation de l'acquéreur, par tout autre moyen, y compris sous forme dématérialisée. L'acquéreur atteste de cette remise soit dans l'acte contenant la promesse de vente par sa simple signature lorsqu'il s'agit d'un acte authentique, soit, lorsque l'acte est établi sous signature privée, dans un document qu'il signe et qu'il date de sa main (CCH art. L 721-2-II, in fine). 37100

b. Mention de la superficie du lot

PRINCIPE

Toute promesse unilatérale de vente ou d'achat, tout contrat réalisant ou constatant la vente d'un lot ou d'une fraction de lot doit, sous peine de nullité, mentionner la **superficie de la partie privative** de ce lot ou de cette fraction de lot (Loi 65-557 du 10-7-1965 art. 46, al. 1). 37120

> **Précisions** Sur la mention de la superficie dans le congé pour vendre donné au locataire d'un logement situé dans un immeuble en copropriété, voir n° 64255.

CHAMP D'APPLICATION

37130 L'obligation de mesurage **s'applique à tout lot (ou fraction de lot)** dépendant d'un immeuble soumis au régime de la copropriété des immeubles bâtis, quelle qu'en soit l'affectation ou la nature. La loi ne distinguant pas, elle devrait s'appliquer aussi bien aux lots dépendant d'un immeuble en copropriété verticale qu'à ceux dépendant d'une copropriété horizontale. L'obligation s'applique également à la vente simultanée d'un ensemble de lots moyennant un prix unique (n° 37168).

En revanche, elle **ne s'applique pas** aux ventes de « volumes immobiliers », aux cessions de parts de sociétés d'attribution, aux apports en société, ni aux ventes en l'état futur d'achèvement dans un immeuble inachevé (en ce sens, Cass. 3e civ. 11-1-2012 n° 10-22.924 : BPIM 2/12 inf. 126 qui relève à l'occasion d'une action en diminution du prix « la référence erronée à l'article 46 de la loi 65-557 du 10 juillet 1965 »).

37140 Le texte s'applique quelle que soit la **qualité du vendeur ou de l'acquéreur** (personne physique ou personne morale de droit privé ou de droit public, professionnel de l'immobilier ou non), mais seul l'acquéreur (ou le candidat acquéreur) pourra invoquer l'absence ou l'erreur d'indication de la contenance.

Sont concernés tous les **contrats préparatoires** à une vente, quelle qu'en soit la forme (authentique ou sous signature privée), ainsi que les actes translatifs eux-mêmes, de quelque nature qu'ils soient (vente amiable, vente judiciaire, etc.), et quelle qu'en soit la forme, dès lors qu'ils revêtent la nature d'une vente immobilière ou qu'ils y sont assimilables (échanges, location-accession, etc.).

En revanche, l'article 46 de la loi de 1965 n'est pas applicable aux ventes sur poursuites de **saisie immobilière** car un jugement d'adjudication ne constitue pas un « contrat réalisant ou constatant une vente » (Cass. 3e civ. 3-10-2002 n° 00-18.395 : BPIM 6/02 inf. 404).

> **Précisions** **a.** Le fait que l'acquéreur ait connaissance, avant la vente, de la superficie réelle du bien vendu ne dispense pas de l'obligation de mesurage et ne prive pas l'acquéreur de son droit à la diminution du prix, qui n'est pas subordonné à la preuve d'un préjudice (Cass. 3e civ. 5-12-2007 n° 06-19.676 : BPIM 1/08 inf. 72 ; Cass. 3e civ. 2-7-2008 n° 07-14.639 : BPIM 5/08 n° 382 ; Cass. 3e civ. 10-12-2015 n° 14-13.832 : BPIM 1/16 inf. 45). L'application de l'article 46 est donc indépendante de la bonne ou mauvaise foi des parties et de l'existence ou non d'un préjudice effectif.
> **b.** La réunion de tous les lots entre les mains d'un seul propriétaire entraînant la disparition de la copropriété (n° 39000), les dispositions de l'article 46 de la loi du 10 juillet 1965 ne sont pas applicables à la vente qui intervient après cette réunion (Cass. 3e civ. 28-1-2009 n° 06-19.650 : BPIM 2/09 inf. 152).

CALCUL DE LA SUPERFICIE

37150 La superficie à retenir prend en compte la surface des planchers des locaux clos et couverts, déduction faite des surfaces occupées par les murs, cloisons, marches et cages d'escalier, gaines, embrasures des portes et des fenêtres ; il n'est pas non plus tenu compte des planchers des parties des locaux d'une hauteur inférieure à 1,80 mètre (Décret du 17-3-1967 art. 4-1), ni des lots ou fractions de lots d'une superficie inférieure à 8 m^2 (Décret du 17-3-1967 art. 4-2).

> **Précisions** **a.** La surface occupée par les **murs** et les **cloisons** doit être déduite de la superficie du lot à l'exception des doublages de murs et des cloisons facilement démontables (Cass. 3e civ. 29-9-2015 n° 14-13.266 : BPIM 1/16 inf. 43).
> **b.** Les **loggias** ne sont prises en compte dans le calcul de la superficie que si elles sont couvertes et closes (Rép. Idrac : AN 23-3-1998). Tel n'est pas le cas de trois loggias couvertes mais non closes formant un balcon sur l'extérieur de l'appartement (CA Paris 25-3-2004 n° 03-02329 : Constr.-urb. 2004 n° 144, 2e esp.).

LOTS OU FRACTIONS DE LOTS EXCLUS DU MESURAGE

37160 Sont exclus de la réglementation les caves, garages et emplacements de stationnement, qui n'ont donc pas à être mesurés s'il s'agit de lots autonomes, et dont la superficie n'a pas à être incluse dans la superficie totale du lot s'ils ne font pas l'objet d'un lot distinct. Cette liste étant limitative, les greniers ne sont pas concernés par cette exclusion (JO Sénat 23-10-1996 p. 4924), pas plus que les débarras ou chambres de service, s'il s'agit de parties privatives. Il en est ainsi également des lots ou fractions de lots d'une superficie inférieure à 8 m^2 (Loi 65-557 du 10-7-1965 art. 46, al. 3 ; Décret du 17-3-1967 art. 4-2). Pour déterminer ce qui doit être inclus ou non dans la superficie du lot, la situation matérielle du bien tel qu'il se présente lors de la vente prévaut sur les stipulations du règlement de copropriété, même reprises dans l'acte de vente (Cass. 3e civ. 2-10-2013 n° 12-21.918 : BPIM 6/13 inf. 414 ; Cass. 3e civ. 7-9-2012 n° 11-11.608 : AJDI 2012 p. 280 obs. S. Porcheron).

EXEMPLE

Un local en sous-sol, désigné comme **cave** dans le règlement de copropriété mais **transformé en local d'habitation,** doit être pris en compte pour le calcul de la superficie (Cass. 3e civ. 5-12-2007 n° 06-19.550 : BPIM 1/08 inf. 71). À l'inverse, un sous-sol mentionné dans le règlement de copropriété comme étant à usage d'habitation, mais transformé en cave par les vendeurs, ne peut être inclus dans la superficie totale du lot (Cass. 3e civ. 8-10-2015 n° 14-17.593 BPIM 2/16 inf. 44). Il en est de même d'un local qualifié de buanderie situé au sous-sol, ne comportant aucune fenêtre mais seulement une bouche d'aération, alimenté en électricité par des fils volants, dont les murs sont en parpaings et le sol en béton brut, qui est assimilable à une cave et qui doit être exclu du calcul de la superficie (Cass. 3e civ. 8-6-2011 n° 17-12.004). En revanche, une mezzanine constituant une véritable pièce doit être comprise dans le mesurage même si elle ne figure ni dans l'acte de vente, ni dans l'état descriptif de division, ni dans le règlement de copropriété (Cass. 3e civ. 6-5-2014 n° 13-16.510 : JCP N 2014 act. n° 630).

EXCLUSION DES PARTIES COMMUNES

La loi « Carrez » ne s'applique pas aux parties communes (Cass. 3e civ. 24-1-2012 n° 10-24.217 : AJDI 2012 p. 280 obs. S. Porcheron), ni, par conséquent, aux parties communes à jouissance privative dont la surface ne doit donc pas être prise en compte pour le calcul de la superficie du lot (Cass. 3e civ. 16-1-2008 n° 06-15.314 : BPIM 2/08 inf. 156 ; Cass. 3e civ. 8-10-2008 n° 07-16.540 : BPIM 6/08 inf. 459) puisque, comme on l'a vu (nos 35570 s.), le droit de jouissance sur une partie commune ne peut pas constituer la partie privative d'un lot. En cas d'empiétement, il convient de ne déduire que la partie de la construction qui empiète sur les parties communes et non pas la construction dans son ensemble (Cass. 3e civ. 9-5-2012 n° 11-10.643 : BPIM 4/12 inf. 347). **37165**

EXEMPLE

Ainsi en a-t-il été jugé pour un lot constitué d'un droit de jouissance exclusif sur un jardin (Cass. 3e civ. 16-1-2008 n° 06-15.314 : BPIM 2/08 inf. 156) ou sur un emplacement de stationnement (Cass. 3e civ. 6-6-2007 n° 06-13.477 : BPIM 4/07 inf. 287), pour une terrasse, partie commune à jouissance privative, même fermée par des baies vitrées (Cass. 3e civ. 18-9-2012 n° 11-19.884 : SN 11/12 inf. 280), une véranda (CA Versailles 9-4-2004 n° 02-5930 : BPIM 4/04 inf. 239), une loggia fermée et couverte située dans le prolongement de la salle de séjour de l'appartement (CA Reims 1-12-2003 n° 02-02406 : Constr.-urb. 2004 n° 144, 1e esp.), deux avancées closes sur un jardin (Cass. 3e civ. 8-10-2008 n° 07-16.540 : BPIM 6/08 inf. 459).

VENTE DE PLUSIEURS LOTS SIMULTANÉMENT

Lorsque plusieurs lots sont vendus ensemble, il n'est pas interdit de fixer un **prix global.** La question s'est posée de l'application de la loi Carrez lorsque les parties ont fixé un prix unique pour la vente d'un ensemble de lots ne constituant pas une unité immobilière et dont une partie était susceptible d'être vendue séparément. La Cour de cassation a tranché : l'article 46 de la loi du 10 juillet 1965 est applicable à la vente d'un ensemble de lots de copropriété (Cass. 3e civ. 28-3-2007 n° 06-13.796 : BPIM 3/07 inf. 219 ; Cass. 3e civ. 7-11-2007 n° 06-18.519 : BPIM 1/08 inf. 73). **37168**

> Précisions a. Dès lors que la vente porte sur une **« unité d'habitation » constituée par la réunion de plusieurs lots** dont la partie privative de certains a une surface inférieure à 8 m^2, la superficie des parties privatives à prendre en compte pour l'application de l'article 46 précité est celle du bien (au cas particulier un appartement), tel qu'il se présente matériellement ; les lots d'une surface inférieure à 8 m^2 n'ont donc pas à être exclus du calcul de la superficie (Cass. 3e civ. 13-4-2005 n° 03-21.004 : BPIM 3/05 inf. 217, prise en compte d'une mezzanine ; Cass. 3e civ. 7-11-2007 n° 06-18.519 : BPIM 1/08 inf. 73 ; Cass. 3e civ. 22-11-2006 n° 05-17.420 : RJDA 5/07 n° 469, non-prise en compte d'une mezzanine compte tenu de ses caractéristiques, structure légère et démontable à laquelle on accédait par une échelle). Dans un cas où deux lots avaient été réunis pour former une « unité d'habitation », il a été jugé qu'il n'y avait pas lieu de prendre en compte les surfaces de trémie et d'escalier qui réunissaient les deux lots (CA Versailles 5-12-2003 n° 02-8096 : BPIM 4/04 inf. 239).
b. En l'**absence de ventilation du prix de vente de plusieurs lots** dont certains auraient dû être exclus du calcul de superficie, la réduction de prix se calcule sur le prix diminué de la valeur des biens et lots exclus du champ d'application de l'article 46 (Cass. 3e civ. 16-1-2008 n° 06-21.696 : BPIM 2/08 inf. 155 ; Cass. 3e civ. 19-11-2008 n° 07-18.384 : BPIM 1/09 inf. 66).

CLAUSES ABUSIVES

La commission des clauses abusives a recommandé que soient éliminées des contrats de mandat de vente, de location ou de recherche d'un bien immobilier les clauses qui ont pour effet d'imposer au consommateur, en matière de calcul de la superficie de biens immobiliers constitués sous forme d'un ou plusieurs lots ou fractions de lots de copropriété, des obligations non prévues par la loi, sans offrir d'alternative et en laissant croire qu'elles en résultent : tel est notamment le cas de celles qui imposent de faire procéder à ce calcul avant la promesse de vente ou d'achat, ou d'y faire procéder par un professionnel couvert par une assurance de responsabilité et, le cas échéant, de demander à cet homme de l'art une confirmation de ce calcul dans un délai bref (Recommandation 2003-02 : BOCCRF du 12-3-2004 p. 238). **37170**

SANCTIONS

37190 L'**absence de mention de la superficie** est sanctionnée par la nullité de l'acte.

Toutefois, l'acquéreur doit intenter l'**action en nullité** au plus tard à l'expiration d'un **délai d'un mois** à compter de l'acte authentique constatant la réalisation de la vente, étant précisé qu'après signature de l'acte authentique mentionnant la superficie, l'acquéreur ne peut pas poursuivre l'annulation de l'avant-contrat (Loi 65-557 du 10-7-1965 art. 46, al. 4 et 5 ; Cass. 3e civ. 22-11-2018 n° 17-23.366 FS-PBI : BPIM 1/19 inf. 48).

Le **consentement** du bénéficiaire de l'avant-contrat à cette régularisation ne semble pas être exigé. En l'état actuel, il semble préférable que l'acte authentique énonce explicitement la portée de l'indication de cette surface qui ne figurait pas dans l'avant-contrat.

37200 Si la superficie est **inférieure de plus d'un vingtième** à celle exprimée dans l'acte, l'acquéreur dispose d'une **action** judiciaire à l'encontre du vendeur **en diminution du prix** convenu proportionnelle à l'écart constaté entre la superficie réelle et la superficie déclarée. Sous peine de déchéance, cette action doit être intentée dans le **délai d'un an** à compter de l'acte authentique. L'acquéreur n'a pas le choix : il ne peut en revanche agir sur le fondement de l'article 1604 du Code civil (manquement du vendeur à son obligation de délivrance conforme) afin notamment d'échapper à l'irrecevabilité de son action lorsque le délai d'un an est expiré (Cass. 3e civ. 26-11-2015 n° 14-14.778 : BPIM 1/16 inf. 42). Si la superficie se révèle supérieure à celle exprimée dans l'acte, l'acquéreur ne doit aucun supplément de prix (Loi 65-557 du 10-7-1965 art. 46, al. 6 à 8).

> **Précisions** **a.** Pour apprécier s'il y a inexactitude de la superficie, le juge doit indiquer la **nature** de chaque surface déduite (Cass. 3e civ. 7-11-2001 n° 1498 : BPIM 1/02 inf. 51).
b. L'article 46, alinéa 7 ne permet pas de réclamer le remboursement proportionnel des **frais d'acquisition** (Cass. 3e civ. 22-11-2006 n° 05-17.420 : RJDA 5/07 n° 469), y compris à titre de dommages-intérêts (Cass. 3e civ. 22-9-2010 n° 09-68.469 : BPIM 6/10 inf. 487).
c. Le délai d'un an est un **délai de forclusion** (Cass. 3e civ. 2-6-2016 n° 15-16.967 : BPIM 4/16 inf. 264). Il en résulte qu'en cas de référé expertise le délai n'est pas suspendu jusqu'au dépôt du rapport d'expertise (arrêt précité). Il est en revanche interrompu par l'assignation en référé expertise (Cass. 3e civ. 12-11-2015 n° 14-18.390). L'acheteur a donc un an à compter de l'ordonnance ordonnant une expertise pour agir en diminution du prix.

SUPERFICIE ERRONÉE DANS L'AVANT-CONTRAT

37205 L'article 46 de la loi du 10 juillet 1965 ne régit pas l'hypothèse de la mention de contenance erronée dans l'avant-contrat. Le ministre de l'équipement et du logement a apporté les précisions suivantes (Rép. Lionnel : AN 28-7-2003 n° 17145) :

– lorsque la superficie mentionnée dans l'acte de vente, et correspondant à la réalité, est différente de celle figurant dans l'avant-contrat, les sanctions de l'article 46 précité ne sont pas applicables. Si l'acquéreur accepte de **signer l'acte de vente indiquant une superficie réelle inférieure** à celle mentionnée dans l'avant-contrat, il exprime alors son accord sur la nouvelle superficie. S'il refuse de signer l'acte de vente, il dispose des voies de recours de droit commun propres à la nature de l'avant-contrat signé, promesse unilatérale ou synallagmatique de vente, étant précisé que la renégociation du prix doit être recherchée avant tout recours judiciaire ;

– pour éviter les litiges, l'acquéreur peut inclure dans l'avant-contrat la mention que la superficie est un **élément déterminant** de son engagement.

S'il a été jugé qu'en cas de superficie erronée dans l'avant-contrat l'action en diminution du prix ne peut être exercée sur le fondement de l'article 46 (TGI Aix-en-Provence 10-9-1998 : Defrénois 1999 art. 36960 n° 25), il ne semble pas que l'application des articles 1616 et suivants du Code civil (nos 9950 s.) s'en trouve pour autant écartée.

À l'inverse, une mention de superficie exacte dans l'avant-contrat ne peut permettre d'éviter l'action en réduction du prix si l'acte authentique comporte une mention erronée. La Cour de cassation considère que c'est la superficie mentionnée dans l'acte de vente authentique, qui constitue le dernier état de l'accord des parties, qui est susceptible d'ouvrir droit à l'action en diminution du prix (Cass. 3e civ. 9-2-2010 n° 09-12.266 : Administrer juillet 2010 p. 48 obs. J.-R. Bouyeure).

RESPONSABILITÉ

37210 **Mesureur professionnel** L'intervention d'un professionnel (géomètre expert, métreur, architecte, par exemple) n'est pas obligatoire (Cass. 3e civ. 21-6-2006 n° 04-20.660 : RJDA 1/07 n° 36). Elle est néanmoins fortement conseillée compte tenu de la complexité de la mise en œuvre pratique des règles ci-dessus exposées.

Le **vendeur,** assigné en diminution du prix pour erreur dans la surface du lot, ne peut appeler le mesureur ayant réalisé le mesurage en garantie dans la mesure où la diminution du prix ne constitue pas, pour lui, un préjudice indemnisable (Cass. 3e civ. 4-1-2006 no 04-15.922 : RJDA 7/06 no 764 ; Cass. 3e civ. 25-10-2006 no 05-17-425 : RJDA 3/07 no 251 ; Cass. 3e civ. 1-3-2011 no 10-30.214 : BPIM 2/11 inf. 144 ; Cass. 3e civ. 18-9-2013 no 12-24.077 : BPIM 5/13 inf. 345). Il peut en revanche exercer contre le mesureur une action en responsabilité sur le fondement du droit commun et se prévaloir d'une perte de chance de vendre son bien au même prix pour une surface moindre (Cass. 3e civ. 28-1-2015 no 13-27.397 : BPIM 2/15 inf. 122). La condamnation solidaire du notaire, de l'agence immobilière et du diagnostiqueur sur ce même fondement est possible (Cass. 3e civ. 9-3-2017 no 15-29.384 F-D : BPIM 3/17 inf. 225).

L'**acquéreur** quant à lui peut appeler le métreur (ou le notaire) en garantie en cas d'insolvabilité du vendeur (Cass. 3e civ. 1-12-2004 no 02-11.181 : RJDA 7/05 no 797 ; Cass. 1e civ. 25-3-2010 no 09-66.282 : BPIM 4/10 inf. 338).

Il peut en tout état de cause agir en **responsabilité** sur le fondement du droit commun contre le mesureur qui a commis une erreur de mesurage, afin d'obtenir l'**indemnisation du préjudice** que lui a causée cette faute. Il ne peut néanmoins demander à ce titre l'indemnisation de la « perte de surface », c'est-à-dire du prix payé au titre des mètres carrés manquants (Cass. 3e civ. 2-7-2014 no 12-26.619 : BPIM 4/14 inf. 282) puisque la faute du mesureur n'est pas à l'origine de la moindre surface du lot. Le préjudice de l'acquéreur est constitué par la perte d'une chance d'acquérir le bien à un moindre prix ou de ne pas l'acquérir du tout s'il avait eu connaissance de la surface réelle du lot. Il peut donc obtenir l'indemnisation d'une perte de chance (Cass. 2e civ. 6-6-2013 no 12-19.660), laquelle doit être évaluée à la chance perdue sans pouvoir être égale à l'avantage qu'aurait procuré cette chance si elle s'était réalisée (Cass. 1e civ. 9-4-2002 no 00-13.314 : RJDA 8-9/02 no 855). Le préjudice de l'acquéreur ne peut donc être calculé en considération du prix correspondant à la différence entre la surface réelle et la surface vendue, ce qui reviendrait à accorder à l'acquéreur le remboursement d'une partie du prix de vente (Cass. 3e civ. 11-9-2013 no 12-23.772 : BPIM 6/13 inf. 415).

Notaire La diminution du prix ne constituant pas pour le vendeur un préjudice indemnisable, **37220**
l'appel en garantie formé par le vendeur contre le notaire ne peut pas être reçu en cas de condamnation du vendeur à restituer une partie du prix de vente (Cass. 3e civ. 26-10-2004 no 02-20.260 ; Cass. 3e civ. 4-1-2006 no 04-15.922 : BPIM 4/06 inf. 295). Le notaire ne peut être appelé en garantie que par l'acquéreur, en cas d'insolvabilité du vendeur (Cass. 3e civ. 1-12-2004 no 02-11.181 : RJDA 7/05 no 797 ; Cass. 1e civ. 25-3-2010 no 09-66.282 : BPIM 4/10 inf. 338).

c. État des charges en cours : l'« état daté »

L'article 5 du décret du 17 mars 1967 oblige le **syndic** à délivrer au notaire chargé de recevoir **37240**
l'acte, sur demande de celui-ci ou du copropriétaire qui transfère tout ou partie de ses droits sur le lot (vendeur, donateur ou constituant d'un droit réel), et ce indépendamment de l'avis de mutation, « un état daté » comportant trois parties.

Dans la **première partie,** le syndic doit, d'une manière même approximative et sous réserve de l'apurement des comptes, énumérer les **sommes pouvant rester dues par le vendeur** au syndicat au titre :

– des provisions exigibles du budget prévisionnel ;
– des provisions exigibles sur dépenses hors budget prévisionnel ;
– des charges arriérées impayées sur les exercices antérieurs ;
– des sommes visées aux articles 26-6 et 33 de la loi : d'une part, la part des dépenses d'amélioration votées aux conditions des articles 30 à 36 de la loi, incombant aux copropriétaires opposants, et qui, sous réserve que ceux-ci aient communiqué leur décision au syndic dans les deux mois suivant la notification du procès-verbal d'assemblée générale, peut être payée en dix annuités, sauf exigibilité immédiate en cas de mutation entre vifs du lot intéressé ; d'autre part, le montant de l'emprunt bancaire souscrit au nom du syndicat des copropriétaires pour le financement soit de travaux régulièrement votés concernant les parties communes ou de travaux d'intérêt collectif sur parties privatives régulièrement votés, soit des actes d'acquisition conformes à l'objet du syndicat et régulièrement votés (voir no 38525) ; ce montant, qui ne peut excéder le montant total des quotes-parts de dépenses des copropriétaires décidant d'y participer, est versé par l'établissement bancaire au syndicat des copropriétaires, représenté par le syndic ;
– des avances exigibles.

Ces indications doivent être données au demandeur, à charge pour lui de les porter à la connaissance des créanciers inscrits. Ces créanciers sont, on le rappelle, primés par le syndicat des copropriétaires sur le prix de vente du lot pour les sommes dues par le vendeur au titre des charges et des travaux visés à l'article 30 de la loi.

La **deuxième partie** doit indiquer, d'une manière même approximative et sous réserve de l'apurement des comptes, les **sommes dont le syndicat pourrait être débiteur envers le copropriétaire vendeur,** pour le lot considéré, au titre des avances mentionnées à l'article 45-1 du décret et des provisions non échues mais rendues exigibles en raison de la déchéance du terme prévue par l'article 19-2 de la loi.

La **troisième partie** doit indiquer les **sommes pouvant incomber au nouveau propriétaire** au titre de la reconstitution des avances et des provisions non encore exigibles et des dépenses hors budget prévisionnel. Cette dernière partie de l'état daté doit être accompagnée d'une annexe précisant la quote-part du lot considéré dans le budget prévisionnel et les dépenses hors budget des deux exercices précédents. Le cas échéant, doivent être mentionnés « l'objet et l'état » des procédures en cours dans lesquelles le syndicat est partie.

> Précisions **a.** Il a été jugé, au regard de ces dispositions, que le syndic n'a pas à remplir une **mission d'information** plus étendue que celle prévue par les textes (Cass. 3e civ. 17-11-1999 : Loyers et copr. 2000 comm. n° 33). En conséquence, l'état délivré par le syndic n'a pas à renseigner sur d'autres lots que celui objet de la vente, peu important que le vendeur soit débiteur de charges sur d'autres lots (CA Paris 18-5-2000 : Loyers et copr. 2000 comm. n° 277). Il ne peut pas être reproché au syndic de ne pas avoir signalé au notaire les infiltrations d'eau provenant de la terrasse dépendant du lot objet de la vente (Cass. 3e civ. 17-11-1999 précité) ou de ne pas avoir informé l'acquéreur d'un courrier d'EDF préconisant une réfection de l'alimentation électrique collective et d'un diagnostic technique établi par l'Apave formulant des observations sur la conformité au règlement de sécurité contre le risque d'incendie et de panique dans les bâtiments (Cass. 3e civ. 14-10-2014 n° 13-21.087 : AJDI 2015 p. 46). Mais la cour d'appel de Paris a jugé que le syndic était responsable vis-à-vis de l'acquéreur s'il n'avait pas signalé l'état dégradé de l'immeuble et l'urgence d'entreprendre des travaux (CA Paris 1-7-1999 : Loyers et copr. 2000 comm. n° 30). De même, il commet une faute professionnelle en ne signalant pas qu'une assemblée, tenue quelques jours avant l'établissement de l'état, avait voté le principe du ravalement de l'immeuble (CA Paris 12-1-2006 : Loyers et copr. 2006 comm. n° 115). Il commet également une faute en donnant des renseignements inexacts ou lacunaires sur les procédures en cours. Ainsi, s'il omet d'informer l'acquéreur que la procédure en cours n'a pas seulement pour objet la mise en conformité du parking mais aussi le défaut du système de ventilation des parties communes (Cass. 3e civ. 20-6-2019 n° 18-10.516 : BPIM 4/19 inf. 278).

b. Les **honoraires** dus au syndic pour l'établissement de l'état daté sont à la charge du seul copropriétaire concerné, c'est-à-dire le copropriétaire vendeur (Loi 65-557 du 10-7-1965 art. 10-1, b ; Décret 2015-342 du 26-3-2015 définissant le contrat type de syndic). Néanmoins, dans le cas où ce copropriétaire ne serait pas en mesure de supporter ces frais et honoraires, il n'est pas exclu que le syndicat des copropriétaires en soit redevable. Le Conseil d'État a en effet annulé la mention interdisant d'imputer au syndicat des copropriétaires le coût des prestations listées au point 9 du contrat type de syndic intitulé **« Frais et honoraires imputables aux seuls copropriétaires »**, au nombre desquelles figure l'établissement de l'état daté. En effet, si l'article 10-1 de la loi 65-557 du 10 juillet 1965 prévoit que sont imputables au seul copropriétaire concerné un certain nombre de frais exposés par le syndicat, ces dispositions ne sauraient avoir pour objet de laisser à la charge du syndic ces frais et honoraires si le copropriétaire est définitivement **insolvable** (CE 5-10-2016 n° 390465 : BPIM 6/16 inf. 398).

c. En cas de **vente par adjudication** d'un lot de copropriété, c'est à l'adjudicataire de supporter le coût de l'état daté (Cass. 3e civ. 20-5-2021 n° 20-15.633 : BPIM 4/21 inf. 273).

d. Le montant maximum applicable aux honoraires du syndic pour l'établissement de l'état daté a été fixé à **380 € TTC** (Décret 2020-153 du 20-2-2020 art. 1).

B. Protection du syndicat contre les impayés

CERTIFICAT D'ABSENCE DE CHARGES DUES PAR LE VENDEUR ET AVIS DE MUTATION

37250 L'article 20, I de la loi du 10 juillet 1965 enjoint au vendeur de **requérir du syndic, avant la vente,** un certificat ayant moins d'un mois de date et précisant qu'il est libre de toute obligation envers le syndicat.

Si ce certificat n'est pas délivré avant la vente, ou s'il fait apparaître une dette de charges incombant au vendeur, le notaire doit envoyer un **avis de la mutation,** par lettre recommandée AR dans un délai de quinze jours à compter de la date du transfert de propriété afin de permettre au syndic de former opposition sur le prix de vente (n° 37300).

Si le certificat est délivré avant la vente, et indique que le vendeur est en règle à l'égard du syndicat, l'avis de mutation n'a pas à être adressé au syndic.

La loi du 24 mars 2014 simplifie la libération du prix en cas d'opposition du syndic (n° 37320).

> **Précisions** **a.** Si le lot fait l'objet d'une **vente sur licitation ou sur saisie** immobilière, l'avis de mutation est donné au syndic selon le cas soit par le notaire, soit par l'avocat du demandeur ou du créancier poursuivant.
> **b.** Si le lot fait l'objet d'une **expropriation pour cause d'utilité publique ou** de l'exercice d'un **droit de préemption urbain,** l'avis est donné au syndic soit par le notaire ou l'expropriant, soit par le titulaire du droit de préemption ; si l'acte est reçu en la forme administrative, l'avis de mutation est donné au syndic par l'autorité qui authentifie la convention (Décret du 17-3-1967 art. 5-1).

En l'**absence d'avis de mutation,** l'acquéreur peut être condamné à payer les sommes dues par le vendeur au syndicat (en dernier lieu, Cass. 3e civ. 7-11-2007 n° 06-18.847 : BPIM 6/07 inf. 432), sauf à démontrer l'absence de préjudice (par exemple, en cas d'absorption du prix de vente par les créances hypothécaires). Cette preuve incombe à celui qui doit adresser l'avis au syndic. **37260**

L'action du syndic en recouvrement n'est pas subordonnée à la preuve de l'insolvabilité du vendeur (Cass. 3e civ. 7-11-2007 précité).

> **Précisions** En l'absence d'envoi de l'avis de mutation par l'avocat d'un syndicat ayant formé opposition à une **vente sur saisie,** aucune forclusion ne peut être opposée à ce dernier qui peut valablement demander au tribunal saisi de l'attribution du prix de vente le paiement de ses créances garanties par le privilège immobilier spécial (Cass. 3e civ. 18-7-2001 n° 1243 : BPIM 1/02 inf. 52).
> Sur la transformation, depuis le 1er janvier 2022, du privilège immobilier spécial en hypothèque légale spéciale par l'ordonnance de réforme des sûretés du 15 septembre 2021, voir n° 36725.

CERTIFICAT D'ABSENCE DE CHARGES DUES PAR L'ACQUÉREUR

Afin d'éviter l'acquisition d'un lot par un copropriétaire en impayés de charges, l'article 20, II de la loi 65-557 du 10 juillet 1965 impose au **notaire** de notifier au syndic, avant l'établissement de l'acte authentique, le nom du candidat acquéreur ou le nom des mandataires sociaux et des associés de la société civile immobilière ou de la société en nom collectif se portant acquéreur, ainsi que le nom de leur conjoint ou partenaire lié par un Pacs. Le syndic doit délivrer, dans un délai d'un mois, un certificat attestant soit que **l'acquéreur n'est pas déjà copropriétaire** de l'immeuble concerné, soit, si tel est le cas, **qu'il n'a pas d'impayé de charges de copropriété** (mise en demeure de payer restée infructueuse depuis plus de quarante-cinq jours). Le cas échéant, le notaire notifie aux parties l'impossibilité de conclure la vente. **37280**

> **Précisions** **a.** Lorsqu'un avant-contrat a été signé, l'acquéreur ou les mandataires sociaux et les associés de la société se portant acquéreurs, leur conjoint ou partenaire lié par un Pacs, dont les noms ont été notifiés par le notaire, disposent d'un **délai** de 30 jours à compter de cette notification pour s'acquitter de leur dette vis-à-vis du syndicat. Si aucun certificat attestant le règlement des charges n'est produit à l'issue de ce délai, l'avant-contrat est réputé nul et non avenu aux torts de l'acquéreur (Loi 65-557 du 10-7-1965 art. 20, II dernier al.).
> **b.** Il avait été prévu par le décret 2015-342 du 26 mars 2015 que la délivrance du certificat prévu à l'article 20, II de la loi du 10 juillet 1965 pouvait donner lieu à une rémunération complémentaire du syndic supportée par le seul copropriétaire concerné. Cette dernière mention a été annulée par le Conseil d'État (CE 5-10-2016 n° 390465 : BPIM 6/16 inf. 398). Cette annulation est rétroactive. En conséquence, la délivrance du certificat prévu à l'article 20, II ne peut pas être mise à la charge du seul copropriétaire concerné.

OPPOSITION DU SYNDIC SUR LE PRIX DE VENTE

Le syndic, alerté par l'avis de mutation (n° 37250), peut faire opposition au versement des fonds provenant de la vente pour obtenir le paiement des sommes restant dues par le vendeur dans les conditions précisées aux articles 20-I de la loi de 1965 et 5-1 du décret du 17 mars 1967. **37300**

L'opposition doit, à peine de nullité, être faite par **acte extrajudiciaire** (Cass. 3e civ. 18-12-1996 : Bull. civ. III n° 240) dans les **quinze jours** de la réception de l'avis de mutation. Aucun paiement ou transfert n'est opposable au syndic ayant fait opposition dans ce délai.

L'opposition doit, à peine de nullité, **énoncer** de façon précise **le montant et les causes** :

– des créances privilégiées du syndicat afférentes aux charges (Loi 65-557 du 10-7-1965 art. 10) et aux travaux (Loi 65-557 du 10-7-1965 art. 30) pour l'année courante et les deux années échues ainsi que pour les deux années antérieures aux deux dernières années échues ;

– des créances de toute nature garanties par une hypothèque légale et non comprises dans les créances privilégiées ;

– des créances de toute nature autres que celles précitées.

Elle doit par ailleurs contenir **élection de domicile** dans le ressort du tribunal judiciaire du lieu de situation de l'immeuble, étant précisé que le syndic ne peut faire opposition qu'entre les mains de l'une des personnes visées par l'article 5-1 du décret (Cass. 3e civ. 28-2-2001 : BPIM 2/01 inf. 136, refusant l'opposition formée entre les mains d'un séquestre).

> **Précisions** **a.** L'opposition faite sur le prix de vente d'un lot ne permet de **récupérer les dettes du vendeur** que sur le lot vendu (Cass. 3e civ. 3-11-2011 no 10-20.182 : BPIM 6/11 inf. 493).
b. Les **frais et honoraires** du syndic en cas d'opposition sur mutation sont dus par le seul copropriétaire concerné. Le contrat type de syndic prévoyait que ces frais et honoraires ne pouvaient être mis à la charge du syndicat des copropriétaires (Décret 2015-342 du 26-3-2015 définissant le contrat de syndic). Cette mention a été annulée par le Conseil d'État (CE 5-10-2016 no 390465 : BPIM 6/16 inf. 398). En effet, si l'article 10-1 de la loi 65-557 du 10 juillet 1965 prévoit que sont imputables au seul copropriétaire concerné un certain nombre de frais exposés par le syndicat, ces dispositions ne sauraient avoir pour objet de laisser à la charge du syndic ces frais et honoraires si le copropriétaire est définitivement insolvable.
c. Sur les conséquences pour l'acheteur de l'**absence d'envoi de l'avis de mutation** au syndic, voir no 37260.
d. L'opposition ne peut porter que sur les **sommes** liquides et exigibles au jour de la vente.
e. L'opposition formée par le syndicat, fût-elle irrégulière, prive celui-ci du droit de former toute **nouvelle opposition,** à tout le moins après le délai de quinze jours à compter de la date de la première opposition (Cass. 3e civ. 18-7-2001 no 1243 : BPIM 1/02 no 52 ; Cass. 2e civ. 20-10-2005 no 03-17.550 : Bull. civ. II no 264).
f. L'**absence de distinction entre les quatre types de créances du syndicat,** qui constitue un manquement à une condition de forme, a pour seul effet de faire perdre aux créances bénéficiant de l'article 2374, 1° bis du Code civil leur caractère de créances privilégiées et superprivilégiées, celles-ci ne pouvant valoir que comme créances hypothécaires ou chirographaires (Cass. 3e civ. 27-11-2013 no 12-25.824 : BPIM 1/14 inf. 53).
g. Sur l'opposition formée par un **tiers subrogé,** voir no 36730, Précision, e.
h. **En cas de vente judiciaire,** l'opposition doit être faite auprès du créancier poursuivant et donc être notifiée à l'avocat de la copropriété et non à l'adjudicataire, l'opposition étant destinée à informer les créanciers du montant et des causes des créances du syndicat.

37320 **Effets de l'opposition** L'opposition est l'équivalent d'une véritable **saisie-arrêt** qui rend indisponible le prix de la vente, dans la limite du montant énoncé dans ladite opposition. Elle vaut mise en œuvre du privilège immobilier spécial (no 36730 ; sur la transformation, depuis le 1er janvier 2022, du privilège immobilier spécial en hypothèque légale spéciale par l'ordonnance de réforme des sûretés du 15 septembre 2021, voir no 36725) et ses effets sont limités au montant de la créance énoncée par le syndic (Loi 65-557 du 10-7-1965 art. 20, I). L'article 20 de la loi du 10 juillet 1965, dans sa rédaction antérieure à la loi du 24 mars 2014, ne précisait pas les conditions dans lesquelles le notaire pouvait procéder au paiement après opposition du syndic. Cette loi a précisé ce point et simplifié les modalités de libération du prix : le notaire libère les fonds dès l'accord entre le syndic et le vendeur sur les sommes restant dues. À défaut d'accord, dans un délai de trois mois après la constitution de l'opposition, le notaire verse les sommes retenues au syndicat, sauf si l'opposition a été contestée devant les tribunaux par l'une des parties (Loi 65-557 du 10-7-1965 art. 20, I).

> **Précisions** **a.** Depuis l'abrogation de l'article 57 du décret de 1967 (Décret 95-162 du 15-2-1995 art. 10), qui prévoyait la faculté pour le vendeur de demander au juge de l'exécution le **cantonnement de l'opposition,** il n'existe aucun texte attribuant compétence au juge de l'exécution (l'article L 213-6 du Code de l'organisation judiciaire ne vise pas à la lettre le cas de l'opposition du syndic). Par ailleurs, il a été jugé que l'article 20 de la loi de 1965 est un texte autonome par rapport aux dispositions régissant les voies d'exécution (Cass. 2e civ. 6-5-1999 : Bull. civ. II no 86).
b. La décision qui valide l'opposition fixe le **montant de la créance** dont le recouvrement est soumis à la prescription de droit commun car il ne s'agit pas d'une action en paiement des charges (Cass. 3e civ. 8-6-2011 no 10-14.379 : BPIM 4/11 inf. 329).

37340 **Information des créanciers** Le notaire, ou selon les cas l'une des personnes mentionnées à l'article 5-1 du décret du 17 mars 1967, informe les créanciers inscrits de l'opposition formée par le syndic et, sur leur demande, leur en adresse une copie (Décret du 17-3-1967 art. 6-1).

C. Effets de la vente

1. NOTIFICATION DE LA VENTE

37360 Après la vente d'un lot, il faut notifier **« sans délai »** la vente intervenue au syndic. À défaut, le transfert de propriété est inopposable au syndicat, qui continuera à convoquer le cédant aux assemblées et à lui demander le paiement des charges (Cass. 3e civ. 3-10-1972 : Bull. civ. III no 487 ; Cass. 3e civ. 3-7-1974 : Bull. civ. III no 287 ; Cass. 3e civ. 26-9-2007 no 06-16.394 : BPIM 6/07 inf. 433). En cas de vente d'un lot issu de la division d'un autre, l'opposabilité de la vente au syndicat n'est pas subordonnée au vote préalable par l'assemblée générale de la nouvelle répartition des charges entre les lots issus de la division et le syndic ne peut donc continuer à appeler les charges auprès de l'ancien propriétaire du lot si la vente a été dûment notifiée (Cass. 3e civ. 7-2-2019 no 17-31.101 : BPIM 2/19 inf. 130).

La notification doit être faite soit par les parties, soit par le notaire qui établit l'acte, soit par l'avocat ou l'avoué qui obtient le jugement d'où résulte le transfert de la propriété.

La notification doit comporter la désignation du lot intéressé, l'état civil de l'acquéreur ou du titulaire du droit, son domicile réel ou élu, son adresse électronique (sous réserve de son accord exprès) et le nom du mandataire commun prévu à l'article 23, alinéas 2 et 3 de la loi du 10 juillet 1965 si le lot est en indivision ou grevé d'usufruit et, le cas échéant, lorsque l'obligation de payer la quote-part restant due d'un emprunt souscrit au nom du syndicat est transmise au nouveau propriétaire, l'accord écrit du nouveau propriétaire, du prêteur et de la caution (Décret 67-223 du 17-3-1967 art. 6).

Seule une notification effectuée selon ce formalisme rend la vente opposable au syndicat (Cass. 3e civ. 22-3-2000 : Loyers et copr. 2000 no 146). L'avis de mutation ne peut pas la remplacer (Cass. 3e civ. 7-9-2010 no 09-11.158 : BPIM 6/10 inf. 488).

> Précisions **a.** La notification s'impose également en cas d'expropriation d'un lot (Cass. 3e civ. 11-5-1994 : JCP éd. N 1994 II p. 365).

b. Dans un cas où deux mutations d'un même lot de copropriété ont fait l'objet d'une notification concomitante au syndic, le premier acquéreur du lot n'a jamais eu la qualité de copropriétaire à l'égard du syndicat et ne peut pas être poursuivi en recouvrement des charges (Cass. 3e civ. 4-1-1996 : RJDA 5/96 no 682).

c. Nonobstant une clause de subrogation dans l'acte de vente, le vendeur d'un lot, propriétaire à la date de l'assemblée litigieuse, conserve le droit d'agir en nullité des résolutions qui lui portent préjudice (CA Versailles 17-3-1998 : Administrer juillet 1998 p. 45).

d. Selon la cour d'appel de Paris, l'inopposabilité au syndicat d'un transfert de propriété non notifié au syndic est facultative pour le syndicat, qui peut poursuivre à son gré le vendeur ou l'acquéreur (CA Paris 14-2-1990 : Loyers et copr. 1990 comm. no 234). Mais le syndicat des copropriétaires qui ne reconnaît pas à l'acquéreur d'un lot la propriété de ce lot faute de notification de la mutation au syndic et qui ne le convoque pas aux assemblées générales ne peut pas lui réclamer le paiement des charges de copropriété (Cass. 3e civ. 8-7-2015 no 14-12.995 : BPIM 5/15 inf. 341).

2. RÉPARTITION DES CHARGES ENTRE VENDEUR ET ACQUÉREUR

PRINCIPE

Lors de la mutation à titre onéreux d'un lot (Décret du 17-3-1967 art. 6-2) : **37370**

– le paiement de la **provision exigible du budget prévisionnel** (no 36430) incombe au **vendeur** ;

– le paiement des **provisions sur dépenses non comprises dans le budget prévisionnel** (no 36460) incombe à celui – vendeur ou acquéreur – qui sera copropriétaire au moment de l'exigibilité de ces provisions ;

– le trop- ou moins-perçu sur provisions que révélera l'approbation des comptes (no 36490) fera le crédit ou le débit de celui qui sera copropriétaire lors de l'approbation des comptes.

En cas de travaux (« dépenses hors budget ») votés en assemblée avant la vente, le vendeur doit supporter les appels de fonds appelés avant la vente conformément au calendrier voté par l'assemblée générale, même si les travaux n'ont pas encore été exécutés au moment de la vente (Cass. 3e civ. 19-7-1983 : D. 1984 p. 293 note Souleau ; Cass. 3e civ. 7-10-2009 no 08-19.631 : BPIM 6/09 inf. 456 ; CA Paris 12-2-1997 : Loyers et copr. 1997 comm. no 181 dans un cas où les travaux avaient été exécutés neuf ans après le vote de l'assemblée). **L'acquéreur** sera tenu de payer les appels de fonds intervenant après la vente.

Par exception à ce principe, pour les **travaux d'amélioration,** les copropriétaires qui ont demandé la possibilité de bénéficier de la mesure de paiement par annuités prévue par l'article 33 de la loi du 10 juillet 1965 doivent régler immédiatement l'ensemble des annuités restant dues lors en cas de mutation entre vifs de leur lot (Loi 65-557 du 10-7-1965 art. 33).

Lorsqu'un **emprunt collectif** a été souscrit par le syndicat (Loi 65-557 du 10-7-1965 art. 26-4, III créé par loi 2024-322 du 9-4-2024 ; voir no 39668), la charge du remboursement de l'emprunt est transférée aux propriétaires successifs du lot en cas de mutation. Le copropriétaire vendeur peut toutefois décider de rembourser sa quote-part de l'emprunt par anticipation au syndicat (Loi 65-557 du 10-7-1965 art. 26-11 créé par loi 2024-322 du 9-4-2024). Pour les copropriétaires ayant au contraire refusé l'emprunt collectif, les sommes qu'ils ont payées au syndicat pour le financement des travaux ne donnent pas lieu à remboursement par le syndicat à l'occasion de la cession du lot (Loi 65-557 du 10-7-1965 art. 26-13 créé par loi 2024-322 du 9-4-2024). Il peut en être remboursé par l'acquéreur si celui-ci l'accepte.

> **Précisions** **a.** À l'occasion de la **mutation à titre onéreux** d'un lot, toute somme qui, après la vente du lot, apparaît dans les comptes de la copropriété soumis à l'approbation de l'assemblée générale doit être portée au crédit ou au débit du compte de celui qui est copropriétaire lors de l'approbation des comptes (Cass. 3e civ. 19-12-2012 n° 11-17.178 : BPIM 1/13 inf. 70).
> **b.** En cas d'**annulation** par une assemblée des appels de fonds antérieurs à une vente et de fixation de nouvelles dates d'exigibilité des appels de fonds pour travaux, l'acquéreur est débiteur des nouveaux appels de fonds substitués à ceux annulés, dès lors que l'assemblée n'a pas été attaquée (Cass. 3e civ. 6-10-1999 : BPIM 6/99 inf. 444).
> En cas de diminution, après la vente, du coût des travaux dont le vendeur était redevable (exigible lors de la vente), le vendeur ne peut pas prétendre à la restitution de la différence (Cass. 2e civ. 7-7-2005 : Loyers et copr. 2005 comm. n° 191).
> **c.** Lorsqu'un emprunt bancaire au nom du syndicat a été souscrit, le prêt qui n'est pas totalement remboursé au moment du **transfert du lot de copropriété** entraîne en principe le remboursement immédiat de sa quote-part par le copropriétaire concerné. À cette fin, l'état daté fourni par le syndic au notaire mentionne, dans sa première partie, le montant de la quote-part restant due (Décret 67-223 du 17-3-1967 art. 5). Lorsque l'obligation de payer la quote-part d'emprunt est transmise au nouveau propriétaire, l'accord écrit du nouveau propriétaire, du prêteur et de la caution est joint à la notification du transfert de propriété faite au syndic (Décret 67-223 du 17-3-1967 art. 6).
> **d.** Si une **clause de paiement** des travaux de réfection par le vendeur est **ambiguë,** elle sera interprétée par le juge, peu important les décisions de la copropriété (Cass. 3e civ. 2-2-2017 n° 15-28.493 F-D : BPIM 2/17 inf. 127).

DÉROGATIONS CONVENTIONNELLES

37380 Toute **convention contraire** aux règles posées par l'article 6-2 (n° 37370) n'a d'effet qu'entre les parties et est **inopposable au syndicat** des copropriétaires (Décret du 17-3-1967 art. 6-3). Vendeur et acquéreur peuvent donc adopter, quant aux charges dues au moment de la vente, toutes conventions qu'elles désirent. Ces conventions sont valables, mais elles ne sont pas opposables au syndicat (Cass. 3e civ. 25-9-2002 : BPIM 6/02 inf. 406).

37390 La **clause** dite **« de solidarité »,** selon laquelle, en cas de vente d'un lot, acheteur et vendeur sont solidairement tenus des dettes afférentes au lot vendu au jour de la mutation, est déclarée nulle par la jurisprudence lorsqu'elle figure dans le **règlement de copropriété** (Cass. 3e civ. 1-7-1980 : Bull. civ. III n° 127 ; Cass. 3e civ. 13-5-1987 : Bull. civ. III n° 99). Une telle clause est également nulle au regard des articles 2285 et 2323 du Code civil car elle fait échec au principe d'égalité entre les créanciers (CA Paris 16-6-1995 : Loyers et copr. 1996 comm. n° 487).

En cas de **vente amiable** d'un lot, la clause de « solidarité », prévue par les parties dans l'acte de vente, est valable entre les parties ; elle est en revanche inopposable au syndicat.

En cas de **vente** d'un lot **par adjudication,** le syndicat poursuivant inscrit souvent au cahier des charges de l'adjudication un « dire » stipulant une clause de solidarité à la charge de l'adjudicataire. Cette pratique avait été admise par la Cour de cassation au motif que le cahier des charges devient, s'il n'est pas contesté, une convention ayant force obligatoire entre le saisissant, le créancier saisi, le saisi et l'adjudicataire (Cass. 2e civ. 14-1-1981 : Bull. civ. II n° 3 ; Cass. 3e civ. 6-11-1984 : D. 1985 p. 547 note Souleau). Cette jurisprudence a toutefois été remise en cause par la troisième chambre civile de la Cour de cassation au motif qu'une clause de solidarité avantageait le syndicat poursuivant au détriment des autres créanciers (Cass. 3e civ. 6-3-1991 : RJDA 6/91 n° 528 ; Cass. 3e civ. 17-6-1992 : inf. rap. copr. 1992 p. 354 ; dans le même sens, CA Paris 31-5-1995 : Loyers et copr. 1996 n° 488). Cependant, la deuxième chambre civile a estimé qu'un adjudicataire n'était pas recevable à invoquer la nullité d'une clause de solidarité au motif qu'elle modifierait l'ordre de paiement des créanciers (Cass. 2e civ. 18-2-1999 : Bull. civ. II n° 30).

CHAPITRE 6

ASSEMBLÉES GÉNÉRALES DE COPROPRIÉTAIRES

SOMMAIRE

INTRODUCTION

Les copropriétaires sont, par le seul effet de la loi, groupés en un syndicat doté de la personnalité morale. L'organe délibérant de la copropriété est l'assemblée générale (nos 37405 s.). L'organe exécutif en est le syndic (nos 38300 s.) assisté et contrôlé par le conseil syndical (nos 38900 s.). **37400**

La loi du 10 juillet 1965 consacre les articles 22 à 26-8 aux principes régissant les assemblées de copropriétaires. Le décret du 17 mars 1967, dans ses articles 7 à 21, en organise le fonctionnement. **37405**

C'est **en principe** le règlement de copropriété qui détermine le fonctionnement et les pouvoirs des assemblées (Loi 65-557 du 10-7-1965 art. 22), mais en réalité ce fonctionnement et ces pouvoirs sont régis par les dispositions légales sus-indiquées, qui sont d'**ordre public,** et le règlement de copropriété ne peut ni les modifier ni y déroger. Son rôle est donc en cette matière très réduit, et la plupart des règlements se contentent, à cet endroit, de reproduire les textes de la loi et du décret.

Sur les **dérogations** aux règles générales accordées aux petites copropriétés et aux copropriétés à deux (Loi 65-557 du 10-7-1965 art. 41-12 à 41-18), voir nos 40180 s.

A. Principes généraux de fonctionnement des assemblées générales de copropriétaires

1. RÔLE DE L'ASSEMBLÉE GÉNÉRALE

37410 Les décisions du syndicat sont prises en assemblée générale des copropriétaires (Loi 65-557 du 10-7-1965 art. 17). Tout **autre mode de consultation** est exclu, notamment la consultation écrite des copropriétaires (Cass. 3e civ. 22-5-1973 : Bull. civ. III n° 360 ; Cass. 3e civ. 14-6-2000 : Loyers et copr. 2000 comm. n° 239) ou une convention signée par tous les copropriétaires (Cass. 3e civ. 27-2-2002 n° 593 : Administrer juillet 2002 p. 25 obs. P. Capoulade), à l'exception des dispositions dérogatoires applicables aux petites copropriétés, qui permettent l'organisation de consultations écrites ou de réunions (Loi 65-557 du 10-7-1965 art. 41-12 ; voir nos 40180 s.) et aux copropriétés à deux, qui permettent la prise de certaines décisions sans réunion de l'assemblée générale (Loi 65-557 du 10-7-1965 art. 41-17 et 41-18 ; voir nos 40190 s.). Sur la notion de « décisions », voir n° 38000.

Le **règlement de copropriété** ne saurait contenir de dispositions autorisant d'avance des travaux ou des opérations qui normalement nécessiteraient une décision de l'assemblée des copropriétaires. Une telle clause est réputée non écrite (Cass. 3e civ. 9-2-1982 n° 80-11.710 : Bull. civ. III n° 38), et ce même si les travaux sont précisément définis (Cass. 3e civ. 12-3-1997 n° 95-15.953 : BPIM 3/97 inf. 208) ou si l'autorisation a été donnée à un copropriétaire précisément identifié (Cass. 3e civ. 25-6-1997 n° 96-10.139 : BPIM 6/97 inf. 402 ; Cass. 3e civ. 2-2-1999 n° 97-15.870 : D. 2000 som. p. 141 obs. P. Capoulade ; Cass. 3e civ. 11-5-2005 n° 03-19.183 : BPIM 5/05 inf. 348) : par exemple, travaux affectant l'aspect extérieur de l'immeuble (n° 37861 ; voir cependant, pour une surélévation prévue par le règlement de copropriété, Cass. civ. 6-11-1984 : JCP éd. N 1985 II p. 137).

Si une assemblée peut décider l'inverse d'une précédente assemblée, elle ne peut cependant pas revenir sur un **droit acquis** à un copropriétaire en vertu d'une décision antérieure (voir n° 38020).

> **Précisions** **a.** La répartition d'une indemnité allouée au syndicat des copropriétaires relève des pouvoirs de l'assemblée et non de ceux du juge (Cass. 3e civ. 31-3-2010 n° 09-13.254 : BPIM 3/10 inf. 237).
> **b.** L'assemblée est hors de sa compétence si elle intervient dans l'exécution de contrats conclus entre copropriétaires (CA Aix-en-Provence 4-4-2008 : Loyers et copr. 2009 comm. n° 17).

37411 L'**absence de conformité d'une clause** aux dispositions impératives de la loi de 1965 peut être constatée à tout moment, non seulement par le juge, mais également par l'assemblée générale (Cass. 3e civ. 10-9-2020 n° 19-17.045 FS-PBI : BPIM 5/20 inf. 336) sans être enfermée dans le délai de prescription de l'article 42. En effet, l'**action visant à voir déclarer non écrites** les clauses d'un règlement de copropriété non conformes aux dispositions d'ordre public de l'article 10 de la loi du 10 juillet 1965 n'est pas soumise à la prescription décennale édictée par l'article 42 de cette loi (Cass. 3e civ. 13-6-1984 n° 82-16.492 : Bull. civ. III n° 115 ; Cass. 3e civ. 1-4-1987 n° 85-15.010 : Bull. civ. III n° 69 ; Cass. 3e civ. 26-4-1989 n° 87-18.384 : Bull. civ. III n° 93 ; Cass. 3e civ. 7-5-2008 n° 07-13.409 FS-PB : BPIM 3/08 inf. 244).

Tout **copropriétaire** peut donc, à **tout moment,** faire constater l'absence de conformité aux dispositions de l'article 10, alinéa 1er de la loi du 10 juillet 1965, de la clause de répartition des charges, qu'elle résulte du règlement de copropriété, d'un acte modificatif ultérieur ou d'une décision d'assemblée générale, et faire établir une nouvelle répartition conforme à ces dispositions (Cass. 3e civ. 28-1-2016, n° 14-26.921 FS-PB : BPIM 2/16 inf. 127). Cette **imprescriptibilité** a vocation à s'appliquer de la même façon, que le caractère non écrit soit constaté par un juge ou par l'assemblée générale.

2. DIFFÉRENTS TYPES D'ASSEMBLÉES GÉNÉRALES

ASSEMBLÉES « ORDINAIRES » ET « EXTRAORDINAIRES »

37412 Par un abus de langage, on distingue entre « assemblée générale ordinaire » et « assemblée générale extraordinaire ». En réalité, la première est l'assemblée annuelle **obligatoire,** qui statue notamment sur les comptes de la copropriété, tandis que la seconde constitue une assemblée **supplémentaire,** qui peut être convoquée chaque fois que la bonne administration de l'immeuble nécessite une décision ne pouvant pas attendre la prochaine assemblée annuelle.

ASSEMBLÉES PARTICULIÈRES

37414 **Assemblées composées de certains copropriétaires seulement** Ces assemblées se rencontrent :

– en présence d'un **syndicat secondaire** : son assemblée générale est alors composée des seuls copropriétaires de l'immeuble en question pour prendre les décisions relatives à la gestion, l'entretien et l'amélioration du bâtiment (Loi 65-557 du 10-7-1965 art. 27) ;

– lorsque l'immeuble comporte des parties communes générales et des **parties communes « spéciales »** : lorsque le règlement de copropriété a instauré des parties communes spéciales à certains copropriétaires, ceux-ci en ont la propriété indivise, même en l'absence de syndicat secondaire (Cass. 3e civ. 21-2-1978 no 76-14.288 : Bull. civ. III no 89 ; Cass. 3e civ. 19-11-2014 no 13-18.925 : BPIM 1/15 inf. 59 précisant que les autres copropriétaires n'ont aucun droit de propriété sur les parties concernées). Les décisions relatives à ces parties sont prises soit au cours d'une assemblée spéciale, soit au cours de l'assemblée générale de tous les copropriétaires, seuls prenant part au vote les copropriétaires à l'usage ou à l'utilité desquels sont affectées ces parties communes (Loi 65-557 du 10-7-1965 art. 6-2). Par exemple, la décision d'aliénation d'une partie commune spéciale ne peut être décidée que par les copropriétaires du bâtiment concerné (Cass. 3e civ. 1-6-2022 no 21-16.232 : BPIM 4/22 inf. 315 ; Cass. 3e civ. 6-4-2023 no 22-10.722 : BPIM 3/23 inf. 305). La question de la forme que peut ou doit prendre l'assemblée spéciale de copropriétaires de parties communes spéciales est discutée, si les copropriétaires ne sont pas réunis en un syndicat secondaire. Il peut s'agir d'une assemblée générale « spéciale » regroupant les copropriétaires détenant une quote-part des parties communes spéciales ou d'un collège particulier au sein de l'assemblée générale de tous les copropriétaires. En revanche, lorsqu'une décision d'autorisation de travaux concerne à la fois des parties communes générales et des parties communes spéciales, cette décision doit être adoptée par l'assemblée générale réunissant les copropriétaires des parties communes générales sans avoir à être autorisée, en plus, par les copropriétaires des parties spéciales concernées (Cass. 3e civ. 6-2-2025 no 23-18.586 : BPIM 2/25 inf. 97).

Assemblées restreintes de l'article 10 dernier alinéa Lorsque le règlement de copropriété met à la charge de certains copropriétaires des **charges spéciales** (dépenses d'entretien et de fonctionnement d'un élément d'équipement), il peut prévoir que ces propriétaires seuls prennent part au vote sur les décisions qui concernent ces dépenses ; chacun d'eux vote alors avec un nombre de voix proportionnel à sa participation auxdites dépenses. 37415

> **Précisions** L'article 10, dernier alinéa s'est substitué, depuis l'entrée en vigueur de l'ordonnance 2019-1101 du 30 octobre 2019, à l'article 24, III, et a supprimé la référence aux dépenses d'entretien d'une « partie de l'immeuble », dépenses qui supposent, pour être mises à la charge de certains copropriétaires seulement, la création de parties communes spéciales dans le règlement de copropriété (Loi 65-557 du 10-7-1965 art. 6-2 et 6-4).

ASSEMBLÉES SPÉCIALES

Indépendamment des assemblées particulières ci-dessus décrites, qui sont permanentes, la loi du 10 juillet 1965 a prévu la tenue d'assemblées spéciales pour la réalisation d'objectifs différents, de **caractère ponctuel.** La loi du 10 juillet 1965 impose expressément la tenue d'une assemblée spéciale ne regroupant que les copropriétaires concernés dans les cas suivants : création de syndicats secondaires (Loi 65-557 du 10-7-1965 art. 27 ; nos 39100 s.), scission de copropriété (Loi 65-557 du 10-7-1965 art. 28 ; nos 39180 s.), vente du droit de surélever (Loi 65-557 du 10-7-1965 art. 35, al. 2 ; no 39720), reconstruction d'un immeuble sinistré. 37417

Les assemblées spéciales obéissent aux mêmes **règles de forme** que les assemblées générales (Décret du 17-3-1967 art. 20). 37418

3. MEMBRES DE L'ASSEMBLÉE GÉNÉRALE

DROIT DES COPROPRIÉTAIRES

Tout copropriétaire a accès à l'assemblée, même si la décision à prendre ne le concerne pas personnellement. Il n'en est autrement qu'**en cas d'existence d'assemblées particulières** (nos 37414 s.). Le défaut de convocation d'un copropriétaire entraîne la nullité de l'assemblée ou des décisions prises à cette occasion s'il s'en prévaut (no 37610). 37420

Une **personne étrangère à la copropriété** ne peut assister à l'assemblée que si celle-ci l'y autorise, ou si l'intéressé est autorisé par ordonnance du président du tribunal de grande instance rendue sur requête (cas fréquent des huissiers commis pour contrôler la régularité des assemblées ou pour en dresser le procès-verbal), à moins qu'il ne s'agisse du mandataire d'un copropriétaire.

> **Précisions a.** Les représentants de certaines **associations de locataires** peuvent assister à l'assemblée générale et formuler des observations sur les opérations inscrites à l'ordre du jour (Loi 86-1290 du 23-12-1986 art. 44, al. 3).
> **b.** Le fait pour un copropriétaire de solliciter la désignation judiciaire d'un **huissier** pour assister aux assemblées générales n'est pas en soi constitutif d'une faute, les juges du fond devant caractériser en quoi cette désignation revêt

le cas échéant un caractère fautif (Cass. 3e civ. 8-4-1998 no 96-17.138 : RDI 1998 p. 414).

c. La présence d'un **tiers** lors des délibérations d'une assemblée de copropriétaires n'est pas une cause d'annulation de celle-ci dès lors que cette personne n'a pas participé au vote (Cass. 3e civ. 31-5-2012 no 11-12.774 : BPIM 4/12 inf. 348, pour les copropriétaires d'une autre copropriété convoqués par erreur).

d. Une assemblée tenue en l'absence de **copropriétaires expulsés** manu militari encourt l'annulation indépendamment de tout autre motif (CA Paris 2-2-2006 : Loyers et copr. 2006 comm. no 117).

CAS PARTICULIER : LOTS APPARTENANT À UNE SOCIÉTÉ D'ATTRIBUTION

37430 L'article 23 de la loi du 10 juillet 1965 régit la situation des copropriétés dans lesquelles des lots sont la propriété d'une société d'attribution (sur ces sociétés, voir Mémento Urbanisme-Construction nos 67300 s.). L'hypothèse la plus fréquente est celle d'un immeuble construit par une société d'attribution, dont un associé au moins a opéré son retrait (voir Mémento Urbanisme-Construction no 69805), lequel a pour effet de faire naître ipso facto l'état de copropriété (puisque alors l'immeuble appartient à deux personnes différentes). Dans ce cas, chaque associé vote à l'assemblée de la copropriété avec un nombre de voix correspondant à la quote-part dans les parties communes correspondant aux lots qu'il a vocation à se voir attribuer – avec application éventuelle de la règle de réduction des voix examinée no 37480. Ainsi, chaque associé participera aux assemblées comme s'il était propriétaire alors qu'il ne l'est pas, tandis que la société qui, elle, est copropriétaire, n'y participe pas.

En dehors de cette particularité, la société seule est copropriétaire, pour les lots non encore attribués, avec tous les attributs de cette qualité : elle est seule habilitée à agir pour le respect du règlement de copropriété, elle peut seule agir en nullité de l'assemblée, c'est à elle que sera notifié le procès-verbal de cette assemblée, etc.

Les dispositions de l'article 23 de la loi du 10 juillet 1965 ne s'appliquent pas aux sociétés d'attribution d'immeubles en temps partagé (Loi 86-18 du 6-1-1986 art. 17) ; voir sur ces sociétés Mémento Urbanisme-Construction nos 72300 s.

4. REPRÉSENTATION DES COPROPRIÉTAIRES

a. Représentation légale

ÉPOUX

37435 Lorsque deux époux mariés sous le **régime de la communauté** sont propriétaires d'un lot qui leur appartient en commun, chacun des époux ayant le pouvoir d'administrer seul la communauté, l'un des époux peut participer seul à l'assemblée, à moins que des décisions relatives à l'aliénation d'une partie commune ou à la constitution d'un droit réel doivent être prises (C. civ. art. 1421 et 1424). Il est néanmoins recommandé que l'autre époux lui donne un pouvoir de représentation. Si le bien appartient en propre à l'un des deux époux, alors ce seul époux a la qualité de copropriétaire et peut participer à l'assemblée générale, sauf à donner mandat à son conjoint de le représenter, ce mandat étant alors indispensable.

Si les époux sont mariés sous le **régime de la séparation de biens** et sont propriétaires indivis d'un lot, alors ils doivent être représentés par un mandataire commun régulièrement désigné, généralement l'un d'eux (Loi 65-557 du 10-7-1965 art. 23, al. 2 ; voir no 37440). Le mandat tacite entre époux est admis (Cass. 3e civ. 12-1-2005 no 03-14.575 ; Cass. 3e civ. 12-5-2016 no 15-12.575 : BPIM 3/16 inf. 198).

LOTS EN INDIVISION OU GREVÉS D'USUFRUIT

37440 Le principe de l'unicité du vote pour chaque lot implique la désignation d'un **mandataire commun** en présence de plusieurs titulaires de droits sur un même lot. Si aucun mandataire commun n'a été désigné, d'un commun accord ou judiciairement, le syndic est tenu de convoquer tous les titulaires de droits réels sur le lot. À défaut, l'assemblée générale est susceptible d'être annulée dans son intégralité.

En cas d'indivision, les indivisaires, qui ont des droits concurrents et égaux sur le bien indivis, doivent être représentés par un mandataire commun qui est, à défaut d'accord, désigné par le président du tribunal judiciaire saisi par l'un d'entre eux ou le syndic (Loi 65-557 du 10-7-1965 art. 23, al. 2). L'action en justice engagée par des copropriétaires indivis sans mandataire commun est irrecevable (Cass. 3e civ. 10-2-2015 no 13-26.490). Toutefois, dans le cadre d'une indivision successorale, l'action diligentée par un seul indivisaire est recevable s'il se voit attribuer ultérieurement la propriété du lot par l'acte de partage, en raison de l'effet rétroactif du partage résultant de l'article 883 du Code civil (Cass. 3e civ. 9-2-2022 no 20-22.159 : BPIM 2/22 inf. 145).

En cas d'usufruit, et en l'absence d'accord entre le nu-propriétaire et l'usufruitier, les intéressés sont, à défaut d'accord, représentés par le nu-propriétaire. Celui-ci a en effet vocation à recouvrer à terme la pleine propriété du bien, tandis que l'usufruitier n'est titulaire que d'un droit de jouissance par nature temporaire. Et le nu-propriétaire ne peut, en tout état de cause, rien faire qui nuise à la jouissance de l'usufruitier en application de l'article 599, al. 1 du Code civil. En cas de pluralité de nus-propriétaires, le mandataire commun est, à défaut d'accord, désigné par le président du tribunal judiciaire saisi par l'un d'entre eux ou par le syndic.

La **désignation judiciaire** d'un mandataire commun se fait aux frais des indivisaires ou des nus-propriétaires concernés. Le président du tribunal judiciaire statue selon la procédure accélérée au fond (Décret 67-223 du 17-3-1967 art. 61).

Dans les **autres hypothèses de démembrement** du droit de propriété, à défaut d'accord, les intéressés sont représentés par le propriétaire. Il s'agit notamment des lots grevés d'un droit d'usage et d'habitation réglementé par les articles 625 et suivants du Code civil.

Avant la loi Alur du 24 mars 2014, le règlement de copropriété pouvait prévoir des stipulations contraires, ce qui n'est plus le cas désormais. Ces clauses devront donc le cas échéant être déclarées non écrites.

Le mandat est en principe écrit, mais le mandat tacite est admis, notamment entre époux (Cass. 3e civ. 12-1-2005 n° 03-14.575 ; Cass. 3e civ. 12-5-2016 n° 15-12.575 : BPIM 3/16 inf. 198).

La **réduction des voix** du copropriétaire majoritaire (n° 37480) ne s'applique pas, en l'état actuel du droit positif, dans le cas où une personne, non majoritaire par ses lots en toute propriété, le devient en ajoutant les voix des lots dont elle est usufruitière.

Le mandat de représentation de l'indivision dont le mandataire commun est titulaire est distinct de la **délégation de vote** au sens de l'article 22, alinéa 3 de la loi du 10 juillet 1965 (n° 37455) : le mandataire commun peut donc recevoir trois délégations de vote d'autres copropriétaires (Cass. 3e civ. 1-7-2009 n° 08-18.109 : BPIM 4/09 inf. 299 ; Cass. 3e civ. 12-5-2010 n° 09-14.106 : BPIM 5/10 inf. 399).

> **Précisions** Le mandataire commun peut lui-même déléguer son droit de vote en application de l'article 22 de la loi du 10 juillet 1965 (Cass. 3e civ. 12-5-2016 n° 15-12.575 : BPIM 3/16 inf. 198).

SCI

Lorsque des lots sont la propriété d'une SCI, elle est représentée à l'assemblée générale par son représentant légal, à savoir son gérant. Il en résulte qu'un associé, pour pouvoir valablement représenter la SCI lors de l'assemblée générale, devra disposer d'une délégation de vote (Cass. 3e civ. 8-4-2021 n° 20-15.306 : BPIM 3/21 inf. 208). **37443**

b. Représentation conventionnelle

CHOIX DU MANDATAIRE

Les copropriétaires peuvent se faire représenter aux assemblées par un mandataire, que celui-ci soit membre du syndicat des copropriétaires ou non (Loi 65-557 du 10-7-1965 art. 22, al. 3). Mais ils ne peuvent pas être représentés par le syndic, son conjoint, le partenaire lié à lui par un pacte civil de solidarité ou son concubin (Loi 65-557 du 10-7-1965 art. 22, al. 4 et 5). Cette dernière disposition s'applique également à l'administrateur ad hoc désigné par le juge lorsque la copropriété est dépourvue de syndic (Cass. 3e civ. 18-2-2004 n° 02-15.645 : BPIM 2/04 inf. 120). **37445**

Ne peuvent pas non plus recevoir de mandat pour représenter un copropriétaire, ni présider l'assemblée générale (Loi 65-557 du 10-7-1965 art. 22) :

- les ascendants et descendants du syndic ainsi que ceux de son conjoint ou du partenaire lié à lui par un pacte civil de solidarité ou de son concubin ;
- les préposés du syndic, leur conjoint, le partenaire lié à eux par un pacte civil de solidarité, leur concubin ;
- les ascendants et descendants des préposés du syndic ainsi que ceux de leur conjoint ou du partenaire lié à eux par un pacte civil de solidarité ou de leur concubin.

Les concierges ou les gardiens d'immeubles peuvent être mandatés par les copropriétaires pour les représenter. En effet, s'ils sont bien recrutés par le syndic, il n'existe pas de lien juridique de subordination à l'égard de celui-ci puisqu'ils sont préposés du syndicat des copropriétaires (Rép. Aurillac : AN 19-2-1996 n° 32353).

Chacun des **époux** copropriétaires communs ou indivis d'un lot peut recevoir personnellement des délégations de vote, dans les conditions prévues à l'article 22 (Loi 65-557 du 10-7-1965 art. 22).

La loi Élan consacre la faculté, antérieurement admise par la jurisprudence (Cass. 3e civ. 18-12-2002 n° 1902 : BPIM 1/03 inf. 40 ; Cass. 3e civ. 16-3-2011 n° 10-14.005 : BPIM 3/11 inf. 229), de **subdélégation du mandat** par le mandataire à une autre personne, à condition que cela ne soit pas interdit par le mandat.

> **Précisions** **a.** Un copropriétaire peut donner à un **tiers** à la copropriété mandat de le représenter à l'assemblée générale. En revanche, ce tiers ne peut être désigné **président de l'assemblée générale,** un copropriétaire ne pouvant, aux termes de l'article 22, déléguer que son « droit de vote » et non la faculté d'être nommé président (Cass. 3e civ. 13-11-2013 no 12-12.870 : BPIM 6/13 inf. 416).
> **b.** Le syndic ou ses préposés ne peuvent pas représenter à l'assemblée générale les copropriétaires qui lui ont confié la gestion de leur lot dans le cadre d'un **mandat de gestion** (Cass. 3e civ. 7-5-2014 no 12-26.426 : BPIM 3/14 inf. 194).
> **c.** Un « **préposé** » n'est pas nécessairement lié au syndic par un contrat de travail. Le préposé est celui qui accomplit un acte ou exerce une fonction sous la subordination d'un autre, le lien de subordination étant caractérisé par l'exécution d'un travail sous l'autorité d'un employeur qui a le pouvoir de donner des ordres et des directives, d'en contrôler l'exécution et de sanctionner les manquements de son subordonné (Cass. soc. 1-7-1997 no 94-43.998 : Bull. civ. V no 242). Le fait que l'intéressé soit salarié d'une société qui détient 100 % du capital du syndic n'est donc pas suffisant pour caractériser un lien de préposition (Cass. 3e civ. 5-7-2011 no 10-20.352 : D. 2013 p. 1862 note P. Capoulade). En revanche, ce lien est établi s'il résulte de l'analyse des éléments de fait du dossier qu'il exécutait les ordres du syndic, accomplissait pour son compte des actes de gestion incombant au syndic et se comportait à l'égard des tiers et des copropriétaires comme le préposé du syndic. Il ne pourra alors représenter des copropriétaires lors de l'assemblée générale (Cass. 3e civ. 7-5-2014 no 13-11.743 : BPIM 3/14 inf. 195).
> **d.** Un mandat donné au « **président du conseil syndical** » ne peut être exercé par celui dont le mandat de président était expiré au jour de l'assemblée générale (Cass. 3e civ. 9-9-2021 no 20-11.743 F-D : BPIM 5/21 inf. 341).

POUVOIRS EN BLANC

37450 L'article 22 autorise l'envoi de pouvoirs au syndic sans indication de mandataire (« pouvoirs en blanc »), mais le syndic ne peut ni les conserver pour voter en son nom ni les distribuer lui-même aux mandataires qu'il choisit (Loi 65-557 du 10-7-1965 art. 22, al. 3). Il doit les remettre en début de séance au président du conseil syndical, ou, à défaut, à un membre du conseil syndical afin qu'il désigne le mandataire qui exercera cette délégation de vote (Décret 67-223 du 17-3-1967 art. 15-1). En leur absence ou à défaut de conseil syndical, le syndic remet aux mêmes fins le mandat au président de séance désigné par l'assemblée générale. Le procès-verbal doit préciser si les mandats de vote ont été distribués par le président du conseil syndical, par un membre du conseil syndical ou par le président de séance (Décret 67-223 du 17-3-1967 art. 17). La non-distribution des pouvoirs entraîne la nullité des décisions prises par l'assemblée, mais seul le copropriétaire dont le mandat n'a pas été distribué peut engager cette action en contestation de la validité des votes (Cass. 3e civ. 24-4-2013 no 12-13.330 : BPIM 3/13 inf. 215).

FORME DU MANDAT

37455 La délégation du droit de vote d'un copropriétaire à un mandataire doit être faite par **écrit,** ce qui exclut l'existence d'un mandat apparent (Cass. 3e civ. 19-7-1995 no 93-17.911 : RJDA 10/95 no 1141). La délégation doit être signée, faute de quoi elle serait irrégulière et de nature à entraîner, sans que l'on ait à s'interroger sur son incidence sur les majorités requises, l'annulation de l'assemblée générale en son entier (Cass. 3e civ. 13-9-2018 no 17-23.292 F-D : BPIM 6/18 inf. 427). La loi n'exigeant pas la mention des numéros de lots dans le mandat, la mention erronée par un copropriétaire du numéro de ses lots, ou l'omission de certains d'entre eux, n'entache pas son mandat d'irrégularité (Cass. 3e civ. 15-9-2015 no 14-16.916 : BPIM 2/16 inf. 52). L'irrégularité d'un pouvoir est une cause d'annulation de l'assemblée générale quelle que soit l'incidence de cette irrégularité ; il n'y a donc pas à rechercher si le vote de ce copropriétaire a eu une influence sur le sens de la décision prise (Cass. 3e civ. 13-12-2011 no 11-10.036). Tout copropriétaire est recevable à contester la régularité des mandats de représentation et non pas seulement les copropriétaires ayant donné ces pouvoirs (Cass. 3e civ. 7-12-2022 no 21-23.915 FS-B : BPIM 1/23 inf. 48).

> **Précisions** **La régularité des pouvoirs** conditionne la régularité des décisions. La **vérification** des pouvoirs constitue donc une formalité importante que doivent effectuer le syndic et le bureau de l'assemblée générale. Le rejet d'un mandat régulier (Cass. 3e civ. 22-2-1989 no 87-17.497 : Bull. civ. III no 47) comme l'admission d'un mandat irrégulier (Cass. 3e civ. 11-2-1975 no 73-13.338 : Bull. civ. III no 52 ; Cass. 3e civ. 13-9-2018 no 17-23.292 F-D : BPIM 6/18 inf. 427) entachent l'assemblée générale d'une cause de nullité, sans qu'il y ait à rechercher l'incidence du mandat litigieux sur le vote, l'atteinte au droit fondamental d'un copropriétaire de participer ou de se faire représenter à l'assemblée générale entraînant la nullité des décisions prises. En cas de **subdélégation,** si le mandat principal est irrégulier, la subdélégation de mandat l'est aussi (Cass. 3e civ. 30-3-2017 no 16-13.249 F-D : BPIM 3/17 inf. 234).

NOMBRE DE MANDATS

37460 Un mandataire ne peut recevoir plus de **trois** délégations de vote, sauf si le total de ses propres voix et de celles de ses mandants n'excède pas 10 % du total des voix du syndicat (avant l'entrée en vigueur de la loi Élan, le chiffre était fixé à 5 %) ou si, assistant à l'assemblée d'un syndicat principal, tous ses mandants appartiennent au même syndicat secondaire (Loi 65-557 du 10-7-1965 art. 22, al. 3). Ces règles de **limitation** des mandats s'appliquent à tout mandataire, quel qu'il soit, et donc même aux administrateurs titulaires de mandats d'administration générale des biens d'autrui. Lorsqu'un mandataire, titulaire de trois mandats, dispose ainsi à lui seul de la majorité à l'assemblée, la **réduction des voix** examinée n° 37480 ne joue pas à son encontre. Elle ne joue, le cas échéant, que si l'un des mandants possède plus de la moitié des voix du syndicat, et pour ce mandant seulement.

À moins que le mandat ne l'interdise, la **faculté de subdélégation** doit être reconnue au mandataire (Cass. 3e civ. 18-12-2002 n° 1902 : BPIM 1/03 inf. 40 ; Cass. 3e civ. 16-3-2011 n° 10-14.005 : BPIM 3/11 inf. 229).

POUVOIRS DU MANDATAIRE

Le mandat porte sur les seules **questions** figurant à l'ordre du jour. En conséquence, si le mandataire vote sur une question non inscrite, il agit sans pouvoir et le copropriétaire mandant doit être considéré comme défaillant (Cass. 3e civ. 8-9-2016 n° 15-23.422 : BPIM 5/16 inf. 328). En outre, bien que la question des mandats permanents soit discutée, la jurisprudence considère qu'un mandat ne peut pas être « permanent » (CA Rouen 14-2-1996 : JCP éd. N 1997 II p. 275 ; dans le même sens Rép. Marcovitch : AN 10-9-2001). **37465**

Un mandat est qualifié d'**impératif** lorsque le copropriétaire mandant donne des consignes de vote à son mandataire. Dans les relations entre le mandant et son mandataire, c'est le droit commun du mandat qui s'applique, au terme duquel le mandataire doit respecter les instructions de son mandant faute de quoi il engage sa responsabilité. En revanche, les consignes de vote sont inopposables au syndicat ou au syndic, qui ne peuvent refuser un vote au motif qu'il est contraire aux consignes données par le mandataire. S'il le fait, le syndic porte atteinte au droit du copropriétaire d'exprimer son vote par le biais de son représentant, et engage sa responsabilité s'il en résulte un préjudice pour le copropriétaire (Cass. 3e civ. 8-9-2016 n° 15-20.860 : BPIM 5/16 inf. 327). Il n'est pas non plus possible, pour les autres copropriétaires, d'invoquer au soutien d'une demande de nullité le non-respect par le mandataire des consignes de vote (Cass. 3e civ. 17-11-2016 n° 15-23.027 : BPIM 1/17 inf. 41).

SYNDICAT SECONDAIRE

L'assemblée générale d'un syndicat secondaire statuant à la majorité de l'article 25 peut mandater, pour une durée d'un an, le **président du conseil syndical secondaire** pour représenter les copropriétaires à l'assemblée générale du syndicat principal. Ce mandat emporte délégation de vote pour les décisions relevant de l'article 24 ; pour les décisions relevant des articles 25, 26 ou de l'unanimité, le président du conseil syndical secondaire ne pourra prendre part au vote que s'il dispose d'une **délibération** de l'assemblée générale du syndicat secondaire se prononçant à la majorité prévue par la loi. Le président du conseil syndical secondaire rend compte de son activité à chaque assemblée générale du syndicat secondaire et le renouvellement de son mandat est inscrit chaque année à l'ordre du jour de l'assemblée générale (Loi 65-557 du 10-7-1965 art. 22, II). **37467**

5. NOMBRE DE VOIX DES COPROPRIÉTAIRES

PRINCIPE

Chaque copropriétaire dispose d'un nombre de voix correspondant à sa **quote-part de parties communes** (Loi 65-557 du 10-7-1965 art. 22, al. 2). On mesure là l'intérêt d'adopter une répartition des parties communes qui corresponde à la valeur relative des lots (voir n° 35270), d'autant plus que ce critère de valeur est aussi celui de la répartition des charges générales (n° 36090). L'ensemble des tantièmes doit être pris en compte, sous peine de nullité de l'assemblée (Cass. 3e civ. 20-11-1996 : RJDA 3/97 n° 402). **37470**

> **Précisions** Sur la répartition des droits de vote en cas de location-accession, voir n° 12820.

EXCEPTION

Une première exception à ce principe est prévue lorsque le **syndicat** est lui-même **propriétaire de lots** : l'article 16 de la loi du 10 juillet 1965 le prive de voix aux assemblées quant à ces lots. La Cour de cassation a précisé que les tantièmes afférents à ces lots ne doivent pas être pris en compte pour les votes des délibérations des assemblées générales (Cass. 3e civ. 21-6-2006 n° 05-12.278 : BPIM 5/06 inf. 380). **37475**

Une autre exception est prévue lorsqu'un **copropriétaire possède plus de la moitié des parties communes** : le nombre de voix dont il dispose est alors réduit au nombre de voix des autres **37480** copropriétaires (Loi 65-557 du 10-7-1965 art. 22, al. 2), lequel est calculé en tenant compte des voix de tous les copropriétaires et pas seulement des voix des copropriétaires présents ou représentés (Cass. 3e civ. 2-7-2008 no 07-14.619 : BPIM 5/08 inf. 378). Ainsi, par exemple, si un copropriétaire possède 600/1 000 des parties communes, il ne disposera que de 400 voix à l'assemblée, celle-ci comportant alors en tout 800 voix. Lorsque la règle de réduction des voix n'est pas respectée, les décisions prises en assemblées peuvent être annulées même si l'application de cette règle n'aurait pas changé le résultat du scrutin (Cass. 3e civ. 7-10-2009 no 08-17.798 : BPIM 6/09 inf. 452 ; Cass. 3e civ. 3-3-2010 no 09-11.874 : BPIM 3/10 inf. 238). Néanmoins, lorsqu'un organisme HLM est copropriétaire majoritaire, la réduction de ses voix à la somme des voix des autres copropriétaires prévue par l'article 22 de la loi 65-557 du 10 juillet 1965 ne s'applique pas, en application de l'article L 443-15 du Code de la construction et de l'habitation. Cette disposition, transmise au Conseil constitutionnel (Cass. 3e civ. 16-5-2014 no 14-40.015 : D. 2014 chron. p. 2194), a été déclarée conforme à la Constitution (Cons. const. 11-7-2014 no 2014-409 QPC : JO 13 p. 11816).

> Précisions **a.** Ce texte aboutit, lorsque la copropriété ne comprend que deux membres, à un blocage inévitable en cas de désaccord, qui ne peut trouver sa solution qu'en justice.
b. Les tribunaux prononcent la nullité des ventes frauduleuses faites dans le seul but de permettre à un associé majoritaire de s'assurer la voix d'un autre copropriétaire (ce qui suffit à lui assurer la décision malgré la règle de l'article 22 de la loi) ou les déclarent inopposables aux autres copropriétaires, ou encore annulent les décisions obtenues par ce subterfuge. La Cour de cassation a jugé que la donation d'appartements à ses enfants par un copropriétaire majoritaire n'est pas frauduleuse si elle répond à des raisons fiscales (Cass. 3e civ. 28-6-1996 : Administrer décembre 1996 p. 39), mais le legs d'une cave destiné à faire échec à la règle de l'article 22 doit être annulé (CA Paris 16-6-1998 : Loyers et copr. 1998 comm. no 308).
c. Une fois réduites les voix du copropriétaire majoritaire, et donc une fois recalculé « le nombre de voix de tous les copropriétaires », c'est sur ce nombre que s'apprécient les majorités exigées par les articles 25 et 26 de la loi. Ainsi, dans l'exemple ci-dessus, la majorité absolue (Loi 65-557 du 10-7-1965 art. 25) sera de 401 voix et la majorité des 2/3 (Loi 65-557 du 10-7-1965 art. 26) sera de 534 voix.
d. Il n'y a pas lieu d'appliquer la réduction des voix dans le cas où une personne possédant un lot est également propriétaire indivis (avec son conjoint) d'un autre lot, représenté à l'assemblée par l'autre indivisaire : dans ce cas, les deux lots ne sont pas dans les mêmes mains alors même qu'à eux deux ils dépassent la majorité des voix de la copropriété (Cass. 3e civ. 25-9-2002 no 1272 : JCP éd. N 2003 no 1622 note V. Brémond).

B. Règles de forme concernant les assemblées générales de copropriétaires

1. CONVOCATION

a. Initiative de la convocation

SYNDIC

37485 L'assemblée, qui doit être tenue au moins une fois par an, est en principe convoquée par le syndic (Décret 67-223 du 17-3-1967 art. 7) sous réserve des dérogations à ce principe prévues par la loi du 10 juillet 1965 ou le décret du 17 mars 1967, notamment des règles spécifiques applicables aux petites copropriétés et aux copropriétés à deux (nos 40180 s.), des règles applicables en cas d'empêchement du syndic (no 37495) ou lorsque le syndicat est dépourvu de syndic (no 37497).

37490 Le syndic a également l'obligation de convoquer une assemblée générale dans les cas suivants :
– convocation demandée au syndic soit par le **conseil syndical,** s'il en existe un, soit par un ou plusieurs copropriétaires représentant au moins 1/4 des voix de tous les copropriétaires (sauf nombre inférieur prévu par le règlement de copropriété). Dans ces cas, la demande, notifiée au syndic, doit indiquer l'ordre du jour de l'assemblée projetée. Si le syndic, mis en demeure, ne convoque pas l'assemblée dans les huit jours, la convocation est faite par le **président du conseil syndical.** À défaut, et après mise en demeure de celui-ci, tout **copropriétaire** peut, en référé, se faire habiliter ou faire désigner un mandataire de justice, pour convoquer l'assemblée. Le juge des référés apprécie le bien-fondé de la demande du copropriétaire avant d'y faire droit (Cass. 3e civ. 2-12-2009 no 08-19.870 : BPIM 1/10 inf. 52). Les mises en demeure sont requises à peine d'irrecevabilité de la demande. L'assignation doit être délivrée au syndic et au président du conseil syndical (Décret du 17-3-1967 art. 8 et 50) ;

– en cas de catastrophe technologique ayant endommagé les parties communes de l'immeuble : le syndic doit, sous quinze jours, convoquer l'assemblée générale qui doit se tenir dans les deux mois suivant la catastrophe afin de décider, à la majorité des copropriétaires présents ou représentés, des travaux urgents de remise en état (Loi 65-557 du 10-7-1965 art. 38-1 ; voir n° 38491).

> **Précisions** **a.** L'article 7 du décret de 1967 ne prévoit pas que l'assemblée générale doive être tenue dans les douze mois de la précédente (Cass. 3e civ. 7-2-1990 : Administrer novembre 1990 p. 25 ; CA Versailles 19-6-2000 : BPIM 5/00 inf. 336).
> **b.** La décision d'une assemblée de convoquer la prochaine réunion des copropriétaires pour une date déterminée ne dispense pas le syndic de procéder à la convocation dans les formes et délais légaux (CA Paris 10-4-1996 : D. 1997 som. p. 10 obs. Atias).
> **c.** Le syndic ne peut pas valablement convoquer l'assemblée s'il n'est pas titulaire d'une carte professionnelle en cours de validité (Cass. 3e civ. 2-7-2008 n° 06-17.202 : BPIM 5/08 inf. 379). Sur le cas du syndic dont le mandat a expiré, voir n° 38405.

PRÉSIDENT DU CONSEIL SYNDICAL

L'assemblée générale peut être également convoquée par le président du conseil syndical en cas d'**empêchement du syndic.** Avant l'entrée en vigueur de la loi Alur, en cas de carence ou d'empêchement du syndic, la désignation d'un administrateur provisoire par le président du tribunal statuant en référé était nécessaire (Décret du 17-3-1967 art. 49). Afin de limiter le recours à cette procédure, coûteuse pour la copropriété, la loi distingue désormais les cas d'empêchement et de carence du syndic : l'article 18, V de la loi du 10 juillet 1965 prévoit qu'en cas de simple empêchement du syndic, pour quelque cause que ce soit, le président du conseil syndical peut convoquer une assemblée générale appelée à désigner un nouveau syndic. En cas de **carence** du syndic en revanche, la procédure prévue par l'article 49 du décret de 1967 doit toujours être suivie. **37495**

TOUT COPROPRIÉTAIRE

La loi 2015-990 du 6 août 2015 a introduit la possibilité, pour tout copropriétaire, de convoquer l'assemblée générale aux fins de nommer un syndic dans tous les cas, strictement délimité, où le syndicat est **dépourvu de syndic** (Loi 65-557 du 10-7-1965 art. 17, al. 4), ce qui, par exemple, n'est pas le cas lorsqu'un syndic a été élu, quand bien même sa désignation serait ultérieurement annulée (Cass. 3e civ. 8-4-2021 n° 20-15.306 : BPIM 3/21 inf. 209). À défaut, le président du tribunal judiciaire, statuant par simple ordonnance sur requête à la demande de tout intéressé, désigne un **administrateur provisoire** de la copropriété qui est notamment chargé de convoquer l'assemblée des copropriétaires en vue de la désignation d'un syndic. **37497**

Tout copropriétaire peut solliciter la convocation et la tenue d'une assemblée générale, **à ses frais,** pour faire inscrire à l'ordre du jour une ou plusieurs questions ne concernant que ses droits et obligations (Loi 65-557 du 10-7-1965 art. 17-1 AA). Cette mesure s'adresse aux copropriétaires qui ne peuvent pas attendre la tenue de l'assemblée générale annuelle, par exemple pour réaliser certains travaux lourds touchant à des murs porteurs au sein de leur lot. Afin de prévenir le risque d'une multiplication des assemblées générales de copropriétaires au cours d'une même année, le copropriétaire demandeur devra assumer l'intégralité des frais de convocation et de tenue de l'assemblée générale dont il sollicite la convocation et qui ne concerne que ses droits et obligations. **37498**

L'assemblée générale doit être **exclusivement consacrée** à ces questions, le syndic ne pouvant porter à l'ordre du jour que les questions relatives aux droits et obligations du ou des copropriétaires demandeurs (Décret 67-223 du 17-3-1967 art. 10, al. 2).

La **demande** du copropriétaire est notifiée au syndic et précise la ou les questions dont l'inscription à l'ordre du jour est demandée. Elle est accompagnée d'un projet de résolution pour chaque question et comporte, le cas échéant, les documents requis aux articles 10, alinéa 2 et 11, 3°-I du décret de 1967. Lorsque l'assemblée générale est convoquée à la demande de plusieurs copropriétaires, ils précisent la répartition des frais et honoraires entre eux. À défaut de précision, les frais sont répartis entre eux à parts égales (Décret 67-223 du 17-3-1967 art. 8-1, al. 1 à 3).

Dans les **quinze jours** de la notification au syndic de la demande de convocation, le syndic doit informer le ou les copropriétaires demandeurs des frais prévisionnels et de ses honoraires. L'assemblée générale doit se tenir dans les **quarante-cinq jours** suivant le paiement de ces frais et honoraires (Décret 67-223 du 17-3-1967 art. 8-1, al. 4 et 5).

b. Destinataires de la convocation

La convocation doit être notifiée à **tous les copropriétaires,** étant précisé que : **37500**

– en cas d'indivision ou de démembrement du droit de propriété, la convocation doit être adressée au mandataire commun qui a été désigné (Loi 65-557 du 10-7-1965 art. 23, al. 2) ;

– pour les lots appartenant à des époux communs en biens, la Cour de cassation exige que les deux époux soient convoqués sans toutefois imposer l'envoi à chacun d'eux d'une lettre recommandée : il suffit que le courrier soit libellé au nom des deux époux (Cass. 3e civ. 23-5-2007 n° 06-14.974 : BPIM 4/07 inf. 289 ; Cass. 3e civ. 19-12-2007 n° 07-13.703 : Loyers et copr. 2008 comm. n° 63) ;
– pour les lots appartenant en propre à un époux, seul celui qui en est propriétaire doit être convoqué ;
– les sociétés d'attribution sont représentées à l'assemblée générale par toute personne désignée chaque année par l'assemblée générale appelée à approuver les comptes sociaux ;
– pour les SCI, la convocation doit être adressée au gérant. Par suite, est irrégulière la convocation adressée aux cogérants d'une SCI non pas ès qualités, mais en leur nom personnel, alors même qu'aucune équivoque n'était possible (Cass. 3e civ. 12-12-2001 n° 1766 : BPIM 2/02 inf. 129). En effet, l'article 23 de la loi de 1965 (n° 37430) ne concerne que les sociétés civiles d'attribution (Cass. 3e civ. 9-11-2005 n° 04-13.570 : BPIM 1/06 inf. 57). Lorsqu'une SCI perd sa personnalité morale faute d'immatriculation, le lot devient la propriété indivise de ses associés. Si, à défaut de notification de ce transfert de propriété, le syndic ne convoque pas les indivisaires aux assemblées générales, il doit convoquer la SCI (Cass. 3e civ. 12-11-2020 n° 19-20.811 F-D : BPIM 1/21 inf. 60) ;
– pour les personnes morales, la convocation adressée au siège social de la société est régulière, peu important que le nom de son représentant légal ne soit pas mentionné ou soit erroné (Cass. 3e civ. 23-11-2017 n° 16-20.311 F-PB : BPIM 1/18 inf. 56) ;
– en cas de vente d'un lot, le syndic est incité à envoyer la convocation au vendeur tant qu'il n'a pas reçu du notaire ou des parties la notification du transfert de propriété. Par ailleurs, il est recommandé au notaire d'informer les parties sur la nécessité de déclarer au syndic leur domicile dans la mesure où il diffère de celui mentionné dans l'acte.

c. Forme de la convocation

37505 La convocation à l'assemblée est **notifiée** aux copropriétaires :
– par lettre recommandée avec demande d'avis de réception (Décret du 17-3-1967 art. 64, al. 1) ;
– par voie électronique : soit par lettre recommandée électronique, dans les conditions prévues par les articles R 53 à R 53-4 du Code des postes et des communications électroniques, soit par un procédé électronique mis en œuvre par l'intermédiaire d'un prestataire de service qualifié (Décret 67-223 du 17-3-1967 art. 64-2 ; n° 37759). Ces dispositions sont applicables y compris lorsqu'un administrateur provisoire est désigné dans une copropriété en difficulté en application de l'article 29-1 de la loi du 10 juillet 1965, ou lorsque l'assemblée générale est convoquée par le président du conseil syndical ou par un copropriétaire (Décret 67-1223 du 17-3-1967 art. 64-9). La voie électronique ne peut être utilisée qu'après accord exprès du copropriétaire, formulé lors de l'assemblée générale ou adressé au syndic à tout moment, par tout moyen permettant d'établir avec certitude la date de sa réception (Décret 67-223 du 17-3-1967 art. 64-1), accord qu'il peut retirer à tout moment selon les mêmes formes que celles prévues au I de l'article 64-3, cette décision prenant effet le lendemain du huitième jour suivant la réception par le syndic de l'information (Décret 67-223 du 17-3-1967 art. 64-4). Lorsque la copropriété est dotée d'un espace en ligne sécurisé, la notification des documents mentionnés à l'article 11 du décret de 1967 peut, sous réserve de l'accord exprès du copropriétaire, résulter d'une mise à disposition dans un espace du site dont l'accès est réservé aux copropriétaires, la convocation devant alors préciser expressément que ces documents sont accessibles en ligne et la durée de leur mise à disposition (Décret 67-223 du 17-3-1967 art. 64-1) ;
– elle peut également être remise aux copropriétaires contre récépissé ou émargement (Décret 67-223 du 17-3-1967 art. 64, al. 3). Le retrait peut en particulier s'effectuer auprès du gardien de l'immeuble. Mais celui-ci doit alors vérifier que les convocations n'ont pas été retirées par des personnes autres que les copropriétaires concernés (Cass. 3e civ. 3-7-1996 : Rev. loyers 1996 p. 505).

37510 **En cas de changement de domicile,** les copropriétaires doivent notifier au syndic, par lettre recommandée AR, ou par lettre recommandée électronique s'ils ont donné leur accord pour recevoir des notifications et mises en demeure par voie électronique, leur nouveau domicile réel ou élu et leur adresse mail. À défaut, le syndic peut valablement adresser les notifications prévues en application du statut de la copropriété au dernier domicile ou à la dernière adresse électronique qui lui a été notifiée (Décret 67-223 du 17-3-1967 art. 65 : Cass. 3e civ. 28-3-2019 n° 18-12.579 : BPIM 3/19 inf. 203).

Le courrier doit non seulement être envoyé par lettre recommandée AR mais également avoir pour objet la notification du nouveau domicile. À défaut, et même si le syndic est averti d'une autre façon du nouveau domicile du copropriétaire – par exemple, à l'occasion d'échanges de courriers –, la convocation est valablement adressée à son ancien domicile (Cass. 3e civ. 11-5-2004 n° 03-10.637 : BPIM 5/04 inf. 313). Il en va de même de la signification des actes de procédure (Cass. 3e civ. 20-6-2019 n° 18-14.582 : BPIM 4/19 inf. 279). Cette jurisprudence est à notre avis transposable au courrier électronique.

> Précisions Conformément à une demande de la Commission européenne (Communiqué IP/06/441 du 4-4-2006), le décret du 1er mars 2007 a supprimé l'obligation pour les non-résidents de notifier au syndic un domicile en France. La Commission estimait en effet que cette exigence constituait une entrave injustifiée à la libre circulation des capitaux contraire au traité CE.

d. Délai de convocation

La convocation doit être délivrée **« au moins 21 jours »** avant la date de la réunion sauf en cas d'urgence et à moins que le règlement de copropriété n'ait fixé un délai plus long (Décret du 17-3-1967 art. 9, al. 2). **37520**

Le non-respect du délai de convocation peut être sanctionné par la nullité de l'assemblée (n° 38000). Les règles de droit commun de computation des délais sont applicables : le jour de l'acte, de l'événement, de la décision ou de la décision qui le fait courir ne compte pas (CPC art. 641). Et ce délai expire le dernier jour à vingt-quatre heures, étant précisé que le délai qui expire un samedi, un dimanche ou un jour férié ou chômé est prorogé jusqu'au premier jour ouvrable suivant (CPC art. 642).

En application de ces principes, lorsque la convocation est envoyée par lettre recommandée AR, le **délai** de convocation **court** à compter du lendemain du jour de la première présentation de la lettre recommandée ; lorsqu'elle est transmise par lettre recommandée électronique, le délai court à compter du lendemain de l'envoi au destinataire, par le tiers chargé de son acheminement, du courrier électronique annonçant la lettre recommandée électronique ou du lendemain de la première présentation de la lettre recommandée électronique imprimée sur papier avec demande d'avis de réception au domicile du destinataire (Décret du 17-3-1967 art. 64-3). Si un copropriétaire fait réexpédier son courrier, le délai de convocation court à compter de la date de présentation de la lettre recommandée au bureau de poste du domicile déclaré au syndic par le copropriétaire et non pas de la date de sa présentation effective au copropriétaire, à l'adresse de réexpédition de son courrier (Cass. 3e civ. 19-10-2011 n° 10-20.634 : BPIM 6/11 inf. 494). Lorsque la convocation est remise contre émargement, le délai court à compter de la date de l'émargement par le copropriétaire (Cass. 3e civ. 23-1-1979 précité) ; il ne saurait être tenu compte de la « première présentation » faite par le concierge chargé de la remise de la convocation (CA Paris 26-6-1995 : Loyers et copr. 1995 comm. n° 538).

En cas d'**urgence,** le délai de convocation peut être inférieur à 21 jours (Décret du 17-3-1967 art. 9). L'urgence est appréciée souverainement par les juges du fond (Cass. 3e civ. 1-4-1992 : RDI 1992 p. 248 obs. P. Capoulade et C. Giverdon ; Cass. 3e civ. 21-10-2009 n° 08-18.835 : BPIM 6/09 inf. 448). Il peut s'agir par exemple de la nécessité de procéder à des travaux indispensables (risque de rupture des canalisations de chauffage et nécessité de procéder aux travaux avant l'hiver : Cass. 3e civ. 1-4-1992 n° 90-14.291 : Bull. civ. III n° 111), ou de la nécessité de prendre une décision avant une audience (Cass. 3e civ. 21-10-2009 n° 08-18.835 : BPIM 6/09 inf. 448).

> Précisions a. Dans le cas de **société d'attribution** propriétaire de lots (voir ci-dessus n° 37430), la convocation et les documents sont adressés à chaque associé dans le même délai que pour les copropriétaires ainsi qu'au représentant légal de la société qui a voix consultative à l'assemblée (Décret du 17-3-1967 art. 12).
b. Une **modification de la date de l'assemblée** s'analyse en une nouvelle convocation qui doit de nouveau respecter le délai légal (CA Paris 20-5-1999 : BPIM 6/99 inf. 445).

e. Contenu de la convocation

MENTIONS OBLIGATOIRES

La convocation doit contenir l'indication des lieu, date et heure de la réunion, l'ordre du jour qui doit préciser chacune des questions soumises à la délibération de l'assemblée ainsi que le lieu, le ou les jours et les heures de consultation des pièces justificatives de charges. Le formulaire de vote par correspondance est joint à la convocation (Décret 67-223 du 17-3-1967 art. 9). Ce formulaire doit être conforme au modèle figurant en annexe de l'arrêté JUSC2016025A du 2 juillet 2020 fixant le modèle de vote par correspondance aux assemblées de copropriétaires. **37530**

Affichage Le syndic doit informer les copropriétaires, par voie d'affichage (Décret 67-223 du 17-3-1967 art. 9) : **37532**
- de la date de la prochaine assemblée générale ;
- de la possibilité de solliciter l'inscription d'une ou de plusieurs questions à l'ordre du jour ;

– des dispositions de l'article 10 du décret du 17 mars 1967 relatif aux demandes d'inscription de questions à l'ordre du jour, qui doivent être reproduites dans l'affichage.

Aucun délai prédéfini n'est imposé mais cet affichage doit être réalisé dans un « délai raisonnable » permettant aux copropriétaires de faire inscrire leurs questions à l'ordre du jour.

L'absence d'affichage n'entraîne toutefois pas la nullité de l'assemblée générale.

37540 **Lieu et date de l'assemblée** À défaut de stipulation du règlement de copropriété ou de décision de l'assemblée générale, c'est la personne qui convoque l'assemblée qui fixe le lieu et l'heure de la réunion (Décret 67-223 du 17-3-1967 art. 9, al. 1).

S'agissant du choix du lieu, cette liberté est néanmoins encadrée : sous réserve des stipulations du règlement de copropriété, l'assemblée générale des copropriétaires se réunit dans la commune de la situation de l'immeuble (Décret du 17-3-1967 art. 9, al. 3). Ces dispositions, d'**ordre public,** sont sanctionnées par la nullité de la délibération (Décret du 17-3-1967 art. 13), sans qu'il y ait à rechercher si l'irrégularité commise a ou non causé un préjudice au copropriétaire demandeur ou/et sans que celui-ci ait à justifier d'un grief (Cass. 3e civ. 3-10-1974 : JCP éd. G 1974 II n° 18007). Par suite, et en l'absence de stipulation dérogatoire dans le règlement, a été annulée l'assemblée tenue dans une commune limitrophe du lieu de situation de l'immeuble, même si la salle de réunion avait été mise gracieusement à la disposition des copropriétaires par le syndic (CA Paris 11-10-1996 : BPIM 2/97 inf. 137).

En cas de **changement** du lieu de réunion et sauf urgence, le syndic doit respecter le délai réglementaire de convocation (Cass. 3e civ. 26-6-2002 n° 1103 : BPIM 5/02 inf. 344). Il en va de même en cas de changement de la date de tenue de l'assemblée (CA Paris 20-5-1999 : BPIM 6/99 inf. 445).

> **Précisions** À défaut de stipulation dans le règlement de copropriété, la Cour de cassation admet que le lieu de réunion soit fixé par l'assemblée à la majorité de l'article 24 (Cass. 3e civ. 10-6-1970 : JCP éd. G 1970 II n° 16465).

37550 **Ordre du jour** Sous réserve du cas où l'assemblée générale est convoquée à la demande d'un ou de plusieurs copropriétaires pour faire inscrire des questions relatives à leurs droits et obligations, l'ordre du jour ne pouvant alors porter que sur ces seules questions (voir n° 37498), l'ordre du jour est établi en **concertation** avec le conseil syndical (Décret du 17-3-1967 art. 26, al. 4). Un certain nombre de questions doivent impérativement être soumises au vote des copropriétaires (Loi 65-557 du 10-7-1965 art. 18, I) :

– la souscription d'un contrat d'assurance contre les risques de responsabilité civile dont le syndicat doit répondre, étant précisé qu'en cas de refus de l'assemblée générale l'assurance peut être contractée par le syndic pour le compte du syndicat en application de l'article L 112-1 du Code des assurances (majorité de l'article 24) ;

– la décision de confier les archives du syndicat à une entreprise spécialisée. Cette décision relève aujourd'hui exclusivement du syndicat et ne donne lieu à aucune rémunération complémentaire au profit du syndic. Le recours à une telle entreprise d'archivage sera facturé au syndicat (majorité de l'article 25) ;

– le cas échéant, la question du recours éventuel à un emprunt collectif lorsque l'assemblée générale est appelée à se prononcer sur des travaux relevant de l'article 26-4 (travaux concernant les parties communes ou travaux d'intérêt collectif sur les parties privatives) (Loi 65-557 du 10-7-1965 art. 25-3 ; voir n° 38525) ;

– le cas échéant, la conclusion de toutes conventions conclues avec une personne ou une entreprise liée directement ou indirectement au syndic dont la liste sera fixée par décret.

La rédaction de l'ordre du jour est importante dans la mesure où l'assemblée générale ne pourra prendre de **décision valide** que sur les questions inscrites à l'ordre du jour (Cass. 3e civ. 3-12-2015 n° 14-25.585 : BPIM 1/16 inf. 53 ; Cass. 3e civ. 7-11-2007 n° 06-18.882 : BPIM 6/07 inf. 435). Elle ne pourra en revanche pas prendre de décision sur des questions trop imprécises ou équivoques, ou sur les « questions diverses » qui figurent souvent à la fin de l'ordre du jour (n° 37690).

> **Précisions** **a.** Aucune **sanction légale** n'assortit le non-respect par le syndic de l'obligation de concertation avec le conseil syndical pour l'établissement de l'ordre du jour (Cass. 3e civ. 1-12-2016 n° 15-26.559 : BPIM 1/17 inf. 39).
> **b.** L'ordre du jour d'une assemblée générale convoquée à la demande de **copropriétaires représentant au moins un quart des voix** de tous les copropriétaires n'est pas limité à leurs seules questions. Le **syndic** peut donc ajouter de son propre chef une question à l'ordre du jour (Cass. 3e civ. 22-6-2017 n° 16-22.073 FS-PBI : BPIM 4/17 inf. 290).
> **c.** Lorsque l'immeuble n'est pas équipé de lignes de communications électroniques à très haut débit en **fibre optique,** toute proposition émanant d'un opérateur de communications électroniques d'installer de telles lignes en vue de desservir l'ensemble des occupants de l'immeuble

doit être inscrite à l'ordre du jour de la prochaine assemblée. Les copropriétaires se prononcent à la majorité de l'article 24 (Loi 65-557 du 10-7-1965 art. 24-2). Par ailleurs, afin de faciliter le passage à la télévision numérique dans les copropriétés équipées d'une antenne collective, un projet de résolution sur les travaux et les modifications nécessaires à la réception, par l'antenne collective, de la télévision en mode numérique doit être inscrit à l'ordre du jour de l'assemblée générale avant la fin de la mise en œuvre dans la commune du schéma national d'arrêt de la diffusion analogique. La décision de réaliser les travaux et modifications nécessaires est prise à la majorité de l'article 24 (Loi 65-557 du 10-7-1965 art. 24-3).

d. Pour tout immeuble équipé d'une **installation collective de chauffage ou de refroidissement,** le syndic inscrit à l'ordre du jour de l'assemblée générale l'établissement d'un diagnostic de performance énergétique ou d'un audit énergétique prévu à l'article L 126-26 du Code de la construction et de l'habitation ou d'un audit énergétique prévu à L 126-31 du même Code. Toutefois, cette obligation est réputée satisfaite si le plan pluriannuel de travaux comporte des travaux d'économie d'énergie. Sur les modalités de réalisation de ces nouveaux contrôles, voir n°s 47010 s.

Cette disposition concernera **tous les immeubles bâtis** comprenant plus de 200 lots à usage de logements, de bureaux ou de commerces à compter du **1er janvier 2024.** Par dérogation, elle entrera en vigueur le 1er janvier 2025 pour les copropriétés entre 50 et 200 lots et le 1er janvier 2026 pour les copropriétés d'au plus 50 lots (Loi 65-557 du 10-7-1965 art. 24-4). L'établissement d'un audit énergétique ne sera plus nécessaire.

e. Dans les **immeubles pourvus d'une installation centrale de chauffage, de froid ou d'eau chaude sanitaire, commune à tout ou partie des logements occupés à titre privatif** et **soumis à l'obligation d'individualisation des frais,** le syndic inscrit à l'ordre du jour de l'assemblée générale la question des travaux permettant de munir l'immeuble d'un tel dispositif d'individualisation, ainsi que la présentation des devis élaborés à cet effet. Lorsque ce dispositif est installé et qu'il est télérelevable, le syndicat des copropriétaires transmet à chaque copropriétaire une évaluation de la consommation de chaleur, de froid et d'eau chaude sanitaire de ses locaux privatifs, tous les semestres jusqu'au 31 décembre 2021, tous les mois à partir du 1er janvier 2022. Le syndic transmet à chaque copropriétaire, concomitamment avec la convocation de l'assemblée générale appelée à connaître des comptes, une note d'information sur la consommation de chaleur, de froid et d'eau chaude sanitaire de son logement, dont le contenu a été précisé par l'arrêté TRER2016012A du 24 juillet 2020 (Loi 65-557 du 10-7-1965 art. 24-9 ; CCH art. R 174-10).

f. Dans les immeubles possédant des emplacements de stationnement d'accès sécurisé à usage privatif non équipés d'installations électriques intérieures permettant la **recharge des véhicules électriques ou hybrides** ou d'installations de recharge électrique permettant un comptage individuel pour ces véhicules, le syndic doit inscrire à l'ordre du jour de l'assemblée générale la question des travaux d'installation de ces équipements et des conditions de gestion ultérieure du nouveau réseau électrique, ainsi que la présentation des devis élaborés à cet effet (Loi 65-557 du 10-7-1965 art. 24-5 ; Décret 2016-968 du 13-7-2016 ; Arrêté LHAL1603565A du 13-8-2016).

Depuis le 1er janvier 2017, le syndic doit également inscrire à l'ordre du jour, lorsque l'immeuble n'est pas équipé de **stationnements sécurisés** pour les vélos, la question des travaux permettant un tel stationnement sécurisé (Loi 65-557 du 10-7-1965 art. 24-5; Décret 2016-968 du 13-7-2016; Arrêté LHAL1603565A du 13-8-2016).

Ordre du jour complémentaire À tout moment, un ou plusieurs **copropriétaires,** ou le **conseil syndical,** peuvent notifier au syndic la ou les questions dont ils demandent l'inscription à l'ordre du jour d'une assemblée générale (Décret du 17-3-1967 art. 10, al. 1). Leur demande doit être accompagnée (Décret du 17-3-1967 art. 10, al. 2) : 37560

– d'un projet de résolution lorsque la question porte sur un des cas visés à l'article 11, I-7° et 8° du décret (n° 37580) ;

– d'un document précisant l'implantation et la consistance des travaux lorsqu'il s'agit de travaux d'accessibilité (Loi 65-557 du 10-7-1965 art. 24, II, e) ou affectant les parties communes ou l'aspect extérieur de l'immeuble (Loi 65-557 du 10-7-1965 art. 25, b).

La demande doit être faite par lettre recommandée AR (Décret 67-223 du 17-3-1967 art. 64) ou par voie électronique dans les conditions prévues par l'article 64-2 du décret du 17 mars 1967.

En dépit des termes « à tout moment », la demande ne peut aboutir que si elle parvient au syndic avant que ne soient lancées les convocations à l'assemblée. À défaut, elle sera soumise à l'assemblée suivante (Décret du 17-3-1967 art. 10, al. 1).

Le **syndic,** quant à lui, peut compléter l'ordre du jour déjà diffusé par une nouvelle notification adressée aux copropriétaires dans les délais réglementaires (Cass. 3e civ. 10-9-2008 n° 07-16.448 : BPIM 5/08 inf. 380).

ATTENTION

Le syndic doit informer les copropriétaires, par voie d'affichage de la date de la prochaine assemblée générale et de la possibilité de solliciter l'inscription d'une ou plusieurs questions à l'ordre du jour (Décret 67-223 du 17-3-1967 art. 9 ; voir n° 37560).

DOCUMENTS JOINTS À LA CONVOCATION

37570 L'article 11 du décret du 17 mars 1967 établit une **liste,** qui peut être considérée comme **limitative,** de documents qui doivent être notifiés aux copropriétaires au plus tard en même temps que l'ordre du jour. Ces documents sont notifiés par lettre recommandée AR ou par voie électronique (Décret du 17-3-1967 art. 64-2) mais cette notification peut aussi résulter, sous réserve de l'accord exprès du copropriétaire, d'une mise à disposition sur l'espace en ligne sécurisé de la copropriété (Décret 67-223 du 17-3-1967 art. 64-1). La convocation doit, dans ce cas, préciser expressément que ces documents sont accessibles en ligne et la durée de la mise à disposition.

Les assemblées de copropriétaires étant autonomes les unes par rapport aux autres, les documents notifiés à l'occasion d'une précédente assemblée qui n'a finalement pas eu lieu ne peuvent pas justifier la régularité d'une décision prise lors d'une assemblée ultérieure ayant le même ordre du jour si les documents n'ont pas été notifiés spécifiquement pour cette nouvelle assemblée, sauf l'exception prévue par l'article 19-1 du décret pour le vote de certains travaux (Cass. 3e civ. 2-10-2001 n° 00-10.247 : Administrer février 2003 p. 41 ; Cass. 3e civ. 8-10-2015 n° 14-22.297 : BPIM 2/16 inf. 150-5 ; pour un défaut de notification du comparatif des comptes de l'exercice précédent, voir par exemple Cass. 3e civ. 12-11-2020 n° 19-21.668 : BPIM 1/21 inf. 61).

Deux séries de documents doivent être joints à la convocation : ceux nécessaires pour la validité de la décision (Décret du 17-3-1967 art. 11, I-1° à 13°) et ceux destinés à l'information des copropriétaires (Décret du 17-3-1967 art. 11, II-1° à 3°).

> **> Précisions** Depuis le 24 décembre 2022, lorsque le contrat de fourniture d'eau n'est pas individualisé, le syndic doit transmettre à chaque copropriétaire la facture ainsi que les informations complémentaires sur la qualité de l'eau qui lui ont été adressées par la commune ou l'établissement public de coopération compétent. Cette **transmission** peut être effectuée en même temps que la convocation de l'assemblée générale annuelle ou, à défaut, au moins une fois par an (Loi 65-557 du 10-7-1965 art. 24-11).

37580 **Documents nécessaires pour la validité de la décision** Les documents nécessaires pour la validité de la décision sont les suivants (Décret du 17-3-1967 art. 11, I-1° à 13°) :

1° l'**état financier** du syndicat et son compte de gestion général, lorsque l'assemblée est appelée à approuver les comptes. Ces documents doivent être présentés avec le comparatif des comptes de l'exercice précédent approuvé (Cass. 3e civ. 12-11-2020 n° 19-21.668 F-D : BPIM 1/21 inf. 61) ;

2° le projet de **budget prévisionnel** qui doit être présenté avec le comparatif de budget prévisionnel voté pour l'exercice précédent, lorsque l'assemblée est appelée à voter le budget. Sur le contenu du budget prévisionnel, voir n° 36560. Ces deux premiers documents doivent être conformes aux modèles ci-dessous nos 40420 et 40425 ;

3° les **conditions essentielles du contrat** ou, en cas d'appel à la concurrence, des contrats proposés, lorsque l'assemblée est appelée à approuver un contrat, un devis ou un marché, notamment pour la réalisation de travaux ainsi que les conditions générales et particulières du projet de contrat et la proposition d'engagement de caution mentionné au deuxième alinéa de l'article 26-7 de la loi 65-557 du 10 juillet 1965 lorsque le contrat proposé a pour objet la souscription d'un prêt bancaire au nom du syndicat dans les conditions prévues à l'article 26-4 de cette loi (voir n° 38525) ;

4° le ou les projets de **contrat du syndic,** accompagnés de la fiche d'information prévue à l'article 18-1 A, alinéa 1 de la loi du 10 juillet 1965, lorsque l'assemblée est appelée à désigner le représentant légal du syndicat ;

5° le projet de **convention,** ou la convention, mentionné à l'article 39 du décret (n° 38496) ;

6° Le projet de **règlement de copropriété,** de l'état descriptif de division et de l'état de répartition des charges lorsqu'il s'agit de les établir ou modifier (pour une application, voir Cass. 3e civ. 17-6-2008 n° 07-16.166 : BPIM 4/08 inf. 316) ;

7° le projet de **résolution,** lorsque l'assemblée est appelée à statuer sur l'une des questions suivantes : modalités de paiement des provisions (Loi 65-557 du 10-7-1965 art. 14-1, al. 2 et 3), dépenses hors budget (Loi 65-557 du 10-7-1965 art. 14-1, II), convention conclue entre le syndic et le syndicat portant sur des prestations de services autres celles relevant de sa mission de syndic (Loi 65-557 du 10-7-1965 art. 18-1 A-II, al. 1), convention passée entre le syndicat et une personne ou une entreprise avec laquelle le syndic a des liens de nature capitalistique ou juridique (Loi 65-557 du 10-7-1965 art. 18-1 A-II, al. 2), décisions devant être prises à la majorité de l'article 25 et celles relevant de l'article 26, travaux d'amélioration (Loi 65-557 du 10-7-1965 art. 30) ou de surélévation (Loi 65-557 du 10-7-1965 art. 35), exercice d'un droit accessoire aux parties communes réservé à un tiers (Loi 65-557 du 10-7-1965 art. 37) et modalités de reconstruction (Loi 65-557 du 10-7-1965 art. 39). La seule mention, dans la convocation, d'une question relative à l'un de ces sujets est insuffisante, l'article 11 exigeant, à peine de nullité de la décision, la notification du projet de résolution (Cass. 3e civ 12-4-2018 no 17-16.034 : BPIM 3/18 inf. 212 sur la mention dans l'ordre du jour d'une question intitulée « dispense d'ouverture d'un compte bancaire séparé au nom du syndicat », insuffisante à défaut de notification d'un projet de résolution) ;

8° le projet de résolution autorisant le syndic à introduire une **demande en justice** ;

9° pour les copropriétés en difficulté bénéficiant du mécanisme de l'**administration provisoire** (nos 39360 s.), les conclusions de l'administrateur provisoire lorsqu'il y aura lieu de voter sur une question résultant de ces conclusions ;

10° pour les copropriétés en difficulté bénéficiant de la **procédure d'alerte** préventive (nos 39305 s.), les conclusions du rapport du mandataire ad hoc lorsqu'il y aura lieu de voter sur des projets de résolution nécessaires à la mise en œuvre de ce rapport ;

11° le projet de résolution mentionnant le montant de la mise à prix et l'estimation des sommes définitivement perdues, lorsque l'assemblée générale est appelée à autoriser le syndic à poursuivre la **saisie immobilière** d'un lot ;

12° lorsque l'assemblée générale est appelée à se prononcer sur des **travaux d'intérêt collectif** réalisés sur parties privatives (Loi 65-557 du 10-7-1965 art. 9, II), une analyse des solutions éventuelles n'affectant pas ces parties ;

13° et 14° pour les **résidences services** (nos 43900 s.), le projet de convention et l'avis du conseil syndical ou la teneur de la délégation de pouvoirs accordée à celui-ci ainsi que la situation financière des services dont la suppression est envisagée.

Documents informatifs Les documents destinés à l'information des copropriétaires sont les suivants (Décret du 17-3-1967 art. 11, II-1° à 6°) : **37590**

1° les annexes au budget prévisionnel ;

2° l'état des sommes perçues par le syndic au titre de sa rémunération ;

3° L'avis du conseil syndical lorsque sa consultation est obligatoire en vertu de l'article 21 de la loi de 1965 (no 38335) ;

4° le compte-rendu de la mission du conseil syndical (Décret 67-223 du 17-3-1967 art. 22, al. 2) et le bilan de conseil syndical pour les résidences-services (Loi 65-557 du 10-7-1965 art. 41-6, al. 3) ;

5° le projet individuel de répartition des comptes de chaque copropriétaire, en vue de l'approbation des comptes par l'assemblée générale ;

6° l'état actualisé des lots délaissés pour les immeubles situés dans un secteur couvert par un plan de prévention des risques technologiques où, en raison de l'existence de « risques importants d'accident à cinétique rapide présentant un danger grave pour la vie humaine », les copropriétaires ont la possibilité de demander à la collectivité publique d'acheter leur lot (droit de délaissement) ;

7° le compte-rendu de la dernière réunion du conseil des résidents, dans les résidences services, mentionnant son avis sur le besoin de créer ou de supprimer un service (Loi 65-557 du 10-7-1965 art. 41-7, al. 4) ;

8° le descriptif détaillé de travaux lorsqu'un copropriétaire veut réaliser des travaux d'accessibilité aux handicapés (Loi 65-557 du 10-7-1965 art. 25-2) ;

9° une présentation générale des principales caractéristiques du recours à l'emprunt collectif, lorsque la question de la souscription d'un tel emprunt est inscrite à l'ordre du jour de l'assemblée générale ;

10° le rapport du conseil syndical rendant compte de sa délégation de pouvoirs, prévu à l'article 21-5 de la loi du 10 juillet 1965.

f. Consultation des pièces justificatives des charges

L'article 18-1 de la loi du 10 juillet 1965 prévoit que, pendant le **délai** s'écoulant entre la convocation de l'assemblée générale appelée à connaître des comptes et la tenue de celle-ci, les pièces justificatives de charges sont tenues à la disposition de tous les copropriétaires par le syndic. C'est le syndic qui fixe le lieu de la consultation des pièces justificatives des charges, en original ou en copie, soit à son siège, soit au lieu où il assure habituellement l'accueil des copropriétaires, ainsi que le ou les jours et les heures auxquels elle s'effectue (qui doivent être indiqués dans la convocation), pendant une durée qui ne peut être inférieure à un jour ouvré (Décret 67-223 du 17-3-1967 art. 9-1). Les copropriétaires peuvent se faire assister par un membre du conseil syndical et peuvent obtenir, à leurs frais, une copie de ces pièces. Ils peuvent également se faire assister par leurs locataires, et même autoriser ceux-ci à consulter en leur lieu et place les pièces justificatives de charges récupérables mentionnées à l'article 23 de la loi 89-1290 du 23 décembre 1986 (Décret 67-223 du 17-3-1967 art. 9-1). En revanche, aucun texte n'impose au syndic **37600** d'envoyer par la voie postale une copie des pièces justificatives aux copropriétaires qui le demanderaient, quand bien même ils proposeraient de défrayer le syndic (Cass. 3e civ. 9-2-2022 n° 21-11.197 : BPIM 2/22 inf. 146).

Ce texte ne s'applique qu'aux assemblées « appelées à connaître des comptes ».

g. Convocation irrégulière

PREUVE

37610 La preuve de la régularité de la convocation incombe au **syndic,** tant en ce qui concerne le **respect du délai** (Cass. 3e civ. 9-11-1994 : RJDA 12/94 n° 1355) que de la **notification** des divers documents exigés par la loi (Cass. 3e civ. 22-11-2006 n° 05-19.042 : BPIM 1/07 inf. 63). Il se la réservera en conservant les accusés de réception « ou tous autres documents faisant état de la remise de la convocation au destinataire » (CA Paris 14-1-1994 : D. 1994 som. p. 124).

SANCTION D'UNE CONVOCATION IRRÉGULIÈRE

37620 La convocation d'une assemblée par une personne n'ayant pas qualité pour la convoquer ou l'omission d'un copropriétaire ou sa convocation irrégulière entraîne la **nullité de l'assemblée.** Celle-ci doit être soulevée dans le délai de deux mois à compter de la notification des décisions, à défaut de quoi l'assemblée n'est plus attaquable (Cass. 3e civ. 12-10-2005 n° 04-14.602 : BPIM 6/05 inf. 414 ; Cass. 3e civ. 18-2-2006 n° 91 : Loyers et copr. 2006 comm. n° 62 ; Cass. 3e civ. 19-12-2007 n° 06-21.410 : BPIM 1/08 inf. 75).

Un copropriétaire régulièrement convoqué ne peut pas se prévaloir de l'absence ou de l'irrégularité de la convocation d'un autre copropriétaire pour obtenir l'annulation de l'assemblée. L'action en annulation est réservée au seul copropriétaire non convoqué ou qui l'a été irrégulièrement (Cass. 3e civ. 14-11-2007 n° 06-16.392 : BPIM 1/08 inf. 74), à condition, en outre, qu'il soit défaillant ou opposant (Cass. 3e civ. 24-2-2009 n° 08-11.189 : BPIM 2/09 inf. 154).

> **> Précisions a.** Une grève des postes dans un département éloigné de la copropriété et non connue du syndic lors de la convocation constitue un cas de force majeure et s'oppose à l'annulation de l'assemblée (TGI Paris 17-6-1997 : Administrer novembre 1997 p. 68).
> **b.** La demande en annulation d'une assemblée de copropriétaires pour convocation irrégulière n'est pas soumise à publicité foncière (Cass. 3e civ. 11-5-2005 n° 04-10.242 : BPIM 5/05 inf. 341).

2. TENUE DES ASSEMBLÉES GÉNÉRALES

MODALITÉS DE PARTICIPATION

37628 Les copropriétaires peuvent participer à l'assemblée générale par présence physique, par visioconférence ou par tout autre moyen de communication électronique permettant leur identification (Loi 65-557 du 10-7-1965 art. 17-1 A ; Décret 67-223 du 17-3-1967 art. 13-2). Lorsque le copropriétaire se fait représenter, son mandataire dispose des mêmes possibilités (Décret 67-223 du 17-3-1967 art. 9-1).

Les copropriétaires qui souhaitent participer à l'assemblée générale par visioconférence, par audioconférence ou par tout autre moyen de communication électronique doivent en informer le syndic au plus tard trois jours francs avant la réunion de l'assemblée générale (Décret 67-223 du 17-3-1967 art. 13-2).

L'assemblée générale décide des moyens et supports techniques permettant aux copropriétaires de participer aux assemblées générales par visioconférence ou par tout autre moyen de communication électronique ainsi que des garanties permettant de s'assurer de l'identité de chaque participant (Décret 67-223 du 17-3-1967 art. 13-2). Ces supports doivent, au moins, transmettre la voix des copropriétaires et permettre la retransmission continue et simultanée des délibérations. La décision est prise par l'assemblée générale sur la base de devis élaborés à cet effet à l'initiative du syndic ou du conseil syndical. Le syndicat des copropriétaires en supporte les coûts.

ÉTABLISSEMENT DE LA FEUILLE DE PRÉSENCE

37630 Il est tenu, lors de chaque assemblée, une feuille de présence indiquant les nom et domicile de chaque copropriétaire (ou associé) :

– présent physiquement ou représenté ;

– qui participe physiquement à l'assemblée générale par visioconférence, par audioconférence ou par un autre moyen de communication électronique ;

– ou ayant voté par correspondance avec mention de la réception du formulaire par le syndic (Décret 67-223 du 17-3-1967 art. 14). Cette dernière mention est nécessaire pour déterminer les tantièmes requis pour l'obtention des majorités.

Toutefois, le formulaire de vote par correspondance n'est pas pris en compte au moment du vote lorsque le copropriétaire, l'associé ou leur mandataire est présent à l'assemblée générale (Décret 67-223 du 17-3-1967 art. 14-1 ; voir n° 37702).

Lorsque le copropriétaire ou l'associé est représenté, la feuille de présence mentionne les nom et domicile de son mandataire et précise, le cas échéant, si ce dernier participe par visioconférence, par audioconférence ou par un autre moyen de communication électronique.

La feuille de présence indique pour chaque copropriétaire le nombre de voix dont il dispose, en faisant application des dispositions des alinéas 2 et 3 du I de l'article 22 et du III, dernier alinéa de l'article 10 de la loi du 10 juillet 1965 (cas des charges spéciales).

Rien n'interdit d'établir une feuille de présence séparée pour chaque immeuble et chaque lot, habitation, garage et emplacement de stationnement (Cass. 3e civ. 11-5-2000 n° 98-17.029 : BPIM 5/00 inf. 337).

Elle doit être émargée par chaque copropriétaire présent (ou son mandataire), mais n'a pas à être émargée par les copropriétaires qui participent à l'assemblée générale par visioconférence, par audioconférence ou par tout autre moyen de communication électronique. Elle doit être certifiée exacte par le président de l'assemblée (Décret 67-223 du 17-3-1967 art. 14, al. 2).

La feuille de présence peut être tenue sous forme électronique dans les conditions définies par l'article 1366 du Code civil (Décret du 17-3-1967 art. 14, dernier al.). Il faudra donc que le copropriétaire puisse être identifié selon un procédé fiable garantissant le lien de la signature avec l'acte auquel celle-ci se rattache et que l'écrit soit établi et conservé dans des conditions qui en garantissent l'intégrité.

L'absence de toute feuille de présence est considérée comme une cause de nullité de l'assemblée (Cass. 3e civ. 18-6-2008 n° 07-13.818). En revanche, depuis un arrêt de la Cour de cassation du 7 décembre 1971 (Bull. civ. III n° 601), il est retenu que les irrégularités affectant la feuille de présence ne sont pas des causes de nullité si elle comporte tous les éléments nécessaires pour identifier les copropriétaires présents ou représentés et si elle permet de contrôler les énonciations du procès-verbal. Il en est ainsi du défaut de mention des noms des mandataires des copropriétaires (Cass. 3e civ. 21-6-2006 n° 05-15.752 : Bull. civ. III n° 156), de l'absence de certification par le président de séance (Cass. 3e civ. 27-4-2011 n° 10-16.357 : AJDI 2011 p. 457 obs. S. Porcheron) ou de l'absence de signature par les mandataires (Cass. 3e civ. 18-9-2012 n° 08-70.203 : Loyers et copr. 2012 comm. n° 305 note G. Vigneron). Les mentions du procès-verbal d'assemblée générale peuvent être utilisées pour pallier les insuffisances de la feuille de présence (pour une feuille de présence qui ne mentionnait pas le nombre de voix des copropriétaires dans les parties communes spéciales de chaque bâtiment, voir Cass. 3e civ. 18-1-2021 n° 19-17.906 : BPIM 2/21 inf. 140).

> **Précisions** La feuille de présence n'a pas à mentionner le numéro des lots détenus par chaque copropriétaire (CA Paris 17-3-2005 n° 04-10905 : BPIM 1/06 inf. 59). Elle est réputée avoir été signée par le président de séance dès son élection du fait de la signature de celle-ci (Cass. 3e civ. 31-5-2012 n° 11-12.774 : BPIM 4/12 inf. 349).

Conservation et copies La feuille de présence doit être annexée au procès-verbal **37640**
(Décret 67-223 du 17-3-1967 art. 17, al. 6) et être conservée dans le **registre spécial** (n° 37765). Le syndic n'est pas tenu de la joindre à la notification du procès-verbal d'assemblée générale (Loi 65-557 du 10-7-1965 art. 42 ; Cass. 3e civ. 24-9-2008 n° 07-16.334 : BPIM 6/08 inf. 460). En revanche, il doit en délivrer **copie** aux copropriétaires qui en font la demande (Décret 67-223 du 17-3-1967 art. 33) sans pouvoir apprécier l'utilité ou la légitimité de cette communication (Cass. 3e civ. 18-9-2001 n° 00-14.110) ; le refus d'en envoyer une copie complète est injustifié (Rép. Jeanjean : AN 20-6-2006 n° 89837) et de nature à entraîner la nullité de l'assemblée générale (Cass. 3e civ. 18-2-2014 n° 13-10.307 : AJDI 2014 p. 461 obs. S. Porcheron ; Cass. 3e civ. 18-6-2008 n° 07-14.180 : Rev. loyers 2008 p. 449).

ÉLECTION DU PRÉSIDENT ET DES SCRUTATEURS

Chaque assemblée désigne, en début de séance, son président et, s'il y a lieu, un ou plusieurs **37650**
scrutateurs (Décret 67-223 du 17-3-1967 art. 15, al. 1). Les solutions jurisprudentielles antérieures à l'actuelle rédaction de l'article 15 du décret (qui précédemment parlait de « bureau » et non de « scrutateurs ») paraissent appelées à rester d'actualité.

L'élection du président et celle des scrutateurs doivent faire l'objet de **deux votes distincts** (Cass. 3e civ. 17-2-1999 : BPIM 4/99 inf. 311).

> **Précisions** **a.** La mention des conditions de vote sur la présidence et la composition du bureau doit être consignée au **procès-verbal.** À défaut, la nullité de l'assemblée peut être prononcée, indépendamment de l'existence d'un grief personnel au copropriétaire demandeur (Cass. 3e civ. 16-6-1993 : RJDA 10/93 n° 829 ; voir dans le même sens CA Paris 12-2-1999 : Loyers et copr. 1999 comm. n° 216) et sans qu'elle puisse être couverte par la décision d'une assemblée ultérieure (Cass. 3e civ. 31-10-2001 n° 1405 : BPIM 6/01 inf. 390).
>
> **b.** Conformément à l'article 42, alinéa 2 de la loi (n° 38100), l'**élection du bureau** de l'assemblée ne peut être attaquée que par les copropriétaires absents et les opposants (Cass. 3e civ. 13-2-2008 n° 07-12.988 : BPIM 2/08 inf. 158).
>
> **c.** Le copropriétaire qui **vote par correspondance** ne peut exprimer son vote sur les candidatures du président et des scrutateurs présentées lors de l'assemblée ; il sera donc considéré comme défaillant (Loi 65-557 du 10-7-1965 art. 17-1 A, al. 2).

37660 **Président** La désignation du président est **obligatoire** nonobstant toute stipulation contraire du règlement de copropriété (Cass. 3e civ. 14-1-1998 : Bull. civ. III no 7). En l'absence de vote sur cette désignation, l'assemblée peut être annulée (Cass. 3e civ. 31-10-2001 no 1405 : BPIM 6/01 inf. 390). Il en est de même en cas de décision prise par l'assemblée avant l'élection du président (Cass. 3e civ. 14-12-2010 no 09-71.974 : BPIM 2/11 inf. 145). En revanche, un seul président de séance peut être désigné (Cass. 3e civ. 22-3-2018 no 16-27.481 : BPIM 3/18 inf. 213).

Tout copropriétaire peut présider la séance sous les deux réserves suivantes :

– lorsque l'assemblée a été convoquée sur l'initiative d'un copropriétaire agissant en référé dans l'hypothèse prévue par l'article 8, alinéa 3 du décret du 17 mars 1967, le juge peut confier la présidence au mandataire de justice qu'il a désigné (Décret du 17-3-1967 art. 50, al. 1) ;

– lorsque la copropriété est en difficulté et bénéficie du mécanisme de l'administration provisoire, l'assemblée est présidée par l'administrateur provisoire (Loi 65-557 du 10-7-1965 art. 29-1, al. 2 ; no 39450).

En revanche, seul un copropriétaire peut présider la séance, et non un **tiers** à la copropriété, même s'il est le mandataire d'un copropriétaire (Cass. 3e civ. 3-11-2013 no 12-12.870 : BPIM 6/13 inf. 416).

Ne peuvent pas non plus présider l'assemblée générale (Loi 65-557 du 10-7-1965 art. 22, I-al. 4) :

– le syndic, son conjoint, le partenaire lié à lui par un Pacs, son concubin ;

– les ascendants et descendants du syndic ainsi que ceux de son conjoint ou du partenaire lié à lui par un Pacs ou de son concubin ;

– les préposés du syndic, leur conjoint, le partenaire lié à eux par un Pacs, leur concubin ;

– les ascendants et descendants des préposés du syndic ainsi que ceux de leur conjoint ou du partenaire lié à eux par un Pacs ou de leur concubin.

> **Précisions a.** Un **associé d'une société d'attribution** peut être valablement élu à la présidence de l'assemblée en considération des articles 23 de la loi de 1965 et 12 du décret de 1967 (Cass. 3e civ. 6-3-2002 no 422 : BPIM 4/02 inf. 284 ; no 37430).

b. La **désignation irrégulière du président** n'équivaut pas à une absence de désignation empêchant l'assemblée de se poursuivre et de prendre quelque décision que ce soit. Dès lors que l'assemblée a, en début de séance, élu un président, même de façon irrégulière, ce choix constitue une véritable décision qui ne peut être **contestée** que dans le délai visé au no 38100 (Cass. 3e civ. 21-6-2006 no 05-15.752 : BPIM 5/06 inf. 381 ; Cass. 3e civ. 30-6-2009 no 08-17.743 : BPIM 5/09 inf. 373).

c. Le président de séance n'a pas l'obligation de vérifier les **pouvoirs des copropriétaires absents** (Cass. 3e civ. 31-5-2012 no 11-12.774 : BPIM 4/12 inf. 349).

37670 **Scrutateurs** La désignation de scrutateurs n'est **pas une obligation légale.** En revanche, si le règlement de copropriété prévoit la désignation d'un nombre de scrutateurs qu'il détermine, cette disposition doit être respectée, à peine de nullité de l'assemblée générale, dont le prononcé n'est pas subordonné à la preuve d'un grief (Cass. 3e civ. 11-10-2005 no 04-16.894 : AJDI 2006 p. 803 note P. Capoulade), à moins que, faute de candidat, la désignation du nombre de scrutateurs prévu ne se soit avérée impossible (Cass. 3e civ. 30-9-2015 no 14-19.858 : BPIM 6/15 inf. 408).

> **Précisions** La désignation des scrutateurs par un vote est valable même si elle ne correspond pas aux modalités de désignation prévues par le règlement de copropriété (Cass. 3e civ. 6-3-2002 no 422 : BPIM 4/02 inf. 284).

ÉLECTION DU SECRÉTAIRE DE SÉANCE

37680 Le **syndic** assure le secrétariat, sauf vote contraire (Décret du 17-3-1967 art. 15, al. 2). En l'absence de secrétaire, l'assemblée est nulle (CA Paris 6-5-1998 : BPIM 4/98 inf. 284).

> **Précisions** Une assemblée générale qui a élu son président mais qui n'a pas désigné de secrétaire (candidat unique n'ayant pas obtenu la majorité) ne peut ni se tenir régulièrement, ni prendre de décision, les deux fonctions ne pouvant pas être assurées par le président seul (Cass. 3e civ. 6-11-2002 no 1590 : BPIM 6/02 inf. 409).

VOTE SUR LES QUESTIONS INSCRITES À L'ORDRE DU JOUR

37690 L'assemblée générale ne prend de **décision valide** que sur les questions inscrites à l'ordre du jour et dans la mesure où les notifications ont été faites conformément aux dispositions des articles 9 à 11, I. Sur les notifications visées par le texte, voir nos 37570 s. Toute délibération intervenant sur une question non inscrite à l'ordre du jour, ou mentionnée comme ne devant pas faire l'objet d'un vote, est irrégulière, même si elle ne constitue que le rappel d'une clause du règlement de copropriété ou de décisions antérieures et peut faire l'objet d'une demande d'annulation (Cass. 3e civ. 5-11-2014 no 13-26.768 : BPIM 1/15 inf. 60 ; Cass. 3e civ. 26-3-2003 no 01-13.896 ; Cass. 3e civ. 17-9-2013 no 12-19.779) et même si elle est la conséquence d'une décision intervenue au cours de la même assemblée générale (ainsi, la décision désignant un nouveau syndic, qui fait suite au refus de renouvellement de l'actuel syndic, n'est pas valable si elle n'a pas été inscrite à l'ordre du jour : Cass. 3e civ. 3-12-2015 no 14-25.583 : BPIM 1/16 inf. 53 ; voir no 37690).

Une **question non inscrite à l'ordre du jour** peut être examinée par l'assemblée générale, mais elle ne peut pas donner lieu à un vote (Décret du 17-3-1967 art. 13) sous peine de nullité de la délibération. La Cour de cassation a ainsi censuré une cour d'appel qui avait refusé d'annuler la délibération d'une assemblée donnant quitus au syndic alors que l'ordre du jour de l'assemblée ne portait que sur l'approbation des comptes (Cass. 3e civ. 6-7-1994 no 89-16.212 : RJDA 11/94 no 1204). Il en est ainsi même si elle ne constitue que le rappel d'une clause du règlement de copropriété ou de décisions antérieures (Cass. 3e civ. 17-9-2013 no 12-19.779) et même si elle est la conséquence ou si elle complète une décision intervenue au cours de la même assemblée générale (Cass. 3e civ. 7-11-2007 no 06-18.882). Ainsi, la décision de désigner un nouveau syndic, qui fait suite au refus de renouvellement de l'actuel syndic, n'est pas valable si elle n'a pas été inscrite à l'ordre du jour (Cass. 3e civ. 3-12-2015 no 14-25.583 : BPIM 1/16 inf. 53 ; voir aussi Cass. 3e civ. 7-11-2007 no 06-18.882 précité). De même, l'assemblée générale ne peut pas décider du renouvellement du mandat du syndic en place pour une durée moindre que celle mentionnée dans l'ordre du jour s'il n'y a pas de projet de résolution en ce sens (Cass. 3e civ. 29-11-2018 no 17-22.138 F-D : BPIM 1/19 inf. 57 ; Cass. 3e civ. 11-7-2019 no 18-12-254 : BPIM 5/19 inf. 349). Néanmoins, l'assemblée n'est pas tenue par un libellé figé des questions à l'ordre du jour. Elle peut amender les textes en fonction des débats (Cass. 3e civ. 25-9-2002 no 01-00.161 : BPIM 6/02 inf. 407 ; Cass. 3e civ. 6-5-2014 no 13-11.623 : AJDI 2014 p. 624 obs. S. Porcheron).

Il n'est pas possible pour une assemblée générale de prendre des décisions à l'occasion de l'examen de **questions** trop **imprécises** ou équivoques. Tel est le cas de la question intitulée « problème des fermetures des terrasses ou balcons, décision définitive à prendre » dès lors que trois précédentes assemblées avaient déjà refusé l'autorisation aux copropriétaires de procéder à la fermeture de leurs balcons ou terrasses (Cass. 3e civ. 17-12-1997 : Bull. civ. III no 229).

Les **« questions diverses »,** qui figurent souvent à la fin de l'ordre du jour, ne peuvent donner lieu qu'à discussion (Cass. 3e civ. 5-11-2014 no 13-26.768 : BPIM 1/15 inf. 60).

De telles délibérations intervenant sur des questions non inscrites à l'ordre du jour peuvent faire l'objet d'une demande d'annulation à condition d'être contestées dans le délai de deux mois visé à l'article 42, alinéa 2 de la loi par les copropriétaires opposants ou défaillants (no 38100).

Chaque résolution de l'assemblée ne peut avoir qu'un seul **objet** (Cass. 3e civ. 26-9-2007 no 06-11.191 : **37700**
BPIM 6/07 inf. 434 ; Cass. 3e civ. 14-1-2009 no 08-10.624 : BPIM 1/09 inf. 61). Un vote unique sur une question ayant plusieurs objets n'est pas conforme aux articles 9 et 17 du décret du 17 mars 1967, à moins que les questions ne soient indissociables. Tel est le cas par exemple de la désignation du syndic et de l'approbation de son contrat (Cass. 3e civ. 12-9-2019 no 18-18.880) ou du montant de ses honoraires (Cass. 3e civ. 19-12-2007 no 07-13.703 : D. 2008 pan. p. 2693 obs. C. Atias et P. Capoulade), de l'approbation de travaux indissociables (Cass. 3e civ. 9-7-2020 no 19-18.623) ou encore de l'approbation des décisions consécutives à la décision de réaliser des travaux et indissociables de celle-ci : désignation de l'architecte, fixation de ses honoraires, souscription d'une assurance dommages-ouvrage, honoraires du syndic, calendrier des appels de fonds (Cass. 3e civ. 28-1-2021 no 19-22.681 : BPIM 2/21 inf. 141). En revanche, la décision de fermeture de l'immeuble par un portail et le choix du dispositif d'ouverture doivent faire l'objet d'un vote séparé (Cass. 3e civ. 26-9-2007 précité). Il en est de même de l'approbation des comptes et du quitus au syndic (Cass. 3e civ. 14-1-2009 précité).

> **Précisions** Compte tenu de la rédaction de l'article 29 du décret du 17 mars 1967, qui prévoit que « la décision qui désigne le syndic et qui approuve le contrat de mandat est votée à la majorité de l'article 25 », la décision de **nommer un syndic** et celle d'**approuver son contrat** peuvent faire l'objet d'un **vote unique** (Cass. 3e civ. 8-10-2008 no 07-15.730 : BPIM 1/09 inf. 60).

Modalités du vote Les copropriétaires peuvent participer à l'assemblée générale par **37702**
présence physique, par visioconférence ou par tout autre moyen de communication électronique permettant leur identification (Loi 65-557 du 10-7-1965 art. 17-1 A, al. 1). Dans ce cas, le vote peut avoir lieu à main levée.

Les copropriétaires peuvent également **voter par correspondance** avant la tenue de l'assemblée générale au moyen d'un formulaire établi conformément à un modèle fixé par l'arrêté JUSC2016025A du 2 juillet 2020 (Loi 65-557 du 10-7-1965 art. 17-1 A). Afin de ne pas trahir le sens du vote du copropriétaire exprimé par correspondance, si la résolution objet du vote par correspondance est amendée en cours d'assemblée générale, le votant par correspondance ayant voté favorablement est assimilé à un copropriétaire défaillant pour cette résolution. Cela permet de lui préserver un droit de recours contre la décision adoptée. Tel est aussi le cas des votes sur les candidatures du président et des scrutateurs de l'assemblée générale, présentées lors de celles-ci, et des votes sur les candidatures de membres du conseil syndical présentées lors de l'assemblée générale : le copropriétaire ayant voté par correspondance, n'ayant pu voter sur ces candidatures présentées lors de l'assemblée, sera considéré comme défaillant.

Pour être pris en compte lors de l'assemblée générale, le formulaire de vote par correspondance doit être réceptionné par le syndic au plus **tard trois jours francs** avant la date de la réunion, étant précisé que, lorsqu'il est transmis par courrier électronique à l'adresse indiquée par le syndic, il est présumé réceptionné à la date de l'envoi (Décret 67-223 du 17-3-1967 art. 9 bis). Un jour franc est défini comme un jour entier, de 0 à 24 heures. Si un formulaire est reçu hors délai, le copropriétaire sera donc considéré comme n'ayant pas voté par correspondance et sera défaillant au sens de l'article 42 de la loi 1965.

La **participation à l'assemblée générale** prime néanmoins sur le vote par correspondance ; ainsi, le formulaire de vote par correspondance n'est pas pris en compte lorsque le copropriétaire, l'associé ou leur mandataire est présent à l'assemblée générale, quelle que soit la date à laquelle a été établi ou reçu le formulaire de vote par correspondance ou le mandat avec délégation de vote, y compris en cas de délégation de vote sans désignation d'un mandataire (Décret 67-223 du 17-3-1967 art. 14-1). Il en résulte que si un copropriétaire adresse au syndic à la fois un mandat de représentation et le formulaire de vote par correspondance complété, le vote exprimé par son mandataire lors de l'assemblée générale primera sur le vote par correspondance, quelle que soit la date d'établissement du mandat, en application de l'article 14-1 du décret du 17 mars 1967. Tel est le cas même si le mandat est donné « en blanc », le mandat rendant caduc le formulaire de vote par correspondance. Le mandant n'est donc pas lié par les termes du formulaire de vote par correspondance.

ATTENTION

Bien que le formulaire de vote par correspondance ne prévoie pas la signature de celui-ci par un mandataire, le mandataire légal, judiciaire ou conventionnel d'un copropriétaire devrait pouvoir voter par correspondance.

3. PROCÈS-VERBAL DE L'ASSEMBLÉE GÉNÉRALE

a. Établissement du procès-verbal

SIGNATURE

37710 Il est établi un procès-verbal des décisions de chaque assemblée (Décret du 17-3-1967 art. 17).

Le procès-verbal doit être signé à la fin de la séance ou dans les huit jours suivant la tenue de l'assemblée par le président, le secrétaire et le ou les scrutateurs.

MENTIONS OBLIGATOIRES

37715 Le procès-verbal doit (Décret 67-223 du 17-3-1967 art. 17) :

– préciser si les mandats de vote ont été distribués par le président du conseil syndical, par un membre de celui-ci ou par le président de séance dans les conditions prévues à l'article 15-1 du décret de 1967 (art. 17, al. 2) ;

– comporter l'intitulé de chaque question inscrite à l'ordre du jour ;

– indiquer le résultat de chaque vote ;

– préciser les noms des copropriétaires opposants, qui se sont abstenus ou qui doivent être considérés comme défaillant en cas de vote par correspondance ;

– mentionner les réserves éventuellement formulées sur la régularité des décisions. En revanche, les réserves formulées en dehors de l'assemblée générale n'ont pas à figurer dans le procès-verbal (dans le cas d'une note adressée par un copropriétaire avant l'assemblée : Cass. 3e civ. 23-11-2017 no 16-25.125 FS-PB : BPIM 1/18 inf. 57) ;

– mentionner les incidents techniques ayant empêché un copropriétaire qui a eu recours à la visioconférence, à l'audioconférence ou à tout autre moyen de communication électronique de faire connaître son vote.

RÉSULTAT DU VOTE

37720 Le procès-verbal doit comporter, sous l'intitulé de chaque question inscrite à l'ordre du jour, le résultat du vote (Cass. 3e civ. 31-10-2001 no 00-13.685 : BPIM 6/01 inf. 390). Il doit préciser les noms et le nombre de voix des copropriétaires ou associés qui se sont opposés à la décision, qui se sont abstenus, ou qui sont assimilés à un copropriétaire défaillant en application de l'article 17-1 A de la loi du 10 juillet 1965 (formulaires de vote par correspondance ne donnant aucun sens précis de vote ou exprimant une abstention, votes par correspondance portant sur des résolutions ayant évolué de manière substantielle au cours des débats).

Le **nombre des voix** en faveur d'une résolution peut se calculer par différence entre le total des voix de l'assemblée déterminé d'après la feuille de présence et le total des voix des copropriétaires qui se sont déclarés « contre », non-votants ou abstentionnistes (Cass. 3e civ. 11-5-2000 : BPIM 5/00 inf. 337). En ce qui concerne les abstentionnistes, voir cependant n° 37800.

> Précisions a. Le dépouillement des votes doit nécessairement être fait au cours de l'assemblée, à défaut de quoi les opposants n'auraient plus la possibilité de formuler des réserves sur la régularité de ces votes (Rép. Masson : AN 12-8-1996).

b. L'article 17 du décret du 17 mars 1967 n'impose pas la mention de la règle de majorité applicable, mais seulement la mention du « résultat du vote », lequel consiste essentiellement dans le décompte des voix et l'indication d'un total auquel les rapporter. La mention de la majorité requise est donc superflue. Il en résulte qu'une erreur affectant la mention de la majorité requise n'affecte pas la validité de la décision dès lors qu'elle a obtenu le nombre de voix effectivement nécessaire (Cass. 3e civ. 5-7-2011 n° 10-20.743 : AJDI 2011 p. 712 obs. S. Porcheron).

SANCTION EN CAS D'INOBSERVATION DES FORMALITÉS OBLIGATOIRES

L'inobservation des formalités substantielles d'établissement du procès-verbal entraîne la **nullité de l'assemblée générale** sans que le demandeur ait à démontrer un préjudice (Cass. 3e civ. 17-2-1999 n° 97-14.454 : BPIM 4/99 inf. 311 ; Cass. 3e civ. 31-10-2001 n° 00-13.685 : BPIM 6/01 inf. 390 ; Cass. 3e civ. 20-12-2006 n° 05-20.384 : BPIM 1/07 inf. 65 ; Cass. 3e civ. 28-4-2011 n° 10-15.264 : BPIM 3/11 inf. 231). **37725**

Cependant, la jurisprudence a assoupli ce principe en admettant que la nullité n'est pas encourue lorsque les mentions du procès-verbal permettent de dégager le **sens** de chaque vote (Cass. 3e civ. 7-11-1978 n° 77-11.421 : Bull. civ. III n° 333) ou d'identifier le nom du copropriétaire opposant, omis dans le procès-verbal, par un **rapprochement** avec la feuille de présence (Cass. 3e civ. 11-7-2019 n° 18-18.615 : BPIM 5/19 inf. 351). La nullité n'est pas encourue non plus lorsque le procès-verbal mentionne que la résolution a été adoptée à la majorité des copropriétaires présents ou représentés sans préciser le nom des opposants ou abstentionnistes mais qu'il résulte des mentions de ce document que la résolution a été en réalité adoptée à l'unanimité (Cass. 3e civ. 23-3-2022 n° 21-13.544 : BPIM 3/22 inf. 231).

L'**irrégularité formelle** affectant le procès-verbal d'assemblée générale ou la feuille de présence, lorsqu'elle est relative aux conditions de vote ou à la computation des voix, n'entraîne pas nécessairement la nullité de l'assemblée générale dès lors qu'il est possible de reconstituer le sens du vote et que le résultat de celui-ci n'en est pas affecté (Décret 67-223 du 17-3-1967 art. 17-1).

FORCE PROBANTE

Le procès-verbal, étant un acte sous signature privée, tire sa force probante : **37730**

- de l'observation des dispositions légales et réglementaires ;
- de la signature du président, du secrétaire et des scrutateurs.

L'omission de la signature sur le procès-verbal de l'assemblée générale n'entraîne pas en soi la nullité de celle-ci (Cass. 3e civ. 6-12-2005 n° 05-12.579 : BPIM 3/06 inf. 206 ; Cass. 3e civ. 19-11-2008 n° 06-12.567 : BPIM 1/09 inf. 59 ; Cass. 3e civ. 13-11-2012 n° 11-22.140). En revanche, la force probante du procès-verbal est dans ce cas fragilisée.

Le procès-verbal fait foi des constatations qu'il renferme (Cass. 3e civ. 23-5-2007 n° 06-13.521 : BPIM 4/07 inf. 290), mais il ne s'agit que d'une présomption simple et le caractère erroné des indications qu'il contient peut être prouvé par tous moyens, et notamment par témoignages ou attestations (Cass. 3e civ. 11-3-2009 n° 07-21.708 : Administrer juillet 2009 p. 54 obs. J.-R. Bouyeure ; Cass. 3e civ. 28-6-1995 n° 93-11.751 : Bull. civ. III p. 106 n° 159 ; Cass. 3e civ. 11-1-1977 : inf. rap. copr. 1977 p. 45 ; CA Paris 26-1-2000 : AJDI 2000 p. 348).

Le procès-verbal entaché d'une erreur matérielle peut être rétabli sans qu'il y ait lieu de faire de distinction quant à la portée de ce qui peut être rétabli. Le sens des votes peut donc également être corrigé s'il est démontré qu'une erreur a été commise dans la mention d'un vote « pour » ou « contre » (Cass. 3e civ. 15-12-2016 n° 15-25.109 : BPIM 1/17 inf. 40). Tout est question de preuve, étant précisé qu'il ne peut se déduire du seul fait qu'une décision est contraire aux intérêts d'un copropriétaire la preuve du caractère inexact du vote favorable qui lui est attribué dans le procès-verbal, à défaut d'autres éléments (Cass. 3e civ. 6-11-1996 n° 94-21.195 ; Cass. 3e civ. 4-2-2014 n° 12-29.859 : Administrer avril 2014 p. 53 note J.-R. Bouyeure).

> Précisions a. Lorsque, pour une même assemblée, deux procès-verbaux contenant des dispositions contradictoires ont été signés, le premier par le président de séance et les scrutateurs et le second par le secrétaire, aucun des deux procès-verbaux ne produit d'effet (Cass. 3e civ. 27-5-2010 n° 09-14.541 : BPIM 5/10 inf. 395).

b. L'incohérence des mentions d'un procès-verbal peut permettre d'établir leur inexactitude si elle est confortée par d'autres éléments (Cass. 3e civ. 11-1-1977 précité). Tel est le cas d'une attestation du copropriétaire concerné corroborée par les mentions du procès-verbal reprenant ses propos dans le même sens (Cass. 3e civ. 15-12-2016 n° 15-25.109 précité).

c. Le procès-verbal ne peut être rectifié que pour des erreurs purement matérielles, sans rien ajouter ou modifier les décisions prises (Cass. 3e civ. 4-6-1998 : Bull. civ. III n° 116).

b. Notification du procès-verbal d'assemblée générale

DÉLAI

37750 Dans le délai d'**un mois** à compter de la tenue de l'assemblée, le syndic (ou la personne qui a convoqué l'assemblée) doit notifier le procès-verbal aux copropriétaires absents ou opposants (Loi 65-557 du 10-7-1965 art. 42).

Le **non-respect** de ce délai est dépourvu de sanction (Cass. 3e civ. 23-9-2009 n° 08-17.720 : BPIM 6/09 inf. 450). Par suite, la notification tardive peut entraîner la responsabilité du syndic, mais non la nullité de l'assemblée (Cass. 3e civ. 11-3-2003 n° 01-17.657 ; CA Paris 10-11-1989 : Loyers et copr. 1990 comm. n° 58). En revanche, tant que le procès-verbal n'a pas été notifié, le délai de deux mois prévu par l'article 42 de la loi du 10 juillet 1965 ne court pas (Cass. 3e civ. 6-10-2009 n° 08-18.448 : Loyers et copr. 2009 comm. n° 297 note G. Vigneron).

FORME

37758 Les notifications et les mises en demeure sont faites par **voie électronique** (Loi 65-557 du 10-7-1965 art. 42 modifié par loi 2024-322 du 9-4-2024).

Toutefois, les copropriétaires peuvent, à tout moment et par tout moyen, demander à recevoir les notifications et les mises en demeure par **voie postale,** le syndic devant informer les copropriétaires des moyens qui s'offrent à eux pour conserver un mode d'information par voie postale (Loi 65-557 du 10-7-1965 art. 42, al. 1 et 2 créés par loi 2024-322 du 9-4-2024).

> **> Précisions** La loi 2024-322 pour la rénovation de l'habitat dégradé du 9 avril 2024 fait de la voie électronique le mode de transmission de principe des notifications et mises en demeure. Le législateur entend ainsi éviter de compromettre le vote des travaux par des convocations aux assemblées générales envoyées par La Poste et dont le tiers ne parvient pas à son destinataire.

37759 **Notification faite par un prestataire de services de confiance qualifié**

Lorsque les notifications sont faites au moyen d'un procédé électronique mis en œuvre par l'intermédiaire d'un prestataire de services de confiance qualifié, chaque copropriétaire concerné doit en être informé au moins **quinze jours avant le premier envoi** effectué par ce moyen. Cette formalité n'est toutefois pas prescrite à peine d'irrégularité de l'acte (Décret 67-223 du 17-3-1967 art. 64-3).

Le prestataire de services doit délivrer à l'expéditeur un **récépissé du dépôt électronique** de l'envoi ainsi qu'un **justificatif de la transmission** par ses soins au destinataire, et il doit conserver la **preuve** de ces documents pendant au moins un an (Décret 67-223 du 17-3-1967 art. 64-5). Ces documents doivent comporter :

1° le nom et le prénom ou la raison sociale de l'expéditeur ainsi que son adresse électronique ;

2° le nom et le prénom ou la raison sociale du destinataire ainsi que son adresse électronique ;

3° un numéro d'identification unique de l'envoi attribué par le prestataire ;

4° la liste des pièces remises par l'expéditeur en vue de leur envoi ;

5° la date et l'heure du dépôt électronique de l'envoi ainsi que celles de la transmission au destinataire de l'envoi indiquées par un horodatage électronique qualifié ;

6° la signature électronique et le cachet électronique avancés tels que définis par l'article 3 du règlement (UE) 910/2014.

Le prestataire de services doit adresser au destinataire un **avis électronique,** afin de l'informer qu'un envoi électronique lui a été transmis (Décret 67-223 du 17-3-1967 art. 64-6). Cet avis doit comporter :

– le nom de l'expéditeur de l'envoi électronique ;

– l'objet de l'envoi électronique ;

– un lien hypertexte invitant le destinataire à télécharger le contenu de l'envoi, disponible pendant au moins 21 jours ;

– la reproduction de la mention suivante : « En application du second alinéa de l'article 64-2 du décret 67-223 du 17 mars 1967, le délai que les notifications et mises en demeure par voie électronique font courir a pour point de départ le lendemain de la transmission de l'avis électronique au destinataire. Pour le présent envoi, la date de transmission est le : (date à préciser). »

Si le prestataire de services constate, après un délai de 48 heures, que le destinataire n'a pas procédé au téléchargement du contenu de l'envoi électronique, il doit lui adresser un **message de rappel.** Ce message ne modifie toutefois pas le point de départ des délais que la notification fait courir (Décret 67-223 du 17-3-1967 art. 64-7).

Il doit **conserver l'historique** de la transmission et des éventuels incidents survenus pendant au moins un an. L'expéditeur y a accès pendant un an (Décret 67-223 du 17-3-1967 art. 64-8).

En cas de retard dans la réception ou en cas de perte des données, la **responsabilité du prestataire** est engagée dans les conditions prévues au 3° de l'article R 2-1 du Code des postes et des communications électroniques (Décret 67-223 du 17-3-1967 art. 65).

La notification, qui porte sur le seul procès-verbal, sans ses annexes (Loi 65-557 du 10-7-1965 art. 42, al. 2), **37760**
doit **reproduire le texte** de l'article 42, alinéa 2 de la loi du 10 juillet 1965 (Décret du 17-3-1967 art. 18, al. 2) selon lequel « les actions qui ont pour objet de contester les décisions des assemblées générales doivent, à peine de déchéance, être introduites par les copropriétaires opposants ou défaillants, dans un délai de deux mois à compter de la notification desdites décisions qui leur est faite à la diligence du syndic dans un délai de deux mois à compter de la tenue de l'assemblée générale. Sauf en cas d'urgence, l'exécution par le syndic des travaux décidés par l'assemblée générale en application des articles 25 et 26 est suspendue jusqu'à l'expiration du délai mentionné à la première phrase du présent alinéa ». L'**absence de reproduction** de ce texte, qui a pour but de porter à la connaissance des copropriétaires les conditions dans lesquelles ils peuvent contester les décisions et notamment le délai dans lequel ils peuvent le faire, rend la notification irrégulière et celle-ci ne fait donc pas courir le délai de contestation de deux mois (Cass. 3e civ. 28-1-2015 n° 13-23.552 : BPIM 2/15 inf. 132). En revanche, l'omission de la seule partie finale de cet article, relative au délai imparti au syndic pour procéder à la notification, est indifférente dans la mesure où la tardiveté de la notification est dépourvue de sanction et n'a pas d'incidence sur le droit des copropriétaires de contester l'assemblée générale dans le délai de deux mois de la notification (Cass. 3e civ. 4-6-2003 n° 02-11.134 : BPIM 6/03 inf. 368 ; Cass. 3e civ. 23-9-2009 n° 08-17.720 : BPIM 6/09 inf. 450).

Les annexes, et notamment la feuille de présence, n'ont pas à être notifiées avec le procès-verbal (Loi 65-557 du 10-7-1965 art. 42). Mais les copropriétaires peuvent s'en faire délivrer des copies certifiées (Décret 67-223 du 17-3-1967 art. 33, al. 2).

Le procès-verbal d'assemblée générale doit être notifié à la dernière adresse connue (Cass. 3e civ. 16-3-2017 n° 15-29.173 : BPIM 3/17 inf. 235). Il appartient au syndicat de rapporter la **preuve** de la régularité de la notification du procès-verbal d'assemblée générale (Cass. 3e civ. 17-12-2015 n° 14-24.630 : BPIM 2/16 inf. 128).

> Précisions **a.** Sur **la notion de copropriétaire « absent ou opposant »**, voir n° 38030.
b. Pour les lots grevés d'**usufruit**, le procès-verbal doit désormais être notifié au mandataire commun qui doit être désigné (Loi 65-557 du 10-7-1965 art. 23, al. 2). Antérieurement, il devait être notifié non seulement à l'usufruitier mais aussi au nu-propriétaire quelles que soient les stipulations du règlement de copropriété à cet égard (Cass. 3e civ. 30-3-2011 n° 10-14.381 : BPIM 3/11 inf. 230).
c. Lorsqu'une **société civile d'attribution** est copropriétaire, le procès-verbal est notifié, non pas aux associés opposants ou défaillants lors de l'assemblée, mais au représentant légal de la société (Décret du 17-3-1967 art. 18, al. 1). En tout état de cause, un extrait du procès-verbal doit lui être notifié s'il n'a pas participé à l'assemblée (Décret du 17-3-1967 art. 18, al. 3).
d. Jusqu'à la loi Élan, qui ramène à un mois le délai prévu pour la notification du procès-verbal d'assemblée par le syndic, le **délai** de deux mois antérieurement prévu pour cette notification courait à compter du lendemain du jour de la première présentation de la lettre recommandée ou du lendemain du jour de l'envoi au destinataire du courrier électronique (Décret du 17-3-1967 art. 64, al. 1, in fine). Cette disposition ne semble pas devoir être remise en cause.
e. La notification du procès-verbal par un **syndic dépourvu de pouvoir** est valable (Cass. 3e civ. 8-6-2011 n° 10-15.484 : BPIM 4/11 inf. 327).
f. La notification d'un procès-verbal d'assemblée générale dont la **date de présentation** est illisible ou dont l'accusé de réception ne porte pas la signature du destinataire n'emporte pas forcément prolongation du délai d'action en contestation (Cass. 3e civ. 28-11-2012 n° 11-18.008 : BPIM 1/13 inf. 71).
g. N'est pas contraire au droit d'accès à un tribunal, garanti par la Convention EDH, le fait que le délai de deux mois pour contester une décision d'assemblée générale court à compter de la notification du PV par lettre recommandée, même si elle ne parvient pas effectivement à son destinataire (Cass. 3e civ. 29-6-2023 n° 21-21.708 : BPIM 4/23 inf. 273).
h. Le procès-verbal peut être notifié sous une **forme dactylographiée** ; cette notification est régulière dès lors que la copie comporte les mêmes mentions que la version originale (Cass. 3e civ. 21-10-2009 n° 08-22.099 : Administrer janvier 2010 p. 62 obs. J.-R. Bouyeure).
i. La **notification à deux reprises** du procès-verbal à un copropriétaire fait peser une présomption d'irrégularité sur la première notification intervenue. Il appartient en conséquence au syndicat des copropriétaires, qui se

prévaut de la première notification comme point de départ du délai de recours de l'article 42 de la loi du 10 juillet 1965, de rapporter la preuve qu'elle était régulière (Cass. 3e civ. 18-2-2015 n° 12-21.927 : BPIM 2/15 inf. 133).

j. La **notification au notaire** en charge de la succession n'est pas opposable aux ayants droit du copropriétaire décédé s'ils n'ont pas élu domicile en son étude ou donné mandat à celui-ci de recevoir, en leur nom, les notifications des procès-verbaux d'assemblées générales (Cass. 3e civ. 12-3-2020 n° 18-11.988 : BPIM 3/20 inf. 212).

k. Dès lors qu'il n'est pas établi que le syndic avait connaissance du **décès d'un copropriétaire,** la notification du procès-verbal d'assemblée générale, adressée à un copropriétaire, qui revient avec la mention « décédé », fait courir le délai de deux mois de l'article 42 à l'égard des ayants droit sans qu'ils ne puissent reprocher au syndic de ne pas leur avoir notifié le procès-verbal (Cass. 3e civ. 12-3-2020 n° 18-11.988 : BPIM 3/20 inf. 213).

CONSERVATION

37765 Les procès-verbaux, auxquels doit être annexée la feuille de présence (Décret 67-223 du 17-3-1967 art. 17, al. 6), doivent être conservés, à la suite les uns des autres, sur un **registre spécialement ouvert** à cet effet. Ce registre peut être tenu sous forme électronique dans les conditions définies par l'article 1367 du Code civil (Décret du 17-3-1967 art. 17, al. 8). Dans ce cas, la feuille de présence et les procès-verbaux peuvent être établis sous forme électronique et sont signés dans les conditions prévues à l'article 1367, alinéa 2 du Code civil (Décret 67-223 du 17-3-1967 art. 17, al. 8).

COPIE

37770 Le syndic doit délivrer des copies ou extraits certifiés **conformes** du procès-verbal avec ses annexes (Décret du 17-3-1967 art. 33, al. 2), ce qui comprend les pouvoirs (Cass. 3e civ. 28-2-2006 n° 05-12.992 : Loyers et copr. 2006 comm. n° 109) mais pas le contrat de travail du concierge, préposé du syndicat (Cass 3e civ. 8-7-2015 n° 14-12.072 : BPIM 5/15 inf. 342).

Il délivre également copies ou extraits des procès-verbaux, des décisions prises par voie de consultation dans les **petites copropriétés,** par un seul copropriétaire ou lors d'une réunion sans convocation préalable dans les syndicats dont le nombre de voix est réparti entre deux copropriétaires, ainsi que par le conseil syndical dans le cadre d'une délégation de pouvoirs (Décret 67-223 du 17-3-1967 art. 33, al. 3).

4. INFORMATION DES OCCUPANTS DE L'IMMEUBLE

37780 Pour permettre à toutes les personnes concernées par la vie de la copropriété (dont les **locataires**) de connaître les initiatives, les difficultés, les contraintes et les projets relatifs à la copropriété des immeubles qu'elles occupent et qui pourraient avoir des conséquences sur leur vie quotidienne et éventuellement leurs charges, le syndic doit assurer l'information des occupants des décisions prises par l'assemblée générale (Loi 65-557 du 10-7-1965 art. 18 tel que modifié par loi 2024-322 du 9-4-2024). Le syndic doit informer les occupants de l'immeuble, dans les trois mois qui suivent chaque assemblée générale, par un document affiché pendant un mois à l'emplacement prévu à cet effet s'il en existe un ou, à défaut, déposé dans chacune des boîtes aux lettres ou remis selon les modalités habituellement utilisées dans la copropriété pour la remise des courriers, des décisions prises par l'assemblée générale « susceptibles d'avoir des conséquences sur les conditions d'occupation de l'immeuble et sur les charges des occupants », telles que (Décret 2015-1681 du 15-12-2015) :

- les décisions relatives à la maintenance et à l'entretien de l'immeuble, aux travaux de toute nature et aux actes techniques concourant à la préparation de ces travaux tels que les diagnostics, les audits, les études techniques ;
- les décisions relatives à la présence du personnel ou des prestataires, étant précisé que lorsque ces décisions comprennent des informations à caractère personnel, il est procédé à l'anonymisation de leur contenu.

Ne peuvent en revanche être portées à la connaissance des occupants de l'immeuble les décisions de l'assemblée générale concernant :

- une saisie immobilière ou une procédure contentieuse opposant un ou plusieurs copropriétaires au syndicat ;
- les prestations de gestion confiées au syndic ou pour lesquelles il est mandaté.

C. Règles de majorité

1. PRINCIPES GÉNÉRAUX

Les articles 24 à 26 de la loi 65-557 du 10 juillet 1965 fixent des règles de majorité différentes selon la nature ou l'importance des décisions à prendre, lesquelles peuvent, schématiquement, être classées en **quatre catégories** : **37790**
– les décisions intéressant la gestion courante de l'immeuble, adoptées à la majorité simple des copropriétaires présents ou représentés (majorité de l'article 24) ;
– les décisions ayant trait à des questions excédant la gestion courante sans toutefois impliquer de modifications notables dans la consistance matérielle de l'immeuble ou les conditions d'usage et d'administration des parties communes, adoptées à la majorité des voix de tous les copropriétaires (majorité de l'article 25) ;
– les décisions dont l'objet est d'entraîner de telles modifications, adoptées à la majorité des membres du syndicat représentant au moins deux tiers des voix (« double majorité » de l'article 26) ;
– les décisions qui ne peuvent être imposées à ceux qui n'y ont pas consenti, adoptées à l'unanimité.

La majorité de l'article 24 est le **principe,** tandis que les majorités des articles 25 et 26 ne s'appliquent que dans les cas **limitativement prévus** par le législateur. **37795**

2. MAJORITÉ DE L'ARTICLE 24

MAJORITÉ DE PRINCIPE

Les décisions sont prises à la **majorité des voix exprimées des propriétaires présents,** représentés ou ayant voté par correspondance, « s'il n'en est autrement ordonné par la loi » (Loi 65-557 du 10-7-1965 art. 24, I). Les cas dans lesquels il en est autrement ordonné par la loi sont examinés aux n°s 37850 et 37940. **37800**

L'expression « voix exprimées » signifie que ne sont pas prises en compte les voix des abstentionnistes, ni celles de ceux qui votent « blanc » ou qui ne prennent pas part au vote. Le vote à bulletins secrets est impossible, puisqu'il faut relever le nom des opposants (ci-dessus n° 37720). Le vote a donc lieu à main levée ou par correspondance.

ACTES D'ADMINISTRATION

Les **décisions ordinaires** visées par l'article 24 de la loi concernent essentiellement les actes d'administration, notamment : adaptations du règlement de copropriété rendues nécessaires par les modifications législatives ou réglementaires intervenues depuis son établissement (voir n°s 35345), décision d'engager le diagnostic prévu à l'article L 731-1 du Code de la construction et de l'habitation ainsi que ses modalités de réalisation, police des parties communes, travaux d'entretien courants, remplacement courant d'éléments d'équipement usagés (installation de chauffage, par exemple), déplacement de l'assiette d'une servitude, ravalement rendu indispensable par l'état des façades (Cass. 3e civ. 18-11-1997 n° 96-13.926), réfection de l'étanchéité d'une toiture-terrasse (Cass. 3e civ. 25-3-1992 n° 90-11.481), vote du budget, autorisation au syndic d'agir en justice, quitus au syndic, etc. **37810**

DÉCISIONS RELEVANT EXPRESSÉMENT DE L'ARTICLE 24

Cette règle de la majorité applicable par défaut n'est toutefois pas exclusive de l'existence d'une liste de dix catégories de décisions (Loi 65-557 du 10-7-1965 art. 24, II-a à j) qui relèvent expressément de cette majorité simple, énumérées dans un article 24, II et qui inclut des catégories de décisions qui relevaient auparavant de la majorité de l'article 25 : **37820**
– les travaux nécessaires à la conservation de l'immeuble ainsi qu'à la préservation de la santé et de la sécurité physique des occupants ;
– les modalités de réalisation et d'exécution des travaux rendus obligatoires en vertu de lois ou de décrets ou d'un arrêté de police administrative notifié au syndicat ;
– les modalités de réalisation et d'exécution des travaux prescrits par les communes ou les établissements publics de coopération intercommunale dans le cadre des restaurations immobilières prévues à l'article L 313-4-2 du Code de l'urbanisme ;
– la suppression des vide-ordures pour des impératifs d'hygiène.

Par ailleurs, les articles 24-1, 24-2 et 24-3 énumèrent des catégories de décisions relatives à l'introduction des nouvelles technologies dans l'immeuble qui, par dérogation à l'article 25, h, sont prises à la majorité simple de l'article 24 (voir n° 37840).

TRAVAUX NÉCESSAIRES À LA CONSERVATION DE L'IMMEUBLE ET À LA PRÉSERVATION DE LA SANTÉ ET DE LA SÉCURITÉ PHYSIQUE DES OCCUPANTS

37830 Il s'agit (Loi 65-557 du 10-7-1965 art. 24, II-a) :

– des travaux nécessaires à la conservation de l'immeuble ;

– des travaux nécessaires à la préservation de la santé et de la sécurité physique des occupants, qui incluent les travaux portant sur la stabilité de l'immeuble, le clos, le couvert ou les réseaux et les travaux permettant d'assurer la mise en conformité des logements avec les normes de salubrité, de sécurité et d'équipement définies par les dispositions prises pour l'application de l'article 1er de la loi 67-561 du 12 juillet 1967 relative à l'amélioration de l'habitat.

Sur les modalités d'ouverture et de fermeture des portes d'accès aux immeubles, voir n° 37867.

Sur les travaux urgents rendus nécessaires à la suite d'une catastrophe technologique, voir n° 37490.

MODALITÉS D'EXÉCUTION DES TRAVAUX OBLIGATOIRES

37831 Relèvent de la majorité simple les « modalités de réalisation et d'exécution des travaux rendus obligatoires en vertu de dispositions législatives ou réglementaires ou d'un arrêté de police administrative relatif à la sécurité ou à la salubrité publique, notifié au syndicat des copropriétaires pris en la personne du syndic ». Avant l'entrée en vigueur de la loi Alur, ces travaux relevaient de la majorité de l'article 25 (Loi 65-557 du 10-7-1965 art. 25, e).

À ce titre, les travaux de confinement ou de retrait de l'amiante sont désormais votés à la majorité de l'article 24. Il en est de même du branchement à l'égout, d'un ravalement prescrit par l'administration et de la mise en conformité d'un ascenseur avec les normes obligatoires de sécurité.

MODALITÉS DE RÉALISATION ET D'EXÉCUTION DES TRAVAUX NOTIFIÉS EN VERTU DE L'ARTICLE L 313-4-2 DU CODE DE L'URBANISME

37832 Le syndicat des copropriétaires peut assurer la maîtrise d'ouvrage des travaux notifiés portant sur les parties privatives de tout ou partie des copropriétaires et qui sont alors réalisés aux frais du copropriétaire du lot concerné.

TRAVAUX D'ACCESSIBILITÉ AUX PERSONNES HANDICAPÉES

37833 Les travaux d'accessibilité aux personnes handicapées ou à mobilité réduite doivent être approuvés à la majorité de l'article 24 dès lors qu'ils n'affectent pas la structure de l'immeuble ou ses éléments d'équipement essentiels (Loi 65-557 du 10-7-1965 art. 24, II-d).

SUPPRESSION DES VIDE-ORDURES POUR DES IMPÉRATIFS D'HYGIÈNE

37834 La suppression des vide-ordures pour des impératifs d'hygiène, qui relevait, avant l'entrée en vigueur de l'ordonnance 2019-1101 du 30 octobre 2019, de la majorité de l'article 25 (art. 25, g) relève désormais de la majorité simple de l'article 24 (art. 24, II, e) afin de faciliter l'adoption de cette décision qui répond à un intérêt collectif impérieux. Tel est le cas si les vide-ordures, devenus vétustes et dangereux, ne peuvent être nettoyés (Cass. 3e civ. 22-9-2009 n° 08-19.411 : AJDI 2010 p. 320 obs. P. Capoulade). Si la suppression n'est pas justifiée par des impératifs d'hygiène, la décision doit être adoptée à la majorité de l'article 26 ou à l'unanimité, s'agissant de la suppression d'un élément d'équipement commun (Loi 65-557 du 10-7-1965 art. 25, n).

ADAPTATIONS DU RÈGLEMENT DE COPROPRIÉTÉ

37835 Il s'agit des adaptations du règlement de copropriété rendues nécessaires par les modifications législatives ou réglementaires intervenues depuis son établissement. Cette disposition existait déjà avant l'entrée en vigueur de la loi du 24 mars 2014 mais elle était prévue par l'article 49 de la loi du 10 juillet 1965, qui a été abrogé et dont les dispositions ont été intégralement reprises par l'article 24, II-f de la loi du 10 juillet 1965.

DÉCISION D'ENGAGER LE DIAGNOSTIC TECHNIQUE GLOBAL

37836 L'article L 731-1 du Code de la construction et de l'habitation impose aux syndicats, depuis le 1er janvier 2017, de se prononcer sur la réalisation, par un spécialiste désigné par le décret 2016-1965 du 26 décembre 2016, d'un diagnostic technique global, destiné à assurer l'information des copropriétaires sur la situation générale de l'immeuble, comprenant, notamment, une analyse de l'état apparent des parties communes de l'immeuble et un diagnostic de performance énergétique.

ACCÈS DONNÉ AUX FORCES DE L'ORDRE

Relève de la majorité de l'article 24 (art. 24, II, h) l'autorisation permanente accordée à la police municipale de pénétrer dans les parties communes. **37837**

Depuis le 27 novembre 2021, l'autorisation du syndicat des copropriétaires n'est en revanche plus nécessaire pour permettre aux services de police et de gendarmerie et aux services d'incendie et de secours d'accéder aux parties communes aux fins d'intervention. Les copropriétaires doivent au contraire s'assurer que leur accès est possible (Loi 65-557 du 10-7-1965 art. 24, II, h).

> **Précisions** Sur la base de cette décision, le syndic peut communiquer les codes des immeubles aux services de police (Rép. Aurillac : AN 11-11-1996).

VÉHICULES ÉLECTRIQUES

La décision d'équiper les places de stationnement couvertes ou d'accès sécurisé avec des **bornes de recharge** pour véhicules électriques et hybrides rechargeables et de réaliser l'étude mentionnée au III de l'article 24-5 est prise à la majorité de l'article 24 (Loi 65-557 du 10-7-1965 art. 24, II-i). **37838**

Pour accélérer le déploiement du dispositif de recharge des véhicules électriques dans les copropriétés, la loi Climat assouplit certaines règles de majorité.

Ainsi, depuis le 25 août 2021, par dérogation à l'article 25, j (voir n° 37870), peut être votée à la majorité simple la décision de conclure une convention pour **installer sans frais pour le propriétaire ou le syndicat de propriétaires** (Loi 65-557 du 10-7-1965 art. 24-5-1 créé par loi Climat 2021-1104 du 22-8-2021) :

– une **infrastructure collective relevant du réseau public d'électricité,** permettant l'installation ultérieure de points de recharge pour véhicules électriques ou hybrides rechargeables, dans les conditions prévues à l'article L 353-12 du Code de l'énergie ;

– une **infrastructure collective par un opérateur privé,** permettant l'installation ultérieure de points de recharge pour véhicules électriques ou hybrides rechargeables, dans les conditions prévues à l'article L 353-13 du Code de l'énergie, après avis du conseil syndical lorsque celui-ci a été institué.

STATIONNEMENT DES VÉLOS

L'autorisation donnée à un ou plusieurs copropriétaires d'effectuer à leurs frais les travaux permettant le **stationnement sécurisé des vélos** dans les parties communes, sous réserve que ces travaux n'affectent pas la structure de l'immeuble, sa destination ou ses éléments d'équipement essentiels et qu'ils ne mettent pas en cause la sécurité des occupants (Loi 65-557 du 10-7-1965 art. 24, II-j). **37839**

PANNEAUX SOLAIRES

Depuis le 12 mars 2023, la décision d'installer des ouvrages nécessaires à la production d'énergie solaire photovoltaïque et thermique relève de la majorité simple lorsque ces ouvrages sont implantés sur les toits, les façades et les garde-corps (Loi 65-557 du 10-7-1965 art. 24, II-k). Ces travaux ne relèvent donc plus de la majorité absolue de l'article 25, f applicable aux travaux d'économie d'énergie ou de réduction des gaz à effet de serre comme c'était le cas auparavant, à moins que les conditions prévues par l'article 24, II-k ne soient pas réunies, notamment si les panneaux sont implantés à d'autres endroits que ceux prévus par ce texte. **37840**

NOUVELLES TECHNOLOGIES

Les articles 24-1, 24-2 et 24-3 de la loi du 10 juillet 1965 prévoient un certain nombre de cas dans lesquels les décisions doivent être prises à la majorité de l'article 24, par dérogation à l'article 25, h : **37845**

– la décision d'accepter ou non la proposition commerciale de mise à disposition des services de télévision par voie hertzienne terrestre (Loi 65-557 du 10-7-1965 art. 24-1) ;

– la proposition d'un opérateur de communications électroniques d'installer des lignes de communications électroniques à très haut débit en fibre optique en vue de permettre la desserte de l'ensemble des occupants de l'immeuble par un réseau de communications électroniques à très haut débit. L'assemblée générale est tenue de statuer au plus tard 12 mois suivant la date de réception de cette proposition par le syndic. Elle peut également, dans les mêmes conditions, donner mandat au conseil syndical pour se prononcer sur toute proposition future émanant d'un opérateur de communications électroniques en vue d'installer ces lignes de communications électroniques à très haut débit. Tant qu'une telle installation n'a pas été autorisée, l'ordre du jour de l'assemblée générale comporte de droit un projet de résolution donnant au conseil syndical un tel mandat (Loi 65-557 du 10-7-1965 art. 24-2).

Le syndicat des copropriétaires ne peut pas refuser, sans motif légitime et sérieux et malgré toute convention contraire, la demande de raccordement à un réseau de fibre optique effectuée par le propriétaire ou le locataire d'un logement d'un immeuble d'habitation ou à usage mixte. L'installation de telles lignes dans les parties communes de l'immeuble doit permettre la desserte de chaque logement, sous réserve que l'immeuble dispose des infrastructures d'accueil adaptées. Elle est réalisée aux frais de l'opérateur et fait l'objet d'une convention conclue avec le syndicat des copropriétaires, après avis du conseil syndical lorsque celui-ci a été institué (Loi 65-557 du 10-7-1965 art. 24-2) ;
– la décision de réaliser les travaux et modifications nécessaires à la réception, par l'antenne collective de l'immeuble, des services de télévision par voie hertzienne terrestre en mode numérique (Loi 65-557 du 10-7-1965 art. 24-3).

3. MAJORITÉ DE L'ARTICLE 25

a. Décisions concernées

MAJORITÉ ABSOLUE

37850 L'article 25 de la loi 65-557 du 10 juillet 1965 énumère limitativement les cas dans lesquels la décision ne peut être prise qu'à la **majorité des voix de tous les copropriétaires.** La majorité se calcule sur la totalité des voix des copropriétaires de l'immeuble, qu'ils soient ou non présents ou représentés (Cass. 3e civ. 16-3-2005 n° 03-18.153 : AJDI 2006 p. 802 note P. Capoulade). À noter que trois catégories de décisions qui relevaient auparavant de la majorité plus exigeante de l'article 26 sont désormais adoptées à la majorité de l'article 25 (loi 65-557 du 10-7-1965 art. 25, g, n et o) : il s'agit de l'ensemble des travaux comportant transformation, addition ou amélioration, de la demande d'individualisation des contrats de fourniture d'eau et de la décision portant sur les modalités d'ouverture de portes d'accès aux immeubles.

> **Précisions** **a.** Les règles de majorité sont assouplies pour permettre aux syndicats de copropriétaires de décider la souscription d'un **éco-PTZ copropriétés,** par et au nom de la copropriété, à la même majorité que celle nécessaire au vote des travaux d'amélioration de la performance énergétique financés par ce prêt, à savoir la majorité absolue de l'article 25 (Loi 65-557 du 10-7-1965 art. 26-4 modifié par Loi 2023-1322 du 29-12-2023 art. 71).
> **b.** Dès lors que la majorité de l'article 25 a été atteinte, la circonstance que le procès-verbal ait mentionné que la décision relevait de la majorité de l'article 24 n'affecte pas la validité de la décision concernée (Cass. 3e civ. 5-7-2011 n° 10-20.743 : AJDI 2011 p. 712 obs. S. Porcheron ; Cass. 3e civ. 27-2-2020 n° 18-13.458 : BPIM 2/20 inf. 139).

37860 **Délégation du pouvoir de prendre une décision relevant de l'article 24** Cette délégation peut être donnée au syndic, au conseil syndical ou à toute autre personne de prendre un acte ou une décision mentionné à l'article 24 (Loi 65-557 du 10-7-1965 art. 25, a). Elle se distingue de la délégation conventionnelle prévue par les articles 21-1 à 21-5 de la loi du 10 juillet 1965 (n° 38980) en ce qu'elle ne porte que sur un acte ou une décision expressément déterminés, relevant de la majorité simple (n° 37800). Elle se distingue également de la délégation de pouvoir donnée au président du conseil syndical d'introduire une action judiciaire contre le syndic en réparation du préjudice collectif subi par le syndicat des copropriétaires (Loi 65-557 du 10-7-1965 art. 25, i).

Une assemblée ne saurait déléguer à un tiers le soin de choisir le syndic, ce dernier devant être désigné à la majorité de l'article 25 (Cass. 3e civ. 25-5-1976 : Bull. civ. III n° 226). Elle ne peut non plus déléguer au conseil syndical le pouvoir d'autoriser le syndic à délivrer une assignation en justice (Cass. 3e civ. 4-12-2002 n° 00-18.022 : Bull. civ. III n° 248). Elle peut autoriser le bénéficiaire à décider de dépenses dont l'objet et le montant maximal doivent être fixés. En aucun cas, la délégation ainsi accordée ne peut priver l'assemblée de son pouvoir de contrôle sur l'administration de l'immeuble et la gestion du syndic. Par ailleurs, le bénéficiaire de la délégation doit rendre compte à l'assemblée de l'exécution de la délégation (Décret du 17-3-1967 art. 21). La portée d'une délégation est appréciée souverainement par les tribunaux en fonction des termes précis qu'elle comporte (Cass. 3e civ. 24-9-2004 n° 1010 : BPIM 1/04 inf. 49).

> **Précisions** La délégation de pouvoir concernant la mise en application et le suivi des travaux et contrats financés dans le cadre du budget prévisionnel lorsque le syndicat comporte au plus 15 lots, qui figurait également dans l'article 25, a de la loi du 10 juillet 1965, a été supprimée par l'ordonnance 2019-1101 du 30 octobre 2019. Cette possibilité, introduite par la loi Alur du 24 mars 2014, conduisait à faire peser sur le conseil syndical une obligation qui avait vocation à reposer sur le syndic, s'agissant de travaux et contrats financés dans le cadre du budget prévisionnel.

TRAVAUX AFFECTANT LES PARTIES COMMUNES OU L'ASPECT EXTÉRIEUR DE L'IMMEUBLE

L'**autorisation** donnée à certains copropriétaires d'effectuer à leurs frais des travaux affectant les parties communes ou l'aspect extérieur de l'immeuble, et conformes à la destination de celui-ci, est votée à la majorité de l'article 25 (Loi 65-557 du 10-7-1965 art. 25, b). Voir nos 39800 s. **37861**

DÉSIGNATION ET RÉVOCATION DU SYNDIC ET DES MEMBRES DU CONSEIL SYNDICAL

Sur les modifications apportées par la loi Alur du 24 mars 2014 aux conditions de désignation du syndic (Loi 65-557 du 10-7-1965 art. 25, c), voir no 38335. **37863**

ACTES DE DISPOSITION

La loi cite à titre d'exemple d'actes de disposition sur les parties communes résultant d'obligations légales ou réglementaires la servitude de cour commune ou la cession de droits de mitoyenneté (Loi 65-557 du 10-7-1965 art. 25, d). **37864**

En revanche, les **travaux** rendus **obligatoires** par les dispositions légales ou réglementaires relèvent désormais de la majorité simple de l'article 24 (no 37831).

RÉPARTITION DES CHARGES

La **modification** de la répartition des charges visées à l'article 10, alinéa 1 de la loi, rendue nécessaire par le **changement d'usage** d'une partie privative est votée à la majorité absolue (Loi 65-557 du 10-7-1965 art. 25, e). **37865**

Il s'agit des charges visées au no 36010 ci-dessus. Par exemple, si un appartement est utilisé désormais en cabinet de médecin, les charges d'ascenseur devront être modifiées, ce local utilisant l'ascenseur beaucoup plus qu'auparavant. Pour plus de détails, voir no 36190.

TRAVAUX D'ÉCONOMIE D'ÉNERGIE

Les travaux d'économie d'énergie ou de réduction des émissions de gaz à effet de serre (Loi 65-557 du 10-7-1965 art. 25, f). Ces travaux peuvent comprendre des travaux d'intérêt collectif réalisés sur les parties privatives et aux frais du copropriétaire du lot concerné sauf s'il a effectué des travaux équivalents dans les dix années précédentes. L'ancien article 25, g prévoyait que pour la réalisation de ces travaux d'intérêt collectif, le syndicat exerçait les pouvoirs du maître d'ouvrage jusqu'à réception des travaux. Cette précision a été supprimée par la loi du 24 mars 2014, qui prévoit qu'un décret en Conseil d'État précisera les conditions d'application de cet article. Ces travaux d'intérêt collectif comprennent (CCH art. R 173-10 sur renvoi de l'art. R 173-11) : **37866**

- les travaux d'isolation thermique des fenêtres extérieures comprenant, le cas échéant, l'installation de volets ;
- la pose ou remplacement de thermostats sur les émetteurs de chaleur ou de froid ;
- l'équilibrage des émetteurs de chaleur ou de froid ;
- la mise en place d'équipements de comptage des quantités d'énergies consommées.

Les autres travaux d'économie d'énergie sont subordonnés au respect des modalités de jouissance des lots telles qu'elles résultent du règlement de copropriété (Cass. 3e civ. 7-10-1998 : Bull. civ. III no 192).

Les travaux décidés dans le cadre d'un plan de travaux d'économie d'énergie sont adoptés à la majorité de l'article 25 (CCH art. R 173-9).

Sur l'installation d'ouvrages nécessaires à la production d'énergie solaire photovoltaïque et thermique, voir no 37840.

ACCÈS AUX IMMEUBLES

La mise en place de dispositifs automatiques de fermeture de l'entrée des immeubles en copropriété (digicode, interphone, badge, etc.) a été facilitée par l'ordonnance du 30 octobre 2019, notamment pour des raisons de sécurité. La décision portant sur les modalités d'ouverture de portes d'accès aux immeubles est désormais prise à la majorité de l'article 25 en lieu et place de l'article 26 (Loi 65-557 du 10-7-1965 art. 25, g). En cas de fermeture totale de l'immeuble, celle-ci doit être compatible avec l'exercice d'une activité autorisée par le règlement de copropriété et, en tout état de cause, elle n'interdit pas aux huissiers de justice de demander au syndic l'autorisation d'accéder aux parties communes pour l'accomplissement de leurs missions de signification ou d'exécution (CCH art. L 126-14 et art. R 126-5 à R 126-7). **37867**

TÉLÉVISION ET RADIO

37868 Relève de la majorité absolue l'**installation d'une station radioélectrique** nécessaire au déploiement d'un réseau radioélectrique ouvert au public ou installation ou modification d'une **antenne collective** ou d'un réseau de communications électroniques interne à l'immeuble dès lors qu'elles portent sur des parties communes (Loi 65-557 du 10-7-1965 art. 25, h).

> **Précisions** **a.** Sur le régime applicable aux **antennes,** voir n°s 51680 s.
> **b.** Sur la majorité applicable aux offres commerciales concernant les services de **télévision** en mode **numérique** et l'installation de lignes de communications électroniques à très haut débit en **fibre optique,** voir n° 37550, Précision, c et n° 37840.

DÉLÉGATION DONNÉE AU CONSEIL SYNDICAL D'AGIR EN RESPONSABILITÉ CONTRE LE SYNDIC

37869 Relève de la majorité de l'article 25 la délégation de pouvoir donnée au président du conseil syndical d'introduire une action judiciaire contre le syndic en réparation du préjudice subi par le syndicat des copropriétaires (n° 38582).

VÉHICULES ÉLECTRIQUES

37870 Sur les **emplacements de stationnement d'accès sécurisé à usage privatif** sont votées à la majorité de l'article 25 l'installation ou la modification d'installations électriques intérieures permettant de **recharger des véhicules électriques** ou hybrides, et la réalisation des installations de recharge électrique permettant un comptage individuel de la consommation électrique (Loi 65-557 du 10-7-1965 art. 25, j). La procédure à suivre depuis le 1er janvier 2021 a été précisée par décret : information du propriétaire ou du syndic de la copropriété de l'intention de réaliser les travaux d'installation, modalités selon lesquelles ces personnes peuvent s'opposer à ces travaux et conditions dans lesquelles les bénéficiaires du droit à la prise (locataires, occupants de bonne foi, bailleurs, copropriétaires, syndics de copropriété) peuvent les réaliser (CCH art. R 113-7 et R 113-8), forme des notifications échangées entre les parties prenantes (CCH art. R 113-9 et R 113-10).

> **Précisions** Le syndicat des copropriétaires ne pourra pas s'opposer, sans motif sérieux et légitime, à la demande d'un locataire ou d'un occupant de bonne foi de réaliser à ses frais de telles installations. Constituera notamment un motif sérieux et légitime la préexistence de ces installations ou la décision prise par le syndicat de procéder à cet équipement dans un délai raisonnable. Le syndicat qui souhaitera s'opposer aux travaux devra, à peine de forclusion, saisir le tribunal d'instance du lieu de l'immeuble dans les six mois suivant la réception de la demande (CCH art. L 113-16). Les conditions d'installation, de gestion et d'entretien de ces équipements devront faire l'objet d'une convention entre le prestataire et le syndicat des copropriétaires (CCH art. L 113-17).

EAU

37871 Relève de la majorité absolue l'**installation de compteurs d'eau** froide divisionnaires (Loi 65-557 du 10-7-1965 art. 25, k).

CHAUFFAGE

37872 Relève de la majorité absolue l'**installation de compteurs d'énergie thermique** ou de répartiteurs de frais de chauffage (Loi 65-557 du 10-7-1965 art. 25, l).

VIDÉOPROTECTION

37873 L'**autorisation de transmettre** à la police ou à la gendarmerie nationale les **images de vidéoprotection** installées dans les parties communes est votée à la majorité absolue (Loi 65-557 du 10-7-1965 art. 25, m).

> **Précisions** Les modalités de cette transmission sont encadrées (CSI art. L 272-2) : la transmission des images n'est possible que lors de circonstances faisant redouter la commission imminente d'une atteinte grave aux biens ou aux personnes ; elle doit s'effectuer en temps réel et être strictement limitée au temps nécessaire à l'intervention des forces de l'ordre ; elle ne doit pas comporter d'images sur lesquelles apparaît l'entrée des habitations privées ou la voie publique ; elle doit faire l'objet d'une convention entre le gestionnaire de l'immeuble et le préfet.

TRAVAUX COMPORTANT TRANSFORMATION, ADDITION OU AMÉLIORATION

37874 Les travaux comportant transformation, addition ou amélioration sont votés à la majorité de l'article 25, étant précisé que la possibilité de recourir à une nouvelle délibération à la majorité de l'article 24 prévue par l'article 25-1 de la loi du 10 juillet 1965 (procédure du « second vote », voir ci-dessous n° 37900) s'applique désormais à cette catégorie de décisions, l'article 25-1 ne prévoyant plus d'exception (Loi 65-557 du 10-7-1965 art. 25-1).

Sur la **différence entre les travaux d'amélioration et les travaux d'entretien,** voir n° 39690.

DEMANDE D'INDIVIDUALISATION DES CONTRATS DE FOURNITURE D'EAU

La demande d'individualisation des contrats de fourniture d'eau et la réalisation des études et travaux nécessaires à cette individualisation sont votées à la majorité de l'article 25 (Loi 65-557 du 10-7-1965 art. 25, o). La possibilité de recourir à un second vote à la majorité de l'article 24 s'applique désormais, l'article 25-1 ne prévoyant plus d'exception (Loi 65-557 du 10-7-1965 art. 25-1). **37875**

RÉALISATION DE TRAVAUX D'ACCESSIBILITÉ AUX PERSONNES HANDICAPÉES

Tout copropriétaire peut faire réaliser, à ses frais, des travaux pour l'accessibilité des logements aux personnes handicapées ou à mobilité réduite qui affectent les parties communes ou l'aspect extérieur de l'immeuble (Loi 65-557 du 10-7-1965 art. 25-2, al. 1), **sauf opposition de l'assemblée générale,** statuant à la majorité de l'article 25, qui doit être motivée par l'atteinte portée par les travaux à la structure de l'immeuble ou à ses éléments d'équipement essentiels, ou par leur non-conformité à la destination de l'immeuble (Loi 65-557 du 10-7-1965 art. 25-2, al. 3). **37877**

Le copropriétaire doit notifier au syndic une **demande d'inscription d'un point d'information** à l'ordre du jour de la prochaine assemblée générale, accompagnée d'un **descriptif détaillé** des travaux envisagés. Ce descriptif doit préciser la nature, l'implantation, la durée et les conditions d'exécution des travaux envisagés, ainsi que les éléments essentiels de l'équipement ou de l'ouvrage, tels que les marques, modèles, notices, garanties et documents relatifs à l'utilisation et à l'entretien. Il est assorti d'un plan technique d'intervention et, le cas échéant, d'un schéma de raccordement électrique. Il peut également comprendre tous les éléments nécessaires à la compréhension des travaux prévus (photographies, par exemple). À défaut de notification de ce descriptif, le point d'information n'est pas inscrit à l'ordre du jour de l'assemblée générale (Décret 67-223 du 17-3-1967 art. 10-1, al. 2). En dehors de cette hypothèse, le syndic inscrit à l'ordre du jour de la même assemblée générale :

- le point d'information relatif aux travaux d'accessibilité ;
- la question de l'opposition éventuelle à la réalisation de ces travaux par décision motivée de l'assemblée générale, accompagnée d'un projet de résolution reproduisant les termes du dernier alinéa de l'article 25-2 de la loi du 10 juillet 1965 (Décret 67-223 du 17-3-1967 art. 10-2).

En l'absence d'opposition motivée de l'assemblée générale, le copropriétaire peut faire réaliser les travaux conformément au descriptif détaillé à l'expiration du délai de deux mois de l'article 42, alinéa 2 de la loi du 10 juillet 1965 (Décret 67-223 du 17-3-1967 art. 10-3).

Le copropriétaire faisant procéder à de tels travaux exerce les pouvoirs du maître de l'ouvrage jusqu'à la réception des travaux (Loi 65-557 du 10-7-1965 art. 25-2, al. 2). S'il s'agit d'un élément incorporé aux parties communes, l'**entretien** devrait en incomber au syndicat des copropriétaires, dans le silence ou la contradiction des titres (Loi 65-557 du 10-7-1965 art. 3, al. 8).

> **Précisions** La loi 2005-102 du 11 février 2005 n'oblige pas le syndicat des copropriétaires à mettre aux normes d'accessibilité les parties communes des immeubles ne comportant que des logements. Le syndicat n'ayant donc pas l'obligation de réaliser des travaux d'accessibilité dans les bâtiments ne recevant pas de public, un copropriétaire ne peut pas exiger du syndicat qu'il procède à ce type de travaux.
> Jusqu'à l'entrée en vigueur de l'ordonnance 2019-1101 du 30 octobre 2019, les copropriétaires qui souhaitaient faire réaliser, à leurs frais, des travaux d'accessibilité aux personnes handicapées ou à mobilité réduite affectant les parties communes ou l'aspect extérieur de l'immeuble devaient solliciter l'autorisation de l'assemblée générale, qui statuait à la majorité simple de l'article 24 (Loi 65-557 du 10-7-1965 art. 24, II-e). Mais ce dispositif ne permettait pas toujours aux copropriétaires souffrant de handicap de faire réaliser les travaux nécessaires, telle que l'installation d'un monte-escalier dans les immeubles dépourvus d'un ascenseur, l'assemblée générale se prononçant parfois contre pour des raisons esthétiques. Le mécanisme est désormais inversé : l'autorisation est le principe, sauf opposition de l'assemblée générale.

CONSTITUTION D'UN SYNDICAT SECONDAIRE

La constitution d'un syndicat secondaire, si elle n'est pas prévue par le règlement de copropriété, peut être décidée par l'assemblée générale à la majorité de l'article 25 (Loi 65-557 du 10-7-1965 art. 27 ; n° 39130). **37880**

DIVISION DE LA COPROPRIÉTÉ

L'assemblée générale statue à la majorité de l'article 25 sur les demandes de **retrait** d'un copropriétaire (n° 39205), de **scission** d'un bâtiment (n° 39210) et de **division en volumes** (n° 39250). En cas de division en volumes, si une union de syndicats est constituée pour la création, la gestion et l'entretien des éléments d'équipement à usage collectif, la décision est prise à la majorité de l'article 25 (n° 39250). **37885**

ALIÉNATION DU DROIT DE SURÉLEVER UN BÂTIMENT

37887 L'aliénation du droit de surélever un bâtiment nécessite en principe la majorité de l'article 26, sauf si le bâtiment est situé dans le périmètre sur lequel est institué un droit de préemption urbain en application de l'article L 211-1 du Code de l'urbanisme, auquel cas la majorité de l'article 25 suffit (Loi 65-557 du 10-7-1965 art. 35).

OUVERTURE D'UN COMPTE BANCAIRE DANS UN AUTRE ÉTABLISSEMENT

37888 L'assemblée générale peut décider, à la majorité de l'article 25, que le compte bancaire sera ouvert dans un établissement de son choix (Loi 65-557 du 10-7-1965 art. 18, II).

SYNDICAT COOPÉRATIF

37889 L'adoption ou l'abandon de la forme coopérative du syndicat doit être décidée à la majorité de l'article 25 (Loi 65-557 du 10-7-1965 art. 25 ; n° 39060).

b. Procédure du second vote : art. 25-1

37900 Afin de faciliter la prise des décisions importantes et d'éviter les blocages résultant de la difficulté d'obtenir la majorité absolue, une « **passerelle** », dite aussi « procédure du second vote », a été mise en place (Loi 65-557 du 10-7-1965 art. 25-1 ; Décret du 17-3-1967 art. 19).

PROJET AYANT RECUEILLI AU MOINS LE TIERS DES VOIX DE TOUS LES COPROPRIÉTAIRES

37910 Si le projet, tout en n'atteignant pas la majorité de l'article 25, recueille au moins le tiers des voix de tous les copropriétaires, la même assemblée se prononce à la majorité de l'article 24 en procédant immédiatement à un second vote.

Pour favoriser la prise de décision et lutter contre les effets néfastes de l'abstentionnisme au sein des copropriétés, cette procédure de la passerelle s'applique à toutes les décisions relevant de la majorité absolue de l'article 25 (Loi 65-557 du 10-7-1965 art. 25-1). Elle s'applique donc non seulement aux travaux d'amélioration et à l'individualisation des contrats de fourniture d'eau, antérieurement exclus (Loi 65-557 du 10-7-1965 art. 25, anciens n et o), mais également à la décision de retrait d'un copropriétaire ou de scission du syndicat initial de bâtiments pour constituer une propriété séparée lorsque la division au sol est possible ou en cas de division en volumes (Loi 65-557 du 10-7-1965 art. 28), à la décision d'aliéner le droit de surélever un bâtiment se situant dans le périmètre d'un droit de préemption urbain (Loi 65-557 du 10-7-1965 art. 35), à l'ouverture d'un compte séparé dans un établissement bancaire choisi par l'assemblée générale (Loi 65-557 du 10-7-1965 art. 18, II), ou encore à l'adhésion à une union de syndicats (Loi 65-557 du 10-7-1965 art. 29). Et le recours à cette passerelle, qui était facultative avant l'entrée en vigueur de l'ordonnance du 30 octobre 2019, est désormais automatique dès lors que les conditions sont réunies.

Lorsque l'assemblée est appelée à approuver un contrat, un devis ou un marché mettant en concurrence plusieurs candidats, elle ne peut procéder à un second vote qu'après avoir voté sur chacune des candidatures à la majorité de l'article 25 (Décret 67-223 du 17-3-1967 art. 19). Cette obligation s'applique également au vote portant sur le choix du syndic lorsque plusieurs contrats sont soumis à l'assemblée générale (Cass. 3e civ. 5-11-2014 n° 13-26.768 : BPIM 1/15 inf. 60).

TRAVAUX D'ÉCONOMIE D'ÉNERGIE OU DE RÉDUCTION DES ÉMISSIONS DE GAZ À EFFET DE SERRE

37915 Lorsque le projet de résolution a pour objet la réalisation de travaux prévus au f de l'article 25 et qu'il n'a pas recueilli au moins le 1/3 des voix, une nouvelle assemblée générale, si elle est convoquée dans un délai de 3 mois sur un projet identique, peut statuer à la majorité prévue à l'article 24 (Loi 65-557 du 10-7-1965 art. 25-1, al. 2 créé par loi 2024-322 du 9-4-2024).

4. MAJORITÉ DE L'ARTICLE 26

a. Décisions concernées

MAJORITÉ RENFORCÉE

37940 L'article 26 de la loi du 10 juillet 1965 prévoit une majorité renforcée communément appelée « **double majorité** » car deux conditions doivent être cumulativement remplies pour qu'elle soit atteinte : la **majorité des membres du syndicat représentant les 2/3 des voix.** Cette majorité renforcée se justifie par la nécessité d'assurer une stabilité aux éléments essentiels du syndicat en protégeant les copropriétaires minoritaires sur des sujets particulièrement sensibles dont certains touchent à la substance même du **droit de propriété indivis** des copropriétaires sur les parties communes : aliénation, modification ou établissement du règlement de copropriété quand il concerne la jouissance, l'usage et l'administration des parties communes, suppression du poste de concierge ou de gardien et aliénation de son logement de fonction. Cette majorité étant difficile à atteindre, en raison notamment de l'absentéisme lors des assemblées générales, le législateur a, au fil des réformes intervenues, assoupli les conditions d'adoption de certaines décisions qui relevaient initialement de cette majorité et qui relèvent désormais de la majorité de l'article 25 (nos 37874, 37875 et 37867). Il a également réintroduit un mécanisme de passerelle vers la majorité de l'article 25 afin de faciliter la prise de décision et de remédier aux situations de blocage (n° 37960).

ACTES D'ACQUISITION ET DE DISPOSITION

Il s'agit des actes d'acquisition immobilière et des actes de disposition autres que ceux visés à l'article 25, d (n° 37864) (Loi 65-557 du 10-7-1965 art. 26, a). **37941**

Le syndicat peut céder des parties communes, tels des combles, des chambres de service, des W.-C. communs, des paliers (Cass. 3e civ. 26-3-2008 n° 06-20.913 : Rev. loyers 2008 p. 342 ; Cass. 3e civ. 8-4-2008 n° 07-13.839 : Rev. loyers 2008 p. 343). Il est souhaitable que la vente intervienne après détermination exacte par l'assemblée générale de la consistance du lot à créer, et notamment de la quote-part de parties communes afférentes à ce nouveau lot et de sa participation aux charges. La répartition du prix de vente est faite entre les copropriétaires suivant les modalités prévues par l'article 16-1 de la loi du 10 juillet 1965.

Le syndicat peut également acquérir des parties communes.

Ces décisions relèvent de la majorité qualifiée de l'article 26 (pour l'acquisition par le syndicat d'une chambre de service destinée à y édifier un nouvel escalier commun, Cass. 3e civ. 9-9-2014 n° 12-13.605 : BPIM 5/14 inf. 337).

On rappelle que dans ce cas, la modification de la répartition des charges résultant des actes d'acquisition ou de disposition est décidée à la même majorité (voir n° 36150).

C'est à la majorité de l'article 26 que l'assemblée peut concéder la jouissance exclusive d'une partie commune pour construire une cafétéria dans un centre commercial (Cass. 3e civ. 3-10-1978 : D. 1979 IR p. 124). En revanche, le percement d'un mur mitoyen entre deux immeubles afin de faire communiquer deux boutiques ne relève pas de la majorité de l'article 26 mais de celle de l'article 25, b (Cass. 3e civ. 16-12-2008 n° 07-20.973 : BPIM 1/09 inf. 62).

MODIFICATION DU RÈGLEMENT DE COPROPRIÉTÉ

La modification, ou éventuellement l'établissement, du règlement de copropriété, dans la mesure où elle concerne la jouissance, l'usage et l'administration des parties communes est votée à la double majorité de l'article 26 (Loi 65-557 du 10-7-1965 art. 26, b). **37942**

L'article 24, II-f (ancien article 49) de la loi 65-557 du 10 juillet 1965 n'excluant pas que les adaptations du règlement de copropriété (normalement adoptées à la majorité de l'article 24) fassent l'objet d'un vote global, la Cour de cassation admet que la refonte d'un règlement de copropriété comportant à la fois des adaptations et des modifications puisse faire l'objet d'un vote global à la majorité de l'article 26, sous réserve qu'aucune des modifications apportées ne porte atteinte aux droits des copropriétaires sur leurs parties privatives (Cass. 3e civ. 23-1-2013 n° 11-27.477 : BPIM 2/13 inf. 143). Voir n° 35345.

Certaines modifications du règlement de copropriété nécessitent l'unanimité des voix de tous les copropriétaires (voir n° 37987).

> **> Précisions** La modification du règlement peut porter par exemple sur l'aménagement d'un emplacement de stationnement, les conditions d'utilisation d'un couloir commun ou l'apposition d'enseignes et de plaques professionnelles. Pour un exemple de réglementation des conditions d'attribution des places de stationnement dans la cour commune d'un immeuble, voir CA Paris 27-1-2000 : Loyers et copr. 2000 comm. n° 147.

POSTE DE CONCIERGE

La **suppression** du poste de concierge et la vente de la loge lorsque celle-ci appartient au syndicat (Loi 65-557 du 10-7-1965 art. 26, d) sont votées à la double majorité. On peut légitimement penser que la même solution a vocation à s'appliquer lorsque la loge, sans appartenir en tant que telle au syndicat (qui peut effectivement avoir un patrimoine), est une partie commune. **37944**

Le texte apporte les deux précisions suivantes :

– les deux questions sont inscrites à l'ordre du jour de la même assemblée générale ;

– lorsqu'en vertu d'une clause du règlement de copropriété, la suppression du service de conciergerie porte atteinte à la destination de l'immeuble ou aux modalités de jouissance de parties privatives, la suppression du poste de concierge ou de gardien et l'aliénation du logement qui lui est affecté et qui appartient au syndicat ne peuvent être décidées qu'à l'unanimité.

> Précisions Si la décision de supprimer un poste de concierge doit être prise à l'unanimité des copropriétaires, son maintien par une société différente de celle qui avait initialement conclu le contrat de service relève de la gestion courante de l'immeuble, donc de la majorité simple (Cass. 3e civ. 28-1-2012 no 11-25.476 : BPIM 1/13 inf. 72). Il en est de même de la décision de ne plus loger le concierge, qui ne s'accompagne ni de la suppression du poste de gardien ni de la vente de la loge (Cass. 3e civ. 3-6-2014 no 13-16.214 : AJDI 2014 p. 706 note S. Porcheron).

ALIÉNATION DES PARTIES COMMUNES

37946 Les aliénations de parties communes relèvent en principe de l'unanimité (voir no 37985).

Toutefois, par exception à ce principe, lorsque ces aliénations et les travaux à effectuer sur celles-ci s'inscrivent dans le cadre des dispositions de l'article L 1231-2 du Code général des collectivités territoriales, ces décisions sont prises à la majorité de l'article 26 (Loi 65-557 du 10-7-1965 art. 26-3).

b. Procédure du second vote : art. 26-1

37960 L'absentéisme chronique des copropriétaires lors des assemblées générales complique considérablement l'adoption de décisions relevant de la double majorité renforcée, en nombre et en voix, en particulier dans les copropriétés de grande taille. L'obstruction d'une petite minorité de copropriétaires ou cet absentéisme récurrent peuvent constituer un obstacle irrémédiable à l'obtention de cette majorité. Dans le but d'éviter les situations de blocage, l'ordonnance de 2019 créé un mécanisme de **passerelle,** sur le modèle de celui de l'article 25-1 (no 37910), pour les décisions relevant de la majorité de l'article 26 (Loi 65-557 du 10-7-1965 art. 26-1).

Afin de continuer à protéger les copropriétaires minoritaires, la passerelle vers un second vote est autorisée lorsque l'assemblée générale n'a pas décidé à la majorité de l'article 26 mais que le projet a au moins recueilli l'approbation de la moitié des membres du syndicat des copropriétaires présents, représentés ou ayant voté par correspondance, représentant au moins le tiers des voix de tous les copropriétaires. Dans ce cas, la même assemblée procède à un second vote immédiat à la majorité de l'article 25.

Ce mécanisme permet à un projet de résolution, suffisamment consensuel puisqu'il a reçu l'adhésion d'un seuil représentatif de copropriétaires, d'être adopté.

Lorsque l'assemblée est appelée à approuver un contrat, un devis ou un marché mettant en concurrence plusieurs candidats, elle ne peut procéder au second vote prévu à ces articles qu'après avoir voté sur chacune des candidatures à la majorité applicable au premier vote (Décret 67-223 du 17-3-1967 art. 19).

Lorsque la décision n'a pas recueilli, lors du second vote, la majorité de l'article 25, la passerelle de l'article 25-1 ne saurait s'appliquer (Décret 67-223 du 17-3-1967 art. 19-1). Le second vote, à la majorité absolue de l'article 25, est donc nécessairement le dernier, quelle qu'en soit l'issue.

5. UNANIMITÉ

MODIFICATION DE LA DESTINATION DES PARTIES PRIVATIVES OU DES MODALITÉS DE LEUR JOUISSANCE

37980 En vertu de l'article 26, alinéa 7 de la loi de 1965, l'assemblée ne peut, à quelque majorité que ce soit, imposer à un copropriétaire une modification à la destination de ses parties privatives ou aux modalités de leur jouissance, telles qu'elles résultent du règlement de copropriété.

Les modalités de jouissance des parties privatives s'entendent de tous les droits et prérogatives attachés à la possession du lot, et notamment de la possibilité d'user des parties communes et des éléments d'équipement communs. Leur suppression modifie les modalités de jouissance des parties privatives. Par exception néanmoins, l'assemblée générale peut imposer la réalisation de **travaux d'intérêt collectif dans les parties privatives** d'un copropriétaire à la majorité de l'article 25 (voir no 37866).

> Précisions a. Il en est ainsi de la décision de limiter le fonctionnement des **ascenseurs** d'un immeuble « à destination essentiellement estivale » aux quatre mois d'été (Cass. 3e civ. 31-5-1995 : RJDA 8-9/95 no 1029), de recourir à un **gardiennage** à temps partiel dans un immeuble résidentiel (CA Paris 16-10-1996 : BPIM 2/97 inf. 139), d'installer des boîtes aux lettres, ce qui entraîne la suppression de la **remise du courrier** à chaque appartement par le concierge (Cass. 3e civ. 17-1-2006 no 04-19.094 : BPIM 2/06 inf. 130). Modifie également les modalités de jouissance des parties privatives le fait de procéder, dans un immeuble comportant deux modes de **chauffage,** à l'abaissement de la température de l'eau de chauffage de l'un des systèmes (Cass. 3e civ. 7-10-1998 : Bull. civ. III n° 192) ou, dans un immeuble à usage mixte, d'empêcher indirectement les propriétaires de lots à usage commercial d'opérer dans l'avenir un changement d'affectation de leurs lots (Cass. 3e civ. 9-7-2020 n° 19-18.879 F-D : BPIM 5/20 inf. 338).

b. Le **droit de jouissance exclusif et privatif sur une partie commune** attribuée à l'un des copropriétaires par le règlement de copropriété constitue l'accessoire du lot ; il a un caractère réel et perpétuel (peu importe son usage effectif), et ne peut pas être remis en cause sans le consentement de son bénéficiaire (Cass. 3e civ. 4-3-1992 : RJDA 6/92 n° 632). Voir n° 35570.

c. En ce qui concerne la modification de la destination des parties privatives, la Cour de cassation a consacré le principe de la libre **transformation des parties privatives,** sous les seules réserves de l'absence d'atteinte aux droits des autres copropriétaires ou à la destination de l'immeuble (Cass. 3e civ. 25-1-1995 : RJDA 5/95 n° 634). Dans le même sens, la décision qui limite davantage que le règlement de copropriété les activités susceptibles d'être exercées dans les parties privatives doit être annulée (CA Paris 10-2-2000 : Loyers et copr. 2000 comm. n° 180). Voir nos 35390 s.

d. La question de savoir si l'installation d'**antennes de téléphonie mobile** sur la terrasse d'un immeuble présente un risque potentiel pour la sécurité des copropriétaires et doit, de ce fait, être votée à l'unanimité fait l'objet de solutions divergentes (pour une réponse positive, voir CA Paris 7-4-2005 n° 0412610 : BPIM 5/05 inf. 349 ; pour une réponse négative, voir CA Paris 3-2-2010 n° 08-9191 : AJDI 2010 p. 555).

e. La **destination de l'immeuble** ne peut être modifiée que par une décision de l'assemblée générale des copropriétaires prise à l'unanimité. Ainsi une clause du règlement de copropriété définissant la destination de l'immeuble ne peut pas devenir caduque parce qu'elle n'est pas appliquée depuis plus de 10 ans et une assemblée générale ne peut pas se contenter de constater une situation de fait qui n'est plus conforme à la destination de l'immeuble telle que définie dans le règlement de copropriété pour prendre acte de sa modification (Cass. 3e civ. 19-10-2011 n° 10-20.634 : BPIM 6/11 inf. 492).

f. La décision d'autoriser, à certaines conditions, les copropriétaires à procéder à des **extensions** de leurs locaux privatifs doit être, lorsqu'elles sont **interdites par le règlement de copropriété,** adoptée à l'unanimité (Cass. 3e civ. 15-12-2016 n° 15-22.342 F-D : BPIM 1/17 inf. 42).

ALIÉNATION DES PARTIES COMMUNES

L'assemblée ne peut pas, sauf à l'unanimité des voix de tous les copropriétaires, décider **37985** l'aliénation des parties communes dont la conservation est nécessaire au respect de la destination de l'immeuble (Loi 65-557 du 10-7-1965 art. 26, al. 7). La détermination des parties communes ainsi visées est évidemment une question de fait. Sur la destination de l'immeuble, voir nos 35400 s.

Sur les aliénations de parties communes décidées à la majorité de l'article 26, voir n° 37946.

MODIFICATION DU RÈGLEMENT DE COPROPRIÉTÉ

Le règlement de copropriété ne peut être modifié, en ses stipulations relatives à la destination **37987** de l'immeuble, que par une décision de l'assemblée générale prise à l'unanimité des voix de tous les copropriétaires (Loi 65-557 du 10-7-1965 art. 26, al. 7). Ce principe fondamental, protecteur des droits des copropriétaires, a été consacré par l'ordonnance de 2019 afin de sécuriser les copropriétés et de prévenir les contentieux en évitant toute modification par l'assemblée générale de stipulations claires du règlement de copropriété concernant la destination de l'immeuble, à une majorité dégradée.

Attention, certaines modifications du règlement de copropriété peuvent être prises à la majorité de l'article 26 (voir n° 37942).

MODIFICATION DE LA RÉPARTITION DES CHARGES

Elle ne peut être décidée qu'à l'unanimité en dehors des dérogations particulières limitative- **37990** ment prévues par la loi (n° 36130 s.).

SOUSCRIPTION D'UN EMPRUNT AU NOM DU SYNDICAT

L'assemblée générale ne peut, sauf à l'unanimité des voix des copropriétaires, décider la **37995** souscription d'un emprunt au nom du syndicat pour le financement soit de travaux régulièrement votés concernant les parties communes ou de travaux d'intérêt collectif sur les parties privatives régulièrement votés, soit des actes d'acquisition conformes à l'objet du syndicat et régulièrement votés (Loi 65-557 du 10-7-1965 art. 26-4, al. 1, e), sauf les deux dérogations prévues par l'article 26-4, alinéas 2 et 3 (n° 39665).

D. Recours contre les décisions de l'assemblée générale des copropriétaires

1. DÉCISIONS SUSCEPTIBLES DE CONTESTATION

NOTION DE DÉCISION

38000 Seules les **délibérations** de l'assemblée présentant le caractère de décision peuvent être contestées. Mais ni la loi de 1965 ni le décret de 1967 ne définissent ce qu'est une décision d'assemblée générale. Selon la jurisprudence, une décision est une question soumise à la délibération de l'assemblée générale et sanctionnée par un **vote** (Cass. 3e civ. 13-11-2013 : BPIM 1/14 inf. 54 ; Cass. 3e civ. 4-11-2004 n° 03-11.741 : BPIM 1/05 inf. 58 ; Cass. 3e civ. 10-5-2006 n° 05-13.690). En conséquence, une simple convention signée par tous les copropriétaires, sans vote en assemblée générale, n'a pas valeur de décision (Cass. 3e civ. 27-2-2002 n° 00-13.907 : Bull. civ. III n° 52 ; Cass. 3e civ. 30-5-2012 n° 11-20.703 : D. 2013 p. 1860 note P. Capoulade). Tout ce qui est mentionné dans le procès-verbal d'une assemblée générale ne constitue pas nécessairement une décision car il faut que le syndicat ait pris un engagement, et non émis un simple souhait, et que sa manifestation de volonté résulte d'un vote exprès (Cass. 3e civ. 11-1-1995 n° 93-11.939 : RJDA 3/95 n° 341). Un rappel de la loi sans conséquences juridiques propres (Cass. 3e civ. 26-1-2010 n° 09-12.994 : Administrer avril 2010 p. 35 obs. J.-R. Bouyeure), une simple consultation des copropriétaires ou un échange de vues général (Cass. 3e civ. 27-1-2001 n° 99-17.512 ; Cass. 3e civ. 10-7-2002 : BPIM 6/02 inf. 410), un accord de principe imprécis sans aucune mesure d'exécution (Cass. 3e civ. 10-11-1992 n° 90-17.278), un « donné acte » (Cass. 3e civ. 16-9-2015 n° 14-18.975 : BPIM 1/16 inf. 51) ne constituent pas une décision au sens de l'article 42, alinéa 2 de la loi du 10 juillet 1965.

En raison du principe d'**autonomie** des assemblées générales, une assemblée peut **réitérer** une décision prise par une assemblée antérieure. L'annulation d'une décision d'assemblée générale n'empêche pas une nouvelle assemblée de prendre de nouveau la même décision (Cass. 3e civ. 20-12-2000 n° 99-15.531). Le seul fait que la délibération en cause ne soit que la réitération d'une précédente délibération n'empêche pas que ce soit une réelle décision au sens de l'article 42 de la loi de 1965, s'il y a bien eu délibération sur une question et vote (Cass. 3e civ. 25-10-2006 n° 05-17.278 : BPIM 6/06 inf. 460). Cette nouvelle décision peut donc, comme la première, être contestée. Tant que l'assemblée générale au cours de laquelle ont été réitérées les décisions n'est pas devenue définitive, les copropriétaires ont un intérêt à contester la validité de ces mêmes décisions adoptées lors d'assemblées générales antérieures. Aussi, le fait qu'aucune décision n'ait encore été rendue dans l'instance en annulation d'une assemblée générale ne fait pas obstacle à la recevabilité d'une action en nullité exercée contre les assemblées antérieures (Cass. 3e civ. 26-9-2007 n° 06-17.069 : BPIM 6/07 inf. 437 ; Cass. 3e civ. 2-3-2017 n° 16-11.735 : BPIM 2/17 inf. 137 ; Cass. 3e civ. 18-1-2018 n° 16-27.015 F-D : BPIM 1/18 inf. 58). Ce n'est que lorsque la décision postérieure est devenue définitive que l'action initiée contre la même décision adoptée antérieurement devient sans objet (Cass. 3e civ. 14-4-2010 n° 09-13.988).

Des décisions ne peuvent être prises que sur les questions inscrites à l'ordre du jour (n° 37690).

DÉCISION NE CONFÉRANT PAS DE DROITS ACQUIS

38020 Seules les décisions ne conférant pas de droits acquis à un copropriétaire peuvent être **contestées.** Le fait que, par un nouveau vote, l'assemblée des copropriétaires prenne une décision contraire à une décision précédemment votée n'est pas une cause de nullité de la nouvelle décision dès lors que la décision initiale n'a pas été exécutée et que la nouvelle décision ne porte pas atteinte à des droits acquis à certains copropriétaires (Cass. 3e civ. 9-1-1985 : JCP éd. G 1985 IV p. 110 ; CA Paris 16-10-2008 n° 07-18614 : Loyers et copr. 2009 comm. n° 77 ; Cass. 3e civ. 9-6-2010 n° 09-15.013 : BPIM 4/10 inf. 317 ; Cass. 3e civ. 7-7-2010 n° 09-15.373 : BPIM 6/10 inf. 491). En revanche, si l'assemblée générale a conféré à un copropriétaire un droit particulier au profit de son lot, elle peut préciser ou compléter cette décision mais ne peut pas prendre de décision qui annulerait le droit ainsi conféré, en raison du droit acquis par l'intéressé (Cass. 3e civ. 13-1-2010 n° 08-21.990 : Rev. loyers 2010 p. 139 ; Cass. 3e civ. 12-4-2005 n° 04-10.507 pour l'octroi d'un emplacement de stationnement en remplacement d'un autre), à moins bien sûr qu'il n'accepte d'y renoncer. Mais lorsque les travaux dont l'exécution a été décidée portent sur des **parties communes** et que, de surcroît, il est démontré qu'ils ne sont plus nécessaires et que leur abandon répond à l'intérêt collectif, un copropriétaire ne peut pas s'opposer à ce que l'assemblée revienne sur sa décision au seul motif que, titulaire d'une quote-part de parties communes, il disposerait d'un droit acquis à leur exécution (Cass. 3e civ. 7-7-2010 n° 09-15.373 : BPIM 6/10 inf. 491).

> **Précisions** Le commencement d'exécution d'une décision de travaux est l'engagement des travaux eux-mêmes et non l'émission d'appels de fonds (Cass. 3e civ. 7-7-2010 précité).

2. QUALITÉ POUR AGIR EN CONTESTATION DES DÉCISIONS

COPROPRIÉTAIRES OPPOSANTS OU DÉFAILLANTS

Les copropriétaires qui, directement ou par leur mandataire, ont voté pour la résolution adoptée ou contre une résolution rejetée ne sont pas admis à la **contester,** quelle que soit la gravité de l'irrégularité constatée, y compris lorsque l'irrégularité résulte du défaut de pouvoir de la personne qui a procédé aux convocations (Cass. 3e civ. 23-9-2009 n° 08-15.230 : BPIM 6/09 inf. 451 ; convocation par un syndic dont le mandat est expiré : Cass. 3e civ. 7-9-2011 n° 10-18.312 : BPIM 6/11 inf. 495 ; convocation par un syndic n'ayant pas été agréé après sa fusion avec une autre société : Cass. 3e civ. 17-11-2021 n° 20-16.268 : BPIM 1/22 inf. 58). Seuls les copropriétaires opposants (qui ont voté en sens inverse de la décision adoptée) ou défaillants (c'est-à-dire absents et non représentés) peuvent contester les décisions prises par l'assemblée (Loi 65-557 du 10-7-1965 art. 42, al. 2), sans qu'ils aient à démontrer avoir subi un préjudice personnel (Cass. 3e civ. 3-10-1974 : D. 1975 p. 130 ; Cass. 3e civ. 7-10-2009 n° 08-17.798 : BPIM 6/09 inf. 452 ; Cass. 3e civ. 3-3-2010 n° 09-11.874 : BPIM 3/10 inf. 238). **38030**

Un copropriétaire qui a voté en faveur de tout ou partie des résolutions d'une assemblée générale n'est pas recevable à demander l'**annulation** de l'assemblée générale dans son entier ; il faut, pour cela, qu'il se soit opposé à l'ensemble des résolutions. En revanche, il peut se prévaloir d'une irrégularité affectant l'intégralité de l'assemblée générale pour solliciter l'annulation des seules décisions contre lesquelles il a voté (Cass. 3e civ. 28-3-2019 n° 18-10.073 : BPIM 3/19 inf. 204), y compris pour la première fois en appel, la demande d'annulation de résolutions ciblées étant virtuellement comprise dans la demande d'annulation de l'assemblée générale dans son entier, faite en première instance, et donc recevable en appel (Cass. 3e civ. 14-3-2019 n° 18-10.379 : BPIM 2/19 n° 131).

> **Précisions** **a.** Les **abstentionnistes,** dont la situation n'est pas réglée par les textes, ne sont pas considérés comme opposants ou défaillants (Cass. 3e civ. 25-4-1972 : Bull. civ. III n° 254 ; Cass. 3e civ. 14-10-1980 : Administrer mars 1981 p. 111 ; Cass. 3e civ. 3-7-1996 : RJDA 12/96 n° 1524). La qualité d'opposant a néanmoins été reconnue à un copropriétaire qui avait formulé par écrit des réserves sur la validité de l'assemblée et les avait renouvelées dans le pouvoir remis au mandataire, lequel s'était abstenu de prendre part au vote (Cass. 3e civ. 10-9-2008 n° 07-16.448 : BPIM 5/08 inf. 381). La Cour de cassation considère que le copropriétaire, ou son mandataire, présent à l'assemblée mais **absent lors du vote de la décision** contestée doit être considéré comme un défaillant et non comme un abstentionniste (Cass. 3e civ. 5-10-1994 : RJDA 12/94 n° 1359).
> **b.** Le copropriétaire qui vote « pour » une décision rejetée est un **opposant** (Cass. 3e civ. 24-1-2001 : D. 2001 IR p. 675). Il en est de même du copropriétaire qui a manifesté son opposition aux modalités de consultation de l'assemblée (Cass. 3e civ. 6-12-2005 n° 04-20.007 : Loyers et copr. 2006 comm. n° 41). En revanche, n'est pas opposant le copropriétaire qui donne sous condition son accord à une décision (Cass. 3e civ. 30-3-2005 n° 04-11.614 : BPIM 6/05 inf. 415). Le copropriétaire qui a voté « contre » une décision adoptée est un opposant, quand bien même il aurait voté en faveur des résolutions suivantes relatives aux décisions à prendre à raison de ce vote favorable (Cass. 3e civ. 28-6-2018 n° 17-16.693 : BPIM 4/18 inf. 289).
> **c.** L'irrégularité de l'action engagée par un seul **époux** n'est pas couverte par l'intervention de l'autre après l'expiration du délai de l'article 42, alinéa 2 (Cass. 3e civ. 6-7-2005 n° 03-20.065 : Loyers et copr. 2005 comm. n° 184).
> **d.** Le copropriétaire qui a voté en faveur d'une décision ne peut pas arguer de son **erreur** pour agir en annulation de cette décision (Cass. 3e civ. 7-11-2007 n° 06-17.361 : BPIM 1/08 inf. 77), sauf s'il démontre avoir été victime d'un dol (Cass. 3e civ. 4-6-2009 n° 08-10.493 : BPIM 4/09 inf. 301).
> **e.** Sur la possibilité pour un copropriétaire de critiquer une assemblée en raison de la **non-convocation d'un autre copropriétaire,** voir n° 37620.

TIERS

Les tiers peuvent invoquer le **grief** que leur cause une décision de l'assemblée, mais ils ne sont pas recevables à la remettre en cause. Il en est ainsi même de l'action introduite par un locataire (CA Paris 5-7-1994 : Rev. loyers 1994 p. 512), le syndicat des copropriétaires (Cass. 3e civ. 4-6-1985 : Bull. civ. III n° 88), l'ancien syndic (Cass. 3e civ. 23-6-1999 : BPIM 5/99 ; CA Paris 18-1-2006 : Loyers et copr. 2006 comm. n° 166) ou des promoteurs (Cass. 3e civ. 16-4-1986 : Bull. civ. III n° 46). **38040**

SOCIÉTÉ CIVILE D'ATTRIBUTION

Les **associés** d'une société civile d'attribution ne sont pas non plus admis à agir en nullité des décisions prises en assemblée (Cass. 3e civ. 4-11-1977 : D 1978 p. 470 note Souleau ; CA Paris 17-12-1997 : Loyers et copr. 1998 comm. n° 222). Seule la société est recevable à exercer cette action en nullité. **38050**

VENTE

En cas de vente, c'est la personne qui est copropriétaire au moment de l'assemblée générale qui a **qualité pour agir** en annulation des décisions prises à cette occasion. Le vendeur peut donc agir en nullité des décisions prises avant la vente mais il ne peut agir en nullité des décisions **38060** prises lors d'assemblées générales postérieures à la vente (Cass. 3e civ. 5-4-1995 no 93-16.576 ; Cass. 3e civ. 26-5-1994 no 92-16.335 ; Cass. 3e civ. 15-2-2006 no 05-10.471). Et, parallèlement, l'acquéreur n'a pas qualité pour contester une décision prise antérieurement à son acquisition (Cass. 3e civ. 16-3-2005 no 04-10.787 : AJDI 2006 p. 802 note P. Capoulade).

L'acquéreur d'un lot ne peut poursuivre l'instance engagée par le vendeur que s'il a été subrogé dans ses droits à la date à laquelle statue le tribunal (CA Paris 4-3-1999 : Loyers et copr. 1999 no 254). À défaut de cette transmission conventionnelle, le vendeur peut seul continuer l'action en cours (CA Paris 22-11-2001 : BPIM 1/02 inf. 54).

DÉMEMBREMENT DE PROPRIÉTÉ

38070 Lorsqu'un lot appartient à plusieurs indivisaires, le consentement de tous est nécessaire pour contester les décisions qui ne relèvent pas de l'exploitation normale d'un bien indivis, en l'espèce la modification d'un règlement de copropriété (Cass. 3e civ. 16-11-2011 no 10-18.057 : BPIM 1/12 inf. 62).

L'**usufruitier** d'un lot a le droit de contester les assemblées (CA Paris 26-6-2008 : Loyers et copr. 2008 comm. no 260).

3. DÉLAI POUR AGIR

FORME DU DÉLAI

38100 L'action en contestation doit être introduite à peine de déchéance dans un délai de **deux mois** à compter de la notification du procès-verbal d'assemblée qui doit être faite à la diligence du syndic dans les conditions exposées no 37750 (Loi 65-557 du 10-7-1965 art. 42, al. 2 ; Décret du 17-3-1967 art. 18).

Dans un arrêt de principe du 12 octobre 2005, la Cour de cassation a admis que les actions en contestation des décisions d'assemblée générale, même fondées sur une absence de convocation ou une convocation irrégulière, devaient être introduites dans le délai de deux mois (Cass. 3e civ. 12-10-2005 no 04-14.602 : BPIM 6/05 inf. 414). Cette jurisprudence est constante depuis lors, quelle que soit la gravité du vice invoqué, même s'il s'agit de l'absence de convocation ou d'une convocation irrégulière, de la participation au vote d'un non-copropriétaire (Cass. 3e civ. 19-12-2007 no 06-21.410 : BPIM 1/08 inf. 75), d'une assemblée convoquée par un syndic dont le mandat était expiré (Cass. 3e civ. 7-9-2011 no 10-18.312 : BPIM 6/11 inf. 495 ; Cass. 3e civ. 13-11-2013 no 12-12.084 : BPIM 1/14 inf. 54), de l'absence de mention de la question soumise au vote dans le procès-verbal (Cass. 3e civ. 17-9-2013 no 12-21.070).

Une **contestation postérieure** au délai de deux mois ne pourrait être admise que dans le cas où la décision contestée serait contraire aux dispositions impératives de la loi de 1965, telle une décision qui instaurerait une modalité de répartition des charges contraires aux exigences de l'article 10 et qui pourrait être remise en cause sans délai (Cass. 3e civ. 18-11-2008 no 07-18.823 : BPIM 1/09 inf. 63).

> Précisions **a.** En cas de demande d'aide juridictionnelle formée dans le délai de deux mois, ce dernier court à compter de la date à laquelle la décision d'admission à l'aide juridictionnelle est devenue définitive (Cass. 2e civ. 13-2-2003 : Rev. loyers 2003 p. 379).

b. L'introduction de l'instance découle de la délivrance de l'assignation au défendeur et non de son placement au greffe du tribunal (Cass. 3e civ. 15-5-2002 : BPIM 4/02 inf. 285).

c. Pour le calcul du délai, il convient de ne pas prendre en compte le jour de la notification du procès-verbal. Pour une notification faite un 24 mai, l'action en contestation doit être introduite avant le 24 juillet à minuit (CA Paris 14-3-2002 : BPIM 5/02 inf. 345).

d. Le délai de deux mois s'applique même si l'irrégularité est découverte après l'expiration des deux mois (Cass. 3e civ. 19-12-2007 no 06-21.410 : Loyers et copr. 2008 comm. no 62).

e. Lorsque le procès-verbal est notifié à deux reprises à un copropriétaire, une présomption d'irrégularité pèse sur la première notification intervenue et c'est au syndicat des copropriétaires, qui se prévaut de la première notification comme point de départ du délai de deux mois, de rapporter la preuve que la première notification effectuée était régulière (Cass. 3e civ. 18-2-2015 no 12-21.927 : BPIM 2/15 inf. 133).

f. Une demande subsidiaire tendant à l'annulation de certaines résolutions d'une assemblée générale est recevable, même si elle est formée après l'expiration du délai de 2 mois, lorsqu'une demande principale, visant l'annulation de l'assemblée générale dans son entier, a été formée dans ce délai (Cass. 3e civ. 4-7-2024 no 22-24.060 : BPIM 5/24 inf. 322). En effet, la demande en annulation de certaines résolutions seulement a le même objet, en ce qui les concerne, que la demande d'annulation de l'assemblée générale dans son entier, même si les griefs sont différents (Cass. 3e civ. 28-1-2021 no 19-23.664) et cette demande subsidiaire est donc virtuellement comprise dans la demande principale.

NATURE DU DÉLAI

38110 Le délai de deux mois est un **délai préfix** et non un délai de prescription (Cass. 3e civ. 4-6-2003 no 02-11.134 : BPIM 6/03 inf. 368 ; Cass. 3e civ. 11-3-2003 no 01-17.657 ; Cass. 3e civ. 8-7-1998 no 97-10.781 : BPIM 1/99 inf. 56). En conséquence, le principe du caractère perpétuel des exceptions de nullité n'est pas applicable et après l'expiration du délai de deux mois, un copropriétaire est irrecevable à soulever en défense, par voie d'exception, la nullité d'une décision d'assemblée générale devenue définitive (Cass. 3e civ. 27-5-1974 no 73-10.888 : Bull. civ. III no 223 ; Cass. 3e civ. 18-11-2008 no 07-18.823 : BPIM 1/09 inf. 63).

Ce délai ne peut être suspendu ; il ne peut être interrompu que par une assignation en justice (Cass. 3e civ. 27-5-1974 : JCP éd. G 1974 II no 17836). Ce délai est prorogé chaque fois qu'il expire un samedi, un dimanche ou un jour férié ou chômé, jusqu'au premier jour ouvrable suivant (CPC art. 642 ; Cass. 3e civ. 26-3-1997 : RJDA 7/97 no 949).

En cas d'**absence de notification,** les copropriétaires peuvent contester les décisions de l'assemblée pendant cinq ans (Loi 65-557 du 10-7-1965 art. 42, al. 1 ; no 40160). Il en est de même si le procès-verbal n'a pas été notifié dans les formes requises, par exemple par lettre simple et non par lettre recommandée AR (Cass. 3e civ. 14-2-1996 : RJDA 11/96 no 1388).

EXPIRATION DU DÉLAI

La décision de l'assemblée devient **définitive** même si elle est irrégulière, quel que soit le degré de gravité du vice de forme ou de fond qui l'affecte, et même pour des décisions qui n'ont pas été prises à l'unanimité alors qu'elles auraient dû l'être (Cass. 3e civ. 18-11-2008 no 07-18.823 : BPIM 1/09 inf. 63 ; Cass. 3e civ. 17-6-2009 no 08-17.327 : BPIM 4/09 inf. 306 ; Cass. 3e civ. 16-3-2017 no 15-22.185 F-D : BPIM 3/17 inf. 236). Il en va de même pour une décision qui refuse le changement d'affectation d'un lot alors que l'autorisation de l'assemblée générale n'était pas nécessaire et qui s'impose alors au demandeur (Cass. 3e civ. 8-6-2017 no 16-16.566 FS-PB : BPIM 4/17 inf. 291) ou pour une décision portant atteinte aux modalités de jouissance des parties privatives et imposant le paiement de charges (Cass. 3e civ. 12-01-2022 no 20-20.363 : BPIM 2/22 inf. 147). Il n'y a d'exception que pour les décisions réputées non écrites (no 38100). **38120**

> **> Précisions** Le vote d'une assemblée de copropriétaires approuvant les comptes de la copropriété ne vaut pas approbation du compte individuel d'un copropriétaire (no 36490). Par suite, celui-ci peut demander la rectification des erreurs commises dans l'établissement de son compte sans que puisse lui être opposé le délai de deux mois (CA Paris 30-3-2000 : BPIM 4/00 inf. 269).

SITUATION PENDANT LE DÉLAI DE RECOURS

Pendant le délai de deux mois, l'exécution par le syndic des **travaux** décidés par l'assemblée générale en application des articles 25 et 26 de la loi du 10 juillet 1965 (nos 37850 et 37940) est suspendue, sauf en cas d'urgence (Loi 65-557 du 10-7-1965 art. 42, al. 3). Passé le délai de deux mois, les travaux peuvent être exécutés même si la décision a été attaquée car l'action en annulation de la décision qui a autorisé ces travaux n'a aucun effet suspensif (Cass. 3e civ. 28-1-2003 : inf. rap. copr. mai 2003 p. 12). **38130**

En revanche, toutes les **autres décisions** prennent effet immédiatement, malgré un éventuel recours (Cass. 3e civ. 13-12-2018 no 17-19.800 F-D : BPIM 1/19 inf. 59), sauf si les copropriétaires en décident autrement (Cass. 3e civ. 9-6-2010 no 08-19.696 : BPIM 4/10 inf. 320). L'absence de notification de la décision de l'assemblée aux copropriétaires opposants ou défaillants ne prive donc pas celle-ci de sa force exécutoire (Cass. 3e civ. 7-2-1990 : Administrer novembre 1990 p. 25).

> **> Précisions** Le copropriétaire qui a attaqué en nullité une décision de travaux d'amélioration votée par l'assemblée, en raison du caractère somptuaire de ces travaux, ne peut pas, l'instance étant en cours, se voir réclamer le paiement de sa quote-part de ces travaux (Cass. 3e civ. 4-11-2004 no 03-14.342 : BPIM 1/05 inf. 61).

4. SYNDICAT DES COPROPRIÉTAIRES

Le syndicat des copropriétaires, qui a la personnalité juridique et agit par son représentant légal, a qualité pour **représenter la collectivité des copropriétaires** en justice tant en demande qu'en défense (Loi 65-557 du 10-7-1965 art. 14 et 15). L'action en justice doit être dirigée contre le syndic en qualité de représentant légal du syndicat des copropriétaires (Loi 65-557 du 10-7-1965 art. 18 ; Cass. 3e civ. 30-6-1993 no 91-11.290). **38140**

En conséquence, une action intentée contre le syndicat doit, pour être recevable, être engagée contre ce dernier « pris en la personne de son représentant légal, le syndic XXX en exercice ». La formulation « contre X pris en sa qualité de syndic de l'immeuble... » n'est pas recommandée, la Cour de cassation s'y montrant défavorable (Cass. 3e civ. 10-6-1981 : Bull. civ. III no 114). Est également irrégulière l'action dirigée contre « le syndicat des copropriétaires pris en la personne de ses membres » (Cass. 3e civ. 6-5-2009 no 08-14.348 : BPIM 3/09 inf. 232).

Dès lors qu'elle est délivrée au syndicat pris en la personne de son représentant légal, l'assignation est valable même si l'identité du syndic n'est pas correctement mentionnée (Cass. 3e civ. 6-5-1998 : Administrer juillet 1998 p. 46).

Pour demander l'annulation d'une assemblée convoquée par un syndic dont le mandat n'est pas renouvelé, l'action doit être engagée contre le syndicat, pris en la personne du syndic non renouvelé, à défaut d'administrateur provisoire (CA Paris 10-2-1999 : Loyers et copr. 2000 n° 196).

> Précisions Sur la désignation du syndicat des copropriétaires dans les actes de procédure, voir n° 39800.

5. JURIDICTION COMPÉTENTE

38150 Une demande d'annulation d'une décision d'assemblée générale, ou de l'assemblée générale elle-même, doit être portée, en principe, devant le tribunal judiciaire du lieu de situation de l'immeuble (Décret du 17-3-1967 art. 61-1), sous réserve, lorsqu'il y a plusieurs tribunaux judiciaires dans un même département, de la désignation de l'un d'entre eux pour connaître des **actions en contestation des décisions d'assemblée générale** de copropriété (C. org. jud. art. R 211-4).

6. POUVOIRS DE LA JURIDICTION SAISIE

APPRÉCIATION DE LA RÉGULARITÉ DE LA DÉCISION CONTESTÉE OU DE L'ASSEMBLÉE GÉNÉRALE

38160 Le tribunal, saisi d'une demande d'annulation d'une décision, doit apprécier sa régularité ou son irrégularité. Il ne peut l'annuler que s'il considère qu'elle est irrégulière au regard des dispositions légales ou conventionnelles. Il ne peut en revanche apprécier l'opportunité des décisions d'assemblée légalement prises et substituer sa propre appréciation à celle des copropriétaires en l'absence d'abus de majorité (CA Paris 27-1-1999 : BPIM 3/99 inf. 232 ; Cass. 3e civ. 3-6-2009 n° 08-16.189 : Administrer octobre 2009 p. 56 obs. J.-R. Bouyeure). La demande peut également concerner l'annulation de l'assemblée générale en son entier, certaines irrégularités entraînant l'annulation de l'assemblée générale elle-même, telle l'inobservation des formalités légales affectant la convocation (non-respect du délai : Cass. 3e civ. 25-11-1998 n° 96-20.863 : BPIM 2/99 inf. 154 ; méconnaissance des textes sur l'organisation de l'assemblée générale : Cass. 3e civ. 14-2-1998 n° 96-12.513 : BPIM 2/98 inf. 137 ; Cass. 3e civ. 7-2-1999 n° 97-14.454 : BPIM 4/99 inf. 311), tandis que d'autres n'affectent que la décision concernée, ainsi par exemple l'absence de notification du devis des travaux avec la convocation qui affecte la validité de la seule décision relative à ces travaux (Cass. 3e civ. 15-3-2006 n° 04-19.919 : BPIM 3/06 inf. 205).

> Précisions Il est important que les parties à un procès précisent, dans le dispositif de leurs conclusions, si leur **demande porte sur l'annulation de l'assemblée** générale elle-même ou sur l'annulation **de certaines décisions** seulement, qu'il convient alors de spécifier. Ces deux demandes sont en effet distinctes. La cour d'appel ne statue que sur les prétentions énoncées au dispositif des conclusions (CPC art. 954). Par conséquent, si le dispositif des conclusions ne mentionne que la demande d'annulation de l'assemblée générale elle-même, la cour d'appel n'est pas saisie des demandes, formées dans les motifs, tendant à l'annulation de certaines des décisions adoptées pour des motifs propres à celles-ci (Cass. 3e civ. 2-7-2014 n° 13-13.738 : BPIM 4/14 inf. 279).

ABUS DE MAJORITÉ

38170 En revanche, il est constant que la théorie de l'**abus de droit** ou **de majorité** s'applique à l'assemblée générale des copropriétaires. Une décision, bien qu'intervenue dans des formes régulières et dans la limite des pouvoirs d'une assemblée, reste susceptible d'un recours en annulation lorsqu'elle lèse un ou plusieurs copropriétaires sans pour autant être conforme à l'intérêt commun. Il appartient au copropriétaire demandeur de rapporter la preuve de l'abus commis et d'un préjudice injustement infligé à une minorité (Cass. 3e civ. 11-5-2006 n° 05-10.924 : Bull. civ. III n° 120). L'abus de majorité est caractérisé si une décision d'assemblée générale est **contraire aux intérêts collectifs des copropriétaires** ou a été prise dans le seul but de favoriser les intérêts personnels des copropriétaires majoritaires au détriment des copropriétaires minoritaires (Cass. 3e civ. 17-12-2014 n° 13-25.134 : BPIM 1/15 inf. 61). L'abus de majorité (ou de minorité) peut être caractérisé dans une copropriété ne comportant que deux copropriétaires (Cass. 3e civ. 22-10-2020 n° 18-25.921 F-D : BPIM 6/20 inf. 416). Est constitutive d'un abus de majorité une décision ordonnant à un copropriétaire la remise en état de locaux à usage d'habitation utilisés commercialement alors que le copropriétaire de lots semblables avait obtenu l'autorisation de les utiliser commercialement, cette décision favorisant, sans raison légitime, un copropriétaire au détriment d'un autre (Cass. 3e civ. 15-12-1993 n° 92-10.619), ou encore par exemple la décision d'attribuer à certains copropriétaires des emplacements de stationnement dans une cour commune sans contrepartie pour les autres (Cass. 3e civ. 11-5-2006 n° 05-10.924 : Bull. civ. III n° 120). À l'inverse, la rupture du principe d'égalité entre les copropriétaires, permettant de retenir un abus de majorité, n'est pas caractérisée lorsque les copropriétaires concernés se trouvent dans une **situation distincte** (Cass. 3e civ. 9-7-2020 n° 18-24.063 F-D : BPIM 5/20 inf. 339).

ABUS DE MINORITÉ

L'abus de minorité peut également être invoqué en matière de copropriété, bien que cela soit plus rare, son terrain de prédilection étant le droit des sociétés. Il est constitué dans le cas où une minorité empêche de façon abusive l'adoption d'une décision conforme à l'intérêt collectif, entendu comme celui du syndicat des copropriétaires. Par analogie avec l'abus de majorité, il pourrait être défini comme l'utilisation par un copropriétaire minoritaire de son droit de vote dans un **sens volontairement contraire à l'intérêt général de la copropriété,** sans être justifié par un intérêt légitime, et implique donc la réunion de deux conditions : la volonté de porter atteinte à l'intérêt général et l'absence d'intérêt légitime. Il peut être constitué dans une copropriété ne comportant que deux copropriétaires puisque, en raison de la règle de réduction des voix de l'article 22, aucun copropriétaire ne peut imposer une décision mais il peut en revanche bloquer son adoption par l'assemblée générale (Cass. 3e civ. 22-10-2020 n° 18-25.921 F-D : BPIM 6/20 inf. 416). Tel serait notamment le cas, par exemple, d'une opposition systématique à la réalisation de travaux pourtant nécessaires à la sauvegarde de l'immeuble, sans motif légitime. 38173

> **Précisions** Dès lors qu'il n'est pas établi que l'opposition d'un copropriétaire à la réalisation de travaux imposés par un arrêté de péril, qui porte atteinte à ses propres intérêts, ait procédé d'une intention de nuire, l'abus de minorité n'est pas caractérisé (Cass. 3e civ. 12-9-2019 n° 18-18.800 : BPIM 6/19 inf. 418).

ANNULATION DE L'ASSEMBLÉE GÉNÉRALE

En cas d'annulation, une **nouvelle assemblée** pourra reprendre la même décision mais régulièrement cette fois (Cass. 3e civ. 20-12-2000 : AJDI 2001 p. 526). L'annulation d'une décision de refus d'autorisation ne vaut pas autorisation (Cass. 3e civ. 11-3-2014 n° 13-10.341 : AJDI 2014 p. 461 obs. S. Porcheron) : l'assemblée générale doit donc de nouveau statuer sur la question, à défaut, aucune autorisation n'est réputée avoir été donnée. 38180

L'annulation des assemblées n'autorise pas les copropriétaires à solliciter la restitution des charges de copropriété déjà versées (Cass. 3e civ. 12-12-2001 n° 00-13.824 : BPIM 3/02 inf. 150).

CHAPITRE 7

SYNDIC DE COPROPRIÉTÉ

SOMMAIRE

INTRODUCTION

38300 Le syndic est l'**organe exécutif** de la copropriété. Son statut fait l'objet de nombreux articles de la loi du 10 juillet 1965. Un certain nombre de modifications ont été apportées par la loi Alur 2014-366 du 24 mars 2014, par l'ordonnance 2019-1101 du 30 octobre 2019 et par le décret 2015-342 du 26 mars 2015 définissant le contrat type de syndic de copropriété et les prestations particulières, prévus à l'article 18-1 A de la loi du 10 juillet 1965 (reproduits nos 41820 s.).

A. Désignation du syndic de copropriété

1. PERSONNES HABILITÉES À EXERCER LES FONCTIONS DE SYNDIC

38305 Sous réserve des dispositions de l'article L 443-15 du Code de la construction et de l'habitation (cas particulier des HLM), et des stipulations particulières du règlement de copropriété, les fonctions de syndic peuvent être assumées par toute personne physique ou morale (Décret du 17-3-1967 art. 28, al. 1). Néanmoins, l'administrateur provisoire ne peut pas être désigné syndic de la copropriété pendant les 5 ans qui suivent la fin de sa mission (Loi 65-557 du 10-7-1965 art. 29-1, IV).

SYNDIC PROFESSIONNEL

38310 **Carte professionnelle** L'activité de syndic relève de la loi 70-9 du 2 janvier 1970 et du décret du 20 juillet 1972 (voir nos 90000 s.). Le syndic doit donc être titulaire d'une carte professionnelle, et la désignation d'un syndic non pourvu de la carte professionnelle (nos 90640 s.) est nulle (Cass. 3e civ. 4-1-1996 Bull no 1 : RJDA 1/97 no 112). En revanche, est valable la désignation d'une société dont le P-DG est titulaire de la carte et justifie de la garantie financière (Cass. 3e civ. 9-2-2000 : Administrer mai 2000 p. 47). Un syndic professionnel ne peut poursuivre ses fonctions en cas de non-renouvellement ou de retrait de sa carte professionnelle (Cass. 3e civ. 2-7-2008 no 06-17.202 : BPIM 5/08 inf. 379 ; Cass. 3e civ. 15-3-2011 no 10-11.899 : Loyers et copr. 2011 comm. no 224 note G. Vigneron).

Lorsque les fonctions de syndic sont exercées par une personne morale, la carte professionnelle peut être délivrée à la société elle-même (Décret 72-678 du 20-7-1972 art. 2). Dans ce cas, les conditions tenant à la compétence professionnelle et à la moralité s'appliquent à ses représentants légaux et statutaires. Il en résulte que, en cas de changement de représentant légal, le nouveau représentant doit solliciter la modification de la carte professionnelle de la société afin qu'il soit vérifié qu'il remplit bien les conditions requises, mais n'a pas à solliciter une carte au nom de la société. Dans l'attente de la nouvelle carte, le syndic peut continuer à exercer ses fonctions (Cass. 3e civ. 9-5-2019 no 18-14.360 : BPIM 3/19 inf. 205).

La désignation d'une société dont le représentant légal est lui-même titulaire de la carte et justifie de la garantie financière est également valable (Cass. 3e civ. 9-2-2000 : Administrer mai 2000 p. 47).

Garantie financière Le syndic doit bénéficier d'une garantie financière suffisante (Loi 70-9 du 2-1-1970 art. 3, 2o). Cette garantie, qui est distincte de l'assurance de responsabilité civile du syndic, a pour objet de garantir les **remboursements** ou restitutions des versements ou remises reçus par le syndic dans le cadre de ses fonctions, y compris, depuis la loi du 24 mars 2014, les sommes versées sur le fonds de travaux prévu par l'article 14-2 de la loi du 10 juillet 1965. Néanmoins, la perte de garantie financière n'entraîne pas de plein droit la nullité du mandat du syndic (Cass. 3e civ. 11-5-1994 : Administrer août-septembre 1996 p. 36). 38315

Assurance professionnelle Il doit également souscrire une assurance professionnelle (Loi 70-9 du 2-1-1970 art. 3, 3o). Néanmoins, si le syndic cesse d'être assuré, il n'en résulte pas que les actes accomplis soient nuls de plein droit (Cass. 3e civ. 30-3-1989 no 87-18.759 : Bull. civ. III no 78). 38316

> Précisions La Cour de cassation a admis, contrairement à l'opinion émise par l'administration (Rép. Bachelet : AN 1-4-1985 no 62601), qu'un avocat pouvait exercer la profession de syndic (Cass. 1e civ. 11-7-1988 : Bull. civ. I no 235).

SYNDIC NON PROFESSIONNEL

Un syndic non professionnel ne peut être désigné que s'il est **propriétaire** d'un ou plusieurs lots dans la copropriété (Loi 65-557 du 10-7-1965 art. 17-2). La loi du 2 janvier 1970 ne s'applique pas au syndic non professionnel, propriétaire d'un lot dans l'immeuble géré, que son mandat soit ou non bénévole (CA Paris 15-5-1998 : BPIM 4/98 inf. 286). 38320

Le syndic non rémunéré n'est pas tenu de respecter les obligations de l'article 18-1 A de la loi du 10 juillet 1965. En effet, s'il ne perçoit qu'un défraiement pour le remboursement des frais nécessaires qu'il a exposés, le formalisme du contrat type serait excessif. Néanmoins, le syndic non rémunéré peut décider de proposer à l'assemblée générale un contrat de syndic conforme au contrat type (Loi 65-557 du 10-7-1965 art. 18-1 A, IV).

En revanche, lorsqu'il perçoit une rémunération, à quelque titre que ce soit, le syndic non professionnel doit se conformer au contrat type, qui se justifie pour la détermination du montant des honoraires qui lui seront versés.

> Précisions **a.** L'ordonnance 2019-1101 du 30 octobre 2019 a supprimé la référence à la notion de syndic « bénévole ou coopératif », qui n'était d'aucune utilité, la qualité de copropriétaire étant exigée de manière générale à l'égard de tout syndic « non professionnel » appelé à gérer une copropriété.
b. Le syndic bénévole qui a la qualité de mandataire (Rép. Berthol : AN 9-1-1989 no 2304) n'exerce pas, à ce titre, une activité l'obligeant à être assujetti au régime de la sécurité sociale. De plus, il ne perçoit pas de rémunération, mais seulement un remboursement forfaitaire de frais. Dès lors, il n'est redevable d'aucune cotisation vis-à-vis des organismes de sécurité sociale – l'assurance personnelle volontaire lui est ouverte (Rép. Berthol : AN 30-1-1989 no 2305).
c. Le président de l'assemblée peut être valablement désigné en qualité de syndic à condition que la décision prononçant sa nomination reporte le point de départ de son mandat après la fin de la réunion (Cass. 3e civ. 9-6-2010 no 08-19.696 : BPIM 4/10 inf. 320) ; à défaut, il y a cumul des fonctions de président de séance et de syndic, ce qui est interdit.

Perte de la qualité de copropriétaire Afin d'éviter que la copropriété ne se trouve brutalement privée de son syndic lorsque celui qui exerçait cette fonction perd sa qualité de copropriétaire (en cas de vente de ses lots notamment), l'ordonnance du 30 octobre 2019 a introduit un mécanisme de **transition** : son mandat reste valable pendant un délai de trois mois suivant cet événement. Pendant ce délai, il doit convoquer une assemblée générale et inscrire à l'ordre du jour la question de la désignation d'un nouveau syndic. À l'expiration de ce délai de trois mois, son mandat devient caduc (Loi 65-557 du 10-7-1965 art. 17-2). 38322

2. DÉSIGNATION DU SYNDIC

MODES DE DÉSIGNATION

Le syndic est désigné par l'**assemblée des copropriétaires,** à la majorité de l'article 25 de la loi (majorité des voix de tous les copropriétaires). Le renouvellement de son mandat s'effectue dans les mêmes conditions (Cass. 3e civ. 14-6-1989 : JCP éd. N 1989 prat. 568). La procédure de « passerelle » vers 38325 la majorité simple de l'article 24 peut être utilisée lorsque la décision n'a pas recueilli la majorité de l'article 25 si les conditions de l'article 25-1 sont remplies. Mais s'il y a plusieurs propositions de syndic, le vote à la majorité de l'article 24 ne peut pas intervenir avant que toutes les propositions aient été soumises à un premier vote à la majorité de l'article 25 (nº 37910). Et lorsque, faute de majorité, le mandat du syndic n'a pas été renouvelé, ce dernier ne peut pas valablement convoquer une seconde assemblée, même si la date de la réunion avait été fixée lors de la première assemblée (Cass. 3e civ. 26-3-1997 : RJDA 7/97 nº 948). L'assemblée générale qui décide du non-renouvellement du mandat du syndic ne peut pas désigner un autre syndic en remplacement si cette question n'a pas été inscrite à l'ordre du jour (Cass. 3e civ. 3-12-2015 nº 14-25.583 : BPIM 1/16 inf. 53).

> **Précisions** **a.** Il ne peut pas exister de « **syndic de fait** » (Cass. 3e civ. 14-10-1987 nº 85-18.749 : Bull. civ. III nº 172), même si la personne qui se présente comme tel a toujours été perçue comme étant le syndic de la copropriété (Cass. 3e civ. 17-6-2008 nº 06-19.464 : BPIM 4/08 inf. 317).
> **b.** L'assemblée générale ne peut désigner qu'**un seul syndic** (Cass. 3e civ. 22-9-2016 nº 15-13.896).

PREMIER SYNDIC

38330 Si, avant la réunion de la première assemblée, un **syndic provisoire** a été mis en place (le promoteur, souvent), sa désignation doit être ratifiée par cette première assemblée des copropriétaires, dans le délai d'un an de la création de la copropriété, après mise en concurrence préalable de plusieurs contrats de syndic (Loi 65-557 du 10-7-1965 art. 17, al. 2 ; Décret du 17-3-1967 art. 7, al. 1). En attendant cette approbation, il ne peut se faire substituer ni désigner un tiers pour exercer ses fonctions en lieu et place (Cass. 3e civ. 27-3-2013 nº 12-13.328 : BPIM 3/13 inf. 217). Cette mesure est destinée à améliorer la transparence de la désignation des syndics dans les immeubles neufs.

MISE EN CONCURRENCE DES CONTRATS DE SYNDIC

38335 **Mise en concurrence en présence d'un conseil syndical** Le conseil syndical doit, en vue de l'information de l'assemblée générale appelée à se prononcer sur la désignation d'un syndic, mettre en concurrence plusieurs projets de contrat de syndic (Loi 65-557 du 10-7-1965 art. 21). À cette fin, il doit communiquer au syndic un ou plusieurs projets de contrat issus de la mise en concurrence (Décret 67-223 du 17-3-1967 art. 26, dernier al.). La périodicité triennale de cette obligation, en vigueur avant l'ordonnance du 30 octobre 2019 et qui était sans lien avec la durée effective des contrats de syndic, a été supprimée et remplacée par une obligation de mise en concurrence avant la désignation du syndic, que le syndic en place soit désigné une nouvelle fois ou qu'il s'agisse d'un nouveau syndic (Loi 65-557 du 10-7-1965 art. 21). Le conseil syndical peut être dispensé de procéder à cette mise en concurrence lorsque l'assemblée générale annuelle qui précède celle appelée à se prononcer sur la désignation d'un syndic décide, à la majorité de l'article 25, d'y déroger. Il doit donc, à cette fin, faire inscrire la demande à l'ordre du jour de l'assemblée générale précédente. La demande de dispense de mise en concurrence est désormais laissée à l'initiative du conseil syndical, lorsqu'il estimera inutile de comparer les prestations proposées par son syndic en exercice avec d'autres offres au regard de leur qualité et de leur coût. L'inscription obligatoire de la question de la dispense de mise en concurrence préalablement à la désignation du syndic, en vigueur avant l'ordonnance du 30 octobre 2019, est donc supprimée.

Tout copropriétaire qui le souhaite peut néanmoins demander au syndic d'inscrire à l'ordre du jour de l'assemblée générale appelée à se prononcer sur la désignation du syndic l'examen de projets de contrat de syndic qu'il communique à cet effet. Cette possibilité est en effet opportune en cas de dispense de mise en concurrence accordée au conseil syndical par l'assemblée générale.

Pour favoriser la comparaison des contrats de syndic, les syndics doivent adresser au conseil syndical des projets de contrat conformes au contrat type, et joindre à ces projets une fiche d'information sur le prix et les prestations proposées (Loi 65-557 du 10-7-1965 art. 21 et 18-1 A-I). Ces obligations, introduites par l'ordonnance du 30 octobre 2019, ont pour but de faciliter la comparaison des contrats et la mise en concurrence des contrats de syndic.

Le conseil syndical peut se prononcer par un avis écrit sur tout projet de contrat de syndic, avis qui est joint, le cas échéant, à la convocation à l'assemblée générale, conjointement avec les projets de contrats (Loi 65-557 du 10-7-1965 art. 21).

> **Précisions** L'obligation de mise en concurrence n'est pas prescrite à peine de nullité de la décision désignant un syndic professionnel. Le non-respect par le conseil syndical de son obligation de mise en concurrence ne rend donc pas nulle la résolution désignant le syndic (Cass. 3e civ. 3-6-2021 nº 20-13.269 : BPIM 4/21 inf. 274). Il convient en effet de préserver la sécurité juridique des copropriétés, qui n'auront pas à supporter le risque d'invalidation rétroactive d'actes pris par un syndic dont la désignation aurait été par la suite annulée.

Mise en concurrence en l'absence de conseil syndical Lorsque la copropriété n'a pas institué de conseil syndical, la mise en concurrence n'est pas obligatoire (Loi 65-557 du 10-7-1965 art. 21, al. 5). **38338**

SUBSTITUTION DE PERSONNE MORALE

En cas de **cession** de fonds de commerce, d'une mise en **location-gérance** du fonds ou d'une opération de **fusion-absorption** d'une société de syndic, la personne physique ou morale substituée doit être désignée par l'assemblée de copropriétaires, à défaut de quoi elle n'a aucune qualité pour exercer les fonctions dévolues à l'ancien syndic. Les actes de représentation et de gestion de la copropriété qu'elle accomplit sont donc irréguliers et susceptibles d'annulation par le juge (Cass. 3e civ. 10-11-1998 : Bull. civ. III no 212 ; Cass. com. 30-5-2000 : BPIM 4/00 inf. 273 ; Cass. 3e civ. 29-2-2012 no 10-27.259 : BPIM 3/12 inf. 259 pour une fusion ; Cass. 3e civ. 18-11-1997 : RDI 1998 p. 138 pour une location-gérance ; TGI Paris 3-7-1997 : Administrer juillet 1998 p. 49 pour une cession après liquidation judiciaire). **38340**

> **Précisions** **a.** En toute hypothèse, il paraît souhaitable que le syndic avertisse et convoque l'assemblée des copropriétaires en temps opportun pour que, si celle-ci décide de révoquer le syndic, il puisse être procédé à la désignation d'un nouveau mandataire. La nature contractuelle du mandat permet à l'assemblée de faire figurer dans le contrat de syndic une clause l'obligeant à informer l'assemblée des regroupements, fusions et modifications de l'actionnariat et à la convoquer selon des modalités qu'elle définit (Rép. Le Texier : AN 14-9-1998).
> **b.** Tel est le cas même si la société titulaire du mandat de syndic a conservé le même nom et le même siège social, dès lors qu'en raison de sa fusion avec une autre société qui l'a absorbée, est née une nouvelle personne morale (Cass. 3e civ. 28-1-2021 no 19-22.714 : BPIM 2/21 inf. 142).

ABSENCE DE SYNDIC

Syndic judiciaire Si l'assemblée générale, dûment convoquée, ne désigne pas le syndic, et dans la mesure où il en est justifié (Cass. 3e civ. 6-10-1999 : Loyers et copr. 1999 comm. no 300), celui-ci est désigné par le **président du tribunal judiciaire,** sur requête d'un ou plusieurs copropriétaires, du maire de la commune ou du président de l'EPCI (Loi 65-557 du 10-7-1965 art. 17, al. 3). La procédure est prévue par l'article 46 du décret de 1967 : l'ordonnance fixe la durée de la mission du syndic judiciaire ; une ordonnance ultérieure peut prolonger la mission ou y mettre fin. Le recours à la nomination judiciaire du syndic dans le cadre de ces dispositions suppose qu'une assemblée ait été réunie et que les copropriétaires n'aient pas pu parvenir à désigner un syndic à la majorité légale (Cass. 3e civ. 6-10-1999 no 98-11.987 : Bull. civ. III p. 139 no 200). **38345**

En cas d'absence de syndic, le président du tribunal judiciaire statue sur requête à la demande de tout intéressé, s'il est justifié d'une mise en demeure adressée au syndic restée infructueuse pendant plus de 8 jours (Décret 67-223 du 17-3-1967 art. 47-1 al. 2).

> **Précisions** **a.** La désignation d'un syndic judiciaire peut être demandée sur le fondement de l'article 46 lorsque les copropriétaires ont décidé de ne pas accepter la réélection du syndic (Cass. 3e civ. 20-2-2002 no 00-14.276 : BPIM 4/02 inf. 286), lorsque le syndic a convoqué une assemblée en vue de la nomination de son successeur après l'expiration de son mandat si bien que cette nomination n'était pas valable (Cass. 3e civ. 24-10-2006 no 05-18.930) ou lorsque les procès-verbaux contradictoires ne permettent pas de déterminer si le syndic a été ou non élu (Cass. 3e civ. 27-5-2010 no 09-14.541 : BPIM 5/10 inf. 395).
> **b.** L'ordonnance désignant le syndic provisoire ou l'administrateur provisoire doit être notifiée dans le mois de son prononcé, par le syndic ou l'administrateur désigné, à tous les copropriétaires (Décret 67-223 du 17-3-1967 art. 59). En revanche, la requête n'a pas à être notifiée (Cass. 3e civ. 17-6-2021 no 19-19.134 : BPIM 4/21 inf. 275).

Autres cas Tout **copropriétaire** peut, dans tous les autres cas où le syndicat est dépourvu de syndic, convoquer l'assemblée générale aux fins de nommer un syndic. À défaut d'une telle convocation, le président du tribunal judiciaire, statuant par ordonnance sur requête à la demande de tout intéressé, désigne un **administrateur provisoire** de la copropriété qui est notamment chargé de convoquer l'assemblée générale en vue de la désignation d'un syndic (Loi 65-557 du 10-7-1965 art. 17, al. 4). **38350**

> **Précisions** La pratique sera sûrement conduite à s'interroger sur l'articulation de ces dispositions avec le cas de l'empêchement du syndic (maladie, accident, perte de la garantie financière...) qui n'autorise que le président du conseil syndical à convoquer une assemblée générale appelée à désigner un nouveau syndic (Loi 65-557 du 10-7-1965 art. 18, V).

3. LE CONTRAT DE SYNDIC DE COPROPRIÉTÉ

CONTENU DU CONTRAT DE SYNDIC

38360 **Obligations** L'article 18-1 A fixe un certain nombre d'**obligations** régissant le contrat de syndic. Ces dispositions ne s'appliquent que lorsque le syndic est rémunéré. Le syndic non rémunéré peut néanmoins proposer à l'assemblée générale un contrat de syndic conforme au contrat type (Loi 65-557 du 10-7-1965 art. 18-1 A, IV) (voir n° 38320).

Le contrat de mandat de syndic doit **fixer** sa durée, les dates calendaires de prise d'effet et d'échéance (le renouvellement du mandat du syndic « jusqu'à l'assemblée générale appelée à approuver les comptes de l'exercice x » n'est plus valable : Cass. 3e civ. 31-5-2018 n° 17-18.046 : BPIM 4/18 inf. 290), ainsi que les éléments de détermination de la rémunération du syndic. En outre, il doit déterminer les **modalités d'exécution de sa mission** en conformité avec les articles 14 à 18 de la loi de 1965 (Décret 67-223 du 17-3-1967 art. 29, al. 1). L'assemblée doit approuver le contrat de mandat à la majorité de l'article 25 de la loi du 10 juillet 1965 (Décret 67-223 du 17-3-1967 art. 29, al. 6) au même titre que la décision qui désigne le syndic.

Le contrat de syndic doit être rédigé en caractères dont la hauteur ne peut être inférieure à celle du corps huit (Décret du 17-3-1967 art. 24, al. 4).

Il doit être conforme au **contrat type** défini par le décret 2015-342 du 26 mars 2015 (Loi 65-557 du 10-7-1965 art. 18-1 A).

38365 **Sanctions en cas de non-respect des obligations** Afin de s'assurer du respect par les syndics de leurs obligations et d'obtenir une plus grande transparence dans les pratiques commerciales, le pouvoir de sanction des agents chargés de la concurrence et de la consommation est renforcé. Une **amende administrative,** dont le montant ne peut excéder 3 000 € pour une personne physique et 15 000 € pour une personne morale, peut être prononcée en cas de manquement des syndics à ces obligations. Cette amende est prononcée dans les conditions prévues au chapitre II du titre II du livre V du Code de la consommation (Loi 65-557 du 10-7-1965 art. 18-1 A, al. 4).

38370 **Dérogations aux obligations** Seuls les syndicats de copropriétaires composés exclusivement de personnes morales, pour les immeubles à destination totale autre que d'habitation, peuvent décider, à la majorité de l'article 25, de déroger à ces règles.

Des dispositions dérogatoires s'appliquent aux petites copropriétés et aux copropriétés à deux (voir nos 40180 s.).

PARTIES AU CONTRAT DE SYNDIC

38380 Le contrat de syndic lie les parties contractantes, à savoir le syndic et le syndicat des copropriétaires, mais pas les copropriétaires eux-mêmes, qui ne peuvent pas être parties au contrat de mandat du syndic (Cass. 3e civ. 9-9-2021 n° 20-11.743 : BPIM 5/21 inf. 344).

> Précisions Saisi de requêtes en annulation pour excès de pouvoir par une association de consommateurs et trois fédérations professionnelles, le Conseil d'État a annulé deux dispositions du contrat type de syndic figurant en annexe du décret du 26 mars 2015 (CE 5-10-2017 n° 390465 : BPIM 6/16 inf. 398) :

– le point 9, intitulé « **Frais et honoraires imputables aux seuls copropriétaires** », disposait que « Le coût des prestations suivantes est imputable au seul copropriétaire concerné et non au syndicat des copropriétaires qui ne peut être tenu d'aucune somme à ce titre ». Les mots « et non au syndicat des copropriétaires qui ne peut être tenu d'aucune somme à ce titre » ont été supprimés. En effet, si l'article 10-1 de la loi 65-557 du 10 juillet 1965 prévoit que sont imputables au seul copropriétaire concerné un certain nombre de frais exposés par le syndicat, ces dispositions ne sauraient avoir pour objet de laisser à la charge du syndic ces frais et honoraires si le copropriétaire est définitivement insolvable ;

– le point 9.2 du contrat type liste les frais et honoraires liés aux mutations pouvant être mis à la charge du seul copropriétaire concerné, et notamment à ce titre « la **délivrance du certificat prévu à l'article 20, II** de la loi du 10 juillet 1965 ». Cette dernière mention a été annulée, la délivrance du certificat prévu à l'article 20, II ne pouvant pas être mise à la charge du seul copropriétaire concerné.

B. Durée des fonctions du syndic de copropriété et fin du mandat

1. DURÉE DU MANDAT

Le contrat de syndic est conclu pour une durée déterminée, conformément à l'article 1212 du Code civil. Il ne peut être reconduit tacitement : il doit être approuvé par une décision expresse de l'assemblée générale (Loi 65-557 du 10-7-1965 art. 18, VI). L'assemblée apprécie **librement** la durée du mandat du syndic. Mais la durée des fonctions du syndic ne peut pas excéder trois ans (Décret 67-223 du 17-3-1967 art. 28). **38400**

Cette règle supporte deux **exceptions** (Décret du 17-3-1967 art. 28, al. 2) :

– pendant le délai de la garantie décennale, les fonctions du syndic ne peuvent durer qu'un an lorsque le syndic, son conjoint, son partenaire pacsé, ses parents et alliés jusqu'au 3e degré, ses commettants ou préposés ont, directement ou non, participé à la construction de l'immeuble (cas type du promoteur-syndic provisoire). Cette durée raccourcie s'impose même au syndic qui, dès sa nomination, a démissionné de ses fonctions au sein de la société ayant édifié l'immeuble (Cass. 3e civ. 2-12-2009 n° 08-20.073 : BPIM 1/10 inf. 53) ;

– lorsqu'un organisme HLM vend les logements à ses locataires, il demeure syndic, sauf renonciation de sa part, tant qu'il demeure propriétaire de logements (CCH art. L 443-15).

Le syndic peut être « de nouveau désigné » par l'assemblée pour les durées prévues ci-dessus (Décret du 17-3-1967 art. 28, al. 3).

> **› Précisions** La stipulation usuellement rencontrée selon laquelle le syndic est désigné, par exemple, pour une durée d'un an devant s'achever le jour de l'assemblée qui statuera sur les comptes de l'exercice suivant est sans portée ni efficacité possible. Dans notre exemple, le mandat s'achèvera une année jour pour jour plus tard. Après cette date, le syndic n'a plus aucun pouvoir de gestion ni de convocation de l'assemblée (Cass. 3e civ. 26-5-2004 n° 02-21.361 : AJDI 2005 p. 137 obs. Giverdon ; Cass. 3e civ. 22-9-2004 n° 03-76.093 : Administrer novembre 2004 p. 37 obs. Bouyeure).

2. FIN DU MANDAT

Une **distinction** est opérée, pour les contrats de syndic conclus postérieurement à l'entrée en vigueur de l'ordonnance du 30 octobre 2019 (art. 41), entre le non-renouvellement du contrat de syndic à l'arrivée de son terme et la résiliation anticipée de ce contrat par une partie avant terme, supposant une « inexécution suffisamment grave de l'autre partie », sur le modèle de l'article 1224 du Code civil relatif à la résolution pour inexécution. **38402**

NON-RENOUVELLEMENT DU MANDAT

Le contrat de syndic **prend fin à son terme.** Un nouveau contrat, soumis à l'approbation de l'assemblée générale, doit être conclu avec le syndic s'il est de nouveau désigné, ou avec le nouveau syndic (Loi 65-557 du 10-7-1965 art. 18, VI). Le contrat type de syndic a été modifié en ce sens par le décret du 2 juillet 2020 (article 5 du contrat type). **38405**

Chaque partie, syndicat et syndic, peut mettre fin au contrat, sans indemnité, sous certaines **conditions** (Loi 65-557 du 10-7-1965 art. 18, VII) :

– les questions de la désignation d'un nouveau syndic et de la fixation d'une date anticipée de fin de contrat sont portées à l'ordre du jour d'une assemblée générale ;

– cette assemblée générale doit se tenir dans les trois mois précédant le terme du contrat ;

– lorsque c'est le syndic qui ne souhaite pas renouveler son mandat, il doit en informer le conseil syndical dans les trois mois précédant cette assemblée générale. Cette disposition a pour but de permettre au conseil syndical d'organiser une mise en concurrence de nouveaux syndics ;

– l'assemblée générale désigne un nouveau syndic et fixe les dates de fin du contrat en cours et de prise d'effet du nouveau contrat, qui interviennent au plus tôt un jour franc après la tenue de cette assemblée.

Les contrats conclus avant l'entrée en vigueur de l'ordonnance de 2019 ne sont pas soumis à ces dispositions.

À l'issue de son mandat, le syndic est **démis** de ses fonctions, jusqu'à décision de l'assemblée des copropriétaires sur sa nouvelle désignation ou son remplacement.

En pratique, le syndic reste souvent en fonction après expiration de son mandat. Mais ses actes sont alors sans valeur. Les tribunaux ont tenté parfois de les valider sur la base du mandat tacite ou de la gestion d'affaires. Cependant la jurisprudence la plus récente tend à abandonner cette hypothèse de validation des actes d'un syndic resté « **syndic de fait** » et à considérer que tous les actes accomplis par un syndic dont le mandat est expiré sont nuls (Cass. 3e civ. 14-10-1987 : Bull. civ. III no 172). Notamment, ce syndic n'a plus qualité pour convoquer l'assemblée (Cass. 3e civ. 4-5-1988 : Loyers et copr. 1988 no 296), même si une assemblée a ratifié les actes du syndic dont le mandat était expiré (Cass. 3e civ. 23-1-1991 : Administrer août-sept. 1991 p. 59). De même, il ne peut pas représenter le syndicat en justice (Cass. 3e civ. 11-11-1995 : Administrer juin 1996 p. 47). Par suite, l'expiration du mandat du syndic en cours de procédure entraîne l'interruption de l'instance (Cass. 3e civ. 14-4-1999 : Gaz. Pal. 21-2-2001 p. 21).

Par ailleurs, la **signification** d'un arrêt au syndicat en la personne de son ancien syndic, encore en fonction à l'époque du procès, fait valablement courir les délais de recours, une signification au nouveau syndic n'ayant pas pouvoir de proroger ces délais (Cass. 3e civ. 15-3-1989 no 87-14.634 : Bull. civ. III no 64).

En l'absence de **renouvellement,** le syndic qui continue à gérer un immeuble en copropriété n'a droit à aucune rémunération car il assure alors une gestion de fait contraire à la loi (Cass. 3e civ. 14-10-1987 : Bull. civ. III no 172 ; CA Paris 25-11-1998 : BPIM 2/99 inf. 155). Il n'a pas droit non plus au remboursement de ses frais de gestion (CA Paris 13-3-2002 : BPIM 5/02 inf. 346). Il ne saurait se prévaloir des règles de la gestion d'affaires (Cass. 3e civ. 3-6-1987 no 85-18.650 : Bull. civ. III no 115 ; Cass. 3e civ. 16-10-2013 no 12-20.881 : BPIM 6/13 inf. 418), qui est incompatible avec les dispositions d'ordre public de la loi du 2 janvier 1970 et du décret du 20 juillet 1972 qui exigent l'obtention d'un mandat écrit préalable (Cass. 1re civ. 22-3-2012 no 11-13.000 : RJDA 10/12 no 844). Tel est également le cas lorsque la décision d'assemblée générale ayant désigné le syndic est annulée, le syndic devant dans ce cas restituer au syndicat des copropriétaires les honoraires perçus (Cass. 3e civ. 27-2-2015 no 23-14.697 : BPIM 2/25 inf. 98).

38410 En ce qui concerne le **sort des assemblées** convoquées par un syndic dont le mandat est expiré, la solution est la même que pour les assemblées convoquées par un syndic dont la nomination a par la suite été annulée : d'une part, ces assemblées ne sont pas nulles de plein droit mais sont seulement annulables et, d'autre part, la demande d'annulation de ces assemblées doit être introduite dans le délai de deux mois prévu par l'article 42, alinéa 2 de la loi de 1965 (Cass. 3e civ. 7-4-2004 no 02-14.496 : BPIM 3/04 inf. 173 ; Cass. 3e civ. 10-10-2006 no 05-18.226 : BPIM 6/06 inf. 461 ; Cass. 3e civ. 9-9-2009 no 08-16.109 : BPIM 5/09 inf. 374 ; Cass. 3e civ. 8-6-2011 no 10-20.231 : BPIM 4/11 inf. 328 ; Cass. 3e civ. 13-11-2013 no 12-12.084 : BPIM 1/14 inf. 54 ; Cass. 3e civ. 14-9-2017 no 16-17.971 F-D : BPIM 5/17 inf. 353).

En revanche, l'assemblée générale est régulière si le syndic a envoyé les convocations avant l'expiration de son mandat, peu important que son mandat ait expiré avant la réception de la convocation par les copropriétaires, et avant l'assemblée générale (Cass. 3e civ. 19-10-2017 no 16-24.646 : BPIM 6/17 inf. 428).

> **Précisions** Dès lors que l'annulation d'une assemblée convoquée par un syndic dépourvu de mandat n'a pas lieu de plein droit, il n'y a pas à désigner un administrateur provisoire (Cass. 3e civ. 8-6-2005 no 695 : Loyers et copr. 2005 comm. no 161).

RÉSILIATION UNILATÉRALE ANTICIPÉE DU CONTRAT DE SYNDIC

38414 Chaque partie, **syndicat de copropriétaires et syndic,** peut résilier le contrat en cas d'« inexécution suffisamment grave » de l'autre partie, conformément au droit commun des contrats à durée déterminée (Loi 65-557 du 10-7-1965 art. 18, VIII). Ce principe est la consécration d'une jurisprudence de la Cour de cassation qui, depuis 1988, exigeait que le syndicat des copropriétaires rapporte la preuve d'un manquement du syndic de nature à justifier sa révocation sans indemnité.

Des **modalités** différentes sont prévues selon que la résiliation intervient à l'initiative du syndic ou du syndicat.

38415 **Résiliation à l'initiative du syndic** Lorsque l'initiative émane du syndic, celui-ci doit **notifier** sa volonté de résiliation au président du conseil syndical ou, à défaut de conseil syndical, à l'ensemble des copropriétaires, en précisant les inexécutions reprochées au syndicat des copropriétaires (Loi 65-557 du 10-7-1965 art. 18, VIII). Il s'agit là de respecter le principe de loyauté et celui de la contradiction. L'assemblée générale, à l'ordre du jour de laquelle est inscrite la question de la désignation d'un nouveau syndic, ne peut être convoquée dans un **délai** inférieur à deux mois à compter de cette notification.

Ce délai a vocation à permettre au conseil syndical d'organiser une **mise en concurrence** et de transmettre, le cas échéant, au syndic des projets de contrat de syndic, en vue d'une notification en même temps que la convocation. La résiliation prend effet au plus tôt un jour franc après la tenue de l'assemblée générale. Le syndicat des copropriétaires qui désigne un nouveau syndic au cours de cette assemblée fixe la date de prise d'effet du contrat.

Les **contrats conclus avant l'entrée en vigueur** de l'ordonnance du 30 octobre 2019 restent soumis aux dispositions antérieurement applicables : le syndic peut démissionner, sauf abus ou intention de nuire. La démission est subordonnée au respect d'un délai de préavis de trois mois (Loi 65-557 du 10-7-1965 art. 18).

Résiliation à l'initiative du conseil syndical Lorsque la résiliation intervient à l'initiative du conseil syndical, celui-ci notifie au syndic une **demande motivée d'inscription** de cette question à l'ordre du jour d'une assemblée générale, précisant la ou les inexécutions qui lui sont reprochées, afin de respecter les principes de loyauté et de la contradiction (Loi 65-557 du 10-7-1965 art. 18, VIII). Le syndic est tenu de convoquer une assemblée générale dans un délai de deux mois à compter de la première présentation de la lettre recommandée, lorsque le président du conseil syndical en fait la demande. À défaut, le président du conseil syndical peut la convoquer (Loi 65-557 du 10-7-1965 art. 18, VIII-al. 6 modifié par loi 2024-322 du 9-4-2024). L'assemblée générale se prononce alors sur la question de la résiliation et fixe le cas échéant sa date de prise d'effet, qui ne peut intervenir au plus tôt qu'un jour franc après la tenue de l'assemblée générale. Dans le cas où, au cours de cette même assemblée, le syndicat désigne un nouveau syndic, il fixe la date de prise d'effet de son contrat. Cela clarifie la transition entre syndic sortant et nouveau syndic. 38420

Ce dispositif permet d'encadrer et de sécuriser les modalités de **succession entre syndics** afin d'assurer la continuité de la gestion administrative et financière du syndicat pendant cette période transitoire. Il ne sera plus possible au syndic sortant de quitter l'assemblée générale dès le vote de la résiliation de son contrat, compromettant ainsi la poursuite de l'assemblée. Le syndic sera tenu de poursuivre sa mission, notamment en notifiant les procès-verbaux d'assemblée générale aux copropriétaires et en engageant le processus de transmission des archives à son successeur.

Ces dispositions se substituent aux **règles antérieures,** qui restent toutefois applicables aux contrats de syndic conclus avant l'entrée en vigueur de l'ordonnance du 30 octobre 2019 : le mandat du syndic peut être révoqué à tout moment, sauf dommages et intérêts si la révocation est sans motif légitime (Cass. 3e civ. 8-3-2018 no 17-12.506 : BPIM 2/18 inf. 139).

La **personnalité juridique** reconnue au syndicat des copropriétaires exclut que le syndic puisse faire l'objet d'une révocation individuelle de la part des copropriétaires puisqu'il n'est pas le mandataire individuel de chacun d'eux.

3. CHANGEMENT DE SYNDIC

En cas de changement de syndic, l'ancien syndic doit effectuer un certain nombre de démarches dans des délais contraints, remaniés par l'ordonnance du 30 octobre 2019 : 38430

– dans les quinze jours de la cessation de ses fonctions, l'ancien syndic doit remettre au nouveau syndic la situation de trésorerie, les références des comptes bancaires du syndicat et les coordonnées de la banque (Loi 65-557 du 10-7-1965 art. 18-2). Ce délai (qui était d'un mois avant l'entrée en vigueur de l'ordonnance de 2019) a été raccourci afin de faciliter la transition dans la gestion financière de la copropriété en cas de changement de syndic. Par ailleurs, l'obligation pour le syndic d'ouvrir un compte séparé au nom du syndicat ayant rendu inutile l'exigence de la transmission par l'ancien syndic des fonds disponibles antérieurement prévue, celle-ci a été remplacée par l'obligation de communiquer au nouveau syndic les références des comptes bancaires ouverts au nom du syndicat ;

– dans le délai d'un mois à compter de la cessation de ses fonctions, l'ancien syndic doit remettre au nouveau syndic l'ensemble des documents et archives du syndicat ainsi que, le cas échéant, l'ensemble des documents dématérialisés relatifs à la gestion de l'immeuble ou aux lots gérés, mentionnés à l'article 18, I, al. 11, dans un format téléchargeable et imprimable ;

– dans le délai d'un mois, le syndic est tenu, si le syndicat des copropriétaires a fait le choix de confier tout ou partie de ses archives à un prestataire spécialisé, d'informer le prestataire de ce changement en communiquant les coordonnées du nouveau syndic (Loi 65-557 du 10-7-1965 art. 18-2 ; Décret 67-223 du 17-3-1967 art. 33-2) ;

– dans le délai de deux mois suivant l'expiration du délai d'un mois précité (soit dans un délai de trois mois à compter de la cessation de ses fonctions), l'ancien syndic doit fournir au nouveau syndic l'état des comptes des copropriétaires ainsi que celui des comptes du syndicat, après apurement et clôture des comptes de l'exercice, à l'issue de laquelle les comptes ne sont plus modifiables.

La **transmission** des documents et des archives doit être accompagnée d'un bordereau de ces pièces, dont une copie doit être remise au conseil syndical. Cette obligation s'impose même pour les documents dématérialisés figurant dans l'espace en ligne (Décret 67-223 du 17-3-1967 art. 33-1).

Les documents et archives du syndicat sont portables. C'est donc à l'ancien syndic d'adresser les documents au nouveau syndic et non pas à ce dernier d'aller les chercher auprès du premier (Cass. 3e civ. 3-11-2011 no 10-21.009 : BPIM 6/11 no 498).

Après **mise en demeure** demeurée infructueuse, le nouveau syndic ou le président du conseil syndical peut demander au président du tribunal judiciaire statuant selon la procédure accélérée au fond d'ordonner sous astreinte la remise des pièces, informations et documents dématérialisés avec intérêts provisionnels de droit à compter de la mise en demeure et, le cas échéant, de condamner l'ancien syndic au versement de provisions à valoir sur dommages-intérêts (Loi 65-557 du 10-7-1965 art. 18-2, al. 2). Lorsque l'action est diligentée par le président du conseil syndical, elle est exercée aux frais avancés du syndicat des copropriétaires et un état des frais de justice prévisionnels, accompagné de devis, doit être présenté à cette fin au syndic afin qu'il procède aux avances nécessaires à la conduite de cette procédure (Décret 67-223 du 17-3-1967 art. 57).

L'article 18-2 est d'ordre public et s'impose même si le syndic sortant est **créancier du syndicat.** Le droit de rétention que lui reconnaissait, dans ce cas, la jurisprudence antérieure ne peut plus être invoqué (dans ce sens CA Paris 23-6-1999 : BPIM 5/99 inf. 380).

> **Précisions** **a.** La remise de l'état financier, de la totalité des fonds, de l'état des comptes des copropriétaires et des comptes du syndicat est nécessairement incluse dans la rémunération forfaitaire du syndic et ne peut donner lieu à une rémunération complémentaire. En revanche, le contrat peut prévoir le versement d'une rémunération complémentaire pour la reprise de la comptabilité sur exercice(s) antérieur(s) non approuvé(s) ou non réparti(s) (Décret 2015-342 du 26-3-2015).
> **b.** Le syndic doit restituer toutes les **pièces en sa possession** (comptables, juridiques ou autres) sans pouvoir se réserver le droit d'apprécier l'utilité ou la nécessité de cette restitution (CA Paris 4-7-1997 : Loyers et copr. 1997 comm. n° 327 ; CA Paris 19-4-2000 : BPIM 1/01 inf. 68) et sans pouvoir se contenter d'affirmer sans le prouver qu'il ne détient pas les documents réclamés qu'il devrait normalement détenir au vu des circonstances (Cass. 3e civ. 31-10-2012 précité ; Cass. 3e civ. 3-11-2011 précité BPIM 6/11 n° 498). Mais il ne peut pas être contraint d'établir, postérieurement à son dessaisissement, des documents qu'il n'a pas tenus (Cass. 3e civ. 4-6-2009 n° 08-15.737 : BPIM 4/09 inf. 300).
> **c.** En cas de **liquidation judiciaire du syndic,** les fonds appartenant au syndicat doivent lui être restitués sans que ce dernier ait à déclarer sa créance (CA Paris 6-10-1995 : BPIM 1/96 inf. 68).
> **d.** La **mise en demeure** faite à l'issue du délai d'un mois à compter de la date à laquelle l'assemblée générale n'a pas renouvelé le mandat du syndic est valable, même lorsqu'un **nouveau syndic n'a pas encore été désigné** (Cass. 3e civ. 3-11-2011 n° 10-21.009 : BPIM 6/11 n° 498).

C. Fonctions du syndic de copropriété

1. MISSIONS DE L'ARTICLE 18, I

38480 L'article 18 de la loi du 10 juillet 1965 et les articles 28 à 39-1 du décret du 17 mars 1967 donnent les indications essentielles sur les fonctions du syndic, indépendamment des pouvoirs qui lui sont conférés par d'autres dispositions.

Les actes accomplis par le syndic au-delà des pouvoirs qui lui sont conférés sont sans valeur (CA Paris 5-6-2002 : BPIM 5/02 inf. 347 pour l'installation sur le terrain commun d'éléments au profit d'un tiers), et il engage sa responsabilité envers le syndicat (n° 38580). Les copropriétaires sont tenus d'exécuter les engagements pris par le syndic, mandataire du syndicat (Cass. 3e civ. 16-7-1996 : Loyers et copr. 1996 comm. n° 408).

EXÉCUTION DU RÈGLEMENT DE COPROPRIÉTÉ ET DES DÉCISIONS COLLECTIVES

38485 Le syndic exécute et fait respecter le règlement de copropriété ainsi que les décisions de l'assemblée ; il passe, notamment, les marchés pour les travaux votés.

Un copropriétaire n'a ni qualité ni pouvoir pour agir au lieu et place du syndic dans l'exercice de son mandat (Cass. 3e civ. 3-6-1998 : Loyers et copr. 1998 comm. n° 228). Il n'appartient donc pas à un copropriétaire de désigner un entrepreneur autre que celui choisi par le syndic (même arrêt).

ADMINISTRATION DE L'IMMEUBLE ET RECOUVREMENT DES CHARGES

38490 Le syndic administre l'immeuble : recouvrement des charges communes, paiement des dépenses courantes, entretien courant de l'immeuble, garde de l'immeuble, assurance de l'immeuble, travaux urgents pour la sécurité des occupants ou la sauvegarde de l'immeuble. En dehors des cas d'urgence, le syndic n'a qu'un pouvoir d'administration et de **gestion courante** ; il ne peut donc commander des travaux sans autorisation de l'assemblée (Cass. 3e civ. 15-5-2002 n° 855 : BPIM 6/02 inf. 411). Sur les obligations du syndic lorsqu'il commande des travaux, voir n° 39670. En revanche, le syndic, informé par un rapport d'expertise de la nécessité de procéder à des travaux d'ampleur pour remédier à un défaut d'étanchéité, est tenu d'une obligation d'information et doit mettre cette question à l'ordre du jour de l'assemblée générale, faute de quoi il engage sa responsabilité, qui peut être partagée avec celle du syndicat (Cass. 3e civ. 21-12-2017 n° 16-25.753 F-D : BPIM 1/18 inf. 60). Il est interdit au syndic d'avancer des fonds au syndicat des copropriétaires, hors syndic provisoire et administrateur provisoire (Loi 65-557 du 10-7-1965 art. 18, II). Le syndic qui procède à une telle avance de fonds, fût-ce pour financer des travaux urgents, commet une faute sanctionnée par la non-restitution du solde (Cass. 3e civ. 4-7-2019 n° 17-27.743 : BPIM 4/19 inf. 280).

> **Précisions** **a.** Sur le **recouvrement des charges,** voir nos 36500 s.
> **b.** Bien que le syndic soit chargé de l'entretien de l'immeuble, c'est le syndicat des copropriétaires qui décide des **modalités d'entretien de l'immeuble.** Rien ne lui interdit de confier au conseil syndical l'exécution de certaines tâches d'entretien courant, dans les limites qu'il lui impartit (Cass. 3e civ. 22-9-2016 n° 15-22.593 : BPIM 6/16 inf. 400).

SAUVEGARDE DE L'IMMEUBLE

En cas d'**urgence,** il appartient au syndic de faire procéder, de sa propre initiative, à l'exécution de travaux nécessaires à la sauvegarde de l'immeuble. À défaut, et s'il y a préjudice pour le syndicat, sa responsabilité peut être engagée (cas d'un incendie volontaire survenu alors que la porte d'entrée de l'immeuble, cassée, n'avait pas été remplacée, voir Cass. 3e civ. 13-9-2018 n° 17-17.702 F-D : BPIM 6/18 inf. 428). Il doit en informer les copropriétaires et convoquer immédiatement une assemblée générale (Décret du 17-3-1967 art. 37, al. 1). **38491**

La convocation immédiate de l'assemblée est impérative (Cass. 3e civ. 1-2-2005 n° 03-19.787 : BPIM 4/05 inf. 279). Toute clause d'un règlement de copropriété imposant un délai minimal de convocation est réputée non écrite (CA Paris 28-5-1998 : BPIM 2/99 inf. 156). Les tribunaux apprécient souverainement à la date de convocation de l'assemblée si l'urgence est ou non caractérisée (Cass. 3e civ. 1-4-1992 : Bull. civ. III n° 111 ; Cass. 3e civ. 21-10-2009 n° 08-18.835 : BPIM 6/09 inf. 448 ; Cass. 3e civ. 4-2-2014 n° 12-27.512 : Administrer juin 2014 p. 45 note J.-R. Bouyeure).

À défaut de convoquer immédiatement l'assemblée, le syndic engage sa **responsabilité** à l'égard des copropriétaires (CA Paris 7-2-1996 : Loyers et copr. 1996 comm. n° 282) et ne peut exiger de ces derniers le paiement des travaux considérés (Cass. 3e civ. 17-1-2007 n° 05-17.119 : BPIM 2/07 inf. 146), même si les copropriétaires ont été informés des travaux urgents à exécuter (Cass. 3e civ. 20-1-1999 : BPIM 2/99 inf. 156). La décision ultérieure ratifiant les travaux peut être annulée (Cass. 3e civ. 1-2-2005 précité).

Dans ce cas, afin d'ouvrir le chantier, le syndic peut demander le versement d'une **provision** représentant au plus 1/3 du montant du devis estimatif des travaux sans délibération préalable de l'assemblée, mais après avoir pris l'avis du conseil syndical – s'il en existe un (Décret du 17-3-1967 art. 37, al. 2). Aucune autre provision ne peut être réclamée pour le paiement des travaux sans une décision en ce sens de l'assemblée générale (Décret du 17-3-1967 art. 37, al. 3).

> **Précisions** Sur les obligations du syndic dans le cadre de la lutte contre les termites et la mérule, voir nos 44400 s., en cas d'existence de risques d'intoxication au plomb, voir nos 44240 s., en cas d'insalubrité, voir n° 45150, et, en cas de catastrophe technologique ayant endommagé les parties communes, voir n° 37490.

OBLIGATION D'ASSURANCE

Chaque syndicat est tenu de s'assurer contre les risques de **responsabilité civile** dont il doit répondre (Loi 65-557 du 10-7-1965 art. 9-1). L'article 18 de la loi du 10 juillet 1965 fait donc logiquement obligation au syndic de soumettre au vote de l'assemblée générale, à la majorité de l'article 24, la décision de souscrire une telle assurance. À défaut, il engage sa responsabilité (Cass. 3e civ. 23-11-2017 n° 16-22.053 F-D : BPIM 1/18 inf. 59). En cas de refus de l'assemblée générale, l'assurance peut être contractée par le syndic pour le compte du syndicat des copropriétaires (C. ass. art. L 112-1). Par ailleurs, le syndic doit veiller à la souscription par le syndicat d'une police d'assurance dommages-ouvrage lorsque le syndicat procède à des travaux tels des travaux d'étanchéité d'une terrasse (n° 39670). **38492**

REPRÉSENTATION DU SYNDICAT

Le syndic représente le syndicat dans la vie civile et en justice, à l'exclusion de tout autre et notamment du conseil syndical et de son président (Cass. 3e civ. 9-12-1998 n° 1780 P : BPIM 1/99 inf. 58 ; CA Paris 14-2-1996 : Loyers et copr. 1996 comm. n° 281), sous réserve de l'exception prévue par le dernier alinéa de l'article 15, qui autorise le président du conseil syndical à agir en responsabilité contre le syndic en cas de carence ou d'inaction de celui-ci, sur délégation de l'assemblée générale (n° 38582). **38493**

À ce titre, il engage et congédie le personnel du syndicat et fixe les conditions de son travail. Mais l'assemblée a seule qualité pour fixer le nombre et la catégorie des emplois (Décret 67-223 du 17-3-1967 art. 31, al. 2). En conséquence, l'approbation des comptes de la copropriété comprenant les rémunérations des salariés engagés par le syndic sans délibération de l'assemblée n'a pas pour effet de ratifier implicitement l'embauche irrégulièrement faite (Cass. 3e civ. 26-5-1994 : RJDA 8-9/94 n° 956).

> **Précisions** **a.** La théorie du **mandat apparent** peut être appliquée aux actes de disposition accomplis par le syndic avec des tiers (Cass. 3e civ. 23-3-1999 : Loyers et copr. 1999 comm. n° 170).
b. L'assemblée des copropriétaires peut créer un poste ne correspondant pas à la classification résultant de la **convention collective** des gardiens, concierges et employés d'immeubles (Cass. 3e civ. 13-12-1995 : RJDA 3/96 n° 400).

LISTE DES COPROPRIÉTAIRES

38494 Le syndic tient à jour la liste de tous les copropriétaires, avec indication de leurs lots ; s'il s'agit d'une personne morale, la liste doit préciser sa forme, sa dénomination, son siège social ainsi que l'organe qui la représente légalement ou statutairement (Décret 67-223 du 17-3-1967 art. 32, al. 1).

> **Précisions** **a.** Le représentant d'un copropriétaire mineur, faisant l'objet d'une mesure de protection (tutelle, curatelle, sauvegarde de justice) ou ayant conclu un mandat de protection future ou à effet posthume mis à exécution, doit notifier son mandat au syndic, lequel doit en faire mention sur la liste des copropriétaires. Il en va de même du mandataire commun désigné en cas d'indivision ou d'usufruit d'un lot (Décret 67-223 du 17-3-1967 art. 32, al. 2).
b. Le syndic n'est tenu de communiquer la liste des copropriétaires à un copropriétaire que lorsque sa divulgation est nécessaire à la protection des droits du demandeur (CA Paris 13-6-1997 : Loyers et copr. 1997 comm. n° 325).

ARCHIVES DU SYNDICAT

38495 Le syndic est tenu d'assurer la conservation des archives du syndicat (Loi 65-557 du 10-7-1965 art. 18, I-5°), lesquelles comprennent notamment le règlement de copropriété, l'état descriptif de division, les conventions relatives à l'exercice d'un droit accessoire aux parties communes, ainsi que les conventions, pièces, correspondances, plans, registres, documents et décisions de justice relatifs à l'immeuble et au syndicat, les registres contenant les procès-verbaux des assemblées générales et les pièces annexes ainsi que les documents comptables du syndicat, le carnet d'entretien de l'immeuble et, le cas échéant, les diagnostics techniques.

Cet archivage faisant partie de ses missions, il doit en principe en assumer la charge financière. Il ne peut, sans y être autorisé, faire supporter au syndicat les frais d'un archivage externe. En effet, la décision de confier les archives du syndicat à une entreprise spécialisée aux frais du syndicat est, selon ce même article, prise à la majorité des voix de tous les copropriétaires (Loi 65-557 du 10-7-1965 art. 25), et une telle décision ne peut donner lieu à aucune rémunération complémentaire au profit du syndic.

Le décret 2015-342 du 26 mars 2015, relatif au contrat de syndic et aux prestations particulières, prévoit, conformément à ces dispositions, que la détention et la conservation des archives font partie des prestations incluses dans la rémunération forfaitaire du syndic.

Il détient également toutes pièces concernant le syndicat, les procès-verbaux des assemblées générales, les documents comptables, le carnet d'entretien et, le cas échéant, le diagnostic technique (Décret 67-223 du 17-3-1967 art. 33, al. 1).

CONTRATS PARTICULIERS

38496 Le syndic doit soumettre à l'autorisation de l'assemblée générale, prise à la majorité de l'article 24, toute convention passée entre le syndicat et le syndic ou une personne ou une entreprise avec laquelle le syndic a des liens de nature capitalistique ou juridique, en précisant la nature des liens qui rendent nécessaire l'autorisation de la convention (Loi 65-557 du 10-7-1965 art. 18-1 A, II). Le non-respect de cette obligation entraîne l'inopposabilité des conventions ainsi conclues au syndicat (n° 38550).

ÉTABLISSEMENT ET TENUE DU CARNET D'ENTRETIEN

38497 Le syndic doit établir et tenir à jour un carnet d'entretien de l'immeuble (Loi 65-557 du 10-7-1965 art. 18, I-al. 8 ; Décret 2001-477 du 30-5-2001). Le syndic doit tenir ce carnet d'entretien à la disposition des copropriétaires qui peuvent en obtenir copie à leurs frais (Décret 67-223 du 17-3-1967 art. 33).

Le carnet d'entretien doit contenir les **informations suivantes** (Décret 2001-477 du 30-5-2001 art. 3) :

- l'adresse de l'immeuble pour lequel il est établi ;
- l'identité du syndic en exercice ;
- les références des contrats d'assurance de l'immeuble souscrits par le syndicat des copropriétaires, ainsi que la date d'échéance de ces contrats.

Il doit en outre indiquer le cas échéant (Décret 2001-477 du 30-5-2001 art. 4) :

- l'année de réalisation des travaux importants, tels que le ravalement des façades, la réfection des toitures, le remplacement de l'ascenseur, de la chaudière ou des canalisations, ainsi que l'identité des entreprises ayant réalisé ces travaux ;

– la référence des contrats d'assurance dommages-ouvrage souscrits pour le compte du syndicat des copropriétaires, dont la garantie est en cours ;
– les références des contrats d'entretien et de maintenance des équipements communs, ainsi que la date d'échéance de ces contrats ;
– l'échéancier du programme pluriannuel de travaux décidé par l'assemblée générale des copropriétaires.

Le carnet d'entretien peut enfin, sur décision de l'assemblée générale des copropriétaires, contenir des informations complémentaires portant sur l'immeuble, telles que celles relatives à sa construction ou celles relatives aux études techniques réalisées (Décret 2001-477 du 30-5-2001 art. 5).

> **Précisions** **a.** Lorsque le syndicat gère **plusieurs bâtiments,** le syndic doit ouvrir dans le carnet d'entretien un chapitre pour chaque bâtiment (Décret 2001-477 du 30-5-2001 art. 2, al. 2).
b. Lorsqu'il existe un ou plusieurs **syndicats secondaires,** chacun d'eux doit établir un carnet d'entretien et, dans le carnet du syndicat principal, le syndic doit ouvrir un chapitre pour les parties communes à l'ensemble des syndicats (Décret 2001-477 art. 2, al. 3).
c. L'établissement et la mise à jour du carnet d'entretien sont des prestations incluses dans la **rémunération forfaitaire du syndic** et ne peuvent donner lieu à rémunération complémentaire (Décret 2015-342 du 26-3-2015).

IMMATRICULATION DU SYNDICAT DES COPROPRIÉTAIRES

La loi Alur du 24 mars 2014 a instauré une obligation d'immatriculation des copropriétés dans **38498**
un **registre national des copropriétés** (n° 39005). Le syndic doit effectuer les démarches prévues aux articles L 711-1 à L 711-6 du Code de la construction et de l'habitation, à savoir procéder à l'immatriculation du syndicat qu'il est chargé d'administrer et communiquer au registre national des copropriétés les éléments permettant de mettre à jour ce fichier (CCH art. R 711-9 issu du décret 2016-1167 du 26-8-2016 et modifié en dernier lieu par décret 2025-831 du 19-8-2025). Pour les mentions devant figurer dans ce registre, prévues par l'article L 711-2 du CCH et modifiées par la loi 2024-322 pour la rénovation de l'habitat dégradé du 9 avril 2024, voir n° 39005.

À défaut, le teneur du registre (l'Agence nationale de l'habitat) peut, après mise en demeure restée infructueuse pendant un mois, appliquer une **astreinte** d'un montant maximum de 20 € par lot et par semaine qui ne pourra être facturée aux copropriétaires, sauf si le syndic est bénévole.

Ces dispositions sont applicables à toutes les copropriétés, quelle que soit leur taille.

> **Précisions** L'immatriculation initiale du syndicat est incluse dans la liste des prestations particulières du contrat de syndic pouvant donner lieu au versement d'une rémunération spécifique complémentaire. En revanche, la mise à jour du registre d'immatriculation est incluse dans la rémunération forfaitaire du syndic (Décret 2015-342 du 26-3-2015).

2. GESTION FINANCIÈRE ET COMPTABLE

ÉTABLISSEMENT DU BUDGET ET COMPTABILITÉ

Le syndic établit le budget et le fait voter par l'assemblée. Le budget doit être établi en **38501**
concertation avec le conseil syndical depuis l'entrée en vigueur de la loi du 24 mars 2014, ce qui était le plus souvent le cas en pratique mais n'était prévu par aucune disposition légale. Il doit tenir une comptabilité séparée pour chaque copropriété, et la position comptable de chaque copropriétaire doit en ressortir, ainsi que la situation de trésorerie du syndicat (voir n°s 40200 s.).

En l'absence de budget prévisionnel voté, le syndic n'est pas en droit de réclamer à un copropriétaire le versement d'une provision (CA Paris 2-4-1997 : BPIM 4/97 inf. 280).

Sur la réglementation relative au budget prévisionnel et aux provisions, voir n°s 36400 s.

OUVERTURE D'UN COMPTE BANCAIRE OU POSTAL SÉPARÉ

Le syndic a l'obligation, dans les 3 mois de sa désignation, d'ouvrir un compte séparé au nom **38505**
du syndicat sur lequel sont versées, sans délai, toutes les sommes ou valeurs reçues au nom ou pour le compte du syndicat. C'est en principe le syndic qui choisit l'établissement bancaire, mais l'assemblée générale peut choisir, à la majorité de l'article 25, un autre établissement bancaire de son choix.

Ce compte ne peut faire l'objet ni d'une convention de fusion ni d'une compensation avec tout autre compte.

Les intérêts de ce compte bancaire sont acquis au syndicat.

La méconnaissance par le syndic de ces obligations emporte la **nullité** de plein droit de son mandat à l'expiration d'un délai de 3 mois suivant sa désignation (Cass. 3e civ. 8-4-2009 n° 08-121.965 : BPIM 3/09 inf. 228 ; Cass. 3e civ. 16-3-2011 n° 10-14.005 : BPIM 3/11 inf. 229), étant précisé que cette nullité ne peut pas être prononcée sans qu'il soit appelé dans la cause (Cass. 3e civ. 25-10-2018 no 17-20.131 : BPIM 6/18 inf. 431) et que la nullité d'une assignation pour défaut de pouvoir du syndic en raison de la nullité de plein droit de son mandat pour défaut d'ouverture d'un compte bancaire séparé ne peut être prononcée que si le syndic est attrait à l'instance (Cass. 3e civ. 4-10-2021 no 20-16.092 F-D : BPIM 6/21 inf. 393). Cette nullité oblige le syndic à restituer ses honoraires au syndicat (Cass. 3e civ. 14-1-2016 no 14-23.898 : BPIM 1/16 inf. 58), mais non à indemniser les copropriétaires individuellement (Cass. 3e civ. 13-9-2018 no 17-19.450 : BPIM 6/18 inf. 430).

Le syndic doit mettre à disposition du conseil syndical une copie des relevés périodiques du compte, dès réception de ceux-ci.

L'unique possibilité de dérogation qui était prévue pour les syndicats comportant au plus quinze lots à usage de logements, de bureaux ou de commerces a été supprimée par l'ordonnance du 30 octobre 2019. Cette disposition est entrée en vigueur le 31 décembre 2020 (Ord. 2019-1101 du 30-10-2019 art. 41). En effet, l'exigence d'un compte séparé est une garantie pour toute copropriété, quelle que soit sa taille, en ce qu'elle permet une plus grande transparence dans l'usage des fonds de la copropriété par le syndic et permet également d'identifier précocement des signaux d'alerte, telles des difficultés de trésorerie.

Pour rappel, la possibilité de dérogation antérieure à l'entrée en vigueur de l'ordonnance de 2019 était strictement encadrée :

- elle concernait les syndicats comportant au maximum quinze lots à usage de logements, de bureaux ou de commerces ;
- la dispense devait être votée à la majorité de l'article 25 et, le cas échéant, de l'article 25-1 ;
- la décision de dispense prise par l'assemblée générale devait fixer la durée pour laquelle cette dispense est accordée, sous peine de nullité (Cass. 3e civ. 25-10-2018 no 17-20.131 FS-PBI : BPIM 6/18 inf. 429) ;
- le syndic devait être soumis à la loi du 2 janvier 1970 ou voir son activité soumise à une réglementation professionnelle organisant le maniement des fonds du syndicat ;
- dans ce cas, le compte unique devait faire apparaître des « sous-comptes » pour chaque syndicat, individualisant comptablement les versements et prélèvements afférents à ce syndicat ;
- le syndic devait transmettre au président du conseil syndical (et non pas seulement « tenir à sa disposition » comme dans le cas d'un compte bancaire séparé) une copie des relevés périodiques bancaires du sous-compte, dès réception de ceux-ci ;
- le syndic n'était pas autorisé à proposer une rémunération différenciée en fonction de la décision relative à la dispense d'ouverture d'un compte séparé.

> Précisions **a.** L'ouverture d'un compte bancaire séparé ou, le cas échéant, d'un sous-compte individualisé en cas de dispense est une **prestation** nécessairement incluse dans le forfait du syndic et ne peut donner lieu à rémunération complémentaire (Décret 2015-342 du 26-3-2015).
b. Un copropriétaire est recevable à agir en nullité du mandat de syndic en raison du défaut d'ouverture d'un compte bancaire séparé pour la période antérieure à l'acquisition de son lot (Cass. 3e civ. 9-2-2022 no 21-11.197 : BPIM 2/22 inf. 148).

SYNDIC BÉNÉVOLE

38506 Lorsque le syndicat est administré par un syndic bénévole (no 38320), toutes les sommes en valeurs reçues par lui au nom du syndicat doivent être versées sur un compte bancaire ou postal ouvert au nom du syndicat, sans aucune possibilité de dispense, même dans les copropriétés ayant moins de quinze lots (Loi 65-557 du 10-7-1965 art. 18, II).

OUVERTURE D'UN COMPTE SPÉCIFIQUE « FONDS TRAVAUX »

38510 Pour tenir compte de la constitution, depuis le 1er janvier 2017, du fonds de travaux prévu par l'article 14-2, II de la loi 65-557 du 10 juillet 1965, le syndic est également tenu d'ouvrir un compte bancaire séparé rémunéré au nom du syndicat, sur lequel sont versées les cotisations au fonds de travaux prévues par cet article. Les règles relatives à ce compte sont quasi similaires à celles prévues pour le compte « principal » : il ne peut pas faire l'objet de convention de fusion, ni d'une compensation avec tout autre compte, les intérêts sont acquis au syndicat, et la méconnaissance de ces obligations entraîne la nullité du mandat de syndic.

Les appels de cotisations sont effectués selon la même périodicité que les appels de charges, mais répartis selon les mêmes principes que les charges relatives à la conservation et à l'entretien des parties communes, c'est-à-dire en fonction des tantièmes de copropriété affectés aux lots (Cass. 3e civ. 4-7-2024 no 22-21.758 FS-B : BPIM 4/24 inf. 268).

Le syndic doit mettre à disposition du conseil syndical une copie des relevés périodiques du compte dès réception de ceux-ci.

Les virements en provenance du compte séparé « de droit commun » sont autorisés.

> Précisions **a.** L'ouverture de ce compte bancaire fait partie des prestations incluses dans le forfait du **syndic** et ne peut donner lieu à **rémunération** complémentaire (Décret 2015-342 du 26-3-2015).
b. **Avant le 1er janvier 2017,** le syndic était tenu de soumettre au vote de l'assemblée, lors de sa désignation et au moins tous les trois ans, une résolution en vue de constituer des **provisions spéciales** destinées à faire face aux travaux d'entretien ou de conservation des parties communes et des éléments d'équipement commun susceptibles d'être nécessaires dans les trois années à échoir et non encore décidés par l'assemblée.

OUVERTURE D'UN COMPTE SPÉCIFIQUE « EMPRUNT COLLECTIF »

Les fonds empruntés dans le cadre de l'emprunt collectif créé par la loi pour la rénovation de l'habitat dégradé (emprunt lui-même, subventions, ou quotes-parts acquittées par les copropriétaires refusant d'y participer ; voir n° 39668) doivent être versés par l'établissement prêteur sur un compte bancaire séparé au nom du syndicat (Loi 65-557 du 10-7-1965 art. 26-9, al. 1 créé par loi 2024-322 du 9-4-2024). **38515**

Ce compte bancaire ne peut faire l'objet ni d'une convention de fusion, ni d'une compensation avec un autre compte.

Le paiement des travaux est réalisé sur présentation des factures par le syndic à l'établissement prêteur.

Aucune mesure conservatoire ni d'exécution forcée ne peut être mise en œuvre sur les sommes portées au crédit de ce compte bancaire séparé et réservé.

SOUSCRIPTION D'EMPRUNT

L'assemblée générale des copropriétaires peut décider de souscrire un emprunt au nom du syndicat. Les **conditions** générales et particulières du projet de contrat de prêt collectif et la proposition d'engagement de caution doivent être communiquées par le syndic en même temps que l'ordre du jour de l'assemblée (Loi 65-557 du 10-7-1965 art. 26-5 ; Décret 67-223 du 17-3-1967 art. 11, I-3°). **38525**

Cet emprunt peut financer les travaux sur les parties communes, les travaux d'intérêt collectif sur les parties privatives, les travaux d'amélioration de la performance énergétique ou les actes d'acquisition conformes à l'objet du syndicat (Loi 65-557 du 10-7-1965 art. 26-4, al. 1).

En principe, la **décision** d'emprunter est prise à l'unanimité. Par exception, elle peut être votée à la même majorité que celle requise pour le vote des travaux lorsque l'emprunt concerne le préfinancement de subventions publiques accordées au syndicat pour la réalisation des travaux votés ou lorsque l'emprunt bénéficie aux seuls copropriétaires qui décident d'y participer.

L'emprunt peut également être souscrit par le syndicat au bénéfice des seuls copropriétaires décidant d'y participer (Loi 65-557 du 10-7-1965 art. 26-4, al. 3).

Les copropriétaires qui décident de participer à l'emprunt doivent notifier leur décision au syndic en précisant le montant de l'emprunt qu'ils sollicitent, dans la limite de leur quote-part de dépenses. À peine de forclusion, la notification au syndic doit être faite dans les 2 mois de la notification du procès-verbal d'assemblée générale, sans ses annexes, à tous les copropriétaires. Ce point de départ, qui courait, avant l'entrée en vigueur de l'ordonnance du 30 octobre 2019, à compter de la notification du procès-verbal pour les copropriétaires défaillants ou opposants et, pour les autres copropriétaires, à compter de la tenue de l'assemblée générale, est désormais unique. Le législateur a ainsi entendu faciliter le recensement des copropriétaires souhaitant recourir à l'emprunt collectif et permettre au syndic de joindre au procès-verbal les informations utiles incitant l'ensemble des copropriétaires ayant des besoins de financement à se manifester. Le syndic ne peut pas signer le contrat de prêt avant ce terme (Loi 65-557 du 10-7-1965 art. 26-5).

Lorsque l'assemblée générale est appelée à se prononcer sur les travaux mentionnés à l'article 26-4, la question de la souscription d'un emprunt collectif destiné à financer ces travaux est inscrite à l'ordre du jour de la même assemblée générale (Loi 65-557 du 10-7-1965 art. 25-3).

Le **montant** de l'emprunt, qui ne peut excéder le montant total des quotes-parts de dépenses des copropriétaires bénéficiaires, est versé par la banque au syndicat des copropriétaires représenté par le syndic. Seuls les copropriétaires bénéficiaires devront rembourser l'emprunt au syndicat et lui payer les intérêts, frais et honoraires s'y rapportant, en fonction du montant pour lequel ils y participent et selon la grille générale établie pour la répartition des quotes-parts de dépenses (Loi 65-557 du 10-7-1965 art. 26-6). Le syndic, à la majorité de l'article 25, peut déléguer à l'établissement prêteur la faculté de prélever les sommes dues au titre du remboursement de l'emprunt collectif et du paiement des accessoires directement sur les comptes bancaires des copropriétaires y participant, ainsi qu'à mettre en œuvre les voies de recouvrement en cas d'impayés (Loi 65-557 du 10-7-1965 art. 26-6, al. 4).

Le remboursement de la part de l'emprunt du copropriétaire défaillant est obligatoirement garanti en totalité par un **cautionnement** solidaire fourni par une entreprise d'assurance ou une banque, à moins que le prêt souscrit par le syndicat n'ait pour unique objectif le préfinancement de subventions publiques accordées au syndicat pour la réalisation de travaux votés, auquel cas, par une exception au principe général instaurée par la loi du 24 mars 2014, il est facultatif (Loi 65-557 du 10-7-1965 art. 26-7, al. 3).

Pour la mise en œuvre de cette garantie, un copropriétaire est considéré comme **défaillant** après une mise en demeure de rembourser restée sans effet pendant plus de 30 jours. Cette mise en demeure intervient dès la première échéance impayée du remboursement de l'emprunt. Elle est adressée au copropriétaire par le syndic sous la forme d'une lettre recommandée avec demande d'avis de réception (Loi 65-557 du 10-7-1965 art. 26-7 ; Décret 67-223 du 17-3-1967 art. 38) ou par voie électronique si le copropriétaire a donné son accord exprès (Loi 65-557 du 10-7-1965 art. 42-1 ; Décret 67-223 du 17-3-1967 art. 64-2).

En cas de **transfert d'un lot de copropriété** (vente, donation, etc.) alors que l'emprunt n'est pas totalement remboursé, les sommes restant dues par le copropriétaire et le paiement des accessoires deviennent immédiatement exigibles. Mais l'obligation de payer ces sommes peut être transmise au nouveau copropriétaire avec son accord et celui du prêteur et de la caution. Le notaire doit alors en informer le syndic (Loi 65-557 du 10-7-1965 art. 26-8).

> Précisions **a.** La constitution et le suivi du dossier d'emprunt souscrit au nom du syndicat en application des alinéas 1 et 2 de l'article 26-4 de la loi du 10 juillet 1965 font partie des prestations pour lesquelles une rémunération complémentaire du syndic peut être prévue (Décret 2015-342 du 26-3-2015).
b. La loi 2015-992 du 17 août 2015 relative à la transition énergétique pour la croissance verte, modifiée par la loi 2024-322 du 9 avril 2024 pour la rénovation de l'habitat dégradé, crée un fonds pour la rénovation énergétique qui pourra garantir les emprunts destinés au financement des travaux d'amélioration de la performance énergétique dans les logements et de rénovation des copropriétés en difficulté (CCH art. L 312-7 ; CCH art. L 312-7-7 modifié par décret 2025-711 du 25-7-2025).

3. OBLIGATIONS D'INFORMATION

COPIE DES DOCUMENTS DU SYNDICAT

38530 Le syndic doit délivrer, si la demande lui en est faite, des copies ou extraits certifiés conformes des procès-verbaux des assemblées générales et des annexes. En outre, il doit remettre aux copropriétaires, qui en font la demande et à leurs frais, copie du carnet d'entretien et du diagnostic technique (Décret 67-223 du 17-3-1967 art. 33, al. 2 et 3).

FICHE SYNTHÉTIQUE DE COPROPRIÉTÉ

38531 Le syndic doit établir et mettre à jour chaque année une fiche synthétique de la copropriété regroupant les **données financières et techniques** essentielles relatives à la copropriété et à son bâti (Loi 65-557 du 10-7-1965 art. 8-2).

Dès lors que la copropriété comporte au moins un lot d'habitation, la fiche doit être établie par son **représentant légal.** Elle est **mise à disposition des copropriétaires,** sous peine de sanction à l'encontre du syndic : la révocation instaurée par la loi du 24 mars 2014 a été supprimée par l'ordonnance du 30 octobre 2019. En revanche, à défaut de mise à disposition de cette fiche dans un délai d'un mois à compter de la demande, une pénalité de 15 € par jour de retard est imputée sur la rémunération forfaitaire annuelle du syndic (Loi 65-557 du 10-7-1965 art. 8-2, al. 3 ; Décret 2020-1229 du 7-10-2020). Ce n'est donc plus le contrat de syndic qui fixe la pénalité financière forfaitaire, comme l'avait prévu la loi du 24 mars 2014.

En cas de **vente d'un lot,** la fiche synthétique est annexée à la promesse de vente ou, à défaut de promesse, à l'acte authentique.

Chaque année, le syndic procède à la **mise à jour des informations** qu'elle contient. Les données correspondantes sont établies dans un délai de 2 mois suivant la notification du procès-verbal de l'assemblée générale au cours de laquelle les comptes de l'exercice clos ont été approuvés.

La fiche synthétique **mentionne** (Décret 2016-1822 du 21-12-2016) :

1° l'identification de la copropriété pour laquelle la fiche est établie (notamment le nom d'usage du syndicat de copropriétaires et le numéro d'immatriculation de la copropriété) ;

2° l'identité du syndic ou de l'administrateur provisoire ayant établi la fiche ;

3° l'organisation juridique de la copropriété ;

4° les caractéristiques techniques de la copropriété (notamment, le nombre total de lots inscrits dans le règlement de copropriété et le nombre de bâtiments) ;

5° les équipements de la copropriété (par exemple, le type de chauffage et le type d'énergie utilisés) ;

6° les caractéristiques financières de la copropriété (notamment, le montant des impayés et le nombre de copropriétaires débiteurs du syndicat dont la dette excède un seuil non encore fixé, sauf pour les copropriétés de moins de 10 lots dont le budget prévisionnel moyen sur une période de trois exercices consécutifs est inférieur à 15 000 €).

La fiche mentionne la **date de délivrance** du document, le nom et la **signature** de l'autorité qui l'a délivré accompagnés de son cachet.

Si la fiche de synthèse est **extraite du registre national des copropriétés,** elle comporte la date de délivrance du document et la mention « fiche délivrée par le registre national des copropriétés sur la foi des déclarations effectuées par le représentant légal ».

Ces dispositions sont entrées en vigueur le 1er janvier 2017 pour les syndicats de copropriétaires comportant plus de 200 lots à usage de logements, de bureaux ou de commerces. Elles entreront en vigueur le 1er janvier 2018 pour les syndicats de copropriétaires comportant plus de 50 lots et le 1er janvier 2019 pour les autres syndicats de copropriétaires.

INFORMATION EN LIGNE

Le syndic professionnel doit proposer un accès en ligne sécurisé aux **documents dématérialisés** **38532**
relatifs à la gestion de l'immeuble ou des lots gérés, sauf décision contraire prise à la majorité de l'article 25 (Loi 65-557 du 10-7-1965 art. 18, I). Cette obligation ne s'impose pas au syndic bénévole. Cet espace est accessible aux membres du conseil syndical et aux copropriétaires au moyen d'un code personnel sécurisé garantissant la fiabilité de l'identification des copropriétaires.

Le syndic doit mettre à la disposition de l'**ensemble des copropriétaires** les documents suivants (Décret 2019-502 du 23-5-2019) :

– le règlement de copropriété, l'état descriptif de division ainsi que les actes les modifiant, s'ils ont été publiés ;

– la dernière fiche synthétique de la copropriété réalisée par le syndic ;

– le carnet d'entretien de l'immeuble ;

– les diagnostics techniques relatifs aux parties communes de l'immeuble en cours de validité ;

– les contrats d'assurance de l'immeuble conclus par le syndic au nom du syndicat des copropriétaires en cours de validité ;

– l'ensemble des contrats et marchés en cours signés par le syndic au nom du syndicat de copropriétaires, à l'exclusion des contrats de travail des préposés du syndicat ;

– les contrats d'entretien et de maintenance des équipements communs en cours ;

– les procès-verbaux des trois dernières assemblées générales annuelles ayant été appelées à connaître des comptes et, le cas échéant, les devis de travaux approuvés lors de ces assemblées ;

– le contrat de syndic en cours.

La liste minimale des documents relatifs au lot d'**un copropriétaire,** qui sera mise à sa seule disposition, est la suivante :

– le compte individuel du copropriétaire arrêté après approbation des comptes du syndicat par l'assemblée générale annuelle ;

– le montant des charges courantes du budget prévisionnel et des charges hors budget prévisionnel, des deux derniers exercices comptables clos, payées par le copropriétaire ;

– lorsque le syndicat des copropriétaires dispose d'un fonds de travaux, le montant de la part du fonds de travaux rattachée au lot du copropriétaire arrêté après approbation des comptes du syndicat par l'assemblée générale annuelle ;

– les avis d'appel de fonds adressés au copropriétaire sur les trois dernières années.

Seuls les **membres du conseil syndical** auront accès :

– aux balances générales des comptes du syndicat des copropriétaires, ainsi qu'au relevé général des charges et produits de l'exercice échu ;

– le cas échéant, aux relevés périodiques des comptes bancaires séparés ouverts au nom du syndicat des copropriétaires ;

– aux assignations en justice délivrées au nom du syndicat des copropriétaires relatives aux procédures judiciaires en cours et aux décisions de justice dont les délais de recours n'ont pas expiré ;

– à la liste de tous les copropriétaires établie par le syndic en application de l'article 32 du décret du 17 mars 1967 ;

– à la carte professionnelle du syndic, à son attestation d'assurance responsabilité civile professionnelle ainsi qu'à son attestation de garantie financière en cours de validité mentionnées à l'article 3 de la loi du 2 janvier 1970.

Les documents doivent être téléchargeables et imprimables et être actualisés au moins une fois par an par le syndic, dans les trois mois suivant la dernière assemblée générale ayant été appelée à connaître des comptes (Décret 67-223 du 17-3-1967 art. 33-1-1).

CONSULTATION DES DOCUMENTS AVANT L'ASSEMBLÉE GÉNÉRALE

38533 Le syndic doit impérativement indiquer dans la convocation à l'assemblée générale appelée à approuver les comptes les modalités de consultation des pièces par les copropriétaires (Décret 67-223 du 17-3-1967 art. 9-1).

TRAVAUX PRESCRITS PAR L'ADMINISTRATION

38534 Le syndic doit informer dans les plus brefs délais les copropriétaires que des travaux sur les parties communes de l'immeuble ont été prescrits par l'administration dans le cadre de la procédure de lutte contre l'habitat indigne (voir n° 45150). En cas de ravalement prescrit par arrêté municipal, voir n° 47805.

TÉLÉVISION

38535 Il doit en outre, si l'immeuble est desservi, informer de manière « claire et visible » les copropriétaires de la possibilité de bénéficier de la distribution de la télévision par voie hertzienne terrestre en mode numérique et fournir les coordonnées du distributeur du « service antenne numérique ». Jusqu'au 30 novembre 2011, cette information devait être fournie dans le relevé de charges. Ce n'est plus le cas depuis lors (Loi 65-557 du 10-7-1965 art. 18, III, 2e tiret).

DÉCHETS

38536 Depuis le 1er janvier 2022, date d'entrée en vigueur de la loi 2020-105 du 10 février 2020 relative à la lutte contre le gaspillage et à l'économie circulaire, le syndic a l'obligation d'informer les copropriétaires des règles locales en matière de tri des déchets et de l'adresse, des horaires et des modalités d'accès des déchetteries dont dépend la copropriété. Cette information doit être affichée de manière visible dans les espaces affectés à la dépose des ordures ménagères par les occupants de la copropriété et transmise au moins une fois par an à ces occupants ainsi qu'aux copropriétaires (Loi 65-557 du 10-7-1965 art. 18, III).

INFORMATION DES OCCUPANTS

38538 Le syndic n'a pas à communiquer les procès-verbaux d'assemblée générale à des tiers. Néanmoins, afin de permettre à toutes les personnes concernées par la vie de la copropriété de connaître les initiatives, difficultés, contraintes, projets relatifs à l'immeuble qu'elles occupent, le syndic doit assurer l'information des occupants de l'immeuble des **décisions prises par l'assemblée générale** (Loi 65-557 du 10-7-1965 art. 18, I ; voir n° 37780). L'information des occupants s'en trouve ainsi accrue puisque, antérieurement, seules les décisions relatives à l'entretien de l'immeuble et aux travaux devaient être affichées dans les parties communes de l'immeuble (Loi du 23-12-1986 art. 44, al. 4).

Depuis le **11 avril 2024,** le syndic doit notamment informer les occupants de la copropriété (copropriétaires et locataires) que l'immeuble fait l'objet d'une **procédure relevant de l'exercice de la police de la sécurité et de la salubrité des immeubles,** locaux et installations prévue au titre Ier du livre V du Code de la construction et de l'habitation (Loi 65-557 du 10-7-1965 art. 18, I-al. 11 créé par loi 2024-322 du 9-4-2024). Dans ce cas, **le maire ou le préfet** doit être destinataire du procès-verbal d'assemblée générale des copropriétaires, à laquelle il peut assister ou se faire représenter et formuler des observations sur les questions inscrites à l'ordre du jour (Loi 65-557 du 10-7-1965 art. 29-16 créé par loi 2024-322 du 9-4-2024). En pratique, cet envoi sera fait par le syndic.

INFORMATION DU PROCUREUR DE LA RÉPUBLIQUE

38539 Le syndic doit informer le procureur de la République des faits susceptibles de constituer certaines infractions, notamment des activités de location, dans la copropriété, qui seraient contraires aux prescriptions du règlement sanitaire départemental ou susceptibles de porter atteinte à la dignité humaine dans les conditions prévues à l'article 225-14 du Code pénal (dans sa rédaction issue de la loi 2024-322 pour la rénovation de l'habitat dégradé du 9 avril 2024), à la sécurité des personnes ou à la santé publique. Cette mesure, issue de la loi Élan, vise à lutter contre les **marchands de sommeil** (Loi 65-557 du 10-7-1965 art. 18-1-1).

Cette obligation ne s'applique pas aux syndics non professionnels.

> **Précisions** Depuis la loi Alur du 24 mars 2014, les syndics de copropriété sont déjà soumis aux obligations de **lutte antiblanchiment** prévues par l'article L 561-2 du Code monétaire et financier.

ACCÈS DES HUISSIERS DE JUSTICE AUX PARTIES COMMUNES

Le syndic doit permettre aux huissiers de justice d'accéder aux parties communes pour l'accomplissement de leurs missions de signification ou d'exécution (CCH art. L 126-14). Lorsque les parties communes ne sont pas accessibles librement depuis la voie publique, l'huissier de justice (ou le clerc assermenté) adresse, par tout moyen, une demande d'accès à celles-ci au syndic en justifiant de son identité, de sa qualité professionnelle ainsi que de la mission de signification ou d'exécution qui lui a été confiée (CCH art. R 126-5). Dans un délai maximal de cinq jours ouvrables à compter de la réception de la demande, le syndic lui remet un moyen matériel d'accès aux parties communes ou lui adresse les codes lui permettant d'y accéder (CCH art. R 126-6). Après l'accomplissement de cette mission, l'huissier de justice (ou le clerc assermenté) restitue le moyen matériel d'accès qui lui a été confié sans délai et contre récépissé, au propriétaire ou, en cas de copropriété, au syndic (CCH art. R 126-6). **38542**

ACCÈS DES AGENTS MUNICIPAUX AUX LOCAUX À USAGE D'HABITATION

Pour vérifier notamment le respect des dispositions relatives aux **autorisations de changement d'usage,** tout particulièrement lorsque le local fait l'objet de locations de courtes durées à une clientèle de passage (meublé de tourisme), les agents assermentés du service municipal du logement peuvent visiter les locaux à usage d'habitation (CCH art. L 651-6 ; C. tourisme art. L 324-2-1, IV). **38543**

Depuis le **11 avril 2024,** les syndics de copropriété ne peuvent plus opposer le secret professionnel aux demandes des agents municipaux et sont tenus de leur communiquer tous les renseignements nécessaires à l'accomplissement de leur mission de recherche et de contrôle (CCH art. L 651-7 modifié par loi 2024-322 du 9-4-2024).

4. PERCEPTION DE SUBVENTIONS

Le syndic soumis à la loi « Hoguet » du 2 janvier 1970 peut être **mandataire** des copropriétaires bénéficiant de subventions de l'Anah pour la réalisation de travaux sur les parties communes (n° 24915). Dans ce cas, il est soumis aux règles de droit commun du mandat (Décret du 17-3-1967 art. 39-1). **38545**

5. CONVENTIONS PARTICULIÈRES

Afin d'éviter les conflits d'intérêts et la défiance envers les syndics, la conclusion de contrats particuliers entre le syndicat et le syndic ou des personnes avec qui il est lié avait déjà fait l'objet de mesures réglementaires prévues par l'article 39 du décret du 17 mars 1967. Ces dispositions ont été intégrées à la loi 65-557 du 10 juillet 1965 par la loi du 24 mars 2014. Ainsi, doivent être **autorisés** par l'assemblée générale des copropriétaires à la majorité de l'article 24 (Loi 65-557 du 10-7-1965 art. 18-1 A, II ; Décret 67-223 du 17-3-1967 art. 39) : **38550**

– toute convention entre le syndicat et le syndic, ses préposés, son conjoint, le partenaire lié à lui par un pacte civil de solidarité, son concubin, ses parents ou alliés jusqu'au 2e degré inclus portant sur des prestations de services autres que celles relevant de sa mission de syndic. Ces prestations ne peuvent figurer dans le contrat de syndic ;

– tout contrat passé entre le syndicat et une entreprise dont les personnes ci-dessus mentionnées sont propriétaires ou détiennent une participation dans son capital, ou dans laquelle elles exercent des fonctions de direction ou de contrôle, ou dont elles sont salariées ou préposées.

Le syndic, lorsqu'il est une **personne morale,** ne peut, sans y avoir été spécialement autorisé par une décision de l'assemblée générale, contracter pour le compte du syndicat avec une entreprise qui détient, directement ou indirectement, une participation dans son capital. Le syndic doit, **dans tous les cas,** préciser la nature des liens qui rendent nécessaire l'autorisation de la convention.

D. Rémunération du syndic de copropriété

HONORAIRES FORFAITAIRES DU SYNDIC PROFESSIONNEL

38560 Le principe est celui d'une rémunération déterminée de manière forfaitaire (Loi 65-557 du 10-7-1965 art. 18-1 A). Cette rémunération forfaitaire ne porte que sur les prestations qu'il fournit au titre de sa mission de gestion courante du syndicat. Une rémunération spécifique complémentaire ne peut être perçue qu'à l'occasion de prestations particulières qui ne relèvent pas de la gestion courante et qui sont définies par un décret en Conseil d'État (qui pourra être révisé tous les deux ans). Pour l'application de ces dispositions, une **liste limitative** a été établie, comportant dix-neuf **prestations particulières** pour lesquelles peut être prévue une rémunération spécifique complémentaire (Décret 67-223 du 17-3-1965 ann. II ; voir tableau n° 41835). Les prestations non comprises dans cette liste ne pourront donc donner lieu à aucune rémunération complémentaire. Cette rémunération est calculée soit en application du seul coût horaire prévu par le contrat de syndic, appliqué au prorata du temps passé, soit en application du tarif forfaitaire total convenu par les parties.

Une **seconde liste** des prestations qui sont incluses dans le forfait n'est, à l'inverse, pas limitative (voir tableau n° 41830). En font partie notamment la préparation et la tenue de l'assemblée générale annuelle ainsi que la notification du procès-verbal, la mise à la disposition du conseil syndical des documents du syndicat et le recueil de son avis lorsqu'il est obligatoire, la gestion de la comptabilité du syndicat, la gestion des comptes bancaires séparés, les appels de provisions, les imputations des consommations individuelles de fluides ou d'énergie, la remise au syndic successeur de l'état financier, des fonds, des comptes en cas de changement de syndic, la tenue des documents obligatoires, la détention et la conservation des archives du syndicat, la mise à disposition d'un accès en ligne sécurisé aux documents dématérialisés, les visites de la copropriété selon les stipulations prévues au contrat, la gestion des travaux d'entretien courant et de maintenance, la passation et le suivi des marchés des prestataires, la souscription d'assurances, les déclarations de sinistre et le règlement des indemnités aux bénéficiaires (les déplacements sur les lieux, prise de mesures conservatoires, assistance aux mesures d'expertise et suivi du dossier auprès de l'assureur pouvant en revanche donner lieu à rémunération complémentaire), la gestion du personnel du syndicat.

Les frais de reprographie et les frais administratifs afférents aux prestations du forfait sont inclus dans la rémunération forfaitaire. De même, les frais de fin de mandat du syndic sont compris dans les frais de transmission du dossier au nouveau syndic. L'ancien syndic ne peut donc facturer au syndicat des copropriétaires des honoraires supplémentaires de démission (Cass. 3e civ. 26-1-2017 n° 15-25.392 F-D : BPIM 2/17 inf. 138). En revanche, l'envoi des documents afférents aux prestations du forfait donne lieu à remboursement au syndic des frais d'acheminement ou d'affranchissement engagés.

> **Précisions** **a.** Depuis l'engagement de modération du 24 septembre 1980, les honoraires du syndic n'étaient plus réglementés. Les contrats prévoyaient en général un forfait par lot pour la gestion courante et des honoraires proportionnels (par exemple, horaires) pour les missions particulières. La loi Alur du 24 mars 2014 a instauré des dispositions destinées à encadrer beaucoup plus strictement la rémunération des syndics.
> **b.** En vue d'améliorer la transparence tarifaire des prestations des syndics, une liste minimale des prestations de gestion courante devant relever du forfait annuel avait été publiée (Arrêté du 19-3-2010 : JO 21 p. 5673, reproduit en ann. au n° 41800), auxquelles il convenait d'ajouter les frais de conservation et de gestion des archives (Décret du 17-3-1967 art. 33, al. 4 modifié). Ces dispositions sont remplacées par le décret du 26 mars 2015 pour les contrats conclus ou renouvelés à compter du 1er juillet 2015.
> **c.** Les honoraires du syndic sont soumis à la TVA dès lors qu'il exerce son activité de mandataire à titre onéreux. Le contrat doit prévoir la rémunération hors taxe et la rémunération TTC, ainsi que les modalités de paiement par le syndicat de cette rémunération (d'avance, à terme échu, suivant une périodicité à définir, etc.).
> **d.** Saisi de requêtes en annulation pour excès de pouvoir par une association de consommateurs et trois fédérations professionnelles, le Conseil d'État a annulé deux dispositions du contrat type de syndic figurant en annexe du décret du 26 mars 2015 (voir n° 38300).

HONORAIRES SPÉCIFIQUES

38561 Les travaux mentionnés à l'article 14-2 (travaux hors budget prévisionnel) et votés par l'assemblée générale des copropriétaires en application des articles 24, 25, 26-3 et 30 peuvent faire l'objet d'honoraires spécifiques au profit du syndic. Ces honoraires sont votés lors de la même assemblée générale que les travaux concernés, aux mêmes règles de majorité. La rémunération doit être exprimée en pourcentage du montant hors taxe des travaux, à un taux dégressif selon l'importance des travaux préalables (Loi 65-557 du 10-7-1965 art. 18-1 A, II). L'interdiction qui était faite au syndic, avant l'entrée en vigueur de l'ordonnance du 30 octobre 2019, de mentionner, même à titre indicatif, le montant de ses honoraires spécifiques en cas de travaux est supprimée dans un souci de transparence, le barème, indicatif, étant susceptible de servir de base ultérieure de négociation.

Conformément à ces dispositions, la gestion des travaux d'entretien courant et de maintenance visés à l'article 45 du décret du 17 mars 1967 est incluse dans la rémunération forfaitaire du syndic (Décret 67-223 du 17-3-1967 ann. I, 15°).

> Précisions Les travaux concernés par les honoraires spécifiques, dont la liste est prévue par l'article 44 du décret du 17 mars 1967, sont les suivants :
1° travaux de conservation ou d'entretien de l'immeuble, autres que ceux de maintenance ;
2° travaux portant sur les éléments d'équipement communs, autres que ceux de maintenance ;
3° travaux d'amélioration, tels que la transformation d'un ou de plusieurs éléments d'équipement existants, l'adjonction d'éléments nouveaux, l'aménagement de locaux affectés à l'usage commun ou la création de tels locaux, l'affouillement du sol et la surélévation de bâtiments ;
4° études techniques, telles que les diagnostics et les consultations ;
5° et, d'une manière générale, travaux qui ne concourent pas à la maintenance et à l'administration des parties communes ou à la maintenance et au fonctionnement des équipements communs de l'immeuble.

NÉCESSITÉ D'UN MANDAT ÉCRIT

En l'absence d'un mandat écrit fixant sa rémunération, le syndic n'a droit à aucune rémunération (Cass. 3e civ. 19-10-2011 nos 10-20.019, 10-21.099 et 10-21.505 : BPIM 6/11 inf. 497) ; la délivrance du quitus et l'approbation des comptes ne peuvent pas légitimer son droit à rémunération (Cass. 3e civ. 27-3-2008 no 07-10.191 : BPIM 3/08 inf. 240). Ainsi, un syndic « de fait » ne peut prétendre à une rémunération. Sur la rémunération du syndic après l'expiration de son mandat, voir no 38405. **38562**

SYNDIC BÉNÉVOLE ET SYNDIC DE SYNDICAT COOPÉRATIF

Ils peuvent obtenir le remboursement des frais engagés et percevoir une rémunération au titre du temps de travail qu'ils consacrent à la copropriété, « dans le respect du caractère non professionnel de leur mandat » (Décret 2015-342 du 26-3-2015 art. 8). **38570**

> Précisions Lorsque des retraités ou des salariés se bornent à remplir les fonctions de syndic dans un immeuble dont ils sont eux-mêmes copropriétaires, l'administration admet de ne pas les rechercher en paiement de la TVA s'ils perçoivent une rémunération (BOI-TVA-CHAMP-10-10-20 no 310).

TVA

Lorsqu'ils agissent en qualité de **mandataires,** les syndics de copropriété ou les administrateurs de biens sont tenus de procéder au partage des charges entre les différents copropriétaires. Aucune disposition législative ou réglementaire ne les contraint à faire apparaître distinctement le montant de la TVA comprise dans les charges dont le remboursement est demandé aux copropriétaires. Mais ce renseignement peut être fourni spontanément ou en application d'une clause particulière du contrat de mandat donné au syndic ou à l'administrateur de biens. **38575**

Lorsqu'il en est ainsi, les **copropriétaires** qui exercent une activité soumise à la TVA peuvent déduire, dans les conditions habituelles, la taxe qui figure sur le relevé des charges délivré par le syndic ou l'administrateur de biens (voir nos 79620 s.). Le syndicat de copropriété ne devient pas pour autant redevable de la TVA à moins que cet impôt n'ait été mentionné à tort ou de façon inexacte (Rép. Ligot : AN 18-1-1988 no 33323 ; Rép. Hubert : AN 2-5-1988 no 37526 ; Rép. Lapaire : AN 22-2-1993 ; dans le même sens, BOI-TVA-DED-40-10-10 no 130).

E. Responsabilité du syndic de copropriété

1. RESPONSABILITÉ CIVILE

RESPONSABILITÉ ENVERS LE SYNDICAT DES COPROPRIÉTAIRES

Le syndic, considéré comme un mandataire, répond de sa gestion envers le syndicat, son mandant. Il s'agit donc d'une responsabilité contractuelle qui suppose établie la preuve qu'il a rempli incorrectement ou incomplètement sa mission : exécution des décisions de l'assemblée, sauvegarde de l'immeuble, fonctionnement du syndicat. Cette responsabilité s'apprécie selon les règles du mandat (C. civ. art. 1992), donc moins rigoureusement lorsque le syndic est bénévole **38580**

38580 (suite) (Cass. 3e civ. 20-6-1972 : D. 1972 p. 659) ; la notion de faute détachable ou dissociable de sa mission, ou encore extérieure à celle-ci, connue en droit administratif ou en droit du travail, n'est pas transposable au droit de la copropriété (Cass. 3e civ. 23-5-2012 n° 11-14.599 : BPIM 5/12 inf. 405). Le syndicat des copropriétaires doit prouver une faute du syndic (Cass. 3e civ. 22-3-2018 n° 17-11.449 ; Cass. 3e civ. 6-2-2020 n° 18-22.788 : BPIM 2/20 inf. 141). Il est admis que le syndic est tenu d'une obligation de diligence et de vigilance qui s'apparente à une obligation de moyen (Cass. 3e civ. 5-10-1994 n° 92-19.764 : Bull. civ. III n° 159). Les juges du fond doivent rechercher si le syndic a accompli toutes les diligences nécessaires (Cass. 3e civ. 17-4-2013 n° 11-28.887 : BPIM 4/13 inf. 287). Dès lors qu'il a accompli des diligences normales, le syndic ne peut pas voir sa responsabilité engagée (Cass. 3e civ. 8-7-2015 n° 13-28.083 : BPIM 5/15 inf. 342 ; Cass. 3e civ. 14-9-2017 n° 16-19.467 ; Cass. 3e civ. 9-7-2020 n° 19-17.465 F-D : BPIM 5/20 inf. 340).

EXEMPLE

La responsabilité du syndic a été retenue, notamment, dans les cas suivants :

– manquement à son obligation d'**exécuter les décisions** d'assemblée générale (Cass. 3e civ. 14-10-2014 n° 13-16.213 : AJDI 2015 p. 46 : défaut d'exécution d'une décision d'assemblée générale ayant mandaté le syndic pour diligenter une action judiciaire contre le notaire ayant procédé à la vente de lots ; CA Paris 10-5-1995 : Loyers et copr. 1995 comm. n° 448) ;

– manquement à son obligation d'assurer **le suivi et le contrôle de la bonne exécution des travaux** décidés en assemblée générale (Cass. 3e civ. 6-2-2020 n° 18-22.788 : BPIM 2/20 inf. 141 ; Cass. 3e civ. 16-11-2023 n° 22-21.144 F-D : BPIM 1/24 inf. 57) ;

– **dépassement** du cadre de son mandat : engagement de frais importants sans consultation de l'assemblée (Cass. 3e civ. 3-6-1998 : Loyers et copr. 1998 comm. n° 229), commande de travaux non urgents sans autorisation de l'assemblée (Cass. 3e civ. 14-10-2014 n° 13-16.213 : AJDI 2015 p. 46 ; Cass. 3e civ. 15-5-2002 n° 00-19.467 : BPIM 6/02 inf. 411), commande de travaux supplémentaires non autorisés par l'assemblée (Cass. 3e civ. 11-5-2010 n° 09-14.340 : BPIM 4/10 inf. 315), paiement de frais de dédit pour l'annulation d'une commande qui n'a pas été autorisée par l'assemblée générale (Cass. 3e civ. 12-9-2019 n° 18-18.585 : BPIM 6/19 inf. 419). Le préjudice peut être évalué au montant des travaux irréguliers (Cass. 3e civ. 23-1-2010 n° 18-21.357 : BPIM 2/20 inf. 140). L'appel par le syndic de charges irrégulières constitue pour les copropriétaires un préjudice actuel et direct dont ils peuvent lui demander réparation (Cass. 3e civ. 24-11-2021 n° 20-14.003 : BPIM 1/22 inf. 59) ;

– manquement à son obligation de **recouvrer les charges** et de **gérer les finances** de la copropriété : il commet une faute lorsqu'il n'appelle pas les fonds suffisants pour couvrir les charges (Cass. 3e civ. 25-3-1997 : RDI 1997 p. 287 obs. Capoulade) ou pour effectuer les réparations de l'immeuble (Cass. 3e civ. 17-4-2013 n° 11-28.887 : BPIM 4/13 inf. 287 ; Cass. 3e civ. 7-4-2009 n° 07-16.786 : Administrer juillet 2009 p. 57 obs. J.-R. Bouyeure), ou lorsqu'il règle de façon erronée ou abusive des factures à des tiers (Cass. 3e civ. 8-4-1998 : Administrer novembre 1998 p. 51) ;

– manquement à son obligation de **tenir une comptabilité conforme** aux dispositions légales : tenue d'une comptabilité incomplète, irrégulière et sans respect des règles comptables élémentaires, pénalités de retard, règlements effectués pour le compte d'autres copropriétés (Cass. 3e civ. 8-6-2004 n° 02-21.044 : Administrer octobre 2004 p. 67 obs. A. Alfandari) ; défaut de justification des sommes inscrites sur le compte « sinistres » de la copropriété (Cass. 3e civ. 14-10-2014 n° 13-16.213 : AJDI 2015 p. 46) ;

– manquement à son obligation d'**assurer la conservation,** la garde et l'entretien de l'immeuble : en cas de dégât des eaux, réalisation de simples démarches auprès du plombier et de l'architecte demeurées sans effet (Cass. 3e civ. 10-10-1990 n° 88-19.885) ; défaut de réalisation des travaux de réfection nécessaires (Cass. 3e civ. 7-4-2009 n° 07-16.786 : Administrer juillet 2009 p. 57 obs. J.-R. Bouyeure) ;

– manquement à son obligation de veiller à la **protection des intérêts du syndicat** des copropriétaires :

• il doit en particulier préserver ses droits lorsqu'ils sont menacés par l'expiration d'un **délai de prescription,** et inviter au besoin le syndicat à diligenter une procédure judiciaire si elle s'avère nécessaire à la protection de ses droits (Cass. 3e civ. 26-2-1997 n° 95-12.423). Il engage sa responsabilité si, alors qu'il a reçu mandat d'agir en justice avant l'expiration du délai décennal, son imprécision dans la saisine de l'avocat a contribué à ce que la procédure soit introduite après son expiration (Cass. 3e civ. 5-10-1994 n° 92-19.764 : Bull. civ. III n° 101), s'il n'engage pas la procédure interruptive de prescription avant l'expiration du délai de garantie (Cass. 3e civ. 23-4-2013 n° 12-15.551 : Loyers et copr. 2013 comm. n° 252 note G. Vigneron ; Cass. 3e civ. 7-4-2009 n° 07-16.786 : Administrer juillet 2009 p. 57 obs. J.-R. Bouyeure),

• il engage sa responsabilité s'il n'assure pas correctement l'immeuble contre les **risques d'incendie** (Cass. 3e civ. 20-7-1994 : Rev. loyers 1994 p. 540) ; en revanche, il n'engage pas sa responsabilité pour **défaut de surveillance** des travaux lorsque le syndicat des copropriétaires avait commis un architecte pour assurer la surveillance et le suivi des travaux (Cass. 3e civ. 6-2-2020 n° 18-22.788 : BPIM 2/20 inf. 141) ;

– manquement à son **obligation d'information et de conseil** : il doit conseiller et informer son mandant sur les divers problèmes dont il a connaissance et auxquels des solutions doivent être apportées. Sa responsabilité a été retenue dans les cas suivants :

• absence de mise en garde contre l'irrégularité d'une décision envisagée (Cass. 3e civ. 17-1-2006 n° 04-20.427 : D. 2006 pan. p. 2768 note P. Capoulade),

- omission d'informer l'assemblée générale de la nécessité de souscrire une assurance dommages-ouvrage pour l'exécution de travaux de ravalement (Cass. 3e civ. 25-1-1994 no 92-16.203) ou de souscrire une assurance contre les fuites et débordements de conduites souterraines (Cass. 3e civ. 10-10-1990 no 88-19.885),
- omission d'informer le syndicat d'une surconsommation d'eau causée par les fuites du réseau dont il a été averti par la compagnie de distribution de l'eau (Cass. 3e civ. 8-2-1995 no 92-22.124 : RJDA 5/95 no 635), des difficultés de raccordement dont il a été informé par l'architecte (Cass. 3e civ. 9-12-2004 no 02-19.425).

CARENCE OU INACTION DU SYNDIC

Afin de permettre à un syndicat des copropriétaires de rechercher la responsabilité de son syndic défaillant, l'ordonnance du 30 octobre 2019 a ouvert au **président du conseil syndical,** sur délégation expresse de l'assemblée générale, une action contre le syndic défaillant en réparation du préjudice collectif subi par le syndicat des copropriétaires, en cas de « carence ou d'inaction du syndic » (Loi 65-557 du 10-7-1965 art. 15, al. 3). **38582**

À défaut de conseil syndical, cette action peut être exercée par **un ou plusieurs copropriétaires** représentant au moins un quart des voix de tous les copropriétaires, sur le modèle de l'action « ut singuli » admise en droit des sociétés (C. civ. art. 1843-5 et C. com. L 225-252).

L'action est portée devant le **président du tribunal judiciaire** statuant selon la procédure accélérée au fond (Décret 67-223 du 17-3-1967 art. 49-1).

Les **frais de procédure** engagés par le président du conseil syndical constituent des dépenses courantes d'administration supportées par le syndicat, qui doivent être réglées par le syndic (Décret 67-223 du 17-3-1967 art. 27, dernier al.). Lorsque l'action est exercée par des copropriétaires, ils doivent faire l'avance des frais et ils en supporteront définitivement la charge si l'action est rejetée par le juge (Décret 67-223 du 17-3-1967 art. 49-1).

Si le syndic est condamné à payer des **dommages et intérêts,** ceux-ci sont alloués au syndicat des copropriétaires, s'agissant d'une action exercée dans l'intérêt de tous les copropriétaires. Les frais de procédure qui restent, le cas échéant, à la charge du demandeur sont supportés par tous les copropriétaires proportionnellement à leur quote-part de parties communes (Loi 65-557 du 10-7-1965 art. 15, al. 4).

La responsabilité du syndic ne peut **plus** être **mise en cause** : **38585**

- si une assemblée a ratifié ses actes ;
- si l'action est prescrite (cinq ans : C. civ. art. 2224) ;
- s'il lui a été donné quitus de sa gestion. Mais le quitus ne décharge le syndic de sa responsabilité que pour les actes de gestion dont l'assemblée des copropriétaires a eu connaissance et qu'elle a été à même d'apprécier (Cass. 3e civ. 23-6-1999 : Loyers et copr. 1999 comm. no 251 ; Cass. 3e civ. 6-2-1973 : JCP éd. G 1973 IV p. 113), et n'emporte pas décharge de responsabilité lorsqu'il a été donné au regard de comptes et d'une gestion financière non réels (Cass. 3e civ. 8-6-2004 no 02-21.044 : Administrer octobre 2004 p. 67 obs. A. Alfandari).

RESPONSABILITÉ ENVERS LES COPROPRIÉTAIRES

Le syndic peut également, par sa faute, nuire aux intérêts d'un copropriétaire déterminé. Il engage sa responsabilité envers les copropriétaires sur la base des articles 1240 et 1241 du Code civil pour le préjudice que peuvent leur causer les manquements à sa mission (absence d'intervention pour faire cesser des troubles, défaut de convocation à l'assemblée générale, non-exécution d'une décision d'assemblée générale à l'origine d'un préjudice pour un copropriétaire...). Cette responsabilité a un **fondement quasi délictuel** (Cass. 3e civ. 7-2-2012 no 11-11.051 : Rev. loyers 2012 p. 130 ; Cass. 3e civ. 25-1-1994 : Loyers et copr. 1994 comm. no 169). La faute du syndic est appréciée avec la même rigueur, que celui-ci soit bénévole ou non (Cass. 3e civ. 8-3-1995 : RJDA 5/95 no 636). En cas d'action en responsabilité contre le syndic, la mise en cause du syndicat des copropriétaires n'est pas nécessaire (Cass. 3e civ. 24-11-2021 no 20-14.003 : BPIM 1/22 inf. 60). **38590**

Le quitus étant donné par l'assemblée générale au nom du syndicat, et non par les copropriétaires pris individuellement, il ne fait pas obstacle à l'action de ces derniers en réparation de leur préjudice personnel sur le fondement de la **responsabilité délictuelle** (Cass. 3e civ. 6-3-1991 no 89-18.758 : Bull. civ. III no 79 ; Cass. 3e civ. 18-12-1996 no 94-21.139). Le quitus donné au syndic par le syndicat des copropriétaires ne concerne en effet que les rapports entre eux et n'interdit donc pas l'action en responsabilité d'un copropriétaire en réparation d'un préjudice personnel, même s'il a voté en faveur de la résolution ayant donné quitus au syndic (Cass. 3e civ. 29-2-2024 no 22-24.558 : BPIM 2/24 inf. 131).

EXEMPLE

Le syndic qui accepte la réalisation par un copropriétaire de travaux que seule l'assemblée peut autoriser (Loi 65-557 du 10-7-1965 art. 25, b ; nº 37870) engage sa responsabilité envers le copropriétaire concerné (CA Paris 6-12-1995 : Loyers et copr. 1995 comm. nº 187). Il en est de même en cas de carence à engager une procédure contre une entreprise responsable de la mauvaise exécution de travaux de réparation sur une partie commune ayant entraîné des troubles de jouissance pour un copropriétaire (CA Paris 3-6-1998 : Loyers et copr. 1998 comm. nº 285), en cas de défaut d'exécution d'une décision d'assemblée générale (Cass. 3e civ. 17-9-2013 nº 12-20.566 : Loyers et copr. 2013 comm. nº 352 note G. Vigneron ; Cass. 3e civ. 4-10-1995 nº 94-12.048 : non-exécution d'une décision ayant décidé du remplacement de la serrure du local à vélos ayant permis le vol du vélo d'un copropriétaire) ou en cas d'imputation à un copropriétaire de travaux de réfection d'une partie commune sans autorisation préalable de l'assemblée générale (Cass. 3e civ. 12-4-2018 nº 17-15.057 : BPIM 3/18 inf. 214).

Le syndic doit, lors de la livraison des parties communes, émettre les réserves qui s'imposent sur les défauts de conformité par rapport aux engagements du vendeur d'immeubles à construire (CA Paris 9-6-1999 : Constr.-urb. 1999 nº 329).

Mais le syndic ne pouvant agir à l'encontre de la volonté exprimée par son mandant, il ne peut être tenu pour responsable des conséquences préjudiciables d'une décision de refus de travaux adoptée par l'assemblée générale, pourtant informée de leur nécessité (Cass. 3e civ. 6-2-2002 nº 00-17.324 : BPIM 3/02 inf. 213). De même, il ne peut pas non plus lui être reproché de ne pas avoir informé les copropriétaires des anomalies de consommation d'eau sur leurs parties privatives (Cass. 3e civ. 15-12-2016 nº 15-25.305 F-D : BPIM 1/17 inf. 44).

RESPONSABILITÉ ENVERS LES TIERS

38600 Le syndic peut éventuellement être responsable envers les tiers (notamment les **locataires des lots**), sur la base des articles 1240 et 1241 du Code civil. Ainsi en est-il par exemple si le syndic conclut des contrats d'architecte ou d'entreprise sans accord de l'assemblée (Cass. 3e civ. 16-5-2001 nº 850 : BPIM 6/01 inf. 392).

2. RESPONSABILITÉ PÉNALE

38620 Le syndic est responsable pénalement s'il commet un **délit** volontaire (détournement de fonds, de pièces...) ou involontaire (blessure par imprudence, par défaut d'entretien ou de surveillance...) ou s'il organise, en fraude des droits de l'exploitant, la réception par toute la copropriété des émissions de télévision « codées » (Cass. crim. 19-8-1992 : RJDA 11/92 nº 1062).

La responsabilité pénale du syndic peut aussi être engagée pour non-respect des réglementations (sanitaire, ravalements...) ou d'obligations légales (sur celle instaurée dans le cadre de la lutte contre le travail dissimulé, voir nº 39670).

F. Carence, empêchement et absence du syndic de copropriété

CARENCE ET EMPÊCHEMENT DU SYNDIC

38650 L'article 18, V de la loi du 10 juillet 1965 distingue deux hypothèses :

– en cas de carence du syndic, et à défaut de stipulation du règlement de copropriété, un **administrateur ad hoc** peut être désigné par le président du tribunal judiciaire statuant par ordonnance sur requête, à la demande de tout intéressé, s'il est justifié d'une mise en demeure adressée au syndic restée infructueuse pendant plus de 8 jours (Décret 67-223 du 17-3-1967 art. 47-1, al. 2) ;

– en cas d'empêchement du syndic, le **président du conseil syndical** peut convoquer une assemblée générale appelée à désigner un nouveau syndic.

Antérieurement à la loi Alur, l'article 18 prévoyait dans les deux cas la nécessité d'assigner le syndic pour voir désigner un administrateur provisoire. Cela obligeait donc un copropriétaire à introduire une action en justice à ses frais, même s'ils étaient in fine supportés par l'ensemble des copropriétaires. Afin de faciliter les choses, la loi Alur a instauré un mécanisme visant à éviter l'introduction d'une procédure lorsque le syndic est seulement « empêché ». La loi ne définit pas les notions d'« empêchement » et de « carence ». Le syndic est empêché lorsqu'il se trouve, pour une raison extérieure, dans l'impossibilité d'accomplir sa mission : décès, accident, maladie, retrait de la garantie financière, etc. Il y a en revanche carence lorsqu'il n'exerce pas les obligations qui lui incombent sans en être pour autant empêché.

L'article 49 du décret du 17 mars 1967, applicable en cas d'empêchement ou de carence du syndic (Loi 65-557 du 10-7-1965 art. 18, V), précise à cet égard que « tout intéressé » peut assigner le syndic en référé aux fins de désignation de l'administrateur ad hoc. L'ordonnance fixe la durée de la mission de celui-ci. Sauf urgence, la demande n'est recevable qu'après mise en demeure du syndic restée infructueuse pendant plus de huit jours. La procédure peut être mise en œuvre par tout intéressé, même s'il s'agit d'un tiers. La demande est formée contre le syndic à titre personnel, et non contre le syndicat. Le juge des référés est seul compétent au cas particulier. Il peut désigner un administrateur ad hoc, mais non révoquer le syndic (Cass. 3e civ. 20-6-1978 : Bull. civ. III n° 253).

> **Précisions** **a.** Il n'y a pas carence du syndic lorsque les retards pris dans la réalisation des travaux incombent aux copropriétaires pour non-paiement des charges de copropriété. Dès lors, la désignation d'un administrateur provisoire n'est pas justifiée (Cass. 3e civ. 26-1-2017 n° 15-25.971 F-D : BPIM 2/17 inf. 140).
> **b.** Le terme « administrateur ad hoc » remplace, depuis l'entrée en vigueur de l'ordonnance du 30 octobre 2019, celui d'« administrateur provisoire » auparavant employé, afin d'éviter toute confusion avec l'« administrateur provisoire » de l'article 29-1 de la loi du 10 juillet 1965, désigné dans le cadre des dispositions relatives aux copropriétés en difficulté. Il ne doit toutefois pas être confondu avec le « mandataire ad hoc » de l'article 29-1 A pouvant être désigné judiciairement dans le cadre des copropriétés en difficulté.

ABSENCE DE SYNDIC

Les hypothèses prévues dans le paragraphe précédent ne doivent pas être confondues avec les **autres situations** suivantes : **38660**

1° La copropriété est dépourvue de syndic parce que l'**assemblée,** bien que **convoquée à cet effet, n'en a pas désigné un** : dans ce cas, le syndic est désigné par le président du tribunal, par ordonnance sur requête (Loi 65-557 du 10-7-1965 art. 17 ; Décret du 17-3-1967 art. 46). Il administre la copropriété dans les conditions prévues par les articles 18 à 18-2 du 10 juillet 1965, peut se voir confier d'autres missions par l'ordonnance le désignant, et doit en tout état de cause, deux mois avant la fin de ses fonctions, convoquer l'assemblée générale en vue de la désignation d'un syndic. Cette procédure ne peut pas être mise en œuvre si l'assemblée a désigné un syndic, quand bien même les conditions de cette désignation seraient irrégulières et contestées en justice (Cass. 3e civ. 28-11-2012 n° 11-18.810 : BPIM 1/13 inf. 73).

2° Pour toute **autre raison** que celle qui précède, la copropriété est dépourvue de syndic : tout copropriétaire peut convoquer l'assemblée générale et ce n'est qu'à défaut d'une telle convocation que le président du TGI, qui peut être saisi à la demande de tout intéressé, désigne un **administrateur provisoire** pour convoquer l'assemblée générale et désigner un syndic (Loi 65-557 du 10-7-1965 art. 17). Cette procédure est applicable même si à la date de la requête, le syndicat avait encore un syndic, dès lors que, à la date de prise de fonctions de l'administrateur provisoire, le mandat du syndic avait expiré (Cass. 3e civ. 20-12-2018 n° 17-28.611 F-PBI : BPIM 1/19 inf. 60). Dans l'hypothèse où le syndicat est dépourvu de syndic en raison de la nullité du mandat du syndic ayant omis d'ouvrir un compte bancaire séparé dans les trois mois de sa désignation, c'est la procédure de l'article 47 du décret du 17 mars 1967, applicable dans le cas où le syndicat est dépourvu de syndic, qui a vocation à s'appliquer (ordonnance sur requête), et non la procédure contradictoire de l'article 49 du même décret, applicable en cas de carence du syndic ; mais un administrateur provisoire ne peut être désigné que si la nullité du mandat a été préalablement constatée au terme d'une procédure contradictoire (Cass. 3e civ. 5-7-2018 n° 17-31.034 : BPIM 4/18 inf. 293).

L'ordonnance est notifiée, dans le mois qui suit son prononcé, à tous les copropriétaires qui peuvent demander la rétractation de cette ordonnance au président du TGI dans les quinze jours de la notification (Décret du 17-3-1967 art. 59, al. 3). Seuls les copropriétaires peuvent demander la rétractation de cette ordonnance, à l'exclusion notamment de l'ancien syndic (Cass. 3e civ. 12-3-1997 : RJDA 6/97 n° 830) ou du syndicat (Cass. 3e civ. 12-1-2000 : BPIM 4/00 inf. 274 ; Cass. 3e civ. 3-10-2012 n° 11-20.751 : BPIM 3/12 inf. 179).

La mission de l'administrateur provisoire prend nécessairement fin à la date prévue par l'ordonnance le désignant si elle n'a pas été prorogée (Cass. 3e civ. 14-1-2016 n° 14-24.989 publié BPIM 1/16 inf. 57). L'administrateur provisoire remplit à titre temporaire les fonctions d'un syndic et est soumis aux mêmes devoirs et obligations que ce dernier. Il ne peut donc pas présider l'assemblée (Cass. 3e civ. 14-1-1998 : Bull. civ. III n° 7) et il a le pouvoir, comme le syndic, bien que cela ne soit pas prévu par l'article 29-1 de la loi du 10 juillet 1965, de solliciter la désignation d'un administrateur provisoire agissant dans le cadre d'une copropriété en difficulté (Cass. 3e civ. 13-10-2021 n° 19-23.301 : BPIM 6/21 inf. 394). Cependant, le défaut d'ouverture par l'administrateur provisoire d'un compte bancaire séparé au nom du syndicat des copropriétaires ne peut pas être sanctionné par la nullité de son mandat comme tel est le cas pour le syndic, dans la mesure où sa désignation est judiciaire (Cass. 3e civ. 14-1-2016 n° 14-23.898 BPIM 1/16 inf. 57).

38660 (suite) **3°** Lorsque le **syndic, sommé de convoquer l'assemblée, n'y procède pas** et lorsque le **conseil syndical,** sommé à son tour, n'y procède pas **non plus,** tout copropriétaire peut obtenir, en référé, la désignation d'un administrateur judiciaire ayant mission de convoquer l'assemblée, avec l'ordre du jour voulu par les demandeurs initiaux (Décret du 17-3-1967 art. 8 et 50). Lorsque l'assemblée, convoquée à cet effet, n'a pas pu parvenir à nommer un syndic, il y a lieu de désigner un syndic judiciaire et non un administrateur provisoire (Cass. 3e civ. 20-2-2002 n° 367 : BPIM 4/02 inf. 286).

CHAPITRE 8 CONSEIL SYNDICAL

SOMMAIRE

EN BREF

Dans tout syndicat de copropriétaires, un conseil syndical assiste le syndic et contrôle sa gestion (Loi 65-557 du 10-7-1965 art. 21), sous réserve des dispositions dérogatoires applicables aux petites copropriétés (Loi 65-557 du 10-7-1965 art. 41-9) et aux copropriétés à deux (voir nos 40180 s.). La loi Alur du 24 mars 2014 et la loi Élan 2018-1021 du 23 novembre 2018 ont renforcé la place du conseil syndical dans la gestion de la copropriété. Après avoir ainsi défini le rôle du conseil syndical, la loi de 1965 (Loi 65-557 du 10-7-1965 art. 21) et le décret du 17 mars 1967 (Décret 67-223 du 17-3-1967 art. 22 à 27) en précisent les règles de fonctionnement. 38900

A. Constitution du conseil syndical

ORGANE OBLIGATOIRE

Le conseil syndical est obligatoire. Il n'est que trois cas où la copropriété peut être dépourvue de conseil syndical : 38905

- dans les petites copropriétés (Loi 65-557 du 10-7-1965 art. 41-9) ;
- lorsque l'assemblée des copropriétaires décide de ne pas en instituer un : la décision doit être prise à la majorité qualifiée de l'article 26, majorité des membres du syndicat représentant au moins 2/3 des voix. Elle pourra revenir sur cette décision à la majorité des voix de tous les copropriétaires (Loi 65-557 du 10-7-1965 art. 21, al. 12) ;
- lorsque aucun candidat ne se présente ou n'obtient la majorité requise : il en est alors dressé un procès-verbal, lequel est notifié dans le délai d'un mois à tous les copropriétaires (Loi 65-557 du 10-7-1965 art. 21, al. 11). Dans ce cas, le conseil syndical peut éventuellement être désigné judiciairement : le juge, saisi par le syndic ou par un ou des copropriétaires, peut soit désigner les membres du conseil syndical avec leur accord, soit constater l'impossibilité de constituer le conseil (Loi 65-557 du 10-7-1965 art. 21, al. 13 ; Décret du 17-3-1967 art. 48).

> **Précisions** **a.** Le nombre des membres du conseil syndical fixé par le règlement de copropriété ne peut pas être modifié par l'assemblée générale qui les désigne (Cass. 3e civ. 21-6-2006 no 05-15.752 : BPIM 5/06 inf. 382).
> **b.** Une personne ne peut pas être désignée comme membre du conseil syndical si elle n'a pas fait acte de candidature (Cass. 3e civ. 16-3-2011 no 10-10.553 : Bull. civ. III no 33).

MEMBRES DU CONSEIL SYNDICAL

Les membres du conseil syndical sont désignés par l'assemblée à la majorité absolue (Loi 65-557 du 10-7-1965 art. 25, c). 38910

Les membres du conseil syndical, qui peuvent être des personnes physiques ou morales, sont choisis parmi les copropriétaires, leurs ascendants ou descendants, les associés dans le cas prévu par l'article 23, al. 1 de la loi du 10 juillet 1965, les accédants ou les acquéreurs à terme, leurs conjoints, les partenaires liés à eux par un pacte civil de solidarité, leurs représentants légaux, ou leurs usufruitiers (Loi 65-557 du 10-7-1965 art. 21, al. 8). Lorsqu'une personne morale est nommée en qualité de membre du conseil syndical, elle peut s'y faire représenter soit par son représentant légal ou statutaire, soit par un fondé de pouvoir spécialement habilité à cet effet.

Lorsque le syndic est un syndic professionnel, le syndic, ses préposés, leurs conjoints, leurs partenaires liés à eux par un pacte civil de solidarité, leurs concubins, leurs ascendants ou descendants, leurs parents en ligne collatérale jusqu'au deuxième degré, même s'ils sont copropriétaires, associés ou acquéreurs à terme, ne peuvent pas être membres du conseil syndical (Loi 65-557 du 10-7-1965 art. 21, al. 9). Ces dispositions ne s'appliquent pas aux syndicats coopératifs et, plus largement, aux syndicats gérés par un syndic non professionnel. Le concierge de l'immeuble n'est pas frappé par cette interdiction, sauf preuve de sa dépendance effective (Rép. Terrot : AN 11-11-1996 ; Rép. Morel-A-L'Huissier : AN 26-10-2004 n° 40180), ni le membre du conseil d'administration de la société syndic, celui-ci ne pouvant être assimilé à la société syndic (Cass. 3e civ. 14-1-1998 : Bull. civ. III n° 7).

Un ou plusieurs **suppléants** peuvent être désignés dans les mêmes conditions que les membres titulaires (Décret du 17-3-1967 art. 25, al. 1).

> **Précisions** **a.** Un **locataire** ne peut pas être membre du conseil syndical (Rép. Comiti : AN 25-2-1980 n° 24615).
> **b.** Est non écrite **la clause d'un règlement de copropriété** selon laquelle ne peuvent être membres du conseil syndical que les copropriétaires **à jour de leurs obligations financières** envers le syndicat (Cass. 3e civ. 18-12-2002 n° 1901 : BPIM 1/03 inf. 42).
> **c.** Lorsqu'une candidature pour le conseil syndical est présentée en séance, ce qui est fréquent en pratique, les copropriétaires ayant **voté par correspondance** n'auront pas pu exprimer leur vote. Ils seront donc considérés comme défaillants en application de l'article 17-1 A, alinéa 2 de la loi du 10 juillet 1965.

DURÉE DES FONCTIONS DU CONSEIL SYNDICAL

38915 Les membres du conseil sont élus pour une **durée maximale** de trois ans (Décret du 17-3-1967 art. 22, al. 3). Leurs fonctions prennent fin automatiquement dès qu'ils perdent la qualité qui autorisait leur éligibilité (vente du lot, décès, révocation du mandat du conjoint, etc.). Les **suppléants** siègent au conseil, au fur et à mesure des vacances, jusqu'à l'expiration du mandat de chacun des membres qu'ils remplacent (Décret du 17-3-1967 art. 25, al. 1).

Lorsqu'**un quart des sièges** devient **vacant,** le conseil syndical n'est plus valablement constitué (Décret du 17-3-1967 art. 25, al. 2). Néanmoins, il n'est pas nécessaire de procéder à la réélection de l'ensemble du conseil syndical car les membres dont les fonctions n'ont pas pris fin conservent leur mandat (Cass. 3e civ. 6-10-2010 n° 09-15.248 : BPIM 6/10 inf. 490).

B. Fonctionnement du conseil syndical

38920 Le fonctionnement du conseil syndical est librement **organisé par le règlement de copropriété.** Cette organisation concerne notamment le nombre des conseillers, la durée de leur mandat (maximum trois ans), les suppléants, la tenue des réunions, le vote, etc.

Si elles n'ont pas été fixées par le règlement de copropriété, les règles relatives à l'organisation et au fonctionnement du conseil syndical sont déterminées **par l'assemblée** des copropriétaires qui statue à la majorité simple de l'article 24 (Décret du 17-3-1967 art. 22, al. 1).

Une fois élus, les membres élisent leur président parmi eux et organisent librement le fonctionnement du conseil, de façon interne.

Les membres du conseil syndical exercent leurs fonctions à titre gratuit (Décret du 17-3-1967 art. 27, al. 1).

En cas d'existence de **syndicats secondaires** (nos 39110 s.), chaque syndicat secondaire dispose d'un siège au moins au conseil syndical. La représentation des syndicats secondaires au conseil syndical du syndicat principal est proportionnelle à l'importance de ces syndicats dans la copropriété d'ensemble (Décret du 17-3-1967 art. 22, al. 4 et art. 24).

> **Précisions** **a.** Un membre du conseil d'administration de la société syndic d'un ensemble immobilier peut être désigné comme représentant d'un syndicat secondaire au conseil syndical principal (Cass. 3e civ. 14-1-1998 : Bull. civ. III n° 7).
> **b.** Le fait que les réunions du conseil syndical se déroulent dans les locaux du syndic et en présence de ce dernier n'est pas de nature à priver le conseil syndical de toute efficacité dans le fonctionnement de la copropriété (Cass. 3e civ. 2-3-2011 n° 09-72.455 : BPIM 2/11 inf. 150).

38930 Faute de personnalité propre, le conseil syndical ne peut pas être **attrait en justice.**

En revanche, la **responsabilité** de chacun de ses membres peut être engagée individuellement, sur un fondement contractuel par le syndicat et délictuel par le syndic, les copropriétaires ou un tiers à la copropriété. Mais dans tous les cas, leur faute doit être appréciée dans les limites de l'article 1992 du Code civil relatif à la responsabilité des mandataires, et donc moins rigoureusement compte tenu du caractère gratuit de leur mandat. Ainsi, une simple négligence dans la surveillance des comptes ne constitue pas en soi, à défaut de collusion frauduleuse avec le syndic, une faute suffisamment grave pour engager leur responsabilité (Cass. 3e civ. 29-11-2018 n° 17-27.766 FS-PBI : BPIM 1/19 inf. 61).

C. Missions du conseil syndical

ASSISTANCE DU SYNDIC

Le conseil syndical donne avis « sur toute question concernant le syndicat » pour lesquelles il est consulté ou dont il se saisit lui-même (Loi 65-557 du 10-7-1965 art. 21, al. 2) ; sa consultation est **obligatoire** pour les contrats et marchés dépassant un seuil fixé par l'assemblée générale (même texte). 38940

Le conseil syndical peut, pour l'exécution de sa mission, prendre conseil auprès de toute personne de son choix. Il peut aussi, sur une question particulière, demander un avis technique à tout professionnel de la spécialité. Les dépenses engagées pour l'exécution de sa mission constituent des charges courantes d'administration ; elles doivent être supportées par le syndicat et réglées par le syndic (Décret du 17-3-1967 art. 27, al. 2 et 3).

Sur la participation du conseil syndical à l'élaboration de l'**ordre du jour** de l'assemblée générale en concertation avec le syndic (Décret du 17-3-1967 art. 26, al. 4), voir n° 37550.

Sur sa participation à l'établissement du **budget prévisionnel** avec le syndic (Loi 65-557 du 10-7-1965 art. 18, II), voir n° 36430.

CONTRÔLE DU SYNDIC

Le conseil syndical peut prendre connaissance et demander copie de toutes pièces ou documents, correspondances ou registres se rapportant à la gestion du syndic et à l'administration de la copropriété (Loi 65-557 du 10-7-1965 art. 21, al. 6). En cas d'absence de transmission des pièces par le syndic, au-delà d'un mois à compter de la demande du conseil syndical, une pénalité de 15 € par jour de retard (ce montant est unique et obligatoire et non plus minimal depuis l'entrée en vigueur de l'ordonnance du 30 octobre 2019) est imputée sur la rémunération forfaitaire annuelle du syndic (Loi 65-557 du 10-7-1965 art. 21, al. 7 ; Décret 2020-1229 du 7-10-2020 art. 2). Cette pénalité est déduite de la rémunération du syndic lors de l'établissement des comptes définitifs à clôturer et à soumettre à l'assemblée générale pour approbation (Loi 65-557 du 10-7-1965 art. 21). À défaut, le président du conseil syndical peut demander au président du tribunal judiciaire, statuant selon la procédure accélérée au fond, la condamnation du syndic au paiement de ces pénalités au profit du syndicat des copropriétaires. Dans ce cas, il exerce l'action aux frais avancés du syndicat des copropriétaires et doit présenter au syndic un état des frais de justice prévisionnels accompagné de devis afin que le syndic procède aux avances nécessaires à la conduite de cette procédure (Décret 67-223 du 17-3-1967 art. 57). 38970

Le syndic doit notamment mettre à sa disposition une copie des relevés de compte (Loi 65-557 du 10-7-1965 art. 18, II). Ce contrôle est facilité par l'accès en ligne aux documents dématérialisés relatifs à la gestion de l'immeuble que le syndic professionnel doit proposer depuis le 1er janvier 2015 (Loi 65-557 du 10-7-1965 art. 18, I).

ACTION EN RESPONSABILITÉ CONTRE LE SYNDIC

Depuis l'entrée en vigueur de l'ordonnance du 30 octobre 2019, le président du conseil syndical peut, en cas de carence ou d'inaction du syndic, et sur délégation expresse de l'assemblée générale, exercer une action contre le syndic en réparation du préjudice subi par le syndicat des copropriétaires (n° 38582). 38975

INFORMATION DU SYNDICAT DES COPROPRIÉTAIRES

Le conseil syndical doit mettre en concurrence plusieurs projets de contrat de syndic en vue de l'assemblée générale appelée à se prononcer sur la désignation d'un syndic (Loi 65-557 du 10-7-1965 art. 21, al. 3 ; voir n° 38335). 38979

DÉLÉGATION DU SYNDICAT DES COPROPRIÉTAIRES

L'ordonnance du 30 octobre 2019 a créé la possibilité d'une **délégation conventionnelle au profit d'un conseil syndical** composé d'au moins trois membres (Loi 65-557 du 10-7-1965 art. 21-1 à 21-5). Elle permettra en toute hypothèse à l'assemblée générale de se ressaisir de son droit de vote pour les décisions confiées au conseil syndical. 38980

Cette délégation renforcée, qui doit être votée par l'assemblée générale à la majorité de l'article 25, permet au conseil syndical de prendre tout ou partie des **décisions relevant de la majorité simple de l'article 24** (Loi 65-557 du 10-7-1965 art. 21-1, al. 1) et se distingue ainsi de la délégation prévue au a de l'article 25 de la loi du 10 juillet 1965, qui permet à l'assemblée générale de décider à la majorité des voix de tous les copropriétaires de confier au conseil syndical le pouvoir de prendre un seul acte ou une seule décision, expressément déterminé, relevant de la majorité simple. Sont néanmoins exclues de cette possibilité de délégation au conseil syndical l'approbation des comptes, la détermination du budget prévisionnel et les adaptations du règlement de copropriété rendues nécessaires par les modifications législatives et réglementaires (Loi 65-557 du 10-7-1965 art. 21-1, al. 2).

38981 Des garde-fous sont prévus afin de **limiter budgétairement et dans le temps** cette délégation conventionnelle facultative et pour encadrer l'action du conseil syndical. Ainsi, l'assemblée générale devra déterminer le montant du budget prévisionnel alloué au conseil syndical pour la mise en œuvre de sa délégation de pouvoir (Loi 65-557 du 10-7-1965 art. 21-2), accordée pour une durée maximale de deux ans renouvelable sur décision expresse de l'assemblée générale (Loi 65-557 du 10-7-1965 art. 21-3). Après avoir pris connaissance du rapport élaboré par le conseil syndical pour rendre compte de sa mission (Loi 65-557 du 10-7-1965 art. 21-5), l'assemblée générale demeurera libre de renouveler, ou pas, la délégation arrivée à son terme.

Le budget alloué au conseil syndical pour mettre en œuvre une délégation de pouvoir est inclus dans le budget prévisionnel, mais identifié par une ligne budgétaire spécifique, sauf lorsque la délégation porte sur des dépenses pour travaux non comprises dans ce budget. Dans ce cas, l'assemblée générale précise le montant maximum alloué pour chacune d'elles et les sommes correspondant à ces dépenses sont appelées selon des modalités votées en assemblée générale (Décret 67-223 du 17-3-1967 art. 26-1).

38982 Les **décisions** du conseil syndical pour l'exercice de cette délégation de pouvoir sont prises à la majorité des voix de ses membres, celle du président étant prépondérante en cas de partage des voix.

38983 Le syndicat des copropriétaires devra souscrire pour chacun des membres du conseil syndical une **assurance de responsabilité civile** (Loi 65-557 du 10-7-1965 art. 21-4), afin de les protéger.

38985 Les décisions prises par le conseil syndical, lorsqu'il bénéficie d'une délégation de pouvoir en application des articles 21-1 et suivants de la loi du 10 juillet 1965, sont consignées dans un **procès-verbal,** signé par deux de ses membres. Ce procès-verbal mentionne le nom des membres du conseil syndical ayant participé à la délibération et le sens de leur vote. Ce procès-verbal est transmis au syndic qui l'inscrit au registre des procès-verbaux des assemblées générales (Décret 67-223 du 17-3-1967 art. 21-1).

De façon générale, le conseil syndical doit **rendre compte à l'assemblée,** chaque année, de l'exécution de sa mission (Décret du 17-3-1967 art. 22, al. 2). Ce compte rendu n'est soumis à aucune forme particulière ; il peut être oral mais l'établissement d'un écrit est conseillé pour en garder la trace. Il appartient au règlement de copropriété ou à l'assemblée des copropriétaires d'en déterminer les modalités (Rép. Liberti : AN 30-11-2004 n° 46780).

LIBERTÉ D'EXPRESSION DU CONSEIL SYNDICAL

38987 Le conseil syndical ne peut pas faire un **exercice abusif** de sa liberté d'expression, par l'affichage de notes portant atteinte à la réputation d'un copropriétaire par exemple, les abus de la liberté d'expression étant sanctionnés sur le fondement de la loi du 29 juillet 1881 et non sur le fondement de la responsabilité de droit commun (Cass. 3e civ. 3-11-2016 n° 15-17.150).

CHAPITRE 9

SYNDICAT DES COPROPRIÉTAIRES

SOMMAIRE

A. Existence et rôle du syndicat des copropriétaires

NAISSANCE ET DISPARITION DU SYNDICAT

Les copropriétaires sont, par l'effet de la loi, groupés dans un syndicat, qui a la **personnalité civile** (Loi 65-557 du 10-7-1965 art. 14, al. 1). 39000

Le syndicat naît lorsque la copropriété apparaît (voir n° 35025) :

– en cas de mise en copropriété d'un immeuble bâti existant : à compter du premier transfert de propriété d'un lot (Loi 65-557 du 10-7-1965 art. 1-1) ;

– pour les immeubles à construire : lors de la livraison du premier lot (Loi 65-557 du 10-7-1965 art. 1-1).

L'immatriculation du syndicat est sans conséquence sur l'application du statut.

Le syndicat est dissous lorsque disparaît la copropriété, à savoir :

– par décision unanime mettant fin à l'état de copropriété (Cass. 3e civ. 24-1-1978 : Gaz. Pal. 1978 pan. p. 171) ; cette décision suppose que l'immeuble ne soit pas nécessairement, et par nature, soumis au statut de la copropriété (voir nos 35040 s.) ;

– par disparition de l'immeuble ;

– par la réunion de tous les lots dans les mains d'un seul copropriétaire (Loi 65-557 du 10-7-1965 art. 46-1, qui a consacré la jurisprudence antérieure ; Cass. 3e civ. 4-7-2007 n° 06-11.015 : BPIM 4/07 inf. 288 ; Cass. 3e civ. 12-9-2007 n° 06-11.282 : BPIM 5/07 inf. 362 ; Cass. 3e civ. 28-1-2009 n° 06-19.650 : BPIM 2/09 inf. 152). Le syndicat des copropriétaires est dissous et ne survit que pour les besoins de sa liquidation, laquelle n'est pas soumise aux dispositions de la loi du 10 juillet 1965 (art. 46-1, précité). C'est le syndic qui procède aux opérations de liquidation. À défaut, un mandataire ad hoc peut être désigné par le président du tribunal judiciaire, par ordonnance sur requête, à la demande de tout intéressé (Décret 67-223 du 17-3-1967 art. 47-1). Il procède aux opérations de liquidation du syndicat et le représente pour introduire ou poursuivre les actions en justice nécessaires à la liquidation.

> **Précisions** L'acquéreur de tous les lots d'un immeuble en copropriété n'est pas tenu de plein droit des obligations personnelles du syndicat de copropriétaires dissous. C'est donc ce syndicat, dont la personnalité morale subsiste pour les besoins de sa liquidation, qui doit être mis en cause par ses créanciers, lesquels doivent faire, au besoin, désigner un administrateur ad hoc. Tel est le cas par exemple en cas d'action en responsabilité pour des dommages occasionnés par des désordres de l'immeuble avant qu'il ne soit vendu et que le syndicat soit dissous (Cass. 3e civ. 12-11-2020 n° 19-17.954 : BPIM 1/21 inf. 62).

REGISTRE NATIONAL D'IMMATRICULATION

Afin de faciliter la connaissance par les pouvoirs publics de l'état des copropriétés et la mise en œuvre des actions destinées à prévenir la survenance des dysfonctionnements, il a été institué un registre auquel doivent être immatriculés les syndicats des copropriétaires (CCH art. L 711-1). Les syndics doivent y déclarer les données mentionnées à l'article L 711-2 du Code de la construction et de l'habitation, et le cas échéant toute modification de ces données (n° 38498). 39005

39005 (suite) Outre les informations relatives à l'identification du syndicat, à l'existence, le cas échéant, d'une procédure prévue aux articles 29-1 A ou 29-1 de la loi 65-557 du 10 juillet 1965 ou d'une procédure de sauvegarde prévue par l'article L 615-6 du Code de la construction et de l'habitation, ou encore d'un arrêté de mise en sécurité ou de traitement de l'insalubrité prévu par le chapitre 1 du titre 1er du livre V du même Code, doivent y figurer les **données essentielles** concernant la copropriété devant permettre (CCH art. L 711-2, III modifié par loi 2024-322 du 9-4-2024) :

– de connaître la situation financière de la copropriété ;

– de connaître les caractéristiques techniques des immeubles constituant la copropriété, notamment celles prévues dans les diagnostics obligatoires (DPE notamment) ;

– aux services de l'État et aux collectivités territoriales de mettre en œuvre les dispositifs de repérage et d'accompagnement des copropriétés en difficulté ;

– d'informer de l'existence d'un dépôt de plainte ou d'une condamnation sur le fondement de l'article 225-14 du Code pénal (conditions d'hébergement d'une personne vulnérable incompatibles avec la dignité humaine) et de l'article 3-4 de la loi 89-462 du 6 juillet 1989 (refus d'établir un contrat de bail conforme, refus de délivrance d'un reçu ou d'une quittance, dissimulation de ces obligations) ou d'un refus d'autorisation préalable de mise en location d'un logement sur le fondement de l'article L 635-3 du Code de la construction et de l'habitation (lorsque le logement ne respecte pas les caractéristiques de décence prévues à l'article 6 de la loi du 6 juillet 1989 ou est susceptible de porter atteinte à la sécurité des occupants et à la salubrité publique), si le syndic en a connaissance.

Les « données essentielles » sont les suivantes (CCH art. L 711-2, III-2° et 3° ; CCH art. R 711-9, III modifié par décret 2025-831 du 19-8-2025, en vigueur à compter du 21-2-2027) :

– nombre de bâtiments et nombre d'étages des différents bâtiments ;

– nombre d'ascenseurs ;

– période de construction ;

– données relatives à la performance énergétique de chaque immeuble ;

– nature et système de chauffage de l'immeuble ;

– caractéristiques techniques du bâtiment, notamment celles prévues dans les diagnostics techniques obligatoires ;

– inscription d'un plan pluriannuel de travaux adopté ;

– présence ou installation d'eau chaude sanitaire ;

– présence d'une ventilation et type de ventilation ;

– réalisation, le cas échéant, du diagnostic structurel prévu à l'article L 126-6-1 du Code de la construction et de l'habitation ;

– décisions administratives prises au titre de la lutte contre l'habitat indigne.

Tous les syndicats de copropriétaires, quelle que soit leur taille, doivent être immatriculés. La déclaration d'immatriculation est faite par le syndic ou, le cas échéant, par le notaire (CCH art. L 711-4).

En cas de carence du syndic, toute personne qui y a intérêt peut mettre le syndic en demeure d'immatriculer le syndicat. S'il ne s'exécute pas dans le mois de la mise en demeure, le teneur du registre (l'Agence nationale de l'habitat) pourra lui appliquer une astreinte.

Tant qu'ils ne sont pas immatriculés au registre national d'immatriculation et que les données y figurant ne sont pas actualisées, les syndics de copropriétaires ne peuvent pas bénéficier de subventions de l'État, de ses établissements publics, des collectivités territoriales, de leurs groupements ou de leurs établissements publics.

Le notaire a un rôle important dans la mise en œuvre de cette obligation d'immatriculation :

– d'une part, au stade de la mise en copropriété : lorsqu'il effectue la publication de l'état descriptif de division et du règlement de copropriété, il doit désormais procéder à la déclaration d'immatriculation de la copropriété auprès de l'Anah, teneur du registre ;

– d'autre part, pour les copropriétés existantes : il contrôle, lors de la vente d'un lot de copropriété, que celle-ci est régulièrement immatriculée. Il doit en effet mentionner le numéro d'immatriculation dans tout acte authentique de vente. Il doit procéder d'office à l'immatriculation en l'absence de syndic désigné ou lorsque le syndic n'y a pas procédé en dépit d'une mise en demeure restée infructueuse pendant un mois. Il doit également informer l'Anah de toute erreur qu'il constate dans le registre.

Le notaire peut consulter, pour chaque copropriété, l'ensemble des données du registre d'immatriculation. Le public a quant à lui accès aux données prévues par l'article L 711-2, II du Code de la construction et de l'habitation.

CONSERVATION DE L'IMMEUBLE ET ADMINISTRATION DES PARTIES COMMUNES

Le syndicat a pour **objet** la conservation et l'amélioration de l'immeuble et l'administration des parties communes (Loi 65-557 du 10-7-1965 art. 14, al. 4, qui a étendu l'objet du syndicat à l'amélioration de l'immeuble). La loi du 10 juillet 1965 lui attribue pour ce faire divers pouvoirs, pour réaliser des travaux (Loi 65-557 du 10-7-1965 art. 25, 26 et 30), reconstruire l'immeuble le cas échéant (Loi 65-557 du 10-7-1965 art. 38 s.), procéder à des actes de disposition, d'acquisition (Loi 65-557 du 10-7-1965 art. 16, 25 et 26). Il désigne et révoque le syndic (Loi 65-557 du 10-7-1965 art. 25). Il a également le pouvoir d'agir en justice (Loi 65-557 du 10-7-1965 art. 15). Mais l'exercice de ces pouvoirs est limité par l'objet du syndicat. Ainsi, il a été jugé que l'acquisition par le syndicat de parts sociales d'une SCI, propriétaire d'un immeuble extérieur à la copropriété, n'entre pas dans l'objet d'un syndicat des copropriétaires et que la décision en ce sens du syndicat peut être annulée (Cass. 3e civ. 4-11-2009 n° 08-18.979 : BPIM 6/09 inf. 453). 39010

> **Précisions** Le syndicat des copropriétaires décide des modalités d'entretien de l'immeuble. Il peut notamment autoriser les membres du conseil syndical à participer bénévolement à l'entretien courant de l'immeuble, et notamment leur confier le soin de réaliser certaines tâches d'entretien courant dans les limites qu'il leur impartit (Cass. 3e civ. 22-9-2016 n° 15-22.593 : BPIM 6/16 inf. 400).

PATRIMOINE

Le syndicat étant une **personne morale,** il peut avoir un patrimoine. 39015

Il peut avoir des **dettes** et des **créances.** En cas de difficultés financières graves du syndicat, la procédure d'alerte ou le mécanisme d'administration provisoire exposés aux nos 39300 s. doivent être appliqués. 39016

Parties communes Il n'est pas le propriétaire des parties communes de l'immeuble qui appartiennent indivisément aux copropriétaires (n° 35250). Mais le syndicat peut décider d'acquérir ou de céder des parties communes (n° 35310). 39020

Parties privatives En revanche, le syndicat des copropriétaires peut être propriétaire de parties privatives. Il peut en effet acquérir la propriété d'un lot, sans pour autant que les parties privatives de ce lot ne perdent leur caractère privatif, et vendre les parties privatives ainsi acquises. Il peut également acquérir par l'effet de la **prescription acquisitive** la propriété d'un lot (Cass. 3e civ. 8-10-2015 n° 14-16.071 : BPIM 6/15 inf. 412). 39025

Il n'a pas de voix à l'assemblée au titre des lots privatifs dont il est propriétaire (Loi 65-557 du 10-7-1965 art. 16).

> **Précisions** **a.** Les acquisitions auxquelles le syndicat peut procéder doivent être conformes à son objet. Tel n'est pas le cas de l'acquisition de parts sociales d'une SCI, propriétaire d'un immeuble extérieur à la copropriété (n° 39010).
> **b.** Sur le calcul des majorités requises pour les votes en assemblée en présence d'un syndicat de copropriétaires, voir n° 37475.

SYNDICAT ET DROIT DE LA CONSOMMATION

Le syndicat des copropriétaires s'est vu reconnaître par la jurisprudence la qualité de « **non-professionnel** » (Cass. 1e civ. 23-6-2011 n° 10-30.645 : RJDA 2/12 n° 154), et il ne perd pas cette qualité lorsqu'il est représenté par un syndic professionnel (Cass. 1e civ. 25-11-2015 n° 14-20.760 : BPIM 1/16 inf. 56) ou lorsque son syndic professionnel est également partie au contrat (Cass. 3e civ. 12-7-2018 n° 17-21.564 F-D : BPIM 5/18 inf. 365), de sorte qu'il peut par exemple bénéficier des dispositions de l'article L 215-1 du Code de la consommation qui obligent le professionnel prestataire de services à informer son cocontractant par écrit, par lettre nominative ou courrier électronique dédiés, au plus tôt trois mois et au plus tard un mois avant le terme de la période autorisant le rejet de la reconduction, de la possibilité de ne pas reconduire le contrat qu'il a conclu avec une clause de reconduction tacite. 39030

En revanche, la jurisprudence ne lui reconnaît pas la qualité de « **consommateur** » au sens de l'article L 421-6 du Code de la consommation, de sorte qu'il ne peut bénéficier de l'action en suppression des clauses illicites ou abusives prévue par ce même article (Cass. 1e civ. 4-6-2014 n° 13-14.203 : RJDA 11/14 n° 870). Il ne peut pas non plus se prévaloir de la prescription biennale de l'article L 218-2 du Code de la consommation (Cass. 3e civ. 28-9-2022 n° 21-19.829 FS-B : BPIM 6/22 inf. 441). 39035

B. Responsabilité du syndicat des copropriétaires

1. RESPONSABILITÉ DE PLEIN DROIT DE L'ARTICLE 14

RESPONSABILITÉ SPÉCIFIQUE

39040 Le syndicat est responsable des dommages causés aux copropriétaires ou aux tiers ayant leur origine dans les parties communes, sans préjudice de toutes actions récursoires (Loi 65-557 du 10-7-1965 art. 14). L'ordonnance du 30 octobre 2019 a supprimé la référence au vice de construction et au défaut d'entretien. En effet, la notion de « défaut d'entretien » semblait renvoyer à la notion de faute, alors qu'il s'agit d'une responsabilité de plein droit, indépendante de toute notion de faute du syndicat. Il suffit à la victime d'apporter la preuve que le dommage dont elle se plaint trouve son origine dans les parties communes de l'immeuble.

Cette disposition rejoint les solutions jurisprudentielles dégagées avant l'entrée en vigueur de l'ordonnance du 30 octobre 2019. La Cour de cassation considérait en effet que la responsabilité du syndicat était engagée sur le fondement de l'article 14 dès lors que les parties communes étaient affectées, peu important que le dommage soit ou non le fait du syndicat (Cass. 3e civ. 18-7-1979 : Gaz. Pal. 1980.1 som. p. 35). Il en allait de même lorsque les désordres affectant une partie privative avaient leur origine dans un vice de construction des parties communes (Cass. 3e civ. 12-9-2012 n° 11-10.421 : BPIM 6/12 inf. 470).

Le syndicat est **responsable** non seulement **à l'égard des copropriétaires** mais également à l'égard **des tiers** (Loi 65-557 du 10-7-1965 art. 14, al. 4 in fine). C'est pourquoi un locataire peut agir directement contre le syndicat en cas de défaut d'entretien des parties communes lui causant un préjudice (Cass. 3e civ. 17-6-2008 n° 07-14.864 : BPIM 4/08 inf. 318).

La responsabilité du syndicat des copropriétaires en raison des désordres affectant les parties communes n'est pas exclusive de la responsabilité délictuelle que peut encourir un copropriétaire à l'égard d'un autre ; un copropriétaire peut donc agir directement à l'encontre d'un autre pour des désordres trouvant leur origine dans les parties communes à jouissance privative (Cass. 3e civ. 26-1-2022 n° 20-23.614 : BPIM 2/22 inf. 149).

EXEMPLE

Jurisprudence antérieure à l'ordonnance du 30 octobre 2019, qui a supprimé de l'article 14 de la loi de 1965 la référence au vice de construction et au défaut d'entretien :

1. Vice de construction

Au vice de construction est assimilé le vice de **conception** (Cass. 3e civ. 27-11-1991 : Bull. civ. III n° 293).

Le vice de construction a ainsi été reconnu en cas de défaut d'étanchéité des murs extérieurs et de mauvais état de l'enduit (CA Paris 6-1-1986 : Inf. rap. copr. 1987 p. 68 ; Cass. 3e civ. 8-2-1995 : RDI 1995 p. 379), d'isolation phonique insuffisante du gros œuvre et de mauvaise installation du réseau de chauffage central (Cass. 3e civ. 10-7-1984 : Gaz. Pal. 1985 pan. p. 9), de nuisances sonores provenant du fonctionnement d'une chaufferie (Cass. 3e civ. 28-3-1990 : Loyers et copr. 1990 comm. n° 238) ou de défaillance des joints de calfeutrement du bâti d'une fenêtre et d'absence de joint d'étanchéité sur l'appui de cette fenêtre ayant entraîné des infiltrations dommageables à l'intérieur d'un logement (CA Versailles 11-6-1999 : BPIM 6/99 inf. 449), de la pénétration d'eau en provenance de la toiture-terrasse dont les éléments étaient dégradés ou avaient été mal exécutés, des fuites sur une colonne d'alimentation en eau (Cass. 3e civ. 25-10-2006 n° 05-18.521), de ponts thermiques entraînant la formation de moisissures dans un appartement (Cass. 3e civ. 30-1-1996 n° 94-14.859), du mauvais aménagement des lieux par le promoteur (Cass. 3e civ. 27-11-1991 n° 89-17.185 : Bull. civ. III n° 293), de la solidarité du mécanisme de la chaufferie et de la structure de l'immeuble, de l'inefficacité du système de ventilation, des vibrations dues à une mauvaise exécution d'une chape et à l'insuffisance de l'isolation (Cass. 3e civ. 28-3-1990 n° 88-15.364 : Bull. civ. III n° 88), de la remontée de la nappe phréatique inondant le sous-sol, en l'absence de cuvelage acceptée lors de la livraison (Cass. 3e civ. 19-7-1995 n° 93-11.984 : BPIM 1/96 inf. 53), de la violation des plans du permis de construire et des servitudes de hauteur (Cass. 3e civ. 7-5-2003 n° 01-16.676). De même, la responsabilité d'un syndicat a été retenue en raison du vice de l'installation de chauffage et de son défaut d'entretien ayant conduit à la déficience du chauffage dans les parties privatives d'un copropriétaire, peu important que la situation soit due à des modifications apportées par d'autres copropriétaires à l'égard desquels le syndicat avait fait preuve d'inertie (CA Paris 4-2-2004 : Loyers et copr. 2004 comm. n° 134).

2. Défaut d'entretien

La responsabilité du syndicat a été retenue par suite d'un défaut d'entretien des parties communes dans les cas suivants : en raison du refoulement, par l'évier d'une cuisine, des eaux usées d'une colonne d'évacuation de l'immeuble (Cass. 3e civ. 17-6-2008 n° 07-14.864 : BPIM 4/08 inf. 318), des infiltrations dues à la vétusté du pignon et à l'engorgement de la descente des eaux (Cass. 3e civ. 16-1-1991 n° 89-11.206), d'un conduit de cheminée devenu inutilisable (Cass. 3e civ. 5-1-1994 n° 91-18.299), de la réparation tardive de fuites en parties communes (Cass. 3e civ. 19-7-1995 n° 94-11.183), du défaut de réparation de la porte automatique d'un garage suite à un incendie ayant permis l'intrusion de cambrioleurs (Cass. 3e civ. 21-1-2004 n° 02-16.386 : Administrer 2004 n° 366 p. 49 obs. J.-R. Bouyeure), d'un défaut d'entretien du système de chauffage (Cass. 3e civ. 5-7-2011 n° 10-17.609 : AJDI 2011 p. 712 obs. S. Porcheron) ; de l'absence de déneigement, en période hivernale, de la toiture d'un immeuble situé en zone montagneuse qui empêche, en raison de la création de congères de neige de 3 mètres de haut au pied de l'immeuble, l'ouverture des volets d'un logement (Cass. 3e civ. 12-7-2018 n° 17-16.967 F-D : BPIM 5/18 inf. 366).

LIMITATION

La responsabilité peut être partagée entre le syndicat et le syndic quand les dommages causés par le défaut d'entretien de parties communes sont dus à l'inaction de l'un et de l'autre (Cass. 3e civ. 16-6-2011 n° 10-11.591 ; Cass. 3e civ. 30-3-2010 n° 09-13.755). **39042**

Le partage de responsabilité a ainsi été reconnu, en proportion de la gravité des fautes respectives :

– lorsque le syndicat, informé de l'état de la construction, n'a pas décidé des travaux pour remédier au défaut d'étanchéité et lorsque le syndic a manqué à son obligation d'information et de diligence en ne mettant pas à l'ordre du jour des assemblées générales des travaux d'ampleur et des résolutions relatives à la remise en état des installations défectueuses (Cass. 3e civ. 21-12-2017 n° 16-25.753 : BPIM 1/18 inf. 60) ;

– lorsque la négligence du syndicat à entretenir des parties communes s'est perpétuée pendant de longues années sans réaction des copropriétaires qui connaissaient pourtant la nécessité de procéder à des réparations (Cass. 3e civ. 12-2-2003 n° 01-03.176).

La responsabilité conjointe peut également être retenue entre un copropriétaire et le syndicat à la suite, par exemple, d'un dégât des eaux causé à un autre copropriétaire (Cass. 3e civ. 29-11-2011 n° 10-24.235).

EXONÉRATION

Le syndicat ne peut s'exonérer de sa responsabilité qu'en cas de **force majeure** ou de **faute** de la victime à l'origine des dommages (Cass. 3e civ. 13-12-1995 : RJDA 3/96 n° 401 ; Cass. 3e civ. 12-9-2012 n° 11-10.421 : BPIM 6/12 inf. 470 ; Cass. 3e civ. 17-5-1995 n° 93-17.843 ; Cass. 3e civ. 27-2-2007 n° 06-11.205 : Rev. loyers 2007 p. 247), étant précisé que c'est à lui de rapporter la preuve de la faute qu'il impute à la victime : il ne lui suffit pas, par exemple, de soutenir qu'un copropriétaire a réalisé des travaux ayant eu une incidence sur la survenance des désordres ; il doit l'établir (Cass. 3e civ. 9-5-2019 n° 18-13.670 : BPIM 3/19 inf. 206). En revanche, ne constitue pas une cause exonératoire le fait qu'il n'a pas failli à ses obligations d'entretien et de surveillance, qu'il n'avait pas connaissance du mauvais état des parties communes ou du vice de construction, et plus généralement qu'aucune faute ne peut lui être reprochée. Il ne peut pas non plus s'exonérer des obligations légales lui incombant : **39045**

– en invoquant des décisions définitives d'assemblées générales ayant refusé l'exécution de travaux (Cass. 3e civ. 13-3-2012 n° 10-27.950 : AJDI 2012 p. 357 note S. Porcheron ; Cass. 3e civ. 30-9-2014 n° 13-20.563 : BPIM 6/14 inf. 415 ; Cass. 3e civ. 11-7-2019 n° 18-11.676 : BPIM 5/19 inf. 352) ;

– en invoquant des difficultés de trésorerie puisqu'il lui appartient de prendre en temps utile toutes les mesures nécessaires afin de recouvrer les sommes qui lui sont dues (CA Versailles 9-5-2000 : BPIM 1/01 inf. 70), à moins toutefois que le copropriétaire demandeur soit lui-même à l'origine d'une importante dette ayant empêché le syndicat de procéder aux travaux nécessaires à l'entretien de l'immeuble (Cass. 3e civ. 17-5-1995 n° 93-17.843 ; Cass. 3e civ. 13-12-1995 : RJDA 3/96 n° 401).

PRESCRIPTION

L'**action en responsabilité** engagée par un copropriétaire contre le syndicat se prescrivait par dix ans, conformément à l'article 42, alinéa 1 de la loi du 10 juillet 1965 (Cass. 3e civ. 26-5-1992 n° 940 : RJDA 8-9/92 n° 861), ce **délai** commençant à courir à compter de la date à laquelle le vice est apparu (Cass. 3e civ. 25-2-2009 n° 08-16.161 : BPIM 2/09 inf. 157) et n'étant pas interrompu par une vente postérieure du lot (même arrêt). Ce sont désormais les dispositions de l'article 2224 du Code civil, relatives au délai de prescription, qui ont vocation à s'appliquer (prescription quinquennale). **39050**

2. RESPONSABILITÉ DE DROIT COMMUN

Le syndicat est responsable, dans les termes du droit commun, de ses **fautes délictuelles** (C. civ. art. 1240 et 1241), des personnes ou objets qu'il a sous sa garde (C. civ. art. 1242), ou du dommage causé par la ruine du bâtiment lorsqu'elle est arrivée par suite du défaut d'entretien ou par le vice **39055** de sa construction (C. civ. art. 1244). Il est responsable envers les copropriétaires, envers les tiers (en cas d'explosion ayant endommagé un immeuble voisin, Cass. 2e civ. 14-11-2002 n° 00-12.780 : Bull. civ. III n° 258), ou envers ses salariés (par exemple en cas de non-respect du droit du travail, Cass. ass. plén. 22-4-2002 n° 09-43.334 : BPIM 3/11 inf. 233). Encore faut-il que le dommage trouve son origine dans les parties communes de l'immeuble, le syndicat n'ayant pas à répondre des dommages causés à des tiers par des parties privatives (pour des désordres causés à la propriété voisine par l'ouverture de fenêtres par un copropriétaire, voir Cass. 3e civ. 10-9-2020 n° 19-13.373 : BPIM 6/20 inf. 418).

EXEMPLE

1. La responsabilité du syndicat des copropriétaires a été retenue sur le fondement de l'article 1242, al. 1 du Code civil dans les cas suivants :
– dommages causés à l'appartement d'un copropriétaire lors d'une tempête et résultant de l'insuffisance d'une digue construite par le promoteur-constructeur pour protéger l'immeuble dès lors qu'elle constituait un équipement de l'immeuble assurant sa jouissance paisible et sa sauvegarde et que le syndicat en assurait l'entretien (Cass. 3e civ. 19-6-2007 n° 06-16.497 : BPIM 4/07 inf. 294) ;
– chute mortelle faite dans une cage d'ascenseur par un enfant qui avait provoqué l'arrêt de l'installation, ouvert les portes intérieures et déverrouillé le système de sécurité des portes palières, au motif que le comportement de la victime ne présentait pas un caractère imprévisible et irrésistible pour le syndicat des copropriétaires, gardien de l'ascenseur (Cass. 3e civ. 18-3-2004 n° 02-19.454 : RJDA 7/04 n° 916). Sur les obligations des propriétaires en matière de sécurité des ascenseurs, voir nos 47500 s. ;
– inondation d'un lot par ouverture malveillante des robinets d'incendie, la mission de surveillance d'un immeuble confiée à une entreprise spécialisée n'ayant pas pour effet d'opérer un transfert de la garde au sens de l'article 1384, al. 1 du Code civil et d'en décharger le syndicat des copropriétaires (Cass. 1e civ. 16-6-1998 : RJDA 12/98 n° 1438).
2. La responsabilité pour faute d'un syndicat a été retenue dans un cas de contamination par le virus du sida d'un éboueur à l'occasion de la manipulation des sacs d'ordures ménagères auxquels avaient été incorporés les déchets médicaux d'un médecin exerçant son activité dans l'immeuble car l'accident ne se serait pas produit si le gardien de l'immeuble avait laissé les ordures de l'immeuble dans le bac prévu à cet effet pour qu'elles soient enlevées dans des conditions excluant toute manipulation autre que celle du bac lui-même (Cass. 2e civ. 2-6-2005 n° 03-20.011 : BPIM 4/05 inf. 281).
3. La responsabilité du syndicat a été retenue sur le fondement de l'article 1386 du Code civil en cas de ruine d'une partie commune (Cass. 2e civ. 17-12-1997 : Loyers et copr. 1998 comm. n° 84).

C. Cas particulier du syndicat coopératif

39060 Le syndicat peut revêtir la forme d'un syndicat coopératif. Il n'est plus exigé, depuis l'entrée en vigueur de l'ordonnance du 30 octobre 2019, que le règlement de copropriété le prévoie comme c'était le cas auparavant (Loi 65-557 du 10-7-1965 art. 14, al. 2). Au cours de la vie du syndicat, l'adoption ou l'abandon de la forme coopérative du syndicat doit être décidée à la majorité de l'article 25 (majorité des voix de tous les copropriétaires) et, le cas échéant, selon la procédure de l'article 25-1 exposée ci-dessus n° 37900 (Loi 65-557 du 10-7-1965 art. 17-1, al. 3).

Les actes et documents établis au nom du syndicat coopératif doivent préciser sa forme coopérative (Décret du 17-3-1967 art. 41).

39065 Les syndicats coopératifs sont réglementés par les articles 14, alinéa 2, et 17-1 de la loi du 10 juillet 1965, et les articles 40 à 42-2 du décret du 17 mars 1967. La constitution d'un **conseil syndical** est obligatoire, sauf dans les petites copropriétés (Loi 65-557 du 10-7-1965 art. 41-11). Le **syndic** est choisi par le conseil, parmi ses membres. Il exerce de plein droit les fonctions de président du conseil syndical, lequel peut aussi élire un vice-président qui suppléera le syndic en cas d'empêchement de ce dernier. Le président et le vice-président sont révoqués, de même, par le conseil syndical (Loi 65-557 du 10-7-1965 art. 17-1, al. 1 et 2). Ils ne peuvent pas conserver leurs fonctions après l'expiration de leur mandat de membre du conseil syndical (Décret du 17-3-1967 art. 41).

Dans l'exécution de sa mission, le syndic peut non seulement se faire assister par une personne de son choix (application de l'article 27 du décret de 1967) mais il peut également confier certaines tâches à une union coopérative ou à d'autres prestataires extérieurs (Décret du 17-3-1967 art. 42).

L'annulation de la désignation des membres du conseil syndical par une décision de justice devenue définitive entraîne rétroactivement l'annulation de la désignation du syndic, lequel devient sans qualité pour représenter le syndicat coopératif en justice (Cass. 3e civ. 13-1-2009 n° 05-12.741 : BPIM 2/09 inf. 159).

39070 Le **contrôle des comptes** est effectué par une ou plusieurs personnes physiques ou morales, copropriétaires ou non, qui sont désignées par l'assemblée des copropriétaires (Loi 65-557 du 10-7-1965 art. 17-1, al. 1 et 2) à la majorité simple de l'article 24 (Décret du 17-3-1967 art. 42-1, al. 1).

La personne extérieure à la copropriété peut être un expert-comptable ou un commissaire aux comptes. Si le choix se porte sur un copropriétaire, il ne peut être ni conjoint, ni concubin, ni ascendant, ni descendant, ni préposé du syndic ou d'un membre du conseil syndical, ni être lié à eux par un Pacs ; il ne peut pas être rémunéré et son mandat ne peut pas excéder trois ans renouvelables (Décret du 17-3-1967 art. 42-1, al. 3 et 4).

Les contrôleurs doivent rendre compte de leur mission chaque année à l'assemblée générale (Décret du 17-3-1967 art. 42-1, al. 2).

UNIONS COOPÉRATIVES

L'article 42-2 du décret de 1967 prévoit la possibilité pour les syndicats ayant adopté la forme coopérative de constituer des « unions ». De telles unions peuvent être constituées même si les immeubles ne sont pas contigus ou voisins : **39075**

- **entre syndicats coopératifs.** Elles ont pour objet de créer et de gérer des services destinés à faciliter leur gestion. Chaque syndicat pourra décider, parmi les services proposés, ceux dont il voudra bénéficier (Décret du 17-3-1967 art. 42-2) ;
- **entre syndicats coopératifs, syndicats gérés par un copropriétaire syndic non professionnel et associations syndicales libres** (Loi 2006-872 du 13-7-2006 art. 93). Ces unions ont pour objet de créer et de gérer des services destinés à faciliter leur gestion ; elles peuvent être propriétaires des biens nécessaires à la réalisation de celui-ci. Les adhérents sont représentés à l'assemblée générale de l'union coopérative par leurs présidents ou syndics. L'assemblée générale élit, parmi les représentants des syndicats ou ASL adhérents, les membres du conseil d'administration de l'union, dont le mandat ne peut pas excéder trois ans renouvelables et ne peut donner lieu à rémunération. Chaque syndicat ou ASL décide parmi les services proposés par une union coopérative ceux dont il veut bénéficier.

CHAPITRE 10

SYNDICATS SECONDAIRES, DIVISIONS DE COPROPRIÉTÉ ET UNIONS DE SYNDICATS

SOMMAIRE

INTRODUCTION

39100 Il peut s'avérer opportun, dans certains cas, de ramener à des proportions raisonnables les copropriétés de grande importance, dans lesquelles le nombre trop élevé des copropriétaires rend difficile la gestion de la copropriété.

Pour répondre à ce souci de réduction des dimensions de la copropriété et des difficultés de sa gestion a été prévue la possibilité de diviser le syndicat, division qui peut porter soit sur l'**administration,** soit sur la **propriété.** Dans le premier cas, un ou plusieurs syndicats secondaires sont constitués pour permettre la gestion séparée de certains bâtiments, sans préjudicier à l'existence d'un syndicat principal. Dans le second cas, le syndicat initial éclate en un ou plusieurs nouveaux syndicats autonomes donnant lieu à la naissance de plusieurs copropriétés : c'est la division en propriété du syndicat, aussi appelée « scission du syndicat initial », ou encore « retrait du syndicat initial ».

À l'inverse, plusieurs syndicats peuvent se regrouper et constituer des unions de syndicats.

A. Syndicat secondaire

CONSTITUTION

39110 La constitution de syndicats secondaires peut être prévue dès la **mise en copropriété** d'un groupe d'immeubles bâtis comportant plusieurs bâtiments. Elle résulte, dans ce cas, directement d'une **clause du règlement de copropriété.** Même si cette clause est ultérieurement déclarée non écrite, le syndicat secondaire n'en acquiert pas moins, entre sa constitution et la décision ordonnant sa suppression, une personnalité juridique opposable aux tiers (Cass. 3e civ. 20-5-2009 n° 07-22.051 : BPIM 4/09 inf. 307). En revanche, lorsque le règlement de copropriété prévoit un seul syndicat, le fait qu'il crée des parties communes spéciales et des charges spéciales sur lesquelles seuls les copropriétaires concernés délibèrent ne suffit pas à caractériser la création d'un syndicat secondaire (Cass. 3e civ. 14-3-2019 n° 18-10.214 : BPIM 2/19 n° 134 ; Cass. 3e civ. 12-9-2019 n° 18-15.242 : BPIM 6/19 inf. 420).

Un syndicat secondaire peut être constitué ultérieurement par une décision de l'assemblée spéciale des copropriétaires concernés, prise à la majorité de l'article 25.

La constitution d'un syndicat secondaire est subordonnée au respect d'un certain nombre de conditions prévues par l'article 27 de la loi du 10 juillet 1965.

Pluralité de bâtiments ou d'entités homogènes susceptibles d'une gestion autonome L'article 27 de la loi du 10 juillet 1965 exige une pluralité de bâtiments (Cass. 3e civ. 2-12-2009 n° 08-19.870 : BPIM 1/10 inf. 52), ou, depuis l'entrée en vigueur de l'ordonnance du 30 octobre 2019, une pluralité d'« entités homogènes susceptibles d'une gestion autonome ». 39120

La notion de pluralité de bâtiments pose des difficultés d'interprétation. Ainsi, la Cour de cassation adopte une position assez stricte : deux immeubles, physiquement indépendants mais dont le gros œuvre est commun, ne remplissent pas cette condition (Cass. 3e civ. 27-1-1973 : Gaz. Pal. 1973 p. 334 ; Cass. 3e civ. 26-2-1997 n° 95-12.709). Des bâtiments imbriqués ne sont pas « séparés » et ne peuvent être érigés en syndicats secondaires (CA Paris 28-6-1989 : D. 1989 IR p. 238 pour des bâtiments communiquant entre eux et reposant sur un rez-de-chaussée commercial d'un seul tenant ; CA Bordeaux 16-1-2006 : Loyers et copr. 2006 comm. n° 140). Cependant, certaines décisions font preuve de plus de souplesse : il a été admis que même en présence de toiture et de murs de refend communs, il peut y avoir « bâtiment séparé », au sens du texte, si une partie d'immeuble constitue une unité techniquement indépendante justifiant la création d'un syndicat secondaire (CA Paris 15-1-1993 : Loyers et copr. 1993 comm. n° 194). De même, l'existence d'un garage commun en sous-sol auquel sont reliés les différents bâtiments d'un immeuble ne fait pas perdre à ces bâtiments leur caractère distinct. La création d'un syndicat secondaire est dès lors possible (Cass. 3e civ. 12-7-2018 n° 17-26.133 FS-PBI : BPIM 4/18 inf. 291).

Il faut, à tout le moins, qu'une indépendance physique et une gestion autonome soient possibles. Des cages d'escalier dans un même bâtiment ne peuvent pas donner lieu à la constitution de syndicats secondaires (mais elles peuvent donner lieu à des charges spéciales : voir n° 36110).

L'ordonnance du 30 octobre 2019 a complété l'article 27 de la loi de 1965 afin de permettre la constitution de syndicats secondaires lorsque l'immeuble comporte plusieurs entités homogènes susceptibles d'une gestion autonome et même s'il n'est pas divisible au sol (Loi 65-557 du 10-7-1965 art. 27). Cette mesure doit permettre de favoriser une gestion de proximité et individualisée des entités distinctes, sans avoir à recourir à la scission en volumes, qui est techniquement et juridiquement moins aisée à mettre en œuvre, tout en maintenant le fonctionnement d'un syndicat principal pour la gestion des parties communes générales et éléments communs.

Pluralité de propriétaires Un copropriétaire possédant tous les lots d'un bâtiment séparé ne peut pas constituer un syndicat secondaire, faute de pouvoir tenir une assemblée. 39125

Décision de l'assemblée générale spéciale La constitution d'un syndicat secondaire est décidée par les propriétaires des lots composant le **bâtiment séparé.** À défaut de constitution du syndicat secondaire dans le règlement de copropriété, la constitution d'un syndicat secondaire nécessite donc la réunion d'une assemblée générale spéciale (n° 37417). Seuls votent les copropriétaires du bâtiment concerné (Cass. 3e civ. 4-2-2004 n° 02-14.742 : BPIM 2/04 inf. 121). Le syndicat principal n'a pas compétence pour constituer un syndicat secondaire, même s'il l'a décidé à l'unanimité (Cass. 3e civ. 22-9-2004 n° 03-10.069 : BPIM 6/04 inf. 388 ; Loyers et copr. 2004 comm. n° 214). Mais le propriétaire d'un lot dépendant du syndicat principal a qualité pour contester la création du syndicat secondaire (Cass. 3e civ. 26-5-2016 n° 15-14.475 : BPIM 4/16 inf. 271). La décision de l'assemblée générale spéciale de constituer un syndicat secondaire ne peut être implicite (Cass. 3e civ. 8-6-2006 n° 05-11.190 : BPIM 5/06 inf. 384). La constitution du syndicat secondaire ne dépend pas des formalités de publicité foncière (Cass. 3e civ. 4-2-2004 n° 02-14.742 : BPIM 2/04 inf. 121). L'assemblée générale spéciale de copropriétaires de l'un des bâtiments peut valablement décider à l'unanimité de la création d'un syndicat secondaire et élire un syndic sans qu'il y ait eu auparavant une scission de la copropriété (Cass. 3e civ. 3-11-2016 n° 15-24.521 F-D : BPIM 1/17 inf. 45). 39130

Les règles de convocation de cette assemblée sont celles qui sont fixées pour les assemblées de copropriétaires. L'initiative de la convocation appartient donc en principe au syndic du syndicat unique. L'ordre du jour de l'assemblée doit faire état de la proposition de constitution du syndicat secondaire. La modification du règlement de copropriété et le nouvel état de répartition des charges devront également être approuvés si la constitution d'un syndicat secondaire est décidée. La décision adoptée emporte immédiatement et par elle-même la création du syndicat secondaire (Cass. 3e civ. 4-2-2004 n° 02-14.742 : BPIM 2/04 inf. 121). Le syndicat initial devient alors le syndicat principal, et il continue à administrer directement les parties communes à l'ensemble des bâtiments, ainsi que les éventuels autres bâtiments qui ne sont pas constitués en syndicats secondaires.

L'action en nullité de l'assembée générale spéciale ayant décidé de la création d'un syndicat secondaire doit être intentée contre ce syndicat secondaire et non contre le syndicat principal (Cass. 3e civ. 2-12-2009 n° 08-22.105). Cette action ne nécessite pas que le syndicat principal soit appelé à l'instance (Cass. 3e civ. 30-11-2023 n° 22-21.579 FS-B : BPIM 1/24 inf. 58).

39135 La création d'un syndicat secondaire ne constitue pas ipso facto les **autres bâtiments** en syndicats secondaires (CA Paris 4-5-1979 : D. 1980 IR p. 450). Si les autres bâtiments ne décident pas de créer eux aussi des syndicats secondaires, ils continuent à être gérés par le syndicat principal, qui comprend l'ensemble des copropriétaires (Cass. 3e civ. 26-1-2005 n° 03-12.690).

EFFETS

39140 Le syndicat secondaire assure **la gestion, l'entretien et l'amélioration du bâtiment** concerné, sous réserve des dispositions du règlement de copropriété. Il n'est **compétent** que pour ce qui concerne le bâtiment qu'il gère. Il ne peut pas voter sur une question qui n'entre pas dans son objet mais qui relève de l'ensemble de la copropriété (le syndicat principal conserve le droit d'agir pour la défense des intérêts relevant de l'ensemble de la copropriété : Cass. 3e civ. 11-5-2000 : BPIM 4/00 inf. 275). En revanche, il a seul qualité pour agir en justice lorsque l'action concerne le bâtiment qu'il gère (Cass. 3e civ. 11-5-2000 n° 98-17.268 : BPIM 4/00 inf. 275, en cas d'incendie de ce bâtiment), il peut décider l'installation d'un interphone dans l'immeuble considéré (Rép. Rémond : AN 1-7-1996). Certaines décisions peuvent nécessiter l'accord du syndicat secondaire et du syndicat principal, notamment lorsqu'elles affectent l'aspect extérieur de l'immeuble : ainsi, s'il peut autoriser la construction d'un auvent sur une terrasse, partie commune du bâtiment dont il assure la gestion, l'autorisation du syndicat principal est aussi nécessaire puisque la construction modifie l'aspect extérieur de l'ensemble de la copropriété (Cass. 3e civ. 21-1-2014 n° 12-26.657).

39150 La constitution du syndicat secondaire entraîne une **modification de la répartition initiale des charges** : elle entraîne une ventilation des charges entre le syndicat principal et le syndicat secondaire, ainsi qu'une spécialisation des charges communes qui jusqu'alors étaient réparties entre tous les lots. Cette nouvelle répartition ne requiert pas le consentement unanime et peut être décidée à la majorité de l'article 25 (majorité des voix de tous les copropriétaires) (Cass. 3e civ. 10-3-1981 n° 79-15.801 : Bull. civ. III n° 51). À défaut de modification de la répartition des charges, le syndicat principal continue à gérer les bâtiments relevant du syndicat secondaire, qui, faute de budget propre et de règles de fonctionnement, se trouve ainsi dans l'incapacité de financer ses missions (Cass. 3e civ. 5-4-2018 n° 17-14.611 : BPIM 3/18 inf. 215).

39155 Cette constitution impose également d'apporter des modifications au **règlement de copropriété initial.** L'assemblée spéciale doit se prononcer sur ces modifications, qui seront publiées au fichier immobilier pour être opposables aux ayants droit des copropriétaires. L'établissement d'un règlement de copropriété particulier au syndicat secondaire n'est pas une obligation, mais elle s'avère utile.

39160 Le syndicat secondaire tient ses assemblées et fonctionne exactement dans les mêmes conditions que le syndicat principal (nos 39000 s.). Notamment, le syndic du syndicat secondaire est désigné et révoqué comme celui du syndicat principal. Il n'est pas nécessairement le même que le syndic du syndicat principal.

REPRÉSENTATION

39170 Le syndicat secondaire a, comme le syndicat principal, la **personnalité morale,** et il est représenté au conseil syndical du syndicat principal (Loi 65-557 du 10-7-1965 art. 27 et sur renvoi art. 24 et 25). La représentation du syndicat secondaire à l'assemblée générale du syndicat principal n'était pas organisée par la loi avant l'entrée en vigueur de la loi Alur 2014-366 du 24 mars 2014. L'assemblée générale du syndicat secondaire statuant à la majorité de l'article 25 peut désormais mandater, pour une durée d'un an, le **président du conseil syndical secondaire** pour représenter les copropriétaires à l'assemblée générale du syndicat principal (Loi 65-557 du 10-7-1965 art. 22, II).

Les effets de cette délégation seront différents selon la nature des décisions à prendre :

– pour les décisions inscrites à l'ordre du jour de l'assemblée générale du syndicat principal nécessitant un vote relevant de l'article 24, le mandat confié au président du conseil syndical secondaire emporte délégation de vote de tous les copropriétaires ;

– pour les décisions inscrites à l'ordre du jour de l'assemblée générale du syndicat principal nécessitant la majorité mentionnée aux articles 25 ou 26 ou l'unanimité, le président du conseil syndical secondaire ne peut prendre part au vote que s'il dispose d'une délibération de l'assemblée générale du syndicat secondaire se prononçant sur ces décisions aux majorités requises par la loi du 10 juillet 1965.

Le président du conseil syndical secondaire doit **rendre compte de son activité** à chaque assemblée générale du syndicat secondaire. Le renouvellement de son mandat est inscrit chaque année à l'ordre du jour de l'assemblée générale du syndicat secondaire.

> Précisions La représentation du syndicat aux assemblées d'un syndicat secondaire créé en cours de mandat est une prestation qui peut donner lieu à une rémunération complémentaire du syndic s'ajoutant à la rémunération forfaitaire prévue par le syndic (Décret 2015-342 du 26-3-2015).

B. Division de la copropriété : scission et retrait

Cette fois, ce n'est plus la gestion qui est différenciée : c'est la copropriété elle-même qui est scindée pour faire place à des copropriétés de taille plus réduite. **39180**

1. CONDITIONS

CONDITIONS MATÉRIELLES

Lorsque l'immeuble comporte plusieurs bâtiments et que la **division du sol** est possible, l'article 28 de la loi du 10 juillet 1965 offre deux possibilités : **39190**

– le retrait : le propriétaire d'un ou de plusieurs lots correspondant à un ou plusieurs bâtiments peut demander que ce ou ces bâtiments soient retirés du syndicat initial pour constituer une propriété séparée (retrait d'un ou de plusieurs bâtiments appartenant à un seul copropriétaire) ;

– la scission : les propriétaires dont les lots correspondent à un ou plusieurs bâtiments peuvent demander que ce ou ces bâtiments soient retirés du syndicat initial pour constituer un ou plusieurs syndicats séparés (scission de la copropriété initiale en plusieurs copropriétés).

> Précisions a. Le mot « **bâtiment** » suppose en principe l'existence d'immeubles bâtis. La pratique (et une partie de la doctrine) admet cependant comme possible la scission de la partie bâtie et de la **partie non bâtie** d'une copropriété. Ce système est notamment utilisé lorsqu'une opération immobilière est arrêtée en cours de réalisation. Il permet au promoteur de « récupérer » la partie non bâtie de son terrain – sauf à ne pas l'utiliser dans l'avenir pour des objets non compatibles avec les droits initiaux de ses premiers acheteurs (destination des lieux, nature de l'environnement...). Cette application à des lots non bâtis a été considérée comme valable (CA Aix 16-4-1992 : JCP éd. N 1993 II p. 130, obs. B. Stemmer ; CA Aix 30-3-1995 : Loyers et copr. 1996 comm. n° 35), qui considère que le « bâtiment » existe du seul fait que le lot (non encore bâti) figure dans l'état descriptif de division. Cette jurisprudence a été expressément confirmée par la Cour de cassation qui admet la scission de lots non construits (Cass. 3e civ. 30-9-1998 : Bull. civ. III n° 182).

b. La **pluralité de bâtiments** s'apprécie comme indiqué n° 39120.

c. Pour les dispositions spécifiques aux **copropriétés en difficulté**, voir n° 39480.

d. Lorsqu'il y a pluralité de bâtiments, l'assemblée générale spéciale de copropriétaires de l'un des bâtiments peut valablement décider à l'unanimité de la création d'un syndicat secondaire et élire un syndic sans qu'il y ait eu auparavant une scission de la copropriété (Cass. 3e civ. 3-11-2016 n° 15-24.521 F-D : BPIM 1/17 inf. 45).

DÉCISIONS DE L'ASSEMBLÉE GÉNÉRALE

Une décision sur le **principe** de la scission ou du retrait est nécessaire. **39200**

Retrait L'assemblée générale statue à la majorité des voix de tous les copropriétaires (art. 25) sur la demande de retrait d'un copropriétaire. **39205**

Scission Deux étapes sont nécessaires : **39210**

– les copropriétaires dont les lots correspondent à un ou plusieurs de ces bâtiments, réunis en assemblée spéciale et à la majorité des voix de tous les copropriétaires composant cette assemblée (art. 25), décident de demander la scission de leur bâtiment ;

– l'assemblée générale du syndicat initial statue, à la majorité des voix de tous les copropriétaires (art. 25) sur la demande de retrait formulée par l'assemblée spéciale (Loi 65-557 du 10-7-1965 art. 28, I).

La procédure de la passerelle s'applique, depuis l'entrée en vigueur de l'ordonnance du 30 octobre 2019, à toutes les décisions relevant de la majorité absolue de l'article 25, et donc également aux décisions de retrait et de scission, étant précisé que le recours à cette passerelle, qui était facultatif, est désormais systématique dès lors que les conditions sont réunies (n° 37910).

Le juge n'a pas le pouvoir de statuer sur une demande de retrait de la copropriété qui relève de la seule assemblée des copropriétaires (Cass. 3e civ. 29-1-1997 : RJDA 6/97 no 829 ; Cass. 3e civ. 8-4-2009 no 08-11.759 : BPIM 3/09 inf. 231).

39220 Une décision sur les **conditions matérielles** de la scission ou du retrait doit être prise. L'assemblée du syndicat initial doit également statuer à la majorité des voix de tous les copropriétaires sur les conditions matérielles, juridiques et financières nécessitées par la division (Loi 65-557 du 10-7-1965 art. 28, II). Elle peut refuser le retrait, notamment lorsque le propriétaire, privé, du fait du retrait, de tout droit sur les parties communes, serait enclavé et se trouverait dans l'obligation de continuer à emprunter ces parties communes pour accéder à son lot sans que ces modalités d'accès soient organisées (Cass. 3e civ. 7-5-2014 no 13-10.986 : BPIM 3/14 inf. 196), ou en l'absence des documents exigés par l'article 11, I-6° du décret du 17 mars 1967 (Cass. 3e civ. 17-6-2008 no 07-16.166 : BPIM 4/08 inf. 316).

39225 L'opération de scission entraîne la **rédaction de deux ou plusieurs règlements de copropriété** pour chacun des syndicats ainsi constitués. Dans ce cas, la majorité requise pour statuer est partiellement assouplie : pour les adaptations du règlement de copropriété initial et l'état de répartition des charges rendues nécessaires par la division, l'assemblée statue à la majorité des voix exprimées des copropriétaires présents ou représentés (Loi 65-557 du 10-7-1965 art. 24). En revanche, pour ce qui concerne la destination de l'immeuble, les décisions doivent être prises à l'unanimité (Loi 65-557 du 10-7-1965 art. 26). Le règlement de copropriété initial reste applicable jusqu'à l'établissement des règlements de chacun des nouveaux syndicats. Ainsi en est-il jusqu'à la dissolution du syndicat initial, en ce qui concerne les charges (Cass. 3e civ. 28-6-1995 : Bull. civ. III no 156).

39230 L'assemblée du syndicat initial peut décider de constituer une **union de syndicats** pour la création, la gestion et l'entretien des équipements communs (no 39360) ; la décision est prise à la majorité de l'article 24 (Loi 65-557 du 10-7-1965 art. 28, III).

39235 La division ne prend effet que lorsque les décisions exposées ci-dessus ont été prises. Elle emporte **dissolution** du syndicat initial.

> Précisions La décision sur la demande de scission et celle sur les conditions de l'opération n'ont pas à faire l'objet de deux votes distincts dès lors que (CA Paris 11-3-2004 : BPIM 5/04 inf. 314) :
– les notifications de l'article 11 du décret de 1967 assurent l'information complète des copropriétaires appelés à voter la scission ;
– le premier vote n'est possible que si les éléments soumis au second sont connus ;
– les conditions de majorité sont les mêmes pour les deux votes.
La cour d'appel de Paris admet cependant que l'assemblée veuille séparer dans le temps les deux votes si elle l'estime utile.

2. RÉPARTITION DES CRÉANCES ET DES DETTES

39240 La loi 2014-366 du 24 mars 2014 a organisé les modalités de répartition des créances et des dettes (Loi 65-557 du 10-7-1965 art. 28, II) :

– les créances du syndicat initial sur les copropriétaires anciens et actuels et les hypothèques du syndicat initial sur les lots des copropriétaires sont transférées de plein droit aux syndicats issus de la division auquel le lot est rattaché ;

– les dettes du syndicat initial sont réparties entre les syndicats issus de la division à hauteur du montant des créances du syndicat initial sur les copropriétaires qui sont transférées aux syndicats issus de la division.

3. DIVISION EN VOLUMES

39250 Afin de favoriser l'éclatement d'ensembles trop importants, la loi 2014-366 du 24 mars 2014 a prévu la possibilité d'appliquer la procédure de scission pour la division en volumes d'un ensemble immobilier complexe (Loi 65-557 du 10-7-1965 art. 28, IV).

Constitue un ensemble immobilier complexe un ensemble comportant :

– soit plusieurs bâtiments distincts sur dalle ;

– soit plusieurs entités homogènes affectées à des usages différents, pour autant que chacune de ces entités permette une gestion autonome.

En revanche, cette procédure ne peut être utilisée pour la division en volumes d'un bâtiment unique.

Avant l'entrée en vigueur de l'ordonnance du 30 octobre 2019, cette procédure ne pouvait être mise en œuvre qu'après avis du maire de la commune et autorisation du représentant de l'État dans le département (réputée acquise à défaut de réponse dans les deux mois de la demande). Afin de faciliter le recours à la scission en volume, notamment au sein des ensembles immobiliers complexes, ces formalités obligatoires, qui s'avéraient souvent très formelles, ont été supprimées (Loi 65-557 du 10-7-1965 art. 28, IV).

En cas de division en volumes, si une **union de syndicats** est constituée pour la création, la gestion et l'entretien des éléments d'équipements à usage collectif, la décision doit être prise à la majorité de l'article 25, et, par dérogation à l'article 29, alinéa 3 de la loi du 10 juillet 1965, les statuts de l'union peuvent interdire à ses membres de se retirer de celle-ci.

C. Unions de syndicats

1. OBJET DES UNIONS DE SYNDICATS

Les unions de syndicats sont régies par l'article 29 de la loi du 10 juillet 1965 et les articles 63 à 63-4 du décret du 17 mars 1967. **39260**

Ces unions ont pour objet d'assurer la création, la gestion et l'entretien d'éléments d'équipements communs ainsi que la gestion de services d'intérêt commun. Les unions de syndicats peuvent être propriétaires des biens nécessaires à leur objet (Décret du 17-3-1967 art. 63, al. 1). Elles peuvent aussi ne pas l'être, puisqu'il s'agit d'une simple faculté, et l'union peut donc assurer l'entretien d'équipements communs dont la propriété est répartie entre les copropriétaires de tous les syndicats la composant, ou même entre les copropriétaires d'un seul de ces syndicats, les autres en ayant seulement l'usage (Cass. 3e civ. 21-1-2021 n° 19-25.388 : BPIM 1/21 inf. 63).

ADHÉSION ET RETRAIT

L'union peut recevoir l'adhésion d'un ou plusieurs syndicats de copropriétaires, de sociétés immobilières, de sociétés d'attribution régies par les articles L 212-1 et suivants du Code de la construction et de l'habitation et de tous autres propriétaires dont les immeubles sont contigus ou voisins de ceux de ses membres. L'adhésion à une union (constituée ou à constituer) doit être décidée par l'assemblée de chaque copropriété à la majorité des voix de tous les copropriétaires (majorité de l'article 25), sans que les statuts de l'union puissent en décider autrement (Cass. 3e civ. 3-3-2010 n° 09-11.709 : BPIM 3/10 inf. 241). **39265**

Le retrait de l'union suppose que l'assemblée de chaque syndicat ait réuni la majorité des membres du syndicat représentant les 2/3 des voix (majorité de l'article 26). Depuis le 11 avril 2024 toutefois, par dérogation, lorsque la copropriété est en « difficulté », le retrait de cette union est décidé à la majorité de l'article 25 (Loi 65-557 du 10-7-1965 art. 29, al. 4 modifié par loi 2024-322 du 9-4-2024). Sont concernés par cette dérogation les syndicats soumis à la procédure d'alerte pour lesquels un mandataire ad hoc a été désigné et les syndicats sous administration provisoire. Le passage à la majorité de l'article 25 permet, si les conditions sont remplies, l'utilisation de la passerelle de l'article 25-1 et donc un vote à la majorité simple pour le retrait de l'union.

Les statuts ne peuvent en aucun cas interdire à l'un de ses membres de se retirer de l'union, sauf dans le cas prévu par l'article 28, IV de la loi du 10 juillet 1965 d'une union constituée dans le cadre d'une opération de division en volumes (voir n° 39250).

2. FONCTIONNEMENT DES UNIONS DE SYNDICATS

STATUTS ET GESTION

Les statuts de l'union déterminent librement les **règles** de fonctionnement de l'union, sauf à respecter les dispositions relatives à l'objet et celles exposées ci-dessous (Loi 65-557 du 10-7-1965 art. 29, al. 5 à 7 ; Décret du 17-3-1967 art. 63 à 63-4). **39270**

L'**assemblée générale** de l'union est constituée par les syndics des syndicats, par le représentant légal de chaque société et par les propriétaires qui ont adhéré à l'union. Les syndics participent à l'assemblée en qualité de mandataire du ou des syndicats qu'ils représentent. Ils doivent soumettre préalablement pour avis à l'assemblée des copropriétaires (ou le cas échéant au conseil syndical) les questions portées à l'ordre du jour de l'assemblée générale de l'union et rendre compte des décisions prises par l'union.

Les décisions de l'assemblée sont exécutées par le président de l'union qui est désigné par l'assemblée. Il est assisté par un **conseil de l'union.** Le mandat des membres du conseil de l'union ne peut pas excéder trois ans renouvelables ; il ne donne pas lieu à rémunération. Lorsqu'un syndicat de copropriétaires est membre d'une union, son représentant au conseil doit être désigné à la majorité de l'article 24 parmi les copropriétaires, les associés dans le cas prévu par le premier alinéa de l'article 23 de la loi du 10 juillet 1965, les accédants ou les acquéreurs à terme, leurs conjoints, leurs concubins, leurs partenaires pacsés ou leurs représentants légaux. Des membres suppléants peuvent être désignés. En cas de cessation définitive des fonctions du membre titulaire, le suppléant siège au conseil jusqu'à la date d'expiration du mandat du titulaire. Le conseil de l'union n'est plus régulièrement constitué si plus d'un quart des sièges devient vacant pour quelque cause que ce soit.

Le conseil de l'union est chargé d'**assister** le président **et** de **contrôler** sa gestion. Il donne son avis au président ou à l'assemblée générale de l'union sur toutes les questions la concernant pour lesquelles il est consulté ou dont il se saisit lui-même. Il peut prendre connaissance et copie, à sa demande, de toutes pièces ou documents, correspondances ou registres se rapportant à la gestion du président et, d'une manière générale, à l'administration de l'union, au bureau du président ou au lieu arrêté en accord avec lui. Il peut déléguer cette mission à un ou plusieurs de ses membres (Décret 67-223 du 17-3-1967 art. 63-1).

> Précisions **a.** Si, comme cela est fréquent, les copropriétés adhérentes à l'union ont le même syndic, il faut organiser un système de **délégation** de fonctions pour que l'assemblée de l'union puisse se tenir.

b. Si le syndic représente son syndicat à l'union de syndicats, cela ne lui donne pas le droit de voter sans avoir pris au préalable l'**avis des copropriétaires** qu'il représente, surtout si les décisions à prendre relèvent des majorités des articles 25 et 26.

c. L'**action en contestation des décisions** de l'assemblée de l'union n'est pas limitée par le délai de deux mois visé à l'article 42, alinéa 2 de la loi du 10 juillet 1965 (CA Montpellier 20-4-1989 : Rev. loyers 1990 p. 89).

d. Les **copropriétaires** n'étant pas membres de l'assemblée de l'union, ils ne sont pas recevables à en contester les décisions (Cass. 3e civ. 26-2-2003 n° 290 : D. 2003 jur. p. 995 note critique Ch. Atias).

e. Une association foncière urbaine ne peut décider de sa **transformation en union** de syndicats sans que les syndicats membres se soient d'abord prononcés sur cette question (CA Aix-en-Provence 30-3-1999 : Const.-urb. 3/00 n° 64).

f. Le **gestionnaire** d'une union de syndicats ne peut percevoir d'autre **rémunération** que celle prévue dans son mandat ou la décision de nomination, dès lors qu'en sa qualité de professionnel de la gestion immobilière, il est soumis à la loi Hoguet du 2 janvier 1970 et à son décret d'application (Cass. 3e civ. 27-3-2008 n° 06-21.728 : BPIM 3/08 inf. 241 ; Cass. 3e civ. 8-6-2011 n° 09-71.214 : BPIM 5/11 inf. 404).

g. Dans une union groupant **deux copropriétés,** la répartition de la charge de chauffage entre ces copropriétés relève des statuts de l'union, et non de l'article 10 de la loi du 10 juillet 1965 (Cass. 3e civ. 8-7-1992 : Administrer mai 1993 p. 47).

FISCALITÉ

39280 L'union de syndicats est soumise à la TVA si elle a une activité économique (Rép. Germon : AN 11-5-1992, solution non reprise dans Bofip). Mais si elle intervient comme simple mandataire entre les fournisseurs de services et les syndicats adhérents, les **remboursements versés par les syndicats** ne sont pas soumis à la TVA (CGI art. 267, II-2°, aux conditions fixées par ce texte).

CHAPITRE 11

DISPOSITIONS PARTICULIÈRES AUX COPROPRIÉTÉS EN DIFFICULTÉ

SOMMAIRE

INTRODUCTION

La loi du 24 mars 2014 a procédé à une réforme en profondeur des textes concernant les copropriétés en difficulté, qui étaient peu utilisés avant cette date. **39300**

Les copropriétés bénéficient d'un **mécanisme d'administration provisoire** lorsque l'équilibre financier du syndicat des copropriétaires est gravement compromis ou lorsque ce dernier est dans l'impossibilité de pourvoir à la conservation de l'immeuble. Ce régime résulte des articles 29-1 A à 29-15 de la loi du 10 juillet 1965 et du décret 2015-999 du 17-8-2015 modifiant le décret 67-223 du 17 mars 1967.

Ce dispositif présentant l'inconvénient de n'intervenir qu'en aval des crises, a été mise en place une **procédure d'alerte préventive** permettant de traiter les difficultés financières des copropriétés dès leur survenance afin d'en limiter les conséquences (Loi 65-557 du 10-7-1965 art. 29-1 A, 29-1 B et 29-1 C).

> **Précisions** **a.** Le **livre VI du Code de commerce** qui régit les procédures de conciliation, de sauvegarde, de redressement ou de liquidation judiciaires n'est pas applicable aux syndicats de copropriétaires (Loi 65-557 du 10-7-1965 art. 29-15).
> **b.** La loi de rénovation de l'habitat dégradé a étendu le dispositif « **Denormandie ancien** » aux logements situés (CGI art. 199 novovicies, IV bis modifié par loi 2024-322 du 9-4-2024 ; voir nº 75543) :
> – dans des copropriétés en grave difficulté financière faisant l'objet d'une procédure judiciaire d'administration provisoire en application de l'article 29-1 de la loi 65-557 du 10 juillet 1965 ;
> – ou dans des copropriétés incluses dans le périmètre d'une Orcod.

A. Procédure d'alerte

1. DÉSIGNATION D'UN MANDATAIRE AD HOC

CONDITIONS

39305 Lorsque, à la clôture des comptes, les impayés atteignent 25 % des sommes exigibles au titre du budget prévisionnel et des dépenses de travaux ou, dans les copropriétés de plus de 200 lots, lorsque le pourcentage des impayés atteint 15 % (le redressement des copropriétés plus importantes étant plus difficile), ou encore en l'absence de vote de l'assemblée générale sur l'approbation des comptes depuis au moins deux ans, le **syndic** doit en informer le conseil syndical et saisir le président du tribunal judiciaire, sur requête, d'une demande de désignation d'un mandataire ad hoc (Loi 65-557 du 10-7-1965 art. 29-1 A). En cas d'**inaction** du syndic perdurant au-delà du délai d'un mois à compter de la clôture des comptes ou en l'absence de syndic, ou en l'absence de vote de l'assemblée générale sur l'approbation des comptes depuis au moins deux ans, peuvent également saisir le juge (Loi 65-557 du 10-7-1965 art. 29-1 A, al. 2 modifié par loi 2024-322 du 9-4-2024) :

– des copropriétaires représentant au moins 15 % des voix du syndicat ;

– le président du conseil syndical, qui agit alors aux frais avancés du syndicat des copropriétaires et doit présenter au syndic un état des frais de justice prévisionnels accompagné de devis afin qu'il procède aux avances nécessaires à la conduite de cette procédure (Décret 67-223 du 17-3-1967 art. 57) ;

– un créancier lorsque les factures d'abonnement ou de fourniture d'eau ou d'énergie ou les factures de travaux, votés par l'assemblée générale et exécutés, restent impayées depuis six mois et si le créancier a adressé au syndic un commandement de payer resté infructueux ;

– le représentant de l'État dans le département ou le procureur de la République près le tribunal judiciaire ;

– le maire de la commune du lieu de situation de l'immeuble ;

– le président de l'organe délibérant de l'établissement public de coopération intercommunale (EPCI) compétent en matière d'habitat du lieu de situation de l'immeuble.

Les dépenses engagées par le président du conseil syndical dans le cadre de cette procédure constitueront des dépenses courantes d'administration supportées par le syndicat et réglées par le syndic (Décret 67-223 du 17-3-1967 art. 27).

Pour inciter les syndics à déclencher la procédure d'alerte, ce qu'ils ne font pas toujours en pratique, par crainte de voir un tiers s'immiscer dans la gestion de la copropriété, le président du tribunal judiciaire peut décider de leur imputer tout ou partie des frais de l'administration provisoire s'ils n'ont pas saisi le juge sur requête d'une demande de désignation d'un mandataire ad hoc, après audition du syndic et du conseil syndical, et sur le rapport de l'administrateur provisoire (Loi 65-557 du 10-7-1965 art. 29-1, II-al. 2 créé par loi 2024-322 du 9-4-2024). Cette mesure n'a donc pas de caractère automatique mais sera soumise à la décision du juge qui appréciera quelle a été la conséquence de l'inaction du syndic.

Le mandataire ad hoc, désigné par ordonnance du juge (Loi 65-557 du 10-7-1965 art. 29-1 B, al. 1), doit sans délai porter l'ordonnance à la connaissance des copropriétaires par lettre recommandée AR ou par remise contre émargement (Décret du 17-3-1967 art. 61-9).

Dans tous les cas, le préfet, le maire de la commune où est implanté l'immeuble et le président de l'organe délibérant de l'EPCI compétent en matière d'habitat doivent être informés qu'un juge a été saisi d'une demande de désignation d'un mandataire ad hoc (Loi 65-557 du 10-7-1965 art. 29-1 A).

> **Précisions** **a.** Ne constituent **pas des impayés** les sommes devenues exigibles dans le mois précédant la date de clôture de l'exercice (Décret du 17-3-1967 art. 61-2).
> **b.** Pour que la désignation du mandataire ad hoc soit adaptée à la situation, il est recommandé de **vérifier** la ou **les causes** alléguées **des impayés** (coût important de travaux ou de fournitures, gestion défectueuse, accumulation de factures, contestations des charges ou des dépenses, actions judiciaires notamment relatives à la régularité des décisions de l'assemblée générale et à la mise en jeu des garanties, diligences entreprises pour le recouvrement des sommes dues au syndicat, existence de retards ou suspension de paiement, état de l'immeuble, etc.).
> **c.** Pour l'**information du conseil syndical,** le syndic doit envoyer sans délai à chacun de ses membres l'état des impayés avant répartition à la date de la clôture de l'exercice comptable (Décret du 17-3-1967 art. 61-4).
> **d.** Lorsque la **demande** n'émane pas du syndic, le président du tribunal judiciaire statue selon la procédure accélérée au fond. L'assignation est délivrée au syndicat (Décret du 17-3-1967 art. 61-6).

2. PERSONNES POUVANT ÊTRE DÉSIGNÉES MANDATAIRE AD HOC

PRINCIPE

Le mandataire ad hoc est choisi sur la liste des **administrateurs judiciaires** mentionnée à l'article L 811-2 du Code de commerce (Loi 65-557 du 10-7-1965 art. 29-1 C, I). 39310

EXCEPTION

Le juge peut également désigner, par décision spécialement motivée, une **personne physique** possédant une expérience d'au moins trois ans dans la gestion d'une copropriété en difficulté et d'un diplôme de niveau master 2 attestant de compétences dans le droit civil, la comptabilité et la construction ou la gestion immobilière, ou une personne morale justifiant d'une expérience ou d'une qualification particulière au regard de la nature de l'affaire. Lorsque le président du tribunal judiciaire nomme une **personne morale,** il désigne en son sein une personne physique ayant le pouvoir de la représenter dans l'accomplissement du mandat qui lui est confié (Loi 65-557 du 10-7-1965 art. 29-1 C, II ; Décret 67-223 du 17-3-1967 art. 61-1-2). Lorsque le mandataire n'est pas choisi sur la liste des administrateurs judiciaires, des conditions sont prévues afin de garantir l'indépendance, l'impartialité et la probité du mandataire, qui ne doit pas, au cours des cinq années précédentes : 39320

- avoir perçu à quelque titre que ce soit, directement ou indirectement, une rétribution ou un paiement de la part du syndic, du syndicat ou des créanciers à l'origine de la procédure, ni d'une personne qui détient le contrôle du syndic ou d'un de ses créanciers ;
- s'être trouvé en situation de conseil du syndic, du syndicat ou des créanciers concernés ou de subordination par rapport à eux ;
- avoir un intérêt dans le mandat qui leur est donné ;
- être au nombre des anciens administrateurs ou mandataires judiciaires ayant fait l'objet d'une décision de radiation ou de retrait des listes.

> **Précisions** Les mandataires ad hoc ne peuvent pas être désignés syndics à l'issue de leur mission (Loi 65-557 du 10-7-1965 art. 29-1 C, IV).

3. MISSIONS ET RÉMUNÉRATION DU MANDATAIRE AD HOC

Le président du tribunal détermine la mission du mandataire ad hoc qu'il désigne (Loi 65-557 du 10-7-1965 art. 29-1 B, al. 1). Les **modalités** d'intervention des mandataires ad hoc sont fixées par les articles 61-2 et suivants du décret 67-223 du 17 mars 1967. Afin de faciliter l'exercice de sa mission et d'éviter les éventuelles réticences du syndic en place, l'article 29-1 B prévoit que le syndic doit lui fournir les documents nécessaires à l'accomplissement de sa mission. En cas de difficulté, le mandataire ad hoc peut saisir le juge. 39325

Dans un délai de trois mois (renouvelable une fois), le mandataire doit adresser au président du tribunal un **rapport** présentant l'analyse de la situation financière de la copropriété et de l'état de l'immeuble, les préconisations pour rétablir l'équilibre financier et, le cas échéant, la sécurité de l'immeuble, ainsi que le résultat des actions de médiation ou de négociation qu'il a éventuellement menées avec les parties en cause. 39330

Il doit également, lorsqu'il constate d'importantes difficultés financières ou de gestion, saisir le juge aux fins de désignation d'un **administrateur provisoire.** Cette disposition a pour but d'éviter de retarder la mise en œuvre des mesures propres à remédier aux difficultés. 39335

Le mandataire ad hoc reçoit pour l'ensemble de sa mission une **rémunération forfaitaire,** fixée par l'arrêté n° JUSC1517480A du 8 octobre 2015, lorsque la copropriété comporte un nombre de lots inférieur à 499 lots (Décret 67-223 du 17-3-1967 art. 61-1-4). Au-delà de 499 lots de copropriété, la rémunération du mandataire ad hoc est fixée par le président du tribunal dans l'ordonnance de désignation. Pour les copropriétés comportant 499 lots et moins, la rémunération forfaitaire revenant au mandataire ad hoc est fixée suivant les modalités prévues par l'article 1 de l'arrêté du 8 octobre 2015, par tranches en fonction du nombre de lots. 39340

Le juge décide de la **répartition** des frais entre le syndicat des copropriétaires et les autres parties à la procédure, ou le partage des frais entre eux (Loi 65-557 du 10-7-1965 art. 29-1 B, al. 2). Depuis l'entrée en vigueur de la loi Alur, il n'est plus prévu que lorsque la procédure est diligentée par un créancier, il en supporte les frais (ce qui pouvait s'avérer dissuasif).

4. MISE EN ŒUVRE DES MESURES PRÉCONISÉES

39350 Le rapport établi par l'administrateur ad hoc est **transmis** par le greffe au syndic, au conseil syndical, au maire de la commune, au préfet et au président de l'organe délibérant de l'établissement public de coopération intercommunale compétent en matière d'habitat (Loi 65-557 du 10-7-1965 art. 29-1 B, al. 5).

39355 Le syndic est tenu d'inscrire à l'ordre du jour de la prochaine assemblée les **projets de résolution nécessaires à la mise en œuvre du rapport** (Loi 65-557 du 10-7-1965 art. 29-1 B, al. 6), étant précisé que l'assemblée générale doit avoir lieu dans les **six mois** (ou dans les trois mois si le mandataire ad hoc préconise des mesures d'urgence), ce qui peut nécessiter le cas échéant la convocation d'une assemblée spécialement à cet effet (Loi 65-557 du 10-7-1965 art. 29-1 B, al. 6).

39356 Afin de remédier à l'éventuelle inertie du syndic, la loi prévoit qu'à défaut de convocation d'une assemblée générale dans ce délai, le mandataire ad hoc ou les parties à l'origine de la procédure peuvent saisir le **juge** aux fins d'obtenir une ordonnance enjoignant au syndic de convoquer une assemblée générale ou désignant un administrateur provisoire si les auteurs de la saisine ont qualité pour le faire au regard de l'article 29-1.

B. Administration provisoire du syndicat des copropriétaires

1. DÉSIGNATION D'UN ADMINISTRATEUR PROVISOIRE

CONDITIONS

39360 Un administrateur provisoire peut être désigné dans **trois cas** :

– si l'équilibre financier du syndicat des copropriétaires est gravement compromis : le syndicat souffre d'une insuffisance de trésorerie, les sommes disponibles ne permettent pas de régler les dépenses ;

– si le syndicat est dans l'impossibilité de pourvoir à la conservation de l'immeuble : cette impossibilité peut tenir à des raisons financières, mais également juridiques, lorsque par exemple le syndicat refuse de donner au syndic les pouvoirs nécessaires pour remplir sa mission (refus d'exécuter des travaux indispensables, refus de procéder à la vente de l'immeuble, seule solution envisageable compte tenu de la dégradation du bâtiment qui ne peut être réhabilité, seules sa démolition et sa reconstruction étant envisageables (Cass. 3e civ. 23-1-2013 n° 09-13.398 : BPIM 2/13 inf. 147) ;

– en cas d'expropriation ou de dissolution du syndicat pour liquider les dettes du syndicat (Loi 65-557 du 10-7-1965 art. 29-1, I, al. 4) ; les modalités de cette liquidation sont fixées par les articles 62-16 et suivants du décret 67-223 du 17 mars 1967.

SAISINE DU JUGE

39370 Peuvent saisir le président du tribunal judiciaire : des copropriétaires représentant ensemble 15 % au moins des voix du syndicat, le syndic, le maire de la commune du lieu de situation de l'immeuble, le président de l'établissement public de coopération intercommunale compétent en matière d'habitat, le représentant de l'État dans le département, le procureur de la République ou le mandataire ad hoc s'il en a été désigné un (art. 29-1) ou encore l'administrateur provisoire désigné en application de l'article 47 du décret du 17 mars 1967 (Cass. 3e civ. 13-10-2021 n° 19-23.301 : BPIM 6/21 inf. 394).

> **Précisions a.** Lorsque la demande émane du **syndic** ou de l'**administrateur provisoire** désigné en application de l'article 47 (depuis le décret 2018-11 du 8-1-2018), le président du tribunal judiciaire doit être saisi par la voie d'une requête accompagnée des pièces de nature à justifier de la demande après consultation du conseil syndical (Décret du 17-3-1967 art. 62-2, al. 1). Le syndic n'a pas besoin de demander l'autorisation à l'assemblée (Décret du 17-3-1967 art. 55, al. 3).
> Dans les **autres cas** (copropriétaires représentant ensemble 15 % au moins des voix du syndicat, maire de la commune où est situé l'immeuble, président de l'EPCI, préfet ou procureur de la République), le président du tribunal judiciaire est saisi par voie d'assignation délivrée au syndicat représenté par le syndic (Décret du 17-3-1967 art. 62-2, al. 2).
> **b.** Toute **demande** tendant à la désignation d'un administrateur provisoire du syndicat doit être **communiquée** au procureur de

la République, qui est avisé, s'il y a lieu, de la date de l'audience (Décret du 17-3-1967 art. 62-3). Cette exigence n'a pas lieu d'être lorsque la demande tend au renouvellement de la mission de l'administrateur provisoire (Cass. 3e civ. 11-10-2006 no 06-10.791 : BPIM 6/06 inf. 464).

c. La requête aux fins de désignation d'un administrateur provisoire n'a pas à être notifiée aux copropriétaires, seule l'ordonnance rendue par le juge devant l'être conformément à l'article 62-5 du décret du 17 mars 1967 (Cass. 3e civ. 7-12-2022 no 21-20.264 : BPIM 1/23 inf. 49).

JUGE COMPÉTENT

L'administrateur provisoire est désigné par le président du tribunal judiciaire du lieu de situation de l'immeuble statuant selon la procédure accélérée au fond ou sur requête (Loi 65-557 du 10-7-1965 art. 29-1, al. 1 ; Décret du 17-3-1967 art. 62-1). **39380**

DÉCISION DU JUGE

Le président du tribunal judiciaire désigne l'administrateur provisoire – qui ne peut en aucun cas être le syndic en place – après avoir éventuellement ordonné des mesures d'instruction et entendu le président du conseil syndical. Il le charge de prendre les mesures nécessaires au rétablissement du fonctionnement normal de la copropriété. **39390**

L'**ordonnance** qui désigne l'administrateur provisoire doit fixer l'étendue et la durée de sa mission, de 12 mois minimum (Loi 65-557 du 10-7-1965 art. 29-1, I-al. 3).

Une **copie** de l'ordonnance de désignation de l'administrateur provisoire est portée à la connaissance des copropriétaires (Loi 65-557 du 10-7-1965 art. 29-2) dans le mois de son prononcé à l'initiative de l'administrateur provisoire, soit par remise contre émargement, soit par lettre recommandée AR (Décret du 17-3-1967 art. 62-5, al. 1). Une copie en est également adressée par le greffe du tribunal au procureur de la République, au représentant de l'État dans le département, au maire de la commune et au président de l'EPCI. Les copropriétaires peuvent faire appel de cette ordonnance (Cass. 3e civ. 10-2-2010 no 08-21.862 : BPIM 2/10 inf. 145).

Le président du tribunal peut, à tout moment, modifier la **mission** de l'administrateur provisoire, la prolonger ou y mettre fin s'il est saisi d'une demande en ce sens, qui peut être présentée par l'administrateur provisoire, un ou plusieurs copropriétaires, le représentant de l'État dans le département, le maire, le président de l'EPCI, le procureur de la République ou d'office.

> Précisions L'ordonnance du juge qui vise la requête en en adoptant les motifs est suffisamment motivée (Cass. 3e civ. 7-12-2022 no 21-20.264 FS-PB : BPIM 1/23 inf. 49).

2. PERSONNES POUVANT ÊTRE DÉSIGNÉES ADMINISTRATEUR PROVISOIRE

Le président du tribunal judiciaire peut désigner à cette fonction, à son **choix** (Loi 65-557 du 10-7-1965 art. 29-1, III) : **39400**

- un administrateur judiciaire inscrit sur la liste des administrateurs judiciaires mentionnée à l'article L 811-2 du Code de commerce ;
- une personne physique possédant une expérience d'au moins trois ans dans la gestion d'une copropriété en difficulté et d'un diplôme de niveau master 2 attestant de compétences dans le droit civil, la comptabilité et la construction ou la gestion immobilière ;
- le mandataire ad hoc s'il en a été désigné un.

Lorsque le président du tribunal judiciaire nomme une personne morale, il désigne en son sein une personne physique ayant le pouvoir de la représenter dans l'accomplissement du mandat qui lui est confié.

La loi ne fait prévaloir aucune de ces possibilités sur les autres, contrairement à ce qui est prévu pour les mandataires ad hoc (no 39310).

Les mêmes conditions déontologiques que celles prévues pour les mandataires ad hoc (no 39320) s'appliquent. L'administrateur provisoire ne peut, dans un délai de cinq ans à compter de l'issue de sa mission, être désigné syndic de la copropriété (Loi 65-557 du 10-7-1965 art. 29-1, IV).

3. RÉMUNÉRATION DE L'ADMINISTRATEUR PROVISOIRE

L'administrateur provisoire reçoit pour l'ensemble de sa mission un **droit fixe** dont le montant est fixé par arrêté conjoint du ministre de la justice et du ministre chargé du logement. Ce droit fixe s'élève à 1 500 € HT (Arrêté JUSC1517480A du 8-10-2015). Il perçoit ce droit fixe dès que la décision **39410** le désignant est portée à sa connaissance. Il lui est également alloué des droits fixes et des droits proportionnels dégressifs par tranches, calculés selon les modalités définies à l'article 61-1-5 du décret 67-223 du 17 mars 1967. Le montant de ces droits fixes et proportionnels est fixé par l'arrêté précité qui prévoit par ailleurs une dérogation à ces règles lorsque la copropriété comporte 500 lots et plus. Dans ce cas, l'entière rémunération de l'administrateur provisoire est fixée par le juge en fonction des frais engagés et des diligences accomplies.

4. EFFETS DE L'ORDONNANCE DE DÉSIGNATION

SUSPENSION DE L'EXIGIBILITÉ DES CRÉANCES

39420 L'ordonnance désignant un administrateur provisoire emporte suspension de l'exigibilité des créances, à l'**exception** des créances publiques et sociales, ayant leur origine antérieurement à cette décision, pour une période de 12 mois, qui peut être prorogée jusqu'à 30 mois par le juge (voir n° 39447).

INTERRUPTION OU INTERDICTION DE CERTAINES ACTIONS EN JUSTICE CONTRE LE SYNDICAT

39430 L'ordonnance de désignation d'un administrateur provisoire interrompt ou interdit toute action en justice de la part de tous les créanciers dont la créance trouve son origine avant cette décision et tendant à :

- la condamnation du syndicat au paiement d'une somme d'argent ;
- la résolution d'un contrat pour défaut de paiement d'une somme d'argent.

Les actions en justice qui ne remplissent pas ces conditions sont poursuivies à l'encontre du syndicat des copropriétaires, après mise en cause de l'administrateur provisoire (Loi 65-557 du 10-7-1965 art. 29-3, IV).

ARRÊT OU INTERDICTION DE CERTAINES PROCÉDURES D'EXÉCUTION OU DE DISTRIBUTION

39435 L'ordonnance de désignation d'un administrateur provisoire arrête ou interdit toute action en justice de la part de tous les créanciers dont la créance trouve son origine avant cette décision ainsi que toute procédure de distribution n'ayant pas produit un effet attributif avant cette décision (Loi 65-557 du 10-7-1965 art. 29-3, I, al. 5). Les voies d'exécution qui ne remplissent pas ces conditions sont poursuivies à l'encontre du syndicat après mise en cause de l'administrateur provisoire (Loi 65-557 du 10-7-1965 art. 29-3, IV).

Afin de permettre la réalisation des travaux prévus et d'éviter que des fonds publics dédiés à la réalisation de ces travaux puissent être affectés au règlement des créanciers courants qui auraient fait pratiquer une saisie, les **sommes versées à la Caisse des dépôts et consignation** (CDC) sont **insaisissables** (Loi 65-557 du 10-7-1965 art. 29-3, V créé par loi 2024-322 du 9-4-2024). Comme en matière de procédure collective de droit commun, ces sommes versées à la CDC par l'administrateur provisoire de la copropriété dans le cadre de sa mission ne pourront faire l'objet d'aucune procédure d'exécution (saisie-attribution ou saisie administrative). Cette mesure s'applique aux procédures d'exécution engagées après le 11 avril 2024.

39440 **Effets sur certaines stipulations contractuelles** L'ordonnance de désignation d'un administrateur provisoire emporte suspension des stipulations contractuelles :

- prévoyant des majorations ou des pénalités de retard,
- ou la résolution de plein droit du contrat.

Le juge peut, sur demande de l'administrateur provisoire, prononcer la résiliation d'un contrat ou ordonner la poursuite de son exécution (Loi 65-557 du 10-7-1965 art. 29-3, III).

39445 **Emprunts collectifs** Les effets précités sont applicables aux emprunts collectifs. Si, en application de l'article 26-6 de la loi du 10 juillet 1965, le prêteur bénéficie d'une délégation du syndic l'autorisant à prélever directement auprès de chaque copropriétaire les sommes dues par ce dernier au titre du remboursement de l'emprunt collectif et du paiement des accessoires, cette délégation est suspendue par l'ordonnance de désignation (Loi 65-557 du 10-7-1965 art. 29-3, I, al. 7).

39447 **Prorogation** Le juge, statuant selon la procédure accélérée au fond, peut, sur demande de l'administrateur provisoire, proroger les suspensions et interdictions prévues par l'article 29-3, I, jusqu'à 30 mois (Loi 65-557 du 10-7-1965 art. 29-3, II).

5. MISSION DE L'ADMINISTRATEUR PROVISOIRE

ADMINISTRATION DE LA COPROPRIÉTÉ

L'administrateur provisoire se voit confier tous les **pouvoirs du syndic,** dont le mandat cesse de plein droit et sans indemnité. 39450

L'administrateur peut se voir confier tout ou partie des pouvoirs **du conseil syndical et de l'assemblée générale,** à l'exception de ceux concernant les actes d'acquisition immobilière et certains actes de disposition ainsi que la modification ou l'établissement du règlement de copropriété (nos 37941 et 37942). Il convoque et préside l'assemblée générale et le conseil syndical. Le juge peut l'autoriser à utiliser les sommes déposées sur le fonds de travaux pour engager les actions nécessaires au redressement de la copropriété ou permettre le maintien de la gestion courante (Loi 65-557 du 10-7-1965 art. 29-14, 2°). Il peut également, comme le syndic provisoire, avancer des fonds au syndicat des copropriétaires (Loi 65-557 du 10-7-1965 art. 18, II).

Sauf urgence, l'administrateur doit, lorsqu'il est investi des pouvoirs de l'assemblée, recueillir l'**avis** du conseil syndical avant toute décision ; il peut aussi convoquer les copropriétaires pour les informer et les entendre (Décret du 17-3-1967 art. 62-7).

Les copropriétaires ne peuvent pas remettre en cause les décisions prises par l'administrateur provisoire qui a reçu tous les pouvoirs normalement dévolus à l'assemblée générale. En conséquence, un copropriétaire, assigné en paiement des charges sur le fondement d'une décision d'approbation des comptes prise par l'administrateur provisoire, ne peut pas la contester en prétendant qu'aucune dépense ne pourrait lui être imputée (Cass. 3e civ. 13-4-2022 n° 21-15.923 : BPIM 3/22 inf. 232).

En principe, l'administrateur exécute personnellement la mission qui lui est confiée. Toutefois, lorsque le bon déroulement de la mission le requiert, il peut se faire **assister par un tiers** désigné par le président du tribunal judiciaire sur sa proposition et rétribué sur sa rémunération (Loi 65-557 du 10-7-1965 art. 29-1, I, al. 2). Depuis le 11 avril 2024, il peut demander à être assisté dans ses fonctions de gestion par un **syndic d'intérêt collectif** (Loi 65-557 du 10-7-1965 art. 18-3 créé par loi 2024-322 du 9-4-2024) (voir n° 38497).

Par ailleurs, si aucun rapport d'un mandataire ad hoc n'a été établi au cours de l'année précédente (n° 39330), l'administrateur doit, au plus tard à l'issue des six premiers mois de sa mission, rendre un **rapport intermédiaire** présentant les mesures à adopter pour redresser la situation financière de la copropriété (Loi 65-557 du 10-7-1965 art. 29-1, I, al. 3).

> **Précisions a.** L'ancien syndic est tenu à l'égard de l'administrateur provisoire des obligations prévues à l'article 18-2 de la loi du 10 juillet 1965 concernant la remise de fonds et documents du syndicat (n° 38430) (Décret du 17-3-1967 art. 62-6).
> **b.** Lorsque l'administrateur provisoire est investi de tous les pouvoirs de l'assemblée générale, les dispositions de l'article 7, alinéas 1 et 2 du décret du 17 mars 1967 (nos 37485 s.) relatives à la **fréquence des assemblées** et aux personnes habilitées à les convoquer ne s'appliquent pas ; lorsque l'administrateur n'est investi que d'une partie de ces pouvoirs, les règles relatives à la convocation s'appliquent dans la limite des pouvoirs conservés par l'assemblée (Décret du 17-3-1967 art. 7, al. 3 issu du décret 2010-391 du 20-4-2010 art. 4).
> **c.** Lorsqu'un administrateur provisoire a été désigné, l'**aide juridictionnelle** est ouverte pour l'exercice des actions en recouvrement des créances, tant en demande qu'en défense (Loi 91-647 du 10-7-1991 art. 2, al. 3).

DÉCLARATION DE CRÉANCES

L'administrateur provisoire doit établir la liste des créances du syndicat. La **procédure** est la suivante (Loi 65-557 du 10-7-1965 art. 29-4) : 39455

- dans un délai de deux mois à compter de sa nomination, l'administrateur provisoire procède à des mesures de publicité pour permettre aux créanciers de produire les éléments nécessaires à l'évaluation du montant de leur créance ;
- les créanciers disposent d'un délai qui sera fixé par décret pour déclarer leurs créances ;
- après vérification des créances déclarées, l'administrateur provisoire établit et publie la liste des créances déclarées ;
- les créanciers disposent d'un délai de deux mois pour contester le contenu de cette liste.

Les créances non déclarées dans ces délais seront inopposables à la procédure. Néanmoins, une action en relevé de forclusion peut être introduite par les créanciers qui établissent que leur défaillance n'est pas due à leur fait (Loi 65-557 du 10-7-1965 art. 29-4, III). Un décret 2018-11 du 8 janvier 2018 en fixe les modalités. Cette action doit être exercée dans le délai de six mois à compter de la publication de l'ordonnance de désignation de l'administrateur provisoire. Le créancier défaillant supporte les frais de l'instance et déclare sa créance dans le délai d'un mois à compter de la notification de l'ordonnance le relevant de sa forclusion (Décret 67-223 du 17-3-1967 art. 62-18-1).

PLAN D'APUREMENT

39460 L'administrateur provisoire établit un plan d'apurement des **dettes** (Loi 65-557 du 10-7-1965 art. 29-5). Ce plan est d'une durée maximale de cinq ans, et comporte un échéancier des versements auprès des créanciers du syndicat. Son élaboration comporte plusieurs étapes :

– un projet d'échéancier est tout d'abord notifié aux créanciers, lesquels disposent d'un délai de deux mois pour faire part de leurs observations. Ils peuvent former des propositions de remise de dettes ;

– puis l'administrateur provisoire notifie le plan d'apurement définitif aux créanciers et au conseil syndical ;

– les créanciers disposent d'un délai de deux mois pour saisir le juge d'une contestation ;

– à défaut de contestation dans ce délai, le juge homologue le plan à la demande de l'administrateur provisoire ;

– l'ordonnance d'homologation est notifiée aux créanciers et au conseil syndical avec le plan d'apurement définitif.

Dans ce cadre, l'administrateur provisoire peut conclure avec les copropriétaires des échéanciers individualisés de remboursement de leurs dettes vis-à-vis du syndicat.

EFFACEMENT DES DETTES

39465 L'administrateur doit évaluer le **montant total** des créances irrécouvrables du syndicat sur les copropriétaires (Loi 65-557 du 10-7-1965 art. 29-7, al. 1). L'administrateur peut demander au juge d'effacer partiellement les dettes du syndicat pour un montant équivalent au montant des créances irrécouvrables, à deux conditions alternatives :

– le syndicat ne dispose pas d'actifs pouvant être cédés (Loi 65-557 du 10-7-1965 art. 29-6 ; voir n° 39475) ;

– ou les cessions envisagées n'ont pas trouvé preneur.

Dans ce cas, le juge peut effacer tout ou partie des dettes. Le montant effacé est réparti entre les créanciers proportionnellement au montant de leur créance et intégré par l'administrateur provisoire au plan d'apurement des dettes, qui est ensuite homologué par le juge dans les conditions prévues au II de l'article 29-5.

6. MESURES DE REDRESSEMENT

EXÉCUTION DU PLAN D'APUREMENT

39470 Ce plan est **mis en œuvre** par le syndic à l'issue de la mission de l'administrateur provisoire. La notification de l'ordonnance ou du jugement entraîne, tant que le plan d'apurement est respecté, le maintien de la suspension de l'exigibilité des créances et de toutes les suspensions et interdictions prévues aux I et II de l'article 29-3 (Loi 65-557 du 10-7-1965 art. 29-5, III ; voir nos 39420 à 39445).

Si la situation financière du syndicat des copropriétaires évolue, le plan d'apurement peut être prorogé ou modifié par décision du juge, saisi par le syndicat des copropriétaires, des copropriétaires représentant au moins 15 % des voix, les créanciers, le syndic ou l'administrateur provisoire (Loi 65-557 du 10-7-1965 art. 29-5, IV).

CESSION D'ACTIFS

39475 Afin de réduire la **dette** du syndicat, la possibilité est donnée à l'administrateur, autorisé par le juge, de céder des actifs du syndicat, tels des locaux ou parcelles de terrain non bâti, et de modifier en conséquence le règlement de copropriété et l'état descriptif de division (Loi 65-557 du 10-7-1965 art. 29-6). L'administrateur doit pour cela produire un rapport faisant état de l'évaluation des biens cessibles et consignant l'avis du conseil syndical. La durée de l'autorisation donnée par le juge ne peut excéder cinq ans. Si la cession des actifs est réalisée dans ce délai, elle conduit à la modification de l'échéancier des appels de fonds auprès des copropriétaires prévu par le plan d'apurement.

Par ailleurs, s'il est justifié par l'administrateur provisoire que les coûts d'entretien, de gestion ou de remise à niveau compromettent de façon irrémédiable l'équilibre financier du syndicat des copropriétaires, le juge peut autoriser l'administrateur provisoire à céder à titre gracieux à la commune ou à l'EPCI :

– soit les parcelles de terrain non bâti d'intérêt public ;

– soit des locaux ou équipements communs pouvant relever d'une gestion publique, et modifier en conséquence le règlement de copropriété et l'état descriptif de division.

CONSTITUTION DE SYNDICATS SECONDAIRES ET DIVISION DU SYNDICAT

Le juge peut, sur demande de l'administrateur provisoire, prononcer (Loi 65-557 du 10-7-1965 art. 29-8) : 39480

- la constitution d'un ou plusieurs syndicats secondaires (nº 39110 s.) ;
- la division du syndicat, qui peut être une division en volumes (nºs 39180 s.).

Néanmoins, l'article 29-8 conditionne la **mise en œuvre** de ces mesures au fait que « la gestion et le fonctionnement normal de la copropriété » ne puissent être rétablis autrement.

À l'appui de ces demandes, l'administrateur provisoire établit un rapport faisant état de l'avis du conseil syndical et précisant les conditions matérielles, juridiques et financières de division du syndicat ou de constitution d'un syndicat secondaire. S'il demande une division en volumes, le juge ne peut statuer qu'au vu du rapport d'un expert désigné par ses soins.

Si des **travaux** préalables sont nécessaires pour réaliser ces opérations, le juge peut autoriser l'administrateur provisoire à faire réaliser les travaux aux frais des copropriétaires (Loi 65-557 du 10-7-1965 art. 29-8, II).

Le jugement autorisant ces opérations homologue également les **nouveaux règlements de copropriété et état descriptif de division** des syndicats issus de la division ou les modifications du règlement de copropriété résultant de la constitution d'un syndicat secondaire, et désigne pour chaque syndicat nouvellement créé la personne chargée de convoquer l'assemblée générale en vue de la désignation d'un syndic. Le plan d'apurement des dettes est validé et s'impose aux syndicats issus de la division.

TRAVAUX

Le redressement de la copropriété peut nécessiter l'exécution de travaux. Dans ce cas, le juge 39485
peut autoriser l'administrateur provisoire à modifier le règlement de copropriété afin de tenir compte de travaux concourant au redressement de la copropriété, notamment d'individualisation du chauffage, et modifiant la répartition des charges (Loi 65-557 du 10-7-1965 art. 29-9). Pour les travaux d'individualisation du chauffage, le juge autorise par la même décision la réalisation de ces travaux.

PLAN DE SAUVEGARDE

L'administrateur provisoire peut proposer au représentant de l'État dans le département 39490
d'initier un plan de sauvegarde, dont les **conditions de mise en œuvre** sont prévues par l'article L 615-1 du Code de la construction et de l'habitation :

- un groupe d'immeubles ou un ensemble immobilier à usage d'habitation ou à usage mixte ;
- confronté à de « graves difficultés sociales, techniques et financières résultant notamment de complexités juridiques ou techniques et risquant à terme de compromettre leur conservation ».

Le représentant de l'État dans le département peut, si ces conditions sont remplies, confier à une commission qu'il constitue la mission :

- d'élaborer un diagnostic de la situation,
- de proposer un plan de sauvegarde destiné à « résoudre les difficultés du groupe d'immeubles bâtis ou de l'ensemble immobilier concerné ».

Lorsqu'une telle procédure est engagée, l'administrateur provisoire est de plein droit membre de la commission constituée par le représentant de l'État.

Le juge peut, lorsque l'immeuble fait l'objet d'un plan de sauvegarde, suspendre le versement des cotisations au fonds de travaux sur demande de l'administrateur provisoire ou des copropriétaires représentant au moins 15 % des voix (Loi 65-557 du 10-7-1965 art. 29-14, 1°).

ADMINISTRATION PROVISOIRE RENFORCÉE

Une administration provisoire renforcée peut être instaurée par le juge (Loi 65-557 du 10-7-1965 art. 29-11 39495
à 29-13).

Pour la **mise en œuvre** de cette mesure, il faut que la situation financière de la copropriété ne permette pas de réaliser les travaux nécessaires à la conservation et la mise en sécurité de l'immeuble, la protection des occupants, la préservation de leur santé et la réduction des charges de copropriété permettant son redressement financier (Loi 65-557 du 10-7-1965 art. 29-11, al. 1).

Le **juge** peut être **saisi** par :

- le maire, le président de l'EPCI ou le représentant de l'État dans le département ;
- l'administrateur provisoire.

Le juge **autorise** l'administrateur provisoire à conclure une convention au nom du syndicat, avec un ou plusieurs opérateurs compétents en matière de maîtrise d'ouvrage de travaux et de mise au point de financement d'opérations de travaux, et à lui confier toutes les missions concourant au redressement de la copropriété, notamment la maîtrise d'ouvrage d'un programme de travaux et la mise au point du financement de l'opération. Le juge homologue cette convention. L'exécution de la convention se poursuit même après la fin de la mission de l'administrateur provisoire, et prend fin à l'expiration du terme qu'elle fixe.

C. Syndic d'intérêt collectif

39497 Afin d'aller plus loin dans la synergie entre syndics spécialisés, mandataires ad hoc et administrateurs provisoires intervenant dans le cadre des articles 29-1 A et 29-1 de la loi 65-557 du 10 juillet 1965, la loi sur la rénovation de l'habitat dégradé du 9 avril 2024 a créé un **agrément** de syndic dit « d'intérêt collectif », dont les modalités d'application seront fixées par décret (Loi 65-557 du 10-7-1965 art. 18-3 créé par loi 2024-322 du 9-4-2024). Les syndics ayant obtenu cet agrément sont présumés compétents pour gérer les copropriétés pour lesquelles un mandataire ad hoc a été désigné sur le fondement de l'article 29-1 A. Ils peuvent également, à la demande d'un administrateur désigné sur le fondement de l'article 29-1, assister l'administrateur provisoire dans ses fonctions de gestion.

L'agrément est délivré par le **préfet** pour une durée de 5 ans, au regard notamment de la capacité et des compétences du syndic à accomplir ses missions dans les copropriétés en difficulté dans lesquelles un mandataire ad hoc a été désigné. La liste des syndics d'intérêt collectif est transmise au Conseil national des administrateurs judiciaires et des mandataires judiciaires.

> **Précisions** Les organismes HLM mentionnés à l'article L 411-2, alinéas 2 à 4 du Code de la construction et de l'habitation et les sociétés d'économie mixte mentionnées à l'article L 481-1 du même Code peuvent, à leur demande expresse, se voir reconnaître de droit la qualité de syndic d'intérêt collectif, sans se soumettre à la procédure d'agrément (Loi 65-557 du 10-7-1965 art. 18-3, III créé par loi 2024-322 du 9-4-2024). Un décret en Conseil d'État déterminera les modalités d'application de ces dispositions.

D. Interventions publiques pour l'assainissement des copropriétés en difficulté

39500 La loi pour la rénovation de l'habitat dégradé du 9 avril 2024 a créé un dispositif de **réorganisation forcée des copropriétés,** afin de faciliter la gestion de copropriétés ayant retrouvé une taille moins importante et la réalisation d'opérations de traitement des copropriétés dégradées. Le Code de la construction et de l'habitation prévoit désormais un arsenal de mesures destinées à remédier aux copropriétés en difficulté, avec l'aide d'interventions publiques (CCH art. L 615-1 à L 615-10 modifiés par loi 2024-322 du 9-4-2024).

1. MESURES DE SAUVEGARDE PRÉVUES PAR LE CCH

PLAN DE SAUVEGARDE

39502 Pour qu'un plan de sauvegarde soit élaboré, il faut, notamment, qu'un groupe d'immeubles ou un ensemble immobilier en copropriété, à usage d'habitation ou mixte, soit confronté à de **graves difficultés sociales, techniques et financières** risquant à terme de compromettre sa conservation (CCH art. L 615-1 à L 615-6 modifiés par loi 2024-322 du 9-4-2024).

Le **préfet** peut, soit d'office, soit sur proposition (du maire, du président de l'Epic compétent en matière d'habitat, d'associations d'habitants de propriétaires ou de copropriétaires, de l'administrateur provisoire de l'article 29-1 de la loi du 10 juillet 1965), confier à une commission qu'il constitue, et qui comprend obligatoirement des représentants des propriétaires et des locataires des immeubles concernés, le soin d'élaborer un **diagnostic** de la situation et de proposer un plan de sauvegarde.

Cette **commission** est présidée par le préfet et comprend le maire, le président de l'Epic compétent en matière d'habitat, le président du conseil départemental, le président du conseil syndical (ou à défaut un représentant des copropriétaires), et le cas échéant l'administrateur provisoire.

Le **syndic** doit mettre à la disposition des parties prenantes (préfet, maire, président de l'Epic, commission) les documents nécessaires à l'élaboration, à la mise en œuvre et à l'évaluation du plan de sauvegarde. Il ne peut percevoir d'honoraires à ce titre et il engage sa responsabilité s'il ne le fait pas un mois après une mise en demeure restée vaine (CCH art. L 615-4-2 modifié par loi 2024-322 du 9-4-2024).

Le plan de sauvegarde est soumis à l'approbation du préfet et à l'avis du maire, du président de l'Epic compétent en matière d'habitat et le cas échéant du président du conseil départemental ayant conclu la convention mentionnée à l'article L 301-5-2 du Code de la construction et de l'habitation.

Le projet de plan puis le plan approuvé sont adressés pour **information** au syndicat des copropriétaires, en la personne de son syndic, ou à l'administrateur provisoire le cas échéant.

Le plan de sauvegarde a pour **objet** de fixer les mesures nécessaires pour, dans un délai de 5 ans **39504**
(CCH art. L 615-2 modifié par loi 2024-322 du 9-4-2024) :

– redresser la situation financière de la copropriété ;
– clarifier et simplifier les règles de structure et d'administration de l'ensemble ;
– clarifier et adapter le statut de biens et équipements collectifs à usage public ;
– réaliser ou faire réaliser des travaux de conservation de l'immeuble ou tendant à la réduction des charges ;
– assurer l'information et la formation des occupants de l'immeuble pour restaurer les relations sociales ;
– organiser la mise en place de mesures d'accompagnement.

Dès réception du plan de sauvegarde, le syndic doit inscrire à l'**ordre du jour de la prochaine** **39506**
assemblée générale les mesures préconisées dans le plan. À défaut d'assemblée générale intervenant dans les six mois de l'approbation du plan, le syndic doit convoquer une assemblée générale extraordinaire (CCH art. L 615-1 modifié par loi 2024-322 du 9-4-2024).

Si aucune assemblée générale ne se réunit, ou si l'assemblée générale rejette les mesures **39508**
proposées, et si les difficultés du groupe d'immeubles ou de l'ensemble immobilier compromettent la conservation de l'immeuble, le maire ou le président de l'Epic peut saisir le **juge** (CCH art. L 615-1, IV modifié par loi 2024-322 du 9-4-2024) :

– afin de solliciter la désignation d'un administrateur provisoire, en application de l'article 29-1 de la loi 65-557 du 10 juillet 1965 ;
– ou afin de voir déclarer l'état de carence conformément à l'article L 615-6 du Code de la construction et de l'habitation.

Si le plan préconisait la **division du syndicat** des copropriétaires ou la création de **syndicats secondaires,** et que ces préconisations n'ont pas été suivies, le juge peut être saisi. Il pourra désigner un expert chargé de la mission prévue à l'article L 741-3 du Code de la construction et de l'habitation (voir nos 39532 s.).

Le préfet désigne un « **coordonnateur** » chargé de veiller à la bonne exécution du plan de **39510**
sauvegarde. Il peut adresser des mises en demeure aux parties qui ne respectent pas les engagements qui y sont prévus, et, si une procédure judiciaire est engagée sur le fondement des articles 29-1 et suivants de la loi du 10 juillet 1965, il veille à l'articulation du plan de sauvegarde avec la mission de l'administrateur provisoire et le cas échéant, avec le contrat de l'opérateur. Il établit un rapport de sa mission (CCH art. L 615-2, II modifié par loi 2024-322 du 9-4-2024). Ce plan de sauvegarde peut être modifié en cas de nomination d'un administrateur provisoire, ou prolongé par période de deux ans par le préfet.

2. ÉTAT DE CARENCE ET EXPROPRIATION

EXPERTISE ORDONNÉE JUDICIAIREMENT

Lorsque, dans un immeuble collectif à usage principal d'habitation, le syndicat des copropriétaires **39512**
est dans l'incapacité d'assurer la **conservation de l'immeuble ou la sécurité et la santé des occupants** en raison de graves difficultés financières ou de gestion et de l'importance des travaux à mettre en œuvre, le maire de la commune ou le président de l'EPCI compétent en matière d'habitat, sur le territoire duquel est implanté l'immeuble, peut saisir le président du tribunal judiciaire statuant selon la procédure accélérée au fond (CCH art. L 615-6 modifié par loi 2024-322 du 9-4-2024). Peuvent également saisir le juge, après accord du maire ou du président de l'EPCI, le préfet, le syndic, l'administrateur provisoire de l'article 29-1 ou des copropriétaires représentant 15 % au moins des voix du syndicat.

De graves **difficultés financières** ou de gestion sont **présumées** lorsque les comptes prévus à **39514**
l'article 14-3 de la loi du 10 juillet 1965 (budget prévisionnel, charges et produits de l'exercice,

situation de trésorerie, annexes du budget prévisionnel) n'ont pas été communiqués à l'expert, le juge peut être saisi aux fins d'ordonner une mesure d'expertise (CCH art. L 615-6 modifié par loi 2024-322 du 9-4-2024). Il s'agit d'une **présomption simple** qui peut être renversée (par exemple par la preuve de l'acquittement régulier des factures, de la contribution régulière des copropriétaires aux frais de la tenue de comptes informels).

Le juge peut **désigner un ou plusieurs experts** qui devront constater l'importance du déséquilibre financier, la répartition des dettes par copropriétaire, la nature et l'état des parties communes et la nature et le coût des travaux à mettre en œuvre pour garantir la santé et la sécurité des occupants. L'expert doit aussi signaler en annexe les désordres dans les parties privatives affectant la sécurité et la santé des personnes, s'il en constate.

L'expert doit rendre son rapport dans le délai fixé par le juge, qui est au maximum de trois mois.

39516 Lorsque le maire ou le président de l'Epic ont saisi le juge, ils doivent présenter à la première assemblée délibérante suivante un **projet simplifié d'acquisition publique** (CCH art. L 615-6, II modifié par loi 2024-322 du 9-4-2024), en vue :

- soit de l'expropriation des parties communes (CCH art. L 165-10) ;
- soit de la réhabilitation ;
- soit de la démolition totale ou partielle de l'immeuble.

Ce projet comporte une évaluation sommaire de son coût et un plan de relogement des occupants.

PRONONCÉ DE L'ÉTAT DE CARENCE

39518 Au vu des conclusions de l'expertise, le président du tribunal judiciaire, après avoir entendu ou appelé les parties, peut déclarer l'état de carence du syndicat des copropriétaires (CCH art. L 615-6, II modifié par loi 2024-322 du 9-4-2024). Il peut aussi désigner un administrateur provisoire (Loi 65-557 du 10-7-1965 art. 29-1 modifié par loi 2024-322 du 9-4-2024 ; CCH art. L 615-6, VI modifié par loi 2024-322 du 9-4-2024). Le jugement est notifié aux parties et transmis au préfet. Le syndicat des copropriétaires ou le syndic peuvent contester cette décision dans un délai de deux mois à compter de la notification.

EXPROPRIATION

39520 Une fois l'état de carence prononcé, une mesure d'expropriation est mise en œuvre (CCH art. L 615-7 modifié par loi 2024-322 du 9-4-2024). Le préfet détermine, par arrêté, les **conditions de la mesure d'expropriation** : immeubles ou parties d'immeuble concernés, collectivité publique ou organisme bénéficiaire, montant de l'indemnité provisionnelle d'expropriation, date de prise de possession des immeubles, laquelle ne peut intervenir moins de deux mois après la publication de l'arrêté. Dans le mois de la prise de possession, l'expropriant doit poursuivre la procédure d'expropriation selon les règles prévues par le Code de l'expropriation pour cause d'utilité publique.

39522 **À titre expérimental,** la loi Alur du 24 mars 2014 avait permis, pendant 10 ans, que l'expropriation ne concerne pas tout l'immeuble ou le bâtiment, mais **seulement les parties communes.** Cette expérimentation, qui n'a jamais été mise en œuvre dans ce délai, a été prolongée par la loi sur la rénovation de l'habitat dégradé du 9 avril 2024 pour atteindre une durée totale de 20 ans, expirant donc le 27 mars 2034 (CCH art. L 615-10 modifié par loi 2024-322 du 9-4-2024).

Lorsque le projet prévoit l'expropriation de l'ensemble des parties communes, l'entretien de ces biens peut être confié à un **opérateur,** ou un opérateur peut être désigné au profit duquel l'expropriation est poursuivie. L'état descriptif de division doit être mis à jour, et les copropriétaires bénéficient d'une servitude sur ces biens et doivent verser à l'opérateur une redevance mensuelle proportionnelle à la superficie de leurs parties privatives. Cette redevance est destinée à permettre à l'opérateur de couvrir les dépenses d'entretien, d'amélioration et de conservation des parties communes.

En cas de déséquilibre financier important, l'opérateur peut demander à la commune ou à l'Epic à l'origine de l'expérimentation de procéder à l'**expropriation totale** de l'immeuble. L'immeuble pourra ultérieurement faire l'objet d'une nouvelle mise en copropriété à la demande de l'opérateur, à charge pour les propriétaires de verser une indemnité équivalente à la valeur initiale d'acquisition des parties communes expropriées, majorée du coût des travaux réalisés, et déduction faite des redevances versées à l'opérateur.

CONVENTION D'ACQUISITION TEMPORAIRE

39525 La loi pour la rénovation de l'habitat dégradé du 9 avril 2024 a mis en place une expérimentation, pendant 10 ans à compter de la promulgation de la loi : lorsqu'un immeuble en copropriété remplit les conditions justifiant le prononcé du jugement ordonnant une expertise et le prononcé d'une mesure de carence, un opérateur peut conclure avec le syndicat des copropriétaires une convention en vue de l'acquisition temporaire à titre onéreux soit du seul terrain d'assiette de la copropriété, soit des seuls parties et équipements communs des immeubles, soit du terrain et des parties et équipements communs, en vue d'en assurer la rénovation (CCH art. L 615-10 modifié par loi 2024-322 du 9-4-2024). La **convention** doit :

– prévoir la durée maximale pendant laquelle l'opérateur est investi des droits réels conférés par la propriété du terrain ou des parties communes ;

– fixer les conditions de rachat du terrain ou des parties communes par les propriétaires. Le prix de revente ne peut excéder le prix d'acquisition par l'opérateur, tel qu'initialement établi par une évaluation du service des domaines et actualisé ;

– définir les mesures et les travaux de rénovation que l'opérateur s'engage à réaliser ainsi que ses obligations en matière d'entretien le cas échéant ;

– déterminer un règlement pour l'usage des locaux et des équipements par les copropriétaires ;

– fixer la redevance due par les copropriétaires à l'opérateur au titre de l'usage du terrain et des parties et équipements communs et des travaux réalisés, en rapport avec la superficie de leurs parties privatives.

La convention comprend l'état descriptif de division de l'immeuble, qui est mis à jour ou établi s'il n'existe pas. L'opérateur assume la responsabilité des dommages de constructions éventuels.

E. Traitement des difficultés des copropriétés dégradées

1. OPÉRATIONS DE REQUALIFICATION DES COPROPRIÉTÉS DÉGRADÉES

OPÉRATIONS DE REQUALIFICATION DE DROIT COMMUN

Les opérations de requalification des copropriétés dégradées (Orcod), mises en place par l'État, 39530
les collectivités territoriales ou leurs groupements, ont pour objet de lutter contre l'indignité et la dégradation des immeubles en copropriété (CCH art. L 741-1 modifié par loi 2024-322 du 9-4-2024). Chaque opération fait l'objet d'une **convention entre personnes publiques** qui prévoit tout ou partie des actions suivantes :

1° un dispositif d'intervention immobilière et foncière, incluant des actions d'acquisition, de travaux et de portage de lots de copropriété ;

2° un plan de relogement et d'accompagnement social des occupants ;

3° la mobilisation des dispositifs coercitifs de lutte contre l'habitat indigne ;

4° la mise en œuvre des actions prévues à l'article L 303-1 du CCH (opérations programmées d'amélioration de l'habitat) ;

5° le cas échéant, la mise en œuvre d'un plan de sauvegarde prévue à l'article L 615-1 du Code de la construction et de l'habitation (voir n° 39502) et de la procédure d'administration provisoire renforcée prévue à l'article 29-11 de la loi du 10 juillet 1965 ;

6° la mise en œuvre d'actions ou d'opérations d'aménagement (C. urb. art. L 300-1).

L'opération de requalification peut donner lieu à l'instauration du **droit de préemption urbain renforcé.** L'instauration de ce droit peut être assortie de l'obligation de joindre un rapport relatif à la salubrité et à la sécurité du bien.

OPÉRATIONS DE REQUALIFICATION D'INTÉRÊT NATIONAL

L'État peut aussi déclarer d'intérêt national, au sens de l'article L 102-12 du Code de 39531
l'urbanisme, une opération de requalification de copropriétés dégradées (Orcod-IN), dont il définit le périmètre par décret en Conseil d'État (CCH art. L 741-2 modifié par loi 2024-322 du 9-4-2024) :

– si l'opération de requalification présente des enjeux majeurs en matière d'habitat dégradé, une complexité de traitement particulière et de lourds investissements ;

– et si le droit de préemption urbain renforcé, assorti de l'obligation de joindre un rapport relatif à la salubrité et à la sécurité de l'immeuble, a été instauré et que la commune s'est engagée formellement à le déléguer à l'opérateur chargé de la mise en œuvre de l'opération d'intérêt national.

2. RÉORGANISATION FORCÉE DES COPROPRIÉTÉS

EXPERTISE PRÉALABLE

39532 Alors qu'il appartient en principe aux copropriétaires de prendre les **décisions** relatives à l'organisation de leur copropriété, ces décisions pourront leur être imposées, afin de remédier aux difficultés de leur copropriété, après une **expertise judiciaire.**

Lorsqu'un immeuble en copropriété est inclus dans le **périmètre d'une Orcod,** et que sa gestion ou son fonctionnement normal sont compromis en raison de graves difficultés d'entretien ou d'administration résultant notamment de défaillances récurrentes des copropriétaires ou de complexités juridiques ou techniques, l'opérateur peut saisir un juge aux fins de désignation d'un expert judiciaire. Cet expert sera chargé, aux frais de l'opérateur, de déterminer les conditions matérielles, juridiques et financières de la division du syndicat des copropriétaires ou de la constitution d'un ou de plusieurs syndicats de copropriétaires secondaires. L'expert a un délai de trois mois, renouvelable une fois, à compter de sa désignation, pour adresser son rapport présentant ses préconisations en vue de la scission du syndicat ou de la création d'un ou de plusieurs syndicats secondaires.

Le syndic et l'opérateur doivent fournir à l'expert les documents nécessaires à l'accomplissement de sa mission (CCH art. L 741-3, II créé par loi 2024-322 du 9-4-2024).

L'expert établit :

- en vue de la **scission** : la répartition des parties communes du syndicat initial, les projets des nouveaux règlements de copropriété et états descriptifs de division des syndicats issus de la scission ainsi qu'un état des créances et des dettes du syndicat initial et leur répartition selon les principes définis au II de l'article 28 de la loi du 10 juillet 1965 (d'une part, les créances du syndicat initial sur les copropriétaires et les hypothèques du syndicat initial sur les lots des copropriétaires sont transférées de plein droit aux syndicats issus de la division auxquels le lot est rattaché, d'autre part les dettes du syndicat initial sont réparties entre les syndicats issus de la division à hauteur du montant des créances du syndicat initial sur les copropriétaires transférées aux syndicats issus de la division) ;
- en vue de la création d'un ou de plusieurs **syndicats secondaires** : les modifications du règlement de copropriété engendrées par cette création.

L'expert remet son rapport au juge et à l'opérateur. Ce rapport présente les préconisations pour opérer la scission du syndicat ou la création d'un ou de plusieurs syndicats secondaires, et, le cas échéant, assurer la sécurité et la division de l'immeuble, ainsi que le résultat des actions de médiation ou de négociation qu'il aura éventuellement menées avec les parties en cause (CCH art. L 741-3, III-al. 2 créé par loi 2024-322 du 9-4-2024). Si le rapport préconise la réalisation de travaux préalables à la réorganisation, le juge peut autoriser l'opérateur à les réaliser (CCH art. L 741-3, IV-al.1 créé par loi 2024-322 du 9-4-2024). L'expert peut également retenir une **division en volume.**

DIVISION DU SYNDICAT OU CONSTITUTION DE SYNDICATS SECONDAIRES

39534 Le juge pourra, au vu du rapport d'expertise, décider :

- soit la constitution d'un ou de plusieurs syndicats secondaires ;
- soit la division du syndicat.

Lorsqu'elle est opérée dans ce cadre (contrairement à ce qui est prévu dans le cadre d'un plan de sauvegarde par l'article L 615-1, IV-al. 2 ou d'une opération programmée de rénovation de l'habitat par l'article L 303-1-1, al. 7), la division peut entraîner un **partage inégal des parties communes** du syndicat des copropriétaires initial entre les syndicats créés, à la condition que cela soit nécessaire à la réussite des objectifs poursuivis par l'opération en cours. L'opérateur doit alors notifier aux copropriétaires lésés une offre d'indemnité dans les conditions et selon les règles prévues par le Code de l'expropriation pour cause d'utilité publique.

Le juge désigne, pour chaque syndicat nouvellement créé, la personne chargée de convoquer l'assemblée générale en vue de la désignation du syndic. Il homologue les nouveaux règlements de copropriété et les états descriptifs de division. Il ordonne en tant que de besoin la création d'une union ou d'une ASL des syndicats issus de la division, en vue de la gestion des éléments d'équipements communs qui ne peuvent être divisés. Il fixe l'indemnité due à certains copropriétaires en cas de partage inégal des parties communes du syndicat des copropriétaires initial en cas de désaccord sur le montant de celle-ci.

La division emporte **dissolution du syndicat initial** au jour de son prononcé par le juge.

DISTRACTION DE L'IMMEUBLE DU PÉRIMÈTRE D'UNE ASL

L'appartenance d'un immeuble en copropriété à une ASL ou une Aful peut gêner les opérations de requalification. La loi du 9 avril 2024 a donc permis une **procédure judiciaire** permettant la sortie de l'immeuble de ces associations. Il faut pour cela que cette inclusion engendre des difficultés de gestion, de fonctionnement normal ou financières ou des complexités juridiques qui font obstacle à la poursuite de l'opération. Dans ce cas, l'opérateur peut saisir le juge, qui désigne un expert chargé de déterminer les conditions matérielles, juridiques et financières de la distraction de l'immeuble, ou de la dissolution de l'association lorsque l'opération porte sur un ou plusieurs immeubles représentant une part majoritaire du périmètre de l'ASL. Le juge peut, au vu des conclusions du rapport d'expertise, décider : **39536**
- soit la distraction de l'immeuble ;
- soit la dissolution de l'association syndicale.

En cas de dissolution, les conditions de la dévolution du passif et de l'actif sont déterminées soit par les statuts, soit à défaut, par un liquidateur nommé par le juge. Elles doivent tenir compte des droits des tiers. En cas de distraction, les frais relatifs à la modification des statuts ou de tout acte nécessaire pour constater les conséquences de cette distraction sont à la charge de l'opérateur (CCH art. L 741-4, III créé par loi 2024-322 du 9-4-2024).

3. PRISE DE POSSESSION ANTICIPÉE

Lorsqu'une **opération d'aménagement** est **déclarée d'utilité publique,** l'État peut autoriser la prise de possession anticipée de tout ou partie d'un ou de plusieurs immeubles dégradés ou dangereux lorsque des risques sérieux pour la sécurité des personnes la rendent nécessaire et qu'un plan de **relogement des occupants** a été établi. La prise de possession anticipée est un dispositif d'urgence, applicable, depuis la loi du 9 avril 2024, tant dans les opérations de requalification d'intérêt national (comme c'est le cas depuis la loi Élan) que dans le cadre des opérations de requalification de droit commun. Auparavant, elle ne pouvait pas être partielle et ne pouvait pas porter sur une partie seulement de l'immeuble. L'arrêté autorisant l'accès des agents du maître d'ouvrage à l'immeuble doit être notifié par le bénéficiaire de la déclaration d'utilité publique aux syndicats de copropriétaires, aux copropriétaires et aux occupants connus (C. expr. art. L 523-3 créé par loi 2024-322 du 9-4-2024). Il doit être notifié par le représentant de l'État dans le département au bénéficiaire de la déclaration d'utilité publique et au maire de la commune (C. expr. art. R 523-1) et il doit être affiché à la mairie pendant deux mois et au moins dix jours ouvrés avant l'accès effectif à l'immeuble concerné. Une copie est affichée dans les parties communes et sur la façade de l'immeuble. Pour les propriétaires ou occupants dont l'identité ou l'adresse n'a pas pu être établie, la notification est valablement effectuée par la procédure d'affichage (art. R 523-1 précité). Le bénéficiaire de la déclaration d'utilité publique doit notifier au syndicat des copropriétaires, aux copropriétaires et aux occupants connus, avant toute prise de possession du bien, le jour et l'heure où il compte se rendre sur les lieux et les invite à s'y trouver afin qu'il soit procédé contradictoirement au constat de l'état des lieux par un commissaire de justice qu'il aura désigné (C. expr. art. R 523-2). Le commissaire de justice dresse le constat de l'état des lieux et de leur occupation et en remet une expédition au bénéficiaire de la DUP, au propriétaire ou à son représentant et le cas échéant aux occupants (C. expr. art. R 523-3). **39538**

Le délai d'acceptation de l'offre de relogement faite à l'occupant est désormais d'un mois seulement (contre 2 mois auparavant) (C. expr. art. L 523-4 créé par loi 2024-322 du 9-4-2024). Lorsque des risques pour la sécurité des personnes rendent nécessaires des travaux qui requièrent l'éviction provisoire ou définitive des occupants de logement, ils sont relogés dans les conditions de droit commun (C. expr. art. L 523-5 créé par loi 2024-322 du 9-4-2024). Les droits de jouissance et les baux relatifs aux immeubles et droits réels immobiliers sont éteints de plein droit à compter du relogement ou du départ volontaire définitif des occupants (C. expr. art. L 523-7 créé par loi 2024-322 du 9-4-2024).

F. Dispositions spécifiques dans le cadre d'une Opah

Les opérations programmées d'amélioration de l'habitat (Opah) ont pour objet la **réhabilitation** du parc immobilier bâti. Elles tendent à améliorer l'offre de logements, en particulier locatifs, ainsi qu'à maintenir ou à développer les services de voisinage (CCH art. L 303-1). Elles ne s'appliquent pas exclusivement aux immeubles en copropriété, mais des mesures spécifiques sont prévues lorsqu'un immeuble soumis au statut de la copropriété est inclus dans le périmètre d'une telle opération. **39550**

39552 Dans ce cadre, la proposition de **diviser le syndicat ou de créer un ou plusieurs syndicats secondaires** est d'abord soumise à l'assemblée générale. Elle peut être ensuite judiciairement décidée.

Le préfet ou la collectivité territoriale signataire de la convention peut en effet, dans certains cas, demander au syndic d'inscrire à l'ordre du jour de la prochaine **assemblée générale** le projet de division du syndicat et de création de syndicats secondaires. Cette possibilité n'est ouverte que pour les opérations prévoyant des dispositifs d'accompagnement social des occupants et des propriétaires ainsi que d'intervention immobilière et foncière, incluant des actions d'acquisition, des travaux et de portage de lots de copropriété, et lorsque l'immeuble présente un état de dégradation compromettant sa conservation, constaté par expert. Si l'assemblée générale n'adopte pas ces projets, le syndic en informe les signataires de la convention.

Le **juge** peut alors être saisi afin qu'il :

– constate que cette abstention compromet la poursuite de l'Opah et la conservation de l'immeuble ;

– désigne un expert, aux frais du demandeur, chargé de la mission prévue à l'article L 741-3 du Code de la construction et de l'habitation.

Le rôle dévolu par l'article L 741-3 du Code de la construction et de l'habitation à l'opérateur est alors confié au demandeur, qui peut le déléguer à un opérateur.

La division ne peut, contrairement à ce qui est admis dans le cadre d'une opération de requalification des copropriétés dégradées, conduire au partage inégal des parties communes prévu par L 741-3, V du Code de la construction et de l'habitation.

CHAPITRE 12 TRAVAUX DANS LA COPROPRIÉTÉ

SOMMAIRE

EN BREF

La réalisation de travaux dans un immeuble en copropriété peut se révéler complexe compte tenu des différents régimes auxquels ils sont soumis. La loi 2014-366 du 24 mars 2014 a modifié les majorités applicables à certains travaux afin de faciliter leur réalisation. **39600**

A. Travaux réalisés par le syndicat des copropriétaires

1. TRAVAUX DANS LES PARTIES COMMUNES

a. Planification

PLAN PLURIANNUEL DE TRAVAUX

La loi Climat modifie le plan pluriannuel de travaux (PPT) pour le rendre obligatoire dans l'ensemble des copropriétés (Loi 65-557 du 10-7-1965 art. 14-2). **39610**

Quinze ans après la **date de réception d'un immeuble en copropriété,** il sera obligatoire de faire élaborer, par une personne ayant des compétences et des garanties qui seront précisées par décret, et de soumettre à l'assemblée générale des copropriétaires un projet de plan pluriannuel de travaux. Ce plan devra être **actualisé tous les 10 ans.**

Ce projet de plan pluriannuel de travaux comprendra, à partir d'une analyse du bâti et des équipements de l'immeuble ainsi que du diagnostic de performance énergétique (sauf lorsqu'un diagnostic réalisé après le 1er juillet 2021 permet d'établir que le bâtiment a un classement énergétique des classes A, B ou C), et, le cas échéant, à partir du diagnostic technique global dès lors que ce dernier a été réalisé :

1° la liste des **travaux nécessaires** à la sauvegarde de l'immeuble, à la préservation de la santé et de la sécurité des occupants, à la réalisation d'économies d'énergie et à la réduction des émissions de gaz à effet de serre ;

2° une estimation du **niveau de performance énergétique** au sens de l'article L 173-1-1 du Code de la construction et de l'habitation que les travaux mentionnés au 1° permettent d'atteindre ;

3° une **estimation** sommaire du coût de ces travaux et leur hiérarchisation ;

4° une proposition d'**échéancier** pour les travaux dont la réalisation apparaît nécessaire dans les 10 ans à venir.

Cette **obligation ne s'appliquera pas** si le diagnostic technique global a conclu à l'absence de nécessité de travaux.

Le PPT est **présenté à la première assemblée générale** des copropriétaires qui suit son élaboration ou sa révision. S'il fait apparaître la nécessité de travaux dans les 10 années à venir, le syndic inscrit à l'**ordre du jour** de cette même assemblée la question de l'adoption de tout ou partie du projet de PPT. Cette question est soumise au vote à la majorité des voix de tous les copropriétaires (majorité absolue).

Si le projet de PPT n'est pas **adopté,** le syndic inscrit à l'ordre du jour de chaque assemblée générale appelée à approuver les comptes la question de l'adoption de tout ou partie du projet.

Lorsque le plan est adopté, une **cotisation obligatoire au fonds de travaux** au moins égale à 2,5 % du montant estimé des travaux s'appliquera. Dans tous les cas, la cotisation obligatoire au fonds de travaux devra représenter un montant au moins égal à 5 % du budget prévisionnel. L'obligation de constituer un fonds de travaux sera valable à compter de 10 ans après la réception des travaux de l'immeuble (contre 5 ans aujourd'hui).

Les travaux prescrits dans le plan pluriannuel de travaux ainsi que leur échéancier et, le cas échéant, ceux prescrits par le diagnostic technique global sont intégrés dans le **carnet d'entretien de l'immeuble.**

Ces dispositions **entrent en vigueur** au 1er janvier 2023 pour les copropriétés de plus de 200 lots, au 1er janvier 2024 pour les copropriétés qui comprennent entre 51 et 200 lots et au 1er janvier 2025 pour les copropriétés de moins de 50 lots.

Le décret 2022-663 du 25 avril 2022 fixe la liste des compétences dont doit justifier la personne qui réalise un projet de plan pluriannuel. Il détermine également le niveau de qualification requis et les garanties exigées en terme d'impartialité ou d'indépendance vis-à-vis du syndic, des fournisseurs d'énergie et des entreprises intervenant sur l'immeuble et les équipements sur lesquels porte le projet de plan pluriannuel de travaux.

ATTENTION

Dans le **cadre de la police de la sécurité et de la salubrité des immeubles,** l'autorité administrative compétente (selon la situation, le préfet ou le maire) peut demander au syndic la transmission du PPT afin de vérifier que les travaux programmés permettent de garantir la sauvegarde de l'immeuble et la sécurité de ses occupants (Loi 65-557 du 10-7-1965 art. 14-2, III). Si le PPT n'est pas transmis dans un délai d'un mois à compter de la notification de la demande ou si le plan transmis ne prescrit manifestement pas des travaux adaptés, l'autorité peut élaborer ou actualiser d'office le PPT en lieu et place du syndicat et aux frais de ce dernier. Dès réception du PPT notifié par l'autorité administrative, le syndic convoque l'assemblée générale qui se prononce sur la question de l'adoption de tout ou partie de ce projet de plan.

DIAGNOSTIC TECHNIQUE GLOBAL

39615 Le syndic doit, en application de l'article L 731-1 du Code de la construction et de l'habitation, soumettre à l'assemblée générale des copropriétaires, dans les immeubles à destination partielle ou totale d'habitation, la question de la réalisation d'un diagnostic technique global (DTG) par un tiers, disposant de compétences qui ont été précisées par le décret 2016-1965 du 28 décembre 2016, comportant :

– une analyse de l'état apparent des parties communes et des équipements communs de l'immeuble ;

– un état de la situation du syndicat au regard des obligations légales et réglementaires au titre de la construction et de l'habitation ;

– une analyse des améliorations possibles de la gestion technique et patrimoniale de l'immeuble ;

– un diagnostic de performance énergétique de l'immeuble tel que prévu aux articles L 126-26 ou L 126-31 du Code de la construction et de l'habitation.

Ce diagnostic doit faire apparaître une évaluation sommaire du coût et une liste des travaux nécessaires à la conservation de l'immeuble, en précisant notamment ceux qui devraient être menés dans les dix prochaines années. Le contenu de ce diagnostic est présenté à l'assemblée générale des copropriétaires qui statue sur la question de l'élaboration d'un plan pluriannuel de travaux ainsi que sur les modalités générales de leur éventuelle mise en œuvre.

PLAN DE TRAVAUX D'ÉCONOMIES D'ÉNERGIE

39620 Pour tout immeuble équipé d'un système collectif de chauffage ou de refroidissement, le syndic inscrit à l'ordre du jour de l'assemblée générale qui suit l'établissement d'un **diagnostic de performance énergétique** prévu à l'article L 126-6 du Code de la construction et de l'habitation, ou d'un audit de performance énergétique prévu à l'article L 126-31 du même

Code, la question d'un plan de travaux d'économies d'énergie ou d'un contrat de performance énergétique. Cette obligation est satisfaite si le plan pluriannuel de travaux (n° 39610) comporte des travaux d'économie d'énergie.

CONTRÔLE TECHNIQUE DU RACCORDEMENT DES EAUX USÉES

Depuis le 1er janvier 2023 et dans la perspective des Jeux olympiques de 2024, le syndic doit faire réaliser le contrôle des raccordements de l'immeuble au réseau public de collecte des eaux usées (Loi 65-557 du 10-7-1965 art. 18, III). Cette disposition concerne les territoires dont les rejets d'eaux usées et pluviales ont une incidence sur la qualité de l'eau pour les épreuves qui se dérouleront dans la Seine. Le décret 2022-93 du 31 janvier 2022 fixe la liste des territoires concernés (ville de Paris, certaines communes de l'Essonne, des Hauts-de-Seine, de Seine-Saint-Denis et du Val-de-Marne). Le document établi à l'issue de ce contrôle devra être tenu à la disposition des copropriétaires qui en font la demande. **39625**

b. Mise en concurrence

L'assemblée générale des copropriétaires, statuant à la majorité de l'article 25, arrête un **montant des marchés et contrats** à partir duquel une mise en concurrence est rendue obligatoire (Loi 65-557 du 10-7-1965 art. 21). À défaut de fixation de ce seuil par l'assemblée générale, la mise en concurrence n'est pas obligatoire (Cass. 3e civ. 26-3-2014 n° 13-10.693 : BPIM 3/14 inf. 197). **39630**

Elle doit être mise en œuvre au stade du choix du cocontractant et non pas lorsque la décision porte seulement sur la détermination du type de contrat ou de la nature de la prestation voulu par le syndicat (Cass. 3e civ. 28-1-2015 n° 13-28.021 : BPIM 2/15 inf. 135). Lorsque l'assemblée générale n'en a pas fixé les conditions, la mise en concurrence résulte de la demande de plusieurs devis ou de l'établissement d'un devis descriptif soumis à l'évaluation de plusieurs entreprises (Décret 67-223 du 17-3-1967 art. 19-2). Il a été jugé que l'obligation de mise en concurrence est remplie dès lors que plusieurs devis ont été demandés, même si toutes les entreprises sollicitées n'ont pas répondu (Cass. 3e civ. 27-11-2013 n° 12-26.395 : BPIM 1/14 inf. 56). En revanche, l'obligation de mise en concurrence n'est pas considérée comme remplie lorsqu'un seul devis a été soumis au vote, même si plusieurs devis ont été joints à la convocation et que l'architecte explique le choix du devis qu'il a retenu (Cass. 3e civ. 9-3-2022 n° 21-12.658 : BPIM 2/22 inf. 149).

c. Règles de majorité

Les travaux réalisés dans les **parties communes** sont décidés par l'assemblée générale des copropriétaires, suivant les règles de majorité prévues par les articles 24, 25, 26 de la loi du 10 juillet 1965, ou de l'unanimité selon la nature des travaux envisagés (nos 37800, 37850, 37940 et 37980 s.). **39640**

Quelques grandes catégories peuvent néanmoins être distinguées :
- les travaux d'entretien, les travaux nécessaires à la conservation de l'immeuble et à la préservation de la santé physique des occupants, qui relèvent de la majorité de l'article 24 (nos 37830 s.) et les modalités d'exécution des travaux obligatoires (n° 37831) ;
- les travaux d'économie d'énergie, qui relèvent de la majorité de l'article 25 (n° 37866) ;
- les travaux d'accessibilité aux personnes handicapées, qui relèvent de la majorité de l'article 24 sauf exception (n° 37833) ;
- les autres travaux d'amélioration, qui relèvent de la majorité de l'article 25 (nos 37874 s.) ;
- les travaux d'addition et de surélévation (nos 37874 s.).

Dans le tableau ci-après figurent les **règles de majorité** applicables aux **travaux** les plus courants sous réserve des particularités liées, notamment, à l'organisation d'un second vote (n° 37900), à la tenue d'une deuxième assemblée ou à l'atteinte à la destination de l'immeuble ou aux droits des autres copropriétaires. **39645**

Décisions	*Règles de majorité*			
	Majorité de l'article 24 (n° 37800)	Majorité de l'article 25 (n° 37850)	Majorité de l'article 26 (n° 37940)	Unanimité
Antenne collective (râteau ou parabole)				
Installation		X		
Entretien	X			

39645
(suite)

Décisions	Règles de majorité			
	Majorité de l'article 24 (nº 37800)	Majorité de l'article 25 (nº 37850)	Majorité de l'article 26 (nº 37940)	Unanimité
Ascenseur				
Installation par la copropriété		X		
Installation par certains copropriétaires à leurs frais		X		
Entretien	X			
Mise en conformité	X			
Remplacement d'un ascenseur contaminé par l'amiante	X			
Suppression				X
Balcon				
Entretien (dont travaux d'étanchéité)	X			
Fermeture par la copropriété		X		
Fermeture par un copropriétaire		X		
Boîtes aux lettres				
Installation		X		
Installation entraînant la suppression du service de distribution du courrier à domicile				X
Réparation	X			
Suppression				X
Chauffage collectif				
Création		X		
Installation d'une chaudière à condensation		X		
Entretien (purge des radiateurs, nettoyage des brûleurs, etc.)	X			
Remplacement d'une chaudière vétuste	X			
Remplacement général par un système individuel plus performant et économique		X		
Transformation de la chaudière avec changement de source d'énergie entraînant une amélioration du rendement thermique		X		
Suppression par la copropriété				X
Pose de compteurs d'énergie thermique		X		
Pose de répartiteurs de frais de chauffage		X		
Digicode				
Installation			X	
Entretien	X			
Eau				
Pose de compteurs individuels d'eau froide		X		
Pose de compteurs individuels d'eau chaude		X		
Éclairage				
Installation de l'éclairage dans la cave	X			
Réfection	X			
Pose de minuteries d'éclairage		X		
Escalier				
Installation d'une main courante	X			
Nettoyage	X			
Pose d'un tapis		X		

39645 (suite)

Décisions	*Règles de majorité*			
	Majorité de l'article 24 (n° 37800)	Majorité de l'article 25 (n° 37850)	Majorité de l'article 26 (n° 37940)	Unanimité
Réfection	X			
Espaces verts				
Création		X		
Entretien (notamment, remplacement de plantes ou d'arbres morts)	X			
Fibre optique (réseau à très haut débit)				
Installation	X			
Handicapés				
Installation d'une rampe d'accès par le syndicat	X			
Parking				
Création		X		
Installation d'une porte automatique		X		
Plaque professionnelle				
Installation		X		
Ravalement				
Nécessaire	X			
Obligatoire	X			
Isolation thermique		X		
Surélévation de l'immeuble				
Création de nouveaux lots privatifs			X	
Création de nouveaux locaux communs		X		
Tapis				
Installation		X		
Entretien	X			
Remplacement d'un tapis hors d'usage	X			
Suppression				X
Toiture				
Entretien	X			
Étanchéité	X			
Isolation thermique		X		
Véhicules électriques				
Installation ou modification des installations électriques intérieures permettant l'alimentation des emplacements de stationnement		X		
Installation des systèmes de recharge électrique permettant un comptage individuel		X		
Décision de conclure une convention pour installer une infrastructure publique ou privée de points de recharge sans frais pour le propriétaire ou le syndicat de propriétaires	X			
Vide-ordures				
Installation		X		
Suppression				X
Suppression pour des impératifs d'hygiène	X			
Vidéoprotection				
Installation		X		
Entretien	X			

d. Financement des travaux

RÉPARTITION DU COÛT

39650 La répartition entre les copropriétaires du coût des travaux réalisés dans les parties communes dépend de la **nature** de ces travaux : pour les travaux d'entretien, leur coût entre dans les charges générales (nos 36070 s.). Lorsqu'ils portent sur un élément d'équipement commun, leur coût entre dans les charges entraînées par les services et équipements collectifs (nos 36010 s.). Pour les travaux d'amélioration relevant de la majorité de l'article 25, leur coût est réparti suivant la règle fixée à l'article 30, alinéas 2 et 3 (no 39690) ; pour les autres travaux d'amélioration, la répartition des dépenses n'est pas spécifiquement prévue dans la loi et s'effectue donc, en application des critères de droit commun, selon que les travaux portent sur les parties communes ou sur un élément d'équipement commun.

PAIEMENT

39655 Pour les travaux qui ne sont pas compris dans le budget prévisionnel (no 36460), l'assemblée générale décide des modalités de financement des travaux qu'elle décide de réaliser, et notamment du **montant des appels de fonds** qui seront effectués auprès des copropriétaires par le syndic et de leur date. Sur la répartition des appels de fonds entre vendeur et acquéreur en cas de vente d'un lot (no 37370).

FONDS DE TRAVAUX

39660 Les problèmes de financements des travaux étant souvent un frein à leur réalisation, il est obligatoire depuis le 1er janvier 2017, dans les immeubles à usage total ou partiel d'habitation, de constituer un « fonds de travaux », destiné au **financement** des travaux non compris dans le budget prévisionnel (Loi 65-557 du 10-7-1965 art. 14-2, II). Ce fonds peut ne pas être instauré dans les immeubles de moins de dix lots, sous réserve d'une décision unanime de l'assemblée générale. Il est alimenté par une **cotisation annuelle obligatoire** versée par les copropriétaires selon les mêmes modalités que celles décidées par l'assemblée générale pour le versement des provisions du budget prévisionnel (no 38510).

À compter du 1er janvier 2023 pour les copropriétés de plus de 200 lots, du 1er janvier 2024 pour les copropriétés qui comprennent entre 51 et 200 lots et du 1er janvier 2025 pour les copropriétés de moins de 50 lots, le fonds de travaux devra être alimenté par une cotisation obligatoire d'un montant minimal de 2,5 % du montant des travaux prévus dans le plan pluriannuel de travaux et de 5 % du budget prévisionnel prévu à l'article 14-1 de la loi de 1965 (voir no 39610) (Loi 65-557 du 10-7-1965 art. 14-2-1).

EMPRUNT

39665 Le syndicat des copropriétaires peut également souscrire un emprunt pour le financement de certains types de travaux, soit pour son propre compte, soit pour le compte de certains des copropriétaires **consentants.**

Trois types d'emprunt peuvent être souscrits (Loi 65-557 du 10-7-1965 art. 26-4 à 26-8 ; Décret 2013-205 du 11-3-2013).

39666 **Emprunts souscrits par le syndicat pour son compte** Ces emprunts peuvent servir au financement de travaux concernant les parties communes, de travaux d'intérêt collectif sur parties privatives, ou d'actes d'acquisition conformes à l'objet du syndicat. La décision doit être prise à l'unanimité des voix de tous les copropriétaires. La seule exception à ce principe concerne les emprunts qui ont pour « unique objectif le préfinancement de subventions publiques accordées au syndicat pour la réalisation des travaux votés », auquel cas l'assemblée se prononce à la même majorité que celle nécessaire au vote des travaux concernant les parties communes ou des travaux d'intérêt collectif sur parties privatives.

39667 **Emprunts souscrits par le syndicat au bénéfice des copropriétaires volontaires** Ces emprunts, qui peuvent être souscrits dans les mêmes cas que ceux indiqués no 39666, doivent être décidés par l'assemblée générale à la même majorité que celle nécessaire au vote soit des travaux, soit des actes d'acquisition. Le syndicat a la qualité d'emprunteur. Les copropriétaires qui participent à l'emprunt lui versent leur quote-part d'échéance et le syndicat procède au paiement des échéances à l'établissement de crédit. Le syndicat est garanti par un cautionnement solidaire (Loi 65-557 du 10-7-1965 art. 26-6), ce principe supportant une seule exception introduite par la loi Alur du 24 mars 2014 dans le cas où le prêt a pour unique objet le préfinancement de subventions publiques.

> **Précisions** Les copropriétaires, qu'ils occupent personnellement ou louent le logement, peuvent bénéficier, sous certaines conditions, de **subventions de l'Anah** (voir sur cette question nos 24800 s.).

Emprunt collectif souscrit par le syndicat au bénéfice des copropriétaires n'ayant pas refusé La loi de rénovation de l'habitat dégradé permet au syndicat de souscrire un emprunt collectif avec présomption d'adhésion de tous les copropriétaires pour financer les travaux essentiels et de rénovation énergétique. Cette mesure concerne aussi bien les copropriétés en difficulté que les copropriétés engagées dans des démarches d'entretien classique ou de performance énergétique (Loi 65-557 du 10-7-1965 art. 26-4 modifié et art. 26-9 à 26-14 créés par loi 2024-322 du 9-4-2024). **39668**

L'assemblée générale peut voter cet emprunt aux mêmes conditions de majorités que les **travaux destinés à être financés,** à savoir :

– les travaux rendus obligatoires en vertu de dispositions législatives ou réglementaires ou d'un arrêté de police administrative relatif à la sécurité ou à la salubrité publique, notifié au syndicat des copropriétaires pris en la personne du syndic (Loi 65-557 du 10-7-1965 art. 24, II-b) ;

– les travaux participant de la réalisation de programmes de restauration immobilière, dans le cadre de plans de sauvegarde et de mise en valeur et de restauration immobilière, visés par l'article L 313-4-2 du Code de l'urbanisme (Loi 65-557 du 10-7-1965 art. 24, II-c) ;

– les travaux d'accessibilité aux personnes handicapées ou à mobilité réduite, sous réserve qu'ils n'affectent pas la structure de l'immeuble ou ses éléments d'équipement essentiels (Loi 65-557 du 10-7-1965 art. 24, II-d) ;

– la suppression des vide-ordures pour des impératifs d'hygiène (Loi 65-557 du 10-7-1965 art. 24, II-e) ;

– les travaux d'économies d'énergie ou de réduction des émissions de gaz à effet de serre pouvant comprendre des travaux d'intérêt collectif réalisés sur les parties privatives et aux frais du copropriétaire du lot concerné, sauf dans le cas où ce dernier est en mesure de produire la preuve de la réalisation de travaux équivalents dans les 10 années précédentes (Loi 65-557 du 10-7-1965 art. 25, f).

Le prêt est consenti au nom du syndicat des copropriétaires et l'ensemble des copropriétaires est **réputé y adhérer** (Loi 65-557 du 10-7-1965 art. 26-4, III créé par loi 2024-322 du 9-4-2024). Ceux qui ne veulent pas participer à l'emprunt pourront **notifier leur refus** au syndic dans les 2 mois de la notification du procès-verbal de l'assemblée ayant voté le recours à l'emprunt, sous réserve de verser leur quote-part du prix des travaux dans les 6 mois de la notification du procès-verbal. À défaut, les copropriétaires sont tenus par l'emprunt.

Le prêt est consenti pour une **durée** maximale de 25 ans (CCH art. R 732-1 nouveau créé par décret 2025-711 du 25-7-2025).

Le syndic doit fournir à l'établissement prêteur qui le lui demande des **documents** relatifs à l'organisation de l'immeuble (règlement de copropriété, état descriptif de division et actes publiés le modifiant le cas échéant, fiche synthétique prévue à l'article 8-2 de la loi du 10 juillet 1965 comportant le numéro d'immatriculation du syndicat, procès-verbaux des assemblées générales des trois dernières années et les annexes correspondantes, attestation d'assurance de dommages couvrant les parties communes de l'immeuble pour l'année en cours si elle a été souscrite), des informations financières (montant des sommes présentes sur le compte bancaire du syndicat, montant de la dette du syndicat vis-à-vis des fournisseurs, taux des impayés de charges et nombre de copropriétaires en situation d'impayés, montant et ancienneté des impayés de chacun d'eux, montant du fonds travaux, tableaux de remboursement des autres emprunts éventuellement souscrits par le syndicat) ainsi que le programme des travaux et les devis associés (Décret 67-223 du 17-3-1967 art. 32 dans sa rédaction issue du décret 2025-499 du 6-6-2025). Ces informations sont destinées à permettre à l'établissement prêteur, autorisé à demander au syndic des informations « nécessaires, suffisantes et proportionnées » (Loi 65-557 du 10-7-1965 art. 24-4, III-al. 4), d'apprécier la capacité du syndicat à rembourser l'emprunt.

La **liste** des informations et documents que les établissements prêteurs peuvent demander au syndic pour examiner la solvabilité du syndicat des copropriétaires avant la conclusion de l'emprunt est la suivante (Décret 2025-499 du 6-6-2025) :

– les noms et prénoms, lieu et date de naissance de chaque copropriétaire personne physique, y compris les copropriétaires indivis ;

– les informations financières ;

– le montant des sommes présentes sur le compte bancaire ouvert au nom du syndicat ;

– le montant de la dette du syndicat vis-à-vis des fournisseurs, taux des impayés de charges et nombre de copropriétaires en situation d'impayé, montant des impayés de chaque copropriétaire concerné, ancienneté de la situation d'impayés ;
– pour les immeubles ayant plus de 10 ans, le montant des sommes disponibles sur le compte bancaire destinées au fonds travaux ;
– le cas échéant, les travaux de remboursement des autres prêts collectifs souscrits par le syndicat ;
– le programme des travaux envisagés et devis associés, et modalités prévisionnelles de financement.
Le bénéfice des aides publiques diverses est intégré dans le dispositif (CCH art. L 732-2 et L 732-3).
Seuls les copropriétaires bénéficiant de l'emprunt collectif sont tenus de contribuer chaque mois ou chaque trimestre, en fonction du montant pour lequel ils participent à l'emprunt selon la grille établie pour la répartition des quotes-parts de dépenses à son **remboursement,** en capital, intérêts et frais éventuels de caution, au syndicat des copropriétaires et au paiement des frais et des honoraires afférents générés par le montage et la gestion du prêt (Loi 65-557 du 10-7-1965 art. 26-10 créé par loi 2024-322 du 9-4-2024).
Le syndicat des copropriétaires est **garanti** en totalité, sans franchise et sans délai de carence, par un cautionnement solidaire après constat de la défaillance d'un copropriétaire bénéficiant de l'emprunt pour les sommes correspondant à son remboursement ainsi qu'au paiement des accessoires. Le constat de la défaillance est subordonné, pour les échéances exigibles à compter du 1er octobre 2025, au respect de la procédure suivante (Décret 67-223 du 17-3-1967 art. 38 modifié par décret 2025-711 du 25-7-2025) : si, au moins 30 jours après la date d'exigibilité de l'échéance de remboursement de l'emprunt ou de la contribution au remboursement de l'emprunt, celle-ci n'est pas payée, une lettre de relance est envoyée au copropriétaire débiteur. Cette relance doit intervenir dès le premier incident de paiement. À défaut de règlement dans les 60 jours après l'envoi de cette lettre de relance, le syndic doit envoyer au copropriétaire concerné une mise en demeure par voie électronique, dans les conditions de l'article 42-1 de la loi du 10 juillet 1965, sauf demande du copropriétaire d'utiliser la voie postale. La défaillance est constatée à défaut de règlement dans les 30 jours de la mise en demeure.
Le « fonds de garantie pour la rénovation » peut garantir cet emprunt (CCH art. L 312-7). Cette contre-garantie peut porter jusqu'à 80 % des pertes subies lorsque le syndicat des copropriétaires auquel a été consenti le prêt collectif fait l'objet (CCH art. R 312-7-7, I-2°) :
– soit d'un plan de sauvegarde prévu à l'article L 615-1 du CCH ;
– soit d'une opération programmée d'amélioration de l'habitat (OPAH) poursuivant un objectif de redressement et de transformation de copropriétés dégradées, prévue à l'article L 303-1-1 du CCH ;
– soit d'une opération de requalification des copropriétés dégradées (ORCOD) prévue à l'article L 741-1 du CCH.

e. Obligations du syndic

39670 Les obligations du syndic sont multiples en matière de réalisation des travaux dans la copropriété, et se situent à différents stades. Sans prétendre à une liste exhaustive, peuvent être citées notamment les obligations suivantes :
– tenu de surveiller l'état des parties communes et de pourvoir à la conservation et à l'entretien de l'immeuble, il doit, en amont, **informer le syndicat** de la nécessité de procéder à tels travaux d'entretien, prendre les **mesures nécessaires** pour réparer les installations défectueuses sans pouvoir se contenter de démarches restées sans effet (Cass. 3e civ. 10-10-1990 n° 88-19.885) et, en cas d'urgence, faire procéder de son propre chef aux travaux nécessaires à la sauvegarde de l'immeuble (Loi 65-557 du 10-7-1965 art. 18) ;
– lorsque le syndic passe **commande de travaux,** il doit clairement indiquer à l'entreprise qu'il agit en qualité de syndic et révéler son mandat sous peine de prendre le risque de se voir imputer le paiement de travaux à titre personnel (Cass. 3e civ. 9-11-1994 : Administrer novembre 1995 p. 66). Cette obligation apparaît d'autant plus importante que le syndicat des copropriétaires, qui se voit reconnaître par la jurisprudence la qualité de « non-professionnel » (n° 39030), bénéficie de certaines dispositions du Code de la consommation, et qu'il est d'autant plus important qu'il soit mentionné que le contrat est conclu en son nom et pour son compte. Ainsi, un syndic professionnel a été condamné personnellement à supporter le coût de travaux exécutés par un artisan dès lors que les ordres de service ne mentionnaient pas les copropriétés et que l'artisan n'était pas en mesure d'identifier les mandants pour le compte desquels il lui avait été demandé d'intervenir et les factures ayant été adressées au syndic sans que l'artisan puisse les facturer à

des mandants déterminés (Cass. 3e civ. 12-5-2004 no 02-17.793 : BPIM 4/04 inf. 242) ; si en revanche le contrat n'est pas signé par le syndic à titre personnel mais en qualité de représentant du syndicat des copropriétaires, le syndic ne saurait être condamné au paiement des travaux (Cass. 3e civ. 22-10-2020 no 19-10.385 : BPIM 6/20 inf. 419) ;

– pour les travaux importants, le syndicat doit recourir à un **maître d'œuvre** et à un **coordonnateur de sécurité** lorsque les travaux doivent être exécutés par plusieurs entreprises, y compris des sous-traitants (application de l'article L 4532-2 du Code du travail) (Cass. 3e civ. 11-7-2001 : BPIM 1/02 inf. 55) ;

– le syndic doit vérifier la régularité de la situation de l'entrepreneur dont il utilise les services. À défaut, il engage sa responsabilité pénale pour **délit de travail dissimulé** (C. trav. art. L 8221-1), peu important que le contrat fût conclu au nom du syndicat de copropriétaires (Cass. crim. 24-5-2005 no 3041 : RJDA 10/05 no 1104). L'auteur du travail dissimulé et son client s'exposent à une peine de trois ans de prison et à 45 000 € d'amende (225 000 € pour les personnes morales) (C. trav. art. L 8224-1) ;

– le syndic doit veiller à la souscription par le syndicat d'une police d'**assurance dommages-ouvrage** lorsque le syndicat procède à des travaux de bâtiment au sens des articles L 241-1 et L 242-2 du Code des assurances, tels des travaux d'étanchéité d'une terrasse. Cette assurance a pour objet de garantir le paiement de la totalité des travaux de réparation des malfaçons dont les constructeurs sont responsables au titre de l'article 1792-1 du Code civil ;

– le syndic doit **surveiller** le déroulement des travaux, vérifier le montant des règlements demandés par l'entreprise, payer les factures, s'abstenir de payer des factures pour des travaux qui n'ont pas été exécutés (Cass. 3e civ. 8-4-1998 no 96-15.430) ; il doit s'assurer que les travaux exécutés sont conformes aux travaux commandés, émettre, le cas échéant, des réserves et, si les travaux sont affectés de désordres, il doit prendre les mesures appropriées.

f. Travaux d'amélioration

PRINCIPE

L'assemblée des copropriétaires peut, à la majorité de l'article 25 et pourvu qu'elle soit conforme à la destination de l'immeuble, décider toute amélioration, telle que la transformation d'équipements existants, l'adjonction d'éléments nouveaux, l'aménagement ou la création de locaux à usage commun (Loi 65-557 du 10-7-1965 art. 30, al. 1). **39680**

NOTION D'« AMÉLIORATION »

En l'absence de définition légale de la notion de travaux « d'amélioration », il est parfois délicat de distinguer ce type de travaux des simples travaux d'entretien (Loi 65-557 du 10-7-1965 art. 24). C'est le cas notamment lorsqu'une installation vétuste n'est pas remplacée à l'identique mais par une installation moderne plus fiable, plus performante, plus confortable apportant, du fait de l'évolution des technologies, des améliorations en termes de fiabilité, de confort, de performances, etc. Il convient de rechercher quel aspect est prépondérant : si la partie « amélioration » prend le pas sur la partie entretien, alors les travaux entrent dans la catégorie travaux d'amélioration. De la même façon, les travaux obligatoires (no 37831), qui relèvent de la majorité de l'article 24, ne constituent des travaux d'amélioration relevant de la majorité de l'article 25 que si le syndicat décide d'entreprendre des travaux plus importants ou plus onéreux que ceux exigés, sans que cela soit indispensable. **39690**

Les tribunaux apprécient dans chaque cas d'espèce la **qualification** des travaux, notamment dans les hypothèses « mixtes » (travaux mi-entretien, mi-amélioration) dans lesquelles la prédominance d'une qualification sur l'autre conditionne la solution au niveau du vote. Ils ne peuvent considérer, lorsqu'un élément d'équipement n'est pas remplacé à l'identique, qu'il s'agit de travaux d'entretien sans analyser les raisons pour lesquelles le remplacement à l'identique n'est pas décidé et sans s'interroger sur les conséquences de ces travaux pour les copropriétaires (pour le remplacement d'une moquette par du carrelage : Cass. 3e civ. 18-1-2018 no 16-27.470 F-D : BPIM 1/18 inf. 63).

EXEMPLE

Ne constituent pas des travaux d'amélioration :
– le remplacement d'une chaudière vétuste au fuel par une chaudière à gaz, ayant pour objet de satisfaire un service collectif assuré par une installation en bon état de fonctionnement (Cass. 3e civ. 22-5-1997 : RJDA 8-9/97 no 1095) ;
– la rénovation du réseau de distribution d'eau devenu défectueux qui, en dépit de la création de nouvelles colonnes, constituait des travaux nécessaires dès lors que les travaux avaient pour objet le remplacement d'un élément d'équipement vétuste (Cass. 3e civ. 9-7-2013 no 12-21.916) ;
– la rénovation du système de collecte des eaux usées et la mise en conformité du réseau avec les normes environnementales existantes (Cass. 3e civ. 2-10-2013 no 12-17.084 : BPIM 6/13 inf. 417) ;

– les travaux de restructuration rendus nécessaires par le délabrement des parties communes de nature à compromettre la sécurité des personnes et des biens et les travaux de rénovation des boiseries extérieures imputables à leur vétusté qui sont des travaux d'entretien relevant de la majorité de l'article 24 (Cass. 3e civ. 8-9-2016 no 15-16.088 : BPIM 5/16 inf. 330).

Constituent une amélioration :

– la suppression d'un chauffage collectif, dont la remise en état ne permettrait pas d'obtenir un résultat conforme aux normes actuelles, et son remplacement par des systèmes individuels de chauffage (Cass. 3e civ. 4-1-1989 : JCP éd. N 1989 prat. 296) ;

– le remplacement d'un chauffage par un système plus efficace et plus moderne (Cass. 3e civ. 25-1-1994 : Inf. rap. copr. avril 1994 p. 9) et plus économique (CA Paris 16-6-1999 : Loyers et copr. 1999 comm. no 303) ;

– l'installation d'un ascenseur dans un immeuble construit dans un quartier historique de Paris en raison du confort immédiat procuré à ses occupants et de la plus-value à long terme qu'elle induit (Cass. 3e civ. 24-5-2005 no 04-13.566 : BPIM 6/05 inf. 418) ;

– la mise en place, dans les parkings souterrains d'une résidence, d'un système de vidéosurveillance avec renvoi à une centrale (et possibilité d'une extension ultérieure aux places de stationnement en surface) et celle d'un système de détection automatique de fumée en cas d'incendie (CA Paris 15-1-2004 : BPIM 5/04 inf. 315) ;

– le remplacement d'une installation collective d'eau chaude sanitaire vétuste par des ballons individuels d'eau chaude permettant de réaliser des économies d'énergie et d'éviter le coût de remise en état d'une installation vétuste (Cass. 3e civ. 9-5-2012 no 11-16.226 : BPIM 4/12 inf. 350).

PAIEMENT ET RÉPARTITION DU COÛT DES TRAVAUX

39700 L'assemblée répartit à la majorité de l'article 25 le coût des travaux en **proportion** des avantages qui seront retirés des travaux par chaque copropriétaire (Loi 65-557 du 10-7-1965 art. 30, al. 2). Ainsi, l'installation d'un ascenseur présentera nécessairement un avantage plus important pour les lots des étages supérieurs. Lorsque l'amélioration présente le même avantage pour tous les lots (digicode, boîtes aux lettres, création d'un local commun...), une répartition en fonction des tantièmes de copropriété paraît la plus appropriée. Lorsque le coût de l'installation a été réparti entre les copropriétaires par une assemblée des copropriétaires devenue définitive, elle doit recevoir application (Cass. 3e civ. 12-10-1988 : Bull. civ. no 139).

Ceux qui n'ont pas donné leur accord à la décision, les **opposants et défaillants** peuvent demander à **payer** leur part du coût **en 10 annuités** égales (avec intérêts au taux légal, sauf si le syndicat a souscrit un emprunt). Pour bénéficier de cet étalement, le copropriétaire doit, à peine de forclusion, notifier sa décision au syndic dans les 2 mois de la notification du procès-verbal d'assemblée générale. En cas de vente du lot concerné ou de toute autre mutation entre vifs, les sommes dues deviennent immédiatement exigibles (Loi 65-557 du 10-7-1965 art. 33).

RÉPARTITION DES CHARGES

39705 L'assemblée générale fixe également et à la même majorité de l'article 25 la répartition des dépenses de fonctionnement, d'entretien et de remplacement des parties communes ou des éléments transformés ou créés (Loi 65-557 du 10-7-1965 art. 30, al. 3). Cet alinéa ne précise pas les bases de cette répartition. Les dépenses de fonctionnement, d'entretien et de réparation des nouveaux éléments d'équipement doivent être réparties en fonction du critère de l'avantage procuré. Les dépenses afférentes à de nouvelles parties communes relèvent du critère de l'article 10, alinéa 2.

La décision de réaliser une amélioration oblige les copropriétaires à participer à la dépense dans les proportions arrêtées par l'assemblée, aux charges d'entretien de l'élément créé, et, le cas échéant, aux indemnités visées no 39770 (Loi 65-557 du 10-7-1965 art. 32).

COPROPRIÉTAIRE OPPOSANT

39710 La décision de procéder à des travaux d'amélioration n'est pas opposable au copropriétaire opposant qui, dans le délai de deux mois de l'article 42, alinéa 2 de la loi du 10 juillet 1965, a saisi le tribunal pour faire juger que cette **amélioration** présente un caractère **somptuaire** eu égard à l'immeuble (caractères, destination, état...) (Loi 65-557 du 10-7-1965 art. 34). Il peut donc, tant que l'affaire n'est pas jugée, refuser de participer aux appels de fonds (Cass. 3e civ. 4-11-2004 no 03-14.342 : BPIM 1/05 inf. 61) ou refuser l'accès à ses parties privatives.

g. Travaux de surélévation

CONDITIONS

39720 La surélévation par les soins du **syndicat** aux fins de créer de nouveaux **lots privatifs** est décidée à la majorité de l'article 26 (Loi 65-557 du 10-7-1965 art. 35, al. 1). Cette opération entraîne nécessairement une redistribution des tantièmes de copropriété et une redistribution des charges de l'immeuble.

La surélévation par les soins du syndicat pour créer de nouveaux **locaux communs** relève du régime des **améliorations** étudié ci-dessus.

> Précisions **a.** L'aménagement de combles et greniers n'est une opération de surélévation que si, par exhaussement des murs, il est créé de nouveaux espaces disponibles (Circ. du 6-3-1991 : Loyers et copr. 1991 comm. n° 233).
b. Les aménagements apportés au toit-terrasse d'un immeuble, partie privative, pour le rendre accessible, ne constituent pas des travaux de surélévation au sens de l'article 35 de la loi (Cass. 3e civ. 16-3-2005 n° 04-10.727 : Loyers et copr. 2005 comm. n° 102).

ALIÉNATION DU DROIT DE SURÉLEVER

La décision d'aliéner le droit de surélever un bâtiment existant aux fins de créer de nouveaux lots privatifs requiert la majorité exigée par l'article 26 de la loi du 10 juillet 1965 et, si la copropriété comprend plusieurs bâtiments, la confirmation par une assemblée spéciale du bâtiment à surélever, à la même majorité (Loi 65-557 du 10-7-1965 art. 35). En revanche, il n'est plus nécessaire de recueillir l'accord des copropriétaires de l'étage supérieur du bâtiment à surélever. Les copropriétaires de locaux situés, en tout ou partie, sous la surélévation projetée bénéficient désormais d'un droit de priorité, à l'occasion de la vente par le syndicat des locaux privatifs créés ou en cas de cession par le syndicat de son droit de surélévation. Avant l'entrée en vigueur de l'ordonnance du 30 octobre 2019, la priorité était donnée aux copropriétaires de l'« étage supérieur », mais cela ne permettait pas de déterminer précisément les titulaires de ce droit de priorité en cas de surélévation partielle du dernier étage. Dans la mesure où la raison d'être de cette exigence est de protéger les copropriétaires les plus exposés à subir les inconvénients des travaux, donc ceux dont les lots sont directement situés en dessous des locaux à construire en surélévation, l'article 35 fait désormais référence aux « copropriétaires de locaux situés en tout ou partie sous la surélévation ». 39730

Le syndic doit notifier à chaque copropriétaire bénéficiant d'un droit de priorité l'intention du syndicat de vendre, en indiquant le prix et les conditions de la vente. Cette notification vaut offre de vente pendant une durée de deux mois à compter de sa notification.

La loi Alur a supprimé la possibilité de prévoir dans le **règlement de copropriété** une majorité supérieure à celle exigée par ces dispositions pour l'aliénation du droit de surélever.

> Précisions Les dispositions de l'article 35 relatives à la cession du droit à construire supposent une aliénation à titre onéreux. Mais la contrepartie onéreuse peut être constituée non pas par le versement d'une somme d'argent mais par l'engagement de l'acquéreur de réaliser des travaux au profit de la copropriété, de tels travaux ayant vocation à bénéficier à l'ensemble des copropriétaires proportionnellement à leurs tantièmes de parties communes générales (Cass. 3e civ. 28-5-2020 n° 19-13.245 : BPIM 4/20 inf. 265).

2. TRAVAUX AYANT UNE INCIDENCE SUR LES PARTIES PRIVATIVES

a. Exécution de travaux à l'intérieur des parties privatives ou nécessitant d'y accéder

TRAVAUX D'INTÉRÊT COLLECTIF

Le syndicat des copropriétaires est en droit de faire procéder à des travaux d'intérêt collectif sur les parties privatives (Loi 65-557 du 10-7-1965 art. 25, f), aux frais du copropriétaire du lot concerné, sauf si celui-ci est en mesure de produire la preuve de la réalisation de travaux équivalents dans les dix années précédentes. Dans ce cas, le **syndicat** exerce les pouvoirs du **maître de l'ouvrage** jusqu'à réception des travaux (Loi 65-557 du 10-7-1965 art. 9, II). 39740

TRAVAUX DE L'ARTICLE 9

L'ordonnance du 30 octobre 2019 facilite la réalisation de travaux au sein de l'immeuble en copropriété en faisant primer la **gestion collective** sur les intérêts particuliers de chaque copropriétaire et en évitant les blocages de quelques copropriétaires à la réalisation de travaux nécessaires, décidés par la majorité d'entre eux. Ainsi, un copropriétaire ne peut pas faire obstacle à l'**exécution,** même sur ses parties privatives, de travaux d'intérêt collectif régulièrement décidés par l'assemblée générale des copropriétaires, dès lors que l'affectation, la consistance ou la jouissance des parties privatives n'en sont pas altérées de manière durable. Afin de limiter l'atteinte au droit de propriété exclusif du copropriétaire, il est précisé que la réalisation de tels travaux, en présence d'une solution alternative permettant d'éviter une intrusion dans les parties privatives, ne pourra être imposée au copropriétaire concerné que si 39750

« les circonstances le justifient » (Loi 65-557 du 10-7-1965 art. 9, II). La liste limitative des travaux d'intérêt collectif auxquels un copropriétaire ne pouvait s'opposer même à l'intérieur de ses parties privatives est donc supprimée.

> **Précisions a.** Un copropriétaire ou l'occupant d'un lot ne peut refuser de laisser entrer le géomètre désigné par l'assemblée générale pour procéder au **mesurage des lots.** Ce refus constitue un trouble manifestement illicite dès lors que l'ingérence dans le respect du droit au respect de son domicile, protégé par l'article 8 de la convention européenne des droits de l'Homme, n'est pas disproportionnée au regard du but légitime poursuivi, visant à s'assurer que la répartition des charges est en adéquation avec les surfaces respectives des différents lots (Cass. 3e civ. 5-10-2017 no 16-21.971 : BPIM 6/17 inf. 429).
> **b.** La liste limitative des **travaux d'intérêt collectif** auxquels un copropriétaire ne pouvait s'opposer même à l'intérieur de ses parties privatives était la suivante : travaux nécessaires à la conservation de l'immeuble et à la préservation de la santé et de la sécurité physique des occupants ; travaux obligatoires ; travaux d'économie d'énergie ; suppression des vide-ordures pour impératifs d'hygiène ; travaux nécessaires à l'individualisation des contrats de fourniture d'eau ; travaux d'amélioration.

39760 Les travaux nécessitant un **accès aux parties privatives** doivent être notifiés aux copropriétaires au moins huit jours avant le début de leur réalisation, sauf impératif de sécurité ou de conservation des biens (Loi 65-557 du 10-7-1965 art. 9, I-al. 2).

b. Indemnisation des copropriétaires

TRAVAUX CAUSANT UN PRÉJUDICE

39770 Les propriétaires qui subissent, par suite de l'exécution des travaux prévus par l'article 9 de la loi du 10 juillet 1965, un préjudice en raison soit d'une diminution définitive de la valeur de leur lot, soit d'un trouble de jouissance grave – même s'il est temporaire –, soit de dégradations, ont droit à une indemnité (Loi 65-557 du 10-7-1965 art. 9). Seules les dispositions de l'article 9, II de la loi du 10 juillet 1965 sont applicables à une demande d'indemnité fondée sur le préjudice consécutif à la réalisation de tels travaux, un copropriétaire ne pouvant solliciter l'indemnisation de ce préjudice sur le fondement de la responsabilité de droit commun (Cass. 3e civ. 14-1-2015 no 13-28.030 : BPIM 2/15 inf. 136).

RÉPARTITION DE L'INDEMNITÉ

39780 L'indemnité, à la charge de l'ensemble des copropriétaires, est répartie en proportion de la participation de chaque copropriétaire au **coût des travaux** (Loi 65-557 du 10-7-1965 art. 9, al. 6).

Pour les travaux de **surélévation,** la répartition s'opère selon la proportion initiale des droits de chacun dans les parties communes (Loi 65-557 du 10-7-1965 art. 9, al. 6 sur renvoi de l'art. 36).

Si les travaux (de surélévation, par exemple) sont réalisés par **un seul copropriétaire,** l'indemnisation des copropriétaires éventuellement lésés incombera, en principe, à celui-là seul.

> **Précisions a.** La loi précise comment se répartit l'indemnité, mais non comment elle est fixée. À défaut d'accord, le recours au juge paraît nécessaire.
> **b.** À la charge de tous les copropriétaires, l'indemnité est donc partiellement à la charge de son bénéficiaire lui-même. Il en est de même lorsqu'un copropriétaire obtient en justice des dommages-intérêts contre le syndicat. En pareils cas, la jurisprudence admet l'allocation de dommages-intérêts particuliers, pour compenser ce « manque-à-indemniser ».

B. Travaux réalisés par les copropriétaires

1. PARTIES PRIVATIVES

39790 Chaque copropriétaire dispose des parties privatives comprises dans son lot. Il peut donc y faire librement tous travaux, sous réserve de respecter le règlement de copropriété et de ne porter atteinte ni aux droits des autres copropriétaires ni à la destination de l'immeuble (nos 35390 s.).

2. TRAVAUX AFFECTANT LES PARTIES COMMUNES OU L'ASPECT EXTÉRIEUR DE L'IMMEUBLE

39800 L'article 25 de la loi du 10 juillet 1965 subordonne à autorisation de l'assemblée générale la réalisation par un copropriétaire de travaux affectant les parties communes ou l'aspect extérieur de l'immeuble (art. 25, b).

TRAVAUX CONCERNÉS

L'autorisation de l'assemblée générale, donnée dans les conditions de l'article 25, ne peut porter que sur des travaux qui se limitent à « affecter » les parties communes. S'ils entraînent une véritable **appropriation** de celles-ci, ils nécessitent une autorisation de l'assemblée à la double majorité de l'article 26 (Cass. 3e civ. 10-10-2007 n° 06-17.932 : BPIM 6/07 inf. 431 ; Cass. 3e civ. 20-3-2002 n° 00-17.751 : BPIM 4/02 inf. 279 ; Cass. 3e civ. 16-3-2017 n° 15-28.784 : BPIM 3/17 inf. 232). Il en est de même s'ils entraînent une modification du coefficient d'occupation des sols, qui constitue l'exercice d'un droit accessoire à une partie commune (Cass. 3e civ. 16-3-2017 n° 15-28.784 précité). Et seuls les travaux conformes à la destination de l'immeuble peuvent être adoptés à la majorité de l'article 25. À défaut, ils doivent être autorisés à l'unanimité (pour des travaux portant atteinte à l'harmonie de l'immeuble, laquelle constitue une composante de la destination de l'immeuble, voir par exemple Cass. 3e civ. 22-10-2020 n° 19-21.961 : BPIM 6/20 inf. 413). S'ils ont en revanche pour objet l'accessibilité de l'immeuble aux handicapés, la majorité simple de l'article 24 suffit (n° 37833). Pour les travaux sur les parties communes affectées en jouissance privative, voir nos 35570 s. 39820

L'autorisation de la copropriété est requise même si les travaux affectant les parties communes tendent à rendre l'**immeuble conforme** au règlement de copropriété ou à l'état descriptif de division (Cass. 3e civ. 2-3-2005 n° 03-20.889 : BPIM 2/05 inf. 144). Il en va de même s'ils sont imposés par la réglementation en vigueur ou par des services administratifs (Cass. 3e civ. 8-11-2006 n° 05-19.141 : BPIM 6/06 inf. 454). En cas de demande de permis de construire ou de dépôt d'une déclaration préalable de travaux, l'administration n'a pas à vérifier si les travaux portent sur les parties communes ou affectent l'aspect extérieur de l'immeuble ni, dans l'affirmative, à exiger la production de l'autorisation de l'assemblée générale ; la délivrance de l'autorisation d'urbanisme ne dispense pas le copropriétaire d'obtenir l'autorisation de l'assemblée avant d'exécuter les travaux (CE 15-2-2012 n° 333631, Quennesson : BPIM 2/12 inf. 105). L'autorisation est nécessaire même s'il s'agit de travaux de remplacement d'équipements déjà existants, ces travaux étant assimilables à des travaux nouveaux et nécessitant donc une autorisation de l'assemblée générale (Cass. 3e civ. 6-3-1991 n° 88-16.770 : Bull. civ. III n° 81).

EXEMPLE

Doivent être **autorisés** les travaux de sondage destinés à apprécier la faisabilité de travaux ultérieurs dès lors qu'ils affectent les parties communes (en l'espèce, percement de la dalle porteuse), et même s'ils ne causent aucun dommage à la structure de l'immeuble (Cass. 3e civ. 22-5-1997 : RJDA 8-9/97 n° 1093), le branchement d'évacuation des eaux usées d'un copropriétaire sur les canalisations communes (CA Paris 19-9-1997 : Constr.-urb. 1998 n° 112), l'installation d'un système de climatisation comportant une unité située à l'extérieur de l'immeuble, même si elle est requise pour des raisons médicales attestées par un certificat médical (Rép. Guibal : AN 18-1-2005 n° 49426), la construction d'une pergola dans un immeuble d'habitation (CA Pau 31-1-2005 : Loyers et copr. 2005 comm. n° 213), les travaux de fermeture d'une loggia (CA Montpellier 18-1-2007 : Loyers et copr. 2007 comm. n° 208).

En revanche, il a été admis que **ne nécessitait pas** d'autorisation l'installation d'un dispositif d'interdiction d'accès sur un emplacement de stationnement extérieur dès lors que celui-ci avait un aspect discret par ses formes et dimensions et était fixé dans le sol par un ancrage léger et superficiel (Cass. 3e civ. 19-11-1997 : Bull. civ. III n° 206).

Depuis le 11 avril 2024, les **travaux d'isolation thermique de la toiture ou du plancher** affectant les parties communes de l'immeuble, que les copropriétaires souhaitent faire réaliser, à leurs frais, peuvent être votés à la majorité simple (Loi 65-557 du 10-7-1965 art. 25-2-1 créé par loi 2024-322 du 9-4-2024). 39825

Les travaux envisagés ne doivent pas porter atteinte à la structure de l'immeuble, à ses éléments d'équipements essentiels, à sa sécurité, à sa salubrité, aux modalités de jouissance des parties privatives d'autres copropriétaires. Par ailleurs, il ne faut pas non plus qu'ils soient programmés dans le cadre d'un plan pluriannuel de travaux adopté par le syndicat des copropriétaires.

Les copropriétaires demandeurs doivent notifier au syndic une demande ayant pour objet l'inscription à l'ordre du jour de la prochaine assemblée générale d'un projet de résolution, accompagné d'un descriptif détaillé des travaux envisagés.

L'assemblée générale peut autoriser la réalisation des travaux à la majorité de l'article 25 avec la possibilité de procéder à un second vote si les conditions requises sont remplies. La convocation d'une éventuelle nouvelle assemblée générale sera aux frais des seuls copropriétaires demandeurs.

Jusqu'à la réception des travaux, les copropriétaires concernés exercent les pouvoirs et assument la responsabilité du maître d'ouvrage.

AUTORISATION DE L'ASSEMBLÉE GÉNÉRALE

39830 L'autorisation d'effectuer les travaux ne peut être donnée que par l'assemblée générale, et l'autorisation du syndic ou du conseil syndical ne peut la suppléer (Cass. 3e civ. 8-10-1991 nº 90-16.622 ; Cass. 3e civ. 7-5-1997 nº 95-14.777 ; Cass. 3e civ. 3-4-2002 nº 00-22.023), quand bien même ces travaux seraient exigés en urgence par des services administratifs (Cass. 3e civ. 22-3-2018 nº 17-10.053 : BPIM 3/18 inf. 217). L'autorisation ne saurait être implicite (Cass. 3e civ. 28-3-2007 nº 06-11.947 : BPIM 3/07 inf. 221). Mais la décision d'assemblée générale autorisant un copropriétaire à effectuer des travaux affectant des parties communes peut être explicitée par le descriptif des travaux annexé à la convocation auquel l'autorisation accordée fait expressément référence (Cass. 3e civ. 17-11-2016 nº 15-23.537 F-D : BPIM 1/17 inf. 46). Cette règle s'impose aussi dans une copropriété composée de deux personnes (Cass. 3e civ. 19-6-1996 : RJDA 12/96 nº 1521), dans laquelle il est pourtant impossible de réunir la majorité de l'article 25 (sauf vote unanime).

Il ne peut être suppléé à cette autorisation préalable par une disposition du règlement de copropriété (Cass. 3e civ. 9-2-1982 : Bull. civ. III nº 38 ; Cass. 3e civ. 2-2-1999 : RDI 1999 p. 312 ; Cass. 3e civ. 11-5-2005 nº 555 : BPIM 5/05 inf. 348), même pour des travaux précisément définis (Cass. 3e civ. 12-3-1997 : RJDA 6/97 nº 827) ou en faveur de bénéficiaires précisément identifiés (Cass. 3e civ. 25-6-1997 : RJDA 11/97 nº 1391). Est en effet réputée non écrite la clause dispensant un copropriétaire de solliciter une autorisation de l'assemblée pour réaliser ces travaux, qu'ils affectent les parties communes (Cass. 3e civ. 12-3-1997 : RJDA 6/97 nº 827) ou l'aspect extérieur de l'immeuble (Cass. 3e civ. 25-6-1997 : RJDA 11/97 nº 1391 ; Cass. 3e civ. 2-10-2001 : Loyers et copr. 2002 comm. nº 25).

Il ne peut non plus être suppléé à cette autorisation de l'assemblée générale par un accord du conseil syndical « entérinant » les travaux réalisés (Cass. 3e civ. 25-1-1995 : RJDA 5/95 nº 632), ou par un accord intervenu entre l'auteur des travaux et les autres copropriétaires (Cass. 3e civ. 24-9-2008 nº 07-16.038 : Loyers et copr. 2008 comm. nº 259).

INDEMNISATION

39840 L'assemblée peut assortir son autorisation d'une indemnisation pour les **préjudices** réels causés aux copropriétaires par ces travaux, dont la fixation peut être soumise à l'appréciation du juge (CA Paris 10-12-1997 : Loyers et copr. 1998 comm. nº 146).

SANCTION EN CAS DE TRAVAUX IRRÉGULIERS

39850 Le copropriétaire autorisé à exécuter des travaux sur parties communes doit les réaliser conformément au projet approuvé. La réalisation de travaux **sans autorisation,** ou de façon **non conforme** à l'autorisation donnée, suffit à caractériser la violation des dispositions de l'article 25, b de la loi du 10 juillet 1965 et à justifier la remise en état (Cass. 3e civ. 15-1-2003 nº 01-10.337 ; Cass. 3e civ. 27-1-2009 nº 07-15.993 : AJDI 2009 p. 309 obs. S. Porcheron ; Cass. 3e civ. 7-9-2017 nº 16-18.908 FS-D : BPIM 5/17 inf. 354). Le syndicat des copropriétaires ou un autre copropriétaire peuvent demander la remise en état (Cass. 3e civ. 12-3-1997 : JCP éd. G 1997 IV nº 958 ; Cass. 3e civ. 30-3-2017 nº 15-24.612 F-D : BPIM 3/17 inf. 237) et la demande du syndicat aux fins de remise en état n'est pas soumise à la preuve d'un préjudice, la seule absence d'autorisation légitimant sa demande (Cass. 3e civ. 25-1-1995 nº 92-19.600 : RJDA 5/95 nº 632 ; Cass. 3e civ. 15-1-2003 nº 01-10.337).

Néanmoins, cette sanction peut être évitée si les travaux irréguliers sont **ratifiés** par une assemblée postérieure (Cass. 3e civ. 30-5-1971 : JCP éd. G 1972 II nº 17174 note Guillot ; Cass. 3e civ. 30-9-1998 : Bull. civ. III nº 181). La ratification peut être implicite et résulter de l'autorisation de ne pas démolir les travaux litigieux (Cass. 3e civ. 19-11-1997 nº 96-10.771 : Loyers et copr. 1998 comm. nº 56) mais à la condition d'être dépourvue d'équivoque (Cass. 3e civ. 9-6-2010 nº 09-15.013 : BPIM 4/10 inf. 317).

Par ailleurs, le **principe de proportionnalité** oblige les juges à rechercher si la démolition de l'ouvrage irrégulièrement réalisé est justifiée : ils doivent apprécier si les atteintes portées aux parties communes et privatives sont telles qu'elles justifient la démolition de l'ouvrage (Cass. 3e civ. 12-9-2019 nº 18-19.232 : BPIM 5/19 inf. 347), rechercher, lorsque cela leur est demandé, si la démolition ne porte pas une atteinte disproportionnée aux droits garantis du copropriétaire concerné (Cass. 3e civ. 27-2-2020 nº 18-18.189 : BPIM 3/20 inf. 214), ou si des alternatives à la démolition ne sont pas préférables pour la copropriété (Cass. 3e civ. 28-5-2020 nº 19-11.995 : BPIM 4/20 inf. 266).

> **Précisions** La **validité** de l'assemblée ratificative ne peut pas être remise en cause par le fait que les travaux auraient été effectués sans permis de construire dès lors qu'elle ne se prononce que sous réserve des règles administratives (Cass. 3e civ. 30-9-1998 précité). D'une façon générale, les règles gouvernant les travaux sur l'immeuble sont indépendantes de la régularité ou non de ces travaux au regard du Code de l'urbanisme et des exigences administratives.

ANNULATION D'UN REFUS D'AUTORISATION

La décision de l'assemblée générale de refuser une autorisation peut être annulée en justice si elle constitue un « **abus de majorité** » (Cass. 3e civ. 16-6-2009 n° 08-16.069 : BPIM 4/09 inf. 304). Néanmoins, l'annulation par le juge d'une décision de refus d'autorisation de travaux sur des parties communes ne vaut pas pour autant autorisation de les réaliser ni ratification de ceux qui l'ont été (Cass. 3e civ. 11-3-2014 n° 13-10.341 : AJDI 2014 p. 461 obs. S. Porcheron). En conséquence, même si le refus d'autoriser un copropriétaire à effectuer des travaux est jugé abusif et annulé, la remise en état peut être demandée, demande qui ne peut être rejetée, si aucune autorisation n'a entre-temps été donnée, au motif que la décision est annulée (Cass. 3e civ. 19-9-2012 n° 11-21.631 : BPIM 6/12 inf. 466). **39860**

AUTORISATION JUDICIAIRE

Un copropriétaire qui s'est vu refuser par l'assemblée générale l'autorisation d'effectuer des travaux affectant les parties communes ou l'aspect extérieur de l'immeuble peut, par application de l'article 30, alinéa 4 de la loi du 10 juillet 1965, solliciter une autorisation judiciaire à **condition** : **39870**

– que l'assemblée générale ait refusé l'autorisation sollicitée (Cass. 3e civ. 19-7-1995 n° 93-19.087 : BPIM 4/10 inf. 317 ; Cass. 3e civ. 26-1-2000 n° 98-14.798 : Loyers et copr. 2000 comm. n° 105 note G. Vigneron) ;

– que les travaux constituent une amélioration (nos 39690 s.) ;

– que les travaux relèvent de la majorité de l'article 25 et non de la majorité qualifiée de l'article 26 (Cass. 3e civ. 3-6-2014 n° 13-15.783 ; Cass. 3e civ. 16-3-2017 n° 15-28.784 : BPIM 3/17 inf. 232) ;

– que les travaux ne portent pas atteinte aux droits des autres copropriétaires (Cass. 3e civ. 26-5-2016 n° 14-23.343 : BPIM 4/16 n° 274) ;

– que les travaux n'aient pas été effectués, le juge, mis devant le fait accompli, ne pouvant plus fixer les conditions de son autorisation (Cass. 3e civ. 20-4-1988 : Bull. civ. III n° 77 ; Cass. 3e civ. 25-4-1990 n° 88-13.814 : JCP éd. G 1990 IV p. 233 ; Cass. 3e civ. 22-5-1997 n° 95-16.438 : BPIM 5/97 inf. 338). Cette action n'a pas à être introduite dans le délai de deux mois suivant la décision de refus d'autorisation de l'assemblée générale (Cass. 3e civ. 16-12-2009 n° 09-12.654 : BPIM 1/10 inf. 56).

Les juges du fond doivent vérifier qu'il y a bien eu une **décision de refus.** À défaut de refus formel, par exemple dans le cas d'une assemblée renvoyant sa décision à une date ultérieure, les copropriétaires peuvent exercer leur recours judiciaire s'il apparaît que la décision de l'assemblée constitue un **« refus déguisé »** (Cass. 3e civ. 19-7-1995 : RJDA 10/95 n° 1143). Tel n'est pas le cas lorsque l'assemblée a décidé d'ajourner l'examen du projet présenté par un copropriétaire afin de compléter son information sur le contenu et la valeur dudit projet ainsi que sur les éventuelles conséquences de l'autorisation (CA Paris 7-2-1997 : Loyers et copr. 1997 comm. n° 186). **39880**

Le projet présenté au juge pour autorisation peut être légèrement modifié par rapport au projet soumis à l'assemblée générale pour tenir compte des réserves du syndicat, mais il doit s'agir d'une simple évolution du même projet (Cass. 3e civ. 4-6-2014 n° 13-15.400 : BPIM 4/14 inf. 280).

AMÉLIORATION

Les juges du fond apprécient souverainement au cas par cas si les travaux envisagés constituent une amélioration **conforme à la destination de l'immeuble** en tenant compte des prescriptions de sécurité mais aussi de l'aspect esthétique, de la commodité des usages et parfois du coût financier. **39890**

EXEMPLE

La situation est appréciée in concreto par les juges du fond, en fonction des éléments de l'espèce et des caractéristiques de l'immeuble. C'est ainsi que la cour d'appel de Paris a refusé d'autoriser l'installation d'un ascenseur dans un escalier inscrit à l'inventaire supplémentaire des monuments historiques (CA Paris 11-5-1993 : Loyers et copr. 1993 comm. n° 325). De même, elle l'a refusée en raison de l'exiguïté de la cabine et du rétrécissement corrélatif de l'escalier malgré le respect des prescriptions réglementaires (CA Paris 15-11-2001 : BPIM 2/02 inf. 131). Elle l'a en revanche autorisée dans des cas où l'installation ne compromettait pas l'aspect intérieur de l'immeuble et ne rendait pas plus difficile la circulation dans l'escalier (CA Paris 6-3-1995 : Loyers et copr. 1995 n° 346). Elle a même jugé que l'installation d'un ascenseur dans un immeuble construit dans un quartier historique de Paris constituait en elle-même une amélioration en raison du confort immédiat procuré à ses occupants et de la plus-value à long terme qu'elle induisait (CA Paris 4-11-1999 : BPIM 1/00 inf. 52). Par ailleurs, l'autorisation d'effectuer des travaux d'agrandissement d'une fenêtre au rez-de-chaussée pour la transformer en porte a été refusée car l'harmonie de l'immeuble et son esthétique en auraient été affectées (Cass. 3e civ. 21-5-2008 n° 07-12.703 : BPIM 4/08 inf. 314). La Cour de cassation a également refusé, dans un immeuble de standing, la prolongation de l'ascenseur jusqu'au 6e étage qu'elle a jugé de nature à porter atteinte aux droits des copropriétaires des appartements des cinq premiers étages (Cass. 3e civ. 26-5-2016 n° 14-23.343 : BPIM 4/16 inf. 274).

39900 Il n'est pas nécessaire que « l'amélioration » bénéficie à tous les copropriétaires. Ainsi, viole l'article 30 de la loi du 10 juillet 1965 le tribunal qui refuse d'autoriser un copropriétaire à réaliser à ses frais des travaux affectant les parties communes de l'immeuble en retenant que ces travaux n'avaient pour objet que d'améliorer son lot et ne répondaient pas à l'**intérêt de la collectivité,** alors que ces dispositions impliquent la seule exigence d'une amélioration conforme à la destination de l'immeuble (Cass. 3e civ. 13-2-1991 : RJDA 6/91 no 526 ; Cass. 3e civ. 25-4-1997 : Administrer août-sept. 1997 p. 49).

Mais le copropriétaire demandeur doit être **propriétaire indivis** des parties communes ou de l'élément sur lequel portent les travaux. Ainsi, le propriétaire d'un appartement non desservi par l'ascenseur ne peut pas utiliser ce texte pour demander des travaux prolongeant la course de l'ascenseur jusqu'à son lot (Cass. 3e civ. 21-4-1978 : JCP éd. G 1979 II no 19149).

CONDITIONS D'UTILISATION PAR LES AUTRES COPROPRIÉTAIRES

39910 Si le juge fait droit à la demande, il fixe alors les conditions d'utilisation de ces équipements par les autres copropriétaires (Loi 65-557 du 10-7-1965 art. 30, al. 4). Lorsqu'il est possible de réserver l'usage des installations aux copropriétaires qui les ont réalisées, les autres ne pourront être autorisés à les utiliser qu'en versant leur quote-part de leur coût, évaluée à la date où ils demandent à les utiliser (Loi 65-557 du 10-7-1965 art. 30 in fine). La loi ne prévoit pas selon quels critères doit être déterminée la quote-part du coût des installations que devront verser les copropriétaires désireux d'utiliser l'équipement créé par d'autres copropriétaires.

CHAPITRE 13

ACTIONS EN JUSTICE DANS LA COPROPRIÉTÉ

SOMMAIRE

A. Actions collectives et individuelles

1. ACTIONS COLLECTIVES EXERCÉES PAR LE SYNDICAT

QUALITÉ POUR AGIR

Corollaire de la reconnaissance de sa personnalité morale, le syndicat a qualité pour agir en justice au nom de la collectivité des copropriétaires par la voix du syndic en demande comme en défense, même contre les copropriétaires. Il peut, conjointement ou non avec ceux-ci, agir pour la sauvegarde des droits afférents à l'immeuble (Loi 65-557 du 10-7-1965 art. 15, al. 1). La tendance jurisprudentielle a été d'élargir le domaine de l'action collective du syndicat : elle est ouverte chaque fois qu'elle tend à la réparation d'un dommage qui présente un caractère collectif ou qui est ressenti de façon générale et identique par l'ensemble des copropriétaires, même s'il trouve son siège dans des parties privatives (Cass. 3e civ. 14-11-1990 no 88-12-995 : Bull. civ. III no 230). Dans ces hypothèses, l'action individuelle reste toujours possible si le fait générateur cause également un préjudice individuel. **40000**

Le syndicat a également qualité pour agir en réparation de dommages causés aux parties privatives mais ayant pour origine des désordres affectant les parties communes (Cass. 3e civ. 16-3-1988 : Bull. civ. III no 60). Dans ce cas, le syndicat a qualité pour agir même si les dommages n'affectent pas les parties privatives que d'un ou de plusieurs lots (Cass. 3e civ. 23-6-2004 no 03-10.475 : Constr.-urb. 2004 no 209 note D. Sizaire ; Cass. 3e civ. 5-12-2007 no 06-19.323 : BPIM 1/08 inf. 79). Il n'est pas nécessaire, dans ce cas, que le préjudice, qu'il soit matériel ou immatériel, soit subi de la même manière par l'ensemble des copropriétaires (Cass. 3e civ. 7-11-2024 no 23-14.464 : BPIM 1/25 inf. 36), le syndicat pouvant demander l'indemnisation d'un préjudice matériel et de jouissance subi par les propriétaires de certains lots seulement.

Le syndicat est également recevable à agir en présence d'une multitude de désordres endommageant tant les parties communes que privatives (Cass. 3e civ. 27-2-2008 no 06-14.062 : BPIM 2/08 inf. 160).

L'ordonnance du 30 octobre 2019 a introduit la possibilité, pour le syndicat, d'agir par la voie du président du conseil syndical sur délégation expresse de l'assemblée générale ou, à défaut de conseil syndical, par celle de copropriétaires représentant au moins un quart des voix de tous les copropriétaires, en responsabilité contre le syndic en cas de carence ou d'inaction de celui-ci (no 38582).

En revanche, le syndicat des copropriétaires est irrecevable à reprocher à un notaire des omissions dans un acte de cession de lots (Cass. 3e civ. 20-11-1996 : RJDA 3/97 no 405) ou à agir pour la défense des droits des copropriétaires sur leurs parties privatives (Cass. 3e civ. 1-4-1998 : Administrer octobre 1998 p. 56). Il est également irrecevable à interdire à un copropriétaire la vente de plusieurs de ses lots à un prix inférieur au prix du marché en vue de leur transformation en habitat social. La dépréciation alléguée de la valeur de l'immeuble est un préjudice individuel éventuellement subi par chaque copropriétaire lors de la vente de son bien, dont le prix est la résultante d'un ensemble de paramètres propres au lot concerné, et non un préjudice personnel ressenti de la même manière par l'ensemble des copropriétaires, qui prendrait ainsi un caractère collectif (Cass. 3e civ. 23-11-2017 no 16-20.805 F-D : BPIM 1/18 inf. 64).

SAUVEGARDE MATÉRIELLE DE L'IMMEUBLE

40005 Le syndicat peut diligenter, au nom de la collectivité des copropriétaires, les actions qui tendent à la sauvegarde matérielle de l'immeuble :

– action tendant à la cessation d'**empiétements** sur les parties communes (Cass. 3e civ. 26-10-1988 no 87-14.188 : Bull. civ. III no 148), d'accaparement d'un local (Cass. 3e civ. 4-11-2009 no 06-21.647 : BPIM 6/09 inf. 459) ou à la remise des lieux dans leur état primitif (Cass. 3e civ. 20-3-1979 no 77-15.880 : Bull. civ. III no 70) ;

– actions en garantie biennale ou décennale pour les **malfaçons** constatées dans les parties communes, ou simultanément, dans les parties communes et les parties privatives (Cass. 3e civ. 27-2-2008 no 06-14.255 : BPIM 2/08 inf. 160 ; Cass. 3e civ. 3-3-2010 no 07-21.950 : BPIM 3/10 inf. 243) ;

– actions du syndicat contre l'entrepreneur principal en réparation d'un **désordre** affectant les parties communes fondées sur la responsabilité contractuelle de droit commun (Cass. 3e civ. 26-5-1992 no 89-21.897 : RJDA 7/92 no 701 ; Cass. 3e civ. 4-11-1993 no 87-15.007) ;

– action en réparation du préjudice causé par le promoteur vendeur qui a trompé les copropriétaires sur la **consistance** des parties communes en intégrant la conciergerie présentée comme dépendance à usage collectif, dans une partie de l'immeuble destinée à l'habitation privative (Cass. 3e civ. 19-2-1980 no 78-15.164 : Bull. civ. III no 41), ou qui n'a pas respecté son **obligation de délivrance** conforme (Cass. 3e civ. 3-4-2013 no 11-27.053 : Loyers et copr. 2013 comm. no 188 note G. Vigneron).

Le syndicat des copropriétaires ne peut pas être privé de son droit d'agir en réparation des dommages affectant les parties communes. Ainsi, dans les résidences de tourisme, il ne peut être privé de sa qualité pour agir en réparation des dommages affectant les parties communes par une clause, insérée dans les baux commerciaux consentis par les copropriétaires à l'exploitant unique, subrogeant l'exploitant dans leurs droits et actions contre les constructeurs et leurs assureurs (Cass. 3e civ. 22-5-2025 no 23-19.544 FS-B : BPIM 4/25 inf. 221).

SAUVEGARDE JURIDIQUE DE L'IMMEUBLE

40010 Le syndicat peut diligenter, au nom de la collectivité des copropriétaires, les actions qui tendent à la sauvegarde juridique de l'immeuble :

– les **actions possessoires,** ou désormais les **actions en référé,** à l'encontre de tiers auteurs de trouble ou de voies de fait sur les parties communes ou sur l'immeuble dans son ensemble, tel le stationnement irrégulier d'une caravane (Cass. 3e civ. 3-3-2010 no 08-21.911 : Bull. civ. III no 54) ;

– les **actions pétitoires** : l'action en revendication d'une partie commune telle que le logement du gardien (Cass. 3e civ. 19-2-1980 no 78-15.164 : Bull. civ. III no 41) ;

– les actions tendant à faire respecter une **servitude** bénéficiant à la copropriété.

40012 La plupart des actions relatives à la sauvegarde des droits afférents à l'immeuble intéressent les copropriétaires individuellement. C'est ce qui justifie d'ailleurs que la loi en ait envisagé l'exercice conjoint avec les copropriétaires. Mais il se déduit de la lecture de l'article 15 que c'est au **syndicat** que revient l'initiative du **droit d'agir à titre principal.** Le syndicat des copropriétaires dispose d'une action en quelque sorte prépondérante, il lui revient d'agir à titre principal dès lors que l'action est rattachée à l'immeuble, qu'il jouit d'un intérêt légitime et que le trouble est collectif, ce qui est constant lorsque les parties communes et privatives sont concernées et que tous les lots ou tous les copropriétaires sont concernés (Cass. 3e civ. 27-2-2008 nos 06-14.062 et 06-14.255 : BPIM 2/08 inf. 160 ; Cass. 3e civ. 11-5-2005 no 04-11.186 : AJDI 2005 p. 664 ; Cass. 3e civ. 20-11-1996 no 94-20.605 : Loyers et copr. 1997 comm. no 53).

RESPECT DES DÉCISIONS DE L'ASSEMBLÉE GÉNÉRALE

40015 Le syndicat des copropriétaires a intérêt à agir en justice en vue de faire respecter les décisions adoptées par l'assemblée générale au nom de l'intérêt collectif des copropriétaires (Cass. 3e civ. 28-5-2020 : BPIM 4/20 inf. 268).

ACTION EN RESPONSABILITÉ CONTRE LE SYNDIC

40017 Le syndicat peut agir en responsabilité contre le syndic.

L'ordonnance du 30 octobre 2019 a ouvert au président du conseil syndical, sur délégation expresse de l'assemblée générale, une action contre le syndic défaillant en réparation du préjudice collectif subi par le syndicat des copropriétaires, en cas de « carence ou d'inaction du syndic » (Loi 65-557 du 10-7-1965 art. 15, al. 3).

À défaut de conseil syndical, cette action peut être exercée par un ou plusieurs copropriétaires représentant au moins un quart des voix de tous les copropriétaires, sur le modèle de l'action « ut singuli » admise en droit des sociétés (C. civ. art. 1843-5 et C. com. art. L 225-252).
Sur le détail de cette procédure, voir n° 38582.

2. ACTIONS INDIVIDUELLES DES COPROPRIÉTAIRES

DISPOSITIONS LÉGALES OU RÉGLEMENTAIRES

Les copropriétaires peuvent en premier lieu diligenter seuls les actions dont l'exercice est expressément attribué aux copropriétaires pour la défense de leurs intérêts individuels au sein de la copropriété en vertu de dispositions formelles de la loi du 10 juillet 1965 ou du décret du 17 mars 1967, au nom du principe que tout membre d'un groupement peut agir pour la défense de ses droits (l'action en contestation des décisions de l'assemblée générale prévue par l'article 42 de la loi du 10 juillet 1965 ; le droit, pour chaque copropriétaire, de recourir au juge afin que la copropriété puisse être dotée de ses organes de gestion, à défaut de leur nomination par l'assemblée générale, prévu par les articles 46, 47 et 48 du décret de 1967 ; le droit de provoquer la nomination d'un administrateur provisoire ou d'un administrateur ad hoc en cas d'empêchement ou de carence du syndic ; le droit de demander la modification d'une répartition lésionnaire des charges, ou de solliciter du tribunal, en cas de refus de l'assemblée générale, l'autorisation d'effectuer certains travaux à ses frais). Ils peuvent également, en l'absence de conseil syndical, exercer une action dans l'intérêt collectif des copropriétaires, en responsabilité contre le syndic (Loi 65-557 du 10-7-1965 art. 15). Par ailleurs, chaque copropriétaire est recevable à **contester** la **validité du règlement de copropriété,** qu'il est tenu de respecter, pour assurer sa conformité avec les dispositions réglementaires ou légales d'ordre public, notamment pour ce qui concerne le respect des prérogatives de l'assemblée générale (Cass. 3e civ. 16-12-2008 n° 08-10.480 : BPIM 1/09 inf. 65). **40020**

PROPRIÉTÉ OU JOUISSANCE DES LOTS

Tout **copropriétaire** peut agir seul en ce qui concerne la propriété ou la jouissance de son lot, à charge d'en informer le syndic (Loi 65-557 du 10-7-1965 art. 15, al. 2 ; Décret du 17-3-1967 art. 51). Cette information a pour objet de permettre au syndicat d'intervenir à la procédure le cas échéant. Le défaut d'information du syndic n'entraîne toutefois pas l'irrecevabilité de la demande (Cass. 3e civ. 30-3-1978 n° 76-14.922 : Bull. civ. III n° 134 ; CA Paris 17-11-1995 : Loyers et copr. 1996 comm. n° 143). Le copropriétaire peut à ce titre agir en remise en état d'une partie commune dont il a la jouissance privative (pour une action en démolition de la construction édifiée par un voisin, empiétant sur le jardin du demandeur, partie commune à jouissance privative Cass. 3e civ. 15-12-2016 n° 15-22.583 : BPIM 1/17 inf. 47). De même, si l'occupation abusive de parties communes porte atteinte à la propriété ou à la jouissance d'une partie privative, le propriétaire de celle-ci a qualité pour agir seul en cessation de cette occupation (Cass. 3e civ. 26-1-2017 n° 15-24.030 F-D : BPIM 2/17 inf. 142). **40025**

DÉSORDRES AFFECTANT LES LOTS

Les copropriétaires ont ainsi seuls qualité pour demander la réparation des **conséquences dommageables** des désordres affectant les parties privatives de leurs lots (Cass. 3e civ. 27-11-1991 n° 90-12.692 : Bull. civ. III n° 292), des désordres affectant les parties communes qui leur causent un préjudice personnel, pour demander la cessation des **troubles de voisinage** qu'ils subissent personnellement (Cass. 3e civ. 30-3-1978 n° 76-14.922 : Bull. civ. III n° 134), ou encore pour revendiquer une partie de l'immeuble qu'ils prétendent constituer une partie privative de leur lot. **40030**

Mais si le préjudice, causé par un fait générateur commun, est éprouvé par tous, alors son caractère collectif autorise également le syndicat à agir en réparation pour la collectivité des copropriétaires. Il y a bien des domaines d'action concurrents où l'action d'un copropriétaire et du syndicat sont toutes deux recevables.

3. DROIT D'ACTION CONCURRENT DU SYNDICAT ET DES COPROPRIÉTAIRES

RÉPARATION DE PRÉJUDICES DISTINCTS

Lorsqu'un même vice endommage parties communes et parties privatives, l'action collective et l'action individuelle sont concurremment ouvertes. Ainsi, l'action en **garantie décennale** appartient aux copropriétaires seuls lorsqu'il s'agit de réparer un préjudice causé individuellement à leurs **parties privatives.** Le syndicat a qualité pour agir en **responsabilité décennale** dès lors que les désordres affectent les **parties communes,** ou ont leur origine dans les parties **40035** communes même s'ils affectent des parties privatives (même si le préjudice n'est pas subi de la même façon par l'ensemble des copropriétaires des parties privatives (Cass. 3e civ. 7-11-2024 no 23-14.464 FS-B : BPIM 1/25 inf. 36), ou lorsque les préjudices individuels additionnés prennent un tour collectif. Le syndicat ne peut en revanche agir en réparation d'un préjudice ne touchant pas de la même manière tous les copropriétaires (Cass. 3e civ. 19-11-1997 : Loyers et copr. 1998 comm. no 46).

40040 Les deux **actions** sont **distinctes.** Il en résulte que :

– en cas d'action conjointe du syndicat et des copropriétaires, le défaut d'habilitation du syndic n'entraîne pas l'irrecevabilité de l'action des copropriétaires pour leur dommage personnel (Cass. 3e civ. 17-7-1996 : RJDA 12/96 no 1522) ;

– une transaction pour la réparation du préjudice collectif ne prive pas les copropriétaires de l'action en réparation de leur préjudice individuel (Cass. 3e civ. 17-12-1996 : RDI 1997 p. 136) ;

– la demande en réparation des dommages affectant les parties privatives n'interrompt pas la prescription au regard du syndicat (Cass. 3e civ. 15-11-1989 : D. 1989 IR p. 306) et vice versa (Cass. 3e civ. 10-12-1985 : RTD civ. 1986 p. 790 ; Cass. 3e civ. 16-3-1994 : D. 1994 IR p. 86).

Néanmoins, lorsque les dommages affectent de façon **indivisible** les parties communes et les parties privatives, l'action du syndicat dans le délai de garantie décennale interrompt la prescription à l'égard des copropriétaires agissant ultérieurement (Cass. 3e civ. 31-3-2004 no 02-19.114 : BPIM 3/04 inf. 158 ; Cass. 3e civ. 20-5-1998 : Bull. civ. III no 105) et la demande du maître de l'ouvrage, formée avant l'expiration du délai de garantie décennal, interrompt le délai au profit du syndicat des copropriétaires qui sollicite la réparation des mêmes vices (Cass. 3e civ. 20-3-2002 no 99-11.745 : BPIM 3/02 inf. 189).

> **Précisions** **a.** Le syndicat des copropriétaires et les acquéreurs successifs de lots sont recevables à demander aux locateurs d'ouvrage l'indemnisation des malfaçons affectant l'immeuble sur le fondement de la responsabilité contractuelle (Cass. 3e civ. 26-5-1992 : AJPI 1993 p. 584 ; Cass. 3e civ. 4-11-1993 : RDI 1994 p. 107 ; Cass. 3e civ. 28-2-1996 et Cass. 3e civ. 27-3-1996 : BPIM 3/96 inf. 205). Il est admis que, sauf s'il justifie d'un intérêt particulier, le maître de l'ouvrage n'a plus qualité pour exercer l'action en garantie lorsqu'il n'a plus la propriété de l'immeuble (Cass. 3e civ. 28-11-2001 no 1633 : BPIM 1/02 inf. 35).
> **b.** Le copropriétaire qui justifie d'un préjudice découlant des désordres de construction affectant les parties communes et portant atteinte à la jouissance des parties privatives des lots lui appartenant a, en application de l'article 15, alinéa 2, de la loi du 10 juillet 1965, qualité pour agir à l'encontre de l'assureur dommages-ouvrage (Cass. 3e civ. 3-3-2010 no 07-21.950 : BPIM 3/10 inf. 243). Il ne peut toutefois, faute de lien de causalité, demander à l'assureur dommages-ouvrages l'indemnisation de sa perte locative lorsque le syndicat des copropriétaires a obtenu indemnisation des travaux de reprise des désordres affectant les parties communes, travaux qu'il lui appartient d'entreprendre (Cass. 3e civ. 30-1-2025 no 23-13.325 : BPIM 2/25 inf. 91).

RÉPARATION DE PRÉJUDICES IDENTIQUES

40045 Il y a des cas où syndicat et copropriétaires peuvent, soit l'un, soit l'autre, agir en justice pour former une demande identique : le copropriétaire, conjointement ou non avec le syndicat, est en droit d'agir lui-même pour exiger le respect du règlement de copropriété ou la cessation d'une atteinte aux parties communes.

EXEMPLE

Est **recevable** l'action individuelle d'un copropriétaire tendant à rétablir une sortie sur rue (partie commune), à restituer un couloir commun qu'un copropriétaire s'est approprié (Cass. 3e civ. 9-10-2007 no 06-21.482 : BPIM 1/08 inf. 80 ; Cass. 3e civ. 04-11-2008 no 07-18.067 : BPIM 6/08 inf. 463), à supprimer une fenêtre percée dans le mur de l'un des lots (Cass. 3e civ. 18-12-2007 no 06-21.364 précité), au retrait des jardinières installées en violation du règlement de copropriété (Cass. 3e civ. 1-7-2008 no 07-15.729 : BPIM 4/08 inf. 319). À l'inverse, les copropriétaires ne sont **pas recevables** à faire un recours contre l'ordonnance de taxe de l'administrateur provisoire, cette action ne concernant ni la propriété ou la jouissance de leurs lots ni la sauvegarde des droits afférents à l'immeuble. C'est au syndicat, débiteur de la taxation, de faire le recours (Cass. 3e civ. 7-5-2014 no 13-10.943 : BPIM 3/14 inf. 198).

40050 Si cette action est dirigée **contre un autre copropriétaire,** il n'est pas astreint, dans le dernier état de la jurisprudence, à démontrer qu'il subit un préjudice personnel et distinct de celui dont souffre la collectivité des membres du syndicat (Cass. 3e civ. 26-11-2003 no 02-14.184 : Bull. civ. III no 210 ; Cass. 3e civ. 25-5-2004 no 03-13.691 ; Cass. 3e civ. 9-6-2004 no 02-21.048 : Administrer octobre 2004 p. 65 obs. A. Alfandari ; Cass. 3e civ. 22-3-2000 nos 98-13.345 et 98-15.595 : BPIM 4/00 inf. 276 ; Cass. 3e civ. 17-11-2004 nos 03-10.039, 03-10.728 et 03-11422 : Bull. civ. III no 200 ; Cass. 3e civ. 29-3-2011 no 10-16.487 : AJDI 2011 p. 378 obs. S. Porcheron ; Cass. 3e civ. 9-5-2012 no 11-10.552 : BPIM 5/12 inf. 406 ; Cass. 3e civ. 17-10-2012 no 11-18.439 : BPIM 6/12 inf. 471).

40051 En revanche, l'exigence de la preuve d'un **préjudice personnel** et distinct de celui dont souffre la collectivité des copropriétaires demeure lorsque le copropriétaire agit **contre un tiers**

à la copropriété (Cass. 3e civ. 13-9-2006 no 05-14.478 : BPIM 6/06 inf. 463 1e esp. ; Cass. 3e civ. 17-1-2007 no 05-19.313 : BPIM 2/07 inf. 149 ; Cass. 3e civ. 15-11-2018 no 17-13.514 F-D : BPIM 1/19 inf. 62). Les juges du fond apprécient souverainement l'existence d'un tel préjudice (Cass. 3e civ. 28-10-2003 no 02-16.086). Ainsi, un copropriétaire ne peut agir contre l'assureur de la copropriété en indemnisation des dégradations causées aux parties communes par un incendie (Cass. 3e civ. 19-12-2019 no 18-23.974 : BPIM 1/20 inf. 56), pas plus qu'il ne peut agir contre le constructeur en paiement des travaux de reprise des désordres affectant les parties communes (Cass. 3e civ. 8-6-2023 no 21-15.692 : BPIM 4/23 inf. 274), même s'il ne s'agit que d'une demande d'actualisation du montant des travaux de reprise des désordres alloué au syndicat des copropriétaires (Cass. 3e civ. 30-1-2025 no 23-13.325 : BPIM 2/25 inf. 91).

La distinction s'explique de la manière suivante : tout copropriétaire tient du règlement de copropriété le droit d'obtenir des autres copropriétaires, liés par cette même convention, la cessation des atteintes portées par ceux-ci aux parties communes. En revanche, c'est en principe le syndicat qui doit veiller au respect des parties communes par les tiers à la copropriété, de sorte que le copropriétaire désireux de se substituer au syndicat doit justifier d'un préjudice propre. **40052**

APPEL DU SYNDICAT DES COPROPRIÉTAIRES DANS LA CAUSE

Le copropriétaire qui exerce à titre individuel une action tendant à la **remise en état des parties communes** doit appeler le syndicat des copropriétaires dans la cause, après avoir, au besoin, fait désigner judiciairement son représentant (Cass. 3e civ. 8-7-2015 no 14-16.975 : BPIM 5/15 inf. 344). **40055**

En revanche, si le copropriétaire exerce à titre individuel une action en indemnisation du préjudice qu'il subit personnellement du fait d'une atteinte portée par un autre copropriétaire aux parties communes, il n'est pas tenu d'appeler le syndicat des copropriétaires dans la cause (Cass. 3e civ. 19-12-2019 no 18-22.902 : BPIM 1/20 inf. 57).

B. Règles de procédure

1. REPRÉSENTATION DU SYNDICAT PAR LE SYNDIC

Sous réserve de l'exception notable prévue par l'article 15, alinéa 3 de la loi du 10 juillet 1965, qui autorise le président du conseil syndical, ou, à défaut de conseil syndical, des copropriétaires représentant au moins un quart des voix de tous les copropriétaires, à agir en responsabilité contre le syndic sur délégation expresse de l'assemblée générale (no 38582), le syndicat est représenté en justice par son **syndic en exercice** (Loi 65-557 du 10-7-1965 art. 18, I). Le syndic signifie et reçoit tous actes au nom du syndicat (Décret du 17-3-1967 art. 59). **40060**

MANDAT RÉGULIER

Un syndic dénué de mandat régulier (mandat expiré, annulé...) n'a pas le pouvoir de représenter le syndicat, et le défaut de pouvoir d'une personne figurant au procès comme représentante d'une personne morale est une irrégularité de fond (CPC art. 117). Néanmoins, la **nullité,** dans les cas où elle est susceptible d'être couverte, n'est pas prononcée si sa cause a disparu au moment où le juge statue (CPC art. 121). Ainsi par exemple, l'action en justice irrégulièrement introduite au nom du syndicat par une personne n'ayant pas la qualité de syndic peut être régularisée par le dépôt de conclusions prises par le syndic représentant le syndicat et habilité à agir (Cass. 3e civ. 4-11-2009 no 07-17.618 : BPIM 6/09 inf. 458). **40065**

Toutefois, la régularisation doit intervenir avant toute **forclusion** ou prescription. Il en résulte que la régularisation des pouvoirs du syndic qui a interjeté appel au nom du syndicat alors qu'il n'avait plus de mandat de syndic ne peut intervenir après l'expiration du délai d'appel (Cass. 3e civ. 16-10-2015 no 14-16.106 : BPIM 6/15 inf. 411).

En revanche, s'il s'agit d'une simple **erreur** dans la désignation du syndic, alors il s'agit d'un vice de forme soumis aux dispositions de l'article 114 du CPC (Cass. 3e civ. 13-11-2013 no 12-24.870 : BPIM 6/13 inf. 420).

> **> Précisions** En cas de non-renouvellement du syndic au cours d'une instance, celle-ci se trouve interrompue. Une reprise d'instance est indispensable à défaut de quoi la représentation légale du syndicat n'est plus assurée (Cass. 3e civ. 14-4-1999 : Bull. civ. III no 101).

AUTORISATION D'AGIR EN JUSTICE

Le syndic doit avoir été habilité à agir en justice au nom du syndicat (Décret 67-223 du 17-3-1967 art. 55). **40070**

> **> Précisions** L'habilitation doit être donnée au syndic ; le mandat d'agir en justice donné à un avocat ne suffit pas (Cass. 3e civ. 5-4-1995 no 93-12.511 : RJDA 6/95 no 761 ; Cass. 3e civ. 15-11-2018 no 17-18.386 : BPIM 1/19 inf. 63).

40075 **Actions concernées** Le syndic ne peut agir en justice au nom du syndicat sans y avoir été autorisé par une décision de l'**assemblée générale,** sauf pour les actions en recouvrement de créance, la mise en œuvre des voies d'exécution forcée à l'exception de la saisie en vue de la vente d'un lot, les mesures conservatoires, l'opposition aux travaux permettant la recharge normale des véhicules électriques ou hybrides rechargeables avec un système de mesure permettant une facturation individuelle des consommations et les demandes qui relèvent des pouvoirs du juge des référés, ainsi que pour défendre aux actions intentées contre le syndicat (Décret du 17-3-1967 art. 55).

Le syndic n'a pas besoin d'être autorisé par l'assemblée lorsqu'il agit en paiement de charges (Cass. 3e civ. 17-1-1996 no 93-17.128), ou pour demander, en plus du paiement des charges, des dommages et intérêts (Cass. 3e civ. 25-1-2012 no 10-19.180 : BPIM 2/12 inf. 157).

Le syndic n'a pas besoin d'être autorisé lorsque le syndicat est **défendeur.** Il en va de même pour former une demande reconventionnelle lorsqu'elle est la suite et la conséquence nécessaire de la demande principale à laquelle elle se rattache par un lien suffisant (Cass. 3e civ. 29-1-1997 no 95-12.568 ; Cass. 3e civ. 21-5-2003 no 01-12.107 ; Cass. 3e civ. 9-5-2007 no 06-17.479). Une autorisation est en revanche nécessaire lorsqu'elle tend à obtenir un avantage entièrement distinct (Cass. 3e civ. 17-1-1996 no 93-19.407 : RJDA 6/96 no 826 ; Cass. 3e civ. 4-12-2002 no 01-00.425 : Bull. civ. III no 249). Le syndic peut, sans autorisation, appeler en garantie toute personne susceptible de garantir le syndicat des copropriétaires (Cass. 3e civ. 7-1-1981 no 79-12.508 : Bull. civ. III no 6 ; Cass. 3e civ. 30-11-2004 no 00-20.453), y compris donc l'assureur de la copropriété (Cass. 3e civ. 27-2-2020 no 19-10.887 : BPIM 2/20 inf. 144). Il peut faire une tierce opposition, faire appel, appel incident ou former un pourvoi en cassation (Cass. 3e civ. 15-12-1993 : Inf. rap. copr. p. 486 ; CE 9-7-2008 no 293370 : BPIM 5/08 inf. 384 ; Cass. 3e civ. 8-9-2010 no 07-15.852 : BPIM 6/10 inf. 493), peu important que le syndicat ait été demandeur ou défendeur en première instance (Cass. 3e civ. 22-3-2000 : BPIM 4/00 inf. 277), ou saisir le juge de l'exécution en défense à une saisie-attribution (Cass. 3e civ. 6-12-2006 no 04-14.175 : BPIM 1/07 inf. 71).

Ne nécessite pas non plus d'autorisation :

– une action en répétition de l'indu (Cass. 3e civ. 16-2-1994 : JCP éd. G 1994 IV 1035) ;

– la réalisation de mesures conservatoires (Cass. 3e civ. 29-1-2003 no 112 : Bull. civ. III no 21) telles que la déclaration de créances du syndicat au passif du redressement judiciaire d'un ancien syndic (même arrêt) ou d'un copropriétaire (Cass. com. 19-5-2004 no 02-14.805 : BPIM 4/04 inf. 244) ou de l'action tendant à faire obstruer les vues réalisées par un voisin afin d'éviter l'acquisition par prescription d'une servitude de vue sur le fonds de la copropriété (CA Montpellier 25-2-2003 : BPIM 5/03 no 307).

En revanche, l'**autorisation** est **nécessaire** :

– pour l'action en liquidation d'astreinte (Cass. 3e civ. 20-12-2000 : BPIM 1/01 inf. 71) sauf lorsque celle-ci relève des pouvoirs du juge des référés qui s'en est réservé la liquidation (Cass. 2e civ. 10-2-2011 no 10-30.576 : Bull. inf. C. cass. 1-6-2011 no 695) ; l'autorisation donnée au syndic pour obtenir une condamnation sous astreinte ne l'autorise pas à agir, une fois la condamnation prononcée, en liquidation de cette astreinte (Cass. 3e civ. 20-10-2016 no 15-23.233 : BPIM 6/16 inf. 401) ;

– pour la demande d'ouverture d'une procédure collective à l'encontre d'un copropriétaire (Cass. com. 7-3-2006 no 04-16.633 : BPIM 2/06 inf. 134) ;

– lorsque la demande reconventionnelle n'est pas exclusivement fondée sur la demande principale et tend à obtenir un avantage distinct (Cass. 3e civ. 17-1-1996 : RJDA 6/96 no 826 ; Cass. 1re civ. 13-11-1996 : Bull. civ. I no 397) ;

– pour demander le remboursement d'une facture de travaux, qui est une action en réparation du préjudice causé au syndicat par une violation du règlement de copropriété ou une atteinte aux parties communes, et qui nécessite une autorisation de l'assemblée générale (Cass. 3e civ. 2-10-2013 no 12-19.481 : BPIM 6/13 inf. 419) ;

– pour agir en remboursement de sommes payées par le syndicat au titre de la réparation d'une canalisation, qui suppose d'apprécier qui doit prendre en charge ces travaux (Cass. 3e civ. 03-12-2015 no 14-10.961 : BPIM 1/16 inf. 59).

40080 **Autorisation précise** L'autorisation doit être précise quant à l'**objet** de l'action car le pouvoir du syndic est limité à ce qui figure dans la résolution de l'assemblée (Cass. 3e civ. 11-10-1990 : Bull. civ. III no 182 ; Cass. 3e civ. 11-1-1995 : RJDA 3/95 no 345).

En conséquence, une autorisation donnée en des termes trop généraux (« tous désordres, malfaçons et non-conformités ») est sans valeur (Cass. 3e civ. 22-5-1997 : Bull. civ. III no 109 ; Cass. 3e civ. 11-5-1999 : Loyers et copr. 1999 comm. no 222), et ni les informations données ultérieurement aux copropriétaires ni les précisions contenues dans l'assignation ne peuvent remplacer cette autorisation (Cass. 3e civ. 4-12-1996 : RJDA 3/97 no 404). En outre, même si l'assignation en référé a précisé les désordres invoqués, l'habilitation ultérieure du syndic pour agir au fond doit préciser les désordres dont il est réclamé réparation (Cass. 3e civ. 22-5-1999 : Loyers et copr. 1999 comm. n° 272).

L'autorisation donnée au syndic pour agir à l'encontre des constructeurs de l'immeuble ne peut pas concerner des **désordres apparus postérieurement** à cette assemblée (Cass. 3e civ. 12-10-1988 : JCP éd. N 1989 II p. 312 ; Cass. 3e civ. 11-10-1990 : Bull. civ. III n° 182 ; Cass. 3e civ. 22-5-1997 : RJDA 9/97 n° 1096). Dans ce cas, une nouvelle autorisation doit être demandée, sauf lorsque les nouveaux désordres sont la conséquence ou l'aggravation de ceux pour lesquels le syndic avait été autorisé à agir (Cass. 3e civ. 8-4-1998 : Bull. civ. III n° 83 ; pour un exemple de désordres évolutifs, voir Cass. 3e civ. 27-9-2000 : Loyers et copr. 2000 comm. n° 284).

> Précisions a. Sont **imprécis** le mandat donné au syndic « d'entamer une procédure judiciaire pour les parties communes » même s'il ne contient aucune limitation expresse (Cass. 3e civ. 11-1-1995 : RJDA 3/95 n° 345), ou la résolution visant « un certain nombre de désordres, ceux dont traite une mise en demeure à laquelle il est fait référence et ceux que l'expertise pourra révéler » (Cass. 3e civ. 11-3-1992 : Bull. civ. III n° 83).

En revanche, dans un cas où la commune où était situé l'immeuble avait fait l'objet d'un arrêté constatant l'état de catastrophe naturelle à la suite d'une période de sécheresse, une résolution mandatant le syndic pour « suivre le dossier sécheresse » a été jugée suffisamment précise pour caractériser une autorisation donnée au syndic d'agir en justice (Cass. 3e civ. 6-5-2009 n° 07-21.513 : BPIM 4/09 inf. 303).

b. **L'autorisation,** même donnée en des termes relativement imprécis, est jugée valable s'il est établi qu'elle a été donnée en considération d'éléments précis dont les copropriétaires ont eu connaissance. Jugé ainsi qu'il suffit que les désordres pour lesquels l'action est intentée aient été précisés en cours d'assemblée par le syndic dans son rapport d'activité, alors même que l'habilitation était donnée en termes très vagues (« désordres constatés ou pouvant survenir dans la copropriété ») (Cass. 3e civ. 12-12-2001 n° 1759 : BPIM 1/02 inf. 56). De même, le procès-verbal de l'assemblée ayant donné l'autorisation peut se contenter de renvoyer à un rapport d'expertise pour la description de la nature des désordres et de leur consistance, à condition toutefois que ce rapport ait été communiqué aux copropriétaires (Cass. 3e civ. 16-12-2008 n° 07-19.133 : BPIM 1/09 inf. 64). Mais il a été jugé que « tous les désordres » dénoncés dans l'assignation doivent avoir été visés dans l'autorisation donnée au syndic (Cass. 3e civ. 26-6-2002 : Constr.-urb. 2003 n° 43), sans que les explications du conseil syndical puissent combler cette lacune (même arrêt).

c. L'autorisation donnée au syndic d'agir contre un copropriétaire dont le locataire exploitait un sex-shop n'autorise pas le syndic à agir, par l'**action oblique,** en résiliation du bail de ce locataire (Cass. 3e civ. 18-6-2008 n° 07-14.738 : BPIM 4/08 inf. 320).

d. La loi n'exige pas que l'autorisation d'engager une procédure de **saisie immobilière** contre un copropriétaire débiteur de charges comprenne le ou les titres exécutoires au nom desquels la procédure est engagée ni ses modalités d'exécution (Cass. 3e civ. 3-7-2013 n° 12-18.952 : BPIM 4/13 inf. 288).

Personnes visées Il n'est pas nécessaire de désigner les personnes à assigner par leur identité si l'action est suffisamment déterminée (Cass. 3e civ. 8-10-2003 n° 01-14.609 : BPIM 6/03 inf. 370 ; Cass. 3e civ. 9-2-2011 n° 10-10.599 : BPIM 2/11 inf. 148 ; Cass 3e civ 23-1-2019 n° 19-11.863 : BPIM 1/20 inf. 58), au besoin par des éléments annexés à la convocation (Cass. 3e civ. 11-7-2019 n° 18-18.336 : BPIM 5/19 inf. 354). À défaut de précision, l'autorisation vaut à l'égard de l'ensemble des personnes concernées et leurs assureurs (Cass. 3e civ. 29-1-2003 n° 120 : BPIM 2/03 inf. 123). Il a été ainsi admis que, si l'autorisation donnée au syndic mentionne la « garantie légale des constructeurs », le syndic peut valablement assigner non seulement les locateurs d'ouvrage mais aussi leurs assureurs (Cass. 3e civ. 17-2-1988 : Bull. civ. III n° 36 ; Cass. 3e civ. 20-6-2001 : BPIM 5/01 inf. 326). De même, l'autorisation d'engager contre les constructeurs et leurs assureurs toute procédure devant toute juridiction nécessaire est valable car elle vaut, à défaut de limitation des pouvoirs du syndic, à l'égard de l'ensemble des personnes concernées par l'obligation de garantie décennale (Cass. 3e civ. 27-9-2000 : Loyers et copr. 2000 comm. n° 284). **40085**

En revanche, l'habilitation ne peut pas autoriser le syndic à agir contre un copropriétaire non désigné (par exemple, l'autorisation donnée contre « tout copropriétaire dont les locataires troubleraient la tranquillité de l'immeuble » n'est pas régulière) (Cass. 3e civ. 26-9-2007 n° 06-11.191 : BPIM 6/07 inf. 434).

Modalités L'autorisation de l'assemblée est donnée par un **vote** à la majorité de l'article 24 (n° 37800 ; Cass. 3e civ. 11-1-1995 : RJDA 3/95 n° 344), un simple « accord » donné au syndic ne suffit pas (Cass. 3e civ. 31-1-1996 : RJDA 10/96 n° 1254). **40090**

L'autorisation donnée au syndic n'est pas intuitu personae à un syndic déterminé : elle profite à tous les syndics successifs pendant toute la **durée** du procès (Cass. 3e civ. 6-12-2006 n° 05-16.949 : BPIM 1/07 inf. 70 ; Cass. 3e civ. 8-9-2010 n° 07-21.446 : BPIM 6/10 inf. 494).

Le **défaut d'habilitation** du syndic à agir en justice constitue un défaut de pouvoir sanctionné par une nullité de fond qui ne profite qu'à celui qui l'invoque et non une fin de non-recevoir que **40095** le juge peut relever d'office (Cass. 3e civ. 9-4-2008 no 07-13.236 : BPIM 3/08 inf. 243). Jusqu'à présent, les tiers assignés pouvaient invoquer cette irrégularité de fond (Cass. 3e civ. 12-5-1993 : Bull. civ. III no 65). Ce n'est plus le cas depuis l'entrée en vigueur du décret 2019-650 du 27 juin 2019 (JO 28 texte no 5). Désormais, seuls les copropriétaires peuvent se prévaloir de l'absence d'autorisation du syndic à agir en justice (Décret 67-223 du 17-3-1967 art. 55 al. 2). Cette importante modification ne s'applique qu'aux exceptions de nullité présentées à compter du 29 juin 2019, date de l'entrée en vigueur du décret (Cass. 3e civ. 25-3-2021 no 20-15.307 : BPIM 3/21 inf. 210).

L'assemblée peut donner **a posteriori** son autorisation (Cass. 3e civ. 1-2-1983 : Administrer mai 1983 p. 39). Celle-ci doit être donnée avant que le juge statue conformément à l'article 121 du Code de procédure civile (Cass. 3e civ. 27-1-1988 : RDI 1988 p. 389) et avant l'expiration du délai de prescription de l'action (Cass. 3e civ. 9-12-1998 : Bull. civ. III no 237 ; Cass. 3e civ. 12-3-2008 no 06-20.189 : BPIM 3/08 inf. 242 ; Cass. 3e civ. 13-1-2010 no 09-10.398 : BPIM 2/10 inf. 146), lequel est interrompu par des ordonnances de référé rendues entre-temps (Cass. 3e civ. 28-10-2003 : Loyers et copr. 2004 comm. no 37, 1e esp.). Elle doit en tout état de cause préciser son objet (Cass. 3e civ. 22-5-1997 : BPIM 5/97 inf. 340).

> **Précisions** Pour l'**action décennale,** l'habilitation du syndic pour agir en justice ne peut être donnée qu'autant que le délai de prescription décennale n'est pas expiré. La ratification de l'action engagée par le syndic non habilité ne peut intervenir que dans le même délai (Cass. 3e civ. 16-1-1985 : Bull. civ. III no 210 ; Cass. 3e civ. 9-12-1998 no 1780 P : BPIM 1/99 inf. 60 ; Cass. 3e civ. 12-3-2008 no 06-20.189 : BPIM 3/08 inf. 242 ; Cass. 3e civ. 21-10-2008 no 07-18.205 : Loyers et copr. 2009 comm. no 20).

DÉSIGNATION DU SYNDICAT DANS LES ACTES DE PROCÉDURE

40100 La désignation du syndicat des copropriétaires dans les actes de procédure, spécialement dans l'assignation, doit être opérée de manière précise, conformément aux dispositions de l'article 648 du Code de procédure civile qui prévoient, si le requérant est une personne morale, que sa forme, sa dénomination, son siège social et la personne qui la représente soient précisés. Lorsque le syndicat est partie à la procédure, l'instance doit être formée par ou dirigée contre le syndicat des copropriétaires représenté par son syndic en exercice, la société X (Cass. 3e civ. 30-6-1993 no 91-11.290). Une assignation concernant le syndicat mais délivrée sous la seule mention du syndic est irrecevable, le syndic n'agissant alors qu'en son nom personnel (pour une action devant le conseil de prud'hommes dirigée par un employé d'immeuble contre le syndic, voir par exemple Cass. soc. 13-1-2021 no 19-22.142 : BPIM 2/21 inf. 144). Mais l'intervention volontaire du syndicat des copropriétaires devant le tribunal régularise la procédure (Cass. 3e civ. 20-11-2002 no 1705 : BPIM 1/03 inf. 41).

En revanche, l'imprécision affectant la désignation d'un syndicat des copropriétaires dans un acte de procédure constitue un vice de forme, régi par l'article 114 du Code de procédure civile, qui n'est donc sanctionné par la nullité de l'assignation qu'à charge, pour l'adversaire qui l'invoque, de prouver que cette imprécision lui a causé un grief (Cass. 3e civ. 22-5-2025 no 23-18.768 FS-B : BPIM 4/25 inf. 222).

> **Précisions** **a.** Il a été néanmoins admis qu'une assignation délivrée par le syndic agissant « au nom des copropriétaires » était réputée délivrée par le syndicat (Cass. 3e civ. 16-9-2015 no 14-16.705).
> **b.** L'erreur dans la désignation du syndic représentant le syndicat des copropriétaires dans un acte d'appel ne constitue qu'un vice de forme susceptible de régularisation (Cass. 3e civ. 13-11-2013 no 12-24.870 : BPIM 6/13 inf. 420).

2. OBLIGATIONS D'INFORMATION, DE MISE EN CAUSE OU DE PUBLICATION

OBLIGATION D'INFORMATION PESANT SUR LE SYNDIC

40110 Le syndic doit **aviser** les copropriétaires, individuellement, de toutes les actions en justice concernant le syndicat, de l'existence et de l'objet de l'instance (Décret 67-223 du 17-3-1967 art. 59), mais il n'est pas tenu de communiquer les pièces de procédure (Cass. 3e civ. 6-3-2002 no 401 : BPIM 3/02 inf. 214). Il doit en outre **rendre compte** à la plus proche assemblée générale.

OBLIGATION D'INFORMATION OU DE MISE EN CAUSE PESANT SUR LES COPROPRIÉTAIRES

40115 **Obligation d'information du syndic** En application de l'article 15, alinéa 2 de la loi du 10 juillet 1965, un copropriétaire qui agit seul en ce qui concerne la **propriété ou** la **jouissance de son lot** doit en informer le syndic. Copie de l'assignation doit être adressée par l'huissier au syndic par lettre recommandée avec accusé de réception (Décret du 17-3-1967 art. 51). Cette information a pour objet de permettre au syndicat d'intervenir à la procédure le cas échéant. Le défaut d'information du syndic n'entraîne toutefois pas l'irrecevabilité de la demande (Cass. 3e civ. 30-3-1978 no 76-14.922 : Bull. civ. III no 134 ; CA Paris 17-11-1995 : Loyers et copr. 1996 comm. no 143).

Obligation de mise en cause du syndicat des copropriétaires Un copropriétaire qui exerce seul une action tendant à la **remise en état des parties communes** doit appeler le syndicat des copropriétaires dans la cause, après avoir, au besoin, fait désigner judiciairement son représentant (Cass. 3e civ. 8-7-2015 no 14-16.975 : BPIM 5/15 inf. 344). Mais il appartient aux parties de soulever cette cause d'irrecevabilité, car si elles ne le font pas, le juge n'est pas obligé de la soulever d'office (Cass. 3e civ. 14-16-2016 no 14-22.714 : BPIM 2/16 inf. 130). 40120

En revanche, s'il exerce à titre individuel une action en indemnisation du préjudice qu'il subit personnellement du fait d'une atteinte portée par un autre copropriétaire aux parties communes, il n'est pas tenu d'appeler le syndicat des copropriétaires dans la cause (Cass. 3e civ. 19-12-2019 : BPIM 1/20 inf. 57).

PUBLICATION DE CERTAINES ASSIGNATIONS

Une demande en annulation de l'acte modificatif du règlement de copropriété et de l'état descriptif de division, tendant à faire prononcer l'annulation d'actes ou de droits réels immobiliers résultant d'actes publiés au service de la publicité foncière, est irrecevable faute de publication de l'assignation (Cass. 3e civ. 17-12-2014 no 13-23.350 : BPIM 2/15 inf. 131, dans un cas où la demande remettait en cause les droits réels immobiliers résultant du règlement de copropriété). 40122

3. FRAIS DE PROCÉDURE

Si le syndicat est condamné aux dépens, tous les copropriétaires paient leur quote-part. Néanmoins, si l'instance l'opposait à un copropriétaire qui voit sa prétention déclarée fondée par le juge, ce copropriétaire est dispensé de toute participation aux frais de procédure, dont la charge est répartie entre les autres copropriétaires, à moins que le juge n'en décide autrement en considération de l'équité ou de la situation économique des parties (Loi 65-557 du 10-7-1965 art. 10-1, al. 4 et 5). 40125

C. Juridiction compétente

DROIT COMMUN

Il n'y a **pas de juridiction spécialisée** pour le contentieux de la copropriété. C'est donc, depuis le 1er janvier 2020 (date d'entrée en vigueur de la loi 2019-222 du 23 mars 2019 de programmation et de réforme pour la justice), le tribunal judiciaire (TJ), qui s'est substitué au tribunal de grande instance et au tribunal d'instance, qui traite de ce contentieux. Il n'y a donc plus à distinguer selon la nature ou le montant de la demande. 40130

Le TJ est en effet compétent pour tout litige civil sauf si, compte tenu de la nature du conflit, une autre juridiction est expressément désignée pour en connaître (C. org. jud. art. L 211-3).

Le **juge de l'exécution** continue d'exister avec des compétences légèrement modifiées : il connaît de la saisie des rémunérations (C. org. jud. art. L 213-6, al. 5).

S'agissant de la compétence territoriale, le tribunal compétent est en principe celui du lieu de situation de l'immeuble (Décret 67-223 du 17-3-1967 art. 61-1) mais, en cas d'existence de plusieurs tribunaux judiciaires dans un même département, certains d'entre eux peuvent être spécialement désignés pour connaître seuls de certains contentieux civils au nombre desquels les **actions en contestation des décisions d'assemblée générale** de copropriété et celles relatives aux **copropriétés en difficulté** (C. org. jud. art. R 211-4). Le siège de ces tribunaux figure dans le tableau IV-IV annexé au Code de l'organisation judiciaire (C. org. jud. art. D 211-4-1 créé par décret 2021-1103 du 20-8-2021).

Pour les demandes en recouvrement de charges, voir les procédures spécifiques nos 36530 s.

En cas de **saisine d'un juge incompétent,** le délai de prescription est interrompu (C. civ. art. 2241).

ASSISTANCE D'UN AVOCAT

Les parties sont, sauf disposition contraire, tenues de constituer avocat devant le tribunal judiciaire (CPC art. 760). Elles en sont **dispensées** lorsque la demande porte sur un montant inférieur ou égal à 10 000 € ou a pour objet une demande indéterminée ayant pour origine l'exécution d'une obligation dont le montant n'excède pas 10 000 € (CPC art. 761). 40131

Devant le **juge de l'exécution,** la représentation par avocat ne s'imposera pas pour les litiges relatifs à l'expulsion ou à une créance n'excédant pas 10 000 €.

TENTATIVE DE CONCILIATION OU DE MÉDIATION PRÉALABLE

40132 Lorsque la demande tend au paiement d'une somme n'excédant pas 5 000 € ou est relative à un conflit de voisinage, la **saisine du tribunal** doit être précédée, au choix des parties, d'une tentative de conciliation menée par un conciliateur de justice, d'une tentative de médiation, telle que définie à l'article 21 de la loi 95-125 du 8 février 1995 relative à l'organisation des juridictions et à la procédure civile, pénale et administrative, ou d'une tentative de procédure participative (Loi 2016-1547 du 18-11-2016 art. 4). Cette mesure concerne notamment les litiges en **recouvrement des charges.**

Les parties sont **dispensées** de cette obligation (CPC art. 750-1) :

– si l'une des parties au moins sollicite l'homologation d'un accord ;

– lorsque l'exercice d'un recours préalable est imposé auprès de l'auteur de la décision ;

– si l'absence de recours à l'un des modes de résolution amiable mentionnés ci-dessus est justifiée par un motif légitime tenant soit à l'urgence manifeste soit aux circonstances de l'espèce rendant impossible une telle tentative ou nécessitant qu'une décision soit rendue non contradictoirement soit à l'indisponibilité de conciliateurs de justice entraînant l'organisation de la première réunion de conciliation dans un délai manifestement excessif au regard de la nature et des enjeux du litige ;

– si le juge ou l'autorité administrative doit, en application d'une disposition particulière, procéder à une tentative préalable de conciliation.

Le non-respect de cette obligation est sanctionné par une irrecevabilité que le juge peut prononcer d'office, et il n'est fait exception à cette obligation que dans certains cas limitativement énumérés.

PROCÉDURE « ACCÉLÉRÉE AU FOND »

40133 Les procédures « en la forme des référés » ou « comme en matière de référé », ouvertes depuis le 1er janvier 2020, sont uniformément nommées « procédures accélérées au fond » (Ord. 2019-738 du 17-7-2019). Il s'agit d'une procédure accélérée dans laquelle la décision rendue est, à la différence de l'ordonnance de référé, un jugement sur le fond qui a l'autorité de la chose jugée au principal relativement à la contestation qu'il tranche.

INJONCTION DE PAYER

40134 Depuis le **1er janvier 2020,** les injonctions de payer relèvent du tribunal judiciaire. En matière d'impayés de charges de copropriété, le tribunal compétent est celui du lieu où est situé l'immeuble.

ARBITRAGE

40135 Les **clauses compromissoires** (clauses prévoyant le recours à la procédure d'arbitrage), souvent présentes dans les règlements de copropriété antérieurs à l'entrée en vigueur de la loi du 10 juillet 1965, sont privées d'effets (Cass. 3e civ. 10-10-1978 : JCP N 1980 II p. 17). Il est interdit de convenir à l'avance que les litiges susceptibles de survenir seront soumis à un arbitrage. Il est en revanche possible de décider de recourir à un arbitrage lorsqu'un litige est apparu (Cass. 3e civ. 8-7-2015 nº 14-17.544 pour un litige relatif à la répartition des charges).

D. Prescription extinctive

1. DÉLAIS DE PRESCRIPTION

DIVERSITÉS DES DÉLAIS DE PRESCRIPTION DÉROGATOIRES

40140 La loi du 10 juillet 1965 instaure divers délais dérogatoires au droit commun, destinés à assurer une certaine sécurité juridique au sein des copropriétés et à consolider les situations de fait en évitant la remise en cause tardive de situations acceptées par les copropriétaires pendant un certain délai :

– prescription de **cinq ans** pour les actions en révision de la répartition des charges dans les conditions de l'alinéa 1 de l'article 12 (nº 36250) ;

– prescription de **deux ans** pour la révision de la répartition des charges dans les conditions de l'alinéa 2 de l'article 12 (nº 36350) ;

– prescription d'**un an** pour les actions en diminution du prix de vente fondée sur l'article 46 de la loi du 10 juillet 1965 lorsque la superficie réelle est inférieure d'1/20e à la superficie mentionnée dans l'acte (voir nos 37120 s.) ;

– délai préfix de **deux mois** à compter de la notification du procès-verbal pour les actions en contestation de décisions d'assemblées générales (Loi 65-557 du 10-7-1965 art. 42) : nos 38100 s.

DÉLAI DE PRESCRIPTION DÉCENNAL RÉDUIT À CINQ ANS PAR LA LOI ÉLAN

Le délai de prescription de **principe** de la loi du 10 juillet 1965 était le délai de prescription **décennal,** qui s'appliquait pour toutes les **actions personnelles** nées de l'application de la présente loi entre des copropriétaires, ou entre un copropriétaire et le syndicat (Loi 65-557 du 10-7-1965 art. 42, al. 1 dans sa rédaction antérieure à la loi Élan 2018-1021 du 23-11-2018) : actions en recouvrement de charges, en constatation d'un appel de charges (Cass. 3e civ. 1-2-2018 no 16-26.992 : BPIM 2/18 inf. 138), le recouvrement de créances, en restitution de charges indûment payées, tendant au respect du règlement de copropriété, en responsabilité du syndicat. **40145**

Ce délai est réduit à cinq ans par la loi Élan 2018-1021 du 23 novembre 2018. Ce délai nouveau est également applicable mais court à compter du jour de l'**entrée en vigueur de la loi Élan** et dans la limite de la durée posée par la loi ancienne.

Les actions en répétition d'un indû de charges de copropriété se prescrivent par 5 ans à compter de l'événement ayant fait naître cet indû, donc en principe, le paiement de ces charges (Cass. 3e civ. 3-6-2021 no 19-20.657 : BPIM 4/21 inf. 276).

EXEMPLE

1. Soit la prescription de 10 ans qui a commencé à courir le 1er juin 2017. L'application de ce délai implique en principe une prescription acquise au 1er juin 2027. Si la loi nouvelle diminue cette durée à 5 ans et entre en vigueur le 1er novembre 2018, le délai nouveau recommence à courir à compter du 1er novembre 2018. La prescription sera donc acquise au 1er janvier 2023.
2. Soit la prescription de 10 ans qui a commencé à courir à compter du 1er juin 2009. L'application du délai ancien implique une prescription acquise au 1er juin 2019. Si la loi nouvelle fixe cette durée à 5 ans et entre en vigueur le 1er novembre 2018, le nouveau délai de 5 ans court à compter de cette date, mais dans la limite des 10 ans prévus par la loi antérieure. Elle sera donc acquise au 1er juin 2019.

DÉLAI DE PRESCRIPTION TRENTENAIRE

Une difficulté naît parfois pour les demandes de **remise en état de parties communes.** En effet, l'article 2227 du Code civil édicte une prescription trentenaire pour les actions réelles immobilières et il convient donc de distinguer les actions « personnelles » qui relèvent du délai décennal et les actions « réelles » qui relèvent du délai trentenaire : **40150**

– les **actions personnelles** portent sur l'existence ou l'étendue des droits et obligations du syndicat et des copropriétaires, tels qu'ils résultent du statut de la copropriété et des actes qui le complètent, notamment le règlement de copropriété. Sont donc, en principe, personnelles les actions tendant à la remise en état des parties communes affectées par les travaux réalisés par un copropriétaire sans autorisation de l'assemblée générale ;

– les **actions réelles** tendent au contraire à obtenir la restitution d'un bien qu'une personne s'est indûment appropriée. Or, un copropriétaire qui réalise des travaux non autorisés peut également, ce faisant, s'approprier indûment une partie commune.

En pratique la distinction n'est pas toujours aisée. La jurisprudence utilise le critère de l'« appropriation de parties communes » : **40155**

– une action est personnelle lorsqu'elle a pour objet de faire cesser des infractions au statut de la copropriété, au règlement de copropriété ou à une décision d'assemblée générale ;

– mais si les infractions ainsi commises ne constituent pas seulement une violation du règlement de copropriété ou du statut de la copropriété mais impliquent, en outre, une véritable **appropriation ou annexion de parties communes,** comme l'installation d'équipements pérennes, alors l'action tendant à leur remise en état est une action réelle puisqu'il s'agit de **restituer à la collectivité des copropriétaires une partie d'immeuble indûment privatisée** (Cass. 3e civ. 16-1-2008 no 06-21.123 : BPIM 2/08 inf. 159 ; Cass. 3e civ. 4-11-2009 no 06-21.647 : BPIM 6/09 inf. 459). Tel est le cas même s'il s'agit d'une partie commune à jouissance privative. L'installation d'équipements pérennes caractérise des actes d'appropriation.

EXEMPLE

Relèvent ainsi de la **prescription trentenaire** :
– la demande tendant à faire cesser l'appropriation par un copropriétaire ayant édifié, sans autorisation, des ouvrages sur la terrasse, partie commune sur laquelle il avait un simple droit de jouissance exclusif (Cass. 3e civ. 16-3-2005, pourvoi no 03-14.771 ; Cass. 3e civ. 8-10-2015 no 14-16.690 : AJDI 2015 p. 847 obs. S. Porcheron ; Cass. 3e civ. 22-10-2020 no 19-12.588 : BPIM 6/20 inf. 420), la demande tendant à ce qu'il soit mis fin à l'occupation d'un bâtiment commun par un copropriétaire (Cass. 3e civ. 3-3-2004 no 02-17.390 : BPIM 3/04 inf. 176), la demande de remise en état de terrasses communes sur lesquelles un copropriétaire a édifié des skydomes, des cheminées et un circuit d'arrosage, s'analysant

en des actes d'appropriation (Cass. 3e civ. 13-12-2012 n° 11-24.589 : AJDI 2013 p. 47 note S. Porcheron), l'action en suppression d'installations d'extractions de fumées accaparant les parties communes (Cass. 3e civ. 4-11-2009 n° 06-21.647 : BPIM 6/09 inf. 459), l'action tendant à faire cesser l'emprise au sol résultant des travaux de construction réalisés dans une courette commune (Cass. 3e civ. 18-12-2001 n° 00-17.871), l'action en remise en état d'une cour commune dans laquelle un copropriétaire a installé un robinet sur la façade de l'immeuble, une structure en bois permanente et des plantations pouvant difficilement être déplacées (Cass. 3e civ. 26-1-2017 n° 15-25.144 : BPIM 2/17 inf. 141) ;
– une action en suppression d'ouvertures pratiquées dans un mur commun (Cass. 3e civ. 10-9-2008 n° 07-15.983 : Loyers et copr. 2008 comm. n° 253 note G. Vigneron ; Cass. 3e civ. 4-4-2012 n° 11-11.139 : BPIM 3/12 inf. 260), ou en suppression du percement d'une dalle, partie commune (Cass. 3e civ. 12-1-2010 n° 09-11.514).
Relevaient au contraire de la **prescription décennale,** désormais quinquennale :
– les demandes de remise en état d'une partie commune dans laquelle un copropriétaire a fait, sans aucune autorisation, des travaux qui l'affectent mais sans constituer un accaparement dans la mesure où ils n'empêchent pas les autres copropriétaires de leur propre droit d'en jouir (Cass. 3e civ. 10-1-2001 n° 99-11.607 : Bull. civ. III n° 4) : travaux de peinture, installation d'un élément léger démontable, demande de suppression d'une gaine de ventilation implantée par un copropriétaire sur la façade de l'immeuble (Cass. 3e civ. 15-6-1988 n° 86-19.030 : Bull. civ. III n° 111), demande en démolition d'un appentis prenant appui sur un mur commun (Cass. 3e civ. 17-7-1991 n° 89-12.309), demande de suppression de pompes à chaleur et d'un système de climatisation installés sur la toiture (Cass. 3e civ. 22-10-2008 n° 07-17.780 : BPIM 6/08 inf. 464) ;
– les actions tendant à la mise en conformité, avec l'autorisation donnée par l'assemblée générale, de travaux réalisés dans les parties communes : si les travaux effectués par un copropriétaire ont été autorisés par l'assemblée générale mais ne sont pas conformes à cette autorisation, l'action tendant à leur mise en conformité ou à leur suppression est une action personnelle (Cass. 3e civ. 25-5-2005 n° 04-10.345 : Rev. loyers 2005 p. 403 ; Cass. 3e civ. 13-11-2013 n° 12-24.052 : AJDI 2014 p. 150 note S. Porcheron ; Cass. 3e civ. 17-6-2014 n° 13-14.894 : BPIM 4/14 inf. 281). Dès lors que les travaux ont été autorisés, il en est ainsi même si la demande porte sur la suppression d'un empiétement non autorisé sur les parties communes intervenu à l'occasion de ces travaux (Cass. 3e civ. 19-6-2013 n° 12-11.791 : BPIM 4/13 inf. 289). En effet, les travaux ayant été autorisés, l'action vise donc à faire respecter une décision d'assemblée générale, l'appropriation non autorisée n'étant que la conséquence de ce non-respect.

2. POINT DE DÉPART DE LA PRESCRIPTION

CONDITION

40160 La loi de 1965 n'avait pas donné de précisions quant au point de départ de la prescription décennale de l'article 42.

Le législateur y a remédié dans la loi Élan : les dispositions de l'article 2224 du Code civil ont vocation à s'appliquer non seulement en ce qui concerne le délai de prescription mais également en ce qui concerne le point de départ du délai de prescription, qui court donc désormais du jour où le titulaire d'un droit a connu ou aurait dû connaître les faits lui permettant de l'exercer (Loi 65-557 du 10-7-1965 art. 42, al. 1).

ILLUSTRATIONS

La jurisprudence avait adopté les solutions suivantes, dans des procédures antérieures à la modification de l'article 42 par la loi Élan :
– s'agissant d'une **violation du règlement de copropriété,** il convient de retenir la date à laquelle l'infraction a été commise (Cass. 3e civ. 23-5-1991 : RJDA 7/91 n° 636 ; Cass. 3e civ. 13-1-2009 n° 07-21.105 : BPIM 2/09 inf. 158). Ce point de départ peut être retardé au jour où le syndicat en a eu connaissance (pour le percement d'un mur séparatif, partie commune, et le changement d'affectation d'un lot : Cass. 3e civ. 12-4-2018 n° 17-12.574 : BPIM 3/18 inf. 218) ; en cas d'infractions au règlement de copropriété réitérées à chaque saison touristique (locations saisonnières de locaux commerciaux), le délai de prescription court à compter de la première infraction (Cass. 3e civ. 24-11-2021 n° 20-20.090 : BPIM 1/22 inf. 61).
– s'agissant de dommages mettant en jeu la **responsabilité spécifique du syndicat** pour vice de construction, la Cour de cassation a jugé que « le point de départ du délai de prescription de l'action personnelle du copropriétaire contre le syndicat des copropriétaires en réparation du préjudice causé par des vices de construction se situe au moment de la survenance des faits qui sont la cause génératrice de l'action » (Cass. 3e civ. 12-6-2002 n° 01-02.154 : Bull. civ. III n° 137), sans qu'une vente postérieure des lots concernés puisse interrompre ce délai (Cass. 3e civ. 25-2-2009 n° 08-16.161 : BPIM 2/09 inf. 157). Toutefois, cette date peut être retardée jusqu'à « la date à laquelle la cause des désordres subis a été révélée à la victime » (Cass. 3e civ. 2-3-2005 n° 03-14.713 : BPIM 4/05 inf. 282 ; Cass. 3e civ. 24-5-2006 n° 05-12.185 : Loyers et copr. 2006 comm. n° 186 ; Cass. 3e civ. 9-10-2007 n° 06-17.398 ; Cass. 3e civ. 26-1-2017 n° 11-14.797 F-D : BPIM 2/17 inf. 143), et notamment jusqu'à la date du dépôt du rapport d'expertise ayant déterminé l'origine du désordre subi (Cass. 3e civ. 19-11-2015 n° 13-19.999 ; Cass. 3e civ. 19-11-2015 n° 14-17.784 : Loyers et copr. 2016 comm. n° 53).

Ces solutions étaient néanmoins conformes aux dispositions de droit commun issues de la loi du 17 juin 2008, l'article 2224 du Code civil disposant que les actions personnelles ou mobilières se prescrivent par cinq ans à compter du jour où le titulaire d'un droit a connu ou aurait dû connaître les faits lui permettant de l'exercer.
Plus récemment, la Cour de cassation a adopté la même position en matière de **démolition de constructions irrégulièrement édifiées sur une partie commune** qu'en matière d'empiétement : la prescription de l'action du syndicat des copropriétaires court du jour de la réalisation des travaux (Cass. 3e civ. 9-7-2020 n° 19-17.843 F-D : BPIM 5/20 inf. 342).

SUSPENSION

Les articles 2233 et suivants du Code civil prévoient les **causes de report** du point de départ du délai et de suspension de la prescription. Il sera notamment précisé que la prescription est suspendue lorsque le juge fait droit à une demande de mesure d'instruction présentée avant tout procès, le délai recommençant à courir, pour une durée qui ne peut être inférieure à six mois, à compter du jour où la mesure a été exécutée (C. civ. art. 2239). **40170**

INTERRUPTION

Les articles 2240 et suivants du Code civil prévoient les causes d'interruption du délai de prescription. Tel est notamment le cas d'une demande en justice qui, même en référé, interrompt le délai de prescription, et ce même lorsqu'elle est portée devant une juridiction incompétente ou lorsque l'acte de saisine de la juridiction est annulé par l'effet d'un vice de procédure (C. civ. art. 2241). **40175**

CHAPITRE 14

PETITES COPROPRIÉTÉS ET COPROPRIÉTÉS À DEUX

SOMMAIRE

A. Dispositions particulières aux petites copropriétés

40180 Afin de mieux répondre aux besoins des petites copropriétés, l'ordonnance du 30 octobre 2019 a institué des règles de fonctionnement dérogatoires pour les « petites copropriétés » (Loi 65-557 du 10-7-1965 art. 41-8 à 41-12). La loi entérine ainsi certaines pratiques existantes et facilite la prise de décision, sans avoir à passer par le formalisme lourd des assemblées générales lorsque tous les copropriétaires s'entendent, tout en maintenant ce même formalisme protecteur des copropriétaires en l'absence d'accord unanime de tous les membres du syndicat.

CHAMP D'APPLICATION

40182 Les « petites copropriétés » sont, pour l'application de ces dispositions, celles qui comportent au plus **cinq lots** à usage de logements, de bureaux ou de commerces, et celles dont le syndicat a un budget prévisionnel moyen inférieur à 15 000 € sur trois exercices consécutifs (Loi 65-557 du 10-7-1965 art. 41-8).

CONSEIL SYNDICAL

40184 La constitution d'un conseil syndical n'est **pas obligatoire** (Loi 65-557 du 10-7-1965 art. 41-9), le faible nombre de copropriétaires dans les petites copropriétés rendant difficile la mise en place de cet organe.

COMPTABILITÉ

40186 Elles sont dispensées de tenir une comptabilité en partie double (Loi 65-557 du 10-7-1965 art. 41-10).

DÉCISIONS PAR VOIE DE CONSULTATION ET ASSEMBLÉE GÉNÉRALE

40187 Par dérogation à l'article 17 de la loi du 10 juillet 1965, les copropriétaires ont la possibilité de prendre des décisions dans le cadre d'une consultation écrite, ou à l'occasion d'une réunion, sans convocation ni tenue d'une assemblée générale, dès lors que ces décisions sont prises à l'**unanimité** des voix de tous les copropriétaires composant le syndicat. La consultation est organisée par le syndic, à son initiative ou à la demande d'un copropriétaire. Dans ce second cas, la consultation du syndicat doit être organisée dans les **21 jours** suivant la demande adressée par un copropriétaire (Décret 67-223 du 17-3-1967 art. 42-4). La décision est formalisée au terme du délai fixé par le syndic pour répondre à la consultation (Loi 65-557 du 10-7-1965 art. 41-12).

La décision est valable lorsque tous les copropriétaires composant le syndicat ont chacun exprimé leur **vote** selon l'une des modalités suivantes (Décret 67-223 du 17-3-1967 art. 42-3) :

- par présence physique, y compris dans le cadre d'une délégation de vote ;
- par visioconférence, audioconférence ou tout autre moyen de communication électronique admis par décision de l'assemblée générale dans les conditions de l'article 13-1 du décret de 1967 ; le copropriétaire doit, lorsqu'il a participé au vote par visioconférence ou audioconférence, confirmer le sens de son vote par tout moyen dans les 48 heures qui suivent la réunion. À défaut, la décision n'est pas valablement prise (Décret 67-223 du 17-3-1967 art. 42-5) ;
- par courrier, sur support papier ou électronique.

Cette mesure de simplification ne conduira pas à la suppression de la tenue de l'assemblée générale annuelle, puisque sont **exclus** de ce dispositif l'approbation des comptes et le vote du budget prévisionnel, le dispositif étant limité aux décisions ponctuelles qui s'avèrent indispensables entre deux assemblées générales annuelles.

PROCÈS-VERBAL DES DÉCISIONS PRISES PAR VOIE DE CONSULTATION

Le syndic doit établir un procès-verbal pour chaque décision adoptée par voie de consultation (Décret 67-223 du 17-3-1967 art. 42-5). Il doit **signer** ce document et y mentionner le **sens du vote** de chaque copropriétaire et la signature des copropriétaires présents, et y annexer les écrits par lesquels les copropriétaires qui ont voté par visioconférence ou audioconférence ont exprimé ou confirmé le sens de leur vote (n° 40186). Ce procès-verbal est **annexé** au registre des procès-verbaux des assemblées générales. **40188**

FORME COOPÉRATIVE

Par dérogation à l'article 17-1, lorsque le syndicat a adopté la forme coopérative et n'a pas institué de conseil syndical, l'assemblée générale, à la majorité de l'article 25, désigne le **syndic** parmi ses membres. Un syndic suppléant peut aussi être désigné, pour le cas où le syndic serait empêché. Le syndic et son suppléant sont révocables à la même majorité. L'assemblée générale désigne une ou plusieurs personnes physiques ou morales, qui peuvent être des copropriétaires ou des personnes extérieures qualifiées, pour assurer le contrôle des comptes du syndicat. Chaque copropriétaire peut convoquer une assemblée générale extraordinaire en cas d'empêchement du syndic ou de défaillance de celui-ci mettant en péril la conservation de l'immeuble, la santé ou la sécurité des occupants, afin qu'elle désigne un nouveau syndic ou qu'elle prenne les décisions nécessaires à la conservation de l'immeuble, de la santé ou de la sécurité des occupants (Loi 65-557 du 10-7-1965 art. 41-11). **40189**

B. Dispositions particulières aux syndicats ne comportant que deux copropriétaires

Pour remédier aux blocages inhérents aux copropriétés à deux en raison de l'inadaptation ou de la trop grande rigidité du régime général, l'ordonnance du 30 octobre 2019 a instauré des règles dérogatoires, empruntées au régime de l'indivision, qui permettent d'apporter une certaine souplesse tout en préservant les droits du copropriétaire minoritaire pour les décisions les plus importantes (Loi 65-557 du 10-7-1965 art. 41-13 à 41-23). **40190**

CHAMP D'APPLICATION

Le nombre de voix du syndicat doit être réparti entre deux copropriétaires ; le nombre de lots est indifférent (Loi 65-557 du 10-7-1965 art. 41-13). **40191**

SYNDIC

Par dérogation au IV de l'article 18, qui interdit au syndic, seul responsable de sa gestion, de se faire substituer, il est prévu que, lorsque le syndic est non professionnel, il peut solliciter l'autorisation de l'autre copropriétaire afin de déléguer à un **tiers** sa mission à une fin déterminée (Loi 65-557 du 10-7-1965 art. 41-14). **40192**

RECOUVREMENT DES CHARGES

En cas de **conflits d'intérêts** du syndic non professionnel, le copropriétaire qui n'est pas syndic peut exercer une action contre l'autre copropriétaire en paiement des provisions sur charges dues au titre des articles 14-1 et 14-2. En cas d'absence ou de carence du syndic, cette action est ouverte à chacun des copropriétaires (Loi 65-557 du 10-7-1965 art. 41-15). **40193**

L'action peut être exercée au moyen des voies d'action « classiques » (action en référé, action au fond, injonction de payer), mais également dans les conditions prévues à l'article 19-2 de la loi du 10 juillet 1965 (Décret 67-223 du 17-3-1967 art. 42-6), qui permet d'obtenir une décision assortie de l'autorité de la chose jugée suivant la procédure accélérée au fond, non seulement pour rendre exigibles les provisions non encore échues, mais également pour recouvrer les sommes dues au titre des provisions échues après approbation des comptes.

REVENUS ET DÉPENSES EXPOSÉES PAR LE COPROPRIÉTAIRE NON SYNDIC

Le copropriétaire non syndic qui perçoit des revenus ou expose des frais au titre de l'administration et de la gestion de la copropriété doit tenir un état des dépenses et créances, qu'il laisse **40194** à la disposition de l'autre copropriétaire (Loi 65-557 du 10-7-1965 art. 41-20). Il doit y annexer toutes pièces permettant de justifier la nature et le montant de chaque dépense et créance, ainsi que la réalité de leur paiement (Décret 67-223 du 17-3-1967 art. 42-11).

RÈGLES DE MAJORITÉ

40196 Peuvent être prises par le **copropriétaire détenant plus de la moitié des voix** (Loi 65-557 du 10-7-1965 art. 41-16, 1°) les décisions :

- relevant de la majorité simple de l'article 24 ;
- concernant la désignation du syndic.

Il est ainsi dérogé, dans ces cas, à la règle de la réduction des voix du copropriétaire majoritaire prévue à l'article 22, I-al. 2 de la loi du 10 juillet 1965.

En revanche, sur le modèle de l'indivision (C. civ. art. 815-3), toutes les décisions qui ne relèvent pas de la gestion courante de l'immeuble nécessitent pour être valablement adoptées :

- pour les **décisions relevant de l'article 25** et s'il n'y a pas unanimité, que le copropriétaire qui prend seul ces décisions dispose d'au moins deux tiers des voix (Loi 65-557 du 10-7-1965 art. 41-16, 2°) ;
- pour toutes les **autres décisions,** le consentement unanime des deux copropriétaires.

Chaque copropriétaire peut prendre les mesures nécessaires à la **conservation de l'immeuble** en copropriété, même si elles ne présentent pas un caractère d'urgence (Loi 65-557 du 10-7-1965 art. 41-16, 3°). Cette disposition s'inspire directement du mécanisme prévu à l'article 815, alinéa 1 du Code civil.

MODALITÉS D'ADOPTION DES DÉCISIONS

40197 Toutes les mesures conservatoires ainsi que les décisions relevant de la majorité simple de l'article 24 et de la majorité absolue de l'article 25, à l'exclusion de celles portant sur le vote du budget prévisionnel et l'approbation des comptes, peuvent être prises **sans réunion de l'assemblée générale** (Loi 65-557 du 10-7-1965 art. 41-17, al. 1). Dans ce cas, le copropriétaire décisionnaire est chargé de son exécution et il est tenu de la notifier à l'autre copropriétaire, à peine d'inopposabilité de la décision (Loi 65-557 du 10-7-1965 art. 41-17, al. 2). La notification doit préciser la nature de la décision et, le cas échéant, son coût justifié par des devis ou contrats (Décret 67-223 du 17-3-1967 art. 42-8). Chaque copropriétaire est tenu de contribuer aux dépenses au titre de ces décisions et mesures proportionnellement aux quotes-parts de parties communes afférentes à ses lots (Loi 65-557 du 10-7-1965 art. 41-17, al. 3). Sur le modèle du troisième alinéa de l'article 815-2 du Code civil, il est également prévu que, lorsqu'un copropriétaire fait l'avance de dépenses nécessaires, il peut obliger l'autre copropriétaire à les supporter avec lui (Loi 65-557 du 10-7-1965 art. 41-17, al. 4).

Par dérogation à l'article 17 de la loi du 10 juillet 1965, les deux copropriétaires composant le syndicat peuvent organiser des **réunions informelles,** sans convocation préalable, pour prendre toutes décisions mentionnées à l'article 41-16 ainsi que les décisions relevant de l'unanimité (Loi 65-557 du 10-7-1965 art. 41-18, 1°).

Les décisions prises au cours d'une réunion informelle, ou prises par un seul copropriétaire, sont consignées par écrit et versées au **registre des procès-verbaux** des assemblées générales (Décret 67-223 du 17-3-1967 art. 42-9). Cela permet de conserver la preuve et la chronologie des décisions, notamment dans l'intérêt des futurs copropriétaires.

Chaque copropriétaire peut également convoquer l'autre copropriétaire à une assemblée générale en lui notifiant les points à l'**ordre du jour.** Chaque copropriétaire peut ajouter des points à l'ordre du jour sous réserve d'en informer préalablement l'autre (Loi 65-557 du 10-7-1965 art. 41-18, 2°).

Les décisions ou mesures prises par les deux copropriétaires ou par l'un d'entre eux sont portées à la **connaissance** de la personne qui exerce tout ou partie des missions de **syndic** sans être copropriétaire (Décret 67-223 du 17-3-1967 art. 42-7).

CONTESTATION DES DÉCISIONS D'ASSEMBLÉE GÉNÉRALE

40198 L'article 41-19 déroge à l'article 42, alinéa 2 de la loi du 10 juillet 1965 relatif aux actions en contestation des décisions des assemblées générales dont le point de départ est la notification par le syndic du procès-verbal d'assemblée générale. Faute d'assemblée générale, le copropriétaire pourra, à peine de déchéance, contester la décision prise par l'autre copropriétaire dans un **délai** de deux mois à compter de sa notification. Sauf urgence, l'exécution d'une décision prise par un copropriétaire sans l'accord de l'autre est suspendue pendant ce délai. Cette mesure a pour but d'éviter les conséquences néfastes liées à l'annulation rétroactive d'une décision qui aurait commencé à être exécutée.

La contestation d'une décision prise par un seul des copropriétaires n'est possible que devant le tribunal judiciaire (Décret 67-223 du 17-3-1967 art. 42-10). Elle ne peut donc pas résulter d'une simple contestation par écrit dénoncée au copropriétaire.

AUTORISATION JUDICIAIRE

Une procédure d'autorisation judiciaire est prévue dans un certain nombre de cas : **40199**

– afin d'éviter les blocages liés à l'exigence d'unanimité, un copropriétaire peut être autorisé judiciairement à passer **seul** un acte pour lequel le consentement de l'autre copropriétaire serait nécessaire, **si le refus de celui-ci met en péril l'intérêt commun** (Loi 65-557 du 10-7-1965 art. 41-21). L'acte passé dans les conditions fixées par l'autorisation est alors opposable au copropriétaire dont le consentement a fait défaut, sur le modèle de l'article 815-5, alinéas 1 et 3 du Code civil ;

– le président du tribunal judiciaire peut prescrire ou autoriser toutes les **mesures urgentes que requiert l'intérêt commun** et notamment autoriser un copropriétaire à percevoir des débiteurs du syndicat, ou de l'autre copropriétaire, une provision destinée à faire face aux besoins urgents en prescrivant, au besoin, les conditions de l'emploi (Loi 65-557 du 10-7-1965 art. 41-22, al. 1), sur le modèle de l'article 815-6 du Code civil ;

– l'**aliénation d'une partie commune** peut être autorisée judiciairement à la demande du copropriétaire disposant d'au moins deux tiers des tantièmes, dans les conditions et selon les modalités définies à l'article 815-5-1 du Code civil (Loi 65-557 du 10-7-1965 art. 41-23). L'autorisation judiciaire n'est accordée que si la vente ne porte pas une atteinte excessive aux droits des autres indivisaires. L'aliénation s'effectue par licitation. Les sommes qui en sont retirées ne peuvent faire l'objet d'un remploi sauf pour payer les dettes et charges de l'indivision (C. civ. art. 815-5-1, al. 6). Ce mécanisme a vocation à permettre de débloquer une situation économique obérée.

CHAPITRE 15

GESTION COMPTABLE DU SYNDICAT DES COPROPRIÉTAIRES

SOMMAIRE

MISSIONS COMPTABLES DU SYNDIC

40200 Le syndic de copropriété est chargé d'établir le budget prévisionnel en concertation avec le conseil syndical, les comptes du syndicat et leurs annexes, de les soumettre au vote de l'assemblée générale et de tenir pour chaque syndicat une **comptabilité séparée** qui fait apparaître la position de chaque copropriétaire à l'égard du syndicat (Loi 65-557 du 10-7-1965 art. 18, II-al. 2).

La loi SRU 2000-1208 du 13 décembre 2000 a instauré une normalisation de la comptabilité des syndicats de copropriété, qu'il s'agisse de la présentation formelle ou des règles comptables dont les modalités de présentation ont été prescrites par le décret 2005-240 du 14 mars 2005 rectifié et un arrêté du même jour (Arrêté SOCU0412535A du 14-3-2005). Ces dispositions ont été actualisées en ce qui concerne le contenu de l'information due par le syndic aux copropriétaires en matière de ventilation des sommes exigibles, la nomenclature et les intitulés des comptes du syndicat des copropriétaires (Décret 2016-1914 du 27-12-2016 ; Arrêté LHAL1630432A du 27-12-2016). Une seconde actualisation de ces dispositions est intervenue afin d'y intégrer les sommes allouées au conseil syndical pour l'exercice de la délégation de pouvoirs prévue à l'article 21-1 de la loi du 10 juillet 1965 (Décret 2020-1229 du 7-10-2020 ; Arrêté JUSC2020984A du 20-8-2020).

ATTENTION

La **loi Climat** 2021-1104 du 22 août 2021 a modifié les articles 14-1 et 14-2 de la loi 65-557 du 10 juillet 1965 (modifications entrant en vigueur de manière échelonnée entre le 1er janvier 2023 et le 1er janvier 2025 selon le nombre de lots compris dans le syndicat des copropriétaires). Ces articles de la loi de 1965 sont visés à de nombreuses reprises par le décret 2005-240 du 14 mars 2005 et l'arrêté du même jour. Dans l'attente d'une mise à jour de ces deux textes par le pouvoir réglementaire qui tirerait les conséquences de la loi Climat, les développements de ce chapitre continuent de reprendre leur rédaction en vigueur au 15 octobre 2022.

La constitution du **fonds de travaux** oblige le syndic à ouvrir un compte bancaire séparé, rémunéré et au nom du syndicat, sur lequel sont versées les cotisations obligatoires dudit fonds de travaux (voir n° 38510). Les intérêts produits par ce compte intègrent le patrimoine du syndicat et restent sa propriété. Conformément aux dispositions de l'article 35-1 du décret du 17 mars 1967, l'assemblée générale peut décider de l'affectation des intérêts produits par ce placement. Toutefois, et selon notre interprétation, cette affectation doit pouvoir bénéficier aux copropriétaires ayant contribué à le constituer.

A. Normalisation comptable

1. ORGANISATION COMPTABLE

40205 Les **comptes du syndicat des copropriétaires** comprenant le budget prévisionnel, les charges et produits de l'exercice, la situation de trésorerie ainsi que les annexes au budget prévisionnel visés à l'article 14-3 de la loi doivent être établis conformément à des règles comptables normalisées. Les comptes doivent être présentés avec un comparatif des comptes de l'exercice précédent approuvé (Loi 65-557 du 10-7-1965 art. 14-3, al. 1).

CHAMP D'APPLICATION

Les règles comptables spécifiques s'appliquent uniquement aux **syndicats des copropriétaires,** qu'ils soient gérés par un syndic bénévole ou professionnel. En revanche, elles ne s'appliquent pas à la comptabilité du syndic, qui obéit à ses règles propres, ni à la comptabilité d'autres entités telles que les unions de syndicats, les unions de services ou les associations syndicales régies par l'ordonnance 2004-632 du 1er juillet 2004. Toutefois, les statuts de ces dernières peuvent prévoir que leurs comptes soient tenus conformément aux règles comptables propres aux syndicats des copropriétaires, à l'exception des associations assujetties de plein droit au règlement 2018-06 modifié de l'Autorité des normes comptables (ANC) relatif aux comptes annuels des personnes morales de droit privé à but non lucratif (Décret 2005-240 du 14-3-2005 art. 1 ; ce texte vise toujours les associations assujetties de plein droit au règlement 99-01 de l'ANC mais ce dernier a été abrogé et remplacé par le règlement 2018-06 depuis le 1er janvier 2020). **40210**

Concernant la dérogation applicable aux **petites copropriétés,** voir n° 40250.

ORGANISATION DE LA COMPTABILITÉ

Objectifs de l'établissement des comptes du syndicat En application des articles 14-1 et 14-2 de la loi du 10 juillet 1965, le syndicat des copropriétaires approuve les comptes de l'exercice clos et vote, d'une part, le budget prévisionnel concernant les dépenses courantes de maintenance, de fonctionnement et d'administration des parties communes et équipements communs de l'immeuble et, d'autre part, les dépenses pour travaux prévues par l'article 14-2 de la loi du 10 juillet 1965 et les opérations exceptionnelles selon certaines règles et modalités de présentation, pour l'information des copropriétaires et des tiers. **40220**

Les **comptes de l'exercice** comprennent les charges et produits pour les opérations courantes et les charges et produits pour les travaux et les opérations exceptionnelles. Les charges sont les dépenses incombant définitivement aux copropriétaires, chacun pour sa quote-part. L'approbation des comptes du syndicat par l'assemblée générale ne constitue pas une approbation du compte individuel de chacun des copropriétaires.

Le montant alloué au conseil syndical pour mettre en œuvre sa délégation de pouvoirs en application de l'article 21-2 de la loi du 10 juillet 1965 est inclus dans le budget prévisionnel, sauf lorsqu'il porte sur des dépenses non comprises dans ce budget (Décret 2005-240 du 14-3-2005 art. 2, al. 1).

La comptabilité est un système d'organisation de l'information financière permettant de saisir, classer, enregistrer des données de base chiffrées et présenter des états reflétant une image fidèle de la situation financière du syndicat des copropriétaires à la date de clôture. Elle permet d'effectuer des comparaisons périodiques et d'apprécier l'évolution du syndicat dans une perspective de continuité. La comparabilité des comptes annuels est assurée par la permanence des méthodes d'évaluation et de présentation des comptes : là est le principe de séparation des exercices pour une annualisation des charges. **40225**

La comptabilité doit être conforme aux **règles et procédures** en vigueur devant être appliquées avec **sincérité,** sur le fondement des pièces justificatives, documents de base de toute écriture comptable (Décret 2005-240 du 14-3-2005 art. 6). Ces pièces doivent être conservées par le syndic pendant dix ans, sauf dispositions expresses contraires.

L'exactitude des informations comptables au cours des périodes successives suppose de la **permanence** et de la rigueur dans l'application des règles et procédures. Toute exception à ce principe de constance doit être justifiée par un changement exceptionnel dans la situation du syndicat ou par une meilleure information.

Les comptes de l'exercice sont établis à la clôture de l'exercice et sont le résultat d'une saisie chronologique des écritures.

Seul responsable de sa gestion (Loi 65-557 du 10-7-1965 art. 18), le syndic doit s'assurer que toutes les écritures ont été enregistrées à la clôture de l'exercice, notamment celles inhérentes aux créances douteuses ou produits à recevoir par exemple, et que l'ensemble des comptes et des opérations est justifié.

La comptabilité est tenue en monnaie et en langue nationales, le taux des taxes devant être renseigné lorsqu'un copropriétaire a déclaré y être assujetti (SCI, SARL, etc.).

Exercice comptable L'exercice comptable du syndicat des copropriétaires couvre une période de douze mois. Les comptes sont arrêtés à la date de clôture de l'exercice. Pour le premier exercice, l'assemblée générale des copropriétaires fixe la date de clôture des comptes et la durée de cet exercice qui ne peut excéder dix-huit mois. **40230**

La date de clôture de l'exercice peut être modifiée sur décision motivée de l'assemblée générale des copropriétaires. Un délai minimum de cinq ans doit être respecté entre deux décisions d'assemblées générales modifiant la date de clôture (Décret 2005-240 du 14-3-2005 art. 5).

L'exercice comptable peut ne pas coïncider avec l'année civile. La clôture de l'exercice peut être effectuée à n'importe quelle date de l'année. En pratique, il est d'usage d'arrêter un exercice à la fin d'un mois.

40235 **Créances sur les copropriétaires** Le syndic doit être en mesure de ventiler les sommes exigibles à recevoir de chaque copropriétaire selon les **rubriques** suivantes (Décret 2005-240 du 14-3-2005 art. 7) :

– créances sur opérations courantes (compte 450-1 « Copropriétaire – budget prévisionnel ») ;
– créances sur travaux du I de l'article 14-2 de la loi de 1965 et opérations exceptionnelles (compte 450-2 « Copropriétaire – travaux et opérations exceptionnelles ») ;
– créances sur avances (compte 450-3 « Copropriétaire – avances ») ;
– créances sur emprunts obtenus par le syndicat des copropriétaires (compte 450-4 « Copropriétaire – emprunts ») ;
– montant de la cotisation appelée au titre du fonds de travaux prévu à l'article 14-2, II de la loi de 1965 sur l'exercice comptable en cours (compte 450-5).

CONSEIL

Pour assurer un meilleur suivi des fonds versés par les copropriétaires, l'assemblée générale peut opter, à la majorité de l'article 24, pour une présentation en **cinq sous-comptes** selon les rubriques ci-dessus dès l'enregistrement des opérations (Décret 2005-240 du 14-3-2005 art. 7).

40240 **Comptabilité d'engagement** Les charges et produits du syndicat prévus au plan comptable doivent être enregistrés dès leur engagement juridique par le syndic indépendamment de leur règlement. L'engagement est soldé par le règlement (Loi 65-557 du 10-7-1965 art. 14-3, al. 2).
Ainsi sont rattachés à l'exercice les **produits acquis,** c'est-à-dire les produits reçus et à recevoir au titre de l'exercice, et les **charges supportées,** c'est-à-dire les charges réglées et à régler au titre de l'exercice (Décret 2005-240 du 14-3-2005 art. 2, al. 2).

> Précisions Doit être annulée, en application des principes de la comptabilité d'engagement, la décision de l'assemblée générale des copropriétaires approuvant les comptes de l'exercice écoulé dans lesquels ne figure pas, au titre des opérations exceptionnelles, l'**indemnité** allouée au syndicat par une décision de justice, même si elle n'a été **versée** que **postérieurement à l'exercice** approuvé (Cass. 3e civ. 5-2-2014 no 12-19.047 : BPIM 2/14 inf. 124).

40250 **Petites copropriétés** Elles bénéficient d'un système dérogatoire consistant à ne pas tenir de comptabilité en partie double et à constater les engagements en fin d'exercice (art. 41-10 de la loi). Sont concernés les syndicats comportant au plus cinq lots à usage de logements, de bureaux ou de commerces, ou les syndicats dont le budget prévisionnel moyen sur une période de trois exercices consécutifs est inférieur à 15 000 € (Loi 65-557 du 10-7-1965 art. 41-8 et 41-10). Ces critères sont alternatifs et non cumulatifs.

> Précisions Selon nous, ce système dérogatoire serait impératif au vu de la formulation énoncée à l'article 41-8 de la loi. Toutefois, rien ne semble interdire une **double présentation** soumise au formalisme du décret comptable, ce dernier apportant une meilleure visibilité de la situation financière du syndicat.

COMPTABILITÉ « EN PARTIE DOUBLE »

40260 Les écritures sont passées selon le système dit « **en partie double** ». Dans ce système, tout mouvement ou variation enregistré dans la comptabilité est représenté par une écriture qui établit une équivalence entre ce qui est porté au débit et ce qui est porté au crédit des différents comptes affectés par cette écriture (Arrêté SOCU04152535A du 14-3-2005 art. 1).

40265 **Principes** La comptabilité s'organise avec des « comptes » qui permettent de suivre dans le détail les variations et les opérations du syndicat des copropriétaires. Leur nombre n'est pas fixé et dépend du degré de détail souhaité. Lorsque les comptes prévus à la nomenclature ne suffisent pas au syndicat pour enregistrer toutes ses opérations, il peut ouvrir toute subdivision nécessaire (Art. 8 de l'arrêté précité).

Le syndicat donne une représentation numérique des augmentations ou diminutions traduites en valeurs monétaires qui ont affecté soit le compte de gestion général, soit l'état financier.

Au lieu d'utiliser des signes arithmétiques, les augmentations sont constatées dans une colonne et les diminutions dans l'autre. Par convention, la partie gauche est appelée « débit » et la partie droite « crédit ».

Compte	
Gauche = **débits**	**Droite** = **crédits**

En comptabilité, les débits représentent les « actifs » [partie gauche de l'annexe 1] et les crédits représentent les « passifs » [partie droite de l'annexe 1].

Le compte est la plus petite unité retenue pour le classement et l'enregistrement des mouvements comptables. Les opérations sont enregistrées dans les comptes dont l'intitulé correspond à leur nature. Par extension, le mot « compte » désigne aussi les regroupements de comptes.

Fonctionnement des comptes Selon le principe de la partie double, toute opération du syndicat ayant une incidence financière est traduite par une écriture affectant au moins deux comptes dont l'un est débité et l'autre crédité d'une somme identique : **40270**

– les **comptes de trésorerie** sont « mouvementés » au débit (gauche) pour constater les augmentations et au crédit (droite) pour constater les diminutions ;

– les **comptes de créances** sont « mouvementés » au débit (gauche) pour constater les augmentations et au crédit (droite) pour constater les diminutions ;

– les **comptes de dettes** sont « mouvementés » au crédit (droite) pour constater les augmentations et au débit (gauche) pour constater les diminutions ;

– les **comptes de charges** (classe 6) enregistrent au débit (gauche) les augmentations et exceptionnellement au crédit (droite) les diminutions ;

– les **comptes de produits** (classe 7) enregistrent au crédit (droite) les augmentations et exceptionnellement au débit (gauche) les diminutions.

Lorsqu'une opération comptable est enregistrée, le total des sommes inscrites au débit des comptes et le total des sommes inscrites au crédit des comptes doivent être égaux.

EXEMPLE

Réception le 3 août 2025 de la prime d'assurance pour la période du 1er août 2025 au 31 juillet 2026 : 3 000 €.

L'écriture comptable est la suivante :

Date	Nº du compte	Libellé	Débit	Crédit
03-08-2025	616	Primes d'assurances	3 000	
03-08-2025	401	Fournisseurs – Factures parvenues		3 000
		Prime d'assurance 2025/2026		

Les comptes se présentent comme suit :

616 Primes d'assurances							
Date	Libellé	Montant		Totaux		Solde	
		Débits	Crédits	Débits	Crédits	Débits	Crédits
03-08-2025	Prime d'assurance 2025/2026	3 000		3 000		3 000	

401 Fournisseurs							
Date	Libellé	Montant		Totaux		Solde	
		Débits	Crédits	Débits	Crédits	Débits	Crédits
03-08-2025	Prime d'assurance 2025/2026		3 000		3 000		3 000

Nomenclature des comptes Elle est constituée par la liste des comptes classés, numérotés et définis par une terminologie et des règles de fonctionnement. **40275**

Les cinq classes de comptes et comptes retenus par les règles spécifiques, définies par l'arrêté du 14 mars 2005 modifié (nº 40860), sont les seuls utilisables par le syndic pour l'enregistrement des opérations effectuées pour le syndicat des copropriétaires. Les règles du plan comptable général des entreprises ne peuvent pas s'appliquer pour les détailler.

40280 **Compensation** Aucune compensation ne doit être effectuée entre les comptes dont le solde est débiteur et les comptes dont le solde est créditeur sauf lorsqu'elle est expressément prévue par les dispositions en vigueur.

Conformément à l'article 1342-10 du Code civil, les versements des copropriétaires sont affectés, à défaut d'indication contraire, au règlement de la dette la plus ancienne. La présentation avec les cinq sous-comptes facilite l'imputation d'éventuels arriérés.

ENREGISTREMENT COMPTABLE

40300 **Principes** Les opérations doivent être enregistrées **toutes taxes comprises** dans les comptes dont l'intitulé doit correspondre à leur nature. Le montant et le taux des taxes sont indiqués lorsqu'un ou plusieurs copropriétaires ont déclaré être assujettis à la taxe sur la valeur ajoutée.

Tout enregistrement comptable comporte un **libellé** permettant une identification de la pièce justificative qui l'appuie, notamment date et numéro de facture, date et référence du paiement, période de l'appel de fonds et son objet.

La date à laquelle le paiement est intervenu peut être mentionnée sur les factures, mémoires et situations.

Les documents comptables doivent être tenus sans altération et sans blanc. Une écriture erronée doit être annulée par une écriture contraire.

Une **procédure de clôture** destinée à figer la chronologie et à garantir l'intangibilité des enregistrements est mise en œuvre à la date d'arrêté des comptes.

Selon le plan comptable général (PCG art. 911-2), une **documentation** décrivant les procédures et l'organisation comptables permet la compréhension et le contrôle du système de traitement. Cette documentation est conservée aussi longtemps qu'est exigée la présentation des documents comptables auxquels elle se rapporte.

L'organisation du système de traitement permet de reconstituer, à partir des pièces justificatives appuyant les données entrées, les éléments des comptes, états et renseignements soumis à la vérification, ou, à partir de ces comptes, états et renseignements, de retrouver ces données et les pièces justificatives (PCG art. 911-3).

L'organisation de la comptabilité tenue au moyen de **systèmes informatisés** implique l'accès à la documentation relative aux analyses, à la programmation et à l'exécution des traitements, en vue, notamment, de procéder aux tests nécessaires à la vérification des conditions d'enregistrement et de conservation des écritures.

Toute donnée comptable entrée dans le système de traitement est enregistrée, sous une forme directement intelligible, sur papier ou éventuellement sur tout support offrant toute garantie en matière de preuve (PCG art. 911-4).

40305 **Livres comptables** Le syndic tient le livre-journal et le grand-livre des comptes du syndicat. Le **livre-journal,** tenu selon les dispositions des articles R 123-172 et suivants du Code de commerce, enregistre chronologiquement les opérations ayant une incidence financière sur le fonctionnement du syndicat. Le **grand-livre des comptes** regroupe l'ensemble des comptes utilisés par le syndicat, opération par opération. Ces deux livres sont cotés sans discontinuité.

Les mouvements affectant les comptes du syndicat des copropriétaires sont enregistrés opération par opération et jour par jour sur le livre-journal. Tout enregistrement comptable précise l'origine, le contenu et l'imputation de chaque donnée ainsi que les références de la pièce justificative qui l'appuie.

Les écritures comptables sont enregistrées dans un premier temps sur le livre-journal en indiquant la date de l'opération, le libellé, le compte débité, le compte crédité et les montants de l'opération. Ces écritures sont ensuite reportées sur le grand-livre, ventilées selon le plan de compte du syndicat.

Le livre-journal peut se présenter sous la forme suivante :

Date	Libellé de l'opération	Compte	Montant	
			Débit	Crédit

Un livre-journal et un grand-livre tenus sur **supports informatiques** numérotés et datés dès leur établissement, par des moyens offrant toute garantie en matière de preuve, peuvent tenir lieu de livre-journal et de grand-livre des comptes.

Des **comptabilités auxiliaires** peuvent être ouvertes en tant que de besoin. Le livre-journal et le grand-livre sont détaillés en autant de journaux auxiliaires et de livres auxiliaires que l'importance et les besoins du syndicat des copropriétaires l'exigent. Les écritures portées sur les journaux et livres auxiliaires sont centralisées au moins mensuellement sur le livre-journal et le grand-livre.

Le syndic édite **deux balances générales** des comptes : l'une selon la nomenclature comptable prévue par l'arrêté du 14 mars 2005 modifié (n° 40860), et l'autre selon les clés de répartition des charges prévues par l'état descriptif de division, logiquement intégré au règlement de copropriété. Les deux balances doivent être en concordance. **40310**

Une balance est un document qui rassemble l'**ensemble des comptes** classés selon le plan de comptes présentant pour chacun d'entre eux les montants totaux des débits et des crédits et le solde qui peut être soit nul, soit débiteur ou créditeur.

N° du compte	Nom du compte	Mouvements		Soldes	
		Débits	Crédits	Débiteurs	Créditeurs
Totaux		A = A		B = B	

La balance possède des propriétés arithmétiques simples. La somme des « mouvements débits » (A) est égale à la somme des « mouvements crédits » (A) et le total des « soldes débiteurs » (B) est égal au total des « soldes créditeurs » (B). Ainsi la balance constitue-t-elle un instrument de contrôle qui permet de s'assurer qu'à tout débit enregistré correspond un crédit du même montant. Elle permet également d'obtenir les montants cumulés de chaque compte à une date donnée et d'établir les documents de synthèse annuels.

Les totaux des mouvements débits et crédits correspondent aux totaux du journal.

Pièces justificatives Les pièces justificatives, documents de base de toute écriture comptable, doivent être des originaux et comporter les références du syndicat (nom et adresse de l'immeuble). Elles doivent être datées et conservées par le syndic pendant dix ans, sauf dispositions expresses contraires. **40315**

En cas de **changement de syndic,** les documents comptables et les originaux des pièces justificatives doivent être transmis au successeur, le syndic sortant prenant ses propres dispositions afin de conserver les copies des pièces justificatives qu'il estime nécessaires pour la justification des opérations comptables qui lui incombaient (Décret 2005-240 du 14-3-2005 art. 6).

Les **documents de synthèse** sont (Décret 2005-240 du 14-3-2005 art. 8) :

- l'état financier après répartition (n° 40420) ;
- le compte de gestion général de l'exercice clos réalisé (N) et le budget prévisionnel de l'exercice (N + 2) (n° 40425) ;
- le compte de gestion pour opérations courantes de l'exercice clos réalisé (N) et le budget prévisionnel de l'exercice (N + 2) (n° 40430) ;
- le compte de gestion pour travaux de l'article 14-2 de la loi de 1965 et opérations exceptionnelles hors budget prévisionnel de l'exercice clos réalisés (N) (n° 40435) ;
- l'état des travaux de l'article 14-2 de la loi de 1965 et opérations exceptionnelles votés non encore clôturés à la fin de l'exercice (n° 40440).

Ils doivent être conservés avec copie du procès-verbal de l'assemblée générale qui approuve les comptes et vote le budget prévisionnel. Ces documents font l'objet d'un classement particulier dans les **archives** du syndicat (n° 38495).

2. DOCUMENTS DE SYNTHÈSE ANNUELS ET D'INFORMATION DES COPROPRIÉTAIRES

Les comptes arrêtés à la clôture de l'exercice font l'objet de documents de synthèse présentés aux copropriétaires, établis sous forme de tableaux conformes aux modèles prévus à titre obligatoire en annexes au décret 2005-240 du 14 mars 2005 modifié, qui comprennent nécessairement l'état financier, le compte de gestion général du syndicat des copropriétaires et l'état des travaux de l'article 14-2 de la loi de 1965 et des opérations exceptionnelles votés non encore clôturés à la fin de l'exercice (Décret 2005-240 du 14-3-2005 art. 8). **40380**

CONTENU DES DOCUMENTS

L'**état financier** (n° 40420) présente, pour l'exercice clos et l'exercice précédent approuvé, l'état des créances et des dettes. Il comporte la situation de trésorerie mentionnée à l'article 14-3 de la loi de 1965 et fait apparaître le montant des emprunts restant dus. Cette « annexe 1 » constitue un « bilan ». **40385**

Le **compte de gestion général** (n° 40425) du syndicat des copropriétaires présente les charges et les produits de l'exercice. Il comprend le compte de gestion pour opérations courantes et le compte de gestion pour travaux de l'article 14-2 de la loi de 1965 et opérations exceptionnelles. Cette « annexe 2 » constitue un « compte de résultats ».

L'**état des travaux de l'article 14-2 de la loi de 1965 et des opérations exceptionnelles** votés non encore clôturés à la fin de l'exercice (n° 40440) fait apparaître en fin d'exercice le réalisé et le prévisionnel de chaque opération, répartition par répartition.

Les **comptes de l'exercice clos** sont à présenter pour leur approbation par les copropriétaires avec le budget voté correspondant à cet exercice et le comparatif des comptes approuvés de l'exercice précédent.

Les **excédents ou insuffisances** des charges ou produits sur opérations courantes sont répartis à l'arrêté des comptes entre chacun des copropriétaires en fonction des quotes-parts afférentes à chaque lot dans chacune des catégories de charges (Décret 2005-240 du 14-3-2005 art. 8). Ils sont imputés sur le compte des copropriétaires après l'approbation des comptes par l'assemblée générale.

Le compte de gestion général permet, en un coup d'œil, de visualiser le résultat de l'exercice résultant de la différence entre les charges et les produits. S'il est positif, il s'agit d'un excédent reporté dans la partie gauche du tableau ; s'il est négatif, il s'agit d'une insuffisance reportée à droite.

Pour les **charges et produits pour travaux de l'article 14-2 de la loi et opérations exceptionnelles,** la répartition est opérée selon les mêmes modalités et ne peut intervenir qu'à la clôture définitive de chacune des opérations concernées.

Les charges pour opérations courantes et produits attendus sur opérations courantes font l'objet d'un **budget prévisionnel,** soumis au vote des copropriétaires. Ils sont présentés dans un document récapitulatif conforme au modèle donné en annexe au décret 2005-240 du 14 mars 2005 (n° 40425).

40387 En plus des documents de synthèse venant d'être énumérés, le syndic doit également adresser à chaque copropriétaire un projet d'état individuel de répartition des comptes (Décret 67-223 du 17-3-1967 art. 11, II-5°). Ce document expose les modalités pratiques de répartition des charges, répartition par répartition et lot par lot. Il s'agit d'un document préparatoire et provisoire devant nécessairement faire apparaître la quote-part de chacun des copropriétaires après la répartition des charges et des produits de l'exercice. Il est destiné à être soumis aux copropriétaires en vue de leur approbation par l'assemblée générale. L'imputation du résultat constitué par la différence entre les charges et les produits de l'exercice est ainsi effectuée dès l'approbation des comptes par l'assemblée générale des copropriétaires (Décret 67-223 du 17-3-1967 art. 6-2, 3°).

En effet, selon la commission relative à la copropriété (commission supprimée par le décret 2014-132 du 17-2-2014 mais dont les recommandations émises jusqu'à cette date demeurent, à notre avis, valables), seule l'**approbation des comptes** par l'assemblée générale donne force à la répartition des charges et à l'inscription des éventuels excédents ou insuffisances de charges au débit ou au crédit du compte individuel de chaque copropriétaire (Recommandation n° 6 du 7-12-2006, point 2).

40390 Les charges pour opérations courantes et les charges pour travaux de l'article 14-2 de la loi et opérations exceptionnelles font l'objet d'une **double présentation** :

– **présentation par nature** au sein du compte de gestion général et du budget prévisionnel. Cette présentation doit respecter les tableaux donnés en annexe au décret 2005-240 du 14 mars 2005 (n° 40425) ;

– **ventilation analytique par catégories de charges** pour le compte de gestion général et pour le budget prévisionnel. Cette présentation doit également respecter les modèles de tableaux donnés en annexe au décret 2005-240 du 14 mars 2005, dont les rubriques sont arrêtées en fonction des clauses du règlement de copropriété (n°s 40430 et 40435).

Pour l'**approbation des comptes** :

– le **total des charges pour opérations courantes** de l'état « Compte de gestion pour opérations courantes de l'exercice clos réalisé (N) et budget prévisionnel de l'exercice (N + 2) » (n° 40430) doit être égal au total des charges de l'état « Compte de gestion général de l'exercice clos réalisé (N) et budget prévisionnel de l'exercice (N + 2) » (n° 40425) ;

– le **total des charges pour travaux** de l'article 14-2 de la loi et opérations exceptionnelles de l'état « Compte de gestion pour travaux de l'article 14-2 de la loi et opérations exceptionnelles hors budget prévisionnel de l'exercice clos réalisé (N) » (n° 40435) doit être égal au total des charges de l'état « Compte de gestion général de l'exercice clos réalisé (N) et budget prévisionnel de l'exercice (N + 2) » (n° 40425).

Pour le vote du **budget prévisionnel,** le total des charges pour opérations courantes de l'état « Compte de gestion pour opérations courantes de l'exercice clos réalisé (N) et budget prévisionnel de l'exercice (N + 2) » (nº 40430) doit être égal au total des charges de l'état « Compte de gestion général de l'exercice clos réalisé (N) et budget prévisionnel de l'exercice (N + 2) » (nº 40425).

Les documents comptables notifiés aux copropriétaires en même temps que l'ordre du jour de l'assemblée générale doivent être présentés de façon à permettre aux copropriétaires de distinguer les différentes charges selon leur nature (Cass. 3e civ. 9-2-2011 nº 09-70.951 : BPIM 2/11 inf. 149).

Les documents comptables sont établis au **nom du syndicat** avec l'adresse de l'immeuble. Ils **40395** précisent leur contenu et la référence de l'exercice comptable auquel ils se rapportent, ainsi que leur date d'établissement. Cette dernière indication peut s'avérer nécessaire pour vérifier si le délai de l'article 14-1 de la loi est respecté pour approuver les comptes par l'assemblée et fixer le budget de l'année suivante.

Le syndic tient à disposition, à l'occasion de toute vérification, le grand-livre, le livre-journal, les deux balances et, le cas échéant, les journaux auxiliaires.

Les rubriques utilisées pendant l'exercice pour l'enregistrement des opérations sont reproduites clairement dans les documents dressés pour l'**information des copropriétaires.** Il en est de même pour les codes comptables, sauf pour l'établissement des états « **Compte de gestion** pour **opérations courantes** de l'exercice clos réalisé (N) et budget prévisionnel de l'exercice (N + 2) » (nº 40430) et « **Compte de gestion pour travaux** de l'article 14-2 et opérations exceptionnelles hors budget prévisionnel de l'exercice clos réalisé (N) » (nº 40435).

PRÉSENTATION DES DOCUMENTS

Selon l'article 8 de l'arrêté du 14 mars 2005, lorsque les comptes prévus par la nomenclature **40410** comptable (nº 40860) ne suffisent pas au syndicat pour enregistrer distinctement toutes ses opérations, il peut ouvrir toute subdivision nécessaire.

Le compte 662 « Autres charges financières et agios » n'apparaît pas dans le tableau « Compte de gestion général de l'exercice clos ».

État financier après répartition au... (date de clôture de l'exercice) **40420**

Syndicat des copropriétaires :

Adresse de l'immeuble :

I – SITUATION FINANCIÈRE ET TRÉSORERIE

	Exercice précédent approuvé	Exercice clos		Exercice précédent approuvé	Exercice clos
Trésorerie 50 Fonds placés 51 Banques ou fonds disponibles en banque(1) 53 Caisse			**Provisions et avances** 102 Provisions pour travaux 103 Avances 1031 Avances de trésorerie 1032 Avances travaux 1033 Autres avances 105 Fonds de travaux 106 Provisions pour travaux au titre de la délégation de pouvoirs accordée au conseil syndical 131 Subventions en instance d'affectation 12 Solde en attente sur travaux ou opérations exceptionnelles		
Trésorerie disponible					
Total I			Total I		

II – CRÉANCES	Exercice précédent approuvé	Exercice clos	**DETTES**	Exercice précédent approuvé	Exercice clos
45 Copropriétaires – Sommes exigibles restant à recevoir(2) 459 Copropriétaires – créances douteuses(2) **Comptes de tiers** 42 à 44 Autres créances 46 Débiteurs divers 47 Compte d'attente 48 Comptes de régularisation			45 Copropriétaires – excédents versés(2) **Comptes de tiers** 40 Fournisseurs 42 à 44 Autres dettes 46 Créditeurs divers 47 Compte d'attente 48 Comptes de régularisation 49 Dépréciation des comptes de tiers(2)		
Total II			Total II		
Total général (I) + (II)			Total général (I) + (II)		
			Emprunts : **montant restant dû**		
					Date et références du syndic

(1) Une somme affectée du signe « - » indique un découvert bancaire correspondant à une dette du syndicat.
(2) Liste individualisée (nom et montant) ci-jointe.

40425 Compte de gestion général de l'exercice clos réalisé (N) du... au... et budget prévisionnel de l'exercice (N + 2) du... au...

Syndicat des copropriétaires :
Adresse de l'immeuble :

40425
(suite)

CHARGES POUR OPÉRATIONS COURANTES	Pour approbation des comptes			Pour le vote du budget prévisionnel	
	Exercice précédent approuvé	Exercice clos budget voté	Exercice clos réalisé à approuver	Budget prévision-nel en cours voté	Budget prévi-sionnel à voter
	N - 1	N	N	N + 1	N + 2
60 Achats de matières et fournitures					
601 Eau (compteur général)					
602 Électricité					
603 Chauffage, énergie et combustible					
60X Autres					
61 Services extérieurs					
611 Nettoyage des locaux					
612 Locations immobilières					
613 Locations mobilières					
614 Contrats de maintenance					
615 Entretien et petites réparations					
616 Primes d'assurance					
62 Frais d'administration					
621 Rémunérations du syndic sur gestion copropriété					
622 Autres honoraires du syndic					
62X Autres (autres que 621 et 622)					
63 Impôts et taxes					
64 Frais de personnel					
65 Montant alloué au conseil syndical pour l'exercice de sa délégation de pouvoirs (préciser la nature de chaque opération concernée)					
Sous-total					
Solde (excédent s/ opérations courantes affecté aux copropriétaires)					

PRODUITS POUR OPÉRATIONS COURANTES	Pour approbation des comptes			Pour le vote du budget prévisionnel	
	Exercice précédent approuvé	Exercice clos budget voté	Exercice clos réalisé à approuver	Budget prévision nel en cours voté	Budget prévi sionnel à voter
	N - 1	N	N	N + 1	N + 2
701 Provisions copropriétaires					
711 Subventions sur frais de fonctionnement					
713 Indemnités d'assurances					
714 Produits divers					
716 Produits financiers					
Sous-total					
Solde (insuffisance s/ opérations courantes affectée aux copropriétaires)					

40425
(suite)

CHARGES POUR OPÉRATIONS COURANTES	Pour approbation des comptes			Pour le vote du budget prévisionnel	
	Exercice précédent approuvé	Exercice clos budget voté	Exercice clos réalisé à approuver	Budget prévisionnel en cours voté	Budget prévisionnel à voter
	N - 1	N	N	N + 1	N + 2
Total I					
CHARGES POUR TRAVAUX ET AUTRES OPÉRATIONS EXCEPTIONNELLES					
661 Remboursement d'annuités d'emprunt 671 à 673 Travaux 674 Charges au titre de la délégation de pouvoirs accordée au conseil syndical en application de l'article 21-1 de la loi du 10-7-1965 677 Pertes sur créances irrécouvrables 678 Charges exceptionnelles 68 Dépréciations sur créances douteuses					
Solde (excédent)					
Total II					

PRODUITS POUR OPÉRATIONS COURANTES	Pour approbation des comptes			Pour le vote du budget prévisionnel	
	Exercice précédent approuvé	Exercice clos budget voté	Exercice clos réalisé à approuver	Budget prévision nel en cours voté	Budget prévi sionnel à voter
	N - 1	N	N	N + 1	N + 2
Total I					
PRODUITS POUR TRAVAUX ET AUTRES OPÉRATIONS EXCEPTIONNELLES					
702 Provisions pour travaux 703 Avances versées par les copropriétaires 704 Remboursement d'annuités d'emprunts 705 Affectation du fonds de travaux 706 Provisions au titre de la délégation de pouvoirs accordée au conseil syndical **Autres produits** 711 Subventions sur travaux 712 Emprunts à utiliser sur travaux 713 Indemnités d'assurances 714 Produits divers 716 Produits financiers 718 Produits exceptionnels 78 Reprises de dépréciations sur créances douteuses					
Solde (insuffisance)					
Total II					

Date et références du syndic

Compte de gestion pour opérations courantes de l'exercice clos réalisé (N) du... au... et budget prévisionnel de l'exercice (N + 2) du... au... 40430

Syndicat des copropriétaires :

Adresse de l'immeuble :

CHARGES POUR OPÉRATIONS COURANTES					
	Pour approbation des comptes			Pour le vote du budget prévisionnel	
	Exercice précédent approuvé	Exercice clos budget voté	Exercice clos réalisé à approuver	Budget prévisionnel en cours voté	Budget prévisionnel à voter
	N - 1	N	N	N + 1	N + 2
Charges communes générales					
Charges(1)					
Produits affectés(1)(2)					
Net					
Charges communes à un groupe d'immeubles					
Charges(1)					
Produits affectés(1)(2)					
Net					
Charges bâtiment					
Charges(1)					
Produits affectés(1)(2)					
Net					
Charges cage d'escalier ou d'entrée					
Charges(1)					
Produits affectés(1)(2)					
Net					
Charges d'ascenseurs					
Charges(1)					
Produits affectés(1)(2)					
Net					
Charges d'eau froide					
Charges(1)					
Produits affectés(1)(2)					
Net					
Charges d'eau chaude					
Charges(1)					
Produits affectés(1)(2)					
Net					
Charges de chauffage					
Charges(1)					
Produits affectés(1)(2)					
Net					
Charges de parkings					
Charges(1)					
Produits affectés(1)(2)					
Net(3)					
TOTAL CHARGES NETTES					
Provisions copropriétaires					
Solde (excédent ou insuffisance s/ opérations courantes affectés aux copropriétaires)					

Date et références du syndic

(1) À détailler par poste, par imputation, avec indication facultative des numéros de comptes.
(2) Autres que les appels de provisions pour charges courantes.
(3) Autre nature de charges.

40435 Compte de gestion pour travaux de l'article 14-2 de la loi et opérations exceptionnelles hors budget prévisionnel de l'exercice clos réalisé (N) du... au...

Syndicat des copropriétaires :

Adresse de l'immeuble :

	Exercice clos dépenses votées (N)	Exercice clos réalisé à approuver (N)		
		DÉPENSES	PROVISIONS APPELÉES, EMPRUNTS ET SUBVENTIONS REÇUS, AFFECTATION DU FONDS DE TRAVAUX	SOLDE[4]
TRAVAUX DE L'ARTICLE 14-2 **TRAVAUX DE...[2]** **Charges communes générales** Charges[1] Produits affectés[1] Net **Charges communes à un groupe d'immeubles** Charges[1] Produits affectés[1] Net **Charges bâtiment ou escalier** Charges[1] Produits affectés[1] Net[3]				
TOTAL TRAVAUX DE...				
TRAVAUX DE...[2][3]				
TOTAL TRAVAUX DE...				
TOTAL TRAVAUX ARTICLE 14-2				
OPÉRATIONS EXCEPTIONNELLES **Charges communes générales** Charges[1] Produits affectés[1] Net **Charges bâtiment** Charges[1] Produits affectés[1] Net [3]				
TOTAL OPÉRATIONS EXCEPTIONNELLES				
TOTAL TRAVAUX DE L'ART. 14-2 ET OPÉRATIONS EXCEPTIONNELLES				

Date et références du syndic

(1) À détailler par poste, par imputation, avec indication facultative des numéros de comptes.
(2) À détailler par marché de travaux.
(3) À détailler sur l'ensemble des clés de répartition concernées par le marché de travaux ou produits et charges exceptionnelles.
(4) Excédent ou insuffisance.

État des travaux de l'article 14-2 de la loi et opérations exceptionnelles votés non encore clôturés à la fin de l'exercice du... au... 40440

Syndicat des copropriétaires :

Adresse de l'immeuble :

	TRAVAUX VOTÉS (montant et date)	TRAVAUX PAYÉS (montant et date)	TRAVAUX RÉALISÉS (montant et date)	PROVISIONS APPELÉES, EMPRUNTS ET SUBVENTIONS REÇUS, AFFECTATION DU FONDS DE TRAVAUX	SOLDE EN ATTENTE SUR TRAVAUX	SUBVENTIONS ET EMPRUNTS À RECEVOIR (montant et date)
	A	B	C	D	E = D - C	F
TRAVAUX RAVALEMENT TRAVAUX TOITURE(1)						
TOTAL					(2)	

Date et références du syndic

(1) À détailler par marché de travaux ou opérations exceptionnelles et par clé de répartition.

(2) Ce solde correspond au solde du compte 12 dans l'annexe n° 1.

B. Règles de fonctionnement des comptes

1. COMPTES DE L'ÉTAT FINANCIER

PROVISIONS, AVANCES, SUBVENTIONS ET EMPRUNTS

Provisions pour travaux Le **compte 102** « Provisions pour travaux décidés » est utilisé pour enregistrer les sommes appelées pour financer les travaux adoptés par l'assemblée générale au titre de l'article 14-2, I de la loi du 10 juillet 1965 en attendant le paiement des travaux correspondants, conformément au vote de l'assemblée générale des copropriétaires. 40560

Il est **crédité** des provisions appelées par le débit du compte 450 « Copropriétaire individualisé » ou, s'il a été créé, du sous-compte 450-2 « Copropriétaires – travaux de l'article 14-2, I de la loi et opérations exceptionnelles ».

Le compte 102 est **débité** par le crédit du compte 702 « Provisions sur travaux de l'article 14-2, I de la loi et opérations exceptionnelles » au fur et à mesure de la réalisation des travaux.

Avances Le **compte 103** « Avances » est utilisé pour enregistrer les sommes réservées prévues au règlement de copropriété ou décidées par l'assemblée générale pour faire face aux dépenses courantes imprévues. 40565

Le **compte 1031** « Avances de trésorerie » concerne les dépenses courantes imprévues (n° 36420). Sa valeur globale ne doit pas excéder le 1/6e du montant du budget prévisionnel (Décret 67-223 du 17-3-1967 art. 35, 1°).

En cas de vente, les « avances » sont remboursables au cédant (Décret 67-223 du 17-3-1967 art. 45-1).

Les comptes 1031 « Avances de trésorerie » et 1033 « Autres avances » sont **crédités** par le débit du compte 450 « Copropriétaire individualisé » ou, s'il a été créé, du sous-compte 450-3 « Copropriétaires – avances ». Sur décision de l'assemblée générale, le compte 103300 peut s'utiliser pour recevoir les fonds destinés à pallier un manque temporaire de trésorerie du syndicat (Décret 67-223 du 17-3-1967 art. 35).

Lorsque les sommes figurant au compte 1031 « Avances de trésorerie » ou éventuellement celles du compte 1033 « Autres avances » sont utilisées pour compenser un manque temporaire de trésorerie (Décret 67-223 du 17-3-1967 art 35, 7°) ou lorsque l'assemblée générale décide d'en restituer tout ou partie, le compte 703 « Avances » est crédité par le **débit** du compte 1031 « Avances de trésorerie » ou du compte 1033 « Autres avances », selon le cas, des sommes effectivement affectées au règlement en « produits » dans la limite de leur solde disponible.

40567 **Fonds de travaux** Le **compte 105** « Fonds de travaux » est utilisé pour enregistrer les sommes appelées au titre de l'article 14-2, II de la loi du 10 juillet 1965 (voir n° 39660). Il est alimenté par une « cotisation annuelle obligatoire » et chaque copropriétaire y contribue selon les mêmes modalités que celles décidées par l'assemblée générale pour le versement des provisions du budget prévisionnel.

Il est crédité par ladite cotisation par le débit du compte 450 « Copropriétaire individualisé » ou, s'il a été créé, du sous-compte 450-5 « Copropriétaire – fonds de travaux ».

Il est débité par le crédit du compte 705 « Affectation du fonds de travaux ».

> **Précisions** **a.** Le fonds de travaux **concerne** les immeubles à destination partielle ou totale d'habitation et ne s'applique pas pendant une période de dix ans suivant la réception des travaux de construction de l'immeuble.
> **b.** Pour les « **petites copropriétés** », la dérogation dont elles bénéficiaient a été supprimée et il n'est donc plus possible de décider en assemblée de ne pas constituer un fonds pour travaux.

40568 **Provisions pour travaux au titre de la délégation de pouvoirs accordée au conseil syndical** Le **compte 106** « Provisions pour travaux au titre de la délégation de pouvoirs accordée au conseil syndical en application de l'article 21-1 de la loi du 10 juillet 1965 » est utilisable pour enregistrer ces provisions.

40570 **Solde en attente sur travaux et opérations exceptionnelles** Le **compte 12** « Solde en attente sur travaux et opérations exceptionnelles » reçoit le solde des opérations sur travaux ou opérations exceptionnelles qui ne peuvent pas être clôturées en fin d'exercice.

Le compte 12 est **débité** en fin d'exercice par le crédit des comptes de charges pour travaux de l'article 14-2 de la loi et opérations exceptionnelles intéressés. Il est **crédité** à l'ouverture de l'exercice suivant par le débit des mêmes comptes.

Le compte 12 est **crédité** en fin d'exercice par le débit des comptes de produits sur travaux de l'article 14-2 de la loi et opérations exceptionnelles. Il est **débité** à l'ouverture de l'exercice suivant par le crédit de ces mêmes comptes.

Le solde du compte 12 et son détail apparaissent dans l'« État des travaux de l'article 14-2 de la loi et opérations exceptionnelles votés non encore clôturés à la fin de l'exercice » (n° 40440). Son solde doit en outre être reporté dans l'« **État financier après répartition** » (n° 40420) (« l'annexe 1 »).

40572 Pour que le **compte 12 « Solde en attente sur travaux et opérations exceptionnelles »** corresponde à la somme devant être mentionnée au bas de la colonne E « Solde en attente sur travaux » du tableau des travaux et opérations exceptionnelles (n° 40440), il doit nécessairement comprendre notamment, les soldes des comptes 102 « Provisions pour travaux décidés », 702 « Provisions sur travaux de l'article 14-2 de la loi et opérations exceptionnelles » et 671 « Travaux décidés par l'assemblée générale » et éventuellement 712 « Emprunts », 713 « Indemnités d'assurances », 714 « Produits divers (dont intérêts légaux dus par les copropriétaires) », 716 « Produits financiers » et 718 « Produits exceptionnels ».

La commission relative à la copropriété recommandait de porter les provisions pour travaux directement dans le compte 702 « Provisions sur travaux de l'article 14-2 de la loi et opérations exceptionnelles », sans passer par le compte 102 « Provisions pour travaux décidés », le solde étant dans le compte 12 « Solde en attente sur travaux et opérations exceptionnelles » lorsque les travaux sont votés et leur exécution commencée (Recommandation n° 6 du 7-12-2006, point 4).

40575 **Subventions** Le **compte 131** « Subventions accordées en instance de versement » est utilisé pour enregistrer, en fonction de leur origine, les subventions sur travaux notifiées au cours de l'exercice.

Le compte 131 est **crédité,** au moment de la notification de la décision accordant la subvention, du montant de la participation accordée, par le débit, selon l'origine des fonds, du compte 441 « État et autres organismes – subventions à recevoir », ou du compte 443 « Collectivités territoriales – aides ».

La constatation en produit au compte 711 « Subventions » est effectuée au fur et à mesure de la réalisation de la charge qu'elle couvre.

COPROPRIÉTAIRES ET TIERS

40600 Les comptes de la classe 4 « Copropriétaires et tiers » enregistrent les **créances** et les **dettes** afférentes au budget prévisionnel du syndicat ainsi que celles relatives aux opérations hors budget prévisionnel. Par extension, ils enregistrent les écritures de **régularisation** des charges et des produits.

Fournisseurs Le **compte 40** « Fournisseurs » comprend trois comptes : 401 « Factures parvenues », 408 « Factures non parvenues » et le compte 409 « Fournisseurs débiteurs ». **40605**

Le **compte 401 « Factures parvenues »** enregistre les factures et mémoires d'achats de biens et services du budget prévisionnel ainsi que les factures, mémoires et situations des travaux de l'article 14-2 de la loi et opérations exceptionnelles sans distinguer la nature des opérations. En revanche, cette nature est précisée par le libellé de l'écriture qui indique le compte de charges concerné, sachant que l'imputation à elle seule suffit à son orientation soit sur des opérations courantes (de 60 à 65) ou sur des travaux (67). Il est crédité du montant des factures, mémoires, situations, parvenus avant la clôture de l'exercice, par le débit des comptes de charges concernés.

Le **compte 408 « Factures non parvenues »** enregistre le montant de fournitures réceptionnées, de prestations de services effectuées ou de travaux réalisés au cours de l'exercice et dont la facture n'a pas été reçue au cours de l'exercice.

Le **compte 409 « Fournisseurs débiteurs »** enregistre les avances et acomptes versés sur commande. Il est débité du montant des avances et acomptes versés par le crédit d'un compte de trésorerie.

Copropriétaires Le **compte 45** « Collectivité des copropriétaires » regroupe l'ensemble des comptes 450 « Copropriétaire individualisé ». Lorsque l'assemblée générale le décide à la majorité de l'article 24, le compte 450 « Copropriétaire individualisé » est ventilé en cinq sous-comptes : **40610**

- compte 450-1 « Copropriétaire – budget prévisionnel » ;
- compte 450-2 « Copropriétaire – travaux de l'article 14-2 de la loi et opérations exceptionnelles » ;
- compte 450-3 « Copropriétaire – avances » ;
- compte 450-4 « Copropriétaire – emprunts » ;
- compte 450-5 « Copropriétaire – fonds travaux ».

Le **compte 450 « Copropriétaire individualisé »** enregistre les créances et, le cas échéant, les dettes du syndicat à l'encontre de chacun des copropriétaires. Le libellé de l'écriture précise le nom du copropriétaire. Le compte 450 ou, s'il a été créé, le sous-compte 450-1 « Copropriétaire – budget prévisionnel » est débité du montant des provisions appelées par le crédit du compte 701 dit de « centralisation » : « Provisions sur opérations courantes ».

Lors des règlements, il est crédité par le débit du compte 512 de banque.

Une fois que l'assemblée générale a approuvé les comptes de l'exercice qui précède, il est débité ou crédité de l'excédent ou de l'insuffisance sur opérations courantes par la contrepartie du compte 701 « Provisions sur opérations courantes ». L'approbation des comptes par l'assemblée générale doit intervenir dans un délai de six mois à compter du dernier jour de l'exercice comptable précédent (art. 14-1 de la loi).

Le **compte 459 « Copropriétaire – créances douteuses »** est débité par le crédit du compte 450 « Copropriétaire individualisé » concerné au moment où la créance est considérée comme douteuse par le syndic. Devant figurer dans l'annexe 1, ce type d'écriture s'effectue à la date de l'arrêté comptable et il incombe à l'assemblée générale dans un deuxième temps, de ratifier le caractère irrécouvrable de cette dette par un vote distinct et explicite.

La commission relative à la copropriété considérait que se posait dès lors la question de la **répartition entre les comptes 450 et 459** et recommandait que dès l'ouverture du compte 459, toutes les écritures relatives au copropriétaire concerné y soient enregistrées, le compte 450 n'étant mouvementé de nouveau qu'une fois la situation régularisée (Recommandation n° 6 du 7-12-2006, point 3). **40612**

Retenue de garantie Les charges constatées pour les travaux et opérations exceptionnelles comprennent les sommes, versées ou à verser pour les travaux prévus par l'article 14-2 de la loi du 10 juillet 1965 et décidés par l'assemblée générale des copropriétaires. Les charges sont à comptabiliser par le syndicat au fur et à mesure de la réalisation des travaux ou de la fourniture des prestations. **40614**

Dès lors que les travaux sont clos définitivement, ils doivent être répartis à la fin de l'exercice.

À défaut de caution bancaire, une retenue de garantie peut néanmoins subsister.

La commission relative à la copropriété recommandait de porter cette retenue de garantie au **compte 462** « Créditeurs divers » **ou** de la laisser au compte fournisseur **401** (Recommandation n° 6 du 7-12-2006, point 5). En pratique, la deuxième formule est souvent celle utilisée.

40615 **Opérations en attente** Le compte **47 « Compte d'attente »** doit être soldé à la fin de l'exercice ou à défaut justifié ligne à ligne.

Les opérations ne pouvant être imputées de façon certaine à un compte déterminé au moment où elles sont enregistrées, ou qui exigent une information complémentaire, sont inscrites provisoirement, selon le cas, au compte 471 « Compte en attente d'imputation débiteur » ou au compte 472 « Compte en attente d'imputation créditeur ».

Les dispositions réglementaires n'ont pas entendu rendre cette justification « ligne à ligne » obligatoire en annexe. La commission relative à la copropriété recommandait que cette justification soit tenue à disposition chez le syndic, dans les conditions de l'article 18-1 de la loi du 10 juillet 1965 (voir n° 37600) (Recommandation n° 6 du 7-12-2006, point 8).

40620 **Régularisation** Le **compte 48** « Compte de régularisation » comprend deux comptes, le compte 486 « Charges constatées d'avance » et le compte 487 « Produits constatés d'avance ». Les charges ou produits se rapportant en totalité ou en partie à l'exercice suivant sont à inscrire dans ces comptes pour les montants correspondants.

Les produits constatés d'avance sont évalués au montant du produit correspondant à la prestation restant à réaliser.

Le compte 486 « Charges constatées d'avance » enregistre les charges qui correspondent à des achats de biens et de services dont la fourniture ou la prestation interviendra ultérieurement. Il est débité, en fin d'exercice, par le crédit des comptes de charges intéressés. Il est crédité à l'ouverture de l'exercice suivant, par le débit de ces mêmes comptes. Un autre procédé de comptabilisation consiste, lors de l'enregistrement initial de la facture, à affecter directement au compte de régularisation 486 la quote-part des charges se rapportant à un exercice ultérieur.

Le compte 487 « Produits constatés d'avance » enregistre les produits perçus ou comptabilisés avant que les prestations ou les fournitures les justifiant aient été effectuées ou fournies. Il est crédité, en fin d'exercice, par le débit des comptes de produits intéressés. Il est débité, à l'ouverture de l'exercice suivant, par le crédit de ces mêmes comptes. Une autre méthode de comptabilisation consiste, lors de l'enregistrement initial de la facture, à affecter directement au compte de régularisation 487 la quote-part des produits se rapportant à un exercice ultérieur (PCG art. 944-48).

40625 **Dépréciations** Le **compte 49** « Dépréciation des comptes de tiers » comprend deux comptes : le compte 491 « Copropriétaires » et le compte 492 « Personnes autres que les copropriétaires ». Ces comptes enregistrent les montants à provisionner nécessairement, correspondants aux sommes estimées perdues définitivement.

Le montant à provisionner, pour le compte 491 « Copropriétaires », résulte de la décision de l'assemblée générale de procéder à une saisie immobilière.

Le compte 49 « Dépréciation des comptes de tiers » est **crédité** par le débit du compte 68 « Dotations aux dépréciations sur créances douteuses » et il est **débité** par le crédit du compte 78 « Reprises de dépréciations sur créances douteuses ».

COMPTES FINANCIERS

40640 **Emprunts** L'enregistrement comptable des emprunts se limite à traiter les flux de trésorerie correspondants. À **réception des fonds empruntés,** le compte 712 « Emprunts » est crédité par le débit du compte 51 « Banques, ou fonds disponibles en banque pour le syndicat » avec le libellé « Emprunt travaux ».

Préalablement au paiement de l'annuité dont le montant s'entend du capital et des intérêts :

– le compte 450 « Copropriétaire individualisé » ou, s'il a été créé, le sous-compte 450-4 « Copropriétaire – emprunts » est **débité** par le crédit du compte 704 « Remboursement d'annuités d'emprunts » ;

– le compte 450 « Copropriétaire individualisé » ou, s'il a été créé, le sous-compte 450-4 « Copropriétaire – emprunts » est **crédité** par le débit du compte 51 « Banques, ou fonds disponibles en banque pour le syndicat » au moment du paiement par les copropriétaires des sommes appelées en couverture des annuités d'emprunt.

Au **moment du paiement** des annuités d'emprunt, le compte 661 « Remboursement d'annuités d'emprunt » est débité de la totalité du montant de l'annuité par le crédit du compte 51 « Banques, ou fonds disponibles en banque pour le syndicat ».

Le montant des annuités restant dû à la clôture de l'exercice au titre de l'emprunt est porté sur l'état financier après répartition (n° 40420).

Fonds placés L'assemblée générale décide, s'il y a lieu, du placement des fonds recueillis et de l'affectation des intérêts produits par ce placement (Décret 67-223 du 17-3-1967 art. 35-1). Les fonds placés sont comptabilisés suivant le cas, soit au compte 501 « Compte à terme », soit au compte 502 « Autre compte ». Ces comptes sont débités de la valeur des fonds placés par le crédit d'un compte de disponibilités. **40645**

Lorsque l'assemblée générale décide du déblocage de ces fonds, ces comptes sont crédités par le débit du compte de disponibilités concerné et les produits financiers sont comptabilisés au crédit du compte 716 « Produits financiers ».

Banque Le **compte 51 « Banques, ou fonds disponibles en banque pour le syndicat »** se subdivise en 512 « Banques » et 514 « Chèques postaux ». Pour chaque compte bancaire au nom du syndicat des copropriétaires, il convient d'utiliser une subdivision distincte. Aucune compensation ne peut être effectuée entre les comptes à solde créditeur et les comptes à solde débiteur. **40650**

Le syndic est chargé d'ouvrir un **compte bancaire ou postal séparé** au nom du syndicat sur lequel sont versées sans délai toutes les sommes ou valeurs reçues au nom ou pour le compte du syndicat (n° 38505).

Le compte 580 « Virements internes » utilisé traditionnellement en comptabilité générale pour les transferts entre les différents comptes de trésorerie, n'a pas été prévu dans le plan comptable. Une opération dite « de compte à compte » doit s'effectuer par le journal de banque et directement entre les deux comptes concernés, pour un « basculement » de fonds entre un compte chèques et un livret par exemple.

Caisse Le **compte 53** « Caisse » est débité du montant des espèces encaissées. Il est crédité du montant des espèces décaissées. Son solde est soit débiteur soit nul. Ce compte, qui suppose un inventaire régulier, est rarement utilisé en copropriété. **40655**

2. COMPTES DE GESTION

COMPTES DE CHARGES

Selon le plan comptable général, les charges comprennent notamment les sommes ou valeurs versées ou à verser en contrepartie d'approvisionnements, travaux et services consommés par l'entité ainsi que des avantages qui lui ont été consentis, en exécution d'une obligation légale, exceptionnellement sans contrepartie, et les dotations aux dépréciations et provisions (PCG art. 511-2). **40740**

Les charges pour **opérations courantes** sont enregistrées dans les comptes 60 « Achats de matières et fournitures », 61 « Services extérieurs », 62 « Frais d'administration et honoraires », 63 « Impôts, taxes et versements assimilés », 64 « Frais de personnel » et 65 « Montant spécifique alloué au conseil syndical, au sein du budget prévisionnel, pour l'exercice de sa délégation de pouvoirs en application de l'article 21-1 de la loi du 10 juillet 1965 modifiée ».

Les **honoraires du syndic sur travaux** décidés par l'assemblée générale doivent être dissociés des honoraires classiques pris dans le cadre de la gestion courante. Ils doivent être portés dans le compte 6221 « Honoraires travaux », sous-compte du compte 622 « Autres honoraires du syndic » (Recommandation n° 6 du 7-12-2006, point 7).

Les charges pour **travaux** et **opérations exceptionnelles** sont enregistrées dans les comptes 67 « Charges pour travaux et opérations exceptionnelles ».

Les **charges constatées** pour les **opérations courantes** (mentionnées à l'article 14-1 de la loi 65-557 du 10 juillet 1965) comprennent les sommes, versées ou à verser, en contrepartie des fournitures et services dont a bénéficié le syndicat (Décret 2005-240 du 14-3-2005 art. 3, al. 1). **40745**

Les charges constatées pour les **travaux et opérations exceptionnelles** comprennent les sommes, versées ou à verser, pour les travaux prévus par l'article 14-2 de la loi 65-557 du 10 juillet 1965 et décidées par l'assemblée générale des copropriétaires. Les charges sont à comptabiliser par le syndicat au fur et à mesure de la réalisation des travaux ou de la fourniture des prestations. Lorsque les **travaux** ou prestations s'étalent sur **plusieurs exercices,** leurs montants sont comptabilisés au titre de l'exercice au cours duquel les travaux ou prestations sont réalisés (Décret 2005-240 du 14-3-2005 art. 4, al. 1 et 2). **40750**

Les charges comprennent aussi les dépréciations sur **créances douteuses** à l'encontre des personnes autres que les copropriétaires ; leur estimation est présentée par le syndic et soumise au vote de l'assemblée générale. Les dépréciations de créances douteuses à l'encontre des copropriétaires sont à constater après avoir mis en œuvre les diligences nécessaires au recouvrement, au moment de la décision de l'assemblée générale de procéder à la saisie immobilière (Décret 2005-240 du 14-3-2005 art. 4, al. 3). **40755**

COMPTES DE PRODUITS

40780 Les produits relèvent de la classe 7 « Appel de fonds ». Pour les **opérations courantes,** le compte 701 est mouvementé, et le compte 702 pour les provisions sur travaux et opérations exceptionnelles. La rubrique 71 « Autres produits » comprend 6 subdivisions : 711 Subventions, 712 Emprunts, 713 Indemnités d'assurance, 714 Produits divers, 716 Produits financiers et 718 Produits exceptionnels.

40785 Les **produits constatés** pour les **opérations courantes** comprennent les sommes reçues ou à recevoir de chaque copropriétaire en vertu de l'obligation leur incombant, enregistrées à la date d'exigibilité. Ils comprennent aussi les produits divers affectés aux opérations courantes suivant l'affectation décidée ou approuvée par l'assemblée générale des copropriétaires (Décret 2005-240 du 14-3-2005 art. 3, al. 2).

40787 Les **produits financiers** doivent être constatés à la date de leur exigibilité, conformément aux dispositions des articles 3 et 4 du décret du 14 mars 2005 et sous réserve d'une décision éventuelle et préalable de l'assemblée générale sur leur affectation et leur répartition (Recommandation n° 6 du 7-12-2006, point 1).

40790 Les **produits constatés** pour les **travaux et opérations exceptionnelles** comprennent :
- les sommes reçues ou à recevoir de chacun des copropriétaires en vertu de l'obligation leur incombant résultant de l'article 14-2 de la loi du 10 juillet 1965 ;
- les emprunts contractés par le syndicat pour couvrir les dépenses pour travaux ;
- les subventions notifiées ;
- les indemnités d'assurance ;
- les loyers des parties communes ;
- les produits divers issus des placements décidés par le syndicat ;
- les intérêts des sommes dues au syndicat suivant affectation décidée par l'assemblée générale des copropriétaires.

Les produits pour travaux et opérations exceptionnelles sont à constater au titre de l'exercice de leur exigibilité (Décret 2005-240 du 14-3-2005 art. 4, al. 4 et 5).

40795 Les **subventions** sont à constater dès leur notification, à l'exception des subventions dont le versement s'effectue sur plusieurs exercices, qui sont à mentionner dans l'« État des travaux de l'article 14-2 de la loi et opérations exceptionnelles votés non encore clôturés à la fin de l'exercice » (n° 40440) dès leur notification et inscrites en comptabilité sur le fondement des dispositions prévues par la décision accordant la subvention (Décret 2005-240 du 14-3-2005 art. 4, al. 6).

3. NOMENCLATURE DES COMPTES

40860 La nomenclature des comptes est constituée par la liste des comptes classés, numérotés et définis par une terminologie et des règles de fonctionnement.

CLASSE 1 PROVISIONS, AVANCES, SUBVENTIONS ET EMPRUNTS

10 Provisions et avances
- 102 Provisions pour travaux décidés
- 103 Avances
  - 1031 Avances de trésorerie
  - 1033 Autres avances
- 105 Fonds de travaux
- 106 Provisions pour travaux au titre de la délégation de pouvoirs accordée au conseil syndical en application de l'article 21-1 de la loi du 10 juillet 1965

12 Solde en attente sur travaux et opérations exceptionnelles
- 12-1 Travaux décidés par l'assemblée générale
- 12-2 Travaux délégués au conseil syndical en application de l'article 21-1 de la loi du 10 juillet 1965

13 Subventions
- 131 Subventions accordées en instance de versement

40860 (suite)

CLASSE 4 COPROPRIÉTAIRES ET TIERS

40 Fournisseurs
401 Factures parvenues
408 Factures non parvenues
409 Fournisseurs débiteurs

42 Personnel
421 Rémunérations dues

43 Sécurité sociale et autres organismes sociaux
431 Sécurité sociale
432 Autres organismes sociaux

44 État et collectivités territoriales
441 État et autres organismes – subventions à recevoir
442 État – impôts et versements assimilés
4421 Prélèvement à la source – Impôt sur le revenu (Règl. ANC 2018-02 du 6-7-2018)
443 Collectivités territoriales – aides

45 Collectivité des copropriétaires
450 Copropriétaire individualisé
Si l'assemblée générale en décide la création, les sous-comptes suivants :
450-1 Copropriétaire – budget prévisionnel
450-2 Copropriétaire – travaux de l'article 14-2 de la loi du 10 juillet 1965 et opérations exceptionnelles
450-3 Copropriétaire – avances
450-4 Copropriétaire – emprunts
450-5 Copropriétaire – fonds de travaux
459 Copropriétaire – créances douteuses

46 Débiteurs et créditeurs divers
461 Débiteurs divers
462 Créditeurs divers

47 Compte d'attente
471 Compte en attente d'imputation débiteur
472 Compte en attente d'imputation créditeur

48 Compte de régularisation
486 Charges constatées d'avance
487 Produits constatés d'avance

49 Dépréciation des comptes de tiers
491 Copropriétaires
492 Personnes autres que les copropriétaires

CLASSE 5 COMPTES FINANCIERS

50 Fonds placés
501 Compte à terme
502 Autre compte

51 Banques, ou fonds disponibles en banque pour le syndicat
512 Banques
514 Chèques postaux

53 Caisse

40860 (suite)

CLASSE 6 COMPTES DE CHARGES

60 Achats de matières et fournitures
- 601 Eau
- 602 Électricité
- 603 Chauffage, énergie et combustibles
- 604 Achats produits d'entretien et petits équipements
- 605 Matériel
- 606 Fournitures

61 Services extérieurs
- 611 Nettoyage des locaux
- 612 Locations immobilières
- 613 Locations mobilières
- 614 Contrats de maintenance
- 615 Entretien et petites réparations
- 616 Primes d'assurances

62 Frais d'administration et honoraires
- 621 Rémunérations du syndic sur gestion copropriété
  - 6211 Rémunération du syndic
  - 6212 Débours
  - 6213 Frais postaux
- 622 Autres honoraires du syndic
  - 6221 Honoraires travaux
  - 6222 Prestations particulières
  - 6223 Autres honoraires
- 623 Rémunérations de tiers intervenants
- 624 Frais du conseil syndical

63 Impôts – taxes et versements assimilés
- 632 Taxe de balayage
- 633 Taxe foncière
- 634 Autres impôts et taxes

64 Frais de personnel
- 641 Salaires
- 642 Charges sociales et organismes sociaux
- 643 Taxe sur les salaires
- 644 Autres (médecine du travail, mutuelles, etc.)

65 Montant spécifique alloué au conseil syndical, au sein du budget prévisionnel, pour l'exercice de sa délégation de pouvoirs en application de l'article 21-1 de la loi du 10 juillet 1965

66 Charges financières des emprunts, agios ou autres
- 661 Remboursement d'annuités d'emprunt
- 662 Autres charges financières et agios

67 Charges pour travaux et opérations exceptionnelles
- 671 Travaux décidés par l'assemblée générale
- 672 Travaux urgents
- 673 Études techniques, diagnostic, consultation
- 674 Travaux délégués au conseil syndical en application de l'article 21-1 de la loi du 10 juillet 1965
- 677 Pertes sur créances irrécouvrables
- 678 Charges exceptionnelles

68 Dotations aux dépréciations sur créances douteuses

40860 (suite)

CLASSE 7 COMPTES DE PRODUITS

70 Appels de fonds

701 Provisions sur opérations courantes

702 Provisions sur travaux du I de l'article 14-2 de la loi du 10 juillet 1965 et opérations exceptionnelles

703 Avances

704 Remboursements d'annuités d'emprunts

705 Affectation du fonds de travaux

706 Provisions au titre de la délégation de pouvoirs accordée au conseil syndical en application de l'article 21-1 de la loi du 10 juillet 1965

7061 Provisions sur opérations courantes

7062 Provisions sur travaux et opérations exceptionnelles

71 Autres produits

711 Subventions

712 Emprunts

713 Indemnités d'assurances

714 Produits divers (dont intérêts légaux dus par les copropriétaires)

716 Produits financiers

718 Produits exceptionnels

78 Reprises de dépréciations sur créances douteuses

CHAPITRE 16

SALARIÉS DE LA COPROPRIÉTÉ

SOMMAIRE

41000 Pour assurer la garde, la surveillance ou l'entretien de l'immeuble, la copropriété peut recruter directement un salarié ou préférer faire appel à un prestataire de services qui mettra à sa disposition son propre personnel (dans ce second cas, le prestataire de services a la qualité d'employeur et c'est à lui d'assurer l'encadrement et la sécurité des salariés qui surveillent et entretiennent l'immeuble). Afin d'éclairer ce **choix,** il importe de connaître les incidences sociales et fiscales de l'embauche d'un salarié par le syndicat des copropriétaires.

PARTICULARITÉS DU STATUT SOCIAL

41005 Les gardiens, concierges et employés d'immeubles régis par le statut de la copropriété sont, sous certaines conditions, soumis à un **statut spécial** fixé par les articles L 7211-1 s. et R 7212-1 s. du Code du travail. Sauf exclusion expresse, ils relèvent du droit commun du travail pour les points non réglés par ce statut (Cass. soc. 20-1-2010 n° 08-45.018 FS-PB : RJS 4/10 n° 386). Ces salariés bénéficient aussi de la **convention collective nationale** du 11 décembre 1979 (Brochure JO n° 3144 ; IDCC n° 1043) réécrite en dernier lieu par les avenants n°s 88 du 11 janvier 2016 et 88 bis du 30 janvier 2017 applicables en France métropolitaine depuis le 1er juin 2017, étendus, avec quelques réserves, par arrêté du 4 mai 2017 (JO du 6). Au niveau local, la convention collective est complétée par certains avenants départementaux, dont trois ont été étendus : Alpes-Maritimes, Loire-Atlantique et Rhône. Leurs principales dispositions sont présentées dans les développements qui suivent.

Le statut spécial et la convention collective n'ont pas le même **champ d'application.** Le premier s'applique uniquement aux personnes employées par la copropriété d'un immeuble à usage d'habitation (C. trav. art. L 7211-2) alors que la convention collective vise indifféremment les salariés d'une copropriété (ou d'un immeuble donné en location) affectée à l'habitation ou à un usage commercial ou professionnel (art. 1). La **définition des emplois** de gardiens, concierges et employés d'immeubles n'est pas non plus la même. Dans le statut spécial comme dans la convention collective, le salarié doit avoir pour fonctions la garde, la surveillance et l'entretien de l'immeuble auquel il est affecté, ou une partie de ces fonctions seulement. Mais le premier vise exclusivement le personnel qui a un logement de fonction dans l'immeuble, alors que la convention collective s'applique aussi au personnel sans logement de fonction.

En définitive, seul le personnel d'un immeuble à usage d'habitation assurant sa garde, sa surveillance ou son entretien et bénéficiant d'un logement de fonction est **soumis à la fois** au statut spécial contenu dans le Code du travail et à la convention collective. Les autres gardiens, concierges ou employés d'immeubles (notamment ceux qui n'ont pas de logement de fonction, qui assurent uniquement l'entretien du jardin ou qui sont salariés par la copropriété d'un immeuble à usage commercial ou mixte) ont un statut déterminé, au plan conventionnel, par la même convention collective, mais au plan légal, par le droit commun du travail. Les développements ci-après sont applicables aux deux catégories de salariés, sauf précision contraire.

> Précisions Les relations entre le gardien ou employé d'immeuble et le syndicat de copropriétaires sont également régies, comme pour tous les salariés, par les stipulations du **contrat de travail, les éventuels accords collectifs et les usages et engagements unilatéraux** de l'employeur. À cet égard, signalons que **le règlement de copropriété** vaut engagement unilatéral de l'employeur et que le gardien ou employé d'immeuble peut donc s'en prévaloir s'il contient des stipulations plus favorables que le contrat de travail (notamment : Cass. soc. 4-3-2020 n° 18-20.963 F-D : BPIM 2/20 n° 145 à propos de la prise en charge, par la copropriété, de la taxe d'habitation).

A. Embauche

FORMALITÉS

L'embauche doit être formalisée par un **contrat de travail écrit.** 41020

Le contrat conclu entre le salarié et la copropriété est **signé** par le syndic. Celui-ci agit en tant que **mandataire** du syndicat des copropriétaires, qui a seul la qualité d'employeur. Aucun lien de subordination n'existe entre le salarié et les copropriétaires ou résidents de la copropriété pris individuellement (CCN art. 1 ; Cass. soc. 1-12-1993 n° 90-44.055 D : RJS 2/94 n° 192), ni entre le salarié et le syndic (Cass. soc. 13-1-2021 n° 19-22.142 F-D : RJS 3/21 n° 179 ; en l'espèce l'action prud'homale d'une employée d'immeuble contre le syndic a été jugée irrecevable, voir n° 38493). Sur les rapports entre le gardien et les habitants de l'immeuble, voir n° 41155.

Le contrat de travail doit comporter certaines **mentions obligatoires** (CCN art. 11). Il doit faire référence à la convention collective, préciser les fonctions du salarié, le libellé de l'emploi, ses conditions de travail, sa classification professionnelle, son coefficient hiérarchique, son salaire, son lieu de travail et, pour le personnel logé, l'évaluation du salaire en nature. Lorsque le contrat de travail est conclu pour une durée déterminée, il doit comporter les mentions impératives liées à ce type de contrat (C. trav. art. L 1242-12 s.).

Un **exemplaire** du contrat de travail doit être remis au salarié après signature des deux parties (CCN art. 11). Un **document complémentaire** mentionnant les conventions et accords applicables doit également lui être délivré. Ce document doit préciser où ces textes sont tenus à la disposition du salarié sur son lieu de travail ainsi que les modalités lui permettant de les consulter durant son temps de présence (C. trav. art. R 2262-4).

Le syndic doit en outre tenir à la disposition du salarié un **document unique d'évaluation des risques** pour la santé et la sécurité des travailleurs et le mettre à jour au moins une fois par an (C. trav. art. L 4121-3 et R 4121-1 à R 4121-4). Cette obligation est sanctionnée pénalement (C. trav. art. R 4741-1). À la suite de l'évaluation des risques, l'employeur met en place les actions de prévention et des méthodes de travail afin de garantir un meilleur niveau de protection de la santé et de la sécurité du ou des salariés. Ce document doit être conservé pendant 40 ans au minimum dans des conditions fixées par décret (C. trav. art. L 4121-3-1, V-A et R 4121-4). La mise en place du portail dématérialisé sur lequel ce document devait être déposé, prévue au plus tard pour le 1er juillet 2024 est retardée, voire incertaine (C. trav. art. L 4121-3-1, V-B ; Rép. Chaize : Sén. 30-11-2023 p. 6681 n° 8927). En attendant, l'employeur conserve les versions successives du document unique au sein de l'entreprise sous la forme d'un document papier ou dématérialisé (Décret 2022-395 du 18-3-2022 art. 1).

À l'occasion de **chaque recrutement,** le syndic doit procéder à un certain nombre de formalités dont la plupart s'effectuent sur un support unique, la **déclaration préalable à l'embauche** (DPAE). Cette déclaration doit être adressée à l'Urssaf dans le ressort de laquelle est situé l'immeuble au plus tôt dans les huit jours précédant la date prévisible d'embauche (C. trav. art. R 1221-3 et R 1221-4). Elle peut être effectuée par Internet (www.net-entreprises.fr), cela est même obligatoire lorsque le nombre de déclarations adressées au cours de l'année civile précédente est supérieure à 50 (C. trav. art. D 1221-18 et D 1221-19). À défaut d'envoi électronique, les déclarations sont adressées au moyen d'un formulaire envoyé par lettre recommandée avec demande d'avis de réception (C. trav. art. R 1221-5). Depuis le 1er juillet 2022, les DPAE ne peuvent plus être adressées par e-mail. 41025

La DPAE regroupe les formalités suivantes (C. trav. art. R 1221-2) :

- immatriculation de l'employeur et du salarié à la sécurité sociale ;
- affiliation de l'employeur au régime d'assurance chômage ;
- demande d'adhésion à un service de santé au travail ;
- demande de suivi médical du salarié.

Les copropriétés peuvent recourir au **titre emploi-service entreprises (Tese),** quel que soit leur effectif. Ce service leur permet notamment de souscrire les déclarations sociales et fiscales obligatoires. En outre, par la remise au salarié et l'envoi à l'organisme gestionnaire des éléments du Tese, la copropriété sera réputée satisfaire à son obligation d'établir un **certificat de travail.** L'adhésion au dispositif peut être effectuée par Internet sur le site www.letese.urssaf.fr.

ATTENTION

Le **recours au Tese** ne dispense pas en revanche le syndic d'établir un **contrat de travail** écrit au salarié (CCN art. 11, al. 2).

41030 Tous les salariés de la copropriété font l'objet d'une surveillance médicale (C. trav. art. L 7211-3, 7° et CCN art. 13). Ce suivi comprend une **visite d'information et de prévention** effectuée dans les trois mois suivant la prise du poste par un professionnel du service de santé au travail (C. trav. art. R 4624-10 s.).

PÉRIODE D'ESSAI

41040 L'engagement définitif du salarié peut être précédé d'une période d'essai. Il s'agit d'une simple faculté que l'employeur doit mentionner expressément dans le **contrat de travail.** À défaut, le contrat sera réputé conclu sans période d'essai. Dans ce cas, le salarié sera engagé définitivement dès l'embauche et le syndic devra respecter la procédure de licenciement s'il souhaite rompre son contrat.

La **durée maximale** de la période d'essai d'un salarié en contrat à durée indéterminée est de : 1 mois renouvelable une fois pour les salariés non logés ; 2 mois pour les salariés logés (catégories A ou B : voir n° 41120) ; 2 mois, renouvelables une fois, pour les agents de maîtrise, qu'ils soient logés ou non (CCN art. 11).

Pendant la période d'essai, chacune des parties est libre de **rompre** le contrat de travail à tout moment sans formalité, sans motif ni indemnité. Même si le contrat est rompu pendant l'essai, le salarié peut obtenir des dommages-intérêts en raison des circonstances de la rupture, s'il prouve que l'employeur a agi avec légèreté blâmable (rupture quelques jours après le début de la période d'essai par exemple), par malveillance ou pour des motifs discriminatoires (grossesse ou mariage du salarié notamment).

Les parties qui rompent l'essai doivent respecter un **délai de prévenance** : de 24 heures à 1 mois, selon le temps de présence du salarié, si la rupture intervient à l'initiative de l'employeur ; de 48 heures si elle intervient à l'initiative du salarié, ramenées à 24 heures s'il a moins de 8 jours de présence (C. trav. art. L 1221-25 et L 1221-26). La période d'essai ne peut pas être prolongée du fait de ce délai de prévenance. Si celui-ci n'est pas respecté, le salarié a droit, sauf faute grave, à une indemnité compensatrice.

> Précisions La durée maximale de la période d'essai d'un salarié embauché en **contrat à durée déterminée** est calculée à raison d'un jour par semaine, dans la limite de 2 semaines pour un contrat initial de 6 mois ou moins et d'un mois pour les contrats de plus de 6 mois (C. trav. art. L 1242-10).

CONTRAT DE COUPLE

41060 Lorsque les tâches nécessaires à l'entretien et à la surveillance de l'immeuble l'exigent, l'embauche d'un couple de gardiens est possible.

Les dispositions légales et la convention collective n'indiquent pas si l'employeur doit établir deux **contrats de travail distincts** ou s'il peut conclure un seul contrat de travail avec les deux membres du couple. La première option semble préférable dans la mesure où l'objet même d'un contrat de travail est de déterminer pour chaque salarié pris individuellement ses conditions d'emploi.

Il est conseillé d'indiquer clairement dans chaque contrat de travail que son existence est indissociable de l'autre contrat. À ce titre, les contrats pourront contenir une **clause de résiliation automatique** stipulant que l'engagement de l'un dépend de l'engagement de l'autre et que la rupture d'un contrat aura pour conséquence la rupture de l'autre (voir n° 41410).

ATTENTION

Dans le cas où l'**un des deux conjoints n'est pas salarié** de la copropriété, il ne faut pas lui permettre d'**aider son conjoint** dans l'accomplissement de son travail. La responsabilité civile du syndicat des copropriétaires pourrait en effet être engagée en cas d'accident du conjoint non salarié. Il existe aussi des risques de sanctions pénales pour travail dissimulé.

B. Conditions d'emploi

CLASSIFICATION

La convention collective classe les emplois en deux **catégories** (CCN art. 18) : 41120

– relèvent de la **catégorie A** les salariés qui travaillent dans un cadre horaire. La durée de leur travail s'effectue en référence à un horaire mensuel déterminé qui doit être précisé dans le contrat de travail ;

– relèvent de la **catégorie B** les salariés dont l'emploi répond à la définition légale du concierge donnée par l'article L 7211-2 du Code du travail (voir n° 41005). La durée de travail de ces salariés n'est pas appréciée en référence à un horaire déterminé. Les tâches attribuées au salarié correspondent à un nombre d'unités de valeur (UV) fixé par la convention collective (annexe 1) qui permet d'apprécier le taux d'emploi du salarié. Dix mille UV correspondent à un emploi à service complet (même si le salarié ne travaille qu'une fin de semaine sur deux et qu'un jour férié sur deux : Cass. soc. 16-5-2007 n° 05-45.367 F-D : RJS 7/07 n° 893). Le décompte des UV doit être annexé au contrat de travail.

C'est la situation effective des intéressés qui commande le classement dans l'une ou l'autre des catégories. Ainsi, le salarié qui travaille sans horaire précis et qui bénéficie d'un logement accessoire au contrat de travail relève de la catégorie B même si son contrat comporte des références horaires (Cass. soc. 21-9-2017 n° 16-14.016 FS-PB : RJS 12/17 n° 839).

Les salariés (de catégorie A ou B) sont classés en fonction de six **critères** : relationnel, technicité, administratif, supervision, autonomie et niveau de diplôme. Pour chaque critère, un niveau de compétences (parmi cinq proposés par la convention collective) est appliqué en fonction du contenu du poste. Un nombre de points est attribué à chaque niveau, le coefficient hiérarchique étant égal à la somme de ces points (CCN art. 21). La classification attribuée par l'employeur doit correspondre à la nature des tâches réellement accomplies par le salarié. Dans le cas contraire, le salarié peut **contester** cette classification devant le conseil de prud'hommes. 41125

Sur la possibilité de créer un **poste spécifique** ne figurant pas dans la classification des emplois prévus par la convention collective, voir n° 38493, b.

LOGEMENT DE FONCTION

Le contrat de travail peut prévoir l'attribution au **salarié de catégorie A** d'un logement de fonction (CCN art. 20). Mais même en l'absence de clause au contrat de travail, le salarié peut demander à bénéficier d'un logement de fonction lorsque le règlement de copropriété prévoit que le concierge sera logé gratuitement par les copropriétaires de l'immeuble dans les locaux établis à cet effet. Cet article du règlement de copropriété emporte engagement unilatéral des copropriétaires de loger gratuitement le concierge (Cass. soc. 27-3-2001 n° 98-44.292 FS-PF : RJS 6/01 n° 801). 41140

Pour les **salariés de catégorie B,** l'attribution d'un logement de fonction est obligatoire (CCN art. 20).

Les **frais de chauffage et de fournitures annexes** au logement (chauffage, gaz, électricité et eau chaude) sont en principe pris en charge par le salarié. Si cette prise en charge directe n'est pas possible (absence de compteur individuel notamment), le paiement de ces frais par le syndicat constitue pour le salarié un avantage en nature complémentaire (CCN art. 20) (voir n° 41170). S'il n'y a pas de distinction entre la loge et le logement de fonction, l'électricité est à la charge de l'employeur et constitue de ce fait un avantage en nature. La fourniture de l'eau froide est en revanche gracieuse et ne constitue ni un élément de salaire ni un avantage en nature. 41145

Les **papiers peints et peintures** du logement de fonction doivent être régulièrement refaits aux frais du syndicat : tous les cinq ans si nécessaire ; au moins tous les sept ans lorsque le logement n'a qu'une pièce ; tous les dix ans dans les autres cas. La réfection des revêtements du sol interviendra si nécessaire (CCN art. 20). Si le logement est délabré et insalubre, le syndicat peut être sanctionné pénalement pour conditions d'hébergement contraires à la dignité humaine lorsque le gardien est dans une situation de dépendance à son égard (Cass. crim. 23-4-2003 n° 02-82.985 FS-D : RJS 8-9/03 n° 1049 pour une gardienne âgée de 60 ans et ne disposant d'aucun autre logement).

L'employeur peut-il toujours imposer la résidence d'un employé d'immeuble dans un logement de fonction ? La réponse est négative. Le contrat de travail ne peut pas contenir une **clause d'obligation de résidence sur le lieu de travail** si le salarié est en mesure d'exécuter les tâches qui lui sont confiées tout en résidant à l'extérieur du lieu de travail (Cass. soc. 13-4-2005 n° 03-42.965 FS-PB : RJS 7/05 n° 708 ; solution rendue à propos d'un gardien de HLM mais transposable au salarié d'une copropriété). 41150

41155 **Rapports du gardien avec les autres habitants de l'immeuble**

Bien que seul le syndicat des copropriétaires ait la qualité d'employeur (n° 41020), le gardien a des obligations vis-à-vis des autres occupants de l'immeuble, propriétaires ou locataires. Celles-ci sont fixées par son contrat de travail et réglementées par la convention collective. Ainsi par exemple, le gardien peut être chargé de la réception et éventuellement de la distribution du **courrier et des colis.** Pour autant il n'est pas obligé de réceptionner ceux qui nécessitent une signature, et par là même, engagent la responsabilité du salarié et de l'employeur. Il ne peut pas non plus être obligé de prendre des colis trop lourds ou volumineux, c'est-à-dire ceux de plus de 30 kg et/ou dont la somme des côtés (longueur + largeur + hauteur) est supérieure à deux mètres (CCN annexe I). Autre exemple : le concierge n'a pas à conserver les **clefs** des logements des autres occupants, sauf accord des parties (CCN art. 20).
Cohabitant dans un même espace, le gardien et les autres habitants de l'immeuble ont des relations qui dépassent le cadre des tâches à accomplir ou non. Relations qui peuvent être parfois houleuses et contraindre l'employeur à intervenir. Ainsi, l'employeur qui ne prend pas toutes les mesures pour faire cesser les nuisances sonores commises par un voisin du gardien manque à son **obligation de sécurité** vis-à-vis de celui-ci (Cass. soc. 27-6-2018 n° 16-22.622 FS-D : BPIM 4/18 n° 294 ; solution rendue à propos d'une société de gestion immobilière mais transposable à une copropriété). On peut penser qu'il en serait de même en cas de risque d'agression (voir en ce sens CA Paris 22-5-2020 n° 18/08148 : BPIM 4/20 n° 271). En revanche, il ne peut être tenu responsable du **harcèlement moral** du locataire sur le salarié, dès lors que le premier n'exerce aucune autorité de fait sur le second (Cass. soc. 27-6-2018 précité). La solution pourra être différente lorsque le harcèlement émane de propriétaires ayant une autorité de fait sur le gardien (sur l'intérêt à agir du syndicat des copropriétaires dans ce cas, voir Cass. soc. 20-9-2018 n° 17-10.901 F-D).

RÉMUNÉRATION

41160 **Salaire** Les gardiens, concierges et employés d'immeubles à usage d'habitation bénéficient de la législation sur le **Smic.** Ils ne peuvent pas percevoir une rémunération mensuelle brute globale (intégrant les avantages en nature : voir n° 41170) qui lui soit inférieure, ni qui soit inférieure au **salaire minimum** fixé par la **convention collective** (CCN art. 22).

> **Précisions a.** Lorsque des époux sont embauchés ensemble en qualité de gardiens d'un même immeuble et qu'ils y accomplissent le même service, ils ont droit à une **rémunération identique** (Cass. soc. 19-2-1992 n° 88-45.217 P : RJS 4/92 n° 447).
b. Le salarié doit être **payé mensuellement** et recevoir un **bulletin de salaire** (CCN art. 22).
c. Les employés d'immeuble à employeurs multiples en **Loire-Atlantique,** et notamment ceux des zones côtières, bénéficient d'un mode de calcul de salaire à la fréquence. Les tâches effectuées sont évaluées en unité de valeur, 60 UV étant égales à une heure (Avenant n° 1 du 18-1-1985 art. 3).

41165 **Primes** La convention collective prévoit le versement en décembre d'un **13e mois** pour les salariés justifiant d'une présence complète pendant l'année civile. Les salariés ne remplissant pas cette condition perçoivent cette gratification au prorata de leur temps de présence. Toute période d'absence indemnisée à 90 % (maladie et accident du travail) est considérée par la convention collective comme temps de présence (CCN art. 22).

Les salariés de catégorie A qui sont chargés des opérations de tri sélectif des ordures ménagères (présentation des conteneurs aux différentes collectes ainsi que leur nettoyage, leur désinfection et leur stockage) se voient attribuer le nombre d'heures de travail nécessaire à l'accomplissement de ces tâches (Avenant n° 100 du 10-2-2020). Ceux de catégorie B perçoivent une **prime mensuelle de tri sélectif** dont le montant varie entre 28 et 224 € (Avenant n° 1 du 17-1-2025 étendu par arrêté TSST2510198A du 9-4-2025).

Une **prime d'ancienneté** doit enfin être versée aux salariés ayant au moins trois années d'ancienneté dans la même copropriété. Cette prime est égale à un certain pourcentage du salaire minimal brut mensuel conventionnel (CCN art. 24) :
- 3 % après 3 ans d'ancienneté ;
- 6 % après 6 ans d'ancienneté ;
- 9 % après 9 ans d'ancienneté ;
- 12 % après 12 ans d'ancienneté ;
- 15 % après 15 ans d'ancienneté ;
- 18 % après 18 ans d'ancienneté.

Cette prime d'ancienneté n'est pas prise en compte dans le calcul de la rémunération mensuelle brute globale des salariés, effectué pour déterminer si cette rémunération est égale au salaire minimum garanti.

Les salariés qui justifient de 25 ans d'ancienneté au service de la même copropriété ont droit au versement d'une prime unique égale à leur rémunération globale brute mensuelle contractuelle acquise à la date anniversaire, c'est-à-dire à la date d'échéance de leur 25e année d'ancienneté (CCN art. 33).

Des éléments de rémunération peuvent être prévus par les avenants **départementaux.** Ainsi, une indemnité de débouchage des vide-ordures doit être versée, sous conditions, en Loire-Atlantique (Avenant nº 2 du 28-2-1985). Autre exemple, dans le Rhône, une indemnité doit être versée au salarié qui effectue des tâches supplémentaires de manipulation des poubelles du fait d'une grève des éboueurs (Avenant du 18-11-1981 modifié par avenant du 21-7-2006).

Évaluation des avantages en nature Le montant du salaire en nature représenté par la disposition d'un **logement de fonction** est évalué en appliquant à la surface exclusivement réservée à l'habitation, retenue dans la limite de 60 m², le prix au mètre carré défini pour la catégorie à laquelle se rattache le logement. Les catégories sont définies en fonction des éléments de confort (équipement de chauffage, W.-C. et salle d'eau intérieurs ou privatifs) que comporte le logement (CCN art. 23). Ce montant est réévalué tous les ans en fonction du pourcentage de variation de l'indice de révision des loyers (IRL). 41170

Les avantages en nature complémentaires au logement de fonction éventuellement pris en charge par la copropriété, tels que le **gaz,** le **chauffage,** l'**électricité** et l'**eau chaude,** sont évalués forfaitairement conformément aux dispositions de la convention collective. Cette dernière fixe ainsi la fourniture d'électricité à 55 kWh par mois (CCN art. 23).

Une fois ces évaluations effectuées, l'ensemble des avantages en nature dont bénéficie le salarié est ajouté à son salaire de base pour le calcul des cotisations sociales et est ensuite déduit du salaire net pour déterminer le salaire net payé en espèces.

> **Précisions** Lors de l'**embauche d'un couple,** les avantages en nature ne peuvent pas être pris en compte à la fois dans le calcul du salaire de l'époux et dans celui de l'épouse (CA Dijon 2-3-1999 nº 98-896 : RJS 11/99 nº 1431). L'employeur peut soit déduire le montant des avantages en nature du salaire de l'un des deux conjoints seulement, soit répartir ce montant sur le salaire des deux époux.

DURÉE DU TRAVAIL

Décompte de la durée du travail Les **salariés de catégorie A** sont soumis aux règles de droit commun quant à la durée du travail : 151,67 heures par mois correspondent à un temps complet (CCN art. 18). 41175

Pour ceux employés à **temps partiel,** la durée minimale de travail dépend de la taille de la copropriété (Avenant nº 84 du 23-5-2014 art. 2.1) :

- 1 à 29 lots : 2 heures ;
- 30 à 59 lots : 7 heures ;
- à partir de 60 lots : 14 heures.

La copropriété qui embauche un salarié à temps partiel alors qu'elle emploie déjà un salarié (à temps plein ou partiel) peut proposer un temps partiel d'un seuil inférieur à celui dont elle relève. Par exemple, une copropriété de 40 lots pourra embaucher son deuxième salarié pour deux heures seulement.

En contrepartie de cette durée du travail inférieure à la durée légale de 24 heures, le salarié bénéficie d'horaires de travail réguliers afin de pouvoir cumuler plusieurs emplois (Avenant nº 84 du 23-5-2014 art. 2.3).

La durée contractuelle du temps partiel peut être augmentée, via deux mécanismes :

– les heures complémentaires prévues au contrat de travail. Elles sont majorées à 20 % et limitées au tiers de la durée contractuelle, sous réserve de ne jamais atteindre la durée du travail (Avenant nº 84 du 23-5-2014 art. 3.1 et 3.3) ;

– les compléments d'heures : il s'agit d'une augmentation temporaire de la durée du travail prévue par avenant au contrat de travail. Le nombre d'avenants est limité à deux par an (sauf cas de remplacement d'un salarié absent, auquel cas il est illimité) pour une durée de trois mois au maximum chacun. Les heures réalisées dans ce cadre sont majorées de 15 % (Avenant nº 84 du 23-5-2014 art. 4.1, 4.3 et 4.4).

Les dispositions du Code du travail sur la durée légale du travail ne s'appliquent pas aux gardiens, concierges et employés d'immeubles à usage d'habitation répondant à la définition de l'article L 7211-2 du Code du travail (Circ. MES/CAB 2000-003 du 3-3-2000). La durée du travail des **salariés de catégorie B** s'apprécie en fonction de l'évaluation de leurs tâches faite en unités de valeur (UV) (CCN art. 18). 41180

Sont considérés à **service complet** les salariés totalisant entre 10 000 et 12 000 UV, la partie des UV excédant 10 000 étant majorée de 25 % (soit 12 500 UV au maximum).

L'employé totalisant moins de 9 000 UV est classé (CCN art. 18) :

– à **service permanent,** s'il totalise au moins 3 400 UV et s'il assure une permanence de présence vigilante en dehors du temps consacré à l'exécution de ses tâches ;

– à **service partiel,** s'il n'accomplit pas de permanence.

41185 **Amplitude de la journée de travail** L'amplitude de la journée de travail du salarié correspond au nombre d'heures séparant le début et la fin de sa journée de travail et doit être calculée sur une même journée de 0 à 24 heures. Elle ne peut pas dépasser 13 heures dans lesquelles sont incluses 4 heures de **temps de repos** pris en une ou deux fois (s'il est pris en deux fois, l'une des deux pauses doit être au moins égale aux 3/4 du temps de repos total).

La convention collective admet une **exception** pour les salariés de catégorie B à service complet ou permanent : leur temps de repos peut être limité à 3 heures dans une amplitude de 13 heures, à la condition qu'ils bénéficient de quatre demi-journées consécutives de repos incluant la journée complète du dimanche. L'ensemble de ces durées (13 heures/4 heures et 13 heures/3 heures) peut être **réduit,** la réduction devant être d'égale durée pour l'amplitude et le repos (exemple : 12 heures/3 heures dans le premier cas). En tout état de cause, la période de repos ne pourra jamais être inférieure à une heure (CCN art. 18, 3).

Les **heures d'ouverture de la loge** sont fixées par le contrat de travail ou le règlement de copropriété dans le respect de l'amplitude de la journée de travail diminuée des heures de repos et éventuellement du temps d'exécution de certaines tâches matinales ou tardives (service des poubelles, par exemple) (CCN art. 18, 4).

> **Précisions a.** Le **moment où le salarié prend ses heures de repos** est fixé selon les nécessités du service, sachant qu'un couple prend simultanément ses heures de repos lorsqu'il dispose conjointement du logement de fonction (CCN art. 18, 3).
> **b.** Pendant ces heures de repos, le salarié peut **s'absenter** pour des motifs personnels ou familiaux (CCN art. 18, 3).
> **c.** Depuis le 26 novembre 2014, l'**amplitude hebdomadaire** de travail des salariés de catégorie B est fixée à 47 h 30 (CCN art. 18, 3 modifié par l'avenant n° 84 du 23-5-2014 étendu par arrêté du 13-11-2014 : JO 25). Pour les contrats conclus à une date antérieure, dont l'amplitude hebdomadaire était supérieure à 47 h 30, la répartition de la réduction de la période d'exécution des tâches et de permanence sur la journée de travail est fixée à une demi-heure par jour du lundi au vendredi, sauf dispositions contractuelles contraires.

41190 **Repos quotidien et hebdomadaire** Les dispositions générales du Code du travail relatives au repos hebdomadaire, au repos quotidien et aux jours fériés s'appliquent à tous les gardiens, concierges et employés d'immeubles, y compris ceux soumis au statut spécial prévu par le Code du travail (C. trav. art. L 7211-3 ; Rép. Aurillac : AN 3-4-2000 p. 2203 n° 33674). À ce titre, ces salariés ont droit, en plus du temps de repos associé à l'amplitude de leur journée de travail, à un repos quotidien d'au moins 11 heures consécutives (C. trav. art. L 3131-1).

Les salariés bénéficient aussi d'un repos hebdomadaire minimum de 24 heures consécutives, pris en principe le dimanche (C. trav. art. L 3132-2 et L 3132-3), auxquelles s'ajoutent les heures de repos quotidien, soit une durée minimale totale de repos hebdomadaire de 35 heures consécutives.

Le repos hebdomadaire du personnel de catégorie B à service complet ou permanent est au minimum d'un jour et demi, la demi-journée étant prise le samedi après-midi ou le lundi matin lorsque la règle du repos dominical s'applique (CCN art. 19, 3). Cette disposition s'applique également à ceux en service partiel (Avenant n° 102 du 3-11-2020, étendu par arrêté MTRT2135736A du 17-12-2021). Ce temps de repos est porté à deux jours lorsque le repos journalier du salarié à service complet ou permanent est limité à 3 heures (voir n° 41185) (CCN art. 18, 3).

> **Précisions a.** Les **conjoints salariés** travaillant pour la même copropriété ont le droit de prendre leur repos hebdomadaire simultanément (CCN art. 19, 2). Il leur appartient d'exprimer leur volonté de faire usage de ce droit auprès de leur employeur, à défaut ils ne peuvent pas reprocher à ce dernier de ne pas le leur avoir accordé (Cass. soc. 16-2-2012 n° 10-24.421 FS-PB : RJS 5/12 n° 510).
> **b.** La **journée de solidarité** est en principe fixée le jeudi de l'Ascension, sauf accord d'entreprise fixant un jour différent (Avenant n° 61 du 24-3-2005).
> **c.** Dans les **ensembles immobiliers** employant plusieurs salariés, les permanences des dimanches et jours fériés peuvent être organisées par roulement sous conditions et moyennant une rémunération supplémentaire (CCN art. 19, 4).
> **d.** Des dispositions spécifiques sont prévues pour les salariés assurant le service des ordures ménagères le dimanche et les jours fériés dans les **stations balnéaires de Loire-Atlantique** (Avenant n° 2 du 28-2-1985, art. 4).

Astreinte de nuit Aucune astreinte de nuit ne peut être demandée aux **salariés recrutés depuis le 1er janvier 2003.** 41195

Elle peut uniquement être imposée aux salariés recrutés **avant le 1er janvier 2003** à temps complet ou permanent, à la condition de ne pas avoir lieu pendant leur repos hebdomadaire et de ne pas dépasser 11 heures (CCN art. 18, 5). Le montant de l'indemnité d'astreinte de nuit est fixé à 200 € depuis le 1er janvier 2023 (Avenant n° 106 du 31-8-2022 étendu par arrêté MTRT2233376A du 28-11-2022).

CONGÉS

Congé annuel Les gardiens, concierges et employés d'immeubles à usage d'habitation bénéficient du droit à congé annuel dans les mêmes **conditions** que les autres salariés (C. trav. art. L 7213-1 ; CCN art. 25). Le droit au congé s'apprécie en fonction du travail effectué par le salarié pendant une période de référence allant du 1er juin de l'année précédente au 31 mai de l'année en cours (ou une période différente fixée par accord collectif) (CCN art. 25). Le congé est égal à 2,5 jours ouvrables par mois de travail effectif, soit 30 jours ouvrables (5 semaines) pour un salarié ayant travaillé 12 mois au cours de la période de référence (C. trav. art. L 3141-3). La loi prévoit la prolongation du congé annuel légal pour certains salariés de moins de 21 ans (C. trav. art. L 3141-8) ainsi qu'en cas de fractionnement du congé principal de 4 semaines (C. trav. art. L 3141-23). 41220

Les salariés bénéficient aussi d'un **jour ouvrable supplémentaire** de congé payé s'ils justifient d'au moins 10 ans d'ancienneté au service de la même copropriété. Cet avantage est majoré d'un jour ouvrable par tranche de 5 années d'ancienneté supplémentaires, dans la limite de 4 jours ouvrables (CCN art. 25).

Pendant ses congés, le salarié perçoit la **rémunération** totale brute qu'il aurait reçue en activité, sans déduction des retenues pour avantages en nature s'il est logé, sauf application de la règle du 1/10 si ce mode de calcul est plus favorable (CCN art. 25).

> **Précisions a.** Lorsque le service est assuré par un **couple,** les conjoints ou partenaires liés par un Pacs ont le droit de prendre leurs congés simultanément. Il en est de même pour les concubins, mais uniquement s'ils relèvent du statut spécial prévu par le Code du travail (C. trav. art. L 7213-3 et CCN art. 25).
> **b.** Dans les ensembles immobiliers employant **plusieurs gardiens,** des roulements sont assurés pendant la période des congés payés. Ceux-ci ne peuvent pas entraîner un dépassement du plafond maximum d'unités de valeur autorisé par la convention collective, soit 12 500 (CCN art. 25).

Congé pour événement personnel Les gardiens, concierges et employés d'immeubles à usage d'habitation bénéficient de congés spéciaux accordés lors d'un événement familial particulier : 41225

- 6 jours consécutifs pour le mariage du salarié ou la conclusion d'un Pacs par celui-ci ;
- 1 jour pour le mariage ou le Pacs d'un enfant ;
- 12 jours pour le décès d'un enfant, porté à 14 jours lorsque l'enfant, ou la personne à la charge effective et permanente du salarié, a moins de 25 ans ou bien que l'enfant décédé était lui-même parent, quel que soit son âge ;
- 3 jours pour le décès du conjoint, du partenaire de Pacs, du concubin, du père, de la mère, d'un beau-parent, d'un frère ou d'une sœur ;
- 2 jours pour le décès d'un ascendant ou descendant en ligne directe autre que ceux précités ;
- 3 jours pour la naissance ou l'adoption d'un enfant. Ce congé est obligatoire ;
- 5 jours pour l'annonce de la survenue d'un handicap, d'une pathologie chronique nécessitant un apprentissage thérapeutique ou d'un cancer chez un enfant.

Ces jours d'absence doivent être pris au moment des événements en cause et, s'agissant du congé de naissance, à compter du jour de la naissance ou du premier jour ouvrable suivant. Ils n'entraînent pas de réduction de la **rémunération** mensuelle et sont assimilés à des **jours de travail effectif** pour la détermination de la durée du congé annuel (C. trav. art. L 3142-4 et L 7211-3, 5° ; CCN art. 27).

> **Précisions a.** En cas de **décès d'un enfant** âgé de moins de 25 ans ou d'une personne de moins 25 ans à sa charge effective et permanente, le salarié a droit, en plus du congé de 14 jours, à un congé de deuil de 8 jours, fractionnable, à prendre dans l'année suivant le décès. Ce congé n'entraîne pas de perte de la rémunération, une partie étant prise en charge par la sécurité sociale par le biais d'indemnités journalières égales à celles versées pendant le congé de maternité (C. trav. art. L 3142-1-1 et CSS art. L 331-9).
> **b.** Des jours supplémentaires peuvent être prévus par un usage, le contrat de travail ou des **avenants départementaux** à la convention collective. Ainsi, dans le Rhône, le salarié bénéficie d'un congé de 3 jours en cas de décès

d'un descendant ou ascendant en ligne directe et de 4 jours pour la naissance ou l'adoption d'un enfant (Avenant du 18-11-1981, art. 9). Dans les Alpes-Maritimes, un jour de congé supplémentaire est accordé pour les événements personnels ayant lieu hors du département de résidence du salarié (Avenant n° 4 du 20-7-2001).

c. En cas d'**adoption,** le congé de 3 jours pris pour l'arrivée de l'enfant au foyer commence à courir, au choix du salarié, soit pendant la période de 7 jours précédant l'arrivée de l'enfant au foyer, soit le jour de son arrivée, soit le premier jour ouvrable qui la suit (C. trav. art. D 3142-1-3).

41230 **Remplacement du salarié** Lorsque le salarié en congé n'a **pas de logement de fonction,** c'est l'employeur qui détermine les conditions dans lesquelles son remplacement devra en tout ou en partie être assuré. Ce remplacement peut être effectué soit par une entreprise prestataire de services, soit par un salarié engagé en CDD à temps complet ou partiel (catégorie A), à service partiel, permanent ou complet (catégorie B) (CCN art. 26).

41235 Le salarié qui a un **logement de fonction** peut choisir son remplaçant, ce choix devant recevoir l'agrément de l'employeur dans un délai de huit jours (C. trav. art. L 7213-2, L 7213-6 et R 7213-8 ; CCN art. 26). Si l'employeur refuse le remplaçant proposé, il pourvoit lui-même au remplacement du salarié (C. trav. art. L 7213-7). Ce remplaçant ne peut toutefois pas être un salarié logé (catégorie B), la mise à disposition du logement de fonction ne pouvant pas être imposée au salarié titulaire. Seule la loge ou la partie du logement réservée au service et pouvant être isolée sera laissée à la disposition du remplaçant (CCN art. 26).

41240 La **rémunération du remplaçant** est établie en fonction de la qualification exigée et du taux d'emploi (nombre d'heures ou d'unités de valeur). Elle est majorée de l'indemnité légale de fin de contrat à durée déterminée de 10 %, de l'indemnité compensatrice de congés payés, du prorata de 13e mois ainsi que, pour tout remplacement de moins de deux mois, d'une indemnité conventionnelle de 10 % (CCN art. 26). Cette dernière est calculée sur une assiette composée du salaire de base, du prorata de 13e mois, de l'indemnité de congés payés et de l'indemnité de précarité (Avenant n° 87 du 15-6-2015).

MATERNITÉ, PATERNITÉ OU ADOPTION

41260 Pendant toute la durée de sa grossesse, la salariée peut se faire aider pour l'**exécution des travaux pénibles** (sortie des poubelles, lavage des vitres, etc.) par une tierce personne recrutée et rémunérée dans les conditions prévues par la convention collective pour le remplacement d'un salarié en congé (voir nos 41230 s.).

Les gardiennes, concierges et employées d'immeubles à usage d'habitation disposent d'un droit à **congé de maternité** de 16 semaines, dont 6 semaines avant la date présumée de l'accouchement et 10 semaines après celui-ci. Ces durées peuvent être prolongées si la salariée a déjà au moins deux enfants (8 semaines avant et 18 semaines après l'accouchement), ou s'il s'agit d'une naissance multiple (34 semaines au total pour des jumeaux et 46 semaines pour des triplés ou plus). Si l'état pathologique de la salariée l'exige, le congé de maternité peut être augmenté dans la limite de 2 semaines avant la date présumée de l'accouchement et de 4 semaines après la date de celui-ci. Dans tous les cas, la salariée peut reporter avec l'accord du médecin qui suit la grossesse une partie de son congé prénatal après la naissance de l'enfant, dans la limite de 3 semaines. Si elle a déjà au moins deux enfants ou en cas de naissances multiples, elle peut aussi augmenter la période de congé prénatal, dans la limite de 2 semaines dans le premier cas, de 4 semaines dans le second. La durée du congé postnatal est réduite d'autant (C. trav. art. L 1225-17 à L 1225-21 ; CCN art. 29, A).

À l'issue du congé de maternité, la salariée bénéficie d'une **visite médicale de reprise** (C. trav. art. R 4624-31 s.).

Les gardiens, concierges et employés d'immeuble à usage d'habitation bénéficient d'un **congé de paternité** et d'accueil de l'enfant d'une durée de 25 jours calendaires ou 32 en cas de naissances multiples (C. trav. art. L 1225-35 ; CCN art. 29, B). Ce congé est composé de deux périodes. La première, qui fait immédiatement suite au congé de naissance obligatoire de 3 jours (C. trav. art. L 3142-1, 3° ; CCN art. 27, 3), est de 4 jours consécutifs (C. trav. art. L 1225-35, al. 3). La seconde, de 21 ou 28 jours en cas de naissances multiples, doit être prise dans les 6 mois suivant la naissance (C. trav. art. L 1225-35, al. 3). Un report est toutefois possible en cas d'hospitalisation de l'enfant ou de décès de la mère. Cette seconde partie du congé est fractionnable en deux périodes d'une durée minimale de 5 jours chacune (C. trav. art. D 1225-8).

Le salarié qui accueille un enfant en vue de son **adoption** bénéficie d'un congé de 16 semaines qui débute au plus tôt 7 jours avant l'arrivée de l'enfant au foyer et se termine au plus tard dans les 8 mois suivant cette date. Ce congé, qui peut être fractionné, est porté à 18 semaines si l'adoption porte à trois ou plus le nombre de ses enfants et 22 semaines s'il s'agit d'une adoption multiple. Ce congé est allongé s'il est partagé entre les deux parents (C. trav. art. L 1225-37 s. et R 1225-9 s. ; CCN art. 29, C).

> Précisions Lorsque l'état de santé de l'enfant nécessite son **hospitalisation immédiate après la naissance** dans une unité de soins spécialisée, le congé de paternité est allongé le temps de cette hospitalisation, dans la limite de 30 jours (C. trav. art. L 1225-35 et D 1225-8-1 ; Arrêté SSAS1912500A du 24-6-2019).

Le **remplacement** du salarié en congé de maternité ou d'adoption qui occupe un logement de fonction s'effectue dans les mêmes conditions que pendant les congés annuels (CCN art. 29, D-1) (voir nos 41235 s.). **41265**

La salariée en congé de maternité bénéficie du maintien intégral de sa **rémunération** pendant toute la durée légale de son congé, déduction faite des allocations perçues de la sécurité sociale et des régimes complémentaires de prévoyance (CCN art. 30.1, c et d). Il en est de même pour le salarié en congé d'adoption (C. trav. art. L 1225-45 ; CCN art. 30.1, c et d).

Les femmes enceintes et les salariés en congé de maternité ou d'adoption ne peuvent en principe pas faire l'objet d'un **licenciement.** L'interdiction de licencier s'applique pendant toute la durée de la grossesse, du congé de maternité ou d'adoption et durant les 10 semaines qui suivent la fin du congé ou la fin des congés payés pris immédiatement après le congé de maternité (C. trav. art. L 1225-4 et L 1225-45 ; CCN art. 29, A-3). De même, les pères sont protégés contre le licenciement pendant les 10 semaines qui suivent la naissance de leur enfant (C. trav. art. L 1225-4-1). L'employeur peut cependant licencier le salarié pour faute grave (pour autant qu'elle soit étrangère à la grossesse, à l'adoption ou à l'arrivée de l'enfant) ou impossibilité de maintenir son contrat (pour un motif étranger à la grossesse, à l'accouchement, à l'adoption ou à l'arrivée de l'enfant) (C. trav. art. L 1225-4, al. 2, L 1225-4-1, al. 2 et L 1225-39, al. 2). Mais, même dans ce cas, la rupture du contrat de travail ne peut pas prendre effet ou être notifiée pendant le congé de maternité. Les mesures préparatoires au licenciement sont également interdites durant cette période (Cass. soc. 15-9-2010 n° 08-43.299 FS-PBR : RJS 11/10 n° 841, en l'espèce, l'embauche d'un salarié pour pourvoir au remplacement définitif de l'intéressée). **41270**

> Précisions **a.** Cette protection ne s'applique pas à la **rupture conventionnelle** : dès lors qu'il n'y a ni fraude ni vice du consentement, une rupture conventionnelle conclue pendant le congé de maternité est valable (Cass. soc. 25-3-2015 n° 14-10.149 FS-PB : RJS 6/15 n° 407).

b. Une protection identique est prévue pour les salariés en cas de **décès d'un enfant** de moins de 25 ans ou d'une personne de moins de 25 ans à leur charge effective et permanente (C. trav. art. L 1225-4-2). La protection court pendant 13 semaines à compter du décès : pendant cette période, le contrat de travail ne peut être rompu par l'employeur qu'en cas de faute grave ou d'une impossibilité de maintenir le contrat pour un motif étranger au décès.

c. La protection contre le licenciement s'applique également pendant les 10 semaines suivant une **fausse couche** constatée entre la 14e et la 21e semaine d'aménorrhée incluses (C. trav. art. L 1225-4-3).

MALADIE OU ACCIDENT

La maladie ou l'accident d'origine non professionnelle du salarié suspendent seulement son contrat de travail, à condition pour le salarié d'en **informer l'employeur** et de lui fournir le certificat médical justifiant de son état dans un délai de 48 heures (CCN art. 28). À défaut, il encourt une sanction disciplinaire. En cas d'accident du travail ou de maladie professionnelle, le salarié doit informer ou faire informer son employeur dans les 24 heures, sauf force majeure, impossibilité absolue ou motif légitime. **41280**

Les salariés perçoivent, à compter de leur premier jour d'absence, une **indemnisation** égale à 90 % du salaire brut qu'ils auraient perçu s'ils avaient travaillé (déduction faite des allocations perçues de la sécurité sociale et des régimes complémentaires de prévoyance), et ceci pendant (CCN art. 30.1) :

– 30 jours après 1 an de présence dans l'entreprise, sous réserve du caractère plus favorable de l'article L 1226-1 du Code du travail ;
– 90 jours après 3 ans de présence dans l'entreprise ;
– 110 jours après 8 ans de présence dans l'entreprise ;
– 120 jours après 13 ans de présence dans l'entreprise ;
– 130 jours après 18 ans de présence dans l'entreprise ;
– 170 jours après 23 ans de présence dans l'entreprise ;
– 190 jours après 33 ans de présence dans l'entreprise.

La condition d'ancienneté d'un an n'est pas requise pour les salariés victimes d'un accident du travail.

Si le salarié a été plusieurs fois absent pour maladie ou accident au cours des 12 derniers mois, la durée totale d'indemnisation ne peut pas dépasser celle exposée ci-dessus.

Bénéficie d'une **visite médicale de reprise** le salarié qui reprend le travail après une absence : pour maladie professionnelle, d'au moins 30 jours pour accident du travail, ou d'au moins 60 jours pour maladie ou accident non professionnel (C. trav. art. R 4624-31 s.).

> Précisions a. Le **Code du travail** prévoit que les salariés, ayant une année d'ancienneté, absents pour maladie non professionnelle bénéficient d'un maintien de salaire à hauteur de 90 % de leur rémunération brute pendant 30 jours puis à hauteur des 2/3 de cette rémunération pendant les 30 jours suivants (ces durées étant augmentées de 10 jours par période de 5 ans d'ancienneté). Mais cette indemnisation ne démarre qu'à compter du huitième jour d'absence (C. trav. art. L 1226-1, D 1226-1 à D 1226-3). Il convient donc, à notre avis, d'appliquer selon la situation du salarié la disposition qui lui est la plus favorable entre la loi et la convention collective.

b. Des dispositions spécifiques sont applicables dans le département de **Loire-Atlantique** (Avenant n° 1 du 18-1-1985).

c. Le **logement de fonction** mis à disposition à titre gratuit ne peut pas, en principe, être retiré au salarié ni donner lieu au paiement d'un loyer durant la période de suspension de son contrat de travail pour maladie (Cass. soc. 26-1-2011 n° 09-43.193 : RJS 4/11 n° 286).

d. Le **remplacement du salarié** malade ou victime d'un accident qui occupe un logement de fonction s'effectue dans les mêmes conditions que pendant les congés annuels (CCN art. 28) (voir n° 41235).

41285 **Rupture du contrat de travail** La convention collective prévoit une **période de garantie d'emploi** pendant laquelle l'employeur ne peut pas rompre le contrat de travail d'un salarié absent pour maladie ou accident :

– 4 mois pour les salariés dont l'ancienneté est comprise entre 3 mois et 5 ans ;
– 6 mois pour les salariés dont l'ancienneté est supérieure à 5 ans (CCN art. 28).

Passé cette période de garantie d'emploi, le **licenciement d'un salarié malade** est possible lorsqu'il n'est pas motivé par l'état de santé du salarié mais par le fait que ses absences perturbent le fonctionnement de la copropriété et rendent nécessaire son remplacement définitif (Cass. soc. 27-3-2001 n° 98-44.292 FS-PS : RJS 6/01 n° 801, absence prolongée pour maladie d'une gardienne bénéficiant d'un logement de fonction). Ce remplacement doit résulter d'une embauche et non du recours à un prestataire extérieur (Cass. ass. plén. 22-4-2011 n° 09-43.334 PBRI : RJS 7/11 n° 595). Une telle nécessité de remplacement n'est pas caractérisée lorsque le salarié a fait part, à plusieurs reprises, de son intention de reprendre le travail à l'issue de son arrêt, lequel prenait fin six jours après l'entretien préalable (CA Aix-en-Provence 21-2-2019 n° 16/22518 ; en l'espèce la gardienne avait été absente pendant huit mois, absence qui avait notamment désorganisé la distribution du courrier et la coordination des travaux dans l'immeuble).

Le licenciement d'un salarié dont le contrat est suspendu pour cause d'**accident du travail** ou de **maladie professionnelle** est possible uniquement pour faute grave ou impossibilité de maintenir le contrat pour un motif étranger à la maladie ou à l'accident (C. trav. art. L 1226-9).

Le **licenciement d'un salarié inapte,** que cette inaptitude soit d'origine professionnelle ou non, est admis si le reclassement dans un poste adapté est impossible, s'il a été refusé par le salarié ou en cas de dispense expresse de recherche de reclassement par le médecin du travail (C. trav. art. L 1226-2-1 et L 1226-12).

La **rupture conventionnelle** du contrat de travail d'un salarié malade, accidenté du travail ou inapte est licite dès lors qu'il n'y a ni fraude ni vice du consentement (notamment : Cass. soc. 9-5-2019 n° 17-28.767 FS-PB : RJS 7/19 n° 417).

FORMATION PROFESSIONNELLE

41300 Les gardiens, concierges et employés d'immeubles bénéficient d'un droit à la formation dans les conditions de droit commun prévues par les articles L 6111-1 s. du Code du travail. Le salarié peut suivre une formation sur décision de l'employeur ou à son initiative notamment dans le cadre du **compte personnel de formation** (CPF). Il peut aussi demander le bénéfice d'un **congé** pour suivre une formation destinée à lui permettre de se reconvertir. Certains salariés sous contrat à durée indéterminée peuvent bénéficier d'une **reconversion ou promotion par l'alternance** afin de changer de métier ou de bénéficier d'une promotion (C. trav. art. L 6324-1 s.).

L'employeur doit participer au **financement** de la formation professionnelle continue. Pour cela, il verse la contribution à la formation professionnelle dont le taux est, pour les employeurs de moins de 11 salariés, de 0,68 % pour les cotisations appelées à partir du 1er janvier 2026 (composée de 0,55 % pour la contribution légale et de 0,13 % pour la contribution conventionnelle) (Avenant n° 112 du 14-2-2025 étendu par arrêté TSST2516137A du 27-6-2025). Avant cette date, le taux de la contribution à la formation professionnelle est de 0,70 % (soit 0,55 % pour la contribution légale et 0,15 % pour la contribution conventionnelle) (Avenant n° 104 du 9-9-2021 étendu par arrêté MTRT2205818A du 1-4-2022). Le taux est de 1 % pour ceux de 11 salariés et plus. La contribution légale est versée à l'Urssaf selon les mêmes modalités que les cotisations de sécurité sociale (C. trav. art. L 6131-3). La contribution conventionnelle est collectée par l'opérateur de compétences (Opco) des entreprises de proximité (Avenant du 9-9-2021 précité).

> Précisions Un **accord de branche** précise les règles applicables à la formation professionnelle des gardiens, concierges et employés d'immeuble (Avenant n° 90 du 25-4-2016). Compte tenu des réformes législatives postérieures, notamment la loi 2018-771 du 5 septembre 2018, la majorité de ses stipulations sont aujourd'hui inapplicables.

C. Rupture du contrat de travail

DÉMISSION

Pour qu'il y ait démission, la jurisprudence impose une **condition de fond** : le salarié doit avoir manifesté une volonté claire et non équivoque de mettre fin au contrat de travail. La démission ne peut pas se présumer (sauf en cas d'abandon de poste). **41360**

La démission n'est soumise à aucune règle de **forme,** bien qu'un écrit soit recommandé pour des raisons de preuve.

Le salarié doit respecter un **préavis** de (CCN art. 14) :

- 8 jours pour le personnel non logé dont le coefficient hiérarchique est inférieur ou égal à 602 ;
- 1 mois pour le personnel non logé dont le coefficient hiérarchique est supérieur à 602 et pour le personnel logé.

> Précisions Le salarié démissionnaire doit libérer le **logement de fonction** à la fin de son préavis ; le délai de trois mois prévu par les articles L 7212-1 et R 7212-1 du Code du travail pour quitter le logement ne concerne que les ruptures de contrat à l'initiative de l'employeur.

LICENCIEMENT

Le **syndic** procède seul au licenciement (Décret 67-223 du 17-3-1967 art. 31). Il n'a pas à recevoir mandat du syndicat de copropriétaires (Cass. soc. 9-2-2010 n° 08-45.461 F-D : RJS 5/10 n° 471). Il ne doit pas non plus solliciter l'accord de l'assemblée générale des copropriétaires mais rien ne l'empêche de la consulter. **41380**

Jugé toutefois que si le règlement de copropriété prévoit que le concierge ne pourra être licencié que si l'assemblée des copropriétaires le décide à la majorité, l'absence d'une telle autorisation prive le licenciement de cause réelle et sérieuse car elle constitue une garantie de fond (Cass. ass. plén. 5-3-2010 n° 08-42.843 PBRI : RJS 5/10 n° 471 ; en sens contraire, dans la même affaire Cass. soc. 16-5-2007 n° 05-45.332 F-D).

Convocation et entretien préalable Le syndic doit respecter les règles de procédure prévues par le Code du travail (CCN art. 14). Il doit convoquer le salarié à un entretien préalable, par lettre recommandée ou remise en main propre contre décharge, en lui indiquant (C. trav. art. L 1232-2 à L 1232-5, L 1332-4 et R 1232-1) : **41385**

- l'**objet** de l'entretien, c'est-à-dire qu'un licenciement est envisagé ;
- la **date et l'heure** de cet entretien qui doit avoir lieu au minimum cinq jours ouvrables après la présentation de la convocation au salarié ; dans les procédures de licenciement pour faute, la convocation ne peut pas être envoyée plus de deux mois après que l'employeur a eu connaissance du fait fautif ;
- le **lieu** de l'entretien.

La lettre de convocation doit aussi évoquer la **faculté** qu'a le salarié **de se faire assister** par une personne de son choix appartenant au personnel de la copropriété ou, en l'absence de représentants du personnel, par un conseiller de son choix inscrit sur la liste départementale ainsi que l'adresse des services où cette liste est tenue à disposition des salariés.

Au cours de l'entretien, le syndic doit indiquer au salarié le ou les **motifs** de la décision envisagée et recueillir ses observations éventuelles.

Notification Si, après l'entretien préalable, la décision de licencier est maintenue, le syndic doit notifier le licenciement par **lettre recommandée** avec accusé de réception en respectant un **délai** minimum de deux jours ouvrables entre l'entretien et la notification (C. trav. art. L 1232-6). Ainsi, si l'entretien a lieu un mardi, la notification ne peut pas être envoyée avant le vendredi. Si le délai expire un samedi, un dimanche ou un jour férié, il est prorogé jusqu'au premier jour ouvrable **41390**

suivant. En cas de licenciement pour faute disciplinaire, la notification ne peut pas être envoyée au salarié plus d'un mois après l'entretien préalable (C. trav. art. L 1332-2).

La lettre de licenciement doit énoncer le(s) **motif(s) du licenciement** ; à défaut, le licenciement est sans cause réelle et sérieuse. Les motifs énoncés dans la lettre doivent être précis, c'est-à-dire matériellement vérifiables (Cass. soc. 14-5-1996 nos 93-40.279 D et 94-45.499 P : RJS 6/96 n° 664). Ils peuvent être précisés par l'employeur après la notification du licenciement, soit à son initiative, soit à la demande du salarié (C. trav. art. L 1235-2, R 1232-13 et R 1233-2-2).

Les dispositions légales relatives au **licenciement pour motif économique** ne sont pas applicables aux gardiens, concierges et employés d'immeubles à usage d'habitation, un syndicat de copropriétaires ne constituant pas une entreprise au sens de l'article L 1233-1 du Code du travail (Cass. soc. 1-2-2017 n° 15-26.853 FS-PB : RJS 4/17 n° 298). Ce qui implique notamment que l'employeur n'a pas l'obligation de rechercher un reclassement pour le salarié licencié pour cause de suppression de son poste. Pour autant, des raisons d'ordre économique peuvent justifier la suppression du poste de gardien et donc son licenciement (CA Versailles 11-6-2002 n° 00-1930, 15e ch. soc.). À condition que le motif soit réel et sérieux : un syndicat de copropriétaires ne peut pas procéder au licenciement pour motif économique d'un employé d'immeuble avec pour seul motif la réalisation d'une économie substantielle (CA Paris 16-9-2003 n° 03/31161 ; en l'espèce le poste n'avait pas été supprimé, un successeur ayant été embauché avec une durée du travail réduite).

Par ailleurs, en cas de **cession de l'immeuble,** l'article L 1224-1 du Code du travail ne joue pas : le contrat de travail du salarié n'est pas transféré de plein droit à l'acquéreur (Cass. soc. 31-1-2001 n° 98-42.070 FS-P : RJS 4/01 n° 415 ; Cass. soc. 23-9-2009 n° 07-40.844 FP-PB : RJS 12/09 n° 900).

À noter que l'employeur peut utiliser un **modèle type** de lettre, modèle qui varie en fonction de la nature du licenciement : pour inaptitude, disciplinaire ou motif personnel non disciplinaire (C. trav. art. L 1232-6 ; Décret 2017-1820 du 29-12-2017).

ILLUSTRATIONS

Constituent un motif de licenciement d'un gardien :

– le non-respect des heures d'ouverture de la loge prévues au contrat de travail, le travail dans le restaurant d'un ami pendant les heures de service, le manque d'entretien de la copropriété et le refus de remettre les clés de la copropriété à son remplaçant. Ces faits sont constitutifs d'une faute grave (CA Aix-en-Provence 4-4-2019 n° 17/22389) ;

– le défaut d'entretien de la résidence, même si une entreprise extérieure intervient également pour le nettoyage des parties communes (Cass. soc. 22-1-2020 n° 18-19.380 F-D : BPIM 2/20 n° 146) ;

– l'insatisfaction d'une nette majorité des copropriétaires exprimée à l'occasion d'un vote de l'assemblée générale (CA Versailles 1-2-1989 n° 87-7809) ;

– la remise en cause des décisions du syndic et son insolence envers celui-ci ainsi que le refus de se rendre à une réunion de travail (Cass. soc. 11-1-1995 n° 93-42.167 D) ;

– le fait de quitter sans l'accord de l'employeur le logement de fonction qu'il était contractuellement tenu d'occuper et de refuser de le réintégrer malgré les mises en demeure qui lui avaient été adressées (Cass. soc. 2-3-2011 n° 09-67.810 F-D).

41395 **Préavis** Sauf faute grave, l'employeur doit respecter un préavis de rupture. La durée de ce préavis est de (CCN art. 14) :

- pour le personnel de catégorie A : un mois, deux mois après deux ans d'ancienneté ;
- pour le personnel de catégorie B : trois mois.

Le salarié qui trouve un nouvel emploi en cours de préavis peut **interrompre** l'exécution de son préavis à condition d'en aviser l'employeur au moins un mois à l'avance. Dans ce cas, le salarié ne perd pas le bénéficie de son indemnité de licenciement.

Pendant le préavis, le salarié licencié, employé à temps complet (catégorie A) ou à service complet (catégorie B), a droit à 2 heures par jour d'**absences rémunérées pour recherche d'emploi,** dans la limite de 40 heures, quelle que soit la durée du préavis et pendant toute sa période. Les modalités d'utilisation de ces heures sont fixées d'un commun accord entre l'employeur et le salarié pour éviter toute perturbation dans le service. En cas de désaccord, elles sont prises alternativement au gré de l'employeur et au gré du salarié (CCN art. 15).

> Précisions Des **dispositions spécifiques** peuvent exister dans certains **départements.** Ainsi, en Loire-Atlantique, le préavis de licenciement est de trois mois, quelle que soit la catégorie du salarié (Avenant n° 1 du 18-1-1985 art. 2). Et dans le Rhône, la dispense de préavis en cas de nouvel emploi est ramenée à 15 jours en cas de licenciement et le maximum d'heures pour recherche d'emploi est de 60 heures pour les salariés de catégorie B (Avenant du 18-11-1981 art. 3 et 4).

41400 **Indemnité de licenciement** Sauf faute grave ou lourde, le salarié licencié, alors qu'il a au moins huit mois d'ancienneté au service de la même copropriété, a droit à une indemnité de licenciement (C. trav. art. L 1234-9).

Cette indemnité est au minimum égale, selon nous, à l'indemnité légale de licenciement, qui nous semble globalement plus élevée que celle prévue par la convention collective (art. 16). Son **montant** est égal à (C. trav. art. R 1234-2) :

- 1/4 de mois de salaire par année d'ancienneté pour les années jusqu'à 10 ans ;
- 1/3 de mois de salaire par année d'ancienneté pour les années à partir de 10 ans.

Le salaire à prendre en considération est selon la **formule la plus avantageuse** pour le salarié (C. trav. art. R 1234-4) :

- soit le douzième de la rémunération brute des 12 derniers mois précédant le licenciement (ou la moyenne mensuelle de la rémunération de l'ensemble des mois si l'ancienneté est inférieure à un an) ;
- soit le tiers des trois derniers mois, les primes et gratifications annuelles ou exceptionnelles étant prises en compte prorata temporis.

Départ du logement de fonction L'employeur ne peut pas obliger le salarié à quitter le logement de fonction avant un **délai** minimum égal à trois mois. À défaut, il doit verser au salarié une **indemnité** égale au prix de la location trimestrielle d'un logement équivalent à celui qu'il occupe et des avantages en nature qu'il perçoit (C. trav. art. L 7212-1 et R 7212-1). En cas de **faute grave,** et a fortiori de faute lourde, l'employeur peut demander au conseil de prud'hommes de prononcer le licenciement immédiat du salarié (C. trav. art. L 7212-2). **41405**

Le salarié qui se maintient dans le logement de fonction **après l'expiration de ce délai** peut faire l'objet d'une expulsion prononcée, le cas échéant en référé, par le juge des contentieux de la protection et est redevable d'une indemnité d'occupation (CA Paris 27-2-2004 n° 2003/13017 ; voir nos 53070 s.).

Contrat de couple Lorsque l'employeur a embauché un couple en vertu de contrats de travail indissociables, la résiliation du contrat de l'un des conjoints constitue, sous réserve d'être justifiée, une cause réelle et sérieuse au licenciement de l'autre (Cass. soc. 7-5-1991 n° 88-40.400 P : RJS 6/91 n° 761 ; Cass. soc. 18-11-1998 n° 97-42.854 P : RJS 1/99 n° 122). Le lien entre les deux contrats est généralement établi par une **clause d'indivisibilité.** Cette clause doit être justifiée par la nature du travail à accomplir et proportionnée au but poursuivi. En outre, la poursuite du second contrat de travail doit être rendue impossible par la rupture du premier (Cass. soc. 12-7-2005 n° 03-45.394 FS-PBRI : RJS 10/05 n° 941 ; CA Paris 12-5-2021 n° 19/06642). Tel n'est pas le cas, par exemple, lorsque l'inaptitude d'un des époux est partielle et temporaire et que son conjoint peut le remplacer dans ses fonctions (Cass. soc. 14-10-1993 n° 91-45.409 P : RJS 12/93 n° 1240). À l'inverse, l'existence d'un logement de fonction attenant à la loge et ne permettant pas à une tierce personne d'assurer une permanence dans ladite loge si ce logement était occupé par un ancien salarié est un élément permettant d'établir l'indissociabilité des contrats de travail (CA Bordeaux 22-5-2012 n° 11/00716). **41410**

L'**absence d'une telle clause** n'empêche pas que les contrats soient jugés indissociables. Cette indivisibilité peut par exemple résulter de l'absence de tâche spécifique d'un des époux qui se contentait d'apporter son aide à l'autre, ajoutée à des termes contractuels liant le travail et la rémunération des deux salariés et des courriers échangés entre eux et l'employeur (Cass. soc. 24-4-2013 n° 12-13.333 F-D : RJS 7/13 n° 567).

L'employeur doit engager deux **procédures distinctes,** ce qui exclut notamment l'envoi d'une seule et même lettre de licenciement pour les deux époux (Cass. soc. 10-5-2001 n° 99-42.555 F-D : RJS 7/01 n° 940). En outre, les griefs invoqués, le cas échéant, ne doivent pas être libellés dans les mêmes termes, les motifs du licenciement devant être imputables au salarié individuellement (CA Colmar 25-9-2018 n° 18/1349).

La **faute grave de l'un des conjoints** ne doit pas pénaliser l'autre : ce dernier a donc droit à une indemnité compensatrice de préavis et à une indemnité de licenciement.

ATTENTION

Les clauses d'indivisibilité entre deux contrats sont interdites dans les **contrats à durée déterminée** (CDD), ces contrats ne pouvant être rompus que pour l'un des motifs listés à l'article L 1243-1 du Code du travail (Cass. soc. 5-7-2017 n° 16-17.690 FS-PB : RJS 10/17 n° 654).

RUPTURE CONVENTIONNELLE HOMOLOGUÉE

L'employeur et le salarié peuvent décider en commun la rupture du contrat de travail (CCN art. 14 ; C. trav. art. L 1237-11 s.). Ils en négocient librement les modalités au cours d'un ou de plusieurs **entretiens** préalables à la signature d'une **convention** de rupture. Celle-ci doit préciser les conditions de la rupture et notamment le montant de l'indemnité de rupture, qui ne peut pas **41415** être inférieur à celui de l'indemnité légale de licenciement, et la date de la rupture. À l'issue d'un délai de rétractation de 15 jours calendaires, la convention est soumise à **homologation** par l'administration (Dreets), laquelle a 15 jours ouvrables pour se prononcer. Ce mode de rupture ouvre droit aux **allocations de chômage** pour le salarié.

PRISE D'ACTE ET RÉSILIATION JUDICIAIRE

41417 Le salarié qui reproche à son employeur des manquements à ses obligations peut prendre acte de la rupture de son contrat de travail ou saisir le conseil de prud'hommes pour voir prononcer la résiliation judiciaire.

La **prise d'acte** n'est soumise à aucun formalisme particulier (Cass. soc. 4-4-2007 n° 05-42.847 F-D : RJS 6/07 n° 710). Par exemple, une lettre de « démission » donnée en raison du harcèlement ou du défaut de paiement des salaires peut valablement s'analyser en une prise d'acte. Elle entraîne la cessation immédiate du contrat de travail (Cass. soc. 20-1-2010 n° 08-43.471 FS-PB : RJS 4/10 n° 318), de sorte que le salarié n'est pas tenu d'exécuter un préavis (Cass. soc. 28-9-2011 n° 09-67.510 FS-PB : RJS 12/11 n° 948). Le salarié qui prend acte de la rupture doit saisir le conseil de prud'hommes pour qu'il statue, dans un délai d'un mois, sur les effets de la rupture (C. trav. art. L 1451-1). Si les griefs invoqués par le salarié sont suffisamment graves pour rendre impossible la poursuite du contrat de travail, la rupture du contrat s'analyse en un licenciement sans cause réelle et sérieuse (Cass. soc. 30-10-2007 n° 06-43.327 F-P : RJS 1/08 n° 14), voire nul, notamment en cas de harcèlement. Dans le cas contraire, elle produit les effets d'une démission (ou d'un départ à la retraite si elle intervient à cette occasion).

Le salarié qui estime que son employeur manque à ses obligations peut également saisir le conseil de prud'hommes d'une demande de **résiliation judiciaire,** tout en continuant à travailler. Si les faits invoqués sont suffisamment graves pour empêcher la poursuite de la relation de travail, les juges prononceront la rupture du contrat qui produira les effets d'un licenciement sans cause réelle et sérieuse, voire nul. Si la demande n'est pas justifiée ou si les faits ont cessé, la relation contractuelle se poursuit (Cass. soc. 7-7-2010 n° 09-42.636 F-PB : RJS 10/10 n° 749).

Par **exemple,** les juges ont considéré qu'était justifiée une demande de résiliation judiciaire du contrat de travail d'un gardien d'immeuble formulée en raison d'avertissements et de mises en garde injustifiés, d'une modification unilatérale des horaires de travail, de l'absence de réfection de son logement de fonction, de la suppression de ses outils de travail, de la volonté de l'évincer de son poste ainsi que du non-paiement d'éléments de salaire (CA Montpellier 5-6-2019 n° 15/08004).

DÉPART À LA RETRAITE

41420 **Départ à l'initiative du salarié** Tout salarié qui part volontairement à la retraite est tenu d'observer un préavis d'une durée identique à celle requise en cas de démission (voir n° 41360).

Le salarié a droit à une **indemnité** de départ à la retraite dont le montant diffère selon qu'il avait ou non un logement de fonction (CCN art. 17) :

– le **salarié de catégorie A** perçoit un demi-mois de salaire après 10 ans d'ancienneté au service de la même copropriété, un mois de salaire après 15 ans d'ancienneté, un mois et demi de salaire après 20 ans d'ancienneté et deux mois de salaire après 30 ans d'ancienneté dans la copropriété ;

– le **salarié de catégorie B** perçoit la même indemnité que celle qu'il aurait perçue en cas de mise à la retraite par l'employeur (voir n° 41425).

Le salaire de référence est le même que celui pris en compte pour l'indemnité de licenciement (voir n° 41400).

41425 **Mise à la retraite par l'employeur** L'employeur peut mettre à la retraite un salarié dans les **conditions** du droit commun (C. trav. art. L 1237-5 s. et D 1237-2-1). Tant que le salarié n'a pas atteint 70 ans, l'employeur ne peut donc le mettre à la retraite qu'avec son accord et en respectant une procédure particulière.

L'employeur qui met le salarié à la retraite est tenu de respecter la procédure de l'**entretien préalable** prévue en cas de licenciement. Il doit aussi observer un **préavis** d'une durée identique à celle requise en cas de licenciement si le salarié est de catégorie A et d'une durée de 6 mois s'il est de catégorie B (voir n° 41395 ; CCN art. 17).

L'employeur doit verser aux salariés des catégories A et B une indemnité égale à celle prévue en cas de licenciement (voir n° 41400). Le logement de fonction doit être libéré au terme du préavis et le salaire de référence est le même que celui pris en compte pour l'indemnité de licenciement (voir n° 41400).

ATTENTION

Le syndic ne peut pas mettre à la retraite un salarié qui remplissait déjà lors de son **embauche** les conditions légales de mise à la retraite, c'est-à-dire qui avait 70 ans ou plus (Cass. soc. 17-4-2019 nº 17-29.017 FS-PB : RJS 7/19 nº 419). Lorsque les conditions de mise à la retraite ne sont pas remplies, la rupture du contrat de travail peut être requalifiée en licenciement sans cause réelle et sérieuse (Cass. soc. 28-2-2006 nº 04-40.303 FS-PB : RJS 5/06 nº 559) ou en licenciement nul si le salarié invoque une discrimination en raison de son âge (Cass. soc. 17-4-2019 nº 17-29.017 FP-PB : RJS 7/19 nº 419).

D. Protection sociale

SÉCURITÉ SOCIALE

Assujettissement L'emploi d'un gardien, d'un concierge ou d'un employé d'immeuble à usage d'habitation entraîne pour le syndic en tant que mandataire des **obligations déclaratives** (voir nº 41025) permettant au salarié d'être affilié au régime général de la sécurité sociale (ou au régime des assurances sociales agricoles pour les salariés occupés à la mise en état et à l'entretien des jardins de la copropriété : C. rur. art. L 722-20, 2º). Il donne lieu au versement des **cotisations et contributions sociales** de droit commun : assurance maladie (maladie, maternité, invalidité, décès), contribution solidarité-autonomie, allocations familiales, assurance vieillesse, Fnal, contribution au dialogue social, accidents du travail, CSG, CRDS, et, éventuellement, versement mobilité. Sont également dues les contributions chômage, AGS et formation (nº 41300). S'agissant des contributions de retraite complémentaire, voir nº 41540. 41520

Les salariés ont droit aux **prestations** dans les conditions de droit commun.

Assiette des cotisations Elle est constituée par le **salaire** et les sommes assimilées (majorations pour heures supplémentaires, indemnité de congés payés, etc.), ainsi que par les éventuels **avantages en nature** (nourriture, logement et accessoires notamment) dont bénéficie le salarié. 41525

Lorsqu'un gardien d'immeuble perçoit une rémunération brute comprenant une participation financière du salarié pour l'avantage en nature **logement,** l'employeur bénéficie d'une option pour l'évaluation de cet avantage : évaluation forfaitaire (BOSS-AN-490 s.) ou d'après la valeur locative (BOSS-AN-510 s.). En cas d'option pour le **forfait,** celui-ci se détermine par rapport à la rémunération brute après déduction, le cas échéant, de la retenue logement (participation du salarié) et il n'y a d'avantage en nature assujetti à cotisations que dans la mesure où le forfait excède cette retenue. En cas d'option pour la **valeur locative,** c'est cette dernière qu'il convient de comparer à la retenue logement pour déterminer s'il y a avantage en nature assujetti à cotisations ; les avantages accessoires (eau, gaz, électricité, etc.) sont pris en compte pour leur valeur réelle diminuée, le cas échéant, de la participation du salarié.

Pour les gardiens logés par **nécessité de service,** la valeur de l'avantage en nature subit un abattement de 30 % sur la valeur locative ou forfaitaire de l'avantage logement à l'exclusion des avantages accessoires (BOSS-AN-450).

Les unités de valeur excédant la durée de travail à temps plein telle que définie par la convention collective (voir nº 41180) sont éligibles à la réduction de cotisations salariales d'assurance vieillesse et veuvage dues au titre des heures supplémentaires (BOSS-Exo.HS-170). Il en va de même de la déduction forfaitaire de cotisations patronales au titre des heures supplémentaires (BOSS-Exo.HS-710).

PROTECTION SOCIALE COMPLÉMENTAIRE

En matière de **retraite** complémentaire, le droit commun s'applique, sous réserve des précisions suivantes. L'institution de retraite complémentaire compétente est la caisse Malakoff Humanis retraite Agirc-Arrco au sein du groupe Humanis, www.malakoffhumanis.com, dès lors que la convention collective du 11 décembre 1979 est applicable (CCN art. 32). 41540

Le taux effectif de la cotisation est fixé à 10,16 % sur la tranche 1 (part salariale : 4,57 % ; part patronale : 5,59 %) et sur la tranche 2 à 21,59 % (part salariale : 8,64 % ; part patronale : 12,95 %). S'y ajoutent une contribution d'équilibre général et, pour les rémunérations supérieures au plafond de la sécurité sociale, une contribution d'équilibre technique dans les conditions de droit commun.

Un accord du 6-12-2013 étendu par arrêté ETST1504778A du 17-2-2015 a mis en place un régime obligatoire de **prévoyance** couvrant les risques incapacité, invalidité, décès, et un régime **frais de santé** permettant le remboursement de tout ou partie des frais médicaux, chirurgicaux et

d'hospitalisation en complément des prestations du régime de base de sécurité sociale. Le taux des cotisations dues est a minima de :
– 1,39 % sur les tranches A et B du salaire au titre de la prévoyance pris en charge par l'employeur au minimum à 50 % (taux contractuel) (Avenant n° 4 du 7-10-2020 étendu par arrêté MTRT2135293A du 17-12-2021) ;
– 2,374 % du plafond mensuel de la sécurité sociale (1,714 % en Alsace-Moselle) pour le régime frais de santé, réparti à part égale entre l'employeur et le salarié. Des cotisations facultatives peuvent être versées par le salarié pour couvrir sa famille.
Les employeurs sont libres de s'affilier auprès de l'organisme de leur choix.

E. Aspects fiscaux

TAXE SUR LES SALAIRES

41600 Les syndicats de copropriété dont l'activité est limitée à la gestion d'une copropriété traditionnelle et qui, par suite, ne réalisent **aucune opération taxable à la TVA** sont redevables de la taxe sur les salaires, dans les conditions de droit commun, à raison des rémunérations versées aux personnels salariés chargés du gardiennage et de l'entretien des immeubles.
La taxe sur les salaires est en principe **calculée** sur la même base que la CSG applicable aux salaires, à l'exception des sommes correspondant aux prestations de sécurité sociale versées par l'entremise de l'employeur et de la déduction forfaitaire pour frais professionnels (CGI art. 231, 1).
Elle comporte un taux normal et des taux majorés qui frappent les rémunérations individuelles annuelles dépassant un certain montant, en principe revalorisé chaque année. Pour la taxe due à raison des rémunérations versées **en 2025,** les seuils sont les suivants :
– taux normal : 4,25 % ;
– taux majoré : 8,50 % pour la fraction des rémunérations individuelles annuelles comprise entre 9 147 € et 18 259 € ;
– taux majoré : 13,60 % pour la fraction de ces rémunérations excédant 18 259 €.
La taxe n'est pas due lorsque son montant annuel ne dépasse pas 1 200 € (tel est le cas dans nombre de copropriétés). Si ce montant est supérieur à 1 200 € sans excéder 2 040 €, l'impôt exigible fait l'objet d'une décote égale aux trois quarts de la différence entre 2 040 € et ce montant (CGI art. 1679).
La taxe est entièrement à la charge de l'employeur. Celui-ci est tenu de la **verser** spontanément, par voie électronique (télérèglement), au comptable de l'administration fiscale selon une **périodicité** qui varie en fonction du montant acquitté l'année précédente (annuellement si ce montant est inférieur à 4 000 €, trimestriellement s'il est compris entre 4 000 € et 10 000 €, mensuellement s'il dépasse 10 000 €).
Les redevables de la taxe sur les salaires doivent souscrire une **déclaration** annuelle de liquidation et de régularisation (modèle n° 2502-SD), au plus tard le 15 janvier de l'année suivant celle du paiement des rémunérations. Toutefois, l'administration admet que la déclaration puisse être souscrite au plus tard le 31 janvier de l'année qui suit celle au titre de laquelle la taxe est due (BOI-TPS-TS-40 n° 280). Cette déclaration doit être effectuée par voie électronique (télédéclaration). Les redevables qui relèvent de la déclaration sociale nominative (DSN) doivent également y porter certaines mentions relatives à leur assujettissement et à leur assiette taxable à la taxe sur les salaires (CGI ann. III art. 39, 1° et 2°-g).

> **Précisions** Un syndicat de copropriétaires qui emploie des gardiens d'immeuble ne pouvant pas être qualifié de syndicat professionnel au sens du Code du travail, il ne bénéficie pas de l'**abattement** de taxe sur les salaires prévu pour ces syndicats par l'article 1679 A du CGI (TA Orléans 15-9-2020 n° 1804241 : RJF 5/21 n° 473).

ANNEXES

ARRÊTÉ du 19 mars 2010

modifiant l'arrêté du 2 décembre 1986 relatif aux mesures de publicité des prix applicables dans certains secteurs professionnels

Article 1er **41800**

Les dispositions relatives aux syndics de copropriété figurant à l'annexe 2 de l'arrêté du 2 décembre 1986 susvisé sont complétées par les dispositions suivantes : « Les opérations effectuées par les administrateurs d'immeuble ou syndics de copropriété qui figurent dans le tableau annexe relèvent de la gestion courante. Cette annexe énumère la liste minimale des prestations incluses dans le forfait annuel. Toute prestation particulière doit figurer explicitement en tant que telle dans le contrat de syndic. Le contenu des prestations particulières doit être défini avec précision dans les rubriques correspondantes figurant dans le contrat de syndic. »

(...)

Annexe 2

LISTE MINIMALE DES PRESTATIONS DE GESTION COURANTE :

Prestations invariables

I. – Assemblée générale annuelle

I-1. Élaboration et envoi de la convocation, des documents à joindre à la convocation et des projets de résolutions (*).

I-2. Réunion du conseil syndical précédant l'assemblée générale. – Objet de la réunion.

I-2.1. Établissement de l'ordre du jour.

I-2.2. Présence du syndic ou de son représentant [il convient de préciser expressément la durée contractuelle prévue comme incluse dans le forfait ainsi que les jours et les plages horaires convenus].

I-3. Mise à disposition de tous les copropriétaires des différentes pièces comptables et justificatives dans les conditions prévues à l'article 18-1 de la loi du 10 juillet 1965.

I-4. Tenue de l'assemblée générale.

I-4.1. Établissement de la feuille de présence, émargement, vérification des voix et des pouvoirs.

I-4.2. Tenue du registre des procès-verbaux.

I-4.3. Procès-verbal : rédaction du procès-verbal lorsque le syndic est élu secrétaire.

I-4.4. Envoi et notification du procès-verbal (*).

I-4.5. Affichage dans les parties communes de la copropriété d'un procès-verbal abrégé mentionnant les résolutions relatives à l'entretien de la copropriété et aux travaux.

I-4.6. Présence du syndic ou de son représentant [il convient de préciser expressément la durée contractuelle prévue comme incluse dans le forfait ainsi que les jours et les plages horaires convenus].

II. – Comptabilité générale de la copropriété

II-1. Établissement du compte de gestion générale et des annexes du syndicat des copropriétaires.

II-1.1. Présentation des comptes en conformité avec la réglementation en vigueur.

II-1.2. Établissement du budget prévisionnel, en collaboration avec le conseil syndical.

II-2. Compte copropriétaires.

II-2.1. Établissement et mise à jour de la liste des copropriétaires.

II-2.2. Tenue des comptes des copropriétaires.

II-2.3. Appel des provisions sur budget prévisionnel (*).

II-2.4. Imputations des consommations individuelles de fluide ou d'énergie lorsque les compteurs sont déjà installés lors de la désignation du syndic.

II-3. Compte fournisseurs. – Factures.

II-3.1. Vérification et paiement des factures.

II-4. Remise au syndic successeur de l'état financier, de la totalité des fonds, de l'état des comptes des copropriétaires et des comptes du syndicat.

II-5. Compte bancaire séparé ou, le cas échéant, compte du cabinet en cas de dispense (possibilité de prix différencié selon le choix de la copropriété).

41800 (suite)

III. – Administration et gestion de la copropriété en conformité avec le règlement de copropriété

III-1. Archives du syndicat.

III-1.1. Détention :

Détention, conservation des archives utiles dans le cadre de la gestion courante de l'immeuble [il convient de préciser expressément leur nature, leur volume et leur ancienneté], notamment les plans, le règlement de copropriété, l'état de répartition des charges, l'état de division, les procès-verbaux des assemblées générales, les contrats de travail des préposés du syndicat, les contrats d'assurance de l'immeuble et documents nécessaires pour leur mise en œuvre, les documents et décisions de justice relatifs à l'immeuble dont les délais de contestation ne sont pas révolus, les contrats d'entretien et de maintenance des équipements communs, ainsi que toute pièce administrative datant de moins de deux ans.

III-1.2. Transmission des archives au syndic successeur.

III-1.3. Élaboration et transmission au conseil syndical du bordereau récapitulatif des archives transmises au syndic successeur.

III-2. Conseil syndical. – Obligations administratives.

III-2.1. Mise à disposition et communication au conseil syndical de toutes pièces ou documents se rapportant à la gestion du syndicat (*).

III-2.2. Recueil des avis écrits du conseil syndical lorsque sa consultation est obligatoire.

III-3. Entretien et maintenance.

III-3.1. Visite de la copropriété dans les conditions définies au contrat (nombre et modalités à préciser).

III-3.2. Négociation, passation, suivi des marchés des prestataires et gestion des contrats à l'échéance dans le cadre du budget prévisionnel.

III-3.3. Gestion de tous les diagnostics/dossiers obligatoires.

III-3.4. Carnet d'entretien : établissement et mise à jour pour les informations mentionnées aux articles 3 et 4 du décret n° 2001-477 du 30 mai 2001.

III-3.5. En vue de la consultation en assemblée générale, appel d'offres, étude des devis et mise en concurrence résultant de la demande d'une pluralité de devis ou de l'établissement d'un devis descriptif soumis à l'évaluation de plusieurs entreprises lorsque celle-ci est obligatoire dans le cadre des travaux de maintenance définis à l'article 45 du décret n° 67-223 du 17 mars 1967.

III-3.6. Gestion des travaux d'entretien et de maintenance.

IV. – Assurances

IV-1. Souscription des polices d'assurance au nom du syndicat et avec l'accord préalable du syndicat.

IV-2. Déclaration des sinistres concernant :

- les parties communes ;
- les parties privatives lorsque le dommage a sa source dans les parties communes.

IV-3. Règlement des indemnités aux bénéficiaires.

V. – Gestion du personnel

V-1. Recherche et entretien préalable (les coûts de la publication des annonces ne sont pas compris) (**).

V-2. Établissement du contrat de travail et, le cas échéant, de ses avenants (**).

V-3. Paiement du salaire et de toute indemnité, prime... due au salarié (**).

V-4. Tenue du livre des salaires et édition des bulletins de paie (**).

V-5. Déclarations et paiement aux organismes fiscaux et sociaux (**).

V-6. Attestations et déclarations obligatoires (**).

V-7. Gestion des remplacements pendant les congés, arrêts maladie et maternité (**).

V-8. Mise en place du DUERSST et mise à jour (**).

V-9. Gestion de la formation du personnel du syndicat (**).

V-I. Divers.

V-I.1. Calcul des intérêts légaux au profit du syndicat.

(*) Prestations hors frais de tirages, d'affranchissements et d'acheminements.

(**) Prestations effectuées de façon habituelle si présence de personnel du syndicat des copropriétaires.

Contrat type de syndic

Contrat type prévu à l'article 18-1 A de la loi 65-557 du 10 juillet 1965 fixant le statut de la copropriété des immeubles bâtis et à l'article 29 du décret 67-223 du 17 mars 1967 pris pour son application.

Entre les soussignés parties : **41820**

1. D'une part :

Le syndicat des copropriétaires de l'immeuble sis à l'adresse suivante :

Numéro d'immatriculation...

Représenté pour le présent contrat par M./ Mme (*nom de famille, prénom*), agissant en exécution de la décision de l'assemblée générale des copropriétaires du...

Titulaire d'un contrat d'assurance responsabilité civile souscrit le... auprès de...

et

2. D'autre part :

Le syndic désigné par l'assemblée générale en date du...

(*Rayer les mentions inutiles.*)

(*Personne physique.*)

M./ Mme (*nom de famille, prénom*), adresse du principal établissement :

Exerçant en qualité de syndic professionnel/bénévole/coopératif.

Immatriculé(e) au registre du commerce et des sociétés de... sous le numéro... et dont le numéro unique d'identification est (*le cas échéant*)...

(*Personne morale.*)

La société (*forme, dénomination sociale*)...

Ayant son siège social à l'adresse suivante :

Représentée par... en qualité de...

Immatriculée au registre du commerce et des sociétés de..., sous le numéro et dont le numéro unique d'identification est (*le cas échéant*)...

(*Mentions propres au syndic soumis à la* loi n° 70-9 du 2-1-1970 *modifiée réglementant les conditions d'exercice des activités relatives à certaines opérations portant sur les immeubles et les fonds de commerce*) :

Titulaire de la carte professionnelle mention (*préciser*) n° ..., délivrée le... par...

Titulaire d'un contrat d'assurance responsabilité civile professionnelle souscrit le... auprès de...

Titulaire d'une garantie financière conformément à l'article 3 de la loi du 2 janvier 1970 précitée, souscrite le... auprès de..., dont l'adresse est...

Autres mentions obligatoires requises par la réglementation applicable (le cas échéant) :

L'organisme d'habitation à loyer modéré (*forme, dénomination*)

Exerçant en tant que syndic de droit en application de l'article L 443-15 du Code de la construction et de l'habitation.

Ayant son siège à l'adresse suivante :

Représenté(e) par M./Mme (*nom de famille, prénom*), en qualité de...

Préambule

Il a été convenu ce qui suit :

Le présent contrat de mandat est soumis aux dispositions de la loi du 10 juillet 1965 précitée et des textes pris pour son application, notamment le décret du 17 mars 1967.

Les articles 1984 et suivants du Code civil s'y appliquent de façon supplétive.

Le syndic professionnel est soumis aux dispositions de la loi du 2 janvier 1970, ci-dessus mentionnée, et au décret n° 72-678 du 20 juillet 1972 pris pour son application ainsi qu'au code de déontologie promulgué en application de l'article 13-1 de cette même loi.

Le syndic professionnel ne peut ni demander ni recevoir, directement ou indirectement, d'autres rémunérations, à l'occasion de la mission dont il est chargé au titre du présent contrat, que celles dont les conditions de détermination y sont précisées, y compris en provenance de tiers (art. 66 du décret du 20-7-1972 précité).

1. Missions

Le syndicat confie au syndic qui l'accepte mandat d'exercer la mission de syndic de l'immeuble ci-dessus désigné. L'objet de cette mission est notamment défini à l'article 18 de la loi du 10 juillet 1965 précitée et par le présent contrat.

41820 (suite)

2. Durée du contrat

Le présent contrat est conclu pour une durée de (1)...

Il prendra effet le... et prendra fin le (2)...

Il ne peut être conclu un nouveau contrat que par décision expresse de l'assemblée générale.

3. Résiliation du contrat à l'initiative du conseil syndical

Le contrat de syndic peut être résilié, à l'initiative du conseil syndical, par décision de l'assemblée générale des copropriétaires statuant à la majorité des voix de tous les copropriétaires (art. 25 de la loi du 10-7-1965) (3).

Cette résiliation du contrat doit être fondée sur une inexécution suffisamment grave reprochée au syndic.

Le conseil syndical notifie au syndic une demande motivée d'inscription de la question à l'ordre du jour de la prochaine assemblée générale, en précisant la ou les inexécutions qui lui sont reprochées.

La résiliation prend effet à la date déterminée par l'assemblée générale et au plus tôt un jour franc après la tenue de celle-ci.

4. Résiliation du contrat à l'initiative du syndic

La résiliation du contrat doit être fondée sur une inexécution suffisamment grave reprochée par le syndic au syndicat des copropriétaires.

Le syndic doit notifier son intention au président du conseil syndical, et à défaut à chaque copropriétaire, en précisant la ou les inexécutions reprochées par le syndic au syndicat des copropriétaires.

Il convoque dans un délai qui ne peut être inférieur à deux mois à compter de cette notification une assemblée générale, en inscrivant à l'ordre du jour la question de la désignation d'un nouveau syndic.

La résiliation prend effet au plus tôt un jour franc après la tenue de l'assemblée générale.

5. Nouvelle désignation du syndic

À la fin du présent contrat, l'assemblée générale des copropriétaires procède à la désignation du syndic de la copropriété. Un nouveau contrat, soumis à l'approbation de l'assemblée générale, est conclu avec le syndic désigné à nouveau ou avec le nouveau syndic.

Lorsqu'il est envisagé de désigner un nouveau syndic, il peut être mis fin au présent contrat, de manière anticipée et sans indemnité, dès lors que la question du changement de syndic et de la date de fin du présent contrat sont inscrites à l'ordre du jour d'une assemblée générale convoquée dans les trois mois précédant le terme du présent contrat.

Le syndic qui ne souhaite pas être désigné à nouveau doit en informer le président du conseil syndical au moins trois mois avant la tenue de cette assemblée générale.

L'assemblée générale appelée à se prononcer sur cette désignation est précédée d'une mise en concurrence de plusieurs projets de contrat, qui s'effectue dans les conditions précisées à l'article 21 de la loi du 10 juillet 1965.

6. Fiche synthétique de copropriété et transmission de pièces au conseil syndical (4)

6.1. La fiche synthétique de la copropriété

En application de l'article 8-2 de la loi du 10 juillet 1965, le syndic établit une fiche synthétique de la copropriété regroupant les données financières et techniques essentielles relatives à la copropriété et à son bâti, dont le contenu est défini par décret. Le syndic met à jour la fiche synthétique de la copropriété chaque année.

Le syndic met cette fiche à disposition du copropriétaire qui en fait la demande dans le délai d'un mois. À défaut, il est tenu au paiement de la pénalité financière suivante : (montant fixé par décret)... € par jour de retard.

Cette pénalité est déduite de la rémunération forfaitaire annuelle du syndic lors de l'établissement des comptes à clôturer et à soumettre à l'assemblée générale.

6.2. La transmission de pièces au conseil syndical

41820 (suite)

En application du septième alinéa de l'article 21 de la loi 10 juillet 1965, le conseil syndical peut prendre connaissance et copie, à sa demande, après en avoir donné avis au syndic, de toutes pièces ou documents, correspondances ou registres se rapportant à la gestion du syndic et, d'une manière générale, à l'administration de la copropriété.

En l'absence de transmission desdites pièces, au-delà du délai d'un mois à compter de la demande du conseil syndical, le syndic est tenu au paiement de la pénalité suivante : (montant fixé par décret)... € par jour de retard.

Cette pénalité est déduite de la rémunération forfaitaire annuelle du syndic lors de l'établissement des comptes définitifs à clôturer et à soumettre à l'assemblée générale.

7. Prestations et modalités de rémunération du syndic professionnel

Les jours et heures ouvrables de référence pour la détermination des modalités de rémunération sont fixés comme suit :

Le lundi de... h à... h et de... h à... h ;

Le mardi de... h à... h et de... h à... h ;

Le mercredi de... h à... h et de... h à... h ;

Le jeudi de... h à... h et de... h à... h ;

Le vendredi de... h à... h et de... h à... h ;

Le samedi de... h à... h et de... h à... h.

Sauf en cas d'urgence, les démarches individuelles de chaque copropriétaire ou occupant de l'immeuble auprès du syndic s'effectuent aux jours et heures suivantes (accueil physique et/ou téléphonique effectif) :

Accueil physique :

Le lundi de... h à... h et de... h à... h ;

Le mardi de... h à... h et de... h à... h ;

Le mercredi de... h à... h et de... h à... h ;

Le jeudi de... h à... h et de... h à... h ;

Le vendredi de... h à... h et de... h à... h ;

Le samedi de... h à... h et de... h à... h.

Accueil téléphonique :

Le lundi de... h à... h et de... h à... h ;

Le mardi de... h à... h et de... h à... h ;

Le mercredi de... h à... h et de... h à... h ;

Le jeudi de... h à... h et de... h à... h ;

Le vendredi de... h à... h et de... h à... h ;

Le samedi de... h à... h et de... h à... h.

La rémunération du syndic professionnel est déterminée de manière forfaitaire.

Toutefois, une rémunération spécifique peut être perçue en contrepartie des prestations particulières limitativement énumérées à l'annexe 2 du décret du 17 mars 1967 et dans les conditions stipulées au 7.2 du présent contrat (art. 18-1 A de la loi du 10-7-1965).

7.1. Le forfait

7.1.1. Contenu du forfait

Le forfait convenu entre les parties comprend toutes les prestations fournies par le syndic au titre de sa mission, à l'exclusion des prestations limitativement énumérées à l'annexe 2 du décret du 17 mars 1967. À ce titre, il effectue les visites et vérifications périodiques de la copropriété impliquées par la mission relative à l'administration, à la conservation, à la garde et à l'entretien de l'immeuble. Il est convenu la réalisation, au minimum, de... visite(s) et vérifications périodiques de la copropriété, d'une durée minimum de... heure(s), avec rédaction d'un rapport/sans rédaction d'un rapport et en présence du président du conseil syndical/hors la présence du président du conseil syndical (rayer les mentions inutiles). Une liste non limitative des prestations incluses dans le forfait est annexée au présent contrat.

Les frais de reprographie et les frais administratifs afférents aux prestations du forfait sont inclus dans la rémunération forfaitaire.

41820 (suite) Ne donnent lieu à aucune rémunération supplémentaire et sont comprises dans la rémunération forfaitaire :

– les formalités de déclaration de sinistre concernant les parties communes et les parties privatives quand le sinistre a sa source dans les parties communes ;
– la gestion des règlements aux bénéficiaires.

7.1.2. Précisions concernant la tenue de l'assemblée générale annuelle

Les parties conviennent que l'assemblée générale annuelle sera tenue pour une durée de... heures à l'intérieur d'une plage horaire allant de... heures à... heures, par :
– le syndic ;
– un ou plusieurs préposé(s).
(*Rayer les mentions inutiles.*)

7.1.3. Prestations optionnelles qui peuvent être incluses dans le forfait sur décision des parties

Le forfait convenu entre les parties en vertu du présent contrat pourra expressément inclure l'une ou plusieurs des prestations ci-dessous :

(*Si les parties conviennent de retenir une prestation, elles remplissent les mentions ci-dessous afin de préciser ses modalités d'exécution. Elles rayent les mentions inutiles.*)

– la préparation, convocation et tenue de... assemblée(s) générale(s), autres que l'assemblée générale annuelle de... heures, à l'intérieur d'une plage horaire allant de... heures à... heures ;
– l'organisation de... réunion(s) avec le conseil syndical d'une durée de... heures, à l'intérieur d'une plage horaire allant de... heures à... heures.

7.1.4. Prestations qui peuvent être exclues des missions du syndic sur décision de l'assemblée générale des copropriétaires

En application de l'article 18 de la loi du 10 juillet 1965, l'assemblée générale des copropriétaires peut, par décision spéciale prise aux conditions précisées par cet article :
– dispenser le syndic d'offrir un accès en ligne sécurisé aux documents dématérialisés relatifs à la gestion de l'immeuble ou des lots gérés (5) ;
– confier les archives du syndicat des copropriétaires à une entreprise spécialisée aux frais du syndicat.

En cas de décision régulièrement adoptée par l'assemblée générale antérieurement à la conclusion du présent contrat, la prestation considérée n'est pas incluse dans le forfait.

7.1.5. Modalités de rémunération

La rémunération forfaitaire annuelle perçue par le syndic au titre du présent contrat s'élève à la somme de... € hors taxe, soit... € toutes taxes comprises.

Cette rémunération est payable :
– d'avance/à terme échu (*rayer la mention inutile*) ;
– suivant la périodicité suivante (*préciser le terme*) :

Elle peut être révisée chaque année à la date du... selon les modalités suivantes (*optionnel*).

Les dépassements des horaires et durées convenus pour la tenue des assemblées générales, réunions et visites/vérifications périodiques incluses dans le forfait sont facturés selon le coût horaire mentionné au 7.2.1.

L'envoi des documents afférents aux prestations du forfait donne lieu à remboursement au syndic des frais d'affranchissement ou d'acheminement engagés.

Dans l'hypothèse où l'assemblée générale des copropriétaires a, en cours d'exécution du présent contrat et dans les conditions précisées à l'article 18 de la loi du 10 juillet 1965, décidé de confier les archives du syndicat à une entreprise spécialisée, le montant de sa rémunération forfaitaire annuelle hors taxe est imputé soit (*rayer la mention inutile*) :
– de la somme de... € (*que les parties conviennent de fixer dès à présent*) ;
– de la somme toutes taxes comprises effectivement facturée au syndicat par le tiers auquel cette tâche aura été confiée (*sur justificatif*).

Dans l'hypothèse où l'assemblée générale des copropriétaires a, en cours d'exécution du présent contrat et dans les conditions précisées à l'article 18 de la loi du 10 juillet 1965, décidé de dispenser le syndic de son obligation de mise à disposition d'un service d'accès en ligne aux documents dématérialisés, le montant de sa rémunération forfaitaire annuelle est imputé soit (*rayer la mention inutile*) :
– de la somme de... € (*que les parties conviennent de fixer dès à présent*) ;
– de la somme toutes taxes comprises éventuellement facturée au syndicat par le tiers auquel cette tâche aura été confiée (*sur justificatif*).

Le montant de l'imputation prévue au titre des deux derniers alinéas est calculé prorata temporis de la période restant à courir jusqu'à la date d'exigibilité de la rémunération. **41820** (suite)

7.2. Les prestations particulières pouvant donner lieu à rémunération complémentaire

7.2.1. Modalités de rémunération des prestations particulières

La rémunération due au syndic professionnel au titre des prestations particulières, à l'exception de celles-citées au 7.2.5, est calculée pour chacune d'elles :
– soit en application du seul coût horaire ci-dessous, appliqué au prorata du temps passé : ... €/heure hors taxe, soit... €/heure toutes taxes comprises ;
– soit en application du tarif forfaitaire total convenu par les parties, exprimé hors taxe et toutes taxes comprises.
La rémunération due au titre des prestations particulières s'entend hors frais d'envoi. L'envoi des documents afférents aux prestations particulières donne lieu à remboursement au syndic des frais d'affranchissement ou d'acheminement engagés.

7.2.2. Prestations relatives aux réunions et visites supplémentaires (au-delà du contenu du forfait stipulé aux 7.1.1 et 7.1.3)

DÉTAIL DE LA PRESTATION	MODALITÉS DE TARIFICATION convenues
La préparation, la convocation et la tenue d'une assemblée générale supplémentaire de... heures, à l'intérieur d'une plage horaire allant de... heures à... heures	Le cas échéant, une majoration spécifique unique pour dépassement d'horaires convenus : ... %
L'organisation d'une réunion supplémentaire avec le conseil syndical d'une durée de... heures, par rapport à celle(s) incluse(s) dans le forfait au titre du 7.1.3	
La réalisation d'une visite supplémentaire de la copropriété avec rédaction d'un rapport/sans rédaction d'un rapport et en présence du président du conseil syndical/hors la présence du président du conseil syndical (rayer les mentions inutiles), par rapport à celle(s) incluse(s) dans le forfait au titre du 7.1.1	

7.2.3. Prestations relatives au règlement de copropriété et à l'état descriptif de division

DÉTAIL DE LA PRESTATION	MODALITÉS DE TARIFICATION convenues
L'établissement ou la modification du règlement de copropriété à la suite d'une décision du syndicat prise en application de l'article 26 de la loi du 10 juillet 1965 (si l'assemblée générale décide, par un vote spécifique, de confier ces prestations au syndic)	(Nota. – Les parties peuvent convenir que le montant des honoraires sera fixé lors de la décision de l'assemblée générale.)
La publication de l'état descriptif de division et du règlement de copropriété ou des modifications apportées à ces actes	

7.2.4. Prestations de gestion administrative et matérielle relatives aux sinistres

DÉTAIL DE LA PRESTATION	MODALITÉS DE TARIFICATION convenues
Les déplacements sur les lieux	
La prise de mesures conservatoires	
L'assistance aux mesures d'expertise	
Le suivi du dossier auprès de l'assureur	

Les prestations effectuées en dehors des jours et heures ouvrables et rendues nécessaires par l'urgence sont facturées (rayer la mention inutile) :
– sans majoration ;
– au coût horaire majoré de... %.

41820 (suite) Toute somme versée par l'assureur au syndic au titre de la couverture des diligences effectuées par ce dernier dans le cadre du règlement d'un sinistre vient en déduction de la rémunération due en application du présent article.

7.2.5. Prestations relatives aux travaux et études techniques

Les travaux dont la liste est fixée à l'article 44 du décret du 17 mars 1967 peuvent faire l'objet d'honoraires spécifiques.

Ces honoraires concernent :

– les travaux de conservation ou d'entretien de l'immeuble, autres que ceux de maintenance ou d'entretien courant ;

– les travaux portant sur les éléments d'équipement communs, autres que ceux de maintenance ;

– les travaux d'amélioration, tels que la transformation d'un ou de plusieurs éléments d'équipement existants, l'adjonction d'éléments nouveaux, l'aménagement de locaux affectés à l'usage commun ou la création de tels locaux, l'affouillement du sol et la surélévation de bâtiments ;

– les études techniques, telles que les diagnostics et consultations ;

– d'une manière générale, les travaux qui ne concourent pas à la maintenance et à l'administration des parties communes ou à la maintenance et au fonctionnement des équipements communs de l'immeuble.

Les honoraires complémentaires éventuels sont votés lors de la même assemblée générale que les travaux concernés et aux mêmes règles de majorité (art. 18-1 A de la loi du 10-7-1965).

Une telle rémunération fixée dans le projet de résolution soumis au vote de l'assemblée générale doit être exprimée hors taxe et toutes taxes comprises, en application du pourcentage du montant hors taxe des travaux, à un taux dégressif selon l'importance des travaux préalablement à leur exécution.

Le choix du prestataire par l'assemblée générale est précédé d'une mise en concurrence dans les conditions prévues au deuxième alinéa de l'article 21 de la loi du 10 juillet 1965 et à l'article 19-2 du décret du 17 mars 1967.

Les diligences entreprises par le syndic dans le cadre de la réalisation du diagnostic de performance énergétique collectif et de l'audit énergétique peuvent donner lieu à rémunération dans les conditions prévues au présent article.

7.2.6. Prestations relatives aux litiges et contentieux (hors frais de recouvrement visés au point 9.1)

DÉTAIL DE LA PRESTATION	MODALITÉS DE TARIFICATION convenues
La mise en demeure d'un tiers par lettre recommandée avec accusé de réception	
La constitution du dossier transmis à l'avocat, à l'huissier de justice ou à l'assureur protection juridique (à l'exclusion des formalités visées au 7.2.4)	
Le suivi du dossier transmis à l'avocat	

7.2.7. Autres prestations

DÉTAIL DE LA PRESTATION	MODALITÉS DE TARIFICATION convenues
Les diligences spécifiquement liées à la préparation des décisions d'acquisition ou de disposition des parties communes	(Nota. – Les parties peuvent convenir que le montant des honoraires sera fixé lors de la décision de l'assemblée générale confiant au syndic les prestations concernées)
La reprise de la comptabilité sur exercice(s) antérieur(s) non approuvé(s) ou non réparti(s) (changement de syndic)	

41820 (suite)

DÉTAIL DE LA PRESTATION	MODALITÉS DE TARIFICATION convenues
La représentation du syndicat aux assemblées d'une structure extérieure (syndicat secondaire, union de syndicats, association syndicale libre) créée en cours de mandat ainsi qu'aux assemblées supplémentaires de ces mêmes structures si elles existaient antérieurement à la signature du présent contrat	
La constitution et le suivi du dossier d'emprunt souscrit au nom du syndicat en application de l'article 26-4 alinéas 1 et 2 de la loi du 10 juillet 1965	
La constitution et le suivi d'un dossier de subvention accordé au syndicat	
L'immatriculation initiale du syndicat	

8. Défraiement et rémunération du syndic non professionnel

Dans le respect du caractère non professionnel de leur mandat, le syndic bénévole et le syndic désigné en application de l'article 17-1 de la loi du 10 juillet 1965 peuvent percevoir le remboursement des frais nécessaires engagés outre une rémunération au titre du temps de travail consacré à la copropriété.

Les parties s'accordent à fixer la rémunération comme suit (rayer les mentions inutiles) :

- forfait annuel... €
- coût horaire... €/h
- autres modalités (préciser) :

9. Frais et honoraires imputables aux seuls copropriétaires

Le coût des prestations suivantes est imputable au seul copropriétaire concerné.

PRESTATIONS	DÉTAILS	TARIFICATION PRATIQUÉE exprimée HT et TTC
9.1. Frais de recouvrement (art. 10-1 a de la loi du 10-7-1965)	Mise en demeure par lettre recommandée avec accusé de réception. Relance après mise en demeure. Conclusion d'un protocole d'accord par acte sous seing privé. Frais de constitution d'hypothèque. Frais de mainlevée d'hypothèque. Dépôt d'une requête en injonction de payer. Constitution du dossier transmis à l'auxiliaire de justice (uniquement en cas de diligences exceptionnelles). Suivi du dossier transmis à l'avocat (uniquement en cas de diligences exceptionnelles).	
9.2. Frais et honoraires liés aux mutations	Établissement de l'état daté. (Nota. – Le montant maximum applicable aux honoraires et frais perçus par le syndic pour l'établissement de l'état daté, fixé en application du décret prévu à l'article 10-1 b de la loi du 10 juillet 1965, s'élève à la somme de 380 € TTC). Opposition sur mutation (art. 20 I de la loi du 10-7-1965).	

41820
(suite)

PRESTATIONS	DÉTAILS	TARIFICATION PRATIQUÉE exprimée HT et TTC
9.3 Frais de délivrance des documents sur support papier (art. 33 du décret du 17-3-1967 et R 134-3 du Code de la construction et de l'habitation)	Délivrance d'une copie du carnet d'entretien. Délivrance d'une copie des diagnostics techniques. Délivrance des informations nécessaires à la réalisation d'un diagnostic de performance énergétique individuel mentionnées à l'article R. 134-3 du Code de la construction et de l'habitation. Délivrance au copropriétaire d'une copie certifiée conforme ou d'un extrait de procès-verbal d'assemblée générale ainsi que des copies et annexes (hors notification effectuée en application de l'article 18 du décret du 17-3-1967).	
9.4 Préparation, convocation et tenue d'une assemblée générale à la demande d'un ou plusieurs copropriétaires, pour des questions concernant leurs droits ou obligations (art. 17-1 AA de la loi du 10-7-1965)	Établissement de l'ordre du jour ; élaboration et envoi de la convocation avec l'ordre du jour, des documents à joindre à la convocation et des projets de résolutions ; présence du syndic ou de son représentant à l'assemblée générale ; établissement de la feuille de présence ; émargement, vérification des voix et des pouvoirs ; rédaction et tenue du registre des procès-verbaux ; envoi et notification du procès-verbal comportant les décisions prises en assemblée générale des copropriétaires (opposant ou défaillant) et, le cas échéant, information des occupants de chaque immeuble de la copropriété des décisions prises par l'assemblée générale par affichage d'un procès-verbal abrégé dans les parties communes (art. 44 de la loi n° 86-1290 du 23-12-1986).	

10. Copropriété en difficulté

En application de l'article 29-1 de la loi du 10 juillet 1965 fixant le statut de la copropriété des immeubles bâtis, la désignation d'un administrateur provisoire entraîne la cessation de plein droit sans indemnité du présent contrat.

11. Reddition de compte

La reddition de compte interviendra chaque année à la date ou selon la périodicité suivante : ...

12. Compétence

Tous les litiges nés de l'exécution du présent contrat sont de la compétence de la juridiction du lieu de situation de l'immeuble.

Les parties élisent domicile aux fins des présentes, aux adresses ci-dessous :

Pour le syndic... Pour le syndicat...

Fait en deux exemplaires et signé ce jour, le... à...

Le syndicat Le syndic

(1) Dans la limite de trois ans maximum (art. 28 du décret du 17-3-1967).

(2) Le contrat de syndic confié à l'organisme d'habitation à loyer modéré en application de l'article L. 443-15 du Code de la construction et de l'habitation prend fin dans les conditions prévues par cet article. Le mandat de syndic confié par un syndicat coopératif prend fin dans les conditions prévues à l'article 41 du décret du 17 mars 1967.

(3) Le cas échéant, la majorité prévue à l'article 25-1 de cette loi est applicable.

(4) Conformément à l'article 54-IV de la loi n° 2014-366 du 24 mars 2014, la fiche synthétique doit être établie à compter du :

– 31 décembre 2016, pour les syndicats de copropriétaires comportant plus de 200 lots ;

– 31 décembre 2017, pour les syndicats de copropriétaires comportant plus de 50 lots ;

– 31 décembre 2018, pour les autres syndicats de copropriétaires.

(5) En application de l'article 18 de la loi du 10 juillet 1965, cette possibilité de dispense est applicable uniquement au syndic professionnel.

Attention Prévu par la loi Alur, le contrat type de syndic, annexé au décret 2015-342 du 26 mars 2015, est entré en vigueur le 1er juillet 2015. Le Conseil d'État a annulé deux de ses dispositions (CE 5-10-2016 n° 390465).

Le point 9 du contrat de syndic, intitulé « **Frais et honoraires imputables aux seuls copropriétaires** », dispose que « Le coût des prestations suivantes est imputable au seul copropriétaire concerné et non au syndicat des copropriétaires qui ne peut être tenu d'aucune somme à ce titre ». Les mots « et non au syndicat des copropriétaires qui ne peut être tenu d'aucune somme à ce titre » sont supprimés. En effet, si l'article 10-1 de la loi 65-557 du 10 juillet 1965 prévoit que sont imputables au seul copropriétaire concerné un certain nombre de frais exposés par le syndicat, ces dispositions ne sauraient avoir pour objet de laisser à la charge du syndic ces frais et honoraires si le copropriétaire est définitivement insolvable.

Le point 9.2 du contrat type liste les frais et honoraires liés aux mutations pouvant être mis à la charge du seul copropriétaire concerné, et notamment à ce titre « la **délivrance du certificat prévu à l'article 20, II** de la loi du 10 juillet 1965 ». Cette dernière mention est annulée. Ce certificat est délivré par le syndic après notification par le notaire du nom du candidat à l'acquisition d'un lot. Le syndic y atteste que l'acquéreur n'est pas déjà copropriétaire dans l'immeuble et, si tel est le cas, qu'il n'a pas fait l'objet d'une mise en demeure de payer du syndic restée infructueuse depuis plus de 45 jours. Or, les copropriétaires sont tenus de participer aux charges de copropriété proportionnellement aux valeurs relatives des parties privatives comprises dans leurs lots (Loi 65-557 du 10-7-1965 art. 10), et l'article 10-1 la loi de 1965 ne prévoit pas de dérogation à ce principe s'agissant du coût du certificat susvisé. En conséquence, la délivrance du certificat prévu à l'article 20, II ne peut pas être mis à la charge du seul copropriétaire concerné.

Enfin, le contrat type est annulé en ce qu'il ne prévoit pas les **frais afférents à la tenue d'un compte bancaire séparé.** Cette mention était en effet prévue par l'article 21 de la loi du 10 juillet 1965 et elle aurait dû figurer dans le décret du 26 mars 2015 ayant instauré le modèle de contrat type de syndic. Mais la loi Macron du 6 août 2015 a, entre-temps, modifié l'article 21 et supprimé cette obligation. L'annulation par le Conseil d'État est donc sans portée réelle. L'**annulation** de ces dispositions est **rétroactive.**

41830

Prestations incluses dans la rémunération forfaitaire du syndic (liste non limitative)		
	PRESTATIONS	DÉTAILS
I. – Assemblée générale	I. – 1° Préparation de l'assemblée générale.	a) Établissement de l'ordre du jour. b) Mise à disposition de tous les copropriétaires des différentes pièces comptables et justificatives dans les conditions prévues à l'article 18-1 de la loi du 10 juillet 1965.
	I. – 2° Convocation à l'assemblée générale.	a) Élaboration et envoi de la convocation avec l'ordre du jour, des documents à joindre à la convocation et des projets de résolutions.

41830 (suite)

Prestations incluses dans la rémunération forfaitaire du syndic (liste non limitative)		
	PRESTATIONS	DÉTAILS
I. – Assemblée générale	I. – 3° Tenue de l'assemblée générale.	a) Présence du syndic ou de son représentant à l'assemblée générale suivant les stipulations prévues par le contrat au titre du forfait. b) Établissement de la feuille de présence, émargement, vérification des voix et des pouvoirs. c) Rédaction et tenue du registre des procès-verbaux.
	I. – 4° Information relative aux décisions prises en assemblée générale.	a) Envoi et notification du procès-verbal comportant les décisions prises en assemblée générale aux copropriétaires (opposant ou défaillant). b) Information des occupants de chaque immeuble de la copropriété des décisions prises par l'assemblée générale par affichage d'un procès-verbal dans les parties communes.
II. – Conseil syndical	II. – 5° Mise à disposition et communication au conseil syndical de toutes pièces ou documents se rapportant à la gestion du syndicat ou des lots gérés (notamment par accès en ligne sécurisé).	
	II. – 6° Recueil des avis écrits du conseil syndical lorsque sa consultation est obligatoire.	
III. – Gestion des opérations financières et comptabilité générale de la copropriété	III. – 7° Comptabilité du syndicat.	a) Établissement des comptes de gestion et des annexes du syndicat des copropriétaires, conformément à l'article 14-3 de la loi du 10 juillet 1965. b) Établissement du budget prévisionnel, en collaboration avec le conseil syndical, conformément à l'article 14-1 de la même loi et au décret 2005-240 du 14 mars 2005. c) Présentation des comptes en conformité avec la réglementation en vigueur.
	III. – 8° Comptes bancaires.	a) Ouverture d'un compte bancaire séparé. b) Ouverture d'un compte bancaire séparé destiné à recevoir les cotisations prévues à l'article 14-2 de la loi du 10 juillet 1965.
	III. – 9° Comptabilité séparée de chaque copropriétaire.	a) Tenue des comptes de chaque copropriétaire. b) Appel des provisions sur budget prévisionnel. c) Imputations des consommations individuelles de fluide ou d'énergie. d) Reconstitution des consommations, forfaits et régularisations sur compteurs en l'absence de relevé. e) Appels sur régularisations de charge. f) Appels des cotisations du fonds de travaux.
	III. – 10° Autres.	a) Vérification et paiement des factures des fournisseurs et prestataires. b) Recouvrement des créances auprès des tiers : relance par lettre simple avant mise en demeure. c) Calcul des intérêts légaux au profit du syndicat. d) Attestation de TVA aux fournisseurs et prestataires.
	III. – 11° Remise au syndic successeur.	a) Remise de l'état financier, des références des comptes bancaires du syndicat, des coordonnées de la banque, de l'état des comptes des copropriétaires et des comptes du syndicat.

41830 (suite)

Prestations incluses dans la rémunération forfaitaire du syndic (liste non limitative)		
	PRESTATIONS	DÉTAILS
IV. – Administration et gestion de la copropriété en conformité avec le règlement de copropriété	IV. – 12° Immatriculation du syndicat.	a) Mise à jour du registre d'immatriculation.
	IV. – 13° Documents obligatoires.	a) Élaboration et mise à jour de la fiche synthétique de copropriété. b) Gestion de tous les audits, diagnostics et dossiers obligatoires (à l'exclusion du diagnostic de performance énergétique collectif et de l'audit énergétique, qui peuvent faire l'objet d'honoraires spécifiques dans les conditions précisées au 7.2.5 du présent contrat). c) Établissement et mise à jour du carnet d'entretien conformément au décret 2001-477 du 30 mai 2001. d) Établissement et mise à jour de la liste des copropriétaires. e) Notification de l'exercice du droit de délaissement prévue au III de l'article 18 de la loi du 10 juillet 1965.
	IV. – 14° Archives du syndicat et accès en ligne sécurisé aux documents dématérialisés.	a) Détention et conservation des archives, notamment les plans, le règlement de copropriété, l'état de répartition des charges, l'état de division, les procès-verbaux des assemblées générales, les diagnostics techniques, les contrats de travail des préposés du syndicat, les contrats d'assurance de l'immeuble et documents nécessaires pour leur mise en œuvre, les documents et décisions de justice relatifs à l'immeuble dont les délais de contestation ne sont pas révolus, les contrats d'entretien et de maintenance des équipements communs ainsi que toute pièce administrative (l'assemblée générale, statuant à la majorité de tous les copropriétaires, peut décider de confier les archives du syndicat des copropriétaires à une entreprise spécialisée aux frais du syndicat en application du I de l'article 18 de la loi du 10 juillet 1965). b) Transmission des archives au syndic successeur. c) Élaboration et transmission au conseil syndical du bordereau récapitulatif des archives transmises au syndic successeur. d) Mise à disposition d'un accès en ligne sécurisé aux documents dématérialisés relatifs à la gestion de l'immeuble ou des lots gérés (sauf décision contraire de l'assemblée générale des copropriétaires statuant dans les conditions prévues à l'article 18 de la loi du 10 juillet 1965).
	IV – 15° Entretien courant et maintenance.	a) Visites de la copropriété et vérifications, selon les stipulations prévues au contrat. b) Gestion des travaux d'entretien courant et de maintenance visés à l'article 45 du décret du 17 mars 1967. c) Vérifications périodiques imposées par les réglementations en vigueur sur les éléments d'équipement communs. d) Négociation, passation, suivi des marchés des prestataires et gestion des contrats à l'échéance dans le cadre du budget prévisionnel.

41830 (suite)

Prestations incluses dans la rémunération forfaitaire du syndic (liste non limitative)		
	PRESTATIONS	DÉTAILS
		e) Établissement et présentation à l'assemblée générale, au moins tous les trois ans, de la liste des travaux d'entretien et de conservation des parties communes et des éléments d'équipement commun nécessaires dans les trois années à échoir, en vue de la constitution de provisions spéciales. f) En vue de la consultation au cours d'une assemblée générale incluse dans le forfait, appel d'offres, étude des devis et mise en concurrence résultant de la demande d'une pluralité de devis ou de l'établissement d'un devis descriptif soumis à l'évaluation de plusieurs entreprises lorsque celle-ci est obligatoire dans le cadre des travaux de maintenance définis à l'article 45 du décret du 17 mars 1967.
V. – Assurances	V. – 16° Souscription des polices d'assurance au nom du syndicat soumise au vote de l'assemblée générale.	
	V. – 17° Déclaration des sinistres concernant les parties communes ou les parties privatives lorsque le dommage a sa source dans les parties communes.	
	V. – 18° Règlement des indemnités aux bénéficiaires.	
VI. – Gestion du personnel	VI – 19° Recherche et entretien préalable.	
	VI. – 20° Établissement du contrat de travail et de ses avenants éventuels.	
	VI – 21° Gestion des procédures de rupture du contrat de travail.	
	VI. – 22° Paiement du salaire, tenue du livre des salaires, édition des bulletins de paie.	
	VI. – 23° Déclarations et paiement aux organismes fiscaux et sociaux.	
	VI. – 24° Attestations et déclarations obligatoires.	
	VI. – 25° Gestion des remplacements pendant les congés, arrêts maladie et maternité.	

Prestations incluses dans la rémunération forfaitaire du syndic (liste non limitative)		
	PRESTATIONS	DÉTAILS
	VI. – 26° Mise en place et mise à jour du document unique d'évaluation des risques pour la santé et la sécurité des travailleurs.	
	VI. – 27° Gestion de la formation du personnel du syndicat. VI. – 28° Contrôle d'activité du personnel du syndicat.	

41835

Prestations particulières pouvant donner lieu à une rémunération spécifique du syndic (liste limitative)	
PRESTATIONS	DÉTAILS
I. – Prestations relatives aux réunions et visites supplémentaires	1° Préparation, convocation et tenue d'assemblées générales supplémentaires et dépassement des plages horaires de référence convenues. 2° Organisation de réunions supplémentaires avec le conseil syndical. 3° Réalisation de visites supplémentaires de la copropriété.
II. – Prestations relatives au règlement de copropriété et à l'état descriptif de division	4° Établissement ou modification du règlement de copropriété à la suite d'une décision du syndicat. 5° Publication de l'état descriptif de division et du règlement de copropriété ou des modifications apportées à ces actes.
III. – Prestations de gestion administrative et matérielle relatives aux sinistres	6° Déplacements sur les lieux. 7° Prise de mesures conservatoires. 8° Assistance aux mesures d'expertise. 9° Suivi du dossier auprès de l'assureur.
IV. – Prestations relatives aux travaux et études techniques dont la liste est fixée à l'article 44 du décret du 17 mars 1967 pris pour l'application de la loi du 10 juillet 1965	
V. – Prestations relatives aux litiges et contentieux (hors recouvrement de créances auprès des copropriétaires)	10° Mise en demeure par lettre recommandée accusée de réception. 11° Constitution du dossier transmis à l'avocat, à l'huissier, à l'assureur protection juridique. 12° Suivi du dossier transmis à l'avocat.

41835 (suite)

Prestations particulières pouvant donner lieu à une rémunération spécifique du syndic (liste limitative)	
PRESTATIONS	DÉTAILS
VI. – Autres prestations	13° Diligences spécifiquement liées à la préparation des décisions d'acquisition ou de dispositions de parties communes (hors prestations visées au II). 14° Reprise de la comptabilité sur exercice(s) antérieur(s) non approuvé(s) ou non réparti(s), en cas de changement de syndic. 15° Représentation du syndicat aux assemblées d'une structure extérieure (syndicat secondaire, union de syndicats, association syndicale libre) créée en cours de mandat ainsi qu'aux assemblées supplémentaires de ces mêmes structures si elles existaient antérieurement à la signature du contrat de syndic. 16° Constitution et suivi du dossier d'emprunt souscrit au nom du syndicat en application des alinéas 1 et 2 de l'article 26-4 de la loi du 10 juillet 1965. 17° Constitution et suivi d'un dossier de subvention au profit du syndicat. 18° Immatriculation initiale du syndicat. 19° Opérations de liquidation en cas de disparition de plein droit de la copropriété et de dissolution du syndicat des copropriétaires par réunion de tous les lots entre les mains d'un même copropriétaire, en application du dernier alinéa de l'article 46-1 de la loi du 10 juillet 1965.

TITRE IV

Autres modes d'organisation et de gestion de l'immeuble bâti

CHAPITRE 1

ASSOCIATIONS SYNDICALES DE PROPRIÉTAIRES

SOMMAIRE

INTRODUCTION

Les associations syndicales sont régies par l'**ordonnance 2004-632 du 1er juillet 2004** entrée en vigueur le 3 juillet 2004, qui a remplacé la loi du 21 juin 1865, sauf en Polynésie française et en Nouvelle-Calédonie. **42000**

Ce texte a été complété par le décret 2006-504 du 3 mai 2006 ayant abrogé le décret du 18 décembre 1927. Essentiellement consacré aux associations syndicales autorisées (ASA) et aux associations constituées d'office (Asco), il apporte quelques précisions concernant les associations syndicales libres (ASL), seules étudiées dans les développements qui suivent. Le régime applicable aux ASA et aux Asco est examiné dans le cadre des associations foncières urbaines dans notre Mémento Urbanisme-Construction nos 30900 s.

Ces textes régissent les associations syndicales constituées en vertu des textes antérieurs (Ord. du 1-7-2004 art. 60). Toutefois, les statuts en vigueur au 2 juillet 2004 demeurent applicables jusqu'à leur mise en conformité avec la nouvelle législation, laquelle devait intervenir dans un délai de deux ans à compter de la publication du décret du 3 mai 2006, soit avant le 5 mai 2008 (no 42105).

Les solutions jurisprudentielles retenues sous l'empire de la législation antérieure sont conservées dès lors qu'elles sont transposables.

En outre, les ASL sont soumises à certaines règles relevant du droit des contrats, à savoir notamment : **42001**

- le principe de liberté contractuelle (C. civ. art. 1102) ;
- le principe de spécialité, limitant la capacité des personnes morales aux règles applicables à chacune d'entre elles (C. civ. art. 1145, al. 2) ;
- la consécration du mandat apparent : l'acte accompli par un représentant sans pouvoir ou au-delà de ses pouvoirs sera inopposable au représenté, sauf si le tiers contractant a légitimement cru en la réalité des pouvoirs du représentant, notamment en raison du comportement ou des déclarations du représenté (C. civ. art. 1156, al. 1) ;
- la clarification des sanctions du dépassement de pouvoir : l'inopposabilité de l'acte au représenté avec possibilité pour le tiers contractant d'agir en nullité s'il ne savait pas que l'acte était accompli par un représentant sans pouvoir ; toutefois, ces sanctions ne seront applicables qu'en l'absence de ratification par le représenté (C. civ. art. 1156) ;
- l'interdiction pour le représentant de contracter pour son propre compte avec le représenté (contrat avec soi-même) (C. civ. art. 1161) ;
- l'interdiction d'interpréter des clauses claires et précises sous peine de dénaturation (C. civ. art. 1192) ;

– l'existence d'une force majeure, en matière contractuelle, lorsqu'un événement échappant au contrôle du débiteur, qui ne pouvait être raisonnablement prévu lors de la conclusion du contrat et dont les effets ne peuvent être évités par des mesures appropriées, empêche l'exécution de son obligation par le débiteur (C. civ. art. 1218, al. 1) ;
– l'assimilation de la faute lourde à la faute dolosive en matière de responsabilité contractuelle (C. civ. art. 1231-3 et 1231-4) ;
– l'action interrogatoire (C. civ. art. 1158) : le tiers ayant un doute sur l'étendue des pouvoirs du représentant conventionnel d'un contractant pour conclure un acte peut demander au représenté de lui confirmer que le représentant est habilité à conclure cet acte.

A. Définition et caractères généraux des associations syndicales libres

42005 L'association syndicale est une catégorie particulière de **personne morale** ayant la capacité juridique et réunissant des propriétaires dans le but d'œuvrer pour l'intérêt des fonds groupés de ces propriétaires.

L'ordonnance du 1er juillet 2004 maintient l'existence de **trois types d'associations syndicales** : elles peuvent être libres, autorisées ou constituées d'office (anciennement forcées).

PERSONNE MORALE DE DROIT PRIVÉ

42010 Seules les **associations syndicales libres** sont des établissements de droit privé, relevant exclusivement des règles du droit privé et des tribunaux de l'ordre judiciaire (Ord. du 1-7-2004 art. 2, al. 2).

Les associations syndicales **autorisées ou constituées d'office** sont des établissements publics à caractère administratif. Elles sont régies par les dispositions des titres III à V de l'ordonnance de 2004 et par l'article L 211-2 du Code des juridictions financières (Ord. du 1-7-2004 art. 2, al. 3).

CARACTÈRE RÉEL DES DROITS ET OBLIGATIONS DES PROPRIÉTAIRES

42015 Les droits et obligations qui dérivent de la constitution de l'association sont attachés aux immeubles compris dans le périmètre de cette dernière et les suivent, en quelque main qu'ils passent, jusqu'à sa dissolution ou la réduction de son périmètre (Ord. du 1-7-2004 art. 3, al. 1). Il en résulte que tous les propriétaires de biens qui ont consenti à leur inclusion dans le périmètre d'une ASL en sont membres de plein droit et obligatoirement (Cass. 3e civ. 26-2-2003 nº 01-15.213).

> **Précisions** L'article 3, alinéa 1 de l'ordonnance 2004-632 ne porte pas atteinte à la liberté d'association garantie par la Constitution dès lors que les droits et obligations des membres d'une ASL sont attachés aux immeubles compris dans le périmètre de l'association et ont un caractère réel (Cass. QPC 25-6-2010 nº 10-40.011 : RJDA 5/11 nº 491).

TRANSMISSIBILITÉ DE LA QUALITÉ DE MEMBRE DE L'ASSOCIATION SYNDICALE

42020 Une fois créée, l'association s'impose aux propriétaires successifs des biens compris dans son périmètre : **acquéreurs** (Cass. 3e civ. 12-9-2007 nº 06-15.820 : Bull. civ. III nº 140 ; Cass. 3e civ. 10-10-2007 nº 06-18.108 : RJDA 7/08 nº 825 ; Cass. 3e civ. 9-4-2008 nº 05-11.316 : RJDA 11/08 nº 1148 ; Cass. 3e civ. 28-4-2011 nº 10-10.029 ; Cass. 3e civ. 2-11-2011 nº 10-21.754) et **héritiers** (Cass. 3e civ. 8-10-2008 nº 07-16.084 : D. 2008 AJ p. 2670 note G. Forest), pour autant qu'il y ait eu consentement unanime à l'origine. En effet, le rattachement du bien à l'association syndicale suppose l'adhésion de l'un de ses propriétaires historiques à l'ASL.

DISTINCTION AVEC D'AUTRES RÉGIMES

42025 **Copropriété** Une association syndicale ne saurait être confondue avec une copropriété ou avec un syndicat des copropriétaires au sens de la loi du 10 juillet 1965, en dépit des risques de confusion que les termes « association syndicale » et « syndicat » (organe chargé d'administrer l'association syndicale) peuvent générer (voir sur ce point, notamment, Cass. 3e civ. 19-2-1980 : Bull. civ. III nº 43 ; Cass. 3e civ. 1-2-1989 : Bull. civ. III nº 28 ; Cass. 3e civ. 17-1-1996 : RJDA 6/96 nº 824). Association syndicale et libre et copropriété ne sont pas régies par les mêmes textes et elles n'ont pas le même **objet** : l'ASL a la propriété des ouvrages d'intérêt collectif, ce qui n'est pas le cas du syndicat des copropriétaires qui administre des parties communes appartenant indivisément aux copropriétaires. Enfin, la constitution d'une association syndicale implique un acte de **volonté** de ceux qui décident de la constituer. Au contraire, le statut de la copropriété s'impose lorsque les conditions pour sa constitution sont réunies (Loi 65-557 du 10-7-1965 art. 1). Mais cela n'interdit pas à une association syndicale libre d'adopter dans ses statuts les règles prévues par la loi du 10 juillet 1965 portant statut de la copropriété des immeubles bâtis en matière de charges, de définition des parties communes et privatives, etc. (CA Paris 19-6-1999 : Loyers et copr. 1999 comm. nº 297).

Groupement de fonds L'association syndicale n'est pas une société civile, non plus qu'un syndicat, chargé de défendre les droits, matériels ou moraux, de ses membres. Elle n'est pas non plus une association de la loi du 1er juillet 1901, car elle est un groupement de fonds, non de personnes (en ce sens, Rép. Fleury : AN 8-8-1983 p. 3477 n° 27403). **42030**

Domanialité publique Depuis le 3 juillet 2004, date d'entrée en vigueur de l'ordonnance du 1er juillet 2004, le régime des ASL est **incompatible** avec la domanialité publique puisque ce texte prévoit que les créances d'une association syndicale sur un de ses membres sont garanties par une hypothèque légale, ce qui est incompatible avec le principe d'inaliénabilité de la domanialité publique. **42035**

B. Objet des associations syndicales libres

L'ordonnance du 1er juillet 2004 a remplacé les multiples objets possibles des associations syndicales par l'énumération suivante (art. 1). Peuvent faire l'objet d'une association syndicale de propriétaires la construction, l'entretien ou la gestion d'ouvrages ou la réalisation de travaux ainsi que les actions d'intérêt commun en vue de : **42040**

a) prévenir les risques naturels ou sanitaires, les pollutions et les nuisances ;

b) préserver, restaurer ou exploiter des ressources naturelles ;

c) aménager ou entretenir des cours d'eau, lacs ou plans d'eau, voies et réseaux divers ;

d) mettre en valeur des propriétés.

Le recours à une association syndicale libre pour la gestion de services spécifiques dans une résidence-services est possible, l'ordonnance du 1er juillet 2004 permettant la constitution d'une association syndicale en vue de la gestion de services communs (Cass. 3e civ. 14-11-2012 n° 11-23.808 : BPIM 1/13 inf. 74).

> **Précisions** Diverses formes de sociétés foncières de gestion ont été instituées : associations foncières pastorales et groupements pastoraux (C. rur. art. L 135-1 s.), associations foncières agricoles (C. rur. art. L 136-4 s.), associations foncières forestières (Loi 2001-602 du 9-7-2001 art. 32). Les associations syndicales de propriétaires agricoles et les associations foncières agricoles autorisées sont étudiées dans notre Mémento Agriculture nos 78650 s.

C'est principalement dans le domaine des **lotissements** et accessoirement dans celui des **ensembles immobiliers** que se développent les associations syndicales libres. C'est dans ces domaines que se mesure tout l'intérêt de leur existence. Elles sont souvent constituées afin d'assurer la gestion et l'entretien des voies et réseaux communs à différentes propriétés. **42045**

Dans les **lotissements et ensembles immobiliers,** l'association syndicale :

- gère et entretient les **biens et ouvrages d'intérêt commun** (voirie, réseaux divers, gardiennage, piscine, club-house, tennis, etc.) ;
- gère les services spécifiques des résidences-services (Cass. 3e civ. 14-11-2012 n° 11-23.808 : BPIM 1/13 inf. 74) ;
- prend en assemblée les décisions ordinaires et extraordinaires concernant la vie du lotissement ou de l'ensemble immobilier ;
- reçoit les **cotisations de charges,** assure les dépenses, organise le budget de la collectivité, etc. ;
- défend la collectivité en **justice,** le cas échéant ;
- est tenue envers ses membres de l'exécution des travaux entrant dans son objet. L'article R 442-7 du Code de l'urbanisme ajoute à cet objet traditionnel celui d'**acquérir** la propriété des terrains et équipements communs, à moins que ces éléments communs ne soient destinés à être attribués en propriété aux acquéreurs de lots ou à être transférés à la commune ou à l'EPCI (C. urb. art. R 442-8). Cette appropriation, que la pratique conseillait, est ainsi devenue disposition de droit. Cette qualité de propriétaire et de gestionnaire des équipements communs rend l'association syndicale recevable à invoquer le préjudice qu'elle subit du fait de la délivrance par l'administration de certificats d'achèvement de travaux inexacts (CE 16-6-1999 : BPIM 5/99 inf. 348 ; comparer avec CA Paris 19-5-1999 précité) ;
- est **responsable** des dommages résultant de sa carence. Par ailleurs, les juges peuvent la condamner sous astreinte à faire effectuer les travaux nécessaires (Cass. 3e civ. 8-4-1987 : Gaz. Pal. 1987 pan. p. 146) ;
- assure la **police,** le respect du cahier des charges, etc.

> **Précisions** Cette question du contrôle du respect du cahier des charges, des règles de construction et du respect de l'esthétique et de l'agrément du lotissement est l'une des plus discutées et fait l'objet de décisions judiciaires contradictoires. En pratique, les statuts des associations syndicales contiennent toujours l'objet de veiller au respect des documents du lotissement, notamment du cahier des charges. La Cour de cassation a jugé qu'une association de colotis n'était recevable dans son action tendant au respect du cahier des charges du lotissement qu'à la condition d'établir l'existence d'un préjudice collectif distinct des dommages propres à chacun de ses membres (Cass. 3e civ. 4-11-2004 no 03-11.377 : Bull. civ. III no 193). Cette jurisprudence, traditionnelle en matière d'association de type loi 1901, semble donc transposable aux associations syndicales de propriétaires.

42050 Cependant, l'association syndicale n'a **pas une personnalité civile « universelle »,** comme une société par exemple.

Il appartient aux statuts de chaque association de venir préciser l'objet de celle-ci dans toutes ses composantes (Ord. 2004-632 du 1-7-2004 art. 7, al. 2). Elle ne pourra ensuite agir que dans la limite de l'objet tel que fixé par les statuts, sans pouvoir prendre de décisions étrangères à cet objet. Il est en effet important que les membres de l'ASL sachent précisément quel est son domaine d'intervention.

La jurisprudence en tire, de façon disparate d'ailleurs, les principales conséquences suivantes :

– une association syndicale dont l'objet est de gérer et entretenir des ouvrages communs à plusieurs propriétés ne peut pas acquérir une **parcelle sans utilité** pour cette mission non comprise dans son objet (Cass. 3e civ. 3-12-1975 : JCP éd. G 1976 II no 18352 obs. B. Stemmer) ;

– une association autorisée pour l'aménagement d'une **voirie** ne peut pas valablement avoir pour objet la remise de la voirie à la commune, cet objet n'étant pas prévu par la loi du 21 juin 1865 (CE 18-5-1983 no 17087 : JCP éd. N 1983 II p. 292 obs. B. Stemmer) ;

– une association syndicale dont l'objet est de gérer les voies d'un lotissement ne peut pas prendre de décisions concernant la **hauteur des immeubles,** ces décisions étant étrangères à son objet (CA Aix-en-Provence 4-1-1983, Sté Baron rouge ; en sens inverse : Cass. 3e civ. 11-1-1984 : Bull. civ. III no 10) ;

– une association syndicale peut avoir pour objet d'achever les **travaux de viabilité,** en se substituant au lotisseur défaillant. Par suite, les propriétaires ne peuvent pas se soustraire au paiement des cotisations votées à cette fin (Cass. 3e civ. 14-2-1978, Ass. synd. Ilbarritz). Elle peut également exercer une **action** à cette fin contre le lotisseur (Cass. 3e civ. 20-3-1978 : JCP éd. N 1978 II p. 265 obs. B. Stemmer).

Néanmoins, lorsqu'une association syndicale a été constituée pour assurer l'**entretien d'une voie privée** bordée de plusieurs bâtiments, elle est seule compétente pour faire exécuter les travaux d'entretien et d'aménagement de la voie (Cass. 3e civ. 28-3-2001 no 99-17.970 : RJDA 7/01 no 779).

42055 Il convient donc de donner aux associations syndicales libres un objet à la fois large et précisément défini, de manière à ne pas risquer la remise en cause de leur capacité juridique, le cas échéant, au nom d'une **règle de spécialité** aux contours mal définis en l'occurrence.

42060 Les documents contractuels des lotissements prévoient très souvent que la **propriété de la voirie** et autres équipements à usage collectif sera **transférée** à l'association syndicale libre, dont l'objet comprend cette appropriation, puis la gestion de la voirie et des équipements.

Il faut veiller, à cet égard, à prévoir dans les documents contractuels que non seulement le lotisseur devra transférer la propriété de la voirie à l'association syndicale, mais encore que celle-ci sera tenue de la recevoir, sauf à faire constater son état et à réserver tous ses recours contre le lotisseur. En pratique, on s'aperçoit que, faute de l'avoir fait, de grandes difficultés apparaissent le jour du transfert.

La Cour de cassation juge qu'une ASL peut devenir propriétaire par le seul fait que ce transfert a été prévu dans les documents contractuels (Cass. 3e civ. 28-9-2005 no 04-15.610 : JCP N 2005 no 1504 note Y. Stemmer). Toutefois, si ce transfert de propriété à l'ASL peut résulter des seules stipulations du cahier des charges du lotissement et des statuts de l'ASL, il n'est opposable aux tiers que s'il a fait l'objet d'un **acte** publié au service de la publicité foncière. Par suite, l'ASL ne peut revendiquer la propriété des parcelles concernées tant qu'aucun acte n'a été publié (Cass. 3e civ. 8-2-2023 nos 21-18.749 et 21-20.223). En pratique, il convient à notre avis de prévoir qu'un acte de transfert sera obligatoire avec les précisions précitées, et qu'à défaut aucun transfert de propriété ne sera opéré. L'intérêt est, non pas le transfert de la charge d'entretien que le lotisseur peut transférer à l'ASL dès la mise en service des équipements et avant transfert, mais celui de la charge des risques et responsabilités.

Lorsque, contrairement à l'article R 442-7 du Code de l'urbanisme et à ce qui est prévu dans les documents contractuels, notamment dans le dossier de permis de construire, le lotisseur ne transfère pas à l'ASL la propriété des terrains et équipements communs, cela n'a toutefois pas pour conséquence de rendre nuls les statuts de l'ASL (Cass. 3e civ. 22-5-2025 n° 23-12.480 FS-B : BPIM 4/25 inf. 223).

> **Précisions** **a.** L'administration admet que, pour la **liquidation de la TVA et de la taxe de publicité foncière,** la valeur des équipements communs ainsi transférés à l'association syndicale, pour un prix symbolique, ne soit pas prise en compte s'il est bien établi que le coût de ces biens est intégré dans le prix de cession des lots ou immeubles constituant le lotissement ou l'ensemble immobilier en application d'obligations légales ou contractuelles (BOI-TVA-IMM-10-20-10 n° 210).
> **b.** Une ASL propriétaire et gestionnaire d'équipements communs subit un préjudice direct du fait de la délivrance, par l'administration, d'un certificat d'achèvement des travaux du lotissement reconnu inexact (CE 16-6-1999 n° 178481 : BPIM 5/99 inf. 348).

C. Constitution d'une association syndicale libre

1. CONDITIONS DE FOND

42070 Les associations syndicales libres se forment par **consentement unanime** des propriétaires intéressés. À la différence des associations autorisées, le périmètre du groupement dépend exclusivement de la volonté des intéressés et non de la décision de l'administration. Le consentement unanime doit être constaté par **écrit.**

Un vote unanime est nécessaire lors de l'assemblée générale constitutive. L'unanimité est requise y compris en cas de transformation d'une association syndicale autorisée en association syndicale libre puisque cela implique la dissolution de l'ASA suivie de la constitution d'une nouvelle personne morale (Cass. 3e civ. 6-2-2020 n° 18-22.043 : BPIM 2/20 inf. 147). La création d'une association syndicale ne peut résulter d'un vote seulement majoritaire (Cass. 3e civ. 8-2-1995 : Bull. civ. III n° 42). En revanche, il a été considéré que le consentement unanime résulte du procès-verbal d'une assemblée qui, à l'unanimité de ses membres, a approuvé les conditions de fonctionnement de l'association et la répartition des charges et qui a constaté son entrée en fonctionnement (Cass. 3e civ. 30-11-2010 n° 09-17.334 : AJDI 2011 p. 149).

> **Précisions** **a.** L'unanimité n'est requise que pour la formation de l'association syndicale libre, et non pour décider de sa prorogation (Cass. 3e civ. 3-4-1990 : Bull. civ. III n° 78). Elle n'est pas exigée non plus, une fois l'association constituée, pour la rédaction des statuts qui n'avaient pas été préétablis (Cass. 3e civ. 1-7-1980 : JCP éd. N 1980 II p. 257 obs. B. Stemmer ; Cass. 3e civ. 18-2-2015 n° 13-25.122, G. c/ ASL des propriétaires du lotissement Résidence Miri : BPIM 3/15 inf. 215).
> **b.** En cas d'**usufruit,** le nu-propriétaire est seul membre de l'association, sauf convention contraire ; il doit informer l'usufruitier des décisions de l'association (Ord. du 1-7-2004 art. 3, al. 2).
> **c.** L'État et les **collectivités territoriales** peuvent adhérer à une ASL lorsqu'un immeuble dépendant de leur domaine est inclus dans son périmètre (Décret 2006-504 du 3-5-2006 art. 1).
> **d.** Une association syndicale peut englober des **terrains extérieurs** à un lotissement si ces terrains profitent des services de ce lotissement (CE 3-2-1933 : Lebon p. 156).

42075 En pratique, et spécialement en matière de **lotissement et d'ensemble immobilier,** les **statuts** de l'association syndicale sont **préétablis** par le lotisseur. Ils prévoient que tout propriétaire d'une parcelle dans la zone considérée fait obligatoirement partie de l'association (et le cahier des charges, auquel font référence tous les actes de vente des lots, oblige à adhérer à l'association et à ses statuts).

Le **premier acheteur,** ou adhérent, donne par écrit le consentement exigé par la loi, et l'association, comprenant alors deux membres, est constituée.

C'est le sens de la jurisprudence, qui considère que le **consentement unanime** peut se trouver réalisé par le fait que chacun des propriétaires s'est engagé, en signant son acte d'acquisition, à respecter les clauses d'un cahier des charges ou celles d'un règlement imposant cette constitution.

S'agissant d'un lotissement, lorsque les actes de vente des lots imposent le respect d'un cahier des charges, lequel prévoit l'obligation pour tous les acquéreurs de se constituer en association syndicale, cette adhésion est acquise du seul fait de la **signature de l'acte de vente,** les acquéreurs devenant ainsi, nécessairement, et par écrit, membres de l'association qui se trouve, dès lors, constituée à l'unanimité des membres du lotissement (Cass. 3e civ. 22-6-2017 n° 16-13.877 : AJDI 2017 p. 681 obs. S. Porcheron ; Cass. 3e civ. 18-2-2015 n° 13-25.122 : BPIM 3/15 inf. 215). De même, un coloti adhère implicitement à l'association syndicale en signant l'acte de vente dès lors qu'à cet acte est annexé l'arrêté préfectoral comportant l'obligation de constituer une association syndicale libre (Cass. 3e civ. 18-12-1991 : Bull. civ. III no 320).

En revanche, le consentement ne résulte pas de la signature d'un **plan-masse,** alors même que l'acte d'association s'accompagne d'un plan périmétral des immeubles syndiqués et d'une déclaration de chaque adhérent concernant l'immeuble pour lequel il s'engage (Cass. 3e civ. 11-1-1977 : Bull. civ. III no 14).

42080 La constitution d'une association est irrégulière lorsque font défaut les formalités prévues par les statuts établis par le lotisseur : tenue d'une assemblée constitutive, publication d'un acte notarié constatant le fonctionnement de l'association et publication d'un extrait de l'acte d'association (Cass. 3e civ. 20-5-2009 no 08-16.216 : RJDA 12/09 no 1102).

IMMEUBLE EN COPROPRIÉTÉ

42085 Lorsqu'un lot d'un lotissement (ou d'un ensemble immobilier) supporte un immeuble en copropriété, et alors même qu'en pareil cas les statuts prévoient toujours que cet immeuble est indivisible au regard de l'association syndicale, qui ne connaît que le syndic de la copropriété, à l'exclusion des copropriétaires, le **consentement** à l'acte d'association n'en doit pas moins être donné par **chaque copropriétaire** pris individuellement (Cass. 3e civ. 19-6-1996 : RJDA 12/96 no 1527 ; Cass. 3e civ. 9-12-1998 : JCP éd. N 1999 en bref p. 297). Le consentement ne résulte donc pas de la seule qualité de copropriétaire d'un immeuble situé dans le périmètre d'une ASL, alors même que les statuts en disposent ainsi ; le consentement par écrit reste indispensable (Cass. 3e civ. 31-5-2000 : RJDA 12/00 no 1129).

Ainsi, il est nécessaire de convoquer chacun d'eux à l'assemblée constitutive de l'association (CE 13-4-1983 no 1862). Cette jurisprudence, parfaitement logique si l'on considère que c'est chaque propriétaire qui est membre de l'association syndicale (même s'il ne vote à l'assemblée que par l'intermédiaire du syndic de copropriété, le cas échéant), est difficilement conciliable avec la jurisprudence selon laquelle, pour modifier les documents d'un lotissement, une copropriété est considérée comme un propriétaire au sens de l'article L 442-10 du Code de l'urbanisme (Mémento Urbanisme-Construction nos 27160 s.) et vote valablement par la voix de son syndic (CE 5-12-1973 no 85896).

En revanche, lors de l'acquisition d'un lot de copropriété inclus dans le périmètre d'une ASL, le consentement résulte des stipulations du **règlement de copropriété** auquel l'acquéreur a déclaré adhérer dans l'acte de vente et qui mentionnait que les vendeurs constituaient une association syndicale et que les acquéreurs déclaraient adhérer aux obligations de ce règlement (Cass. 3e civ. 28-4-1993 no 90-18.182 : Bull. civ. III no 57).

LOCATION-ACCESSION

42090 En cas de location-accession à la propriété immobilière, c'est l'accédant qui détient les droits et obligations du vendeur au regard de l'association syndicale sous réserve des exceptions exposées no 12820. Mais les deux parties ont accès à l'assemblée et conservent le droit d'émettre des observations sur les questions pour lesquelles elles n'ont pas le droit de vote.

CONSÉQUENCES DE L'IRRÉGULARITÉ DE LA CONSTITUTION

42095 **Nullité de l'ASL** Le **défaut d'unanimité** des propriétaires concernés lors d'une assemblée générale décidant de la création d'une association syndicale libre entraîne la nullité de cette décision (Cass. 3e civ. 8-2-1995 no 92-16.876 : Bull. civ. III no 42). L'action en nullité d'une ASL est soumise à la prescription quinquennale des articles 1144 et 1152 du Code civil (Cass. 3e civ. 3-12-2015 no 14-12.998 : BPIM 2/16 inf. 131).

42097 **Inopposabilité des statuts** Les statuts d'une association syndicale libre ne sont **pas opposables** aux propriétaires de fonds situés à l'intérieur de son périmètre d'intervention et non intégrés dans un lotissement dès lors que la **preuve** de l'adhésion par écrit de ces propriétaires ou de leurs auteurs à cette association n'est pas rapportée (Cass. 3e civ. 26-2-1986, ASL du bois de Caveirac).

2. CONDITIONS DE FORME

42100 Les modalités de fonctionnement d'une ASL sont fixées par des **statuts** qui doivent définir son nom, son objet, son siège et ses règles de fonctionnement. Ils doivent comporter la liste des immeubles compris dans son périmètre et préciser ses modalités de financement et le mode de recouvrement des cotisations (Ord. 2004-632 du 1-7-2004 art. 7, al. 2). Ils doivent en outre fixer les modalités de sa représentation à l'égard des tiers, de distraction d'un de ses immeubles, de modification de son statut ainsi que de sa dissolution (Décret du 3-5-2006 art. 3, al. 1).

Les **annexes** suivantes doivent être jointes aux statuts : le plan parcellaire et une déclaration de chaque adhérent spécifiant les désignations cadastrales ainsi que la contenance des immeubles pour lesquels il s'engage. Cette déclaration n'est pas requise pour les ASL constituées en application de l'article R 315-6 du Code de l'urbanisme (lotissements).

> **Précisions** L'unanimité n'est pas requise, une fois l'association constituée, pour la rédaction des statuts qui n'auraient pas été préétablis (Cass. 3e civ. 1-7-1980 : JCP éd. N 1980 II p. 257 obs. B. Stemmer ; Cass. 3e civ. 18-2-2015 no 13-25.122 : BPIM 3/15 inf. 215).

MISE EN CONFORMITÉ DES STATUTS

Obligation de mise en conformité Les associations créées avant le 3 juillet 2004 sont régies par les dispositions de l'ordonnance de 2004 (Ord. 2004-632 du 1-7-2004 art. 60). Elles doivent donc mettre leurs statuts en conformité avec celles-ci. La décision de mise en conformité des statuts doit respecter les conditions de quorum fixées par les statuts, sous peine de nullité (Cass. 3e civ. 25-4-2024 no 22-20.174 FS-B : BPIM 3/24 inf. 204). Des **dispositions transitoires** sont prévues : leurs statuts demeurent applicables jusqu'à leur mise en conformité, laquelle devait intervenir dans un délai de deux ans à compter du 5 mai 2006 (date de publication du décret du 3 mai 2006) et qui a expiré le 5 mai 2008. Les ASL qui ont mis leurs statuts en conformité après cette date ont recouvré leurs droits dès la publication de la loi Alur, venue compléter l'article 60 de l'ordonnance de 2004, sans toutefois que puissent être remises en cause les décisions passées en force de chose jugée (Ord. 2004-632 du 1-7-2004 art. 60 dans sa rédaction issue de loi 2014-366 du 24-3-2014). 42105

Conséquence du défaut de mise en conformité Aucune sanction n'est expressément prévue par l'article 60 de l'ordonnance du 1er juillet 2004. Mais l'association syndicale qui n'a pas mis ses statuts en conformité avec le nouveau dispositif légal et accompli les mesures de publicité obligatoires perd, en application des articles 5, 8 et 60 de l'ordonnance, son **droit d'agir en justice** (Cass. 3e civ. 5-7-2011 no 10-15.374 : BPIM 5/11 inf. 406). 42110

Toutefois :

– l'absence de mise en conformité des statuts ne remet pas en cause l'**existence légale** des associations syndicales (Cass. 3e civ. 11-9-2013 no 12-22.351 : Bull. civ. III no 104) ;

– les ASL ont la possibilité de recouvrer leur droit d'ester en justice en accomplissant, même après l'expiration du délai prévu par l'article 60, les mesures de **publicité** prévues par l'article 8 de ladite ordonnance (Cass. 3e civ. QPC 13-2-2014 no 13-22.383 : BPIM 2/14 inf. 126 ; Cass. 3e civ. 19-5-2015 no 14-11.197 : AJDI 2015 p. 613) ;

– cette **régularisation** peut intervenir en cours de procédure, la nullité des actes de procédure effectués par une ASL ayant perdu sa capacité d'ester en justice n'étant pas prononcée si une régularisation est intervenue avant que le juge statue (Cass. 3e civ. 5-11-2014 no 13-23.624 : BPIM 1/15 inf. 65). Ainsi, l'irrégularité de l'appel formé par une Aful dépourvue de capacité pour agir en justice faute d'avoir mis ses statuts en conformité avec l'ordonnance de 2004 peut être couverte si elle régularise ses statuts avant que le juge statue, même après l'expiration du délai d'appel (Cass. 3e civ. 3-12-2020 no 19-17.868 FS-PBI : BPIM 1/21 inf. 65).

En revanche, seule la publication de **statuts conformes** aux textes permet à une ASL de recouvrer sa capacité d'ester en justice (Cass. 3e civ. 12-11-2014 no 13-25.547 : BPIM 1/15 inf. 64). Ainsi, l'adoption de statuts non conformes à l'ordonnance du 1er juillet 2004 en ce qu'ils confient à un directeur, et non au syndicat composé de membres élus parmi les copropriétaires, le pouvoir d'administration de l'ASL ne lui permet pas de retrouver son droit d'agir en justice (Cass. 3e civ. 13-9-2018 no 17-22.041 F-D : BPIM 6/18 inf. 433).

De façon générale, les ASL doivent, lorsqu'elles mettent leurs statuts en conformité avec ces textes, respecter les **formalités** qu'ils imposent, sous les réserves suivantes. D'une part, elles ne sont pas tenues d'annexer aux statuts mis en conformité la déclaration ou le plan parcellaire prévus par l'article 3 du décret, requis au moment des adhésions et qui doivent être annexés aux statuts de l'association syndicale nouvellement formée (Cass. 3e civ. 17-2-2022 no 20-17.438 : BPIM 2/22 inf. 153 ; Cass. 3e civ. 28-9-2022 no 21-20.750 FS-B). D'autre part, s'agissant des formalités de publication, la publication d'un extrait des statuts n'est nécessaire en cas de modification des statuts que lorsque la modification porte sur le nom, l'objet ou le siège de l'association (Cass. 3e civ. 24-9-2020 no 19-14.762 FS-PBI : BPIM 6/20 inf. 421).

> **Précisions** Seul le défaut de publication de la mise en conformité des statuts et non le défaut de publication de toute modification des statuts entraîne la perte de la capacité d'ester en justice (Cass. 3e civ. 9-7-2014 no 13.19.077).

3. PUBLICITÉ DES ASSOCIATIONS SYNDICALES LIBRES

42120 La publicité des associations syndicales libres est organisée comme suit (Ord. 2004-632 du 1-7-2004 art. 8 ; Décret 2006-504 du 3-5-2006 art. 4 à 6) :

– la **déclaration** de l'ASL doit être faite, par l'un des membres de l'association, à la préfecture du département ou à la sous-préfecture de l'arrondissement où l'association a prévu d'avoir son siège, ou à la préfecture de Paris. Deux exemplaires des statuts doivent être joints à la déclaration, avec leurs annexes ;

– l'administration dispose d'un délai de cinq jours à compter de la réception du dossier de déclaration pour donner récépissé de la déclaration à l'association, lequel doit énumérer les pièces annexées, être daté et signé du préfet ;

– dans un délai d'un mois à compter de la date de délivrance du récépissé, un extrait des **statuts,** contenant la date de la déclaration, le nom, l'objet et le siège de l'association, doit être publié au Journal officiel ;

– toute modification des statuts doit, dans les mêmes conditions, être déclarée et publiée. La déclaration, qui doit être faite par le président de l'association, doit intervenir dans un délai de trois mois à compter de la date de l'assemblée ayant décidé de la modification. Il en est de même pour la dissolution de l'association. Dans ce cas, le délai court à compter de la constatation par le président de l'association que les conditions de dissolution prévues par les statuts sont remplies.

42125 **À défaut de** cette **publicité,** l'association syndicale ne jouit pas des droits de l'article 5 de l'ordonnance de 2004, qui sont subordonnés à l'accomplissement des formalités de publicité prévues à l'article 8. Elle ne peut donc ni ester en justice ni acquérir, vendre, échanger, transiger, emprunter ou hypothéquer (Ord. 2004-632 du 1-7-2004 art. 5 ; Cass. 3e civ. 31-5-2000 no 98-19.142 : RJDA 12/00 no 1129 ; Cass. 3e civ. 13-2-2008 no 07-11.007 : RJDA 7/08 no 826). L'irrégularité d'une procédure engagée par une ASL n'ayant pas publié ses statuts est une irrégularité de fond qui ne peut pas être couverte par la régularisation de sa situation en cours d'instance (Cass. 3e civ. 15-12-2004 no 03-16.434 : Bull. civ. III no 238 ; Cass. 3e civ. 10-5-2005 no 02-19.904 : AJDI 2005 p. 669 ; Cass. 3e civ. 24-10-2012 no 11-11.778 : AJDI 2013 p. 60 note S. Porcheron).

En revanche, dès lors que l'acte d'association a été publié, même après le délai légal, l'association syndicale bénéficie à partir de cette date des droits énoncés à l'article 3 de l'ancienne loi du 21 juin 1865, et donc notamment du droit d'ester en justice (Cass. 3e civ. 3-10-2001 no 00-11.690 : RJDA 2/02 no 169).

L'omission des formalités de publicité ne peut pas être opposée aux **tiers** par les membres de l'association (Ord. 2004-632 du 1-7-2004 art. 8, al. 4).

> **Précisions** **a.** En l'absence de personnalité morale, l'association syndicale doit être assimilée à une association de fait (TGI Paris 4-2-1977 : D. 1978 IR p. 124).
> **b.** En cas de défaut de publication des statuts, une ASL n'a pas la capacité de poursuivre le recouvrement des charges d'entretien d'un lotissement (Cass. 3e civ. 18-12-2002 : Constr.-urb. 2002 no 155).

D. Fonctionnement des associations syndicales libres

42130 L'association syndicale libre est administrée par un **syndicat** composé de membres élus parmi les propriétaires membres de l'association ou leurs représentants dans les conditions fixées par les statuts. Le syndicat règle, par ses délibérations, les affaires de l'association (Ord. 2004-632 du 1-7-2004 art. 9).

ASSEMBLÉE GÉNÉRALE

42135 Le **fonctionnement** de l'assemblée est prévu par les statuts : mode de convocation, règles de quorum et de majorité, modalités de vote. Ainsi, la correspondance entre le nombre de voix et le nombre de mètres carrés de terrain a été jugée valable (Cass. 3e civ. 11-12-1973 : D. 1974 p. 333). Les décisions prises en assemblée générale doivent respecter, sous peine de nullité, les règles définies par les statuts quant aux modalités de vote (quorum notamment), même si elles ont pour objet le respect d'une obligation légale, en l'espèce la mise en conformité des statuts avec l'ordonnance du 1er juillet 2004 (Cass. 3e civ. 25-4-2024 no 22-20.174 FS-B : BPIM 3/24 inf. 204).

En général, lorsqu'un lot supporte une **copropriété,** c'est le syndic de celle-ci qui est membre de l'assemblée (voir cependant no 42085) ; mais si les statuts indiquent que ce sont les propriétaires eux-mêmes qui doivent être convoqués à l'assemblée, les syndics de copropriété n'ont pas qualité pour y représenter les copropriétaires, sauf mandat spécial à cet effet (Cass. 3e civ. 5-7-1994 : Loyers et copr. 1994 n° 439 ; CA Paris 11-7-1990, M. c/ ASL av. de Montespan).

L'assemblée générale de cette copropriété statuant à la majorité absolue (Loi 65-557 du 10-7-1965 art. 25) peut donner **mandat,** pour une durée d'un an, au président du conseil syndical secondaire pour représenter les copropriétaires à l'assemblée générale du syndicat principal. Ce mandat emporte délégation de vote de tous les copropriétaires pour les décisions inscrites à l'ordre du jour de l'assemblée générale de l'ASL nécessitant un vote à la majorité simple. Pour les décisions inscrites à l'ordre du jour de l'assemblée générale de l'ASL pour lesquelles les statuts de l'association prévoient une majorité qualifiée, le président du conseil syndical ne peut pas prendre part au vote s'il ne dispose pas d'une délibération de l'assemblée générale des copropriétaires le mandatant et se prononçant sur cette décision à la même majorité (Loi 65-557 du 10-7-1965 art. 22, III).

Tous les membres de l'ASL doivent être convoqués aux assemblées générales, à défaut de quoi l'assemblée est nulle (Cass. 3e civ. 14-11-2012 n° 11-23.808 : BPIM 1/13 inf. 74 ; Cass. 3e civ. 21-12-2017 n° 16-21.518 : AJDI 2018 p. 130). En revanche, ce sont les statuts qui sont déterminants pour apprécier la régularité de la **convocation** à une assemblée générale, et donc la régularité de celle-ci. Ainsi, une convocation ne comportant pas les devis relatifs aux travaux envisagés n'est pas irrégulière si les statuts n'exigent pas une telle formalité (Cass. 3e civ. 14-11-2019 n° 18-22.739 : BPIM 1/20 inf. 59).

La **nullité de la délibération** d'une assemblée d'association syndicale résulte du seul fait que cette assemblée n'a pas respecté les règles statutaires relatives aux modalités de vote (Cass. 3e civ. 27-6-2000 n° 98-23.193 : RJDA 12/00 n° 1128 ; Cass. 3e civ. 14-6-2018 n° 17-20.692 : BPIM 4/18 inf. 296), peu important qu'il n'y ait pas eu d'incidence sur le décompte des voix (Cass. 3e civ. 14-6-2018 n° 17-20.692 F-D : BPIM 4/18 inf. 296).

CONTESTATION DES DÉCISIONS D'ASSEMBLÉES GÉNÉRALES

Les copropriétaires sont personnellement recevables à contester les décisions d'une ASL dès lors **42140** qu'ils en sont personnellement membres (Cass. 3e civ. 6-2-2002 : Administrer mai 2002 p. 47 ; Cass. 3e civ. 13-2-2008 n° 07-10.098 : BPIM 2/08 n° 122 pour une Aful). Les recours contre les assemblées des membres de l'association ne sont pas soumis au délai de forclusion de l'article 42, alinéa 2 de la loi du 10 juillet 1965 (Cass. 3e civ. 13-2-2008 n° 07-10.098 : Bull. civ. III n° 25) ; ils se prescrivent « dans les délais statutaires ou légaux » (Cass. 3e civ. 3-4-1990 : Bull. civ. III n° 78). D'une façon générale, le délai légal est de cinq ans (Cass. 1e civ. 24-10-2000 n° 98-20.741 : Bull. civ. I n° 260 ; Cass. 3e civ. 3-12-2015 n° 14-12.998 FS-PB : BPIM 2/16 inf. 131). Ainsi en est-il en cas de violation des statuts sur les formalités de convocation des assemblées (Cass. 1e civ. 10-7-1979 : Bull. civ. I n° 202) ou lorsque l'action en nullité porte sur une décision modificative des charges (Cass. 3e civ. 9-7-2002 : Constr.-urb. 2002 n° 299).

La nullité de la délibération d'une assemblée d'association syndicale résulte du seul fait que cette assemblée n'a pas respecté les règles statutaires relatives aux modalités de vote (Cass. 3e civ. 27-6-2000 n° 98-23.193 : RJDA 12/00 n° 1128), peu important qu'il n'y ait pas eu d'incidence sur le décompte des voix (Cass. 3e civ. 14-6-2018 n° 17-20.692 F-D : BPIM 4/18 inf. 296).

SYNDICAT DE L'ASSOCIATION SYNDICALE LIBRE

Le nombre de membres du syndicat, organe qui administre l'ASL, leur mode de nomination, la **42145** durée de leurs mandats sont librement fixés par les statuts. Il en est de même quant à l'étendue des pouvoirs de ce syndicat, et surtout de ceux de son président. C'est, en pratique, ce dernier qui anime et fait vivre l'association.

Lorsque les membres du syndicat et le président d'une association syndicale libre sont élus sans précision de durée, leur mandat n'est pas limité à un an mais ne peut excéder la durée maximale prévue par les statuts ; lorsqu'à l'issue de ce délai leur mandat n'est pas renouvelé, il ne peut être considéré qu'il a été tacitement prorogé au-delà de cette durée (Cass. 3e civ. 14-9-2017 n° 16-20.911 FS-PB : BPIM 5/17 inf. 355).

ADMINISTRATEUR PROVISOIRE

Lorsque la désignation d'un administrateur provisoire s'avère nécessaire, il convient de se **42150** référer aux règles du droit commun à défaut de disposition particulière dans l'ordonnance du 1er juillet 2004. Il en résulte que l'administrateur provisoire désigné doit solliciter en tant que de besoin la prorogation de sa mission avant le terme de son mandat fixé par l'ordonnance le désignant, car il n'aura plus qualité pour le faire après l'expiration de celui-ci (Cass. 3e civ. 21-1-2021 n° 19-20.801 : BPIM 2/21 inf. 145).

ACTIONS EN JUSTICE

L'association syndicale, qui n'a la personnalité morale qu'après l'accomplissement des forma- **42155** lités de publicité légale (n° 42120), est une **personne de droit privé,** relevant des tribunaux judiciaires. Notamment, les cotisations de charges, qui sont en principe les seules ressources de l'association, sont recouvrées selon les voies du droit privé. Sa responsabilité relève également du droit privé.

La **représentation en justice** d'une ASL fait l'objet d'une divergence entre la Cour de cassation et le Conseil d'État : lorsque l'organe, qui peut être collégial ou non, est désigné dans les statuts, la Cour de cassation considère qu'il peut agir devant les **tribunaux judiciaires** sans avoir besoin d'une autorisation préalable de l'assemblée générale (Cass. 3e civ. 8-10-1997 : RJDA 12/97 n° 1502). Pour le Conseil d'État, au contraire, la seule désignation du représentant de l'ASL dans les statuts ne suffit pas pour l'habiliter à engager une action devant les **juridictions administratives.** Il faut, en outre, qu'ils lui donnent expressément compétence pour décider d'agir en justice en leur nom. Dans le silence des statuts, seule l'assemblée peut décider d'agir et d'habiliter le président à représenter l'association (CE 14-11-1997 n° 140873 : RJDA 3/98 n° 304).

Si l'ASL ne s'est pas dotée d'un syndicat, une décision de l'assemblée générale peut habiliter son président à agir en justice (CE 19-1-2015 n° 374218 : BPIM 2/15 inf. 105).

Les membres d'une ASL ne peuvent agir en lieu et place de celle-ci afin d'obtenir l'exécution d'un engagement contractuel au bénéfice de l'ASL, comme la rétrocession d'un terrain, si cette faculté n'est pas prévue par les statuts (Cass. 3e civ. 23-1-2020 n° 19-11.863 FS-PBI : BPIM 1/20 inf. 60).

CHARGES DE FONCTIONNEMENT DE L'ASSOCIATION SYNDICALE LIBRE

42160 Les charges de fonctionnement sont réparties selon les **règles** fixées dans les statuts (ou, souvent, dans le cahier des charges, auquel renvoient alors les statuts). Elles sont en principe réparties suivant les intérêts différents des propriétaires (CE 3-10-1975 : Lebon p. 491).

Dans le silence des statuts, il appartient à l'ASL d'édicter, en assemblée générale, les règles de répartition des charges (CA Bordeaux 1-6-1988 : JCP éd. N 1989 II p. 156, en l'espèce, charges de chauffage entre deux copropriétés intégrées à l'association).

La modification de la répartition statutaire des charges ne peut être décidée qu'avec l'accord des membres de l'association syndicale pour lesquels la modification aboutit à une augmentation de leurs engagements (Cass. 3e civ. 21-9-2011 n° 10-18.788 : BPIM 1/12 inf. 63 ; Cass. 3e civ. 27-1-2015 n° 13-24.719).

En ce qui concerne les **immeubles en copropriété** situés dans le périmètre d'une ASL, les copropriétaires étant seuls membres de l'association (n° 42085), ils sont seuls tenus de payer les dépenses de l'association syndicale. Elle ne peut donc pas réclamer au syndicat des copropriétaires le paiement des charges (Cass. 3e civ. 9-12-1999 : BPIM 3/99 inf. 236), et celui-ci est en droit de demander le remboursement des sommes versées indûment à ce titre (Cass. 3e civ. 9-12-1998 : Bull. civ. III n° 238 ; Cass. 3e civ. 2-10-2001 : Administrer février 2002 p. 39). Pour la même raison, les créanciers impayés d'une ASL ne peuvent pas faire état d'un enrichissement injustifié (anciennement appelé enrichissement sans cause et désormais codifié dans le Code civil aux articles 1303 s.) d'un syndicat de copropriétaires inclus dans le périmètre de l'association (Cass. 3e civ. 27-7-2000 : Constr.-urb. 2000 comm. n° 300).

L'**action en paiement** des charges de l'association est soumise à la prescription de droit commun de 5 ans (C. civ. art. 2224).

> Précisions **a.** Les frais de procédure **de recouvrement** des charges impayées entrepris sans titre exécutoire restent à la charge de l'association en application de l'article L 111-8 du Code des procédures civiles d'exécution (Cass. 3e civ. 15-12-1999 : Constr.-urb. 2000 comm. n° 33).

b. Les dépenses de l'ASL deviennent des charges communes dès lors que le **règlement de copropriété** l'a prévu, et même si les copropriétaires n'ont pas formellement adhéré à l'association (Cass. 3e civ. 28-4-1993 : Bull. civ. III n° 57).

c. En cas de vente d'un lot, les provisions versées par le vendeur pour travaux votés restent acquises à l'ASL et celles pour travaux éventuels lui sont restituées (Cass. 3e civ. 30-6-1998 : Bull. civ. III n° 140). Cette situation peut, au demeurant, être réglée par les statuts.

La clause de solidarité entre acheteur et vendeur d'un lot, interdite par la jurisprudence en matière de copropriété (n° 37390), peut valablement figurer dans les statuts d'une association syndicale (CA Reims 14-11-1995 : Administrer juin 1996 p. 41).

Tant que l'ASL n'a pas été informée de la vente d'un lot par l'avis de mutation et la notification prévus aux articles 6 et 20 de la loi 65-557 du 10 juillet 1965, l'ancien propriétaire doit les redevances (CE 13-11-2013 n° 340304, Sté Icade promotion logement, décision rendue à propos d'une ASA mais transposable aux ASL).

d. L'erreur dans la dénomination d'une association syndicale libre, à tort qualifiée de syndicat des copropriétaires dans la requête en injonction de payer et la signification de l'ordonnance subséquente, est un vice de forme (CCP art. 112 s.) et non une irrégularité de fond (CCP art. 117), qui ne peut entraîner la nullité de ces actes que si elle a causé un grief (Cass. 3e civ. 1-12-2016 n° 15-24.721 F-D : BPIM 1/17 inf. 49).

EMPRUNT COLLECTIF

La loi pour la rénovation de l'habitat dégradé introduit la possibilité pour les associations syndicales libres de recourir à un emprunt collectif, en l'absence de clauses statutaires contraires (Ord. 2004-632 du 1-7-2004 art. 10-1, al. 1 nouveau créé par loi 2024-322 du 9-4-2024 art. 6). Souscrit par le syndicat qui administre l'ASL, l'emprunt collectif global est destiné à financer les travaux concernant les parties communes, les équipements et les terrains ou les travaux d'intérêt collectif sur les parties privatives. Un décret à paraître précisera les conditions d'application du nouveau texte. **42163**

HYPOTHÈQUE LÉGALE

Les associations syndicales bénéficient de l'hypothèque légale qui existe au profit des syndicats de copropriété. Les conditions d'inscription et de mainlevée de cette hypothèque sont celles prévues par l'article 19 de la loi du 10 juillet 1965 (Ord. du 1-7-2004 art. 6 ; n° 36710). **42165**

TRANSMISSIBILITÉ DES OBLIGATIONS DES PROPRIÉTAIRES

Les obligations des propriétaires **membres** de l'association syndicale sont des obligations réelles, grevant les immeubles considérés, et qui suivent donc ces immeubles en quelque main qu'ils passent (voir n° 42015) (Cass. civ. 26-1-1903 : DP 1903.1 p. 289 ; Cass. 3e civ. 30-1-1979 : Bull. civ. III n° 26 ; Cass. 3e civ. 25-10-1972 : Bull. civ. III n° 546 ; CE 13-1-1922 : Lebon p. 32). En conséquence, est réputée non écrite la condition résolutoire affectant l'adhésion de propriétaires de lots à une association syndicale. **42170**

Le caractère réel de ces obligations rend opposables aux acquéreurs successifs des immeubles les charges grevant ces immeubles. Ces derniers en sont donc tenus quel que soit le mode d'acquisition des biens et jusqu'à la dissolution de l'association (Cass. 3e civ. 19-2-1980 : JCP éd. N 1980 II p. 233).

L'association syndicale n'en a pas moins un patrimoine distinct de celui de ses membres, et ceux-ci ne répondent pas des dettes contractées par l'association à l'égard des tiers. Par suite, **en cas de liquidation judiciaire de l'ASL,** ils ne peuvent pas être condamnés à payer les travaux réalisés par une entreprise pour le compte de l'association (Cass. 3e civ. 12-6-2002 n° 00-19.207 : RJDA 10/02 n° 1045).

MODIFICATION DES STATUTS DE L'ASSOCIATION SYNDICALE LIBRE

La modification des statuts de l'association syndicale s'opère selon les règles prévues par les statuts eux-mêmes. Elle s'impose à tous les membres de l'association (Cass. 3e civ. 1-7-1980, Ass. synd. du lotissement de Tournamy). À défaut de disposition différente des statuts, la modification requiert l'unanimité (CA Paris 24-2-1994, M. c/ Synd. av. Peronnet à Neuilly ; CA Bordeaux 22-7-1996 : Juris-Data n° 045928). Sur la publicité des modifications statutaires, voir n° 42120. **42175**

S'agissant de compléter les statuts pour pallier leur silence sur la répartition des charges, l'opération relève de la compétence de l'assemblée (CA Bordeaux 1-6-1988 : JCP éd. N 1989 II p. 156), qui statue valablement à la majorité prévue par les statuts (Cass. 3e civ. 24-1-2001 : JCP éd. N 2001 p. 1379 obs. B. Stemmer) et avec l'accord des membres de l'association syndicale pour lesquels la modification aboutit à une augmentation de leurs engagements (Cass. 3e civ. 21-9-2011 n° 10-18.788 : BPIM 1/12 inf. 63).

L'ASL doit déclarer toute modification des statuts à la préfecture ou à la sous-préfecture et publier cette modification dans les trois mois.

Le défaut de déclaration et de publication dans les 3 mois de la modification des statuts ne prive pas l'association de son droit d'ester en justice (Cass. 3e civ. 9-7-2014 n° 13-19-077 : RJDA 10/14 n° 782) ; seul le défaut de publication de la mise en conformité des statuts entraîne la perte de la capacité d'ester en justice (n° 42110).

VENTE D'UN BIEN DE L'ASSOCIATION SYNDICALE LIBRE

L'ordonnance du 1er juillet 2004 instaure des **formalités** particulières en ce qui concerne la vente d'un **bien compris dans le périmètre d'une ASL.** **42180**

1° Un **avis de mutation** doit être donné, dans les conditions prévues à l'article 20 de la loi du 10 juillet 1965 fixant le statut de la copropriété des immeubles bâtis, à l'association qui peut faire **opposition** dans les conditions dudit article pour obtenir le paiement des sommes restant dues par l'ancien propriétaire (Ord. 2004-632 du 1-7-2004 art. 3, al. 3). Sur le régime de l'opposition en matière de copropriété, voir nos 37300 s.

Cette disposition de l'ordonnance appelle les remarques suivantes :

– bien que l'ordonnance ne reprenne pas la précision contenue dans l'article 20 de la loi de 1965 selon laquelle sont concernées les mutations à titre onéreux, ce sont bien ces dernières qui sont visées. En effet, l'opposition n'a de sens que si la mutation engendre une créance de prix, et donc est à titre onéreux ;

– les créances de toute nature d'une association syndicale de propriétaires à l'encontre d'un de ses membres sont garanties par une hypothèque légale sur les immeubles de ce membre compris dans le périmètre de l'association (art. 6, al. 1) ;

– l'avis de mutation n'est notifié, lors d'une vente de lot de copropriété, que si le vendeur ne justifie pas, par un document émanant du syndic, qu'il est à jour de ses charges envers le syndicat. Le texte relatif aux ASL ne reprend pas cette distinction. Il en résulte, à notre avis, que l'avis de mutation doit être donné dans tous les cas, l'association syndicale faisant, ou non, opposition selon la situation du vendeur.

2° Toute mutation d'un immeuble inclus dans le périmètre d'une ASL doit être **notifiée** au président de l'association, qui tient à jour l'état nominatif des propriétaires d'immeubles inclus dans son périmètre ainsi que le plan parcellaire (art. 4, al. 1).

3° Le propriétaire d'un bien compris dans le périmètre d'une ASL **doit informer** l'acquéreur ou son locataire de cette inclusion et de l'existence éventuelle de servitudes (art. 4, al. 2).

E. Disparition des associations syndicales libres

42185 Les textes ne prévoient que les règles de publicité (n° 42120). Les statuts indiquent généralement que l'association syndicale durera tant que durera son objet : par exemple, lorsque toute la voirie d'un ensemble immobilier aura été transférée dans la voirie communale, l'association disparaîtra **faute d'objet,** si la gestion de cette voirie était son seul objet. Il n'y a pas lieu de dissoudre une ASL dès lors que son objet n'a pas disparu (CA Paris 12-12-2001 : Constr.-urb. 2002 comm. n° 148).

Un **terme** peut être fixé par les statuts, mais la pratique n'en montre guère d'exemple, du moins en matière de lotissements, où l'association a vocation à durer sans limitation dans le temps autre que la durée même du lotissement (laquelle est a priori indéterminée). Si les statuts prévoient la prorogation de l'association, une simple décision majoritaire prise avant le terme prévu suffit (Cass. 1e civ. 3-4-1990, L. c/ ASL des propriétaires des Sables-d'Or-les-Pins Préhérel).

Une **décision** unanime **des membres** de l'association pourrait aussi y mettre fin, sauf autre majorité prévue par les statuts.

Les **modalités** de dissolution-liquidation ne sont réglées par aucun texte. Les statuts les organisent donc librement. La dissolution d'une association syndicale, qui était chargée de l'entretien de la voirie et de certains équipements, est sans incidence sur la force obligatoire des autres stipulations du cahier des charges (Cass. 3e civ. 20-12-1989 : Bull. civ. III n° 248).

42187 **En cas de dissolution,** les membres de l'ASL ne peuvent pas devenir propriétaires, même individuellement, d'un bien appartenant à l'association. À défaut de disposition statutaire ou d'une décision de l'assemblée sur ce point, la propriété du bien est dévolue à l'État (CA Nîmes 14-12-2000 : Constr.-urb. 2001 comm. n° 120 pour un terrain confirmé par Cass. 3e civ. 18-6-2003 : RJDA 5/04 n° 586, qui précise qu'il ne doit en être ainsi qu'à défaut de trouver dans les statuts une stipulation relative à la dévolution des biens en cas de dissolution). Cette solution peut paraître contestable dans la mesure où, contrairement à la loi de 1901 sur les associations, l'ordonnance du 1er juillet 2004 ne prévoit rien à cet égard.

42188 Lorsqu'une ASL comprend une **copropriété en difficulté,** il est possible de sortir l'immeuble du périmètre de l'association ou de dissoudre celle-ci (voir n° 39536).

42190 L'association syndicale libre peut aussi être **convertie en association syndicale autorisée.** Elle devient alors un établissement public dont le régime, juridique et fiscal, est étudié nos 30900 s. du Mémento Urbanisme-Construction.

À l'issue d'un délai d'un an à compter de la publication de ses statuts au Journal officiel (n° 42120) et par délibération de l'assemblée prise à la majorité des propriétaires représentant au moins 2/3 des surfaces des propriétés (ou les 2/3 des propriétaires représentant plus de la moitié de la superficie des propriétés), l'association peut demander à l'autorité administrative compétente dans le département où elle a son siège à être transformée en association syndicale autorisée. Cette transformation n'entraîne pas la création d'une nouvelle personne morale. Elle intervient à titre gratuit et ne donne lieu au paiement d'aucun droit, indemnité, taxe, salaire ou honoraire (Ord. 2004-632 du 1-7-2004 art. 10 et 14).

42192 Les **travaux** de prévention des risques naturels ou sanitaires, des pollutions et nuisances, les travaux de préservation, de restauration ou d'exploitation des ressources naturelles et les travaux d'aménagement ou d'entretien des cours d'eau, lacs, plans d'eau, voies et réseaux divers constituent une obligation légale à la charge des propriétaires. Si une association syndicale autorisée n'a pas pu être constituée pour ces travaux, l'autorité administrative peut constituer d'office une association syndicale regroupant les propriétaires intéressés (Ord. 2004-632 du 1-7-2004 art. 43, al. 1). Les modalités de création et de publicité de ces **associations constituées d'office** sont précisées par l'ordonnance du 1er juillet 2004. Elles peuvent être transformées en association syndicale autorisée (Ord. du 1-7-2004 art. 44).

CHAPITRE 2 DÉMEMBREMENT DE PROPRIÉTÉ

SOMMAIRE

TYPES DE DÉMEMBREMENTS

Les développements qui suivent sont consacrés aux aspects juridiques et fiscaux du démembrement de propriété par **dissociation de l'usufruit et de la nue-propriété,** régi par les articles 578 et suivants du Code civil. 42200

D'**autres démembrements** du droit de propriété existent, qui confèrent à leur titulaire des droits plus restreints que l'usufruit. C'est le cas notamment du droit d'usage et d'habitation régi par les articles 625 et suivants du Code civil, qui se rencontre très souvent dans les ventes en viager afin de ménager au cédant la possibilité d'occuper les biens cédés ainsi que dans les formules d'investissements dans les résidences-services pour personnes âgées. C'est le cas également du droit d'habitation et d'usage du conjoint survivant sur sa résidence principale prévu par l'article 764 du Code civil, qui obéit à des règles particulières.

Il semble également possible de créer de nouveaux droits réels, non expressément visés par le Code civil (en ce sens, Cass. 3e civ. 31-10-2012 n° 11-16.304 : BRDA 22/12 inf. 20 ; Cass. 3e civ. 28-1-2015 n° 14-10.013 : BRDA 3/15 inf. 17 ; Cass. 3e civ. 8-9-2016 n° 14-26.953 FS-PB : Bull. civ. III n° 105).

SECTION 1

CARACTÉRISTIQUES GÉNÉRALES DU DÉMEMBREMENT DE PROPRIÉTÉ

EN BREF

42205 Le **droit de propriété** est « le droit de jouir et disposer des choses de la manière la plus absolue, pourvu qu'on n'en fasse pas un usage prohibé par les lois ou par les règlements » (C. civ. art. 544).

Selon l'analyse traditionnelle, la propriété se caractérise par l'addition, d'une part, du droit de jouir du bien qui se compose du droit de l'utiliser (usus) et d'en percevoir les revenus (fructus), d'autre part, du droit d'en disposer (abusus), c'est-à-dire notamment de le vendre, le donner, le modifier.

Le droit de propriété peut faire l'objet d'un démembrement par **dissociation de l'usufruit et de la nue-propriété.** L'usufruitier dispose alors du droit d'usage et des fruits ; le nu-propriétaire conserve le droit de disposer du bien, en respectant les droits de l'usufruitier.

L'usufruit est un droit par nature **temporaire** (à terme fixe ou viager), à l'échéance duquel le nu-propriétaire retrouve la propriété pleine et entière.

Le démembrement de propriété peut s'appliquer à un **bien déterminé** ou à une **universalité de biens** (droit d'usufruit du conjoint survivant sur la succession de l'époux décédé, par exemple).

SOURCES DU DÉMEMBREMENT

42210 Le démembrement peut être **d'origine légale.** C'est le cas principalement de l'usufruit du conjoint survivant qui, en présence d'enfants tous issus des deux époux et à défaut de disposition contraire, recueille à son choix toute la succession en usufruit ou le quart en pleine propriété (C. civ. art. 757).

Le démembrement est souvent établi par la **volonté de l'homme.**

Lorsqu'il est établi **entre vifs,** le démembrement peut trouver sa source dans un contrat à titre gratuit ou à titre onéreux. Il est en effet possible de céder (vente, apport en société...), moyennant une contrepartie, des droits en usufruit ou des droits en nue-propriété. Lorsqu'il est constitué à titre gratuit, le démembrement se réalise souvent par voie de rétention : le donateur donne la nue-propriété d'un bien et retient à son profit l'usufruit. Il est fréquent, dans ce cas, de stipuler une réversion, c'est-à-dire de prévoir que l'usufruit s'éteindra au décès du survivant de deux personnes (généralement, le donateur et son conjoint). Le donateur peut également donner la nue-propriété à une personne et l'usufruit à une autre, par exemple la nue-propriété aux petits-enfants et l'usufruit aux enfants, afin de réaliser un saut de génération tout en bénéficiant des abattements prévus en faveur des dons aux descendants.

Le démembrement peut résulter de dispositions **à cause de mort** : testament ou donation au dernier vivant entre époux. Dans ce cas, le démembrement se produit au décès du disposant.

L'usufruit peut également résulter de l'exercice de la faculté de substitution ouverte aux enfants non issus des deux époux par l'article 1098 du Code civil.

La multiplication des divorces a favorisé l'émergence d'une autre source du démembrement de propriété : l'**institution judiciaire** avec l'attribution à l'un des ex-conjoints d'une prestation compensatoire en usufruit.

NATURE ET ÉTENDUE DES DROITS DE L'USUFRUITIER

42215 L'usufruit est « le droit de jouir des choses dont un autre a la propriété, comme le propriétaire lui-même, mais à la charge d'en conserver la substance » (C. civ. art. 578).

L'usufruitier a un droit à la **jouissance** et aux **fruits** – c'est-à-dire aux revenus – du bien (C. civ. art. 582). Il n'a en revanche pas droit aux **produits,** qui appartiennent au nu-propriétaire. Les produits s'opposent aux fruits par leur caractère non périodique et parce que leur perception altère la substance de la chose : tandis que le fruit est un revenu, le produit est une fraction du bien, le capital.

Usufruit, droit réel L'usufruitier dispose d'un droit réel, c'est-à-dire d'un **droit direct et immédiat** sur la chose. Il est dans une situation radicalement différente de celle du locataire, qui n'a qu'un droit personnel contre le bailleur. 42220

Le droit réel de l'usufruitier a une **nature mobilière** s'il s'applique à un meuble, **immobilière** lorsqu'il porte sur un immeuble. L'opération donnant naissance à l'usufruit immobilier doit être publiée au fichier immobilier, pour être opposable aux tiers ou pour leur information selon les cas (Décret 55-22 du 4-1-1955 art. 28, 1° et 3°). Elle doit donc être constatée par acte authentique notarié, juridictionnel ou administratif (C. civ. art. 710-1). L'usufruit immobilier peut être hypothéqué (C. civ. art. 2388).

L'usufruitier peut en principe librement **céder son droit** à un tiers. Cependant, l'usufruit étant attaché à la personne de l'usufruitier, la durée de l'usufruit en cas de cession d'un usufruit préconstitué sera en tout état de cause limitée à la vie du cédant. Par exemple, si X, usufruitier d'un bien, cède à Y son usufruit viager, le décès de X mettra fin à l'usufruit détenu par Y. 42225

Usufruit, droit temporaire L'usufruit est nécessairement constitué pour une durée limitée. 42230

Pour les **personnes physiques,** la durée maximale de l'usufruit est la durée de vie de l'usufruitier : c'est l'usufruit **viager.**

L'usufruit peut être constitué pour un **terme fixe** (dix ans, par exemple) mais si l'usufruitier décède avant l'arrivée du terme, l'usufruit prendra fin dès la date du décès.

Si le terme est fixé en fonction de l'âge d'un tiers, le décès avant terme de ce tiers permet quand même à l'usufruit de perdurer jusqu'au jour où ce tiers aurait atteint l'âge prévu, à condition que l'usufruitier soit lui-même toujours en vie (C. civ. art. 620).

La durée de l'usufruit accordé à une **personne morale** ne peut pas être supérieure à trente ans (C. civ. art. 619). La Cour de cassation a précisé que cette règle est d'ordre public : il ne peut pas y être dérogé par convention (Cass. 3e civ. 7-3-2007 n° 06-12.568 : RJDA 7/07 n° 793). Dans un arrêt isolé, une cour d'appel a cependant estimé que la **limite de trente ans** n'est applicable qu'à un usufruit transmis ou cédé et a jugé qu'une personne morale titulaire d'un droit de propriété peut donc, en cas de cession de la nue-propriété de ce bien, se réserver un usufruit pour une durée supérieure (CA Caen 24-1-1995 n° 93-2503 : BRDA 19/95 p. 6 ; F.-D. Poitrinal, L'usufruit réservé par une personne morale : Dr. et Patrimoine 1996 p. 46, Defrénois 1996 I p. 392, obs. C. Atias, JCP G 1995 IV 1360). Cet arrêt (non frappé de pourvoi) a été critiqué par la doctrine (C. Atias, Defrénois 1996 I p. 393), car les travaux préparatoires du Code civil indiquent très clairement que le législateur a entendu limiter dans tous les cas la durée de l'usufruit permise à une personne morale. 42235

Une autre cour d'appel a par ailleurs jugé que si l'article 619 du Code civil prévoit que l'usufruit accordé à une personne morale ne dure que trente ans, de sorte qu'il n'existe pas en principe de transmission à titre définitif de l'usufruit à l'égard d'une personne morale, il en va autrement lorsque la personne morale se trouve déjà titulaire du droit de nue-propriété, dès lors que l'acquisition des droits d'usufruit lui confère alors la pleine propriété du bien, de sorte que le droit d'usufruit, inclus dans le droit de propriété, lui est acquis de manière définitive (CA Dijon 5-5-2011 n° 1000973 : RJF 10/11 n° 1097).

> **Précisions** La Cour de cassation a jugé qu'il est possible d'attribuer contractuellement à une personne morale un **droit réel** sur un bien, **différent d'un droit d'usufruit** ou d'un droit d'usage et d'habitation, conférant le bénéfice d'une jouissance spéciale du bien **sur une durée pouvant excéder trente ans,** échappant ainsi à la limitation de l'article 619 du Code civil (Cass. 3e civ. 31-10-2012 n° 11-16.304 : BRDA 22/12 inf. 20). Lorsque les parties n'ont pas limité dans le temps l'exercice de ce droit réel, celui-ci ne peut toutefois pas être perpétuel et s'éteint dans les conditions prévues par les articles 619 et 625 du Code civil (Cass. 3e civ. 28-1-2015 n° 14-10.013 : BRDA 3/15 inf. 17). Tel n'est pas le cas du droit réel spécial concédé pour la durée d'une fondation : considéré comme limité dans le temps, et non perpétuel, ce droit échappe aux dispositions prévues aux articles précités (Cass. 3e civ. 8-9-2016 n° 14-26.953 FS-PB). En tout état de cause, le législateur ayant expressément limité la durée de l'usufruit dont bénéficient les personnes morales à trente ans, la jurisprudence précitée n'autorise pas selon nous la création de droits comparables, même avec des caractéristiques qui seraient légèrement différentes, pour contourner la limite de l'article 619 du Code civil.

Usufruit, droit simple ou complexe L'usufruit peut être établi au profit d'une ou de plusieurs personnes, immédiatement ou à terme, conjointement ou successivement. 42240

L'**usufruit conjoint** est un usufruit détenu simultanément par plusieurs personnes sur un même bien. Si l'usufruit conjoint comporte une clause d'accroissement, au décès du premier usufruitier, le ou les autres usufruitiers se partagent l'accroissement.

L'usufruit est dit **successif** lorsque plusieurs personnes sont appelées à en jouir successivement : le titulaire de l'usufruit successif devient usufruitier à l'extinction de l'usufruit précédent.

42245 **Usufruit, droit indépendant de la nue-propriété** L'usufruit fait partie du patrimoine de l'usufruitier : il peut être vendu ou donné et ce, indépendamment de la nue-propriété (C. civ. art. 595).

Cette indépendance a plusieurs conséquences :

– il n'y a pas d'**indivision** entre le nu-propriétaire et l'usufruitier. Ni l'usufruitier ni le nu-propriétaire ne peut donc exiger le partage du bien démembré. Il peut en revanche exister une indivision entre plusieurs usufruitiers ou entre plusieurs nus-propriétaires qui exercent des droits concurrents sur le(s) même(s) bien(s) : voir Précisions ci-après ;

– le juge ne peut, à la demande d'un nu-propriétaire, ordonner la **vente de la pleine propriété** d'un bien grevé d'usufruit contre la volonté de l'usufruitier (C. civ. art. 815-5, al. 2). Il en va ainsi même si l'usufruitier n'occupe pas le bien (Cass. 1e civ. 17-1-2006 n° 04-13.789 : Bull. civ. I n° 23) ;

– la **vente du bien** grevé d'usufruit **sans l'accord de l'usufruitier** ne modifie pas le droit de ce dernier, qui continue à jouir de son usufruit sur le bien s'il n'y a pas expressément renoncé (C. civ. art. 621, al. 2) ;

– en cas de **vente conjointe de l'usufruit et de la nue-propriété,** le prix est partagé entre l'usufruitier et le nu-propriétaire au prorata de la valeur de leurs droits respectifs, sauf accord des parties pour reporter l'usufruit sur le prix (C. civ. art. 621, al. 1).

> Précisions En principe, le **droit de demander le partage** n'existe qu'en présence d'une véritable indivision. Il ne peut donc jouer lorsque des droits de nature différente (tels que l'usufruit et la nue-propriété) coexistent sur un même bien.
En cas d'**indivision en usufruit,** chaque usufruitier peut demander le partage de l'usufruit indivis, par voie de cantonnement sur le bien, c'est-à-dire un partage en nature, ou en cas d'impossibilité par voie de licitation du seul usufruit ; par exception, la licitation peut porter sur la pleine propriété lorsqu'elle apparaît seule protectrice de l'intérêt de tous les titulaires de droits sur le bien indivis (C. civ. art. 817). La solution est destinée à permettre à l'usufruitier indivis de sortir plus efficacement de l'indivision, lorsque le cantonnement des droits des différents usufruitiers et la licitation de l'usufruit ne sont pas possibles dans des conditions satisfaisantes pour les usufruitiers.
En présence d'une **indivision en nue-propriété,** chaque nu-propriétaire peut demander le partage de la nue-propriété indivise par voie de cantonnement sur le bien, c'est-à-dire un partage en nature, ou en cas d'impossibilité par voie de licitation de la seule nue-propriété ; la licitation de la pleine propriété est également possible sous la condition qu'elle apparaisse comme seule protectrice de l'intérêt de tous les titulaires de droits sur les biens indivis, mais avec la restriction qu'elle ne peut pas être ordonnée contre la volonté de l'usufruitier (C. civ. art. 818).
Un juge ne peut, à la demande du créancier personnel d'un indivisaire nu-propriétaire, ordonner la vente de la pleine propriété d'un bien grevé d'usufruit contre la volonté de l'usufruitier (Cass. 1e civ. 13-6-2019 n° 18-17.347 F-PB : RJDA 12/19 n° 791).

NATURE ET ÉTENDUE DES DROITS DU NU-PROPRIÉTAIRE

42250 Le nu-propriétaire bénéficie d'un **droit réel** de propriété assorti de prérogatives réduites : celles dont l'usufruitier ne l'a pas privé. Il a droit aux produits de la chose et a vocation à recouvrer la totalité de ses prérogatives de propriétaire à l'extinction de l'usufruit ; il dispose en quelque sorte d'un **droit futur** à la pleine propriété.

> Précisions Jugé que, sauf stipulation expresse d'une réserve d'usufruit, la **promesse de vente de la nue-propriété** d'un bien grevé d'usufruit a nécessairement pour objet, en cas d'**extinction de l'usufruit avant la levée de l'option,** la pleine propriété de ce bien (Cass. 3e civ. 28-1-2009 n° 08-12.649 : RJDA 8-9/09 n° 724).

OBLIGATIONS RESPECTIVES DE L'USUFRUITIER ET DU NU-PROPRIÉTAIRE

42255 À la fin de l'usufruit, le bien devra être restitué à son propriétaire par l'**usufruitier.** Il en résulte pour ce dernier l'obligation de **conserver la substance du bien** dont il a l'usufruit (C. civ. art. 578). Cela ne signifie pas qu'à la fin de l'usufruit, le bien doive être restitué au nu-propriétaire dans le même état qu'à l'origine, mais qu'il doit l'être dans l'état d'un bien normalement utilisé et entretenu. À défaut, le nu-propriétaire pourrait demander des dommages-intérêts, contraindre l'usufruitier à réparer le dommage causé au bien, voire demander la déchéance de l'usufruit.

L'usufruitier doit faire dresser au moment où s'ouvre l'usufruit, en présence du nu-propriétaire ou lui dûment appelé, un **inventaire des meubles** et un **état descriptif des immeubles** (C. civ. art. 600). Ces documents permettront au nu-propriétaire de vérifier à l'extinction de l'usufruit que les biens sont toujours là et que leur consistance n'a pas varié. Si ces documents n'ont pas été établis, le nu-propriétaire pourra prouver par tous moyens quelle était au départ la consistance des biens soumis à l'usufruit. Précisons que la doctrine majoritaire admet que le disposant peut dispenser l'usufruitier d'établir l'inventaire des meubles et l'état des immeubles ; mais lorsque l'usufruit découle d'une libéralité entre époux, les enfants nus-propriétaires peuvent exiger qu'il soit dressé inventaire, nonobstant toute disposition contraire du titre constitutif de l'usufruit (C. civ. art. 1094-3).

Enfin, l'usufruitier doit en principe donner **caution** (ou une autre garantie telle qu'un gage, un nantissement ou même une hypothèque) d'utiliser les biens « raisonnablement » (C. civ. art. 601). Cette obligation de fournir caution supporte toutefois des exceptions : d'une part, elle ne s'impose pas à celui qui donne ou vend un bien avec réserve d'usufruit ; d'autre part et surtout, le nu-propriétaire peut en dispenser l'usufruitier, ce qui est très fréquent lorsque l'usufruitier est le conjoint survivant. À défaut de fournir caution (ou une garantie équivalente) lorsqu'il y est tenu, l'usufruitier peut se voir ordonner l'emploi des biens, notamment la mise en location des biens immobiliers et le placement des liquidités, afin de garantir au nu-propriétaire la restitution à laquelle il a droit à l'extinction de l'usufruit (C. civ. art. 602).

> Précisions Constitue une **faute grave,** sanctionnée par l'**extinction absolue de l'usufruit,** la carence totale et ancienne d'une veuve dans l'exercice de son usufruit causant une dégradation manifeste de l'immeuble et nécessitant d'importants travaux avant toute entrée dans les lieux (Cass. 1e civ. 2-10-2024 n° 22-15.701 FD : BPIM 6/24 Inf. 368). Signalons que cette peine civile ne semble pas s'appliquer au **quasi-usufruit,** le quasi-usufruitier ayant justement le droit d'user de la chose comme il l'entend, à charge de restitution de la chose elle-même ou de son équivalent à l'extinction de son droit (en ce sens, Rép. civ. Dalloz, Usufruit, v° Règlements constitutifs à l'extinction de l'usufruit par A. Chamoulaud-Trapiers n° 486 ; en sens contraire mais ancien et isolé : Req. 21-1-1845 : DP 1845 I p. 104).

À l'égard de l'usufruitier, le **nu-propriétaire** a pour seule obligation de lui permettre de jouir paisiblement du bien sur lequel porte l'usufruit. **42257**

VALORISATION DES DROITS DÉMEMBRÉS

Pour évaluer des droits démembrés, il existe deux méthodes : l'une fiscale, l'autre économique. **42260**

Évaluation fiscale C'est la plus connue et la plus simple des méthodes d'évaluation. La valeur fiscale des droits démembrés est fixée par un barème dont l'application est obligatoire pour le calcul des **droits d'enregistrement** et de la taxe de publicité foncière (CGI art. 669 : voir nos 42650 s.). **42262**

L'utilisation du barème ne s'impose pas en revanche dans les **relations entre les parties.**

Le barème ne s'applique en principe pas non plus au calcul **des plus-values** : celles-ci sont normalement déterminées à partir du prix de cession convenu entre les parties. Cela dit, le barème est en certaines hypothèses retenu pour la détermination du prix de revient du droit vendu, comme nous le verrons plus loin.

Évaluation économique Elle consiste à estimer l'usufruit à la valeur actualisée des flux de revenus qui seront perçus pendant sa durée. La valeur économique de l'usufruit est donc d'autant plus élevée que le rendement du bien est fort et que la durée de l'usufruit est longue. **42265**

Cette valeur (US) peut ainsi être **déterminée à partir** des flux de revenus futurs (R), du taux de rendement du bien (i) et de la durée de l'usufruit (n) :

$$US = \frac{R\,1}{(1+i)} + \frac{R\,2}{(1+i)^2} + ... + \frac{Rn}{(1+i)^n}$$

Pour un usufruit viager, il convient de déterminer l'espérance de vie de l'usufruitier à partir de tables de mortalité (celles utilisées par les assureurs, par exemple), dont les données peuvent être corrigées pour tenir compte de l'état de santé réel de l'usufruitier.

Quant à la valeur de la nue-propriété (NP), elle correspond à la valeur actualisée de la pleine propriété future et peut ainsi être déterminée à partir de la valeur de la pleine propriété (PP), de la durée de l'usufruit (n) et du taux de rendement du bien (i) :

$$NP = \frac{PP}{(1+i)^n}$$

L'évaluation économique des droits d'usufruit et de nue-propriété peut naturellement être en **écart avec le résultat obtenu par application du barème fiscal,** celui-ci se présentant par tranches de 10 ans et étant fondé sur les tables de mortalité de l'Insee 1996-1998 avec un taux d'actualisation de 3 %.

> Précisions Jugé que si l'évaluation de l'usufruit temporaire d'un immeuble peut reposer sur la méthode des flux de trésorerie actualisés (méthode DCF ou « discounted cash flows »), la **pertinence des paramètres retenus** (montant des flux, taux d'actualisation et durée d'actualisation) doit pouvoir être justifiée (CAA Nantes 31-5-2018 nos 16NT04182 et 16NT04184 : RJF 12/18 n° 1260, concl. T. Jouno). Le Conseil d'État a par ailleurs jugé que les termes de calcul utilisés doivent être homogènes, de sorte que la somme de l'usufruit et de la nue-propriété ne puisse pas excéder la valeur de la pleine propriété (CE 24-10-2018 nos 412322 et 412323 : RJF 1/19 n° 36, concl. R. Victor).
S'agissant des **flux de revenus futurs à retenir,** le Conseil d'État a eu l'occasion de juger, dans deux affaires où des usufruits à durée fixe de parts de deux SCI ayant pour activité la location d'immeubles d'exploitation avaient été cédés par des particuliers à deux sociétés soumises à l'impôt sur les sociétés, que l'évaluation de ces usufruits selon la méthode des flux de trésorerie actualisés doit se fonder, non pas sur les résultats imposables prévisionnels des sociétés concernées, mais sur leurs distributions prévisionnelles dont le montant peut être fonction, notamment, des annuités prévisionnelles de remboursement d'emprunts ou des éventuelles mises en réserve pour le financement d'investissements futurs (CE 30-9-2019 nos 419855 et 419860 : RJF 12/19 n° 1123). Lorsque, depuis la création de la société, la totalité des bénéfices distribuables a effectivement été appréhendée par les associés en numéraire ou par inscription en compte courant, l'évaluation de l'usufruit des titres peut prendre en compte l'intégralité des bénéfices distribuables non plafonnés à la trésorerie disponible, la politique de distribution passée de la société légitimant cette solution en l'absence de justification d'une modification de cette politique pour l'avenir (CE 20-5-2022 n° 449385 : BPIM 4/22 inf. 337-2).

SECTION 2

PRÉROGATIVES ET OBLIGATIONS DES TITULAIRES DE DROITS DÉMEMBRÉS SUR UN IMMEUBLE

A. Pouvoirs d'administration et de gestion des biens immobiliers démembrés

PRINCIPES DE RÉPARTITION DES POUVOIRS ENTRE TITULAIRES DE DROITS DÉMEMBRÉS

42300 D'une manière générale, l'**usufruitier** est autorisé à accomplir seul tous les actes d'administration correspondant à la gestion normale d'un patrimoine. C'est en effet l'usufruitier qui est, en premier lieu, concerné par la gestion et l'administration : il profite du bien directement s'il en use, indirectement s'il en retire des revenus. De plus, l'article 578 du Code civil lui impose d'en conserver la substance et donc de l'entretenir en conséquence.

Pour les actes particulièrement importants, le **nu-propriétaire** peut être amené à intervenir conjointement avec l'usufruitier. Il s'agit principalement des cas où les décisions prises pourraient avoir des conséquences graves sur la substance du bien.

42305 Lorsqu'il s'agit de la gestion et de l'administration d'un patrimoine immobilier, la **question de la répartition des pouvoirs** entre nu-propriétaire et usufruitier se pose surtout lors de la conclusion et du renouvellement des baux et lors des assemblées de copropriétaires.

1. CONCLUSION ET RENOUVELLEMENT DES BAUX D'IMMEUBLES DÉMEMBRÉS

RÈGLES LÉGALES

42310 L'article 595 du Code civil définit les pouvoirs de l'usufruitier pour la conclusion et le renouvellement des baux en effectuant une **distinction selon leur nature.**

42312 **Baux d'habitation ou à usage professionnel** L'usufruitier peut passer seul les baux d'habitation ou à usage professionnel. Cependant, si le bail est consenti pour une **durée**

supérieure à neuf ans, le preneur a tout intérêt à ce que le nu-propriétaire intervienne au contrat : en effet, « les baux que l'usufruitier seul a faits pour un temps qui excède neuf ans ne sont, en cas de cessation de l'usufruit, obligatoires à l'égard du nu-propriétaire que pour le temps qui reste à courir, soit de la première période de neuf ans, si les parties s'y trouvent encore, soit de la seconde, et ainsi de suite de manière que le preneur n'ait que le droit d'achever la jouissance de la période de neuf ans où il se trouve » (C. civ. art. 595, al. 2).

D'autre part, pour le cas où le bail serait conclu en fraude de ses droits, le nu-propriétaire pourrait intenter une action pour obtenir la nullité du bail. Le caractère frauduleux du bail est laissé à la libre appréciation des tribunaux. En pratique, l'usufruitier doit veiller à ne pas consentir un bail pour un **loyer** inférieur à ceux pratiqués habituellement, ni consentir des avantages démesurés au locataire.

ATTENTION

L'usufruitier a seul **qualité pour délivrer un congé** et agir en justice en vue de le faire valider ; le nu-propriétaire ne dispose pas de ce droit. Par ailleurs, en cas de congé pour reprise en vue de l'occupation du bien, c'est à l'égard de l'usufruitier que s'apprécie le lien familial du bénéficiaire de la reprise (Cass. 3e civ. 26-1-2022 n° 20-20.223 FS-B : BPIM 2/22 inf. 154).

Baux commerciaux et ruraux L'usufruitier doit recueillir l'accord du nu-propriétaire pour la **conclusion des baux** portant sur des biens ruraux ou sur des immeubles à usage commercial, industriel ou artisanal (C. civ. art. 595, al. 4). **42315**

Si l'**usufruitier passe seul l'acte,** le contrat de bail est nul. Il s'agit d'une nullité relative qui ne peut être invoquée que par le nu-propriétaire (en ce sens notamment, Cass. 3e civ. 14-11-2007 n° 06-17.412 : RJDA 4/08 n° 384). Le droit d'invoquer la nullité du bail persiste au profit du nu-propriétaire, même après reconstitution de la pleine propriété ; la Cour de cassation a ainsi jugé que le nu-propriétaire qui hérite de l'usufruitier n'est pas pour autant privé, après la reconstitution de la pleine propriété, de la possibilité d'invoquer la nullité du bail rural ou commercial que l'usufruitier avait consenti sans avoir requis son autorisation (Cass. 3e civ. 9-12-2009 n° 08-20.133 : Bull. civ. III n° 271).

Cependant, si le nu-propriétaire ne veut pas donner son accord sans que cela soit justifié, l'usufruitier a la possibilité de demander au tribunal de l'autoriser à passer l'acte en dépit du refus du nu-propriétaire (C. civ. art. 595, al. 4).

Les mêmes règles sont applicables pour le renouvellement du bail : l'usufruitier ne peut pas **accepter le renouvellement** d'un bail commercial sans le concours du nu-propriétaire (Cass. 3e civ. 24-3-1999 n° 97-16.856 : RJDA 5/99 n° 525). En revanche, l'usufruitier est qualifié pour **refuser** seul **le renouvellement** du bail commercial, en offrant le paiement d'une indemnité d'éviction au preneur (Cass. 3e civ. 9-12-2009 n° 08-20.512 FS-PB : RJDA 3/10 n° 222). L'indemnité étant due par le bailleur qui a délivré congé (Cass. 3e civ. 30-5-2001 n° 00-10.111 : Bull. civ. III n° 69), elle est à la charge de l'usufruitier. Jugé que dans l'hypothèse où le refus de renouvellement du bail a été délivré conjointement par l'usufruitier et le nu-propriétaire, cette circonstance ne suffit pas à rendre le nu-propriétaire codébiteur de l'indemnité : l'usufruitier ayant seul la qualité de bailleur, dont il assume toutes les obligations à l'égard du locataire, il est seul redevable de l'indemnité d'éviction, qui a pour objet de compenser le préjudice causé au locataire par le défaut de renouvellement du bail (Cass. 3e civ. 19-12-2019 n° 18-26.162 FS-PBI : RJDA 3/20 n° 186).

> Précisions a. La **demande de renouvellement** d'un bail commercial adressée uniquement à l'usufruitier est nulle, le locataire de locaux commerciaux devant adresser sa demande à l'usufruitier et au nu-propriétaire (en ce sens, notamment, Cass. 3e civ. 19-10-2017 n° 16-19.843 F-D : RJDA 2/18 n° 106).

b. Dans une espèce où un **bail** rural avait été **consenti par le seul nu-propriétaire,** fils de l'usufruitière, et où cette dernière, ayant demandé l'annulation du bail conclu sans son consentement, était décédée en cours d'instance en laissant pour lui succéder deux fils, le nu-propriétaire et son frère, ce dernier ayant décidé de poursuivre l'instance en annulation du bail, la Cour de cassation a jugé que la réunion de la nue-propriété et de l'usufruit en la personne du bailleur à la suite du décès de sa mère avait privé son frère du droit d'agir (Cass. 3e civ. 6-7-2017 n° 15-22.482 FS-PBI : RJDA 1/18 n° 5). La Haute Juridiction a sur ce fondement censuré l'arrêt de la cour d'appel qui avait annulé le contrat de bail et ordonné l'expulsion du locataire en retenant que l'action en nullité du bail avait été régulièrement reprise par le frère ayant toute qualité pour continuer à agir. On notera toutefois que la question de savoir si un bail rural conclu par le seul nu-propriétaire peut être annulé à la demande de l'usufruitier avant la cessation de l'usufruit n'est pas tranchée par la Cour suprême.

c. La condition de concours du nu-propriétaire s'applique à tous les **baux portant sur un fonds rural,** qu'ils paraissent ou non soumis au **statut du fermage** lors de la conclusion du contrat. L'usufruitier ne peut en conséquence passer seul une convention pluriannuelle de pâturage (Cass. 3e civ. 29-11-2018 n° 17-17.442 F-PBI). De même, l'accord du nu-propriétaire est requis pour mettre des terres agricoles à disposition d'une Safer : la convention de mise à disposition de parcelles agricoles au profit d'une Safer, si elle déroge au statut du fermage, s'analyse en un bail rural et ne peut donc pas être conclue par l'usufruitier seul (Cass. 3e civ. 22-10-2020 n° 19-16.812 F-D). Le concours du nu-propriétaire est également nécessaire pour les **baux de locaux à usage commercial** de courte durée consentis en application de l'article L 145-5 du Code de commerce (nos 54520 s.), qui échappent au **statut des baux commerciaux** (Cass. 3e civ. 5-4-1995 n° 794 P : RJDA 6/95 n° 687).

RÉPARTITIONS CONVENTIONNELLES

42320 Il est possible de déroger aux règles légales et de prévoir une répartition différente des pouvoirs, soit en renforçant la **gestion conjointe,** soit au contraire en attribuant la **totalité des pouvoirs** à l'usufruitier ou au nu-propriétaire agissant seul. Cette dérogation conventionnelle est possible soit au moment de l'**acte constitutif** du démembrement, soit **après,** par exemple par le biais d'un mandat.

On peut ainsi prévoir que l'**usufruitier** ne pourra passer des baux d'habitation qu'avec l'**accord préalable** du nu-propriétaire. La loi confère au locataire d'habitation des droits très importants (droit de préemption en cas de vente, augmentation limitée du loyer, etc.) qui peuvent se révéler un handicap lorsque le nu-propriétaire deviendra pleinement propriétaire. Il peut donc être utile de l'associer au choix du locataire et à la négociation du bail.
À l'inverse, des impératifs d'efficacité dans la gestion peuvent conduire à permettre à l'**usufruitier** de **conclure seul** un bail commercial ou un bail rural.

2. ASSEMBLÉES DE COPROPRIÉTÉ D'IMMEUBLES DÉMEMBRÉS

42325 La loi fixant le statut de la copropriété des immeubles bâtis prévoit que, lorsque l'immeuble est l'objet d'un démembrement de propriété, l'usufruitier et le nu-propriétaire doivent être représentés aux assemblées par un **mandataire commun** qui peut être soit un tiers, soit l'un d'eux. **À défaut d'accord,** les intéressés sont représentés par le nu-propriétaire.
Pour plus de précisions sur cette question, voir n° 37440.

B. Droit aux revenus et obligation aux charges des titulaires de droits démembrés sur un immeuble

REVENUS DE L'IMMEUBLE DÉMEMBRÉ

42350 L'usufruit emporte le droit, pour son titulaire, de percevoir les fruits du bien dont la propriété est démembrée. C'est donc à l'usufruitier que reviennent les loyers des immeubles démembrés donnés en location.

CHARGES D'ENTRETIEN ET DE RÉPARATION DE L'IMMEUBLE DÉMEMBRÉ

42355 Le bien, productif ou non de revenus, est source de charges dont il importe de fixer la répartition.

42357 **Critères de répartition des charges** La loi organise la répartition des charges en effectuant une **distinction** entre les **réparations d'entretien,** qui sont à la charge de l'usufruitier, et les **grosses réparations** qui demeurent à la charge du nu-propriétaire, à moins qu'elles n'aient été occasionnées par le défaut de réparations d'entretien depuis l'ouverture de l'usufruit, auquel cas l'usufruitier en est aussi tenu (C. civ. art. 605).

L'article 606 du Code civil dresse une liste des grosses réparations : ce sont « celles des gros murs et des voûtes, le rétablissement des poutres et couvertures entières, des digues, murs de soutènement et clôtures aussi en entier. Toutes les autres réparations sont d'entretien ».

Dans un arrêt de principe rendu en 2005, la Cour de cassation a donné une définition générale des grosses réparations comme celles qui « intéressent l'immeuble dans sa structure et sa solidité générale », les réparations d'entretien étant « celles qui sont utiles au maintien permanent en bon état de l'immeuble » (Cass. 3e civ. 13-7-2005 n° 04-13.764 : RJDA 12/05 n° 1323).

Dans un arrêt rendu en matière d'impôt sur la fortune, la chambre commerciale de la Cour de cassation a été amenée à préciser la distinction entre la notion de grosses réparations au sens de l'article 606 du Code civil et la notion de **travaux d'amélioration,** jugeant que constituent des améliorations et non des grosses réparations les travaux de démolition, puis de reconstruction d'une habitation d'une superficie supérieure, de construction d'une piscine et d'aménagement du terrain réalisés par l'usufruitier d'une propriété ; la Cour en a déduit que les dépenses réalisées incombaient bien à l'usufruitier, et qu'en conséquence l'emprunt que ce dernier avait contracté pour les financer constituait une dette déductible de sa base imposable à l'ISF (Cass. com. 12-6-2012 n° 11-11.424 : RJF 10/12 n° 962). En l'espèce, les bâtiments existants n'avaient pas été « réparés » mais démolis pour permettre la construction d'un nouvel ensemble ; la Cour juge qu'il ne pouvait donc s'agir que d'améliorations librement apportées au fonds par l'usufruitier et restant à la charge définitive de ce dernier (voir ci-après n° 42360 in fine). On peut s'interroger cependant sur cette analyse consistant à considérer que la démolition suivie de la reconstruction d'un bien plus grand est une simple amélioration (voir notamment F. Zenati-Castaing et Th. Revet, Droit civil, Les biens : PUF 3e éd. 2008 n° 148).

Obligation aux charges L'**usufruitier** est « tenu » d'entretenir l'immeuble (C. civ. art. 605) et de payer les charges usufructuaires, entendues comme les contributions et charges qui, dans l'usage, sont censées constituer les charges des fruits : taxe foncière, etc. (C. civ. art. 608). 42360

À l'inverse, le **nu-propriétaire** n'est pas obligé d'effectuer les dépenses de grosses réparations et l'usufruitier ne peut pas le contraindre à les faire (en ce sens, par exemple : Cass. 3e civ. 28-11-2006 n° 05-15.750 ; Cass. 1e civ. 28-10-2009 n° 07-12.488 : RJDA 1/10 n° 93 ; Cass. 1e civ. 18-12-2013 n° 12-18.537 : RJDA 3/14 n° 282). Cette solution est la conséquence de l'indépendance des droits de l'usufruitier et du nu-propriétaire : l'usufruit n'impose aucune obligation positive au nu-propriétaire. Cette règle n'est toutefois pas d'ordre public et il est possible d'y déroger par convention (voir ci-après n° 42362).

L'absence d'obligation pour le nu-propriétaire, sauf convention contraire, d'effectuer les grosses réparations peut être préjudiciable à la bonne conservation du bien, mais s'explique par le fait que le nu-propriétaire ne perçoit pas de revenus et peut se trouver dans l'impossibilité de financer ces travaux.

En l'absence de réalisation des travaux par le nu-propriétaire, l'**usufruitier** peut être amené à **prendre** effectivement **à sa charge des dépenses de grosses réparations** qui normalement devraient être effectuées par le nu-propriétaire. Il peut le faire soit de sa propre initiative, soit à la demande de son locataire, lorsque le bien est loué : dans ce dernier cas, en effet, il est lui-même tenu, en tant que bailleur, de faire toutes les réparations (autres que locatives), sans qu'il y ait lieu de distinguer entre les réparations d'entretien et les grosses réparations (en ce sens, par exemple, Cass. 3e civ. 28-6-2006 n° 05-15.563 : RJDA 11/06 n° 1183). L'usufruitier peut alors, sur le fondement de l'enrichissement injustifié, obtenir un **dédommagement** de la part du nu-propriétaire (en ce sens, Cass. civ. 17-7-1911 : DP 1911 I p. 457). Cependant, cette indemnisation ne peut intervenir qu'à l'expiration de l'usufruit et n'est pas calculée en fonction de la dépense faite mais en fonction de la plus-value procurée à l'immeuble et existant encore au moment de la cessation de l'usufruit. En outre, aucune indemnisation n'est jamais due pour les **dépenses d'amélioration** (C. civ. art. 599, al. 2).

> **Précisions** Lorsque l'usufruitier fait lui-même exécuter des travaux de grosses réparations, il est maître de l'ouvrage, mais l'**action en garantie décennale** semble lui être fermée, de même que tout recours contre l'assureur en responsabilité décennale de l'entreprise qui exécute les travaux. Statuant sur l'action d'un **usufruitier** contre une entreprise qu'il avait chargée de réaliser la charpente métallique et le revêtement d'un bâtiment à usage commercial, la Cour de cassation a en effet jugé que l'usufruitier, quoique titulaire du droit de jouir de la chose, n'en est pas le propriétaire ; il ne peut donc pas exercer, en sa seule qualité, l'action en garantie décennale que la loi attache à la propriété de l'ouvrage (Cass. 3e civ. 16-11-2022 n° 21-23.505 FS-B : BPIM 1/23 inf. 36). La Cour reconnaît néanmoins à l'usufruitier la faculté d'exercer l'action en responsabilité de droit commun en réparation des dommages que lui cause la mauvaise exécution des contrats conclus.
> Jugé en outre que, l'action en garantie décennale étant attachée à la propriété de l'ouvrage, le **nu-propriétaire** d'un terrain sur lequel l'usufruitier a fait édifier une construction nouvelle (en l'espèce une piscine) n'a pas qualité pour exercer l'action relative à cet ouvrage, dès lors que le droit d'accession du nu-propriétaire du fonds sur lequel l'usufruitier a élevé la construction n'opère, en vertu de l'article 555 du Code civil et en l'absence de convention réglant le sort de cette construction, qu'à la fin de l'usufruit (Cass. 3e civ. 13-4-2023 n° 22-10.487 FS-B : BPIM 3/23 inf. 199).

Solutions conventionnelles Les règles légales de répartition des charges entre usufruitier et nu-propriétaire ne sont souvent pas satisfaisantes et, lorsqu'elles sont incertaines, peuvent être source de conflits. Il peut dès lors être envisagé de définir conventionnellement et aussi précisément que possible la **répartition des charges** entre les titulaires des droits démembrés (par exemple : dépenses d'installation ou de remplacement d'un ascenseur dans un immeuble). 42362

On peut aussi prévoir, y compris dans l'acte constitutif d'usufruit, que le **nu-propriétaire** sera **obligé d'effectuer un certain nombre de travaux.** Est par exemple valable la clause de la donation d'un immeuble avec réserve d'usufruit qui contraint le nu-propriétaire à exécuter les grosses réparations nécessaires (Cass. 1e civ. 23-1-2007 no 06-16.062 : RJDA 8-9/07 no 914). Encore faut-il que la clause ne se contente pas de stipuler que les grosses réparations restent « à la charge » du nu-propriétaire, ce qui ne ferait que reprendre les dispositions légales ; elle doit clairement faire apparaître l'obligation imposée au nu-propriétaire de procéder au financement des réparations dès qu'elles sont nécessaires sous peine de révocation de la donation ou encore préciser expressément le droit que se réserve l'usufruitier de le contraindre à s'exécuter.

Il est également possible de mettre les **grosses réparations à la charge de l'usufruitier,** en prévoyant les modalités d'indemnisation de l'usufruitier par le nu-propriétaire au terme de l'usufruit selon des modalités plus favorables ou non à celles prévues par la loi.

42365 **Cas particulier : immeuble en copropriété** Sur les règles applicables en matière de répartition des charges lorsque la propriété d'un lot est démembrée, voir no 36350.

C. Vente de l'immeuble démembré

DROIT DE DISPOSER DU BIEN DÉMEMBRÉ

42380 Ni l'usufruitier ni le nu-propriétaire n'a le pouvoir de **vendre seul le bien** immobilier démembré. Chacun peut seulement **céder son propre droit,** l'usufruit pour l'usufruitier, la nue-propriété pour le nu-propriétaire, ces droits étant des droits réels indépendants l'un de l'autre (voir no 42245).

> Précisions a. Un arrêt de la cour d'appel de Paris a jeté le trouble en condamnant un **nu-propriétaire** pour s'être **opposé à la vente de la pleine propriété** souhaitée par l'usufruitier. Les circonstances de l'espèce étaient particulières : une personne âgée avait reçu par succession l'usufruit d'un bien dont la nue-propriété était attribuée à plusieurs nus-propriétaires ; l'âge avancé de l'usufruitière et son état de santé ne lui permettaient pas d'occuper le bien et il n'était pas envisageable non plus pour elle de le donner en location, la vétusté du bien nécessitant de réaliser des travaux importants. L'usufruitière s'était alors rapprochée des nus-propriétaires pour donner un mandat de vente du bien en vue notamment de disposer de sa part du prix de cession (d'autant plus qu'elle avait dû supporter des droits de succession sur l'usufruit reçu). L'agence immobilière en charge de la vente avait trouvé un acquéreur pour un prix sensiblement inférieur au mandat qui lui avait été confié, mais en phase avec la valeur retenue dans la déclaration de succession. L'usufruitière avait accepté, mais l'un des nus-propriétaires s'y était opposé indiquant qu'il préférait attendre. Estimant le refus du nu-propriétaire abusif, l'usufruitière a obtenu sa condamnation pour **abus de son droit de propriété,** au motif qu'il ne pouvait ignorer que son attitude la plaçait dans une impasse (CA Paris 18-12-2013 no 13/01689).
Cette décision surprend en ce qu'elle juge abusive la décision de ne pas vendre alors que le droit de disposer constitue la substance même du droit de propriété. Ainsi, la Cour de cassation a-t-elle jugé qu'un propriétaire est en droit de refuser de vendre un terrain lui appartenant et qui ne présente aucune utilité pour lui, fût-ce au triple de sa valeur (Cass. req. 24-10-1924 : S. 1925.1.217). L'obligation qui incombe au nu-propriétaire de permettre à l'usufruitier de jouir paisiblement du bien sur lequel porte son usufruit (C. civ. art. 599) ne peut justifier qu'il renonce à son propre intérêt.
b. Lorsque le propriétaire d'un bien décide d'en donner la nue-propriété, il peut être envisagé d'**insérer dans l'acte de donation,** à titre de condition déterminante, l'**obligation pour les nus-propriétaires de céder conjointement le bien** avec l'usufruitier à première demande de celui-ci. Le non-respect de la clause par le nu-propriétaire permettrait à l'usufruitier de révoquer la donation, ce qui lui donne ainsi un niveau de protection particulièrement efficace. La clause pourra également prévoir le sort du prix de vente (voir ci-après no 42385).

RÉPARTITION DU PRIX DE VENTE DE L'IMMEUBLE DÉMEMBRÉ

42385 La nue-propriété ainsi que l'usufruit ont l'un et l'autre une valeur propre. En cas de **vente conjointe** par le nu-propriétaire et l'usufruitier d'un bien dont la propriété est démembrée, le prix est réparti entre l'usufruit et la nue-propriété selon la valeur respective de chacun de ces droits, sauf accord des parties pour reporter l'usufruit sur le prix (C. civ. art. 621, al. 1). Ce texte a repris la solution retenue par la jurisprudence (Cass. 1e civ. 20-10-1987 no 86-13.197 : D. 1988 p. 85 note Morin, JCP N 1988 II p. 165 note Rémy, RTD civ. 1989 p. 580 obs. Zenati) et maintenu la possibilité pour les parties de substituer au partage du prix le report du démembrement dans le cadre de l'acquisition d'un nouveau bien ou la mise en place d'un quasi-usufruit au profit de l'usufruitier.

SECTION 3

INCIDENCES FISCALES DU DÉMEMBREMENT DE PROPRIÉTÉ

IMPÔTS CONCERNÉS

Sont exposées ci-après les incidences du démembrement de propriété d'un immeuble au regard de l'imposition des revenus, de l'imposition des plus-values, de la TVA, des droits d'enregistrement et de l'IFI. **42400**

En ce qui concerne la taxe foncière, voir n° 83345 ; pour la taxe annuelle sur les locaux à usage de bureaux, les locaux commerciaux et les locaux de stockage en Île-de-France, voir n° 87760 ; pour la taxe annuelle sur les bureaux, les locaux commerciaux et de stockage situés dans les départements des Bouches-du-Rhône, du Var et des Alpes-Maritimes, voir n° 87850.

A. Démembrement et imposition des revenus

PRINCIPES

Les revenus que procure la **location nue d'immeubles** dont le droit de propriété est démembré sont en principe imposables dans la catégorie des **revenus fonciers,** que les droits appartiennent à des personnes physiques agissant dans le cadre de leur patrimoine privé ou à une société civile immobilière constituée entre de telles personnes et n'ayant pas opté pour l'impôt sur les sociétés. **42410**

Avant d'exposer les conséquences d'une telle situation pour l'usufruitier et le nu-propriétaire, nous évoquerons succinctement le droit à amortissement de l'usufruit détenu par une entreprise relevant des bénéfices industriels et commerciaux (ou de l'impôt sur les sociétés) et le droit à certains dispositifs de réduction ou crédit d'impôt sur le revenu.

AMORTISSEMENT DE L'USUFRUIT DÉTENU PAR UNE ENTREPRISE RELEVANT DES BIC OU DE L'IS

La détention de l'usufruit d'un immeuble par une entreprise relevant des bénéfices industriels et commerciaux (cas notamment où l'immeuble est donné en **location meublée**) ou soumise à l'impôt sur les sociétés ouvre droit à amortissement, dès lors que ce droit d'usufruit présente le caractère d'une **immobilisation incorporelle** dont les effets bénéfiques sur l'exploitation prendront **fin à une date déterminée.** Une décision a ainsi admis le caractère amortissable de l'usufruit d'un immeuble apporté à une société pour trente ans (TA Paris 6-7-2009 n° 04-19716 : RJF 1/10 n° 5). Cette solution a été étendue au cas où l'usufruit appartenant à l'actif de l'entreprise d'un loueur en meublé est un usufruit **viager** (constitué sur la tête de l'exploitant), dès lors qu'il est possible de déterminer sa durée prévisible en tenant compte des statistiques en matière d'espérance de vie (CE 24-4-2019 n° 419912 : RJF 7/19 n° 622). **42415**

L'usufruit est amortissable sur sa durée, indépendamment de la durée d'utilisation du bien lui-même dont la propriété est démembrée.

> Précisions **a.** La question de l'amortissement du droit d'usufruit dont est titulaire l'usufruitier ne doit pas être confondue avec celle de l'**amortissement de l'immeuble** démembré. Seul le nu-propriétaire peut faire figurer à son actif un bien dont la propriété est démembrée ; il est en conséquence l'unique titulaire du droit d'amortir le bien (en ce sens, CE 16-11-1936 n° 48224 ; CE 5-10-1977 n° 4718 : RJF 11/77 n° 586 ; BOI-BIC-AMT-10-20 n° 260 ; Rép. Frassa : Sén. 14-12-2017 n° 1405). L'amortissement est alors effectué sur la base de la valeur de la nue-propriété, sur la durée d'usage du bien.

b. Jugé que l'administration fiscale ne peut remettre en cause la déduction des **charges** (frais d'acquisition et annuités d'amortissement calculées sur la durée de l'usufruit) **afférentes à l'acquisition de l'usufruit temporaire** d'un bien immobilier par une société soumise à l'impôt sur les sociétés, dès lors que cette acquisition présentait pour la société une contrepartie importante, l'usufruit lui permettant d'économiser des loyers et d'en percevoir ; c'est à tort que l'administration fiscale a qualifié l'opération d'acte anormal de gestion (CAA Nantes 15-4-2021 n° 19NT02197 : RJF 8-9/21 n° 787).

RÉDUCTION D'IMPÔT POUR INVESTISSEMENT IMMOBILIER LOCATIF

42420 Certains investissements immobiliers locatifs sont – ou ont été – encouragés par le législateur par le biais de dispositifs de réduction d'impôt calculée sur le prix de revient de l'immeuble.

Parmi ces dispositifs, la réduction d'impôt prévue par le dispositif « **Duflot-Pinel** » pour les investissements locatifs dans le neuf réalisés entre le 1er janvier 2013 et le 31 décembre 2024 (voir nos 75535 s.) était réservée aux **acquisitions** en pleine propriété ; elle n'était pas applicable aux logements dont le droit de propriété est démembré ou aux logements appartenant à une société non soumise à l'impôt sur les sociétés, autre qu'une société civile de placement immobilier, dont le droit de propriété des parts est démembré (CGI art. 199 novovicies, I, D).

Lorsque le **démembrement** de propriété intervient **après la réalisation de l'investissement,** il entraîne la rupture de l'engagement de location et la reprise de la réduction d'impôt obtenue. Toutefois, aucune remise en cause n'est effectuée lorsque le démembrement résulte du décès de l'un des membres du couple soumis à imposition commune et que le conjoint survivant titulaire de l'usufruit s'engage à respecter les engagements pris, dans les mêmes conditions et selon les mêmes modalités, pour la période restant à courir à la date du décès (CGI art. 199 novovicies, XI). Dans ce cas, le conjoint survivant titulaire de l'usufruit peut demander la reprise du dispositif à son profit (BOI-IR-RICI-360-40 n° 20).

Les mêmes règles s'appliquent lorsque l'investissement a été placé sous le dispositif **« Scellier »,** ainsi qu'aux investissements réalisés sous le dispositif **« Denormandie »** en faveur de l'investissement locatif intermédiaire rénové.

CRÉDIT D'IMPÔT POUR DÉPENSES D'ÉQUIPEMENT DU LOGEMENT

42425 Lorsque l'immeuble dont la propriété est démembrée n'est pas donné en location mais est **occupé gratuitement** par l'usufruitier (ou, situation plus rare, par le nu-propriétaire), celui-ci bénéficie comme un propriétaire en pleine propriété de l'exonération d'impôt sur le revenu au titre de la jouissance du logement prévue par l'article 15, II du CGI. Corrélativement, aucune charge foncière ne peut être déduite au titre de cet immeuble.

L'usufruitier (ou le nu-propriétaire) qui occupe l'immeuble peut cependant bénéficier des dispositifs de crédit d'impôt pour les dépenses exposées sur le logement dans les conditions exposées nos 75005 s.

1. SITUATION DE L'USUFRUITIER AU REGARD DES REVENUS FONCIERS

RÈGLES GÉNÉRALES

42430 En cas de démembrement de la propriété d'un immeuble, les revenus retirés de la location reviennent à l'usufruitier. En conséquence, il est imposable sur la totalité des **loyers effectivement encaissés** au cours de l'année civile.

Selon l'administration, en cas d'**abandon du loyer** par l'usufruitier **au nu-propriétaire,** il convient de distinguer (BOI-RFPI-BASE-10-10 n° 80) :

– si l'abandon des revenus s'accompagne d'une **renonciation à usufruit constatée par un acte** donnant ouverture au droit de mutation à titre gratuit ou à titre onéreux selon les conditions de la convention, les loyers cessent d'être imposables au nom de l'usufruitier pour être imposables entre les mains du nu-propriétaire ;

– **à défaut d'acte constatant la transmission de l'usufruit,** d'une part l'usufruitier reste imposable sur les loyers dans la catégorie des revenus fonciers (l'abandon des loyers étant pour l'usufruitier constitutif d'une libéralité qui est sans influence sur le montant de son revenu imposable), d'autre part les sommes abandonnées au profit du nu-propriétaire, qui ont le caractère de profits qui se renouvellent régulièrement, sont imposables au nom de ce dernier dans la catégorie des bénéfices non commerciaux. Bien que cette analyse soit discutable, en ce qu'elle aboutit à une double taxation des loyers, elle semble partagée par les juges du fond (TA Strasbourg 2-7-2009 n° 06-1713 : RJF 4/10 n° 360 ; CAA Lyon 1-7-2021 n° 19LY03338 : BPIM 4/21 inf. 289). On attendra avec intérêt la position du Conseil d'État sur cette question.

42435 Les revenus fonciers imposables au nom de l'usufruitier sont déterminés selon les règles générales applicables à l'ensemble des propriétaires (CGI art. 28 à 32). Sauf application du régime du micro-foncier, l'usufruitier peut déduire de ses revenus fonciers l'ensemble des **charges** qu'il a **effectivement supportées** (notamment les dépenses de réparation ou d'entretien), y compris celles qui incombent normalement au nu-propriétaire au regard du droit civil (en ce sens, CE 7-2-1975 n° 90196 : RJF 3/75 n° 118 ; CE 6-12-1978 n° 10238 : RJF 1/79 n° 21 ; CE 21-2-1979 n° 4896 : RJF 4/79 n° 226).

> **Précisions** Selon l'administration, la prise en charge par l'usufruitier (ou le nu-propriétaire) de travaux ou **charges qui ne lui incombent pas** constitue un avantage pour le bénéficiaire qui, si les dépenses en cause ne sont pas remboursées, s'analyse en un don manuel soumis aux droits de mutation à titre gratuit (BOI-RFPI-SPEC-30-20-20 n° 30). À notre avis, la qualification de libéralité (donation indirecte, et non don manuel) ne peut être retenue que si la prise en charge des travaux est effectuée dans une intention libérale. Ce ne sera pas le cas, par exemple, si la prise en charge de grosses réparations urgentes par l'usufruitier est consécutive au refus du nu-propriétaire de les exécuter. Il n'existe pas à notre connaissance de jurisprudence sur le sujet. Tout au plus peut-on signaler une décision ayant jugé – mais cela allait de soi – que l'usufruitier d'un immeuble qui a effectué sur celui-ci des travaux n'ayant pas le caractère de grosses réparations n'est pas réputé détenir à ce titre une créance sur le nu-propriétaire dont le montant serait à inclure dans l'actif de sa succession (CA Bordeaux 26-9-2007 n° 06-5334 : RJF 7/08 n° 900).
> En pratique, le fait pour l'usufruitier d'assumer des **travaux de grosses réparations** qui incombent légalement au nu-propriétaire permet d'établir un avantage objectif au bénéfice de ce dernier, l'intention libérale pouvant se déduire des liens affectifs qui les unissent. Par ailleurs, les **travaux d'amélioration,** même légalement à la charge de l'usufruitier, peuvent également constituer une libéralité s'ils traduisent une intention de gratifier le nu-propriétaire (Cass. 1e civ. 23-10-2024 n° 22-20.879 : BPAT 1/25 Inf. 24). La réalisation par l'usufruitier de travaux d'amélioration en début d'usufruit dans la perspective de louer l'immeuble et d'en tirer un revenu nous semble toutefois exclure la qualification de donation indirecte. Enfin, la réalisation de **travaux d'entretien** par l'usufruitier au sens de l'article 605 du Code civil ne peut, à l'évidence, caractériser une donation, dès lors qu'il a l'obligation de les réaliser.

IMPUTATION DES DÉFICITS

Cette imputation s'opère dans les conditions de droit commun. Ainsi, quelle que soit l'origine du démembrement du droit de propriété, l'usufruitier peut imputer sur son revenu global les déficits fonciers (qui ne proviennent pas d'intérêts d'emprunts) qu'il subit dans une **limite annuelle** fixée en principe à 10 700 €. La fraction du déficit supérieure à cette limite ainsi que celle correspondant aux intérêts d'emprunts ne sont imputables que sur les revenus fonciers des dix années suivantes (CGI art. 156, I-3°). **42440**

Lorsque le **revenu global** du contribuable est **insuffisant** pour absorber le déficit foncier imputable dans la limite de 10 700 €, l'excédent du déficit est imputable sur les revenus globaux des six années suivantes (CGI art. 156, I).

L'imputation des déficits fonciers sur le revenu global n'est en principe définitivement acquise que si l'usufruitier **maintient la location** jusqu'au 31 décembre de la troisième année suivant celle au titre de laquelle l'imputation a été pratiquée.

> **Précisions a.** En cas de **donation avec réserve d'usufruit** du logement, le déficit qui a été imputé sur le revenu global avant la donation n'est pas remis en cause si le propriétaire devenu usufruitier maintient l'immeuble en location jusqu'au 31 décembre de la troisième année qui suit cette imputation (Rép. Chatel : AN 8-5-2007 n° 117900 ; bien que cette solution n'ait pas été reprise dans la base Bofip, on peut douter que l'administration ait expressément souhaité la rapporter).
> **b.** L'usufruitier (comme le nu-propriétaire) qui expose entre 2023 et 2025 des dépenses de **travaux de rénovation énergétique** répondant aux conditions fixées à l'article 156, I-3° quatrième alinéa du CGI issu de la deuxième loi de finances rectificative pour 2022 bénéficie du relèvement du plafond de déficit imputable sur le revenu global (à 21 400 €) prévu à cet article.

DISPOSITIFS SPÉCIAUX

Le démembrement de propriété est susceptible de remettre en cause le bénéfice d'un certain nombre de dispositifs mis en place en matière de revenus fonciers pour favoriser les investissements immobiliers locatifs. Les avantages accordés dans le cadre de ces dispositifs, qui diffèrent selon la date de réalisation de l'investissement, consistent en un amortissement ou une déduction spécifique des revenus fonciers. **42445**

En ce qui concerne les dispositifs – notamment les dispositifs « **Duflot-Pinel** » et « **Denormandie** » – prévoyant non pas une déduction des revenus fonciers, mais une réduction d'impôt, voir n° 42420.

Dans le cadre du dispositif « **Borloo ancien** », qui s'est appliqué aux investissements conventionnés pour lesquels la demande de conventionnement a été réceptionnée par l'Anah jusqu'au 31 janvier 2017, l'administration a apporté les précisions suivantes (BOI-RFPI-SPEC-20-40-10 n° 130) : **42447**

– le démembrement de propriété du logement ne fait pas obstacle à l'application de la déduction spécifique lorsqu'il est antérieur à l'engagement de location de l'immeuble. Dans cette hypothèse, seul l'usufruitier peut bénéficier de la déduction ;

– si le démembrement intervient après la date de la prise de l'engagement, le maintien ou la remise en cause de l'avantage fiscal dépend de la nature du droit cédé. Lorsque le propriétaire cède la nue-propriété de l'immeuble en en conservant l'usufruit, il peut continuer à bénéficier de la déduction sous réserve de continuer à respecter son engagement de location. Lorsque le propriétaire cède l'usufruit de l'immeuble, le transfert de l'usufruit constitue un cas de non-respect de son engagement et l'avantage fiscal dont il a bénéficié est remis en cause ; aucune remise en cause n'est toutefois effectuée lorsque le démembrement résulte du décès du contribuable ou de son conjoint.

Les mêmes règles devraient s'appliquer dans le cadre du dispositif « **Cosse** », qui a pris, à compter de l'imposition des revenus de 2017 et avant d'être remplacé par un nouveau dispositif de réduction d'impôt sur le revenu pour les procédures de conventionnement engagées depuis le 1er mars 2022, le relais du dispositif précité pour les investissements conventionnés. La loi prévoit toutefois expressément dans le cadre de ce dispositif qu'aucune reprise ne sera effectuée en cas de rupture de l'engagement survenant à la suite de l'invalidité, du licenciement ou du décès du contribuable ou de l'un des membres du couple soumis à imposition commune.

42450 Lorsqu'un investissement a été placé sous l'un des dispositifs « **Robien** » ou « **Borloo neuf** » (pour lesquels il n'est plus possible d'opter mais qui continuent à produire leurs effets pour les propriétaires qui en respectent les conditions), le démembrement du droit de propriété de l'immeuble intervenant pendant l'engagement de location entraîne en principe la remise en cause de l'avantage fiscal : le démembrement est, dans le cadre de ces dispositifs, assimilé à une cession, que le transfert porte sur l'usufruit ou sur la nue-propriété.

Toutefois, lorsque le démembrement résulte du décès de l'un des époux (ou partenaires de Pacs) soumis à imposition commune, le conjoint (ou partenaire) survivant titulaire de l'usufruit peut demander la reprise à son profit, dans les mêmes conditions et selon les mêmes modalités, du dispositif pour la période restant à courir à la date du décès. Les amortissements antérieurement pratiqués par le couple ne sont pas remis en cause, que le survivant opte ou non pour la reprise de l'engagement.

42452 Lorsqu'un investissement a été placé sous le dispositif « **Périssol** », la cession de la nue-propriété de l'immeuble au cours de la période d'engagement de location (et a fortiori après cette période) ne remet pas en cause la possibilité pour le propriétaire devenu usufruitier d'amortir le bien sur sa valeur en pleine propriété sous réserve qu'il continue à respecter son engagement de location. En cas de cession de l'usufruit de l'immeuble, l'avantage dont a bénéficié le propriétaire est remis en cause sauf, dans le cas d'un démembrement à titre gratuit, lorsque l'usufruitier demande la reprise à son profit du dispositif (BOI-RFPI-SPEC-20-10-10-30 n° 130).

2. SITUATION DU NU-PROPRIÉTAIRE AU REGARD DES REVENUS FONCIERS

RÈGLES GÉNÉRALES

42460 Le nu-propriétaire ne perçoit pas de loyers et n'a donc pas de revenus à déclarer au titre de l'immeuble démembré. Toutefois, lorsque l'**immeuble** démembré est donné en location nue et **produit des revenus fonciers** imposables au nom de l'usufruitier, le nu-propriétaire peut déduire des revenus fonciers provenant de ses autres propriétés les **dépenses** qu'il a **effectivement supportées** sur l'immeuble démembré, y compris celles qui incombent normalement à l'usufruitier telles les dépenses d'entretien et de réparation (en ce sens, par exemple, CE 21-2-1979 n° 4896 : RJF 4/79 n° 226). Il peut de même déduire les intérêts des emprunts qu'il a contractés pour financer l'acquisition de la nue-propriété des immeubles loués ou les dépenses de réparation, d'entretien ou d'amélioration de ces immeubles (BOI-RFPI-BASE-20-80 n° 170).

À défaut de revenus fonciers, ou si ceux-ci sont insuffisants, le nu-propriétaire constate un déficit foncier. Ce **déficit foncier** est **imputable** dans les conditions de droit commun : imputation sur le revenu global dans la limite d'un plafond annuel et, pour la fraction excédant cette limite et pour la fraction relative aux intérêts d'emprunts, imputation sur les revenus fonciers des dix années suivantes.

> **Précisions** a. Le fait que le **nu-propriétaire** soit le **locataire** de l'immeuble ne fait pas obstacle à la déduction des charges qu'il a financées. Dans une espèce où un fils nu-propriétaire et locataire de sa mère avait réalisé et déduit d'importants travaux, l'administration contestait cette déduction sur le terrain de l'abus de droit, estimant que le bail (non fictif) avait eu pour objet exclusif de réduire la charge fiscale du nu-propriétaire. Les juges ont au contraire décidé que le bail permettait au nu-propriétaire de s'assurer la maîtrise immédiate du bien, de façon à pouvoir en disposer après la réalisation des travaux (TA Montpellier 23-3-2006 n° 00-4068 : RJF 2/07 n° 194).

b. En cas d'**occupation partielle de l'immeuble par l'usufruitier,** le montant des travaux déductibles par le nu-propriétaire est réduit au prorata de la surface occupée par l'usufruitier (CAA Paris 10-11-2006 n° 04-1970 ; CE 21-12-2007 n° 300726 : RJF 4/08 n° 392).

c. L'administration subordonne la déductibilité des charges foncières exposées par le nu-propriétaire sur l'immeuble démembré à la condition que cet immeuble produise des revenus imposables entre les mains de l'usufruitier dans la catégorie des revenus fonciers (BOI-RFPI-BASE-30-20 n° 70).

Lorsque **l'immeuble démembré** est **donné en location meublée,** l'usufruitier est imposable à raison des loyers dans la catégorie des BIC et non dans celle des revenus fonciers. Il en résulte que le nu-propriétaire n'est autorisé à déduire aucune charge foncière au titre de cet immeuble.

La **détention de l'usufruit par une personne morale soumise à l'impôt sur les sociétés** s'oppose également à la déductibilité des charges foncières pour le nu-propriétaire, sauf dérogation prévue lorsque l'usufruitier est un bailleur social (ci-après n°s 42465 s.).

DISPOSITIF SPÉCIAL EN FAVEUR DES NUS-PROPRIÉTAIRES DE LOGEMENTS SOCIAUX

L'achat en nue-propriété de logements locatifs neufs dont l'usufruit bénéficie temporairement **42465**
à un bailleur social est un **schéma d'investissement** apparu dans les années 2000, encouragé en 2006 par la loi Engagement national pour le logement et en 2008 par la loi de finances rectificative. Pendant la durée de la convention d'usufruit (15 à 20 ans généralement), le bailleur social (organisme d'HLM ou assimilé) se charge de louer le logement, perçoit les loyers et assure l'entretien de l'immeuble. Au terme de la convention, l'investisseur recouvre la pleine propriété du bien libre (sauf accord contraire entre le nu-propriétaire et l'usufruitier). Le bail consenti par le bailleur usufruitier prend nécessairement fin au terme de l'usufruit (CCH art. L 253-4).

Ce schéma offre plusieurs **avantages** à l'acquéreur en nue-propriété du logement :

– il achète un bien à un prix inférieur à celui qu'il devrait débourser pour un achat en pleine propriété (**décote** de 35 % à 40 % selon la durée de l'usufruit et le rendement du bien) ;

– pendant la durée de la convention, il ne supporte ni les **charges** de gestion et d'entretien, ni les **risques** locatifs (impayés, vacance du logement) ;

– il n'est pas imposable à la **taxe foncière** ni à l'**IFI** à raison du bien dont il est nu-propriétaire. On remarquera qu'en cas de financement de la nue-propriété par emprunt, le montant de celui-ci n'est en revanche pas déductible de la base imposable à l'IFI (CGI art. 974, I) ;

– enfin, en cas de revente du bien après la réunion de propriété, il bénéficie de l'abattement pour durée de détention applicable en matière de **plus-values immobilières** à compter de la date d'acquisition de la nue-propriété, la plus-value étant calculée à partir de la valeur vénale de la pleine propriété du bien à la date d'entrée de la nue-propriété dans le patrimoine du cédant (voir n° 42545).

Au regard de l'**impôt sur le revenu,** lorsque les loyers de l'immeuble dont la propriété est **42467**
démembrée ne sont pas imposés entre les mains de l'usufruitier dans la catégorie des revenus fonciers (ce qui est le cas lorsque cet usufruitier est un bailleur social qui relève de l'impôt sur les sociétés), les charges liées à l'acquisition de la nue-propriété ne peuvent en principe constituer un **déficit foncier.** Une dérogation à cette règle est prévue à l'article 31, I-1° d du CGI : les nus-propriétaires d'immeubles dont l'usufruit est détenu par un bailleur social sont autorisés à déduire de leurs revenus fonciers les **intérêts des emprunts** contractés pour l'acquisition, la conservation, la construction, la réparation ou l'amélioration de ces logements. Le déficit foncier en résultant est imputable sur les revenus fonciers des dix années suivantes.

En pratique, la déduction des intérêts d'emprunts n'a de portée que si le nu-propriétaire du logement dispose de **revenus fonciers,** ce qui suppose qu'il soit par ailleurs propriétaire, directement ou par le biais d'une société civile translucide, d'immeubles qu'il donne en location nue. Si le nu-propriétaire ne dispose pas de revenus fonciers, il ne bénéficie d'aucune possibilité de déduction (pas de déduction directe du revenu global). Il pourra cependant imputer son déficit foncier sur les revenus fonciers qu'il percevra à compter de la fin de l'usufruit pour autant que ses déficits soient encore reportables, c'est-à-dire ne datent pas de plus de dix ans.

Par ailleurs (et comme pour tout investissement immobilier locatif), il convient d'être attentif aux **qualités intrinsèques du logement,** qui détermineront la rentabilité de la location lorsque l'investisseur récupérera la pleine propriété du bien au terme de l'usufruit temporaire et la possibilité de réaliser une plus-value (ou de se prémunir contre une moins-value) lors de la revente. À cet égard, il peut être judicieux d'investir de préférence dans des immeubles occupés pour partie par des locataires et pour partie par des propriétaires, les immeubles à usage purement locatif ayant tendance à se dégrader plus vite.

B. Démembrement et imposition des plus-values

RÈGLES GÉNÉRALES

42500 La cession de biens immobiliers en nue-propriété ou en usufruit est en **principe** soumise à la taxation des plus-values au même titre que la cession en pleine propriété de ces biens.

Par **dérogation** aux dispositions régissant les plus-values, l'article 13, 5 du CGI prévoit que le produit résultant de la première cession à titre onéreux d'un usufruit temporaire doit être imposé selon le régime applicable aux revenus procurés ou susceptibles d'être procurés par le bien démembré.

CESSIONS D'USUFRUIT TEMPORAIRE

42502 **Opérations concernées par le dispositif** L'article 13, 5 du CGI a modifié depuis le 14 novembre 2012 le régime fiscal applicable à la première cession à titre onéreux d'un usufruit temporaire.

Pour l'application de ce dispositif, la **notion d'« usufruit temporaire »** fait référence à un usufruit consenti pour une durée à terme fixe (BOI-IR-BASE-10-10-30 n° 80). Les cessions d'usufruit viager sont hors champ d'application du dispositif et restent soumises aux règles d'imposition des plus-values.

Par « **cessions à titre onéreux** », il convient d'entendre les ventes, les échanges, ainsi que les apports en société (voir Précisions, b ci-après). Le dispositif s'applique non seulement en cas de **cession isolée** de l'usufruit temporaire d'un bien dont le cédant conserve la nue-propriété mais aussi en cas de **cession concomitante** de l'usufruit et de la nue-propriété à deux personnes différentes (Rép. Lambert : AN 2-7-2013 n° 15540 ; BOI-IR-BASE-10-10-30 n° 90 ; CAA Marseille 18-2-2021 n° 19MA03657 : BPIM 2/21 inf. 155).

Le dispositif ne concerne pas en revanche les mutations à titre gratuit.

Enfin, le dispositif ne s'applique qu'à la **première cession** à titre onéreux d'un même usufruit temporaire. Cette limitation a pour objet d'éviter une double imposition sur le revenu en cas de cessions à titre onéreux successives. Les cessions autres que la première restent donc imposables selon le régime de droit commun des plus-values, et notamment la cession de ce même usufruit par l'usufruitier à une autre personne (CE 9-10-2024 n° 490685 : BPAT 6/24 inf. 235).

> Précisions a. Les dispositions de l'article 13, 5 du CGI s'appliquent aux **cédants** assujettis à l'impôt sur le revenu : **personnes physiques** et **sociétés** ou groupements mentionnés aux articles 8 à 8 ter du CGI (relevant du régime fiscal des sociétés de personnes). Elles ne s'appliquent pas, en revanche, lorsque le cédant est soumis à l'impôt sur les sociétés. Peu importe, par ailleurs, la qualité de l'**acquéreur.**

b. L'administration a précisé qu'en cas de **cession ou apport d'un usufruit en société** il convient de distinguer (BOI-IR-BASE-10-10-30 n° 90) :

– si l'**usufruit** est **constitué sur la tête de la personne morale** (usufruit détaché de la pleine propriété du cédant), sa durée ne peut, en application de l'article 619 du Code civil, excéder trente ans. L'usufruit est ainsi nécessairement consenti pour une durée fixe et la cession entre dans le champ d'application des dispositions de l'article 13, 5 du CGI ;

– si l'usufruit cédé à la personne morale est un **usufruit viager préconstitué sur la tête du cédant** antérieurement à la cession, l'opération n'entre pas dans le champ des dispositions de l'article 13, 5 du CGI, à moins que l'usufruit ne soit consenti pour une durée fixe.

Le tribunal administratif de Montreuil a fait sienne la position de l'administration consistant à considérer qu'entre dans le champ de l'article 13, 5 du CGI la cession à une personne morale d'un usufruit viager préconstitué sur la tête du cédant, lorsque cet **usufruit viager** est **cédé pour une durée fixe.** Dans l'espèce jugée, le détenteur d'un usufruit viager avait cédé à une personne morale son usufruit pour une durée de vingt ans ; les juges du fond ont retenu que les parties à l'acte avaient explicitement entendu transférer un usufruit temporaire pour une durée limitée, ajoutant que la circonstance que cette temporalité puisse prématurément échoir en cas de décès du cédant est sans influence sur l'application du régime de l'article 13, 5 du CGI auquel n'échappent que les cessions d'usufruit viager, c'est-à-dire sans limitation de durée autre que l'aléa inhérent au viager (TA Montreuil 4-12-2019 n° 1805676 : RJF 4/20 n° 296). Le tribunal administratif de Nice a retenu la même analyse dans le cas d'un apport en société de l'usufruit viager préconstitué sur la tête de l'apporteur, dès lors que l'acte d'apport prévoyait que celui-ci était réalisé pour trente ans, **durée maximale permise par l'article 619 du Code civil** (TA Nice 30-12-2020 n° 1803411 : RJF 5/21 n° 444). La cour administrative d'appel de Paris a jugé au contraire que, lorsqu'une personne physique cède à titre onéreux un usufruit viager à une personne morale, cette cession, lorsqu'elle est consentie pour la durée maximale de trente ans permise par l'article 619 du Code civil, ne doit pas être regardée comme

entrant dans le champ de l'article 13, 5 du CGI qui, s'agissant d'un dispositif anti-abus, ne doit pas être interprété de manière extensive (CAA Paris 5-10-2021 n° 20PA01257 : BPIM 6/21 inf. 395). Mais le Conseil d'État a rejeté cette analyse, considérant que les dispositions de l'article 13, 5 du CGI « trouvent à s'appliquer tant à la cession à titre onéreux, par le propriétaire d'un bien ou droit, d'un usufruit portant sur celui-ci qu'à la première cession à titre onéreux, par son titulaire, d'un usufruit préconstitué, dans le cas où le cessionnaire bénéficie du droit d'usufruit pour une période qui n'est pas exclusivement déterminée par la durée de la vie humaine » ; en jugeant que l'apport en société, pour une durée contractuellement fixée à trente ans, de l'usufruit dont l'apporteuse était titulaire à titre viager n'avait pas la nature d'une cession d'usufruit temporaire, la cour administrative d'appel de Paris a méconnu les dispositions précitées (CE 31-3-2022 n° 458518 : BPIM 3/22 inf. 234). La portée de cet arrêt reste toutefois incertaine, puisque dans l'affaire jugée, l'acte d'apport précisait expressément que l'usufruit viager préconstitué était cédé pour une durée de trente ans. S'il résulte de l'arrêt que le Conseil d'État traite identiquement la cession d'un « usufruit temporaire » et la « cession temporaire d'un usufruit viager », reste à savoir si la solution serait la même dans l'hypothèse d'une cession d'usufruit viager préconstitué **sans précision à l'acte de la durée de la cession** : devrait-on alors considérer qu'il s'agit d'une cession d'un usufruit viager non consentie pour une durée fixe, ce qui écarterait l'application de l'article 13, 5 du CGI, ou bien retenir qu'en application de l'article 619 du Code civil la société cessionnaire bénéficie d'un droit d'usufruit pour une période non exclusivement déterminée par la durée de la vie humaine, ce qui justifierait l'application du dispositif ? On relèvera que, dans un arrêt rendu en matière de droits d'enregistrement pour l'application du barème de l'article 669 du CGI, la Cour de cassation a jugé que la **cession entre personnes morales d'un usufruit devant s'éteindre au décès du survivant de deux personnes physiques** est de nature viagère, la circonstance que la durée de cet usufruit ne puisse excéder trente ans aux termes de l'article 619 du Code civil ne lui conférant pas le caractère d'usufruit à durée fixe (Cass. com. 26-9-2018 n° 16-26.503 : RJF 1/19 n° 98).
En tout état de cause, notons que les précisions apportées par l'administration permettent de sécuriser les stratégies patrimoniales fondées sur l'**apport conjoint par l'usufruitier viager et le nu-propriétaire** d'un bien démembré : ces opérations ne sont pas soumises aux dispositions de l'article 13, 5 du CGI, que l'apport soit rémunéré par des droits en pleine propriété ou des droits démembrés. L'administration prend ainsi expressément position sur l'apport conjoint, par l'usufruitier et le nu-propriétaire d'un bien dont la propriété a été démembrée suite à une succession, de leurs droits respectifs à une société : dès lors que l'apport de l'usufruit est réalisé au profit de la société sans mention de durée, l'opération n'entre pas dans le champ du dispositif (BOI-IR-BASE-10-10-30 n° 90, Exemple 1).
c. Selon l'administration, lorsque **l'usufruit temporaire** consenti par le contribuable **s'éteint à l'arrivée du terme** et que celui-ci consent un **nouvel usufruit temporaire,** chacune de ces cessions s'analyse comme une première cession portant sur un usufruit temporaire, dès lors qu'il ne s'agit pas du même usufruit (BOI-IR-BASE-10-10-30 n° 70). Jugé en outre que doit être regardée comme constituant la première cession à titre onéreux d'un usufruit temporaire au sens et pour l'application de l'article 13, 5 du CGI le **renouvellement d'un usufruit temporaire,** alors même que l'acte, qualifié de « prorogation » par les parties, fait suite à une précédente cession d'un usufruit temporaire portant sur le même bien au titre d'une période antérieure (CE 9-10-2024 n° 490685 : BPAT 6/24 inf. 235).

Modalités d'imposition Le produit de la première cession à titre onéreux d'un usufruit temporaire doit être déclaré en **revenu catégoriel** (et non en plus-value). 42504
En principe, le produit est rattaché à la **catégorie d'imposition** à laquelle se rattachent ou se rattacheraient les revenus procurés ou susceptibles d'être procurés par le bien ou le droit sur lequel porte l'usufruit temporaire cédé. Si les revenus relèvent de plusieurs catégories, le rattachement est effectué au prorata. Il convient de se placer au jour de la cession pour déterminer la catégorie de rattachement.

EXEMPLE

En cas de cession de l'usufruit temporaire d'un **bien immobilier loué nu** au jour de la cession, le produit de cette cession est imposable dans la catégorie des revenus fonciers.
Lorsque l'usufruit cédé porte sur un bien **loué meublé,** l'imposition est établie suivant les règles applicables aux bénéfices industriels et commerciaux.

Lorsqu'il n'est pas possible de déterminer, au jour de la cession, une catégorie de revenus, une **présomption de rattachement** est prévue par l'article 13, 5-2 du CGI. Ainsi, lorsque l'usufruit temporaire cédé est relatif à un bien immobilier (ou à des parts de sociétés, groupements ou organismes non soumis à l'impôt sur les sociétés et à prépondérance immobilière au sens des articles 150 UB ou 244 bis A du CGI), le produit de cession est réputé constituer un revenu foncier. La cession de l'usufruit temporaire d'un **immeuble non donné en location** (résidence principale, résidence secondaire ou autre) est ainsi imposée dans la catégorie des revenus fonciers, sans pouvoir bénéficier de l'exonération prévue à l'article 15, II du CGI. 42506

42508 Le **revenu imposable** est **égal** au prix de cession (ou à la valeur vénale si elle est supérieure) minoré des charges déductibles déterminées suivant les règles de droit commun propres au revenu catégoriel.

Lorsque les critères qui permettent de caractériser de **revenu exceptionnel** le produit de la cession, à la fois par sa nature et son montant, sont remplis, ce revenu peut bénéficier du mécanisme du quotient mentionné à l'article 163-0 A du CGI (BOI-IR-BASE-10-10-30 n° 220).

> **Précisions a.** Pour évaluer la **valeur vénale** de l'usufruit temporaire, l'administration admet, à titre indicatif, de déterminer dans un premier temps la valeur vénale de la pleine propriété du bien correspondant puis, dans un second temps, d'appliquer à cette valeur le barème de l'article 669, II du CGI (BOI-IR-BASE-10-10-30 n° 190).
> **b.** L'**apport** de l'usufruit temporaire sur trois ans de parts de sociétés civiles immobilières à une autre société détenue par l'apporteur, réalisé dans le cadre d'une augmentation de capital **en contrepartie de l'attribution** à l'intéressé **de nouvelles parts** de cette société **et d'une prime d'apport,** constitue une cession à titre onéreux, nonobstant la circonstance que l'apport n'a pas été rémunéré par des liquidités ; dès lors qu'il s'agit de la première cession à titre onéreux de l'usufruit temporaire des parts sociales, cette opération relève des dispositions de l'article 13, 5 du CGI et le montant total correspondant à l'apport est donc valablement réintégré aux revenus fonciers du contribuable imposables au titre de l'année de la cession. En ce qui concerne plus particulièrement la **base imposable,** fixée au prix de cession stipulé dans l'acte d'apport, le contribuable n'est pas fondé à soutenir qu'il y aurait lieu d'appliquer le pourcentage de 23 % prévu par l'article 669, II du CGI, qui est relatif non à l'impôt sur le revenu, mais aux droits d'enregistrement, ni qu'il y aurait lieu d'appliquer à la plus-value brute un **abattement** pour durée de détention en application de l'article 150 VC du CGI, dès lors que l'article 13, 5 du CGI s'applique par dérogation aux dispositions relatives à l'imposition des plus-values (CAA Bordeaux 16-6-2022 n° 20BX02968 confirmé par CE (na) 10-3-2023 n° 466753 : BPIM 3/23 inf. 207).

1. CESSION DE BIENS IMMOBILIERS DÉMEMBRÉS : DÉTERMINATION DE LA PLUS-VALUE

42520 Les plus-values immobilières sont, en **règle générale,** déterminées par différence entre le prix de cession des biens et leur prix d'acquisition (CGI art. 150 V). Lorsqu'elles portent sur des immeubles détenus depuis plus de cinq ans, elles bénéficient d'un abattement pour durée de détention (CGI art. 150 VC).

Les règles générales de détermination des plus-values immobilières sont exposées n°s 85680 s. Nous exposons ci-après les **règles particulières** de détermination de la plus-value lorsque la cession porte sur des biens démembrés. Trois cas seront distingués :

– la cession isolée de l'usufruit ou de la nue-propriété ;

– la cession conjointe de l'usufruit et de la nue-propriété par les deux titulaires des droits démembrés ;

– la cession de la pleine propriété d'un bien après réunion de la nue-propriété et de l'usufruit sur la tête du cédant.

Soulignons que les règles exposées ci-après s'appliquent, lorsqu'il s'agit de la cession d'un usufruit, aux cessions d'usufruits viagers ainsi qu'aux cessions d'usufruits temporaires autres que la première. Sur les modalités particulières de taxation du produit de la première cession d'un usufruit temporaire (qu'elle soit conjointe avec la vente de la nue-propriété ou isolée), voir ci-avant n°s 42502 s.

CESSION ISOLÉE DE L'USUFRUIT OU DE LA NUE-PROPRIÉTÉ

42525 **Usufruit ou nue-propriété acquis isolément** La plus-value correspond à la différence entre le prix de cession du droit cédé et son **prix d'acquisition** ou, s'il a été acquis à titre gratuit, la valeur retenue pour le calcul des droits de mutation à titre gratuit. Cependant, si le démembrement a pour origine une succession ouverte avant le 1er janvier 2004, le prix d'acquisition du droit cédé est retraité à l'aide du barème de l'article 669 du CGI (reproduit n° 42655), en retenant l'âge de l'usufruitier au jour de la cession (CGI art. 150 VB, I, al. 4). Cette disposition est destinée à éviter que la réévaluation du barème opérée le 1er janvier 2004 augmente fictivement la plus-value en cas de cession d'usufruit et la minore ou crée une moins-value en cas de cession de nue-propriété.

Pour l'application de l'abattement sur la plus-value dont bénéficient les biens détenus depuis plus de cinq ans, la **durée de détention** se calcule à partir de la date d'acquisition du droit vendu.

EXEMPLE

Cession en septembre 2025 de l'usufruit viager reçu par succession en décembre 2004. Ce bien ayant lors de la succession une valeur en pleine propriété de 200 et l'usufruitier étant alors âgé de 61 ans, l'usufruit a été évalué à 200 × 20 % = 40 par application de l'ancien barème de l'article 762 du CGI.
Prix de revient fiscal de l'usufruit : 40
Prix de cession de l'usufruit en 2025 : 90
Âge du vendeur au jour de la vente : 80 ans
Valeur d'acquisition de l'usufruit retenue fiscalement (30 % × 200) : 60
Plus-value brute avant abattement pour durée de détention = 30
Nombre d'années de détention pour le calcul de l'abattement : 20.

Bien acquis en pleine propriété Lorsque le bien a été acquis en pleine propriété, la plus-value imposable est déterminée en tenant compte, d'une part, du prix de cession de la nue-propriété ou de l'usufruit et, d'autre part, de la fraction du **prix d'acquisition** de la pleine propriété afférente à ce droit. Cette fraction est appréciée au jour de la cession à partir du barème de l'article 669 du CGI (CGI ann. II art. 74 SE). La ventilation de l'article 669 du CGI s'impose, que l'acquisition soit intervenue avant ou après le 1er janvier 2004 (en ce sens, notamment, BOI-RFPI-PVI-20-10-20-10 n° 200). Pour l'application du barème, l'âge de l'usufruitier à prendre en compte est celui du vendeur lorsque le droit cédé est la nue-propriété avec réserve d'un usufruit viager ; ce devrait être celui de l'acquéreur dans le cas, plus rare, où la cession porte sur un usufruit viager ayant vocation à s'éteindre au décès de l'acquéreur. 42527

Les charges et indemnités augmentatives du prix, ainsi que les frais d'acquisition, sont retenus dans la même proportion que le prix d'acquisition lui-même (BOI précité).

La **durée de détention** se calcule à partir de la date d'acquisition de l'immeuble en pleine propriété.

EXEMPLE

Prix d'achat de la pleine propriété en 2004 : 100
Prix de cession de l'usufruit viager en 2025 : 50
Âge de l'acquéreur au jour de la vente : 71 ans
Valeur d'acquisition de l'usufruit retenue fiscalement (30 % × 100) : 30
Plus-value brute avant abattement pour durée de détention : 20
Nombre d'années de détention pour le calcul de l'abattement : 21.

Pleine propriété du bien acquise par réunion de la nue-propriété et de l'usufruit Dans le cas le plus fréquent où la **nue-propriété** a été **acquise par succession ou par donation** et l'**usufruit par extinction naturelle** au décès de l'usufruitier, les règles sont les suivantes. 42530

En cas de cession de la nue-propriété, la plus-value correspond à l'excédent du prix de cession sur la valeur retenue pour le calcul des droits de donation ou de succession.

En cas de cession de l'usufruit, la plus-value correspond à l'excédent du prix de cession sur la valeur vénale de cet usufruit telle qu'elle a été déclarée dans la succession à l'origine du démembrement (BOI-RFPI-PVI-20-10-20-10 n° 320), ce qui est favorable au contribuable.

Dans les deux cas (cession de la nue-propriété ou de l'usufruit), la valeur retenue pour le calcul des droits de mutation à titre gratuit est recalculée par application du nouveau barème de l'usufruit si le démembrement est d'origine successorale et a eu lieu avant le 1er janvier 2004 : voir n° 42525.

CESSION CONJOINTE DE L'USUFRUIT ET DE LA NUE-PROPRIÉTÉ

Détermination du prix de cession Pour répartir la plus-value entre chacun des titulaires des droits démembrés cédés, le prix de vente global de l'immeuble doit être ventilé de façon à faire apparaître distinctement le prix de chacun des droits. Cette **ventilation** est en principe effectuée en fonction des valeurs réelles au jour de la vente de chacun des droits de nue-propriété et d'usufruit. Toutefois, l'administration admet, à titre de règle pratique, que cette ventilation soit réalisée en application du barème de l'article 669 du CGI, en tenant compte de l'âge de l'usufruitier au jour de la vente (BOI-RFPI-PVI-20-10-10 n° 320). 42535

Il existe donc ici une tolérance fiscale permettant de **choisir entre deux règles de détermination de la plus-value** taxable : choix entre l'application du barème fiscal, d'une part, et l'évaluation économique, d'autre part, sous réserve d'aligner le choix fiscal sur la répartition effective du prix (par exemple, en retenant la ventilation qui accroît la part de l'usufruitier lorsque celui-ci bénéficie de l'exonération attachée à la résidence principale). Lors de ce choix, il conviendra d'intégrer le fait que la majoration de la fraction du prix revenant à l'usufruitier conduira à majorer le patrimoine qu'il devra transmettre à ses héritiers, qui sont généralement les nus-propriétaires. Il est par ailleurs rappelé que, pour le calcul des droits d'enregistrement, le barème fiscal de l'article 669 du CGI est obligatoire : voir n° 42650.

42537 **Détermination du prix d'acquisition** Lorsque le **droit démembré** a été **acquis à titre onéreux,** son prix d'acquisition est retenu.

Lorsque le droit cédé a été **acquis à titre gratuit,** son prix d'acquisition est égal à la valeur qui a été retenue pour le calcul des droits de mutation à titre gratuit (CGI art. 150 VB). Cette valeur est retraitée par application du barème de l'article 669 du CGI lorsque le démembrement a pour origine une succession antérieure à 2004 : voir n° 42525. C'est également le barème de l'article 669 du CGI (et non celui de l'ancien article 762) qui s'applique pour déterminer le prix d'acquisition de l'usufruit en cas de vente d'un immeuble dont la propriété a été démembrée avant 2004 à la suite d'une donation avec réserve d'usufruit (CGI ann. II art. 74 SE : voir n° 42527).

42540 **Délai de détention** Que le droit cédé ait été acquis à titre gratuit ou à titre onéreux, le délai de détention se calcule à partir de la date d'acquisition du droit vendu.

CESSION DE LA PLEINE PROPRIÉTÉ D'UN BIEN APRÈS RÉUNION DE LA NUE-PROPRIÉTÉ ET DE L'USUFRUIT SUR LA TÊTE DU CÉDANT

42545 Le régime fiscal varie en fonction des modalités d'acquisition des droits démembrés.

a. Nue-propriété et usufruit acquis à titre gratuit par donation ou succession. La plus-value est déterminée par différence entre le prix de cession et la somme des valeurs vénales retenues lors de chaque mutation (donation ou succession).

La durée de détention se calcule à partir de la première des deux acquisitions.

b. Nue-propriété et usufruit acquis à titre onéreux. La plus-value est déterminée par différence entre le prix de cession et la somme des prix d'acquisition des deux droits démembrés.

La durée de détention se calcule à partir de la première des deux acquisitions.

c. Nue-propriété acquise à titre gratuit par donation ou succession et usufruit acquis à titre onéreux. La plus-value est déterminée par différence entre le prix de cession et la somme de la valeur vénale de la nue-propriété retenue lors de la donation ou de la succession et du prix d'acquisition de l'usufruit.

La durée de détention se calcule à partir de la première des deux acquisitions.

d. Nue-propriété acquise à titre gratuit ou à titre onéreux et usufruit acquis par extinction naturelle. Bien que le prix d'acquisition de l'usufruit acquis par voie d'extinction soit nul, l'administration admet de calculer la plus-value à partir de la somme des valeurs vénales de chacun des droits (donc la valeur de la pleine propriété du bien) à la date d'entrée de la nue-propriété dans le patrimoine du cédant (BOI-RFPI-PVI-20-10-20-10 n°s 220 et 350). Cette mesure est favorable au contribuable.

Le délai de détention court à compter de l'acquisition de la nue-propriété.

EXEMPLE

Décès le 15 janvier 2021 d'un contribuable marié qui possède en propre un immeuble bâti évalué à 122 000 €. Son épouse, âgée de 75 ans, choisit d'en recueillir l'usufruit, évalué à 36 600 € (30 % de 122 000 €). Leurs trois enfants recueillent en indivision la nue-propriété de l'immeuble (évaluée à 85 400 €).

En 2022, les enfants procèdent au partage des biens en indivision et l'un d'eux acquiert les droits des deux autres sur l'immeuble évalué à cette date à 130 000 €. Il verse donc 60 666 € pour le rachat des 2/3 de la nue-propriété en indivision. Il s'agit d'un partage déclaratif qui ne donne pas lieu à l'imposition de la plus-value.

En 2023, au décès de la mère, l'usufruit s'éteint et la pleine propriété est reconstituée dans le patrimoine du nu-propriétaire.

En décembre 2025, il revend l'immeuble pour le prix de 140 000 €. La plus-value est calculée par différence entre ce prix de vente et la valeur vénale de l'immeuble déclarée lors de la succession du père, soit 122 000 € (le partage intervenu en 2022 n'est pas pris en compte). La plus-value de 18 000 € ne bénéficie d'aucun abattement pour durée de détention (durée de détention de la nue-propriété inférieure à cinq ans).

2. CESSION DE BIENS IMMOBILIERS DÉMEMBRÉS : APPLICATION DES EXONÉRATIONS

EXONÉRATION AU TITRE DE LA RÉSIDENCE PRINCIPALE

Le démembrement de propriété ne fait pas obstacle, toutes conditions étant par ailleurs réunies, à l'application de l'exonération au titre de la résidence principale visée nos 85530 s. **42550**

Lorsque le bien est **détenu en pleine propriété,** la cession de l'usufruit ou de la nue-propriété peut bénéficier de l'exonération dès lors que l'immeuble répond à la définition de la résidence principale.

Lorsque le bien est **détenu en démembrement** par des personnes différentes avant la cession de l'un des droits démembrés, il convient de distinguer :

– si l'**usufruitier cède son droit,** il peut bénéficier de l'exonération dans la mesure où l'immeuble constitue sa résidence principale ;

– si le **nu-propriétaire cède son droit,** il ne peut généralement pas bénéficier de l'exonération faute de remplir la condition légale de l'occupation à titre habituel.

Lorsque l'immeuble constitue la résidence principale à la fois de l'usufruitier et du nu-propriétaire, la plus-value réalisée lors de la **cession du logement** peut, en principe, bénéficier de l'exonération. Toutefois, dans le cas où la jouissance des locaux est répartie entre l'usufruitier et le nu-propriétaire (cas d'appartements séparés dans un même immeuble), l'exonération est limitée à la fraction des droits correspondant aux locaux effectivement utilisés par leurs titulaires à titre de résidence principale (BOI-RFPI-PVI-10-40-10 n° 100).

AUTRES EXONÉRATIONS

Parmi les autres dispositifs d'exonération applicables, le plus important est celui tenant à la **durée de détention** de l'immeuble ou des droits cédés, qui résulte de l'application de l'abattement prévu à l'article 150 VC du CGI dont le dispositif général est exposé nos 85800 s. Ce dispositif peut bénéficier au nu-propriétaire comme à l'usufruitier, le délai de détention étant apprécié comme indiqué ci-avant nos 42520 à 42545. **42555**

La cession de droits réels démembrés (usufruit, nue-propriété) portant sur un logement peut bénéficier de l'exonération prévue en faveur de la **première cession d'un logement autre que la résidence principale** pour les cédants qui ne sont pas propriétaires de leur résidence principale (CGI art. 150 U, II-1° bis ; voir nos 85550 s.). Pour l'application de ce dispositif, l'administration considère qu'est réputé propriétaire de sa résidence principale le contribuable qui en est seulement nu-propriétaire ou usufruitier, ce qui est de nature à priver le contribuable du bénéfice de l'exonération pour la cession des autres logements qu'il détient (BOI-RFPI-PVI-10-40-30 n° 40 ; analyse confirmée par CE 15-7-2021 n° 453490 : BPIM 5/21 inf. 361 et CE QPC 12-10-2021 n° 454641 : BPIM 6/21 inf. 396). Notons par ailleurs que l'exonération est subordonnée au remploi du prix de cession à l'acquisition ou la construction d'un logement en pleine propriété : elle ne s'applique pas lorsque le prix de cession est affecté à l'acquisition de droits démembrés (BOI précité n° 200).

Précisons enfin qu'en ce qui concerne l'exonération des **cessions inférieures à 15 000 €** (n° 85580), le plafond d'exonération s'apprécie par rapport à la valeur de la pleine propriété du bien en cas de cession isolée ou conjointe de l'usufruit ou/et de la nue-propriété (CGI art. 150 U, II-6°). La cession de droits démembrés n'est donc exonérée que si la valeur de la pleine propriété de l'immeuble n'atteint pas 15 000 €. Lorsque le droit démembré cédé est en indivision, le seuil de 15 000 € s'apprécie au regard de chaque quote-part indivise en pleine propriété (BOI-RFPI-PVI-10-40-70 n° 40).

C. Démembrement et TVA

La TVA s'applique aux **opérations** portant sur les droits réels principaux (nue-propriété, usufruit, droits indivis, droit de superficie, servitude...), dès lors qu'elles sont **réalisées par des assujettis** agissant en tant que tels. Il s'ensuit que tant la constitution de tels droits au profit d'un tiers par le propriétaire d'un immeuble que leur cession par celui qui se trouve en être titulaire pour les avoir acquis sont susceptibles d'être soumises à la TVA suivant le régime du bien immeuble auquel ils se rapportent. Quant à l'extinction de tels droits, elle ne constitue pas une opération imposable à la TVA en tant que telle dès lors qu'elle s'effectue sans contrepartie. **42600**

ACQUISITION D'UN IMMEUBLE

En cas d'acquisition d'un immeuble en démembrement de propriété, la nue-propriété doit être regardée comme n'étant pas affectée à une activité économique imposable. Le **nu-propriétaire** ne peut donc déduire la TVA afférente à la valeur de ce droit. **42605**

L'**usufruitier** qui utilise le bien dans le cadre d'une activité éligible à la TVA ou qui le donne en location en ayant opté pour l'assujettissement des loyers à la TVA peut **déduire la taxe ayant grevé l'usufruit acquis.** Il ne peut pas, en revanche, déduire la **taxe qui a grevé l'acquisition de la nue-propriété.** Jugé en ce sens qu'en application de l'article 271, I du CGI, le droit à déduction de l'usufruitier est limité à la taxe qu'il a lui-même effectivement supportée pour l'acquisition de son droit d'usufruit et ne saurait s'étendre à la taxe supportée par le nu-propriétaire, quand bien même l'immeuble est intégralement affecté à l'exercice d'une activité soumise à la TVA (CAA Nantes 10-12-2015 n° 14NT01017 : RJF 4/16 n° 329). Quant à la doctrine administrative qui permet à l'acquéreur de l'usufruit d'un immeuble de bénéficier du transfert du droit à déduction de la taxe acquittée par le cédant à raison de la nue-propriété que celui-ci a conservée (BOI-TVA-IMM-10-30 n° 200), elle ne s'applique qu'à condition que le nu-propriétaire, comme l'usufruitier, exerce une activité assujettie à la TVA, que le droit réel détenu par l'usufruitier d'une part, et le nu-propriétaire d'autre part, soit immobilisé par chacun d'eux et que le bien soit utilisé par l'usufruitier pour les besoins d'opérations ouvrant droit à déduction (dans l'espèce ayant donné lieu à l'arrêt de la cour administrative d'appel de Nantes précité, les nus-propriétaires avaient acquis leurs droits dans le cadre d'une opération purement patrimoniale et ne pouvaient donc transmettre aucun droit à déduction à l'usufruitier). Les mêmes règles s'appliquent dans le cadre de démembrements de propriété intervenant ab initio, c'est-à-dire lorsque le démembrement est réalisé par le promoteur qui vend concomitamment l'usufruit et la nue-propriété de l'immeuble à des acquéreurs distincts (Rép. Pauget : AN 2-4-2019 n° 17425). Dans cette hypothèse, le nu-propriétaire doit, pour pouvoir transférer à l'usufruitier le droit à déduction relatif à l'acquisition de la nue-propriété, avoir la qualité d'assujetti à la TVA (redevable ou non) au titre d'une activité réalisée par ailleurs antérieurement à l'acquisition de la nue-propriété ; tel n'est pas le cas d'une société civile immobilière créée ad hoc uniquement pour l'acquisition de la nue-propriété et n'ayant à aucun titre la qualité d'assujetti (Rép. Canévet : Sén. 11-11-2021 n° 24228).

CESSION D'UN IMMEUBLE

42610 Lorsque l'immeuble acquis, construit ou transformé est immobilisé, la taxe afférente à l'acquisition ou à la livraison à soi-même est susceptible de faire l'objet d'une **régularisation** pendant une période de vingt années dont celle au cours de laquelle l'immeuble a été acquis ou l'immeuble neuf ou sa transformation ont été achevés.

Lorsque la **cession porte sur la nue-propriété,** et donne lieu à taxation (de plein droit ou sur option), le nouveau nu-propriétaire ne pourra exercer aucun droit à déduction de la taxe qui aura grevé son acquisition, s'agissant d'un bien qu'il n'utilise pas pour la réalisation d'opérations imposables. Il pourra cependant transférer le **droit à déduction** à l'usufruitier sous la double condition que le droit constitue une immobilisation pour lui et que l'usufruitier utilise le bien pour des opérations ouvrant droit à déduction. Lors de l'extinction de l'usufruit, la taxe déduite par son bénéficiaire fera s'il y a lieu l'objet d'une régularisation (BOI-TVA-IMM-10-30 n° 230).

EXEMPLE

1. Cession l'année n de la nue-propriété du bien acquis ou livré à soi-même l'année n, le cédant se réservant un usufruit expirant en n + 15. Lors de la cession de la nue-propriété, la cession sera grevée de la TVA et le droit à déduction de celle-ci pourra être transféré à l'usufruitier par l'acquéreur de la nue-propriété sous réserve que l'usufruitier utilise le bien pour la réalisation d'opérations ouvrant droit à déduction. En n + 15 l'usufruit s'éteindra et le nu-propriétaire deviendra plein propriétaire. L'usufruitier devra régulariser la récupération par vingtième. Cette TVA reversée pourra être déduite par le nu-propriétaire devenu plein propriétaire sous réserve qu'il exerce une activité ouvrant droit à récupération.

2. Un immeuble construit pour une valeur HT de 1 000 est immédiatement affecté à une location exonérée de TVA, si bien que le coefficient de déduction initial est nul. La quatrième année suivant l'achèvement, le constructeur cède la nue-propriété pour un prix de 600 en conservant l'usufruit pour 10 ans afin d'en poursuivre l'exploitation dans les mêmes conditions : aucun droit à déduction ne peut donc lui être utilement transféré par le nouveau nu-propriétaire.

Mais la cession étant soumise de plein droit à la TVA (pour $600 \times 20\ \% = 120$), l'opération ouvre néanmoins droit chez le cédant à une régularisation de la taxe qui n'a pu être déduite à l'origine, liquidée à raison de la fraction ainsi imposée et des 15 années restant à courir jusqu'au terme de la période de régularisation (soit $200/20 \times 0{,}6 \times 15 = 90$). De son côté, le cessionnaire qui n'a pu déduire la taxe qui a grevé son acquisition de la nue-propriété pourra, s'il affecte l'immeuble à une activité ouvrant droit à déduction lorsqu'il en récupère la pleine propriété, bénéficier d'une régularisation positive de cette même taxe en proportion des 10 années restant à courir au regard du délai qui lui est propre (soit $120/20 \times 10 = 60$).

Lorsque le démembrement résulte de la **cession de l'usufruit,** la taxe supportée par le nu-propriétaire est celle afférente à la différence entre le prix d'acquisition de l'immeuble ou le montant de la livraison à soi-même lors de son achèvement et le prix auquel est cédé l'usufruit : **42615**

– c'est ainsi que si ce démembrement intervient dès l'exercice initial du droit à déduction, le coefficient d'assujettissement retenu à cet effet sera égal à la proportion du prix de cession de l'usufruit rapporté à la valeur de l'immeuble ;

– si le démembrement intervient ultérieurement, dès lors que l'acquisition ou la livraison à soi-même ont initialement ouvert droit à déduction, la part de la taxe initialement déduite afférente à la nue-propriété donnera lieu à une régularisation liquidée dans les conditions de droit commun, à proportion du nombre d'années restant à courir jusqu'au terme de la période de vingt années. Quant à la part afférente à l'usufruit, l'usufruitier pourra, en fonction de son activité propre, exercer son droit à déduction tant sur la taxe ayant éventuellement grevé le prix de l'usufruit que, s'il y a lieu, sur le montant de taxe déductible mentionné sur l'attestation délivrée par le cédant au titre de la taxe afférente à la nue-propriété non déduite ou régularisée par celui-ci.

À son tour, toutefois, l'usufruitier devra régulariser la taxe ainsi déduite si l'**usufruit s'éteint** avant le terme de vingt années. Symétriquement, si cet événement intervient dans le propre délai de vingt ans du nu-propriétaire depuis son acquisition (ou sa livraison à soi-même) et que les conditions en sont réunies, celui-ci pourra bénéficier d'une régularisation à raison de la TVA ayant alors grevé le prix de l'immeuble et à proportion du nombre d'années restant à courir.

En outre, dès lors qu'elle intervient dans le délai de vingt années comprenant celle au cours de laquelle la taxe a été supportée par le nu-propriétaire, la réunion dans les mains de celui-ci de la pleine propriété par suite de l'extinction de l'usufruit peut donner lieu à une régularisation positive de la taxe d'amont si le bien immobilier est alors utilisé à des opérations ouvrant droit à déduction (BOI-TVA-IMM-10-30 n°s 210 à 230).

EXEMPLE

Un immeuble a été construit ou acquis neuf par un investisseur pour une valeur HT de 1 000 et l'usufruit en est immédiatement cédé pour une durée de quinze ans et un prix de 800, soumis de plein droit à la TVA (soit 160 en sus). Le coefficient de déduction s'établit donc à 0,8, mais le propriétaire remet au cessionnaire une attestation de taxe non déduite pour un montant de 40 (200 × 20 %). Dès lors que l'usufruitier immobilise le bien aux fins d'une activité ouvrant droit à déduction, il pourra déduire l'ensemble de la TVA d'amont (soit 160 + 40 = 200), à charge pour lui de supporter une régularisation pour les quatre années restant à courir à l'extinction de son droit (pour un montant de 200 × 4/20 = 40). L'investisseur initial ayant recouvré la pleine propriété de l'immeuble pourra à son tour, s'il l'utilise dans les mêmes conditions, bénéficier d'une régularisation positive à raison de la même durée résiduelle et pour le même montant.

> Précisions Précisant les conséquences de la **réunion dans les mains du nu-propriétaire de la pleine propriété par suite de l'extinction de l'usufruit,** l'administration confirme que, dès lors qu'elle intervient avant le terme du délai de vingt années, elle doit donner lieu à une **régularisation par l'usufruitier** d'une fraction de la taxe qu'il a pu déduire au titre de l'acquisition de l'usufruit et de l'acquisition de la nue-propriété dans le cadre de la procédure de transfert des droits à déduction. L'usufruitier est également tenu, le cas échéant, d'opérer une régularisation de la taxe déduite au titre de dépenses immobilisées qu'il aurait supportées pendant la durée de l'usufruit temporaire. Cette régularisation s'opère au prorata du nombre d'années restant à courir jusqu'au terme de la période de régularisation de la TVA déduite, dans les conditions de droit commun précisées par l'article 207, III-1-4° de l'annexe II au CGI. Dans cette situation, l'administration confirme également que, dès lors que le **nu-propriétaire,** devenu plein propriétaire, inscrit l'immeuble comme immobilisation et l'affecte à des opérations ouvrant **droit à déduction,** ce dernier peut déduire une fraction de la taxe ayant initialement grevé l'acquisition de l'usufruit du bien, de sa nue-propriété et, le cas échéant, des dépenses immobilisées précitées, selon la procédure de transfert du droit à déduction prévue par l'article 207, III-3 de l'annexe II au CGI, sauf application du régime de dispense de l'article 257 bis du CGI si le nu-propriétaire poursuit l'activité locative soumise à la TVA (Rép. Grau : AN 16-11-2021 n° 39881).

LOCATION D'UN IMMEUBLE

Parmi les locations immobilières exonérées de TVA, certaines peuvent faire l'objet d'un paiement volontaire de la taxe (voir n°s 79085 s.). L'intérêt d'une telle option réside essentiellement dans la possibilité pour le bailleur de déduire la taxe grevant les frais qu'il va lui-même supporter ou encore, le cas échéant, d'être exonéré de taxe sur les salaires ou de la contribution annuelle sur les loyers. **42620**

En cas de démembrement d'un bien immobilier loué nu à usage commercial, par exemple, c'est l'usufruitier qui a seul **qualité pour opter** pour la TVA.

L'usufruitier pourra notamment, à la suite de cette option, **déduire** la TVA grevant les travaux dont il supporte la charge définitive et qui sont affectés à son activité imposable.

D. Démembrement et droits d'enregistrement

PRINCIPES

42650 La **transmission d'usufruit ou de nue-propriété** donne lieu au paiement de droits d'enregistrement dont le tarif varie selon la nature de la transmission (donation ou succession, vente, apport en société, etc.) et, pour les transmissions à titre onéreux, selon la nature des biens transmis (immeubles, autres biens).

Dans tous les cas, l'évaluation des droits d'usufruit ou de nue-propriété se fait selon un **barème fiscal unique,** prévu par l'article 669 du CGI et qui s'impose en matière de droits d'enregistrement et de taxe de publicité foncière. La valeur de l'usufruit et de la nue-propriété des biens transmis est constituée par une quote-part de la valeur en pleine propriété du bien, qui diffère selon la nature de l'usufruit, viager ou à durée fixe.

> **Précisions** On notera que si l'article 669 du CGI impose d'une façon générale l'application du barème fiscal pour le calcul des droits d'enregistrement et de la taxe de publicité foncière, la règle n'est pas reprise par l'article 683 du CGI propre aux **mutations à titre onéreux d'immeubles.** Cet article dispose en effet que la taxe de publicité foncière ou le droit d'enregistrement dû sur les actes civils et judiciaires translatifs de propriété ou d'usufruit de biens immeubles à titre onéreux « sont liquidés sur le prix exprimé, en y ajoutant toutes les charges en capital ainsi que toutes les indemnités stipulées au profit du cédant, à quelque titre et pour quelque cause que ce soit, ou sur une estimation d'experts, dans les cas autorisés par le présent Code ». Doctrine et jurisprudence s'accordent toutefois à considérer que l'article 683 du CGI est un texte de portée générale auquel l'article 669 déroge pour les mutations en démembrement de propriété. L'administration estime ainsi que le barème fiscal s'applique à toutes les transactions portant sur des droits démembrés (BOI-ENR-DMTOI-10-10-10 n° 125). C'est également la solution retenue par la Cour de cassation, qui juge que l'assiette des droits d'enregistrement en cas de cession de l'usufruit d'un immeuble doit être déterminée par application du barème de l'article 669, I du CGI, même lorsque la cession, portant sur un usufruit devant s'éteindre au décès du survivant de deux époux, intervient entre personnes morales ; dans ce cas, c'est le barème de l'usufruit viager fixé à l'article 669, I du CGI qui s'applique, la circonstance que l'usufruit soit cédé à une personne morale ne conférant pas à cet usufruit le caractère d'usufruit à durée fixe (Cass. com. 26-9-2018 n° 16-26.503 FS-PB : RJF 1/19 n° 98).

USUFRUIT VIAGER

42655 Les valeurs de l'usufruit et de la nue-propriété sont fixées forfaitairement à une fraction de la valeur de la propriété entière, à partir du chiffre des dizaines de l'**âge de l'usufruitier,** conformément au barème ci-après (CGI art. 669, I).

Âge de l'usufruitier	Valeur de l'usufruit	Valeur de la nue-propriété
Jusqu'à 20 ans inclus	90 %	10 %
De 21 à 30 ans inclus	80 %	20 %
De 31 à 40 ans inclus	70 %	30 %
De 41 à 50 ans inclus	60 %	40 %
De 51 à 60 ans inclus	50 %	50 %
De 61 à 70 ans inclus	40 %	60 %
De 71 à 80 ans inclus	30 %	70 %
De 81 à 90 ans inclus	20 %	80 %
À partir de 91 ans	10 %	90 %

USUFRUIT À DURÉE FIXE

42658 L'usufruit constitué pour une durée fixe est évalué à 23 % de la valeur du bien en pleine propriété pour chaque **période de dix ans,** sans fraction et sans égard à l'**âge de l'usufruitier** (CGI art. 669, II). Toutefois, cette règle ne peut pas avoir pour effet de donner à l'usufruit une valeur supérieure à celle de l'usufruit viager, qui constitue une évaluation maximale. Ainsi, un usufruit constitué pour une période de douze ans aura une valeur de 40 %, et non de 46 %, si l'usufruitier a 62 ans.

On rappelle par ailleurs que l'usufruit consenti au profit d'une **personne morale** ne peut avoir une durée supérieure à trente ans (nº 42235) : il a donc une valeur fiscale maximale égale à 69 % de la valeur de la pleine propriété.

E. Démembrement et IFI

Depuis le 1er janvier 2018, l'ISF a été supprimé et remplacé par l'impôt sur la fortune immobilière (IFI), lequel cible le seul patrimoine immobilier des contribuables (CGI art. 964 à 983). **42680**

Une **étude d'ensemble** est consacrée à l'IFI nºs 81000 s.

Nous exposons ci-après les **particularités** liées au démembrement de propriété.

1. REDEVABLE DE L'IFI EN CAS DE DÉMEMBREMENT DE PROPRIÉTÉ

PRINCIPE D'IMPOSITION DE L'USUFRUITIER

Les biens grevés d'un usufruit, d'un droit d'habitation ou d'un droit d'usage accordé à titre personnel sont compris pour leur **valeur en pleine propriété** dans le patrimoine de l'usufruitier ou du bénéficiaire du droit (CGI art. 968, al. 1). **42685**

Corrélativement, le nu-propriétaire n'a rien à déclarer au titre de ces biens (BOI-PAT-IFI-20-20-30-10 nº 10).

En conséquence, sauf si l'administration parvient à démontrer que l'opération est constitutive d'un abus de droit, le démembrement d'un bien immobilier permet une exonération effective d'IFI si l'**usufruit est détenu par une personne non imposable.** Il peut s'agir :

– d'une personne physique dont la valeur totale du patrimoine imposable, y compris la valeur en pleine propriété des biens détenus en usufruit, n'atteint pas le seuil d'imposition ;

– d'une personne morale, qui par définition n'est pas assujettie à l'IFI. Cela dit, lorsque l'usufruit d'un bien immobilier est apporté en société, l'apporteur est imposable sur la valeur des droits sociaux pour la fraction représentative de cet usufruit immobilier (sauf à bénéficier de l'exonération des biens professionnels). Par ailleurs, l'opération peut s'avérer coûteuse au regard de l'impôt sur le revenu : voir nº 42502.

> Précisions a. Sous l'empire de l'ISF, l'apport de l'usufruit d'un immeuble à une EURL a été jugé constitutif d'un **abus de droit** dans une espèce où le caractère professionnel de l'activité de location de cet immeuble par l'EURL n'était pas démontré, le but exclusif de l'opération d'apport étant d'éluder l'impôt sur la valeur de l'immeuble (Cass. com. 7-12-2010 nº 10-10.054 : RJF 4/11 nº 526).

b. Lorsque l'usufruit ne porte que sur une **fraction d'un bien,** l'usufruitier n'est imposable que sur la fraction de la pleine propriété correspondant au droit dont il dispose (BOI-PAT-IFI-20-20-30-10 nº 20). Ainsi, l'usufruitier d'un quart du bien ne doit déclarer que le quart de la pleine propriété.

DÉROGATIONS AU PRINCIPE D'IMPOSITION DE L'USUFRUITIER

Le principe de l'imposition de la pleine propriété chez l'usufruitier connaît trois dérogations légales. Dans ces trois cas, à condition que l'usufruit constitué ne soit ni vendu ni transmis à titre gratuit par son bénéficiaire, les biens dont la propriété est démembrée sont compris respectivement dans les **patrimoines de l'usufruitier et du nu-propriétaire** et sont évalués suivant le barème fixé par l'article 669 du CGI (nº 42655). **42690**

Démembrement d'origine successorale L'usufruitier et le nu-propriétaire sont imposables sur la valeur de leurs droits respectifs lorsque le démembrement de propriété résulte (CGI art. 968, 1º) : **42691**

– de l'article 757 du Code civil applicable aux successions ouvertes depuis le 1er juillet 2002 (**usufruit légal du conjoint survivant** portant sur la totalité des biens existants au jour de la succession en présence de descendants du défunt) ou de l'ancien article 767 du Code civil, applicable aux successions ouvertes avant le 1er juillet 2002 (usufruit légal du conjoint survivant portant sur un quart de la succession en présence de descendants du défunt). En revanche, le conjoint survivant bénéficiaire d'un usufruit conventionnel accordé par testament ou donation au dernier vivant est imposable sur la valeur de la pleine propriété des biens dont il est usufruitier ;

– de l'article 1094 du Code civil, dans sa rédaction applicable aux successions ouvertes jusqu'au 31 décembre 2006 : **usufruit légal des ascendants,** après donation entre époux de la nue-propriété de leur réserve, en l'absence de descendants. Pour les successions ouvertes depuis le 1er janvier 2007, les ascendants ne sont plus des héritiers réservataires et tout legs d'usufruit à leur profit les rendrait assujettis à l'IFI sur la valeur de la pleine propriété des biens grevés de l'usufruit ;

– de l'article 1098 du Code civil : **usufruit forcé du conjoint survivant** en présence d'enfants d'un premier lit.

42692 **Démembrement résultant de la vente de la nue-propriété** La règle de l'imposition de l'usufruitier sur la pleine propriété est écartée lorsque le démembrement résulte de la cession de la nue-propriété avec réserve d'usufruit au profit du vendeur, à condition que cette cession ait été consentie à une **personne autre que** (CGI art. 968, 2°) :

– ses **héritiers présomptifs** ou leurs descendants ;

– ses donataires, c'est-à-dire des personnes auxquelles le redevable a pu, avant la vente, consentir une **donation** ;

– des **personnes réputées interposées** entre l'usufruitier, ses héritiers et donataires, au sens de l'article 751 du CGI.

42693 **Donation ou legs avec réserve d'usufruit au profit de certaines personnes morales** En cas de donation ou legs avec réserve d'usufruit au profit de l'État, des départements, des communes ou syndicats de communes et de leurs établissements publics, des établissements publics nationaux à caractère administratif et des associations reconnues d'utilité publique, l'usufruitier donateur et le nu-propriétaire donataire sont imposés séparément sur la valeur de leurs droits respectifs (CGI art. 968, 3°).

2. ASSIETTE DE L'IFI EN CAS DE DÉMEMBREMENT DE PROPRIÉTÉ

ÉVALUATION DE LA VALEUR VÉNALE

42695 Les biens imposables à l'IFI sont, sauf exception, évalués à leur valeur vénale, c'est-à-dire au prix qui pourrait en être obtenu sur le marché compte tenu de leur **état de fait et de droit.**

Il n'est pas douteux que la valeur vénale d'un bien est affectée par l'existence du démembrement (moindre liquidité liée à la nécessité d'un accord conjoint de l'usufruitier et du nu-propriétaire pour vendre la pleine propriété). Cependant, suivant en cela la doctrine administrative, la Cour de cassation a toujours refusé au redevable de l'impôt sur la fortune la possibilité de pratiquer un abattement en raison de l'**existence du démembrement** (Cass. com. 20-3-2007 n° 05-16.751 F-PB : RJF 7/07 n° 858, solution rendue sous l'empire de l'ISF mais transposable à l'IFI ; BOI-PAT-IFI-20-20-30-10 n° 1).

> **Précisions** **a.** Dans une espèce où des contribuables, détenant l'usufruit de la totalité des **parts d'une société civile propriétaire d'un bien immobilier,** revendiquaient l'application d'un abattement de 30 % sur la valeur vénale de leurs parts pour défaut de liquidité de cet actif immobilier à raison de l'existence d'une **clause d'agrément** de tous les associés figurant dans les statuts pour la cession des parts sociales, la Cour de cassation a censuré l'arrêt de la cour d'appel qui avait rejeté leur demande, en reprochant aux juges du fond de s'être déterminés par des motifs tenant à l'absence de situation d'indivision et au fait qu'aucun abattement ne peut être revendiqué au titre du démembrement de propriété, motifs impropres à exclure qu'une perte de valeur vénale du bien puisse résulter de la situation des nus-propriétaires, qui ne le détiennent pas directement mais au travers de parts sociales dont la cessibilité est limitée par une clause d'agrément (Cass. com. 15-2-2023 n° 20-19.451 F-D : BPAT 3/23 inf. 164-27). Statuant sur renvoi, la cour d'appel juge que l'administration doit appliquer une décote de 20 % sur la valeur vénale des parts sociales : 10 % en raison de l'existence de la clause d'agrément qui affecte la liquidité des parts et 10 % au titre de l'**occupation du bien par les contribuables usufruitiers** (CA Montpellier 7-11-2023 n° 23/01048 : BPAT 2/24 inf. 82).
> **b.** Sur l'incidence d'une **situation d'indivision,** voir n° 81320. Sur la portée d'une **interdiction d'aliéner,** voir n° 81325. En ce qui concerne l'application de l'abattement au titre de la **résidence principale,** voir n° 81400.

PASSIF DÉDUCTIBLE

42697 L'**usufruitier** peut, dans les conditions de droit commun, déduire de son actif brut imposable à l'IFI les dettes remplissant les conditions exposées nos 81550 s. et qui lui incombent personnellement à raison du bien dont la propriété est démembrée (ainsi que, le cas échéant, celles de ses enfants mineurs dont il a l'administration légale des biens). En revanche, même s'il est imposable à raison de la pleine propriété du bien démembré, l'usufruitier n'est pas admis à déduire les dettes incombant au nu-propriétaire. **42697** (suite)

Les dettes contractées par le **nu-propriétaire** afférentes à des biens dont il détient la nue-propriété ne sont pas admises en déduction de son propre actif imposable à l'IFI (sauf dans les quelques cas où l'usufruitier et le nu-propriétaire sont imposés séparément sur la valeur de leurs droits : ci-avant nos 42690 s.). Aucune déduction n'est en effet possible pour les dettes afférentes à des biens non pris en compte pour l'assiette de l'IFI dû par l'intéressé.

CHAPITRE 3

RÉSIDENCES-SERVICES

SOMMAIRE

CONTEXTE

43900 Du fait de l'allongement de la durée de la vie humaine et du souci, pour nombre de personnes âgées, de se **décharger de certaines préoccupations matérielles,** on a assisté à la multiplication de diverses sortes de « résidences » ayant pour but de répondre au besoin de ces personnes de trouver tout à la fois un lieu d'habitation et des services de restauration, de loisirs et d'animation, mais aussi de répondre au besoin d'assistance médicale. Le législateur a donc opéré une distinction entre les résidences-services non médicalisées, objets des développements qui suivent, et celles qui, comme les Ehpad et Mapad, relèvent de plein droit du Code de la santé publique (CASF art. L 313-12) et sont exclues du statut de la copropriété des immeubles bâtis.

Les prestataires appelés à fournir les services spécifiques individualisables dans les **copropriétés** avec services sont dispensés de la condition d'activité exclusive pour bénéficier d'un agrément de l'État au titre des services à la personne définis à l'article L 7231-1 du Code du travail (C. trav. art. L 7232-1-2, 4°). Il en est de même des gérants de résidences-services (C. trav. art. L 7232-1-2, 5°).

La loi 2015-1776 du 28 décembre 2015 relative à l'adaptation de la société au vieillissement a institué un véritable statut pour ce type de résidences, en modifiant le chapitre IV bis de la loi 65-557 du 10 juillet 1965 fixant le statut de la copropriété des immeubles bâtis (art. 41-1 à 41-7) et en ajoutant une section 5 au chapitre 1er du titre III du livre VI du CCH. L'article D 631-27 (issu du décret 2016-1737 du 14-12-2016) est venu compléter ce dispositif légal.

> **Précisions** **a.** Les résidences-services non soumises au statut de la copropriété qui gèrent des services d'aide à domicile rendus aux personnes qui y résident sont autorisées, sous réserve du respect d'un cahier des charges prévu par le Code de l'action sociale et des familles.
> **b.** Les résidences-services en fonctionnement avant l'entrée en vigueur de la loi relative à l'adaptation de la société au vieillissement sont réputées détenir l'agrément sous réserve du respect du cahier des charges national et à la condition que le gestionnaire de la résidence-services et des services proposés soit le même (Loi 2015-1776 du 28-12-2015 art. 15, V).

A. Règles générales

DÉFINITION DES RÉSIDENCES-SERVICES

43905 La résidence-services est un ensemble d'habitations constitué de logements autonomes permettant aux occupants de bénéficier de **services spécifiques non individualisables,** qui bénéficient par nature à l'ensemble des occupants.

Les **services spécifiques individualisables** peuvent être souscrits par les occupants auprès de prestataires. Le délai de préavis préalable à la résiliation de ce contrat ne peut excéder un mois (CCH art. L 631-13).

On distingue désormais deux régimes différents pour les services spécifiques, selon qu'ils sont individualisables (n° 43926) ou non individualisables (n° 43924).

Lorsque l'immeuble est en copropriété, ces résidences sont dotées d'un statut légal spécifique d'ordre public (Loi 65-557 du 10-7-1965 art. 41-1 à 41-7).

Lorsque l'immeuble n'est pas en copropriété, c'est le principe de la liberté des conventions qui s'applique (Cass. 3e civ. 1-7-1998 n° 96-17.515 : Bull. civ. III n° 145), sous réserve du respect des dispositions du Code civil, du CCH et des différentes réglementations spécifiques qui peuvent trouver à s'appliquer.

Les formules usitées de cession de droits démembrés, de règlement intérieur relatif aux services et aux dépenses, de rachat de droits peuvent perdurer dès lors qu'elles ne constituent pas un moyen de contourner l'application du statut légal.

> **Précisions** **a.** Une **société de construction-vente** (voir Mémento Urbanisme-Construction n° 63970) n'est pas déchue de son régime fiscal dès lors qu'en construisant un ensemble immobilier pour personnes du troisième âge, elle a équipé les parties communes (restaurant, infirmerie, bureaux, réception...) des équipements mobiliers nécessaires à leur utilisation (CE 27-2-1989 n° 57066 : RJF 4/89 n° 423).
> **b.** Un promoteur engage sa responsabilité pénale au titre des articles L 121-2 et suivants (anciennement art. L 121-1) du Code de la consommation en diffusant des **plaquettes publicitaires** précisant que la résidence pour personnes âgées serait dotée d'un complexe médical disponible 24 heures sur 24 en liaison avec des médecins alors qu'en fait le service s'est trouvé limité à deux infirmières n'assurant pas de présence permanente (Cass. crim. 7-4-1993 : Gaz. Pal. 1993 som. p. 442). Solution à notre avis transposable en application des articles L 121-2 et suivants.
> **c.** La **vente avant achèvement** de locaux destinés à être meublés assortie de prestation à caractère hôtelier ne constitue pas une activité commerciale. Elle relève donc de l'article L 261-10 du CCH (Cass. 3e civ. 7-1-2016 n° 14-29.655 : BPIM 1/16 inf. 29).

SERVICES SPÉCIFIQUES NON INDIVIDUALISABLES

Les catégories de services non individualisables sont les suivantes (CCH art. D 631-27) : **43910**

– l'accueil personnalisé et permanent des résidents et de leurs visiteurs ;

– la mise à disposition d'un personnel spécifique attaché à la résidence, le cas échéant complétée par des moyens techniques, permettant d'assurer une veille continue quant à la sécurité des personnes et à la surveillance des biens ;

– le libre accès aux espaces de convivialité et aux jardins aménagés.

CONSEIL DES RÉSIDENTS

Le conseil des résidents est **composé** des personnes demeurant à titre principal dans la **43912** résidence. Cette instance consultative a notamment comme objectif la mise en œuvre d'un espace de discussion entre les résidents et le gérant de la résidence-services. Elle relaie auprès de ce dernier les demandes et les propositions des résidents.

Une **réunion** du conseil des résidents est tenue au moins une fois par an, à l'initiative du gérant ou à celle des résidents.

Le gérant communique au conseil les informations relatives au nombre et à la situation comptable des services spécifiques non individualisables fournis dans la résidence, afin que le conseil émette un avis notamment sur le besoin de créer ou de supprimer un service.

Lors de la réunion du conseil des résidents, un **secrétaire de séance** est désigné en son sein. Le secrétaire rédige le compte rendu de la séance, qui est cosigné par le gérant et adressé à tous les résidents. En cas de location, les **comptes rendus** des réunions du conseil des résidents des trois années précédentes sont remis à toute personne intéressée préalablement à la signature du bail (CCH art. L 631-14).

Les personnes **demeurant à titre principal** dans la résidence sont celles qui occupent un logement au moins 8 mois par an en tant que propriétaire, locataire, conjoint ou partenaire du titulaire d'un tel droit, sauf obligation professionnelle ou raison de santé (Décret 67-223 du 17-3-1967 art. 39-8).

OBLIGATION EN CAS DE LOCATION

Sans préjudice de la loi 89-462 du 6 juillet 1989, lorsqu'un logement est mis en location **43914** (CCH art. L 631-15) :

1° le bail précise les services spécifiques non individualisables mentionnés à l'article L 631-13 du CCH ;

2° le bailleur et le locataire sont tenus, respectivement, de fournir et de payer les services non individualisables aux termes convenus. Le paiement mensuel est de droit lorsque le locataire en fait la demande ;

3° le bail peut contenir une clause prévoyant la résiliation de plein droit du contrat en cas de non-paiement de ces services. Cette clause peut produire effet dans les conditions prévues à l'article 24 de la loi 89-462 du 6 juillet 1989 ;

4° la quittance mentionnée à l'article 21 de ladite loi porte le détail des sommes versées par le locataire en distinguant notamment le loyer, les charges et les services non individualisables.

Les dispositions des articles L 631-14 (n° 43912) et L 631-15 s'appliquent lorsque les services spécifiques non individualisables sont fournis par un gérant, personne physique ou morale, qui est également bailleur dans le cadre des contrats de location conclus avec les occupants.

L'article 41-7 de la loi de 1965 fixant le statut de la copropriété des immeubles bâtis, relatif au conseil des résidents, n'est pas applicable dans ce cas (CCH art. L 631-16).

DOUBLE QUALITÉ

43916 Les dispositions visées nos 43912 et 43914 s'appliquent lorsque les services spécifiques non individualisables sont fournis par un gérant, personne physique ou morale, qui est également bailleur. L'article 41-7 de la loi de 1965 fixant le statut de la copropriété des immeubles bâtis, relatif au conseil des résidents, n'est pas applicable dans ce cas (CCH art. L 631-16).

B. Résidences-services en copropriété

1. ORGANISATION DE L'IMMEUBLE

RÉGLEMENTATION APPLICABLE

43920 Les résidences-services en copropriété sont dotées d'un statut légal spécifique d'ordre public (Loi 65-557 du 10-7-1965 art. 41-1 à 41-7 ; Décret 67-223 du 17-3-1967 art. 39-2 à 39-9).

MODIFICATION DU RÈGLEMENT DE COPROPRIÉTÉ

43922 Les résidences-services dont le **règlement de copropriété** a été publié avant le 29 juin 2016 restent soumises aux dispositions des articles 41-1 à 41-5 de la loi du 10 juillet 1965 dans leur rédaction antérieure à la loi du 28 décembre 2015. Toutefois, le règlement de copropriété peut être modifié pour intégrer les nouvelles dispositions des articles 41-1 et 41-2. À cette fin, la loi impose au syndic d'inscrire chaque année à l'ordre du jour de l'assemblée générale des copropriétaires la question de la mise en conformité du règlement avec les nouvelles dispositions. La décision de procéder à cette modification est prise à la majorité de l'article 26 de la loi de 1965 (majorité des membres du syndicat représentant au moins 2/3 des voix). Sa mise en conformité entraîne l'application des nouvelles dispositions des articles 41-1 à 41-6 (Loi 2015-1776 du 28-12-2015 art. 91).

OBJET DU SYNDICAT DES COPROPRIÉTAIRES

43924 **Services spécifiques non individualisables** Le **règlement de copropriété** peut étendre l'**objet du syndicat des copropriétaires** à la fourniture aux résidents de l'immeuble de services spécifiques qui, du fait qu'ils bénéficient par nature à l'ensemble de ses résidents, ne peuvent être individualisés (Loi 65-557 du 10-7-1965 art. 41-1, al. 1 et Décret 67-223 du 17-3-1967 art. 39-2).

Lorsque le règlement de copropriété prévoit que les services spécifiques sont assurés par un tiers, leur gestion directe peut par la suite être confiée au syndicat des copropriétaires par une décision d'assemblée générale et sans qu'il soit nécessaire de modifier le règlement de copropriété (Cass. 3e civ. 29-11-2018 n° 17-27.526 FS-PBI : BPIM 1/19 inf. 64).

La décision relative à la création des services non individualisables est prise à la double majorité de l'article 26 la loi de 1965.

Ils sont fournis en exécution de **conventions conclues avec des tiers.**

43926 **Services spécifiques individualisables** Le règlement de copropriété peut prévoir l'**affectation de certaines parties communes** à la fourniture, aux occupants de l'immeuble, de services spécifiques individualisables (Loi 65-557 du 16-7-1965 art. 41-2).

Les modifications du règlement de copropriété emportant **désaffectation des parties communes affectées** auxdits services sont prises à la majorité prévue à l'article 26. Elles sont notifiées par le syndic aux prestataires concernés. Elles entraînent la résiliation de plein droit des conventions de prêt et de fourniture de services conclues avec les prestataires (Loi 65-557 du 10-7-1965 art. 41-5).

Les **conditions d'utilisation par les tiers des parties communes** destinées à de tels services sont fixées dans une **convention** stipulée à titre gratuit, en application du chapitre Ier du titre X du livre III du Code civil. Cette convention est conclue pour une durée qui ne peut excéder cinq ans. Elle est renouvelable (Loi 65-557 du 10-7-1965 art. 41-3).

L'assemblée générale, sur proposition du conseil syndical, choisit, à la majorité de l'article 25 ou, le cas échéant, de l'article 25-1, les **prestataires** appelés à fournir ces services. Elle approuve, par un vote distinct et selon les mêmes modalités, les termes de la **convention** envisagée avec les prestataires choisis ayant pour objet le prêt gratuit des parties communes affectées à ces services, établie dans les conditions prévues à l'article 41-3. La durée des contrats de prestations individualisables conclus par chaque occupant avec les prestataires ne peut excéder celle du prêt dont ces derniers bénéficient (Loi 65-557 du 10-7-1965 art. 41-4).

Exclusions Afin de ne pas assimiler ces résidences à des établissements et services sociaux ou médico-sociaux, la loi dispose que le statut de la copropriété des immeubles bâtis est incompatible avec l'octroi de services de soins ou d'aide et d'accompagnement exclusivement liés à la personne, qui ne peuvent être fournis que par des établissements et des services relevant de l'article L 312-1, I du Code de l'action sociale et des familles ou par des établissements, des services ou des professionnels de santé relevant des quatrième et sixième parties du Code de la santé publique (Loi 65-557 du 10-7-1965 art. 41-1, al. 5). **43928**

> **Précisions** Du seul fait de l'entrée en vigueur de l'article 41-1 de la loi du 10 juillet 1965, le syndic peut procéder au licenciement du personnel d'un service paramédical prévu par le règlement de copropriété, sans qu'il y ait lieu de le subordonner à une décision préalable de l'assemblée générale. En revanche, le syndicat doit mettre en place un service de surveillance de substitution autorisé par la loi (Cass. 3e civ. 1-12-2016 n° 15-12.114 FS-PB : BPIM 1/07 inf. 50).

RÔLE DU CONSEIL SYNDICAL

Contrairement au statut général de la copropriété, l'assemblée générale ne peut pas déroger à l'obligation d'instituer un conseil syndical (Loi 65-557 du 10-7-1965 art. 41-6, al. 1). **43930**

L'assemblée peut, à la majorité absolue des voix du syndicat, déléguer au conseil syndical les décisions relatives à la gestion courante de services spécifiques (Loi du 10-7-1965 art. 41-6, al. 2).

Lorsqu'il ne reçoit pas de délégation à cet effet, le conseil syndical doit donner obligatoirement son avis sur tout projet de convention en vue de la fourniture de services spécifiques (individualisables ou pas) lorsque celle-ci est confiée à un tiers. Dans ce cas, il doit surveiller la bonne exécution de la convention et présenter un bilan chaque année à l'assemblée générale (Loi du 10-7-1965 art. 41-6, al. 3). Cette disposition ne concerne pas les documents qui ne sont pas soumis à l'obligation de notification prévue par l'article 11, I du décret du 17 mars 1967, qui a un caractère limitatif (Cass. 3e civ. 22-3-2018 n° 17-13.485 F-D : BPIM 3/18 inf. 219).

Ce bilan porte sur les conditions financières d'exécution des conventions de services spécifiques non individualisables, sur la qualité et le contenu des services dispensés, leur conformité aux attentes des résidents ainsi que, s'agissant des conventions de nature financière, sur les conditions d'exécution du ou des contrats de prêt (Décret 67-223 du 17-3-1967 art. 39-3) ; il doit être signé par le président du conseil et notifié par le syndic dans les formes légales (Décret 67-223 du 17-3-1967 art. 39-3, al. 2).

En outre, en cas de difficulté d'exécution de la convention, le conseil syndical doit informer sans délai le syndic.

Par ailleurs, le conseil syndical doit proposer à l'assemblée les prestataires appelés à fournir les services spécifiques individualisables (Loi 65-557 du 10-7-1965 art. 41-4).

INCOMPATIBILITÉS

Le prestataire des **services individualisables et non individualisables** ne peut pas être le syndic, ses préposés, son conjoint, le partenaire lié à lui par un pacte civil de solidarité, son concubin, ni ses parents ou alliés jusqu'au 3e degré inclus, ni les entreprises dans le capital desquelles les personnes physiques mentionnées précédemment détiennent une participation ou dans lesquelles elles exercent des fonctions de direction ou de contrôle, ou dont elles sont préposées. Lorsque le syndic est une personne morale, l'interdiction d'être prestataire des services individualisables et non individualisables est étendue aux entreprises dans lesquelles le syndic détient une participation et aux entreprises qui détiennent une participation dans le capital du syndic (Loi 65-557 du 10-7-1965 art. 41-6, al. 3). **43932**

DISPOSITIONS PROPRES AU CONSEIL DES RÉSIDENTS

Le conseil relaie les demandes des résidents auprès des copropriétaires. Il doit être réuni par le syndic avant la tenue de l'assemblée générale des copropriétaires. L'ordre du jour de cette assemblée lui est communiqué dans les conditions fixées à l'article 39-3, alinéa 3 du décret 67-223 du 17 mars 1967. **43934**

La réunion annuelle du conseil peut être demandée par les copropriétaires représentant au moins 30 % des lots d'habitation de la résidence (Décret 67-223 du 17-3-1967 art. 39-9, al. 1). Le conseil est présidé par un président élu au scrutin secret à la majorité des votants dans les conditions fixées au dernier alinéa de l'article 39-9 du décret 67-223 du 17 mars 1967.

Le conseil des résidents peut également se réunir de sa propre initiative, dans un local mis à sa disposition à cet effet par le syndic, qui communique au conseil des résidents les comptes rendus de l'assemblée générale ainsi que toutes les informations relatives aux services fournis dans la résidence, afin que le conseil émette un avis, notamment sur le besoin de créer ou de supprimer un service. Les modalités de tenue de la réunion sont adaptées en conséquence. Les comptes rendus des réunions des trois dernières années doivent être fournis préalablement à la cession d'un lot dans la résidence (Loi 65-557 du 10-7-1965 art. 41-7).

COMPÉTENCE JURIDICTIONNELLE

43936 Tous les litiges relatifs à l'exécution des conventions d'occupation des parties communes et des prestations de services relèvent de la compétence de la juridiction du lieu de situation de l'immeuble (Décret 67-223 du 17-3-1967 art. 39-5).

2. FOURNITURE DE SERVICES

GESTION DES SERVICES

43940 **Services spécifiques non individualisables** Les frais correspondant aux services spécifiques se trouvent inclus dans les **charges de copropriété.** Celles-ci sont des charges communes générales réparties entre les copropriétaires en fonction de l'utilité objective (n° 36030) que ces services présentent pour chaque lot (application de l'article 10, al. 1 de la loi de 1965), même si le lot est inoccupé (Rép. Cardot : AN 21-8-2007 n° 185 p. 5331). Elles constituent des dépenses courantes au sens et pour l'application de l'article 14-1 qui doivent être intégrées au budget prévisionnel (n° 36450) (Loi 65-557 du 10-7-1965, art. 41-1, al. 2).

> **Précisions** Le syndicat des copropriétaires, représenté par son syndic, a seul capacité pour agir en justice au nom de la copropriété dans une instance en recouvrement d'un arriéré de charges de fonctionnement de services spécifiques auprès d'un copropriétaire, et ce, même si l'assemblée générale a habilité par convention l'association qui gère les services spécifiques à procéder au recouvrement des charges afférentes (Cass. 3e civ. 20-10-2016 n° 15-18.736 F-D : BPIM 6/16 inf. 403 ; dans le même sens : Cass. 3e civ. 9-2-2017 n° 15-28.436 F-D : BPIM 2/17 inf. 144).

43945 Lorsque la gestion des services spécifiques non individualisables est confiée à un tiers, la **convention** conclue avec le prestataire doit préciser notamment sa durée, les conditions de son renouvellement et de sa dénonciation, les modalités de surveillance par le conseil syndical de son exécution, les conditions de communication par le prestataire des documents relatifs à cette exécution, l'objet et les conditions financières de la fourniture du ou des services ainsi que les conditions matérielles et financières d'occupation des locaux (Décret 67-223 du 17-3-1967 art. 39-2-1).

> **Précisions** Le syndicat doit tenir une **comptabilité** auxiliaire pour la gestion des services non individualisables conforme au décret 2005-240 du 14 mars 2005 (Décret 67-223 du 17-3-1967 art. 39-4).

43950 **Services spécifiques individualisables** La **charge des dépenses** d'entretien et de fonctionnement liées aux parties communes affectées à la fourniture de services spécifiques individualisables aux occupants de l'immeuble et leur répartition sont précisées dans le règlement de copropriété de l'immeuble (Loi 65-557 du 10-7-1965 art. 41-2).

> **Précisions** **a.** Les frais de fonctionnement du **service restauration** (à l'exclusion du coût des repas) peuvent être répartis entre tous les copropriétaires sur la base des quotes-parts de parties communes spéciales affectées à leurs lots sans violer le critère d'utilité (Cass. 3e civ. 24-3-2009 n° 08-12.850 : Administrer juin 2009 p. 45 obs. J.-R. Bouyeure).
> **b.** Le **bailleur** peut exiger de son locataire le remboursement des dépenses relatives aux frais de fonctionnement des services individualisés (Cass. 3e civ. 13-7-1999 n° 97-12.047 : Bull. civ. III n° 169).

43955 Dans la pratique, l'organisme gestionnaire prend la forme, mais non exclusivement, soit d'une société coopérative de consommation, soit d'une société commerciale de gestion, soit encore d'une association de la loi de 1901, voire d'une association syndicale libre régie par l'ordonnance du 1er juillet 2004 (Cass. 3e civ. 14-11-2012 n° 11-23.808 : BPIM 1/13 inf. 74).

1° **Société coopérative de consommation** L'objet d'une telle société étant de vendre des objets de consommation ou des services à ses membres (Loi du 10-9-1947 portant statut de la coopération), les copropriétaires résidents sont donc regroupés dans cette société qui dispose des locaux et du matériel nécessaires à la réalisation de son objet. Le risque majeur inhérent à un tel montage est que les coopérateurs se retirent de la coopérative, compromettant ainsi son équilibre financier : le « résident-coopérateur » tient en effet de l'article 18 de la loi du 10 septembre 1947 la faculté de démissionner. Il peut donc paraître opportun que les statuts de la société coopérative prévoient un délai suffisant avant qu'un coopérateur puisse démissionner.

Seuls les services spécifiques individualisables explicitement visés par le règlement de copropriété (n° 43926) entrent dans les charges de copropriété. Les frais de services non explicitement visés en sont exclus et relèvent des services gérés par la coopérative (CA Paris 16-9-1988 pour des services de petits dépannages et ménagers ; solution transposable au nouveau régime).

2° **Société commerciale de gestion** Cette société, prestataire des services spécifiques de la résidence, conclut directement des contrats avec le syndicat des copropriétaires dans les conditions visées au n° 43926.

> **Précisions** **a.** Les redevances dues à une association assurant notamment la permanence d'accueil de jour et la restauration d'une résidence constituent des dépenses courantes de fonctionnement et d'administration des services auxquels tout copropriétaire, même non occupant, doit participer dès lors que la convention précise que le copropriétaire sera considéré comme l'occupant (CA Orléans 9-2-2009 n° 07/033448).
> **b.** Les « cotisations » réclamées par l'association prestataire de services correspondent au coût de fonctionnement des services offerts au sein de la résidence et il est permis à l'association ayant pour objet d'apporter des services à la personne dans une résidence d'obtenir le remboursement des dépenses et des frais de personnel qu'elle expose pour remplir cet objet (CA Orléans 12-11-2012 n° 11/03620).
> **c.** L'association ayant conclu avec la copropriété une convention pour assurer les services de la résidence peut solliciter la tenue d'une assemblée chargée d'établir son budget prévisionnel ainsi que cela est stipulé par le contrat le liant au syndicat (Cass. 3e civ. 31-3-2016 n° 15-14.168).

3. SUSPENSION ET SUPPRESSION DES SERVICES

Les décisions relatives à la suppression des services non individualisables sont prises par l'**assemblée générale** à la double majorité prévue au premier alinéa de l'article 26 de la loi du 10 juillet 1965. La décision de suppression d'un service non individualisable ne peut intervenir qu'à la condition que l'assemblée générale ait eu connaissance au préalable d'un rapport établi par le syndic ou, en cas de carence, par le conseil syndical portant sur l'utilité de ce service pour l'ensemble des résidents et sur les conséquences de la suppression de ce service sur l'équilibre financier de la copropriété (Loi 65-557 du 10-7-1965 art. 41-1, al. 3 ; Décret 67-223 du 17-3-1967 art. 39-4). **43960**

En outre, quel que soit le mode de gestion des services, si l'équilibre financier d'un ou de plusieurs services individualisables ou non individualisables est gravement compromis ou si le déséquilibre financier d'un ou de plusieurs services compromet l'équilibre financier de la copropriété, et après que l'assemblée générale s'est prononcée, le **président du tribunal judiciaire** statuant selon la procédure accélérée au fond, saisi par des copropriétaires représentant 15 % au moins des voix du syndicat, peut décider soit la suspension, soit la suppression de ces services (Loi 65-557 du 10-7-1965 art. 41-1, al. 4). L'action doit être diligentée contre le syndicat des copropriétaires et, le cas échéant, contre le prestataire. Le juge peut entendre le président du conseil syndical (Décret 67-223 du 17-3-1967 art. 39-6). Dans le mois qui suit son prononcé, le syndic doit porter la décision à la connaissance des copropriétaires non parties à l'instance par lettre recommandée avec demande d'avis de réception ou par remise contre émargement (Décret 67-223 du 17-3-1967 art. 39-6 et 39-7).

> **Précisions** **a.** La décision est prise par le président du tribunal judiciaire du lieu de situation de l'immeuble statuant selon la procédure accélérée au fond. Ce dernier ne rend pas une ordonnance provisoire mais un véritable jugement.
> **b.** La décision de supprimer le service de surveillance doit être prise à la double majorité (CA Pau 1e ch. 28-10-2014 n° 13/01464).

C. Services à la personne

Les gestionnaires de services à la personne intervenant auprès de résidents bénéficiant de l'allocation personnalisée d'autonomie (APA) ou de la prestation de compensation du handicap (PCH) doivent bénéficier d'une autorisation (CASF art. L 313-1-2). **43970**

D. Fiscalité applicable à la fourniture de services

TAXE SUR LA VALEUR AJOUTÉE

Ne constitue pas une activité économique taxable à la TVA au sens de l'article 256 A du CGI le simple fait, pour un syndicat de copropriétaires, d'assurer la **mission de conservation et d'entretien de l'immeuble et d'administration des parties communes** que lui assigne **43980** la loi de 1965 et de prendre en charge les éléments d'équipements communs et les services collectifs nécessaires à ces missions, comme le ferait le propriétaire unique du même immeuble. En revanche, relève d'une activité économique taxable la fourniture aux copropriétaires de biens et services sans lien avec cette mission (CE 7-12-2001 n° 212273 : RJF 2/02 n° 148).

Sont donc placés hors du champ d'application de la TVA les « remboursements de charges » afférents :

– à la conservation, l'entretien et l'administration des parties communes ;

– aux éléments d'équipements communs (ascenseurs et monte-charge, installations de chauffage collectif et de conditionnement d'air, installations de production et de distribution d'eau chaude, compteurs, interphones, gaines à ordures, etc.) ;

– aux éléments d'équipements affectés à des services collectifs à l'exclusion des sommes réclamées au titre de l'utilisation de ces équipements (droit d'usage, etc.) ;

– aux services de gardiennage et d'enlèvement des ordures ménagères.

Les charges concernées peuvent constituer des **frais** propres **du syndicat,** employeur du personnel ou propriétaire des matériels (BOI-TVA-BASE-10-10-30 n° 360).

La TVA ayant grevé les dépenses engagées exclusivement pour les besoins de la copropriété traditionnelle ne peut faire l'objet d'aucune **déduction** (CGI art. 271). Sur les dépenses mixtes, voir n° 43985.

43985 La **fourniture de services supplémentaires** (restauration, soins, blanchissage, services de coiffure, installations sportives autres que celles qui sont considérées comme des services courants visés ci-dessus, animations, aide ménagère, etc.) et, le cas échéant, les **livraisons de biens** doivent être soumises à la TVA dans les conditions de droit commun. Ces opérations sont imposables, qu'elles soient exécutées directement par le syndicat ou que celui-ci fasse appel à un fournisseur extérieur et quelles que soient les modalités selon lesquelles le prix en est réclamé aux copropriétaires : inclusion dans les charges communes de copropriété ou prix réclamé distinctement au copropriétaire.

Doivent donc être soumises à la TVA non seulement les **sommes payées** par les utilisateurs au titre de ces services mais aussi la **quote-part des charges** de copropriété relative à ces services : charges correspondant à la conservation, à l'entretien et à l'administration des parties communes affectées à ces services, aux éléments d'équipement, aux frais de personnel (BOI-TVA-BASE-10-10-30 n° 410).

La TVA afférente à la quote-part des charges de copropriété liée à la réalisation des services imposables est exigible lors de l'encaissement (sauf autorisation pour le paiement d'après les débits), qu'il s'agisse de provisions ou de régularisations sur charges. La TVA afférente aux sommes réclamées de manière spécifique aux copropriétaires au titre de tels **services** (exemple : restauration, blanchisserie, etc.) ou des ventes imposables est exigible selon les règles propres à la catégorie à laquelle appartient l'opération concernée (BOI-TVA-BASE-20-20 n° 230).

Les prestations de services et les livraisons de biens imposables relèvent en principe du taux de TVA qui leur est propre (BOI-TVA-LIQ-30-20-10-10 n° 40).

Les **soins** sont imposables au taux normal de 20 %. Les **ventes à consommer sur place,** à l'exclusion de celles relatives aux boissons alcooliques, bénéficient du taux réduit de la TVA de 10 % en application de l'article 279, m du CGI.

Les **droits à déduction** afférents aux opérations des services supplémentaires s'exercent suivant les règles de droit commun propres à chacune de ces opérations. Pour les biens et services utilisés concurremment pour les opérations de gestion traditionnelle non soumises à la TVA et pour les services supplémentaires imposables, seule une fraction de la taxe ayant grevé ces biens et services est déductible par le syndicat. L'administration admet à cet égard que le syndicat détermine la part de taxe déductible à partir du critère qui est retenu pour la répartition des dépenses communes, par exemple, les surfaces (Inst. 3 A-3-98 n° 27, solution non reprise dans Bofip).

> **Précisions a.** La position de principe retenue par la doctrine administrative selon laquelle les opérations liées à l'activité de **gestion des services supplémentaires** entrent dans le champ d'application de la TVA sans pouvoir être exonérées et qui a été validée par le Conseil d'État dans son arrêt du 7 décembre 2001 pourrait être nuancée. En effet, la Haute Juridiction a jugé qu'un syndicat de copropriétaires qui, au-delà de sa mission de gestion de la copropriété, offre aux résidents des services supplémentaires peut échapper à l'impôt sur les sociétés et à la contribution économique territoriale s'il satisfait aux **critères de non-lucrativité** (CE 30-12-2009 n°s 294933 et 294934 : RJF 4/10 n° 329). La démarche suivie par le Conseil d'État devrait par conséquent également s'appliquer en matière de TVA.

b. Les prestations de soins rendues par le syndicat à l'aide d'**infirmières salariées** ne peuvent pas bénéficier de l'exonération prévue à l'article 261, 4-1° du CGI, dès lors que les soins ne sont pas dispensés dans le cadre de l'exercice d'une profession libérale (CE 31-3-1993 n° 115511 : RJF 6/93 n° 809). Les résidences avec services n'étant pas des établissements d'hébergement pour personnes âgées relevant de l'article L 312-1 du Code de l'action sociale et des familles, l'exonération prévue en leur faveur à l'article 261, 4-1° ter du CGI n'est pas non plus applicable (Inst. 3 A-3-98 n° 18, non reprise dans Bofip).

c. Les **locations nues** ou meublées (chambres d'hôtes) éventuellement consenties par le syndicat sont exonérées de TVA dans les conditions prévues aux articles 261 D, 2° et 261 D, 4° du CGI (voir nos 65860 s.).

d. Les syndicats sont tenus de justifier auprès du service des impôts de la nature et du montant exact des débours. Leur **comptabilité** doit permettre de s'assurer de la pertinence de la ventilation des dépenses entre les opérations de gestion de la copropriété traditionnelle et les services supplémentaires rendus.

e. Les **copropriétaires qui exercent une activité imposable à la TVA** ouvrant droit à déduction peuvent déduire, dans les conditions habituelles, la TVA qui figure sur le relevé des charges qui leur est délivré soit par le syndic s'il y en a un, soit par le syndicat des copropriétaires (n° 79680).

TAXE SUR LES SALAIRES

Les syndicats de copropriétaires dont l'activité est limitée à la gestion d'une **copropriété traditionnelle** et qui, par suite, ne réalisent aucune opération soumise à la TVA sont redevables de la taxe sur les salaires, dans les conditions de droit commun, à raison de l'ensemble des rémunérations versées aux personnels salariés chargés du gardiennage et de l'entretien des immeubles de la copropriété. **43990**

L'exonération de taxe sur les salaires prévue à l'article 231 bis P du CGI pour l'emploi d'un seul salarié à domicile n'est pas susceptible de bénéficier aux syndicats de copropriétaires (BOI-TPS-TS-10-10-20 n° 220).

Les syndicats de copropriétaires qui fournissent des **services supplémentaires** au-delà de la simple gestion de la copropriété sont redevables de la TVA à raison de ces services dans les conditions exposées n° 43985. S'ils sont assujettis à la TVA sur moins de 90 % de leur chiffre d'affaires, ils restent redevables de la taxe sur les salaires.

La taxe est calculée en appliquant à l'ensemble des rémunérations versées le **rapport** existant au titre de l'année civile précédant celle du paiement des salaires entre le montant total des recettes et autres produits n'ayant pas ouvert droit à déduction de la TVA, y compris les « remboursements de charges » relatifs à la gestion traditionnelle de la copropriété, et le total des recettes et autres produits réalisés au titre de la gestion traditionnelle et des services supplémentaires (Inst. 3 A-3-98 nos 30 à 32, solution non reprise dans Bofip).

TITRE V

Obligations administratives des propriétaires et occupants

CHAPITRE 1

OBLIGATIONS ENVIRONNEMENTALES LIÉES AUX IMMEUBLES

SOMMAIRE

GÉNÉRALITÉS

Les propriétaires d'immeubles, et dans certains cas les occupants, sont soumis à diverses obligations administratives visant la préservation de l'immeuble ou la sécurité des personnes. 44000

SECTION 1

RECHERCHE D'AMIANTE DANS LES IMMEUBLES BÂTIS

L'obligation de rechercher la présence d'amiante, matériau cancérigène, dans les immeubles est régie par les articles L 1334-12-1 à L 1334-17, R 1334-14 à R 1334-29-9 et R 1337-2 à R 1337-5 du Code de la santé publique 44030

Outre une **obligation générale** de repérage et de traitement de l'amiante (nos 44035 s.), la réglementation impose des obligations particulières de diagnostic en cas de **démolition** (nos 44190 s.), de **vente** de l'immeuble (n° 44210), ou de **location** (n° 44231).

Afin d'assurer la cohérence de cette **réglementation** qui a été **modifiée** à de multiples reprises, le Gouvernement a entièrement refondu la partie réglementaire du Code de la santé publique relatif au repérage de l'amiante mais pas totalement à droit constant. Seul ce nouveau régime est exposé dans le présent ouvrage. Sauf exception précisée dans les développements, ce régime est **applicable depuis** le 1er février 2012 (Décret 2011-629 du 3-6-2011 art. 8). Les éventuelles mesures transitoires sont signalées sous les développements qu'elles concernent. 44032

A. Obligations générales

44035 La réglementation impose aux propriétaires, ou à défaut aux exploitants, d'immeubles bâtis d'y faire rechercher la présence d'amiante et, si elle est détectée, de faire diagnostiquer son état de conservation et, le cas échéant, de prendre les mesures nécessaires pour contrôler et réduire l'exposition à ce matériau (CSP art. L 1334-12-1).

> **Précisions** Rien n'interdit, à notre avis, aux parties de transférer leurs obligations de réparation à une personne physique ou morale (en cas de vente ou de bail commercial par exemple), l'acte devant préciser expressément le contenu des obligations ainsi transférées (pour l'interprétation d'une telle clause dans un contrat de vente : Cass. 3e civ. 4-4-2001 n° 99-11.522 : RJDA 6/01 n° 672).

1. REPÉRAGE DE L'AMIANTE

44040 Le repérage de l'amiante s'impose pour les **immeubles** bâtis dont le **permis de construire** a été **délivré avant** le 1er juillet 1997, que le propriétaire soit une personne privée ou publique (CSP art. R 1334-14, I).

L'**étendue du repérage** varie selon l'affectation de l'immeuble (à usage d'habitation ou non) ou son statut (partie privative ou commune). Selon le cas, le repérage vise les matériaux et produits mentionnés sur une ou plusieurs des trois listes (A, B, C) figurant à l'annexe 13-9 du Code de la santé publique (reproduite n° 44232).

IMMEUBLE D'HABITATION

44045 **Habitat individuel** Les propriétaires d'immeubles d'habitation ne comportant qu'un seul logement sont tenus de faire procéder au repérage de l'amiante au moment où ils vendent celui-ci (CSP art. R 1334-15 ; nos 44210 s.) ou s'ils le détruisent (CSP art. R 1334-19 ; n° 44190). En dehors de ces deux cas, ils n'ont pas d'obligation de repérage.

> **Précisions** Les maisons individuelles en bande ou jumelées sont exclues du champ d'application de la réglementation dès lors qu'elles ne présentent aucune partie commune générale à plusieurs maisons (garages ou équipement de chauffage par exemple) (Rép. Lefort : AN 1-5-2000 p. 2757 n° 41870, transposable au régime issu du décret du 30-6-2011).

44050 **Habitat collectif** Les propriétaires des **parties privatives** d'immeubles collectifs d'habitation y font réaliser un repérage des flocages, des calorifugeages et des faux plafonds (liste A ; n° 44075) contenant de l'amiante (CSP art. R 1334-16, al. 1 et R 1334-14).

En visant le propriétaire d'une partie privative, l'article R 1334-16 englobe, à notre avis, tous les lots privatifs : local à usage d'habitation ou à usage commercial ou de bureau, box, grenier ou cave, dès lors qu'ils sont situés dans un immeuble collectif d'habitation. Toutefois, selon le ministère du logement, la distinction se fait entre locaux d'habitation et autres locaux : un commerce, qui est un établissement accueillant du public, entre donc dans la catégorie « autres ».

Le propriétaire est en outre tenu d'établir et de tenir à jour un « dossier amiante – parties privatives » (n° 44150).

44052 Les **parties communes** d'immeubles collectifs d'habitation doivent faire l'objet d'un repérage des matériaux et produits des listes A et B (nos 44075 et 44090) contenant de l'amiante (CSP art. R 1334-17).

Cette obligation incombe (CSP art. R 1334-14, II-4° et III) :

- au propriétaire des parties communes ou, s'il n'a pas pu être identifié, à l'exploitant de l'immeuble ;
- en cas de copropriété, au syndicat des copropriétaires.

Sur l'obligation d'établir et de tenir à jour un « dossier technique amiante », voir n° 44170.

44054 Les **propriétaires défaillants** sont passibles d'une amende de 1 500 € pour une personne physique ou de 7 500 € pour une personne morale (CSP art. R 1337-3) et s'exposent à une intervention du préfet (n° 44097).

AUTRES IMMEUBLES

44055 Les propriétaires des immeubles bâtis autres que ceux mentionnés aux articles R 1334-15 à R 1334-17 du Code de la santé publique – c'est-à-dire autres que les immeubles individuels ou collectifs d'habitation – y font réaliser un repérage des matériaux et produits des listes A et B (nos 44075 et 44090) contenant de l'amiante (CSP art. R 1334-18). À défaut, ils encourent une amende de 1 500 € (portée à 7 500 € pour une personne morale) (CSP art. R 1337-3) et le préfet peut leur imposer la réalisation du repérage (n° 44097).

Ils doivent également établir et tenir à jour un « dossier technique amiante » (nº 44170).

Sont ici visés notamment, et comme le prévoyait l'ancienne réglementation (CSP art. R 1334-25 ancien), les établissements recevant du public ainsi que les immeubles de bureaux ou destinés à une activité industrielle ou agricole.

AUTEUR DU REPÉRAGE

Les repérages exposés ci-dessous doivent être réalisés par un professionnel qui (CSP art. R 1334-23 et sur renvoi CCH art. L 271-6) : 44060

– présente des garanties de **compétence** et disposant d'une organisation et de moyens appropriés ;

– a souscrit une **assurance** permettant de couvrir les conséquences d'un engagement de sa responsabilité en raison de ses interventions ;

– n'a aucun lien de nature à porter atteinte à son impartialité et à son **indépendance** ni avec le propriétaire ou son mandataire qui fait appel à elle, ni avec une entreprise pouvant réaliser des travaux sur les ouvrages, installations ou équipements pour lesquels il lui est demandé de faire un repérage.

La personne qui effectuerait un repérage sans répondre à ces conditions s'exposerait à une amende de 1 500 €, portée à 7 500 € pour une personne morale (CSP art. R 1337-4).

> **Précisions** **a.** Ce professionnel est tenu d'une **obligation de conseil** à l'égard du propriétaire et doit s'enquérir, par lui-même, des caractéristiques complètes de l'immeuble. Il n'est pas en droit de limiter son intervention à un simple contrôle visuel ni à certaines parties de l'immeuble, et doit donc procéder à une recherche systématique (Cass. 3e civ. 21-5-2014 nº 13-14.891 : BPIM 4/14 inf. 283 ; Cass. 3e civ. 14-9-2017 nº 16-21.942 : BPIM 5/17 inf. 356). Commet un manquement à ses obligations le diagnostiqueur qui se borne à effectuer un repérage sur les matériaux et produits accessibles sans sondage sonore suffisant à lui faire suspecter la présence d'amiante (Cass. 2e civ. 17-9-2009 nº 08-17.130). Toutefois, le propriétaire qui a volontairement restreint le champ de sa mission ne peut pas lui reprocher de ne pas avoir procédé à une recherche qui n'en faisait pas partie (Cass. 3e civ. 27-9-2006 nº 05-15.924 : RJDA 2/07 nº 206 rendu en matière de termites mais transposable). Le diagnostiqueur amiante n'est pas tenu de vérifier les canalisations enterrées du jardin, qui ne sont pas visibles et qui ne peuvent pas être inspectées sans travaux destructifs, tels que la démolition partielle d'une jardinière et du plancher d'une terrasse (Cass. 3e civ. 7-12-2023 nº 22-22.418 F-D : BPIM 1/24 inf. 59).
> **b.** En cas d'erreur de diagnostic, le diagnostiqueur doit indemniser l'acquéreur du **coût des travaux** de remise en état et non de la simple perte de chance d'avoir pu acheter le bien à un prix tenant compte des travaux (Cass. mixte 8-7-2015 nº 13-26.686 : BPIM 4/15 inf. 274 ; Cass. 3e civ. 7-4-2016 nº 15-14.996 : BPIM 3/16 inf. 204). La responsabilité du diagnostiqueur n'est engagée que lorsque le diagnostic n'a pas été réalisé conformément aux normes édictées et aux règles de l'art et qu'il est erroné (Cass. 3e civ. 10-10-2021 nº 20-19.513 F-D : BPIM 1/22 inf. 63).

REPÉRAGE DE LA LISTE A

Étendue Le repérage des matériaux et produits de la liste A, limité aux **flocages, calorifugeages** et **faux plafonds,** consiste à rechercher la présence de ces matériaux accessibles sans travaux destructifs, à identifier et à localiser ceux de ces matériaux qui contiennent de l'amiante et à évaluer leur état de conservation (CSP art. R 1334-20, I). 44075

Si le professionnel chargé du repérage détecte la présence d'amiante dans les flocages, les calorifugeages ou les faux plafonds ou s'il a un doute sur à ce sujet, il effectue des **prélèvements** de matériaux qui sont ensuite analysés par un organisme accrédité (CSP art. R 1334-20, II). 44077

Rapport de repérage À l'issue du repérage, le professionnel qui l'a réalisé établit un rapport de repérage qu'il remet au propriétaire contre accusé de réception (CSP art. R 1334-20, III). 44080

En fonction du résultat de l'évaluation de l'état de conservation, le rapport de repérage **préconise** soit une évaluation périodique de l'état de conservation des matériaux et produits contenant de l'amiante, soit une mesure d'empoussièrement dans l'air, soit des travaux de confinement ou de retrait de l'amiante (art. R 1334-20, IV ; sur la mise en œuvre de ces mesures, voir nºs 44100 s.).

Les critères d'évaluation de l'état de conservation des matériaux et produits et le contenu du rapport de repérage sont précisés par arrêté (Arrêté AFSP1242167A du 12-12-2012).

> **Précisions** **a.** S'il a préconisé une mesure d'empoussièrement, le confinement ou le retrait des matériaux, le professionnel communique une copie de son rapport au préfet du département du lieu d'implantation de l'immeuble (CSP art. R 1334-23, al. 2).
> **b.** La date de remise du rapport de repérage sert de point de départ des délais dans lesquels le propriétaire est tenu de mettre en œuvre les mesures préconisées par le professionnel (nºs 44105 s.).

REPÉRAGE DE LA LISTE B

44090 **Étendue** Le repérage de la liste B porte notamment, à l'**intérieur du bâtiment,** sur les enduits projetés et les revêtements durs des murs et cloisons, des planchers et des plafonds, des conduits et canalisations et, à l'**extérieur,** sur les composants des toitures, des bardages de façade et des conduits extérieurs (CSP annexe 13-9, reproduite n° 44232).

Il consiste à rechercher la présence de ces matériaux accessibles sans travaux destructifs, à identifier et localiser ceux contenant de l'amiante et à évaluer leur état de conservation (CSP art. R 1334-21, I).

En cas de détection d'amiante ou de doute sur sa présence, le professionnel chargé du repérage effectue des **prélèvements** de matériaux qui sont ensuite analysés par un organisme accrédité (CSP art. R 1334-21, II).

> **Précisions** La liste B ne reprend pas à l'identique le repérage étendu qu'imposait l'ancien article R 1334-26 du Code de la santé publique puisqu'elle y ajoute le contrôle de certains éléments extérieurs. En conséquence, afin d'être en **conformité avec la nouvelle réglementation,** les propriétaires doivent faire réaliser un repérage complémentaire, pour les éléments qui n'ont pas été contrôlés avant le 1er février 2012, dans les **délais** suivants (Décret 2011-629 du 3-6-2011 art. 4, II) :
> – pour le diagnostic amiante exigé en cas de vente (CSP art. R 1334-29-9), lors de la prochaine vente ;
> – en cas de présence de matériaux ou produits de la liste A (flocages, calorifugeages et faux plafonds) au 1er février 2012, en même temps que la prochaine évaluation de leur état de conservation ;
> – dans les autres cas, avant tous travaux réalisés à titre gratuit ou onéreux, ayant pour conséquence une sollicitation de matériaux ou produits de la liste B, et au plus tard dans les neuf ans à compter du 1er février 2012.
> Ces délais s'appliquent également à la mise à jour des dossiers techniques amiante constitués avant cette date (Décret 2011-629 du 3-6-2011 art. 5, al. 2).

44095 **Rapport de repérage** Le professionnel qui a réalisé le repérage établit un rapport qu'il remet au propriétaire contre accusé de réception (CSP art. R 1334-21, III).

Si des matériaux amiantés ont été détectés et que leur état est dégradé ou présente un risque de dégradation rapide, le rapport comporte des **recommandations** de gestion adaptées aux besoins de protection des personnes (CSP art. R 1334-21, IV). Les critères d'évaluation de l'état de conservation des matériaux et des risques de dégradation liés à l'environnement ainsi que le contenu du rapport de repérage sont fixés par arrêté (Arrêté AFSP1242168A du 12-12-2012).

POUVOIRS DE PRÉFET

44097 La loi reconnaît un **pouvoir coercitif** au préfet en cas d'inobservation des obligations en matière de repérage et de traitement de l'amiante. En cas de non-respect des obligations de repérage, de mesurage de l'empoussièrement, de surveillance de l'état de conservation des matériaux amiantés, de mise en œuvre des mesures conservatoires avant travaux, de confinement ou de retrait ou d'information du préfet, ce dernier peut prescrire aux propriétaires concernés d'exécuter ces obligations dans des délais qu'il fixe (CSP art. L 1334-15, 1° et R 1334-29-8).

Il peut aussi, en cas d'**urgence,** faire réaliser aux frais du propriétaire (ou de l'exploitant) le repérage ou l'évaluation de conservation des matériaux amiantés ou encore une expertise pour déterminer les mesures nécessaires (CSP art. L 1334-16).

> **Précisions** Les pouvoirs du préfet ne sont pas d'une portée générale. Il ne peut pas imposer la réalisation d'un repérage de l'amiante aux propriétaires de parties privatives d'un immeuble collectif d'habitation, l'article R 1334-29-8 ne visant par renvoi que les propriétaires des parties communes des immeubles collectifs d'habitation ou les propriétaires des autres immeubles. Il ne peut pas plus imposer la communication du repérage exigé en cas de vente par l'article L 1334-13 et non visé par l'article L 1334-15.

2. OBLIGATIONS À L'ISSUE DU REPÉRAGE

44100 Les dispositions exposées ci-dessous s'appliquent aux propriétaires des **immeubles** bâtis mentionnés nos 44050 à 44055 (CSP art. R 1334-26), c'est-à-dire à tout immeuble dont le permis de construire a été délivré avant le 1er juillet 1997 et qui est soumis au **repérage de la liste A,** exception faite des immeubles constitués d'un seul logement d'habitation.

Elles exposent les modalités de mise en œuvre des **mesures préconisées** par le professionnel à l'issue du repérage de la liste A : évaluation périodique de l'état de conservation des matériaux contenant de l'amiante ou mesure d'empoussièrement dans l'air ou travaux de confinement ou de retrait de l'amiante.

> Précisions **a.** Il peut être **dérogé** aux obligations de mesurage de l'empoussièrement (y compris après travaux), de suivi de l'état de conservation des matériaux amiantés et même aux travaux de confinement ou de retrait dans les communes présentant des zones naturellement amiantifères, selon des modalités qui seront précisées par arrêté (CSP art. R 1334-29-1).
b. Le **non-respect** des obligations exposées ci-dessous est sanctionné d'une amende de 1 500 € (7 500 € pour une personne morale) (CSP art. R 1337-3-1 et R 1337-3-2). Le préfet peut en outre imposer leur exécution (n° 44097).

ÉVALUATION DE L'ÉTAT DE CONSERVATION DES MATÉRIAUX

L'évaluation périodique de l'état de conservation des flocages, des calorifugeages et des faux plafonds (liste A) contenant de l'amiante doit être effectuée dans un délai maximal de trois ans à compter, selon le cas (CSP art. R 1334-27, 1°) : **44105**
- de la date de remise au propriétaire du rapport de repérage ;
- des résultats de la dernière évaluation de l'état de conservation ;
- à l'occasion de toute modification substantielle de l'ouvrage ou de son usage.

L'évaluation est réalisée par un professionnel satisfaisant aux conditions exposées n° 44060. Il en remet les résultats au propriétaire contre accusé de réception (CSP art. R 1334-27, 1°).

MESURE D'EMPOUSSIÈREMENT

La mesure d'empoussièrement dans l'air est effectuée dans un **délai** de trois mois à compter de la date de remise au propriétaire du rapport de repérage ou des résultats de la dernière évaluation de l'état de conservation (CSP art. R 1334-27, 2°). L'organisme qui réalise les prélèvements d'air remet les résultats des mesures d'empoussièrement. **44110**

Cette mesure (qui consiste à prélever de l'air, à analyser et compter les fibres d'amiante) est réalisée par un organisme accrédité (CSP art. R 1334-25) qui remet les **résultats** au propriétaire contre accusé de réception (CSP art. R 1334-27, 2°).

Sur les mesures à effectuer après travaux, voir n° 44140.

> Précisions **a.** Le décret 2011-629 du 3 juin 2011 a remplacé le système d'agrément auquel devaient se soumettre les organismes chargés des mesures par un mécanisme d'accréditation dont les modalités sont fixées par un arrêté du 19 août 2011 (JO 1-9 p. 14825). Néanmoins entre le 6 juin 2011 et le 1er février 2012, les organismes agréés en vertu des anciens textes sont réputés accrédités au sens de la nouvelle réglementation (Décret 2011-629 du 3-6-2011 art. 9). Les mesures d'empoussièrement et le comptage des fibres d'amiante dans l'air s'effectuent selon les protocoles prévus par un arrêté du 19 août 2011 (JO 1-9 p. 14824) immédiatement entré en vigueur.
b. Sur la possibilité de déroger à ces mesures, voir n° 44097.

Conséquences Les suites à donner **diffèrent selon le niveau** d'empoussièrement **mesuré** (CSP art. R 1334-28). **44115**

Si le niveau est inférieur ou égal à 5 fibres par litre, le propriétaire doit réaliser un contrôle périodique de l'état de conservation des flocages, des calorifugeages et des faux plafonds amiantés dans un délai maximal de trois ans à compter de la remise des résultats de mesures ou à l'occasion de toute modification substantielle de l'ouvrage ou de son usage. Au-delà, il doit procéder à des travaux de confinement ou de retrait de l'amiante (nos 44120 s.).

CONFINEMENT OU RETRAIT DE L'AMIANTE

Mesures préalables Lorsque des travaux de confinement ou de retrait de l'amiante sont nécessaires, des mesures conservatoires doivent être prises, pendant la période précédant les travaux, pour réduire l'exposition des occupants et la maintenir au niveau le plus bas possible et en tout état de cause à un niveau inférieur à 5 fibres/litre (CSP art. R 1334-29, al. 2). Ces mesures ne doivent conduire à aucune sollicitation des matériaux amiantés et sont portées à la connaissance du préfet (n° 44125). **44120**

Information du préfet Dans les deux mois à compter de la remise du rapport de repérage ou des résultats de mesures d'empoussièrement ou de l'évaluation de la conservation des matériaux, le propriétaire informe le préfet du département d'implantation de l'immeuble des mesures conservatoires (n° 44120) mises en œuvre et, dans un **délai** de 12 mois, des travaux à réaliser et de l'échéancier proposé (CSP art. R 1334-29, al. 3). **44125**

> Précisions **a.** Le préfet peut exiger la réalisation, aux frais du propriétaire de l'immeuble, d'une expertise ayant pour objet de vérifier que les mesures envisagées ou mises en œuvre sont adaptées et de déterminer les éventuelles mesures complémentaires nécessaires (CSP art. L 1334-15 et R 1334-29-9). En cas de manquement de certains propriétaires à leurs obligations, il dispose aussi d'un pouvoir coercitif (n° 44097).
b. Les travaux engagés avant le 1er février 2012 sont réputés satisfaire à la nouvelle réglementation (Décret 2011-629 du 3-6-2011 art. 5, al. 1).

44130 **Délai d'achèvement** Les travaux de confinement ou de retrait doivent être achevés dans un délai de 36 mois à compter de la date de remise au propriétaire du rapport de repérage ou des résultats des mesures d'empoussièrement ou de l'évaluation de l'état des matériaux (CSP art. R 1334-29, al. 1).

44132 **Prorogation du délai** Le délai d'achèvement des travaux peut être prorogé par le préfet pour une durée maximale de 36 mois renouvelable une fois du fait de la complexité des opérations ou de circonstances exceptionnelles pour des travaux concernant les **immeubles** de grande hauteur (cf. CCH art. L 122-2) et certains établissements recevant du public (classés de la 1e à la 3e catégorie ; cf. CCH art. R 123-19) lorsque les flocages, calorifugeages et faux plafonds (liste A) contenant de l'amiante ont été utilisés de façon généralisée dans ces immeubles (CSP art. R 1334-29-2, I).

Le propriétaire adresse sa **demande** de prorogation au préfet du département du lieu d'implantation de l'immeuble ou de l'établissement concerné dans un délai de 27 mois à compter de la date à laquelle lui ont été remis les résultats des contrôles, sauf circonstances imprévisibles (CSP art. R 1334-29-2, II). Le silence gardé par le préfet pendant plus de quatre mois vaut rejet de la demande.

44135 **Charge des travaux** La charge des travaux pèse sur le propriétaire qui peut bénéficier d'**aides** financières – aides à l'amélioration de l'habitat, prime à l'amélioration de l'habitat (PAH), subventions de l'Anah (nos 24800 s.). Par ailleurs, les dépenses d'enlèvement et d'encoffrement de l'amiante peuvent être **déduites des revenus** fonciers s'il s'agit d'un immeuble d'habitation loué (no 76920).

Lorsque l'immeuble est en **copropriété,** les travaux doivent être votés à la majorité des voix exprimées des copropriétaires présents ou représentés (Loi 65-557 du 10-7-1965 art. 24, II b).

44140 **Contrôles après travaux** À l'issue des travaux et avant toute restitution des locaux, le propriétaire doit faire procéder à un **examen visuel** par le professionnel visé no 44060 des surfaces traitées et à une **mesure** du niveau **d'empoussièrement** après démantèlement du dispositif de confinement ; ce niveau doit être inférieur ou égal à 5 fibres par litre (CSP art. R 1334-29-3, I).

Lorsqu'il n'est **pas** procédé au **retrait total de l'amiante** (déflocage partiel, encoffrement ou fixation), le propriétaire doit en outre procéder à un nouveau contrôle de l'état de conservation dans un délai de trois ans à compter de la remise des résultats des contrôles ou à l'occasion de toute modification substantielle de l'ouvrage ou de son usage (CSP art. R 1334-29-3, II).

> **Précisions** **a.** L'examen visuel et la mesure d'empoussièrement s'imposent dans les mêmes conditions lorsque les travaux de retrait ou de confinement ont concerné des **matériaux de la liste B** (CSP art. R 1334-29-3, III).
> **b.** Sur la possibilité de **déroger** au mesurage de l'empoussièrement, voir no 44100 précision a.
> **c.** Le **défaut de contrôle** visuel et du niveau d'empoussièrement est passible, selon le cas, d'une amende de 450 € ou de 1 500 € (portée à 2 250 € ou à 7 500 € pour une personne morale) (CSP art. R 1337-2-1, R 1337-3-1 et R 1337-3-2). Sur le pouvoir du préfet d'imposer ces contrôles, voir no 44097.

3. TENUE DES DOSSIERS RELATIFS À L'AMIANTE

DOSSIER AMIANTE – PARTIE PRIVATIVE

44150 **Constitution** Les **propriétaires** des parties privatives d'immeubles collectifs d'habitation constituent, conservent et actualisent un « **dossier** amiante – parties privatives » **comprenant** (CSP art. R 1334-29-4, I) :

– le rapport de repérage des flocages, des calorifugeages et des faux plafonds (liste A ; no 44075) ;

– si de l'amiante a été détectée, la date, la nature, la localisation et les résultats des évaluations périodiques de l'état de conservation, des mesures d'empoussièrement, des travaux de retrait ou de confinement de matériaux ou des mesures conservatoires mises en œuvre.

> **Précisions** Les dossiers techniques amiante constitués avant le 1er février 2012 en application des anciens textes (cf. CSP art. R 1334-22 ancien) tiennent lieu de « dossier amiante – parties privatives » au sens de la nouvelle réglementation et doivent être mis à jour en cas de découverte d'autres matériaux de la liste A ainsi qu'en cas de travaux sur les matériaux repérés (Décret 2011-629 du 3-6-2011 art. 5).

44155 **Communication** Le dossier est tenu par le propriétaire à la disposition des **occupants** des parties privatives concernées, ceux-ci étant informés de l'existence et des modalités de consultation du dossier (CSP art. R 1334-29-4, II 1°).

Le propriétaire doit aussi le communiquer (CSP art. R 1334-29-4, II 2° et 3°) :
– à toute **personne** physique ou morale appelée à organiser ou **effectuer des travaux** dans l'immeuble bâti ; il conserve alors une attestation écrite de la communication ;
– à certains **agents administratifs** (tels les inspecteurs et contrôleurs du travail et les agents du service de prévention des organismes de sécurité sociale) sur leur demande et dans le cadre de leurs attributions.

Sanctions Le non-respect de ces obligations est sanctionné par une amende de 1 500 € (7 500 € pour une personne morale) (CSP art. R 1337-3-1). **44160**

DOSSIER TECHNIQUE AMIANTE

Constitution Les **propriétaires** de parties communes d'immeubles collectifs d'habitation et les propriétaires des autres immeubles (exception faite de ceux ne comportant qu'un seul logement d'habitation) sont tenus de constituer et de conserver un « **dossier** technique amiante » (DTA) **comprenant** (CSP art. R 1334-29-5, I) : **44170**
– les rapports de repérage des matériaux des listes A et B (nos 44075 et 44090 s.) contenant de l'amiante ;
– si de l'amiante a été détectée, la date, la nature, la localisation et les résultats des évaluations périodiques de l'état de conservation, des mesures d'empoussièrement, des travaux de retrait ou de confinement des matériaux amiantés et des mesures conservatoires mises en œuvre ;
– les recommandations générales de sécurité à l'égard de ces matériaux, notamment les procédures d'intervention, y compris celles de gestion et d'élimination des déchets ;
– une fiche récapitulative.

Le dossier doit être tenu à jour et intégrer les éléments relatifs aux matériaux contenant de l'amiante découverts à l'occasion de travaux ou d'opérations d'entretien (CSP art. R 1334-29-5, I).

> **Précisions** **a.** Dans les copropriétés, cette obligation pèse sur le syndicat des copropriétaires (CSP art. R 1334-14, II-3°).
> **b.** Les modalités d'application de cette obligation, le contenu de la fiche récapitulative et les recommandations générales de sécurité sont précisés par arrêté (Arrêté AFSP1243362A du 21-12-2012).
> **c.** Les dossiers établis avant le 1er février 2012 doivent être mis à jour selon les modalités exposées n° 44090 (Décret 2011-629 du 3-6-2011 art. 5, al. 2).

Communication Le propriétaire tient le **dossier** technique amiante à la disposition des occupants de l'immeuble, des employeurs, des représentants du personnel et des médecins du travail lorsque l'immeuble comporte des locaux de travail (CSP art. R 1334-29-5, II). Ces personnes sont informées des modalités de consultation du dossier. **44175**

Le dossier est communiqué, à leur demande et dans le cadre de leurs attributions, à certains agents administratifs (notamment aux inspecteurs et contrôleurs du travail, aux inspecteurs d'hygiène et sécurité ou des installations classées, aux agents du service de prévention des organismes de sécurité sociale et de l'organisme professionnel de prévention du bâtiment et des travaux publics, à la commission consultative départementale de sécurité et d'accessibilité) et à toute personne appelée à effectuer des travaux dans l'immeuble. Le propriétaire conserve une attestation écrite de la communication du dossier à ces personnes.

La **fiche récapitulative** (n° 44170) du dossier est communiquée par le propriétaire dans un délai d'un mois après sa constitution ou sa mise à jour aux occupants de l'immeuble bâti et, si cet immeuble comporte des locaux de travail, aux employeurs (CSP art. R 1334-29-5, III). **44177**

Sanctions En cas de non-respect des obligations relatives au dossier technique amiante, le propriétaire est passible d'une amende de 1 500 € (ou 7 500 € pour une personne morale) (CSP art. R 1337-3-2). **44180**

B. Obligations des propriétaires en cas de démolition

Le Code la santé publique impose un repérage de l'amiante préalablement à la démolition de tout immeuble dont le permis de construire a été délivré avant le 1er juillet 1997, que le propriétaire soit une personne privée ou publique (CSP art. R 1334-19). **44190**

En cas de démolition d'un immeuble bâti dont le permis de construire a été délivré avant le 1er juillet 1997, un diagnostic amiante avant travaux (DAT) s'impose au propriétaire de cet immeuble. Il doit, préalablement aux travaux, effectuer un repérage des matériaux et produits contenant ou susceptibles de contenir de l'amiante (CSP art. R 1334-19). L'**obligation** est générale, l'article précité ne distinguant pas selon l'affectation de l'immeuble. Elle vise aussi les propriétaires d'un immeuble constitué d'une seule habitation.

Le diagnostic avant travaux n'est pas exigé en cas de rénovation sans démolition, même partielle (Cass. 3e civ. 1-10-2020 n° 19-16.251 FS-PBI : BPIM 6/20 inf. 424).

ÉTENDUE

44195 Le repérage exigé en cas de démolition est celui prévu par la **liste C** figurant à l'annexe 13-9 du Code de la santé publique (reproduite n° 44232). Il porte sur les **matériaux** ayant été utilisés (flocage, fibres-ciments, joints, colles...) notamment pour les toitures, les façades, les parois intérieures, les plafonds et faux plafonds, les revêtements de sols et de murs, les conduites et canalisations, les ascenseurs et monte-charges, les chaudières et les radiateurs (CSP annexe 13-9).

Le professionnel chargé du repérage recherche la présence de ces matériaux et de tout autre matériau et produit réputé contenir de l'amiante dont il aurait connaissance ; il doit identifier et localiser ceux contenant de l'amiante (CSP art. R 1334-22, I). S'il en trouve ou s'il a un doute sur la présence d'amiante, il réalise des prélèvements qui sont ensuite analysés par un organisme accrédité (CSP art. R 1334-22, II).

> **Précisions** Le repérage prévu par la liste C est plus large que celui des listes A et B, le propriétaire ne peut donc pas se contenter des repérages déjà effectués au titre de ces deux dernières listes, notamment de celui qui lui a été communiqué lors de l'achat par le vendeur (CA Versailles 3-2-2011 n° 09-7274 : RJDA 5/11 n° 404).

RAPPORT DE REPÉRAGE

44200 À l'issue du repérage, le professionnel établit un rapport, dont le contenu est précisé par arrêté (Arrêté AFSP1316786A du 26-6-2013), et qu'il remet au propriétaire contre accusé de réception (CSP art. R 1334-22, III et IV).

Ce rapport doit être **communiqué** à toute personne appelée à organiser ou effectuer les travaux de démolition (CSP art. R 1334-29-6).

SANCTIONS

44205 Le propriétaire qui ne fait pas réaliser le repérage ou qui ne communique pas le rapport dans les conditions exposées n° 44200 s'expose à une **amende** de 1 500 € (7 500 € pour une personne morale) (CSP art. R 1337-3).

Par ailleurs, en cas de carence du propriétaire, le **préfet** du département où est situé l'immeuble peut (CSP art. L 1334-15, L 1334-16 et R 1334-29-8) :

- **imposer** au propriétaire de réaliser le repérage dans un délai qu'il fixe ;
- en cas d'urgence, effectuer, aux frais du propriétaire, le repérage ou une expertise ou prendre des mesures conservatoires.

C. Obligations des propriétaires en cas de vente

44210 Un **état** mentionnant la présence ou, le cas échéant, l'absence de matériaux ou produits contenant de l'amiante doit être produit lors de la vente du bien et joint au dossier de diagnostic technique qui doit être communiqué à l'acheteur (CCH art. L 271-4, I sur renvoi de CSP art. L 1334-13), dans les conditions et sous peine des sanctions exposées nos 9000 s.

CHAMP D'APPLICATION DU DISPOSITIF

44215 L'obligation s'applique à tous les immeubles bâtis, qu'ils appartiennent à des personnes privées ou publiques, dont le permis de construire a été délivré avant le 1er juillet 1997 (CSP art. R 1334-14) et quel que soit le statut juridique de l'immeuble. Peu importe l'affectation de l'immeuble : habitation, bureaux, usage commercial... Sont concernés les immeubles tant collectifs (tels ceux en copropriété) qu'individuels (maison, pavillon).

MODALITÉS D'INFORMATION DE L'ACQUÉREUR

L'état mentionné à l'article L 1334-13 du Code de la santé publique est constitué (CSP art. R 1334-29-7) : **44220**
– en cas de vente d'un immeuble d'habitation comportant **un seul logement,** par le rapport de repérage des listes A et B (nos 44075 et 44090) ;
– en cas de vente de tout ou partie d'**immeubles collectifs d'habitation,** par les rapports de repérage des listes A et B relatifs aux parties privatives vendues et de la fiche récapitulative relative aux parties communes du dossier technique amiante (n° 44170) ;
– pour la vente d'**autres immeubles,** de la fiche récapitulative du dossier technique amiante (n° 44170).

> **Précisions** Les repérages effectués avant le 1er février 2012 sur les flocages, calorifugeables et faux plafonds ainsi que ceux faits en application de l'ancienne rédaction de l'annexe 13-9 du Code de la santé publique ne peuvent pas être réemployés tels quels pour une vente intervenant après cette date. Les premiers équivalent certes au repérage de la liste A (Décret 2011-629 du 3-6-2011 art. 4, I) mais les seconds doivent être complétés, la liste B étant plus large que celle prévue par l'ancienne annexe 13-9 (n° 44090 précision). De même, les dossiers techniques amiante doivent être mis à jour lors de la vente (n° 44090 précision).

SANCTIONS

Le **défaut de communication** à l'acheteur d'un état mentionnant la présence ou l'absence d'amiante n'est pas pénalement sanctionné (cf. CSP art. R 1337-2-1 à R 1337-5) et le préfet n'a pas de pouvoir d'injonction en la matière (n° 44097). Mais l'acquéreur peut invoquer ce manquement contre le vendeur qui ne pourra pas s'exonérer de la garantie des vices cachés. **44225**

Faire établir cet état **par une personne ne satisfaisant pas aux conditions** exposées nos 9050 s. est passible d'une amende de 1 500 € (7 500 € pour une personne morale) (CCH art. R 271-4, al. 5).

CAS PARTICULIER DE LA VENTE APRÈS DIVISION

Il est interdit de mettre en vente des locaux destinés à l'habitation et qui proviennent de la division d'un immeuble qui n'a pas fait l'objet d'un repérage de l'amiante alors qu'il y était soumis, sous peine de sanctions pénales (deux ans d'emprisonnement et 75 000 € d'amende pour une personne physique ou 375 000 € pour une personne morale) (CCH art. L 126-17). **44230**

D. Obligations des propriétaires en cas de location

En cas de location, une copie d'un état mentionnant l'absence ou, le cas échéant, la présence de matériaux ou produits de la construction contenant de l'amiante doit être annexée au dossier de diagnostic technique joint au contrat de bail (Loi 89-462 du 6-7-1989 art. 3-3). Un décret doit encore définir les modalités d'application de cette disposition et notamment la liste des matériaux ou produits concernés. **44231**

Le locataire peut par ailleurs obtenir la communication des dossiers techniques amiante relatifs à l'immeuble (nos 44155 et 44175).

E. Listes des matériaux et produits concernés par le repérage de l'amiante

ANNEXE 13-9 DU CODE DE LA SANTÉ PUBLIQUE PROGRAMMES DE REPÉRAGE DE L'AMIANTE MENTIONNÉS AUX ARTICLES R 1334-20, R 1334-21 ET R 1334-22

44232

Liste A mentionnée à l'article R 1334-20

Composant à sonder ou à vérifier
Flocages
Calorifugeages
Faux plafonds

44232 (suite)

Liste B mentionnée à l'article R 1334-21

Composant de la construction	Partie du composant à vérifier ou à sonder
1. Parois verticales intérieures	
Murs et cloisons « en dur » et poteaux (périphériques et intérieurs). Cloisons (légères et préfabriquées), gaines et coffres.	Enduits projetés, revêtements durs (plaques menuiserie, amiante-ciment) et entourages de poteaux (carton, amiante-ciment, matériau sandwich, carton + plâtre), coffrage perdu. Enduits projetés, panneaux de cloisons.
2. Planchers et plafonds	
Plafonds, poutres et charpentes, gaines et coffres. Planchers.	Enduits projetés, panneaux collés ou vissés. Dalles de sol.
3. Conduits, canalisations et équipements intérieurs	
Conduits de fluides (air, eau, autres fluides...). Clapets/ volets coupe-feu. Portes coupe-feu. Vide-ordures.	Conduits, enveloppes de calorifuges. Clapets, volets, rebouchage. Joints (tresses, bandes). Conduits.
4. Éléments extérieurs	
Toitures. Bardages et façades légères. Conduits en toiture et façade.	Plaques, ardoises, accessoires de couverture (composites, fibres-ciment), bardeaux bitumineux. Plaques, ardoises, panneaux (composites, fibres-ciment). Conduits en amiante-ciment : eaux pluviales, eaux usées, conduits de fumée.

Liste C mentionnée à l'article R 1334-22

Composant de la construction	Partie du composant à vérifier ou à sonder
1. Toiture et étanchéité	
Plaques ondulées. Ardoises. Éléments ponctuels. Revêtements bitumineux d'étanchéité. Accessoires de toitures.	Plaques en fibres-ciment. Ardoises composite, ardoises en fibres-ciment. Conduits de cheminée, conduits de ventilation... Bardeaux d'asphalte ou bitume (« shingle »), pare-vapeur, revêtements et colles. Rivets, faîtages, closoirs...
2. Façades	
Panneaux-sandwichs. Bardages. Appuis de fenêtres.	Plaques, joints d'assemblage, tresses... Plaques et « bacs » en fibres-ciment, ardoises en fibres-ciment, isolants sous bardage. Éléments en fibres-ciment.
3. Parois verticales intérieures et enduits	
Murs et cloisons. Poteaux (périphériques et intérieurs). Cloisons légères ou préfabriquées. Gaines et coffres verticaux. Portes coupe-feu, portes pare-flammes.	Flocages, enduits projetés, revêtements durs (plaques planes en fibres-ciment), joints de dilatation. Flocages, enduits projetés, joints de dilatation, entourage de poteaux (carton, fibres-ciment, matériau sandwich, carton + plâtre), peintures intumescentes, panneaux de cloisons, jonction entre panneaux préfabriqués et pieds/ têtes de cloisons : tresse, carton, fibres-ciment. Flocage, enduits projetés ou lissés ou talochés ayant une fonction coupe-feu, panneaux. Vantaux et joints.

Composant de la construction	Partie du composant à vérifier ou à sonder
4. Plafonds et faux plafonds	
Plafonds. Poutres et charpentes (périphériques et intérieures). Interfaces entre structures. Gaines et coffres horizontaux. Faux plafonds.	Flocages, enduits projetés, panneaux collés ou vissés, coffrages perdus (carton-amiante, fibres-ciment, composite). Flocages, enduits projetés, peintures intumescentes. Rebouchage de trémies, jonctions avec la façade, calfeutrements, joints de dilatation. Flocages, enduits projetés, panneaux, jonction entre panneaux. Panneaux et plaques.
5. Revêtements de sol et de murs	
Revêtements de sol (l'analyse doit concerner chacune des couches du revêtement). Revêtement de murs	Dalles plastiques, colles bitumineuses, les plastiques avec sous-couche, chape maigre, calfeutrement des passages de conduits, revêtement bitumineux des fondations. Sous-couches des tissus muraux, revêtements durs (plaques menuiserie, fibres-ciment), colles des carrelages.
6. Conduits, canalisations et équipements	
Conduits de fluides (air, eaux, autres fluides). Conduits de vapeur, fumée, échappement. Clapets/ volets coupe-feu. Vide-ordures.	Calorifugeage, enveloppe de calorifuge, conduits en fibres-ciment. Conduit en fibres-ciment, joints entre éléments, mastics, tresses, manchons. Clapet, volet, rebouchage. Conduit en fibres-ciment.
7. Ascenseurs et monte-charge	
Portes palières. Trémie, machinerie.	Portes et cloisons palières. Flocage, bourre, mur/ plancher, joint mousse.
8. Équipements divers	
Chaudières, tuyauteries, étuves, groupes électrogènes, convecteurs et radiateurs, aérothermes...	Bourres, tresses, joints, calorifugeages, peinture anticondensation, plaques isolantes (internes et externes), tissu amiante.
9. Installations industrielles	
Fours, étuves, tuyauteries...	Bourre, tresses, joints, calorifugeages, peinture anticondensation, plaques isolantes, tissu amiante, freins et embrayages.
10. Coffrages perdus	
Coffrages et fonds de coffrages perdus.	Éléments en fibres-ciment.

SECTION 2

LUTTE CONTRE LE SATURNISME

La lutte contre les **risques d'intoxication au plomb** des occupants d'immeubles (essentiellement par les sels de plomb se trouvant dans les peintures utilisées avant 1950) est prévue par les articles L 1334-1 à L 1334-12 et R 1334-1 à R 1334-13 du Code de la santé publique. 44240

Depuis le 1er janvier 2021, une **procédure commune** à toutes les hypothèses où l'état d'un immeuble compromet la sécurité ou la santé des personnes s'applique (CSP art. L 1334-2). Cette procédure est prévue au nouveau titre Ier du livre V du CCH, voir ci-dessous nos 45002 s.

Sont abrogés, depuis le 1er janvier 2021, les articles L 1334-3 et L 1334-4 du CSP qui régissaient les travaux de suppression du risque de saturnisme.

DIAGNOSTIC EN CAS DE SATURNISME

44245 **Détermination du risque et des mesures de réduction** Lorsqu'il a été informé de l'existence d'un cas de saturnisme chez une personne mineure, le directeur général de l'agence régionale de santé ou, à la demande du préfet, le directeur du service communal d'hygiène et de santé fait immédiatement procéder à une **enquête sur l'environnement** du mineur, afin de déterminer l'origine de l'intoxication. Dans le cadre de cette enquête, il peut prescrire la réalisation d'un **diagnostic** portant sur les revêtements des immeubles ou parties d'immeubles habités ou fréquentés régulièrement par ce mineur. Le préfet peut prescrire au directeur la réalisation d'un diagnostic lorsqu'un risque d'exposition au plomb pour un mineur est porté à sa connaissance (CSP art. L 1334-1).

> **Précisions** Le diagnostic visé par l'article L 1334-1 du Code de la santé publique doit identifier les éléments de construction comportant un revêtement dégradé, préciser la concentration en plomb de ces revêtements et la méthode d'analyse utilisée pour la mesurer et décrire l'état de conservation des revêtements contenant du plomb (CSP art. R 1334-4). Les **modalités de réalisation** de ce diagnostic sont précisées par l'arrêté du 19 août 2011 (JO 1-9 p. 14830, rectificatif au JO 17-9 p. 15585).

44250 **Procédure d'urgence** Pour les arrêtés d'insalubrité notifiés depuis le 1er janvier 2021, lorsqu'il est constaté un risque d'exposition au plomb, il est fait application de la **procédure d'urgence** mentionnée à l'article L 511-19 du CCH (voir n° 45200). Comme sous l'ancien dispositif, le délai dans lequel doivent être réalisés les travaux est limité à un mois, sauf dans le cas où, dans ce même délai, est assuré l'hébergement de tout ou partie des occupants hors des locaux concernés. Le délai de réalisation des travaux est alors porté à trois mois maximum (CSP art. R 1334-6).

44260 **Contrôle des travaux** Le contrôle des locaux, qui, dans le cadre de l'ancien dispositif, est effectué afin de vérifier que le risque d'exposition au plomb est supprimé et remplacé, depuis le 1er janvier 2021, par le constat, par l'autorité compétente, de la réalisation des travaux prescrits, ce constat étant nécessaire à la mainlevée de l'arrêté de traitement de l'insalubrité et, le cas échéant, de l'interdiction d'habiter, d'utiliser ou d'accéder aux lieux (CSP art. L 1334-1-1 et R 1334-8 ; CCH art. L 511-14).

CONSTAT DE RISQUE D'EXPOSITION AU PLOMB

44280 **Contenu** Le constat de risque d'exposition au plomb (Crep) identifie les revêtements contenant du plomb, précise la concentration en plomb de ces revêtements (et la méthode d'analyse utilisée pour la mesurer), mentionne, le cas échéant, les facteurs de dégradation du bâti et comporte, en annexe, une notice d'information résumant les effets du plomb sur la santé et les précautions à prendre en présence de revêtements contenant du plomb (CSP art. L 1334-5 et R 1334-10 ; Arrêté du 19-8-2011 relatif au Crep, annexes 1 et 2).

> **Précisions** Le contenu du Crep, qui n'englobe pas la recherche de canalisations en plomb dans l'immeuble concerné, ainsi que ses modalités de réalisation et les personnes habilitées à l'établir sont définis par les articles R 1334-10 à R 1334-12 du Code de la santé publique et par l'arrêté précité.

44285 **Cas dans lesquels il est requis** Le Crep doit être produit dans les situations suivantes :

1° Lors de la **vente** de tout ou partie d'un immeuble d'habitation construit avant le 1er janvier 1949 (CSP art. L 1334-6), ce constat devant être joint au dossier de diagnostic technique requis à cette occasion (nos 9000 s.).

2° Lors de tout nouveau contrat de **location** d'un immeuble affecté en tout ou en partie à l'habitation et construit avant le 1er janvier 1949 (CSP art. L 1334-7). Ce constat fait en effet partie du dossier de diagnostic technique dont l'établissement est alors prescrit (nos 50640 s.).

3° Avant la réalisation de tous travaux portant sur les **parties communes** d'un immeuble collectif affecté en tout ou partie à l'habitation, construit avant le 1er janvier 1949, et de nature à provoquer une altération substantielle des revêtements (CSP art. L 1334-8), telle que définie à l'article 2 de l'arrêté du 12 mai 2009 relatif aux travaux en parties communes nécessitant l'établissement d'un Crep (JO 27 p. 8781). Seuls les revêtements des parties communes sont concernés (Arrêté du 19-8-2011 relatif au Crep annexe 1). Un Crep n'est pas obligatoire avant les travaux de ravalement des murs d'une courette, partie commune, inaccessible aux occupants qui n'en ont pas l'usage commun au sens de l'article L 1334-8 du Code de la santé publique (Cass. 3e civ. 28-1-2016 n° 14-29.751 : BPIM 2/16 inf. 132).

En tout état de cause, même en l'absence de travaux, les parties à usage commun d'un immeuble collectif affecté en tout ou partie à l'habitation et construit avant le 1er janvier 1949 doivent faire l'objet d'un constat de risque d'exposition au plomb (CSP art. L 1334-8, al. 3). Cette obligation devait être satisfaite avant le 12 août 2008 (art. précité).

4° En cas de **travaux sur un immeuble insalubre.** Dans les zones faisant l'objet d'une opération d'amélioration de l'habitat, les propriétaires bénéficiant de subventions de travaux pour sortie d'insalubrité d'un immeuble d'habitation construit avant le 1er janvier 1949 doivent faire réaliser un constat de risque d'exposition au plomb et le communiquer à l'administration sur sa demande (CSP art. L 1334-8-1).

> **Précisions** Le Crep réalisé **lors d'une vente ou d'une location porte** uniquement **sur** les revêtements privatifs du logement, y compris ses revêtements extérieurs (volet, portail, grille, balcon, etc.) (Arrêté du 19-8-2011 relatif au Crep annexe 1).
> Par ailleurs, si le bien concerné est affecté en partie à des **usages autres que l'habitation,** le constat ne doit porter que sur les parties affectées à l'habitation et les locaux annexes destinés à un usage courant (par exemple, la buanderie).

Diagnostiqueur Le Crep doit être **établi par** une personne répondant aux conditions de l'article L 271-6 du Code de la construction et de l'habitation (CSP art. R 1334-11 ; voir n° 9050), selon un protocole défini à l'annexe 1 de l'arrêté du 19 août 2011 relatif au Crep. **44290**

Suites à donner au constat Si le Crep met en évidence la **présence** de revêtements dégradés contenant **du plomb** à des concentrations supérieures aux seuils définis par arrêté, le propriétaire doit en informer les occupants et les personnes amenées à faire des travaux dans l'immeuble ou la partie d'immeuble concerné et doit procéder sans attendre aux travaux appropriés pour supprimer le risque d'exposition au plomb, tout en garantissant la sécurité des occupants (CSP art. L 1334-9). En cas de location, le bailleur doit exécuter les travaux avant la mise en location, à défaut de quoi sa responsabilité pénale sera susceptible d'être mise en jeu pour manquement à son obligation de sécurité et de prudence (CSP art. L 1334-9). **44295**

Le constat est immédiatement transmis au préfet s'il fait apparaître la présence de facteurs de dégradation du bâti, tels que plancher ou plafond menaçant de s'effondrer ou effondré, moisissures ou taches d'humidité (CSP art. L 1334-10). Le préfet peut, si le constat est validé par l'autorité sanitaire, prescrire les mesures exposées nos 44245 s. (CSP art. L 1334-2).

Si le constat établit l'**absence** de revêtements contenant **du plomb** ou la présence de revêtements contenant du plomb à des concentrations inférieures aux seuils définis par arrêté, il n'y a pas lieu de faire établir un nouveau constat à chaque mutation (CCH art. L 271-5, al. 3), location (CSP art. L 1334-7, al. 1) ou à l'occasion de nouveaux travaux sur les mêmes parties (CSP art. L 1334-8, al. 2). **44300**

SECTION 3 LUTTE CONTRE LA PROPAGATION DES TERMITES ET DE LA MÉRULE

A. Dispositif de lutte contre les termites

La lutte contre la propagation des termites est régie par les articles L 126-6 à L 126-24 et R 126-2 à R 126-4 du Code de la construction et de l'habitation, selon un dispositif qui, pour l'essentiel, est entré en vigueur le 1er novembre 2007 (Décret 2006-1114 du 5-9-2006 art. 6). **44400**

> **Précisions** **a.** Si les normes de construction et d'aménagement tendent à éviter la propagation de tous les insectes xylophages, les obligations exposées ci-dessous ne visent pas les **autres insectes** (capricornes, lyctus, vrillettes, etc.)
> **b.** Les travaux de prévention et de lutte contre les termites (et les autres insectes xylophages) sont déductibles des **revenus fonciers** au titre des dépenses de réparation et d'entretien (n° 76900).

CHAMP D'APPLICATION DE LA RÉGLEMENTATION

44405 Les obligations de déclaration (nº 44420), de recherche et de traitement (nºs 44440 s.) des termites concernent tant les **immeubles bâtis** que ceux **non bâtis,** des foyers de termites dans des alignements d'arbres ou dans le sol pouvant contaminer en effet des constructions avoisinantes. Sont donc notamment visés les espaces agricoles et forestiers. En revanche, les obligations en matière de vente (nº 44480) ne visent que les immeubles bâtis.

À l'exception de l'obligation de déclaration qui concerne tout le **territoire,** les autres obligations ne s'appliquent que dans les zones contaminées (ou susceptibles de l'être) telles qu'elles sont délimitées par les pouvoirs publics.

> **Précisions** Le propriétaire d'un terrain nu peut, en application de l'article 1242 du Code civil (responsabilité civile délictuelle du fait de la garde des choses), être déclaré responsable des dommages causés aux immeubles voisins par une termitière située sur son terrain (JO Déb. Sén. 27-5-1998 p. 2458).

DÉCLARATION DES IMMEUBLES CONTAMINÉS

44420 Dans le mois suivant la constatation de la présence de termites dans un immeuble bâti ou non bâti, l'**occupant** de l'immeuble contaminé doit en faire la déclaration en mairie ; en l'absence d'occupant, la déclaration incombe au propriétaire (CCH art. L 126-4 et R 126-2, al. 1). À défaut de précision légale sur la notion d'occupant, l'obligation de déclaration pèse, à notre avis, sur toute personne, physique ou morale, ayant la jouissance de l'immeuble en vertu d'un titre quelconque : titre de propriété, bail, contrat de crédit-bail, prêt à usage ou autre. L'occupant sans titre (tel le locataire qui se maintient indûment dans les locaux à l'extinction du bail) est également tenu à déclaration.

Le défaut de déclaration est sanctionné par une amende de 450 € (CCH art. R 184-8, al. 1).

> **Précisions** **a.** Pour les immeubles en **copropriété,** l'obligation de déclaration est à la charge du syndicat des copropriétaires en ce qui concerne les parties communes (CCH art. L 126-4).
> **b.** Sur l'obligation de déclaration **en cas de démolition** d'un immeuble contaminé, voir nº 44445.

44425 La déclaration, qui peut être établie sur papier libre, doit être **adressée au maire** de la commune du lieu de situation de l'immeuble par lettre recommandée avec demande d'avis de réception ou déposée en mairie contre décharge (CCH art. R 126-2, al. 1).

Cette déclaration, datée et signée par le déclarant, doit **préciser** (CCH art. R 126-2, al. 2) :
- l'identité du déclarant ;
- les éléments d'identification de l'immeuble (lieu de situation précis de l'immeuble, numéro de parcelles, de lots) ;
- la description des indices révélateurs de la présence de termites, accompagnée le cas échéant de l'état relatif à la présence de termites (nº 44440).

DÉLIMITATION DES ZONES CONTAMINÉES

44430 Lorsque, dans une ou plusieurs communes, des foyers de termites sont identifiés, un **arrêté préfectoral,** pris sur proposition ou après consultation des conseils municipaux intéressés, délimite les zones contaminées ou susceptibles de l'être à court terme (CCH art. L 131-3).

Cet arrêté doit être **affiché** pendant trois mois dans les mairies des communes concernées. L'arrêté est publié au recueil des actes administratifs de la préfecture et **consultable** en mairie et à la préfecture (CCH art. R 131-4).

> **Précisions** Le Centre technique du bois et de l'ameublement dispose d'un observatoire des territoires où la présence des termites est avérée et tient à jour une **carte des régions infestées**; cette carte est disponible sur http://www.termite.com.fr (accès par département ou par commune).

MESURES DE PRÉVENTION ET D'ÉRADICATION

44440 **Injonction de recherche et de travaux préventifs ou d'éradication** Dans les secteurs délimités par le conseil municipal, le maire peut enjoindre aux propriétaires d'immeubles bâtis ou non bâtis de procéder dans les six mois à la recherche de termites et aux travaux préventifs ou d'éradication nécessaires (CCH art. L 126-6).

Le **propriétaire** doit justifier du respect de l'**obligation de recherche** de termites en adressant au maire un état du bâtiment relatif à la présence de termites, établi par une personne exerçant l'activité d'expertise ou de diagnostic de la présence de termites (CCH art. R 126-3, al. 2).

Cet état, établi conformément au modèle défini par l'arrêté SOCU0751093A du 29 mars 2007, doit identifier l'immeuble concerné et indiquer (CCH art. R 126-3) :

– les parties de l'immeuble visitées et celles n'ayant pu l'être ;

– les éléments infestés ou ayant été infestés par la présence de termites et ceux qui ne le sont pas ;

– la date à laquelle il a été établi.

Le propriétaire doit en outre justifier du respect de l'**obligation de réalisation des travaux préventifs ou d'éradication** en adressant au maire une attestation, établie par une personne exerçant l'activité de traitement et de lutte contre les termites distincte de celle ayant établi l'état du bâtiment relatif à la présence de termites et certifiant qu'il a été procédé aux travaux correspondants (CCH art. R 126-3, al. 3).

Le **non-respect** de ces obligations est sanctionné par une amende de 1 500 €, portée à 7 500 € pour les personnes morales (CCH art. R 184-7).

En cas de **carence d'un propriétaire** et après mise en demeure demeurée infructueuse à l'expiration d'un délai fixé par le maire, ce dernier peut, sur autorisation du président du tribunal de grande instance statuant en référé, faire procéder d'office et aux frais du propriétaire à la recherche de termites ainsi qu'aux travaux préventifs ou d'éradication nécessaires (CCH art. L 126-6).

> **Précisions** Si l'immeuble concerné est en **copropriété,** la notification de l'injonction et la mise en demeure sont valablement faites au seul syndicat des copropriétaires pris en la personne du syndic qui en informe sans délai chaque copropriétaire par lettre recommandée AR (CCH art. L 126-6).

Obligation en cas de démolition En cas de démolition totale ou partielle d'un bâtiment situé dans une zone délimitée par arrêté préfectoral (nº 44430), les bois et matériaux contaminés par les termites doivent être incinérés, ou, si l'incinération est impossible sur place, traités avant tout transport (CCH art. L 126-6). Cette obligation incombe à la personne qui procède à la démolition. À défaut, elle est passible d'une amende de 1 500 €, portée à 7 500 € pour les personnes morales (CCH art. R 184-8, al. 3). **44445**

Dans le mois suivant l'achèvement des opérations, la personne qui y a procédé doit en faire **déclaration en mairie** (CCH art. L 126-6 et R 126-4, al. 1). À défaut, elle s'expose à une peine d'amende de 750 €, portée à 3 750 € pour les personnes morales (CCH art. R 184-8, al. 2).

La déclaration doit être adressée au maire de la commune du lieu de situation du bâtiment par lettre recommandée AR ou déposée à la mairie contre décharge. Elle doit être datée et signée par le déclarant et préciser (CCH art. R 126-4, al. 2 et 3) :

– l'identité de la personne ayant procédé aux opérations d'incinération ou de traitement et la nature de ces opérations ;

– les éléments d'identification de l'immeuble d'où proviennent les bois et matériaux de démolition contaminés par les termites ;

– le lieu de mise en décharge des matériaux.

Obligation en cas de travaux Sur tout le territoire national, les **matériaux utilisés** pour la structure d'un bâtiment lors de sa **construction** ou de travaux d'**aménagement** doivent, quelle que soit la nature de l'ouvrage (habitation, commerce ou autre ; partie commune ou privative), être naturellement résistants aux termites et aux autres insectes xylophages ou traités dans ce but pour une durée minimale de 10 ans (CCH art. L 131-2 et R 131-1 s.). À défaut, les matériaux doivent être mis en œuvre de façon à permettre leur contrôle, traitement ou remplacement, sauf dans les départements d'outre-mer (Arrêté SOCU0610507A du 27-6-2006). **44446**

Les **constructions nouvelles** doivent en outre être pourvues d'une barrière physique (composée par exemple de basalte ou de mailles d'acier) ou physico-chimique (film plastique traité avec un produit biocide) entre le bâti et le sol pour éviter les infestations de termites souterrains. Jusqu'à présent, cette obligation s'appliquait à l'ensemble du département dans lequel le préfet avait délimité une ou plusieurs zones contaminées. Depuis le 1er décembre 2014, elle ne s'applique plus que dans les zones faisant l'objet de l'arrêté préfectoral (CCH art. R 131-2).

L'exécution de travaux en méconnaissance de ces règles est punie d'une amende de 45 000 € pour le maître de l'ouvrage, l'architecte et l'entrepreneur (CCH art. L 183-4). L'amende est portée à 225 000 € pour les personnes morales (C. pén. art. 131-38). En cas de récidive, une peine d'emprisonnement de six mois peut en outre être prononcée (CCH art. L 183-4).

Seuls les éléments participant à la structure du bâtiment doivent être résistants aux insectes xylophages (charpentes, planchers, cloisons porteuses...), les autres éléments de menuiseries (portes, fenêtres, escaliers, lambris, parquets...) ne sont pas visés par la réglementation.

VENTE D'UN IMMEUBLE SITUÉ DANS UNE ZONE CONTAMINÉE

44480 En cas de vente de tout ou partie d'un immeuble bâti situé dans une zone délimitée par arrêté préfectoral (n° 44430), les propriétaires doivent produire un **état relatif à la présence de termites** qui identifie l'immeuble concerné, indique les parties visitées et celles qui n'ont pu l'être, les éléments infestés par la présence de termites et ceux qui ne le sont pas, la date à laquelle il a été établi (CCH art. L 126-24 et R 126-42).

Ce document doit être joint au dossier de diagnostic technique dans les conditions et sous peine des sanctions exposées n°s 9000 s.

> **Précisions** **a.** L'état relatif à la présence de termites doit être établi par une personne répondant aux conditions de l'article L 271-6 du Code de la construction et de l'habitation (n° 9050).
> **b.** Si l'état indique la présence de termites, celle-ci doit être rapidement déclarée en mairie sous peine d'une amende (n°s 44420 s.).

B. Dispositif de lutte contre la mérule

44481 Le dispositif de lutte contre la mérule, champignon lignivore pouvant causer d'importants dégâts sur les structures en bois des bâtiments (charpente, planchers, etc.) est régi par les articles L 126-5 à L 126-25 du Code de la construction et de l'habitation. Ce dispositif ne prévoit ni une injonction de recherche et de travaux préventifs ou d'éradication, ni la production d'un diagnostic faisant état de l'absence ou de la présence de mérule.

DÉCLARATION DES IMMEUBLES CONTAMINÉS

44482 Dès qu'il a connaissance de la présence de mérule dans un immeuble bâti, l'occupant de l'immeuble contaminé doit en faire la déclaration en mairie ; en l'absence d'occupant, la déclaration incombe au propriétaire (CCH art. L 126-5). À défaut de précision légale sur la notion d'occupant, l'obligation de déclaration pèse, à notre avis, sur toute personne, physique ou morale, ayant la jouissance de l'immeuble en vertu d'un titre quelconque : titre de propriété, bail, contrat de crédit-bail, prêt à usage ou autre. L'occupant sans titre (tel le locataire qui se maintient indûment dans les locaux à l'extinction du bail) est également tenu à déclaration. Pour les immeubles en copropriété, l'obligation de déclaration est à la charge du syndicat des copropriétaires en ce qui concerne les parties communes (CCH art. L 126-5). Aucune sanction n'est prévue en cas de défaut de déclaration.

DÉLIMITATION DES ZONES CONTAMINÉES

44483 Lorsque, dans une ou plusieurs communes, des foyers de mérule sont identifiés, un arrêté préfectoral, pris sur proposition ou après consultation des conseils municipaux intéressés, délimite les zones de présence d'un risque de mérule (CCH art. L 131-3).

VENTE D'UN IMMEUBLE SITUÉ DANS UNE ZONE CONTAMINÉE

44485 En cas de vente de tout ou partie d'un immeuble bâti situé dans une zone délimitée par arrêté préfectoral, les propriétaires doivent produire une **information sur la présence d'un risque de mérule** (CCH art. L 126-25). Aucune sanction n'est prévue en cas de non-respect de cette obligation. L'information sur la présence d'un risque de mérule doit être jointe au **dossier de diagnostic technique** (CCH art. L 271-4). Le diagnostic relatif à la présence de champignons lignivores n'étant pas obligatoire, le préjudice de l'acheteur résultant de la présence non signalée de ces agents n'a pas un caractère certain, mais constitue une perte de chance (Cass. 3e civ. 25-9-2025 n° 23-21.683 F-S).

LOCATION D'UN IMMEUBLE SITUÉ DANS UNE ZONE CONTAMINÉE

44486 La loi n'impose pas la communication au locataire par le bailleur d'une information sur la présence d'un risque de mérule lors de la conclusion du bail. Ce document n'est d'ailleurs pas exigé dans le dossier de diagnostic technique établi à cette occasion.

SECTION 4

PERFORMANCE ÉNERGÉTIQUE DES IMMEUBLES

Limiter la consommation d'énergie est devenu un véritable enjeu de société. Dans le but d'améliorer le parc immobilier sur ce point, le législateur a imposé le **contrôle** de la performance énergétique notamment lors de la construction ou de l'extension d'un immeuble (CCH art. L 126-27) ainsi qu'au moment de sa vente ou de sa location (nos 44625 s.). Il a aussi prévu cette obligation pour certains bâtiments collectifs même en dehors des opérations précitées (nos 44605 s.). **44600**

À compter du 1er janvier 2028, les bâtiments ou parties de bâtiment existants à usage d'habitation sont classés, par niveau de performance décroissant (classement de A à G), en fonction de leur niveau de **performance énergétique** et de leur performance en matière d'**émissions de gaz à effet de serre** (CCH art. L 173-1-1 et L 173-2).

Ce niveau de performance est exprimé en kWh d'énergie primaire par m^2, s'agissant de la consommation énergétique, et en kg de CO_2 par m^2, s'agissant des émissions de gaz à effet de serre.

Afin de mieux refléter la réalité du mix énergétique français, largement décarboné grâce au nucléaire, le **chauffage électrique** va être mieux pris en compte dans les éléments de détermination de la performance énergétique du logement à compter de 2026 (voir n° 44665).

A. Bâtiments à usage collectif

Le contrôle de la performance énergétique dans les bâtiments à usage collectif est régi par les articles L 126-31, R 126-20, R 126-30 à R 126-34 et R 173-9 à R 173-11 du Code de la construction et de l'habitation. **44605**

DIAGNOSTIC DE PERFORMANCE ÉNERGÉTIQUE

Un diagnostic de performance énergétique, dit « DPE collectif », doit être réalisé pour les bâtiments équipés d'une **installation collective de chauffage ou de refroidissement** (CCH art. L 126-31 dans sa rédaction antérieure à la loi Climat 2021-1104 du 22-8-2021). Compte tenu de la généralité des termes employés, sont visés tous les bâtiments équipés d'une telle installation, quel que soit leur usage (habitation, commerce, industrie, loisirs ou autre) ou leur statut (copropriété, bâtiment faisant partie du domaine public, etc.), sous réserve de ceux qui sont soumis à l'obligation de faire réaliser un audit (n° 44615). **44610**

Les **modalités de réalisation** de ce diagnostic sont identiques à celles en vigueur pour le diagnostic de performance énergétique devant être établi en cas de vente (CCH art. R 126-20 ; n° 44665).

Le DPE collectif s'applique **à tous les bâtiments d'habitation collective,** dotés ou non d'une installation collective de chauffage ou de refroidissement, dont le permis de construire a été déposé avant le 1er janvier 2013 (CCH art. L 126-31).

Ce dispositif d'applique depuis le 1er janvier 2024 et :

- depuis le 1er janvier 2025 les petites copropriétés (entre 50 et 200 lots) ;
- à compter du 1er janvier 2026 pour les très petites copropriétés (50 lots maximum).

Le dispositif s'appliquera à compter du 1er janvier 2028 en Guadeloupe, en Martinique, en Guyane, à La Réunion et à Mayotte.

Ce diagnostic sera renouvelé ou mis à jour tous les 10 ans, sauf lorsqu'un DPE réalisé après le 1er juillet 2021 permettra d'établir que le bâtiment appartient à la classe A, B ou C (CCH art. L 126-31, al. 2).

AUDIT ÉNERGÉTIQUE

Avant la généralisation du DPE collectif à l'ensemble des copropriétés, l'obligation de réaliser le DPE collectif sur les bâtiments dotés d'installation collective de chauffage ou de refroidissement ne s'imposait pas pour les bâtiments à usage principal d'habitation en **copropriété de cinquante lots ou plus,** équipés d'une installation collective de chauffage ou de **44615** refroidissement, et dont la date de dépôt de la demande de permis de construire est antérieure au 1er juin 2001 (CCH art. L 126-31 dans sa rédaction antérieure à la loi Climat 2021-1104 du 22-8-2021).

En revanche, ils devaient faire l'objet d'un audit énergétique.

Depuis la loi Climat, l'obligation d'établir un audit énergétique ne s'applique plus qu'aux **ventes en monopropriété** des logements classés D à G (CCH art. L 126-28-1) (voir n° 44685).

PLAN DE TRAVAUX D'ÉCONOMIE OU CONTRAT DE PERFORMANCE ÉNERGÉTIQUE

44620 Dans les **copropriétés** ayant fait réaliser un diagnostic ou un audit de performance énergétique, le syndic doit **inscrire à l'ordre du jour de l'assemblée générale** des copropriétaires, au cours de laquelle le diagnostic ou l'audit est présenté, la question d'un plan de travaux d'économies d'énergie ou d'un contrat de performance énergétique (Loi 65-557 du 10-7-1965 art. 24-4, al. 1).

Le syndic de copropriété doit porter la question devant l'assemblée générale des copropriétaires en joignant à la convocation le diagnostic ou l'audit de performance énergétique (CCH art. R 173-9).

Si le choix se porte sur des travaux d'économies d'énergie, une nouvelle assemblée doit, après mise en concurrence d'entreprises et sur la base de devis, voter en faveur soit d'un plan de travaux d'économies d'énergie soit d'un contrat de performance énergétique. Si le plan de travaux est adopté, la même assemblée se prononce sur les travaux à réaliser, par un vote distinct et à la majorité des voix de tous les copropriétaires (« majorité de l'article 25 »).

> Précisions Le plan peut comprendre des **travaux d'intérêt collectif sur les parties privatives.** Il peut s'agir notamment de travaux d'isolation thermique des fenêtres extérieures comprenant, le cas échéant, l'installation de volets, de la pose ou du remplacement de thermostats sur les émetteurs de chaleur ou de froid, de l'équilibrage des émetteurs de chaleur ou de froid ou encore de la mise en place d'équipements de comptage des quantités d'énergies consommées (CCH art. R 173-10, I-2° sur renvoi de R 173-11).

Une fois votés, les travaux doivent être réalisés par les copropriétaires concernés dans un délai raisonnable en fonction de la nature et du coût des travaux, sauf s'ils peuvent prouver la réalisation de travaux équivalents (CCH art. R 173-11). Le syndicat des copropriétaires, qui exerce les pouvoirs du maître d'ouvrage jusqu'à réception des travaux (Loi 65-557 du 10-7-1965 art. 9, al. 3), doit procéder à la réception des travaux en présence des copropriétaires concernés et, en cas de réserves, en assurer le suivi. Après réception définitive des travaux, le syndic de copropriété adresse aux copropriétaires concernés, par lettre recommandée avec avis de réception ou par voie de remise contre émargement, les pièces et documents relatifs aux travaux (contrat de l'entreprise, procès-verbaux de réception et, le cas échéant, attestations d'assurances) pour que chaque copropriétaire puisse utilement mettre en œuvre les garanties à la charge de l'entreprise.

B. Vente ou location d'un immeuble

MENTION DU CLASSEMENT ÉNERGETIQUE DANS LES ANNONCES IMMOBILIÈRES

44625 Le classement du bien vendu au regard de sa performance énergétique et de sa performance en matière d'émissions de gaz à effet de serre doit être mentionné, dans toute annonce relative à la vente ou à la location, un bien immobilier devant faire l'objet d'un diagnostic de performance énergétique (CCH art. L 126-33), selon les modalités suivantes :

– si l'annonce est insérée dans la **presse** écrite, elle doit mentionner la lettre correspondant à l'échelle de référence du classement énergétique ; cette mention précédée des mots « classe énergie » doit être en majuscules et d'une taille au moins égale à celle des caractères du texte de l'annonce (CCH art. R 126-21) ;

– si elle est **affichée** dans les locaux des professionnels de l'immobilier, elle fait apparaître le classement énergétique du bien sur l'échelle de référence ; cette mention, lisible et en couleur, doit représenter au moins 5 % de la surface du support (CCH art. R 126-22) ;

– si elle est diffusée au public par un réseau de **communications électroniques,** elle doit faire apparaître de manière lisible et en couleur le classement énergétique du bien sur l'échelle de référence, la mention devant respecter au moins les proportions suivantes : 180 pixels × 180 pixels (CCH art. R 126-23).

Échappent en revanche à ces prescriptions les annonces faites par affichage sur la voie publique ou chez les commerçants.

Pour les annonces immobilières :

– depuis le 1er janvier 2022, toutes les publicités relatives à la mise en vente ou à la mise en location d'un bien à usage d'habitation classé F ou G doivent mentionner l'obligation, sauf dérogation, de parvenir, au plus tard au 1er janvier 2028, à un niveau de performance compris entre les classes A et E (CCH art. L 173-2, III-al. 1) ;

– à compter du 1er janvier 2028, les publicités de mise en vente ou de mise en location de biens classés F ou G devront mentionner le non-respect de l'obligation d'un niveau de performance compris entre les classes A et E (CCH art. L 173-2, III-al. 2).

> **Précisions** Le classement énergétique de l'immeuble est attribué à l'issue de l'établissement du diagnostic de performance énergétique. L'exigence de sa mention dans les annonces immobilières impose donc au propriétaire de faire réaliser ce diagnostic dès avant la mise de l'immeuble sur le marché, ce qui n'est guère pénalisant dans la mesure où ce diagnostic a une durée de validité de 10 ans et doit être, en tout état de cause, joint au bail ou à l'acte de vente.

Champ d'application Les exigences exposées n° 44625 s'imposent non seulement aux **professionnels** de l'immobilier (tels les agents immobiliers et les notaires) mais aussi aux **particuliers** proposant une vente ou une location dans la presse ou sur internet. **44630**

L'article L 126-33 du Code de la construction et de l'habitation visant la location ou la vente d'un bien immobilier sans autre précision, son champ d'application est large : sont visées toutes les **ventes** (exception faite de la vente d'un immeuble à construire ; CCH art. R 126-25) ou **locations** dès lors qu'elles portent sur un **immeuble** susceptible de faire l'objet d'un diagnostic de performance énergétique en vertu de l'article L 126-26 du même Code (nos 44660 s.). **44635**

S'agissant des baux, sont donc concernés les baux d'habitation (l'article 3-3 de la loi 89-462 du 6 juillet 1989 comporte des dispositions identiques à celles de l'article L 126-28 du Code de la construction et de l'habitation).

Sanctions Tout manquement par un professionnel à l'obligation d'indication du classement énergétique dans une annonce immobilière est passible d'une amende administrative dont le montant ne peut excéder 3 000 euros pour une personne physique et 15 000 euros pour une personne morale (CCH art. L 126-33, II). **44640**

Le particulier dont l'annonce n'indiquerait pas le classement énergétique du logement encourt, comme le professionnel personne physique, une amende administrative dont le montant ne peut excéder 3 000 euros (CCH art. L 126-33, III). L'autorité administrative mettra le propriétaire en demeure de respecter son obligation tout en lui permettant de présenter ses observations dans un délai déterminé.

INFORMATIONS SUR LA CONSOMMATION ÉNERGÉTIQUE POUR LES BAUX D'HABITATION ET MIXTES

Évaluation de la consommation Depuis le 25 octobre 2020, lorsque l'immeuble est équipé d'une installation centrale de chauffage, de froid ou d'eau chaude sanitaire et muni des dispositifs d'individualisation des frais télé-relevables, le bailleur devra transmettre au locataire une évaluation de la consommation de chaleur, de froid et d'eau chaude sanitaire de son local privatif (Loi 89-462 du 6-7-1989 art. 6-2). **44641**

Consommation passée Depuis le 25 octobre 2020, lorsque le locataire en fait la demande, le propriétaire met à disposition du fournisseur de services énergétiques désigné par le locataire les informations relatives à sa consommation passée de chaleur et de froid de son local privatif (C. énergie art. L 241-9-1).

Régularisation des charges Un mois avant la régularisation annuelle des charges, le bailleur doit communiquer au locataire le décompte par nature de ces charges ainsi que, dans les immeubles collectifs, le mode de répartition entre les locataires et, le cas échéant, une note d'information sur les modalités de calcul des charges de chauffage et de production d'eau chaude sanitaire collectifs. Depuis le 25 octobre 2020, pour les logements munis de dispositifs d'individualisation permettant les télé-relevés, la consommation individuelle de chaleur et d'eau chaude sanitaire fera l'objet d'une note d'information (C. énergie art. R 241-13).

CONSOMMATION ÉNERGÉTIQUE DES MEUBLÉS DE TOURISME

Contenu du contrat de location Depuis le 21 novembre 2024, les meublés touristiques situés dans les communes où la mise en location touristique est soumise à une **autorisation de changement d'usage temporaire** (CCH art. L 631-7-1 A) ou **définitive** (CCH art. L 631-7), doivent présenter un DPE compris entre les classes A et E pour obtenir cette autorisation. Autrement dit, le classement en F et G fait obstacle au changement d'usage. **44642**

À partir du 1er janvier 2034, l'ensemble des logements proposés à la location, touristique ou non, devront présenter une classe comprise entre A et D (CCH art. L 631-10 dans sa rédaction issue de la loi 2024-1039 du 19-11-2024).

Les meublés touristiques qui ne sont pas soumis à une autorisation préalable de changement d'usage ou l'ont déjà obtenue ne devront être en règle avec le calendrier de décence énergétique qu'à compter du 1er janvier 2034. À cette date, ils devront atteindre au moins la classe D, ce qui laisse 10 ans aux propriétaires pour effectuer, si nécessaire, les travaux de rénovation (C. tourisme art. L 324-2-2, al. 1 dans sa rédaction issue de la loi 2024-1039 du 19-11-2024). Cette obligation ne s'appliquera pas aux logements constituant la résidence principale du loueur.

Le maire pourra à tout moment demander au propriétaire d'un meublé de tourisme de lui transmettre dans un délai de 2 mois le diagnostic de performance énergétique en cours de validité prévu à l'article L 126- 26 du CCH sous peine d'une astreinte administrative de 100 € par jour, recouvrée au profit de la commune dans les conditions prévues par les dispositions relatives aux produits communaux (C. tourisme art. L 324-2-2, al. 2 dans sa rédaction issue de la loi 2024-1039 du 19-11-2024).

44643 **Sanctions** Le propriétaire qui louera ou maintiendra en location un meublé de tourisme ne respectant pas les niveaux de performance du logement décent se verra infliger une amende administrative dont le montant ne pourra excéder 5 000 € par local concerné, à compter du 1er janvier 2034 (C. tourisme art. L 324-2-2, al. 3 dans sa rédaction issue de la loi 2024-1039 du 19-11-2024). L'amende sera recouvrée, dans les conditions prévues par les dispositions relatives aux produits communaux, au bénéfice de la commune. Le propriétaire sera mis à même de présenter ses observations écrites, dans un délai d'un mois, sur le projet de sanction.

COMMUNICATION DU DIAGNOSTIC DE PERFORMANCE ÉNERGÉTIQUE

44650 Le propriétaire de l'immeuble doit tenir le diagnostic de performance énergétique à la disposition de tout **candidat à l'acquisition ou à la location** (CCH art. L 126-28 ; Loi 89-462 du 6-7-1989 art. 3-3) et donc avant même la conclusion du bail ou de la vente. Cette obligation ne s'impose que pour les opérations portant sur un immeuble susceptible de faire l'objet d'un DPE (nos 44660 s.).

44655 Enfin, le diagnostic de performance énergétique doit être **joint au contrat** selon les modalités exposées nos 50640 s. pour la location et nos 9000 s. pour la vente.

ÉTABLISSEMENT DU DIAGNOSTIC DE PERFORMANCE ÉNERGÉTIQUE

44660 **Immeubles susceptibles de faire l'objet d'un DPE** Sont concernés par le diagnostic de performance énergétique les **bâtiments clos et couverts à l'exception** des catégories suivantes (CCH art. R 126-15) :

– les constructions provisoires prévues pour une durée d'utilisation égale ou inférieure à deux ans ;

– les bâtiments indépendants dont la surface de plancher est inférieure à 50 m^2 ;

– les bâtiments ou parties de bâtiments à usage agricole, artisanal ou industriel, autres que les locaux servant à l'habitation, dans lesquels le système de chauffage ou de refroidissement ou de production d'eau chaude pour l'occupation humaine produit une faible quantité d'énergie au regard de celle nécessaire aux activités économiques ;

– les bâtiments servant de lieux de culte ;

– les monuments historiques classés ou inscrits à l'inventaire ;

– les bâtiments ou parties de bâtiments non chauffés ou pour lesquels les seuls équipements fixes de chauffage sont des cheminées à foyer ouvert, et ne disposant pas de dispositif de refroidissement des locaux ;

– les bâtiments ou parties de bâtiments résidentiels qui sont destinés à être utilisés moins de quatre mois par an.

En vertu de ces dispositions, un diagnostic n'est pas requis pour un lot de copropriété représentant un emplacement de stationnement ou une cave (Rép. Huyghe : AN 9-1-2007 p. 313 n° 108051).

44665 **Contenu du DPE** La réforme du DPE, **entrée en vigueur le 1er juillet 2021,** a été initiée par les décrets 2020-1609 et 2020-1610 du 17 décembre 2020. Trois arrêtés du 31 mars 2021 fixent les nouvelles modalités d'élaboration du DPE issues des deux décrets. Ils déterminent le contenu des DPE, lorsqu'ils concernent des bâtiments ou parties de bâtiment à usage d'habitation, établissent les dispositions techniques applicables aux DPE et modifient et mettent à jour les arrêtés relatifs aux DPE datant de 2006 et 2007 (Arrêté LOGL2033917A du 31-3-2021 ; Arrêté LOGL2106175A du 31-3-2021 ; Arrêté LOGL2107220A du 31-3-2021 ; Arrêté LOGL2118341A du 8-10-2021).

Le DPE indique la quantité d'énergie effectivement consommée ou estimée pour une utilisation standardisée du bâtiment, ainsi qu'une classification en fonction de valeurs de référence (étiquettes affichant la consommation d'énergie et son impact sur l'effet de serre) afin de permettre aux consommateurs de comparer et d'évaluer sa performance énergétique. Il comporte une information sur les conditions d'aération ou de ventilation et est accompagné de recommandations destinées à améliorer cette performance (CCH art. L 126-26 ; art. R 126-16).

Les nouveaux **modèles de rapport de DPE** réalisés à compter du 1er septembre 2025, aussi bien sur les bâtiments existants que sur les constructions neuves sont publiés sur le site RT-RE dédié aux réglementations du bâtiment. Ils prévoient ainsi, en haut à droite de la première page, la place pour insérer un **QR code** qui peut être scanné pour obtenir les informations sur la validité du document.

Modification du coefficient de conversion de l'électricité Le **chauffage électrique,** jusque-là défavorisé dans la méthode de calcul 3CL-DPE 2021, va être mieux pris en compte, dès 2026, dans les éléments de détermination de la performance énergétique. Fixé pour l'instant à 2,3, le coefficient de conversion de l'électricité, nécessaire au calcul du coefficient d'énergie primaire (Cep), va être abaissé à 1,9, et ce, **à compter du 1er janvier 2026.** 44666

Un arrêté du 13 août 2025 confirme ce changement de valeur pour l'ensemble des DPE établis à compter de cette date. Le texte précise aussi les modalités de mise à jour, à cette date, des DPE et audits énergétiques déjà réalisés sur les bâtiments d'habitation et en cours de validité (Arrêté ATDL2519132A du 13-8-2025).

Pour les personnes disposant déjà d'un DPE logement au 1er janvier 2026, il ne sera pas nécessaire de faire réaliser un nouveau diagnostic pour bénéficier de la baisse du coefficient. À compter de cette date, le propriétaire pourra, s'il le souhaite, télécharger gratuitement une attestation de nouvelle étiquette DPE sur https://observatoire-dpe-audit.ademe.fr, en entrant le numéro du DPE. Cette étiquette viendra remplacer l'ancienne étiquette.

La nouvelle étiquette ne remettra pas en cause les travaux et les données d'entrée du diagnostic. Elle restera valable jusqu'à la date de fin de validité du DPE.

Une attestation similaire pourra être téléchargée sur le même site internet pour les **audits énergétiques** (n° 44685) déjà réalisés au titre de l'article L 126-28-1 du CCH (vente de logements classés E, F ou G) ou du dispositif MaPrimeRénov'. Elle pourra être utilisée, notamment, dans les dossiers MaPrimeRénov' déposés à compter du 1er janvier 2026.

Le nouveau document, attestant de la **nouvelle étiquette DPE,** viendra remplacer les classements de performance énergétique par de nouveaux classements, avant et après travaux. Chaque proposition de travaux fera également apparaître le nouveau classement, après travaux.

À l'instar du DPE, l'attestation constatera uniquement les conséquences du changement de coefficient de conversion de l'électricité, sans remettre en cause les travaux et données d'entrée de l'audit.

Diagnostiqueur Le DPE doit être réalisé par une personne répondant aux conditions exposées n° 9050 (CCH art. L 271-6). Le diagnostic établi avant cette date par un technicien qualifié demeure valable (Décret 2006-1147 du 14-9-2006 art. 3) dès lors qu'il a moins de 10 ans (n° 44675). 44670

> **Précisions** Les personnes qui établissent les DPE doivent les transmettre par voie électronique à l'**Ademe** (Agence de l'environnement et de la maîtrise de l'énergie) à des fins d'études statistiques, d'évaluation et d'amélioration méthodologique (CCH art. L 126-32) selon des modalités fixées par les articles R 126-26 et R 126-27 du Code de la construction et de l'habitation et par l'arrêté du 24 décembre 2012 (JO 29 p. 20810). Pour répondre à ce dispositif, l'Ademe a mis en place un observatoire des DPE : aussi bien destiné aux particuliers qu'aux professionnels, il permet notamment de rechercher un diagnostiqueur, imprimer un DPE vierge, obtenir des statistiques pour juger de la qualité énergétique de l'offre de logement, simuler un DPE (https://observatoire-dpe.ademe.fr).

EFFETS DU DPE

Le diagnostic de performance énergétique a une **durée de validité** de 10 ans (CCH art. D 126-19). 44675

La validité du DPE est appréciée, en cas de vente, à la date de la promesse de vente ou, à défaut de promesse, à la date de l'acte authentique de vente (CCH art. L 271-5 ; n° 9040) et, en cas de location, à la signature du bail ou lors de son renouvellement (Loi 89-462 du 6-7-1989 art. 3-3).

Lorsque le DPE a été réalisé avant le 1er juillet 2021, sa durée de validité est fixée dans les limites suivantes (CCH art. D 126-19) :

– réalisé entre le 1er janvier 2013 et le 31 décembre 2017, le diagnostic est valide jusqu'au 31 décembre 2022 ;

– réalisé entre le 1er janvier 2018 et le 30 juin 2021, le diagnostic est valide jusqu'au 31 décembre 2024.

44680 Depuis le 1er juillet 2021, les informations relatives à la performance énergétique (exemple : classement E) sont **opposables** au vendeur. Le DPE a une **valeur contractuelle.** Seules les recommandations (exemple : isolation des combles) conservent une valeur purement informative (CCH L 271-4, dernier alinéa).

Un diagnostic faisant état d'une surconsommation énergétique n'oblige aucunement le vendeur ou le bailleur à réaliser des travaux pour améliorer les performances de l'immeuble mais il peut y avoir intérêt pour faciliter la vente ou la location.

ÉTABLISSEMENT D'UN AUDIT ÉNERGÉTIQUE POUR LES VENTES EN MONOPROPRIÉTÉ

44685 La loi énergie et climat du 8 novembre 2019 imposait que les DPE vente et location relatifs à des logements relevant des classes F et G contiennent un audit énergétique.

L'obligation d'établir un audit énergétique ne concerne finalement que les ventes en monopropriété des **logements classés D à G** (CCH art. L 126-28-1).

Les biens concernés sont les bâtiments ou parties de bâtiment à usage d'habitation comprenant un seul logement ou comportant plusieurs logements ne relevant pas du régime de la copropriété.

Ces dispositions s'appliquent :
- depuis le 1er avril 2023, pour les logements qui appartiennent à la classe F ou à la classe G ;
- depuis le 1er janvier 2025, pour les logements qui appartiennent à la classe E ;
- à compter du 1er janvier 2034, pour les logements qui appartiennent à la classe D.

En Guadeloupe, en Martinique, en Guyane, à La Réunion et à Mayotte :
- depuis le 1er juillet 2024, pour les logements qui appartiennent à la classe F ou à la classe G ;
- à compter du 1er janvier 2028, pour les logements qui appartiennent à la classe E.

Des bilans intermédiaires sur la mise en œuvre de l'obligation de réaliser un audit énergétique vont être réalisés à la demande du législateur.

L'Ademe sera destinataire des audits énergétiques (CCH art. L 126-32).

En cas de vente, le notaire rédacteur devra adresser l'audit énergétique au service public de la performance énergétique de l'habitat, au plus tard un mois après la signature de l'acte authentique de vente (C. énergie art. L 232-2).

Les qualifications et compétences des professionnels appelés à réaliser un audit énergétique, ainsi que le contenu de ce document sont définis par décrets et arrêtés (Décret 2022-780 du 4-5-2022 ; Arrêté LOGL2115138A du 4-5-2022 ; Décret 2023-1219 du 20-12-2023 ; Arrêté TREL2329517A du 29-12-2023).

CHAPITRE 2 LUTTE CONTRE L'HABITAT INDIGNE

SOMMAIRE

Nous présenterons d'abord les mesures de police susceptibles d'être prises par l'autorité administrative pour faire face aux dangers inhérents aux immeubles menaçant ruine et aux immeubles insalubres. Nous aborderons ensuite la procédure spéciale dont l'administration dispose pour exproprier ces immeubles. Nous examinerons enfin les autres procédures de lutte contre l'habitat indigne. **45000**

SECTION 1 POLICE DE LA SÉCURITÉ ET DE LA SALUBRITÉ DES IMMEUBLES, LOCAUX ET INSTALLATIONS

Quand l'état d'un immeuble fait peser un risque sur la sécurité ou la santé des occupants ou de tiers, l'autorité administrative peut mettre en œuvre des pouvoirs de **police spéciale.** La loi l'habilite, à des conditions et selon des modalités précisément définies, à imposer d'importantes sujétions aux propriétaires et aux occupants. Elle peut interdire provisoirement ou définitivement **45001**

45001 (suite) l'occupation des locaux, enjoindre aux propriétaires de réaliser à leurs frais des travaux pouvant aller jusqu'à la démolition de l'immeuble et faire procéder d'office à l'exécution de ces travaux si l'injonction demeure infructueuse.

Ces pouvoirs, qui s'exercent selon des procédures destinées à garantir les droits des intéressés tout en assurant l'efficacité de l'intervention de l'administration, sont confiés, selon les cas, au **maire** ou au **préfet.** Ils n'excluent pas, dans certaines situations, une intervention du maire (ou, en cas de carence de sa part, du préfet) au titre de ses pouvoirs de **police générale** (voir n°s 45015 et 45100).

Traditionnellement, des procédures distinctes s'appliquaient pour les **immeubles menaçant ruine** et pour les **immeubles insalubres** :

– la procédure dite de **péril,** confiée au maire, était régie par le Code de la construction et de l'habitation (CCH art. L 511-1 s. dans sa rédaction antérieure à ord. 2020-1144 du 16-9-2020) et s'appliquait quand un immeuble menaçait ruine ;

– la procédure d'**insalubrité,** confiée au préfet, était régie par le Code de la santé publique (CSP art. L 1331-25 à L 1331-31 dans sa rédaction antérieure à ord. 2020-1144 du 16-9-2020).

Par ailleurs, certaines mesures relevaient de **procédures spécifiques** :

– mesures prises par le maire pour garantir la sécurité des **occupants d'immeubles collectifs d'habitation** (CCH art. L 126-7 à L 126-38 dans sa rédaction antérieure à ord. 2020-1144 du 16-9-2020 ; voir n°s 47705 s.) ;

– mesures préfectorales relatives aux locaux par nature impropres à l'habitation, manifestement **suroccupés,** utilisés dans des conditions dangereuses (CSP art. L 1331-22 à L 1331-24 dans sa rédaction antérieure à ord. 2020-1144 du 16-9-2020) ou présentant des risques liés à la présence de plomb (CSP art. L 1334-2 dans sa rédaction antérieure à ord. 2020-1144 du 16-9-2020 ; voir n°s 44240 s.).

Sans remettre en cause la répartition des compétences entre le maire et le préfet, l'**ordonnance du 16 septembre 2020** relative à l'harmonisation et à la simplification des polices des immeubles, locaux et installations a défini un **cadre procédural unifié** applicable en cas de risque aussi bien pour la sécurité que pour la santé des personnes et défini dans le Code de la construction et de l'habitation (Ord. 2020-1144 du 16-9-2020 : JO 17 texte n° 39). L'ordonnance a été complétée par un décret du 24 décembre 2020 (Décret 2020-1711 du 24-12-2020 : JO 27 texte n° 56).

Nous présentons ci-après les dispositions issues de cette réforme, qui sont applicables depuis le **1er janvier 2021.** La jurisprudence avait apporté de nombreuses précisions sur l'application des dispositions antérieures à la réforme. Nous en faisons état lorsqu'elles paraissent susceptibles d'être reprises dans le nouveau cadre.

> **Précisions** **a.** La police des immeubles menaçant ruine et celle des immeubles insalubres remontaient aux lettres patentes des 18 juillet 1729 et 18 août 1730 dont le dispositif avait été modifié par la loi du 21 juin 1898. Les dispositions aujourd'hui en vigueur prévoient une « police de la sécurité et de la salubrité des immeubles, locaux et installations » (n°s 45002 s.)
> **b.** Dans l'état des textes résultant de l'ordonnance du 16 septembre 2020 et du décret du 24 décembre 2020, la procédure unifiée est régie par le **titre Ier du livre V du Code de la construction et de l'habitation,** qui était auparavant consacré à la procédure de péril et a été entièrement réécrit (CCH art. L 511-1 s.). Les articles de ce Code qui concernaient la sécurité des occupants d'immeubles collectifs d'habitation ont été abrogés.
> Dans le **Code de la santé publique,** tel que modifié par l'ordonnance, deux articles définissent les situations d'insalubrité (CSP art. L 1331-22 et L 1331-23) et un article prévoit que ces situations font l'objet des mesures de police définies au titre Ier du livre V du CCH (CSP art. L 1331-24). Les articles qui concernaient les locaux manifestement impropres à l'habitation, manifestement suroccupés, utilisés dans des conditions dangereuses ou présentant des risques liés à la présence de plomb ont été abrogés.
> **c.** La procédure unifiée obéit à des règles proches de celles qui s'appliquaient auparavant en matière de bâtiments menaçant ruine ou insalubres. On peut toutefois signaler deux innovations importantes.
> La **mise en demeure préalable** à l'exécution d'office a été supprimée : désormais, le propriétaire qui ne met pas en œuvre dans le délai imparti les mesures prescrites par l'arrêté initial du maire ou du préfet s'expose à ce que ces mesures soient exécutées à ses frais, sans autre avertissement, par l'administration.
> Par ailleurs, en cas de **danger imminent,** l'administration peut désormais ordonner les mesures nécessaires sans avoir à recueillir les observations du propriétaire ; elle peut faire démolir l'immeuble sur autorisation du juge (n° 45200). Cette procédure allégée est destinée à éviter, dans les cas d'extrême urgence, de devoir recourir aux pouvoirs de police générale dans le cadre desquels le propriétaire est déchargé des frais d'exécution d'office et des obligations d'hébergement et de relogement des occupants.
> **d.** Les dispositions issues de l'ordonnance du 16 septembre 2020 et du décret du 24 décembre 2020 s'appliquent « aux arrêtés notifiés à compter du 1er janvier 2021 » (Ord. 2020-1144 du 16-9-2020 art. 19 ; Décret 2020-1711 du 24-12-2020 art. 7).
> Lorsqu'une procédure a commencé avant le

1er janvier 2021 en conformité avec les dispositions alors en vigueur, sans qu'un arrêté ait été notifié, elle se poursuit après cette date selon les règles nouvelles (Décret 2020-1711 du 24-12-2020 art. 7). La régularité de la procédure s'apprécie donc au regard des dispositions antérieures pour les actes accomplis jusqu'au 31 décembre 2020 et au regard des dispositions nouvelles pour les actes accomplis à compter du 1er janvier 2021. Pour un exposé des dispositions antérieures à la réforme, voir l'édition 2021 du Mémento.

e. La réforme a laissé subsister, en dehors du champ de la procédure unifiée, des dispositions permettant au **préfet** de prescrire des **mesures urgentes** ayant pour objet d'assurer le respect des mesures d'hygiène en matière d'habitat (CSP art. L 1311-4 ; n° 45610) et au **maire** de prescrire par arrêté à l'exploitant d'un **immeuble recevant du public à usage d'hébergement** de faire cesser une situation d'insécurité et, le cas échéant, de réaliser des aménagements et travaux dans un délai fixé (CCH art. L 184-1 s. ; n° 45620).

f. La police spéciale de la sécurité des immeubles n'est pas limitée aux biens privés. Ainsi, le maire peut, au titre de cette police, ordonner la mise en sécurité d'une construction faisant partie du domaine public d'une collectivité autre que la commune (CE 1-3-2023 n° 466574, Cne de Tergnier : BPIM 3/23 inf. 208). Mais si l'immeuble fait partie du domaine public ou privé de la commune, il appartient au maire, non de prendre un arrêté de mise en sécurité, mais de mettre lui-même en œuvre les mesures nécessaires pour mettre fin au danger.

A. Objet de la police spéciale de lutte contre l'habitat indigne

L'ordonnance du 16 septembre 2020 institue une **« police de la sécurité et de la salubrité des immeubles, locaux et installations »** (CCH art L 511-1). **45002**

Cette police a pour objet de protéger la sécurité et la santé des personnes dans **quatre types de situations** (CCH art. L 511-2) :

– murs, bâtiments ou édifices quelconques n'offrant pas les **garanties de solidité** nécessaires au maintien de la sécurité des occupants ou des tiers ;

– fonctionnement défectueux ou défaut d'entretien des **équipements communs d'un immeuble collectif d'habitation,** créant des risques sérieux pour les occupants ou les tiers ou compromettant gravement leurs conditions d'habitation ou d'utilisation ;

– entreposage, dans un local attenant ou compris dans un immeuble collectif à usage principal d'habitation, de **matières explosives ou inflammables,** en infraction avec les règles de sécurité ou créant des risques sérieux pour la sécurité des occupants ou des tiers ;

– **insalubrité,** telle que définie aux articles L 1331-22 et L 1331-23 du Code de la santé publique.

Sont aussi concernés les monuments funéraires dont l'état menace la sécurité des personnes (CCH art. L 511-3).

> Précisions Par équipements communs d'un immeuble collectif d'habitation, il faut entendre les équipements suivants (CCH art. R 511-1) : installations et conduits de ventilation et désenfumage des circulations communes, installations de ventilation mécanique contrôlée, installations et appareils d'éclairage et d'éclairage de sécurité des escaliers, couloirs, corridors et circulations communes, installations de production et de distribution d'eau chaude et d'eau froide, systèmes de sécurité des installations de production d'eau chaude, installations et conduits de production et de distribution de chauffage collectif, ainsi que leurs systèmes de sécurité, installations, canalisations et réseaux divers d'alimentation en gaz et électricité, canalisations et réseaux d'évacuation des eaux usées et pluviales, systèmes de sécurité contre l'incendie, équipements et installations de protection et de lutte contre l'incendie, installations de stockage des hydrocarbures liquéfiés, ascenseurs.

RISQUES POUR LA SÉCURITÉ DES PERSONNES

Les trois premières situations visées n° 45002 concernent les risques pour la **sécurité des personnes.** **45010**

La première situation correspond au cas des **immeubles menaçant ruine,** objet, avant la réforme, de la procédure de péril. Cette procédure avait donné lieu à une abondante jurisprudence dont certains éléments devraient demeurer valables sous l'empire des dispositions nouvelles.

Champs respectifs de la police spéciale et de la police générale La jurisprudence antérieure à la réforme de 2020 a défini, s'agissant des immeubles menaçant ruine, la situation dans laquelle le maire doit intervenir au titre de ses pouvoirs de **police** **45015**

spéciale, en appliquant les règles de procédure prévues par le Code de la construction et de l'habitation (CCH), et celle dans laquelle il doit mettre en œuvre ses pouvoirs de **police générale,** prévus par le Code général des collectivités territoriales (CGCT). Tout indique que la solution retenue demeure valable.

La police spéciale doit être mise en œuvre quand l'atteinte à la solidité de l'immeuble résulte à titre prépondérant de causes qui lui sont **inhérentes** (CE 27-6-2005 n° 261199 : BPIM 5/05 inf. 352). La procédure propre aux immeubles menaçant ruine doit alors être respectée et les mesures prescrites par le maire doivent être exécutées par le propriétaire et à ses frais.

En revanche, quand la cause prépondérante des désordres est **extérieure à l'immeuble,** le maire doit faire usage de ses pouvoirs de police générale, qui lui permettent de prendre les mesures nécessaires pour faire face notamment aux accidents naturels. Sur le fondement de l'article L 2212-2, 6° du CGCT, le maire peut mettre le propriétaire en demeure de mettre fin aux désordres par tout moyen. Sur le fondement de l'article L 2212-4 du même Code, applicable en présence d'un **danger grave et imminent,** il peut prescrire toutes les mesures de sûreté exigées par les circonstances, y compris la réalisation de travaux sur une propriété privée. Ces travaux motivés par l'intérêt général doivent être effectués par la commune et à ses frais (CE 24-1-1936 : Lebon p. 105 ; CE 6-4-1998 n° 142845 : DA 1998 n° 317 note D. C.). La commune peut seulement exercer une action récursoire contre le propriétaire si la situation qui l'a conduite à intervenir engage la responsabilité civile de celui-ci ou si les travaux ont apporté une plus-value à son bien, entraînant un enrichissement sans cause. Cette action doit être portée devant la juridiction judiciaire ; le maire peut aussi choisir d'émettre un titre exécutoire contre le propriétaire, auquel il appartiendra de saisir la juridiction judiciaire pour en demander l'annulation (CE 4-7-2024 n° 464689 : BPIM 6/24 inf. 369).

> Précisions **a.** Quelle que soit l'origine du danger, selon la jurisprudence, le maire peut faire usage de ses pouvoirs de police générale pour prescrire les mesures nécessaires en présence d'une **situation d'extrême urgence** créant un péril particulièrement grave et imminent (CE 10-10-2005 n° 259205 : BPIM 6/05 inf. 421 admettant une démolition immédiate de l'immeuble). Il faut que la situation soit telle que l'intervention de l'administration ne souffre absolument aucun retard et ne permette donc pas de respecter la procédure prévue dans le cadre de la police spéciale (à l'époque, la procédure dite de « péril imminent », qui comportait une phase contradictoire). En instituant une procédure d'urgence dans laquelle le maire est dispensé de recueillir les observations du propriétaire (voir n° 45200), l'ordonnance du 16 septembre 2020 s'est attachée à lui permettre d'intervenir dans les délais les plus brefs et donc à exclure une intervention au titre de la police générale qui présentait l'inconvénient de laisser à la commune la charge financière des travaux.

b. Il peut être délicat de déterminer si la cause du péril est extérieure ou inhérente à l'immeuble ; la jurisprudence recourt à la **notion de cause prépondérante.** Dans un cas où le danger était lié à l'affaissement du terrain d'assise du bâtiment, mais s'expliquait par le fait que la conception et l'exécution de la construction n'étaient pas adaptées à ce terrain, le juge a considéré que la cause du danger n'était pas extérieure à l'immeuble et que la procédure de péril pouvait légalement être mise en œuvre (CE 4-12-1974 n° 90473 : Lebon T p. 885). Mais la circonstance que l'expert ait relevé que les fondations de l'immeuble menaçant ruine étaient insuffisantes ne justifie pas le recours à la procédure de péril s'il apparaît que la cause prépondérante des désordres est un glissement de terrain et que des fondations conformes aux règles de l'art n'auraient pas permis de les éviter (CE 31-3-2006 n° 279664 : BPIM 4/06 inf. 304).

Lorsqu'ils se prononcent sur l'origine du désordre pour déterminer si la procédure de péril est applicable, les juges du fond portent une **appréciation souveraine** qui ne peut être discutée dans le cadre d'un recours en cassation devant le Conseil d'État (CE 7-2-2003 n° 236824 : BPIM 4/03 inf. 250).

c. Pour mettre fin au danger lié aux **chutes de pierres,** le maire peut, sur le fondement de l'article L 2212-2 du CGCT, enjoindre au propriétaire d'une parcelle située au pied d'une falaise de réaliser à ses frais une aire sablonneuse de réception qui était exigée par une autorisation de lotir mais n'avait pas été aménagée (CE 22-10-2010 n° 316945 : BPIM 6/10 inf. 445). En cas de danger grave ou imminent de chute de rochers sur des habitations, et alors même que ce danger ne concerne qu'une seule copropriété, le maire doit rétablir la sécurité publique en faisant réaliser aux frais de la commune des travaux de protection (CE 11-7-2014 n° 360835 : BPIM 5/14 inf. 339). C'est seulement si les copropriétaires ont contribué à créer le risque que la commune peut exercer à leur encontre une action en responsabilité civile tendant à un remboursement total ou partiel des frais engagés.

d. Un arrêté pris dans le cadre de la police spéciale alors que le maire pouvait seulement agir au titre de la police générale encourt l'annulation : voir n° 45560, précisions.

45020 **Autres solutions jurisprudentielles** Les solutions indiquées ci-dessous semblent demeurer valables au regard du premier cas d'application de la police spéciale de la sécurité et de la salubrité (« murs, bâtiments ou édifices quelconques n'offrant pas les garanties de solidité nécessaires au maintien de la sécurité des occupants et des tiers », CCH art. L 511-2, 1°).

> Précisions **a.** Le fait que l'immeuble ne longe pas la **voie publique** n'exclut pas la mise en œuvre de la procédure de péril, qui peut avoir pour objet d'assurer la sécurité des occupants ou des visiteurs (CE 21-12-1979 n° 10403 : Lebon p. 480). Les travaux réalisés à la suite d'un arrêté de péril sur un mur situé sur une propriété privée et assurant le **soutènement d'une voie communale** sont à la charge de la commune au motif qu'un ouvrage constituant un accessoire indispensable d'un ouvrage public peut lui-même être regardé comme un ouvrage public alors même qu'il n'appartient pas à une personne publique (CE 3-7-2025 n° 494622).

b. La procédure de péril ne peut pas concerner des dépendances du **domaine public** (CE 28-3-1969 n° 72678 : Lebon p. 189 ; CE 15-4-2015 n° 369339 ; CE 20-2-1987 n° 72662 : Lebon p. 66). L'autorité gestionnaire du domaine public doit prendre directement les mesures nécessaires pour rétablir la sécurité. En revanche, la procédure de péril peut concerner un immeuble faisant partie du domaine privé d'une collectivité publique.

c. Des mesures ne peuvent être ordonnées dans le cadre de la procédure de péril qu'en présence d'un danger **réel et actuel** (CE 8-1-1997 n° 163927 : Lebon T p. 670).

d. La procédure de péril ne pouvant être légalement poursuivie qu'à l'encontre du **propriétaire** de l'immeuble, encourt l'annulation un jugement imposant la réalisation de travaux de démolition à une personne qui avait cédé l'immeuble à la date à laquelle le tribunal administratif s'était prononcé (CAA Nancy 27-11-1990 n° 89NC01136 : Lebon T p. 612).

Selon la cour administrative d'appel de Lyon, en cas de désordres affectant un immeuble qui a fait l'objet d'une **ordonnance d'expropriation** mais pour lequel l'indemnité d'expropriation n'a pas encore été versée, un arrêté de péril imminent doit mettre les travaux à la charge de l'exproprié, bien qu'il n'ait plus la qualité de propriétaire, dès lors que l'expropriant n'a pas encore la disposition des lieux et ne peut par suite réaliser les travaux sans commettre une emprise irrégulière (CAA Lyon 17-5-2022 n° 20LY02193 : BPIM 4/22 inf. 282, dans un cas où le juge n'avait pas encore fixé le montant de l'indemnité).

e. La procédure de péril peut être mise en œuvre pour prescrire aux propriétaires des **immeubles voisins** d'un immeuble menaçant ruine, dont la démolition a été ordonnée, de procéder à leurs frais aux travaux confortatifs rendus nécessaires par cette démolition (CE 11-10-1972 n° 80502 : Lebon p. 623).

f. Lorsqu'un immeuble ou une partie d'immeuble présente un état de dégradation entrant dans le champ de la procédure de péril, le maire peut prendre un arrêté de péril à l'encontre de son propriétaire alors même que l'immeuble ou la partie d'immeuble serait le soutien d'un immeuble appartenant à un **autre propriétaire** et que c'est l'effondrement de ce dernier bien qui compromettrait la sécurité (CE 18-2-2010 n° 318135 : BPIM 2/10 inf. 149).

g. Les mesures prescrites par un arrêté de péril doivent avoir pour objet de prévenir les risques résultant d'un défaut de solidité de l'immeuble. Est par suite entaché d'illégalité un arrêté de péril prescrivant des mesures de prévention des risques qui résulteraient **d'un incendie** (CE 28-7-2011 n° 336945 : BPIM 5/11 inf. 408).

INSALUBRITÉ

La quatrième situation visée n° 45002, qui concerne l'**insalubrité,** est précisée par deux articles du Code de la santé publique modifiés par l'ordonnance du 16 septembre 2020. **45050**

Les locaux, installations ou immeubles, vacants ou non, **présentant un caractère insalubre** sont ceux qui, soit par eux-mêmes, soit par les conditions dans lesquelles ils sont occupés, exploités ou utilisés, mettent en danger la santé ou la sécurité physique des personnes (CSP art. L 1331-22). La définition des situations d'insalubrité peut être précisée par les décrets relatifs aux règles générales d'hygiène (CSP art. L 1311-1) et les arrêtés préfectoraux et municipaux qui les complètent (CSP art. L 1311-2). La présence de revêtements dégradés contenant du **plomb** peut, au-dessus de certains seuils de concentration, rendre un local insalubre (CSP art. L 1334-2).

Ne peuvent être mis à disposition aux fins d'habitation, à titre gratuit ou onéreux, les locaux insalubres que constituent les caves, sous-sols, combles, pièces dont la hauteur sous plafond est insuffisante, pièces de vie dépourvues d'ouverture sur l'extérieur ou dépourvues d'éclairement naturel suffisant ou de configuration exiguë, et autres **locaux par nature impropres à l'habitation,** ni des **locaux utilisés dans des conditions qui conduisent manifestement à leur suroccupation** (CSP art. L 1331-23).

> Précisions Ces dispositions prennent en compte des situations dans lesquelles, avant la réforme de 2020, le préfet intervenait hors du cadre de la procédure d'insalubrité (présence de plomb, locaux par nature impropres à l'habitation, locaux suroccupés ; voir n° 45001).

B. Autorité compétente pour la salubrité et la sécurité des immeubles

45100 **Compétence du préfet pour la salubrité et du maire pour la sécurité** L'autorité compétente est le **préfet** du département en cas d'insalubrité et le **maire** dans les autres situations (sous réserve, s'agissant de l'entreposage de matières explosives ou inflammables, de la compétence du préfet en matière d'IPCE) (CCH art. L 511-4). Le préfet prend un « **arrêté de traitement de l'insalubrité** » et le maire un « **arrêté de mise en sécurité** ».

À **Paris,** l'arrêté de mise en sécurité relève du **maire** pour les bâtiments à usage principal d'habitation et du **préfet de police** pour les autres bâtiments. Toutefois, le maire est compétent pour les bâtiments à usage total ou partiel d'hébergement et les monuments funéraires, dans le seul cas où ils ne présentent pas les garanties de solidité requises (CCH art. L 511-4, al. 1).

Le préfet de département peut **se substituer au maire** en cas de carence de sa part, après l'avoir mis en demeure d'agir (CGCT art. L 2215-1). À Paris, ce pouvoir de substitution est exercé par le préfet de police (CCH art. L 511-4, al. 1).

On relèvera que, même si le préfet est compétent pour mettre en œuvre la police spéciale en matière d'insalubrité, l'**intervention du maire** n'est pas exclue lorsqu'un immeuble est insalubre. Il peut en effet faire usage de ses pouvoirs de **police générale** pour ordonner la disparition des causes d'insalubrité de l'immeuble. Cependant, il ne peut pas normalement prescrire au propriétaire d'effectuer des travaux déterminés, mais seulement de mettre fin à la situation d'insalubrité ; il n'en va autrement que si les mesures prescrites sont les seules mesures concevables, ou si elles sont rendues obligatoires par le règlement sanitaire départemental (CE 19-5-1954 : Lebon p. 285). Une interdiction d'habiter, même temporaire, prescrite par le maire serait également entachée d'incompétence (CE 16-5-1947 : Lebon p. 207 ; CAA Nancy 6-5-2013 n° 12NC01517).

45105 **Délégation au maire des pouvoirs du préfet** Le **préfet** peut, après avis du directeur général de l'ARS, **déléguer** ses prérogatives en matière de police des immeubles insalubres au maire d'une commune membre d'un EPCI et disposant d'un **service communal d'hygiène et de santé** (CCH art. L 301-5-1-2). Le maire doit avoir demandé cette délégation, qui s'exerce dans le cadre d'une convention avec le préfet et le directeur général de l'ARS.

> **Précisions a.** Cette convention porte sur les objectifs prioritaires de lutte contre l'habitat indigne, les moyens humains et financiers prévisionnels, la mise en place de dispositifs d'observation de l'habitat indigne et l'évaluation du dispositif.
> **b.** Le maire doit notifier ses décisions au préfet et au directeur général de l'ARS. Il assure l'hébergement temporaire ou le relogement des occupants et procède à l'exécution d'office des mesures qu'il a prescrites, les frais étant recouvrés au profit de la commune.

45110 **Compétence unifiée au profit du président d'un EPCI** Des **transferts et délégations de compétence** permettent de confier la police de la sécurité et de la salubrité des immeubles, locaux et installations, dans ses deux composantes, aux présidents des établissements publics de coopération intercommunale **à fiscalité propre** compétents en matière d'**habitat.**

Les prérogatives des **maires** des communes membres d'un tel EPCI en matière de **sécurité** sont **transférées** au président de cet établissement (CGCT art. L 5211-9-2, I-A-al. 7). Ce transfert s'opère automatiquement, sauf pour les maires qui s'y opposent expressément. À la date de transfert des pouvoirs, le président de l'EPCI est substitué aux maires dans tous les actes relevant des pouvoirs transférés (CGCT art. L 5211-9-2, II).

Lorsque ce transfert a eu lieu, le **préfet** peut, après avis du directeur général de l'Agence régionale de santé (ARS), **déléguer** au président de l'EPCI ses prérogatives en matière de **salubrité** (CCH art. L 301-5-1-1). Elles seront exercées dans des conditions définies par une convention conclue avec les maires des communes, le préfet et le directeur général de l'ARS.

Depuis le 1er janvier 2021, la délégation du préfet au président de l'EPCI peut avoir lieu lorsque « au moins un des maires » des communes membres de l'EPCI a accepté le transfert (CCH art. L 301-5-1-1).

> **Précisions a.** Le président de l'EPCI peut **renoncer** à exercer les prérogatives des maires en matière de sécurité des immeubles, locaux et installations si la moitié au moins des maires des communes membres de l'établissement, ou les maires de communes représentant au moins la moitié de la population du territoire qu'il couvre, se sont opposés au transfert (CGCT art. L 5211-9-2, III-al. 5).
> **b.** La convention conclue entre le président de l'EPCI, les maires, le préfet et le directeur de l'ARS est relative aux objectifs prioritaires de

lutte contre l'habitat indigne, aux moyens humains et financiers prévisionnels, à la mise en place de dispositifs d'observation de l'habitat indigne, à l'évaluation du dispositif et aux conditions dans lesquelles le président de l'EPCI peut recourir aux services de l'État (CCH art. L 301-5-1-1, al. 2 à 7).
Le président de l'EPCI doit notifier ses décisions au préfet et au directeur général de l'ARS. Il assure l'hébergement temporaire ou le relogement des occupants et procède à l'exécution d'office des mesures qu'il a prescrites, les frais étant recouvrés au profit de l'EPCI (CCH art. L 301-5-1-1, al. 8).
c. On a vu que, lorsque le maire est compétent pour prendre une mesure de police, le préfet peut se substituer à lui, après l'avoir mis en demeure d'agir, si la situation l'exige (n° 45100). Lorsque la compétence du maire a été transférée au président d'un EPCI, le préfet exerce à l'égard de celui-ci **le même pouvoir de substitution** (CGCT art. L 5211-9-2, VI-al. 2 et 3 ; CCH art. L 301-5-1-1, al. 9).

C. Déroulement de la procédure de lutte contre l'habitat indigne

SIGNALEMENTS ET VISITES DES LIEUX

Toute personne ayant connaissance de faits révélant une des situations mentionnées n° 45002 **doit les signaler** à l'autorité compétente (CCH art. L 511-6). 45120
Celle-ci peut faire procéder à toutes **visites** qui lui paraissent utiles afin d'évaluer les risques (CCH art. L 511-7). Les visites de lieux à usage total ou partiel d'habitation ne peuvent être effectuées qu'entre 6 heures et 21 heures. L'autorisation du **juge des libertés et de la détention** du tribunal judiciaire est nécessaire si l'occupant s'oppose à la visite ou si la personne ayant qualité pour autoriser l'accès aux lieux ne peut pas être jointe.

RAPPORT ENGAGEANT LA PROCÉDURE

L'arrêté de traitement de l'**insalubrité** est pris au vu d'un rapport du directeur général de l'**agence régionale de santé** ou, si la commune est dotée d'un **service communal d'hygiène et de santé,** du directeur de ce service (CCH art. L 511-8, al. 1). 45125
Les situations justifiant un arrêté de **mise en sécurité** sont constatées par un rapport des **services municipaux** ou intercommunaux compétents, ou d'un **expert** désigné par le tribunal administratif (CCH art. L 511-8, al. 2). En cas de **risque d'incendie** résultant du fonctionnement défectueux ou du défaut d'entretien des équipements communs d'un immeuble collectif d'habitation, ou de l'entreposage dans un local attenant ou compris dans un tel immeuble de matières explosives ou inflammables, la situation d'insécurité peut également être constatée par un rapport du **service départemental d'incendie et de secours** (CCH art. L 511-8, al. 3).

EXPERT DÉSIGNÉ PAR LE TRIBUNAL ADMINISTRATIF

Dans les situations susceptibles de justifier **un arrêté de mise en sécurité,** l'autorité compétente peut demander au tribunal administratif de désigner un expert pour examiner les bâtiments, dresser constat de leur état, y compris celui des bâtiments mitoyens, et proposer des mesures pour mettre fin au danger (CCH art. L 511-9). 45130
Un fois désigné, l'expert a 24 heures pour se prononcer. S'il conclut à l'existence d'un danger imminent, l'autorité compétente fait application des pouvoirs prévus en cas d'urgence (n° 45200).

> Précisions a. Le tribunal administratif statue sur la demande du maire selon la procédure dite de **« constat d'urgence »,** qui lui permet de désigner l'expert dans un délai très bref (C. just. adm. art. R 556-1 rendant applicable la procédure prévue à l'article R 531-1). L'appel est possible devant le juge des référés de la cour administrative d'appel (C. just. adm. art. R 533-1).
b. Le juge des référés du tribunal administratif auquel la commune demande de désigner un expert n'est pas tenu d'appeler dans la cause le propriétaire ; en revanche, il doit lui notifier son ordonnance dans le cas où il accepte de procéder à cette désignation (CE 30-11-2021 n° 439491, Synd. copr. du 65 avenue de la République : BPIM 1/22 inf. 64). La règle est la même devant le juge des référés de la cour administrative d'appel saisi d'un appel de la commune contre une ordonnance refusant de désigner un expert ; en revanche, en cas d'appel du propriétaire contre une ordonnance désignant un expert, la commune doit être appelée dans la cause.
c. Selon la jurisprudence antérieure à la réforme de 2020, le tribunal administratif qui ordonne une expertise à la demande du maire doit en mettre les **frais** à la charge de la commune, sans préjudice d'un recouvrement ultérieur par la commune sur le propriétaire, sous le contrôle du juge, s'il apparaît que son immeuble est bien à l'origine d'un péril (CAA Lyon 8-12-2011 et 5-4-2012 n° 11-1836 : BPIM 3/12 inf. 267). En effet, toujours selon la jurisprudence antérieure à la réforme, la commune peut recouvrer les frais d'expertise sur le propriétaire, du moins lorsque celui-ci n'a pas réalisé les mesures prescrites qui ont dû être exécutées

d'office (CAA Nantes 26-3-2021 n° 20NT01272 : BPIM 3/21 inf. 211). Un précédent a même admis la récupération lorsque le propriétaire a exécuté volontairement l'arrêté (TA Strasbourg 29-6-1993 : Lebon T p. 656).

Les dispositions actuelles incluent les frais d'expertise dans les sommes qui peuvent être recouvrées par la collectivité en cas d'exécution forcée : voir n°s 45330, précision b, et 45350.

PROCÉDURE CONTRADICTOIRE

45140 **Personne tenue d'exécuter les mesures** L'arrêté de mise en sécurité ou de traitement de l'insalubrité est pris à l'issue d'une procédure contradictoire avec la personne qui sera tenue d'exécuter les mesures, qui doit être informée de l'intention de l'autorité compétente et mise à même de présenter des **observations** (CCH art. L 511-10). Cette personne est normalement le **propriétaire** ou le titulaire de droits réels immobiliers sur l'immeuble, tels qu'ils figurent au fichier immobilier.

Toutefois, pour les établissements recevant du public à usage total ou partiel d'**hébergement,** ou en cas d'entreposage de matières explosives ou inflammables, la procédure contradictoire est accomplie à l'égard à la fois du propriétaire et de l'**exploitant.** Quand la mesure porte sur l'**usage** qui est fait d'un immeuble, local ou installation, elle est accomplie à l'égard de la personne qui l'a mis à disposition **ou** de celle qui en a l'usage. Enfin, pour les monuments funéraires, le responsable est le titulaire de la concession.

Selon la cour administrative d'appel de Lyon, un arrêté de péril ordonnant des travaux doit viser l'exproprié, et non l'expropriant, dans le cas où l'immeuble a fait l'objet d'une ordonnance d'expropriation mais où l'indemnité n'a pas encore été payée (CAA Lyon 17-5-2022 n° 20LY02193, Métropole de Lyon : BPIM 4/22 inf. 282).

45145 **Informations communiquées à cette personne** L'autorité compétente (CCH art. R 511-3, al. 1 et 2) :

– **informe** les personnes concernées des **motifs** qui la conduisent à envisager de mettre en œuvre la police de la sécurité et de la salubrité des immeubles, locaux et installations et des mesures qu'elle compte prendre ;

– met à leur disposition le **rapport** du directeur général de l'agence régionale de santé ou du directeur du service communal d'hygiène et de santé qui a engagé la procédure et, le cas échéant, les autres éléments sur lesquels elle se fonde ;

– les invite à présenter leurs **observations** dans un délai qui ne peut être inférieur à un mois, ou à 15 jours en cas de mise à disposition à des fins d'habitation de locaux par nature impropres à cet usage ou utilisés dans des conditions conduisant manifestement à leur suroccupation (CSP art. L 1331-23).

L'information est effectuée par **lettre remise contre signature** ou tout autre moyen conférant date certaine à la réception (CCH art. R 511-8). À défaut de connaître l'adresse actuelle des personnes concernées ou de pouvoir les identifier, l'information est valablement effectuée par affichage à la mairie de la commune (ou, à Paris, Marseille et Lyon, de l'arrondissement où est situé l'immeuble) ainsi que par affichage sur la façade de l'immeuble (CCH art. R 511-3, al. 3).

45147 **Information des occupants** L'autorité qui engage la procédure contradictoire en informe aussitôt les occupants, par courrier ou remise contre signature ou par affichage sur la façade de l'immeuble (CCH art. L 511-10, al. 2).

45150 **Cas des immeubles en copropriété** Lorsque les travaux prescrits ne concernent que les **parties communes** d'un immeuble en copropriété, la procédure contradictoire est valablement conduite avec le seul syndicat de copropriétaires représenté par le syndic qui en informe immédiatement les copropriétaires et les occupants (CCH art. L 511-10, al. 3). L'autorité compétente adresse l'information au **syndic,** qui la transmet immédiatement aux copropriétaires, et précise qu'il dispose, pour présenter des observations, d'un délai qui ne peut être inférieur à **2 mois** (CCH art. R 511-10, al. 1 et 2).

> Précisions Des **dispositions spéciales** s'appliquent à différents stades de la procédure lorsqu'elle concerne les parties communes d'un immeuble en copropriété : voir n°s 45190 (notification de l'arrêté de police), 45260 (astreinte), 45310 (substitution de la collectivité aux copropriétaires défaillants), 45360 (recouvrement de la créance de la collectivité). Voir aussi n° 45435 (suspension des loyers).

Lorsqu'un immeuble fait l'objet d'une procédure relevant de l'exercice de la police de la sécurité et de la salubrité des immeubles, le signataire de l'arrêté de police est destinataire du procès-verbal de l'**assemblée générale** de copropriété, à laquelle il peut assister ou se faire représenter et formuler des observations sur les questions inscrites à l'ordre du jour (Loi 65-557 du 10-7-1965 art. 29-16). Ces dispositions s'appliquent lorsqu'un arrêté est intervenu.

CONSULTATION OBLIGATOIRE

Immeubles protégés Avant d'ordonner la réparation ou la démolition de certains immeubles protégés au motif qu'ils ne présentent pas les garanties de solidité nécessaires ou sont atteints d'insalubrité, l'autorité compétente doit solliciter l'avis de l'**architecte des Bâtiments de France** (CCH art. R 511-4). L'avis est réputé émis en l'absence de réponse dans le délai de 15 jours. **45160**

Sont concernés les immeubles :

– inscrits au titre des **monuments historiques** (C. patr. art. L 621-25) ;
– situés dans les **abords** des monuments historiques (C. patr. art. L 621-30) ;
– situés dans le périmètre d'un **site patrimonial remarquable classé** (C. patr. art. L 631-1) ;
– protégés au titre des articles L 341-1, L 341-2 ou L 341-7 du **Code de l'environnement.**

> **Précisions** Lorsque l'autorité compétente a ordonné la **démolition** d'un tel immeuble, les éléments d'architecture ou de décoration qui sont susceptibles d'être remployés pour la restauration ou la reconstruction de l'immeuble ou qui présentent un intérêt historique ou artistique sont déposés en conservation, en tenant compte des indications de l'ABF (CCH art. R 511-4, al. 8).

MESURES ET TRAVAUX PRESCRITS

Mesures susceptibles d'être prescrites L'arrêté de mise en sécurité ou de traitement de l'insalubrité prescrit la réalisation, dans un délai qu'il fixe, d'une ou plusieurs des mesures suivantes (CCH art. L 511-11, al. 1 à 5) : **45170**

– **réparation** ou toute autre mesure propre à remédier à la situation (y compris pour préserver la solidité ou la salubrité des bâtiments contigus) ;
– **démolition** de tout ou partie de l'immeuble ou de l'installation ;
– **cessation de la mise à disposition** du local ou de l'installation à des fins d'habitation ;
– **interdiction d'habiter ou d'utiliser les lieux,** ou d'y accéder, à titre **temporaire ou définitif.**

L'arrêté **ne peut prescrire la démolition ou l'interdiction définitive d'habiter ou d'utiliser les lieux** que s'il n'existe **aucun moyen technique** de remédier à l'insalubrité ou à l'insécurité ou lorsque les mesures et travaux nécessaires à une remise en état du bien aux normes de salubrité, de sécurité et de décence seraient **plus coûteux** que la reconstruction (CCH art. L 511-11, al. 7).

Dans le cas où l'arrêté est pris à l'encontre de la personne qui a l'**usage** des immeubles, locaux ou installations, l'autorité compétente peut seulement procéder à une **injonction de rendre leur utilisation conforme** aux prescriptions qu'elle édicte (CCH art. R 511-5).

> **Précisions** **a.** C'est la jurisprudence qui a posé en principe que la **démolition** ne peut être ordonnée que s'il est impossible de réparer l'immeuble ou si, par leur importance, les travaux de réparation « équivaudraient à une reconstruction » (CE 15-6-1958 : Lebon p. 349 ; CE 6-5-1970 n° 76004 : Lebon p. 303 ; CE sect. 10-12-1975 n° 95182 : Lebon p. 636 ; CE 20-1-1978 n° 02668, Ville de Lyon : Lebon T p. 725).
> Le législateur a repris cette règle en prévoyant que le coût des travaux nécessaires à la résorption de l'insalubrité ou de l'insécurité ne devait pas excéder le coût de reconstruction (CCH art. L 511-11, al. 7 dans sa rédaction antérieure à la loi 2024-322 du 9-4-2024). La rédaction issue de la loi 2024-322 du 9 avril 2024 conduit à prendre en compte plus largement le coût des mesures et travaux de remise aux normes de salubrité, de sécurité et de décence.
> Pour déterminer si les travaux d'assainissement sont plus coûteux qu'une reconstruction, le coût de reconstruction doit être apprécié en y incorporant le **coût de la démolition** préalable de l'immeuble existant (CE 16-7-2021 n° 450188 : BPIM 5/21 inf. 46).
> Selon la jurisprudence sur la procédure de péril, la démolition doit être ordonnée lorsque les travaux confortatifs porteraient sur une partie du bâtiment frappée d'une servitude d'alignement qui fait obstacle à leur réalisation (CE 21-6-1978 n° 04195 : Lebon T p. 725 ; CE 19-10-1979 n° 12316 : Lebon T p. 659).
> **b.** Les dispositions antérieures à la réforme qui fixaient des règles différentes en cas d'**insalubrité remédiable** et d'insalubrité irrémédiable, l'insalubrité étant réputée irrémédiable si le coût des travaux nécessaires pour y mettre fin excédait celui d'une reconstruction (CSP art. L 1331-28 dans sa rédaction antérieure à ord. 2020-1144 du 16-9-2020), n'ont pas été reprises par l'ordonnance du 16 septembre 2020. Mais la possibilité ou non de remédier à l'insalubrité doit toujours être prise en compte pour déterminer la nature des mesures que le préfet peut ordonner. Deux solutions jurisprudentielles antérieures à la réforme portant sur cette question méritent d'être mentionnées.
> L'**appréciation du caractère irrémédiable** de l'insalubrité d'un immeuble fait l'objet d'un contrôle normal de la part du juge administratif. Mais l'appréciation portée sur ce point par les juges du fond est souveraine et, sauf si elle est entachée de dénaturation, ne peut pas être utilement discutée devant le Conseil d'État, juge de cassation (CE 22-5-1996 n° 122688 : Lebon T p. 1132).
> Jugé que l'administration a, à bon droit, considéré l'insalubrité comme **irrémédiable** et prononcé en conséquence une interdiction définitive d'habiter, dès lors que les travaux nécessaires

pour y mettre fin équivalaient à une réfection complète de celui-ci et que leur coût était très supérieur à la valeur de l'immeuble ; le fait que le propriétaire s'était dit prêt à engager des travaux de rénovation a été considéré comme inopérant (CE 5-6-2002 n° 209753).

c. Selon une jurisprudence ancienne relative à la procédure d'insalubrité, l'administration ne disposait pas, dans le cadre de cette procédure du pouvoir d'imposer aux propriétaires des **travaux affectant le gros œuvre ou l'économie de l'immeuble** (CE 25-5-1966 n° 59341 : Lebon p. 365). On peut penser que cette solution est désormais obsolète, le critère étant celui du coût des travaux nécessaires pour résorber l'insalubrité : s'ils n'excèdent pas la valeur de l'immeuble, ils ne peuvent pas être ordonnés et l'arrêté peut seulement prévoir l'interdiction définitive d'habiter ou la démolition.

Les travaux ordonnés au titre de l'insalubrité doivent être des travaux d'**assainissement** strictement entendus. Ils ne peuvent viser le confort des occupants ou l'esthétique de l'immeuble, mais doivent seulement avoir pour objet de faire disparaître l'insalubrité (CE 21-2-1947 : Lebon p. 75 censurant un arrêté imposant l'installation du chauffage électrique).

45175 **Délai d'exécution** Sauf dans le cadre de la procédure d'urgence (n° 45200), le délai d'exécution des mesures ne peut être inférieur à **un mois** à compter de la date de la notification de l'arrêté de mise en sécurité ou de traitement de l'insalubrité (CCH art. R 511-6).

L'arrêté mentionne qu'en cas d'inexécution dans le délai fixé la personne qu'il désigne devra payer une **astreinte** par jour de retard et que les travaux pourront être **exécutés d'office** à ses frais (CCH art. L 511-11, al. 6).

Lorsque l'arrêté prévoit une **interdiction d'habiter,** temporaire ou définitive, il précise la date à compter de laquelle elle s'applique et la date à laquelle le propriétaire, l'exploitant ou la personne qui a mis à disposition le bien doit informer l'autorité compétente de l'offre d'hébergement ou de relogement qu'il aura faite aux occupants (CCH art. L 511-18, al. 1 ; sur cette offre voir n° 45460).

45180 **Locaux vacants** À compter de la notification de l'arrêté de mise en sécurité ou de traitement de l'insalubrité, les locaux vacants ne peuvent être ni loués, ni mis à disposition, ni occupés pour quelque usage que ce soit (CCH art. L 511-18, al. 3). Cette interdiction s'applique sans que l'arrêté ait à la mentionner.

> Précisions Sur le cas où un local est libéré après l'intervention de l'arrêté, voir n° 45230.

NOTIFICATION DE L'ARRÊTÉ

45190 L'arrêté est notifié à la **personne tenue d'exécuter** les mesures (CCH art. L 511-12). Il est également notifié, pour autant qu'ils sont connus, aux titulaires de parts donnant droit à l'attribution ou à la jouissance en propriété des locaux, aux occupants et, si l'immeuble est à usage total ou partiel d'hébergement, à l'exploitant. Lorsque les travaux prescrits ne concernent que les parties communes d'un immeuble en **copropriété,** la notification aux copropriétaires est valablement faite au seul syndicat de la copropriété, représenté par le **syndic** qui en informe immédiatement les copropriétaires.

La notification est effectuée par **lettre remise contre signature** ou tout autre moyen conférant date certaine à la réception (CCH art. R 511-8). Cette règle vaut de manière générale pour toutes les formalités incombant à l'administration au cours de la procédure.

Si l'adresse des personnes concernées n'est pas connue, ou s'il est impossible de les identifier, la notification est valablement effectuée **par affichage à la mairie** de la commune (ou, à Paris, Marseille et Lyon, de l'arrondissement où est situé l'immeuble), et **sur la façade de l'immeuble.**

À la demande de l'autorité compétente, l'arrêté est publié au fichier immobilier dont dépend l'immeuble ; cette publication ne donne lieu à aucune perception au profit du Trésor.

> Précisions a. Les arrêtés de mise en sécurité ou de traitement de l'insalubrité, de même que les arrêtés prononçant la mainlevée de ces mesures, sont **communiqués** au maire, au président de l'EPCI compétent en matière d'habitat, aux organismes payeurs des aides personnelles au logement ainsi qu'aux gestionnaires du fonds de solidarité pour le logement du département lorsque le bâtiment est à usage total ou partiel d'habitation (CCH art. R 511-7). Les arrêtés de traitement de l'insalubrité sont également communiqués au procureur de la République.

b. Selon la jurisprudence antérieure à la réforme de 2020, un arrêté de péril est régulièrement notifié au **propriétaire** de l'immeuble, alors même qu'il fait l'objet d'une procédure de **liquidation judiciaire** (CE 5-5-2014 n° 361319 : BPIM 3/14 inf. 200).

c. En cas de **vente** d'un bien faisant l'objet d'un arrêté d'insalubrité, cet arrêté est **opposable à l'acheteur** dès lors qu'il a été notifié au vendeur (Cass. 3e civ. 22-9-2016 n° 15-19.672 FS-PB : BPIM 6/16 inf. 404).

d. En cas de vente du bien, le ou les arrêtés pris au titre de la police de la sécurité et de la salubrité des immeubles, locaux et installations dont il a fait l'objet doivent figurer dans le **dossier de diagnostic technique** que le vendeur est tenu de fournir (voir n° 9020) (CCH art. L 271-4, 12°).

PROCÉDURE D'URGENCE

En cas de **danger imminent,** manifeste ou constaté par le rapport des services administratifs (n° 45125) ou par l'expert désigné par le tribunal administratif (n° 45130), l'autorité compétente ordonne par un arrêté pris sans procédure contradictoire préalable les mesures indispensables pour faire cesser ce danger dans un délai qu'elle fixe (CCH art. L 511-19). **45200**

Quand l'arrêté concerne un **immeuble protégé** ne présentant pas les garanties de solidité nécessaires ou atteint d'insalubrité (n° 45160), l'autorité compétente informe immédiatement l'architecte des bâtiments de France (CCH art. R 511-4, al. 7).

Lorsque aucune autre mesure ne permet d'écarter le danger, l'autorité compétente peut faire procéder à la **démolition complète** après y avoir été autorisée par jugement du président du tribunal judiciaire statuant selon la procédure accélérée au fond.

Dans le cas où les mesures prescrites au titre de l'urgence n'ont pas été exécutées dans le délai imparti, l'autorité compétente les fait **exécuter d'office** dans les conditions indiquées ci-après (nos 45300 et s.) (CCH art. L 511-20). Les dispositions relatives à l'astreinte (n° 45250) ne sont pas applicables.

Si les mesures ont mis fin durablement au danger, l'autorité compétente prend acte de leur réalisation et de leur date d'achèvement et prend un **arrêté de mainlevée** (n° 45235) (CCH art. L 511-21). Si elles n'ont pas mis fin durablement au danger, l'autorité compétente poursuit la procédure dans les conditions ordinaires, décrites ci-dessus.

> **Précisions** Avant la réforme de 2020, le maire disposait, en cas d'urgence, de la procédure dite de **« péril imminent »** (CCH art. L 511-3 dans sa rédaction antérieure à ord. 2020-1144 du 16-9-2020). Il devait adresser un avertissement au propriétaire et demander au tribunal administratif de désigner un expert qui disposait de 24 heures pour rendre son rapport. En prévoyant expressément l'absence de procédure contradictoire préalable, les nouvelles dispositions visent à prévenir tout retard procédural. À vrai dire, l'obligation antérieure était très limitée puisqu'elle consistait seulement à avertir le propriétaire.

La procédure de péril imminent pouvait seulement déboucher sur des **mesures provisoires.** L'arrêté de péril imminent était illégal s'il ordonnait des mesures ayant pour objet de remédier définitivement au péril par des travaux portant sur la structure de l'ouvrage (CE 7-2-2018 n° 413486 Sté Gascogne flexible). Constituaient des mesures provisoires, par exemple, des travaux d'étaiement, la pose de barrières ou l'abattage d'éléments architecturaux présentant un risque imminent de détachement (CAA Lyon 25-1-1993 n° 91LY00323 : Lebon T. p. 656). En revanche, la démolition de la totalité ou d'une partie substantielle du bâtiment ne pouvait être ordonnée que dans le cadre de la procédure de « péril ordinaire » (CE 5-5-2014 n° 361319 : BPIM 3/14 inf. 199). Si la situation, exigeant une intervention immédiate, ne laissait pas le temps de la mettre en œuvre, le maire devait ordonner la démolition dans le cadre de ses pouvoirs de police générale, l'opération étant alors accomplie par la commune et à ses frais (CE 6-11-2013 n° 349245 : BPIM 1/14 inf. 58).

Les nouvelles dispositions permettent, dans le cadre de la procédure d'urgence, d'ordonner les mesures indispensables **pour faire cesser le danger imminent** (CCH art. L 511-19, al. 1er). Il n'est plus exigé que les mesures présentent un caractère provisoire. Toutefois, si par exemple un étaiement suffit à parer au danger imminent mais que le rétablissement durable de la sécurité exige des travaux structurels, on peut penser que ces travaux ne pourront être ordonnés que dans le cadre de la procédure normale. Par ailleurs, est expressément prévue la possibilité d'ordonner la démolition lorsqu'aucune autre mesure ne permet d'écarter le danger. L'autorisation du juge judiciaire est exigée pour la **démolition complète.** A contrario, elle n'est pas requise pour la démolition de certains éléments de la construction. La jurisprudence devra se prononcer sur le cas d'une démolition ne laissant subsister qu'une partie très limitée du bâtiment.

D. Exécution des mesures prescrites

1. EXÉCUTION VOLONTAIRE

MODALITÉS PARTICULIÈRES D'EXÉCUTION

La personne tenue d'exécuter les mesures prescrites peut se libérer de son obligation par la conclusion d'un **bail à réhabilitation** (CCH art. L 511-13). Elle peut également conclure un **bail emphytéotique** ou un contrat de vente moyennant paiement d'une **rente viagère,** à charge pour les preneurs ou débirentiers d'exécuter les travaux prescrits et d'assurer, le cas **45220** échéant, l'hébergement des occupants. Les parties peuvent convenir que l'occupant restera dans les lieux lorsqu'il les occupait à la date de l'arrêté, si cela ne fait pas obstacle à l'exécution des mesures.

CAS OÙ L'IMMEUBLE CESSE D'ÊTRE OCCUPÉ

45230 Même si l'immeuble ou le logement devient **inoccupé et libre de location** après l'intervention de l'arrêté, la personne visée tenue d'exécuter les mesures prescrites **demeure obligée** de le faire dans le délai fixé (CCH art. L 511-11, al. 8). À défaut, l'autorité compétente peut faire exécuter ces mesures d'office, aux frais de cette personne ; elle peut aussi prescrire ou faire exécuter d'office les mesures nécessaires pour empêcher l'accès et l'usage du lieu. Toute nouvelle occupation, remise à disposition ou remise en location est subordonnée à l'exécution préalable des mesures prescrites par l'arrêté initial, sous peine des sanctions pénales applicables en cas d'inexécution (nos 45520 s.).

> Précisions Dans sa rédaction issue de l'ordonnance du 16 septembre 2020, l'article L 511-11, alinéa 8 du CCH prévoyait qu'en cas de départ des occupants postérieurement à l'intervention d'un arrêté de mise en sécurité ou de traitement de l'insalubrité, le propriétaire était **dispensé d'exécuter** les mesures prescrites – sous réserve que le local soit sécurisé et ne menace pas la santé des voisins – et que le préfet pouvait seulement prescrire des mesures destinées à empêcher l'accès, toute nouvelle occupation étant subordonnée à l'exécution des mesures prévues par l'arrêté initial. Cette disposition tenait compte d'une jurisprudence du Conseil d'État (CE 15-4-2015 n° 369548 : BPIM 3/15 inf. 217 : si le juge saisi d'un recours contre un arrêté d'insalubrité remédiable constate que le bail a été résilié postérieurement à l'intervention de l'arrêté et que les locaux, dont l'état ne menace pas la santé des voisins, se trouvent désormais à la fois inoccupés et libres de location, il lui appartient d'annuler l'arrêté en tant qu'il ordonne la réalisation de travaux par le propriétaire et de ne le laisser subsister qu'en tant qu'il interdit l'habitation et, le cas échéant, l'utilisation des lieux).
Mais la loi 2024-322 du 9 avril 2024 est revenue sur cette solution : désormais, le départ des occupants **ne délie pas** le propriétaire de l'obligation d'exécuter les mesures de mise en sécurité ou de résorption de l'insalubrité.

MAINLEVÉE APRÈS EXÉCUTION

45235 L'autorité compétente constate la réalisation des mesures prescrites ainsi que leur date d'achèvement et prononce la **mainlevée** de l'arrêté et, le cas échéant, de l'interdiction d'habiter les lieux, de les utiliser ou d'y accéder (CCH art. L 511-14). L'arrêté de mainlevée est notifié comme l'arrêté de traitement de l'insalubrité ou de mise en sécurité. Il est publié à la diligence du propriétaire au fichier immobilier dont dépend l'immeuble.

2. ASTREINTE EN CAS D'INEXÉCUTION DES MESURES PRESCRITES

45250 Lorsque les mesures et travaux prescrits n'ont pas été exécutés dans le délai fixé (et sauf le cas où l'immeuble a cessé d'être occupé, n° 45230), la personne tenue de les réaliser est redevable d'une astreinte pouvant aller **jusqu'à 1 000 € par jour** de retard. Le montant est **fixé par arrêté** de l'autorité compétente en tenant compte de l'ampleur des mesures et travaux prescrits et des conséquences de la non-exécution (CCH art. L 511-15, I). Pour les établissements recevant du public à usage total ou partiel d'hébergement, cet arrêté est notifié au propriétaire de l'immeuble et à l'exploitant, qui sont solidairement tenus au paiement de l'astreinte. Pour les parties communes des immeubles en copropriété, l'astreinte est appliquée dans les conditions prévues à l'article L 543-1 du CCH (n° 45260). Pour les immeubles en indivision, elle est appliquée dans les conditions prévues à l'article L 541-2-1 du CCH (n° 45400).

L'astreinte court de la date de notification de l'arrêté la prononçant et **jusqu'à complète exécution** des mesures et travaux prescrits (CCH art. L 511-15, II). La personne à laquelle ils incombent informe l'autorité compétente de leur exécution. Le recouvrement est engagé par trimestre échu. Lors de cette **liquidation trimestrielle,** l'autorité compétente peut consentir une **exonération** partielle ou totale si le redevable établit que des circonstances qui ne sont **pas de son fait** l'ont empêché de s'acquitter de l'intégralité de ses obligations. Le montant total des sommes demandées **ne peut être supérieur** au montant de l'amende prévue en cas d'inexécution de l'arrêté, soit **50 000 €** (CCH art. L 511-22 ; n° 45520).

L'application de l'astreinte et sa liquidation ne font **pas obstacle à l'exécution d'office** par l'autorité compétente, aux frais du propriétaire, des mesures et travaux prescrits (CCH art. L 511-15, III). L'astreinte prend fin à la date de la notification au propriétaire de l'exécution d'office des mesures et travaux prescrits. Dans ce cas, le montant de l'astreinte **s'ajoute** à celui du coût des mesures et travaux exécutés d'office.

> Précisions Le produit de l'astreinte est attribué (CCH art. L 511-15, III) :
– à la commune lorsque l'autorité compétente est le maire ;
– à l'Agence nationale de l'habitat (Anah), après prélèvement de 4 % de frais de recouvrement, lorsque c'est le préfet ;
– à l'EPCI ou à la métropole de Lyon, lorsque son président est compétent.

À défaut pour le maire (ou le président de l'EPCI ou de la métropole de Lyon) de liquider l'astreinte et de dresser le titre exécutoire nécessaire à son recouvrement, la créance est liquidée par le préfet et recouvrée comme en matière de créances étrangères à l'impôt et au domaine. Les sommes perçues sont versées au budget de l'Anah après prélèvement de 4 % de frais de recouvrement.

ASTREINTES DANS LES IMMEUBLES EN COPROPRIÉTÉ

Lorsqu'un arrêté de mise en sécurité ou de traitement de l'insalubrité concerne les **parties communes** d'un immeuble soumis à la loi 65-557 du 10 juillet 1965 fixant le statut de la copropriété des immeubles bâtis, l'arrêté précise que, à l'expiration du délai fixé, si les mesures et travaux prescrits n'ont pas été réalisés, les copropriétaires sont redevables du paiement d'une astreinte (CCH art. L 543-1). **45260**

Si l'inexécution des travaux prescrits résulte de l'absence de décision du **syndicat des copropriétaires,** le montant de l'astreinte due est notifié par arrêté de l'autorité publique compétente à chacun des copropriétaires et recouvré à l'encontre de chacun d'eux. Si le syndic de la copropriété atteste que l'inexécution résulte du fait que **certains copropriétaires** n'ont pas répondu aux appels de fonds nécessaires, votés par l'assemblée générale, l'administration notifie, par arrêté, le montant de l'astreinte due par chacun des copropriétaires défaillants. L'astreinte s'ajoute, le cas échéant, à celle qui peut être appliquée aux copropriétaires dont les parties privatives sont frappées d'une mesure de police.

L'application de l'astreinte et sa liquidation ne font pas obstacle à l'exécution d'office par l'autorité publique des mesures et travaux prescrits par l'arrêté, ou de sa substitution aux seuls copropriétaires défaillants (n° 45310). Le montant de l'astreinte s'ajoute à celui des créances résultant de cette exécution d'office (CCH art. L 543-1, al. 6).

3. EXÉCUTION D'OFFICE DES MESURES PRESCRITES

Lorsque les mesures et travaux prescrits n'ont pas été mis en œuvre dans le délai fixé, l'autorité compétente peut, par **décision motivée,** faire procéder d'office à leur exécution, aux frais du propriétaire (CCH art. L 511-16). Elle peut prendre toute mesure nécessaire à l'exécution. Toutefois, elle ne peut faire procéder à la **démolition** que si elle est prescrite, à sa demande, par un jugement du **président du tribunal judiciaire** statuant selon la procédure accélérée au fond. **45300**

Lorsque l'autorité compétente se substitue aux propriétaires défaillants et fait usage de ses pouvoirs d'exécution d'office, elle agit en leur lieu et place, pour leur compte et **à leurs frais.**

Lorsque les locaux sont occupés par des **squatters** ayant fait l'objet d'un jugement d'expulsion devenu définitif, et que le propriétaire ou l'exploitant du local d'hébergement s'est vu refuser le concours de la force publique pour faire exécuter ce jugement, le propriétaire ou l'exploitant peut demander au tribunal administratif que tout ou partie de la somme dont il est redevable au titre de l'astreinte et de l'exécution d'office soit mise à la charge de l'État (CCH art. L 511-16, al. 4). Cette somme vient en déduction de l'indemnité à laquelle peut prétendre le propriétaire au titre du refus de concours en vertu de l'article L 153-1 du Code des procédures civiles d'exécution.

Le préfet peut par convention confier au maire l'exécution des arrêtés de traitement de l'insalubrité, sauf lorsqu'ils sont pris en urgence (n° 45200). Les frais sont alors recouvrés au profit de la commune.

> Précisions **a. Pour échapper à l'exécution d'office,** le propriétaire peut saisir le tribunal administratif d'une demande d'annulation de l'arrêté de péril imminent et solliciter du juge des référés de suspendre l'exécution de cet arrêté dans l'attente du jugement de l'affaire. Sur la procédure de référé-suspension, voir n° 45565.

b. Lorsqu'un arrêté de péril prescrivant la démolition d'un immeuble n'a pas été exécuté par le propriétaire, le juge judiciaire saisi par le maire peut ordonner la démolition alors même qu'un recours contre l'arrêté est pendant devant le juge administratif (Cass. 3e civ. 21-9-2022 n° 21-21.102 FS-B : BPIM 6/22 inf. 443). Seule l'annulation de cet arrêté, ou la suspension de son exécution par le juge des référés du tribunal administratif, ferait obstacle à ce que le juge judiciaire accueille la demande du maire.

c. Les travaux exécutés d'office sont des **travaux publics** susceptibles d'engager la responsabilité de la collectivité. Cette responsabilité pourrait également être engagée à l'égard des tiers lésés par l'état de l'immeuble s'il n'était **pas procédé** à l'exécution d'office des mesures prescrites. Sur ces deux points, voir nos 45575 s.

IMMEUBLES EN COPROPRIÉTÉ : SUBSTITUTION AUX COPROPRIÉTAIRES DÉFAILLANTS

45310 Si les mesures prescrites portent sur les **parties communes** d'un immeuble en copropriété et si leur inexécution résulte de la défaillance de **certains copropriétaires,** l'autorité compétente peut, sur décision motivée, **se substituer à ceux-ci** pour verser les sommes exigibles à la date votée par l'assemblée générale des copropriétaires. Elle est alors subrogée dans les droits et actions du syndicat des copropriétaires à concurrence des sommes qu'elle a versées (CCH art. L 511-16, al. 2).

Dans le cas où l'inexécution résulte de la défaillance de certains copropriétaires, le syndic **en informe** l'autorité compétente en lui indiquant les démarches entreprises pour faire réaliser les travaux prescrits et en lui fournissant une attestation de défaillance (CCH art. R 511-11, al. 1er). Sont **réputés défaillants** les copropriétaires qui, après avoir été mis en demeure de le faire par le syndic, n'ont pas répondu ou n'ont répondu que partiellement aux appels de fonds destinés à financer les travaux prescrits dans le délai de 15 jours à compter de la sommation de payer.

L'autorité compétente dispose alors d'un **délai d'un mois** pour décider de se substituer aux copropriétaires défaillants (CCH art. R 511-11, al. 2). En ce cas, sa décision est notifiée au syndicat des copropriétaires, pris en la personne du syndic, ainsi qu'aux copropriétaires défaillants, auxquels sont également notifiées les sommes versées pour leur compte. Lorsque **tous les copropriétaires** sont défaillants, l'autorité compétente ne peut recourir à la procédure de substitution mais peut faire procéder à l'exécution d'office des mesures prescrites.

> **Précisions** Cette dernière disposition vise à éviter un détournement de procédure. En cas de défaillance de tous les copropriétaires, le maire devra faire exécuter les travaux d'office, la maîtrise d'ouvrage étant alors assumée par la commune et non par le syndicat de copropriétaires. Selon l'administration, la défaillance de l'ensemble des copropriétaires est constituée dans deux hypothèses : si l'assemblée générale des copropriétaires n'a pas été en mesure de se réunir ou de voter les modalités de réalisation des travaux prescrits, ou si elle les a votés mais qu'aucun copropriétaire ne répond aux appels de fonds du syndic (Rapport de présentation du décret 2006-1359 du 8-11-2006 dont est issue la disposition sur la défaillance de l'ensemble des copropriétaires, qui a été reprise par le décret du 24-12-2020).

CRÉANCE DE L'ADMINISTRATION AU TITRE DE L'EXÉCUTION D'OFFICE

45330 Quand l'administration a exécuté d'office un arrêté de mise en sécurité ou de traitement de l'insalubrité, les personnes qui étaient tenues de réaliser les mesures prescrites doivent rembourser les dépenses engagées par la collectivité compétente.

La créance de cette collectivité comprend le coût de l'**ensemble des mesures** que l'exécution d'office a rendu nécessaires, notamment celui des travaux destinés à assurer la sécurité de l'ouvrage ou celle des bâtiments mitoyens, les frais exposés par la commune ou l'État agissant en qualité de maître d'ouvrage public et, le cas échéant, les frais d'expertise (CCH art. R 511-9).

> **Précisions** **a.** Sur la prise en compte des coûts de maîtrise d'ouvrage, voir n° 45340.
> **b.** Les **frais d'expertise** qui peuvent être mis à la charge de la personne à laquelle incombaient les mesures qui ont été exécutées d'office sont ceux de l'expertise ordonnée par le tribunal administratif **préalablement à l'arrêté** de mise en sécurité ou de traitement de l'insalubrité. On pouvait éprouver un doute sur ce point à la lecture de l'article R 511-9 du CCH, qui ne semble concerner que des frais afférents à l'exécution forcée proprement dite. Mais la loi 2024-322 du 9 avril 2024 a levé l'ambiguïté en complétant l'article L 511-17 relatif au recouvrement des sommes dues à la collectivité qui a procédé à l'exécution forcée pour mentionner la rémunération de l'expert désigné par la juridiction administrative en application de l'article L 511-9 (voir nos 45130 et 45350).
> **c.** Si, postérieurement à l'exécution d'office, l'arrêté de péril est annulé par le juge administratif, l'effet rétroactif de cette annulation interdit au maire d'émettre un titre exécutoire pour obtenir le remboursement des frais engagés. Toutefois, la commune peut introduire devant le juge judiciaire une action contre le propriétaire au titre de l'**enrichissement sans cause** dont il a bénéficié du fait de la réalisation des travaux (Cass. 3e civ. 26-10-2022 n° 21-12.674 FS-B : BPIM 1/23 inf. 51).

45340 **Majoration des sommes mises en recouvrement** Lors du recouvrement des dépenses engagées aux frais des propriétaires défaillants, le montant des dépenses recouvrables est augmenté d'un **montant forfaitaire** de 8 % destiné à prendre en compte les coûts de maîtrise d'ouvrage et d'accompagnement social supportés par les services de l'État, des communes ou de leurs groupements à raison des travaux et mesures prescrits par les arrêtés de mise en sécurité ou de traitement de l'insalubrité, des injonctions de sécurité dans les établissements d'hébergement (n° 45610), ainsi que des mesures prises en application de l'article L 1311-4 du Code de la santé publique en cas de dommage ponctuel imminent pour la santé publique (CCH art. L 543-2, voir n° 45620).

4. RECOUVREMENT DES SOMMES DUES AU TITRE DE L'ASTREINTE ET DE L'EXÉCUTION D'OFFICE

MODALITÉS DE RECOUVREMENT

Les frais avancés par l'autorité compétente lorsqu'elle s'est substituée aux personnes tenues d'exécuter les mesures prescrites, de même que la rémunération de l'expert désigné par la juridiction administrative (v. n° 45130) et le montant de l'astreinte, sont recouvrés comme en matière de créances étrangères à l'impôt et au domaine lorsque l'autorité compétente est le préfet (CCH art. L 511-17, al. 1). Lorsque c'est le maire ou le président de l'EPCI, le recouvrement est effectué comme en matière de contributions directes locales (CGCT art. L 1617-5). **45350**

Pour le recouvrement de l'astreinte, la commune, l'EPCI ou l'État, selon le cas, peut faire jouer l'hypothèque légale attachée à sa créance (C. civ. art. 2402, 7° applicable depuis le 1-1-2022, ancien article 2374, 8°) et la solidarité entre les indivisaires et entre les propriétaires et exploitants successifs des locaux (CCH art. L 541-1 à L 541-6 ; n°s 45400 et 45390) (CCH art. L 511-17, dernier al.).

> **Précisions** **a.** Les frais d'exécution d'office ne peuvent pas être mis à la charge d'un **acquéreur en l'état futur d'achèvement** car le vendeur conserve jusqu'à l'achèvement des travaux les pouvoirs du maître de l'ouvrage (CE 28-9-2020 n° 426290 : BPIM 6/20 inf. 422).
> **b.** Si le **propriétaire** est placé en **liquidation judiciaire,** c'est à l'encontre du mandataire-liquidateur que doit être poursuivi le recouvrement des frais afférents à l'exécution d'office (CE 5-5-2014 n° 361319 : BPIM 3/14 inf. 199). Voir n° 45410, Précision e.
> **c.** Les frais d'exécution d'office d'un arrêté d'insalubrité incombent à la personne qui était propriétaire du local à la **date d'expiration du délai imparti** par la mise en demeure (CE 28-9-2020 n° 429980 : BPIM 6/20 inf. 423). Dès lors, en se fondant, pour annuler le titre exécutoire émis par une commune sur une société, sur la seule circonstance que cette dernière n'était plus copropriétaire de l'immeuble à la date à laquelle ils statuent, les juges du fond commettent une erreur de droit. Depuis la réforme de 2020, l'exécution d'office n'est plus précédée d'une mise en demeure, mais cette solution pourrait être maintenue en prenant comme référence la date d'expiration du délai imparti par la décision initiale.

Immeubles en copropriété Si l'immeuble relève du statut de la copropriété, le titre de recouvrement est émis à l'encontre de **chaque copropriétaire** pour la fraction de créance dont il est redevable (CCH art. L 511-17, al. 2 et 3). Si l'autorité compétente s'est substituée à certains copropriétaires (n° 45310), le titre de recouvrement est émis à leur encontre et le montant de la créance est majoré de celui des intérêts moratoires au taux légal, à compter de la date de notification de la décision de substitution. **45360**

MESURES DESTINÉES À GARANTIR LE PAIEMENT

Les articles L 541-1 et suivants du CCH prévoient un ensemble de règles destinées à permettre à l'État et aux autres collectivités publiques de récupérer plus aisément sur les propriétaires les frais d'exécution d'office exposés à l'occasion des procédures de mise en sécurité et de traitement de l'insalubrité. **45370**

> **Précisions** Avant même l'intervention de l'ordonnance du 16 septembre 2020, les règles fixées aux articles L 541-1 s. du CCH étaient communes aux procédures de péril et d'insalubrité. L'ordonnance leur a donné le même champ d'application que la procédure unifiée qu'elle a définie. Elle les a par ailleurs modifiées sur certains points. Les dispositions nouvelles s'appliquent aux arrêtés pris à compter du 1er janvier 2021.

Privilège spécial immobilier Les créances de l'État ou des communes nées de l'exécution d'office des arrêtés de mise en sécurité et de traitement de l'insalubrité sont au nombre de celles auxquelles une hypothèque légale est attachée (C. civ. art. 2402, 7°). C'est aussi le cas pour les créances nées de l'exécution d'office des injonctions de sécurité dans les établissements hébergeant du public (CCH art. L 184-1 s. ; n° 45610) quand elles sont émises sous peine d'interdiction d'habiter et d'utiliser les locaux ou de fermeture définitive. Les frais exposés au titre du relogement des occupants ou de la substitution à des copropriétaires défaillants sont également concernés. **45380**

Pour être conservée, l'hypothèque légale doit normalement faire l'objet d'une **double inscription** (C. civ. art. 2404). La première est l'inscription, par son auteur, de l'arrêté accompagnée d'une évaluation sommaire du coût des mesures prescrites. La seconde est l'inscription, également par son auteur, du titre de recouvrement de la créance. Si ces deux inscriptions ont été effectuées, l'hypothèque prend rang à dater de la première à concurrence du montant évalué (à moins qu'il ne soit supérieur au montant finalement exposé) et à dater de la seconde pour la fraction excédant le montant de l'évaluation.

Cependant, l'hypothèque peut également être conservée par la seule inscription du titre de recouvrement, à concurrence de sa valeur (C. civ. art. 2405).

Si le propriétaire ou l'exploitant exécute les mesures prescrites, la publication à ses frais d'un arrêté de mainlevée avant l'inscription du titre de recouvrement emporte caducité de la première inscription ; la radiation résultant de cette caducité est mentionnée, également à ses frais, en marge de l'inscription (C. civ. art. 2407). Si le débiteur s'acquitte après l'inscription du titre de recouvrement, le privilège fait l'objet d'une radiation dans les conditions de droit commun prévues par les articles 2435 et suivants du Code civil.

> **Précisions** **a.** Si l'immeuble est compris dans un **plan de cession d'entreprise** arrêté en application de l'article L 631-2 ou des articles L 642-1 et suivants du Code de commerce, la charge du privilège de la collectivité publique est transmise au cessionnaire (CCH art. L 541-4). La collectivité échappe ainsi au concours avec les débiteurs privilégiés de l'entreprise en redressement ou en liquidation.
> **b.** Les **frais d'inscription** sont à la charge des débiteurs (C. civ. art. 2406).

45390 **Solidarité pour le paiement de la dette** Lorsqu'un arrêté de mise en sécurité ou de traitement de l'insalubrité ou une injonction relative à un établissement hébergeant du public a été publié au fichier immobilier ou au livre foncier, les **propriétaires successifs** qui ont acquis l'immeuble après cette publicité sont tenus, solidairement avec le propriétaire initial, du paiement des frais d'exécution forcée (CCH art. L 541-2). Il en va de même des **exploitants successifs** d'un fonds de commerce aux fins d'hébergement, si l'arrêté a été publié sur le registre tenu au greffe du tribunal de commerce. L'inscription des arrêtés sur ce registre est régie par les articles R 541-1 et suivants du Code de la construction et de l'habitation dans leur rédaction issue du décret 2023-369 du 11 mai 2023.

La solidarité joue également **entre le propriétaire des locaux et l'exploitant** du fonds de commerce aux fins d'hébergement, à compter de la notification qui leur a été faite de l'arrêté préfectoral, et entre les cessionnaires successifs des locaux et du fonds de commerce, dès lors que les mesures de publicité foncière et commerciale ont été accomplies (CCH art. L 541-3).

En revanche, la solidarité ne s'applique pas aux **repreneurs en cas de vente judiciaire,** y compris lorsque cette vente est autorisée ou ordonnée judiciairement au cours d'une procédure de sauvegarde, de redressement ou de liquidation judiciaire, et en cas de vente par adjudication (CCH art. L 541-4).

> **Précisions** **a.** Lorsqu'un immeuble frappé d'un arrêté de mise en sécurité ou de traitement de l'insalubrité ou d'une injonction relative à un établissement hébergeant du public, ou le fonds de commerce qui y est exploité aux fins d'hébergement, fait l'objet d'une mutation, le **notaire** qui dresse l'acte notifie sans délai cette mutation à l'auteur de l'arrêté ainsi qu'au maire de la commune (CCH art. L 541-6).
> **b.** Le **coût** des mesures **de publicité** foncière et commerciale incombe à ceux auxquels les actes ont été notifiés (CCH art. L 541-2, al. 3).
> **c.** La résiliation ou le non-renouvellement du **bail commercial** de l'exploitant ne met pas fin à la solidarité entre propriétaire et exploitant.

45400 **Cas des immeubles en indivision** Des règles spéciales sont prévues pour les immeubles en indivision (CCH art. L 541-2-1).

À compter de la notification de l'arrêté de mise en sécurité ou de traitement de l'insalubrité aux indivisaires par l'autorité administrative, ceux-ci sont solidairement tenus du paiement des sommes résultant des mesures exécutées d'office et des frais d'hébergement ou de relogement des occupants.

Lorsque, faute d'avoir pu identifier la totalité des indivisaires, l'autorité administrative n'a pas été en mesure de notifier l'arrêté à chacun d'entre eux, la solidarité entre les indivisaires identifiés court à compter de la publication de l'arrêté au fichier immobilier ou au livre foncier.

L'arrêté, notifié à chacun des indivisaires, précise que la non-exécution des mesures et travaux dans le délai prescrit expose solidairement les indivisaires au paiement d'une **astreinte.**

45410 **Effets de l'opposition aux titres exécutoires** Si l'administration choisit de recouvrer ses frais en émettant un titre exécutoire, le droit commun voudrait que l'opposition introduite par l'intéressé devant le tribunal administratif **suspende l'exécution forcée** jusqu'au jugement de l'affaire. Mais cette règle favorable est **écartée** pour les titres ayant pour objet le paiement de créances liées aux arrêtés de mise en sécurité et de traitement de l'insalubrité et aux injonctions de sécurité dans les établissements d'hébergement (n° 45610), qu'il s'agisse du montant des astreintes, des frais d'exécution d'office ou des frais d'hébergement ou de relogement pris en charge par l'administration (CCH art. L 541-1).

> Précisions **a.** Selon une jurisprudence antérieure à la réforme de 2020, relative à l'exécution d'office des arrêtés pris par le maire dans le cadre de la procédure de péril, la disposition du CCH selon laquelle le coût des travaux est recouvré « comme en matière d'impôts directs » ne fait pas obstacle à un **recouvrement par voie d'état exécutoire,** mode de recouvrement applicable aux produits des communes qui ne sont pas assis et recouvrés par les services fiscaux de l'État (CE 6-3-1987 n° 45409 : Lebon p. 87). L'article L 541-1 du CCH, en se référant aux états exécutoires émis par l'État, la commune ou l'EPCI compétent, confirme que le recours à de mode de recouvrement est **toujours possible** à la suite de l'exécution d'office d'un arrêté de mise en sécurité ou de traitement de l'insalubrité. Les solutions jurisprudentielles mentionnées ci-après, dégagées à propos des arrêtés de péril du maire, paraissent toujours valables.
b. Le maire, qui peut émettre un état exécutoire, ne peut pas demander au juge administratif de condamner le propriétaire au paiement des sommes dues (CE 18-5-1988 n° 39348 : Lebon T p. 661).
c. Les **litiges** relatifs aux états exécutoires émis par le maire afin de recouvrer auprès du propriétaire le coût de travaux exécutés d'office sont regardés comme des « litiges relatifs aux bâtiments menaçant ruine » au sens de l'article R 222-13, 8° du Code de justice administrative. Ils sont donc jugés par un magistrat statuant seul (CE 30-6-2004 n° 267005 : BPIM 5/04 inf. 317). L'indication donnée par cette décision, selon laquelle le jugement n'est pas susceptible d'appel, n'est plus valable compte tenu des dispositions actuelles de l'article R 811-1 du Code de justice administrative.
d. À l'appui d'un recours contre un état exécutoire émis par le maire à la suite de l'exécution d'office des travaux prescrits par un arrêté de péril, le propriétaire **ne peut soulever** l'exception d'illégalité de l'arrêté de péril que si ce dernier n'est pas devenu **définitif** (CAA Nantes 22-2-1989 n° 89NT00001 : Lebon T p. 435, écartant dans ce cas l'application de la théorie des « opérations complexes »). Cette condition de recevabilité de l'exception s'apprécie à la date à laquelle elle est soulevée et non à la date à laquelle le juge statue sur le recours contre l'état exécutoire. Un arrêté de péril ayant fait l'objet, dans le délai légal, d'un recours qui a été rejeté par le tribunal administratif statuant en premier et dernier ressort n'est pas définitif si le délai imparti pour se pourvoir en cassation contre le jugement n'est pas expiré (CE 28-7-2011 n° 336945 : BPIM 5/11 inf. 408).
e. Si le **propriétaire** est placé en **liquidation judiciaire,** c'est à l'encontre du mandataire-liquidateur que doit être émis le titre exécutoire en vue du recouvrement des frais afférents à l'exécution d'office (n° 45350, Précision b). Toutefois, si à la date à laquelle le juge statue sur une demande d'annulation du titre exécutoire le propriétaire a **recouvré** l'entière maîtrise des droits et actions concernant son patrimoine à la suite de la clôture de la procédure de liquidation, la circonstance que le titre avait été émis à son encontre alors que cette procédure était en cours n'est pas de nature à en justifier l'annulation (CE 5-5-2014 n° 361319 : BPIM 3/14 inf. 199).

5. PROTECTION DES OCCUPANTS

Un ensemble de dispositions assure la protection des occupants d'un logement faisant l'objet d'un arrêté de mise en sécurité ou de traitement de l'insalubrité (CCH art. L 521-1 à L 521-4). Les occupants sont les titulaires d'un droit réel conférant l'usage et les locataires, sous-locataires et occupants de bonne foi d'un local constituant leur habitation principale (CCH art. L 521-1). **45430**

Cependant, depuis la loi 2024-322 du 9 avril 2024, la suspension du loyer (n° 45435) vaut également pour le locataire d'un local professionnel ou commercial.

> Précisions Avant même l'intervention de l'ordonnance du 16 septembre 2020, les règles fixées aux articles L 521-1 à L 521-4 du CCH étaient communes aux procédures de péril et d'insalubrité. L'ordonnance leur a donné le même champ d'application que la procédure unifiée qu'elle a définie. Elle les a par ailleurs modifiées sur certains points. Les dispositions nouvelles s'appliquent aux arrêtés pris à compter du 1er janvier 2021.

LOYERS

Le loyer en principal ou toute autre somme versée en contrepartie de l'occupation d'un local ou d'une installation **à usage d'habitation ou à usage professionnel ou commercial,** visé par un arrêté de mise en sécurité ou de traitement de l'insalubrité **cesse d'être dû** à compter du premier jour du mois qui suit l'envoi de la notification de l'arrêté ou de son affichage à la mairie et sur la façade de l'immeuble, jusqu'au premier jour du mois qui suit l'envoi de la notification ou l'affichage de l'arrêté de mainlevée (CCH art. L 521-2, I). Toutefois, cette disposition ne s'applique pas lorsque l'arrêté est motivé par la présence de revêtements dégradés contenant du plomb (CSP art. L 1331-22, al. 2) ou qu'il a été pris à l'encontre de la personne qui a l'usage des locaux ou installations. **45435**

De même, lorsque le maire adresse à l'**exploitant d'un immeuble à usage d'hébergement** l'injonction de faire cesser une situation d'insécurité (CCH art. L 184-1 ; voir n° 45610), le loyer en principal ou toute autre somme versée en contrepartie de l'occupation cesse d'être dû à compter du premier jour du mois qui suit l'envoi de la notification de la mesure de police. Les loyers ou redevances sont à nouveau dus à compter du premier jour du mois qui suit le constat de la réalisation des mesures prescrites.

Les loyers ou toutes autres sommes versées en contrepartie de l'occupation du local ou de l'installation indûment perçus par le propriétaire, l'exploitant ou la personne ayant mis à disposition les locaux sont restitués à l'occupant ou déduits des loyers dont il devient à nouveau redevable.

En cas d'expropriation de l'immeuble ayant fait l'objet de la mesure de police, l'occupant peut demander que les sommes indument perçues soient imputées sur l'indemnité d'expropriation : voir nº 45685.

> **Précisions** **a.** La jurisprudence a précisé que, lorsqu'un arrêté de péril vise des **parties communes** d'un immeuble en **copropriété,** la mesure de suspension des loyers s'applique à la totalité des lots comprenant une quote-part dans ces parties communes (Cass. 3e civ. 20-10-2016 nº 15-22.680 FS-PB : BPIM 6/16 inf. 405).
> **b.** S'agissant des **meublés de tourisme** (C. tourisme art. L 324-1-1, I), le loyer cesse d'être dû à compter du jour suivant l'envoi de la notification de l'arrêté ou à de son affichage à la mairie et sur la façade de l'immeuble, jusqu'au jour suivant l'envoi de la notification ou l'affichage en mairie de l'arrêté de mainlevée (CCH art. L 521-2, I al. 4 issu de la loi dans sa rédaction issue de la loi 2024-1039 du 19-11-2024). Toute somme indûment perçue par le propriétaire, l'exploitant ou la personne ayant mis à disposition les locaux est restituée au locataire.
> Par ailleurs, lorsqu'un meublé de tourisme est visé par un arrêté de mise en sécurité ou de traitement de l'insalubrité, le maire peut enjoindre aux plateformes numériques de location de courte durée de **retirer l'annonce,** sous peine d'une amende pouvant aller jusqu'à 50 000 € par logement (CCH art. L 521-1-1, III bis et V, al. 3 dans leur rédaction issue de la loi 2024-1039 du 19-11-2024 qui entrera en vigueur à une date fixée par décret et au plus tard le 20 mai 2026).

BAIL

45440 L'intervention d'une mesure de police – qu'elle soit ou non assortie d'une interdiction d'habiter – a pour effet de **proroger le bail** (CCH art. L 521-2, II). La durée qui restait à courir au premier jour du mois suivant l'envoi de la notification (ou l'affichage) de l'arrêté de traitement de l'insalubrité ou de mise en sécurité, de l'injonction, de la mise en demeure ou des prescriptions est reportée : elle constitue la durée résiduelle du bail au premier jour du mois suivant l'envoi de la notification (ou l'affichage) de la mainlevée de l'arrêté d'insalubrité ou de péril ou du constat de la réalisation des mesures prescrites. Le locataire qui se trouve empêché d'occuper le logement conserve cependant la **possibilité** de faire **résilier** le bail (C. civ. art. 1724, dernier al.).

En cas d'**interdiction définitive d'habiter** et d'utiliser les lieux, les baux poursuivent de plein droit leurs effets – exception faite de l'obligation de paiement du loyer –, jusqu'à leur terme ou jusqu'au départ des occupants et au plus tard jusqu'à la date limite fixée par la mesure de police (CCH art. L 521-2, III).

Afin que l'intervention d'une mesure de police ne puisse être regardée par les tribunaux comme un cas fortuit entraînant la résiliation de plein droit du bail (C. civ. art. 1722), il est expressément prévu que la mesure de police n'entraîne pas la **résiliation de plein droit,** hors le cas où l'occupant aurait refusé trois offres de relogement (nº 45510). Par ailleurs, les occupants demeurés dans les lieux faute d'avoir reçu une offre de relogement sont qualifiés d'**occupants de bonne foi** qui ne peuvent être expulsés de ce fait.

HÉBERGEMENT ET RELOGEMENT

45450 Le propriétaire ou l'exploitant est tenu d'assurer l'hébergement ou le relogement des occupants qui ne peuvent se maintenir dans les lieux du fait de la mesure de police, ou d'y contribuer financièrement (CCH art. L 521-1). Il conserve la possibilité de rechercher la responsabilité de ces personnes si l'état d'insalubrité ou d'insécurité leur est, en tout ou partie, imputable.

45460 Si l'arrêté de mise en sécurité ou de traitement de l'insalubrité (qu'il ait été pris dans le cadre de la procédure normale ou de la procédure d'urgence) prévoit une **interdiction temporaire** d'habiter ou d'utiliser les lieux, ou si les travaux prescrits les rendent **temporairement inhabitables,** le propriétaire ou l'exploitant est tenu d'assurer aux occupants un **hébergement** décent correspondant à leurs besoins (CCH art. L 511-18 et L 521-3-1, I).

En cas d'interdiction définitive d'habiter ou d'évacuation définitive, ou lorsqu'est prescrite la cessation de la mise à disposition à des fins d'habitation de **locaux impropres à cet effet,** le propriétaire ou l'exploitant est tenu d'assurer le **relogement** des occupants (CCH art. L 511-18 et L 521-3-1, II). Cette obligation est satisfaite par la présentation à l'occupant de l'offre d'un logement correspondant à ses besoins et à ses possibilités. Le propriétaire ou l'exploitant est en outre tenu de verser à l'occupant évincé une indemnité d'un montant égal à trois mois de son nouveau loyer et destinée à couvrir ses frais de réinstallation.

L'arrêté qui prévoit une interdiction d'habiter précise la **date d'effet** de celle-ci et fixe la date à laquelle le propriétaire, l'exploitant ou la personne qui a mis le bien à disposition doit informer l'administration de l'offre d'hébergement ou de relogement faite aux occupants (CCH art. L 511-18, al. 1).

Si un arrêté de mainlevée est pris, les dispositions protectrices des occupants cessent d'être applicables (CCH art. L 511-18, al. 4).

> Précisions a. Si un logement faisant l'objet d'un arrêté de traitement de l'insalubrité est **manifestement suroccupé,** le propriétaire ou l'exploitant est tenu d'assurer l'hébergement des occupants jusqu'au terme des travaux prescrits pour remédier à l'insalubrité. À l'issue des travaux, leur relogement incombe au préfet, aux frais du propriétaire ou de l'exploitant. Au-delà de trois ans, l'éviction est considérée comme définitive et les règles prévues en cas d'interdiction définitive d'habiter s'appliquent (CCH art. L 521-3-1, I-al. 3).

b. En cas d'interdiction **définitive** d'habiter, l'obligation de relogement s'applique même si le bail est résilié par le locataire en application de l'article 1724, dernier alinéa du Code civil ou s'il expire entre la date de notification de l'arrêté portant interdiction d'habiter et sa date d'effet (CCH art. L 521-3-1, II-al. 3).

c. En l'absence de renonciation expresse des locataires à leur droit à un relogement gratuit, le propriétaire ne peut pas s'affranchir de son obligation en se prévalant de ce que le locataire a, aussitôt après l'intervention d'un arrêté de péril, conclu avec lui **un bail sur un autre logement** lui appartenant. Par suite, c'est à bon droit qu'une cour d'appel a refusé de constater l'acquisition de la clause résolutoire contenue dans le nouveau bail pour défaut de paiement des loyers (Cass. 3e civ. 3-2-2010 no 08-20.176 : RJDA 4/10 no 440).

d. La proposition de relogement d'une famille, consécutive à un arrêté d'insalubrité portant interdiction d'habiter les lieux donnés à bail, doit être adressée par le bailleur **à chacun des époux cotitulaires du bail** et non pas à un seul d'entre eux (Cass. 3e civ. 9-2-2017 no 16-13.260 : BPIM 2/17 inf. 149).

Contrat de relogement temporaire Pour faciliter l'hébergement des occupants par les propriétaires ou exploitants (ou, en cas de défaillance de ceux-ci, par les autorités publiques compétentes), tout bailleur ou toute structure d'hébergement peut, nonobstant toute stipulation contraire, conclure avec une personne, publique ou privée, une convention nécessaire à la mise à disposition de locaux ou logements présentant les caractéristiques suivantes (CCH art. L 521-3-4) : 45470

- la **durée** de cette convention d'occupation précaire est limitée et prend fin au plus tard au terme du mois suivant celui de la notification de l'arrêté de mainlevée de la mesure de police qui a justifié l'hébergement ou du constat par l'autorité compétente de la réalisation des mesures prescrites ;
- les occupants ayant bénéficié de cet hébergement ne peuvent se prévaloir d'aucun droit au **maintien dans les lieux** ou à la reconduction de la convention. En cas de refus de l'occupant hébergé de quitter les lieux à l'échéance de la convention d'occupation précaire, et faute pour la personne débitrice de l'obligation d'hébergement d'avoir engagé une action aux fins d'expulsion, le préfet ou le maire, selon le cas, peut exercer cette action aux frais du propriétaire ou de l'exploitant tenu à l'obligation d'hébergement.

Substitution de l'administration au propriétaire défaillant En cas de défaillance du propriétaire ou de l'exploitant, l'administration doit prendre les dispositions nécessaires à l'hébergement ou au relogement des occupants. Les compétences respectives du maire (ou du président de l'EPCI compétent) et du préfet sont précisées à l'article L 521-3-2 du CCH. 45480

Le **maire** ou le président de l'EPCI est compétent quand l'interdiction d'habiter résulte d'un arrêté de mise en sécurité ou d'un arrêté prescrivant des mesures de sécurité intéressant un établissement hébergeant du public (CCH art. L 184-1 s. ; voir no 45610).

Le **préfet** est compétent quand cette interdiction résulte d'un arrêté de traitement de l'insalubrité.

Toutefois, quand un tel arrêté vise un **immeuble inclus dans une opération programmée d'amélioration de l'habitat** (CCH art. L 303-1) ou dans une opération d'aménagement (C. urb. art. L 300-1), la responsabilité échoit à la personne publique qui a pris l'initiative de l'opération.

Les **modalités** selon lesquelles le préfet, le maire ou le président de l'EPCI concerné peut s'acquitter de ses obligations sont précisées à l'article L 521-3-3 du CCH. Le préfet peut user des prérogatives qu'il tient, dans le cadre du dispositif sur le droit au logement opposable, de l'article L 441-2-3 du CCH. Le maire et le président de l'EPCI peuvent désigner un organisme bailleur et, en cas de refus de celui-ci, procéder à l'attribution d'un logement qui s'imputera sur les droits à réservation dont ils disposent sur le territoire de la commune ou de l'EPCI. L'autorité compétente est réputée s'être acquittée de son obligation si elle a proposé à l'intéressé un accueil dans une structure d'hébergement, un établissement ou un logement de transition, un logement-foyer ou une résidence hôtelière à vocation sociale, à titre temporaire dans l'attente d'un logement définitif.

45485 Les **frais exposés par la collectivité publique** sont mis à la charge du propriétaire ou de l'exploitant.

En cas de manquement à une obligation d'hébergement, celui-ci doit assumer le coût effectif de l'hébergement (CCH art. L 521-3-1, I).

En cas de manquement à une obligation de relogement, il doit une indemnité représentative des frais engagés pour le relogement, égale à un an du loyer prévisionnel (CCH art. L 521-3-2, IV). Cette contribution doit être versée à la personne qui a effectivement assuré le relogement, qu'il s'agisse d'une collectivité publique, d'un organisme HLM, d'une société d'économie mixte ou d'un organisme à but non lucratif.

45490 La créance de la collectivité publique sur le propriétaire ou l'exploitant est **recouvrée** soit comme en matière de contributions directes, soit par l'émission par le maire, le président de l'EPCI compétent ou le préfet d'un titre exécutoire au profit de l'organisme ayant assuré l'hébergement ou le relogement (CCH art. L 521-3-2, VI). Si l'hébergement ou le relogement est assuré par la commune (ou l'EPCI compétent), celle-ci est subrogée dans les droits de l'État pour le recouvrement de la créance (CCH art. L 521-3-2, V). Sur les règles communes de recouvrement des frais d'exécution d'office, voir aussi nos 45350 s.

45500 **Sort des meubles des occupants** Des dispositions sont prévues s'agissant des meubles des occupants évacués dont le logement a fait l'objet d'une interdiction définitive d'habiter (CCH art. L 542-1 à L 542-4). Les frais d'inventaire des meubles, établi par huissier, sont à la charge du propriétaire ou de l'exploitant. Les biens sont entreposés en un lieu déterminé par l'autorité de police ayant ordonné l'évacuation, l'occupant disposant d'un délai d'un an à compter de la signification de l'acte de l'huissier pour les retirer. Jusqu'à cette date, les frais de **garde** sont également à la charge du propriétaire ou de l'exploitant de l'immeuble.

À l'issue de ce délai, les frais de garde des meubles non retirés pourront être pris en charge par l'occupant. À défaut, les **meubles non retirés** seront, sur autorisation du juge de l'exécution du lieu de situation des meubles, vendus aux enchères publiques – le produit net de la vente étant remis à l'occupant – ou déclarés abandonnés et détruits pour ceux qui ne sont pas susceptibles d'être vendus, sauf à ce que l'occupant prouve, par tout moyen, qu'aucune proposition de relogement adaptée à ses besoins ne lui a été faite. Dans ce cas, les meubles seront conservés aux frais du propriétaire ou de l'exploitant jusqu'à ce qu'il ait été relogé conformément aux articles L 521-3-1 ou L 521-3-2 du CCH.

45510 **Expulsion des occupants** Si l'occupant a refusé trois offres de relogement faites par l'administration, le juge civil peut être saisi d'une demande tendant à la résiliation du bail et à ce que l'expulsion soit autorisée (CCH art. L 521-3-2, VII).

Par ailleurs, les occupants qui auront été relogés à titre temporaire par un organisme de HLM ne pourront se prévaloir d'un droit au maintien dans les lieux s'ils refusent de réintégrer leur logement à l'issue des travaux ou s'ils refusent une offre de relogement correspondant à leurs besoins et à leurs possibilités (CCH art. L 353-15, V et L 442-6, III).

E. Sanctions pénales en cas d'inexécution des mesures de lutte contre l'habitat indigne

REFUS D'EXÉCUTER LES MESURES PRESCRITES

45520 **Personnes physiques** Les peines principales encourues par les personnes physiques sont les suivantes (CCH art. L 511-22, I à III) :

– refus délibéré et sans motif légitime d'exécuter les mesures prescrites par un arrêté de mise en sécurité ou de traitement de l'insalubrité : un an d'emprisonnement, amende de 50 000 € (2 ans et 75 000 € si l'occupant est une personne vulnérable, notamment un étranger en situation irrégulière) ;

– refus de donner suite à une mise en demeure du préfet concernant des locaux mis à disposition aux fins d'habitation dans des conditions qui conduisent manifestement à leur suroccupation (CSP art. L 1331-23) : 2 ans d'emprisonnement, amende de 75 000 € (3 ans et 100 000 € si l'occupant est une personne vulnérable, notamment un étranger en situation irrégulière) ;
– dégradation, dans le but de faire partir les occupants, de locaux visés par un arrêté de mise en sécurité ou de traitement de l'insalubrité ou pour lesquels une procédure contradictoire a été engagée (voir nº 45140 s.) : 3 ans d'emprisonnement, amende de 100 000 € (5 ans et 150 000 € si l'occupant est une personne vulnérable, notamment un étranger en situation irrégulière) ;
– non-respect, de mauvaise foi, d'une prescription de cessation de mise à disposition à des fins d'habitation ou une interdiction d'habiter ou d'utiliser les lieux ou d'y accéder : 3 ans d'emprisonnement, amende de 100 000 € (5 ans et 150 000 € si l'occupant est une personne vulnérable, notamment un étranger en situation irrégulière).
Le juge doit prononcer contre les personnes physiques les peines complémentaires suivantes, sauf s'il les en dispense par une décision motivée (art. L 511-22, IV) :
– confiscation du fonds de commerce ou de l'immeuble destiné à l'hébergement des personnes ayant servi à commettre l'infraction ;
– interdiction pour 5 ans au plus d'exercer une activité professionnelle ou sociale quand les facilités qu'elle procure ont été utilisées en vue de l'infraction (l'exercice d'un mandat électif ou de responsabilités syndicales n'est pas concerné) ;
– interdiction pour 10 ans au plus d'acheter un bien immobilier à usage d'habitation (sauf en vue d'une occupation à titre personnel) ou un fonds de commerce d'établissement d'hébergement ; l'interdiction concerne aussi l'usufruit et vaut que l'opération soit réalisée à titre personnel ou comme associé ou mandataire d'une société, ou sous forme de parts immobilières.

> Précisions Si l'immeuble ayant servi à commettre l'infraction a fait l'objet d'une expropriation, la confiscation porte sur l'indemnité d'expropriation (art. L 511-22, IV, 1° et C. pén. art. 131-21, al. 10). En cas d'expropriation d'une personne mise en cause pour soumission d'une personne vulnérable ou dépendante à des conditions d'hébergement incompatibles avec la dignité humaine, inexécution des mesures de lutte contre l'habitat indigne ou atteinte aux droits des occupants, l'expropriant doit informer le procureur de la République du lieu de situation de l'immeuble de la date à laquelle il procédera au paiement ou à la consignation des indemnités d'expropriation (C. expr. art. L 323-5).

Personnes morales Les personnes morales encourent, outre une amende 5 fois supé- **45525**
rieure à celle applicable aux personnes physiques, les peines complémentaires suivantes, dont les deux premières doivent être prononcées sauf décision motivée du juge (CCH art. L 511-22, V) :
– interdiction, pour 10 ans au plus, d'acheter ou d'être usufruitier d'un bien immobilier à usage d'habitation ou d'un fonds de commerce d'établissement d'hébergement ;
– confiscation du fonds de commerce ou de l'immeuble destiné à l'hébergement des personnes ayant servi à commettre l'infraction (si l'immeuble a été exproprié, la confiscation porte sur l'indemnité d'expropriation) ;
– interdiction définitive ou pour 5 ans au plus d'exercer certaines activités professionnelles ou sociales ;
– fermeture définitive ou pour 5 ans au plus d'établissements de l'entreprise ayant servi à commettre l'infraction ;
– affichage et diffusion du jugement.
Lorsque les poursuites sont engagées à l'encontre d'exploitants de fonds de commerce aux fins d'hébergement, l'autorité compétente peut demander au président du tribunal judiciaire de désigner un administrateur provisoire (CCH art. L 511-22, V). La procédure est définie à l'article L 651-10 du CCH.

ATTEINTES AUX DROITS DES OCCUPANTS

Est puni de 3 ans d'emprisonnement et 100 000 € d'amende le fait (CCH art. L 521-4, I) : **45530**
– de menacer ou intimider un occupant pour le faire renoncer à son droit d'hébergement ou de relogement ;
– de percevoir un loyer ou toute autre somme en contrepartie de l'occupation du logement frappé d'une mesure de police ;
– de refuser de procéder à l'hébergement ou au relogement de l'occupant, bien qu'étant en mesure de le faire.
Les peines sont portées à 5 ans d'emprisonnement et 150 000 € d'amende si l'occupant est une personne vulnérable, notamment un étranger en situation irrégulière (CCH art. L 521-4, I).

Les personnes physiques encourent des peines complémentaires, dont certaines sont obligatoires sauf motivation spéciale du jugement sur ce point (CCH art. L 521-4, II). Des peines sont prévues pour les personnes morales (CCH art. L 521-4, III). Les dispositions applicables coïncident avec celles qui sont présentées nos 45020 et 45525.

F. Contentieux de la procédure de lutte contre l'habitat indigne

45540 Plusieurs voies de droit sont ouvertes devant le juge administratif pour contester les mesures prises dans le cadre de la police spéciale ou le refus de l'autorité compétente de faire usage de ses pouvoirs. Par ailleurs, l'action ou la carence de l'administration peut donner lieu à des actions en responsabilité. Sur le contentieux du recouvrement des sommes réclamées par l'administration au destinataire d'un arrêté, à la suite d'une exécution d'office, voir ci-dessus no 45410.

CONTESTATION DE L'ARRÊTÉ DE POLICE

45545 **Demande d'annulation** Les personnes visées par un arrêté de mise en sécurité ou de traitement de l'insalubrité peuvent, si elles estiment qu'il est illégal, demander au tribunal administratif d'en prononcer l'annulation. Elles doivent agir dans les deux mois qui suivent la date à laquelle elles ont reçu notification de l'arrêté.

> Précisions **a.** La nécessité d'agir dans le délai de deux mois doit être **indiquée dans la notification** de l'arrêté, faute de quoi ce délai ne serait pas opposable à l'intéressé.

b. Si, dans le délai de deux mois, la personne visée par l'arrêté présente un **recours administratif** (recours gracieux devant l'auteur de l'arrêté ou, s'agissant des arrêtés de traitement de l'insalubrité, recours hiérarchique devant le ministre chargé de la santé contre la décision du préfet), le délai de recours est **prorogé** : le tribunal administratif peut être saisi dans les deux mois suivant le rejet du recours administratif. Ce nouveau délai court de la notification d'une décision explicite ou, au plus tard, de la naissance, deux mois après la présentation du recours administratif, d'une décision implicite de rejet.

c. L'intéressé doit déposer (auprès du service postal ou directement au greffe du tribunal administratif), dans le délai de deux mois, une **requête** exposant les faits et invoquant des moyens de droit. Pour établir l'illégalité de l'arrêté, l'intéressé peut faire valoir, notamment, que l'état de l'immeuble ne justifie pas les mesures ordonnées, ou que le maire ou le préfet n'a pas respecté la procédure prévue par le CCH, faute par exemple d'avoir recueilli préalablement ses observations (nos 45140 s.). Sous réserve de certaines questions qui sont d'ordre public, telles que la compétence de l'auteur de l'acte, le juge ne censure que les illégalités expressément invoquées par le requérant.

d. Les litiges relatifs aux bâtiments menaçant ruine et aux immeubles insalubres sont normalement jugés par un **magistrat jugeant seul** désigné par le président du tribunal, qui statue en audience publique après audition d'un commissaire du gouvernement (C. just. adm. art. R 222-13, 8°). Un renvoi devant une formation collégiale demeure possible. La compétence du juge unique s'étend aux litiges relatifs aux états exécutoires émis par le maire afin de recouvrer auprès du propriétaire le coût de travaux exécutés d'office (no 45410).

e. Le jugement du tribunal administratif est susceptible d'**appel** devant la cour administrative d'appel, dont l'arrêt pourra faire l'objet d'un **pourvoi en cassation** devant le Conseil d'État. Ces voies de recours doivent être exercées dans un délai de deux mois à compter de la notification du jugement ou de l'arrêt attaqué.

f. Rien ne fait obstacle à ce que la **décision de faire réaliser d'office les travaux** soit également déférée devant le tribunal administratif dans les deux mois de sa notification. Mais si l'arrêté n'a pas été attaqué dans le délai, il n'est pas évident que son illégalité puisse être invoquée à l'appui d'un tel recours ; la jurisprudence aura à trancher cette question. Une réponse positive paraît possible par application de la théorie des « opérations complexes ». Si elle n'était pas retenue, au cas où l'arrêté serait devenu définitif, seuls les vices propres de la décision ordonnant l'exécution d'office (par exemple le fait qu'elle ne soit pas motivée ou n'ait pas été signée par un fonctionnaire disposant d'une délégation de la signature du maire ou du préfet) pourraient entraîner son annulation. Le propriétaire qui entend contester le bien-fondé de la mesure de police a donc tout intérêt à attaquer l'arrêté de mise en sécurité ou de traitement de l'insalubrité dans le délai légal.

g. Si une requête est **sans objet** dès la date de son introduction, le juge la rejette comme irrecevable ; si elle perd son objet en cours d'instance, il prononce un non-lieu à statuer. Selon la jurisprudence, le fait que les mesures prescrites par un arrêté de péril ou d'insalubrité ont été **entièrement exécutées** et que la mainlevée a été prononcée ne prive par d'objet le recours contre cet arrêté

(CE 21-4-2000 n° 198360 : Lebon p. 1163, pour un arrêté de péril ordonnant une démolition qui a été réalisée ; CE 18-5-2018 n° 408511 : BPIM 4/19 inf. 286, pour un arrêté d'insalubrité). En revanche, un recours contre un arrêté de péril ordonnant la démolition de l'immeuble peut se trouver privé d'objet si des travaux de réparation mettent fin au péril et excluent par suite que la mesure de démolition puisse être exécutée d'office (CE 9-6-2010 n° 306197). Ces solutions paraissent toujours valables.

Pouvoirs du juge Selon la jurisprudence antérieure à la réforme de 2020, le juge administratif saisi d'un recours contre un arrêté de péril ou d'insalubrité statuait non comme juge de l'excès de pouvoir mais comme juge de « **plein contentieux** » (CE 18-12-2009 n° 315537 : BPIM 1/10 inf. 83-i, CE 23-12-2020 n° 431843 : BPIM 1/21 inf. 166, pour les arrêtés de péril ; CE 30-7-1997 n° 150846 : Lebon T p. 1077, pour les arrêtés d'insalubrité). Tout indique que cette solution **demeure valable** pour les recours contre les arrêtés de mise en sécurité et de traitement de l'insalubrité. 45560

Alors que le juge de l'excès de pouvoir apprécie la légalité de la décision administrative contestée au regard de la situation de droit et de fait à la date à laquelle elle a été prise, le juge de plein contentieux prend en compte la situation **à la date à laquelle il statue.** Le tribunal administratif saisi d'un recours contre l'arrêté du maire ou du préfet vérifiera donc si les mesures qu'il prescrit sont justifiées par l'état de l'immeuble à la date du jugement (CE 18-12-2009 n° 315537, précité, pour un arrêté de péril ; CE 29-12-2000 n° 198220, pour un arrêté d'insalubrité). Il appréciera dans le cadre d'un contrôle complet (et non d'un contrôle limité à l'erreur manifeste d'appréciation) l'existence à cette date de risques d'effondrement ou d'une insalubrité.

Le juge vérifiera par ailleurs si l'arrêté a été pris par une **autorité compétente** (en particulier, si le fonctionnaire qui l'a signé bénéficiait d'une délégation de la signature du maire ou du préfet), au terme d'une **procédure régulière** (en particulier, si le propriétaire a été mis à même de présenter des observations) et dans les **formes requises** (en particulier, si l'arrêté est motivé).

Le juge peut **annuler** l'arrêté, soit entièrement, soit partiellement, c'est-à-dire en tant seulement qu'il prescrit certaines mesures. Dans certaines matières, en particulier le contentieux des installations classées, le juge de plein contentieux peut aussi **réformer** la décision administrative attaquée, en modifiant les mesures qu'elle prévoit. Cette possibilité a été écartée dans le contentieux des arrêtés d'insalubrité (CE 24-1-1984 n° 35366 : DA 1984 n° 67). Mais il ne paraît pas exclu que le juge administratif saisi d'un recours contre un arrêté de mise en sécurité ou de traitement de l'insalubrité se reconnaisse à l'avenir de tels pouvoirs.

> Précisions Le juge saisi d'un recours contre un arrêté de mise en sécurité, s'il est saisi d'un moyen en ce sens, vérifiera également que le maire pouvait mettre en œuvre ses pouvoirs de police spéciale. S'il estime que les désordres affectant l'immeuble avaient une origine extérieure à celui-ci et, par suite, que le maire pouvait seulement agir dans le cadre de la police générale (voir n° 45015), il annulera l'arrêté. En effet, les **pouvoirs de police générale** sont distincts de ceux qui lui sont conférés dans le cadre de la police spéciale prévue par les articles L 511-1 et s. du CCH. Ils ne relèvent pas des mêmes procédures et n'ont pas la même portée. Par suite, si l'autorité compétente s'est méprise sur le texte applicable, le juge administratif saisi d'un recours doit annuler sa décision, sans pouvoir procéder à une substitution de base légale (CE 30-11-2007 n° 294768 : BPIM 1/08 inf. 81).

Référé-suspension Les intéressés peuvent assortir la demande d'annulation de l'arrêté de mise en sécurité ou de traitement de l'insalubrité d'une demande en référé tendant à ce que son exécution soit **suspendue** dans l'attente du jugement de l'affaire au fond. Cette demande doit être formée par requête distincte ; elle n'est recevable que si une requête en annulation est présentée par ailleurs. 45565

La suspension est soumise à deux **conditions** : l'existence d'une situation d'urgence et celle d'un doute sérieux quant à la légalité de l'acte attaqué (C. just. adm. art. L 521-1). La condition d'urgence sera regardée comme remplie si l'exécution immédiate est de nature à causer un grave préjudice au requérant et si sa suspension n'est pas incompatible avec l'intérêt public (CE 30-11-2001 n° 233327 : BPIM 2/02 inf. 135 pour un rejet motivé par le caractère impératif de la démolition immédiate d'un immeuble présentant des risques sanitaires).

> Précisions a. Si le recours est dirigé contre la **décision de procéder à l'exécution d'office** de l'arrêté, en réalisant des travaux à la charge du requérant, l'atteinte grave et imminente aux intérêts de celui-ci est certaine et la condition d'urgence est a priori remplie, sauf si l'exécution est indispensable pour faire face par exemple à un risque imminent d'effondrement. Si le recours est dirigé contre l'arrêté, le fait qu'il ne prendra effet qu'après une décision d'exécution d'office pourrait être invoqué pour nier l'urgence. Toutefois, l'arrêté impose au propriétaire des obligations immédiates qui peuvent être lourdes en matière d'hébergement ou de relogement des occupants du local.

b. L'ordonnance du juge des référés du tribunal administratif ne peut pas faire l'objet d'un appel mais seulement d'un **pourvoi en cassation** devant le Conseil d'État, qui doit être présenté dans les quinze jours de sa notification.

c. Si le juge des référés **rejette** la demande de suspension au motif que la légalité de la décision attaquée n'est pas sérieusement mise en doute, le requérant dispose d'un délai de 2 mois à compter de la notification de l'ordonnance pour **confirmer sa demande d'annulation** de la décision. À défaut, il est réputé s'être désisté de cette demande (C. just. adm. art. R 612-5-2). Cette règle ne s'applique que si elle est mentionnée dans la notification de l'ordonnance de référé.

AUTRES ACTIONS

45570 **Actions en responsabilité du propriétaire** La personne visée par un arrêté de mise en sécurité ou de traitement de l'insalubrité entaché d'illégalité peut rechercher la **responsabilité pour faute** de la collectivité au nom duquel la mesure a été prise, en demandant qu'elle soit condamnée à réparer les préjudices qu'elle lui a causés. Une telle action peut être intentée alors même que l'arrêté est devenu définitif faute d'avoir été attaqué dans le délai de recours contentieux de deux mois. Le requérant doit démontrer son illégalité et établir qu'il a constitué la cause directe des préjudices qu'il invoque. En principe, le lien direct ne sera pas reconnu si la mesure était entachée d'une irrégularité de procédure ou d'un vice de forme mais justifiée au fond par l'état de l'immeuble.

> Précisions Les actions en responsabilité doivent être dirigées **contre la commune** lorsque le dommage est imputé à un arrêté de mise en sécurité relevant du maire et **contre l'État** s'il est imputé à un arrêté de traitement de l'insalubrité relevant du préfet. Si la mesure a été prise par le président d'un EPCI, on peut penser que l'action doit être dirigée contre l'établissement s'agissant des mesures de mise en sécurité, la compétence de la commune en la matière lui ayant été transférée, mais contre l'État s'agissant des mesures de traitement de l'insalubrité, la compétence du préfet ayant seulement été déléguée à son président (voir nº 45110). Toutefois, la jurisprudence n'a pas pris parti sur ce point.

45575 **Actions de tiers au titre de la carence de l'autorité compétente dans l'exercice de ses pouvoirs de police spéciale** Un **tiers lésé par l'état d'un immeuble** peut demander au maire ou au préfet de prendre un arrêté de mise en sécurité ou de traitement de l'insalubrité et attaquer son refus devant le tribunal administratif. La jurisprudence a en effet reconnu que le refus du maire de prendre un arrêté de péril alors que l'état d'un bâtiment est particulièrement dangereux peut être illégal (CE 1-6-1973 nº 85244 : Lebon T p. 915). La demande d'annulation peut être assortie de conclusions tendant à ce que le juge **enjoigne** à l'autorité compétente de prendre les mesures nécessaires ou à tout le moins de réexaminer la demande du requérant (C. just. adm. art. L 911-1 s.).

Si l'autorité compétente a illégalement refusé ou omis de prendre une mesure de police, ou a négligé procéder à l'exécution d'office d'un arrêté, le tiers lésé par l'état de l'immeuble pourra rechercher la **responsabilité pour faute** de la collectivité, qui si elle est condamnée pourra se retourner contre le propriétaire. En revanche, dès lors qu'il lui appartenait de veiller à l'entretien de l'immeuble, le propriétaire ne saurait rechercher la responsabilité de la collectivité au titre de sa carence (CE 27-2-1935 : Lebon T p. 254).

L'engagement de la responsabilité de la collectivité en cas de carence de l'autorité compétente a d'abord été limité au cas où cette dernière avait commis une faute lourde (CE 21-11-1981 : Lebon T p. 875). Il suffit désormais d'une **faute simple** (CE 27-9-2006 nº 284022, Cne de Baalon : BPIM 4/06 inf. 303, reconnaissant l'existence d'une faute de nature à engager la responsabilité de la commune dans un cas où une expertise réalisée à la suite d'un arrêté de péril avait mentionné un péril grave et imminent et recommandé une démolition rapide et où l'administration était ensuite demeurée inactive pendant quatre ans).

45580 **Actions au titre de dommages causés par l'exécution d'office** Selon la jurisprudence, les travaux exécutés d'office à la suite d'un arrêté de péril présentent le caractère de **travaux publics** et les dommages qu'ils causent aux **tiers** engagent la **responsabilité** sans faute **de la commune** (CE 28-10-1977 nº 00791 : Lebon p. 407 ; CE 4-2-2019 nº 417047 : BPIM 2/19 inf. 135). En revanche, en cas de dommage causé au propriétaire, la responsabilité de la commune n'est engagée à l'égard de celui-ci que si les services communaux ont commis une faute (CE 22-10-1980 nº 17062 : Lebon T p. 631).

Ces solutions demeurent certainement valables pour les arrêtés de mise en sécurité pris par le maire et sont transposables pour les arrêtés de traitement de l'insalubrité pris par le préfet, la responsabilité engagée étant toutefois celle de l'État et non celle de la commune. Sur le cas où l'arrêté a été pris par le président d'un EPCI, nº 45570, précision.

> Précisions **a.** Symétriquement, le fait de **ne pas faire procéder** à l'exécution d'office (ou de ne pas réaliser des travaux suffisants pour faire cesser le péril) est susceptible d'engager la responsabilité pour faute de la collectivité à l'égard de tiers.

b. En cas d'urgence et sur simple requête recevable même en l'absence de décision administrative préalable, le juge administratif des référés peut ordonner toutes mesures utiles sans faire obstacle à l'exécution d'aucune décision administrative (C. just. adm. art. L 521-3). Saisi sur le fondement de ces dispositions, le juge des référés peut, en l'absence de contestation sérieuse, **enjoindre à une commune de prendre des mesures conservatoires** pour faire cesser un dommage grave et immédiat imputable à la carence du maire dans l'exercice de la police des bâtiments menaçant ruine (CE 8-3-2010 n° 331115 : BPIM 3/10 inf. 247). Toutefois, une telle injonction n'est possible que s'il n'est pas sérieusement contestable que l'abstention du maire est **fautive,** ce qui suppose notamment qu'elle ne soit pas justifiée par un motif d'intérêt général (CE 5-6-2020 n° 435126 : BPIM 4/20 inf. 256).

G. Pouvoirs ne s'exerçant pas dans le cadre de la procédure unifiée

L'ordonnance du 16 septembre 2020 n'a pas rendu applicable la procédure décrite ci-dessus à **45600**
deux catégories de mesures concernant, l'une, la salubrité des logements et, l'autre, la sécurité des immeubles à usage d'hébergement.

INJONCTIONS PRÉFECTORALES EN MATIÈRE D'HYGIÈNE DE L'HABITAT

En cas d'urgence, notamment de danger ponctuel imminent pour la santé publique, le **45610**
représentant de l'État dans le département peut ordonner l'exécution immédiate, tous droits réservés, des mesures prescrites par les règles d'hygiène prévues aux articles L 1311-1 s. du Code de la santé publique (CSP art. L 1311-4).

Lorsque les mesures ordonnées ont pour objet d'assurer le respect **des règles d'hygiène en matière d'habitat** et faute d'exécution par la personne qui y est tenue, le maire ou, le cas échéant, le président de l'EPCI, ou à défaut le préfet, y procède d'office aux frais de celle-ci.

La créance de la collectivité publique qui a fait l'avance des frais est alors recouvrée comme en matière de contributions directes. Toutefois, si la personne tenue à l'exécution des mesures ne peut être identifiée, les frais exposés sont à la charge de l'État.

INJONCTIONS DU MAIRE AUX EXPLOITANTS D'IMMEUBLES D'HÉBERGEMENT

Le maire dispose du pouvoir de prescrire par arrêté à l'exploitant d'un immeuble recevant du **45620**
public à usage total ou partiel d'hébergement de faire cesser une situation d'insécurité constatée par la commission de sécurité et, le cas échéant, de réaliser des aménagements et travaux dans un délai fixé. Ce pouvoir ne s'exerce pas dans le cadre de la procédure unifiée instituée par l'ordonnance du 16 septembre 2020 mais donne lieu à une **procédure particulière** définie par des dispositions spécifiques (CCH art. L 184-1 s.).

Le propriétaire et l'exploitant sont redevables d'une **astreinte** en cas d'inexécution des mesures ou travaux prescrits par l'arrêté (CCH art. L 184-3).

Ces dispositions visent essentiellement à remédier aux situations anormales constatées dans certains hôtels meublés.

À défaut d'exécution volontaire, et après mise en demeure demeurée infructueuse, le maire peut faire procéder d'office aux travaux nécessaires pour mettre fin à une insécurité manifeste. En cas de litige sur les conditions d'entrée dans l'immeuble, le juge des référés statue.

Lorsque la commune procède d'office aux travaux, elle agit en lieu et place des propriétaires, pour leur compte et à leurs frais. Sa créance est recouvrée comme en matière de contributions directes.

Est puni d'un emprisonnement d'un an et d'une amende de 50 000 € le refus délibéré et sans motif légitime, constaté après mise en demeure, d'exécuter les travaux prescrits (CCH art. L 184-3).

> Précisions **a.** Le maire peut prononcer une **interdiction temporaire d'habiter ou d'utiliser les lieux** applicable jusqu'à la réalisation des mesures prescrites. Si une telle interdiction est décidée – ou si l'état des locaux impose une fermeture définitive de l'établissement –, l'hébergement ou le relogement des occupants est assuré dans les conditions exposées n°s 45450 s.

b. Le montant maximal de l'**astreinte** est de 1 000 € par jour de retard (CCH art. L 184-3). Le montant est modulé en tenant compte de l'ampleur des mesures et travaux prescrits et des conséquences de la non-exécution. Le maire peut, lors de la liquidation trimestrielle de l'astreinte, consentir une exonération partielle ou totale si le redevable établit que la non-exécution de l'intégralité de ses obligations est due à des circonstances qui ne sont pas de son fait. Le montant total des sommes demandées ne peut être supérieur au montant de l'amende prévue à l'article L 184-4, soit 50 000 €.

SECTION 2

EXPROPRIATION DES IMMEUBLES MENAÇANT RUINE OU INSALUBRES

45650 La loi 70-612 du 10-7-1970 dite « loi Vivien », codifiée aux articles L 511-1 et suivants du Code de l'expropriation, a institué une procédure spéciale d'expropriation applicable à des immeubles pour lesquels il est impossible de remédier à l'insalubrité ou à l'insécurité (nos 45655 s.). Cette procédure, qui déroge sur certains points au droit commun de l'expropriation, est conforme à la Constitution (Cons. const. 17-9-2010 n° 2010-26 QPC). Les garanties prévues assurent en effet le respect du droit de propriété.

La loi 2024-322 du 9 avril 2024 a institué une autre procédure spéciale, très proche de la précédente, qui s'applique à des immeubles qui ne sont pas atteints d'une indignité irrémédiable mais dont les propriétaires ont omis d'exécuter les mesures prescrites par des arrêtés de police (C. expr. art. L 512-1 à L 512-6) (nos 45670 s.).

La même loi a permis aux occupants d'un logement ayant fait l'objet d'un arrêté de police de demander que les loyers indument versés au propriétaire soient imputés sur l'indemnité d'expropriation (n° 45685).

A. Immeubles indignes à titre irrémédiable

45655 **Champ d'application** Sont visés (C. expr. art. L 511-1) :

– les immeubles ayant fait l'objet d'un **arrêté de mise en sécurité ou de traitement de l'insalubrité** pris en application de l'article L 511-11 du CCH et prescrivant **la démolition ou l'interdiction définitive d'habiter ou d'utiliser** ;

– à titre **exceptionnel,** des immeubles qui ne sont ni insalubres, ni impropres à l'habitation ou à l'utilisation, lorsque leur expropriation est **indispensable à la démolition** d'immeubles insalubres ou menaçant ruine ;

– à titre exceptionnel également, les **terrains** où sont situés les immeubles insalubres ou menaçant ruine, lorsque leur acquisition est nécessaire à la résorption de l'habitat insalubre, alors même qu'y seraient également implantés des bâtiments non insalubres ou ne menaçant pas ruine.

L'expropriation peut être poursuivie au profit de l'État, d'une société de construction dont il détient la majorité du capital, d'une collectivité territoriale, d'un organisme y ayant vocation ou du concessionnaire d'une opération d'aménagement mentionnée à l'article L 300-4 du Code de l'urbanisme.

> **Précisions** **a.** Jusqu'au 1er janvier 2021 étaient visés (C. expr. art. L 511-1 dans sa rédaction antérieure à ord. 2020-1144 du 16-9-2020) :
> – les immeubles déclarés **insalubres à titre irrémédiable,** qu'ils aient fait l'objet d'un arrêté d'insalubrité visant un immeuble ou groupe d'immeubles (CSP art. L 1331-28 ancien) ou qu'ils soient inclus dans un périmètre d'insalubrité (CSP art. L 1331-25 ancien) ;
> – les immeubles à usage total ou partiel d'habitation, ayant fait l'objet d'un **arrêté de péril ordinaire** assorti d'une interdiction définitive d'habiter ou d'une ordonnance de démolition (CCH art. L 521-2 ancien) ;
> – à titre exceptionnel, les deux dernières catégories d'immeubles visées par le texte actuel.
>
> **b.** Dans sa rédaction issue de l'ordonnance 2020-1144 du 16 septembre 2020, l'article L 511-1 du Code de l'expropriation visait les immeubles ayant fait l'objet d'un arrêté prescrivant la démolition ou « l'interdiction définitive d'habiter ». La loi 2024-322 du 9 avril 2024 a ajouté la mention de l'interdiction définitive **d'utiliser** un local. Cet ajout a eu pour objet, selon l'étude d'impact du projet de loi, de marquer clairement que la procédure spéciale s'applique y compris au propriétaire d'un **local commercial** faisant partie d'un immeuble insalubre ou menaçant ruine.
>
> **c.** Les terrains expropriés peuvent être affectés, à titre précaire, à la construction

de **logements provisoires** sans que la durée d'utilisation de ceux-ci puisse excéder huit ans à compter de l'ordonnance d'expropriation (C. expr. art. L 511-3).
d. Dans un cas où l'opération d'expropriation avait pour objet non seulement de résorber un habitat insalubre, mais également de **créer de nouveaux logements** et d'aménager un parc public et une rue piétonnière, il a été jugé que l'administration avait pu, en tout état de cause, mettre en œuvre non la procédure spéciale prévue par la loi Vivien, mais la procédure de droit commun qui comporte des garanties plus étendues pour les propriétaires (CE 7-5-1993 n° 110947 : Lebon T p. 822).
e. L'expropriation n'est possible que si elle est indispensable à la démolition des immeubles insalubres. On peut penser que cette condition vaut non seulement pour l'expropriation mais également pour l'inclusion d'un **immeuble salubre** dans un périmètre d'insalubrité (en ce sens TA Marseille 21-5-1991 : Lebon T p. 1902).
f. La procédure d'expropriation de la loi Vivien a pour objet de pallier les carences des propriétaires à effectuer des travaux nécessaires pour remédier à l'insalubrité des immeubles leur appartenant. Par suite, un préfet commet un **détournement de procédure** en faisant application de ces dispositions alors que la dégradation de l'immeuble résulte principalement du refus de l'État d'accorder le concours de la force publique pour expulser des occupants sans droit ni titre, dont la présence a empêché le propriétaire d'effectuer des travaux de réhabilitation (CE 25-5-2005 n° 275864 : BPIM 4/05 inf. 283).
g. La possibilité d'expropriation **à titre exceptionnel** prévue par l'article L 511-1, 2° du Code de l'expropriation peut concerner des locaux qui ne sont **pas à usage d'habitation** (CE 18-1-2017 n° 383374 : BPIM 2/17 inf. 148).

Quand les conditions de l'expropriation sont réunies, le **préfet** prend un **arrêté** qui (C. expr. art. L 511-2 et R 511-1) : **45657**
– déclare d'utilité publique l'expropriation des immeubles, parties d'immeubles, installations ou terrains ;
– indique la collectivité publique ou l'organisme bénéficiaire de l'expropriation ;
– mentionne les offres de relogement faites obligatoirement aux occupants (y compris les propriétaires), qu'il s'agisse d'un relogement durable ou d'un relogement d'attente avant l'offre d'un relogement définitif (C. expr. art. R 511-2, al. 1) ;
– prononce la cessibilité ;
– fixe le montant de l'indemnité provisionnelle allouée aux propriétaires ainsi qu'aux titulaires de baux commerciaux, cette indemnité ne pouvant être inférieure à l'évaluation des domaines (directeur départemental ou régional des finances publiques) (C. expr. art. 970) ;
– fixe la date à laquelle il pourra être pris possession des immeubles après paiement, cette date devant être postérieure d'au moins un mois à la publication de l'arrêté (deux mois dans les cas où l'article L 511-1 n'autorise l'expropriation qu'à titre exceptionnel) ;
– fixe le montant de l'indemnité provisionnelle de déménagement (à moins que le déménagement ne soit assuré par l'administration) et, le cas échéant, le montant de l'indemnité de privation de jouissance.

L'arrêté est publié au recueil des actes administratifs du département et affiché à la mairie du lieu où sont situés les biens. Il est notifié aux propriétaires, aux titulaires de droits réels immobiliers sur les locaux, aux détenteurs de parts donnant droit à l'attribution ou à la jouissance en propriété des locaux, aux occupants et, s'agissant d'un immeuble d'hébergement, à l'exploitant. À défaut de connaître l'adresse actuelle de ces personnes ou de pouvoir les identifier, la notification les concernant est valablement effectuée par affichage à la mairie de la commune ou, à Paris, Marseille et Lyon, de l'arrondissement où est situé l'immeuble ainsi que par affichage sur la façade de l'immeuble (C. expr. art. R 511-2, al. 2 dans sa rédaction issue du décret 2025-419 du 12-5-2025).

> Précisions a. L'ensemble constitué par l'arrêté fixant le périmètre d'insalubrité et interdisant d'habiter les immeubles et l'arrêté déclarant d'utilité publique leur acquisition et prononçant leur cessibilité forme une opération complexe, ce qui signifie que la personne qui attaque le second arrêté peut invoquer utilement et sans condition de délai, par voie d'exception, l'illégalité du premier (CE 6-11-1981 n° 25939 : Lebon p. 402 ; CE 21-2-1986 n° 37532 : Lebon T p. 671).
b. Saisi, à l'appui d'un recours contre la déclaration d'utilité publique, d'une exception d'illégalité de l'arrêté d'insalubrité, le juge doit, pour apprécier la légalité de cet arrêté au regard notamment de l'état de l'immeuble, se placer non pas à la date à laquelle il a été pris mais **à la date de l'arrêté portant DUP** (CE 20-3-2015 n° 371895).

Dans le mois qui suit la prise de possession des lieux par le bénéficiaire de l'expropriation, le préfet doit poursuivre la procédure devant le **juge judiciaire** dans les **conditions de droit commun** prévues par le Code de l'expropriation (C. expr. art. L 511-4). À défaut de cession amiable, il doit obtenir une ordonnance d'expropriation. Les droits de l'exproprié sur l'immeuble **45660** s'éteindront à la date de la cession amiable ou de l'ordonnance d'expropriation dans les conditions prévues à l'article L 222-2 du Code de l'expropriation.

> **Précisions** L'ordonnance 2005-1566 du 15 décembre 2005 a abrogé les dispositions qui accordaient aux propriétaires un délai de deux mois pour proposer à l'expropriant de procéder eux-mêmes à la suppression des bâtiments et installations visés par l'arrêté préfectoral. Le rapport de présentation de l'ordonnance précise toutefois que « rien ne s'oppose à ce qu'un propriétaire réalise des travaux lourds de réhabilitation d'un immeuble insalubre, ce qui l'exclut, alors, du champ de la déclaration d'utilité publique ».

45662 Pour la fixation de l'**indemnité d'expropriation,** il est renvoyé à la procédure et aux modalités de calcul de droit commun sous réserve de certaines règles dérogatoires (C. expr. art. L 511-5).

La **valeur des biens** est appréciée, compte tenu du caractère impropre à l'habitation ou à l'utilisation des locaux et installations expropriés, à la valeur du terrain nu, déduction faite des frais entraînés par leur démolition. Cette disposition défavorable ne concerne pas les propriétaires d'immeubles insalubres ou menaçant ruine qui occupaient eux-mêmes ces immeubles deux ans au moins avant la notification de l'arrêté d'insalubrité ou de péril, ni les propriétaires d'immeubles expropriés alors qu'ils ne sont ni insalubres, ni impropres à l'habitation, ni frappés d'un arrêté de péril (C. expr. art. L 511-6).

Par ailleurs, l'indemnité d'expropriation est réduite du montant des **frais de relogement des occupants** si l'administration les a pris en charge en raison de la carence du propriétaire (C. expr. art. L 511-7).

Enfin, aucune indemnisation à titre principal ou accessoire ne peut être accordée en dédommagement de la suppression d'un commerce portant sur l'utilisation comme habitation de terrains ou de locaux impropres à cet usage (C. expr. art. L 511-8).

> **Précisions** **a.** Eu égard à la compétence exclusive du juge judiciaire en ce qui concerne la fixation des indemnités, et alors même que l'arrêté préfectoral déclarant d'utilité publique l'expropriation des immeubles doit, en application de l'article L 511-2 du Code de l'expropriation, fixer le montant de l'indemnité provisionnelle à allouer aux propriétaires, ceux-ci ne sauraient demander au juge administratif des référés de leur accorder une **provision** (CAA Lyon 3-10-1996 n° 95LY02322 : Lebon T p. 784).
> **b.** L'article L 511-6 du Code de l'expropriation n'a pas pour effet d'exclure l'octroi d'**indemnités accessoires** réparant des préjudices autres que la perte de la valeur du bien, dans les conditions définies par le droit commun de l'expropriation (C. expr. art. L 321-1 s.). Mais ces indemnités ne sauraient être fondées sur des éléments afférents à la construction déclarée insalubre. Par suite, le propriétaire ne peut prétendre à une indemnité accessoire au titre de travaux d'amélioration qu'il avait effectués dans le local exproprié et qui n'étaient pas amortis à la date de l'expropriation (Cass. 3e civ. 20-10-2004 n° 03-70.134 : BPIM 1/05 inf. 65).

45665 L'occupant d'un immeuble menaçant ruine ou insalubre exproprié bénéficie des **droits de priorité et de préférence** prévus pour l'expropriation pour cause d'utilité publique aux articles L 423-1 et L 423-5 du Code de l'expropriation (Cass. 3e civ. 13-6-2019 n° 18-13.287 : BPIM 4/19 inf. 247).

Le droit de priorité permet aux occupants d'un immeuble, si leurs revenus ne dépassent pas un certain seuil, de bénéficier de l'attribution prioritaire d'un logement HLM. Quant au droit de préférence, il permet l'octroi d'un prêt immobilier à des conditions avantageuses.

Le **refus par les occupants** des locaux ou installations visés à l'arrêté préfectoral du **relogement** qui leur est offert par l'expropriant, dans les conditions prévues à l'article L 314-2 du Code de l'urbanisme, permet leur expulsion sans indemnité (C. expr. art. L 511-9).

L'expulsion doit s'effectuer dans les conditions de droit commun et exige donc une autorisation judiciaire. Par ailleurs, l'offre de relogement doit être conforme aux prévisions de l'article L 314-2 du Code de l'urbanisme relatif au relogement dans le cadre d'opérations d'aménagement. Il doit être fait à chaque occupant au moins deux propositions portant sur des locaux satisfaisant à des normes d'habitabilité.

B. Immeubles atteints d'une indignité remédiable

45670 **Conditions** Les conditions suivantes doivent être réunies (C. expr. art. L 512-1) :

– l'immeuble a fait l'objet, au cours des dix dernières années civiles, d'au moins **deux arrêtés** de mise en sécurité ou de traitement de l'insalubrité ayant prescrit des mesures propres à remédier à la situation qui n'ont **pas été intégralement exécutées** ou à l'exécution desquelles il a dû être **procédé d'office** ;

– des mesures de remise en état sont **nécessaires pour éviter la poursuite de la dégradation** de l'immeuble (nécessité constatée par un rapport des services de la commune, de l'EPCI ou de l'État, ou d'un expert désigné par l'autorité compétente) ;

– si l'immeuble est à usage d'habitation et occupé et qu'une interdiction temporaire d'habiter s'impose pour permettre les travaux ou protéger les occupants, un **projet de plan de relogement** et le cas échéant **d'hébergement** (C. urb. art. L 314-2 à L 314-9) est élaboré.

Lorsque les arrêtés inexécutés ou exécutés d'office concernaient une partie privative d'un immeuble en copropriété, l'expropriation ne porte que sur le lot concerné.

L'expropriation peut être poursuivie au profit de l'État, d'une société de construction dont il détient la majorité du capital, d'une collectivité territoriale, du concessionnaire d'une opération d'aménagement mentionnée à l'article L 300-4 du Code de l'urbanisme ou du titulaire d'un contrat mentionné à l'article L 300-10 du même Code.

Lorsque ces conditions sont réunies, le préfet prend un arrêté dont le contenu correspond pour **45672**
l'essentiel à celui décrit n° 45657 : il déclare l'utilité publique, désigne la collectivité expropriante, prononce la cessibilité des immeubles ou parties d'immeubles bâtis, installations et terrains concernés, fixe le montant de l'indemnité provisionnelle due aux propriétaires et aux titulaires de conventions d'occupation à usage autre que d'habitation et fixe la date de la prise de possession, qui doit être postérieure d'au moins deux mois à la publication de l'arrêté (C. expr. art. L 512-2).

L'arrêté mentionne les offres de relogement faites aux occupants (C. expr. art. R 512-2 dans sa rédaction issue du décret 2025-419 du 12-5-2025 ; v. 45675). Il est publié, affiché en mairie et notifié aux intéressés dans les mêmes conditions que l'arrêté pris en cas d'insalubrité irrémédiable (v. n° 45657).

> **Précisions** **a.** L'indemnité provisionnelle ne peut être inférieure à l'évaluation établie par le service des domaines (C. expr. art. L 512-2, al. 3). Cette évaluation est effectuée par le directeur départemental ou, le cas échéant, régional des finances publiques (art. R 512-3 dans sa rédaction issue du décret 2025-149 du 12-5-2025).
> **b.** Le préfet fixe, le cas échéant, le montant de l'indemnité provisionnelle de privation de jouissance et l'indemnité provisionnelle de déménagement si celui-ci n'est pas assuré par l'administration (C. expr. art. L 512-2, al. 5).
> **c.** Un arrêté préfectoral autorise l'accès à l'immeuble des agents de la collectivité expropriante (C. expr. art. L 512-2, al. 6 et L 523-3).

S'il y a lieu, le préfet, en même temps qu'il déclare l'utilité publique, prescrit par arrêté **45675**
l'**interdiction temporaire** d'habiter ou d'utiliser les lieux. La collectivité expropriante est alors tenue de **reloger** les occupants, y compris les occupants propriétaires (C. expr. art. L 512-2, al. 1 et 2).

Ce relogement s'effectue conformément aux articles L 423-1 et suivants du Code de l'expropriation et aux articles L 314-1 et suivants du Code de l'urbanisme. Le **refus** des occupants du relogement qui leur est offert dans les conditions prévues par le Code de l'urbanisme (C. urb. art. L 314-2, prévoyant deux propositions, en cas d'éviction définitive, C. urb. art. L 314-3 en cas d'éviction temporaire) autorise leur expulsion sans indemnité (C. expr. art. L 512-3, al. 3 et 4).

Dans le mois qui suit la prise de possession, le préfet poursuit la procédure d'expropriation dans **45677**
les conditions de droit commun (C. expr. art. L 512-3, al. 1).

Par exception à la règle selon laquelle l'ordonnance d'expropriation ou la cession amiable éteint tout droit réel ou personnel sur l'immeuble (C. expr. art. L 222-2), la collectivité expropriante est **subrogée** dans les droits du propriétaire pour la poursuite des **baux en cours** (C. expr. art. L 512-3, al. 2). Toutefois cette subrogation ne joue pas si, préalablement à la déclaration d'utilité publique, le conseil municipal de la commune où situé l'immeuble a été saisi d'un dossier présentant un projet simplifié d'acquisition publique en vue d'une opération rendant impossible la réintégration ultérieure des occupants dans le local évacué.

L'indemnité d'expropriation est en principe fixée conformément au droit commun **45680**
(C. expr. art. L 512-4). Certaines **règles spéciales** sont toutefois prévues.

Pour le calcul de l'indemnité due au propriétaire, la valeur du bien est fixée par référence à des mutations ou à des accords amiables portant sur des biens situés dans le même secteur et se trouvant dans un **état de dégradation ou d'insalubrité comparable** (C. expr. art. L 512-5). Lorsque ces références sont en nombre insuffisant et que des opérations sur des biens de meilleure qualité sont retenues pour déterminer la valeur du bien, un **abattement** est pratiqué sur les montants des opérations retenues. Cet abattement est défini en fonction de la dépréciation résultant de la dégradation et de l'insalubrité du bien. Il comprend le montant des travaux et mesures non réalisés qui avaient été prescrits par les arrêtés non exécutés.

Lorsque les lieux expropriés ont fait l'objet d'une interdiction temporaire d'habiter ou d'utiliser résultant d'un ou plusieurs arrêtés de mise en sécurité ou de traitement de l'insalubrité, l'indemnité d'expropriation est réduite du montant des **frais de relogement des occupants** si l'administration les a pris en charge en raison de la carence du propriétaire (C. expr. art. L 511-7).

Enfin, aucune indemnisation n'est due en dédommagement de la suppression d'un commerce portant sur l'utilisation comme habitation de locaux impropres à cet usage (C. expr. art. L 512-2, al. 3).

C. Imputation sur l'indemnité d'expropriation des loyers indûment versés

45685 L'occupant qui a versé des sommes à l'exproprié en contrepartie de l'occupation d'un logement faisant l'objet d'un arrêté de mise en sécurité ou de traitement de l'insalubrité, alors que ces sommes n'étaient pas dues (voir n° 45435), peut en **demander la restitution** devant le juge de l'expropriation dans le cadre de l'instance en fixation de l'indemnité d'expropriation (C. expr. art. L 311-8-1).

S'il fait droit à cette demande, le juge fixe le montant de la somme due à l'occupant, ordonne sa **déduction** de l'indemnité d'expropriation fixée au profit de l'exproprié et son versement à l'occupant, par l'expropriant, dans la limite du montant de l'indemnité d'expropriation.

Le dispositif du jugement mentionne la créance de l'occupant, le montant de l'indemnité d'expropriation et, selon le cas, la somme restant due à l'exproprié après déduction du montant de la créance de l'occupant ou la somme restant due à l'occupant par l'exproprié après cette déduction.

Cette condamnation vaut restitution des sommes indûment perçues.

SECTION 3

AUTRES PROCÉDURES DE LUTTE CONTRE L'HABITAT INDIGNE

45690 Afin d'améliorer la lutte contre l'habitation indigne et mieux connaître et contrôler les mises en location, la loi Alur a instauré un **dispositif optionnel** d'autorisation préalable des travaux conduisant à la création de locaux à usage d'habitation dans un immeuble existant (CCH art. L 126-18 à L 126-20), un dispositif optionnel d'autorisation préalable de mise en location (CCH art. L 635-1 à L 635-11 et R 635-1 à R 635-4) et de déclaration de mise en location (CCH art. L 634-1 à L 634-5 et R 634-1 à R 634-4).

45691 **Autorisation préalable de travaux** Dans les zones présentant une proportion importante d'habitat dégradé ou dans lesquelles l'habitat dégradé est susceptible de se développer, une autorisation préalable aux travaux conduisant à la création de plusieurs locaux à usage d'habitation dans un immeuble existant peut être instituée par l'organe délibérant de l'établissement public de coopération intercommunal (**EPCI**) compétent en matière d'habitat ou, à défaut, par le **conseil municipal** (CCH art. L 126-18, al. 1). L'autorisation peut être refusée ou soumise à conditions lorsque les locaux à usage d'habitation créés sont susceptibles de porter **atteinte à la sécurité des occupants** et à la salubrité publique (CCH art. L 126-18, al. 3).

La demande d'autorisation de travaux comporte, notamment, l'identité du demandeur, la désignation de l'immeuble et la description des travaux envisagés.

Elle est adressée par lettre recommandée avec demande d'avis de réception, déposée contre décharge, ou adressée par voie électronique à l'EPCI compétent ou, à défaut, à la mairie de la commune dans laquelle les travaux sont envisagés :

– soit par le ou les propriétaires du ou des immeubles, leur mandataire ou par une ou plusieurs personnes attestant être autorisées par eux à exécuter les travaux ;

– soit, en cas d'indivision, par un ou plusieurs coïndivisaires ou leur mandataire ;

– soit par une personne ayant qualité pour bénéficier de l'expropriation pour cause d'utilité publique.

Le président de l'EPCI ou le maire dispose d'un délai d'un mois à compter de la réception de la demande pour notifier sa décision ; le défaut de réponse dans ce délai vaut autorisation (CCH art. L 126-20, al. 2).

Autorisation préalable et déclaration de mise en location La mise en location d'un logement par un bailleur peut être soumise à une autorisation préalable (CCH art. L 635-1, I) ou à une déclaration consécutive à la signature du contrat (CCH art. L 634-1, I) par l'organe délibérant de l'EPCI compétent en matière d'habitat ou, à défaut, le conseil municipal. 45692

Est prévue la délégation de cette compétence du président de l'EPCI aux maires qui le souhaitent, dans les secteurs définis par l'EPCI (CCH art. L 635-1, III et L 634-1, III).

Les zones soumises à autorisation sont situées sur les territoires présentant une proportion importante d'habitat dégradé tandis que celles soumises à déclaration peuvent être partout ailleurs.

Sont concernés les contrats de locations nues ou meublées de locaux à usage d'habitation qui constituent la résidence principale du preneur, à l'exclusion de leur reconduction ou de leur renouvellement ou de la conclusion d'un avenant à ce contrat (CCH art. R 634-1 et R 635-1).

Ces deux dispositifs ne s'appliquent ni aux logements mis en location par un organisme de logement social, ni aux logements qui font l'objet d'une convention APL (aide personnalisée au logement) (CCH art. L 635-1, I et L 634-1, I).

La **demande d'autorisation préalable** de mise en location est établie par le ou les bailleurs ou leur mandataire et précise notamment leurs identités et leurs coordonnées (CCH art. R 635-2). Le défaut de notification d'une décision expresse dans le délai d'un mois vaut autorisation tacite (CCH art. L 635-4, al. 3).

L'autorisation peut être **refusée** si le logement ne présente pas les caractéristiques de **décence** prévues à l'article 6 de la loi 89-462 du 6 juillet 1989 tendant à améliorer les rapports locatifs, ou est susceptible de porter atteinte à la **sécurité** des occupants et à la **salubrité publique** (CCH art. L 635-3, al. 2). Pour le vérifier, le président de l'EPCI compétent peut faire procéder à une **visite** du logement (CCH art. L 635-3, al. 3). À titre expérimental jusqu'au 9 avril 2029, en cas de **colocation** formalisée par la conclusion de plusieurs contrats entre les locataires et le bailleur, l'autorisation peut être refusée alors même que le logement répond aux normes de décence, si ses caractéristiques et les baux conclus ne permettent pas de garantir aux occupants des conditions d'existence dignes (Loi 2024-322 du 9-4-2024 art. 33, II).

L'autorisation devient caduque s'il apparaît qu'elle n'est pas suivie d'une mise en location dans un délai de 2 ans suivant sa délivrance (CCH art. R 635-3, al. 3). En cas de mutation à titre gratuit ou onéreux du logement, une autorisation en cours de validité peut être transférée au nouveau propriétaire du logement (CCH art. R 635-3, al. 4).

La mise en location sans avoir obtenu l'autorisation requise expose à une **amende** de 5 000 €, portée à 15 000 € si l'autorisation avait été refusée ou en cas de nouveau manquement dans un délai de trois ans (CCH art. L 635-7). Cette amende est prononcée par le président de l'EPCI compétent ou par le maire si la commune est compétente ou s'il bénéficie d'une délégation. L'intéressé doit être préalablement invité à présenter ses observations. Il dispose pour ce faire d'un délai d'un mois et peut, dans ce délai, régulariser sa situation en déposant une demande d'autorisation et en joignant une copie du récépissé de cette demande aux observations qu'il transmet au maire ou au président de l'EPCI (CCH art. R 635-4 dans sa rédaction issue du décret 2024-970 du 30-10-2024).

La **déclaration de mise en location** est établie par le ou les bailleurs ou leur mandataire dans les mêmes conditions que la demande d'autorisation préalable (CCH art. R 634-1 à R 634-3). Le défaut de déclaration expose à une amende de 5 000 € (CCH art. L 634-4). L'intéressé dispose d'un délai d'un mois pour présenter ses observations et peut, dans ce délai, régulariser sa situation (CCH art. R 635-5 dans sa rédaction issue du décret 2024-970 du 30-10-2024).

SECTION 4

DIAGNOSTIC STRUCTUREL DES IMMEUBLES DANS LES SECTEURS À RISQUE

45695 La commune peut définir des secteurs dans lesquels tout bâtiment d'habitation collectif doit faire l'objet, 15 ans après la réception des travaux de construction puis au moins une fois tous les 10 ans, d'un **diagnostic structurel** (CCH art. L 126-6-1, al. 1). Ce diagnostic comprend une **description des désordres observés** qui portent atteinte à la solidité du bâtiment et une **évaluation des risques** pour la sécurité des occupants et celle des tiers.

45696 **Secteurs où le diagnostic est rendu obligatoire** Peuvent être inclus dans le périmètre des secteurs où ce diagnostic est rendu obligatoire (CCH art. L 126-6-1, al. 3 et 4) :

– les zones caractérisées par une **proportion importante d'habitat dégradé** ;

– les zones présentant une **concentration importante d'habitat ancien** dans lesquelles les bâtiments sont susceptibles de présenter des fragilités structurelles du fait notamment de leur époque de construction, de leurs caractéristiques techniques et architecturales, des matériaux de construction employés ou de l'état des sols.

Les périmètres des secteurs concernés sont indiqués sur un ou plusieurs **documents graphiques** annexés au plan local d'urbanisme, au document d'urbanisme en tenant lieu ou à la carte communale (CCH art. L 126-6-1, al. 5).

45697 **Obligation de réaliser un diagnostic structurel** L'obligation d'avoir à réaliser le diagnostic est mise en place par une délibération du conseil municipal (CCH art. R 126-43-1 dans sa rédaction issue du décret 2025-814 du 12-8-2025). Ce document est ensuite notifié par LRAR aux propriétaires des bâtiments situés dans les périmètres délimités par la commune ou aux syndics représentant les syndicats des copropriétaires des bâtiments de cette même zone. Si la délibération ne peut être envoyée (par exemple parce qu'il n'existe pas de syndic ou de propriétaire connu), la notification est valablement réalisée par un affichage en mairie de la commune ou de l'arrondissement où est situé le bâtiment, ainsi que par affichage sur la façade de l'immeuble.

45698 **Élaboration du diagnostic structurel** Le diagnostic est élaboré par une personne qui justifie de **compétences et garanties.** Cette personne est tenue de souscrire une assurance permettant de couvrir les conséquences d'un engagement de sa responsabilité en raison de ses interventions (CCH art. L 126-6-1, al. 6 ; CCH art. R 126-43-3 à R 126-43-8 dans leur rédaction issue du décret 2025-814 du 12-8-2025).

La personne qui réalise le diagnostic structurel ainsi que ses employés ou les membres du groupement qui interviennent ne peut accorder, directement ou indirectement, au propriétaire ou au syndicat des copropriétaires représenté par le syndic, **aucun avantage ni rétribution,** quelle qu'en soit la nature. De même, le diagnostiqueur ne peut recevoir, directement ou indirectement, pour elle-même, ses employés ou des membres du groupement qui interviennent, de la part d'une entreprise susceptible de réaliser des travaux sur les bâtiments sur lesquels porte le diagnostic, aucun avantage ni rétribution, quelle qu'en soit la nature (CCH art. R 126-43-7 dans sa rédaction issue du décret 2025-814 du 12-8-2025).

Le **diagnostiqueur** est tenu de fournir au propriétaire ou au syndic ou, le cas échéant, à la commune les documents justifiant (CCH art. R 126-43-8 dans sa rédaction issue du décret 2025-814 du 12-8-2025) :

– de ses compétences ou celles de ses employés ou des membres du groupement qui interviennent ;

– une attestation d'assurance de responsabilité civile professionnelle ;

– une attestation sur l'honneur de son impartialité et de son indépendance à l'égard du propriétaire ou du syndic de copropriété et des entreprises intervenant sur l'immeuble sur lequel porte le diagnostic.

Le **propriétaire, le syndic ou les copropriétaires** selon les cas, doit remettre au diagnostiqueur, les éléments suivants lorsqu'ils existent :

– les documents relatifs à l'historique des travaux réalisés sur l'immeuble, notamment les descriptifs, les factures et les plans d'exécution de ces travaux, les PV des assemblées générales de copropriétés les ayant décidés ;

– le carnet d'entretien de l'immeuble prévu par l'article 18 de la loi 65-557 du 10 juillet 1965 ;
– l'ensemble des diagnostics immobiliers et des études techniques réalisés sur l'immeuble, au niveau du bâtiment ;
– les arrêtés de péril ou de mise en sécurité pris à l'encontre de l'immeuble au cours des 10 dernières années et les mainlevées ;
– le projet de plan pluriannuel de travaux prévu par l'article 14-2 de la loi 65-557 du 10 juillet 1965 fixant le statut de la copropriété des immeubles bâtis lorsque les conditions de son élaboration ne répondent pas aux conditions prévues par l'article L 126-6-1 du CCH (CCH art. R 126-43-9 dans sa rédaction issue du décret 2025-814 du 12-8-2025).

Le diagnostiqueur doit réaliser une **inspection visuelle extérieure et intérieure** du bâtiment mettant en évidence les désordres apparents. Il établit ensuite un rapport sous format numérique, lequel doit contenir un certain nombre d'informations énumérées par le texte (CCH art. R 126-43-10 dans sa rédaction issue du décret 2025-814 du 12-8-2025). L'arrêté ATDL2522962A du 22 août 2025 précise le modèle de rapport ainsi que son contenu.

Transmission du diagnostic structurel Le rapport de diagnostic doit être transmis **à la commune** par le propriétaire ou le syndicat des copropriétaires (en pratique le syndic s'il en a été désigné un), au plus tard dans les 18 mois de la notification de la délibération du conseil municipal ou de la date la plus tardive d'affichage (CCH art. R 126-43-3 dans sa rédaction issue du décret 2025-814 du 12-8-2025). **45699**

Si ces documents ne sont pas produits, le maire peut demander au propriétaire ou au syndic de les produire.

Faute de transmission dans le mois de la notification de cette demande, le maire peut faire réaliser d'office le diagnostic à leurs frais (CCH art. L 126-6-1, al. 9 s. dans sa rédaction issue du décret 2025-814 du 12-8-2025). Les frais engagés sont alors recouvrés comme en matière de contributions directes (CCH art. R 126-43-11 dans sa rédaction issue du décret 2025-814 du 12-8-2025).

Immeubles en copropriété Pour les immeubles en copropriété, l'obligation de réaliser un diagnostic structurel de l'immeuble est satisfaite par l'élaboration du **projet de plan pluriannuel de travaux** prévu par l'article 14-2 de la loi n° 65-557 du 10 juillet 1965 fixant le statut de la copropriété des immeubles bâtis (CCH art. L 126-6-1, al. 7). Ce projet doit alors être élaboré par une personne justifiant des compétences et garanties exigées pour l'élaboration des diagnostics structurels. **45700**

Le projet de plan pluriannuel de travaux est transmis au maire par le syndic. À défaut, le maire, après l'avoir réclamé en vain, peut faire réaliser le diagnostic par le syndicat de copropriétaires, aux frais de celui-ci (CCH art. L 126-6-1, al. 8 à 10).

CHAPITRE 3

OBLIGATIONS DE SÉCURITÉ LIÉES AUX IMMEUBLES

SOMMAIRE

SECTION 1

OBLIGATION DE GARDIENNAGE OU DE SURVEILLANCE DE CERTAINS LOCAUX

47000 Les **propriétaires ou exploitants** d'immeubles à usage d'habitation et de locaux administratifs, professionnels ou commerciaux doivent, lorsque l'importance ou la situation de ces locaux le justifient, assurer le gardiennage ou la surveillance de ceux-ci et prendre les mesures permettant d'éviter les risques manifestes pour la sécurité et la tranquillité des locaux (CSI art. L 271-1). Les modalités d'application de cette disposition sont précisées : pour les **locaux professionnels ou commerciaux** et pour les **parcs de stationnement** par les articles R 273-1 à R 273-9 du Code de la sécurité intérieure et pour les **immeubles à usage d'habitation** par les articles R 271-1 à R 271-6 du Code de la sécurité intérieure.

A. Commerces et activités

COMMERCES DE DÉTAIL, GRANDES SURFACES ET CENTRES COMMERCIAUX

47005 **Obligation minimale de surveillance** En dehors des communes, grands ensembles et quartiers dégradés visés nº 47010, les **exploitants de magasins de détail** (qu'ils soient ou non propriétaires) d'une surface de plancher supérieure à 6 000 m^2 ou d'une surface de vente supérieure à 3 000 m^2 sont tenus, pendant la durée d'ouverture du magasin au public, d'en faire assurer la surveillance par au moins un agent (CSI art. R 273-3, al. 1).

> Précisions a. À défaut, la surveillance peut être exercée au moyen d'un système de vidéo-protection autorisé en application du titre V du livre II du Code de la sécurité intérieure (CSI art. R 273-3, al. 2).
b. L'agent de surveillance peut être un préposé de l'exploitant ou une société prestataire de services.

Obligation de surveillance renforcée Dès lors qu'ils sont situés dans une commune de plus de 25 000 habitants ou dans un grand ensemble ou un quartier d'habitat dégradé visé au 3 de l'article 42 de la loi 95-115 du 4 février 1995 (CSI art. R 273-1 et R 273-2), doivent être surveillés : **47010**

– les locaux ouverts au public des magasins de commerce de détail d'une surface de plancher supérieure à 6 000 m² ou d'une surface de vente supérieure à 3 000 m² ;

– les magasins de commerce de détail et de services qui, réunis sur un même site, font partie d'un ensemble commercial, bénéficiant d'aménagements conçus pour permettre à une même clientèle l'accès de leurs établissements ou faisant l'objet d'une gestion commune en matière de pratiques ou de publicité commerciales, lorsque cet ensemble compte au moins 20 unités dont la surface totale de vente est supérieure à 1 600 m².

Le dispositif doit comporter au moins la présence d'un agent (préposé de l'exploitant ou société prestataire de services) pendant le temps où le magasin est ouvert au public (CSI art. R 273-1, al. 5). Dans les ensembles commerciaux, la surveillance peut être commune.

La liste des ensembles et quartiers concernés est fixée par le décret 96-1156 du 26 décembre 1996.

AUTRES LOCAUX COMPORTANT UN RISQUE POUR LA SÉCURITÉ

Sont également tenues d'une obligation de surveillance les **pharmacies,** lorsqu'elles sont situées sur l'un des territoires visés au n° 47010 et, quelle que soit leur localisation, les banques détenant des fonds ou valeurs et les **bijouteries** ayant pour plus de 106 750 € HT de marchandises en stock (CSI art. R 273-4, al. 2). **47015**

Les mesures de surveillance peuvent prendre l'une des formes suivantes (CSI art. R 273-5) :

– un système de surveillance à distance réglementé par les articles D 613-17 à D 613-23 du Code de la sécurité intérieure ;

– un système de vidéo-protection associé à un dispositif d'alerte ;

– des rondes quotidiennes effectuées par au moins un agent ;

– ou la présence permanente d'au moins un agent.

Ces mesures individuelles de surveillance n'ont pas à être mises en œuvre pour les commerces situés dans un ensemble commercial qui fait l'objet d'une surveillance permanente exercée en commun par un agent (CSI art. R 273-6).

CONTRÔLE ET SANCTIONS

Rôle du préfet À sa demande, les exploitants doivent faire connaître au préfet les dispositions qu'ils ont arrêtées pour assurer le gardiennage ou la surveillance de leurs locaux. Il peut faire vérifier sur place la réalité de ces dispositions (CSI art. R 273-8). **47020**

Sanctions Les exploitants qui ne respecteraient pas les obligations de surveillance s'exposeraient à une **amende** de 1 500 € au plus (ou 3 000 € en cas de récidive) (CSI art. R 273-9 et C. pén. art. 131-13). Il en sera de même en cas de non-réponse aux demandes du préfet ou en cas de réponses mensongères ou erronées. **47025**

Les **personnes morales** pourront être déclarées responsables pénalement, la peine encourue étant une amende de 7 500 € au plus (C. pén. art. 131-41).

B. Garages et parcs de stationnement

PARCS CONCERNÉS

Seuls sont concernés par cette obligation les garages ou parcs de stationnement **ouverts au public,** de 200 places ou plus, lorsque l'ensemble des véhicules ne sera pas visible de la voie publique, et situés sur l'un des territoires mentionnés n° 47010 (CSI art. R 273-7, al. 1). **47030**

DISPOSITIF DE SURVEILLANCE

Pendant le temps où ces locaux sont ouverts au public, la surveillance doit être assurée par des rondes quotidiennes effectuées dans les parties ouvertes au public par au moins un agent (CSI art. R 273-7, al. 2), sauf lorsque l'exploitant ou l'un de ses préposés est présent en permanence et a sous sa vue l'ensemble des parties ouvertes au public soit directement, soit au moyen d'un système de vidéo-surveillance (CSI art. R 273-7, al. 3). **47035**

CONTRÔLE ET SANCTIONS

Les dispositions exposées aux nos 47020 et 47025 sont également applicables aux exploitants de parcs de stationnement. **47040**

C. Immeubles à usage d'habitation

47045 Deux obligations pèsent sur les personnes visées nº 47050 : une obligation de gardiennage (CSI art. R 271-1) et une obligation de sécurité (CSI art. R 271-4).

OBLIGATION DE GARDIENNAGE

47050 Tout **bailleur gérant 100 logements locatifs** ou plus dans un immeuble ou un groupe d'immeubles formant un ensemble doit affecter une personne par tranche de 100 logements aux fonctions de gardiennage ou de surveillance dès lors que l'immeuble est situé soit dans un quartier prioritaire de la politique de la ville (précédemment zone urbaine sensible), soit dans une commune de plus de 25 000 habitants ou dont la population est comprise dans une aire urbaine d'un seul tenant regroupant au moins 50 000 habitants et dont une ou plusieurs communes comptent plus de 15 000 habitants (CSI art. R 271-1). Le non-respect de cette obligation est sanctionné par une **amende** de 1 500 € (7 500 € pour les personnes morales) par gardien manquant (CSI art. R 271-7 et C. pén. art. 131-13 et 131-41).

L'administration a apporté les précisions suivantes (Circ. 2002-10 du 1-2-2002 : BO Équipement 2002/3 p. 100) :

– les **groupes d'immeubles** collectifs concernés doivent présenter une certaine unité qui doit être appréciée au cas par cas, en tenant compte de la configuration des lieux et de la fonctionnalité du travail de gardiennage ou de surveillance ; il faut que la proximité permette d'assurer ces fonctions, ce qui exclut de regrouper artificiellement des immeubles situés dans différents quartiers de la ville ; dans la plupart des cas, il s'agira d'immeubles construits sur une même emprise foncière ou d'une même « opération » au sens du financement du logement social ;

– sont **exclus** de cette obligation les logements individuels, en diffus ou en lotissement, ainsi que les logements sous statut de copropriété, sauf quand, dans une copropriété de 200 logements par exemple, il y a un propriétaire bailleur de 150 logements qui est, lui, concerné par l'obligation, sous réserve de l'accord de l'assemblée générale de la copropriété (cas fréquent des immeubles de logements sociaux dans lesquels une partie des logements ont été vendus à leurs locataires, l'ensemble devenant une copropriété) ;

– lorsqu'un immeuble est géré par un tiers dans le cadre d'un **mandat de gestion,** l'obligation de gardiennage pèse sur le bailleur et non sur le mandataire, sauf stipulation contractuelle contraire ;

– en cas de **sous-location** (en particulier dans le cas des logements-foyers), l'obligation pèse non sur le bailleur principal, mais sur le locataire principal, en sa qualité de bailleur louant dans le cadre du sous-bail.

Le bailleur doit consulter le conseil de **concertation locative** sur le dispositif de gardiennage ou de surveillance qu'il envisage de mettre en œuvre ainsi que sur ses modifications (CSI art. R 271-3). À la demande du **préfet (ou, à Paris, du préfet de police),** le bailleur doit, sous peine d'amende, lui faire connaître dans les deux mois qui suivent les mesures qui auront été prises (CSI art. R 271-6).

47055 Le gardiennage est **assuré par le bailleur** (ou l'exploitant) soit directement par l'embauche du personnel en qualité de concierge, gardien, employé d'immeuble (CSI art. R 271-2), soit indirectement par une société privée qu'il aura constituée à cet effet (CSI art. L 614-1 à L 614-4). Dans ce dernier cas, les agents doivent satisfaire à des critères de moralité (absence de condamnation à une peine correctionnelle ou criminelle) ; dans l'exercice de leurs fonctions, ils doivent détenir une carte professionnelle et porter une tenue ne permettant aucune confusion avec celles de services publics tels que la police, et le port d'armes est strictement limité (armes de la catégorie D définie par décret) (CSI art. R 311-2).

Le gardiennage peut aussi être confié à un **prestataire de services** (CSI art. R 271-2).

47060 En complément, le bailleur peut recourir à des **agents de prévention et de médiation** ou à des correspondants de nuit (CSI art. R 271-2), ces derniers devant représenter ensemble une part minoritaire des agents remplissant l'obligation (Circ. 2002-10 du 1-2-2002 : BO Équipement 2002/3 p. 100).

OBLIGATION DE SÉCURITÉ

47065 Les personnes visées nº 47050 doivent en outre (CSI art. R 271-4) :

– installer et entretenir un **éclairage** assurant une bonne visibilité de l'entrée des immeubles et de leurs parties communes, notamment des parcs de stationnement, quand ils sont situés à l'intérieur des locaux ;

– installer et entretenir les **systèmes limitant l'accès** aux parties communes des immeubles aux résidents et aux personnes autorisées par les résidents ou habilitées et l'accès aux caves et parcs

de stationnement intérieurs aux résidents qui en bénéficient et aux personnes habilitées, ou prendre les mesures ayant le même effet.
Comme en matière de gardiennage, le bailleur doit consulter le conseil de concertation locative sur les mesures envisagées (CSI art. R 271-3) et, sous peine d'amende, les faire connaître au préfet (CSI art. R 271-6).

Le non-respect de cette obligation de sécurité est sanctionné par une **amende** de 1 500 € (7 500 € pour les personnes morales) par immeuble ou groupe d'immeubles (CSI art. R 271-8). 47070

SECTION 2 PRÉVENTION DES INCENDIES

1. DANS LES LOGEMENTS

Chaque logement doit être équipé d'au moins un **détecteur de fumée** normalisé. Cette obligation, qui n'est assortie d'aucune sanction, est régie par les articles L 142-1 à L 142-4 et R 142-1 à R 142-5 du CCH. 47300

CHAMP D'APPLICATION

L'obligation d'équiper le logement d'un détecteur de fumée normalisé s'applique à tout immeuble à usage d'habitation, que le logement soit à usage de résidence principale ou secondaire, que l'usage soit ou non exclusif, et qu'il soit situé dans un immeuble collectif ou une maison individuelle (CCH art. L 142-1 et R 142-2). 47305

INSTALLATION ET ENTRETIEN DU DISPOSITIF DE DÉTECTION DE FUMÉE

Caractéristiques du détecteur de fumée Le détecteur de fumée doit (CCH art. R 142-2) : 47310
– être alimenté par piles ou fonctionner à partir de l'alimentation électrique du logement, sous réserve dans ce cas qu'il soit équipé d'une alimentation de secours susceptible de prendre le relais en cas de dysfonctionnement électrique ;
– détecter les fumées émises dès le début d'un incendie ;
– émettre immédiatement un signal sonore suffisant permettant de réveiller une personne endormie dans le seul logement où la détection a eu lieu.

Les caractéristiques de ce détecteur ainsi que les conditions de son installation, de son entretien et de son fonctionnement sont précisées par arrêté (Arrêté du 5-2-2013 : JO 14-3 p. 4459). À ce titre, le détecteur, muni d'un marquage CE, doit être installé de préférence dans les dégagements et espaces desservant les chambres et fixé solidement en partie supérieure, à proximité du point le plus haut et à distance des autres parois ainsi que des sources de vapeur.

> **> Précisions** Un décret du 11 juin 2025 a supprimé dans les articles R 142-2 et R 142-3 du CCH, la mention « normalisé » du détecteur avertisseur autonome de fumée (DAAF). Cependant, les détecteurs doivent, en tout état de cause, respecter les exigences techniques définies dans l'arrêté du 5 février 2013.

Débiteur de l'obligation L'obligation d'installer le dispositif incombe au **propriétaire** du logement et oblige ce dernier à s'assurer, si le logement est mis en location, du bon fonctionnement du détecteur de fumée lors de l'établissement de l'état des lieux. L'occupant du logement, qu'il soit locataire ou propriétaire, veille à l'entretien et au bon fonctionnement de ce dispositif et assure son renouvellement, si nécessaire, tant qu'il occupe le logement (CCH art. R 142-3). 47315

Cette obligation d'installation et d'entretien pèse sur le **propriétaire non occupant** de l'un des logements suivants (CCH art. R 142-3) :
– locations saisonnières ;
– logements de fonction ;
– locations meublées ;
– résidences hôtelières à vocation sociale ;
– locations destinées à l'habitat inclusif défini à l'article L 281-1 du CASF ;

– logements-foyers visés à l'article R 832-20 du CCH dont la gestion est assurée par le propriétaire ou par un organisme autres que ceux mentionnés à l'article L 365-4 du même Code.

> Précisions a. Pour les locations destinées à l'habitat inclusif, le propriétaire peut, par convention, déléguer cette responsabilité aux organismes agréés, mentionnés à l'article L 365-4 du CCH, exerçant les activités d'intermédiation locative et de gestion locative sociale pour ces locaux, ou à la personne morale chargée d'assurer le projet de vie sociale et partagée mentionnée à l'article L 281-2-1 du CASF. L'obligation d'installer un détecteur de fumée est applicable à partir du 1er janvier 2027 aux habitats inclusifs qui accueillent leur premier occupant avant le 1er janvier 2027 (Arrêté du 11-6-2025 art. 5 : JO 12-6).

b. Pour les locations-foyers, l'obligation pèse également sur les organismes agréés mentionnés à l'article L 365-4 du CCH exerçant les activités d'intermédiation locative et de gestion locative sociale pour les logements-foyers et logements familiaux gérés par ces organismes.

INCIDENCE SUR LE CONTRAT D'ASSURANCE DU LOGEMENT

47320 L'occupant du logement (ou le propriétaire non occupant dans les cas visés ci-dessus) doit notifier une **attestation** de l'installation d'un détecteur à l'assureur avec lequel il a conclu un contrat garantissant les dommages d'incendie (CCH art. R 142-5). Cette attestation doit être établie conformément au modèle défini par l'arrêté du 5 février 2013 (Arrêté du 5-2-2013 art. 8).

L'assureur peut minorer la **prime** ou la cotisation prévue par la police d'assurance garantissant les dommages incendie lorsque l'assuré s'est conformé à l'obligation d'installer un détecteur de fumée (C. ass. art. L 122-9). Mais il ne s'agit là que d'une faculté laissée à la libre appréciation de l'assureur.

En revanche, le contrat d'assurance ne peut pas prévoir que le non-respect de l'obligation prive l'assuré de son droit à indemnité en cas d'incendie (C. ass. art. L 113-11, 3°).

2. DANS LES PARTIES COMMUNES DES IMMEUBLES

47325 Dans les parties communes des immeubles à usage d'habitation, les **propriétaires** doivent mettre en œuvre des mesures de sécurité contre l'incendie. Ces mesures doivent indiquer les consignes à respecter en cas d'incendie et viser à éviter la propagation du feu des locaux à risques vers les circulations et dégagements (CCH art. R 142-4).

Ces mesures sont précisées par l'arrêté du 5 février 2013 (Arrêté du 5-2-2013 : JO 14-3 p. 4459). Il interdit l'installation de détecteurs autonomes avertisseurs de fumée dans les parties communes des immeubles collectifs d'habitation (art. 6). Pour les immeubles dont la demande de permis de construire ou de prorogation de permis de construire a été déposée avant le 5 mars 1987, les plans des sous-sols et du rez-de-chaussée ainsi que les consignes à respecter en cas d'incendie doivent être affichés dans les halls d'entrée, près des accès aux escaliers et aux ascenseurs (art. 7).

L'installation de blocs-portes servant de coupe-feu entre les locaux poubelles ou les autres parties du bâtiment ainsi qu'au niveau des escaliers faisant communiquer les sous-sols et le reste du bâtiment est également prévue pour les immeubles de troisième et quatrième famille visés par l'article 3 de l'arrêté du 31 janvier 1986 (art. 5).

SECTION 3 SÉCURITÉ DES PISCINES PRIVÉES

47400 Afin de prévenir les risques de noyade, les propriétaires de certaines piscines doivent installer des dispositifs de sécurité normalisés (CCH art. L 134-10). Les modalités d'application de ces dispositions sont précisées aux articles D 134-51 à D 134-54 du Code de la construction et de l'habitation.

Ces dispositions sont applicables aux piscines visées au n° 47405 construites depuis le 1er janvier 2004 (CCH art. L 128-1, abrogé).

Tout manquement aux obligations résultant de ces textes est sanctionné pénalement par une **amende** de 45 000 €. Les personnes morales peuvent être déclarées responsables des infractions aux dispositions précitées (amende de 225 000 € et les peines prévues par l'article 131-39, 2° à 9° du Code pénal) (CCH art. L 183-13).

> Précisions Pour les piscines installées avant le 1er janvier 2004, les propriétaires avaient jusqu'au 1er janvier 2006 pour les mettre aux normes, du moins s'il existe un dispositif susceptible d'être adapté à leur installation (CCH art. L 128-2, al. 1, abrogé). Quant à celles installées dans une habitation faisant l'objet de locations saisonnières, les propriétaires avaient jusqu'au 1er mai 2004 pour les sécuriser (CCH art. L 134-10).

CHAMP D'APPLICATION

Sont concernées par ces dispositions, qu'elles soient à usage familial ou collectif (hôtels, campings, villages de vacances), les piscines privées de plein air, dont le bassin est totalement ou partiellement enterré, ne relevant pas de la réglementation spécifique aux établissements de natation (CCH art. L 134-10 ; CCH art. D 134-51). **47405**

Sont donc exclues les piscines situées à l'intérieur d'un bâtiment et celles posées sur le sol, qu'elles soient gonflables ou démontables.

DISPOSITIFS DE SÉCURITÉ

Le dispositif de sécurité est constitué par une barrière de protection, une couverture, un abri ou une alarme répondant aux exigences de sécurité suivantes (CCH art. D 134-52) : **47410**

– les **barrières de protection** doivent être réalisées, construites ou installées de manière à empêcher le passage d'enfants de moins de cinq ans sans l'aide d'un adulte, à résister aux actions d'un enfant de moins de cinq ans, notamment en ce qui concerne le système de verrouillage de l'accès, et à ne pas provoquer de blessure ;

– les **couvertures** doivent être réalisées, construites ou installées de façon à empêcher l'immersion involontaire d'enfants de moins de cinq ans, à résister au franchissement d'une personne adulte et à ne pas provoquer de blessure ;

– les **abris** doivent être réalisés, construits ou installés de manière à ne pas provoquer de blessure et être tels que, lorsqu'il est fermé, le bassin de la piscine est inaccessible aux enfants de moins de cinq ans ;

– les **alarmes** doivent être réalisées, construites ou installées de manière que toutes les commandes d'activation et de désactivation ne doivent pas pouvoir être utilisées par des enfants de moins de cinq ans. Les systèmes de détection doivent pouvoir détecter tout franchissement par un enfant de moins de cinq ans et déclencher un dispositif d'alerte constitué d'une sirène. Ils ne doivent pas se déclencher de façon intempestive.

Sont présumés satisfaire à ces exigences les dispositifs de sécurité conformes soit aux normes françaises, soit aux normes ou aux spécifications techniques ou aux procédés de fabrication prévus dans un État membre de la Communauté européenne ou partie à l'accord sur l'Espace économique européen et assurant un niveau de sécurité équivalent (CCH art. D 134-52).

> Précisions **a.** Des **prescriptions** particulières ont été établies **pour les piscines privatives à usage collectif.** Ces dernières ne s'appliquent pas aux piscines d'habitation ou d'ensemble d'habitations (Arrêté du 14-9-2004 : JO 13-10 p. 17471).

b. Les **dispositifs installés avant le 8 juin 2004** (date de publication du décret 2004-499 du 7-6-2004) sont réputés satisfaire aux nouvelles prescriptions si le propriétaire de la piscine est en possession d'un document fourni par un fabricant, un vendeur ou un installateur de dispositifs de sécurité, ou par un contrôleur technique, attestant que le dispositif installé est conforme aux exigences de sécurité de l'article R 128-2, II. Le propriétaire peut également, sous sa propre responsabilité, attester de cette conformité par un document accompagné des justificatifs techniques utiles. Cette attestation doit être conforme à l'un des modèles suivants prévus à l'article R 128-4 du Code de la construction et de l'habitation (Décret 2004-499 du 7-6-2004, rectificatif : JO 12 p. 10467) :

– « Je soussigné... (nom, prénom et siège social de l'entreprise) atteste que le dispositif de sécurité installé chez... (nom, prénom du propriétaire ou nom de la personne morale, adresse où est située la piscine) est conforme aux exigences de sécurité figurant au II de l'article R 128-2 du Code de la construction et de l'habitation. »

– ou « Je soussigné... (nom, prénom du propriétaire ou du représentant du propriétaire) atteste que le dispositif installé... (adresse) est conforme aux exigences de sécurité figurant au II de l'article R 128-2 du Code de la construction et de l'habitation. »

INSTALLATION DES DISPOSITIFS DE SÉCURITÉ

Les **maîtres d'ouvrage** des piscines construites ou installées depuis le 1er janvier 2004 doivent les avoir pourvues d'un dispositif de sécurité au plus tard à la mise en eau ou, si les travaux de mise en place des dispositifs nécessitent une mise en eau préalable, au plus tard à l'achèvement des travaux de la piscine (CCH art. D 134-52). **47420**

Le **constructeur** ou l'installateur doit remettre au maître de l'ouvrage une note technique (CCH art. L 128-1) au plus tard à la date de réception de la piscine. Cette note doit indiquer les caractéristiques, conditions de fonctionnement et d'entretien du dispositif de sécurité et informer sur les risques de noyade, les mesures générales de prévention et les recommandations relatives à l'utilisation du dispositif (CCH art. D 134-53).

SECTION 4

SÉCURITÉ DES ASCENSEURS

47500 Il n'existe pas de textes législatifs ou réglementaires concernant la sécurité applicables globalement à l'ensemble du parc d'ascenseurs, qu'ils soient neufs ou anciens. En effet, cohabitent deux régimes :

– le premier, établi par le décret 2000-810 du 24 août 2000, abrogé et remplacé par le décret 2016-550 du 3 mai 2016 impose un haut degré d'exigence de sécurité pour les ascenseurs mis sur le marché depuis le 27 août 2000 ;

– le second, issu de la loi « Urbanisme et Habitat » 2003-590 du 2 juillet 2003, met en place une série de mesures destinées à améliorer la sécurité du parc d'ascenseurs existants avec une mise en sécurité de l'ensemble du parc échelonnée dans le temps.

Par ailleurs, la maintenance et le contrôle technique de toutes les installations font l'objet de prescriptions spécifiques.

Les principales dispositions en la matière sont intégrées au Code de la construction et de l'habitation (CCH art. L 134-1 à L 134-5 et art. R 134-1 à R 134-15), complétées par trois arrêtés du 18 novembre 2004 (JO 28 p. 20218) et un arrêté du 13 décembre 2004 (JO 12-1-2005 p. 493).

A. Mise en sécurité des ascenseurs

ASCENSEURS INSTALLÉS AVANT LE 27 AOÛT 2000

47505 **Champ d'application de la réglementation** Le dispositif instauré par les articles L 134-1 à L 134-5 et R 134-1 à R 134-15 du CCH est applicable aux ascenseurs desservant de manière permanente les niveaux de bâtiments et de constructions à l'aide d'une cabine qui se déplace le long de guides rigides dont l'inclinaison sur l'horizontale est supérieure à 15 degrés et qui est destinée au transport de personnes, de personnes et d'objets, ou uniquement d'objets dès lors qu'elle est accessible sans difficulté à une personne et qu'elle est équipée d'éléments de commande situés à l'intérieur ou à portée de la personne qui s'y trouve. Il en va de même des appareils qui se déplacent selon une course parfaitement fixée dans l'espace, même s'ils ne se déplacent pas le long de guides rigides, notamment les ascenseurs guidés par des ciseaux (CCH art. L 134-1 et R 134-1).

En revanche, sont exclus les installations à câbles y compris les funiculaires pour le transport public ou non des personnes, les ascenseurs spécialement conçus et construits à des fins militaires ou de maintien de l'ordre, ceux équipant les puits de mine, les élévateurs de machinerie de théâtre, les ascenseurs installés dans des moyens de transport, ceux liés à une machine et exclusivement destinés à l'accès au poste de travail de celle-ci, ainsi que les ascenseurs de chantiers (CCH art. L 134-1). Les appareils dont la vitesse n'excède pas 0,15 mètre par seconde sont également exclus (CCH art. R 134-1, al. 3).

47510 **Dispositifs de sécurité** Les ascenseurs doivent être équipés de dispositifs de sécurité (CCH art. L 134-2) permettant d'atteindre les neuf **objectifs de sécurité** suivants (CCH art. R 134-2) : la fermeture des portes palières ; l'accès sans danger des personnes à la cabine ; la protection des utilisateurs contre les chocs provoqués par la fermeture des portes ; la prévention des risques de chute et d'écrasement de la cabine ; la protection contre les dérèglements de la vitesse de la cabine ; la mise à la disposition des utilisateurs de moyens d'alerte et de communication avec un service d'intervention ; la protection des circuits électriques de l'installation ; l'accès sans danger des personnels d'intervention aux locaux des machines, aux équipements associés et aux espaces parcourus par la cabine ; l'impossibilité pour toute personne autre que les personnels d'intervention d'accéder aux locaux des machines, aux équipements associés et aux espaces parcourus par la cabine.

À défaut de répondre à ces objectifs, les propriétaires d'ascenseurs installés avant le 27 août 2000 doivent **mettre en place** les dispositifs de sécurité suivants (CCH art. R 134-3), lesquels doivent respecter les prescriptions techniques précisées par le troisième arrêté du 18 novembre 2004 (JO 28 p. 20225) : **47515**

1. Avant le 31 décembre 2010 (CCH art. R 134-3, I) : des serrures munies de dispositifs de contrôle de la fermeture et du verrouillage des portes palières ; lorsqu'il est nécessaire de prévenir des actes de nature à porter atteinte au verrouillage de la porte palière, un dispositif empêchant ou limitant de tels actes ; un dispositif de détection de la présence des personnes destiné à les protéger contre le choc des portes coulissantes lors de leur fermeture ; la clôture de la gaine d'ascenseur empêchant l'accès à cette gaine et aux éléments de déverrouillage des serrures de porte palière ; pour les ascenseurs électriques, un parachute de cabine et un limiteur de vitesse en descente ; un dispositif destiné à éviter toute chute en gaine lorsque la cabine est immobilisée en dehors de la zone de déverrouillage ; une commande de manœuvre d'inspection et d'arrêt de la cabine en vue de protéger les personnels d'intervention opérant sur le toit de la cabine, en gaine ou en cuvette ; des dispositifs permettant aux personnels d'intervention d'accéder sans danger aux locaux de machines ou de poulies ; un système de verrouillage des portes et portillons destinés à la visite technique de la gaine et de la cuvette ainsi que des portes de secours, avec une commande automatique de l'arrêt de l'ascenseur lors de l'ouverture de ces portes et portillons par les personnels d'intervention.

2. Avant le 3 juillet 2014 (CCH art. R 134-3, II) : un système de téléalarme entre la cabine et un service d'intervention et un éclairage de secours en cabine ; une résistance mécanique suffisante des portes palières lorsqu'elles comportent un vitrage ; pour les ascenseurs hydrauliques, un système de prévention des risques de chute libre, de dérive et d'excès de vitesse de la cabine ; une protection avec marquage ou signalisation éliminant le risque de contact direct des personnels d'intervention avec des composants ou conducteurs nus sous tension, dans les armoires de commande, les armoires électriques et les tableaux d'arrivée de courant ; un dispositif de protection des personnels d'intervention contre le risque de happement par les organes mobiles de transmission, notamment les poulies, câbles ou courroies ; un éclairage fixe du local de machines ou de poulies assurant un éclairement suffisant des zones de travail et de circulation.

En outre, doit être mis un place un système de contrôle de l'arrêt et du maintien à niveau de la cabine, à tous les niveaux desservis, uniquement dans les ascenseurs des établissements recevant du public installés avant le 1er janvier 1983 (jusqu'au 26 juillet 2013, étaient concernés tous les ascenseurs installés avant le 1er janvier 1983).

3. Avant le 3 juillet 2018 (CCH art. R 134-3, III) : un système de contrôle de l'arrêt et du maintien à niveau de la cabine, à tous les niveaux desservis, uniquement dans les ascenseurs des établissements recevant du public installés après le 31 décembre 1982 (jusqu'au 26 juillet 2013, étaient concernés tous les ascenseurs installés après le 31 décembre 1982). L'obligation d'équiper les ascenseurs électriques à adhérence d'un système de protection contre la vitesse excessive de la cabine en montée a été supprimée par le décret 2014-1230 du 21 octobre 2014.

À la place de tout ou partie des dispositifs de sécurité mentionnés ci-dessus, le propriétaire d'un ascenseur peut mettre en œuvre des **mesures équivalentes** si celles-ci ont préalablement obtenu l'accord d'un contrôleur technique ou assimilé. Cet accord doit être donné par écrit et être assorti d'une analyse de risques établissant que l'ascenseur satisfait aux exigences de sécurité mentionnées n° 47510. Il doit être remis au propriétaire (CCH art. R 134-4). **47520**

Par ailleurs, le propriétaire d'un ascenseur doit **recourir à une expertise** s'il estime que l'installation de l'un des dispositifs prescrits ou la mise en œuvre d'une mesure équivalente est impossible en raison des caractéristiques de l'ascenseur ou si elle empêche l'accès des personnes handicapées ou à mobilité réduite, ou encore si elle porte atteinte à la conservation du patrimoine historique (CCH art. R 134-5). **47525**

La procédure d'expertise doit être mise en œuvre dans les délais mentionnés n° 47515. L'expertise doit être réalisée par un contrôleur technique ou assimilé. Il doit donner son avis sur l'impossibilité alléguée et, le cas échéant, sur les mesures compensatoires que le propriétaire prévoit de mettre en œuvre pour tenir compte des objectifs de sécurité (n° 47515).

ASCENSEURS MIS SUR LE MARCHE DEPUIS LE 27 AOÛT 2000

47530 Le décret 2000-810 du 24 août 2000 a transposé la directive européenne 95/16 CE du 29 juin 1995 (JOCE L 213), puis le décret 2016-550 du 3 mai 2016 a transposé la directive européenne 2014/33 UE (JOUE L 96/251-FR) ayant abrogé et remplacé la directive 95/16 CE qui définissent les exigences de sécurité pour les ascenseurs nouvellement mis sur le marché dont le respect est attesté par le marquage CE (CCH art. R 134-1 à R 134-48 recodifiés par décret 2021-872 du 30-6-2021).

Sont concernés par ce dispositif :

– les **ascenseurs** neufs mis sur le marché et destinés à desservir, de manière permanente, les bâtiments et constructions, à l'exclusion des appareils de levage dont la vitesse n'excède pas 0,15 m/s, des ascenseurs de chantier, des installations à câbles y compris les funiculaires, des ascenseurs spécialement conçus et construits à des fins militaires ou de maintien de l'ordre, des appareils de levage à partir desquels des tâches peuvent être effectuées, des ascenseurs équipant les puits de mine, des appareils de levage prévus pour soulever des artistes pendant des représentations artistiques, des appareils de levage installés dans des moyens de transport, des appareils de levage liés à une machine et exclusivement destinés à l'accès au poste de travail de celle-ci, y compris aux points d'entretien et d'inspection se trouvant sur la machine, des trains à crémaillère, des escaliers et trottoirs mécaniques (CCH art. R 134-16). La création d'un ascenseur dans un immeuble ancien est soumise à cette réglementation ;

– les **composants de sécurité,** à savoir : les dispositifs de verrouillage des portes palières, les dispositifs antichute empêchant la chute de la cabine ou les mouvements incontrôlés vers le haut, les dispositifs limiteurs de survitesse, les amortisseurs à accumulation d'énergie ou à dissipation d'énergie, les dispositifs de sécurité sur vérins des circuits électriques de puissance lorsqu'ils sont utilisés comme dispositifs antichute, les dispositifs de sécurité électriques sous forme d'interrupteurs de sécurité comprenant des composants électroniques (CCH art. R 134-20).

47535 Les **exigences** essentielles de **sécurité et de santé** concernent les risques des personnes à l'intérieur et à l'extérieur de la cabine, certaines caractéristiques de l'ascenseur (cabine, machine, organes de commandes, moyens de suspension) ; elles portent également sur le dégagement des personnes bloquées, l'aération et l'éclairage de la cabine et la nécessité d'équiper cette dernière de moyens de communication permettant d'obtenir une liaison permanente avec un service d'intervention rapide (CCH art. R 134-2 à R 134-13).

> **› Précisions** Les ascenseurs et leurs composants de sécurité ne peuvent être mis sur le marché que s'ils sont accompagnés d'une déclaration « UE » de conformité aux exigences essentielles en matière de sécurité et de santé. Le responsable de la première mise sur le marché d'un ascenseur ou d'un composant de sécurité est tenu de vérifier leur conformité aux prescriptions en vigueur. À la demande du ministre chargé de la construction, il est tenu de justifier les vérifications et contrôles effectués (CCH art. L 134-2).

B. Entretien et contrôle technique

ENTRETIEN DES ASCENSEURS

47540 Les propriétaires d'ascenseurs ont l'obligation de confier ou de déléguer leur entretien à un prestataire de services dans le cadre d'un contrat écrit ou de les entretenir eux-mêmes s'ils disposent des capacités techniques nécessaires, afin de les maintenir en bon état de fonctionnement et d'assurer la sécurité des personnes (CCH art. L 134-3).

Les propriétaires sont tenus de procéder à des **opérations et vérifications périodiques,** selon les dispositifs concernés (CCH art. R 134-6, al. 2-1°) : toutes les six semaines (visite de surveillance et réglage, vérification de l'efficacité des serrures des portes palières et, le cas échéant, des dispositifs empêchant ou limitant le verrouillage des portes palières) ou tous les six mois (vérification des câbles) ou tous les ans (vérification des parachutes et nettoyage de la cuvette de l'installation, du toit de cabine et du local des machines).

Ils sont en outre tenus d'effectuer les **opérations occasionnelles** suivantes (CCH art. R 134-6, al. 2-2°) : réparation (ou remplacement) des petites pièces de l'installation en cas d'usure excessive ; mesures d'entretien spécifiques destinées à supprimer ou atténuer les défauts présentant un danger pour la sécurité des personnes ou portant atteinte au bon fonctionnement de l'appareil qui auront été repérés par le contrôleur technique ; interventions en cas d'incident (dégagement des personnes bloquées à l'intérieur de la cabine, dépannage et remise en fonctionnement de l'ascenseur).

47545 **Lorsque l'entretien est effectué par des entreprises** spécialisées, les propriétaires doivent conclure un contrat écrit comportant les **clauses minimales** suivantes (CCH art. R 134-7, I) :

l'exécution des obligations exposées n° 47540, la durée du contrat, qui ne peut pas être inférieure à un an, ainsi que ses modalités de reconduction ou de résiliation, les conditions de disponibilité et de fourniture des pièces de rechange ainsi que l'indication du délai garanti pour le remplacement des petites pièces usées de l'installation, la description de l'état initial de l'installation, laquelle doit être établie de façon contradictoire, la mise à jour du carnet d'entretien, les garanties du contrat d'assurance de l'entreprise, les pénalités en cas d'inexécution ou de mauvaise exécution des obligations contractuelles ainsi que les modalités de règlement des litiges, les conditions et modalités de recours à la sous-traitance, les conditions dans lesquelles peuvent être passés des avenants, la formule détaillée de révision des prix, les modalités d'information et de communication permettant la présence d'un représentant du propriétaire en vue de tout échange d'informations utiles lors des visites régulières du technicien d'entretien, les modalités de mise à disposition du personnel compétent pour accompagner le contrôleur technique pendant la réalisation du contrôle technique obligatoire.

Le contrat d'entretien peut comporter en outre une **clause de réparation et de remplacement des pièces importantes** de l'installation. Dans ce cas, le contrat doit faire distinctement apparaître les délais d'intervention ainsi que la rémunération prévus pour ce type de prestation (CCH art. R 134-9).

> **Précisions** La Cour de cassation a précisé que le contrat d'entretien des ascenseurs doit comporter une clause fixant sa durée, qui ne peut être inférieure à un an, et les modalités d'une résiliation anticipée, moyennant un préavis de trois mois, lorsque des travaux importants, comme le remplacement de l'armoire de commande des installations, sont réalisés par une entreprise différente de celle titulaire du contrat. Il en résulte que la résiliation anticipée d'un contrat, conclu pour trois ans et renouvelable annuellement par tacite reconduction, intervient alors à l'expiration du délai de préavis et non en fin de période contractuelle intermédiaire (Cass. 1e civ. 3-9-2025, n° 24-11.120 FB).

Lors de la signature du contrat, les parties sont tenues des obligations suivantes (CCH art. R 134-7, I-dernier al.) : le **propriétaire** de l'ascenseur doit remettre à l'entreprise la description des caractéristiques de l'ensemble de l'installation, les éventuels codes d'accès à tout ou partie de l'installation ou toute autre forme de déverrouillage (CCH art. R 134-8, 1°), la documentation technique, les dispositions de remise en service, les outils spécifiques et notices d'utilisation nécessaires à l'entretien, au dépannage ou à la remise en service de tout ou partie de l'installation (CCH art. R 134-8, 2° et 3°) ainsi que la notice des instructions nécessaires à l'exécution des tâches d'entretien. À défaut, la notice doit être établie par l'entreprise qui devra la remettre au propriétaire en fin de contrat. Réciproquement, l'**entreprise** doit remettre au propriétaire à titre informatif un descriptif de l'organisation de son plan d'entretien. 47547

Les visites, opérations et interventions effectuées en **exécution du contrat** doivent faire l'objet d'un compte rendu dans le carnet d'entretien de l'installation. L'entreprise doit en outre remettre un rapport annuel d'activité au propriétaire (CCH art. R 134-7, III).

> **Précisions** **a.** Les **contrats** d'entretien **en cours au 1er juillet 2012** devaient être mis à jour des nouvelles clauses et obligations édictées par le décret 2012-674 du 7 mai 2012 (CCH art. R 134-7) avant le 1er janvier 2015 au plus tard.
> **b.** Un arrêté du 18 novembre 2004 (JO 28 p. 20222) précise les modalités de réalisation de l'entretien des ascenseurs notamment sur les points suivants :
> – la **liste des petites pièces** dont la réparation ou le remplacement font partie des clauses minimales du contrat d'entretien est fixée par l'article 4 ;
> – sont **exclus des prestations minimales** (art. 9) : le remplacement des pièces dégradées par vandalisme, par corrosion en ambiances spécifiques ou par accident indépendant de l'action de l'entreprise d'entretien ; les interventions nécessitées par les travaux ou les aménagements effectués par d'autres entreprises, qu'ils soient en rapport ou non avec l'ascenseur ; le nettoyage de l'intérieur de la cabine et de son ameublement, des vantaux et seuils de porte cabine et palières et celui des parties vitrées, cabine et gaine ; les travaux de modernisation ou de mise en conformité de l'appareil avec les règlements applicables ;
> – pour les **immeubles en copropriété,** les références du contrat d'entretien de l'ascenseur et sa date d'échéance doivent être inscrites dans le carnet d'entretien de l'immeuble (art. 3, al. 2) ;
> – les éléments de **révision du prix** convenus doivent être explicites et illustrés par une application chiffrée, et les factures appliquant la révision doivent permettre au propriétaire de contrôler que les modifications appliquées sont conformes aux clauses du contrat (art. 10, al. 1 et 2) ;
> – aucune **sous-traitance** partielle ou totale du contrat d'entretien n'est admise sans l'accord préalable écrit du propriétaire. En cas d'accord de ce dernier, la responsabilité de l'entreprise reste entière pour les travaux sous-traités (art. 6, al. 1).

47550 **Lorsque le propriétaire assure** par ses propres moyens **l'entretien** de l'ascenseur, il est tenu de respecter les obligations exposées n° 47540. Il lui appartient en outre de tenir à jour le carnet d'entretien et d'établir un rapport annuel d'activité (CCH art. R 134-10, al. 1). Par ailleurs, le personnel qu'il emploie pour l'exercice de cette mission doit avoir reçu une formation appropriée dans les conditions prévues à l'article 9 du décret 95-826 du 30 juin 1995 fixant les prescriptions particulières de sécurité applicables aux travaux effectués sur les ascenseurs (CCH art. R 134-10, al. 2).

CONTRÔLE TECHNIQUE DES ASCENSEURS

47555 Les propriétaires d'ascenseurs sont tenus de faire réaliser un contrôle technique de leurs installations tous les cinq ans portant sur leur état de fonctionnement et la sécurité des personnes (CCH art. L 134-4 et R 134-11).

Selon la nature de l'installation, le **premier contrôle technique** devait être effectué au plus tard à l'une des dates suivantes (Décret 2004-964 du 9-9-2004 art. 4, III) :

- **ascenseurs installés avant le 27 août 2000** : le 3 juillet 2009 si la mise en place des dispositifs de sécurité réglementaires avait été faite avant le 3 juillet 2008, ou un an après la date d'achèvement des travaux si la mise en conformité était effectuée à partir de cette date. À défaut, le premier contrôle technique devait avoir lieu au plus tard le 31 décembre 2011 ;
- **ascenseurs installés à partir du 27 août 2000** : cinq ans après la date d'installation si celle-ci avait eu lieu à partir du 1er juillet 2004. Pour les ascenseurs qui avaient été installés entre le 27 août 2000 et avant le 1er juillet 2004, le contrôle technique devait intervenir au plus tard le 30 juin 2009.

En vue de la bonne et entière exécution du contrôle technique, le contrat conclu entre la personne chargée du contrôle et le propriétaire définit les conditions dans lesquelles l'entreprise chargée de l'entretien accompagne le contrôleur lors de la réalisation de son contrôle (CCH art. L 134-2).

La personne chargée du contrôle (organisme habilité, contrôleur technique agréé ou personne physique ou morale bénéficiant d'une certification), qui ne doit pas avoir de lien avec une entreprise d'ascenseurs, doit établir un rapport (CCH art. L 134-4), et le remettre au propriétaire dans le mois suivant son intervention, lequel doit le transmettre à l'entreprise chargée de l'entretien et, si des travaux sont nécessaires, aux personnes chargées de leur conception et de leur exécution (CCH art. R 134-12 et R 134-13).

> **> Précisions** La nature des contrôles à effectuer et les modalités d'établissement du rapport sont définies par l'arrêté du 7 août 2012 (JO 15 p. 13436). Les critères de compétence et de certification des contrôleurs techniques sont précisés dans l'arrêté du 13 décembre 2004 (JO 12-1-2005 p. 493).

47560 **Information des occupants des immeubles** Toute personne disposant d'un titre d'occupation dans un immeuble comportant un ascenseur a le droit de consulter, dans les locaux du siège social ou du domicile du propriétaire ou dans ceux de son représentant, le rapport du contrôle technique. Le propriétaire doit en outre lui transmettre, sur sa demande et à ses frais, la copie écrite de ces documents (CCH art. R 134-14).

C. Sanctions

47565 Est passible d'une **amende** de 450 € (ou de 2 250 € pour les personnes morales) le propriétaire d'ascenseur qui ne respecte pas les obligations exposées nos 47515 à 47525 et 47545 à 47555 (CCH art. L 183-1 et L 183-2).

Par ailleurs, le **juge des référés** du tribunal de grande instance dans le ressort duquel est situé l'immeuble peut être saisi afin d'ordonner, éventuellement sous astreinte, la mise en conformité des ascenseurs et le respect des obligations d'entretien, de contrôle technique et d'information (CCH art. R 134-15).

CHAPITRE 4

OBLIGATIONS D'ENTRETIEN DES IMMEUBLES

SOMMAIRE

La sécurisation des immeubles à usage d'habitation est une préoccupation des pouvoirs publics qui, outre la surveillance des bâtiments (nos 47045 s.) et la mise en sécurité des ascenseurs (nos 47500 s.), ont pris des mesures afin de pallier les carences des propriétaires dans l'entretien des immeubles d'habitation (nos 47705 s.) et, plus récemment, de prévenir les incendies (nos 47300 s.). 47700

SECTION 1

PROCÉDURE EN CAS DE CARENCE D'ENTRETIEN DES IMMEUBLES

Destinée à pallier la carence des propriétaires d'immeubles collectifs à usage principal d'habitation à assumer leur obligation d'entretien, la procédure était régie par les articles L 129-1 à L 129-7 du CCH et les articles R 129-1 à R 129-10 du même Code. 47705

Ces articles ont cessé de s'appliquer depuis le 1er janvier 2021. L'**ordonnance du 16 septembre 2020** relative à l'harmonisation et à la simplification des polices des immeubles, locaux et installations les a en effet abrogés et a rendu applicable aux situations qu'elles visaient une procédure commune à toutes les hypothèses où l'état d'un immeuble crée des risques pour la sécurité ou la santé des personnes (Ord. 2020-1144 du 16-9-2020 : JO 17 texte n° 39). Cette procédure est prévue au nouveau titre Ier du livre V du CCH (CCH art. L 511-1 à L 511-22) et le volet réglementaire a été mis en place par le décret du 24 décembre 2020 (CCH art. R 511-1 à R 511-13 modifiés par décret 2020-1711 du 24-12-2020), voir nos 45001 s.

CHAMP D'APPLICATION DE LA PROCÉDURE APPLICABLE JUSQU'AU 1er JANVIER 2021

La procédure exposée ci-dessous s'appliquait lorsque, du fait de la carence des propriétaires, des **équipements communs** d'un immeuble collectif à usage principal d'habitation présentaient un **fonctionnement défectueux** ou un **défaut d'entretien** de nature à créer des risques sérieux pour la sécurité des occupants ou à compromettre gravement leurs conditions d'habitation. 47710

Est qualifié d'immeuble collectif à usage d'habitation la division par lots, en propriété ou en jouissance, d'une résidence, d'un appartement ou de tout immeuble à usage d'habitation (CCH art. L 111-6-1-4).

> Précisions Les équipements concernés étaient les suivants (CCH art. R 129-1 abrogé) : les installations et conduits de ventilation et de désenfumage des circulations communes, les VMC, les installations et appareils d'éclairage et d'éclairage de sécurité des escaliers, couloirs, corridors et circulations communes, les installations de production et de distribution d'eau chaude et d'eau froide ainsi que les systèmes de sécurité des installations de production d'eau chaude, les installations et conduits de production et de distribution de chauffage collectif ainsi que leurs systèmes de sécurité, les installations, canalisations et réseaux divers d'alimentation en énergie (gaz et électricité) ainsi que les canalisations et réseaux divers d'évacuation (eaux usées, eaux pluviales), les systèmes de sécurité contre l'incendie ainsi que les équipements et installations de protection et de lutte contre l'incendie, les installations de stockage des hydrocarbures liquéfiés, les ascenseurs.

MISE EN ŒUVRE DE LA PROCÉDURE APPLICABLE JUSQU'AU 1er JANVIER 2021

47715 Le maire pouvait, à l'issue d'une procédure contradictoire, enjoindre par arrêté aux propriétaires de remettre en état ou de remplacer les équipements défectueux dans un délai qui ne pouvait pas être inférieur à un mois (CCH art. L 129-1 abrogé). À Paris, à compter du 1er juillet 2017, le préfet de police n'était compétent qu'en cas de carence du maire (CCH art. L 129-5 abrogé).

47720 **Information des propriétaires** Le maire qui souhaitait engager la procédure de l'article L 129-1 du CCH devait au préalable en informer, par lettre remise contre signature, les propriétaires et les titulaires de droits réels immobiliers, et les inviter à présenter leurs observations dans un délai qui ne pouvait être inférieur à un mois (CCH art. R 129-2 et R 129-10 abrogés).

Lorsque l'**immeuble** est **en copropriété,** l'information devait être donnée au syndicat des copropriétaires en la personne du syndic. Ce dernier devait la transmettre aux copropriétaires dans un délai maximal de 21 jours. Il disposait alors d'un délai minimal de deux mois à compter de la date de réception de l'information par le maire pour présenter ses observations (CCH art. R 129-5 abrogé).

En cas d'urgence ou de menace imminente, le maire devait ordonner préalablement les mesures provisoires indispensables pour écarter le danger (CCH art. L 129-3 abrogé).

47725 L'arrêté devait être **notifié aux propriétaires** et aux titulaires de droits réels immobiliers sur les locaux tels qu'ils figuraient au fichier immobilier.

Lorsque l'immeuble était la propriété d'une société civile dont les parts donnent droit, ou non, à l'attribution ou à la jouissance en propriété des locaux, la notification était faite au gérant tel qu'il figurait au registre du commerce.

Lorsque les mesures prescrites ne portaient que sur les parties communes d'un immeuble en copropriété, la notification aux copropriétaires était valablement faite au syndicat des copropriétaires.

À défaut de connaître l'adresse de ces personnes ou de pouvoir les identifier, la notification les concernant était valablement effectuée par affichage à la mairie de la commune ou, à Paris, Marseille et Lyon, de l'arrondissement où était situé l'immeuble ainsi que par affichage sur la façade de l'immeuble.

L'arrêté prescrivant la remise en état ou le remplacement d'équipement devait indiquer le **délai d'exécution** des mesures, qui ne devait pas être inférieur à un mois (CCH art. R 129-3 abrogé).

47730 **Situation en cas d'urgence** En cas d'urgence ou de menace grave imminente, le maire, après en avoir informé les personnes visées n° 47720, devait demander à la juridiction administrative de désigner un expert chargé d'examiner l'état des équipements dans un délai de 24 heures suivant sa désignation et de proposer des mesures de nature à mettre fin à l'imminence du danger. Si l'urgence ou la menace était constatée, le maire devait ordonner les **mesures provisoires** garantissant la sécurité des occupants et, si nécessaire, l'évacuation de l'immeuble. Lorsque l'évacuation avait été ordonnée par le maire, le propriétaire était tenu d'assurer l'hébergement provisoire des occupants (CCH art. L 129-3, al. 3 abrogé).

Faute d'avoir été exécutées dans le délai imparti, ces mesures pouvaient être ordonnées d'office par le maire et aux frais des propriétaires et des titulaires de droits réels immobiliers (CCH art. L 129-3 abrogé).

INEXÉCUTION DES MESURES PRESCRITES APPLICABLE JUSQU'AU 1er JANVIER 2021

47735 **Mise en demeure** Lorsque les mesures prescrites n'avaient pas été exécutées dans le délai fixé dans l'arrêté, le maire mettait en demeure le propriétaire ou le syndicat des copropriétaires d'y procéder dans un délai qu'il fixait et qui ne pouvait pas être inférieur à un mois (CCH art. L 129-2, al. 2 abrogé).

Le **syndic** disposait d'un délai de 21 jours à compter de la réception de la mise en demeure pour la transmettre à tous les copropriétaires (CCH art. R 129-6 abrogé).

À défaut de réalisation des travaux dans le délai imparti, le maire, par décision motivée, faisait procéder d'office à leur exécution (CCH art. L 129-2, al. 3 abrogé).

Le propriétaire était redevable d'une **astreinte** en cas d'inexécution des mesures ou travaux prescrits par l'arrêté (CCH art. L 129-2, al. 5 abrogé).

> Précisions Le montant de l'astreinte est fixé à 20 € par logement concerné et par jour de retard (CCH art. R 511-14 sur renvoi de l'art. R 129-11-1). Ce montant peut être porté à 50 € par logement et par jour de retard lorsqu'une interdiction d'habiter ou d'utiliser les lieux a été prononcée dans l'arrêté prescrivant les mesures et travaux (CCH art. R 511-15 sur renvoi de l'art. R 129-11-1). À compter de la date de notification de l'arrêté prononçant l'astreinte, le montant de cette dernière est majoré de 20 % chaque mois jusqu'au constat, par un agent compétent, de la réalisation des mesures prescrites (CCH art. R 511-18). L'arrêté fixant le montant de l'astreinte doit mentionner les critères ayant conduit à la détermination du montant de l'astreinte, ainsi que le taux de progressivité (CCH art. R 511-19).

Défaillance des copropriétaires Si l'inexécution de travaux prescrits portant sur les parties communes d'un immeuble en copropriété résultait de la défaillance de certains copropriétaires, la commune pouvait, sur décision motivée du maire, se substituer à ceux-ci pour les sommes exigibles à la date votée par l'assemblée générale des copropriétaires. Elle était alors subrogée dans les droits et actions du syndicat à concurrence des sommes par elle versées (CCH art. L 129-2, al. 4 abrogé). **47740**

Sont réputés défaillants les copropriétaires qui, après avoir été mis en demeure de le faire par le syndic, n'avaient pas répondu ou n'avaient répondu que partiellement aux appels de fonds destinés à financer les travaux prescrits dans le délai de quinze jours à compter de la sommation de payer (CCH art. R 129-7, al. 2 abrogé).

Le **syndic** devait informer le maire de cette défaillance en indiquant les démarches entreprises pour faire réaliser les travaux prescrits et en fournissant une attestation de défaillance (CCH art. R 129-7, al. 1 abrogé).

La commune disposait alors d'un délai d'un mois pour décider de se substituer aux copropriétaires défaillants. Dans ce cas, sa décision était notifiée par le maire au syndicat des copropriétaires, pris en la personne du syndic, ainsi qu'aux copropriétaires défaillants, auxquels étaient notifiées les sommes versées pour leur compte.

Lorsque tous les copropriétaires étaient défaillants, la commune ne pouvait recourir à la procédure de substitution (CCH art. R 129-8 abrogé).

EXÉCUTION D'OFFICE PAR LA COMMUNE APPLICABLE JUSQU'AU 1er JANVIER 2021

Lorsque la commune se substituait aux propriétaires défaillants, elle agissait en lieu et place des propriétaires, pour leur compte et à leurs frais (CCH art. L 129-4, al. 1 abrogé). **47745**

Les **frais** de toute nature résultant de l'exécution d'office ou de la substitution d'office aux propriétaires ou copropriétaires défaillants étaient avancés par la commune et recouvrés comme en matière de contributions directes. Ces frais comprenaient le coût des travaux destinés à assurer la sécurité de l'ouvrage, les frais exposés par la commune en qualité de maître d'ouvrage public et, le cas échéant, la rémunération de l'expert nommé par le tribunal administratif (CCH art. L 129-4, al. 2 et R 129-4 abrogé).

Le montant de la créance était majoré de celui des **intérêts moratoires** calculés au taux d'intérêt légal à compter de la date de notification de la décision de substitution (CCH art. L 129-4, al. 3 abrogé).

Les créances qui n'avaient pas pu être recouvrées par la commune étaient mises à la charge de l'État ou d'une personne publique s'y substituant (CCH art. L 129-4, al. 4 abrogé).

Lorsque l'**immeuble** est **en copropriété,** le titre de recouvrement était adressé à chaque copropriétaire pour la fraction de créance dont il était redevable (CCH art. L 129-4, al. 2 abrogé). Après avoir recouvré la totalité de la créance qu'elle détenait sur un copropriétaire, la commune devait informer le syndic par lettre remise contre signature. À défaut, lorsque le syndic était informé de la mutation d'un lot (en pratique par le notaire chargé de l'opération lors de la demande de certificat attestant que le copropriétaire était libre de toute obligation à l'égard du syndicat), il devait sans délai notifier la mutation à la commune par lettre remise contre signature afin de lui permettre de faire valoir ses droits auprès du notaire (CCH art. R 129-9 et R 129-10 abrogés). **47750**

SECTION 2

RAVALEMENT DES IMMEUBLES

47800 Les façades des immeubles doivent être constamment tenues en bon état de propreté. Les travaux nécessaires doivent être effectués au moins **tous les 10 ans,** sur l'injonction qui est faite au propriétaire par l'autorité municipale (CCH art. L 126-2).

Outre les façades, le ravalement concerne les pignons ainsi que certains éléments de la toiture (par exemple, descentes d'eau, souches de cheminées, etc.) (Circ. 26-3-1959 : JO 15-4 p. 4178 ; Arrêté du 27-10-2000 : BMO Paris 3-11-2000 p. 2564).

Ces dispositions sont applicables à Paris ainsi que dans les communes figurant sur une liste établie par l'autorité administrative sur proposition ou après avis conforme des conseils municipaux (CCH art. L 126-2 et R 126-1).

OBLIGATIONS DES PROPRIÉTAIRES

47805 Les travaux doivent être entrepris dans les six mois de l'injonction administrative. À défaut, le maire peut les prescrire par arrêté municipal, lequel fixe un délai pour la réalisation des travaux qui ne peut pas excéder un an.

Si l'immeuble est en copropriété, la notification aux copropriétaires est valablement faite au seul syndicat des copropriétaires pris en la personne du syndic qui doit en informer sans délai chaque copropriétaire par lettre recommandée avec demande d'avis de réception (CCH art. L 126-3).

47810 Cette procédure est également applicable lorsque les travaux, entrepris dans les six mois de l'injonction, n'ont pas été terminés dans l'année qui suit. L'arrêté municipal est, de même, notifié au propriétaire ou au syndic de copropriété, avec sommation d'avoir à terminer les travaux dans le délai qu'il détermine (CCH art. L 126-3).

EXÉCUTION DU RAVALEMENT

47815 Le ravalement ne relève pas de la procédure de la déclaration préalable de travaux.

Les ravalements restent soumis à déclaration dans les espaces protégés : site patrimonial remarquable, abords des monuments historiques, site inscrit, site classé ou en instance de classement, réserve naturelle, intérieur du cœur d'un parc national, immeuble protégé par le règlement du PLU et périmètre délimité par délibération motivée du conseil municipal ou de l'organe délibérant de l'EPCI (C. urb. art. R 421-17-1).

Toutefois, d'autres autorisations peuvent être nécessaires (permis de construire, permis de démolir, autorisation spéciale de travaux, etc.).

47820 Avant d'installer des échafaudages sur le domaine public, une **autorisation d'occupation temporaire du domaine public** (AOT) doit avoir été délivrée. En outre, si les travaux rendent indispensable le passage sur des propriétés voisines, il est possible, en cas de difficulté, d'obtenir par voie judiciaire une servitude de tour d'échelle (Cass. 3e civ. 15-4-1982 : Bull. civ. III no 4).

DISPOSITIONS PROPRES À PARIS

47825 À Paris, l'exécution des travaux de ravalement doit être conforme aux dispositions de l'arrêté municipal du 27 octobre 2000 (BMO Paris 3-11 p. 2564), qui soumet lesdits travaux à autorisation ou à des prescriptions particulières.

> **Précisions** **a.** Une **déclaration** doit être adressée au service de la mairie de Paris compétent en matière de permis de construire (17, bd. Morland 75004 Paris) avant l'exécution des travaux et indiquer notamment le procédé technique utilisé (Arrêté du 27-10-2000 art. 3, al. 2).
> **b.** Considérés comme propriétaires des devantures, terrasses couvertes ou toute installation commerciale implantée au pied des immeubles ou par emprise sur le domaine public, les **exploitants** doivent maintenir l'état de propriété de ces éléments (Arrêté du 27-10-2000 art. 3, al. 3).
> **c.** Les propriétaires (ou les personnes soumises à l'obligation de ravalement) peuvent demander des **délais** supplémentaires pour exécuter les travaux. Les demandes doivent être adressées auprès de la commission des délais de ravalement par lettre recommandée AR au plus tard dans le mois qui suit l'arrêté d'injonction de ravaler (Arrêté du 27-10-2000 art. 7).

SANCTIONS

À défaut de réalisation des travaux dans le délai imparti, le maire peut, sur autorisation du président du tribunal de grande instance statuant comme en matière de référé, les faire **exécuter d'office,** aux frais du propriétaire (CCH art. L 126-3). **47830**

Les frais de ravalement sont recouvrés comme en matière d'impôts directs. Il en est de même de la présentation et du traitement des réclamations.

Le propriétaire qui n'exécute pas les travaux dans le délai imparti est puni d'une amende de 3 750 € (CCH art. L 183-12). En cas de récidive, l'amende peut être doublée dans les conditions de l'article 132-10 du Code pénal. **47835**

Ces dispositions, d'application stricte, ne s'appliquent qu'aux propriétaires. En conséquence, elles ne peuvent pas être étendues à un syndic de copropriété qui n'a commis aucune faute du fait des obstacles matériels rencontrés (CA Paris 22-12-1980 : Gaz. Pal. 1981 p. 320).

SECTION 3

ENTRETIEN DES VOIES ET RÉSEAUX EN CAS DE DIVISION D'UN ENSEMBLE IMMOBILIER BÂTI

En cas de division ou de subdivision de tout ou partie d'un ensemble immobilier bâti, **tout acte ou promesse de vente** d'un ou de plusieurs immeubles **à usage d'habitation ou à usage mixte** (professionnel et d'habitation) consécutif à cette division doit comporter une clause prévoyant les modalités de l'entretien des voies et réseaux propres à cet ensemble immobilier. À défaut de cette clause, l'entretien incombe au propriétaire de ces voies et réseaux (C. urb. art. L 115-2). **47900**

> **› Précisions** On imagine mal un ensemble immobilier bâti dans lequel la gestion des VRD ne serait pas organisée (par un règlement issu du statut de la copropriété, un cahier des charges d'un lotissement, une convention de servitude, une association, etc.). Et si cet ensemble bâti vient à être divisé, son organisation sera prévue, ne serait-ce que parce que l'opérateur se gardera bien, précisément, de conserver la charge de l'entretien des voies.
> En dehors d'un certain **rôle d'information** des acquéreurs, l'article L 115-2 du Code de l'urbanisme n'apporte donc aucune nouveauté juridique dans une matière déjà bien cernée par les textes et la pratique.

CHAMP D'APPLICATION

L'article L 115-2 du Code de l'urbanisme ne s'applique qu'aux ensembles immobiliers **bâtis.** Ne sont donc visés ni les terrains nus ni les immeubles en cours de construction. Il est vrai d'ailleurs que si, sur des terrains nus, on envisage de bâtir, l'entretien des VRD sera préorganisé, et s'il s'agit d'immeubles en cours de construction, cette préorganisation sera également prévue. **47905**

L'immeuble divisé doit être à usage **d'habitation,** ou à usage mixte **professionnel et d'habitation.** Sans chercher à s'expliquer cette limitation, on doit observer qu'elle laisse sans solution légale certaines situations marginales, telles que, par exemple, celle de la division d'un ensemble comprenant un immeuble d'habitation et un immeuble commercial.

Pour que le texte s'applique, il faut qu'il y ait **division** initiale ou **subdivision** de tout ou partie d'un ensemble immobilier bâti. N'est donc pas visée la mise en copropriété de cet ensemble immobilier du moins aussi longtemps que le terrain support n'est pas divisé en zones de jouissance privative. **47910**

Dans ce dernier cas, le texte ne précise pas si l'on doit entendre qu'il y a « division », ou non. Eu égard au but de ce texte, on peut considérer, semble-t-il, que la mise en copropriété n'est pas visée, et que seule une **division en propriété** a été envisagée par la loi.

EFFETS

47920 La **clause** prévoyant les modalités de l'entretien des voies et réseaux propres à l'ensemble immobilier divisé doit figurer dans **« tout acte ou promesse de vente ».**

L'expression paraît se passer de commentaire. L'article L 115-2 du Code de l'urbanisme vise les contrats emportant **engagement de transfert** de la propriété de tout ou partie de l'ensemble immobilier bâti. Mais le texte précise qu'il s'agit de tout acte ou promesse de vente consécutif à la division initiale ou à la subdivision de l'ensemble immobilier.

Il y a deux façons d'interpréter ce texte. On peut considérer qu'il vise l'acte qui, précisément, entraîne la division. Dans cette optique, seul l'acte entraînant la division, c'est-à-dire le premier acte de vente, entrerait dans le champ d'application du texte. On peut également considérer que tous les actes de vente partiels intervenant après la division sont visés par le texte.

47925 **Le contenu de la clause** d'entretien n'est pas précisé par le texte, qui ne parle que des « modalités de l'entretien ». Les travaux de réfection et de remplacement des voies et réseaux ne sont pas visés à la lettre. Mais ici encore, l'esprit de la loi paraît devoir étendre le champ d'application de ce texte aux travaux de cette nature.

Les voies et réseaux visés sont ceux de tout l'ensemble immobilier divisé ; l'obligation légale n'aurait pas toute sa portée si l'on raisonnait autrement.

La **rédaction** de la clause d'entretien est laissée à l'initiative des intéressés. Il en est de même en ce qui concerne la répartition de la charge correspondante entre les fractions issues de la division.

47930 À titre de **règle supplétive,** l'article L 115-2 du Code de l'urbanisme dispose que si les parties intéressées n'ont pas établi la convention d'entretien des VRD examinée ci-dessus, cet entretien incombe au propriétaire de ces voies et réseaux.

Si la convention existe, mais qu'elle est mal rédigée, ou incomplète, la solution légale semble devoir également s'appliquer.

Le « propriétaire des voies et réseaux » pourra être une indivision formée par les propriétaires de l'ensemble des lots issus de la division, auxquels sera attachée une quote-part indivise de ces choses communes (et dans ce cas, l'article L 115-2 n'introduit aucune nouveauté en la matière), ou encore l'ex-propriétaire unique, qui, par hypothèse, a conservé les VRD en cédant ses lots. Mais il est évident que, dans ce dernier cas, il aura ou prévu le transfert des VRD à une association syndicale (ou à un groupement similaire), ou pris soin de mettre à la charge de ses acheteurs le coût de l'entretien des VRD.

Il convient de rappeler également que les **voies privées ouvertes à la circulation publique** dans des ensembles d'habitation et dans des zones d'activités ou commerciales peuvent être, après enquête publique, transférées d'office sans indemnité dans le domaine public communal (C. urb. art. L 318-3). La décision de l'autorité administrative portant transfert vaut classement dans le domaine public et éteint, par elle-même et à sa date, tous droits réels et personnels existant sur les biens transférés.

SECTION 4 DÉCHETS ISSUS DE LA DÉMOLITION OU DE LA RÉNOVATION SIGNIFICATIVE D'IMMEUBLE

48000 Le législateur a institué, en cas de **démolition ou de réhabilitation lourde** de certains immeubles, un diagnostic relatif à la gestion des déchets issus de ces opérations afin d'améliorer leur recyclage. Le dispositif s'applique aux démolitions de bâtiments pour lesquelles la date de dépôt de la demande de permis de démolir, ou, à défaut, la date d'acceptation des devis ou de passation des marchés relatifs aux travaux de démolition, est postérieure au **1er mars 2012.**

La loi relative à la lutte contre le gaspillage et à l'économie circulaire du 10 février 2020 a étendu ce diagnostic aux travaux de **rénovation significative** de bâtiments. Ce dispositif figurait à l'article L 111-10-4 du CCH et a été déplacé à l'article L 126-34 du même Code. Il devait initialement entrer en vigueur le 1er juillet 2021.

Deux décrets du 25 juin 2021 déterminent les **modalités de réalisation des diagnostics, de transmission et de publicité des informations** (CCH art. R 111-43 à R 111-49 et art. D 111-47).

Ces dispositions s'appliquent aux démolitions et aux rénovations significatives de bâtiments pour lesquelles la date de dépôt de la demande d'autorisation d'urbanisme ou de travaux ou, à défaut, la date d'acceptation des devis ou de passation des marchés relatifs aux travaux de démolition et de rénovation significative, est postérieure au **1er janvier 2022.**

À noter qu'à peine parus, les deux décrets du 25 juin ont été abrogés par le décret 2021-872 du 30 juin 2021 recodifiant la partie réglementaire du livre Ier du CCH, qui codifie leurs dispositions aux articles R 126-8 à D 126-14-2 du CCH.

> **Précisions** En cas de travaux ou de démolition, d'autres diagnostics ou contrôles peuvent s'imposer. Tel est le cas lorsque ces opérations portent sur des immeubles contenant des matériaux amiantés (nos 44190 s.) ou des peintures au plomb (no 44285) ou encore infestés par les termites (no 44445).

CHAMP D'APPLICATION

Sont concernées les opérations de démolition ou de rénovation significative de bâtiments suivantes (CCH art. R 126-8) : **48005**

- celles dont la surface cumulée de plancher de l'ensemble des bâtiments concernés est supérieure à 1 000 m^2 ;
- celles concernant au moins un bâtiment ayant accueilli une activité agricole, industrielle ou commerciale et ayant été le siège d'une utilisation, d'un stockage, d'une fabrication ou d'une distribution d'une ou plusieurs substances classées comme dangereuses en application de l'article R 4411-6 du Code du travail.

Constitue une **démolition** soumise à diagnostic l'opération consistant à détruire au moins une partie majoritaire de la structure d'un bâtiment mais aussi la **réhabilitation** comportant la destruction d'au moins une partie majoritaire de la structure d'un bâtiment (CCH art. R 126-9). **48010**

Une **rénovation significative** de bâtiment est définie comme une opération consistant à détruire ou remplacer au moins deux des éléments de second œuvre mentionnés ci-après, à la condition que les travaux concernés conduisent à détruire ou remplacer une partie majoritaire de chacun de ces éléments (CCH art. R 126-9) :

- planchers ne déterminant pas la résistance ou la rigidité de l'ouvrage ;
- cloisons extérieures ne déterminant pas la résistance ou la rigidité de l'ouvrage ;
- huisseries extérieures ;
- cloisons intérieures ;
- installations sanitaires et de plomberie ;
- installations électriques ;
- système de chauffage.

Un arrêté précise les modalités techniques d'application (Arrêté TREL2302264A du 26-3-2023).

L'obligation de faire établir un diagnostic sur la gestion des déchets incombe au maître de l'ouvrage (CCH art. L 126-34), sous peine d'une amende de 45 000 € (CCH art. L 183-4).

ÉLABORATION DU DIAGNOSTIC

Le diagnostic portant sur les déchets doit être réalisé **avant** le dépôt de la demande de permis de démolir si celle-ci est requise pour l'opération ou, dans les autres cas, avant l'acceptation des devis ou à la passation des marchés relatifs aux travaux de démolition (CCH art. R 126-10). **48015**

Le diagnostic doit également porter sur les produits de construction, les équipements constitutifs du bâtiment et les matériaux issus des travaux. Il doit être réalisé avant le dépôt des demandes d'autorisation d'urbanisme si l'opération y est soumise en application du Code de l'urbanisme ou, le cas échéant, à celui d'une demande d'autorisation de travaux concernant un établissement recevant du public présentée en application de l'article L 122-3.

Le diagnostic, qui est réalisé suite à un **repérage sur site,** indique (CCH art. R 126-11) : **48020**

- la nature, la quantité et la localisation, dans l'emprise de l'opération de démolition, des matériaux, produits de construction et équipements constitutifs des bâtiments ainsi que des déchets résiduels issus de l'usage et de l'occupation des bâtiments ;
- les indications sur les possibilités de réemploi sur le site de l'opération ;
- l'estimation de la nature et de la quantité des matériaux qui peuvent être réemployés sur le site ;

– à défaut de réemploi sur le site, les indications sur les filières de gestion des déchets issus de la démolition ;
– l'estimation de la nature et de la quantité des matériaux issus de la démolition destinés à être valorisés ou éliminés.

Le diagnostic doit fournir également une estimation de l'état de conservation des produits, matériaux et équipements et des indications sur les précautions de dépose, de stockage sur chantier et de transport de ces produits, équipements, matériaux et déchets ainsi que sur les conditions techniques et économiques prévues pour permettre leur réemploi, leur réutilisation, leur recyclage ou une autre valorisation matière, leur valorisation énergétique ou leur élimination. En cas de vices ou de désordres apparents du bâtiment, le diagnostic fournit des indications sur les précautions de démolition ou de rénovation.

Le contenu du diagnostic et sa méthodologie de réalisation sont précisés par arrêté (Arrêté TREL2302264A du 26-3-2023).

48025 La réalisation doit être **confiée à un professionnel** de la construction ayant contracté une assurance professionnelle pour ce type de mission (CCH art. R 126-12). Ce professionnel de la construction doit n'avoir aucun lien avec le maître d'ouvrage, ni avec aucune entreprise susceptible d'effectuer tout ou partie des travaux de l'opération de démolition, qui soit de nature à porter atteinte à son impartialité et à son indépendance.

COMMUNICATION DU DIAGNOSTIC

48030 Le préfet, le **maire** de la commune d'implantation des bâtiments et le président de l'établissement public de coopération intercommunale compétent en matière de logement peuvent demander communication du diagnostic qui doit être transmis dans le mois suivant la demande, sous peine notamment d'une amende de 45 000 € et de l'injonction d'arrêter les travaux (CCH art. L 126-37).

48035 Par ailleurs, le maître d'ouvrage est tenu de transmettre ce diagnostic à toute **personne** physique ou morale **appelée** à concevoir ou **réaliser** les **travaux** de démolition (CCH art. R 126-13).

RÉCOLEMENT À L'ISSUE DES TRAVAUX

48040 À l'issue des travaux de démolition, le maître d'ouvrage doit dresser un formulaire de récolement relatif aux **matériaux réemployés** sur le site ou destinés à l'être et aux déchets issus de cette démolition (CCH art. R 126-14).

Ce formulaire mentionne la nature et la quantité des matériaux réemployés sur le site ou destinés à l'être et celles des déchets, effectivement valorisés ou éliminés, issus de la démolition (CCH art. R 126-14). Le maître d'ouvrage transmet ce formulaire à l'agence de l'environnement et de la maîtrise de l'énergie. Le formulaire est transmis au Centre scientifique et technique du bâtiment.

Le contenu et les modalités de transmission du formulaire sont précisés par arrêté (Arrêté TREL2302264A du 26-3-2023).

TITRE VI

Relations de voisinage

CHAPITRE 1

DÉLIMITATION DES FONDS VOISINS

SOMMAIRE

A. Bornage

LIMITE SÉPARATIVE DE PROPRIÉTÉS

Le bornage est l'opération permettant de **fixer de manière définitive** la limite séparative d'un terrain avec la propriété privée voisine. Cette ligne de séparation entre les deux terrains est marquée par des repères matériels appelés « bornes ». **49005**

Un bornage ne souffre pas l'approximation. Ainsi, lors du bornage d'une propriété jouxtant un étang privé, la **limite terrestre « théorique »** retenue par l'expert en raison des variations du niveau des eaux n'a pas été validée par les juges (Cass. 3e civ. 8-7-2009 no 08-17.809 FS-PB).

Les deux fonds concernés par le bornage doivent être contigus ; cette condition n'est pas remplie lorsqu'ils sont séparés par une **limite naturelle,** telle une falaise (Cass. 3e civ. 13-12-2018 no 17-31.270 FS-PBI : BPIM 1/19 inf. 82).

Lorsqu'un **mur mitoyen court tout le long de la limite séparative,** cette dernière est nécessairement située sur l'axe médian du mur et la demande en bornage est sans objet (Cass. 3e civ. 30-10-2012 no 11-24.141 F-D : BPIM 6/12 inf. 491).

Le bornage n'est possible qu'entre deux fonds et deux propriétaires distincts (C. civ. art. 646), de sorte qu'il est exclu **entre indivisaires ou** entre **copropriétaires** (Cass. 3e civ. 19-11-2015 no 14-25.403 FS-PB : BPIM 1/16 inf. 78).

En limite de **voie publique,** un plan d'alignement est fixé par l'autorité administrative compétente. Le plan d'alignement résulte le plus souvent du document local d'urbanisme ou d'un alignement individuel (C. voirie routière art. L 112-1).

ATTENTION

a. Lorsqu'une borne a été déplacée, le propriétaire peut introduire une action en référé afin de rétablir les marques de la ligne séparative et obtenir des dommages et intérêts (CPC art. 835). Le **déplacement** ou l'**arrachage** d'une borne est sanctionné pénalement. Si le dommage est léger, une amende maximale de 1 500 € est encourue (C. pén. art. 131-13 et R 635-1). Dans les cas graves, la peine peut atteindre deux ans de prison et 30 000 € d'amende (C. pén. art. 322-1).
b. Les **actes réservés aux géomètres experts** sont ceux qui fixent les limites des biens fonciers pour l'établissement des droits réels, préparent, accompagnent ou suivent l'intervention d'un notaire et participent des actes translatifs ou déclaratifs de propriété (Loi 46-492 du 7-5-1946 art. 1, 1° et art. 2). Les actes relevant de la compétence des géomètres-topographes concernent les documents d'arpentage et tous travaux cadastraux relatifs à la situation fiscale du fonds concerné. Une société non inscrite à l'ordre des géomètres experts enfreint leur monopole si elle établit un document d'arpentage fixant les limites d'un bien foncier en vue de sa division, et, pour cela, encourt une sanction pénale (Cass. crim. 8-11-2022 no 21-86.499 F-B : BPIM 6/22 inf. 463).

TERRAINS À BÂTIR

Les **promesses de vente** et les **ventes** de terrains dans lesquelles l'acquéreur exprime son intention de construire un immeuble à usage d'habitation ou à usage mixte professionnel et d'habitation doivent contenir un descriptif du terrain et mentionner si ce **descriptif** provient ou non d'un bornage. Lorsque le terrain est situé dans un **lotissement,** le descriptif doit résulter d'un bornage (C. urb. art. L 115-4). **49010**

En l'absence de ce descriptif et de l'indication de son origine, l'acquéreur peut agir en nullité de la vente dans le mois de la signature chez le notaire. Lorsque l'acte authentique de vente comporte la mention requise, l'acquéreur ne peut pas agir en nullité (C. urb. art. L 115-5).

DEMANDE DE BORNAGE

49015 Seul le **propriétaire** du terrain peut demander le bornage.

Lorsque le terrain est en **indivision** (notamment à la suite d'un décès), un indivisaire ne peut pas agir seul : il faut l'accord d'une majorité des 2/3 des droits indivis (C. civ. art. 815-3 ; Cass. 3e civ. 12-4-2018 nº 16-24.556 FS-PBI : BPIM 3/18 inf. 237 ; Cass. 1e civ. 12-2-2020 nº 18-14.672 F-D : BPIM 2/20 inf. 168-10).

En cas de **démembrement** de propriété, le nu-propriétaire peut agir seul ; l'usufruitier aussi, mais le bornage ainsi réalisé est inopposable au nu-propriétaire (Cass. 3e civ. 31-10-2012 nº 11-24.602 : RTD civ. 2013 p. 155, obs. W. Dross).

49020 **Bornage amiable** La loi ne soumet le bornage amiable à aucune **forme** particulière, il doit seulement être contradictoire et obtenir l'accord des deux voisins. Le bornage peut être fait par les deux propriétaires dans un écrit conjoint décrivant la situation des lieux, comportant un plan et précisant les termes de leur accord. Les juges ont reconnu que la limite séparative de deux fonds peut être prouvée par un contrat verbal non matérialisé par un écrit mais ayant le caractère parfait et une force obligatoire entre les parties (Cass. 3e civ. 13-3-2025 nº 23-14.042 F-D : BPIM 3/25 inf. 179).

En pratique, l'établissement de l'exacte limite de propriété entre deux terrains est confié à un **géomètre expert.** Celui-ci se rend sur les lieux, examine les titres de propriété et le plan cadastral, sollicite éventuellement des témoignages, mesure les terrains, rédige un procès-verbal de bornage et pose les bornes.

Pour être valable, le procès-verbal de bornage amiable doit être **signé** par les deux propriétaires concernés. La signature de ce procès-verbal donne une valeur contractuelle au bornage. Celui-ci ne pourra pas être remis en cause par les propriétaires concernés : les surfaces mentionnées et les limites de propriété sont fixées de manière définitive. Cette **opposabilité du bornage** est limitée aux signataires eux-mêmes.

Réalisé régulièrement, le bornage amiable s'impose au juge et n'autorise plus le recours à un bornage par voie judiciaire ; encore faut-il que la délimitation ait bien été matérialisée sur le terrain par des bornes (Cass. 3e civ. 19-1-2011 nº 09-71.207 FS-PB : BPIM 2/11 inf. 174). Publié régulièrement (voir nº 49035), le bornage amiable s'impose à tous et n'autorise plus un **nouveau bornage.**

49025 **Bornage judiciaire** Lorsque l'un des propriétaires s'oppose au bornage amiable ou est en désaccord avec la limite proposée, il peut être imposé par le juge (C. civ. art. 646).

L'action en bornage rend chacune des parties à la fois demanderesse et défenderesse, et il incombe à chacune de faire la preuve de son droit (Cass. 3e civ. 30-11-1977 : D. 1978 IR p. 197). La **recevabilité** de l'action en bornage est directement liée à l'absence de délimitation claire et suffisante des fonds, résultant d'un accord antérieur de leurs propriétaires et de sa matérialisation. L'action en bornage est irrecevable dès lors qu'il existe un précédent bornage régulier et certain entre les parties (Cass. 3e civ. 26-11-1997 nº 1621 ; Cass. 3e civ. 28-3-2024 nº 22-16.473 FS-B : BPIM 3/24 inf. 219) ; encore faut-il que le précédent bornage ait été matérialisé par l'implantation concrète de bornes sur le terrain (Cass. 3e civ. 19-1-2011 nº 09-71.207 FS-PB : BPIM 2/11 inf. 174). L'action judiciaire peut être déclarée recevable si, à la suite de la disparition de certaines bornes, la limite fixée par le bornage amiable est devenue incertaine (Cass. 3e civ. 4-6-2013 nº 11-28.910 F-D). Mais l'irrecevabilité de l'action a pu être opposée dans des cas où le point de délimitation manquant était resté matérialisé par une simple tache de peinture (Cass. 3e civ. 4-7-2012 nº 10-26.113 FS-D) ou par la prise en compte d'une clôture grillagée, existant alors de longue date, et que le demandeur a ultérieurement remplacée par un mur (Cass. 3e civ. 31-10-2012 nº 11-24.602 FS-PB).

Le recours au juge doit être précédé, à peine d'irrecevabilité de la demande, d'une **résolution amiable** : conciliation, médiation ou procédure participative (CPC art. 750-1). Si la tentative de résolution amiable n'aboutit pas, la demande doit être portée devant le **tribunal judiciaire** (C. org. jud. art. R 211-3-4) ou l'une de ses chambres de proximité (C. org. jud. art. D 212-19-1) ; sauf en présence d'une contestation sérieuse sur la propriété, le tribunal judiciaire est alors exclusivement compétent (C. org. jud. art. R 211-3-26).

Les juges du fond **apprécient souverainement** la valeur probante des titres et autres éléments de décision soumis à leur examen. En cas de discordance des titres fournis par les parties, les juges peuvent se fonder sur les présomptions qui leur paraissent les meilleures et les plus caractérisées (Cass. 3e civ. 18-2-1987 nº 85-15.578 : Bull. civ. III, nº 29 ; Cass. 3e civ. 28-10-2003 nº 02-14.333 F-D). Le bornage peut ainsi résulter de la prise en compte d'éléments de construction (cloison, grillage, dalle, etc.) préfigurant une ancienne limite séparative existant entre les deux propriétés (Cass. 3e civ. 3-4-2001 nº 99-15.228).

En pratique, le juge nomme un géomètre expert judiciaire qui procède aux opérations de bornage : établissement d'un projet de bornage, rédaction d'un **procès-verbal d'abornement** et pose des bornes sur le terrain. Si l'une des parties refuse de signer le procès-verbal, le juge le rend opposable par un jugement susceptible d'appel.

INTÉRÊT DU BORNAGE

Si deux voisins sont d'accord sur leur limite séparative, rien ne les oblige à faire réaliser un bornage, notamment lorsque la limite est apparente. **49030**

Si le bornage délimite les terrains, il ne détermine pas qui est propriétaire (Cass. 3e civ. 23-5-2013 n° 12-13.898 FS-PB). Pour cette même raison, un procès-verbal de bornage ne saurait entraîner un quelconque transfert de propriété (Cass. 3e civ. 10-6-2015 n° 14-14.311 FS-PB : BPIM 4/15 inf. 287).

Il est préférable de procéder à un bornage dès qu'un **propriétaire** ignore la limite exacte de sa propriété et **souhaite construire aux abords de cette limite,** clôturer ou planter une haie. En effet, si la construction vient à déborder sur le terrain voisin (on parle d'« empiétement »), le propriétaire voisin pourra obtenir en justice la démolition de la partie empiétant. La condamnation à démolir est inévitable, même si l'empiétement est de 5 millimètres (Cass. 3e civ. 20-3-2002 n° 00-16.015 FS-PBI : BPIM 3/02 inf. 168 ; Cass. 3e civ. 4-3-2021 n° 19-17.616 F-D). Toutefois s'agissant d'un empiétement sur une servitude de passage, les juges doivent opérer un contrôle de proportionnalité de la sanction au regard du droit au respect du domicile du constructeur (Cass. 3e civ. 19-12-2019 n° 18-25.113 FS-PBI : BPIM 1/20 inf. 84).

Il est bien souvent nécessaire de connaître la limite exacte de propriété pour pouvoir construire. En effet, le **règlement d'urbanisme** applicable dans la commune peut comporter des règles relatives à l'implantation des constructions basées sur la limite séparative, telle une marge de recul par rapport au terrain voisin (les « prospects »).

Lorsque la **limite de propriété n'est pas contestée** et qu'elle est matérialisée par un mur séparatif construit il y a plus de 30 ans, l'action en bornage est néanmoins dépourvue d'intérêt (Cass. 3e civ. 14-4-2016 n° 15-10.153 F-D).

PUBLICITÉ DU BORNAGE

Qu'il soit publié ou non le procès-verbal de bornage est **opposable** aux tiers (Cass. 3e civ. 9-4-2013 n° 12-13.516 : BPIM 4/13 inf. 231). Néanmoins, pour leur **information,** notamment les futurs acquéreurs des propriétés, le procès-verbal d'abornement peut être publié au service de la publicité foncière après dépôt au rang des minutes d'un notaire (C. civ. art. 710-1) au titre des actes déclaratifs (Décret 55-22 du 4-1-1955 art. 28, 4° : JCP N 2022 n° 1185, obs. J. Lafond). Cette publication est nécessaire lorsque le procès-verbal rectifie des erreurs matérielles ou des énonciations inexactes des titres de propriété. Pour les frais en résultant, voir n° 49040. **49035**

FRAIS DE BORNAGE

Le bornage se fait à frais communs (C. civ. art. 646). En pratique, le procès-verbal de **bornage amiable** doit préciser le mode de répartition (par exemple, par moitié ou en fonction de la superficie des terrains). En cas de **bornage judiciaire,** le tribunal peut librement répartir les frais de bornage ou les imputer en totalité sur le propriétaire ayant refusé de borner son terrain. **49040**

La publication du procès-verbal de bornage donne lieu à la perception de la **taxe de publicité** foncière au taux de 25 € si la consistance des fonds n'est pas modifiée (BOI-ENR-DG-20-30-30-10 n° 190). Dans le cas contraire, la taxe est exigible sur la valeur de la superficie prélevée sur un terrain pour être adjointe à l'autre, au taux prévu en matière de vente, d'échange ou de partage suivant les énonciations contenues dans le procès-verbal (BOI-ENR-DMTOI-10-10-30-50 n° 190).

B. Clôture

DROIT DE CLORE

Tout propriétaire peut clore sa propriété à tout moment (C. civ. art. 647). **49090**

Le droit de clore son terrain comporte quelques **restrictions.** Le propriétaire doit respecter les **servitudes** légale et conventionnelle de passage, d'écoulement des eaux et autres qui imposent une liberté de passage sur une partie de son terrain. Il doit aussi respecter certaines servitudes administratives comme la servitude d'accès à la mer des piétons, celle de passage le long du littoral, les servitudes de halage et de marchepied permettant notamment le passage des pêcheurs le long des cours d'eau appartenant au domaine public ainsi que les servitudes édictées le long de certains sentiers de grande randonnée. Dans les espaces naturels, la loi 2023-54 du 2 février 2023 interdit les clôtures ne permettant pas le libre passage de la faune (C. envir. art. L 372-1) ; voir nº 49110.

Le droit de se clore doit également s'exercer dans le respect du **plan d'alignement** qui fixe la limite entre la voie publique et la propriété privée (C. voirie routière art. L 112-1).

MODE DE CLÔTURE

49095 Le choix de la clôture (nature, aspect, hauteur, matériaux utilisés) est généralement réglementé par le **document local d'urbanisme** de la commune ou, lorsque la propriété dépend d'un **lotissement,** par son cahier des charges. En l'absence de dispositions particulières, le mode de clôture est libre : mur, grillage, barbelés, haie végétale, fossé, etc.

Les **clôtures électriques** sont soumises à des dispositions spéciales en raison des dangers qu'elles présentent : déclaration spécifique en mairie, utilisation d'un matériel homologué, signalisation par des panneaux espacés au maximum de 50 mètres, interdiction de se brancher directement sur le réseau de distribution (Circ. min. intérieur 223 du 7-4-1965 : BO min. intérieur mai 1965 nº 5 p. 97 ; Rép. Masson : Sén. 18-3-2021 nº 21457).

RELATION AVEC LE VOISIN

49100 **Accord** L'accord du voisin n'est pas nécessaire lorsque la **clôture ne déborde pas** sur la limite séparative. Si la clôture doit être implantée **à cheval sur la limite** séparative, l'accord du voisin est alors nécessaire.

ATTENTION

La **destruction ou la détérioration de clôture** constitue une contravention de cinquième classe si le dommage est léger, passible d'une amende maximale de 1 500 € (C. pén. art. 131-13 et R 635-1). Dans les cas graves, la peine peut atteindre 2 ans de prison et 30 000 € d'amende (C. pén. art. 322-1).

49105 **Clôture forcée** Dans les **villes,** la loi permet à chacun de contraindre son voisin à contribuer à la construction et à la réparation des murs de clôture séparant maisons, cours et jardins (C. civ. art. 663). Cette règle, dite de « clôture forcée », s'applique aux terrains dépendant d'une habitation. À la **campagne,** il n'est pas, en principe, possible de forcer le voisin à participer à l'édification de la clôture (CA Rouen 1e ch. 26-5-2004 nº 02/03718, pour une application de l'article 663 néanmoins à des terrains en campagne mais agencés comme à la ville).

> **Précisions** À défaut de règles particulières prévues par le règlement d'urbanisme de la commune, le cahier des charges du lotissement ou un usage local reconnu, la **forme de la clôture** forcée est prévue par la loi : un mur d'une hauteur de 3,20 mètres dans les villes de 50 000 habitants et plus, de 2,60 mètres dans les villes d'une population inférieure (C. civ. art. 663).

AUTORISATION ADMINISTRATIVE

49110 **Déclaration obligatoire de certaines clôtures** L'édification d'une clôture est en principe libre (C. urb. art. R 421-2). Par exception, en raison de sa **localisation géographique,** il peut être nécessaire de déposer avant l'exécution des travaux une déclaration à la mairie. Sont concernées les clôtures situées (C. urb. art. R 421-12) :

– dans le périmètre d'un site patrimonial remarquable classé ou aux abords des monuments historiques ;
– dans un site inscrit, dans un site classé ou en instance de classement ;
– dans un secteur délimité par le plan local d'urbanisme ;
– dans une zone d'une commune en ayant décidé ainsi.

Les murs d'une **hauteur supérieure ou égale** à 2 mètres doivent également être déclarés (C. urb. art. R 421-9).

Les clôtures implantées dans les **zones naturelles ou forestières** d'un plan local d'urbanisme (PLU) ou, à défaut d'un tel plan, dans les espaces naturels (sans autre précision) devront permettre en tout temps la libre circulation des animaux sauvages (C. envir. art. L 372-1).

L'implantation de clôtures dans ces espaces est soumise à déclaration préalable et les clôtures existantes (excepté celles réalisées il y a plus de 30 ans, plus précisément avant le 3 février 1993) doivent être mises en conformité, avant le 1er janvier 2027. Il appartient au propriétaire d'apporter par tous moyens la preuve de la date de construction de la clôture, y compris par une attestation administrative (C. envir. art. L 372-1). Si ces clôtures anciennes cernent des « terrains attenant à une habitation » et qu'elles sont « continues et constantes », comme « empêchant complètement le passage des animaux non domestiques et celui de l'homme », elles devront faire l'objet d'un « plan de gestion annuel contrôlé par la fédération départementale des chasseurs ». Un décret en Conseil d'État précisera ce point (C. envir. art. L 424-3).

Instruction de la déclaration La déclaration obligatoire doit être déposée ou adressée à la mairie par voie électronique ou par courrier recommandé avec demande d'avis de réception (en deux exemplaires) avant le commencement des travaux. Le **dossier** joint à la déclaration comprend un plan de situation du terrain et un plan de masse en trois dimensions de la clôture projetée. 49115

L'administration a en principe un mois pour interdire le projet de clôture ou fixer des conditions spéciales à sa réalisation. Le **délai de réponse de l'administration** est porté à deux mois dans certains cas, notamment lorsque le projet se situe dans le périmètre d'un site patrimonial remarquable ou aux abords d'un monument historique. En l'absence de réponse de l'administration dans le délai d'un ou deux mois, les travaux peuvent débuter (ils doivent être entrepris dans les trois ans).

La déclaration de clôture fait l'objet d'un **affichage** sur le terrain, qui doit être visible de l'extérieur, pendant toute la durée du chantier.

Construction d'une bordure bateau 49120

Au titre de ce que l'on appelle « les aisances de voirie publique », un riverain peut obtenir l'autorisation d'**abaisser la hauteur de la bordure du trottoir** pour pouvoir entrer chez lui en voiture. Cette autorisation, délivrée par la collectivité propriétaire de la voie, peut déterminer la position de l'accès ou limiter le nombre d'accès pour une même propriété. Les travaux sont réalisés par la collectivité qui réclame le remboursement des frais engagés au bénéficiaire de l'aménagement. Lorsque l'abaissement est réalisé dans le cadre d'une opération de construction, son coût est intégré dans les participations et taxes d'urbanisme qui seront payées lors de la délivrance du permis de construire (Rép. Jacquat : AN 4-12-2000 p. 6892 n° 42394). La mairie peut bien évidemment réaliser d'elle-même et gratuitement ce bateau.

C. Mitoyenneté

DÉFINITION DE LA MITOYENNETÉ

Un mur mitoyen est un mur qui sépare deux propriétés privées contiguës et qui appartient aux deux propriétaires. Chaque voisin est copropriétaire du mur. 49170

Le mur peut séparer deux bâtiments, deux cours, deux jardins (C. civ. art. 653).

Le mur peut être totalement mitoyen (exemple 1). Il peut également être mitoyen sur une partie et privatif sur une autre, par exemple lorsque deux maisons mitoyennes n'ont pas la même hauteur (exemple 2).

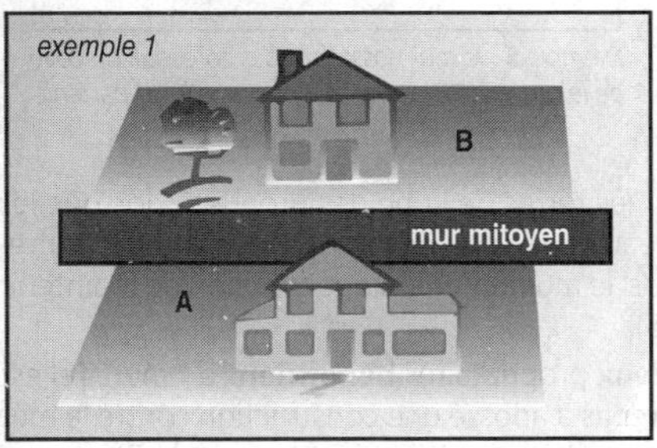

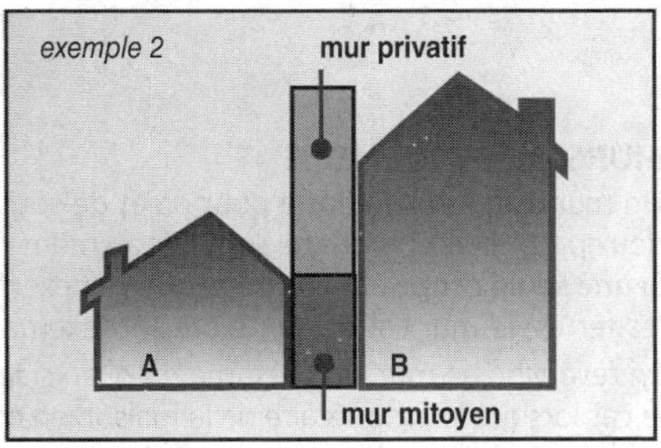

Tout mur édifié en limite de deux propriétés est présumé mitoyen sauf si :

- un des propriétaires possède un titre de propriété indiquant qu'il est le seul propriétaire du mur ;
- un seul des propriétaires a entretenu ou réparé le mur pendant plus de 30 ans sans que l'autre propriétaire participe à ces travaux ;
- le mur ne suit pas la limite séparative des propriétés en étant implanté d'une manière très irrégulière alternativement sur l'un et l'autre des terrains voisins ;
- le mur présente les caractéristiques d'un mur privé (corbeau, chaperon...).

CHAPERONS, CORBEAUX ET AUTRES MARQUES DE NON-MITOYENNETÉ

49175 Le mur sera présumé non mitoyen s'il présente les caractéristiques d'un mur privé. Tel sera le cas si (C. civ. art. 654) :

– le haut du mur est incliné d'un seul côté, les eaux de pluie s'écoulant sur une seule propriété (exemple 3). Si le mur est incliné des deux côtés, il est présumé mitoyen ;

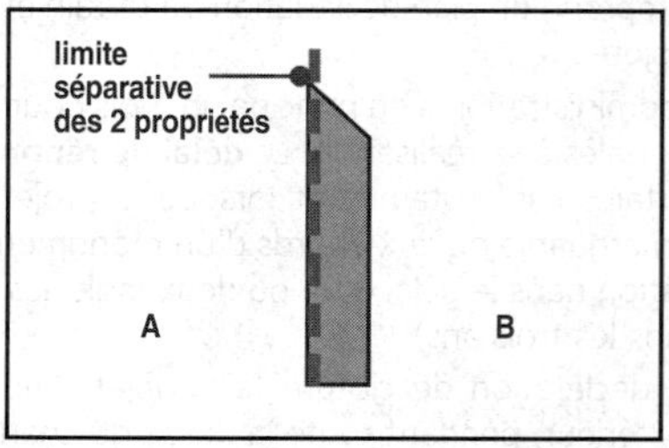

Exemple 3 : le mur étant incliné vers la propriété B, le mur est présumé lui appartenir.

– le mur est surmonté d'un chaperon d'un seul côté ; on appelle « chaperon » les tuiles, ardoises, etc., qui sont placées en haut du mur et qui empêchent la pluie de ruisseler le long du mur (exemple 4) ;

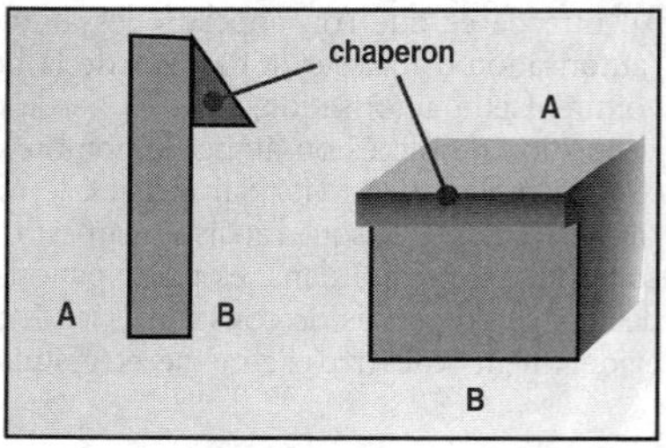

Exemple 4 : le mur possédant un chaperon du côté de la propriété B, le mur est présumé lui appartenir.

– le mur possède des corbeaux d'un seul côté, c'est-à-dire des pierres incluses dans le mur pouvant recevoir plus tard une poutre afin d'édifier une construction contre le mur (exemple 5).

Cette liste n'est pas limitative.

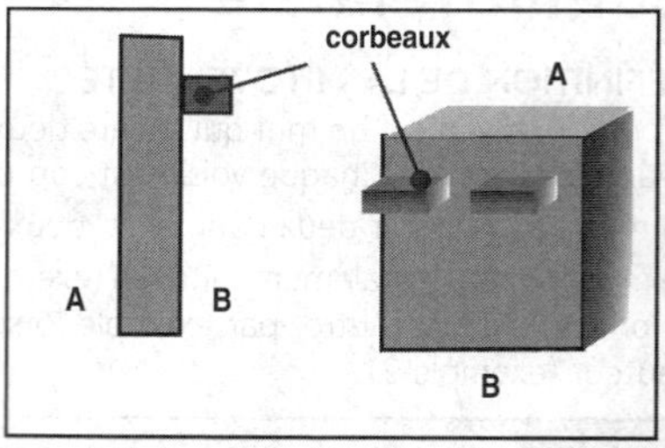

Exemple 5 : le mur possédant des corbeaux du côté de la propriété B, le mur est présumé lui appartenir.

MURS DE SOUTÈNEMENT

49180 Un mur de soutènement a pour objet de soutenir les terres de l'une des propriétés lorsque les deux propriétés voisines ne sont pas au même niveau et que l'un des terrains surplombe l'autre. Si **une seule propriété en tire profit,** par exemple si le mur a pour unique fonction de maintenir les terres, le mur est présumé privatif (exemple 6).

En revanche, le mur est présumé mitoyen si **les deux** propriétaires **bénéficient** du mur. Tel est le cas lorsque le propriétaire de la maison en contrebas a adossé une construction contre le mur ou lorsque la hauteur du mur empêche toute vue sur la propriété voisine (exemple 7).

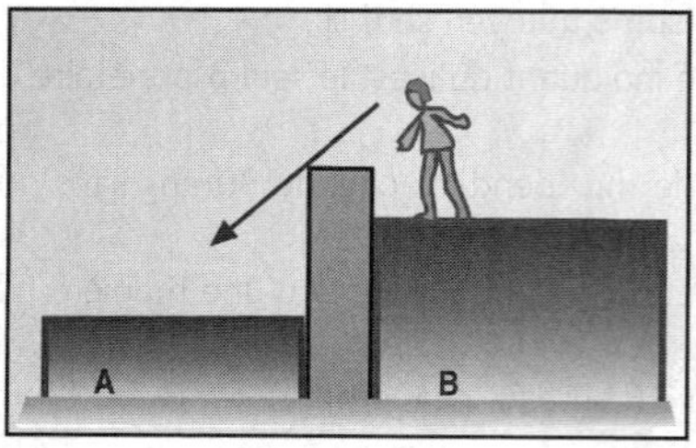

Exemple 6 : le mur est présumé appartenir au seul propriétaire de la parcelle B.

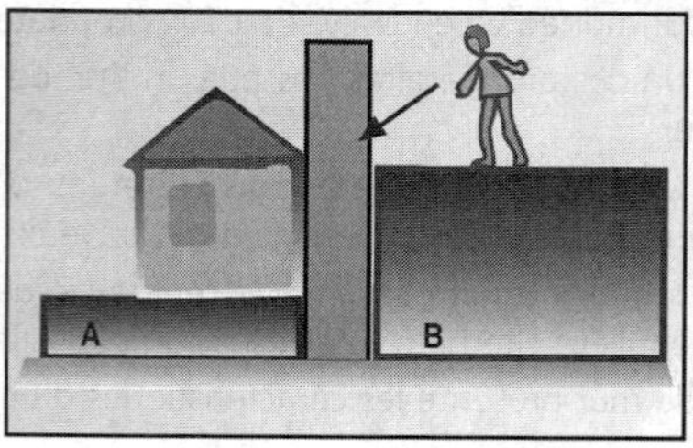

Exemple 7: le mur est présumé mitoyen.

ACQUISITION DE LA MITOYENNETÉ

La mitoyenneté d'une partie ou de la totalité d'un mur de séparation entre deux propriétés peut être acquise à tout moment, par exemple en vue d'y appuyer une construction (C. civ. art. 661). Ce **principe** a été validé par le Conseil constitutionnel (Cons. const. 12-11-2010 n° 2010-60 QPC : JO 13). 49185

Le voisin ne peut pas s'y opposer, sauf si le mur a été édifié non en limite de propriété mais sur son seul terrain, par exemple à 30 centimètres de la limite séparative.

Si le voisin refuse de céder la mitoyenneté du mur, le différend doit être porté devant le **tribunal.**

Si le mur a été construit sur le terrain voisin en limite séparative, le **prix d'acquisition** de la mitoyenneté est égal à la moitié du coût du mur et à la moitié de la valeur du sol sur lequel le mur est bâti. Il faut y ajouter les frais de cession tels les honoraires du notaire ou les frais de publication au service de la publicité foncière. En cas de litige sur le prix de la cession, c'est le juge qui en fixe le montant.

Deux propriétaires peuvent faire construire, à frais communs, un **mur à cheval sur la limite séparative** de leurs propriétés. Le mur est alors mitoyen dès l'origine. 49187

Mais si le mur est construit à cheval sur la limite séparative **sans accord préalable du voisin,** il s'agit d'un **empiétement** qui encourt la démolition, quand bien même cela ne serait pas sans risque pour la pérennité des ouvrages (Cass. 3ᵉ civ. 10-11-2016 n° 15-19.561 FP-PB : BPIM 1/17 inf. 75). Le juge peut cependant ordonner un simple rabotage de la partie qui empiète si cela est techniquement possible (Cass. 3ᵉ civ. 10-11-2016 n° 15-25.113 FP-PB : BPIM 1/17 inf. 74 ; Cass. 3ᵉ civ. 4-3-2021 n° 19-17.616 F-D), sauf si le propriétaire du fonds empiété avait accepté cet empiétement, il ne peut ensuite solliciter la destruction de l'ouvrage (Cass. 3ᵉ civ. 6-7-2022 n° 21-12.763 F-D). L'empiétement fait obstacle à l'acquisition de la mitoyenneté, que la demande émane de l'auteur ou de la victime de l'empiétement (Cass. 3ᵉ civ. 19-2-2014 n° 13-12.107 FS-PB : BPIM 2/14 inf. 145).

SURÉLEVER UN MUR MITOYEN

Sous réserve de ne pas nuire au voisin, il est possible de surélever le mur mitoyen qui sépare deux propriétés (C. civ. art. 658). On parle d'« exhaussement ». 49190

L'**accord du voisin** n'est en principe pas nécessaire, sauf lorsque l'exhaussement s'accompagne d'un adossement sur le mur. L'exhaussement peut être jugé abusif s'il cause un trouble anormal de voisinage.

La surélévation peut se faire sur toute la largeur du mur, sur la moitié du mur ou à cheval sur la limite séparative.

Si le mur n'est pas en mesure de supporter la surélévation, par exemple s'il est vétuste, le coût de son **renforcement,** voire de sa reconstruction, est à la charge du propriétaire exécutant les travaux de surélévation.

La **partie surélevée** du mur **appartient** en totalité au propriétaire auteur des travaux mais son voisin peut, dans tous les cas, en acquérir la mitoyenneté s'il le souhaite. Ce dernier aura intérêt à le faire s'il souhaite à son tour réaliser un exhaussement sur l'exhaussement, à défaut d'acquisition préalable de la mitoyenneté, il réalise un empiétement sur la propriété d'autrui (Cass. 3ᵉ civ. 22-3-2006 n° 05-10.093 FS-PB).

POUTRES ET SOLIVES DANS LE MUR MITOYEN

Chacun des copropriétaires peut, sans l'accord du voisin, placer des poutres et des solives à l'intérieur du mur mitoyen. 49195

Lorsqu'un seul des propriétaires souhaite placer des poutres dans le mur, il peut les enfoncer dans la **totalité du mur** en ne laissant que 5,4 centimètres du côté du voisin. Toutefois, si le voisin veut ensuite incorporer une poutre au même endroit, il peut obliger le propriétaire mitoyen à réduire l'enfoncement de la poutre à la **moitié du mur** (C. civ. art. 657).

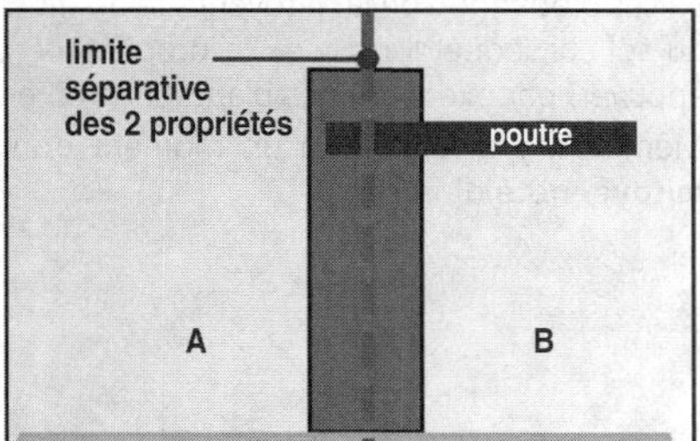

CONSTRUIRE CONTRE UN MUR MITOYEN

On ne peut construire contre ou dans le mur mitoyen qu'avec l'**accord de son voisin.** Si ce dernier s'y oppose, le tribunal en référé ou sur requête peut désigner un ou plusieurs experts afin d'émettre un avis sur les risques que peuvent entraîner les travaux projetés et les précautions à prendre (C. civ. art. 662). 49200

Lorsque les **travaux** sont **effectués sans l'accord** du voisin, celui-ci peut solliciter en justice la suspension des travaux ou la démolition des constructions commencées. L'action en démolition doit être intentée dans les 5 ans du jour où le voisin a connu ou aurait dû connaître l'existence de cette construction (C. civ. art. 2224).

Le propriétaire mitoyen qui ne demande pas l'accord de son voisin avant de commencer les travaux engage sa **responsabilité civile** pour faute. Le tribunal peut ordonner la démolition des constructions et/ou octroyer des dommages-intérêts au voisin si les travaux lui ont causé un préjudice, par exemple en ayant compromis la solidité du mur.

ATTENTION

Lorsque les **travaux détériorent le mur** ou l'immeuble du voisin, ce dernier peut, même s'il a donné préalablement son accord, agir sur le fondement du trouble anormal du voisinage.

PLANTATIONS

49205 Chacun des copropriétaires peut planter en espalier de chaque côté du mur mitoyen sans avoir à respecter les **distances réglementaires** indiquées n° 49300 (C. civ. art. 671).

Toutefois, si l'un des propriétaires endommage le mur du fait des plantations, sa **responsabilité** pourra être engagée.

Lorsque le **mur** est **rehaussé** d'une clôture faite de piquets métalliques, seule sa partie maçonnée doit être prise en compte pour déterminer si les plantations en espalier dépassent la hauteur légale (Cass. 3e civ. 22-10-2020 n° 19-10.379 F-D).

ENTRETIEN DU MUR

49210 Chacun des copropriétaires doit participer aux **dépenses nécessaires** à l'entretien du mur, voire à sa reconstruction (C. civ. art. 655).

La **participation aux frais** d'entretien est proportionnelle aux droits de chacun des propriétaires sur le mur. Par exemple, si l'un des propriétaires détient à titre privatif la moitié du mur et la mitoyenneté de l'autre moitié, il devra s'acquitter des 3/4 des frais si le mur est réparé dans sa totalité.

À noter que si l'**un des propriétaires est responsable de la dégradation** du mur, il devra supporter l'excédent de dépenses nécessaires à la restauration du mur.

Pour que les dépenses soient partagées, la réparation ne doit pas être faite dans l'intérêt d'un seul propriétaire. En cas de **désaccord sur la nécessité de réparer le mur,** le voisin qui veut le rénover doit obtenir une autorisation du juge avant de commencer les travaux.

RENONCER À LA MITOYENNETÉ DU MUR

49215 Un propriétaire peut à tout moment renoncer à la mitoyenneté d'un mur, sauf s'il est responsable de sa détérioration ou s'il en retire un avantage particulier, par exemple si le mur soutient une construction lui appartenant, ses terres ou celles du voisin (C. civ. art. 656).

L'abandon est, de préférence, formulé dans un **acte notarié publié** au service de la publicité foncière afin d'être opposable aux tiers.

L'abandon de la mitoyenneté par l'un des copropriétaires lui permet de se décharger des **frais d'entretien** du mur.

En cas d'abandon de la mitoyenneté du mur, le voisin devient le **propriétaire unique** du mur et du sol sur lequel il repose. Le propriétaire abandonnant ne peut plus utiliser le mur pour y appuyer, par exemple, des plantations en espalier.

Même s'il y a renoncé à un moment donné, un propriétaire peut **acquérir à nouveau la mitoyenneté** d'un mur.

CHAPITRE 2 SERVITUDES LÉGALES LIÉES AU VOISINAGE

SOMMAIRE

A. Plantations

DISTANCES ET HAUTEURS À RESPECTER

La **loi** prévoit que les arbres et arbustes d'une hauteur supérieure à 2 mètres doivent être plantés à au moins 2 mètres de la propriété voisine, les plantations d'une hauteur inférieure devant être distantes d'au moins 50 centimètres du terrain voisin (C. civ. art. 671). **49300**

Toutefois, des **règlements particuliers** (arrêtés municipaux, par exemple) ou des **usages** peuvent prévoir des distances ou des hauteurs différentes. Ainsi, il est d'usage dans les banlieues pavillonnaires de la région parisienne de pouvoir planter jusqu'en bordure de propriété (CA Versailles 21-11-1997 n° 95-4145). Même chose en Seine-Maritime (CA Rouen 17-10-2006 n° 05/3458). Les arrêtés municipaux ainsi que les usages codifiés par la chambre d'agriculture peuvent être consultés en mairie.

Le **cahier des charges d'un lotissement** peut prévoir des règles plus restrictives, par exemple une hauteur de haie limitée à 1,30 mètre (Cass. 3e civ. 27-3-2013 n° 11-21.221 FS-PB).

Calcul de la distance et de la hauteur La distance se calcule à partir de l'axe médian du tronc d'arbre jusqu'à la limite séparative des deux propriétés (Cass. 3e civ. 1-4-2009 n° 08-11.876 FS-PB : BPIM 3/09 inf. 255). **49302**

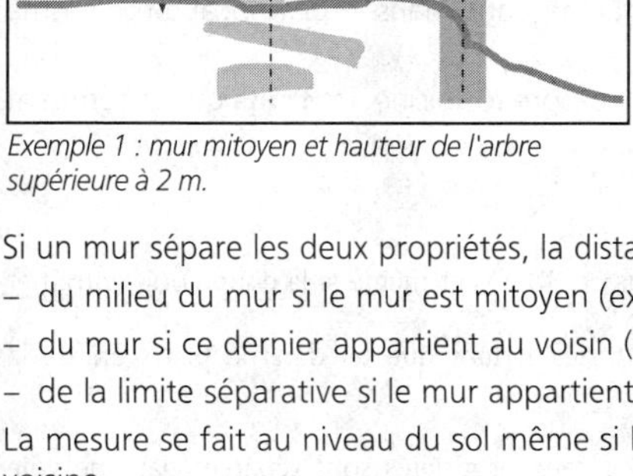

Exemple 1 : mur mitoyen et hauteur de l'arbre supérieure à 2 m.

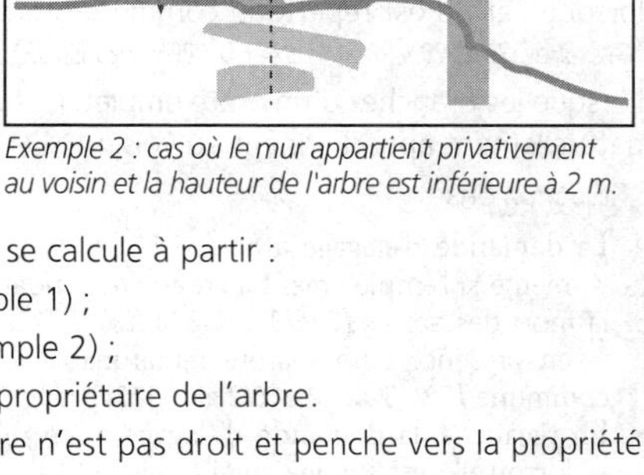

Exemple 2 : cas où le mur appartient privativement au voisin et la hauteur de l'arbre est inférieure à 2 m.

Si un mur sépare les deux propriétés, la distance se calcule à partir :
- du milieu du mur si le mur est mitoyen (exemple 1) ;
- du mur si ce dernier appartient au voisin (exemple 2) ;
- de la limite séparative si le mur appartient au propriétaire de l'arbre.

La mesure se fait au niveau du sol même si l'arbre n'est pas droit et penche vers la propriété voisine.

La hauteur se calcule du pied de l'arbre jusqu'à son sommet, même s'il existe un dénivelé entre le terrain du propriétaire de la plantation et celui du voisin (Cass. 3e civ. 4-11-1998 n° 96-19.708 PB : BPIM 6/98 inf. 383).

Pour les plantations en espaliers de chaque côté d'un **mur mitoyen,** voir n° 49205.

ATTENTION

Lorsqu'elle s'applique, la règle de **hauteur maximale** des plantations doit être scrupuleusement respectée **tout au long de l'année.** Tout dépassement de la hauteur réglementaire sera sanctionné, alors même que l'art du jardinage eût commandé d'attendre quelques mois pour tailler à meilleure saison (Cass. 3e civ. 19-5-2004 no 03-10.077 FS-PB). Mais, un propriétaire ne peut être condamné, par avance, à une taille annuelle de ses végétaux (Cass. 3e civ. 6-1-2009 no 07-21.948 F-D).

DISTANCES NON RESPECTÉES

49305 Si la distance n'a pas été respectée, le voisin peut exiger soit l'**élagage** de l'arbre à la hauteur autorisée, soit son **arrachage** (C. civ. art. 672). Ces dispositions ont été jugées conformes à la Constitution (Cons. const. 7-5-2014 no 2014-394 QPC : JO 10). Le choix entre l'élagage ou l'arrachage appartient au propriétaire de la plantation, sauf si l'arbre a été planté à moins de 50 centimètres de la propriété voisine. Dans cette dernière hypothèse, l'arbre devra obligatoirement être arraché.

Le propriétaire de l'arbre **pourra s'opposer** à l'arrachage ou à l'élagage de l'arbre si :

– l'arbre a dépassé la hauteur autorisée depuis plus de 30 ans sans que le voisin s'y soit opposé. Toutefois, si l'arbre est implanté dans la zone des 50 centimètres de la ligne séparative, où toute plantation est en principe interdite, le délai de prescription de 30 ans démarre à la date de la plantation (Cass. 3e civ. 3-4-2012 no 11-12.928 F-D : BPIM 3/12 inf. 282) ;

– l'arbre a été planté par destination du père de famille, c'est-à-dire à un moment où les deux terrains constituaient une seule et même propriété ;

– le propriétaire possède un titre l'autorisant à planter à une distance non réglementaire (par exemple, un contrat entre voisins).

Si l'arbre meurt, le propriétaire ne pourra plus se prévaloir de ces exceptions et devra, pour replanter, respecter les distances réglementaires. Il en va de même lorsque l'arbre, même trentenaire, a été arraché par le voisin sans autorisation (Cass. 3e civ. 27-4-2017 no 15-27.546 FS-D : BPIM 3/17 inf. 251)

> **Précisions** **a.** L'action en élagage ou en arrachage doit être dirigée **contre** le propriétaire du terrain où sont situées les plantations et non contre son **locataire** (Cass. 3e civ. 5-2-2014 no 12-28.701 FS-PBR).
> **b.** L'action doit être portée devant le **tribunal** judiciaire ou l'une de ses chambres de proximité territorialement compétents (C. org. jud. R 211-3-8 et D 212-19-1). Elle doit être précédée à peine d'irrecevabilité d'une tentative de conciliation amiable (CPC art. 750-1).

EMPIÉTEMENT

49310 Si, bien que l'arbre ait été planté à bonne distance, ses **racines** empiètent sur la propriété voisine, le voisin peut les couper sans en avertir le propriétaire de l'arbre (C. civ. art. 673).

Si ce sont les **branches de l'arbre** qui empiètent, le voisin peut exiger que les branches soient élaguées mais il ne peut pas procéder lui-même à la coupe. Si le propriétaire de l'arbre refuse d'élaguer, le voisin devra s'adresser au tribunal pour que la coupe soit ordonnée au besoin sous astreinte (voir no 49305, Précisions, b).

À noter que certains juges fixent la **date de la coupe** aux périodes habituelles d'élagage des arbres afin de préserver la plantation. Malgré son caractère imprescriptible, le droit du voisin à obtenir l'élagage des branches de l'arbre qui avancent sur sa propriété peut être restreint lorsque l'arbre est répertorié comme arbre isolé remarquable dans le plan local d'urbanisme (Cass. 3e civ. 30-11-2022 no 21-17.974 F-D : BPIM 1/23 inf. 73).

Lorsque les branches d'un arbre empiètent sur une propriété voisine, les **fruits** qui en tombent naturellement appartiennent au voisin.

ILLUSTRATIONS

La **demande** d'élagage **a abouti** :
– même si l'empiétement a été toléré pendant plus de 30 ans et même si la coupe doit entraîner la mort des arbres (Cass. 3e civ. 18-10-2006 no 04-20.370 FS-PB) ;
– en présence d'un « arbre remarquable » répertorié en tant que tel dans le plan vert de la commune (Cass. 3e civ. 31-5-2012 no 11-17.313 FS-D : BPIM 4/12 inf. 368).
En revanche, la **demande** d'élagage a été **rejetée** :
– lorsqu'elle est fondée sur l'article 673 et que les deux propriétés sont séparées par une voie publique (Cass. 3e civ. 20-6-2019 no 18-12.278 F-PBI) ;
– lorsque le cahier des charges d'un lotissement prévoit le maintien et la protection des plantations (Cass. 3e civ. 13-6-2012 no 11-18.791 FS-PB). La coupe des branches aurait en effet entraîné une mutilation de l'arbre contraire à un tel objectif.

PLANTATIONS PROTÉGÉES

Documents d'urbanisme Le plan local d'urbanisme (PLU) peut prévoir que la coupe ou l'abattage d'un arbre doit faire l'objet d'une **déclaration en mairie** au moins deux mois à l'avance (C. urb. art. R 421-23 et R 424-1 ; Cerfa n° 13404*07). L'enlèvement d'arbres dangereux, de chablis ou de bois morts est toutefois dispensé de déclaration préalable (C. urb. art. R 421-23-2). C'est également le cas dans les espaces boisés identifiés comme présentant un intérêt d'ordre culturel, historique, architectural ou écologique (C. urb. art. R 421-23-2 modifié par décret 2024-295 du 29-3-2024). 49315

Lorsque des travaux nécessitent l'abattage d'arbres dans un espace boisé classé, le **permis de construire** peut valoir décision de non-opposition à la déclaration préalable d'abattage à condition que la déclaration soit jointe au dossier de demande de permis de construire (CE 28-4-2017 n° 396172 ; CE 21-6-2021 n° 446662).

Les **règles** sont parfois **plus contraignantes.** Par exemple, la coupe ou l'abattage sont en principe contrôlés par l'Architecte des bâtiments de France (ABF) lorsque l'arbre est situé :
– dans le périmètre de protection d'un monument historique (ou, en l'absence de périmètre délimité, à moins de 500 mètres du monument lorsqu'il est visible du monument ou visible en même temps que lui), si l'opération est susceptible de modifier l'aspect des lieux (C. patr. art. L 621-30 et L 621-31) ;
– dans un site patrimonial remarquable (C. patr. art. L 631-1).

L'arbre peut également être une espèce protégée ou abriter des oiseaux protégés, il ne peut alors être ni abattu ni mutilé (C. envir. art. L 411-1 A et L 415-3).

Signalons par ailleurs que certains **arbres remarquables** ont pu être classés ou inscrits en tant que tels au titre des monuments historiques ou des sites et monuments naturels, pratiques qui n'ont plus cours aujourd'hui (C. patr. art. L 621-25). La Cour de cassation semble effectuer une gradation dans la protection des arbres « remarquables ». Ainsi, le fait qu'un arbre soit répertorié comme remarquable dans le plan vert d'une commune ne fait pas obstacle au droit d'en demander l'élagage (Cass. 3e civ. 31-5-2012 n° 11-17.313 FS-D : BPIM 4/12 inf. 368). Un plan vert est une simple « feuille de route » de la commune ; en revanche, le classement au PLU, qui a pour effet de soumettre la coupe ou l'abattage à autorisation, peut tenir en échec la demande du voisin fondée sur l'article 673 du Code civil (en ce sens, N. Reboul-Maupin, Les branches de l'arbre remarquable qui empiètent sur la propriété voisine doivent être élaguées ! : Environnement 2012 étude n° 13, § 12).

Dans un lotissement, le cahier des charges ou le règlement du lotissement peuvent prévoir des règles particulières (C. urb. art. L 442-9). Toutefois, dans la mesure où elles correspondent à des règles d'urbanisme, les dispositions du règlement – mais pas celles du cahier des charges – sont en principe remplacées par le PLU au bout de 10 ans.

Servitude conventionnelle La conservation des arbres peut être une condition essentielle d'un **acte de vente d'un terrain à bâtir.** La servitude s'impose alors aux propriétaires successifs pour la durée de vie des arbres et tant qu'ils ne sont pas dangereux (Cass. 3e civ. 6-6-2019 n° 17-31.771 F-D). 49320

PLANTATIONS EN BORDURE DE VOIE PUBLIQUE

Plantations côté propriété privée Les dispositions du Code civil relatives aux distances de plantation entre propriétés privées (n° 49300) ne sont pas applicables aux plantations privées en bordure de voie publique (Rép. Masson : Sén. 27-8-2015 p. 2027 n° 13242 : BDP 8/15 inf. 318). 49325

Sauf autorisation spéciale, il **est interdit** de planter ou de laisser croître des arbres ou des haies à moins de deux mètres de la limite du domaine public routier (C. voirie routière art. R 116-2).

À proximité d'un croisement, d'un virage ou d'un point dangereux ou incommode pour la **circulation publique,** un plan de dégagement approuvé après enquête publique peut déterminer les servitudes destinées à assurer une meilleure visibilité (C. voirie routière art. L 114-1 s. et R 114-1 s.).

ATTENTION

Le **maire** peut mettre en demeure de procéder aux travaux d'élagage et d'abattage des plantations débordant sur les voies de circulation afin de garantir la sécurité et la commodité du passage ; en l'absence de résultat, il peut exécuter d'office des travaux, et mettre à la charge du propriétaire les frais afférents (CGCT art. L 2212-2-2). Il peut également infliger une amende administrative d'un montant maximum de 500 € en cas de manquement à un arrêté municipal pris en matière d'élagage et d'entretien des arbres et des haies donnant sur la voie ou le domaine public, à condition que le manquement soit répétitif ou continu et qu'il présente un risque pour la sécurité des personnes (CGCT art. L 2212-2-1).

Plantations côté voie publique La commune doit entretenir les plantations qui sont situées sur son domaine public (état sanitaire, élagage, coupe près du sol, dite « recépage », visant à permettre la pousse de rejets). Si, un riverain subit un dommage causé par ces plantations, la **responsabilité de la commune** peut être engagée devant le tribunal administratif. 49330

RESPONSABILITÉ DU PROPRIÉTAIRE DE L'ARBRE

49335 Que les distances et hauteurs réglementaires aient été ou non respectées, le propriétaire est responsable **civilement** de tous les dommages pouvant être occasionnés par cet arbre. Tel pourra être le cas si les racines de l'arbre endommagent des canalisations ou la maison voisine.

De même, un tribunal pourra ordonner la coupe ou l'arrachage de l'arbre si ce dernier cause un **trouble anormal de voisinage.**

BRÛLAGE À L'AIR LIBRE

49340 Le brûlage à l'air libre des « **déchets verts** » des particuliers (tonte des pelouses, taille des haies et arbustes, élagage, etc.) est en principe interdit par le **règlement sanitaire départemental** type (Circ. du 18-11-2011 relative à l'interdiction du brûlage à l'air libre des déchets verts). Le préfet peut toutefois prévoir des dérogations dans les zones périurbaines et rurales où il n'existe **pas de déchetterie ou de système de collecte** de ces déchets. Des restrictions supplémentaires peuvent en outre être imposées au niveau local par **arrêté municipal** : distance minimale à respecter par rapport aux habitations, interdiction en cas de vent fort, présence d'un tuyau d'arrosage à proximité.

DÉBROUSSAILLAGE

49345 Afin de lutter contre le **risque d'incendie,** les propriétaires fonciers sont, dans certaines parties du territoire, astreints à une obligation légale de débroussailler. Le débroussaillage a pour objet de limiter la propagation et l'intensité des incendies, notamment en espaçant la végétation, en procédant à la coupe et à l'élimination de tous bois morts, broussailles et herbes sèches ou encore en élaguant les arbres et arbustes jusqu'à une certaine hauteur (C. for. art. L 131-10, al. 1). Afin de mieux prévenir et lutter contre les risques d'incendie de forêts, la loi 2023-580 du 10 juillet 2023 a **renforcé** l'obligation de débroussaillement (JO 11 texte n° 2).

49350 **Obligation de débroussailler** Le préfet de département arrête les **modalités de mise en œuvre** du débroussaillement selon la nature des risques. Dans les territoires qui ne sont pas particulièrement exposés aux risques d'incendie, au sens de l'article L 133-1 du Code forestier, les maires et présidents des EPCI indiquent au préfet les risques qu'ils identifient dans les zones de leurs communes qui ne sont pas couvertes par un plan de prévention des risques naturels prévisibles en matière d'incendies de forêts ou dont les bois et forêts ne sont pas classés à risque d'incendie (C. for. art. L 131-10, dernier al.).

Dans certaines zones particulièrement exposées, le préfet peut prescrire le **débroussaillement d'office** aux frais des propriétaires, faute pour ces derniers de débroussailler jusqu'à une distance de 50 m des habitations (C. for. art. L 131-11).

Les périmètres des **terrains concernés** par des obligations de débroussaillement et de maintien en l'état débroussaillé sont indiqués sur un ou plusieurs documents graphiques et annexés au plan local d'urbanisme ou au document d'urbanisme en tenant lieu ou à la carte communale (C. for. art. L 131-16-1).

En principe, le débroussaillement **incombe au propriétaire** (C. for. art. L 131-13). Mais il peut être confié à une association syndicale de propriétaires (C. for. art. L 131-15). Différentes personnes publiques ou privées peuvent également effectuer ou faire effectuer, avec l'accord du propriétaire, les travaux de débroussaillement. Dans ce cas, elles se font rembourser les frais correspondants par les propriétaires concernés (C. for. art. L 131-14).

Lorsque les travaux de débroussaillement ou de maintien en état débroussaillé doivent s'étendre **au-delà des limites de la propriété** concernée, le propriétaire ou l'occupant du ou des fonds voisins compris dans le périmètre soumis à débroussaillement ne peut pas s'opposer à leur réalisation par celui qui en a la charge ou par celui à qui ce dernier a donné son accord pour les effectuer à sa place en application de l'article L 131-14 du Code forestier. Le propriétaire ou l'occupant du ou des fonds voisins peut réaliser par lui-même les travaux (C. for. art. L 131-12).

49351 Sur les **territoires réputés particulièrement exposés aux risques d'incendie** mentionnés à l'article L 133-1 du Code forestier, c'est le préfet de région qui arrête les modalités de la mise en œuvre du débroussaillement en tenant compte des particularités de chaque massif telles que définies notamment dans le plan départemental ou interdépartemental de protection des forêts contre les incendies (C. for. art. L 133-2, I-al. 1 à 3 et R 133-1 s.).

Les propriétaires de bois et forêts sont contraints de se constituer en association syndicale libre pour l'exécution de travaux de défense contre les incendies (C. for. art. L 133-1-1). Si une association n'a pu se former ou si elle ne fournit pas, dans un délai de 6 mois à compter de sa création, des projets de travaux de prévention des incendies, l'autorité administrative peut faire procéder aux travaux qu'elle arrête (C. for. art. L 133-1-1, al. 2).

Dans les communes comportant des **bois classés à risque d'incendie** (C. for. art. L 132-1) ou dans les départements où les bois et forêts sont particulièrement exposés aux risques d'incendie (C. for. art. L 133-1), le débroussaillement et le maintien en état débroussaillé sont obligatoires pour les propriétaires de terrains situés **à moins de 200 m des bois et forêts** (C. for. art. L 134-6). Cette obligation de débroussaillement s'applique : **49352**

– aux terrains non bâtis en zone urbaine et aux abords des constructions ou installations de toute nature, jusqu'à une profondeur de 50 m (profondeur pouvant être élargie à 100 m si le maire le juge nécessaire). Dans les communes non dotées d'un PLU ou d'un document d'urbanisme en tenant lieu, cette profondeur peut être portée au maximum à 200 m par le préfet. L'obligation de débroussaillement s'applique également de part et d'autre des voies d'accès aux constructions mentionnées ci-dessus sur une largeur de 10 m (C. for. art. L 134-6, 1° à 4°). Un propriétaire ne peut être soumis à l'obligation de débroussaillement au titre des 3° et 4° de l'article L 134-6 que si son terrain se trouve en zone urbaine (Cass. 3e civ. 25-1-2024 n° 22-14.081 FS-B) ;

– aux terrains servant d'assiette à la création d'une ZAC, d'une association foncière urbaine (AFU) ou d'un lotissement (C. for. art. L 134-6, 5°) ;

– aux terrains destinés à l'implantation de résidences démontables ou mobiles constituant l'habitat permanent de leurs utilisateurs (C. for. art. L 134-6, 6°) ;

– aux terrains de camping et autres terrains aménagés pour l'hébergement touristique sur une profondeur de 50 mètres, pouvant être portée à 100 mètres par le maire (C. for. art. L 134-6, 7°) ;

– aux abords des installations classées pour la protection de l'environnement (ICPE) sur une profondeur de 100 mètres à compter des limites de propriété de l'établissement, pouvant être augmentée sans pouvoir excéder 200 mètres (C. for. art. L 134-6, 8°).

Par ailleurs un **plan de prévention des risques naturels prévisibles** peut prévoir des modalités particulières de débroussaillement en vue de la protection des constructions, chantiers et installations de toute nature (C. for. art. L 134-5). **49353**

En **dehors des territoires visés** ci-dessus, le préfet a le pouvoir d'imposer aux propriétaires de débroussailler leur terrain dans un rayon de 50 mètres autour des constructions, s'il s'agit d'une zone particulièrement exposée aux incendies (C. for. art. L 131-11).

Lorsque l'opération de débroussaillement ou de maintien s'étend au-delà des limites de son terrain, le responsable de l'obligation doit **informer le voisin** par tout moyen de son obligation de débroussaillement qui s'étend à son fonds et lui demander l'autorisation de pénétrer sur son fonds en lui rappelant qu'à défaut d'autorisation donnée dans un délai d'un mois et tant que celle-ci n'est pas accordée l'obligation est mise à sa charge (C. for. art. R 131-14). À défaut d'autorisation, le propriétaire en informe le maire (C. for. art. R 131-14). L'autorisation donnée est valable 3 ans (C. for. art. R 131-14). Elle est toutefois révocable, selon des modalités permettant de conférer date certaine à la notification de cette révocation au propriétaire, auquel incombait initialement la charge des travaux de débroussaillement ou de maintien en état débroussaillé. Dans ce cas, les obligations qui s'étendent au fonds voisin sont mises à la charge de son propriétaire (C. for. art. R 131-14). **49354**

L'article L 134-16 du Code forestier impose aux propriétaires de terrains concernés par l'obligation légale de débroussaillement ou de maintien en état débroussaillé d'en **informer les acquéreurs et preneurs à bail.** À compter du 1er janvier 2025, l'information sera intégrée dans l'état des risques (C. envir. art. L 125-5, al. 1 dans sa version en vigueur au 1er janvier 2025). Un décret du 29 avril 2024 précise que cette information prendra la forme d'une fiche d'information qui sera disponible sur le site www.georisques.gouv.fr. (C. envir. art. R 125-24 dans sa rédaction issue du décret 2024-405 du 29-4-2024). Elle devra être produite dès l'annonce immobilière et actualisée, si besoin est, à chaque étape de la vente (C. envir. art. R 125-23 dans sa rédaction issue du décret 2024-405 du 29-4-2024).

Il est possible de **confier les travaux** de débroussaillement **à la commune,** ou aux gestionnaires d'infrastructures publiques ou encore associations syndicales autorisées, qui les facturera ensuite au propriétaire (C. for. art. L 131-14). Cette possibilité est également ouverte à l'État, à l'ensemble des collectivités territoriales, aux services locaux de l'Office national des forêts, aux centres régionaux de la propriété forestière, aux associations syndicales autorisées, ou aux délégataires de service public (C. for. art. L 131-14). **49355**

Le propriétaire ayant agi individuellement bénéficie d'un **crédit d'impôt** égal à 50 % des dépenses supportées, le cas échéant plafonnées, en cas de recours à une aide à domicile ou à un organisme agréé de services à la personne pour la réalisation des travaux (CGI art. 199 sexdecies). S'agissant de travaux de jardinage, les dépenses sont prises en compte dans la limite de 5 000 € par an et par foyer fiscal.

49360 **Sanctions encourues** Le non-respect de l'obligation de débroussaillement est puni pénalement de l'**amende** de 1 500 € prévue par les contraventions de 5e classe (C. for. art. R 163-3). Le propriétaire qui n'a pas procédé aux travaux de débroussaillement après mise en demeure du préfet peut, en outre, être sanctionné par une amende administrative d'un montant maximum de 50 € par mètre carré (C. for. art. L 135-2). Il encourt également des poursuites devant le **tribunal correctionnel** et peut être condamné à une amende de 50 € par mètre carré (C. for. art. L 163-5, I).

Si les propriétaires n'effectuent pas les travaux de débroussaillement prescrits par l'article L 134-6 du Code forestier, la commune y pourvoit d'office après mise en demeure et à leur charge (C. for. art. L 134-9, I). Il ne peut être procédé à l'exécution d'office des travaux de débroussaillement que si, un mois après la mise en demeure, il est constaté par le maire que ces travaux n'ont pas été exécutés (C. for. art. R 134-5). Le maire peut assortir cette mise en demeure d'une astreinte d'un montant maximal de 100 € par jour de retard, sans que le montant total des sommes demandées puisse être supérieur à 5 000 €. L'astreinte court à compter de la date de notification de la mise en demeure et jusqu'à l'exécution complète des mesures prescrites ou jusqu'à l'exécution d'office par la commune. Le maire peut, lors de la liquidation trimestrielle de l'astreinte, consentir une exonération totale ou partielle de son produit si le redevable établit que la non-exécution de l'intégralité de ses obligations résulte de circonstances qui ne sont pas de son fait (C. for. art. R 134-9, II).

ATTENTION

Si un incendie de forêt se propage chez un particulier n'ayant pas respecté l'obligation de débroussaillage, la compagnie d'**assurances** peut pratiquer une **franchise** supplémentaire à celle prévue, le cas échéant, au contrat, d'un montant maximum de 5 000 € (C. ass. art. L 122-8).

B. Vues et jours

DÉFINITION DES VUES

49410 Par vue, on entend l'aménagement qui, pratiqué par un propriétaire, lui permet de regarder chez le voisin.

L'ouverture donnant chez le voisin est généralement une fenêtre, une porte-fenêtre, un vasistas, une véranda, un balcon ou une terrasse. Il importe peu que cette terrasse soit située au rez-de-chaussée, en étage ou serve de toit (toiture-terrasse aisément accessible). La vue peut également résulter de la surélévation volontaire d'une partie du terrain. Le juge dispose à cet égard d'un **pouvoir d'appréciation** pour valider ou non l'aménagement réalisé. Pour éviter que les contraintes édictées par le Code civil ne s'appliquent de manière rigide et inadaptée, notamment au regard des nouveaux équipements et matériaux disponibles, les juges acceptent certains aménagements, soit directement, soit en relevant qu'ils ne peuvent être assimilés ni à des jours ni à des vues. Ainsi, des ouvertures ont échappé aux contraintes légales, comme des parois constituées de pavés de verres scellés dans le mur ne permettant pas de discerner les contours des objets (Cass. 3e civ. 11-4-2012 n° 11-14.161 ; Cass. 3e civ. 7-5-2014 n° 12-29.901 F-D) ou encore un vasistas constitué de verre martelé non transparent, barreaudé et garni d'une moustiquaire (CA Aix-en-Provence 14-11-1995 n° 473 : Bull. Aix 1995-2 p. 294).

ILLUSTRATIONS

Constitue une vue :
– la transformation d'un toit plat en terrasse jouxtant la propriété voisine (CA Besançon 31-3-1998 : Constr.-urb. 1998 n° 302) ;
– l'ouverture d'un velux sur le toit d'un pavillon dès lors qu'il permet de voir chez le voisin en utilisant une échelle (Cass. 3e civ. 19-1-2005 n° 03-19.179 F-D : BPIM 2/05 inf. 110).

En revanche, **ne constitue pas** une vue :
– l'ouverture sur un toit sans ouverture (Cass. 3e civ. 3-7-1969 : D. 1969 p. 685) ;
– une vue réciproque (Cass. 3e civ. 17-1-1973 : Bull. civ. III n° 59) ;
– l'agrément de profiter d'une vue dégagée qui ne constitue pas en milieu urbain un droit acquis (Cass. 3e civ. 4-11-2014 n° 13-19.122 F-D : BPIM 6/14 inf. 428).

RÈGLES DE DISTANCE : PRINCIPES

49415

La possibilité de réaliser une ouverture donnant chez le voisin doit respecter certaines règles de distance par rapport à la limite séparative. La loi distingue les **vues droites** et les **vues obliques** (C. civ. art. 678 et 679).

L'ouverture ne peut être réalisée que si elle se situe à 1,90 mètre au moins de la limite séparative en cas de vue droite et à 60 centimètres au moins de cette même limite en cas de vue oblique (exemple 1).

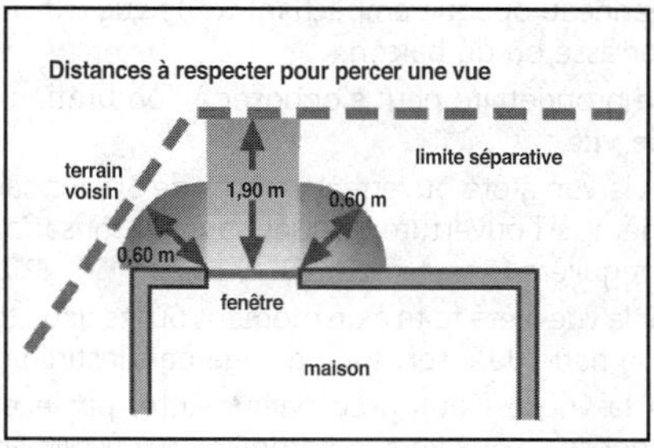

Exemple 1 : dans l'axe de la fenêtre, la limite séparative doit se situer au moins à 1,90 m. Aux angles de la fenêtre, cette distance est réduite à 0,60 m.

CALCUL DE LA DISTANCE

La distance se calcule à partir de la façade comportant l'**ouverture** (de l'angle de l'ouverture pour les vues obliques) ou des différents bords extérieurs s'agissant d'un **balcon** ou d'une terrasse jusqu'à la limite séparative (exemples 2 et 3). 49420

Lorsqu'un **mur sépare les deux propriétés,** trois cas doivent être envisagés :

- le mur appartient à l'observateur : la limite séparative est la façade du mur orientée vers le voisin ;
- le mur appartient à l'observé : la limite séparative est la façade du mur visible depuis l'ouverture ;
- le mur est mitoyen : la limite séparative est située au milieu du mur.

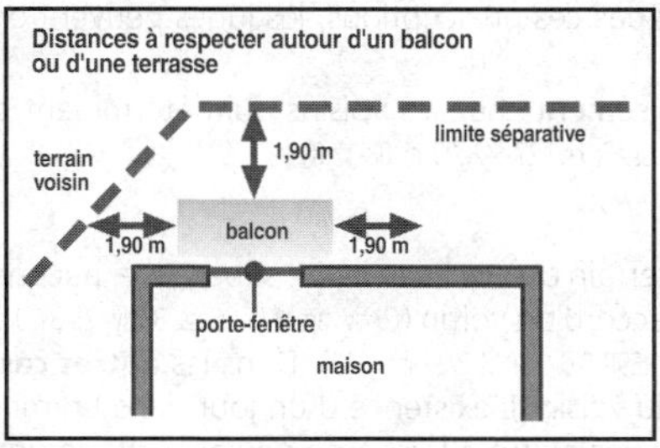

Exemple 2 : tout autour du balcon, une distance de 1,90 m doit être respectée par rapport à la limite séparative.

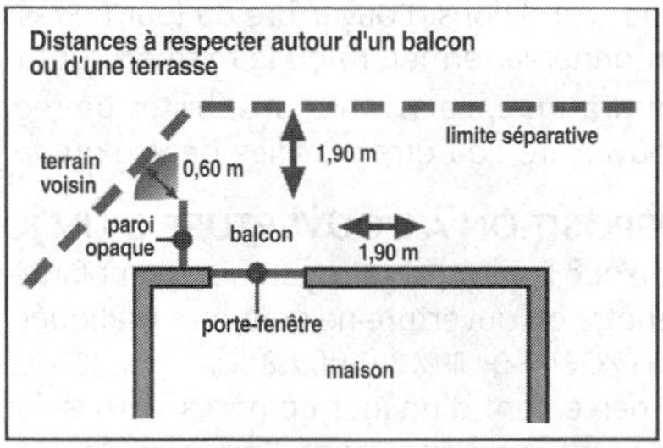

Exemple 3 : lorsque le balcon se situe à moins de 1,90 m de la limite séparative, une paroi opaque doit être installée. À l'extrémité de cette paroi une vue oblique de 0,60 m doit être respectée.

Lorsque les deux **propriétés** sont **séparées par un espace privé commun** aux deux propriétaires (parcelle en indivision, cour commune, passage), la distance légale doit s'apprécier, non pas au milieu de l'espace commun mais de l'autre côté de celui-ci (Cass. 3e civ. 14-1-2004 no 02-18.564 FS-PBR). Autrement dit, dès lors que la largeur de l'espace commun est supérieure à 1,90 mètre, il est possible de réaliser une ouverture en bordure de cet espace appartenant aux deux voisins.

En revanche, lorsque les propriétés sont **séparées par un terrain privé,** propriété d'une tierce personne peu important l'usage commun du terrain séparatif (Cass. 3e civ. 23-11-2017 no 15-26.240 FS-PBI) ou une voie publique (Cass. 3e civ. 28-9-2005 no 04-13.942 FS-PB), les distances prescrites par l'article 678 du Code civil ne s'appliquent pas.

EXCEPTION AUX RÈGLES DE DISTANCE

Les règles de distance ne s'appliquent pas à l'intérieur d'une **copropriété,** et pas davantage lorsque le terrain voisin appartient au **domaine public** (une rue, par exemple). Elles ne s'appliquent pas non plus lorsque la vue donne sur une **servitude de passage** interdisant de construire et profitant au voisin qui veut ouvrir la vue. 49425

NON-RESPECT DES DISTANCES

Si les règles de distance n'ont pas été respectées, le voisin peut demander devant le **tribunal judiciaire** l'obturation de cette ouverture ou la démolition de l'aménagement permettant la vue 49430 irrégulière. En pratique, c'est le juge qui décide des mesures appropriées : installation d'un panneau opaque empêchant toute vue droite ou oblique, recul de la véranda, démolition de la terrasse ou du balcon...

Le propriétaire peut s'opposer à l'obturation ou à la démolition s'il bénéficie d'une **servitude de vue** :

– la vue a été ouverte il y a plus de 30 ans sans que le voisin (passé ou actuel) s'y soit opposé, même si l'ouverture, réalisée sans l'autorisation de l'assemblée générale des copropriétaires, est irrégulière (Cass. 3e civ. 21-4-2022 no 21-12.240 FS-B : BPIM 3/22 inf. 229) ;

– la vue a été faite à un moment où les deux terrains constituaient une seule et même propriété (on parle de « servitude de vue par destination du père de famille ») ;

– la vue est autorisée par un titre, par exemple un contrat passé entre voisins. Pour être opposable aux tiers, notamment aux futurs acquéreurs des propriétés, cette servitude contractuelle devra être notariée et publiée au service de la publicité foncière ; l'existence de la servitude sera mentionnée dans les actes de vente.

ATTENTION

L'existence d'une servitude de vue permet au propriétaire bénéficiaire de s'opposer à la fermeture de l'ouverture mais elle n'autorise pas son **agrandissement.** Elle interdit au voisin de construire à moins de 1,90 mètre de l'ouverture bénéficiant de la servitude (il peut construire en dessous mais pas au-dessus).

JOURS

49435 Constitue un jour l'ouverture permettant de laisser passer la lumière (et non le regard). En principe, **les jours comportent** un châssis qui ne s'ouvre pas, un verre translucide et un treillis de fer maillé à 10 centimètres. Ils doivent être placés au minimum à une **hauteur** de 2,60 mètres au rez-de-chaussée et à 1,90 mètre en étage (C. civ. art. 677). La taille de l'ouverture n'est pas limitée.

Si les conditions d'ouverture du jour ne respectent pas ces prescriptions, les juges peuvent en ordonner la fermeture ou la mise en conformité.

En pratique, ce sont les possibilités de regarder aisément chez les voisins qui déterminent si l'ouverture doit être qualifiée de vue ou de jour (Cass. 3e civ. 27-5-2009 no 08-12.819 FS-PB).

OPPOSITION À L'OUVERTURE D'UN JOUR

49440 Lorsque le **mur** est **mitoyen** ou est implanté sur le terrain du voisin en limite séparative, aucune fenêtre ou ouverture ne peut être pratiquée sans l'accord du voisin (C. civ. art. 675 ; Cass. 3e civ. 25-3-2015 no 13-28.137 FS-D : BPIM 3/15 inf. 228 ; Cass. 3e civ. 10-4-2025 no 24-11.598 F-D : BPIM 3/25 inf. 178). Dans les **autres cas,** le percement d'un jour ne nécessite pas l'accord du voisin. L'existence d'un jour dans un mur joignant immédiatement l'héritage d'autrui ne fait pas naître à la charge de cet héritage une servitude de vue et n'entraîne pour son propriétaire aucune restriction à son droit de propriété (Cass. 3e civ. 23-11-2022 no 21-16.757 F-D).

ATTENTION

L'ouverture d'un jour constitue une **simple tolérance** (on parle de « jour de souffrance » ou de « jour de tolérance »). Son existence, même régulière et même datant de plus de 30 ans, n'empêche pas le voisin de l'obstruer en construisant en limite séparative, sauf intention manifeste de nuire.

C. Servitude de passage des terrains enclavés

SITUATION D'ENCLAVE

49490 Un terrain est enclavé en raison d'**obstacles matériels,** lorsqu'il n'a aucun accès à la voie publique ou lorsque cet accès est insuffisant, par exemple s'il ne permet pas le passage d'un véhicule (exemples 1 et 2).

Il y a également enclavement lorsqu'un terrain longe une route mais que celle-ci est inaccessible depuis la propriété. Tel sera le cas s'il y a une dénivellation très forte entre la propriété et la voie publique (exemple 3).

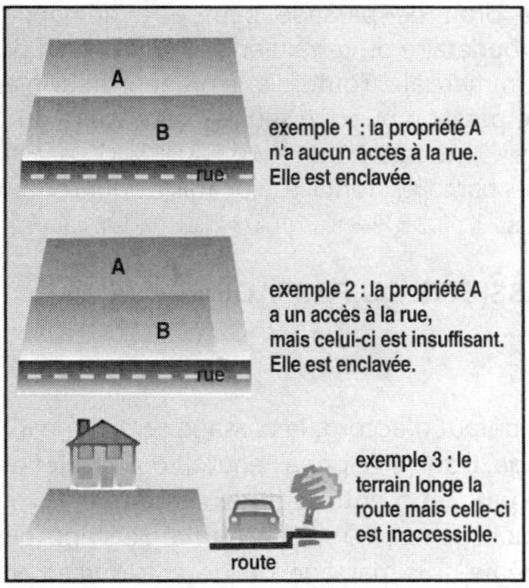

Un terrain peut également être considéré comme enclavé en raison d'un **obstacle juridique.** Tel est le cas lorsque le certificat d'urbanisme délivré par la commune interdit l'accès direct du terrain à la route (Cass. 3e civ. 14-1-2016 n° 14-26.640 FS-PB). Attention, toutefois, le demandeur doit rapporter la preuve de l'existence d'une décision administrative à l'origine de l'impossibilité de circuler (Cass. 3e civ. 17-12-2020 n° 19-11.376 FP-PBI : BPIM 1/21 inf. 87).

ILLUSTRATIONS

Est enclavé le terrain :
– devenu constructible et dont les servitudes constituées alors qu'il était à usage agricole ne suffisent plus pour assurer la desserte du lotissement aujourd'hui réalisable (Cass. 3e civ. 4-10-2000 n° 98-12.284) ;
– non accessible par voiture, l'accès en véhicule correspondant à l'usage normal d'un fonds destiné à l'habitation (Cass. 3e civ. 14-1-2016 n° 14-25.089 FS-PB : BPIM 1/16 inf. 77 ; Cass. 3e civ. 9-7-2020 n° 18-24.426 F-D : BPIM 5/20 inf. 360-3) ;
– qui bénéficie d'une tolérance de passage lui permettant un accès suffisant à la voie publique tant que cette tolérance est maintenue, peu important qu'elle ne soit pas personnellement accordée au propriétaire mais à celui qui exploite le fonds (Cass. 3e civ. 14-3-2024 n° 22-15.205 FS-B : BPIM 3/24 inf. 218).
En revanche, le terrain n'est **pas enclavé** lorsque son propriétaire dispose d'un droit réel de jouissance sur le terrain contigu qui bénéficie d'un accès à la voie publique. Tel est le cas lorsque :
– le fonds appartient à la communauté des époux et que le fonds contigu appartient en propre à l'un d'eux (Cass. 3e civ. 6-2-2013 n° 11-21.252 FS-PB : BPIM 2/13 inf. 162) ;
– une SCI est propriétaire du fonds et que son gérant dispose d'un droit d'usufruit sur la parcelle contiguë (Cass. 3e civ. 10-9-2020 n° 19-10.885 F-D : BPIM 5/20 inf. 359).

DROIT DE PASSAGE : CONDITIONS

Le propriétaire d'un terrain enclavé peut demander un droit de passage sur l'une des propriétés 49495
qui l'entourent afin d'accéder à la voie publique (C. civ. art. 682). Ce droit lui sera obligatoirement accordé à **condition** :

– qu'il ne soit pas directement responsable de son enclavement. Il est directement responsable de l'enclavement s'il a bâti une construction sur la parcelle contiguë qui lui appartenait également (Cass. 3e civ. 14-11-2019 n° 18-19.985 F-D) ;

– qu'il n'existe pas un droit de passage conventionnel au profit du fonds prétendument enclavé (Cass. 3e civ. 29-5-1968 : Bull. civ. III n° 247).

La servitude est une charge attachée à un immeuble et non à une personne (Cass. 3e civ. 19-6-2025 n° 24-11.456 FS-B : BPIM 4/25 inf. 238). Elle profite ou **s'impose directement aux fonds,** pour l'usage et l'utilité de l'un d'eux et les intéressés ne peuvent l'invoquer qu'en vertu des droits qu'ils détiennent sur l'immeuble concerné. Un droit réservé à une personne pour ses besoins personnels, ou accordé à titre de simple tolérance, ne constitue pas une servitude. Un juge ne peut qualifier un droit de passage de « servitude » qu'après avoir recherché si, conformément à l'article 637 du Code civil, celui-ci a été institué pour l'usage et l'utilité d'un autre héritage (Cass. 3e civ. 12-12-1984 n° 83-14.003 n° 1513 S : Gaz. Pal. 2 juill. 1985 p. 143). En outre, une servitude étant attachée à un fonds et non à une personne, le propriétaire du fonds servant ne peut interdire à un tiers l'usage de celle-ci pour se rendre chez le propriétaire du fonds dominant (CA Riom 12-6-2003 : BICC 1er juin 2004 no 900).

Le droit de passage peut être demandé non seulement pour les besoins familiaux du propriétaire du terrain enclavé mais aussi pour l'exercice d'une activité agricole, industrielle ou commerciale. Toutefois, le preneur à bail n'est pas en mesure de demander une servitude légale de passage puisque seul le propriétaire du fonds enclavé peut s'en prévaloir personnellement (Cass. 3e civ. 19-6-2025 no 24-11.456 FS-B : BPIM 4/25 inf. 238). Un fermier ne peut se prévaloir de l'état d'enclave des parcelles dont il est locataire pour réclamer lui-même la création d'une servitude de passage (Cass. 3e civ. 2-3-1983 no 81-16.323 : Bull. civ. III no 67).

ASSIETTE DU PASSAGE

49505 À défaut d'accord, le passage sera fixé par le juge. Il doit être pris à l'endroit où le **trajet est le plus court** entre le terrain enclavé et la voie publique (C. civ. art. 683). Cette règle s'applique même si le passage oblige à traverser plusieurs propriétés alors qu'un petit allongement du trajet permettrait de passer sur une seule propriété.

Toutefois, si le trajet le plus court est de nature à causer un **dommage excessif** au terrain qui subira le passage, un trajet plus long pourra être retenu. Tel sera le cas si l'établissement du droit de passage oblige à la coupe d'arbres ou à la démolition d'une construction.

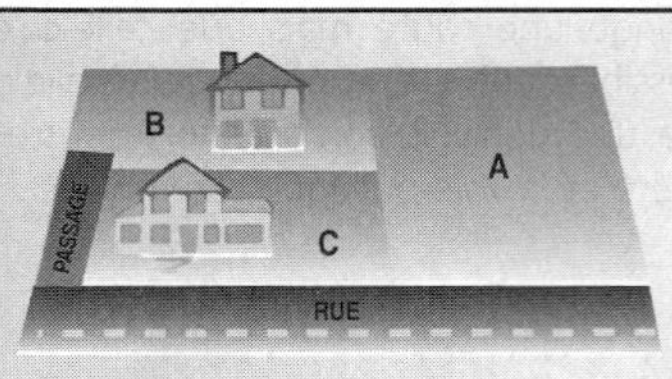

Pour B, le passage le plus court est possible.

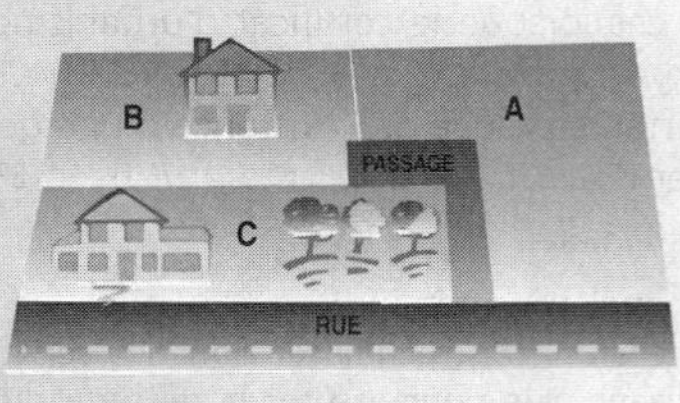

Le passage le plus court obligerait à couper les arbres de la propriété C. Un autre trajet plus long mais moins dommageable sera choisi.

Si l'état d'enclave provient de la **division d'une propriété** en plusieurs lots par suite d'une vente, d'un partage, etc., le passage ne peut être demandé que sur les terrains issus de la division ; et si, aucun passage suffisant ne peut être créé sur les terrains divisés, le propriétaire du terrain enclavé peut demander le passage sur une autre propriété (C. civ. art. 684). L'article 684 ne s'applique pas en cas d'enclave résultant de la division d'un fonds par suite d'une expropriation pour cause d'utilité publique (Cass. 3e civ. 28-1-2021 no 19-21.089 F-P).

CONSEIL

L'appréciation du trajet le plus court et le moins dommageable pouvant être sujette à discussion, il est conseillé au propriétaire qui réclame un passage en justice d'agir contre tous les propriétaires dont les fonds l'entourent et de laisser au tribunal le soin de désigner le fonds débiteur (Cass. 3e civ. 6-2-2020 no 18-23.384 F-PBI) ; le juge pouvant par ailleurs retenir un tracé différent de celui demandé (Cass. 3e civ. 20-5-2021 no 20-15.082 F-P : BPIM 4/21 inf. 301).

MODIFICATION DU PASSAGE

49510 Les parties sont tenues de respecter l'assiette de la servitude de passage, telle qu'elle a été contractuellement définie. Seuls un **nouvel accord ou** certaines **circonstances particulières** édictées par l'article 701 du Code civil (assignation primitive trop onéreuse, impossibilité d'effectuer des réparations avantageuses) autorisent un déplacement ou une adaptation de l'assiette initialement convenue que le propriétaire du fonds dominant ne peut pas refuser (Cass. 3e civ. 18-1-2023 no 22-10.700 FS-B : BPIM 1/23 inf. 75).

Le propriétaire du **fonds dominant** peut également demander la modification des conditions d'utilisation du passage ou de son étendue. Il devra démontrer l'utilité des modifications. Le seul fait que le passage lui serait plus commode s'il était situé ailleurs n'est pas suffisant.

Le propriétaire du **fonds servant** peut demander la modification de l'assiette de la servitude si la double condition exigée par l'article 701 est remplie (Cass. 3e civ. 24-3-1982 no 81-10.510 : Bull. civ. III no 83). Les deux critères sont appréciés concrètement en prenant notamment en compte l'évolution des conditions de vie et l'utilité réelle du fonds servant (CA Nîmes 1e ch. sect. A 25-1-2011 no 09/04596, en l'espèce le passage était devenu source de relations conflictuelles entre les propriétaires). Si tel est le cas, le commun accord des parties n'est pas exigé (Cass. 3e civ. 18-3-1987 n° 85-16.692 : Bull. civ. III n° 57 ; Cass. 3e civ. 10-3-1993 n° 91-17.910 : Bull. civ. III n° 35). Mais dans tous les cas, l'offre de remplacement doit être présentée avant la suppression de l'assiette existante, et non après, sous peine d'être condamné à remettre les choses dans leur état antérieur (Cass. 3e civ. 8-7-2009 n° 08-15.763 FS-PB). Pour autant, dès lors que l'assiette d'origine du passage a été rétablie, la modification, sans accord des propriétaires du fonds dominant et sans autorisation judiciaire, de l'assiette d'une servitude de passage n'interdit pas au propriétaire du fonds servant d'invoquer l'article 701, alinéa 3, du Code civil (Cass. 3e civ. 18-1-2023 n° 22-10.700 FS-B : BPIM 1/23 inf. 75).

En cas de déplacement de l'assiette de la servitude à la seule demande du propriétaire du fonds servant, c'est à lui qu'incombent les frais de ce déplacement (Cass. 3e civ. 20-12-1989 : JCP éd. N 1990 II p. 143).

> **Précisions** Le propriétaire du fonds servant **ne peut pas demander** le déplacement sur un fonds qui ne lui appartient pas (Cass. 3e civ. 26-10-1983 n° 82-11.072 : Bull. civ. III n° 204) et ce, même lorsqu'il a des droits indivis sur le « fonds de remplacement » (Cass. 3e civ. 17-11-2016 n° 15-12.368 FS-D : BPIM 1/17 inf. 72).

DROITS DU PROPRIÉTAIRE SUBISSANT LE PASSAGE

Le propriétaire supportant la servitude peut continuer d'utiliser son terrain à sa convenance. **49515**
Toutefois, il ne peut pas entreposer sur le passage des objets portant atteinte au droit de passage. Il peut **clore sa propriété,** par exemple en posant une barrière ou un portail à l'entrée du passage, mais il doit prendre toutes les dispositions nécessaires pour que son voisin puisse continuer à utiliser normalement le passage, en lui remettant les clés de la barrière ou une télécommande qui permet d'ouvrir le portail, automatisé, à distance (Cass. 3e civ. 20-3-2012 n° 11-15.140 F-D).

De même, le propriétaire peut **placer une haie** le long du passage pour préserver son intimité, mais il doit veiller à ce que les plantations ne réduisent pas l'étendue du droit de passage.

Si le propriétaire du fonds assujetti ferme le passage par une chaîne, le locataire peut **demander en référé** que l'accès coupé par son voisin soit rétabli, la chaîne barrant le chemin constituant un trouble manifestement illicite (Cass. 3e civ. 23-1-2025 n° 23-19.970 FS-B : BPIM 2/25 inf. 118).

COÛT DE LA SERVITUDE

Le bénéficiaire du passage doit **indemniser** celui qui supporte la servitude (C. civ. art. 682). **49520**

L'indemnité est proportionnelle au préjudice qu'occasionnent l'établissement et l'usage du droit de passage (destruction d'un mur, d'arbres, perte de jouissance du terrain, gêne occasionnée...). L'indemnité peut être versée en une seule fois ou périodiquement tant que dure la servitude.

Le montant de l'indemnisation est fixé soit à l'amiable, soit par le tribunal judiciaire après expertise judiciaire. Le propriétaire subissant le passage ne peut pas interdire le passage ou demander la démolition des ouvrages permettant le passage dans l'attente du paiement de l'indemnité de désenclavement (Cass. 3e civ. 25-3-2021 n° 20-15.155 FS-P).

Les **frais d'établissement et d'entretien du passage** sont le plus souvent à la charge de celui qui bénéficie du droit de passage (C. civ. art. 697 et 698 ; Cass. 3e civ. 12-3-2014 n° 12-28.152 FS-PB). Si le passage est utilisé par les deux propriétaires, chacun d'eux devra participer à son entretien.

Celui qui subit le passage reste propriétaire du terrain, il doit donc acquitter les impôts correspondants et spécialement les **impôts fonciers.**

> **Précisions** Le principe d'indemnisation joue également dans le cas où le droit de passage est accordé au titre de l'article 684 du Code civil : enclave résultant de la **division d'un fonds** par suite d'une vente, d'un échange, d'un partage ou de tout autre contrat (Cass. 3e civ. 21-7-1999 : Bull. civ. III n° 186 ; Cass. 3e civ. 15-10-2013 n° 12-19.563 F-PB : BPIM 6/13 inf. 441). Le propriétaire du fonds dominant n'échappera au versement d'une indemnité que s'il démontre que le propriétaire du fonds servant y a renoncé dans l'acte opérant la division ou, s'agissant de l'enclave résultant d'une vente, qu'il a été tenu compte de l'état d'enclave dans la fixation du prix (mêmes arrêts).

PRESCRIPTION

L'existence de la servitude de passage ne peut pas s'établir par prescription, mais seulement par **49525**
l'effet de la loi, par titre, ou par destination du père de famille. Toutefois, **l'assiette et le mode de passage** peuvent s'établir par 30 ans d'usage continu (C. civ. art. 685). Et **l'action en indemnité** prévue par l'article 682 du Code civil se prescrit par 30 ans, après lesquels la servitude subsiste malgré l'extinction de l'action (C. civ. art. 685).

Une fois prescrits, l'assiette et le mode de passage ne peuvent plus être modifiés que d'un commun accord entre les parties ou dans les conditions de l'article 701 du Code civil (voir n° 49510).

La servitude de passage revêtant un **caractère discontinu et apparent** (Cass. 3e civ. 24-11-2004 n° 03-16.366 FS-PB ; Cass. 3e civ. 16-9-2009 précité ; Cass. 3e civ. 17-6-2021 n° 20-10.740 F-D : BPIM 4/21 inf. 303), les juges du fond apprécient souverainement si les aménagements apparents existent bien (Cass. 3e civ. 6-4-2023 n° 21-22.380 F-D : BPIM 3/23 inf. 226). Il peut s'agir de diverses constructions ou aménagements tels qu'un chemin (Cass. 3e civ. 5-4-2006 n° 05-13.625 ; Cass. 3e civ. 13-11-2013 n° 12-21.779), une porte, un escalier ou une fenêtre. Pour être pris en compte, les signes apparents doivent être contemporains de la division. S'il n'y a aucun signe apparent de servitude, il incombe aux juges de rechercher si de tels éléments n'existaient pas lors de l'opération (Cass. 3e civ. 11-6-1992 n° 90-16.144 : Bull. civ. III n° 201). Un élément insuffisant, ambigu ne saurait être retenu comme signe apparent de servitude. Il incombe aux juges de justifier précisément les raisons pour lesquelles ils refusent de considérer un signe apparent de servitude.

Lorsque les signes apparents de servitude existent, la reconnaissance de la servitude par **destination du père de famille** ne peut alors être écartée que par des dispositions contraires figurant précisément dans l'acte qui a opéré la division (C. civ. art. 694). C'est celui qui invoque la destination du père de famille qui doit produire l'**acte de division foncière** afin de démontrer qu'il ne contient aucune disposition contraire au maintien de la servitude (C. civ. art. 694 ; Cass. 3e civ. 16-9-2009 n° 08-16.238 FS-PB). Notons que seul le dernier acte de division doit être analysé pour reconnaître une servitude par destination du père de famille dès lors que les fonds ont été réunis sous un même propriétaire avant la donation-partage (Cass. 3e civ. 23-1-2025 n° 23-12.385 FS-B : BPIM 2/25 inf. 116). Ainsi, si des fonds transmis lors d'une donation-partage par des époux constituent un bien propre pour une partie et un bien commun pour l'autre, il ne peut y avoir de servitude par destination du père de famille, les biens transmis n'ayant pas appartenu au même propriétaire et le partage n'ayant pas opéré de division d'un même fonds (Cass. 3e civ. 27-2-2025 n° 23-10.658 FS-B : BPIM 2/25 inf. 117). La destination du père de famille suppose que le fonds originel ait appartenu à un même propriétaire et que ce dernier soit l'instigateur des aménagements (C. civ. art. 693 ; Cass. 3e civ. 13-11-1996 n° 95-11.253 F-D). Il n'y a pas de reconnaissance d'une servitude par destination du père de famille quand les terrains litigieux appartenaient à des époux mais dépendaient respectivement du patrimoine propre de chacun d'eux (CA Poitiers 3e ch. 16-3-2011 n° 07/03725).

La mention dans l'acte de division susceptible d'écarter l'acquisition de la servitude par destination du père de famille doit en principe être suffisamment **caractérisée** (Cass. 3e civ. 9-6-2016 n° 14-28.893 F-D). La clause de style par laquelle le vendeur déclare qu'il n'a constitué aucune servitude sur l'immeuble, ou qu'à sa connaissance il n'en existe pas d'autres que celles qui pourraient résulter de la loi ou dériver de la situation des lieux, est en principe jugée insuffisante (Cass. 3e civ. 21-3-2001 n° 14-28.893 F-D ; Cass. 3e civ. 28-4-2009 n° 08-15.404 F-D ; voir toutefois, en sens contraire, Cass. 3e civ. 6-9-2018 n° 17-21.527 F-D). De même, l'acte d'échange qui prévoit expressément l'absence de servitude sur des parcelles divisées n'est pas une simple **clause de style** et est contraire au maintien d'une servitude de passage par destination du père de famille (Cass. 3e civ. 18-1-2023 n° 22-10.019 FS-B : BPIM 1/23 inf. 74).

CESSATION DE L'ENCLAVE

49530 Si la propriété vient à être désenclavée, par exemple après la création d'une nouvelle route, le droit de passage n'a plus lieu d'être. Le propriétaire qui subissait le passage est alors en droit de demander la **suppression des ouvrages** (par exemple, un portail) implantés sur sa propriété, y compris dans le sous-sol, tels les câbles téléphoniques ou d'alimentation électrique ou les conduites d'eau.

Si le bénéficiaire du passage ne veut pas y renoncer, le propriétaire doit s'adresser au tribunal judiciaire qui constatera la **disparition de la servitude** (C. civ. art. 685-1).

La servitude s'éteint encore par **abandon** du fonds grevé au propriétaire du fonds dominant (C. civ. art. 699).

> **Précisions** L'extinction de la servitude de passage pour cessation de l'enclave ne s'applique en principe qu'aux servitudes légales sauf si l'état d'enclave a été la cause déterminante de la **clause** qui a fixé l'assiette et les modalités du passage (Cass. 3e civ. 13-12-1983 n° 82-15.224 : Bull. civ. III n° 260 ; Cass. 3e civ. 6-5-2021 n° 20-15.705 F-D : BPIM 3/21 inf. 232).

D. Droit de surplomb

ISOLATION THERMIQUE D'UN BÂTIMENT EXISTANT PAR L'EXTÉRIEUR

Depuis le 25 juin 2022, le propriétaire qui souhaite isoler un bâtiment existant par l'extérieur peut bénéficier d'un droit de surplomb sur le fonds voisin (CCH art. L 113-5-1 ; Décret 2022-926 du 23-6-2022). Selon une partie de la doctrine, ce droit pourrait constituer « une servitude légale ressemblant [...] à la servitude de passage pour cause d'enclave » (J.-L. Bergel, Le droit de surplomb instauré par la « loi climat » du 22 août 2021 : RDI 2021 p. 599). Le propriétaire d'un bâtiment à isoler bénéficiera du droit de surplomb à **condition** que (CCH art. L 113-5-1, I-al. 1) : 49560

– aucune autre solution technique ne permette d'atteindre un niveau d'efficacité énergétique équivalent ou cette autre solution est excessivement complexe ou onéreuse ;

– le surplomb soit au maximum de 35 cm ;

– l'ouvrage d'isolation débute à 2 m au moins au-dessus du pied du mur, du pied de l'héberge ou du sol, sauf accord des propriétaires des deux fonds sur une hauteur inférieure.

Le propriétaire du fonds à isoler doit **indemniser** préalablement celui du fonds surplombé (CCH art. L 113-5-1, I-al. 2), et ne peut faire réaliser les travaux avant de s'en être acquitté (CCH art. R 113-23).

Les modalités de mise en œuvre du droit de surplomb doivent être constatées par **acte authentique** ou par **décision de justice, publié** pour l'information des tiers au fichier immobilier (CCH art. L 113-5-1, I-al. 4 ; voir M. Suquet-Cozic, Comment publier le droit de surplomb pour isolation thermique au fichier immobilier ? : SNH 30/22 inf. 10).

OBLIGATION D'INFORMATION DU PROPRIÉTAIRE VOISIN

Le propriétaire du bâtiment à isoler doit, avant tout commencement de travaux, **notifier** au propriétaire voisin son **intention de réaliser un ouvrage d'isolation en surplomb** et de la nécessité d'accéder à son fonds pour ce faire (CCH art. L 113-5-1, III). La notification doit être faite par lettre recommandée avec accusé réception ou par acte d'huissier, elle doit comprendre (CCH art. R 113-19) : 49565

– le nom et les coordonnées du propriétaire du bâtiment à isoler ou, le cas échéant, son représentant ;

– un descriptif détaillé de l'ouvrage d'isolation accompagné d'un plan des façades et, le cas échéant, des toitures modifiées par le projet, en faisant apparaître l'état initial et l'état futur ;

– les justificatifs démontrant qu'aucune autre solution technique ne permet d'atteindre un niveau d'efficacité énergétique équivalent ou qu'une autre solution présenterait un coût ou une complexité excessifs ;

– une proposition d'indemnisation ;

– le projet d'acte authentique ;

– le projet de convention d'accès temporaire au fonds voisin pour la réalisation des travaux (voir n° 49565) ;

– une reproduction de l'article L 113-5-1 du Code de la construction et de l'habitation.

Le propriétaire du bâtiment à isoler doit **notifier,** dès qu'il a fait son choix, au propriétaire du fonds à surplomber, les noms, prénoms, adresses postales et électroniques et **coordonnées** téléphoniques **de la personne réalisant les travaux** et s'il s'agit d'une entreprise, son numéro d'inscription au répertoire des entreprises ainsi que son numéro de police d'assurance ainsi que le numéro de police d'assurance qu'il a lui-même souscrit en qualité de maître d'ouvrage (CCH art. R 113-24). Cette notification doit également être faite par courrier recommandé avec accusé réception et n'a pas d'incidence sur le délai d'opposition.

OPPOSITION DU VOISIN

Le voisin a 6 mois, à compter de la notification, pour manifester son opposition à condition qu'elle soit fondée sur un **motif** sérieux et légitime tenant à l'usage présent ou futur de sa propriété ou au non-respect des conditions de fond de l'exercice du droit de surplomb. Durant ce même **délai,** le voisin peut également s'opposer au droit d'accès à sa propriété pour la mise en place des installations provisoires si la destination, la consistance ou la jouissance de son fonds en seraient affectées de manière durable ou excessive. Il peut saisir le juge, toujours durant ce délai, pour fixer le montant de l'indemnité préalable pour l'exercice de ces droits (CCH art. L 113-5-1, III). Le voisin devra saisir le président du tribunal judiciaire du lieu de situation de l'immeuble à surplomber qui statuera selon la procédure accélérée au fond (CCH art. R 113-21). 49570

Lorsque l'immeuble à surplomber est en **copropriété,** le droit d'opposition revient au syndicat des copropriétaires. La saisine du juge pour l'opposition au droit de surplomb ou en fixation de l'indemnité doit être inscrite à l'ordre du jour d'une assemblée générale convoquée pour une date permettant la saisine postérieure du juge dans le délai de 6 mois à compter de la notification du projet de surplomb (CCH art. R 113-22).

RÉALISATION DES TRAVAUX

49575 **Accès au fonds voisin** Pour la réalisation des travaux, le propriétaire du bâtiment à isoler a le droit d'accéder temporairement à l'immeuble voisin pour mettre en place les **installations** provisoires **strictement nécessaires** à la réalisation des travaux. Il doit alors indemniser le propriétaire de l'immeuble voisin. Les **conditions de mise en œuvre** de l'accès au fonds voisin doivent être définies conventionnellement (CCH art. L 113-5-1, II). La convention doit notamment préciser (CCH art. R 113-20) :

- la localisation et le périmètre de l'accès au fonds à surplomber ainsi que la durée ;
- la nature des installations provisoires à mettre en place et les conditions de mise en place notamment pour la protection du fonds à surplomber ;
- l'indemnité due en contrepartie des droits d'accès et d'installations temporaires ;
- le cas échéant, les mesures prévisionnelles de remise en état du fonds voisin.

49580 **Distinction avec la servitude de « tour d'échelle »** Le « tour d'échelle » est le droit pour le propriétaire d'une **construction édifiée en limite de propriété** de poser, le long de cette construction et sur le sol de la propriété voisine, des échelles et des échafaudages pour le temps des **travaux nécessaires** à l'entretien de son bien (et pas seulement à son isolation).

L'exercice de ce droit nécessite un **accord entre les voisins.** Le juge ne peut pas constater son existence sans relever celle du titre l'établissant (Cass. 3e civ. 30-10-1978 n° 77-11.072 : Bull. civ. III n° 326). Toutefois, le juge peut autoriser un propriétaire à occuper le fonds voisin pour effectuer des réparations sur un bâtiment édifié en bordure de propriété (Rép. min. n° 8686 : JO AN Q 22-5-1989 p. 2350 ; Rép. min. n° 25098 : JO AN Q 28-3-1983 p. 1566).

En outre, le refus du voisin peut être considéré comme un abus du droit de propriété et le **tribunal judiciaire** peut autoriser un passage temporaire aux **conditions** suivantes (Cass. 3e civ. 15-2-2012 n° 10-22.899 FS-PB : BPIM 2/12 inf. 175) :

- les travaux sont indispensables (CA Paris 17-10-2008 n° 08/02739) ;
- celui qui doit réparer son bien (mur, toiture, etc.) n'a pas d'autres possibilités pour réaliser les travaux que de passer chez son voisin (Cass. 2e civ. 8-1-1992 n° 90-17.870 : Bull. civ. II n° 10 ; CA Bordeaux, 1e ch. civ. sect. B 13-4-2010 n° 08/03206) ;
- le passage n'occasionne pas trop de dommages au voisin ;
- le passage est temporaire.

Chaque contractant est tenu de respecter l'assiette de la servitude de tour d'échelle :

- le propriétaire bénéficiaire en s'abstenant d'empiéter au-delà de ces limites lorsqu'il réalise ses travaux ;
- le propriétaire du fonds grevé en laissant cet espace libre, afin que le voisin puisse toujours l'utiliser en cas de besoin.

Ainsi, la reconnaissance d'une servitude de tour d'échelle n'exclut pas, à elle seule, la faute tenant à la méconnaissance des conditions posées et l'indemnisation des préjudices (Cass. 3e civ. 30-5-2024 n° 22-18.909).

Le tribunal peut accorder une **indemnité** au propriétaire qui subit le tour d'échelle, notamment si la durée du droit de passage est longue et s'il cause un préjudice de jouissance important (Rép. min. n° 22830 : JO Sen. Q 1-12-2016 p. 5200). Le bénéficiaire du droit de passage devra indemniser son voisin de tous les dommages causés.

EXTINCTION DE LA SERVITUDE DE SURPLOMB

49585 La **destruction du bâtiment isolé** entraîne l'extinction du droit de surplomb (CCH art. L 113-5-1, I-al. 3). Lorsque le voisin propriétaire du fonds surplombé a obtenu une autorisation administrative de **construire en limite séparative** ou en usant de ses droits mitoyens et que sa mise en œuvre nécessite la dépose de l'ouvrage d'isolation, les frais de cette dépose incombent au propriétaire du bâtiment isolé. L'indemnité versée préalablement à l'exercice du droit de surplomb demeure acquise (CCH art. L 113-5-1, IV).

CHAPITRE 3 TROUBLES DE VOISINAGE

SOMMAIRE

CARACTÈRE NORMAL OU ANORMAL DU TROUBLE

La vie en collectivité impose à chacun de supporter certains inconvénients inhérents au voisinage (bruits, odeurs, vibrations, etc.). En revanche, dès lors que ces derniers deviennent anormaux, il est possible d'engager la responsabilité de leur auteur afin d'obtenir réparation. Il s'agit d'une responsabilité objective, sans faute (par exemple, Cass. 3e civ. 21-7-1999 n° 96-22.735 PB ; Cass. 3e civ. 13-4-2005 n° 03-20.575 FS-PB), et le caractère normal ou anormal des troubles est une question de fait laissée à l'appréciation des juges. Il dépend des **lieux** et des **circonstances** (Cass. 3e civ. 3-11-1977 : D. 1978 p. 434). Même en zone rurale, les **nuisances animales** sont parfois jugées anormales. 49600

Depuis la loi 2024-346 du 15 avril 2024, la responsabilité de plein droit du propriétaire, du locataire, de l'occupant sans titre, de l'exploitant ou du maître d'ouvrage pour trouble anormal de voisinage est codifiée au Code civil (C. civ. art. 1253). Elle ne fait que consacrer ainsi un principe déjà dégagé par la jurisprudence (Cass. 2e civ. 19-11-1986 n° 84-16.379) selon lequel « nul ne doit causer à autrui un trouble anormal de voisinage » si ce trouble excède les inconvénients normaux de voisinage.

Il existe toutefois des **limites** à ce principe en exonérant la personne de toute responsabilité si l'activité en cause répond à trois conditions cumulatives :

– elle est antérieure à l'installation de la personne qui s'en plaint ;
– elle est conforme aux lois et règlements en vigueur ;
– elle s'est poursuivie dans les mêmes conditions ou dans des conditions nouvelles qui ne sont pas à l'origine d'une aggravation du trouble anormal.

Le **simple risque** de causer un trouble anormal de voisinage est sanctionné dès lors qu'il est certain (Cass. 2e civ. 11-9-2014 n° 13-23.049 F-D, pour un risque élevé d'incendie ; Cass. 2e civ. 10-6-2004 n° 03-10.434 F-PB, pour un risque de projection de balles de golf ; Cass. 3e civ. 24-4-2013 n° 10-28.344 FS-D et Cass. 2e civ. 24-10-2019 n° 18-20.701 F-D, pour un risque d'effondrement ; Cass. 2e civ. 24-3-2016 n° 15-13.271 F-D, pour un risque de chute d'ardoises). 49601

ATTENTION

Les sons et odeurs qui caractérisent la ruralité peuvent désormais être recensés à l'**inventaire du patrimoine culturel** (C. envir. art. L 110-1). Ce recensement pourra être exploité pour l'élaboration des documents d'urbanisme et pour l'appréciation du trouble anormal de voisinage.

PRINCIPES DE PRÉ-OCCUPATION ET DE CONFORMITÉ

L'article 1253 du Code civil (Loi 2024-346 du 15-04-2024 : JO 16 texte n° 4) ne révolutionne pas la règle des troubles du voisinage puisque les critères de pré-occupation et de conformité aux règles en vigueur existaient déjà dans l'article L 113-8 du Code de la construction et de l'habitation qui est désormais abrogé. 49605

Toutefois le législateur est allé plus loin. D'une part, **toute activité** est visée alors que l'article L 113-8 se limitait aux activités agricoles, industrielles, artisanales, commerciales, touristiques, culturelles ou aéronautiques. D'autre part, si l'activité se poursuit dans des conditions nouvelles, ces dernières ne doivent **pas aggraver le trouble anormal.** Il reviendra au juge dans son pouvoir souverain d'apprécier l'aggravation du trouble.

PREUVE

Celui qui invoque l'exonération d'antériorité de son activité doit non seulement rapporter la preuve que son activité est antérieure à l'installation de celui qui prétend être troublé mais également que son activité s'exerce en conformité à la réglementation et sans augmentation ou aggravation des nuisances (C. civ. art. 1253). 49610

A ainsi été **exonérée** une exploitation de scierie dès lors que l'activité existait avant la date de délivrance du permis de construire sur le terrain voisin, que l'activité s'exerçait conformément à la réglementation, et qu'elle s'effectuait dans les mêmes conditions qu'à l'origine (Cass. 3e civ. 27-4-2000 n° 98-18.836 : Bull. civ. III n° 92).

En revanche, n'a **pas** été **exonérée** une exploitation agricole qui a remplacé son troupeau de bovins en pâture par une bergerie de 300 brebis (Cass. 3e civ. 11-6-2014 n° 12-28.315 F-D). Même solution pour une autre exploitation passée de quelques cochons à l'origine à plusieurs centaines après l'arrivée des voisins (Cass. 2e civ. 7-11-1990 n° 89-16.241 : Bull. civ. II n° 225).

Soulignons toutefois que l'antériorité d'un trouble, sauf disposition particulière, ne prive pas le voisin victime de son **droit à réparation** au titre de l'anormalité du trouble et de sa persistance (Cass. 3e civ. 23-11-2023 n° 22-11.047 F-D : BPIM 1/24 inf. 78, rendu sous l'ancien article L 113-8 du CCH mais applicable avec l'article 1253 du Code civil). Dans cette affaire, le trouble concerne une obstruction de vue préexistante à l'arrivée des plaignants qui est anormale et persistante puisque le mur empêche la lumière du jour de rentrer par l'unique fenêtre de l'escalier qui mène à leur logement. Le fait que la situation était déjà créée n'est pas une circonstance de nature à conférer un caractère normal à l'obstruction. Les juges du fond ne peuvent pas retenir l'antériorité du trouble pour exonérer le voisin responsable dès lors que le trouble persiste.

PERSONNE LÉSÉE

49615 La responsabilité pour trouble anormal de voisinage n'est également plus limitée aux seuls dommages causés aux occupants d'un bâtiment, mais il est désormais fait référence à « la personne lésée » (C. civ. art. 1253).

A. Différents troubles de voisinage

BRUIT

49660 **Principe** Peut être sanctionnée toute personne qui, dans un lieu public ou dans un lieu privé, est à l'origine de bruits de nature à porter atteinte à la **tranquillité du voisinage** ou à la **santé de l'homme** par leur durée, leur répétition ou leur intensité (CSP art. R 1336-5).

La force d'un bruit est mesurée en décibels pondérés A (dB(A)). Cette **unité de mesure** tient compte de l'intensité du bruit (exprimée en décibels), de sa fréquence (exprimée en hertz) et de la façon dont l'oreille humaine filtre les sons.

49665 **Types de nuisances sonores** Il peut s'agir de bruits domestiques et de bruits liés à une activité professionnelle, culturelle, sportive ou de loisir.

Sont par exemple des **bruits de voisinage domestiques,** les bruits provenant (Circ. du 27-2-1996 relative à la lutte contre les bruits de voisinage) :

- des cris des animaux et plus particulièrement des aboiements ;
- de la télévision ou des appareils de musique ;
- des outils de bricolage ou de jardinage ;
- des appareils électroménagers ;
- des jeux de boules dans un appartement ;
- des fêtes familiales, etc.

Sont des **bruits de voisinage liés à une activité professionnelle ou de loisir** les bruits provenant d'une discothèque, d'un restaurant, d'un atelier artisanal, d'un cinéma, etc.

> **Précisions** Lorsque les nuisances sonores sont liées à des **travaux** :
> – le constructeur (entrepreneur, sous-traitant, architecte, constructeur de maison individuelle, etc.) est considéré comme un voisin occasionnel et sa responsabilité sur le fondement des troubles anormaux du voisinage peut être engagée à condition que les nuisances soient en lien avec sa mission (Cass. 3e civ. 22-6-2005 n° 03-20.068 FS-PBRI : BPIM 4/05 inf. 269 ; Cass. 3e civ. 20-5-2021 n° 20-11.926) ;
> – le locataire ne peut pas agir contre son bailleur sur le fondement du trouble anormal du voisinage (Cass. 3e civ. 10-11-1998 n° 96-16.551 PB), voir n° 51040.

49670 **Cloches d'église** Depuis la loi de séparation des Églises et de l'État du 9 décembre 1905, c'est le maire qui réglemente les sonneries des cloches d'église, tant religieuses que civiles. En cas de désaccord avec l'autorité cultuelle, c'est le préfet du département qui tranche.

S'agissant des sonneries religieuses, le maire est tenu de concilier l'exercice de son pouvoir avec le respect de la **liberté des cultes** garantie par l'article 1 de la loi du 9 décembre 1905. Il ne peut pas s'opposer à ces sonneries, sauf pour des motifs tenant à l'ordre public ou lorsque la vétusté du clocher en rendrait l'usage dangereux pour la sécurité publique (CE 12-2-1909 n° 28662).

> Précisions **a.** Dans une affaire où le propriétaire d'une maison située face à l'église demandait au maire d'interdire la sonnerie des cloches le matin à 7 heures, le juge administratif a considéré que le maire n'avait commis aucune erreur de droit en refusant de faire suite à la demande de l'intéressé. Approuvant ce jugement, le Conseil d'État relève que « la sonnerie de l'Angélus a, par son origine, un caractère religieux et, même si la pratique en avait été interrompue pendant de longues années, elle revêt le caractère d'un **usage local** auquel les habitants de la commune sont attachés ». La sonnerie n'était donc pas de nature à troubler l'ordre public (CE 11-5-1994 n° 137612).

b. Les sonneries des cloches d'église peuvent désormais être répertoriées à l'**inventaire du patrimoine culturel** (voir n° 49600).

Sonneries civiles Les sonneries civiles, qui ne sont pas directement liées à un office religieux, ne peuvent être employées que dans les cas de **péril imminent.** Toutefois, lorsque l'édifice cultuel appartient à la collectivité publique ou est attribué à l'association cultuelle, elles peuvent être utilisées si elles ne troublent pas l'ordre public (la censure du juge sur ce point est rare) et si elles sont autorisées par les **usages locaux** (Loi du 9-12-1905 art. 27 et décret du 16-3-1906 art. 51). Ces usages locaux ne doivent pas nécessairement être antérieurs à la loi de 1905 : il suffit de prouver une pratique régulière et suffisamment durable des sonneries civiles dans la commune, et que cette pratique n'a pas été interrompue « dans des conditions telles qu'il y a lieu de la regarder comme abandonnée » (CE 14-10-2015 n° 374601, Cne de Boissettes). **49675**

Constat des nuisances sonores excessives Le caractère excessif des **bruits domestiques** peut être établi à l'oreille. Il peut être constaté par la police ou la gendarmerie, par un commissaire de justice ou par des agents communaux assermentés. Lorsque le constat n'est pas possible, notamment lorsqu'il s'agit de bruits intermittents comme les bruits de talons, la preuve des bruits peut se faire par tous moyens, notamment à l'aide de témoignages... **49680**

Le bruit excessif lié à toute activité doit être constaté par un appareil de mesure acoustique. Les services d'hygiène de la mairie ou de l'agence régionale de santé sont équipés pour mesurer le bruit. L'anormalité du trouble peut être néanmoins caractérisée même si les normes ont été respectées (Cass. 3e civ. 26-3-2020 n° 18-25.971 F-D).

ILLUSTRATIONS

Ont été **jugées excessives** les nuisances occasionnées par :
– une location de la salle des fêtes de la commune (CAA Versailles 28-2-2020 n° 18VE02550) ;
– une filtration et une pompe à chaleur d'une piscine (CA Orléans 4-12-2017 n° 16/00299) ;
– une activité de foot en salle et la présence de clients sur le parking (CA Caen 21-11-2017 n° 15/03537) ;
– une salle polyvalente louée à une association évangélique (chant et musique lors de l'exercice du culte) (CA Paris 10-11-2017 n° 15/18928) ;
– une salle de bains après rénovation mal réalisée (CA Paris 17-1-2018 n° 15/03954) ;
– les coassements de grenouilles, le propriétaire de la mare ayant été condamné à la reboucher, bien qu'il s'agisse d'une espèce protégée (Cass. 2e civ. 14-12-2017 n° 16-22.509 F-D) ;
– les braillements d'un élevage de paons pendant la saison des amours (Cass. 2e civ. 4-7-2013 n° 12-23.276 F-D).

L'anormalité du trouble n'a, en revanche, **pas** été **retenue** lorsque :
– le chant d'un coq est intermittent et de faible intensité au sein d'une zone rurale (TI Rochefort-sur-Mer 5-9-2019 n° 11-19-000233) ;
– les émissions sonores d'éoliennes sont inférieures à la réglementation en vigueur, le parc éolien étant situé à distance réglementaire des habitations séparés par un bois formant un écran sonore et visuel et que la dépréciation des propriétés eu égard à la morosité du marché immobilier dans le secteur ne dépassait pas par sa gravité les inconvénients normaux du voisinage (Cass. 3e civ. 17-9-2020 n° 19-16.937 F-D : BPIM 6/20 inf. 445).

Sanctions pénales S'agissant des **bruits domestiques,** les nuisances, de jour comme de nuit, sont sanctionnées pénalement. L'auteur des nuisances encourt une contravention de 3e classe, soit une amende de 450 € (CSP art. R 1337-7 ; C. pén. art. 131-13). Mais l'infraction peut relever de la procédure de l'amende forfaitaire. Toute personne verbalisée au titre de cette procédure se verra remettre la lettre-carte et devra payer une amende de 68 €, somme passant à 180 € lorsque le paiement n'a pas été effectué dans les 45 jours (CPP art. R 48-1 s.). Il existe également une infraction spécifique pour « tapage nocturne » lorsque le bruit a lieu la nuit (C. pén. art. R 623-2). Ici aussi, l'amende encourue est de 450 € (C. pén. art. 131-13), la procédure de l'amende forfaitaire étant susceptible d'être appliquée (CPP art. R 48-1). À signaler qu'un père a également été sanctionné pour complicité de tapage nocturne ; ses enfants avaient organisé une fête et bien que présent à son domicile, il avait laissé se perpétrer les bruits ayant troublé la tranquillité des voisins (Cass. crim. 26-2-2020 n° 19-80.641 F-PBI). **49685**

Lorsque les nuisances sonores proviennent d'une **activité professionnelle, culturelle ou sportive,** l'auteur du bruit ne peut pas être condamné si le niveau du bruit est inférieur à 25 dB(A) à l'intérieur ou 30 dB(A) à l'extérieur (CSP art. R 1336-6). En cas d'infraction, l'auteur des nuisances encourt une contravention de 5e classe (CSP art. R 1337-6), soit une amende de 1 500 € si le contrevenant est une personne physique (C. pén. art. 131-13), 7 500 € s'il s'agit d'une personne morale (C. pén. art. 131-41). Des sanctions administratives (mise en demeure, suspension de l'activité, etc.) peuvent également être prononcées. Si la victime des nuisances porte plainte au pénal, le procureur de la République décidera soit de classer l'affaire sans suite (infraction non prouvée, par exemple), soit d'engager des poursuites.

Que les nuisances sonores aient une origine domestique, professionnelle, culturelle ou sportive, leur auteur risque en outre la confiscation de l'objet ayant servi à l'infraction (CSP art. R 1337-8 et R 1337-10).

Lorsque le bruit a pour origine des **travaux** publics ou privés soumis à une procédure de déclaration ou d'autorisation, l'atteinte à la tranquillité du voisinage est caractérisée, soit parce que la réalisation des travaux ou l'exploitation de matériels ou d'équipements n'ont pas été effectuées conformément aux conditions fixées par les autorités compétentes ; soit parce que les précautions afin de limiter le bruit sont insuffisantes ; soit parce que le comportement est anormalement bruyant (CSP art. R 1336-10). Les amendes encourues sont alors similaires à celles pour les nuisances sonores provenant d'une activité professionnelle, culturelle ou sportive (CSP art. R 1337-6, 3°).

ATTENTION

Que les nuisances sonores aient une origine domestique, professionnelle, culturelle ou sportive, leur auteur risque en outre la **confiscation** de l'objet ayant servi à l'infraction (CSP art. R 1337-8 et R 1337-10).

ODEURS

49690 Tout voisin peut agir en justice contre le responsable de nuisances olfactives dès lors que celles-ci excèdent les inconvénients normaux du voisinage. Ainsi, les odeurs de cuisine d'un **restaurant** situé au rez-de-chaussée d'un immeuble, perceptibles à l'étage en raison du mauvais aménagement du local (filtres de la hotte insuffisants et mal entretenus, ventilation faite à l'envers...), associées à des nuisances sonores, ont entraîné la condamnation d'un restaurateur pour trouble anormal de voisinage (Cass. 3e civ. 11-6-1997 n° 95-10.152).

Le juge peut imposer à un restaurateur d'effectuer des travaux afin que les nuisances cessent. Il peut même aller jusqu'à interdire l'utilisation de la cuisine tant que les travaux réalisés ne sont pas suffisants et que le problème n'est pas résolu (Cass. 3e civ. 29-1-1997 n° 95-14.316).

Les **élevages d'animaux,** spécialement de cochons, sont souvent à l'origine d'odeurs pestilentielles et nauséabondes. Mais de telles activités, dès lors qu'elles ont été autorisées par l'administration, ne peuvent pas être interdites par le juge judiciaire. Ce dernier conserve néanmoins le pouvoir d'en ordonner la cessation temporaire jusqu'à l'achèvement des travaux nécessaires à la suppression des odeurs concernées.

L'utilisation d'un **barbecue** ne constitue pas un trouble anormal de voisinage lorsqu'elle reste occasionnelle. Les désagréments causés (fumée, odeur de viandes et de poissons grillés) sont épisodiques et dépendent pour l'essentiel des conditions météorologiques (jour de pluie et sens du vent). Le barbecue ne doit pas causer de dommages à la propriété voisine tels que par exemple un noircissement de la façade causé par la fumée ou par la projection de cendres. Attention : le règlement d'une copropriété ou le cahier des charges d'un lotissement peuvent interdire ou encadrer l'utilisation des barbecues. Un arrêté municipal peut fixer des règles contraignantes mais ne saurait interdire l'utilisation des barbecues partout et tout le temps.

ILLUSTRATIONS

Les nuisances olfactives liées à la présence d'animaux peuvent constituer des inconvénients incontournables de la **vie à la campagne** (CA Poitiers 1-10-2014 n° 13/03443). Elles pourraient être répertoriées à l'inventaire du patrimoine culturel (voir n° 49601).

En revanche, ils peuvent caractériser un trouble anormal du voisinage lorsque :

– le parquage de chevaux de trait se situe à proximité d'une habitation et que le crottin n'est pas enlevé régulièrement; le viticulteur bio n'est pas fondé à se prévaloir du principe de pré-occupation dès lors que la maison des demandeurs ayant une activité de gîte a été construite à une époque qui marquait la fin de l'utilisation des chevaux dans les vignes et que le gîte a été aménagé une dizaine d'années avant que les viticulteurs décident de s'orienter vers le bio et de recourir à la traction animale (CA Colmar 13-1-2020 n° 18/03478);

– les odeurs dégagées par un élevage porcin sont d'une particulière intensité (CA Montpellier 12-3-2002) ;
– une écurie a été réhabilitée en méconnaissance du règlement sanitaire départemental (Cass. 3e civ. 14-1-2016 no 14-25.351) ;
– des odeurs nauséabondes, des bruits d'animaux et de machines et la présence envahissante d'insectes qui résultent d'une exploitation agricole à laquelle il a été adjoint deux nouveaux bâtiments pour accueillir des animaux (Cass. 3e civ. 7-12-2023 no 22-22.137 FS-D, Sté Verschuere : BPIM 1/24 inf. 79).

FEUILLES MORTES

En principe, la chute des feuilles mortes d'un arbre situé sur le terrain voisin planté à la distance légale (voir no 49300) ne constitue pas un trouble anormal de voisinage, même si les feuilles ont tendance à boucher les gouttières ou les chéneaux (CA Nancy 15-11-2012 no 12/00570, 2e ch. civ.). Si le terrain se trouve dans un environnement constitué d'arbres, le propriétaire ayant choisi d'y résider ne peut ensuite se prévaloir d'un trouble anormal (CA Nancy 30-6-2016 no 15/02476 ; CA Rennes 6-7-2021 no 19/04314 ; CA Paris 10-2-2021 no 18/00358). **49695**

Toutefois, le trouble anormal peut être reconnu si les feuilles sont envahissantes et nuisent au bon écoulement des eaux (Cass. 3e civ. 4-1-1990 no 87-18.724). Ou encore lorsque la chute d'une quantité très importante de feuilles endommage la toiture d'à côté ; un propriétaire a ainsi obtenu la condamnation de son voisin à entretenir régulièrement ses arbres et à 1 000 € de dommages et intérêts (CA Limoges 18-3-2021 no 19/01113).

PRIVATION D'ENSOLEILLEMENT OU DE VUE

L'**édification d'un bâtiment ou** la **surélévation d'un immeuble** existant peut priver de soleil ou de vue une construction. Indépendamment du problème de la régularité administrative de la construction, le voisin peut intenter une action pour trouble anormal de voisinage (par exemple, l'installation de panneaux solaires conforme aux autorisations n'exclut pas un recours pour trouble anormal de voisinage : Rép. Jardé : AN 8-12-2009 no 53429). **En pratique,** dans les zones fortement urbanisées, la reconnaissance du trouble anormal est relativement rare. L'agrément de profiter d'une vue dégagée ne constitue pas une servitude de vue ni, en milieu urbain, un droit acquis (Cass. 3e civ. 4-11-2014 no 13-19.122 F-D : BPIM 6/14 inf. 428 ; Cass. 3e civ. 9-11-2023 no 22-15.403 F-D : BPIM 1/24 inf. 77). Le voisin d'une construction en zone urbanisée qui ne diminue que de manière partielle, en hiver, l'ensoleillement de son fonds ne rapporte pas la preuve d'un trouble anormal : sa demande d'indemnisation est rejetée (Cass. 3e civ. 15-12-2016 no 15-25.492 F-D : BPIM 1/17 inf. 70). **49700**

La responsabilité d'un publicitaire peut être engagée si un **panneau publicitaire** installé sur la voie publique occasionne une perte d'ensoleillement ; en revanche la responsabilité de l'administration ne peut être engagée que si le panneau est qualifié d'ouvrage public à raison de son utilisation dans l'intérêt général (Rép. Masson : Sén. 27-7-2006 no 22328).

Même si l'**immeuble gênant** a été ensuite **vendu,** celui qui l'a fait construire reste tenu du trouble anormal en résultant pour le voisin (Cass. 2e civ. 28-3-2013 no 12-13.917 F-D).

ILLUSTRATIONS

A été jugé **constitutif d'un trouble anormal** de voisinage :
– une construction d'un immeuble de six étages de l'autre côté d'un passage commun à une villa ; le propriétaire de la villa a obtenu 14 500 € de dommages et intérêts en réparation du trouble anormal résultant de la perte notable d'ensoleillement, de l'augmentation du nombre de vues directes sur sa terrasse et de l'augmentation du nombre de véhicules empruntant le passage (Cass. 3e civ. 14-1-2004 no 02-18.564 FS-PBR : BPIM 3/04 inf. 147) ;
– une surélévation qui prive totalement d'ensoleillement une résidence secondaire, située dans un environnement rural à faible densité de population et non dans une zone en voie d'urbanisation, à compter de 16 heures en plein été alors qu'elle bénéficiait d'un bon ensoleillement durant les mois d'été (Cass. 3e civ. 22-10-2020 no 18-24.439 F-D) ;
– l'implantation de tentes et l'accroissement de haies d'un hôtel-restaurant bien que les haies aient été présentes avant l'arrivée du voisin troublé et que l'activité d'hôtel-restauration existait déjà (Cass. 2e civ. 15-3-2007 no 06-11.571 F-D) ;
– un mur de clôture en parpaings bruts de 3 mètres de haut, ce qui a réduit de manière considérable la clarté des pièces du rez-de-chaussée du voisin (Cass. 3e civ. 9-5-2001 no 99-12.355) ;
– un arbre dont la distance et la hauteur légales n'ont pas été respectées, peu important que la plantation irrégulière le soit depuis plus de 30 ans (Cass. 3e civ. 4-2-2009 no 07-20.556 FS-D) ;
– la réalisation de 72 logements sur un terrain auparavant couvert de vignes en face d'une maison située en milieu rural (Cass. 3e civ. 9-5-2001 no 99-16.260).

En revanche, n'est **pas anormal** le trouble subi par les propriétaires d'une maison avec piscine dans une zone pavillonnaire qui ont vu se construire à 6,80 m de la limite séparative un petit immeuble collectif dont les balcons donnaient directement sur leur piscine (Cass. 3e civ. 4-12-2001 no 00-14.893 F-D).

RÉCEPTION DE LA TÉLÉVISION

49705 Si la **construction d'un immeuble** prive le voisin de télévision, la responsabilité du propriétaire du bâtiment peut être engagée pour trouble de voisinage.

Le constructeur est tenu de faire réaliser à ses frais une installation de réception ou de réémission propre à assurer des conditions de réception satisfaisantes dans le voisinage. Les propriétaires voisins doivent s'adresser au **Conseil supérieur de l'audiovisuel** (CSA) qui recherchera une solution amiable et au besoin mettra en demeure le constructeur de procéder à l'installation du dispositif approprié. En l'absence de réponse du constructeur dans le délai de 3 mois, le CSA portera lui-même l'affaire en justice (Loi 74-696 du 7-8-1974). Cette procédure s'applique, que l'immeuble soit en cours de construction ou déjà achevé. Par la suite, le propriétaire de l'immeuble gênant est tenu d'assurer, à ses frais, le fonctionnement, l'entretien et le renouvellement de l'installation.

ÉCOULEMENT DES EAUX

49710 Le propriétaire du terrain situé en contrebas doit recevoir les **eaux de ruissellement** qui s'écoulent naturellement du ou des terrains supérieurs (C. civ. art. 640). Il s'agit d'un trouble normal du voisinage. Cette servitude dite « d'écoulement des eaux » ne vaut que pour les eaux de pluie qui s'écoulent selon la pente naturelle du terrain (à l'exclusion des eaux usées et des eaux de vidange d'une piscine ou d'un étang). La main de l'homme ne doit pas avoir contribué à cet écoulement. De plus, le propriétaire du fonds supérieur ne doit pas avoir effectué des travaux de drainage ou de construction aggravant l'écoulement, le propriétaire du dessous ne pouvant de son côté se voir imposer la réalisation d'un ouvrage chez lui afin de remédier à cette aggravation (Cass. 3e civ. 29-9-2010 n° 09-69.608 FS-PB : BPIM 6/10 inf. 517). Hors ces cas, il n'est pas possible de se retourner contre le voisin même si le ruissellement cause des dommages à une maison. Ainsi, il n'est pas possible d'invoquer un trouble anormal de voisinage pour obliger le voisin à réaliser un réseau de drainage en vue d'empêcher le ruissellement.

S'agissant de l'**eau** qui s'écoule **des toits,** la loi impose au propriétaire de s'arranger pour que l'eau s'écoule sur son terrain ou sur la voie publique. Il ne peut pas la faire se déverser sur le terrain du voisin (C. civ. art. 681).

TROUBLE ESTHÉTIQUE

49715 Le stockage de manière prolongée de **matériel hors d'usage** (machines, caravane, camion...) juste devant le terrain du voisin peut provoquer pour ce dernier une gêne esthétique anormale (Cass. 2e civ. 24-2-2005 n° 04-10.362 : Bull. civ. II n° 50). Cette gêne était d'autant plus injustifiable que, compte tenu de la taille de sa propriété, l'agriculteur aurait pu stocker ce matériel usagé dans un endroit plus éloigné. L'exploitant a été condamné à ne plus stocker son matériel à moins de 25 mètres de la limite séparative des deux propriétés.

B. Recours contre les troubles anormaux de voisinage

INTERVENTION D'UN TIERS

49765 Différentes personnes ou organismes peuvent intervenir pour aider à faire cesser les nuisances de voisinage.

Dans les immeubles en copropriété, il est possible de s'adresser au **syndic** de l'immeuble pour qu'il fasse respecter le règlement de copropriété qui interdit en règle générale bon nombre de comportements troublant la tranquillité des occupants de l'immeuble.

Il est également possible de prendre contact avec la **mairie** (à Paris, le maire n'est compétent que pour les bruits de voisinage, la salubrité publique ainsi que les foires et marchés ; pour le reste, il faut s'adresser à la préfecture de police), qui est tenue de garantir la tranquillité des habitants de la commune. Concernant les nuisances sonores, les maires peuvent prendre des arrêtés municipaux particuliers de lutte contre le bruit et interdire, par exemple, l'utilisation de tondeuses à gazon ou d'appareils de bricolage le dimanche.

Il est aussi possible de s'adresser à des **associations** spécialisées dans la défense des consommateurs ou de l'environnement, qui peuvent aider dans certaines démarches, notamment en intervenant à l'amiable auprès du responsable des nuisances.

ACTION PÉNALE

49770 Si les nuisances causées constituent une **infraction pénale,** telles les nuisances sonores causées par une activité professionnelle, il est possible de déclencher des poursuites afin que des sanctions soient infligées au responsable des troubles : amende et/ou prison. Trois voies sont ouvertes à la victime : la plainte simple, la plainte avec constitution de partie civile et la citation directe.

ACTION CIVILE

Tentative de conciliation Depuis le 24 juin 2021, le recours à l'un des **modes alternatifs de règlement des litiges (Marl)** est obligatoire avant toute saisine du juge (CPC art. 750-1 ; www.conciliateurs.fr/Trouver-une-permanence). L'action en justice devra être précédée d'une tentative de conciliation, de médiation ou d'une procédure participative à peine d'irrecevabilité de la demande. 49775

ATTENTION

Il faudra redoubler de vigilance quant au **délai de prescription** – 5 ans – qui ne sera suspendu qu'à compter du jour où les parties conviennent de recourir à la médiation ou à la conciliation ou, à défaut d'accord écrit, à compter du jour de la première réunion de médiation ou de conciliation. Dans le cadre d'une procédure participative, la suspension n'interviendra qu'à compter de la conclusion de la convention y recourant (C. civ. art. 2238 ; F.-X. Berger, Décret d'application de la loi pour la confiance dans l'institution judiciaire : répercussions sur la procédure civile : Dalloz Actualité du 3-3-2022).

Action en référé La victime de troubles du voisinage peut agir en référé afin d'obtenir la **cessation des nuisances** (CPC art. 872). Ainsi, le juge qui constate une atteinte à la vie privée par l'installation d'une caméra de surveillance sur un chemin emprunté par le voisinage doit prendre les mesures qui s'imposent pour faire cesser ce trouble manifestement illicite (Cass. 3e civ. 10-4-2025 n° 23-19.702 FS-B : BPIM 3/25 inf. 180). L'ordonnance du juge y faisant droit peut alors être accompagnée d'une **astreinte** par jour de retard dans son exécution (C. pr. ex. art. L 131-1). La liquidation de l'astreinte est indépendante de la condamnation à des dommages et intérêts, les deux peuvent être prononcées (Cass. 2e civ. 2-12-1992 n° 91-16.618). 49780

Action en responsabilité À défaut de règlement amiable du conflit de voisinage (voir n° 49775), la victime des nuisances peut présenter un recours devant la juridiction civile et **engager la responsabilité de l'auteur** des nuisances, s'il a commis une faute, selon les règles générales de la responsabilité civile. 49785

Elle peut surtout engager une **action pour trouble anormal de voisinage** si les nuisances causées excèdent les inconvénients normaux de voisinage. L'originalité de cette procédure réside dans le fait que le voisin n'a pas besoin d'avoir commis une faute pour que la victime puisse demander réparation. Il suffira à la victime de prouver, par tous moyens, qu'il existe un trouble anormal, qu'elle subit un préjudice et qu'il existe un lien de causalité entre le trouble et ce préjudice. Si l'auteur des troubles est locataire, la victime peut aussi agir contre le propriétaire. Même si le trouble est né avant son acquisition du bien à l'origine de celui-ci, le propriétaire actuel est responsable (Cass. 3e civ. 16-3-2022 n° 18-23.954 FS-B : BPIM 3/22 inf. 261).

S'agissant du **délai,** l'action pour trouble anormal de voisinage constitue non une action réelle immobilière mais une action en responsabilité civile extra-contractuelle soumise à la prescription de 5 ans prévue à l'article 2224 du Code civil (Cass. 2e civ. 13-9-2018 n° 17-22.474 F-PB : Constr.-urb. 2018 comm. 157 par P. Cornille ; Cass. 2e civ. 7-3-2019 n° 18-10.074 F-D ; Cass. 3e civ. 16-1-2020 n° 16-24.352 FS-PBI : BPIM 2/20 inf. 122).

À titre de **réparation,** le juge peut ordonner les mesures nécessaires pour faire cesser le trouble et/ou octroyer des dommages et intérêts en réparation du préjudice subi.

L'**acquéreur** d'un immeuble peut par ailleurs engager une **action pour dol** afin d'obtenir la nullité de la vente ou la réduction du prix, si le vendeur a omis de l'informer des troubles de voisinage incessants causés par un voisin : tapage nocturne, crachats, détritus, etc. (CA Metz 21-1-2016 n° 16/00015 : BPIM 2/16 inf. 120).

En cas de faute de la victime d'un trouble anormal de voisinage, le juge peut réduire son indemnisation (Cass. 3e civ. 5-6-2025 n° 23-23.775 FS-B : en l'espèce, la victime a maintenu le pâturage de son cheptel sur des parcelles polluées par la société voisine).

Action en résiliation d'un bail Le **syndicat des copropriétaires** peut (Cass. 3e civ. 14-11-1985 n° 84-15.577 : Bull. civ. III n° 143), comme **chacun des copropriétaires** (Cass. 3e civ. 8-4-2021 n° 20-18.327 FS-P) subissant les nuisances d'un locataire qui ne respecte pas le règlement de copropriété, solliciter la résiliation du bail par le biais d'une action oblique. 49787

RECOURS ADMINISTRATIF

Si la victime souhaite engager une action en responsabilité **contre une autorité administrative,** par exemple le maire de la commune ou les autorités de police municipale, car il n'a pas pris les mesures appropriées vis-à-vis des nuisances subies, elle doit s'adresser au juge administratif. 49790

CHAPITRE 4

CONTESTER LA CONSTRUCTION VOISINE

SOMMAIRE

GÉNÉRALITÉS

49900 Que peut faire un propriétaire qui subit d'importants désagréments en raison de travaux autorisés ou déjà entrepris sur un terrain mitoyen ou proche du sien ? Il dispose de trois procédures différentes dans leur objet comme dans leurs modalités.

A. Contester devant le juge administratif le permis de construire illégal

DEMANDE EN ANNULATION DU PERMIS DE CONSTRUIRE

49905 Si la construction doit être édifiée à l'appui d'un permis de construire qui semble illégal, il est possible d'en demander l'annulation au **tribunal administratif.**

Il faut démontrer que le permis a été délivré selon une **procédure irrégulière** (le dossier de demande ne comportait pas toutes les pièces requises, l'administration n'a pas recueilli l'avis de certains organismes, etc.) ou que la construction autorisée n'est pas conforme à la **réglementation d'urbanisme** fixée par le Code de l'urbanisme et les documents locaux d'urbanisme (dont le plus important est le plan local d'urbanisme).

Un permis n'est pas illégal du seul fait que la construction occasionne des **nuisances.** Même le fait qu'elle porte **atteinte aux droits privés** d'un propriétaire ne constitue pas un motif d'annulation devant le tribunal administratif. Il faut, dans ce cas, demander réparation au juge civil (voir n° 49950).

Parallèlement au dépôt de la requête en annulation du permis, il est possible de présenter une requête en référé pour demander la **suspension du permis** jusqu'à ce que le tribunal administratif se soit prononcé sur sa légalité. Cette suspension ne sera accordée que si l'argumentation est regardée comme sérieuse par le juge des référés. L'urgence, autre condition pour obtenir la suspension du permis, est présumée satisfaite. En cas de suspension, le voisin devra arrêter les travaux jusqu'au jugement de l'affaire. Si le juge des référés refuse de suspendre le permis, il faut, dans un délai d'un mois, confirmer la demande d'annulation du permis devant le tribunal administratif.

INTÉRÊT À AGIR EN ANNULATION DU PERMIS DE CONSTRUIRE

49910 Une personne n'est **recevable** à contester un permis de construire que si la construction projetée est susceptible de porter atteinte aux conditions d'occupation, d'utilisation ou de jouissance de son bien (C. urb. art. L 600-1-2).

Se contenter d'invoquer sa **qualité de voisin** et produire des pièces qui établissent seulement la proximité des terrains en cause n'est pas suffisant (CE 10-2-2016 n° 387507 : BPIM 2/16 inf. 87). Être voisin immédiat du projet de construction permet néanmoins de contester plus facilement le permis. Pour les juges, parce qu'il est dans une « situation particulière », le voisin immédiat justifie d'un intérêt à contester le permis dès lors qu'il invoque des éléments relatifs à la nature, à l'importance ou à la localisation du projet de construction (CE 13-4-2016 n° 389798 : BPIM 3/16 inf. 168). Concrètement, il s'agit de faire état de troubles occasionnés par les travaux, des conséquences du projet sur sa vue, son cadre de vie, etc.

Une **association** n'est recevable à agir contre un permis de construire que si elle a déposé ses statuts en préfecture au moins un an avant l'affichage de la demande de permis en mairie (C. urb. art. L 600-1-1).

DÉLAI POUR AGIR EN ANNULATION DU PERMIS DE CONSTRUIRE

Il faut agir vite ! La requête, comprenant la demande d'annulation, doit parvenir au tribunal administratif dans les 2 mois qui suivent l'**affichage du permis** sur le terrain (C. urb. art. R 600-2). En l'**absence d'affichage,** le recours doit être déposé au plus tard 6 mois après l'achèvement des travaux (C. urb. art. R 600-3). **49915**

Le **délai** de deux mois est en principe **prolongé** si, avant qu'il soit expiré, le requérant a demandé – mais cette démarche amiable n'est pas obligatoire – à l'autorité qui a délivré le permis (en général le maire) de le retirer. L'exercice de ce recours gracieux ouvre un nouveau délai de deux mois à compter de la réception d'une réponse négative. En l'absence de réponse dans le délai de deux mois à compter de la transmission de la demande, celle-ci est présumée rejetée ; le nouveau délai pour saisir le tribunal administratif commence à courir à compter de la date de ce refus implicite. Le maire ne peut en principe retirer le permis que dans les trois mois qui suivent la date à laquelle il l'a délivré (C. urb. art. L 424-5).

Dans les 15 jours du dépôt de la requête devant le tribunal administratif, il faut en adresser une copie par lettre recommandée avec demande d'avis de réception au titulaire du permis et à l'autorité qui l'a délivré (C. urb. art. R 600-1). Si ces **notifications** ne sont pas effectuées dans ce délai, le tribunal rejettera la requête comme irrecevable, sauf si l'affichage du permis sur le terrain ne mentionnait pas l'obligation de notifier les recours. De même, s'il est d'abord demandé au maire de retirer le permis, il faut adresser une copie de ce courrier au titulaire du permis.

RECOURS CONTRE LA DÉCISION DU TRIBUNAL ADMINISTRATIF

La décision du tribunal administratif peut faire l'objet d'un **appel** devant la cour administrative d'appel. Et l'arrêt de la cour peut à son tour faire l'objet d'un **recours en cassation** devant le Conseil d'État. **49920**

Afin d'accélérer la procédure, une **suppression transitoire de l'appel** a été instaurée lorsque le projet porte, entre autres, sur la construction d'un bâtiment comportant plus de deux logements et se situe dans l'une des communes soumises à la taxe sur les logements vacants, dont la liste figure en annexe du décret 2023-822 du 25 août 2023 (C. just. adm. art. R 811-1-1, applicable aux recours introduits entre le 1-9-2022 et le 31-12-2027).

RÈGLEMENT AMIABLE DU LITIGE

Il est possible, en dehors de toute procédure contentieuse, de s'accorder avec le titulaire du permis en concluant une transaction au sens de l'article 2044 du Code civil (C. urb. art. L 600-8). **49925**

En contrepartie de l'engagement de ne pas introduire de recours contre le permis de construire (ou de se désister de son recours s'il a déjà été engagé), peut être prévu le versement d'une somme d'argent ou l'octroi d'un avantage en nature (la plantation d'un mur végétal, un accès au parking, etc.).

Pour produire effet, la transaction doit impérativement être **enregistrée** dans le délai d'un mois auprès de l'administration fiscale. À défaut, il ne sera pas possible de prétendre aux avantages financiers ou en nature que l'accord prévoit.

B. Contester au pénal la construction voisine

SANCTION DE LA DÉLINQUANCE URBANISTIQUE

Si les travaux, compte tenu de leur nature et de leur importance, sont soumis à permis de construire, le fait de les **réaliser sans avoir sollicité et obtenu un permis** est un délit puni d'une amende importante (jusqu'à 6 000 € par mètre carré construit illégalement) et, en cas de récidive, d'un emprisonnement de 6 mois (C. urb. art. L 480-4). Le fait de réaliser des **travaux non conformes** au permis de construire obtenu est aussi réprimé pénalement. Ces infractions se prescrivent par 6 ans après l'achèvement des travaux. **49930**

Si les travaux, quoique soumis au permis de construire, sont effectués **sans permis** ou s'ils ne **respectent pas le permis** qui a été délivré, il est possible de porter plainte afin de déclencher une action pénale contre le voisin. L'infraction est constatée par un **procès-verbal** dressé par un officier ou agent de police judiciaire ou un autre fonctionnaire habilité à cet effet. Le maire est tenu de faire dresser procès-verbal dès lors que l'infraction a été portée à sa connaissance (C. urb. art. L 480-1). Il appartient également au maire, après avoir recueilli les observations du titulaire du permis, d'ordonner l'**interruption des travaux** et de transmettre son arrêté au procureur de la République afin qu'il engage des poursuites. L'injonction administrative d'interrompre les travaux peut être assortie de mesures de coercition (saisie des matériaux de construction ou du matériel de chantier) (C. urb. art. L 480-2). Le fait de ne pas la respecter est puni de 75 000 € d'amende et 3 mois d'emprisonnement, peines s'ajoutant à celles déjà mentionnées pour construction en infraction (C. urb. art. L 480-3). L'interruption des travaux peut également être ordonnée dans le cadre des poursuites pénales par le juge d'instruction ou par le tribunal correctionnel. Les mêmes autorités ont le pouvoir d'ordonner la mainlevée des mesures d'interruption des travaux, qu'elles aient été prises par le maire ou qu'elles résultent de leur propre décision. Si le procureur de la République décide de ne pas engager de poursuites (classement sans suite) ou si le tribunal rend un jugement de relaxe, les travaux peuvent reprendre. En revanche, en cas de condamnation, le tribunal ordonnera la démolition de la construction (ou sa mise en conformité avec le permis de construire obtenu mais non respecté).

Il est à noter que le voisin fautif peut obtenir après coup un permis de construire procédant à la **régularisation** des travaux déjà entrepris. Dans ce cas, il n'échappera pas à sa responsabilité pénale mais le tribunal ne lui ordonnera pas de démolir la construction.

MISE EN MOUVEMENT DE L'ACTION PÉNALE

49935 Pour mettre en mouvement l'action pénale en cas de construction irrégulière, il existe deux voies.

Il est possible d'**adresser au maire une demande** tendant à ce qu'il use de ses pouvoirs en faisant dresser procès-verbal de l'infraction et en ordonnant l'interruption des travaux. Un refus éventuel (qui peut résulter du silence gardé par le maire pendant 2 mois) pourra être attaqué devant le tribunal administratif. La présentation d'une demande en référé devant le tribunal administratif sera susceptible de déboucher, dans un délai relativement bref, sur une injonction d'agir adressée au maire. L'inertie fautive de l'administration pourra engager la responsabilité pécuniaire de l'État.

Il est également envisageable de **provoquer l'action pénale,** même si le procureur de la République a pris une décision de classement sans suite, en portant plainte et en se constituant partie civile ou bien en procédant à une citation directe du titulaire du permis. Si le procureur de la République a décidé d'engager des poursuites, l'on peut se porter partie civile par voie d'intervention devant le juge d'instruction ou le tribunal correctionnel. Le juge pénal accordera, le cas échéant, la réparation des dommages subis.

C. Réparation civile des dommages occasionnés par la construction

CONSTRUCTION SANS PERMIS DE CONSTRUIRE OU EN VIOLATION DU PERMIS DE CONSTRUIRE

49940 L'action en responsabilité civile pour obtenir réparation des dommages occasionnés par une construction édifiée sans permis de construire ou en violation du permis délivré doit être portée devant le **tribunal judiciaire** dans le délai de 5 ans du jour où le voisin a connu ou aurait dû connaître les faits lui permettant de l'exercer (C. civ. art. 2224). S'agissant des dommages résultant de constructions, l'action pourra déboucher sur une indemnisation ou même sur la démolition de la construction.

CONSTRUCTION CONFORME AU PERMIS ILLÉGAL

49945 Si le dommage résulte d'une construction édifiée conformément à un permis de construire mais en méconnaissance des règles d'urbanisme, le juge civil ne peut condamner son propriétaire à la démolir que si le permis a d'abord été annulé par le tribunal administratif et si la construction est située dans une zone protégée ou à risque (bande littorale, réserve naturelle, à proximité d'un terrain pollué, etc.). Par exception, quelle que soit la zone où la construction est située, le préfet peut toujours agir en démolition si le permis a été annulé sur déféré préfectoral. L'**action en démolition** doit être exercée dans le délai de 2 ans à compter de la décision d'annulation du permis de construire devenue définitive (C. urb. art. L 480-13, 1°).

La condamnation du constructeur à des **dommages-intérêts** est possible si, préalablement, le permis a été soit annulé pour excès de pouvoir, soit déclaré illégal par la juridiction administrative saisie d'une question préjudicielle. L'action doit être exercée au plus tard dans les 2 ans de l'achèvement des travaux (C. urb. art. L 480-13, 2°).

Le **juge civil des référés** pourra, à titre conservatoire, ordonner l'arrêt de travaux entraînant un trouble manifestement illicite. Il doit néanmoins surseoir à statuer jusqu'à ce que le juge administratif se soit prononcé sur la légalité du permis (Cass. 3e civ. 19-10-1988 : Bull. civ. III n° 144).

ATTENTION

Pour qu'une action en responsabilité civile soit couronnée de succès, il faut non seulement que le titulaire du permis ait agi de manière illicite, mais aussi que le demandeur établisse avoir subi de ce fait un **préjudice réel et certain.** Ainsi, l'action d'un voisin se plaignant qu'une construction dépasse de quelques décimètres la hauteur maximale autorisée par le PLU sera rejetée, une telle circonstance n'entraînant pour lui aucun dommage sensible (Cass. 3e civ. 20-2-2002 n° 00-17.412 : BPIM 3/02 inf. 165).

CONSTRUCTION PORTANT ATTEINTE AUX DROITS VOISINS

Si la construction porte atteinte aux droits privés d'un propriétaire (**empiétement** sur son terrain, violation de **servitudes** dont il bénéficie) ou entraînant des **troubles anormaux de voisinage,** l'action devant le juge civil constituera la **seule voie de droit ouverte** pour obtenir réparation. 49950

Lorsque la construction a été édifiée conformément à un permis de construire, ces actions n'impliquent aucune appréciation de la légalité de ce permis qui a été délivré sous réserve des droits de tiers (Cass. 3e civ. 20-10-2021 n° 19-23-223 F-D, s'agissant au cas particulier d'un trouble anormal de voisinage).

Lorsque la construction porte atteinte à un droit réel, le délai de prescription est de 30 ans (C. civ. art. 2227). Le juge civil peut statuer sans intervention du juge administratif. L'action en responsabilité pour trouble anormal de voisinage, consacrée par la loi (C. civ. art. 1253 créé par la loi 2024-346 du 15-4-2024), doit être exercée dans un délai de 5 ans (C. civ. art. 2224).

TITRE VII

Rapports locatifs

CHAPITRE 1 BAIL DE DROIT COMMUN

SOMMAIRE

SECTION 1

DÉFINITION DU BAIL ET CHAMP D'APPLICATION DES DISPOSITIONS DU CODE CIVIL

1. DÉFINITION DU BAIL

50005 L'article 1709 du Code civil définit le louage de choses comme étant « un contrat par lequel l'une des parties s'oblige à faire jouir l'autre d'une chose pendant un certain temps, moyennant un certain prix que celle-ci s'oblige de lui payer ». La naissance d'un bail suppose donc la réunion de trois éléments : la jouissance d'un bien, une durée et un prix.

Un contrat de collaboration mettant à la charge de son titulaire une rétrocession d'une partie de ses honoraires au titulaire du bail n'est pas un bail et le prix payé n'est pas assimilable, de par son caractère variable étranger à toute valeur locative et indépendant du temps d'utilisation effective des lieux, à un loyer (Cass. 3e civ. 22-10-2003 no 02-12.977 : RJDA 1/04 no 18).

Le contrat de séjour en Ehpad ou en « résidences autonomie » est exclusif de la qualification de bail (Cass. 3e civ. 3-12-2020 no 19-19.670 FS-PBRI ; Cass. 3e civ. 3-12-2020 no 20-10.122 FS-PBRI : BPIM 1/21 inf. 67 : en l'espèce l'absence de qualification de bail exclue la présomption de responsabilité du locataire en cas d'incendie ; voir no 51225).

50010 **Jouissance d'un bien** Le bailleur doit consentir la jouissance du bien loué au locataire. Celui-ci dispose ainsi d'un droit de créance personnel et temporaire qui emporte certaines obligations dont celle d'user de la chose raisonnablement et de ne pas en disposer en vue de la restituer au terme de cette période de jouissance (nos 52640 s.).

L'obligation du bailleur de procurer une jouissance paisible à son locataire lui impose, sauf clause contraire, de délivrer et de maintenir les lieux loués, pendant toute la durée de la location, en un état conforme à leur destination.

> **Précisions** Le bail suppose que le locataire ait la pleine jouissance d'un bien déterminé. Ainsi, ne peut être qualifiée de bail une convention par laquelle sont mis à disposition d'un enseignant en gymnastique aquatique un bassin de piscine et des vestiaires partagés avec d'autres utilisateurs et selon des horaires modifiables à tout moment (Cass. 3e civ. 11-1-2006 no 04-19.736 : RJDA 4/06 no 382 ; dans le même sens, Cass. 3e civ. 13-2-2002 no 00-17.994 : RJDA 5/02 no 475). Précédemment, il avait cependant été jugé que la jouissance pouvait ne pas être exclusive et que l'utilisation des lieux loués pouvait être répartie entre bailleur et locataire sans pour autant que le bail soit requalifié (Cass. com. 6-3-1967 : Bull. civ. III no 102).
> Le bail d'habitation régi par la loi du 6 juillet 1989 ne constitue pas un contrat de fourniture de services mais un contrat de louage de bien immobilier (Cass. 1e civ. 19-6-2019 no 18-10.424 : D. 2019 act. p. 1332).

50015 **Durée** Le bail suppose que la jouissance consentie au locataire dure un certain temps. Le Code civil n'impose pas de durée déterminée ni même de durée minimale. Les parties sont donc libres de choisir la durée qui leur convient.

En l'absence de précision contractuelle, le bail est considéré conclu pour une durée indéterminée (no 52220), sauf dans le cas d'une location meublée lorsque le bail stipule être fait à tant par an, par mois ou par jour : la location est alors censée être faite à l'année, au mois ou au jour ou suivant l'usage des lieux si le bail ne fait pas de corrélation entre la durée et le prix (C. civ. art. 1758).

Les **baux d'une durée supérieure à douze ans** doivent être publiés au service chargé de la publicité foncière en vertu des articles 28 et 30 du décret 55-22 du 4 janvier 1955 (no 15295). Toutefois, un tel bail non publié grevant un immeuble objet d'une adjudication est opposable à l'adjudicataire lorsque celui-ci en a eu connaissance avant l'adjudication, mais uniquement dans la limite de ses douze premières années (Cass. 3e civ. 7-3-2007 no 05-10.794 : RJDA 6/07 no 593).

Les **conventions perpétuelles** sont prohibées. Chaque partie peut mettre fin à tout moment à un bail perpétuel conclu depuis le 1er octobre 2016, sous réserve de respecter un délai de préavis (C. civ. art. 1210). Pour les baux antérieurs à cette date, la sanction est la nullité d'ordre public (Cass. 3e civ. 8-5-1973 no 72-11.458 : Bull. civ. III no 320 ; Cass. 3e civ. 19-2-1992 no 90-16.148 P : RJDA 4/92 no 323), à laquelle le bailleur ne peut pas renoncer (Cass. 3e civ. 15-5-1996 no 94-17.366 D : RJDA 8-9/96 no 1014), et qui peut être invoquée pendant cinq ans (C. civ. art. 2224) par toute personne prouvant son intérêt.

L'appréciation du caractère perpétuel du bail relève du pouvoir souverain des juges du fond (Cass. soc. 29-5-1954 : D. 1954 p. 640 ; Cass. 3e civ. 11-12-2007 no 06-21.197 : RJDA 6/08 no 609).

ILLUSTRATIONS

A été annulé un bail qui pouvait être renouvelé par la seule volonté du locataire et de ses héritiers sans aucune limitation de durée (Cass. 3e civ. 8-5-1973 précité ; Cass. 3e civ. 13-3-2002 n° 99-14.152 : RJDA 6/02 n° 599). Il en a été de même de la promesse de bail consentie à une société jusqu'à la dissolution de celle-ci, dont la durée était fixée à quatre-vingt-dix-neuf ans avec faculté de prorogation (Cass. 3e civ. 27-5-1998 n° 96-15.774 : Bull. civ. III n° 110).

En revanche, il a été jugé que le bail consenti pour la durée de vie du locataire n'est pas un bail perpétuel car, si la durée n'est ni fixe ni déterminable, le terme est néanmoins fixé par un événement certain et inéluctable même si la date de sa réalisation est inconnue. Un tel bail a donc une durée déterminée et il ne peut être délivré de congé ou prononcé d'expulsion à l'encontre du locataire (Cass. 3e civ. 18-1-1995 n° 92-17.702 : RJDA 3/95 n° 257 ; Cass. 3e civ. 10-3-2010 n° 09-12.135 : RJDA 5/10 n° 477 ; CA Nîmes 3-9-2020 n° 19/01108). De même, n'est pas perpétuel le bail dont chaque partie peut refuser le renouvellement même si, en cas de non-renouvellement, le bailleur est obligé de vendre les lieux loués au locataire (Cass. 3e civ. 7-1-2009 n° 07-18.740 : RJDA 4/09 n° 312). Sur le préavis, voir nos 52200 s.

A été également qualifiée de bail la convention par laquelle le propriétaire d'une maison a accordé un droit d'habitation à vie sur celle-ci à un ami, qui payait la moitié des charges et a réalisé d'importants travaux non remboursables (Cass. 3e civ. 22-10-2020 n° 18-17.802 F-D : BPIM 1/21 inf. 68).

Prix La qualification de bail suppose l'existence d'un prix librement déterminé par les parties. Aucune référence ou justification ne s'impose. Mais ce prix doit être **réel et sérieux.** En l'absence de prix, la mise à disposition de biens immobiliers ne peut recevoir la qualification de bail (Cass. 3e civ. 9-3-2010 n° 08-70.311 : RJDA 6/10 n° 599, pour un bail commercial). **50020**

Le prix peut cependant être une contrepartie **autre que monétaire.** Ainsi, le prêt à usage d'un appartement consenti en contrepartie du bénéfice d'un autre prêt à usage sur un autre appartement est un bail dont le loyer est constitué par le droit d'occuper l'appartement prêté (CA Rennes 2-10-2009 n° 08/08851 : Loyers et copr. 2010 comm. n° 35 note Vial-Pedroletti).

Le juge apprécie souverainement la réalité du loyer en fonction des circonstances de chaque espèce.

En présence d'un **loyer modique,** le juge peut retenir la réalité du loyer ou, à l'inverse, son caractère dérisoire et donc insuffisant pour caractériser un loyer réel (CA Aix-en-Provence 4-2-2010 n° 08/03331 : Loyers et copr. 2010 comm. n° 183 note Vial-Pedroletti). Dans le premier cas, le bail sera confirmé ; dans le second, il sera requalifié soit en donation, soit en prêt à usage, anciennement dénommé commodat, qui, par opposition au bail, est essentiellement gratuit (C. civ. art. 1876).

Toutefois, le juge doit apprécier le prix au regard des autres éléments du bail ; il ne peut considérer qu'un loyer est dérisoire sans prendre en compte que ce loyer modique est cependant compensé par les charges et taxes que le preneur doit supporter (Cass. 3e civ. 7-7-2015 n° 14-12.989 : Gaz. Pal. 18 août 2015 p. 37 obs. Conseil).

ILLUSTRATIONS

La prise en charge par l'occupant de certains travaux (installation du chauffage, réfection de l'installation électrique et pose de sanitaires), des taxes foncières et des primes d'assurance incombant au propriétaire ne suffit pas à caractériser un bail et le contrat doit être qualifié de prêt à usage dès lors que les charges ainsi supportées par l'occupant correspondent, sur 25 ans d'occupation, à 282,83 € par mois, ce qui ne peut être considéré comme la contrepartie d'un loyer pour une maison de 250 m² élevée sur sous-sol et terrain de 140 m² avec dépendances (CA Lyon 6-9-2005 : Loyers et copr. 2006 comm. n° 27).

Il en va de même lorsque le total des sommes versées (7 373,59 €) rapporté à la durée d'occupation (35 ans) correspond à un versement mensuel de 17 € pour une maison dont la surface habitable est de 67 m², agrémentée d'un sous-sol de 62 m² et d'un terrain de 1 159 m². Cette somme est trop faible pour être considérée comme l'équivalent d'un loyer (CA Paris 7-2-2019 n° 16/16891).

De même, lorsque la contrepartie de la location consiste dans la gestion de biens immobiliers, propriétés du bailleur, les juges retiennent la qualification de prêt à usage et non de bail (CA Bordeaux 2-6-2022 n° 19-03.630).

En revanche, est injustement qualifiée de commodat la convention de mise à disposition d'une propriété foncière qui prévoit le paiement d'une indemnité à la charge de l'occupant et doit être requalifiée en bail (Cass. 3e civ. 17-10-2007 n° 06-18.503 : RJDA 1/08 n° 9).

Le prix peut être révisé si telle est la convention des parties. Les modalités de **révision** du prix sont librement arrêtées par les parties : le prix peut ainsi être révisé selon n'importe quelle périodicité, par paliers ou par indexation (n° 51370). **50025**

2. CHAMP D'APPLICATION DES DISPOSITIONS DU CODE CIVIL RELATIVES AU LOUAGE DE CHOSES

GÉNÉRALITÉS

50040 Toutes les relations locatives ne relevant pas de réglementations spécifiques, telles que celles relatives aux locations de locaux à usage commercial, industriel ou artisanal, aux immeubles à usage d'habitation principale ou à usage mixte d'habitation principale et professionnel ou aux biens affectés à une exploitation agricole, sont régies par les **articles 1713 s. du Code civil** relatifs au louage de choses. Elles constituent ce que l'on appelle couramment le « secteur libre ».

Néanmoins, les parties au bail peuvent choisir d'**écarter le droit commun** du louage applicable à leur convention et retenir l'application volontaire d'une réglementation d'ordre public (pour un exemple, voir CA Paris 26-11-1998 n° 1997/05256 : Loyers et copr. 1999 comm. n° 180). La référence à un régime locatif non imposé par la loi doit cependant être claire et expresse quant à sa portée (notamment pour le droit au renouvellement) afin d'éviter tout contentieux ultérieur.

50042 **Caractère supplétif des dispositions du Code civil** Les dispositions du Code civil ont pour particularité essentielle, par rapport aux réglementations spécifiques précitées, de n'avoir qu'un **caractère supplétif** et de laisser ainsi une grande liberté contractuelle aux parties, qui peuvent, lors de la négociation de leurs futures relations locatives, les retenir, les aménager ou les écarter.

Ce n'est qu'exceptionnellement que ces dispositions sont d'ordre public. Il en est ainsi notamment de l'obligation de donner en location à usage d'habitation principale un logement décent (art. 1719, 1°) et de la cotitularité des époux ou des partenaires de Pacs en ayant fait la demande conjointe sur le bail des locaux servant au logement de la famille (art. 1751).

50043 Si les parties sont libres d'aménager les contrats de location, certaines clauses peuvent cependant être annulées lorsqu'elles présentent un caractère abusif au sens de l'article L 212-1 du Code de la consommation.

Trois listes de **clauses abusives** ou illicites ont été dressées par la commission des clauses abusives : une en matière de locations saisonnières (Recommandation 94-04 : BOCC du 27-10-1994 et rectificatif au BOCC du 9-12-1994), une autre relative aux contrats de location non saisonnière de logement meublé (Recommandation 13-01 : BOCC du 13-9-2013) et une dernière relative aux baux régis par le droit commun et les lois d'ordre public en matière de baux d'habitation (Recommandation 2000-01 : BOCC du 22-6-2000). Cette dernière **recommandation** est **reproduite** n° 53400.

Ces listes n'étant pas limitatives, les tribunaux peuvent déclarer abusives des clauses qui n'ont pas été identifiées comme telles par les diverses recommandations de la commission (TGI Grenoble 22-5-1997 n° 95-4537 : RJDA 12/97 n° 1553 ; CA Paris 7-5-1998 n° 96-86626 : RJDA 8-9/98 n° 1058).

Les clauses abusives les plus importantes sont étudiées tout au long de nos développements.

BAUX RÉGIS PLEINEMENT PAR LE CODE CIVIL

50045 **Location de résidences secondaires** Le statut des baux d'habitation ne s'appliquant qu'aux locations d'habitation principale (Loi 89-462 du 6-7-1989 art. 2, al. 1), les locations de résidences secondaires s'en trouvent exclues par définition et sont donc régies par le Code civil (Cass. 3e civ. 6-11-1991 n° 90-15.923 : RJDA 12/91 n° 1006). La qualification de résidence secondaire est liée à l'usage que le locataire fait du local : la location de locaux consentie à une personne pour un usage de résidence secondaire est régie par le Code civil alors que la location d'une résidence secondaire pour usage de résidence principale du locataire est régie par la loi du 6 juillet 1989.

La situation du locataire s'apprécie à la date de délivrance du congé, de sorte que relève des dispositions du Code civil la location d'un local d'habitation qui, à cette date, avait cessé d'être affecté à l'habitation principale du locataire et servait de résidence secondaire (Cass. 3e civ. 21-3-2007 n° 06-11.843 : RJDA 7/07 n° 702).

50050 **Locaux loués indépendamment d'un local à usage d'habitation** Ces locaux, qu'il s'agisse par exemple de garages, de places de stationnement ou de jardins, relèvent du droit commun du louage. Seule la location des locaux accessoires au local principal est assujettie à la loi de 1989 (Loi du 6-7-1989 art. 2, al. 1).

Le **caractère accessoire** peut être apprécié objectivement (proximité des deux biens loués, concomitance des signatures des deux contrats locatifs, etc.) ou subjectivement (recherche de la volonté des parties). Toutefois, la jurisprudence tend à ne retenir que l'appréciation subjective : la cour d'appel de Paris a considéré que la signature de deux contrats distincts, pour des durées différentes, révélait la volonté des parties de laisser indépendantes les deux conventions et en a déduit que le bail de l'emplacement de parking relevait du droit commun (CA Paris 20-11-1991 : Loyers et copr. 1992 comm. n° 94). Recherchant encore la commune intention des parties, la même cour a jugé que la location d'emplacements de garage pour automobiles était soumise au droit commun quand bien même la mention des deux loyers (celui de l'emplacement et celui de l'appartement loué par le même bailleur) figurait sur la même quittance en retenant que le bail litigieux ne précisait pas si le locataire était titulaire d'un autre bail d'habitation consenti par le même bailleur et organisait les relations contractuelles entre les parties de façon indépendante de toute autre location (fixation libre du loyer, modalités de congé différentes) (CA Paris 8-6-1994 : Loyers et copr. 1994 comm. n° 413). Confirmant cette appréciation subjective des locaux accessoires, pour conclure à leur assujettissement au seul droit commun, la Cour de cassation a relevé que des baux portant sur des emplacements de parking n'avaient pas été prévus lors de l'attribution des logements et qu'ils n'en avaient pas constitué le préalable nécessaire (Cass. 3e civ. 8-1-1997 n° 94-19.945 : RJDA 2/97 n° 184 ; dans le même sens, Cass. 3e civ. 5-3-1997 n° 95-14.588 : Loyers et copr. 1997 comm. n° 135).

Locaux loués à des personnes morales En énonçant le droit à l'habitat ou le droit au logement, les lois relatives aux locations de locaux à usage d'habitation principale ou mixte professionnel et d'habitation principale (Loi du 22-6-1982, loi du 23-12-1986, loi du 6-7-1989 art. 2, al. 1) ont eu pour objectif de protéger le locataire personne physique. Ainsi, sauf accord exprès des parties au bail pour soumettre volontairement leurs relations contractuelles aux lois précitées (n° 50040), les locations consenties à des personnes morales sont régies par le droit commun du louage (Cass. 3e civ. 12-1-1994 n° 91-22.055 : RJDA 4/94 n° 392 ; Cass. 3e civ. 23-5-1995 n° 93-12.789 : RJDA 8-9/95 n° 954 ; CA Bordeaux 15-6-2021 n° 20/04747). **50055**

Locaux occupés en vertu d'un contrat complexe Le contrat de **location-attribution** est celui qui confère à son titulaire un droit de jouissance sur le logement et le droit à son attribution ultérieure en pleine propriété après paiement intégral du prix de revient définitif de ce logement (CCH art. R 422-20). Un tel contrat, qui n'est pas soumis à la loi du 6 juillet 1989, relève des dispositions du Code civil (Cass. 3e civ. 20-12-1994 n° 92-20.864 : RJDA 2/95 n° 117). Il en est de même du contrat de **location-accession** créé par la loi 84-595 du 12 juillet 1984. **50060**

Tel est également le cas d'un **contrat de résident** qui ne saurait être assimilé à un contrat de location dès lors qu'il a pour objet non seulement d'octroyer un logement aux bénéficiaires mais aussi de mettre à leur disposition des structures d'accueil destinées à favoriser leur bien-être personnel, des services collectifs et étrangers à un simple bail et, le cas échéant, de fournir diverses prestations annexes (CA Paris 14-3-1996 : Loyers et copr. 1996 comm. n° 245 ; CA Rouen 17-2-2004 : Loyers et copr. 2004 comm. n° 138).

En revanche, la loi du 6 juillet 1989 s'applique à la période de location d'un **contrat assorti d'une promesse de vente** (Cass. 3e civ. 13-6-2001 n° 99-17.585 : RJDA 10/01 n° 949, contra Cass. 3e civ. 28-10-2003 : Administrer janvier 2005 p. 41).

Locaux meublés La location de locaux meublés à usage de résidence principale relève de la loi 89-462 du 6 juillet 1989. **50065**

La location meublée autre qu'à usage de résidence principale relève soit du droit commun du louage, soit du Code civil.

Les aspects particuliers de la location en meublé, sur le plan tant juridique que fiscal, sont exposés n°s 65500 s.

Baux consentis par une collectivité territoriale Le contrat de location portant sur un logement appartenant au domaine privé d'une collectivité territoriale est, en principe, un contrat de droit privé soumis aux règles régissant les baux relevant de la compétence des juridictions de l'ordre judiciaire (CA Toulouse 28-5-2002 n° 2001/02780 : Loyers et copr. 2003 comm. n° 8 ; Cass. 3e civ. 4-7-2019 n° 18-20.842 : BPIM 5/19 inf. 357, Loyers et copr. 2019 comm. n° 173 ; T. confl. 3-7-2023 n° 4278 C. c/ Cne de Baie-Mahault). Toutefois, la compétence du juge administratif peut être reconnue si le contrat de bail comporte une clause dite exorbitante du droit commun conférant à la personne publique contractante des prérogatives spécifiques dans l'exécution du contrat qui lui permettent d'agir dans l'intérêt général. Dans cette hypothèse, le bail consenti par la personne publique est susceptible d'être requalifié en contrat administratif relevant de la compétence des juridictions administratives. En ce sens, il a été jugé que le bail consenti sur un logement par une collectivité territoriale et contenant une clause exorbitante du droit commun (ici la faculté de reprendre les lieux loués **50066**

pour les besoins du service scolaire) est un contrat administratif exclu du champ d'application de la loi du 6 juillet 1989, et ce même si les lieux loués relèvent du domaine privé de la collectivité (CA Caen 26-6-2008 : Loyers et copr. 2008 comm. n° 271). En revanche, la clause d'une convention d'occupation précaire, autorisant le bailleur comme le locataire à mettre fin à l'occupation en respectant un certain préavis, ne constitue pas une clause exorbitante de droit commun. Elle n'entraîne pas la qualification du bail en contrat administratif relevant de la compétence du juge administratif (CA Paris 23-4-2013 n° 11/03307 : Loyers et copr. n° 7-8, juillet 2013, comm. n° 206).

50070 **Logements de fonction** Il s'agit des logements attribués ou loués en raison de l'exercice d'une fonction ou de l'occupation d'un emploi. De telles locations sont soumises au droit commun du louage, que l'employeur soit propriétaire ou locataire du logement, étant précisé que les dispositions relatives à la décence du logement (nos 62005 s.) sont applicables à ces locations (Loi du 6-7-1989 art. 2, al. 2).

Il importe cependant que le **lien entre** le **contrat de travail et** l'attribution du **logement** soit clairement établi soit dans le contrat de travail, soit dans le bail consenti au salarié. C'est ainsi qu'un bail, établi sur un imprimé type de bail d'habitation et stipulant une durée de trois ans (conformément à cette loi), a été exclu du champ d'application de la loi du 6 juillet 1989 dès lors qu'il contenait une clause prévoyant que le bailleur pourrait reprendre les lieux loués lorsque l'épouse, locataire avec son mari, cesserait d'être employée par le bailleur, « cette location étant liée à l'emploi de l'épouse » ; la cotitularité du bail, dont peut se prévaloir l'époux, ne change en rien la nature du contrat (CA Paris 15-9-2005 n° 04/22398 : Loyers et copr. 2005 comm. n° 195). En revanche, la Cour de cassation a déclaré la loi « Méhaignerie » du 23 décembre 1986 applicable à une convention locative proposée par un employeur à son salarié au moment de son embauche en relevant que ledit employeur avait offert au salarié de lui réserver un logement auprès d'une autre société sans obligation d'acceptation, ses fonctions n'exigeant pas qu'il soit logé dans des conditions particulières, et sans que la cessation de son emploi puisse avoir d'incidence sur la convention conclue entre la société bailleresse et le salarié (Cass. 3e civ. 23-6-1993 n° 91-20.817 : Rev. Loyers 1993 p. 362). La loi du 6 juillet 1989 a également été jugée applicable sur le fondement de l'article 1751 du Code civil alors que le local à usage exclusif d'habitation avait été loué en considération de la fonction de l'un des conjoints et pour la durée pendant laquelle cette personne avait cette fonction (Cass. 3e civ. 10-1-2007 n° 05-19.914 : AJDI 2007 p. 467). Dès lors, se pose avec plus d'acuité la question de savoir si l'attribution ou la location du logement est indispensable à l'exercice de la fonction ou à l'occupation d'un emploi pour relever du droit commun. Question d'autant plus importante que, dans un arrêt relevant l'autorité de la chose jugée d'une précédente décision ayant déclaré la convention d'occupation opposable à l'acquéreur de l'immeuble, la Cour de cassation a jugé que la convention de mise à disposition d'un logement, tacitement reconduite et accessoire du contrat de travail consenti par le précédent propriétaire de l'immeuble, était opposable au nouveau propriétaire, qui ne pouvait pas le rompre par congé (Cass. 3e civ. 15-9-2009 n° 08-17.850 : RJDA 12/09 n° 1056).

Le contrat de location doit notamment stipuler expressément sa **résiliation** de plein droit en cas de survenance d'un quelconque événement mettant fin au contrat de travail (licenciement, démission, décès, etc.).

> Précisions **a.** Lorsque l'**employeur,** personne morale, est **locataire,** la location qui lui est consentie relève aussi du droit commun du louage.

b. Le logement attribué à titre gratuit à un salarié pour l'exercice de ses fonctions, accessoire de son contrat de travail, ne peut ni lui être retiré ni donner lieu au versement d'un loyer pendant la période de **suspension** du contrat de travail **pour maladie** (Cass. soc. 26-1-2011 n° 09-43.193 : RJDA 4/11 n° 296).

c. Lorsque l'attribution du logement ne constitue à aucun titre une location relevant du Code civil et de la législation spéciale sur les loyers mais n'est consentie qu'à titre d'**accessoire du contrat de travail,** que le logement est réservé aux agents en activité et que l'employeur a le droit de mettre fin à toute époque et sans indemnité à cette attribution au cas où l'agent viendrait à cesser ses fonctions, le contrat n'est pas un bail et les dispositions relatives au supplément de loyer de solidarité ne lui sont pas applicables (Cass. 3e civ. 22-6-2017 n° 16-15.743 FS-PBI : RJDA 11/17 n° 704).

d. Un bail ne constitue **pas l'accessoire d'un contrat de travail** dès lors que le bailleur n'est pas l'employeur des locataires et que le bail a été conclu sans se référer aux contrats de travail, lesquels ne prévoient pas la mise à disposition d'un logement de fonction. La durée du bail n'est pas liée à celle des contrats de travail et le montant du loyer ne présente pas les caractères d'un avantage consenti à titre professionnel (Cass. 3e civ. 6-5-2021 n° 20-10.869 F-D).

e. Lorsque la mise à disposition d'un logement est consentie par l'employeur à titre accessoire au contrat de travail, la poursuite de l'occupation après la rupture de ce contrat ne confère pas automatiquement un droit au maintien dans les lieux. La **novation** de la mise à disposition en bail d'habitation ne se présume pas et doit résulter d'une volonté claire et non équivoque des parties. Les juges doivent rechercher si l'intention de nover pouvait être déduite des faits établissant que les parties s'étaient, volontairement et de manière prolongée, acquittées des obligations réciproques nées d'un bail d'habitation (Cass. 3e civ. 15-2-2023 n° 22-19.419 F-D).

Locations saisonnières Les locations saisonnières, telles que celles consenties traditionnellement dans les stations balnéaires l'été, dans les stations de ski l'hiver, relèvent du droit commun du louage. Toutefois, en l'absence de définition légale de la location saisonnière, il est permis d'étendre la notion de bail saisonnier et de considérer comme tel un bail conclu pour une période d'activité déterminée pendant une partie de l'année ; selon l'activité en cause, la saison peut être fort brève comme pour la chasse de certains gibiers ou assez longue comme la saison universitaire, qui peut durer jusqu'à dix mois. **50075**

En cas de **location de logements à des travailleurs saisonniers,** le bailleur doit mettre à la disposition du locataire un logement décent (Loi 89-462 du 6-7-1989 art. 2, al. 2). Sur cette notion et les droits du locataire en cas de non-respect de cette obligation, voir nos 65635 s.

Si ces locations relèvent du droit commun du louage, aménageable par les parties au contrat, toutes les stipulations ne sont pas forcément acceptables et certaines d'entre elles peuvent être déclarées nulles pour être abusives, qu'elles soient ou non répertoriées comme telles par une recommandation de la commission des clauses abusives.

Les locations saisonnières font l'objet de développements particuliers nos 65635 s.

Contrat de cohabitation intergénérationnelle solidaire Il s'agit d'un contrat créé par la loi Élan du 23 novembre 2018 (art. 117) par lequel une personne d'au moins 60 ans, propriétaire ou locataire, s'engage à louer ou sous-louer une partie de son logement à une personne de moins de 30 ans moyennant une contrepartie financière modeste assortie, le cas échéant, de la réalisation, sans but lucratif, de menus services. **50080**

Sur le régime de ce contrat, voir nos 66850 s.

BAUX RÉGIS PARTIELLEMENT PAR LE CODE CIVIL

Les règles du Code civil relatives au louage de choses sont applicables à toute location réglementée pour les aspects des relations locatives non couverts par des dispositions spécifiques. **50100**

Bail commercial La notion de bail commercial recouvre deux régimes juridiques distincts selon que le statut, étudié ci-après (nos 53500 s.), s'applique ou non aux relations contractuelles : **50105**

- les baux commerciaux pleinement régis par les articles L 145-1 et suivants du Code de commerce relèvent du droit commun du louage dans le silence de ces textes ;
- les baux commerciaux qui ne relèvent pas du statut, dits encore « baux non statutaires », relèvent dans leur entier du droit commun du louage.

Bail professionnel Après avoir été longtemps soumis au seul droit commun du louage, les baux professionnels connaissent un début de réglementation qui se limite cependant aux seules règles de durée et de congé (Loi 86-1290 du 23-12-1986 art. 57 A) étudiées nos 60800 s. Tous les autres aspects des relations locatives continuent à être régis par le Code civil. **50110**

CONVENTION POUVANT ÊTRE RÉGIE PAR LE CODE CIVIL

Convention d'occupation précaire Entre autres conventions susceptibles d'être totalement ou partiellement régies par les règles du louage énoncées par le Code civil, la **convention d'occupation précaire** doit être signalée. Elle ne peut être mise en place que dans des situations très particulières compte tenu des exigences jurisprudentielles. **50150**

Consacrant la jurisprudence antérieure (Cass. 3e civ. 29-4-2009 n° 08-13.308 FS-PB), la loi 2014-626 du 18 juin 2014 définit cette convention d'occupation précaire comme celle par laquelle, quelle que soit sa durée, l'occupation des lieux n'est autorisée qu'à raison de circonstances particulières indépendantes de la seule volonté des parties (C. com. art. L 145-15). L'existence de ce motif doit s'apprécier au moment de la signature de la convention (Cass. 3e civ. 7-7-2015 n° 14-11.644 : RJDA 11/15 n° 736). La convention d'occupation précaire est exclue du champ d'application du statut des baux commerciaux (C. com. art. L 145-5-1). Il ne faut pas que la raison réelle qui motive la conclusion de la convention d'occupation précaire soit la volonté d'échapper au régime particulier des baux commerciaux, une telle démarche étant prohibée par le Code de commerce qui considère comme non écrites de telles conventions (C. com. art. L 145-15).

Cette convention se caractérise par la possibilité pour l'une ou l'autre partie de mettre fin à la jouissance des lieux à tout moment, sans avoir à respecter aucun délai de préavis (Cass. com. 10-4-1967 : Bull. civ. III n° 137), ou par une jouissance intermittente des lieux (Cass. 3e civ. 14-11-1973 n° 72-13.043 : Bull. civ. III n° 578).

La précarité justifie normalement la modicité du prix demandé en contrepartie de l'occupation des lieux (Cass. com. 28-2-1966 : Bull. civ. III n° 120), mais cette modicité du prix n'est pas pour autant décisive de la qualification juridique à donner à la convention.

L'existence d'une convention d'occupation précaire procède de l'intention des parties, mais celle-ci ne suffit pas. Les tribunaux exigent que la précarité soit justifiée par des conditions objectives indépendantes de la seule volonté des parties (Cass. 3e civ. 12-10-1988 : Rev. Loyers 1989 p. 137 ; Cass. 3e civ. 29-4-2009 n° 08-10.506 : RJDA 7/09 n° 598), exigence reprise dans la définition légale. La Cour de cassation a précisé que ces conditions objectives doivent être « particulières » (Cass. 3e civ. 9-11-2004 n° 03-15.084 : RJDA 2/05 n° 101).

Tel est le cas en présence d'un local :

– dépendant d'un immeuble situé dans une zone de rénovation ou de restauration (Cass. 3e civ. 12-1-1977 n° 75-13.632 : Bull. civ. III n° 20 ; CA Paris 13-1-1972 : JCP G 1973 II n° 17361) ;

– dépendant d'un immeuble situé dans une zone faisant l'objet d'un projet de réhabilitation (Cass. 3e civ. 14-11-2019 n° 18-21.297 : BPIM 1/20 inf. 67) ;

– situé dans un immeuble faisant l'objet d'un projet de démolition (Cass. 3e civ. 6-11-1991 : RJDA 12/91 n° 1003) ;

– situé dans le périmètre d'une zone d'aménagement concerté, l'immeuble devant faire l'objet d'une mesure d'expropriation (CA Paris 22-6-2005 : RJDA 2/06 n° 106) ;

– nécessitant de réaliser des travaux (CA Paris 14-2-2019 n° 16/06401) ;

– faisant l'objet d'un litige mettant en cause le droit de propriété sur les locaux (Cass. 3e civ. 25-5-1977 n° 76-10.226 : Bull. civ. III n° 220) ;

– mis à disposition dans l'attente de la reconstruction des locaux de l'occupant détruits par un incendie (Cass. 3e civ. 2-4-2003 n° 01-12.923 : RJDA 7/03 n° 697) ;

– mis à disposition par le propriétaire en cas de vente et dans l'attente de la réalisation de la condition suspensive de l'obtention d'un prêt par le futur acquéreur (Cass. 3e civ. 31-1-2012 n° 10-28.591 : RJDA 2/13 n° 91 ; Cass. 3e civ. 6-5-2021 n° 20-10.992 F-D) ;

– appartenant à une société en liquidation judiciaire dans l'attente que les créanciers hypothécaires de celle-ci donnent leur accord pour une location « définitive » (Cass. 3e civ. 29-4-2009 n° 08-13.308 : RJDA 7/09 n° 598).

En revanche, tel n'est pas le cas d'un local dans lequel le preneur s'est maintenu après la résiliation amiable de son bail, pour une durée de 23 mois, un délai octroyé pour lui permettre de trouver un acquéreur de son fonds de commerce ou de son droit au bail. La qualification d'occupation précaire n'a pas été retenue en raison de l'absence d'une circonstance particulière résultant de la seule volonté des parties (Cass. 3e civ. 7-7-2015 n° 14-11.644 : RJDA 11/15 n° 736).

La précarité peut aussi résulter des modalités de l'occupation (Cass. 3e civ. 14-11-1973 n° 72-13.043 : Bull. civ. III n° 578 pour une pièce mise à la disposition d'une banque les jours de marchés).

Il résulte de l'exigence de ces conditions objectives que la convention d'occupation précaire ne doit pas être confondue avec le bail, ni même avec le bail dérogatoire institué par l'article L 145-5 du Code de commerce (nos 54520 s. ; pour des exemples de requalification d'une « convention d'occupation précaire » en bail dérogatoire, voir CA Paris 5-4-2002 n° 00-9252 : RJDA 11/02 n° 1119 ; Cass. 3e civ. 19-11-2003 n° 02-15.887 : RJDA 2/04 n° 140 ; CA Bordeaux 16-3-2021 n° 18/02308, ou en bail soumis au statut des baux commerciaux, voir CA Rouen 14-5-1997 n° 96-728 : RJDA 12/97 n° 1466 ; sur la distinction entre baux dérogatoires et conventions d'occupation précaire : Cass. 3e civ. 7-7-2015 n° 14-11.644 précité ; Cass. 3e civ. 12-12-2019 n° 18-23.784 : BPIM 1/20 inf. 66).

50155 La convention d'occupation précaire n'est pas limitée dans le temps. La précarité de l'occupation ne réside pas dans sa **brièveté** mais dans sa fragilité : la précarité peut durer de nombreuses années sans que cela emporte requalification dès lors que la cause de précarité subsiste (Cass. com. 7-5-1962 : Bull. civ. III n° 238 ; Cass. 3e civ. 21-3-1990 n° 88-19.365 : Loyers et copr. 1990 comm. n° 266 ; CA Versailles 20-10-2005 : RJDA 5/06 n° 507 ; Cass. 3e civ. 2-4-2003 n° 01-12.923 : RJDA 7/03 n° 697 ; CA Paris 19-9-2007 n° 06-19586, 16e ch. A : RJDA 7/08 n° 761 ; Cass. 3e civ. 29-4-2009 n° 08-13.308 : RJDA 7/09 n° 598). Une durée contractuelle de 5 ans n'est pas incompatible avec la notion de précarité (Cass. 3e civ. 16-2-2000 n° 97-13.752 P).

50160 Le point de savoir si on applique tout ou partie des règles du louage au **régime juridique** de la convention d'occupation précaire est sujet à débat.

Si une **doctrine** minoritaire considère que la convention présente toutes les caractéristiques d'un bail (objet, prix et durée, aussi courte soit-elle) (B. Vial-Pedroletti : J.-Cl. Civil Art. 1762 fasc. 85 nos 65 s.), la majorité des auteurs estime qu'elle ne constitue pas un bail car, contrairement au contrat de bail qui garantit au locataire une jouissance paisible, elle se caractérise par la fragilité du droit de l'occupant (F. Kendérian : J.-Cl. Civil Art. 1708 à 1762 fasc. 1255 n° 6 ; Ph. Malaurie, L. Aynès et P.-Y. Gautier, Les contrats spéciaux : Defrénois 2004 n° 665 ; C. Roy-Loustaunau, Une construction prétorienne originale : la convention d'occupation précaire de locaux commerciaux : RTD com. 1987 p. 349).

La **Cour de cassation** semble, quant à elle, opérer une distinction selon la nature de l'obligation en cause. Elle a jugé, à propos de travaux rendus indispensables par le mauvais état d'une maison, que la convention d'occupation précaire ne permettait pas à l'occupant d'exiger du propriétaire de l'immeuble qu'il se conforme aux obligations d'un bailleur et de demander que l'indemnité d'occupation fixée d'un commun accord soit réduite en raison des troubles de jouissance causés par le mauvais état de la maison (Cass. 3e civ. 12-6-1985 n° 84-12.214, Vasseur c/ Sté Vermandoise Industries ; de même, dispensant le bailleur d'effectuer les travaux rendus indispensables par la vétusté des locaux, CA Versailles 20-10-2005 : RJDA 5/06 n° 507). De même, elle a décidé que la garantie d'éviction due par un propriétaire à son locataire (C. civ. art. 1719) ne bénéficie pas à un occupant précaire (Cass. 3e civ. 23-7-1992 : Loyers et copr. 1992 comm. n° 422). Elle a précisé qu'une convention d'occupation précaire n'est pas un bail et n'est régie que par les prévisions contractuelles des parties (Cass. 3e civ. 11-1-2024 n° 22-16.974 FS-B : BPIM 1/24 inf. 79-20), l'occupant à titre précaire ne peut donc pas se prévaloir des dispositions de l'article 1719 du Code civil mettant à la charge du bailleur une obligation de délivrance des locaux loués, mais il doit établir un manquement de son cocontractant à ses obligations contractuelles.

En revanche, la Cour de cassation a jugé que l'occupation contractuelle des lieux moyennant une contrepartie, fût-ce à titre précaire, soumettait l'occupant à la présomption de responsabilité en cas d'incendie prévue à l'article 1733 du Code civil (Cass. 3e civ. 28-10-1975 n° 74-11.752 : Bull. civ. III n° 312 ; Cass. 3e civ. 2-6-1977 n° 75-15.440 : D. 1977 p. 694).

SECTION 2 CONCLUSION DU BAIL DE DROIT COMMUN

La validité du bail est subordonnée aux mêmes conditions que toute autre convention, à savoir le consentement de la partie qui s'oblige, sa capacité de contracter et un contenu licite et certain (C. civ. art. 1128). La notion de cause, qui était l'une des conditions de validité d'une convention, a été supprimée par l'ordonnance précitée, mais son esprit semble avoir été conservé. **50200**

Une fois ces conditions réunies, il reste à pouvoir, le moment venu, apporter la preuve du bail.

> **Précisions** **a.** Les **rédacteurs d'actes** qui prêtent leur concours à la rédaction d'un bail sont tenus à un devoir de conseil, sous peine d'engager leur responsabilité. La Cour de cassation a jugé que ce devoir de conseil s'apprécie au regard du but poursuivi par les parties et de leurs exigences particulières lorsque, dans ce dernier cas, le praticien du droit en a été informé. Si le professionnel doit veiller dans ses activités de conseil et de rédacteur d'actes à réunir les justificatifs nécessaires à son intervention, il n'est en revanche pas tenu de vérifier les déclarations d'ordre factuel faites par les parties en l'absence d'éléments de nature à éveiller ses soupçons quant à la véracité des renseignements donnés (Cass. 1e civ. 25-3-2010 n° 09-12.294 : RJDA 7/10 n° 709). Ainsi, l'avocat ne saurait être tenu de vérifier les informations fournies par son client s'il n'est pas établi qu'il disposait d'indications de nature à les mettre en doute, ni d'attirer son attention sur les conséquences d'une fausse déclaration dès lors que l'obligation de loyauté et de sincérité s'impose en matière contractuelle et que nul ne saurait voir sa responsabilité engagée pour ne pas avoir rappelé à une partie ce principe de bonne foi élémentaire ou les conséquences de sa transgression (Cass. 1e civ. 30-10-2007 n° 05-16.789 : RJDA 3/08 n° 246). De même, le notaire qui reçoit un acte sur la base de déclarations erronées d'une des parties quant aux faits rapportés n'engage sa responsabilité que s'il est établi qu'il disposait d'éléments de nature à faire douter de leur véracité ou de leur exactitude (Cass. 1e civ. 8-1-2009 n° 07-18.780 : RJDA 3/10 n° 230 ; Cass. 1e civ. 11-3-2010 n° 09-12.214 : AJDI 2010 p. 408 note S. Porcheron). De même encore, l'huissier de justice qui établit un bail commercial au nom de deux époux ne commet pas de faute dès lors que ces derniers n'avaient pas attiré son attention sur le fait qu'ils avaient entendu agir, non en leur nom personnel, mais pour le compte d'une société en formation destinée à reprendre leurs engagements (Cass. 1e civ. 25-3-2010 précité).
>
> **b.** Le **bail d'habitation par voie numérique** est admis et laissé à l'initiative des bailleurs et locataires. Depuis la loi 2000-30 du 13 mars 2000, la signature électronique a une valeur juridique. Il est donc tout à fait légal de signer un bail à distance par voie électronique.

A. Formation du bail

1. CAPACITÉ DES PARTIES

CAPACITÉ DU BAILLEUR

50205 Donner à bail est, en principe, un **acte d'administration** pour celui qui y consent (Cass. 3e civ. 21-1-1976 n° 74-13.841 : Bull. civ. III n° 27). Il en résulte que sont capables de consentir un bail les tuteurs des mineurs et des majeurs incapables, les usufruitiers, les majeurs en curatelle, les conjoints, les administrateurs de la communauté ainsi que les mandataires titulaires d'un pouvoir général de représentation.

Toutefois, il existe nombre d'exceptions à ce principe. Ainsi, consentir des baux de plus de neuf ans, de même que des baux ruraux, commerciaux, industriels, artisanaux, professionnels et mixtes constitue un **acte de disposition** nécessitant des pouvoirs particuliers (Décret 2008-1484 du 22-12-2008 ann. 1).

Cette distinction conduit aux précisions suivantes selon la personne du bailleur.

> Précisions **a.** L'insertion des baux professionnels et mixtes dans la liste des baux dont la conclusion est un acte de disposition vise a priori les baux relevant de la loi 89-462 du 6 juillet 1989 sans pour autant viser les baux à usage exclusif d'habitation régis par la même loi.

b. La nullité d'un contrat fondée sur l'absence de pouvoir du bailleur, qui est relative dans le cas d'un bail qui avait été signé par une SCI représentée par son gérant, décédé avant la conclusion du bail, ne peut être demandée que par la partie représentée (Cass. 1e civ. 12-11-2015 n° 14-23.340 : RJDA 2/16 n° 115).

c. L'alinéa 2 de l'article 1145 du Code civil précise que « la capacité des personnes morales est limitée par les règles applicables à chacune d'entre elles ».

50210 **Époux** Les époux mariés sous le régime de la **communauté légale** ne peuvent, l'un sans l'autre, donner à **bail** un fonds **rural ou** un immeuble à usage **commercial,** industriel ou artisanal dépendant de la communauté.

L'article L 121-5 du Code de commerce précise qu'un artisan ou un commerçant ne peut, sans le consentement exprès de son conjoint, lorsque celui-ci participe à son activité professionnelle en qualité de conjoint travaillant dans l'entreprise, aliéner ou grever de droits réels les éléments du fonds de commerce ou de l'entreprise artisanale dépendant de la communauté, qui, par leur importance ou par leur nature, sont nécessaires à l'exploitation de l'entreprise, ni louer ce fonds de commerce ou cette entreprise artisanale. Il ne peut, sans ce consentement, percevoir les capitaux provenant de telles opérations.

Le conjoint qui n'a pas donné son consentement exprès à l'acte peut en demander l'annulation. L'action en nullité lui est ouverte pendant deux années à compter du jour où il a eu connaissance de l'acte, sans jamais pouvoir être intentée plus de deux ans après la dissolution de la communauté.

Les **autres baux** sur les biens communs peuvent être passés par un seul conjoint et sont soumis aux règles prévues pour les baux conclus par l'usufruitier (C. civ. art. 1425 ; Cass. 3e civ. 13-3-2002 n° 00-13.741 : RJDA 6/02 n° 612) exposées ci-dessous.

Les **époux séparés de biens** peuvent consentir, sur les biens relevant de leur patrimoine propre, toutes sortes de baux, quelles que soient leur durée et leur nature. Le régime de la participation aux acquêts s'assimilant, pendant la durée du mariage, au régime de la séparation de biens, chaque époux dispose sur ses biens propres des mêmes droits que ceux de l'époux séparé de biens.

Toutefois, quel que soit le régime matrimonial, les époux ne peuvent pas l'un sans l'autre disposer des droits par lesquels est assuré le **logement de la famille,** ni des meubles meublants dont il est garni (C. civ. art. 215 ; Cass. 1e civ. 16-5-2000 n° 98-13.441 : Bull. civ. I n° 144).

Celui des deux époux qui n'a pas donné son consentement à un tel acte de disposition peut en demander l'annulation dans l'année à partir du jour où il en a eu connaissance, cette action ne pouvant jamais être intentée plus d'un an après la dissolution du régime matrimonial.

50215 **Usufruitiers** L'usufruitier peut conclure seul un bail sauf lorsqu'il s'agit d'un bail rural ou d'un bail commercial ; le **concours du nu-propriétaire** est alors nécessaire (C. civ. art. 595, al. 1 et 4). Il l'est également pour les baux commerciaux de courte durée consentis en application de l'article L 145-5 du Code de commerce (nos 54520 s.) qui échappent au statut des baux commerciaux (Cass. 3e civ. 5-4-1995 : RJDA 6/95 n° 687).

Par ailleurs, en raison du caractère temporaire de l'usufruit, les dispositions suivantes ont été prévues dans l'intérêt du nu-propriétaire (C. civ. art. 595, al. 2 et 3) :

– tous les baux que l'usufruitier a consentis seul pour une **durée supérieure à neuf ans** ne sont obligatoires à l'égard du nu-propriétaire que pour la durée restant à courir à compter de la cessation de l'usufruit, de telle sorte que le locataire n'ait que le droit d'achever une période de neuf ans (CA Aix-en-Provence 4-2-2010 n° 08/03331 : Loyers et copr. 2010 comm. n° 182 note B. Vial-Pedroletti) ;

– pour les baux d'une **durée inférieure ou égale à neuf ans,** l'opposabilité de la durée résiduelle du bail en cours est subordonnée à un début d'exécution avant la cessation de l'usufruit dès lors que le bail a été conclu ou renouvelé plus de trois ans avant l'expiration de l'usufruit s'il s'agit d'un bail rural et plus de deux ans avant cette même date s'il s'agit d'un bail d'habitation.

> Précisions a. À **défaut d'accord** du nu-propriétaire, l'usufruitier peut être autorisé par le juge à conclure seul (C. civ. art. 595, al. 4).

b. L'obligation pour l'usufruitier d'obtenir le consentement du nu-propriétaire en matière de baux commerciaux (Cass. 3e civ. 14-11-2007 n° 06-17.412 : RJDA 4/08 n° 384) **vaut également** pour le renouvellement (Cass. 3e civ. 24-3-1999 n° 97-16.856 : RJDA 5/99 n° 525). En revanche, l'usufruitier a le pouvoir de donner seul congé au locataire (Cass. 3e civ. 29-1-1974 n° 72-13.968 : Bull. civ. III n° 48) ou de poursuivre seul la résiliation du bail (Cass. 3e civ. 4-5-1976 n° 74-13.538 : Bull. civ. III n° 186). Il a également le pouvoir de refuser seul la demande de renouvellement du bail formée par le locataire (Cass. 3e civ. 9-12-2009 n° 08-20.512 : RJDA 3/10 n° 222). En outre, le paiement de l'indemnité d'éviction en cas de refus de renouvellement du bail commercial incombe à l'usufruitier (Cass. 3e civ. 19-12-2019 n° 18-26.162 : RJDA 3/20 n° 186).

c. L'usufruitier ne peut, sans le concours du nu-propriétaire, consentir une **réduction** de la moitié du loyer, ni une reconnaissance de dette au gérant de la société locataire (Cass. 3e civ. 14-3-2019 n° 17-27.560 F-D).

d. Le nu-propriétaire d'un bien donné à bail rural ne peut demander la **nullité** du bail au motif qu'il n'aurait pas donné son accord à sa conclusion alors qu'il en a eu connaissance et que ledit bail a été exécuté pendant cinq ans avant la saisine des tribunaux (Cass. 3e civ. 9-7-2003 n° 02-15.061 : RJDA 10/03 n° 923). En outre, l'action en nullité d'un bail rural doit être intentée par le nu-propriétaire dans un délai de cinq ans à compter du jour où il a eu connaissance du bail, ou de son renouvellement, consenti sans son concours (Cass. 3e civ. 23-9-2021 n° 20-15.897 F-D).

e. Même lorsque le nu-propriétaire ne dispose pas des pouvoirs pour louer le bien, le preneur ne peut pas se prévaloir de ce défaut de pouvoir pour **refuser de payer** les loyers (Cass. 3e civ. 14-2-2012 n° 11-12.317 : AJDI 2012 p. 595 obs. V. Zalewski). En effet, dans une telle situation, les juges analysent le bail comme étant le bail de la chose d'autrui, lequel est parfaitement valable.

f. L'usufruitier ayant seul la qualité de bailleur (en raison de son droit de jouissance sur le bien dont la propriété est démembrée), il est le seul à pouvoir délivrer un **congé pour reprise** d'un logement délivré à son locataire et à pouvoir agir en validité de ce congé. Les conditions de validité du congé pour reprise ne s'apprécient qu'au regard du lien existant entre le bénéficiaire de la reprise et l'usufruitier (Cass. 3e civ. 26-1-2022 n° 20-20.223 FS-B : BPIM 2/22 inf. 154).

Propriétaires indivis Lorsque l'indivision existante relève du **régime légal** de l'indivision, le ou les indivisaires titulaires d'au moins deux tiers des droits indivis peuvent (à cette majorité et à charge d'en informer les autres indivisaires faute de quoi les décisions prises leur seront inopposables) : **50220**

– effectuer les actes d'administration relatifs aux biens indivis ;

– donner à l'un ou à plusieurs des indivisaires ou à un tiers un mandat général d'administration ;

– vendre les meubles indivis pour payer les dettes et charges de l'indivision ;

– conclure et renouveler les baux autres que ceux portant sur un immeuble à usage agricole, commercial, industriel ou artisanal.

Tout acte de disposition autre (n° 50205) ainsi que tout acte qui ne relève pas de l'exploitation normale des biens indivis nécessitent le consentement de tous les indivisaires.

Tout indivisaire peut prendre les mesures nécessaires à la conservation des biens indivis même si elles ne présentent pas un caractère d'urgence. Par exemple, un commandement de payer visant la clause de résiliation de plein droit d'un bail d'habitation est un acte conservatoire pouvant être délivré par un seul indivisaire (Cass. 3e civ. 4-2-2014 n° 12-13.653 : RJDA 5/14 n° 409). La solution est identique pour un commandement de payer visant la clause résolutoire d'un bail commercial (Cass. 1e civ. 9-7-2014 n° 13-21.463 : RJDA 11/14 n° 827) ou encore pour une action en nullité pour dol d'un bail consenti sur le bien indivis (CA Paris 21-9-2021 n° 15/16678).

Si un indivisaire prend en main la gestion des biens indivis, au su des autres mais sans opposition de leur part, il est censé avoir reçu un mandat tacite, couvrant les actes d'administration mais non les actes de disposition ni la conclusion ou le renouvellement des baux. Ainsi, lorsque le bail est conclu par un seul des deux indivisaires, sans mandat de l'autre, il n'est pas opposable à ce dernier. L'action en restitution des loyers ne peut donc être exercée que contre le seul signataire du contrat de location (CA Paris ch. 4-3 16-6-2022 n° 19/14092).

En présence d'une **convention d'indivision,** l'indivision peut être administrée par un gérant, lequel peut exercer tous les pouvoirs attribués à chaque époux sur les biens communs (C. civ. art. 1873-6, al. 2).

Le bail conclu au nom d'une indivision dépourvue de personnalité juridique est nul de nullité absolue, et l'exception de nullité ne peut prospérer que pour faire échec à la demande d'exécution d'un acte juridique qui n'a pas encore été exécuté, sans qu'il y ait lieu de distinguer entre nullité relative et nullité absolue. Ainsi, l'exception de nullité d'un contrat de bail ne peut plus être invoquée si le locataire a payé ses loyers aux propriétaires indivis (Cass. 3e civ. 16-3-2017 n° 16-13.063 FS-PB : BPIM 3/17 inf. 238 ; dans le même sens CA Versailles 17-1-2023 n° 21-06.529).

> Précisions a. Avant la réforme de la loi 2006-728 du 23 juin 2006, entrée en vigueur le **1er janvier 2007,** le bien indivis requérait en principe pour sa location, quelle qu'en soit la nature, le consentement unanime des coïndivisaires. Les décisions ci-après illustrent cette règle :
– dans le cas d'un immeuble donné en location à usage commercial, il a été jugé que le propriétaire indivis, auquel le locataire avait notifié une demande de renouvellement et qui entendait refuser le droit au renouvellement, devait obtenir l'accord de ses coïndivisaires ou, à défaut, l'autorisation prévue selon le cas par l'article 815-5 ou l'article 815-6 du Code civil (Cass. 3e civ. 18-4-1985 : Bull. civ. III n° 65). Parallèlement, le locataire doit délivrer congé à chacun des bailleurs indivis en l'absence de mandat des indivisaires (Cass. 3e civ. 11-7-2007 n° 06-12.210 : Rev. Loyers 2007 p. 438) ;
– le congé donné par un coïndivisaire sans l'accord de tous est privé d'effet (Cass. 1e civ. 17-3-1992 n° 90-14.547 : Bull. civ. I n° 89 ; Cass. 3e civ. 8-4-1999 n° 97-15.706 : RJDA 7/99 n° 768) ; et peu important que les autres coïndivisaires soient associés de la société qui a seule donné congé (Cass. 3e civ. 23-1-2025 n° 23-21.610 F-D : BPIM 2/25 inf. 100). Le bail peut être déclaré inopposable à l'acquéreur de l'immeuble malgré son enregistrement (Cass. 1e civ. 30-6-2004 n° 99-15.294 : RJDA 11/04 n° 1277), sauf lorsque l'action est intentée contre un autre coïndivisaire. En effet, dans ce cas, l'action a pour but de protéger non le bien lui-même, mais les droits indivis du demandeur. Or, un indivisaire peut exercer seul les actions tendant à la protection de ses droits indivis (Cass. 3e civ. 15-10-1994 : RJDA 10/94 n° 1065) ;
– si tout indivisaire peut prendre les mesures nécessaires à la conservation des biens indivis, les actes d'administration et de disposition relatifs à ces biens, telle une action en demande d'indemnité d'occupation, requièrent le consentement de tous les indivisaires (Cass. 3e civ. 7-12-2004 : AJDI 2005 p. 26).

b. Un mandat général, éventuellement tacite, autorise l'accomplissement des **actes accessoires** au bail de droit commun tels que la délivrance d'un congé.

c. Le congé délivré au nom d'une « indivision X représentée par M. Y » est nul car l'indivision n'a pas la personnalité juridique (Cass. 3e civ. 25-4-2001 n° 99-14.368 : RJDA 7/01 n° 757). L'irrégularité de fond qui vise un **congé délivré au nom d'une indivision** est couverte lorsque chacun des coïndivisaires pris individuellement saisit le tribunal au moyen d'une assignation introductive d'instance (Cass. 3e civ. 3-11-2005 n° 04-15.381 : RJDA 3/06 n° 234 ; Cass. 3e civ. 16-9-2009 n° 08-13.701 : RJDA 12/09 n° 1052).

50225 **Mineurs** Si le **mineur émancipé** peut consentir tous types de baux (C. civ. art. 413-6), tel n'est pas le cas du mineur non émancipé.

Lorsque le **mineur non émancipé** est placé sous le régime de la **tutelle,** le tuteur accomplit tous les actes d'administration nécessaires. Pour les baux dont la conclusion ou le renouvellement constitue un acte de disposition, le tuteur doit être autorisé par le conseil de famille ou, à défaut, le juge. Toutefois, quel que soit le régime du bail, celui-ci ne confère au locataire, à l'encontre du mineur devenu majeur, aucun droit au renouvellement ni aucun droit à se maintenir dans les lieux à l'expiration du bail, malgré toutes dispositions légales contraires (C. civ. art. 504). Le locataire peut donc, à l'expiration du bail consenti pour une durée déterminée, être expulsé sans que le propriétaire soit tenu de lui donner congé, même si le locataire s'est maintenu dans les lieux six années avec le consentement du propriétaire devenu majeur (Cass. 3e civ. 15-3-2000 n° 98-14.608 : RJDA 5/00 n° 513).

Lorsque le mineur non émancipé est sous le régime de l'**administration légale,** chacun des parents peut administrer les biens de leur enfant mineur et bénéficier des revenus de ces biens. C'est un attribut de l'autorité parentale. Lorsque l'autorité parentale est exercée en commun par les deux parents, chacun d'entre eux est administrateur légal. Dans les autres cas, l'administration légale appartient à celui des parents qui exerce l'autorité parentale (C. civ. art. 382 ; sur cette autorité, C. civ. art. 371 s.).

Tout acte autre que ceux que le mineur non émancipé peut faire seul doit être accompli par le ou les administrateurs légaux des biens du mineur (C. civ. art. 388-1-1). Lorsque l'administration légale est exercée en commun par les deux parents, chacun d'eux est réputé, à l'égard des tiers, avoir reçu de l'autre le pouvoir de faire seul les actes d'administration portant sur les biens du mineur (C. civ. art. 382-1, al. 1). En cas de désaccord entre les parents, il appartient au juge des tutelles d'autoriser l'acte (C. civ. art. 387). Bien qu'aucun texte ne le précise expressément, le parent exerçant seul l'administration légale peut accomplir seul les actes d'administration. En principe, les administrateurs légaux agissant en commun et l'administrateur légal exerçant seul l'autorité parentale peuvent accomplir les actes de disposition sans solliciter l'autorisation du juge des tutelles. Toutefois, certains actes de disposition particulièrement graves nécessitent toujours l'autorisation du juge des tutelles. Ainsi, les administrateurs légaux doivent obtenir l'autorisation du juge des tutelles pour passer les actes suivants (C. civ. art. 387-1), c'est le cas notamment pour un bail conclu sur les biens du mineur au profit de l'administrateur légal.

Incapables majeurs L'incapable majeur est également protégé par la loi et sa protection ou ses pouvoirs de conclure ou non un bail varient selon le régime de protection dont il bénéficie. **50230**

La personne placée sous sauvegarde de justice conserve l'exercice de ses droits. Toutefois, elle ne peut, à peine de nullité, faire un acte pour lequel un mandataire spécial a été désigné en application de l'article 437 du Code civil.

Les actes qu'elle a passés et les engagements qu'elle a contractés pendant la durée de la mesure peuvent être rescindés pour simple lésion ou réduits en cas d'excès alors même qu'ils pourraient être annulés en vertu de l'article 414-1 du Code civil. Les tribunaux prennent notamment en considération l'utilité ou l'inutilité de l'opération, l'importance ou la consistance du patrimoine de la personne protégée et la bonne ou mauvaise foi de ceux avec qui elle a contracté.

L'action en nullité, en rescision ou en réduction n'appartient qu'à la personne protégée et, après sa mort, à ses héritiers. Elle s'éteint par le délai de cinq ans prévu à l'article 2224 (C. civ. art. 435).

Sauf décision particulière du juge des tutelles augmentant ou restreignant les pouvoirs du majeur placé **sous curatelle,** ce dernier peut conclure seul un bail lorsque ce bail ne constitue qu'un acte d'administration (n° 50205). Toutefois, le bail pourrait également faire l'objet d'une action en rescision ou en réduction. Le bail assimilable à un acte de disposition nécessite l'assistance du curateur (C. civ. art. 467 et 496). A été jugé sur le fondement de l'article 468 du Code civil que le majeur sous curatelle ne peut faire appel d'une décision ayant résilié son bail sans l'assistance de son curateur (Cass. 1e civ. 4-7-2012 n° 11-18.475 : Bull. civ. I n° 154).

Le majeur mis **en tutelle** ne peut consentir seul aucun bail sauf au juge des tutelles à lui avoir consenti une telle capacité soit seul, soit avec son tuteur ou la personne en tenant lieu (C. civ. art. 473 et 504).

Les baux consentis par le tuteur ne confèrent au locataire, à l'encontre de la personne protégée devenue capable, aucun droit de renouvellement et aucun droit à se maintenir dans les lieux à l'expiration du bail, quand bien même il existerait des dispositions légales contraires. Ces dispositions ne sont toutefois pas applicables aux baux consentis avant l'ouverture de la tutelle et renouvelés par le tuteur.

Cas particulier : bail de la chose d'autrui Le bail est généralement consenti par le propriétaire du bien loué ou son mandataire. Il peut cependant arriver que le bailleur loue le bien d'autrui. Cette location est valable et produit ses effets entre le bailleur et le locataire tant que celui-ci a la jouissance paisible des lieux (Cass. 3e civ. 13-2-1985 n° 82-14.220 : Bull. civ. III n° 33 ; Cass. 3e civ. 7-10-1998 n° 96-20.409 : Bull. civ. III n° 187 ; Cass. 3e civ. 5-5-2010 n° 08-19.922 : RJDA 7/10 n° 708 ; Cass. 3e civ. 2-2-2010 n° 08-11.233 : AJDI 2010 p. 302 note S. Porcheron). Le bail portant sur la chose d'autrui est valable et produit tous ses effets tant que le propriétaire ne se prévaut pas de l'inopposabilité (Cass. 3e civ. 8-2-2024 n° 22-21.219 F-D). La location est donc inefficace à l'égard du propriétaire qui n'entend pas la ratifier ou n'a pas préalablement consenti un mandat exprès en vue de la signature. **50235**

Le bail peut néanmoins être opposé au propriétaire lorsque le bailleur s'est comporté comme un **propriétaire apparent** lors de la conclusion du bail. Le locataire doit alors rapporter la preuve de sa bonne foi, que sa croyance résulte d'une erreur commune, c'est-à-dire du fait que tout le monde tenait ce propriétaire pour le véritable titulaire du droit (Cass. civ. 11-6-1980 n° 79-11.449 : Gaz. Pal. 1980 pan. p. 515). Les juges sont souverains pour admettre l'excuse de l'apparence.

CAPACITÉ DU LOCATAIRE

Le locataire doit, pour prendre à bail, avoir la capacité d'accomplir des actes juridiques. En conséquence, à l'exception des mineurs non émancipés et des majeurs protégés, toute personne peut contracter (C. civ. art. 1145 et 1146). **50260**

Toutefois, il est interdit à peine de nullité, sauf autorisation de justice, à toute personne exerçant une fonction ou occupant un emploi dans un établissement hébergeant des personnes âgées ou dispensant des soins psychiatriques de prendre à bail le logement occupé par une personne avant son admission dans l'établissement (CSP art. L 3211-5-1, al. 1). Cette interdiction s'étend également aux conjoints, aux partenaires d'un pacte civil de solidarité, aux concubins, aux ascendants et descendants des personnes auxquelles s'applique l'interdiction précitée (CSP art. L 3211-5-1, al. 2).

Lorsqu'il y a plusieurs locataires, il s'agit alors de **colocataires** tenus chacun à titre personnel au respect des charges et conditions du bail. La cotitularité du bail n'emporte cependant pas solidarité entre les colocataires. Sauf l'hypothèse de la cotitularité des époux et des partenaires de Pacs examinée ci-dessous, la solidarité des colocataires ne peut résulter que d'une clause ou convention expresse en ce sens (n° 51480).

AUTRES TITULAIRES DU DROIT AU BAIL

50265 **Conjoint ou partenaire de Pacs du locataire** Le droit au bail du local, sans caractère professionnel ou commercial, qui sert effectivement à l'habitation de deux époux, quel que soit leur régime matrimonial et nonobstant toute convention contraire et même si le bail a été conclu avant le mariage, ou de deux partenaires de Pacs, dès lors que les partenaires en font la demande conjointement, est réputé appartenir à l'un et à l'autre des époux ou partenaires (C. civ. art. 1751). Autrement dit, les deux époux ou partenaires de Pacs sont cotitulaires du bail même s'il n'est signé que par l'un d'entre eux. C'est le principe de la **cotitularité** des époux et des personnes pacsées sur le bail des locaux servant à leur habitation dont le corollaire est la solidarité des époux et des pacsés quant à leurs obligations contractuelles (sur cette question, voir n° 51490).

L'article 1751 du Code civil s'applique dès lors que le local est à usage exclusif d'habitation, peu important que le bail ait été consenti en considération de la fonction de l'un des conjoints (Cass. 3e civ. 10-1-2007 n° 05-19.914 : Loyers et copr. 2007 comm. n° 67). Reste à savoir quelle est la portée d'une telle décision : la cotitularité, certes incontestable, ne devrait pas avoir pour effet de consentir au conjoint, qui voudrait se maintenir dans les lieux par suite notamment d'un divorce ou d'un décès, plus de droits que ceux initialement consentis du fait de l'occupation d'une fonction ou d'un emploi (n° 50070).

La reconnaissance de la cotitularité est subordonnée cependant à une **période d'habitation effective** du logement par les deux époux, cohabitation qui peut ne pas être continue ou avoir disparu au moment du congé ou de la résiliation du bail puisque les époux demeurent cotitulaires du bail jusqu'à la transcription du jugement de divorce en marge des registres de l'état civil (Cass. 3e civ. 31-5-2006 n° 04-16.920 : RJDA 8-9/06 n° 869 ; dans le même sens, voir CA Paris 18-1-2007 : Loyers et copr. 2007 comm. n° 68). Peu importe qu'avant cette date l'un des époux ait quitté les lieux ou donné congé en son nom ou qu'une ordonnance de non-conciliation autorisant une résidence séparée ait été rendue (Cass. 1e civ. 13-10-1992 n° 90-18.404 : Bull. civ. I n° 251 ; Cass. 2e civ. 3-10-1990 n° 88-18.453 : Bull. civ. II n° 177 ; Cass. 3e civ. 27-5-1998 n° 96-13.543 : RJDA 10/98 n° 1078 ; Cass. 3e civ. 2-2-2000 n° 97-18.924 : RJDA 4/00 n° 381). Une ordonnance de non-conciliation autorisant la résidence séparée des époux et attribuant la jouissance du logement familial à l'épouse ne fait pas perdre au mari son droit au bail ; en conséquence, il peut demander à réintégrer le logement à la suite du congé donné par sa femme (Cass. 3e civ. 1-4-2009 n° 08-15.929 : Loyers et copr. 2009 comm. n° 140). Néanmoins, après la résiliation du bail, la solidarité entre époux ne joue que si l'indemnité due pour l'occupation des lieux par un seul des époux a un caractère ménager (CA Paris 2-10-2014 n° 12/01590, 3e ch. : Loyers et copr. 2015 comm. n° 1). Lorsque le logement est insalubre, la cotitularité du bail conclu par un seul des époux oblige le bailleur à adresser une proposition de relogement à chacun des cotitulaires (Cass. 3e civ. 9-2-2017 n° 16-13.260 FS-PBI : BPIM 2/17 inf. 149).

La cotitularité des époux sur un bail bénéficie aussi au bailleur, qui peut revendiquer le maintien du bail à l'encontre de l'époux qui n'a pas délivré congé avec son conjoint (Cass. 2e civ. 19-6-2002 n° 01-00.652 : RJDA 10/02 n° 988).

En cas de dissolution du Pacs, l'un des partenaires peut saisir le juge compétent en matière de bail aux fins de se voir attribuer le droit au bail du local, sans caractère professionnel ou commercial, qui sert effectivement à l'habitation des deux partenaires, sous réserve des créances ou droits à indemnité au profit de l'autre partenaire. Le bailleur est appelé à l'instance. Le juge apprécie la demande en considération des intérêts sociaux et familiaux des parties.

En cas de décès d'un des cotitulaires, le conjoint survivant, qui satisfait aux conditions de l'article 1751 du Code civil, peut renoncer expressément à l'exclusivité de son droit au bail pour permettre, le cas échéant, aux personnes qui satisfont aux conditions de l'article 14 de la loi du 6 juillet 1989 de bénéficier de droits concurrents aux siens sur le bail. Cette renonciation ne peut cependant porter que sur l'exclusivité du droit au bail et ne peut permettre au conjoint survivant, à défaut de congé valablement délivré par lui, de mettre fin au droit au bail dont il est titulaire (Cass. 3e civ. 4-7-2024 no 22-24.856 FS-B : BPIM 4/24 no 275). **50265** (suite)

Entre autres **conséquences,** la cotitularité impose au bailleur de diligenter toute procédure ou notification faite par lettre recommandée (dénonciation du bail, notification ayant une incidence sur le montant du loyer : Cass. 3e civ. 12-3-2014 no 13-14.403 : RJDA 6/14 no 510 ; proposition d'un nouveau bail, etc.) à l'un et à l'autre des époux, par lettres distinctes (Cass. 3e civ. 10-5-1989 : JCP G 1991 II no 21595 ; Cass. 3e civ. 18-3-1992 no 90-13.759 : RJDA 5/92 no 438 ; Cass. 3e civ. 10-1-1996 : Loyers et copr. 1996 comm. no 148). Le non-respect de cette règle emporte inopposabilité de la procédure ou de la notification à l'égard de l'époux non visé et donc son inefficacité (CA Paris 12-2-1992 : Loyers et copr. 1992 comm. no 149) ; le conjoint qui n'a pas été attrait en justice pour résiliation du bail du logement familial peut former tierce opposition contre la décision ayant prononcé la résiliation du bail et l'expulsion du locataire (CA Bastia 8-11-2006 no 05/00852 : Loyers et copr. 2007 comm. no 43), sauf signature de l'avis de réception par chacun des époux (Cass. 3e civ. 2-2-2000 no 98-11.471 : RJDA 4/00 no 395), et sauf lorsque le locataire, marié avant la conclusion du bail, a sciemment caché l'existence de son épouse au moment de l'engagement de location (CA Paris 16-3-1992 : JCP G 1992 IV no 2171). Il appartient donc au bailleur de s'informer, préalablement à toute procédure ou notification, de l'état matrimonial de son locataire afin de répondre au formalisme précité (CA Paris 21-9-1992 : Loyers et copr. 1993 comm. no 49).

Ce formalisme de l'acte distinct n'est cependant pas nécessaire lorsque la signification est faite par commisaire de justice (ex-huissier) (CA Paris 5-2-1996 : Loyers et copr. 1996 comm. no 147).

> Précisions **a.** Les **concubins** ne peuvent pas se prévaloir de cette cotitularité (TI Privas 7-9-1993 : Bull. inf. C. cass. 1993 no 1271 ; CA Montpellier 24-5-2006 no 05/04217). L'occupation du logement par le concubin pendant plusieurs années après le départ de sa concubine, seule titulaire du bail, et l'acceptation sans réserve par le bailleur du paiement par lui des loyers depuis ce départ ne permettent pas de le considérer comme titulaire d'un contrat de bail, faute de rapporter la preuve de la volonté non équivoque du bailleur de nover le bail à son profit (Cass. 3e civ. 28-4-2009 no 08-12-424 : Administrer mai 2010 p. 31).

b. La cotitularité est exclue lorsque le bail a été conclu à **usage mixte** (CA Paris 16-12-1999 : Loyers et copr. 2000 comm. no 82). Elle est également exclue pour un **bail commercial** : l'acquisition d'un fonds de commerce par des époux mariés sous le régime de la communauté légale n'implique pas que l'époux, qui n'a pas signé le bail commercial, en soit cotitulaire (Cass. 3e civ. 28-5-2008 no 07-12.277 : RJDA 8-9/08 no 890). La cotitularité ne s'applique pas non plus à une **convention** d'occupation gratuite d'un local (Cass. 3e civ. 13-3-2002 no 00-17.707 : RJDA 6/02 no 597).

c. La cotitularité du bail fait que la **prorogation du bail** par avenant signé par un seul époux est inopposable à son conjoint dès lors que celui-ci ne l'a pas ratifié (Cass. 3e civ. 25-9-2002 no 01-01.034 : RJDA 12/02 no 1249).

d. Après un jugement de séparation de corps qui avait attribué la jouissance exclusive des lieux loués à l'un des époux, ces derniers ne peuvent à nouveau se prévaloir de la cotitularité du bail qu'après constatation de la reprise de la vie commune par acte notarié ou par déclaration à l'officier d'état civil et si mention de cette reprise avait été faite en marge de l'acte de mariage et des actes de naissance des époux (Cass. 3e civ. 4-7-2001 no 99-12.327 : RJDA 11/01 no 1085).

e. La cotitularité des **époux** sur le droit au bail des locaux qui servent au logement de la famille emporte exigibilité des sommes dues au bailleur à l'égard d'un des époux quand bien même le paiement de ces sommes ne peut plus être exigé de l'autre conjoint, déclaré **en liquidation judiciaire,** en raison de l'extinction de la créance du bailleur à son égard pour défaut de production de ladite créance (Cass. 3e civ. 23-3-2005 no 03-20.457 : RJDA 7/05 no 862).

f. En raison du principe selon lequel les codébiteurs solidaires sont censés se représenter mutuellement, la **demande judiciaire** en paiement des loyers dus au titre du bail du logement familial est pleinement opposable à l'époux non attrait en justice et sa tierce opposition est irrecevable (CA Bastia 8-11-2006 précité).

g. Si les époux sont tenus solidairement des loyers jusqu'à la transcription du jugement de divorce en marge des registres de l'état civil, la solidarité entre époux ne joue **après la résiliation du bail** que si l'indemnité due pour l'occupation des lieux par un seul époux a un caractère ménager (Cass. 3e civ. 4-3-2009 no 08-10.156 : RJDA 6/09 no 515). L'indemnité d'occupation constitue une dette ménagère obligeant les deux époux solidairement en application de l'article 220 du Code civil lorsqu'elle est relative au logement de la famille et qu'égale au montant de l'ancien loyer elle ne représente pas une dépense manifestement excessive (Cass. 1re civ. 24-9-2008 no 06-21.193 : RJDA 6/09 no 515).

h. Un époux cotitulaire du bail relatif au local ayant servi à l'habitation des époux ne peut **renoncer au droit** exclusif **au transfert du bail** avant qu'il ne soit né à la suite du décès de l'autre époux (Cass. 3e civ. 18-5-2011 no 10-13.853 : RJDA 8-9/11 no 682).

i. Un bailleur qui ne demande pas que la résiliation du bail soit déclaré opposable à la **nouvelle épouse** du locataire permet à celle-ci de conserver la cotitularité du bail (Cass. 3e civ. 9-11-2011 no 10-20.287 : RJDA 2/12 no 138).

j. S'agissant des partenaires de Pacs, la rédaction du Code civil issue de la loi Alur du 24 mars 2014, qui subordonne la cotitularité du bail à une **demande conjointe des pacsés,** est source d'incertitude. À qui cette demande doit-elle être adressée ? Sous quelle forme ? Le bailleur doit-il y répondre pour que la cotitularité s'exerce ? Pourra-t-il la refuser ? Autant de questions auxquelles les tribunaux devront répondre.

k. Parce que susceptible de lui nuire en raison de la créance résultant de la contribution à la dette locative et née de l'application de l'article 220 du Code civil, la convention par laquelle le bailleur a déchargé l'un des époux, à compter d'une certaine date, de ses obligations nées du bail portant sur le domicile conjugal, n'est pas opposable à l'autre époux (Cass. 1e civ. 17-6-2015 n° 14-17.906 : RJDA 12/15 n° 806).

50270 **Héritiers du locataire** Les héritiers du locataire décédé sont à leur tour locataires puisque le contrat de louage n'est pas résolu par la mort du locataire (C. civ. art. 1742) et se transmet à ses héritiers, à ses légataires universels ou à titre universel.

2. CONSENTEMENT

50340 Contrairement à certains baux relevant de statuts spéciaux qui exigent l'établissement d'un écrit, le contrat de bail relevant du droit commun du louage est formé par la seule rencontre des consentements du bailleur et du locataire. Ainsi, l'**accord sur la chose et sur le prix** des deux parties à l'acte emporte bail en vertu du principe du consensualisme, étant précisé que le consentement du locataire doit être éclairé et que certaines dispositions législatives mettent à la charge du bailleur une obligation précise d'information (nos 50640 s.). Le bailleur est également tenu à un devoir général d'information lors de la formation du contrat de bail (C. civ. art. 1112-1). Si le bailleur possède une information dont l'importance est déterminante pour le consentement du locataire, il doit en informer celui-ci, dès lors que, légitimement, ce dernier ignore cette information ou fait confiance à son cocontractant. Il incombe à celui qui prétend qu'une information lui était due de prouver que l'autre partie la lui devait, à charge pour cette autre partie de prouver qu'elle l'a fournie (C. civ. art. 1112-1). Les parties ne peuvent ni limiter ni exclure ce devoir. Outre la responsabilité de celui qui en était tenu, le manquement à ce devoir d'information peut entraîner l'annulation du contrat dans les conditions prévues aux articles 1130 et suivants du Code civil. Le bailleur est également tenu à un devoir de loyauté dès lors que le contrat de bail doit être négocié et formé de bonne foi (C. civ. art. 1104). Comme dans toute convention, le consentement peut être vicié, et le bail remis en cause, lorsque le consentement a été donné par erreur ou s'il a été extorqué par violence ou surpris par dol (C. civ. art. 1130). Les vices du consentement sont une cause de nullité relative du contrat (C. civ. art. 1131). L'erreur de droit ou de fait, à moins qu'elle ne soit excusable, est une cause de nullité du contrat de bail lorsqu'elle porte sur les qualités essentielles de la prestation due ou sur celles du cocontractant (C. civ. art. 1132).

Les qualités essentielles de la prestation sont celles qui ont été expressément ou tacitement convenues en considération desquelles les parties ont contracté (C. civ. art. 1133, al. 1). L'acceptation d'un aléa sur une qualité de la prestation exclut l'erreur relative à cette qualité (C. civ. art. 1133, al. 3).

L'erreur sur les qualités essentielles du cocontractant n'est une cause de nullité que dans les contrats conclus en considération de la personne (C. civ. art. 1134). L'erreur sur un simple motif, étranger aux qualités essentielles de la prestation due ou du cocontractant, n'est pas une cause de nullité, à moins que les parties n'en aient fait expressément un élément déterminant de leur consentement (C. civ. art. 1135, al. 1).

L'erreur sur la valeur par laquelle, sans se tromper sur les qualités essentielles de la prestation, un contractant fait seulement de celle-ci une appréciation économique inexacte n'est pas une cause de nullité (C. civ. art. 1136). Pour un exemple de bail annulé en cas d'erreur : Cass. 3e civ. 2-10-2013 n° 12-13.302 : RJDA 3/14 n° 201 ; en l'espèce, un concurrent s'était installé dans le local mitoyen au même moment. Une augmentation exponentielle des charges locatives dans les trois ans suivant la conclusion du bail ne suffit pas à entraîner son annulation pour erreur du locataire sur ses qualités substantielles, faute d'éléments pour apprécier le vice lors de la conclusion du bail (Cass. 3e civ. 15-2-2023 n° 21-23.166 F-D : BPIM 2/23 inf. 135 rendu à propos d'un bail commercial mais applicable au bail de droit commun).

Le **dol,** qui consiste à obtenir le consentement du cocontractant par des manœuvres ou des mensonges (C. civ. art. 1137, al. 1), est une cause d'annulation du bail. Tel est le cas lorsqu'un candidat locataire a prétendu, pour obtenir une location, avoir la qualité de salarié d'une entreprise, dès lors que le bailleur avait apporté la preuve que son consentement avait été donné au vu de cette fausse déclaration faisant présumer une solvabilité certaine (CA Paris 29-6-2000 : Loyers et copr. 2000 comm. n° 266), lorsque la communication par le bailleur d'une estimation ni sincère ni sérieuse des charges et provisions avait entraîné le consentement au bail du locataire (Cass. 3e civ. 29-1-2002 nº 00-17.201 : RJDA 4/02 nº 355) ou lorsqu'un bailleur garde intentionnellement le silence sur l'étendue des problèmes de solidité et de stabilité du local loué, éléments déterminants du consentement du locataire (Cass. 3e civ. 2-10-2012 nº 11-24.333 : RJDA 3/13 nº 197).

Constitue également un dol la dissimulation intentionnelle par l'un des contractants d'une information dont il sait le caractère déterminant pour l'autre partie (C. civ. art. 1137, al. 2). Ne commet pas de réticence dolosive le locataire qui n'informe pas spontanément le propriétaire des locaux qu'il souhaite prendre à bail des relations qu'il entretenait avec son précédent bailleur, sauf à justifier, si cela lui est demandé, qu'il est à jour du paiement de ses loyers et charges (Cass. 3e civ. 5-11-2014 nº 13-21.661 : RJDA 3/15 nº 168). Le dol est également constitué s'il émane du représentant, gérant d'affaires, préposé ou porte-fort du contractant. Il l'est encore lorsqu'il émane d'un tiers de connivence (C. civ. art. 1138).

Néanmoins, ne constitue pas un dol le fait pour une partie de ne pas révéler à son cocontractant son estimation de la valeur de la prestation (C. civ. art. 1137, al. 3). De même, le dol ne résulte pas de clauses claires, librement acceptées, même contradictoires (CA Paris 4-6-2019 nº 17/08359).

L'erreur qui résulte d'un dol est toujours excusable ; elle est une cause de nullité alors même qu'elle porterait sur la valeur de la prestation ou sur un simple motif du contrat (C. civ. art. 1139).

> **Précisions** La production de fausses fiches de salaires et d'une fausse attestation d'emploi pour obtenir un bail constitue une escroquerie (CA Paris 11-3-2009 : Loyers et copr. 2009 comm. nº 147).

3. CONTENU LICITE ET CERTAIN DU BAIL

Le bail doit avoir un contenu licite et certain (C. civ. art. 1128). Cette condition ne concerne que les baux conclus à compter du 1er octobre 2016 (y compris les baux renouvelés ou reconduits tacitement). Les baux conclus avant le 1er octobre 2016 restent soumis aux dispositions de l'ex-article 1108 qui soumet la validité du bail à un objet certain et une cause licite. **50400**

Le contrat de bail est nul si une des conditions de validité énoncées par l'article 1128 lui fait défaut.

> **Précisions** **a.** Les agents immobiliers doivent mettre en œuvre les obligations relatives à la lutte contre le blanchiment des capitaux et le financement du terrorisme (voir nº 91130).
> **b.** Les syndics professionnels de copropriété doivent signaler au procureur de la République les locations à usage d'habitation susceptibles de porter atteinte à la dignité humaine, à la sécurité des personnes ou à la santé publique (voir nº 38539).

B. Preuve du bail

PREUVE DE L'EXISTENCE DU BAIL

En matière de bail, la convention fait le plus souvent l'objet d'un **écrit.** Dans ce cas, l'écrit constitue le mode privilégié de la preuve tant du bail que de son contenu sous réserve, bien entendu, d'un écrit suffisant et non remis en cause. La commission des clauses abusives recommande que les documents contractuels soient imprimés lisiblement avec des caractères dont la hauteur ne saurait être inférieure au corps 8 (Recommandation 2000-01 reproduite nº 53400). **50480**

Le bail peut être fait en la forme **authentique ou sous signature privée.** L'acte authentique présente les deux avantages suivants :

- il est exécutoire de plein droit : un commissaire de justice (ex-huissier) muni de la copie d'un acte notarié revêtue de la formule exécutoire peut procéder notamment à une saisie sans autorisation préalable du juge ; voir nº 51420.
- il présente une plus grande sécurité juridique, son contenu ne pouvant être contesté que par une procédure d'inscription en faux (CPC art. 303 s.).

La loi 2011-331 du 28 mars 2011 a créé l'acte d'avocat. En contresignant un acte sous signature privée, l'avocat atteste avoir éclairé pleinement la ou les parties qu'il conseille sur les conséquences juridiques de cet acte (Loi 71-1130 du 31-12-1971 art. 66-3-1). L'**acte sous signature privée contresigné** par les avocats de chacune des parties ou par l'avocat de toutes les parties fait pleine foi de l'écriture et de la signature de celles-ci tant à leur égard qu'à celui de leurs héritiers ou ayants cause (C. civ. art. 1374). La procédure de faux prévue par le Code de procédure civile lui est applicable (C. civ. art. 1374, al. 2). Enfin, l'acte sous signature privée contresigné par l'avocat est dispensé de toute mention manuscrite exigée par la loi, sauf disposition y dérogeant expressément (C. civ. art. 1374, al. 3).

Le bail aussi peut résulter d'un **accord verbal** (Cass. 3e civ. 21-2-2006 nº 05-12.090 : RJDA 5/06 nº 508) ; l'écrit n'est en effet pas exigé par le Code civil comme condition de validité du bail (C. civ. art. 1714).

En l'absence d'écrit, l'appréciation du juge du fond sur l'existence ou non d'un bail est souveraine et les règles de preuve sont particulières. Si le bail est conclu sans écrit et n'a pas encore reçu d'exécution, sa preuve ne peut pas être apportée par témoins. Le serment peut seulement être déféré à celui qui nie le bail (C. civ. art. 1715), ce qui n'exclut pas l'aveu de ce dernier (Cass. 3e civ. 12-2-1980 : Gaz. Pal. 1980 som. p. 318), ni la preuve d'un commencement d'exécution. Cette dernière modalité de preuve peut être administrée par tous moyens sans que soit nécessaire la production d'un commencement de preuve par écrit (Cass. 3e civ. 20-12-1971 : Bull. civ. III no 642 ; Cass. 3e civ. 13-3-2002 no 00-15.194 : RJDA 6/02 no 598). L'attestation d'une agence immobilière peut justifier le commencement d'exécution d'un bail (Cass. 1e civ. 21-9-2005 : Loyers et copr. 2005 comm. no 216). Les échanges de mails entre le propriétaire et l'occupant des lieux peuvent aussi être pris en compte pour prouver le commencement d'exécution du bail et en déterminer le contenu (CA Lyon 24-7-2022 no 21-06.986 ; CA Paris 4-4-2024 no 22/10921 : BPIM 3/24 inf. 208 rendu dans le cadre d'un bail commercial mais applicable au bail de droit commun).

> Précisions a. La **preuve** du bail par **commencement d'exécution** de ce dernier suppose cependant que soit rapportée la preuve de l'accord sur le principe du paiement d'un loyer, faute de quoi le juge ne pourrait pas constater l'existence d'un bail (CA Paris 9-4-2004 : Loyers et copr. 2004 comm. no 140). Il a ainsi été jugé qu'un locataire était titulaire d'un bail verbal sur une chambre aux motifs, d'une part, que le bailleur avait laissé se poursuivre la location et, d'autre part, qu'un carnet lui appartenant et portant les signatures des parties contenait les comptes relatifs à la location mois par mois de 1986 à 1991 (Cass. 3e civ. 16-11-1994 : Rev. Loyers 1995 p. 94).
En revanche, l'occupation des locaux et le paiement du loyer par l'occupant ne suffisent pas à établir l'existence d'un bail alors que le bailleur a continué à adresser les quittances de loyer à son ancien locataire (Cass. 3e civ. 29-9-2004 no 03-13.314 : RJDA 12/04 no 1299).
b. La personne physique qui a conclu un **bail verbal** doit rapporter la preuve que le locataire est en réalité la société dont il est le gérant (Cass. 3e civ. 24-1-1996 : RJDA 4/96 no 463).
c. L'établissement d'un écrit permet aussi aux parties de faire **élection de domicile,** élection qui doit être prise en compte pour toutes notifications à peine de nullité de celles-ci (Cass. 3e civ. 29-11-2005 no 04-17.652 : RJDA 3/06 no 233).
d. La **copie électronique** d'un acte est présumée avoir la même force probante que l'original si le procédé de reproduction utilisé permet, grâce à une empreinte spécifique, l'identification, la datation et la conservation intègre de la copie, ainsi que la détection des modifications (Décret 2016-1673 du 5-12-2016).
e. L'occupant de locaux qui n'a **pas signé le projet de bail** proposé par le propriétaire n'est pas titulaire d'un bail, même s'il a payé des sommes correspondantes au loyer, dès lors que ce paiement est intervenu après que le propriétaire l'ait informé de sa renonciation à signer le bail. L'existence du bail suppose un accord sur la chose et sur le prix (Cass. 3e civ. 20-5-2021 no 19-24.658 F-D : BPIM 4/21 inf. 282).

PREUVE DU CONTENU DU BAIL

50500 La preuve du contenu du bail ne connaît pas les mêmes restrictions que celle de son existence. Les modalités de preuve sont celles prévues par le droit commun. La preuve de l'étendue du bail peut être faite par tous moyens : preuve littérale, preuve testimoniale, présomptions, aveu et serment (C. civ. art. 1358). La preuve peut résulter de l'état des lieux et du libre accès du locataire au lieu contesté, en l'occurrence un emplacement de parking (CA Paris 12-3-2009, 6e ch. B : Loyers et copr. 2009 comm. no 141 ; CA Amiens 22-2-2022 no 20/04107). Il a également été jugé que la preuve de la location de places de stationnement est rapportée par la mise à disposition de deux bips dès l'entrée en location (CA Amiens 22-2-2022 no 20/04107).

L'article 1359, alinéas 1 et 2 du Code civil impose cependant qu'il soit passé un acte devant notaire ou sous signature privée pour toutes choses excédant 1 500 € (Décret 80-533 du 15-7-1980). Il précise qu'il ne peut être prouvé outre ou contre un écrit établissant un acte juridique, même si la somme ou la valeur n'excède pas ce montant, que par un autre écrit sous signature privée ou authentique.

Le Code civil est muet sur la **durée** des conventions locatives qu'il régit. Ainsi, sauf disposition écrite dans le bail, le bail écrit sans détermination de durée et le bail verbal entrent dans les prévisions des articles 1736, 1738 et 1758 du Code civil ; ils sont, en principe, réputés à durée indéterminée sauf usages locaux. Il a ainsi été jugé qu'en présence d'un bail verbal sa durée et celle du préavis étaient fixées par l'usage des lieux (Cass. 3e civ. 29-6-1994 no 92-17.314 : Loyers et copr. 1994 comm. no 421).

La preuve du montant du **loyer** d'un bail verbal dont l'exécution a commencé peut, en l'absence de quittance, être rapportée par serment du bailleur, sauf au locataire à préférer une estimation par expert, auquel cas les frais de l'expertise restent à sa charge si l'estimation excède le prix qu'il a déclaré (C. civ. art. 1716). Le juge ne peut en aucun cas fixer le montant du loyer ;

la contestation sur le prix du bail verbal ne peut être résolue que par la parole du bailleur ou le recours à l'expert (Cass. 3e civ. 15-3-2000 no 98-11.855 : RJDA 5/00 no 510).

> **Précisions** Pour accepter la demande d'application de l'indexation du loyer d'un bail verbal, le juge doit constater l'existence d'un accord concernant cette indexation (Cass. 3e civ. 4-10-1995 no 93-20.461 : Rev. Huissiers 1996 p. 486).

FRAIS D'ÉTABLISSEMENT DU BAIL

La commission des clauses abusives condamne la clause qui met les frais liés à la conclusion d'un bail régi par le seul droit commun à la seule charge du locataire (Recommandation 2000-01). **50520**

ÉTAT DES LIEUX

L'établissement d'un état des lieux n'est pas obligatoire en matière de bail de droit commun. Il importe cependant, tant pour le bailleur que pour le locataire, d'en établir un lors de l'entrée dans les lieux et un autre au moment de la sortie pour délimiter les droits et obligations de chacune des parties au regard de l'obligation de délivrance, l'obligation de jouir des lieux loués raisonnablement, etc. **50540**

Cet état des lieux doit être complet et précis pour être probant. Lorsque l'état des lieux d'entrée ne comporte aucune mention relative aux parquets et qu'il est constaté à la sortie du locataire que ceux-ci ont subi des dégradations, il appartient au locataire, qui veut être exonéré de toute responsabilité, de démontrer que ces dégradations sont dues à la vétusté ou à la force majeure (Cass. 3e civ. 23-1-2007 no 05-21.232 : Loyers et copr. 2007 comm. no 69), sous réserve cependant que le bail n'ait pas mis à sa charge la vétusté et la force majeure.

Un état des lieux dressé contradictoirement constate une situation de fait jusqu'à preuve du contraire (Cass. 3e civ. 23-5-2002 no 00-13.144 : RJDA 8-9/02 no 860 ; Cass. 3e civ. 25-2-2004 : RJDA 6/04 no 683) et son établissement en un unique original ne lui enlève pas sa valeur probante (Cass. 3e civ. 23-5-2002 no 01-00.938 : RJDA 8-9/02 no 860). S'il est établi de manière non contradictoire par le bailleur, il est dénué de force probante, il ne peut pas être ainsi utilisé pour imputer des dégradations au locataire (Cass. 3e civ. 16-11-2023 no 22-19.422 FS-B rendu sur le fondement de la loi 1989 mais applicable pour le bail de droit commun).

C. Information du locataire

1. DIAGNOSTICS IMMOBILIERS

BAUX À USAGE D'HABITATION OU MIXTE

Si les obligations des parties au bail de droit commun sont régies par les articles 1719 à 1727 du Code civil, le propriétaire doit toutefois respecter un certain nombre d'obligations envers le locataire. Il doit en ce sens présenter au locataire les mêmes documents légaux de diagnostics immobiliers exigés pour un bail d'habitation par la loi de 1989. **50640**

Un **dossier de diagnostic technique** fourni par le bailleur est annexé au bail lors de sa signature ou de son renouvellement pour (Loi 89-462 du 6-7-1989 art. 3-3).

Ce dossier **comprend** le diagnostic de performance énergétique (no 50650), le constat de risque d'exposition au plomb (no 50655) ainsi qu'une copie d'un état mentionnant l'absence ou, le cas échéant, la présence de matériaux ou produits de la construction contenant de l'amiante (no 50665) et un état de l'installation intérieure d'électricité et de gaz (no 50666). L'obligation relative à l'amiante ne sera toutefois effective qu'à compter de la publication du décret en précisant les modalités (Loi 89-462 du 6-7-1989 art. 3-3).

Dans les zones couvertes par un plan de prévention des risques technologiques ou par un plan de prévention des risques naturels prévisibles, prescrit ou approuvé, dans des zones de sismicité ou dans des zones à potentiel radon significatifs (zones 3 ; Arrêté no SSAP1817819A du 27-6-2018 portant délimitation des zones à potentiel radon du territoire français), le dossier de diagnostic technique est complété à chaque changement de locataire par l'état des risques (no 50660) (art. 3-3 précité), établi par des professionnels répondant aux conditions exposées nos 9050 s. En l'absence de ce document, le locataire peut poursuivre la résolution du contrat ou demander au juge une diminution du prix (Loi 89-462 du 6-7-1989 art. 3-3).

Lorsque le logement loué est situé dans une zone exposée au bruit des aéroports, l'information du locataire est renforcée (C. urb. art. L 112-11). Depuis le 1er juin 2020, le bailleur doit fournir au futur locataire un diagnostic bruit. Ce document n'a cependant qu'une valeur indicative.

Lorsque le logement loué est situé sur ou dans l'emprise d'un terrain inclus dans un secteur d'information sur le sol défini à l'article L 125-6 du Code de l'environnement, le bailleur est tenu d'en informer par écrit le locataire. Il lui communique les informations rendues publiques par l'État, en application de l'article L 125-6. L'acte de location atteste de l'accomplissement de cette formalité (C. envir. art. L 125-7).

Le dossier de diagnostic technique est communiqué au locataire par voie dématérialisée, sauf opposition explicite de l'une des parties au contrat (Loi 89-462 du 6-7-1989 art. 3-3).

> **Précisions** **a.** Le diagnostic concernant les **termites** n'est pas exigé pour la location mais seulement pour la vente.
> **b.** Sur la **déduction des revenus fonciers** des dépenses liées à l'établissement des diagnostics, voir n° 76900.
> **c.** Une **étiquette énergétique** doit accompagner toute annonce immobilière diffusée par voie de presse écrite, par internet ou affichée en agence (CCH art. L 126-33).

50650 **Diagnostic de performance énergétique** Le bailleur doit joindre au contrat de location lors de sa signature et tenir à la disposition de tout candidat locataire un **diagnostic de performance énergétique** (DPE) de moins de dix ans, dont le contenu est exposé n° 44665 (CCH art. L 126-28, L 126-29 et D 126-19).

L'article L 126-29 du CCH imposant expressément la communication du DPE lors de la conclusion du bail, cette obligation ne s'impose pas en cas de renouvellement ou de tacite prolongation du bail (Rép. Min. n° 2902 : JOAN Q 28-3-2023 p. 2934).

Depuis le 1er juillet 2021, les informations du DPE relatives à la performance énergétique (exemple : classement E) sont **opposables au bailleur.** Seules les recommandations (exemple : isolation des combles) conservent une valeur purement informative (CCH art. L 126-29). Depuis le 1er juillet 2021, tous les DPE doivent indiquer le classement du bien au regard de sa performance énergétique et de sa performance en matière d'émissions de gaz à effet de serre et, pour les biens immobiliers à usage d'habitation et à titre d'information, une indication sur le montant des dépenses théoriques de l'ensemble des usages (CCH art. L 126-33).

Lorsque le DPE a été réalisé avant le 1er juillet 2021, sa **durée de validité** est fixée dans les limites suivantes (CCH art. D 126-19) :

– réalisé entre le 1er janvier 2013 et le 31 décembre 2017, le diagnostic est valide jusqu'au 31 décembre 2022 ;

– réalisé entre le 1er janvier 2018 et le 30 juin 2021, le diagnostic est valide jusqu'au 31 décembre 2024.

> **Précisions** **a.** Sur l'obligation d'indiquer le classement énergétique du bâtiment dans les **annonces** immobilières, voir nos 44625 s.
> **b.** Des actions de **réduction de la consommation d'énergie finale** doivent être mises en œuvre dans les bâtiments, parties de bâtiments ou ensembles de bâtiments à usage tertiaire définis par décret, afin de parvenir à une réduction de la consommation d'énergie finale d'au moins 40 % en 2030, 50 % en 2040 et 60 % en 2050, par rapport à 2010 (CCH art. L 174-1). Les propriétaires d'immeubles et preneurs à bail doivent mettre en œuvre ces actions.
> **c.** À compter du 1er janvier 2026, les DPE des bâtiments et parties de bâtiments à usage d'habitation en cours de validité peuvent faire l'objet d'un document attestant de la **nouvelle étiquette du DPE,** résultant de la modification du facteur de conversion de l'énergie finale en énergie primaire de l'électricité. L'attestation, générée sous forme dématérialisée exclusivement par l'ADEME sur le site internet de l'Observatoire du diagnostic de performance énergétique et de l'audit énergétique et téléchargeable par toute personne, remplace l'étiquette initiale du DPE par une nouvelle étiquette. La validité de l'attestation prend fin à la date de validité du DPE dont elle est issue (Arrêté ATDL2519132A du 13-8-2025).

50655 **Constat de risque d'exposition au plomb** Le bailleur doit annexer à tout nouveau contrat de location le constat de risque d'exposition au plomb prévu par les articles L 1334-5 et L 1334-7 du Code de la santé publique et dont le contenu est exposé nos 44280 s. (Loi 89-462 art. 3-3). Seuls sont concernés par cette disposition les **immeubles** affectés en tout ou en partie à l'habitation et **construits avant** le 1er janvier 1949 (CSP art. L 1334-7, al. 1).

Le constat, dont les frais sont exclusivement à la charge du bailleur nonobstant toute clause contraire, doit avoir été établi depuis moins de six ans à la date de signature du contrat de location (CSP art. L 1334-7, al. 4 et R 1334-11). Toutefois, la validité d'un constat initial établissant l'absence de plomb (ou indiquant une concentration de plomb dans les revêtements inférieurs aux seuils exposés n° 44295) n'est pas limitée dans le temps (art. R 1334-11 précité) ; celui-ci peut dès lors être joint à chaque contrat de location.

À défaut d'avoir annexé le document, le bailleur peut voir sa responsabilité pénale engagée (CSP art. L 1334-7, al. 3).

> **Précisions** Selon le ministère du logement, la notion de nouveau contrat inclut le renouvellement du bail lorsqu'un nouveau contrat est conclu, mais écarte la tacite reconduction, qui ne donne pas lieu à la production d'un document (Rép. Hue : Sén. 28-2-2008 p. 402 ; dans le même sens Circ. DGS/EA 2 n° 2007-321 du 13-8-2007 : BO min. santé 2007/9 p. 149). Toutefois, il faut relever que, juridiquement, la tacite reconduction est un nouveau contrat.

État des risques En cas de location d'un bien immobilier situé dans des zones à risques, l'information des locataires est renforcée depuis le 1er janvier 2023 (C. envir. art. L 125-5, II ; art. R 125-23 à R 125-27). **50660**

Les **annonces immobilières** quel que soit leur support de diffusion doivent faire état des risques auxquels sont soumis les bâtiments loués (C. envir. art. R 125-25, I).

Les zones à risques concernées sont celles délimitées par un plan de prévention des risques technologiques (C. envir. art. R 515-45 et R 515-46), un plan de prévention des risques naturels prévisibles (C. envir. art. L 562-1, II-1° et 2°, L 562-2 et R 562-9), un plan de prévention des risques miniers (C. envir. art. L 562-2 et R 562-9), une zone de sismicité 2, 3, 4 ou 5 (C. envir. art. R 563-4, I et D 563-8-1), une zone à potentiel radon significatif (de niveau 3) (CSP art. L 1333-22 et R 1333-29), une zone assujettie à des obligations de débroussaillement et de maintien en l'état débroussaillé (C. envir. art. L 125-5, I-al. 1). Il s'agit également des zones exposées au recul du trait de côte délimitées par un plan local d'urbanisme, un document en tenant lieu ou une carte communale, ou déterminées par une carte de préfiguration (C. urb. art. L 121-22, L 121-22-3, L 121-22-6 et L 121-22-7). Depuis le 1er janvier 2025, l'information relative à l'obligation de débroussaillement et de son maintien en l'état débroussaillé doit être intégrée dans l'état des risques et pollutions (C. envir. art. L 125-5, al. 1).

L'état des risques doit avoir **moins de 6 mois** et être remis lors de la **première visite** de l'immeuble au potentiel locataire (C. envir. art. R 125-25, II). Il est actualisé par le bailleur dès lors que les informations ne sont plus exactes à la date du contrat de bail, auquel il doit être annexé (C. envir. art. L 125-25, II).

Le **contenu** de l'état des risques est mentionné aux articles R 125-24 et R 125-26 du Code de l'environnement. Les fiches d'information sur le risque sismique et/ou le risque sur le radon sont disponibles sur le site www.georisques.gouv.fr. Un modèle de l'état des risques est disponible via le portail Géorisques. Une application permet, en saisissant une adresse ou une référence cadastrale, de télécharger un état des risques prérempli qui peut être complété par la déclaration relative aux sinistres subis par le bien ou d'autres informations disponibles en préfecture (https://errial.georisques.gouv.fr). Il est à jour des dispositions relatives à l'information des acquéreurs et des locataires sur les risques, notamment la situation d'un bien exposé au recul du trait de côte (Rép. Roux : Sén. 29-6-2023 n° 6113).

En cas de **manquement du bailleur** à son obligation d'information de l'existence de ces risques ou du défaut d'intégration de cet état dans le diagnostic technique, le locataire peut demander au juge de prononcer la résolution du bail ou une diminution du loyer (C. envir. art. L 125-5, V ; CA Paris 27-5-2014 n° 13/14291 ; pour un exemple de réduction de loyer : CA Paris 2-10-2013 n° 11/20383 ou CA Nîmes 29-11-2012 n° 11/03971). Cette sanction n'est pas automatique et est soumise aux conditions de la résiliation de droit commun. Le manquement du bailleur à son obligation d'information ne suffit pas à justifier la résolution du bail : encore faut-il que le juge constate que ce manquement est d'une gravité suffisante (Cass. 3e civ. 21-9-2023 n° 22-15.850 F-D : BPIM 6/23 inf. 400 ; Cass. 3e civ. 10-9-2020 n° 19-13.760 F-D).

Sur l'obligation du bailleur d'informer le locataire sur les sinistres déjà survenus et sur les éventuels risques de pollution, voir nos 50685 s.

État relatif aux matériaux ou produits de la construction contenant de l'amiante À la liste des diagnostics obligatoires doit être ajoutée une copie d'un état mentionnant l'absence ou, le cas échéant, la présence de matériaux ou produits de la construction contenant de l'amiante, selon des modalités à définir par décret (Loi 89-462 du 6-7-1989 art. 3-3). **50665**

Bien que cette obligation n'entrera **en vigueur** qu'à compter de la parution du décret, il semble plus prudent, dans l'hypothèse où un diagnostic aurait été précédemment réalisé, de l'annexer au contrat de bail et ou de préciser la situation de l'immeuble au regard de la réglementation concernant l'amiante, au vu des risques encourus pour la santé des locataires.

État de l'installation électrique et de gaz Un état de l'installation intérieure d'électricité et de gaz, dont l'objet est d'évaluer les risques pouvant porter atteinte à la sécurité des personnes, doit être annexé au contrat de bail (Loi 89-462 du 6-7-1989 art. 3-3, 4°). **50666**

AUTRES BAUX

50670 Pour les baux autres que ceux à usage d'habitation (ou mixte), la loi n'impose pas la constitution d'un **dossier** de diagnostic technique mais la communication de certains des diagnostics établis par des professionnels satisfaisant aux conditions exposées nos 9050 s.

50675 L'exigence d'un **diagnostic de performance énergétique** (nos 44660 s.) est étendue aux baux à usage autre que l'habitation : baux commerciaux, baux à usage professionnel, bureaux... (Loi 2010-788 du 12-7-2010, dite Grenelle II ; CCH art. L 126-29, R 126-15 s.). En application de ce dispositif, le bailleur doit :

– indiquer le classement énergétique de l'immeuble dans toute annonce immobilière (CCH art. L 126-33) ;

– mettre le diagnostic à disposition de tout candidat à la location ;

– joindre le diagnostic au contrat de location lors de sa conclusion, sauf s'il s'agit d'un bail rural ou d'une location saisonnière (CCH art. L 126-29).

Pour en savoir plus voir no 50650.

50677 Par ailleurs, un état des risques (ex-ESRIS) doit être joint aux baux commerciaux dans les mêmes conditions que celles exposées no 50660 (C. envir. art. L 125-5 et R 125-6).

2. INFORMATIONS COMPLÉMENTAIRES

EXISTENCE DE SERVITUDES

50680 Lorsque le **bien** loué est **situé dans le périmètre d'une ASL** (association syndicale libre), le bailleur doit en informer son locataire ainsi que de l'existence éventuelle de servitudes (Ord. 2004-632 du 1-7-2004 art. 4, al. 2).

EXISTENCE DE SINISTRES

50685 Le bailleur d'un **immeuble** bâti doit informer le locataire de tout sinistre survenu pendant la période où il a été propriétaire (ou dont il aura lui-même été informé) et ayant donné lieu à une indemnisation au titre d'une **catastrophe naturelle, minière ou technologique.** Cette information doit figurer dans l'état des risques (no 50660) (C. envir. art. L 125-5, IV). Ce dispositif vise tout bail (habitation, bureaux, commerces...) dans la mesure où il porte sur un immeuble bâti, de sorte que la location d'un terrain nu n'y est pas assujettie.

En cas de non-respect de cette obligation, le locataire peut demander la résolution du bail ou une diminution du loyer (C. envir. art. L 125-5, V).

> **Précisions** Selon la circulaire ministérielle du 27 mai 2005, sont concernées les locations de biens situés sur les communes ayant été déclarées au moins une fois en état de catastrophe technologique ou naturelle en application des articles L 128-1, L 128-2 ou L 125-1 du Code des assurances.

RISQUES DE POLLUTION

50690 Lorsqu'un terrain est situé en « **secteur d'information sur les sols** » (SIS), y compris ceux concernés par l'obligation d'information au titre de l'article L 514-20 du Code de l'environnement (c'est-à-dire les sites sur lesquels ont été exploitées des installations classées soumises à autorisation ou enregistrement), le bailleur est tenu d'en informer par écrit le locataire dans un document d'information annexé au contrat de bail (C. envir. art. L 125-7). Le bailleur s'assure de la validité des informations qu'il contient à la date de signature de contrat et les met à jour le cas échéant (C. envir. art. R 125-27). Si le document n'est pas communiqué ou si une pollution constatée rend le terrain impropre à la location, le locataire a le choix de demander la résolution du contrat ou, selon le cas, une diminution du loyer (C. envir. art. L 125-7).

Les SIS sont des périmètres définis par le préfet. Ils comprennent les terrains où la connaissance de la pollution des sols justifie, notamment en cas de changement d'usage, la réalisation d'études de sols et de mesures de gestion de la pollution pour préserver la sécurité, la santé ou la salubrité publiques et l'environnement (en pratique, les terrains des SIS, qui seront cartographiés à l'échelle du parcellaire cadastral, seront des sites – potentiellement – pollués suivis par l'administration provenant de la base Basol dont l'activité est terminée ; on y recensera également d'autres sites, répondant aux mêmes critères de connaissance de la pollution et dont les données sont gérées par les organismes publics détenteurs d'inventaires tels que le ministère chargé de l'agriculture, le ministère chargé de la défense, le BRGM, l'IRSN, Géoderis, l'Andra, l'ASN, etc.).

Ces secteurs doivent faire l'objet d'une véritable publicité. Ainsi, ces SIS doivent être indiqués sur un ou plusieurs documents graphiques et annexés au plan local d'urbanisme (PLU), au plan d'occupation des sols (POS) ou à la carte communale. À défaut et si une pollution constatée rend le terrain impropre à la destination précisée dans le bail, le locataire pourra demander la résolution du bail ou une réduction du loyer, dans un délai de deux ans après la découverte de la pollution (art. précité).

Sont exclus des SIS les terrains d'emprise des installations classées pour la protection de l'environnement, les installations nucléaires de base en exploitation mentionnées à l'article L 593-2, les activités nucléaires en cours d'exercice, les terrains où des servitudes d'utilité publique ont été prises et les pollutions pyrotechniques (C. envir. art. R 125-43).

La liste et la carte des SIS publiées sont accessibles sur le site Géorisques (www.georisques.gouv.fr). La recherche peut se faire par département et/ou par commune. Chaque SIS comprend une représentation graphique, à l'échelle cadastrale, des parcelles le délimitant, ainsi que les informations détenues par l'État sur la pollution des sols sur ces parcelles. Le décret 2022-1588 du 19 décembre 2022 (JO 20 texte nº 16) définit et classe les « types d'usages » des sites et sols pollués afin de déterminer l'usage futur d'un site après cessation d'activité d'une ICPE et les cas dans lesquels il y a changement d'usage (BPIM 1/23 inf. 16). Pour en savoir plus voir nos 9023 et 11170.

> **Précisions** Aucun dol ou défaut de délivrance n'est imputable au bailleur d'un local à raison d'une pollution résiduelle du site dès lors qu'avant le bail, le bailleur a **dépollué** le site, le rendant compatible avec l'activité du locataire, et que ce dernier connaissait ce risque dès l'origine (CA Paris 7-3-2012 nº 10-03744 : BPIM 2/12 inf. 162 confirmé par Cass. 3e civ. 9-4-2013 nº 12-20.344, Sté Genedis c/ Sté Caprim).

ANNEXE ENVIRONNEMENTALE

L'annexe environnementale, aussi connue sous l'appellation d'« annexe verte », doit être **insérée** dans les baux portant sur des **locaux** de plus de 2 000 m^2 à usage de bureaux ou de commerce (C. envir. art. L 125-9, 1), seuil de surface qui, en pratique, exclut les petits commerces situés en bas d'immeubles et les bureaux isolés. **50695**

L'article L 125-9 du Code de l'environnement, qui ne précise pas la **nature juridique du bail concerné** par l'annexe verte, s'applique assurément au bail commercial relevant des dispositions de l'article L 145-1, alinéa 1 du Code de commerce. À notre avis, sont aussi visés le bail commercial par application conventionnelle du statut, le bail portant sur des locaux accessoires, le bail de courte durée de l'article L 145-5, le bail professionnel visé par l'article 57 A de la loi du 23 décembre 1986 et le bail civil de droit commun. Les locaux à usage d'habitation sont en revanche exclus.

> **Précisions** L'annexe environnementale doit comporter des **informations fournies respectivement par** le **bailleur** et le **locataire** (CCH art. D 174-19) :
>
> – la liste, le descriptif complet et les caractéristiques énergétiques des équipements existant dans le bâtiment (pour le bailleur) ou mis en place dans les locaux (pour le locataire) et relatifs au traitement des déchets, au chauffage, au refroidissement, à la ventilation et à l'éclairage ainsi qu'à tout autre système lié aux spécificités du bâtiment pour le bailleur ou pour le locataire à son activité spécifique ;
>
> – les consommations annuelles énergétiques réelles des équipements et systèmes dont il a l'exploitation (pour le bailleur) ou situés dans les locaux ou dont il a l'exploitation (pour le locataire) ;
>
> – les consommations annuelles d'eau des locaux loués et des équipements et systèmes exploités par le locataire et le bailleur ;
>
> – la quantité annuelle de déchets générée par le bâtiment (pour le bailleur) ou à partir des locaux loués (pour le locataire), s'ils en assurent le traitement et, le cas échéant, la quantité qu'ils ont fait collecter en vue d'une valorisation ou d'un traitement spécifique.
>
> Par ailleurs, le locataire et le bailleur doivent établir, selon une périodicité qu'ils fixent, un **bilan de l'évolution de la performance énergétique et environnementale** du bâtiment et des locaux loués sur la base duquel ils s'engagent sur un **programme d'actions** visant à améliorer la performance énergétique et environnementale du bâtiment et des locaux loués (CCH art. D 174-21). Afin d'établir ce bilan, les propriétaires ou gestionnaires d'immeubles peuvent désormais disposer de données de comptage d'énergie en application des articles L 341-4 et L 453-7 du Code de l'énergie.
>
> Les conditions de mise à disposition des propriétaires ou gestionnaires d'immeubles à usage résidentiel ou tertiaire, par les gestionnaires de réseau public de distribution d'électricité, des données de consommation des occupants de ces immeubles sont précisées aux articles D 341-13 à D 341-17 du Code de l'énergie. Sont également concernés les abonnements au gaz (C. énergie art. D 453-9 à D 453-13).
>
> Aucune **sanction** n'est prévue en cas de **défaut d'établissement de l'annexe.** Si l'une des parties refuse de fournir les éléments nécessaires à son élaboration, l'autre partie pourra rechercher sa responsabilité pour obtenir des dommages-intérêts, à condition d'établir que l'absence d'annexe lui cause un préjudice personnel.

Le bailleur peut avoir tout intérêt à ce que l'annexe soit établie et un programme d'amélioration des locaux défini : la performance énergétique et environnementale des locaux est en effet un facteur de valorisation de ceux-ci. Lors de la conclusion d'un nouveau bail, on peut penser qu'il n'aura pas de mal à obtenir de son futur locataire qu'il lui communique les informations nécessaires et qu'il s'engage sur des actions d'amélioration ; pour assurer l'exécution de celles-ci, mieux vaut insérer dans le bail une **clause pénale** et une **clause de résiliation.**

SECTION 3 OBLIGATIONS DES PARTIES EN COURS DE BAIL

I. OBLIGATIONS DU BAILLEUR

50800 Même en l'absence de stipulations particulières dans le bail, le bailleur est obligé, par la nature du contrat, de délivrer au locataire le bien loué, de l'entretenir en état de servir à l'usage pour lequel il a été loué et d'en faire jouir paisiblement le locataire pendant la durée du bail (C. civ. art. 1719).

L'étude de la pratique révèle cependant une large tendance à stipuler des **clauses exonératoires ou limitatives** de ces obligations. La validité de telles stipulations peut être remise en cause. Ainsi, dans un domaine différent, néanmoins transposable aux rapports locatifs, a-t-il été jugé qu'en cas de manquement à une obligation essentielle du contrat la clause limitative de responsabilité, qui contredit l'engagement pris, devait être réputée non écrite (Cass. 3e civ. 22-10-1996 : RJDA 1/97 no 6). En tout état de cause, même lorsque les tribunaux reconnaissent la validité de telles stipulations, ils les interprètent toujours restrictivement. Il importe donc d'utiliser avec prudence toute clause exonératoire ou limitative des obligations qui relèvent de la nature même du contrat.

Ce principe a été confirmé par la commission des **clauses abusives,** qui recommande que soient éliminées, dans tous les baux, régis ou non par le seul droit commun, les clauses ayant pour objet ou pour effet (Recommandation 2000-01) :

- d'interdire au locataire, par des clauses non limitatives de renonciation, tout recours contre le bailleur ;
- d'exonérer le bailleur d'un emplacement de véhicule de sa responsabilité en cas de détérioration du véhicule lorsque celle-ci lui est imputable ;
- d'interdire au locataire de rechercher la responsabilité du bailleur en raison d'un défaut d'entretien de l'immeuble, de la vétusté ou de la dangerosité des éléments installés ;
- d'interdire au locataire de rechercher la responsabilité du bailleur en cas de destruction totale des lieux loués ;
- d'exonérer le bailleur de sa responsabilité lorsque le contrat impose au locataire de remettre ses clefs, en cas d'absence, à une personne qu'il n'a pas lui-même librement choisie ;
- d'exonérer, dans tous les cas, le bailleur de sa responsabilité pour les troubles, dommages ou actes délictueux causés par les colocataires occupants de l'immeuble ou les tiers.

En outre, dans un contrat d'adhésion, toute clause non négociable, déterminée à l'avance par l'une des parties, qui crée un déséquilibre significatif entre les droits et obligations des parties au contrat est réputée non écrite. L'appréciation du déséquilibre significatif ne porte ni sur l'objet principal du contrat ni sur l'adéquation du prix à la prestation (C. civ. art. 1171). Cette disposition pourrait s'appliquer à un bail dès lors que celui-ci serait susceptible d'être qualifié de contrat d'adhésion. La Cour de cassation, dans un arrêt du 26 janvier 2022, a jugé que l'intention du législateur était que l'article 1171 du Code civil, qui régit le droit commun des contrats, sanctionne les clauses abusives dans les contrats ne relevant pas des dispositions spéciales des articles L 442-6 du Code de commerce et L 212-1 du Code de la consommation (Cass. 3e civ. 26-1-2022 no 20-20.223 FS-B : BPIM 2/22 inf. 154).

Le bailleur doit respecter un **devoir général d'information** sous peine de voir sa responsabilité engagée. Ainsi, celle des parties qui connaît une information dont l'importance est déterminante pour le consentement de l'autre doit l'en informer dès lors que cette dernière ignore cette information ou fait confiance à son cocontractant (C. civ. art. 1112-1).

A. Obligation de délivrance de la chose louée

DÉLIVRANCE DE LA CHOSE LOUÉE

Le bailleur est obligé, par la nature du contrat, et sans qu'il soit besoin d'aucune stipulation particulière, de délivrer au locataire la chose louée, et il lui appartient de prouver qu'il s'est libéré de son obligation (Cass. 3e civ. 25-6-2008 n° 07-14.341 : RJDA 10/08 n° 987 ; Cass. 3e civ. 22-5-2013 n° 12-16.021 : Loyers et copr. 2013 comm. n° 231 ; Cass. 3e civ. 15-10-2013 n° 12-20.993 : Loyers et copr. 2013 comm. n° 331 ; Cass. 3e civ. 6-5-2014 n° 12-29.504 : AJDI 2014 p. 613). Le bailleur est tenu d'une obligation de délivrance même pendant la période de maintien dans les locaux loués après un refus de renouvellement avec offre de paiement d'une indemnité d'éviction et avant versement de ladite indemnité (Cass. 3e civ. 28-11-2019 n° 18-18.862 : Loyers et copr. 2020 comm. n° 13). **50805**

Il doit remettre au locataire non seulement le local principal, objet du bail, mais aussi ses accessoires, lesquels comprennent par exemple les caves ou greniers ou le droit de passage dans une cour (Cass. 3e civ. 4-11-1992 n° 90-22.020 : Loyers et copr. 1993 comm. n° 88).

S'agissant d'un immeuble bâti, l'obligation de délivrance suppose notamment la **remise des clefs** au locataire.

L'obligation de délivrance oblige le bailleur à remettre au locataire un **local conforme à sa destination contractuelle** (Cass. 3e civ. 29-4-2002 n° 00-20.213 : Rev. Loyers 2002 p. 410, à propos de la réglementation sur le changement d'affectation des locaux ; Cass. 3e civ. 28-11-2007 n° 06-17.758 : RJDA 3/08 n° 235). Tel est le cas d'un local loué lorsque le raccordement à l'égout n'a pas été fait (Cass. 3e civ. 11-10-1989 n° 88-14.439 : Loyers et copr. 1990 comm. n° 8 ; Cass. 3e civ. 14-2-2012 n° 11-10.451 : AJDI 2012 p. 260 obs. S. Porcheron) ou lorsque le bailleur ne s'est pas assuré que le syndicat des copropriétaires autoriserait le locataire à entreprendre lesdits travaux (Cass. 3e civ. 18-3-1998 n° 96-15.277 : BPIM 4/98 inf. 290) ou encore lorsque l'immeuble ne peut pas répondre aux normes de sécurité et empêche ainsi l'utilisation des lieux pour la destination contractuellement autorisée (Cass. 3e civ. 16-9-2008 n° 07-18.303 : RJDA 12/08 n° 1224 ; Cass. 3e civ. 4-7-2019 n° 18-17.107 : Rev. loyers 2019 p. 389). De même lorsque le bailleur remplace un système de chauffage au gaz par une installation électrique plus onéreuse, si le locataire a loué les locaux en prenant en compte cet usage (Cass. 3e civ. 19-11-2014 n° 12-27.061 : RJDA 3/15 n° 159). La solution est identique lorsque les travaux d'achèvement n'ont pas été effectués par le bailleur (Cass. 3e civ. 3-11-1988 n° 87-13.854) ou lorsque la demande de permis de construire, déposée par le bailleur avant la prise d'effet de la location, concernant un changement d'affectation de l'immeuble, est refusée (Cass. 3e civ. 18-5-2005 n° 04-13.798 : RJDA 10/05 n° 1070). La non-réalisation de travaux imposés par l'administration peut être également rattachée à l'obligation de délivrance (Cass. 3e civ. 19-4-1989 n° 87-14.942 : Bull. civ. III n° 83 pour des travaux de mise en conformité demandés par la commission de sécurité pour l'exploitation d'un café-restaurant ; Cass. 3e civ. 2-7-2003 n° 01-16.246 : RJDA 10/03 n° 1027 pour des travaux de désamiantage). Manque également à son obligation de délivrance le bailleur qui met à la disposition de son locataire un local ne respectant pas le seuil réglementaire de niveau d'amiante, et ce même si le seuil résulte d'un décret postérieur à la conclusion du bail (Cass. 3e civ. 10-9-2020 n° 18-21.890 F-D : RJDA 12/20 n° 629). **50806**

De même, un bail doit être résilié aux torts exclusifs du bailleur pour manquement à son obligation de délivrance dès lors que le local ne peut pas être affecté à l'usage prévu (CA Paris 2-12-2015 n° 13/22506, pôle 5, 3e ch., J. c/ SCI Laurent). Il est de jurisprudence constante que les autorisations administratives doivent être obtenues par le bailleur préalablement à la conclusion du bail (Cass. 3e civ. 29-4-2002 n° 00-22.366 : Rev. loyers 2002, p. 410). Le bailleur qui loue un local édifié sans permis de construire manque à son obligation de délivrance, peu important que le locataire ait pu exploiter le local conformément à sa destination (Cass. 3e civ. 1-6-2022 n° 21-11.602 FS-B : BPIM 4/22 inf. 316).
En cas d'annulation d'un bail pour un motif étranger au locataire, l'indemnité d'occupation représente la contrepartie de la jouissance des lieux. Dès lors, si le locataire n'a pas bénéficié de la jouissance de locaux conformes à leur destination contractuelle, il n'est pas redevable d'une indemnité d'occupation (Cass. 3e civ. 3-11-2021 n° 20-16.334 FS-B : BPIM 1/22 inf. 67). Au cas particulier, un bail commercial avait été annulé en raison d'une erreur sur la substance caractérisée par l'impropriété du local à sa destination contractuelle.

Sauf clause expresse contraire, les obligations pesant sur le promoteur immobilier envers le preneur, au titre des travaux de réhabilitation d'un immeuble loué, n'exonèrent pas le bailleur, tenu d'une obligation de délivrance, de la prise en charge des travaux nécessaires à l'activité stipulée au bail (Cass. 3e civ. 18-1-2018 n° 16-26.011 F-PBI : BPIM 2/18 inf. 141, pour des travaux de désamiantage d'un immeuble loué à usage de crèche).

Le bailleur doit répondre du préjudice causé à son locataire en cas de location dont la destination n'est pas conforme à celle autorisée par la loi (Cass. 3e civ. 19-1-2000 n° 98-13.194 : RJDA 9-10/00 n° 836 dans un cas de changement d'affectation contraire à l'article L 631-7 du CCH) ou au règlement de copropriété (CA Aix-en-Provence 31-1-2002 n° 97/09103 : Loyers et copr. 2003 comm. n° 29).

> **Précisions** **a.** Si la jurisprudence admet que le bailleur puisse contractuellement mettre **à la charge du locataire,** par une clause expresse du bail, les travaux rendus nécessaires par la vétusté, il ne peut pas pour autant, en raison de l'obligation de délivrance à laquelle il est tenu, s'exonérer de l'obligation de procéder aux travaux rendus nécessaires par les vices affectant la structure de l'immeuble (Cass. 3e civ. 9-7-2008 nº 07-14.631 : RJDA 11/08 nº 1092).
> **b.** Les pratiques dictées par des convictions religieuses des preneurs ne font naître à la charge du bailleur aucune obligation spécifique sauf clause expresse du bail (Cass. 3e civ. 18-12-2002 nº 01-00.519 : RJDA 3/03 nº 242).

50807 **Cas particulier** Si tout ou **partie des locaux** est **loué à usage d'habitation principale,** le bailleur est tenu de délivrer un logement décent (C. civ. art. 1719, 1º). Cette obligation s'impose même si le logement est loué dans le cadre d'un bail commercial (Cass. 3e civ. 14-10-2009 nº 08-10.955 : RJDA 1/10 nº 4 ; CA Paris 1-7-2009 nº 06/20191 : RJDA 12/09 nº 1044 ; CA Versailles 1-7-2014 nº 13/08720 : RJDA 11/14 nº 825) et le bailleur ne peut se prévaloir de la nullité du bail ou de sa résiliation pour demander l'expulsion de l'occupant (C. civ. art. 1719, 1º). Il résulte de cette obligation de délivrer un logement décent que lorsqu'un logement ne comporte pas qu'une seule pièce, l'installation sanitaire intérieure doit, notamment, comprendre un W.-C. (Cass. 3e civ. 21-3-2012 nº 11-14.838 : RJDA 6/12 nº 564). Un logement décent est un logement qui répond aux caractéristiques définies par le décret 2002-120 du 30 janvier 2002 modifié par le décret 2023-796 du 18 août 2023 précisant les niveaux de performance minimaux et les critères relatifs aux contraintes architecturales ou patrimoniales qui font obstacle à l'atteinte de ce critère ou de ces niveaux dans la définition du logement décent.

Ne constitue pas un logement décent le local loué à usage d'habitation dont la surface est inférieure à 9 m² (Cass. 3e civ. 17-12-2015 nº 14-22.754 : BPIM 1/16 inf. 67). Confronté à un logement qui ne répond pas aux normes élémentaires de confort, d'habitabilité et de sécurité, le locataire peut quitter les lieux et obtenir la résiliation du bail sans avoir à respecter un délai de préavis (CA Pau 29-6-2020 nº 19/00379). Le locataire est dispensé de son obligation de paiement des loyers lorsque le bailleur délivre un logement ne remplissant pas les caractéristiques de décence, le bien loué ne pouvant être utilisé conformément à sa destination (CA Metz 11-3-2021 nº 19/01548). De même, l'obligation du locataire de régler son loyer est suspendue en présence d'un arrêté d'insalubrité (CA Pau 29-7-2021 nº 20/02564).

L'exception d'inexécution n'est admise qu'en cas d'impossibilité totale d'habiter les locaux loués (Cass. 3e civ. 13-3-2025 nº 22-23.406). Lorsqu'il n'est pas démontré que le bien loué à usage d'habitation est inhabitable, le fait que le logement donné à bail ne répondait pas aux normes de décence ne suffise pas à justifier l'exception d'inexécution invoqué par le locataire (Cass. 3e civ. 28-11-2024 nº 23-18.135).

L'**indemnisation** du locataire pour les troubles de jouissance subis du fait du manquement par le bailleur à son obligation de délivrance d'un logement décent n'est pas subordonnée à une mise en demeure du bailleur (Cass. 3e civ. 4-6-2014 nº 13-12.314 : Bull. civ. III nº 74 ; CA Metz 8-4-2021 nº 19/02208). Le trouble de jouissance subi par le preneur est intégralement réparé par le bailleur (Cass. 3e civ. 1-7-2014 nº 13-13.747).

L'obligation de délivrance d'un logement décent est une obligation continue. Sauf cas de force majeure, le bailleur est tenu d'indemniser le locataire en cas de désordres apparus au cours du bail et qui ont pris fin par l'effet de la clause résolutoire (Cass. 3e civ. 16-5-2024 nº 23-12.438 F-D).

Les logements à usage d'habitation, qu'ils se situent dans une habitation individuelle ou collective, doivent être équipés de détecteurs de fumées normalisés (CCH art. R 129-13).

> **Précisions** La loi Élan (Loi 2018-1021 du 23-11-2018) a renforcé les moyens juridiques pour lutter contre les « **marchands de sommeil** » en aggravant les sanctions pouvant être prises à leur encontre (confiscation de biens, d'interdiction d'acheter pour une durée maximale de dix ans) (C. pén. art. 225-19). Elle interdit notamment la participation à une vente par adjudication à toute personne frappée d'interdiction d'acheter du fait de la commission de l'un des délits rattachables à une activité de « marchand de sommeil » (C. exécution art. L 322-7-1). Elle généralise également la possibilité pour l'autorité administrative de prononcer une astreinte à l'encontre du bailleur d'un habitat indigne, laquelle pourra être prononcée dès que les mesures prescrites par un arrêté, une mise en demeure, une injonction ou une décision notifiée n'auront pas été exécutées à échéance (CCH art. L 123-3).

50808 **Exonération** L'obligation de délivrance est, en elle-même, essentielle à la formation du contrat de bail. En conséquence, aucune **stipulation contractuelle** ne peut en exonérer le bailleur (Cass. 1re civ. 11-10-1989 : Bull. civ. I nº 317). Ainsi a-t-il été jugé que le bailleur ne peut pas se décharger de son obligation de délivrance en stipulant :

– que le locataire prend les locaux en l'état où ils se trouvent (Cass. 3e civ. 5-6-2002 nº 00-19.037 : RJDA 8-9/02 nº 856 ; Cass. 3e civ. 10-12-2008 nº 07-20.277 : RJDA 3/09 nº 181 ; CA Aix-en-Provence 4-2-2021 nº 19/0709 ; contra nº 50810) ;

– que le locataire s'oblige à faire son affaire personnelle de l'obtention des autorisations administratives nécessaires à l'utilisation des locaux et que l'autorisation donnée au locataire d'exercer certaines activités n'implique aucune garantie de sa part (Cass. 3e civ. 2-7-1997 nº 95-14.151 : RJDA 12/97 nº 1464) ;

– que le locataire fera son affaire personnelle et exclusive de tous travaux, installations, mise aux normes qui seraient imposés par l'administration à l'occasion d'un contrat de bail professionnel dans lequel le bailleur avait refusé de prendre à sa charge les travaux de mise aux normes des locaux en conformité avec la réglementation applicable en matière d'établissements recevant du public (CA Paris 22-1-2014 nº 12/05618 : Loyers et copr. 2014 comm. nº 140) ;

– que le locataire prendra les biens loués en l'état, sans pouvoir exiger de travaux quelconques, rendus nécessaires par l'état de vétusté ou par l'existence de vice caché (CA Reims 12-1-2021 nº 19/02302) ;

– que le locataire réalisera des travaux de rénovation du local. Le bailleur ne peut en effet, par le biais d'une clause relative à l'exécution par le locataire de travaux dans les lieux loués, s'exonérer de son obligation de délivrance (CA Nancy 26-5-2021 nº 20/01667) ;

– que le locataire devra souffrir sans aucune indemnité, quelles qu'en soient l'importance et la durée, tous les travaux qui pourraient devenir utiles ou nécessaires dans les lieux loués (Cass. 3e civ. 1-6-2005 nº 04-12.200 : RJDA 10/05 nº 1071). Il en va différemment lorsque les travaux ont été convenus entre les parties (Cass. 3e civ. 16-5-2007 nº 06-18.286 : RJDA 8-9/07 nº 818). L'obligation de délivrance du bailleur ne recouvre pas l'exécution de travaux ou réparations, d'une part de nature locative et d'autre part qui auraient été spécialement mis à la charge du preneur par une clause particulière du bail (CA Montpellier 15-10-2019 nº 16/08099) ;

– que le locataire renonce à tout recours pour les dégâts causés dans les locaux loués, du fait de la privation ou de troubles de jouissance des lieux (Cass. 3e civ. 10-4-2025 nº 23-14.974 FS-B : BPIM 3/25 inf. 165) ;

– que le locataire a manqué à son obligation de souscription d'une assurance conformément aux stipulations du bail (Cass. 3e civ. 22-5-2025 nº 23-16.844 F-D).

La clause selon laquelle le locataire déclare avoir une parfaite connaissance des lieux loués ne concerne pas la structure de ces derniers et n'exonère pas le bailleur de son obligation de délivrance (CA Versailles 19-3-2020 nº 18/08325). Ni la connaissance de l'état des lieux, ni la faiblesse du loyer, ni les droits accordés au locataire de sous-louer ou de faire des travaux ne justifient que le bailleur soit exonéré de son obligation de délivrance (Cass. 3e civ. 20-9-2006 nº 05-16.243 : RJDA 12/06 nº 1207). Toutefois, le locataire qui a été en mesure de se rendre compte du mauvais état de l'immeuble loué et paie un loyer particulièrement bas s'expose à voir sa demande de dommages-intérêts rejetée dès lors que les juges du fond, souverains dans leur appréciation, estiment le trouble de jouissance accepté et compensé par un loyer faible (Cass. 3e civ. 14-5-2008 nº 07-13.461 : RJDA 8-9/08 nº 892).

Le bailleur ne peut pas non plus s'exonérer de son obligation au motif que le défaut de délivrance serait le **fait d'un précédent locataire** car le bailleur doit répondre de ses locataires (Cass. 3e civ. 19-5-2004 nº 03-12.541 : RJDA 8-9/04 nº 947). Ainsi, l'occupation illicite du bien loué par le sous-locataire du précédent locataire qui en empêche la délivrance au nouveau locataire ne constitue une cause étrangère exonérant la responsabilité du bailleur que si elle revêt les caractères de la force majeure, peu important la bonne foi de ce dernier et le fait qu'il ait usé des voies de droit habituelles pour réintégrer son bien et le remettre au locataire (Cass. 3e civ. 28-9-2005 nº 04-13.720 : RJDA 12/05 nº 1321).

Aussi, lorsque le preneur est à l'origine de l'absence de restitution des clés, il ne peut obtenir la résolution du bail pour manquement du bailleur à son obligation de délivrance (Cass. 3e civ. 20-10-2016 nº 15-19.533 FS-D : RJDA 2/17 nº 63).

BON ÉTAT DE LA CHOSE LOUÉE

Le bailleur doit remettre le bien loué en bon état de **réparations** de toute espèce (C. civ. art. 1720, al. 1). Il doit ainsi offrir au locataire des lieux en bon état de réparations locatives, d'entretien et de grosses réparations. **50810**

Cette obligation n'est cependant pas essentielle à l'existence du bail ; les parties peuvent donc valablement y déroger en disposant que le locataire prend les lieux loués dans l'état où ils se trouvent sous réserve cependant que les lieux loués permettent la destination autorisée par le bail (Cass. 3e civ. 2-7-1997 nº 95-14.151 : Bull. civ. III nº 123 ; Cass. 3e civ. 2-7-2003 : AJDI 2003 p. 751 ; CA Aix-en-Provence 4-2-2021 nº 19/0709) et qu'ils répondent aux autres clauses contractuelles de bail (Cass. 3e civ. 1-10-1997 nº 96-10.473 : RJDA 12/97 nº 1464, 2e esp.).

> Précisions **a.** Toute **dérogation** au droit commun du louage, bien qu'autorisée en l'absence d'ordre public, s'interprète restrictivement : lorsque le bail dispense le bailleur de son obligation de délivrance des lieux loués en bon état de réparations de toute espèce, cela ne le dispense pas pour autant d'effectuer, pendant la durée du bail, toutes les réparations qui peuvent devenir nécessaires autres que celles mises à la charge du locataire (Cass. 3e civ. 18-3-1992 : Loyers et copr. 1992 comm. n° 246 ; nos 50880 s.). Ainsi, les dépenses de ravalement, qui ne constituent pas des charges locatives, incombent au bailleur, sauf stipulation expresse contraire, le seul paiement des provisions étant insuffisant à caractériser un accord du locataire pour les prendre à sa charge (Cass. 3e civ. 19-12-2012 n° 11-25.414 : BPIM 2/13 inf. 149).
b. Lorsque le bailleur a délivré un immeuble conforme à son usage d'habitation, le bail ne peut pas être résilié à ses torts lorsqu'il apparaît que les dégradations invoquées par la société locataire ont été causées par ses **salariés,** occupants des locaux (Cass. 3e civ. 18-1-2018 n° 16-18.895 F-D : BPIM 2/18 inf. 142).
c. Si le bailleur est tenu de mettre à disposition un local en bon état d'usage et de réparation, de délivrer un logement décent et d'assurer au preneur la jouissance paisible des lieux pendant toute la durée du bail, cette obligation est subordonnée à une information préalable et à la **participation active des occupants** qui doivent permettre au bailleur de faire procéder aux éventuelles réparations. À défaut d'interpellation du bailleur, ce dernier ne peut être condamné à indemniser les preneurs au titre d'un préjudice de jouissance (CA Nîmes 4-3-2021 n° 19/03042).

SANCTIONS

50820 L'inexécution par le bailleur de son obligation de délivrance peut donner lieu, à l'initiative du locataire :

– soit à une **action en exécution forcée** : cette action peut viser aussi bien l'obligation de délivrance elle-même que celle de délivrer les lieux loués en bon état. Cette exécution forcée peut être faite par le bailleur mais également par un tiers ou par le locataire lui-même, lequel doit être autorisé préalablement à agir, sauf hypothèse où les travaux, indispensables à la jouissance des lieux loués, sont engagés à un prix normal ;

– soit à une **action en exception d'inexécution** (n° 51425) : cette action a pour effet de libérer le locataire de son obligation de payer le prix de la location jusqu'à la délivrance des lieux loués par le bailleur (Cass. 3e civ. 8-6-1988 n° 87-11.107 ; Cass. 3e civ. 27-2-2020 n° 18-20.865 : Loyers et copr. 2020 comm. n° 49) ;

– soit à une **action en résiliation** du bail : sauf clause résolutoire de plein droit stipulée au bail (nos 52445 s.), le locataire doit saisir le juge pour faire prononcer la résiliation du bail si tel est son souhait (par exemple, CA Paris 16-1-2019 n° 13/04927 : Administrer mars 2019, à propos d'un local à usage de restaurant sans cheminée d'extraction).

Le locataire peut en outre demander des **dommages-intérêts** s'il a subi un préjudice, tel que l'apparition ou l'aggravation d'une maladie résultant de l'état sanitaire des locaux (Cass. 3e civ. 19-1-2005 n° 03-15.631 : RJDA 4/05 n° 364).

> Précisions **a.** Le bailleur qui a loué une maison dans un état inconcevable pour un usage d'habitation en raison des infiltrations, de l'humidité, des moisissures, de la vétusté des installations électriques, etc. peut être condamné à rembourser les loyers versés par les locataires pendant toute leur occupation des lieux (Cass. 3e civ. 2-6-2004 n° 03-12.933 : Rev. Loyers 2004 p. 603).
b. Le liquidateur d'un locataire en liquidation judiciaire ne peut pas demander au bailleur de payer le coût de travaux de mise en conformité, qui ne seront pas réalisés faute de poursuite de l'activité. Ce coût constitue une avance sur l'exécution des travaux, pas un préjudice indemnisable (Cass. 3e civ. 6-4-2023 n° 19-14.118 FS-B : BPIM 3/23 inf. 212).

B. Obligation d'entretien et de réparations

OBLIGATION D'ENTRETIEN

50880 En cours de bail, le bailleur est tenu d'entretenir la chose louée en état de servir à l'usage pour lequel elle a été louée (C. civ. art. 1719, 2°). Sans qu'aucune stipulation particulière ne soit nécessaire, le bailleur est tenu d'entretenir la chose en état de servir à l'usage pour lequel elle a été louée et d'y faire, pendant la durée du bail, toutes les réparations qui peuvent devenir nécessaires, autres que locatives (CA Bourges 6-6-2019 n° 18/00083).

À la lecture de l'article 1719 du Code civil, cette obligation concerne les lieux loués mais la question s'est posée à plusieurs reprises, pour des locaux commerciaux, de savoir si cette obligation devait être étendue à l'environnement des lieux loués et, plus particulièrement, s'agissant de locaux loués dans l'enceinte d'un **centre commercial,** aux parties communes de ce centre. À plusieurs reprises, la Cour de cassation a déclaré que, sauf stipulation particulière au bail (pour la garantie du maintien du concept du centre commercial : CA Paris 13-3-2002 n° 99-21169 : RJDA 11/02 n° 1117), le bailleur n'était pas tenu d'indemniser le préjudice subi par le locataire du fait de la perte de fréquentation de la galerie marchande et plus généralement des modifications de l'environnement commercial des lieux loués (Cass. 3e civ. 12-7-2000 n° 98-23.171 : RJDA 11/00 n° 956 ; Cass. 3e civ. 24-9-2002 n° 01-11.334 : RJDA 12/02 n° 1238 ; Cass. 3e civ. 28-6-2005 : RJDA 2/06 n° 107 ; Cass. 3e civ. 3-7-2013 n° 12-18.099 : RJDA 11/13 n° 879 pour une application du principe aux relations entre locataire et sous-locataire ; CA Versailles 11-2-2021 n° 19/03622) ni d'assurer la bonne commercialité du centre (Cass. 3e civ. 15-12-2021 n° 20-14.423 FS-B : BPIM 2/22 inf. 157).

S'il est propriétaire du centre commercial, le bailleur est toutefois tenu d'entretenir les parties communes du centre puisqu'elles constituent des accessoires nécessaires au bien loué (Cass. 3e civ. 19-12-2012 n° 11-23.541 : RJDA 4/13 n° 296 ; Cass. 3e civ. 23-1-2020 n° 18-19.051 : RJDA 4/20 n° 199 ; TGI Paris 10-4-2019 n° 17/09767 : RJDA 11/19 n° 675). Dès lors, le bailleur qui n'a pas procédé aux diligences nécessaires pour remédier à l'insécurité et au mauvais entretien du local loué et du centre commercial dans lequel il est situé est à l'origine de la dégradation de la commercialité des lieux et doit indemniser le locataire (Cass. 3e civ. 23-1-2020 n° 18-19.051 F-D : BPIM 2/20 inf. 151).

Durée et étendue L'**obligation** d'entretien est **permanente** et ne suppose aucune demande ou avertissement de la part du locataire. Elle doit donc être exécutée spontanément par le bailleur, qui est censé connaître l'entretien nécessaire aux biens loués (Cass. soc. 21-2-1959 : Bull. civ. IV n° 286). Il doit ainsi exécuter les travaux d'adaptation du système de climatisation (CA Versailles 2-10-2001 : RJDA 3/02 n° 230). En cas de vice apparu en cours de bail que seul le locataire est à même de constater, la responsabilité du bailleur ne peut être engagée que si, informé de la survenance du défaut, il n'a pris aucune disposition pour y remédier. (Cass. 3e civ. 13-10-2021 n° 20-19.278 FS-B : BPIM 6/21 inf. 398). **50890**

L'obligation d'entretien emporte également obligation pour le bailleur d'assumer la charge des **travaux prescrits par l'administration,** sauf stipulation expresse contraire (Cass. 3e civ. 13-7-1994 : RJDA 12/94 n° 1262 ; Cass. 3e civ. 10-5-2001 n° 96-22.442 : RJDA 7/01 n° 756 ; Cass. 3e civ. 7-3-2007 n° 05-17.146 : RJDA 6/07 n° 592 ; Cass. 3e civ. 28-01-2021 n° 20-13.854 F-D : BPIM 2/21 inf. 149). La charge des travaux imposés par l'administration s'impose au bailleur lorsque ceux-ci ont pour objet de rendre les lieux conformes à leur destination contractuelle ou à la sécurité des lieux (Cass. 3e civ. 1-6-1999 : Ann. Loyers 1999 p. 1610), mais pas lorsqu'ils sont prescrits en raison de l'utilisation réelle des lieux loués par le locataire lorsque celle-ci diffère de la destination contractuelle des lieux (Cass. 3e civ. 28-5-2003 n° 01-13.387 : RJDA 8-9/03 n° 814 ; dans le même sens, Cass. 3e civ. 20-6-1989 : Bull. civ. III n° 142) ou lorsqu'ils sont la conséquence de l'adjonction par le locataire d'activités complémentaires à celles contractuellement prévues (Cass. 3e civ. 13-6-2007 n° 06-13.661 : RJDA 10/07 n° 934 ; voir aussi n° 50915).

Le locataire peut, en application de l'article 1222 du Code civil, en cas d'inexécution du bailleur, exécuter lui-même l'obligation aux dépens du bailleur à condition d'avoir fait délivrer une mise en demeure restée infructueuse et/ou d'avoir obtenu l'autorisation préalable du juge, y compris en cas d'urgence (CA Nancy 8-12-2015 n° 14/02344 ; Cass. 3e civ. 9-2-2017 n° 15-19.678).

Il avait auparavant été jugé que le preneur pouvait en cas d'urgence prendre l'initiative de faire effectuer les réparations, mais à la condition d'établir que la dépense avait été effectuée de la façon la plus économique (Cass. 3e civ. 12-6-2001 n° 99-21.127 : Loyers et copr. 2001 comm. 220).

Même en cas d'urgence, il est donc conseillé au preneur de ne pas engager de travaux sans avoir adressé une lettre recommandée avec demande d'avis de réception au bailleur, ou sans y être autorisé judiciairement afin de pouvoir en demander ultérieurement le remboursement.

L'obligation d'entretien cesse toutefois lorsque les travaux à exécuter s'apparentent à des travaux de **reconstruction** totale ou partielle des lieux loués (Cass. 3e civ. 6-3-1984 n° 82-15.817 : Bull. civ. III n° 59). L'appréciation du point de savoir s'il s'agit pour le bailleur d'une obligation de réparation ou de reconstruction relève du pouvoir souverain du juge. L'importance et le coût des travaux à réaliser peuvent conduire à considérer qu'il s'agit non pas d'une simple remise en état mais d'une réelle reconstruction (Cass. soc. 5-10-1960 : Gaz. Pal. 1961 p. 40 ; Cass. 3e civ. 15-11-2005 : Loyers et copr. 2006 comm. n° 3).

Les tribunaux prennent parfois en considération la **disproportion entre le coût des travaux et la valeur vénale de l'immeuble** pour décider qu'il s'agit d'une reconstruction et non d'une réparation (Cass. 3e civ. 19-7-1988 n° 86-17.618 : Juris-Data n° 1378 ; Cass. 3e civ. 8-12-1993 : Bull. civ. III n° 160 ; Cass. 3e civ. 15-2-1995 : Ann. Loyers 1995 p. 967). Bien que cela soit plus rare, l'importance du coût des travaux par rapport à la **rentabilité locative** de l'immeuble peut également être prise en compte par les tribunaux pour dispenser le bailleur de l'obligation d'effectuer les travaux (Cass. 3e civ. 12-11-1975 : Bull. civ. III n° 327) ou pour le condamner à réaliser des travaux de remise en état (Cass. 3e civ. 4-10-2000 : Rev. Loyers 2001 p. 73).

Sanctions Les sanctions de l'obligation d'entretien du bailleur sont les mêmes que celles de l'obligation de délivrance (action en exécution forcée, action en exception d'inexécution, action en résiliation, demande de dommages-intérêts ; n° 50820). Le locataire est ainsi fondé à demander **50895**

des dommages-intérêts à son bailleur pour impossibilité d'exploiter son hôtel par suite du refus du bailleur de supporter les frais d'ouverture d'un accès sur la voie publique prescrit par les services de sécurité de la ville. Peu importe que le bailleur n'ait été tenu qu'aux réparations de l'article 606 du Code civil puisque son obligation relève de l'article 1719 (Cass. 3e civ. 7-1-1998 : RJDA 3/98 n° 262).

50896 Par ailleurs, la **responsabilité du bailleur** qui manque à son obligation d'entretien peut être mise en cause non seulement par le locataire mais aussi par un tiers. En effet, le tiers à un contrat peut invoquer, sur le fondement de la responsabilité délictuelle, un manquement contractuel dès lors que ce manquement lui a causé un dommage. Ainsi, dans un cas où les accès à l'immeuble loué n'étaient pas entretenus, le portail d'entrée condamné, le monte-charge hors service, entraînant une impossibilité d'utiliser normalement les locaux loués, la demande du locataire-gérant d'un fonds de commerce formée à l'encontre du bailleur des murs et tendant à remettre les lieux en état et à payer une indemnité provisionnelle en réparation de son préjudice d'exploitation a été jugée fondée (Cass. ass. plén. 6-10-2006 n° 05-13.255 : RJDA 1/07 n° 18).

50897 Un défaut d'entretien peut aussi constituer un trouble anormal de voisinage qui ouvre au voisin victime des nuisances une action en dommages-intérêts et en cessation du trouble.

OBLIGATION DE RÉPARATIONS

50900 Pendant la durée du bail, le bailleur doit, sauf stipulation contraire, faire toutes les réparations qui peuvent devenir nécessaires, autres que les réparations locatives (C. civ. art. 1720, al. 2).

Contrairement à l'obligation d'entretien (n° 50890), l'obligation de réparations suppose une demande du locataire et ce dernier s'expose à conserver la charge des réparations incombant au bailleur s'il entreprend ces dernières sans mettre au préalable le bailleur en demeure de s'exécuter (Cass. 3e civ. 23-5-2013 n° 11-29.011 : BPIM 4/13 inf. 291). En effet, le bailleur doit pouvoir avoir la possibilité de faire exécuter les réparations à sa charge et ne saurait être mis devant le fait accompli (n° 50930). Toutefois, la Cour de cassation a apporté une atténuation à ce principe et précisé qu'en cas d'**urgence,** quelle qu'elle soit, le locataire peut obtenir le remboursement de réparations qui incombaient au bailleur et qu'il a fait réaliser sans autorisation (Cass. 3e civ. 28-1-2021 n° 19-24.349 F-D : RJDA 4/21 n° 215, en l'espèce un tableau électrique a brûlé nécessitant l'intervention rapide d'un électricien pour le remplacer).

La force majeure n'exonère le débiteur de ses obligations que pendant le temps où elle l'empêche de donner ou de faire ce à quoi il s'est obligé. Contractuellement tenu de supporter les grosses réparations, le bailleur doit indemniser le locataire du préjudice subi pour n'avoir pas réalisé ces réparations dans un délai admissible (Cass. 3e civ. 22-2-2006 n° 05-12.032 : RJDA 5/06 n° 509 pour des réparations intervenues un an après la réalisation des dommages) ou avant la survenance d'un cas de force majeure (Cass. 3e civ. 5-9-2012 n° 11-14.108 : RJDA 1/13 n° 11 pour des dommages causés par le manquement du bailleur à son obligation d'entretien ou de réparations et non par le passage du cyclone Erica).

De la même façon, dès lors que la fermeture administrative d'un fonds de commerce trouve sa cause dans l'absence de réalisation de travaux incombant au bailleur, ce dernier est tenu d'indemniser les locataires (Cass. 3e civ. 17-12-2015 n° 14-27.070).

La réalisation de réparations, même urgentes, dans les lieux loués par le bailleur peut aussi donner lieu à indemnisation du locataire pour le préjudice moral ou matériel qui a pu lui être causé (Cass. 3e civ. 23-6-2009 n° 08-13.171 : AJDI 2010 p. 34).

50905 **Catégories de réparations** Les réparations sont réparties en **trois catégories** : les réparations locatives, les réparations d'entretien et les grosses réparations.

Le Code civil définit ces trois catégories respectivement aux articles 1754, 605 et 606, ces deux derniers articles étant usuellement pris pour référence dans les conventions locatives bien que relevant du chapitre relatif aux obligations respectives d'un usufruitier et d'un nu-propriétaire. Les **définitions** qui y sont données ne concourent cependant pas à l'établissement d'une liste exhaustive de chacune des catégories de charges. En effet, l'article 1754 relatif aux charges locatives énonce que « les **réparations locatives** ou de menu entretien dont le locataire est tenu, s'il n'y a clause contraire, sont celles désignées comme telles par l'usage des lieux et, entre autres, les réparations à faire : aux âtres, contrecœurs, chambranles et tablettes de cheminées... ».

De même, la liste des **grosses réparations** donnée par l'article 606 n'est pas limitative : ce sont celles qui intéressent l'immeuble dans sa structure et sa solidité générale et les réparations d'entretien sont celles qui sont utiles au maintien permanent en bon état de l'immeuble (Cass. 3e civ. 13-7-2005 n° 04-13.764 : RJDA 12/05 n° 1323 ; Cass. 3e civ. 21-4-2022 n° 21-14.036 F-D).

> Précisions a. Sous l'empire de la **jurisprudence antérieure** à l'arrêt du 13 juillet 2005, étaient considérés comme des grosses réparations les travaux de réfection totale des toitures (Cass. 3e civ. 14-1-1992 : Loyers et copr. 1992 comm. n° 162), la réfection de zingueries affectant une partie importante de l'immeuble (Cass. 1e civ. 2-2-1955 : Bull. civ. I n° 55), des souches de cheminées (Cass. 1e civ. 15-3-1961 : Bull. civ. I n° 166), le ravalement lorsqu'il avait pour effet de reprendre l'étanchéité des murs de façade (Cass. 3e civ. 12-4-1995 : RJDA 6/95 n° 688). En revanche, étaient considérés comme des **réparations d'entretien** les travaux de recrépissage et le ravalement d'un immeuble (Cass. 1e civ. 21-3-1962 : D. 1962 som. p. 102) dès lors que ces derniers ne comportent pas de travaux d'étanchéité (Cass. 3e civ. 12-4-1995 : RJDA 6/95 n° 688), le remplacement d'une chaudière de chauffage central et d'un ballon d'eau chaude d'hôtel (Cass. 3e civ. 25-6-1985 : D. 1985 IR p. 407), les travaux de réfection des passerelles, de la terrasse, de l'escalier extérieur et de l'installation électrique ou encore l'entretien du réseau d'évacuation des eaux usées (Cass. 3e civ. 21-2-1996 : RJDA 5/96 n° 611), la réparation des conduits de cheminées (Cass. 3e civ. 30-5-1996 : RJDA 8-9/96 n° 1015), les travaux de remplacement du dispositif de climatisation de l'immeuble (Cass. 3e civ. 10-2-1999 : RJDA 4/99 n° 385), les travaux de réfection des ascenseurs (Cass. 3e civ. 28-9-2004 : Rev. Loyers 2004 p. 698), la remise aux normes de l'équipement de ventilation et de l'installation électrique des logements et leur mise aux normes de sécurité (Cass. 3e civ. 5-4-2005 n° 04-12.314 : RJDA 8-9/05 n° 937).

b. Quand bien même le **bailleur** n'est qu'**usufruitier** du bien loué, il est tenu à l'égard du locataire d'effectuer toutes les réparations autres que locatives, en ce compris celles visées à l'article 606 du Code civil (Cass. 3e civ. 28-6-2006 n° 05-15.563 : RJDA 11/06 n° 1183).

Répartition entre les parties Face à l'incertitude sur ce que recouvre la notion de grosses réparations, il est impératif, pour les parties au contrat de **bail,** de négocier avec précision la répartition de chacune de ces réparations. Et ce d'autant plus qu'en refusant d'assimiler les travaux résultant des anomalies de structure de l'immeuble à des grosses réparations (Cass. 3e civ. 9-7-2008 n° 07-14.631 : RJDA 11/08 n° 1092), la Cour de cassation a encore complexifié la tâche des juges du fond. **50910**

À défaut de répartition contractuelle claire entre réparations d'entretien et grosses réparations, les juges du fond pourront souverainement apprécier la nature des réparations pour les répartir entre bailleur et locataire à la lecture de leur convention locative. C'est ainsi que, dans l'arrêt de 2005 précité (Cass. 3e civ. 13-7-2005 n° 03-14.252 : RJDA 12/05 n° 1323), la Cour de cassation a jugé qu'une cour d'appel avait souverainement retenu, dès lors que le bail mettait à la charge du locataire les réparations locatives ou d'entretien à l'exception des grosses réparations visées par l'article 606 du Code civil, que les réparations suivantes, qui visaient à remédier à des inondations et à des désordres dus à des « dispositions constructives inadéquates », entraient dans cette dernière catégorie dès lors qu'elles concernaient la structure et la préservation de l'immeuble : travaux de remise en état des lieux loués après les inondations et travaux destinés à prévenir le risque d'inondation, mise en conformité de toitures et réfection de l'installation électrique, reprise d'une fuite d'eau en cave, réparation d'une canalisation détruite par le gel en raison d'un manque de calorifugeage et remise en état de la couverture d'un appentis.

> Précisions a. La clause du bail commercial qui **limite la charge des réparations** incombant au bailleur à celles résultant de la vétusté ne peut le décharger de son obligation de maintenir le local commercial en état de servir à l'usage prévu et d'exécuter les travaux de sécurité qu'impose notamment la réception du public (Cass. 3e civ. 12 n° 20-12.821 F-D).

b. Lorsqu'un bail porte sur plusieurs bâtiments, la réfection totale de la toiture de l'un d'entre eux ne peut être assimilée à la réparation des couvertures entières telle que visée par l'article 606 du Code civil. En conséquence, la clause du bail qui met à la charge du locataire les grosses réparations doit être interprétée restrictivement (Cass. 3e civ. 29-9-2010 n° 09-69.337 : RJDA 2/11 n° 115).

Cas particulier : travaux prescrits par l'administration Sauf stipulation contraire, les travaux prescrits par l'administration sont à la charge du bailleur (Cass. 3e civ. 13-7-1994 : RJDA 12/94 n° 1262 ; Cass. 3e civ. 17-4-1996 : RJDA 7/96 n° 891 ; Cass. 3e civ. 28-1-2021 n° 20-13.854 F-D : RJDA 5/21 n° 293). Tel est le cas des travaux de raccordement des eaux usées au réseau d'assainissement (Cass. 3e civ. 17-10-1990 : Loyers et copr. 1990 comm. n° 45), du ravalement de la façade de l'immeuble loué lorsqu'il est prescrit par l'administration (Cass. 3e civ. 24-3-1993 : JCP N 1993 II p. 325 ; Cass. 3e civ. 28-9-2005 : Loyers et copr. 2006 comm. n° 4 ; Cass. 3e civ. 5-10-2017 n° 16-11.470 F-D : BPIM 6/17 inf. 432) quand bien même le bail stipulerait que le ravalement est à la charge du locataire : le seul fait qu'ils soient exigés par l'administration les assimile à un cas de force majeure, ce qui les met à la charge du bailleur, sauf **clause expresse contraire** concernant ces travaux (Cass. 3e civ. 10-5-2001 n° 96-22.442 : RJDA 7/01 n° 756 ; CA Paris 17-6-2009 n° 08-07290 : RJDA 2/10 n° 120). **50915**

La clause mettant à la charge du locataire ces travaux doit être claire et précise. Tel est le cas du bail stipulant que tous travaux déterminés par les règlements administratifs incombent au locataire (Cass. 3e civ. 8-12-2004 n° 03-18.361 : RJDA 3/05 n° 231).

La clause prévoyant que le preneur doit satisfaire à toutes les charges de ville et de police et se conformer à toutes les prescriptions de l'autorité pour cause d'hygiène et de salubrité a été jugée comme une clause ne visant pas les travaux de mise en sécurité ordonnés par l'administration, qui restaient dès lors à la charge des bailleurs (Cass. 3e civ. 23 juin 2015 no 14-11.902 : Loyers et copr. 2015, no 197, obs. Ph.-H. B.).

Les travaux prescrits par l'administration sont à la charge du bailleur même si le bail stipule que les locataires prennent les lieux loués en l'état (Cass. 3e civ. 27-3-2002 no 00-22.561 : RJDA 6/02 no 601) ou qu'ils ne peuvent exiger du bailleur aucune réparation de quelque nature que ce soit ou travaux quelconques pendant le cours du bail dès lors que les travaux imposés par l'administration sont rattachés à l'obligation de délivrance de la chose louée (Cass. 3e civ. 19-4-1989 : Bull. civ. III no 83 ; Cass. 3e civ. 1-6-1999 : Ann. Loyers 1999 p. 1610).

Une clause d'un bail de droit commun mettant à la charge du locataire les travaux de mise en conformité avec toute réglementation doit être appliquée, même si le bail a été signé à une date antérieure à l'entrée en vigueur de ladite réglementation (Cass. 3e civ. 21-11-2001 no 00-13.170 : RJDA 7/02 no 735 pour des travaux de désamiantage).

Outre le cas d'une stipulation contractuelle contraire, l'obligation de remise en état d'une installation classée imposée à l'exploitant par les articles R 512-39-1, III, R 512-46-25, III et R 512-66-1, III du Code de l'environnement est à la charge du locataire (Cass. 3e civ. 10-4-2002 : RJDA 7/02 no 734) et plus précisément du locataire dernier exploitant du site, même si le site était déjà pollué lors de la prise de possession des lieux (Cass. 3e civ. 2-4-2008 no 07-12.155 : RJDA 7/08 no 762). Sur la remise en état d'une installation classée, voir nos 52665 s.

De même, le bailleur n'a pas à supporter la charge des travaux imposés par l'administration en raison de l'utilisation que le locataire a fait des locaux et des installations (Cass. 3e civ. 28-5-2003 no 01-13.387 : RJDA 8-9/03 no 814 ; Cass. 3e civ. 13-6-2007 no 06-13.661 : RJDA 10/07 no 934).

50920 **Clause dérogatoire** L'obligation pour le bailleur d'effectuer, pendant la durée du bail, toutes les réparations qui peuvent devenir nécessaires autres que les locatives peut être contractuellement écartée, cette disposition n'étant pas d'ordre public (Cass. 3e civ. 7-2-1978 : Bull. civ. III no 71). La jurisprudence valide ainsi les clauses qui mettent à la charge du locataire les travaux de mise en conformité avec toute réglementation (Cass. 3e civ. 30-6-1999 : RJDA 8-9/99 no 891 ; Cass. 3e civ. 21-11-2001 : AJDI 2002 p. 448 ; Cass. 3e civ. 4-5-2004 : AJDI 2005 p. 124). Ces clauses dérogatoires sont cependant **interprétées** de manière très restrictive. Ainsi, lorsque le bail stipule que le locataire prend les lieux en l'état où ils se trouvent, le bailleur n'est pas pour autant déchargé de son obligation de maintenir lesdits lieux en état de servir à l'usage auquel ils sont destinés (Cass. 3e civ. 18-3-1992 : Loyers et copr. 1992 no 246) et, malgré une telle clause, l'obligation du bailleur d'entretenir les lieux loués pendant la durée du bail persiste (Cass. 3e civ. 17-12-2002 no 00-16.624 : RJDA 3/03 no 229 ; CA Douai 5-3-2020 no 18/03349), de même que son obligation de délivrance (Cass. 3e civ. 5-6-2002 no 00-19.037 : RJDA 8-9/02 no 856).

Dans le même sens, il a été jugé que la clause mettant à la charge du locataire toutes les réparations qui seraient nécessaires aux bâtiments, y compris les réparations de murs et de toiture et, d'une manière générale, toutes les grosses réparations, n'exonère pas le bailleur de la réfection de la toiture dès lors qu'elle est totale (Cass. 3e civ. 10-5-1991 : RJDA 6/91 no 467). De même, en dépit d'une clause du bail mettant à la charge du locataire les réparations visées à l'article 606 du Code civil, le locataire n'est pas tenu, en l'absence de clause contraire expresse, de remplacer les équipements atteints de vétusté dès lors qu'il n'est pas démontré que cet état est dû à un défaut d'entretien du locataire ou à un usage anormal (Cass. com. 22-11-1994 : Loyers et copr. 1995 comm. no 54 ; Cass. 3e civ. 7-12-2004 no 03-19.203 : RJDA 3/05 no 232 ; Cass. 3e civ. 9-5-2019 no 18-14.123 F-D ; Cass. 3e civ. 26-3-2020 no 19-10.415 F-D : BPIM 3/20 inf. 219 ; Cass. 3e civ. 28-5-2020 no 19-14.230 : RJDA 8-9/20 no 412).

Les juges sont particulièrement attentifs à la rédaction des clauses qui doivent être claires et dépourvues d'ambiguïté. Une clause obligeant le locataire à prendre en charge les gros travaux et à remplacer les appareils et installations n'équivaut pas à faire peser sur lui la charge des réparations pour vétusté (Cass. 3e civ. 3-12-2015 no 14-21.166 : Administrer janvier 2016 p. 26).

La commission des **clauses abusives** condamne, pour les baux régis par le droit commun, la clause qui transférerait au locataire les obligations qui, portant sur l'installation d'éléments d'équipement, incombent normalement au bailleur (Recommandation 2000-01).

Lorsque le locataire est tenu contractuellement de faire certains **travaux,** il doit veiller, à peine d'encourir la résiliation de son bail, à obtenir l'autorisation du bailleur pour les exécuter quand une clause du bail impose une telle autorisation (Cass. 3e civ. 26-9-2001 no 00-10.759 : RJDA 12/01 no 1189).

50925 Si les parties au contrat de location peuvent déroger aux règles énoncées par le Code civil, elles doivent néanmoins veiller à attribuer soit au bailleur, soit au locataire **toutes les réparations** susceptibles de devoir être exécutées en cours de bail. Il a en effet été jugé que la clause d'un bail commercial stipulant que le locataire prend les lieux dans l'état où ils se trouvent, sans pouvoir exiger aucune réparation du propriétaire même en ce qui concerne le clos et le couvert, n'a pas pour effet de mettre à la charge du locataire l'obligation d'y procéder quand bien même elle exonère le bailleur de le faire (CA Angers 8-9-1989 : JCP N 1991 II p. 257), de sorte que, dans une telle situation, les lieux peuvent se dégrader sans que nul ne soit tenu de remédier à cette dégradation.

Inexécution des réparations par le bailleur Lorsque le bailleur n'exécute pas son obligation de réparation, le **locataire** ne peut pas retenir le paiement des sommes qu'il doit au bailleur sous peine d'encourir la résiliation de son bail, sauf s'il en découle une impossibilité totale d'utiliser les lieux (n° 51425). Il ne peut pas davantage exiger du bailleur le remboursement des réparations faites à sa place, sauf mise en demeure et autorisation judiciaire pour exécuter lesdites réparations (Cass. 3e civ. 24-6-1998 : RJDA 8-9/98 n° 944 ; Cass. 3e civ. 12-3-2002 n° 00-15.370 : RJDA 6/02 n° 600 ; Cass. 3e civ. 31-10-2012 n° 11-18.635 : RJDA 2/13 n° 92 ; Cass. 3e civ. 23-5-2013 n° 11-29.011 : BPIM 4/13 inf. 291) ou urgence à faire les réparations et exécution de celles-ci de façon économique (Cass. 3e civ. 12-6-2001 : Loyers et copr. 2001 comm. n° 220). 50930

Toutefois, le locataire a droit à des dommages-intérêts pour le préjudice subi du fait des manquements du bailleur à ses obligations de mise en conformité et de réparation des locaux loués (Cass. 3e civ. 9-11-2010 n° 09-69.762 : RJDA 3/11 n° 214).

C. Obligation de garantie

Le bailleur est obligé par la nature du contrat de faire jouir paisiblement le locataire des choses louées pendant la durée du bail (C. civ. art. 1719, 3°). Cette garantie se décline en trois obligations distinctes, à savoir celle de garantir le locataire non seulement des vices ou défauts de la chose louée qui en empêchent l'usage, mais aussi des troubles dont il aurait à souffrir, que ces troubles émanent de tiers ou du bailleur lui-même. 50960

DÉFAUTS DE LA CHOSE LOUÉE

Le bailleur doit au locataire la garantie pour tous les vices ou défauts de la chose louée qui en empêchent l'usage quand bien même il ne les aurait pas connus lors de la conclusion du bail (C. civ. art. 1721). 50965

Conditions de mise en œuvre de la garantie La garantie ne peut être **invoquée par le locataire** qu'à la condition que ce dernier soit **gêné dans l'usage des lieux** loués. Cette condition souligne l'importance qu'il y a de préciser dans le bail l'usage que le locataire entend faire desdits lieux. En effet, si, dans le silence du bail, la destination des lieux peut être présumée des circonstances (C. civ. art. 1728, 1°), la garantie due en application de l'article 1721 du Code civil n'en sera cependant que plus facilement établie si les parties ont pris soin de définir l'usage autorisé des lieux loués. 50966

La garantie doit jouer dès lors que le locataire est **troublé dans la jouissance** paisible des lieux loués, que ce trouble porte sur le bien principal, objet de la location, ou sur ses accessoires dans la mesure où ces derniers contribuent à l'usage des lieux loués attendu du locataire (Cass. 3e civ. 10-7-2007 n° 06-15.790 : RJDA 3/08 n° 240, pour la présence de souris et le dysfonctionnement d'une fosse septique).

Les troubles de jouissance doivent être appréciés concrètement au regard notamment de leur fréquence (CA Douai 25-5-2015 nos 15/425, 13/6373 et 13/05886). Les modalités de leur réparation relèvent du pouvoir souverain des juges du fond (Cass. 3e civ. 13-6-2024 n° 22-21.250 FS-B : BPIM 4/24 inf. 276).

Le Code civil ne distingue pas, pour la mise en jeu de la garantie, selon que les **vices** de la chose louée sont **apparents ou cachés** pour le bailleur. Le bailleur doit garantir le locataire contre tous les vices ou défauts du bien loué qui en empêchent l'usage, même s'il ne les a pas connus lors de la conclusion du bail (Cass. 3e civ. 7-1-2009 n° 07-11.516 : RJDA 4/09 n° 313 ; Cass. 3e civ. 1-4-2009 n° 08-10.070 : RJDA 7/09 n° 600) ou qu'ils ne surviennent qu'en cours de bail, et ce même si le bailleur a réagi avec diligence dans le but de mettre fin au trouble (CA Toulouse 3-4-2012 n° 10/05134, 3e ch. : Juris-Data n° 2012-006796). Pour autant, la condamnation du bailleur à réparer le préjudice corporel subi par le locataire suite à un accident domestique nécessite que soit caractérisée l'existence d'un vice ou d'un défaut empêchant l'usage par le locataire du bien loué ou de nature à faire obstacle à sa jouissance paisible (Cass. 3e civ. 8-4-2010 n° 08-21.410 : RJDA 6/10 n° 603).

> Précisions Dans un cas où un locataire avait été victime d'une électrocution alors qu'il gonflait une piscine dans son jardin à l'aide d'un compresseur branché à une prise de courant située dans l'entrée de la maison, il a été jugé que le bailleur ne pouvait pas s'exonérer de son obligation de sécurité en invoquant l'intervention d'un électricien deux ans avant la conclusion du bail (Cass. 3e civ. 7-1-2009 n° 07-11.516 précité). Le bailleur qui a commis une négligence fautive ayant entraîné un accident dont a été victime son locataire ne peut pas prétendre obtenir la garantie intégrale du professionnel dont il a réclamé l'intervention (Cass. 3e civ. 9-11-2011 n° 10-24742 : RJDA 2/12 n° 128). De la même manière, le fait que le bailleur ait effectué toutes les démarches nécessaires auprès du syndic de la copropriété, sans succès, pour faire cesser le trouble n'écarte pas la responsabilité du bailleur (Cass. 3e civ. 16-3-2023 n° 22-10.013 F-D).

50970 **Exclusion de la garantie** La garantie du bailleur peut cependant être écartée dans les cas suivants.

1. S'il s'avère que le locataire a eu **connaissance des vices avant** la **conclusion du bail** : le bailleur ne doit en effet répondre que des vices ou défauts non apparents et inconnus du locataire lors de la prise à bail, le juge appréciant souverainement le caractère apparent ou non du vice.

Lorsque les vices de la chose louée invoqués par le locataire étaient notoires lors de la prise à bail, le bailleur n'est pas tenu par la garantie (Cass. 1e civ. 12-10-1959 : Bull. civ. I n° 399). Le locataire peut néanmoins bénéficier de la garantie du bailleur lorsque les vices ou défauts connus de lui au moment de la conclusion du bail se sont ensuite amplifiés au point d'empêcher, alors, une jouissance paisible des lieux loués (Cass. 3e civ. 2-2-1955 : Bull. civ. III n° 62).

2. En cas de **faute du locataire** : celle-ci exonère le bailleur de son obligation de garantie ou peut emporter partage de responsabilité entre les deux parties. La faute du locataire peut consister aussi bien dans un acte positif tel que le branchement indépendant d'appareils de chauffage sur une installation non adéquate (Cass. 3e civ. 13-11-1970 : Bull. civ. III n° 599) ou le remplacement d'un équipement électrique par un autre (Cass. 3e civ. 15-9-2010 n° 09-67.192 : RJDA 11/10 n° 1047), que dans une abstention comme la non-information du bailleur de la survenance ou de l'aggravation d'un vice de la chose louée (Cass. 1e civ. 3-7-1962 : Bull. civ. I n° 333). Un locataire a ainsi été condamné à prendre à sa charge un tiers du montant de la remise en état du plancher pour ne pas avoir pris la précaution d'alerter le bailleur en temps opportun alors qu'il avait dû se rendre compte de la dégradation rapide et avancée du plancher et des poutres rongés par des infiltrations (Cass. 3e civ. 31-5-1994 : Loyers et copr. 1994 comm. n° 375 ; Cass. 3e civ. 9-2-2005 n° 03-19.609 : RJDA 5/05 n° 505). Toutefois, l'obligation de sécurité est une obligation de résultat lorsqu'elle recouvre l'obligation de garantie des vices cachés (dans ce sens, voir Cass. 3e civ. 7-1-2009 n° 07-11.516 : RJDA 4/09 n° 313).

3. En cas de survenance d'une **cause étrangère** : la cause étrangère revêtant le caractère d'un cas fortuit ou d'une force majeure exonère le bailleur de toute responsabilité.

L'obligation du bailleur d'assurer au locataire une jouissance paisible de la chose louée ne cesse qu'en cas de force majeure (Cass. 3e civ. 29-4-2009 n° 08-12.261 : RJDA 7/09 n° 601) et l'existence d'un vice ne saurait être assimilée à un cas de force majeure (Cass. 3e civ. 2-4-2003 n° 01-17.724 : RJDA 7/03 n° 692). De violentes intempéries entraînant l'inondation des lieux loués ne sont pas forcément assimilables à la force majeure (Cass. 3e civ. 18-6-2002 : Loyers et copr. 2002 comm. n° 250).

50973 **Aménagement de la garantie** Les parties au bail peuvent aménager ou écarter la garantie des vices à laquelle est tenu le bailleur en vertu de l'article 1721 du Code civil, ce dernier n'étant pas d'ordre public. Ainsi, une **clause du bail** peut stipuler que le bailleur ne répondra que des vices dont il avait connaissance lors de la prise à bail ou encore que des vices préexistant à la signature du bail.

Plus fréquente est la clause qui **exonère totalement le bailleur** de son obligation de garantie. Cette clause, bien que licite, doit, pour être opposable au locataire, être précise et expresse. En effet, dérogeant au droit commun, elle est interprétée de manière restrictive par les juges. Ainsi, les locataires qui ont accepté les lieux loués dans l'état où ils se trouvaient lors de la prise à bail restent fondés à demander à leur bailleur la garantie des vices cachés sur le fondement de l'article 1721 du Code civil (CA Paris 7-12-1984 : RDI 1985 p. 290 ; CA Paris 1-10-1991 : Loyers et copr. 1992 comm. n° 56).

Aucune clause dérogatoire ne saurait cependant écarter la mise en œuvre d'une action en garantie en cas de dol ou de faute lourde du bailleur (Cass. 3e civ. 11-7-1972 : Bull. civ. III n° 454). Encore faut-il que les juges du fond caractérisent la faute lourde, ce qui n'est pas le cas lorsqu'ils relèvent l'existence d'une faute qui n'est que d'une « gravité suffisante » (Cass. 3e civ. 21-1-2009 n° 08-10.439 : RJDA 4/09 n° 314).

50975 **Sanctions** Dès lors que le locataire peut apporter la preuve du lien de causalité entre le vice, pour lequel il lui est dû garantie, et le préjudice subi, ce préjudice doit être réparé dans son intégralité. Des **dommages-intérêts** doivent ainsi lui être alloués pour l'indemniser de toutes les pertes qu'il a subies, y compris pour les dommages corporels (en ce sens, Cass. soc. 29-3-1957 : Gaz. Pal. 1957 p. 59 ; Cass. 3e civ. 1-4-2009 n° 08-10.070 : RJDA 7/09 n° 600). Toutefois, si le principe posé par l'article 1231-2 du Code civil est bien celui d'une réparation intégrale du préjudice subi, sauf à faire bénéficier le locataire d'un enrichissement infondé, un coefficient de vétusté doit être appliqué aux équipements présents dans les locaux sinistrés dès lors, par exemple, que sont constatées l'inexploitation d'un fonds de commerce depuis plusieurs années, l'ancienneté des équipements et l'absence de projet de reprise de l'activité (Cass. 3e civ. 16-6-2010 n° 09-13.156 : RJDA 11/10 n° 1038).

Le locataire peut également demander la **réduction du loyer** pour privation de jouissance sur tout ou partie des lieux loués. Le juge apprécie alors souverainement la diminution du loyer qu'il convient de retenir pour couvrir le préjudice subi par le locataire. A été jugé que le preneur qui ne dispose plus de la jouissance effective d'une partie des locaux du fait de leur occupation par le bailleur peut opposer à celui-ci l'exception d'inexécution pour refuser le paiement des loyers proportionnellement à la partie indûment occupée mais ne peut s'exonérer du paiement de l'intégralité des loyers (Cass. 3e civ. 5-9-2012 n° 11-19.891 : Rev. Loyers 2012 p. 369 ; en ce sens également, au sujet de la suppression de places de stationnement privatif, Cass. com. 10-10-2019 n° 18-19.855 : Administrer novembre 2019 p. 35). En cas d'impossibilité d'affirmer que des travaux sur la toiture de l'immeuble loué, contenant de l'amiante, ne présentent aucun risque pour les salariés du locataire, celui-ci est fondé à évacuer les lieux et à cesser de payer les loyers (Cass. 3e civ. 19-11-2015 n° 14-24.612 : BPIM 1/16 inf. 63).

Le juge qui constate l'existence d'un vice suffisamment important et grave peut prononcer la **résiliation** du bail aux torts du bailleur avec ou sans dommages-intérêts.

GARANTIE DU FAIT DU BAILLEUR

Le locataire doit pouvoir jouir paisiblement des lieux loués pendant toute la durée du bail (C. civ. art. 1719, 3°). Il en résulte pour le bailleur l'obligation de garantir le locataire contre les troubles qu'il pourrait lui faire subir ou que pourraient lui faire subir certaines personnes dont il doit répondre. **51000**
La jurisprudence reconnaît la validité des clauses qui aménagent conventionnellement la garantie du bailleur contre son fait personnel. Ces clauses s'interprètent cependant restrictivement et il est nécessaire que les cas d'exonération soient expressément cités dans le bail. Mais ni la faute lourde ni le dol du bailleur ne peuvent être contractuellement exclus de la garantie (n° 50973).

> **> Précisions** **a.** Le bailleur est tenu d'une **obligation de moyens** en ce qui concerne la sécurité du locataire (Cass. 3e civ. 8-12-2004 n° 03-17.694 : RJDA 3/05 n° 233), mais l'obligation de sécurité est une obligation de résultat lorsqu'elle recouvre l'obligation de garantie des vices cachés (dans ce sens, voir Cass. 3e civ. 7-1-2009 n° 07-11.516 : RJDA 4/09 n° 313).
> **b.** Porte **atteinte à la jouissance paisible** de son locataire le bailleur qui ouvre son courrier ou qui restitue à La Poste plusieurs de ses courriers : ce préjudice ne peut être réparé que par l'installation de boîtes aux lettres nominatives et individuelles pour chaque appartement loué (Cass. 3e civ. 30-10-2007 n° 06-18.384 : Rev. Loyers 2008 p. 34).

Troubles susceptibles d'engager la garantie du bailleur Les troubles susceptibles d'engager la garantie du bailleur sont très variés et l'on ne saurait en faire une liste exhaustive faute d'en avoir une définition légale. Il suffit d'un trouble perturbant sensiblement la jouissance du locataire tel que : **51005**

- le **changement de la forme** de la chose louée, visé expressément par l'article 1723 du Code civil : le bailleur doit maintenir les lieux loués dans leur forme initiale lors de la prise à bail puisque le locataire est censé avoir pris les lieux en location en considération de leur conformation (Cass. 3e civ. 18-7-2001 n° 00-10.082 : RJDA 12/01 n° 1185). La violation de cette obligation par le bailleur doit être sanctionnée par la remise en l'état initial et ne peut pas se résoudre en dommages-intérêts, quelles que soient les conséquences de la remise en l'état (Cass. 3e civ. 3-4-1996 : RJDA 7/96 n° 892 ; Cass. 3e civ. 20-2-2008 n° 07-10.447 : RJDA 5/08 n° 492). Les tribunaux admettent cependant que le bailleur apporte aux lieux loués certaines modifications notamment pour les adapter aux **normes** de confort moderne ou pour les améliorer (installation du chauffage central, par exemple). La loi 67-561 du 12 juillet 1967 autorise également le bailleur, sous certaines conditions, à effectuer dans les lieux loués les travaux de mise en conformité avec les normes de salubrité, de sécurité, d'équipement et de confort fixées par le décret 68-976 du 9 novembre 1968 ;
- la **suppression d'équipements** ou d'aménagements au vu desquels le locataire s'était engagé et qui entraîne un usage restreint ou suffisamment modifié pour procurer un trouble de jouissance (condamnation de passages, suppression de services tels ceux d'une gardienne, etc.) ;
- l'exécution de **travaux** ou d'aménagements **rendant** impossible ou **difficile** une **utilisation** normale des lieux (CA Paris 25-3-1998 : RJDA 6/98 n° 687 ; CA Paris 25-9-2007 : Loyers et copr. 2008 comm. n° 4) :

l'obligation d'assurer au locataire une jouissance paisible des lieux justifie la condamnation du bailleur à reconstruire un hangar donné à bail et démoli sur autorisation de justice car il menaçait ruine, dès lors que ce local n'avait pas été entretenu par le bailleur (Cass. 3e civ. 25-1-2006 n° 04-18.672 : RJDA 4/06 n° 384) ;

– le **changement de la destination** de l'immeuble dont dépendent les lieux loués : le locataire ne peut pas se voir unilatéralement imposer l'implantation de commerces ou d'activités incommodes, bruyantes, insalubres dans un immeuble initialement voué à un usage exclusif d'habitation ;

– l'**implantation par le bailleur,** dans l'environnement proche d'un premier locataire ayant une activité commerciale, industrielle ou artisanale, **d'un commerce similaire ou identique** : l'organisation ou la participation à la mise en place d'une telle concurrence avait été considérée comme apportant au locataire un trouble dont le bailleur devait réparation. Désormais, la Cour de cassation exonère, dans une telle hypothèse, le bailleur de toute obligation de garantie, sauf engagement exprès d'exclusivité pris par ce dernier (Cass. com. 2-7-1991 : RJDA 8-9/91 n° 690 ; Cass. 3e civ. 4-12-1991 : D. 1992 IR p. 5 ; Cass. 3e civ. 19-3-1997 : Rev. Loyers 1997 p. 482). Sur les obligations d'un bailleur dans l'enceinte d'un centre commercial, voir n° 50880 ;

– le **manque d'information** : le bailleur, informé des troubles causés dans l'immeuble par un locataire et son concubin et ne justifiant pas d'une quelconque démarche auprès de ceux-ci visant à leur rappeler leur obligation d'user paisiblement des locaux loués, est responsable envers un second locataire suite à son agression par le concubin du premier locataire (CA Grenoble 21-6-2012 n° 11/00777).

> **Précisions** L'article 1724 du Code civil autorise le bailleur à effectuer pendant la durée du bail les **réparations urgentes** qui ne peuvent être différées jusqu'à la fin du bail. Cette faculté ainsi donnée au bailleur appelle les remarques suivantes : d'une part, la loi ne vise que les réparations urgentes à l'exclusion de toutes les améliorations ou réparations dont le bailleur voudrait prendre l'initiative et, d'autre part, cette disposition énonce le principe d'une indemnisation du locataire, si ces réparations durent plus de vingt et un jours, sous forme de réduction du loyer à proportion du temps et de la partie de la chose louée dont le locataire aura été privé.
> Si les lieux servent au logement du locataire et de sa famille et que les réparations les rendent inhabitables, le locataire peut solliciter la résiliation de son bail.

51010 **Mise en œuvre de la garantie** La garantie du fait personnel du bailleur peut être invoquée lorsque l'**auteur du trouble** est le bailleur lui-même mais également lorsqu'il s'agit d'une personne dont ledit bailleur doit répondre. Il en est ainsi :

– du **mandataire** du bailleur : quel qu'il soit, le mandataire agissant au nom et pour le compte du bailleur engage la responsabilité de ce dernier et sa garantie s'il trouble par son fait la jouissance du locataire ;

– du concierge ou gardien **préposé** du bailleur : lorsque le concierge ou gardien est contractuellement lié au bailleur, tout manquement dans ses fonctions ou mauvaise exécution de leur mission entraînant un préjudice pour le locataire (vol, perte de courrier, etc.) peut être générateur de la mise en œuvre de la garantie du bailleur (Cass. 3e civ. 6-11-1970 : Bull. civ. III n° 586 ; CA Paris 19-3-2013 n° 10/09407 : Loyers et copr. 2013 comm. n° 233) ;

– des **colocataires** : le locataire qui subit un trouble de jouissance du fait des agissements d'un autre locataire de son bailleur peut actionner ce dernier en garantie. Le colocataire n'est pas en effet assimilé à un tiers (Cass. 3e civ. 29-5-1991 : RJDA 7/91 n° 567 ; Cass. 3e civ. 16-11-1994 : RJDA 2/95 n° 112) et, en raison des droits locatifs qu'il a conférés, le bailleur est garant des perturbations causées par les agissements de ses locataires (pour exemple de la notion de trouble de jouissance : CA Aix-en-Provence 9-3-2010 n° 2010/135 : AJDI 2010 p. 731). Ainsi doit-il indemniser son locataire pour la perte du bénéfice d'exploitation subie en raison de l'attitude d'un autre de ses locataires qui s'était opposé à l'exécution de travaux nécessaires (Cass. 3e civ. 16-11-1994 : RJDA 2/95 n° 112). Il en est de même en cas d'incendie causé par un colocataire : le bailleur doit indemniser l'assureur d'un de ses locataires qui a subi un préjudice du fait d'un incendie causé par un autre colocataire (Cass. 3e civ. 19-5-2004 n° 02-19.730 : RJDA 8-9/04 n° 948). Peu importe que les actes reprochés aux colocataires ne se rattachent en rien à la jouissance commune normale de l'immeuble mais résultent du rapport de mauvais voisinage (Cass. 3e civ. 20-4-2005 n° 03-18.390 : RJDA 8-9/05 n° 938). Le bailleur peut néanmoins appeler en garantie le colocataire incriminé pour qu'il soit apprécié si ses agissements découlaient de l'exécution normale ou fautive de son bail et le locataire, victime d'agissements ou du non-respect par un autre locataire de son bailleur de ses obligations locatives, peut directement invoquer la responsabilité délictuelle de ce dernier dès lors que le manquement contractuel lui a causé un préjudice (pour le non-respect d'une clause limitant la destination des lieux : Cass. 3e civ. 13-7-2010 n° 09-67.516 : RJDA 12/10 n° 1136) ;

– des **tiers** agissant avec l'accord du bailleur : le bailleur doit répondre de troubles de jouissance supportés par son locataire lorsque ces troubles résultent de la pose d'éléments d'équipement autorisée par le bailleur (Cass. 3e civ. 8-4-1999 : Ann. Loyers 1999 p. 1611 ; Cass. 3e civ. 7-11-2001 no 99-20.962 : RJDA 2/02 no 133) ;

– des **clients** d'autres locataires du bailleur (Cass. 3e civ. 22-10-2003 no 01-17.183 : RJDA 1/04 no 16) ;

– des **associés du bailleur** constitués en société (Cass. 3e civ. 9-3-2023 no 21-21.698 : Rev. Loyers 1/04 2023 no 1036).

GARANTIE DU FAIT DES TIERS

Les articles 1725 et suivants du Code civil énoncent les règles de garantie du fait des tiers en distinguant les troubles de fait des troubles de droit. Dans tous les cas, il s'agit là des agissements des tiers, autrement dit de tous ceux étrangers au bail, dont le bailleur n'a pas à répondre, tels les autres copropriétaires de l'immeuble (Cass. 3e civ. 25-3-1998 no 96-10.119 : RJDA 5/98 no 561), la compagnie des eaux gérant pour la commune le réseau de canalisation d'eaux pluviales (Cass. 3e civ. 28-6-2000 no 98-20.406 : RJDA 9-10/00 no 837) ou encore le propriétaire de l'immeuble voisin (Cass. 3e civ. 15-10-2008 no 07-13.971 : RJDA 1/09 no 4). **51020**

Les droits du locataire à l'encontre de son bailleur varient donc selon qu'il s'agit de troubles de fait ou de troubles de droit. **51025**

Les **troubles de fait,** autrement dit les atteintes à la jouissance paisible du locataire, sans qu'il y ait une revendication de droit sur les lieux loués, sont exclus de la garantie légalement due par le bailleur. Il appartient au locataire de poursuivre directement et en son nom personnel les personnes responsables des troubles de jouissance qu'il subit (Cass. 3e civ. 19-3-1986 : Gaz. Pal. 1986 pan. p. 133 ; Cass. 3e civ. 2-2-2011 no 09-72.874 : RJDA 5/11 no 388). Il en est ainsi de toutes voies de fait telles que les cambriolages, les dégradations des lieux loués, y compris leurs accessoires, les actes de vandalisme, etc. Il a été ainsi jugé que le bailleur ne pouvait pas être condamné à munir la porte d'entrée d'un immeuble collectif d'une fermeture de son choix alors que les troubles provenaient d'agissements de clochards (Cass. 3e civ. 10-11-1987 : Loyers et copr. 1988 comm. no 194). De même, le bailleur n'est pas tenu de réparer le préjudice subi par un locataire dû à des infiltrations d'eau affectant les lieux loués et résultant de la rupture d'une canalisation du réseau d'eaux pluviales géré par un tiers (Cass. 3e civ. 28-6-2000 no 98-20.406 : RJDA 9-10/00 no 837) ou des infiltrations ayant pour origine le défaut d'étanchéité du raccord du mur pignon voisin dès lors qu'aucune faute du bailleur n'est retenue (Cass. 3e civ. 15-10-2008 no 07-13.971 : RJDA 1/09 no 4). Le bailleur n'est également pas tenu de garantir le locataire du blocage physique par un tiers de l'accès à la chose louée lorsque l'auteur de la voie de fait conteste uniquement le droit du locataire à louer les lieux sans prétendre avoir un droit sur la chose louée (Cass. 3e civ. 9-3-2023 no 21-21.698 FS-B).

Le bailleur est cependant tenu de répondre de voies de fait de tiers lorsque celles-ci ont été rendues possibles ou facilitées par une faute de sa part. A ainsi été déclarée nulle la clause exonérant le bailleur de toute responsabilité alors que celui-ci avait fait preuve d'une carence, revêtant les caractères d'une faute lourde, en n'informant pas le locataire et les entrepreneurs des instructions précises à suivre pour éviter tout cambriolage pendant l'exécution de travaux sur la façade de l'immeuble (Cass. 3e civ. 8-7-1992 : Loyers et copr. 1992 comm. no 376). De même, pour avoir laissé passivement se dégrader un environnement qui dépendait de lui suite à un trouble de fait causé par un tiers, un bailleur a été déclaré responsable et tenu de réparer la perte du fonds de commerce de son locataire qui en a résulté (CA Paris 18-2-2004 : RJDA 5/05 no 503 ; Cass. 3e civ. 10-3-2004 no 03-10.807 : RJDA 6/04 no 746).

Le bailleur peut aussi, sur le fondement de l'article 1719, 3o du Code civil, être tenu de répondre du défaut d'entretien des parties communes de l'immeuble dont dépend le bien loué lorsqu'il ne démontre pas avoir mis tout en œuvre pour que le syndicat des copropriétaires prenne les mesures qui s'imposaient, notamment faire réunir une assemblée générale extraordinaire (Cass. 3e civ. 9-2-2010 no 08-10.324 : AJDI 2010 p. 304 pour des dommages résultant d'une inondation).

Les **troubles de droit** donnent lieu en revanche à la mise en œuvre de la garantie du bailleur à condition que le trouble et l'empêchement aient été dénoncés au propriétaire (C. civ. art. 1726). Les troubles de droit peuvent revêtir plusieurs aspects mais concourent toujours à remettre en cause les droits du propriétaire des lieux donnés à bail : revendication de propriété, emprise, servitudes, etc.

Sur le bail d'un bien appartenant à autrui, voir no 50235.

La **mise en œuvre de la garantie** impose une **information** préalable du bailleur. Ce dernier doit avoir été prévenu du trouble et de l'empêchement en résultant (C. civ. art. 1726). Si le locataire est cité en justice aux fins de délaissement de tout ou partie des lieux loués ou de reconnaissance **51030** de servitudes, il doit avoir été appelé en garantie et doit être mis hors d'instance, s'il l'exige, en nommant le bailleur pour lequel il possède (C. civ. art. 1727).

Le Code civil n'impose aucune **forme** particulière à l'information du bailleur : le locataire sera néanmoins prudent d'user d'une lettre recommandée AR ou d'une signification par commissaire de justice (ex-huissier) pour pouvoir, le cas échéant, prouver sa diligence.

51035 La garantie d'éviction emporte pour le locataire le **droit à indemnisation.** L'article 1726 du Code civil envisage la diminution proportionnée du loyer. Toutefois, il n'est pas exclu que le locataire obtienne des dommages-intérêts pour le préjudice subi, voire la résiliation du bail notamment en cas d'éviction totale des lieux loués.

CAS PARTICULIER DES TROUBLES DE VOISINAGE

51040 L'atteinte portée au droit de jouissance du locataire peut aussi constituer un trouble anormal de voisinage et engager à ce titre la responsabilité du bailleur. L'existence d'un contrat entre celui-ci et le locataire n'exonère pas de cette responsabilité (Cass. 2e civ. 2-2-1999 no 96-22.709 rendu à propos d'une association syndicale libre mais transposable aux relations nées d'un bail). Le locataire qui subit un trouble anormal de voisinage peut ainsi **agir contre le bailleur** pour les troubles dont celui-ci est directement l'auteur et pour ceux causés par des personnes dont le bailleur répond (tel un autre locataire ; no 51010). La loi 2024-346 du 15 avril 2024 a intégré l'article 1253 au Code civil, codifiant ainsi une responsabilité de plein droit du propriétaire, locataire, occupant sans titre, exploitant ou maître d'ouvrage pour trouble anormal de voisinage. L'article 1253 consacre un principe jurisprudentiel que « nul ne doit causer à autre un trouble anormal de voisinage » si ce trouble excède les inconvénients normaux de voisinage.

En revanche, **lorsque le trouble émane d'un tiers,** le locataire ne peut poursuivre que ce dernier. Par exemple, le bailleur n'est pas tenu de réparer le préjudice subi par un locataire en raison des nuisances importantes (bruit même fenêtres fermées, poussière en grande quantité et tremblements pendant des travaux de forage) provenant d'un chantier de construction voisin (CA Paris 23-2-1999 no 1997-11040 : Loyers et copr. 1999 comm. no 203). Néanmoins, et même si le trouble est principalement subi par le locataire, le bailleur peut avoir intérêt à agir car lui seul peut demander la réparation d'une éventuelle perte de valeur de l'immeuble (à la suite par exemple d'une diminution de l'ensoleillement due à l'élévation d'un nouvel immeuble) ou de son propre préjudice (par exemple, l'impossibilité ou la difficulté de relouer les locaux après l'installation d'une activité ou de machines bruyantes).

Précisons par ailleurs que cette **responsabilité** n'est **pas engagée** lorsque le trouble anormal provient d'activités, quelle qu'en soit la nature, existant antérieurement à la date d'entrée en possession du bien par la personne lésée. Ces activités doivent être conformes aux lois et aux règlements en vigueur et s'être poursuivies dans les mêmes conditions ou dans des conditions nouvelles qui ne sont pas à l'origine d'une aggravation du trouble anormal (C. civ. art. 1253, al. 2). Sur ce thème, voir nos 49600 s.

> **Précisions** **a.** **L'anormalité du trouble,** appréciée souverainement par le juge du fond, n'est pas subordonnée à la preuve d'une violation de la réglementation (Cass. 3e civ. 12-10-2005 no 03-19.759 : Bull. civ. III no 195), d'un manquement à une obligation contractuelle (Cass. 3e civ. 11-2-1998 no 95-22.112 : Bull. civ. III no 33), d'une quelconque faute (Cass. 3e civ. 13-4-2002 no 03-20.575 : Bull. civ. III no 89) ou encore d'une condamnation au titre d'une infraction pénale (Cass. 2e civ. 2-4-2009 no 08-15.619 : RJDA 7/09 no 691).
> **b.** L'activité exercée par un copropriétaire en **violation d'une stipulation du règlement de copropriété** caractérise un trouble manifestement illicite qui ne peut être écarté par l'existence d'autres activités illicites au sein de la copropriété (Cass. 3e civ. 18-1-2023 no 21-23.119 F-D).

II. OBLIGATIONS DU LOCATAIRE

51200 Le locataire est tenu de deux obligations principales : il doit user raisonnablement de la chose louée et suivant la destination qui lui a été donnée par le bail, ou, à défaut de convention, suivant celle présumée d'après les circonstances ; il doit payer le prix du bail aux termes convenus (C. civ. art. 1728).

Il est également tenu à d'autres obligations énoncées par le Code civil telles que celle d'entretenir et de réparer la chose louée ou de garnir les lieux loués.

En outre, les dispositions du Code civil relatives au louage n'étant pas d'ordre public, la convention des parties peut stipuler d'autres obligations à la charge du locataire.

A. Bon usage des lieux loués

1. USAGE RAISONNABLE DES LIEUX

JOUISSANCE NORMALE DES LIEUX

Le locataire doit user de la chose louée raisonnablement, ce qui signifie qu'il doit y apporter une diligence normale et ne pas abuser de la jouissance que le bail lui confère. **51205**

D'une manière générale, l'abus de jouissance peut, selon le cas, être caractérisé par le non-respect des stipulations contractuelles du bail, voire de celles du règlement de l'immeuble, que ce dernier soit ou non en copropriété.

> **Précisions a.** Le bail peut interdire la présence dans les lieux loués de **chiens** d'attaque (Loi 99-5 du 6-1-1999 art. 3 : JO 7 p. 327). La liste des types de chiens appartenant à cette catégorie est fixée par l'arrêté du 27 avril 1999 (JO 30 p. 6499).
b. Le **règlement de copropriété** peut restreindre l'usage des parties privatives. Toutefois, ces restrictions sont interprétées strictement par les tribunaux car elles constituent une atteinte non seulement à la liberté de jouissance des propriétaires, prévue par l'article 9 de la loi du 10 juillet 1965, mais aussi au principe de liberté du commerce. C'est la raison pour laquelle il a été jugé que la clause se limitant à prohiber les commerces susceptibles d'engendrer des nuisances pour les occupants de l'immeuble n'entraînait pas l'interdiction d'exercer une activité de restauration (Cass. 3e civ. 3-6-1998 : Administrer mai 1999 p. 51 ; Cass. 3e civ. 6-10-1999 : Loyers et copr. 2000 comm. n° 25 ; Cass. 3e civ. 21-11-2000 : RJDA 2/01 n° 131). Seule la preuve des nuisances générées par l'activité pourrait conduire à interdire celle-ci en application d'une telle clause (Cass. 3e civ. 6-10-1999 précité).
c. La commission des **clauses abusives** rappelle que l'on ne peut pas porter atteinte à la libre jouissance des lieux loués et notamment interdire au locataire de faire occuper les lieux loués par les personnes de son choix (Recommandation 2000-01 reproduite n° 53400).
d. Le locataire ne peut être tenu par une **clause de non-concurrence** imposée par le bailleur dans le bail pour préserver l'activité commerciale des commerces exploités dans l'immeuble en évitant toute concurrence entre ses occupants dès lors que ce dernier n'avait pas inclus cette clause dans les baux ultérieurs de la zone de non-concurrence (Cass. 3e civ. 3-5-2007 n° 06-11.591 : RJDA 10/07 n° 939).

Abus de jouissance L'abus de jouissance susceptible d'être reproché au locataire relève de l'appréciation souveraine du juge. Les tribunaux ont retenu l'abus de jouissance dans des hypothèses très diverses telles que la détérioration de la chose louée résultant de faits volontaires du locataire ne relevant pas d'un usage normal des lieux loués (Cass. soc. 6-6-1946 : D. 1946 p. 310), l'absence de précautions pour éviter le gel des canalisations (Cass. 1e civ. 9-11-1966 : Rev. Loyers 1967 p. 157), l'encombrement anormal des lieux loués (Cass. 3e civ. 19-1-1982 : JCP G 1982 IV p. 122), les travaux entrepris sans l'autorisation du bailleur et le non-respect de la destination des lieux loués (Cass. 3e civ. 16-11-1993 n° 92-11.516 : Loyers et copr. 1994 comm. n° 12) ou la reconstruction en béton armé d'un immeuble en bois présentant un caractère traditionnel (Cass. 3e civ. 28-3-1995 n° 93-15.060 : Rev. Loyers 1995 p. 401). **51210**

Dans un cas où un bail n'interdisait pas au locataire de modifier l'état des locaux, il a été jugé que celui-ci avait pour seule obligation de les remettre en état en fin de bail (Cass. 3e civ. 13-1-1999 : RJDA 3/99 n° 259). Le locataire n'enfreint donc pas son obligation d'user des lieux raisonnablement en modifiant l'état des locaux, sous réserve cependant que les travaux ne portent pas atteinte à la structure de l'immeuble et qu'il laisse les locaux conformes à leur destination contractuelle (Cass. 3e civ. 27-5-1998 : RJDA 7/98 n° 842, prononçant la résiliation du bail pour travaux transformant la destination des lieux sans l'autorisation du bailleur).

En revanche, le locataire qui méconnaît la clause du bail lui interdisant de faire toute démolition et tout percement de murs dans les lieux loués sans le consentement exprès et par écrit du bailleur encourt la résiliation de son bail sans que les juges puissent limiter la portée de cette clause claire et précise aux seuls travaux de démolition ou de percement touchant au gros œuvre (Cass. 3e civ. 28-11-2006 n° 05-20.593 : Loyers et copr. 2007 comm. n° 22, 1e esp.). En présence d'une telle clause, les juges ne peuvent pas davantage se contenter d'une autorisation orale et considérer que l'écrit n'est exigé qu'à titre de preuve (Cass. 3e civ. 28-11-2006 n° 05-20.593 : Loyers et copr. 2007 n° 22, 2e esp.). Le locataire encourt la résiliation du bail et ne peut pas prétendre que les travaux qu'il a exécutés pour répondre aux exigences de la commission de sécurité étaient un cas de force majeure alors que ceux-ci n'avaient été rendus nécessaires que par l'adjonction d'activités complémentaires à celles contractuellement prévues, activités et travaux refusés par le bailleur (Cass. 3e civ. 13-6-2007 n° 06-13.661 : RJDA 10/07 n° 934). Toutefois, la réalisation de travaux importants de transformation et de changement de distribution, sans respecter les clauses du bail dont notamment celle imposant l'autorisation préalable du bailleur, n'a pas été jugée suffisamment grave pour que soit prononcée la résiliation du bail au motif, entre autres, que les locaux étaient, à la prise d'effet du bail, totalement vétustes et que lesdits travaux, réalisés avec soin, étaient nécessaires à l'exercice de l'activité autorisée (CA Paris 12-3-2008 n° 07-6526 : RJDA 11/08 n° 1091).

> **Précisions** **a.** Sur l'appréciation des couleurs choisies par le locataire pour rafraîchir l'appartement loué, quant à savoir si elles constituent une dégradation des lieux, voir CA Paris 10-1-2008 n° 06-19881 : BPIM 3/08 inf. 251.
> **b.** La non-communication par le preneur au bailleur du dossier technique des travaux envisagés, tel que les stipulations du bail l'imposent, entraîne l'application de la clause résolutoire du bail (Cass. com. 31-5-2011 n° 10-18.311 : RJDA 10/11 n° 774).

51215 **Jouissance paisible** L'obligation de jouissance paisible des lieux loués par le locataire s'entend également du **comportement** de ce dernier **vis-à-vis des tiers.** Des injures écrites réitérées peuvent justifier la résiliation judiciaire du bail (Cass. 3e civ. 3-6-1992 n° 90-20.422 : Gaz. Pal. 1992 p. 656). Il en est de même de l'activité de prostitution exercée par une locataire devant son immeuble (Cass. 3e civ. 15-6-1994 n° 92-16.991 : Loyers et copr. 1994 comm. n° 369) ou de comportements bruyants et répétés durant la nuit (Cass. 3e civ. 16-11-1993 n° 91-16.704 : Loyers et copr. 1994 comm. n° 13) ou encore de la détention dans les lieux loués d'un animal dangereux, par ailleurs interdite par le règlement auquel se réfère le bail (CA Paris 17-3-2005 : Rev. Loyers 2005 p. 444). Le locataire doit également répondre des **personnes qu'il accueille** volontairement dans son logement, et en particulier des enfants qui vivent sous son toit, même s'ils sont majeurs (Cass. 3e civ. 10-11-2009 n° 09-11.027 FS-PB : BPIM 2/10 inf. 151 ; Cass. 3e civ. 17-12-2020 n° 18-24.823 FS-PBI : BPIM 1/21 inf. 73).

Les juges du fond apprécient souverainement si les troubles de voisinage sont d'une gravité telle qu'ils justifient la résiliation du bail (Cass. 3e civ. 10-11-2009 n° 08-21.874 : RJDA 2/10 n° 132). Lorsque les troubles prennent la forme de **violences** contre les autres locataires, la résiliation du bail pour manquement à l'obligation d'usage paisible des lieux loués ne peut être prononcée que si est établie l'existence d'un lien entre les troubles constatés et un manquement à l'obligation pour le locataire d'user paisiblement de la chose louée et de ses accessoires (Cass. 3e civ. 14-10-2009 nos 08-12.744 FS-PB et 08-16.955 : RJDA 1/10 n° 14 ; BPIM 2/10 inf. 168). Mais s'il s'agit de violences exercées contre le bailleur ou ses agents, la Cour de cassation n'a jamais exigé le même lien entre les troubles et le manquement à l'usage paisible des lieux (voir, par exemples, Cass. 3e civ. 3-6-1992 n° 90-20.422 ; Cass. 3e civ. 28-3-1995 n° 93-15.815 ; Cass. 3e civ. 9-3-2005 n° 03-19.225 FS-D). Ainsi les violences réitérées commises par le fils d'un locataire à l'encontre des employés du bailleur constituent un manquement à l'obligation de jouissance paisible justifiant la résiliation du bail **quel que soit le lieu de commission** de ces violences (Cass. 3e civ. 17-12-2020 n° 18-24.823 FS-PBI : BPIM 1/21 inf. 73).

Si le locataire est l'auteur de **troubles** anormaux de **voisinage** et que la victime a obtenu la condamnation du bailleur à l'indemniser – comme elle en a le droit (Cass. 3e civ. 17-4-1996 n° 94-15.876 : RJDA 7/96 n° 968 ; Cass. 2e civ. 31-5-2000 n° 98-17.532 : RJDA 11/00 n° 1062) – le bailleur dispose d'un recours contre son locataire lorsque les nuisances résultent d'un abus de jouissance ou d'un manquement aux obligations nées du bail (Cass. 2e civ. 8-7-1987 n° 85-15.193 : Bull. civ. II n° 150 ; Cass. 3e civ. 11-6-1997 n° 95-10.152 : RJDA 10/97 n° 1172).

> **Précisions** **a.** Le locataire condamné pour trouble anormal de voisinage peut se retourner contre le bailleur si sa condamnation trouve son origine (ou une cause d'aggravation) dans un **manquement du bailleur à ses propres obligations** découlant du bail. Il peut s'agir par exemple d'un manquement à l'obligation de délivrer un local conforme à sa destination (en ce sens, Cass. 3e civ. 11-6-1997 n° 95-10.152 : RJDA 10/97 n° 1172 rejetant en l'espèce le recours du locataire) ou encore d'un manquement du bailleur à ses obligations d'entretien ou de réparation des locaux telles qu'elles sont définies par le bail (Cass. 2e civ. 8-2-1972 n° 70-13.514 : Bull. civ. II n° 89 rejetant le recours du locataire qui invoquait une insuffisance d'isolation phonique des locaux alors que le bail ne faisait peser aucune obligation en la matière sur le bailleur).
> **b.** Sur l'obligation légale du bailleur de faire cesser les troubles émanant de ses locataires en matière de **bail d'habitation,** voir n° 61840.
> **c.** Si le locataire est responsable des agissements des occupants de son chef, il appartient au bailleur, qui sollicite la résiliation judiciaire du bail en raison de troubles de jouissance de parties communes imputés aux enfants des locataires, de rapporter une **preuve** suffisante que les locataires n'auraient pas respecté les obligations du bail leur incombant (CA Paris 3-6-2014 n° 12/16594 : AJDI 2015 p. 116).
> **d.** Tout **copropriétaire** peut, à l'instar du syndicat des copropriétaires, exercer les droits et actions du copropriétaire-bailleur pour obtenir la résiliation d'un bail lorsque le locataire méconnaît le règlement de copropriété (Cass. 3e civ. 8-4-2021 n° 20-18.327 FS-P : BPIM 3/21 inf. 207).

2. OBLIGATION DE CONSERVATION

DÉGRADATION ET PERTES

Champ d'application de la présomption de responsabilité du locataire L'usage raisonnable de la chose louée impose au locataire de répondre des dégradations ou des pertes qui se produisent pendant sa jouissance, à moins qu'il ne prouve qu'elles ont eu lieu sans sa faute (C. civ. art. 1732). Ce régime de présomption applicable aux dégradations anormales doit être différencié des conséquences d'un usage normal et répété qui relève des réparations locatives de l'article 1754 du Code civil. 51220

La présomption de l'article 1732 du Code civil trouve application si les dégradations sont intervenues pendant la durée du bail (Cass. 3e civ. 7-10-1998 no 96-19.956) ou la **période** au cours de laquelle le locataire a eu la jouissance du local avant de quitter les lieux, et donc avant la remise des clés au bailleur (Cass. 3e civ. 18-3-1998 : RJDA 5/98 no 562). Le fait qu'un nouveau bail ait été conclu entre le bailleur et le locataire n'interdit pas au bailleur de réclamer au locataire la réparation des dégradations commises au cours des baux antérieurs. Ce dernier est tenu de les réparer en fin de jouissance (Cass. 3e civ. 8-12-1999 : RJDA 2/00 no 133). Mais la commission des clauses abusives condamne, dans les baux régis par le Code civil, les clauses empêchant le locataire de s'exonérer de sa responsabilité en raison des dégradations survenues pendant la jouissance des lieux dans les cas où il n'a pas commis de faute (Recommandation 2000-01 reproduite no 53400). L'indemnisation du bailleur en raison de l'inexécution par le preneur des réparations locatives prévues au bail n'est pas subordonnée à l'exécution de ces réparations (Cass. 3e civ. 11-3-2014 no 12-28.396 : AJDI 2015 p. 114), ni à l'engagement effectif de dépenses, ni à la justification d'une perte de valeur locative (Cass. 3e civ. 7-1-2021 no 19-23.269 F-D : RJDA 4/21 no 214).

Ces dégradations ou pertes peuvent résulter tant d'**agissements** actifs tels que des travaux affectant sensiblement les lieux et non autorisés par le bailleur (ouverture de mur, descellement d'une cheminée, par exemple) que de négligences telle l'absence de vidange de canalisations ayant entraîné leur éclatement par suite de gel (Cass. 1e civ. 20-10-1965 : Bull. civ. I no 423 ; Cass. 3e civ. 18-3-1998 : RJDA 5/98 no 562) ou de passivité tel le fait de n'avoir pas dénoncé au bailleur des dégradations des lieux que ce dernier avait légalement en charge (Cass. 3e civ. 9-2-2005 no 03-19.609 : RJDA 5/05 no 505). 51221

Ces dégradations ou pertes peuvent être le **fait** tant **du locataire** que des personnes de sa maison ou de ses sous-locataires (C. civ. art. 1735). 51222

« Les **personnes de la maison** » au sens de cette disposition sont définies comme étant des personnes qui résident, fût-ce temporairement, dans les lieux loués, tels la maîtresse du locataire (Cass. civ. 13-12-1927 : DP 1928.1 p. 99), les enfants du locataire même majeurs (Cass. 3e civ. 10-11-2009 no 09-11.027 : RJDA 2/10 no 121), ou les personnes qui interviennent dans les lieux loués à titre professionnel à la demande du locataire tel un plombier chargé d'effectuer une réparation dans l'appartement ou qui y sont intervenues à la demande du locataire à titre professionnel (Cass. soc. 29-5-1954 : D. 1954 p. 571 ; Cass. 3e civ. 19-1-2000 no 98-12.697 : RJDA 3/00 no 245).

En revanche, ne sont pas des personnes de la maison les invités d'un soir du locataire (Cass. 3e civ. 16-6-2004 no 03-12.528 : RJDA 10/04 no 1090 ; CA Amiens 13-9-2007 : Loyers et copr. 2008 comm. no 2) ou les patients d'un médecin (Cass. 3e civ. 19-11-2008 no 07-15.508 : RJDA 2/09 no 74).

Limite de la responsabilité du locataire La présomption de responsabilité qui pèse sur le locataire impose à ce dernier d'apporter la **preuve** que les dégradations ou pertes ont eu lieu sans sa faute, voire sont le résultat d'un cas de force majeure ou d'un cas fortuit (Cass. 1e civ. 18-1-1950 : Bull. civ. I no 15 ; Cass. 3e civ. 28-1-2004 no 02-11.814 : RJDA 5/04 no 528 ; Cass. 3e civ. 31-10-2006 no 05-19.171 : RJDA 1/07 no 19). Il peut ainsi s'exonérer de toute responsabilité grâce à l'état des lieux qui aura été établi lors de son entrée en jouissance faisant état des dégradations qui lui sont reprochées, voire de l'état vétuste des lieux loués. Mais l'absence d'état des lieux n'empêche pas le propriétaire de prouver la perte d'un élément du bien loué, notamment par témoignages (Cass. 3e civ. 8-4-1999 : RJDA 6/99 no 647). 51223

Le locataire peut aussi être exonéré de toute responsabilité lorsque les dégradations sont la conséquence de dommages, dont la généralisation à l'ensemble immobilier démontre, même si on ne peut en rapporter l'origine et la date de survenance, qu'elles ne sont pas liées à l'occupation du logement par le locataire (Cass. 3e civ. 13-7-2010 no 09-15.748 : RJDA 11/10 no 1042 pour des infiltrations d'eau et d'humidité). En revanche, le fait que le bailleur ait refusé de faire connaître le nom de son assureur, n'ait pas déclaré le sinistre à son assureur, ce qui lui aurait permis d'être indemnisé de son préjudice, ou qu'il n'ait pas été assuré, n'exonère pas le locataire de sa responsabilité (Cass. 3e civ. 17-11-2021 no 20-10.100 F-D : RJDA 5/22 no 249).

Les juges du fond apprécient souverainement tant l'existence ou non d'une éventuelle faute du locataire dans la dégradation du local, que l'étendue de sa responsabilité (Cass. 3e civ. 24-3-1999 n° 531 D).

CAS PARTICULIER : INCENDIE

51225 **Champ d'application de la présomption de responsabilité du locataire** Le locataire répond, au titre des dégradations ou pertes, de l'incendie à moins qu'il ne prouve soit que l'incendie est arrivé par cas fortuit ou de force majeure ou par vice de construction, soit que le feu a été communiqué par une maison voisine (C. civ. art. 1733).

La présomption de responsabilité qui pèse sur le locataire ne concerne que les **rapports locatifs.** Elle ne s'applique pas, par exemple, entre un locataire et un syndicat de copropriétaires (Cass. 3e civ. 22-6-1983 n° 82-12.236 : Bull. civ. III n° 144). Le propriétaire ne peut pas utilement invoquer cette disposition à l'encontre d'un sous-locataire (Cass. 3e civ. 17-7-1996 : RJDA 11/96 n° 1300 ; Cass. 3e civ. 7-7-2016 n° 15-12.370 : BPIM 5/16 inf. 333) ou d'un nouveau locataire entré dans les lieux avant la prise d'effet du bail dès lors qu'il n'est pas établi qu'il existait une contrepartie pour cette période (Cass. 3e civ. 29-11-2000 n° 98-21.540 : RJDA 2/01 n° 130) ou encore d'une personne occupant les lieux sans établissement de rapports locatifs (Cass. 3e civ. 31-10-2006 n° 03-10.730 : RJDA 1/07 n° 20). Cette présomption de responsabilité ne s'étend pas aux dommages causés aux tiers au contrat de location (Cass. 3e civ. 28-1-2016 n° 14-28.812 : BPIM 2/16 inf. 133).

Cette présomption de responsabilité s'applique chaque fois que la **cause** exacte **de l'incendie** n'est pas déterminée (Cass. 3e civ. 9-11-2010 n° 09-69.910 : RJDA 3/11 n° 213). Elle s'applique même si cet incendie suit une explosion (Cass. 3e civ. 10-3-2010 n° 09-10.736 : RJDA 5/10 n° 478).

> **Précisions** **a. En cas de sous-location,** la présomption de responsabilité s'applique entre le locataire principal et le sous-locataire (Cass. 3e civ. 24-1-2007 n° 06-13.028 : RJDA 4/07 n° 334 ; Cass. 3e civ. 23-5-2012 n° 11-17.183 : RJDA 10/12 n° 830).

b. En cas de pluralité de locataires, tous sont responsables de l'incendie, proportionnellement à la valeur locative de la partie de l'immeuble qu'ils occupent à moins qu'ils ne prouvent que l'incendie a commencé dans l'habitation de l'un d'eux, auquel cas celui-là seul en est tenu, ou que quelques-uns ne prouvent que l'incendie n'a pu commencer chez eux, auquel cas ceux-là ne sont pas tenus (C. civ. art. 1734).

c. La présomption de l'article 1733 ne s'applique pas aux **tiers.** En cas de dommage subi à la suite d'un incendie dans les locaux loués, les tiers doivent établir la faute du locataire en application de l'article 1242 (ex-art. 1384, al. 2) du Code civil (Cass. 3e civ. 15-11-1978 n° 77-12.285 : Bull. civ. III n° 345 ; Cass. 2e civ. 6-2-2014 n° 13-10.889 : Loyers et copr. 2014 comm. n° 137). Ils ne peuvent pas obtenir réparation sur le fondement du trouble anormal de voisinage (Cass. 3e civ. 15-11-1978 précité). Toutefois, le fait de faire courir un risque d'incendie à un voisin peut être constitutif d'un trouble anormal de voisinage (Cass. 2e civ. 24-2-2005 n° 04-10.362 : RJDA 10/05 n° 1170).

d. Le délit de **dégradation involontaire** par explosion ou incendie prévu par l'article 322-5 du Code pénal ne peut être caractérisé qu'en cas de manquement à une obligation de sécurité ou de prudence imposée par la loi ou le règlement, l'article 1728 du Code civil ne suffisant pas (Cass. crim. 18-1-2012 n° 11-81.324 : Loyers et copr. 2012 comm. n° 62 note B. Vial-Pedroletti).

e. Le **contrat de séjour en Ehpad** ou en « résidences autonomie » est exclusif de la qualification de bail, il s'ensuit que la présomption de responsabilité du locataire en cas d'incendie ne s'applique pas (Cass. 3e civ. 3-12-2020 n° 20-10.122 FS-PBRI : BPIM 1/21 inf. 67).

f. Lorsque le propriétaire des locaux ne peut pas invoquer la présomption de l'article 1733 du Code civil en cas d'incendie, il peut obtenir réparation de l'occupant s'il prouve que celui-ci a manqué à son obligation de conserver les locaux, ce qui l'oblige à démontrer qu'il a commis une faute.

g. Il résulte de l'article 72 de la loi du 1er juin 1924 mettant en vigueur la législation civile française dans les départements du Bas-Rhin, du Haut-Rhin et de la Moselle que les articles 1733 et 1734 du Code civil n'étant pas applicables dans ces trois départements, en cas d'**incendie** survenu dans des locaux donnés à bail, le locataire ne peut être présumé responsable sur le fondement de l'article 1732 du même code. En conséquence, sauf clause contraire expresse du bail relevant du droit local, le locataire ne répond des dégradations ou des pertes consécutives à l'incendie que si le bailleur prouve qu'il a commis une faute à l'origine de celui-ci (Cass. 3e civ. 26-1-2022 n° 20-17.715 FS-B : RJDA 4/22 n° 236).

h. L'article 1733 du Code civil n'étant **pas d'ordre public,** le bail peut prévoir d'exonérer le locataire de cette responsabilité (Cass. civ. 26-12-1950 n° 226 : Bull. civ. I n° 268 ; Cass. req. 28-1-1868 : DP 1868 I p. 483).

51226 **Causes exonératoires de responsabilité** Le locataire ne peut renverser la présomption de responsabilité qui pèse sur lui qu'en cas de **force majeure** ou de **cas fortuit.** Pour pouvoir être invoqué, le cas fortuit ou la force majeure doit présenter le caractère d'imprévisibilité, d'irrésistibilité et d'insurmontabilité. Tel est le cas d'un incendie d'origine criminelle dès lors que le locataire n'avait commis aucune faute dans la protection des locaux (Cass. 3e civ. 12-12-1990 :

RJDA 2/91 n° 92 ; Cass. 3e civ. 18-3-1998 : RJDA 5/98 n° 563 ; Cass. 3e civ. 27-10-2009 n° 08-20.808 : Rev. Loyers 2010 p. 24), la seule situation géographique du bâtiment qualifiée de « plutôt difficile » par l'expert ne pouvant suffire à rendre prévisible un incendie probablement criminel (Cass. 3e civ. 14-9-2010 n° 09-69.051 : RJDA 12/10 n° 1135) ; de même, la seule existence de violences urbaines aux alentours du bâtiment incendié ne suffit pas à rendre prévisible un incendie criminel, notamment parce que aucune des violences urbaines caractérisées ne s'identifiait par l'incendie d'un bâtiment (Cass. 3e civ. 2-10-2012 n° 11-21.589 : RJDA 4/13 n° 298) et le fait d'entreposer des véhicules contenant du carburant et de prévoir un simple système de télésurveillance des locaux alors que la destination des lieux impliquait la présence de carburant ne permet pas de caractériser une faute imputable au preneur ayant facilité l'acte de malveillance (Cass. 3e civ. 5-11-2014 n° 13-20.186 : Loyers et copr. 2015 comm. n° 2). Toutefois, l'origine criminelle d'un incendie n'est pas obligatoirement un cas de force majeure exonérant la responsabilité du locataire (en ce sens, Cass. 3e civ. 21-9-2005 n° 04-14.706 : RJDA 12/05 n° 1322).

La force majeure n'a pas été retenue dans une espèce où l'incendie était dû à un défaut d'entretien des canalisations de gaz par le locataire (Cass. 3e civ. 30-5-1990 : Bull. civ. III n° 129). De même, elle n'a pas été retenue faute pour le locataire d'avoir pris des dispositions pour prévenir la violation de son domicile, hautement prévisible, alors qu'il était le seul occupant en titre de l'immeuble, lequel était déjà occupé par des squatters (Cass. 3e civ. 3-4-2007 n° 06-12.681 : AJDI 2007 p. 560).

Le **vice de construction** n'a pas, en revanche, à revêtir le caractère de la force majeure (Cass. 3e civ. 21-3-1990 : Bull. civ. III n° 79 ; Cass. 3e civ. 12-3-2002 : Loyers et copr. 2002 comm. n° 168 ; Cass. 3e civ. 15-6-2005 n° 04-12.243 : RJDA 10/05 n° 1073). Toutefois, le locataire doit rapporter la preuve du lien de causalité entre le vice de construction et l'incendie (Cass. 3e civ. 27-5-1974 n° 72-12.382 : Bull. civ. III n° 222). En l'absence de caractérisation d'un défaut de conception de l'installation électrique assimilable à un vice de construction, le locataire répond de l'incendie survenu dans les lieux loués et dans les locaux voisins (Cass. 3e civ. 27-11-2002 n° 01-12.403 : RJDA 2/03 n° 113).

Le vice de construction devant être la cause initiale du sinistre, un locataire ne peut pas s'exonérer de la présomption de responsabilité qui pèse sur lui en invoquant l'existence d'un vice ayant seulement contribué à accroître les dommages (Cass. 3e civ. 18-3-1992 : RJDA 5/92 n° 428). Le vice de construction doit être à l'origine de l'incendie pour exonérer le locataire (Cass. 3e civ. 23-1-2008 n° 06-19.520 : Loyers et copr. 2008 comm. n° 74).

> **Précisions** Un **défaut d'entretien** imputable au bailleur, s'il est à l'origine d'un incendie, est assimilable à un vice de construction (Cass. 3e civ. 15-6-2005 n° 04-12.243 : RJDA 10/05 n° 1073). Mais les fautes du bailleur qui ne sont pas à l'origine de l'incendie ne peuvent pas exonérer le locataire de la présomption de responsabilité qui pèse sur lui (Cass. 3e civ. 13-6-2007 n° 06-10.033 : RJDA 10/07 n° 938).

Situation en cas d'occupation des lieux incendiés dans les mêmes conditions qu'un locataire 51230 Lorsque l'immeuble dans lequel l'incendie se déclenche est occupé par le locataire et par le bailleur, il faut distinguer si l'occupation est ou non conjointe. Si elle est conjointe, le locataire est exonéré de la présomption de responsabilité (Cass. 3e civ. 22-2-1989 : Bull. civ. III n° 43). Si chacun occupe des locaux distincts, et que le bailleur occupe à titre privatif une partie de l'immeuble loué dans des conditions semblables à celles d'un locataire, la présomption de responsabilité du locataire cesse de s'appliquer (Cass. 3e civ. 22-2-1989 : Bull. civ. III n° 43 ; Cass. 3e civ. 15-2-1995 : RJDA 4/95 n° 408 ; Cass. 3e civ. 1-10-2003 n° 02-11.557 : RJDA 1/04 n° 17 ; Cass. 3e civ. 22-11-2011 n° 10-27.924 : AJDI 2012 p. 34), sauf si l'incendie s'est déclaré dans les lieux qu'il occupe exclusivement (Cass. 3e civ. 2-4-2003 n° 01-11.269 : RJDA 7/03 n° 693). Dans ce cas, le bailleur ne peut être condamné à réparer les désordres subis par son locataire que dans les conditions du droit commun : le locataire doit établir que le bailleur a commis une faute à l'origine de l'incendie ou agir en réparation du trouble de jouissance subi du fait de l'incendie (Cass. 3e civ. 9-12-2009 n° 08-21.592 : RJDA 3/10 n° 215 ; contra Cass. 3e civ. 18-11-1998 n° 97-11.026 : RJDA 1/99 n° 18).

En outre, même en cas de jouissance d'une partie des lieux par le propriétaire assimilable à celle d'un locataire, le locataire demeure présumé responsable de l'incendie qui s'est déclaré dans les lieux qu'il occupe exclusivement (Cass. 3e civ. 2-4-2003 n° 01-11.269 : RJDA 7/03 n° 693).

Dès lors qu'il est assimilé à un locataire, le bailleur est soumis aux mêmes présomptions, si bien qu'il ne peut plus les invoquer à l'égard des autres locataires, sauf à prouver que le feu n'a pas commencé dans les locaux occupés par lui (Cass. 3e civ. 18-11-1998 : RJDA 1/99 n° 18).

Indemnisation du bailleur 51235 Le locataire, présumé responsable de l'incendie, est tenu de **réparer** personnellement l'**entier préjudice** subi par le bailleur du fait de l'incendie. Ainsi l'indemnisation ne se limite-t-elle pas aux seuls dégâts commis dans les lieux loués : elle s'étend au reste de l'immeuble appartenant au bailleur, si tel est le cas (Cass. 3e civ. 6-12-1972 n° 71-14.294 : D. 1973 p. 188). L'indemnisation doit couvrir également l'intégralité de la perte de loyers enregistrée par le bailleur (Cass. 3e civ. 2-7-1991 : Loyers et copr. 1991 comm. n° 461), même si le bail a été résilié à la suite du sinistre (Cass. 3e civ. 11-7-2019 n° 18-15.424 : RJDA 12/19 n° 742).

Toutefois, quand un immeuble détruit par un incendie ne peut être reconstruit à l'identique, l'indemnité due au propriétaire doit être fixée en fonction de sa valeur vénale et non de sa valeur de reconstruction à neuf (Cass. 3e civ. 7-9-2017 n° 16-15.257 FS-PB : RJDA 11/17 n° 700).

> **Précisions** Sur le fondement de l'article 1231-2 du Code civil, qui exige une réparation intégrale, il avait été jugé que l'indemnité allouée au bailleur dont l'immeuble a été endommagé par un incendie doit être calculée sans tenir compte d'un **coefficient de vétusté**, une telle prise en compte ne replaçant pas le propriétaire dans la situation antérieure à la survenance de l'incendie (Cass. 3e civ. 9-1-1991 n° 89-16.661 : Bull. civ. III n° 12 ; Cass. 3e civ. 19-7-1995 : RJDA 11/95 n° 1203). Un tel coefficient de vétusté peut cependant être appliqué sans remettre en cause le principe de la réparation intégrale dès lors que n'est pas apportée la preuve d'un préjudice supérieur à l'indemnité allouée (Cass. 3e civ. 8-4-2010 n° 08-21.393 : RJDA 7/10 n° 710).

3. RESPECT DE LA DESTINATION CONTRACTUELLE

ÉTENDUE DE LA DESTINATION CONTRACTUELLE

51260 Outre l'obligation pour le locataire d'user de la chose louée raisonnablement, l'article 1728 du Code civil impose que cette jouissance s'effectue suivant la destination stipulée par le bail ou, à défaut de convention, suivant celle présumée d'après les circonstances. La définition contractuelle de la destination autorisée des lieux loués importe donc tant au bailleur (n° 50805) qu'au locataire.

Cette destination est **librement convenue** par les parties lors de la conclusion du bail : elle peut être étendue comme très restrictive. Il a ainsi été jugé que le fait que l'appartement ne contient que des livres à l'exclusion de tout meuble meublant viole la clause destinant les lieux à un usage exclusif d'habitation principale prévue au bail (Cass. 3e civ. 2-7-2014 n° 13-18.731 : RJDA 10/14 n° 751).

Le bailleur doit cependant veiller à ne pas consentir de location pour une destination non conforme au règlement de copropriété de l'immeuble, voire à des dispositions légales ou réglementaires telles que celle concernant le changement d'usage des locaux d'habitation (CCH art. L 631-7). Dans cette hypothèse, le bailleur s'expose à la résiliation voire l'annulation du bail si le locataire peut se prévaloir d'un vice du consentement résultant d'une erreur sur les qualités substantielles des lieux loués (Cass. 3e civ. 13-7-1994 : Loyers et copr. 1994 comm. n° 386).

Si le locataire n'use pas de la chose louée raisonnablement ou l'emploie à un autre usage que celui auquel elle a été destinée, ou dont il puisse résulter un dommage pour le bailleur, celui-ci peut, suivant les circonstances, résilier le bail (C. civ. art. 1729). En l'absence de clause résolutoire de plein droit et sans formalité spécifique stipulée dans le bail, le bailleur doit solliciter la résiliation judiciaire du bail, résiliation susceptible d'être retenue ou écartée par le juge, qui apprécie souverainement la gravité des faits invoqués (Cass. 3e civ. 12-4-1972 n° 70-14.356 : JCP éd. G 1973 II n° 17591).

> **Précisions** **a.** En matière d'**habitation,** la pratique enregistre deux types de clauses : les clauses d'habitation exclusivement bourgeoise et les clauses d'habitation bourgeoise. Les premières excluent l'exercice de quelque activité professionnelle que ce soit dans les lieux loués : seul un usage d'habitation est autorisé. La clause d'habitation bourgeoise autorise, en revanche, l'exercice d'une profession non commerciale.
> Cette règle a cependant été assouplie et, dès lors que l'activité exercée dans les lieux loués à usage exclusif d'habitation ne trouble pas la paix des habitants de l'immeuble, ne conduit pas le locataire à recevoir une clientèle ou des marchandises et s'avère conforme aux conditions posées par l'article L 631-7-3 du CCH, le bailleur doit être débouté de sa demande de résiliation (Cass. 3e civ. 14-1-2004 n° 02-12.476 : RJDA 5/04 n° 537 ; CA Versailles 5-11-2009 n° 08/09553 : Loyers et copr. 2010 comm. 95).
> **b.** L'activité d'**assistante maternelle,** consistant à recevoir et à s'occuper moyennant salaire des enfants confiés par le département de Paris, n'a pas été jugée constitutive d'une transformation de la destination des lieux à usage de commerce, de profession libérale, industrielle ou artisanale (Cass. 3e civ. 14-5-1997 : RJDA 7/97 n° 882).

MODIFICATION DE LA DESTINATION

51265 Le locataire ne peut pas modifier l'usage et la destination des lieux loués sans l'autorisation du bailleur (Cass. 3e civ. 27-5-1998 : RJDA 7/98 n° 842 ; CA Versailles 13-11-2014 n° 13/03066 : RJDA 4/15 n° 236) quand bien même il n'en résulterait aucun préjudice pour ce dernier (Cass. civ. 27-4-1948 : JCP 1948 II n° 4594). Cette **autorisation** peut être expresse ou tacite. Dans ce cas, elle doit être non équivoque. Une simple tolérance de ce dernier (Cass. 3e civ. 5-6-2002 n° 00-20.348 : RJDA 8-9/02 n° 862, 1re esp.) ou une attitude passive de sa part (Cass. 3e civ. 4-5-2006 n° 05-10.938 : RJDA 8-9/06 n° 876) ne suffit pas à établir son consentement à un changement de destination des lieux ou sa renonciation à se prévaloir de cette infraction.

> **Précisions** Toutefois, dès lors qu'il n'en résulte pas un usage professionnel, il a été jugé que l'exercice d'une **activité minime** dans des lieux à usage strictement d'habitation ne modifie pas la destination des lieux (Cass. soc. 18-5-1966 : Bull. civ. IV n° 461).

DOMICILIATION D'UNE ENTREPRISE

Les **personnes physiques** peuvent déclarer l'adresse de leur local d'habitation comme adresse de l'entreprise et y exercer une activité sans limitation de durée dès lors qu'aucune disposition législative ou stipulation contractuelle ne s'y oppose. À défaut et si elles ne disposent pas d'un établissement, elles peuvent déclarer cette adresse à titre exclusif d'adresse de l'entreprise, cette déclaration n'entraînant ni changement d'affectation des locaux ni application du statut des baux commerciaux (C. com. art. L 123-10). **51270**

Les personnes physiques peuvent aussi domicilier leur entreprise dans des locaux occupés en commun par plusieurs entreprises dans des conditions fixées par décret.

Les **personnes morales** sont autorisées à installer leur siège au domicile de leur représentant légal (C. com. art. L 123-11-1), en cours de vie sociale et sans limitation de durée, lorsqu'il n'y a pas de dispositions législatives ou de stipulations contractuelles contraires.

En présence de telles dispositions ou stipulations, le transfert du siège social au domicile du représentant légal est possible pour une durée qui ne peut pas excéder cinq ans à compter de la création de la personne morale. Dans ce cas, elles doivent notifier cette installation par écrit au bailleur, au syndicat de la copropriété ou au représentant de l'ensemble immobilier.

> **Précisions** La domiciliation d'une personne morale dans les locaux à usage d'habitation pris à bail par son représentant légal n'entraîne pas un **changement de destination** des lieux si aucune activité n'y est exercée, et n'est donc pas incompatible avec une clause d'habitation bourgeoise figurant dans le contrat de bail. La domiciliation d'une société commerciale ne suffit pas à conférer à l'occupation un caractère commercial (Cass. 3e civ. 25-2-2016 n° 15-13.856 : RJDA 5/16 n° 372).

AUTORISATION LÉGALE D'EXERCER UNE ACTIVITÉ PROFESSIONNELLE

Par dérogation à l'interdiction de transformer des locaux d'habitation en locaux commerciaux dans les grandes agglomérations (CCH art. L 631-7), l'exercice d'une activité professionnelle, y compris commerciale, est autorisé dans une partie du local loué à usage d'habitation lorsque les **conditions** suivantes sont réunies (CCH art. L 631-7-3, al. 1) : **51275**

- aucune stipulation contractuelle du bail ou du règlement de copropriété ne s'y oppose ;
- l'activité est exercée par le ou les occupants du logement y ayant leur résidence principale ;
- l'activité ne conduit à recevoir ni clientèle ni marchandise.

Ces règles s'appliquent également aux représentants légaux de personnes morales (CCH art. L 631-7-3, al. 2).

Si cette activité est exercée dans une partie d'un **local** d'habitation **situé au rez-de-chaussée,** il peut y avoir réception de clientèle et de marchandise pourvu que l'activité n'engendre ni nuisance ni danger pour le voisinage et qu'elle ne conduise à aucun désordre pour le bâti. Le bail de cette résidence principale n'est pas régi par les articles L 145-1 et suivants du Code de commerce et ne peut pas être un élément constitutif du fonds de commerce (CCH art. L 631-7-4).

Les dispositions de l'article L 631-7-3 du CCH sont opposables à un bailleur relevant des organismes d'habitations à loyer modéré. En revanche, la mise en œuvre de l'article L 631-7-4 du CCH suppose, à l'égard d'un bailleur social, un avis préalable du propriétaire du local et une autorisation du maire concerné en application de l'article L 631-7-2 du CCH (CCH art. L 631-7-5).

B. Paiement du loyer

1. DÉFINITION ET DÉTERMINATION DU LOYER ET DES CHARGES

LE LOYER PROPREMENT DIT

Le loyer est un élément essentiel du bail sans lequel ce dernier ne saurait exister (n° 50020). Hormis l'hypothèse où le loyer serait vil ou dérisoire, emportant ainsi la requalification de la convention de bail, le prix est **librement déterminé** par les parties, qui peuvent soit arrêter son montant contractuellement – et, dans ce cas, le loyer est déterminé –, soit arrêter contractuellement les modalités précises de sa fixation – et, dans ce cas, le loyer est déterminable. **51360**

> **Précisions** **a.** La liberté de détermination du loyer vaut en matière de droit commun du louage sauf intervention des pouvoirs publics instaurant des périodes de blocage de prix. Certains statuts spéciaux de louage comme celui des baux à usage d'habitation ou à usage mixte professionnel et d'habitation imposent des règles de détermination du loyer.

b. La fixation du loyer peut être confiée à un collège d'experts : il s'agit d'une détermination contractuelle du loyer et non d'une clause compromissoire (Cass. 3e civ. 4-3-1998 : RJDA 5/98 no 560).
c. En l'absence de clause contractuelle le prévoyant, le juge ne peut pas se substituer aux parties pour modifier les modalités d'exécution du bail, en l'occurrence celles du loyer (Cass. 3e civ. 18-3-2009 no 07-21.260 : RJDA 6/09 no 513).
d. Le bail à construction conclu pour un prix dérisoire est nul pour défaut de cause (Cass. 3e civ. 21-9-2011 no 10-21.900 : BPIM 6/11 inf. 461).

LES CHARGES ACCESSOIRES

51365 Le Code civil ne fait aucune mention des charges locatives auxquelles font référence les textes d'ordre public en matière de baux à usage d'habitation principale ou à usage mixte d'habitation principale et professionnel. Pour autant, l'obligation de paiement du prix visée par l'article 1728 du Code civil s'entend aussi bien de l'obligation de payer le loyer que de celle de régler l'ensemble des sommes accessoires, dont les **charges locatives.**

Il importe donc que la convention locative les détermine expressément tant dans leur nature que dans leur quotité. Entrent traditionnellement dans les charges accessoires dont le remboursement est demandé au locataire :

– les charges d'exploitation, d'entretien et, d'une manière générale, de fonctionnement de l'immeuble loué ou dont dépendent les lieux loués ;
– les dépenses relatives aux consommations d'eau froide, d'eau chaude, de chauffage collectif ;
– les dépenses de fonctionnement et d'entretien des équipements communs (ascenseurs, espaces extérieurs...) ;
– les dépenses afférentes aux services rendus (gardiennage de l'immeuble, contrat d'entretien des parties communes...) ;
– les taxes et impôts afférents aux lieux loués ou exigibles en raison de la conclusion du bail tels les droits d'enregistrement, la taxe ou redevance d'enlèvement des ordures ménagères, la taxe de balayage. Sur la succession dans le temps des impôts et taxes dont ont été ou sont redevables locataire et/ou bailleur, voir Cass. 3e civ. 19-9-2007 no 06-16.409 : RJDA 1/08 no 13 et nos observations.

Les parties peuvent conventionnellement arrêter le principe que les charges récupérables sur le locataire seront celles définies par le décret 87-713 du 26 août 1987 pris en application de la loi 86-1290 du 23 décembre 1986 applicable aux locations régies par la loi 89-462 du 6 juillet 1989 (Cass. 3e civ. 18-11-1998 : RJDA 1/99 no 20 ; no 65310). Elles peuvent également se référer à la liste arrêtée par la commission Delmon aux termes d'un accord arrêté par une circulaire 76-58 du 30 mars 1976.

Certains baux sont conclus en stipulant que « le **loyer** étant pour le bailleur considéré comme **net de charges,** le locataire supportera toutes les charges, prestations, fournitures, taxes et dépenses afférentes aux locaux loués, y compris l'impôt foncier et les primes d'assurance de l'immeuble à l'exclusion toutefois des grosses réparations définies par l'article 606 du Code civil ». Il a été jugé que cette clause imposait au locataire de rembourser au bailleur le montant de la taxe annuelle sur les bureaux en Île-de-France pourtant instituée après la conclusion du bail (CA Versailles 5-5-1994 : RJDA 2/95 no 113). De même, la clause qui répercute sur le locataire toutes les sommes dues au syndicat des copropriétaires est licite et doit être appliquée dès lors qu'elle est claire et précise (Cass. 3e civ. 10-6-1998 : RJDA 8-9/98 no 950).

Généralement, les charges correspondent au coût réel des dépenses, mais les parties sont libres de prévoir un forfait de charges ou une évaluation forfaitaire de celles-ci, par exemple selon un certain pourcentage du loyer principal. Dans ce cas, le bailleur n'a pas à justifier des prestations effectivement payées (Cass. 3e civ. 8-3-2005 no 04-11.047 : RJDA 6/05 no 659). Lorsqu'il est excessif, ce **forfait** peut être considéré non comme une charge mais comme un supplément de loyer (Cass. com. 7-10-1953 : Bull. civ. III no 288).

> Précisions a. Les parties peuvent mettre à la charge du locataire le paiement des **impôts supportés normalement par le bailleur,** comme l'impôt foncier, la taxe annuelle sur les bureaux ou la taxe additionnelle au droit de bail (Cass. com. 30-10-1989 : Bull. civ. IV no 263). Mais dans ce cas elles doivent être vigilantes lors de la rédaction de ces clauses car celles-ci sont interprétées strictement par les tribunaux (voir notamment CA Paris 19-2-1991 : RJDA 6/91 no 468 ; CA Versailles 6-9-2007 no 06-4302, 3e ch. : RJDA 2/08 no 103). Il est à cet égard utile de viser, dans l'intérêt du bailleur, la prise en charge par le locataire de toutes les impositions et charges, de quelque nature qu'elles soient, présentes ou à venir. A été jugé que la clause prévoyant que le locataire acquittera sa taxe foncière, et généralement les impôts lui incombant et dont le bailleur pourrait être responsable, ne met pas à sa charge la taxe foncière afférente aux locaux loués (Cass. 3e civ. 15-9-2015 no 14-15.911 : BPIM 6/15 inf. 420).
b. Le **dépôt de garantie,** qui constitue également une charge accessoire, est étudié no 51465.

c. Une **répartition** des charges entre les différents locataires de l'immeuble **établie postérieurement à la signature du bail** de l'un d'entre eux lui a été déclarée opposable compte tenu des éléments suivants : le règlement intérieur qui donnait cette répartition était visé dans le bail, les conditions dans lesquelles il avait été établi ne relevaient pas d'abus et le locataire n'avançait aucune critique précise quant aux clés de répartition (Cass. 3e civ. 24-11-2004 n° 03-14.430 : RJDA 2/05 n° 103).
d. Lorsque le bail stipule que le locataire doit payer les **charges réelles** sur présentation d'un décompte et que la provision doit être réajustée en fonction de ce décompte, le bailleur qui ne peut pas fournir un tel décompte doit rembourser au locataire les provisions versées, le fait que le locataire n'ait pas réclamé de reddition de compte n'équivalant pas à une acceptation de sa part de la modification des termes du contrat (Cass. 3e civ. 13-7-2005 n° 04-10.152 : Rev. Loyers 2005 p. 443).
e. Un bailleur de locaux commerciaux ne peut pas récupérer le montant qu'il avait acquitté au titre de la taxe d'enlèvement des ordures ménagères afférente au local loué (Cass. 3e civ. 13-6-2012 n° 11-17.114 : RJDA 1/13 n° 12) ou au titre de la taxe foncière (Cass. 3e civ. 26-3-2013 n° 11-24.311 : RJDA 7/13 n° 585) lorsque cette charge n'est **pas mentionnée expressément dans le contrat.**
f. Est abusive la clause du contrat de location portant sur un logement meublé conclu entre un bailleur professionnel et un **locataire non professionnel** qui impose au locataire de supporter la totalité des dépenses et charges incombant normalement au bailleur (Cass. 3e civ. 17-12-2015 n° 14-25.523 : BPIM 1/16 inf. 60).

2. RÉVISION DU LOYER

INDEXATION

Le loyer initialement convenu par les parties peut faire l'objet d'une **indexation.** Celle-ci doit être conforme aux règles suivantes (C. mon. fin. art. L 112-1 s.) : **51370**

– l'indice retenu doit être en relation directe avec l'objet de la convention ou avec l'activité de l'une des parties, l'indice « loyer et charges » servant à la détermination des indices généraux des prix de détail ne peut pas être retenu par les parties ;
– toute clause prévoyant une indexation fondée sur le taux des majorations légales fixé en application de la loi 48-1360 du 1er septembre 1948 est interdite, à moins que le montant initial n'ait lui-même été fixé conformément aux dispositions de cette loi ;
– la clause d'indexation ne doit pas prévoir, à peine de nullité, la prise en compte d'une période de variation de l'indice supérieure à la durée s'écoulant entre chaque révision (Cass. 3e civ. 6-2-2020 n° 18-24.599 FS-PBI : RJDA 4/20 n° 202). Seule la partie de la clause créant une distorsion peut être réputée non écrite (Cass. 3e civ. 7-9-2023 n° 22-10.145 F-D), ou l'ensemble de la clause si la partie illicite est indivisible de l'ensemble (Cass. 3e civ. 19-12-2019 n° 18-23.196 F-D ; Cass. 3e civ. 4-1-2023 n° 21-23.412 F-D).

L'indice national du coût de la construction publié par l'Insee (**ICC**) est réputé en relation directe avec l'objet d'une convention relative à un immeuble bâti. Toutefois, cet indice ne s'impose pas et, dès lors que l'indice retenu par les parties répond aux exigences susvisées, il peut être retenu.
L'indice des loyers commerciaux (**ILC**) est également en relation directe avec l'objet d'une convention relative à un immeuble bâti pour les activités commerciales définies à l'article D 112-2 du Code monétaire et financier (activités commerciales y compris celles exercées par les artisans, à l'exclusion des activités commerciales exercées dans des locaux à usage exclusif de bureaux, y compris les plates-formes logistiques, ainsi que des activités industrielles au sens de l'article L 110-1, 5° du Code de commerce).
Est également admis l'indice des loyers des activités tertiaires (**Ilat**) comme indice de référence pour la révision du loyer d'un immeuble dans lequel sont exercées des activités par les professions libérales ou des activités commerciales pour lesquelles l'ILC n'est pas applicable (n° 56600).

> Précisions a. Une cour d'appel, qui, en raison de l'ambiguïté d'une clause d'indexation, interprète souverainement celle-ci, peut retenir que la référence à un indice de base fixe n'est que l'illustration de la volonté des parties de prendre en compte les derniers indices publiés tant au début qu'à la fin de la période concernée par la révision et de faire coïncider la durée de cette période avec celle de la durée d'évolution des indices retenus, pour en déduire la licéité de cette clause au regard des dispositions de l'article L 112-1 du Code monétaire et financier (Cass. 3e civ. 16-10-2013 n° 12-16.335 : RJDA 1/14 n° 12).
b. Il incombe à la juridiction saisie, sur le fondement de l'article L 112-2 du Code monétaire et financier, de rechercher si l'indice du coût de la construction choisi par les parties n'était pas en relation directe avec la mise à disposition d'un immeuble bâti, stipulé au contrat à titre accessoire, s'accompagnant de travaux mis à la charge du bailleur (Cass. com. 8-12-2015 n° 14-24.816 : Loyers et copr. 2016 comm. n° 41). En revanche, doit être réputée non écrite la clause d'indexation du bail initial reproduite dans un avenant de modification du loyer conclu en cours de bail, dès lors que cette clause d'indexation comporte un indice de base fixe et que l'application consécutive qui en est faite pour calculer les indexations annuelles entraîne une distorsion entre l'intervalle de variation

indiciaire et la durée s'écoulant entre deux révisions annuelles, le loyer de base pris en compte étant celui applicable lors de la signature du bail initial (Cass. 3e civ. 25-2-2016 n° 14-28.165 : BPIM 3/16 inf. 207).

c. L'indexation du loyer des baux régis par le statut des baux commerciaux est soumise à une obligation complémentaire sur le fondement de l'article L 145-39 du Code de commerce, interdisant les clauses d'indexation ne jouant qu'à la hausse et/ou instaurant un plancher de loyer (Cass. 3e civ. 30-6-2021 n° 19-23.038 FP-BC ; Cass. 3e civ. 12-1-2022 n° 21-11.169 FS-B ; Cass. 3e civ. 25-1-2023 n° 20-20.514 F-D ; Cass. 3e civ. 22-5-2025 n° 23-23.336 F-D).

MODALITÉS DE LA RÉVISION

51375 Les modalités de révision du loyer doivent être précisées contractuellement tant en ce qui concerne les formalités à accomplir par le bailleur pour se prévaloir de la révision du loyer que sur la cadence des révisions. Il convient en effet de stipuler si la révision s'applique de plein droit et sans formalité ou si le bailleur doit manifester sa volonté de réviser le loyer de manière expresse. Il a cependant été jugé que la clause d'un bail qui prévoyait le réajustement du loyer au-delà de chaque période annuelle de location devait s'appliquer de plein droit sans être subordonnée à une manifestation de volonté préalable du bailleur, ni à l'accomplissement d'une quelconque formalité ou notification vis-à-vis du locataire (CA Paris 16-3-1989 : D. 1989 IR p. 142). Il a également été jugé que le silence du preneur en cas de paiement des loyers indexés pouvait valoir acceptation tacite par ce dernier de l'indexation des loyers. Dans le cas d'espèce, le preneur avait payé pendant plus de dix ans des augmentations sans formuler la moindre contestation (CA Rennes 28-6-2012 n° 11/02781, 4e ch.).

3. MODALITÉS DE PAIEMENT

REDEVABLE DU LOYER

51380 Le locataire est redevable du loyer et de ses accessoires (voir n° 51480). Aux termes de l'article 1728 du Code civil, le locataire est tenu « de payer le prix du bail aux termes convenus ». Il s'agit d'une obligation essentielle du bail.

LIEU, DATE ET MODALITÉS DU PAIEMENT

51385 Le contrat de bail doit préciser les modalités de paiement du loyer et des charges.

Dans le silence de la convention, le Code civil énonce que le loyer est portable, autrement dit qu'il est payable au domicile du bailleur (C. civ. art. 1343-4) et non quérable, autrement dit, il n'est pas payable au domicile du locataire.

Le bail doit déterminer les **époques** de paiement du loyer. Cette détermination est libre et les parties peuvent, par exemple, choisir un paiement mensuel, trimestriel, semestriel. Dans le silence de la convention, les époques de paiement sont déterminées par les usages locaux.

Le bail doit encore préciser si le paiement doit être effectué à terme échu ou d'avance.

Le loyer peut être payé en espèces, par chèque ou par virement ou prélèvement. Le paiement en **espèces** est cependant limité à 1 000 € lorsque le débiteur a son domicile fiscal en France ou agit pour les besoins d'une activité professionnelle et de 15 000 € lorsque le débiteur justifie qu'il n'a pas son domicile fiscal en France et qu'il n'agit pas pour les besoins d'une activité professionnelle (C. mon. fin. art. D 112-3).

Le paiement par **virement** n'appelle pas de commentaires. En revanche, la commission des clauses abusives condamne, dans les baux régis par le Code civil, les clauses imposant le paiement du loyer par **prélèvement** automatique (Recommandation 2000-01 reproduite n° 53400).

Lorsque le paiement est effectué par chèque, le débiteur est réputé s'être acquitté de sa dette à la date où le créancier a effectivement reçu ledit chèque, sous réserve qu'il soit ultérieurement honoré. Il ne peut pas être déduit de la remise de chèques non débités un défaut de paiement sans rechercher si les chèques litigieux ont bien été présentés à l'encaissement (Cass. 3e civ. 16-9-2009 n° 08-14.724 : RJDA 12/09 n° 1043).

Pour être libératoire, le paiement doit être effectué **entre les mains du bailleur** créancier ou d'une personne mandatée par lui à l'effet de recevoir les paiements en son nom et pour son compte (Cass. 3e civ. 2-3-1977 n° 75-14.072 : Bull. civ. III n° 105 ; Cass. 3e civ. 5-3-1997 n° 95-13.539 : RJDA 5/97 n° 616 ; Cass. 3e civ. 29-9-2010 n° 09-15.511 : RJDA 2/11 n° 113). Tel n'est pas le cas de la consignation entre les mains d'un tiers quel qu'il soit (Caisse des dépôts et consignations, commissaire de justice (ex-huissier), notaire, etc.) des sommes dues au bailleur sans accord exprès de ce dernier (Cass. 3e civ. 2-2-2000 n° 97-22.665 : RJDA 4/00 n° 473 ; Cass. 3e civ. 29-9-2010 n° 09-15.511 : RJDA 2/11 n° 113).

> Précisions a. À défaut de convention, l'usage selon lequel tout mois commencé est dû s'applique à une sous-location verbale (Cass. 3e civ. 7-3-2001 n° 98-22.362 : RJDA 7/01 n° 755).
b. L'acceptation par le bailleur du paiement mensuel du loyer ne peut constituer la manifestation de volonté des parties de modifier les dispositions du bail relatives aux modalités de paiement du loyer (CA Colmar 12-4-2021 n° 20/01850).

RÈGLES D'IMPUTATION DES PAIEMENTS

Le bail peut préciser les règles d'imputation des paiements applicables lorsque le locataire est tenu envers le bailleur de plusieurs dettes. Lorsque les parties n'ont rien prévu, les règles instituées par le Code civil (art. 1342-10 et 1343-1) s'appliquent. **51390**

Ainsi, le locataire a le droit d'indiquer, lorsqu'il paie, quelle dette il entend acquitter (C. civ. art. 1342-10, al. 1) et les juges doivent respecter sa volonté d'imputer les paiements effectués sur les échéances les plus récentes (Cass. 1e civ. 16-5-2006 n° 04-19.738 : RJDA 10/06 n° 1067).

Dans ce cas, la quittance doit reproduire la déclaration du locataire. Toutefois, ce dernier doit respecter les règles suivantes :

– il doit verser une somme au moins égale au montant de la dette qu'il désire imputer, car il n'est pas en droit d'imposer au bailleur un paiement partiel (C. civ. art. 1343-1, al. 1) ;

– il doit imputer ses paiements sur les dettes échues, car il doit respecter le terme convenu ;

– s'il est débiteur d'une dette qui porte intérêts, il doit imputer le paiement qu'il fait sur les intérêts : le paiement fait sur le capital et intérêts, mais qui n'est point intégral, s'impute d'abord sur les intérêts (C. civ. art. 1343-1, al. 1). Seul le consentement du bailleur peut permettre l'imputation de paiements partiels sur les loyers par préférence aux intérêts.

Lorsque la quittance ne porte aucune imputation, les règles édictées par le Code civil sont les suivantes (C. civ. art. 1342-10, al. 2) :

– entre des dettes échues, le paiement doit être imputé sur celle que le débiteur avait le plus intérêt à acquitter ;

– en présence de dettes échues et de dettes non échues, l'imputation se fait sur la dette échue quoique celle-ci soit moins onéreuse que celles qui ne sont pas échues ;

– si les dettes sont d'égale nature, l'imputation se fait sur la plus ancienne.

> Précisions a. L'acceptation de **prélèvements bancaires** n'implique pas, à défaut de stipulation contractuelle expresse, que le locataire ait entendu renoncer aux dispositions de l'article 1342-10 du Code civil (Cass. 3e civ. 10-3-2004 n° 03-10.807 : RJDA 6/04 n° 746).
b. En présence d'un **état récapitulatif** établi par le bailleur des sommes lui restant dues ne faisant apparaître que les dettes les plus récentes, le bailleur ne peut soutenir que les paiements effectués par le locataire doivent s'imputer sur les dettes les plus anciennes, alors que le locataire, qui y a intérêt compte tenu de la prescription encourue pour les dettes les plus anciennes, a eu l'intention de payer prioritairement les dettes de loyers expressément appelées par le bailleur (Cass. 3e civ. 5-1-2010 n° 08-21.569 : RJDA 3/10 n° 213).
c. Les **règles d'imputation des paiements** ne font pas obstacle à la prescription. Il en résulte que le bailleur ne peut valablement invoquer ces règles pour affecter un paiement au règlement d'une dette ancienne déjà prescrite (Cass. 3e civ. 4-3-2021 n° 20-11.106 ; CA Riom 21-1-2025 n° 23/01141).

4. PREUVE DU PAIEMENT

L'article 1353 du Code civil dispose que celui qui se prétend libéré d'une obligation doit justifier le paiement ou le fait qui a produit l'extinction de l'obligation. En matière de bail, il appartient au locataire de justifier qu'il s'est libéré du paiement de son loyer (CA Nancy 21-10-2021 n° 20/02294). Cette preuve résulte le plus souvent de la **quittance** délivrée par le bailleur qui doit préciser la nature et le montant des sommes payées. Dès lors, une action en paiement du bailleur ne peut être rejetée du seul chef de l'absence d'argumentation ou de production de pièces au soutien de sa demande (jurisprudence constante ; en dernier lieu, Cass. 3e civ. 10-2-2015 n° 13-26.852). **51395**

5. INCIDENTS DE PAIEMENT

Dès lors que le paiement n'est pas effectué dans les conditions exposées ci-dessus, il y a incident de paiement qui autorise le bailleur à intenter une action en paiement, une saisie sur salaire si les conditions sont réunies, voire une demande de résiliation du bail par le biais notamment de la clause résolutoire si elle est stipulée dans le bail (voir nos 52445 s.). **51420**

Toutefois, avant toute action judiciaire, les **accords amiables** sont à privilégier, notamment pour éviter la suspension des aides au logement et les conséquences sociales d'une expulsion. La phase précontentieuse s'enclenche à partir de deux mois de loyers bruts (hors APL) et de trois mois de loyers résiduels (avec APL) non payés par le débiteur. Il est recommandé pour le bailleur de solliciter les dispositifs d'aide (Fonds de solidarité pour le logement, etc.) ou de faire intervenir la caution ou une assurance loyers impayés si elle a été souscrite.

> **Précisions** **a.** En présence d'une **sous-location,** le bailleur dispose d'une action directe à l'encontre du sous-locataire dans la limite du sous-loyer (Cass. 3e civ. 19-2-1997 no 95-12.491 : RJDA 4/97 no 475).
b. Un commandement de payer n'est pas assimilable à un congé et la seule acceptation de la remise des clés et l'établissement d'un état des lieux de sortie, qui n'établissent que la libération des lieux, ne suffisent pas à caractériser la **renonciation** non équivoque du bailleur aux loyers dus par les locataires jusqu'au terme du délai de préavis (Cass. 3e civ. 26-11-2008 no 07-18.856 : RJDA 2/09 no 81).
c. La **clause** prévoyant des majorations forfaitaires en cas d'impayés est **abusive** (CA Paris 26-6-2008 no 07/00822 : Loyers et copr. 2008 comm. no 180).
d. Les dettes nées après le jugement d'ouverture ne sont pas effacées par une procédure de rétablissement personnel dont bénéficie le **locataire surendetté.** Le bailleur peut solliciter l'acquisition de la clause résolutoire pour non-paiement des loyers postérieurs à la date de ce jugement (Cass. 2e civ. 6-6-2013 no 12-19.155 : Loyers et copr. 2013 comm. no 263). De même, dès lors que la clause résolutoire du contrat de bail est acquise avant la décision de recevabilité du dossier de surendettement, l'expulsion du locataire reste possible quand bien même sa dette aurait été effacée (Cass. 2e civ. 18-2-2016 no 14-17.782 : D. 2016 pan. p. 1115 obs. N. Damas).
e. L'ouverture d'une **procédure collective** ne permet pas d'échapper au commandement de payer en cas de mise en œuvre d'une clause résolutoire contractuellement prévue : faute de justifier d'un tel commandement, le bailleur n'est pas fondé en sa demande de constat de la résiliation du bail (Cass. com. 28-6-2011 no 10-19.331 : RJDA 12/11 no 1057 ; CA Dijon 7-1-2016 no 15/01717). Il ne peut cependant pas être reproché au bailleur de ne pas avoir notifié le commandement au mandataire judiciaire (Cass. com. 15-11-2017 no 16-13.219 : BPIM 1/18 inf. 70).
f. Le bailleur peut faire pratiquer une **saisie sur salaire** pour recouvrer des loyers impayés, sous réserve d'être muni d'un titre exécutoire constatant la créance de loyers et de respecter le régime spécifique de la saisie des rémunérations prévu par le Code du travail et depuis le 1er juillet 2025 par le Code des procédures civiles d'exécution. Pour qu'il y ait un titre exécutoire (C. exécution art. L 212-2), il faut soit un jugement, soit que le bail ait été fait en la forme authentique, c'est-à-dire devant notaire (no 50480).

INCIDENCE DE LA SUSPENSION DE PAIEMENT EN CAS DE MANQUEMENT DU BAILLEUR À SES OBLIGATIONS

51425 En principe, le locataire ne peut pas valablement suspendre le paiement du loyer et de ses accessoires, ni même remettre discrétionnairement ces sommes entre les mains d'un tiers sans l'accord du bailleur, en raison d'un manquement de ce dernier à ses obligations.

Toutefois, la suspension du paiement du loyer par le locataire peut être admise lorsque ce dernier ne peut pas utiliser les lieux loués. Cette exception d'inexécution ne peut cependant être valablement invoquée qu'en cas d'**impossibilité absolue d'utiliser les lieux** (Cass. 3e civ. 31-10-1978 : Bull. civ. III no 328 ; CA Paris 24-11-1992 : Loyers et copr. 1993 comm. no 126 ; pour des motifs d'indécence et de dangerosité : CA Amiens 21-10-2010 no 09/02465 : Loyers et copr. 2011 comm. no 72) ou d'user des lieux conformément à la destination prévue au bail (Cass. 3e civ. 21-12-1987 : Bull. civ. III no 212 ; Cass. 3e civ. 21-11-1990 : RJDA 2/91 no 96 ; CA Pau 29-7-2021 no 20/02564 concernant un logement indécent, frappé d'un arrêté d'insalubrité). Dès lors qu'une utilisation partielle des lieux est possible, la seule perturbation dans la jouissance n'autorise pas la suspension du paiement du loyer et le locataire encourt la résiliation de son bail s'il retient le loyer (Cass. 3e civ. 6-11-1986 : Rev. Loyers 1987 p. 48 ; Cass. 3e civ. 8-4-1998 : RJDA 6/98 no 686 ; Cass. 3e civ. 13-7-2010 no 09-67.999 : Rev. Loyers 2010 p. 382) ou le paiement des loyers suspendus avec intérêt de retard (Cass. 3e civ. 5-10-2017 no 16-19.614 F-D : BPIM 6/17 inf. 433). Cependant, il a été jugé qu'en cas d'arrêté de péril portant sur les parties communes d'un immeuble en copropriété, la mesure de suspension des loyers prévue par l'article L 521-2, I, du CCH s'applique à la totalité des lots comprenant une quote-part dans ces parties communes (Cass. 3e civ. 20-10-2016 no 15-22.680 FS-PB : RJDA 1/17 no 52).

> **Précisions** **a.** L'impossibilité totale d'utiliser les lieux a été **admise** dans les cas suivants :
– lorsque l'obligation de délivrance n'avait pas été remplie (Cass. com. 15-12-1993 no 92-12.324 : Dr. et patrimoine 1994 p. 56) ;
– lorsqu'une explosion avait rendu inutilisable le fournil d'un boulanger, quand bien même le magasin et l'appartement du locataire étaient utilisables (Cass. 3e civ. 21-11-1990 : RJDA 2/91 no 96) ;
– lorsqu'une décision judiciaire d'expulsion assortie de l'exécution provisoire avait été exécutée par le locataire, malgré l'infirmation ultérieure du jugement en appel (Cass. 3e civ. 30-10-1991 : RJDA 12/91 no 1007) ;
– en présence d'une trop grande humidité des lieux loués (CA Douai 10-1-2002 : Loyers et copr. 2003 comm. no 4).
b. La Cour de cassation, qui contrôle avec une certaine rigueur l'application de l'exception d'inexécution par les juges du fond, a pu cependant juger que l'appréciation de la **gravité des manquements** du bailleur relève de

l'appréciation souveraine des juges (Cass. 3e civ. 15-12-1993 : RJDA 3/94 n° 267 ; Cass. 3e civ. 17-12-2002 n° 02-10.142 : RJDA 3/03 n° 233).

c. Le rejet par une cour d'appel de l'exception d'inexécution invoquée par un locataire privé des locaux loués du fait du locataire-gérant, également bailleur des murs, qui avait gardé les clés à l'expiration du contrat de location-gérance, n'est pas justifié par le seul fait que le locataire disposait de toutes les **voies de droit** pour réinvestir les locaux (Cass. 3e civ. 21-3-2006 n° 04-11.515 : RJDA 6/06 n° 624).

INCIDENCE D'UNE DEMANDE DE DÉLAIS DE PAIEMENT

La demande judiciaire par le locataire de délais de paiement, en application de l'article 1343-5 du Code civil, n'empêche pas la résiliation du contrat de bail régi par le droit commun lorsque telle est la demande du bailleur. Il en est différemment des baux régis par la loi du 1er septembre 1948 (art. 80) et des baux régis par la loi du 6 juillet 1989 (art. 24) dont les dispositions ont été modifiées par la loi 2023-668 du 27 juillet 2023 visant à protéger les logements contre l'occupation illicite (n° 53086). **51430**

Néanmoins, tant que la résiliation du bail n'est pas acquise, autrement dit, au cas de commandement de payer, tant que le délai imparti au locataire pour s'exécuter par le commandement n'est pas écoulé, le locataire peut solliciter du juge, en application de l'article 1343-5 du Code civil, des délais de paiement des sommes dues. Le juge peut ainsi, dans la limite de deux années, reporter ou échelonner le paiement de ces sommes.

Dans sa décision, le juge peut prescrire que les sommes correspondant aux échéances reportées porteront **intérêts** à un taux réduit qui ne peut être inférieur au taux légal et que les paiements s'imputeront d'abord sur le capital. En outre, il peut subordonner ces mesures à l'accomplissement, par le locataire, d'actes propres à faciliter ou à garantir le paiement de la dette. Dans tous les cas, la décision du juge **suspend** les procédures d'exécution qui auraient été engagées par le créancier et les majorations d'intérêts ou les pénalités encourues à raison du retard cessent d'être dues pendant les délais fixés par le juge. Le non-respect du calendrier de paiement fixé judiciairement emporte reprise de la procédure qui avait été suspendue par la décision du juge.

> Précisions **a.** Les délais de paiement accordés par le juge, outre qu'ils doivent être respectés, ne concernent que les échéances visées par la décision judiciaire. Toutes les échéances non visées par cette décision doivent être réglées selon les modalités convenues au bail à peine pour le locataire d'encourir à nouveau le risque d'une action en résiliation de son bail.

b. Lorsqu'une ordonnance de référé rendue contradictoirement et publiquement a suspendu les effets d'une clause résolutoire à la condition que le locataire se libère de sa dette de loyers avant un terme impératif, sans soumettre son exécution à la signification de la décision, le paiement intervenu postérieurement à ce terme est hors délai et le locataire ne peut, sans ajouter à l'ordonnance, exiger que celle-ci lui soit signifiée pour s'acquitter du montant de l'arriéré locatif (Cass. 3e civ. 3-12-2003 n° 02-14.645 : RJDA 3/04 n° 276).

c. Un locataire qui a déjà bénéficié de fait de délais de paiement pendant plus de 2 ans et dont la capacité financière à assumer le paiement de ses loyers et charges est douteuse ne pourra pas obtenir du juge de délais supplémentaires (CA Amiens 2-10-2012 n° 10/03307, ch. éco. : BPIM 1/13 inf. 77).

d. Lorsqu'un délai de paiement est accordé par le premier juge au locataire pour payer les arriérés dus en plus des loyers, et que ce dernier paie tardivement les charges, peu important que ces versements soient intervenus de façon spontanée en l'absence d'exécution provisoire du jugement, il n'y a pas lieu d'accorder de nouveaux délais de paiement au locataire et la clause résolutoire est donc acquise de ces seuls motifs (Cass. 3e civ. 5-11-2015 n° 14-20.482 : AJDI 2016 p. 41).

e. Lorsqu'un jugement a constaté l'acquisition de la clause résolutoire d'un bail tout en en suspendant les effets sous condition du respect d'un échéancier de paiement, la clause résolutoire ne peut reprendre ses effets si la dette locative a été éteinte par compensation. La compensation produit ses effets rétroactivement à la date d'exigibilité de la première créance. Est censuré l'arrêt d'appel qui a considéré que l'échéancier prévu par le jugement n'a pas été respecté, de sorte que la clause résolutoire avait automatiquement repris ses effets, sans rechercher si les conditions fixées par le jugement n'avaient pas été satisfaites par le jeu de la compensation en raison de la fixation rétroactive du loyer de renouvellement (Cass. 3e civ. 22-5-2025 n° 23-20.288 F-D).

f. Les pénalités de retard prévues à l'article L 441-6 du Code de commerce relatif à la communication des conditions générales de vente ne sont pas applicables au non-professionnel (Cass. 1e civ. 5-2-2020 n° 18-18.854 : RJDA 4/20 n° 236).

INCIDENCE DE LA PRESCRIPTION

Comme toute obligation, l'obligation de paiement du prix peut s'éteindre par prescription. En la matière, il résulte de l'article 2224 du Code civil que se prescrivent par cinq ans les **actions en paiement** des **loyers,** des fermages, des **charges** locatives et généralement de tout ce qui est payable par année ou à des termes périodiques plus courts. **51435**

La prescription de l'action en paiement d'une **indemnité d'occupation** n'est pas expressément visée par l'article 2224 du Code civil. Il est cependant admis que la prescription quinquennale s'applique lorsque le locataire a été préalablement condamné au paiement de l'indemnité d'occupation ou lorsque celle-ci a été stipulée par avance dans le bail (Cass. 1e civ. 3-7-1979 n° 78-13.074 : Bull. civ. I n° 199 ; Cass. 3e civ. 5-2-2003 n° 01-01.398 : RJDA 4/03 n° 362). Depuis que la chambre mixte de la Cour de cassation a opté en faveur de l'application de la prescription quinquennale (Cass. ch. mixte 12-4-2002 n° 00-16.523 et n° 00-18.529 : RJDA 7/02 n° 733) suivie par la 3e chambre civile de la Cour – qui s'accorde ainsi à la 1e chambre civile (Cass. 1e civ. 3-7-1979 : Bull. civ. I n° 160) – force est désormais de conclure également à l'application de la prescription quinquennale lorsque l'indemnité d'occupation est demandée après coup (Cass. 3e civ. 8-11-2006 n° 05-11.994 : RJDA 2/07 n° 130 ; Cass. 3e civ. 1-4-2008 n° 07-10.488 : Rev. Loyers 2008 p. 330).

Se prescrivent également par cinq ans les actions en répétition des loyers, des fermages et des charges locatives. L'**action en répétition de l'indu** ne peut être engagée que contre celui qui a reçu le paiement critiqué : la charge de remboursement ne peut pas être prononcée à l'encontre du nouveau propriétaire des lieux loués qui n'a pas perçu ces sommes (Cass. 3e civ. 10-11-2009 n° 08-20.035 : Administrer mai 2010 p. 32).

> Précisions **a.** S'agissant de loyers ou charges exigibles en application d'un bail ou d'une convention régi par la **loi** du 1er septembre **1948,** ce qui inclut les locations d'habitation à loyer modéré en application de l'article L 442-6 du CCH, la prescription triennale visée par ses articles 63 et 68 s'applique (Cass. 3e civ. 27-2-2002 n° 00-18.411 : Bull. civ. III n° 48 ; Cass. 3e civ. 12-3-2002 : Rev. Loyers 2002 p. 372) et ce principe n'a pas été remis en cause par la loi du 18 janvier 2005 (Cass. 3e civ. 16-6-2010 n° 09-70.354 : RJDA 10/10 n° 927).

Il résulte de la combinaison des articles 68 de la loi du 1er septembre 1948, L 442-6 du Code de la construction et de l'habitation et 2224 du Code civil, que l'action en répétition des charges indûment perçues par le bailleur se prescrit par **trois ans** à compter du jour où le titulaire du droit a connu ou aurait dû connaître les faits lui permettant de l'exercer ; ce jour est celui de la **régularisation des charges,** qui seule permet au preneur de déterminer l'existence d'un indu, et non celui du versement de la provision (Cass. 3e civ. 9-11-2017 n° 16-22.445 FS-PBRI : BPIM 6/17 inf. 414).

b. Le bailleur peut poursuivre pendant trente ans l'**exécution** d'un **jugement** condamnant au paiement d'une somme payable à termes périodiques. Toutefois, il ne peut, en vertu de l'article 2277 du Code civil, obtenir le recouvrement des arriérés échus plus de cinq ans avant la date de sa demande (Cass. ass. plén. 10-6-2005 n° 03-18.922 : RJDA 10/05 n° 1074).

c. Lorsque **la loi réduit la durée d'une prescription,** la prescription réduite commence à courir, sauf disposition contraire, au jour de l'entrée en vigueur de la loi nouvelle, sans que la durée totale puisse excéder le délai prévu par la loi antérieure (C. civ. art. 2222 ; Cass. 3e civ. 21-1-2009 n° 07-18.533 : RJDA 4/09 n° 311).

d. Les **parties** ne peuvent pas conventionnellement abréger ou allonger la durée de la prescription aux actions en paiement ou en répétition des loyers et charges locatives (C. civ. art. 2254, al. 3).

e. Le locataire qui a payé, pour partie, son loyer par des **allocations logement,** versées directement par la caisse d'allocations familiales au bailleur, est recevable à en répéter la partie indue auprès de ce dernier (Cass. 3e civ. 17-9-2008 n° 07-16.680 : RJDA 12/08 n° 1234).

f. L'action judiciaire **pour obtenir les décomptes des charges rectifiés** interrompt la prescription de l'action en répétition de charges indues car elles poursuivent un seul et même but (Cass. 3e civ. 19-5-2010 n° 09-12.689 : RJDA 8-9/10 n° 833).

C. Garanties du bailleur

51460 Le bailleur peut exiger du locataire le versement d'un dépôt de garantie et/ou la garantie de tiers pour se protéger contre d'éventuelles défaillances du locataire dans l'une quelconque de ses obligations (non-paiement du loyer ou des sommes accessoires, non-exécution des réparations locatives, dégradation des lieux loués, etc.). À ces garanties s'ajoute le privilège visé à l'article 2332 du Code civil.

DÉPÔT DE GARANTIE

51465 Le dépôt de garantie, destiné à garantir l'exécution de ses obligations locatives par le locataire, n'est pas envisagé par le Code civil. Il est toutefois quasi systématiquement prévu dans les conventions locatives. Sa portée est éminemment variable : celle-ci dépend de la prévision des parties. Ainsi la clause relative au dépôt de garantie doit-elle préciser la nature des créances garanties (loyer, charges, réparations locatives, indemnités d'occupation, taxes, etc.), les modalités de constitution du dépôt, son montant, les conditions de révision et de restitution (sur ce dernier point, voir n° 52800).

La jurisprudence interprète toujours restrictivement la portée d'un dépôt de garantie. Le bail doit donc clairement énoncer ses finalités, à savoir à quel manquement il est censé répondre. La commission des **clauses abusives** recommande que soit éliminée, dans les baux régis par le Code civil, la clause autorisant le bailleur à prélever sur le dépôt de garantie des indemnités qu'il aurait évaluées discrétionnairement dans son principe ou son montant (Recommandation 2000-01 reproduite n° 53400). Par ailleurs, a été jugée abusive la clause prévoyant l'acquisition de plein droit du dépôt de garantie en cas d'infractions régulièrement constatées (CA Paris 26-6-2008 n° 07/00822 : AJDI 2008 p. 932).

CAUTIONNEMENT

Les garanties extérieures sont le plus souvent la caution et la garantie à première demande. La réforme des sûretés opérée par l'ordonnance 2021-1192 du 15 septembre 2021 établit un seul droit commun du cautionnement, logé dans le Code civil. Le cautionnement donné pour le bail ne s'étend pas aux obligations résultant de sa prolongation lorsque le bail se renouvelle par tacite reconduction en application de l'article 1738 du Code civil ou encore lorsque le locataire se maintient dans les lieux après la signification d'un congé (C. civ. art. 1740). Toutefois, la caution, donnée tant pour le loyer que pour toutes autres clauses et conditions du bail et ceci « pendant toute la durée de l'occupation » du locataire, reste tenue au-delà de l'expiration de la durée contractuelle du bail initial et doit garantir les loyers du bail renouvelé (Cass. 3e civ. 21-3-2006 n° 04-17.323 : RJDA 7/06 n° 832). **51470**

L'article 1740 du Code civil, qui n'est pas d'ordre public, peut cependant être écarté et l'engagement de caution donné au bénéfice d'un bailleur peut stipuler couvrir le montant des indemnités d'occupation non réglées par le locataire qui se maintient dans les lieux après la résiliation du bail.

> Précisions **a.** Le cautionnement ne peut être invoqué par le bailleur que pour les **sommes** qu'il vise explicitement. Lorsqu'il vise le loyer principal, les charges et le droit au bail, il ne peut être étendu ni à l'indemnité d'occupation ni au coût des réparations locatives (Cass. 3e civ. 15-12-1998 : RJDA 3/99 n° 338).
b. **En cas de vente** des lieux loués, le cautionnement garantissant le paiement des loyers est, sauf stipulation contraire, transmis de plein droit au nouveau propriétaire en tant qu'accessoire de la créance de loyers cédée à l'acquéreur (Cass. ass. plén. 6-12-2004 n° 03-10.713 : RJDA 4/05 n° 361).
c. Pour les **locations à usage d'habitation principale,** bailleurs et locataires peuvent bénéficier du nouveau dispositif de sécurisation des loyers Visale (Visa pour le logement et l'emploi), financé par Action logement, permettant de garantir les locataires de moins de 30 ans notamment souhaitant accéder à un logement dans le parc privé (n° 62740).

Protection de la caution personne physique **Lorsque le cautionnement est indéfini,** c'est-à-dire lorsque le montant cautionné ne peut pas être chiffré au moment de l'acte, le créancier doit, avant le 31 mars de chaque année et à ses frais, informer la caution du montant principal de la dette, des intérêts et autres accessoires restant dus au 31 décembre de l'année précédente au titre de l'obligation garantie, sous peine de déchéance de la garantie des intérêts et pénalités échus depuis la date de la précédente information et jusqu'à celle de la communication de la nouvelle information (C. civ. art. 2302 dans sa rédaction applicable aux cautionnements conclus depuis le 1-1-2022). Pour les cautionnements conclus jusqu'au 31 décembre 2021, l'information doit avoir lieu au moins une fois par an à la date convenue entre le créancier et la caution ou, à défaut, à la date d'anniversaire du contrat (C. civ. art. 2293, al. 2 dans sa rédaction antérieure à ord. 2021-1192 du 15-9-2021). **51475**

De plus, **lorsque le créancier est un professionnel,** il doit informer la caution de la défaillance du débiteur principal dès le premier incident de paiement non régularisé dans le mois de l'exigibilité de ce paiement ; à défaut, la caution ne sera pas tenue de payer les pénalités ou intérêts de retard échus entre la date de ce premier incident et celle à laquelle elle en aura été informée (C. civ. art. 2303 dans sa rédaction applicable aux cautionnements conclus à compter du 1-1-2022 ; C. consom. art. L 333-1 et L 343-5 applicables jusqu'au 31-12-2021).

Enfin, dans tous les cas, le montant des dettes résultant du cautionnement ne peut pas avoir pour effet de priver la caution personne physique de ressources inférieures au revenu de solidarité active (RSA) (C. civ. art. 2307 dans sa rédaction issue de ord. 2021-1192 du 15-9-2021 et applicable aux cautionnements conclus après le 1-1-2022 ; C. civ. art. 2301 applicable jusqu'au 31-12-2021).

> Précisions **a.** Le cautionnement d'obligations résultant d'un contrat de location régi par la **loi du 6 juillet 1989** doit répondre à des exigences particulières (nos 62710 s.).
b. **L'inertie durable et injustifiée** du bailleur à procéder à la signification d'un commandement de quitter les lieux, trois ans après le prononcé de la résiliation judiciaire du bail et l'expulsion des locataires, conduisant à un accroissement de la dette de la caution tenue du remboursement des indemnités d'occupation, constitue un comportement fautif justifiant l'octroi de dommages et intérêts (CA Aix-en-Provence 20-6-2013 n° 11/18170 : Loyers et copr. 2013 comm. n° 265).

CLAUSE DE SOLIDARITÉ

51480 **Solidarité des colocataires** Lorsque plusieurs personnes prennent en location un même bien, le bailleur peut exiger un **engagement solidaire** des colocataires. La solidarité renforce les chances de paiement puisqu'elle permet au bailleur de demander à un seul des colocataires le paiement de la totalité de la créance. Pour être valable, cette clause doit être expressément prévue au bail. Il en va de même lorsque les deux colocataires sont des concubins (CA Lyon 22-5-2012 n° 10/08393, 8e ch., SCI Serraille c/ Gimbert).

La solidarité ne cesse pas lorsque l'un d'entre eux quitte les lieux en cours de bail après avoir donné congé ; il reste tenu au paiement des loyers pour la période postérieure à la date d'effet de son congé (Cass. 3e civ. 8-11-1995 : RJDA 12/95 n° 1333) ainsi que de l'indemnité d'occupation prévue au bail et due en cas de maintien dans les lieux du colocataire solidaire (Cass. 3e civ. 24-3-1999 : RJDA 5/99 n° 528 ; Cass. 3e civ. 27-6-2001 : RJDA 10/01 n° 943). Le décès de l'un des codébiteurs solidaires qui laisse plusieurs héritiers n'efface pas le caractère solidaire de la dette au regard des codébiteurs originaires. Ainsi, le congé adressé au seul codébiteur resté dans les lieux produit ses effets à l'égard des héritiers du colocataire décédé, même s'il ne leur a pas été signifié (Cass. 3e civ. 19-2-2014 n° 12-17.263 : RJDA 5/14 n° 413). En matière de bail d'habitation, ce principe n'est plus applicable lorsque l'un des colocataires quitte le logement en raison de violences conjugales ou domestiques et qu'il en informe le bailleur par lettre recommandée avec demande d'avis de réception accompagnée de la copie de l'ordonnance de protection délivrée par le juge aux affaires familiales (Loi 89-462 du 6-7-1989 art. 8-2 créé par loi 2018-1021 du 23-11-2018 art. 136). À défaut, la solidarité est maintenue (CA Versailles 19-5-2022 n° 21/02922).

La solidarité cesse à l'expiration du bail au cours duquel le colocataire a donné son congé. Le colocataire sortant n'est pas tenu au paiement de l'indemnité d'occupation due sur le fondement de l'article 1240 du Code civil après l'expiration du bail, dont seul l'occupant est redevable (Cass. 3e civ. 13-6-2001 : Rev. Loyers 2001 p. 439 ; Cass. 3e civ. 5-5-2004 n° 03-10.201 : RJDA 8-9/04 n° 949 ; Cass. 3e civ. 1-4-2009 n° 08-13.508 : RJDA 6/09 n° 514), sauf si le bailleur invoque le caractère ménager de la dette (Cass. 1e civ. 17-5-2017 n° 16-16.732 F-PB : RJDA 8-9/17 n° 533). De même, par l'effet de la tacite reconduction, il s'opère un nouveau bail empêchant la solidarité de se poursuivre (Cass. 3e civ. 12-7-2000 n° 98-15.868 : RJDA 11/00 n° 957).

En l'absence de clause de solidarité, le colocataire ayant donné congé au bailleur ne peut être tenu au paiement des dettes de loyers nées postérieurement à la rupture de son lien contractuel avec les bailleurs (Cass. 3e civ. 2-10-2012 n° 11-22.812 : RJDA 1/13 n° 19). Le bail se poursuivant avec le locataire restant sur l'ensemble des locaux, celui-ci est tenu de payer l'intégralité du loyer en contrepartie de leur jouissance (Cass. 3e civ. 30-10-2013 n° 12-21.973 : RJDA 2/14 n° 86). Toutefois, si le colocataire part sans donner congé, il demeure tenu du paiement des loyers jusqu'à expiration du bail et le bailleur ne peut pas réclamer au colocataire restant le paiement des loyers, dès lors que le bail ne comporte pas de clause de solidarité et que la dette de loyer n'est pas par elle-même indivisible (Cass. 3e civ. 30-10-2013 n° 12-21.034 : RJDA 2/14 n° 86).

> **Précisions** **a.** La clause de solidarité entre colocataires qui prévoit que le locataire donnant congé reste solidairement tenu des loyers pendant toute la durée du bail initial n'est pas caractérisée de **clause abusive** au sens de l'article L 212-1 du Code de la consommation (CA Amiens 26-1-2012 n° 10/04857).
>
> **b.** Un colocataire solidaire qui a donné congé et quitté les lieux ne peut pas être condamné à régler au bailleur la réparation des dégradations locatives survenues après la fin de la période de solidarité (Cass. 3e civ. 8-4-2021 n° 19-23.343 FS-P : BPIM 3/21 inf. 219, RJDA 7/21 n° 458).

51490 **Solidarité des époux ou des partenaires liés par un Pacs** La solidarité des **époux** résulte de la cotitularité sur le bail servant au logement de la famille, énoncée par l'article 1751 du Code civil (n° 50265).

Il en est de même pour les **partenaires de Pacs** qui en font la demande conjointe. En l'absence de demande conjointe, la solidarité légale instituée par l'article 515-4 du Code civil permet au bailleur de se retourner, notamment en cas de non-paiement du loyer et des charges, contre le partenaire non signataire du bail. Le bailleur pourra aussi invoquer cette disposition si le bail, dont les partenaires seraient cotitulaires, n'a pas prévu de clause de solidarité. La solidarité prend fin avec la dissolution du Pacs, qui se produit soit par la mort de l'un des deux partenaires, soit par leur mariage ou celui d'un d'entre eux, la dissolution prenant alors effet à la date de l'événement, soit par déclaration conjointe des deux partenaires ou unilatérale de l'un d'eux, la dissolution produisant alors effet après enregistrement de la déclaration au greffe et accomplissement des formalités de publicité à charge du greffier (C. civ. art. 515-7).

Privilège du bailleur d'immeuble Le bailleur, titulaire de son privilège, peut toutefois se trouver en concours avec d'autres créanciers du locataire, également titulaires de droits préférentiels ou de garanties diverses. Il s'agit alors de déterminer quel est le rang du bailleur parmi ces autres créanciers, c'est-à-dire l'ordre dans lequel il sera payé par rapport à ces derniers. 51495

En droit commun, le rang du privilège du bailleur par rapport aux autres garanties est déterminé par la loi et la jurisprudence suivant, notamment, les règles suivantes (M. Cabrillac, C. Mouly, S. Cabrillac et P. Pétel : Droit des sûretés Litec 2015 n° 1026 s.) :

– en tant que privilège spécial mobilier, le privilège du bailleur prime, en principe, les privilèges généraux sur les meubles énumérés à l'article 2331 du Code civil (par exemple, les créances salariales ou les frais de justice) (C. civ. art. 2332-1) ; il est fait exception à cette règle pour le privilège du Trésor (sauf en matière de contributions indirectes, où le bailleur prime le fisc dans la limite de six mois de loyers ; CGI art. 1920 modifié par loi 2022-1726 du 30-12-2022) ;

– les privilèges spéciaux du bailleur d'immeuble, du conservateur et du vendeur de meuble s'exercent dans l'ordre qui suit : 1° le privilège du conservateur, lorsque les frais de conservation sont postérieurs à la naissance des autres privilèges ; 2° le privilège du bailleur d'immeuble, qui ignorait l'existence des autres privilèges ; 3° le privilège du conservateur, lorsque les frais de conservation sont antérieurs à la naissance des autres privilèges ; 4° le privilège du vendeur de meuble ; 5° le privilège du bailleur d'immeuble, qui connaissait l'existence des autres privilèges (C. civ. art. 2332-3) ;

– le privilège du bailleur est primé par le « privilège » du créancier nanti sur le fonds de commerce ou du créancier gagiste sur l'outillage et le matériel si le bail n'a pas date certaine avant l'inscription du nantissement ou du gage (cas, fréquent, du bail sous signature privée non enregistré). En effet, entre privilèges fondés sur la notion de gage (tels ceux du bailleur d'immeuble et du créancier nanti sur fonds de commerce), la préférence à accorder à leurs titulaires respectifs doit être fixée suivant la date à laquelle chaque privilège a été rendu opposable aux tiers (Cass. com. 14-2-1977 n° 75-13.907 : Bull. civ. IV n° 43).

Le privilège du bailleur est réduit en cas de procédure collective du locataire (C. com. art. L 622-16).

Le bailleur qui entend se prévaloir du privilège visé à l'article 2332 du Code civil doit solliciter l'intervention d'un commissaire de justice pour procéder à la saisie conservatoire des meubles. Celle-ci peut ensuite être convertie judiciairement en saisie-vente (pour plus de détails sur ces procédures, voir Mémento Droit commercial n°s 59100 s. et 59715 s.).

> **> Précisions** La commission des clauses abusives condamne, dans les baux régis par le Code civil, la clause exigeant du locataire, **lorsqu'un dépôt de garantie est prévu**, de tenir les lieux garnis de meubles et objets meublants pour répondre des obligations découlant du bail (Recommandation 2000-01 reproduite n° 53400).

D. Entretien et réparations des lieux loués

1. ÉTENDUE DE L'OBLIGATION

ÉNUMÉRATION DES RÉPARATIONS LOCATIVES

Le Code civil répartit entre le bailleur et le locataire l'obligation d'entretien et de réparations des lieux loués. Sauf clause contraire, le locataire est tenu des réparations locatives ou de menu entretien. 51600

L'article 1754 du **Code civil** énonce que ces réparations sont celles désignées comme telles par l'usage des lieux et donne la liste de certaines d'entre elles qui sont celles à faire :

– aux âtres, contrecœurs, chambranles et tablettes des cheminées ;

– au recrépiment du bas des murailles ou des appartements et autres lieux d'habitation à la hauteur d'un mètre ;

– aux pavés et carreaux des chambres, lorsqu'il y en a seulement quelques-uns de cassés ;

– aux vitres, à moins qu'elles ne soient cassées par la grêle ou autres accidents extraordinaires et de force majeure, dont le locataire ne peut être tenu ;

– aux portes, croisées, planches de cloisons ou de fermeture de boutique, gonds, targettes et serrures.

Le caractère obsolète de cette liste a conduit les pouvoirs publics à créer une commission permanente pour l'étude des charges locatives et des rapports entre propriétaires, gestionnaires et usagers. Cette commission, dite commission Delmon, a arrêté un accord relatif aux réparations locatives concernant les parties privatives des locaux d'habitation, ledit accord ayant donné lieu à une **circulaire** 76-58 du 30 mars 1976. Cette circulaire n'a pas de valeur obligatoire mais elle arrête un certain nombre d'usages admis tant par les propriétaires que par les locataires.

Cette liste des réparations locatives n'est pas exhaustive et il appartient au **juge** du fond d'apprécier le caractère locatif ou non d'une réparation au sens de l'article 1754 du Code civil.

51605 **Présomption pesant sur le locataire** L'obligation faite au locataire de répondre des réparations locatives ou de menu entretien est rappelée à l'article 1731 du Code civil qui énonce que, s'il n'a pas été fait d'état des lieux lors de l'entrée du locataire, ce dernier est présumé les avoir reçus en bon état de réparations locatives et les rendre tels, sauf à en rapporter la preuve contraire. Il s'agit là d'une simple présomption que chaque partie au bail peut combattre. Mais, faute pour le bailleur d'apporter la preuve de l'état réel des lieux lors de l'entrée du locataire, le locataire ne sera redevable à son départ que des réparations locatives.

> **Précisions** **a.** L'obligation faite au locataire de répondre des réparations locatives ou de menu entretien est indépendante de toute notion de **faute** ; ainsi, indépendamment des dégradations et des pertes dont il a à répondre en application de l'article 1735 du Code civil (n° 51220), le locataire est tenu d'effectuer les réparations locatives ou de menu entretien quelles qu'en soient les raisons, hormis le cas de vétusté ou de force majeure. Les réparations dues à la vétusté ou la force majeure peuvent cependant être contractuellement mises à la charge du locataire (n° 51615).
> **b.** L'indemnisation du préjudice subi par le bailleur à raison des dégradations locatives n'est pas soumise à la preuve d'un paiement par le bailleur, elle peut notamment intervenir sur la base d'un simple **devis** (CA Aix-en-Provence 7-10-2021 n° 18/06602).

CAS D'EXONÉRATION

51610 Le locataire est exonéré de son obligation lorsque les réparations ne sont occasionnées que par vétusté ou force majeure (C. civ. art. 1755).

La **vétusté** est définie comme l'état d'usure ou de détérioration résultant du temps ou de l'usage normal des matériaux et éléments d'équipement dont est constitué le logement (Décret 2016-382 du 31-3-2016 : JO 31 texte n° 93). La détérioration des lieux loués ne doit pas avoir été provoquée par un usage anormal ou par le fait du locataire : seul le temps doit avoir provoqué les délabrements constatés.

ILLUSTRATIONS

Il a été jugé que l'obligation du locataire de répondre des dégradations intervenues pendant la location ainsi que des réparations locatives ne s'étendait pas à la remise à neuf des papiers, peintures et revêtements de sol atteints par la vétusté après quatorze années d'occupation (Cass. 3e civ. 17-10-1990 : RJDA 1/91 n° 4 ; CA Paris 5-1-1990 : Administrer août-septembre 1990 p. 48). Un coefficient de vétusté, en fonction de la durée du bail, doit être appliqué aux frais de remise en état imputables au locataire. Ainsi, même dans l'hypothèse où les désordres sont qualifiés de dégradations, le locataire ne peut se voir imputer une remise à neuf des lieux loués (CA Bordeaux 22-3-2021 n° 19/01955). De même, un locataire a été exonéré de l'exécution des travaux de remise à neuf aux motifs que l'état des revêtements du sol tenait à leur ancienneté et à leur usure et, en ce qui concerne le meuble sous évier, que le locataire ne pouvait être tenu de remettre à neuf ce qui avait été détérioré par un usage normal des lieux loués (Cass. 3e civ. 25-5-1992 : Loyers et copr. 1992 comm. n° 330 ; dans le même sens, Cass. 3e civ. 1-2-1995 : Loyers et copr. 1995 comm. n° 211).

Un tribunal a considéré qu'il est d'usage de fixer à cinq ans la durée moyenne d'occupation au-delà de laquelle les travaux de réfection et de rénovation doivent être considérés comme inhérents à l'usure des lieux et de leurs équipements ; ils doivent en conséquence être supportés par le bailleur seul (TI Puteaux 1-10-1996 : Rev. Loyers 1997 p. 186).

Bien que tenu contractuellement aux seules réparations visées à l'article 606 du Code civil, le bailleur doit supporter la charge des travaux de réfection de l'installation électrique des locaux loués dont la vétusté a été constatée par expert, et ce quand bien même les travaux ne seraient pas imposés par l'administration (CA Paris 28-9-2000 : AJDI 2000 p. 1060).

La vétusté n'exonère cependant pas à tout coup le locataire de ses obligations : celui-ci doit, en effet, répondre de la vétusté des **petits éléments ou accessoires** aux lieux loués, éléments ou accessoires traditionnellement visés comme relevant des menues réparations d'entretien. Un locataire a ainsi été tenu des dégradations survenues, pendant la durée du contrat, des menues réparations d'entretien (poignées de porte, gonds, serrures) et du maintien en l'état de propreté des lieux (CA Paris 5-1-1990 : Administrer août-septembre 1990 p. 48).

La **force majeure** est la deuxième cause exonératoire de l'obligation d'entretien et de réparations du locataire. Elle répond cependant à une définition stricte : elle résulte d'un événement extérieur, irrésistible et imprévisible (C. civ. art. 1218). Tel peut être le cas des éléments naturels comme la grêle, la foudre ou d'événements étrangers au locataire ou aux personnes dont il doit répondre (bombardement, attentat, guerre civile, etc.).

Dans tous les cas, la force majeure n'exonère le débiteur que pendant le temps où elle empêche de donner ou de faire ce à quoi il s'est obligé (Cass. 3e civ. 13-6-2007 no 06-12.283 : RJDA 10/07 no 936) et la **preuve** de la vétusté ou de la force majeure doit être établie par celui qui s'en prévaut (Cass. 3e civ. 27-2-1990 : Rev. Loyers 1993 p. 337 ; Cass. 3e civ. 23-1-2007 no 05-21.232 : AJDI 2007 p. 467).

Aménagements conventionnels Bailleur et locataire ont la faculté d'aménager leur relation contractuelle en écartant ou en aménageant les dispositions de droit commun en matière de louage énoncées par le Code civil. Le bailleur peut ainsi prendre à sa charge l'ensemble des réparations et l'entretien nécessaires aux lieux loués. **51615**

Il est cependant plus fréquent de trouver une **clause dérogatoire du droit commun** qui aggrave les obligations du locataire et lui impose la charge de toutes les réparations y compris les grosses réparations visées à l'article 606 du Code civil (Cass. 3e civ. 7-2-1978 : Bull. civ. III no 71) et/ou la charge des réparations causées par la vétusté ou la force majeure.

Ces clauses, valables, doivent cependant être claires et précises car elles sont interprétées strictement par les tribunaux. Ainsi, en présence d'une clause d'un bail commercial stipulant que le locataire prenait l'immeuble dans l'état où il se trouvait sans pouvoir exiger aucune réparation du propriétaire même en ce qui concerne le clos et le couvert, le juge a considéré que, si elle exonérait le bailleur des grosses réparations, elle n'avait pas pour effet de mettre à la charge du locataire l'obligation d'y procéder (CA Angers 8-9-1989 : JCP N 1991 II p. 257). De même, une clause mettant les réparations, quelles qu'elles soient, à la charge du locataire ne peut concerner les travaux d'entretien qu'impose la vétusté (Cass. 3e civ. 7-12-2004 : RJDA 3/05 no 232) ou la force majeure (Cass. 3e civ. 31-10-2006 : Loyers et copr. 2007 comm. no 1).

Lorsque le locataire a contractuellement la charge de réaliser des **travaux nécessitant des démolitions,** des percements ou autres, il doit néanmoins veiller à solliciter préalablement l'autorisation expresse et écrite du bailleur pour effectuer ces travaux si le bail prévoit le respect d'un tel formalisme (Cass. 3e civ. 26-9-2001 no 00-10.759 : RJDA 12/01 no 1189).

> Précisions **a.** Le locataire peut être tenu de répondre du coût des réparations autres que locatives lorsque, par suite du **défaut d'exécution des réparations locatives** à sa charge, des travaux de réfection imputables à ce manquement s'avèrent nécessaires. Le locataire est alors redevable vis-à-vis du bailleur, du moins pour partie, du coût des travaux dus à l'inexécution de son obligation d'entretien (Cass. 3e civ. 11-12-1991 : RJDA 2/92 no 129).

b. Si le bail, par une clause expresse, peut valablement mettre à la charge du locataire les travaux rendus nécessaires par la **vétusté,** il ne peut exonérer le bailleur, tenu par l'obligation de délivrance, de l'obligation de procéder aux travaux rendus nécessaires par les **vices affectant la structure** de l'immeuble dont les clauses du bail ne le dispensaient pas (Cass. 3e civ. 9-7-2008 no 07-14.631 : RJDA 11/08 no 1092).

2. RÉALISATION DES RÉPARATIONS LOCATIVES

DATE

Les réparations locatives ou de menu entretien auxquelles est tenu le locataire doivent avoir été effectuées à l'expiration du bail. **51640**

Toutefois, l'obligation faite au locataire d'user de la chose louée raisonnablement emporte, selon nous, l'obligation d'effectuer au plus tôt les réparations à sa charge nécessaires pour éviter une dégradation des lieux loués. Il a ainsi été jugé, au visa de l'article 1103 du Code civil, que la clause du bail aux termes de laquelle le locataire s'oblige à entretenir les lieux loués en parfait état de réparations et à les rendre en fin de bail en bon état de toutes réparations locatives, d'entretien et de gros entretien n'était pas destinée à ne recevoir application qu'en fin de bail (Cass. 3e civ. 30-6-2004 no 02-20.721 : RJDA 10/04 no 1091).

Sanctions Les manquements du locataire à ses obligations contractuelles d'entretien des lieux loués justifient la **résiliation** du bail (Cass. 3e civ. 29-1-2002 no 00-19.279 : RJDA 4/02 no 356) ou sa condamnation à la réparation du préjudice, à charge pour le juge, si le préjudice est démontré, de fixer le montant de la réparation due (Cass. 3e civ. 30-9-2008 no 07-16.867 : RJDA 1/09 no 3). **51645**

En outre, le locataire qui n'effectue pas, avant l'expiration de son bail, les réparations auxquelles il est contractuellement tenu s'expose à devoir indemniser le bailleur du fait de son manquement et à lui payer le coût de ces réparations. Le locataire qui restitue les locaux dans un état non conforme à ses obligations découlant de la loi ou du bail commet un manquement contractuel et doit réparer le préjudice éventuellement subi de ce chef par le bailleur (Cass. 3e civ. 27-6-2024 nos 22-24.502, 22-10.298 et 22-21.272 FS-B : RJDA 1/25 no 9). L'indemnisation du bailleur ou la rétention du dépôt de garantie n'est pas subordonnée à l'exécution par ce dernier des réparations locatives non réalisées par le locataire : peu importe que l'état des lieux qui a relevé les manquements du locataire n'ait pas été suivi de réparation et que seuls les devis aient été produits (Cass. 3e civ. 16-9-2008 no 07-15.789 : Rev. Loyers 2008 p. 556 ; Cass. 3e civ. 2-10-2007 no 06-18.142 : RJDA 1/08 no 12 ; Cass. 3e civ. 25-1-2006 no 04-20.726 : RJDA 4/06 no 392 ; Cass. 3e civ. 7-1-2021 no 19-23.269 ; contra Cass. 3e civ. 6-11-2001 : Rev. Loyers 2002 p. 85 ; Cass. 3e civ. 3-12-2003 no 02-18.033 : RJDA 4/04 no 407 qui avait dénié au bailleur le droit à des dommages-intérêts après avoir relevé que celui-ci avait reloué le local en laissant à la charge du nouveau locataire un réaménagement spécifique et complet des lieux loués sans avoir à consentir des conditions plus défavorables que si l'état des lieux avait été différent). Les juges doivent prendre en compte, lorsqu'elles sont invoquées, les circonstances postérieures à la libération des locaux, telles que la relocation, la vente ou la démolition (Cass. 3e civ. 27-6-2024 nos 22-24.502, 22-10.298 et 22-21.272 FS-B : RJDA 1/25 no 9, 3e esp.).

Le locataire qui n'effectue pas les réparations auxquelles il est contractuellement tenu avant la date d'expiration de son bail s'expose en outre à devoir verser au bailleur une **indemnité d'occupation** pendant la durée nécessaire à l'exécution des réparations non effectuées (Cass. 3e civ. 20-12-1983 : Rev. Loyers 1984 p. 126). Cette indemnité d'occupation peut être contractuellement prévue. Il s'agit alors d'une clause pénale qui, conformément aux dispositions de l'article 1231-5, alinéas 1 et 2 du Code civil, peut être modérée ou augmentée par le juge si elle est manifestement excessive ou dérisoire. À défaut de stipulation contractuelle, le bailleur est en droit de réclamer judiciairement l'allocation de cette indemnité.

E. Autres obligations

1. INSTALLATIONS DE TÉLÉCOMMUNICATION

INSTALLATION D'ANTENNES

51680 Tout locataire ou occupant de bonne foi, qu'il s'agisse d'une personne physique ou d'une personne morale, a le droit d'installer, d'entretenir ou de remplacer, à ses frais, une « antenne extérieure réceptive de radiodiffusion ou réceptive et émettrice de télécommunication fixe » (Loi 66-457 du 2-7-1966 art. 1, I, al. 1). Tout locataire ou occupant de bonne foi bénéficie également d'un droit au raccordement au réseau interne de l'immeuble (Loi du 2-7-1966 art. 1, I, al. 1).

Un bail ne peut pas soumettre l'installation, par le locataire, d'une antenne parabolique de télévision à l'autorisation préalable du bailleur (Cass. 3e civ. 3-11-2005 no 02-21.489 : RJDA 2/06 no 205) mais, **avant de procéder aux travaux,** le locataire doit en informer par lettre recommandée AR le propriétaire en indiquant la nature du ou des services télévisuels obtenus et en y joignant s'il y a lieu une description des travaux à exécuter ainsi qu'un plan ou un schéma, sauf si leur établissement a été rendu impossible du fait du bailleur.

Le défaut d'information du bailleur par le locataire n'a pas pour effet de rendre illégale la pose de l'antenne, mais rend inopposable au bailleur le délai de forclusion qui lui est octroyé pour s'y opposer (Cass. 3e civ. 5-1-2011 no 09-72.538 : RJDA 4/11 no 361 ; CA Paris 28-2-2012 no 10/23087, 4e ch. : JurisData no 2012-003660).

> Précisions **a.** La **notification** doit être faite (Décret 67-1171 du 22-12-1967 art. 1) :
– au bailleur et au syndic si l'immeuble est en copropriété ;
– à l'un des propriétaires indivis, si l'immeuble est en indivision, à charge pour celui-ci d'informer sans délai les coïndivisaires ;
– et, si l'immeuble appartient à une société, au représentant légal de celle-ci et, le cas échéant, au porteur de parts qui a consenti le bail.
b. Ce texte d'ordre public n'est pas applicable aux **commerçants** qui, propriétaires ou locataires d'un lot de copropriété, voudraient n'en invoquer le bénéfice que pour un usage strictement professionnel dans le cadre de leur activité commerciale (CA Aix-en-Provence 7-4-1998 : BPIM 5/98 inf. 358).

51685 **Opposition du bailleur** Pour s'opposer à la pose d'une antenne, le bailleur doit, à peine de forclusion, saisir le tribunal judiciaire du lieu de situation de l'immeuble dans le délai de trois mois suivant l'information faite par le locataire et justifier d'un **motif sérieux et légitime** (Loi du 2-7-1966 art. 1, I, al. 1). Est assimilé à un tel motif le fait pour le propriétaire d'offrir le raccordement soit à une antenne collective, soit à un réseau interne à l'immeuble (art. 1, al. 2). Dans ce cas, il doit avoir procédé audit raccordement dans un délai de trois mois à compter de la proposition, faute de quoi le locataire peut effectuer les travaux (Décret 67-1171 du 22-12-1967 art. 2 et 4).

Mais encore faut-il que le mode de réception adopté permette à l'occupant de recevoir les chaînes qu'il souhaite. C'est ainsi que la cour d'appel de Paris a considéré que le raccordement à une antenne classique ou au réseau câblé parisien ne pouvait pas être invoqué comme motif légitime pour s'opposer à la pose d'une antenne parabolique individuelle dans la mesure où ce type d'antenne permet l'accès à des prestations tout à fait différentes, notamment quant à la possibilité de réceptionner des chaînes de télévision étrangères (CA Paris 28-3-1995 : D. 1996 som. p. 379 ; dans le même sens, CA Paris 30-5-2001 : Loyers et copr. 2001 comm. n° 233). De même, le fait que le locataire pourrait, grâce à l'ADSL, bénéficier de tous les services qu'il souhaite, sans avoir besoin d'antenne parabolique, ne constitue pas, pour le bailleur, un motif sérieux et légitime de s'opposer à l'installation d'une antenne, faute de démontrer que l'ensemble des services d'information recherchés est offert par ce réseau (CA Paris 15-10-2009 n° 08/15310 : AJDI 2010 p. 27).

La préservation de l'**esthétique de l'immeuble** peut être invoquée par le propriétaire dès lors que celui-ci rapporte la preuve que la pose de l'antenne trouble cette qualité esthétique (CA Versailles 27-10-2000 : Loyers et copr. 2001 comm. n° 234 interdisant la pose d'antenne sur le balcon), et, pourrait-on ajouter, qu'il s'agit pour lui d'une véritable préoccupation. Tel n'est pas le cas lorsque l'immeuble a déjà été défiguré par « du linge et des objets hétéroclites encombrant et enlaidissant les balcons » (CA Nancy 29-11-1995, Turkan c/ Opac de Meurthe-et-Moselle). En outre, malgré la reconnaissance de ce motif légitime, la cour d'appel de Paris a estimé que l'opposition n'était plus fondée lorsque l'occupant proposait de poser l'antenne parabolique sur la toiture (CA Paris 28-3-1995 précité). Le bailleur est en revanche fondé à demander la suppression d'une antenne parabolique lorsque celle-ci altère gravement l'aspect de l'immeuble et représente un risque pour les personnes passant au pied de l'immeuble (CA Paris 27-9-2007 : Loyers et copr. 2008 comm. n° 1). À notre avis, la **sécurité,** motif légitime d'opposition, ne devrait pas pouvoir être retenue si l'antenne est installée par un professionnel.

Interférence avec d'autres réglementations L'installation d'une antenne parabolique est soumise à déclaration préalable si elle a pour effet de modifier l'aspect extérieur du bâtiment (C. urb. art. R 421-17). **51695**

Il est conseillé, avant de déposer la déclaration, de vérifier à la mairie si le plan local d'urbanisme ou le **document d'urbanisme** en tenant lieu ne fixe pas des règles particulières ayant notamment pour objet de masquer les antennes (en les peignant ou en imposant une distance de recul par rapport au bord de la toiture). Dans l'affirmative, ces règles devront être respectées.

Par exception, l'installation d'une antenne parabolique peut nécessiter une autorisation spéciale dans les zones de protection du patrimoine, notamment aux **abords des monuments historiques ou des sites.** Mais quel que soit le type de contrôle exercé, l'implantation des antennes paraboliques individuelles ne peut être réglementée que pour de réels motifs d'urbanisme ou d'architecture, c'est-à-dire lorsqu'il y a lieu de protéger pour des motifs d'ordre esthétique ou historique des quartiers, rues, monuments, sites ou secteurs déterminés. Les maires ne peuvent pas interdire de manière générale l'implantation des antennes individuelles sur leur commune sans contrevenir à l'article 10 de la convention européenne des droits de l'Homme, qui pose le principe de la liberté de réception de l'information.

RÉSEAUX DE FIBRE OPTIQUE

Le **propriétaire** ne peut, nonobstant toute convention contraire, même antérieurement conclue, s'opposer à la demande du locataire ou de l'occupant de bonne foi de se raccorder à ses frais à un réseau à très haut débit en fibre optique ouvert au public sauf s'il justifie de l'un des **motifs légitimes et sérieux** suivants (Loi 66-457 du 2-7-1966 art. 1, II ; Décret 2009-53 du 15-1-2009) : **51700**

– des lignes de communications électroniques en fibre optique préexistent, permettant de répondre aux besoins spécifiques du demandeur. Dans ce cas, le propriétaire peut demander que le raccordement soit réalisé au moyen desdites lignes, dans les conditions prévues par l'article L 34-8-3 du Code des postes et des communications électroniques ;

– le propriétaire a pris la décision, dans un délai de six mois suivant la demande du locataire ou de l'occupant de bonne foi, de raccorder l'immeuble dans des conditions satisfaisant aux besoins spécifiques de ce dernier.

Si le propriétaire entend s'opposer au raccordement pour d'autres motifs, il doit saisir le tribunal judiciaire du lieu de situation de l'immeuble dans les six mois de la demande après en avoir informé le locataire par lettre recommandée avec accusé de réception.

Avant de procéder aux travaux, le **locataire** doit en informer le propriétaire par tout moyen permettant de donner date certaine à la réception de cette information en y joignant une description des travaux à exécuter ainsi qu'un plan ou un schéma, sauf si leur établissement a été rendu impossible du fait du bailleur. Le locataire doit préciser éventuellement les besoins spécifiques liés à une utilisation professionnelle (Décret 2009-53 du 15-1-2009 art. 1).

La notification doit être faite :

- au bailleur et au syndic, si l'immeuble est en copropriété ;
- à l'un des propriétaires indivis, si l'immeuble est en indivision, à charge pour celui-ci d'informer sans délai les coïndivisaires ;
- et, si l'immeuble appartient à une société, au représentant légal de celle-ci.

Le locataire peut procéder à l'**exécution des travaux** si le propriétaire ne lui a pas notifié la décision ferme de lancement des travaux dans les six mois de sa demande, ou si les travaux n'ont pas été réalisés dans les six mois suivant cette décision ou encore si le projet a fait l'objet d'une résolution défavorable de l'assemblée générale des copropriétaires ; l'occupant en informe alors le propriétaire (Décret 2009-53 du 15-1-2009 art. 2, II-al. 3).

> **Précisions** Le **précâblage** en fibre optique est obligatoire dans les **immeubles neufs** groupant plusieurs logements ou locaux à usage professionnel. Cette obligation s'applique aux bâtiments neufs à usage d'habitation ou à usage professionnel qui doivent être pourvus d'infrastructures fixes de communications électroniques permettant l'accès au très haut débit et à potentiel de débit d'une fibre optique (CCH art. L 113-10).

INSTALLATION DANS UN IMMEUBLE EN COPROPRIÉTÉ

51715 Lorsque l'immeuble est en copropriété, le **syndic** a trois mois pour obtenir une décision des copropriétaires, soit pour installer une antenne collective ou se raccorder à un réseau câblé, soit pour être autorisé à saisir le tribunal. Dans le premier cas, la décision doit être prise à la majorité de tous les copropriétaires (Loi 65-557 du 10-7-1965 art. 25, h). Dans le second cas, la décision doit être prise à la majorité des voix exprimées des présents ou représentés (Loi du 10-7-1965 art. 24).

L'**assemblée** des copropriétaires peut répondre à la demande soit en acquiesçant purement et simplement, soit en offrant au demandeur le raccordement à l'antenne collective, soit en refusant l'installation à condition de faire valoir un motif légitime et sérieux, soit, précise la Cour de cassation, en donnant son accord à l'installation en l'assortissant de conditions destinées à garantir l'intégrité de l'immeuble (Cass. 3e civ. 9-2-2000 no 98-15.495 : BPIM 3/00 inf. 193).

Ces conditions, même si elles sont contraignantes (en l'espèce, l'installation devait être faite par une entreprise professionnelle sous le contrôle de l'architecte de l'immeuble et le câble devait obligatoirement passer dans les gaines techniques existantes), n'équivalent pas à un refus dès lors qu'elles sont destinées à garantir l'intégrité de l'immeuble. On remarquera toutefois que les exigences techniques ne devraient pas être telles qu'elles interdisent de fait l'installation, auquel cas il s'agirait d'un refus déguisé.

Dans cette hypothèse, le **locataire** se doit de respecter les conditions ainsi posées sous peine de voir sa responsabilité engagée et d'avoir à supprimer l'installation.

2. SURVEILLANCE DES LIEUX LOUÉS

51720 Malgré l'obligation d'entretenir qui incombe au bailleur et qui emporte l'obligation de veiller de façon constante à l'entretien de son immeuble, sans même avoir à être informé par son locataire de la nécessité des **travaux** à effectuer, le locataire peut engager sa responsabilité en ne prévenant pas – ou que très tardivement – son bailleur des désordres qu'il constate et qui affectent les lieux loués (Cass. 3e civ. 9-2-2005 no 03-19.609 : RJDA 5/05 no 505 ; voir nos 50970 et 51220).

De même, dès qu'il a connaissance de la présence de **termites** dans les lieux loués (y compris, le cas échéant, dans les espaces non bâtis comme les jardins), le locataire doit, sous peine d'amende, en faire la déclaration en mairie (sur cette question, voir nos 44420 s.).

Sur les **obligations administratives** de surveillance, voir nos 47000 s.

3. ADHÉSION À UNE ASSOCIATION DE COMMERÇANTS

51740 Lorsque les locaux sont situés dans un centre commercial, l'exploitant du centre, propriétaire des locaux, fait souvent **obligation** aux locataires d'adhérer à une association et de maintenir leur adhésion pendant toute la durée du bail et de ses renouvellements. Cette association a généralement pour objet de gérer le centre, de défendre les intérêts des commerçants et de mener des actions commerciales destinées à attirer ou à fidéliser la clientèle.

Mais l'assemblée plénière de la Cour de cassation a déduit du principe de la liberté d'association que, hormis le cas où la loi en dispose autrement, nul n'est tenu d'adhérer à une association régie par la loi du 1er juillet 1901, ou, y ayant adhéré, d'en demeurer membre (Cass. ass. plén. 9-2-2001 no 99-17.642 : RJDA 5/01 no 599). Dans le même sens, la troisième chambre civile a conclu à la **nullité** d'une telle clause insérée dans un bail commercial sur le fondement de l'article 11 de la convention européenne des droits de l'Homme (liberté d'association) et de l'article 4 de la loi du 1er juillet 1901

(Cass. 3e civ. 12-6-2003 n° 02-10.778 FS-PBIR : RJDA 10/03 n° 971). Elle a également considéré que la clause par laquelle le locataire s'obligeait à adhérer à l'association des commerçants et restait tenu de participer aux dépenses relatives à l'animation du centre commercial même en cas de retrait de l'association était entachée de **nullité absolue** (Cass. 3e civ. 11-10-2018 n° 17-23.211 : BPIM 6/18 inf. 435).

Dès lors que l'adhésion à l'association par le preneur ne résulte que du seul contrat de bail et non d'une réelle adhésion expresse et directe à l'association, cette dernière ne peut obtenir la condamnation du preneur à verser une somme égale aux cotisations au titre de la restitution des prestations dont il aurait bénéficié (CA Bordeaux 5-1-2016 n° 13/04869, 2e ch.).

La nullité de la clause obligeant à adhérer à l'association des commerçants empêche que le locataire soit condamné, par l'**application de la théorie de l'enrichissement sans cause,** à verser à celle-ci, tant qu'il resterait dans les locaux, une indemnité annuelle équivalente aux cotisations qu'il aurait dû acquitter comme membre de l'association au motif qu'il continuerait à s'enrichir des prestations et services de l'association, car cela aboutirait à une reconnaissance théorique dénuée de toute effectivité de la liberté du locataire de ne pas adhérer à l'association (Cass. 1e civ. 20-5-2010 n° 09-65.045 : RJDA 8-9/10 n° 823 ; contra Cass. 3e civ. 20-3-2001 n° 98-10.578 : RJDA 7/01 n° 778 ; CA Paris 14-10-2008 n° 06/17501 : RJDA 3/09 n° 182). Mais elle n'empêche pas la **restitution par équivalent** des prestations dont le locataire a bénéficié (Cass. 3e civ. 23-11-2011 n° 10-23.928 : RJDA 4/12 n° 378 ; Cass. 1e civ. 12-7-2012 n° 11-17.587 : RJDA 12/12 n° 1046).

En cas de **démission de l'association,** le commerçant qui poursuit l'exploitation de son établissement dans le centre commercial continue souvent à bénéficier pour partie de l'action de l'association. Dès lors, il peut être déclaré redevable d'une somme, équivalente ou pas au montant des cotisations de l'association, sur le fondement de l'enrichissement sans cause (CA Paris 14-10-2008 n° 06-17501 : RJDA 3/09 n° 182). Les statuts de l'association peuvent utilement envisager la démission d'un commerçant. La clause des statuts prévoyant qu'à compter de sa démission un commerçant reste redevable des appels de fonds destinés à financer les opérations publicitaires ultérieures a été jugée valable dans la mesure où il continue à exploiter un établissement dans le centre commercial (Cass. 3e civ. 20-3-2001 n° 98-10.578 : RJDA 7/01 n° 778).

> **Précisions** La situation est différente lorsque les **commerçants** sont **regroupés au sein d'une société ou d'un groupement d'intérêt économique** (GIE), cette dernière structure présentant toutefois l'inconvénient de rendre ses membres indéfiniment et solidairement responsables des dettes du groupement (cf. C. com. art. L 251-6). Dans ces cas, il peut être fait interdiction au locataire de céder ses parts ou de se retirer du groupement pour la durée du bail. En effet, a été jugé valable le règlement de copropriété faisant obligation à chacun des copropriétaires des lots comportant une habitation d'être titulaire d'une part de société civile et prévoyant que toute aliénation d'un lot devrait être concomitante à la transmission d'une part sociale au profit de l'acquéreur (Cass. 3e civ. 8-7-1998 : RJDA 8-9/99 n° 953). A contrario, des juges du fond ont précisé que le terme d'association au sens de l'article 11 de la Convention européenne des droits de l'Homme devait s'entendre non pas uniquement des associations au sens français de la loi du 1er juillet 1901 mais plus largement de toute entité de droit privé constituant un regroupement volontaire de personnes visant la réalisation d'un but commun (arrêt Young, James et Webster c. Royaume-Uni du 13/08/1981). Ainsi, le droit garanti par l'article 11 s'applique également à un GIE regroupant plusieurs personnes physiques ou morales (les commerçants d'un centre commercial) et ayant pour objet d'organiser l'animation et la promotion du centre (CA Paris 1-9-2021 n° 18/15722 ; CA Rennes 6-4-2021 n° 18/03316).

SECTION 4 CESSION ET SOUS-LOCATION

Contrairement à la majeure partie des statuts locatifs particuliers (baux à usage d'habitation principale ou mixte, baux commerciaux), le Code civil pose le principe de la **liberté** de sous-location et de cession (C. civ. art. 1717). **52000**

NOTION DE CESSION ET DE SOUS-LOCATION

Sous-location La sous-location est un bail qui répond à la définition de l'article 1709 du Code civil. Le locataire principal, qui devient, dans cette hypothèse, le bailleur, consent **52005**

à son sous-locataire la jouissance des lieux pendant un certain temps et moyennant un certain prix que ce dernier s'oblige à lui payer.

La sous-location dépend du bail principal et ne peut donc pas accorder au sous-locataire plus de droits sur les lieux loués que n'en détient le locataire principal. Elle peut être totale ou partielle suivant que le locataire principal se réserve ou non une partie des locaux qui lui ont été loués.

Les sous-loyers perçus par le locataire qui sous-loue son logement sans autorisation du bailleur constituent des fruits civils qui appartiennent au propriétaire et doivent lui être remboursés (Cass. 3e civ. 12-9-2019 n° 18-20.727 : BPIM 5/19 inf. 355 ; CA Paris 11-1-2022 n° 19/04067 ; Cass. 3e civ. 22-6-2022 n° 21-18.612 FS-B). Certains juges ont toutefois retenu que le locataire principal est seulement condamné à verser au bailleur, à titre de fruits civils, le montant des sous-loyers irrégulièrement perçus déduction faite des frais exposés par le locataire en vue de les obtenir et a minima du montant payé à titre de loyer principal pour la même durée que la sous-location (CA Paris 18-1-2022 n° 20/03672).

La sous-location se distingue du simple **hébergement** (Cass. 3e civ. 5-5-1993 : Loyers et copr. 1993 comm. n° 292 ; Cass. 3e civ. 5-7-1995 : RJDA 8-9/95 n° 937), qui ne donne pas lieu au versement d'un loyer ou à la fourniture d'une contrepartie (Cass. 3e civ. 19-5-1999 : RJDA 7/99 n° 764), et voit le locataire se maintenir dans les lieux. Il en est ainsi quelle que soit la durée de l'hébergement et même en présence d'un système de fermeture à clé des chambres mises à disposition et de l'installation de lignes téléphoniques (Cass. 3e civ. 14-11-2002 : Rev. Loyers 2003 p. 48).

L'hébergement est le plus souvent reconnu en présence d'un lien de parenté ou d'alliance entre le locataire et la personne hébergée (Cass. 3e civ. 7-2-1962 : Gaz. Pal. 1962.2 p. 324 ; Cass. 3e civ. 10-3-1996 : RJDA 7/96 n° 893). En vertu de l'article 8, al. 1 de la convention de sauvegarde des droits de l'Homme et des libertés fondamentales, les clauses d'un bail d'habitation ne peuvent pas avoir pour effet de priver le locataire de la possibilité d'héberger ses proches (Cass. 3e civ. 22-3-2006 n° 04-19.349 : RJDA 6/06 n° 630). Ainsi, la stipulation contractuelle qui interdit le prêt des lieux loués à un tiers sans le consentement exprès et écrit du bailleur est licite mais cette clause ne peut pas faire obstacle à ce que le locataire héberge un membre de sa famille : elle lui interdit seulement de mettre ces locaux à la disposition d'un tiers, quel qu'il soit, si lui-même n'occupe plus effectivement les locaux (Cass. 3e civ. 10-3-2010 n° 09-10.412 : RJDA 5/10 n° 483).

La sous-location se distingue aussi d'un contrat de **collaboration** entre deux professionnels, qui met à la charge de l'un une rétrocession de partie de ses honoraires au titulaire du bail (Cass. 3e civ. 22-10-2003 n° 02-12.977 : RJDA 1/04 n° 18).

> Précisions a. La commission des **clauses abusives** condamne toute clause interdisant au locataire de faire occuper les lieux loués par les personnes de son choix (Recommandation 2000-01 reproduite n° 53400).

b. En revanche, le fait pour un locataire commercial de mettre une partie des lieux loués à la disposition d'un de ses employés comme **logement de fonction** constitue une sous-location qui peut justifier la résiliation lorsqu'elle est prohibée par le bail (Cass. 3e civ. 12-12-1990 : RJDA 2/91 n° 93 ; voir n° 56005).

c. Il a été jugé que, lorsque le bail interdit la sous-location des lieux loués, la **publication des annonces du locataire principal sur une plateforme collaborative** (en l'espèce sur Airbnb) constitue un moyen de preuve de l'infraction au contrat (CA Paris 15-3-2016 n° 14/18198, ch. 4-4). Dans cet arrêt, le bailleur dont la résidence a été sous-louée pendant 3 ans sur Airbnb en infraction au bail s'est vu allouer 5 000 € de dommages et intérêts au titre d'un préjudice moral, en l'absence de préjudice financier.

Un locataire, dans la même situation, a également été condamné à verser 5 000 € de dommages et intérêts au bailleur pour préjudice moral (TI Paris 6-4-2016 n° 0294).

La jurisprudence a tout d'abord considéré que la sous-location saisonnière via Airbnb par le locataire d'un logement social constituait une faute mais ne justifiait ni la résiliation du bail ni l'expulsion du locataire (TI Paris 9-5-2017, Régie immobilière de la ville de Paris c/ Mme X.). Dans cette affaire, le juge avait notamment relevé que le locataire avait retiré l'annonce et cessé cette activité dès la réception du procès-verbal constatant ces irrégularités, que la sous-location avait été de courte durée et n'avait pas nui au voisinage pour retenir que le locataire devait « considérer cette procédure devant le tribunal comme un avertissement à se conformer strictement aux obligations nées de ce contrat de bail » et rejeter tant la demande de résiliation du bail que la demande de 5 000 € de dommages-intérêts du bailleur public ne justifiant pas son préjudice.

Toutefois, il a plus récemment été jugé que la résiliation du bail résultant du manquement à l'interdiction légale et contractuelle de sous-louer un logement social « ne constitue pas en elle-même une sanction disproportionnée au but poursuivi » et ce, même lorsque le preneur a régularisé sa situation auprès de l'administration fiscale en déclarant les revenus perçus et en supprimant son compte sur Airbnb (CA Paris 17-5-2018 n° 16/25058).

52010 **Cession** La cession de bail est un contrat par lequel le locataire, cédant, transfère à un tiers, le cessionnaire, le bénéfice du bail (C. civ. art. 1216 s.). La cession de bail emporte substitution d'un nouveau cocontractant au locataire initial, lequel transmet ainsi ses droits locatifs. Le cessionnaire devient locataire du bailleur à la place du locataire initial.

La cession emporte la transmission sans exception ni réserve des droits et obligations du cédant.

Les cessions successives d'un bail commercial opèrent transmission des obligations en découlant au dernier titulaire du contrat qui devient débiteur envers le bailleur des dégradations causées par ses prédécesseurs (Cass. 3e civ. 9-7-2003 : RJDA 10/03 n° 926). Rien n'empêche cependant les locataires qui se succèdent de faire entre eux un état des lieux et de stipuler dans l'acte de cession soit une clause de recours du cessionnaire contre le cédant le moment venu, soit l'obligation pour le cédant de procéder aux travaux de remise en état lui incombant.

La clause d'un contrat de bail qui prévoit, comme condition suspensive, l'établissement d'un nouveau bail au profit du cessionnaire est réputée non écrite (Cass. 3e civ. 22-10-2015 n° 14-20.096 : RJDA 1/16 n° 8).

La cession doit être constatée par écrit, à peine de nullité (C. civ. art. 1216, al. 3).

AMÉNAGEMENTS CONVENTIONNELS DU DROIT DE CÉDER ET DE SOUS-LOUER

Tout en énonçant le principe de la faculté de sous-louer et même de céder son bail à un tiers, l'article 1717 du Code civil envisage la possibilité pour les parties d'arrêter conventionnellement le principe de l'interdiction, laquelle peut être totale ou partielle. 52020

Les **clauses d'interdiction** pure et simple de cession et de sous-location sont toujours « de rigueur » (C. civ. art. 1717, al. 3) : elles s'imposent de manière absolue quoique le bailleur n'ait pas d'intérêt à une telle interdiction. Les parties peuvent également restreindre la faculté de céder ou de sous-louer.

L'aménagement du droit commun peut ne porter que sur les **modalités** de cession ou de sous-location. Certaines conventions peuvent ainsi stipuler une interdiction de céder ou de sous-louer sans le consentement préalable et écrit du bailleur. D'autres imposent l'établissement d'un acte par-devant notaire, en la présence du bailleur ou après l'avoir dûment appelé à concourir à l'acte dans un délai donné.

Ces clauses s'imposent au locataire sous peine d'encourir la résiliation du bail. Le bailleur peut renoncer à les invoquer. Cette renonciation peut être expresse ou tacite, mais en tout état de cause, elle doit être non équivoque.

Dans tous les cas, ces **clauses** dérogatoires au droit commun doivent être **écrites** dans le bail. Faute de précisions suffisantes, elles sont interprétées restrictivement par le juge. Ainsi a-t-il été jugé que la clause interdisant de sous-louer n'empêchait pas le locataire de prêter gratuitement l'appartement loué à un tiers (Cass. 3e civ. 3-2-1943 : S. 1943 I p. 55) ou de consentir une location-gérance (Cass. com. 13-5-1965 : Bull. civ. III n° 313).

EFFETS ET EXTINCTION DE LA CESSION OU DE LA SOUS-LOCATION

Sous-location La sous-location ne porte pas atteinte au bail principal conclu entre le **bailleur et** le **locataire principal.** Celui-ci doit donc répondre de l'inexécution des obligations visées au bail, que celles-ci soient de son fait ou du fait du sous-locataire. 52040

Toutefois, le propriétaire a une action directe à l'encontre du sous-locataire dans la limite du sous-loyer (Cass. 3e civ. 19-2-1997 : RJDA 4/97 n° 475).

Le contrat de sous-location doit arrêter les droits et obligations du **locataire principal et** du **sous-locataire.** En tant que bailleur, le locataire principal doit cependant, par la nature même de l'acte de sous-location qui est un bail, répondre des obligations traditionnelles du bailleur (nos 50800 s.). Afin d'éviter toute difficulté, il importe que le locataire principal impose à son sous-locataire les mêmes obligations que celles qu'il supporte au titre du bail principal.

La sous-location dépendant directement du contrat de location en amont, elle **s'éteint** lorsque le bail principal s'éteint, quelle qu'en soit la raison (arrivée du terme ou résiliation). À ce titre, le bailleur principal peut procéder à l'expulsion d'un sous-locataire sans avoir à lui notifier l'ordonnance d'expulsion qu'il a obtenue à l'encontre du locataire principal (Cass. 3e civ. 3-11-2005 n° 1295 : RJDA 2/06 n° 109).

La sous-location peut cependant s'éteindre avant la location principale et indépendamment de celle-ci, par exemple lorsque la durée de la sous-location est plus courte ou en cas de résiliation.

Malgré l'expiration du contrat principal, le sous-locataire peut être maintenu dans les lieux avec l'accord du bailleur principal.

52045 **Cession** Si le cédé y a expressément consenti, la cession de contrat libère le cédant pour l'avenir.

À défaut, et sauf clause contraire, le cédant est tenu solidairement à l'exécution du contrat (C. civ. art. 1216-1). La cession du bail libère normalement le locataire **cédant** de toute obligation. Toutefois, les conventions locatives conditionnent fréquemment l'autorisation de céder le bail ou le droit au bail à ce que le locataire principal demeure **garant solidaire** avec le cessionnaire de toutes les obligations contractuelles. Cette clause est licite. Elle n'est pas assimilable à un cautionnement (Cass. 3e civ. 26-11-1997 : RJDA 1/98 n° 23 ; CA Dijon 14-11-1990 : Rev. Huissiers 1991 p. 730).

La solidarité entre le cédant et le cessionnaire cesse à l'expiration du bail au cours duquel a eu lieu la cession ; elle ne produit pas d'effet au cours de son renouvellement (Cass. 3e civ. 4-11-1980 n° 79-13.227 : Bull. civ. III n° 167).

Le **cessionnaire** du bail est tenu envers le bailleur de toutes les obligations que le bail stipulait à la charge du locataire initial. Parallèlement, il peut exiger du bailleur l'exécution par ce dernier de toutes les obligations mises à sa charge par le bail.

L'**opposabilité au bailleur** de la cession du bail imposait cependant, outre le respect des modalités particulières qui ont pu être arrêtées conventionnellement par le bail, la signification de la cession en application de l'article 1690 du Code civil. À défaut d'une telle signification ou de l'acceptation par le bailleur principal de la cession dans un acte authentique, celle-ci restait inopposable au bailleur principal sauf hypothèse particulière où le juge pouvait admettre une acceptation non équivoque par le bailleur de la situation contractuelle ainsi créée.

La cession du contrat de bail exige l'accord du bailleur cédé. Lorsque cet accord aura été donné par avance, la cession produira effet à l'égard du cédé à partir du moment où elle lui est notifiée ou lorsqu'il en prend acte (C. civ. art. 1216, al. 2).

Tenu aux droits et obligations du locataire initial, le cessionnaire subit la cessation des relations contractuelles dans les conditions et modalités prévues au bail.

> **Précisions** **a.** Le cessionnaire du bail est tenu de réparer les dégradations survenues à un moment quelconque de la durée du contrat (Cass. 3e civ. 9-7-2003 n° 02-11.794 : RJDA 10/03 n° 926).
> **b.** Si le cessionnaire est contractuellement tenu en vertu du contrat de cession de bail des obligations du cédant, le bailleur ne peut pas solliciter la résiliation du bail pour des manquements commis par le cédant alors que l'état de vétusté des locaux avait été constaté avant l'entrée dans les lieux du cessionnaire (Cass. 3e civ. 30-6-2010 n° 09-13.754 : RJDA 11/10 n° 1042).
> **c.** À l'appui de sa demande de résiliation, le bailleur ne peut pas invoquer un manquement du précédent locataire à l'encontre du cessionnaire du bail, sauf si ce manquement s'est poursuivi après la cession (Cass. 3e civ. 8-10-2015 n° 14-13.179 : BPIM 6/15 inf. 419).

SECTION 5

EXTINCTION DU BAIL DE DROIT COMMUN

A. Causes d'extinction et de transmission du bail

1. ÉCHÉANCE NORMALE DU BAIL

52200 Les articles 1736 et suivants du Code civil donnent les règles de droit commun quant à la durée du bail sans pour autant être très explicites. En effet, l'article 1736 du Code civil qui vise l'hypothèse du bail fait sans écrit dispose que l'une des parties ne peut donner congé à l'autre qu'en observant les délais fixés par l'usage des lieux. Par ailleurs, l'article 1737 du Code civil énonce que le bail cesse de plein droit à l'expiration du terme fixé, lorsqu'il a été fait par écrit, sans qu'il soit nécessaire de donner congé. Enfin, l'article 1738 du Code civil précise que si, à l'expiration des baux écrits, le locataire reste et est laissé en possession, il s'opère un nouveau bail dont l'effet est réglé comme pour les locations faites sans écrit.

BAIL À DURÉE DÉTERMINÉE

Le Code civil n'imposant aucune durée au bail, les parties peuvent librement définir la durée de leurs relations locatives. Celle-ci s'impose alors aux deux parties et, sauf convention contraire, le bailleur ne peut résoudre la location même s'il déclare vouloir occuper lui-même la maison louée (C. civ. art. 1761). Par ailleurs, si le bailleur s'est réservé dans le bail la faculté de venir occuper la maison louée, il est tenu de signifier d'avance un congé aux époques déterminées par l'usage des lieux (C. civ. art. 1762). 52205

Le bail est à durée déterminée lorsque bailleur et locataire fixent la durée exacte du bail ou sa date exacte d'échéance. Dans ces deux hypothèses, la date d'expiration est certaine et déterminée. Il en est de même lorsque la date exacte de l'échéance ne peut être connue mais qu'il est stipulé que le bail prendra fin au jour de la survenance d'un événement précis. Ainsi en est-il lorsque le bail est consenti jusqu'au décès du locataire (Cass. 3e civ. 18-1-1995 n° 92-17.702 : RJDA 3/95 n° 257 ; Cass. 3e civ. 10-3-2010 n° 09-12.135 : RJDA 5/10 n° 477). Dans cette hypothèse, le bail n'est pas consenti pour une durée perpétuelle et ne peut être entaché de nullité (Cass. 3e civ. 30-11-1983 n° 82-13.223 : Bull. civ. III n° 249).

À l'expiration du bail à durée déterminée, trois situations peuvent se présenter : soit les relations locatives cessent, soit elles sont expressément renouvelées, soit elles sont tacitement reconduites.

BAIL À DURÉE INDÉTERMINÉE

Le bail à durée indéterminée peut être aussi bien un bail verbal qu'un bail écrit. L'hypothèse du bail verbal ne donne lieu à aucune remarque particulière : faute d'écrit, l'accord des parties sur la durée indéterminée de leurs relations locatives s'impose. Le bail écrit peut également stipuler expressément une durée indéterminée. Celle-ci se déduira de la seule mention du point de départ des relations locatives sans autre précision. 52220

Par définition, le bail à durée indéterminée n'imposant aucune durée aux parties, bailleur et locataire ont la faculté de résilier, à tout moment et unilatéralement, le bail mais ils sont alors tenus de respecter un préavis (n° 52275).

RECONDUCTION TACITE DU BAIL

Il y a tacite reconduction lorsque, à échéance du bail, bailleur et locataire continuent de l'exécuter sans établir un nouveau contrat. La tacite reconduction, régie par l'article 1738 du Code civil, est un nouveau bail ; elle ne doit pas être assimilée à une simple prorogation du bail précédent. 52240

Les relations locatives sont alors celles organisées par le bail précédent et les parties sont tenues par les clauses et conditions du bail expiré.

En revanche, la **durée** des nouvelles relations locatives ainsi instaurées n'est pas celle du bail venu à échéance : la durée est indéterminée et chaque partie pourra donner congé à l'autre, à charge pour les parties d'observer le délai fixé par l'usage des lieux ou par la convention précédente si le bail envisage la tacite reconduction (Cass. 3e civ. 22-11-1995 n° 93-18.013 : Loyers et copr. 1996 comm. n° 68).

Le bail écrit peut cependant organiser la durée de la tacite reconduction. Tel est le cas d'une clause stipulant que le contrat se renouvellera par tacite reconduction par périodes de « x » années chacune. Il s'agit alors d'une succession de baux à durée déterminée (en ce sens, Cass. 3e civ. 10-1-1990 : JCP N 1990 I p. 395 ; Cass. 3e civ. 6-11-2001 : AJDI 2002, p. 369).

Il ne peut y avoir de tacite reconduction en présence d'une manifestation de volonté contraire telle une demande d'expulsion antérieure à l'échéance du bail (Cass. 3e civ. 6-11-2001 n° 00-14.642 : RJDA 1/02 n° 12).

CONGÉ

Le congé est un acte unilatéral qui met fin au bail par la seule manifestation de volonté de celui qui le délivre (Cass. 3e civ. 12-6-1996 n° 94-16.701 : RJDA 10/96 n° 1164). Dès lors qu'il est régulièrement délivré et qu'il exprime clairement la volonté de celui qui le donne de mettre fin au bail, il produit ses effets et met fin à l'obligation de payer le loyer (Cass. 3e civ. 4-2-2009 n° 07-20.980 : RJDA 10/09 n° 815). Il s'ensuit notamment que si celui qui a émis le congé entend le rétracter, il doit obtenir le consentement de l'autre partie (Cass. 3e civ. 27-6-1984 n° 83-12.552 : Bull. civ. III n° 125 ; Cass. 3e civ. 18-12-2002 n° 01-03.539 : RJDA 3/03 n° 236). Lorsque le congé est soumis à des conditions de forme, celui qui a émis le congé sans le respecter ne peut pas se prévaloir de la nullité du congé (Cass. 3e civ. 15-9-2010 n° 09-15.192 : RJDA 1/11 n° 20). 52260

Le congé mettant fin au bail, le locataire qui s'est maintenu dans les lieux loués ne peut pas invoquer la tacite reconduction (C. civ. art. 1739).

Sur la capacité du bailleur, voir nos 50205 s.

52265 **Nécessité d'un congé** Le congé n'est pas nécessaire lorsque le bail a été conclu pour une **durée déterminée.** Le bail cesse de plein droit à l'expiration du terme fixé (C. civ. art. 1737).

Le bailleur peut cependant avoir intérêt à rappeler dans un congé ou un acte similaire l'obligation qu'aura le locataire d'avoir à quitter les lieux à la date d'expiration du bail afin de s'aménager la preuve de sa volonté de ne pas voir le locataire maintenu dans les lieux au-delà de cette date. Un tel congé peut s'avérer utile notamment à l'expiration d'un bail (ou de baux successifs) de courte durée conclu en application de l'article L 145-5 du Code de commerce (Cass. 3e civ. 4-5-2010 no 09-11840 : RJDA 8-9/10 no 825 ; voir no 54520).

Le bail à **durée indéterminée** nécessite impérativement de la part de celui qui veut y mettre fin la délivrance d'un congé.

Le congé doit exprimer clairement la volonté de celui qui le donne de mettre fin au bail (sur la capacité du bailleur, voir nos 50205 s.).

52270 **Forme** Dans le silence du bail, le congé peut être délivré sous quelque forme que ce soit. Le congé étant toutefois un acte important, il est fortement conseillé de le délivrer par acte extrajudiciaire ou par lettre recommandée AR, afin de se ménager une preuve.

Le congé doit être donné par le bailleur. Il peut l'être par une personne déclarant agir en son nom et pour son compte. Dans ce cas, si le congé a été délivré avant qu'un mandat ait été donné par le bailleur, la nullité peut être couverte par assentiment postérieur du bailleur telle son intervention à l'instance en validation du congé (pour des bailleurs indivisaires : Cass. 3e civ. 1-4-1987 no 85-18.477 : Bull. civ. III no 65 ; Cass. 3e civ. 5-12-2001 no 00-10.731 : RJDA 2/02 no 135 ; sous le régime de la loi du 6-7-1989 : Cass. 3e civ. 16-5-2007 no 06-12.356 : RJDA 8-9/07 no 823).

De même, l'administrateur provisoire d'un bailleur SCI peut anticiper la décision de l'assemblée générale de donner congé avec offre de renouvellement. Dès lors que l'assemblée générale des actionnaires de la SCI a confirmé la procédure engagée par l'administrateur après qu'une ordonnance du président du TGI (du président du tribunal judiciaire à compter du 1er janvier 2020) l'a habilité spécialement à donner congé, le congé a été valablement donné (Cass. 3e civ. 5-11-2015 no 14-15.960 : AJDI 2016 p. 41).

Un congé délivré au nom d'une personne décédée est entaché d'une irrégularité de fond qui affecte la validité de l'acte (Cass. 2e civ. 27-6-2002 no 00-22.694 : D. 2003 som. p. 1402 ; CA Versailles 30-11-2010 no 09/09750 : Loyers et copr. 2011 comm. no 71).

Mais le défaut de publication d'un acte portant ou constatant la mutation ou la constitution de droits réels immobiliers est sans effet sur la validité du congé : le défaut de publication de l'acte portant renonciation à l'usufruit n'entache pas le congé délivré par le bénéficiaire de cette renonciation (Cass. 3e civ. 23-3-2011 no 10-12.162 : Loyers et copr. 2011 comm. 133).

> **Précisions** Pour admettre comme élément de preuve un document électronique, le juge doit vérifier si les conditions posées par les articles 1366 et 1367 du Code civil dans leur rédaction issue de l'ordonnance 2016-131 du 10 février 2016 (anciennement art. 1316-1 et 1316-4) pour la validité de l'écrit ou de la signature électronique sont satisfaites (Cass. 1e civ. 30-9-2010 no 09-68.555 : RJDA 1/11 no 98).

52275 **Date de délivrance du congé** Le congé délivré doit respecter un **préavis.** La durée du préavis peut être librement fixée par les parties dans leur convention. À défaut, le préavis à respecter est celui déterminé par les usages locaux. Ces usages peuvent imposer une durée de préavis (trois mois, six mois...) ou une date pour laquelle le congé peut être donné (Cass. 3e civ. 29-4-1987 : Administrer octobre 1987 p. 35).

Le respect du préavis est impératif pour la validité du congé. Toutefois, le congé délivré tardivement n'est pas nul ; il ne produit effet que pour l'échéance suivante (Cass. 3e civ. 1-6-1988 : Loyers et copr. 1988 comm. no 311). Le congé délivré trop tôt est également valable, mais il ne produit effet qu'à la date pour laquelle il devait être donné (Cass. 3e civ. 5-6-1991 : RJDA 8-9/91 no 695), sans avoir besoin d'être réitéré (Cass. 3e civ. 30-11-1994 : Loyers et copr. 1995 comm. no 96). S'agissant d'un congé notifié par **lettre recommandée** avec accusé de réception, la date prise en compte est celle de sa réception (Cass. 3e civ. 7-1-1998 no 96-10.326 : RJDA 3/98 no 271), laquelle est celle apposée par l'administration des postes lors de la remise de la lettre à son destinataire (Cass. 3e civ. 2-2-2005 no 04-10.219 : RJDA 5/05 no 506).

Il faut cependant signaler de nombreux cas de contestation de validité des lettres recommandées reconnus par la jurisprudence qui poussent à recourir à l'acte extrajudiciaire. Ainsi n'ont pas été validés les congés notifiés par lettre recommandée avec demande d'avis de réception notamment au motif :

- d'une signature sur le récépissé de la poste différente de la signature habituelle du locataire ;
- de la signature du récépissé par un seul des époux.

> Précisions L'indivisibilité d'un bail portant sur divers locaux cesse à son expiration et le congé donné par le bailleur, devenu propriétaire d'une partie des biens donnés en location, ne vaut que pour cette partie (Cass. 3e civ. 11-7-2007 no 06-14.476 : RJDA 11/07 no 1063).

Destinataire Pour être valablement donné, le congé doit être adressé au bailleur à son adresse ou, si tel est le cas, à l'élection de domicile indiquée dans le bail. **52280**

La notification d'un congé à une société par acte d'un commissaire de justice est valablement faite lorsque l'acte est délivré au représentant légal de la société, à un fondé de pouvoir ou à toute personne habilitée à cet effet (CPC art. 654, al. 2). La notion de « personne habilitée » est largement interprétée par les tribunaux. Il suffit que la personne se déclare habilitée à réceptionner l'acte qui lui est remis ; le commissaire de justice n'a pas à vérifier la qualité revendiquée (Cass. 2e civ. 18-9-2003 no 01-16.604 : RJDA 1/04 no 44 ; Cass. com. 12-11-2008 nos 08-12.542 et 08-12.543 : RJDA 2/09 no 98).

Toutefois, ces principes ne doivent pas permettre à une partie de priver l'autre partie d'une réelle connaissance des actes signifiés. A ainsi été jugée irrégulière la signification d'une assignation délivrée par une épouse à son mari et remise par l'huissier à l'épouse elle-même qui, en outre, connaissait l'adresse réelle de son mari (Cass. 2e civ. 19-12-1973 no 72-13.183 : Bull. civ. II no 337). De même, l'acte signifié pour donner congé à l'adresse du siège social du bailleur, identique à celle des locaux loués, reçu par un salarié du locataire qui s'était déclaré habilité à le recevoir, a été jugé dépourvu d'effet dès lors que le locataire s'était, par l'intermédiaire de son préposé, substitué au destinataire du congé (Cass. 3e civ. 28-10-2009 no 08-15.506 : RJDA 1/10 no 11).

2. PERTE DE LA CHOSE LOUÉE

Sauf convention expresse contraire, la perte de la chose louée peut, selon qu'elle est totale ou partielle, entraîner ou non la résiliation du bail. L'article 1722 du Code civil énonce en effet que si, pendant la durée du bail, la chose louée est détruite en totalité par cas fortuit, le bail est résilié de plein droit ; si elle n'est détruite qu'en partie, le locataire peut, suivant les circonstances, demander une diminution du prix ou la résiliation du bail. Dans l'un et l'autre cas, il n'y a lieu à aucun dédommagement. **52320**

> Précisions **a.** Cette disposition s'applique également aux **baux commerciaux** (Cass. 3e civ. 20-1-1981 : Bull. civ. III no 15 ; Cass. 3e civ. 1-3-1995 no 93-14.275 : RJDA 5/95 no 551) et ce, même pendant la période de maintien dans les lieux avant la fixation de l'indemnité d'éviction (Cass. 3e civ. 4-1-1977 : Rev. Loyers 1977 p. 151).

b. Bailleur et locataire peuvent avoir intérêt à **écarter le principe de la résiliation** du bail : le bailleur lorsqu'il existe peu de candidats intéressés à la location de son immeuble, le locataire lorsque l'emplacement des lieux loués est irremplaçable.

c. L'évacuation temporaire d'un immeuble pour y exécuter des **travaux de désamiantage** qui n'impliquent pas la démolition complète de l'ouvrage ne peut pas être considérée comme équivalant à sa destruction totale au sens de l'article 1722 du Code civil (CA Versailles 7-3-2002 : RJDA 8-9/02 no 859 confirmé par Cass. 3e civ. 2-7-2003 no 02-14.642 : RJDA 11/03 no 1048 ; CA Paris 19-9-2024 no 22/14224 : BPIM 6/24 inf. 371).

EXISTENCE D'UN CAS FORTUIT

La destruction des lieux loués, qu'elle soit totale ou partielle, doit résulter d'un cas fortuit, ce qui suppose un événement indépendant de la volonté ou la responsabilité des parties au bail. Selon la jurisprudence, ni l'existence d'un vice caché ni la dégradation des bâtiments due à une faute ou un défaut d'entretien imputable au bailleur ne sont constitutives d'un cas fortuit (Cass. 3e civ. 3-10-1978 : Bull. civ. III no 297 ; Cass. 3e civ. 13-7-1994 : Loyers et copr. 1994 comm. no 376 ; Cass. 3e civ. 28-1-2009 no 07-20.997 : Administrer mai 2010 p. 31 ; Cass. 3e civ. 30-9-1998 no 96-17.684 : Bull. civ. III no 177 ; Cass. 3e civ. 2-4-2003 no 01-17.724 FS-PB : RJDA 7/03 no 692 ; Cass. 3e civ. 9-1-2025 no 23-16.698 F-D : BPIM 2/25 inf. 104). **52325**

Une décision administrative peut constituer un cas fortuit (Cass. 1e civ. 29-11-1965 no 63-13.621 : Bull. civ. I no 655 ; Cass. 3e civ. 30-10-2007 no 07-11.939 : Rev. Loyers 2008 p. 31). Tel est le cas d'un arrêté municipal interdisant la circulation de véhicules de plus de 19 tonnes sur une voie communale, empêchant ainsi l'accès aux lieux loués au transporteur routier locataire (CA Dijon 29-9-2009 no 08/02140 : RJDA 11/10 no 1039).

Une inondation constitue un cas fortuit au sens de l'article 1722 du Code civil (CA Aix-en-Provence 24-11-2016 no 15/12572).

> Précisions **a.** Le cas fortuit suppose également, à notre avis, l'absence de faute du locataire. La destruction partielle des locaux suite à un **incendie provoqué volontairement** par l'un des locataires ne peut être assimilée à un cas fortuit au sens de l'article 1722 du Code civil (CA Lyon 2-12-2014 n° 13/06342 : Loyers et copr. 2015 comm. n° 30).

b. En présence d'une faute du bailleur ou du locataire, entraînant une destruction totale ou partielle des lieux loués, le bail peut être résilié en application de l'article 1741 du Code civil et cette **résiliation** peut être accompagnée de l'allocation de dommages-intérêts pour la partie qui subit les conséquences de la faute de l'autre (Cass. com. 8-10-1991 n° 89-10.491 : RJDA 12/91 n° 1019 : Bull. civ. IV n° 278).

DESTRUCTION TOTALE

52340 La destruction totale des lieux loués entraîne la résiliation de plein droit du bail (s'agissant d'un bail commercial, Cass. 3e civ. 1-3-1995 n° 93-14.275 : RJDA 5/95 n° 551) et dispense en conséquence le locataire du paiement des loyers pour la période postérieure à la destruction totale (Cass. com. 8-10-1991 : Bull. civ. IV n° 278 ; Cass. 3e civ. 4-4-2001 : Rev. Loyers 2001 p. 327).

La Cour de cassation assimile à la destruction totale l'**impossibilité** pour le locataire **d'user des lieux loués conformément à leur destination** (Cass. 3e civ. 12-5-1975 : D. 1975 IR p. 186 ; Cass. 1e civ. 4-12-1984 : Bull. civ. I n° 325 ; Cass. 3e civ. 30-9-1998 : RJDA 11/98 n° 1191), de même que le **montant** excessif **des dépenses** nécessaires à la remise en état des lieux **par rapport à la valeur de l'immeuble** (Cass. 3e civ. 9-12-2009 n° 08-17.483 : RJDA 3/10 n° 216 ; Cass. 3e civ. 20-5-2014 n° 13-14.772 : AJDI 2014 p. 613), soit que les réparations portent sur le gros œuvre, soit qu'elles nécessitent une véritable reconstruction (Cass. 1e civ. 6-2-1963 : Bull. civ. I n° 84 ; Cass. 3e civ. 6-3-1984 : Bull. civ. III n° 59 ; Cass. 3e civ. 2-7-2003 n° 02-14.642 : RJDA 11/03 n° 1048 ; Cass. 3e civ. 27-11-2007 n° 06-10.358 : Administrer mai 2008 p. 53). Ces deux hypothèses sont alternatives : l'impossibilité définitive de jouir de la chose louée ou d'en faire un usage conforme à sa destination par cas fortuit est assimilée à une destruction totale, quel que soit le montant des travaux de remise en état (Cass. 3e civ. 8-3-2018 n° 17-11.439 FS-PBI : BPIM 2/18 inf. 143).

Cette règle, applicable en cas de vétusté, a été étendue à la mise en conformité des lieux loués lorsque les travaux, d'un coût excessif, ont été prescrits par l'administration en vertu d'une réglementation postérieure à la conclusion du bail (Cass. 3e civ. 12-6-1991 : RJDA 8-9/91 n° 691). Mais des travaux d'une durée de trois mois, qui permettaient une simple suspension du bail et d'un coût très inférieur à la valeur de l'immeuble, ne peuvent justifier une résiliation de plein droit du bail sur le fondement de l'article 1722 du Code civil (Cass. 3e civ. 2-7-2003 n° 02-14.642 : RJDA 11/03 n° 1048 ; CA Versailles 4-11-2004 : RJDA 5/05 n° 507).

> Précisions Il y a perte totale, au sens de l'article 1722 du Code civil, non seulement en cas de disparition entière de la chose louée mais également lorsque l'usage ou la jouissance auxquels la chose était destinée est devenu impossible. Tel est le cas d'une inondation (CA Aix-en-Provence 24-11-2016 n° 15/12572).

DESTRUCTION PARTIELLE

52360 La destruction partielle résulte tant de la disparition pour partie du bien loué que de l'impossibilité pour le locataire de pouvoir user ou jouir d'une partie des lieux loués. Mais elle doit porter sur le bien lui-même. Elle ne peut pas résulter d'une diminution des produits ou de l'agrément de la chose louée.

La destruction partielle doit être distinguée de la **détérioration** des locaux, qui oblige le bailleur à y faire face en raison de son obligation d'entretien et de réparations. Là encore, les tribunaux prennent en considération l'importance et le coût des travaux à effectuer, lesquels peuvent être appréciés au regard de la valeur vénale des lieux loués et de leur rentabilité locative (Cass. 3e civ. 3-6-1971 : Bull. civ. III n° 348). Tel est le cas de dégâts causés par une tempête à la toiture d'un immeuble loué à usage commercial (Cass. 3e civ. 30-9-1998 : RJDA 11/98 n° 1191).

La destruction partielle autorise le **locataire** à choisir entre une diminution du prix ou la résiliation sans indemnité du bail. En revanche, il ne peut pas prétendre à une indemnisation du préjudice commercial ou du trouble de jouissance, fût-ce au titre des travaux de réparation (Cass. 3e civ. 4-5-2010 n° 09-12.844 : RJDA 8-9/10 n° 824). La décision du locataire est discrétionnaire et, après avoir opté pour l'une de ces alternatives, il a épuisé son droit et ne peut pas ensuite introduire devant le tribunal une autre demande (Cass. soc. 11-12-1953 : AJPI 1954 p. 33).

Sauf stipulation contraire expresse, la faculté de résiliation n'est pas ouverte au **bailleur** (Cass. 3e civ. 13-10-1993 : Rev. Loyers 1994 p. 19 ; Cass. 3e civ. 1-2-1995 : RJDA 4/95 n° 409).

En revanche, la validité d'une clause portant résiliation de plein droit du bail en cas de destruction partielle des lieux loués a été admise, l'article 1722 du Code civil n'étant pas d'ordre public (Cass. 3e civ. 17-12-2015 n° 14-23.385 : RDC 2016 p. 251 note J.-B. Seube).

Toutefois, **lorsque la destruction,** bien que partielle, **nécessite** la réalisation de **travaux** d'un montant exagérément élevé par rapport à la valeur de la construction, cette destruction est assimilée à une destruction totale autorisant le bailleur à se prévaloir d'une résiliation sans indemnité dès lors que n'est pas rapportée la preuve d'un défaut d'entretien de la part du bailleur (Cass. 3e civ. 12-4-1995 : Rev. Loyers 1995 p. 451).

Relogement du locataire Si les circonstances ne justifient pas la résiliation du bail, elles peuvent néanmoins justifier un arrêté de mise en sécurité ou un traitement de l'insalubrité et une interdiction temporaire d'habiter. Pour plus de détails voir le chapitre Lutte contre l'habitat indigne nos 45000 s. **52365**

Ainsi, lorsque la sécurité publique l'exige, et que la solidité de l'immeuble est en cause, le maire ou le représentant de l'État dans le département peut faire procéder à toute visite utile à l'effet de vérifier l'état de solidité de tout mur, bâtiment et édifice (CCH art. L 511-2 à L 511-7). En cas de danger imminent, manifeste ou constaté par le rapport mentionné à l'article L 511-8 ou par l'expert désigné en application de l'article L 511-9, l'autorité compétente ordonne par arrêté et sans procédure contradictoire préalable les mesures indispensables pour faire cesser ce danger dans un délai qu'elle fixe (CCH art. L 511-19, al. 1). Lorsqu'aucune autre mesure ne permet d'écarter le danger, l'autorité compétente peut faire procéder à la démolition complète après y avoir été autorisée par jugement du président du tribunal judiciaire statuant selon la procédure accélérée au fond (CCH art. L 511-19 al. 2).

En cas d'interdiction définitive d'habiter, le bail en cours se trouve résilié de plein droit. Dans ce cas, le bailleur peut proposer la signature d'un nouveau bail sur d'autres locaux pour lequel il doit prendre à sa charge trois mois de loyer (CCH art. L 521-3-1, II).

En cas d'interdiction temporaire d'habiter, le loyer en principal (ou toute somme versée en contrepartie de l'occupation du logement) cesse d'être dû à compter du premier jour du mois qui suit l'envoi de la notification de l'arrêté ou de son affichage à la mairie et sur la façade de l'immeuble jusqu'au premier jour du mois qui suit l'envoi de la notification ou l'affichage de l'arrêt de mainlevée (CCH art. L 521-2). Pendant ce temps, le bail, qui était en cours au moment de l'arrêté de mise en sécurité ou de traitement de l'insalubrité, est suspendu jusqu'à la fin de la procédure et le propriétaire bailleur est tenu par l'obligation d'ordre public d'assurer aux occupants un hébergement décent correspondant à leurs besoins. Faute pour celui-ci d'y procéder, l'autorité compétente prend les dispositions nécessaires pour les héberger ou les reloger (CCH art. L 521-3-2).

Pour plus de détails sur le relogement des locataires, voir nos 45450 s.

3. INEXÉCUTION DES OBLIGATIONS DES PARTIES AU BAIL

Le bail peut être résilié en cas d'inexécution par le bailleur ou le locataire de leurs engagements (C. civ. art. 1741). Cette règle est le rappel, appliqué au contrat de location, du principe énoncé par le droit commun des contrats qui permet la résiliation du contrat lorsque l'une ou l'autre des parties ne respecte pas ses engagements. Un bail a ainsi été résilié pour faute du locataire qui n'avait pas respecté le règlement de copropriété visé dans le contrat (Cass. 3e civ. 5-2-1997 : RJDA 4/97 no 477). **52440**

Lorsque la partie au bail victime d'un manquement de l'autre à ses obligations fait signifier un commandement de faire ou de payer, ledit commandement doit être suffisamment précis et détaillé de sorte que celui qui le reçoit puisse contrôler le bien-fondé de la demande de celui qui l'émet (CA Paris 18-11-2009 no 09/09605 : AJDI 2010 p. 212).

La résolution du contrat, qui peut être invoquée tant par le bailleur que par le locataire, connaît des régimes différents selon que le bail stipule ou non une **clause résolutoire** de plein droit. Depuis la loi 2023-668 du 27 juillet 2023, une clause résolutoire prévoyant la résiliation automatique du bail en cas d'impayés de loyer et de charges doit figurer dans tous les baux d'habitation soumis à la loi du 6 juillet 1989. Pour les baux de droit commun, il n'existe pas d'obligation légale générale d'insérer une clause résolutoire en cas d'impayés. L'insertion d'une telle clause relève de la **liberté contractuelle** des parties.

Toutefois, si l'inexécution par une des parties au bail de ses obligations peut entraîner la résiliation dudit bail, cette sanction n'est pas systématiquement encourue lorsque cette inexécution est la réplique à l'inexécution par l'autre de ses propres obligations. Il s'agit alors d'une exception d'inexécution (no 51425).

> Précisions **a.** L'acquéreur de l'immeuble ne peut faire résilier le bail pour défaut de paiement des loyers antérieurs à la vente sauf cession des créances ou subrogation expresse (Cass. 3e civ. 2-10-2002 : Loyers et copr. 2002 comm. no 276). Il peut en revanche obtenir la résiliation du bail ou un dédommagement pour les dégradations commises, peu important la date de leur réalisation par rapport à la vente de l'immeuble, compte tenu de l'obligation du locataire de restituer les lieux en bon état de réparations locatives (Cass. 3e civ. 21-11-2001 : Loyers et copr. 2002 comm. nº 57).

b. La procédure de résiliation mise en œuvre (judiciaire ou de plein droit) doit être engagée à l'encontre de tous les **colocataires,** à peine de ne pas produire effet vis-à-vis du colocataire non visé (pour des époux cotitulaires du bail, CA Paris 14-1-2010 : Loyers et copr. 2010 comm. nº 133).

c. La résiliation du bail peut également être le fait de **tiers** (nº 52500).

RUPTURE DU BAIL EN PRÉSENCE D'UNE CLAUSE RÉSOLUTOIRE DE PLEIN DROIT

52445 La clause résolutoire de plein droit (C. civ. art. 1225) est celle qui permet à l'une des parties au contrat d'invoquer et d'obtenir la résiliation automatique du bail sans que le juge ait à apprécier la gravité de l'inexécution de la partie défaillante. Il ne peut que constater, si tel est le cas, l'acquisition de la clause et la résiliation du bail. Prévoir une clause résolutoire présente l'avantage d'accélérer la procédure de résiliation en cas d'impayés, donne une plus grande sécurité juridique en cas de contentieux, sous réserve que la clause soit rédigée de façon précise et conforme à l'article 1225 du Code civil.

52446 **Contenu de la clause résolutoire** La clause énonçant le principe d'une résiliation de plein droit doit être expresse et précise (C. civ. art. 1225, al. 1). La clause doit être parfaitement rédigée. Une clause rappelant simplement le principe de la résiliation du contrat en cas de manquement par l'une des parties à l'une de ses obligations est interprétée comme ne constituant qu'un simple rappel de la condition résolutoire contenue dans le contrat et oblige la partie demanderesse à saisir le juge aux fins de faire prononcer la résiliation du contrat (nº 52470).

La clause doit ainsi viser :
- qui, du bailleur ou du locataire ou des deux, peut invoquer la clause résolutoire de plein droit ;
- quelles obligations peuvent entraîner la résiliation de plein droit du bail lorsqu'elles ne sont pas respectées (Cass. 3e civ. 29-4-1995 : Bull. civ. III nº 71) ;
- quelles sont les modalités préalables à l'acquisition de la résiliation de plein droit du bail : commandement de faire ou de payer, mise en demeure, délai imparti ;
- quelle forme doit revêtir la mise en demeure (LRAR, acte de commissaire de justice (ex-huissier)...).

La commission des **clauses abusives** condamne, dans les baux régis par le Code civil, les clauses prévoyant la résiliation de plein droit du bail en cas de manquement du locataire à ses obligations autres qu'essentielles (Recommandation 2000-01 reproduite nº 53400).

52447 Avant le 1er octobre 2016, la clause énonçant le principe d'une résiliation de plein droit était toujours **interprétée** strictement. Depuis le 1er octobre 2016, cette condition est légalisée par l'article 1225 du Code civil. Ainsi, seuls les manquements expressément visés par la clause résolutoire peuvent donner lieu à une résiliation de plein droit du bail (en ce sens, Cass. 3e civ. 13-12-2006 nº 06-12.323 : RJDA 3/07 nº 231).

La clause qui stipule : « il est expressément convenu qu'à défaut du paiement du dépôt de garantie (...), le présent contrat de location sera résilié de plein droit, si bon semble au bailleur un ou deux mois après un commandement (...) demeuré sans effet, ce conformément à la loi et sans qu'il soit besoin de remplir aucune formalité judiciaire (...) » exprime de manière non équivoque la volonté des parties de mettre fin de plein droit à la convention et le fait que la clause résolutoire ne produise ses effets que si le bailleur décide de s'en prévaloir est sans effet sur la nature et la validité de la clause (CA Paris 7-7-2004 : AJDI 2005 p. 806).

Le locataire ne peut pas se prévaloir de l'acquisition de la clause résolutoire lorsqu'elle a été stipulée au seul profit du bailleur et que celui-ci demande la poursuite du bail (Cass. 3e civ. 27-4-2017 nº 16-13.625 FS-PBI : D. 2017 act. p. 976).

52450 **Mise en demeure** Pour être valable, le commandement de payer qui vise la clause résolutoire stipulée dans le bail doit être délivré au nom du bailleur ou d'une personne ayant le pouvoir de le représenter. À défaut, le commandement est entaché d'une nullité de fond insusceptible de régularisation (Cass. 3e civ. 29-10-2008 nº 07-14.242 : RJDA 1/09 nº 5).

Un commandement de payer reste valable à concurrence des sommes dues même si la somme appelée par ce commandement était supérieure (Cass. 3e civ. 7-12-2004 : AJDI 2005 p. 26).

De même, un commandement de payer reste valable à concurrence des sommes dues dès lors que la société locataire était effectivement redevable d'une certaine somme au titre de la régularisation des charges, peu important le seul fait que les justificatifs n'aient pas été produits préalablement au commandement de payer, ce qui ne suffit pas pour caractériser la mauvaise foi du bailleur (Cass. 3e civ. 22-10-2015 nº 14-17.645 : AJDI 2016 p. 41).

Pouvoirs du juge En présence d'une clause résolutoire de plein droit, le juge n'a que le pouvoir d'en **constater l'acquisition,** sauf délais de paiement sollicités par le locataire. Il ne peut pas apprécier la gravité des manquements invoqués pour refuser de prononcer la résiliation du bail dès lors que la clause résolutoire vise le manquement invoqué. La résiliation du bail doit ainsi être constatée dès lors que le commandement de payer visant la clause résolutoire n'a pas été suivi d'effet dans le délai énoncé dans le commandement et, malgré le paiement ultérieur, l'expulsion peut être ordonnée (Cass. 3e civ. 30-4-2005 : Rev. Loyers 2005 p. 443). 52455

Toutefois, le juge retrouve son **pouvoir d'appréciation** dans certaines situations particulières telles que :

– la survenance d'un cas fortuit ou d'un cas de force majeure empêchant l'une des parties au contrat d'exécuter ses obligations ;

– la mauvaise foi du bailleur (Cass. 3e civ. 17-7-1992 : RJDA 11/92 n° 996 ; Cass. 3e civ. 12-10-2010 n° 09-12.380 : RJDA 1/11 n° 14 ; Cass. 3e civ. 5-11-2015 n° 14-11.024 : RJDA 4/16 n° 262, pour un bailleur qui s'était durablement abstenu de procéder à la régularisation des charges et d'en réclamer paiement au locataire ; Cass. 3e civ. 23-6-2015 n° 14-12.606 : AJDI 2015 p. 839, pour un bailleur demandant la résiliation de plein droit du bail pour non-respect des horaires contractuels, alors qu'il n'avait jamais protesté depuis dix ans) ou du locataire (Cass. 3e civ. 29-1-2002 : RJDA 4/02 n° 357 pour des paiements des loyers au gré de ses rentrées d'argent et de ses priorités), à la condition que cette mauvaise foi soit invoquée par l'autre partie, le juge ne pouvant la relever d'office ;

– l'inexécution par le bailleur de son obligation de délivrance (Cass. 3e civ. 3-5-2006 n° 05-12.995 : AJDI 2006 p. 828 ; CA Bordeaux 22-1-2008 n° 06-5556 : RJDA 8-9/08 n° 885). Le juge peut ainsi refuser de prononcer la résiliation de plein droit d'un bail lorsque les loyers conventionnels ayant fait l'objet du commandement sont illicites (Cass. 3e civ. 12-10-1994 : Loyers et copr. 1995 comm. n° 14).

Existence d'une renonciation Le bailleur peut ne pas invoquer la clause résolutoire, ou y renoncer, après avoir manifesté l'intention de s'en prévaloir (Cass. soc. 13-3-1958 n° 1-574 : Bull. civ. IV n° 377), tant que le locataire n'a pas exprimé sa volonté d'accepter la résiliation (CA Paris 9-11-1995 n° 94/005694). 52460

La renonciation à un droit ne se présume pas ; elle doit résulter d'actes manifestant sans équivoque la volonté de renoncer. Ainsi, la perception de loyers, leur révision et la délivrance de quittances n'emportent pas nécessairement renonciation du bailleur au bénéfice de la clause résolutoire (Cass. 3e civ. 16-10-1984 : Gaz. Pal. 1985 pan. p. 35 ; Cass. 3e civ. 13-11-2002 : RJDA 2/03 n° 114).

De même, le seul écoulement du temps ne peut pas caractériser un acte manifestant sans équivoque la volonté de renoncer à se prévaloir des effets de la clause résolutoire (Cass. 3e civ. 19-3-2008 n° 07-11.194 : RJDA 6/08 n° 610 pour une expulsion poursuivie cinq ans après la prise d'effet de la clause résolutoire).

En revanche, en matière de bail commercial, transposable selon nous au bail de droit commun, il a été jugé que valaient renonciation du bailleur à se prévaloir de la clause résolutoire :

– la délivrance au locataire d'un congé avec offre de renouvellement, postérieurement à une ordonnance de référé constatant l'acquisition de la clause résolutoire du bail et d'un nouveau commandement (Cass. 3e civ. 21-1-2021 n° 19-24.466 F-D) ;

– l'acceptation par le bailleur du principe du renouvellement du bail sous la seule réserve d'une éventuelle fixation judiciaire du loyer du bail renouvelé (Cass. 3e civ. 11-5-2022 n° 19-13.738 FS-B : BPIM 4/22 inf. 319).

Suspension des effets de la clause Les effets de la clause résolutoire sont suspendus si le locataire obtient un **délai de grâce** en application de l'article 1343-5 du Code civil. Le juge peut en effet, dans la limite de deux années, reporter ou échelonner le paiement des sommes dues compte tenu de la situation du locataire et en considération des besoins du créancier. 52465

Lorsque le juge décide, en statuant contradictoirement et publiquement, de suspendre les effets de la clause résolutoire à la condition que le locataire se libère de sa dette avant un terme impératif, le paiement des loyers intervenu postérieurement à la date dite est hors délai et la clause résolutoire acquise, le locataire ne pouvant pas, sans ajouter à l'ordonnance, exiger la signification de la décision pour s'acquitter de sa dette (Cass. 3e civ. 3-12-2003 n° 02-14.645 : RJDA 3/04 n° 276).

RÉSOLUTION UNILATÉRALE

Le bailleur ou le locataire peut décider de résoudre unilatéralement le bail conformément aux dispositions de l'article 1226 du Code civil. Cette règle du droit commun du contrat n'est incompatible, à notre avis, avec aucune des règles d'ordre public du statut. Elle peut donc être 52468 appliquée au contrat de bail au même titre que l'est, de tout temps, celle de la résolution judiciaire (Mémento Droit commercial n° 5239).

> Précisions Sauf stipulation conventionnelle expresse, la seule volonté d'un locataire de résilier le bail ne peut suffire à mettre fin au contrat à l'égard des autres copreneurs (Cass. 3e civ. 15-12-2016 n° 15-25.240 F-D : RJDA 3/17 n° 159 ; Cass. 3e civ. 12-1-2017 n° 15-23.686 F-D).

RUPTURE DU BAIL EN L'ABSENCE D'UNE CLAUSE RÉSOLUTOIRE DE PLEIN DROIT

52470 En l'absence de clause résolutoire de plein droit, chacune des parties peut saisir le **juge** pour faire prononcer la résiliation du bail au motif de l'inexécution par l'autre partie de l'une de ses obligations contractuelles. Le juge est alors souverain dans son appréciation et peut, selon qu'il reconnaît ou non une **gravité suffisante au manquement invoqué,** constater, prononcer ou refuser la résiliation du contrat (CA Paris 12-3-2008 n° 07-6526 : RJDA 11/08 n° 1091 ; Cass. 3e civ. 10-11-2009 n° 08-21.874 : RJDA 2/10 n° 132 ; Cass. 3e civ. 27-2-2025 n° 23-17.898 F-D). La Cour de cassation exige ainsi, par exemple, que la résiliation d'un bail d'habitation pour manquement à l'obligation d'usage paisible des lieux loués ne soit prononcée que si est établie l'existence d'un lien entre les troubles constatés et un manquement à l'obligation pour le locataire d'user paisiblement de la chose louée et de ses accessoires (Cass. 3e civ. 14-10-2009 nos 08-12.744 et 08-16.955 : RJDA 1/10 n° 14). La non-persistance du manquement reproché le jour où le juge statue peut également justifier le refus de prononcer la résiliation du bail (Cass. 3e civ. 27-10-2010 n° 09-11.160 : RJDA 3/11 n° 226 ; Cass. 3e civ. 9-7-2014 n° 13-14.802 : RJDA 10/14 n° 753). Des faits graves, mais isolés, commis par le fils des locataires ne justifient pas la résiliation du bail (Cass. 3e civ. 10-2-2015 n° 13-27.287 : BPIM 2/15 inf. 137). Le juge n'est donc pas tenu de prononcer systématiquement la résiliation du bail. Il peut ainsi ne prononcer que l'allocation de dommages-intérêts au bénéfice de celui qui subit un préjudice du fait des manquements invoqués.

La résiliation judiciaire du bail n'impose pas à celui qui en fait la demande d'avoir **mis en demeure** l'autre partie pour obtenir l'exécution de l'obligation dont le manquement est reproché (Cass. 3e civ. 3-3-1992 n° 92-21.908 : Rev. Loyers 1992 p. 234 ; Cass. 3e civ. 9-10-1996 n° 92-17.331 : RJDA 12/96 n° 1451). Le demandeur à l'action en résiliation judiciaire du bail doit cependant impérativement pouvoir rapporter la preuve du manquement qu'il invoque.

ILLUSTRATIONS

Ont été retenus comme justifiant la résiliation du bail :
– le non-paiement des loyers ou leur paiement avec retard (Cass. 3e civ. 20-11-1979 : Bull. civ. III n° 206 ; contra Cass. 3e civ. 16-5-1990 : Loyers et copr. 1990 comm. n° 291) ;
– le paiement systématiquement tardif par le locataire des loyers dus, sans explication admissible, contraignant le bailleur à avoir recours à des commandements de payer dès lors que ce comportement est constitutif de mauvaise foi et caractérise un manquement grave et sérieux aux obligations contractuelles (Cass. 3e civ. 10-6-2008 n° 07-16.233 : Rev. Loyers 2008 p. 438) ;
– le non-respect de la destination des lieux (Cass. 3e civ. 5-2-1971 : Bull. civ. III n° 90) ;
– l'exécution de travaux sans l'autorisation préalable du bailleur exigée par le bail (Cass. 3e civ. 22-7-1992 : Loyers et copr. 1992 comm. n° 418 ; contra Cass. 3e civ. 13-7-1999 : Loyers et copr. 1999 comm. n° 283 pour la démolition partielle d'une cloison et l'installation d'une cabine de douche et CA Versailles 13-9-2005 n° 04-7971 : RJDA 4/06 n° 383 pour l'installation de climatiseurs par percement des murs de façade ; Cass. 3e civ. 24-6-2008 n° 07-14.424 : Rev. Loyers 2008 p. 439 pour les travaux réalisés par le locataire contribuant à l'amélioration des lieux loués avec le seul accord verbal du précédent propriétaire) ;
– l'absence d'installation électrique dans les lieux loués (Cass. 3e civ. 18-12-2002 n° 00-19.406 : RJDA 3/03 n° 232) ;
– l'absence de réaction du locataire aux injonctions du bailleur de ne plus avoir un pitbull dans les lieux loués (CA Paris 1-4-2004 : Rev. Loyers 2004 p. 645).

52475 **Effets** La résiliation judiciaire met fin au contrat de bail. Elle prend effet à la date fixée par le juge ou, à défaut, au jour de l'assignation en justice (C. civ. art. 1229).

Pour les résiliations judiciaires antérieures au 1er octobre 2016, la date de résiliation était celle du prononcé de la décision l'ordonnant, sauf si le juge avait fixé une date différente (Cass. 3e civ. 31-5-2006 n° 05-18.214 : RJDA 8-9/06 n° 871 ; Cass. 3e civ. 1-10-2008 n° 07-15.338 : RJDA 1/09 n° 6).

52480 À compter de la résiliation du bail, le locataire devient occupant sans droit ni titre. S'il se maintient dans les lieux après la résiliation, il commet une faute extracontractuelle qui l'expose à payer une **indemnité d'occupation** au bailleur (Cass. 3e civ. 21-5-1969 n° 68-10.259 : Bull. civ. III n° 399 ; Cass. 3e civ. 16-5-1984 n° 82-16.649 : Bull. civ. III n° 99). Cette indemnité, contrepartie de la jouissance des lieux et souverainement appréciée par les juges du fond (Cass. ch. mixte 9-11-2007 n° 06-19.508 : Bull. civ. n° 10), peut être différente du montant du loyer. Son montant peut également avoir été fixé dans le bail. Dans ce cas, l'indemnité d'occupation, qui présente le caractère d'une pénalité, peut, en application de l'article 1231-5, alinéa 3 du Code civil, être révisée par le juge (Cass. 3e civ. 18-1-1989 n° 87-17.191 : Bull. civ. III n° 15 ; Cass. 3e civ. 8-4-2010 n° 08-20.525 : RJDA 6/10 n° 605).

Lorsque la résiliation du bail est prononcée judiciairement pour faute du locataire, ce dernier s'expose en outre à devoir au bailleur « le prix du bail pendant le **temps nécessaire à la relocation** » (C. civ. art. 1760). L'application de cette disposition ne nécessite pas la responsabilité du locataire dans les démarches infructueuses du bailleur pour relouer les lieux loués dans un délai court (CA Aix-en-Provence 19-12-2019 n° 17/07892).

> **Précisions** Une demande d'indemnité d'occupation est l'accessoire d'une action en résiliation du bail et expulsion; elle est donc recevable bien que sollicitée pour la première fois en appel (Cass. 3e civ. 13-6-2001 n° 99-18.382 : RJDA 10/01 n° 943).

SORT DES RESTITUTIONS EN CAS DE RUPTURE DU BAIL

Pour les contrats conclus depuis le 1er octobre 2016, les prestations échangées ne sont pas remises en cause et ne donnent donc pas lieu à restitution dès lors qu'elles ont trouvé leur **utilité** au fur et à mesure de l'exécution réciproque du contrat, jusqu'au jour où la dernière prestation n'a pas reçu sa contrepartie (C. civ. art. 1229). Cette résolution correspond à ce que l'on appelait résiliation judiciaire, qui n'opérait pas pour le temps où le contrat a été régulièrement exécuté (Cass. 3e civ. 30-4-2003 n° 01-14.890 : RJDA 7/03 n° 694). **52490**

En revanche, si l'utilité des prestations échangées implique une exécution complète du contrat, le juge peut prononcer la résolution du contrat, laquelle emporte anéantissement rétroactif du bail. Tel est nécessairement le cas du manquement à l'obligation de délivrance (arrêt précité), qui justifie le remboursement des loyers versés au bailleur (Cass. 3e civ. 25-11-2009 n° 08-16.734 : RJDA 2/10 n° 123).

Les parties doivent être remises dans l'état où elles étaient auparavant par restitution des prestations réciproquement exécutées : la jouissance des lieux loués ne peut que donner lieu à une restitution par équivalent sous la forme d'une indemnité (CA Paris 11-9-2008 n° 07/11392 : RJDA 2/09 n° 73) souverainement fixée par les juges du fond (Cass. ch. mixte 9-11-2007 n° 06-19.508 : Bull. civ. ch. mixte n° 10), ces derniers n'étant tenus ni par le loyer ni par l'indemnité d'occupation contractuellement fixée dans le bail (Cass. 3e civ. 30-10-2002 n° 01-01.219 : RJDA 1/03 n° 12 ; CA Paris 16-9-2009 n° 08/09403 : RJDA 4/10 n° 331 ; Cass. 3e civ. 24-6-2009 n° 08-12.251 : RJDA 10/09 n° 818).

4. AUTRES CAUSES D'EXTINCTION DU BAIL

Outre les hypothèses visées par l'article 1741 du Code civil (n° 52440), d'autres événements sont susceptibles de mettre fin au bail. Il peut ainsi mettre fin au bail, avec ou sans préavis, dans des hypothèses aussi diverses que la résiliation amiable, l'acquisition par le locataire des lieux loués, l'éviction du bailleur, l'annulation du bail ou encore l'action d'un tiers, tel un syndicat de copropriétaires. **52500**

> **Précisions** **a.** **L'annulation du bail,** comme de toute convention, peut avoir pour raisons le vice du consentement d'une des parties, le défaut de capacité de contracter, l'absence d'objet ou encore une cause illicite (C. civ. art. 1128).
> **b.** Le cas le plus fréquent d'**éviction du bailleur** est celui de l'expropriation, qui peut donner lieu à une indemnisation du locataire (n° 51035).
> **c.** **L'acquisition par le locataire des lieux loués,** que ce soit ou non une acquisition résultant d'un droit de préemption que lui confère la loi, met fin au bail puisque le locataire réunit sur sa tête la qualité de locataire et de propriétaire. Cette hypothèse est aussi appelée « consolidation », le locataire consolidant ses droits sur les lieux initialement loués en devenant propriétaire.
> **d.** Indépendamment des règles contractuellement arrêtées par les parties pour mettre fin au bail, celles-ci peuvent décider, à tout moment, de mettre un terme à leurs relations contractuelles en modifiant les modalités sur lesquelles elles s'étaient initialement entendues. La **résiliation amiable** suppose cependant un accord des deux parties qui, s'il peut être tacite, doit être certain et non équivoque (Cass. 3e civ. 23-3-2011 n° 10-10.226 : RJDA 2/12 n° 131). Elle ne se présume pas (Cass. com. 13-12-1960 : Bull. civ. III n° 410). La cessation de paiements du loyer par le locataire n'emporte pas volonté des parties de mettre fin au bail (Cass. 3e civ. 18-7-1977 : Rev. Loyers 1978 p. 142). Il importe donc à la partie qui entend se prévaloir d'une résiliation d'un commun accord du bail de pouvoir en apporter la preuve. Celle-ci peut être apportée par tous moyens en cas de bail verbal. La résiliation amiable d'un bail écrit nécessite, au contraire, un accord écrit.
> **e.** En cas de **résiliation unilatérale** et anticipée du bail **par le locataire** sans que le bailleur ait sollicité la résiliation, le locataire reste redevable du loyer jusqu'à la prochaine échéance du bail (Cass. 3e civ. 8-11-1995 : RJDA 12/95 n° 1337).
> **f.** Un syndicat de copropriétaires est fondé à solliciter la résiliation du bail à raison du non-respect par le locataire des obligations découlant du **règlement de copropriété** (CA Paris 11-5-2006 : Loyers et copr. 2006 comm. n° 177). Il en est de même de tout copropriétaire (Cass. 3e civ. 11-5-2022 n° 19-13.738 FS-B : BPIM 4/22 inf. 319 ; CA Paris 30-6-2021 n° 20/05235).

52530 **Procédure collective d'apurement du passif** Nonobstant toute disposition légale ou toute clause contractuelle contraire, aucune résiliation ou résolution d'un bail en cours au jour du jugement d'ouverture ne peut résulter du seul fait de l'ouverture d'une procédure de sauvegarde, de redressement ou de liquidation judiciaires à l'encontre de l'une des parties (C. com. art. L 622-13, I, L 631-14, al. 1 et L 641-11-1). Ce principe est également applicable aux baux, et notamment aux baux commerciaux, des locaux utilisés pour l'activité de l'entreprise du preneur (nos 60200 s.), étant toutefois précisé qu'un régime spécifique de résiliation est applicable à ces baux (C. com. art. L 622-14, L 631-14 et L 641-12).

5. CAUSES DE TRANSMISSION DU BAIL

52560 La survenance de certains événements n'emporte pas expiration du bail mais la simple **transmission des droits** de l'une des parties à un ou plusieurs tiers.

DÉCÈS

52565 Sauf convention expresse contraire, ni le décès du bailleur ni celui du locataire n'emporte la résiliation du bail (C. civ. art. 1742). Le droit au bail est alors transmis aux héritiers ou légataires universels ou à titre universel du locataire, lesquels n'ont pas à établir qu'ils occupent les lieux de façon effective et durable pour conserver leur titre d'occupation (Cass. 3e civ. 27-6-2001 : RJDA 10/01 n° 940 ; Cass. 3e civ. 29-9-2010 n° 09-16.082 : Loyers et copr. 2010 comm. n° 277 note B. Vial-Pedroletti). Les héritiers ou légataires universels ou à titre universel du bailleur doivent, de même, poursuivre l'exécution du bail vis-à-vis du locataire (Cass. 3e civ. 23-1-2020 n° 19-11.349).

Cette disposition du Code civil n'étant pas d'ordre public, les parties peuvent, bien entendu, déroger à cette règle et prévoir que le décès d'une des parties mettra fin au bail. Mais la commission des **clauses abusives** recommande d'éliminer, dans les baux régis par le seul Code civil, la clause imposant au locataire une durée irrévocable du contrat sans prévoir la possibilité d'une résiliation anticipée pour motif légitime tel le décès du locataire (Recommandation 2000-01 reproduite n° 53400).

Au décès d'un locataire marié ne pouvant pas se prévaloir de la cotitularité du bail entre les conjoints (C. civ. art. 1751), le contrat de location peut être transféré au conjoint survivant marié à l'étranger même si le mariage n'a été transcrit sur les registres de l'état civil français qu'après le décès du conjoint titulaire du bail (Cass. 1e civ. 7-12-2016 n° 15-22.996 FS-PBI : BPIM 1/17 inf. 63).

VENTE DES LIEUX LOUÉS

52570 À défaut de stipulation du bail énonçant qu'en cas de vente l'acquéreur pourra expulser le locataire, l'acquéreur doit poursuivre l'exécution du bail et respecter les obligations mises à la charge du bailleur (C. civ. art. 1743 et 1744).

Le **maintien du bail** n'est cependant prévu au bénéfice du locataire que lorsque celui-ci est titulaire d'un bail authentique ou d'un bail dont la date est certaine (C. civ. art. 1743) ou encore lorsque ledit locataire peut apporter la preuve de la connaissance par l'acquéreur, antérieurement à l'acquisition, dudit bail (Cass. 3e civ. 14-12-1994 : Loyers et copr. 1995 comm. n° 109 ; Cass. 3e civ. 20-1-2009 n° 07-20.216 : RJDA 4/09 n° 318), cette acquisition résulterait-elle d'une adjudication (Cass. 3e civ. 29-9-1999 n° 97-22.129 : RJDA 11/99 n° 1179 ; Cass. 3e civ. 23-1-2007 : Rev. Loyers 2007 p. 141).

Ainsi, peuvent être opposés à l'acquéreur de l'immeuble :

– le bail écrit dressé en la forme authentique, autrement dit reçu par l'officier public ayant le droit d'instrumenter dans les lieux où l'acte a été rédigé et avec les solennités requises ;

– le bail écrit ayant date certaine, autrement dit le bail ayant été enregistré auprès d'une recette des impôts ;

– le bail écrit ou verbal dont la preuve de la connaissance par l'acquéreur des lieux loués, antérieurement à son acquisition, peut être apportée : il a ainsi été jugé que ne donnaient pas de base légale à leur décision les juges du fond qui faisaient droit à la demande en expulsion de l'acquéreur d'un immeuble d'un locataire titulaire d'un bail verbal au motif que la simple circonstance que le demandeur ait pu connaître cette convention n'était pas de nature à lui conférer date certaine alors que les juges n'avaient pas recherché si cette connaissance était ou non antérieure à la vente (Cass. 3e civ. 20-7-1989 n° 88-13.413 : Bull. civ. III n° 169). La simple connaissance du bail par l'acquéreur antérieurement à la vente suffit à le lui rendre opposable (Cass. 3e civ. 10-12-1997 : RDI 1998 p. 303 ; Cass. 3e civ. 11-2-2004 n° 02-12.762 : RJDA 6/04 n° 677).

En revanche, l'absence de publication d'un bail d'une durée supérieure à douze années le rend inopposable aux tiers pour la période excédant douze ans (Cass. 3e civ. 3-2-2010 n° 09-11.389 : RJDA 4/10 n° 333), quand bien même le tiers, adjudicataire des lieux, en aurait eu connaissance avant l'adjudication (Cass. 3e civ. 7-3-2007 n° 05-10.794 : RJDA 6/07 n° 593).

Bailleur et locataire peuvent convenir de déroger aux règles précitées et stipuler la **possibilité** pour l'acquéreur de résilier le bail et **d'expulser le locataire.** Toutefois, dans ce cas, et là encore sauf convention contraire, le bailleur est tenu d'indemniser le locataire (C. civ. art. 1744). S'il s'agit d'une maison, d'un appartement ou d'une boutique, le bailleur paie, à titre de dommages et intérêts, au locataire évincé, une somme égale au montant du loyer, pendant le temps qui, suivant l'usage des lieux, est accordé entre le congé et la sortie. Ces dommages et intérêts doivent être payés par le bailleur ou, à défaut, par le nouvel acquéreur, pour qu'il puisse y avoir expulsion des locataires (C. civ. art. 1749). **52575**

Dans tous les cas, l'acquéreur qui veut user de la faculté réservée par le bail d'expulser le locataire en cas de vente doit, en outre, avertir le locataire en respectant le préavis d'usage en vigueur localement pour les congés (C. civ. art. 1748).

> Précisions a. Le bailleur qui vend son immeuble n'est pas dispensé de son obligation de prendre en charge les **travaux** qui étaient nécessaires et qui lui incombaient alors qu'il était propriétaire : il est donc tenu d'indemniser le locataire du trouble de jouissance subi du fait de la non-exécution de ces travaux, trouble qui ne cesse que par leur exécution (Cass. 3e civ. 14-11-2007 n° 06-18.430 : RJDA 4/08 n° 376). Mais l'acquéreur d'un bien donné à bail étant tenu, depuis son acquisition, d'une obligation de délivrance conforme envers le locataire, il peut être condamné in solidum avec le précédent bailleur à réaliser les travaux nécessaires à la délivrance conforme du bien loué (Cass. 3e civ. 21-2-2019 n° 18-11.553 FS-PBI : BPIM 2/19 inf. 136 ; voir également Cass. 3e civ. 26-1-2022 n° 18-23.578 F-D : RJDA 8-9/22 n° 470).

b. Le locataire peut agir à l'encontre de son bailleur initial en restitution de paiements indus effectués au titre de loyers et charges échus antérieurement à la vente, sans que celui-ci, qui reste tenu à son égard de ses obligations personnelles **antérieures à la vente,** ne puisse lui opposer une clause contenue dans l'acte de vente subrogeant l'acquéreur dans les droits et obligations du vendeur (Cass. 3e civ. 16-5-2024 n° 22-19.922 FS-B : BPIM 4/24 inf. n° 273).

B. Obligations des parties à l'expiration du bail

1. OBLIGATIONS DU LOCATAIRE

LIBÉRATION DES LIEUX LOUÉS

Les lieux doivent être libérés à la **date** d'échéance du bail s'il est à durée déterminée ou à la date pour laquelle le congé a été délivré. Le locataire qui ne respecte pas l'obligation de libération et de restitution des lieux loués s'expose à devoir verser une indemnité d'occupation (Cass. 3e civ. 21-1-1998 : RJDA 4/98 n° 391). Il peut en outre être expulsé (nos 53070 s.). Cette **libération** des lieux doit être **parfaite et entière,** ce qui signifie que : **52640**

- le locataire doit personnellement évacuer les lieux loués mais également les faire évacuer par tous les **occupants** de son chef ;
- tous les **effets mobiliers** appartenant au locataire doivent avoir été enlevés. S'agissant de locaux loués nus, ceux-ci doivent être vides à l'expiration des lieux loués ; s'agissant d'une location meublée, seul le mobilier répertorié dans l'inventaire établi lors de l'entrée dans les lieux du locataire doit occuper les lieux loués ;
- l'ensemble des lieux loués doit être parfaitement libéré, qu'il s'agisse des **locaux** principaux ou de leurs annexes (garage, jardin, remise, cave, grenier, etc.).

La libération des lieux et la restitution se matérialisent par la **remise des clefs** (Cass. 3e civ. 4-5-2010 n° 09-13.832 : Rev. Loyers 2010 p. 320 ; Cass. 3e civ. 5-3-2020 n° 19-10.398 : RJDA 6/20 inf. 330 ; Cass. 3e civ. 8-4-2021 n° 20-14.247 FS-D) et, d'une manière plus générale, de tous moyens permettant l'accès aux lieux loués (badges, cartes magnétiques, etc.). Sauf accord du bailleur, le dépôt des clefs dans la boîte aux lettres ne vaut pas restitution des locaux (CA Paris 9-10-1997 n° 96/80891 : Loyers et copr. 1998 comm. n° 3). Il en est de même de la remise des clefs au concierge dès lors qu'il n'est pas établi que ce dernier avait reçu un mandat spécial du bailleur pour les recevoir (CA Versailles 19-3-1999 n° 97/2329 : BPIM 6/99 inf. 454) ou à un huissier de justice non habilité par le bailleur pour les accepter en son nom (Cass. 3e civ. 13-6-2001 n° 99-14.998 : RJDA 10/01 n° 951) ou qu'il n'est pas prouvé que le bailleur a refusé de recevoir les clefs, étant précisé qu'une mise en demeure faite par lettre au bailleur de les reprendre ne vaut pas restitution (Cass. 3e civ. 23-6-2009 n° 08-12.291 : AJDI 2010 p. 125).

Lorsqu'un préavis doit être respecté, la restitution des clés et l'établissement d'un état des lieux ne suffisent pas à caractériser la renonciation du bailleur aux loyers dus par le locataire jusqu'au terme du délai de préavis (Cass. 3e civ. 26-11-2008 n° 07-18.856 : RJDA 2/09 n° 81, rendu au visa des articles 15-1 et 24 de la loi du 6-7-1989 mais à notre avis transposable au bail de droit commun).

Le preneur à l'origine de l'absence de restitution des clés ne peut obtenir la résolution du bail pour manquement du bailleur à son obligation de délivrance (Cass. 3e civ. 20-10-2016 no 15-19.533 FS-D : RJDA 2/17 no 63).

RESTITUTION DES LIEUX EN L'ÉTAT ATTENDU

52650 **En présence d'un état des lieux** Le locataire doit restituer les lieux loués dans l'état contractuellement défini par le bail ou, à défaut, s'il a été fait un état des lieux lors de l'entrée du locataire, dans l'état constaté par cet état des lieux, excepté ce qui a péri ou a été dégradé par vétusté ou force majeure (sur l'état des lieux d'entrée, voir no 50540). Peu importent le défaut de précision de l'état des lieux fait lors de la prise d'effet du bail et le caractère détaillé et minutieux de l'état de sortie ; le locataire doit rendre les lieux dans un état n'appelant pas plus d'observations que l'état d'entrée, sauf à démontrer, sous réserve que le bail ne stipule pas de clause dérogatoire au droit commun (no 51615), que les désordres sont dus à la vétusté ou à la force majeure (Cass. 3e civ. 20-12-1995 : RJDA 2/96 no 197). Sauf clause contraire, l'état des lieux d'entrée, même réalisé une fois les travaux de cloisonnement exécutés par le locataire, atteste de l'état dans lequel le locataire doit rendre les lieux en application de l'article 1730 du Code civil (Cass. 3e civ. 15-9-2009 no 08-14.605 : AJDI 2010 p. 300). Sur le droit à indemnité du bailleur, voir no 51645.

Un constat de commissaire de justice (ex-huissier), bien qu'établi hors la présence du locataire non convoqué pour y assister, régulièrement versé aux débats et soumis à la libre discussion des parties, peut fonder une demande de réparations locatives (Cass. 3e civ. 2-5-2007 no 06-12.586 : Rev. Loyers 2007 p. 322).

Par ailleurs, l'obligation de remise en état des lieux pèse sur le dernier cessionnaire, pour les dégradations commises pendant sa jouissance évidemment, mais également pour celles commises avant lui par un précédent preneur s'il les a laissées perdurer (Cass. 3e civ. 8-10-2015 no 14-13.179 : BPIM 6/15 inf. 419).

Les parties au bail peuvent convenir d'un commun accord de se référer à la prise de photographies pour décrire l'état des locaux dans l'état des lieux de sortie, accord matérialisé sur le document établi lors de l'entrée dans les lieux, contradictoirement et amiablement les photographies permettant la comparaison de l'état des locaux constaté à l'entrée et à la sortie des lieux et prouvant l'existence de dégradations imputables au locataire (Cass. 3e civ. 6-2-2025 no 23-21.193 F-D).

52655 **À défaut d'état des lieux** S'il n'a pas été fait d'état des lieux, le locataire est présumé les avoir reçus en bon état de réparations locatives et doit les rendre tels, sauf la preuve contraire (C. civ. art. 1731). En l'absence de clause dérogatoire au droit commun quant à son obligation de réparation, il devra effectuer les seules **réparations locatives** visées à l'article 1754 du Code civil (nos 51600 s.). En cas de clause aggravant l'obligation de réparation du locataire, le bailleur devra prouver l'état des lieux lors de la prise d'effet du bail pour exiger l'exécution des réparations autres que locatives, la présomption de bon état énoncée à l'article 1731 du Code civil ne portant que sur les réparations locatives. Le locataire est également tenu de restituer les lieux loués exempts de dégradations ou de pertes, de son fait ou du fait des personnes dont il a à répondre (no 51220). En dépit des stipulations du bail, le locataire ne saurait être seul tenu des travaux de remise en état des voies et espaces de circulation endommagés, dès lors qu'il n'en a pas seul la jouissance exclusive (Cass. 3e civ. 24-9-2014 no 13-21.509 : Loyers et copr. 2014 comm. no 261).

52660 **Sanction** Le non-respect de cette obligation expose le locataire au versement de **dommages-intérêts** pour couvrir le préjudice subi par le bailleur, à savoir la réparation des dommages mais également, le cas échéant, le préjudice relatif à l'impossibilité de relouer immédiatement les lieux loués (no 51645).

RESTITUTION D'UNE INSTALLATION CLASSÉE

52665 **Obligation pesant sur l'exploitant** Lorsque le locataire revêt la qualité d'exploitant d'une installation classée, c'est à lui qu'incombe la charge de l'obligation administrative de remise en état. En cas de succession d'exploitants dans la même activité, l'obligation de remise en état incombe au dernier exploitant de l'activité (en ce sens, CE 8-7-2005 no 247976 : D. 2005 p. 3075 ; CE 6-12-2012 no 333977 ; Cass. 3e civ. 16-1-2013 no 11.27-101 FS-PBR : RJDA 5/13 no 395). Il en résulte que la personne prenant à bail un bien dans lequel est exploitée une installation classée pourra se voir imposer la charge de la remise en état, quand bien même les pollutions constatées auraient été générées par ses prédécesseurs (Cass. 3e civ. 10-4-2002 no 00-17.874 FS-PB : RJDA 7/02 no 734 ; Cass. 3e civ. 2-4-2008 no 07-12.155 : RJDA 7/08 no 762 ; Cass. 3e civ. 11-9-2013 no 12-15.425 : RJDA 12/13 no 980). La remise en état est obligatoire peu important que le propriétaire du site ait l'intention de reprendre l'exploitation (Cass. 3e civ. 11-5-2022 no 21-16.348 FS-B : BPIM 4/22 inf. 274 ; Cass. 3e civ. 12-10-2022 no 21-20.970 : Rev. Loyers 1/11 2022 no 1031) ou que les stipulations du bail en décident autrement (Cass. 3e civ. 28-5-2025 no 23-15.237 F-D). En cas de modification ultérieure de l'usage du site par le nouvel acquéreur, le dernier exploitant n'est pas tenu de financer les mesures de dépollution complémentaires induites par ce nouvel usage (Cass. 3e civ. 29-6-2022 no 21-17.502 FS-B : BPIM 4/22 inf. 275). Le locataire dont le **renouvellement est refusé** est tenu de prendre toutes les dispositions utiles pour la mise en sécurité du site et de neutraliser les réservoirs de carburant et leurs équipements annexes en sa qualité de dernier exploitant d'une installation classée pour la protection de l'environnement (C. envir. art. L 512-12-1 ; Arrêtés du 22-6-1998 art. 18 et du 15-4-2010 art. 2.10, ann. I).

Sans prévoir une dépollution totale, le droit des installations classées dispose que lorsqu'une telle installation est mise à l'arrêt définitif, son exploitant doit placer le site dans un état tel qu'il ne puisse porter atteinte aux intérêts que la loi sur les installations classées a pour mission de prévenir (C. envir. art. L 511-1 ; art. L 211-1) et qu'il permette un usage futur du site déterminé conjointement avec le maire ou le président de l'établissement public de coopération intercommunale compétent en matière d'urbanisme et, s'il n'est pas l'exploitant, le propriétaire du terrain, sur lequel est sise l'installation (C. envir. art. L 512-6-1, pour les installations soumises à autorisation et L 512-7-6, pour les installations soumises à enregistrement), ou qu'il permette un usage du site compatible avec la dernière période d'exploitation (C. envir. art. L 512-12-1 pour les installations soumises à déclaration).

Les locaux sont considérés valablement restitués au bailleur lorsque le locataire a assumé ses obligations. Le preneur exploitant qui n'a pas exécuté son obligation de remise en état peut engager sa **responsabilité délictuelle** vis-à-vis du propriétaire du terrain, mais aussi vis-à-vis de l'acquéreur du terrain (Cass. 3e civ. 15-12-2010 no 09-70.538 FS-PB).

ATTENTION

L'obligation légale de remise en état se distingue de l'obligation contractuelle qui peut figurer dans un bail. La Cour de cassation l'a rappelé en distinguant expressément la dépollution de la remise en état en tant qu'obligation légale (Cass. 3e civ. 11-9-2013 no 12-15.425 FS-D : RJDA 12/13 no 980). Ainsi, le locataire – dernier exploitant d'une installation classée – demeurera tenu de son obligation légale quand bien même le bail aurait été moins exigeant quant à la dépollution que le Code de l'environnement.

En tout état de cause, le bailleur ne peut qu'être incité à prévoir contractuellement la communication par le locataire de l'ensemble des pièces attestant de la remise en état du site par ses soins, et notamment le procès-verbal de récolement.

Indemnité d'occupation Le locataire est redevable vis-à-vis du bailleur d'une indemnité d'occupation jusqu'à la date de restitution des locaux dans les conditions prévues par la loi (Cass. 3e civ. 19-5-2010 no 09-15.255 : RJDA 8-9/10 no 831 ; Cass. 3e civ. 11-5-2022 no 21-16.348 FS-B : RJDA 10/22 no 549 ; Cass. 3e civ. 12-10-2022 no 21-20-970 F-D). Le site ne peut donc être considéré comme restitué au bailleur qu'à compter de la date à laquelle les mesures de dépollution sont achevées. Lorsque la remise en état du site intervient après la prise d'effet du congé, cette indemnité d'occupation est évaluée par référence au loyer prévu au bail (Cass. 3e civ. 23-6-2016 no 15-11.440 : RJDA 10/16 no 672). En outre, à la suite d'un congé avec refus de renouvellement, le coût de dépollution et celui de remise en état sont exclus de l'indemnité d'éviction due au preneur à bail (Cass. 3e civ. 22-6-2022 no 20-20.844 FS-B : BPIM 4/22 inf. 322). **52666**

Procédure Le changement d'exploitant d'une installation classée doit faire l'objet d'une procédure administrative particulière prenant la forme soit d'une **déclaration** au préfet dans le mois (C. envir. art. R 512-68 pour les installations soumises à enregistrement et déclaration) ou les trois mois (art. R 181-47 pour les installations soumises à autorisation) suivant la prise en charge de l'exploitation, soit d'une **autorisation préalable** du préfet pour certaines installations limitativement énumérées à l'article R 516-1 du Code de l'environnement (notamment, installations de stockage de déchets à l'exclusion des installations de stockage de déchets inertes, carrières, installations susceptibles de donner lieu à des servitudes d'utilité publique dites « Seveso »). **52667**

Une telle démarche revêt une importance toute particulière au regard de la charge de la remise en état. Le Conseil d'État a précisé que, au sens de la législation sur les installations classées, l'exploitant est celui qui détient le titre d'exploitation (CE 29-3-2010 no 318886 : BPIM 3/10 inf. 203, JCP N 2010 no 1247 note O. Herrnberger ; CE 6-12-2012 no 333977). En conséquence, en l'absence de changement régulier d'exploitant (CE 8-9-1997 no 121904 : Dr. adm. 1997 comm. no 347), l'exploitant en titre est seul responsable de la remise en état du site (CE 6-12-2012 no 333977, précité).

L'obligation de remise en état peut être transférée à un tiers, par anticipation ou dès la notification de la cessation d'activité, sous certaines conditions et limites (C. envir. art. L 512-21, modifié par loi 2023-973 du 23-10-2023). Ainsi, un « **tiers intéressé** » peut demander au représentant de l'État dans le département à se substituer à l'exploitant, avec son accord, pour réaliser les travaux de réhabilitation en fonction de l'usage que ce tiers envisage pour le terrain concerné. Ce tiers intéressé peut également demander, selon les mêmes modalités, à se substituer à l'exploitant pour réaliser, outre la réhabilitation, tout ou partie des mesures de mise en sécurité de l'installation. L'accord du dernier exploitant, du maire (ou président de l'EPCI) et, s'il ne s'agit pas du dernier exploitant, du propriétaire doit être recueilli lorsque le tiers envisage de remettre en état le site pour un usage autre que celui fixé par les textes applicables en matière de remise en état d'une installation classée.

Il est à noter qu'en cas de défaillance matérielle et financière du tiers dans son engagement de remise en état la responsabilité du dernier exploitant pourra être recherchée pour mettre en œuvre les mesures de réhabilitation (X. Couton, Les modifications apportées au traitement des sols et sites pollués par la loi Alur : Constr.-urb. 2014 comm. n° 78).

Sur les modalités d'application de l'article L 512-21, voir les articles R 512-76 s. dans leurs versions issues du décret 2024-742 du 6 juillet 2024 et applicables depuis le 8 juillet 2024.

PAIEMENT D'UNE INDEMNITÉ D'OCCUPATION

52670 L'indemnité d'occupation est destinée à rémunérer la jouissance des lieux et à réparer le préjudice subi par le bailleur du fait de l'occupation sans droit ni titre (Cass. com. 26-5-1961 n° 58-11.954 : Bull. civ. IV n° 233). Elle est **due à compter** de la cessation du bail par le locataire ou l'occupant de son chef qui se maintient dans les lieux (n° 52640) ou qui ne les rend pas dans l'état attendu (nos 52650 s.). Elle est due notamment lorsque les locaux ne sont pas parfaitement débarrassés des effets mobiliers du locataire (Cass. 3e civ. 5-2-2003 n° 01-15.982 : RJDA 4/03 n° 363 ; Cass. 3e civ. 8-4-2021 n° 20-15.010 F-D). À défaut de restitution entière des lieux loués (Cass. 3e civ. 11-6-1987 n° 86-10.608 : Rev. Loyers 1987 p. 370) matérialisée par la remise des clefs (Cass. 3e civ. 17-7-1997 n° 95-22.070 : RJDA 1/98 n° 21 ; Cass. 3e civ. 13-10-1999 n° 97-21.683 : RJDA 12/99 n° 1301 ; Cass. 3e civ. 17-12-2002 n° 02-10.142 : RJDA 3/03 n° 233 ; Cass. 3e civ. 15-6-2004 : AJDI 2005 p. 135), les juges peuvent considérer qu'il n'y a pas de restitution et qu'il y a matière à prononcer l'exigibilité d'une indemnité d'occupation prenant en compte la valeur locative de l'ensemble des lieux loués et non pas seulement celle de la partie restée encombrée.

L'indemnité d'occupation peut être **corrigée** par les juges sur le fondement de l'article 1231-5, alinéa 2 du Code civil (Cass. 3e civ. 18-5-1989 n° 87-70.314 : Bull. civ. III n° 115 ; CA Montpellier 18-6-2009 n° 08/08683 : Loyers et copr. 2009 comm. n° 248). Les juges du fond disposent en effet d'un pouvoir souverain pour évaluer le montant de l'indemnité d'occupation due par un occupant sans droit ni titre et peuvent donc, conformément au principe de la réparation intégrale du préjudice, l'assortir des modalités qu'ils estiment nécessaires, et notamment d'une indexation (Avis Cass. 3e civ. 4-7-2017 n° 17-70.008 F-PBRI : BPIM 5/17 inf. 361).

Le bailleur qui agit en résiliation du bail et en expulsion de son locataire, mais qui omet de solliciter en première instance une indemnité d'occupation pour la période postérieure à la date de résiliation, peut valablement présenter cette **demande** devant la cour d'appel, cette prétention étant considérée par la Cour de cassation comme l'accessoire de la demande en résiliation du bail (Cass. 3e civ. 13-6-2001 n° 99-18.415 : RJDA 10/01 n° 942).

Faute d'apporter la **preuve** d'un préjudice distinct de celui déjà réparé par une indemnité d'occupation, le bailleur ne peut pas en plus prétendre à des dommages-intérêts (Cass. 3e civ. 11-12-2007 n° 05-21.833 : RJDA 3/08 n° 237).

Sur la prescription applicable à l'action en paiement de l'indemnité d'occupation, voir n° 51435.

Sur le redevable de l'indemnité d'occupation, voir nos 51480 s.

2. OBLIGATIONS DU BAILLEUR

REMBOURSEMENT DES TRAVAUX ET AMÉLIORATIONS EFFECTUÉS PAR LE LOCATAIRE

52740 Le bailleur peut, sous certaines conditions, être tenu de rembourser au locataire les dépenses nécessaires à la conservation ou à l'amélioration des lieux loués, voire des travaux qu'il aurait engagés, en sus des réparations et de l'obligation d'entretien lui incombant. Le droit à indemnité du locataire dépend de l'existence ou de l'absence de prévisions contractuelles des parties sur ce point.

52745 **Sort des constructions, ouvrages et plantations en l'absence de stipulation contractuelle** Dans le silence du bail, les droits du locataire de construire ou d'améliorer les lieux loués s'apprécient au regard du Code civil, lequel ne reconnaît aucune prérogative du locataire en la matière et exige de lui qu'il rende les lieux loués dans l'état où il les a reçus, si un état des lieux d'entrée a été établi (C. civ. art. 1730) ou en bon état de réparations locatives dans l'autre cas (C. civ. art. 1731).

Si le locataire construit sur le terrain pris à bail, sont applicables les dispositions de l'article 555 du Code civil aux termes duquel, lorsque les plantations, constructions et ouvrages ont été faits par un tiers et avec des matériaux appartenant à ce dernier, le propriétaire du fonds a le droit soit d'en conserver la propriété, soit d'obliger le tiers à les enlever. Cette seconde branche de l'alternative n'est cependant possible que si le tiers évincé « n'aurait pas été condamné, en raison de sa bonne foi, à la restitution des fruits » (C. civ. art. 555, al. 4). Cette condition renvoie à l'article 550 du Code civil relatif au droit d'accession sur ce qui est produit par la chose (fruits naturels ou industriels de la terre, fruits civils et coût des animaux), qui énonce que le possesseur de bonne foi est celui qui possède comme propriétaire, en vertu d'un titre translatif de propriété dont il ignore les vices.

Il en résulte qu'en l'absence de toute stipulation contractuelle relative aux constructions édifiées par le locataire, le bailleur peut valablement réclamer à son locataire qu'il lui restitue les terrains loués en leur état primitif car, même s'il a fait édifier les constructions avec son autorisation, le locataire ne peut pas prétendre être un tiers de bonne foi au sens de l'article 550 du Code civil (Cass. 3e civ. 17-11-1971 n° 70-13.346 : Bull. civ. III n° 565 ; Cass. 3e civ. 29-3-2000 n° 98-15.734 : RJDA 11/00 n° 959 ; Cass. 3e civ. 1-6-2010 n° 08-21.254 : RJDA 10/10 n° 916). La suppression des constructions se fait alors aux frais du locataire sans indemnité au profit de ce dernier. Les dispositions de l'article 555 du Code civil ne concernent que les constructions nouvelles pouvant faire l'objet d'une accession au profit du propriétaire du sol et non les travaux exécutés sur une construction préexistante avec laquelle ils s'identifient (Cass. 3e civ. 9-9-2021 n° 20-15.713 FS-B).

Si le propriétaire n'exige pas la suppression des plantations, constructions et ouvrages faits par le locataire, le propriétaire est alors tenu d'indemniser le locataire en remboursant à son choix à ce dernier soit une somme égale à celle dont le fonds a augmenté de valeur, soit le coût des matériaux et le prix de la main-d'œuvre estimé à la date du remboursement, compte tenu de l'état dans lequel se trouvent lesdits ouvrages, constructions et plantations.

Sort des améliorations en l'absence de stipulation contractuelle Toutefois, les dépenses faites pour la conservation ou l'amélioration des lieux loués, autrement appelées **impenses,** doivent, dans certains cas, être remboursées par le bailleur au locataire. Il en est ainsi : 52750

– lorsque les **dépenses** engagées par le locataire étaient nécessaires, les travaux ainsi engagés étant **indispensables à la jouissance normale des lieux** loués (réfection de la toiture, des murs, par exemple), à condition que la dépense ait été engagée à un coût normal. Certaines décisions reconnaissent ce droit à remboursement quand bien même le locataire n'aurait pas averti préalablement le bailleur (CA Grenoble 23-6-1891 : DP 1892, 2 p. 300) ;

– lorsque le locataire a entrepris des **travaux de mise en conformité** avec les normes de salubrité, de sécurité, d'équipement et de confort fixées par le décret du 9 novembre 1968 (Loi 67-561 du 12-7-1967).

L'indemnisation du locataire est subordonnée à une **notification préalable** au bailleur par acte de commissaire de justice (ex-huissier) ou par lettre recommandée AR indiquant l'état descriptif et estimatif des travaux (CA Amiens 15-12-2011 n° 11/00967). Le propriétaire dispose alors d'un délai de deux mois pour prendre parti et indiquer au locataire s'il entend procéder lui-même aux travaux à ses frais ou s'il entend saisir le tribunal judiciaire pour s'opposer à ces travaux pour un motif sérieux et légitime. Faute pour le bailleur d'avoir répondu en ce sens dans le délai de deux mois, il est alors tenu de rembourser au locataire quittant les lieux le coût des travaux évalué à la date de sa sortie et réduit de 6 % par année écoulée depuis leur exécution, sous réserve cependant que les aménagements faits conservent une valeur effective d'utilisation.

> **Précisions** Ces dispositions s'appliquent à tous les **logements,** qu'ils soient soumis ou non à la loi du 1er septembre 1948 à l'exclusion des locaux :
– faisant l'objet d'un arrêté de mise en sécurité ou de traitement de l'insalubrité prescrivant la réparation ou la démolition de l'immeuble menacé de ruine dans lequel ces locaux sont situés ;
– compris à l'intérieur d'un périmètre ayant fait l'objet d'une enquête publique parcellaire préalable à une déclaration d'utilité publique ;
– dont la sécurité et la salubrité ne sont pas susceptibles d'être adaptées aux normes définies par le décret, moyennant une dépense raisonnable ;
– situés dans les secteurs sauvegardés, à l'intérieur des périmètres de restauration immobilière prévus par la loi du 4 août 1962 ainsi que dans les zones à urbaniser par priorité.

52755 **Sort des travaux et améliorations en présence de stipulation contractuelle** En présence d'une **clause** du bail **interdisant** au locataire d'effectuer **toute construction** ou amélioration, le locataire ne peut enfreindre cette interdiction à peine pour lui de s'exposer à une action en résiliation judiciaire du bail ou à la mise en œuvre de la clause résolutoire stipulée dans le bail et/ou, encore, à la remise en état des locaux.

Si le bail autorise le locataire à effectuer des travaux ou des constructions, sans autres précisions contractuelles, celui-ci peut invoquer, à l'expiration du bail, la règle des impenses (nº 52750) ainsi que les dispositions de l'article 555 du Code civil, étant rappelé que, n'étant pas assimilable à un possesseur de bonne foi, le locataire peut se voir imposer par le propriétaire la suppression, à ses frais et sans indemnité, des constructions, ouvrages et plantations qu'il a faits (nº 52745).

L'autorisation du bailleur d'effectuer des travaux n'est pas de nature à écarter l'application de l'article 555 du Code civil, à défaut d'une convention réglant le sort des constructions réalisées par le locataire (Cass. 3e civ. 10-11-1999 nº 97-21.942 : Bull. civ. III nº 211).

> Précisions **a.** Les améliorations visées par les règles de l'accession doivent être distinguées des **impenses.** Le bailleur peut, en application de l'article 551 du Code civil, bénéficier des améliorations faites par le possesseur évincé mais il doit, même s'il est de mauvaise foi, lui rembourser ses impenses dans la limite de son appauvrissement et de l'enrichissement du propriétaire (Cass. 3e civ. 12-3-1985 : Bull. civ. III nº 50).

b. En cas de **résiliation anticipée** de son bail du fait d'une expropriation, le locataire a droit à indemnisation pour les constructions qu'il a régulièrement édifiées sur le terrain loué dès lors que le bail stipule que le bailleur deviendra propriétaire desdites constructions à la fin du bail (et) à défaut de renouvellement (Cass. 3e civ. 4-4-2002 : RJDA 5/03 nº 472 ; Cass. 3e civ. 5-1-2012 nº 10-26.965 : Bull. civ. III nº 3). Il en est de même lors de la résiliation anticipée du bail à la suite d'une opération d'aménagement qui ne prive pas le preneur de son droit à être indemnisé pour les constructions qu'il a édifiées sur le terrain loué, même en présence d'une clause de nivellement applicable en fin de bail (Cass. 3e civ. 23-11-2023 nº 22-20.866 FS-B, Ville de Paris : BPIM 1/24 inf. 29).

c. Les juges du fond peuvent souverainement considérer que la réalisation des travaux par le locataire était compensée par l'absence de paiement de loyer ou le paiement d'un loyer réduit, **compensation** caractérisant la volonté des parties d'exclure tout droit à indemnité en fin de bail (Cass. 3e civ. 12-3-2002 nº 00-21.123 : RJDA 6/02 nº 602).

d. Les équipements installés par le preneur à ses frais dans des **locaux loués « bruts de décoffrage »** ne peuvent être repris par le locataire en fin de bail s'ils ont été incorporés à l'immeuble pour devenir la propriété du bailleur par voie d'accession (Cass. 3e civ. 7-7-2004 nº 03-13.309 : RJDA 11/04 nº 1195).

e. La clause d'accession stipulée dans le bail de **sous-location** est inopposable au bailleur principal, étranger à cette convention (Cass. 3e civ. 8-3-2011 nº 10-12.108 : Loyers et copr. 2011 comm. nº 134).

52760 **Prise en charge des dépenses** En présence d'une clause autorisant l'exécution de travaux ou d'améliorations, le locataire peut exiger, outre le remboursement des impenses nécessaires (nº 52750), le remboursement des impenses utiles. Les **dépenses utiles,** autrement dit celles qui, sans être indispensables à la jouissance des lieux loués, ont augmenté leur valeur (installation du confort moderne : eau, électricité...), doivent être indemnisées au locataire soit en lui remboursant le coût des travaux, soit en lui payant le montant de la plus-value apportée aux lieux loués. Les juges ne peuvent pas refuser le remboursement des travaux ainsi réalisés au motif qu'il ne s'agissait pas d'impenses utiles sans préciser en quoi ces travaux ne méritaient pas cette qualification (Cass. 1e civ. 19-1-1977 : Bull. civ. I nº 38).

En revanche, les **dépenses** engagées pour le seul agrément du locataire, dites impenses **somptuaires,** ne donnent lieu à l'allocation d'aucune indemnité au bénéfice du locataire (Cass. 3e civ. 4-3-1971 : JCP G 1971 IV p. 98 ; Cass. 3e civ. 17-1-1990 : Loyers et copr. 1990 comm. nº 161). Il a ainsi été jugé que tel était le cas de travaux d'installation de double vitrage dans un appartement quoique ce dernier ait été situé dans un quartier animé et bruyant (CA Paris 27-10-1994 : Loyers et copr. 1995 comm. nº 108).

ACCESSION À LA PROPRIÉTÉ

52780 **À défaut de convention** des parties, l'accession à la propriété du bailleur des constructions et améliorations édifiées par le locataire s'effectue à l'expiration du bail (Cass. 1e civ. 23-10-1990 : Bull. civ. I nº 217).

Il résulte de l'effet différé d'accession, voire de la non-accession en raison du caractère mobilier de certaines améliorations, que le bailleur ne peut exiger du locataire quelques réparations que ce soient sur ces biens faute d'accession ou d'incorporation (Cass. 3e civ. 21-10-1992 : Loyers et copr. 1993 comm. nº 8).

Le **bail** peut cependant expressément prévoir les règles d'accession en indiquant le moment où celle-ci jouera (en fin de bail, en fin de jouissance des lieux par le locataire, au fur et à mesure de l'incorporation au sol) et si cette accession donne lieu ou non à indemnité. En effet, l'article 555 du Code civil n'est pas d'ordre public et, lorsque le bailleur choisit l'accession au lieu de la suppression des constructions, plantations et ouvrages, le bail peut stipuler que cette accession s'opérera sans indemnité.

> Précisions **a.** En présence d'un bail **renouvelé plusieurs fois,** faisant état à chaque fois de la location d'un terrain nu, la Cour de cassation a considéré que, malgré la clause indiquant l'accession en fin de bail, celle-ci n'avait pu se réaliser au profit des bailleurs qu'au moment de la restitution des lieux (Cass. 3e civ. 19-4-1989).
b. Devenu propriétaire des constructions et ouvrages construits par le locataire au cours du bail aux termes d'une clause d'accession, le bailleur est titulaire d'une **action directe** contre l'assureur du constructeur et a qualité pour recevoir l'indemnité correspondant à la réparation des désordres affectant l'ouvrage (Cass. 3e civ. 4-4-2007 n° 06-11.154 : RJDA 7/07 n° 699).
c. Lorsqu'il est prévu que l'accession à la propriété du bailleur jouera en **fin de bail,** celui-ci ne peut pas prétendre, à la fin du bail, au paiement de la contre-valeur des constructions alors qu'un incendie les a détruites en cours de bail avant que l'accession n'ait pu jouer (Cass. 3e civ. 2-4-2003 n° 01-12.923 : RJDA 7/03 n° 697).
d. Les **améliorations** faites en cours de bail reviennent au bailleur après le départ du locataire lorsque la clause d'accession prévoit que celui-ci devra les laisser « en fin de bail » sans indemnité ou que le bailleur pourra « faire rétablir les lieux dans leur état primitif » (CA Paris 27-2-2013 n° 11/05464 : BPIM 3/13 inf. 220).
e. Lorsque le bail prévoit que les installations faites par le locataire deviendront la **propriété du bailleur** en fin de contrat, celui-ci ne peut pas exiger la remise en état des locaux (Cass. 3e civ. 5-11-2015 n° 14-19.820 : BPIM 1/16 inf. 64).

REMBOURSEMENT DU DÉPÔT DE GARANTIE

Lorsque les parties ont prévu la constitution d'un dépôt de garantie, elles doivent, à la fin du bail, exécuter les prévisions contractuelles relatives à sa restitution. Dans le silence du Code civil, les parties sont en effet libres d'organiser cette restitution, qu'il s'agisse des sommes susceptibles d'être retenues par le bailleur ou du délai de restitution. **52800**

Traditionnellement, le dépôt de garantie est restitué, après déduction des sommes restant dues au bailleur (n° 51465), au plus tôt le jour de la remise des lieux loués et des clés au bailleur, après l'établissement de l'état des lieux de sortie.

La restitution du dépôt de garantie incombe au bailleur. L'action en restitution du dépôt de garantie doit être dirigée contre le bailleur et non contre le mandataire de ce dernier (Cass. 3e civ. 23-6-2009 n° 08-13.938 : AJDI 2010 p. 36).

L'obligation de restitution du dépôt de garantie incombe au bailleur originaire et ne se transmet pas à son ayant cause particulier (Cass. 3e civ. 25-2-2004 : RJDA 6/04 n° 683). En conséquence, **en cas de vente du bien en cours de bail,** et nonobstant toute clause de subrogation dans l'acte de vente, l'action en restitution du dépôt de garantie engagée contre l'ancien bailleur est recevable (Cass. 3e civ. 1-4-2003 n° 02-10.096 : RJDA 7/03 n° 691). En effet, la clause de l'acte de vente transmettant à l'acquéreur le dépôt de garantie perçu initialement est inopposable au locataire qui n'a pas été partie à l'acte de vente (Cass. 3e civ. 18-1-1983 : Bull. civ. III n° 14). Ces règles ne s'appliquent pas aux baux soumis à la loi 65-557 du 6 juillet 1989 (art. 22 de la loi).

En cas de cession de droit au bail, le dépôt de garantie est remboursé soit par le cessionnaire, soit par le bailleur à charge alors pour le cessionnaire de reconstituer le dépôt de garantie. Dans cette seconde hypothèse, lorsque le bailleur ne peut alléguer aucune dette du cédant à son encontre, il est redevable du dépôt de garantie majoré des intérêts au taux légal qui ont couru à compter de la demande de restitution (Cass. com. 5-2-2008 n° 07-11.010 : RJDA 6/08 n° 691).

> Précisions **a.** Le bailleur ne peut, sauf clause contraire qui pourrait être envisagée dans un bail relevant du droit commun du louage, retenir une **indemnité forfaitaire** au titre des réparations locatives non effectuées par le locataire (Cass. 3e civ. 26-6-2007 n° 06-16.644 : RJDA 11/07 n° 1068).
b. Sauf accord exprès contraire, le locataire a **qualité pour agir** en restitution du dépôt de garantie versé en exécution de son contrat de bail, peu important que ce fût lui ou non qui l'ait initialement versé (Cass. 3e civ. 14-6-2006 n° 05-13.784 : RJDA 10/06 n° 999 ; Cass. 3e civ. 7-4-2010 n° 08-21.844 : RJDA 7/10 n° 721).

SECTION 6 PROCÉDURE

53000 En cours de bail ou à son issue, nombreuses sont les circonstances qui peuvent conduire les parties à se confronter au contentieux du bail. Le bailleur peut y être contraint pour obtenir le paiement du loyer et des charges, l'exécution des réparations locatives, la réparation des dégradations, la validation du congé, l'allocation d'indemnité d'occupation, etc. Le locataire peut également être amené à saisir le juge pour obtenir l'exécution par le bailleur de ses obligations (entretien, réparations, par exemple), la délivrance de quittances de loyer, la cessation d'un trouble de jouissance, etc.

Aux termes de l'article 112 du Code de procédure civile, la nullité des actes de procédure est couverte si celui qui l'invoque a, postérieurement à l'acte critiqué, fait valoir des défenses au fond ou opposé une fin de non-recevoir sans soulever la nullité. Ce texte s'applique aux congés (Cass. 3e civ. 27-5-2003 no 02-11.515 : RJDA 8-9/03 no 815).

L'exception de nullité ne peut être invoquée que pour faire échec à la demande d'exécution d'un acte juridique qui n'a pas encore été exécuté. Dès lors, l'exception de nullité ne peut être prononcée pour un bail déjà exécuté, peu important qu'il n'y ait pas eu d'acte de confirmation ou de ratification de l'acte nul par celui qui en demande la nullité ou, à défaut, d'exécution volontaire de l'acte en pleine connaissance du vice affectant le contrat (Cass. 3e civ. 14-5-2003 no 02-10.984 : RJDA 8-9/03 no 816).

Il importe donc de rechercher quel est le tribunal compétent et quelles sont les voies de procédure offertes tant au bailleur qu'au locataire.

53005 Lorsque la demande tend au paiement d'une somme inférieure à 5 000 € ou est relative à une action mentionnée aux articles R 211-3-4 et R 211-3-8 du Code de l'organisation judiciaire ou un trouble anormal de voisinage (CPC art. 750-1), la saisine du tribunal doit être précédée, au choix des parties, d'une **tentative de conciliation** menée par un conciliateur de justice, d'une tentative de **médiation,** telle que définie à l'article 21 de la loi 95-125 du 8 février 1995 relative à l'organisation des juridictions et à la procédure civile, pénale et administrative, ou d'une tentative de **procédure participative** (Loi 2016-1547 du 18-11-2016 art. 4 dans sa rédaction issue de loi 2019-222 du 23-3-2019).

Le non-respect de cette obligation est sanctionné par une irrecevabilité que le juge peut prononcer d'office, et il n'est fait exception à cette obligation que dans certains cas limitativement énumérés.

A. Tribunal judiciaire

1. COMPÉTENCE D'ATTRIBUTION

FOND

53007 Le tribunal judiciaire a compétence exclusive en matière de baux commerciaux à l'exception des contestations relatives à la fixation du prix du bail révisé ou renouvelé, baux professionnels et conventions d'occupation précaire en matière commerciale (COJ art. R 211-3-26).

Au sein du tribunal judiciaire, un ou plusieurs juges exercent les fonctions de juge des contentieux de la protection. Le juge des contentieux de la protection connaît des actions tendant à l'expulsion des personnes qui occupent aux fins d'habitation des immeubles bâtis, sans droit ni titre (COJ art. L 213-4-3). Il connaît également des actions dont un contrat de louage d'immeubles à usage d'habitation ou un contrat portant sur l'occupation d'un logement est l'objet, la cause ou l'occasion ainsi que des actions relatives à l'application de la loi 48-1360 du 1er septembre 1948 (COJ art. L 213-4-4).

RÉFÉRÉ

53010 Dans tous les cas d'urgence, le président du tribunal judiciaire, ou le juge du contentieux de la protection dans les limites de sa compétence, peut ordonner en référé toutes les mesures qui ne se heurtent à aucune contestation sérieuse ou que justifie l'existence d'un différend (CPC art. 834).

Par ailleurs, le président du tribunal judiciaire ou le juge du contentieux de la protection peut toujours, même en présence d'une contestation sérieuse, prescrire en référé les mesures conservatoires ou de remise en état qui s'imposent soit pour prévenir un dommage imminent, soit pour faire cesser un trouble manifestement illicite (CPC art. 835).

À titre d'illustration, le locataire peut ainsi obtenir en référé la réouverture du passage vers son fonds loué que son voisin avait coupé démontrant ainsi un trouble manifestement illicite (Cass. 3e civ. 23-1-2025 no 23-19.970 FS-B : BPIM 2/25 inf. 118).

Dans les cas où l'existence de l'obligation n'est pas sérieusement contestable, le président du tribunal judiciaire ou le juge du contentieux de la protection peut également accorder une provision au créancier ou ordonner l'exécution de l'obligation même s'il s'agit d'une obligation de faire (CPC art. 835, al. 2).

> **Précisions** **a.** Seule l'urgence peut justifier une procédure de référé. Elle doit être appréciée et constatée au moment où la décision est rendue, étant précisé que l'urgence est appréciée souverainement par le juge des référés (Cass. 1e civ. 26-4-1977 : D. 1978 p. 664). Toute contestation sérieuse sur le fond emporte incompétence du juge des référés au profit de la juridiction de droit commun, c'est-à-dire du tribunal d'instance.
> **b.** Le juge des référés peut ainsi constater l'application d'une clause résolutoire de plein droit (Cass. 3e civ. 19-12-1983 : Bull. civ. III no 265). En revanche, il n'entre pas dans ses attributions d'annuler le procès-verbal d'expulsion d'un locataire (CA Paris 14-3-1990 : D. 1990 IR p. 102).

Juge de l'exécution Les fonctions du juge de l'exécution sont exercées par le président du tribunal judiciaire ou, sur délégation, par un ou plusieurs juges de ce tribunal (C. org. jud. art. L 213-5). Ce juge est saisi des difficultés relatives aux titres exécutoires et des contestations qui s'élèvent à l'occasion de l'exécution forcée des décisions. 53015

Le juge de l'exécution peut autoriser des **mesures conservatoires.** Il connaît des contestations relatives à leur mise en œuvre ainsi que des demandes en réparation fondées sur l'exécution ou l'inexécution dommageable des mesures d'exécution forcée ou des mesures conservatoires (C. org. jud. art. L 213-6). Il connaît également les compétences particulières qui lui sont dévolues par le Code des procédures civiles d'exécution (C. exécution art. L 121-1 à L 121-4).

Les décisions du juge de l'exécution, à l'exception des mesures d'administration judiciaire, sont susceptibles d'**appel** devant une formation de la cour d'appel qui statue à bref délai. L'appel n'est pas suspensif, mais le premier président de la cour d'appel peut ordonner qu'il soit sursis à l'exécution de la mesure.

2. COMPÉTENCE TERRITORIALE

Les actions dont le contrat de louage d'immeubles est l'objet, la cause ou l'occasion doivent être portées devant le tribunal du lieu de situation de l'immeuble loué (C. org. jud. art. R 211-15). 53020

B. Mise en œuvre des différentes procédures

1. PROCÉDURE DEVANT LE TRIBUNAL JUDICIAIRE

La procédure devant le tribunal judiciaire exige l'assistance ou la **représentation** par un avocat (CPC art. 760) sauf exceptions (CPC art. 761), notamment : 53040

– pour les litiges relevant de la compétence du juge des contentieux de la protection (compétent pour les baux d'habitation) ;

– à l'exclusion des matières relevant de la compétence exclusive du tribunal judiciaire, lorsque leur demande porte sur un montant inférieur ou égal à 10 000 € ou a pour objet une demande indéterminée ayant pour origine l'exécution d'une obligation dont le montant n'excède pas 10 000 €.

Les parties ont en revanche l'obligation de constituer avocat, quel que soit le montant de leur demande, pour les actions relatives aux baux commerciaux (C. org. jud. art. R 211-4).

La représentation par un avocat est en outre obligatoire devant certaines juridictions spécialisées. C'est notamment le cas pour les procédures devant le juge de l'exécution sauf pour une demande relative à l'expulsion ou pour une demande portant sur un montant inférieur ou égal à 10 000 €.

Lorsque la représentation par avocat n'est pas obligatoire, les parties se défendent elles-mêmes. Elles peuvent également choisir de se faire assister ou représenter par un avocat, mais aussi leur conjoint, leur concubin ou partenaire pacsé, leurs parents ou alliés en ligne directe, leurs parents ou alliés en ligne collatérale jusqu'au troisième degré inclus, les personnes exclusivement attachées à leur service personnel ou à leur entreprise. Le représentant doit, sauf s'il s'agit d'un avocat, être muni d'un pouvoir spécial (CPC art. 762).

Une instance est introduite en principe par voie d'assignation mais elle peut également l'être par requête (CPC art. 750).

Lorsque la **demande en justice** s'effectue **par** une **assignation,** elle doit comprendre, outre les mentions de l'article 54, les mentions prescrites à l'article 56 du Code de procédure civile.

Lorsque la représentation par avocat est obligatoire, l'assignation doit en outre contenir la constitution de l'avocat du demandeur et le délai dans lequel le défendeur est tenu de constituer avocat (CPC art. 752).

Si la représentation par avocat n'est pas obligatoire, l'assignation doit contenir les nom, prénoms et adresse de la personne chez qui le demandeur élit domicile en France lorsqu'il réside à l'étranger (CPC art. 753).

La juridiction est saisie, à la diligence de l'une ou l'autre partie, par la remise au greffe d'une copie de l'assignation. Sous réserve que la date de l'audience soit communiquée plus de quinze jours à l'avance, la remise doit être effectuée au moins quinze jours avant cette date, sous peine de caducité de l'assignation (CPC art. 754).

Depuis le 1er juin 2017, le commissaire de justice (ex-huissier de justice) qui délivre une assignation en résiliation du bail doit remettre au locataire (ou au représentant légal s'il s'agit d'une personne morale) un document rappelant les date, horaire et lieu de l'audience et destiné à l'informer de l'importance de sa présentation à l'audience (Décret 2017-923 du 9-5-2017 : JO 10 texte n° 174). Cette remise se fait en main propre ou, à défaut, par le dépôt dans la boîte aux lettres du locataire. Le document doit également mentionner la possibilité de déposer, avant l'audience, une demande d'aide juridictionnelle et de saisir les acteurs qui contribuent à la prévention des expulsions locatives (leurs adresses doivent figurer dans le document).

La **demande en justice** peut également être formée **par requête,** notamment lorsque le montant de la demande n'excède pas 5 000 € en procédure orale ordinaire (CPC art. 750). La partie la plus diligente saisit alors le tribunal par la remise au greffe de la requête (CPC art. 756). La requête doit contenir, outre les mentions précitées énoncées à l'article 54, celles figurant à l'article 57 du Code de procédure civile et un exposé sommaire des motifs de la demande (CPC art. 757). Dans tous les cas, les parties peuvent saisir la juridiction par une requête conjointe (CPC art. 750).

En principe, la procédure est écrite (CPC art. 775). La procédure est orale lorsque les parties sont dispensées de constituer avocat (CPC art. 817).

2. PROCÉDURES ACCÉLÉRÉES AU FOND

53045 Les procédures « en la forme des référés » ou « comme en matière de référé » sont uniformément nommées « procédures accélérées au fond » pour celles ouvertes depuis le 1er janvier 2020 devant le tribunal judiciaire.

Lorsqu'il est prévu par la loi ou le règlement qu'il est statué selon la procédure accélérée au fond, le président du tribunal judiciaire connaît de l'affaire (CPC art. 481-1). La demande est portée par voie d'assignation à une audience tenue aux jour et heure prévus à cet effet. Le juge est saisi par la remise d'une copie de l'assignation au greffe (sous peine de caducité de l'assignation constatée d'office par ordonnance du juge) ou, à défaut, à la requête d'une partie. Le jour de l'audience, le juge doit s'assurer qu'il s'est écoulé un temps suffisant depuis l'assignation pour que la partie assignée ait pu préparer sa défense. La procédure est orale et le juge a la faculté de renvoyer l'affaire devant la formation collégiale, à une audience dont il fixe la date, qui statuera selon la procédure accélérée au fond. À titre exceptionnel, en cas d'urgence manifeste en raison notamment d'un délai imposé par la loi ou le règlement, le président du tribunal, statuant sur requête, peut autoriser à assigner à une heure qu'il indique, même les jours fériés ou chômés. Le jugement est exécutoire de droit à titre provisoire dans les conditions prévues aux articles 514-1 à 514-6 du Code de procédure civile. Le délai d'appel ou d'opposition est de quinze jours.

3. PROCÉDURE D'INJONCTION DE PAYER

53050 Le recouvrement d'une créance peut être demandé selon la procédure d'injonction de payer lorsque la créance a une cause contractuelle ou résulte d'une obligation de caractère statutaire et s'élève à un montant déterminé, étant précisé qu'en matière contractuelle la détermination est faite en vertu des stipulations du contrat y compris, le cas échéant, la clause pénale (CPC art. 1405, 1°).

La procédure d'injonction de payer consiste à former une **requête** remise ou adressée, selon le cas, au secrétariat-greffe ou au greffe par le créancier ou par tout mandataire. Cette requête, qui doit être accompagnée des documents justificatifs, doit contenir (CPC art. 1407) :

– l'ensemble des mentions prescrites par l'article 57 du CPC ;

– l'indication précise du montant de la somme réclamée avec le décompte des différents éléments de la créance, ainsi que du fondement de celle-ci.

Cette requête est formulée, selon le cas, devant le juge des contentieux de la protection, devant le président du tribunal judiciaire ou du tribunal de commerce (CPC art. 1406).

Le juge territorialement compétent est celui du lieu où demeurent le ou les débiteurs poursuivis. Toute demande qui ne serait pas formulée auprès du tribunal compétent oblige le juge à se déclarer d'office incompétent (CPC art. 1406). Ces dispositions relatives à la compétence sont d'ordre public et ne peuvent être contractuellement aménagées.

Si, au vu des documents produits, la demande lui paraît fondée en tout ou en partie, le juge rend **53055** une **ordonnance** portant injonction de payer pour la somme qu'il retient (CPC art. 1409). Cette ordonnance est revêtue de la formule exécutoire. Elle ne constitue toutefois un titre exécutoire qu'à l'expiration du délai d'opposition d'un mois et à défaut d'opposition dans ce délai (voir n° 53060). Le juge peut également rejeter la demande ou ne la retenir que pour partie, auquel cas le créancier n'a pas d'autre recours que de suivre la procédure de droit commun pour obtenir gain de cause.

L'ordonnance rendue par le juge, à laquelle est jointe la copie certifiée conforme de la requête, doit être signifiée dans les six mois de sa date à l'initiative du créancier au débiteur ou, le cas échéant, à chacun des débiteurs. Cet acte de **signification** doit comporter certaines mentions obligatoires et le commissaire de justice doit porter verbalement à la connaissance du débiteur les indications mentionnées à l'article 1413 du CPC. Depuis l'intervention du décret 2012-366 du 15 mars 2012, la signification peut également être réalisée par voie électronique (CPC art. 1414).

L'**opposition** doit être formée dans le mois qui suit la signification de l'ordonnance, devant la **53060** juridiction dont le juge ou le président a rendu l'ordonnance portant injonction de payer, soit par déclaration contre récépissé, soit par lettre recommandée AR (CPC art. 1415). Le délai d'opposition est suspensif d'exécution, ainsi que l'opposition formée dans ce délai (CPC art. 1422).

Devant le tribunal judiciaire dans les matières visées à l'article 817, devant le juge des contentieux de la protection et devant le tribunal de commerce, le greffier convoque les parties à l'audience par lettre recommandée AR. Si aucune des parties ne comparaît, la juridiction constate l'extinction de l'instance qui rend non avenue l'ordonnance portant injonction de payer (CPC art. 1419, al. 1 et 3).

Devant le tribunal judiciaire, l'affaire est instruite et jugée selon la procédure contentieuse applicable devant cette juridiction (CPC art. 750 s.), sous les réserves prévues à l'article 1418 du Code de procédure civile. Celui-ci dispose que le greffe adresse au créancier, par lettre recommandée AR, une copie de la déclaration d'opposition. Cette notification est régulièrement faite à l'adresse indiquée par le créancier lors du dépôt de la requête en injonction de payer. En cas de retour au greffe de l'avis de réception non signé, la date de notification est, à l'égard du destinataire, celle de la présentation et la notification est réputée faite à domicile ou à résidence. Le créancier doit constituer avocat dans un délai de quinze jours à compter de la notification. Dès lors qu'il est constitué, l'avocat du créancier en informe le débiteur par lettre recommandée AR avec demande d'avis de réception, lui indiquant qu'il est tenu de constituer avocat dans un délai de quinze jours. Une copie des actes de constitution est remise au greffe (CPC art. 1418). Si le créancier ne constitue pas avocat dans le délai prévu, le président constate l'extinction de l'instance qui rend non avenue l'ordonnance portant injonction de payer (CPC art. 1419, al. 2 et 3).

4. PROCÉDURE D'INJONCTION DE FAIRE

L'**exécution en nature d'une obligation** née d'un contrat conclu entre des personnes n'ayant **53065** pas toutes la qualité de commerçant peut être demandée au tribunal judiciaire.

La demande peut être portée au choix du demandeur soit devant la juridiction du lieu où demeure le défendeur, soit devant la juridiction du lieu d'exécution de l'obligation (CPC art. 1425-2).

Elle doit être formée par requête déposée ou adressée au greffe par le bénéficiaire de l'obligation. La requête doit contenir les mentions prescrites par l'article 57 du Code de procédure civile, l'indication précise de la nature de l'obligation dont l'exécution est poursuivie ainsi que le fondement de celle-ci et, éventuellement, les dommages et intérêts qui seront réclamés en cas d'inexécution de l'injonction de faire. Elle est accompagnée des documents justificatifs (CPC art. 1425-3).

Si, au vu des documents produits, la demande lui paraît fondée, le juge rend une ordonnance portant injonction de faire non susceptible de recours. Il fixe l'objet de l'obligation ainsi que le délai et les conditions dans lesquelles celle-ci doit être exécutée. L'ordonnance mentionne, en outre, les lieu, jour et heure de l'audience à laquelle l'affaire sera examinée à moins que le demandeur n'ait fait connaître que l'injonction a été exécutée (CPC art. 1425-4).

Le greffe notifie l'ordonnance aux parties par lettre recommandée AR (CPC art. 1425-5).

Lorsque l'injonction de faire a été exécutée dans les délais impartis, le demandeur en informe le greffe et l'affaire est retirée du rôle. À défaut d'une telle information, et si le demandeur ne se présente pas à l'audience sans motif légitime, le tribunal déclare caduque la procédure d'injonction de faire.

En cas d'inexécution totale ou partielle de l'injonction de faire, le tribunal statue sur la demande après avoir tenté de concilier les parties.

Si le juge rejette la requête, la décision est sans recours pour le demandeur, qui doit alors procéder selon les voies de droit commun pour obtenir gain de cause.

5. PROCÉDURE D'EXPULSION

53070 À l'échéance du bail, quelles qu'en soient les modalités ou les raisons (congé, mise en œuvre de la clause résolutoire de plein droit, résiliation judiciaire, etc.), le locataire devient un **occupant sans droit ni titre** contre lequel peuvent être dirigées des mesures d'expulsion afin d'obtenir la libération des lieux loués tant par les personnes qui les occupent que par les meubles qui s'y trouvent.

La procédure d'expulsion, réglementée par les articles L 411-1 à L 451-1 et R 411-1 à R 451-4 du Code des procédures civiles d'exécution, est empreinte d'un important formalisme qu'il convient de respecter, et dont les étapes sont exposées ci-après. La procédure a été modifiée par la loi 2023-668 dite « anti-squat » du 27 juillet 2023. Les sanctions du squat d'un logement sont triplées. De nouveaux délits sont créés, notamment pour les locataires en impayés de loyers restés dans le logement à la fin de la procédure d'expulsion (C. pén. art. 315-2).

> Précisions a. Les ordonnances d'expulsion valent à l'encontre des **personnes** qu'elles désignent « et de tout occupant de leur chef ». Cette notion s'applique par exemple aux membres de la famille de la personne expulsée, à l'exception du conjoint, auquel le Code civil reconnaît un droit propre au bail.

Une **société,** désignée par le tribunal de commerce pour reprendre, dans le cadre d'une procédure de redressement judiciaire, les actifs d'une autre société ayant fait l'objet d'une ordonnance d'expulsion, n'est pas assimilable à un occupant du chef de la société locataire et n'est donc pas concernée par l'ordonnance d'expulsion. Il appartient au propriétaire d'obtenir une ordonnance la visant expressément, puis de demander à nouveau le concours de la force publique (CE 22-10-2010 n° 328721 : BPIM 6/10 inf. 497).

b. Les mesures protectrices des personnes expulsées édictées par les textes (C. exécution art. L 412-1 à L 412-6) ne sont pas applicables lorsque l'expulsion du **conjoint,** du partenaire lié par un pacte civil de solidarité ou du concubin **violent** a été ordonnée par le juge aux affaires familiales sur le fondement de l'article 515-9 du Code civil (C. exécution art. L 412-8).

c. L'expulsion des occupants sans titre du **domaine public** est ordonnée non par le juge civil mais par le juge administratif. Elle est habituellement demandée par la collectivité au juge des référés saisi sur le fondement de l'article L 521-3 du Code de justice administrative. Le juge des référés vérifie que la demande est justifiée par l'urgence et ne se heurte à aucune contestation sérieuse (CE 16-5-2003 n° 249880 : Lebon p. 228). Lorsque le juge administratif ordonne de libérer les lieux sans délai, l'injonction et, sauf indication contraire, l'astreinte prennent effet dès la notification du jugement (CE 27-5-2020 n° 432977 : BPIM 4/20 inf. 272).

En revanche, une demande tendant à l'expulsion de l'occupant d'un foyer pour demandeurs d'asile appartenant à une personne morale de droit privé et géré par une association de droit privé ayant conclu une convention avec l'État relève de la compétence de la juridiction judiciaire (CE 11-5-2015 n° 384957 : BPIM 4/15 inf. 275).

d. L'**administrateur provisoire** d'un lot de copropriété a qualité pour agir en justice pour solliciter l'expulsion d'un occupant sans droit ni titre et le paiement d'une indemnité d'occupation (Cass. 3e civ. 7-5-2014 n° 13-12.541 : BPIM 3/14 inf. 202).

OBTENTION D'UN TITRE EXÉCUTOIRE

53075 L'expulsion ne peut être poursuivie qu'en vertu d'une décision de justice ou d'un procès-verbal de conciliation exécutoire, après signification d'un commandement d'avoir à quitter les lieux (C. exécution art. L 411-1). L'acte doit être remis au parquet à toutes fins utiles s'il s'agit de personnes non dénommées (C. exécution art. R 411-3). Une transaction rendue exécutoire par ordonnance du président du tribunal de grande instance ne constitue pas un titre exécutoire au sens de ces dispositions (Avis C. cass. 20-10-2000 n° 20-20013 : RJDA 3/01 n° 276). En revanche, l'ordonnance de référé, ayant constaté l'accord des parties sur la suspension des effets de la clause résolutoire et l'octroi de délais de paiement, constitue une décision de justice au sens de l'article L 411-1 du Code de procédure civile d'exécution permettant de prononcer l'expulsion du locataire en cas de non-respect de l'échéancier (CA Paris 5-10-2023 n° 23/06130). De même, la décision par laquelle la juridiction judiciaire prononce l'adjudication d'un bien vendu sur saisine immobilière constitue un titre exécutoire permettant de demander au préfet de prêter le concours de la force publique en vue de l'expulsion (C. exécution art. L 322-13).

SIGNIFICATION PAR COMMISSAIRE DE JUSTICE D'UN COMMANDEMENT DE LIBÉRER LES LIEUX

Le commandement doit impérativement être signifié au domicile réel de la personne à expulser ; il ne peut pas être signifié au domicile élu (C. exécution art. R 411-1 et R 411-2). Ce commandement doit, à peine de nullité, **contenir** : **53080**

– l'indication du titre exécutoire en vertu duquel l'expulsion est poursuivie ;

– la désignation de la juridiction devant laquelle peuvent être portées les demandes de délai et toutes contestations relatives à l'exécution des opérations d'expulsion ;

– l'indication de la date à partir de laquelle les locaux devront être libérés ;

– l'avertissement qu'à compter de cette date il pourra être procédé à l'expulsion forcée du débiteur ainsi qu'à celle de tout occupant de son chef ;

– s'il s'agit de l'expulsion d'un lieu habité par la personne expulsée ou par tout occupant de son chef, la reproduction des articles L 412-1 à L 412-6 du Code des procédures civiles d'exécution, à l'exception de l'expulsion du conjoint, du partenaire pacsé ou du concubin violent ordonnée par le juge aux affaires familiales sur le fondement de l'article 515-9 du Code civil (C. exécution art. R 412-1 et L 412-8).

S'il s'agit d'occupants de locaux spécialement destinés aux logements étudiants (C. exécution art. L 412-7), les articles L 412-3 à L 412-6 ne sont pas reproduits.

Une copie du commandement doit être adressée par le commissaire de justice, par lettre recommandée AR ou par voie électronique, au préfet pour que soit prise en compte la **demande en relogement** de l'occupant dans le cadre du plan départemental d'action pour le logement des personnes défavorisées prévu par la loi 90-449 du 31 mai 1990 (C. exécution art. L 412-5 et R 412-2, al. 2). À défaut, le délai avant l'expiration duquel l'expulsion ne peut avoir lieu est suspendu. Cette formalité ne s'applique qu'au cas d'expulsion d'une personne de son habitation principale (Cass. 3e civ. 20-1-2005 : Loyers et copr. 2005 comm. n° 104). **53085**

L'inobservation de ces prescriptions ne constitue pas un vice de forme ; elle affecte la validité de la procédure d'expulsion sans que la personne expulsée ait à justifier d'un préjudice (Cass. 3e civ. 25-6-1998 : Bull. inf. Cass. 1-12-1998 p. 4 ; Cass. 3e civ. 19-5-2010 n° 09-12.424 : RJDA 8-9/10 n° 834).

L'assignation aux fins de constat de l'acquisition d'une clause résolutoire ou à prononcer la résolution d'un bail pour une absence de paiement doit être dénoncée au préfet. En revanche, elle n'a pas à être appliquée en cas de refus de renouvellement du bail fondé sur un motif légitime et sérieux (CA Paris 6-5-2004 : Rev. Loyers 2004 p. 646) ni pour une assignation délivrée pour faire constater la fin du bail suite à un congé pour vendre et solliciter l'expulsion du locataire devenu occupant sans droit ni titre (CA Paris 23-10-2009 n° 09/07545 : AJDI 2010 p. 319), ni pour une action tendant à faire constater la qualité d'occupant sans droit ni titre (Cass. 3e civ. 23-3-2011 n° 09-68.942 : RJDA 6/11 n° 506).

> **Précisions** **a.** La nullité d'un commandement de quitter les lieux pour vice de forme (telle la non-reproduction des art. L 412-1 à L 412-6 du C. exécution) ne peut être prononcée que si, conformément à l'article 114 du Code de procédure civile, celui qui l'invoque justifie d'un préjudice (Cass. 3e civ. 30-9-2009 n° 08-15.203 : RJDA 12/09 n° 1053).
>
> **b.** Le préfet n'a pas à vérifier la validité du commandement de payer (CE 17-6-2019 n° 414002 : BPIM 4/19 inf. 487).

OCCUPATION FRAUDULEUSE DES LIEUX LOUÉS

La loi 2023-668 du 27 juillet 2023 crée un nouveau délit d'occupation frauduleuse d'un local à usage d'habitation ou à usage commercial, agricole ou professionnel. Le délit vise toute personne qui s'introduit et se maintient dans un local à l'aide de manœuvres, de menaces, **53086** de voies de fait ou de contrainte lui faisant encourir une peine de deux ans d'emprisonnement et une amende de 30 000 € (C. pén. art. 315-1 nouveau).

Le délit de violation de domicile est aggravé avec la loi 2023-668 du 27 juillet 2023. Les peines encourues sont alourdies, passant de 1 à 3 ans d'emprisonnement et de 15 000 € à 45 000 € d'amende (C. pén. art. 226-4 modifié).

Les locataires en situation d'impayés voient également leur état s'aggraver puisque si ces derniers restent dans le logement à l'issue d'un jugement d'expulsion devenu définitif et exécutoire ayant donné lieu à un commandement régulier de quitter les lieux depuis plus de deux mois, ils risquent 7 500 euros d'amende, sauf ceux pouvant être concernés par la trêve hivernale, bénéficiant d'une décision de sursis à expulsion ou d'un logement social (C. pén. art. 315-2 nouveau). En outre, le délit n'est pas applicable si le bailleur est une personne morale de droit public (État et collectivités) ou s'il s'agit d'un bailleur social.

> Précisions Dans le domaine du **bail d'habitation,** la loi 2023-668 du 27 juillet 2023 a accéléré les procédures en cas de loyers impayés en intégrant, de manière systématique dans les contrats de bail d'habitation, une « clause de résiliation de plein droit » pour défaut de paiement du loyer ou des charges aux termes convenus ou pour non-versement du dépôt de garantie (voir n°s 61740 s.). Cette clause ne produit effet que 6 semaines (contre 2 mois auparavant) après un commandement de payer demeuré infructueux (n° 53110). Le propriétaire pourra ainsi obtenir la résiliation du bail en demandant au juge qu'il constate l'acquisition de la clause de résiliation de plein droit (sans avoir à demander au magistrat qu'il prononce cette résiliation). L'expulsion du locataire devenu occupant sans droit ni titre se maintenant dans les lieux est la conséquence de l'acquisition de cette clause. En bail d'habitation pour les autres motifs pour lesquels la loi permet l'insertion d'une clause résolutoire (non-souscription d'une assurance des risques locatifs ou non-respect de l'obligation d'user paisiblement des locaux loués, résultant de troubles de voisinage constatés par une décision de justice passée en force de chose jugée) et de bail de droit commun, la présence d'une telle clause est laissée à la libre appréciation des parties (voir n°s 52445 s.).

SUSPENSION DE L'EXÉCUTION DE L'EXPULSION

53090 Lorsque l'expulsion porte sur un local affecté à l'habitation principale de la personne à expulser, la date du commandement d'avoir à quitter les lieux fait courir un **délai** de deux mois pendant lequel toute mesure d'expulsion est suspendue (C. exécution art. L 412-1).

Dès le commandement et à peine de suspension de ce délai, le commissaire de justice chargé de l'expulsion doit en informer le préfet en vue de la prise en compte de la demande de relogement de l'occupant. Dès lors, le concours de la force publique ne peut être légalement accordé avant l'expiration du délai de deux mois qui suit la notification au préfet du commandement d'avoir à quitter les lieux antérieurement signifié à l'occupant.

Une demande de concours présentée **avant l'expiration** de ce délai est prématurée et son rejet n'engage pas la responsabilité de l'État. Toutefois, si, à l'expiration de ce délai de deux mois, le préfet n'a pas notifié au commissaire de justice une décision rejetant la demande de concours de la force publique comme prématurée, cette demande se trouve régularisée. Le préfet dispose alors d'un nouveau délai de réflexion de 2 mois (CE 18-12-2013 n° 363126 : BPIM 1/14 inf. 62). S'il garde le silence, ce qui est presque toujours le cas, un refus implicite engageant la responsabilité de l'État naît deux mois plus tard, soit quatre mois après la notification du commandement.

Ce délai de deux mois peut cependant être **réduit** ou **supprimé,** notamment lorsque la procédure de relogement prévue par l'article L 442-4-1 du CCH n'a pas été suivie d'effet du fait du locataire ou lorsque la procédure d'expulsion porte sur un lieu habité en vertu du dispositif visant à assurer la protection et la préservation de locaux vacants par l'occupation de résidents temporaires, régi par l'article 29 de la loi 2018-1021 du 23 novembre 2018 portant évolution du logement, de l'aménagement et du numérique (C. exécution art. L 412-1, al. 1 modifié par loi 2023-668 du 27-7-2023). Lorsque les personnes dont l'expulsion est requise sont entrées dans les locaux à l'aide de manœuvres, de menaces, de voies de fait ou de contrainte, ou que le juge qui ordonne l'expulsion constate la mauvaise foi de la personne expulsée le délai de deux mois **ne s'applique pas** (C. exécution art. L 412-1, al. 2 dans sa rédaction issue de loi 2023-668 du 27-7-2023). Alors, la notification du commandement de quitter les lieux et la réquisition de la force publique peuvent être simultanées (CE 12-12-2014 n° 363372 : BPIM 1/15 inf. 67).

Ce même délai peut être allongé par le juge pour une durée n'excédant pas trois mois lorsque l'expulsion présente des conséquences d'une exceptionnelle dureté pour la personne concernée, notamment du fait de la période de l'année considérée ou des circonstances atmosphériques (C. exécution art. L 412-2).

POSSIBILITÉ DE REPORT DE L'EXPULSION

Le **juge** des référés ou le juge de l'exécution peut **accorder des délais** aux occupants de locaux d'habitation ou à usage professionnel dont l'expulsion est ordonnée judiciairement chaque fois que le relogement des intéressés ne peut avoir lieu dans des conditions normales. La loi 2023-668 du 27 juillet 2023 a supprimé la possibilité accordée aux occupants de ne pas justifier d'un titre à l'origine de leur occupation. Ces délais, renouvelables, ne peuvent être ni inférieurs à un mois ni supérieurs à un an (C. exécution art. L 412-3 et L 412-4 modifiés par loi 2023-668 du 27-7-2023). 53095

À compter de la signification du commandement d'avoir à libérer les locaux, toute demande de délai formée en application des articles L 412-2 à L 412-6 du Code des procédures civiles d'exécution doit être portée devant le juge de l'exécution (C. exécution art. R 412-4).

Le juge qui ordonne l'expulsion peut, même d'office, accorder les mêmes délais dans les mêmes conditions (C. exécution art. L 412-3). La possibilité d'accorder des délais n'est pas applicable lorsque le propriétaire exerce son droit de reprise (Loi 48-1360 art. 19) ou quand l'occupant est de mauvaise foi (C. exécution art. L 412-3, al. 3 modifié par loi 2023-668 du 27-7-2023).

Pour la fixation de ces délais, il est tenu compte notamment de la bonne ou mauvaise volonté manifestée par l'occupant dans l'exécution de ses obligations, des situations respectives du propriétaire et de l'occupant, notamment en ce qui concerne l'âge, l'état de santé, la qualité de sinistré par faits de guerre, la situation de famille ou de fortune de chacun d'eux, des circonstances atmosphériques, ainsi que des diligences que l'occupant justifie avoir faites en vue de son relogement. Il est également tenu compte du droit à un logement décent et indépendant, des délais liés aux recours engagés selon les modalités prévues aux articles L 441-2-3 et L 441-2-3-1 du Code de la construction et de l'habitation et du délai prévisible de relogement des intéressés (C. exécution art. L 412-4).

Le juge qui ordonne l'expulsion ou qui, avant de délivrer le commandement d'avoir à libérer les lieux, statue sur une demande de délais présentée sur le fondement des articles L 412-3 et L 412-4 du Code des procédures civiles d'exécution peut, même d'office, décider que l'ordonnance ou le jugement sera transmis, par les soins du greffe, au **préfet** en vue de la prise en compte de la **demande de relogement** de l'occupant dans le cadre du plan départemental d'action pour le logement des personnes défavorisées (C. exécution art. R 412-2).

> **Précisions a.** Commet une **faute** ouvrant droit à réparation au profit du locataire le bailleur qui fait procéder à l'expulsion de son locataire pendant le cours du délibéré du juge de l'exécution qui avait été saisi d'une demande de sursis à l'exécution sans que le bailleur, entendu par ce magistrat, ne l'avise de la programmation de l'expulsion (Cass. 3e civ. 28-9-2005 n° 04-14.882 : RJDA 12/05 n° 1332).
>
> **b.** L'occupation sans droit ni titre d'un bien immobilier justifiée par l'absence de logement constitue un **trouble manifestement illicite** auquel le juge des référés doit mettre fin par le prononcé de l'expulsion des occupants (Cass. 3e civ. 20-1-2010 n° 08-16.088 : RJDA 4/10 n° 451), sans que cette mesure porte une atteinte disproportionnée au droit au respect du domicile de l'occupant (Cass. 3e civ. 4-7-2019 n° 18-17.119 FS-PBI : BPIM 4/19 inf. 288).

Trêve hivernale Toute décision d'expulsion passée en force de chose jugée doit être suspendue, même si les délais accordés sont expirés, dès lors que la mesure d'expulsion n'a pas été exécutée au 1er novembre. Ce sursis à l'exécution de la procédure d'expulsion est valable du 1er novembre de chaque année jusqu'au 31 mars de l'année suivante à moins que le relogement des intéressés ne soit assuré dans des conditions suffisantes respectant l'unité et les besoins de la famille. Le sursis peut être supprimé ou réduit lorsque les personnes dont l'expulsion a été ordonnée sont entrées dans les lieux par voie de fait (C. exécution art. L 412-6, al. 3). Ces dispositions ne sont pas applicables aux personnes qui sont entrées sans droit ni titre dans les locaux d'autrui à l'aide de manœuvres, de menaces, de voies de fait ou de contrainte (C. exécution art. L 412-6, al. 2 dans sa rédaction issue de loi 2023-668 du 27-7-2023). Elles ne sont pas applicables non plus aux occupants de locaux spécialement destinés aux logements d'étudiants lorsque les intéressés cessent de satisfaire aux conditions en raison desquelles le logement a été mis à leur disposition (C. exécution art. L 412-7) ni au conjoint, partenaire pacsé ou concubin violent dont l'expulsion a été ordonnée par le juge aux affaires familiales sur le fondement de l'article 515-9 du Code civil. En outre, les dispositions de l'article L 412-6 du Code des procédures civiles d'exécution ne s'opposent pas au prononcé par le juge, même pendant la période dite « de trêve hivernale » mentionnée à cet article, d'une décision d'expulsion (CE 22-9-2017 n° 407031). 53100

DEMANDE D'EXÉCUTION D'UNE EXPULSION

La demande d'exécution d'une décision de justice ordonnant l'expulsion peut être **formée** au greffe du juge de l'exécution par lettre recommandée AR ou par requête remise ou adressée au greffe (C. exécution art. R 442-2). 53105

La demande doit, à peine de nullité, préciser son objet et **indiquer** les nom, prénoms, profession et adresse du demandeur ou, s'il s'agit d'une personne morale, sa dénomination et son siège social (C. exécution art. R 442-3).

La demande doit contenir en outre un exposé sommaire des motifs et mentionner le nom et l'adresse du défendeur ou, s'il s'agit d'une personne morale, sa dénomination et son siège social (C. exécution art. R 442-3).

Le secrétariat-greffe doit informer le demandeur des lieu, jour et heure de l'audience par tous moyens (C. exécution art. R 442-4).

Le défendeur doit être **convoqué** par lettre recommandée AR. Cette lettre doit contenir une copie de la demande, informer l'intéressé qu'il s'expose, faute de se présenter ou de faire connaître ses moyens de défense, à être jugé sur les seuls éléments fournis par le demandeur, et reproduire les dispositions des articles R 121-6 à R 121-10 du Code des procédures civiles d'exécution. Cette convocation peut être également faite verbalement contre émargement.

En cas de retour au greffe de la lettre recommandée qui n'a pu être remise à son destinataire, le greffier doit en informer le demandeur et l'inviter à procéder comme il est dit à l'article 670-1 du Code de procédure civile (C. exécution art. R 442-4, dernier al.).

Le juge doit s'assurer qu'il s'est écoulé un temps suffisant entre la convocation ou l'assignation et l'audience pour que la partie défenderesse ait pu préparer sa défense (C. exécution art. R 121-13).

MISE EN ŒUVRE DE L'EXPULSION

53110 La procédure d'expulsion, lorsqu'elle est mise en œuvre, relève de la **compétence exclusive des commissaires de justice,** qui doivent dans un premier temps tenter d'exécuter seuls les mesures d'expulsion et, faute de succès, solliciter le concours de la force publique (C. exécution art. R 151-1 à R 151-4).

Le commissaire de justice chargé de l'exécution de la mesure d'expulsion ne peut pas pénétrer dans les lieux hors la présence de l'occupant, sauf pour constater que la personne expulsée et les occupants de son chef ont volontairement libéré les lieux après la signification du commandement (C. exécution art. L 142-1).

L'expulsion a également pour objet de libérer les lieux loués des meubles s'y trouvant. L'article L 433-1 du Code des procédures civiles d'exécution précise que les meubles sont remis aux frais de la personne expulsée en un lieu que celle-ci désigne et, à défaut, ils sont laissés sur place ou entreposés en un autre lieu approprié.

53115 L'État est tenu de prêter son concours sous peine de devoir réparation à la personne à laquelle il le refuse. Le **concours de la force publique** est accordé, suspendu ou refusé par le préfet du département concerné. Ce concours peut être sollicité par l'intermédiaire d'un commissaire de justice ou directement par le propriétaire (CE 10-2-2014 n° 350265 : RJDA 10/14 n° 809).

Lorsque le préfet a décidé d'accorder le concours de la force publique pour l'exécution d'un jugement d'expulsion, ce concours doit être effectivement mis en œuvre dans un **délai** raisonnable. Par conséquent, lorsque le commissaire de justice (ex-huissier) a accompli les diligences qui lui incombaient en vue de l'organisation matérielle de l'expulsion, un retard de l'administration excédant quinze jours présente un caractère anormal et engage la responsabilité de l'État à l'égard du propriétaire (CE 27-1-2010 n° 320642 : BPIM 2/10 inf. 155).

Toute décision de **refus** doit être motivée, étant précisé que le défaut de réponse à une demande de concours pendant un délai de deux mois équivaut à un refus (C. exécution art. R 153-1, al. 3). Le refus du préfet engage la **responsabilité de l'État** et ouvre droit à réparation au profit du propriétaire (C. exécution art. L 153-1 ; CE 22-10-2010 n° 328721 : BPIM 6/10 inf. 497), sauf si le refus est justifié par des considérations impérieuses tenant à la sauvegarde de l'ordre public, ou des circonstances postérieures à une décision de justice ordonnant l'expulsion, faisant apparaître que l'exécution de cette décision serait de nature à porter atteinte à la dignité de la personne humaine (CE 9-11-2018 n° 412696). Le tribunal administratif, saisi d'un recours contre la décision d'accorder le concours de la force publique pour exécuter un jugement d'expulsion d'un occupant, doit rechercher si le préfet a commis une erreur manifeste d'appréciation (CE 11-10-2023 n° 474491, Min. intérieur : BPIM 6/23 inf. 397).

Pour requérir le concours de la force publique en vue d'exécuter un jugement d'expulsion, le commissaire de justice chargé de l'exécution procède **par voie électronique** par l'intermédiaire du système d'information de la commission départementale de prévention des expulsions locatives (C. exécution art. L 431-2).

Il résulte de ces dispositions que, pour toute demande présentée depuis le 1er janvier 2018 par un commissaire de justice en vue de l'exécution d'une décision de justice en matière

d'expulsion, la requête de concours de la force publique doit, **à peine d'irrégularité,** être adressée par le commissaire au préfet en faisant usage du système d'information prévu à cet effet. **53115** (suite)
Une réquisition de la force publique qui n'est pas présentée par l'intermédiaire de ce système d'information ne fait pas naître un refus de concours de la force publique engageant la responsabilité sans faute de l'État (CE 29-11-2022 n° 443396 : BPIM 1/23 n° 52). L'utilisation du système d'information par le commissaire de justice qui doit procéder à une expulsion est très importante, les conséquences étant qu'une réquisition présentée par une autre voie ne fait pas naître un refus de concours de la force publique engageant la responsabilité sans faute de l'État.
En outre, il a été ajouté par la loi 2023-668 du 27 juillet 2023 que si l'expulsion porte sur un lieu habité par la personne expulsée ou par tout occupant de son chef, le commissaire de justice chargé de l'expulsion transmet une copie du procès-verbal d'expulsion signifié ou remis à la personne expulsée au représentant de l'État dans le département ainsi qu'à la commission de coordination des actions de prévention des expulsions locatives (CCAPEX) prévue à l'article 7-2 de la loi 90-449 du 31 mai 1990 visant à la mise en œuvre du droit au logement (C. exécution art. L 431-3 nouveau). Cette transmission s'effectue par l'intermédiaire du système d'information prévu au dernier alinéa du même article 7-2.

> Précisions **a.** Il n'appartient pas au préfet, saisi d'une demande de concours de la force publique en vue de l'exécution d'un jugement d'expulsion, de vérifier la **validité du commandement de quitter les lieux** qui lui a été signifié par l'huissier. Par suite, l'État, qui est tenu d'indemniser le propriétaire en cas de refus de concours, ne peut pas invoquer l'absence de certaines mentions sur le commandement pour échapper à sa responsabilité (CE 17-6-2019 n° 414002 : BPIM 4/19 inf. 287). De même, un rejet motivé par les risques que l'exécution forcée d'un jugement d'expulsion présenterait pour l'ordre public engage la responsabilité de l'État (CE 30-12-2014 n° 365321 : BPIM 1/15 n° 68).

b. La force publique peut valablement être requise pendant la **trêve hivernale.** Un refus opposé pendant cette période engage la responsabilité de l'État à compter de la date à laquelle l'expulsion forcée redevient possible (CE 10-2-1961 n° 47252 : Lebon p. 108 ; CE 27-4-2007 n° 291410 : BPIM 5/07 inf. 367).

c. Le refus du préfet de donner suite à une demande de concours de la force publique ne crée aucun **droit pour l'occupant** sans titre **à se maintenir dans les lieux,** le préfet pouvant à tout moment revenir sur son refus initial et accorder le concours de la force publique sous réserve du respect de la trêve hivernale (CE 5-12-2005 n° 280050 : BPIM 2/06 inf. 138).

d. Si, après un refus du préfet d'accorder le concours de la force publique, **les occupants** partent spontanément puis **reviennent dans les lieux,** le propriétaire doit présenter une nouvelle demande de concours de la force publique (CE 22-11-2019 n° 417631 : BPIM 1/20 inf. 63).

e. Lorsque le bail de l'occupant d'un **logement HLM** est résilié par décision judiciaire pour défaut de paiement du loyer, l'intéressé et l'organisme bailleur peuvent conclure un protocole d'accord en vue du rétablissement du bail. L'État n'a plus alors à prêter son concours à l'exécution de l'ordonnance d'expulsion et ne peut pas voir sa responsabilité engagée à raison de son refus. Toutefois, l'organisme bailleur retrouve le droit de poursuivre l'exécution de l'ordonnance une fois constatée la défaillance de l'occupant du logement. Il lui appartient alors de requérir le concours de la force publique pour cette exécution. La notification par le bailleur au préfet de la dénonciation du protocole doit être regardée, même lorsqu'elle ne le mentionne pas expressément, comme valant réquisition de prêter le concours de la force publique à l'expulsion du locataire. Le défaut de réponse à cette réquisition dans un délai de deux mois équivaut à un refus, qui est de nature à engager la responsabilité de l'État (CE 16-4-2008 n° 300268 : BPIM 3/08 inf. 268).

f. Les conséquences de l'expulsion ne peuvent faire **obstacle à l'octroi du concours de la force publique** que si elles résultent de circonstances postérieures à la décision judiciaire d'expulsion et si elles sont de nature à porter atteinte à la dignité de la personne humaine. Le seul fait que, faute de solution de relogement, les occupants se trouveraient placés dans une situation sociale difficile ne caractérise pas une telle atteinte (CE 30-6-2010 n° 332259 : BPIM 4/10 inf. 324).

g. L'approbation donnée par le propriétaire au **plan conventionnel de redressement** de la dette de l'occupant en application de l'article L 732-1 du Code de la consommation ne vaut pas par elle-même **renonciation à** sa **demande de concours de la force publique.** Toutefois, il est loisible aux signataires du plan d'y faire figurer une clause expresse de renonciation ou une clause valant, en raison de son contenu, renonciation à cette demande. Une telle renonciation prend alors effet à la date de la signature du plan conventionnel de redressement en présence du préfet, président de la commission départementale de surendettement. En cas d'inexécution des stipulations de cette clause, il appartient au bailleur, s'il entend faire à nouveau exécuter la décision de justice prononçant l'expulsion de l'occupant, de saisir le préfet d'une nouvelle demande de concours de la force publique (CE 17-1-2011 n° 325663 : BPIM 2/11 inf. 156, 2e esp.).

h. L'État ne saurait, pour dégager sa responsabilité, faire valoir que, contrairement aux prescriptions de l'article 50 du décret du 31 juillet 1992, la réquisition de la force publique n'est pas accompagnée d'un **exposé** des diligences auxquelles l'huissier a procédé et des difficultés d'exécution (CE 14-11-2011 n° 343908 : BPIM 1/12 inf. 70).

i. Le préfet saisi d'une demande de concours de la force publique doit s'assurer que le jugement fixant au locataire, à peine d'expulsion, un échéancier de paiement pour s'acquitter des loyers impayés est devenu **exécutoire** (CE 28-11-2014 n° 364391 : BPIM 1/15 inf. 68). La responsabilité de l'État n'est pas suspendue lorsque, postérieurement à un refus de concours, le jugement perd son caractère exécutoire du fait d'une procédure de surendettement (CE 24-4-2012 n° 338777 : BPIM 3/12 inf. 268).

j. Lorsqu'une **durée manifestement excessive** s'est écoulée depuis un premier refus de concours de la force publique, le préfet, s'il estime que l'exécution forcée demeure impossible, doit néanmoins accomplir des diligences en vue d'obtenir la libération des lieux (CE 27-11-2015 n° 376208 : BPIM 1/16 inf. 61).

k. L'**acquéreur** d'un local ayant donné lieu à un jugement d'expulsion inexécuté doit requérir en son nom propre le concours de la force publique (CE 19-10-2016 n° 383543 : BPIM 6/16 inf. 406).

AUTRES VOIES DE DROIT

53117 Lorsque le propriétaire tient à recouvrer l'usage de son bien, il lui appartient d'exercer d'autres voies de droit.

Il peut saisir le tribunal administratif d'un **recours pour excès de pouvoir** contre le refus de concours, assorti de conclusions à fin d'**injonction** (C. just. adm. art. L 911-1). Le tribunal vérifiera si le refus de concours est légalement justifié par des considérations d'ordre public. Dans la négative, il l'annulera et ordonnera la réalisation de l'expulsion, en prononçant éventuellement contre l'État une **astreinte** dont il fixera le taux par jour de retard.

Cette procédure prend rarement moins d'un an, souvent nettement plus. Pour obtenir une intervention rapide du juge, le propriétaire qui a présenté un recours pour excès de pouvoir peut le doubler d'un **référé-suspension** (C. just. adm. art. L 521-1). La suspension du refus peut être obtenue, à bref délai, en cas d'urgence et de doute sérieux sur sa légalité. Elle ne se traduira pas par une injonction d'accorder le concours de la force publique car une telle mesure serait en pratique définitive alors que le juge des référés ne peut normalement ordonner que des mesures provisoires. Mais le juge des référés pourra enjoindre au préfet de réexaminer la demande de concours, ce qui pourrait avoir une certaine efficacité.

Le propriétaire peut enfin utiliser une voie de droit d'usage exceptionnel qui est celle du **référé-liberté** (C. just. adm. art. L 521-2). Elle peut être empruntée même si le refus de concours n'a pas été attaqué. La décision du juge est très rapide puisqu'il doit statuer en 48 heures. Mais le requérant doit justifier d'une urgence particulièrement intense telle que, par exemple, comme dans l'arrêt commenté, l'échéance très proche d'un compromis de vente du local sous condition de libération préalable des lieux. Il faut ensuite démontrer que l'inertie du préfet porte une atteinte grave et manifestement illégale au droit du propriétaire de disposer de son bien. La jurisprudence reconnaît qu'une telle atteinte peut résulter d'un refus de concours de la force publique (CE 29-3-2002 n° 243338, SCI Stephaur : Lebon p. 117 ; CE réf. 27-1-2003 n° 253001, Min. intérieur c/ Sté Kerry : Lebon T. p. 928 et 931). Dans ce cas, compte tenu de la nécessité de mettre fin au plus vite à l'atteinte, le juge des référés peut ordonner au préfet de procéder à l'expulsion, éventuellement sous astreinte.

RESPONSABILITÉ DE L'ÉTAT

53120 Le refus de l'État de prêter son concours ouvre droit à réparation (C. exécution art. L 153-1). La responsabilité de l'État pour refus du concours de la force publique peut être engagée même si le commandement de quitter les lieux n'était pas valide. En effet, ce n'est pas au préfet de vérifier la validité du commandement de quitter les lieux, délivré par le commissaire de justice (CE 17-6-2019 n° 414002 : BPIM 4/19 inf. 287).

Le **juge administratif** est compétent, sauf en cas de voie de fait, pour connaître d'une demande de réparation du préjudice né de la décision de faire procéder à l'exécution forcée d'un jugement d'expulsion au moyen de la force publique (T. confl. 11-3-2024 n° 4301 : BPIM 3/24 inf. 207). Il y a voie de fait dans deux hypothèses : si l'administration a pris une décision manifestement insusceptible de se rattacher à ses pouvoirs et ayant porté atteinte à la liberté individuelle ou provoqué l'extinction d'un droit de propriété, ou si elle a procédé à l'exécution forcée, dans des conditions irrégulières, d'une décision, même régulière, ayant les mêmes effets d'atteinte à la liberté individuelle ou d'extinction d'un droit de propriété (T. confl. 17-6-2013 n° 3911 : Lebon p. 370).

En principe, l'indemnité due par l'État est calculée en fonction des pertes de loyers subies par le bailleur et des charges locatives récupérables sur le locataire. Mais s'il avait vocation à vendre l'immeuble, le préjudice indemnisable est le coût de l'immobilisation du capital représentatif du prix qu'il aurait pu obtenir (CE 25-7-2007 n° 293377 : BPIM 6/07 inf. 443). Le cumul des indemnisations n'est pas possible. Le propriétaire doit opter pour l'indemnisation de pertes de loyers ou celle des préjudices résultant de l'impossibilité de vendre son bien (CE 22-11-2019 n° 417631 : BPIM 1/20 inf. 64).

Il appartient au tribunal administratif, même en l'absence d'un mémoire en défense de l'administration, de vérifier l'exactitude de l'**évaluation** du préjudice faite par le propriétaire, tant en ce qui concerne la période de responsabilité de l'État que l'évaluation des sommes restant dues au propriétaire au titre de cette période et le tribunal ne peut pas retenir une évaluation différente de celle qui était présentée et justifiée devant lui sans motiver son jugement sur ce point (CE 26-5-2010 n° 326122 : BPIM 4/10 inf. 323). Le juge doit évaluer ces préjudices jusqu'à la date à laquelle le requérant en a arrêté le décompte dans son dernier mémoire (CE 7-10-2013 n° 351368 : BPIM 6/13 inf. 424). **53120** (suite)

Seuls les préjudices en lien direct avec le refus de concours de la force publique peuvent ouvrir droit à indemnisation. Tel n'est pas le cas du retard apporté à une rénovation de l'immeuble en vue de sa location dès lors que les travaux n'auraient pu être entrepris qu'après le départ des derniers occupants, non concernés par le jugement d'expulsion (CE 12-3-2014 n° 351113 : BPIM 3/14 inf. 203). Les travaux de remise en état des lieux loués ne peuvent être mis à la charge de l'État que s'ils ont été rendus strictement nécessaires par des dégradations causées par l'occupation irrégulière de l'immeuble (CE 10-10-2005 n° 267043).

Il importe que le propriétaire produise les **justificatifs** des pertes de loyers qu'il subit, en établissant le montant du loyer mensuel (devenu indemnité d'occupation) et l'état des versements effectués par l'occupant. Si de tels justificatifs sont produits mais ne paraissent pas entièrement probants au magistrat, il lui appartient de demander des éléments complémentaires dans le cadre de ses pouvoirs d'instruction mais il ne peut rejeter purement et simplement la requête (CE 5-12-2005 n° 271437 ; CE 26-5-2010 n° 326122 : BPIM 4/10 inf. 323). Le propriétaire peut se prévaloir d'une privation de jouissance sans qu'il soit tenu de démontrer qu'il aurait mis son bien en location pendant la période de responsabilité de l'État si celui-ci avait été vacant (CE 8-7-2019 n° 420287 : RJDA 12/19 n° 744).

La demande d'indemnité doit être formée dans un **délai** de quatre ans qui commence à courir, pour les créances nées au cours de chacune des années en cause, le 1er janvier de l'année suivante (Loi 68-1250 du 31-12-1968). Les quatre dernières années révolues seront donc entièrement indemnisables, la prescription de la créance pour refus du concours de la force publique de l'année en cours ne démarrant qu'à compter du 1er janvier de l'année suivante (CE 3-2-2016 n° 380296). Une nouvelle demande de concours de la force publique formée après la réinstallation d'occupants sans titre précédemment expulsés n'interrompt donc pas le cours du délai de prescription de la créance indemnitaire contre l'État (CE 23-9-2013 n° 351782 : BPIM 6/13 inf. 423).

L'indemnisation des propriétaires auxquels le concours de la force publique a été refusé pour l'exécution de jugements fait souvent l'objet d'une **transaction** qui évite l'engagement d'un contentieux. Lorsque le préfet propose une telle transaction mais ne la signe pas, le juge saisi de son homologation doit considérer qu'elle est conclue (CE 10-2-2014 n° 350265 : BPIM 2/14 inf. 130). En revanche, le préfet n'est pas compétent pour signer une transaction emportant renonciation à un pourvoi qui a été préalablement formé par le ministre de l'intérieur (CE 9-11-2018 n° 412696).

> Précisions **a.** Tant qu'un **délai de deux mois** après la demande de concours de la force publique pour exécution de la décision de justice prononçant l'expulsion ne s'est **pas écoulé,** l'administration ne peut pas être réputée avoir opposé un refus et la responsabilité de l'État ne saurait être engagée à l'égard du propriétaire demandeur (CE 27-9-2006 n° 285279 : BPIM 6/06 inf. 478). La responsabilité de l'État pour refus de concours de la force publique est susceptible d'être engagée dès que la décision judiciaire prononçant l'expulsion des occupants sans titre est devenue exécutoire, sans besoin d'attendre qu'elle soit devenue définitive (CE 4-3-2016 n° 380962 : BPIM 2/16 inf. 135). La période de responsabilité de l'État au titre d'un refus d'accorder le concours de la force publique s'achève en principe le jour où l'administration décide d'octroyer ce concours. Mais si celui-ci intervient plus de quinze jours après la décision, elle ne prend fin qu'à la date de mise en œuvre effective du concours, sauf si ce délai est imputable au propriétaire ou à l'huissier ou justifié par des circonstances particulières (CE 27-11-2015 n° 377645).

b. Le **retard** avec lequel le préfet a accordé le concours de la force publique pour exécuter un jugement d'expulsion n'ouvre pas droit à indemnisation au profit du propriétaire si ce jugement a été infirmé après exercice de voies de recours (CE 17-5-2024 n° 475486 : BPIM 4/24 inf. 269).

c. La période de responsabilité de l'État n'est pas **suspendue** par la circonstance, postérieure à la date du refus du concours de la fonction publique et indépendante de la volonté du propriétaire, que le juge judiciaire accorde un délai de grâce à l'occupant (CE 11-4-2014 n° 359575 : BPIM 3/14 inf. 203). En revanche, cette responsabilité est suspendue dès lors que le propriétaire conclut avec les occupants un accord ayant pour seul objet de fixer la date de leur départ. Elle reprend effet dans ce cas à la date fixée par l'accord, si l'occupation irrégulière persiste après cette date (CE 4-2-2015 n° 369224 : BPIM 2/15 inf. 138).

d. Les versements correspondant au loyer de base de l'appartement effectués par le locataire, sans indication expresse de la dette que ces versements viennent éteindre, doivent s'imputer sur les dettes locatives les plus anciennes

53120 (suite) par application des articles 1253 et 1256 du Code civil ; ils ne doivent pas être pris en compte pour évaluer les **pertes de loyers** que l'État est tenu de réparer quand elles sont **antérieures** à la période de responsabilité de l'État (CE 21-1-2011 n° 339647 : BPIM 2/11 inf. 156, 1e esp.). Les pertes de loyers ne seront indemnisées qu'autant que l'occupant sans titre ne s'en sera pas acquitté. Cependant, durant la période de responsabilité de l'État, les paiements de l'occupant doivent être imputés sur les loyers les plus anciens conformément à l'article 1342-10 du Code civil (CE 10-6-2013 n° 359312 ; CE 27-11-2015 n° 377645).

e. Lorsqu'il condamne l'État à indemniser le propriétaire auquel le préfet a refusé le concours de la force publique pour exécuter un jugement d'expulsion, le juge administratif doit **subroger** l'État dans les droits du propriétaire sur les occupants sans titre (CE 27-7-2016 n° 38969 : BPIM 5/16 inf. 331). L'indemnisation allouée au propriétaire ne doit pas être supérieure au préjudice qu'il a subi (CE 27-7-2016 n° 389690 : BPIM 5/16 inf. 331).

Annexe

Recommandation 2000-01

de la commission des clauses abusives, complétant la recommandation n° 80-04 concernant les contrats de location de locaux à usage d'habitation

Considérant que depuis la publication de la recommandation n° 80-04 [BOSP du 17 octobre 1980] et l'intervention de nouvelles dispositions législatives d'ordre public (...), de nouvelles clauses ont été relevées dans les contrats qui nécessitent une recommandation complémentaire ; 53400

Considérant que l'examen des contrats a révélé à la commission des clauses abusives l'existence de clauses illicites au regard de dispositions d'ordre public ; que la liste de ces clauses figure en annexe de la présente recommandation ;

Considérant que les personnes physiques qui prennent à bail leur habitation principale, secondaire ou pour un emplacement de véhicules peuvent être considérées comme des consommateurs ; que les bailleurs peuvent être soit des personnes morales professionnelles, soit des personnes physiques ayant la qualité de loueurs professionnels (comme celles notamment visées à l'article 2 de la loi 49-458 du 2 avril 1949 accordant le bénéfice du maintien dans les lieux à certains clients des hôtels, pensions de famille et meublés) ; que la commission est donc compétente pour examiner les contrats proposés aux locataires et en signaler les clauses abusives ;

Considérant que certains sont imprimés en caractères pâles ou de taille inférieure au corps 8 ; qu'ainsi ces contrats manquent de lisibilité ;

Considérant que les contrats proposés aux locataires sont soumis à deux régimes juridiques : celui résultant des seules dispositions du Code civil (I) et celui résultant d'une loi d'ordre public (principalement lois du 1er septembre 1948 et du 6 juillet 1989) (II) ; que des clauses sont communes à tous les contrats, seule la sanction différant selon le régime applicable (III).

I. – Clauses spécifiques aux contrats soumis aux seules dispositions du Code civil

A. – Durée du bail

1. Considérant que de nombreux contrats fixent une durée irrévocable de la location, que le bail, par exemple, n'est pas résolu par le décès du preneur dont les héritiers restent tenus au paiement des sommes dues au bailleur ; que de telles clauses qui empêchent les locataires ou leurs héritiers de donner congé pour un motif légitime déséquilibrent le contrat au détriment de ces derniers.

B. – État des lieux de sortie

2. Considérant que certains contrats font obligation au locataire de faire dresser à ses frais par l'architecte du bailleur ou son gérant l'état des réparations locatives en fin de jouissance ; qu'une telle clause, alors que cet état des lieux peut être fait sans frais contradictoirement entre les parties, est abusive en ce qu'elle fait prendre en charge par le locataire des sommes dues par le propriétaire en exécution du contrat de mandat.

C. – Clauses relatives aux dépôts de garantie

3. Considérant que certains contrats prévoient le prélèvement sur le dépôt de garantie de différentes indemnités dues en raison de « violation des clauses et conditions du bail sans justificatif et sans jugement » ; qu'une telle clause, qui abandonne au seul professionnel la détermination desdites indemnités qu'il évalue discrétionnairement dans leur principe ou leur montant, est abusive.

D. – Clauses relatives à l'obligation d'installation d'éléments d'équipement

4. Considérant qu'un contrat fait obligation au locataire de :

« – supporter à ses frais toutes modifications d'arrivée, de branchement, de remplacement de compteur ou d'installation intérieure pouvant être exigées par les compagnies distributrices des eaux, du gaz, de l'électricité ou du chauffage ;

« – faire poser, à ses frais, des compteurs d'eau chaude et froide, les frais de location, entretien et relevé étant à la charge du preneur ».

Qu'une telle clause est abusive en ce qu'elle transfère au preneur des obligations qui, portant sur l'installation d'éléments d'équipement, incombent normalement au bailleur.

53400 (suite)

E. – Clauses relatives au droit de visite en cas de congé ou de vente du local

5. Considérant que certains contrats imposent au locataire, en cas de congé, de laisser visiter les lieux, par exemple, de 10 heures à 18 heures ; qu'une telle clause est abusive en ce qu'elle oblige le locataire qui ne désire ou ne peut laisser les clefs à un tiers à rester à son domicile pendant cette période.

6. Considérant que ces mêmes contrats ajoutent qu'à défaut de respecter cette obligation le locataire devra verser une indemnité forfaitaire de trois mois de loyer ; qu'une telle stipulation est abusive en ce qu'elle fixe une indemnité forfaitaire disproportionnée à ce manquement.

F. – Clauses relatives aux modalités de délivrance du congé donné par le locataire

7. Considérant qu'un contrat, conclu pour une durée irrévocable d'une année avec tacite reconduction, impose pour la validité du congé donné par le locataire la signature de son conjoint ; qu'une telle clause est abusive en ce qu'elle laisse croire que l'époux restant seul dans les lieux ne peut donner congé sans le consentement de son conjoint.

G. – Clauses relatives à l'utilisation des lieux loués

8. Considérant qu'un contrat interdit au preneur, sous peine de résiliation de plein droit du bail, d'utiliser les lieux loués comme résidence secondaire ou saisonnière ; qu'une telle clause est abusive en ce qu'elle porte atteinte au libre usage des lieux et que semblable occupation n'est pas par elle-même préjudiciable au bailleur.

H. – Clauses relatives aux responsabilités du locataire

9. Considérant que certains contrats prévoient que le preneur répond de toutes dégradations survenues pendant sa jouissance des lieux à l'exclusion seulement de celles résultant de la vétusté et de la force majeure ; que de telles clauses, qui ne permettent pas au locataire de s'exonérer de sa responsabilité en prouvant qu'il n'a pas commis de faute (art. 1732 du Code civil), créent un déséquilibre significatif aux dépens de ce dernier.

I. – Clauses relatives à la rémunération de ceux qui concourent à l'établissement du contrat de location

10. Considérant que la plupart des contrats mettent à la charge du preneur tous les frais liés à la conclusion du bail ; que de telles clauses déséquilibrent le contrat au détriment du locataire qui prend à sa charge exclusive les sommes permettant la conclusion d'un contrat profitant aux deux parties.

J. – Clauses relatives au paiement des sommes dues

11. Considérant que certains contrats prévoient que le paiement des sommes dues s'effectuera obligatoirement par prélèvement automatique ; que de telles clauses, qui imposent cet unique moyen de paiement, déséquilibrent les obligations contractuelles.

K. – Clauses limitatives de la libre jouissance des lieux loués ou des éléments d'équipement

12. Considérant que de nombreux contrats contiennent, sous peine de résiliation de plein droit du bail, des clauses portant atteinte à la libre jouissance des lieux loués comme l'interdiction de l'usage de l'ascenseur, de l'escalier principal et l'obligation d'utiliser l'escalier de service pour les fournisseurs, livreurs, ouvriers et gens de service – l'obligation faite au locataire de donner le libre accès aux lieux loués au bailleur, à son représentant, à son architecte ou ses entrepreneurs aussi souvent qu'il sera nécessaire –, de donner les clefs du logement à un tiers en cas d'absence ; que de telles clauses, dont certaines soit opèrent une discrimination illicite, soit alourdissent illégalement les obligations du preneur, sont abusives en raison de leur généralité ou de la gravité de leur sanction.

L. – Fin de bail

13. Considérant qu'un contrat définit le départ effectif du locataire comme suit : « Le départ étant entendu après complet déménagement, exécution des réparations locatives, résiliation des abonnements de gaz, électricité, eau et téléphone, présentation au bailleur de la quittance de taxe d'habitation (art. 1686 du CGI), établissement de l'état des lieux contradictoire en fin de contrat et remise des clefs » ; que cette clause est abusive en ce qu'elle fait dépendre la fin

du bail d'événements extérieurs à la volonté des parties ou de la volonté d'une seule d'entre elles et qu'elle est susceptible d'imposer au locataire de poursuivre ses obligations sans contrepartie. **53400** (suite)

II. – Clauses abusives dans les contrats soumis aux dispositions d'une loi d'ordre public

A. – Clauses relatives à la présentation des obligations

14. Considérant que la plupart des contrats prévoient dans un chapitre relatif aux obligations du locataire définies par l'article 7 de la loi du 6 juillet 1989 (ce texte étant expressément visé dans ledit chapitre) d'autres obligations que celles édictées par la loi ; qu'une telle présentation est abusive en ce qu'elle fait croire au locataire que les obligations qui figurent au bail découlent d'une loi d'ordre public, et par conséquent s'imposent à lui.

B. – Clauses augmentant les obligations légales du locataire

15. Considérant que des clauses imposent au locataire des obligations comme le remplacement du compteur et de l'installation électrique intérieure, l'installation à ses frais de boîte aux lettres à la demande du bailleur, le ramonage des cheminées dans le mois précédant son départ ; que de telles clauses sont abusives en ce qu'elles outrepassent les obligations légales du locataire.

C. – Clauses relatives au barème de vétusté pour les réparations locatives

16. Considérant qu'un des contrats examinés fixe un barème de vétusté pour déterminer à la charge du locataire, en fin de bail, le montant des réparations de remise en état, en proportion d'un nombre d'années d'occupation ; qu'une telle clause est abusive en ce qu'elle impose au locataire des réparations incombant légalement au bailleur.

D. – Clauses relatives aux travaux effectués par le preneur

17. Considérant que certains contrats interdisent, sous peine de résiliation judiciaire du bail, de réaliser des aménagements qui ne transforment pas la chose louée, tels que la pose d'un revêtement sur le sol ; que de telles clauses sont abusives lorsque l'aménagement envisagé n'est pas susceptible d'entraîner des dégradations irréversibles.

18. Considérant que certains contrats prévoient que les travaux et aménagements effectués par le preneur « feront immédiatement accession à l'immeuble » et resteront acquis au bailleur à la fin du contrat quelle qu'en soit la cause, sans aucune indemnité ni remboursement de sa part ou de la part des occupants suivants, le bailleur conservant la faculté d'exiger, lors du départ du preneur, la remise des locaux dans leur état d'origine ; qu'une telle clause, qui laisse au seul bailleur le choix entre la remise en état des lieux loués et l'abandon des aménagements réalisés par le preneur, constitue un déséquilibre significatif entre les droits et obligations des parties au contrat.

E. – Clauses relatives au congé donné par le locataire

19. Considérant que certains contrats exigent du locataire qui se prévaut du délai de préavis réduit d'un mois, qu'il justifie du motif légal lors de l'envoi du congé et qu'à défaut le délai de préavis de trois mois s'appliquera ; qu'une telle clause, qui laisse croire au consommateur qu'une justification postérieure de sa part serait inopérante, déséquilibre gravement le contrat au détriment du locataire en ce qu'elle peut amener le propriétaire à exiger l'observation du préavis de droit commun et la perception des sommes y afférentes.

F. – Clauses relatives aux frais de procédure de renouvellement du bail

20. Considérant qu'un contrat prévoit qu'en cas de renouvellement du bail avec hausse de loyer (art. 17-c de la loi du 6-7-1989), les frais de procédure seront intégralement à la charge du locataire si celui-ci ne s'est pas manifesté auprès du bailleur lors de la notification de l'offre de renouvellement ou après la saisine de la commission de conciliation ; qu'une telle clause, qui laisse croire au locataire qu'il doit négocier avec le propriétaire, est abusive.

III. – Clauses communes à l'ensemble des contrats de location

A. – Clauses relatives aux obligations du locataire

21. Considérant que de nombreux contrats font obligation au locataire de tenir les lieux garnis de meubles et objets meublants en quantité et en « qualité » pour répondre en tout temps du paiement du loyer et des charges et de l'exécution des conditions du bail ; qu'une telle clause, compte tenu de l'exigence systématique d'un dépôt de garantie, est abusive en ce qu'elle fait double emploi avec les dispositions de l'article 1752 du Code civil.

53400 (suite) 22. Considérant que certains contrats font obligations aux locataires de procéder au ramonage des cheminées plusieurs fois par an ; qu'une telle clause par sa généralité est abusive.

B. – Clauses de responsabilité et de recours

23. Considérant qu'un contrat impose au locataire d'accepter toutes les stipulations qu'il comporte « sans pouvoir prétendre à aucune diminution de loyer ni indemnité quelconque, mais au contraire à peine de résiliation » ; qu'une telle clause qui interdit tout recours au locataire quelles que soient les clauses concernées entraîne un déséquilibre entre les droits et les obligations des parties.

24. Considérant que d'autres clauses interdisent au locataire de rechercher la responsabilité du bailleur dans des circonstances visées par une liste limitative débutant par exemple par l'adverbe « notamment » ; que de telles clauses sont abusives en ce qu'elles tendent à interdire toute réclamation du locataire.

25. Considérant que certains contrats, relatifs à la location d'emplacements de véhicule, contiennent des clauses qui exonèrent le bailleur de sa responsabilité en cas de détérioration du véhicule ; que de telles clauses sont abusives en ce qu'elles excluent les cas où la responsabilité du bailleur serait engagée notamment en raison du défaut d'entretien de l'immeuble.

26. Considérant que d'autres contrats exonèrent le bailleur de sa responsabilité dans de nombreuses hypothèses : chute des appareils d'éclairage, accidents survenus aux usagers d'un terrain de jeux, arrêt de la fourniture de certaines prestations (ascenseur, chauffage...) ; que de telles clauses sont abusives en ce qu'elles exonèrent le bailleur de ses obligations liées à l'entretien de l'immeuble, à l'entretien et au fonctionnement des installations ou à la sécurité des équipements.

27. Considérant que certaines clauses interdisent au preneur tout recours en cas de destruction totale des lieux loués ; que ces clauses sont abusives en ce qu'elles interdisent la mise en jeu de la responsabilité du bailleur.

28. Considérant que certaines clauses déchargent le bailleur de sa responsabilité du fait de ses préposés ou des tiers désignés par lui, lorsque le preneur est par ailleurs obligé de leur laisser une clef du logement en cas d'absence ; que de telles clauses, qui permettent au bailleur d'imposer une obligation sans en assumer les conséquences dommageables, sont abusives.

29. Considérant que de nombreux contrats contiennent une clause prévoyant que la responsabilité du bailleur ne pourra être recherchée pour « les troubles, dommages ou actes délictueux dont le preneur, les membres de sa famille, les personnes à charge ou à son service seraient victimes du fait de colocataires ou occupants de l'immeuble ou de tiers, le preneur ayant alors une action directe à l'encontre du responsable des troubles, des dommages ou actes délictueux » ; qu'une telle clause est abusive en ce qu'elle dispense le bailleur de garantir une jouissance paisible et d'agir en conséquence dans la limite de ses obligations et de ses droits.

C. – Clauses relatives aux travaux effectués avec l'accord du propriétaire

30. Considérant qu'un contrat prévoit qu'en cas de travaux effectués avec l'accord du bailleur le locataire est obligé de prendre l'architecte et les entreprises choisis par le propriétaire ; qu'une telle clause, qui ne distingue pas selon les travaux envisagés, et qui va au-delà du contrôle exercé sur la nature et la qualité des travaux par un professionnel désigné par le bailleur, est abusive.

D. – Clauses relatives à l'hébergement de tiers

31. Considérant que de nombreux contrats interdisent au locataire à peine de résiliation du bail de faire occuper les lieux loués, même temporairement, par des personnes autres que son conjoint, ses ascendants ou descendants à charge vivant habituellement à son foyer et les employés de maison à son service ; que d'autres contrats limitent l'usage du logement « aux personnes déclarées au bail ainsi qu'aux enfants à naître » ; que de telles clauses, de par leur généralité, sont de nature à entraîner au détriment du consommateur un déséquilibre significatif entre les droits et obligations des parties.

E. – Clauses pénales

32. Considérant que tous les contrats comportent, à la charge exclusive du locataire, des clauses pénales (dépôt de garantie acquis au bailleur, indemnité d'occupation de deux à trois fois le loyer quotidien...) en cas d'inexécution d'une des clauses du bail ou de retard dans le paiement du loyer ; que de telles clauses, compte tenu de l'absence de réciprocité en cas de manquement du bailleur, sont source de déséquilibre contractuel au détriment du consommateur.

F. – Clauses relatives aux tolérances

53400 (suite)

33. Considérant que la plupart des contrats prévoient la faculté pour le bailleur de mettre fin à toute tolérance sans délai ; que de telles clauses sont abusives en ce qu'elles ne prévoient pas l'obligation pour le bailleur de notifier au preneur, sous une forme explicite, qu'il met fin à l'usage qui s'est instauré de déroger aux clauses du bail, et de lui laisser un délai suffisant pour se mettre en conformité avec ladite obligation.

G. – Clauses relatives aux assurances souscrites par le locataire

34. Considérant que certains contrats exigent du locataire qu'il souscrive des assurances garantissant des risques (par exemple bris de glace) autres que ceux pour lesquels il est d'usage que le locataire s'assure ; que de telles clauses en ce qu'elles aggravent les obligations du locataire sont abusives.

H. – Clauses relatives à l'élection de domicile

35. Considérant que la plupart des contrats, tout en exigeant que le locataire indique en fin de bail sa nouvelle adresse ou une domiciliation, prévoient qu'il élise domicile dans les lieux loués, après son départ ; que de telles clauses sont abusives en ce qu'elles permettent au bailleur de notifier des actes de procédure à une adresse à laquelle il sait que le locataire ne réside plus ;

Recommande :

A. – Que les documents contractuels soient imprimés lisiblement avec des caractères dont la hauteur ne saurait être inférieure au corps 8.

B. – Que soient éliminées des contrats les clauses ayant pour objet ou pour effet :

I. – Pour les contrats soumis aux seules dispositions du Code civil :

1. D'imposer une durée irrévocable au contrat, sans prévoir la possibilité d'une résiliation anticipée pour motif légitime ;

2. D'imposer au locataire de faire dresser à ses frais par l'architecte du bailleur ou de son gérant l'état des réparations locatives en fin de bail ;

3. D'autoriser le bailleur à prélever sur le dépôt de garantie des indemnités qu'il a évaluées discrétionnairement dans leur principe ou leur montant ;

4. De transférer au preneur des obligations qui, portant sur l'installation d'éléments d'équipement, incombent normalement au bailleur ;

5. De fixer, en cas de congé, des horaires de visite du logement incompatibles avec les contraintes de la vie courante des locataires ;

6. De fixer des indemnités disproportionnées au manquement du locataire à l'obligation de laisser visiter les lieux après congé ou mise en vente ;

7. De subordonner la validité du congé donné par le locataire à la signature de son conjoint ;

8. D'interdire au preneur, sous peine de résiliation de plein droit du bail, d'utiliser les lieux loués comme résidence secondaire ou saisonnière ;

9. D'empêcher le locataire de s'exonérer de sa responsabilité en raison des dégradations survenues pendant sa jouissance des lieux, dans les hypothèses où il n'a pas commis de faute ;

10. De mettre à la charge exclusive du preneur les frais liés à la conclusion du bail ;

11. D'imposer le prélèvement automatique comme unique moyen de paiement des sommes dues en exécution du bail ;

12. De porter atteinte à la libre jouissance des lieux loués ;

12 bis. De prévoir la résiliation de plein droit du bail pour le manquement du locataire à ses obligations autres qu'essentielles ;

13. De faire dépendre d'événements extérieurs à la volonté des parties ou d'une seule d'entre elles le « départ effectif » du locataire et donc la cessation de son obligation de régler le loyer et les charges.

II. – Pour les contrats soumis aux dispositions d'une loi d'ordre public :

14. De laisser croire au locataire que certaines obligations figurant au bail sont imposées par une loi d'ordre public ;

15. D'imposer au locataire des obligations qui outrepassent ses obligations légales ;

16. De laisser à la charge du locataire, en fin de bail, les frais de remise en état incombant légalement au bailleur ;

17. D'interdire au preneur d'effectuer des aménagements qui ne causent pas de dégradations irréversibles aux lieux loués ;

53400 (suite) 18. De laisser, pour les travaux et aménagements effectués par le locataire, au seul bailleur l'option entre la remise en état des lieux loués et l'abandon sans indemnité ;

19. De laisser croire au consommateur qu'il ne peut justifier, postérieurement à l'envoi du congé, du motif de préavis réduit d'un mois ;

20. D'obliger le locataire à négocier avec le propriétaire le montant du loyer renouvelé faute de quoi les frais de la procédure de renouvellement seraient à sa charge.

III. – Clauses communes à l'ensemble des contrats de location :

21. D'exiger du locataire, lorsqu'un dépôt de garantie est prévu, de tenir les lieux garnis de meubles et objets meublants pour répondre des obligations découlant du bail ;

22. D'exiger du locataire, sans motif légitime, le ramonage des cheminées plusieurs fois par an ;

23. D'interdire au locataire de contester les clauses du bail, à peine de résiliation ;

24. D'interdire au locataire, par des clauses non limitatives de renonciation, tout recours contre le bailleur ;

25. D'exonérer le bailleur d'un emplacement de véhicule de sa responsabilité en cas de détérioration du véhicule lorsque celle-ci lui est imputable ;

26. D'interdire au locataire de rechercher la responsabilité du bailleur en raison d'un défaut d'entretien de l'immeuble, de la vétusté ou de la dangerosité des éléments installés ;

27. D'interdire au preneur de rechercher la responsabilité du bailleur en cas de destruction totale des lieux loués ;

28. D'exonérer le bailleur de sa responsabilité lorsque le contrat impose au locataire de remettre ses clefs, en cas d'absence, à une personne qu'il n'a pas lui-même librement choisie ;

29. D'exonérer, dans tous les cas, le bailleur de sa responsabilité pour les troubles, dommages ou actes délictueux causés par les colocataires occupants de l'immeuble ou les tiers ;

30. D'exiger du locataire qui effectue des travaux avec l'accord du propriétaire d'en confier la réalisation à l'architecte ou aux entreprises choisis par ce dernier ;

31. D'interdire au preneur de faire occuper les lieux loués par les personnes de son choix ;

32. De déterminer le montant de l'indemnité due par le locataire qui n'exécute pas ses obligations sans prévoir une indemnité du même ordre à la charge du bailleur qui n'exécute pas les siennes ;

33. De permettre au bailleur de mettre fin à l'usage qui s'est instauré de déroger à une clause du bail, sans mise en demeure laissant au preneur un délai de mise en conformité ;

34. D'exiger du locataire qu'il souscrive des assurances autres que celles qu'il est d'usage de contracter ;

35. De prévoir une « domiciliation » du locataire dans les lieux qu'il a libérés.

CHAPITRE 2 BAUX COMMERCIAUX

SOMMAIRE

RÉGLEMENTATION APPLICABLE AUX BAUX COMMERCIAUX

53500 Le statut des baux commerciaux, institué par le décret 53-960 du 30 septembre 1953, tend à assurer la protection du locataire dans son activité. À cette fin, il fixe au bail une durée minimale et reconnaît au locataire un droit au renouvellement à son expiration. En outre, il permet au locataire de s'adapter aux évolutions économiques en instaurant la possibilité de modifier la destination contractuelle du bail selon une procédure spécifique. Enfin, il tend à limiter la charge financière de la location grâce au plafonnement du loyer lors du renouvellement du bail.

Tous les locaux à caractère commercial, industriel ou artisanal ne sont pas nécessairement et exclusivement soumis au statut. En effet, pour en bénéficier, le bail doit répondre à certaines conditions générales d'application, à moins que la loi ou la volonté des parties n'aient décidé de l'y soumettre. Les parties peuvent également convenir d'y déroger sous certaines conditions. À défaut, le bail est régi par la convention des parties et les dispositions supplétives du Code civil (nos 50005 s.).

Les dispositions du décret de 1953 ont été codifiées à droit constant. Elles se trouvent désormais aux **articles L 145-1 à L 145-60 et R 145-1 à R 145-38 du Code de commerce.**

SECTION 1

CHAMP D'APPLICATION DU STATUT DES BAUX COMMERCIAUX

I. CONDITIONS GÉNÉRALES D'APPLICATION DU STATUT

CONDITIONS CUMULATIVES

53505 Le statut s'applique aux baux des immeubles ou locaux dans lesquels un fonds est exploité, que ce fonds appartienne soit à un commerçant ou à un industriel immatriculé au registre du commerce et des sociétés, soit au chef d'une entreprise du secteur des métiers et de l'artisanat immatriculée au registre national des entreprises (RNE), accomplissant ou non des actes de commerce (C. com. art. L 145-1, I-al. 1).

Trois conditions sont exigées :

– la location doit porter sur un immeuble ou un local ;

– le locataire doit exploiter un fonds lui appartenant dans les locaux loués ;

– le locataire doit être immatriculé au registre du commerce ou au registre national des entreprises.

A. Existence d'un bail portant sur un immeuble ou un local

EXISTENCE D'UN CONTRAT DE LOCATION

Le statut ne s'applique qu'au louage d'immeuble (Cass. 3e civ. 10-6-1980 : Bull. civ. III no 113), contrat par lequel le bailleur consent la jouissance d'un bien au locataire pendant une certaine durée en contrepartie du paiement d'un loyer. **53510**

Le statut ne s'applique pas à d'**autres conventions** telles que le crédit-bail immobilier dont l'objet est l'acquisition de la propriété des murs (Cass. 3e civ. 10-6-1980 : Bull. civ. III no 113 ; Cass. 3e civ. 7-5-1997 no 95-15.504 : RJDA 2/97 no 173), ou la location-gérance d'un fonds de commerce dont l'objet porte non sur un immeuble mais sur un meuble incorporel, le fonds de commerce (Cass. 3e civ. 10-5-1989 : Bull. civ. III no 105).

NOTION D'IMMEUBLE

Le terme « immeuble » est employé dans un sens plus restrictif que celui du droit commun. Il ne concerne que les immeubles **bâtis,** par opposition aux terrains nus qui, par application de l'article L 145-1, I-2° du Code de commerce, ne peuvent être soumis au statut que si certaines conditions sont remplies (nos 53560 s.). Les conventions portant sur un immeuble **en cours de construction** en sont aussi exclues (Cass. 3e civ. 8-1-1997 : RJDA 2/97 no 173). **53512**

NOTION DE LOCAL

Le statut s'applique aux baux des immeubles ou locaux dans lesquels un fonds est exploité (C. com. art. L 145-1, I-al. 1) ainsi qu'aux baux de locaux ou d'immeubles accessoires à l'exploitation d'un fonds (C. com. art. L 145-1, I-1°). Ces textes opèrent donc une distinction entre les immeubles ou les locaux dans lesquels le fonds est exploité et ceux qui sont seulement accessoires à l'exploitation de ce fonds. **53515**

Locaux servant à l'exploitation principale d'un fonds de commerce La notion de local au sens de l'article L 145-1 du Code de commerce n'est définie ni dans le Code civil ni dans le Code de commerce. Pour que le statut des baux commerciaux soit applicable, le bail devait, pensait-on, porter sur des bâtiments ou sur une partie de **bâtiments clos et couverts** (Cass. 3e civ. 1-12-1976 no 75-14.592 : Bull. civ. III no 436 ; Cass. 3e civ. 25-1-1977 no 74-15.293 : Bull. civ. III no 38 ; CA Paris 14-11-1956 : GP 1956.2 p. 401). **53520**

Cette nécessité n'est plus : pour la Cour de cassation, il ne résulte pas d'une jurisprudence constante que l'application de l'article L 145-1 soit soumise à l'exigence d'un local clos et couvert et qu'en soit exclue une surface d'exploitation si l'**emplacement** concédé est **stable et permanent** (Cass. 3e civ. QPC 20-3-2014 no 13-24.439 : RJDA 3/15 no 161). Compte tenu de cette nouvelle jurisprudence, certains emplacements qui s'étaient vu refuser l'application du statut pourraient se la voir accordée. Ainsi en est-il d'un emplacement délimité sur le sol par des cloisons légères à hauteur d'homme ou de certaines aires de stationnement (Cass. 3e civ. 18-3-1992 no 90-15.686 : Bull. civ. III no 94 ; Cass. 3e civ. 5-7-1995 no 93-17.674 : RJDA 8-9/95 no 939 ; Cass. 3e civ. 12-7-1995 no 93-20.599 : RJDA 10/95 no 1083).

ATTENTION

L'emplacement doit être bien défini (Cass. 3e civ. 1-6-2010 no 09-65.482 : RJDA 10/10 no 917, pour l'emplacement d'un kiosque à journaux exploité dans le hall d'un immeuble en copropriété qui n'était ni aléatoire ni changeant) et ne pas être susceptible de modifications ou restrictions par le bailleur (no 53705).

Locaux accessoires Les locaux accessoires sont ceux dans lesquels le fonds n'est pas directement exploité, mais qui sont cependant **affectés à l'exploitation** de ce fonds. En conséquence, le fonds n'y est pas directement exploité (Cass. 3e civ. 5-3-1986 : Bull. civ. III no 20), la clientèle n'y a pas accès (Cass. 3e civ. 12-7-1995 no 1637 : RJDA 11/95 no 1205 ; CA Versailles 1-7-1999 : RJDA 11/99 no 1181). Il peut s'agir par exemple d'entrepôts (CA Paris 2-4-2022 no 19/12702 : RJDA 10/22 no 550), de bureaux, d'ateliers de réparation, voire d'aires de stationnement situées à l'intérieur d'un parking (Cass. 3e civ. 22-3-2006 no 05-12.106 : RJDA 6/06 no 625 ; CA Versailles 12-1-2016 no 14/00097 : RJDA 8-9/16 no 597). **53530**

Les locaux accessoires ne se confondent pas avec les dépendances.

Ne pouvant pas être le siège d'une exploitation, le local accessoire s'oppose à l'établissement secondaire (no 53860).

Le caractère accessoire s'apprécie non pas en fonction d'un lien matériel, mais d'un lien fonctionnel. En ce sens, le local accessoire peut ne pas être contigu au local principal (Cass. 3e civ. 4-11-1992 : RJDA 1/93 no 9).

53535 Les locaux accessoires ne relèvent des dispositions du Code de commerce qu'à une **double condition.**

1° Le statut ne s'applique aux baux de locaux accessoires à l'exploitation du fonds que si leur **utilisation** est **indispensable** à cette exploitation (Cass. com. 18-1-1961 : Bull. civ. III n° 38) ou si la privation de ces locaux met en péril l'exploitation principale (Cass. 3e civ. 10-10-1968 : Bull. civ. III n° 364). La simple commodité n'est pas suffisante (Cass. com. 26-10-1964 : Bull. civ. III n° 441), ni la gêne limitée, sans répercussion sur la bonne marche des activités commerciales (Cass. 3e civ. 23-1-1974 : Bull. civ. III n° 35).

Le caractère nécessaire du local accessoire, souverainement constaté par les juges du fond (Cass. 3e civ. 22-3-2006 n° 05-12.106 : RJDA 6/06 n° 625), s'apprécie par rapport à l'exploitation du fonds de commerce, sans considération des **possibilités de remplacement** dont le locataire pourrait disposer par ailleurs (Cass. 3e civ. 30-1-1970 : Bull. civ. III n° 77). En effet, dans cette hypothèse, le remplacement s'impose précisément pour ne pas compromettre le fonds (Cass. 3e civ. 27-4-1982 : Bull. civ. III n° 104 ; Cass. 3e civ. 7-2-1990 : Bull. civ. III n° 43) et justifie le caractère de nécessité du local accessoire.

Le locataire doit **prouver** le caractère indispensable du local accessoire (Cass. 3e civ. 27-2-1991 n° 89-20.905 P : RJDA 4/91 n° 280).

ATTENTION

Le caractère indispensable du local accessoire doit être apprécié par rapport à la destination contractuelle de celui-ci et non par rapport à son **usage effectif** lequel n'est pas légitimé par une simple tolérance du bailleur (Cass. 3e civ. 28-5-2020 n° 19-13.381 F-D : RJDA 10/20 n° 471).

53540 **2°** Le local accessoire doit **appartenir** en principe **au propriétaire des locaux servant à l'exploitation principale.**

Lorsque le local accessoire appartient à un **propriétaire différent** du local principal, le juge ne peut le soumettre aux dispositions du Code de commerce que si ce local a été loué au vu et au su du bailleur du local accessoire en vue de son utilisation pour l'activité principale du locataire (Cass. 3e civ. 3-7-1968 : Bull. civ. III n° 312 ; Cass. 3e civ. 19-3-2008 n° 06-21.752 : RJDA 6/08 n° 612). Il doit procéder à cette recherche même d'office (Cass. 3e civ. 19-7-1995 : RJDA 11/95 n° 1206).

La connaissance par le bailleur de l'utilisation jointe doit exister au moment de la conclusion du bail. À défaut, le locataire doit établir que le bailleur avait connaissance de cette utilisation et qu'il en avait accepté les conséquences juridiques par des actes positifs non équivoques.

TERRAINS NUS

53560 Le statut s'applique aux baux des terrains nus sur lesquels ont été édifiées, soit avant, soit après le bail, des constructions à usage commercial, industriel ou artisanal, à condition que ces constructions aient été élevées ou exploitées avec le consentement exprès du bailleur (C. com. art. L 145-1, I-2°).

53565 **1°** Des **constructions** doivent être **édifiées sur le terrain** loué. Les caractères d'une construction sont la solidité et la stabilité de l'ouvrage construit (Cass. 3e civ. 17-10-1968 : Bull. civ. III n° 382). Les juges du fond apprécient souverainement si les ouvrages édifiés sur un terrain loué nu présentent ces caractères (Cass. 3e civ. 17-1-1969 : Bull. civ. III n° 52 ; Cass. 3e civ. 1-3-1995 n° 482 D). Toutefois, la Cour de cassation contrôle la notion de construction au sens de l'article L 145-1 du Code de commerce (Cass. 3e civ. 1-3-1995 n° 92-17.874 : RJDA 5/95 n° 549).

53570 **2°** Le bailleur doit avoir donné son **consentement** à l'édification des constructions. L'autorisation du propriétaire peut ne pas être écrite, mais elle doit être certaine et non équivoque (Cass. com. 25-2-1964 : Bull. civ. III n° 92 ; Cass. 3e civ. 1-2-1989 : Bull. civ. III n° 26). Une simple tolérance est insuffisante (Cass. 3e civ. 10-7-1996 : RJDA 11/96 n° 1303).

53575 **3°** Il est nécessaire qu'un **fonds** soit **exploité** dans l'édifice (Cass. 3e civ. 11-5-1988 : Bull. civ. III n° 90 ; Cass. 3e civ. 23-1-2020 n° 19-11.215 FS-PBI : RJDA 4/20 n° 201) et que le locataire en soit le propriétaire (Cass. 3e civ. 6-12-1983 : Bull. civ. III n° 254). Néanmoins, dans un cas où cette troisième condition faisait défaut, la Cour de cassation a admis, s'agissant de maisons témoins édifiées sur les terrains nus appartenant à des sociétés dont l'objet était la vente « clés en main » de maisons individuelles choisies par les clients au vu de ces modèles types, que ces maisons, construites avec l'accord du bailleur, constituaient pour ces sociétés des locaux accessoires dont la disparition compromettait leur exploitation principale (Cass. 3e civ. 29-9-1999 : RJDA 11/99 n° 1180).

B. Exploitation d'un fonds dans les lieux loués

Sauf extension conventionnelle, le statut n'est applicable que si un fonds appartenant à un commerçant, à un industriel ou au chef d'une entreprise relevant du secteur des métiers et de l'artisanat est exploité dans les lieux loués (C. com. art. L 145-1, I-al. 1). Le locataire doit donc destiner les lieux à l'exploitation d'un fonds de commerce ou d'un fonds artisanal. Lorsque cette obligation ne figure pas dans le bail, elle y est sous-entendue, si bien que le locataire ne peut tirer argument de son absence (CA Orléans 31-5-2007 n° 06-3044 : RJDA 4/08 n° 382). Si l'intention d'exploiter un fonds est nécessaire, elle n'est pas suffisante. Il faut encore qu'un véritable fonds de commerce ou un fonds artisanal existe et que le locataire en soit le propriétaire. **53680**

DESTINATION COMMERCIALE DES LIEUX LOUÉS

Le caractère d'une location est déterminé, en principe, non par l'usage que le locataire a pu faire de la chose louée mais par la destination que les parties ont entendu lui donner lors de la conclusion du contrat (Cass. 1e civ. 6-1-1960 : Bull. civ. I n° 10 ; Cass. 3e civ. 7-7-1993 : RJDA 11/93 n° 877). **53685**

Lorsque le bail est muet sur l'activité commerciale exercée dans les lieux, il a été admis que le locataire était autorisé à exercer le commerce de son choix (Cass. com. 7-12-1964 : Bull. civ. III n° 477).

La possibilité accordée au locataire d'affecter les lieux loués à un usage commercial quelconque confère nécessairement à la location un caractère commercial (Cass. soc. 17-7-1962 : Bull. civ. III n° 650).

Bail portant sur des locaux commerciaux et d'habitation Le bail commercial portant à la fois sur des locaux commerciaux et d'habitation est, en principe, **indivisible** et il est commercial pour l'ensemble des locaux qui y sont compris (Cass. com. 5-5-1966 : Bull. civ. III n° 230), même si la partie commerciale ne subsiste que très partiellement et sur une surface réduite (Cass. 3e civ. 1-10-1997 n° 95-14.322 : RJDA 12/97 n° 1469). **53690**

EXISTENCE D'UNE CLIENTÈLE ATTACHÉE AU FONDS

Condition de l'existence d'un fonds L'existence d'un fonds commercial, industriel ou artisanal suppose l'existence d'une **clientèle réelle et indépendante.** En effet, il n'y a pas de fonds de commerce lorsqu'il n'y a pas ou lorsqu'il n'y a plus de clientèle qui s'y trouve attachée (Cass. com. 31-5-1988 : Bull. civ. IV n° 180 ; Cass. 3e civ. 19-9-2006 n° 05-18.364 : RJDA 12/06 n° 1201). La clientèle est l'élément essentiel sans lequel le fonds de commerce n'existe pas (Cass. 3e civ. 18-5-1978 : Bull. civ. III n° 205), et il appartient au locataire d'en rapporter la preuve (Cass. 3e civ. 29-10-1985 : Bull. civ. III n° 135). **53700**

> **Précisions** La **cessation temporaire d'activité** ne fait pas nécessairement perdre à la clientèle son caractère réel, c'est-à-dire actuel et certain et non futur ou potentiel (Cass. 3e civ. 15-9-2010 n° 09-68.521 : RJDA 1/11 n° 15 ; Cass. com. 29-1-2013 n° 11-28.690 : RJDA 6/13 n° 475).

Cas particulier des locaux loués dans un ensemble commercial L'existence d'une clientèle suscite des difficultés lorsque le local est situé dans un ensemble commercial (centre commercial, terrain de sport, etc.). Le locataire ne peut prétendre au bénéfice du statut que si les **trois conditions** suivantes sont réunies. **53705**

1° Disposition d'un local déterminé L'emplacement doit être fixe, ce qui suppose que le locataire ait la libre disposition des lieux. Ainsi, l'emplacement occupé par un fleuriste dans un supermarché ne constitue pas un bail commercial « dès lors que le prétendu bailleur a toute latitude à tout moment pour le fixer ou le restreindre » (Cass. 3e civ. 24-2-1976 : Bull. civ. III n° 80) ou lorsque le découpage, la situation et la surface de l'emplacement sont laissés à la discrétion du bailleur (Cass. 3e civ. 20-2-1985 : Bull. civ. III n° 38).

2° Clientèle personnelle Le locataire doit rapporter la preuve de l'existence d'une clientèle propre, distincte de celle de l'ensemble commercial auquel il est intégré (Cass. 3e civ. 28-1-2015 n° 13-24.661 : RJDA 7/15 n° 483). Ainsi, la Cour de cassation a refusé le bénéfice du statut à un locataire installé dans l'enceinte d'un supermarché au motif qu'il « n'avait d'autre clientèle que celle de la société qui l'hébergeait » (Cass. 3e civ. 9-7-1979 : Bull. civ. III n° 153 ; Cass. 3e civ. 28-9-1982 : Gaz. Pal. 1983 pan. 51). Jugé également que ne relève pas du statut la concession d'un couloir-véranda dans un grand hôtel pour l'exposition de tableaux en vue de rechercher des acquéreurs parmi la clientèle de l'hôtel (Cass. 3e civ. 2-12-1987 : Rev. Loyers 1988 p. 71), ou d'un rayon de vente au rez-de-chaussée d'un immeuble occupé par un grand couturier (Cass. 3e civ. 7-10-1987 : Bull. civ. III n° 161). Il en va de même pour les tenanciers de bars et de buffets situés sur les hippodromes (Cass. ass. plén. 24-4-1970 : Bull. civ. III n° 3), les terrains de sport ou à l'intérieur d'un théâtre ou d'un casino.

À l'inverse, le statut a été appliqué au locataire d'une construction permanente située à l'extérieur d'un supermarché et adossée à celui-ci au motif que ce locataire disposait d'une clientèle propre (Cass. 3e civ. 1-12-1976 : Bull. civ. III no 441 ; dans le même sens, CA Bordeaux 20-6-2007 no 05-6070 : RJDA 8-9/08 no 886).

En revanche, la Cour de cassation n'exige plus que cette clientèle présente un caractère prépondérant par rapport à celle de l'établissement d'accueil (Cass. 3e civ. 19-3-2003 no 01-17.679 : RJDA 6/03 no 572).

3o Absence de contraintes incompatibles avec le libre exercice de l'activité (Cass. 3e civ. 19-1-2005 no 03-15.283 : RJDA 4/05 no 362 ; Cass. 3e civ. 23-6-2016 no 14-26.003 F-D : RJDA 10/16 no 671). Le locataire n'a pas à démontrer l'absence de telles contraintes ; c'est au bailleur, qui refuse l'application du statut, de prouver que le locataire est soumis à ces contraintes.

PROPRIÉTÉ DU FONDS EXPLOITÉ DANS LES LIEUX

53720 Pour se prévaloir des dispositions du Code de commerce, le locataire doit être propriétaire du fonds qu'il exploite dans les lieux loués (Cass. 3e civ. 25-1-1983 : Bull. civ. III no 22). Peu importe le mode d'exploitation pourvu que le locataire conserve la propriété du fonds. En conséquence, le statut des baux commerciaux ne s'applique ni au sous-locataire, en cas de sous-location totale des lieux (Cass. 3e civ. 29-10-1985 : Bull. civ. III no 135 ; Cass. 3e civ. 30-5-1996 : RJDA 8-9/96 no 1018), ni au locataire-gérant d'un fonds de commerce (Cass. 3e civ. 10-6-1981 : Bull. civ. III no 118 ; Cass. 3e civ. 19-3-2008 no 07-11.805 : RJDA 6/08 no 614), sauf pour ce dernier à établir qu'il a créé ou notablement développé une clientèle personnelle (Cass. com. 21-3-1995 : RJDA 8-9/95 no 975).

NATURE DE L'ACTIVITÉ EXERCÉE PAR LE LOCATAIRE DANS LES LIEUX

53740 Le locataire doit, pour bénéficier du statut, exercer une **activité commerciale** qui se définit par l'accomplissement d'actes de commerce tels que déterminés par l'article L 110-1 du Code de commerce. Il s'agit par exemple des achats de biens meubles pour les revendre ou des opérations d'intermédiaire pour l'achat ou la vente d'immeubles ou de fonds de commerce ou encore de la location de meubles.

Sont donc **exclus** du champ d'application du statut, sauf extension conventionnelle (nos 54320 s.), les baux consentis :

– aux membres des professions libérales : conseil juridique et fiscal (Cass. 3e civ. 4-10-1983 : Bull. civ. III no 117), expert-comptable (Cass. 3e civ. 7-11-1973 : Quot. jur. 11-5-1974), vétérinaire (CA Paris 4-11-1970 : Rev. Loyers 1971 p. 21) ;

– aux agents commerciaux et VRP (Cass. com. 2-11-1954 : JCP G 1955 II no 8496) ;

– aux fonctionnaires (Cass. 3e civ. 19-6-2002 no 01-03.226 : RJDA 10/02 no 990) ;

– à une société d'assurances à forme mutuelle ayant une activité civile (CA Rennes 3-5-1977 : D. 1977 IR p. 476) ou à une association qui n'exploite pas un fonds de commerce (CA Paris 17-1-1984 : Loyers et copr. 1984 comm. no 91 ; CA Aix-en-Provence 28-11-2019 no 19/04808 : RJDA 8-9/20 no 413) ;

– à une société commerciale par la forme exerçant une activité de nature civile, par exemple une société d'ingénierie (Cass. 3e civ. 5-3-1971 : Bull. civ. III no 168) ou une société d'expertise automobile (CA Lyon 12-1-2017 no 15/03438 : RJDA 10/17 no 610). Toutefois, la Cour de cassation a reconnu le bénéfice du statut à une société commerciale par la forme dont l'activité consistait exclusivement à louer au mois des boxes à des particuliers (Cass. 3e civ. 30-10-1984 : Bull. civ. III no 178). Ne bénéficie pas du statut la société dont l'objet social est l'activité de location en vue de prendre à bail et sous-louer tous immeubles (résidence de tourisme), dès lors que les différents appartements sous-loués constituent l'objet de cette société, mais non le lieu où celle-ci exploite son fonds de commerce (Cass. 3e civ. 10-11-1993 : RJDA 1/94 no 11). Il n'en va différemment que si la société fournit des prestations de services dans les lieux loués (Cass. 3e civ. 10-2-1999 : RJDA 5/99 no 529).

En revanche, le statut s'applique à une agence bancaire (Cass. 3e civ. 31-10-1989 : Bull. civ. III no 202) et à une caisse de crédit mutuel, qui est une banque à statut légal spécial (Cass. 3e civ. 21-2-1996 : RJDA 5/96 no 612).

53745 Le statut des baux commerciaux s'applique aussi aux fonds appartenant au chef d'une **entreprise** relevant **du secteur des métiers et de l'artisanat** immatriculée au registre national des entreprises. Sont concernées les personnes physiques ou morales qui exercent une activité professionnelle indépendante de production, de transformation, de réparation ou de prestations de services à titre principal ou secondaire, et employant moins de onze salariés (C. artisanat art. L 111-1 et R 111-1).

C. Immatriculation du propriétaire du fonds

PERSONNES ASSUJETTIES À L'IMMATRICULATION

Les locataires, propriétaires d'un fonds, doivent être immatriculés au registre du commerce et des sociétés (RCS) s'ils sont commerçants et industriels ou au registre national des entreprises (RNE) s'ils relèvent du secteur des métiers et de l'artisanat (C. com. art. L 145-1, I-al. 1). **53840**

Doit également être immatriculé le locataire qui a été autorisé par le bailleur à sous-louer son local même s'il n'est plus propriétaire du fonds de commerce qui y est exploité, dès lors que les parties n'ont pas envisagé, directement ou indirectement, que le locataire bénéficie conventionnellement du statut (Cass. 3e civ. 3-7-2013 n° 12-21.966 : RJDA 12/13 n° 986).

> **Précisions** **a.** L'immatriculation au RCS revêt un **caractère personnel** et nul ne peut être immatriculé plusieurs fois à un même registre (C. com. art. R 123-31). Il en est de même à notre avis pour le RNE même si, à notre connaissance, aucun texte ne reprend cette précision.
b. Une **association** qui exerce, dans le cadre de son objet associatif et désintéressé, une activité de nature commerciale ne peut pas s'immatriculer au RCS (Cass. com. 1-3-1994 n° 621 : RJDA 6/94 n° 676). Elle ne peut donc pas bénéficier du statut des baux commerciaux, sauf si elle exploite dans les locaux un établissement d'enseignement, ou si elle l'a expressément convenu avec le bailleur.

En cas de location-gérance du fonds Si le fonds est exploité sous forme de location-gérance, le propriétaire du fonds bénéficie du statut sans avoir à justifier de l'immatriculation (C. com. art. L 145-1, II), pour peu que la mise en location-gérance soit effectivement intervenue avant la date à laquelle l'immatriculation du propriétaire du fonds est requise (Cass. 3e civ. 4-11-1998 n° 97-12.247 : RJDA 12/98 n° 1331) et que la location-gérance ne soit pas annulée pendant la période de renouvellement ou de fixation de l'indemnité d'éviction ; dans ce cas, il peut être reproché au propriétaire du fonds de ne pas avoir été immatriculé à la date d'effet du congé ou de la demande de renouvellement, l'annulation faisant rétroactivement renaître sur sa tête l'obligation dont il était dispensé (Cass. 3e civ. 10-11-2010 n° 09-16.927 : RJDA 3/11 n° 216). **53841**

Le défaut d'immatriculation du locataire-gérant n'entraîne pas la déchéance du droit du propriétaire du fonds au renouvellement de son bail (Cass. 3e civ. 30-5-1996 n° 94-13.765 : RJDA 8-9/96 n° 1019).

Colocataires Un même fonds de commerce peut être la propriété indivise de plusieurs personnes. Le bail du local abritant ce fonds est alors consenti à l'ensemble des copropriétaires qui deviennent colocataires. Dans un tel cas, l'exploitant du fonds bénéficie des dispositions du statut, même en l'absence d'immatriculation de ses **colocataires** ou coïndivisaires **non exploitants** (C. com. art. L 145-1, III). **53842**

Bien que ces dispositions ne visent que « l'exploitant du fonds », il va sans dire qu'en présence de plusieurs colocataires exploitants, y compris des **époux** communs en biens, l'obligation d'immatriculation subsiste pour chacun d'eux, la dispense d'immatriculation ne concernant que les colocataires non exploitants du fonds de commerce ou d'artisanat.

Héritiers En cas de décès du titulaire du bail, le statut s'applique à ses **héritiers** ou ayants droit qui, bien que n'exploitant pas de fonds commercial ou artisanal, demandent le maintien de l'immatriculation de leur ayant cause pour les besoins de sa succession (C. com. art. L 145-1, III-al. 2). **53845**

> **Précisions** Les héritiers indivis **perdent** le **bénéfice de l'exception** en cas de conclusion d'un nouveau bail en leur nom car ils deviennent alors de simples colocataires (Cass. 3e civ. 2-6-1999 n° 934 PB : RJDA 8-9/99 n° 895 ; dans le même sens, CA Paris 13-2-2008 n° 07-3798).

LOCAUX SOUMIS À L'IMMATRICULATION

L'immatriculation doit porter sur l'ensemble des locaux où s'exerce l'activité qu'il s'agisse de l'établissement principal, ce qui va de soi, mais aussi des établissements, qualifiés de secondaires. À défaut, le locataire n'aura pas droit au renouvellement du bail du local abritant l'établissement pour lequel il n'est pas immatriculé (CA Paris 31-10-1991 : RJDA 5/92 n° 429), même si l'établissement principal a fait l'objet d'une inscription. Seuls les locaux accessoires échappent à l'obligation d'immatriculation. **53860**

ATTENTION

Lorsque le bail porte sur un **terrain nu** sur lequel ont été édifiées des constructions, la condition d'immatriculation doit être remplie pour que ce bail relève du statut des baux commerciaux (Cass. 3e civ. 23-1-2020 n° 19-11.215 FS-PBI : RJDA 4/20 n° 201).

Défini par les articles R 123-40 et R 123-247, 3°-a du Code de commerce comme un établissement « permanent, distinct du siège social ou de l'établissement principal et dirigé par l'assujetti, un préposé ou une personne ayant le pouvoir de lier des rapports juridiques avec des **53865** tiers », l'**établissement secondaire** est considéré par la jurisprudence comme un établissement faisant l'objet d'une exploitation commerciale distincte de l'établissement principal auquel est attachée une clientèle propre (Cass. 3e civ. 23-2-1982 : Bull. civ. III n° 51 ; Cass. 3e civ. 5-3-1986 : Bull. civ. III n° 20).

Tout établissement secondaire doit être inscrit au RCS ou au RNE (C. com. art. R 123-41 et R 123-43 pour le RCS ; art. R 123-247, 3° pour le RNE), même si le locataire n'exerce qu'une activité saisonnière dans les lieux, dès lors que le bail expiré est d'une durée de neuf ans (Cass. 3e civ. 12-7-1995 n° 93-18.515 : RJDA 10/95 n° 1084).

53867 Toutefois, une seule immatriculation suffit lorsqu'il apparaît que les locaux constituent en fait un **ensemble avec le local principal** (Cass. 3e civ. 30-11-1988 : Bull. civ. III n° 168 ; Cass. 3e civ. 10-11-1999 : Administrer février 2000 p. 35). Cette appréciation relève du pouvoir souverain des juges du fond. La seule proximité des locaux est insuffisante. Il faut encore qu'ils forment un tout.

Ainsi en est-il par exemple de deux immeubles distincts dans lesquels une activité hôtelière unique est réalisée, de nombreux services communs aux deux constructions n'étant situés que dans l'une d'entre elles tels que la salle du petit déjeuner, la cuisine, la réception ou le standard téléphonique (TGI Paris 13-9-2005 n° 03-10061 : RJDA 12/06 n° 1202).

53870 Par opposition aux établissements secondaires, les **locaux accessoires,** dans lesquels un fonds n'est pas distinctement exploité (nos 53530 s.), échappent à l'obligation d'immatriculation alors même qu'ils ne sont pas contigus au fonds principal (Cass. 3e civ. 4-11-1992 : RJDA 1/93 n° 9 ; Cass. 3e civ. 11-6-1997 : RJDA 8-9/97 n° 1013).

ATTENTION

Lorsque le locataire **inscrit** un local en précisant qu'il s'agit d'un « **local secondaire** », cette mention peut lui être opposée par les juges qui sont dès lors dispensés d'en vérifier la véracité (Cass. 3e civ. 6-1-1993 n° 91-13904 : RJDA 2/93 n° 95).

DATE DE L'IMMATRICULATION

53880 L'immatriculation du locataire au RCS ou au RNE est une condition du bénéfice du statut des baux commerciaux **pour le renouvellement** du bail (Cass. 3e civ. 1-10-1997 n° 95-15.842 : RJDA 12/97 n° 1467 ; Cass. 3e civ. 1-10-2003 n° 02-10.381 : RJDA 1/04 n° 20). En conséquence, au regard des règles du statut des baux commerciaux, l'immatriculation du locataire n'est pas requise :

– lors de la conclusion du bail, les commerçants comme les chefs d'entreprises du secteur des métiers et de l'artisanat ne devant être immatriculés qu'à compter du début de leur activité ;

– en cours d'exécution du bail, à moins que l'immatriculation n'ait été mentionnée comme étant une condition de celui-ci ; en l'absence de clause expresse en ce sens, le défaut d'immatriculation n'est pas de nature à justifier la résiliation du bail (Cass. 3e civ. 15-5-1996 n° 94-16.908 : RJDA 8-9/96 n° 1024).

ATTENTION

En cas de **revendication de l'application du statut** pendant l'exécution du bail, le locataire devra être immatriculé (Cass. 3e civ. 13-1-2010 n° 09-67.506 : Administrer octobre 2010 p. 41 comm. J.-D. Barbier) à la date de l'assignation (Cass. 3e civ. 22-1-2014 n° 12-26.179 : RJDA 7/14 n° 604 ; Cass. 3e civ. 24-11-2021 n° 19-25.251 F-D : RJDA 2/22 n° 64).

53885 Le propriétaire du fonds doit être immatriculé au RCS ou au RNE à la date de délivrance du **congé** (Cass. 3e civ. 25-10-1983 : Bull. civ. III n° 195 ; Cass. 3e civ. 20-3-1991 : RJDA 5/91 n° 386), et à la date de la **demande de renouvellement** (Cass. 3e civ. 25-10-1983 : Bull. civ. III n° 195 ; Cass. 3e civ. 4-3-1998 : RJDA 5/98 n° 567).

De même, le locataire demeuré dans les lieux loués après la délivrance du congé doit être immatriculé à la **date d'effet du congé** qui correspond à la date d'expiration du bail en cours (Cass. 3e civ. 20-3-1991 : RJDA 5/91 n° 386 ; Cass. 3e civ. 2-6-1999 n° 97-19.324 : RJDA 8-9/99 n° 896). Cette exigence résulte de l'obligation légale d'immatriculation aux termes de laquelle, s'il ne justifie pas de son immatriculation à la date contractuelle d'expiration du bail, le locataire est déchu du bénéfice du statut.

53890 Le locataire devant remplir les conditions statutaires au moment où se pose la question du droit au renouvellement, et seulement à ce moment (n° 53880), l'immatriculation n'a pas à être continue **pendant la période de préavis** du congé (Cass. 3e civ. 28-1-2004 n° 02-18.983 : RJDA 5/04 n° 530). Ainsi, en cas de cession du bail durant cette période, le bailleur ne peut pas dénier le bénéfice du statut à l'acquéreur sous prétexte qu'il n'aurait pas procédé à son immatriculation dès l'acquisition. Il lui suffit d'être immatriculé à la date d'effet du congé (même arrêt).

53895 Le locataire ne peut pas se voir refuser le bénéfice du statut pour défaut d'immatriculation **pendant la procédure de renouvellement ou de fixation de l'indemnité d'éviction,** dès lors que sa radiation au registre du commerce est intervenue après la date d'expiration du bail

(Cass. 3e civ. 29-9-2004 n° 03-13.997 : RJDA 12/04 n° 1301). Cette solution s'applique également lorsque le locataire n'est pas immatriculé **pendant la procédure en fixation du loyer du bail renouvelé** (Cass. 3e civ 18-5-2005 n° 04-11.985 : RJDA 8-9/05 n° 940).

MANQUEMENT À L'OBLIGATION D'IMMATRICULATION

Toute **immatriculation tardive** est inopérante et le locataire qui procède à son immatriculation à titre de régularisation après la date de délivrance du congé ou la date de demande de renouvellement ou encore la date d'effet du congé ne peut pas se prévaloir du bénéfice du statut (Cass. 3e civ. 30-1-2002 n° 00-15.393 : RJDA 4/02 n° 360, précisant qu'il importe peu que la demande d'immatriculation ait été faite avant l'une de ces dates ; CA Paris 8-9-2010 n° 08-24467 : RJDA 4/11 n° 287, précisant qu'il importe peu que le locataire soit immatriculé à l'Urssaf et au fichier Siret). 53900

À défaut d'immatriculation aux dates où celle-ci doit être effective, le locataire est déchu du bénéfice du statut, même si le **défaut** d'immatriculation est **imputable à un tiers** (voir Cass. com. 12-1-1999 n° 96-17.210 : RJDA 3/99 n° 260, pour une erreur de l'administration et Cass. 3e civ. 12-7-2000 n° 99-10.455 : RJDA 11/00 n° 961, pour une erreur du greffe du tribunal) **ou au bailleur** (Cass. 3e civ. 18-10-2005 n° 04-15.348 : RJDA 1/06 n° 10).

II. EXTENSION DU CHAMP D'APPLICATION DU STATUT

A. Extension légale du statut

ÉTABLISSEMENTS D'ENSEIGNEMENT

Le statut est applicable aux baux des locaux abritant des établissements d'enseignement (C. com. art. L 145-2, 1°), qu'ils soient publics (Cass. com. 31-5-1967 : Bull. civ. III n° 219) ou privés et quelle que soit la nature de la discipline enseignée, intellectuelle ou sportive. En outre, la forme juridique sous laquelle le locataire exerce son activité est sans incidence, de sorte que l'immatriculation au registre du commerce d'une société exploitant une activité d'enseignement n'est pas une condition pour qu'elle bénéficie du statut des baux commerciaux lors du renouvellement de son bail (Cass. 3e civ. 21-2-2007 n° 06-11.832 : RJDA 5/07 n° 452). 54100

Reste qu'ils doivent remplir les **conditions** suivantes :

- un enseignement est dispensé, au moins pour partie, dans les lieux loués (Cass. 3e civ. 26-2-1992 : RJDA 5/92 n° 431) ;
- l'établissement appartient au locataire (Cass. 3e civ. 16-12-1980 : Bull. civ. III n° 195) ;
- il s'agit d'un véritable fonds d'enseignement reposant sur une pédagogie organisée et mettant en œuvre une réelle organisation d'enseignement, ce qui suppose une scolarité dispensée par des professeurs titulaires des diplômes adéquats et aboutissant à la présentation d'examens (Cass. 3e civ. 5-9-2012 n° 11-23.209 : Loyers et copr. 2012 comm. n° 300) ;
- l'établissement est agréé par l'administration à la date à laquelle le locataire qui l'exploite doit réunir les conditions pour avoir droit au renouvellement de son bail (Cass. com. 6-5-1963 : Bull. civ. III n° 220). Il appartient au juge de rechercher si l'enseignement dispensé dans les lieux est soumis à une autorisation administrative (Cass. 3e civ. 16-2-2000 n° 98-15.842 : RJDA 4/00 n° 385). À défaut d'autorisation, le locataire ne peut pas bénéficier de la propriété commerciale, le droit au renouvellement du bail étant subordonné à la régularité de l'exploitation (Cass. 3e civ. 14-1-2004 n° 01-17.687 : RJDA 5/04 n° 531), sans pouvoir invoquer une atteinte disproportionnée au droit à la « propriété commerciale » que lui reconnaît l'article 1er du premier protocole additionnel à la convention européenne de sauvegarde des droits de l'Homme (Cass. 3e civ. 4-2-2009 n° 08-11.433 : RJDA 5/09 n° 412).

RÉGIES COMMUNALES

Les dispositions du Code de commerce s'appliquent aux baux consentis aux communes pour des locaux affectés, soit au moment de la location, soit ultérieurement et avec le consentement exprès ou tacite du propriétaire, à des services exploités en régie (C. com. art. L 145-2, 2°). 54120

Cette disposition n'exige pas que le bail soit à usage commercial ou industriel. Par suite, il n'est pas nécessaire d'établir l'existence d'un fonds de commerce dans les lieux loués pour soumettre le bail au statut (Cass. 3e civ. 18-12-1968 : Bull. civ. III n° 562).

La preuve de l'affectation des lieux loués à un « service d'intérêt commun géré en régie » peut être trouvée dans l'interprétation du bail ou dans l'appréciation de l'intention des parties et des conditions de fait de l'activité exercée dans les lieux, comme une salle de réunion avec buvette, par exemple (Cass. 3e civ. 18-12-1968 : Bull. civ. III no 562).

ENTREPRISES PUBLIQUES À CARACTÈRE COMMERCIAL

54140 Le statut s'applique aux baux d'immeubles ou de locaux principaux ou accessoires nécessaires à la poursuite de l'activité des entreprises publiques et établissements publics à caractère industriel ou commercial, dans les limites définies par les lois et règlements qui les régissent et à condition que ces baux ne comportent aucune emprise sur le domaine public (C. com. art. L 145-2, 3o). Cette disposition appelle les remarques suivantes :

– l'établissement public à caractère industriel ou commercial (Epic) se définit comme un service institué par une loi, doté de certaines prérogatives de la puissance publique, soumis à un contrat administratif et dont la gestion est désintéressée (Cass. com. 12-10-1960 : Bull. civ. III no 320) ;

– pour être qualifiés de « nécessaires à la poursuite de l'activité », les locaux accessoires loués n'ont pas à être tels que leur défaut interdise la poursuite de l'activité de l'établissement (Cass. 3e civ. 20-3-1969 : Bull. civ. III no 252).

Mais la qualification de local accessoire ne peut pas être étendue au logement personnel des employés de l'entreprise (Cass. com. 25-10-1960 : Bull. civ. III no 334).

COLLECTIVITÉS PUBLIQUES

54160 Les dispositions du Code de commerce s'appliquent, sous réserve des dispositions relatives au renouvellement (no 57940 ; C. com. art. L 145-26), aux baux des locaux appartenant à l'État, aux départements, aux communes et aux établissements publics, dans le cas où ils satisfont aux conditions générales d'application du statut (nos 53505 s.) ou à celles prévues en matière d'établissement d'enseignement (no 54100) ou de régie communale (no 54120 ; C. com. art. L 145-2, 4o). Sont seuls concernés les locaux ou immeubles faisant partie du **domaine privé de l'État.**

Le statut des baux commerciaux ne s'applique pas aux conventions ayant pour objet des biens situés sur le **domaine public** (CE 21-1-1949 : Lebon p. 27 ; Cass. 3e civ. 10-3-2010 no 09-12.714 : RJDA 6/10 no 606 ; CAA Bordeaux 15-2-2024 no 21BX02891 : RJDA 7/24 no 380), quelle que soit la dénomination donnée au contrat par les parties (Cass. 3e civ. 13-10-2004 no 02-20.631 : RJDA 1/05 no 11). Il en est ainsi même en cas de déclassement (Cass. 3e civ. 19-11-2014 no 13-20.089 : RJDA 3/15 no 163), sauf nouvel accord entre les parties (Cass. 3e civ. 5-3-1997 : RJDA 5/97 no 617), même si les locaux ne sont situés que partiellement sur le domaine public (Cass. 3e civ. 18-3-1998 : RJDA 5/98 no 566), et même si le bail est conclu entre deux personnes privées (Cass. 3e civ. 20-12-2000 no 99-10.896 : RJDA 3/01 no 278 ; Cass. 3e civ. 10-3-2010 no 09-12.714 : RJDA 6/10 no 606).

L'occupation du domaine public peut faire l'objet de deux types de conventions : le bail emphytéotique administratif (CGCT art. L 1311-2 s.) et l'autorisation d'occupation (CGPPP art. L 2122-1 s.).

ILLUSTRATIONS

Le statut des baux commerciaux est inapplicable à la concession d'un kiosque à tabac et journaux dans un bâtiment-pont sur une autoroute (Cass. 3e civ. 28-2-1984 : Bull. civ. III no 49) ou à la convention par laquelle l'exploitant d'un café-brasserie, titulaire d'une concession sur le domaine public pour l'installation d'une terrasse, concède à un tiers, moyennant paiement d'un loyer, un emplacement sur cette terrasse en vue de l'exploitation d'un fonds de commerce de gaufres (Cass. 3e civ. 19-11-1985 : Bull. civ. III no 145).

SOCIÉTÉS COOPÉRATIVES

54180 Les baux d'immeubles abritant soit des sociétés coopératives ayant la forme commerciale ou un objet commercial, soit des sociétés coopératives de crédit, soit des caisses d'épargne et de prévoyance sont soumis au statut (C. com. art. L 145-2, 5o).

ARTISTES

54200 Les dispositions du Code de commerce s'appliquent aux baux des locaux consentis à des artistes admis à cotiser à la caisse de sécurité sociale de la maison des artistes et reconnus auteurs d'œuvres graphiques et plastiques, tels que définis par l'article 98 A de l'annexe III au CGI (C. com. art. L 145-2, I-6o ; Mémento fiscal no 60575), dès lors qu'ils réalisent ou commercialisent des travaux de création dans les lieux loués (Cass. 3e civ. 21-2-2007 no 06-12.491 : RJDA 5/07 no 451 ; Cass. 3e civ. 23-3-2011 no 10-30.495 : RJDA 7/11 no 610).

GROUPEMENTS D'INTÉRÊT ÉCONOMIQUE

54220 Les groupements d'intérêt économique bénéficient du statut lorsque leur objet est commercial (C. com. art. L 251-4, al. 1).

B. Extension conventionnelle du statut

Les parties peuvent décider de soumettre au régime du statut un bail normalement exclu de son champ d'application sous réserve de respecter certaines **conditions** (sur l'application conventionnelle du statut à un bail professionnel, voir n° 65525). 54320

1° Les parties ne doivent **pas** se placer sous le régime du statut pour faire **échec** à une **réglementation d'ordre public,** telle que la législation sur les baux d'habitation ou professionnels de la loi du 1er septembre 1948 (CA Paris 30-11-1990 : RJDA 1/91 n° 6).

2° Il n'est pas nécessaire que l'extension conventionnelle résulte d'une stipulation expresse (Cass. 3e civ. 20-6-1990 : Bull. civ. III n° 152), mais les parties doivent avoir manifesté une **volonté non équivoque** (Cass. 3e civ. 20-10-2016 n° 15-20.285 FS-PB : RJDA 1/17 n° 9). 54325

Cette volonté ne peut pas être déduite de la seule présence dans le bail de clauses habituellement rencontrées dans les baux commerciaux (Cass. 3e civ. 4-3-1987 : Bull. civ. III n° 38), ni de la seule référence dans le contrat au décret de 1953 (CA Paris 9-6-1992 : RJDA 11/92 n° 993) ou désormais au Code de commerce (Cass. 3e civ. 20-10-2016 n° 15-20.285 FS-PB : RJDA 1/17 n° 9), ni de renouvellements successifs (CA Paris 6-12-1991 : D. 1992 som. p. 368 ; CA Versailles 4-2-1993 : Gaz. Pal. 1994 som. p. 66). Elle peut en revanche être déduite du caractère mixte de la destination contractuelle des lieux (CA Paris 20-5-2009 n° 08-2432 : RJDA 12/09 n° 1047).

Lorsque le bailleur accepte une extension conventionnelle du statut, il renonce à en invoquer les conditions d'application (Cass. 3e civ. 28-5-2020 n° 19-15.001 FS-PBI : RJDA 8-9/20 n° 414). Ainsi, le bailleur ne peut pas dénier au locataire le droit à une indemnité d'éviction en raison de son défaut d'immatriculation au registre du commerce et des sociétés (même arrêt) ; de même, si les parties ont choisi d'appliquer le statut alors qu'aucun fonds ne devait être exploité dans les lieux, le bailleur ne peut pas exiger une exploitation lors du renouvellement (Cass. 3e civ. 21-5-2014 n° 13-14.474 : RJDA 10/14 n° 746).

3° En cas d'extension conventionnelle, le choix du statut emporte soumission aux **dispositions impératives du statut** (Cass. ass. plén. 17-5-2002 n° 00-11.664 : RJDA 8-9/02 n° 861). Tel est le cas des règles concernant la forme du congé (même arrêt) ou du droit au renouvellement du locataire. 54330

III. BAUX COMMERCIAUX NE RELEVANT PAS DU STATUT

BAIL EMPHYTÉOTIQUE

Le bail emphytéotique est expressément exclu du champ d'application du statut (C. com. art. L 145-3). Ce bail se caractérise par une longue durée (comprise entre dix-huit et quatre-vingt-dix-neuf ans), par le fait qu'il confère au locataire un droit réel et par la modicité de la redevance. Le droit réel est susceptible d'hypothèque. Il peut être cédé et saisi. Certaines clauses sont exclusives du caractère emphytéotique du bail. Ainsi en est-il de la clause interdisant toute sous-location non autorisée contractuellement (Cass. 3e civ. 3-12-1980 : Ann. Loyers 1982 p. 118), de celle interdisant toute cession (Cass. 3e civ. 15-3-1983 : Bull. civ. III n° 74) ou la soumettant à autorisation lorsque le cessionnaire n'est pas un successeur dans le commerce (Cass. 3e civ. 29-4-2009 n° 08-10.944 : Bull. civ. III n° 92). 54500

Toutefois, le texte apporte un **double correctif** :

– si le bail emphytéotique présente un caractère commercial, industriel ou artisanal, le loyer peut être révisé selon les règles prévues par le Code de commerce (Cass. com. 11-7-1961 : Bull. civ. III n° 322 ; Cass. 3e civ. 11-6-1986 n° 84-17.222 : Bull. civ. III n° 93), mais la Cour de cassation refuse d'appliquer à un tel bail l'article L 145-33 du Code de commerce : le loyer ne peut pas être fixé à la valeur locative par le jeu d'une demande en révision du prix du bail introduite en application de l'article L 145-38 du Code de commerce (Cass. 3e civ. 19-2-2014 n° 12-19.270 FS-PB : RJDA 5/14 n° 419), « la valeur locative étant étrangère à l'économie de ce bail dans lequel la contrepartie de la jouissance du locataire n'est pas le paiement d'un loyer mais l'absence de renouvellement du bail et l'accession au bailleur en fin de bail des travaux et améliorations faits par le locataire » (Cass. 3e civ. 8-9-2016 n° 15-22.381 FS-PB : RJDA 11/16 n° 772).

– les dispositions du Code de commerce s'appliquent aux baux passés par les emphytéotes, sous réserve que la durée du renouvellement consenti à leurs sous-locataires n'ait pas pour effet de prolonger l'occupation des lieux au-delà de la date d'expiration du bail emphytéotique.

BAIL DE COURTE DURÉE

54520 Lors de l'entrée dans les lieux du locataire, les parties peuvent conclure un bail dérogeant partiellement ou totalement au statut à la condition toutefois que la **durée totale du bail ou des baux successifs** ne soit pas supérieure à trois ans (C. com. art. L 145-5, al. 1).

Bail à durée déterminée, il cesse de plein droit à l'arrivée du terme en application de l'article 1737 du Code civil, sans qu'il soit nécessaire de donner congé (Cass. 3e civ. 15-3-1972 n° 71-10.482, Altari c/ Picoulet : Bull. civ. III n° 182). Le locataire n'a aucun droit au renouvellement de son bail ; à son expiration, il doit quitter les lieux sans pouvoir prétendre à une quelconque indemnité d'éviction.

> **Précisions** **a.** L'« entrée dans les lieux » désigne la prise de possession des locaux en exécution du bail dérogatoire que le locataire a conclu avec le propriétaire, peu important qu'il les ait occupés antérieurement, sans titre (Cass. 3e civ. 30-3-2017 n° 16-10.786 F-D : RJDA 6/17 n° 392) ou en vertu d'un bail commercial (Cass. 3e civ. 1-2-2018 n° 16-23.122 F-D : RJDA 4/18 n° 301). Pour calculer la durée du bail, il n'est donc pas tenu compte du temps de présence du locataire dans les lieux avant le point de départ du bail.
> **b.** Contrat de **louage de droit commun,** le bail de courte durée est régi par les dispositions du Code civil (art. 1709 s.), qui n'ont qu'un caractère supplétif ; les parties peuvent donc, à l'exception de la durée, organiser librement leurs relations locatives.
> **c.** Un **état des lieux** doit être établi de manière contradictoire par les deux parties (ou un tiers mandaté par elles) au moment de la prise de possession des locaux et lors de leur restitution. À défaut d'état des lieux amiable, il est établi par huissier ou commissaire de justice à l'initiative de la partie la plus diligente, à frais partagés par moitié entre le bailleur et le locataire. L'état des lieux doit être joint au bail (C. com. art. L 145-5, al. 5 et 6).

54525 **Le locataire est laissé dans les lieux à l'issue du bail** Si le locataire reste et est laissé en possession des lieux un mois après l'expiration du bail dérogatoire, même inférieur à trois ans (Cass. 3e civ. 8-6-2017 n° 16-24.045 FS-PBI : RJDA 8-9/17 n° 534), il s'opère un **nouveau bail** soumis au statut des baux commerciaux (C. com. art. L 145-5, al. 2 ; Cass. 3e civ. 26-3-2020 n° 18-16.113 F-D : RJDA 6/20 n° 301) qui n'a pas à être formalisé par écrit (CA Riom 5-6-2024 n° 22/02098 : RJDA 3/25 n° 125).

Le bailleur qui souhaite échapper à ce mécanisme doit, au plus tard un mois après l'échéance du bail, faire connaître au locataire sa volonté de mettre fin à l'occupation des lieux. Par exemple, il peut délivrer, deux jours avant l'arrivée du terme du bail dérogatoire, un congé qui manifeste sa volonté de ne pas laisser le locataire se maintenir dans les lieux (Cass. 3e civ. 11-5-2022 n° 21-15.389 FS-B : RJDA 8-9/22 n° 460).

Lorsque le bailleur a clairement exprimé son opposition à la poursuite des relations contractuelles, le maintien dans les lieux du locataire un mois après l'échéance n'entraîne un nouveau bail soumis au statut que si des actes postérieurs non équivoques de la part du bailleur peuvent permettre de considérer qu'il est revenu sur sa décision ; de simples négociations sur un nouveau bail ou une inaction pendant plusieurs mois ne constituent pas de tels actes (Cass. 3e civ. 5-6-2013 n° 12-19.634 : RJDA 10/13 n° 772). En revanche, si l'acte par lequel le bailleur a manifesté son opposition était teinté d'équivoque, il peut en être déduit qu'en restant ensuite inactif, le bailleur a effectivement tacitement accepté le maintien dans les lieux du locataire (Cass. 3e civ. 28-6-2011 n° 10-19.236 : RJDA 12/11 n° 1000).

54540 Le bail issu du maintien du locataire dans les lieux est soumis aux mêmes **clauses** et conditions que le bail expiré (Cass. 3e civ. 6-11-2001 n° 1557 F-D : RJDA 1/02 n° 15), à l'exception de celles qui sont incompatibles avec le statut.
Le loyer est librement fixé par les parties. Si celles-ci ne parviennent pas à s'entendre sur son montant, il doit correspondre à la valeur locative (Cass. 3e civ. 14-12-2005 n° 1418 : RJDA 4/06 n° 388 ; Cass. 3e civ. 5-2-2008 n° 06-21.999 : RJDA 1/09 n° 7).

Par ailleurs, le cautionnement donné pour le bail dérogatoire ne s'étend pas, sauf mention expresse en ce sens, au bail commercial qui lui succède (Cass. 3e civ. 28-11-2012 n° 11-14.671 : RJDA 4/13 n° 301 ; Cass. 3e civ. 23-5-2013 n° 11-17.071 : RJDA 8-9/13 n° 693).

54545 **Conclusion d'un nouveau bail** Lorsque le premier bail dérogatoire arrive à son terme, les parties peuvent conclure un nouveau bail dérogatoire, à condition que la durée totale des baux successifs ne soit pas supérieure à trois ans (C. com. art. L 145-5, al. 1).

À l'expiration de la durée maximale de trois ans, les parties ne peuvent plus conclure un nouveau bail dérogatoire pour exploiter le même fonds dans les mêmes locaux (C. com. art. L 145-5, al. 1). Cette formulation, ajoutée par la loi Pinel, laisse la possibilité aux parties de conclure un nouveau bail dérogatoire (Avis Sén. n° 446 relatif à la loi 2014-626) :
– soit en vue d'exploiter le même fonds mais dans un autre local appartenant au bailleur ;
– soit en vue d'exploiter un fonds différent dans le même local.

ATTENTION

L'ajout de la **loi Pinel** pose question dès lors qu'en conservant l'alinéa 3 de l'article L 145-5, qui soumet au statut la conclusion d'un nouveau bail entre les mêmes parties et pour le même local, des situations de fait identiques emportent des conséquences différentes.

CONVENTION D'OCCUPATION PRÉCAIRE

La convention d'occupation précaire se caractérise, quelle que soit sa durée, par le fait que l'occupation des lieux n'est autorisée qu'à raison de circonstances indépendantes de la seule volonté des parties ; elle n'est pas soumise au statut des baux commerciaux (C. com. art. L 145-5-1). **54550**
Afin d'éviter tout risque de requalification de leur convention en bail commercial, les parties ont intérêt à expliciter, dans le préambule de leur contrat, les raisons motivant leur recours à la convention d'occupation précaire.

LOCATIONS À CARACTÈRE SAISONNIER

Les locations consenties pour la durée d'une saison sont exclues du statut (C. com. art. L 145-5, al. 4), même si elles se sont poursuivies pendant plusieurs saisons (Cass. 3e civ. 3-1-1978 : Bull. civ. III no 1). **54560**
Mais la stipulation selon laquelle les locaux sont loués pour des périodes déterminées de l'année ne confère pas nécessairement à la location un caractère saisonnier exclusif de l'application du statut. Il appartient au juge du fond, en cas de litige, de restituer à la convention son exacte qualification compte tenu des circonstances de fait (Cass. 3e civ. 13-3-1973 : Bull. civ. III no 188 ; Cass. 3e civ. 15-1-1992 : RJDA 3/92 no 222).

SECTION 2

CONCLUSION DU BAIL COMMERCIAL

A. Forme du bail commercial

L'application du statut des baux commerciaux n'est en principe pas subordonnée à la signature d'un **écrit** (Cass. 3e civ. 12-12-1990 no 1938 : RJDA 2/91 no 91), sauf pour les baux de débits de boissons et les baux consentis pour une durée supérieure à douze ans. Néanmoins, en pratique, les parties ont intérêt à recourir à l'écrit afin de se ménager la preuve de l'existence du bail et de son contenu (nos 50480 s.), d'éviter les problèmes d'interprétation de leur volonté et de faciliter l'opposabilité du bail aux tiers. Cette exigence d'écrit est en outre renforcée par l'obligation faite aux parties, pour les baux conclus ou renouvelés depuis le 5 novembre 2014, de faire figurer dans le bail un inventaire précis des charges, impôts, taxes et redevances (voir nos 56475 s.). **54600**
Le bail peut être constaté soit dans un acte sous signature privée, soit dans un acte authentique, l'un comme l'autre pouvant être établi sur un support papier ou un support électronique.

> **Précisions** Un acte authentique est obligatoire pour les **baux d'une durée supérieure à douze ans,** afin de permettre leur publication par le service chargé de la publicité foncière et de les rendre opposables aux tiers (Décret 55-22 du 4-1-1955 art. 4 et 28, 1°-b). Pour des raisons fiscales, il en va de même pour les **baux de débits de boissons** (CSP art. L 3336-8).

B. Documents à joindre au bail commercial

ÉTAT DES LIEUX

Un état des lieux doit être dressé lors de la prise de possession des locaux par le locataire dans les cas suivants (C. com. art. L 145-40-1, al. 1) : **54650**
- conclusion d'un bail ;
- cession du droit au bail ;
- cession ou mutation à titre gratuit du fonds de commerce ;
- restitution des locaux.

Toute clause excluant l'établissement d'un état des lieux dans l'un des cas énoncés est réputée non écrite (C. com. art. L 145-15).

54655 L'état des lieux doit être **établi** soit contradictoirement et amiablement par le bailleur et le locataire ou par un tiers mandaté par eux, soit par un huissier ou un commissaire de justice à l'initiative de la partie la plus diligente : les frais d'établissement doivent alors être partagés par moitié entre le bailleur et le locataire (C. com. art. L 145-40-1, al. 1).

Il doit être **joint** au bail ou, à défaut, conservé par chacune des parties (hypothèses de cessions de fonds de commerce pour lesquelles l'intervention du bailleur n'est pas requise et pour lesquelles aucun acte n'intervient entre le bailleur et le cessionnaire) (même article).

54660 À **défaut de réalisation de l'état des lieux,** le bailleur ne peut pas invoquer la présomption de l'article 1731 du Code civil selon lequel, en l'absence d'état des lieux, le locataire est présumé les avoir reçus en bon état de réparations locatives (C. com. art. L 145-40-1, al. 3).

INFORMATIONS ENVIRONNEMENTALES

54670 Le bailleur doit fournir au locataire les informations suivantes :

1. Dès la mise en location du bien, le **DPE** – diagnostic de performance énergétique (voir n° 50675).

2. Lors de la signature du bail :

– l'état des **risques** (C. envir. art. L 125-5, II ; voir n° 50660) ;

– l'existence éventuelle de **sinistres** ayant donné lieu au versement d'une indemnité au titre de la garantie nationale contre les effets des catastrophes technologiques ou naturelles constatées par arrêté interministériel, soit au profit du bailleur, soit au profit d'un précédent propriétaire, dans la mesure où il en a été lui-même informé (C. envir. art. L 125-5, IV ; voir n° 50685) ;

– les risques de **pollution des sols** rendus publics si le terrain donné en location est situé dans un « secteur d'information sur les sols » (SIS) (C. envir. art. L 125-7 ; voir n° 50690) ; une carte d'avancement par département de l'élaboration des SIS est consultable sur le site www.georisques.gouv.fr.

54680 Tous les baux portant sur des locaux de plus de 2 000 m² à usage de bureaux ou de commerces doivent en outre contenir une **annexe environnementale,** aussi connue sous l'appellation d'« annexe verte » (C. envir. art. L 125-9 ; CCH art. D 174-19 s.).

L'article L 125-9 du Code de l'environnement n'indique pas la nature juridique du bail concerné par l'annexe verte. Toutefois, il ne fait pas de doute que le bail commercial relevant des dispositions de l'article L 145-1, al. 1 du Code de commerce entre dans son champ d'application. À notre avis, sont aussi concernés le bail commercial par application conventionnelle du statut, le bail portant sur des locaux accessoires, le bail de courte durée de l'article L 145-5 du Code de commerce.

Pour plus de détails sur les informations requises, voir n° 50695.

INFORMATIONS RELATIVES AUX TRAVAUX

54690 Lors de la conclusion du contrat de location, le bailleur doit communiquer un **état prévisionnel** des travaux qu'il envisage de réaliser dans les trois années suivantes, **assorti d'un budget prévisionnel.**

SECTION 3 DESTINATION DES LIEUX ET DÉSPÉCIALISATION

54800 En principe, le locataire est tenu de respecter la destination des lieux loués telle qu'elle résulte du bail ; il ne peut modifier son activité qu'avec l'accord du bailleur.

Néanmoins, le législateur a instauré une procédure dite de déspécialisation qui permet de modifier la destination contractuelle même en cas d'opposition du bailleur :

– la déspécialisation partielle ou restreinte autorise l'adjonction d'activités connexes ou complémentaires (C. com. art. L 145-47) ;

– la déspécialisation plénière permet de transformer le fonds (C. com. art. L 145-48 à L 145-55), un régime spécifique étant applicable lorsque la transformation du fonds est motivée par le départ à la retraite ou l'incapacité physique du locataire (C. com. art. L 145-51).

I. DESTINATION DES LIEUX LOUÉS

DÉTERMINATION DE LA DESTINATION DES LIEUX LOUÉS

La destination des lieux est librement convenue par les parties lors de la conclusion du bail. Le bailleur doit cependant veiller à ne pas consentir de location pour une destination non conforme aux **bonnes mœurs** (C. civ. art. 6) ou au **règlement de copropriété** de l'immeuble (Loi 65-557 du 10-7-1965 art. 8, I-al. 1 et 9, I-al. 1), et tenir compte de certaines réglementations telles que celle concernant les **changements d'affectation** des locaux à usage d'habitation (CCH art. L 631-7 s. ; réglementation étudiée Mémento Urbanisme-Construction nos 19550 s.). 54805

La destination des lieux est déterminée non par l'usage que le locataire a pu faire de la chose louée, mais par les **stipulations du bail** (Cass. 3e civ. 13-2-1970 : Bull. civ. III n° 113 ; Cass. 3e civ. 6-12-1995 : RJDA 2/96 n° 190 ; Cass. 3e civ. 10-4-2025 n° 23-21.473 F-D : RJDA 8-9/25 n° 426). Le locataire ne peut exercer que l'activité prévue au bail (Cass. 3e civ. 6-11-1985 : Rev. Loyers 1986 p. 101) et il doit affecter le local loué conformément à sa destination contractuelle (Cass. 3e civ. 5-7-1995 : RJDA 8-9/95 n° 941).

Lorsque le bail comporte une clause « tous commerces » le locataire peut exercer dans les lieux l'activité de son choix. En présence d'une clause imposant une occupation personnelle, le locataire peut mettre son fonds en location-gérance car une telle clause n'a pas pour objet d'empêcher le locataire d'adopter le mode d'exploitation qui lui paraît le plus approprié (Cass. 3e civ. 14-11-2002 n° 01-12.455 : RJDA 2/03 n° 115). De même la clause interdisant au locataire de concéder la jouissance des lieux loués à qui que ce soit et sous quelque forme que ce soit ne peut pas être assimilée à une clause prohibant la location-gérance (Cass. 3e civ. 23-1-2007 n° 06-10.191 : RJDA 5/07 n° 453). En revanche, une clause faisant obligation au locataire d'exploiter personnellement les lieux loués lui interdit de mettre le fonds en location-gérance (Cass. 3e civ. 14-11-1996 n° 1668 : RTD com. 1997 p. 227 ; dans le même sens, Cass. 3e civ. 22-1-2003 n° 01-14.655 : RJDA 4/03 n° 367, à propos d'une clause interdisant au locataire de se substituer quelque personne que ce soit ou de prêter les lieux, même temporairement, à des tiers).

> Précisions **a.** En présence d'un bail prévoyant une **destination multiple** des lieux, l'obligation d'exercer toutes les activités prévues dépend de la rédaction de la clause (Cass. 3e civ. 4-2-1997 n° 95-14.837 : Administrer juillet 1997 note B. Boccara, D. Lipman-Boccara et M.-L. Sainturat). Si la clause ne se prononce pas sur le caractère cumulatif, le locataire n'est pas tenu d'exploiter toutes les activités (Cass. 3e civ. 3-3-1993 n° 90-20.742 ; CA Paris 3-11-2004 n° 02-14477 ; CA Paris 31-1-2008 n° 07-4866 : RJDA 7/08 n° 764).

b. En cas d'imprécision ou de silence du bail sur la destination des lieux, il appartient aux juges du fond de rechercher la commune intention des parties. Ainsi, dans un cas où le bail ne mentionnait ni destination des lieux, ni commerce autorisé, ni interdiction ou restriction d'activité commerciale quelconque, les juges ont pu estimer que les parties n'avaient voulu apporter aucune limitation à la liberté professionnelle du locataire (Cass. 3e civ. 4-6-1971 : Bull. civ. III n° 355).

c. Le bailleur est tenu de délivrer des locaux conformes à la destination du bail à la société substituée à la suite d'un **apport partiel d'actif** dans tous les droits et obligations du bail consenti au locataire d'origine (Cass. 3e civ. 3-5-2007 n° 06-11.092 : RJDA 10/07 n° 940).

ÉTENDUE DE LA DESTINATION CONTRACTUELLE DES LIEUX LOUÉS

La clause limitant l'activité autorisée ou interdisant au locataire d'exercer d'autres activités a seulement pour effet de l'obliger à demander l'autorisation d'exercer ces activités en suivant la procédure de déspécialisation exposée nos 54900 s. Encore faut-il que cette **nouvelle activité** ne soit pas **comprise dans la destination** contractuelle. En pratique, une interprétation de la clause de destination s'avère souvent nécessaire. Compte tenu des risques encourus (résiliation ou non-renouvellement), la prudence commande donc au locataire d'informer le bailleur (conformément à la procédure de déspécialisation partielle) de son intention d'adjoindre une nouvelle activité, même si celle-ci lui semble intrinsèquement liée au commerce autorisé dans le bail. La jurisprudence en la matière est abondante mais les solutions adoptées sont purement factuelles et il est donc délicat d'en tirer des enseignements généraux. Néanmoins, il apparaît que l'évolution des usages commerciaux, la création de produits nouveaux ou l'actualisation des termes désuets sont autant de critères utilisés par les tribunaux pour décider si la nouvelle activité est ou non comprise dans la destination autorisée par le bail. 54820

ILLUSTRATIONS

L'application de ces critères au commerce de **café-bar-restaurant** est particulièrement topique de la position des tribunaux qui disposent d'un pouvoir souverain d'appréciation. Ainsi, il a été jugé que la destination désuète de commerce de « **marchand de vins, liqueurs** » correspond aujourd'hui, avec l'évolution des usages en région parisienne, au commerce de café (CA Paris 7-6-2002 n° 01-11347 : AJDI 2002 p. 607) et autorise l'exercice d'une activité de petite restauration rapide comme la vente de frites, saucisses ou sandwiches (CA Paris 20-11-1973 : Gaz. Pal. 1974 p. 176).

54820 (suite) Mais le commerce de « vins, liqueurs et vente de produits à emporter » n'autorise pas l'exploitation d'un bar de nuit s'affichant comme un « club » où des « hôtesses » consomment avec une clientèle recherchant de la compagnie (CA Paris 5-10-2005 n° 04-6033 : RJDA 2/06 n° 111).

La **restauration rapide,** qui est distincte de l'activité de café-restaurant, ne se caractérise nullement par le fait de consommer debout et sans assiette mais – traduction de « fast-food » – par le fait de consommer, à prix très modérés, des repas rapides standardisés, sans la mise en œuvre d'un art culinaire, avec une fourniture quasi instantanée des aliments payés ; le restaurant, au contraire, suppose une cuisine préalable des mets qui peut varier à la demande du client et peut entraîner un décalage de temps plus ou moins long entre la commande et le service (CA Paris 13-2-2008 n° 06-14865 : RJDA 7/08 n° 763). L'activité de « snack-bar » n'autorise pas le locataire à exercer une activité de restauration traditionnelle (Cass. 3e civ. 27-3-2025 n° 23-22.383-D : RJDA 7/25 n° 368).

Dans un commerce d'« alimentation générale et restaurant », les activités de vente à emporter et de vente en ligne avec livraison de plats cuisinés sur place sont autorisées (CA Paris 17-2-2021 n° 18/07905 : RJDA 6/21 n° 373). Lorsque la vente de **plats à emporter** est prévue au bail, elle n'autorise pas le locataire à installer des tables et des chaises sur la terrasse pour proposer aux clients d'y consommer les produits achetés car cela s'apparente à la petite restauration sur place (Cass. 3e civ. 26-3-2020 n° 18-25.893 F-D : RJDA 1/21 n° 7). L'exercice d'une activité de **crêperie** n'est pas admis dans des locaux réservés au commerce de « café-bar et plats du jour » (CA Paris 20-1-2017 n° 14/24684 : RJDA 8-9/17 n° 535).

L'exploitant d'un débit de boissons peut ouvrir un bureau de **PMU** car cette activité est le prolongement de l'activité principale et est conforme aux usages locaux (CA Aix-en-Provence 13-11-1997 : AJDI 1998 p. 176). Il peut aussi offrir à ses clients installés en terrasse la consommation de **narguilé** car il s'agit d'une activité habituelle d'un bar (CA Paris 19-2-2020 n° 18/20833 : RJDA 6/20 n° 300). L'exploitant peut également **organiser** pour ses clients des **animations** ponctuelles telles que des rencontres avec un philosophe, la projection de courts métrages et des animations musicales (CA Paris 31-5-2002 n° 01-2195 : RJDA 12/02 n° 1243), ou proposer des expositions de tableaux (Cass. 3e civ. 13-1-1999 n° 97-12.581 : RJDA 3/99 n° 259). Ces animations ne doivent toutefois pas devenir régulières car, dans ce cas, elles ne sont plus considérées comme une extension normale de l'activité de débit de boissons (Cass. 3e civ. 17-7-1996 n° 94-19.784 : RJDA 11/96 n° 1304, pour une activité de piano-bar, karaoké ; Cass. 3e civ. 8-6-2017 n° 15-26.208 F-D : RJDA 1/18 n° 6, concernant l'organisation de concerts et de spectacles de danse). Par ailleurs, un débitant de boissons exploitant un « **bar de nuit** » ne peut pas accueillir chaque soir des spectateurs venus assister à des concerts de musique brésilienne car ces deux activités ne sont pas de même nature (CA Paris 7-6-2002 n° 01-11347 : AJDI 2002 p. 607). L'activité de centre sportif de squash comprenant, accessoirement, l'exploitation d'un « **club-house** » avec restauration rapide, snack, salon de thé, n'inclut pas les activités de restauration et d'organisation de soirées musicales destinées à un public de consommateurs sans lien avec le centre sportif (Cass. 3e civ. 25-1-2006 n° 04-20.173 : RJDA 4/06 n° 390).

S'agissant d'un local réservé à un usage d'**hôtel,** le locataire ne peut pas exercer une activité de restauration accessible à une clientèle extérieure à l'hôtel (Cass. 3e civ. 30-11-2023 n° 21-25.584 F-D : RJDA 4/24 n° 210).

Pour un « **débit de tabac** », constitue une activité « incluse » la vente de billets du loto (CA Rouen 9-10-1990 n° 89-2356, Maurice c/ Rigal ; CA Poitiers 9-9-2008 : Loyers et copr. 2009 comm. n° 153 obs. E. Chavance) ou celle de voitures miniatures et de stylos, à condition que la commercialisation de ces objets reste marginale (CA Paris 22-4-1997 : D. aff. 1997 p. 1212).

Si, pour un commerce de **boulangerie-pâtisserie,** la vente de quiches, croque-monsieur, croissants au jambon et pizzas entre dans le cadre de cette activité (CA Versailles 16-2-1995 : Administrer 1995 n° 268 p. 19), la jurisprudence n'est pas en revanche homogène en ce qui concerne la vente de boissons rafraîchissantes : certaines décisions ont retenu que cette activité, lorsqu'elle restait marginale et sans incidence sur le développement du commerce, était inhérente à la conception moderne de boulangerie-pâtisserie telle qu'elle ressort des usages commerciaux et des exigences actuelles de la clientèle et nécessaire à la survie du petit commerce de proximité (CA Versailles 16-2-1995, précité ; dans le même sens, CA Versailles 17-2-1994 n° 92-4235, confirmé par Cass. 3e civ. 3-4-1996 : Rev. Loyers 1996 p. 294, et CA Paris 1-6-2005 n° 03-14252 : RJDA 12/05 n° 1325) ; d'autres ont, au contraire, considéré que les usages n'allaient pas jusqu'à permettre la vente de boissons (CA Paris 25-2-1994 n° 91-23644, confirmé par Cass. 3e civ. 21-11-1995 : Rev. Administrer 1996 n° 277 p. 38). L'offre d'un service payant de photocopies n'est pas une activité incluse dans les activités de « boulangerie froide, pâtisserie, confiserie, charcuterie, traiteur » prévues au bail ; mais elle ne constitue pas une infraction suffisamment grave pour justifier la résiliation du bail (CA Paris 1-6-2005, précité).

Le commerce de **boucherie** comprend la vente de charcuterie fabriquée à l'extérieur (CA Paris 15-2-2012 n° 10/03062 : RJDA 7/12 n° 647) et celui de boucherie-charcuterie la vente de plats cuisinés (CA Aix-en-Provence 4-3-1982 : Rev. Loyers 1983 p. 329) sous réserve que les juges du fond s'appuient sur des usages commerciaux et pas seulement sur la composition des plats cuisinés (Cass. 3e civ. 22-10-2015 n° 14-18.670), la vente en quantité restreinte de produits d'épicerie, assaisonnements et accompagnements de viandes (CA Colmar 11-1-1993 n° 90-3827, 3e ch. civ., Claus c/ Stoltz) ainsi que l'activité de rôtisserie et de vente de volailles qui en constitue une adaptation communément admise (CA Paris 8-10-1999 : Administrer 2000 n° 320 p. 33).

L'activité de **coiffure** pour hommes ne peut pas être considérée comme une activité comprise dans celle de coiffure pour dames. En effet, les techniques, les produits et les méthodes de travail diffèrent ; la clientèle est également par nature différente et a des besoins distincts (CA Paris 27-2-2013 n° 11/15987 : RJDA 11/13 n° 880).

L'acception usuelle des « **articles de Paris** » s'est étendue et comprend actuellement l'ensemble des objets qu'un voyageur ou un touriste peut être amené à souhaiter acheter lorsqu'il vient à Paris, en y incluant les valises, les sacs de voyage ou encore les parapluies ; il importe peu que les articles en question ne soient pas fabriqués à Paris, voire en France, dans la mesure où leur aspect correspond à la représentation que le touriste se fait du « goût parisien » (CA Paris 7-11-2007 n° 06-12972 : RJDA 8-9/08 n° 887).

Les **abords des sites touristiques** peuvent influencer l'étendue des activités commerciales. Ainsi, dans le cas d'un bail autorisant plusieurs activités (café, bar, salon de thé, restauration, vente à emporter et vente des jeux instantanés de la Française des jeux), la vente de billets d'accès au château de Versailles a été jugée incluse dans la destination contractuelle (Cass. 3e civ. 16-9-2015 FS-PB : RJDA 2/16 n° 89).

Enfin, des lieux loués dans les années 60 à usage de **maison de retraite** pour vieillards ne permettent pas la prise en charge de personnes aujourd'hui identifiées comme dépendantes (Cass. 3e civ. 28-6-2011 n° 10-16.410 : RJDA 1/12 n° 11).

MODIFICATION DE LA DESTINATION CONTRACTUELLE DES LIEUX LOUÉS

Les parties sont libres de modifier la destination des lieux. Celle-ci peut l'être à la suite de l'usage qu'en a fait le locataire avec l'accord du bailleur (Cass. 3e civ. 12-12-1968 : Bull. civ. III n° 543), mais l'**autorisation du bailleur** ne peut résulter que d'une manifestation de volonté non équivoque et non d'une attitude purement passive (Cass. soc. 18-4-1958 : Bull. civ. V n° 511 ; Cass. 3e civ. 4-5-2006 n° 05-10.938 : RJDA 8-9/06 n° 876 ; Cass. 3e civ. 10-4-2025 n° 23-21.473 F-D : RJDA 8-9/25 n° 426) ou d'une simple tolérance (Cass. 3e civ. 5-6-2002 n° 00-20.348 : RJDA 8-9/02 n° 862, 1e esp.). La réforme du droit des contrats donne une assise légale à cette approche jurisprudentielle, l'article 1120 du Code civil issu de l'ordonnance 2016-131 du 10 février 2016 prévoyant que « le silence ne vaut pas acceptation, à moins qu'il n'en résulte autrement de la loi, des usages, des relations d'affaires ou de circonstances particulières ». **54840**

L'autorisation peut être tacite. Tel est le cas par exemple lorsque le bailleur a acheté à son locataire des produits non prévus dans le bail pendant des années (Cass. com. 12-1-1967 : Bull. civ. III n° 29). L'accord du bailleur peut également être constaté dans le procès-verbal de conciliation dressé par la commission de conciliation des baux commerciaux (Cass. 3e civ. 16-11-2023 n° 22-17.409 F-D : RJDA 7/24 n° 382).

À défaut d'accord du bailleur, le locataire s'expose à la résiliation de son bail (Cass. 3e civ. 23-3-2010 n° 09-13.441 : RJDA 7/10 n° 714, pour une activité de restauration dans des locaux à destination de bar-dancing) ou à un refus de renouvellement sans indemnité d'éviction, les juges devant alors rechercher si le local a reçu une affectation conforme à sa destination contractuelle (Cass. 3e civ. 5-7-1995 : RJDA 8-9/95 n° 941). Il peut également être condamné à des dommages-intérêts si le bailleur, ou un tiers, a subi un préjudice (Cass. 3e civ. 13-7-2010 n° 09-67.516 : RJDA 12/10 n° 1136).

II. DÉSPÉCIALISATION

A. Adjonction d'activités connexes ou complémentaires : la déspécialisation partielle

ACTIVITÉS CONNEXES OU COMPLÉMENTAIRES

Les activités connexes sont celles qui ont un rapport étroit avec l'activité principale. Les activités complémentaires sont celles qui sont nécessaires à un meilleur exercice de cette activité principale (CA Paris 27-3-1990 : D. 1990 IR p. 97). **54900**

Pour être connexe ou complémentaire, l'activité ne doit **pas** être déjà **autorisée par le bail** (nos 54820 s.).

L'activité envisagée peut être prépondérante par rapport à l'activité ancienne puisque l'article L 145-47 du Code de commerce pose comme seule exigence la connexité ou la complémentarité (Cass. 3e civ. 24-10-1984 : Bull. civ. III n° 174).

Pour que deux commerces soient connexes entre eux ou que l'un soit complémentaire de l'autre, il ne suffit pas qu'il y ait à la base une matière première commune ; encore faut-il que ces commerces ne soient pas différents dans leur nature, leur mode d'exploitation, leur installation et le genre de clientèle à laquelle ils s'adressent (Cass. 3e civ. 29-10-1970 : Bull. civ. III no 550).

La détermination du caractère accessoire ou complémentaire relève du pouvoir souverain des juges du fond (Cass. 3e civ. 13-2-1969 : Bull. civ. III no 132 ; Cass. 3e civ. 13-2-1973 : Bull. civ. III no 113 ; Cass. 3e civ. 19-7-2000, no 99-11.904 : RJDA 12/00 no 1076) qui doivent prendre notamment en considération les usages commerciaux (C. com. art. L 145-47, al. 2).

ILLUSTRATIONS

Les tribunaux ont été amenés à de nombreuses reprises à se prononcer sur le caractère complémentaire ou non des activités exercées dans les lieux loués. Il a ainsi été jugé que :

– la vente de volailles rôties à côté de volailles non rôties, de viande fraîche de porc et de conserves de viande en boucherie était incontestablement connexe ou complémentaire à celles qui ont habituellement lieu dans les boucheries-triperies, selon les usages de la profession (Cass. 3e civ. 19-6-1970 : Bull. civ. III no 431) ;

– l'activité de nettoyage à sec présentait un lien résultant de la nature de la prestation avec l'activité de lavage au poids (Cass. 3e civ. 13-2-1973 : Bull. civ. III no 113) ;

– la « petite restauration » était complémentaire de l'activité de glacier (Cass. 3e civ. 31-3-1998 no 531 D, Sté Crédit moderne c/ Sté L'Été indien). De même, est complémentaire du commerce de café-bar l'activité de restauration rapide (Cass. 3e civ. 19-7-2000, no 99-11.904 : RJDA 11/00 no 962) ;

– la coiffure pour hommes est une activité connexe à celle de coiffure pour dames car il s'agit d'une extension de cette activité (CA Paris 27-2-2013 no 11/15987 : RJDA 11/13 no 880).

En revanche, les activités très spécialisées de sex-shop ne constituent pas les accessoires afférents au commerce de librairie, d'édition et de diffusion, même étendu à l'import-export (Cass. 3e civ. 16-2-1983 : Ann. loyers 1983 p. 154), la réparation de voitures avec atelier de carrosserie et de peinture n'est pas, en fonction des usages locaux, connexe ou complémentaire de l'activité de garagiste sans réparations avec poste d'essence (Cass. 3e civ. 17-3-1971 : Bull. civ. III no 191), la vente de lapins, poulets, œufs et poissons n'est pas connexe ou complémentaire à l'activité d'épicerie, primeurs et comestibles (Cass. 3e civ. 20-2-1969 : Bull. civ. III no 160), l'activité de dégustation de thé, café et chocolat n'est ni connexe ni complémentaire de celle de vente de ces produits (Cass. 3e civ. 29-10-1970 : Bull. civ. III no 550), l'activité d'encadrement n'est ni connexe ni complémentaire de celle d'art de la table et de vente d'objets de décoration, de cadeaux et de carterie (CA Versailles 9-3-2010 no 09-226 : RJDA 7/10 no 715). Il en est de même de l'activité de restauration pour un café-bar (Cass. 3e civ. 19-7-2000 : RJDA 11/00 no 962) et pour un bar-dancing (Cass. 3e civ. 23-3-2010 no 09-13.441 : RJDA 7/10 no 714), de l'activité de friterie pour un « fast-food » (CA Paris 28-2-2018 no 16/13779 : RJDA 7/18 no 560) ou le fait pour un locataire de passer d'une restauration ne nécessitant pas de cuisson (salades, sandwiches) à une restauration impliquant une cuisson (Cass. 3e civ. 18-6-2002 no 00-21.216 : RJDA 10/02 no 991).

54910 **Clause d'interdiction** Toute clause d'un bail commercial tendant à interdire au locataire de procéder à une déspécialisation partielle du bail est réputée non écrite (C. com. art. L 145-15). Tel est le cas de la clause d'un bail, que les parties avaient conclu en même temps qu'un contrat de franchise avec lequel il formait un tout indivisible, qui obligeait le locataire, franchisé du bailleur, à exercer son activité dans les lieux loués sous une enseigne déterminée pendant toute la durée du bail (Cass. 3e civ. 12-7-2000 no 98-21.671 : RJDA 11/00 no 963).

Cette solution est à notre avis applicable quel que soit le mode de distribution choisi par le fournisseur (franchise, concession, mandat, etc.).

RÉGIME DE LA DÉSPÉCIALISATION PARTIELLE

54920 **Nécessité d'une notification préalable** Le locataire doit faire connaître son intention au propriétaire par acte extrajudiciaire ou par lettre recommandée avec demande d'avis de réception, en indiquant les activités dont l'exercice est envisagé. Cette formalité vaut mise en demeure du propriétaire de faire connaître dans un délai de deux mois, à peine de déchéance, s'il conteste le caractère connexe ou complémentaire de ces activités (C. com. art. L 145-47, al. 2).

L'autorisation du bailleur ou à défaut celle du juge doit être préalable à l'adjonction de l'activité (Cass. 3e civ. 24-10-1990 : Bull. civ. III no 197 ; Cass. 3e civ. 20-12-2000 no 99-11.597 : RJDA 3/01 no 279). Tant qu'il ne l'a pas obtenue, le locataire doit s'abstenir d'exercer effectivement les nouvelles activités qu'il prétend adjoindre au commerce prévu au bail (Cass. 3e civ. 25-2-1975 : Bull. civ. III no 75 ; Cass. 3e civ. 18-3-1998 : RJDA 5/98 no 569). Cette règle est appliquée si strictement qu'il a été jugé qu'une demande d'autorisation postérieure à l'exercice effectif de la nouvelle activité était sans influence (Cass. 3e civ. 20-12-1971 : Bull. civ. III no 640).

À défaut, le bailleur peut mettre en demeure le locataire de cesser cette activité (Cass. 3e civ. 27-11-1970 : Bull. civ. III no 650), sous peine de refus de renouvellement (Cass. 3e civ. 29-10-1973 : Bull. civ. III no 548), de résiliation du bail par l'effet d'une clause résolutoire (Cass. 3e civ. 25-2-1975 : Bull. civ. III no 75 ;

Cass. 3e civ. 28-5-2003 no 02-11.155 : RJDA 8-9/03 no 817) ou de résiliation judiciaire si les juges estiment que l'extension constitue un manquement suffisamment grave aux obligations du locataire (Cass. 3e civ. 25-5-1976 : Bull. civ. III no 223).

> **Précisions** **a.** Dans les relations entre le bailleur et le locataire, la **date de notification** à prendre en compte est celle de l'expédition de la lettre recommandée à l'égard de celui qui y procède et la date de première présentation de la lettre à l'égard de celui à qui elle est faite. Lorsque la lettre n'a pas pu être présentée à son destinataire, la démarche doit être renouvelée par acte extrajudiciaire (C. com. art. R 145-38).
> **b.** Une **assignation** à jour fixe délivrée par le locataire n'équivaut pas à la mise en demeure et ne fait pas courir le délai de deux mois (Cass. 3e civ. 24-2-1976 : Bull. civ. III no 79).

Contestation du bailleur La contestation du bailleur dans le délai de deux mois est indispensable pour empêcher l'exercice de l'activité. À défaut, le locataire est fondé à adjoindre l'activité envisagée et le bailleur ne peut pas poursuivre la résiliation du bail (Cass. 3e civ. 1-3-1995 no 93-16.062 : Bull. civ. III no 64). Ce délai étant prévu à peine de déchéance, il doit être considéré comme un délai de rigueur (Cass. 3e civ. 11-2-1971 : Bull. civ. III no 100). **54925**

Pour s'opposer à l'extension projetée, le bailleur n'est pas tenu de motiver sa décision (Cass. 3e civ. 9-2-2017 no 15-28.759 FS-PB : RJDA 5/17 no 317) mais il ne peut invoquer que l'absence de caractère connexe ou complémentaire des activités, à l'exclusion de tout autre motif (clause d'exclusivité ou de non-concurrence en faveur d'un tiers, trouble éventuel causé à l'immeuble, etc.).

Il n'est pas tenu d'exprimer sa contestation sous une forme particulière (Cass. 3e civ. 6-3-1973 : Bull. civ. III no 165 ; Cass. 3e civ. 9-2-2017 précité). Lorsque le bailleur n'a pas contesté le caractère connexe ou complémentaire de l'activité projetée, mais a seulement manifesté son opposition à l'extension envisagée, cette dernière est acquise au locataire (Cass. 3e civ. 1-2-1978 : Bull. civ. III no 63).

Autorisation judiciaire En cas de contestation de la part du bailleur, le tribunal judiciaire, saisi par la partie la plus diligente, se prononce en fonction notamment de l'évolution des usages commerciaux (C. com. art. L 145-47, al. 2). Il appartient aux juges du fond de rechercher d'office quels sont les usages commerciaux en la matière (Cass. 3e civ. 25-5-1972 : Bull. civ. III no 326). **54930**

Si le locataire n'est pas certain du caractère connexe ou complémentaire de l'activité envisagée, il peut, parallèlement à sa demande de déspécialisation partielle, demander la déspécialisation plénière.

Le **locataire peut renoncer** à sa demande à tout moment et jusqu'à l'expiration d'un délai de quinze jours à compter de la date à laquelle la décision est passée en force de chose jugée en le notifiant au bailleur par acte extrajudiciaire ou par lettre recommandée avec demande d'avis de réception (C. com. art. L 145-55). Dans ce dernier cas, il supporte tous les frais de l'instance. Sur la fixation de la date de notification de la lettre recommandée AR, voir no 54920, Précisions.

EFFETS DE LA DÉSPÉCIALISATION PARTIELLE

Révision du loyer La déspécialisation partielle n'entraîne pas d'augmentation immédiate du loyer. En revanche, il pourra être tenu compte des activités commerciales adjointes lors de la première révision triennale suivant la notification si celles-ci ont entraîné par elles-mêmes une modification de la valeur locative des lieux loués (C. com. art. L 145-47, al. 3 ; no 56610). De même, lors du renouvellement, elle pourra être cause du déplafonnement du loyer (nos 58820 s.). **54940**

Clause de non-concurrence et d'exclusivité Est réputée non écrite toute clause ayant pour effet d'interdire à l'exploitant d'un fonds de commerce d'adjoindre à l'activité prévue au bail des activités connexes ou complémentaires (C. com. art. L 145-15). Par suite, le bailleur ne peut pas invoquer une exclusivité consentie à un autre locataire (Cass. ass. plén. 26-1-1973 : Bull. civ. no 2) ou une clause de non-concurrence (Cass. com. 11-6-1991 : RJDA 7/91 no 572 ; Cass. 3e civ. 15-2-2012 no 11-17.213 : RJDA 7/12 no 648). **54945**

Toutefois, la **clause** n'est **inefficace** que **si** :

1° le locataire a respecté les formalités prévues en demandant l'autorisation du bailleur ou à défaut celle de la justice (Cass. 3e civ. 16-11-1971 : Bull. civ. III no 553). Dès lors que ces formalités n'ont pas été respectées et que toute extension unilatérale d'activité est interdite par le bail, le locataire est tenu de garantir le bailleur de l'action intentée par un autre locataire pour trouble résultant de cette extension illicite de commerce et portant atteinte à son droit d'exclusivité (Cass. 3e civ. 16-7-1974 : Bull. civ. III no 303) ;

2° la clause de non-concurrence figure dans l'acte locatif lui-même. Ainsi, l'acquéreur d'un fonds de commerce qui s'est engagé à ne pas se livrer à une activité exercée par le vendeur dans un second fonds, et a ensuite pris à bail les locaux où était exploité le fonds vendu, ne peut se prévaloir, pour se soustraire à son engagement, des dispositions d'ordre public du Code de commerce sur la déspécialisation, car cet engagement, souscrit dans l'acte de vente du fonds de commerce, est indépendant du bail (Cass. 3e civ. 10-1-1978 : Bull. civ. III n° 22).

ATTENTION

À la différence de ce qui est prévu pour la déspécialisation plénière, l'article L 145-47 du Code de commerce ne réserve pas les **droits des tiers.** Par suite, l'extension d'activité pourra être admise, sans avoir à faire état des droits éventuels des tiers (Cass. 3e civ. 13-2-1969 : Bull. civ. III n° 132) et notamment de ceux résultant d'une clause de non-concurrence ou d'exclusivité, consentie par un bailleur commun à d'autres locataires.

54950 **Clause résolutoire de plein droit pour cessation d'activité** Lorsque des travaux sont nécessaires, les clauses résolutoires de plein droit pour cessation d'activité cessent de produire effet pendant le temps nécessaire à la réalisation des transformations, sans que celui-ci puisse excéder six mois à partir de l'accord sur la déspécialisation ou de la décision judiciaire l'autorisant (C. com. art. L 145-42).

B. Transformation de l'activité : la déspécialisation plénière

55040 Le locataire peut, sur sa demande, être autorisé à exercer dans les lieux loués une ou plusieurs activités différentes de celles prévues au bail, en raison de la conjoncture économique et des nécessités de l'organisation rationnelle de la distribution, lorsque ces activités sont compatibles avec la destination, les caractères et la situation de l'immeuble ou de l'ensemble immobilier (C. com. art. L 145-48). Ces dispositions sont d'ordre public, de sorte que sont réputés non écrits les clauses, stipulations et arrangements qui ont pour effet d'y faire échec (C. com. art. L 145-15).

1. DÉSPÉCIALISATION PLÉNIÈRE DE DROIT COMMUN

CONDITIONS DE LA TRANSFORMATION DE L'ACTIVITÉ

55045 **Condition relative à la conjoncture économique et à l'organisation de la distribution** Les deux conditions relatives à la conjoncture économique et à l'organisation rationnelle de la distribution sont **cumulatives** (Cass. 3e civ. 18-3-1980 : Gaz. Pal. 1980 pan. p. 318 ; Cass. 3e civ. 24-1-2001 n° 99-14.271 : RJDA 4/01 n° 427). L'appréciation de ces conditions relève du pouvoir souverain des juges du fond (Cass. 3e civ. 8-6-1995 : RJDA 8-9/95 n° 942).

Les tribunaux ont ainsi autorisé la transformation d'un pressing en établissement de restauration et de préparation de pâtes fraîches en raison des résultats financiers du pressing, de l'évolution du commerce de nettoyage à sec, de la distribution dans le quartier, ainsi que de la spécificité du commerce de restauration qui était envisagé dans un quartier touristique où étaient implantés plusieurs hôtels (Cass. 3e civ. 24-6-1992 : Bull. civ. III n° 221). De même, un locataire a été autorisé à adjoindre à son activité de vente et toilettage d'animaux de compagnie celle de vente d'accessoires, cadeaux et petits objets, la cour d'appel ayant constaté le caractère peu rentable de la profession de toiletteur et retenu que l'activité nouvelle ne mettait pas en cause l'organisation rationnelle de la distribution (Cass. 3e civ. 4-3-1992 : Bull. civ. III n° 69). Le fait que la Cour de cassation ait relevé le caractère peu rentable de la profession initiale laisse entendre que la déspécialisation ne pourrait pas être invoquée pour réaliser une opération seulement spéculative (en ce sens, CA Paris 22-2-1990 : JCP N 1991 II p. 132). Par ailleurs, la Cour de cassation a relevé que, en période de mutation et d'instabilité de la distribution, la plus grande souplesse était nécessaire (Cass. 3e civ. 8-6-1995 précité).

En revanche, la déspécialisation a été refusée dans un cas où la transformation du fonds n'apportait pas une amélioration de la distribution dans le genre de commerce envisagé, eu égard aux besoins de la clientèle (Cass. 3e civ. 18-3-1980 : Gaz. Pal. 1980 pan. p. 318).

55050 **Condition relative à l'immeuble** Les activités envisagées par le locataire doivent être compatibles avec la destination, les caractères et la situation de l'immeuble ou de l'ensemble immobilier où est situé le local commercial (C. com. art. L 145-48, al. 1). Le bailleur peut ainsi invoquer les clauses du règlement de copropriété. Mais un changement de nature de l'activité commerciale dans un lot où le règlement autorise l'exercice du commerce n'implique pas par lui-même une modification de la destination de l'immeuble (Cass. 3e civ. 10-12-1986 : Bull. civ. III no 179).

Sur la notion de destination dans un immeuble en copropriété, voir nos 35400 s.

Condition spécifique aux ensembles commerciaux Le premier locataire d'un local compris dans un ensemble constituant une unité commerciale définie par un programme de construction ne peut invoquer cette faculté de déspécialisation pendant un délai de neuf ans à compter de la date de son entrée en jouissance (C. com. art. L 145-48, al. 2). 55055

RÉGIME DE LA DÉSPÉCIALISATION PLÉNIÈRE

Demande de déspécialisation plénière du locataire Le locataire doit, avant toute transformation de son fonds, demander l'**autorisation** au **bailleur.** Cette demande doit être formée par acte extrajudiciaire ou par lettre recommandée avec demande d'avis de réception et, à peine de nullité, comporter l'indication des activités dont l'exercice est envisagé (C. com. art. L 145-49, al. 1 ; sur la fixation de la date de notification, voir no 54920, Précisions). Jugé par exemple que ne remplit pas cette exigence la demande tendant à transformer un commerce d'alimentation générale en une activité « tous commerces, à l'exclusion de commerces entraînant des nuisances sonores et olfactives » (CA Versailles 30-10-2007 no 06-6852 : RJDA 4/08 no 378). Dans une autre affaire, un locataire a au contraire été autorisé à transformer son commerce peu rentable de cartes géographiques en « tous commerces autres qu'alimentaires » (Cass. 3e civ. 8-6-1995 no 1199 : RJDA 8-9/95 no 942). 55080

Le locataire doit **notifier aux créanciers inscrits** sur le fonds de commerce sa demande de déspécialisation par acte extrajudiciaire ou par lettre recommandée AR ; ces derniers peuvent demander que le changement d'activité soit subordonné à certaines conditions de nature à sauvegarder leurs intérêts (C. com. art. L 145-49, al. 1). Aucun délai de rigueur n'est imparti aux créanciers pour former leur demande. L'extension par voie d'analogie du délai de rigueur de trois mois du bailleur est impossible. Il s'ensuit que l'on doit admettre que les créanciers inscrits puissent présenter leur demande non seulement pendant ce délai, mais également, en cas de contestation du bailleur, au cours de la procédure, et ce jusqu'au jugement. 55082

Les droits des créanciers inscrits s'exercent avec leur rang antérieur, sur le fonds transformé (C. com. art. L 145-50, al. 3).

Réponse du bailleur Dans le mois de la demande du locataire, le bailleur doit en aviser, par acte extrajudiciaire ou lettre recommandée AR, ceux de ses **locataires** envers lesquels il se serait obligé, en vertu d'une **clause de non-concurrence,** à ne pas louer en vue de l'exercice d'activités similaires à celles visées dans la demande (C. com. art. L 145-49, al. 2). 55085

Dans les trois mois de la demande de déspécialisation, le bailleur doit **notifier au locataire** son refus, son acceptation ou encore les conditions auxquelles il subordonne son accord, à défaut de quoi il est réputé avoir acquiescé à la demande (C. com. art. L 145-49, al. 3). S'il décide de s'opposer à la demande, il doit motiver son refus. Celui-ci doit reposer sur des motifs graves et légitimes (C. com. art. L 145-52, al. 1) ou être justifié par l'exercice d'un droit de reprise (C. com. art. L 145-53, al. 1). 55087

Le **bailleur** qui a **faussement invoqué** un **droit de reprise** ou qui n'a pas satisfait aux conditions ayant motivé le rejet de la demande du locataire ne peut s'opposer à une nouvelle demande de transformation d'activité, sauf pour motifs graves et légitimes, à moins que le défaut d'exécution ne lui soit pas imputable. Il peut, en outre, être condamné à verser au locataire une indemnité à raison du préjudice subi par ce dernier (C. com. art. L 145-53, al. 1).

> Précisions **a.** Le **droit de reprise** peut s'exercer dans les cas suivants :
– pour construire ou reconstruire l'immeuble,
– pour entreprendre une opération de surélévation rendant nécessaire l'éviction temporaire du locataire,
– pour reprendre les locaux d'habitation accessoires des locaux commerciaux,
– lorsque le bail porte sur un terrain nu construit par le locataire, pour édifier un immeuble à usage d'habitation,
– en vue d'exécuter des travaux prescrits ou autorisés dans le cadre d'une opération de rénovation urbaine ou de restauration immobilière.

b. Le texte ne donne aucune précision sur la nature des **justifications** que le bailleur doit fournir : peut-il se contenter de la seule notification de la nature de la reprise et des travaux à effectuer ou, dans le cas notamment où le bailleur invoquera les articles L 145-18 à L 145-24 du Code de commerce (nos 57700 s.), devra-t-il procéder à une notification complète dans les termes de ces dispositions ?

55090 **Autorisation judiciaire de déspécialisation plénière** Si le bailleur refuse la déspécialisation plénière, le locataire doit saisir le tribunal judiciaire qui peut autoriser la transformation totale ou partielle du fonds (C. com. art. L 145-52, al. 1). Toutefois, si le différend opposant le bailleur au locataire porte seulement sur le prix du bail après transformation de l'activité, celui-ci sera fixé par le juge des loyers commerciaux selon la procédure exposée n° 59830.

55095 Le **locataire peut renoncer** à sa demande à tout moment et jusqu'à l'expiration d'un délai de quinze jours à compter de la date à laquelle la décision est passée en force de chose jugée en le notifiant au bailleur par acte extrajudiciaire ou par lettre recommandée avec demande d'avis de réception (C. com. art. L 145-55). Dans ce dernier cas, il supporte tous les frais de l'instance. La date de notification de la lettre recommandée AR est à l'égard du locataire celle de l'expédition et à l'égard du bailleur celle de la première présentation ; lorsque la lettre n'a pas pu être présentée au bailleur, la démarche doit être renouvelée par acte extrajudiciaire (C. com. art. R 145-38).

55100 **Cas particulier des débits de boissons** Le **bailleur** ne peut **s'opposer** à la transformation réalisée par le locataire ou le cessionnaire du droit au bail d'un débit de boissons de troisième ou quatrième catégorie en un autre commerce, à moins que la transformation n'entraîne, pour l'immeuble, ses habitants ou le voisinage, des inconvénients supérieurs à ceux découlant de l'exploitation du fonds supprimé (CSP art. L 3331-6, al. 1).

L'**occupant** doit seulement **informer le bailleur** par lettre recommandée AR avant de procéder aux transformations envisagées (al. 2).

À défaut d'accord entre les parties, l'adaptation du bail aux conditions d'exploitation nouvelles (telle que la clause de destination) est faite par le tribunal judiciaire (n° 59810 ; al. 3).

EFFETS DE LA DÉSPÉCIALISATION PLÉNIÈRE

55120 **Droit à indemnisation du bailleur** Le changement d'activité peut motiver le paiement, à la charge du locataire, d'une **indemnité** égale au montant du préjudice dont le bailleur établirait l'existence (C. com. art. L 145-50, al. 1).

Il n'est pas tenu compte de la **plus-value conférée au fonds** par la transformation lorsque l'immeuble dans lequel est exploité le fonds doit être démoli ou restauré, ou lorsque le fonds doit être exproprié dans le cadre d'une opération de rénovation ou de restauration immobilière décidée moins de trois ans après la demande de transformation (C. com. art. L 145-54).

55125 **Révision du loyer** En contrepartie de l'avantage procuré, le bailleur peut, au moment de la transformation, demander la modification du loyer sans qu'il y ait lieu d'appliquer les dispositions relatives à la révision (C. com. art. L 145-50, al. 2). Il n'a donc pas à attendre la première révision triennale suivante (Cass. 3e civ. 24-6-1992 : Bull. civ. III n° 221) et le loyer est fixé à la valeur locative.

La transformation pourra également être prise en compte lors du renouvellement du bail (n° 58890).

55130 **Clauses résolutoires pour cessation d'activité** Les clauses de résiliation de plein droit pour cessation d'activité cessent de produire effet pendant le temps nécessaire à la réalisation des transformations. Ce délai ne peut pas excéder six mois à dater de l'accord sur la déspécialisation ou de la décision judiciaire l'autorisant (C. com. art. L 145-42).

55135 **Clauses de non-concurrence et d'exclusivité** Tout comme pour la déspécialisation partielle (n° 54945), la clause de non-concurrence et d'exclusivité ne peut pas faire échec au droit à la déspécialisation plénière.

Mais, contrairement à ce qui est prévu pour la déspécialisation partielle, l'article L 145-49 du Code de commerce réserve les **droits des tiers.** Ils doivent, à peine de forclusion, faire connaître leur attitude dans le mois de la notification de la demande de déspécialisation qui leur a été faite par le bailleur.

Les bénéficiaires d'une clause de non-concurrence ou d'exclusivité peuvent s'opposer à la transformation en invoquant leur droit. Toutefois, c'est au tribunal qu'il reviendra de trancher en fonction des intérêts en présence. Le fait que le législateur ait prévu une protection des droits des tiers devrait conduire les tribunaux à une certaine sévérité en présence d'une clause de non-concurrence.

2. DÉSPÉCIALISATION PLÉNIÈRE MOTIVÉE PAR LE DÉPART À LA RETRAITE OU L'INVALIDITÉ DU LOCATAIRE

CONDITIONS DE LA DÉSPÉCIALISATION POUR RETRAITE OU INVALIDITÉ DU LOCATAIRE

Le locataire qui fait valoir ses droits à la retraite ou qui a été admis au bénéfice d'une pension d'invalidité est autorisé à céder son bail pour l'exercice d'activités commerciales nouvelles en dépit des stipulations contractuelles (C. com. art. L 145-51). Cet article institue donc un **droit de cession du bail avec changement d'activité.** 55200

Le bénéfice de cette disposition a été étendu à l'associé unique d'une EURL ou au gérant majoritaire depuis au moins deux ans d'une SARL, lorsque celle-ci est titulaire du bail (C. com. art. L 145-51, al. 3). Elle s'applique aussi au locataire qui, cumulant sa pension de retraite de base avec son activité professionnelle, demande à bénéficier de sa retraite complémentaire en vue de se retirer de la vie active (Cass. 3e civ. 23-11-2011 n° 10-25.108 : RJDA 4/12 n° 380), à l'usufruitier du droit au bail immatriculé au registre du commerce s'il justifie de l'accord du nu-propriétaire pour la cession du bail (Cass. 3e civ. 6-2-2013 n° 11-24.708 : RJDA 5/13 n° 389), et aux époux cotitulaires du bail lorsque seul l'un d'entre eux demande à bénéficier de sa retraite (Cass. 3e civ. 30-1-1991 n° 89-11.313 : Rev. Loyers 1991 p. 404).

La **limite** à l'exercice de ce droit réside dans la compatibilité de la nature des activités envisagées avec la destination, les caractères et la situation de l'immeuble (C. com. art. L 145-51, al. 2). Si l'éventualité d'un risque de concurrence dans l'avenir ne suffit pas à fonder l'opposition du bailleur, il en va différemment lorsque l'activité envisagée vient concurrencer des commerces existants, ce qui doit être constaté par les juges (Cass. 3e civ. 13-5-2015 n° 14-10.368 : RJDA 8-9/15 n° 553).

Par ailleurs, aucune disposition légale n'exige la conclusion préalable d'un compromis entre le locataire faisant valoir ses droits à la retraite et l'acquéreur éventuel. Lorsqu'un tel compromis existe, sa teneur n'a pas à être communiquée au bailleur ; un bailleur ne peut donc pas s'opposer à la demande de déspécialisation du fonds de commerce formée par son locataire au motif que ce dernier n'aurait pas prouvé que la modification de l'activité commerciale exploitée dans les lieux était un élément déterminant de l'engagement de l'acquéreur éventuel du bail (Cass. 3e civ. 16-1-2002 n° 00-15.252 : RJDA 3/02 n° 233).

MODALITÉS DE LA CESSION EN CAS DE RETRAITE OU INVALIDITÉ DU LOCATAIRE

Le locataire doit **signifier** au bailleur et aux créanciers inscrits sur le fonds de commerce son intention de céder son bail en précisant la nature des activités dont l'exercice est envisagé ainsi que le prix proposé. 55205

Le **bailleur** dispose d'une **priorité de rachat** aux conditions fixées dans la notification dans un délai de deux mois à compter de la signification. 55210

Bien que le locataire n'ait que l'obligation de préciser la nature des activités envisagées et le prix proposé, il arrive que ce dernier signifie l'acte de cession lui-même, lequel peut contenir des conditions particulières telles que celle par laquelle le cessionnaire s'engage à prendre les locaux dans leur état actuel et à exécuter au lieu et place du cédant toutes les clauses, charges et conditions dont l'accomplissement lui incombait aux termes du bail cédé. L'acte de cession est alors opposable en totalité au bailleur (Cass. 3e civ. 30-11-1994 : RJDA 1/95 n° 8).

Si le **bailleur s'oppose au changement d'activité,** il doit saisir le tribunal judiciaire dans le même délai de deux mois. Il lui appartient alors de démontrer que l'activité envisagée est incompatible avec la destination, les caractères et la situation de l'immeuble. Il ne peut pas y substituer un commandement visant la clause résolutoire du bail, celui-ci ne valant pas refus d'accord à la déspécialisation (Cass. 3e civ. 5-3-2008 n° 07-13.985 : RJDA 5/08 n° 495).

À défaut d'exercice de ces droits de rachat ou d'opposition, dans le délai prescrit, l'accord du bailleur est réputé acquis.

L'article L 145-51 du Code de commerce ne dispense pas le locataire de **respecter les autres clauses du bail,** notamment quant à l'obligation d'exploiter et de garnir le local loué (Cass. 3e civ. 7-11-1990 : RJDA 2/91 n° 95 ; Cass. 3e civ. 2-10-1996 : RJDA 12/96 n° 1442). Il en résulte que le locataire doit continuer à exploiter son fonds jusqu'à la vente, ce qui ne paralyse pas les formalités de liquidation de la pension dont seul le service sera différé jusqu'à la cessation de l'activité. 55215

EFFET DE LA DÉSPÉCIALISATION POUR RETRAITE OU INVALIDITÉ DU LOCATAIRE

La déspécialisation de l'article L 145-51 du Code de commerce, régie par des dispositions autonomes, ne permet pas une modification immédiate du **prix du bail** : le loyer est maintenu jusqu'au terme du bail (Cass. 3e civ. 15-2-2023 n° 21-25.849 FS-B : RJDA 7/23 n° 361). En revanche, le changement d'activité peut être invoqué par le bailleur lors du renouvellement du bail comme motif de déplafonnement du loyer si la modification de l'activité est notable (même arrêt). 55220

SECTION 4

DURÉE DU BAIL COMMERCIAL

1. DURÉE DU BAIL INITIAL

DURÉE MINIMALE DU BAIL COMMERCIAL

55400 La durée du contrat de location ne peut pas être inférieure à neuf ans (C. com. art. L 145-4, al. 1). Cette règle s'applique au bail verbal comme au bail écrit. Mais les parties sont libres de conclure un bail d'une durée supérieure à neuf ans.

La durée de neuf ans est d'ordre public, si bien que sont réputés non écrits les clauses, stipulations et arrangements qui ont pour effet de faire échec à la durée minimale prévue (C. com. art. L 145-15). Cette disposition ne s'oppose pas à la résiliation judiciaire du bail en cours, ni à la mise en jeu d'une clause résolutoire.

DURÉE CONVENTIONNELLE DU BAIL COMMERCIAL SUPÉRIEURE À NEUF ANS

55405 L'article L 145-4, al. 1 du Code de commerce ne fixe aucune durée maximale. Les parties peuvent donc convenir librement de la durée de leur bail dès lors que celle-ci est supérieure à neuf ans, seul étant prohibé le bail perpétuel. Le choix d'une durée autre que la durée minimale doit néanmoins être effectué avec discernement par les parties car il n'est pas sans conséquence : le loyer est déplafonné lors du renouvellement et, lorsque la durée du bail est supérieure à douze ans, il est soumis à publicité foncière.

> **Précisions** Sous réserve de respecter un délai de préavis, chaque partie peut mettre fin à tout moment à un **bail perpétuel** conclu depuis le 1er octobre 2016, date d'entrée en vigueur de la réforme des contrats (C. civ. art. 1210). Pour les baux antérieurs à cette date, la **sanction** est la nullité absolue (Cass. civ. 15-5-1996 : RJDA 8-9/96 n° 1014, rejetant la possibilité pour le bailleur de renoncer à la nullité d'un bail renouvelable sur simple demande du locataire).

2. RÉSILIATION TRIENNALE

DROIT DE RÉSILIATION DU LOCATAIRE COMMERCIAL

55440 Le locataire a la faculté de donner congé à l'expiration d'une période triennale au moins six mois à l'avance par lettre recommandée AR ou acte extrajudiciaire (C. com. art. L 145-4, al. 2 ; Cass. 3e civ. 24-10-2019 n° 18-24.077 FS-PBI : RJDA 1/20 n° 7). Une fois délivré, le congé ne peut plus être rétracté sans le consentement du bailleur (Cass. 3e civ. 27-6-1984 : JCP G 1985 II n° 20343).

La possibilité pour les parties d'**aménager** le droit de résiliation triennale du locataire n'est admise que pour **certains baux** limitativement énumérés :

- les baux conclus pour plus de neuf ans ;
- les baux de locaux construits en vue d'une seule utilisation (locaux « monovalents ») ;
- les baux de locaux à usage exclusif de bureaux ;
- les baux de locaux de stockage mentionnés à l'article 231 ter, III-3° du Code général des impôts (locaux ou aires couvertes destinés à l'entreposage de produits, de marchandises ou de biens et qui ne sont pas intégrés topographiquement à un établissement de production).

> **Précisions** **a.** La date de **notification** de la lettre recommandée AR est à l'égard du locataire celle de l'expédition et à l'égard du bailleur celle de la première présentation ; lorsque la lettre n'a pas pu être présentée au bailleur, la démarche doit être renouvelée par acte extrajudiciaire (C. com. art. R 145-38).
> **b.** En supprimant la formule « à défaut de convention contraire » de l'article L 145-4, la loi Pinel 2014-626 du 18 juin 2014 a rétabli le caractère d'ordre public du droit de résiliation triennale, ce qui exclut toute **indemnité** au profit du bailleur, sauf pour les exceptions légales.
> **c.** La faculté de résiliation triennale est interdite au locataire exploitant d'une **résidence de tourisme** (C. com. art. L 145-7-1). Cette interdiction ne vaut que pendant le bail initial (Cass. 3e civ. 7-9-2023 n° 21-14.279 FS-B : RJDA 1/24 n° 8).

55450 Faute de congé, le bail se poursuit au terme de chaque période triennale aux conditions prévues initialement, sauf possibilité de révision légale du loyer (Cass. 3e civ. 10-10-1973 : Bull. civ. III n° 523).

55455 **Départ à la retraite ou invalidité du locataire** Le locataire qui a demandé à bénéficier de ses droits à la retraite ou qui a été admis au bénéfice d'une pension d'invalidité a la faculté de donner congé au moins six mois à l'avance par lettre recommandée AR ou acte extrajudiciaire (C. com. art. L 145-4, al. 4 ; sur la fixation de la date de notification, voir ci-dessus n° 55440, Précisions). Cette disposition s'applique également à l'associé unique d'une EURL ou au gérant majoritaire depuis au moins deux ans d'une SARL, lorsque celle-ci est titulaire du bail (C. com. art. L 145-4, al. 5).

Sur la possibilité d'une cession avec déspécialisation plénière en cas de départ à la retraite ou d'invalidité du locataire, voir n°s 55200 s.

DROIT DE REPRISE TRIENNALE DU BAILLEUR COMMERCIAL

Le bailleur a la faculté de donner congé à l'expiration d'une période triennale afin de construire, de reconstruire ou de surélever l'immeuble existant, de réaffecter le local d'habitation accessoire à cet usage, de transformer à usage principal d'habitation un immeuble existant par reconstruction, rénovation ou réhabilitation, ou d'exécuter des travaux prescrits ou autorisés dans le cadre d'une opération de restauration immobilière et en cas de démolition de l'immeuble dans le cadre d'un projet de renouvellement urbain (C. com. art. L 145-4, al. 3). Ces différents motifs justifiant le droit de reprise triennale du bailleur font l'objet de développements n°s 57790 s. 55480

Il s'agit d'un droit de résiliation conditionnelle (Cass. 3e civ. 30-1-1970 : Bull. civ. III n° 57), auquel le bailleur ne peut pas renoncer par avance (Cass. 3e civ. 20-12-1995 : RJDA 3/96 n° 322).

SECTION 5 CESSION

I. CESSION DU DROIT AU BAIL

A. Droit de céder le bail commercial

PRINCIPES

La cession du bail est le plus souvent indispensable à la cession du fonds de commerce dont le droit au bail est l'élément principal dans la mesure où l'emplacement du fonds permet d'attirer et de retenir la clientèle. C'est pourquoi sont **réputées non écrites,** quelle qu'en soit la forme, les **conventions tendant à interdire au locataire de céder son bail** ou les droits qu'il tient du statut à l'acquéreur de son fonds de commerce ou de son entreprise ou au bénéficiaire du transfert universel de son patrimoine professionnel (C. com. art. L 145-16, al. 1). 55600

Ce texte ne distinguant pas entre cession totale et cession partielle, la sanction s'applique à toute clause ayant pour effet d'interdire une cession partielle (Cass. com. 14-10-1959 : Bull. civ. III n° 344 ; Cass. 3e civ. 11-2-1987 : Bull. civ. III n° 23).

> **Précisions** **a.** L'inscription au registre du **commerce du cessionnaire** au jour de la cession n'est pas une condition de validité de la cession du droit au bail (Cass. 3e civ. 1-2-1995 : RJDA 4/95 n° 411). Lorsque l'acte de cession est rédigé par un notaire, c'est à lui qu'il incombe de procéder à l'immatriculation de l'acquéreur, faute de quoi il engage sa responsabilité à l'égard de celui-ci pour lui avoir fait perdre le droit au renouvellement du bail (Cass. 1e civ. 13-12-2005 n° 03-15.918 FS-PB : RJDA 5/06 n° 523).
> **b.** La **cession** du droit au bail **au propriétaire des murs** a une cause (désormais contrepartie) puisqu'elle lui permet de recouvrer la jouissance matérielle des lieux loués (Cass. 3e civ. 13-10-2004 n° 03-12.035 : RJDA 1/05 n° 12).
> **c.** Sur la cession de bail **en cas de départ à la retraite ou d'invalidité** du locataire, voir n°s 55200 s. ; sur les règles applicables en cas de **cession de débits de boissons,** voir n° 55100.

DÉFINITION DE LA CESSION DU BAIL COMMERCIAL

La cession de bail est un contrat d'une nature particulière comportant cession de créance au profit du cessionnaire, mais aussi transfert à la charge de celui-ci de l'obligation de payer et d'exécuter les conditions de la location. 55605

Certaines situations excluent l'existence d'une cession de bail. Tel est le cas de la cession par le cotitulaire d'un bail à son copreneur de ses droits indivis dans ce bail, dès lors que cette opération entraîne l'extinction de l'indivision entre eux, car elle équivaut alors à un partage, l'acquéreur étant censé avoir été seul preneur depuis l'origine de l'indivision (Cass. 3e civ. 13-10-2004 n° 03-12.968 : RJDA 1/05 n° 13 ; Cass. 3e civ. 23-3-2011 n° 10-30.495 : RJDA 7/11 n° 610) ou de la cession par des associés des parts d'une société titulaire d'un bail (Cass. com. 3-6-2014 n° 13-21.345 : RJDA 7/15 n° 485), sauf preuve d'une cession déguisée du bail (cf. Cass. 3e civ. 10-7-2002 n° 1251 : RJDA 11/02 n° 1120 ; sur l'absence de preuve de la fraude, CA Paris 10-4-2013 n° 11/01736 : RJDA 8-9/13 n° 695).

55610 **Distinction avec d'autres opérations** La cession du bail doit être distinguée des conventions suivantes :

1° La cession de bail n'est pas assimilable à une **vente** et ne comporte pas nécessairement stipulation d'un prix (Cass. soc. 12-11-1954 : Bull. civ. IV n° 691).

2° L'article L 145-16 du Code de commerce crée un lien d'interdépendance entre la cession du droit au bail et la vente du fonds de commerce puisque la cession n'est autorisée qu'au profit de l'acquéreur du fonds. Juridiquement, la cession du bail est différente de la **cession du fonds de commerce** (Cass. 3e civ. 6-12-1982 : Bull. civ. III n° 396). Il en résulte que les articles L 141-12 à L 141-17 du Code de commerce organisant la publicité de la cession du fonds de commerce ne sont pas applicables en cas de cession de bail.

3° Il y a cession du droit au bail dès que le cessionnaire est une personne morale distincte de celle du locataire. En cas d'**apport en société,** y compris l'apport partiel d'actif non soumis au régime des scissions, le critère distinctif réside dans cette modification de la personnalité juridique du locataire.

> **Précisions** En cas de **fusion** ou de **scission** de sociétés, en cas de transmission universelle de patrimoine d'une société réalisée par **réunion de toutes les parts sociales entre les mains d'un associé unique** (application de l'art. 1844-5 du Code civil) ou en cas d'apport partiel d'actif soumis au régime des scissions (application de l'art. L 236-27 du Code de commerce), la société issue de la fusion, la société désignée par le contrat de scission (ou, à défaut, les sociétés issues de la scission), la société bénéficiaire de la transmission universelle de patrimoine ou la société bénéficiaire de l'apport est, nonobstant toute stipulation contraire, substituée à celle au profit de laquelle le bail était consenti dans tous les droits et obligations découlant de ce bail (C. com. art. L 145-16, al. 2). La dispense des formalités de cession de bail ne soustrait pas la société de l'obligation d'immatriculation au registre du commerce et des sociétés (Cass. 3e civ. 7-11-2001 n° 1581 : RJDA 2/02 n° 137). Le bailleur a le droit de faire opposition à la fusion, la scission ou l'apport partiel dans les conditions prévues par le droit des sociétés (voir Mémento Sociétés commerciales nos 83953 s.).

1. CLAUSES DU BAIL RELATIVES À LA CESSION

CLAUSE ÉTENDANT LE DROIT DE CESSION DU LOCATAIRE

55620 Le contrat de bail peut bien entendu autoriser sans condition et sans restriction le locataire à **céder librement** son droit au bail.

Les parties peuvent notamment étendre le droit de cession du locataire en insérant une **clause « tous commerces »** qui autorise la cession pour l'exercice de tous types de commerces. Il a été jugé toutefois qu'une telle clause n'autorise pas la cession au profit d'une personne n'exerçant pas une activité commerciale (Cass. 3e civ. 26-1-1982 : Bull. civ. III n° 21). Tel est le cas d'une caisse de crédit agricole, société civile à caractère coopératif et à forme mutualiste, dont les opérations ne relèvent pas, en raison du but non lucratif de l'établissement, du commerce de banque puisqu'elles ne tendent pas à réaliser des bénéfices par spéculations sur l'argent et le crédit (Cass. 3e civ. 26-1-1982 précité).

CLAUSES INTERDISANT LA CESSION DU BAIL COMMERCIAL

55640 La **prohibition** des clauses d'interdiction de céder le bail à l'acquéreur du fonds de commerce ou au bénéficiaire du transfert universel de patrimoine professionnel du locataire s'applique à une interdiction absolue et générale de toute cession. Une telle clause étant réputée non écrite, le locataire peut alors céder son bail, mais uniquement à l'acquéreur du fonds de commerce ou au bénéficiaire du transfert universel de son patrimoine professionnel.

Mais cette prohibition **ne s'applique pas** à de simples clauses limitatives ou restrictives (Cass. com. 17-2-1960 : Bull. civ. III n° 68 ; Cass. com. 4-1-1961 : Bull. civ. III n° 1 ; Cass. 3e civ. 19-12-1983 : Bull. civ. III n° 265 ; Cass. 3e civ. 2-10-2002 n° 01-02.035 : RJDA 12/02 n° 1244). De nombreuses clauses tendent à restreindre la liberté de cession du locataire : certaines subordonnent la cession à l'agrément ou à la participation du bailleur, d'autres prévoient des conditions de forme particulières, d'autres enfin sont relatives à l'acquéreur du fonds.

ILLUSTRATIONS

A été assimilée à une clause prohibitive la clause imposant une exploitation personnelle du fonds par le locataire pendant les trois dernières années du bail et emportant ainsi impossibilité de céder le bail pendant cette période (Cass. 3e civ. 23-7-1986 : Bull. civ. III n° 131). Il en a été de même de la clause interdisant le nantissement du droit au bail qui ne prévoyait aucune possibilité d'autorisation ou d'agrément dès lors que, de caractère général et absolu, elle tendait à interdire au locataire de céder son bail (Cass. 3e civ. 11-5-1982 : Bull. civ. III n° 117).

CLAUSES EXIGEANT L'INTERVENTION DU BAILLEUR POUR LA CESSION DU BAIL

L'intervention du bailleur peut résulter soit de son autorisation, soit de son concours à l'acte de cession. **55645**

1° Les clauses qui subordonnent la cession à l'autorisation du bailleur ont pour but de lui permettre d'apprécier si le cessionnaire présente des garanties suffisantes de moralité et de solvabilité ainsi que de vérifier les conditions dans lesquelles la cession a été consentie. De telles clauses peuvent prendre la forme soit d'un agrément du bailleur, soit d'une autorisation.

Le bail peut subordonner la cession à l'**agrément du bailleur.** Celui-ci peut alors être exprès ou tacite. À défaut d'accomplissement des formalités prévues par cette clause, le locataire peut établir la preuve de l'acceptation tacite et non équivoque du bailleur et de sa renonciation à invoquer la clause d'agrément (Cass. com. 4-1-1965 : Bull. civ. III n° 4).

Les juges du fond apprécient souverainement si une telle autorisation tacite est établie (Cass. 3e civ. 17-10-1968 : Bull. civ. III n° 381). Il a ainsi été jugé que l'acceptation de sommes d'argent ne suffisait pas à établir le consentement tacite du bailleur (Cass. 3e civ. 29-4-1969 : Bull. civ. III n° 334). De même, une offre transactionnelle qui n'a pas abouti ne peut valoir acceptation non équivoque du bailleur (Cass. 3e civ. 19-5-2004 n° 02-11.312 : RJDA 8-9/04 n° 951).

Lorsque le cédant ne parvient pas à obtenir l'accord du bailleur, ce qui provoque l'échec de la cession, il commet une faute susceptible d'engager sa responsabilité à l'égard du cessionnaire (Cass. com. 26-1-1966 : Bull. civ. III n° 55). Toutefois, lorsque le bailleur assortit son autorisation de certaines conditions excessives au regard du bail, le cédant n'est pas responsable (Cass. 3e civ. 10-6-2009 n° 08-14.099 : RJDA 8-9/09 n° 704).

L'obligation de requérir du bailleur l'**autorisation expresse et par écrit** pour toute cession de bail est licite (Cass. 3e civ. 2-10-2002 n° 01-02.035 : RJDA 12/02 n° 1244) sauf au locataire, en cas de refus injustifié du bailleur, à se faire autoriser en justice (Cass. 3e civ. 9-3-1967 : Bull. civ. III n° 111). L'autorisation judiciaire ne vaut qu'au profit du cessionnaire désigné par le juge ; elle ne peut pas être étendue à la personne morale qu'il a ultérieurement constituée (Cass. 3e civ. 16-11-2023 n° 22-17.567 F-D : RJDA 2/24 n° 79).

Le bailleur peut renoncer au bénéfice de la clause, mais la simple connaissance de la cession ne peut être retenue, en l'absence d'autres éléments, comme une renonciation du propriétaire à se prévaloir de la clause (Cass. com. 4-1-1961 : Bull. civ. III n° 1).

ATTENTION

Même si le contrat ne précise pas le délai accordé au bailleur pour donner sa réponse à la demande d'agrément, un défaut de **réponse** dans un **délai raisonnable** constitue une faute de la part du bailleur qui engage alors sa responsabilité (CA Bordeaux 20-2-2019 n° 18/04897 : RJDA 3/20 n° 133).

2° Certaines clauses prévoient un **appel du bailleur à concourir à l'acte.** Ainsi en est-il de celle stipulant que la cession ne pourra avoir lieu qu'en « présence du bailleur ou lui dûment appelé » (Cass. 3e civ. 13-3-2025 n° 23-23.372 F-D : RJDA 6/25 n° 306). Elles ont pour but de l'avertir de la cession. L'obligation ne concerne que la cession du bail et non la vente du fonds de commerce dès lors que les deux cessions ont lieu par actes séparés (Cass. 3e civ. 12-1-1968 : Bull. civ. III n° 20) et, la clause étant distincte de la clause d'agrément, l'absence volontaire du bailleur aux opérations de cession, alors qu'il y a été antérieurement et régulièrement sommé, ne peut être invoquée unilatéralement par lui pour soutenir qu'il n'a pas agréé le cessionnaire (Cass. com. 18-10-1965 : Bull. civ. III n° 502). La formalité n'est pas exigée tant que le cédant demeure locataire au regard du bailleur. En ce cas, la réitération de la cession avec appel du bailleur est valable (Cass. com. 25-1-1965 : Bull. civ. III n° 64), mais la réitération tardive, c'est-à-dire postérieure à la cession elle-même, ne rend pas celle-ci régulière (Cass. com. 16-7-1965 : Bull. civ. III n° 440) dès lors qu'elle ne permet pas d'atteindre le but recherché par la clause. De même, la signification de la cession au bailleur par des conclusions déposées au cours de l'instance en inopposabilité n'entraîne pas régularisation (Cass. com. 9-6-2022 n° 20-10.980 F-D : RJDA 1/23 n° 8). **55650**

Les juges du fond apprécient si la violation de la clause constitue une infraction suffisamment grave pour justifier la résiliation du bail (Cass. com. 4-3-1963 : Bull. civ. III n° 131). Ils peuvent, pour refuser la résiliation du bail, déduire des documents produits que le bailleur a été informé de la cession et y a acquiescé (Cass. 3e civ. 30-4-1969 : Bull. civ. III n° 342). En effet, une telle clause ne trouve plus d'application lorsque le bailleur a été avisé de la cession du bail et qu'il a donné son acquiescement en délivrant une quittance de loyer au cessionnaire (Cass. com. 19-7-1963 : Bull. civ. III n° 453).

CLAUSE IMPOSANT DES FORMALITÉS POUR LA CESSION DU BAIL

55655 Les conventions exigeant à peine d'inopposabilité la **forme authentique** pour une cession du droit au bail sont licites (Cass. 3e civ. 13-3-2025 no 23-23.372 F-D : RJDA 6/25 no 306). Il s'ensuit que l'infraction à cette stipulation peut conduire à mettre en jeu la clause résolutoire si elle a été prévue au bail (Cass. com. 12-6-1963 : Bull. civ. III no 294 ; Cass. 3e civ. 1-4-1998 no 96-15.171 : RJDA 6/98 no 690) ou à justifier le prononcé de la résiliation du bail, et ce malgré l'agrément tacite du futur cessionnaire par le bailleur (Cass. 3e civ. 17-1-1969 : Bull. civ. III no 56). Est également licite la clause exigeant que l'acte de cession soit contresigné par un avocat en application de l'article 66-3-1 de la loi 71-1130 du 31 décembre 1971.

CLAUSES AUTORISANT LA CESSION DU BAIL AU « SUCCESSEUR » DU LOCATAIRE

55660 Lorsqu'un bail interdit au locataire de céder son droit au bail sauf « à un **successeur dans son commerce** », la cession du droit au bail n'est autorisée qu'au profit de l'acquéreur du fonds (Cass. 3e civ. 8-2-1984 : Bull. civ. III no 32). En revanche, la clause qui n'autorise la cession qu'à un « **successeur dans le même commerce** » ne comporte pas l'obligation que le cessionnaire soit également l'acquéreur du fonds (Cass. 3e civ. 11-1-1978 : JCP G 1978 II no 18944).

La clause n'autorisant la cession qu'à un « **successeur dans le commerce** » n'apporte pas un obstacle absolu au droit de cession (Cass. com. 14-10-1963 : Bull. civ. III no 407). Le mot « successeur » suppose nécessairement la cession des droits et éléments incorporels constitués par l'exploitation commerciale et non pas seulement la cession du bail (Cass. com. 6-10-1966 : Bull. civ. III no 383). Il est indispensable qu'un fonds soit exploité à défaut de quoi, en cédant le droit au bail, le locataire contreviendrait à cette clause (Cass. com. 18-7-1962 : Bull. civ. III no 374). Pour un exemple où la vente du fonds de commerce emportait, en réalité, la cession du seul droit au bail, voir Cass. 3e civ. 24-1-2006 no 03-21.144 : RJDA 6/06 no 626.

> **> Précisions** Le **bénéficiaire du transfert universel du patrimoine professionnel** du locataire entrepreneur individuel nous semble pouvoir être considéré comme son « successeur ».

STIPULATION D'UN DROIT DE PRÉEMPTION AU PROFIT DU BAILLEUR

55665 La clause donnant au bailleur un droit de préemption dans le cas où le locataire vendrait son fonds de commerce ne porte pas atteinte aux intérêts légitimes de ce dernier. Elle est donc licite (Cass. com. 17-2-1960 : Bull. civ. III no 68 ; Cass. 3e civ. 12-7-2000 no 98-22.000 : RJDA 11/00 no 965). En effet, le droit de préemption du bailleur laisse intacte la faculté pour le locataire de vendre son fonds et de céder son droit au bail à tel acquéreur de son choix et suivant les modalités, notamment le prix, qu'il juge opportunes, le bailleur pouvant seulement prendre à son compte l'opération telle que librement consentie par le locataire.

> ATTENTION
>
> La clause conférant au bailleur un droit de préemption en cas de vente du fonds de commerce ne nous paraît pas pouvoir s'appliquer dans le cas où le **locataire,** entrepreneur individuel, **cède l'intégralité de son patrimoine professionnel** (cf. C. com. art. L 526-27 s.).

2. DROIT DE PRÉEMPTION COMMERCIAL

CHAMP D'APPLICATION DU DROIT DE PRÉEMPTION COMMERCIAL

55680 **Périmètre du droit de préemption** Les communes peuvent délimiter un **périmètre de sauvegarde du commerce et de l'artisanat de proximité** à l'intérieur duquel les aliénations à titre onéreux de baux commerciaux, de fonds artisanaux ou de commerce sont soumises à un droit de préemption (C. urb. art. L 214-1, R 214-1 et A 214-1). Des **motifs** de protection de la sécurité et de l'ordre public ne peuvent pas justifier une décision **de préemption,** de sorte qu'est illégale la décision de préempter un fonds de commerce de café fondée sur les plaintes concernant ce commerce, la dégradation des relations de voisinage troublant la sécurité et l'ordre public et sur les graves nuisances induites par ce type d'activité (CE 26-4-2013 no 362949 : RJDA 10/13 no 786).

> **> Précisions** Un droit de préemption dérogatoire au droit commun peut être instauré à l'intérieur du **périmètre d'une grande opération d'urbanisme** (GOU) mise en œuvre dans une zone d'activité économique dont la transformation, notamment afin d'en favoriser la mixité fonctionnelle, est prévue par cette opération d'aménagement (C. urb. art. L 214-2-1).

55682 **Titulaires du droit de préemption** Les communes, c'est-à-dire les conseils municipaux ou les maires par délégation, sont titulaires du droit de préemption. Les maires bénéficient eux-mêmes du pouvoir de délégation (CGCT art. L 2122-22, 21o).

> **Précisions a.** Lorsque la commune fait partie d'un **établissement public de coopération intercommunale** (EPCI), elle peut lui déléguer tout ou partie de son droit de préemption (C. urb. art. L 214-1-1, al. 1 ; art. R 214-18 et R 214-19). En outre, la commune ou l'EPCI délégataire peut déléguer le droit de préemption à d'**autres** entités : un établissement public y ayant vocation, une société d'économie mixte, le concessionnaire d'une opération d'aménagement ou le titulaire d'un contrat de revitalisation artisanale et commerciale.
> **b.** Dans le périmètre d'une **grande opération d'urbanisme,** le droit de préemption est exercé par la collectivité territoriale ou l'établissement public signataire du contrat de projet partenarial d'aménagement. L'exercice de ce droit peut être délégué à un établissement public y ayant vocation ou au concessionnaire d'une opération d'aménagement (C. urb. art. L 214-1-1, al. 3).

Locations soumises au droit de préemption Les **baux commerciaux** sont expressément visés par le dispositif (C. urb. art. L 214-1, al. 1 et art. R 214-3) mais sans plus de détail. Or, il n'y a pas coïncidence entre les notions de « bail commercial » et de « bail soumis au statut des baux commerciaux », certains baux commerciaux n'étant pas soumis au statut, tandis que d'autres, qui ne sont pas spécifiquement commerciaux le sont (nos 54100 s.). À notre avis, l'application du droit de préemption se limite aux seuls baux soumis de plein droit au statut des baux commerciaux (dans le même sens, A. Reygrobellet, « Droit de préemption urbain sur les fonds de commerce, fonds artisanaux et baux commerciaux – décret d'application » : BPIM 2/08 inf. 107 n° 14). Les tribunaux seront probablement amenés à trancher cette question. 55686

Opérations soumises au droit de préemption Seules sont **concernées** les aliénations à titre onéreux (C. urb. art. L 214-1 et R 214-3). Dation en paiement et vente en viager paraissent entrer dans le champ d'application du droit de préemption. De même, l'apport en nature d'un bail à une société en dehors des opérations visées ci-après est assimilable à une cession. 55688

Sont **exclus** les transmissions à titre gratuit (succession, donation, legs), ainsi que les contrats dépourvus de tout effet translatif, comme les contrats de location-gérance et de crédit-bail. Par ailleurs, le droit de préemption ne peut pas être exercé dans le cadre d'une procédure collective sur le bail compris dans un plan de cession totale ou partielle de l'entreprise (C. com. art. L 626-1, al. 5, pour la sauvegarde, L 642-5, al. 4 pour la liquidation judiciaire et, sur renvoi de l'art. L 631-22, pour le redressement judiciaire).

À notre avis, le droit de préemption commercial n'est pas applicable lorsque le transfert du bail résulte d'une fusion, d'une scission ou d'un apport partiel d'actifs soumis au régime des scissions car ces opérations s'analysent comme des échanges de droits sociaux et ne portent pas directement sur les actifs transmis (en ce sens à propos du DPU mais transposables au droit de préemption « commercial », Rép. Türk : Sén. 1-7-1993 p. 1055 n° 67 ; TA Cergy-Pontoise 10-4-2008 n° 07-8561 : RJDA 11/08 n° 1126).

MISE EN ŒUVRE DU DROIT DE PRÉEMPTION COMMERCIAL

Information de la commune La cession est subordonnée à une **déclaration préalable,** faite par le vendeur à la commune ; elle doit préciser le prix et les conditions de la cession, l'activité de l'acquéreur pressenti, le nombre de salariés du cédant et la nature de leur contrat de travail, et comporter le bail commercial et le chiffre d'affaires lorsque la cession porte sur un bail ou un fonds artisanal ou commercial (C. urb. art. L 214-1, al. 3). L'indication du nom de l'acquéreur éventuel n'est pas obligatoire, mais elle peut présenter un intérêt si la commune qui a préempté ne revend pas le bien dans le délai légal (voir n° 55695). 55690

La déclaration d'intention d'aliéner (DIA) doit être établie conformément au **formulaire** Cerfa 13644*02 (ex-13644*01 ; cf. C. urb. art. A 214-1), disponible à l'adresse suivante : www.entreprendre.service-public.fr, onglet démarches et outils – formulaires. Les quatre exemplaires de la DIA doivent être adressés par lettre recommandée AR au maire de la commune de situation du bien, ou déposés en mairie contre récépissé ; il est également possible d'adresser la DIA par voie électronique en un seul exemplaire (C. urb. art. R 214-4).

> **Précisions a.** Si la cession porte sur **un terrain** soumis à la fois au droit de préemption urbain (DPU) et au droit de préemption commercial, une DIA conforme au formulaire Cerfa 10072*03 (C. urb. art. A 213-1) doit être adressée en mairie en indiquant que le bien est soumis aux deux droits de préemption, le titulaire du droit de préemption étant libre de choisir entre les deux (C. urb. art. R 214-4-2).
> **b.** Lorsque la cession est réalisée par voie d'**adjudication,** la DIA est établie par le commissaire-priseur judiciaire (devenu commissaire de justice), le greffier du tribunal ou le notaire chargé de la vente. Elle précise la date et les modalités de la vente. Elle est adressée à la commune au moins 30 jours avant la date prévue pour la vente par lettre recommandée avec demande d'avis de réception ou par voie électronique (C. urb. art. R 214-7, al. 1).

c. Lorsque la **commune** a **délégué** son **droit de préemption,** le maire transmet la DIA au délégataire (C. urb. art. R 214-4, al. 4 et R 214-7, al. 2).
d. En cas de **liquidation judiciaire** et de cession de gré à gré autorisée par le juge-commissaire (C. com. art. L 642-19), c'est le liquidateur qui procède à la déclaration au moins 30 jours avant la date prévue pour la cession de gré à gré (C. urb. art. R 214-8).

55692 **Délai de réponse de la commune** Dans un délai de deux mois à compter de la réception de la DIA, la commune (ou son délégataire) doit notifier sa décision au vendeur par lettre recommandée AR, par remise contre décharge au domicile ou au siège social du vendeur, ou par voie électronique. Lorsque le cédant est lié par un bail, une copie de cette notification est adressée au bailleur (C. urb. art. R 214-5, al. 2).

Le **silence du titulaire du droit de préemption** pendant ce délai vaut renonciation à l'exercice du droit de préemption (C. urb. art. L 214-1, al. 4 et R 214-5, al. 3).

> **Précisions** **a.** En cas d'**adjudication,** la commune (ou son délégataire) dispose de 30 jours à compter de l'adjudication pour notifier, par lettre recommandée AR ou par voie électronique, au greffier ou au notaire sa décision de se substituer à l'adjudicataire. Cette substitution intervient aux prix et conditions de la dernière enchère ou surenchère (C. urb. art. R 214-7, al. 3 et 4).
b. En cas de **liquidation judiciaire** et de cession de gré à gré autorisée par le juge-commissaire, le titulaire du droit de préemption dispose de 30 jours pour se substituer à l'acquéreur aux prix et conditions définis de gré à gré (C. urb. art. R 214-8).

55694 **Décision de la commune** En cas de **décision de ne pas préempter** ou de renonciation tacite à préempter, le vendeur peut réaliser la vente aux prix et conditions figurant dans la déclaration (C. urb. art. L 214-1, al. 4).

En cas de **désaccord sur le prix** ou les conditions indiqués dans la DIA, le titulaire du droit de préemption, et lui seul, peut saisir le juge de l'expropriation. La saisine doit intervenir dans les 2 mois de la notification de la DIA (C. urb. art. R 214-6).

En cas d'acquisition par le titulaire du droit de préemption, l'acte constatant la cession et le paiement du prix doit être impérativement dressé dans un délai de 3 mois ; le délai est calculé à compter soit de la notification de l'accord sur le prix et les conditions indiqués dans la déclaration préalable, soit de la décision judiciaire devenue définitive fixant le prix. Le paiement du prix intervient au moment de l'établissement de l'acte constatant la cession (C. urb. art. R 214-9).

> **Précisions** En cas de **préemption d'un terrain** à vocation commerciale soumis à la fois au droit de préemption sur les commerces et au DPU (ou au droit de préemption dans les ZAD), le titulaire du droit de préemption doit indiquer sur le fondement de quel droit il agit (C. urb. art. R 214-4-2).

55695 **Sanction** Toute **cession réalisée en violation du droit de préemption** est nulle, l'action en nullité se prescrit par cinq ans à compter de l'aliénation (C. civ. art. 2224). L'action doit être engagée devant le tribunal judiciaire du lieu de situation du bien vendu (C. urb. art. R 214-10).

55700 **Effets de l'exercice du droit de préemption** Le titulaire du droit de préemption dispose d'un **délai** de deux ans à compter de la prise d'effet de la vente, qui peut être porté à trois ans en cas de mise en location-gérance du fonds, **pour rétrocéder** le bail à une entreprise immatriculée au registre du commerce ou au registre national des entreprises en vue d'une exploitation destinée à préserver la diversité de l'activité commerciale et artisanale dans le périmètre concerné (C. urb. art. L 214-2, al. 1). Il doit à cette fin établir un cahier des charges de rétrocession (C. urb. art. R 214-11) puis organiser un appel à candidatures (C. urb. art. R 214-12). La rétrocession fait l'objet de publicité (C. urb. art. R 214-15).

ATTENTION

À l'intérieur d'une « GOU » délimitée au sein d'une zone d'activité économique, dans laquelle le droit de préemption a été institué, le délai de rétrocession peut être porté à 6 ans, et à 7 ans en cas de mise en location-gérance du fonds de commerce ou du fonds artisanal (C. urb. art. L 214-2-1).

55701 La rétrocession ne peut intervenir qu'avec l'**accord préalable du bailleur,** à peine de nullité de l'opération, et cet accord doit figurer dans l'acte de rétrocession (C. urb. art. L 214-2, al. 3). Si le bailleur n'entend pas consentir à la rétrocession, il doit saisir en référé le président du tribunal judiciaire du lieu de l'immeuble dont dépendent les lieux loués pour faire valider son opposition. La saisine doit être notifiée au titulaire du droit de préemption par le bailleur dans un délai de deux mois suivant la réception du projet d'acte ; à défaut, le bailleur est réputé avoir donné son accord à la rétrocession (C. urb. art. R 214-13, al. 2). Le délai imparti pour procéder à la rétrocession est suspendu à compter de la notification du projet d'acte au bailleur jusqu'à l'obtention (expresse ou tacite) de son accord ou, à défaut d'accord, jusqu'à la décision judiciaire définitive (C. urb. art. R 214-13, al. 3).

Situation pendant la période intermédiaire Pendant le délai légal précédant la « rétrocession » à un nouvel exploitant : 55705
- le **statut** des baux commerciaux demeure applicable au **bail préempté** (C. com. art. L 145-2, III-al. 1) ;
- le bailleur ne peut pas invoquer le défaut d'**exploitation du fonds** pour mettre fin au bail (C. com. art. L 145-2, III-al. 2) ;
- le titulaire du droit de préemption peut donner le fonds en **location-gérance** (C. urb. art. L 214-2, al. 4).

Pendant cette période, le titulaire du droit de préemption doit assumer toutes les obligations inhérentes à sa qualité de titulaire du bail, celles notamment qui lui incombent à l'égard du bailleur : paiement du loyer, obligation d'entretien, etc.

B. Formalités de la cession du bail commercial

1. ÉTABLISSEMENT D'UN ÉTAT DES LIEUX

55750 Comme lors de la conclusion du bail ou de la restitution des locaux, l'article L 145-40-1 du Code de commerce impose l'établissement d'un état des lieux **entre le bailleur et le cessionnaire** lors de l'entrée en possession des locaux (et lors de la restitution). Cette disposition est d'ordre public et toute clause y dérogeant est réputée non écrite (C. com. art. L 145-15).

À défaut d'état des lieux, le bailleur ne peut pas invoquer la présomption de remise des locaux en bon état de réparations locatives de l'article 1731 du Code civil.

ATTENTION

Cette exigence soulève des questions qui devront être résolues par les tribunaux. En particulier, s'il ressort de l'état des lieux que le local a été dégradé ou que des travaux ont été réalisés sans l'autorisation du bailleur, le bailleur peut-il obtenir du **cédant** la remise en état immédiate ? La sagesse voudrait que l'état des lieux soit dressé en présence du cédant.

2. FORMALITÉS D'OPPOSABILITÉ AU BAILLEUR DE LA CESSION

55760 Quand la **cession** de bail intervient **dans le cadre d'une vente de fonds de commerce** ou du **transfert universel du patrimoine professionnel de l'entrepreneur individuel,** la cession de bail n'est pas soumise à l'accord du bailleur et doit, à notre avis, être envisagée sous l'angle de la cession de droit : elle reste soumise au formalisme de l'article 1690 du Code civil. Elle doit donc être signifiée au bailleur par acte d'huissier ou de commissaire de justice, ou acceptée par lui dans un acte authentique (C. civ. art. 1690). En l'absence de ces formalités, la cession est néanmoins opposable au bailleur qui a acquiescé à la cession de manière non équivoque (Cass. 3e civ. 13-11-2012 n° 11-16.123 : RJDA 6/13 n° 486).

55765 En cas de **cession isolée du bail,** les règles d'opposabilité de la cession diffèrent selon que la cession intervient sur accord préalable du bailleur ou non. Lorsque le bailleur a d'ores et déjà autorisé la cession dans le contrat de bail (par exemple, le bail prévoit que la cession est libre au profit d'une société du même groupe que le locataire), ou lorsqu'il l'a soumise à son accord préalable (par exemple, le bail interdit au locataire de céder son bail sans que le bailleur ait agréé l'acquéreur), l'opposabilité au bailleur de la cession est à notre avis régie par l'article 1216 du Code civil : la cession lui devient opposable lorsque le contrat conclu entre le cédant (locataire) et le cessionnaire (nouveau locataire) lui est notifié ou lorsqu'il en prend acte (C. civ. art. 1216, al. 1 et 2). En revanche, dans le cas où l'accord du bailleur est donné au moment de la cession du bail, aucun formalisme d'opposabilité n'est prévu par l'article 1216 précité. On peut en déduire que le seul accord du bailleur suffit à lui rendre la cession opposable.

3. PUBLICITÉ EN CAS DE VENTE DU FONDS DE COMMERCE DU LOCATAIRE

55770 Si le locataire a cédé son droit au bail à l'occasion de la vente de son fonds de commerce, la cession doit faire l'objet des **formalités** de publicité suivantes (C. com. art. L 141-12 et L 141-13) :
- enregistrement de l'acte de vente, sauf s'il s'agit d'un acte authentique ;
- publication de la vente sur un support habilité à recevoir des annonces légales ;
- publication d'un extrait ou d'un avis au Bodacc.

Ces formalités permettent aux créanciers du cédant de **former opposition** au paiement du prix de vente du fonds (C. com. art. L 141-14).

4. PUBLICITÉ EN CAS DE TRANSFERT UNIVERSEL DU PATRIMOINE PROFESSIONNEL DE L'ENTREPRENEUR INDIVIDUEL

55780 Le cédant doit publier le transfert universel de son patrimoine professionnel soit sous forme d'un avis au **Bodacc,** soit par une **annonce dans un support d'annonces légales** dans le département dans lequel est exercée l'activité professionnelle, au plus tard un mois après la réalisation du transfert (C. com. art. D 526-30, I-al. 1). Cet avis ou cette annonce doit être accompagné d'un état descriptif des biens, droits, obligations ou sûretés composant le patrimoine professionnel (C. com. art. D 526-30, II).

Ces formalités permettent aux créanciers de l'entrepreneur individuel de **former opposition** au transfert de son patrimoine professionnel (C. com. art. L 526-28).

ATTENTION

Lorsque la cession du fonds de commerce intervient dans le cadre du transfert universel du patrimoine professionnel d'un entrepreneur individuel, les règles relatives à l'enregistrement et à la publicité de la vente de fonds de commerce ne sont pas applicables, toute clause contraire étant réputée non écrite (C. com. art. L 526-29).

C. Effets de la cession du bail commercial

RAPPORTS ENTRE LE BAILLEUR ET LE CESSIONNAIRE DU BAIL COMMERCIAL

55840 Le cessionnaire devient créancier de la jouissance des lieux et débiteur des loyers et autres obligations directement à l'égard du bailleur. C'est ainsi, par exemple, qu'il bénéficie du droit au renouvellement du bail (Cass. civ. 24-10-1968 : Bull. civ. III n° 407) ou du paiement de l'indemnité d'éviction. En revanche, il n'a pas l'obligation d'informer le bailleur d'une sous-location intervenue antérieurement à la cession (Cass. 3e civ. 17-9-2008 n° 07-10.170 : RJDA 1/09 n° 8).

Pour obtenir la résiliation du bail, le bailleur ne peut se prévaloir que des manquements commis par le cessionnaire (Cass. 3e civ. 30-6-2010 n° 09-13.754 : RJDA 11/10 n° 1042), sauf si, les manquements du cédant s'étant poursuivis après la cession, le cessionnaire mis en demeure ne fait pas cesser l'infraction dans le délai imparti (Cass. 3e civ. 30-1-2002 n° 00-16.284 FS-PB : RJDA 4/02 n° 362 ; Cass. 3e civ. 8-10-2015 n° 14-13.179 FS-PB : RJDA 1/16 n° 9).

> **Précisions** La Cour de cassation a jugé que le cessionnaire peut être condamné à prendre en charge les réparations concernant des **dégradations** survenues pendant l'occupation des locaux **par** son ou ses **prédécesseurs** (Cass. 3e civ. 9-7-2003 n° 02-11.794 : RJDA 10/03 n° 926), sauf renonciation du bailleur à se prévaloir de ces dégradations (Cass. 3e civ. 6-3-2012 n° 11-16.033 : RJDA 4/13 n° 297). Cette jurisprudence est applicable aux cessions conclues avant le 20 juin 2014. Son application aux cessions conclues depuis cette date dépendra de la portée qu'attribueront les tribunaux à l'état des lieux exigé par l'article L 145-40-1 du Code de commerce introduit par la loi 2014-626 du 18 juin 2014 (n° 55750).

RAPPORTS ENTRE LE BAILLEUR ET LE CÉDANT DU BAIL COMMERCIAL

55845 **Clause de garantie solidaire** Pour renforcer la sécurité du bailleur, les parties à l'acte de cession peuvent convenir d'y inclure une clause de garantie par laquelle le cédant s'engage solidairement avec le cessionnaire au paiement des loyers et à l'exécution du bail.

Cette clause constitue un engagement de garantie solidaire et non un cautionnement (Cass. 3e civ. 26-11-1997 n° 96-13.943 D : RJDA 1/98 n° 23). Elle n'est pas de droit et, si elle n'a pas été **expressément stipulée,** le bailleur ne peut pas exiger du cédant le paiement des loyers échus postérieurement à la cession (Cass. 3e civ. 12-7-1988 : Bull. civ. III n° 125 ; Cass. 3e civ. 15-1-1992 : Gaz. Pal. 1992 p. 654). Il n'est pas certain que cette solution, rendue avant la réforme du droit des contrats, reste valable pour les contrats conclus depuis le 1er octobre 2016. En effet, le Code civil précise désormais que la cession de contrat libère le cédant pour l'avenir si le cédé (ici le bailleur) y a expressément consenti et qu'à défaut, et sauf clause contraire, le cédant est tenu solidairement à l'exécution du contrat (art. 1216). Dans le doute, les parties ont tout intérêt à régler expressément la question en amont, dans le bail.

La clause est interprétée restrictivement quant à son **étendue.** Ainsi, lorsqu'elle est limitée au paiement des loyers dus par le cessionnaire, le cédant ne peut pas être tenu de payer les réparations locatives et les indemnités d'occupation (Cass. 3e civ. 12-4-1995 : RJDA 7/95 n° 821 ; Cass. 3e civ. 4-3-1998 : RJDA 5/98 n° 570) ni l'indemnité d'occupation due par le cessionnaire après la résiliation du bail (Cass. 3e civ. 6-3-1996 : RJDA 6/96 n° 755).

La **durée** de la **garantie** est limitée : le bailleur ne peut invoquer la clause que durant trois ans à compter de la cession du bail (C. com. art. L 145-16-2).

Le bailleur doit **informer** le **cédant** de tout défaut de paiement du locataire dans le délai d'un mois à compter de la date à laquelle la somme aurait dû être acquittée par celui-ci (C. com. art. L 145-16-1).

> **Précisions** L'article L 145-16-1 ne prévoit pas de **sanction** spécifique en cas de non-respect du délai imparti au bailleur pour informer le cédant de l'incident de paiement. Certains juges du fond considèrent que le cédant est tenu des loyers impayés même si le bailleur ne l'a informé que quatre mois après la survenance des impayés (CA Pau 13-4-2021 n° 20/01042 : RJDA 4/22 n° 189, 1e esp.), alors que d'autres refusent au bailleur tout recours contre le cédant (CA Aix-en-Provence 10-6-2021 n° 18/12850 : RJDA 4/22 n° 189, 2e esp.).

Incidence de la cession sur l'engagement de la caution La caution qui s'était engagée à payer les loyers pour le compte du locataire cédant reste tenue de la même obligation à l'égard du cessionnaire lorsqu'une clause du bail stipulait qu'en cas de cession le locataire resterait débiteur solidaire avec son successeur du paiement du loyer pendant toute la durée du contrat (Cass. 3e civ. 11-5-1995 : RJDA 10/95 n° 1134). **55850**

En l'absence d'une telle clause dans une cession isolée de bail, le cautionnement subsiste si le bailleur ne libère pas expressément le locataire de ses obligations (C. civ. art. 1216-3).

RAPPORTS ENTRE LE CÉDANT ET LE CESSIONNAIRE DU BAIL COMMERCIAL

Le cédant doit garantir l'existence du contrat de bail au temps du transport, même s'il est fait sans garantie (C. civ. art. 1693). Il doit également garantir le cessionnaire en cas d'éviction (Cass. 3e civ. 24-6-1998 n° 96-19.042 : Bull. civ. III n° 130). **55860**

II. VENTE DU LOCAL LOUÉ : DROIT DE PRÉEMPTION DU LOCATAIRE

CHAMP D'APPLICATION DU DROIT DE PRÉEMPTION DU LOCATAIRE

Le locataire bénéficie d'un droit de préemption pour l'acquisition du local à usage commercial ou artisanal dans lequel il exerce son activité, à l'exclusion des cas suivants (C. com. art. L 145-46-1) : **55900**

- cession unique de plusieurs locaux d'un ensemble commercial ;
- cession unique de locaux commerciaux distincts ou cession d'un local commercial au copropriétaire d'un ensemble commercial ;
- cession globale d'un immeuble comprenant des locaux commerciaux ;
- cession d'un local au conjoint du bailleur, ou à un ascendant ou un descendant du bailleur ou de son conjoint ;
- locaux faisant l'objet de préemption (et ensuite d'aliénation) par une collectivité territoriale sur le fondement du droit de préemption urbain (DPU), en zone d'aménagement différé (ZAD) ou dans les périmètres provisoires de ZAD prévus par le Code de l'urbanisme.

L'exception au droit de préemption du locataire en cas de cession globale d'un immeuble comportant des locaux commerciaux s'applique même lorsque l'immeuble ne comprend qu'un local commercial (Cass. 3e civ. 19-6-2025 n° 23-17.604 FS- B : RJDA 10/25 n° 496, 1e esp. ; Cass. 3e civ. 19-6-2025 n° 23-19.292 FS-B : RJDA 10/25 n° 496, 2e esp.).

Le droit de préemption ne s'applique pas non plus en cas de vente faite d'autorité de justice (Cass. 3e civ. 17-5-2018 n° 17-16.113 FS-PBI : RJDA 7/18 n° 562, pour une vente judiciaire volontaire ; Cass. 3e civ. 15-2-2023 n° 21.16.475 FS-B : RJDA 6/23 n° 328, pour une vente de gré à gré dans le cadre de la liquidation judiciaire du bailleur ; Cass. 3e civ. 30-11-2023 n° 22-17.505 FS-B : RJDA 1/24 n° 80, pour une vente sur adjudication après saisie immobilière) ou de cessions indivises du local commercial (CA Rennes 10-9-2024 n° 22/07317 : RJDA 2/25 n° 69).

Les locaux industriels sont exclus du champ d'application du droit de préemption (Cass. 3e civ. 29-6-2023 n° 22-16.034 FS-B : RJDA 1/24 n° 12).

> **Précisions** Lorsque le locataire se maintient dans les lieux dans l'attente du paiement de son indemnité d'éviction, il n'a plus la qualité de locataire titulaire d'un bail en cours mais celle de **locataire évincé**, de sorte qu'il ne bénéficie plus du droit de préemption (CA Paris 28-3-2018 n° 16/13272 : RJDA 10/18 n° 706).

MISE EN ŒUVRE DU DROIT DE PRÉEMPTION DU LOCATAIRE

Le **propriétaire** doit informer le locataire de son intention de vendre le local loué par lettre recommandée avec demande d'avis de réception, ou remise en main propre contre récépissé ou **55905** émargement. Cette notification, qui vaut offre de vente au profit du locataire, doit, à peine de nullité, indiquer le prix et les conditions de la vente envisagée (C. com. art. L 145-46-1, al. 1). Le prix n'inclut pas les éventuels frais d'agence immobilière (Cass. 3e civ. 28-6-2018 n° 17-14.605 FS-PBI : RJDA 10/18 n° 710). Toutefois, la seule mention du montant de ces frais dans la notification de vente n'est pas une cause de nullité de l'offre de vente s'il n'en est pas résulté de confusion dans l'esprit du locataire qui savait ne pas avoir à en supporter la charge (Cass. 3e civ. 23-9-2021 n° 20-17.799 FS-B : RJDA 12/21 n° 767).

ATTENTION

Le locataire ne peut pas utilement reprocher au propriétaire de ne **pas** l'avoir **immédiatement informé** de son **intention de vendre** le local : avant de notifier l'offre, le bailleur doit en effet pouvoir entamer les démarches préalables inhérentes à tout processus de commercialisation afin de déterminer le prix de son bien et de vérifier l'existence d'un marché immobilier (Cass. 3e civ. 23-9-2021 précité). Rien n'interdit non plus au bailleur de consentir à un tiers une **promesse de vente** sous la condition suspensive du non-exercice par le locataire de son droit de préférence (Cass. 3e civ. 23-9-2021 précité).

Le **locataire** dispose d'un délai d'un mois à compter de la réception de cette offre pour se prononcer. En cas d'acceptation, le locataire dispose, à compter de la date d'envoi de sa réponse au bailleur, d'un délai de deux mois pour la réalisation de la vente. Si, dans sa réponse, il notifie son intention de recourir à un prêt, l'acceptation par le locataire de l'offre de vente est subordonnée à l'obtention du prêt et le délai de réalisation de la vente est porté à quatre mois (C. com. art. L 145-46-1, al. 1). Si, à l'expiration de ce délai, la vente n'a pas été réalisée, l'acceptation de l'offre de vente est sans effet (C. com. art. L 145-46-1, al. 2).

55910 Dans le cas où **le propriétaire décide de vendre à des conditions ou à un prix plus avantageux pour l'acquéreur,** le notaire doit, lorsque le bailleur n'y a pas préalablement procédé, notifier au locataire dans les formes prévues ci-dessus, à peine de nullité de la vente, ces conditions et ce prix.

Cette notification vaut offre de vente au profit du locataire. Elle est valable pendant une durée d'un mois à compter de sa réception. L'offre qui n'a pas été acceptée dans ce délai est caduque (C. com. art. L 145-46-1, al. 3).

Le locataire qui accepte l'offre ainsi notifiée dispose, à compter de la date d'envoi de sa réponse au bailleur ou au notaire, d'un délai de deux mois pour la réalisation de l'acte de vente. Si, dans sa réponse, il notifie son intention de recourir à un prêt, l'acceptation par le locataire de l'offre de vente est subordonnée à l'obtention du prêt et le délai de réalisation de la vente est porté à quatre mois. Si, à l'expiration de ce délai, la vente n'a pas été réalisée, l'acceptation de l'offre de vente est sans effet (C. com. art. L 145-46-1, al. 4).

55915 Les dispositions des quatre premiers alinéas de l'article L 145-46-1 du Code de commerce doivent être reproduites, à peine de nullité, dans chaque **notification** (C. com. art. L 145-46-1, al. 5).

SECTION 6

SOUS-LOCATION DES LOCAUX COMMERCIAUX

INTERDICTION DE PRINCIPE DE LA SOUS-LOCATION COMMERCIALE

56000 La sous-location d'un bail régi par le statut est soumise à un régime nettement plus restrictif que la cession puisque l'article L 145-31, al. 1 du Code de commerce pose le principe de l'interdiction de la sous-location, sauf stipulation contraire du bail ou accord du bailleur. Cette règle déroge au droit commun puisque l'article 1717 du Code civil énonce le principe inverse.

NOTION DE SOUS-LOCATION

56005 La sous-location est le contrat par lequel un locataire met à la disposition d'un tiers tout ou partie des locaux loués moyennant le paiement d'un prix ou la fourniture d'une contrepartie (notamment Cass. 3e civ. 10-11-2009 n° 08-17.892 : RJDA 2/10 n° 124). Seuls les contrats présentant cette qualification sont soumis au régime des articles L 145-31 et L 145-32 du Code de commerce.

ILLUSTRATIONS

Constituent des sous-locations le contrat d'entreposage résultant de la mise de chais à la disposition d'un tiers moyennant une redevance (Cass. 3e civ. 8-7-1969 : Bull. civ. III n° 553), l'installation d'un tiers dans les lieux, opérée dans son intérêt et celui du locataire et conditionnée par des prestations réciproques (Cass. com. 15-1-1963 : Bull. civ. III n° 38), l'accueil payant de campeurs sur le terrain loué (CA Rennes 3-4-1968 : Ann. loyers 1968 p. 1632) ou le contrat mettant à la disposition d'un salarié un logement de fonction, la jouissance des lieux n'étant pas concédée gratuitement mais en contrepartie du travail (Cass. 3e civ. 8-5-1969 : Bull. civ. III n° 360) ou moyennant un prélèvement direct sur le salaire (Cass. 3e civ. 7-4-1994 n° 600 : RJDA 7/94 n° 782).

À l'inverse **ne sont pas des sous-locations** l'apposition de publicité sur un mur de l'immeuble (Cass. com. 26-11-1962 : Bull. civ. III n° 480 ; en sens contraire CA Nîmes 13-12-1990 : Loyers 1991 n° 304), la convention intitulée « engagement de représentant vendeur » qui comporte une simple autorisation de vendre des fruits dans le magasin du locataire principal et sous son contrôle moyennant une redevance calculée sur le montant des ventes réalisées (Cass. com. 5-7-1961 : Bull. civ. III n° 313), l'hébergement gratuit d'un membre de la famille du locataire principal (Cass. com. 22-1-1963 : Bull. civ. III n° 52), un contrat sui generis de caractère précaire (Cass. com. 7-6-1963 : Bull. civ. III n° 271), un contrat de représentation commerciale lorsque les commissions perçues par le « locataire », extrêmement variables d'un mois à l'autre, ne pouvaient pas être assimilées à un loyer (Cass. 3e civ. 20-6-1989 : BRDA 1/90 p. 13), la simple domiciliation dans les lieux loués d'une société (Cass. 3e civ. 7-2-1996 : RJDA 5/96 n° 613 ; CA Paris 10-11-2010 n° 09-16431 : RJDA 6/11 n° 503) dans la mesure où cette dernière ne dispose pas d'un usage exclusif et durable des locaux (CA Paris 10-11-2010 précité), la domiciliation d'une association en l'absence de perception d'un loyer et alors qu'aucune prestation réciproque n'était convenue entre l'association et le locataire (CA Aix-en-Provence 14-6-2012 n° 11-17563 : RJDA 1/13 n° 13) ou encore la mise à disposition à des tiers des locaux loués moyennant un prix fixé globalement, qui rémunère indissociablement tant la mise à disposition des locaux que des prestations de services spécifiques (Cass. 3e civ. 27-6-2024 n° 22-22.823 FS-B : RJDA 10/24 n° 518).

Le locataire peut être tenté de contourner l'interdiction en dissimulant la sous-location sous un contrat de **location-gérance** qui est exclu du champ d'application du statut. En principe, la location-gérance ne constitue pas une sous-location (Cass. 3e civ. 23-5-1995 : RJDA 8-9/95 n° 944 ; Cass. 3e civ. 19-3-2008 n° 07-11.805 : RJDA 6/08 n° 614), sauf si la preuve est rapportée qu'il s'agit d'une **sous-location déguisée.** Ainsi, les tribunaux requalifient la convention s'ils constatent que les éléments constitutifs du fonds de commerce prétendument loué ne sont pas réunis (par exemple Cass. 3e civ. 18-10-1968 : Bull. civ. III n° 390 ; Cass. 3e civ. 7-12-2010 n° 09-71.489 : RJDA 4/11 n° 288) ou si le locataire-gérant exerce un commerce différent de celui du propriétaire du fonds et si, ne mentionnant ni matériel ni marchandises, le contrat se réduit à la cession du droit à l'occupation partielle des locaux (Cass. 3e civ. 15-1-1971 n° 69-12.239 : Bull. civ. III n° 36). L'existence d'une sous-location prohibée ne peut pas être déduite de la seule irrégularité de la location-gérance au regard des textes qui la régissent (Cass. 3e civ. 20-12-1983 : Rev. Loyers 1984 p. 138). **56010**

A. Conditions de validité de la sous-location commerciale

Pour être régulière, la sous-location doit remplir les deux **conditions cumulatives** suivantes : elle doit avoir été autorisée par le bailleur et ce dernier doit avoir été appelé à concourir à l'acte (C. com. art. L 145-31). **56015**

Ces conditions **s'appliquent** :

– à la sous-location initiale comme à chacun de ses renouvellements amiables (Cass. 3e civ. 16-6-1999 n° 97-15.461 : RJDA 10/99 n° 1052 ; Cass. 3e civ. 28-10-2009 n° 08-18.736 : RJDA 2/10 n° 126) ;

– à la sous-location de courte durée (Cass. 3e civ. 11-7-1990 : Loyers et copr. 1990 comm. n° 482 ; Cass. 3e civ. 6-10-2016 n° 14-23.375 F-D : RJDA 1/17 n° 2) car la dérogation de l'article L 145-5 du Code de commerce est sans effet à l'égard des règles applicables à la sous-location (Cass. 3e civ. 1-3-1995 n° 93-11.445 : RJDA 5/95 n° 550) ;

– à la sous-location à usage d'habitation d'une partie des locaux objet d'un bail commercial (Cass. 3e civ. 27-9-2006 n° 05-14.700 : RJDA 12/06 n° 1203) car un bail à usage mixte commercial et d'habitation est commercial pour le tout et la sous-location n'a pas pour effet de modifier l'affectation commerciale des lieux loués (Cass. 3e civ. 6-2-1991 : Bull. civ. III n° 46).

En revanche, ces conditions **ne s'appliquent pas** lorsque les lieux loués abritent une résidence hôtelière consistant à mettre à la disposition de la clientèle, outre un hébergement, des prestations de services, dès lors que la sous-location est l'objet même de l'activité du locataire (Cass. 3e civ. 15-4-2015 n° 14-15.976 : RJDA 7/15 n° 484).

AUTORISATION DU BAILLEUR DE SOUS-LOUER DES LOCAUX COMMERCIAUX

56020 Le droit pour le bailleur d'interdire toute sous-location sans son autorisation expresse et préalable est discrétionnaire et n'est soumis à aucune limitation. En cas de refus du bailleur d'autoriser la sous-location, les juges n'ont pas à rechercher ou à contrôler les motifs de ce refus (Cass. com. 16-7-1962 : Bull. civ. III n° 362). Le refus d'agrément du bailleur échappe au contrôle judiciaire. Par ailleurs, le locataire ne peut ni poursuivre le bailleur pour abus de droit ni demander au juge d'autoriser la sous-location.

L'autorisation du bailleur n'est soumise à aucune **forme** particulière. Elle peut être expresse ou tacite. L'existence d'une autorisation du bailleur à la sous-location relève de l'appréciation des juges du fond (Cass. com. 17-1-1966 : Bull. civ. III n° 25 ; Cass. 3e civ. 26-6-1969 : Bull. civ. III n° 527), mais elle ne peut pas être déduite du silence du bailleur (Cass. com. 22-11-1961 : Bull. civ. III n° 430) ou de sa connaissance de la sous-location (Cass. com. 20-11-1961 : Bull. civ. III n° 420 ; Cass. 3e civ. 2-12-1970 : Bull. civ. III n° 659) ou de sa tolérance, si prolongée soit-elle (Cass. 3e civ. 6-3-1969 : Bull. civ. III n° 197 ; CA Paris 20-10-1983 : Rev. Loyers 1984 p. 88).

Le bailleur peut limiter l'**étendue** de son autorisation à certaines personnes, à des activités précises ou encore à une partie des locaux loués.

APPEL DU BAILLEUR À CONCOURIR À L'ACTE DE SOUS-LOCATION COMMERCIALE

56040 Le concours du bailleur est une **formalité substantielle** dont le locataire ne peut pas se dispenser, même si la sous-location a été autorisée (Cass. 3e civ. 17-10-1990 : RJDA 1/91 n° 8 ; Cass. 3e civ. 27-9-2006 n° 05-14.700 : RJDA 12/06 n° 1203) ou simplement connue et tolérée par le bailleur (Cass. 3e civ. 22-2-2006 n° 05-12.032 : RJDA 5/06 n° 509) ou encore si le bail prévoit des formalités particulières (Cass. 3e civ. 4-10-1995 : RJDA 11/95 n° 1208). Mais il suffit que le bailleur ait été appelé à concourir à l'acte (Cass. com. 12-3-1962 : Bull. civ. III n° 153).

L'obligation de faire concourir le bailleur à l'acte n'est pas d'ordre public (cf. C. com. art. L 145-15). Il peut donc être valablement stipulé que le locataire est dispensé des formalités en vue du concours du bailleur (CA Paris 18-3-1998 : DA 1998.1037).

Lorsque le bail impose au locataire principal de consentir des sous-locations, cette obligation dispense le locataire de requérir le concours du propriétaire aux actes de sous-location et à leur renouvellement (Cass. 3e civ. 5-1-1983 : Bull. civ. III n° 6 ; CA Lyon 5-5-2009 n° 08-4142 : RJDA 1/11 n° 16).

56045 Le **locataire** doit **faire connaître** au bailleur **son intention de sous-louer** par acte extrajudiciaire ou par lettre recommandée AR. Dans les quinze jours de la réception de cet avis, le propriétaire doit faire savoir s'il entend concourir à l'acte de sous-location. Si le bailleur refuse ou s'il omet de répondre, le locataire peut valablement conclure la sous-location (C. com. art. L 145-31, al. 4).

Si l'obligation d'appeler le bailleur à concourir à l'acte de sous-location pèse légalement sur le locataire principal, il appartient néanmoins au sous-locataire de vérifier si cette prescription a été bien observée (Cass. 3e civ. 24-10-1968 : Bull. civ. III n° 409). En cas de **carence du locataire,** le sous-locataire peut prendre l'initiative d'informer le bailleur et de l'appeler à concourir à l'acte. Il y a même fortement intérêt car seul le respect de ces formalités rend le sous-bail opposable au bailleur. Par ailleurs, son inaction peut lui être reprochée (n° 56060).

Les parties peuvent renforcer ou alléger le formalisme du concours du bailleur. Le bail peut ainsi étendre l'obligation d'information pesant sur le locataire en l'obligeant à fournir au bailleur des informations précises sur le sous-locataire ou le texte du projet de sous-bail.

56050 **Le bailleur peut renoncer** à se prévaloir de l'infraction résultant de l'absence d'appel à concourir, mais sa connaissance de la sous-location (Cass. com. 9-2-1965 : Bull. civ. III n° 98), son silence ou sa tolérance ou encore son absence de protestation ne peuvent être tenus pour une renonciation tacite de sa part (Cass. 3e civ. 12-3-1969 : Bull. civ. III n° 215 ; Cass. 3e civ. 18-6-1969 : Bull. civ. III n° 493), et ce nonobstant la notification qui a pu lui être faite de l'apport du droit au sous-bail à une société tierce (Cass. 3e civ. 12-3-1969 : Bull. civ. III n° 216).

Il peut également renoncer **par avance** à la formalité du concours à l'acte, pourvu que cette renonciation soit expresse. En effet, les dispositions de l'article L 145-31 du Code de commerce ne sont pas d'ordre public et ne concernent pas le droit au renouvellement.

CONSÉQUENCES DE LA SOUS-LOCATION COMMERCIALE IRRÉGULIÈRE

56060 **Dans les relations entre le sous-locataire et le bailleur** Le bailleur ne peut demander ni la **résiliation du sous-bail** auquel il n'est pas partie, ni l'expulsion du sous-locataire (Cass. 3e civ. 1-2-2012 n° 10-22.863 : RJDA 6/12 n° 567). Il doit d'abord obtenir la résiliation **du bail principal** : les droits que le sous-locataire tient du locataire s'éteindront avec le bail et le sous-locataire deviendra occupant sans droit ni titre des locaux de sorte que le bailleur pourra obtenir son expulsion. Le sous-locataire devra verser au bailleur une indemnité d'occupation dont le montant sera, à défaut d'accord entre les parties, évalué par les juges (Cass. 3e civ. 19-6-1970 no 68-13.854 : Bull. civ. III no 434).

Par ailleurs, le défaut d'autorisation ou de concours du bailleur rend la sous-location inopposable à ce dernier. À l'expiration du bail principal, le sous-locataire ne peut donc pas se prévaloir à son encontre du **droit** direct **au renouvellement** qu'il tient en principe du statut, à moins de prouver que le bailleur a agréé la sous-location (no 56170).

Dans les relations entre le locataire et le bailleur La sous-location irrégulière peut justifier le prononcé de la **résiliation** judiciaire du bail principal (Cass. com. 20-3-1963 : Bull. civ. III no 170 ; Cass. 3e civ. 12-3-2002 no 487 : RTD com. 2003 p. 277 ; no 59520) ou la mise en jeu de la clause résolutoire prévue au bail (Cass. 3e civ. 11-6-1986 : Bull. civ. III no 92 ; no 59400). L'irrégularité peut également être invoquée comme motif de **non-renouvellement** du bail sans indemnité d'éviction (Cass. com. 15-1-1962 : Bull. civ. III no 28 ; CA Versailles 13-1-2001 : RJDA 10/01 no 944 ; no 57405). Le bailleur peut aussi solliciter du locataire le remboursement de l'intégralité des sous-loyers qu'il a perçus du sous-locataire car ils constituent des fruits civils qui lui appartiennent par accession en application des articles 546 et 547 du Code civil (Cass. com. 8-3-2023 no 20-20.141 F-D : RJDA 5/23 no 299). 56070

Lorsque l'**irrégularité** résulte de l'absence d'appel à concourir à l'acte, le bailleur n'est pas tenu de mettre préalablement le locataire principal en demeure de **régulariser** la situation (Cass. 3e civ. 13-3-1991 no 89-18.164 : RJDA 5/91 no 388 ; Cass. 3e civ. 9-7-2003 no 02-11.621 : RJDA 1/04 no 22). S'agissant d'un « manquement instantané » qui ne peut ni se poursuivre ni se renouveler (Cass. 3e civ. 2-11-1982 : Bull. civ. III no 210), aucune régularisation n'est possible (Cass. 3e civ. 5-7-1983 : Bull. civ. III no 157 ; Cass. 3e civ. 9-7-2003 no 02-11.621 : RJDA 1/04 no 22).

ILLUSTRATIONS

Jugé que le seul défaut d'appel du bailleur à concourir au sous-bail, même si le locataire a été autorisé à sous-louer, justifie la résiliation ou le refus de renouvellement (Cass. 3e civ. 12-3-2002 no 97-20.472 : RTD com. 2003 p. 277 obs. J. Monéger ; Cass. 3e civ. 20-12-1976 no 75-11.700 : Bull. civ. III no 469). A aussi été sanctionnée la sous-location irrégulièrement consentie et ne respectant pas la destination prévue au bail principal (CA Paris 11-2-1992 : RJDA 6/92 no 565). La résiliation a, en revanche, été refusée pour une sous-location de courte durée dérogatoire du statut, qui ne permettait pas au sous-locataire de réclamer directement au bailleur le renouvellement du sous-bail (CA Paris 20-2-1998 : D. aff. 1998 p. 656 note Y. Rouquet) ou pour la sous-location portant seulement sur l'appartement loué avec une boutique (Cass. 3e civ. 10-1-1996 no 93-21.005 : Rev. Loyers 1996 p. 174). De même le refus de renouvellement a été déclaré injustifié dès lors que le bailleur avait connaissance des sous-locations et avait expressément renoncé à demander un réajustement du loyer principal au regard de celles-ci (CA Paris 9-9-2009 nos 08-655 et 08-4219 : RJDA 2/10 no 127).

Dans les relations entre le sous-locataire et le locataire La **sous-location** irrégulière n'est pas nulle ; elle **produit** tous **ses effets** entre le sous-locataire et le locataire tant que ce dernier a la jouissance des lieux (Cass. 3e civ. 30-3-1978 no 76-14.923 : Bull. civ. III no 131). 56080

Le **sous-locataire** peut **demander la résiliation du sous-bail** si le locataire n'est pas en mesure de lui assurer le respect par le bailleur de son droit à exploiter le fonds pendant la durée du sous-bail : tel est le cas si, au cours du sous-bail, le bailleur informe le sous-locataire qu'il refuse de reconnaître la sous-location irrégulière, faute d'appel à concourir à l'acte, et qu'il est décidé à poursuivre la résiliation du bail principal (Cass. com. 14-12-1959 : Bull. civ. III no 425).

À l'expiration du bail principal (que celui-ci soit résilié ou non renouvelé à son terme), le sous-locataire est en droit de demander au locataire **réparation du préjudice** qu'il subit du fait de son **éviction** des locaux sous-loués (Cass. 3e civ. 7-12-1977 : Bull. civ. III no 433 ; Cass. 3e civ. 1-2-1995 no 224 D, Sté Sopadi c/ Leclerc). Toutefois, le locataire principal peut être exonéré partiellement de sa responsabilité lorsque le sous-locataire a commis une faute ayant contribué à son éviction (Cass. 3e civ. 1-4-1965 : Bull. civ. III no 251). Jugé que contribue à son éviction le sous-locataire qui s'est abstenu de vérifier si le bailleur avait été appelé à concourir (Cass. 3e civ. 24-10-1968 : Bull. civ. III no 409), ou qui a laissé le sous-bail irrégulier se poursuivre au-delà de son terme par tacite prolongation alors qu'il aurait pu, compte tenu de la durée du bail principal, obtenir du locataire le renouvellement du sous-bail et rendre celui-ci opposable au bailleur en le faisant concourir à l'acte (CA Paris 28-1-1970 : Rev. Loyers 1971 p. 102) ou qui s'est satisfait d'une promesse de renouvellement par le locataire sans réclamer le concours du bailleur alors qu'il connaissait la situation locative (CA Paris 1-6-1970 : JCP G 1970 II no 16458).

B. Régime de la sous-location commerciale

56160 Le **caractère distinct de la sous-location par rapport au bail principal** est nettement affirmé. La sous-location peut être soumise au statut bien que le bail principal n'y soit pas soumis (Cass. 3e civ. 9-5-1979 : Rev. Loyers 1979 p. 424). En outre, la date d'expiration de la sous-location n'a pas à coïncider avec celle du bail principal (Cass. 3e civ. 24-2-1988 : Bull. civ. III n° 44). Lorsqu'elles ne coïncident pas, le locataire ne peut consentir une sous-location d'une durée supérieure à la durée résiduelle du bail principal.

RAPPORTS ENTRE LE LOCATAIRE COMMERCIAL PRINCIPAL ET LE BAILLEUR

56165 **Droit du bailleur au réajustement du loyer principal** Le bailleur bénéficie d'un droit au réajustement du loyer si le loyer de la sous-location excède celui du bail principal (C. com. art. L 145-31, al. 3). Le propriétaire a la faculté d'exiger une augmentation correspondante du loyer de la location principale dès qu'il a connaissance de l'existence d'un prix de sous-location supérieur à celui de la location principale (Cass. 3e civ. 1-4-1998 n° 96-18.245 : RJDA 6/98 n° 691), cette connaissance lui serait-elle parvenue après la fixation du loyer principal (Cass. 3e civ. 30-10-1991 : RJDA 1/92 n° 17). Le fait que le bailleur ait été informé de la sous-location et qu'il ait été invité à concourir à l'acte ne le prive pas du droit d'invoquer l'article L 145-31 dès lors que, n'y ayant pas participé, il ignorait le prix du sous-loyer. Il en est de même lorsque le bailleur a dispensé le locataire des formalités de notification du contrat de sous-location (Cass. 3e civ. 20-12-1982 : Bull. civ. III n° 258). Le réajustement du loyer peut également être demandé en cas de sous-location irrégulière (Cass. 3e civ. 2-3-1988 : Bull. civ. III n° 51).

Pour apprécier la **différence entre le loyer principal et le sous-loyer,** il faut comparer les prix proportionnellement aux surfaces (Cass. 3e civ. 28-5-1997 : RJDA 8-9/97 n° 1014) ; en pratique, il faut comparer les prix ramenés au mètre carré. Il faut également tenir compte non seulement du loyer apparent mais également de toutes les sommes exigées du sous-locataire sans contrepartie. C'est ainsi que, lorsqu'il est prévu que le sous-locataire acquittera les impôts et assurera l'entretien, le ménage et le nettoyage des locaux, les juges peuvent estimer qu'il y a lieu d'ajouter au montant des loyers retenus par les experts le bénéfice réalisé par le locataire principal par de telles stipulations (Cass. com. 19-12-1961 : Bull. civ. III n° 489).

À défaut d'accord entre les parties, l'augmentation du loyer est déterminée par les tribunaux.

> **Précisions a.** Le réajustement peut être demandé en cas de **sous-location partielle** lorsque le sous-loyer est sensiblement égal à celui que le locataire principal paye au bailleur pour la totalité de l'immeuble car il procure au locataire un bénéfice correspondant à la location quasi gratuite de la partie qu'il conserve (Cass. 3e civ. 2-3-1988 : Bull. civ. III n° 51).

b. L'action en réajustement du loyer principal est soumise à la **prescription** biennale de l'article L 145-60 du Code de commerce, qui commence à courir à compter du jour où le bailleur a connaissance du montant du sous-loyer (Cass. 3e civ. 9-9-2021 n° 20-19.631 F-D : RJDA 1/22 n° 6). Si l'action est prescrite, le bailleur ne peut pas faire valoir que la sous-location constituerait une modification des obligations contractuelles des parties au sens de l'article R 145-8 du Code de commerce pour obtenir le déplafonnement du loyer du bail renouvelé. En effet, la sous-location, même non autorisée, n'est pas un élément permettant de fixer la valeur locative (Cass. 3e civ. 24-11-1999 : RJDA 1/00 n° 16).

c. L'action en réajustement du loyer principal est distincte de l'action relative à la fixation du **prix du bail renouvelé,** de sorte qu'elle ne peut pas être exercée à l'occasion d'une demande en fixation du loyer du bail renouvelé. Elle ne peut être valablement formée par le bailleur qu'en notifiant un mémoire puis en saisissant le juge des loyers dans les conditions prévues par la loi (Cass. 3e civ. 7-2-2007 n° 05-20.252 : RJDA 5/07 n° 456 ; Cass. 3e civ. 9-7-2020 n° 19-16.290 F-D : RJDA 10/20 n° 475).

56170 **Impact de la sous-location sur les droits et obligations du locataire** Le **locataire** est tenu envers le bailleur de l'exécution des obligations du bail comme s'il occupait lui-même les lieux sous-loués. Il est donc **responsable** de tous les manquements du sous-locataire (Cass. 3e civ. 13-6-1969 : Bull. civ. III n° 480).

La sous-location consentie par le locataire peut avoir une incidence sur son **droit au renouvellement du bail principal.** Le locataire qui sous-loue tout ou partie des locaux objet du bail peut conserver le bénéfice du statut des baux commerciaux à la condition de rester propriétaire du fonds exploité dans les lieux (notamment Cass. 3e civ. 26-10-1982 n° 1373). Tel est rarement le cas lorsque la sous-location porte sur l'intégralité des locaux loués, le fonds exploité dans ceux-ci appartenant généralement au sous-locataire (Cass. com. 13-11-1962 n° 60-10147 : Bull. civ. III n° 445 ; Cass. 3e civ. 30-5-1996 n° 94-17.939 : RJDA 8-9/96 n° 1018).

En cas de sous-location partielle, le locataire principal n'a droit au renouvellement du bail pour l'ensemble des lieux loués qu'en cas d'indivisibilité matérielle ou conventionnelle de ceux-ci (Cass. 3e civ. 15-11-2006 n° 05-17.572 : RJDA 2/07 n° 132) ; sur la notion d'indivisibilité, voir n° 56190.

Le locataire qui sous-loue une partie de ses locaux mais continue d'exploiter un fonds de commerce dans l'autre partie a droit à une **indemnité d'éviction** en cas de non-renouvellement du bail, mais seulement pour la partie des locaux qu'il exploite (Cass. 3e civ. 10-10-2019 no 18-19.662 F-D : RJDA 12/19 no 743).

ATTENTION

Si le **bail** est **résilié aux torts du bailleur,** le locataire ne peut pas réclamer, au titre de la perte des sous-loyers, une **indemnisation** correspondant à la valeur du droit au bail du sous-locataire : le locataire principal ne perçoit les loyers de la sous-location qu'à raison du bail principal, or la résiliation de celui-ci entraîne l'extinction du droit de les percevoir et la valeur du droit au bail du sous-locataire n'est pas incluse dans le fonds de commerce du locataire (Cass. 3e civ. 8-7-2009 no 08-10.869 : RJDA 10/09 no 819).

RAPPORTS ENTRE LE SOUS-LOCATAIRE COMMERCIAL ET LE BAILLEUR

Sauf exceptions prévues par la loi, il n'existe en principe **pas de lien de droit direct** entre le bailleur et le sous-locataire, ce dernier ne pouvant faire valoir de droit qu'à l'encontre du locataire principal (Cass. 3e civ. 2-10-1969 : Bull. civ. III no 46). **56180**

Il en résulte que la sous-location cesse de plein droit à l'**expiration du bail principal,** le sous-locataire devenant alors un occupant sans droit ni titre (Cass. 3e civ. 16-7-1986 no 971 D, Sté Anor c/ Draux). Le bailleur peut dès lors agir directement en paiement d'une indemnité d'occupation contre un sous-locataire qui se maintient indûment dans les lieux postérieurement à la résiliation du bail principal ou contester l'existence ou la régularité du titre de sous-location (Cass. soc. 3-10-1957 : Bull. civ. IV no 906). Il a été jugé que cette possibilité pour le bailleur d'agir contre le sous-locataire ne dispensait pas le locataire principal de satisfaire à son obligation de faire libérer l'ensemble des locaux (Cass. 3e civ. 22-1-1992 : RJDA 4/92 no 326).

Par ailleurs, en cas d'**incendie,** le bailleur ne peut pas invoquer à l'encontre du sous-locataire la présomption de responsabilité résultant de l'article 1733 du Code civil, ce texte ne s'appliquant que dans les relations entre le bailleur et le locataire (Cass. 3e civ. 8-12-1993 no 90-13.904 : RJDA 3/94 no 266).

Action directe en paiement du loyer principal Le bailleur dispose d'une action directe contre le sous-locataire, **à concurrence du prix de la sous-location,** pour le paiement des loyers dus au titre du bail principal (C. civ. art. 1753 ; Cass. 3e civ. 19-2-1997 no 95-12.491 : RJDA 4/97 no 475). **56185**

Cette action peut être exercée par toutes les voies ouvertes à un créancier ordinaire (Cass. civ. 24-1-1853 : D. 1853.1 p. 124 pour la saisie-arrêt devenue la saisie-attribution).

Renouvellement du sous-bail par le bailleur Le **sous-locataire** dispose d'un **droit direct** au renouvellement de son bail à l'expiration du bail principal si le bailleur a, expressément ou tacitement, autorisé ou agréé la sous-location (C. com. art. L 145-32, al. 2 ; Cass. 3e civ. 13-4-1972 : Bull. civ. III no 228), étant précisé qu'une autorisation générale de sous-louer prévue par le bail n'est pas suffisante pour conférer ce droit au sous-locataire (Cass. 3e civ. 17-10-1990 no 89-12.528 : RJDA 1/91 no 8 ; CA Versailles 19-6-2003 no 01-4691 : RJDA 11/03 no 1049). Cette autorisation est nécessaire lors du renouvellement du sous-bail (Cass. 3e civ. 28-10-2009 no 08-18.736 : RJDA 2/10 no 126). **56187**

Le droit direct du sous-locataire a un **caractère subsidiaire** : c'est seulement en cas d'insuffisance des droits que le locataire principal tient lui-même du propriétaire que le sous-locataire peut agir directement contre le bailleur (Cass. 3e civ. 7-12-1977 : Bull. civ. III no 432) ; ce droit ne joue donc qu'à l'expiration du bail principal (Cass. 3e civ. 6-12-1972 : Bull. civ. III no 664 ; Cass. 3e civ. 17-7-1987 : Rev. Loyers 1987 p. 485). Ainsi, à défaut de congé délivré par le bailleur au locataire principal, le bail principal est prorogé et le sous-locataire ne bénéficie pas du droit direct (Cass. 3e civ. 8-4-1992 : Bull. civ. III no 122).

> Précisions **a.** Le **droit** direct du sous-locataire **au renouvellement,** ayant sa source dans l'agrément du bailleur principal, n'est pas affecté par les vices éventuels du bail qui a donné lieu à la sous-location (Cass. 3e civ. 7-3-1973 : Bull. civ. III no 181). Ce droit direct ne naissant qu'à la date d'expiration du bail principal, la **renonciation** du sous-locataire à ce droit ne peut pas être antérieure à cette date (Cass. 3e civ. 28-11-2007 no 06-16.758 : RJDA 2/08 no 104).

b. Le bailleur qui a autorisé une sous-location est tenu à son renouvellement même lorsque le **locataire** principal a **perdu** le **droit** au renouvellement de son bail (Cass. 3e civ. 30-3-1978 : Bull. civ. III no 133).

c. Le point de départ du délai de **prescription** de deux ans, dans lequel le sous-locataire doit demander le renouvellement, est fixé à la date où la résiliation du bail principal a été portée à la connaissance du sous-locataire (Cass. 3e civ. 23-4-1985 : Bull. civ. III no 66).

d. Le sous-locataire qui n'a formulé **aucune demande de renouvellement** de son propre bail au bailleur ne peut pas lui réclamer une **indemnité d'éviction** dont l'obtention n'est que la conséquence d'un refus de renouvellement du bail (Cass. 3e civ. 14-6-2006 no 05-15.975 : RJDA 10/06 no 998).

56190 **Cas particulier de la sous-location partielle** En cas de sous-location partielle, le bailleur n'est tenu au renouvellement que si les lieux faisant l'objet du bail principal ne forment pas un tout indivisible, matériellement ou dans la commune intention des parties (C. com. art. L 145-32, al. 2 ; Cass. com. 6-4-1965 : Bull. civ. III n° 261 ; Cass. 3e civ. 11-6-1997 : RJDA 10/97 n° 1173).

L'indivisibilité des locaux peut être expressément stipulée dans le bail (Cass. 1e civ. 13-4-1964 : Bull. civ. I n° 183). Elle peut également être déduite des clauses du bail laissant à la charge du locataire toute la responsabilité de la gestion des sous-locations et le dispensant de fournir au bailleur les contrats de sous-location. Il a en effet été jugé que de telles clauses apparaissaient peu compatibles avec la reconnaissance en fin de bail d'un droit direct à des sous-locataires que le bailleur avait voulu systématiquement méconnaître en cours de bail (CA Paris 6-11-1992 : Loyers et copr. 1993 comm. n° 99). En cas d'**indivisibilité conventionnelle,** le sous-locataire n'a aucun droit au renouvellement du sous-bail, même si les locaux sont matériellement divisibles (Cass. 3e civ. 11-6-1997 n° 95-19.364 : RJDA 10/97 n° 1173 ; CA Paris 12-3-2008 n° 07-6755 : RJDA 7/08 n° 765).

En revanche, si le bail ne prévoit rien, le sous-locataire a droit au renouvellement (ou à une indemnité d'éviction en cas de refus) si les locaux sont divisibles eu égard à leur configuration (Cass. 3e civ. 19-1-2011 n° 09-72.040 : RJDA 7/11 n° 609). Mais l'existence d'une sous-location ne suffit pas à elle seule à établir l'existence d'une **divisibilité matérielle des locaux** (Cass. 3e civ. 16-12-1992 n° 91-12.133 : Rev. Loyers 1993 p. 89).

RAPPORTS ENTRE LE LOCATAIRE COMMERCIAL ET LE SOUS-LOCATAIRE

56200 Il existe un véritable bail entre le locataire principal et le sous-locataire. Le locataire principal est un bailleur à l'égard du sous-locataire. Il est donc tenu de lui procurer la **jouissance des lieux,** d'**entretenir** la chose louée et de la réparer. Réciproquement, le sous-locataire est tenu de lui verser les loyers.

Comme dans les relations entre le bailleur et le locataire, le sous-locataire peut réclamer au locataire principal le paiement d'une indemnité d'éviction en cas de **non-renouvellement du sous-bail.** Encore faut-il qu'il réunisse les conditions pour y prétendre, ce qui n'est pas le cas s'il a quitté les lieux sans y être contraint (Cass. 3e civ. 10-6-1998 : RJDA 8-9/98 n° 956).

Lorsque le non-renouvellement du sous-bail résulte de l'extinction du bail principal faute pour le locataire d'en avoir demandé le renouvellement, le sous-locataire ne dispose d'aucun **recours contre le locataire,** ce dernier n'ayant aucune obligation légale de demander le renouvellement, à moins que cette abstention ne soit intervenue en fraude de ses droits (Cass. com. 20-1-1964 : Rev. Loyers 1964 p. 366 ; Cass. 3e civ. 3-4-1996 : Rev. Administrer nov. 1996 p. 21).

En revanche, le locataire engage sa responsabilité à l'égard du sous-locataire en cas de demande de résiliation anticipée du bail ; cette dernière entraînant celle de la sous-location, le sous-locataire est privé de la jouissance des locaux pour la durée qui restait à courir du bail principal (Cass. 3e civ. 7-4-1994 n° 656 D). À notre avis, le sous-locataire peut également mettre en cause la responsabilité du locataire lorsque le bailleur obtient la résiliation anticipée du bail aux torts du locataire ou encore lorsque ce dernier ne conteste pas un refus de renouvellement du bail injustifié.

> **Précisions** **a.** En cas d'**acquisition du bien par le locataire** principal, la disparition du bail principal consécutive à l'opération n'entraîne pas la résiliation de la sous-location (Cass. 3e civ. 2-10-2002 n° 00-16.867 : RJDA 12/02 n° 1245).
> **b.** Un sous-bail commercial peut être conclu pour une durée inférieure à celle, restant à courir, du bail commercial principal sans que cela constitue une **renonciation au** bénéfice du **statut** des baux commerciaux par l'une ou l'autre des parties (Cass. 3e civ. 17-3-2016 n° 14-24.748 FS-PB : RJDA 5/16 n° 355).

SECTION 7

LOYER ET CHARGES DU BAIL COMMERCIAL

A. Fixation du loyer du bail commercial initial

ÉLÉMENTS DU LOYER DU BAIL COMMERCIAL

Loyer proprement dit Le statut des baux commerciaux ne réglemente pas la fixation du loyer du bail initial. Le prix du bail est donc **fixé librement** lors de sa conclusion (Cass. 3e civ. 2-10-1984 : Bull. civ. III no 155). 56400

Dans la plupart des baux, le montant du loyer est fixé **forfaitairement** pour une durée d'un an sans référence à la surface louée ni précision quant à la méthode utilisée.

Parfois, le loyer est fixé **en fonction de la surface.** La méthode la plus usuelle consiste à calculer le nombre de mètres carrés, augmenté d'un nombre de mètres carrés correspondant aux parties communes, puis à le multiplier par un prix au mètre carré. Dans les centres commerciaux, il est généralement prévu que la détermination de la surface se fera selon la méthode du « Gross Leasing Area », pratiquée aux États-Unis. La licéité de cette méthode, qui consiste à englober dans la surface louée les murs donnant sur les parties communes et, jusqu'à la mitoyenneté, les murs donnant sur les parties privatives, a été admise (Cass. 3e civ. 23-2-1983 : JCP G 1985 II no 20390).

Les parties peuvent prévoir un **loyer variable,** encore dénommé **« clause-recettes »,** dont la licéité a été reconnue par la Cour de cassation (Cass. 3e civ. 2-10-1984 : Bull. civ. III no 155). Il s'agit alors d'un mode de détermination du loyer et non d'un mécanisme de révision en fonction d'une indexation comme la clause d'échelle mobile (sur cette clause, voir nos 56700 s.). 56401

Le plus souvent, le loyer est indexé sur le prix d'un produit ou d'un indice économique, mais le bailleur et le locataire s'accordent parfois pour en faire varier le montant selon les résultats de l'exploitation ou selon le chiffre d'affaires (Cass. com. 18-10-1967 : Bull. civ. III no 331). Cette modalité de fixation du loyer peut revêtir différentes formes. Il peut être stipulé :

- un loyer variable pur apprécié exclusivement par référence au chiffre d'affaires,
- un loyer variable additionnel qui comporte une somme déterminée à l'avance et une part variable égale à un pourcentage du chiffre d'affaires,
- un loyer variable alternatif composé d'une partie fixe représentant le minimum de perception garanti au bailleur et d'un loyer complémentaire en fonction du chiffre d'affaires. Dans ce cas, le loyer est alors évalué au plus élevé des deux éléments.

Le bail peut également être stipulé à **paliers** ou avec allégement ou franchise. Dans le premier cas, une évolution du loyer, généralement progressive, est prévue par avance quant à son montant et quant à la date à laquelle elle devra se produire, les évolutions intervenant automatiquement et indépendamment de l'application des règles de la révision légale ou d'une éventuelle indexation du loyer en application d'une clause d'échelle mobile. 56402

Dans le bail avec allégement ou **franchise,** le loyer est fixé à un montant déterminé que le bailleur accepte de diminuer ou de ne pas percevoir pendant une durée arrêtée par les parties. À l'issue de la période d'allégement ou de franchise, le locataire doit régler le loyer initialement convenu.

Les parties peuvent renoncer au loyer stipulé dans le bail, à condition que la **renonciation** soit non équivoque. Ainsi, dans le cas d'un bail stipulant une indexation et une réduction du loyer pour toute la durée du bail, la Cour de cassation a jugé que la seule acceptation par le bailleur d'un loyer réduit au-delà d'une période de franchise ne vaut pas renonciation de sa part (Cass. 3e civ. 22-1-2014 no 12-29.856 : RJDA 5/14 no 412, 1e esp.). 56403

Dépôt de garantie Il est d'usage que le bailleur exige le versement, au moment de la conclusion du contrat, d'un dépôt de garantie, qui ne se confond pas avec le loyer payé d'avance, destiné à en garantir la bonne exécution. Il est remboursable au locataire en fin de jouissance après entière exécution de ses obligations. Certains baux stipulent que le dépôt de garantie sera acquis au bailleur en cas de résiliation du bail à titre d'indemnité. 56410

Le **montant** du dépôt est fixé librement par les parties, généralement à six mois de loyer si celui-ci est payable trimestriellement à terme échu ou à trois mois quand le loyer est payable trimestriellement d'avance.

Le dépôt porte obligatoirement intérêt dès qu'il excède deux termes de loyer (C. com. art. L 145-40).

En cas de cession de l'immeuble loué, l'obligation de restituer le dépôt de garantie n'est pas transférée de plein droit à l'acquéreur, si bien que le locataire ne peut pas exiger de ce dernier le remboursement du dépôt (Cass. 3e civ. 28-6-2018 n° 17-18.100 F-D : RJDA 11/18 n° 803). À l'inverse, la clause du contrat de vente prévoyant une transmission du dépôt de garantie à l'acquéreur ne peut pas empêcher le locataire de réclamer le dépôt à l'ancien propriétaire car, n'étant pas partie au contrat de vente, la clause n'est pas opposable au locataire (Cass. 3e civ. 18-1-1983 : Rev. Loyers 1983 p. 478).

En cas de **cession du bail,** le locataire cédant a le droit de demander au bailleur la restitution du dépôt de garantie (Cass. com. 5-2-2008 n° 07-11.010 : RJDA 6/08 n° 691). Le cessionnaire qui acquiert le bail en vertu d'un plan de cession est tenu de verser au bailleur le dépôt prévu au bail, la restitution du dépôt initial ayant été ordonnée au profit de la procédure collective (Cass. com. 16-9-2008 n° 06-17.809 : JCP E 2008.2465 note Brault) ; il en est de même si le dépôt de garantie a été compensé avec la dette de loyer du débiteur en tant que créances connexes (TGI Paris 20-1-2015 n° 14/15133 : RTD com. 2015.47 obs. Kendérian).

PAS-DE-PORTE

56420 Le pas-de-porte ou « droit d'entrée » est la somme versée en capital par le locataire au bailleur lors de son entrée dans les lieux et qui reste définitivement acquise au bailleur.

Le pas-de-porte est licite, aucune disposition du statut n'interdisant la remise d'une somme au bailleur par le locataire à son entrée dans les lieux (Cass. 3e civ. 15-2-1995 : RJDA 4/95 n° 410).

Sa **nature juridique** est controversée. Il s'analyse, selon les circonstances, comme :

– un supplément de loyer payé d'avance (Cass. com. 29-3-1966 : Bull. civ. III n° 178 ; Cass. 3e civ. 15-2-1995 n° 92-18.769 P : RJDA 4/95 n° 410) ;

– la « contrepartie d'éléments de natures diverses, notamment d'avantages commerciaux sans rapport avec le loyer » (Cass. com. 14-11-1962 : Bull. civ. III n° 452) ou comme la contrepartie de la dépréciation de l'immeuble résultant des droits que le statut accorde au locataire. Il peut aussi avoir une nature mixte.

Les tribunaux doivent rechercher, dans chaque espèce, la commune intention des parties pour apprécier la nature juridique du pas-de-porte (Cass. 3e civ. 11-10-1978 : Bull. civ. III p. 242). Les conséquences pratiques de la qualification sont importantes puisque, lorsqu'il est qualifié de supplément de loyer, le pas-de-porte est pris en considération pour le calcul de la révision triennale et pour l'application de l'indice servant à la fixation du prix du loyer renouvelé en cas de plafonnement. Cette qualification a également des conséquences fiscales notamment en matière de bénéfices industriels et commerciaux (Mémento fiscal n° 7915) et de revenus fonciers (Mémento fiscal n° 27285).

MODALITÉS DE RÈGLEMENT DU LOYER DU BAIL COMMERCIAL

56430 Les textes n'imposent aucune modalité particulière au règlement du loyer ainsi qu'à sa périodicité. Les parties peuvent prévoir un paiement mensuel ou trimestriel, d'avance ou à terme échu. À défaut de stipulations particulières, ces modalités seront régies par le Code civil (n° 51385).

Les parties sont libres de fixer des **loyers payables** par le locataire **d'avance** à son entrée dans les lieux. Mais dans ce cas, et quelle que soit la forme de leur paiement, ils portent intérêt au profit du locataire au taux pratiqué par la Banque de France pour les avances sur titres pour les sommes excédant l'équivalent de deux termes de loyer (C. com. art. L 145-40). Cette disposition est d'ordre public (C. com. art. L 145-15).

B. Charges locatives du bail commercial

RÉGLEMENTATION PARTIELLE DES CHARGES D'UN BAIL COMMERCIAL

56470 Jusqu'à la loi 2014-626 du 18 juin 2014, dite « loi Pinel », les droits et obligations des parties en matière de charges locatives ne faisaient l'objet d'aucune réglementation spécifique. La question était réglée par le bail et, à défaut, par les dispositions du Code civil. La loi Pinel et son décret d'application 2014-1317 du 3 novembre 2014 ont porté atteinte à la liberté contractuelle pour les **baux conclus ou renouvelés depuis le 5 novembre 2014,** sans pour autant annihiler la volonté des parties.

L'**article L 145-40-2** du Code de commerce pose le principe du caractère non imputable au locataire de certaines charges, sans possibilité de dérogation conventionnelle, dès lors que toute clause ou arrangement ayant pour effet de faire échec à cette disposition est réputé non écrit (C. com. art. L 145-15). Les modalités d'application de l'article L 145-40-2 sont définies aux **articles R 145-35 à R 145-37.**

> Précisions a. Sont **exclus** de la réglementation les baux dérogatoires, les baux commerciaux qui ne confèrent pas la propriété commerciale ou la convention d'occupation précaire.
b. La **date** à prendre en compte pour l'**application de ces dispositions** est la date de prise d'effet du bail initial ou renouvelé (Cass. 3e civ. 17-6-2021 n° 20-12.844 FS-B : RJDA 8-9/21 n° 552). Rappelons que pour le renouvellement, trois dates sont possibles : celle résultant du congé ou de la demande de renouvellement ou de l'exercice du droit de repentir.

INVENTAIRE DES CATÉGORIES DE CHARGES DU BAIL COMMERCIAL

Le contrat de location doit comporter un inventaire précis et limitatif des catégories de charges, impôts, taxes et redevances liés à ce bail (C. com. art. L 145-40-2, al. 1). Cet inventaire constitue la seule façon d'imputer des charges au locataire, puisqu'elles doivent nécessairement y être récapitulées, de telle sorte que toute catégorie de charges non mentionnée à cet inventaire ne pourra pas être récupérée par le bailleur (CA Versailles 7-3-2024 n° 22/05759 : RJDA 8-9/24 n° 445). **56475**

Pour la rédaction de l'inventaire, les parties peuvent s'inspirer des catégories de charges dégagées en matière de baux d'habitation (Décret 87-713 du 26-8-1987 reproduit n° 65310), mais également de l'accord Delmon de septembre 1974 (Circ. 74-215 du 18-12-1974 : Rev. Loyers janvier 1975 p. 6). Sous chaque catégorie figure une liste précise de charges.

La **répartition entre bailleur et locataire** des catégories de charges, impôts, taxes et redevance ou du coût des travaux doit figurer dans le bail (C. com. art. L 145-40-2, al. 1). **56477**

Il en est de même, lorsque les lieux loués dépendent d'un ensemble immobilier qui abrite plusieurs locataires, de la répartition des charges ou du coût des travaux **entre les différents locataires.** Cette répartition doit être fonction de la surface exploitée et le montant des impôts, taxes et redevances pouvant être imputé au locataire doit correspondre strictement au local occupé par chaque locataire et à la quote-part des parties communes nécessaires à l'exploitation du bien loué (C. com. art. L 145-40-2, al. 5). Elle peut faire l'objet d'aménagements contractuels, l'article R 145-35 du Code de commerce autorisant la pondération conventionnelle.

CHARGES NON IMPUTABLES AU LOCATAIRE COMMERCIAL

Ne peuvent pas être imputés au locataire (C. com. art. R 145-35) : **56480**

1° Les dépenses relatives aux **grosses réparations** mentionnées à l'article 606 du Code civil ainsi que, le cas échéant, les honoraires liés à la réalisation de ces travaux.

2° Les dépenses relatives aux travaux ayant pour objet de remédier à la **vétusté** ou de mettre en **conformité** avec la réglementation le bien loué ou l'immeuble dans lequel il se trouve, dès lors qu'ils relèvent des grosses réparations précitées.

3° Les **impôts,** notamment la contribution économique territoriale, taxes et redevances dont le redevable légal est le bailleur ou le propriétaire du local ou de l'immeuble.

4° Les **honoraires** du bailleur liés à la gestion des loyers du local ou de l'immeuble faisant l'objet du bail.

5° **Dans un ensemble immobilier,** les charges, impôts, taxes, redevances et le coût des travaux relatifs à des locaux vacants ou imputables à d'autres locataires.

Par exception, peuvent être imputés au locataire (C. com. art. R 145-35) :
- la taxe foncière et les taxes additionnelles à la taxe foncière ;
- les impôts, taxes et redevances liés à l'usage du local ou de l'immeuble ou à un service dont le locataire bénéficie directement ou indirectement, telles la taxe de balayage, la taxe et la redevance d'enlèvement des ordures ménagères, la taxe annuelle sur les bureaux et les locaux commerciaux, sur les locaux commerciaux de stockage et sur les surfaces de stationnement en Île-de-France et en Provence-Alpes-Côte d'Azur.

> Précisions a. Concernant les **travaux relatifs à la vétusté** et la **mise en conformité** des lieux, la jurisprudence devra se prononcer sur le point de savoir si la distinction, fréquente, entre la mise en conformité de l'immeuble et celle liée à l'activité du locataire reste pertinente.
b. Les tribunaux devront préciser si les honoraires visés au 4° peuvent concerner des honoraires supportés par le bailleur au titre de la **gestion des loyers par un tiers** ou si ne sont visés que les honoraires auxquels prétendrait le bailleur pour sa propre gestion des loyers. En revanche, les honoraires de gestion techniques peuvent encore être mis à la charge du locataire.
c. Ne sont pas comprises dans les dépenses mentionnées aux 1° et 2° celles se rapportant à des **travaux d'embellissement** dont le montant excède le coût du remplacement à l'identique (C. com. art. R 145-35, dernier al.).

CHARGES POUVANT ÊTRE IMPUTÉES AU LOCATAIRE COMMERCIAL

56485 À l'exception des charges exclues par l'article R 145-35 du Code de commerce, le bail peut répercuter sur le locataire toutes les charges, y compris celles qui relèvent de la catégorie des **charges exorbitantes du droit commun.**

Le bail peut prévoir le remboursement par le locataire des **charges de copropriété** afférentes aux lieux loués, sous la triple réserve suivante :

– le bail doit mentionner les différentes catégories de charges,

– la règle de répartition imposée par l'article L 145-40-2 du Code de commerce doit être respectée,

– les charges non imputables par application de l'article R 145-35 du Code de commerce doivent être défalquées du décompte adressé au locataire.

INFORMATION DU LOCATAIRE COMMERCIAL SUR LES CHARGES

56490 **Lors de la conclusion du bail** Le bailleur doit communiquer, lors de la conclusion du contrat de location, un **état prévisionnel des travaux** qu'il envisage de réaliser dans les trois années suivantes, **assorti d'un budget prévisionnel** (C. com. art. L 145-40-2, al. 2 et 3). La jurisprudence à venir devra déterminer la portée et la sanction de cette obligation.

56495 **En cours de bail** Le bailleur doit informer le locataire des **charges,** impôts, taxes et redevances **nouveaux** (C. com. art. L 145-40-2, al. 1 in fine).

Dans un ensemble immobilier comportant plusieurs locataires, le bailleur doit informer le locataire de tout élément susceptible de **modifier la répartition** des charges entre locataires (art. L 145-40-2, al. 5 in fine).

Tous les ans, le bailleur doit communiquer au locataire un **état récapitulatif de l'inventaire** des catégories de charges mentionné ou intégré au bail incluant la liquidation et la régularisation des comptes de charges. Cette communication doit intervenir au plus tard le 30 septembre de l'année suivant celle au titre de laquelle il est établi ou, pour les immeubles en copropriété, dans le délai de trois mois à compter de la reddition des charges sur l'exercice annuel. Le bailleur doit aussi communiquer au locataire, à sa demande, tout document justifiant le montant des charges, impôts, taxes et redevances imputés à celui-ci (C. com. art. R 145-36).

Tous les trois ans, dans le délai de deux mois à compter de chaque échéance triennale, le bailleur doit aussi communiquer à chaque locataire (C. com. art. R 145-37) : un état prévisionnel des travaux qu'il envisage de réaliser dans les trois années suivantes, assorti d'un budget prévisionnel ainsi qu'un état récapitulatif des travaux qu'il a réalisés dans les trois années précédentes, précisant leur coût.

C. Révision du loyer au cours du bail commercial

PRINCIPE

56560 Le loyer des baux commerciaux régis par le statut, renouvelés ou non, peut être révisé à la demande de chacune des parties (C. com. art. L 145-37). Deux types de révision légale ont été institués : la révision triennale applicable en l'absence de clause d'indexation (C. com. art. L 145-38) et celle résultant de la présence d'une clause d'échelle mobile (C. com. art. L 145-39).

Ces dispositions sont d'**ordre public** et toute clause contraire est réputée non écrite (C. com. art. L 145-15). Ont ainsi été jugées contraires aux règles d'ordre public régissant la révision la clause par laquelle les parties s'engagent à ne pas demander en cours de bail la révision du prix fixé d'un commun accord pour la durée du contrat (Cass. com. 20-5-1963 : Bull. civ. III n° 234), celle prévoyant une révision biennale (Cass. com. 20-11-1961 : Bull. civ. III n° 417), ou celle stipulant que le locataire renonce à demander la fixation judiciaire du loyer à un montant inférieur au loyer contractuel (Cass. 3e civ. 30-3-2017 n° 16-13.914 FS-PB : RJDA 6/17 n° 393).

> **Précisions** La révision est impossible lorsque le **loyer** total a été **payé d'avance,** la dette étant alors éteinte (Cass. com. 5-1-1961 : Bull. civ. III n° 8). Si une part seulement du loyer a été payée d'avance, la révision ne peut être admise que sur celle faisant l'objet de versements périodiques (Cass. 3e civ. 12-12-1968 : Ann. loyers 1969.1577).

1. RÉVISION TRIENNALE DU LOYER COMMERCIAL EN L'ABSENCE DE CLAUSE D'INDEXATION

DEMANDE EN RÉVISION DU LOYER COMMERCIAL

Date de la demande La demande en révision ne peut être formée que **trois ans au moins** après la date d'entrée en jouissance du locataire pour la première révision ou après le point de départ du bail renouvelé (C. com. art. L 145-38, al. 1). 56565

La date d'entrée en jouissance (c'est-à-dire la date de prise d'effet du bail) est celle que précise le bail (Cass. com. 27-12-1960 : Bull. civ. III n° 433), sans qu'il y ait à tenir compte du fait que le locataire aurait pris possession des lieux avant cette date (Cass. com. 28-6-1960 : Bull. civ. III n° 259).

En cas de renouvellement du bail, le délai court à compter de la date du renouvellement, peu important que la date d'exigibilité du loyer soit reportée (Cass. 3e civ. 8-9-2016 n° 15-17.485 FS-PB : RJDA 12/16 n° 846).

Pour les autres révisions, le délai de trois ans court à compter du jour où le loyer précédemment révisé est applicable, quelle que soit la date de sa fixation (C. com. art. L 145-38, al. 2).

La demande en révision ne peut être formée que lorsque la **période triennale** est **échue** (Cass. 3e civ. 21-1-1981 : Bull. civ. III n° 18 ; Cass. 3e civ. 26-11-1986 : Bull. civ. III n° 167). Ainsi est nulle une demande notifiée avant l'expiration du délai de trois ans, même si le bailleur avait précisé que la révision ne prendrait effet qu'à la date prévue par le statut (Cass. 3e civ. 11-6-1985 : Bull. civ. III n° 92). En conséquence, lorsque la période triennale vient à expiration le 1er décembre, la demande en révision ne peut pas être valablement formée avant le 2 décembre (Cass. 3e civ. 23-2-1994 : Bull. civ. III n° 31). Si elle expire un samedi, un dimanche ou un jour férié, la demande pourra être faite à partir du premier jour ouvrable suivant (CPC art. 642). 56570

Lorsque la demande est faite par lettre recommandée AR, la date à prendre en considération est celle de l'expédition (Cass. 3e civ. 22-4-1980 : Bull. civ. III n° 81).

Après l'expiration de la période triennale, la révision peut être demandée à n'importe quel moment. En ce cas, le point de départ du délai de trois ans permettant une nouvelle révision sera décalé au jour où le loyer, ainsi révisé après l'expiration de la précédente période triennale, sera applicable.

Forme et contenu de la demande La demande doit être formée par acte extrajudiciaire ou par lettre recommandée AR. Elle doit, à peine de nullité, préciser le montant du loyer demandé ou offert (C. com. art. R 145-20, al. 1). 56575

Le **montant du loyer** doit être chiffré dans la demande. Il ne suffit pas qu'il le soit dans l'assignation en fixation judiciaire (Cass. 3e civ. 12-10-1976 : Bull. civ. III n° 335). Dès lors, doit être déclarée nulle une demande indiquant que le loyer ferait l'objet de l'augmentation légale telle que découlant de la variation de l'indice sans que cette indication ait été portée dans la lettre demandant la révision (Cass. 3e civ. 17-12-1986 : Rev. Loyers 1987 p. 107).

À notre avis, rien ne fait cependant obstacle à ce que le bailleur fixe un montant de loyer **provisoire ou probable,** l'essentiel étant qu'un montant soit exprimé (dans ce sens, voir Cass. 3e civ. 20-12-1989 : Gaz. Pal. 1990 jur. p. 681, dans lequel le bailleur avait demandé un prix provisionnel dans l'attente de la publication de l'indice).

> **› Précisions** La **demande** peut être **acceptée** par écrit ou tacitement, et résulter par exemple du fait que le locataire règle le nouveau loyer, même de manière épisodique (Cass. 3e civ. 15-5-1991 n° 89-21.894 D), mais c'est à la condition que la demande ait été régulière (Cass. 3e civ. 14-12-2023 n° 22-15.871 F-D : RJDA 5/24 n° 274).

Action en fixation du loyer révisé À défaut d'accord entre les parties, le loyer est fixé par le juge (n° 59830). L'action en révision triennale est soumise à la prescription biennale de l'article L 145-60 du Code de commerce (Cass. 3e civ. 25-11-1987 : Bull. civ. III n° 194 ; Cass. 3e civ. 1-6-1988 : Bull. civ. III n° 100). 56580

L'action est ouverte aux deux parties, quel que soit le sens de la variation de l'indice (Cass. com. 8-1-1964 : Bull. civ. III n° 15).

FIXATION DU LOYER COMMERCIAL RÉVISÉ

Plafonnement du loyer révisé Le montant du loyer révisé doit correspondre à la valeur locative (C. com. art. L 145-33). Par dérogation à cette disposition, et sauf modification matérielle des facteurs locaux de commercialité ayant entraîné par elle-même une variation de plus de 10 % de la valeur locative, la majoration ou la diminution du loyer révisé ne peut pas excéder la 56600 variation d'un indice Insee de référence intervenue depuis la dernière fixation amiable ou judiciaire du loyer (C. com. art. L 145-38, al. 3).

ATTENTION

Pour les **contrats conclus ou renouvelés depuis le 1er septembre 2014,** l'indice du coût de la construction (**ICC**) n'est plus un indice de référence (C. com. art. L 145-38) ; seuls demeurent l'indice des loyers commerciaux (**ILC**), lorsque les locaux sont affectés à des activités commerciales ou artisanales, et l'indice trimestriel des loyers des activités tertiaires (**ILAT**) réservé aux activités tertiaires autres que les activités commerciales et artisanales (cf. C. mon. fin. art. D 112-2). Par conséquent, dans les **contrats en cours** à cette date faisant référence à l'ICC, les parties devront lui substituer l'un de ces deux indices lors du prochain renouvellement (et non pas lors de la prochaine révision).

Pour fixer le montant du loyer révisé, il convient de tenir compte des deux règles suivantes : si la valeur locative est inférieure au loyer en cours, celui-ci constitue le loyer plancher (Cass. 3e civ. 11-7-2007 no 06-12.888 : RJDA 11/07 no 1065) ; si la valeur locative se situe entre le loyer en cours et le plafond résultant de la variation de l'indice, le montant du loyer révisé est fixé à la valeur locative (Cass. 3e civ. 6-2-2008 no 06-21.983 : RJDA 5/08 no 494).

56605 Pour **calculer** le **taux de variation** de l'indice, il convient, d'une part, de prendre comme **nouvel indice** l'indice du trimestre au cours duquel a été notifiée la demande de révision et, d'autre part, comme **indice de référence,** l'indice du trimestre correspondant à la dernière fixation amiable ou judiciaire du loyer qui peut être soit l'indice du trimestre correspondant au point de départ du bail (en cas de première révision), soit, pour les révisions suivantes, l'indice du trimestre correspondant à la précédente révision amiable ou judiciaire du bail (C. com. art. L 145-38, al. 3 ; CA Paris 14-6-2002 : AJDI 2002 p. 765).

Les indices étant publiés par l'Insee plusieurs mois après le début du trimestre concerné, le nouvel indice n'est pas connu à la date de la demande de révision (par exemple, pour une demande faite le 10 septembre 2024, l'indice à prendre en compte est celui du 3e trimestre de l'année 2024 qui a été publié en décembre 2024) et le loyer plafond ne peut pas être définitivement calculé à cette date. Pour éviter cette difficulté, certains baux prévoient que le montant du loyer révisé sera calculé sur la base du dernier indice connu à la date de la demande de révision (dans notre exemple, celui du 1er trimestre 2024 qui a été publié en juin 2024, dernier indice connu à la date de la demande). Mais ce choix d'**indices contractuels différents** de ceux correspondant aux trimestres au cours desquels interviennent la fixation de l'ancien loyer et la demande de révision a été condamné par la jurisprudence (CA Paris 31-10-2012 no 11/01173 : Loyers et copr. 2012 comm. no 329 note E. Chavance).

56610 **Déplafonnement du loyer révisé** La règle du plafonnement est écartée dans deux cas.

1° Le loyer n'est pas plafonné lorsque la preuve est rapportée d'une **modification matérielle des facteurs locaux de commercialité,** tels que définis à l'article R 145-6 du Code de commerce (nos 58930 s.), ayant entraîné par elle-même une variation de plus de 10 % de la valeur locative. Le loyer doit alors être fixé au montant de la valeur locative, même si elle est inférieure au loyer en vigueur (Cass. 3e civ. 24-5-2017 no 16-15.043 F-D : RJDA 10/17 no 611). Les juges du fond ne peuvent pas refuser de limiter la majoration à la variation de l'indice, sans rechercher si la preuve d'une variation supérieure à 10 % des facteurs locaux de commercialité est rapportée (Cass. 3e civ. 6-2-1973 : Bull. civ. III no 93). Ils doivent en outre rechercher, au besoin d'office, si la modification retenue présente un intérêt pour l'activité exercée dans les lieux loués (Cass. 3e civ. 27-1-1999 : RJDA 3/99 no 262 ; Cass. 3e civ. 7-4-2004 no 02-17946 : RJDA 7/04 no 796).

Pour les **baux conclus ou renouvelés depuis le 1er septembre 2014,** l'augmentation résultant du déplafonnement doit être étalée sur la durée du bail, par paliers de 10 % (C. com. art. L 145-38, al. 3 in fine). Cette règle est d'ordre public, toute clause contraire serait réputée non écrite (C. com. art. L 145-15). En pratique, cet encadrement des hausses de loyer s'applique depuis le 1er septembre 2017, soit trois ans après la conclusion ou le renouvellement du bail. En revanche, doivent être exclus les baux dont la date d'effet de la demande de renouvellement ou du congé est antérieure au 1er septembre 2014, quand bien même le loyer n'aurait pas été définitivement fixé à cette date.

2° Lors de la première révision triennale suivant une **déspécialisation partielle,** il peut, par dérogation à la règle du plafonnement prévu par l'article L 145-38 du Code de commerce, être tenu compte des activités commerciales adjointes, si celles-ci ont entraîné par elles-mêmes une modification de la valeur locative des lieux loués (C. com. art. L 145-47).

> Précisions a. La règle de l'encadrement des hausses de loyers s'applique à tous **types de locaux** (boutiques, bureaux ou locaux monovalents...).
b. Pour que les **activités adjointes** en application de l'article L 145-47 modifient la valeur locative des lieux loués, il faut qu'elles soient suffisamment importantes par rapport aux activités initiales, ce qui est le cas d'une nouvelle activité qui, même sans être immédiatement rentable, permet au locataire de conquérir un nouveau marché en se diversifiant (CA Paris 28-2-1992 : Loyers et copr. 1993 comm. n° 29).

Application du loyer révisé Le nouveau loyer n'est dû qu'à compter du **jour de la demande** en révision (C. com. art. L 145-38 et art. R 145-20, al. 3). Les parties ne peuvent donc pas se mettre d'accord avant ou pendant l'instance sur une date plus ancienne ou plus récente, ce qui évite des conséquences financières lourdes pour le locataire. 56615

À **défaut d'accord entre les parties** sur le loyer révisé, celui-ci est fixé par le juge. Durant le cours de l'instance, le locataire est tenu de payer les loyers échus à l'ancien prix ou au prix fixé par le juge à titre provisionnel (C. com. art. L 145-57, al. 1). En pratique, le juge applique le dernier loyer en cours, sauf à ce que les éléments du dossier permettent dès ce stade de fixer un prix différent, notamment en cas de surévaluation ou sous-évaluation manifeste.

2. RÉVISION DU LOYER COMMERCIAL EN PRÉSENCE D'UNE CLAUSE D'ÉCHELLE MOBILE

DÉFINITION DE LA CLAUSE D'ÉCHELLE MOBILE

La clause d'échelle mobile, régie par les articles L 145-39 et R 145-22 du Code de commerce, est celle qui stipule que le loyer de base suivra les variations du prix d'une denrée, d'un service ou d'un indice. Le mécanisme retenu est celui de l'indexation. Le plus souvent, la clause prévoit une variation annuelle du montant du loyer au cas où l'indice de référence se trouverait modifié dans un sens ou dans l'autre d'un pourcentage défini. 56700

En instituant une faculté de révision spéciale pour le cas où le bail est assorti d'une clause d'échelle mobile, l'article L 145-39 du Code de commerce admet nécessairement la validité de principe d'une telle clause (Cass. 3e civ. 2-6-1977 : Bull. civ. III n° 241).

L'intérêt de la clause d'échelle mobile est double puisqu'elle permet une adaptation automatique du loyer aux échéances prévues et un mécanisme de révision plus souple que celui qui résulte de l'article L 145-38 du Code de commerce.

> Précisions Une clause d'indexation qui exclut la réciprocité de la **variation** et stipule que le loyer ne peut être révisé **qu'à la hausse** est réputée non écrite dans son entier si la stipulation illicite est indivisible avec le reste de la clause (Cass. 3e civ. 30-6-2021 n° 19-23.038 FP-BC : RJDA 10/21 n° 640, 1e esp. ; Cass. 3e civ. 4-7-2024 n° 23-13.285 F-D : RJDA 11/24 n° 580 ; Cass. 3e civ. 19-6-2025 n° 23-18.853 FS-B : RJDA 10/25 n° 495) ; en l'absence d'indivisibilité, seule la stipulation illégale est réputée non écrite (mêmes arrêts). La même solution a été retenue à propos d'une clause limitant la **baisse** du loyer à un montant plancher (Cass. 3e civ. 25-1-2023 n° 20-20.514 F-D).

CHOIX DE L'INDICE DE RÉFÉRENCE POUR INDEXER LE LOYER COMMERCIAL

Seules sont autorisées les clauses prévoyant des indexations fondées sur les prix de biens, produits ou services ayant une relation directe avec l'objet de la convention ou avec l'activité de l'une des parties. Est réputée en relation directe avec l'objet d'une convention relative à un immeuble bâti toute clause prévoyant une indexation sur la variation de l'indice national du coût de la construction (**ICC**) ou, chacun pour les activités concernées (n° 56605), sur la variation de l'indice trimestriel des loyers commerciaux (**ILC**) ou de l'indice trimestriel des loyers des activités tertiaires (**ILAT**) (C. mon. fin. art. L 112-2). 56705

CONSEIL

Le **recours à l'ICC** autorisé par l'article L 112-2 du Code monétaire et financier n'est pas recommandé puisque, depuis la loi Pinel 2014-626 du 18 juin 2014, l'ILC ou l'ILAT sont les seuls indices applicables lors de la révision et du renouvellement.

Le **caractère direct** de la relation existant entre la nature de l'indice et l'objet du contrat étant fonction de la part plus ou moins importante pour laquelle le produit ou le service envisagé est susceptible d'entrer dans la réalisation de cet objet est une question de fait qui échappe au contrôle de la Cour de cassation (Cass. com. 9-3-1964 : Bull. civ. III n° 121). Ce caractère est donc apprécié souverainement par les juges du fond (Cass. 3e civ. 7-3-1973 : Bull. civ. III n° 183).

La **référence à un indice illicite** (ou devenu illicite) est sanctionnée par la nullité de la clause d'indexation ; elle n'affecte pas la validité du bail tout entier, même si cette clause a été déclarée déterminante par les parties (Cass. 3e civ. 9-7-1973 : Bull. civ. III n° 467). En effet, une telle stipulation porterait atteinte au droit de renouvellement du bail, si le propriétaire pouvait, sous peine de nullité du bail, exiger de son locataire commerçant le respect d'une clause illicite.

Le locataire a droit au remboursement des sommes indûment payées, sauf si, sachant que la clause était illicite, il a réglé les loyers en connaissance de cause (Cass. 3e civ. 12-6-1979 : Bull. civ. III n° 126).

CHOIX DE LA PÉRIODE D'INDEXATION DU LOYER COMMERCIAL

56710 Les parties sont libres de choisir la périodicité d'application de la clause d'échelle mobile, les juges interprétant la clause si elle est obscure ou maladroitement définie. Elles peuvent donc faire varier le loyer à chaque parution de l'indice ou sur une période plus longue, en évitant tout risque de confusion avec la révision triennale légale.

Il existe deux **méthodes** pour appliquer une clause d'échelle mobile :

– **conserver le même indice de base,** correspondant à la date d'effet du bail, et comparer chaque année cet indice avec l'indice du même trimestre correspondant à l'année d'indexation, puis appliquer cette variation sur le loyer initial. La Cour de cassation a admis qu'une telle clause d'indexation se référant à un indice de base fixe ne contrevient pas à l'article L 112-1 du Code monétaire et financier dès lors que, dès la première indexation (Cass. 3e civ. 6-2-2020 n° 18-24.599 FS-PBI : RJDA 4/20 n° 202), il y a concordance entre la période de variation indiciaire et la durée s'écoulant entre deux révisions (Cass. 3e civ. 11-12-2013 n° 12-22.616 : RJDA 3/14 n° 204 ; Cass. 3e civ. 3-12-2014 n° 12-25.034 : RJDA 4/15 n° 240 ; Cass. 3e civ. 25-2-2016 n° 14-28.165 FS-PB : RJDA 6/16 n° 424). En conséquence, elle sera valable si elle s'applique à un loyer de base fixe. Lorsque le juge, saisi d'une demande de révision fondée sur l'article L 145-39 du Code de commerce, fixe le loyer révisé à une date distincte de celle prévue par la clause d'indexation, il peut adapter celle-ci en fonction de la nouvelle échéance légale afin de mettre fin à la distorsion (Cass. 3e civ. 17-5-2018 n° 17-15.146 FS-PBI : RJDA 7/18 n° 559) ;

– **modifier chaque année l'indice de base,** l'indice de comparaison de l'année précédente devenant le nouvel indice de base, et cette variation étant appliquée sur le loyer en cours. Compte tenu du risque d'invalidation d'une clause d'échelle mobile à indice de base fixe, les bailleurs ont intérêt à faire varier chaque année l'indice de base.

> **Précisions** **a.** Si les **juges** du fond constatent qu'une clause d'indexation crée une distorsion, ils n'ont aucun **pouvoir d'appréciation** au regard de la gravité de la distorsion engendrée par la clause : ils doivent déclarer cette clause non écrite (Cass. 3e civ. 17-5-2018 n° 17-11.635 FS-D : RJDA 7/18 n° 558). Néanmoins, seule la partie de la clause qui crée la distorsion prohibée est réputée non écrite ; le reste de la clause est maintenu (Cass. 3e civ. 29-11-2018 n° 17-23.058 FS-PBRI : RJDA 2/19 n° 76 ; Cass. 3e civ. 30-6-2021 n° 20-11.685 : RJDA 10/21 n° 640, 2e esp.).
>
> **b.** La **distorsion créée** par le décalage entre la date de **renouvellement** et la date prévue pour l'indexation annuelle n'entraîne pas l'illicéité de la clause d'indexation (Cass. 3e civ. 13-9-2018 n° 17-19.525 FS-PBI : RJDA 11/18 n° 806).

MÉCANISME DE LA RÉVISION DU LOYER COMMERCIAL INDEXÉ

56720 **Application automatique de la clause d'échelle mobile** Le bail assorti d'une clause d'échelle mobile fait l'objet d'une révision conventionnelle résultant automatiquement de l'application de l'indexation et non pas de la révision triennale des loyers ordinaires. La clause d'échelle mobile doit s'appliquer tant que l'une des parties n'en demande pas l'adaptation judiciaire (Cass. 3e civ. 2-6-1977 : Bull. civ. III n° 241).

56725 **Si l'un des éléments retenus** pour le calcul de la clause d'échelle mobile **disparaît,** la révision ne peut être demandée que dans les conditions exposées nos 56565 s. (C. com. art. R 145-22, al. 2). Toutefois, cette disposition ne peut faire échec à l'application d'un nouvel indice déterminé en exécution de la convention (Cass. 3e civ. 9-10-1984 : Bull. civ. III n° 162). Ainsi, en présence d'une **double indexation,** les juges du fond peuvent limiter les effets de l'article R 145-22 du Code de commerce au seul élément annulé et considérer que l'autre demeure régi par la convention locative (Cass. com. 12-6-1963 : Bull. civ. III n° 295). De même, lorsque les parties ont stipulé un loyer indexé avec référence à un indice déterminé « ou à tout autre qui lui serait substitué », les juges peuvent, après avoir constaté que l'indice contractuel n'était plus applicable, retenir un indice de substitution conforme à l'esprit des parties lors de la conclusion du bail (Cass. 3e civ. 29-6-1977 : Bull. civ. III n° 294).

Il en va différemment si la convention n'a pas prévu la possibilité de remplacer la clause (Cass. 3e civ. 14-10-1975 : Bull. civ. III n° 290). Toutefois, lorsque la volonté des parties avait essentiellement porté sur le principe de l'indexation et que la stipulation du choix de l'indice en constituait une application, il a été jugé qu'il y avait lieu de substituer à l'indice annulé un indice admis par la loi (Cass. 3e civ. 22-7-1987 : Bull. civ. III n° 151).

Adaptation judiciaire du loyer Afin d'éviter que les circonstances économiques n'entraînent une variation des indices sans rapport avec l'évaluation de la valeur locative, l'article L 145-39 du Code de commerce soumet le bail indexé à un **régime spécial** de révision judiciaire **lorsque,** par le jeu de la clause d'échelle mobile, **le loyer se trouve augmenté ou diminué de plus d'un quart** par rapport au prix précédemment fixé contractuellement ou par décision judiciaire. Dans ce cas, le juge doit adapter le jeu de l'échelle mobile à la valeur locative au jour de la demande (C. com. art. R 145-22, al. 1). 56735

Chacune des parties peut se prévaloir de l'augmentation ou de la diminution de plus d'un quart pour demander au juge d'adapter le jeu de l'échelle mobile à la valeur locative (Cass. com. 7-6-1963 : Bull. civ. III n° 268). C'est ainsi que le bailleur peut demander l'adaptation du loyer à la valeur locative alors même que le jeu de l'échelle mobile entraîne déjà une hausse supérieure à 25 % (Cass. 3e civ. 16-6-1993 : RJDA 10/93 n° 780 ; Cass. 3e civ. 20-7-1994 : RJDA 12/94 n° 1263).

La **base de comparaison** est le loyer fixé contractuellement lors du contrat initial ou dans un avenant intervenu au cours du bail, hors indexation (Cass. 3e civ. 9-7-2014 n° 13-22.562 : RJDA 11/14 n° 830). Lorsque le loyer a déjà fait l'objet d'une révision, le loyer servant de référence est celui résultant d'une précédente révision amiable par avenant (Cass. 3e civ. 17-3-2016 n° 14-26.009 : RJDA 5/16 n° 354 ; CA Versailles 21-5-2013 n° 11/08933 : GP 2013.som.2460 note Brault) ou judiciaire (Cass. com. 20-11-1962 : Bull. civ. III n° 468 ; Cass. 3e civ. 16-12-1992 : Gaz. Pal. 1993 p. 309), mais non le loyer résultant du jeu de la clause elle-même (Cass. 3e civ. 9-7-2014 n° 13-22.562 : RJDA 11/14 n° 830). 56740

ATTENTION

Le **loyer de référence** ne peut pas **comprendre** les charges, y compris celles qui incombent au bailleur, que le bail met à la charge du locataire (Cass. 3e civ. 3-5-2012 : RJDA 7/12 n° 646), ni le pas-de-porte, distinct d'un supplément de loyer (CA Paris 27-2-2013 n° 11/00683 : Loyers 2013 n° 246 obs. P.-H. B.).

Pour vérifier l'existence d'une évolution de plus du quart, le loyer de référence doit être comparé au loyer obtenu par le jeu de la clause d'indexation et non au loyer effectivement payé (Cass. 3e civ. 15-12-2016 n° 15-27.148 FS-PB : RJDA 4/17 n° 226).

Le **loyer révisé prend effet** au jour de la demande (Cass. 3e civ. 27-1-1988 : Gaz. Pal. 1988 p. 195). 56745
Toutefois, le prix judiciairement fixé ne peut en aucun cas excéder les limites de l'offre et de la demande et, si les parties ont varié dans leurs prétentions, le prix retenu par le juge ne peut prendre effet, dans la mesure où il excéderait les limites des prétentions originaires, qu'à dater des nouvelles prétentions (C. com. art. R 145-21). Ainsi, lorsque le locataire a offert un premier loyer annuel lors de la demande en révision du loyer, puis l'a ramené à un chiffre moindre après dépôt du rapport de l'expert, les juges ne peuvent retenir cette dernière somme à compter du jour de la demande en révision, le locataire ayant varié dans ses prétentions. Le prix judiciairement fixé ne peut prendre effet qu'à compter de la nouvelle prétention (Cass. 3e civ. 23-2-1994 : RJDA 6/94 n° 629).

Lorsqu'il est procédé à la **révision avec fixation d'une nouvelle valeur locative,** l'indice de base à retenir pour l'application de la clause d'échelle mobile qui continue à jouer est l'indice publié à la date de la demande en révision (Cass. 3e civ. 12-2-1985 : Bull. civ. III n° 30).

Application au loyer indexé des règles de la révision triennale La procédure de révision judiciaire organisée par l'article L 145-39 du Code de commerce ne fait pas obstacle à la révision triennale de droit commun prévue par l'article L 145-38 (nos 56565 s.). En effet, l'expression « en outre », par laquelle commence l'article L 145-39, indique bien que le législateur n'a pas entendu exclure, pour les baux indexés, la possibilité d'une révision dans les conditions prévues à l'article L 145-38 (Cass. com. 7-11-1961 : Bull. civ. III n° 396 ; Cass. 3e civ. 16-12-1998 : RJDA 2/99 n° 150). Toutefois, à défaut de modification des facteurs locaux de commercialité ayant entraîné par elle-même une variation de plus de 10 % de la valeur locative, il n'y a pas lieu à révision du loyer sur le fondement de l'article L 145-38 du Code de commerce (Cass. 3e civ. 20-5-2015 n° 13-27.367 : RJDA 10/15 n° 635). 56750

3. RÉVISION DES BAUX COMMERCIAUX ASSORTIS D'UNE CLAUSE-RECETTES

La révision d'un loyer comprenant une partie fixe et une partie constituée par un pourcentage du chiffre d'affaires du locataire échappe aux dispositions du Code de commerce (Cass. 3e civ. 5-3-2013 n° 11-28.461 : RJDA 2/14 n° 89) et n'est régie que par la **convention des parties** (Cass. 3e civ. 2-4-1989 : Bull. civ. III n° 90 ; Cass. 3e civ. 15-5-1991 : RJDA 7/91 n° 570). L'exclusion vaut pour la **clause-recettes et** pour le **loyer minimum fixe** qui peut lui être associé (Cass. 3e civ. 26-4-1989 : Bull. civ. III n° 90 ; Cass. 3e civ. 7-3-2001 n° 99-15.946 : RJDA 5/01 n° 564). 56820

Les parties n'ont pas la possibilité d'invoquer le pouvoir reconnu au juge des loyers commerciaux en cette matière (Cass. 3e civ. 7-3-2001 précité) et ne peuvent pas non plus lui demander de constater que le loyer du bail renouvelé doit demeurer fixé par la convention d'origine (Cass. 3e civ. 7-5-2002 no 00-18.153 : RJDA 7/02 no 738).

> Précisions **a.** Si les **clauses** relatives au loyer sont **imprécises** ou ambiguës, les juges du fond ont le pouvoir de les interpréter en recherchant la commune intention des parties (C. civ. art. 1188, al. 1). Ainsi lorsque le bail est assorti d'une clause-recettes, le loyer du bail renouvelé peut être fixé à la valeur locative par les juges si ces derniers relèvent la commune intention des parties de revenir à l'application du statut une fois le bail expiré (pour un exemple, voir Cass. 3e civ. 13-3-2002 no 00-15.072 : RJDA 6/02 no 609, 1e esp.). Lorsque l'intention des parties ne peut être décelée, les juges interprètent le contrat selon le sens que lui donnerait une personne raisonnable placée dans la même situation (C. civ. art. 1188, al. 2).

b. Le mécanisme de la **clause-recettes** échappant aux dispositions du statut, il est conseillé aux rédacteurs de baux assortis d'une telle clause de prévoir, dès la conclusion du bail ou dans un avenant, les modalités de détermination de la partie fixe du loyer lors du renouvellement afin d'éviter tout litige (fixation tenant compte, par exemple, de certains éléments de la valeur locative ; fixation par un expert désigné par les parties). S'agissant de la fixation du loyer du bail renouvelé assorti d'une clause-recettes, la Cour de cassation reconnaît la possibilité pour les parties de donner **compétence** au **juge** des loyers pour fixer le minimum garanti à la valeur locative (Cass. 3e civ. 3-11-2016 no 15-16.826 FS-PBRI et no 15-16.827 FS-PBRI : RJDA 1/17 no 5 ; Cass. 3e civ. 29-11-2018 no 17-27.798 FS-PBI : RJDA 2/19 no 77), le juge des loyers étant même tenu de rechercher la volonté des parties tant dans le contrat que dans des éléments extrinsèques à celui-ci (Cass. 3e civ. 30-5-2024 no 22-16.447 FS-BR : RJDA 10/24 no 520). Une telle faculté est-elle reconnue en matière de révision du loyer ? Le tribunal judiciaire de Paris a reconnu cette possibilité (TJ Paris 24-7-2024 no 23/02404 : RJDA 1/25 no 11). Néanmoins, pour répondre à cette question, il convient d'attendre que la Cour de cassation se prononce précisément sur ce point.

c. Sur le mode de calcul de l'indemnité d'occupation en présence d'un bail comportant une clause-recettes, voir no 58580.

SECTION 8

DROIT AU RENOUVELLEMENT DU BAIL COMMERCIAL

PRINCIPE D'ORDRE PUBLIC

57000 Dans le souci d'assurer la stabilité du fonds de commerce et d'inciter le locataire à procéder aux investissements nécessaires, le statut des baux commerciaux lui accorde le droit au renouvellement de son bail. Ce droit au renouvellement a une valeur économique. En effet, le principe fondamental affirmé par l'article L 145-14 du Code de commerce est que le bailleur peut toujours refuser le renouvellement, mais il doit alors soit justifier d'un motif légitime de non-renouvellement, soit payer une indemnité d'éviction. Par ailleurs, le bailleur qui, dans un premier temps, a refusé le renouvellement jouit d'un droit de repentir lui permettant d'accepter le renouvellement et d'échapper ainsi au paiement de l'indemnité d'éviction. Le droit au renouvellement se traduit donc soit par le renouvellement du bail, soit par l'indemnisation du locataire évincé si l'éviction n'est pas justifiée.

Ce droit au renouvellement est d'ordre public (Cass. 3e civ. 3-11-1971 : Bull. civ. III no 526) et toute **clause** contraire est **réputée non écrite** (C. com. art. L 145-15), qu'elle soit incluse dans le bail lui-même (Cass. 3e civ. 5-12-1962 : Bull. civ. III no 500) ou dans un acte différent mais concomitant (Cass. 3e 7-10-1987 : Bull. civ. III no 162 ; Cass. 3e civ. 30-11-1988 no 87-15.291 : Loyers et copr. 1989 comm. no 64), et il importe peu que la prise d'effet du bail ait été reportée (Cass. 3e civ. 4-5-2006 no 05-15.151 : RJDA 8-9/06 no 875).

Toutefois, les parties sont libres de convenir qu'à son expiration le bail sera prorogé plutôt que renouvelé (Cass. 3e civ. 26-10-1977 : Bull. civ. III no 358). En effet, une telle convention qui laisse le locataire en place n'est pas contraire aux dispositions relatives au droit au renouvellement. Il y a prorogation lorsque, par l'accord des parties, le bail arrivé à son terme se poursuit aux mêmes clauses et conditions. Il y a renouvellement lorsqu'un nouveau bail est conclu.

A. Conditions du droit au renouvellement du bail commercial

CONDITIONS GÉNÉRALES DU RENOUVELLEMENT DU BAIL COMMERCIAL

Pour bénéficier du droit au renouvellement, le locataire doit satisfaire à l'ensemble des conditions qui ont été examinées ci-dessus (nos 53505 s.), sous réserve des précisions ci-après. Néanmoins, le locataire ne remplissant pas ces conditions peut se voir accorder le droit au renouvellement de son bail. Il est en effet admis que le bailleur puisse faire bénéficier son locataire d'un droit au renouvellement que la loi ne permettrait pas à ce dernier d'exiger (Cass. 3e civ. 20-3-1984 : Bull. civ. III no 71). 57005

CONDITION DE RENOUVELLEMENT LIÉE À LA PROPRIÉTÉ DU FONDS

Le droit au renouvellement du bail commercial ne peut être invoqué que par le propriétaire du fonds, mais il suffit que le locataire en soit propriétaire. En conséquence, en cas d'**usufruit,** le locataire, nu-propriétaire du fonds, a droit au renouvellement même si celui-ci est effectivement exploité par l'usufruitier, commerçant inscrit au registre du commerce (Cass. 3e civ. 6-1-1982 : Bull. civ. III no 1 ; Cass. 3e civ. 5-11-2003 no 02-13.365 : RJDA 2/04 no 142). 57015

En cas de **franchise ou de concession,** le franchisé ou le concessionnaire a droit au renouvellement du bail car il dispose d'une clientèle autonome par rapport à celle du franchiseur ou du concédant, sauf lorsque le franchisé (ou le concessionnaire) se trouve dans un état de totale dépendance à l'égard du franchiseur (ou du concédant) (Cass. 3e civ. 27-3-2002 no 00-20.732 : RJDA 6/02 no 603). Dans ce cas, le contrat est requalifié en contrat de travail (Cass. com. 3-5-1995 : RJDA 11/95 no 1228), ce qui empêche l'intéressé d'invoquer tout droit au renouvellement du bail.

Le locataire qui a mis son fonds de commerce en **location-gérance** bénéficie seul du droit au renouvellement (Cass. 3e civ. 25-1-1983 : JCP G 1983 IV no 107). 57020

> **Précisions** **a.** Sur la condition d'**immatriculation** du propriétaire du fonds et du locataire-gérant, voir no 53841.
> **b.** En cas de refus de renouvellement du bailleur avec offre d'**indemnité d'éviction** au propriétaire du fonds, le **locataire-gérant,** bien qu'il soit le seul à supporter certains frais (déménagement, réinstallation et mutation), ne peut pas se fonder sur l'action oblique pour réclamer les indemnités accessoires correspondant à ces frais (Cass. 3e civ. 26-9-2001 no 00-11.652 : RJDA 12/01 no 1186).

Lorsque le **propriétaire de l'immeuble** loué est également **propriétaire du fonds** de commerce et que le bail porte en même temps sur les deux, le locataire n'a pas droit au renouvellement puisque, par définition, il n'est pas propriétaire du fonds. Mais, à son départ, le bailleur doit lui verser une indemnité correspondant au profit qu'il pourra retirer de la plus-value apportée soit au fonds, soit à la valeur locative de l'immeuble par les améliorations matérielles effectuées par le locataire avec l'accord exprès du bailleur (C. com. art. L 145-46). 57025

Sur la situation du locataire en cas de **sous-location,** voir nos 56170 s.

CONDITION DE RENOUVELLEMENT LIÉE À LA DURÉE D'EXPLOITATION DU FONDS

Le locataire commercial répondant aux conditions générales d'application du statut (nos 53505 s.) doit, en outre, pour bénéficier du droit au renouvellement du bail, avoir exploité son fonds de commerce de façon effective au cours des trois dernières années qui ont précédé la date d'expiration du bail ou de sa prolongation, à moins qu'il ne justifie d'un motif légitime de non-exploitation (C. com. art. L 145-8). 57040

Exploitation effective du fonds de commerce Par « exploitation effective », il faut entendre une **exploitation réelle,** régulière et conforme aux stipulations du bail. Tel est le cas lorsque le locataire a conservé la commercialisation de produits dont il a cédé le droit de fabrication à une autre société (Cass. 3e civ. 18-6-1970 : Bull. civ. III no 419). 57045

Par ailleurs, l'exploitation du fonds de commerce s'entend de l'exploitation **d'un même fonds.** En conséquence, le locataire n'a plus droit au renouvellement du bail lorsqu'il n'exerce plus aucune activité dans les lieux loués (Cass. 3e civ. 19-12-1972 : Bull. civ. III no 689) ou lorsque, après avoir cessé toute activité commerciale, il a créé un nouveau fonds qui n'a pas deux ans d'existence à la date d'expiration du bail (Cass. 3e civ. 8-10-1970 : Bull. civ. III no 496). 57050

Le droit au renouvellement est limité à la **partie des locaux dans laquelle est exploité le fonds.** Il ne peut pas être étendu à la partie distincte des locaux dans laquelle un sous-locataire exploite un fonds différent (Cass. 3e civ. 21-11-1974 : Bull. civ. III no 431 ; Cass. 3e civ. 27-1-1977 : Bull. civ. III no 46) et ce, quand bien même l'ensemble des locaux ferait l'objet d'un bail unique (Cass. 3e civ. 20-10-1971 : Bull. civ. III no 503). 57055

Il appartient au locataire de rapporter la **preuve** qu'il exerce une activité commerciale dans les lieux (Cass. 3e civ. 17-10-1972 : Bull. civ. III no 519), mais il lui suffit de démontrer que la **clientèle** a accès aux locaux dans lesquels il accomplit les actes de sa profession (Cass. 3e civ. 13-6-1972 : Bull. civ. III no 378). Un fonds de commerce ne survivant pas à la disparition de la clientèle, qui en constitue l'élément essentiel, les juges du fond ne peuvent pas admettre un droit au renouvellement en se fondant sur l'existence d'une clientèle potentielle (Cass. 3e civ. 18-5-1978 : Bull. civ. III no 205).

57060 **Durée de l'exploitation du fonds** Le fonds doit avoir été exploité au cours des **trois années** précédant la date d'expiration du bail. À défaut, le locataire ne remplit pas les conditions pour bénéficier du droit au renouvellement, même s'il a antérieurement exploité le fonds pendant plus de trois ans (Cass. 3e civ. 23-7-1973 : Bull. civ. III no 496).

Cependant, un **changement d'activité** régulièrement effectué (nos 54805 s.) dans les trois dernières années du bail ne peut pas avoir pour effet de priver le locataire de son droit au renouvellement (Cass. 3e civ. 17-5-1977 : Bull. civ. III no 214 ; Cass. 3e civ. 14-6-2006 no 05-12.708 : RJDA 10/06 no 996).

Il est admis depuis très longtemps qu'en cas de **cession du fonds de commerce** le cessionnaire peut se prévaloir des droits acquis par le cédant pour compléter son exploitation (Cass. com. 15-5-1962 : Bull. civ. III no 256). En revanche, en cas de **cession du droit au bail seul** et de création d'un nouveau fonds de commerce par le cessionnaire, ce dernier n'a pas la faculté de compléter sa durée d'exploitation par celle du cédant (Cass. 3e civ. 6-10-1981 : Bull. civ. III no 148 ; Cass. 3e civ. 4-5-1994 : RJDA 8-9/94 no 914).

57065 Peuvent être prises en considération, dans le **calcul du délai d'exploitation,** la période pendant laquelle le locataire a constitué avec un sous-locataire une association en participation, cette dernière n'entraînant pas la création d'une personne morale distincte de la personne de chaque associé et le locataire conservant la qualité de propriétaire du fonds (Cass. 3e civ. 18-3-1971 : Bull. civ. III no 200), ou l'exploitation du fonds de commerce faite antérieurement à l'immatriculation du locataire au registre du commerce (Cass. 3e civ. 25-10-1983 : Bull. civ. III no 195).

En revanche, l'occupation des lieux par les locataires, avec l'accord du bailleur, avant le point de départ du bail pour réaliser des aménagements n'est pas prise en considération pour le calcul du délai d'exploitation ; l'occupation de fait est alors étrangère à la convention écrite et n'a pour objet que de préparer l'exécution de celle-ci (Cass. 3e civ. 10-5-1977 : Bull. civ. III no 197).

57075 **Motifs légitimes de non-exploitation du fonds** Pour justifier d'un motif légitime de non-exploitation de son fonds, le locataire n'a pas besoin de démontrer l'existence d'une impossibilité d'exploiter ; il lui suffit de prouver qu'un motif légitime l'a conduit à interrompre son exploitation (Cass. 3e civ. 6-10-1982 no 81-11.888 : Bull. civ. III no 191). L'appréciation du caractère légitime des motifs invoqués relève du pouvoir souverain des juges du fond (Cass. 3e civ. 18-12-2012 : RJDA 4/13 no 300). Les motifs sont divers : comportement du bailleur tel que l'inexécution de son obligation de réparation et d'entretien (Cass. 3e civ. 5-12-1979 no 78-13.551), des exigences injustifiées formulées lors de travaux de rénovation entrepris par le locataire (Cass. 3e civ. 6-7-1977 no 76-11.199). Pour un exemple de non-exploitation justifiée alors même qu'elle avait été partiellement provoquée par le locataire, voir Cass. 3e civ. 26-10-2011 no 10-25.247 : RJDA 4/12 no 379.

57076 Le locataire est dispensé de l'obligation d'exploiter son fonds pendant toute la durée du stage de **conversion** ou de **promotion professionnelle** qu'il a été autorisé à suivre (C. com. art. L 145-43).

B. Mise en œuvre du droit au renouvellement du bail commercial

CONGÉ DU BAIL COMMERCIAL

57120 **Nécessité d'un congé** Le bail soumis au statut ne prend fin que par l'effet d'un congé donné au moins six mois à l'avance (C. com. art. L 145-9, al. 1). Autrement dit, il doit être donné au moins six mois avant la date d'expiration du bail et il prend effet à cette date.

Le délai de six mois est un délai minimal. Le texte ne prévoit en revanche pas de **délai** maximal et rien ne s'oppose à ce que le bailleur donne congé plus longtemps à l'avance, sauf fraude (Cass. 3e civ. 5-3-2008 no 06-20.831 : RJDA 5/08 no 497), ou exercice abusif de son droit de délivrer congé (CA Paris 21-5-2008 no 07-9087 : RJDA 4/09 no 317).

La délivrance d'un congé pour une **date prématurée** en reporte les effets à la date d'expiration du bail (Cass. soc. 3-11-1956 : Bull. civ. IV n° 808 ; Cass. 3e civ. 9-10-1996 : RJDA 12/96 n° 1446 ; Cass. 3e civ. 10-2-2015 n° 13-26.403 : JCP E 2015.1198 note Brignon). Celui délivré moins de six mois avant la date d'expiration prend effet à une date postérieure à la fin du bail, c'est-à-dire en période de tacite prolongation ; il obéit donc aux règles exposées n° 57121.

À défaut de congé (ou de demande de renouvellement), le bail écrit se prolonge au-delà du terme fixé par le contrat (C. com. art. L 145-9, al. 2). **57121**

Le **bail tacitement prolongé** est à durée indéterminée et peut prendre fin à tout moment par une demande de renouvellement du locataire ou par un congé donné par le bailleur (ou le locataire) au moins six mois à l'avance et pour le dernier jour du trimestre civil (même art.).

Les dispositions de l'article L 145-9, al. 1 du Code de commerce n'étant pas d'ordre public, les parties peuvent valablement insérer dans le bail initial une **clause de renouvellement automatique** qui a pour effet de dispenser le bailleur de donner congé avec offre de renouvellement (Cass. 3e civ. 27-10-2004 n° 03-15.769 : RJDA 1/05 n° 14). **57125**

Le **bail dont la durée est subordonnée à un événement** dont la réalisation autorise le bailleur à demander la résiliation ne cesse, au-delà de la durée de neuf ans, que par l'effet d'une notification faite six mois à l'avance et pour le dernier jour du trimestre civil (C. com. art. L 145-9, al. 3). **57130**

Toutefois, la survenance de l'événement qui autorise le bailleur à demander la résiliation du bail ne prive pas le locataire de son droit au renouvellement s'il remplit les conditions requises (Cass. 3e civ. 3-10-1973 : Bull. civ. III n° 500). En effet, cette résiliation met fin au bail dans des conditions en tous points semblables à celles découlant de la délivrance d'un congé par le propriétaire, et le bailleur ne peut refuser le renouvellement que dans certains cas (voir nos 57405 s.).

La notification doit mentionner la réalisation de l'événement prévu au contrat.

En présence d'un **« bail à périodes »,** c'est-à-dire un bail comprenant nécessairement une période de neuf ans suivie d'un nombre défini de périodes triennales, le bailleur ne peut dénoncer la convention à la fin des neuf premières années ou à l'expiration de l'une des périodes suivantes qu'en donnant un congé dans les délais visés n° 57120 (C. com. art. L 145-9, al. 4). **57135**

Après avoir précisé qu'un bail « à périodes » était un bail de longue durée comprenant nécessairement une première période de neuf années suivie d'un nombre défini d'autres périodes triennales, la Cour de cassation a jugé que n'entrait pas dans cette définition le bail conclu pour une période de neuf ans et qui, à l'issue de cette période, devait se renouveler par périodes triennales à l'expiration desquelles chacune des parties pouvait donner congé avec un préavis de six mois. La Cour suprême a en effet estimé qu'un tel bail avait été conclu pour une durée ne dépassant pas neuf ans et que son renouvellement automatique par périodes de trois ans avait été prévu en violation des règles légales fixant la durée d'un bail renouvelé (Cass. 3e civ. 1-7-1998 n° 96-21.831 : RJDA 10/98 n° 1079).

Forme et contenu du congé Le congé doit être donné par acte extrajudiciaire (C. com. art. L 145-9, al. 5). **57140**

Le bailleur doit respecter cette prescription même si une autre forme a été autorisée par le bail (Cass. 3e civ. 13-1-1999 n° 96-22.241 : RJDA 3/99 n° 263, 1re esp.), et même si, à la date de délivrance, le locataire n'est pas immatriculé au registre du commerce et des sociétés (Cass. 3e civ. 1-10-2003 n° 02-10.381 : RJDA 1/04 n° 20), ou si les parties se sont soumises volontairement au statut des baux commerciaux (Cass. ass. plén. 17-5-2002 n° 00-11.664 : RJDA 8-9/02 n° 861). À défaut, le congé est nul, seul le destinataire du congé pouvant s'en prévaloir (Cass. 3e civ. 20-12-1982 n° 81-13.495 : Bull. civ. III n° 257 ; Cass. 3e civ. 15-9-2010 n° 09-15.192 : RJDA 1/11 n° 20).

Le congé peut être donné avec offre de renouvellement ou sans offre de renouvellement et, dans ce cas, avec offre d'une indemnité d'éviction ou non. Un congé avec une offre de renouvellement du bail à des clauses et conditions différentes du bail expiré doit s'analyser comme un congé avec refus de renouvellement ouvrant droit à indemnité d'éviction (Cass. 3e civ. 11-1-2024 n° 22-20.872 FS-B : RJDA 4/24 n° 275).

Le locataire peut accepter le congé. Dans ce cas, le bailleur n'a pas à poursuivre la validité ou l'exécution de ce congé (Cass. 3e civ. 22-2-1978 : Bull. civ. III n° 94).

Sur la capacité du bailleur pour donner congé, voir nos 50205 s.

ATTENTION

En présence d'**époux** mariés sous le régime de la communauté légale qui exploitent un fonds de commerce dont ils sont copropriétaires dans un local commercial pris en location par un seul époux, le bailleur n'est tenu de délivrer congé qu'au seul époux contractuellement désigné dans le bail (Cass. 3e civ. 28-5-2008 n° 07-12.277 : RJDA 8-9/08 n° 890).

57145 Le congé doit préciser les **motifs** pour lesquels il est donné (C. com. art. L 145-9, al. 5). Cette exigence de motivation ne concerne pas le congé avec offre d'indemnité d'éviction (Cass. 3e civ. 16-11-1994 : Bull. civ. III n° 190 ; Cass. 3e civ. 8-2-2006 n° 04-17.898 : RJDA 5/06 n° 512), de sorte que, dans ce cas, il est valable bien que délivré pour un motif erroné (Cass. 3e civ. 8-2-2006 n° 04-17.898 : RJDA 5/06 n° 512, congé délivré pour reconstruire l'immeuble alors qu'il ne s'agissait que d'une réhabilitation partielle).

Par ailleurs, il doit **indiquer** que le locataire qui entend soit contester le congé, soit demander le paiement d'une indemnité d'éviction doit saisir le tribunal avant l'expiration d'un **délai** de deux ans à compter de la date d'effet du congé (C. com. art. L 145-9, al. 5).

57150 À défaut de mention des motifs et/ou du délai de contestation, la **nullité du congé** est encourue (C. com. art. L 145-9, al. 5). Il s'agit d'une nullité relative qui ne peut être invoquée que par le locataire (Cass. 3e civ. 28-6-2018 n° 17-18.756 FS-PBI : RJDA 10/18 n° 709) et qui ne peut être prononcée que si l'irrégularité lui cause un préjudice (Cass. 3e civ. 18-5-1989 : Gaz. Pal. 1989 pan. p. 159 ; Cass. 3e civ. 19-12-2000 : RJDA 5/01 n° 566).

En cas de nullité du congé, le locataire dispose d'une alternative : invoquer cette nullité et poursuivre le bail ; y renoncer en demandant le paiement d'une indemnité d'éviction (Cass. 3e civ. 28-6-2018 n° 17-18.756 précité).

57155 **Rétractation du bailleur** L'offre de renouvellement ou de paiement d'une indemnité d'éviction n'a qu'un caractère provisoire. Elle n'interdit pas au bailleur de refuser par la suite le renouvellement du bail, sans indemnité, s'il établit que la location n'entre pas dans le champ d'application du statut (Cass. 3e civ. 18-5-1971 : Bull. civ. III n° 308 ; Cass. 3e civ. 9-10-1991 : RJDA 12/91 n° 1005) ou que le refus de renouvellement est justifié par un motif grave et légitime (Cass. 3e civ. 7-12-1977 : Bull. civ. III n° 431). C'est ce qu'on appelle la faculté de rétractation du bailleur.

La jurisprudence apporte **deux restrictions** à cette faculté.

1° Lorsque le bailleur invoque un motif grave et légitime de refus de renouvellement pour rétracter son offre, le motif invoqué doit être né ou avoir été connu postérieurement au congé (voir dans le cas d'une cession irrégulière Cass. 3e civ. 29-5-1991 : RJDA 7/91 n° 575). La preuve de cette postériorité incombe au bailleur (Cass. 3e civ. 4-5-1973 : Bull. civ. III n° 308).

En cas de dénégation du statut, le bailleur peut rétracter son offre même s'il avait eu connaissance de la situation au moment de l'offre (Cass. 3e civ. 23-2-1994 : Loyers et copr. 1994 comm. n° 292 ; Cass. 3e civ. 10-1-1996 : RJDA 4/96 n° 468 ; Cass. 3e civ. 20-4-2023 n° 22-12.937 FS-D : RJDA 12/23 n° 643).

2° L'existence d'un nouveau bail ou d'une décision judiciaire fixant définitivement les conditions du nouveau bail ou le montant de l'indemnité d'éviction met fin à la possibilité de rétractation du bailleur.

a. Existence d'un nouveau bail : l'acceptation de principe du renouvellement par le bailleur n'est que le préliminaire de la décision à intervenir sur les conditions du bail. Tant que ces conditions ne sont pas définitivement fixées, chacune des parties demeure libre de ne pas se lier et ne peut se voir imposer le renouvellement du bail. Il y a donc une distinction à faire entre l'acceptation de principe du renouvellement et l'acceptation de ce renouvellement. Il a ainsi été jugé que l'offre de renouvellement du bailleur « sauf à modifier le prix du loyer » ne constituait pas une acceptation de ce renouvellement (Cass. 3e civ. 27-5-1971 : Bull. civ. III n° 331).

b. Décision judiciaire fixant définitivement les conditions du nouveau bail ou le montant de l'indemnité d'éviction : même si le bailleur a accepté le principe du renouvellement du bail, il peut refuser ce renouvellement jusqu'à l'expiration du délai d'un mois suivant la signification de la décision fixant les conditions du nouveau bail (C. com. art. L 145-57, al. 2 ; Cass. 3e civ. 9-10-1974 : Bull. civ. III n° 349). Le bailleur est alors fondé à délivrer congé sans condition de délai.

DEMANDE DE RENOUVELLEMENT DU BAIL COMMERCIAL

57180 **Condition préalable à la demande de renouvellement** Le locataire ne peut faire une demande en renouvellement de bail qu'« **à défaut de congé** » (C. com. art. L 145-10, al. 1).

> Précisions **a.** Lorsque le bailleur délivre un **congé pour une date postérieure à l'échéance contractuelle,** le locataire conserve la possibilité de demander le renouvellement du bail si le congé s'accompagne d'une offre de renouvellement (Cass. 3e civ. 13-2-1980 : Bull. civ. III n° 38 ; Cass. 3e civ. 27-11-1990 : RJDA 1/91 n° 10). En revanche, le locataire perd cette faculté si le congé est assorti d'un refus de renouvellement (Cass. 3e civ. 21-2-2007 n° 05-21.623 : RJDA 5/07 n° 455).

b. Il a été jugé que le **bail verbal à durée indéterminée** ne peut prendre fin que par un congé, sans que le locataire puisse former, avant de l'avoir reçu, une demande de renouvellement ; un tel bail, qui n'est pas prolongé et qui ne peut venir, par lui-même, à expiration à un terme fixé, n'entre pas dans les prévisions de l'article L 145-10 du Code de commerce (Cass. 3e civ. 7-1-1971 : Bull. civ. III n° 10).

Date de la demande de renouvellement La demande de renouvellement doit être faite **dans les six mois** précédant l'expiration du bail ou à tout moment au cours de sa prolongation (C. com. art. L 145-10, al. 1). 57185

Ce **délai,** fixé en mois, **se calcule** de quantième à quantième. Lorsqu'il part le dernier jour du mois, il arrive à échéance le dernier jour du mois qui sert de terme au délai, et ce jour d'échéance compte dans le délai (Cass. 3e civ. 5-2-1971 : Bull. civ. III n° 87). Ainsi, à titre d'exemple, la demande en renouvellement notifiée au propriétaire le 31 mars pour un bail expirant le 30 septembre ne peut pas être déclarée nulle comme prématurée.

Le délai de six mois prévu par l'article L 145-10 du Code de commerce n'est pas un délai minimal mais un **délai maximal.** Il en résulte qu'une demande formulée plus de six mois avant la date d'expiration du bail est irrégulière. Le destinataire de la demande peut invoquer cette irrégularité : la demande de renouvellement ne produit alors aucun effet (Cass. 3e civ. 11-2-1987 n° 85-16.162 : Bull. civ. III n° 24). En revanche, le locataire ne peut pas s'en prévaloir (Cass. 3e civ. 16-10-2012 n° 11-30.526 : RJDA 1/13 n° 17). Par conséquent, si le bailleur a renoncé à tirer les conséquences de l'irrégularité de la demande, celle-ci produit effet (même arrêt).

Forme et contenu de la demande de renouvellement La demande en renouvellement doit être **notifiée au bailleur** par acte extrajudiciaire ou par lettre recommandée AR (C. com. art. L 145-10, al. 2). Elle ne peut pas être faite par acte judiciaire, c'est-à-dire assignation en justice ou conclusions régulièrement signifiées (Cass. 3e civ. 10-7-1996 : RJDA 11/96 n° 1306). Sauf stipulations ou notifications contraires de la part du bailleur, elle peut, aussi bien qu'à lui-même, lui être valablement adressée en la personne du gérant, lequel est réputé avoir qualité pour la recevoir (C. com. art. L 145-10, al. 2). Encore faut-il que la personne à laquelle est adressée la demande soit bien le gérant du propriétaire des lieux loués. Ainsi la demande adressée par le locataire à l'administrateur d'une société qui n'était pas propriétaire a-t-elle été jugée dépourvue de tout effet, peu important qu'au cas particulier l'administrateur se trouve être lui-même un des propriétaires (Cass. 3e civ. 29-6-2005 n° 04-11.591 : RJDA 10/05 n° 1078). 57190

En cas de pluralité de propriétaires, la demande adressée à l'un d'eux vaut, sauf stipulations ou notifications contraires, à l'égard de tous (C. com. art. L 145-10, al. 2).

En cas d'usufruit, la demande de renouvellement doit être adressée à l'usufruitier et au nu-propriétaire et non au seul usufruitier (Cass. 3e civ. 19-10-2017 n° 16-19.843 F-D : RJDA 2/18 n° 106) puisque celui-ci n'a pas le pouvoir de renouveler le bail sans le consentement du nu-propriétaire.

La demande peut **contenir** une proposition de loyer ; elle doit, à peine de nullité, **reproduire** les termes de l'article L 145-10, al. 4 du Code de commerce.

> **> Précisions** Lorsque la demande de renouvellement est faite par lettre recommandée avec demande d'avis de réception, la **date de notification** est celle de l'expédition de la lettre à l'égard du locataire, et la date de première présentation de la lettre à l'égard du bailleur ; lorsque la lettre n'a pas pu être présentée à son destinataire, la démarche doit être renouvelée par acte extrajudiciaire (C. com. art. R 145-38).

Réponse du bailleur à la demande de renouvellement Dans les trois mois de la notification de la demande, le bailleur doit, par acte extrajudiciaire, faire connaître au locataire s'il refuse le renouvellement en précisant les motifs de ce refus (C. com. art. L 145-10, al. 4). À défaut d'avoir fait connaître ses intentions dans ce délai, le bailleur est réputé avoir accepté le principe du renouvellement du bail précédent (Cass. 3e civ. 7-7-1991 : Bull. civ. III n° 213 ; Cass. 3e civ. 30-5-1996 : RJDA 8-9/96 n° 1026). Toutefois, l'acceptation du principe du renouvellement n'a qu'un caractère provisoire et n'interdit pas au bailleur de refuser ensuite le même renouvellement pour motif grave et légitime (Cass. 3e civ. 7-12-1977 : Bull. civ. III n° 431) ou en offrant le paiement d'une indemnité d'éviction (Cass. 3e civ. 16-9-2015 n° 14-20.461 FS-PB : RJDA 12/15 n° 813), sauf s'il invoque un manquement survenu avant l'expiration du bail ou un fait dont il avait connaissance à la date où il a accepté le renouvellement (Cass. 3e civ. 4-5-1982 : Bull. civ. III n° 110 ; Cass. 3e civ. 7-7-2004 n° 03-11.152 : RJDA 11/04 n° 1197). 57195

L'acte extrajudiciaire notifiant le refus de renouvellement doit, à peine de nullité, **indiquer** que le locataire qui entend soit contester le refus de renouvellement, soit demander le paiement d'une indemnité d'éviction doit saisir le tribunal avant l'expiration d'un délai de deux ans à compter de la date à laquelle est signifié le refus de renouvellement (C. com. art. L 145-10, al. 5).

> **> Précisions** **a.** L'acceptation du bailleur ne vaut pas renonciation, de sa part, à une **action en démolition** d'une construction édifiée sans son autorisation pour peu qu'en acceptant le principe du renouvellement il ait rappelé la consistance originaire des lieux loués (Cass. 3e civ. 21-2-2007 n° 05-21.793 : RJDA 5/07 n° 454).

b. Le **bailleur** qui a **accepté,** même tacitement, la demande de **renouvellement** du bail ne peut pas ensuite en réclamer la **résiliation** judiciaire pour des manquements contractuels antérieurs au renouvellement (Cass. 3ᵉ civ. 1-2-2018 nº 16-29.054 F-D : RJDA 4/18 nº 304). Seuls des manquements postérieurs peuvent justifier une telle résiliation (Cass. 3ᵉ civ. 20-5-2021 nº 19-26.021 FS-D : RJDA 8-9/21 nº 554).

c. Ne constitue pas un refus de renouvellement du bail au sens de l'article L 145-10, al. 4 la **déclaration verbale de refus** faite par le bailleur en réponse à l'interpellation de l'huissier de justice (devenu commissaire de justice) lui signifiant une demande de renouvellement du locataire, même si cette déclaration a été portée sur l'acte extrajudiciaire (Cass. 3ᵉ civ. 24-9-2020 nº 19-13.333 FS-PBI : RJDA 12/20 nº 632).

C. Régime du bail commercial renouvelé

DURÉE DU BAIL COMMERCIAL RENOUVELÉ

57280 La durée du bail renouvelé est de neuf ans, sauf accord des parties pour une durée plus longue (C. com. art. L 145-12, al. 1). Il a en effet été jugé que les parties sont libres de déroger à cette limitation, celle-ci ne jouant qu'en cas de fixation par décision judiciaire (Cass. 3ᵉ civ. 18-6-1970 : Bull. civ. III nº 420).

ATTENTION

Ces dispositions étant d'ordre public, lorsqu'un bail a été conclu pour une **durée supérieure à neuf ans,** il appartient aux parties, lors de chaque renouvellement, d'**exprimer** expressément leur **volonté** de contracter pour cette durée, faute de quoi le bail est renouvelé pour la durée légale de neuf années (Cass. 3ᵉ civ. 2-10-2002 nº 01-02.781 : RJDA 12/02 nº 1246 ; Cass. 3ᵉ civ. 18-6-2013 nº 12-19.568 : RJDA 12/13 nº 989).

Le nouveau bail **prend effet** à compter de l'expiration du bail précédent ou, le cas échéant, de sa prolongation, cette dernière date étant soit celle pour laquelle le congé a été donné, soit, si une demande de renouvellement a été faite, le premier jour du trimestre civil qui suit cette demande (C. com. art. L 145-12, al. 3).

Toutefois, lorsque le bailleur a notifié son intention de ne pas renouveler le bail, par un congé ou un refus de renouvellement, et si, par la suite, il décide de le renouveler, le nouveau bail prend effet à partir du jour où cette acceptation a été notifiée au locataire par acte extrajudiciaire ou par lettre recommandée AR (C. com. art. L 145-12, al. 4 ; nº 58460).

MODIFICATION DU LOYER DU BAIL COMMERCIAL RENOUVELÉ

57300 Le renouvellement du bail n'est pas subordonné à la fixation préalable d'un nouveau loyer. Il suffit que les parties se soient entendues sur le principe du renouvellement (Cass. 3ᵉ civ. 9-11-1981 : Bull. civ. III nº 180 ; Cass. 3ᵉ civ. 15-5-1996 : RJDA 8-9/96 nº 1025). Par suite, un congé avec offre de renouvellement ne peut être déclaré caduc au motif qu'aucun nouveau bail n'aurait été conclu, les parties ne s'étant jamais entendues sur le nouveau prix à appliquer, et qu'il appartenait à l'une d'entre elles d'introduire une action aux fins de déterminer les conditions de ce bail (Cass. 3ᵉ civ. 8-7-1980 : Bull. civ. III nº 132 ; voir aussi Cass. 3ᵉ civ. 4-7-2001 nº 99-19.042 : RJDA 11/01 nº 1082), et l'accord des parties sur le principe du renouvellement couvre la nullité résultant de l'irrégularité du congé, alors même qu'aucun accord n'est intervenu sur le prix (Cass. 3ᵉ civ. 15-5-1996 : RJDA 8-9/96 nº 1025 ; Cass. 3ᵉ civ. 25-6-2003 nº 01-15.364 : RJDA 10/03 nº 928).

ATTENTION

Le **bailleur** qui **désire** obtenir une **modification du prix** du bail doit, dans le congé ou dans la réponse à la demande de renouvellement, faire connaître le loyer qu'il propose, faute de quoi le nouveau prix ne sera dû qu'à compter de la demande qui en sera faite ultérieurement soit par acte extrajudiciaire, soit par lettre recommandée AR, soit dans le mémoire prévu à l'article R 145-24 du Code de commerce (C. com. art. L 145-11). Ces dispositions, qui ne visent que la modification du loyer sollicitée par le bailleur, ne sont pas applicables lorsque l'action en fixation du loyer est engagée par le locataire (Cass. 3ᵉ civ. 7-1-2009 nº 07-19.464 : RJDA 3/09 nº 185).

Sur la fixation du loyer du bail renouvelé, voir nºˢ 58800 s.

CLAUSES ET CONDITIONS DU BAIL COMMERCIAL RENOUVELÉ

57320 Le renouvellement d'un bail s'opère aux clauses et conditions du bail venu à expiration (Cass. 3ᵉ civ. 3-2-1988 : Bull. civ. III nº 23), hormis pour les clauses dérogatoires qui doivent faire l'objet d'un nouvel accord pour être maintenues dans le bail renouvelé (Cass 3ᵉ civ. 7-9-2022 nº 21-11.592 F-D). Sauf en matière de fixation du prix (Cass. 3e civ. 17-5-2006 n° 04-18.330 : RJDA 8-9/06 n° 877), le juge n'a le pouvoir de modifier aucune clause dont la licéité n'est pas discutée (Cass. 3e civ. 12-10-1982 : Bull. civ. III n° 196 ; Cass. 3e civ. 14-10-1987 : Bull. civ. III n° 169).

ILLUSTRATIONS

En l'état d'un bail comportant l'autorisation donnée au locataire de construire un hangar et l'obligation de remettre les lieux en état à la fin du bail, le bailleur ne peut prétendre offrir le renouvellement du bail tout en exigeant la suppression du hangar sous peine de mise en œuvre de la clause résolutoire (Cass. 3e civ. 14-6-1983 : Bull. civ. III n° 137). De même, le bailleur tenu d'assurer au locataire la jouissance paisible de la chose louée ne peut, lors du renouvellement du bail, lui imposer une restriction de jouissance qui n'était pas prévue dans le bail expiré (Cass. 3e civ. 13-11-1979 : Bull. civ. III n° 201).

Les juges du fond ne peuvent pas supprimer la clause d'un bail limitant le remboursement de l'impôt foncier par le locataire et réduire en conséquence le montant du loyer (Cass. 3e civ. 30-5-1984 : Bull. civ. III n° 108) ou se déclarer compétents pour connaître d'une demande d'insertion dans le bail renouvelé d'une clause instituant un droit de passage dans la cour de l'immeuble au motif que la restriction à la jouissance de la cour présentait le caractère d'une condition accessoire (Cass. 3e civ. 13-11-1979 : Bull. civ. III n° 201).

En revanche, dans le cas d'un bail comportant une clause de renonciation du locataire à sa faculté de résiliation triennale pour un local monovalent, ce bail n'est pas renouvelé pour une durée ferme de neuf ans dès lors que le locataire n'a pas de nouveau consenti, lors du renouvellement, à cette clause dérogatoire (Cass 3e civ. 7-9-2022 précité).

Depuis le 1er octobre 2016, la règle de droit commun selon laquelle le juge ne peut **modifier le contrat** est susceptible d'être écartée si les conditions de l'article 1195 du Code civil sont réunies (voir Mémento Droit commercial nos 14005 s.).

Sort du cautionnement Il ne faut pas oublier que le bail renouvelé est un nouveau bail, 57325
même s'il reprend les stipulations du bail initial. En conséquence, la société qui s'est portée caution pour les paiements exigibles en vertu du bail originaire et qui n'a pas été partie à l'acte de renouvellement n'est plus tenue à compter de l'expiration de la durée contractuelle du bail originaire (Cass. 3e civ. 4-11-1980 : Bull. civ. III n° 167). De même, la faute du mandataire chargé de négocier le loyer du bail renouvelé et commise lors du précédent bail ne peut plus être invoquée (Cass. 3e civ. 13-5-2009 n° 08-15.564 : RJDA 8-9/09 n° 709). De même encore, seuls les dégradations et défauts d'entretien existant à la date de prise d'effet du nouveau bail peuvent être pris en considération (Cass. 3e civ. 11-5-1995 : RJDA 8-9/95 n° 949).

SECTION 9

REFUS DE RENOUVELLEMENT DU BAIL COMMERCIAL

PRINCIPES

Aux termes de l'article L 145-14 du Code de commerce, le bailleur peut refuser le renouvelle- 57400
ment. Ce droit est absolu (Cass. 3e civ. 3-12-1974 : Bull. civ. III n° 449) et le juge n'a aucun pouvoir pour imposer le renouvellement au propriétaire (Cass. com. 2-7-1963 : Bull. civ. III n° 348). Il ne peut donc pas décider que le bailleur sera tenu de renouveler le bail aux conditions fixées par lui au motif que le bailleur n'a formulé à titre subsidiaire à son refus de renouvellement aucune offre de payer une indemnité d'éviction (même arrêt).

Toutefois, le propriétaire qui entend se prévaloir de ce droit doit payer une indemnité d'éviction (Cass. 3e civ. 1-2-1995 : RJDA 4/95 n° 413), à moins qu'il ne justifie de l'un des motifs prévus par l'article L 145-17, auquel cas la déchéance du droit à indemnité d'éviction est totale (Cass. 3e civ. 19-12-2001 n° 00-14.425 : RJDA 5/02 n° 480), ou d'un droit de reprise.

I. REFUS DE RENOUVELLEMENT DU BAIL COMMERCIAL SANS INDEMNITÉ D'ÉVICTION

A. Refus de renouvellement pour motif grave et légitime

EXISTENCE D'UN MOTIF GRAVE ET LÉGITIME DE REFUS DE RENOUVELLEMENT

57405 Le motif de refus n'est pas légalement **défini.** L'article L 145-17, I-1° du Code de commerce n'apporte aucune limitation quant aux motifs qui peuvent être invoqués et n'exige ni que le motif soit limité aux seules infractions au bail (Cass. 3e civ. 24-1-1996 : RJDA 4/96 n° 470 ; Cass. 3e civ. 19-12-2001 n° 00-14.425 : RJDA 5/02 n° 480, pour un exemple de faute extracontractuelle), ni qu'il se rattache à l'exécution du bail, ni que l'infraction soit imputable au locataire à titre personnel (Cass. 3e civ. 11-6-2008 n° 07-14.256 : RJDA 11/08 n° 1098). Le bailleur peut donc se prévaloir de faits imputables au gérant d'une société locataire que celle-ci a introduit dans les lieux et qui la représente (Cass. 3e civ. 29-6-1977 : Bull. civ. III n° 295) ou d'une infraction imputable au gérant libre que le locataire a introduit dans les lieux (Cass. 3e civ. 29-5-1991 : RJDA 8-9/91 n° 693). Mais le bailleur ne peut pas opposer des manquements du locataire sortant au cessionnaire du bail (Cass. com. 20-5-1963 : Bull. civ. III n° 238 ; Cass. 3e civ. 10-1-2007 n° 05-20.634 : RJDA 3/07 n° 232), même si le congé a été délivré avant la cession (Cass. 3e civ. 14-12-2023 n° 22-3.661 F-D : RJDA 3/24 n° 153).

Le bailleur n'est pas tenu de justifier l'existence d'un préjudice (Cass. 3e civ. 22-5-1979 : Bull. civ. III n° 113).

La **preuve** du grief incombe au bailleur (Cass. 3e civ. 12-6-1985 : Rev. Loyers 1985 p. 422). Celui-ci s'apprécie à la date de refus de renouvellement (Cass. com. 18-12-1961 : Bull. civ. III n° 479). Cependant, sous certaines conditions, le bailleur peut invoquer des faits nouveaux dont il n'avait pas connaissance au moment du refus de renouvellement.

Lorsque le juge, statuant sur une demande de validité du congé fondé sur un motif grave et légitime, relève l'absence d'un tel motif, il doit statuer sur l'indemnité d'éviction, même si le locataire ne l'a pas demandée (Cass. 3e civ. 1-4-1998 n° 96-14.638 : RJDA 6/98 n° 692) ou s'il a présenté sa demande pour la première fois en appel (Cass. 3e civ. 8-4-1999 : RJDA 6/99 n° 650).

Sur la nullité du congé insuffisamment ou non motivé, n° 57150.

57410 **Principe de l'« immutabilité des motifs » du refus** Le refus de renouvellement doit être motivé pour permettre au locataire d'apprécier la portée des motifs et de les discuter (C. com. art. L 145-10, al. 4). Il en résulte que le bailleur ne peut pas en principe lui substituer un motif différent au cours de l'instance (Cass. 3e civ. 19-5-1971 : Bull. civ. III n° 323 ; Cass. 3e civ. 10-5-1991 : RJDA 6/91 n° 470).

57415 Toutefois, il est fait **exception** à cette règle dans les deux cas suivants.

1° **Dénégation du bénéfice du statut** Le propriétaire est notamment recevable à invoquer à tout moment comme motif de non-renouvellement la non-exploitation du fonds (Cass. com. 17-10-1972 n° 71-12.752 : Bull. civ. III n° 519) ou le caractère accessoire et non indispensable des locaux à l'exploitation du commerce (Cass. com. 4-4-1962 : Bull. civ. III n° 212).

2° **Infraction commise ou révélée postérieurement au refus de renouvellement** Le principe de l'immutabilité des motifs de non-renouvellement est écarté lorsque les raisons nouvelles invoquées n'ont été connues du propriétaire ou ne se sont produites que postérieurement à l'acte initial de refus (Cass. com. 20-6-1967 : Bull. civ. III n° 253 ; Cass. 3e civ. 26-1-2017 n° 15-26.371 F-D : RJDA 4/17 n° 230). Ainsi, les manquements du locataire qui se maintient dans les lieux dans l'attente du paiement de l'indemnité d'éviction peuvent être sanctionnés par la résiliation du bail et entraîner la déchéance du droit à cette indemnité (Cass. 3e civ. 23-11-2011 n° 10-25.493 : BPIM 1/12 n° 75).

Les juges du fond ne peuvent écarter un motif de refus de renouvellement, invoqué pour la première fois en appel, en se fondant sur ce principe, sans rechercher si les manquements allégués étaient connus du bailleur lors de la délivrance du congé (Cass. 3e civ. 17-11-1981 : Bull. civ. III n° 187 ; Cass. 3e civ. 29-5-1991 n° 90-10.090 : RJDA 7/91 n° 575 ; Cass. 3e civ. 1-3-1995 n° 93-16.105 : RJDA 5/95 n° 553).

57420 **Appréciation du motif allégué** Les juges du fond apprécient souverainement si les griefs invoqués par le propriétaire constituent des motifs graves et légitimes justifiant un refus de renouvellement de bail sans indemnité (Cass. 3e civ. 11-10-1972 : Bull. civ. III n° 510) et, réciproquement, si la cessation des actes reprochés au locataire ou la réparation de leurs conséquences laissent subsister leur caractère de motifs graves et légitimes (Cass. com. 22-3-1961 : Bull. civ. III n° 150).

ILLUSTRATIONS

Constituent un motif grave et légitime :
– l'envoi à un expert d'une lettre injurieuse pour le bailleur (Cass. com. 21-1-1963 : Bull. civ. III n° 48) ;
– des agissements délictueux du locataire envers le bailleur (Cass. com. 28-3-1962 : Bull. civ. III n° 200) ou l'épouse de ce dernier (Cass. 3e civ. 6-3-1996 : RJDA 6/96 n° 759) ;
– l'inexécution de réparations mises à la charge du locataire par le bail (Cass. com. 7-7-1964 : Bull. civ. III n° 357) ;
– le défaut de paiement de plusieurs termes de loyer dans le délai d'un mois (Cass. 3e civ. 10-12-1985 : Gaz. Pal. 1986 pan. p. 100) ou des retards réitérés et le paiement irrégulier des loyers (Cass. 3e civ. 31-10-2000 n° 99-10.463 D, Dhaik c/ Sté La Tour Nicolo ; Cass. 3e civ. 16-10-2007 n° 06-14.789 : RJDA 1/08 n° 11) ;
– le défaut ou la cessation d'exploitation du commerce (Cass. 3e civ. 24-10-1968 : Bull. civ. III n° 408) ;
– toute extension de la destination des lieux même limitée à une activité connexe ou complémentaire réalisée sans l'autorisation du bailleur ou, à défaut, du tribunal (Cass. 3e civ. 24-10-1990 : Bull. civ. III n° 197) ;
– le non-respect d'une clause du bail subordonnant la cession du droit au bail à l'autorisation du bailleur (CA Paris 21-11-1995 : D. aff. 3/96 p. 69), à son droit de préférence (CA Paris 13-2-2008 n° 07-2263 : RJDA 2/09 n° 76) ou à des sous-locations occultes (Cass. 3e civ. 4-5-2000 n° 98-17.387 D, Heloin c/ Lucas) ;
– une sous-location irrégulière (Cass. 3e civ. 5-1-2010 n° 08-21.062 : RJDA 3/10 n° 218).
À l'inverse, **ne constituent pas** un motif grave et légitime :
– de simples retards dans le paiement des loyers (Cass. com. 4-3-1963 : Bull. civ. III n° 132) dès lors que ces derniers ont été réglés dans le délai d'un mois après mise en demeure (Cass. 3e civ. 18-7-2000 n° 98-21.158 D, Tramier c/ Carles) ;
– la réalisation par le locataire de travaux d'amélioration sans l'autorisation expresse et préalable du bailleur exigée par le bail dès lors que les travaux avaient été exécutés selon les règles de l'art et qu'ils n'avaient entraîné aucune gêne pour la copropriété (CA Versailles 20-10-1994 : RJDA 7/95 n° 825) ;
– le fait, pour une société titulaire d'un bail commercial comprenant un appartement, de mettre ce dernier à disposition de l'un de ses dirigeants personne physique dès lors que, la société ne pouvant habiter bourgeoisement ce logement, la faculté d'occuper cet appartement supposait nécessairement l'autorisation d'en accorder la jouissance à l'un de ses représentants (Cass. 3e civ. 23-5-2002 n° 00-20.860 : RJDA 8-9/02 n° 866) ;
– la fermeture administrative d'un fonds de commerce pour un mois alors qu'elle pouvait l'être pour une durée de six mois (Cass. 3e civ. 29-1-2002 n° 00-15.191 : RJDA 4/02 n° 364) ;
– l'omission par le locataire de la clause de garantie solidaire du bail dans un contrat de cession puisque le bailleur qui pouvait, s'il le souhaitait, saisir le tribunal en vue d'obtenir une substitution de garantie ne l'a pas fait (Cass. 3e civ. 15-9-2010 n° 09-14.519 : RJDA 1/11 n° 17).

MISE EN ŒUVRE DU REFUS DE RENOUVELLEMENT POUR MOTIF GRAVE ET LÉGITIME

Nécessité d'une mise en demeure L'inexécution par le locataire d'une de ses obligations ou la cessation sans raison sérieuse et légitime de l'exploitation du fonds ne peuvent être invoquées comme motif grave et légitime de refus de renouvellement du bail que si l'infraction s'est poursuivie ou renouvelée plus d'un mois après mise en demeure du bailleur d'avoir à la faire cesser (C. com. art. L 145-17, I-1°). Ainsi, dans le cas d'un bail portant sur un immeuble où était exploité un hôtel-restaurant, il a été jugé que le bailleur ne pouvait valablement invoquer, contre son locataire, la non-exploitation du restaurant qu'après une mise en demeure (Cass. 3e civ. 22-4-1971 : Bull. civ. III n° 252). Mais l'infraction est réparée lorsque les loyers impayés ont été réglés dans le mois de la mise en demeure (Cass. 3e civ. 9-11-1981 : Bull. civ. III n° 182). 57440

Il appartient aux juges du fond de rechercher si le locataire a été mis en demeure de faire cesser les infractions invoquées (Cass. 3e civ. 8-2-1968 : Bull. civ. III n° 51 ; Cass. 3e civ. 3-6-1992 : RJDA 8-9/92 n° 813), étant précisé que le fait d'avoir obtenu une décision de justice condamnant le locataire à des travaux n'exclut pas la nécessité de la mise en demeure (Cass. 3e civ. 25-3-1992 : RJDA 7/92 n° 693).

ATTENTION

L'**absence de mise en demeure** adressée au locataire n'entraîne pas la nullité du congé avec refus de renouvellement du bail ; le congé subsiste mais le locataire conserve son droit à indemnité d'éviction (Cass. 3e civ. 15-5-2008 n° 07-12.669 : RJDA 7/08 n° 767 ; Cass. 3e civ. 19-12-2012 n° 11-24.251 : RJDA 8-9/13 n° 696).

Cas dans lesquels la mise en demeure est inutile La mise en demeure est inutile dans les deux cas suivants. 57445

1° Lorsque le **locataire ne remplit pas les conditions pour bénéficier du statut** (Cass. 3e civ. 23-2-1994 : RJDA 6/94 n° 632 ; Cass. 3e civ. 12-7-2006 n° 05-14.396 : RJDA 11/06 n° 1117). Il en est ainsi notamment lorsque le locataire n'a pas exercé dans les lieux une activité commerciale au cours des trois années précédant la date d'expiration du bail (Cass. 3e civ. 10-4-1973 : Bull. civ. III no 265 ; Cass. 3e civ. 8-1-2008 no 06-14.190 : RJDA 12/08 no 1231) ou lorsqu'il n'était pas inscrit au registre du commerce pour l'activité exercée dans les lieux loués (Cass. 3e civ. 22-9-2016 no 15-18.456 F-PB : RJDA 12/16 no 847).

Le corollaire de l'inutilité de la mise en demeure réside dans le fait que l'absence de mise en demeure ne peut être invoquée que par les bénéficiaires des dispositions du statut (Cass. 3e civ. 13-2-1973 : Bull. civ. III no 114). Ainsi, ne peut s'en prévaloir un locataire qui ne justifie pas de la durée d'exploitation du fonds prévue à l'article L 145-8, sans pouvoir invoquer un motif légitime de non-exploitation (Cass. 3e civ. 6-6-1972 : Bull. civ. III no 362).

2o Lorsque **l'infraction n'est susceptible d'aucune régularisation** puisque la nécessité d'une mise en demeure est destinée à permettre au locataire de régulariser sa situation dans le délai d'un mois (Cass. 3e civ. 28-2-1968 : Bull. civ. III no 68).

La mise en demeure n'est pas exigée lorsque l'infraction, définitivement établie, résulte d'un fait irréversible (Cass. 3e civ. 23-1-1973 : Bull. civ. III no 63 ; Cass. 3e civ. 5-7-1995 : RJDA 8-9/95 no 950, absence d'activité depuis plusieurs années). Il en est de même des « infractions instantanées de commissions » qui ne peuvent se poursuivre ou se renouveler ou dont la régularisation ultérieure ne serait pas susceptible d'effacer le vice affectant le premier acte, à propos desquelles la possibilité de régularisation dans le délai d'un mois a été refusée (Cass. 3e civ. 13-3-1991 : RJDA 5/91 no 388 ; Cass. 3e civ. 9-7-2003 no 02-11.621 : RJDA 1/04 no 22, défaut de concours du bailleur à l'acte de sous-location).

En revanche, il en va différemment du locataire qui a exploité son fonds de commerce de débit de boissons alors qu'il était sous le coup de condamnations pénales le lui interdisant dès lors qu'il pouvait régulariser sa situation selon différentes voies de droit (Cass. 3e civ. 23-1-2011 no 10-24.180 : RJDA 4/12 no 384).

57450 **Date de la mise en demeure** La mise en demeure peut être faite, même postérieurement au congé (Cass. 3e civ. 21-3-1973 : Bull. civ. III no 216), dès lors qu'elle est restée sans effet et qu'elle a été signifiée plus d'un mois avant le jugement (Cass. 3e civ. 21-5-1970 : Bull. civ. III no 344).

57455 **Forme et contenu de la mise en demeure** La mise en demeure doit être effectuée par acte extrajudiciaire (C. com. art. L 145-17, I-1o). Elle prend la forme d'une sommation d'huissier (ou de commissaire de justice) d'avoir à mettre fin à l'infraction, voire d'un commandement dès qu'il remplit les conditions énumérées par l'article L 145-17 du Code de commerce (Cass. 3e civ. 13-3-1974 no 73-10.204 : Bull. civ. III no 115).

Elle est donc privée d'effet si elle est délivrée sous une autre forme, par exemple une lettre recommandée.

Le refus de renouvellement et la mise en demeure prévue par l'article L 145-17, I-1o peuvent figurer dans le même acte (Cass. 3e civ. 16-12-1987 : Bull. civ. III no 203 ; Cass. 3e civ. 18-6-2002 no 01-01.260 : RJDA 10/02 no 993). Elle doit préciser le motif invoqué (C. com. art. L 145-17, I-1o) et reproduire les termes de cette disposition. Le propriétaire doit préciser les motifs réels de son refus (Cass. com. 16-5-1961 : Bull. civ. III no 211). Il suffit que le locataire ne puisse se méprendre sur la nature des griefs invoqués (Cass. com. 28-3-1962 : Bull. civ. III no 200), mais l'expression « motifs graves et légitimes » ne saurait apparaître comme un motif suffisant de l'acte extrajudiciaire (Cass. com. 16-5-1961 : Bull. civ. III no 211).

> **Précisions** La mise en demeure est également privée d'effet lorsqu'elle n'est pas **signifiée** à la personne même du locataire alors qu'aucune circonstance n'a rendu impossible la signification à personne (Cass. 3e civ. 23-3-2010 no 09-10.318 : RJDA 7/10 no 719).

57460 **Portée de la mise en demeure** Le non-renouvellement ne peut être justifié que par les faits visés dans la mise en demeure. Ainsi, lorsque le manquement à l'obligation de payer le loyer s'est renouvelé, seul le manquement visé par la mise en demeure peut justifier le non-renouvellement sans indemnité d'éviction, et les juges du fond ne peuvent pas se fonder sur un défaut de paiement de loyers postérieur qui n'aurait pas lui-même fait l'objet d'une mise en demeure (Cass. 3e civ. 1-3-1989 : Bull. civ. III no 52 ; Cass. 3e civ. 17-2-1993 : RJDA 5/93 no 386).

Réciproquement, il suffit que la mise en demeure ait été suivie d'effet pour que le bailleur ne puisse plus invoquer le refus de renouvellement sans indemnité. Ainsi, en présence d'une suite de défauts de paiement à terme ayant donné lieu à plusieurs mises en demeure, le refus de renouvellement est écarté si les paiements sont intervenus dans le délai d'un mois à compter de chaque commandement, sans que le bailleur puisse se prévaloir du caractère successif de ces défauts de paiement (Cass. 3e civ. 1-3-1989 : Bull. civ. III no 52 ; Cass. 3e civ. 17-2-1993 no 328 : RJDA 5/93 no 386). Cette solution s'inscrit dans la logique des décisions imposant au bailleur de **réitérer,** lors de **chaque défaillance,** l'avertissement solennel et préalable exigé par la loi. Il en résulte que la sommation du bailleur ne vaut pas pour toutes les infractions actuelles et ultérieures puisqu'il s'agit de manquements distincts réparés l'un après l'autre par le paiement et que chaque nouvelle défaillance doit faire l'objet de l'avertissement. Dans ce cas, le propriétaire a plutôt intérêt à poursuivre la résiliation du bail, laquelle n'exige pas de mise en demeure (Cass. 3e civ. 20-11-1971 : Bull. civ. III no 502 ; no 59520).

> **Précisions** Lorsque la mise en demeure concerne la réalisation de travaux, la Cour de cassation a admis que l'**impossibilité matérielle** d'achever les travaux dans le mois de la mise en demeure pouvait permettre de considérer que le locataire avait satisfait à l'injonction du bailleur (Cass. 3e civ. 11-5-1995 : RJDA 8-9/95 no 949).

B. Immeuble insalubre ou dangereux

PRINCIPE

Le bailleur peut refuser le renouvellement du bail sans être tenu au paiement d'aucune indemnité s'il est établi que l'immeuble doit être totalement ou partiellement démoli comme étant en état d'insalubrité reconnue par l'autorité administrative ou s'il est établi qu'il ne peut plus être occupé sans danger en raison de son état (C. com. art. L 145-17, I-2o). **57520**

CONDITIONS DU REFUS DE RENOUVELLEMENT POUR INSALUBRITÉ OU DANGEROSITÉ

Le congé fondé sur l'article L 145-17, I-2° du Code de commerce est justifié si les conditions suivantes sont réunies, étant précisé que la nécessité de démolir l'immeuble n'est pas exigée (Cass. com. 13-3-1962 : Bull. civ. III no 159). **57525**

1° L'**insalubrité** de l'immeuble doit avoir été reconnue et constatée par l'autorité publique. Le bien-fondé de l'arrêté préfectoral déclarant l'état d'insalubrité d'un immeuble échappe au contrôle des juridictions de l'ordre judiciaire (Cass. com. 17-11-1966 : Bull. civ. III no 434). La décision administrative peut intervenir après la délivrance du congé. Lorsque le bailleur a informé son locataire de l'existence d'un arrêté de traitement de l'insalubrité frappant l'immeuble loué, il ne peut lui être reproché de n'avoir pas averti les cessionnaires successifs du bail dès lors qu'il n'avait pas été appelé aux actes de cession (Cass. 3e civ. 25-10-1972 : Bull. civ. III no 551).

2° Le **caractère dangereux** de l'immeuble peut être invoqué sans que celui-ci soit constaté par une décision administrative. Il est apprécié souverainement par les juges du fond (Cass. com. 13-3-1962 : Bull. civ. III no 159 ; Cass. 3e civ. 11-2-1971 : Bull. civ. III no 102). La preuve du caractère vétuste et dangereux de l'immeuble incombant au propriétaire peut être rapportée par tous moyens (Cass. com. 28-11-1962 : Bull. civ. III no 489).

Le refus de renouvellement est justifié dès lors que, **au moment du congé,** l'immeuble donné à bail ne peut plus être occupé sans danger en raison de son état (Cass. 3e civ. 10-1-1978 : Bull. civ. III no 23).

3° Quel que soit le motif invoqué, les juges du fond doivent rechercher si le **bâtiment** concerné n'est pas distinct du reste des locaux loués et si la démolition affecte l'exploitation du fonds de commerce (Cass. 3e civ. 13-3-1991 : Bull. civ. III no 90 ; Cass. 3e civ. 30-1-2002 no 97-15.410 : RJDA 4/02 no 365). L'article L 145-17, I-2° ne s'applique pas lorsque les locaux menaçant ruine sont totalement indépendants du local principal où le fonds est exploité (Cass. com. 4-5-1964 : Bull. civ. III no 226) ou lorsque la ruine n'affecte qu'une partie tout à fait secondaire des locaux, la partie subsistante étant parfaitement habitable sans danger (Cass. com. 21-2-1966 : Bull. civ. III no 106).

4° L'offre de paiement d'une indemnité d'éviction n'ayant qu'un caractère provisoire (no 57000), le propriétaire peut délivrer un second congé postérieurement fondé sur l'insalubrité ou le danger de l'immeuble, même si cette situation était connue de lui au moment du premier congé (Cass. 3e civ. 9-7-1973 : Bull. civ. III no 468).

En revanche, le bailleur ne peut pas invoquer les dispositions de l'article L 145-17, I-2° du Code de commerce pour se soustraire au paiement de l'indemnité d'éviction : **57530**

– lorsque l'arrêté de péril (devenu « arrêté de mise en sécurité ») ne tend pas à l'évacuation de l'immeuble mais contient seulement une mise en demeure d'effectuer les travaux nécessaires (Cass. com. 21-2-1966 : Bull. civ. III no 106) ;

– lorsque l'arrêté de péril laisse le choix entre la réparation de l'immeuble ou sa démolition ; les juges peuvent estimer que le propriétaire qui a opté pour la démolition, ce qui entraîne l'éviction du locataire, n'a pas rempli son obligation d'assurer au locataire la jouissance paisible des lieux loués (Cass. 3e civ. 16-4-1973 : Bull. civ. III no 285). Cette décision est à rapprocher de celle qui dénie au bailleur le droit de se prévaloir de l'article L 145-17, I-2° lorsque ce dernier aurait pu, pour un coût raisonnable, effectuer des travaux indispensables de confortation de l'immeuble loué (Cass. 3e civ. 24-10-1990 : Bull. civ. III no 196) ;

– lorsque le bailleur est responsable de l'état de danger de l'immeuble et de la démolition en résultant (Cass. 3e civ. 17-4-1985 : Bull. civ. III no 63) ou de l'état de vétusté résultant de l'absence de grosses réparations lui incombant (Cass. 3e civ. 21-6-1995 : RJDA 8-9/95 no 951). Par ailleurs, l'article L 145-17, I-2° ne modifiant pas les obligations mises à la charge du bailleur par les articles 1719 et 1720 du Code civil lorsque la ruine de l'immeuble provient du défaut d'entretien et de la négligence du propriétaire, ce dernier est tenu, en raison de sa faute contractuelle, de réparer le préjudice en résultant pour le locataire (Cass. 3e civ. 25-10-1972 : Bull. civ. III no 552).

DROIT DU LOCATAIRE COMMERCIAL APRÈS RECONSTRUCTION DE L'IMMEUBLE

57540 **Existence d'un droit de priorité** En cas de **reconstruction** par le propriétaire ou son ayant droit d'un nouvel immeuble, le locataire a un droit de priorité pour louer des locaux dans l'immeuble reconstruit (C. com. art. L 145-17, II), à condition que le nouvel immeuble comprenne des **locaux commerciaux** (Cass. com. 11-12-1961 : Bull. civ. III no 466).

Ce droit de priorité est d'interprétation stricte. En conséquence, il ne peut être invoqué qu'en cas de refus de renouvellement uniquement. Il ne joue donc pas si le locataire a été évincé en application de l'article 1722 du Code civil à la suite d'une demande de résiliation de bail fondée sur la ruine de l'immeuble constatée par un arrêté de péril (Cass. 3e civ. 7-2-1978 : Bull. civ. III no 72).

Il est réservé au **seul locataire évincé** si bien que l'acquisition de l'immeuble par ce dernier entraîne la perte des droits attachés à son ancienne qualité (Cass. 3e civ. 13-10-1976 : Bull. civ. III no 345 ; Cass. 3e civ. 22-3-1977 : Bull. civ. III no 138). Le sort du sous-locataire n'est pas précisé et aucune décision n'est intervenue sur ce point. Il est permis de penser que, en application des principes généraux, le sous-locataire ne bénéficiera du droit de priorité que si le locataire principal en fait lui-même la demande.

> **Précisions** L'article L 145-17, qui dispense le bailleur du paiement de l'indemnité d'éviction, n'écarte pas cette dispense lorsqu'un **immeuble** est **reconstruit** à la place de celui qui a été démoli, mais se borne à reconnaître au locataire un droit de priorité pour louer l'immeuble reconstruit (Cass. com. 25-10-1960 : Bull. civ. III no 335). En conséquence, le propriétaire est légalement dispensé du paiement de l'indemnité d'éviction même lorsqu'il a reconstruit l'immeuble.

57545 **Modalités d'exercice du droit de priorité** Le **locataire** doit, en quittant les lieux ou, au plus tard, dans les trois mois qui suivent, notifier au bailleur sa volonté d'user du droit de priorité, par acte d'huissier (ou de commissaire de justice) ou par lettre recommandée AR, en lui faisant connaître son nouveau domicile ; sous peine de déchéance, le locataire doit aussi notifier tout changement de domicile (C. com. art. L 145-19).

ILLUSTRATIONS

Satisfait aux exigences de l'article L 145-19 le locataire qui notifie son intention d'user de son droit de priorité à son ancien propriétaire dès qu'il a été avisé que le local rénové avait été mis à la disposition de celui-ci par la société de rénovation à laquelle il avait cédé son immeuble (Cass. 3e civ. 13-5-1969 : Bull. civ. III no 378).

Le **propriétaire** qui a reçu cette notification doit, avant de louer ou d'occuper lui-même un nouveau local, aviser de la même manière le locataire qu'il est prêt à lui consentir un nouveau bail en lui indiquant, à peine de nullité de la notification, qu'il dispose d'un délai de trois mois pour se prononcer. Passé ce délai, le bailleur peut disposer du local.

Le propriétaire qui ne se conforme pas à ces modalités peut être condamné à verser des dommages-intérêts au locataire. Cette demande en dommages-intérêts fondée sur le non-respect du droit de priorité a une cause différente de celle de la demande en indemnité d'éviction (Cass. 3e civ. 13-5-1969 : Bull. civ. III no 378) ; en conséquence, les juges qui fixent le préjudice résultant du non-respect du droit de priorité n'ont pas à se référer aux règles fixées pour le calcul de l'indemnité d'éviction (Cass. 3e civ. 5-4-1978 : Bull. civ. III no 150).

À **défaut d'accord** entre les parties sur les conditions de ce bail, celles-ci sont déterminées judiciairement (nos 59805 s.).

57550 **Limite du droit de priorité** Lorsque l'immeuble reconstruit possède une superficie supérieure à celle de l'immeuble primitif, le droit de priorité est limité à des locaux possédant une **superficie équivalente** à celle des locaux précédemment occupés ou susceptibles de satisfaire aux mêmes besoins commerciaux que ces derniers.

Lorsque l'immeuble reconstruit ne permet pas la réinstallation de tous les occupants, la préférence est accordée aux locataires titulaires des baux les plus anciens qui auront fait connaître leur intention d'occuper les lieux.

II. REPRISE DES LIEUX LOUÉS PAR LE BAILLEUR COMMERCIAL

A. Reprise pour habiter

CONDITIONS DE LA REPRISE POUR HABITER DU BAILLEUR COMMERCIAL

Le bailleur peut refuser le renouvellement du bail pour les **locaux d'habitation accessoires** aux locaux commerciaux pour habiter lui-même ceux-ci ou les faire habiter par son conjoint, ses ascendants, ses descendants ou ceux de son conjoint, à condition que le bénéficiaire de la reprise ne dispose pas d'une habitation correspondant à ses besoins normaux et à ceux des membres de sa famille vivant habituellement ou domiciliés avec lui (C. com. art. L 145-22). Le bailleur n'est **pas** alors tenu de verser **d'indemnité d'éviction.** 57700

Les **« besoins normaux »** en vue desquels la reprise est exercée doivent exister à la date à laquelle la reprise doit se réaliser (Cass. com. 27-6-1961 : Bull. civ. III n° 295) et persister à la date où les juges statuent (Cass. com. 17-12-1964 : Bull. civ. III n° 569). Plusieurs **critères** peuvent être retenus pour apprécier les besoins du bénéficiaire de la reprise : son état de santé (Cass. com. 15-12-1959 : Bull. civ. III n° 430), l'existence d'une situation précaire (Cass. com. 17-12-1964 : Bull. civ. III n° 568), la menace d'une décision d'expulsion (Cass. com. 25-2-1963 : Bull. civ. III n° 121).

> **Précisions** **a.** Les **personnes morales** sont exclues du bénéfice de l'article L 145-22 car elles ne peuvent pas « habiter » des locaux.
> **b.** Les bailleurs de **nationalité étrangère** peuvent exercer le droit de reprise, l'article L 145-23 ayant été abrogé.

Immeuble acquis à titre onéreux Lorsque l'immeuble a été acquis à titre onéreux, le bailleur ne peut bénéficier du droit de reprise que si son acquisition a date certaine plus de six ans avant le refus de renouvellement (C. com. art. L 145-22, al. 4). La « date certaine » est celle de l'acte authentique ou, lorsque l'acquisition a été faite par acte sous signature privée, celle de l'enregistrement (C. civ. art. 1377). L'ancienneté d'acquisition s'apprécie à la date pour laquelle le congé a été donné (Cass. com. 12-6-1961 : Bull. civ. III n° 263). 57705

Locaux exclus du droit de reprise pour habiter Le droit de reprise pour habiter est exclu dans les cas suivants (C. com. art. L 145-22, al. 2 et 3) : 57720

– lorsque les locaux commerciaux et les locaux d'habitation forment un tout indivisible ; l'**indivisibilité** est appréciée souverainement par les juges du fond (Cass. 3e civ. 15-3-1972 : Bull. civ. III n° 183) ;

– lorsque les locaux sont affectés à **usage** d'hôtel, de location en meublé, à usage hospitalier ou d'enseignement ;

– lorsque le locataire établit que la privation de jouissance des locaux d'habitation apporte un **trouble grave à l'exploitation du fonds** ; le caractère de gravité suffisante est apprécié souverainement par les juges du fond (Cass. 3e civ. 1-2-1968 : D. 1968 p. 349).

CONSÉQUENCES DE LA REPRISE POUR HABITER DU BAILLEUR COMMERCIAL

Le **bénéficiaire de la reprise** est tenu de mettre à la disposition du locataire dont il reprend le local le logement qui, le cas échéant, pourrait être rendu vacant par l'exercice de ce droit (C. com. art. L 145-22, al. 5). 57740

Sauf motif légitime, le bénéficiaire de la reprise doit occuper personnellement les lieux dans un délai de six mois à dater du départ du locataire évincé et pendant une durée minimum de six ans, faute de quoi le locataire évincé a droit à une indemnité d'éviction en rapport avec l'importance des locaux repris (C. com. art. L 145-22, al. 7).

En cas de reprise partielle, le **loyer du bail renouvelé** doit tenir compte du préjudice causé au locataire dans l'exercice de son activité (C. com. art. L 145-22, al. 6).

B. Reprise des locaux inutilisés

Certains propriétaires de **locaux d'habitation** donnés en location accessoirement à des locaux commerciaux sont autorisés à les reprendre en vue de leur **remise sur le marché locatif** (C. com. art. L 145-23-1 et L 145-4, al. 3). Cette disposition a pour but de lutter contre la vacance des locaux situés au-dessus des commerces (Circ. du 11-9-2006 : BO du 30-10-2006 texte n° 5 p. 10). 57790

57800 Ce droit de reprise peut être exercé sur les locaux d'habitation qui ne sont pas affectés à cet usage. Les **conditions** dans lesquelles ce droit peut être exercé sont les mêmes que celles de la reprise pour habiter (n° 57720).

Le bailleur peut reprendre le logement à l'**expiration** d'une **période triennale ou** lors du **renouvellement** du bail après avoir délivré un **congé** à cet effet à son locataire au moins six mois à l'avance, à condition toutefois que le local ne soit pas utilisé à usage d'habitation après un délai de six mois suivant la notification dudit congé. Sur la forme du congé, voir n° 57140.

Le **loyer** doit alors être diminué en conséquence, sans que la reprise puisse constituer en elle-même une modification notable des éléments de la valeur locative.

C. Reprise pour travaux nécessitant l'évacuation des locaux

REPRISE POUR CONSTRUIRE OU RECONSTRUIRE L'IMMEUBLE

57840 **Conditions** Le bailleur a le droit de refuser le renouvellement du bail commercial pour construire ou reconstruire l'immeuble existant, ou pour effectuer des travaux dans un **secteur protégé** nécessitant l'évacuation des lieux. Dans ce cas, il doit verser au locataire une indemnité d'éviction (C. com. art. L 145-18, al. 1 et 2).

Le bailleur doit, lorsqu'il délivre le congé, avoir l'intention de démolir l'immeuble pour le reconstruire (Cass. 3e civ. 27-10-1993 : RJDA 12/93 n° 1005. Cass. 3e civ. 19-6-2025 n° 23-21.372 F-D : RJDA 11/25 n° 558).

Le locataire ne bénéficie de ces dispositions qu'à la condition d'occuper encore matériellement les lieux (Cass. com. 7-3-1962 : Bull. civ. III n° 146).

> **Précisions** En présence d'un congé donné pour la **seconde période triennale**, la valeur du droit au bail doit être appréciée par référence à la situation qu'aurait connue le locataire jusqu'à l'expiration du bail tel que les parties en avaient prévu la durée. Par suite, elle doit être calculée par rapport au montant du loyer tel qu'il aurait été déplafonné lors de la révision triennale si une telle révision avait été effectuée (Cass. 3e civ. 25-6-1997 : RJDA 10/97 n° 1174).

57845 **Offre d'un local de remplacement** Le bailleur peut se soustraire au paiement de l'indemnité d'éviction en offrant au locataire évincé un local de remplacement correspondant à ses besoins et possibilités, situé à un emplacement équivalent (C. com. art. L 145-18, al. 3).

La **date** à prendre en considération pour apprécier si le local de remplacement offert par le bailleur correspond ou non aux besoins et possibilités du locataire évincé est celle du refus de renouvellement ou du congé, et non celle de la sortie du locataire (Cass. 3e civ. 7-12-1977 : Bull. civ. III n° 430).

L'offre n'est valable que si elle porte sur un **local** existant, ce qui exclut le cas où le bailleur offre seulement un local qu'il se propose de construire (Cass. 3e civ. 6-1-1976 : Bull. civ. III n° 2) ou qui est en cours de construction (Cass. 3e civ. 14-1-2016 n° 14-19.092 FS-PB : RJDA 4/16 n° 266).

Le cas échéant, le locataire perçoit une **indemnité compensatrice** de sa privation temporaire de jouissance et de la moins-value de son fonds. Il doit en outre être remboursé de ses **frais** normaux de déménagement et d'emménagement (C. com. art. L 145-18, al. 4).

Le **refus,** par le locataire, de locaux de remplacement reconnus satisfaisants par le juge ne le prive pas de l'indemnité compensatrice s'il a pris soin de déterminer le montant qu'il estime lui être dû au titre de l'article L 145-18, al. 4 du Code de commerce (Cass. 3e civ. 13-3-2002 n° 00-19.256 : RJDA 6/02 n° 611).

57850 **Procédure** Lorsque le bailleur invoque le bénéfice de ce droit de reprise, il doit, dans l'acte de refus de renouvellement ou dans le congé, viser les dispositions relatives à l'offre d'un local et préciser les nouvelles conditions de location.

Le locataire doit, dans un délai de trois mois, soit faire connaître son acceptation par acte extrajudiciaire ou par lettre recommandée AR, soit saisir la juridiction compétente (C. com. art. L 145-18, al. 5).

À défaut de réponse dans ce délai, le locataire est réputé avoir accepté l'offre s'il n'a pas saisi la juridiction compétente. Si les parties sont seulement en désaccord sur les conditions du nouveau bail, celles-ci sont fixées par les tribunaux.

La saisine de la juridiction n'étant pas nécessaire si le locataire l'a précédemment saisie d'une demande d'indemnité d'éviction (Cass. 3e civ. 9-12-1975 : Bull. civ. III n° 365), il ne peut être réputé avoir accepté l'offre.

REPRISE D'UN TERRAIN LOUÉ NU

Le bailleur qui a obtenu un permis de **construire un local d'habitation** sur tout ou partie d'un terrain loué nu peut refuser le renouvellement du bail commercial. Ce droit de reprise ne peut, en tout état de cause, être exercé que sur la partie du terrain indispensable à la construction. 57855

S'il a pour effet d'entraîner obligatoirement la cessation de l'exploitation commerciale, industrielle ou artisanale, le locataire a droit au paiement de l'indemnité d'éviction. Le bailleur qui veut se soustraire au versement de cette indemnité doit offrir un local de remplacement et préciser les nouvelles conditions de location (C. com. art. L 145-24).

REPRISE TEMPORAIRE POUR SURÉLÉVATION DE L'IMMEUBLE

Le bailleur commercial peut différer le renouvellement du bail pendant une durée maximum de trois ans s'il se propose de surélever l'immeuble et si cette surélévation rend nécessaire l'éviction temporaire du locataire (C. com. art. L 145-21). 57880

Dans ce cas, le locataire a droit à une indemnité égale au préjudice subi, sans pouvoir excéder trois ans de loyer.

L'article L 145-21 ne concerne que la surélévation de l'immeuble loué et n'est pas applicable à sa démolition suivie d'une reconstruction (Cass. 3e civ. 6-1-1976 : Bull. civ. III n° 2 ; Cass. 3e civ. 5-7-1995 : RJDA 8-9/95 n° 948).

D. Cas particuliers de reprise des lieux par le bailleur commercial

BAILLEUR COMMERCIAL VENDEUR DU FONDS DE COMMERCE

Le propriétaire ou le principal locataire qui, en même temps qu'il est bailleur des lieux, est le vendeur du fonds de commerce qui y est exploité et qui a reçu le prix intégral ne peut refuser le renouvellement au cessionnaire qu'à la charge de lui payer une indemnité d'éviction, sauf s'il justifie d'un motif reconnu grave et légitime à son encontre (C. com. art. L 145-25). Pour bénéficier de cette disposition, le locataire-cessionnaire doit remplir les conditions légales pour avoir droit au renouvellement (Cass. 3e civ. 5-3-1971 : Bull. civ. III n° 169 ; nos 57005 s.). 57920

ATTENTION

Le propriétaire ne peut pas contourner l'obligation qui lui est faite par l'article L 145-25 de verser une indemnité d'éviction en cas de refus de renouvellement en concluant avec l'acquéreur du fonds une **convention d'occupation précaire** (Cass. 3e civ. 12-6-1996 : RJDA 10/96 n° 1165).

LOCAUX APPARTENANT AUX COLLECTIVITÉS PUBLIQUES

Aux termes de l'article L 145-26 du Code de commerce, en cas de refus de renouvellement, la collectivité propriétaire est tenue de payer l'indemnité d'éviction, même si son refus est justifié par une raison d'utilité publique. 57940

Ce texte n'exclut pas que la collectivité propriétaire puisse se prévaloir d'un motif grave et légitime ou de l'état d'insalubrité de l'immeuble pour se soustraire au paiement de l'indemnité d'éviction (Cass. 3e civ. 17-11-1966 : Bull. civ. III n° 434).

La collectivité peut aussi se soustraire au paiement de l'indemnité d'expropriation – qui couvre les conséquences de l'éviction – en offrant au locataire évincé un local équivalent situé dans la même agglomération ; il peut alors être alloué au locataire une indemnité de déménagement et une indemnité compensatrice de sa privation de jouissance (C. expr. art. L 322-12, al. 2 et 3).

III. REFUS DE RENOUVELLEMENT DU BAIL COMMERCIAL AVEC INDEMNITÉ D'ÉVICTION

PRINCIPES

Le bailleur qui ne justifie pas de l'un des motifs autorisés par l'article L 145-17 du Code de commerce doit verser au locataire une indemnité d'éviction qui doit être égale au préjudice causé par le défaut de renouvellement (C. com. art. L 145-14, al. 1). Il ne peut pas échapper à cette obligation en offrant au locataire un bail portant en partie sur d'autres locaux (Cass. 3e civ. 1-2-1989 : Bull. civ. III n° 27). 58100

> **Précisions a.** Lorsque le **bailleur** a fait l'objet d'une **procédure collective d'apurement de son passif** après la délivrance du congé, le locataire doit déclarer sa créance dans les délais, faute de quoi il ne peut pas être payé dans le cadre de cette procédure (C. com. art. L 622-26, al. 1, L 631-14 et L 641-3, al. 4).
> **b.** La pratique de certains bailleurs consistant à saisir le **juge des référés avant tout congé** avec refus de renouvellement (ou en l'absence d'exercice du droit d'option suite à une offre de renouvellement) pour connaître le montant de l'indemnité d'éviction qui pourrait être due en cas de refus de renouvellement a été condamnée par la Cour de cassation (Cass. 3e civ. 16-4-2008 n° 07-15.486 : RJDA 7/08 n° 766 ; Cass. 3e civ. 8-4-2010 n° 09-10.226 : RJDA 7/10 n° 720).

A. Évaluation de l'indemnité d'éviction

1. RÈGLES GÉNÉRALES D'ÉVALUATION

58105 L'indemnité doit **réparer** tout le **préjudice subi par le locataire évincé** (Cass. 3e civ. 7-5-1969 : Bull. civ. III n° 353) et ce préjudice en constitue la limite (Cass. com. 22-3-1960 : Bull. civ. III n° 110). Elle ne peut pas être évaluée à une somme forfaitaire (Cass. 3e civ. 7-12-2004 n° 03-16.963 : RJDA 3/05 n° 237). En l'absence de préjudice, le locataire ne peut pas prétendre à une indemnité d'éviction (pour des illustrations, voir Cass. 3e civ. 10-2-1999 n° 97-16.134 : RJDA 4/99 n° 386 ; Cass. 3e civ. 6-11-2001 n° 00-13.943 : RJDA 1/02 n° 22).

L'indemnité est fondée sur les éléments du fonds existant à la fin du bail (Cass. 3e civ. 14-11-1970 : Bull. civ. III n° 606). Elle **comprend** notamment la valeur marchande du fonds de commerce, déterminée suivant les usages de la profession, les frais normaux de déménagement et de réinstallation, les frais et droits de mutation à payer pour un fonds de même valeur (C. com. art. L 145-14, al. 2). Aucune disposition ne prescrit aux juges du fond d'évaluer séparément ces divers éléments (Cass. com. 7-12-1960 : Bull. civ. III n° 402).

L'indemnité peut aussi comprendre l'indemnisation d'un préjudice correspondant à la perte d'une chance. Dans ce cas, les juges du fond doivent, pour rejeter la demande d'indemnisation d'un locataire pour perte d'une chance de se voir adjuger la gérance d'un débit de tabac, caractériser l'absence de probabilité de succès de la candidature du locataire (Cass. 3e civ. 3-7-2002 n° 00-22.504 : RJDA 10/02 n° 994).

Les juges du fond apprécient souverainement le montant de l'indemnité d'éviction (Cass. 3e civ. 3-11-1971 : Bull. civ. III n° 525 ; Cass. 3e civ. 22-11-1972 : Bull. civ. III n° 625), mais doivent préciser les éléments du préjudice qu'ils entendent réparer (Cass. 3e civ. 30-1-1979 : Bull. civ. III n° 27).

58110 L'indemnité d'éviction doit être **calculée au jour le plus proche de l'éviction** (Cass. 3e civ. 14-12-1971 : Bull. civ. III n° 621), c'est-à-dire à la date du départ du locataire (Cass. 3e civ. 21-1-1998 : RJDA 3/98 n° 270 ; Cass. 3e civ. 10-7-2002 n° 00-20.702 : RJDA 11/02 n° 1122 ; Cass. 3e civ. 14-3-2019 n° 18-11.991 F-D : RJDA 6/19 n° 413) ou à celle de la décision si l'éviction n'a pas encore eu lieu (Cass. 3e civ. 17-6-1971 : Bull. civ. III n° 390 ; Cass. 3e civ. 24-11-2004 n° 03-14.620 : RJDA 2/05 n° 106 ; Cass. 3e civ. 19-12-2012 n° 11-26.584 : Bull. civ. III n° 196). C'est l'évaluation elle-même qui doit être faite au jour le plus proche de l'éviction et une simple réévaluation de l'indemnité fixée antérieurement n'est pas possible (Cass. 3e civ. 16-1-1970 : Bull. civ. III n° 41). Par suite, les juges ne sont pas tenus par les conclusions d'une expertise et ils doivent tenir compte des résultats favorables des exercices postérieurs à cette dernière (Cass. 3e civ. 8-3-1972 : Bull. civ. III n° 165 ; Cass. 3e civ. 1-2-1978 : Bull. civ. III n° 64) ainsi que de l'augmentation du chiffre d'affaires (Cass. 3e civ. 25-2-1975 : Bull. civ. III n° 76).

Toutefois, la Cour de cassation apporte une **limite** à cette règle : la consistance du fonds doit être appréciée à la date du refus de renouvellement (Cass. 3e civ. 20-10-1971 : Bull. civ. III n° 501 ; Cass. 3e civ. 21-1-1998 : RJDA 3/98 n° 270). En conséquence, les juges n'ont pas à tenir compte d'une activité non prévue par le bail et entreprise plusieurs années après la signification du congé (Cass. 3e civ. 14-12-1971 : Bull. civ. III n° 621) ou d'une extension de commerce postérieure à l'expiration du bail (Cass. 3e civ. 20-10-1971 : Bull. civ. III n° 501). Cependant, si l'indemnité doit être calculée en tenant compte des seules activités autorisées par le bail, il y a lieu de prendre en considération les activités nouvelles qui ont été autorisées par le bailleur ou par le tribunal dans le cadre des règles relatives à la déspécialisation (Cass. 3e civ. 10-10-1972 : Bull. civ. III n° 505).

58115 L'indemnité d'éviction présentant un caractère indemnitaire emporte **intérêts** au taux légal dès son évaluation, même en l'absence de demande ou de dispositions spéciales du jugement. L'indemnité d'éviction porte intérêt à compter du prononcé du jugement, à moins que le juge n'en décide autrement, conformément à l'article 1231-7 du Code civil. Il peut ainsi décider de les faire courir à compter d'une date antérieure (Cass. 3e civ. 15-6-1994 : RJDA 10/94 n° 1008 ; Cass. 3e civ. 4-7-2001 n° 97-20.663 : RJDA 11/01 n° 1083).

Toutefois, la consignation de l'indemnité entre les mains du **séquestre** valant paiement libératoire au locataire évincé, elle n'emporte pas intérêts au taux légal au profit de ce dernier durant le temps du séquestre, sauf si l'indemnité est injustement retenue par le bailleur entre les mains du séquestre (Cass. 3e civ. 4-7-2001 n° 97-20.663 : RJDA 11/01 n° 1083).

2. ÉLÉMENTS DE L'INDEMNITÉ D'ÉVICTION

VALEUR MARCHANDE DU FONDS

L'indemnité d'éviction ne doit comprendre la valeur marchande du fonds que si l'éviction entraîne la perte de ce fonds (Cass. 3e civ. 19-5-1981 : Bull. civ. III n° 97). Il n'y a pas perte du fonds lorsque le siège social et la clientèle du locataire évincé ont subsisté et qu'une réinstallation aisée dans un local équivalent était possible (Cass. 3e civ. 6-6-1972 : Bull. civ. III n° 361). 58140

Détermination de la valeur marchande Les juges du fond apprécient souverainement la valeur marchande du fonds de commerce (Cass. 3e civ. 8-11-1968 : Bull. civ. III n° 452 ; Cass. 3e civ. 21-1-1998 : RJDA 3/98 n° 270) mais ils ne peuvent pas refuser de la rechercher (Cass. 3e civ. 3-11-2021 n° 20-20.739 F-D : RJDA 2/22 n° 66). 58145

La détermination de la valeur marchande du fonds ne se réfère pas au coût d'achat du fonds de commerce qui, avec le temps écoulé, n'a pas grande signification. Elle est déterminée à l'aide de **méthodes d'évaluation globale** basées principalement sur les résultats de l'exploitation, étant précisé que les juges du fond choisissent souverainement la méthode qui leur paraît la plus appropriée (Cass. 3e civ. 15-10-2008 n° 07-17.727 : RJDA 12/08 n° 1232). Plusieurs éléments peuvent être retenus :

- le chiffre d'affaires (Cass. 3e civ. 16-7-1969 : Bull. civ. III n° 585) ;
- le bénéfice net des trois dernières années (Cass. com. 13-10-1965 : Bull. civ. III n° 494) ;
- la recette journalière multipliée par un coefficient ;
- les résultats de l'exploitation postérieure à la date d'expiration du bail (Cass. com. 16-5-1960 : Bull. civ. III n° 178).

Toutefois, les juges du fond sont tenus de déterminer cette valeur **suivant les usages de la profession** (Cass. com. 15-12-1964 : Bull. civ. III n° 555). Ils doivent ainsi rechercher, lorsque ce moyen est soulevé, si l'usage de la profession n'est pas d'inclure la TVA dans le montant du chiffre d'affaires qui sert de base au calcul de l'indemnité d'éviction (Cass. 3e civ. 15-6-1994 : RJDA 12/94 n° 1265 ; Cass. 3e civ. 17-12-2003 n° 02-12.236 : RJDA 3/04 n° 280), sans pouvoir l'exclure au motif qu'il s'agit d'une indemnité (Cass. 3e civ. 5-2-2014 n° 13-10.174 : RJDA 5/14 n° 415).

Dans la **valeur** marchande du fonds de commerce entre celle **du droit au bail** des locaux car ce droit est un des éléments du fonds de commerce. Le droit au bail est le capital correspondant à l'intérêt d'être situé à un emplacement donné pour exercer une activité donnée moyennant un loyer donné ; plus l'emplacement est bon, la destination contractuelle large et le loyer modéré, plus la valeur du droit au bail est élevée (CA Paris 5-7-2017 n° 15/16820 : RJDA 12/17 n° 795). 58150

Les juges du fond doivent vérifier si la valeur du droit au bail n'est pas supérieure à celle du fonds de commerce et, si tel est le cas, fixer l'indemnisation au montant du droit au bail (Cass. 3e civ. 11-6-1992 n° 90-17.109 P : RJDA 8-9/92 n° 814).

Le droit au bail pris en compte est celui afférent au local dont le locataire est évincé et non celui du local dans lequel il doit se réinstaller (Cass. 3e civ. 13-10-2021 n° 20-19.340 FS-B : RJDA 1/22 n° 3).

Par **exception,** l'indemnité d'éviction ne comprend **pas** la **valeur marchande** du fonds lorsque le bailleur établit que le préjudice du locataire évincé est **moindre** (Cass. com. 16-5-1960 : Bull. civ. III n° 178 ; Cass. 3e civ. 23-10-1970 : Bull. civ. III n° 544). L'existence d'un préjudice moindre est appréciée souverainement par les juges du fond (Cass. 3e civ. 3-12-1970 : Bull. civ. III n° 665). En règle générale, l'indemnité sera inférieure à la valeur marchande du fonds chaque fois que la clientèle sera attachée à la personne ou à l'activité du locataire et non à la situation du local et qu'ainsi le transfert du fonds se fera sans perte de la clientèle. Jugé qu'il en était ainsi pour un garagiste (Cass. com. 8-11-1965 : Bull. civ. III n° 558), un grand couturier (Cass. 3e civ. 21-3-1968 : Bull. civ. III n° 122), un fonds de grossiste aisément exploitable dans d'autres locaux (Cass. com. 26-12-1960 : Bull. civ. III n° 426 ; Cass. 3e civ. 17-11-1998 : RJDA 3/99 n° 267), un entrepreneur de voyages par autocar (Cass. com. 8-6-1967 : Bull. civ. III n° 234), un fonds de rempaillage et de cannage de chaises (Cass. 3e civ. 13-2-2001 : RJDA 5/01 n° 567). 58155

ILLUSTRATIONS

Le préjudice est moindre :

– lorsque le locataire a transféré son fonds, sans interruption même momentanée de son exploitation, dans un quartier voisin et qu'il ne justifie pas avoir subi une perte de clientèle (Cass. com. 30-10-1961 : Bull. civ. III n° 381 ; voir dans le même sens Cass. 3e civ. 13-2-2001 : RJDA 5/01 n° 567) ;

– lorsque le garagiste évincé a pour seul client une entreprise de taxis, dont l'activité n'est pas attachée à un fonds plutôt qu'à un autre (Cass. 3e civ. 25-1-1968 : Bull. civ. III n° 32) ;
– lorsque le pharmacien évincé est assuré, du fait de la loi limitant le nombre des pharmaciens dans chaque ville, de rester l'un des pharmaciens de la ville en se réinstallant (Cass. com. 21-3-1962 : Bull. civ. III n° 188) ;
– lorsque le locataire a refusé un local de remplacement qui convenait à ses besoins (Cass. com. 30-11-1964 : Bull. civ. III n° 519) ;
– lorsque le locataire évincé a acquis le droit au bail d'un magasin à proximité immédiate de l'ancien local, que la vente n'est pas essentiellement tributaire de l'emplacement et que l'éviction ne met pas fin à l'existence du commerce (Cass. 3e civ. 27-2-1970 : Bull. civ. III n° 157) ;
– lorsque l'activité du locataire peut s'exercer sans inconvénient dans des locaux d'une superficie réduite de 20 % (Cass. 3e civ. 3-12-1970 : Bull. civ. III n° 665).

58160 **Indemnités accessoires à la valeur du fonds de commerce** La valeur marchande du fonds ne constitue pas le maximum prévu pour réparer le préjudice du locataire. Ainsi, il y a lieu de tenir compte du préjudice résultant des **indemnités de licenciement** à verser au personnel licencié à la suite de l'éviction (Cass. 3e civ. 16-3-1976 : Bull. civ. III n° 115 ; Cass. 3e civ. 2-2-1982 : Rev. Loyers 1982 p. 248), de la perte de la licence de vente de tabac (Cass. 3e civ. 18-5-1978 : Bull. civ. III n° 203), sauf si la licence appartient aux propriétaires (Cass. 3e civ. 11-6-1992 : Bull. civ. III n° 194), du **trouble commercial** (Cass. 3e civ. 22-2-1968 : Bull. civ. III n° 69 ; CA Aix-en-Provence 13-5-2011 n° 09/19871 : RJDA 11/11 n° 889), sauf si le locataire n'a pas l'intention de se réinstaller ou n'est pas en mesure de le faire (Cass. 3e civ. 4-10-1973 : Bull. civ. III n° 509), ou de la **disparition du logement accessoire** (Cass. 3e civ. 4-7-1972 : Bull. civ. III n° 438).

De même doivent être inclus dans l'évaluation les résultats de l'exploitation réalisée dans un **emplacement** n'appartenant pas au bailleur mais **dépendant des locaux loués** : une terrasse dépendant du domaine public dès lors qu'elle constitue un avantage qui ne peut être dissocié des locaux loués et que le préjudice subi correspond à la perte de cet ensemble sur lequel s'exerce l'activité concernée (Cass. com. 5-7-1966 : Bull. civ. III n° 339) ou une véranda construite sur le domaine public (Cass. 3e civ. 16-2-1982 : Bull. civ. III n° 43).

En revanche ne sont pas pris en considération les frais de dépollution d'une installation classée (Cass. 3e civ. 22-6-2022 n° 20-20.844 FS-B : RJDA 1/23 n° 13), la valeur du matériel et du mobilier (Cass. 3e civ. 27-5-1971 : Bull. civ. III n° 330), l'acquisition d'un nouveau pas-de-porte, sauf dans le cas où il ne s'agit pas d'une création d'un nouveau fonds mais du déplacement du fonds existant (Cass. com. 14-11-1962 : Bull. civ. III n° 448), les indemnités de préavis, faute pour le locataire de rapporter la preuve du non-accomplissement du préavis par les salariés, ainsi que les indemnités compensatrices de congés payés, les frais de panier et de déplacement, le paiement de ces sommes découlant de l'exécution des contrats de travail (CA Versailles 23-10-1997 n° 96-7070 : RJDA 2/98 n° 152). En présence d'une clause d'accession prévoyant que les constructions réalisées par le locataire deviennent la propriété du bailleur dès la fin du bail en cours, l'amortissement des travaux de construction réalisés par le locataire et non encore amortis n'est pas non plus pris en compte (Cass. 3e civ. 1-7-2003 n° 02-13.083 : RJDA 10/03 n° 931).

FRAIS DE DÉMÉNAGEMENT ET DE RÉINSTALLATION

58180 Par « frais de réinstallation », on doit entendre ceux que supporte le locataire pour mettre en place, dans son nouveau fonds, des aménagements semblables à ceux qu'il perd (Cass. 3e civ. 6-11-1969 : Bull. civ. III n° 717). Les aménagements spécifiques, semblables à ceux perdus, doivent être indemnisés, quel que soit leur coût, à leur valeur à neuf (Cass. 3e civ. 27-11-2012 n° 11-15.373 : RJDA 7/13 n° 590, 1re esp.), sans qu'il y ait lieu de tenir compte de l'amortissement des installations abandonnées (même arrêt), mais sans prendre en compte les aménagements de pure convenance (Cass. 3e civ. 18-5-1994 n° 92-13.337).

Une **clause d'accession** des constructions **sans indemnité** au profit du bailleur ne prive pas le locataire du droit d'être indemnisé des frais de réinstallation dans un nouveau local bénéficiant d'aménagements et d'équipements similaires à celui qu'il a été contraint de quitter (Cass. 3e civ. 13-9-2018 n° 16-26.049 FS-PBI : RJDA 12/18 n° 891).

Lorsque le refus de renouvellement porte sur un **local accessoire** indispensable à l'exploitation, l'indemnité doit être fixée en se référant non pas à la valeur marchande du fonds par essence inexistante, mais en tenant compte des frais exposés en vue de la réinstallation du locataire évincé et d'après les avantages et inconvénients que présente le nouveau local par rapport à l'ancien (Cass. 3e civ. 23-1-1970 : Bull. civ. III n° 62).

Le locataire évincé peut obtenir une indemnité de réinstallation même **en cas de perte du fonds** (Cass. 3e civ. 21-3-2007 n° 06-10.780 : RJDA 7/07 n° 701) ; il doit néanmoins se réinstaller (Cass. 3e civ. 18-12-2012 n° 11-23.273 : RJDA 7/13 n° 590, 2e esp.) et ne pas percevoir cette indemnité au travers de l'indemnité principale (CA Paris 15-5-2003 n° 02-5860 : Loyers et copr. 2003 comm. n° 180 note G. Vigneron).

> **Précisions a.** Il peut être tenu compte de l'obligation pour le locataire de verser un **pas-de-porte** qu'il n'aurait pas eu à payer en cas de renouvellement du bail (Cass. 3e civ. 20-6-1979 : Bull. civ. III n° 136).
> **b.** En cas de perte du fonds, c'est au bailleur de **prouver l'absence de réinstallation** du locataire (Cass. 3e civ. 12-1-2017 n° 15-25.939 F-D : RJDA 4/17 n° 231).
> **c.** Le bailleur qui a été condamné au paiement d'**indemnités** liées à la **réinstallation** du locataire peut en obtenir **restitution** si le locataire ne se réinstalle pas (Cass. 3e civ. 28-3-2019 n° 17-17.501 FS-PBI : RJDA 6/19 n° 414).

FRAIS ET DROITS DE MUTATION POUR L'ACQUISITION D'UN NOUVEAU FONDS

Les juges ont l'obligation de tenir compte des frais et droits de mutation (également appelés « **frais de remploi** ») à payer pour l'achat du nouveau fonds (Cass. com. 27-12-1961 : Bull. civ. III n° 508). Il a été jugé que l'indemnité comprend les droits de mutation dus à l'occasion de l'acquisition d'un pas-de-porte (Cass. 3e civ. 13-6-1969 : Bull. civ. III n° 477). En revanche, l'impôt dû au titre des plus-values n'a pas à être compris dans le calcul de l'indemnité d'éviction, la perspective d'un tel impôt étant la conséquence de l'enrichissement du locataire et non celle de l'éviction (Cass. 3e civ. 11-1-1968 : Bull. civ. III n° 10). **58200**

L'attribution de cette indemnité n'est pas systématique (Cass. 3e civ. 2-12-1998 : RJDA 2/99 n° 159). Elle ne doit être prise en compte dans le calcul de l'indemnité d'éviction que s'il est acquis que le locataire va se réinstaller, que le fonds soit transférable ou non (Cass. 3e civ. 18-12-2012 n° 11-23.273 : RJDA 7/13 n° 590, 2e esp. ; Cass. 3e civ. 17-11-2016 n° 15-19.741 FS-D : RJDA 2/17 n° 67). C'est au bailleur qu'il incombe de rapporter la preuve de la non-réinstallation du locataire (Cass. 3e civ. 16-6-1993 : Bull. civ. III n° 87). Cette preuve, souvent difficile à établir, est implicite lorsque le locataire ne conteste pas qu'il cessera son activité après avoir reçu son indemnité d'éviction (Cass. 3e civ. 9-10-1991 : RJDA 12/91 n° 1004) du fait par exemple de sa mise en liquidation judiciaire (Cass. 3e civ. 26-9-2001 n° 00-12.620 : RJDA 12/01 n° 1187), ou encore lorsqu'il a déclaré à plusieurs reprises dans ses conclusions qu'il souhaitait prendre sa retraite (Cass. 3e civ. 8-6-1995 n° 93-14.463 FS-D : Rev. loyers 1995 p. 458).

B. Règlement de l'indemnité d'éviction

MODALITÉS DE RÈGLEMENT DE L'INDEMNITÉ D'ÉVICTION

Le **paiement** de l'indemnité d'éviction est **à la charge** de l'évinçant. **58320**

En cas de **division** en cours de bail **de la propriété des locaux** loués, seul le propriétaire qui refuse le renouvellement est tenu au paiement de l'indemnité (Cass. 3e civ. 7-5-1969 : Bull. civ. III n° 353).

Par ailleurs, la **vente de l'immeuble** et la notification de celle-ci au locataire commerçant ne déchargent pas l'ancien propriétaire qui a refusé le renouvellement du bail avant la vente de son obligation de payer l'indemnité d'éviction (Cass. 3e civ. 25-4-1968 : Bull. civ. III n° 170 ; Cass. 3e civ. 15-12-1999 : RJDA 3/00 n° 247), même si le locataire n'en ignorait pas l'existence (Cass. 3e civ. 10-12-1997 : RJDA 2/98 n° 151). En effet, l'indemnité d'éviction ne constitue pas une sûreté réelle attachée à la propriété de l'immeuble (CA Amiens 29-4-2003 n° 02-851 : RJDA 11/04 n° 1199) mais une dette personnelle du bailleur qui ne se transmet pas à l'acquéreur, ayant cause à titre particulier (Cass. 3e civ. 27-10-1993 : JCP G 1995 II n° 22390 note critique B. Boccara). Reste que rien n'empêche les parties au contrat de vente d'organiser la prise en charge du paiement de l'indemnité d'éviction par l'acquéreur (Cass. 3e civ. 5-3-2008 n° 06-19.237 : RJDA 5/08 n° 498) : le locataire peut alors réclamer l'indemnité directement à l'acquéreur mais il n'y est obligé que s'il a donné expressément son accord au transfert de la dette.

Lorsque la **vente** est **annulée** après que l'acquéreur a donné congé au locataire, le vendeur, qui par l'effet de l'annulation est censé être resté propriétaire, peut être tenu au paiement de l'indemnité d'éviction (Cass. 1e civ. 5-5-2004 n° 00-22.902 FS-P : RJDA 8-9/04 n° 964).

> **ATTENTION**
> L'indemnité d'éviction est due par le seul **usufruitier** et non par le nu-propriétaire du local, même lorsque le refus de renouvellement du bail commercial a été délivré conjointement (Cass. 3e civ. 19-12-2019 n° 18-26.162 FS-PBI : RJDA 3/20 n° 186).

Passé le délai de repentir du bailleur, l'indemnité d'éviction doit être versée au locataire, ou éventuellement à un séquestre, dans le **délai** de trois mois à compter de la date d'un commandement de payer délivré par acte extrajudiciaire (C. com. art. L 145-30, al. 2) qui doit, à peine de nullité, reproduire l'article L 145-30, al. 2. **58325**

Tant qu'il n'a pas versé l'intégralité de l'indemnité d'éviction au locataire, le bailleur ne peut pas mettre ce dernier en demeure de quitter les lieux, même si la différence entre ce qui reste dû et ce qui a été versé est minime (Cass. 3e civ. 5-12-2001 n° 99-14.987 : RJDA 2/02 n° 139). Le versement de l'indemnité d'éviction entre les mains du séquestre par le bailleur vaut paiement et ce dernier peut alors exiger le départ du locataire.

La désignation d'un **séquestre** est facultative. À défaut d'accord entre les parties, le séquestre sera nommé par le jugement prononçant condamnation au paiement de l'indemnité, ou à défaut par simple ordonnance sur requête (C. com. art. L 145-29, al. 1 in fine).

Le séquestre verse l'indemnité au locataire sur sa seule quittance, à condition qu'il n'y ait pas d'opposition des créanciers, contre remise des clés du local vide, sur justification du paiement des impôts, des loyers et sous réserve des réparations locatives (C. com. art. L 145-29, al. 2).

> Précisions **a.** Le **séquestre** n'étant pas le mandataire du bailleur, il n'est pas tenu de **notifier** au **locataire** la réception des fonds (Cass. 3e civ. 18-1-1989 : Bull. civ. III n° 14).
b. Les **produits financiers** de l'indemnité d'éviction bénéficient de plein droit au locataire dès le jour où le séquestre a été constitué (Cass. 3e civ. 3-12-2003 n° 02-10.890 : RJDA 3/04 n° 282).

DÉPART DU LOCATAIRE APRÈS VERSEMENT DE L'INDEMNITÉ D'ÉVICTION

58340 Le locataire doit remettre les lieux au bailleur à l'expiration d'un **délai** de trois mois suivant la date de versement de l'indemnité d'éviction au locataire ou à un séquestre (C. com. art. L 145-29, al. 1).

58345 **En cas de non-remise des clés** à la date fixée et après mise en demeure, le séquestre doit retenir 1 % par jour de retard sur le montant de l'indemnité et restituer cette retenue au bailleur sur sa seule quittance (C. com. art. L 145-30, al. 1). Cette pénalité ne peut cependant pas commencer à courir tant que le montant de l'indemnité d'éviction n'a pas été fixé par une décision passée en force de chose jugée (Cass. 3e civ. 5-4-2006 n° 04-12.598 : RJDA 7/06 n° 755 ; Cass. 3e civ. 2-10-2010 n° 11-18.098 : RJDA 3/13 n° 203).

58350 Deux **conditions** sont requises pour que la pénalité soit exigible.

1° La non-remise des clés. La pénalité ne joue pas dès lors que le locataire a remis les clés au séquestre (Cass. 3e civ. 11-5-1982 : Rev. Loyers 1982 p. 446), mais les locaux dont les clés sont remises doivent être libres de toute occupation (Cass. 3e civ. 30-10-1969 : Bull. civ. III n° 699 ; Cass. 3e civ. 4-2-1986 : Bull. civ. III n° 2), sauf preuve de l'impossibilité absolue d'obtenir le départ des occupants (Cass. com. 6-11-1967 : Bull. civ. III n° 353 ; Cass. 3e civ. 18-1-1989 : Bull. civ. III n° 14).

2° Une mise en demeure préalable. La pénalité n'est due qu'après mise en demeure (Cass. com. 12-10-1964 : Bull. civ. III n° 417). Aucun délai ni aucune forme ne sont exigés pour la validité de la mise en demeure. Toutefois, elle doit être suffisamment explicite pour éclairer le locataire sur la consistance de ses droits et obligations. Elle doit donc, pour être efficace, comporter une date précise pour la remise des clefs (Cass. 3e civ. 19-3-1997 : RJDA 5/97 n° 623). En outre, dès lors qu'elle sert de point de départ aux pénalités de retard, elle doit avoir date certaine. Elle doit donc être notifiée par lettre recommandée AR ou par acte extrajudiciaire (CA Paris 2-11-1993 : JCP E 1994 pan. n° 297).

> Précisions **a.** La **mise en demeure** peut avoir été **notifiée avant** la **date** fixée pour la **libération des lieux** loués dès lors qu'il a été fait référence aux articles L 145-29 et L 145-30 du Code de commerce et que l'indemnité d'occupation ne doit courir qu'à compter de cette dernière date (Cass. com. 7-2-1966 : Bull. civ. III n° 73) ou même avant une décision accordant au locataire le droit de rester dans les lieux jusqu'à une date déterminée en prononçant la pénalité de retard à partir de cette date (Cass. com. 9-6-1966 : Bull. civ. III n° 294).
b. Pour calculer le **montant des pénalités**, le juge n'a pas à tenir compte du **délai**, prévu par l'article L 145-58 du Code de commerce, pour l'exercice du **droit de repentir** du bailleur (Cass. 3e civ. 7-4-1994 : Bull. civ. III n° 74).
c. La retenue de 1 % a le caractère d'une **pénalité définitive** qui réduit d'autant le montant de l'indemnité d'éviction (Cass. 3e civ. 4-1-1977 : Bull. civ. III n° 2). Elle n'a pas le caractère d'une astreinte (Cass. com. 21-1-1963 : Bull. civ. III n° 49). Aucune disposition légale ne permet au juge des référés d'en suspendre les effets en accordant un délai supplémentaire au locataire ; seul le juge du fond peut en retarder le point de départ en fonction de l'existence d'un cas de force majeure ou du comportement du bailleur (CA Paris 27-6-1990 : BRDA 24/90 p. 19).

C. Repentir du bailleur

CONDITIONS D'EXERCICE DU DROIT DE REPENTIR

58400 **Délai** Le bailleur qui a refusé le renouvellement en offrant une indemnité d'éviction a le droit de se rétracter en offrant le renouvellement. Cette faculté, connue sous le nom de « droit de repentir », peut être exercée jusqu'à l'expiration d'un délai de quinze jours à compter de la date à laquelle la décision fixant l'indemnité sera passée en force de chose jugée à charge pour lui de supporter les frais de l'instance (C. com. art. L 145-58).

Le bailleur peut revenir sur sa décision avant la fixation judiciaire de l'indemnité d'éviction (Cass. 3e civ. 30-5-1978 : Bull. civ. III n° 233, repentir exercé avant l'expiration du bail à renouveler) ou pendant la procédure de première instance tendant à cette fixation (Cass. com. 4-4-1962 : Bull. civ. III n° 210). Une fois l'**indemnité fixée** par les juges de **première instance,** le bailleur peut encore exercer son repentir pendant le délai d'appel et durant la procédure d'appel, celle-ci ayant un effet suspensif. Si aucun appel n'est formé, le délai prévu par l'article L 145-58 court à compter de l'expiration du délai d'appel, date à laquelle le jugement acquiert force de chose jugée en application de l'article 500, al. 2 du Code de procédure civile. Lorsque l'indemnité est fixée **par un arrêt d'appel,** ce dernier a force de chose jugée dès son prononcé, le pourvoi en cassation n'ayant pas d'effet suspensif. Le point de départ du délai de l'article L 145-58 est alors la date du prononcé de l'arrêt et non celle de sa signification aux parties (Cass. 3e civ. 29-9-1999 : RJDA 11/99 n° 1182). Il en va différemment si, en application de l'article 450 du Code de procédure civile, le prononcé de l'arrêt est renvoyé, pour plus ample délibéré, à une date ultérieure qui doit être indiquée aux parties par le juge. Dans cette hypothèse, l'accomplissement de la formalité par laquelle le président de la juridiction informe les parties de la date du prononcé ne se présume pas et doit faire l'objet d'une mention expresse dans la décision de renvoi (Cass. 3e civ. 13-6-2001 : RJDA 10/01 n° 948). En conséquence, cette dernière doit non seulement indiquer la date du prononcé mais aussi mentionner que cette date a été effectivement portée à la connaissance des parties (dans le même sens, Cass. 2e civ. 13-5-1985 : Bull. civ. II n° 98 ; Cass. 2e civ. 11-6-1997 : Bull. civ. II n° 172). À défaut, le délai de quinze jours ne commencera à courir qu'à partir du moment où le bailleur aura eu connaissance de l'arrêt fixant l'indemnité d'éviction, par exemple par la notification qui lui en aura été faite.

> Précisions **a.** Les « **frais de l'instance** » visés par l'article L 145-58 du Code de commerce ne se limitent pas aux seuls frais de procédure (Cass. 3e civ. 27-3-2002 n° 00-22.534 : RJDA 6/02 n° 610). Le bailleur doit rembourser au locataire la totalité des frais taxables et non taxables que celui-ci a exposés jusqu'au terme de l'instance pendant laquelle le repentir est exercé (Cass. 3e civ. 14-4-2016 n° 14-29.963 F-D : RJDA 10/16 n° 674 ; Cass. 3e civ. 15-2-2023 n° 21-21.985 F-D : RJDA 5/23 n° 244).

b. Une cour d'appel qui déclare que le **congé** est **nul** ne peut pas décider que le bailleur a exercé son droit de repentir par envoi d'un courrier au locataire (Cass. 3e civ. 15-12-1999 : Petites Affiches du 9-11-2000 p. 20).

c. Un bailleur qui a délivré à son locataire un **congé portant refus de renouvellement et** refus **d'indemnité d'éviction** pour motifs graves et légitimes peut néanmoins exercer son droit de repentir (Cass. 3e civ. 30-11-2005 n° 04-19.703 : RJDA 2/06 n° 116).

Situation du locataire Le bailleur peut exercer son droit de repentir si le locataire est **58405**
encore dans les lieux et n'a pas déjà loué ou acheté un autre immeuble destiné à sa réinstallation (Cass. 3e civ. 15-7-1971 : Bull. civ. III n° 456 ; Cass. 3e civ. 15-2-1995 : RJDA 4/95 n° 414). Cette règle est également applicable lorsque le locataire a fait construire un immeuble pour y transférer son activité (Cass. 3e civ. 26-1-1994 : Bull. civ. III n° 12).

Malgré l'emploi de la conjonction « et » dans le texte de l'article L 145-58, la jurisprudence considère que les **deux conditions** ne sont pas cumulatives mais alternatives, si bien que l'absence de l'une d'elles rend irrecevable le droit de repentir (Cass. 3e civ. 24-4-1970 : Bull. civ. III n° 278 ; Cass. 3e civ. 24-3-1981 : Rev. Loyers 1981 p. 435).

Même s'il n'y a pas libération effective et complète des locaux, le **locataire** n'est plus considéré **58420**
comme étant **encore dans les lieux** lorsqu'il a engagé un processus irréversible de départ des lieux au moment du repentir (Cass. 3e civ. 10-3-2010 n° 09-10.793 : RJDA 5/10 n° 482 ; Cass. 3e civ. 1-10-2014 n° 13-17.114 : RJDA 3/15 n° 165). Tel n'est pas le cas lorsque, au jour du repentir, le licenciement économique des salariés n'est pas encore intervenu, les salariés ayant été seulement convoqués à un entretien préalable (Cass. 3e civ. 1-10-2014 précité).

Le fait que le bailleur ait ignoré l'existence d'un tel processus est sans incidence (Cass. 3e civ. 15-12-2021 n° 21-11.634 FS-D : RJDA 5/22 n° 252).

ATTENTION

Les **démarches** en vue d'une réinstallation dans un autre lieu, qui permettent d'évaluer l'état du cheminement vers la libération des lieux, peuvent être effectuées **par un tiers** mais à condition de l'être dans l'intérêt exclusif du locataire (Cass. 3e civ. 6-7-2022 n° 21-12.024 FS-D : RJDA 1/23 n° 11).

L'**acquisition ou** la **location** d'un **nouveau local** prive le bailleur de son droit de repentir même **58425**
si elle a été faite en vue d'exercer un commerce différent (Cass. 3e civ. 9-5-1972 : Bull. civ. III n° 289) ou si les locaux ne sont pas équivalents (CA Paris 14-2-1985 : Gaz. Pal. 1985 som. p. 205). Mais l'opération doit présenter un caractère définitif. En conséquence, une promesse synallagmatique de vente n'engage définitivement le locataire que si toutes les conditions suspensives

contenues dans cette promesse sont réalisées avant la date de l'exercice du droit de repentir (Cass. 3e civ. 16-2-2000 no 98-15.084 : RJDA 4/00 no 387). Aucun texte n'interdit au locataire de louer un nouveau local avant la date pour laquelle le congé lui a été donné dès lors qu'il n'y a pas abus de droit dans le but de faire échec au droit de repentir du bailleur (Cass. 3e civ. 11-2-1971 : Bull. civ. III no 101) puisqu'il est en droit, dès la date du refus de renouvellement, d'envisager son déménagement (Cass. 3e civ. 13-3-1973 : Bull. civ. III no 190).

Pour être opposable au **bailleur non-commerçant,** l'acte d'acquisition ou de location des nouveaux locaux doit avoir acquis date certaine avant la notification du droit de repentir (Cass. 3e civ. 29-6-1976 : Bull. civ. III no 287 ; Cass. 3e civ. 27-2-1991 : RJDA 4/91 no 283 ; Cass. 3e civ. 15-3-2000 no 98-19.831 : RJDA 5/00 no 519). En présence d'une promesse unilatérale de vente, c'est la levée de l'option qui doit avoir date certaine. Tel n'est pas le cas lorsqu'elle résulte d'un courrier simple (Cass. 3e civ. 20-12-2000 no 99-12.391 : RJDA 3/01 no 281).

À défaut de date certaine, le locataire doit démontrer que le bailleur en a eu effectivement connaissance (Cass. 3e civ. 6-1-1972 : Bull. civ. III no 6 ; Cass. 3e civ. 21-6-1995 : RJDA 8-9/95 no 952).

ILLUSTRATIONS

La preuve de cette connaissance peut résulter d'une assignation en fixation d'indemnité d'éviction précisant que le locataire avait acquis un terrain de remplacement (Cass. 3e civ. 28-5-1986 : Bull. civ. III no 79). En revanche, elle ne peut pas être déduite de l'acquisition de titres sociaux par le locataire, même régulièrement enregistrée, dès lors qu'il s'agit d'une opération distincte de la conclusion d'un bail (Cass. 3e civ. 13-6-2007 no 06-14.856 : RJDA 10/07 no 943).

Lorsque **le bailleur** est **commerçant,** le locataire peut, par tous moyens, rapporter la preuve de la date de conclusion de l'acte, conformément à l'article L 110-3 du Code de commerce qui dispose qu'à l'égard des commerçants, les actes de commerce se prouvent librement (Cass. 3e civ. 29-11-2005 no 04-11.321 : RJDA 2/06 no 115).

MODALITÉS D'EXERCICE DU DROIT DE REPENTIR

58440 Aucune forme n'est imposée pour l'exercice du droit de repentir. Il peut donc résulter de tout acte manifestant clairement la volonté du bailleur. Ainsi en est-il de la signification au locataire de son désistement d'action avec offre de payer les frais de la procédure en fixation d'une indemnité d'éviction (Cass. 3e civ. 25-10-1972 : Bull. civ. III no 550) ou de la demande en fixation du loyer formée par l'acquéreur de l'immeuble à l'encontre du locataire auquel le précédent propriétaire avait notifié un congé avec offre d'indemnité d'éviction (Cass. 3e civ. 23-2-1982 : Bull. civ. III no 52).

EFFETS DU REPENTIR

58460 L'exercice du droit de repentir est irrévocable (C. com. art. L 145-59). Il entraîne le renouvellement du bail à compter du jour où le repentir aura été notifié au locataire par acte extrajudiciaire ou par lettre recommandée AR (C. com. art. L 145-12, al. 4). En conséquence, après exercice du droit de repentir, le bailleur ne peut plus opposer au locataire une cause de dénégation du statut (CA Paris 28-4-2000 : JCP E 2000 pan. p. 1979). Il ne peut pas non plus poursuivre une instance en résiliation engagée avant l'exercice de ce droit (Cass. 3e civ. 4-7-2012 no 11-19.043 FS-PB : RJDA 11/12 no 943 ; Cass. 3e civ. 24-1-2019 no 17-11.010 F-D : RJDA 5/19 no 321).

Sur les modalités de fixation du loyer du bail renouvelé après exercice par le bailleur de son droit de repentir, voir no 58825.

58470 La Cour de cassation ayant décidé que l'exercice du droit de repentir est sans influence sur la durée du bail venu à expiration par l'effet du congé (Cass. 3e civ. 16-3-1982 : Bull. civ. III no 71 ; Cass. 3e civ. 14-11-1984 : Bull. civ. III no 190) et l'article L 145-12, al. 4 excluant expressément toute portée rétroactive à la décision de repentir, il existe donc une **période intermédiaire** entre la date d'expiration du bail – c'est-à-dire la date pour laquelle le congé a été donné ou le dernier jour du trimestre civil en cas de demande de renouvellement – et la date de la notification par le bailleur de son repentir.

Durant cette période, la détermination de l'indemnité d'occupation due par le locataire relève des dispositions de l'article L 145-28, al. 1 et doit donc être fixée à la valeur locative (Cass. 3e civ. 5-2-1997 : RJDA 4/97 no 482 ; Cass. 3e civ. 27-11-2002 no 01-10.058 : RJDA 2/03 no 117 ; Cass. 3e civ. 17-6-2021 no 20-15.296 FS-B : RJDA 8-9/21 no 556 ; nos 58560 s.), avec possibilité d'un abattement de précarité (CA Versailles 30-6-2015 no 13/08370 : RJDA 11/15 no 738).

D. Maintien dans les lieux du locataire commercial

CONDITIONS DU MAINTIEN DANS LES LIEUX DU LOCATAIRE COMMERCIAL

Le locataire, qui peut prétendre à une indemnité d'éviction, ne peut pas être obligé de quitter les lieux avant de l'avoir reçue. **Jusqu'au paiement** de cette indemnité, il a droit au maintien dans les lieux (C. com. art. L 145-28, al. 1), mais il n'est pas tenu, sauf condition expresse figurant dans le bail, de rester dans les lieux jusqu'au paiement de l'indemnité d'éviction (Cass. 3e civ. 28-2-1990 : Bull. civ. III n° 66). Toutefois, le locataire doit quitter les lieux dès le versement d'une indemnité provisionnelle fixée par le président du tribunal judiciaire lorsque le refus de renouvellement est destiné à permettre au bailleur d'effectuer une opération de conservation, de restauration ou de mise en valeur dans un secteur sauvegardé ou une opération de restauration immobilière (C. com. art. L 145-28, al. 2). **58560**

Le locataire peut **céder le droit au maintien** dans les lieux dès lors que, sauf clause contraire, toute cession de fonds de commerce emporte cession de la créance d'indemnité d'éviction due au cédant et du droit au maintien dans les lieux (Cass. 3e civ. 6-4-2005 n° 01-12.719 : RJDA 8-9/05 n° 943).

En cas de vente du bien loué, le droit au maintien dans les lieux est opposable à l'acquéreur même non tenu au paiement de l'indemnité d'éviction, sauf constatation de la résiliation du bail (Cass. 3e civ. 18-2-1998 : RJDA 4/98 n° 397 ; Cass. 3e civ. 17-12-2003 n° 02-12.244 : RJDA 3/04 n° 283).

> **Précisions** **a.** Le locataire qui n'a pas pu bénéficier du droit à se maintenir dans les lieux jusqu'au paiement de l'indemnité d'éviction peut obtenir des **dommages-intérêts** en réparation de la perte de ce droit (Cass. 3e civ. 30-11-2017 n° 16-17.686 FP-PB : RJDA 2/18 n° 109 ; Cass. 3e civ. 27-2-2020 n° 18-24.986 F-D : RJDA 5/20 n° 263).
> **b.** Le locataire qui n'a pas demandé le paiement de l'indemnité d'éviction avant l'**expiration du délai de prescription** biennal ne peut plus se prévaloir de son droit à maintien dans les lieux (Cass. 3e civ. 30-3-2017 n° 16-13.236 F-D : RJDA 8-9/17 n° 537).

MODALITÉS DU MAINTIEN DANS LES LIEUX DU LOCATAIRE COMMERCIAL

Le maintien dans les lieux s'opère aux conditions et clauses du bail expiré (C. com. art. L 145-28, al. 1). **58565**
Il en résulte que le **bailleur** peut se prévaloir à l'encontre du locataire des infractions commises après l'expiration du bail (Cass. 3e civ. 4-1-1985 : Bull. civ. III n° 4) pour invoquer le bénéfice de la clause résolutoire insérée au bail expiré (Cass. 3e civ. 14-2-1973 : Bull. civ. III nos 130 et 131 ; Cass. 3e civ. 1-3-1995 n° 93-10.172 : D. 1995 IR p. 79), pour contester le paiement d'une provision à valoir sur l'indemnité d'éviction (Cass. 3e civ. 27-11-1996 : RJDA 1/97 n° 23) ou pour refuser le paiement de celle-ci pour un motif grave et légitime (Cass. 3e civ. 16-12-1998 : RJDA 2/99 n° 156 ; Cass. 3e civ. 28-10-2009 n° 08-19.573 : BPIM 1/10 n° 68), malgré une décision irrévocable ayant reconnu au locataire le droit à indemnité (Cass. civ. 3-7-1974 : Bull. civ. III n° 284).

De même, lorsque le bien loué est totalement détruit par cas fortuit, le bailleur peut se prévaloir de l'article 1722 du Code civil pour se soustraire au paiement de l'indemnité d'éviction non encore définitivement fixée et ainsi faire perdre au locataire son droit au maintien dans les lieux (Cass. 3e civ. 4-1-1977 : Bull. civ. III n° 1 ; Cass. 3e civ. 29-6-2011 n° 10-19.975 : RJDA 12/11 n° 1005). La situation serait différente en cas de destruction partielle du bien au cours de la même période puisque le bailleur qui a déjà proposé une indemnité d'éviction au locataire ne peut pas invoquer l'article 1722 pour rétracter son offre d'indemnité (Cass. 3e civ. 13-10-1993 : Rev. loyers 1994 p. 19).

Réciproquement, le **locataire** est en droit de poursuivre l'exploitation (Cass. com. 12-10-1964 : Bull. civ. III n° 417), mais il ne peut pas sous-louer, bien que les clauses l'y autorisant soient apparemment maintenues (Cass. 3e civ. 5-3-1970 : Bull. civ. III n° 172). Il peut se prévaloir à l'encontre du bailleur des infractions aux stipulations du bail (Cass. 3e civ. 17-10-1973 : Bull. civ. III n° 532 ; Cass. 3e civ. 16-5-2024 n° 22-22.906 F-D : RJDA 8-9/24 n° 446) et notamment de l'absence de travaux de remise en état des lieux (Cass. 3e civ. 24-3-1993 : RJDA 6/93 n° 485). De même, si une clause du bail prévoit un pacte de préférence en cas de vente de l'immeuble loué en cours de bail, le locataire peut exercer son droit de préférence tant qu'il est maintenu dans les lieux (Cass. 3e civ. 16-6-1999 : RJDA 8-9/99 n° 900).

ATTENTION

Si le fonds exploité dans les locaux a été donné en **location-gérance,** le refus de renouvellement ne peut pas constituer, pour le locataire-gérant, un motif légitime de rompre unilatéralement ses relations avec le propriétaire du fonds de commerce pour la période contractuelle en cours (Cass. com. 24-3-1998 : RJDA 8-9/98 n° 981).

INDEMNITÉ D'OCCUPATION EN CAS DE MAINTIEN DANS LES LIEUX

58580 L'article L 145-28 du Code de commerce confère un titre légal au locataire qui se maintient dans les lieux moyennant paiement d'une indemnité d'occupation, distincte de l'indemnité d'occupation de droit commun (Cass. 3e civ. 3-7-1974 : Bull. civ. III n° 284), dont les juges du fond apprécient souverainement le montant (Cass. 3e civ. 15-6-1994 : Bull. civ. III n° 122 ; Cass. 3e civ. 10-12-1997 : RJDA 2/98 n° 153). Toutefois, cette indemnité doit correspondre à la **valeur locative** (Cass. 3e civ. 21-6-1972 : Bull. civ. III n° 415), laquelle ne doit pas être confondue avec le loyer précédemment payé (Cass. 3e civ. 21-6-1978 : Bull. civ. III n° 259 ; Cass. 3e civ. 29-3-2000 : Loyers et copr. 2000 comm. n° 200) et les juges ne peuvent la fixer à un prix différent (Cass. 3e civ. 21-6-1972 : Bull. civ. III n° 415). À défaut de convention contraire, il en va ainsi même en présence d'un bail comportant une clause-recettes, l'indemnité d'occupation étant distincte du loyer auquel elle se substitue de plein droit (Cass. 3e civ. 3-10-2007 n° 06-17.766 : RJDA 11/08 n° 1099).

Pour déterminer la valeur locative, il doit être tenu compte de la précarité du maintien dans les lieux (CA Versailles 19-1-1999 : RJDA 5/99 n° 531 ; CA Paris 5-7-2017 n° 15/16820 : RJDA 12/17 n° 795 ; CA Rennes 28-3-2018 n° 15/06310 : RJDA 11/18 n° 809), le locataire maintenu n'ayant plus les mêmes garanties et avantages qu'offre un contrat de bail. Les juges du fond déterminent souverainement le montant de l'**abattement de précarité** (Cass. 3e civ. 6-10-1976 : Gaz. Pal. 1976 2 pan. p. 283). Celui-ci ne s'impose pas d'office ; le locataire doit justifier d'un préjudice lié à la précarité de l'occupation résultant du refus de renouvellement (Cass. 3e civ. 6-11-1970 : Rev. loyers 1971 p. 32).

En l'absence de clause faisant obligation au locataire d'occuper les locaux après la date d'effet du congé, l'indemnité d'occupation n'est due que si le locataire se maintient dans les lieux après cette date (Cass. 3e civ. 12-1-2005 n° 03-17.751 : RJDA 4/05 n° 363) et y **exploite** effectivement **le fonds** de commerce. Tel n'est pas le cas lorsque le locataire n'a pu exploiter le fonds qui faisait l'objet d'un arrêté de fermeture en raison de l'état de péril de l'immeuble (Cass. 3e civ. 26-6-1991 : RJDA 10/91 n° 793).

L'indemnité est due à compter de la **date** à laquelle le maintien dans les lieux prend effet : lors de l'expiration du bail à renouveler (Cass. 3e civ. 20-5-1980 : Bull. civ. III n° 102 ; Cass. 3e civ. 18-1-2011 n° 09-68.298 : RJDA 7/11 n° 613) ou, lorsque le bailleur a rétracté son offre de renouvellement (n° 57155), à la date du congé. Elle est due jusqu'à libération effective des locaux (Cass. 3e civ. 21-1-1998 n° 96-11.800 : RJDA 4/98 n° 391) qui n'intervient qu'une fois toutes les clés rendues (Cass. 3e civ. 13-10-1999 n° 97-21.683 : Bull. civ. III n° 202).

Le **défaut de paiement** de l'indemnité constitue un manquement à l'obligation principale du locataire, maintenu dans les lieux aux clauses et conditions du bail, et peut justifier la résiliation judiciaire du bail et la déchéance du droit à l'indemnité d'éviction (Cass. 3e civ. 29-6-2005 n° 04-11.397 : RJDA 10/05 n° 1083).

58582 Lorsque le locataire **perd** son **droit à indemnité d'éviction par prescription,** faute d'avoir intenté une action en fixation de l'indemnité d'éviction dans le délai requis, il perd corrélativement son droit au maintien dans les lieux. Dès lors, le bailleur est en droit de revendiquer le paiement d'une indemnité d'occupation de droit commun (Cass. 3e civ. 18-1-2012 n° 10-26.304 : RJDA 6/12 n° 569). L'indemnité est égale à la valeur locative pendant toute la période où le locataire a droit au maintien dans les lieux, ne devenant une indemnité de droit commun qu'à partir de la date à laquelle il perd son titre d'occupation par prescription (Cass. 3e civ. 5-9-2012 n° 11-19.200 : RJDA 12/12 n° 1053).

58585 L'**action en fixation de l'indemnité d'occupation** est soumise à la prescription biennale de l'article L 145-60 du Code de commerce (Cass. com. 7-7-1966 : Bull. civ. III n° 349). Ce délai court normalement au lendemain de la date de l'expiration du bail (Cass. 3e civ. 23-3-1977 : Bull. civ. III n° 147 ; Cass. 3e civ. 10-12-1997 : RJDA 2/98 n° 154).

Toutefois, le délai est suspendu pendant la durée de l'action judiciaire dont la solution conditionne le droit au maintien dans les lieux. Si le bailleur conteste le droit à une indemnité d'éviction, le délai ne court que du jour où est définitivement consacré par le juge, dans son principe, le droit du locataire au bénéfice de cette indemnité (Cass. 3e civ. 23-3-2011 n° 10-13.898 : RJDA 7/11 n° 615 ; Cass. 3e civ. 15-12-2016 n° 15-23.508 F-D : RJDA 3/17 n° 162 ; Cass. 3e civ. 18-1-2018 n° 16-27.678 FS-PB : RJDA 4/18 n° 306).

> **Précisions a.** L'indemnité d'occupation peut être **compensée avec l'indemnité d'éviction** dès lors que les deux indemnités ont été accordées par une précédente décision. La compensation n'opère que si elle est invoquée par le bailleur ou le locataire (C. civ. art. 1347, al. 2).
> **b.** Lorsque les lieux loués relèvent du régime des **installations classées,** l'indemnité d'occupation est due jusqu'à ce que le locataire, dernier exploitant de l'installation, ait réalisé toutes les mesures utiles pour la mise en sécurité du site (Cass. 3e civ. 19-5-2010 n° 09-15.255 FS-PB : RJDA 8-9/10 n° 831). L'indemnité d'occupation doit être fixée par référence au loyer prévu au bail (Cass. 3e civ. 23-6-2016 n° 15-11.440 FS-PB : RJDA 10/16 n° 672).

SECTION 10

DÉTERMINATION DU LOYER DU BAIL COMMERCIAL RENOUVELÉ

A. Principes généraux

MODES DE FIXATION DU LOYER DU BAIL COMMERCIAL RENOUVELÉ

Le loyer du bail renouvelé peut être **librement fixé par les parties,** les dispositions relatives au loyer lors du renouvellement n'étant pas d'ordre public, contrairement à celles relatives à la révision (cf. C. com. art. L 145-15). Ainsi, les parties peuvent prévoir que seul s'appliquera le plafonnement (Cass. 3e civ. 2-7-1997 : Gaz. Pal. 1997 som. p. 462 note J.-D. Barbier) ou, inversement, que le loyer sera fixé à la seule valeur locative (Cass. 3e civ. 11-2-1987 : Loyers et copr. 1987 comm. n° 136 ; CA Paris 12-2-1999 : Gaz. Pal. 1999 som. p. 388). Rien ne s'oppose à ce que les parties choisissent d'un commun accord de déterminer à l'avance par une stipulation du bail les conditions de fixation du prix du bail renouvelé (Cass. 3e civ. 10-3-2004 n° 02-14.998 : RJDA 6/04 n° 681). Elles peuvent également décider, à défaut d'accord entre elles, de confier à un expert le soin de déterminer le montant du loyer (Cass. 3e civ. 24-10-1979 : Bull. civ. III n° 189 ; Cass. 3e civ. 4-3-1998 : RJDA 5/98 n° 562). **58800**

En ce qui concerne le loyer des baux comportant une clause-recettes, voir n° 56820.

À défaut d'accord entre les parties, le loyer du bail renouvelé est régi par les deux principes suivants :

1° le montant du loyer doit correspondre à la **valeur locative** (C. com. art. L 145-33) ;

2° le loyer du bail renouvelé est **plafonné** : sa variation ne peut excéder la variation intervenue depuis la fixation initiale du loyer du bail expiré, de l'indice trimestriel des loyers commerciaux (ILC) ou de l'indice trimestriel des loyers des activités tertiaires (ILAT) mentionnés à l'article L 112-2 du Code monétaire et financier publié par l'Insee. À défaut de clause contractuelle fixant le trimestre de référence de cet indice, il faut prendre en compte la variation calculée sur la période de neuf ans antérieure au dernier indice publié (C. com. art. L 145-34).

Il résulte de la combinaison de ces dispositions que le **loyer plafond** constitue la **limite maximale,** mais n'a pas pour fonction de fixer la valeur locative réelle, si bien qu'après détermination de cette valeur le juge est tenu de fixer le loyer à la plus faible de ces deux valeurs (Cass. 3e civ. 29-10-1986 : Bull. civ. III n° 140 ; Cass. 3e civ. 5-2-1992 : RJDA 5/92 n° 435 ; Cass. 3e civ. 3-12-2003 n° 02-11.374 : RJDA 3/04 n° 278 ; Cass. 3e civ. 5-11-2014 n° 13-21.990 : RJDA 4/15 n° 241).

> **Précisions** **a.** La loi Pinel 2014-626 du 18 juin 2014 a supprimé l'ICC comme indice de référence et lui a substitué l'ILC et l'Ilat ; l'application de ces indices, chacun pour leur champ d'application respectif (n° 56600), est obligatoire pour les **baux conclus ou renouvelés depuis le 1er septembre 2014.**
> **b.** Compte tenu des incertitudes liées au champ d'application respectif de ces deux indices, il existe un **risque de contestation** de l'indice applicable, par exemple en ce qui concerne les bureaux boutiques ou les locaux industriels, qui ne peut être résolue par une stipulation du bail puisque les deux indices ont un champ d'application légalement défini et obligatoire. En cas de désaccord des parties, il appartiendra au juge de déterminer l'indice applicable pour le calcul de loyer plafond, par une interprétation de la loi.

PLAFONNEMENT DU LOYER DU BAIL COMMERCIAL RENOUVELÉ

Principe La règle du plafonnement s'applique : **58805**

1° lorsque la durée contractuellement prévue du bail à renouveler, c'est-à-dire le bail expiré (Cass. 3e civ. 13-11-1997 : RJDA 1/98 n° 26), n'est pas supérieure à neuf ans ;

2° lorsque le bail expiré, bien que conclu pour une durée de neuf ans, s'est poursuivi par l'effet d'une tacite prolongation pendant une période inférieure à douze ans.

> **Précisions** La variation indiciaire prévue par l'article L 145-34 du Code de commerce doit être appliquée au loyer initial acquitté par le locataire lors de la prise d'effet du bail à renouveler, même si le **loyer** a fait l'objet d'une **révision judiciaire** au cours du bail expiré (Cass. 3e civ. 11-4-2019 n° 18-14.252 FS-PBI : RJDA 6/19 n° 412) ou si le bail prévoit un **loyer progressif par paliers** (Cass. 3e civ. 6-3-2013 n° 12-13.962 : RJDA 6/13 n° 488). Le caractère pénalisant de cette solution devrait conduire les bailleurs à privilégier le bail avec allègement ou franchise.

58810 **Exclusion** En conséquence, la règle du plafonnement ne s'applique pas :

1° lorsque la **durée** contractuellement prévue du bail expiré est **supérieure à neuf ans** (Cass. 3e civ. 7-6-1989 : Bull. civ. III no 132 ; Cass. 3e civ. 20-3-1991 : Bull. civ. III no 95) ;

2° lorsque le bail expiré, bien que conclu pour une durée de neuf ans, s'est poursuivi par l'effet d'une **tacite prolongation** pendant une période supérieure à douze ans (Cass. 3e civ. 18-3-1998 : RJDA 5/98 no 573).

> **Précisions** En l'absence de tout congé, le locataire peut faire échec au déplafonnement en demandant le renouvellement de son bail, conformément aux dispositions de l'article L 145-10 du Code de commerce, avant l'expiration de la durée de douze ans. En effet, par l'**expression « à défaut de congé »** mentionnée par ce texte, il faut entendre « à défaut de congé délivré pour la date d'expiration contractuelle du bail » (Cass. 3e civ. 18-12-1991 : JCP G 1992 IV no 610). Cette solution a été étendue au cas où un congé a été délivré, mais pour une date postérieure à celle contractuellement prévue pour l'expiration du bail. Le locataire peut ainsi faire échec à la poursuite de son bail au-delà de son terme en formulant une demande de renouvellement (Cass. 3e civ. 3-11-1988 : Bull. civ. III no 152 ; Cass. 3e civ. 27-11-1990 : RJDA 1/91 no 10 ; Cass. 3e civ. 21-12-1993 : RJDA 3/94 no 272). Pour échapper au déplafonnement, il suffit donc que le locataire formule sa demande de renouvellement avant les douze années écoulées à compter du début du contrat d'origine pour prendre effet à la date d'expiration de ces douze années.

DÉPLAFONNEMENT DU LOYER DU BAIL COMMERCIAL RENOUVELÉ

58820 La règle du plafonnement est écartée lorsque les éléments mentionnés aux articles R 145-3 à R 145-6 et R 145-8 du Code de commerce (nos 58880 s.) ont subi une modification notable. En aucun cas, le déplafonnement ne peut être la sanction d'une infraction au bail (Cass. 3e civ. 8-1-1997 : RJDA 2/97 no 180).

58825 Pour être prise en considération, la **modification doit** :

1° être notable (Cass. 3e civ. 3-3-1981 : Bull. civ. III no 43). Les juges du fond apprécient souverainement l'existence de la modification (Cass. 3e civ. 8-12-1976 : Bull. civ. III no 451 ; Cass. 3e civ. 5-2-2013 no 11-28.829 : RJDA 5/13 no 390, 3e esp.), mais ils doivent préciser en quoi cette modification est notable (Cass. 3e civ. 21-6-1995 no 93-17.224 : RJDA 8-9/95 no 946 ; Cass. 3e civ. 30-6-2004 no 03-10.754 : RJDA 10/04 no 1095). Le caractère notable de cette modification peut résulter de la modification d'un seul élément (Cass. 3e civ. 22-3-1995 : RJDA 6/95 no 696 ; Cass. 3e civ. 21-6-1995 no 93-17.224 : RJDA 8-9/95 no 946) ou de plusieurs qui, pris isolément, ne pourraient pas justifier le déplafonnement du loyer (Cass. 3e civ. 2-12-1998 : RJDA 2/99 no 155) ;

2° s'être produite au cours du bail à renouveler (Cass. 3e civ. 19-11-1975 : Bull. civ. III no 343), c'est-à-dire au cours du bail expiré (Cass. 3e civ. 2-6-1977 : Bull. civ. III no 240 ; Cass. 3e civ. 4-11-1998 : RJDA 3/99 no 264) ou au moment même de la prise d'effet du nouveau bail (Cass. 3e civ. 21-12-1976 : Bull. civ. III no 471). Tel n'est pas le cas lorsque la modification intervenue au cours du bail a été décidée et prise en compte par les parties dès la conclusion de celui-ci (Cass. 3e civ. 22-1-2003 no 01-10.257 : RJDA 4/03 no 368).

> **Précisions** **a.** Une modification intervenue après l'expiration du bail à renouveler, mais avant la date de notification du **repentir du bailleur,** doit être prise en compte pour la fixation du loyer du bail renouvelé (Cass. 3e civ. 11-12-1996 : RJDA 2/97 no 178 ; Cass. 3e civ. 13-6-2001 no 99-18.073 : RJDA 10/01 no 948).
> **b.** La **preuve** de la modification doit en être rapportée par le bailleur (Cass. 3e civ. 1-3-2000 no 98-18.787 : RJDA 5/00 no 516 ; Cass. 3e civ. 28-9-2004 no 03-17.174 : RJDA 12/04 no 1302).
> **c.** Sauf fixation amiable, seuls les éléments existant à la **date** du renouvellement peuvent être pris en considération par le juge (Cass. 3e civ. 13-5-1992 : RJDA 7/92 no 691), même si cette date ne coïncide pas avec la date d'effet du nouveau loyer. Tel est le cas lorsque le bailleur, faisant suite à une demande de renouvellement, propose un nouveau loyer après l'expiration du délai imparti pour répondre à la demande de renouvellement (Cass. 3e civ. 17-12-2003 no 02-18.057 : RJDA 3/04 no 277).

B. Fixation du loyer renouvelé à la valeur locative

DÉTERMINATION DE LA VALEUR LOCATIVE

58860 **À défaut d'accord** entre les parties, la valeur locative est déterminée selon les éléments définis ci-après (C. com. art. L 145-33, al. 2).

Le juge doit tenir compte exclusivement de ces différents éléments (Cass. 3e civ. 25-10-1968 : Bull. civ. III no 412). Il ne peut pas prendre en compte des éléments étrangers à la valeur locative, tels que le service résultant au profit du locataire d'un renouvellement de son bail (Cass. com. 24-5-1960 : Bull. civ. III no 197), ni se fonder uniquement sur les variations de l'indice de référence (Cass. 3e civ. 25-10-1968 : Bull. civ. III n° 412), mais il suffit qu'il ressorte de sa décision qu'il a pris en compte ces divers éléments (Cass. 3e civ. 24-10-1973 : Bull. civ. III n° 543).

Dès lors qu'ils tiennent compte de tous ces éléments constitutifs, les juges du fond apprécient souverainement la valeur locative (Cass. 3e civ. 10-5-1968 : Bull. civ. III n° 197 ; Cass. 3e civ. 13-4-1972 : Bull. civ. III n° 226) et ils sont libres d'adopter le mode de calcul qui leur paraît le meilleur (Cass. 3e civ. 29-4-1971 : Bull. civ. III n° 273 ; Cass. 3e civ. 18-1-2012 n° 11-10.072 : RJDA 4/12 n° 383).

ÉLÉMENTS SERVANT À LA DÉTERMINATION DE LA VALEUR LOCATIVE

Les articles R 145-3 à R 145-8 du Code de commerce énumèrent les différents éléments à prendre en considération pour déterminer la valeur locative : les caractéristiques du local, la destination des lieux, les obligations respectives des parties, les facteurs locaux de commercialité et les prix couramment pratiqués dans le voisinage. **58880**

Caractéristiques du local Les caractéristiques propres au local s'apprécient en tenant compte (C. com. art. R 145-3 et R 145-4, al. 2) : **58885**

– de sa situation dans l'immeuble où il se trouve, de sa surface et de son volume, de la commodité de son accès pour le public (Cass. com. 8-6-1966 : Bull. civ. III n° 292 ; CA Versailles 5-3-2009 n° 07-1181 : RJDA 12/09 n° 1049) ;

– de l'importance des surfaces respectivement affectées à la réception du public (Cass. 3e civ. 5-2-2013 n° 11-28.829 : RJDA 5/13 n° 390, aménagement de l'arrière-boutique en espace commercial par suppression de la cuisine et de la salle à manger auparavant à usage privatif), à l'exploitation ou à chacune des activités diverses qui sont exercées dans les lieux, de sorte que l'augmentation de la surface d'habitation constitue une modification des caractéristiques des lieux loués car elle permet une utilisation plus rationnelle des locaux commerciaux du rez-de-chaussée (CA Paris 10-2-1999 : Loyers et copr. 1999 comm. n° 264) ;

– des rapports entre ses différentes dimensions, de la conformation de chaque partie et de son adaptation à la forme d'activité qui y est exercée ;

– de l'état d'entretien (Cass. 3e civ. 20-12-1995 : RJDA 2/96 n° 192), de vétusté ou de salubrité et, le cas échéant, de la conformité aux normes exigées par la législation du travail ;

– de la nature et de l'état des équipements et des moyens d'exploitation mis à la disposition du locataire.

Les dispositions de l'article R 145-3 du Code de commerce doivent être combinées avec celles de l'article R 145-8 du Code de commerce **lorsque la modification des caractéristiques du local constitue des améliorations.** Le régime de ces dernières (nos 58910 s.), plus strict, prime sur les règles de l'article R 145-3 (Cass. 3e civ. 9-11-2010 n° 09-71.557 F-D : RJDA 3/11 n° 222 ; Cass. 3e civ. 7-9-2022 n° 21-16.613 F-D : RJDA 1/23 n° 10).

Lorsque les juges constatent que la modification des caractéristiques du local ne constitue pas des améliorations, ils n'ont pas à rechercher si le bailleur a assumé directement ou indirectement la charge des travaux (Cass. 3e civ. 26-11-1997 : RJDA 2/98 n° 150 ; Cass. 3e civ. 21-1-1998 : RJDA 3/98 n° 267 ; Cass. 3e civ. 4-11-1998 : RJDA 12/98 n° 1336).

Les caractéristiques propres au local peuvent être affectées par des **éléments extérieurs** que constituent les locaux accessoires, les locaux annexes ou les dépendances, loués par le même bailleur et susceptibles d'une utilisation conjointe avec les locaux principaux (C. com. art. R 145-4, al. 1). **58890**

Ces **locaux** doivent être loués par le même bailleur (Cass. 3e civ. 4-2-1998 n° 96-14.019 : RJDA 4/98 n° 394 ; Cass. 3e civ. 27-11-2002 n° 01-10.058 : RJDA 3/03 n° 237), mais le texte n'exige pas qu'ils le soient par un même bail. Une extension par un bail distinct est donc de nature à affecter les caractéristiques propres du local (Cass. 3e civ. 2-12-1992 : RJDA 1/93 n° 11), mais tel n'est pas le cas de la location postérieure de deux bureaux, distincte de la location principale, avec un loyer différent de celui en cours pour les anciens locaux (Cass. 3e civ. 21-12-1993 : Bull. civ. III n° 176). L'utilisation de ces locaux doit entraîner une modification de l'assiette du bail, ce qui n'est pas le cas de l'utilisation d'une cave sans droit ni titre (Cass. 3e civ. 30-11-2005 n° 04-16.477 : RJDA 2/06 n° 112).

Les caractéristiques du local sont également affectées par des **travaux** d'embellissement ou de transformation de l'immeuble dans lequel est situé le local loué dès lors que ces travaux, effectués par le bailleur, ont un effet favorable sur les activités du locataire et constituent un élément d'attrait pour la clientèle (Cass. 3e civ. 20-12-1995 : RJDA 2/96 n° 192 ; Cass. 3e civ. 9-7-2008 n° 07-16.605 : RJDA 10/08 n° 991). Lorsque ces travaux ont été réalisés par le locataire, la condition liée à l'incidence favorable n'est pas requise (Cass. 3e civ. 9-9-2021 n° 19-19.285 FS-B : RJDA 1/22 n° 1). **58892**

ILLUSTRATIONS

Constituent une modification des caractéristiques des locaux justifiant le déplafonnement le ravalement de la façade et la rénovation des parties communes, l'installation d'un ascenseur et d'un interphone (Cass. 3e civ. 20-12-1995 précité), le changement complet des huisseries et volets de l'immeuble (Cass. 3e civ. 19-3-1997 : RJDA 5/97 n° 621) ou les travaux améliorant la sécurité des lieux loués (CA Paris 17-3-1999 : RJDA 6/99 n° 651). En revanche, le ravalement constituant une simple opération d'entretien sans embellissement supplémentaire ne modifie pas notablement l'aspect de l'immeuble et ne peut pas justifier le déplafonnement du loyer (Cass. 3e civ. 21-2-2001 n° 99-14.704 : RJDA 5/01 n° 565).

58895 Lorsque les lieux loués comportent une **partie affectée à l'habitation,** la valeur locative de celle-ci est déterminée par comparaison avec les prix pratiqués pour des locaux d'habitation analogues faisant l'objet d'une location nouvelle, majorés ou minorés, pour tenir compte des avantages ou des inconvénients présentés par leur intégration dans un tout commercial (C. com. art. R 145-4, al. 2).

Lorsque la **location** portant sur des locaux commerciaux et des locaux d'habitation est **indivisible,** la dérogation à la règle du plafonnement ne peut pas être appliquée à une partie seulement de ces locaux (Cass. 3e civ. 31-1-1979 : Bull. civ. III n° 31).

58900 **Destination des lieux** La destination à prendre en considération pour apprécier l'existence d'une modification notable de la valeur locative au cours du bail expiré est celle effectivement autorisée par le bail et ses avenants ou par le tribunal en cas de déspécialisation (C. com. art. R 145-5). L'appréciation du caractère notable se fait de façon objective et abstraite, de telle sorte que le déplafonnement du loyer est acquis même en l'absence d'exercice effectif de la nouvelle activité (Cass. 3e civ. 4-1-2012 n° 10-23.532 : RJDA 4/12 n° 383) ou d'incidence favorable de celle-ci sur l'activité du locataire (Cass. 3e civ. 18-1-2012 n° 11-10.072 : RJDA 4/12 n° 383).

En revanche, le développement du commerce dans le respect de la destination des lieux prévue au bail ne constitue pas une modification des éléments de la valeur locative (Cass. 3e civ. 12-10-1988 : Bull. civ. III n° 138). Le succès du commerce considéré et le développement de son chiffre d'affaires ne suffisent donc pas, à eux seuls, à écarter la règle du plafonnement.

ILLUSTRATIONS

Le seul fait de considérer que les pharmacies constituent un commerce à monopole qui entraîne une hausse de la commercialité n'autorise pas le déplafonnement du loyer du bail renouvelé (Cass. 3e civ. 13-3-1991 : RJDA 4/91 n° 282). Jugé également que la mise en œuvre d'une activité de parapharmacie dans un local loué à usage de pharmacie n'autorise pas le déplafonnement dès lors qu'elle ne modifie pas la destination contractuelle (Cass. 3e civ. 21-3-2007 n° 06-12.322 : RJDA 8-9/07 n° 821). De même, n'autorisent pas le déplafonnement la mise en service de jeux électroniques qui constitue une activité complémentaire compatible avec la destination contractuelle de snack-bar-restaurant (Cass. 3e civ. 12-7-2000 : Gaz. Pal. 15-3-2001 som. p. 24) ou l'adjonction d'une activité de vente de bijoux fantaisie, vernis à ongles et parfums dans des locaux loués à usage de commerce d'équipement de la personne (CA Paris 30-9-2016 n° 13/08227 : RJDA 4/17 n° 229).

58905 **Obligations respectives des parties** L'article R 145-8 du Code de commerce prévoit que certaines stipulations contractuelles peuvent constituer un facteur de diminution ou d'augmentation de la valeur locative du local considéré.

1° Sont considérées comme un **facteur de diminution de la valeur locative** les clauses suivantes :

– les restrictions à la jouissance des lieux (Cass. 3e civ. 16-6-1986 : Gaz. Pal. 1987 p. 17) ;

– les obligations incombant normalement au bailleur transférées à la charge du locataire sans contrepartie (pour un transfert de la taxe foncière : Cass. 3e civ. 23-5-2019 n° 18-14.917 F-D : RJDA 10/19 n° 610 ; Cass. 3e civ. 8-4-2021 n° 19-23.183 F-D : RJDA 8-9/21 n° 555 ; Cass. 3e civ. 25-1-2023 n° 21-21.943 FS-B : RJDA 5/23 n° 243) ;

– les obligations imposées au locataire au-delà de celles qui découlent de la loi ou des usages. Tel est le cas des clauses relatives aux charges fiscales ou de copropriété.

Le plus souvent, les charges se traduiront par un pourcentage d'abattement sur la valeur locative. Il est admis que le juge puisse opérer un abattement global pour tenir compte de l'ensemble des charges imposées au locataire (Cass. 3e civ. 11-7-1968 : Ann. loyers 1969 p. 603).

Mais la clause fixant contractuellement la pondération des locaux ne constitue pas un facteur de minoration, car elle ne constitue pas une clause exorbitante imposant une obligation au locataire (Cass. 3e civ. 9-4-2013 n° 12-15.002 : BPIM 4/13 n° 294). De même, la clause imposant au locataire de payer neuf mois de loyer d'avance ne constitue pas un facteur de diminution de la valeur locative dès lors que cette obligation a pour contrepartie l'obligation légale du bailleur de payer au locataire des intérêts à un taux fixé par la loi (Cass. 3e civ. 7-5-2025 n° 23-15.394 FS-B : RJDA 8-9/25 n° 428).

2° Constituent un **facteur d'augmentation de la valeur locative** : 58910
– les **avantages** procurés au locataire : tel est le cas de ceux résultant d'une durée de jouissance supérieure à neuf ans (Cass. 3e civ. 17-1-1984 : Bull. civ. III n° 12) ou, s'agissant d'un locataire cessionnaire, de l'autorisation de changement d'activité jointe à divers autres avantages (Cass. 3e civ. 12-12-1990 : Bull. civ. III n° 261) ;

– les **améliorations** : les améliorations apportées aux lieux loués au cours du bail à renouveler ne sont prises en considération que si, directement ou indirectement, notamment par l'acceptation d'un loyer réduit ou par une participation financière aux travaux, le bailleur en a assumé la charge (C. com. art. R 145-8 ; Cass. 3e civ. 17-5-1977 : Bull. civ. III n° 162 ; Cass. 3e civ. 4-12-1991 : RJDA 2/92 n° 131). Tel est le cas lorsque le coût des travaux effectués par le locataire a été imputé sur les loyers (Cass. com. 11-7-1963 : Bull. civ. III n° 373).

L'article R 145-8 du Code de commerce n'exige pas que l'assiette du bail ait été modifiée par les travaux entrepris par le locataire pour que ceux-ci soient considérés comme des travaux d'amélioration (Cass. 3e civ. 29-1-2002 n° 00-18.160 F-D : RJDA 4/02 n° 363).

La qualification des travaux repose sur une appréciation souveraine des faits par les juges du fond (Cass. 3e civ. 3-10-1990 : Loyers et coprop. 1991 n° 125 ; Cass. 3e civ. 17-7-1996 : RJDA 11/96 n° 1307). Celle-ci est importante car elle détermine l'application soit du régime des améliorations, soit celui, moins strict, des modifications des caractéristiques du local (n° 58885).

ILLUSTRATIONS

Constituent une amélioration les modifications apportées aux lieux loués consistant dans la réunion de locaux, la couverture d'une cour (Cass. 3e civ. 12-4-1995, Lasfargue c/ Sté Mornac), l'accroissement des surfaces commerciales (Cass. 3e civ. 4-3-1998 : RJDA 5/98 n° 572 ; Cass. 3e civ. 2-6-1999 n° 97-15.205 : RJDA 8-9/99 n° 898), la construction d'une terrasse pour un fleuriste ayant permis d'améliorer l'exploitation commerciale et de favoriser les conditions de commercialisation des fleurs (CA Paris 6-10-1999 : RJDA 1/00 n° 18), la création d'une mezzanine entraînant une augmentation de 30 m² de la surface de vente et une rationalisation du stockage des marchandises sans modification de l'assiette du bail (CA Paris 31-3-2000 : Loyers et copr. 2000 comm. n° 229).
Des améliorations ne portant pas directement sur les lieux loués peuvent aussi justifier le déplafonnement du loyer (Cass. 3e civ. 9-10-1996 : RJDA 12/96 n° 1444, pour l'embellissement de parties communes et la création d'un ascenseur).
En revanche, ne peuvent être assimilés à des améliorations des travaux de mise en conformité des lieux loués à leur destination contractuelle (Cass. 3e civ. 31-10-1989 : Bull. civ. III n° 203 ; Cass. 3e civ. 30-6-1999 : RJDA 8-9/99 n° 899). De même, l'adaptation d'un ancien bar à un commerce de prêt-à-porter féminin avec agrandissement de la surface ouverte au public (Cass. 3e civ. 8-12-2010 n° 09-17.294 : RJDA 4/11 n° 291) constitue des modifications notables des caractéristiques des locaux et non des améliorations.

En présence d'une clause d'accession selon laquelle les constructions édifiées par le locataire profitent au bailleur non au moment de leur édification mais en fin de bail, les améliorations sont acquises au bailleur à l'expiration du bail, car le bail renouvelé est un nouveau bail (Cass. 3e civ. 26-11-1985 : Bull. civ. III n° 154). 58915

S'il a assumé la charge des améliorations réalisées au cours du bail à renouveler, le bailleur peut se prévaloir de la clause lors du **premier renouvellement.** Le fait pour le bailleur de s'abstenir d'invoquer la clause lors de ce renouvellement ne constitue pas une renonciation implicite à en tenir compte ultérieurement (Cass. 3e civ. 30-5-1990 : Bull. civ. III n° 131). Les juges ne peuvent pas retenir que les travaux réalisés par le locataire sont acquis au bailleur conformément à une clause d'accession sans rechercher si le bailleur en a assumé la charge (Cass. 3e civ. 18-10-1989 : Bull. civ. III n° 193) ou sans le constater (Cass. 3e civ. 6-10-1981 : Bull. civ. III n° 147 ; Cass. 3e civ. 17-7-1996 : RJDA 11/96 n° 1307).

S'il n'en a pas assumé la charge, la Cour de cassation a admis que le bailleur peut se prévaloir de la clause d'accession lors du **second renouvellement** consécutif à la période au cours de laquelle ces améliorations auront été réalisées (Cass. 3e civ. 26-11-1985 : Bull. civ. III n° 154 ; Cass. 3e civ. 30-11-1994 : RJDA 1/95 n° 9), à l'exclusion de tout renouvellement ultérieur (Cass. 3e civ. 22-3-1995 : RJDA 6/95 n° 696). La Cour de cassation considère en effet que l'article R 145-8, al. 3 du Code de commerce ne fait que reporter de la durée d'un bail les effets de l'accession sur la valeur locative (Cass. 3e civ. 26-11-1985 : Bull. civ. III n° 154). Mais le bailleur ne pourra plus s'en prévaloir ultérieurement (Cass. 3e civ. 22-3-1995 précité).
Le loyer est déplafonné même si, à la suite d'une erreur, les travaux d'amélioration non pris en charge par le bailleur avaient donné lieu à déplafonnement lors du précédent renouvellement (Cass. 3e civ. 2-12-1998 : RJDA 2/99 n° 153 ; Cass. 3e civ. 31-10-2000 : RJDA 1/01 n° 14 ; Cass. 3e civ. 25-4-2001 n° 99-19.304 : RJDA 7/01 n° 759), et indépendamment de la preuve que cette amélioration aurait eu une incidence favorable sur l'activité du locataire (Cass. 3e civ. 26-5-2016 n° 15-13.944 F-D : RJDA 10/16 n° 673).

En l'absence d'une clause d'accession, les juges du fond doivent faire application de l'article 555 du Code civil dont il résulte que le bailleur devient propriétaire des constructions et 58917 améliorations à la fin du bail au cours duquel ces constructions ou améliorations ont été réalisées (Cass. 3e civ. 2-12-1998 : RJDA 2/99 no 153). Cependant, les dispositions du Code civil se combinent avec l'article R 145-8 du Code de commerce en application duquel les améliorations apportées au cours du bail à renouveler ne peuvent être prises en considération pour la fixation du loyer du bail renouvelé que si le bailleur en a assumé la charge, directement ou indirectement, notamment par l'acceptation d'un loyer réduit. Si le bailleur n'a pas assumé la charge des améliorations, celles-ci peuvent intervenir dans le calcul du loyer seulement à l'occasion du second renouvellement suivant leur réalisation (Cass. 3e civ. 27-9-2006 no 05-13.981 : RJDA 12/06 no 1204).

58920 Les **obligations légales génératrices de charges** pour l'une ou l'autre partie depuis la dernière fixation du prix peuvent être invoquées par celui qui est tenu de les assumer. Il en est ainsi du ravalement effectué en cours de bail qui, dans l'appréciation souveraine des juges, peut constituer une modification notable de nature à faire écarter le plafonnement du loyer (Cass. 3e civ. 22-2-1978 : Bull. civ. III no 95) ou de l'impôt foncier à la charge du bailleur dès lors que, au cours du bail, il a plus que triplé (Cass. 3e civ. 13-7-1999 : RJDA 10/99 no 1054 ; Cass. 3e civ. 25-4-2001 no 99-19.304 : RJDA 7/01 no 759), ou a fortiori plus que quadruplé (Cass. 3e civ. 7-2-2007 no 06-10.317 : RJDA 6/07 no 595) ou encore augmenté de plus de 80 % sans être compensé par une augmentation du loyer (Cass. 3e civ. 10-12-2002 no 01-10.819 : RJDA 3/03 no 238). En revanche, le déplafonnement a été refusé pour une hausse de 82 %, cette augmentation restant modeste au regard du revenu tiré de la location (Cass. 3e civ. 14-9-2011 no 10-23.510 : RJDA 1/12 no 14).

La souscription initialement volontaire par le bailleur d'une assurance responsabilité civile du propriétaire de locaux commerciaux devenue, en cours de bail, une obligation légale n'a pas pour effet d'ôter à cette charge son caractère d'obligation légale, au sens de l'article R 145-8 du Code de commerce (Cass. 3e civ. 23-1-2025 no 23-14.887 FS-B : RJDA 5/25 no 251).

58925 **Modalités de fixation du loyer d'origine** La prise en considération des modalités de fixation du loyer d'origine (C. com. art. R 145-8) concerne principalement le **pas-de-porte** (no 56420) : si le pas-de-porte s'analyse en un supplément de loyer, sa cessation en fin de bail aura une répercussion sur la valeur locative.

Mais cette disposition peut concerner d'autres situations. Il en est ainsi lorsque le **loyer d'origine** a été consenti à un prix **très inférieur à ceux pratiqués** dans la même agglomération en raison de rapports privilégiés entre le bailleur et le locataire tels que des liens familiaux (Cass. 3e civ. 10-7-1978 : Bull. civ. III no 288 ; Cass. 3e civ. 5-3-1986 : Rev. Loyers 1986 p. 192), ou de la situation économique du locataire (Cass. 3e civ. 12-2-1992 no 90-13.432 : Gaz. Pal. 1992 jur. p. 370 note J.-D. Barbier), et que ces rapports n'existaient plus lors du renouvellement. Mais le déplafonnement n'est pas possible lorsque la minoration du loyer résulte du seul fait du bailleur (Cass. 3e civ. 10-7-1996 : RJDA 1/97 no 22).

De même, une **modification conventionnelle du loyer,** dans des conditions étrangères tant à la loi qu'au bail initial, justifie à elle seule le déplafonnement du loyer (Cass. 3e civ. 4-4-2001 no 99-18.899 : RJDA 6/01 no 665 ; Cass. 3e civ. 24-3-2004 no 02-16.933 : RJDA 6/04 no 679 ; Cass. 3e civ. 15-2-2018 no 17-11.866 FS-PBI : RJDA 5/18 no 402). S'il importe peu que la modification intervienne à la hausse ou à la baisse, elle doit en revanche être **notable** (Cass. 3e civ. 5-5-2004 no 03-10.477 : RJDA 8-9/04 no 952).

ATTENTION

Lorsque la **modification** du **loyer** n'est pas conventionnellement décidée par les parties mais intervient en application de dispositions légales, telle la **révision judiciaire** prévue par les articles L 145-38 et L 145-39 du Code de commerce, il n'y a pas déplafonnement du loyer (Cass. 3e civ. 11-4-2019 no 18-14.252 FS-PBI : RJDA 6/19 no 412).

58930 **Facteurs locaux de commercialité** Les facteurs locaux de commercialité doivent concerner le commerce considéré, y compris celui du sous-locataire (Cass. 3e civ. 8-12-2010 no 09-70.784 : RJDA 4/11 no 290).

Pour justifier le déplafonnement du loyer du bail renouvelé, la modification notable des facteurs locaux de commercialité doit avoir une **incidence favorable sur l'activité exercée par le locataire** (Cass. 3e civ. 14-9-2011 no 10-30.825 : RJDA 1/12 no 16). La modification est appréciée par référence non au fonds de commerce effectivement exploité, mais à la branche d'activité considérée (Cass. 3e civ. 17-2-1981 : Bull. civ. III no 33 ; Cass. 3e civ. 16-7-1998 : RJDA 10/98 no 1081 ; Cass. 3e civ. 29-3-1995 no 92-21.537 : RJDA 6/95 no 695 ; Cass. 3e civ. 18-9-2025 no 24-13.288 FS-B), afin de ne pas faire dépendre le déplafonnement du dynamisme commercial du locataire. Toutefois, lorsque le locataire fait valoir que son commerce n'a pas profité de l'attractivité accrue du quartier en raison de sa mauvaise situation, il appartient aux juges de rechercher si les modifications des facteurs locaux de commercialité pouvaient concerner le fonds de commerce du locataire (Cass. 3e civ. 30-6-2004 no 03-10.754 : RJDA 10/04 no 1095).

ILLUSTRATIONS

Jugé que la proximité du Palais des festivals de Cannes n'avait pu que profiter au locataire qui exerçait une activité de confiserie, abstraction faite des résultats effectivement réalisés par le commerçant (Cass. 3e civ. 29-3-1995 précité). Jugé également qu'avait eu une incidence favorable sur l'activité du locataire l'affluence considérable des touristes, pendant la courte période des marchés de Noël de Colmar pour une boutique de prêt-à-porter pour enfants (Cass. 3e civ. 17-12-2013 no 12-25.073 : RJDA 4/14 no 307), ou la création d'une ligne de tramway, d'une piste cyclable et de logements sociaux à proximité d'une boutique de vente de vêtements en cuir (CA Bordeaux 17-3-2022 no 19/03562 : RJDA 8-9/22 no 462). En revanche, jugé que la restauration des immeubles et la rénovation des logements d'un quartier n'avaient eu aucune incidence sur un commerce de gros et de demi-gros (Cass. 3e civ. 8-1-1997 : RJDA 2/97 no 177) et qu'il en était de même de la piétonnisation de l'artère commerciale dans laquelle était située une poissonnerie, dès lors qu'elle n'était devenue effective qu'un mois avant l'échéance du bail expiré (CA Versailles 4-7-2017 no 16/04885 : RJDA 12/17 no 792).

Les facteurs locaux de commercialité dépendent (C. com. art. R 145-6) : **58935**
- de l'importance de la ville, du quartier ou de la rue où le commerce est situé,
- du lieu de son implantation,
- de la répartition des diverses activités dans le voisinage,
- des moyens de transport,
- de l'attrait particulier ou des sujétions que peut présenter l'emplacement pour l'activité considérée,
- et des modifications que ces éléments subissent d'une manière durable ou provisoire.

Leur évolution doit être appréciée, non sur la zone de chalandise potentielle, c'est-à-dire celle à l'intérieur de laquelle le locataire peut par ses efforts développer une clientèle, mais sur la zone de chalandise naturelle (CA Versailles 7-1-1999 : RJDA 5/99 no 530).

ILLUSTRATIONS

Justifient la fixation du loyer à la valeur locative :
– un **accroissement notable de la population** résultant de la **rénovation** importante d'un quartier (Cass. 3e civ. 22-1-1992 : Rev. Loyers 1992 p. 209 ; Cass. 3e civ. 31-5-1994 : RJDA 11/94 no 1118) ou de la **construction de nouveaux immeubles,** qu'il s'agisse d'immeubles à usage d'habitation (Cass. 3e civ. 28-1-1981 : Gaz. Pal. 1981 pan. 187 ; Cass. 3e civ. 24-5-2017 no 16-15.043 F-D : RJDA 10/17 no 611) ou de bureaux (TGI Nanterre 30-6-1987 : AJPI 1988 p. 408) ou abritant des congrès et salons (Cass. 3e civ. 29-3-1995 : RJDA 6/95 no 695) ;
– un **accroissement du nombre des commerces** dans un quartier (après la création du Centre Pompidou, CA Paris 7-6-1984 : AJPI 1985 p. 178 ; Cass. 3e civ. 31-5-1994 : RJDA 11/94 no 1118 ; après la création du Forum des Halles, TGI Paris 4-7-1985 : AJPI 1986 p. 376). Toutefois, cette modification peut être neutralisée par un renforcement de la concurrence (CA Paris 14-10-1980 : Gaz. Pal. 1981 som. p. 19) ou par l'éloignement du secteur bénéficiant effectivement de l'accélération de la commercialité (CA Paris 22-10-1991 : Loyers et copr. 1991 comm. no 476) ;
– une **amélioration des moyens de communication,** étant précisé que cet élément est rarement pris en considération isolément. Elle a ainsi été retenue en cas d'ouverture d'une **nouvelle station de métro** ou de RER (CA Paris 8-9-2021 no 19/21095 : RJDA 12/21 no 766), en cas de multiplication des **aires de stationnement** à proximité, qu'il s'agisse de la création de parkings ou de l'installation de parcmètres (Cass. 3e civ. 28-1-1981 : Gaz. Pal. 1981 som. p. 187 ; Cass. 3e civ. 25-11-1992 : Rev. Loyers 1993 p. 36), en cas d'**amélioration de la circulation** routière ou piétonnière dans un centre-ville (Cass. 3e civ. 29-3-1995 : RJDA 6/95 no 695 D ; CA Paris 8-10-1996 : RJDA 2/97 no 179) ou de **création de zones piétonnières** (CA Rennes 12-5-1987 : Gaz. Pal. 1988 p. 194 ; Cass. 3e civ. 25-11-1992 : Rev. Loyers 1993 p. 36) ;
– une **amélioration notable de l'accueil touristique** ayant entraîné une augmentation du nombre de visiteurs (Cass. 3e civ. 1-3-2000 no 98-15.909 : RJDA 5/00 no 517) ;
– l'**installation de grandes marques** nationales faisant évoluer la zone commerciale (CA Versailles 2-6-2005 no 04-5455 : RJDA 10/05 no 1080 ; voir toutefois en sens contraire, CA Paris 21-3-2005 no 03-18291 : RJDA 11/05 no 1195, rendu à propos de la venue d'enseignes de luxe dans le quartier de Saint-Germain-des-Prés à Paris) ou de grandes enseignes, y compris de luxe, dans le secteur (Cass. 3e civ. 5-1-2010 no 09-11.313 : RJDA 3/10 no 224) ;
– une **autorisation municipale d'extension** sur le domaine public de la **terrasse** de plein air située devant le restaurant exploité dans le local loué (Cass. 3e civ. 13-10-2021 no 20-12.901 FS-B : RJDA 1/22 no 2).

Prix couramment pratiqués dans le voisinage Les prix couramment pratiqués dans le voisinage auxquels il est fait référence doivent concerner des **locaux équivalents** eu égard à l'ensemble des éléments mentionnés nos 58885 à 58905 (C. com. art. R 145-7, al. 1). **58940**

À défaut d'équivalence, ils peuvent, à titre indicatif, être utilisés pour la détermination des prix de base, sauf à être corrigés en considération des différences constatées entre le local loué et les locaux de référence (C. com. art. R 145-7, al. 2).

Les références proposées de part et d'autre doivent porter sur plusieurs locaux et comporter, pour chaque local, son adresse et sa description succincte. Elles sont corrigées à raison des différences qui peuvent exister entre les dates de fixation des prix et les modalités de cette fixation (C. com. art. R 145-7, al. 3).

C. Limitation des hausses du loyer renouvelé dues au déplafonnement

58960 L'**article L 145-34, alinéa 4** du Code de commerce, issu de la loi Pinel du 18 juin 2014, instaure une limitation annuelle de 10 % à l'augmentation du loyer découlant du déplafonnement. Ce mécanisme de lissage a été déclaré conforme à la Constitution (Cons. const. 7-5-2020 n° 2020-837 QPC : RJDA 10/20 n° 473).

CHAMP D'APPLICATION DU LISSAGE DU DÉPLAFONNEMENT DU LOYER RENOUVELÉ

58965 La limitation des augmentations de loyer s'applique aux **baux conclus ou renouvelés depuis le 1er septembre 2014** (Loi 2014-626 art. 21, II). Elle a donc vocation à régir les baux dont la date d'effet d'une demande de renouvellement ou d'un congé avec offre de renouvellement est intervenue au 1er septembre 2014.

Seuls les **cas de déplafonnement** suivants sont **concernés** :

– le loyer est déplafonné à raison d'une modification notable des éléments mentionnés aux 1° à 4° de l'article L 145-33 du Code de commerce ;

– le loyer est déplafonné en raison d'une clause relative à la durée du bail. Sont ici visés les baux conclus pour une durée supérieure à neuf ans.

Le mécanisme de lissage ne s'applique pas lorsque le déplafonnement est la conséquence d'une tacite prolongation du bail ayant abouti à ce que la durée de celui-ci excède douze ans car ce motif de déplafonnement n'est pas visé par l'article L 145-34, al. 4 (TGI Paris 5-5-2017 n° 14/10431 : RJDA 1/18 n° 8).

> **Précisions a.** Cette disposition suscite des **interrogations** qui devront être tranchées par les tribunaux notamment en présence de plusieurs causes de déplafonnement dont l'une relève de l'article L 145-34, al. 4 (par exemple pour un bail portant sur un local monovalent ou à usage exclusif de bureau conclu pour une durée supérieure à neuf ans), ou de baux de boutiques conclus pour une durée supérieure à neuf ans et comportant une clause spécifique de fixation du loyer par exemple à la valeur locative de marché.
> **b.** Les dispositions de l'article L 145-34 n'étant pas d'ordre public, les parties peuvent convenir de ne pas l'appliquer (Cass. 3e civ. avis 9-3-2018 n° 17-70.040 PB : RJDA 10/18 n° 708).

MISE EN ŒUVRE DU LISSAGE DU DÉPLAFONNEMENT DU LOYER RENOUVELÉ

58970 Aux termes de l'article L 145-34, alinéa 4 du Code de commerce, « la variation de loyer qui découle [du déplafonnement] ne peut conduire à des augmentations supérieures, pour une année, à 10 % du loyer acquitté au cours de l'année précédente ». Ce taux n'est pas modulable (Cass. 3e civ. avis 9-3-2018 n° 17-70.040 PB : RJDA 10/18 n° 708). Il revient aux parties, et non au juge des loyers commerciaux, d'établir l'échéancier des loyers qui seront exigibles durant la période au cours de laquelle s'applique l'étalement de la hausse de loyer (Cass. 3e civ. avis 9-3-2018 précité ; Cass. 3e civ. 25-1-2023 n° 21-21.943 FS-B : RJDA 5/23 n° 243).

EXEMPLE

Si le loyer précédant le renouvellement est de 50 000 € et si le loyer déplafonné fixé par le juge est de 90 000 €, le calcul s'établira ainsi :
– Année 1 : 55 000 € ;
– Année 2 : 60 500 € ;
– Année 3 : 66 550 € ;
– Année 4 : 73 205 € ;
– Année 5 : 80 525,50 € ;
– Année 6 : 88 578,05 € ;
– Année 7 : 90 000 €.

Que se passe-t-il lorsque le **loyer fixé** par le juge n'est **pas atteint à l'expiration du bail** ? Le locataire devra-t-il continuer à régler les paliers de 10 % dus au titre du bail précédent dans le cadre du bail renouvelé ? Si l'on se fonde sur les dispositions de l'article L 145-34, alinéa 1 du Code de commerce selon lesquelles le calcul du plafonnement s'effectue sur « la fixation initiale du loyer du bail expiré », le loyer du bail à renouveler s'applique nécessairement sur le montant du loyer déplafonné fixé initialement par le juge au titre du bail expiré. Ainsi, dans le cas d'un loyer ayant atteint 90 000 € la neuvième année alors que le loyer déplafonné fixé par le juge était de 120 000 €, le plafonnement sera calculé non pas sur 90 000 €, mais sur le loyer fixé initialement soit 120 000 €, ce qui en pratique permettra le « rattrapage » du loyer déplafonné la dixième année.

Toutefois, cette solution n'est valable que pour les baux à renouveler ayant été déplafonnés lors du précédent renouvellement et qui bénéficient à nouveau de la règle du plafonnement et dont la valeur locative ne sera pas inférieure au loyer plafond. En revanche, pour les baux déplafonnés de plein droit en raison de leur durée, le « rattrapage » ne pourra pas avoir lieu puisque le bail renouvelé est un nouveau bail dont le loyer doit correspondre à la valeur locative ; c'est donc cette valeur locative qui s'appliquera au bail à renouveler, qu'elle soit inférieure au loyer initial ou supérieure, mais, dans ce cas, avec à nouveau l'application des paliers de 10 %.

INCIDENCE DU LISSAGE SUR L'APPLICATION DE LA CLAUSE D'INDEXATION

L'article L 145-34, alinéa 4 ne concernant que les augmentations découlant du loyer déplafonné, la limitation annuelle des augmentations n'affecte pas le jeu de la clause d'échelle mobile, qui s'appliquera sur le loyer déplafonné fixé par le juge. **58975**

EXEMPLE

Dans le cas d'un loyer précédant le renouvellement de 50 000 €, d'un loyer déplafonné de 90 000 € au 1er janvier 2026, et d'une variation indiciaire de 2 %, le calcul s'établira de la façon suivante :
(50 000 × 10 %) = 55 000 + 1 800 € (90 000 € × 2 %) = 56 800 €.

D. Régimes particuliers à certains baux

LOYER DU BAIL RENOUVELÉ POUR DES TERRAINS NUS

Le prix du bail des terrains est fixé en considération de ceux des éléments qui leur sont particuliers, eu égard à la nature et aux modalités de l'exploitation effectivement autorisée (C. com. art. R 145-9). La règle du plafonnement ne s'applique donc pas au loyer des terrains nus (Cass. 3e civ. 13-4-1976 : Bull. civ. III no 150 ; Cass. 3e civ. 26-5-1977 : Bull. civ. III no 223). **59040**

LOYER DU BAIL RENOUVELÉ POUR DES LOCAUX MONOVALENTS

Détermination du loyer Le **loyer** du bail des locaux monovalents peut être **déterminé** selon les **usages** observés dans la branche d'activité considérée (C. com. art. R 145-10). À défaut d'usage, la valeur locative est seule applicable (Cass. 3e civ. 3-5-1978 : Bull. civ. III no 179). **59060**

À l'exception des salles de cinéma (C. com. art. L 145-36, al. 2), la référence aux usages n'est qu'une faculté dont le juge, libre d'adopter le mode de calcul qui lui paraît le meilleur (Cass. 3e civ. 14-3-1979 : JCP G IV no 174 ; Cass. 3e civ. 3-11-2005 no 04-16.376 FS-PB : RJDA 2/06 no 113), n'est pas tenu d'user. Par suite, s'agissant d'un immeuble à usage d'hôtel, il peut combiner la méthode dite « hôtelière » avec la méthode de comparaison, non exclue par l'article R 145-10 du Code de commerce (Cass. 3e civ. 30-4-1997 : RJDA 6/97 no 758). De même, il peut se référer tant à la méthode dite « hôtelière » qu'à celle basée sur la valeur de la construction (Cass. 3e civ. 17-11-1981 : Bull. civ. III no 186).

La seule monovalence des lieux loués justifie l'application des dispositions de l'article R 145-10 précité, même s'il existe d'autres causes de déplafonnement du loyer du bail renouvelé (Cass. 3e civ. 29-9-2004 no 03-13.624 : RJDA 12/04 no 1303).

Lorsque le locataire a apporté des améliorations aux lieux loués au cours du bail à renouveler, le loyer du bail renouvelé est fixé sans tenir compte de la règle posée par l'article R 145-8 du Code de commerce selon laquelle les améliorations effectuées dans le local ne sont prises en considération que si le bailleur en a assumé la charge (Cass. 3e civ. 1-3-2000 no 98-14.763 : RJDA 5/00 no 518 ; Cass. 3e civ. 5-10-2017 no 16-18.059 FS-PBI : RJDA 1/18 no 7).

Le **loyer** des locaux monovalents échappe au **plafonnement** (Cass. 3e civ. 15-10-1975 : Bull. civ. III no 296), si bien que l'application de l'article R 145-10 du Code de commerce n'est pas subordonnée à une modification notable des éléments mentionnés aux articles R 145-3 à R 145-6 et R 145-10 du Code précité (Cass. 3e civ. 10-2-1981 no 79-13.984 : Bull. civ. III no 26). **59062**

Notion de monovalence des locaux Aux termes de l'article R 145-10 du Code de commerce, la monovalence s'entend de locaux construits en vue d'une seule utilisation. Ce concept – essentiellement matériel et physique – s'applique aux **locaux** qui, **dès leur origine,** ont été conçus, construits et aménagés en vue d'une exploitation unique. Le caractère monovalent des locaux s'apprécie au regard de l'objet du bail (Cass. 3e civ. 29-5-1985 : Bull. civ. III no 86 ; Cass. 3e civ. 22-1-1992 : RJDA 4/92 no 327), c'est-à-dire des caractéristiques des locaux, et non de l'usage que le locataire en a fait (Cass. 3e civ. 11-3-1976 : Bull. civ. III no 255). La monovalence ne dépend pas de la destination contractuelle du bail. Ainsi, l'insertion d'une clause « tous commerces » ne s'oppose pas à la qualification de local monovalent (Cass. 3e civ. 27-11-2002 no 01-10.625 : RJDA 2/03 no 118). **59065**

Mais la Cour de cassation considère que l'affectation initiale n'est pas suffisante pour conférer la qualification de local monovalent. Il faut encore que le local ne soit pas susceptible d'être affecté à une autre destination sans transformations importantes et onéreuses (Cass. 3e civ. 19-1-1982 : Rev. Loyers 1982 p. 158). Les juges du fond qui ne procèdent pas à cette recherche encourent la censure certaine de la Cour suprême (pour des exemples, voir Cass. 3e civ. 29-4-1998 : RJDA 6/98 no 693 et Cass. 3e civ. 7-3-2001 no 99-15.946 : RJDA 5/01 no 563).

ILLUSTRATIONS

Ont été considérés comme **monovalents** un immeuble qui, compte tenu de son agencement particulier, ne pouvait pas abriter d'autre activité que celle de commerce en gros de stockage de carburant et de produits pétroliers (TGI Soissons 8-7-1994 : Bull. inf. C. cass. 1994/397 no 1106), un local à usage de garage dont tous les étages comportaient une rampe d'accès pour automobiles construite en béton armé et occupant une superficie importante de l'immeuble (Cass. 3e civ. 14-12-1994 : Loyers et copr. 1995 comm. no 26), des locaux comportant un certain nombre de chambres réparties sur quatre étages ne pouvant pas être utilisées pour une autre activité que celle d'appartements et chambres meublés sans l'exécution de travaux importants et difficiles à mettre en œuvre (Cass. 3e civ. 4-1-1995 : RJDA 2/95 no 115), des locaux aménagés pour l'exploitation de l'activité de garage et ne pouvant pas être affectés à une autre destination sans travaux importants et transformations profondes et coûteuses (Cass. 3e civ. 10-4-2002 no 00-16.412 : RJDA 7/02 no 737), des locaux dont la destination contractuelle visait différentes activités de spectacle car il n'y a pas lieu de faire de distinction entre les différentes branches de spectacle (Cass. 3e civ. 3-12-2003 no 02-12.266 : RJDA 3/04 no 279), des locaux édifiés à l'origine à titre de résidence d'agrément et loués en vue de l'exploitation d'une clinique psychiatrique (CA Versailles 15-6-2006 no 05-2853 : RJDA 11/06 no 1116), des locaux reconstruits en vue de la seule utilisation de grand magasin (Cass. 3e civ. 8-2-2006 no 04-17.046 : RJDA 5/06 no 513) ou encore des locaux construits et aménagés en vue d'une seule exploitation comme salle de spectacle (Cass. 3e civ. 21-3-2007 no 05-20.714 : RJDA 7/07 no 700).

En revanche, la **monovalence** n'a **pas** été **reconnue** pour un garage ne possédant aucun aménagement particulier (Cass. 3e civ. 1-6-1976 : Bull. civ. III no 240), un hangar dès lors qu'il peut servir aussi bien d'atelier que d'entrepôt (Cass. 3e civ. 12-10-1976 : Bull. civ. III no 334), des locaux à usage de boulangerie-pâtisserie dont l'affectation à un autre commerce pouvait être facilement réalisée sans transformations importantes et onéreuses (Cass. 3e civ. 19-1-1982 : Bull. civ. III no 18), une clinique psychiatrique exploitée dans un château dont les locaux étaient adaptables à d'autres activités (Cass. 3e civ. 30-10-2007 no 06-18-355 : RJDA 2/08 no 107) ou encore des locaux aménagés en club de sport et studios de musique pouvant être affectés à une autre utilisation sans travaux importants ou transformations profondes et coûteuses (CA Paris 5-9-2012 no 10/14720 : RJDA 12/12 no 1051).

59070 **Lorsque l'usage autorisé porte sur plusieurs activités,** tel l'usage d'hôtel et de café-restaurant, la monovalence est retenue si les lieux sont aménagés de telle sorte qu'ils constituent une exploitation unique concernant une même clientèle (Cass. 3e civ. 30-6-2004 no 03-12.811 : RJDA 10/04 no 1094). Elle est en revanche exclue si les activités sont exercées de façon distincte et à destination de clientèles différentes (Cass. 3e civ. 11-6-1976 no 74-14.101 : Bull. civ. III no 256). Il en va de même lorsque les deux activités distinctes, exercées avec l'autorisation du bailleur, sont pratiquées dans des conditions difficiles (Cass. 3e civ. 25-11-2009 no 08-14.189 : RJDA 2/10 no 131).

ILLUSTRATIONS

Est monovalent un hôtel-restaurant présentant une entrée unique pour la clientèle avec hall de réception, salle à manger et salon d'attente communs, les locaux étant aménagés de manière à constituer une exploitation unique (Cass. 3e civ. 13-11-1997 : RJDA 1/98 no 27), mais non un hôtel-restaurant ayant des activités importantes et autonomes, disposant d'entrées distinctes, le restaurant ayant une clientèle extérieure à celle de l'hôtel (Cass. 3e civ. 30-9-1998 : RJDA 11/98 no 1194), ou des locaux comprenant trois corps de bâtiment distincts non conçus en vue d'une seule utilisation et pouvant recevoir une autre affectation à condition d'aménagements d'un coût raisonnable (Cass. 3e civ. 7-1-1998 no 96-10.088 : RJDA 3/98 no 269), ou encore des locaux abritant un hôtel-restaurant dont l'activité était quasi nulle et qui étaient en réalité affectés principalement et de manière quasi exclusive à une activité de « bar, tabac, journaux » (Cass. 3e civ. 30-6-2004 no 03-12.811 : RJDA 10/04 no 1094).

59075 La qualification de la monovalence est étendue aux **locaux anciens** devenus monovalents à la suite d'aménagements importants excluant tout autre usage sans transformation profonde (Cass. 3e civ. 2-3-1977 : Bull. civ. III no 107 ; Cass. 3e civ. 26-2-1992 : RJDA 4/92 no 328), et ce même s'il leur a été adjoint une boutique antérieurement exploitée à un autre usage (Cass. 3e civ. 18-3-1992 : Rev. Loyers 1992 p. 243 ; Cass. 3e civ. 4-1-1995 : RJDA 2/95 no 115 qui a relevé la faible surface de la boutique).

Il est nécessaire que les travaux de transformation aient été faits par le bailleur ou qu'ils lui soient acquis par voie d'accession si le locataire en a assumé la charge. Ainsi, en présence d'une clause reportant l'accession des constructions nouvelles et travaux au départ du locataire, le bailleur ne peut pas se prévaloir des aménagements réalisés par le locataire spécifiquement en vue d'un usage industriel, pour revendiquer la monovalence des locaux, dès lors qu'il n'y avait eu aucune sortie des lieux loués (Cass. 3e civ. 21-5-2014 n° 13-12.592 : RJDA 10/14 n° 749).

Cas particulier des hôtels Lorsqu'un hôtel est exploité dans le local loué, le bailleur ne peut, en dépit de toute stipulation contraire du bail, s'opposer à l'exécution de **travaux d'équipement et d'amélioration** que le locataire réalise à ses frais et sous sa responsabilité dès lors que celui-ci lui a adressé une notification préalable (C. tourisme art. L 311-1 et L 311-2). 59090

Le bailleur ne peut prétendre à aucune **majoration du loyer,** pendant la durée du bail en cours et celle du bail renouvelé qui lui fait suite et pour une durée de douze ans, du fait de l'incorporation à l'immeuble des améliorations résultant de l'exécution de ces travaux (art. L 311-3). Le délai de douze ans court à compter de la date d'exécution des travaux et non de l'accord du propriétaire (Cass. 3e civ. 13-11-2013 n° 12-21.165 : BPIM 1/14 inf. 65).

Le loyer du bail renouvelé doit donc être fixé de façon que le bailleur ne puisse retirer aucun avantage des travaux. Pour cela, les juges recherchent la valeur locative de l'hôtel dans son état après travaux, puis ils affectent celle-ci d'un **abattement** correspondant aux travaux réalisés (Cass. 3e civ. 15-11-2000 n° 99-13.134 : RJDA 2/01 n° 134).

> **Précisions** La notification est une formalité substantielle dont l'omission prive le locataire de tout droit à invoquer les dispositions du Code du tourisme (Cass. 3e civ. 1-3-2000 n° 98-14.763 : RJDA 5/00 n° 518 ; Cass. 3e civ. 21-2-2001 : RJDA 5/01 n° 565 ; Cass. 3e civ. 3-5-2007 n° 06-11-210 : RJDA 10/07 n° 935).

LOYER DU BAIL RENOUVELÉ POUR DES LOCAUX À USAGE EXCLUSIF DE BUREAUX

Le **prix du bail** des locaux à usage exclusif de bureaux est **fixé** par référence aux prix pratiqués pour des locaux équivalents, sauf à être corrigés en considération des différences constatées entre le local loué et les locaux de référence. À défaut d'équivalence, les locaux de référence peuvent à titre indicatif être utilisés pour la détermination des prix de base, sauf à être corrigés en considération des différences constatées avec le local loué. Les références proposées de part et d'autre doivent porter sur plusieurs locaux et comporter, pour chaque local, son adresse et sa description succincte. Elles sont corrigées à raison des différences qui peuvent exister entre les dates de fixation des prix et les modalités de cette fixation (C. com. art. R 145-11 et R 145-7, al. 2 et 3). 59100

La règle du **plafonnement** est donc inapplicable à de tels locaux (Cass. 3e civ. 6-4-1976 : Bull. civ. III n° 134 ; Cass. 3e civ. 8-1-1997 : RJDA 2/97 n° 181 ; Cass. 3e civ. 7-7-2016 n° 15-15.173 F-D : RJDA 11/16 n° 769), celle-ci étant inconciliable avec une fixation possible du loyer à un niveau plus élevé par référence à des éléments de comparaison.

Le **caractère** d'usage exclusif de **bureaux** résulte de la **destination** commerciale **prévue au bail** (Cass. 3e civ. 12-10-1976 : Bull. civ. III n° 333 ; Cass. 3e civ. 13-11-1986 : Bull. civ. III n° 155) et non de l'usage que le locataire a fait des lieux (Cass. 3e civ. 24-2-1988 : Rev. Loyers 1988 p. 175 ; Cass. 3e civ. 7-4-1994 : RJDA 7/94 n° 787) ou s'apprête à faire (Cass. 3e civ. 1-4-2009 n° 08-13.130 : RJDA 6/09 n° 521). Les juges du fond doivent caractériser la destination des locaux à l'usage exclusif de bureaux (Cass. 3e civ. 18-7-1984 : Bull. civ. III n° 140). Dès lors que le bail autorise d'autres activités, les locaux ne sont plus à usage exclusif de bureaux (Cass. 3e civ. 12-10-1976 : Bull. civ. III n° 333 ; Cass. 3e civ. 7-12-2017 n° 16-14.969 F-D : RJDA 3/18 n° 215). La qualification de ces locaux est contrôlée par la Cour de cassation (Cass. 3e civ. 31-1-1979 : Bull. civ. III n° 30). 59105

Le caractère mixte de la location n'est pas de nature, par lui-même, à exclure la qualification de locaux à usage de bureaux puisque seules doivent être prises en considération les activités commerciales. Par suite, le loyer d'un bail renouvelé portant sur un immeuble loué à usage mixte commercial et d'habitation dont la partie affectée à l'activité commerciale était utilisée à usage de bureaux échappe à la règle du plafonnement (Cass. 3e civ. 21-2-1996 : RJDA 5/96 n° 615).

Le caractère d'usage exclusif de bureaux n'est pas incompatible avec la **réception de clientèle** et de fournisseurs dès lors que ce local ne sert notamment ni au dépôt ni à la livraison de marchandises (Cass. 3e civ. 6-4-1976 : Bull. civ. III n° 133 ; Cass. 3e civ. 13-11-1986 : Bull. civ. III n° 155 ; Cass. 3e civ. 7-4-1994 : RJDA 7/94 n° 787). Ainsi, la venue de clients dans des locaux où le locataire exerce la profession d'agent d'assurances et d'agent d'affaires n'enlève pas à ces locaux leur qualité de bureaux (Cass. 3e civ. 25-2-1976 : Bull. civ. III n° 91). Il en est de même des locaux à usage d'agence bancaire (Cass. 3e civ. 17-11-1981 : Bull. civ. III n° 185 ; Cass. 3e civ. 7-2-1984 : Bull. civ. III n° 29) ou des locaux dont la destination contractuelle permet l'exercice d'activités de transactions immobilières et commerciales sans dépôt de marchandises (Cass. 3e civ. 19-4-1989 : Bull. civ. III n° 85). 59110

En revanche, les locaux à usage d'enseignement échappent à la qualification de bureaux car l'essentiel des locaux est affecté à la réception des clients (Cass. 3e civ. 17-7-1987 : Rev. Loyers 1987 p. 485).

SECTION 11

RUPTURE DU BAIL COMMERCIAL

I. RÉSILIATION DU BAIL EN PRÉSENCE D'UNE CLAUSE RÉSOLUTOIRE

A. Mise en jeu de la clause résolutoire d'un bail commercial

GÉNÉRALITÉS

59400 Toute clause d'un bail commercial prévoyant la résiliation de plein droit ne produit effet qu'un mois après un commandement demeuré infructueux. Les juges saisis d'une demande présentée dans les formes et conditions prévues à l'article 1343-5 du Code civil peuvent, en accordant des délais, suspendre la réalisation et les effets des clauses de résiliation, lorsque la résiliation n'est pas constatée ou prononcée par une décision de justice ayant acquis l'autorité de la chose jugée. La clause résolutoire ne joue pas si le locataire se libère dans les conditions fixées par le juge (C. com. art. L 145-41). Régime d'ordre public, tout aménagement conventionnel est réputé non écrit (C. com. art. L 145-15).

DOMAINE D'APPLICATION DE LA CLAUSE RÉSOLUTOIRE DU BAIL COMMERCIAL

59405 L'article L 145-41 du Code de commerce est applicable à **toutes les infractions au bail.**

Toutefois, le bailleur doit invoquer un manquement au bail, ce qui implique, d'une part, la violation d'une stipulation expresse du bail (Cass. 3e civ. 8-1-1985 : Bull. civ. III n° 6 ; Cass. 3e civ. 13-12-2006 n° 06-12.323 : RJDA 3/07 n° 231) et, d'autre part, que l'infraction soit contractuellement sanctionnée par la clause résolutoire (Cass. 3e civ. 29-4-1985 : Bull. civ. III n° 71). Il n'est pas nécessaire que l'**auteur de l'infraction** soit le locataire. Celle-ci peut avoir été commise par un gérant libre que le locataire a introduit dans les lieux (Cass. 3e civ. 21-5-1969 : Bull. civ. III n° 398 : fermeture administrative du fonds ; Cass. 3e civ. 9-11-1981 : Bull. civ. III n° 183 : condamnation pour proxénétisme hôtelier du gérant libre). Le bénéfice de la clause résolutoire suppose que le **bail** soit encore **en cours,** ce qui n'est pas le cas lorsqu'à la date du commandement le bail a été cédé à un autre locataire (Cass. 3e civ. 20-11-1991 : Bull. civ. III n° 281).

ILLUSTRATIONS

Le bailleur ne peut pas mettre en œuvre la clause résolutoire en cas de sous-location irrégulière lorsque l'interdiction de sous-louer ne figurait pas dans le bail mais résultait exclusivement des dispositions de l'article L 145-31 du Code de commerce (Cass. 3e civ. 11-6-1986 : Bull. civ. III n° 92) ni en cas de non-exploitation continue du fonds de commerce, si une telle obligation ne figurait pas expressément au bail (Cass. 3e civ. 3-4-1996 : RJDA 7/96 n° 896). De même, lorsque la clause vise le non-paiement « des loyers », le bailleur ne peut pas obtenir la constatation de la résiliation pour non-paiement des charges (Cass. 3e civ. 3-4-1973 n° 72-10.537 : Bull. civ. III n° 249) ou d'une indemnité d'occupation (Cass. 3e civ. 24-2-1999 n° 97-11.554 : RJDA 4/99 n° 387). De même encore, la clause résolutoire ne peut pas être mise en jeu pour occupation illicite de parties de l'immeuble non comprises dans la location (Cass. 3e civ. 8-6-2023 n° 21-19.099 F-D : RJDA 12/23 n° 642).

CONDITIONS DE MISE EN ŒUVRE DE LA CLAUSE RÉSOLUTOIRE

59410 **Commandement** Pour que la mise en œuvre de la clause résolutoire du bail commercial soit valable, il faut qu'un commandement ait été notifié au locataire. Le commandement est l'acte par lequel le bailleur fait connaître au locataire les infractions qui lui sont reprochées et l'informe qu'il entend user du bénéfice de la clause résolutoire en cas de défaillance dans le délai imparti.

Le commandement doit être délivré par **acte extrajudiciaire** (Cass. 3e civ. 21-12-2017 n° 16-10.583 FS-PBI : RJDA 4/18 n° 302). La délivrance d'un commandement ne saurait être remplacée ni par une assignation en résiliation du bail (Cass. 3e civ. 17-10-1972 : Bull. civ. III n° 520), ni par un commandement irrégulier (Cass. 3e civ. 23-1-1975 : Bull. civ. III n° 27), ni par de simples conclusions (Cass. 3e civ. 20-2-1991 : RJDA 4/91 n° 281).

Le commandement doit **mentionner** un **délai** d'un mois minimum pour que le locataire puisse remédier au manquement invoqué (Cass. 3e civ. 11-12-2013 n° 12-22.616 : RJDA 3/14 n° 204). Toute clause prévoyant un délai inférieur est réputée non écrite (C. com. art. L 145-15, al. 1). 59411

ILLUSTRATIONS

Est irrégulier le commandement qui donne au locataire un délai de trente jours (même arrêt) ou qui, tout à la fois, mentionne le délai d'un mois et vise une clause résolutoire impartissant un délai de 15 jours au locataire pour s'exécuter (Cass. 3e civ. 8-12-2010 n° 09-16.939 : RJDA 4/11 n° 289). De même, le commandement qui mentionne plusieurs délais est sans effet si cette mention est de nature à créer la confusion dans l'esprit du locataire (Cass. 3e civ. 29-6-2010 n° 09-10.394 : RJDA 11/10 n° 1043 ; Cass. 3e civ. 17-3-2016 n° 14-29.923 FS-D : RJDA 7/16 n° 516).

En revanche, aucune forme n'est imposée pour la rédaction des mentions prévues (Cass. 3e civ. 12-10-1982 : Bull. civ. III n° 197).

Le locataire ayant, dans le délai qui lui est accordé, la possibilité de mettre fin aux infractions qui lui sont reprochées et dont le bailleur entend se prévaloir, la sommation doit indiquer de façon précise les **manquements** auxquels il doit être remédié (Cass. 3e civ. 16-11-1971 : Bull. civ. III n° 556 ; Cass. 3e civ. 28-10-2003 n° 02-16.115 : RJDA 1/04 n° 25). Elle ne peut pas se borner à énoncer que le locataire n'a pas rempli ses obligations (Cass. 3e civ. 16-11-1971 : Bull. civ. III n° 556) et il a été jugé que le locataire ne peut pas perdre son droit au bail du fait d'une sommation lorsque son imprécision ne permettait pas au locataire de connaître très exactement les infractions qui lui étaient reprochées, et le mettait dans l'impossibilité d'y mettre fin (Cass. 3e civ. 1-10-1975 : Bull. civ. III n° 268). N'est pas imprécis le commandement délivré avec rappel des dispositions de l'article L 145-41 du Code de commerce et précisant que le bailleur réclame le paiement de la somme représentant les loyers et charges impayés (Cass. com. 7-11-2006 n° 03-21.200 : RJDA 2/07 n° 177). 59412

En cas de **réitération du manquement** postérieure à une mise en conformité à la suite d'un premier commandement, il y a lieu de délivrer un nouveau commandement visant la clause résolutoire (Cass. 3e civ. 22-7-1987 : Bull. civ. III n° 152).

> Précisions a. La mise en demeure du locataire est **indispensable** même si son manquement présente un caractère irréversible (Cass. 3e civ. 30-5-1996 : RJDA 8-9/96 n° 1021 ; Cass. 3e civ. 19-4-2005 n° 03-21.202 : RJDA 10/05 n° 1077), contrairement à la solution retenue par la Cour de cassation en cas de refus de renouvellement (n° 57445).

b. Le commandement visant la clause résolutoire et la **mise en demeure préalable au refus de renouvellement** du bail pour motifs graves et légitimes (nos 57440 s.) peuvent figurer dans le même acte (Cass. 3e civ. 12-10-1982 : Bull. civ. III n° 197).

c. Lorsqu'il vise un **arriéré de loyers,** le commandement fait pour une somme supérieure à la dette réelle n'est pas nul. Il reste valable pour la partie qui ne fait l'objet d'aucune contestation de la part du débiteur (Cass. 3e civ. 27-10-1993 : RJDA 12/93 n° 1006).

d. Le commandement peut être délivré par un seul des **propriétaires indivis** (Cass. 3e civ. 4-2-2014 n° 12-13.653 : RJDA 5/14 n° 409 ; solution rendue en matière de bail d'habitation mais transposable) ou par ceux détenant moins des deux tiers des droits indivis (Cass. 1e civ. 9-7-2014 n° 13-21.463 : RJDA 11/14 n° 827) car il s'agit d'un acte conservatoire (C. civ. art. 815-2, al. 1).

e. **L'irrégularité de fond** relative à l'auteur ou au destinataire du **commandement** et affectant la validité de celui-ci n'est pas susceptible de régularisation (Cass. 3e civ. 25-3-1992 n° 517 : RJDA 8-9/92 n° 808 ; Cass. 3e civ. 29-10-2008 n° 07-14.242 : RJDA 1/09 n° 5 ; Cass. 2e civ. 21-3-2013 n° 02-17.107 : RJDA 6/13 n° 509).

f. Le **paiement** fait par la **caution** du locataire interdit au bailleur de se prévaloir de la clause résolutoire (CA Colmar 15-11-2010 n° 09-03606 : PA 2011 n° 83 p. 10 note Perrin, solution reposant sur l'ancien article 1236 du Code civil tenant pour libératoire le paiement par la caution, transposable à l'article 1342-1 qui prévoit que le paiement peut être fait par toute personne).

Persistance de l'infraction pendant plus d'un mois La résiliation de plein droit ne peut intervenir qu'une fois que le délai imparti au locataire pour réparer l'infraction est expiré. L'**expiration du délai imparti** par la mise en demeure est une condition de recevabilité de l'action tendant à faire constater la résiliation de plein droit (Cass. 3e civ. 19-3-1986 : Bull. civ. III n° 32). Il appartient au bailleur d'établir la persistance de l'infraction aux clauses du bail après l'expiration de ce délai (Cass. 3e civ. 13-11-1997 : RJDA 1/98 n° 25 ; Cass. 3e civ. 20-5-2021 n° 20-12.533 F-D : RJDA 8-9/21 n° 553). Tel n'est pas le cas lorsque le bailleur accepte deux chèques, remis par le locataire dans le délai imparti, et en diffère l'encaissement conformément à la demande du locataire (Cass. com. 3-6-2003 n° 01-10.612 : RJDA 12/03 n° 1166). 59415

Si le locataire a obtempéré à la mise en demeure dans le délai prévu, la clause résolutoire ne joue plus (Cass. 3e civ. 3-7-1970 : Bull. civ. III n° 467 ; Cass. 3e civ. 3-11-2005 n° 04-16.256 : RJDA 3/06 n° 240).

Le **paiement** dans le délai imparti doit être fait au bailleur ou à la personne désignée pour recevoir le paiement (C. civ. art. 1342-2, al. 1 ; cf. Cass. civ. 5-3-1997 : RJDA 5/97 n° 616).

L'inexécution dans le délai imparti par le commandement peut être justifiée par la **force majeure.** 59416

ILLUSTRATIONS

Constitue un cas de force majeure le fait pour un locataire qui, mis en demeure d'exécuter certains travaux dans le délai d'un mois coïncidant avec la période des congés payés, a commencé les travaux mais s'est trouvé dans l'impossibilité de les achever du fait de la fermeture des entreprises qui en étaient chargées (Cass. 3e civ. 24-6-1971 : Bull. civ. III no 404). En revanche, ne constitue pas un cas de force majeure la fermeture d'un établissement par arrêté préfectoral pour infraction au Code des débits de boissons et agissements fautifs du locataire pour justifier un défaut d'exploitation (Cass. 3e civ. 25-6-1974 : Bull. civ. III no 263 ; Cass. 3e civ. 20-11-1985 : Bull. civ. III no 148), des raisons de santé ou le décès du locataire (Cass. civ. 5-3-1980 : Loyers 1980 no 225 ; CA Paris 15-12-1984 : D. 1984.IR.99 ; contra CA Paris 12-3-1985 : Loyers 1985 no 244), ou l'occupation irrégulière des lieux par des squatteurs si le locataire ne prouve pas avoir usé de tous les moyens légaux pour s'y opposer (Cass. civ. 29-3-1995 : RJDA 6/95 no 693).

59420 **Bonne foi du bailleur** La clause résolutoire doit être mise en œuvre de **bonne foi,** ce qu'apprécient souverainement les juges du fond (Cass. com. 7-1-1963 : Bull. civ. III no 16 ; Cass. 3e civ. 18-9-2012 no 11-23.051 F-D : RJDA 12/12 no 1049) qui sont tenus de procéder à cette recherche lorsqu'elle leur est demandée par le locataire (Cass. 3e civ. 5-6-1991 no 89-21.166 : RJDA 8-9/91 no 692 ; Cass. 3e civ. 5-11-2015 no 14-11.024 F-D : RJDA 4/16 no 262 ; Cass. 3e civ. 25-4-2024 no 23-10.384 F-D : RJDA 7/24 no 383). Tel n'est pas le cas lorsque le bailleur a choisi des vacances pour mettre à exécution des sommations infructueuses (Cass. 3e civ. 16-10-1973 : Bull. civ. III no 529 ; Cass. 3e civ. 15-12-1976 : Bull. civ. III no 465), lorsque les travaux exigés nécessitaient des délais importants eu égard à leur nature et à leur importance (Cass. 3e civ. 5-6-1991 : RJDA 8-9/91 no 692), ou lorsque le bailleur, qui avait obtenu dans des conditions avantageuses le renouvellement du bail à un loyer déplafonné en raison de la seule modification de l'affectation des lieux loués, invoque cette modification pour obtenir la résiliation du bail (Cass. com. 29-9-2004 no 939 F-D : RJDA 12/04 no 1304).

En tout état de cause, les juges doivent se fonder sur des motifs présentant un lien avec la délivrance du commandement (Cass. 3e civ. 2-12-1998 : RJDA 2/99 no 152).

RENONCIATION DU BAILLEUR COMMERCIAL À LA CLAUSE RÉSOLUTOIRE

59425 Une fois l'infraction commise, le bailleur peut renoncer au bénéfice de la clause résolutoire, mais sa volonté doit s'être exprimée de manière non équivoque (Cass. 3e civ. 17-11-1971 : Bull. civ. III no 563).

ILLUSTRATIONS

Ne constitue pas une telle renonciation une simple attitude passive ou la perception de loyers sans réserve (Cass. 3e civ. 5-11-1976 : Bull. civ. III no 385), ou le seul écoulement du temps, en l'occurrence cinq ans (Cass. 3e civ. 19-3-2008 no 07-11.194 : RJDA 6/08 no 610), ou encore le fait de déclarer au redressement judiciaire du locataire une créance de loyers, de lui adresser des quittances et de percevoir des loyers dès lors que, par la suite, le bailleur a fait savoir à l'administrateur judiciaire du locataire que la clause résolutoire était acquise, a demandé la restitution des clefs et a fait délivrer un nouveau commandement de payer les loyers (Cass. 3e civ. 13-11-2002 no 01-12.361 : RJDA 2/03 no 114).
En revanche, le bailleur qui, après avoir délivré un premier commandement, a offert le renouvellement du bail puis a délivré un second commandement fondé sur un grief différent a été considéré comme ayant renoncé de manière non équivoque au premier commandement (Cass. 3e civ. 28-6-2018 no 17-15.247 F-D : RJDA 11/18 no 808). De même, jugé qu'a renoncé à la résolution du bail le bailleur qui a accepté le principe du renouvellement plus d'un mois après avoir délivré un commandement visant la clause résolutoire dont les effets n'avaient pas été constatés judiciairement (Cass. 3e civ. 11-5-2022 no 19-13.738 FS-B : RJDA 8-9/22 no 461).

CONSTATATION JUDICIAIRE DE L'ACQUISITION DE LA CLAUSE RÉSOLUTOIRE

59430 La mise en œuvre d'une clause résolutoire relève, dans tous les cas et quel que soit le manquement invoqué, de la compétence du tribunal judiciaire (C. com. art. R 145-23, al. 2).

La clause résolutoire s'impose au juge qui n'a donc pas à apprécier la gravité de l'infraction commise (Cass. com. 20-11-1963 : Bull. civ. III no 489 ; Cass. 3e civ. 5-10-2017 no 15-25.018 F-D : RJDA 4/18 no 303).

Le juge des référés a le pouvoir de constater le jeu d'une clause résolutoire sauf s'il y a lieu de trancher une contestation sérieuse (Cass. 3e civ. 18-7-1972 : Bull. civ. III no 479). Par suite, il ne peut pas se prononcer sur la portée et les effets contestés d'une autorisation de cession de bail avec changement de commerce (même arrêt).

B. Octroi de délais et suspension des effets de la clause résolutoire

DEMANDE DE DÉLAIS ET DE SUSPENSION DE LA CLAUSE RÉSOLUTOIRE

Le locataire commercial doit avoir présenté une demande de délai dans les **formes** et **conditions** prévues à l'article 1343-5 du Code civil. Les juges ne peuvent donc pas suspendre d'office les effets de la clause résolutoire. **59440**

La demande de délais et de suspension de la clause résolutoire peut être formée à tout **moment,** même après l'expiration du délai d'un mois (Cass. 3e civ. 3-11-1971 : Bull. civ. III n° 527 ; Cass. 3e civ. 7-1-1998 : RJDA 3/98 n° 266), pourvu que la résiliation n'ait pas été constatée par une décision passée en force de chose jugée (Cass. 3e civ. 14-11-1970 : Bull. civ. III n° 70 ; Cass. 3e civ. 5-10-1994 : RJDA 12/94 n° 1266). Une stipulation contractuelle prévoyant la résiliation un mois après un commandement de payer resté infructueux « nonobstant toutes offres et consignations ultérieures » ne peut faire échec à ce principe d'ordre public (Cass. 3e civ. 3-3-1993 : RJDA 5/93 n° 387). **59445**

> **Précisions** La demande est recevable pour la première fois en cause d'**appel** (Cass. 3e civ. 6-1-1993 : RJDA 2/93 n° 97). Une cour d'appel a le pouvoir de suspendre les effets de la clause résolutoire pendant un délai supérieur à celui que le premier juge avait accordé. Aussi, dès lors que le locataire s'est libéré dans ce délai, l'application de la clause résolutoire doit être écartée (Cass. 3e civ. 8-4-1992 : RJDA 6/92 n° 564).

POUVOIRS DU JUGE SUR LA SUSPENSION DE LA CLAUSE RÉSOLUTOIRE

Le juge a le pouvoir d'accorder des délais au locataire quel que soit le manquement de celui-ci à ses obligations (Cass. 3e civ. 15-1-1992 n° 90-16.625 : Bull. civ. III n° 15 ; Cass. 3e civ. 6-2-2025 n° 23-18.360 FS-B : RJDA 6/25 n° 307). L'octroi de délais implique nécessairement la suspension des effets de la clause résolutoire (Cass. 3e civ. 9-11-1983 : Rev. Loyers 1984 p. 45 ; Cass. 3e civ. 7-1-1998 : RJDA 3/98 n° 266). Réciproquement, les effets d'une clause résolutoire ne peuvent pas être suspendus sans que des délais soient accordés au locataire pour s'acquitter de l'obligation en cause (Cass. 3e civ. 7-12-2004 n° 03-18.144 : RJDA 3/05 n° 236). En conséquence, lorsque les loyers visés par le commandement ont été payés hors du délai d'un mois, mais avant que le juge ne statue, il appartient à ce dernier, s'il veut éviter la résiliation du contrat et l'expulsion du locataire, d'accorder rétroactivement des délais au locataire, puis de constater que le paiement a eu lieu dans ces délais (pour un exemple de délais rétroactivement accordés, voir Cass. 3e civ. 8-4-1992 n° 91-10.465 : RJDA 6/92 n° 564). **59450**

La Cour de cassation a par ailleurs précisé que le juge peut, tout à la fois, constater l'acquisition de la clause résolutoire figurant dans le bail et accorder au locataire un délai pour s'acquitter de sa dette, suspendre les effets de la clause pendant le cours de ce délai et préciser que la clause sera réputée ne pas avoir joué en cas de paiement dans le délai (Cass. 3e civ. 4-3-2009 n° 08-14.557 : RJDA 5/09 n° 414).

Les juges du fond **apprécient souverainement** l'opportunité de suspendre les effets de la clause et d'accorder des délais (Cass. 3e civ. 12-2-1970 : Bull. civ. III n° 100 ; Cass. 3e civ. 27-10-1993 : RJDA 12/93 n° 1006), mais ils doivent subordonner ces délais au règlement des causes du commandement de payer (Cass. 3e civ. 9-3-2005 n° 02-13.390 : RJDA 6/05 n° 661).

En revanche, le refus relève de leur **pouvoir discrétionnaire** (Cass. 3e civ. 27-10-1993 : RJDA 12/93 n° 1006 ; Cass. com. 13-12-2005 n° 04-16.255 : RJDA 4/06 n° 391), ce qui permet au juge de rendre sa décision sans avoir à la motiver.

Le juge doit examiner la situation du locataire au regard des conditions d'octroi du délai de grâce, à savoir que le débiteur soit de bonne foi et qu'il se trouve dans une situation qui ne lui permette pas de se libérer immédiatement (Cass. 3e civ. 9-5-1978 : Bull. civ. III n° 197 ; Cass. 3e civ. 13-3-1991 : RJDA 5/91 n° 385), mais il a été jugé que la bonne foi de ce dernier suffit à justifier l'octroi de délais (Cass. 3e civ. 16-4-1973 : Bull. civ. III n° 299 ; Cass. 3e civ. 15-5-1996 : RJDA 8-9/96 n° 1023).

> **Précisions** **a.** Le **juge des référés** doit examiner la demande au seul regard de l'article L 145-41 du Code de commerce et ne peut suspendre les effets de la clause au seul motif qu'une procédure au fond est pendante (Cass. 3e civ. 15-1-1992 : Bull. civ. III n° 17 ; Cass. 3e civ. 8-3-2006 n° 04-18.852 : RJDA 6/06 n° 627).
> **b.** Bien que l'ordonnance de **référé** qui constate la résiliation d'un bail par l'effet d'une clause résolutoire n'ait pas, au principal, l'autorité de la chose jugée, elle lie les juges du fond lorsqu'elle accorde des délais de paiement au débiteur en suspendant les effets de la clause résolutoire (Cass. 3e civ. 9-1-1991 n° 90-10.127 : RJDA 2/91 n° 97, 2e esp. ; Cass. 3e civ. 14-10-1992 n° 90-21.657 : Bull. civ. III n° 271). En conséquence, les juges du fond qui constatent que les délais accordés en référé n'ont pas été respectés ne peuvent pas en accorder de nouveaux (Cass. 3e civ. 2-4-2003 n° 01-16.834 : RJDA 7/03 n° 700 ; Cass. 3e civ. 15-10-2008 n° 07-16.725 : RJDA 12/08 n° 1227 ; Cass. 3e civ. 11-7-2024 n° 23-16.040 F-D : RJDA 11/24 n° 583).

EFFET DE LA DÉCISION DU JUGE DE SUSPENDRE LA CLAUSE RÉSOLUTOIRE

59455 La clause résolutoire ne joue pas si le **locataire** commercial **se libère** dans les conditions fixées par le juge (Cass. 3e civ. 8-7-1987 : Rev. Loyers 1987 p. 486 ; Cass. 3e civ. 9-1-1991 : Bull. civ. III no 16).

En revanche, si le **locataire ne satisfait pas** aux obligations prescrites par le juge dans les délais accordés, la clause résolutoire reprend son plein effet à l'expiration du délai imparti par le commandement (Cass. 3e civ. 11-5-1995 : Bull. civ. III no 117) ; la clause est définitivement acquise sans que la mauvaise foi du bailleur à s'en prévaloir puisse y faire obstacle (Cass. 3e civ. 26-10-2023 no 22-16.216 FS-B : RJDA 3/24 no 152). De son côté, le bailleur ne peut plus se raviser en demandant unilatéralement l'exécution du bail (Cass. 3e civ. 22-10-2020 no 19-19.542 FS-PBI : RJDA 1/21 no 7).

II. RÉSOLUTION JUDICIAIRE DU BAIL COMMERCIAL

59520 La résolution judiciaire du bail peut être prononcée en cas d'**inexécution** par l'une **des** parties de ses **obligations nées du bail,** qu'elles soient d'origine contractuelle ou légale. Les juges du fond apprécient souverainement si la gravité des manquements justifie la résiliation du bail (Cass. com. 18-2-1963 : Bull. civ. III no 106 ; Cass. 3e civ. 8-5-1974 : Bull. civ. III no 187).

Sauf stipulation contraire, la demande en résolution judiciaire d'un bail commercial n'a **pas** à être précédée d'une **mise en demeure** (Cass. com. 22-12-1965 : Bull. civ. III no 666 ; Cass. 3e civ. 4-5-2000 : RJDA 7-8/00 no 750).

ATTENTION

Depuis le 1er octobre 2016, date d'entrée en vigueur de l'ordonnance 2016-131 du 10 février 2016, toute rupture de contrat demandée au juge et prononcée par lui constitue une « **résolution** » (C. civ. art. 1124), qui est qualifiée de « **résiliation** » si les prestations échangées ne sont pas soumises à restitution du fait de « leur utilité au fur et à mesure de l'exécution réciproque du contrat » (C. civ. art. 1229, al. 3).

59525 La résolution a ainsi été prononcée dans un cas où la **cessation d'activité** résultait de l'abandon des lieux par le locataire qui était allé exercer son activité dans un autre local (Cass. com. 29-3-1960 : Bull. civ. III no 122) ou lorsque le renouvellement du bail n'a été demandé que dans un but spéculatif pour céder à prix d'argent le droit au bail et l'ombre d'un commerce vidé de sa substance (Cass. com. 19-3-1963 : Bull. civ. III no 164). Il en va différemment en cas d'impossibilité pour le locataire de continuer l'exploitation en raison de l'attitude du bailleur (Cass. 3e civ. 1-2-1968 : Bull. civ. III no 44). Lorsque le bail interdit au locataire de céder son droit au bail sans le consentement exprès et écrit du bailleur, sauf à un successeur dans le commerce, celui qui cède son droit au bail sans le fonds de commerce sans cet accord commet une infraction de nature à justifier la résiliation du bail, même si le cessionnaire exerce en fait un commerce identique (Cass. 3e civ. 28-3-1977 : Bull. civ. III no 157). Mais jugé que la cession du bail sans l'agrément requis du bailleur n'est pas suffisamment grave pour justifier la résiliation du bail lorsque le bailleur avait commis un abus de droit à l'origine du comportement du locataire en s'abstenant délibérément de répondre aux multiples sollicitations de ce dernier (Cass. 3e civ. 5-1-2012 no 10-20.179 : RJDA 4/12 no 381).

Les juges du fond peuvent prononcer la résiliation du bail pour **changement de destination** des lieux loués (Cass. 3e civ. 8-5-1974 : Bull. civ. III no 187 ; nos 54805 s.) : par exemple, activité de restauration dans les lieux loués à destination de snack (Cass. 3e civ. 27-3-2025 no 23-22.383 F-D : RJDA 7/25 no 368), exercice d'un commerce de crêperie dans des locaux réservés à l'activité de café-bar et plats du jour (CA Paris 20-1-2017 no 14/24684 : RJDA 8-9/17 no 535), exploitation d'une buvette dans les lieux loués à usage d'un commerce d'épicerie, vins et liqueurs à emporter à l'exclusion de tous autres commerces (Cass. com. 10-4-1962 : Bull. civ. III no 221), création d'un commerce de bazar dans les lieux loués à usage d'épicerie (Cass. com. 9-12-1964 : Bull. civ. III no 547), adjonction d'un hôtel garni à l'établissement de bains prévu dans le bail (Cass. com. 26-2-1962 : Bull. civ. III no 123). En revanche, il n'y a pas lieu à résiliation en cas de simple aménagement rationnel de l'activité du locataire qui a transféré une partie de ses activités dans d'autres locaux tout en conservant une activité de garagiste (Cass. 3e civ. 16-7-1970 : Bull. civ. III no 487).

59530 La résolution peut également être prononcée dans d'**autres cas** : adjonction illicite d'un commerce de débit de boissons à l'activité prévue au bail de confiserie-pâtisserie, salon de thé, mais à la condition que l'infraction tenant à la vente de boissons alcoolisées soit établie, ce qui ne peut résulter du seul paiement des droits afférents à la licence de débits de boissons qui ne fait pas à lui seul la preuve de l'exploitation effective d'un débit de boissons (Cass. 3e civ. 10-7-1972 : Bull. civ. III n° 446), sous-location interdite (Cass. 3e civ. 17-10-1972 : Bull. civ. III n° 518), non-paiement répété des loyers (Cass. 3e civ. 14-1-1971 : Bull. civ. III n° 24), perte de la chose louée (Cass. 3e civ. 17-10-1968 : Bull. civ. III n° 383).

Le **bailleur peut renoncer** à se prévaloir de son droit de demander la résolution du bail, mais sa volonté doit être non équivoque (Cass. 3e civ. 15-2-1972 : Bull. civ. III n° 97). Une simple tolérance est insuffisante (Cass. com. 10-4-1962 : Bull. civ. III n° 221). **59535**

Le bailleur qui agit en résiliation du bail et en expulsion de son locataire mais qui omet de solliciter en première instance une indemnité d'occupation pour la période postérieure à la date de résiliation peut valablement présenter cette demande devant la cour d'appel. En effet, cette prétention est considérée par la Cour de cassation comme l'accessoire de la demande en résiliation du bail (Cass. 3e civ. 13-6-2001 : RJDA 10/01 n° 942). **59540**

La résolution judiciaire du bail prend **effet** à la date fixée par le juge ou, à défaut, au jour de l'assignation en justice (C. civ. art. 1229, al. 2). **59545**

III. NOTIFICATION DE LA RÉSILIATION DU BAIL COMMERCIAL AUX CRÉANCIERS INSCRITS

Le bailleur qui poursuit la résiliation du bail de l'immeuble dans lequel est exploité un fonds de commerce grevé d'inscriptions doit notifier sa demande aux créanciers antérieurement inscrits, au domicile élu par eux dans leurs inscriptions (C. com. art. L 143-2 et R 143-22). **59600**
La notification vaut mise en demeure d'exécuter les clauses du bail (Cass. 3e civ. 8-2-1989 : Bull. civ. III n° 31). Elle a pour but de réserver aux créanciers inscrits un moyen de sauvegarder leur gage, dont le bail est un des principaux éléments, en leur permettant d'accomplir les obligations nées du bail au lieu et place de leur débiteur (Cass. 3e civ. 13-4-1976 : Bull. civ. III n° 151 ; Cass. 3e civ. 17-5-1977 : Bull. civ. III n° 215).

DOMAINE D'APPLICATION DE LA NOTIFICATION AUX CRÉANCIERS INSCRITS

La notification doit être faite dans tous les cas de résiliation. **59605**

> **Précisions** **a.** En cas de **résiliation judiciaire,** la date qui doit être prise en considération pour connaître l'antériorité de l'inscription des créanciers auxquels le bailleur doit notifier sa demande de résiliation du bail est celle de la demande en justice du bailleur, que celle-ci intervienne sur assignation principale ou sur demande reconventionnelle. La solution est identique lorsque le bailleur entend poursuivre en justice la **résiliation du bail par acquisition de la clause résolutoire** (Cass. 3e civ. 22-3-2006 n° 04-16.747 : RJDA 6/06 n° 628 ; Cass. com. 16-10-2007 n° 05-19.756 : RJDA 1/08 n° 10).
> **b.** En cas de **résiliation amiable,** la date de référence est celle de la décision conjointe des parties de résilier. Cette décision est notifiée aux créanciers qui se sont inscrits avant qu'elle n'intervienne.
> **c.** En cas de **résolution par voie de notification** au cocontractant, l'inscription doit être antérieure à la date de réception de la notification par le cocontractant qui en est destinataire (en ce sens, C. civ. art. 1226, al. 2) ou, en cas de contestation de la notification, antérieure à la date fixée par le juge (en ce sens, C. civ. art. 1229, al. 2).

MOMENT ET CONTENU DE LA NOTIFICATION AUX CRÉANCIERS INSCRITS

En cas de **résiliation judiciaire,** la dénonciation de la demande en justice (assignation ou demande reconventionnelle) vaut notification. Elle peut intervenir à tout moment en cours d'instance à condition d'avoir été faite plus d'un mois avant le jugement (en ce sens, C. com. art. L 143-2, al. 1). **59620**

En cas de **résiliation du bail par acquisition d'une clause résolutoire,** le bailleur doit notifier aux créanciers soit l'assignation délivrée après expiration d'un délai d'un mois suivant le commandement et tendant à la constatation de la résiliation (Cass. 3e civ. 4-3-1998 : RJDA 5/98 n° 571, 2e esp.), soit la décision de justice constatant celle-ci (Cass. 3e civ. 4-3-1998 : RJDA 5/98 n° 571, 1e esp.). En revanche, la notification du commandement de payer visant la clause résolutoire ne constitue pas la notification au sens de la loi (Cass. 3e civ. 3-10-2007 n° 05-22.031 : RJDA 12/07 n° 1196 ; Cass. 3e civ. 16-3-2017 n° 15-29.206 FS-PB : RJDA 6/17 n° 394).

> **Précisions** La notification n'est soumise à aucun **formalisme** ; seule importe l'information claire et non équivoque fournie aux créanciers inscrits (Cass. 3e civ. 16-1-2001 : RJDA 4/01 n° 429).
> La notification n'a pas à indiquer qu'elle est faite au créancier inscrit en cette qualité et en application de l'article L 143-2 du Code de commerce (Cass. 3e civ. 16-2-2000 n° 98-12.159 : RJDA 4/00 n° 388).

EFFETS DE LA NOTIFICATION AUX CRÉANCIERS INSCRITS

59640 Les créanciers inscrits disposent d'un **délai d'un mois** à compter de la date de notification pour empêcher la résiliation en exécutant à la place du débiteur les obligations nées du bail (cf. C. com. art. L 143-2, al. 2) mais il ne s'agit là que d'une faculté qu'on ne saurait reprocher aux créanciers de ne pas avoir exercée (Cass. com. 30-10-2000 n° 97-11.718 F-D : RJDA 2/01 n° 230). Agir pendant ce délai est néanmoins important pour les créanciers inscrits, car en cas d'inaction ils ne peuvent même plus interjeter appel d'une décision qui constaterait la résiliation du bail (Cass. 3e civ. 27-5-2009 n° 08-12.726 : RJDA 8-9/09 n° 708).

La notification aux créanciers ne modifie pas les obligations découlant du bail régissant les **rapports du bailleur et du locataire.** Lorsque par exemple ce dernier n'a pas réglé ses loyers dans le délai du commandement visant la clause résolutoire, il ne peut pas se prévaloir, pour accomplir ses propres obligations, des délais spéciaux accordés aux créanciers inscrits (Cass. 3e civ. 17-4-1974 : Bull. civ. III n° 146 ; Cass. 3e civ. 20-5-1992 : RJDA 7/92 n° 689).

> **Précisions** Les règles de **computation des délais** de procédure (CPC art. 640 et 642) sont applicables. Par suite, si le jour d'expiration du délai tombe un samedi, le créancier inscrit bénéficie d'une prorogation jusqu'au premier jour ouvrable suivant (Cass. 3e civ. 14-11-1996 : RJDA 1/97 n° 21).

DÉFAUT DE NOTIFICATION AUX CRÉANCIERS INSCRITS

59660 La notification étant imposée dans l'intérêt particulier des créanciers inscrits, eux seuls sont recevables à invoquer un défaut de notification (Cass. com. 16-10-2007 n° 05-19.756 : RJDA 1/08 n° 10), à l'exclusion du locataire (Cass. 3e civ. 22-5-1973 : Bull. civ. III n° 358 ; Cass. 3e civ. 6-12-1995 : RJDA 2/96 n° 191).

Le créancier inscrit qui n'a pas reçu la notification est en droit d'**exiger le maintien du bail** pour la sauvegarde de son gage. Par suite, la résiliation judiciaire prononcée en première instance est de plein droit inopposable au créancier inscrit, serait-il intervenu volontairement en appel (Cass. 3e civ. 12-7-2006 n° 05-14.396 : RJDA 11/06 n° 1119). De même, la décision rendue sur sa tierce opposition et qui déclare la résiliation inopposable au créancier inscrit entraîne **rétractation** à l'égard de toutes les parties de la **décision initiale** constatant la résiliation de plein droit, en raison de l'impossibilité absolue d'exécuter simultanément les deux décisions (Cass. 3e civ. 15-12-1976 : Bull. civ. III n° 466). Les juges qui prononcent la rétractation ne peuvent pas, à cette occasion, se livrer à un nouvel examen en droit et en fait de la situation, car cela revient à suppléer ultérieurement au défaut de notification au créancier inscrit (Cass. civ. 6-12-1995 : RJDA 2/96 n° 191).

Le créancier inscrit qui a subi un préjudice du fait du défaut de notification peut agir en **dommages-intérêts** à l'encontre du bailleur (Cass. 3e civ. 1-2-1971 : Bull. civ. III n° 31 ; Cass. 3e civ. 14-12-1988 : Bull. civ. III n° 183 ; Cass. com. 3-2-2015 n° 13-26.210 : RJDA 1/16 n° 10 ; Cass. 3e civ. 25-10-2018 n° 17-16.828 FS-PBI : RJDA 1/19 n° 4). Encore faut-il que le préjudice subi par le créancier ne résulte pas de sa propre inertie, ce qui est le cas lorsqu'il s'est abstenu pendant plus de six ans de toute initiative visant à recouvrer sa créance (Cass. 3e civ. 9-11-2011 n° 10-20.021 : RJDA 3/12 n° 256).

SECTION 12

PROCÉDURES SPÉCIFIQUES AUX BAUX COMMERCIAUX

A. Procédure de conciliation

DOMAINE D'INTERVENTION DE LA COMMISSION DE CONCILIATION

59700 Seuls les **litiges** relatifs à la fixation du loyer du bail commercial renouvelé et ceux relatifs à la révision du loyer, aux charges et aux travaux sont soumis à une commission départementale de conciliation mixte composée de bailleurs et de locataires, en nombre égal, et de personnes qualifiées, qui s'efforce de concilier les parties et rend un avis (C. com. art. L 145-35, al. 1).

En ce qui concerne les loyers, le champ d'action des commissions de conciliation se limite aux litiges relatifs à l'application de la règle du plafonnement instituée par l'article L 145-34 du Code de commerce pour le loyer du bail renouvelé et par l'article L 145-38 pour le loyer du bail révisé.

SAISINE DE LA COMMISSION DE CONCILIATION

La commission de conciliation territorialement compétente est celle du lieu de situation de l'immeuble. Elle peut être saisie à tout moment par lettre recommandée avec avis de réception adressée au secrétariat. Les parties peuvent se faire représenter par un tiers spécialement habilité à cet effet ou par un avocat. Dans les deux cas, le mandataire ne pourra accepter une transaction que s'il bénéficie d'un pouvoir spécial. 59705

COMBINAISON DE LA CONCILIATION AVEC LA PROCÉDURE CONTENTIEUSE

Deux situations sont envisageables. 59710

1° La commission et la juridiction sont saisies parallèlement. Le juge des loyers, ou le tribunal si le litige concerne des charges ou des travaux, doit surseoir à statuer tant que l'avis de la commission n'est pas rendu (C. com. art. L 145-35, al. 2), étant précisé que la commission est dessaisie si elle n'a pas statué dans un délai de trois mois (C. com. art. L 145-35, al. 3).

2° La commission n'est pas saisie à la date des débats. Dans ce cas, la demande en justice demeure recevable (Cass. 3e civ. 10-3-2010 n° 09-10.344 : RJDA 5/10 n° 481), la juridiction n'est pas tenue de surseoir à statuer (Cass. 3e civ. 3-2-1993 : RJDA 4/93 n° 302).

À défaut d'accord, l'avis de la commission ne lie pas le juge. En revanche, lorsqu'un accord est intervenu entre les parties, il doit recevoir application sans que l'une des parties puisse invoquer une action en fixation du loyer exercée postérieurement comme valant renonciation (Cass. 3e civ. 14-6-1995 : RJDA 8-9/95 n° 947).

La saisine de la commission n'a pas d'effet interruptif de la prescription (Cass. 3e civ. 18-2-1998 : RJDA 4/98 n° 396).

B. Procédure contentieuse

COMPÉTENCE JURIDICTIONNELLE EN MATIÈRE DE BAUX COMMERCIAUX

L'article R 145-23 du Code de commerce édicte une compétence particulière en ce qui concerne les contestations relatives à l'application du statut des baux commerciaux. Selon la **nature des contestations,** sont compétents le tribunal judiciaire ou son président en tant que « juge des loyers commerciaux ». 59800

Les dispositions des articles R 145-23 et suivants du Code de commerce sont d'**ordre public** (Cass. 3e civ. 10-6-1971 : Bull. civ. III n° 374) et la violation de ces dispositions vicie la procédure tout entière. Toutefois, la nullité ne peut être prononcée que si l'irrégularité a causé un préjudice à celui qui l'invoque (Cass. 3e civ. 4-10-1972 : Bull. civ. III n° 494).

La juridiction territorialement compétente est celle du **lieu** de situation de l'immeuble (C. com. art. R 145-23, al. 3).

ATTENTION

Lorsque les parties au bail ont la qualité de commerçant, elles peuvent prévoir dans une clause très apparente de **déroger** aux règles de **compétence territoriale** en attribuant compétence à un tribunal autre que celui du lieu de situation des locaux (CA Paris 24-10-2024 nos 24/11779 et 24/11828 : RJDA 8-9/25 n° 429).

Compétence du président du tribunal judiciaire Les contestations relatives à la fixation du **loyer** du bail révisé ou renouvelé sont portées, quel que soit le montant du loyer, devant le président du tribunal judiciaire (C. org. jud. art. R 213-2 ; C. com. art. R 145-23, al. 1). En tant que juge des loyers, il est ainsi compétent pour : 59805

- fixer, en cas de désaccord des parties, le loyer du bail renouvelé ;
- trancher l'action en révision triennale légale ;
- statuer sur la révision du loyer du bail assorti d'une clause d'échelle mobile.

Après avoir fixé le loyer du bail révisé ou renouvelé, le juge des loyers peut arrêter le compte que les parties sont obligées de faire mais il ne peut pas prononcer une condamnation à restituer le trop-perçu (Cass. 3e civ. 11-5-2022 n° 20-21.689 FS-B : RJDA 8-9/22 n° 463).

Il est également compétent en cas de **sous-location** pour connaître de l'action en réajustement du loyer du bail principal, lorsque le sous-loyer est supérieur à celui de la location principale (C. com. art. L 145-31). Toutefois, il s'agit d'une action distincte et autonome de sorte qu'elle ne peut pas être soulevée par le bailleur à l'occasion de la procédure en fixation du loyer du bail renouvelé comme moyen de défense, mais doit faire l'objet d'une demande nouvelle, notifiée par mémoire, puis en saisissant le juge des loyers, par une nouvelle assignation (Cass. 3e civ. 7-2-2007 no 05-20.252 : RJDA 5/07 no 456).

> **Précisions** **a.** La compétence du juge des loyers est une **compétence d'exception,** d'interprétation stricte. En conséquence, lorsqu'il s'élève une contestation entre les parties à l'occasion d'une action en fixation du prix du bail, le juge doit **surseoir à statuer** lorsque la question posée présente une incidence sur la fixation du loyer mais ne ressort pas de sa compétence, et renvoyer le point litigieux devant le tribunal judiciaire ou, dans l'intérêt d'une bonne administration de la justice, se dessaisir complètement de l'affaire au profit du tribunal judiciaire qui, en raison de sa compétence générale, peut statuer accessoirement sur le montant du loyer.

b. S'agissant de l'**étalement de la hausse des loyers** déplafonnés, les litiges relatifs aux modalités de l'**échéancier** de ces loyers ne relèvent pas de la compétence du juge des loyers car ce dispositif est distinct de celui de la fixation du loyer (Cass. 3e civ. avis 9-3-2018 no 17-70.040 PB : RJDA 10/18 no 708).

c. L'article R 145-23 du Code de commerce qui institue une compétence d'attribution spéciale au juge des loyers est applicable à toute demande en fixation du prix d'un bail renouvelé sans exclusion pour les baux stipulant un **loyer comprenant une part variable** (Cass. 3e civ. 30-5-2024 no 22-16.447 FS-BR : RJDA 10/24 no 520).

59810 **Compétence du tribunal judiciaire** Toutes les autres contestations nées de l'application du statut doivent être portées devant le tribunal judiciaire (C. com. art. R 145-23, al. 2) dont la compétence est exclusive (C. org. jud. art. R 211-3-26, 11° et R 211-4, 2°).

Au principal, le tribunal judiciaire est compétent pour statuer notamment sur :
- les conditions d'application du statut des baux commerciaux ;
- les litiges relatifs au droit au renouvellement, y compris sur les motifs graves et légitimes de refus de renouvellement ;
- la validité et les effets du congé ;
- les actions en paiement des indemnités d'éviction ;
- les actions en fixation de l'indemnité d'occupation prévue par l'article L 145-28 du Code de commerce ;
- la forclusion et la prescription ;
- les demandes en reprise de locaux d'habitation ;
- les demandes de déspécialisation ;
- les cessions et sous-locations ;
- les questions relatives à la propriété de l'immeuble loué ou à sa gestion ;
- l'action en nullité d'un commandement visant la clause résolutoire intentée par un locataire ;
- l'action en contestation de l'acquisition de la clause résolutoire ou en suspension de celle-ci.

À titre accessoire, le tribunal peut être saisi d'une contestation relative à la fixation du prix du bail révisé ou renouvelé (C. com. art. R 145-23, al. 2 ; Cass. 3e civ. 24-2-1999 no 97-14.536 : RJDA 4/99 no 388). Dans ce cas, la demande est instruite suivant les règles applicables devant cette juridiction, et non pas suivant la procédure spéciale en vigueur devant le juge des loyers commerciaux (Cass. 3e civ. 27-11-2002 no 01-12.775 : RJDA 2/03 no 119 ; Cass. 3e civ. 23-5-2013 no 12-14.009 : RJDA 8-9/13 no 697 ; Cass. 3e civ. 25-1-2023 no 21-20.009 FS-B : RJDA 5/23 no 248).

59815 **Compétence du tribunal de commerce** Les dispositions qui attribuent compétence exclusive au tribunal judiciaire pour les actions relatives à l'application des règles statutaires (no 59810) conduisent à écarter la compétence du tribunal de commerce dans ces matières.

Le tribunal de commerce conserve cependant un îlot de **compétence résiduelle.** En effet, si le litige, bien que concernant un bail commercial, est fondé seulement sur le droit commun des obligations, le tribunal de commerce peut être saisi si bailleur et locataire sont tous deux commerçants ou artisans (C. com. art. L 721-3).

59818 **Compétence du tribunal des activités économiques** Depuis le 1er janvier 2025, douze tribunaux de commerce (Avignon, Auxerre, Le Havre, Le Mans, Limoges, Lyon, Marseille, Nancy, Nanterre, Paris, Saint-Brieuc et Versailles) sont devenus des « tribunaux des activités économiques » (TAE), à titre expérimental et pour quatre ans (Loi 2023-1059 du 20-11-2023 art. 26, I ; Décret 2024-674 du 3-7-2024 et Arrêté JUSB2418778A du 5-7-2024 art. 2). Ces tribunaux sont compétents pour ouvrir une **procédure collective** à l'encontre d'un **locataire** dont l'adresse professionnelle ou le siège est situé dans leur ressort. Ils connaissent de toutes les actions et les contestations relatives aux baux commerciaux qui sont nées de la procédure et qui présentent avec celle-ci des liens de connexité suffisants (Loi art. 26, II, al. 6).

PROCÉDURE DEVANT LE JUGE DES LOYERS COMMERCIAUX

Déroulement de la procédure devant le juge des loyers Il est statué sur **mémoire.** Ce document est un acte distinct de la demande initiale en révision du prix, il produit d'autres effets et sa notification ne vaut pas demande préalable (Cass. 3e civ. 15-11-2006 no 05-18.259 : RJDA 2/07 no 131). Il s'agit d'une formalité impérative (Cass. 3e civ. 10-6-1971 : Bull. civ. III no 374). 59820

Les mémoires doivent être **signés** par les avocats des parties (C. com. art. R 145-26).

Les mémoires sont **notifiés** par chacune des parties à l'autre, par lettre recommandée avec demande d'avis de réception (C. com. art. R 145-26), mais ils peuvent aussi être notifiés par acte extrajudiciaire (Cass. 3e civ. 16-10-2013 no 12-19.352 : RJDA 1/14 no 13, 1e esp.). En cas de pluralité de locataires ou de bailleurs, le mémoire doit être notifié à chacun d'entre eux (Cass. 3e civ. 4-5-2006 no 05-13.564 : RJDA 8-9/06 no 878 ; Cass. 3e civ. 3-7-2013 no 12-13.780 : RJDA 12/13 no 988). À peine d'irrecevabilité, cette règle s'applique aussi aux cohéritiers (Cass. 3e civ. 4-5-2006 no 05-13.564 : RJDA 8-9/06 no 878). La notification est valablement faite par le locataire au gérant de l'immeuble (C. com. art. R 145-26).

Le mémoire **doit indiquer** (C. com. art. R 145-24) :
– pour les personnes physiques, leurs nom, prénoms, profession, domicile, nationalité, date et lieu de naissance et, pour les personnes morales, leurs dénomination et siège social, ainsi que le titre, les nom et prénoms de leur représentant légal ;
– l'adresse de l'immeuble donné à bail.

Il doit en outre **contenir** (C. com. art. R 145-25) :
– une copie de la demande en fixation de prix faite, selon le cas, lors de la révision du loyer ou du renouvellement du bail ;
– l'indication des autres prétentions ;
– les explications de droit et de fait de nature à justifier les prétentions de leur auteur ou à réfuter celles de l'autre partie.

Le **juge** ne peut pas, à peine d'irrecevabilité, être **saisi** avant l'expiration d'un délai d'un mois suivant la réception par son destinataire du premier mémoire établi (C. com. art. R 145-27, al. 1). En cas de notification par lettre recommandée, il suffit à son auteur de justifier de la présentation du mémoire au domicile du destinataire, sans qu'il soit nécessaire d'exiger une remise effective (Cass. 3e civ. 16-10-2013 no 12-20.103 : RJDA 1/14 no 13, 2e esp.). 59825

La partie la plus diligente remet au greffe son mémoire aux fins de fixation de la date de l'audience. Les pièces sur lesquelles est fondée la demande ainsi qu'un plan des locaux doivent être annexés au mémoire. Le mémoire et les pièces reçues par l'autre partie y sont joints. Les mémoires et les pièces peuvent être remis en original ou en copie (C. com. art. R 145-27, al. 2 et 3).

Le juge est saisi par l'assignation délivrée comme en matière de procédure d'urgence à jour fixe (C. com. art. R 145-28). Par suite, l'absence de remise au greffe du mémoire préalable n'entraîne pas la nullité de la procédure dès lors que les parties ont échangé et notifié leurs mémoires (Cass. 3e civ. 22-1-1997 : RJDA 3/97 no 333 ; Cass. ass. plén. 23-2-2001 no 99-15.541 : RJDA 7/01 no 760). L'assignation n'a pas à reproduire ou à contenir les éléments déjà connus de l'autre partie (C. com. art. R 145-28).

ATTENTION

Le juge peut décider que les parties seront convoquées à une **audience de règlement amiable** telle que prévue aux articles 774-1 à 774-4 du Code de procédure civile ; cette décision, prise par mention au dossier, constitue une mesure d'administration judiciaire (C. com. art. R 145-29-1).

Les parties doivent être représentées par un **avocat** ; elles ne peuvent, ainsi que leur conseil, développer oralement, à l'audience, que les moyens et conclusions de leurs mémoires (C. com. art. R 145-29). Cette interdiction ne concerne que le déroulement des débats et n'interdit pas aux parties de modifier leurs écritures pour invoquer des moyens nouveaux en cours d'instance (Cass. 3e civ. 30-11-1982 : Bull. civ. III no 235 ; Cass. 3e civ. 6-11-2001 no 00-13.912 : RJDA 1/02 no 21). 59827

Fixation judiciaire du loyer Le prix judiciairement fixé ne peut en aucun cas excéder les **limites** de l'offre et de la demande faite, selon le cas, en application de l'article L 145-37 du Code de commerce (pour la révision du loyer) ou de l'article L 145-11 (pour le loyer renouvelé), sauf si depuis lors les parties ont varié dans leurs prétentions. En ce dernier cas, le prix ne peut prendre effet, dans la mesure où il excéderait les limites fixées par les prétentions originaires des parties, qu'à dater de la notification des nouvelles prétentions (C. com. art. R 145-21 ; Cass. 3e civ. 10-5-1991 : Bull. civ. III no 130 ; Cass. 3e civ. 23-2-1994 : Bull. civ. III no 30). 59830

Pendant la durée de l'instance, le locataire est tenu de continuer à payer les loyers échus à l'ancien prix ou, le cas échéant, au prix qui pourra, en tout état de cause, être fixé à titre provisionnel (C. com. art. L 145-57, al. 1).

Le jugement indique le **point de départ du nouveau loyer.** Les **intérêts** dus sur la différence entre le nouveau loyer et le loyer provisionnel courent à compter de la mise en demeure faite au locataire (C. civ. art. 1231-6).

> **Précisions a.** Afin d'éclairer sa décision, le juge peut se rendre sur les lieux, accompagné, le cas échéant, d'un consultant. Il peut également commettre toute personne de son choix afin de procéder à de simples constatations purement matérielles. En cas de divergence, il peut désigner un **expert,** mais il n'est pas tenu d'y procéder (Cass. 3e civ. 22-1-1997 : RJDA 3/97 n° 333). Dès le dépôt du constat ou du rapport de l'expert, le greffe doit aviser les parties par lettre recommandée AR de la date à laquelle l'affaire sera reprise et de celle à laquelle les mémoires faits après l'exécution de la mesure d'instruction devront être échangés (C. com. art. R 145-30 et R 145-31). La production du mémoire après expertise constitue une formalité substantielle. Par suite, le dépôt de conclusions au lieu et place de celui-ci entraîne la nullité de la procédure (Cass. 3e civ. 24-6-1998 n° 96-19.730 : RJDA 8-9/98 n° 959 ; Cass. 3e civ. 4-2-2009 n° 08-10.723 : RJDA 5/09 n° 415). Toutefois, cette nullité peut être couverte par la notification d'un mémoire régulier, tant que le juge ou la cour d'appel n'a pas statué (Cass. 3e civ. 17-9-2008 nos 07-16.973 et 07-17.362 : RJDA 1/09 n° 12).
> En revanche, le juge ne peut pas se fonder exclusivement sur une expertise non contradictoire établie à la demande de l'une des parties (Cass. 3e civ. 3-2-2010 n° 09-10.631 : RJDA 4/10 n° 340).
> **b. En cas de conciliation** intervenue au cours d'une mesure d'instruction, le technicien commis constate que sa mission est devenue sans objet et en fait rapport au juge. Mention en est faite au dossier de l'affaire et celle-ci est radiée. Les parties peuvent demander au juge de donner force exécutoire à l'acte exprimant leur accord (C. com. art. R 145-31, al. 3).
> **c.** Lorsque le juge fixe le montant du loyer du bail renouvelé par application de la **clause d'indexation** prévue dans le bail, le bailleur a droit au paiement d'**intérêts** moratoires sauf si, depuis le renouvellement, le locataire s'est acquitté du loyer indexé (Cass. 3e civ. 12-4-2018 n° 16-26.514 FS-PBI : RJDA 7/18 n° 561).

59835 **Droit d'option des parties** Dans le délai d'un mois suivant la signification de la décision définitive fixant le loyer renouvelé, les parties ont le choix entre conclure un nouveau bail dans les conditions fixées judiciairement ou renoncer au renouvellement pour le locataire ou le refuser pour le bailleur (C. com. art. L 145-57, al. 2). La décision du propriétaire de refuser le renouvellement du bail est irrévocable (C. com. art. L 145-59).

Ce **délai** constitue une limite maximale, le droit d'option pouvant être exercé avant l'introduction d'une procédure en fixation du loyer (Cass. 3e civ. 15-2-1983 : Bull. civ. III n° 41 ; Cass. 3e civ. 23-3-2011 n° 06-20.488 : RJDA 7/11 n° 612) ou à tout moment de la procédure (Cass. 3e civ. 11-12-2013 n° 12-29.020 : RJDA 3/14 n° 205). La signification de la décision de première instance fixant le loyer fait courir tant le délai d'option que le délai d'appel (Cass. 3e civ. 14-1-2015 n° 13-23.490 : RJDA 4/15 n° 243) ; si aucune des parties n'exerce leur droit d'option à ce stade, elles peuvent encore le faire dans le mois qui suit la signification de la décision d'appel.

Le droit d'option du locataire n'est pas paralysé par l'exercice de son droit de repentir par le bailleur : il en bénéficie aussi bien après le congé qu'après le repentir du bailleur (Cass. 3e civ. 17-7-1997 : RJDA 10/97 n° 1175).

59840 Le locataire est redevable d'une **indemnité d'occupation** depuis la date d'échéance du bail non renouvelé jusqu'à son départ.

Lorsqu'elle est la conséquence du refus de renouvellement du bailleur, l'indemnité doit être fixée à la valeur locative à compter de la date d'expiration du bail (Cass. 3e civ. 27-2-2025 n° 23-18.219 FS-B : RJDA 6/25 n° 308).

Lorsque c'est le locataire qui a renoncé au renouvellement, les règles sont différentes selon la période courue : entre la date d'échéance du bail et celle de l'exercice du droit d'option, l'indemnité doit correspondre à la valeur locative (Cass. 3e civ. 5-2-2003 n° 01-16.882 : RJDA 4/03 n° 369 ; Cass. 3e civ. 16-3-2023 n° 21-19.707 FS-B : RJDA 6/23 n° 301). En revanche, pour la période écoulée entre l'exercice du droit d'option et la libération des lieux loués, le locataire est redevable d'une indemnité de droit commun (Cass. 3e civ. 16-3-2023 précité), qui peut donc être supérieure à la valeur locative.

> **Précisions** Le droit d'option n'est soumis à aucune obligation de forme (Cass. 3e civ. 27-3-2025 n° 23-20.030 FS-B : RJDA 8-9/25 n° 427) mais, pour être exercé valablement, il ne doit pas être assorti de **réserves,** si bien que n'est pas valable le droit d'option notifié sous réserve de l'issue des procédures judiciaires engagées aux fins de fixer le loyer du bail renouvelé (Cass. 3e civ. 14-11-2007 n° 06-16.063 : RJDA 2/08 n° 106).

C. Prescription biennale de l'article L 145-60 du Code de commerce

ACTIONS CONCERNÉES PAR LA PRESCRIPTION BIENNALE

Toutes les **actions exercées en application du statut** se prescrivent par deux ans (C. com. art. L 145-60). Le juge du fond n'est pas tenu de soulever d'office la prescription (Cass. 3e civ. 19-12-1990 : Bull. civ. III n° 271). 59920

ILLUSTRATIONS

La prescription biennale **s'applique** :
– à l'action en exécution d'un congé donné conformément aux dispositions de l'article L 145-9 du Code de commerce (Cass. 3e civ. 29-10-1973 : Bull. civ. III n° 549) ;
– à l'action en validité d'un congé (Cass. 3e civ. 18-1-1972 : Bull. civ. III n° 35 ; Cass. 3e civ. 14-6-1972 : Bull. civ. III n° 395) ;
– à l'action en fixation du loyer du bail renouvelé (Cass. 3e civ. 28-2-1979 n° 77-13.394 : Bull. civ. III n° 51), même si l'action est exercée par le locataire (Cass. 3e civ. 20-10-2016 n° 15-19.940 FS-PB : RJDA 1/17 n° 6) ;
– à l'action en révision triennale du loyer (Cass. 3e civ. 1-6-1988 : Bull. civ. III n° 100) ;
– à l'action en fixation de l'indemnité d'occupation prévue par l'article L 145-28 du Code de commerce (Cass. 3e civ. 30-5-1968 : Ann. loyers 1968 p. 1615 ; Cass. 3e civ. 1-7-1998 n° 97-11.389 : RJDA 10/98 n° 1083) ;
– à l'action en paiement des intérêts dus sur les loyers payés d'avance en application de l'article L 145-40 du Code de commerce (CA Paris 8-3-1984 : D. 1984 IR p. 314) ;
– en cas de sous-location, à l'action en réajustement du loyer principal (Cass. 3e civ. 1-4-1998 n° 96-18.245 : RJDA 6/98 n° 691) ;
– à l'action en paiement d'une indemnité d'éviction lorsque le droit à indemnité du locataire a été reconnu par une décision de justice devenue irrévocable (Cass. 3e civ. 18-12-2002 n° 01-11.189 : RJDA 3/03 n° 241), même si le droit à indemnité n'est pas contesté (CA Paris 14-5-2009 n° 08-1532 : BRDA 17/09 inf. 18) ;
– à l'action en nullité d'un congé emportant refus de renouvellement du bail et offre d'indemnité d'éviction (Cass. 3e civ. 15-11-2005 n° 04-16.591 : RJDA 2/06 n° 117) ;
– à l'action en requalification d'une convention locative en bail commercial (Cass. 3e civ. 23-11-2011 n° 10-24.163 : RJDA 4/12 n° 385 ; Cass. 3e civ. 17-11-2016 n° 15-12.136 FS-D : RJDA 2/17 n° 69 ; Cass. 3e civ. 25-1-2023 n° 21-24.394 F-D : RJDA 6/23 n° 303) ;
– à l'action en fixation du loyer d'un bail commercial né d'un bail dérogatoire (Cass. 3e civ. 7-7-2016 n° 15-19.485 FS-PBI : RJDA 11/16 n° 767).

En revanche, elle **ne s'applique pas** :
– à l'action en paiement des loyers (Cass. 3e civ. 5-1-1977 : Bull. civ. III n° 9 ; Cass. 3e civ. 16-12-1992 : Rev. Loyers 1993 p. 90 ; Cass. 3e civ. 5-10-1994 : RJDA 12/94 n° 1267) ;
– à l'action en régularisation des charges locatives (CA Paris 5-9-2024 n° 23/01839 : RJDA 2/25 n° 70) ;
– à l'action en paiement d'une indemnité d'occupation due par un ancien locataire qui ne peut plus invoquer le bénéfice du statut (Cass. 3e civ. 14-3-1973 : Bull. civ. III n° 201 ; Cass. 3e civ. 21-5-1974 : Bull. civ. III n° 217) ;
– à l'exercice d'un droit de repentir non suivi d'une action en fixation du prix (Cass. 3e civ. 5-1-1977 : Bull. civ. III n° 8) ;
– à la demande en renouvellement de bail non suivie, dans les deux ans, d'une action en fixation de prix, alors que, lorsque le locataire a demandé le renouvellement au propriétaire et que celui-ci n'a pas opposé de refus dans les trois mois, il est réputé avoir accepté le principe du renouvellement (Cass. 3e civ. 8-11-1972 : Bull. civ. III n° 589) ;
– à l'action en expulsion du locataire devenu occupant sans droit ni titre (Cass. 3e civ. 12-2-1971 : Bull. civ. III n° 114) ;
– à l'action en résiliation du bail pour inobservation d'une de ses clauses (Cass. 3e civ. 3-7-1985 : Bull. civ. III n° 107 ; Cass. 3e civ. 12-7-1989 : Bull. civ. III n° 164) ;
– à l'action en paiement d'une indemnité de résiliation anticipée stipulée dans le bail (Cass. 3e civ. 9-3-2023 n° 21-20.358 F-D : RJDA 6/23 n° 304) ;
– à l'action tendant à faire constater l'existence d'un bail soumis au statut des baux commerciaux né du fait du maintien en possession du locataire à l'issue d'un bail dérogatoire, qui résulte du seul effet de l'article L 145-5 du Code de commerce : une telle action est imprescriptible (Cass. 3e civ. 25-5-2023 n° 21-23.007 FS-B : RJDA 10/23 n° 505).

Jusqu'à la réforme Pinel, les **clauses illégales** étaient sanctionnées par la nullité, l'action en nullité étant soumise à la prescription biennale de l'article L 145-60. Depuis le 20 juin 2014, date d'entrée en vigueur de la loi 2014-626 du 18 juin 2014, elles sont « réputées non écrites » (C. com. art. L 145-15 et L 145-16). En conséquence, aucun délai de prescription ne leur est applicable (Cass. 3e civ. 19-11-2020 n° 19-20.405 FS-PBI : RJDA 2/21 n° 82 ; Cass. 3e civ. 30-6-2021 n° 19-23.038 FP-BC : RJDA 10/21 n° 640). 59927

POINT DE DÉPART DU DÉLAI DE PRESCRIPTION BIENNALE

59930 En matière d'actions personnelles ou mobilières, comme en matière d'actions réelles immobilières, la prescription court à compter du jour où le titulaire d'un droit a connu ou aurait dû connaître les faits lui permettant de l'exercer (C. civ. art. 2224 et 2227). La jurisprudence établit des distinctions quant au point de départ du délai selon l'action en cause. Le délai court :

– pour l'action en fixation du **loyer d'un bail commercial né à l'issue d'un bail dérogatoire,** de la date à laquelle la demande d'application du statut est formée par l'une ou l'autre des parties et non de la date à laquelle naît le bail commercial (Cass. 3e civ. 7-7-2016 n° 15-19.485 FS-PBI : RJDA 11/16 n° 767) ;

– s'agissant d'une demande en paiement de l'**indemnité d'occupation** prévue par l'article L 145-28 du Code de commerce, du lendemain de la date d'expiration du bail (Cass. 3e civ. 23-3-1977 : Bull. civ. III n° 147), sous réserve d'une contestation du bailleur quant au paiement de l'indemnité d'éviction, auquel cas la prescription ne court que du jour où une décision définitive a consacré dans son principe le droit du locataire à cette indemnité (Cass. 3e civ. 22-1-1997 : RJDA 4/97 n° 483) ;

– s'agissant d'une **demande en révision,** du jour où le bailleur a expédié la lettre contenant la demande (Cass. 3e civ. 7-11-1990 : RJDA 2/91 n° 94 ; Cass. 3e civ. 13-2-2002 n° 00-17.667 : RJDA 5/02 n° 483) ;

– s'agissant d'une **action en réajustement du loyer** principal, de la date à laquelle le bailleur a eu connaissance du prix de sous-location (Cass. 3e civ. 1-4-1998 n° 96-18.245 : RJDA 6/98 n° 691) ;

– s'agissant de l'action en **paiement** d'une **indemnité d'éviction,** de la date pour laquelle le congé avec refus de renouvellement a été donné (Cass. 3e civ. 30-3-2017 n° 16-13.236 F-D : RJDA 8-9/17 n° 537), même si cette date est erronée (Cass. 3e civ. 23-9-2021 n° 20-10.026 FS-D : RJDA 12/21 n° 768), ou de la date à laquelle le bailleur a signifié son refus de renouvellement, même si cette date est antérieure au terme du bail (Cass. 3e civ. 3-11-2021 n° 20-18.351 F-D : RJDA 2/22 n° 68, 1e esp.) ;

– s'agissant de la **rétractation** de l'offre de **renouvellement** du bail **pour motif grave et légitime,** du jour où le bailleur a eu connaissance de l'infraction qui fonde son refus (Cass. 3e civ. 9-11-2017 n° 16-23.120 FS-PBI : RJDA 2/18 n° 105) ;

– pour l'action en **requalification** d'une **convention** en bail commercial, à compter de la conclusion de la convention dont la requalification est recherchée, même en présence d'une succession de contrats distincts dérogatoires au statut (Cass. 3e civ. 25-5-2023 n° 22-15.946 FS-B : RJDA 12/23 n° 644).

Concernant l'action en fixation du **loyer du bail renouvelé,** le délai de prescription court à compter de la date d'effet du nouveau bail, c'est-à-dire la date pour laquelle le congé a été donné (Cass. 3e civ. 8-1-1997 : RJDA 2/97 n° 183 ; Cass. 3e civ. 1-7-1998 n° 96-20.204 : RJDA 10/98 n° 1084 ; Cass. 3e civ. 3-11-2016 n° 15-19.598 F-D : RJDA 2/17 n° 70). Toutefois, si le bailleur a accepté le renouvellement après l'expiration du bail à renouveler, le délai court à compter de la date de cette acceptation (Cass. 3e civ. 29-11-2006 n° 05-19.736 FS-PBI : RJDA 2/07 n° 134).

INTERRUPTION DE LA PRESCRIPTION BIENNALE

59940 La demande en justice, même en référé, interrompt le délai de prescription (C. civ. art. 2241, al. 1). L'interruption résultant de la demande en justice produit ses effets jusqu'à l'extinction de l'instance (C. civ. art. 2242). La prescription est également interrompue par une mesure conservatoire prise en application du Code des procédures civiles d'exécution ou par un « acte d'exécution forcée » (C. civ. art. 2244), lequel regroupe la saisie et le commandement.

Le délai de prescription est interrompu lorsque la demande en justice est portée devant une **juridiction incompétente** ou lorsque l'acte de saisine est annulé par l'effet d'un **vice de procédure** (C. civ. art. 2241, al. 2).

L'interruption efface le délai de prescription acquis et fait courir un nouveau délai de même durée que l'ancien (C. civ. art. 2231), interdisant toute interversion du délai de prescription.

La prescription est notamment susceptible d'être interrompue par une **citation en justice,** même en référé (C. civ. art. 2244). Dans ce cas, l'effet interruptif de la prescription dure aussi longtemps que l'instance elle-même (Cass. 3e civ. 7-2-1996 : RJDA 5/96 n° 726 ; Cass. 3e civ. 8-7-2009 n° 08-13.962 : RJDA 10/09 n° 822) et, en l'absence de désistement ou de demande de péremption, jusqu'à ce que le litige trouve sa solution (Cass. 3e civ. 10-7-1969 : Bull. civ. III n° 573 ; Cass. com. 15-10-1991 : RJDA 12/91 n° 1092).

Devant le président du tribunal judiciaire, la **notification du mémoire** préalable interrompt la prescription même s'il n'est pas signé (Cass. 3e civ. 13-2-2002 n° 00-18.671 : RJDA 5/02 n° 482), sauf lorsqu'il est notifié par lettre simple (Cass. 3e civ. 2-10-1996 : RJDA 1/97 n° 24 ; Cass. 3e civ. 2-2-2005 n° 03-18.042 : RJDA 5/05 n° 514 ; Cass. 3e civ. 3-11-2016 n° 15-19.598 F-D : RJDA 2/17 n° 70).

Un **commandement de payer** qui contient une réclamation ne procédant d'aucun titre exécutoire ne peut pas interrompre la prescription d'une action en révision du loyer (Cass. 3e civ. 9-11-1981 : Bull. civ. III n° 179). De même, la **saisine de la commission** départementale de conciliation ne peut pas interrompre la prescription (Cass. 3e civ. 18-2-1998 : RJDA 4/98 n° 396).

L'**action du bailleur en validation de son congé** signifié au locataire avec refus de renouvellement sans indemnité d'éviction n'interrompt pas le délai de prescription de l'action du locataire en paiement de l'indemnité d'éviction (Cass. 3e civ. 3-11-2021 n° 20-20.219 F-D : RJDA 2/22 n° 68, 2e esp.).

De même, les **actions en fixation des indemnités d'éviction et d'occupation** étant distinctes par leur objet et par leur cause, la mise en œuvre de l'une n'a pas pour effet d'interrompre le cours de la prescription de l'autre (Cass. 3e civ. 19-1-2000 n° 98-13.773 : RJDA 3/00 n° 248).

> **Précisions** La prescription de l'action n'est pas interrompue par le prononcé du **jugement d'ouverture d'une procédure collective** car celui-ci n'interrompt qu'une instance déjà engagée ; par ailleurs, l'action n'est pas suspendue par la mise sous procédure collective du demandeur (Cass. 3e civ. 8-10-2015 n° 14-18.881 : RJDA 2/16 n° 94).

SUSPENSION DE LA PRESCRIPTION BIENNALE

La prescription est suspendue lorsque le juge fait droit à une demande de **mesure d'instruction** 59945
présentée avant tout procès (C. civ. art. 2239). Le délai de prescription est suspendu pendant toute la durée de la mesure d'instruction et ne recommence à courir qu'à compter du jour où la mesure a été exécutée – en pratique, le dépôt du rapport par l'expert – et pour une durée qui ne peut être inférieure à six mois.

La prescription est également suspendue à compter du jour où, **après la survenance d'un litige,** les parties conviennent de recourir à la médiation ou à la conciliation (C. civ. art. 2238). Le point de départ de l'effet suspensif est fixé au jour de l'accord écrit par lequel les parties décident de recourir à ces modes alternatifs de résolution des litiges ou, à défaut d'accord écrit, à compter du jour de la première réunion de médiation ou de conciliation. La suspension prend fin à compter de la date à laquelle soit l'une des parties ou les deux, soit le médiateur ou le conciliateur déclarent que la médiation ou la conciliation est terminée. Le délai de prescription restant à courir dans cette hypothèse ne peut être inférieur à six mois.

La jurisprudence a également retenu des **causes spécifiques de suspension** en matière de baux commerciaux. Elle applique notamment dans ce domaine le principe selon lequel le délai ne court pas contre celui dont le droit se trouve subordonné à la solution d'une action en cours (Cass. 3e civ. 23-3-1977 n° 75-15.533 : Bull. civ. III n° 147 et Cass. 3e civ. 24-3-1999 n° 97-17.674 D : RJDA 5/99 n° 532, 2e esp.). Ainsi, la demande en constatation de l'acquisition de la clause résolutoire devant le juge des référés suspend la prescription de l'action en fixation des loyers (CA Paris 3-4-1981 n° 49606 : Juris-Data n° 1981-02-2237).

En revanche, l'action en révision triennale légale du loyer n'est pas subordonnée à la solution de l'instance en cours relative à la fixation du prix du bail renouvelé (Cass. 3e civ. 10-11-1982 n° 81-13.399 : Bull. civ. III n° 217) ; l'action en contestation d'un congé n'est pas suspendue par la mise sous procédure collective du locataire (Cass. 3e civ. 8-10-2015 n° 14-18.881 FS-PB : RJDA 2/16 n° 94).

La **fraude** suspend aussi la prescription, qu'elle soit le fait du locataire ou du bailleur (Cass. 3e civ. 24-11-2010 n° 09-16.104 FS-D : RJDA 3/11 n° 224 ; Cass. 3e civ. 23-9-2021 n° 20-10.812 F-D : RJDA 12/21 n° 769 ; Cass. 3e civ. 30-5-2024 n° 23-10.184 FS-B : RJDA 8-9/24 n° 448).

SECTION 13

PROCÉDURE COLLECTIVE DU LOCATAIRE COMMERCIAL

INCIDENCE DE LA PROCÉDURE COLLECTIVE DU LOCATAIRE SUR LE BAIL

Le sort du bail commercial en cas de procédure collective du locataire est déterminé par les 60200
articles L 622-13 (ou L 641-11-1) et L 622-14 (ou L 641-12) du Code de commerce, les premiers de ces textes fixant le régime général des contrats en cours et les seconds le régime spécifique du bail des immeubles loués au débiteur et affectés à l'activité de l'entreprise. Schématiquement, on peut dire que les articles L 622-13 et L 641-11-1 déterminent les conditions de la poursuite du bail, tandis que les articles L 622-14 et L 641-12 traitent des conditions de sa résiliation.

L'ouverture d'une procédure collective à l'encontre du locataire n'entraîne pas, de plein droit, la résiliation du bail des immeubles affectés à l'industrie, au commerce ou à l'artisanat de ce dernier, y compris les locaux dépendant de ces immeubles et servant à son habitation ou à celle de sa famille ; toute **stipulation contraire** est réputée non écrite (C. com. art. L 145-45). Ce principe est repris par les articles L 622-13, I-al. 1 pour la sauvegarde, L 631-14, al. 1 pour le redressement judiciaire et L 641-11-1, I-al. 1 du Code de commerce pour la liquidation judiciaire.

Le maintien du bail est le corollaire nécessaire du pouvoir que la loi reconnaît par ailleurs à l'**administrateur** (ou au liquidateur) judiciaire d'**exiger la poursuite** des contrats en cours (nº 60215).

Mais ce maintien peut n'être que temporaire, le bailleur et les organes de la procédure ayant la faculté d'y mettre un terme (nºs 60240 s.). Par ailleurs, le bail peut être cédé à un tiers (nºs 60640 s.).

> **Précisions** Est interdite toute **clause** qui modifie les conditions de poursuite d'un contrat en cours en **diminuant les droits ou** en **aggravant les obligations du débiteur** du seul fait de l'ouverture de la procédure (Cass. com. 14-1-2014 nº 12-22.909 : RJDA 4/14 nº 361 rendu à propos d'un contrat d'assurance mais le principe est de portée générale). Tel est le cas, par exemple, d'une clause prévoyant, dans cette hypothèse, une majoration du taux des intérêts dus en cas de retard de paiement (Cass. com. 2-7-2013 nº 12-22.284 : RJDA 10/13 nº 819).

A. Continuation du bail commercial malgré la procédure collective du locataire

SAUVEGARDE OU REDRESSEMENT JUDICIAIRE DU LOCATAIRE COMMERCIAL

60215 En cas de sauvegarde ou de redressement judiciaire du locataire, l'**administrateur** judiciaire peut exiger la poursuite du bail commercial (C. com. art. L 622-13, II et art. L 631-14, al. 1), mais il ne peut le faire qu'à **condition** de payer le loyer (cf. C. com. art. L 622-13, al. 1), étant précisé que :

- en cas de sauvegarde, ce paiement s'effectue conformément aux termes du bail ;
- en cas de redressement et quels que soient les termes du bail, le loyer doit être payé au comptant, sauf à obtenir du bailleur des délais de paiement (C. com. art. L 631-14, al. 3).

Le bailleur ne peut pas exiger le paiement des loyers à échoir lorsque les sûretés données lors du contrat sont maintenues ou lorsque celles fournies après le jugement d'ouverture sont suffisantes (C. com. art. L 622-16).

De son côté, le **bailleur** doit remplir ses obligations malgré le défaut d'exécution par le locataire d'engagements antérieurs au jugement d'ouverture de la procédure collective (art. L 622-13, II et art. L 631-14, al. 1).

Si les **loyers nés de la poursuite** du bail ne sont **pas payés** à leur échéance, le bailleur bénéficiera pour ceux-ci d'un privilège de paiement par rapport aux autres créanciers (nº 60560) et il pourra, sous certaines conditions, demander la résiliation du bail (nºs 60360 s.).

> **Précisions** Lorsque la **procédure** de sauvegarde ou de redressement judiciaire a été ouverte **sans** désignation d'un **administrateur** judiciaire (entreprise locataire ayant moins de 20 salariés et réalisant un chiffre d'affaires inférieur à 3 000 000 €) (C. com. art. L 621-4, al. 4, art. L 631-21 et R 621-11), la poursuite du bail peut être demandée par le locataire lui-même (C. com. art. L 627-2).

LIQUIDATION JUDICIAIRE DU LOCATAIRE COMMERCIAL

60220 En cas de liquidation judiciaire, il incombe au liquidateur, ou à l'administrateur s'il en a été désigné un (art. L 641-10, al. 5), de se prononcer sur la poursuite du bail (art. L 641-11-1). Cette poursuite peut être exigée même si l'activité de l'entreprise n'est pas maintenue.

B. Résiliation du bail commercial par le bailleur

1. RÉSILIATION POUR DES CAUSES ANTÉRIEURES À LA PROCÉDURE COLLECTIVE

ARRÊT DES POURSUITES INDIVIDUELLES CONTRE LE LOCATAIRE COMMERCIAL

60240 À compter du jugement d'ouverture de la procédure collective, le bailleur ne peut plus agir ni en recouvrement des loyers échus avant le prononcé du jugement d'ouverture, ni en résiliation du bail pour défaut de paiement desdits loyers. En effet, le jugement ouvrant la sauvegarde, le redressement ou la liquidation judiciaire interrompt ou interdit toute **action en justice** de la part de tous les créanciers dont la créance est née antérieurement et tendant à la condamnation du débiteur au paiement d'une somme d'argent ou à la résolution d'un contrat pour défaut de paiement d'une somme d'argent ; il arrête ou interdit également toute **voie d'exécution** de la part de ces créanciers tant sur les meubles que sur les immeubles (C. com. art. L 622-21, L 631-14, al. 1 et L 641-3).

Pour les sommes qui lui sont dues avant l'ouverture de la procédure collective, le bailleur doit **déclarer** sa **créance** entre les mains du mandataire judiciaire (ou du liquidateur en cas de liquidation judiciaire) selon les modalités fixées par les articles L 622-24 à L 622-26 du Code de commerce, étant précisé qu'il dispose d'un privilège pour les deux années de loyers antérieures au jugement d'ouverture de la procédure (C. com. art. L 622-16, al. 1).

La déclaration de créance emporte reprise de plein droit des instances en cours, mais celles-ci tendent uniquement à la constatation des créances et à la fixation de leur montant (C. com. art. L 622-22), sans que le juge puisse condamner le locataire à payer. Le juge doit se prononcer dans les limites du montant indiqué dans la déclaration (Cass. com. 3-11-2010 n° 09-72.029 : RJDA 1/11 n° 63 ; Cass. com. 13-5-2014 n° 13-11.296 : RJDA 7/14 n° 624).

> Précisions **a.** **La déclaration des créances du bailleur** peut être valablement faite **par le locataire** en procédure collective, dès lors qu'en portant une créance à la connaissance du mandataire judiciaire (ou du liquidateur), il est présumé avoir agi pour le compte du bailleur tant que celui-ci n'a pas lui-même adressé une déclaration de sa créance (C. com. art. L 622-24, al. 3). Pour que cette information soit considérée comme une déclaration, il faut que :
– le mandataire soit informé dans les deux mois de la publication du jugement ouvrant la procédure collective (art. R 622-24, al. 1) ;
– elle indique le montant de la créance due au jour du jugement d'ouverture avec mention des sommes à échoir et de la date de leurs échéances ainsi que, le cas échéant, le privilège ou la sûreté qui en garantit le paiement et les modalités de calcul des intérêts (art. R 622-5, al. 3).
b. **À défaut de déclaration de la créance** dans le délai légal et en l'absence de relevé de forclusion, le bailleur n'est pas admis dans les répartitions et dividendes fixés dans le cadre de la procédure collective (C. com. art. L 622-26, al. 1), mais sa créance n'est pas pour autant éteinte.
c. Le bailleur ne peut se prévaloir d'une **clause résolutoire** pour des causes antérieures à la procédure collective du locataire que si l'acquisition de la clause a été **constatée par une décision de justice passée en force de chose jugée** avant l'ouverture de la procédure collective (notamment, Cass. 3e civ. 13-4-2022 n° 21-15.336 FS-B : RJDA 12/22 n° 703). Ainsi, le jugement de première instance ayant constaté l'acquisition de la clause résolutoire pour défaut de paiement des loyers et des charges ne peut pas être confirmé en **appel** lorsqu'a été ouverte entre-temps à l'encontre du locataire une procédure collective. La cour d'appel est tenue de relever, au besoin d'office, les effets attachés au principe de l'interdiction des poursuites individuelles (Cass. 3e civ. 26-5-2016 n° 15-12.750 F-D : RJDA 8-9/16 n° 601).

EXCEPTIONS À L'ARRÊT DES POURSUITES INDIVIDUELLES

La suspension des poursuites individuelles concerne les seules actions en paiement ou en **60260** résiliation du bail pour défaut de paiement d'une somme d'argent. N'est donc pas visée l'**action en déclaration de validité d'un congé** avec refus de renouvellement délivré par le bailleur au locataire (Cass. 3e civ. 3-6-1992 n° 998 : RJDA 8-9/92 n° 812 ; Cass. 3e civ. 14-5-1997 n° 94-22.146 : RJDA 7/97 n° 954) ou l'action en résiliation du bail fondée sur l'inexécution d'une obligation de faire par le locataire (Cass. com. 12-5-1992 n° 90-13.945 : RJDA 6/92 n° 636 ; Cass. com. 26-10-1999 n° 92-21.745 : RJDA 12/99 n° 1350).

L'arrêt des poursuites ne joue pas non plus si, à la date du jugement d'ouverture, la **résiliation** **60265** a été **constatée par une décision passée en force de chose jugée,** même pour des loyers échus avant le jugement d'ouverture (Cass. com. 23-11-2004 n° 03-16.196 : RJDA 3/05 n° 329 ; Cass. com. 15-2-2011 n° 10-12.747 : RJDA 4/11 n° 332).

Lorsque le juge a suspendu les effets d'une clause résolutoire en accordant des délais de paiement, la clause produit ses effets immédiatement après le défaut de paiement de la première échéance ; c'est donc à cette date que doit être appréciée la résiliation du bail au regard de la procédure collective du locataire et ce dernier ne peut pas utilement invoquer l'absence de décision ayant constaté l'acquisition de la clause (Cass. 3e civ. 8-12-1999 n° 98-15.025 : RJDA 2/00 n° 136).

> Précisions **a.** La décision passée en force de chose jugée est celle qui n'est susceptible d'aucun recours suspensif d'exécution (CPC art. 500). Ainsi, une **ordonnance de référé constatant l'acquisition d'une clause résolutoire** n'est pas une décision passée en force de chose jugée dès lors qu'elle a été frappée d'appel avant l'ouverture de la procédure collective (Cass. 3e civ. 13-5-1992 n° 835 : RJDA 8-9/92 n° 864 ; Cass. com. 28-10-2008 n° 07-17.662 : RJDA 8-9/09 n° 707).

b. La **nécessité** d'une **décision passée en force de chose jugée** s'explique par l'article L 145-41 du Code de commerce qui permet au locataire de demander la suspension des effets de la clause résolutoire tant que la résiliation n'a pas été constatée par une décision ayant acquis l'autorité de la chose jugée. En conséquence, jusqu'à cette date, la résiliation n'est pas acquise, même si le locataire ne s'est pas libéré dans le délai d'un mois suivant le commandement et l'action du bailleur reste paralysée par la survenance du jugement d'ouverture.

CAS PARTICULIER DE LA LIQUIDATION JUDICIAIRE DU LOCATAIRE

60280 En cas de liquidation judiciaire du locataire, le bailleur peut demander la résiliation judiciaire ou faire constater la résiliation de plein droit du bail commercial pour des **causes antérieures** au jugement de liquidation judiciaire ou, lorsque ce dernier a été prononcé après une procédure de sauvegarde ou de redressement judiciaire, au jugement d'ouverture de la procédure qui l'a précédé ; il doit, s'il ne l'a pas déjà fait, introduire sa demande dans les trois mois de la publication du jugement de liquidation judiciaire (C. com. art. L 641-12, 2°).

Ce texte ne distingue pas selon que l'inexécution consiste en un défaut de paiement des loyers ou non ; à notre avis, il ne s'applique pas au défaut de paiement. En effet, sous l'empire de l'ancien article L 622-13 du Code de commerce qui permettait au bailleur de demander la résiliation du bail pour les causes antérieures au seul jugement de liquidation judiciaire, la Cour de cassation avait précisé que ce texte ne constituait pas une exception à la règle de la suspension des poursuites, de sorte que les causes antérieures susceptibles de justifier la résiliation ne pouvaient concerner que des **obligations autres que le paiement d'une somme d'argent** (Cass. com. 28-5-2002 n° 98-14.259 : RJDA 12/02 n° 1304). Cette jurisprudence paraît transposable au régime actuel : l'article L 641-12 fait exclusivement référence, comme l'ancien article L 622-13, aux « causes antérieures » sans plus de précision alors que, s'agissant de la résiliation pour des causes postérieures au jugement d'ouverture, il prend soin de viser le **défaut de paiement des loyers** et des charges (n° 60360). Par ailleurs, l'interruption des poursuites individuelles demeure un des principes majeurs régissant les procédures collectives.

2. RÉSILIATION POUR DES CAUSES POSTÉRIEURES À LA PROCÉDURE COLLECTIVE

60360 À compter du jugement ouvrant une procédure de sauvegarde, de redressement ou de liquidation judiciaire à l'égard du locataire, le bailleur peut demander la résiliation judiciaire ou la résiliation de plein droit du bail des immeubles affectés à l'activité de l'entreprise pour **défaut de paiement des loyers et des charges** afférents à une occupation postérieure audit jugement. Cette action ne peut pas être introduite moins de trois mois après le jugement d'ouverture et il n'y a pas lieu à résiliation si le paiement des sommes dues intervient avant l'expiration de ce délai (C. com. art. L 622-14, al. 3 et 4, L 631-14, al. 1 et L 641-12, 3°). La Cour de cassation admet que le locataire puisse échapper à la résiliation même après l'expiration du délai, dès lors qu'il règle sa dette avant que le juge statue (Cass. com. 12-6-2024 n° 22-24.177 FS-B : RJDA 11/24 n° 603).

Les textes précités autorisent le bailleur à agir pour défaut de paiement d'un loyer échu avant l'ouverture de la procédure mais relatif à une occupation postérieure à celle-ci (loyer payable par avance). Est aussi recevable la demande en résiliation fondée sur le défaut de paiement des loyers correspondant pour partie seulement à une période de jouissance postérieure au jugement d'ouverture (Cass. com. 14-6-1994 n° 92-13.204 : RJDA 12/94 n° 1363).

Le délai de trois mois court à compter, soit de la date du jugement d'ouverture de la liquidation judiciaire lorsque celle-ci est prononcée immédiatement, soit de celle du jugement d'ouverture de sauvegarde ou de redressement judiciaire en cas de conversion de la procédure en liquidation judiciaire (Cass. com. 19-2-2013 n° 12-13.662 : RJDA 6/13 n° 542 ; Cass. com. 15-11-2017 n° 16-13.219 F-PB : RJDA 3/18 n° 264). Si la liquidation judiciaire est ouverte sur résolution du plan de sauvegarde ou de redressement, ce délai court à compter du jugement prononçant la résolution et ouvrant la nouvelle procédure (Cass. com. 18-1-2023 n° 21-15.576 FS-B : RJDA 4/23 n° 211).

ATTENTION

Le bailleur peut saisir le juge-commissaire d'une demande de constatation de la **résiliation de plein droit du bail** pour non-paiement des loyers échus après l'ouverture de la procédure collective, même s'il n'a pas préalablement adressé un **commandement de payer,** car cette demande est distincte de celle qui tend, en application de l'article L 145-41 du Code de commerce, à faire constater l'acquisition de la clause résolutoire stipulée au bail (Cass. com. 9-10-2019 n° 18-17.563 FS-PBI : RJDA 1/20 n° 27 ; Cass. 3e civ. 24-11-2021 n° 20-20.973 F-D : RJDA 2/22 n° 98). Le juge-commissaire ne peut pas accorder de délais de paiement au locataire (Cass. com. 18-5-2022 n° 20-22.164 FS-B : RJDA 8-9/22 n° 494).

Quelle que soit la procédure collective dont le locataire fait l'objet, le **défaut d'exploitation** pendant la période d'observation dans un ou plusieurs immeubles loués par celui-ci n'entraîne pas résiliation du bail, nonobstant toute clause contraire (C. com. art. L 622-14, al. 5, L 631-14, al. 1 et L 641-12, 3°). **60365**

C. Résiliation du bail par l'administrateur ou le liquidateur judiciaire

L'administrateur ou le liquidateur judiciaire peut décider, **sans avoir à justifier de motifs,** de ne pas continuer le bail des locaux affectés à l'activité de l'entreprise et demander sa résiliation (cf. C. com. art. L 622-14, 1°, L 631-14, al. 1 et L 641-12, 1°). Il peut prendre cette décision même après avoir laissé le bail se poursuivre pendant plusieurs mois (Cass. com. 24-1-2018 n° 16-13.333 F-PBI : RJDA 4/18 n° 386). Mais il doit résilier le bail s'il lui apparaît qu'il ne disposera **pas** des **fonds nécessaires** pour remplir les obligations du terme suivant (C. com. art. L 622-13, II-al. 2 et L 641-11-1, II-al. 2). **60480**

Quelle que soit la procédure collective, la **résiliation** du bail des immeubles affectés à l'activité de l'entreprise **intervient au jour** où le bailleur est informé de la décision de l'administrateur ou du liquidateur judiciaire de ne pas continuer le bail (C. com. art. L 622-14, 1°, L 631-14, al. 1 et L 641-12, 1°). L'administrateur ou le liquidateur judiciaire ne peut pas différer la date de prise d'effet de la résiliation fixée par la loi (Cass. com. 24-1-2018 précité).

Si l'administrateur ou le liquidateur judiciaire n'use pas de la faculté de poursuivre le contrat ou y met fin faute de disposer des fonds nécessaires, l'inexécution peut donner lieu à des **dommages-intérêts** dont le montant doit être déclaré au passif au profit du bailleur ; le bailleur peut néanmoins différer la restitution des sommes qui auraient été versées en excédent par le locataire en exécution du bail jusqu'à ce qu'il ait été statué sur les dommages-intérêts (C. com. art. L 622-14, 1° et L 631-14, al. 1). En revanche, il ne peut pas obtenir de provision sur les dommages-intérêts (Cass. com. 24-1-2018 n° 16-14.705 F-D : RJDA 4/18 n° 335).

> **> Précisions** Lorsque le bail a été consenti à **plusieurs locataires** et que l'un d'eux fait l'objet d'une procédure collective, le refus par l'administrateur judiciaire de poursuivre le bail pour ce locataire ne met pas un terme au bail à l'égard des autres locataires, sauf clause contraire expresse (Cass. 3e civ. 27-9-2005 n° 04-16.040 : RJDA 12/05 n° 1326). Il en est ainsi même en cas de restitution au bailleur des clés par l'administrateur ou le liquidateur (Cass. 3e civ. 18-2-2015 n° 14-10.510 : RJDA 7/15 n° 486) ou même si le locataire faisant l'objet de la procédure collective était le seul exploitant de l'activité prévue au bail (Cass. 3e civ. 15-12-2016 n° 15-25.240 F-D : RJDA 3/17 n° 159).

D. Privilège du bailleur commercial

En cas de **résiliation du bail,** le bailleur dispose d'un privilège, d'une part, pour les loyers antérieurs (n° 60240) et, d'autre part, pour l'année courante, pour tout ce qui concerne l'exécution du bail et pour les dommages-intérêts qui peuvent lui être alloués par les tribunaux (C. com. art. L 622-16, al. 2, L 631-14, al. 1 et L 641-12). **60560**

Lorsque le **bail** est **continué** pour les besoins du déroulement de la procédure de sauvegarde ou de redressement judiciaire du locataire ou de la période d'observation, les loyers et charges sont payés à leur échéance ou, à défaut, par privilège aux autres créances à l'exception de celles garanties par le superprivilège des salariés, par le privilège des frais de justice nés régulièrement après le jugement d'ouverture pour les besoins du déroulement de la procédure et par le privilège de l'article L 611-11 pour les apports d'argent effectués lors de la conciliation (C. com. art. L 622-17, I et II, art. L 631-14, al. 1). Il en est de même en cas de liquidation judiciaire mais, s'il n'est pas payé à l'échéance, le bailleur ne peut l'être qu'après un plus grand nombre de créanciers (C. com. art. L 641-13, II et, sur renvoi, art. L 643-8 qui place les créances nées du bail poursuivi au neuvième rang des paiements).

ATTENTION

Les **créances impayées perdent** leur **privilège** si elles n'ont pas été portées à la connaissance du mandataire judiciaire et de l'administrateur (ou du commissaire à l'exécution du plan ou du liquidateur) dans un délai d'un an à compter de la fin de la période d'observation (art. précités), le créancier conservant le droit d'agir en paiement devant la juridiction de droit commun (Cass. com. 28-6-2016 n° 14-21.668 FS-PB : RJDA 10/16 n° 709).

E. Cession du bail

CESSION DE L'ENTREPRISE LOCATAIRE

60640 En cas de cession de l'entreprise du locataire ou d'une branche d'activité, le **tribunal** détermine le ou les baux nécessaires au maintien de l'activité ; le jugement qui arrête le plan emporte cession de ces contrats, qui doivent être exécutés aux conditions en vigueur au jour de l'ouverture de la procédure, nonobstant toute **clause** contraire de ces contrats (C. com. art. L 642-7, L 626-1 et L 631-22).

ILLUSTRATIONS

La clause d'un bail stipulant que la cession du bail est subordonnée à l'accord ou l'agrément écrit du bailleur est privée d'effet (Cass. com. 6-12-1994 n° 91-17.927 : RJDA 4/95 n° 501 ; CA Paris 15-1-2013 n° 12/17592 : RJDA 4/13 n° 347). Il en va de même de la clause subordonnant la cession du bail à l'accord écrit du bailleur (Cass. com. 6-12-1994 n° 2273 : RJDA 4/95 n° 501) ou de celle imposant des conditions de forme (Cass. com. 1-3-2016 n° 14-14.716 FS-PB : RJDA 5/16 n° 384).

Le tribunal peut déclarer le **bail** ainsi cédé **inaliénable** pour une durée qu'il fixe (C. com. art. L 642-10, L 626-1 et L 631-22).

Les **droits de préemption** institués par le Code rural ou le Code de l'urbanisme, notamment celui dont les communes bénéficient en application des articles L 214-1 s. du Code de l'urbanisme, ne peuvent pas s'exercer sur un bail compris dans le plan de cession (C. com. art. L 642-5, al. 4, L 626-1, al. 5 et L 631-22).

Le tribunal qui prononce la cession du bail peut, après avoir entendu ou dûment appelé le bailleur, autoriser le repreneur à adjoindre à l'activité prévue au bail des activités connexes ou complémentaires (art. L 642-7, al. 4 pour la liquidation judiciaire et, sur renvoi, art. L 626-1 et L 631-22 pour la sauvegarde et le redressement judiciaire). Une déspécialisation partielle du bail peut en effet faciliter la reprise du fonds de commerce.

CESSION ISOLÉE DU BAIL

60645 **En cas de liquidation judiciaire,** le bail commercial peut être cédé seul, avec tous les droits et obligations qui s'y rattachent exception faite de la clause prévoyant la solidarité du cédant avec le cessionnaire à l'égard du bailleur (C. com. art. L 641-12, al. 5). Cette cession suppose le respect des clauses limitatives figurant au bail (cession au seul acquéreur du fonds de commerce, agrément du bailleur, droit de préférence ; voir notamment Cass. com. 19-4-2023 n° 21-20.655 F-B : RJDA 8-9/23 n° 447). Elle n'échappe pas au droit de préemption dont les communes bénéficient en application des articles L 214-1 s. du Code de l'urbanisme (nos 55680 s.).

CHAPITRE 3 BAIL PROFESSIONNEL

SOMMAIRE

GÉNÉRALITÉS

60800 Les locations portant sur des locaux à **usage exclusivement professionnel** sont régies par l'article 57 A introduit dans la loi 86-1290 du 23 décembre 1986 par la loi 89-462 du 6 juillet 1989 et, à titre supplétif, par les dispositions du Code civil sur le louage d'immeubles (C. civ. art. 1713 s.).

Les dispositions de l'article 57 A sont d'ordre public (Loi du 23-12-1986 art. 46 ; Cass. 3e civ. 2-2-2000 nº 98-15.675 : RJDA 4/00 nº 396 ; Cass. 3e civ. 10-12-2002 nº 99-21.858 : RJDA 3/03 nº 244), sauf soumission volontaire au statut des baux commerciaux (nº 60825).

> **Précisions** **a.** Les locaux qui, à la date de publication de la loi du 6 juillet 1989, étaient situés dans le champ d'application de la **loi de 1948** sont entrés dans le champ d'application du dispositif de **sortie** étudié nos 63360 s.
> **b.** L'article 57 A n'était pas applicable aux **baux en cours** à la date de son entrée en vigueur – **le 8 juillet 1989** (Cass. 3e civ. 5-10-1994 : Bull. civ. III nº 165 ; Cass. 3e civ. 5-7-1995 : RJDA 12/95 nº 1345 pour un bail verbal et Cass. 3e civ. 11-6-1997 nº 95-17.535 : RJDA 10/97 nº 1180 pour un bail écrit ; Cass. 3e civ. 24-4-2001 : RJDA 7/01 nº 763). Le nouveau régime ne s'est appliqué, en l'absence de congé, qu'à compter de leur renouvellement ou tacite reconduction postérieurs à cette date (Cass. 3e civ. 22-11-1995 : Loyers et copr. 1996 comm. nº 113 ; Cass. 3e civ. 10-6-1998 : RJDA 10/98 nº 1088).

CHAMP D'APPLICATION DE LA RÉGLEMENTATION

60805 Le législateur n'a pas précisé ce qu'il fallait entendre par « baux professionnels ». Il est certain que la loi s'applique à toutes les **activités professionnelles,** autres que commerciales ou agricoles, qu'il s'agisse d'activités réglementées ou non (CA Paris 26-4-2000 : Loyers et copr. 2001 comm. nº 85). Si un bail relève du statut des baux commerciaux ou du statut des baux ruraux, il ne peut être soumis au statut des baux professionnels.

Pour certaines professions libérales, leur caractère civil a été expressément reconnu par la jurisprudence. Les locations consenties pour l'exercice de ces activités relèvent du statut du bail professionnel. Tel est le cas des professions libérales suivantes : architecte, géomètre expert, conseil en brevet, astrologue, médecin, radiologue, chirurgien-dentiste, vétérinaire, avocat, huissier de justice, expert-comptable, commissaire aux comptes, conseil en gestion de patrimoine, notaire (CA Versailles 2-12-2021 nº 21-03.552).

En revanche, pour certaines professions libérales qui effectuent des actes de commerce, le statut des baux professionnels ne peut s'appliquer. Tel est le cas de l'agent d'assurances qui effectue des opérations de courtage, de l'administrateur de biens, de l'agent immobilier, du généalogiste ou encore de l'opticien. Les locations consenties pour l'exercice de ces activités relèvent du statut des baux commerciaux.

La destination des lieux est déterminante pour apprécier l'applicabilité ou non du statut des baux professionnels. Ainsi, le statut ne s'applique pas lorsque les activités exercées par le locataire sont à la fois commerciales et professionnelles (CA Paris 8-4-2004 : AJDI 2004 p. 728).

Peu importe la forme sociétaire du locataire : les dispositions de l'article 57 A de la loi du 23 décembre 1986 s'appliquent à une société ayant adopté une forme commerciale dès lors qu'elle exerce dans les lieux loués l'activité de conseil (Cass. 3e civ. 26-1-2017 nº 15-28.165) ou toute autre activité qui n'est ni agricole, ni commerciale, ni industrielle, ni artisanale (CA Toulouse 31-3-2021 nº 18-04.182). Peu importe également que l'activité du locataire soit lucrative ou non (Cass. 3e civ. 20-10-16 nº 15-20.285 FS-PB : BPIM 1/17 inf. 64). Mais il importe en revanche que l'activité professionnelle soit bien exercée par la personne titulaire du bail. Tel n'est pas le cas d'une société civile de moyens qui ne peut pas être considérée comme exerçant l'activité de médecin radiologue de ses associés (CA Versailles 10-3-2011 : Annales des loyers 2011 p. 970).

> Précisions **a.** La **destination des lieux** se caractérise par l'affectation contractuelle que les parties ont donnée aux lieux loués (Cass. 3e civ. 2-7-1969 : Bull. civ. III n° 535 ; Cass. 3e civ. 16-6-1976 n° 75-11.430 : Bull. civ. III n° 253 ; CA Lyon 9-11-2017 n° 15/07575 ; CA Colmar 9-3-2022 n° 17/03098) et ni l'usage que le locataire peut en faire ni la nature des locaux ne peuvent modifier la qualification à retenir du bail (Cass. 3e civ. 6-12-1995 n° 95-13.195 : RJDA 2/96 n° 190).

b. Il appartient au bailleur qui entend louer des **locaux à usage d'habitation** en vue de l'exercice d'une activité professionnelle, et non au locataire, d'obtenir l'autorisation administrative de **changement d'affectation** préalablement à la signature du bail (Cass. 3e civ. 10-6-2015 n° 14-15.961 : BPIM 4/15 inf. 240) et toute clause contraire est interdite (dans le même sens, Cass. 3e civ. 23-11-1993 n° 92-16.508 : Rev. Loyers 1994 p. 149 ; Cass. 3e civ. 29-4-2002 n° 00-20.213). Cette solution semble être fondée sur l'obligation de délivrance conforme du bailleur invoquée par le locataire.

c. Lorsque le **local loué est à usage mixte d'habitation et professionnel,** la Cour de cassation a jugé à plusieurs reprises que le locataire a la possibilité de n'utiliser les locaux que pour un seul des deux usages prévus au bail (n° 61020). Pour autant, le locataire ne peut opposer au bailleur le statut des baux professionnels, et notamment la reconduction tacite du bail pour une durée de six ans, dès lors que ce dernier n'a pas consenti à la modification de la destination du bail (CA Paris 17-2-2009 : Loyers et copr. 2009 comm. n° 117).

d. Les locaux d'un bail mixte d'habitation et professionnel sont soumis aux dispositions de l'article L 631-7 du Code de la construction et de l'habitation (Cass. 3e civ. 22-6-2017 n° 16-17.946 FS-PBI : BPIM 4/17 inf. 261). Dès lors, l'**autorisation administrative** visée à cet article est nécessaire pour affecter des locaux à un usage entièrement professionnel, locaux qui étaient, au 1er janvier 1970, affectés majoritairement à un usage professionnel et minoritairement à un usage d'habitation. L'importance respective des surfaces consacrées à l'usage d'habitation et à l'usage professionnel est indifférente à l'application de l'article L 631-7. À défaut d'autorisation administrative, le bail est nul (Cass. 3e civ. 22-6-2017 n° 16-17.946 FS-PBI : BPIM 4/17 inf. 261).

e. Un bail de 3 ans conclu au visa de la loi 89-462 du 6 juillet 1989 et autorisant un locataire à utiliser les biens à usage professionnel et à faire les aménagements nécessaires à son activité est un bail à usage mixte. La **clause interdisant au bailleur de donner congé** à l'issue de la deuxième période triennale ne remet pas en cause cette interprétation (CA Paris 5-2-2021 n° 18/07137).

60806 **Cas particuliers** Délicate est la question de savoir si la loi doit s'appliquer à différents **organismes** tels les associations, syndicats, fondations, groupements d'intérêt économique, etc. Ce début de réglementation des baux professionnels avait pour objectif de protéger les professionnels ayant une activité économique et disposant d'une clientèle qu'il convenait de préserver. Or, les organismes précités n'ayant pas a priori vocation à avoir une véritable clientèle, mais seulement des adhérents, il semblait qu'ils ne pouvaient se prévaloir du statut des baux professionnels.

La Cour de cassation a cependant reconnu à une **association** le bénéfice du statut des baux professionnels en relevant que la loi ne faisait aucune distinction entre le locataire personne physique et le locataire personne morale et qu'elle était applicable lorsque les personnes morales exercent dans les lieux une activité à usage exclusivement professionnel (Cass. 3e civ. 10-12-2002 n° 99-21.858 : RJDA 3/03 n° 244).

L'exercice d'une profession générant des revenus semble être déterminant pour la reconnaissance du droit au statut des baux professionnels (CA Paris 13-5-2008 n° 05-22338 : AJDI 2008 p. 769 ; CA Paris 11-5-2006 n° 05-17418 : Loyers et copr. 2007 comm n° 175 ; CA Paris 21-09-2021 n° 18-23.713 : JurisData n° 2021-016466). La lucrativité de l'activité exercée n'est quant à elle pas un critère retenu pour la reconnaissance du droit au statut des baux professionnels (Cass. 3e civ. 20-10-16 n° 15-20.285 FS-PB : BPIM 1/17 inf. 64).

La cour d'appel de Paris a dénié l'application du statut à une association n'exerçant pas une profession (CA Paris 4-1-1994 : Gaz. Pal. 1994 p. 709), à une société civile dont l'objet était l'activité administrative liée à l'objet social de la RATP (CA Paris 30-10-1995 : D. 1995 IR p. 248), à un centre hospitalier qui occupait les lieux loués pour abriter ses services de gestion interne (CA Paris 26-4-2000 n° 1977/13255 : Loyers et copr. 2001 comm. n° 85) ainsi qu'à un établissement public exerçant une mission de service public ne lui assurant aucun revenu (CA Paris 8-3-2007 : Loyers et copr. 2007 comm. n° 145). Elle l'a déniée également à un comité consistant en un organisme professionnel de droit public exerçant une mission de service public ne justifiant aucunement de ressources provenant d'une quelconque activité lucrative (CA Rennes 10-2-2016 n° 15/01703).

Elle a en revanche admis l'application du régime des baux professionnels au bail consenti à un GIE dans le cas où ce bail prévoit l'exercice d'une activité professionnelle par le GIE (CA Paris 5-3-2003 n° 2001/04491 : Loyers et copr. 2004 comm. n° 28).

Le **contrat de collaboration,** qui met à la charge de son titulaire une rétrocession d'une partie de ses honoraires au titulaire du bail, ce dont il résulte que le contrat est onéreux et que le prix payé n'est pas assimilable, de par son caractère variable étranger à toute valeur locative et indépendant du temps d'utilisation effective des locaux, à un loyer, ne constitue ni un prêt du droit au bail ni une sous-location (Cass. 3e civ. 22-10-2003 : RJDA 1/04 n° 18). Il en résulte que le statut des baux professionnels ne s'applique pas à ce type de convention. **60807**

La Cour de cassation a jugé que les dispositions de la loi du 6 juillet 1989, à l'exception de l'article 8, et l'article 57 A, intégré par l'article 36 de cette loi dans la loi du 23 décembre 1986, ne sont pas applicables à la **sous-location de locaux à usage exclusivement professionnel** consentie par le locataire titulaire d'un bail principal régi par la loi de 1989 ; elle en a déduit qu'était recevable l'action du sous-locataire en remboursement du trop-perçu de loyers fondée sur l'article 8 de la loi de 1989 qui interdit que le prix au mètre carré de la sous-location excède celui du mètre carré de la location principale (Cass. 3e civ. 1-3-2000 n° 98-10.496 : RJDA 5/00 n° 525 ; dans le même sens, CA Paris 4-4-2004 : Loyers et copr. 2004 comm. n° 145). **60808**

> **Précisions** La portée de cette solution doit être nuancée à double titre. Le premier réside dans le principe selon lequel le régime d'une location est déterminé par l'affectation des lieux loués convenue par les parties : en l'espèce, le bail principal avait été consenti pour un usage d'habitation et professionnel et la sous-location pour un usage exclusivement professionnel. Le second est que, bien que créé par la loi du 6 juillet 1989 pour être immédiatement intégré dans la loi du 23 décembre 1986, lois toutes deux d'ordre public et relatives aux baux d'habitation principale et aux baux mixtes, professionnels et d'habitation principale, l'article 57 A qui organise le statut des baux professionnels est autonome : la loi de 1989 ne s'applique qu'aux baux d'habitation ou mixte (Loi de 1989 art. 2) et les baux professionnels ont leur régime propre ; c'est d'ailleurs ce qu'énonce clairement l'article 28 de la loi du 23 décembre 1986 pour les baux de sortie de la loi de 1948 à usage exclusivement professionnel et ce qu'a jugé la Cour de cassation en reconnaissant aux personnes morales, exclues du bénéfice de la loi de 1989 en tant que locataires, le bénéfice des dispositions de l'article 57 A (Cass. 3e civ. 10-12-2002 n° 99-21.858 : RJDA 3/03 n° 244). La solution retenue par la Cour de cassation s'explique en raison de l'usage mixte du bail principal. Dans ce cas, peu importe l'usage de la sous-location (en l'espèce, usage exclusivement professionnel), le bail principal étant soumis aux dispositions de l'article 8 de la loi du 6 juillet 1989, le loyer au mètre carré de la sous-location ne peut dès lors excéder le loyer au mètre carré du bail principal. Par conséquent, en présence d'un bail principal à usage exclusivement professionnel et d'une sous-location à usage exclusivement professionnel – tous deux sont soumis aux dispositions de l'article 57 A –, les dispositions de la loi du 6 juillet 1989, et plus particulièrement son article 8, demeurent inapplicables (CA Versailles 15-4-2010 n° 08/05475).

RÉGIME

Le statut d'ordre public des baux professionnels, qui résulte de l'article 57 A de la loi du 23 décembre 1986, **réglemente** la durée, le préavis, les modalités de renouvellement ou tacite reconduction et la forme du contrat (nos 60830 s.). **60820**

Les **autres aspects** de la relation contractuelle sont librement négociés et arrêtés par les parties dans leur convention, notamment le loyer, tant du bail originaire que du bail renouvelé ainsi que sa révision, les modalités de paiement, les garanties de paiement, la répartition des charges et des obligations d'entretien et de réparation, les assurances (CA Versailles 23-1-2018 n° 16/05553, 1e ch. : JurisData n° 2018-000776 ; CA Lyon 12-1-2022 n° 21/02501). À défaut, les relations locatives sont régies par les dispositions du Code civil (nos 50005 s.).

> **Précisions** **a.** Le **loyer** d'un bail professionnel n'étant soumis à aucune réglementation légale, il est librement fixé par les parties au moment de la prise d'effet du bail initial. Il en va de même au moment du renouvellement, si tant est que le bailleur ait pris soin de dénoncer régulièrement le bail pour son échéance afin d'éviter la tacite reconduction et pouvoir ainsi renégocier les conditions du bail. En revanche, en cas de tacite reconduction, le loyer du bail renouvelé sera, en l'absence de précision particulière du bail, le dernier loyer du bail venu en renouvellement, éventuellement indexé si le bail initial stipulait une clause d'indexation.
>
> Dans un cas où une clause de révision du montant du loyer lors du renouvellement prévue par les parties manquait de clarté et où le contrat n'avait pas organisé une méthode de détermination du loyer, la référence à un expert renvoyant à une appréciation technique qui ne pouvait avoir lieu faute de repères légaux ou contractuels, c'est sans dénaturation ni adjonction au contrat, sans commettre de déni de justice et sans méconnaître l'étendue de son pouvoir qu'une cour d'appel a débouté le bailleur de ses demandes de fixation du loyer révisé à un certain montant et de désignation d'un expert (Cass. 3e civ. 28-6-2011 n° 10-19.276).
>
> Les juges du fond ne peuvent pas se substituer aux parties en désaccord pour fixer les modalités de sa révision même si le bail stipulait que

le loyer du bail renouvelé pouvait faire l'objet d'une révision lors du renouvellement (Cass. 3e civ. 8-2-2006 n° 05-10.724 : RJDA 5/06 n° 517).

b. Le loyer d'un bail professionnel auprès d'un bailleur personne publique ne peut être inférieur à sa **valeur locative** que si ce tarif préférentiel est justifié par des motifs d'intérêt général et comporte des contreparties suffisantes (CE 28-9-2021 n° 431625, Centre communal d'action sociale de Pauillac : BPIM 6/21 inf. 405). Il s'agit d'un arrêt inédit du Conseil d'État qui transpose ici les principes dégagés de sa jurisprudence en matière de cession de biens par une personne publique.

c. Les lieux doivent être utilisés conformément à la **destination** prévue au contrat.

d. En utilisant un **modèle de bail** à usage d'habitation, dont certaines dispositions sont inconciliables avec les quelques règles d'ordre public qui régissent les baux professionnels (durée, préavis), les parties au bail s'exposent à ce que le juge refuse d'appliquer l'ensemble des stipulations contractuelles pour s'en tenir au droit commun du bail (Cass. 3e civ. 5-1-2011 n° 09-70.455 : RJDA 7/11 n° 619 refusant l'application d'une clause de révision périodique du loyer).

e. Sur les conditions d'un bail conclu en application des articles 28 à 33 de la loi du 23 décembre 1986, voir n° 63145.

f. Les parties à un bail portant sur des locaux à usage de bureaux, d'entrepôts logistiques ou abritant des activités libérales peuvent adopter l'**indice des loyers des activités tertiaires** (Ilat) pour l'indexation de leur loyer. Censuré à deux reprises par le Conseil constitutionnel pour avoir joué les cavaliers législatifs, cet indice a finalement été mis en place par la loi 2011-525 du 17 mai 2011. Calculé par l'Insee chaque trimestre, l'Ilat est constitué pour 50 % de la moyenne annuelle de l'indice des prix à la consommation (hors tabac et loyers), pour 25 % de la moyenne annuelle de l'indice du coût de la construction et pour 25 % de la moyenne annuelle du produit intérieur brut en valeur.

g. Le bailleur qui s'est engagé à renouveler un bail professionnel **sans augmentation du loyer** a renoncé à la clause d'indexation dès lors que le loyer a été fortement augmenté l'année précédente et que l'indexation n'a pas été mise en œuvre l'année suivante (Cass. 3e civ. 5-9-2012 n° 11-22.197 : BPIM 6/12 inf. 484).

SOUMISSION D'UN BAIL DE LOCAUX PROFESSIONNELS AU STATUT DES BAUX COMMERCIAUX

60825 Par dérogation à l'article 57 A, les parties sont autorisées à soumettre les locations normalement régies par le statut des baux professionnels au statut des baux commerciaux (Loi du 23-12-1986 art. 57 A, al. 6) à condition qu'elles aient passé un accord écrit stipulant expressément la dérogation au statut des baux professionnels et/ou l'application conventionnelle du statut des baux commerciaux (C. com. art. L 145-2, I-7°). La soumission volontaire aux statuts des baux commerciaux doit être non équivoque (CA Douai 24-6-2021 n° 19/04524). La seule présence de certaines dispositions spécifiques aux baux commerciaux, tout en en écartant d'autres, ne permet pas de caractériser une volonté univoque d'opter pour l'extension conventionnelle du statut (CA Toulouse 31-3-2021 n° 18/04182). De même, le contrat intitulé « bail commercial de location », reprenant certaines clauses spécifiques aux baux commerciaux, visant des textes abrogés, omettant des mentions obligatoires et contenant des stipulations contraires aux dispositions essentielles d'ordre public du statut des baux commerciaux n'établit pas la volonté des deux parties de déroger au statut du bail professionnel au regard de l'activité d'infirmières libérales des locataires pour adopter de façon expresse, claire et univoque le statut des baux commerciaux (CA Paris 27-6-2024 n° 21/15783 : RJDA 2/25 n° 68).

Avant la loi de modernisation de l'économie (LME) du 4 août 2008, cette faculté était admise à la double condition que la volonté des parties soit certaine et non équivoque et que le bail ne contienne aucune stipulation contraire à l'article 57 A. Ainsi le locataire conservait-il, quelles que soient les prévisions du bail, la faculté d'ordre public de donner congé à tout moment en respectant les forme et délai prévus par la loi du 23 décembre 1986, notamment en respectant un délai de préavis de six mois (Cass. 3e civ. 2-2-2000 n° 98-15.675 PB : RJDA 4/00 n° 396 ; CA Paris 12-9-2007 : Administrer janv. 2008 p. 52).

Depuis la loi LME, la situation est clarifiée : désormais, le locataire professionnel qui opte conventionnellement pour le régime des baux commerciaux ne peut plus cumuler les avantages de ce régime avec ceux de l'article 57 A, puisque les dispositions du Code de commerce s'appliquent « par dérogation à l'article 57 A ». Quant à l'article 57 A, son dernier alinéa énonce désormais expressément qu'en adoptant le régime des baux commerciaux, il est dérogé à celui des baux professionnels : « Les parties peuvent déroger au présent article dans les conditions fixées au 7° du I de l'article L 145-2 du Code de commerce. »

Ainsi, l'adoption conventionnelle du statut des baux commerciaux comportera exclusion automatique du régime des baux professionnels et le locataire qui optera pour le statut des baux commerciaux perdra la faculté de donner congé à tout moment, le preneur d'un bail commercial ne pouvant en effet donner congé qu'à l'expiration d'une période triennale (C. com. art. L 145-4).

Le mieux sera donc de viser expressément l'article L 145-2, 7° du Code de commerce en exprimant sa volonté de déroger aux dispositions de l'article 57 A de la loi du 23 décembre 1986.

L'action en requalification d'un bail professionnel en bail commercial se prescrit par deux ans à compter de la signature du bail (Cass. 3e civ. 23-11-2011 nos 10-24.163 et 10-27.188 ; CA Paris 5-2-2020 n° 18/22860 ; CA Poitiers 4-1-2022 n° 21/01727 ; CA Aix-en-Provence 22-3-2023 n° 21/11520 ; CA Douai 15-9-2022 n° 20/02323).

FORME ET DURÉE DU BAIL

Le contrat de bail doit être établi par **écrit** (Loi du 23-12-1986 art. 57 A, al. 1). Toutefois, l'absence d'établissement par écrit du bail professionnel n'est pas sanctionnée par la nullité (CA Paris 16-10-2001 n° 2001/08223 : AJDI 2002 p. 225 ; CA Amiens 16-01-2024 n° 22/03405). **60830**

Il est conclu pour une **durée** au moins égale à six ans (Loi du 23-12-1986 art. 57 A, al. 1). Par suite est nulle la clause d'un bail professionnel consenti à une société pour une durée de deux ans et la durée légale doit y être substituée (CA Versailles 4-12-1998 n° 1997/5922 : RJDA 3/99 n° 270 ; CA Grenoble 7-12-2021 n° 19/02676).

À son terme, le bail est reconduit tacitement pour la même durée sauf congé notifié dans les conditions prévues à l'article 57 A précité ou renouvellement exprès (Loi 86-1290 du 23-12-1986 art. 57 A, al. 2). La loi ne précise pas si la durée du contrat renouvelé est la même que la durée du bail venu en renouvellement ou la durée minimale légale. La Cour de cassation a opté pour cette dernière (Cass. 3e civ. 3-6-2004 n° 02-21.072 : AJDI 2005 p. 35, énonçant que le bail professionnel conclu pour 9 ans se renouvelle pour 6 ans ; CA Lyon 30-3-2022 n° 20/07216). On peut penser qu'à l'instar de ce qui a été jugé en matière de baux commerciaux, cette solution prévale faute de stipulation expresse contraire dans le bail initial (Cass. 3e civ. 2-10-2002 n° 01-02.781 : RJDA 12/02 n° 1246).

Pour les baux conclus depuis le 19 juin 2014, au moment de chaque prise de possession des locaux par un locataire et lors de leur restitution, un **état des lieux** est établi contradictoirement et amiablement par les parties ou par un tiers mandaté par elles et joint au contrat de location. À défaut, l'état des lieux est établi par un huissier de justice, sur l'initiative de la partie la plus diligente, à frais partagés par moitié entre le bailleur et le locataire (Loi du 23-12-1986 art. 57 B). Cette disposition s'applique également à toute restitution d'un local dès lors qu'un état des lieux a été établi lors de la prise de possession.

CONGÉ

Chaque partie peut notifier à l'autre son intention de ne pas renouveler le contrat **à l'expiration** de celui-ci en respectant un délai de préavis de six mois (Loi 86-1290 du 23-12-1986 art. 57 A, al. 3). Cette faculté étant offerte à chaque partie, la clause du bail mettant à la charge du seul preneur l'obligation de donner congé doit être réputée non écrite, en raison du caractère d'ordre public de l'article 57 A de la loi du 23 décembre 1986 (CA Aix-en-Provence 22-3-2023 n° 21/11520). Le congé doit être notifié par lettre recommandée AR ou par exploit d'huissier. Il n'a pas à être motivé, et ce, quel que soit l'initiateur du congé (Cass. 3e civ. 21-2-2006 n° 05-12.317 ; Cass. 3e civ. 2-5-2007 n° 06-13.834 : RJDA 11/07 n° 1071). **60840**

Le locataire peut, en outre, **à tout moment** et sans avoir à motiver sa décision, notifier au bailleur son intention de quitter les locaux en respectant un délai de préavis de six mois. Toute stipulation contractuelle imposant un délai plus long au locataire est nulle (Cass. 3e civ. 2-2-2000 n° 98-15.675 : RJDA 4/00 n° 396). Les notifications sont faites dans les conditions énoncées ci-dessus.

Cette possibilité de quitter les locaux à tout moment est d'ordre public et ne peut être tenue en échec par une clause dissuasive du bail. Ainsi, une clause litigieuse qui a pour but de dissuader les cessionnaires d'user de la faculté légale de résiliation du bail sous peine de les rendre personnellement redevables de l'indemnisation du manque à gagner subi par les associés du bailleur, de sorte que le renouvellement doit aller jusqu'au terme suivant, par son aspect dissuasif, revient indirectement à interdire au locataire de résilier par anticipation le bail, ce qui est prohibé par l'article 57 A (Cass. com. 17-3-2015 n° 14-12.185 : Loyers et copr. 2015 comm. n° 118 note B. Vial-Pedroletti).

> **Précisions** **a.** En cas de **vente du bien loué,** le congé n'ouvre pas droit à préemption au profit du locataire car les droits de préemption institués par les lois du 31 décembre 1975 et du 6 juillet 1989 ne peuvent être invoqués que par le locataire d'un local à usage d'habitation ou à usage mixte professionnel et d'habitation (CA Paris 13-1-1998 : BPIM 3/98 inf. 224).
>
> **b.** Peu importe que le bail établi au moyen d'un modèle imprimé ait maladroitement fait **référence à la loi du 6 juillet 1989** ; dès lors que le bail est professionnel, le congé n'a pas à être motivé (CA Montpellier 28-10-2003 : Loyers et copr. 2004 comm. n° 108).
>
> Est valable un congé donné respectant les conditions de forme et de délai prévues par l'article 57 A de la loi du 23 décembre 1986 bien qu'il vise de façon erronée l'article 15, II de la loi du 6 juillet 1989 et offre le bien loué à la vente (Cass. 3e civ. 3-12-2003 n° 02-13.688 : RJDA 3/04 n° 285).
>
> **c.** Aucun droit au **renouvellement** n'étant édicté en matière de baux professionnels,

le bailleur ne commet aucune faute en ne retenant pas la candidature de ses locataires pour conclure un nouveau bail dès lors qu'aucun abus de droit ou discrimination n'est établi (Cass. 3e civ. 2-5-2007 n° 06-13.234 : RJDA 11/07 n° 1071).

d. Pour produire effet, une **clause de non-réinstallation,** même limitée dans le temps, dans l'espace et le secteur de l'activité exercée, doit avoir une cause (CA Paris 10-9-2009 n° 08/05838 : AJDI 2010 p. 43).

e. Le bailleur de locaux affectés à un usage exclusivement professionnel peut délivrer congé au preneur en subordonnant le renouvellement du bail à l'**apurement de la dette locative** (Cass. 3e civ. 9-9-2021 n° 19-25.160).

f. Le congé doit manifester une **volonté certaine et non équivoque** du preneur de mettre fin au bail dans le délai de six mois. Un courrier daté du 5 juillet 2017 qui, d'une part annonce la future libération des lieux et d'autre part indique que le bail continuera jusqu'au 11 mars 2019, en raison de son caractère ambigu, ne s'analyse pas comme un congé donné valablement mais comme constituant une offre de négociation pour une éventuelle fin anticipée du contrat (CA Toulouse 7-12-2021 n° 20/03216).

g. La **restitution des clés** symbolise la restitution des lieux. Ainsi, le fait pour un locataire professionnel de laisser les clés dans le local loué qu'il quitte ne suffit pas à justifier d'une remise des clés (Cass. 3e civ. 7-9-2022 n° 21-18.298).

BAUX DE SORTIE

60860 Le dispositif de **sortie progressive** visé nos 63120 s. est applicable.

Le **bail** de sortie, d'une durée **de huit ans,** est soumis aux dispositions du Code civil (nos 50005 s.) et des articles 30 à 33 de la loi du 23 décembre 1986 modifiée étant entendu qu'à sa date d'effet, les rapports entre le bailleur et le locataire ou occupant de bonne foi ne sont plus régis par la loi de 1948.

À l'expiration du bail, le local est soumis aux dispositions de l'article 57 A de la loi de 1986 et à celles du Code civil. Il en est de même des locaux visés à l'article 34 de la loi de 1986 (nos 63360 s.).

> Précisions a. Pour l'application des dispositions anciennes, le ministre du logement avait précisé que le renvoi fait au Code civil dans certains articles de la loi du 23 décembre 1986 n'avait pas pour effet de rendre impératives les **dispositions du Code civil** qui ne sont pas précisées (Rép. Duboscq : Sén. 21-1-1988 p. 93).

b. La notification faite en application de l'article 28 de la loi du 23 décembre 1986 d'un **projet de bail** à caractère exclusivement professionnel, conforme aux dispositions du Code civil et à celles des articles 30 à 33 et 57 A de la loi du 23 décembre 1986, est valablement faite et, les **mentions** minimales des textes susvisés n'étant pas limitatives, la cour d'appel a souverainement fixé les conditions du contrat conformément au projet de bail proposé par le bailleur (Cass. 3e civ. 4-4-2007 n° 06-10.980 : RJDA 8-9/07 n° 825).

CHAPITRE 4

BAUX À USAGE D'HABITATION PRINCIPALE OU À USAGE MIXTE PROFESSIONNEL ET D'HABITATION PRINCIPALE

SOMMAIRE

INTRODUCTION

61000 Le statut locatif des locaux à usage d'habitation principale ou à usage mixte professionnel et d'habitation principale résulte de la loi 89-462 du 6 juillet 1989, dite **loi « Mermaz ».** Cette loi fait suite à la loi 86-1290 du 23 décembre 1986, dite loi « Méhaignerie », laquelle avait succédé à la loi 82-526 du 22 juin 1982, dite loi « Quilliot ».

Ces trois lois ont été déclarées **d'ordre public** et s'opposent en cela aux dispositions supplétives de la volonté des parties du Code civil (nos 50010 s.). L'ordre public a une portée différente selon qu'il s'agit d'un ordre public de direction, auquel nul ne peut déroger, ou d'un ordre public de protection, auquel la partie que l'on a entendu protéger peut déroger. En l'espèce, on pourrait penser que l'ordre public revendiqué par ces trois lois est un ordre public de simple protection qui autorise la personne protégée par la loi, en l'occurrence le locataire, à renoncer à cette protection ou à bénéficier d'une protection plus grande. La Cour de cassation refuse cependant régulièrement les dérogations à la loi du 6 juillet 1989 plus favorables au locataire (Cass. 3e civ. 2-6-1999 no 97-17.373 : Bull. civ. III no 123 ; Cass. 3e civ. 19-1-2000 no 98-12.658 : JCP G 2001 II no 10585 note P. Rémy ; Cass. 3e civ. 19-3-2003 no 01-12.529 : RJDA 6/03 no 574 ; Cass. 3e civ. 1-10-2008 no 07-13.008 : RJDA 1/09 no 14). Il faut donc en conclure que la loi du 6 juillet 1989 relève d'un ordre public de direction.

La loi du 6 juillet 1989 a abrogé le statut locatif développé par la loi du 23 décembre 1986 dans ses quatre premiers chapitres (art. 1 à 24) en déclarant toutefois cette loi applicable, jusqu'à leur terme, aux **contrats de location en cours** à sa date de publication, mais en rendant immédiatement applicables les dispositions essentielles de la loi nouvelle, à savoir celles relatives à la durée du bail, aux modalités de congé ainsi qu'à la fixation et la révision du loyer (Loi du 6-7-1989 art. 25, I et II). Les autres chapitres du titre 1er de la loi du 23 décembre 1986, relatifs à la modification de la loi 48-1360 du 1er septembre 1948, aux dispositions relatives aux logements appartenant aux organismes de HLM ou gérés par ceux-ci, aux procédures de concertation et aux dispositions diverses, demeurent en vigueur mais ont fait l'objet de modifications substantielles par la loi du 6 juillet 1989.

Ce dispositif légal a été fortement modifié par certaines dispositions de la loi 2014-366 du 24 mars 2014, dite « loi **Alur** » et par la loi 2018-1021 du 23 novembre 2018 dite « loi **Élan** ». Plus récemment, d'importantes mesures en matière de rénovation, de classement ou encore de consommation énergétiques des logements sont venues le compléter (Loi Climat 2021-1104 du 22-8-2021 ; Loi 3DS 2022-217 du 21-2-2022).

61005 Le dispositif légal, complété par de nombreuses mesures législatives et réglementaires tels les principes posés par la commission des **clauses abusives** (no 50043), qui, entre autres, condamne les clauses imposant au locataire des obligations qui outrepassent ses obligations légales, constitue un net retour au dirigisme par rapport à la loi du 23 décembre 1986 en réglementant les modalités de fixation et de révision des loyers et les modalités de congé. Néanmoins, sous réserve des dispositions impératives de la loi de 1989, celles-ci reprennent ou s'inspirent parfois de celles du Code civil.

61010 L'article 1er de la loi « Mermaz » érige le **droit au logement** en un droit fondamental. Garantir un tel droit constitue, selon la loi 90-449 du 31 mai 1990, « un devoir de solidarité pour l'ensemble de la nation » qui a conduit à la création du fonds de solidarité pour le logement, dont la mission est d'accorder des aides financières aux personnes et aux familles rencontrant des difficultés afin de leur permettre d'accéder à un logement ou de s'y maintenir.

Par ailleurs, le même article pose le principe d'équilibre des droits et obligations réciproques des bailleurs et des locataires dans leurs relations individuelles comme dans leurs relations collectives. La loi conserve le recours à la conciliation pour le règlement de certains conflits locatifs et renforce les droits des associations de locataires.

ATTENTION

La loi de 1989 a aménagé le processus de conclusion d'**accords collectifs de location,** tant au plan national qu'au plan local, pour les secteurs locatifs qu'elle définit (y compris le secteur social et assimilé) et qui, sous réserve des règles spécifiques applicables aux logements « primés » ou « conventionnés », s'imposent aux organisations signataires et à leurs adhérents. Certains de ces accords peuvent en outre et selon certaines conditions être rendus obligatoires par décret pour tous les logements du ou des secteurs locatifs concernés (Loi du 6-7-1989 art. 32 à 34). Tel est le cas des accords collectifs de 1998 et 2005 relatifs aux congés émis dans le cadre des ventes à la découpe (nos 65000 s.).

SECTION 1

STATUT LOCATIF GÉNÉRAL

A. Champ d'application du bail d'habitation

LOCATIONS CONCERNÉES

La loi du 6 juillet 1989 s'applique aux locations de **locaux** à usage d'**habitation principale et à usage mixte professionnel et d'habitation principale** ainsi qu'aux garages, places de stationnement, jardins et autres **locaux loués accessoirement** au local principal par le même bailleur (Loi du 6-7-1989 art. 2, al. 1). 61020

Certaines juridictions ont assimilé une péniche amarrée depuis plusieurs années au même endroit, louée et aménagée, à un local à usage d'habitation (CA Paris 3-6-1950 : JCP G 1950 II n° 5350 ; CA Colmar 4-6-2012 n°s 12/0485 et 11/03561). Une telle solution pourrait être également envisageable pour les caravanes ou les mobil-homes (CA Toulouse 14-10-2008 n° 07/03822 : Loyers et copr. 2009 comm. n° 33).

Il résulte de la disposition précitée (Loi 89-462 du 6-7-1989 art. 2, al. 1) que la loi s'applique aux locaux dans lesquels les membres d'une **profession libérale** habitent et exercent leur activité professionnelle. Le caractère d'une location est, en effet, déterminé par la destination que les parties ont entendu lui donner.

La Cour de cassation a jugé que la destination des locaux à usage d'habitation et professionnel n'implique pas par elle-même l'obligation d'utiliser, au cours du bail, les lieux loués à chacun des usages prévus par la location (Cass. 3e civ. 27-5-1987 : Bull. civ. III n° 107 ; Cass. 3e civ. 20-4-1988 : Loyers et copr. 1988 comm. n° 252 ; Cass. 3e civ. 15-1-1992 : RJDA 3/92 n° 220 ; CA Aix-en-Provence 24-1-2013 n° 12/05711, ch. 11, sect. B : Rev. Loyers 2013 p. 138). Ces décisions sont, à notre sens, contestables pour un double motif. Le premier est qu'elles permettent à un locataire de bénéficier, du moins pendant la durée du bail, d'un statut auquel il n'aurait pas droit s'il ne revendiquait, lors de la conclusion du bail, qu'une utilisation à usage professionnel. Le second est qu'un usage exclusivement professionnel pour des locaux loués à usage mixte peut enfreindre la réglementation de changement d'affectation des locaux visée aux articles L 631-7 et L 631-7-3 du CCH.

Toutefois, plusieurs arrêts sont venus limiter la portée de cette jurisprudence :

– par un premier arrêt, la Cour de cassation laisse entendre que l'exécution de mauvaise foi du bail par le locataire pourrait entraîner l'application du droit commun du louage, voire de la réglementation des baux professionnels. Au cas d'espèce, la cour d'appel avait retenu que les conventions légalement formées ne tiennent lieu de loi à ceux qui les ont faites qu'à la condition d'être exécutées de bonne foi et qu'il résultait des circonstances de l'espèce que, si le bail liant les parties était un bail mixte, les locataires n'avaient jamais eu l'intention d'habiter les lieux et n'étaient donc, en conséquence, pas fondés à invoquer les dispositions du régime protecteur conféré aux locataires en vertu du droit à l'habitat. Cependant, la Cour de cassation n'a pas censuré la cour d'appel sur ce fondement mais sur le non-respect du principe du contradictoire (Cass. 3e civ. 16-11-1994 : Rev. Huissiers 1995 p. 481) ;

– par une série d'autres décisions, la Cour suprême a précisé que, si le titulaire d'un contrat de location à usage mixte professionnel et d'habitation n'est pas tenu, durant la durée du bail, d'utiliser les lieux à chacun des deux usages prévus, il ne peut se prévaloir du droit au renouvellement que lorsqu'au **terme** du contrat il occupe, au moins partiellement, les locaux pour son habitation principale personnelle (Cass. ass. plén. 2-2-1996 n° 91-21.373 : RJDA 3/96 n° 323 ; Cass. 3e civ. 18-7-2001 : RJDA 12/01 n° 1192 ; Cass. 3e civ. 21-9-2005 n° 01-17.184 : RJDA 12/05 n° 1328 ; CA Paris 24-11-2009 n° 07-09158 : AJDI 2010 p. 141 ; Cass. 3e civ. 5-9-2012 n° 11-22.336 : RJDA 12/12 n° 1054), étant précisé que, dans cette hypothèse, le congé qui sera délivré par le bailleur devra respecter les dispositions de l'article 15 de la loi 89-462 du 6 juillet 1989 et viser expressément l'un des trois motifs autorisés par celui-ci (Cass. 3e civ. 5-9-2012 n° 11-22.336 : JCP G 2012 II n° 1266). Déjà interrogée sur le régime juridique du congé à propos d'une location d'appartement consentie à usage d'habitation principale mais que le locataire avait utilisé comme résidence secondaire, la Cour de cassation avait exclu l'application des dispositions de l'article 15 de la loi du 6 juillet 1989 dès lors que cette dernière ne s'applique pas aux résidences secondaires (Cass. 3e civ. 21-3-2007 n° 06-11.843 : RJDA 7/07 n° 702). À la différence d'une utilisation à titre de résidence secondaire, l'utilisation exclusivement professionnelle en cours de bail à usage mixte professionnel et d'habitation est autorisée par ce dernier, ce qui justifie sûrement la différence de solution juridique proposée par la Cour de cassation.

Ces décisions sont à rapprocher de l'arrêt rendu le 10 juin 1998 par la Cour de cassation relatif à l'incidence sur la fixation du loyer d'un bail renouvelé faisant référence à la loi du 6 juillet 1989 en cas d'usage exclusivement professionnel des lieux loués par le locataire.

> Précisions **a.** La **notion d'habitation principale** est appréciée souverainement par les juges du fond (en ce sens Cass. 3e civ. 16-6-1999 : Ann. Loyers 1999 p. 1584 ; Cass. 1e civ. 31-1-2006 no 02-15.028 : RJDA 3/07 no 230).

b. Pour les **locaux** anciennement régis par la **loi de 1948,** voir nos 63000 s.

c. Le rattachement d'un bail concernant un **garage** par exemple, en tant qu'accessoire, à la même réglementation (Loi 89-462 du 6-7-1989) que le bail principal d'habitation ne pose guère de problème lorsque les deux locaux sont loués par le biais d'un bail unique. Il y a alors indivisibilité des locaux loués, ce qui interdit de résilier partiellement le bail (CA Chambéry 1-7-2010 no 09/00918 : Loyers et copr. 2010 comm. no 285). En revanche, en présence de deux baux distincts, il existe une difficulté dès lors que deux conceptions s'opposent. La première s'appuie sur un critère matériel et objectif de dépendance entre le local principal et le garage. Lorsque ce dernier est lié avec l'appartement, parce qu'il est situé dans le même immeuble, la qualification d'accessoire serait justifiée (CA Paris 16-6-1993, 6e ch. : Jurisdata no 1993-022406). La seconde, qui a les faveurs de la jurisprudence récente (Cass. 3e civ. 8-1-1997 no 17 D : RJDA 2/97 no 184 ; Cass. 3e civ. 5-3-1997 no 95-14.588 ; CA Paris 31-5-2005 no 03/17086 : Loyers et copr. 2005 comm. no 151 ; Cass. 3e civ. 30-10-2012 no 11-16.394, Guillou c/ Gianelli), s'appuie sur un critère purement subjectif, à savoir la recherche de la volonté des parties. Peu importe dans ces conditions la configuration des lieux.

d. Sont partiellement soumis au régime de la loi de 1989 les **locations meublées qui constituent la résidence principale** du locataire (voir nos 65500 s.) et les locations meublées faisant l'objet d'un **bail mobilité** (voir nos 65595 s.).

LOCATIONS EXCLUES DU CHAMP D'APPLICATION DU BAIL D'HABITATION

61040 Sont **expressément et totalement exclus** du champ d'application de la loi de 1989, et soumis en conséquence soit à un autre régime particulier, soit, à titre supplétif, aux dispositions de droit commun du Code civil, les contrats ou locaux suivants (nos 50005 s.) :

- les conventions, ne répondant pas aux critères énoncés par l'article 1709 du Code civil, telles que le bail emphytéotique, le bail à construction, le droit d'usage et d'habitation ;
- les locations de résidences secondaires ;
- les locaux loués à des personnes morales (CA Lyon 22-1-2013 no 11/04416, ch. 8 : Rev. Loyers 2013 p. 136) ;
- les locations portant sur un immeuble agricole ;
- les locations d'un local à usage exclusivement professionnel ou d'un local commercial ;
- les locations à caractère mixte d'habitation et commercial ;
- les locations-accessions ;
- les locations-attributions (Cass. 3e civ. 20-12-1994 : Bull. civ. III no 226).

Certaines locations sont **partiellement exclues** du champ d'application de la loi du 6 juillet 1989. Il en est ainsi des logements appartenant à ou gérés par des organismes de HLM, des logements conventionnés ouvrant droit à l'aide personnalisée au logement (APL), des logements loués à titre exceptionnel et transitoire par les collectivités locales (Loi du 6-7-1989 art. 40).

Il en est encore ainsi, par application de l'article 2, alinéa 2 de la loi :

- des locaux meublés, à l'exception de l'article 3-3 relatif au diagnostic technique, des deux premiers alinéas de l'article 6 sur le logement décent et de l'article 20-1 sur l'intervention de la commission départementale de conciliation ;
- des locaux meublés loués dans le cadre d'un bail mobilité (voir nos 65595 s.) ;
- des logements-foyers, à l'exception des deux premiers alinéas de l'article 6 et de l'article 20-1 ;
- des logements attribués ou loués en raison de l'exercice d'une fonction ou de l'occupation d'un emploi, à l'exception de l'article 3-3, des deux premiers alinéas de l'article 6 et de l'article 20-1 ;
- des locations consenties aux travailleurs saisonniers, à l'exception de l'article 3-3, des deux premiers alinéas de l'article 6 et de l'article 20-1 ;
- des locations à caractère saisonnier, à l'exception de l'article 3-3 ;
- des logements faisant l'objet du dispositif d'occupation temporaire de locaux mentionné à l'article 29 de la loi Élan 2018-1021 du 23 novembre 2018.

A contrario, toutes les dispositions de la loi du 6 juillet 1989 dont l'application n'est pas totalement ou partiellement exclue par un texte particulier régissent les locations des logements précités (CA Besançon 1-12-2004 : Loyers et copr. 2005 comm. no 86).

> Précisions **a.** Un contrat de **bail,** conclu pour un loyer modique, dans l'attente de la réalisation d'une vente ayant fait objet d'une promesse, a été souverainement qualifié par les juges du fond d'**accessoire à la promesse de vente** et, à ce titre, exclu du champ d'application de la loi du 6 juillet 1989 (Cass. 3e civ. 28-10-2003 : Administrer 2005 p. 41).

b. Les rapports entre le locataire principal et son sous-locataire, dans le cadre d'une

sous-location autorisée, ne sont pas davantage régis par la loi nouvelle, à l'exception du loyer (sur cette question, voir n° 62290).

c. Le bail en cours au moment de l'acquisition des lieux loués par un organisme de **HLM** reste soumis aux dispositions légales qui lui étaient applicables avant cette acquisition jusqu'à sa date d'expiration (Cass. 3e civ. 18-02-2009 n° 07-21.879 : RJDA 10/09 n° 823).

SOUMISSION VOLONTAIRE AU RÉGIME DES BAUX D'HABITATION ISSU DE LA LOI DU 6 JUILLET 1989

Les parties peuvent, par **accord exprès,** adopter conventionnellement le régime prévu par la loi du 6 juillet 1989 pour une location exclue par celle-ci, dès lors que la location ne relève pas d'un autre statut impératif et que la volonté des parties est sans équivoque (Cass. 3e civ. 20-12-1994 : Loyers et copr. 1995 comm. n° 94). Un certain nombre d'arrêts ont pu décider que le simple intitulé d'un bail faisant référence à la loi du 6 juillet 1989 ne suffisait pas à démontrer l'intention des parties de soumettre leur bail à ladite loi. Mais lorsque se rajoutent à ce visa des clauses du bail renvoyant expressément à des textes de la loi du 6 juillet 1989, le caractère équivoque est plus difficile à démontrer (Cass. 3e civ. 31-5-2012 n° 11-18.041 : Loyers et copr. 2012 comm. n° 228 note B. Vial-Pedroletti). La signature d'un bail sur un formulaire préimprimé visant la loi du 6 juillet 1989 donne lieu à une divergence jurisprudentielle (CA Paris 10-2-1995 : Loyers et copr. 1995 comm. n° 193 ; CA Chambéry 2-3-2004 : Loyers et copr. 2005 comm. n° 4 ; contra CA Toulouse 6-5-2008 : Loyers et copr. 2008 comm. n° 188). 61050

BÉNÉFICIAIRES DU STATUT DU BAIL D'HABITATION

Le droit au logement ayant été érigé en droit fondamental (Loi 89-462 du 6-7-1989 art. 1er), le statut ne peut donc bénéficier qu'à une **personne physique.** 61060

Lorsque le logement sert à l'habitation de deux époux, ceux-ci ont la qualité de cotitulaires du bail même si celui-ci n'a été signé que par l'un d'eux. La loi Alur étend cette cotitularité aux partenaires liés par un pacte civil de solidarité dès lors que les partenaires en font la demande conjointe (C. civ. art. 1751 ; n° 50265). Il existe cependant d'autres hypothèses de cotitularité du bail.

Même si la loi reconnaît des droits au concubin notoire, le concubin n'est colocataire que s'il a signé le bail : la vie en concubinage notoire avec le locataire, la domiciliation du concubin chez ce dernier et le paiement du dépôt de garantie par ledit concubin ne suffisent pas à lui conférer cette qualité (CA Aix-en-Provence 9-4-2009 n° 05/10105 : Loyers et copr. 2009 comm. n° 231).

Sur la faculté des personnes morales de se soumettre volontairement à la loi du 6 juillet 1989, voir n° 50055.

En cas d'abandon du domicile par le locataire Le bail continue par le seul effet de la loi, soit au profit du conjoint sans préjudice de l'article 1751 du Code civil, soit au profit des descendants qui vivaient avec le locataire depuis au moins un an à la date de l'abandon du domicile, soit au profit du partenaire lié au locataire par un Pacs, soit au profit des ascendants, du concubin notoire ou des personnes à charge qui vivaient avec lui depuis au moins un an à la date de l'abandon du domicile (Loi 89-462 du 6-7-1989 art. 14, al. 1 à 5). 61065

Si la loi énonce les bénéficiaires potentiels du transfert du bail, la jurisprudence reste partagée quant à savoir si ce transfert est automatique (CA Rennes 6-5-1999 : Loyers et copr. 2000 comm. n° 37) ou si le bénéficiaire de ce droit doit s'en prévaloir formellement auprès du bailleur (CA Paris 14-12-2006 : Loyers et copr. 2007 comm. n° 49).

L'abandon de domicile s'entend du **départ brusque et imprévisible** du locataire laissant les personnes à sa charge dépourvues de logement. Il appartient à celui qui invoque ces dispositions de rapporter la preuve que le départ est brusque et surtout imprévisible. L'évolution de la jurisprudence laisse cependant penser que ces critères de brusquerie et d'imprévisibilité pourraient être complétés par celui d'un **départ définitif** imposé à celui qui demeure dans les lieux loués (Cass. 3e civ. 26-11-2008 n° 07-17.728 : RJDA 2/09 n° 78 ; Cass. 3e civ. 8-7-2009 n° 08-16.992 : RJDA 10/09 n° 824).

ILLUSTRATIONS

L'abandon de domicile a été admis dans les cas suivants :

– le placement définitif d'un locataire en maison de retraite imposé pour une raison de santé qui nécessitait des soins et une prise en charge adaptés dans une maison médicalisée (Cass. 3e civ. 26-11-2008 n° 07-17.728 : RJDA 2/09 n° 78 ; CA Paris 24-9-2009 n° 08/18180 : Loyers et copr. 2010 comm. n° 13 obs. B. Vial-Pedroletti) ;

– une hospitalisation imprévisible, un certificat médical attestant que l'état de dépendance physique et psychique du locataire justifiait un séjour définitif dans une unité de soins de longue durée (CA Nancy 19-12-1997 : BPIM 1/98 inf. 56).

L'abandon de domicile n'a pas été admis dans les cas suivants :
– l'évacuation d'un locataire, malgré la production d'un certificat médical, pour raison sanitaire et traité en milieu sécurisé dans un pays étranger, en l'absence de renseignements sur l'apparition de la maladie et son évolution (CA Toulouse 19-2-2008 : Loyers et copr. 2008 comm. n° 150) ;
– un départ organisé des lieux (Cass. 3e civ. 16-12-1987 n° 86-12.424 : Rev. Loyers 1988 p. 79 note J. L. Aubert) ;
– un changement de domicile opéré pour convenances personnelles (CA Paris 29-1-1992 n° 91/19045 : Administrer mai 1992 p. 43).

La loi ne distingue pas entre l'abandon **de fait** du logement et l'abandon de celui-ci **après un congé régulier.** Une femme bénéficie ainsi du bail après le départ de son concubin malgré la délivrance par ce dernier d'un congé le jour même de son départ (Cass. 3e civ. 6-12-1995 : RJDA 2/96 n° 194).

En cas de demandes multiples, le juge se prononce en fonction des intérêts en présence (Loi du 6-7-1989 art. 14, al. 6 à 11).

À défaut de personne remplissant les conditions légales, le bail est résilié de plein droit par l'abandon du domicile par le locataire (Loi du 6-7-1989 art. 14, dernier al.). Sur la possibilité pour le bailleur de reprendre le bien sans avoir à mettre en œuvre la procédure d'expulsion, voir n° 61860.

ATTENTION

Le **bail** ne peut pas stipuler qu'en cas d'abandon des lieux loués par le locataire le bail sera transféré à d'autres personnes que celles visées par la loi (CA Paris 19-2-2009 n° 09/81483 : Loyers et copr. 2009 comm. n° 170).

61070 **En cas de décès du locataire** Au décès du locataire, le bail est transféré à un certain nombre de personnes, dont les descendants, qui vivaient avec le titulaire du bail depuis au moins un an à la date du décès (Loi 89-462 du 6-7-1989 art. 14, al. 6 à 9). Ces dispositions doivent être combinées avec celles du Code civil relatives à la cotitularité du bail qui prévoient que le droit au bail du local qui sert effectivement à l'habitation de deux époux est réputé appartenir à l'un et à l'autre des époux (C. civ. art. 1751). La séparation de fait des époux ou l'autorisation qui leur est donnée de résider séparément ne remet pas en cause la **cotitularité** du bail portant sur le logement qui a servi effectivement à leur habitation commune (Cass. 3e civ. 27-5-1998 n° 96-13.543 : RJDA 10/98 n° 1078 ; Cass. 3e civ. 31-5-2006 n° 04-16.920 : BPIM 4/06 inf. 305). Le conjoint survivant cotitulaire du bail bénéficie d'un **droit exclusif** sur ce bail, sauf pour lui à y renoncer expressément (Cass. 3e civ. 4-7-2024 n° 22-24.856 FS-B : BPIM 4/24 inf. 275). En présence d'un conjoint survivant, les enfants, comme tous les bénéficiaires listés par l'article 14 de la loi du 6 juillet 1989, sont donc exclus du bénéfice du transfert des droits locatifs. En tout état de cause, si le conjoint survivant renonce à son droit exclusif, cette renonciation ne peut porter que sur l'exclusivité du droit au bail et ne peut lui permettre, à défaut de **congé valablement délivré** par lui, de mettre fin au droit au bail dont il est titulaire. En l'absence de cotitularité du bail, le contrat n'est transféré au conjoint survivant qui n'habite pas dans les lieux que s'il en fait la demande (Cass. 3e civ. 10-4-2013 n° 12-13.225 : RJDA 6/13 n° 484) ; il peut être transféré au conjoint survivant marié à l'étranger même si le mariage n'a été transcrit sur les registres de l'état civil français qu'après le décès du conjoint titulaire du bail (Cass. 1e civ. 7-12-2016 n° 15-22.996 FS-PBI : BPIM 1/17 inf. 63).

Le descendant d'un locataire ne peut pas bénéficier du transfert du bail lorsqu'il se contente de démontrer sa présence quotidienne auprès du locataire pour lui dispenser des soins (CA Grenoble 24-3-1998 : Loyers et copr. 1999 comm. n° 91) ou qu'il n'a cohabité avec ce dernier que huit mois seulement à la date du décès (Cass. 3e civ. 12-6-2001 : Loyers et copr. 2001 comm. n° 225). En effet, la loi exige une **communauté de vie** qui doit être d'au moins une année et qui s'apprécie par rapport aux lieux loués (Cass. 3e civ. 13-7-1999 : RJDA 10/99 n° 1056). L'article 14 de la loi relevant d'un ordre public de direction, aucune stipulation contractuelle, même plus favorable aux ayants droit du locataire décédé, ne peut y déroger (Cass. 3e civ. 1-10-2008 n° 07-13.008 : RJDA 1/09 n° 14).

Les bénéficiaires du transfert du bail ne sont pas tenus de régler les **arriérés de loyers** et, en tant qu'héritiers, ils ne peuvent pas être condamnés solidairement (Cass. 3e civ. 16-2-2000 n° 97-22.156 : RJDA 4/00 n° 391).

À défaut de personne remplissant les conditions légales, le bail est résilié de plein droit par le décès du locataire (Loi du 6-7-1989 art. 14, al. 12) et nul ne peut être tenu, fût-ce un légataire universel, au paiement de loyers ou d'une indemnité d'occupation pour la période postérieure au décès (Cass. 3e civ. 10-12-2008 n° 07-19.320 : RJDA 3/09 n° 186).

> Précisions Le transfert du contrat prévu à l'article 14 est applicable aux logements appartenant aux **organismes HLM,** à condition que le bénéficiaire remplisse les conditions d'attribution et que le logement soit adapté à la taille du ménage (Loi 89-462 du 6-7-1989 art. 40, I). Il devra donc démontrer que les conditions de ressources sont remplies et que le logement n'est pas devenu trop grand après le décès du locataire. Si ces conditions sont remplies, le nouveau titulaire du bail n'a pas à saisir la justice pour faire reconnaître la **réalité du droit de transfert** (Cass. 3e civ. 28-9-2022 n° 21-11.533 F-D : BPIM 6/22 inf. 446).

En cas de sous-location Si le contrat principal vient à cesser, le sous-locataire ne peut se prévaloir d'aucun droit à l'encontre du bailleur ni d'aucun titre d'occupation, même en cas de sous-location autorisée (Loi 89-462 du 6-7-1989 art. 8, al. 2). 61075

Toutefois, la Cour de cassation a fait prévaloir le droit d'ordre public de la loi de 1989 sur le principe selon lequel on ne peut consentir plus de droits que l'on en a et le propriétaire d'un bien immobilier s'est vu déclarer opposables les droits des locataires mis en place par le titulaire d'un bail emphytéotique au-delà de la durée dudit bail (Cass. 3e civ. 2-6-2010 n° 08-17.731 : RJDA 8-9/10 n° 837).

ÉCHANGE DE LOGEMENTS

Lorsque deux locataires occupant deux logements appartenant au même propriétaire et situés dans un même ensemble immobilier demandent à procéder à un échange de logements entre eux, cet échange est de droit dès lors que l'une des deux familles concernées comporte au moins trois enfants et que l'échange a pour conséquence d'accroître la surface du logement occupé par la famille la plus nombreuse. Dans les contrats en cours, chaque locataire se substitue de plein droit à celui auquel il succède et ne peut être considéré comme nouvel entrant (Loi 89-462 du 6-7-1989 art. 9). Entre autres effets de cette substitution, chaque coéchangiste doit respecter les obligations stipulées dans le bail de son cocontractant (Cass. 3e civ. 15-6-1996 : Rev. Loyers 1996 p. 340). 61100

> **Précisions** **a.** Ces dispositions ne sont pas applicables lorsque l'un des deux ou les deux logements sont soumis aux dispositions du chapitre III du titre Ier de la loi du 1er septembre 1948 (dispositions relatives à la méthode dite « de surface corrigée » pour la fixation du loyer).
> **b.** Dans la mesure où certains ensembles immobiliers regroupent à la fois des maisons individuelles et des logements collectifs, l'échange entre un locataire d'une maison individuelle et un locataire d'un logement collectif est possible (Rép. Revet : Sén. 13-11-1997 p. 3171).
> **c.** L'échange ne peut être opposé au bailleur que si les appartements en cause appartiennent à un même ensemble immobilier (CA Bordeaux 12-9-2007 : Loyers et copr. 2008 comm. n° 30).
> **d.** Sur l'état des lieux établi entre les locataires lors de l'échange, voir n° 61260, Précisions, c.

B. Conclusion du bail d'habitation

PERMIS DE LOUER PRÉALABLE À LA MISE EN LOCATION

La mise en location d'un logement par un bailleur peut être soumise à une **autorisation préalable** (CCH art. L 635-1, I) ou à une **déclaration consécutive à la signature** du contrat (CCH art. L 634-1, I) par l'organe délibérant de l'**EPCI** compétent en matière d'habitat ou, à défaut, le **conseil municipal.** Les zones soumises à autorisation sont situées sur les territoires présentant une proportion importante d'habitat dégradé tandis que celles soumises à déclaration peuvent être partout ailleurs. 61150

Sont concernés les contrats de **locations nues ou meublées** de locaux à usage d'habitation qui constituent la résidence principale du preneur, à l'exclusion de leur reconduction ou de leur renouvellement ou de la conclusion d'un avenant à ce contrat (CCH art. R 634-1 et R 635-1).

La demande d'autorisation préalable de mise en location est établie par le ou les bailleurs ou leur mandataire et précise notamment leurs identités et leurs coordonnées (CCH art. R 635-2). Le maire ou le président de l'EPCI ayant instauré le dispositif peuvent faire procéder à toutes les **visites** qui leur paraissent utiles pour examiner le logement, dans le délai d'un mois à compter du dépôt de la demande d'autorisation préalable de mise en location, mais seulement entre 6 heures et 21 heures. L'autorisation du juge des libertés et de la détention du tribunal judiciaire dans le ressort duquel sont situés ces lieux est nécessaire lorsque l'occupant s'oppose à la visite ou lorsque la personne ayant qualité pour autoriser l'accès au logement ne peut pas être atteinte (CCH art. L 635-3 modifié par loi 2024-322 du 9-4-2024).

L'**autorisation** devient **caduque** s'il apparaît qu'elle n'est pas suivie d'une mise en location dans un délai de 2 ans suivant sa délivrance (CCH art. R 635-3, al. 3). En cas de **mutation à titre gratuit ou onéreux** du logement, une autorisation en cours de validité peut être transférée au nouveau propriétaire du logement (CCH art. R 635-3, al. 4).

La **déclaration** de mise en location est établie par le ou les bailleurs ou leur mandataire dans les mêmes conditions que la demande d'autorisation préalable (CCH art. R 634-1 à R 634-3).

Lorsque le bailleur met en location un logement soumis à autorisation sans respecter les obligations prescrites, le préfet peut prononcer une amende à son encontre après l'avoir mis en demeure, en vain, de respecter ces obligations (Décret 2019-437 du 13-5-2019). L'amende doit être proportionnée à la gravité du manquement et ne peut excéder 5 000 € pour une personne physique, 15 000 € pour une personne morale. Elle est recouvrée par le Trésor public comme en matière de créances étrangères à l'Impôt et au Domaine. Depuis le 11 avril 2024, le produit de ces amendes (qui revenait auparavant à l'Anah) bénéficie aux communes ou EPCI qui exercent désormais (au lieu du préfet) les pouvoirs de sanction du permis de louer ou de la déclaration de la mise en location (CCH art. L 634-4 et L 635-7 ; CCH art. R 634-4 et R 635-5 modifiés par décret 2024-970 du 30-10-2024).

61155 À titre expérimental et pour une durée de 5 ans (soit jusqu'au 9 avril 2029), dans les zones soumises à l'autorisation préalable de mise en location, le président de l'EPCI ou, à défaut, le maire de la commune ayant institué cette autorisation peut rejeter la demande présentée en vue d'une **colocation à baux multiples** entre les locataires et le bailleur lorsqu'un examen préalable des caractéristiques du logement et des contrats établit que les caractéristiques du logement et des baux ne permettent pas de garantir aux occupants des conditions d'existence dignes (Loi 2024-322 du 9-4-2024). La particularité de cette disposition est que la demande d'autorisation pourra être rejetée même en cas de **respect des normes du logement décent** prévues aux articles 6 et 8-1 de la loi 89-462 du 6 juillet 1989.

La **décision de rejet** de la demande d'autorisation préalable devra être motivée et, le cas échéant, devra préciser la nature des mesures, travaux ou aménagements prescrits pour satisfaire aux exigences de conditions d'existence dignes. Un rapport d'évaluation de cette expérimentation devra être remis au Parlement par le Gouvernement au plus tard 6 mois avant son terme.

ANNONCES IMMOBILIÈRES DE LOCATION

61170 Les annonces de location de logement, quel que soit leur support de diffusion, **émises par des particuliers ou des professionnels** doivent contenir (Loi 89-462 du 6-7-1989 art. 2-1 nouveau ; Arrêté LOGL2209519A du 21-4-2022 ; Arrêté ECFC1638733A du 10-1-2017 modifié) :

– le montant du loyer mensuel, augmenté le cas échéant du complément de loyer et des charges récupérables, suivi de la mention « par mois » et, s'il y a lieu, de la mention « charges comprises » (il est possible d'utiliser les abréviations « /mois » et « CC ») ;

– le cas échéant, le montant des charges récupérables inscrit dans le contrat de location et dans tous les cas les modalités de règlement desdites charges ;

– pour les biens situés dans les territoires où l'encadrement des loyers « loi Élan » a été mis en place, le montant du loyer de référence majoré précédé de la mention « loyer de référence majoré (loyer de base à ne pas dépasser) », le montant du loyer de base précédé de la mention « loyer de base » et, le cas échéant, le montant du complément de loyer exigé, précédé de la mention « complément de loyer ». Ces montants sont précédés de la mention « Zone soumise à encadrement des loyers ». La taille des caractères du montant du loyer mensuel est plus importante que celle du loyer de référence majoré, du loyer de base et du complément de loyer ;

– le montant du dépôt de garantie éventuellement exigé ;

– le cas échéant, le caractère meublé de la location ;

– le cas échéant, le montant toutes taxes comprises des honoraires à la charge du locataire dus au titre de la réalisation de l'état des lieux ;

– la commune et, le cas échéant, l'arrondissement au sens de l'article L 2511-3 du Code général des collectivités territoriales, dans lesquels se situe le bien objet de la publicité ;

– la surface du bien loué exprimée en mètres carrés de surface habitable au sens de l'articleR 156-1 du Code de la Construction et de l'habitation.

Les annonces doivent enfin mentionner le **classement du bien loué** au regard de sa performance énergétique et de sa performance en matière d'émissions de gaz à effet de serre et, pour les biens immobiliers à usage d'habitation et à titre d'information, une indication sur le montant des dépenses théoriques de l'ensemble des usages énumérés dans le diagnostic de performance énergétique (CCH art. L 126-33). Tout manquement par un professionnel à cette obligation d'information est passible d'une **amende administrative** dont le montant ne peut excéder 3 000 € pour une personne physique et 15 000 € pour une personne morale ; le non-professionnel s'expose quant à lui à une amende administrative ne pouvant excéder 3 000 € (CCH art. L 126-33, II et III).

PROTECTION DES LOCATAIRES D'HABITATION

61200 Le droit au logement est un droit fondamental (Loi 89-462 du 6-7-1989 art. 1er, al. 1). À ce titre, il doit pouvoir être revendiqué par tous et personne ne peut se voir refuser la location d'un logement en raison de son origine, de la particulière vulnérabilité résultant de sa situation économique, apparente ou connue de son auteur, de son patronyme, du lieu de résidence, de son apparence physique, de son sexe, de sa situation de famille, de sa grossesse, de son état de santé, de sa perte d'autonomie, de son handicap, de ses caractéristiques génétiques, de ses mœurs, de son orientation sexuelle, de son identité de genre, de son âge, de ses opinions politiques, de ses activités syndicales ou de son appartenance ou de sa non-appartenance vraie ou supposée à une ethnie, une Nation, une race ou une religion déterminée (art. 1er, al. 2). L'objectif de la loi est clair : il s'agit d'interdire toute **discrimination,** telle que définie par l'article 225-1 du Code pénal, pour refuser la location d'un logement. La discrimination peut être invoquée devant le juge civil comme devant le juge pénal.

En cas de litige, la personne qui s'est vu refuser la location d'un logement doit présenter des éléments de fait laissant supposer l'existence d'une discrimination directe ou indirecte et, au vu de ces éléments, il incombe à la partie défenderesse de prouver que sa décision est justifiée (art. 1er, al. 4). Le juge forme alors sa conviction après avoir ordonné, en cas de besoin, toutes les mesures d'instruction qu'il estime utiles.

L'article 4 de la loi 2012-954 du 6 août 2012 relative au harcèlement sexuel, entrée en vigueur le 8 août 2012, a ajouté un nouveau motif discriminatoire illicite : la discrimination fondée sur l'identité sexuelle. Sont concernées les personnes transsexuelles ou transgenres victimes de discrimination en raison d'une apparence physique ne correspondant pas à leur état civil ou parce qu'elles ont changé d'état civil (C. pén. art. 225-1 modifié). L'article 1er de la loi 89-462 du 6 juillet 1989 a été modifié par la loi Alur 2014-366 du 24 mars 2014 afin de prendre en compte l'ensemble des cas de discrimination prévus par la loi pénale en faisant référence à l'article 225-1 du Code pénal.

> **Précisions** **a.** Le Conseil constitutionnel a précisé, d'une part, que l'instauration de règles de preuve plus favorables au demandeur ne le dispense pas d'établir la matérialité des éléments de fait précis et concordants qui caractériseraient une discrimination et, d'autre part, que la décision du propriétaire doit être justifiée par la « gestion normale de son patrimoine immobilier » (Cons. const. 12-1-2002 n° 2001-455 : RJDA 4/02 n° 366).
> **b.** La discrimination peut être indirecte, tel un refus d'assurance lié à la nationalité du locataire (TI Montpellier 3-4-2008 n° 11-07-001540 : Rev. Loyers 2008 p. 321).
> **c.** Constitue un acte discriminatoire le refus de louer au motif qu'un des enfants du locataire est placé dans une maison d'enfants à caractère social (CA Toulouse 2-4-2009 : Loyers et copr. 2009 comm. n° 146). En revanche, tel n'est pas le cas de l'exigence d'un cautionnement pour garantir le paiement des loyers, dès lors que celui-ci a été réclamé à tous les candidats locataires et que le locataire en cause n'établissait pas que lui seul se serait vu réclamer cette garantie pour la seule raison de son appartenance à un groupe ethnique particulier (Cass. 3e civ. 19-3-2003 n° 01-03.730 : RJDA 6/03 n° 575), ou, en l'absence de toute preuve d'une attitude discriminatoire par elle-même, le seul fait de refuser la candidature d'une personne, dès lors que la sélection du locataire a été faite en appliquant les mêmes critères de solvabilité pour tous les candidats (Trib. corr. Saint-Étienne 3-4-2008 : Administrer octobre 2008 p. 56).

Recours auprès du défenseur des droits Le candidat locataire qui s'estime victime d'une discrimination peut également recourir au défenseur des droits, qui a compétence pour lutter contre les discriminations, directes ou indirectes, prohibées par la loi ou par un engagement international régulièrement notifié ou approuvé par la France ainsi que pour promouvoir l'égalité (Loi organique 2011-333 du 29-3-2011 art. 4, 3° et 44° : JO 30 p. 5497). **61202**

Il peut saisir le défenseur des droits soit directement, soit par l'intermédiaire d'un député, d'un sénateur ou d'un représentant français au Parlement européen, soit conjointement avec une association régulièrement déclarée depuis au moins cinq ans à la date des faits, se proposant par ses statuts de combattre les discriminations ou d'assister les victimes de discrimination. Dans tous les cas, les faits estimés constitutifs d'une discrimination, directe ou indirecte, doivent être portés à la connaissance du défenseur des droits **par écrit.** Le défenseur des droits peut aussi se saisir d'office des cas de discrimination dont il a connaissance, sous réserve que la victime, lorsqu'elle aura été identifiée, ait été avertie et qu'elle ne s'y soit pas opposée.

En tout état de cause, la saisine du défenseur des droits n'interrompt ni ne suspend les délais relatifs à la prescription des actions en matière civile, administrative ou pénale ni ceux relatifs à l'exercice de recours administratifs ou contentieux (Loi 2011-333 du 29-3-2011 art. 6, al. 3).

Le défenseur des droits dispose de **pouvoirs** d'investigation importants (enquêtes auprès des personnes physiques ou morales, vérifications, après avis adressé aux personnes intéressées et avec leur accord, dans les locaux administratifs ou professionnels et les lieux accessibles au public), et peut s'inviter, s'il le désire, dans les procédures judiciaires. Il peut de même proposer au présumé coupable une transaction matérialisée par le paiement d'une amende dont le montant ne peut excéder 3 000 € pour une personne physique ou 15 000 € pour une personne morale et, s'il y a lieu, l'indemnisation de la victime (Loi 2011-333 du 29-3-2011 art. 22, 28 et 33).

Le défenseur des droits est saisi par écrit ; tant qu'il ne dispose pas d'adresse postale, les demandes peuvent être envoyées à l'adresse de la Halde ou via son site www.halde.fr.

61205 **Demandes d'informations autorisées** Avant la conclusion du bail, le bailleur ne peut demander au locataire ou à sa caution qu'une **liste limitative de pièces** (Décret 2015-1437 du 5-11-2015).

Ainsi, le locataire peut avoir à fournir une **pièce justificative d'identité** en cours de validité, comportant sa photographie parmi les documents suivants :

- carte nationale d'identité française ou étrangère ;
- passeport français ou étranger ;
- permis de conduire français ou étranger ;
- document justifiant du droit au séjour du candidat à la location étranger, notamment, carte de séjour temporaire, carte de résident, carte de ressortissant d'un État membre de l'Union européenne ou de l'Espace économique européen.

Une seule pièce parmi les **justificatifs de domicile** suivants pourra être demandée au locataire :

- trois dernières quittances de loyer ou, à défaut, attestation du précédent bailleur, ou de son mandataire, indiquant que le locataire est à jour de ses loyers et charges ;
- attestation d'élection de domicile établissant le lien avec un organisme agréé au titre de l'article L 264-2 du Code de l'action sociale et des familles ;
- attestation sur l'honneur de l'hébergeant indiquant que le candidat à la location réside à son domicile ;
- dernier avis de taxe foncière ou, à défaut, titre de propriété de la résidence principale.

Si le bailleur le lui demande, le locataire devra attester d'une **activité professionnelle** en fournissant l'un des documents suivants :

- contrat de travail ou de stage ou, à défaut, une attestation de l'employeur précisant l'emploi et la rémunération proposée, la date d'entrée en fonctions envisagée et, le cas échéant, la durée de la période d'essai ;
- l'extrait K ou K bis du registre du commerce et des sociétés de moins de 3 mois pour une entreprise commerciale ;
- l'extrait D 1 original du registre des métiers de moins de 3 mois pour un artisan ;
- la copie du certificat d'identification de l'Insee, comportant les numéros d'identification, pour un travailleur indépendant ;
- la copie de la carte professionnelle pour une profession libérale ;
- toute pièce récente attestant de l'activité pour les autres professionnels ;
- carte d'étudiant ou certificat de scolarité pour l'année en cours.

Enfin, le locataire pourra être amené à prouver l'existence de ses **ressources** en fournissant au bailleur l'un des documents suivants :

- le dernier ou avant-dernier avis d'imposition ou de non-imposition et, lorsque tout ou partie des revenus perçus n'a pas été imposé en France mais dans un autre État ou territoire, le dernier ou avant-dernier avis d'imposition à l'impôt ou aux impôts qui tiennent lieu d'impôt sur le revenu dans cet État ou territoire ou un document en tenant lieu établi par l'administration fiscale de cet État ou territoire ;
- trois derniers bulletins de salaires ;
- justificatif de versement des indemnités de stage ;
- deux derniers bilans ou, à défaut, une attestation de ressources pour l'exercice en cours délivré par un comptable pour les professions non salariées ;
- justificatif de versement des indemnités, retraites, pensions, prestations sociales et familiales et allocations perçues lors des trois derniers mois ou justificatif de l'ouverture des droits, établis par l'organisme payeur ;
- attestation de simulation établie par l'organisme payeur ou simulation établie par le locataire relative aux aides au logement ;
- avis d'attribution de bourse pour les étudiants boursiers ;
- titre de propriété d'un bien immobilier ou dernier avis de taxe foncière ;
- justificatif de revenus fonciers, de rentes viagères ou de revenus de valeurs et capitaux mobiliers.

Le bailleur qui demande au locataire la fourniture d'un document ne figurant pas sur cette liste s'expose à une **amende administrative** de 3 000 € maximum (15 000 € pour un bailleur personne morale) après une procédure contradictoire.

Ces documents s'entendent des originaux ou des copies.

MENTIONS OBLIGATOIRES AU CONTRAT DE BAIL D'HABITATION

Le contrat de bail doit être écrit. Le **contrat type** précise notamment (Loi 89-462 du 6-7-1989 art. 3 ; Décret 2015-587 du 29-5-2015 ann. I) : 61220

– le nom ou la dénomination du bailleur et son domicile ou son siège social, ainsi que, le cas échéant, ceux de son mandataire ;

– le nom ou la dénomination du locataire ;

– la date de prise d'effet du bail et sa durée ;

– la consistance, la destination ainsi que la surface habitable de la chose louée ;

– la désignation des locaux et équipements d'usage privatif dont le locataire a la jouissance exclusive et, le cas échéant, l'énumération des parties, équipements et accessoires de l'immeuble qui font l'objet d'un usage commun ;

– le montant du loyer, ses modalités de paiement ainsi que ses règles de révision éventuelle ;

– le montant et la date de versement du dernier loyer appliqué au précédent locataire, lorsque celui-ci a quitté le logement moins de 18 mois avant la signature du bail ;

– le montant du dépôt de garantie, si celui-ci est prévu ;

– les modalités d'accès à la télévision et aux technologies de communication ;

– la nature et le montant des travaux effectués dans le logement depuis la fin du dernier contrat ou du dernier renouvellement ;

– si le contrat a été conclu avec l'aide d'un intermédiaire, les modalités de calcul des honoraires d'agence liés à la mise en location du logement.

Le contrat de bail doit également contenir, à titre d'information, une indication sur le montant des **dépenses théoriques** de l'ensemble des usages énumérés par le dossier de performance énergétique (Loi 89-462 du 6-7-1989 art. 3 ; voir nº 44665).

Lorsque le logement est soumis à la **servitude d'usage à titre de résidence principale** instituée dans les zones délimitées par le plan local d'urbanisme, le contrat de bail doit comporter une **mention expresse** de l'obligation d'usage à titre de résidence principale pour le futur locataire (C. urb. art. L 151-14-1, al. 4 dans sa rédaction issue de la loi 2025-541 du 16-6-2025).

Chaque partie peut exiger à tout moment de l'autre partie l'établissement d'un contrat conforme à ces dispositions.

Ce contrat type s'applique en cas de nouveau bail ou de renouvellement du bail et **non en cas de reconduction tacite du bail** (Loi 2015-990 du 6-8-2015 art. 82, II-6° dernier al.).

› Précisions a. Le bailleur peut, même en cas de **bail verbal,** se prévaloir de la loi et notamment de la faculté de reprise qu'elle édicte (Cass. 3e civ. 27-1-1999 : RJDA 3/99 nº 269 ; Cass. 3e civ. 17-11-2021 nº 20-19.450 FS-B : BPIM 1/22 inf. 69). Le bailleur s'expose toutefois à une éventuelle difficulté : celle de prouver la date de prise d'effet du bail pour démontrer qu'il exerce son droit de reprise à bonne date.

b. On notera que, pour le législateur, la révision du **loyer** et le **dépôt de garantie** ne sont que des facultés laissées à la négociation des parties. Dans le silence du bail ou en cas de bail verbal, le bailleur ne peut pas y prétendre (Cass. 3e civ. 4-10-1995 : RJDA 11/95 nº 1214). Une clause d'indexation de loyers, même pré-imprimée et non renseignée sur les indices à prendre en compte, trouve application et le bailleur peut s'en prévaloir pour le passé dans la limite de la prescription quinquennale (Cass. 3e civ. 15-4-2008 nº 07-11.795 : RJDA 7/08 nº 768 ; Cass. 3e civ. 9-12-2008 nº 08-10.938 : RJDA 3/09 nº 189 ; contra CA Paris 2-7-2009 nº 08/03791 : BPIM 1/10 inf. 71).

c. Le propriétaire est fondé à obtenir un bail écrit comportant les stipulations conformes à l'accord des parties et pour le surplus aux dispositions statutaires de la loi de 1989 quand bien même les locaux ne répondraient pas aux conditions minimales de confort et d'habitabilité, dès lors que le juge du fond n'a pas été saisi d'une demande de mise en conformité des locaux à ces normes (Cass. 3e civ. 29-11-2000, nº 98-12.442 : RJDA 2/01 nº 136).

Sanctions Le fait, pour un bailleur ou un intermédiaire, de **refuser l'établissement d'un contrat conforme** à l'article 3 de la loi de 1989 (contrat type) est sanctionné par un an d'emprisonnement et 20 000 € d'amende (Loi 89-462 du 6-7-1989 art. 3-4 créé par loi 2024-322 du 9-4-2024). 61225
Cette disposition vise notamment à sanctionner la dissimulation de bail qui permet aux marchands de sommeil d'échapper à une condamnation. Le rapport de l'Assemblée nationale précise que les intermédiaires visés peuvent être considérés comme les professionnels de l'immobilier soumis à la loi Hoguet. La même sanction est applicable en cas de refus de délivrer un reçu ou une quittance de loyer et de charges ou en cas de dissimulation de ces obligations. Jusqu'à l'entrée en vigueur de la loi pour la rénovation de l'habitat dégradé, il n'existait aucune sanction en cas de non-établissement d'un écrit.

En cas d'**absence** d'une **des informations** relatives à la surface habitable et au dernier loyer acquitté par le précédent locataire, le locataire peut, dans un délai d'un mois à compter de la prise d'effet du bail, mettre en demeure le bailleur de porter ces informations au bail (Loi 89-462 du 6-7-1989 art. 3). À défaut de réponse du bailleur, le locataire peut, dans un délai de 3 mois, saisir le tribunal afin d'obtenir la diminution du loyer. En revanche, le bailleur ne peut pas se prévaloir de l'absence de ces informations.

Si la **surface habitable est inférieure de plus de 1/20e** à celle indiquée dans le contrat de bail, le bailleur supporte une diminution de loyer proportionnelle (Loi 89-462 du 6-7-1989 art. 3-1). À cet effet, le locataire doit faire une demande de diminution de loyer auprès du bailleur. Si la demande intervient plus de 6 mois après la prise d'effet du contrat de bail, la diminution de loyer prendra effet à la date de la demande et non rétroactivement à la date de signature du bail. À défaut de réponse du bailleur dans un délai de 2 mois à compter de la demande de diminution de loyer ou si le bailleur ne répond pas à cette demande, le juge peut être saisi pendant un nouveau délai de 4 mois. Ce délai de 4 mois dont dispose le locataire pour saisir la justice court de la demande de diminution de loyer faite au bailleur (Cass. 3e civ. 9-11-2022 no 21-19.212 FS-D : BPIM 6/22 inf. 447). L'action en diminution de loyer formée sans qu'une demande préalable ait été présentée par le locataire au bailleur ou en ne respectant pas le délai de 4 mois est irrecevable (Cass. 3e civ. 20-4-2023 no 22-15.529 : BPIM 3/23 inf. 218 ; Cass. 3e civ. 8-2-2024 no 22-24.833 F-D : BPIM 2/24 inf. 239).

L'omission de la mention de l'**obligation d'usage à titre de résidence principale** est sanctionnée par la nullité du contrat (C. urb. art. L 151-14-1, al. 3 nouveau dans sa rédaction issue de loi 2025-541 du 16-6-2025). Le maire peut mettre en demeure le propriétaire ou, le cas échéant, le locataire de régulariser la situation dans un délai qu'il fixe. Le maire peut assortir la mise en demeure d'une astreinte d'un montant ne pouvant dépasser 1 000 € par jour de retard, dans la limite de 100 000 € au total (C. urb. art. L 481-4 nouveau créé par loi 2024-1039 du 19-11-2024). À notre avis, cette mention obligatoire et sa sanction s'appliquent tant aux logements issus d'une construction neuve qu'aux locaux issus d'une transformation d'un bâtiment à un autre usage.

CLAUSES DU BAIL D'HABITATION RÉPUTÉES NON ÉCRITES OU ABUSIVES

61240 L'article 4 de la loi 89-462 du 6 juillet 1989 énumère une liste de clauses réputées non écrites. Il s'agit de toute clause :

a. Qui oblige le locataire, en vue de la vente ou de la location du local loué, à **laisser visiter** celui-ci les jours fériés et plus de deux heures les jours ouvrables.

b. Par laquelle le locataire est obligé de souscrire une **assurance** auprès d'une compagnie choisie par le bailleur.

c. Qui impose comme mode de paiement du loyer l'ordre de **prélèvement automatique** sur le compte courant du locataire ou la signature par avance de **traites** ou de **billets à ordre.**

d. Par laquelle le locataire autorise le bailleur à **prélever** ou à faire prélever les loyers directement **sur son salaire** dans la limite cessible.

e. Qui prévoit la **responsabilité collective des locataires** en cas de dégradation d'un élément commun de la chose louée.

f. Par laquelle le locataire s'engage par avance à des **remboursements** sur la base d'une estimation faite unilatéralement par le bailleur au titre **des réparations locatives.**

g. Qui prévoit la **résiliation de plein droit** du contrat en cas d'inexécution des obligations du locataire pour un motif autre que le non-paiement du loyer, des charges, du dépôt de garantie, la non-souscription d'une assurance des risques locatifs ou le non-respect de l'obligation d'user paisiblement des locaux loués, résultant de troubles de voisinage constatés par une décision de justice passée en force de chose jugée.

h. Qui autorise le bailleur à **diminuer ou** à **supprimer,** sans contrepartie équivalente, des **prestations** stipulées au contrat.

i. Qui autorise le bailleur à percevoir des **amendes** en cas d'infraction aux clauses d'un contrat de location ou d'un règlement intérieur à l'immeuble.

j. Qui interdit au locataire l'exercice d'une **activité politique, syndicale, associative ou confessionnelle.**

k. Qui impose au locataire **la facturation de l'état des lieux** dès lors que celui-ci n'est pas établi par un commissaire de justice dans le cas prévu par l'article 3.

l. Qui prévoit le **renouvellement** du bail **par tacite reconduction** pour une durée inférieure à celle prévue à l'article 10.

m. Qui interdit au locataire de rechercher la **responsabilité du bailleur** ou qui exonère le bailleur de toute responsabilité.

n. Qui interdit au locataire **d'héberger** des personnes ne vivant pas habituellement avec lui.

o. Qui impose au locataire le versement, **lors de l'entrée dans les lieux,** de sommes d'argent en plus de celles prévues aux articles 5 et 22.

p. Qui fait supporter au locataire des **frais** de première relance ou d'expédition de la quittance ainsi que les frais de procédure en plus des sommes versées au titre des dépens et de l'article 700 du Code de procédure civile.

q. Qui prévoit que le **locataire** est automatiquement **responsable** des dégradations constatées dans le logement.

r. Qui interdit au locataire de demander une **indemnité** au bailleur lorsque ce dernier réalise des travaux d'une durée supérieure à vingt et un jours.

s. Qui permet au bailleur d'obtenir la résiliation de plein droit du bail au moyen d'une simple ordonnance de référé insusceptible d'appel.

t. Qui impose au locataire, en surplus du paiement du loyer pour occupation du logement, de souscrire un contrat pour la location d'équipements.

La **commission des clauses abusives** a par ailleurs déclaré abusives nombre de clauses stipulées dans les baux d'habitation. Sans être réputées non écrites, ces clauses sont néanmoins à proscrire dans la mesure où elles peuvent être annulées en application de l'article L 241-1 du Code de la consommation (voir Recommandation n° 2000-01 reproduite au n° 53400 ; sur le régime général des clauses abusives, voir Mémento Concurrence-consommation n°s 16850 s.).

> Précisions **a.** Par analogie avec l'article 4, b, a été jugée non écrite la clause imposant au locataire de souscrire un **contrat d'entretien** de chaudières auprès d'une entreprise choisie par le bailleur (CA Paris 4-3-1997 : Loyers et copr. 1997 comm. n° 138).

b. Les **pénalités** stipulées au bail pour paiement du loyer avec retard ne sont pas assimilables aux amendes interdites par la loi (Cass. 3e civ. 13-10-1991 : Loyers et copr. 1994 comm. n° 3 ; Cass. 3e civ. 22-11-1995 : RJDA 2/96 n° 196). Il en est de même d'une **clause pénale** (Cass. 3e civ. 8-1-1997 : RJDA 3/97 n° 334).

c. Est abusive la clause contractuelle prévoyant le paiement intégral des loyers et charges pour tout mois commencé (CA Saint-Denis de La Réunion 9-12-2012 : Loyers et copr. 2012 comm. n° 101).

Pouvoirs des agents de la DGCCRF Les agents de la Direction générale de la concurrence, de la consommation et de la répression des fraudes (DGCCRF) sont habilités à rechercher et à constater les infractions ou manquements à l'interdiction des clauses abusives énumérées ci-dessus (C. consom. art. L 511-7). Ils disposent à cet égard des pouvoirs les plus étendus et peuvent ainsi : **61245**

– accéder à tous les locaux, terrains ou moyens de transport à usage professionnel, demander la communication de documents professionnels et en prendre copie, recueillir sur convocation ou sur place les renseignements et justifications utiles, demander à l'autorité dont ils dépendent de désigner un expert pour procéder à toute expertise contradictoire nécessaire ;

– procéder à des perquisitions et saisies, à la pose de scellés sur des locaux commerciaux ou sur des supports d'information. Dans ces cas, les enquêtes sont menées à la demande soit de la Commission européenne, soit du ministre de l'économie ; en outre, elles doivent faire l'objet d'une autorisation préalable du juge des libertés et de la détention et sont conduites sous l'autorité et le contrôle de ce dernier.

RÉTRACTATION DU LOCATAIRE D'HABITATION

Une fois le bail signé, les parties sont engagées. Le locataire ne dispose pas de faculté de rétractation. Sa seule façon de mettre fin au bail est de notifier un congé, qui peut être délivré à tout moment une fois le bail signé (Cass. 3e civ. 12-6-2001 n° 99-19.281 : RJDA 10/01 n° 950 ; CA Nîmes 1-7-2008 : Loyers et copr. 2008 comm. n° 270). **61250**

PIÈCES À JOINDRE AU CONTRAT DE BAIL D'HABITATION

État des lieux Est joint au contrat un état des lieux **d'entrée et/ou de sortie** établi soit contradictoirement entre les parties au plus tard lors de la remise des clefs au locataire, soit par un commissaire de justice à l'initiative de la partie la plus diligente et à frais partagés par moitié. **61260**

Lorsque l'état des lieux doit être établi par un commissaire de justice, les parties doivent en être avisées par lui au moins sept jours à l'avance par lettre recommandée AR. Un état des lieux dressé contradictoirement constate une situation de fait jusqu'à preuve du contraire (Cass. 3e civ. 23-5-2002 n° 01-00.938 : RJDA 8-9/02 n° 860).

L'état des lieux doit comporter au moins les informations suivantes (Décret 2016-382 du 30-3-2016) :

À l'entrée et à la sortie du logement :

a) Le type d'état des lieux : d'entrée ou de sortie.

b) Sa date d'établissement.

61260 (suite) c) La localisation du logement.

d) Le nom ou la dénomination des parties et le domicile ou le siège social du bailleur.

e) Le cas échéant, le nom ou la dénomination et le domicile ou le siège social des personnes mandatées pour réaliser l'état des lieux.

f) Les relevés des compteurs individuels de consommation d'eau ou d'énergie ; le relevé concerne également les installations de chauffage ou d'eau chaude collective avec un comptage individuel (Loi 89-462 du 6-7-1989 art. 3-2).

g) Le détail et la destination des clés ou de tout autre moyen d'accès aux locaux à usage privatif ou commun.

h) Pour chaque pièce et partie du logement, la description précise de l'état des revêtements des sols, murs et plafonds, des équipements et des éléments du logement. Il peut être complété d'observations ou de réserves et illustré d'images.

i) La signature des parties ou des personnes mandatées pour réaliser l'état des lieux.

À la sortie du logement :

a) L'adresse du nouveau domicile ou du lieu d'hébergement du locataire.

b) La date de réalisation de l'état des lieux d'entrée.

c) Éventuellement, les évolutions de l'état de chaque pièce et partie du logement constatées depuis l'établissement de l'état des lieux d'entrée.

À défaut d'état des lieux ou de la remise d'un exemplaire de l'état des lieux à l'une des parties, la présomption selon laquelle le locataire est réputé avoir reçu les locaux en bon état de réparations locatives (C. civ. art. 1731) ne peut être invoquée par celle des parties qui a fait obstacle à l'établissement de l'état des lieux (Loi du 6-7-1989 art. 3, al. 8).

Si le logement comporte une **installation de chauffage ou d'eau chaude individuelle, ou collective avec un comptage individuel,** l'état des lieux doit être complété par les relevés des index pour chaque énergie. L'extrait de l'état des lieux correspondant est mis à la disposition de la personne chargée d'établir le diagnostic de performance énergétique, de même que les factures. Lors de l'état des lieux, le propriétaire doit s'assurer du bon fonctionnement du détecteur de fumée (Loi 89-462 du 6-7-1989 art. 3-2).

Un **droit de rectification de l'état des lieux d'entrée** est ouvert au locataire pendant 10 jours à compter de son établissement. Pendant le premier mois de la période de chauffe, le locataire peut demander que l'état des lieux soit complété par les indications relatives au bon fonctionnement des éléments de chauffage (Loi 89-462 du 6-7-1989 art. 3-2).

Le bailleur qui n'a pas fait obstacle à l'établissement d'un état des lieux détaillé et complet lors de la signature du bail peut se prévaloir de la présomption de bon état des réparations locatives et le locataire, parti sans en aviser le propriétaire et sans l'informer de sa nouvelle adresse, ne peut invoquer le caractère non contradictoire du constat de commissaire de justice de sortie des lieux pour refuser de rembourser au bailleur les travaux nécessaires à leur remise en état (CA Agen 11-9-1995 : Loyers et copr. 1996 comm. n° 145). De même, un état des lieux établi par un commissaire de justice après le départ des locataires, bien que non conforme dans ses conditions d'établissement aux dispositions de l'article 3 de la loi du 6 juillet 1989, peut être admis comme élément de preuve des dégradations affectant les lieux loués (Cass. 3e civ. 2-10-1996 : RJDA 12/96 n° 1448) ou de l'absence de dégradations (Cass. 3e civ. 16-7-1998 : RJDA 10/98 n° 1086). Par contre, un état des lieux de sortie établi par le bailleur, non contradictoirement de par son fait, sans recours à un commissaire de justice, ne peut faire la preuve de dégradations imputables au locataire (Cass. 3e civ. 16-11-2023 n° 22-19.422 FS-B : BPIM 1/24 inf. 67).

> Précisions a. La **présomption** de l'article 1731 du Code civil ne vise que les réparations locatives, à l'exclusion des grosses réparations (CA Agen 11-9-1995, précité).

b. En cas de **départ du locataire** sans que celui-ci en ait avisé préalablement le bailleur, il ne peut pas être reproché à ce dernier de ne pas avoir respecté la procédure légale et le constat des lieux fait par un commissaire de justice hors la présence du locataire lui est opposable (CA Bourges 3-1-2006 : Loyers et copr. 2006 comm. n° 151).

c. En **cas d'échange de logements** dans les prévisions de la loi, le bailleur n'a pas à supporter la moitié du coût d'établissement de l'état des lieux que deux locataires, qui ont échangé leur logement, ont décidé de faire pour prouver, si nécessaire, l'état des lieux récupérés (CA Versailles 29-9-2009 n° 08/06935 : Loyers et copr. 2010 comm. n° 6).

d. L'obligation pour les bailleurs d'installer des **détecteurs de fumée** dans les locaux donnés en location est entrée en vigueur le 8 mars 2015. Toutefois, les propriétaires qui ont signé un contrat d'achat des détecteurs à cette date sont réputés satisfaire à leur obligation, à la condition que le détecteur ait été installé avant le 1er janvier 2016 (Loi 2015-990 du 6-8-2015 art. 71).

Notice d'information Une notice d'information relative aux droits et obligations des locataires et des bailleurs ainsi qu'aux voies de conciliation et de recours qui leur sont ouvertes pour régler leurs litiges est annexée au contrat type de location (Loi 89-462 du 6-7-1989 art. 3 ; Arrêté ETLL1511666A du 29-5-2015 : JO 31 p. 9041). 61265

Immeuble en copropriété Lorsque l'immeuble est soumis au régime de la copropriété, le copropriétaire bailleur est tenu de communiquer au locataire les extraits du **règlement** de copropriété concernant la destination de l'immeuble, la jouissance et l'usage des parties privatives et communes et précisant la quote-part afférente aux lieux loués dans chacune des catégories de charges communes (Loi 89-462 du 6-7-1989 art. 3, al. 11). Ces extraits du règlement de copropriété sont communiqués par voie dématérialisée, sauf objection explicite d'une des parties au contrat. 61270

Lorsque l'immeuble en copropriété est équipé d'une **installation centrale de chauffage, de froid ou d'eau chaude sanitaire** et muni des dispositifs d'individualisation des frais télé-relevables (CCH art. L 174-2), le bailleur doit transmettre au locataire une évaluation de la consommation de chaleur, de froid et d'eau chaude sanitaire de son local privatif ainsi qu'une notice d'information dont le contenu a été précisé par l'arrêté TRER2016318A du 24 juillet 2020. Cette transmission doit avoir lieu tous les mois (Loi 89-462 du 6-7-1989 art. 6-2 ; CCH art. R 174-12 ; CCH art. R 174-10).

Lorsque le contrat de fourniture d'eau n'est pas individualisé, le copropriétaire bailleur doit également transmettre au locataire la facture d'eau ainsi que les informations complémentaires sur la qualité de l'eau qui lui ont été adressées par le syndic (Loi 89-462 du 6-7-1989 art. 6-3).

État des risques naturels, miniers ou technologiques Sur l'obligation pour le bailleur d'un immeuble situé dans une zone couverte par un plan de prévention des risques naturels prévisibles, miniers ou technologiques, dans une zone de sismicité ou dans une zone d'exposition au radon, voir n° 50660. 61275

Dossier de diagnostic technique Sur l'obligation pour le bailleur d'annexer au contrat, lors de sa signature ou de son renouvellement, un dossier de diagnostic technique, comportant, selon le cas, un constat de risque d'exposition au plomb, un état des risques naturels, miniers ou technologiques et un diagnostic de performance énergétique, voir nos 50640 s. 61280

Le bailleur doit également annexer au bail :

– dès la parution du décret en définissant le contenu, une copie d'un état mentionnant la présence ou l'absence de matériaux ou produits de la construction contenant de l'amiante, qu'il a l'obligation de réaliser (CSP art. L 1334-13) ;

– un état de l'installation intérieure d'électricité et de gaz, valable 6 ans, dont l'objet est d'évaluer les risques pouvant porter atteinte à la sécurité des personnes (Décret 2016-1104 du 11-8-2016 et Décret 2016-1105 du 11-8-2016).

Lorsque l'immeuble est situé dans l'une des **zones de bruit** définies par un plan d'exposition au bruit (PEB), un document informant de cette situation est communiqué au futur locataire. Ce document comporte l'indication claire et précise de la zone, l'adresse du service d'information en ligne permettant de consulter le PEB et la mention de la possibilité d'effectuer cette consultation en mairie (C. urb. art. L 112-11, I). Le locataire ne peut se prévaloir à l'encontre du bailleur des informations contenues dans ce document qui n'a qu'une **valeur indicative.**

Sur le plan d'exposition au bruit, voir Mémento Urbanisme-Construction n° 9160.

Le dossier de diagnostic technique est communiqué au locataire par voie dématérialisée, sauf objection explicite d'une des parties au contrat.

ATTENTION

Tous les propriétaires, occupants ou bailleurs, doivent établir, lors de la construction d'un logement ou à l'occasion de la réalisation de travaux de rénovation d'un logement existant destinés à améliorer sa performance énergétique, un **« carnet d'information du logement »** intégrant notamment le diagnostic de performance énergétique (CCH art. L 126-35-2 s. ; CCH art. R 126-32 s. ; Arrêté TREL2218698A du 27-12-2022). Il n'est pas prévu que ce carnet d'information soit transmis au locataire.

FRAIS D'ÉTABLISSEMENT DU BAIL D'HABITATION

Rémunération des intermédiaires La rémunération des intermédiaires professionnels (agent immobilier, avocat, notaire) pour les visites, la constitution du dossier et la rédaction 61300 du bail est partagée entre bailleur et locataire (Loi 89-462 du 6-7-1989 art. 5). Les montants facturables au locataire correspondant à ces prestations ne peuvent excéder un plafond par mètre carré de surface habitable fixé à (Décret 2014-890 du 1-8-2014 ; Arrêté ATDL2515648A du 17-7-2025) :

- **12,10 € par mètre carré** de surface habitable pour les logements situés en zone très tendue. Cette zone regroupe Paris et 76 communes de la petite couronne (Arrêté du ETLL1417102A du 1-8-2014 modifié) ;
- **10,09 € par mètre carré** de surface habitable pour les logements situés en zone tendue, c'est-à-dire dans les communes où s'applique la taxe sur les logements vacants dont la liste est annexée aux 1° et 2° du décret 2013-392 du 10 mai 2013 modifié, à l'exclusion des communes comprises dans les zones très tendues ;
- **8,07 € par mètre carré** de surface habitable pour les logements situés en dehors des zones tendues et très tendues.

Les honoraires sont dus à compter de la signature du bail (Loi 89-462 du 6-7-1989 art. 5).

Les frais d'**établissement de l'état des lieux d'entrée** à l'amiable par un intermédiaire sont plafonnés. Le montant dû par le locataire ne peut excéder celui mis à la charge du bailleur et, en tout état de cause, ne peut être supérieur à 3,03 € par mètre carré de surface habitable quelle que soit la zone géographique. Ces frais sont dus au moment de la réalisation de la prestation (Loi 89-462 du 6-7-1989 art. 5 ; Décret 2014-890 du 1-8-2014).

Les dispositions de l'article 5 de la loi du 6 juillet 1989 sont également applicables dans le cas d'une **reprise de bail** en cours par voie de cession (Rép. Boucheron : AN 9-4-1990 p. 1744). En revanche, l'agent immobilier n'a droit à aucune commission en cas de **tacite reconduction** d'un bail arrivé à son terme (Rép. Vuillaume : AN 19-9-1994 p. 4687).

> **Précisions** **a.** Le **locataire** peut prétendre au remboursement pour moitié des **frais** de rédaction d'acte, d'enregistrement et de publicité initialement **payés sans réserve** par lui (Cass. 3e civ. 19-5-1993 : Loyers et copr. 1993 n° 286).
> **b.** Un **renouvellement par tacite reconduction** ne donne lieu à aucune rémunération car il intervient automatiquement, sans négociation ni rédaction d'acte d'aucune sorte (Rép. Bois : AN 17-4-2007 p. 3776 n° 100786). En revanche, un **renouvellement avec augmentation du loyer** ou modification des conditions du contrat initial peut, le cas échéant, donner lieu à rémunération d'un tiers et, par suite, à partage d'honoraires.
> **c.** Le décret 2023-822 du 25 août 2023 a modifié le décret 2013-392 du 10 mai 2013 et a étendu la **liste des communes où s'applique la taxe sur les logements vacants.** Ainsi, une **zone tendue** s'entend désormais :
> – soit comme une zone d'urbanisation continue de plus de 50 000 habitants où il existe un déséquilibre marqué entre l'offre et la demande de logements entraînant des difficultés sérieuses d'accès au logement sur l'ensemble du parc résidentiel existant, qui se caractérisent notamment par le niveau élevé des loyers, le niveau élevé des prix d'acquisition des logements anciens ou le nombre élevé de demandes de logement par rapport au nombre d'emménagements annuels dans le parc locatif social ;
> – soit comme une zone n'appartenant pas à une zone d'urbanisation continue de plus de 50 000 habitants, mais dans laquelle il existe un déséquilibre marqué entre l'offre et la demande de logements entraînant des difficultés sérieuses d'accès au logement sur l'ensemble du parc résidentiel existant, qui se caractérisent notamment par le niveau élevé des loyers, le niveau élevé des prix d'acquisition des logements anciens ou la proportion élevée de logements affectés à l'habitation autres que ceux affectés à l'habitation principale par rapport au nombre total de logements (par exemple une zone touristique).

61305 **Rémunération du bailleur** Si le bailleur, personne physique ou personne morale, assure par ses propres moyens l'ensemble de ces démarches, il ne peut prétendre à une quelconque rémunération pour ses services. Dans l'hypothèse où un bailleur ne respecterait pas les termes de cette disposition et en cas d'échec d'une procédure amiable, le locataire doit saisir le tribunal compétent (Rép. Dominati : AN 29-3-1993 p. 1162).

61320 **Rémunération du commissaire de justice** Lorsque l'état des lieux est établi par un commissaire de justice faute d'avoir pu l'être à l'amiable, les frais sont partagés entre le locataire et le bailleur. Le tarif de base des commissaires de justice pour réaliser cette opération est de (C. com. art. A 444-27) :

- 110,68 € HT pour les locaux dont la surface est inférieure ou égale à 50 m² ;
- 128,95 HT pour les locaux dont la surface est comprise entre 50 et 150 m² ;
- 193,43 HT pour les locaux de plus de 150 m².

Il faut ajouter à ces tarifs de base diverses taxes ainsi que les frais de déplacement et de lettres recommandées. Le tarif pour l'envoi des lettres de convocation des parties à l'état des lieux est fixé à 15,05 HT € (C. com. art. R 444-3, ann. 4-7, tableau 3-3 n° 198 et art. A 444-43 n° 198).

L'ensemble des frais est partagé par moitié entre le propriétaire et le locataire.

Lorsque l'une des parties demande l'intervention d'un commissaire de justice ou d'un autre professionnel pour établir l'état des lieux, alors que l'autre partie ne s'est pas opposée à son établissement à l'amiable, les frais librement négociés avec l'intermédiaire incombent en totalité à celui qui a demandé l'intervention du professionnel (Cass. 3e civ. 15-2-2023 n° 21-24.024 F-D : BPIM 2/23 inf. 136).

Mis à part la procédure légale d'établissement par commissaire de justice, il est impossible de facturer au locataire l'état des lieux de sortie (Rép. Martinel : AN 15-9-2015 p. 7045 n° 67306). Une clause contraire dans le bail serait réputée non écrite (Loi 89-462 du 6-7-1989 art. 4, k). Et le locataire informé qu'un état des lieux de sortie sera dressé par un commissaire de justice moins de sept jours avant la date prévue ne peut pas se voir demander le remboursement de la moitié du coût de l'établissement de cet état des lieux (Cass. 3e civ. 26-10-2023 n° 22-20.183 FS-B : BPIM 6/23 inf. 406).

C. Durée du bail d'habitation

DURÉE MINIMALE DU BAIL D'HABITATION

Le bail doit être conclu pour une durée au moins égale à trois ans lorsque le **bailleur** est une **61360**
personne physique ou une société civile constituée exclusivement entre parents et alliés jusqu'au 4e degré inclus, ou une indivision. Le bail doit être conclu pour une durée au moins égale à six ans lorsque le bailleur est une **personne morale** (Loi 89-462 du 6-7-1989 art. 10, al. 1).

Les parties au contrat de bail peuvent cependant convenir d'une durée plus longue, la loi ne fixant qu'une durée minimale (Cass. 3e civ. 28-11-2006 n° 05-17.726 : Loyers et copr. 2007 comm. n° 2). Tel est le cas lorsque les parties ont conclu un bail pour la vie durant du locataire : le bailleur ne peut pas prétendre que cette durée est contraire aux dispositions d'ordre public de la loi du 6 juillet 1989 ; il ne peut donc pas délivrer congé avant le décès du locataire (Cass. 3e civ. 10-3-2010 n° 09-12.135 : RJDA 5/10 n° 477).

La durée stipulée au contrat s'impose au bailleur sans que celui-ci ait une quelconque possibilité de reprise ou de résiliation en cours de contrat pour quelque motif de convenance que ce soit, sauf, bien entendu, les sanctions de la résiliation judiciaire ou de plein droit en cas de manquement du locataire à ses obligations (nos 61730 s.), de son départ volontaire (n° 61445), de la perte totale de la chose louée par cas fortuit (nos 52320 s.) ou, enfin, dans certaines circonstances, comme le décès ou l'abandon de domicile lorsque aucun ayant cause n'est susceptible de bénéficier de la poursuite de la location (nos 61060 s.). Il en est de même du bail renouvelé.

Sur la durée du bail reconduit tacitement, voir n° 61680 ; sur celle du bail renouvelé, voir n° 61640 ; sur celle du bail dont le loyer est fixé judiciairement, voir nos 62440 s.

> **Précisions** **a.** La durée du bail est déterminée par la qualité des parties lors de l'entrée dans les lieux des locataires ou du renouvellement du contrat. Il en résulte que le **changement de bailleur en cours de bail** par substitution d'une personne morale à une personne physique ou inversement ne peut avoir d'effet sur la durée de ce bail (CA Aix-en-Provence 4-3-1993 : Rev. Loyers 1993 p. 321 ; CA Paris 27-1-2005 : Loyers et copr. 2005 comm. n° 109).
> **b.** La **prorogation** du bail n'est pas contraire à l'article 10, alinéa 1er de la loi du 6 juillet 1989 (Cass. 3e civ. 25-9-2002 : Rev. Loyers 2002 p. 644).
> **c.** L'**indivision** formée de personnes physiques et d'une personne morale ne peut prétendre bénéficier des dispositions de l'article 13 de la loi de 1989. Par suite, le bail est tacitement renouvelé pour une durée de six ans (CA Paris 23-3-2006 : Loyers et copr. 2006 comm. n° 121).
> **d.** Lorsque des baux se sont succédé par **tacite reconduction,** leur date de prise d'effet doit être appréciée au regard des lois en vigueur au moment de leur survenance. Ainsi, un bail consenti par une personne morale pour six ans s'est renouvelé au 1er juillet 1989, date à laquelle était en vigueur la loi du 23 décembre 1986, pour une durée de trois ans et seules les tacites reconductions suivantes, régies par la loi du 6 juillet 1989, ont eu une durée respective de six ans (Cass. 3e civ. 13-6-2007 n° 06-14.309 : RJDA 3/08 n° 239).
> **e.** Concernant les **locaux à usage d'habitation** régis par la loi du 6 juillet 1989 d'ordre public, le contrat de bail conclu par l'**emphytéote** avec le locataire se poursuit automatiquement avec le propriétaire de l'immeuble jusqu'au terme du bail prévu par le contrat de location, lorsque le bail à construction ou le bail emphytéotique prend fin avant la fin du contrat de location. Toute clause contraire est réputée non écrite (Loi 89-462 du 6-7-1989 art. 10, al. 6).
> **f.** Lorsqu'un **immeuble à usage d'habitation ou à usage mixte d'habitation et professionnel de cinq logements ou plus,** situé dans une zone tendue, est mis en copropriété (Loi 89-462 du 6-7-1989 art. 11-2) :
> – les baux en cours dont le terme intervient moins de trois ans après la date de mise en copropriété sont prorogés de plein droit d'une durée de trois ans ;
> – les autres baux en cours sont prorogés d'une durée permettant au locataire d'occuper le logement pendant une durée de six ans à compter de la mise en copropriété.

BAIL D'HABITATION DE COURTE DURÉE

61380 Les parties sont autorisées à conclure un bail de courte durée, comprise **entre un et trois ans,** à la **double condition** que le bailleur soit une personne physique ou une société civile constituée exclusivement entre parents et alliés jusqu'au 4e degré inclus ou une indivision, et qu'un événement précis justifie qu'il ait à reprendre le local pour des raisons professionnelles ou familiales (Loi 89-462 du 6-7-1989 art. 11 et 13). Il peut s'agir d'une reprise pour habiter ou pour y loger un descendant ou ascendant, par exemple.

La loi impose impérativement l'**indication dans le contrat de location** de la relation précise entre les raisons professionnelles ou familiales **et** l'événement en relation avec les raisons dont il s'agit.

Dans un cas où le bail énonçait simplement et sans autre précision « des raisons familiales », il a été jugé que cette omission interdisait tout contrôle sérieux et justifiait que le contrat de location ait été réputé conclu pour trois ans (CA Paris 19-2-1991 : D. 1993 som. p. 173). De même, la régularité d'un bail conclu pour une durée de deux ans n'a pas été reconnue par les juges dans un cas où cet acte mentionnait la nécessité pour le propriétaire de s'installer à Paris dans le délai de deux ans pour des raisons professionnelles ou familiales, le contrat ne précisant ni l'événement ni la raison justifiant la nécessité de la reprise invoquée (Cass. 3e civ. 14-12-1994 : RJDA 2/95 no 118).

Deux mois au moins **avant le terme du contrat,** le bailleur doit confirmer la réalisation de l'événement ou proposer le report du terme si cette réalisation est différée. Le bailleur ne peut toutefois utiliser qu'une seule fois cette faculté de report. Faute de respecter ce délai, le congé est nul et les juges ne peuvent valider un congé pour reprise délivré postérieurement à la date d'échéance du bail au motif qu'il serait intervenu dans un délai raisonnable (Cass. 3e civ. 11-7-2007 no 06-17.229 : RJDA 12/07 no 1201).

Lorsque l'**événement prévu s'est produit** et a été confirmé, le locataire est déchu de plein droit de tout titre d'occupation du local au terme fixé au contrat. S'il demeure dans les lieux, il devient donc occupant sans titre et le bailleur peut demander en référé que soit ordonnée son expulsion (nos 53070 s.). Il n'est tenu de payer le loyer, après la confirmation de l'événement par le bailleur, que pour le temps où il occupe réellement les lieux.

Si l'**événement ne s'est pas produit** ou n'a pas été confirmé, le bail est réputé avoir une durée de trois ans. En d'autres termes, l'échéance de ce bail à durée réduite n'est pas celle initialement fixée dans le bail mais celle qui correspond à l'application de la durée minimale légale du bail imposée par la loi (trois ans ou six ans selon l'identité du bailleur) et le renouvellement de ce bail, qu'il soit tacite ou exprès, n'interviendra qu'à compter de cette échéance recalculée (Cass. 3e civ. 10-1-2007 no 05-21.408 : RJDA 3/07 no 234).

RECONDUCTION DE DROIT DU BAIL D'HABITATION

61390 Quand un congé pour vente, conforme aux dispositions de la loi, est délivré par un bailleur relevant de secteurs locatifs définis aux quatrième et cinquième alinéas de l'article 41 ter de la loi du 23 décembre 1986, dans le cadre d'une **vente à la découpe,** le bail peut être expressément reconduit pour une durée inférieure à celle prévue par l'article 10. Cette question est étudiée no 65160.

D. Cessation ou poursuite des relations locatives

1. CESSATION DU BAIL D'HABITATION AVANT L'ARRIVÉE DU TERME

CONGÉ ANTICIPÉ DU LOCATAIRE D'HABITATION

61445 Seul le locataire a la faculté de résilier le contrat de location à tout moment, sans avoir à attendre la date d'échéance normale du bail (Loi 89-462 du 6-7-1989 art. 12). Le congé n'a pas à être motivé. Il doit cependant être donné par lettre recommandée AR, par acte de commissaire de justice ou remis en main propre contre récépissé ou émargement au moins trois mois à l'avance, voire un mois dans certains cas particuliers (Loi 89-462 du 6-7-1989 art. 15, I ; no 61585).

CAS D'EXTINCTION DE PLEIN DROIT DU BAIL D'HABITATION

Le bail est résilié de plein droit dans les situations suivantes : 61460

– en cas d'**abandon du domicile** par le locataire ou de **décès** de ce dernier, en l'absence d'ayant droit susceptible de se prévaloir de la continuation du contrat de location (nos 61065 s.) ;

– en cas de **destruction de la chose louée en totalité** par cas fortuit, pendant la durée du bail (C. civ. art. 1722). Si la chose louée n'est que partiellement détruite, le locataire peut demander la réduction du loyer ou la résiliation du bail (nos 52320 s.).

2. ARRIVÉE DU BAIL D'HABITATION À SON TERME

a. Congé

RÈGLES GÉNÉRALES

Capacité à donner congé Celui qui délivre un congé doit avoir la pleine capacité pour ce faire. C'est ainsi que, lorsque le bailleur est bénéficiaire d'une donation faite avec stipulation d'un droit de retour et d'une clause d'inaliénabilité interdisant au donataire de vendre les droits sur le bien donné sans le consentement du donateur, le congé délivré par le seul bailleur-donataire est irrégulier (Cass. 3e civ. 31-5-2006 no 05-10.270 : RJDA 8-9/06 no 881). De même, une société, dont l'objet social est « l'acquisition, la propriété, l'administration, la mise en location, la gestion et l'exploitation de tous immeubles », ne peut donner congé pour vendre sans l'accord des associés délibérant à la majorité requise pour la modification des statuts (CA Paris 20-5-2010 no 07/02637 : RJDA 4/11 no 328). 61490

En cas de **démembrement de propriété,** seul l'usufruitier a la qualité de bailleur en vertu de son droit de jouissance sur le bien (C. civ. art. 595, al. 1) ; lui seul a qualité pour délivrer un congé et agir en justice en vue de le faire valider, quel que soit son motif (Cass. 3e civ. 26-1-2022 no 20-20.223 FS-B : BPIM 2/22 inf. 154).

Sur les conditions de capacité, voir nos 50205 s.

Notification du congé Le congé doit être notifié par lettre recommandée AR, par exploit de commissaire de justice ou remis en main propre contre récépissé ou émargement au locataire ou, en cas de pluralité, à chacun des colocataires. La loi prévoit que le congé qui n'est pas délivré en respectant les conditions de forme énumérées par la loi est nul, autrement dit qu'il ne produit aucun effet. Ainsi, le congé délivré par lettre recommandée avec demande d'avis de réception revenue à son expéditeur avec la mention « pli avisé et non réclamé » n'est pas régulièrement donné (Cass. 3e civ. 21-9-2022 no 21-17.691 FS-B : BPIM 6/22 inf. 448). 61491

Une notice d'information relative aux droits et obligations des locataires et des bailleurs ainsi qu'aux voies de conciliation et de recours qui leur sont ouvertes pour régler leurs litiges est jointe au congé délivré par le bailleur en raison de sa décision de reprendre ou de vendre le logement (Loi 89-462 du 6-7-1989 art. 15, I ; Arrêté TERL1711455A du 13-12-2017 : JO 20 texte no 19).

Pour un congé à des époux ou à des partenaires de Pacs, voir no 61565.

> **> Précisions** Le Code de procédure civile énonce le principe selon lequel il ne peut y avoir de nullité sans **préjudice.** Sur ce fondement, la jurisprudence est partagée : certaines décisions refusent de prononcer à tout coup la nullité pour vice de forme d'un congé délivré irrégulièrement lorsque l'irrégularité n'a causé aucun grief au locataire (en ce sens, Cass. 3e civ. 21-2-1990 : Bull. civ. III no 60 ; CA Paris 1-10-1992 : Loyers et copr. 1993 comm. no 42). D'autres décisions retiennent néanmoins la nullité du congé sans considérer l'existence ou l'absence d'un grief (Cass. 3e civ. 6-2-1991 : Bull. civ. III no 51).

Congé délivré par le mandataire du bailleur Pour que le congé notifié par un mandataire du bailleur soit valable, le mandataire doit être titulaire d'un mandat écrit (Cass. 1e civ. 5-6-2008 no 04-16.368 : RJDA 3/09 no 212). 61492

Le congé doit informer pleinement son destinataire. Il doit, sous peine de nullité, comporter le nom ou la dénomination sociale du bailleur (Cass. ass. plén. 13-2-1998 no 95-10.378 : RJDA 5/98 no 574), la seule mention de l'identité du mandataire du bailleur ne pouvant pas couvrir cette nullité même si le locataire connaissait en fait le bailleur (CA Lyon 21-2-2006 : Loyers et copr. 2006 comm. no 123).

En revanche, le congé notifié par lettre recommandée avec demande d'avis de réception dactylographiée, sur papier à en-tête du bailleur, portant une signature illisible précédée de la mention « P.O. » ne peut être déclaré nul au motif qu'aucune indication ne permettait d'identifier l'identité du signataire et sa qualité de mandataire du bailleur dès lors que ce dernier avait agi ensuite aux fins de faire reconnaître la validité du congé (Cass. 3e civ. 16-5-2007 no 06-12.356 : RJDA 8-9/07 no 823). De même, un congé signifié par commissaire de justice à la requête d'une société dénommée représentée à l'acte par son conseil d'administration est valable dès lors qu'il satisfait aux règles statutaires de celle-ci (Cass. 3e civ. 14-11-2007 n° 06-17.265 : RJDA 2/08 n° 110).

> Précisions L'administrateur provisoire d'une succession, dépourvue de personnalité morale, nanti du seul pouvoir d'effectuer des actes d'administration ne peut valablement donner congé pour vendre (CA Paris 18-12-2007 n° 06/03406 : Loyers et copr. 2008 comm. n° 75).

61493 **Cas particulier** **En cas de mutation,** à titre gratuit ou onéreux, l'indication, pour la première fois dans le congé, de la dénomination et du siège social du nouveau bailleur satisfait aux exigences légales. Par suite, le congé est opposable au locataire (Cass. 3e civ. 5-4-2006 n° 05-10.218 : RJDA 7/06 n° 757).

61496 **Effet de la nullité du congé** Un congé déclaré nul peut donner lieu à des dommages et intérêts mais également à réintégration du locataire irrégulièrement congédié (CA Paris 25-4-2006 : Jurisdata n° 298688). La réintégration s'opère par la restitution des clés par le bailleur au locataire afin que ce dernier puisse reprendre possession des lieux à son usage exclusif (CA Paris 17-7-2006 : Loyers et copr. 2006 comm. n° 195).

MOTIFS DU CONGÉ

61500 **Principe** Le **locataire** peut donner congé de façon discrétionnaire, sans aucun motif (Loi 89-462 du 6-7-1989 art. 12). Toutefois, s'il entend se prévaloir d'un préavis réduit (n° 61585), il devra préciser et justifier le motif invoqué dans la lettre de congé. Le motif invoqué ne peut pas être justifié a posteriori (Cass. 3e civ. 11-4-2019 n° 18-14.256 FS-PBI : BPIM 3/19 inf. 216). À défaut, le délai de préavis sera de trois mois.

Quant au **bailleur,** il ne peut valablement donner congé que si celui-ci est justifié soit par sa décision de reprendre ou de vendre le logement, soit par un motif légitime et sérieux, notamment l'inexécution par le locataire de l'une des obligations lui incombant (Loi 89-462 du 6-7-1989 art. 15, I). En revanche, le congé peut être délivré par le bailleur sans invoquer l'un des motifs précités dans le cas où le locataire d'un local à usage mixte professionnel et d'habitation n'utilise pas, au terme du contrat, les locaux, au moins partiellement, pour son habitation principale (Cass. 3e civ. 2-12-1998 : RJDA 2/99 n° 158 ; Cass. 3e civ. 18-7-2001 n° 99-19.829 : RJDA 12/01 n° 1192 ; Cass. 3e civ. 21-9-2005 n° 01-17.184 : RJDA 12/05 n° 1328 ; Cass. 3e civ. 9-3-2011 n° 10-30.223 : RJDA 6/11 n° 507 ; Cass. 3e civ. 5-9-2012 n° 11-22.336 : RJDA 12/12 n° 1054) et, dans ce cas, le bailleur n'a pas à respecter les conditions de forme imposées par la loi de 1989 et son article 15 pour que le congé soit valable (Cass. 3e civ. 21-3-2007 n° 06-11.843 : RJDA 7/07 n° 702).

Le congé doit, à peine de nullité, indiquer le motif allégué (Loi 89-462 du 6-7-1989 art. 15, I). Celui-ci doit être propre au bailleur ou au locataire et ne doit pas être modifié en cours de procédure (CA Paris 17-10-2000 : Rev. Loyers 2001 p. 140). Les juges du fond, saisis d'une contestation de congé, doivent, lorsque cela leur est demandé, rechercher si ce congé n'a pas été délivré frauduleusement (pour un congé pour vente : Cass. 3e civ. 26-6-2007 n° 06-18.177 : RJDA 11/07 n° 1069). La réalité du motif du congé ainsi que le respect des obligations prévues par l'article 15 de la loi de 1989 peuvent être vérifiés d'office par le juge en cas de contestation (Loi 89-462 du 6-7-1989 art. 15).

61505 **Reprise pour habiter** La reprise pour habiter suppose l'habitation des locaux par le bénéficiaire de la reprise à titre de résidence principale et non comme résidence secondaire (Cass. 3e civ. 31-1-2001 n° 99-11.956 : RJDA 4/01 n° 432 ; Cass. 3e civ. 22-10-2003 n° 02-14.702 : RJDA 1/04 n° 27 ; Cass. 3e civ. 13-11-2008 n° 05-19.722 : RJDA 2/09 n° 82 ; Cass. 3e civ. 17-10-2012 n° 11-19.090 : Loyers et copr. 2012 comm. n° 319 note B. Vial-Pedroletti), encore moins pour un usage professionnel (CA Paris 11-2-2010 n° 08/12983 : Loyers et copr. 2010 comm. n° 185). Même si la loi exige désormais du bailleur qu'il justifie du caractère réel et sérieux de sa décision de reprise, il conviendra donc de vérifier si le logement repris constitue bien le principal établissement du bénéficiaire, c'est-à-dire le logement que le locataire habite de manière effective et permanente, la résidence habituelle et le siège de ses intérêts familiaux.

Le congé pour reprise pour habiter peut être invoqué (Loi 89-462 du 6-7-1989 art. 13 et 15) :

– lorsque le bailleur est une société civile constituée exclusivement entre parents et alliés jusqu'au 4e degré inclus : par la société au profit de l'un des associés (par exemple, CA Bordeaux 15-6-2009 n° 08/01901 : Loyers et copr. 2009 comm. n° 234 ; Cass. 3e civ. 28-9-2011 n° 10-28.559 : RJDA 12/11 n° 1006) ;

> Précisions Une société civile immobilière composée d'un associé unique qui a racheté la totalité des parts des précédents associés avec lesquels il n'entretenait aucun lien de famille ne peut pas être assimilée à une société de famille (Cass. 3e civ. 31-5-2007 n° 06-13.524 : RJDA 2/08 n° 111).
Le locataire qui prétend qu'il y a eu fraude à ses droits doit démontrer la volonté du bailleur de l'évincer sans intention sincère d'habiter les lieux repris à titre d'habitation principale (Cass. 3e civ. 4-5-2010 n° 09-15.371 : RJDA 7/10 n° 722 ; Cass. 3e civ. 28-9-2011 n° 10-28.559 : BPIM 1/12 inf. 80). Cette preuve est pratiquement impossible à rapporter si le bailleur ne se trahit pas lui-même.

- lorsque le logement est en **indivision** : par tout membre de l'indivision ;
- par le bailleur **personne physique.**

> Précisions L'ex-conjoint et le fils mineur du propriétaire ne peuvent pas être des bénéficiaires au sens de l'article 15-1 de la loi de 1989 pour justifier une reprise pour habiter (CA Toulouse 1-7-2003 : Loyers et copr. 2004 comm. n° 24). Lorsqu'en cours de bail les lieux loués sont vendus et qu'un bailleur, personne physique, se substitue alors à un bailleur, personne morale, le nouveau bailleur peut, à l'échéance du bail, donner congé au motif d'une reprise pour habiter (CA Versailles 24-3-2000 : Loyers et copr. 2001 comm. n° 33 ; CA Versailles 22-9-2009 : Loyers et copr. 2010 comm. n° 5).

Le **congé doit indiquer,** outre son motif, le nom et l'adresse du bénéficiaire de la reprise et la nature du lien existant entre le bailleur et le bénéficiaire de la reprise. Ce dernier ne peut être que le bailleur, son conjoint, le partenaire auquel il est lié par un Pacs, son concubin notoire depuis au moins un an à la date du congé, ses ascendants, ses descendants ou ceux de son conjoint, de son partenaire ou concubin notoire (Loi 89-462 du 6-7-1989 art. 15, I, al. 1). **61507**

À défaut, le congé est nul ou peut être déclaré abusif et frauduleux. L'absence de référence dans le congé à l'article 13, a, ainsi que le défaut de justification, lors de la délivrance de cet acte, de ce que le bailleur était une SCI familiale ayant qualité pour se prévaloir des dispositions de l'article 15, I justifient l'annulation du congé qui n'a pas permis au locataire de vérifier la régularité, la réalité et la sincérité du congé, ce qui lui a causé un préjudice (CA Paris 8-9-2009 : AJDI 2010 p. 41). En revanche, il a été jugé, sur le fondement de la législation antérieure, que l'omission de l'adresse du bénéficiaire de la reprise ne peut entraîner la nullité du congé en l'absence de préjudice pour le locataire dès lors que, l'identification du bénéficiaire étant indiscutable, la loi n'impose pas que le bailleur justifie du besoin de logement (Cass. 3e civ. 8-7-2008 n° 07-14.998 : RJDA 10/08 n° 998).

Le congé indiquant la décision du bailleur de reprendre pour habiter le local doit justifier du **caractère réel et sérieux** de la décision de reprise, notamment le besoin de relogement du bénéficiaire du congé (Loi 89-462 du 6-7-1989 art. 15). La loi Alur du 24 mars 2014 remplace, dès lors, le contrôle a posteriori du congé pour reprise qu'effectuait le juge jusqu'alors par un contrôle a priori. Il appartiendra désormais aux tribunaux d'exercer un **contrôle** sur les motifs ou les mobiles de la reprise. **61508**

En cas de contestation, le juge peut, même d'office, vérifier la **réalité du motif** du congé et le respect des obligations prévues par la loi et déterminer le moment auquel il convient de se placer pour apprécier la **bonne foi du bailleur** dans son intention de reprendre les lieux (Cass. 3e civ. 12-10-2023 n° 22-18.580 FS-B : BPIM 6/23 inf. 407).

Le juge a le pouvoir de déclarer un congé frauduleux si la preuve de la **fraude** est rapportée (Cass. 3e civ. 31-10-2006 n° 05-19.293 : Rev. Loyers 2007 p. 33). Dès lors, il lui appartient, lorsque cela lui est demandé, de rechercher si le congé a été délivré frauduleusement (Cass. 3e civ. 26-6-2007 n° 06-18.177 : RJDA 11/07 n° 1069) ; les modifications apportées par la loi Alur du 24 mars 2014 à la loi de 1989 ne semblent pas mettre un terme à cette jurisprudence. Le congé a été jugé frauduleux en cas de reprise à titre de résidence secondaire (CA Aix-en-Provence 28-6-2005 : Loyers et copr. 2005 comm. n° 198) ou de défaut d'occupation personnelle par le bénéficiaire de la reprise (Cass. 3e civ. 21-2-2001 : AJDI 2001 p. 433). **61509**

La charge de la preuve incombe au locataire (Cass. 3e civ. 3-4-2007 n° 06-12.823 : Administrer juillet 2008 p. 48) et ne se présume pas du seul fait :

- de l'absence de mesures prises pour la vente telles la signature d'un mandat de vente, la réalisation de publicités ou de visites du logement (CA Paris 25-4-2006 : Rev. Loyers 2007 p. 140 note P. Gomar) ;
- de la possibilité pour le bailleur de loger autrement son fils (CA Paris 9-5-2006 et CA Paris 11-5-2006 : Rev. Loyers 2007 p. 140 note P. Gomar).

En revanche, la relocation d'un bien trois mois après la fin du bail, pour un loyer presque doublé, trahit l'intention frauduleuse du bailleur qui avait délivré au premier locataire un congé pour vendre (Cass. 3e civ. 16-1-2002 n° 00-11.824 : RJDA 3/02 n° 236 ; CA Paris 2-4-2009 n° 07/18127 : Loyers et copr. 2009 comm. n° 168).

Lorsque le caractère frauduleux du congé est avéré, le bailleur, outre les **sanctions civiles** encourues pour irrégularité du congé (dommages-intérêts), est passible d'une amende pénale. Son montant est proportionné à la gravité des faits constatés mais ne peut être supérieur à 6 000 € pour une personne physique et à 30 000 € pour une personne morale (Loi 89-462 du 6-7-1989 art. 15, IV).

Le **défaut d'occupation** des lieux **par le bénéficiaire** de la reprise ouvre au profit du locataire une action fondée sur la responsabilité contractuelle du bailleur (Cass. 3e civ. 19-6-1991 : RJDA 11/91 n° 902), ce dernier s'exposant à devoir payer des dommages-intérêts au locataire (Cass. 3e civ. 19-4-2000 n° 98-21.124 : RJDA 6/00 n° 638 ; Cass. 3e civ. 7-5-2002 n° 00-14.128 : RJDA 7/02 n° 741). **61510**

Toutefois, la loi de 1989 n'impose plus une durée minimale d'occupation des locaux par le bénéficiaire de la reprise. Par suite, le bailleur ne peut pas être tenu d'indemniser son locataire pour non-renouvellement du bail, même si le bénéficiaire de la reprise n'occupe les lieux que pendant quelques mois (Cass. 3e civ. 18-11-1998 : RJDA 1/99 n° 23 ; CA Toulouse 23-6-1998 : BPIM 3/99 inf. 243), à moins de démontrer le caractère frauduleux du congé.

Le juge des référés est compétent pour apprécier la validité du congé à fin de reprise et ordonner l'expulsion (CA Paris 12-1-1993 : Gaz. Pal. 1993 som. p. 262).

> Précisions **a.** Le bailleur, qui n'a pas occupé le local et l'a vendu alors qu'il avait exercé son droit de reprise pour habiter, ne peut se voir accuser de fraude dès lors que c'est la dégradation postérieure au congé de son **état de santé** qui l'a conduit à renoncer à s'installer dans le local (Cass. 3e civ. 13-7-2005 n° 04-12.577 : RJDA 12/05 n° 1329).
b. La non-occupation du logement par le bénéficiaire de la reprise pendant plus d'un an après celle-ci peut être justifiée par la réalisation de travaux dans le logement (Cass. 3e civ. 5-1-2011 n° 09-67.861 : RJDA 4/11 n° 293).
c. S'il s'avère que le motif légitime d'un congé à fin de reprise a perdu son **actualité** pour une cause postérieure au congé et extérieure au bailleur, la loi n'impose pas au bailleur d'en informer le locataire et le congé demeure valable (Cass. 3e civ. 13-07-2005 n° 04-12.577 : RJDA 12/05 n° 1329 ; CA Nîmes 27-5-2008 : Loyers et copr. 2008 comm. n° 210 ; CA Bordeaux 19-6-2009 : Loyers et copr. 2009 comm. n° 235), et si cette cause extérieure est le décès du bailleur, bénéficiaire de la reprise, l'action tendant à faire déclarer valable un congé délivré par le bailleur est transmissible à ses héritiers (Cass. 3e civ. 28-9-2005 n° 04-16.183 : RJDA 12/05 n° 1330). Le congé peut être valable alors même que le bénéficiaire n'a jamais occupé ou n'occupera jamais les lieux, dès lors que le congé à fin de reprise a perdu, pour une cause légitime et extérieure au bailleur, son actualité du fait de la résistance du locataire à quitter les lieux loués (CA Paris 1-2-2011 n° 07/22002 : Loyers et copr. 2011 comm. n° 111).
d. Les dispositions de l'article 15 de la loi du 6 juillet 1989, telles que modifiées par la loi Alur du 24 mars 2014, ne s'appliquent pas à un congé délivré avant son entrée en vigueur, quelle que soit la date à laquelle il a produit effet (Cass. 3e civ. 1-12-2016 n° 15-19.915 FS-PB : BPIM 1/17 inf. 60 ; Cass. 3e civ. 29-11-2018 n° 17-28.001 ; Cass. 3e civ. 19-12-2019 n° 18-20.854 FS-PBI : BPIM 1/20 inf. 69).

61511 En cas d'**acquisition d'un logement occupé,** lorsque le bail vient à expiration moins de 2 ans après la date d'acquisition, le bailleur peut lui délivrer un congé pour reprise 6 mois avant le terme du bail mais ce congé ne prendra effet qu'à l'issue du délai de 2 ans. Par exemple, vous achetez un logement le 15 décembre 2023 avec un locataire en place dont le bail court jusqu'au 30 septembre 2024 ; le congé doit être délivré fin mars 2024 mais le locataire pourra rester dans les lieux jusqu'au 14 décembre 2025. Le bail n'est pas renouvelé en soi mais il est prolongé (Loi 89-462 du 6-7-1989 art. 15, I).

61512 **Congé pour vendre le logement** La vente du logement est un motif reconnu au bailleur pour donner congé, mais il ouvre droit au profit du locataire à un droit de préemption. Ce congé spécifique est étudié nos 64600 s.

Sur le régime applicable lorsque le bailleur met en vente par lots plus de 5 logements dans un même immeuble, voir nos 65150 s.

61515 **Congé pour un motif légitime et sérieux** Le motif légitime et sérieux justifie la délivrance d'un congé par le bailleur. La loi énonce comme exemple l'**inexécution par le locataire** de l'une des obligations lui incombant (Loi du 6-7-1989 art. 15, I, al. 1). Un tel motif peut être retenu alors même que le manquement reproché au locataire (en l'espèce le défaut d'assurance) a cessé (Cass. 3e civ. 17-5-2006 n° 05-14.495 : RJDA 8-9/06 n° 882).

Le motif légitime et sérieux doit également s'entendre **en dehors de toute** notion de **faute du locataire.**

Le caractère légitime et sérieux du motif invoqué est soumis à l'**appréciation** souveraine **des juges** du fond. C'est ainsi que la jurisprudence n'est pas convergente sur le point de savoir si l'irrespect répété des échéances de paiement des loyers est un motif légitime et sérieux du congé (en ce sens, Cass. 3e civ. 21-12-1988 : Loyers et copr. 1989 comm. n° 112 ; Cass. 3e civ. 29-1-2002 : RJDA 4/02 n° 357 ; Cass. 3e civ. 17-5-2006 n° 05-14.495 : RJDA 8-9/06 n° 882 ; contra si régularisation, Cass. 3e civ. 6-2-1991 : RJDA 3/91 n° 199). De même, les projets immobiliers du bailleur peuvent ou non être retenus comme des motifs légitimes et sérieux de congé.

La loi Élan 2018-1021 du 23 novembre 2018 crée un **cas particulier** de congé pour motif légitime et sérieux pour le locataire, auteur de violences exercées au sein du couple ou sur un enfant qui réside habituellement avec lui, qui n'acquitte pas son loyer (Loi 89-462 du 6-7-1989 art. 8-2).

Il a ainsi été jugé que **constitue un motif légitime et sérieux** : 61516

– la démolition de l'immeuble dans le cadre d'une opération immobilière (TI Vincennes 24-6-1993 : Rev. Loyers 1993 p. 556 ; CA Versailles 12-6-1998 : Loyers et copr. 1999 comm. n° 87, qui considère le motif légitime et sérieux dès lors que le bailleur justifie du dépôt d'une demande de démolition) ; mais certaines juridictions considèrent que, si le projet d'exécution de gros travaux est sérieux, il peut pour autant ne pas s'avérer légitime et que, dans ce cas, il ne peut pas justifier un congé (CA Paris 8-10-2002 : Rev. Loyers 2003 p. 100) ;

– la décision du bailleur de restructurer son immeuble et d'exécuter des travaux de rénovation et de restructuration (CA Paris 10-9-1993 : Loyers et copr. 1994 comm. n° 8 ; Cass. 3e civ. 7-2-1996 : Rev. Loyers 1996 p. 511 ; CA Versailles 18-5-2004 : Administrer octobre 2004 p. 63 ; CA Paris 27-3-2008 : Loyers et copr. 2008 comm. n° 211 ; CA Bordeaux 2-6-2009 : Loyers et copr. 2009 comm. n° 203), mais ce motif doit être propre au bailleur, qui ne peut ainsi justifier son congé lorsqu'il n'a pour projet que de vendre l'immeuble à une société immobilière chargée de sa réhabilitation (CA Paris 17-10-2000 : Rev. Loyers 2001 p. 140). Les travaux de rénovation n'ont pas à avoir un caractère indispensable pour justifier le congé (CA Bordeaux 6-11-2007 : Loyers et copr. 2008 comm. n° 106), mais il ne doit pas s'agir que d'un simple projet de restructuration (Cass. 3e civ. 2-7-1997 : Loyers et copr. 1997 comm. n° 258) ;

– l'annexion au congé donné au locataire du permis de construire et du plan de masse relatifs au projet et la vente d'un tènement intervenu dans le but de restructurer un tènement immobilier et de réaliser le lotissement annoncé (Cass. 3e civ. 22-3-2006 : RJDA 6/06 n° 631) ;

– l'état de santé du bailleur exigeant une aide à domicile et donc le logement d'une telle personne (CA Paris 23-2-1994 : Loyers et copr. 1994 comm. n° 323) ;

– la nécessité pour l'Assistance publique de Paris de fournir des logements à loyers non dissuasifs à son personnel dont le manque d'effectif est en partie lié à l'insuffisance de tels logements (Cass. 3e civ. 7-2-1996 : RJDA 5/96 n° 619 ; Cass. 3e civ. 4-7-2001 : RJDA 11/01 n° 1086) ;

– le comportement agressif du locataire, contraire aux obligations de bon voisinage vis-à-vis des autres habitants de l'immeuble (Cass. 3e civ. 2-10-2002 : Rev. Loyers 2002 p. 646) ;

– la persistance du locataire à suspendre du linge aux fenêtres en dépit des injonctions reçues du propriétaire et du conseil syndical (CA Paris 9-9-2008 : Loyers et copr. 2008 comm. n° 274) ;

– le souhait d'une association diocésaine d'utiliser le local loué afin de le transformer en foyer d'accueil d'une paroisse (TI Colombes 4-11-2003 : Rev. Loyers 2004 p. 49) ;

– l'utilisation par le locataire, avec l'accord du bailleur, de la totalité des surfaces à un usage professionnel et l'abandon de l'usage d'habitation (Cass. 3e civ. 9-3-2011 n° 10-30.223 : RJDA 6/11 n° 507) ;

– en cas de location à usage mixte à deux colocataires, l'absence d'utilisation des lieux à usage d'habitation principale par un des colocataires, étant précisé que ce congé est valablement opposable à l'autre colocataire en raison du caractère indivisible du bail (CA Paris 30-10-2012 : Loyers et copr. 2013 comm. n° 4) ;

– le risque d'effondrement de la toiture, le défaut d'entretien à la charge du bailleur justifiant cependant l'indemnisation du locataire (CA Riom 17-2-2011 n° 10/00195 : Loyers et copr. 2011 comm. n° 135) ;

– l'agrandissement des locaux à usage d'habitation d'un organisme de crédit nécessité par l'augmentation de son activité et justifiant qu'il donne congé à son locataire, même si certains justificatifs de cette progression sont postérieurs au congé (Cass. 3e civ. 5-2-2013 n° 12-22.006 : BPIM 2/13 inf. 152).

En revanche, **ne constitue pas un motif légitime et sérieux** : 61517

– l'intention de vendre l'immeuble (Cass. 3e civ. 2-7-1985 : Rev. Loyers 1985 p. 533) ;

– le projet d'une commune de construction d'un foyer pour personnes âgées qui masquait en réalité l'intention de vendre (Cass. 3e civ. 19-1-2000 n° 98-10.918 : RJDA 3/00 n° 252) ;

– la reprise partielle des lieux loués (en l'occurrence des dépendances) pour créer un nouveau logement (CA Bourges 7-2-2008 : Loyers et copr. 2008 comm. n° 151) ;

– l'arriéré ponctuel de loyers (CA Paris 5-6-2012 : Loyers et copr. 2012 comm. n° 227).

Le maintien injustifié dans les lieux du locataire, qui a entraîné un retard dans la réalisation de travaux de rénovation lourde, donc un surcoût des travaux du fait de l'augmentation des tarifs du marché du bâtiment, peut donner lieu à réparation du préjudice subi par le bailleur du fait du preneur (CA Bordeaux 2-6-2009 : Loyers et copr. 2009 comm. n° 203). 61520

LOCATAIRES PROTÉGÉS

Le bailleur ne peut pas s'opposer au renouvellement du contrat en donnant congé à l'égard de tout **locataire âgé** de plus de soixante-cinq ans **et** dont les **ressources** annuelles sont inférieures au **plafond de ressources en vigueur** pour l'attribution des logements locatifs conventionnés, sans qu'un logement correspondant à ses besoins et à ses possibilités puisse 61540 être offert dans les limites géographiques prévues à l'article 13 bis de la loi 48-1360 du 1er septembre 1948 (Loi 89-462 du 6-7-1989 art. 15, III, al. 1), c'est-à-dire :

– dans le même arrondissement ou les arrondissements limitrophes ou les communes limitrophes de l'arrondissement où se trouve le local objet de la reprise si celui-ci est situé dans une commune divisée en arrondissements ;

– dans le même canton ou dans les cantons limitrophes de ce canton inclus dans la même commune ou dans les communes limitrophes de ce canton si la commune est divisée en cantons ;

– dans les autres cas, sur le territoire de la même commune ou d'une commune limitrophe, sans pouvoir être éloigné de plus de cinq kilomètres.

Cette protection est étendue au locataire ayant à sa charge une personne de plus de soixante-cinq ans et lorsque le montant cumulé de leurs ressources annuelles est inférieur au plafond de ressources pour l'attribution des logements locatifs conventionnés (Loi 89-462 du 6-7-1989 art. 15, III). Elle est également étendue au locataire, bénéficiaire de l'allocation journalière de présence parentale (**AJPP**) qui assume la charge d'un enfant atteint d'une maladie, d'un handicap ou victime d'un accident d'une particulière gravité rendant indispensables une présence soutenue et des soins contraignants (CSS art. L 544-1), ayant de faibles ressources (Loi 89-462 du 6-7-1989 art. 15, IV nouveau créé par loi 2023-622 du 19-7-2023 art. 6).

L'**offre de relogement** doit être liée au congé. Ainsi, est nul le congé délivré un an après une proposition de relogement et d'aide financière adressée au locataire (Cass. 3e civ. 26-6-1996 no 94-13.472 : RJDA 10/96 no 1169). En revanche, l'article 15, III de la loi de 1989 n'oblige pas le bailleur à présenter au locataire protégé une offre de relogement en même temps qu'il lui délivre le congé : il suffit que celle-ci soit faite pendant la période de préavis (Cass. 3e civ. 2-6-2010 no 09-66.698 : RJDA 8-9/10 no 835 ; Cass. 3e civ. 4-5-2011 no 10-15.097 : RJDA 7/11 no 616) et le congé ne sera nul que si l'offre de relogement n'est pas faite avant l'arrivée du terme du contrat de location (Cass. 3e civ. 1-7-1998 no 96-16.761 : RJDA 10/98 no 1087). L'offre doit cependant être sérieuse et le bailleur ne peut se contenter de proposer au locataire diverses offres de location figurant sur le marché locatif sans s'assurer de l'effectivité de ces offres et de l'assentiment des propriétaires respectifs de louer leurs biens au locataire évincé (CA Paris 11-1-2011 no 08/14726 : AJDI 2011 p. 297). Ces dispositions protectrices ne s'appliquent qu'en cas de congé donné par le bailleur et non pas en cas de résiliation du bail pour manquement aux obligations contractuelles (Cass. 3e civ. 15-10-2014 no 13-16.990 : BPIM 6/14 inf. 423).

Le logement proposé doit répondre aux limites géographiques fixées par l'article 13 bis de la loi de 1948 et le recours à une expertise en cas de refus du locataire, posé par l'article 18 de cette même loi, n'est pas exigé (CA Nîmes 14-12-2006 : Loyers et copr. 2007 comm. no 72).

Sur l'appréciation des juges de la conformité du logement proposé aux exigences légales : CA Paris 10-12-2009 no 08/18695 : Loyers et copr. 2010 comm. no 129 ; CA Paris 24-2-2011 no 10-6102 : Loyers et copr. 2011 comm. no 136.

61545 **Toutefois,** ces dispositions relatives aux locataires âgés ne sont pas applicables **lorsque le bailleur est une personne physique** de plus de soixante-cinq ans à la date d'échéance du bail **ou** dont les **ressources** annuelles, à la date de notification du congé, sont inférieures à un **plafond de ressources en vigueur** pour l'attribution des logements locatifs conventionnés (Loi 89-462 du 6-7-1989 art. 15, III-al. 2).

> **Précisions** **a.** La dispense de relogement du locataire ne s'applique pas aux sociétés, y compris les SCI familiales même si l'un des associés remplit les conditions d'âge et de ressources (Cass. 3e civ. 7-7-2016 no 14-29.148 : BPIM 4/16 inf. 277).
> **b.** La condition d'âge s'apprécie en la seule personne de l'**usufruitier** bailleur et non en la personne du nu-propriétaire (CA Toulouse 17-6-2005 : Loyers et copr. 2005 comm. no 196).
> **c.** Lorsque le **bailleur** est **de nationalité étrangère,** la Cour de cassation a jugé qu'outre l'avis de non-imposition en France il doit produire un document similaire émanant des autorités de son pays et les éléments permettant de connaître les revenus qu'il y a perçus (Cass. 3e civ. 13-7-1999 : RJDA 10/99 no 1059).

61550 L'âge du locataire et celui du bailleur sont appréciés à la date d'échéance du contrat ; le montant de leurs ressources est apprécié à la date de notification du congé (Loi 89-462 du 6-7-1989 art. 15, III ; Cass. 3e civ. 16-9-2009 no 08-15.589 : RJDA 12/09 no 1054).

Les ressources annuelles du locataire à prendre en compte sont celles déclarées par l'administration fiscale **avant tout abattement ou déduction**, et donc, s'agissant des revenus fonciers, des revenus fonciers bruts (Cass. 3e civ. 2-10-2025 no 24-13.722 FS-B). Leur montant est calculé à partir des ressources perçues par le locataire au titre des **12 mois qui précèdent la délivrance du congé** (Cass. 3e civ. 24-10-2024 no 23-18.067 FS-B : BPIM 6/24 inf. 373). Il nous paraît concevable que ces solutions puissent s'appliquer également aux ressources du bailleur.

> **Précisions** En cas de **décès du locataire protégé entre la délivrance du congé et l'échéance du bail,** le bailleur n'a plus à faire d'offre de relogement au cotitulaire du bail qui ne remplit pas les conditions légales pour bénéficier de la protection de l'article 15, III de la loi du 6 juillet 1989 (Cass. 3e civ. 3-5-2012 n° 11-17.010 : BPIM 4/12 inf. 358). La validité de l'offre de relogement n'est pas subordonnée à la condition qu'elle soit présentée en même temps que le congé ; il suffit qu'elle soit faite pendant la durée du préavis et avant l'échéance du bail (Cass. 3e civ. 4-5-2011 n° 10-15.097 : RJDA 7/11 n° 616).

FORME DU CONGÉ

Bailleur et locataire sont tenus de délivrer congé par lettre recommandée AR, par acte de commissaire de justice ou remis en main propre contre récépissé ou émargement. Un congé par simple lettre du locataire a cependant été jugé valable dès lors que le bailleur n'avait contesté ni sa réception ni la date du congé (CA Nancy 16-2-2004 : Loyers et copr. 2004 comm. n° 141 ; CA Versailles 10-1-2012 : Loyers et copr. 2012 comm. n° 68). **61560**

Pour être valable et faire courir le délai de préavis, le **congé** adressé par lettre recommandée AR doit avoir été **réceptionné** par le locataire. Lorsque la lettre est renvoyée à l'expéditeur avec la mention « non réclamée » ou « n'habite pas à l'adresse indiquée » ou lorsque, bien que réceptionnée au domicile du locataire, la signature apposée sur l'avis de réception est illisible, la notification est sans effet et le bailleur doit alors procéder à une signification par voie de commissaire de justice (Cass. 3e civ. 14-12-1994 : RJDA 2/95 n° 120 ; Cass. 3e civ. 5-7-1995 : RJDA 8-9/95 n° 957 ; Cass. 3e civ. 19-1-2000 : Gaz. Pal. 2000 pan. p. 11 ; Cass. 3e civ. 13-7-2011 n° 10-20.478 : RJDA 11/11 n° 884) ; voir n° 61590.

Le bailleur doit donc s'y prendre à l'avance et vérifier la **signature** portée sur l'accusé de réception car, en cas de contestation de la signature, le congé sera déclaré nul et, le cas échéant, l'expéditeur du congé sera hors délai pour réitérer le congé par exploit de commissaire de justice (Cass. 3e civ. 5-7-1995 : RJDA 8-9/95 n° 957, qui précise qu'il appartient au bailleur d'établir que l'accusé de réception a bien été signé par le locataire ; CA Paris 29-10-1998 : Loyers et copr. 1999 comm. n° 89).

Lorsque le **congé émane de** locataires **conjoints,** cotitulaires du bail, il doit être délivré par les deux conjoints (Cass. 3e civ. 28-2-1990 : Jurisdata n° 00167 ; CA Paris 13-5-2004 : Rev. Loyers 2004 p. 645 ; voir n° 50265). **61565**

En raison du principe de la cotitularité du bail des locaux servant à l'habitation des deux époux énoncé par l'article 1751 du Code civil (sans caractère professionnel ou commercial), et des deux partenaires liés par un pacte civil de solidarité, le **congé délivré à des époux ou à des partenaires de Pacs** doit être notifié à chacun des deux. À défaut, le congé est inopposable à celui qui ne l'a pas reçu (Cass. 3e civ. 9-3-1994 : RJDA 6/94 n° 633), étant précisé que la jurisprudence exige, lorsque le congé est notifié par lettre recommandée AR, des lettres distinctes adressées à chacun des époux ou des partenaires de Pacs (n° 50265). Mais, si l'avis de réception de l'unique lettre recommandée notifiée aux époux ou à des partenaires de Pacs est signé par chacun d'eux, le congé est néanmoins opposable aux deux époux ou aux deux partenaires de Pacs (Cass. 3e civ. 2-2-2000 n° 98-11.471 : RJDA 4/00 n° 395).

La loi 94-624 du 21 juillet 1994 relative à l'habitat a également ajouté à la loi du 6 juillet 1989 une disposition qui aménage les dispositions de l'article 1751 du Code civil en énonçant que les notifications ou significations faites en application du titre 1er de la loi du 6 juillet 1989 par le bailleur sont de plein droit opposables au **conjoint** du locataire si son existence n'a pas été préalablement portée à la **connaissance du bailleur** (Loi du 6-7-1989 art. 9-1 ; CA Paris 5-6-2001 : Rev. Loyers 2001 p. 410). Cette disposition est applicable aux notifications et significations faites depuis le 1er janvier 1995. Cet aménagement de l'article 1751 du Code civil ne bénéficie cependant qu'au bailleur dont la location est régie par la loi du 6 juillet 1989 et a pour effet de renverser la charge de la preuve : le locataire devra apporter la preuve qu'il a porté à la connaissance du bailleur l'existence de son conjoint pour pouvoir revendiquer l'inopposabilité du congé à ce dernier. Ainsi, en l'absence de toute démarche positive d'information par le locataire, le congé notifié par le bailleur à un seul des époux locataires est pleinement opposable à l'autre, quand bien même le bailleur aurait préalablement notifié des augmentations de loyers ou un rappel de paiement aux deux époux (Cass. 3e civ. 19-10-2005 n° 04-17.039 : RJDA 1/06 n° 12 ; Cass. 3e civ. 9-11-2011 n° 10-20.287 : RJDA 2/12 n° 138 ; contra CA Paris 2-6-2005 : Rev. Loyers 2005 p. 501 ; Cass. 3e civ. 29-10-2013 n° 12-23.138 : BPIM 6/13 inf. 429). Cette notion de démarche positive est souverainement appréciée par les juges du fond.

DÉLAI DE PRÉAVIS

Principe Locataire et bailleur doivent respecter un délai de préavis de respectivement trois mois lorsque le congé émane du locataire et de six mois lorsqu'il émane du bailleur, étant précisé que le préavis peut être donné à tout moment par le locataire et qu'il produira effet à l'échéance dudit préavis alors que le préavis du bailleur, s'il peut être notifié à tout moment **61580**

mais au moins six mois à l'avance, ne produira effet que pour la date d'échéance contractuelle du bail.

Le délai de préavis doit être respecté dans tous les cas. Par suite, un locataire qui a renoncé à la location avant la prise d'effet du bail doit donner congé dans les formes et délais ci-dessus. Dans ce cas, le préavis court à compter de la date de prise d'effet du bail et non de sa date de conclusion (CA Montpellier 20-2-2001 : Loyers et copr. 2001 comm. n° 224) et le locataire est redevable des loyers pendant la période de préavis dans les prévisions légales, même s'il n'est pas entré dans les lieux (Cass. 3e civ. 12-6-2001 : RJDA 10/01 n° 951).

Lorsque le congé est donné pour une **date postérieure** à l'expiration du délai de préavis, le bail prend fin à la date mentionnée dans le congé et non à l'expiration du délai de préavis (Cass. 3e civ. 28-11-2019 n° 18-18.193 F-D : BPIM 1/20 inf. 70). Les loyers sont donc dus jusqu'à cette date, même si les clés sont restituées antérieurement, à moins que le bailleur ne renonce à percevoir les loyers jusqu'au terme du bail, renonciation qui doit être certaine et non équivoque, l'établissement d'un état des lieux de sortie ou l'acceptation des clés ne suffisant pas à caractériser une telle renonciation (Cass. 3e civ. 1-7-2003 n° 02-15.569 ; Cass. 3e civ. 26-11-2008 n° 07-18.856 : RJDA 2/09 n° 81).

> Précisions **a.** Lorsqu'un délai est exprimé en mois, ce délai expire le jour du dernier mois portant le même quantième que le jour de l'acte, de l'événement, de la décision ou de la notification qui fait courir le délai et, à défaut de quantième identique, le dernier jour du mois. Dès lors, un congé délivré le 31 décembre 2019 pour un bail venant à échéance le 30 juin 2020 est valablement délivré (Cass. 3e civ. 31-10-2006 : Rev. Loyers 2007 p. 33), de même qu'un congé délivré le 31 août pour le 28 février suivant (Cass. 3e civ. 1-6-2010 n° 08-16.320 : AJDI 2010 p. 642).

b. Un congé signifié en respectant les conditions de forme et de délai édictées par l'article 15 de la loi du 6 juillet 1989, et notamment plus de six mois avant la date d'expiration du bail, ne peut pas être déclaré nul au motif que la date d'effet du congé indiquée sur ledit congé était erronée, le congé indiquant faussement pour date d'effet du congé celle du lendemain du terme du bail (Cass. 3e civ. 11-7-2007 n° 06-15.943 : RJDA 12/07 n° 1200 ; Cass. 3e civ. 31-3-2009 n° 08-11.557 : RJDA 7/09 n° 609).

c. Un congé régulièrement délivré par le bailleur dans le délai légal de préavis est valablement donné, peu important que la date d'effet indiquée fût postérieure à la date d'échéance du bail (Cass. 3e civ. 31-3-2009 n° 08-11.557 : RJDA 7/09 n° 609).

d. Le respect du préavis de trois mois est dû sauf pour le locataire à démontrer l'accord du bailleur sur un délai de préavis plus court ou une renonciation au bénéfice du préavis légal (Cass. 3e civ. 22-11-2011 n° 10-27.618 : RJDA 3/12 n° 250). Le bailleur, qui a accepté la réduction du délai de préavis du locataire à un mois, ne peut revenir sur son acceptation que s'il en a informé son locataire avant son départ (Cass. 3e civ. 19-9-2012 n° 11-21.186 : BPIM 6/12 inf. 480).

61585 **Préavis réduit** Toutefois, lorsque le congé émane du locataire, le délai de préavis peut être réduit à un mois dans les cas suivants :

1. Logements situés dans les zones d'urbanisation continue de plus de 50 000 habitants (c'est-à-dire celles où s'applique la taxe sur les logements vacants dont la liste est annexée au 1° du décret 2013-392 du 10-5-2013).

2. Obtention d'un premier emploi. Alors qu'une réponse ministérielle avait précisé que la date de référence du premier emploi était, quelle que soit la forme du contrat de travail, la date d'affiliation au régime de sécurité sociale du locataire (Rép. Préel : AN 14-10-2002 p. 3611 n° 911), la Cour de cassation a considéré que la perception de salaires et la cotisation au régime de sécurité sociale sont indifférentes lorsque l'emploi en cause est un emploi d'étudiant, le locataire étant, à l'époque, domicilié chez ses parents et n'ayant pas commencé son cycle universitaire (Cass. 3e civ. 29-6-2011 n° 10-18.271 : RJDA 11/11 n° 893).

3. Mutation ou perte d'emploi ou nouvel emploi consécutif à une perte d'emploi du locataire.

La mutation autorisant le locataire à invoquer le préavis réduit implique que la **décision de changement** du lieu d'exercice de l'activité soit imposée au locataire par sa hiérarchie (CA Versailles 5-12-1997 : RJDA 4/98 n° 399 ; CA Versailles 14-12-2004 : RJDA 10/05 n° 1085 ; CA Paris 19-1-2006 : Rev. Loyers 2006 p. 194). En conséquence, un locataire exerçant une profession à titre libéral ne peut pas se prévaloir du motif de la perte d'emploi ou de la mutation pour revendiquer le bénéfice du préavis abrégé (Cass. 3e civ. 16-3-1994 : RJDA 6/94 n° 634). Il en va de même du principal actionnaire et dirigeant d'une société qui est à l'origine de sa propre mutation professionnelle (CA Versailles 14-12-2004, précité). En revanche, peu importe que la mutation ait été sollicitée par le locataire (Cass. 3e civ. 20-1-2010 n° 09-10.287 : RJDA 4/10 n° 343).

La loi n'exige pas qu'il y ait un certain **éloignement géographique** imposé par la nouvelle activité professionnelle ni un changement de domicile dans une autre ville pour bénéficier du préavis raccourci (Cass. 3e civ. 20-7-1994 : RJDA 11/94 n° 1120 ; Cass. 3e civ. 22-10-2003 n° 02-15.627 : RJDA 1/04 n° 26 ; Cass. 3e civ. 19-9-2012 n° 11-30.369 : BPIM 6/12 inf. 481).

Le délai de préavis raccourci ne peut pas être invoqué par le locataire au motif de l'exécution d'un **stage de formation professionnelle** des adultes (TI Saint-Girons 9-1-1992 : Rev. Loyers 1992 p. 467 ; CA Paris 15-3-1996 : Loyers et copr. 1996 n° 250) ou de l'anéantissement d'une **promesse d'embauche** (Cass. 3e civ. 3-12-2003 n° 02-14.411 : RJDA 3/04 n° 284).

La **démission,** ou l'abandon volontaire d'une activité pour une autre, n'est pas assimilable à la perte d'emploi au sens de la loi de 1989 (Cass. 3e civ. 4-4-2001 n° 99-15.451 : RJDA 6/01 n° 668). En revanche, même négocié, le **licenciement** constitue une perte d'emploi (CA Paris 10-2-1998 : BPIM 6/98 inf. 423, 1e espèce), de même qu'une **rupture conventionnelle** du contrat de travail (Cass. 3e civ. 9-6-2016 n° 15-15.175 : BPIM 4/16 inf. 278).

Un locataire ne peut pas se prévaloir d'une **période de chômage prolongée** pour réduire la durée du préavis, ce cas n'étant pas prévu par la loi (Cass. 3e civ. 4-4-2001 n° 99-15.451 : RJDA 6/01 n° 668 ; Cass. 3e civ. 24-3-2010 n° 09-10.084 : RJDA 6/10 n° 608).

Un locataire de bonne foi peut, en cas de **non-renouvellement d'un CDD** conclu avant la signature du bail, se prévaloir du préavis réduit (Cass. 3e civ. 8-12-1999 : RJDA 2/00 n° 137 ; Cass. 3e civ. 8-7-2009 n° 08-14.903 : RJDA 10/09 n° 825). Mais le locataire de mauvaise foi ne peut, dans les mêmes circonstances, se prévaloir du préavis raccourci (Cass. 3e civ. 30-9-1998 : RJDA 11/98 n° 1197).

Qu'il s'agisse d'une mutation ou d'une perte d'emploi, la réduction du délai de préavis répond à une nécessité d'urgence. Il est ainsi nécessaire que le congé soit donné par le locataire dans un délai assez proche de son fait générateur et qu'il existe, en réalité, un lien de causalité. Le congé ne doit pas être jugé tardif (CA Paris 17-6-1999 : Jurisdata n° 1999-023732 ; CA Aix-en-Provence 22-3-2005 : Jurisdata n° 2005-272615 ; CA Paris 24-1-2012 : Jurisdata n° 2012-001021).

4. Locataire bénéficiaire d'une ordonnance de protection ou dont le conjoint, partenaire lié par un pacte civil de solidarité ou concubin, fait l'objet de poursuites, d'une procédure alternative aux poursuites ou d'une condamnation, même non définitive, en raison de violences exercées au sein du couple ou sur un enfant qui réside habituellement avec lui (Loi 89-462 du 6-7-1989 art. 15, I).

5. Locataire dont l'**état de santé,** constaté par certificat médical, justifie un changement de domicile, étant précisé qu'en cas de cotitularité du bail et si les conditions sont remplies, le bénéfice du préavis réduit peut être revendiqué par les deux époux conformément à la règle posée par l'article 1751 du Code civil, selon laquelle le droit au bail d'habitation est réputé appartenir aux deux époux, même si le contrat a été signé avant le mariage (Cass. 3e civ. 5-1-2012 n° 10-26.130 : BPIM 1/12 inf. 82).

6. Locataire bénéficiaire du revenu de solidarité active (**RSA**). Dans ce cas, le locataire n'a pas à justifier de la perte de son emploi (Cass. 3e civ. 19-10-2017 n° 16-22.812 F-D : BPIM 6/17 inf. 439).

7. Locataire bénéficiaire de l'allocation aux adultes handicapés (**AAH**).

8. Locataire qui s'est vu attribuer un logement social et dont les ressources sont inférieures à celles qui permettent l'attribution des logements locatifs très sociaux.

Pour bénéficier du délai de préavis raccourci, le locataire doit préciser le **motif invoqué** et le justifier dans sa lettre de congé (Loi 89-462 du 6-7-1989 art. 15 ; Cass. 3e civ. 11-4-2019 n° 18-14.256 FS-PBI : BPIM 3/19 inf. 216). **61586**

Sous l'empire de la loi de 1989 dans sa rédaction antérieure à la loi Alur, il avait été jugé que le congé devait être délivré pour une **date** suffisamment proche de l'événement qui le justifie (CA Paris 2-10-1995 : Loyers et copr. 1996 n° 6 ; Cass. 3e civ. 21-7-1999 : RJDA 10/99 n° 1058). La Cour de cassation est cependant revenue sur cette analyse puisqu'elle a admis le bénéfice du préavis réduit pour un locataire qui prétextait son état de santé alors que ses ennuis de santé duraient depuis plusieurs années et résultaient d'un traumatisme crânien subi trente ans auparavant (Cass. 3e civ. 6-11-2001 : Loyers et copr. 2002 comm. n° 5) ainsi qu'à un locataire qui percevait l'allocation du RMI depuis plusieurs mois avant la délivrance du congé (Cass. 3e civ. 18-2-2003 n° 01-13.303 : RJDA 5/03 n° 479) ou pour un locataire qui a donné congé plus de 2 mois après être entré au service de son nouvel employeur (Cass. 3e civ. 5-2-2014 n° 13-10.804 : BPIM 2/14 inf. 134). Les modifications apportées par la loi Alur du 24 mars 2014 à la loi de 1989 ne semblent pas mettre un terme à cette jurisprudence.

Par ailleurs, les **époux** et les **partenaires de Pacs** étant cotitulaires du bail à usage d'habitation, il suffit qu'un seul des époux ou des partenaires réponde à l'une des conditions énoncées ci-dessus pour qu'ils puissent se prévaloir du délai de préavis raccourci.

Point de départ du délai de préavis Le délai de préavis court à compter du jour de la réception de la lettre recommandée, de la signification de l'acte de commissaire de justice ou de la remise en main propre contre récépissé ou émargement. Ce délai se calcule de quantième à quantième. **61590**

> Précisions a. La date de réception d'une notification faite par lettre recommandée AR est celle qui est apposée par l'administration des postes lors de la remise de la lettre à son destinataire (CPC art. 669). Il a été jugé que la date de réception doit s'entendre de la date de réception effective de la notification et non de la date de première présentation du pli recommandé par les services postaux (Cass. 3e civ. 10-1-1996 : RJDA 4/96 n° 473 ; Cass. 3e civ. 7-1-1998 n° 96-10.326 : RJDA 3/98 n° 271 ; Cass. 3e civ. 2-2-2005 n° 04-10.219 : RJDA 5/05 n° 506). Ainsi, notamment, lorsque la lettre recommandée n'a pas été remise à son destinataire absent et a été renvoyée à l'expéditeur, la notification n'est pas valablement faite (Cass. 3e civ. 14-12-1994 n° 93-12.481 : RJDA 2/95 n° 120 ; CA Paris 16-1-2007 : Loyers et copr. 2007 comm. n° 71, qui précise que, si la lettre recommandée notifiée par le locataire n'a pas fait courir le délai de préavis faute d'avoir été retirée par le bailleur, le préavis a commencé à courir à la réception de la lettre simple envoyée par le locataire au bailleur, lequel s'en est prévalu expressément pour solliciter le paiement d'un mois de loyer supplémentaire ; Cass. 3e civ. 21-9-2022 n° 21-17.691 FS-B : BPIM 6/22 inf. 448).

b. Pour le **calcul de la date d'échéance** du bail tacitement reconduit, voir n° 61680 et, pour le bail dont la durée initiale est abrégée, n° 61380.

61595 **Effets du congé** Le congé délivré par le bailleur pour une date prématurée n'est pas nul ; son effet est reporté au jour pour lequel il aurait dû être donné, et celui qui a délivré un tel congé n'a pas à le réitérer pour la bonne date (Cass. 3e civ. 30-11-1994 : RJDA 6/95 n° 697 ; Cass. 3e civ. 19-9-2006 : Rev. Loyers 2006 p. 266 ; Cass. 3e civ. 13-6-2006 n° 05-13.252 : RJDA 10/06 n° 1000). Sur les effets du congé pour vendre donné par anticipation, voir n° 64645.

En revanche, le congé délivré tardivement par le bailleur est nul et le contrat de location est reconduit (Cass. 3e civ. 12-4-1995 n° 92-21.859 : RJDA 6/95 n° 697 ; Cass. 3e civ. 31-5-2011 n° 10-30.707 : Loyers et copr. 2011 comm. n° 236 note B. Vial-Pedroletti). Il en va de même si le bailleur ne peut pas justifier avoir délivré congé au moins six mois à l'avance (Cass. 3e civ. 29-10-2008 n° 04-14.895 : RJDA 1/09 n° 17).

Lorsque le congé émane du bailleur et quels que soient les motifs allégués, le locataire n'est redevable, pendant la durée du préavis, du loyer et des charges que pour le temps où il a occupé réellement les lieux.

Si le congé émane du locataire, celui-ci reste, **pendant la période de préavis,** redevable du loyer et des charges jusqu'au terme du contrat à moins que, en accord avec le bailleur, le logement ne se trouve occupé par un autre locataire avant la fin du préavis (Loi du 6-7-1989 art. 15, I-al. 3).

À l'expiration du délai de préavis, le locataire est déchu de tout titre d'occupation des locaux loués (Loi du 6-7-1989 art. 15, I-al. 4).

> Précisions a. La libération des lieux loués au cours du délai de préavis n'est pas en soi constitutive d'un manquement à l'obligation de jouissance paisible : dès lors, le locataire ne peut être condamné au paiement des loyers échus postérieurement à son départ au motif de l'intrusion de squatters dans le logement sans que soit recherché si celle-ci ne constituait pas un cas de force majeure faisant obstacle à la restitution libre de toute occupation (Cass. 3e civ. 9-1-2008 n° 07-11.379 : RJDA 4/08 n° 388).

b. Le bailleur est censé avoir renoncé au préavis légal dont il bénéficie lorsqu'il a réalisé avant la fin du préavis, après le départ volontaire du locataire, d'importants travaux dans les lieux (Cass. 3e civ. 19-5-2010 n° 09-13.426 : RJDA 3/11 n° 227).

c. L'auteur d'un congé délivré pour une date déterminée est recevable à agir, après cette date, en validation du congé, même s'il résulte de l'instance engagée que ce congé a été donné pour une date prématurée et n'a produit effet qu'après l'introduction de l'instance (Cass. 3e civ. 11-7-2019 n° 18-18.184 F-PBI : BPIM 4/19 inf. 293).

b. Renouvellement du bail d'habitation

61640 Le bailleur qui n'entend pas donner congé peut, également, vouloir renouveler expressément le bail (Loi 89-462 du 6-7-1989 art. 10, al. 3). Dans ce cas, l'**offre de renouvellement** doit être présentée dans les conditions de forme et de délai prévues pour le congé (nos 61560 s.).

Sur le calcul de la date d'échéance d'un bail conclu initialement pour une durée réduite en application de l'article 11 de la loi lorsque l'événement justifiant la réduction de la durée ne s'est pas produit, voir n° 61380.

La **durée** du bail renouvelé est au moins égale à celle définie par la loi (n° 61360). Les parties peuvent, par une clause claire et précise du bail, déroger à la durée légale de reconduction en stipulant une durée plus longue (Cass. 3e civ. 17-10-2007 n° 06-11.104 : RJDA 2/08 n° 108).

Le **loyer** du bail renouvelé est défini selon les modalités prévues à l'article 17-2 (n° 62445). L'offre de renouvellement peut cependant être, dans le même temps, une offre de réévaluation du loyer selon les modalités examinées ci-après (nos 62445 s.).

61645 Par dérogation aux règles de renouvellement prévues par la loi de 1989, les parties qui en sont expressément convenues peuvent renouveler le bail en cours avant son expiration lorsque le propriétaire a signé une **convention** avec travaux mentionnée aux articles L 321-4 et L 321-8 du Code de la construction et de l'habitation **avec l'Anah** (Loi 89-462 du 6-7-1989 art. 10, al. 5).

Les ressources du locataire en place doivent être conformes aux plafonds prévus par cette convention. L'offre de renouvellement doit être présentée dans le délai de trois mois après l'accord des parties par lettre recommandée AR, par acte de commissaire de justice ou remise en main propre contre récépissé ou émargement et le montant du loyer du bail renouvelé doit être fixé selon les règles applicables au conventionnement des logements avec l'Anah.

c. Reconduction tacite du bail d'habitation

À défaut de congé, ou de proposition de renouvellement, valablement délivré, le bail parvenu à son terme est reconduit tacitement (Loi 89-462 du 6-7-1989 art. 10, al. 2). La durée du bail reconduit est de trois ans pour les bailleurs personnes physiques ainsi que pour les bailleurs qui y sont assimilés (sociétés civiles constituées exclusivement entre parents et alliés jusqu'au 4e degré inclus et indivisions), et de six ans pour les bailleurs personnes morales (Cass. 3e civ. 13-6-2007 no 06-14.309 : RJDA 3/08 no 239). 61680

Cette règle relative à la durée du bail tacitement reconduit a été instaurée par la loi du 21 juillet 1994 avant laquelle la durée du bail reconduit était égale à la durée du bail précédent, qui pouvait être supérieure aux minima imposés par la loi. Elle s'applique aux baux reconduits postérieurement à la date d'entrée en vigueur de la loi du 21 juillet 1994 (Cass. 3e civ. 27-9-2006 : Loyers et copr. 2007 comm. no 3 ; Cass. 3e civ. 19-9-2007 no 06-17.200 : RJDA 1/08 no 14 ; CA Paris 6e ch. B 12-3-2009 no 07/17664 : Loyers et copr. 2009 comm. no 169). Elle s'applique également au bail verbal (Cass. 3e civ. 17-11-2021 no 20-19.450 FS-B : BPIM 1/22 inf. 69).

Contrairement à l'article 10, alinéa 1, qui prévoit une durée minimale pour la durée initiale du bail, l'article 10, alinéas 2 et 3 instaure une durée fixe du contrat tacitement reconduit.

En ce qui concerne l'incidence de la tacite reconduction sur le **cautionnement** donné en faveur du bailleur, voir no 62710.

3. RÉSILIATION DU BAIL D'HABITATION

Outre les cas de droit commun d'extinction du bail (nos 52200 s.), celui-ci peut cesser par l'effet d'une résiliation judiciaire ou d'une résiliation de plein droit. 61730

Comme pour tout autre contrat, lorsqu'une partie n'exécute pas ou exécute mal l'une de ses obligations contractuelles, son cocontractant peut solliciter la résiliation du bail : il s'agit de la résiliation judiciaire. La résiliation du bail peut également être obtenue par la mise en œuvre d'une clause résolutoire de plein droit expressément convenue dans le bail. Toutefois, alors que la demande de résiliation judiciaire sera diligentée et appréciée selon les règles de droit commun (nos 52470 s.), la résiliation de plein droit du bail devra être mise en œuvre pour les seuls cas et selon les modalités énoncés par la loi du 6 juillet 1989 dont l'article 24 a été largement modifié par la loi 2023-668 du 27 juillet 2023, dite « loi anti-squat ».

Qu'il s'agisse cependant d'une résiliation de plein droit ou d'une résiliation judiciaire, les frais de procédure, en plus des sommes versées au titre des dépens et de l'article 700 du CPC, ne peuvent pas être mis à la charge du locataire car une telle stipulation est réputée non écrite (Loi 89-462 du 6-7-1989 art. 4, p).

Le commissaire de justice qui délivre une assignation en résiliation du bail, pour quelque motif que ce soit, doit remettre au locataire (ou au représentant légal s'il s'agit d'une personne morale) un document rappelant les date, horaire et lieu de l'audience et destiné à l'informer de l'importance de sa présentation à l'audience (Décret 2017-923 du 9-5-2017 : JO 10 texte no 174). Cette remise se fait en main propre ou, à défaut, par le dépôt dans la boîte aux lettres du locataire. Le document doit également mentionner la possibilité de déposer, avant l'audience, une demande d'aide juridictionnelle et de saisir les acteurs qui contribuent à la prévention des expulsions locatives (leurs adresses doivent figurer dans le document).

a. Clause de résiliation de plein droit du bail d'habitation

RÉSILIATION DU BAIL D'HABITATION POUR DÉFAUT DE PAIEMENT

En principe, le bail d'habitation contient une clause résolutoire permettant la résiliation de plein droit du contrat en cas d'impayés du **loyer,** des **charges** ou du **dépôt de garantie** aux termes convenus. L'insertion d'une telle clause était jusqu'à présent facultative. La loi « anti-squat » du 27 juillet 2023 la rend désormais obligatoire. Ainsi, depuis le 29 juillet 2023, tout contrat de bail d'habitation doit contenir une clause prévoyant la résiliation de plein droit du bail pour défaut de paiement du loyer ou des charges au terme convenu ou pour non-versement du dépôt de garantie. Cette clause ne produit effet que six semaines après un commandement de payer demeuré infructueux (Loi 89-462 du 6-7-1989 art. 24, al. 1 dans sa rédaction issue de loi 2023-668 du 27-7-2023). 61740

> **Précisions** Jusqu'au 28 juillet 2023, la **clause résolutoire** prévue au contrat ne produisait ses **effets** qu'après un délai de deux mois suivant la signification d'un commandement de payer demeuré infructueux. La loi « anti-squat » du 27 juillet 2023 a réduit ce délai à six semaines. Il est de jurisprudence constante que la loi nouvelle régit immédiatement les effets légaux des situations juridiques ayant pris naissance avant son entrée en vigueur et non définitivement réalisée (Cass. ch. mixte 13-3-1981 n° 80-12.125 : Bull. mixte n° 3). Mais dans l'hypothèse où le **contrat de bail stipulerait expressément** que le délai pour régulariser le commandement est de deux mois, s'agissant d'un **ordre public de protection,** il nous semble que ce **délai plus favorable** au locataire devrait être retenu.

61765 **Forme et contenu du commandement de payer** Le commandement de payer doit, à peine de nullité, **contenir** (Loi 89-462 du 6-7-1989 art. 24, I, al. 2) :

– la mention que le locataire dispose d'un délai de six semaines pour payer sa dette ;
– le montant mensuel du loyer et des charges ;
– le décompte de la dette ;
– l'avertissement qu'à défaut de paiement ou d'avoir sollicité des délais de paiement, le locataire s'expose à une procédure judiciaire de résiliation de son bail et d'expulsion ;
– la mention de la possibilité pour le locataire de saisir le fonds de solidarité pour le logement de son département, dont l'adresse est précisée, aux fins de solliciter une aide financière ;
– la mention de la possibilité pour le locataire de saisir, à tout moment, la juridiction compétente aux fins de demander un délai de grâce sur le fondement de l'article 1343-5 du Code civil.

Avant la loi Élan, la jurisprudence avait précisé que, outre la sanction, le commandement de payer devait indiquer précisément les **manquements** reprochés au locataire (Cass. 3e civ. 28-11-1968 : Bull. civ. III n° 498).

Le commandement doit être signifié de **bonne foi** sous peine de ne pas produire d'effet (Cass. 3e civ. 14-12-1994 : Rev. Loyers 1995 p. 211).

61768 Le commandement de payer visant la **clause résolutoire** constitue un acte conservatoire qui n'implique donc pas le consentement d'indivisaires titulaires d'au moins deux tiers des droits indivis (C. civ. art. 815-3, 1° ; Cass. 3e civ. 4-2-2014 n° 12-13.653 : BPIM 3/14 inf. 201 ; Cass. 3e civ. 9-7-2014 n° 13-21.463 : BPIM 5/14 inf. 346).

Si le commandement de payer, qui n'aboutit pas nécessairement à la résiliation du bail, peut être délivré par un seul indivisaire, l'**action en constatation** de la résiliation du bail pour non-paiement de loyers s'analyse en un acte d'administration (Cass. 1e civ. 17-3-1992 n° 90-14.547 : Bull. civ. I n° 89 ; dans le même sens à propos d'un bail rural, Cass. 3e civ. 30-10-2007 n° 06-18.338 : Bull. civ. III n° 187). Cette action requiert donc le **consentement** d'au moins les deux tiers des indivisaires, et non pas l'unanimité comme c'était le cas sous l'empire du précédent régime de l'indivision légale.

61775 Le commandement doit **être signifié** au locataire par acte de commissaire de justice. Une mise en demeure par simple lettre visant la clause résolutoire de plein droit est sans effet (Cass. 3e civ. 31-5-1994 : Rev. Loyers 1994 p. 495).

Lorsque les obligations résultant du contrat de location sont garanties par un cautionnement, le commandement de payer est signifié à la caution dans un délai de quinze jours à compter de sa signification au locataire. À défaut, la caution ne peut être tenue au paiement des pénalités ou des intérêts de retard (Loi 89-462 du 6-7-1989 art. 24, I, al. 9).

61780 **Effets du commandement de payer** Faute de paiement par le locataire dans le délai imparti par le commandement, le bailleur peut assigner ce dernier aux fins de constatation de la clause résolutoire et expulsion (n°s 53070 s.).

Le commandement de payer ne s'assimilant pas à un congé, le locataire reste tenu du paiement des loyers et charges pendant le délai de préavis de trois mois nonobstant la remise des clés et l'établissement d'un état des lieux avant l'échéance de ce délai (Cass. 3e civ. 26-11-2008 n° 07-18.856 : RJDA 2/09 n° 81).

> **Précisions a.** Le désistement du bailleur à l'instance introduite sur le fondement du commandement de payer ne vaut pas renonciation à ses effets quant au point de départ des intérêts qu'il faisait courir (Cass. 3e civ. 9-12-2008 n° 08-10.127 : RJDA 3/09 n° 188).
> **b.** Par dérogation à l'article 1342-10 du Code civil, les sommes perçues par le bailleur au titre de l'aide personnalisée au logement (APL) depuis le commandement de payer doivent s'imputer sur les loyers correspondant aux périodes pour lesquelles elles ont été versées en application des articles L 351-8, L 351-9 et R 351-28 du CCH (CA Grenoble 28-8-2012 n° 11/00579 et, déjà en ce sens, CA Rouen 12-12-2000 n° 99/01776).

Le **bailleur** doit, sous peine d'irrecevabilité de l'assignation aux fins de constatation de la résiliation, faire notifier celle-ci par commissaire de justice au **préfet,** par lettre recommandée avec demande d'avis de réception, au moins six semaines (contre deux mois auparavant) avant l'audience afin que celui-ci puisse saisir l'organisme compétent désigné par le plan départemental pour l'hébergement et le logement des personnes défavorisées susceptible d'aider le locataire, qui réalisera un diagnostic social et financier (selon des modalités et avec un contenu qui seront précisés par décret en Conseil d'État), au cours duquel le locataire et le bailleur peuvent présenter leurs observations. Ces observations sont jointes, le cas échéant, audit diagnostic, qui est ensuite transmis au juge avant l'audience ainsi qu'à la commission de coordination des actions de prévention des expulsions locatives (Loi 89-462 du 6-7-1989 art. 24, III). **61785**

Cette disposition appelle les remarques suivantes :

– seules sont concernées par cette obligation les demandes fondées sur l'existence d'une dette locative : l'assignation délivrée en raison d'un manquement à l'obligation d'assurance locative et à l'obligation de résidence effective et personnelle est parfaitement recevable sans notification préalable au préfet (CA Toulouse 14-10-2008 : Loyers et copr. 2009 comm. n° 35) ;

– en l'absence de notification au préfet, le commandement de payer ne peut pas servir de fondement à une action tendant à faire constater le jeu de la clause résolutoire stipulée au bail. Il en est ainsi même lorsque l'assignation vise autant le constat d'une dette locative qu'un autre manquement du locataire, la régularisation par notification au préfet des conclusions en cours d'audience ne pouvant couvrir l'irrecevabilité de l'action (Cass. 3e civ. 16-4-2008 n° 07-12.264 : RJDA 7/08 n° 771) ;

– le défaut de notification de l'assignation au préfet peut être soulevé pour la première fois en appel, mais pas en cassation (Cass. 3e civ. 13-10-2004 n° 03-14.266 : Bull. civ. III n° 168) ;

– les bailleurs du secteur social, tels les Opac, doivent saisir la commission départementale des aides publiques au logement au moins trois mois avant de délivrer une assignation à un locataire bénéficiaire de l'APL (CCH art. L 353-15-1 ; Cass. 3e civ. 26-11-2008 n° 07-17.810 : Loyers et copr. 2009 comm. n° 30).

Le juge peut, à la demande du locataire, du bailleur ou d'office, accorder des **délais de paiement** dans la limite de trois ans, à la condition que le locataire soit en situation de régler sa dette locative et qu'il ait repris le versement intégral du loyer courant avant la date de l'audience (Loi 89-462 du 6-7-1989 art. 24, V). **61790**

Le juge peut également accorder des délais de paiement aux locataires pour lesquels une procédure de traitement d'une situation de surendettement a été engagée (Loi 89-462 du 6-7-1989 art. 24, VI). À cette fin, il invite les parties à lui produire tous les éléments relatifs à l'existence d'une telle procédure.

Les **effets de la clause de résiliation** de plein droit ne sont **plus automatiquement suspendus** par l'octroi de délais de paiement. Il revient désormais au juge ayant accordé ces délais de prononcer la suspension, celle-ci ne pouvant intervenir que si le locataire (ou le bailleur) en fait la demande et uniquement dans la mesure où, avant la date de l'audience, le locataire a repris le versement intégral du loyer en cours. La suspension des effets de la clause résolutoire prend fin dès le premier impayé du locataire ou lorsque celui-ci ne respecte pas le plan d'apurement de sa dette arrêté par le tribunal (Loi 89-462 du 6-7-1989 art. 24, VII). **61795**

Si le juge prononce la suspension, il peut alors, dans la limite de trois années, reporter ou échelonner le **paiement des sommes dues** en prescrivant, le cas échéant, que les sommes dont le paiement est ainsi reporté porteront intérêt à un taux réduit qui ne peut être inférieur au taux légal ou que les paiements s'imputeront d'abord sur le capital. Il peut également subordonner ces mesures à l'accomplissement, par le locataire, d'actes propres à faciliter ou à garantir le paiement de la dette. En tout état de cause, cette décision du juge suspend les procédures d'exécution qui auraient été engagées par le créancier bailleur (Loi 89-462 du 6-7-1989 art. 24, VII). Si le locataire se libère dans les conditions fixées par le juge, la clause résolutoire est réputée ne pas avoir joué ; dans le cas contraire, elle reprend son plein effet.

Les facilités de paiement accordées par le juge ne valent que pour les **créances visées** par le jugement et ne peuvent pas affecter l'exécution du bail et notamment suspendre les paiements des loyers et des charges postérieurs. En cas de non-paiement des loyers et charges postérieurs, il appartient au bailleur de procéder à un nouveau commandement de payer. Il a ainsi été jugé que l'ordonnance de référé avait suspendu les effets de la clause résolutoire pour le seul paiement des causes du commandement et que, les locataires s'étant acquittés de leurs dettes dans les conditions prescrites, leur expulsion pour non-paiement de dettes postérieures constituait un trouble manifestement illicite qu'il convenait de faire cesser (Cass. 3e civ. 16-6-1993 : Rev. Loyers 1993 p. 364).

Si le locataire fait l'objet d'une décision judiciaire d'expulsion, le juge peut lui accorder des **délais renouvelables** si son relogement ne peut avoir lieu dans des conditions normales. Le juge de l'exécution ou le juge des contentieux de la protection qui prononce l'expulsion peut octroyer un délai qui ne peut être inférieur à un mois (contre trois mois auparavant), sans pouvoir dépasser un an (contre trois ans auparavant). Pour la fixation de ce délai de grâce, le juge pourra désormais prendre en compte le délai prévisible de relogement des occupants des lieux et le délai lié au recours Dalo (C. exécution art. L 412-4).

61798 Lorsque le locataire est en situation d'impayé de loyer ou de charges locatives sans interruption depuis une durée de deux mois ou lorsque la dette de loyer ou de charges locatives du locataire est équivalente à deux fois le montant du loyer mensuel hors charges locatives, le commissaire de justice doit informer la **commission de coordination des actions de prévention des expulsions locatives** (CCAPEX) de chaque commandement de payer les loyers délivré à la requête des personnes physiques ou des sociétés civiles constituées exclusivement entre parents et alliés jusqu'au quatrième degré inclus, dites « familiales ». Lors de ce signalement (qui s'effectue par voie électronique), le commissaire de justice précise les coordonnées téléphoniques et électroniques et la situation socio-économique des occupants au vu des informations en sa connaissance (Loi 89-462 du 6-7-1989 art. 24, I-al. 10).

Par ailleurs, le préfet doit saisir l'organisme compétent désigné par le plan départemental d'action pour le logement et l'hébergement des personnes défavorisées (PDALHPD), suivant la répartition de l'offre globale de services d'accompagnement vers et dans le logement, afin qu'il réalise un diagnostic social et financier pour les locataires ainsi signalés par le commissaire de justice. Le diagnostic est transmis par l'opérateur à la commission de coordination des actions de prévention des expulsions locatives avant l'expiration du délai de 6 semaines devant séparer l'assignation de l'audience (Loi 89-462 du 6-7-1989 art. 24, I-al. 11).

Les procédures d'assignation aux fins de constat de résiliation du bail à l'initiative des bailleurs personnes morales autres que les sociétés civiles constituées exclusivement entre parents et alliés jusqu'au quatrième degré inclus, dites « familiales », sont conditionnées par la saisine de la CCAPEX au moins deux mois avant la délivrance de l'acte (Loi 89-462 du 6-7-1989 art. 24, II).

Au moment de l'expulsion, le commissaire de justice chargé de l'exécution de la mesure d'expulsion doit, d'une part, informer la CCAPEX (par l'intermédiaire du préfet) et, d'autre part, indiquer au ménage qu'il lui est possible de saisir la commission de médiation en vue d'une demande de relogement au titre du droit au logement opposable (Dalo) (C. exécution art. L 412-5).

RÉSILIATION DU BAIL D'HABITATION POUR DÉFAUT D'ASSURANCE

61800 Le bail peut prévoir une clause de résiliation de plein droit pour défaut d'assurance. La clause ne prend effet qu'un mois après un commandement demeuré infructueux. À peine de nullité, ce commandement doit reproduire les dispositions du deuxième paragraphe de l'article 7, g de la loi du 6 juillet 1989.

L'attestation d'assurance, même avec effet rétroactif, produite postérieurement à l'expiration du délai laissé par le commandement, ne peut tenir en échec la clause résolutoire (CA Agen 2-5-2000 : Loyers et copr. 2000 comm. n° 271 ; CA Paris 17-9-2003 : Rev. Loyers 2003 p. 659) et le juge ne peut pas accorder de délai supplémentaire pour permettre au locataire d'exécuter son obligation (CA Bordeaux 15-6-2004 : Loyers et copr. 2004 comm. n° 200 ; CA Montpellier 12-6-2008 : Loyers et copr. 2008 comm. n° 277).

RÉSILIATION DU BAIL D'HABITATION POUR TROUBLE DE VOISINAGE

61820 Si une clause le prévoit, le bail peut être résilié de plein droit en cas de non-respect de l'obligation d'user paisiblement des locaux loués, résultant de troubles de voisinage constatés par une décision de justice passée en force de chose jugée (Loi 89-462 du 6-7-1989 art. 4, g).

À noter par ailleurs qu'après mise en demeure dûment motivée, le propriétaire d'un local d'habitation doit, sauf motif légitime, utiliser les droits dont il dispose en propre pour faire cesser les troubles de voisinage causés à des tiers par les personnes qui occupent ce local (Loi 89-462 du 6-7-1989 art. 6-1). La rédaction de cette disposition ne permet pas de déterminer avec certitude de qui doit émaner la mise en demeure. On peut penser que le propriétaire, ou le syndic en cas de copropriété, ou même le tiers subissant le trouble de voisinage, peuvent en être à l'origine.

b. Résiliation judiciaire du bail d'habitation

61840 Chacune des parties peut saisir le juge afin qu'il prononce la résiliation du bail en cas d'inexécution des obligations contractuelles. La loi fait même obligation au propriétaire, sauf motif légitime, d'utiliser tous les droits dont il dispose afin de faire cesser les troubles de voisinage causés à des tiers par les personnes qui occupent les locaux loués dès lors qu'elles ont reçu une mise en demeure dûment motivée (Loi 89-462 du 6-7-1989 art. 6-1, al. 1).

Le juge apprécie souverainement la gravité des manquements invoqués (nos 52470 s.).

La résiliation judiciaire du bail peut être demandée sur le fondement des articles 1224, 1221, 1227 et 1228 du Code civil même en présence d'une sanction légale distincte de la résiliation. Ainsi, dans un cas où des constructions édifiées par le locataire avaient dénaturé le site loué et où le bail ne comportait aucune interdiction expresse de transformation des lieux, la Cour de cassation a jugé que les dispositions de l'article 7, f de la loi de 1989 (qui prévoit qu'à défaut d'accord du bailleur celui-ci peut exiger du locataire, à son départ des lieux, leur remise en état ou conserver à son bénéfice les transformations effectuées sans indemnisation) n'interdisent pas au bailleur de poursuivre la résiliation du bail (Cass. 3e civ. 31-10-2006 no 05-10.553 : RJDA 1/07 no 22).

Depuis le 15 juin 2025, lorsqu'un locataire est lié à des activités de trafic de stupéfiants, qu'il trouble l'ordre public de manière grave et répétée et que son comportement ou toute activité qui, aux abords de son logement ou dans le même ensemble immobilier, porte atteinte aux équipements collectifs utilisés par les résidents, à la sécurité des personnes ou à leur liberté d'aller et venir, le préfet peut imposer au bailleur de saisir le juge directement aux fins de résiliation du bail sans offre de relogement (Loi 89-462 du 6-6-1989 art. 7, b nouveau créé par loi 2025-532 du 13-6-2025 ; CCH art. L 442-4-3 nouveau créé par loi 2025-532 du 13-6-2025). L'injonction précise les éléments de fait qui justifient la mise en œuvre de la procédure. Le bailleur doit faire connaître au préfet, dans un délai de 15 jours, la suite qu'il entend réserver à l'injonction. En cas de refus du bailleur, d'absence de réponse à l'expiration de ce délai ou lorsque, ayant accepté le principe de l'expulsion, le bailleur n'a pas saisi le juge à l'expiration d'un délai d'un mois à compter de sa réponse, le préfet peut se substituer à lui et saisir le juge aux fins de résiliation du bail.

c. Reprise d'un logement abandonné par le locataire

Lorsque des éléments laissent supposer que le logement est abandonné par ses occupants, le bailleur peut mettre en demeure le locataire de justifier qu'il occupe le logement (Loi 89-462 du 6-7-1989 art. 14-1). Cette **mise en demeure**, qui doit être faite par acte de commissaire de justice, peut être contenue dans un des commandements visés aux articles 7 et 24 de la loi de 1989. **61860**

S'il n'a pas été déféré à cette mise en demeure un mois après signification, le commissaire de justice peut **constater l'état d'abandon du logement** en présence du maire de la commune, d'un conseiller municipal ou d'un fonctionnaire municipal délégué par le maire à cette fin, d'une autorité de police ou de gendarmerie, requis pour assister au déroulement des opérations ou, à défaut, de deux témoins majeurs qui ne sont au service ni du bailleur ni du commissaire de justice chargé de l'exécution (Loi 91-650 du 9-7-1991 art. 21, al. 1 et 2 sur renvoi de l'art. 14-1 de la loi de 1989).

En vue de voir constater par le juge la résiliation du bail, le commissaire de justice doit dresser un **procès-verbal** des opérations. Si le logement lui semble abandonné, ce procès-verbal doit contenir un inventaire des biens laissés sur place, avec l'indication qu'ils paraissent ou non avoir valeur marchande.

La **résiliation** du bail peut être ensuite constatée par le juge des contentieux de la protection dans les conditions définies par le décret 2011-945 du 10 août 2011. La demande du bailleur doit être formée par requête remise ou adressée au greffe du tribunal judiciaire, accompagnée des pièces justificatives. S'il ressort manifestement des éléments fournis par le bailleur, notamment du constat d'inoccupation des lieux, que le bien a été abandonné par le locataire, le juge des contentieux de la protection constate la résiliation du bail et ordonne la reprise des lieux. Le cas échéant, il statue sur la demande en paiement des sommes dues au bailleur ainsi que sur l'abandon des meubles dénués de valeur.

Dans le mois suivant la signification de l'ordonnance du juge, le locataire (ou tout occupant de son chef) peut former opposition à l'ordonnance. Dans ce cas, le greffier convoque les parties à l'audience afin qu'il soit débattu contradictoirement des demandes présentées par le bailleur et des moyens de défense du locataire. À défaut, l'ordonnance produit tous les effets d'un jugement passé en force de chose jugée, le bailleur pouvant reprendre son bien suivant une procédure d'expulsion simplifiée. Toutefois, le locataire qui, sans faute de sa part, a été dans l'impossibilité d'agir dans le délai imparti peut obtenir un relevé de forclusion dans les conditions prévues par l'article 540 du Code de procédure civile.

Si le juge rejette la requête du bailleur, sa décision est sans recours et ce dernier doit alors procéder conformément au droit commun, à savoir à une action en résiliation judiciaire du bail ou en constatation de l'acquisition de la clause résolutoire si cela est possible.

> **Précisions a.** La loi 2011-1862 du 13 décembre 2011 relative à la répartition des contentieux et à l'allégement de certaines procédures juridictionnelles précise que la **vente aux enchères** des meubles laissés sur place peut être autorisée par le juge lors de la **constatation de la résiliation du bail.** Les biens non susceptibles d'être vendus peuvent être déclarés abandonnés (Loi 89-462 du 6-7-1989 art. 14-1).
> Ces dispositions ne s'appliquent qu'en cas de demande de résiliation du bail par le bailleur pour abandon du domicile par le locataire.
> Dans le cadre d'une **procédure d'expulsion** « classique », le bailleur devra attendre l'expiration du délai imparti au locataire pour récupérer ses meubles et saisir à nouveau le juge pour demander la mise en vente aux enchères publiques.
> À noter que la loi 2019-222 du 23 mars 2019 de programmation et de réforme de la justice a supprimé l'autorisation préalable du juge depuis le 1er janvier 2020 (C. exécution art. L 433-2 modifié).
> **b.** Dresser un procès-verbal de reprise des lieux et faire changer les serrures d'un logement en l'absence de mise en demeure et de décision de justice constatant la résiliation du bail constitue une **reprise illicite du logement** et engage la **responsabilité de l'huissier** (désormais commissaire de justice) (Cass. 3e civ. 6-7-2017 nº 16-15.752 FS-PB : BPIM 5/17 inf. 366).

E. Obligations des parties au contrat de bail d'habitation

62000 Bailleur et locataire sont tenus à des obligations diverses, lesquelles sont, pour l'essentiel, reprises par la loi du 6 juillet 1989. Ces dispositions ne font pas obstacle à l'application du droit commun du louage défini par le Code civil en ce qu'il n'est pas contraire aux dispositions de la loi.

1. OBLIGATIONS DU BAILLEUR

OBLIGATION DE DÉLIVRANCE LIÉE AU BAIL D'HABITATION

62005 **Logement décent** Le bailleur a l'obligation de louer, au titre de la résidence principale, un logement décent (Loi 89-462 du 6-7-1989 art. 6, al. 1 et 2). Par « logement décent », il faut entendre un logement « ne laissant pas apparaître de risques manifestes pouvant porter atteinte à la sécurité physique ou à la santé, exempt de toute infestation d'espèces nuisibles et parasites, répondant à un critère de performance énergétique minimale et doté des éléments le rendant conforme à l'usage d'habitation ». La « décence » est donc appréciée sur des critères objectifs correspondant aux caractéristiques techniques définies par le décret 2002-120 du 30 janvier 2002 tel que modifié par le décret 2023-796 du 18 août 2023. Également jugé qu'un bailleur pouvait être condamné pour manquement à son obligation de délivrer un logement décent par application des règles, plus rigoureuses que la loi, du règlement sanitaire départemental (Cass. 3e civ. 17-12-2015 nº 14-22.754 : BPIM 1/16 inf. 67). Le critère de performance énergétique minimale, figurant désormais dans la définition légale du logement décent, a été introduit par la loi relative à la transition énergétique pour la croissance verte et défini par le décret 2017-312 du 9 mars 2017 (Loi 89-462 du 6-7-1989 art. 6).

Depuis le 1er janvier 2025 en France métropolitaine, le logement est considéré comme « énergétiquement décent » s'il est au moins classé F. À compter du 1er janvier 2028, il devra au moins être classé E et à compter du 1er janvier 2034, il devra être au moins classé D (CCH art. L 173-1-1 nouveau ; Loi 89-462 du 6-7-1989 art. 6). En Guadeloupe, en Martinique, en Guyane, à La Réunion et à Mayotte, à compter du 1er janvier 2028, le logement sera considéré comme décent s'il est au moins classé F et à compter du 1er janvier 2031, il devra être au moins classé E (Décret 2002-120 du 30-1-2002 art. 3 bis modifié, applicable depuis le 1er janvier 2025). Les logements qui ne répondront pas à ces critères aux échéances fixées sont considérés comme non décents.

Le Gouvernement a annoncé une modification dans le mode de calcul du DPE, qui entrera en vigueur le 1er janvier 2026 (Arrêté ATDL2519132A du 13-8-2025). Cette décision doit conduire à sortir environ 850 000 logements du statut de « passoire thermique » (étiquettes F et G).

Cette obligation de donner à bail un logement décent est incontournable et le bailleur ne peut pas convenir avec le locataire de l'exécution par ce dernier, même avec une contrepartie, des travaux de mise aux normes (Cass. 3e civ. 3-2-2010 nº 08-21.205 : RJDA 4/10 nº 342, rendu sous l'empire des textes antérieurs mais transposable).

> **Précisions a.** Le bailleur ne respecte pas son obligation de délivrance d'un logement décent qui constitue la résidence principale du locataire, dès lors que le logement ne satisfait plus, en raison de sa vétusté, aux normes minimales de confort et d'habitabilité auxquelles doivent répondre les lieux loués (Cass. 3e civ. 4-5-2010 nº 09-13.281 : Rev. Loyers 2010 p. 319).

b. Les **organismes** débiteurs de **prestations familiales** sont habilités à faire vérifier sur place si le logement satisfait aux caractéristiques de décence. Ils pourront être alertés par le maire ou toute association de défense des droits des locataires affiliée à une association siégeant à la Commission nationale de concertation dès lors qu'ils auront été informés de l'existence d'un immeuble non conforme (CSS art. L 542-6, al. 1).

c. La **seule alimentation en électricité** ne peut pas être considérée comme un équipement ou une installation permettant un chauffage normal du logement, de sorte qu'en louant un appartement dépourvu d'appareil de chauffage le bailleur manque à son obligation de délivrer un logement décent même si le **contrat de bail** prévoit que cette absence est compensée par un loyer réduit. Après avoir posé ce principe, la Cour de cassation, par une précision inédite, a jugé que, cette obligation étant d'ordre public, la clause du contrat de bail prévoyant que le logement est loué sans appareil de chauffage en contrepartie d'un **loyer réduit** est inefficace (Cass. 3e civ. 4-5-2014 n° 13-17.289 : BPIM 4/14 inf. 287).

d. Le critère de décence du logement tenant à la performance énergétique de celui-ci répond à l'**objectif de valeur constitutionnelle** qui permet à toute personne de disposer d'un logement décent ; celui tenant à sa performance en matière d'émissions de gaz à effet de serre répond à l'objectif de valeur constitutionnelle de protection de l'environnement (CE 21-12-2023 n° 488900 : BPIM 1/24 inf. 68).

Caractéristiques concernant la sécurité physique et la santé des locataires Pour être conforme, le logement doit répondre aux caractéristiques suivantes (Décret 2002-120 du 30-12-2002 art. 2) : **62006**

– il doit **assurer le clos et le couvert** ; le gros œuvre du logement et de ses accès doit être en bon état d'entretien et de solidité et protéger les locaux contre les eaux de ruissellement et les remontées d'eau ; les menuiseries extérieures et la couverture avec ses raccords et accessoires doivent assurer la protection contre les infiltrations d'eau dans l'habitation. Pour les logements situés dans les départements d'outre-mer, l'appréciation des conditions relatives à la protection contre les infiltrations d'eau peut tenir compte des conditions climatiques spécifiques à ces départements ;

– il doit être protégé contre les **infiltrations d'air parasites.** Les portes et fenêtres du logement ainsi que les murs et parois de ce logement donnant sur l'extérieur ou des locaux non chauffés doivent présenter une étanchéité à l'air suffisante. Les ouvertures des pièces donnant sur des locaux annexes non chauffés doivent être munies de portes ou de fenêtres. Les cheminées doivent être munies de trappes ;

– les **dispositifs de retenue des personnes,** dans le logement et ses accès, tels que garde-corps des fenêtres, escaliers, loggias et balcons, doivent être dans un état conforme à leur usage (sur la responsabilité d'un propriétaire en cas de chute du locataire qui s'est maintenu irrégulièrement dans le logement à la fin du bail, chute provoquée par la rupture du garde-corps mal entretenu, voir Cass. 2e civ. 15-9-2022 n° 19-26.249 F-D : BPIM 6/22 inf. 449) ;

– la nature et l'**état de conservation et d'entretien** des matériaux de construction, des canalisations et des revêtements du logement ne doivent pas présenter de risques manifestes pour la santé et la sécurité physique des locataires ;

– les réseaux et les branchements d'**électricité** et de **gaz** et les équipements de **chauffage** et de production d'eau chaude doivent être conformes aux normes de sécurité et être en bon état d'usage et de fonctionnement ;

Le chauffage par bois ne répond pas aux normes de confort édictées par le décret du 30 janvier 2002 (CA Nîmes 29-1-2004 : Loyers et copr. 2004 comm. n° 144).

Le locataire n'a pas à remplacer le tuyau d'alimentation de la bouteille de gaz, périmé depuis neuf ans à la date du bail et de son entrée dans les lieux (Cass. 3e civ. 14-2-2012 n° 11-13.135 : RJDA 5/12 n° 474).

– les dispositifs d'ouverture et de **ventilation des logements** doivent permettre un renouvellement de l'air adapté aux besoins d'une occupation normale du logement et au fonctionnement des équipements. Le logement doit permettre une **aération suffisante.** Les dispositifs d'ouverture et les éventuels dispositifs de ventilation des logements doivent être en bon état et permettre un renouvellement de l'air et une évacuation de l'humidité adaptés aux besoins d'une occupation normale du logement et au fonctionnement des équipements ;

– les **pièces principales** doivent bénéficier d'un éclairement naturel suffisant et d'un ouvrant donnant à l'air libre ou sur un volume vitré donnant à l'air libre. Les pièces principales sont celles destinées au séjour ou au sommeil, éventuellement des chambres isolées (CCH art. R 113-3). Une pièce principale au moins doit avoir soit une surface habitable au moins égale à 9 m^2 et une hauteur sous plafond au moins égale à 2,20 m, soit un volume habitable au moins égal à 20 m^3 ; mais un logement de moins de 9 m^2 peut être décent si son volume habitable est réglementaire (Cass. 3e civ. 23-1-2020 n° 19-11.349 F-D : BPIM 2/20 inf. 154). La surface habitable et le volume habitable doivent être déterminés conformément aux dispositions de l'article R 156-1, al. 2 et 3 du Code de la construction et de l'habitation (Décret 2002-120 du 30-12-2002 art. 4). Par dérogation à ces dispositions et à compter du 21 août 2023, la superficie des vérandas chauffées doit être incluse dans le calcul de la consommation d'énergie finale (Décret 2002-120 du 30-1-2002 art. 3 bis).

Des **dérogations** aux caractéristiques de surface et de volume peuvent être accordées par décret en cas de location par l'intermédiaire d'une association œuvrant dans le domaine de l'insertion par le logement et agréée par le préfet ou par l'intermédiaire du Crous (Loi 89-462 du 6-7-1989 art. 6, al. 2).

62007 **Éléments d'équipement et de confort** Pour être conforme, un logement doit comporter les éléments suivants (Décret 2002-120 du 30-12-2002 art. 3) :

– une installation permettant un **chauffage** normal, munie des dispositifs d'alimentation en énergie et d'évacuation des produits de combustion et adaptée aux caractéristiques du logement. Pour les logements situés dans les départements d'outre-mer, il peut ne pas être fait application de ces dispositions lorsque les conditions climatiques le justifient ;

– une installation d'alimentation en **eau** potable assurant à l'intérieur du logement la distribution d'eau avec une pression et un débit suffisants pour l'utilisation normale de ses locataires ;

– des **installations d'évacuation** des eaux ménagères et des eaux-vannes empêchant le refoulement des odeurs et des effluents et munies de siphons ;

– une **cuisine** ou un coin cuisine aménagé de manière à recevoir un appareil de cuisson et comprenant un évier raccordé à une installation d'alimentation en eau chaude (sauf en Guadeloupe, en Guyane, en Martinique, à La Réunion et à Mayotte) et froide et à une installation d'évacuation des eaux usées ;

– une **installation sanitaire** intérieure au logement comprenant un W.-C., séparé de la cuisine et de la pièce où sont pris les repas, et un équipement pour la toilette corporelle, comportant une baignoire ou une douche, aménagé de manière à garantir l'intimité personnelle, alimenté en eau chaude (sauf en Guadeloupe, en Guyane, en Martinique, à La Réunion et à Mayotte) et froide et muni d'une évacuation des eaux usées. L'installation sanitaire d'un logement d'une seule pièce peut être limitée à un W.-C. extérieur au logement, à condition que celui-ci soit situé dans le même bâtiment et soit facilement accessible ; toutefois, dès lors que le logement comporte deux pièces séparées même par un simple mur, le bailleur doit installer des W.-C. à l'intérieur du logement (Cass. 3e civ. 21-3-2012 n° 11-14.838 : BPIM 3/12 inf. 271) ;

– un réseau électrique permettant l'**éclairage** suffisant de toutes les pièces et des accès ainsi que le fonctionnement des appareils ménagers courants indispensables à la vie quotidienne.

62008 Lorsque le logement ne présente pas les caractéristiques ainsi définies, le locataire peut demander sa **mise en conformité** au bailleur sans qu'il soit porté atteinte à la validité du bail. L'information du bailleur par l'organisme payeur de l'allocation de logement familiale (ALF) de son obligation de mise en conformité tient lieu de demande de mise en conformité par le locataire (Loi 89-462 du 6-7-1989 art. 20-1). Lorsque l'organisme payeur cesse de verser les allocations logement en raison de la non-décence du logement, le bailleur ne peut réclamer au locataire que le paiement du montant du loyer et des charges diminué du montant des allocations logement (Cass. 3e civ. 14-12-2023 n° 22-23.267 FS-B : BPIM 1/24 inf. 18).

À défaut d'accord entre les parties ou de réponse du bailleur dans un délai de deux mois, la partie la plus diligente peut saisir pour avis la commission départementale de conciliation. Cette saisine est facultative et ni la saisine de la commission ni la remise de son avis ne sont un préalable à la saisine du juge par l'une ou l'autre des parties (Loi 89-462 du 6-7-1989 art. 20-1, al. 1).

Le juge fixe la nature des travaux à effectuer et le délai de leur exécution. Il peut réduire le montant du loyer, ou suspendre, avec ou sans consignation, son paiement et la durée du bail jusqu'à l'exécution des travaux. Il doit en outre transmettre au préfet le jugement ou l'ordonnance constatant l'indécence du logement (Loi 89-462 du 6-7-1989 art. 20-1, al. 2). La réduction de loyer prononcée par le juge ne peut s'appliquer que postérieurement à la date d'expiration du délai imparti au bailleur par le juge pour réaliser les travaux (Cass. 3e civ. 20-2-2008 n° 07-10.010 : Rev. Loyers 2008 p. 276).

Cette action est ouverte aux titulaires de baux en cours (Loi 89-462 du 6-7-1989 art. 41-1) et n'est enfermée dans aucun délai.

62009 Le bailleur qui ne donne pas en location un logement décent peut être redevable, à l'égard du locataire, de **dommages-intérêts** pour compenser le préjudice subi du fait des désordres importants qui affectent les lieux loués et qui mettent en péril la santé et la sécurité des occupants (CA Paris 10-3-2005 : Rev. Loyers 2005 p. 445) ou de l'aggravation de la maladie de la fille du locataire (asthme) causée par l'humidité affectant les lieux loués (Cass. 3e civ. 19-1-2005 n° 03-15.631 : RJDA 4/05 n° 364).

Logement en bon état d'usage Le bailleur est également tenu de délivrer au locataire le logement en bon état d'usage et de réparation ainsi que les équipements mentionnés au contrat de location en bon état de fonctionnement (Loi 89-462 du 6-7-1989 art. 6, a). Cette obligation est à rapprocher de celle énoncée par le droit commun du louage (C. civ. art. 1720 ; n° 50810), à la différence qu'en l'espèce elle est d'ordre public. 62010

Ni la connaissance de l'état des lieux par le locataire, ni la prétendue faiblesse du montant du loyer, ni la possibilité de sous-louer, ni l'autorisation donnée au locataire de réaliser des travaux n'exonèrent le bailleur de son obligation de délivrer un logement en bon état d'usage et de réparation avec les équipements mentionnés au contrat de location en bon état de fonctionnement (Cass. 3e civ. 20-9-2006 n° 05-16.243 : RJDA 12/06 n° 1207).

On relèvera qu'il n'est pas fait état de la nature des réparations en cause et que, selon la jurisprudence, « le bon état d'usage » serait un état intermédiaire entre l'état d'usage et le bon état. Il a ainsi été jugé que l'état des portes ou fenêtres un peu gauchies trouve sa cause dans l'ancienneté de l'immeuble et ne caractérise pas un mauvais état d'usage (CA Paris 25-2-1982 : Gaz. Pal. 1982 som. p. 376).

Toutefois, les parties peuvent convenir par une clause expresse du bail de l'**exécution de travaux par le locataire destinés à remettre le logement en bon état** (réfection des peintures, des moquettes, etc.) que celui-ci exécutera ou fera exécuter. 62015

La clause doit prévoir les **modalités** de leur imputation sur le loyer, notamment la durée pendant laquelle le locataire n'aura pas de loyer à payer ou aura un loyer minoré et, en cas de départ anticipé du locataire, les modalités de son dédommagement sur justification des dépenses effectuées. Il conviendra, pour éviter toute discussion ultérieure, de détailler également les travaux à effectuer et d'en évaluer le coût avec précision. Le bailleur peut conserver le bénéfice des travaux réalisés dans les lieux loués par le locataire, sans versement d'une indemnité, dès lors qu'il a consenti, en contrepartie de ces travaux, une franchise de loyers (Cass. 3e civ. 18-3-2008 n° 06-21.454 : Rev. Loyers 2008 p. 276). La loi réserve cependant la possibilité pour les parties d'insérer une telle clause aux seuls logements répondant aux normes minimales de confort et d'habitabilité définies par le décret 87-149 du 6 mars 1987 (n° 63030).

Hors clause expresse du bail comme en application de l'article 17, e de la loi, le bailleur ne peut pas imposer au locataire la réalisation de travaux d'amélioration dans les lieux loués (Cass. 3e civ. 5-5-2004 : RJDA 8-9/04 n° 954).

Mais cette clause expresse ne doit pas conduire à imposer au locataire des travaux de grande ampleur et, dans tous les cas, ne peut concerner qu'un logement décent (Loi 89-462 du 6-7-1989 art. 6, a). Ainsi, le bailleur ne peut pas convenir avec le locataire que ce dernier exécutera, même avec une contrepartie, les travaux de mise aux normes de confort et d'habitabilité (Cass. 3e civ. 3-2-2010 n° 08-21.205 : RJDA 4/10 n° 342) et la stipulation selon laquelle le locataire accepte le logement en l'état ne décharge pas le bailleur de son obligation de délivrance (Cass. 3e civ. 2-2-2010 n° 09-12.691 : RJDA 3/11 n° 225).

Local à usage d'habitation Les lieux loués doivent aussi pouvoir être affectés à usage d'habitation. Tel n'est pas le cas de **combles,** qui ne peuvent pas légalement être affectés à cet usage, et un bail à usage d'habitation portant sur un tel local est nul (CA Paris 4-2-2010 n° 08-12602 : AJDI 2010 p. 642). 62017

GARANTIE

Le bailleur doit assurer au locataire la **jouissance paisible** du logement et, sans préjudice des dispositions de l'article 1721 du Code civil, le garantir des **vices** ou défauts de nature à y faire obstacle hormis ceux qui, consignés dans l'état des lieux, auraient fait l'objet de la clause expresse mentionnée ci-dessus n° 62005 (Loi 89-462 du 6-7-1989 art. 6, b). Seule la force majeure fait cesser l'obligation du bailleur de garantir une jouissance paisible à son locataire (Cass. 3e civ. 29-4-2009 n° 08-12.261 : RJDA 7/09 n° 601). 62020

Là encore, il s'agit d'un rappel des grands principes du droit commun du louage (C. civ. art. 1719 et 1721 ; nos 50805 s. et 50965 s.). Toutefois, il ne peut pas être dérogé à ceux énoncés par la loi du 6 juillet 1989 et les obligations du bailleur ne peuvent être ni restreintes ni supprimées. Est réputée non écrite la clause qui interdit au locataire de rechercher la responsabilité du bailleur ou qui l'exonère de toute responsabilité ou qui lui interdit de demander au bailleur une indemnité lorsque ce dernier réalise des travaux d'une durée supérieure à quarante jours (Loi 89-462 du 6-7-1989 art. 4, m et r).

Le juge est souverain dans le prononcé des mesures de nature à réparer les troubles de jouissance subis par un locataire (Cass. 3e civ. 13-6-2024 n° 22-21.250 FS-B : BPIM 4/24 inf. 276).

> Précisions **a.** Sur les conditions dans lesquelles le locataire peut se retourner contre le bailleur lorsqu'il est victime d'un trouble anormal de voisinage, voir n° 51040.

b. Le bailleur ne peut pas être tenu pour partie responsable de l'accident d'électrocution subi par un locataire qui avait installé une armoire murale dans la salle de bains en remplacement d'une applique sans respecter les normes électriques alors que ledit locataire n'avait pas informé le bailleur de ce remplacement et qu'il ne l'avait pas invité à remédier aux risques qui pouvaient s'ensuivre (Cass. 3e civ. 15-9-2010 n° 09-67.192 : RJDA 11/10 n° 1047).

c. Le bailleur, informé des troubles causés dans l'immeuble par un locataire et son concubin et ne justifiant pas d'une quelconque démarche auprès de ceux-ci visant à leur rappeler leur obligation d'user paisiblement des locaux loués, est responsable envers un second locataire suite à son agression par le concubin du premier locataire (CA Grenoble 21-6-2012 n° 11/00777).

d. Le bailleur qui commet une négligence fautive pour défaut d'entretien de l'installation électrique ayant contribué à l'électrocution du locataire ne peut pas invoquer la force majeure pour s'exonérer totalement de sa responsabilité, le mauvais état de l'installation électrique pouvant être prévu et empêché (Cass. 3e civ. 9-11-2011 n° 10-24.742 : RJDA 2/12 n° 128).

OBLIGATION D'ENTRETIEN DU LOGEMENT

62040 Le bailleur doit aussi entretenir les locaux en état de servir à l'usage prévu par le bail et y faire toutes les **réparations,** autres que locatives, nécessaires au maintien en l'état et à l'entretien normal des locaux loués (Loi 89-462 du 6-7-1989 art. 6, c). Cette obligation porte tant sur les éléments et équipements privatifs que sur les parties communes. Elle couvre toutes les grosses réparations, les réparations d'entretien et celles résultant de la vétusté. Par exemple, le remplacement des fenêtres est une réparation à la charge du bailleur (CA Paris 15-1-2009 : Loyers et copr. 2009 comm. n° 148).

Le locataire doit mettre en demeure le bailleur de réaliser les travaux de réparation à sa charge. À défaut, ce dernier ne peut pas être tenu d'en supporter la charge. Le locataire engage d'ailleurs sa responsabilité personnelle s'il s'abstient d'informer le bailleur des dégradations dont la persistance risque de provoquer des dommages plus importants (Cass. 3e civ. 19-5-1999 : Ann. Loyers 1999 p. 1587 ; Cass. 3e civ. 9-2-2005 n° 03-19.609 : RJDA 5/05 n° 505 ; Cass. 3e civ. 23-5-2013 n° 11-29.011 : JCP N 2013 n° 646).

En cas d'urgence, le locataire peut, sur autorisation judiciaire, réaliser lui-même les travaux ou demander la résiliation du bail.

ATTENTION

L'**occupation sans droit ni titre** d'un bien immobilier **ne constitue pas une faute exonératoire de responsabilité** quand l'accident subi résulte d'un défaut d'entretien de l'immeuble. Ainsi, le propriétaire est responsable de la chute de l'occupante qui s'est maintenue irrégulièrement dans le logement après la fin du bail, chute provoquée par la rupture du garde-corps mal entretenu (Cass. 2e civ. 15-9-2022 n° 19-26.249 F-D : BPIM 6/22 inf. 449).

AMÉNAGEMENTS DU LOGEMENT RÉALISÉS PAR LE LOCATAIRE

62060 Le bailleur ne peut pas s'opposer aux aménagements réalisés par le locataire dès lors que ceux-ci ne constituent pas une transformation de la chose louée (Loi 89-462 du 6-7-1989 art. 6, d). Cette autorisation d'aménagement se **limite** à la faculté d'agencer et d'organiser le logement. Le locataire n'est pas pour autant autorisé à modifier la structure, le gros œuvre du bâtiment ni à ajouter ou à supprimer des éléments d'équipement.

Le locataire ne peut pas prétendre au **remboursement** de travaux d'aménagement, même autorisés par le bailleur, à défaut d'accord exprès des parties sur leur charge financière (Cass. 3e civ. 10-7-2007 n° 06-15.790 : RJDA 3/08 n° 240).

REMISE DE QUITTANCES PAR LE BAILLEUR

62080 Le bailleur est tenu également de transmettre gratuitement une quittance portant le détail des sommes versées en distinguant le **loyer** et les **charges,** et ce chaque fois que le locataire lui en fait la demande. Si le locataire effectue un paiement partiel, le bailleur est tenu de délivrer un reçu (Loi 89-462 du 6-7-1989 art. 21). Toute clause contrevenant à cette exigence de gratuité est réputée non écrite (Loi 89-462 du 6-7-1989 art. 4, p). En cas de refus de délivrer une quittance ou un reçu, le bailleur est passible d'un an d'emprisonnement et de 20 000 € d'amende (Loi 89-462 du 6-7-1989 art. 3-4 créé par loi 2024-322 du 9-4-2024).

Par ailleurs, le bailleur doit se faire présenter, par le locataire, un mois avant la date prévue pour son déménagement, la quittance de sa **taxe d'habitation** (CGI art. 1686). À défaut, il appartient au bailleur de donner avis du déménagement de son locataire au comptable du Trésor chargé du recouvrement des impôts locaux dans le délai :

– de trois jours à un mois suivant le déménagement du locataire intervenant à la date normalement prévue, lorsque ce dernier n'a pas présenté sa quittance de taxe d'habitation au propriétaire ;

– de huit jours à trois mois suivant le déménagement du locataire lorsque ce départ est intervenu avant le terme fixé par le bail et sans que le propriétaire en ait été averti (déménagement furtif).

S'il ne le fait pas, le bailleur est responsable du paiement des sommes dues.

> Précisions a. Un avis d'échéance qui ne porte pas l'intitulé « quittance » ni le détail des sommes acquittées ne satisfait pas aux exigences de l'article 21 de la loi (Cass. 3e civ. 24-3-2004 n° 01-14.439 : RJDA 6/04 n° 682).

Les partenaires liés par un Pacs sont en droit d'obtenir la délivrance de quittances libellées à leurs deux noms dès lors qu'ils sont titulaires de la dette qui y correspond (CA Paris 13-5-2004 : Rev. Loyers 2004 p. 34).

Le locataire a le droit d'obtenir les quittances correspondant aux loyers payés pendant la durée du bail, peu important la résiliation du bail, qui n'a d'effet que pour l'avenir (Cass. 3e civ. 28-6-2005 : Loyers et copr. 2005 comm. n° 169).

b. Avec l'accord exprès du locataire, le bailleur peut transmettre la quittance par voie dématérialisée (Loi 89-462 du 6-7-1989 art. 21, al. 3).

PAIEMENT MENSUEL DU LOYER

62100 Le bailleur est obligé d'accepter le paiement mensuel du loyer lorsque le locataire en fait la demande (Loi 89-462 du 6-7-1989 art. 7, a).

OBLIGATION EN CAS DE MUTATION DU LOGEMENT

62110 En cas de mutation à titre gratuit ou onéreux des locaux, le **nouveau bailleur** est tenu de notifier au locataire son nom ou sa dénomination et son domicile ou son siège social, ainsi que, le cas échéant, ceux de son mandataire (Loi 89-462 du 6-7-1989 art. 3, al. 15).

La loi ne précise pas à quel moment doit intervenir cette notification et la Cour de cassation a admis que ce puisse être au moment de la délivrance du congé (Cass. 3e civ. 5-4-2006 n° 05-10.218 : RJDA 7/06 n° 757).

2. OBLIGATIONS DU LOCATAIRE D'UN BAIL D'HABITATION

a. Paiement du loyer

62160 Le locataire doit payer le loyer et les charges récupérables aux termes convenus (Loi 89-462 du 6-7-1989 art. 7, a). Le loyer peut être stipulé payable mensuellement, trimestriellement ou autrement encore ; le paiement mensuel est cependant de droit lorsque le locataire en fait la demande. Il peut être payable d'avance ou à terme échu. Sauf stipulation expresse du bail, le loyer est quérable (n° 51385).

Sur le paiement des charges locatives, voir n° 62620.

Sur l'obligation du bailleur de délivrer gratuitement une quittance pour les paiements effectués par le locataire, voir n° 62080.

62165 Le locataire ne peut opposer, pour se soustraire à ses obligations, l'**exception d'inexécution** de ses obligations par le bailleur, sauf dans le cas où les manquements de ce dernier ont pour effet de rendre impossible l'usage du bien loué (n° 51425).

Le **défaut de paiement** n'entraîne la résiliation de plein droit du bail que si celui-ci le prévoit expressément (n° 61740). Dans le silence du bail, le bailleur doit saisir le juge pour demander la résiliation judiciaire du bail.

62170 Le délai d'**action du bailleur en paiement du loyer** et des charges est de 3 ans à compter du jour où il a connu ou aurait dû connaître les faits lui permettant d'exercer ce droit. En cas de trop-versé par le locataire, le délai de **prescription** de l'action en répétition de l'indu est également de 3 ans pour le loyer et les charges (Loi 89-462 du 6-7-1989 art. 7-1).

> Précisions a. Le délai de prescription des actions en paiement et en réclamation des loyers et des charges a été **réduit** de 5 à 3 ans **par la loi Alur.** Ce nouveau délai s'applique aux sommes versées à compter du 27 mars 2014. Pour les sommes versées avant cette date, le délai de réclamation court en principe jusqu'au 28 mars 2017 ; toutefois, pour les sommes versées avant le 27 mars 2012, le délai ne peut en aucun cas dépasser 5 ans (C. civ. art. 2222 ; Cass. 1e civ. 5-5-2004 n° 01-15.925 : Bull. civ. I n° 124 ; Cass. 3e civ. 22-10-2008 n° 07-15.583 : Bull. civ. III n° 160).

b. La seule sanction prévue en cas de non-respect des règles encadrant la location d'un logement acheté au moyen d'un **PTZ** étant l'obligation de rembourser le capital restant dû, un locataire ne peut s'en prévaloir pour justifier le non-paiement du loyer stipulé par le bail (Cass. 3e civ. 14-3-2024 n° 21-25.798 FS-B : BPIM 3/24 inf. 212).

b. Usage paisible du logement loué

62180 Le locataire se doit d'user paisiblement des locaux loués suivant la destination qui leur a été donnée par le bail (Loi 89-462 du 6-7-1989 art. 7, b). Sur le respect de la destination des lieux, voir nos 51205 s. Cette disposition a un caractère d'ordre public. Le locataire ne doit pas abuser de la chose louée. L'abus est apprécié par rapport à la notion d'usage raisonnable du Code civil (qui a remplacé, depuis la loi 2014-873 du 4 août 2014, la notion de « bon père de famille ») ainsi qu'à l'usage des lieux tel qu'il a été convenu entre les parties.

La notion d'usage paisible interdit au locataire tout comportement susceptible de causer un **trouble ou** une **gêne excessive** aux autres occupants de l'immeuble ou au voisinage (Loi 89-462 du 6-7-1989 art. 7, b), notamment par des nuisances auditives, olfactives, des voies de fait ou des violences. Il est également responsable des personnes qui résident avec lui ou qu'il héberge, fût-ce temporairement (Cass. 3e civ. 10-11-2009 n° 09-11.027 : Bull civ. III n° 244). Ainsi, les violences réitérées commises par le fils d'un locataire à l'encontre des employés du bailleur constituent un manquement à l'obligation de jouissance paisible justifiant la résiliation du bail quel que soit le lieu de commission de ces violences (Cass. 3e civ. 17-12-2020 n° 18-24.823 FS-PBI : BPIM 1/21 inf. 73). Le bailleur doit faire sanctionner les manquements de ses locataires à cette obligation, manquements qui ne sont pas limités à ceux commis dans les lieux occupés mais qui peuvent aussi concerner les parties ou équipements communs ou encore les abords des lieux loués (Cass. 3e civ. 15-6-1994 n° 92-16.991), et ce, même s'ils ont persisté après l'expulsion du locataire (Cass. 3e civ. 9-7-2014 n° 13-14.802 : BPIM 5/14 inf. 349). Sur la résiliation du bail en cas de trouble de voisinage, voir n° 61820 (clause de résiliation de plein droit), n° 61840 (résiliation judiciaire). Sur le recours du bailleur condamné à indemniser la victime d'un trouble causé par son locataire, voir n° 51215.

La résiliation du bail peut aussi être prononcée aux torts du locataire sur le fondement de la jouissance paisible lorsque des manquements tels que des violences à l'encontre du bailleur ou de l'un de ses préposés sont rattachables à l'exécution du bail (Cass. 3e civ. 8-11-1995 n° 93-10.853 : Loyers et copr. 1996 comm. n° 15), ce rattachement étant nécessaire pour prononcer la résiliation du bail (Cass. 3e civ. 17-9-2008 n° 07-13.175 : Rev. Loyers 2008 p. 499).

L'**exercice d'une activité professionnelle, y compris commerciale,** est autorisé dans une partie du logement servant de résidence principale à ses occupants si les conditions exposées n° 51275 sont remplies.

Sur la **domiciliation d'une entreprise** dans un local d'habitation, voir n° 51270.

> **Précisions a.** L'activité d'assistante maternelle exercée par une locataire dans le logement où elle habite avec sa famille n'entraîne pas un changement d'affectation des lieux loués par transformation à usage de commerce, de profession libérale, industrielle ou artisanale prohibé par le bail dès lors que cette activité est d'ordre essentiellement familial (Cass. 3e civ. 15-5-1997 n° 786 : RJDA 7/97 n° 882).
>
> **b.** La résiliation d'un bail d'habitation pour manquement à l'obligation d'usage paisible des lieux loués ne peut être prononcée que si est établie l'existence d'un lien entre les troubles constatés et un manquement à l'obligation pour le locataire d'user paisiblement de la chose louée et de ses accessoires (Cass. 3e civ. 14-10-2009 nos 08-12.744 et 08-16.955 : RJDA 1/10 n° 14).

c. Entretien et réparations du logement

DÉGRADATIONS ET PERTES DANS LE LOGEMENT

62200 Le locataire doit répondre des dégradations et pertes qui surviennent pendant la durée du contrat dans les locaux dont il a la jouissance exclusive, à moins qu'il ne prouve qu'elles ont eu lieu par cas de force majeure, par la faute du bailleur ou par le fait d'un tiers qu'il n'a pas introduit dans le logement (Loi 89-462 du 6-7-1989 art. 7, c ; nos 51220 s.).

Il appartient au bailleur de rapporter la preuve que les dégradations dont il demande réparation au locataire sont survenues en cours de bail (Cass. 3e civ. 18-3-1998 n° 96-11.624 : RJDA 5/98 n° 562).

> **Précisions a.** Le locataire ne peut être tenu pour responsable des conséquences classiques d'infiltrations d'eau et d'humidité, dont aucun élément ne rapporte l'origine et la date de survenance et dont la généralisation à l'ensemble du bien immobilier souligne qu'elles ne peuvent être **liées à l'occupation** du logement par le locataire pendant un an (Cass. 3e civ. 13-7-2010 n° 09-15.748 : RJDA 11/10 n° 1048).
>
> **b.** Le locataire ne peut être tenu pour responsable des frais de remise en état des parties communes d'un immeuble causés par un de ses **invités** ne résidant pas chez lui et n'étant pas venu à titre professionnel (Cass. 3e civ. 16-6-2004 n° 03-12.528 : RJDA 10/04 n° 1090).
>
> **c.** L'état des lieux loués dû à une **usure normale** ne peut pas être assimilé à des dégradations et pertes au sens de cet article.

ENTRETIEN ET RÉPARATIONS LOCATIVES

Hors les cas d'exonération légale de responsabilité du locataire, ce dernier doit supporter intégralement le coût des réparations locatives, sans aucun abattement possible (Cass. 3e civ. 14-11-2002 nº 01-03.511 : RJDA 2/03 nº 121). Il doit donc prendre à sa charge l'entretien courant du logement, des équipements mentionnés au contrat et les menues réparations ainsi que l'ensemble des réparations locatives, sauf si elles sont occasionnées par la vétusté, les malfaçons, un vice de construction, un cas fortuit ou la force majeure (Loi 89-462 du 6-7-1989 art. 7, d). 62205

La vétusté est **définie** comme l'état d'usure ou de détérioration résultant du temps ou de l'usage normal des matériaux et éléments d'équipement dont est constitué le logement. Une **grille de vétusté** peut être appliquée par le locataire et le bailleur dès la signature du bail, choisie parmi celles ayant fait l'objet d'un accord collectif de location ou d'un accord collectif local conclu conformément à la loi 86-1290 du 23 décembre 1986, même si le logement en cause ne relève pas du secteur locatif ou du patrimoine régi par l'accord (Décret 2016-382 du 30-3-2016). Cette grille définit au minimum, pour les principaux matériaux et équipements du bien loué, une durée de vie théorique et des coefficients d'abattement forfaitaire annuels affectant le prix des réparations locatives auxquelles serait tenu le locataire.

Les réparations locatives ainsi mises à la charge du locataire font l'objet d'une définition et d'une énumération réglementaires résultant du décret du 26 août 1987 pris en application de l'article 7 de la loi du 23 décembre 1986. Ce décret est resté en application faute de nouvelles dispositions réglementaires (Loi 89-462 du 6-7-1989 art. 25). Ces réparations locatives sont les travaux d'entretien courant et de menues réparations, y compris les remplacements d'éléments assimilables auxdites réparations, consécutifs à l'usage normal des locaux et équipements à usage privatif. La liste donnée par le décret (voir nº 65320) n'est pas limitative (Cass. 3e civ. 7-4-1994 : Rev. Loyers 1995 p. 119) et il peut être mis à la charge du locataire des réparations de même nature et d'importance équivalente. Ainsi, seules les réparations analysées comme étant des réparations locatives peuvent être mises à la charge du locataire et, en application de l'article 4, f de la loi de 1989, le paiement d'une somme forfaitaire au titre des réparations locatives, aussi faible soit la somme réclamée, ne peut pas lui être demandé (Cass. 3e civ. 26-6-2007 nº 06-16.644 : RJDA 11/07 nº 1068).

ILLUSTRATIONS

Constituent des réparations locatives :
– le rebouchage des trous de cheville et l'extraction des pitons, l'entretien des joints et la réparation d'une vitre ou de carreaux endommagés durant la location (CA Paris 9-3-2010 nº 07/12313 : AJDI 2010 p. 731) ;
– le remplacement d'un vitrage de faible dimension sur des dormants classiques en aluminium (Cass. 3e civ. 24-11-2009 nº 08-19.764 : AJDI 2010 p. 384 obs. C. Devreau).

Clauses abusives dans le contrat de bail d'habitation La commission des clauses abusives (nº 50043) condamne toute clause qui laisserait à la charge du locataire, en fin de bail, les frais de remise en état incombant légalement au bailleur (Recommandation nº 2000-01). 62210

Sanctions pour non-exécution des réparations locatives Lorsque le locataire n'exécute pas les réparations locatives à sa charge, il est redevable du coût d'exécution de ces réparations même si le bailleur n'y a pas procédé et ne produit que des devis (Cass. 3e civ. 2-10-2007 nº 06-18.142 : RJDA 1/08 nº 12). Le juge qui constate par la comparaison des états des lieux d'entrée et de sortie des réparations locatives non exécutées par le locataire ne peut pas refuser d'évaluer le dommage faute de justificatifs suffisants (Cass. 3e civ. 28-9-2010 nº 09-15.336 : RJDA 12/10 nº 1140). 62215

Sur le règlement amiable des litiges relatifs aux réparations, voir nos 62760 s.

d. Réalisation de travaux par le bailleur dans le logement loué

Le locataire doit laisser exécuter dans les lieux loués, pour la préparation et l'exécution des travaux d'amélioration des parties communes ou des parties privatives du même immeuble, les travaux nécessaires au maintien en état et à l'entretien normal des locaux loués, les travaux d'amélioration de la performance énergétique qui sont à réaliser dans ces locaux et la mise en conformité avec les normes de décence (Loi 89-462 du 6-7-1989 art. 7, e). 62220

Le bailleur devra, à cet effet, informer le locataire de la nature et des modalités d'exécution par une notification des travaux qui s'effectuera par une remise en main propre ou par lettre recommandée avec demande d'avis de réception. Les travaux ne peuvent être exécutés les samedis, dimanches et jours fériés sans l'accord exprès du locataire. Si les travaux entrepris ou leurs conditions de réalisation présentent un caractère abusif ou vexatoire ou ne respectent pas les conditions définies dans la notification du bailleur, ou si leur exécution a pour effet de rendre l'utilisation du local impossible ou dangereuse, le juge peut prescrire, sur demande du locataire, l'interdiction ou l'interruption des travaux entrepris. Les amendes prévues en cas de poursuite de tels travaux malgré la décision judiciaire ou l'arrêté en ordonnant l'interruption sont comprises entre 1 200 € et 300 000 € (C. urb. art. L 480-1 à L 480-9).

Par ailleurs, en application de l'article 1724 du Code civil, le locataire peut obtenir la réduction du loyer ou même la résiliation du bail si ces travaux perturbent sérieusement sa jouissance des lieux. Toute clause qui exclurait toute possibilité pour le locataire de réclamer une indemnisation du dommage né d'une durée d'exécution de travaux supérieure à vingt et un jours est nulle et de nul effet (CA Paris 15-5-2001 : Rev. Loyers 2001 p. 349).

Pour autant, la loi de 1989 n'a pas repris la même définition des travaux susceptibles d'entrer dans le champ d'application de l'article 1724 du Code civil. Si l'urgence ne paraît pas être exigée, reste à savoir quels travaux le bailleur peut effectuer : contrairement aux travaux nécessaires au maintien en état et à l'entretien normal des locaux loués, le bailleur ne peut imposer la réalisation de travaux d'amélioration dans les lieux loués (Cass. 3e civ. 5-5-2004 : RJDA 8-9/04 n° 954), sauf lorsqu'il s'agit de travaux d'amélioration de la performance énergétique et de conformité avec les normes de décence.

> **Précisions** Le locataire s'oppose légitimement à des travaux causant une altération grave et définitive à la consistance des lieux loués, dès lors que ces travaux n'étaient ni urgents ni nécessaires au maintien en état d'entretien normal des lieux loués et n'apportaient aucune amélioration réelle (Cass. 3e civ. 16-4-2008 n° 07-12.789 : RJDA 7/08 n° 770).
> En revanche, le locataire doit laisser exécuter :
> – les travaux qui portent sur la sécurité des lieux, leur isolation thermique ou qui remédient à la vétusté de certains éléments car ce sont des travaux nécessaires au maintien en état et à l'entretien normal des locaux loués (CA Amiens 8-10-2009 n° 08/03027 : Loyers et copr. 2010 comm. n° 3) ;
> – les travaux d'amélioration dans les parties communes (suppression d'escaliers de service, création d'escaliers principaux et de nouveaux ascenseurs) qui améliorent la sécurité et la facilité d'accès des lieux (CA Paris 2-9-2010 n° 09/22623 : Loyers et copr. 2010 comm. n° 311).

e. Transformation du logement loué par le locataire

62240 En principe, le locataire ne doit pas transformer les locaux et équipements loués sans l'**accord écrit du bailleur.** À défaut de cet accord, le bailleur peut exiger du locataire son départ des lieux, la remise en l'état ou la conservation à son bénéfice des transformations effectuées sans que le locataire puisse réclamer une indemnisation des frais engagés ; le bailleur a toutefois la faculté d'exiger, aux frais du locataire, la remise immédiate des lieux en l'état lorsque ces transformations mettent en péril le bon fonctionnement des équipements ou la sécurité du local (Loi 89-462 du 6-7-1989 art. 7, f).

Pour que cette disposition s'applique, encore faut-il que les travaux effectués par le locataire soient qualifiés de travaux de transformation. Tel n'est pas le cas de travaux de peinture d'une couleur rouge vif sur les parois murales des toilettes, un pan de mur de la salle de bains et sur les murs de la salle de douche (CA Paris 20-9-2005 : Loyers et copr. 2006 comm. n° 10).

Nonobstant l'absence de stipulation expresse dans le bail, le bailleur peut se prévaloir de cette interdiction pour poursuivre la résiliation judiciaire du bail sur le fondement des articles 1224, 1221, 1227 et 1228 du Code civil (Cass. 3e civ. 31-10-2006 : RJDA 1/07 n° 22).

Le locataire bénéficie toutefois d'un **régime dérogatoire d'autorisation tacite du bailleur** lorsque les travaux de transformation permettent (Loi 89-462 du 6-7-1989 art. 7, f) :
- l'adaptation du logement aux personnes handicapées ou en perte d'autonomie ;
- la rénovation énergétique du logement.

La demande doit être faite par écrit et par lettre recommandée avec demande d'avis de réception auprès du bailleur. L'absence de réponse dans les 2 mois à compter de la date de réception de la demande vaut décision d'acceptation du bailleur. Au départ du locataire, le bailleur ne peut pas exiger la remise des lieux en l'état. La liste et les modalités de mise en œuvre de ces travaux ont été fixées par le décret 2016-1282 du 29 septembre 2016 (adaptation du logement aux personnes handicapées) et par le décret 2022-1026 du 20 juillet 2022 (rénovation énergétique).

> **Précisions a.** La commission des **clauses abusives** (n° 50043) condamne la clause qui laisserait au seul bailleur, pour les travaux d'aménagement effectués par le locataire, l'option entre la remise en état des lieux loués et l'abandon sans indemnité (Recommandation n° 2000-01).
> **b.** Le locataire qui procède à des travaux de transformation dans les lieux loués sans l'accord écrit de son bailleur s'expose, à son départ, à une condamnation à des frais de **remise en état,** sans qu'il y ait lieu de rechercher s'il bénéficiait d'un accord verbal du bailleur (Cass. 3e civ. 1-4-2008 n° 05-17.857 : RJDA 7/08 n° 769).

c. Viole l'article 7 de la loi de 1989 le locataire qui a coupé la majeure partie des arbres entourant la maison louée (CA Grenoble 8-4-2008 : Loyers et copr. 2008 comm. n° 214).

d. La transformation des lieux est source d'appréciations diverses. Ainsi, la **suppression d'une cloison** séparant la cuisine d'une des deux pièces principales et l'agrandissement du séjour par l'enlèvement du débarras ou placard constituent pour les juges parisiens une transformation de la chose louée et justifient la résiliation du bail faute d'accord écrit du bailleur (CA Paris 5-1-2010 n° 07/20816 : Loyers et copr. 2010 comm. n° 98). Dans le même sens, constitue une transformation illicite le fait d'abattre une cloison pour réunir deux appartements mitoyens, même si cette transformation est réversible (CA Paris 31-5-2011 : Loyers et copr. 2011 comm. n° 238). En revanche, la démolition partielle d'une cloison qui n'est pas un mur de soutènement pour ouvrir la cuisine sur le salon et l'installation d'un auvent dans le jardin ne constituent pas pour les juges versaillais une transformation au sens de l'article 7, f de la loi de 1989 (CA Versailles 29-6-2010 n° 09/06690 : Loyers et copr. 2010 comm. n° 283).

f. Assurance contre les risques locatifs

Le locataire a l'obligation de s'assurer contre les risques locatifs (incendie, dégâts des eaux, etc.) dont il doit répondre en sa qualité de locataire et d'en justifier lors de la remise des clefs puis, chaque année, à la demande du bailleur (Loi 89-462 du 6-7-1989 art. 7, g). Cette justification résulte de la remise au bailleur d'une **attestation** de l'assureur ou de son représentant. Le bailleur a quant à lui intérêt à vérifier que cette souscription a bien été faite et renouvelée annuellement, car, à défaut, sa responsabilité pourrait être engagée par des tiers victimes d'un sinistre ou leurs assureurs subrogés dans leurs droits, sur le fondement des articles 1240 et 1241 du Code civil dans leur rédaction issue de l'ordonnance 2016-131 du 10 février 2016 (anciennement art. 1382 et 1383) pour négligence (Cass. 2e civ. 24-5-2012 n° 11-18.647 : Loyers et copr. 2012 comm. n° 230 note B. Vial-Pedroletti). **62260**

À défaut de remise de l'attestation d'assurance du locataire et après un délai d'un mois à compter d'une mise en demeure non suivie d'effet, le bailleur peut contracter une **assurance** couvrant les risques locatifs **en lieu et place du locataire** et récupérer auprès de ce dernier le montant de la prime d'assurance. La mise en demeure doit informer le locataire de la volonté du bailleur de souscrire une assurance pour le compte du locataire. Le montant total de la prime d'assurance annuelle, qui peut être majoré dans la limite de 10 % de ce montant, est récupérable par le bailleur par douzième à chaque paiement du loyer. Il est inscrit sur l'avis d'échéance et porté sur la quittance remise au locataire. Une copie du contrat d'assurance est transmise au locataire lors de la souscription et à chaque renouvellement du contrat.

Lorsque le locataire remet au bailleur une attestation d'assurance ou en cas de départ du locataire avant le terme du contrat d'assurance, le bailleur résilie le contrat souscrit pour le compte du locataire dans le délai le plus bref permis par la législation en vigueur. La prime ou la fraction de prime exigible dans ce délai au titre de la garantie souscrite par le bailleur demeure récupérable auprès du locataire.

Le bail peut prévoir la résiliation de plein droit du contrat de location pour défaut d'assurance. Toutefois, cette clause ne peut produire effet que si sont remplies les conditions visées n° 61800. Par ailleurs, la clause résolutoire de plein droit ne peut pas jouer si le locataire, bien que n'ayant pas justifié de l'existence de ce contrat dans le délai d'un mois qui lui était imparti par la mise en demeure, justifie qu'il avait souscrit depuis plusieurs années une police d'assurance toujours en vigueur (Cass. 3e civ. 13-4-1988 : Bull. civ. III n° 68).

La commission des **clauses abusives** (n° 50043) condamne la clause exigeant du locataire qu'il souscrive des assurances autres que celles qu'il est d'usage de contracter (Recommandation n° 2000-01).

> **Précisions** La mise en demeure vaut renoncement pour le bailleur à la mise en œuvre de la clause de résiliation de plein droit pour défaut d'assurance du locataire (n° 61800).
> **Si le bailleur ne souhaite pas souscrire d'assurance pour le compte du locataire,** il peut mettre en œuvre la clause de résiliation de plein droit prévue au bail, dans le délai d'un mois à compter de la mise en demeure restée sans réponse.

g. Cession du contrat de bail d'habitation

Il est interdit au locataire de céder son contrat de location sans l'**accord** écrit **du bailleur,** y compris sur le prix du loyer (Loi 89-462 du 6-7-1989 art. 8). **62280**

L'accord du bailleur pour la cession du bail peut être subordonné à des obligations particulières telles que l'agrément du cessionnaire, la garantie solidaire entre cédant et cessionnaire, le concours du bailleur à l'acte de cession, le cautionnement.

Pour être opposable au bailleur, le cédant doit notifier la cession au bailleur (C. civ. art. 1324, al. 1). Faute de précision sur la forme de la notification, celle-ci peut être faite par voie postale ou dans un acte sous signature privée. Aucune notification n'est toutefois requise si le bailleur a pris acte de la cession ou s'il y a déjà consenti (même art.).

h. Sous-location du logement loué

62290 Le régime de la loi du 6 juillet 1989 n'est accordé qu'au locataire qui occupe les lieux à usage d'habitation principale, ce qui suppose un usage effectif et personnel des lieux. Il est, dès lors, interdit au locataire de sous-louer le logement sans l'**accord** écrit **du bailleur,** y compris sur le prix du loyer (Loi 89-462 du 6-7-1989 art. 8). La clause du bail rappelant cette interdiction ne peut donc être qualifiée d'abusive.

La sous-location n'est pas assimilable à l'**hébergement** (n° 52005) et toute clause qui interdit au locataire d'héberger des personnes ne vivant pas habituellement avec lui est réputée non écrite (Loi 89-462 du 6-7-1989 art. 4, n).

Dans le cadre d'une sous-location autorisée, les **rapports entre le locataire principal et son sous-locataire** ne sont pas régis par la loi du 6 juillet 1989. Ils relèvent exclusivement de la convention de sous-location et du Code civil, à la seule exception du loyer, qui ne peut en aucun cas excéder le prix du loyer au mètre carré de surface habitable payé par le locataire principal (Loi 89-462 du 6-7-1989 art. 8), y compris si la sous-location ne porte que sur des locaux à usage exclusivement professionnel (Cass. 3e civ. 1-3-2000 n° 98-10.496 : RJDA 5/00 n° 525).

Le locataire principal reste tenu **à l'égard du bailleur** de l'ensemble de ses obligations. Le sous-locataire ne détient aucun droit ou titre d'occupation opposable au bailleur lors de la cessation du bail principal.

Le **bailleur** peut demander au **sous-locataire** le paiement des loyers dont il est tenu à l'égard du locataire principal (C. civ. art. 1753).

> Précisions a. Un bail d'habitation ne peut pas être résilié pour sous-location illégale sans que soit constaté que la personne présente dans les lieux loués s'acquittait d'une contrepartie pour la jouissance de ces lieux (Cass. 3e civ. 17-5-2006 n° 05-13.045 : RJDA 8-9/06 n° 880).

b. Le sous-locataire peut agir en restitution du trop-perçu des loyers contre le locataire lorsque le prix du loyer au mètre carré de surface habitable payé par le sous-locataire est supérieur à celui payé par le locataire (Cass. 3e civ. 19-9-2006 : Loyers et copr. 2007 comm. n° 23).

c. Les sous-loyers perçus par le locataire qui sous-loue son logement **sans autorisation** du bailleur constituent des fruits civils qui appartiennent au propriétaire et doivent lui être remboursés (Cass. 3e civ. 12-9-2019 n° 18-20.727 FS-PBRI : BPIM 5/19 inf. 355).

i. Colocation dans le cadre d'un contrat de bail d'habitation

62295 La colocation est définie comme étant la location d'un même logement par plusieurs locataires constituant leur résidence principale et formalisée par la conclusion d'un contrat unique ou de plusieurs contrats entre les locataires et le bailleur, à l'exception de la location consentie exclusivement à des époux ou à des partenaires liés par un pacte civil de solidarité au moment de la conclusion initiale du contrat (Loi 89-462 du 6-7-1989 art. 8-1).

Le contrat de bail d'une colocation doit respecter les dispositions suivantes :

– il doit être conforme au contrat type de location tel que défini par le décret 2015-587 du 29 mai 2015, annexe I ;

– il doit respecter les caractéristiques applicables aux conditions de décence ;

– les charges peuvent être soit calculées selon le principe des provisions mensuelles, soit faire l'objet d'un forfait ;

– la solidarité d'un des colocataires et celle de la personne qui s'est portée caution pour lui prennent fin à la date d'effet du congé régulièrement délivré et lorsqu'un nouveau colocataire figure au bail. À défaut, elles s'éteignent au plus tard à l'expiration d'un délai de six mois après la date d'effet du congé ; ainsi, un colocataire solidaire qui a donné congé et quitté les lieux ne peut pas être condamné à régler au bailleur la réparation des dégradations locatives survenues après la fin de la période de solidarité (Cass. 3e civ. 8-4-2021 n° 19-23.343 FS-P : BPIM 3/21 inf. 219) ;

– l'acte de cautionnement identifie, sous peine de nullité, le colocataire pour lequel l'extinction de la solidarité met fin à l'engagement de caution.

Sur la demande de permis de louer en cas de colocation à baux multiples, voir n° 61155.

j. Autres obligations du locataire d'habitation

Le locataire est tenu de laisser **visiter les lieux** loués, en vue de leur vente ou de leur location, deux heures chaque jour ouvrable (Loi 89-462 du 6-7-1989 art. 4, a). 62300

Sur les obligations du locataire en cas d'**installation d'une antenne** de radio-télévision et sur celles relatives à la **surveillance des lieux** loués, voir nos 51680 s.

Lorsque le logement est soumis à la **servitude d'usage à titre de résidence principale** instituée dans les zones délimitées par le plan local d'urbanisme, le locataire est tenu de respecter cette servitude sous peine de voir son bail résilié de plein droit (Loi 89-462 du 6-7-1989 art. 4, g modifié et art. 7, h nouveau dans leur rédaction issue de loi 2024-1039 du 19-11-2024).

Dès lors qu'il n'est pas porté atteinte aux dispositions d'ordre public de la loi ou à des interdictions expresses, les parties peuvent librement convenir d'obligations réciproques ou non, notamment quant à l'**usage des lieux,** en fonction de chaque cas particulier (cautionnement d'un tiers, clause d'habitation bourgeoise, souscription d'une assurance couvrant la responsabilité du locataire, etc.). Elles peuvent aussi avoir intérêt à définir leurs droits et obligations à propos de **prestations accessoires** tels la fourniture de combustible par le bailleur lors de l'entrée dans les lieux ou le droit du locataire à prétendre au remboursement du combustible abandonné à son départ des lieux loués (Cass. 3e civ. 29-11-2006 no 05-12.574 : RJDA 2/07 no 135). 62305

F. Loyer et charges accessoires du bail d'habitation

1. FIXATION DU LOYER D'HABITATION

La loi du 23 décembre 1986 avait rétabli le principe de la liberté totale de fixation du loyer en cas de nouvelle location ou de renouvellement du bail. La loi du 6 juillet 1989, modifiée par la loi 2014-366 du 24 mars 2014, a repris les principes de la loi « Quilliot » du 22 juin 1982 en réglementant à nouveau les règles de fixation et de révision des loyers. La loi Alur a ainsi créé un dispositif de plafonnement des loyers dans les zones où le marché locatif est particulièrement tendu, qui vient s'ajouter à la possibilité qu'a déjà le Gouvernement de fixer, par décret et pour une durée maximale d'un an, le montant maximal d'évolution des loyers lors des mises en location ou des relocations. Plusieurs situations sont donc à considérer pour la fixation du loyer. 62400

a. Loyers d'habitation libres

En **principe,** le loyer des nouvelles locations (première location ou relocation avec changement de locataire) est fixé librement par les parties (Loi 89-462 du 6-7-1989 art. 17, II). Par **exception,** depuis le 24 août 2022, le loyer d'un nouveau contrat de location concernant un logement de **classe énergétique F ou G** ne peut pas excéder le dernier loyer exigé du précédent locataire (Loi 89-462 du 6-7-1989 art. 17, II). 62405

Sur l'incidence sur le loyer de la location d'un logement ne répondant pas aux critères de la décence, voir no 62008.

b. Loyers d'habitation encadrés par la loi

La loi **Élan** a mis en place un dispositif **expérimental applicable jusqu'au 24 novembre 2026** uniquement dans **certains territoires** des zones tendues fixés par décret (Loi 2018-1021 du 23-11-2018 art. 140). 62410

Sur proposition des établissements publics de coopération intercommunale compétents en matière d'habitat, de la commune de Paris, des établissements publics territoriaux de la métropole du Grand Paris, de la métropole de Lyon et la métropole d'Aix-Marseille-Provence, un décret détermine le périmètre du territoire sur lequel s'applique le dispositif, lorsque les conditions suivantes sont réunies :

– un écart important entre le niveau de loyer moyen constaté dans le parc locatif privé et le loyer moyen pratiqué dans le parc locatif social ;

– un niveau de loyer médian élevé ;

– un taux de logements commencés, rapporté aux logements existants sur les cinq dernières années, faible ;

– des perspectives limitées de production pluriannuelle de logements inscrites dans le programme local de l'habitat et de faibles perspectives d'évolution de celles-ci.

Sur ces territoires ainsi délimités, un arrêté annuel du préfet fixe pour chaque catégorie de logement, déterminés en fonction de la structuration du marché locatif constatée par l'observatoire local des loyers, un loyer de référence, un loyer de référence majoré (égal au loyer de référence majoré de 20 %) et un loyer de référence minoré (égal au loyer de référence minoré de 30 %), exprimés par un prix au mètre carré de surface habitable, par catégorie de logement et par secteur géographique. Le loyer de base fixé dans le contrat pour les nouvelles locations ou les relocations ne peut excéder le loyer de référence majoré correspondant aux caractéristiques du logement. En deçà de ce plafond de loyer, mentionné nécessairement dans le bail, le loyer est fixé librement par les parties.

Un **complément de loyer** peut être appliqué pour certains logements présentant certaines caractéristiques de localisation ou de confort par comparaison avec les logements de la même catégorie situés dans le même secteur géographique (Loi Élan 2018-1021 du 23-11-2018 art. 140, III-B). Aucun complément de loyer ne peut cependant être appliqué lorsque le logement présente une ou plusieurs des caractéristiques suivantes (Loi 2018-1021 du 23-11-2018 art. 140, III-B) :

- des sanitaires sur le palier ;
- des signes d'humidité sur certains murs ;
- un niveau de performance énergétique de classe F ou de classe G au sens de l'article L 173-1-1 du Code de la construction et de l'habitation ;
- des fenêtres laissant anormalement passer l'air hors grille de ventilation ;
- un vis-à-vis à moins de 10 mètres ;
- des infiltrations ou des inondations provenant de l'extérieur du logement ;
- des problèmes d'évacuation d'eau au cours des 3 derniers mois ;
- une installation électrique dégradée ou une mauvaise exposition de la pièce principale.

Le dispositif s'applique à Paris, à Lille et sur le territoire de l'établissement public territorial Plaine Commune (Aubervilliers, La Courneuve, Épinay-sur-Seine, L'Île-Saint-Denis, Pierrefitte-sur-Seine, Saint-Denis, Saint-Ouen-sur-Seine, Stains et Villetaneuse), sur le territoire de l'établissement public territorial Est Ensemble (Romainville, Bagnolet, Bobigny, Bondy, Les Lilas, Montreuil, Noisy-le-Sec, Le Pré-Saint-Gervais et Pantin) et celui de Grenoble-Alpes Métropole (totalité des communes de Le Fontanil-Cornillon, La Tronche, Meylan, Domène, Murianette, Venon, Gières, Seyssins, Eybens, Poisat, Bresson, Claix, Varces-Allières-et-Riset ; une partie du territoire des communes de Saint-Égrève, Sassenage, Fontaine, Grenoble, Saint-Martin-d'Hères, Seyssinet-Pariset, Échirolles et Le Pont-de-Claix), à Lyon, à Villeurbanne, à Montpellier, à Bordeaux et sur la communauté d'agglomération du Pays basque (Ahetze, Anglet, Arbonne, Arcangues, Ascain, Bassussarry, Bayonne, Biarritz, Bidart, Biriatou, Boucau, Ciboure, Guéthary, Hendaye, Jatxou, Lahonce, Larressore, Mouguerre, Saint-Jean-de-Luz, Saint-Pierre-d'Irube, Urcuit, Urrugne, Ustaritz et Villefranque).

Toujours à titre expérimental, dans les mêmes conditions qu'en métropole et pour une durée de 5 ans, le dispositif d'encadrement des loyers peut désormais être mis en place dans les **départements et régions d'outre-mer** (Loi 2025-534 du 13-6-2025). Par dérogation à l'article 140, la proposition du demandeur doit être transmise dans un délai de 2 ans (et non pas de 4 ans pour les territoires métropolitains) à compter du 15 juin 2025. Par dérogation encore à l'article 140, aucun complément de loyer ne peut être appliqué lorsque le logement n'est pas décent conformément à l'article 6 de la loi de 1989.

c. Loyers d'habitation encadrés par décret

62415 Dans les zones où le marché locatif est particulièrement tendu, le Gouvernement peut limiter chaque année par décret l'évolution des loyers lors des mises en location ou des relocations (Loi 89-462 du 6-7-1989 art. 18). Ainsi, le décret 2017-1198 du 27 juillet 2017 tel que modifié par le décret 2025-652 du 15 juillet 2025 s'applique aux relocations intervenues entre le 1er août 2025 et le 31 juillet 2026. Les communes concernées sont celles où s'applique la taxe sur les logements vacants (dont la liste est annexée au 1° du décret 2013-392 du 10 mai 2013). Le **nouveau loyer** du logement vacant reloué ne peut dépasser le dernier loyer versé par le précédent locataire, révisé en fonction de la variation de l'indice de référence des loyers (IRL) sauf si une révision est intervenue au cours des 12 mois qui précèdent la conclusion du nouveau bail.

Ne sont **pas concernés** par cet encadrement :

- les logements faisant l'objet d'une première location ;
- la relocation d'un logement inoccupé par un locataire depuis plus de 18 mois ;

– la relocation d'un logement vacant ayant fait l'objet depuis moins de 6 mois de travaux d'amélioration d'un montant au moins égal à une année du loyer antérieur ; les travaux peuvent concerner les parties privatives ou communes, mais dans ce dernier cas seule la quote-part du propriétaire est prise en compte.

Le loyer de ces relocations est librement fixé.

La **limitation** de l'évolution du loyer à la variation de l'IRL est **écartée** en cas de travaux importants ou de loyer manifestement sous-évalué.

Lorsque le bailleur a réalisé, depuis la conclusion du contrat de location initial avec le précédent locataire ou, au cas où le bail a été renouvelé, depuis son dernier renouvellement, des **travaux d'amélioration ou de mise en conformité avec les normes du logement décent,** la majoration du loyer annuel ne peut pas dépasser 15 % du coût réel des travaux TTC. Les travaux réalisés sur les parties privatives ou communes doivent être d'un montant au moins égal à la moitié de la dernière année de loyer. Est exclu de ce montant le coût des travaux d'économie d'énergie ayant donné lieu à une contribution du locataire pour le partage des économies de charges.

Lorsque le loyer du précédent locataire est **manifestement sous-évalué** par rapport au voisinage, sa réévaluation ne peut pas excéder la moitié de la différence entre le loyer au prix du marché (déterminé par référence aux loyers du voisinage, voir n° 62450) et le loyer demandé au précédent locataire, révisé en fonction de la variation de l'IRL, sauf si une révision est intervenue au cours des 12 mois qui précèdent la conclusion du nouveau bail. Lorsque le bailleur a réalisé des travaux dans les conditions décrites ci-dessus, il peut choisir la limite qui lui est la plus favorable.

ATTENTION

Le dispositif d'encadrement des loyers à la relocation ne fait pas obstacle à l'application d'une **clause « travaux »** figurant dans le bail, sauf pour les logements classés F ou G (Loi 89-462 du 6-7-1989 art. 17-1, II ; Décret 2014-854 du 30-7-2014 art. 7, 1). Sur cette clause « travaux », voir n° 62480. À notre avis, ce dispositif d'encadrement ne s'oppose pas non plus à l'application d'un accord collectif de location signé entre les représentants des bailleurs et des locataires (Loi 86-1290 du 23-12-1986 art. 41 ter et 42).

d. Réduction temporaire du loyer d'habitation

Sur la possibilité pour le bailleur de prévoir, en accord avec le locataire, que celui-ci, en échange **62417** d'une réduction temporaire du loyer, exécutera à sa place certains **travaux destinés à mettre le logement en bon état** voir n° 62015.

e. Révision du loyer d'habitation

Lorsque le bail prévoit expressément la révision annuelle du loyer (nos 61220 s.), celle-ci intervient **62420** chaque année à la date convenue entre les parties ou, à défaut, au terme de chaque année du contrat. Les augmentations de loyer qui en résultent ne peuvent excéder la **variation de l'indice de référence des loyers** (IRL). À défaut de clause contractuelle fixant la date de référence, cette date est celle du dernier indice publié à la date de signature du bail (Loi 89-462 du 6-7-1989 art. 17-1).

En présence d'une clause contractuelle, le **bailleur** doit manifester sa volonté de réviser le loyer dans le délai d'un an suivant sa date de prise d'effet ; à défaut, il est réputé avoir renoncé au bénéfice de cette clause pour l'année écoulée. Si le bailleur manifeste sa volonté de réviser le loyer dans le délai d'un an, cette révision de loyer prend effet à compter de sa demande (Loi 89-462 du 6-7-1989 art. 17-1, al. 3 et 4).

Pour les contrats de location conclus, renouvelés ou tacitement reconduits depuis le 24 août 2022, la révision de loyer ne peut pas être appliquée pour les logements de **performance énergétique F ou G** (Loi 89-462 du 6-7-1989 art. 17-1, III).

En principe, sans clause d'indexation (qu'il s'agisse d'un bail verbal ou écrit), le bailleur ne peut **62421** pas modifier unilatéralement le montant du loyer en l'augmentant. Cette règle a été rappelée à de nombreuses reprises par les tribunaux (Cass. 3e civ. 4-10-1995 n° 93-20.461 : RJDA 11/95 n° 1214 ; Cass. 3e civ. 5-2-2014 n° 13-10.804 : BPIM 2/14 inf. 135). Toutefois, le bailleur peut faire état d'un accord exprès du locataire, postérieurement à la conclusion du bail, qui validerait les hausses pratiquées par le bailleur, étant précisé qu'en principe une telle renonciation doit être certaine et non équivoque (CA Nîmes 19-5-2009 n° 08/01477). Se fondant notamment sur une interprétation extensive de l'article 17, alinéa 8 de la loi du 6 juillet 1989, certaines juridictions retiennent que le silence circonstancié du locataire vaut acceptation dès lors que celui-ci a réglé, pendant une longue période (10-20 ans), les augmentations demandées par le bailleur, ces paiements valant acceptation tacite de principe de la révision du loyer du bail (Cass. 3e civ. 8-2-2006 : Loyers et copr. 2006 comm. n° 96 ; CA Rennes 28-6-2012 n° 11/02781). En revanche, le seul paiement, sans observation, du loyer du bail renouvelé ne caractérise pas une renonciation sans équivoque du locataire de se prévaloir du loyer du bail expiré (Cass. 3e civ. 13-7-2011 n° 10-16.902 : RJDA 11/11 n° 894 ; Cass. 3e civ. 5-2-2014 n° 13-10.804 : BPIM 2/14 inf. 135).

f. Loyer du bail d'habitation renouvelé

62440 En l'absence de mise en œuvre d'une procédure de renouvellement exprès du bail diligentée par le bailleur, le bail se renouvelle par tacite reconduction aux conditions de prix antérieures, le loyer étant alors seulement révisé selon la variation de l'indice de référence des loyers.

RÉÉVALUATION DES LOYERS LIBRES EN CAS DE RENOUVELLEMENT DU BAIL D'HABITATION

62445 Le bailleur ne peut diligenter une **procédure de renouvellement** du bail lui permettant de réévaluer le **loyer** que lorsque celui-ci est **manifestement sous-évalué** (Loi 89-462 du 6-7-1989 art. 17-2). Pour les contrats de location renouvelés depuis le 24 août 2022, cette réévaluation est impossible pour les logements de **performance énergétique F ou G** (Loi 89-462 du 6-7-1989 art. 17-2).

Les juges du fond sont souverains dans leur appréciation du caractère manifestement sous-évalué du prix de la location. Il a ainsi été jugé que n'est pas manifestement sous-évalué un loyer inférieur de 19,84 % aux références produites par le bailleur (Cass. 3e civ. 3-4-2001 : Rev. Administrer janvier 2002 p. 34) ou de 13,45 % (CA Paris 8-3-2011 : Loyers et copr. 2011 comm. n° 165).

> Précisions a. L'article 17-2 de la loi est applicable aux **logements** ayant fait l'objet de primes ou de prêts spéciaux à la construction sans que le loyer puisse excéder le plafond applicable à ce type de logements (Cass. 3e civ. 14-5-2003 n° 01-17.852 : RJDA 8-9/03 n° 819).
b. La commission des **clauses abusives** (n° 50043) condamne la clause qui obligerait le locataire à négocier avec le bailleur le montant du loyer du bail renouvelé, faute de quoi les frais de la procédure de renouvellement seraient à sa charge (Recommandation n° 2000-01).
c. Au moment du renouvellement du bail d'une durée de 3 ans, le loyer peut être réévalué s'il est **manifestement sous-évalué,** même si une précédente réévaluation, appliquée par sixièmes sur 6 ans, est en cours à cette date (Cass. 3e civ. 12-10-2011 n° 10-20.122 : RJDA 1/12 n° 22).

62446 **Proposition de loyer réévalué** Le bailleur doit proposer au locataire, au moins **six mois avant le terme du bail,** par lettre recommandée AR, acte de commissaire de justice ou remise en main propre contre récépissé ou émargement, le nouveau loyer fixé par référence aux loyers habituellement constatés dans le voisinage pour des logements comparables. Faute pour le bailleur d'y avoir procédé, sa demande en fixation d'un nouveau loyer est irrecevable (Cass. 3e civ. 29-11-1995 : Rev. Loyers 1996 p. 100).

L'article 17-2 de la loi de 1989 ne prévoit pas le mode de **computation du délai** de six mois. La Cour de cassation a précisé que le délai de six mois doit être calculé à partir de la date de remise de la lettre de proposition au locataire (Cass. 3e civ. 14-12-1994 : RJDA 2/95 n° 120 ; Cass. 3e civ. 10-1-1996 : RJDA 4/96 n° 474 ; Cass. 3e civ. 19-1-2000 n° 98-10.486 : RJDA 3/00 n° 250), avant, semble-t-il, de revenir sur le principe selon lequel le point de départ court au jour de la notification (Cass. 3e civ. 16-10-2007 n° 06-17.594 : AJDI 2008 p. 209) comme elle l'avait décidé pour l'application de la loi « Méhaignerie » (Cass. 3e civ. 10-11-1993 : Loyers et copr. 1994 comm. n° 46). En revanche, une offre de renouvellement faite pour une date prématurée n'est pas nulle mais prend effet à la date pour laquelle elle aurait dû être formulée (Cass. 3e civ. 27-3-2002 n° 00-21.752 : RJDA 6/02 n° 613 ; Cass. 3e civ. 27-11-2002 n° 01-11.130 : RJDA 2/03 n° 122).

> Précisions a. En raison du principe de la cotitularité du bail (n° 50265), est dépourvue d'effet la notification de la proposition d'un nouveau loyer adressée aux **époux** ou aux **partenaires de Pacs** locataires sous la mention « M. et/ou Mme » (Cass. 3e civ. 10-7-1996 : RJDA 11/96 n° 1310), mais ne concerne pas les concubins (CA Versailles 29-5-1998 : Bull. inf. C. cass. 1998 n° 203).
b. L'inobservation, dans l'acte portant proposition de nouveau loyer, des prescriptions des articles 17 et 19 de la loi du 6 juillet 1989 constitue une **exception de nullité** pour vice de forme et non une fin de non-recevoir ; dès lors, elle peut être invoquée pour la première fois en appel (Cass. 3e civ. 5-11-2003 : RJDA 2/04 n° 143).
c. L'article 17-2 n'impose pas au bailleur d'indiquer dans la notification que le loyer est manifestement sous-évalué (Cass. 3e civ. 30-11-2005 n° 04-16.050 : RJDA 2/06 n° 119, en l'espèce le bailleur avait fait état dans sa notification d'une remise à niveau du loyer qu'il estimait inférieur à ceux constatés dans le voisinage). Il n'impose pas non plus au bailleur de mentionner dans la notification la base de calcul de la sous-évaluation du loyer ni de faire état du décret de blocage spécifique à la région parisienne (Cass. 3e civ. 6-7-2017 n° 16-16.426 FS-PB : BPIM 4/17 inf. 298).

Contenu de la proposition de réévaluation du loyer La notification doit reproduire intégralement l'article 17-2 de la loi et mentionner le montant du loyer ainsi que la liste des références ayant servi à le déterminer. **62450**

Les **références** à prendre en compte (art. 17-2, al. 3) doivent porter sur des baux non dérogatoires au régime de droit commun de la loi du 6 juillet 1989 (Cass. 3e civ. 27-11-2002 : RJDA 2/03 n° 122 ; Cass. 3e civ. 24-5-2017 n° 16-15.750 FS-PB), mais dès lors que les baux sont régis par la loi du 6 juillet 1989, peu importe qu'ils aient été conclus au profit d'organismes institutionnels (CA Paris 29-9-2005 : Loyers et copr 2006 comm. n° 7). Lorsque la proposition de renouvellement fait état de deux références qui ne remplissent pas les conditions exigées par l'article 17-2, le bailleur peut couvrir ce vice de forme en produisant des baux conformes en cours de procédure (Cass. 3e civ. 1-3-1995 n° 92-16.151 : RJDA 5/95 n° 554). De même, l'irrégularité liée à l'absence d'indication de la dizaine de numéros où se situe l'immeuble donné en référence pour la proposition d'un nouveau loyer peut être couverte par la production de références conformes en cours d'instance (Cass. 3e civ. 4-3-2008 n° 07-13.328 : Loyers et copr. 2008 comm. n° 101). La liste des références peut faire l'objet d'un document distinct annexé à la notification, sans avoir à figurer dans le corps même du texte de cette notification (Cass. 3e civ. 5-11-2003 n° 01-11.247 : RJDA 2/04 n° 144).

À défaut de **reproduction de l'article 17-2,** la proposition de nouveau loyer est nulle (Cass. 3e civ. 5-11-2003 : RJDA 2/04 n° 143). Néanmoins, la nullité ne doit être prononcée que si cette inobservation a causé un préjudice au locataire (CPC art. 114 ; CA Paris 21-5-1992 : JCP N 1993 II p. 103 ; en sens contraire, CA Paris 25-2-1992 : Loyers et copr. 1992 comm. n° 198).

Il appartient au locataire de prouver le préjudice que lui cause l'irrégularité invoquée et les tribunaux ne peuvent pas retenir d'office que l'irrégularité cause un préjudice « évident » au locataire en ne le mettant pas à même de vérifier la portée et l'exactitude des références qui lui sont soumises (Cass. 3e civ. 9-3-1994 : RJDA 10/94 n° 1010). Tel est le cas notamment :

– de la communication de quatre références au lieu de six, sans précision d'adresse, de l'état de l'équipement ni de la période de construction de l'immeuble, empêchant ainsi le locataire d'être en mesure de discuter les prétentions du bailleur et d'en vérifier l'exactitude (Cass.3e civ. 18-1-1995 : Rev. Loyers 1995 p. 226) ;

– de la non-reproduction de l'article 17-2 ayant entraîné le refus de la commission de conciliation de convoquer les parties (Cass. 3e civ. 4-1-1995 : Rev. Loyers 1995 p. 226).

Toutefois, le non-respect des prescriptions de l'article 17-2 peut être régularisé en cours de procédure (Cass. 3e civ. 1-3-1995 n° 92-16.151 : Rev. Loyers 1995 p. 233).

> **Précisions** **a.** La notification doit être faite à chaque cotitulaire du bail, chacun devant signer l'accusé de réception (CA Paris 5-10-2010 n° 08/00342 : AJDI 2011 p. 59) ; voir, sur les effets de la cotitularité, n° 61565.

b. S'agissant d'une location consentie pour un usage mixte d'habitation principale et professionnel, le bailleur ne peut prendre que des références relatives à des locaux à usage exclusif d'habitation dès lors qu'il a consenti cette location en infraction avec l'article L 631-7 du CCH (Cass. 3e civ. 7-7-2004 n° 03-11.427 : RJDA 11/04 n° 1201).

c. Les caractéristiques des références que le propriétaire doit fournir à l'appui de sa demande sont précisément définies. Elles doivent correspondre aux loyers pratiqués dans le voisinage pour des logements comparables situés soit dans le même groupe d'immeubles, soit dans tout autre groupe d'immeubles comportant des caractéristiques similaires et situés dans la même zone géographique. Les références doivent concerner des locataires en place depuis plus de 3 ans (Loi 89-462 du 6-7-1989 art. 17-2). Elles doivent notamment préciser le nom de la rue, l'étage, la surface habitable, le nombre de pièces, la date de construction de l'immeuble, la date d'entrée du locataire et le montant du loyer (Décret 90-780 du 31-8-1990). Néanmoins, il importe peu que ces références concernent des appartements appartenant au bailleur dès lors qu'elles sont représentatives des loyers habituellement pratiqués dans le voisinage immédiat. Peu importe également que les références choisies proviennent de locaux à usage unique d'habitation (Cass. 3e civ. 17-12-2014 n° 13-24.360 : BPIM 1/15 inf. 78).

Dès lors que les références transmises par le bailleur ne sont pas pertinentes, car ne portant pas sur des logements comparables, il ne peut pas solliciter une réévaluation du loyer (Cass. 3e civ. 12-10-2011 n° 10-21.214 : BPIM 6/11 inf. 510).

62452

MODÈLE

Renouvellement du bail d'habitation avec augmentation du loyer

À..., le 16 septembre 2025

Madame...
Adresse : ...

Monsieur... (1)
Adresse : ...

Lettre recommandée avec demande d'avis de réception

Objet : renouvellement du bail d'habitation avec augmentation du loyer

Monsieur,

Le bail que je vous ai consenti sur la maison d'habitation que vous occupez à... arrive à échéance le 30 avril 2026. Je vous informe que j'ai décidé de le renouveler. Toutefois, votre loyer actuel (1 500 €) étant manifestement sous-évalué par rapport aux loyers du voisinage pour des logements comparables, je vous propose à l'occasion de ce renouvellement de porter le montant mensuel du loyer à 1 860 € (hors charges), soit une augmentation de 360 € par mois.

Cette hausse de loyer étant supérieure à 10 %, elle sera étalée sur six ans à raison de 60 € tous les ans (non compris la révision annuelle). À compter du 1er mai 2026, le montant de votre loyer sera donc de 1 560 €, sur lequel sera appliquée la révision annuelle (indice non connu à ce jour).

Je vous prie de me faire savoir avant le 1er janvier 2026 quelle suite vous entendez donner à cette proposition. Vous trouverez ci-joint trois références de loyers correspondant aux prix pratiqués à... pour une maison comparable.

Conformément à l'article 17-2 de la loi 89-462 du 6 juillet 1989, les dispositions légales relatives aux augmentations du loyer lors du renouvellement du bail sont ci-après littéralement reproduites :

« I. – Lors du renouvellement du contrat, le loyer ne donne lieu à réévaluation que s'il est manifestement sous-évalué.

Dans ce cas, le bailleur peut proposer au locataire, au moins six mois avant le terme du contrat et dans les conditions de forme prévues à l'article 15, un nouveau loyer fixé par référence aux loyers habituellement constatés dans le voisinage pour des logements comparables.

Les loyers servant de références doivent être représentatifs de l'ensemble des loyers habituellement constatés dans le voisinage pour des logements comparables, situés soit dans le même groupe d'immeubles, soit dans tout autre groupe d'immeubles comportant des caractéristiques similaires et situés dans la même zone géographique. Un décret en Conseil d'État définit les éléments constitutifs de ces références.

Le nombre minimal de références à fournir est de trois. Toutefois, il est de six dans les communes, dont la liste est fixée par décret, faisant partie d'une agglomération de plus d'un million d'habitants.

Lorsque le bailleur fait application des dispositions du présent I., il ne peut donner congé au locataire pour la même échéance du contrat.

La notification reproduit intégralement, à peine de nullité, les dispositions des alinéas du présent I. et mentionne le montant du loyer ainsi que la liste des références ayant servi à le déterminer.

En cas de désaccord ou à défaut de réponse du locataire quatre mois avant le terme du contrat, l'une ou l'autre des parties saisit la commission de conciliation.

À défaut d'accord constaté par la commission, le juge est saisi avant le terme du contrat. À défaut de saisine, le contrat est reconduit de plein droit aux conditions antérieures du loyer éventuellement révisé. Le contrat dont le loyer est fixé judiciairement est réputé renouvelé pour la durée définie à l'article 10, à compter de la date d'expiration du contrat. La décision du juge est exécutoire par provision.

La hausse convenue entre les parties ou fixée judiciairement s'applique par tiers ou par sixièmes selon la durée du contrat.

Toutefois, cette hausse s'applique par sixièmes annuels au contrat renouvelé, puis lors du renouvellement ultérieur, dès lors qu'elle est supérieure à 10 % si le premier renouvellement avait une durée inférieure à six ans.

La révision éventuelle résultant de l'article 17-1 s'applique à chaque valeur ainsi définie.

II. – Le loyer ne peut pas être réévalué lors du renouvellement du contrat dans les logements de la classe F ou de la classe G, au sens de l'article L 173-1-1 du code de la construction et de l'habitation (*disposition applicable aux contrats de location conclus, renouvelés ou tacitement reconduits depuis le 24 août 2022*).
Je vous prie d'agréer, Monsieur, l'expression de mes salutations distinguées.
Madame...
Pièce jointe : tableau avec références.
(1) Envoyer une lettre recommandée avec demande d'avis de réception à chaque colocataire et notamment à chaque époux.

Saisine de la commission départementale de conciliation En cas de **désaccord ou à défaut de réponse du locataire** quatre mois avant le terme du contrat, l'une ou l'autre des parties peut saisir la commission départementale de conciliation (nos 62760 s.). 62455

À **défaut d'accord constaté par la commission** dans le délai de deux mois, le juge doit être saisi avant le terme du contrat. Sa décision est exécutoire par provision.

À **défaut de saisine,** le bail est reconduit de plein droit aux conditions antérieures du loyer éventuellement révisé (Loi 89-462 du 6-7-1989 art. 17-2). La saisine du tribunal se définit par la remise au secrétariat-greffe d'une copie de l'assignation inscrite et enrôlée sur le répertoire général (CA Paris 29-5-2012 : Loyers et copr. 2012 comm. n° 229).

› Précisions a. La saisine de la commission doit être préalable à celle du juge. Le bailleur ne peut pas agir en fixation du loyer devant le tribunal avant que la commission ait donné son avis ou que le délai de 2 mois qui lui est imparti pour le faire soit expiré (Cass. 3e civ. 7-3-2012 n° 10-27.820 : RJDA 6/12 n° 571) ; à défaut, l'action du bailleur en fixation du loyer est irrecevable (Cass. 3e civ. 19-2-2003 n° 01-15.813 : RJDA 5/03 n° 480 ; Cass. 3e civ. 12-10-2011 n° 10-21.216 : RJDA 1/12 n° 21). Une fois le délai expiré, il importe peu que la commission n'ait pas rendu son avis dans les délais, la saisine ultérieure du juge sera recevable (Cass. 3e civ. 15-4-1992 n° 90-17.796 : Bull. civ. III n° 128).
b. Les conséquences du défaut de saisine démontrent que seul le bailleur a intérêt à saisir la commission puis le juge.
c. Le juge doit examiner les éléments de comparaison produits par le bailleur postérieurement au dépôt du rapport d'expert (Cass. 3e civ. 10-4-2002 : Loyers et copr. 2002 comm. n° 253).

ÉTALEMENT DE LA HAUSSE DU LOYER D'HABITATION

La hausse convenue entre les parties ou fixée judiciairement s'applique par tiers ou par sixième selon la durée du bail. Toutefois, la hausse supérieure à 10 % s'applique par sixième annuel quelle que soit la durée du contrat renouvelé, fût-elle inférieure à six ans ; la hausse s'étale alors également sur le bail suivant s'il y en a un (Loi 89-462 du 6-7-1989 art. 17-2, II, al. 8). Cette règle d'étalement de la hausse du loyer démontre que, pour le législateur, un loyer peut être manifestement sous-évalué en étant inférieur aux loyers de référence de moins de 10 %. 62460

La question se pose de savoir si la révision doit être appliquée sur la hausse de loyer dès la première année. Selon un arrêt de la Cour de cassation, la révision, chaque année à la date convenue entre les parties, n'est pas incompatible avec l'augmentation du loyer par sixième, et en conséquence la révision indiciaire se cumule avec l'augmentation annuelle du loyer (Cass. 3e civ. 30-11-1994 : Bull. civ. III n° 202).

EXEMPLE

Le bailleur a conclu un bail pour trois ans à compter du 1er juin 2022 moyennant un loyer mensuel de 1 380 €.
Au terme des trois ans, par le jeu de la clause de révision annuelle, le loyer était de 1 500 €. Le contrat a été renouvelé le 1er juin 2025 moyennant un loyer de 1 860 € (soit une augmentation supérieure à 10 %). La hausse de loyer de 360 € (24 %) doit donc s'étaler sur six ans à raison de 60 € par an (4 % par an). Le nouveau loyer s'applique de la manière suivante, étant précisé que dans cet exemple l'incidence de la révision est totalement arbitraire :
– le 1er juin 2025, le loyer applicable est de 1 560 € révisé = 1 606,30 € ;
– le 1er juin 2026, le loyer applicable sera de 1 606,30 € révisé + 60 € révisé = 1 708,47 € ;
– le 1er juin 2027, le loyer applicable sera de 1 708,47 € révisé + 60 € révisé sur deux ans = 1 803,36 € ;
– le 1er juin 2028, si le contrat se renouvelle, le loyer applicable sera de 1 803,36 € révisé + 60 € révisé sur trois ans = 1 885,56 € ;
– le 1er juin 2029, le loyer applicable sera de 1 885,56 € révisé + 60 € révisé sur quatre ans = 1 984,87 € ;
– le 1er juin 2030, le loyer applicable sera de 1 984,87 € révisé + 60 € révisé sur cinq ans = 2 090,56 €.

RÉÉVALUATION DES LOYERS ENCADRÉS PAR LA LOI EN CAS DE RENOUVELLEMENT DU BAIL D'HABITATION

62465 La loi **Élan** a mis en place pour le cas de renouvellement de loyers un dispositif **expérimental applicable jusqu'au 24 novembre 2026** uniquement dans certains territoires des zones tendues fixés par décret (Loi 2018-1021 du 23-11-2018 art. 140).

Sur ces territoires, un arrêté annuel du préfet fixe pour chaque catégorie de logements un loyer de référence, un loyer de référence majoré et un loyer de référence minoré (voir nos 62415 s.). Lors du renouvellement du bail, le loyer peut donner lieu à deux types d'action. Il s'agit de (Loi Élan 2018-1021 du 23-11-2018 art. 140, VI) :

– l'action en diminution si le montant du loyer est supérieur au loyer de référence majoré ;

– l'action en réévaluation s'il est inférieur au loyer de référence minoré. Toutefois, cette action ne peut pas être engagée pour les logements de **performance énergétique F ou G** (Loi 2018-1021 du 23-11-2018 art. 140, VI).

La **demande de réajustement** peut être faite par le bailleur au moins six mois avant le terme du contrat et par le locataire au moins cinq mois avant. En cas de désaccord ou à défaut de réponse quatre mois avant le terme du contrat, le bailleur ou le locataire peut saisir la commission départementale de conciliation (Loi 2018-1021 du 23-11-2018 art. 140, VI).

Les **loyers** servant de référence doivent être **représentatifs** de l'ensemble des loyers habituellement constatés dans le voisinage pour des logements comparables situés soit dans le même groupe d'immeubles, soit dans tout autre groupe d'immeubles comportant des caractéristiques similaires et situés dans la même zone géographique (Loi 89-462 du 6-7-1989 art. 17-2).

Le **nombre minimal de références** à fournir est de trois. Toutefois, dans les communes faisant partie d'une agglomération de plus d'un million d'habitants, le nombre minimal est de six références.

Le dispositif s'applique à Paris, à Lille, sur le territoire de l'établissement public territorial Plaine Commune (Aubervilliers, La Courneuve, Épinay-sur-Seine, L'Île-Saint-Denis, Pierrefitte-sur-Seine, Saint-Denis, Saint-Ouen-sur-Seine, Stains et Villetaneuse), sur le territoire de l'établissement public territorial Est Ensemble (Romainville, Bagnolet, Bobigny, Bondy, Les Lilas, Montreuil, Noisy-le-Sec, Le Pré-Saint-Gervais et Pantin) et celui de Grenoble-Alpes Métropole (totalité des communes de Le Fontanil-Cornillon, La Tronche, Meylan, Domène, Murianette, Venon, Gières, Seyssins, Eybens, Poisat, Bresson, Claix, Varces-Allières-et-Riset ; une partie du territoire des communes de Saint-Égrève, Sassenage, Fontaine, Grenoble, Saint-Martin-d'Hères, Seyssinet-Pariset, Échirolles et Le Pont-de-Claix), à Lyon, à Villeurbanne, à Montpellier, à Bordeaux et sur le territoire de la communauté d'agglomération du Pays basque (Ahetze, Anglet, Arbonne, Arcangues, Ascain, Bassussarry, Bayonne, Biarritz, Bidart, Biriatou, Boucau, Ciboure, Guéthary, Hendaye, Jatxou, Lahonce, Larressore, Mouguerre, Saint-Jean-de-Luz, Saint-Pierre-d'Irube, Urcuit, Urrugne, Ustaritz et Villefranque).

Toujours à titre expérimental, dans les mêmes conditions qu'en métropole et pour une durée de 5 ans, le dispositif d'encadrement des loyers peut désormais être mis en place dans les **départements et régions d'outre-mer** (Loi 2025-534 du 13-6-2025). Par dérogation à l'article 140, la proposition du demandeur doit être transmise dans un délai de 2 ans (et non pas de 4 ans pour les territoires métropolitains) à compter du 15 juin 2025. Par dérogation encore à l'article 140, aucun complément de loyer ne peut être appliqué lorsque le logement n'est pas décent conformément à l'article 6 de la loi de 1989.

RÉÉVALUATION DES LOYERS ENCADRÉS PAR DÉCRET EN CAS DE RENOUVELLEMENT DU BAIL D'HABITATION

62470 Dans les zones où le **marché locatif** est particulièrement **tendu,** le Gouvernement peut limiter chaque année par décret l'évolution du loyer lors du renouvellement du bail (Loi 89-462 du 6-7-1989 art. 18). Ainsi, le décret 2017-1198 du 27 juillet 2017 tel que modifié par le décret 2025-652 du 15 juillet 2025 s'applique aux renouvellements de bail intervenus entre le 1er août 2025 et le 31 juillet 2026. Les communes concernées sont celles où s'applique la taxe sur les logements vacants (dont la liste est annexée au 1° du décret 2013-392 du 10-5-2013).

La **réévaluation** du loyer ne peut pas excéder la plus élevée des deux limites ci-après :

– soit la moitié de la différence entre le loyer au prix du marché (déterminé par référence aux loyers du voisinage pour des logements comparables) et le loyer appliqué avant le renouvellement du contrat, révisé en tenant compte de la variation de l'IRL ;

– soit une majoration du loyer annuel égale à 15 % du coût réel des travaux d'amélioration ou de mise en conformité avec les normes du logement décent que le bailleur a réalisés depuis la conclusion du contrat de location initial avec le précédent locataire ou, au cas où le bail a été renouvelé, depuis son dernier renouvellement. Ces travaux peuvent avoir été réalisés sur les parties privatives ou communes (dans ce dernier cas, seule est prise en compte la quote-part du bailleur). Le montant des travaux doit au moins être égal à la dernière année de loyer. Est exclu de ce montant le coût des travaux d'économie d'énergie ayant donné lieu à une contribution du locataire pour le partage des économies de charges.

La hausse de loyer ainsi déterminée s'étale sur trois ou six ans selon la durée du bail ou le montant de l'augmentation.

Pour les baux conclus, renouvelés ou tacitement reconduits depuis le 24 août 2022, **aucune augmentation** de loyers n'est possible si le logement est classé F ou G (Loi 89-462 du 6-7-1989 art. 18 ; Décret 2017-1198 du 27-7-2017 art. 1-1).

ATTENTION

Le dispositif d'encadrement des loyers lors du renouvellement du bail ne fait pas obstacle à l'application d'une **clause « travaux »** figurant dans le bail, sauf pour les logements classés F ou G (Loi 89-462 du 6-7-1989 art. 17-1, II ; Décret 2014-854 du 30-7-2014 art. 7, 1). Sur cette clause travaux, voir n° 62417.
À notre avis, ce dispositif d'encadrement ne s'oppose pas non plus à l'application d'un **accord collectif de location** signé entre les représentants des bailleurs et des locataires (Loi 86-1290 du 23-12-1986 art. 41 ter et 42).

g. Ajustement du loyer d'habitation en cas de travaux d'amélioration

Lorsque, par une **clause expresse** du bail, les parties sont convenues de travaux d'amélioration du logement que le bailleur fera exécuter, le bail ou un avenant à celui-ci peut fixer la majoration du loyer consécutive à la réalisation de ces travaux. Cette majoration, librement fixée entre les parties (pour une décision antérieure à la loi Alur : Cass. 3e civ. 5-6-2002 n° 00-18.697 : RJDA 8-9/02 n° 868), ne peut faire l'objet d'une action en diminution de loyer (Loi 89-462 du 6-7-1989 art. 17-1). Toutefois, depuis le 24 août 2022, aucune majoration ne peut être appliquée pour les logements de **performance énergétique F ou G** (Loi 89-462 du 6-7-1989 art. 17-1, III). **62480**

La convention peut porter sur l'amélioration des parties privatives ou communes. Sur la notion de travaux d'amélioration, voir n° 62405. En cas de travaux réalisés par le locataire, voir nos 62005 s.

2. CHARGES LOCATIVES AFFÉRENTES AU BAIL D'HABITATION

Le bailleur peut exiger du locataire le remboursement de certaines charges afférentes aux lieux loués. Ces charges, dites « récupérables », **accessoires au loyer,** sont **exigibles en contrepartie** : **62580**

– des services rendus liés à l'usage des différents éléments de la chose louée ;

– des dépenses d'entretien courant et des menues réparations sur les éléments d'usage commun de la chose louée ; sont notamment récupérables à ce titre les dépenses engagées par le bailleur dans le cadre d'un contrat d'entretien relatif aux ascenseurs et répondant aux conditions de l'article L 134-3 du Code de la construction et de l'habitation, qui concernent les opérations et les vérifications périodiques minimales et la réparation et le remplacement de petites pièces présentant des signes d'usure excessive ainsi que les interventions pour dégager les personnes bloquées en cabine et le dépannage et la remise en fonctionnement normal des appareils ;

– des impositions qui correspondent à des services dont le locataire profite directement (Loi 89-462 du 6-7-1989 art. 23, al. 1-1°, 2° et 3°).

Le remboursement des charges locatives ne peut être effectué que si le bail le prévoit (Cass. 3e civ. 3-10-2012 n° 11-21.108 : RJDA 1/13 n° 12).

a. Détermination des charges locatives récupérables par le bailleur

Le décret 87-713 du 26 août 1987 détermine les charges récupérables et son annexe fixe une liste qui revêt un caractère limitatif (Cass. 3e civ. 27-11-2002 n° 01-11.130 : RJDA 2/03 n° 122 ; Cass. 3e civ. 30-6-2010 n° 09-15.360 : RJDA 10/10 n° 926). Le bailleur ne peut exiger le remboursement de quelque autre charge que ce soit (Cass. 3e civ. 16-2-2010 n° 08-70.452 : AJDI 2010 p. 805). Ce texte étant l'application d'une disposition d'ordre public de la loi, toute dérogation contractuelle serait illégale. Un loyer ne peut donc pas être fixé « charges comprises » car cela reviendrait à forfaitiser les charges (CA Paris 25-3-1999 : Loyers et copr. 2000 comm. n° 61 ; Cass. 3e civ. 4-5-2010 n° 09-14.871 : AJDI 2010 p. 471). **62585**

Sur la contribution pour le partage des économies d'énergie lorsque des travaux d'économie d'énergie ont été réalisés par le bailleur dans les parties privatives d'un logement ou dans les parties communes de l'immeuble, voir n° 62610.

> Précisions L'ajout par la loi ENL 2006-872 du 13 juillet 2006 des dépenses engagées par le bailleur dans le cadre d'un contrat d'entretien des ascenseurs est intéressant car, alors que la loi de 1989 renvoie à une liste exhaustive des charges récupérables données par le décret du 26 août 1987, cette nouvelle charge est introduite légalement ainsi : « Sont notamment récupérables à ce titre... », ce qui laisse entrevoir une possible appréciation du juge pour déclarer récupérables des charges non expressément visées par la loi et son décret d'application.

LISTE DES CHARGES LOCATIVES RÉCUPÉRABLES

62590 La liste des charges récupérables est issue du décret 87-713 du 26 août 1987 (voir le texte reproduit n° 65310). Elle comprend les catégories de charges suivantes :

- les dépenses d'électricité, d'exploitation, d'entretien courant et de menues réparations des **ascenseurs** et des monte-charges ;
- les dépenses relatives à l'**eau froide et chaude,** au chauffage des locaux privatifs des locataires et des parties communes, ainsi que les dépenses d'exploitation, d'entretien courant et de menues réparations des appareils correspondants ;
- certaines dépenses relatives aux **parties communes intérieures** au bâtiment (électricité, entretien de propreté, de la minuterie et des tapis) ou aux équipements divers (ventilation, interphone) ainsi qu'à l'hygiène (élimination des rejets, désinsectisation et désinfection, entretien et vidange des fosses d'aisances) ;
- certaines dépenses relatives aux **espaces extérieurs** (voies de circulation, aires de stationnement, abords et espaces verts, aires et équipements de jeux) telles que celles relatives à l'électricité, aux fournitures consommables utilisées dans l'entretien courant (ampoules ou tubes d'éclairage, engrais, graines et plantes sous certaines conditions, etc.) ainsi qu'à l'exploitation et l'entretien courant (coupe, désherbage, arrosage, etc.) ;
- la taxe de balayage et la taxe ou **redevance d'enlèvement des ordures ménagères.**

Il peut être dérogé à cette liste par des **accords collectifs** locaux portant sur l'amélioration de la sécurité ou la prise en compte du développement durable et conclus conformément à l'article 42 de la loi 86-1290 du 23 décembre 1986 (Loi 89-462 du 6-7-1989 art. 23, al. 5).

Les facturations auxquelles donnent lieu les **contrats d'entreprise** ou autres que le bailleur entend rendre opposables à son locataire doivent distinguer les charges récupérables des autres (pour un contrat de vente de chaleur : Cass. 3e civ. 9-3-2005 n° 01-18.039 : RJDA 7/05 n° 793), étant précisé que, depuis la loi ENL du 13 juillet 2006, le coût des services assurés dans le cadre d'un contrat d'entreprise récupérable sur le locataire correspond à la dépense, toutes taxes comprises, acquittée par le bailleur (Loi du 6-7-1989 art. 23, al. 8).

> Précisions a. En sus des charges, le locataire doit prendre en charge l'entretien courant du logement, des équipements mentionnés au contrat et les menues réparations ainsi que l'ensemble des **réparations locatives** dont une liste indicative est fournie par le décret du 26 août 1987 (n° 65320), sauf si elles sont occasionnées par la vétusté, les malfaçons, un vice de construction, un cas fortuit ou la force majeure (Loi 89-462 du 6-7-1989 art. 7, d).

b. Le **remplacement d'éléments d'équipement** n'est considéré comme assimilable aux menues réparations que si son coût est au plus égal au coût de celles-ci. Peu importe que le locataire utilise ou non un équipement collectif en état de marche dont il pouvait jouir : les charges correspondant à cet équipement collectif sont récupérables sur le locataire dès lors qu'elles sont visées par le décret du 26 août 1987 (CA Reims 1-7-1993 : Loyers et copr. 1994 comm. n° 49).

c. L'article 88 de la loi ENL, qui a posé le principe selon lequel le coût des services assurés dans le cadre d'un contrat d'entreprise récupérable sur le locataire correspond à la dépense, toutes taxes comprises, acquittée par le bailleur, n'a pas de caractère interprétatif et rétroactif ; il régit immédiatement les effets à venir des **situations juridiques en cours** (Cass. 3e civ. 19-3-2008 n° 07-10.704 : RJDA 6/08 n° 618 ; Cass. 3e civ. 9-12-2008 n° 08-10.061 : RJDA 3/09 n° 187).

d. Sur le remboursement des charges d'assainissement, la Cour de cassation a confirmé l'interprétation stricte de la liste des charges récupérables auprès du locataire en refusant de considérer que les frais de dégorgement des colonnes d'eaux usées, des boîtes de branchement des eaux usées et des colonnes eaux-vannes soient récupérables, la liste issue du décret 87-713 du 26 août 1987 n'envisageant, au titre des charges d'élimination des rejets, que les frais de personnel et, au titre des frais de dégorgement, que l'entretien et la vidange des fosses d'aisances (Cass. 3e civ. 13-6-2012 n° 11-18.740 : Loyers et copr. 2012 comm. n° 225 note B. Vial-Pedroletti). Toutefois, dans un précédent arrêt, la Cour de cassation avait considéré que les frais de détartrage des colonnes de chutes, de branchement d'eaux usées et d'eaux-vannes pouvaient être assimilés à l'élimination des rejets (Cass. 3e civ. 6-12-1995 : Loyers et copr. 1996 comm. n° 105).

DÉPENSES DE PERSONNEL DE L'IMMEUBLE

Les dépenses de personnel récupérables correspondent à la rémunération et aux charges sociales et fiscales (Décret 87-713 du 26-8-1987 art. 2, b). Cette disposition s'entend en tenant compte du salaire brut, auquel s'ajoute la part des cotisations sociales et fiscales à la charge de l'employeur (Rép. Lajoinie : AN 31-12-1990 p. 5932). **62595**

Lorsque le **gardien** ou le concierge d'un immeuble ou d'un groupe d'immeubles assure, conformément à son contrat de travail, l'**entretien des parties communes et** l'**élimination des rejets,** les dépenses correspondant à sa rémunération et aux charges sociales et fiscales y afférentes sont exigibles au titre des charges récupérables à concurrence de 75 % de leur montant, y compris lorsqu'un tiers intervient pendant les repos hebdomadaires et les congés prévus dans les clauses de son contrat de travail, ainsi qu'en cas de force majeure, d'arrêt de travail ou en raison de l'impossibilité matérielle ou physique temporaire pour le gardien ou le concierge d'effectuer seul les deux tâches. La Cour de cassation a jugé que le forfait de 75 % ou de 40 % n'est récupérable que si le gardien ne peut assurer sa mission qu'à raison d'une **impossibilité matérielle** temporaire. Si cette impossibilité matérielle est permanente, le forfait n'est pas récupérable. En l'espèce, le tribunal avait relevé que les gardiens effectuaient partiellement l'entretien des parties communes et l'élimination des déchets ou l'une de ces deux tâches avec l'aide d'une société tierce intervenant pendant leur temps de travail. Il en avait déduit que le forfait de charges correspondant à la rémunération des gardiens n'était pas récupérable et devait être restitué au locataire (Cass. 3e civ. 17-12-2013 no 12-26.780 : BPIM 1/14 inf. 68). De même, les indemnités du gardien en arrêt de travail ne sont pas des charges récupérables (Rép. Marseille : Sén. 15-9-2016 no 17450).

Ces dépenses ne sont exigibles qu'à concurrence de 40 % de leur montant lorsque le gardien ou le concierge n'assure, conformément à son contrat de travail, que **l'une ou l'autre des deux tâches,** y compris lorsqu'un tiers intervient pendant les repos hebdomadaires et les congés prévus dans les clauses de son contrat de travail, ainsi qu'en cas de force majeure, d'arrêt de travail ou en raison de l'impossibilité matérielle ou physique temporaire pour le gardien ou le concierge d'effectuer seul cette tâche ou encore si le gardien ou concierge effectue une tâche et participe à l'autre (Cass. 3e civ. 8-3-2018 no 17-11.985 FS-PBI, Sté Pays d'Aix Habitat : BPIM 2/18 inf. 152).

Un **couple de gardiens** ou de concierges qui assure, dans le cadre d'un contrat de travail commun, l'entretien des parties communes et l'élimination des rejets est assimilé à un personnel unique pour l'application de ces dispositions.

Lorsqu'un **employé d'immeuble** assure, conformément à son contrat de travail, l'entretien des parties communes ou l'élimination des rejets, les dépenses correspondant à sa rémunération et aux charges sociales et fiscales y afférentes sont exigibles, en totalité, au titre des charges récupérables.

Les éléments suivants ne sont pas retenus dans les dépenses susmentionnées :

- le salaire en nature ;
- l'intéressement et la participation aux bénéfices de l'entreprise ;
- les indemnités et primes de départ à la retraite ;
- les indemnités de licenciement ;
- la cotisation à une mutuelle prise en charge par l'employeur ou par le comité d'entreprise ;
- la participation de l'employeur au comité d'entreprise ;
- la participation de l'employeur à l'effort de construction ;
- la cotisation à la médecine du travail.

Avant cette réforme, le décret de 1987 ne prévoyait que la récupération, à concurrence des trois quarts, des dépenses correspondant à la rémunération du gardien ou du concierge assurant l'entretien des parties communes et l'élimination des rejets. Il avait ainsi été jugé que :

- le bailleur ne pouvait pas récupérer, à concurrence des trois quarts, les dépenses correspondant à la rémunération du gardien ou du concierge si le gardien n'effectuait pas cumulativement l'entretien des parties communes et l'élimination des rejets (Cass. 3e civ. 7-5-2002 no 00-16.268 : RJDA 7/02 no 740 ; Cass. 3e civ. 30-11-2005 no 04-14.508 : RJDA 2/06 no 118) ou si le gardien (ou le concierge) n'effectuait pas seul ces travaux d'entretien et d'élimination et en partageait l'exécution avec un tiers (Cass. 3e civ. 27-9-2006 no 05-18.193 : RJDA 12/06 no 1206 ; Cass. 3e civ. 9-1-2008 no 06-21.794 : RJDA 4/08 no 387 ; Cass. 3e civ. 19-3-2008 no 07-10.704 : RJDA 6/08 no 618) ;
- la prime reçue par la gardienne des immeubles à l'occasion de son départ à la retraite ne correspondait pas aux services qu'elle avait rendus mais à ses droits à la retraite : elle ne constituait donc pas une charge récupérable (Cass. 3e civ. 25-6-2008 no 07-15.598 : RJDA 10/08 no 996) ;

– la rémunération d'un couple de gardiens qui, en exécution d'un contrat de travail commun, assuraient seuls et de manière effective les activités cumulées d'entretien des parties communes et d'élimination des rejets était exigible au titre des charges récupérables à concurrence des trois quarts de son montant, peu important le mode de répartition des tâches au sein du couple (Cass. 3e civ. 15-10-2008 n° 07-21.452 : RJDA 1/09 n° 16) ;

– lorsque l'entretien des parties communes et l'élimination des déchets étaient assurés par un employé d'immeuble, les dépenses correspondant à sa rémunération étaient exigibles en totalité (Cass. 3e civ. 30-5-1996 n° 93-14.125 : RJDA 8-9/96 n° 1027).

> **Précisions** Il n'y a pas lieu de distinguer entre les **services assurés** par le bailleur **en régie** et les services assurés dans le cadre d'un **contrat d'entreprise.** Le coût des services assurés en régie inclut les dépenses du personnel d'encadrement technique chargé du contrôle direct du gardien, du concierge ou de l'employé d'immeuble ; ces dépenses d'encadrement sont exigibles au titre des charges récupérables à concurrence de 10 % de leur montant. Lorsqu'il existe un contrat d'entreprise, le bailleur doit s'assurer que ce contrat distingue les dépenses récupérables et les autres dépenses (Décret 87-713 du 26-8-1987 art. 2, a), étant précisé que le coût des services assurés dans le cadre d'un contrat d'entreprise correspond à la dépense, toutes taxes comprises, acquittée par le bailleur (Loi 89-462 du 6-7-1989 art. 23, dern. al.).

PRÉCISIONS CONCERNANT CERTAINES CHARGES LOCATIVES

62600 La simple lecture du décret ne permet pas toujours de savoir si telle ou telle dépense doit être considérée comme récupérable. La jurisprudence et des réponses ministérielles ont apporté des précisions. Ces solutions, rendues parfois pour l'application des réglementations antérieures, ou de la réglementation HLM, sont transposables, les textes des décrets concernés étant similaires dans leur contenu.

ILLUSTRATIONS

Ont notamment été jugés ou considérés comme **non récupérables** :
– la taxe foncière (TI Dunkerque 28-3-1984 : Rev. Loyers 1984 p. 485) ;
– les frais de gestion de la fiscalité directe locale afférents à la taxe d'enlèvement des ordures ménagères (Rép. Badinter : Sén. 5-12-1996 p. 3255), une précédente réponse considérait ces frais comme récupérables (Rép. Lenglet : Sén. 5-2-1982 n° 2940) ;
– le prélèvement forfaitaire perçu par l'État en contrepartie des frais d'assiette, de non-valeur et de recouvrement de la taxe d'enlèvement des ordures ménagères et les frais d'entretien de l'immeuble confié à une entreprise prestataire de services lorsque les factures ne permettent pas de préciser la part des dépenses correspondant à la rémunération du personnel et aux charges sociales et fiscales récupérables et celle des autres dépenses (Cass. 3e civ. 30-10-2002 n° 01-10.617 : RJDA 1/03 n° 13) ;
– la taxe additionnelle au droit de bail (Cass. 3e civ. 12-7-1995 : RJDA 10/95 n° 1086) ;
– la contribution sur les revenus locatifs (Cass. 3e civ. 19-9-2007 n° 06-16.409 : RJDA 1/08 n° 13) ;
– l'enlèvement des encombrants en ce qu'il ne relève pas de l'élimination des déchets (Cass. 3e civ. 15-5-2008 n° 07-16.567 : RJDA 8-9/08 n° 891) ;
– la taxe sur les balcons (Rép. Gantier : AN 26-9-1983 p. 4164 n° 33589) ;
– les indemnités de licenciement du personnel chargé de l'entretien ou de l'élimination des rejets (TI Paris XVIIIe 24-11-1994 : Rev. Loyers 1995 p. 173) ;
– les frais d'envoi ou d'établissement d'une quittance ou d'un avis d'échéance (Rép. Schreiner : AN 14-2-1994 p. 805) ;
– l'abonnement d'un poste de téléphone installé dans le logement du gardien et mis à la disposition des résidents seulement en cas de force majeure (Rép. Balkany : AN 22-7-1991 p. 2900) ;
– les dépenses relevant de la garde et de la surveillance du bien immobilier (Cass. 3e civ. 19-3-2008 n° 07-10.704 : RJDA 6/08 n° 618) ;
– les frais de location d'une poubelle (Cass. 3e civ. 5-10-1994 : Loyers et copr. 1994 comm. n° 462) ;
– les dépenses relatives au débouchage des vide-ordures (Rép. Alduy : Sén. 13-9-1990 p. 2005) et des égouts (Cass. 3e civ. 3-4-2007 n° 06-12.937 : Rev. Loyers 2007 p. 291 ; Cass. 3e civ. 15-5-2008 n° 07-16.567 : RJDA 8-9/08 n° 891) ou le coût du dégorgement des canalisations de vide-ordures (Cass. 3e civ. 27-11-2002 : RJDA 2/03 n° 122) ;
– le détartrage d'un chauffe-eau électrique avec dépose du bloc résistance (Cass. 3e civ. 29-10-2008 n° 06-21.633 : RJDA 2/09 n° 79) ;
– les frais de désinsectisation et de désinfection des colonnes de vide-ordures, excepté le coût des produits (CA Paris 13-5-1993 : Loyers et copr. 1993 comm. n° 290) ; il en est ainsi des frais de personnel (Cass. 3e civ. 10-3-1999 : RJDA 5/99 n° 534) ;
– le coût du combustible stocké entre chaque période de chauffage, seul le combustible consommé étant récupérable (Cass. 3e civ. 5-2-1992 : Bull. civ. III n° 38) ;
– les frais de location des citernes de gaz liquéfié (Rép. Masson : AN 14-1-1985 p. 192 n° 55822) ;
– les dépenses de modernisation des chaufferies (Cass. 3e civ. 6-12-1995 : Loyers et copr. 1996 comm. n° 106) ;
– la taxe d'enlèvement des ordures ménagères dès lors que la taxe n'est pas individualisée dans le budget communal (Cass. 3e civ. 10-6-1998 : RJDA 8-9/98 n° 960) ;

– les travaux de nettoyage des graffitis (Cass. 3e civ. 17-7-1997 : RJDA 11/97 n° 1365) ;
– les frais de dératisation (Cass. 3e civ. 29-1-2002 : BPIM 5/02 n° 358) ;
– l'entretien d'une pompe de relevage des eaux usées (Cass. 3e civ. 18-12-2002 : BPIM 2/03 n° 134) ;
– les frais de fixation du câble d'antenne lorsque le locataire a refusé de se raccorder à l'antenne collective (Cass. 3e civ. 29-1-2002 : Loyers et copr. 2002 comm. n° 142) ;
– les frais de confection des rôles des taxes sur la redevance des ordures ménagères (Cass. 3e civ. 24-3-2004 : RJDA 6/04 n° 682 ; Cass. 3e civ. 30-6-2010 n° 09-15.360 : RJDA 10/10 n° 926) ;
– l'élagage des arbres (Cass. 3e civ. 23-3-2004 : AJDI 2004 p. 457) ;
– les dépenses de téléalarme d'un ascenseur reliant la cabine à une centrale de veille (Cass. 3e civ. 24-3-2004 : RJDA 6/04 n° 682 ; Cass. 3e civ. 30-6-2010 n° 09-15.360 : RJDA 10/10 n° 926) ;
– les dépenses de téléalarme et de surveillance d'un immeuble (Cass. 3e civ. 1-6-2005 n° 04-12.137 : RJDA 10/05 n° 1084 ; Cass. 3e civ. 30-6-2010 n° 09-15.360 : RJDA 10/10 n° 926) ;
– les dépenses engagées pour l'entretien des parties communes et des espaces verts alors que la facture du prestataire ne faisait pas ressortir le coût particulier des dépenses de personnel et la marge bénéficiaire de l'entreprise (Cass. 3e civ. 1-6-2005 n° 04-12.137 : RJDA 10/05 n° 1084) ainsi que la marge bénéficiaire d'une entreprise assurant l'entretien et le nettoyage de l'immeuble et la TVA (Cass. 3e civ. 24-3-2004 : RJDA 6/04 n° 682 ; Cass. 3e civ. 30-6-2010 n° 09-15.360 : RJDA 10/10 n° 926), étant précisé que depuis la loi ENL du 13 juillet 2006 la marge bénéficiaire comme la TVA incluses dans le prix des services assurés dans le cadre d'un contrat d'entreprise sont récupérables ;
– les frais de gardiennage de nuit et de week-end (Cass. 3e civ. 8-10-1997 n° 95-20.113 : RJDA 12/97 n° 1472 ; Cass. 3e civ. 19-3-2008 n° 07-10.704 : Loyers et copr. 2008 comm. n° 97) ;
– les abonnements des postes de téléphone situés dans les loges des gardiens alors que les locataires n'étaient pas informés de l'existence de ces postes et de leur mise à disposition (Cass. 3e civ. 29-10-2008 n° 07-16.082 : RJDA 1/09 n° 15).

En revanche, ont été jugés ou considérés comme **récupérables** :
– les frais de détartrage des colonnes de chutes, des branchements d'eaux usées et d'eaux-vannes ainsi que les frais de curage des collecteurs extérieurs (Cass. 3e civ. 6-12-1995 : RJDA 2/96 n° 204) ;
– les frais d'externalisation du service des poubelles (Cass. 3e civ. 16-9-2008 n° 07-16.553 : RJDA 12/01 n° 1232) ;
– la vidange d'une fosse septique (Cass. 3e civ. 24-3-2010 n° 09-10.218 : RJDA 6/10 n° 601).

DÉPENSES D'EAU CHAUDE, DE CHALEUR ET DE FROID

De manière générale, les compteurs individuels d'**eau chaude** sont obligatoires dans les immeubles collectifs, sauf pour certains bâtiments. Les frais de combustibles afférents à la production d'eau chaude, ou les deux tiers du montant de la facture d'eau chaude lorsque les frais de combustible ne sont pas individualisés, sont répartis entre les logements en fonction des relevés des compteurs. Le complément de la facture d'eau chaude, correspondant aux frais fixes, est réparti entre les locataires selon les modalités définies par le bailleur pour chaque immeuble. 62605

Les immeubles collectifs à usage d'habitation ou à usage professionnel et d'habitation doivent être équipés de compteurs individuels d'énergie thermique permettant la répartition des **frais de chauffage** (CCH art. L 174-2). Lorsque leur installation n'est pas techniquement possible, ou entraîne des coûts excessifs au regard des économies d'énergie attendues, des répartiteurs doivent être installés pour mesurer la consommation de chaleur (CCH art. R 174-2, R 174-3 et R 174-4). Les immeubles dont les valeurs de consommation en chauffage sont supérieures ou égales à 120 kWh/m² par an sont équipés de compteurs individuels d'énergie thermique ou de répartiteurs de frais de chauffage. La mise en service des installations dont la consommation est supérieure à un seuil fixé par arrêté devait avoir lieu au plus tard le 25 octobre 2020 (CCH art. R 174-6 ; Arrêté ETLL1232630A du 27-8-2012 modifié par arrêté TRER2016318A du 24-7-2020). Les appareils de mesure installés à partir du 25 octobre 2020 doivent être relevables par télérelève, mesure généralisée à l'ensemble des appareils à compter du 1er janvier 2027 (CCH art. R 174-7).

Les frais de chauffage afférents à l'installation commune sont divisés, d'une part, en frais de combustible ou d'énergie et, d'autre part, en autres frais de chauffage (frais relatifs à la conduite et à l'entretien des installations de chauffage et frais relatifs à l'utilisation d'énergie électrique notamment) (CCH art. R 174-8).

Ces obligations sont applicables aux installations **centrales de froid** (CCH art. L 174-2). Le dispositif mis en place pour la répartition des frais de refroidissement est similaire à celui des frais de chauffage (CCH art. R 174-2, R 174-3, R 174-7 et R 174-9).

Tous les mois, le **bailleur** doit transmettre au locataire une évaluation de la consommation de chaleur, de froid et d'eau chaude sanitaire de son local privatif (Loi 89-462 du 6-7-1989 art. 6-2 ; CCH art. R 174-12 ; Arrêté TRER2016318A du 24-7-2020). Lorsque le **locataire** en fait la demande, le propriétaire bailleur met à disposition du fournisseur de services énergétiques désigné par le locataire les informations relatives à sa consommation passée de chaleur et de froid de son local privatif (C. énergie art. L 241-9-1).

Les frais d'investissement et de grosses réparations incombent aux bailleurs, tandis que les dépenses d'entretien et de combustible, y compris la location des compteurs, sont récupérables auprès des locataires.

b. Contribution aux travaux d'économie d'énergie

62610 La loi 2009-323 du 25 mars 2009 a arrêté le principe d'une contribution du locataire aux travaux d'économie d'énergie réalisés par le bailleur à condition que ces travaux soient réalisés dans les parties privatives d'un logement ou dans les parties communes de l'immeuble, qu'ils bénéficient directement au locataire et qu'ils lui soient justifiés (Loi 89-462 du 6-7-1989 art. 23-1). Les modalités d'application de cette disposition ont été fixées par le décret 2009-1439 du 23 novembre 2009 et un arrêté du même jour (JO 25 p. 20228 et 20238). Toutefois, depuis le 25 août 2021, cette contribution ne peut être exigée qu'à la condition qu'un ensemble de travaux ait été réalisé et que le logement ait un niveau de performance énergétique compris entre la classe A et la classe E (Loi 89-462 du 6-7-1989 art. 23-1).

CONDITIONS DE LA CONTRIBUTION DU LOCATAIRE

62611 **Avant la réalisation des travaux,** le bailleur doit engager avec le locataire une démarche de concertation portant sur (Décret 2009-1439 du 23-11-2009 art. 1) :

- le programme de travaux qu'il envisage d'entreprendre ;
- les modalités de leur réalisation ;
- les bénéfices attendus en termes de consommation énergétique du logement et la contribution du locataire, sa durée notamment.

À l'issue des travaux, le bailleur doit porter sur la quittance de loyer destinée au locataire (Décret 2009-1439 du 23-11-2009 art. 2) :

- une ligne supplémentaire intitulée « Contribution au partage d'économie de charges » ;
- la mention des dates de mise en place et du terme de cette ligne supplémentaire ;
- la date à laquelle les travaux ont été achevés.

Pendant la durée de versement de la contribution, le bailleur doit, préalablement à la conclusion d'un nouveau bail avec un autre locataire, informer ce dernier du terme de la contribution et apporter les éléments propres à justifier les travaux réalisés et le maintien de la contribution (Décret 2009-1439 du 23-11-2009 art. 3).

TRAVAUX OUVRANT DROIT À LA DEMANDE DE CONTRIBUTION

62612 La contribution du locataire peut être demandée dans deux cas (Décret 2009-1439 du 23-11-2009 art. 4).

1. Pour financer des travaux correspondant à une **combinaison d'au moins deux actions d'amélioration de la performance énergétique** d'un logement ou d'un bâtiment concerné dont la date d'achèvement est antérieure au 1er janvier 1990, ces deux actions pouvant être choisies dans la liste suivante :

- travaux d'isolation thermique des toitures ;
- travaux d'isolation thermique des murs donnant sur l'extérieur ;
- travaux d'isolation thermique des parois vitrées donnant sur l'extérieur ;
- travaux de régularisation ou de remplacement de systèmes de chauffage ou de production d'eau chaude sanitaire ;
- travaux d'installation d'équipements de chauffage ou de production d'eau chaude sanitaire utilisant une source d'énergie renouvelable ;
- travaux d'installation d'équipements de production d'eau chaude sanitaire utilisant une source d'énergie renouvelable, sous réserve que ces travaux et le niveau minimal de performance énergétique atteint soient au moins conformes aux exigences définies aux articles R 173-1 à R 173-3 du Code de la construction et de l'habitation.

Les niveaux à atteindre pour chaque catégorie de travaux sont détaillés dans les articles 4 à 9 de l'arrêté du 23 novembre 2009 précité.

2. Pour financer un **ensemble de travaux** afin d'atteindre une performance globale dans tout bâtiment achevé entre le 1er janvier 1948 et le 31 décembre 1989. Ces travaux doivent être au moins conformes aux exigences définies aux articles R 173-1 à R 173-3 du Code de la construction et de l'habitation. Ils doivent permettre de **ramener la consommation** d'énergie du bâtiment pour le chauffage, la ventilation, la production d'eau chaude sanitaire, le refroidissement et l'éclairage des locaux en dessous ou **au niveau d'un seuil** tenant compte de la zone climatique et de l'altitude tel que défini par les articles 10 à 12 de l'arrêté du 23 novembre 2009 (Décret 2009-1439 du 23-11-2009 art. 4).

CALCUL ET VERSEMENT DE LA CONTRIBUTION

L'économie de charges sur laquelle est basée la contribution demandée au locataire est calculée sur la base d'une **estimation des économies d'énergie réalisées** (méthode de calcul conventionnel) telle qu'elle résulte d'une étude thermique préalable et prenant en compte les caractéristiques techniques et énergétiques du bâtiment, sa localisation géographique, ainsi qu'une occupation conventionnelle de celui-ci (Décret 2009-1439 du 23-11-2009 art. 5). **62613**

Toutefois, cette **contribution** peut être fixée de manière **forfaitaire** si l'une au moins des conditions suivantes est remplie (Décret 2009-1439 du 23-11-2009 art. 5) :

- les caractéristiques constructives du bâtiment sont incompatibles avec la méthode de calcul ;
- le bailleur ne loue pas plus de trois logements dans l'immeuble considéré.

La méthode de calcul et le forfait, qui tient compte des caractéristiques des logements considérés, sont définis par les articles 13 à 15 de l'arrêté du 23 novembre 2009 précité. À titre d'exemple, le bailleur peut demander à son locataire une contribution mensuelle forfaitaire fixe et non révisable s'élevant à (Arrêté art. 13) :

- 10 € pour les logements comprenant une pièce principale ;
- 15 € pour les logements comprenant deux ou trois pièces principales ;
- 20 € pour les logements comprenant au moins quatre pièces principales.

Les montants de ces forfaits pourront être actualisés par arrêté tous les trois ans en fonction de l'évolution de l'indice de révision des loyers (IRL).

Le versement de la contribution du locataire au partage des économies de charges est exigible à partir du mois civil qui suit la date de fin des travaux (Décret 2009-1439 du 23-11-2009 art. 2).

CONTRÔLE APRÈS TRAVAUX

À l'issue des travaux et en vue du contrôle de leur réalisation effective, l'entreprise ayant réalisé les travaux doit certifier au bailleur que ceux-ci respectent les prescriptions de l'étude thermique préalable à leur réalisation pour atteindre la performance globale présentée ci-dessus n° 62612, 2° ou qu'ils sont conformes aux critères énumérés n° 62612, 1° (Décret 2009-1439 du 23-11-2009 art. 6 et 7). Le maître d'œuvre, l'organisme ayant délivré la certification du bâtiment ou un bureau de contrôle le peuvent également. **62614**

Le bailleur doit transmettre à son locataire cette attestation, qui est établie selon le modèle figurant à l'annexe 3 de l'arrêté (Arrêté art. 16).

Pendant le mois qui suit celui de **l'achèvement des travaux,** le bailleur doit tenir à la disposition des locataires, ou le cas échéant des associations de locataires présentes dans le bien concerné par les travaux, les factures des travaux d'amélioration de la performance énergétique réalisés.

c. Paiement des charges locatives

Les charges sont exigibles sur justification, ce qui exclut l'**évaluation** forfaitaire ; bailleurs comme locataires peuvent se prévaloir, même après l'expiration du bail, des dispositions d'ordre public de la loi qui imposent une fixation des charges sur une base réelle (Cass. 3e civ. 20-12-1995 : RJDA 2/96 n° 195 ; Cass. 3e civ. 4-5-2010 n° 09-14.871 : AJDI 2010 p. 471). Les charges peuvent cependant faire l'objet du versement de provisions, lesquelles doivent alors donner lieu à une régularisation annuelle (Loi 89-462 du 6-7-1989 art. 23, al. 6). **62620**

Le bailleur est tenu de remettre gratuitement une **quittance** chaque fois que le locataire en fait la demande (en cas de paiement partiel, il doit délivrer un reçu). Cette quittance mentionne les sommes versées en distinguant le loyer et les charges (Loi 89-462 du 6-7-1989 art. 21).

En cas de **régularisation tardive** des charges, c'est-à-dire avant le terme de l'année civile suivant l'année de leur exigibilité, le locataire peut payer le complément de charges dû au titre de la régularisation en 12 fois, s'il en fait la demande (Loi 89-462 du 6-7-1989 art. 23, al. 9).

> Précisions **a.** La taxe d'enlèvement des ordures ménagères constitue une charge récupérable dont la justification et l'éventuelle régularisation interviennent le plus souvent à part des autres charges, car cette taxe figure sur l'avis d'imposition de taxe foncière du propriétaire.

b. Sauf hypothèse où les locaux sont reloués au cours du préavis donné par le locataire sortant, ce dernier est redevable des charges locatives pour la durée totale du préavis, peu important le fait qu'il n'ait pas occupé les lieux pendant ce temps-là (Cass. 3e civ. 29-4-2002 : Loyers et copr. 2002 comm. n° 226, à propos de la taxe d'enlèvement des ordures ménagères).

c. Tenu d'assurer au locataire la jouissance paisible des lieux loués, la garantie des vices ou défaut de nature à y faire obstacle, l'entretien des locaux en état de service à l'usage prévu et de faire toutes les réparations autres que locatives, le bailleur doit payer au locataire une somme correspondant au montant cumulé des charges payées au titre du chauffage resté déficient plusieurs mois (Cass. 3e civ. 10-2-2004 : Loyers et copr. 2004 comm. n° 87).

d. Même si la loi oblige le bailleur de locaux d'habitation à procéder à la régularisation des charges une fois par an (Loi 89-462 du 6-7-1989 art. 23, al. 6), la Cour de cassation considère que le défaut de respect de cette obligation ne le prive pas du droit de réclamer le paiement des charges passé ce délai lorsqu'elles sont justifiées (Cass. 3e civ. 20-12-1995 n° 93-20.123 : Bull. civ. III n° 262 ; Cass. 3e civ. 3-4-1996 n° 94-13.891 : RJDA 7/96 n° 901). Encore faut-il que l'action ne soit pas prescrite et que la demande ne soit pas jugée fautive.

Ne pas procéder à la régularisation annuelle des charges n'est pas sans risques puisque, outre la difficulté de conserver durablement les pièces justificatives devant être mises à la disposition du locataire, le bailleur peut être tenu de répondre de son comportement lorsque celui-ci est jugé déloyal (Cass. 3e civ. 21-3-2012 n° 11-14.174 : BPIM 3/12 inf. 273).

e. Le locataire peut demander au bailleur de lui transmettre le récapitulatif des charges du logement par voie dématérialisée ou par voie postale.

JUSTIFICATION DES CHARGES LOCATIVES ET DES PROVISIONS POUR CHARGES

62625 En matière de charges locatives, le principe directeur fixé par la loi est la justification. Ces charges étant la contrepartie d'un service rendu au locataire, le bailleur doit donc justifier que le service a bien été rendu et les dépenses engagées (Cass. 3e civ. 10-7-2007 n° 06-15.790 : RJDA 3/08 n° 240). Cette justification impose que le libellé des factures des entreprises permette de distinguer entre les sommes dues au titre des charges locatives et celles qui ne le sont pas (Cass. 3e civ. 13-11-2007 n° 06-16.832 : Administrer mai 2008 p. 52). Faute pour le bailleur de tenir à la disposition du locataire les pièces justificatives des charges dont le paiement est réclamé, le locataire ne peut pas être condamné au paiement de ces charges (Cass. 3e civ. 30-6-2004 : Bull. civ. III n° 135 ; Cass. 3e civ. 1-4-2009 n° 08-14.854 : RJDA 7/09 n° 607 ; Cass. 3e civ. 8-12-2010 n° 09-71.124 : RJDA 4/11 n° 294).

Lorsque les charges font l'objet de **provisions,** le montant provisionnel doit être justifié par la communication des résultats antérieurs arrêtés lors de la précédente régularisation et, lorsque l'immeuble est soumis au statut de la copropriété ou lorsque le bailleur est une personne morale, par le budget prévisionnel (Loi 89-462 du 6-7-1989 art. 23 ; Cass. 3e civ. 3-4-2001 : Administrer janvier 2002 p. 30).

Les lois successives relatives aux baux d'habitation n'ont pas prévu de sanction en cas d'absence de régularisation annuelle des charges. Contrairement à ce que pourraient laisser penser les arrêts ci-dessus, la Cour de cassation en a déduit que le retard apporté par le bailleur dans la présentation des comptes de charges locatives ne pouvait être sanctionné par la suspension du paiement total des provisions pour charges (Cass. 3e civ. 29-4-2009 n° 08-11.332 : RJDA 7/09 n° 608).

L'écart constaté entre le montant des charges à payer annoncé dans une fiche d'information remise au locataire par le mandataire du bailleur et le montant des charges réellement acquittées des deux années précédant la signature du bail ne procède pas nécessairement d'une volonté délibérée de tromperie de la part du bailleur et, dans ce cas, la nullité pour dol du bail ne peut donc être prononcée (Cass. 2e civ. 18-6-2002 n° 00-10.300 : RJDA 10/02 n° 987).

Un mois avant la **régularisation,** le bailleur doit adresser à chaque locataire un décompte par nature de charges. Pendant six mois à compter de l'envoi de ce décompte, les pièces justificatives doivent être tenues à la disposition des locataires (Loi 89-462 du 6-7-1989 art. 23, al. 7) même si les lieux loués constituent un lot dépendant d'une copropriété (Cass. 3e civ. 30-6-2004 n° 03-11.098 : RJDA 10/04 n° 1100). Le bailleur peut se faire assister par son locataire pour consulter les pièces justificatives de charges ; il peut également l'autoriser à les consulter à sa place (Décret 67-223 du 17-3-1967 art. 9-1).

> Précisions **a.** La mise à disposition des pièces justificatives des charges à laquelle est tenu le bailleur est une mise à disposition personnelle. Ne répond pas à son obligation le bailleur qui propose à ses locataires d'assister à la réunion annuelle au cours de laquelle il permettait au collectif des locataires de consulter les pièces justificatives des charges (Cass. 3e civ. 28-1-2004 n° 02-15.810 : RJDA 5/04 n° 535).

b. La production des relevés de comptes de charges de la copropriété est insuffisante et ne peut pas être assimilée à la disposition des pièces justificatives des charges imposée par la loi (Cass. 3e civ. 20-1-2009 n° 08-10.269 : AJDI 2009 p. 455).

c. La loi de 1989 est muette sur les justificatifs en question, mais il est possible de s'inspirer de la loi « Quilliot » du 22 juin 1982, qui prévoyait comme pièces justificatives, notamment, les factures, les contrats de fourniture et d'exploitation, les quantités globales consommées et le prix unitaire de ces consommations.

d. Depuis le 24 décembre 2022, lorsque le **contrat de fourniture d'eau n'est pas individualisé,** le bailleur doit transmettre au locataire la facture d'eau ainsi que les informations complémentaires sur la qualité de l'eau qui lui ont été adressées. Cette information est faite en même temps que la communication du décompte de charges ou, à défaut, au moins une fois par an (Loi 89-462 du 6-7-1989 art. 6-3 nouveau créé par ord. 2022-1611 du 22-12-2022).

RÉPARTITION DES CHARGES LOCATIVES DANS LES IMMEUBLES COLLECTIFS

Dans les immeubles collectifs, en même temps que l'envoi du décompte, le bailleur est tenu de préciser le mode de répartition des charges entre les locataires et d'envoyer, le cas échéant, une **note d'information** sur les modalités de calcul des charges de chauffage et d'eau chaude et sur la consommation individuelle de chaleur et d'eau chaude sanitaire du logement (Loi 89-462 du 6-7-1989 art. 23). Le contenu de cette notice sera défini par décret en Conseil d'État. **62630**

Dans un immeuble en **monopropriété,** le propriétaire paraît en droit de choisir le mode de répartition des charges qui lui convient, avec éventuellement une clé de répartition différente en fonction de la nature des charges (par exemple, selon la surface habitable pour le chauffage et selon le nombre d'occupants pour la consommation d'eau). Le système de répartition des charges doit simplement être équitable (CA Paris 27-10-1989 : Loyers et copr. 1990 comm. n° 286).

> Précisions a. Une répartition des charges entre les différents locataires de l'immeuble établie postérieurement à la signature du bail de l'un d'entre eux lui a été déclarée opposable compte tenu des éléments suivants : le règlement intérieur qui donnait cette répartition était visé dans le bail, les conditions dans lesquelles il avait été établi ne relevaient pas d'abus et le locataire n'avançait aucune critique précise quant aux clés de répartition (Cass. 3e civ. 24-11-2004 n° 03-14.430 : RJDA 2/05 n° 103).

b. L'ordonnance relative à l'accès et à la qualité des eaux destinées à la consommation humaine du 22 décembre 2022 impose au bailleur d'un logement dans un immeuble en monopropriété (secteur privé, secteur HLM), lorsque le contrat de fourniture n'est pas individualisé, de transmettre au locataire la facture d'eau ainsi que les informations complémentaires sur la qualité de l'eau qui lui ont été adressées par la commune ou l'établissement public de coopération compétent. Cette information est faite en même temps que la communication du décompte de charges ou, à défaut, au moins une fois par an (Loi 89-462 du 6-7-1989 art. 6-3 nouveau crée par ord. 2022-1611 du 22-12-2022 ; CCH art. L 442-3, I modifié par ord. 2022-1611 du 22-12-2022). Ces dispositions sont entrées en vigueur le 24 décembre 2022.

ACTION EN PAIEMENT DES CHARGES

Le délai d'action en paiement, c'est-à-dire le délai pendant lequel le propriétaire peut exiger le paiement des sommes qui lui sont dues, est de trois ans pour les loyers et les charges. Le délai court à compter de la date à laquelle la somme doit être payée. **62635**

Lorsque le locataire a versé plus qu'il ne devait, il peut réclamer au propriétaire le remboursement du trop-perçu pendant trois ans à compter de la date de régularisation des charges (Cass. 3e civ. 9-11-2017 n° 16-22.445 FS-PBRI : BPIM 6/17 inf. 441) ; cette action judiciaire est dite « en répétition de l'indu ». Sur le règlement amiable des litiges relatifs aux charges locatives, voir nos 62760 s.

3. GARANTIES DONNÉES PAR LE LOCATAIRE D'HABITATION

DÉPÔT DE GARANTIE VERSÉ PAR LE LOCATAIRE D'HABITATION

Le bail peut prévoir le versement d'un dépôt de garantie, dont l'objet est de garantir le paiement par le locataire au bailleur des sommes qui pourraient lui être dues du fait du bail. Dans le silence du bail, le dépôt de garantie ne peut pas être exigé du locataire. **62700**

Le dépôt de garantie ne peut **pas** être **supérieur à un mois de loyer** en principal (Loi 89-462 du 6-7-1989 art. 22, al. 1).

Aucun dépôt de garantie ne peut être prévu lorsque le loyer est payable d'avance pour une période supérieure à deux mois. Toutefois, si le locataire demande le bénéfice du paiement mensuel du loyer (n° 62100), le bailleur peut exiger un dépôt de garantie (Loi 89-462 du 6-7-1989 art. 22, al. 2). Il importe peu que ce soit à l'initiative du bailleur que le bail renouvelé ait substitué au paiement trimestriel et d'avance du loyer un paiement mensuel à terme échu et le versement par les locataires d'un dépôt de garantie : le bailleur a néanmoins la possibilité d'exiger le versement d'un dépôt de garantie (Cass. 3e civ. 18-5-1994 : Loyers et copr. 1994 comm. n° 366), sauf les cas prévus au n° 62710.

Le montant du dépôt de garantie ne porte pas **intérêt** au bénéfice du locataire et il ne peut faire l'objet d'aucune révision durant l'exécution du contrat de location, même lorsque celui-ci est renouvelé (Loi 89-462 du 6-7-1989 art. 22, al. 6).

Le versement d'un dépôt de garantie n'exclut pas la possibilité pour le bailleur d'exiger des garanties complémentaires dès lors qu'elles n'ont pas pour objet de déposer d'autres fonds entre ses mains (CA Paris 13-10-1995 : Loyers et copr. 1996 comm. n° 60), notamment la remise d'un cautionnement (Loi 89-462 du 6-7-1989 art. 22-1).

Le dépôt de garantie doit être **restitué** dans un délai maximal de deux mois à compter de la remise en main propre, ou par lettre recommandée avec demande d'avis de réception, des clefs au bailleur ou à son mandataire, déduction faite, le cas échéant, des sommes restant dues **62705** au bailleur et des sommes dont celui-ci pourrait être tenu, au lieu et place du locataire, sous réserve qu'elles soient dûment justifiées. À cette fin, le locataire indique au bailleur ou à son mandataire, lors de la remise des clés, l'adresse de son nouveau domicile. Ce délai de restitution est toutefois réduit à un mois à compter de la remise des clés par le locataire au bailleur ou à son mandataire lorsque l'état des lieux de sortie est conforme à l'état des lieux d'entrée (Loi 89-462 du 6-7-1989 art. 22). La preuve du droit de rétention appartient au bailleur, qui doit justifier des sommes qu'il entend retenir sur le dépôt de garantie (Cass. 3e civ. 1-2-2011 n° 10-11.603 : AJDI 2011 p. 448 ; dans le même sens, Cass. 3e civ. 15-2-2012 n° 11-13.014 : BPIM 2/12 inf. 167). Aucune disposition légale n'impose en revanche au bailleur de justifier dans le délai de deux mois des sommes qu'il entend déduire du montant du dépôt de garantie (Cass. 3e civ. 8-12-2009 n° 08-20.340 : AJDI 2010 p. 387). Il n'est pas exigé de la part du bailleur la fourniture de factures de travaux acquittées pour justifier une retenue sur le dépôt de garantie (Cass. 3e civ. 3-4-2001 n° 99-13.668 : BPIM 5/01 inf. 329 ; Cass. 3e civ. 16-9-2008 n° 07-15.789 : Loyers et copr. 2008 comm. 2008). Il est néanmoins prudent de faire établir un ou plusieurs devis permettant au juge d'apprécier la pertinence des sommes retenues sur le dépôt de garantie.

Le défaut de restitution dans le délai prévu du dépôt de garantie par le bailleur est sanctionné par le versement au locataire d'une pénalité égale à 10 % du loyer par mois de retard (auparavant, la pénalité était égale au taux de l'intérêt légal). Cette majoration s'applique si la restitution est demandée après la loi Alur, même si le contrat de bail a été signé avant l'entrée en vigueur de cette loi (Cass. 3e civ. 17-11-2016 n° 15-24.552 FS-PBI : BPIM 1/17 inf. 62). Elle n'est pas due lorsque le locataire n'a pas communiqué l'adresse de son nouveau domicile lors de la remise des clés (Loi 89-462 du 6-7-1989 art. 22, al. 7). Toutefois, lorsque le logement se trouve dans un immeuble collectif, la loi Alur a légalisé la position de plusieurs réponses ministérielles (Rép. Madrelle : Sén. 28-2-2008 n° 3254 p. 405 ; Rép. Estrosi : AN 24-2-2003 n° 5956 p. 1417), en prévoyant que le bailleur peut conserver 20 % au plus du montant du dépôt de garantie jusqu'à l'arrêté annuel des comptes de l'immeuble (Loi 89-462 du 6-7-1989 art. 22, al. 5). La régularisation définitive et la restitution du solde du dépôt de garantie, déduction faite, le cas échéant, des sommes restant dues au bailleur et des sommes dont celui-ci pourrait être tenu en lieu et place du locataire, sont effectuées dans le mois qui suit l'approbation définitive des comptes de l'immeuble. Mais les parties peuvent amiablement convenir de solder immédiatement l'ensemble des comptes. Si le montant des réparations locatives excède celui du dépôt de garantie et si la somme due par le bailleur l'est au titre de la régularisation des charges, soumise à un délai de restitution différent, le bailleur ne peut se voir infliger la pénalité de 10 % (Cass. 3e civ. 31-5-2018 n° 17-18.069 FS-PBI : BPIM 4/18 inf. 307).

En cas de mutation à titre gratuit ou onéreux du bien loué, la restitution du dépôt de garantie incombe au nouveau bailleur (Cass. 3e civ. 8-9-2016 n° 15-19.169). Toute convention contraire n'a d'effet qu'entre les parties à la mutation (Loi du 6-7-1989 art. 22, al. 6).

> **Précisions** **a.** La clause prévoyant l'attribution intégrale et automatique du dépôt de garantie au bailleur **en cas de** mise en œuvre de la clause de **résiliation** ou de non-respect du délai de préavis quelles que soient la nature et les conséquences du manquement du locataire a été déclarée illicite sur le fondement de l'article 22 de la loi de 1989 (CA Rennes 22-1-1998 : Bull. inf. C. cass. 1998 n° 1153 ; dans le même sens, CA Versailles 18-10-2002 n° 01/03626 : RJDA 5/03 n° 478 ; CA Paris 26-6-2008 n° 07/00822 : AJDI 2008 p. 932, qui a jugé abusive la clause prévoyant l'acquisition de plein droit du dépôt de garantie en cas d'infractions au bail régulièrement constatées ; CA Rennes 13-9-2012 n° 10/00683 : Loyers et copr. 2012 comm. n° 320). On peut s'interroger sur le point de savoir si la décision eût été la même si la clause avait prévu une compensation entre la créance du locataire, constituée par le dépôt de garantie, et une dette à sa charge constituée par une clause pénale pour inexécution par le locataire de ses obligations. Rappelons en effet que la Cour de cassation a reconnu la validité des clauses pénales stipulées dans un bail régi par la loi de 1989 (Cass. 3e civ. 8-1-1997 : RJDA 3/97 n° 334).
> **b.** Sur le sort du dépôt de garantie au regard de l'**impôt sur le revenu** du bailleur, voir n° 76660.
> **c.** Sur le règlement amiable des **litiges** relatifs au dépôt de garantie, voir nos 62760 s.
> **d.** Sauf accord exprès contraire, le locataire a qualité pour agir en restitution du dépôt de garantie versé en exécution de son contrat de bail, peu important que ce fût lui ou non qui l'ait initialement versé (Cass. 3e civ. 14-6-2006 n° 05-13.784 : RJDA 10/06 n° 999 ; Cass. 3e civ. 7-4-2010 n° 08-21.844 : RJDA 7/10 n° 721).

CAUTIONNEMENT DU LOCATAIRE D'HABITATION

62710 Le cautionnement est régi par les dispositions de l'article 22-1 de la loi du 6 juillet 1989 et par les articles 2288 et suivants du Code civil (voir nos 51470 s.). Il fait l'objet d'un régime propre, exclusif de celui mis en place pour la protection de la caution à l'égard des créanciers professionnels (Cass. 3e civ. 17-2-2022 n° 21-12.934 FS-B : BPIM 2/22 inf. 165).

Le cautionnement est un acte, nécessairement écrit et signé, par lequel une personne s'engage envers le bailleur à payer à la place du locataire qui ne paie plus les sommes dues au titre du contrat de bail.

Le nombre des bailleurs de locaux à usage d'habitation susceptibles de demander un cautionnement pour garantir le paiement des sommes dont le locataire pourrait être débiteur est réduit (Loi 89-462 du 6-7-1989 art. 22-1).

Les **bailleurs qui ont souscrit une assurance** garantissant les obligations locatives du locataire (**assurance loyers impayés**) ou **toute autre forme de garantie** (dépôt de garantie mis à part) ne peuvent pas y recourir, sauf lorsque le locataire est un étudiant ou un apprenti (Loi 89-462 du 6-7-1989 art. 22-1, al. 1).

Ne le peuvent pas non plus les bailleurs **personnes morales** autres que les sociétés civiles constituées exclusivement entre parents et alliés jusqu'au 4e degré inclus, sauf (Loi 89-462 du 6-7-1989 art. 22-1, al. 2 à 4) :

– si le logement est loué à un étudiant ne bénéficiant pas d'une bourse de l'enseignement supérieur ;

– ou si le cautionnement est apporté par certains organismes (fonds de solidarité pour le logement et les fonds locaux prévus par les articles 6 et 7 de la loi 90-449 du 31 mai 1990 ; associations auxquelles un fonds de solidarité pour le logement ou un fonds local accorde sa garantie en application des dispositions de l'article 6 de la loi du 31 mai 1990 précitée ; organismes ou associations qui apportent, à titre gratuit, leur caution à un candidat à la location afin de favoriser son accès au logement).

La loi Alur, confirmant une réponse ministérielle de 2010 (Rép. Klès : Sén. 6-5-2010 p. 1160 n° 12456), sanctionne ce cumul illicite de garanties par l'unique nullité du cautionnement (Loi 89-462 du 6-7-1989 art. 22-1, al. 1). La validité du bail n'est pas affectée.

Le bailleur ne peut pas **refuser la caution** présentée au motif qu'elle ne possède pas la nationalité française ou qu'elle ne réside pas sur le territoire métropolitain (art. 22-1, al. 5).

Durée du cautionnement L'engagement de caution peut valablement être consenti pour une durée **déterminée,** c'est-à-dire pour la durée du bail et ses reconductions tacites, légales ou conventionnelles (CA Paris 12-12-1995 : Loyers et copr. 1996 comm. n° 162 ; CA Versailles 5-12-1997 : BPIM 2/98 inf. 141). Il importe cependant que cet engagement soit exprès (CA Versailles 25-6-1999 : Loyers et copr. 2000 comm. n° 161). À défaut, en l'absence de toute mention prévoyant l'extension de l'engagement de caution aux obligations nées du bail renouvelé ou tacitement reconduit, cet engagement est limité aux seules obligations nées du bail initial, peu important qu'il soit parvenu à son terme de par la loi, reconduit tacitement ou renouvelé (Cass. 1e civ. 4-10-2000 : RJDA 2/01 n° 228). 62711

Lorsque le cautionnement ne comporte aucune indication de durée ou lorsque la durée de cautionnement est **indéterminée,** la résiliation unilatérale de l'engagement de caution, auquel peut prétendre la caution, ne produit effet qu'au terme du contrat de location au cours duquel le bailleur reçoit la notification de la résiliation, qu'il s'agisse de contrat initial ou d'un contrat reconduit ou renouvelé (art. 22-1, al. 7). Mais si la caution n'exerce pas cette faculté de résiliation, elle est tenue au paiement de l'arriéré des loyers et charges exigibles au titre du bail renouvelé (Cass. 3e civ. 13-7-2005 n° 04-13.764 : RJDA 12/05 n° 1327). Il reste une difficulté quant à la nature déterminée ou indéterminée de la durée d'un engagement de caution consenti pour le bail initial et ses éventuels renouvellements. Ainsi, s'agissant d'un cautionnement consenti pour la durée du bail et de son renouvellement éventuel, il a été jugé qu'il s'agissait d'un cautionnement à durée indéterminée soumis aux prescriptions de l'article 22-1 de la loi de 1989 (CA Versailles 6-11-1998 : Loyers et copr. 2000 comm. n° 59). En revanche, si le cautionnement est consenti pour la durée du bail, bien que celui-ci soit renouvelable, il ne doit pas être assimilé à un cautionnement à durée indéterminée : il ne peut être dénoncé que pour la fin du bail (CA Chambéry 28-1-1999 : Loyers et copr. 2000 comm. n° 60).

> Précisions a. Le congé du colocataire met fin à la solidarité lorsqu'un nouveau colocataire figure au bail. À défaut, la solidarité du colocataire sortant (et celle de sa caution) s'éteint au plus tard six mois après la date d'effet du congé (Loi 89-462 du 6-7-1989 art. 8-1). Ainsi, un colocataire solidaire qui a donné congé et quitté les lieux ne peut pas être condamné à régler au bailleur la réparation des dégradations locatives survenues après la fin de la période de solidarité (Cass. 3e civ. 8-4-2021 n° 19-23.343 FS-P : BPAT 3/21 inf. 115).
b. La solidarité du locataire victime des violences exercées au sein du couple ou sur un enfant qui réside habituellement avec lui et celle de la personne qui s'est portée caution pour lui prennent fin le lendemain du jour de la première présentation au domicile du bailleur du courrier l'informant que le locataire quitte le logement en raison de ces violences. Le courrier doit être envoyé au bailleur par lettre recommandée avec demande d'avis de réception et doit être accompagné de la copie de l'ordonnance de protection délivrée par le juge aux affaires familiales, préalablement notifiée à l'autre membre du couple, ou d'une condamnation pénale de ce dernier pour ces faits de violences et rendue depuis moins de six mois (Loi 89-462 du 6-7-1989 art. 8-2 nouveau).

62715 **Mentions de l'acte de cautionnement** Les engagements de caution conclus depuis le 1er janvier 2022 doivent (Loi 89-462 du 6-7-1989 art. 22-1, al. 7) :

– être signés par la caution et faire apparaître le montant du loyer et les conditions de sa révision ;

– reproduire l'avant-dernier alinéa de l'article 22-1 ;

– contenir la mention apposée par la caution elle-même selon laquelle elle s'engage en qualité de caution à payer au créancier ce que lui doit le débiteur en cas de défaillance de celui-ci, dans la limite d'un montant en principal et accessoires exprimé en toutes lettres et en chiffres (C. civ. art. 2297).

À peine de nullité, le bailleur doit remettre à la caution un exemplaire du contrat de location (Loi 89-462 du 6-7-1989 art. 22-1).

62717 **Sort du cautionnement en cas de vente du local loué** En cas de vente de l'immeuble donné à bail, le cautionnement garantissant le paiement des loyers est, sauf stipulation contraire, transmis de plein droit au nouveau propriétaire en tant qu'accessoire de la créance de loyer cédée à l'acquéreur (Cass. ass. plén. 6-12-2004 nº 520 : RJDA 4/05 nº 458).

62720 **Information de la caution par le bailleur** Lorsque le bailleur est amené à signifier un **commandement de payer** à son locataire et qu'il bénéficie d'un engagement de caution, il doit signifier à la caution le commandement de payer dans un délai de quinze jours à compter de la signification du commandement au locataire. À défaut, la caution ne peut être tenue au paiement des pénalités ou intérêts de retard (Loi 89-462 du 6-7-1989 art. 24, I, al. 9).

La protection des **cautions personnes physiques** est renforcée lorsque le bailleur est un créancier professionnel. Ainsi, avant le 31 mars de chaque année, le **bailleur professionnel** doit informer la caution personne physique du montant du principal de la dette, des intérêts et autres accessoires restant dus au 31 décembre de l'année précédente au titre de l'obligation garantie, sous peine de déchéance de la garantie des intérêts et pénalités échus depuis la date de la précédente information et jusqu'à celle de la communication de la nouvelle information (C. civ. art. 2302, al. 1). Les frais de cette information sont à la charge du bailleur, qui ne peut les répercuter ni sur la caution ni sur le locataire. Dans les rapports entre le bailleur et la caution, les paiements effectués par le locataire pendant cette période seront imputés prioritairement sur le principal de la dette. Le bailleur professionnel est aussi tenu, à ses frais et sous la même sanction, de rappeler à la caution le terme de son engagement ou, si le cautionnement est à durée indéterminée, sa faculté de résiliation à tout moment et les conditions dans lesquelles celle-ci pourra être exercée. Le bailleur doit également informer la caution personne physique de la **défaillance** du locataire dès le premier incident de paiement non régularisé dans le mois de l'exigibilité du paiement, à peine de déchéance de la garantie des intérêts et pénalités échus entre la date de cet incident et celle à laquelle elle en a été informée (C. civ. art. 2303, al. 1 ; voir nº 51475).

GARANTIE AUTONOME

62730 Le bailleur peut également exiger du locataire, au lieu et place d'une caution, la garantie autonome prévue à l'article 2321 du Code civil en garantie des sommes qui pourront lui être dues du fait de l'existence et de l'exécution du bail. Toutefois, elle ne peut être souscrite qu'en lieu et place du dépôt de garantie et dans la limite du montant maximal autorisé pour le dépôt de garantie, c'est-à-dire un mois de loyer en principal (Loi 89-462 du 6-7-1989 art. 22-1-1).

ASSURANCE LOYERS IMPAYÉS

62740 Pour inciter les propriétaires à louer par leur intermédiaire, les agents immobiliers, administrateurs de biens et notaires proposent des assurances « loyers impayés » et des contrats « garantie d'occupation ». Le propriétaire qui ne recourt pas aux services d'un intermédiaire immobilier peut aussi souscrire directement une assurance loyers impayés. Le propriétaire assuré ne peut pas demander de cautionnement sauf si le locataire est un étudiant ou un apprenti (Loi 89-462 du 6-7-1989 art. 22-1).

Le **contrat d'assurance** garantit au propriétaire le recouvrement des loyers et charges en cas de défaillance du locataire pendant une durée qui dépasse rarement 2 ans (par ailleurs, la première prise en charge n'intervient généralement qu'après un trimestre d'impayés). Ce même contrat peut prévoir une extension de garantie aux détériorations commises par le locataire et aux frais contentieux et judiciaires.

Le **contrat « garantie d'occupation »** a pour objet de limiter les conséquences financières de la vacance du logement en assurant au propriétaire le versement des loyers et d'un forfait de charges pendant une certaine période (entre 12 et 24 mois).

Pour les **locataires de moins de 30 ans,** les salariés de plus de 30 ans d'une entreprise du secteur privé ou agricole ou pour tous les locataires éligibles au bail mobilité, le bailleur peut souscrire un dispositif, facultatif, de sécurisation des loyers **Visale** (Visa pour le logement et l'emploi ; voir n° 27570). Ce dispositif est financé par Action Logement. Les **ménages** en difficulté entrant dans un logement locatif via un organisme d'intermédiation locative agréé peuvent également bénéficier du dispositif. Les locataires doivent percevoir des **ressources mensuelles minimales** : le « taux d'effort » doit être inférieur ou égal à 50 % (loyers + charges/revenus) en règle générale et compris entre 30 et 50 % pour les jeunes salariés de moins de 30 ans en CDI. Seuls peuvent bénéficier de Visale les **logements décents** loués ou sous-loués nus ou meublés à titre de résidence principale dont le loyer mensuel, charges comprises, ne dépasse pas 1 500 € en Île-de-France et 1 300 € sur le reste du territoire.

Visale couvre tous les **loyers impayés** (charges comprises) au cours de toute la durée du bail dans la limite de 36 mensualités impayées. Sont également prises en charge les éventuelles dégradations locatives imputables au locataire dans la limite de 2 mois de loyers et charges pour les logements relevant du parc locatif privé. Seuls sont concernés les frais de remise en état du logement, à l'exclusion des frais de remise en état du mobilier.

Le locataire peut également bénéficier d'une avance Loca-pass pour financer le dépôt de garantie versé au moment de la signature du bail. L'ensemble des **démarches** doit être réalisé en ligne sur le site www.visale.fr.

Depuis le 4 juin 2024, le dispositif Visale est ouvert aux **travailleurs saisonniers.** Sont garantis les locaux à usage d'habitation loués nus ou meublés dans le cadre de la mission saisonnière, à l'exception notamment des tentes, cabanes, camping-car, habitations sans structure fixe et meublés de tourisme, dont le loyer mensuel ne dépasse pas 800 € en Île-de-France et 600 € dans le reste du territoire et les DROM. Le bailleur est couvert au titre des loyers impayés dès le 1er mois d'occupation et dans la limite de 9 mois et, le cas échéant, des dégradations locatives dans la limite de 3 mois de loyer (dont 1 mois au titre des dommages mobiliers).

4. ORGANISMES PARTICIPANT À LA FIXATION DU LOYER D'HABITATION

COMMISSION DÉPARTEMENTALE DE CONCILIATION

L'institution de commissions de conciliation, issue de l'article 24 de la loi du 23 décembre 1986, 62760
a été reprise dans la loi du 6 juillet 1989. Leur **champ d'intervention,** élargi au fil du temps, est le suivant (Loi 89-462 du 6-7-1989 art. 20) :

– les litiges portant sur l'application des articles 17, 17-1, 17-2 et 18 de la loi et des articles 30 et 31 de la loi 86-1290 du 23 décembre 1986 tendant à favoriser l'investissement locatif, l'accession à la propriété de logements sociaux et le développement de l'offre foncière ;

– les litiges relatifs aux caractéristiques du logement décent ;

– les litiges portant sur l'état des lieux, le dépôt de garantie, les charges locatives et les réparations locatives, ce qui exclut les travaux à la charge du bailleur ;

– les litiges relatifs aux congés délivrés en application de l'article 15 de la loi, à savoir aussi bien les congés du bailleur que ceux du locataire ;

– les difficultés résultant de l'application des accords collectifs nationaux ou locaux, du plan de concertation locative, des modalités de fonctionnement d'un immeuble ou d'un groupe d'immeubles.

La commission est également compétente pour l'examen des litiges relatifs aux logements meublés à usage de résidence principale (Loi 89-462 du 6-7-1989 art. 25-11) mais elle ne l'est pas pour les litiges relatifs aux logements meublés loués dans le cadre d'un bail mobilité (Loi 89-462 du 6-7-1989 art. 25-12 nouveau ; voir nos 65595 s.).

Saisine de la commission départementale de conciliation La commission doit 62765
être saisie par le locataire, le bailleur ou le mandataire habilité par l'une ou l'autre des parties (ou, pour le règlement des difficultés, par le bailleur, plusieurs locataires ou une association représentative de locataires). La saisine de commission par une **personne** non habilitée équivaut à une absence de saisine qui rend irrecevable la demande en fixation d'un nouveau loyer (Cass. 3e civ. 19-2-2003 n° 01-15.813 : RJDA 8-9/03 n° 818).

Le **délai** de la saisine diffère selon la nature du litige concerné. En ce qui concerne les litiges portant sur l'application de l'article 17 de la loi de 1989, elle doit avoir lieu avant le terme du contrat (n° 62446). En ce qui concerne ceux portant sur l'application de l'article 31 de la loi de 1986, la saisine doit intervenir dans les trois mois qui suivent la réception de la proposition de contrat.

La saisine a lieu par **lettre** recommandée AR ou par voie électronique (dans ce cas, le procédé technique utilisé doit assurer l'authentification de l'émetteur, l'intégrité du message et permettre de vérifier la réception du message par la commission à une date certaine). Cette demande doit indiquer les nom, qualité et adresse des parties, ainsi que l'objet du litige. Une saisine par lettre simple constitue une irrégularité de forme soumise à l'exigence de la preuve d'un préjudice pour que sa nullité soit encourue (Cass. 3e civ. 14-11-2002 n° 01-10.282 : RJDA 2/03 n° 120).

La demande peut également être réalisée au moyen d'un formulaire prévu par un arrêté du préfet.

Lorsque la saisine est incomplète ou n'est pas adressée dans les formes requises, le demandeur en est informé par courrier, ou par voie électronique si la saisine a été effectuée par cette voie.

> **Précisions** En cas de désaccord du locataire sur la proposition de renouvellement d'un bail avec un nouveau loyer faite en application de l'article 17-2, la saisine de la commission départementale de conciliation n'est pas soumise à un délai impératif (Cass. 3e civ. 27-11-2002 : RJDA 2/03 n° 123).
> Dans un arrêt qui nous paraît très contestable, la Cour de cassation, pour rejeter une demande de nullité d'augmentation de loyer notifiée six ans auparavant, et alors qu'il aurait suffi de rappeler les dispositions de l'article 17-2, a jugé que le locataire ne disposait que d'un délai de deux mois à compter de la date de renouvellement du bail pour saisir la commission de conciliation et contester le montant du loyer du bail renouvelé (Cass. 3e civ. 8-2-2006 : RJDA 5/06 n° 514 ; voir, pour une étude critique de cet arrêt : Rev. Loyers 2006 p. 1190 note V. Canu ; dans le même sens : CA Paris 8-4-2008 : Loyers et copr. 2008 comm. n° 152).

62770 **Avis de la commission départementale de conciliation** La commission doit rendre un avis dans le délai de 2 mois de sa saisine et s'efforcer de concilier les parties. Ce délai ne court qu'à compter du dépôt d'un dossier complet (voir ci-dessus n° 62765). En cas de saisine d'une commission territorialement incompétente, le délai de 2 mois court à compter de la réception, par la commission initialement saisie, de la lettre ou du message électronique et du dossier complet (Décret 2001-653 du 19-7-2001 art. 7).

En principe, les parties doivent se présenter en personne, mais, en cas de motif légitime, il leur est possible de se faire représenter par une personne dûment mandatée. Elles peuvent se faire assister par une personne de leur choix, à l'exclusion des membres titulaires ou suppléants de la commission.

En cas d'absence des parties ou de l'une d'elles, la commission constate l'impossibilité de concilier les parties et émet éventuellement un avis sur le litige ou la difficulté. En cas de motif légitime de non-comparution dûment justifié par l'une des parties avant la séance, une nouvelle et ultime convocation peut être adressée.

En cas de conciliation partielle, la commission constate la conciliation qui fait l'objet d'un document de conciliation. Ce document fait également apparaître les points de désaccord qui subsistent.

À défaut de conciliation entre les parties, la commission rend un avis comportant l'exposé du différend et la position des parties ainsi que, le cas échéant, celle de la commission elle-même. En cas de conciliation entre les parties, la commission établit un document de conciliation comportant les termes de l'accord trouvé (Loi 89-462 du 6-7-1989 art. 20, al. 4).

La conciliation intervenue avec un seul des époux locataires n'engage pas l'autre. Elle est donc inopérante (Cass. 3e civ. 6-3-1996 : Rev. Loyers 1996 p. 254).

En l'**absence d'avis** émis par la commission, la partie la plus diligente doit saisir le juge avant le terme du bail en cours sous peine de voir le bail se renouveler de plein droit aux conditions antérieures de loyer, éventuellement révisé.

Le juge ne peut être valablement saisi avant que la commission ait donné son avis ou que le délai de deux mois qui lui est imparti pour le faire soit écoulé (Cass. 3e civ. 12-10-2011 n° 10-21.216 : RJDA 1/12 n° 21 ; Cass. 3e civ. 7-3-2012 n° 10-27.820 : RJDA 6/12 n° 571).

> **Précisions** La loi prévoit que la saisine de la commission intervient au plus tôt 4 mois avant la fin du contrat, mais elle ne précise pas la **date limite** au-delà de laquelle cette saisine sera tardive et rendra celle du juge irrégulière. En l'espèce, la saisine de la commission 6 jours avant le terme du bail a été considérée comme irrecevable. Même si l'arrêt ne se prononce pas sur la date limite de recevabilité, on peut supposer que la saisine doit intervenir au moins 2 mois avant le terme du bail, la commission disposant de 2 mois au maximum pour rendre son avis.

OBSERVATOIRES LOCAUX DES LOYERS

Bailleur et locataire peuvent avoir besoin de recueillir des références pour faire valoir leurs prétentions quant au montant du loyer et tout particulièrement dans les zones tendues. Pour ce faire, les collectivités territoriales, les établissements publics de coopération intercommunale à fiscalité propre compétents en matière d'habitat ou l'État peuvent créer, dans chaque département, des observatoires locaux des loyers. Leur mission est de recueillir les données relatives aux loyers sur une zone géographique déterminée et de mettre à la disposition du public des résultats statistiques représentatifs sur ces données nécessaires à la détermination des **loyers de référence** mentionnées aux articles 17, 17-2 et 18 de la loi du 6 juillet 1989 (Loi 89-462 du 6-7-1989 art. 16). **62780**

Le **parc de référence** pour l'observation et l'analyse des loyers est constitué de l'ensemble des locaux à usage d'habitation ou à usage mixte professionnel et d'habitation, à l'exception de ceux appartenant aux organismes HLM et aux sociétés d'économie mixte de construction et de gestion des logements sociaux, ainsi que de ceux appartenant aux organismes bénéficiant de l'agrément relatif à la maîtrise d'ouvrage.

Les observatoires locaux des loyers sont **agréés** pour tout ou partie de la zone géographique qui y est mentionnée, par le ministre chargé du logement, dans les conditions fixées par le décret 2014-1334 du 5 novembre 2014. L'agrément ne peut être accordé à un observatoire que si ses statuts ou bien une instance chargée de la validation du dispositif d'observations assurent au sein de ses organes dirigeants la représentation équilibrée des bailleurs, des locataires et des gestionnaires ainsi que la présence de personnalités qualifiées. Les modalités de consultation et de fonctionnement de cette instance seront précisées par décret en Conseil d'État.

Ils transmettent l'ensemble de leurs données à l'agence nationale d'information sur le logement (**Anil**) et mettent à la disposition du public un document présentant les résultats retraités et agrégés pour l'année précédente. Ces résultats sont, notamment, constitués du niveau de loyers médians et moyens à l'échelle de l'agglomération et par zone géographique, de données de cadrage sur le parc de logements observés et des principales tendances d'évolution du marché locatif si les évolutions des niveaux de loyers sont observées. Ces données peuvent être communiquées, sous conditions d'anonymisation, à toute personne qui en fait la demande et aux représentants de l'État dans la région et dans le département chargés de fixer les loyers de référence dans les zones tendues, ainsi qu'au service statistique du ministère chargé du logement.

Les informations concernant le **niveau de loyer** par type de logements, par agglomération et par zone géographique sont disponibles sur le site de l'Anil : www.anil.org.

SECTION 2

BAUX DE SORTIE DE LA LOI DU 1er SEPTEMBRE 1948

CHAMP D'APPLICATION DE LA LOI DE 1948

La présente étude n'a pas pour objet la présentation des baux régis par la loi du 1er septembre 1948 ni celle de l'ensemble des baux dérogatoires permettant la sortie de la loi du 1er septembre 1948. Les développements qui suivent n'ont pour objet que de présenter les dispositions de la loi du 23 décembre 1986 modifiée par les lois du 6 juillet 1989 et du 21 juillet 1994 organisant la sortie de la loi du 1er septembre 1948 de certaines conventions locatives. À titre liminaire, nous rappellerons seulement quelques **grandes lignes de la loi du 1er septembre 1948.** **63000**

Les conditions économiques et démographiques d'après-guerre et la vétusté du parc immobilier ayant entraîné une crise du logement, il est alors apparu nécessaire de protéger les locataires économiquement faibles contre certaines visées spéculatives en leur assurant le droit au logement. L'institution du droit au maintien dans les lieux et l'encadrement draconien des loyers, appelés communément « taxation des loyers » ou encore « surface corrigée », sont les dispositions essentielles de la loi 48-1360 du 1er septembre 1948. Le champ d'application de cette loi répond à **plusieurs critères.** **63005**

1. Un critère **territorial** : la loi s'applique en principe à Paris, dans un rayon de 50 km de l'emplacement des anciennes fortifications de Paris, dans les communes dont la population municipale totale est supérieure à 4 000 habitants ou qui sont limitrophes de communes dont la population municipale totale est au moins égale à 10 000 habitants (ces populations s'évaluant d'après le recensement général de 1968), dans les communes de 4 000 habitants au plus dont la population municipale s'est accrue de plus de 5 % à chacun des recensements généraux de 1954, 1962 et 1968 par rapport aux recensements précédents.

Ces règles ne sont cependant que des règles de principe et de nombreux décrets étendent ou restreignent le champ d'application territorial défini ci-dessus. Il convient donc de vérifier, commune par commune, l'application territoriale de la loi.

2. Un critère **temporel** : la loi de 1948 ne s'applique qu'aux logements construits ou achevés avant le 1er septembre 1948, sauf cas particuliers (art. 3, 70 et 71).

3. Un critère **qualitatif** : les locaux entrant dans le champ d'application de la loi de 1948 sont classés en catégories en fonction des différents éléments d'équipement énumérés dans le décret du 10 décembre 1948 et de l'état général de l'immeuble abritant les locaux en cause. Ces catégories sont les catégories exceptionnelles I, II A, II B, II C, III A, III B et IV (jusqu'à la loi du 23 décembre 1986, étaient hors du champ d'application de la loi du 1er septembre 1948 les catégories exceptionnelles I et II A sous réserve, pour cette dernière catégorie, d'un certain niveau de revenus des occupants en 1975).

4. Un critère relatif à la **destination des locaux** : la loi concerne essentiellement les locaux à usage d'habitation ou professionnel. Les locations meublées peuvent cependant entrer dans le champ d'application de la loi de 1948.

Enfin, sous certaines conditions, les parties à la convention locative pouvaient écarter l'application de la loi du 1er septembre 1948 sous réserve de respecter certaines autres contraintes : il s'agit des **baux dérogatoires** conclus en application des articles 3 bis, 3 ter, 3 quater, 3 quinquies, 3 sexies, 3 septies, 3 octies et 3 nonies de la loi.

63010 La loi du 1er septembre 1948 est d'ordre public (art. 87) et s'impose donc aux parties. Toutefois, s'agissant d'un ordre public de protection, celles-ci peuvent y renoncer. Pour être valable, la **renonciation** doit être certaine, non équivoque, faite en connaissance de cause et une fois qu'ont été acquis les droits prévus par ce texte. Tel est le cas lorsque le locataire a accepté de conclure un bail conforme à la loi du 23 décembre 1986 ou du 6 juillet 1989 (Cass. 3e civ. 3-4-2007 no 06-13.031 : Rev. Loyers 2007 p. 290), même s'il a ensuite refusé de signer le contrat (Cass. 3e civ. 4-10-1995 : RJDA 11/95 no 1217 ; Cass. 3e civ. 5-2-1997 : RJDA 4/97 no 486 ; Cass. 3e civ. 13-6-2006 : Loyers et copr. 2006 comm. no 198).

A. Sortie des locaux vacants

PRINCIPE

63025 Depuis le 23 décembre 1986, les locaux vacants, autrement dit libérés de tout occupant, ne sont plus soumis aux dispositions de la loi du 1er septembre 1948. La location de ces locaux est régie par les chapitres I à III du titre 1er de la loi du 6 juillet 1989 (nos 61000 s.), à l'exception des locaux à usage exclusivement professionnel, qui sont régis par l'article 57 A de la loi du 23 décembre 1986 (nos 65500 s.) et par les dispositions du Code civil (nos 50005 s.), et des locaux vacants classés en catégorie IV, qui, sous certaines conditions, font l'objet d'un régime locatif dérogatoire de la loi de 1948 mais dépendant néanmoins de cette loi (nos 63040 s.).

Si ces locaux ne satisfont pas aux **caractéristiques d'un logement décent** (nos 62005 s.), le locataire peut, dans le délai d'un an à compter de la date de prise d'effet du contrat de location initial, demander au propriétaire leur mise en conformité avec ces normes sans qu'il soit porté atteinte à la validité du contrat de location en cours (Loi du 23-12-1986 art. 25, al. 2).

> Précisions **a.** Les locaux vacants meublés ne sont pas soumis, depuis le 23 décembre 1986, aux dispositions générales de la loi du 1er septembre 1948 (Cass. 3e civ. 30-1-2002 : RJDA 4/02 no 367).

b. La location des locaux qui ne répondent pas aux normes précitées ne retombe pas pour autant dans le champ d'application de la loi du 1er septembre 1948 puisque l'article 25 de la loi de 1986 dispose clairement que la non-mise en conformité ne porte pas pour autant atteinte à la validité du contrat de location en cours (Cass. 3e civ. 16-12-1998 : RJDA 2/99 no 159).

c. Le régime de location des locaux vacants résulte de l'article 25 de la loi du 23 décembre 1986 tel que modifié par la loi du 21 juillet 1994 relative à l'habitat. Antérieurement, les locaux vacants devaient normalement répondre, lors de la conclusion du contrat de location, aux normes édictées par le décret du 6 mars 1987 et, si les locaux ne répondaient pas à ces normes, le locataire pouvait demander, sans que la loi précise dans quel délai, leur mise en conformité. La loi précisait déjà que la non-mise en conformité ne portait pas pour autant atteinte à la validité du contrat de location en cours.

d. La demande de mise en conformité des locaux devait, à peine d'irrecevabilité, être faite dans l'année de la date d'entrée en vigueur de la loi du 21 juillet 1994 (Cass. 3e civ. 4-4-2001 no 99-14.593 : RJDA 6/01 no 669).

e. Le bail conclu, après le 23 décembre 1986, sur un local vacant n'est pas soumis à la loi de 1948, alors même qu'il porte sur des locaux servant, avec d'autres locaux dont le régime locatif est celui de la loi de 1948, pour l'hébergement familial (Cass. 3e civ. 10-3-2010 no 09-13.589 : AJDI 2010 p. 807).

Le décret 87-149 du 6 mars 1987 édicte des normes de confort et d'habitabilité relatives à la composition et aux dimensions des pièces, à leurs ouvertures et ventilations, à leur équipement en cuisine, salle d'eau, cabinet d'aisances, gaz, électricité et eau. Il précise que les sols, murs, plafonds de logements ou locaux ne doivent pas présenter d'infiltrations ni de remontées d'eau et que les ouvrants doivent être étanches à l'eau et en bon état de fonctionnement. L'immeuble ne doit pas, par ailleurs, présenter de défauts d'entretien graves. Le gros œuvre (murs, charpente, escaliers, planchers, balcons) doit être en bon état d'entretien. La couverture, ses raccords et ses accessoires doivent être étanches. **63030**

Ces normes peuvent cependant être l'objet d'interprétation et, à défaut d'accord entre les parties, le juge saisi détermine, le cas échéant, la nature des travaux à réaliser et le délai de leur exécution. Il peut même d'office les assortir d'une astreinte. Le juge peut également se prononcer sur une demande de modification du loyer fixé par le bailleur ou proposé par le locataire.

SORTIE DES LOCAUX DE LA CATÉGORIE IV

Les locations des locaux classés en catégorie IV, devenus vacants, autres que ceux libérés depuis moins de cinq ans pour l'exercice d'un des droits de reprise prévus au bénéfice des propriétaires par les articles 18, 19, 20 bis, 24 et 25 de la loi du 1er septembre 1948, ne sont pas soumises aux dispositions du titre 1er de la loi (art. 3 octies), autrement dit au régime pur de la loi de 1948 à la double condition : **63040**

– d'être situées dans une commune dont la population municipale totale est supérieure ou égale à 10 000 habitants (à l'exclusion de celles situées dans un rayon de 50 km de l'emplacement des anciennes fortifications de Paris) et qui n'a pas fait l'objet d'une extension du champ d'application territorial de la loi de 1948 en application de l'article 3 bis, 2° ;

– de répondre aux normes prévues par la loi 87-149 du 6 mars 1987.

Les locaux de la catégorie IV sont ceux qui ne présentent plus les conditions élémentaires d'habitabilité. Il en est ainsi, notamment, de certaines constructions édifiées avec des matériaux dont la qualité ou la mise en œuvre est exceptionnellement défectueuse ainsi que des immeubles démunis de tout équipement (aucun W.-C., ni particulier au local ni même commun à l'immeuble).

Le **régime locatif** de ces locaux est le suivant : durée minimale de six ans avec faculté pour le locataire d'y mettre fin à la fin de chaque année sans motif ou, moyennant le respect d'un préavis de trois mois, à tout moment, pour un motif tiré de raisons familiales ou professionnelles (art. 3 nonies). **63045**

Lorsque les locaux n'ont pas un usage exclusivement professionnel, ces baux sont soumis aux dispositions des chapitres 1 à 3 de la loi du 6 juillet 1989 en ce qu'elles ne sont pas contraires aux dispositions précitées.

Un constat de l'état du local de l'immeuble doit être établi par commissaire de justice au moment de la signature du contrat (Décret 87-150 du 6-3-1987 art. 1er).

À l'expiration de ce bail de sortie, la location est complètement régie par les dispositions de la loi du 6 juillet 1989.

B. Sortie des locaux II B et II C

DÉFINITION DES LOCAUX CONCERNÉS

La loi du 23 décembre 1986 a mis en place un dispositif de sortie progressive des locaux relevant des **catégories II B et II C** (art. 28 à 33). Ce dispositif a été conservé par la loi du 6 juillet 1989, qui y a cependant apporté diverses modifications, ainsi que la loi du 21 juillet 1994. La proposition de nouveau bail du bailleur n'est recevable que pour autant que les locaux relèvent de la catégorie II B ou II C (Cass. 3e civ. 27-10-1993 : Rev. Loyers 1994 p. 36). La classification des locaux est donc importante, ce d'autant plus que, lorsque les parties ont signé un bail dans lequel le locataire a expressément accepté le classement des lieux loués en catégorie II C, ce classement ne peut pas être remis en cause (Cass. 3e civ. 4-1-1995 : RJDA 2/95 no 122). **63120**

Les locaux de la deuxième catégorie se situent dans des constructions en matériaux de bonne ou de très bonne qualité, assurant des conditions satisfaisantes d'habitabilité (notamment au point de vue de l'isolation phonique ou thermique), qui présentent la plupart des caractéristiques suivantes :

– existence de pièces de réception (salle à manger et salon) pour les locaux d'un certain nombre de pièces ;

– dégagements intérieurs de dimensions normales et d'aspect satisfaisant ;

– installations et équipement de bonne qualité ou de qualité moyenne ;

– dans les immeubles collectifs, accès faciles, vestibules, escaliers de dimensions et d'aspect satisfaisants.

63125 Les locaux de la **catégorie II B** sont des locaux situés dans des constructions d'une qualité ou d'une classe inférieure à la sous-catégorie A, laquelle vise des constructions de très bonne qualité qui comportent de larges pièces de réception, des dégagements intérieurs assez vastes et, pour les immeubles collectifs, un escalier assez large avec tapis, un escalier de service et, s'il y a plus de deux étages, un ascenseur. Dans cette sous-catégorie B, les matériaux assurant une isolation phonique et thermique sont moyennement satisfaisants, les dégagements intérieurs et extérieurs peu importants. Enfin, dans les immeubles collectifs, on note une absence fréquente d'ascenseur, voire d'escalier de service ou de tapis d'escalier.

63130 Les locaux de la **catégorie II C** sont des locaux situés dans des constructions de bonne qualité mais qui se distinguent notamment des catégories II A et II B par :

– un aspect plus ordinaire ;

– un faible développement tant des dégagements, vestibules et escaliers que des pièces et entrées (il existe généralement un salon et une salle à manger dès qu'il y a quatre pièces, mais ils sont assez exigus) ;

– dans les immeubles collectifs, absence habituelle d'ascenseur, d'escalier de service, de tapis d'escalier. Enfin, dans cette catégorie, les appartements ont rarement plus de quatre pièces principales : ils donnent sur des paliers parfois communs à plus de deux logements.

Les critères de distinction ainsi définis doivent être adaptés en fonction des circonstances locales. Le décret distingue d'ailleurs les locaux situés à Paris de ceux situés en province.

La catégorie dont relèvent les lieux loués est déterminée soit d'un commun accord du bailleur et du locataire, soit à dire d'expert, éventuellement désigné à l'occasion d'une procédure judiciaire. Cette catégorie est généralement indiquée sur les décomptes de surface corrigée qui ont pu être remis aux locataires.

BAIL DE HUIT ANS

63140 Le bailleur des locaux classés en sous-catégorie II B ou II C, dont le prix est fixé selon la méthode dite de « surface corrigée » définie aux articles 28 et suivants de la loi du 1er septembre 1948, peut proposer à son **locataire** ou à l'occupant de bonne foi un bail de huit ans à l'expiration duquel le logement sortira totalement du champ d'application de la loi du 1er septembre 1948 pour tomber dans celui de la loi du 6 juillet 1989 s'il s'agit de locaux à usage d'habitation principale ou à usage mixte d'habitation principale et professionnel, et de l'article 57 A de la loi du 23 décembre 1986 complétée par les dispositions du Code civil s'il s'agit d'un local exclusivement professionnel (Loi du 23-12-1986 art. 30).

L'**occupant de bonne foi** est défini comme étant le locataire, sous-locataire ou cessionnaire de bail à l'expiration de son contrat, ainsi que l'occupant qui, habitant dans les lieux en vertu ou en suite d'un bail écrit ou verbal, d'une sous-location régulière, d'une cession régulière d'un bail antérieur, d'un échange opéré dans les conditions légales, exécute ses obligations (Loi du 1-9-1948 art. 4). Les occupants de bonne foi peuvent se maintenir dans les lieux en revendiquant le bénéfice de la loi du 1er septembre 1948. En effet, l'acte par lequel le bailleur notifie au locataire qu'il met fin au contrat de louage doit, à peine de nullité, reproduire les dispositions des deux premiers alinéas de l'article 4 de la loi du 1er septembre 1948 et préciser qu'il ne comporte pas en lui-même obligation d'avoir à quitter effectivement les lieux (Loi du 1-9-1948 art. 4, al. 3). Cet acte est traditionnellement appelé le **« congé-maintien ».**

63145 **Conditions du bail** Les conditions du bail sont édictées par l'article 30 de la loi du 23 décembre 1986. Le bail doit avoir une **durée** de huit ans.

Le bail proposé à caractère exclusivement professionnel doit être conforme aux dispositions du Code civil et à celles des articles 30 à 33 et 57 A de la loi du 23 décembre 1986 sans pour autant que les mentions minimales auxquelles ces textes renvoient soient limitatives : dès lors, les juges du fond fixent souverainement les conditions du contrat, lesquelles peuvent être celles du projet de bail proposé par le bailleur (Cass. 3e civ. 4-4-2007 n° 06-10.980 : RJDA 8-9/07 n° 825).

Le **loyer** est fixé par référence aux loyers non régis par le chapitre III de la loi du 1er septembre 1948 (méthode de la surface corrigée) et habituellement constatés dans le voisinage au cours des trois dernières années pour des logements comparables (Décret 90-781 du 31-8-1990 : JO 6-9).

Le nombre minimal des références à fournir est de trois. Toutefois, il est de six dans les communes faisant partie d'une agglomération de plus d'un million d'habitants (Paris, Lyon et Marseille). Les références utilisées doivent être prises dans le voisinage du logement en cause (même groupe d'immeubles ou groupes d'immeubles comportant des caractéristiques similaires et situés dans la même zone géographique). La liste des références doit comporter, au moins pour les deux tiers, des références de locations pour lesquelles il n'y a pas eu de changement de locataire depuis trois ans.

Les **références** servant à déterminer le loyer doivent mentionner, pour chacune d'entre elles : **63150**
- le nom de la rue et la dizaine de numéros où se situe l'immeuble ;
- la qualité et l'époque de construction de l'immeuble ;
- l'étage du logement et la présence éventuelle d'un ascenseur ;
- la surface habitable du logement et le nombre de ses pièces principales ;
- l'existence éventuelle d'annexes prises en compte pour le loyer ;
- son état d'équipement (notamment W.-C. intérieur, salle d'eau, chauffage) ;
- l'indication selon laquelle le locataire est dans les lieux depuis plus ou moins de trois ans ;
- le montant du loyer mensuel hors charges effectivement exigé.

La notification de la proposition de contrat doit seulement comporter la liste des références ayant servi à déterminer le prix proposé avec les mentions précitées, sans qu'il y ait lieu de prouver ces références par communication des baux retenus (Cass. 3e civ. 4-4-2007 n° 06-10.980 : RJDA 8-9/07 n° 825).

En raison du préjudice causé au locataire du fait du défaut de comparabilité de cinq des six références de loyers produites par le propriétaire, la proposition de contrat de bail est nulle et le bail à usage d'habitation reste soumis à la loi du 1er septembre 1948 (Cass. 3e civ. 30-6-2010 n° 09-67.749 : AJDI 2010 p. 730).

La **différence** entre le loyer proposé du contrat de location de huit ans et le loyer ou l'indemnité d'occupation antérieure **s'applique par huitième** au cours des huit années de ce contrat. La révision éventuellement prévue s'applique à chaque valeur ainsi définie étant précisé que depuis le 1er juillet 2006 la valeur de référence est l'indice de référence des loyers (n° 62420). **63155**

Notification et contenu du bail Le bailleur, qui peut proposer un contrat de location de huit ans en cours de bail (Cass. 3e civ. 22-1-1997 : RJDA 3/97 n° 336), doit notifier au locataire ou à l'occupant de bonne foi une **proposition de contrat** par lettre recommandée AR ou par acte de commissaire de justice. **63160**

Les notifications ou significations faites en application du titre 1er de la loi du 6 juillet 1989 sont opposables au **conjoint** du locataire ou au partenaire lié par un Pacs si son existence n'a pas été préalablement portée à la connaissance du bailleur (Loi du 6-7-1989 art. 9-1). Les propositions d'un bail de huit ans faites en application des articles 28 et suivants de la loi du 23 décembre 1986 ne sont cependant pas visées par ce texte. Elles doivent donc être diligentées à l'égard des deux époux à peine d'inopposabilité de la procédure à l'égard du conjoint non visé (CA Paris 19-4-2005 : Rev. Loyers 2005 p. 440). Mais si l'avis de réception de l'unique lettre recommandée notifiée aux époux est signé par chacun d'eux, la notification est opposable aux deux époux (Cass. 3e civ. 2-2-2000 n° 98-11.471 : RJDA 4/00 n° 395). Bien que notifiée à chacun des époux, la proposition de bail est inefficace si les deux accusés de réception n'ont été signés que par un seul des époux (CA Lyon 8-4-2008 : Loyers et copr. 2008 comm. n° 186).

À peine de nullité, le **contrat** proposé (ainsi d'ailleurs que le contrat définitivement conclu) **doit reproduire** les dispositions des articles 25, 28, 29, 30, 31, 32 et 33 de la loi du 23 décembre 1986 modifiée relative aux conditions dans lesquelles peut intervenir le nouveau bail. **63165**

Le **texte de ces articles** est le suivant :

« **Art. 25** – Les locaux vacants à compter du 23 décembre 1986 ne sont pas soumis aux dispositions de la loi 48-1360 du 1er septembre 1948 précitée. Ils sont désormais régis par les chapitres Ier à III du titre Ier de la loi 89-462 du 6 juillet 1989, à l'exception des locaux à usage exclusivement professionnel qui sont régis par l'article 57 A et par les dispositions du Code civil.

« Si les locaux loués depuis le 23 décembre 1986 ne satisfont pas aux normes minimales de confort et d'habitabilité fixées par décret après avis de la Commission nationale de concertation,

63165 (suite) le locataire peut, dans le délai d'un an à compter de la date de prise d'effet du contrat de location initial, demander au propriétaire leur mise en conformité avec ces normes sans qu'il soit porté atteinte à la validité du contrat de location en cours.

« À défaut d'accord entre les parties, le juge saisi détermine, le cas échéant, la nature des travaux à réaliser et le délai de leur exécution, qu'il peut même d'office assortir d'une astreinte. Il peut également se prononcer sur une demande de modification du loyer fixé par le bailleur ou proposé par le locataire.

« À défaut de mise aux normes effectuée dans les conditions précitées, le loyer des locaux soumis au présent article est fixé conformément aux II ou III de l'article 17 de la loi 89-462 du 6 juillet 1989.

« Les dispositions du présent article ne sont pas applicables aux locaux classés en catégorie IV. »

« **Art. 28** – Le bailleur d'un local classé en sous-catégorie II B ou II C dont le loyer ou l'indemnité d'occupation est fixé conformément aux dispositions du chapitre III de la loi 48-1360 du 1er septembre 1948 précitée peut proposer au locataire ou occupant de bonne foi un contrat de location régi par les dispositions des articles 30 à 33 du présent chapitre et des chapitres Ier à III à l'exception des articles 10 et 11 de la loi 89-462 du 6 juillet 1989, tendant à améliorer les rapports locatifs et portant modification de la loi 86-1290 du 23 décembre 1986 et, s'il s'agit d'un local à usage exclusivement professionnel, par les dispositions du Code civil et les articles 30 à 33 et 57 A de la présente loi.

« Les dispositions des deuxième et troisième alinéas de l'article 25 sont applicables aux locaux loués en application du présent article. »

« **Art. 29** – Les dispositions de l'article 28 ne sont pas opposables au locataire ou occupant de bonne foi dont les ressources, cumulées avec celles des autres occupants du logement, sont inférieures à un seuil fixé par décret.

« Le seuil est calculé en fonction de la localisation géographique du logement et du nombre de personnes qui l'occupent.

« Toutefois, si, à l'expiration du contrat prévu à l'article 30 ci-dessous, le locataire est âgé de plus de soixante-cinq ans ou handicapé visé au 2° de l'article 27 de la loi 48-1360 du 1er septembre 1948 précitée, il bénéficiera, nonobstant les dispositions de l'article 33, du droit au maintien dans les lieux prévu à l'article 4 de la loi 48-1360 du 1er septembre 1948 précitée. »

« **Art. 30** – Le contrat de location conclu en application de l'article 28 est d'une durée de huit ans. Son loyer est fixé par référence aux loyers non régis par le chapitre III de la loi 48-1360 du 1er septembre 1948 précitée et habituellement constatés dans le voisinage au cours des trois dernières années pour les logements comparables.

« La différence entre le loyer du contrat de location établi en application de l'article 28 et le loyer ou l'indemnité d'occupation antérieur s'applique par huitième au cours des huit années de ce contrat. La révision éventuelle résultant du I de l'article 17-1 de la loi 89-462 du 6 juillet 1989 précitée s'applique à chaque valeur ainsi définie. »

« **Art. 31** – Le contrat de location proposé en application de l'article 28 doit, à peine de nullité, reproduire les dispositions des articles 25 et 28 à 33.

« Le bailleur notifie, à peine de nullité de la proposition de contrat, la liste des références ayant servi à déterminer le prix proposé. Les éléments constitutifs de ces références sont fixés par décret, après avis de la Commission nationale de concertation.

« Dans un délai de deux mois à compter de la réception de la proposition du bailleur, le locataire ou l'occupant de bonne foi fait, le cas échéant, connaître au bailleur, en présentant les justifications, qu'il remplit les conditions de l'article 29.

« Dans le même délai, le locataire ou occupant de bonne foi qui ne peut se prévaloir des conditions de l'article 29 fait connaître au bailleur son acceptation ou son refus du contrat de location ainsi que, le cas échéant, le montant des travaux dont il demande le remboursement en application de l'article 32.

« Les notifications prévues aux trois (quatre) premiers alinéas du présent article sont faites par lettre recommandée avec demande d'avis de réception ou signifiées par acte d'huissier.

« En cas de désaccord ou à défaut de réponse du locataire, l'une ou l'autre partie peut saisir la commission prévue à l'article 20 de la loi 89-462 du 6 juillet 1989 dans les trois mois qui suivent la réception de la proposition du contrat de location faite par le bailleur. Si, en l'absence d'accord entre les parties, à l'expiration d'un délai de six mois à compter de la proposition de contrat de location faite par le bailleur, le juge n'a pas été saisi, le local reste soumis aux dispositions de la loi 48-1360 du 1er septembre 1948 précitée.

« En cas de saisine du juge, celui-ci fixe le montant du loyer et statue sur les demandes des parties. Le contrat de location est alors réputé être conclu avec les clauses et conditions fixées judiciairement. La décision est exécutoire par provision.

« Sauf convention expresse contraire, le contrat de location conclu dans les conditions du présent article prend effet à l'expiration d'un délai de six mois à compter de la date de la proposition de contrat de location faite par le bailleur.

« À la date d'effet du contrat de location, les rapports entre le bailleur et le locataire ou occupant de bonne foi ne sont plus régis par les dispositions de la loi 48-1360 du 1er septembre 1948 précitée. »

« **Art. 32** – Lorsqu'il est fait application de l'article 28, le coût des travaux ayant amélioré substantiellement le confort ou l'équipement du local effectués par le locataire ou l'occupant de bonne foi est remboursé par le propriétaire. Un décret en Conseil d'État détermine la nature des travaux pris en compte ainsi que les modalités de leur évaluation.

« Le montant en est fixé et le remboursement effectué lors de la conclusion du contrat de location prévu à l'article 28.

« Si le bailleur le demande, le règlement intervient par compensation sur la fraction du nouveau loyer qui excède le montant de l'ancien. Si la dette n'est pas éteinte à l'expiration du bail mentionné à l'article 28, le bailleur en règle alors le solde. »

« **Art. 33** – À l'expiration du contrat conclu en application de l'article 31, le local est soumis aux dispositions des chapitres Ier à III du titre Ier de la loi 89-462 du 6 juillet 1989 et les locaux à usage exclusivement professionnel aux dispositions de l'article 57 A et aux dispositions du Code civil. »

À peine de nullité de la proposition de contrat, le bailleur doit également notifier la **liste des références** ayant servi à déterminer le prix proposé. **63170**

La notification d'un nouveau contrat proposé en application de l'article 28 de la loi du 23 décembre 1986 n'a pas à contenir une rédaction complète du nouveau bail mais elle doit comporter, outre la reproduction des dispositions des articles 25 et 28 à 33 de la loi du 23 décembre 1986, tous les éléments du contrat énumérés à l'article 3 de cette loi (date de prise d'effet et sa durée, consistance et destination de la chose louée, désignation des locaux et équipements d'usage privatif et, le cas échéant, énumération des parties, équipement et accessoires de l'immeuble qui font l'objet d'un usage commun, montant du loyer et modalités de révision, montant du dépôt de garantie, extrait du règlement de copropriété concernant la destination de l'immeuble, la jouissance et l'usage des parties privatives et communes et précisant la quote-part afférente aux lieux loués dans chacune des catégories de charges) (Cass. 3e civ. 4-11-1992 : Loyers et copr. 1993 comm. n° 95).

Les irrégularités affectant les références de loyer constituent un vice de forme, ce qui implique, pour obtenir la nullité de l'offre de nouveau bail, la preuve d'un préjudice subi par le locataire (Cass. 3e civ. 4-7-2001 n° 99-19.905 : RJDA 11/01 n° 1086).

Dans un **délai de deux mois** à compter de la réception de la proposition du bailleur, le **locataire** ou l'occupant de bonne foi **doit faire connaître** au bailleur, le cas échéant en présentant les justifications, que ses **ressources** cumulées avec celles des autres occupants sont inférieures au seuil fixé par le décret 87-387 du 12 juin 1987 et lui permettent ainsi de conserver le bénéfice de la loi du 1er septembre 1948 (Loi du 23-12-1986 art. 29 ; nos 63220 s.). Ce délai n'est pas prescrit à peine de forclusion (Cass. 3e civ. 10-12-2008 n° 07-20.027 : Rev. Loyers 2009 p. 124). Il en résulte qu'en cas de désaccord des parties ou de silence du locataire, le bailleur doit saisir le juge pour obtenir la signature d'un bail de huit ans sous peine que la relation locative reste régie par la loi du 1er septembre 1948. **63175**

Dans le même délai, le locataire ou l'occupant de bonne foi qui ne peut se prévaloir des conditions de l'article 29 précité doit faire connaître au bailleur son **acceptation ou** son **refus** du contrat de location ainsi que, le cas échéant, le montant des travaux dont il demande le remboursement en application de l'article 32 de la loi (nos 63195 s.).

En cas de désaccord ou à défaut de réponse du locataire, l'une ou l'autre partie peut saisir la commission de conciliation dans les trois mois qui suivent la réception par le locataire de la proposition de contrat faite par le bailleur. Si, en l'absence d'accord entre les parties, à l'expiration d'un délai de six mois à compter de la proposition d'un contrat de location faite par le bailleur, le juge n'a pas été saisi, le local reste soumis aux dispositions de la loi du 1er septembre 1948. **63180**

La rédaction initiale de la loi du 23 décembre 1986 prévoyait qu'à défaut de réponse du locataire dans le délai imparti le contrat de location était réputé être conclu aux conditions proposées par le bailleur, solution confirmée par la jurisprudence (Cass. 3e civ. 17-7-1992 : Bull. civ. III n° 255).

La nouvelle rédaction de l'article 31 de la loi du 23 décembre 1986 modifiée par la loi du 6 juillet 1989 souligne que seul le bailleur a intérêt à se manifester et à poursuivre la procédure devant la commission de conciliation puis devant le juge pour obtenir un nouveau bail avec un nouveau loyer puisque, à défaut, le bail reste soumis à la loi du 1er septembre 1948.

En cas de saisine du juge, celui-ci fixe le montant du loyer et statue sur les demandes des parties. Le contrat de location est alors réputé être conclu avec les clauses et conditions fixées judiciairement. La décision est exécutoire par provision.

63185 **En cas d'acceptation du locataire,** sauf convention expresse contraire, le contrat de location proposé par le bailleur prend effet à l'expiration d'un délai de six mois à compter de la date de la proposition de contrat de location faite par le bailleur.

À la date d'effet du contrat de location, les relations locatives entre bailleur et locataire ou occupant de bonne foi ne sont plus régies par la loi du 1er septembre 1948 (Loi du 23-12-1986 art. 31).

Le locataire qui accepte la proposition de nouveau bail renonce de manière non équivoque à l'application des dispositions de la loi du 1er septembre 1948, même s'il refuse ensuite de signer le bail (Cass. 3e civ. 5-2-1997 n° 95-10.401 : RJDA 4/97 n° 486).

63190 Si, à l'expiration du contrat de huit ans, le **locataire** ou l'occupant est **âgé** de plus de 65 ans ou handicapé (personne titulaire soit d'une pension de grand invalide de guerre, soit d'une rente d'invalide du travail correspondant à une incapacité de travail égale à 80 %), il bénéficie du **droit au maintien dans les lieux** prévu à l'article 4 de la loi du 1er septembre 1948.

> **Précisions** L'article 4 de la loi de 1948 définit seulement les bénéficiaires du droit au maintien dans les lieux sans donner le **régime locatif** qui leur est applicable. La question se posait donc de savoir si la référence à l'article 4 de la loi de 1948 par l'article 29 de la loi du 23 décembre 1986 modifiée signifiait une application pleine et entière de la loi du 6 juillet 1989 à l'issue du bail de huit ans consenti au locataire ou occupant remplissant les conditions d'âge ou de handicap énoncées ci-dessus. La Cour de cassation a conclu que le bailleur ne pouvait pas, à l'issue d'un tel bail, proposer un loyer de renouvellement tel que prévu par l'article 17 c de la loi de 1989 car ils sont titulaires non d'un bail renouvelé mais d'un droit au maintien dans les lieux aux clauses et conditions du bail expiré (Cass. 3e civ. 10-12-2008 n° 08-10.319 : Rev. Loyers 2009 p. 119).

À notre sens, il suffit qu'une des personnes cotitulaires du bail à usage exclusif d'habitation remplisse les conditions d'âge ou de handicap pour que puisse être revendiqué le droit au maintien dans les lieux. En revanche, il a été jugé, à propos d'un bail à usage mixte ne bénéficiant pas du principe de cotitularité du droit au bail pour les locaux sans caractère professionnel ou commercial servant à l'habitation de deux époux (C. civ. art. 1751), que les conditions doivent s'apprécier en la seule personne du locataire et que le fait que l'épouse de ce dernier soit âgée de plus de 65 ans et handicapée à 100 % ne permettait pas au locataire de bénéficier de l'article 29 (CA Paris 13-9-1989 : D. 1989 IR p. 250).

63195 Travaux dont le locataire peut demander le remboursement au propriétaire

Lorsqu'ils ont **amélioré substantiellement le confort ou l'équipement** du local, les travaux effectués par le locataire ou l'occupant de bonne foi sont remboursés par le propriétaire lorsqu'il est conclu un bail de huit ans en application de l'article 28 de la loi du 23 décembre 1986.

Le **montant du remboursement** est fixé lors de la conclusion du bail ; son paiement intervient à cette date sauf si le bailleur demande le paiement par compensation avec la fraction du nouveau loyer qui excède le montant de l'ancien. Si la dette n'est pas éteinte à l'expiration du nouveau bail, le bailleur en règle le solde.

63200 La nature et les modalités d'évaluation des travaux à prendre en compte ont été fixées par le décret 87-714 du 26 août 1987.

Les **caractéristiques** de ces travaux sont les suivantes :

- ne pas être consécutifs à des dégradations ou des pertes dont le locataire est responsable ;
- conserver une valeur effective d'utilisation ;
- avoir été exécutés conformément aux règles de l'art et aux dispositions réglementaires en vigueur ;
- ne pas avoir été subventionnés.

Ces **travaux** sont **évalués** à la date de leur réalisation soit sur la base des mémoires ou factures acquittées par le locataire, soit au moyen de tout autre élément de preuve. Ceux qui présentent un caractère somptuaire seront assimilés à des travaux normaux. Leur **montant** total est **actualisé** en fonction de l'évolution de l'indice du coût de la construction entre le dernier indice connu au jour de la date de paiement des travaux par le locataire et le dernier indice connu à la date de la proposition du contrat. La somme ainsi obtenue est réduite de 6 % par année entière entre la date d'achèvement des travaux et celle de la proposition du bailleur.

SITUATION DES LOCATAIRES DE BONNE FOI À RESSOURCES MODESTES

Le dispositif de sortie des locaux classés en catégorie II B ou II C, tel qu'il est exposé ci-dessus (nos 63140 s.), n'est pas applicable aux locataires ou occupants de bonne foi dont les ressources, cumulées avec celles des autres occupants du logement, sont inférieures au seuil fixé par le décret 2006-1679 du 22 décembre 2006. Chaque seuil est calculé en fonction de la localisation géographique du logement et du nombre de personnes qui l'occupent. **63220**

> **Précisions** Sont considérées comme **occupants** du logement les personnes y habitant depuis plus de six mois à la date de proposition du contrat (Décret 87-387 du 12-6-1987 art. 1er).
> Rappelons que, selon l'article 4, al. 2 de la loi du 1er septembre 1948, sont « réputés **de bonne foi** les locataires, sous-locataires, cessionnaires de baux à l'expiration de leur contrat ainsi que les occupants qui, habitant dans les lieux en vertu ou en suite d'un bail écrit ou verbal, d'une sous-location régulière, d'une cession régulière d'un bail antérieur, d'un échange opéré dans les conditions légales, exécutent leurs obligations ».
> Dans l'article 72 (abrogé) de la loi 82-526 du 22 juin 1982, était « réputé de bonne foi l'occupant qui, habitant effectivement les lieux, exécute les obligations du bail expiré ». La bonne foi s'apprécie exclusivement au regard des obligations issues du bail et non par rapport au comportement général du locataire (Cass. 3e civ. 10-3-1993 : RJDA 7/93 no 607).

Pour les propositions de contrat formulées en 2026, les **seuils de ressources** calculés par nos soins sont les suivants, étant précisé qu'ils doivent être réactualisés chaque année en fonction de la variation annuelle de l'indice de référence des loyers en prenant en compte la valeur de cet indice correspondant au 2e trimestre de l'année précédente (Décret 2006-1679 du 22-12-2006) : **63223**

	Île-de-France	Autres régions
Personne seule	46 806 €	35 103 €
Deux personnes	57 117 €	42 838 €
Trois personnes	67 430 €	50 574 €
Quatre personnes	77 743 €	58 308 €
Personne supplémentaire	+ 10 313 €	+ 7 734 €

L'année de référence pour le calcul des ressources du locataire est l'année civile précédant celle au cours de laquelle la proposition a été formulée (Cass. 3e civ. 25-11-2009 no 08-14.604 : Loyers et copr. 2010 no 40).

Les **ressources** précitées sont celles perçues par le locataire ou l'occupant de bonne foi et les autres occupants du logement pendant l'année civile précédant celle au cours de laquelle est formulée la proposition de contrat prévue par l'article 28. Mais, en cas de pluralité de locataires, les ressources du colocataire qui a quitté les lieux sans délivrer de congé doivent être prises en compte pour déterminer si les conditions de la loi sont réunies (Cass. 3e civ. 30-5-1996 : RJDA 8-9/96 no 1029). **63225**

Les ressources s'entendent du revenu net imposable de l'année civile de référence susmentionnée (Décret 87-387 du 12-6-1987 art. 1er).

Le seuil de ressources est défini par renvoi à la **notion fiscale de revenus nets** imposables (CA Paris 24-2-1992 : Rev. Loyers 1992 p. 297). Il convient de tenir compte de l'ensemble des revenus perçus au cours de l'année précédant celle durant laquelle a été formulée la proposition de contrat, quelle qu'en soit leur nature à condition qu'ils soient imposables, et d'adopter le même mode de calcul que celui de l'administration fiscale, soit après déduction des abattements de 10 % et de 20 % sur les salaires et pensions (Cass. 3e civ. 16-12-1992 : Bull. civ. III no 322 ; Cass. 3e civ. 29-6-1994 : Rev. Loyers 1994 p. 519). Le revenu net imposable comprend également les revenus de capitaux mobiliers soumis, selon le choix du contribuable, au prélèvement libératoire (Cass. 3e civ. 29-11-1995 : RJDA 2/96 no 202).

Le renvoi à la notion fiscale va même jusqu'à reconsidérer les revenus déclarés par le locataire et à imposer au bailleur, en l'absence de fraude démontrée, la décision de l'administration des impôts qui opère une rectification du revenu imposable du locataire à la demande de ce dernier (CA Paris 5-1-1990 : D. 1990 IR p. 44).

Pour se prévaloir de la **non-application du dispositif de sortie,** le locataire ou l'occupant de bonne foi doit, dans le délai de deux mois à compter de la réception de la proposition du bailleur, lui faire connaître, en lui présentant les justifications, qu'il remplit les conditions lui permettant de demeurer sous le régime de la loi du 1er septembre 1948. **63230**

Le défaut de réponse du locataire ou de l'occupant de bonne foi n'emporte plus, à notre avis, de sanctions pour le locataire puisque son défaut de réponse oblige le bailleur à saisir la commission de conciliation puis, le cas échéant, le juge à peine que le local reste soumis aux dispositions de la loi du 1er septembre 1948. Dans la rédaction de l'article 31 de la loi du 23 décembre 1986 antérieure à la loi de 1989, le défaut de réponse du locataire dans le délai imparti faisait perdre à ce dernier tout titre d'occupation sur les locaux (Cass. 3e civ. 19-6-1991 : Rev. Loyers 1991 p. 332 ; CA Paris 7-10-1991 : Rev. Loyers 1992 p. 169).

C. Autres baux de sortie

63360 Divers textes postérieurs à la loi du 1er septembre 1948 ont mis en place des « baux de sortie » qui sont des baux transitoires entre la loi du 1er septembre 1948 et le droit commun. En l'espèce, cette notion de « droit commun » s'entend par opposition aux dispositions de la loi du 1er septembre 1948 mais il ne s'agit pas, pour les locaux loués à usage d'habitation principale ou à usage mixte professionnel et d'habitation principale, du droit commun au sens du Code civil (nos 50010 s.). Cette notion de « droit commun » fait ici référence aux dispositions d'ordre public qui se sont succédé (Lois du 22-6-1982, du 23-12-1986 et du 6-7-1989).

63365 Ces baux transitoires sont ou étaient :

– les **« baux 3 bis »,** consentis aux locataires entrés dans les lieux postérieurement au 1er janvier 1959 pour des locaux situés dans les communes dont la population municipale totale est inférieure à 10 000 habitants (à l'exclusion de celles situées dans un rayon de 50 km de l'emplacement des anciennes fortifications de Paris) ; des décrets peuvent restreindre ou étendre le champ d'application territorial de ces dispositions ;

– les **« baux 3 ter »,** conclus après l'entrée du locataire ou de l'occupant dans les lieux, le locataire ou l'occupant devant être titulaire d'un titre personnel, conventionnel ou légal d'occupation desdits lieux avant le bail 3 ter (Cass. 3e civ. 18-6-1969 : Rev. Loyers 1969 p. 416) ;

– les **« baux 3 quater »,** afférents à des locaux répondant aux normes de confort et de bon état d'entretien déterminées par décret, et utilisés en tout ou en partie à usage professionnel.

Les conditions de conformité étaient édictées : pour les baux conclus avant le 8 septembre 1978, par le décret du 29 septembre 1962 ; pour les baux conclus entre le 8 septembre 1978 et le 16 mars 1985, par les décrets des 22 août 1978 et du 8 janvier 1980 ; pour les baux conclus après le 16 mars 1985, par le décret du 14 mars 1985. Enfin, pour les baux en cours au 24 décembre 1986, ces normes sont données par le décret du 6 mars 1987.

– les **« baux 3 quinquies »,** c'est-à-dire les baux utilisés à un usage d'habitation devenus vacants et qui répondaient après travaux, notamment, aux conditions de confort et de bon état d'entretien déterminées par les décrets cités ci-dessus. Pour pouvoir conclure un « bail 3 quinquies », les locaux devaient être situés dans les communes autres que celles visées par l'article 3 bis et n'ayant pas fait l'objet d'une extension territoriale du champ d'application de la loi du 1er septembre 1948 en application de l'article 3 bis, 2° ;

– les **« baux 3 sexies »,** conclus à l'expiration d'un bail conclu dans les conditions prévues aux articles 3 bis (1° et 2°), 3 ter, 3 quater et 3 quinquies, ou consentis à un nouveau locataire au départ du précédent titulaire d'un de ces baux. La loi du 1er septembre 1948 n'est plus applicable, en aucune de ses dispositions, aux locaux faisant l'objet d'un contrat de location conclu en vertu de l'article 3 sexies de cette loi (Cass. 3e civ. 26-9-2001 no 99-17.433 : RJDA 12/01 no 1196) ;

– les **« baux 3 septies »,** conclus sur des logements ayant fait l'objet de travaux d'amélioration et loués dans des conditions fixées par l'article 48 de la loi de finances pour 1977 ;

– les **« baux 3 octies »,** autrement dit les locations des locaux classés en catégorie IV, vacants, autres que ceux libérés depuis moins de cinq ans par l'exercice d'un des droits de reprise prévus par la loi de 1948 au bénéfice des bailleurs, et situés dans les communes non visées par le 1er al. de l'article 3 bis et qui n'ont pas fait l'objet d'un décret pris en application du 2° de cet article.

63370 La loi du 23 décembre 1986 a abrogé les articles 3 quinquies, 3 sexies et 3 septies de la loi de 1948. À leur expiration, ces baux, s'ils ont été renouvelés, ont été pleinement régis par la loi du 23 décembre 1986 puis par la loi du 6 juillet 1989.

Les baux « 3 ter » et « 3 quater » sont, à leur expiration, entrés dans le champ d'application de la loi du 22 juin 1982 (art. 77), de la loi du 23 décembre 1986 (art. 26-I) ou de la loi du 6 juillet 1989 selon leur date d'échéance et sous réserve de répondre aux conditions de confort et d'habitabilité édictées par les décrets en application de l'article 3 sexies puis par le décret du 6 mars 1987.

Les « 3 bis » et « 3 quater » venus à expiration après la promulgation de la loi du 23 décembre 1986 sont devenus pleinement régis par cette loi, puis par celle du 6 juillet 1989 selon leur date d'échéance. Il en a été ou en sera de même des baux « 3 bis », « 3 quater » et « 3 octies » conclus après la loi du 23 décembre 1986. Ces baux, dont le régime est celui énoncé par l'article 3 nonies de la loi de 1948, sont, à leur expiration, régis par la loi du 6 juillet 1989.

La loi 94-624 du 21 juillet 1994 relative à l'habitat a favorisé, elle aussi, la sortie définitive de ces locations de la loi du 1er septembre 1948 en énonçant que, si les locaux faisant l'objet ou ayant fait l'objet d'un contrat de location conclu en vertu du 2° de l'article 3 bis, de l'article 3 quater, de l'article 3 quinquies, de l'article 3 sexies ou de l'article 3 septies de la loi du 1er septembre 1948 ne satisfont pas aux normes prévues par le décret du 6 mars 1987, ou si les formalités de conclusion de ce contrat n'ont pas été respectées, le locataire peut demander au propriétaire la **mise en conformité des locaux** avec ces normes sans qu'il soit porté atteinte à la validité du contrat de location en cours. **63375**

Cette disposition est applicable aux baux en cours (Cass. 3e civ. 3-4-1997 : RJDA 5/97 n° 627 ; Cass. 3e civ. 7-10-1998 : RJDA 12/98 n° 1340).

Les formalités de conclusion visées par ce texte concernent les conditions de fond. Par suite, la loi de 1948 n'est plus applicable lorsqu'un contrat « 3 sexies » n'a pas été précédé d'un bail « 3 quinquies » régulier (Cass. 3e civ. 24-2-1999 : RJDA 4/99 n° 391) ou lorsqu'un bail « 3 quinquies » ne respecte pas la condition de durée de six ans (Cass. 3e civ. 13-7-1999 : RJDA 10/99 n° 1061).

Cette **demande** doit être présentée dans le délai d'un an à compter de la date d'effet de ce contrat ou, pour les contrats de location conclus antérieurement à la publication de la loi du 21 juillet 1994 (le 24 juillet), dans le délai d'un an à compter de cette date de publication.

Les dispositions relatives au **calcul des loyers** selon la méthode dite « de surface corrigée » ne sont plus applicables aux locaux faisant ou ayant fait l'objet d'un contrat de location conclu en vertu du 2° de l'article 3 bis, de l'article 3 quater, de l'article 3 quinquies, de l'article 3 sexies ou de l'article 3 septies de la loi du 1er septembre 1948 (Loi du 21-7-1994 art. 20).

SECTION 3

PROCÉDURES DE CONCERTATION RELATIVES AUX RAPPORTS LOCATIFS

Dès la loi du 22 juin 1982, le législateur a eu le souci d'organiser les rapports collectifs de location en créant une commission nationale des rapports locatifs, dont la mission était de promouvoir l'amélioration des rapports entre bailleurs et locataires et, dans chaque département, des commissions départementales des rapports locatifs composées notamment de représentants des organisations départementales de bailleurs, de locataires et de gestionnaires dont le rôle était de négocier des accords collectifs de location et de concilier bailleurs et preneurs en cas de litiges relatifs aux congés ou aux accords de modération des loyers. **63600**

La loi du 23 décembre 1986 modifiée par la loi du 6 juillet 1989 a repris tout en la modifiant l'organisation des rapports collectifs de location (art. 41 s.).

COMMISSIONS DE CONCERTATION

La **Commission nationale** de concertation est instituée auprès du ministre chargé de la construction et de l'habitation (Loi 86-1290 du 23-12-1986 art. 41). Sa mission est de contribuer à l'amélioration des rapports entre bailleurs et locataires par ses études, avis et propositions. **63605**

Cette commission comprend notamment des représentants des organisations représentatives au plan national de bailleurs, de locataires et de gestionnaires. Sa composition, le mode de désignation de ces membres, son organisation et ses règles de fonctionnement ont été fixés par le décret 88-274 du 18 mars 1988 modifié par le décret 92-954 du 3 septembre 1992.

La loi du 6 juillet 1989 a créé les commissions spécialisées des rapports locatifs au sein de chaque conseil départemental de l'habitat prévu à l'article L 364-1 du Code de la construction et de l'habitation. Ces **commissions départementales** sont composées notamment de représentants des organisations représentatives au plan départemental de bailleurs, de locataires et de gestionnaires.

La **représentativité** des organisations de bailleurs, de locataires et de gestionnaires qui participent à ces structures de concertation est appréciée d'après les critères suivants :

- le montant global des cotisations ;
- l'indépendance, l'expérience et l'activité de l'organisation dans le domaine du logement ;
- pour les organisations de bailleurs et de gestionnaires, le nombre de leurs adhérents et le nombre de logements détenus ou gérés par leurs adhérents ;
- pour les organisations de locataires, le nombre et la répartition géographique de leurs adhérents (Loi 86-1290 du 23-12-1986 art. 43).

ACCORDS COLLECTIFS DE LOCATION

63620 Des accords collectifs peuvent être conclus **pour un ou plusieurs secteurs locatifs.** Ces secteurs locatifs, définis par l'article 41 ter de la loi du 23 décembre 1986, sont les suivants :

- les logements appartenant aux organismes d'habitations à loyer modéré ou gérés par eux ;
- les logements appartenant aux sociétés d'économie mixte, aux sociétés immobilières à participation majoritaire de la Caisse des dépôts et consignations, aux collectivités publiques, aux sociétés filiales directes et indirectes de la société mentionnée à l'article L 313-20 du Code de la construction et de l'habitation autres que celles mentionnées à l'alinéa ci-dessus, à un collecteur agréé par le ministre chargé du logement dans des conditions fixées par décret en Conseil d'État aux fins de collecter la participation des employeurs à l'effort de construction ;
- les logements appartenant aux entreprises d'assurance, aux établissements de crédit, aux sociétés de financement et aux filiales de ces organismes et aux personnes morales autres que celles mentionnées aux deux alinéas précédents ;
- les logements appartenant aux bailleurs personnes physiques et aux sociétés civiles immobilières constituées exclusivement entre parents et alliés jusqu'au quatrième degré inclus.

Les accords collectifs peuvent être conclus au sein de la Commission nationale de concertation ou d'une commission spécialisée des rapports locatifs du conseil départemental de l'habitat ou, hors ces structures, entre bailleurs et associations de locataires (nos 61010 et 64000).

63625 Les **accords collectifs** peuvent porter, notamment, sur les suppléments de loyer pour les organismes de HLM, la maîtrise de l'évolution des charges récupérables, la grille de vétusté, l'amélioration et l'entretien des logements et des parties communes ainsi que les locaux résidentiels à usage commun.

Sur la concertation locative sur la mise en œuvre de l'obligation de gardiennage de certains immeubles d'habitation, voir n° 47050.

Les **accords conclus au sein de la Commission nationale de concertation** font l'objet de la publication d'un avis au Journal officiel et, à l'issue d'un délai d'un mois après cette publication, et sauf opposition de la majorité des organisations représentatives des bailleurs d'un secteur ou de la majorité des organisations représentatives des locataires, ils peuvent être rendus obligatoires, par décret, pour tous les logements du secteur locatif concerné. Le décret peut, après avis motivé de la Commission nationale de concertation et sans modifier l'équilibre de l'accord, en distraire certaines clauses (Loi 86-1290 du 23-12-1986 art. 41 ter).

Les accords collectifs de location conclus au sein de chaque commission départementale des rapports locatifs sont régis par les mêmes règles.

63630 Pour protéger les locataires face aux **ventes à la découpe,** des bailleurs institutionnels ont été amenés à signer, avec des organismes représentant les locataires, un premier accord le 9 juin 1998 organisant un nouveau droit de préemption avec une information préalable renforcée des locataires. Cet accord collectif, initialement opposable à ses seuls signataires, a été rendu obligatoire à la plupart des bailleurs par le décret 99-628 du 22 juillet 1999.

Devant la multiplication de ce type d'opérations, les pouvoirs publics ont souhaité qu'il y ait une nouvelle concertation entre bailleurs et associations de locataires, laquelle a donné lieu à l'accord du 16 mars 2005, lui-même rendu obligatoire aux mêmes bailleurs par le décret 2006-1366 du 10 novembre 2006 après modification de l'article 41 ter de la loi du 23 décembre 1986. Sur la réglementation issue de ces accords, voir nos 65000 s.

63635 Les **accords collectifs locaux** peuvent également être conclus entre les bailleurs de logements visés par la définition des secteurs locatifs avec une ou plusieurs associations de locataires, pour tout ou partie de leur patrimoine.

Ces accords portent notamment sur les loyers, suppléments de loyer pour les organismes de HLM, la maîtrise de l'évolution des charges récupérables, la grille de vétusté, l'amélioration et l'entretien des logements et des parties communes ainsi que les locaux résidentiels à usage commun.

Ces accords ont une force obligatoire dès lors qu'ils ont été conclus :

– soit par une ou plusieurs associations affiliées à une organisation siégeant à la Commission nationale de concertation, présentes dans le patrimoine du bailleur ;

– soit par une ou plusieurs associations regroupant au moins 50 % des voix des locataires aux élections au conseil d'administration ou au conseil de surveillance de l'organisme.

Ces accords ne sont pas obligatoires s'ils ont été rejetés par écrit par 50 % des locataires concernés, dans un délai de deux mois à compter de leur notification individuelle par le bailleur (Loi 86-1290 du 23-12-1986 art. 42).

Ces accords ne doivent pas être en contradiction avec les dispositions d'ordre public de la loi ni contenir une renonciation des locataires à invoquer leurs droits d'ordre public (Cass. 3e civ. 19-1-2000 : RJDA 3/00 no 253).

En l'absence d'accords signés, les bailleurs peuvent en outre proposer directement aux locataires des accords de même nature. Ces accords sont réputés applicables dès lors qu'ils ont été approuvés, par écrit, par la majorité des locataires concernés par l'accord qui se sont exprimés, dans un délai de deux mois à compter de la réception de la notification individuelle par le bailleur, à condition que 25 % des locataires concernés par l'accord se soient exprimés. À défaut, une nouvelle consultation est alors engagée et l'**accord** est réputé applicable dès lors qu'il a été **approuvé,** par écrit, **par la majorité des locataires** qui se sont exprimés, dans un délai de deux mois à compter de la réception de la nouvelle notification individuelle par le bailleur. Dans tous les cas, il n'est attribué qu'une seule voix par logement loué. **63640**

Ces accords peuvent être conclus pour une durée déterminée ou indéterminée. Ils mentionnent les conditions de leur dénonciation, de leur renouvellement ou de leur révision (Loi 86-1290 du 23-12-1986 art. 42, dernier al.). Il importe peu que les locataires aient été invités à se prononcer sur la proposition du bailleur sous quinze jours (Cass. 3e civ. 17-9-2008 no 07-15.784 : RJDA 12/08 no 1236).

> **Précisions** **a.** Ces mêmes règles sont, à notre sens, applicables à l'ensemble des accords qui doivent définir eux-mêmes leur durée, les modalités de leur dénonciation ou de leur reconduction.
> **b.** Les accords collectifs ne doivent être appliqués qu'aux baux qu'ils visent. Par suite, lorsqu'un accord s'applique aux baux conclus avant le 1er janvier 1986, il ne régit pas les baux tacitement reconduits après cette date puisque la tacite reconduction donne naissance à un nouveau bail (Cass. 3e civ. 14-6-1995 : RJDA 8-9/95 no 959).
> **c.** Les accords collectifs s'imposent à tous les locataires. Ils sont ainsi tenus au paiement de la redevance pour l'installation d'un réseau audiovisuel câblé, même s'ils n'ont pas de téléviseur (TI Saint-Claude 25-10-1996 : Loyers et copr. 1997 comm. no 39).
> **d.** Pour un exemple d'accord emportant substitution d'une antenne collective par un réseau interne raccordé au réseau câblé, voir Cass. 3e civ. 28-6-2000 no 97-21.684 : RJDA 9-10/00 no 845.

La loi arrête également les critères de **représentativité des associations de locataires** dans les immeubles ou groupes d'immeubles (Loi 86-1290 du 23-12-1986 art. 44). Chaque association qui, dans un immeuble ou un groupe d'immeubles, représente au moins 10 % des locataires ou toute association de locataires affiliée à une organisation nationale siégeant à la Commission nationale de concertation, au Conseil national de l'habitat ou au Conseil national de la consommation peut être représentative et doit, dans ce cas, désigner au bailleur et, le cas échéant, au syndic de copropriété, par lettre recommandée AR, le nom de trois au plus de ses représentants choisis parmi les locataires de l'immeuble ou du groupe d'immeubles. Les associations ci-dessus désignées doivent œuvrer dans le domaine du logement. Elles doivent être indépendantes de tout parti politique ou de toute organisation philosophique, confessionnelle, ethnique ou raciale. En outre, elles œuvrent dans le secteur locatif social et ne doivent pas poursuivre des intérêts collectifs qui seraient en contradiction avec les objectifs du logement social fixés par le Code de la construction et de l'habitation, et notamment par les articles L 411 et L 441, ou du droit à la ville tel que défini par la loi 91-662 du 13 juillet 1991 d'orientation pour la ville. Ces représentants ont accès aux différents documents concernant la détermination et l'évolution des charges locatives. À leur demande, le bailleur ou, s'il y a lieu, l'administrateur de la copropriété les consulte chaque semestre sur les différents aspects de la gestion de l'immeuble ou du groupe d'immeubles. **63645**

Dans les **immeubles soumis au statut de la copropriété,** les représentants des associations désignées ci-dessus peuvent assister à l'assemblée générale de copropriété et formuler les observations sur les questions inscrites à l'ordre du jour de l'assemblée générale. Le syndic de la copropriété doit informer les représentants des associations, par lettre recommandée AR, de la date, de l'heure, du lieu et de l'ordre du jour de l'assemblée générale.

Les décisions prises en assemblée des copropriétaires et relatives à l'entretien de l'immeuble et aux travaux font l'objet d'un procès-verbal abrégé affiché dans les parties communes de l'immeuble. Dans chaque bâtiment d'habitation, un panneau d'affichage doit être mis à la disposition des associations ou groupements de locataires pour leurs communications portant sur le logement, l'habitat et les travaux, dans un lieu de passage des locataires (Loi 86-1290 du 23-12-1986 art. 44).

63650 Afin de favoriser le règlement amiable des conflits locatifs locaux, individuels ou collectifs, la compétence de la **commission départementale de conciliation** a été élargie à plusieurs reprises. Elle est désormais compétente pour les difficultés résultant de l'application des accords collectifs nationaux ou locaux ou du plan de concertation locative (Loi 89-462 du 6-7-1989 art. 20, al. 2 à 7). Ce dernier, instauré par la loi SRU (art. 193, 3°; Loi 86-1290 du 23-12-1986 art. 44 bis à 44 ter), définit les modalités pratiques de la concertation dans les immeubles ou ensembles immobiliers appartenant à des bailleurs sociaux. La commission départementale de conciliation est aussi compétente pour apprécier si le logement loué répond aux critères de décence.

Par ailleurs, **en cas de litige locatif** ayant une origine commune entre un ou plusieurs locataires avec un même bailleur, ils peuvent donner par écrit mandat d'agir en justice à une association siégeant à la commission départementale de conciliation. Lorsque le conflit porte sur la décence du logement, les locataires pourront en outre donner mandat à une association dont l'objet est notamment l'insertion ou le logement des personnes défavorisées ou à une association de défense des personnes en situation d'exclusion (Loi 89-462 du 6-7-1989 art. 24-1).

SECTION 4

DROITS DE PRÉEMPTION DES LOCATAIRES DE LOCAUX À USAGE D'HABITATION

INTRODUCTION

64000 La loi reconnaît au locataire ou à l'occupant de bonne foi d'un local à usage d'habitation ou à usage mixte d'habitation et professionnel deux droits de préemption de nature différente, chacun d'eux étant susceptible d'être exercé dans un cas bien particulier, à savoir :

– soit dans le cadre d'une **première vente après division de l'immeuble** (nos 64005 s.) en vertu de l'article 10 de la loi 75-1351 du 31 décembre 1975 modifiée par la loi SRU du 13 décembre 2000 et en dernier lieu par la loi Alur du 24 mars 2014 et complétée par un décret 77-742 du 30 juin 1977 ;

– soit dans le cadre d'un **congé** donné **pour vendre** dans les conditions définies par l'article 15, II de la loi du 6 juillet 1989 (nos 64600 s.) modifiée par la loi Alur du 24 mars 2014 et en dernier par la loi Macron du 6 août 2015.

Par ailleurs, pour faire face aux **ventes à la découpe** et protéger les locataires les plus fragiles, les pouvoirs publics ont provoqué la conclusion de deux accords locatifs signés respectivement les 9 juin 1998 et 16 mars 2005 par différentes organisations bailleresses et locataires. Par décrets du 22 juillet 1999 pour le premier et du 10 novembre 2006 pour le second, ces accords, initialement opposables à leurs seuls signataires, ont été rendus obligatoires à tous les bailleurs à la seule exception des organismes HLM, des bailleurs personnes physiques et des SCI constituées exclusivement entre parents et alliés jusqu'au 4e degré inclus (Loi 86-1290 du 23-12-1986 art. 41 ter). Ces accords organisent une procédure particulière de droit de préemption, combinant les deux droits de préemption précités. La protection des locataires concernés par une vente à la découpe de leur immeuble lorsque le bailleur met en vente plus de 5 logements dans un même immeuble a en outre été renforcée par la loi 2006-685 du 13 juin 2006. Cette loi prévoit un droit de préemption alors même que l'immeuble serait mis en vente dans sa totalité.

La procédure d'information et de droit de préemption résultant de ces textes est étudiée nos 65000 s.

AVANTAGE FISCAL FACULTATIF : RÉDUCTION DU DROIT DE VENTE

En complément des droits de préemption des locataires en place et afin de protéger ceux qui ne peuvent se porter acquéreurs de leurs logements, la loi donne la possibilité aux collectivités locales de réduire le droit de vente d'immeubles, en cas de **vente par lots de logements occupés,** lorsque l'acquéreur s'engage à maintenir le bien à la location (CGI art. 1584 bis et 1594 F sexies). 64001

Les opérations ouvrant droit à ce régime doivent consister soit en des ventes par lots déclenchant le droit de préemption après première division de l'immeuble ou en cas de congé pour vente, soit en la vente d'un ou plusieurs lots, consécutive à la mise en copropriété d'un immeuble en raison de l'exercice par l'un des locataires du droit de préemption en cas de vente en bloc (voir n° 65175).

Les conseils départementaux peuvent réduire jusqu'à 0,70 % le taux du **droit départemental** en faveur des acquéreurs de logements par lots. De leur côté, les conseils municipaux peuvent réduire jusqu'à 0,50 % le taux de la **taxe communale.** Les délibérations de ces collectivités sont autonomes.

Si le département et la commune adoptent chacun le taux d'imposition minimum, le **taux d'imposition global** sera de 1,20 % (hors prélèvement pour frais d'assiette et de recouvrement de 2,37 % calculé sur le montant du droit départemental).

Pour bénéficier de cet avantage, l'acquéreur doit s'engager dans l'acte d'acquisition à **maintenir le logement à la location** pendant au moins six ans. En cas de rupture de son engagement de location, l'acquéreur doit, dans le mois qui suit la rupture, acquitter les droits dont la mutation a été exonérée, majorés de l'intérêt de retard de 0,20 % par mois (CGI art. 1727 et 1728).

> **Précisions** **a.** Le droit de vente n'est pas réduit en cas de **cession du bien au locataire** qui continue à l'occuper personnellement.
> **b.** Peu de collectivités ont recours à ce régime. Pour la **période du 1er juin 2025 au 31 mai 2026,** seules les communes suivantes ont voté une réduction du taux de la taxe additionnelle communale : Lamentin (Guadeloupe) dont le taux est fixé à 0,70 % et Tsingoni (Mayotte) dont le taux est fixé à 0,50 %. Pour la même période, seul le département des Hautes-Pyrénées applique une réduction du taux du droit départemental (taux fixé à 3,80 %).

A. Droit de préemption des locataires en cas de vente après division de l'immeuble

1. CHAMP D'APPLICATION DU DROIT DE PRÉEMPTION

Le droit de préemption organisé par l'article 10 de la loi du 31 décembre 1975 ne peut être exercé que lors de la vente d'un local à usage d'habitation ou à usage mixte d'habitation et professionnel consécutive à la **division initiale ou** à la **subdivision** de tout ou partie **d'un immeuble par lots.** 64005

Le délai écoulé entre la division et la vente importe peu.

OPÉRATIONS DONNANT OUVERTURE AU DROIT DE PRÉEMPTION

Seules les opérations ayant la nature d'une **vente** sont susceptibles d'ouvrir les droits de préemption du locataire. Cependant, certaines opérations peuvent, par suite de leur requalification en vente, donner lieu au droit de préemption du locataire. En outre, la loi exclut de son champ d'application certaines ventes consenties à des proches parents ou alliés. 64010

Nature des aliénations Les mutations concernées sont les ventes proprement dites, quelles que soient les modalités de paiement du prix, leur affectation d'un terme ou d'une condition ou la contrepartie donnée, sous réserve des exceptions ci-après. 64015

> **Précisions** Le souci de la loi de protéger le locataire et de lui faciliter l'accès à la propriété laisse à penser que la **vente de la seule nue-propriété** avec réserve d'usufruit au profit du vendeur ouvre néanmoins le droit de préemption du locataire car, si la situation du locataire n'est pas immédiatement compromise lors de cette vente, tel peut ne pas être le cas à l'extinction de l'usufruit lorsque le nu-propriétaire deviendra pleinement propriétaire.
> En revanche, la **cession du seul usufruit** n'emporterait pas, selon l'opinion dominante, ouverture du droit de préemption du locataire.

64020 Sauf cas de fraude, les **aliénations n'ayant pas à proprement parler le caractère de vente** sont exclues du champ d'application de la loi, celle-ci devant être appliquée de façon stricte. Ne donnent ainsi pas lieu à l'ouverture du droit de préemption du locataire :

– les aliénations à titre gratuit par donation, succession ou legs. La loi institue en effet au profit du locataire la faculté de préempter en cas de vente et non pas d'aliénation. Or, l'aliénation a un sens plus large puisqu'elle vise la transmission non seulement de la propriété, mais également d'un droit, que ce soit à titre gratuit ou onéreux ;

– la cession de droits indivis ;

– le partage d'un immeuble par lots entre les indivisaires (« allotissement des indivisaires ») ;

– les échanges, sauf lorsque l'échange comporte une soulte importante, laquelle peut autoriser la requalification de l'opération en vente ouvrant droit de préemption ;

– les apports en société, la contrepartie de l'opération étant non pas la perception d'un prix mais l'obtention de droits sociaux que le locataire ne serait pas en mesure d'offrir (Cass. ch. réunies 3-7-1957 : JCP G 1957 II n° 10104).

> **Précisions a.** Une succession d'opérations qui, prises isolément, n'accordent pas de droit de préemption au locataire pourrait conférer au locataire le droit de préemption prévu par la loi si la preuve de la volonté, dès la première opération, de vouloir organiser l'indivision de l'immeuble peut être apportée (Cass. 3e civ. 4-11-1987 : Defrénois 1988 p. 31).
> **b.** Dès lors que le contrat présente un caractère intuitu personae en raison de la nature de la contrepartie stipulée (obligations d'entretien et de soins, droits sociaux, constitution d'un droit d'usage et d'habitation, etc.), le droit de préemption du locataire devrait pouvoir être écarté, toute substitution du locataire à l'acquéreur étant inenvisageable. Il en est de même lorsque le prix à payer ne se limite pas à un versement d'espèces mais à l'institution, au profit du vendeur, d'un droit d'usage et d'habitation (Cass. 3e civ. 1-3-1989 : Bull. civ. III n° 56).

64025 **Ventes exclues** Le droit de préemption ne s'applique pas aux actes intervenant **entre parents ou alliés** jusqu'au 4e degré inclus (art. 10, III). À égalité de liens de parenté avec le vendeur, l'acquéreur est préféré à l'occupant (Cass. 3e civ. 13-5-1987 : D. 1987 IR p. 134).

Il ne semble pas contestable que la revente par le parent ou allié est exclue du champ d'application de la loi car il s'agit alors de la seconde mutation de biens faisant suite à la division de l'immeuble (voir n° 64608).

OBJET DE LA VENTE DONNANT OUVERTURE AU DROIT DE PRÉEMPTION

64040 **Biens immobiliers** La vente doit porter sur un ou plusieurs **locaux à usage d'habitation ou à usage mixte d'habitation et professionnel.**

Même si la préoccupation du législateur était de favoriser l'accession à la propriété du locataire, force est de souligner que la loi ne précise pas que les locaux doivent être occupés pour un usage d'habitation principale ou mixte professionnel et d'habitation principale. Sur l'occupation, voir n° 64165.

La rédaction initiale de l'article 10, I de la loi du 31 décembre 1975 visait « la vente d'un appartement et de ses accessoires ». Depuis la modification apportée par la loi du 22 juin 1982, les **locaux accessoires** ne sont plus expressément visés par la loi. Ces locaux accessoires, tels les caves, garages, parkings, chambres de bonne, dépendant des appartements loués, doivent cependant donner lieu à l'application de la loi (pour des chambres de service dépendant des appartements donnés en location, Cass. 3e civ. 13-6-1990 : Bull. civ. III n° 148).

64045 **Vente d'un bâtiment en entier ou d'un ensemble de locaux** Les ventes portant sur un bâtiment entier ou sur l'ensemble des locaux à usage d'habitation ou à usage mixte d'habitation et professionnel dudit bâtiment sont exclues du champ d'application de la loi de 1975 (art. 10, III ; Cass. 3e civ. 29-6-1994 : Loyers et copr. 1994 comm. n° 418 ; Cass. 3e civ. 19-5-1999 : RJDA 7/99 n° 769), même si un état descriptif de division et un règlement de copropriété ont été établis avant la vente en bloc (n° 64100).

La loi du 31 décembre 1975 et son décret d'application exigent en effet une division ou une subdivision de tout ou partie d'un immeuble par lots pour que soit mis en œuvre le droit de préemption du locataire. Le décret du 30 juin 1977 exige, pour que le droit de préemption s'exerce, qu'il y ait division de l'immeuble et identification de chaque lot par la **publication d'un état descriptif** au fichier immobilier (en ce sens Cass. 3e civ. 8-6-2005 n° 04-12.999 : RJDA 12/05 n° 1333). Mais l'exercice du droit de préemption a néanmoins été admis sans cette publication préalable au fichier immobilier de l'état descriptif de division (Cass. 3e civ. 27-2-1985 : Bull. civ. III n° 45) (voir cependant n° 64085). Cette seule publicité n'est malgré tout pas suffisante **et** la jurisprudence exige une **division matérielle effective.** Ainsi, lorsque les propriétaires d'un immeuble en indivision le vendent en entier à un acquéreur pour un prix global, le ou les locataires ne bénéficient pas du droit de préemption organisé par la loi du 31 décembre 1975 puisque l'article 10 de cette loi ne concerne que la vente d'appartement et non la vente de la totalité d'un immeuble (Cass. 3e civ. 23-10-1984 : Rev. Loyers 1985 p. 390).

En revanche, si la division de l'immeuble est intervenue et a fait l'objet de la publicité requise par le décret du 30 juin 1977, les indivisaires sont devenus copropriétaires divis ; lorsqu'ils vendent ensemble à un tiers dans un seul acte le bâtiment en entier, le droit de préemption accordé au locataire doit être respecté puisqu'il s'agit là pour chacun des copropriétaires de la réalisation de la première vente d'un lot consécutive à la division de l'immeuble.

Cette exception vise le **bâtiment** entier. Il faut entendre par là un bâtiment qui présente une indépendance structurelle par rapport aux constructions voisines (accès autonome, murs séparatifs, toiture). Ainsi en est-il d'une maison individuelle non divisée en lots (Cass. 3e civ. 11-6-1992 n° 90-19.060 : RJDA 12/92 n° 1111). L'existence d'éléments d'équipement ou d'aménagement communs n'est pas un obstacle pour considérer l'indépendance structurelle de chaque bâtiment (sur la notion de bâtiment au regard de la loi du 10 juillet 1965, voir nos 35080 s.). L'appréciation de la dépendance ou de l'indépendance de deux bâtiments relève cependant du pouvoir souverain des juges (Cass. 3e civ. 7-7-2009 n° 08-13.195 : AJDI 2010 p. 137 obs. V. Zalewski). 64050

Lorsque, après la publication de l'état descriptif de décision, un lot à usage d'habitation est cédé à titre onéreux, fût-ce par exercice par la commune de son droit de préemption, le bailleur ne peut plus prétendre réaliser pour le restant une vente en bloc permettant d'écarter le droit de préemption des locataires en place (Cass. 3e civ. 8-6-2005 n° 04-12.999 : RJDA 12/05 n° 1333).

Concernant la vente, dans sa totalité et en une seule fois, d'un immeuble à usage d'habitation ou à usage mixte d'habitation et professionnel **de plus de 5 logements** et pour la cession de la totalité des parts ou actions de sociétés qui portent attribution en propriété ou en jouissance à temps complet de chacun des logements d'un immeuble de plus de 5 logements, voir nos 65150 s.

> **Précisions** Après la division d'une maison d'habitation en deux lots, la vente pour la première fois d'un de ces lots ouvre le droit de préemption aux locataires des deux appartements constituant ce lot, quand bien même le bailleur vendrait ledit lot dans sa totalité, le lot ne pouvant pas être assimilé au bâtiment entier (Cass. 3e civ. 1-4-2009 n° 08-11.305 : RJDA 8-9/09 n° 710).

Ne donnent **pas non plus lieu à préemption** les ventes portant sur : 64052

– un bien faisant l'objet d'un bail professionnel (CA Paris 13-1-1998 : BPIM 3/98 inf. 224 ; CA Paris 17-3-1998 : Loyers et copr. 1998 n° 155) ;

– un ou plusieurs locaux à usage d'habitation ou à usage mixte d'habitation et professionnel d'un même immeuble à un organisme HLM (Loi 75-1351 du 31-12-1975 art. 10, III) ;

– un local (ou plusieurs locaux d'un même immeuble) à usage d'habitation ou à usage mixte d'habitation et professionnel éligible à l'aide personnalisée au logement lorsque l'acquéreur est une société d'économie mixte bénéficiant d'exonérations fiscales et d'aides spécifiques de l'État au titre du service d'intérêt général ou un organisme agréé agissant en faveur du logement et de l'hébergement des personnes défavorisées (Loi 75-1351 du 31-12-1975 art. 10, III).

Droits sociaux Le droit de préemption du locataire a été étendu aux ventes de parts ou actions des **sociétés** dont l'objet est la division d'un immeuble par **fractions** destinées à être **attribuées aux associés** en propriété ou en jouissance à temps complet (Loi du 31-12-1975 art. 10, III-al. 1). Il s'agit là des sociétés d'attribution et des coopératives d'attribution et des sociétés (Mémento Urbanisme-Construction nos 67300 s. et 71500 s.). Les conditions d'ouverture du droit de préemption sont identiques à celles prévues en cas de vente d'immeuble proprement dite (voir nos 64240 s.). 64055

C'est la **première cession de droits sociaux** consécutive à la division de l'immeuble, ayant eu pour effet d'individualiser les lots auxquels les associés ont vocation, qui donne naissance au droit de préemption. Par suite, la première vente en toute propriété suivant le partage (partie ou total) échappera au droit de préemption.

DIVISION PRÉALABLE DE L'IMMEUBLE PAR LOTS

Selon l'article 10, I de la loi du 31 décembre 1975, le droit de préemption s'applique à toute vente consécutive à la **division initiale** ou à la **subdivision** de tout ou partie d'un immeuble par lots (Cass. 3e civ. 11-7-1992 : Bull. civ. III n° 204). 64080

En revanche, le droit de préemption ne s'applique pas lorsqu'il s'agit de la vente d'un appartement dépendant d'un immeuble placé, dès sa construction, sous le régime de la copropriété (Cass. 3e civ. 30-11-1982 ; Cass. 3e civ. 11-6-1992 n° 90-19.060 : RJDA 12/92 n° 1111 ; Cass. 3e civ. 10-3-2004 n° 02-18.452 : RJDA 6/04 n° 684). Peu importe l'absence de règlement de copropriété, le droit de préemption est exclu dès lors que l'immeuble était placé sous le régime de la copropriété dès sa construction, ce qu'établissait l'état descriptif de division dressé le jour de la vente en vue de l'identification des lots vendus (Cass. 3e civ. 19-2-1992 : Bull. civ. III no 54).

> **Précisions** La vente est nulle pour **erreur** substantielle du notaire qui a notifié au locataire une offre de vente dans les conditions de l'article 10, I de la loi du 31 décembre 1975, alors qu'aucune division de l'immeuble n'avait été envisagée par le propriétaire bailleur (Cass. 3e civ. 9-2-2010 no 08-21.458 : RJDA 7/10 no 723).
> Toutefois, le caractère inexcusable de l'erreur de droit à l'origine de la notification du droit de préemption est sans **incidence sur la validité de l'offre** (Cass. 3e civ. 20-10-2010 no 09-66.113 : RJDA 2/11 no 103).

64085 **Division initiale de l'immeuble** Un bâtiment collectif est juridiquement divisé dès lors qu'a été établi un **état descriptif de division,** conformément à l'article 71, alinéa 2 du décret du 14 octobre 1955 identifiant chaque lot. Voir no 64045.

64090 **Subdivision de l'immeuble** Le droit de préemption s'applique également à toute vente consécutive à la subdivision de tout ou partie d'un immeuble par lots.

Il est donc susceptible de s'appliquer à la division d'un lot déjà vendu ou, hypothèse plus fréquente, à la vente d'un lot ayant été compris dans la vente d'un bâtiment entier ou dans la vente de l'ensemble des locaux à usage d'habitation ou assimilés dudit bâtiment (nos 64040 s.).

Un lot issu d'une subdivision de lots, constitué d'une chambre de bonne, loué et occupé à ce titre, ouvre le droit de préemption à son locataire lors de la première vente consécutive à cette subdivision (Cass. 3e civ. 29-11-1989 : Bull. civ. III no 223).

> **Précisions** La subdivision d'un logement en plusieurs lots dont l'un constitue un W.-C. et l'autre le couloir y conduisant ne constitue pas la division initiale d'un immeuble ouvrant au locataire de droit de préemption (Cass. 3e civ. 25-1-2012 no 10-23.179 : AJDI 2012 p. 260 obs. S. Porcheron).

PREMIÈRE VENTE CONSÉCUTIVE À LA DIVISION DE L'IMMEUBLE

64100 Ainsi qu'il est dit à l'article 10, I de la loi du 31 décembre 1975, la vente doit être consécutive à la division ou à la subdivision. En conséquence, le droit de préemption n'est reconnu au locataire que lors de la **première vente** suivant immédiatement la division initiale ou la subdivision de l'immeuble (Cass. 3e civ. 6-11-1986 : Bull. civ. III no 153 ; Cass. 3e civ. 5-4-1995 : RJDA 6/95 no 699).

Il s'appliquera en cas de vente à des acquéreurs différents de lots issus d'un bâtiment acquis en son entier ou provenant d'un ensemble de locaux à usage d'habitation ou assimilé (nos 64085 s.).

La vente d'un immeuble dans son entier, le même jour et postérieurement à l'établissement de l'état descriptif de division et du règlement de copropriété, ne constitue pas la première vente consécutive à la division initiale d'un immeuble par lots au sens de l'article 10 de la loi du 31 décembre 1975 ; en conséquence, la vente ultérieure d'un des lots constitue la première vente par lots postérieure à l'établissement de l'état descriptif de division et du règlement de copropriété (Cass. 3e civ. 16-11-2005 no 04-12.563 : RJDA 5/06 no 516).

La vente d'un appartement, dont le propriétaire tenait ses droits d'un acte de donation-partage qui, de par sa nature juridique, a entraîné la division de l'immeuble par lots sans qu'il y ait eu vente au sens de la loi du 31 décembre 1975, doit être considérée comme la première vente consécutive à la division initiale et relève de la loi du 31 décembre 1975 (CA Paris 17-11-1992 : Rev. Loyers 1993 p. 173).

64105 La loi ne subordonne pas le droit de préemption du locataire à l'écoulement d'un **délai** maximal entre la division ou subdivision de l'immeuble et la première vente. Toutefois, ce droit de préemption ne bénéficie qu'aux seuls locataires ou occupants en place à la date de la première vente après la division ou subdivision de l'immeuble.

Si le **locataire en place n'a pas exercé son droit** de préemption à l'occasion de la première vente, la seconde mutation échappera au droit de préemption. Il faut retenir la même solution lorsqu'il s'agit de la deuxième cession de droits sociaux donnant vocation à l'attribution du bien, sans tenir compte du partage de l'immeuble éventuellement intervenu entre-temps. Il a ainsi été jugé que des locataires, entrés dans un appartement en 1970, ne pouvaient pas se prévaloir du droit de préemption en faisant valoir que la cession à leur bailleur était la première vente postérieure à la division de l'immeuble par voie de partage compte tenu des circonstances suivantes : d'une part, aucun élément ne permettait de supposer que les parents du vendeur de l'appartement au bailleur aient participé, dans le but de vendre l'appartement, à la division de l'immeuble résultant d'un partage intervenu en 1955 et, d'autre part, la vente de cet appartement n'était intervenue qu'après le décès du survivant ou de ses attributaires initiaux (Cass. 3e civ. 24-11-1993 : Loyers et copr. 1994 comm. no 14).

2. TITULAIRES DU DROIT DE PRÉEMPTION

Le **titulaire** de ce droit personnel est le locataire ayant conclu un contrat de location pour un usage d'habitation ou un usage mixte d'habitation ou professionnel quel que soit le régime juridique de cette location (Loi du 6 juillet 1989, loi du 23 décembre 1986, loi du 1er septembre 1948 ou application pure et simple du Code civil). **64160**

Il importe cependant que le locataire puisse rapporter la preuve de l'existence **d'un contrat de location en cours** au moment où le bailleur est tenu de faire la notification préalable à la conclusion de la vente. Il peut également s'agir de l'**occupant de bonne foi** au sens de l'article 4, alinéa 2 de la loi du 1er septembre 1948 (nº 63220).

Lorsque la location du bien mis en vente a été consentie conjointement à **plusieurs locataires,** chacun d'eux bénéficie à titre individuel du droit de préemption organisé par l'article 10 de la loi du 31 décembre 1975. Ces mêmes règles s'appliquent en cas de pluralité d'occupants de bonne foi. Il en est de même lorsqu'il s'agit d'**époux** pour le droit au bail du local, sans caractère professionnel ou commercial, qui sert effectivement à leur habitation, et des **signataires d'un Pacs.**

En cas d'instance de **divorce** ou de séparation de corps, et malgré toute attribution provisoire éventuelle de la jouissance des locaux à l'un des époux, chacun d'eux bénéficie des dispositions de la loi tant que le divorce ou la séparation de corps n'est pas définitivement prononcé.

En cas d'**abandon de domicile ou** de **décès** d'un locataire ou occupant pouvant se prévaloir du droit au maintien dans les lieux en application de la loi du 1er septembre 1948, le bénéfice de la loi persiste au profit de son conjoint, ses ascendants, descendants ou personnes à charge qui vivaient effectivement avec lui depuis plus d'un an.

Corollaire du bénéfice individuel de la loi, la **renonciation** de l'un à l'offre de vente ou à son droit de substitution est inopposable aux autres.

> **Précisions** Il ne résulte pas de l'article 14 de la loi du 6 juillet 1989, dans sa rédaction antérieure à la loi du 3 décembre 2001, que la dévolution du bail au conjoint survivant soit exclusive de sa dévolution aux descendants du défunt : dès lors, l'offre de vente prévue à l'article 10, I de la loi de 1975 devait être notifiée aux héritiers du locataire décédé (Cass. 3e civ. 15-11-2006 nº 04-15.679 : RJDA 2/07 nº 136). Au décès du locataire, le droit au bail est transmis de façon indivisible à toutes les personnes qui constituent sa succession. Par suite, il appartient au bailleur de faire connaître à chacun de ces ayants droit occupant effectivement le logement le prix et les conditions de la vente du logement occupé (Cass. 3e civ. 10-7-2007 nº 06-13.262 : Loyers et copr. 2007 comm. nº 187 note B. Vial-Pedroletti).

Le locataire ou l'occupant de bonne foi doit, pour pouvoir se prévaloir du droit de préemption institué par la loi de 1975, **occuper les lieux effectivement** (Décret du 30-6-1977 art. 1 ; Cass. 3e civ. 16-4-1986 : Bull. civ. III nº 44). Cette occupation effective des lieux s'impose également à l'ayant droit du locataire en titre (Cass. 3e civ. 15-11-2006 nº 04-15.679 : RJDA 2/07 nº 136). La charge de la preuve de cette occupation incombe au locataire ou à l'occupant. **64165**

Le droit de préemption **ne s'applique pas** au locataire ou à l'occupant de bonne foi dont le bail ou l'occupation est **postérieur à la division** ou à la subdivision de l'immeuble (Décret 77-742 du 30-6-1977 art. 1). **64170**

3. MISE EN ŒUVRE DU DROIT DE PRÉEMPTION

Pour permettre au titulaire d'exercer éventuellement son droit de préemption, la loi impose au bailleur de lui notifier préalablement les éléments essentiels de la vente du local qu'il occupe. **64240**

NOTIFICATION PRÉALABLE DU BAILLEUR AU LOCATAIRE

Forme et contenu de la notification Avant la conclusion de toute vente d'un local entrant dans le champ d'application de la loi du 31 décembre 1975, le bailleur doit, sous peine de nullité de la vente, faire connaître par lettre recommandée AR, à chacun des locataires ou occupants de bonne foi, l'indication du prix et des conditions de la vente projetée pour le local qu'il occupe (art. 10, I). Lorsque le propriétaire de l'immeuble qui a procédé à la vente par lots est placé en liquidation judiciaire, la notification doit être faite par le liquidateur judiciaire (Cass. 3e civ. 13-9-2018 nº 17-20.180 FS-PBRI : RJDA 11/18 nº 812). Sur les mentions du prix et des conditions de la vente, voir nos 64621 s. La notification peut toujours être faite par voie de signification alors même que la loi l'aurait prévue sous une autre forme. Par suite, l'information du locataire aux fins d'exercice de son droit de préemption peut être faite par un acte d'huissier délivré en mairie (Cass. 3e civ. 23-1-1991 : RJDA 3/91 nº 200). **64245**

64250 Cette notification doit **reproduire,** sous peine de nullité, les cinq premiers alinéas de l'article 10, I de la loi du 31 décembre 1975.

Quand il y a **pluralité de titulaires,** les paragraphes I et II de l'article 4 du décret 77-742 du 30 juin 1977 doivent être reproduits dans chaque notification. Le texte de ces paragraphes est le suivant :

« I/ Lorsque la location du bien mis en vente est consentie conjointement à plusieurs locataires, chacun d'eux bénéficie à titre individuel des dispositions de l'article 10 de la loi du 31 décembre 1975 susvisé. Il en est de même lorsqu'il s'agit d'époux dans le cas mentionné au premier alinéa de l'article 1751 du Code civil.

« Les mêmes règles s'appliquent en cas de pluralité d'occupants de bonne foi.

« II/ Dans ces deux cas, la notification de l'offre de vente et du contrat de vente prévue aux articles I et III ainsi que les convocations et les notifications de l'article 7 sont faites à chacun des locataires, occupants ou époux.

« La renonciation de l'un à l'offre de vente ou à son droit de substitution est inopposable aux autres. »

64255 Lorsque le logement est situé dans un immeuble en copropriété, la **superficie** de la partie privative doit être mentionnée en cas de vente (Loi du 10-7-1965 art. 46). Cette obligation n'est pas applicable en cas de congé pour vendre émis en application de l'article 15 de la loi du 6 juillet 1989 (Loi SRU du 13-12-2000 art. 190, I ; Cass. 3e civ. 13-3-2002 : RJDA 6/02 n° 614). Cependant, on remarquera que le congé notifié dans le cadre de la loi du 31 décembre 1975 n'est pas visé par la loi SRU. La prudence conseille donc de faire mention de la superficie dans ce congé.

64260 Quand il existe un **autre droit de préemption applicable** à la vente projetée, la notification au locataire doit en faire état (Décret du 30-6-1977 art. 2, al. 2).

Lorsqu'un locataire bénéficie à la fois du droit de préemption institué par l'article 10 de la loi du 31 décembre 1975 et de celui institué par l'article 15 de la loi du 6 juillet 1989, chacune des deux procédures doit être poursuivie sans que l'une prime l'autre. Il ne peut être soutenu que préalablement à l'offre du droit de préemption de l'article 15 de la loi du 6 juillet 1989 doit être purgé celui de l'article 10 de la loi du 31 décembre 1975. Les deux droits de préemption sont chacun inscrits dans des législations sur les baux d'habitation protectrices des locataires, leur domaine d'application respectif est bien défini et il n'est pas prévu la primauté du droit de préemption de l'article 10 précité (Cass. 3e civ. 14-12-1994 : RJDA 2/95 n° 121).

64265 Les notifications sont de plein droit opposables au **conjoint du locataire** ou occupant de bonne foi si son existence n'a pas été préalablement portée à la connaissance du bailleur, et ce, malgré les dispositions de l'article 1751 du Code civil (art. 10, I-al. 5). Cette disposition, issue de la loi du 21 juillet 1994 et entrée en vigueur le 1er janvier 1995, renverse la charge de la preuve : il appartient au locataire d'apporter la preuve de l'information préalable du bailleur du changement survenu dans son état matrimonial.

Lorsque le **locataire** ou l'occupant est **mineur** sous tutelle ou majeur protégé, les notifications le concernant lui sont personnellement adressées. Sauf en cas de curatelle, les mêmes notifications sont faites au représentant dudit mineur ou majeur protégé (Décret du 30-6-1977 art. 6).

La notification de l'offre de vente est cependant valablement faite à un locataire tant pour lui personnellement qu'en sa qualité d'administrateur légal de son enfant mineur dès lors que ce dernier n'est pas sous tutelle (Cass. 3e civ. 15-11-2006 n° 04-15.679 : RJDA 2/07 n° 136).

PORTÉE DE LA NOTIFICATION

64280 Cette notification vaut **offre de vente** pendant deux mois à compter de sa réception.

Dès l'acceptation du locataire, la vente est valablement formée par l'effet de la loi (C. civ. art. 1583). En conséquence, toutes les personnes ayant un droit sur l'immeuble doivent concourir à l'établissement de l'offre de vente.

OPTION DU TITULAIRE DU DROIT DE PRÉEMPTION

64300 **Non-acceptation de l'offre de vente** La non-acceptation de l'offre, qui peut résulter soit de l'expiration du **délai** légal de deux mois sans manifestation du locataire ou de l'occupant, soit d'une renonciation expresse à l'intérieur dudit délai, n'a aucune incidence sur le contrat de location qui se poursuivra normalement avec le nouveau propriétaire bailleur sous réserve de son opposabilité à ce dernier (voir nos 52560 s.).

La **renonciation** expresse ou tacite par le locataire ou l'occupant de bonne foi n'a pour effet d'éteindre qu'à son égard le droit de préemption. En cas de pluralité de bénéficiaires du droit de préemption, le refus de l'un est inopposable aux autres. Il en est de même de la renonciation par un des époux laquelle est inopposable à l'autre qui pourra se porter acquéreur.

Acceptation de l'offre de vente L'acceptation du titulaire du droit de préemption doit être faite par lettre recommandée AR (Décret du 30-6-1977 art. 2, al. 3). Cette acceptation doit intervenir dans les conditions fixées dans la notification. **64305**

La remise contre décharge ou la réponse par exploit d'huissier est également possible. Le destinataire de la réponse est le bailleur ou la personne qu'il a désignée comme mandataire. Le point de départ du délai légal est la date de la réception par le locataire de la notification.

L'acceptation n'est pas soumise à un **formalisme** particulier. Elle doit seulement être formulée sans ambiguïté et sans réserve aux conditions, sauf dans l'hypothèse expressément visée par la loi où le locataire a déclaré subordonner son acceptation à l'obtention d'un prêt lequel sera régi par les articles L 312-2 et suivants du Code de la consommation (voir nos 20000 s.).

Il n'y a pas acceptation pure et simple de l'offre de vente lorsque les termes de la lettre de réponse du locataire n'expriment qu'un accord purement conservatoire donné sous condition. Par suite, le délai légal étant passé pour accepter clairement l'offre, le locataire ne peut obtenir la régularisation de la vente (Cass. 3e civ. 1-4-1998 no 96-15.828 : RJDA 6/98 no 694).

Sur la nullité d'une vente au motif d'une erreur de droit, voir no 64080.

Réalisation de la vente La réalisation de l'acte de vente par le **locataire** qui n'a pas déclaré solliciter un prêt doit intervenir dans les deux mois à compter de l'envoi de la réponse. Dans le cas où il a déclaré vouloir recourir à un prêt, le **délai** de réalisation est porté à quatre mois. **64310**

Si le titulaire du droit de préemption ne respecte pas le délai de réalisation, son acceptation est nulle de plein droit (art. 10, I-al. 3). Il ne semble pas discutable qu'il conserve néanmoins sa qualité de locataire ou d'occupant de bonne foi.

L'acceptation par le locataire de l'offre de vente est nulle dès lors que le délai de deux mois était expiré lorsque l'avocat du locataire a adressé au propriétaire une lettre suivant laquelle son client lui aurait remis un chèque d'un montant correspondant au prix de vente qui serait déposé à la Caisse des dépôts et consignations dans l'attente de la réalisation de la vente (CA Paris 13-3-1990 : Juris-Data no 021664).

La **force majeure** ou la cause légitime peut justifier la réalisation de la vente au-delà des délais indiqués par la loi sans que la nullité puisse être invoquée. Tel est le cas lorsqu'il y a discordance entre la description figurant dans le règlement de copropriété et la réalité des lieux occupés par le locataire (Cass. 3e civ. 19-5-1993 : Loyers et copr. 1993 comm. no 382).

De même, dans le cas où le défaut de réalisation de la vente incomberait au vendeur, celui-ci ne pourrait pas, à notre avis, se prévaloir de l'expiration du délai légal pour refuser de réaliser la vente.

CONCOURS ENTRE DROITS DE PRÉEMPTION

Quand les conditions d'exercice du **droit de préemption en cas de congé pour vendre** (Loi du 6-7-1989, art. 15, I ; voir nos 64600 s.) et celles résultant de la loi du 31 décembre 1975 sont simultanément remplies, c'est-à-dire lorsque la division d'un immeuble en lots de copropriété intervient alors qu'une location arrive à expiration, une alternative est offerte au bailleur qui peut : **64320**

– soit chercher à libérer le logement en donnant congé pour vendre en application de la loi de 1989 avec comme conséquence pour le locataire, s'il n'accepte pas l'offre, la perte de tout titre locatif quant au local en cause ;

– soit ne pas chercher à libérer le logement qui sera alors vendu occupé ; c'est alors le droit de préemption institué par la loi du 31 décembre 1975 qui s'appliquera.

Ces deux droits de préemption sont cependant distincts, autonomes et ne sont pas cumulatifs (Cass. 3e civ. 14-5-1997 : Administrer 1997 p. 36). La délivrance au locataire d'un congé avec offre de vente au visa de la loi du 6 juillet 1989, ultérieurement déclaré nul, ne prive pas ledit locataire du droit d'arguer du bénéfice du droit de préemption organisé par la loi du 31 décembre 1975 lorsqu'il estime qu'il y a eu fraude à son détriment à l'occasion de la vente ultérieure de l'immeuble dont dépend son appartement (Cass. 3e civ. 15-9-2010 no 09-68.452 : RJDA 11/10 no 1049). En l'espèce, un bailleur avait délivré à son locataire un congé avec offre de vente au visa de l'article 15, II de la loi de 1989, puis il avait vendu l'immeuble en bloc à trois coacquéreurs indivis qui, le jour même de la vente, avaient fait cesser leur indivision en procédant au partage de l'immeuble. Le congé ayant, ultérieurement, été déclaré nul, le locataire s'était plaint d'une fraude qui l'avait privé de la possibilité d'exercer son droit de préemption en application de la loi du 31 décembre 1975. Il soutenait que l'apparente vente en bloc de l'immeuble masquait une véritable vente par lots, selon un état descriptif de division préalablement établi.

En cas de concours entre le droit de préemption du locataire ou occupant de bonne foi et un **droit de préemption d'intérêt public** (Mémento Urbanisme-Construction nos 31900 s.), c'est ce dernier droit qui prime. L'existence d'un tel droit doit être mentionnée dans la notification préalable.

> **Précisions a.** Face à une situation où l'option est possible entre les deux droits de préemption, le bailleur ne commet pas de fraude s'il ne met pas en œuvre le droit de préemption prévu par la loi du 31 décembre 1975 (Cass. 3e civ. 26-6-1996 : RJDA 10/96 no 1170 ; Cass. 3e civ. 2-10-1996 : RJDA 12/96 no 1450).
> **b.** La procédure des ventes de logements concernés par les accords collectifs des 9 juin 1998 et 16 mars 2005 relatifs à la vente par lots (no 65000) déroge au principe de non-cumul.

SECOND DROIT DE PRÉEMPTION

64340 Dans sa rédaction issue de la loi du 21 juillet 1994, l'article 10, I-al. 3 de la loi du 31 décembre 1975 organise au profit du locataire ou de l'occupant de bonne foi une nouvelle notification des **conditions et** du **prix de vente** lorsque ceux-ci sont **plus avantageux que ceux initialement notifiés** à l'acquéreur ou à l'occupant. Ainsi, lorsque le propriétaire décide de vendre à des conditions ou à un prix plus avantageux pour l'acquéreur, le notaire rédacteur de l'acte doit notifier au locataire ou à l'occupant de bonne foi ces conditions et prix à peine de nullité de la vente (Cass. 3e civ. 14-11-2012 no 11-22.433 : RJDA 3/13 no 204).

Cette notification vaut **offre de vente** au profit du locataire. À la différence de la première notification, cette offre n'est valable que pendant une **durée** d'un mois à compter de sa réception. Faute d'acceptation dans ce délai, l'offre est caduque.

Les délais de réalisation de vente sont identiques à ceux indiqués dans la première notification. Si, à l'expiration des délais, la vente n'a pas été réalisée, l'acceptation de l'offre de vente est nulle de plein droit sauf cas particuliers (no 64310).

> **Précisions a. En cas de résolution de la vente,** les droits d'enregistrement sont restitués à l'acquéreur évincé. Bien entendu, les droits sont dus dans les conditions habituelles sur le nouvel acte de vente consenti à l'ancien locataire.
> **b.** Le locataire peut, à notre avis, valablement exercer son droit de préemption en cas de vente des locaux loués à des conditions ou à un prix plus avantageux pour l'acquéreur que ceux notifiés dans l'offre de vente quand bien même le locataire n'avait accepté la première offre que sous la condition suspensive d'**obtention du prêt,** qui ne s'était pas réalisée (Cass. 3e civ. 1-10-2003 no 02-12.857 : RJDA 1/04 no 28). En effet, bien que rendue sur le fondement du droit de préemption de l'article 15 de la loi du 6 juillet 1989, la solution retenue par un arrêt du 1er octobre 2003 nous paraît transposable.

4. SANCTIONS DU DROIT DE PRÉEMPTION DU LOCATAIRE

NULLITÉS DE LA VENTE

64420 En l'absence de notification préalable – à laquelle il faut assimiler une notification incomplète ou irrégulière – la **vente conclue avec un tiers** en violation du droit reconnu au locataire est frappée de nullité (Loi 75-1351 du 31-12-1975 art. 10, I-al. 1 ; Cass. 3e civ. 15-11-2006 no 04-15.679 : RJDA 2/07 no 136 ; pour une promesse synallagmatique de vente assimilée à une vente, Cass. 3e civ. 13-10-2016 no 15-21.238 F-D : BPIM 6/16 inf. 388). Voir cependant, à propos du droit de préemption de la loi du 6 juillet 1989, ci-après no 64885.

Cette sanction vaut pour la notification initiale ou celle qui doit intervenir en cas de vente à un prix ou à des conditions plus avantageux pour l'acquéreur. La sanction vaut également lorsque la dernière offre de vente est postérieure à la promesse synallagmatique de vente conclue avec le tiers, peu important la date de réitération de la vente (Cass. 3e civ. 13-10-2016 no 15-21.238 F-D : BPIM 6/16 inf. 388) ou encore lorsque le propriétaire de l'immeuble qui a procédé à la vente par lots est placé en liquidation judiciaire et que le liquidateur judiciaire n'envoie pas la notification au locataire (Cass. 3e civ. 13-9-2018 no 17-20.180 FS-PBRI : RJDA 11/18 no 812).

Cette nullité, qui peut être **invoquée par le locataire** ou l'occupant de bonne foi, autorise ce dernier à faire valoir son droit de préemption dès lors que le bailleur-vendeur persiste dans sa volonté de vendre les lieux loués.

La notification de l'offre de vente indiquant le prix et les conditions de la vente projetée ne peut être remplacée par la connaissance que les locataires ont eue et qui a été révélée postérieurement à la lettre contenant les informations relatives à la vente. Les locataires ne sont pas déchus de leur droit de préemption pour ne pas l'avoir exercé dans le délai prescrit par l'article 10 de la loi du 31 décembre 1975 au motif qu'ils avaient été suffisamment informés par la seule indication du prix et que les termes d'une lettre postérieure à la lettre concernant l'offre de vente révélaient leur connaissance des conditions de la promesse (Cass. 3e civ. 26-1-1994 : Rev. Loyers 1994 p. 204).

Lorsque la notification emporte, en raison de sa date, le droit de préemption du locataire (no 64305), l'absence de notification postérieure à la vente à des conditions ou à un prix plus avantageux pour l'acquéreur (notification à la charge du notaire rédacteur de l'acte) emporte également nullité de la vente.

La notification de l'offre de vente est nulle, sans que le locataire soit astreint à démontrer l'existence d'un préjudice, lorsqu'elle ne reprend pas la reproduction des cinq alinéas de l'article 10 de la loi et, en application de l'alinéa 4 du texte, le locataire peut se substituer à l'acquéreur dans le mois à compter de la notification du droit de vente (Cass. 3e civ. 12-5-2004 : RJDA 11/04 no 1202). Il a cependant également été jugé qu'en cas de procédure non respectée, la vente est nulle sans ouvrir le droit de préemption ou de substitution du locataire (pour une vente conclue sans notification préalable au locataire, Cass. 3e civ. 15-11-2000 : AJDI 2001 p. 277). Cette nullité n'ouvre pas droit non plus à l'émission d'une nouvelle offre au profit du locataire (Cass. 3e civ. 12-4-2018 no 17-11.015 FS-PBI : BPIM 3/18 inf. 228).

> **Précisions** La loi n'a pas précisé le délai imparti au notaire rédacteur de l'acte pour notifier les conditions et le prix de la vente projetée avec un tiers. Cette absence de précision est regrettable.

5. CAS DES VENTES PAR ADJUDICATION

La loi ne distingue pas selon que l'**adjudication** présente un caractère **volontaire ou forcé.** Elle organise une procédure de convocation et institue également un droit de substitution (Loi du 31-12-1975 art. 10, II ; Décret du 30-6-1977 art. 7). **64500**

> **Précisions** Même si la vente s'inscrit dans le cadre d'une opération de vente à la découpe, les dispositions de l'accord collectif du 9 juin 1998 ne sont pas applicables en cas de vente par adjudication volontaire ou forcée (Cass. 3e civ. 20-12-2018 no 18-10.355 FS-PBI : BPIM 1/19 inf. 71).

CONVOCATION DU LOCATAIRE À L'ADJUDICATION

La prérogative reconnue au locataire ou à l'occupant de bonne foi d'être **convoqué individuellement** à l'adjudication s'applique dans l'hypothèse où il remplit les qualités nécessaires pour être titulaire du droit de préemption dans les ventes amiables (no 64160). **64505**

Toutes les adjudications sont concernées, y compris dans le cas de surenchère (non contestée ou validée) ou de poursuites pour folle enchère.

La convocation est **adressée au locataire** ou à l'occupant de bonne foi à la diligence soit du vendeur ou du poursuivant, soit de leur mandataire, par lettre recommandée AR un mois au moins avant la date de l'adjudication.

La convocation doit **mentionner** : **64510**

- l'existence ou non d'une mise à prix : dans l'affirmative, l'indication du montant de la mise à prix ;
- le jour, le lieu et l'heure de l'audience de l'adjudication ;
- l'indication du tribunal ou du notaire devant lequel aura lieu l'adjudication ;
- l'indication que, si l'adjudication a lieu devant le tribunal, les enchères devront être portées par ministère d'avocat.

La convocation doit également **reproduire** le paragraphe II de l'article 10 de la loi du 31 décembre 1975.

Le locataire convoqué a la possibilité de participer aux enchères comme n'importe quel enchérisseur.

Lorsque l'**adjudication** est **reportée,** il est procédé à une nouvelle convocation dans les délais et formes de la convocation initiale. **64515**

Ni la loi ni le décret ne précisent la sanction du **défaut de convocation à l'adjudication** initiale ou aux adjudications suivantes dans l'hypothèse de surenchère ou de folle enchère. L'adjudication ne paraît pas pouvoir être remise en cause. En revanche, le locataire ou l'occupant de bonne foi peut exercer son droit de substitution. **64520**

DROIT DE SUBSTITUTION DU LOCATAIRE

Le défaut de convocation du locataire ou de l'occupant à l'adjudication est sanctionné par la faculté qui lui est offerte de se substituer à l'adjudicataire (art. 10, II-al. 2). En revanche, il ne peut bénéficier de cette possibilité en cas de défaut de reproduction dans la convocation des termes de l'article 10, II de la loi de 1975 (CA Paris 4-4-2006 : Loyers et copr. 2006 comm. no 144). **64540**

64545 **Mise en œuvre du droit de substitution** Le locataire ou l'occupant de bonne foi non convoqué à l'adjudication peut, pendant un **délai** d'un mois à compter de la date à laquelle il a eu connaissance de l'adjudication, déclarer se substituer à l'adjudicataire. Pour faire courir ce délai, il faut donc adresser au locataire ou à l'occupant une notification de l'adjudication.

Le jugement ou procès-verbal d'adjudication est notifié à la diligence du greffier du tribunal ou du notaire devant lequel l'adjudication a été prononcée entre le 10e et le 15e jour suivant sa date (Décret 77-742 du 30-6-1977 art. 7, II). Cette notification précise le montant de la dernière enchère, le nom et l'adresse de l'adjudicataire ou éventuellement de l'adjudicataire commandé. Elle doit reproduire le texte du paragraphe II de l'article 10 de la loi de 1975 et indiquer, s'il y a lieu, que la convocation à l'adjudication n'a pas été faite.

Toutefois, en cas de **surenchère,** cette notification n'est envoyée que dans un délai de deux jours après le prononcé du jugement appréciant la validité de la surenchère. Si la surenchère n'est pas contestée ou est validée, il est alors procédé à une nouvelle convocation et, après l'adjudication, il est procédé à la notification précitée.

Si, à raison d'une poursuite pour **folle enchère,** il est procédé à une nouvelle adjudication, une convocation doit être adressée au locataire ou à l'occupant de bonne foi. Il faut en tout état de cause convoquer le locataire ou l'occupant à l'adjudication sur folle enchère, même si, n'ayant pas été convoqué à l'adjudication initiale, il a déclaré se substituer à l'adjudicataire à la suite de la notification postérieure.

64550 La **déclaration de substitution** à l'adjudicataire doit être adressée par lettre recommandée avec demande d'avis de réception soit au greffier du tribunal, soit au notaire qui a procédé à l'adjudication dans le délai d'un mois à compter de la réception de la notification prévue à l'article 7, II du décret du 30 juin 1977.

64555 **Exception à l'exercice du droit de substitution** Le locataire ou l'occupant de bonne foi ne peut cependant pas se substituer à l'adjudicataire :

– lorsque l'adjudication est placée hors du champ d'application du droit de préemption (vente d'un bâtiment dans son entier, vente de la totalité des locaux à usage d'habitation et assimilés d'un même bâtiment, adjudication au profit d'un parent ou allié jusqu'au quatrième degré inclus) ;

– en cas de vente sur licitation si l'adjudication a été prononcée en faveur d'un indivisaire (Loi du 31-12-1975 art. 10, II-al. 2) : en effet, dans ce cas, il s'agit d'un partage et non d'une vente.

B. Droit de préemption des locataires en cas de congé pour vendre

DÉFINITION

64600 L'article 11 de la loi 82-526 du 22 juin 1982 (Loi « Quilliot ») avait institué au profit des locataires de locaux d'habitation ou usage mixte d'habitation et professionnel un droit de préemption en cas de vente du local par le bailleur avec faculté de substitution à l'acquéreur si ce dernier avait bénéficié de conditions plus avantageuses que celles figurant dans l'offre de vente faite initialement au locataire.

Ce dispositif, abrogé par la loi 86-1290 du 23 décembre 1986 (Loi « Méhaignerie »), avait été néanmoins maintenu expressément en vigueur par l'article 22 alinéa 3 de cette loi pour les baux en cours à la date de sa publication et soumis aux dispositions transitoires prévues par les articles 20 à 24 de ladite loi.

La loi « Mermaz » du 6 juillet 1989 a rétabli ce droit à titre permanent (art. 15, II). Ce droit de préemption suppose cependant, outre un congé (voir n° 64605), un projet de vente. Tel n'est pas le cas d'un apport dont la nature juridique diffère de la vente (à propos du droit de préemption subsidiaire : Cass. 3e civ. 3-10-2007 n° 06-16.948 : Administrer février 2008 p. 26).

1. CHAMP D'APPLICATION DU DROIT DE PRÉEMPTION

PRINCIPES

64605 Le propriétaire bailleur peut souhaiter vendre les lieux loués en cours de bail. Ce projet peut être réalisé sans pour autant que le locataire bénéficie d'un droit de préemption, sauf hypothèse de la première vente consécutive à la division ou subdivision de l'immeuble (voir nos 64005 s.). En effet, le droit de préemption n'est pas ouvert aux locataires dont le titre locatif n'est pas remis en cause : la loi ne s'applique donc pas aux **ventes d'immeubles « occupés »** faites en cours de bail (Cass. 3e civ. 21-2-1990 : Bull. civ. III n° 54 ; Cass. 3e civ. 2-6-1999 n° 97-16.236 : RJDA 8-9/99 n° 902 ; Cass. 3e civ. 20-9-2006 n° 05-14.898 : RJDA 12/06 n° 1209 ; Cass. 3e civ. 10-11-2010 n° 09-16.934 : RJDA 3/11 n° 228).

La vente de locaux d'habitation, moyennant une réduction du prix en raison de la présence dans les lieux d'occupants sans droit ni titre, n'autorise pas ces derniers, ultérieurement reconnus titulaires d'un bail verbal sur ces locaux, à se prévaloir du droit de substitution à l'acquéreur, reconnu par la loi lorsque le droit de préemption des locataires n'a pas été respecté, dès lors que les locaux ont été in fine vendus occupés (Cass. 3e civ. 11-7-2007 n° 06-15.455 : RJDA 11/07 n° 1070).

Pour vendre les **locaux libres de toute occupation,** le bailleur doit donner congé au locataire, congé qui ne peut être donné que pour le terme du bail et qui permet d'éviter la reconduction tacite du bail (n° 61680).

Ce dispositif ne s'applique qu'aux locaux à usage d'habitation principale et à usage mixte d'habitation principale et professionnel régis par la loi du 6 juillet 1989. Cette condition exclut du champ d'application du droit de préemption notamment :

- les locations soumises à la loi du 1er septembre 1948, les locations meublées et les locations conclues avec des organismes de HLM ;
- les locations consenties pour un usage exclusivement professionnel ;
- les occupations en vertu d'un titre autre qu'une location tel qu'un usufruit, un prêt, une convention d'occupation précaire ou une convention d'occupation entre indivisaires.

EXCEPTIONS

Vente à un parent proche Le droit de préemption n'est pas applicable aux actes intervenant entre parents jusqu'au 3e degré inclus, sous la condition que l'acquéreur occupe le logement pendant une durée qui ne peut être inférieure à deux ans à compter de l'expiration du délai de préavis (Loi du 6-7-1989 art. 15, II-al. 7). Ce texte ne vise que les parents, sans y assimiler les alliés. Et seuls les parents jusqu'au 3e degré inclus permettent au bailleur de faire état de cette exception (neveux et nièces, oncles et tantes, arrière-grands-parents). Cette exception ne s'applique qu'à la vente consentie **directement** à un parent proche. Lorsque la vente est consentie par une SCI de famille à l'un de ses associés, le droit de préemption du locataire doit être respecté, la société ayant une personnalité juridique distincte de celle de ses associés (Cass. 3e civ. 5-6-1991 : Bull. civ. III n° 162). **64608**

> **Précisions** Les conditions de la vente ne sauraient inclure l'obligation de notifier l'acte de vente au locataire lorsqu'il est passé entre membres d'une même famille dans la mesure où l'article 15 exclut la notification et le droit de préemption lorsque la transaction est réalisée entre parents jusqu'au troisième degré inclus. Dès lors, le vendeur et les acquéreurs qui sont respectivement oncle, neveu et nièce ne sauraient se voir appliquer l'obligation de faire notifier le contrat de vente au locataire (CA Paris 28-10-1994 : Loyers et copr. 1995 comm. n° 97).

Locaux très vétustes Le droit de préemption n'est pas applicable aux actes portant sur les immeubles mentionnés aux 2° et 3° de l'article L 126-17 du CCH. Il s'agit là des immeubles frappés d'interdiction d'habiter ou d'un arrêté de péril, des immeubles déclarés insalubres ou comportant pour le quart au moins de leur superficie totale des logements loués ou occupés classés dans la catégorie IV de la loi du 1er septembre 1948. **64610**

2. TITULAIRES DU DROIT DE PRÉEMPTION

Le titulaire du droit de préemption est le **locataire** en titre. En cas de colocation, chaque colocataire peut y prétendre. Il en va de même de chacun des **époux** ou des **deux partenaires liés par un pacte civil de solidarité** sans avoir à rechercher s'ils sont ou non tous les deux signataires du contrat de bail. En effet, celui-ci est réputé appartenir aux deux époux, même s'il a été conclu avant le mariage, ou aux deux partenaires liés par un pacte civil de solidarité dès lors que les partenaires en font la demande conjointement (C. civ. art. 1751). Notons que cette nouvelle rédaction du Code civil issue de la loi Alur concernant la cotitularité du bail des partenaires de Pacs laisse planer un doute sur la signification de « demande » conjointe. Le bailleur devra-t-il répondre à cette demande pour que la cotitularité s'exerce ? La loi ne le précise pas... **64612**

En cas d'**abandon du logement** ou de **décès** du locataire, le droit de préemption revient à ceux qui se trouvent substitués de plein droit dans les droits et obligations du locataire ou du défunt : son conjoint ou son conjoint survivant, ses descendants qui vivaient avec lui depuis au moins un an à la date de l'abandon du domicile ou du décès, son partenaire pacsé, ses ascendants, concubin notoire ou personnes à charge, qui vivaient avec lui depuis au moins un an à la date de l'abandon du domicile ou du décès (Loi 89-462 du 6-7-1989 art. 14).

3. MISE EN ŒUVRE DU DROIT DE PRÉEMPTION

a. Conditions d'ouverture du droit de préemption

CONGÉ DONNÉ EN VUE DE LA VENTE

64615 Le congé vaut offre de vente au profit du locataire qui dispose alors d'un droit de préemption, le cas échéant, à double détente (n° 64885).

La décision de vendre suffit à valider le congé et le bailleur n'a pas à justifier de la réalité du **motif** allégué.

Le terme « justifié » se rapporte au mot « congé » dans l'article 15 de la loi du 6 juillet 1989 et non au mot « décision » : il ne peut en être déduit que la loi instaure un **contrôle** a priori **de la réalité de l'intention** formulée dans le congé. Un tel contrôle, qui reviendrait à confier au juge le pouvoir de fixer le prix de vente, ne pourrait résulter que d'une disposition spéciale de la loi fixant les modalités, les limites et les conséquences de ce contrôle, ce qui n'est pas le cas (CA Paris 10-2-1993 : JCP G 1993 IV n° 1823). Ainsi, en cas de congé pour vendre, le bailleur est libre de la détermination du prix de vente, sauf au locataire à rapporter la preuve de l'utilisation du congé par le bailleur à des fins détournées (Cass. 3e civ. 7-2-1996 n° 93-21.175 : RJDA 5/96 n° 622). Le congé peut en effet être déclaré nul pour prix « volontairement excessif » ou « excessif » (Cass. 3e civ. 5-7-1995 n° 93-17.283 : RJDA 8-9/95 n° 960 ; CA Versailles 15-9-2009 : Loyers et copr. 2010 n° 11). Tel n'est pas le cas lorsque le prix de vente proposé par le bailleur est égal à 112 % de l'estimation de l'expert, l'intention frauduleuse du bailleur ne pouvant pas résulter de son désir de réaliser un profit modeste en vendant son bien (Cass. 3e civ. 19-4-2000 n° 98-18.123 : RJDA 6/00 n° 639 ; dans le même sens, pour un écart de 20 % : CA Versailles 25-5-2010 : Loyers et copr. 2010 comm. 220).

La nullité du congé, qualifié de frauduleux dans le cadre d'un contrôle a priori, est justifiée lorsqu'il y a aveu judiciaire du bailleur qui, dans ses conclusions, écrit que « sur le fond, le congé est justifié par l'attitude insupportable de la locataire » (CA Nîmes 29-9-2009 : Loyers et copr. 2010 comm. 42).

Dans tous les cas, il appartient au locataire qui conteste la réalité du motif du congé de rapporter la preuve de la fausseté du motif allégué dont l'appréciation relève de l'appréciation souveraine du juge (Cass. 3e civ. 15-3-2000 n° 98-14.372 : RJDA 5/00 n° 523 ; Cass. 3e civ. 14-6-2006 n° 05-12.559 : RJDA 10/06 n° 1001). Les juges du fond, saisis d'une contestation de congé, doivent rechercher si ledit congé n'a pas été délivré frauduleusement (Cass. 3e civ. 26-6-2007 n° 06-18.177 : RJDA 11/07 n° 1069). Ils doivent ainsi répondre aux conclusions du locataire révélant l'absence de démarche positive du bailleur pour trouver un éventuel acquéreur (Cass. 3e civ. 9-6-2009 n° 08-15.112 : Loyers et copr. 2009 comm. 232).

64616 Dans l'impossibilité de vendre, le bailleur peut, le cas échéant, remettre à la location les lieux initialement loués. L'article 15 de la loi du 6 juillet 1989 précise les conditions de forme et de fond du congé, et notamment du congé pour vente notifié par le propriétaire bailleur à son locataire. La loi du 6 juillet 1989, d'ordre public, n'interdit pas au propriétaire bailleur de relouer un logement ayant fait l'objet d'une mise en vente et n'impose aucun délai entre le départ du locataire sortant et la signature d'un nouveau contrat de bail. Toutefois, un litige peut naître entre le bailleur et le locataire sortant qui, après un délai plus ou moins long, constatant que le logement dont il a été évincé pour cause de vente a, en fait, été reloué, s'estimerait victime d'une **manœuvre frauduleuse** de la part du bailleur. Dans cette hypothèse, le juge, éventuellement saisi, apprécie, en fonction des circonstances matérielles, la bonne foi du propriétaire bailleur quant à son intention de vendre.

Sur les **sanctions pénales** encourues par le bailleur en cas de congé pour vendre frauduleux, voir n° 64650.

64618 En cas d'**acquisition d'un logement occupé** (Loi 89-462 du 6-7-1989 art. 15, I) :

– lorsque le bail vient à expiration plus de 3 ans après la date d'acquisition, le bailleur peut donner congé à son locataire pour vendre le logement au terme du contrat de location en cours. Par exemple, vous achetez le 15 mai 2021 un logement occupé par un locataire dont le bail expire le 15 octobre 2025 ; le bailleur peut lui délivrer congé 6 mois avant le terme du bail, soit avant le 15 avril 2025 ;

– lorsque le bail vient à expiration moins de 3 ans après la date d'acquisition, le bailleur peut lui délivrer un congé pour vendre au terme de la première reconduction tacite ou du premier renouvellement du bail. Par exemple, vous achetez le 1er mars 2021 un logement occupé par un locataire dont le bail expire le 31 mai 2023 ; le terme de la première reconduction intervenant le 31 mai 2026, il faut lui délivrer congé 6 mois avant, soit au plus tard le 30 novembre 2025.

En cas de vente du logement loué, c'est le nouveau propriétaire qui est tenu de restituer le **dépôt de garantie** au locataire en fin de bail. Une disposition contraire prévue dans le contrat de vente n'est pas opposable au locataire.

CONTENU DU CONGÉ DONNÉ EN VUE DE LA VENTE

Le congé pour vente est assujetti à un formalisme important qui, s'il n'est pas respecté, peut entraîner sa nullité. **64620**

Le prix Le congé doit, à peine de nullité, indiquer le prix, lequel est librement fixé par le bailleur. **64621**

> Précisions **a.** Sur le risque d'un congé frauduleux pour prix excessif, voir n° 64740.

b. Un congé pour **vente en viager** qui précisait le capital bouquet et ses modalités de paiement ainsi que le montant mensuel de la rente viagère est nul faute de mentionner la valeur de l'appartement (CA Paris 14-2-2006 : Loyers et copr. 2006 comm. n° 98).

c. L'offre de vente faite aux locataires titulaires d'un droit de préemption est nulle lorsqu'elle indique que le prix est payable comptant le jour de la signature de l'acte authentique de vente, en ce compris les **honoraires de négociation** de l'intermédiaire immobilier (Cass. 3e civ. 17-12-2008 n° 07-15.943 : RJDA 7/09 n° 613 ; Cass. 3e civ. 3-7-2013 n° 12-19.442 : BPIM 4/13 inf. 296). Lorsque celui qui se porte acquéreur est bénéficiaire d'un droit de préemption, l'agent immobilier n'a droit à aucune rémunération faute de prestation d'entremise entre acquéreur et vendeur (Cass. 3e civ. 17-12-2008 n° 07-15.943 : RJDA 7/09 n° 613 ; Cass. 3e civ. 1-3-2023 n° 21-22.073 FS-B : BPIM 2/23 inf. 137). Néanmoins, l'intégration d'une commission d'agence dans le prix d'une offre de vente faite au locataire, bien qu'interdite, ne peut pas conduire les juges à prononcer la nullité du congé pour vendre lorsque le locataire n'a subi aucun préjudice (Cass. 3e civ. 8-10-2015 n° 14-20.666 : BPIM 6/15 inf. 421).

Les conditions de la vente Le congé doit, à peine de nullité, indiquer les conditions de la vente projetée. La loi n'a pas précisé quelles étaient les conditions de la vente à communiquer au locataire. Le projet de contrat de vente ne doit pas être communiqué dans son entier au locataire. Toutefois, toutes les conditions particulières de la vente, et notamment les modalités de paiement du prix, doivent être portées à la connaissance du locataire. Ainsi ne satisfait pas aux exigences légales le congé délivré au locataire : **64622**

- qui fait mention d'un prix à débattre ;
- qui n'indique pas les modalités de règlement du prix (CA Paris 20-3-1989 : Juris-Data n° 022039) ;
- qui n'indique pas la quote-part des millièmes de copropriété affectés au lot à vendre (CA Paris 23-11-1999 : AJDI 2000 p. 144) ;
- qui précise que, en cas d'acceptation de l'offre de vente, le locataire a l'obligation de consigner à titre d'indemnité d'immobilisation 10 % du prix (Cass. 3e civ. 1-3-2000 n° 98-16.836 : RJDA 5/00 n° 522).

Le bien concerné Le congé pour vendre doit contenir une offre de vente portant à peine de nullité sur l'**intégralité des lieux loués,** y compris les accessoires (Cass. 3e civ. 28-4-2009 nos 08-15.543 et 08-14.037 : RJDA 7/09 n° 611 ; CA Paris 24-6-2008 n° 06-3910 : Loyers et copr. 2008 comm. n° 183 ; CA Paris 17-3-2009 : Loyers et copr. 2009 comm. 145 ; CA Paris 8-11-2012 : Loyers et copr. 2013 comm. 41) mais seulement les lieux loués (Cass. 3e civ. 19-9-2007 n° 06-17.200 : RJDA 1/08 n° 14 ; Cass. 3e civ. 1-2-2012 n° 11-14.089 : BPIM 2/12 inf. 168). Par suite, est nul le congé qui vise un appartement et un parking sans faire mention des autres locaux mis à la disposition du locataire (Cass. 3e civ. 21-6-2000 : RJDA 9-10/00 n° 843 ; Cass. 3e civ. 6-4-2004 : Loyers et copr. 2004 comm. n° 124) ou des chambres de domestiques situées à un autre étage (CA Paris 5-2-1996 : Loyers et copr. 1996 comm. n° 157). Lorsque le bailleur a consenti deux baux sur des lots différents à un même locataire, chaque bail doit donner lieu à un congé distinct à peine de nullité sauf à démontrer l'indivisibilité des deux conventions ou celle des locaux constituant le logement du locataire (Cass. 3e civ. 16-6-2004 : RJDA 10/04 n° 1101 ; Cass. 3e civ. 24-11-2004 : Rev. Loyers 2005 p. 30). **64623**

En revanche, le congé pour vendre n'a pas à mentionner la **superficie** de la partie privative d'un lot de copropriété (Loi du 6-7-1989 art. 15, II-al. 1 et Loi SRU 2000-1208 du 13-12-2000 art. 190, II).

Dès lors que le congé identifie sans ambiguïté les lieux offerts à la vente, peu importe que la mention du **lot et** des **tantièmes de copropriété** indiqués dans le congé ne soit pas celle résultant de la modification de l'état descriptif de division : l'offre de vente n'encourt pas la nullité (CA Paris 30-1-2007 : Loyers et copr. 2007 comm. 95 ; CA Paris 3-6-2010 : Loyers et copr. 2010 comm. 280 ; Cass. 3e civ. 28-11-2012 : Loyers et copr. 2013, comm. 36).

> Précisions a. Le formalisme est aggravé pour certains bailleurs qui décident de mettre en vente plus de 5 logements dépendant d'un même immeuble (nos 65150 s.).
b. L'apport de l'immeuble dans lequel se situe le logement loué, qui donne lieu à l'attribution d'actions nouvelles de la société bénéficiaire de l'apport, ne présente pas la nature juridique d'une vente (CA Paris 25-4-2006 : Loyers et copr. 2006 comm. n° 148).
c. La désignation exacte, dans le congé pour vente, des lieux loués proposés à la vente paraît aller de soi. Pour autant, un congé notifié visant « une cave à désigner », sans autre précision, a été déclaré régulier car, considérant qu'il s'agissait d'un vice de forme, la nullité d'un acte de procédure ne peut être prononcée qu'à charge pour celui qui l'invoque de prouver le préjudice que lui cause l'irrégularité (Cass. 3e civ. 24-6-2008 n° 07-16.156 : RJDA 10/08 n° 999).
d. La nullité qui affecte un congé ne portant que sur une partie de la chose louée est une nullité relative que seul le locataire peut soulever. En conséquence, un locataire privé de la jouissance d'une partie des biens loués peut exercer son droit de préemption sur ce qui reste mis à sa disposition, sans laisser au bailleur la possibilité d'invoquer, lui-même, la nullité d'une offre irrégulière de son propre fait (Cass. 3e civ. 18-2-2009 n° 08-11.615 : RJDA 10/09 n° 827).
e. Est valable le congé pour vente qui vise le droit d'accès aux W.-C. communs sur le palier tel que mentionné au bail en ce qu'il porte sur un bien identifié et sans ambiguïté qui correspond aux lieux loués (Cass. 3e civ. 29-9-2010 n° 09-67.658 : RJDA 12/10 n° 1141). De même, a été considéré comme valable un congé stipulant que la consistance du bien vendu est « décrite dans le contrat de location et se trouve par là même suffisamment déterminée » ; en l'espèce, le congé se référait expressément, quant à la consistance du bien vendu, à la description figurant dans le contrat de bail qui incluait les dépendances et le locataire était donc en mesure d'identifier le bien objet de la vente (Cass. 3e civ. 18-2-2014 n° 12-35.170 : BPIM 2/14 inf. 136).
f. L'avantage consenti par le bailleur vendeur de prendre à sa charge divers travaux dans les parties communes n'est pas une condition essentielle de la vente et sa non-révélation dans le congé pour vendre ne vicie pas celui-ci (CA Paris, 21-1-2010 n° 08-20.994, ch. 4-1 : AJDI septembre 2010 p. 643).

64624 **L'identité de l'éventuel acquéreur** L'identité de l'éventuel acquéreur pressenti n'a pas à figurer dans le congé. Il ne s'agit pas d'une condition de la vente. L'existence d'un candidat acquéreur n'est pas nécessaire pour donner congé : la seule volonté de vendre du bailleur suffit à justifier le congé pour libérer le local au terme du bail.

CAS PARTICULIER

64625 Le propriétaire d'un **immeuble** qui a l'intention de le vendre **dans sa totalité** en le libérant de tous ses locataires est tenu de notifier à chacun d'eux un congé pour vendre. Ce congé doit nécessairement préciser que le locataire bénéficie sur son logement du droit de préemption et indiquer le prix et les conditions de la vente projetée. L'objet de la vente dépassant alors celui du bail, le bailleur doit ventiler le prix de manière à pouvoir indiquer dans chaque congé le prix correspondant à chaque appartement loué (Cass. 3e civ. 13-7-1999 : RJDA 10/99 n° 1060 ; CA Paris 30-5-1990 : BRDA 23/90 p. 15 rendu sous le régime de la loi de 1982 mais transposable à la loi de 1989).

Le bailleur n'est pas tenu d'établir préalablement l'état descriptif de division et le règlement de copropriété en vue d'indiquer aux locataires, dans le congé pour vendre qu'il délivre à chacun, les parties communes attachées au lot (Cass. 3e civ. 21-6-2000 : RJDA 9-10/00 n° 843 ; Cass. 3e civ. 22-1-2003 : RJDA 4/03 n° 370 ; contra CA Paris 23-11-1999 : AJDI 2000 p. 144 ; CA Paris 3-10-2000 : BPIM 2/01 inf. 157, 2e esp.), ni d'annexer au congé le règlement de copropriété et l'état descriptif de division préexistants à la délivrance du congé (Cass. 3e civ. 17-10-2007 n° 06-12.533 : RJDA 1/08 n° 15).

Lorsque le projet de vente concerne un immeuble comportant plus de dix logements, il doit respecter la procédure des ventes par lots (voir nos 65000 s.).

64635 **Autre mention** Le congé doit, à peine de nullité, **reproduire** le **texte** des cinq premiers alinéas de l'article 15, II de la loi du 6 juillet 1989.

En revanche, il ne doit pas reproduire les dispositions de l'article 15, I (Cass. 3e civ. 17-4-1996 : RJDA 7/96 n° 903).

La nullité n'est cependant pas systématiquement prononcée lorsque la reproduction de l'article 15, II de la loi n'est pas intégrale et conforme au texte en vigueur à la date du congé : elle n'est le plus souvent retenue que lorsque l'irrégularité formelle du congé a causé un préjudice au locataire, principe posé par l'article 114 du Code de procédure civile. Tel n'est pas le cas de la reproduction de l'article 15 de la loi du 6 juillet 1989 dans sa rédaction initiale au lieu de celle modifiée par la loi du 21 juillet 1994, le locataire ayant reçu par ailleurs une lettre du notaire valant offre de vente à un prix inférieur et reprenant les dispositions du droit positif (Cass. 3e civ. 13-3-2002 n° 00-15.916 : RJDA 6/02 n° 615 ; Cass. 3e civ. 15-5-2008 n° 07-10.243 : RJDA 8-9/08 n° 893) ou du défaut de reproduction de l'alinéa précisant que la superficie des locaux à vendre n'est pas à mentionner (Cass. 3e civ. 3-2-2009 n° 07-21.484, inédit).

La Cour de cassation a également admis que le congé, délivré sous forme de lettre recommandée AR, qui comporte en annexe un document expressément annoncé dans le corps du congé et reproduisant les textes légaux, constitue un congé régulier (Cass. 3e civ. 19-2-2009 n° 08-11.114 : RJDA 10/09 n° 826).

FORME DU CONGÉ DONNÉ EN VUE DE LA VENTE

Le congé doit être notifié par lettre recommandée AR, signifié par exploit d'huissier ou remis en main propre contre récépissé ou émargement au locataire ou, en cas de pluralité, à chacun des colocataires. La loi prévoit que le congé qui n'est pas délivré en respectant les conditions de forme énumérées par la loi est nul, autrement dit qu'il ne produit aucun effet (voir n° 61560). **64640**

Lorsqu'il est donné par lettre recommandée, le congé doit être adressé par lettre distincte à chacun des **époux.** Toutefois, les congés sont considérés comme valablement délivrés et pleinement opposables à chacun des deux conjoints lorsque le locataire n'a pas porté à la connaissance du bailleur l'existence de son époux. Il appartient donc au locataire d'organiser la preuve de l'information donnée au bailleur quant au changement dans sa situation matrimoniale (information par lettre recommandée AR ou par exploit d'huissier). Ces règles sont applicables aux **partenaires de Pacs** lorsqu'ils sont cotitulaires du bail.

> Précisions a. Le Code de procédure civile énonce le principe selon lequel il ne peut y avoir de nullité sans **préjudice.** Sur ce fondement, la jurisprudence est partagée : certaines décisions refusent de prononcer à tout coup la nullité pour vice de forme d'un congé délivré irrégulièrement lorsque l'irrégularité n'a causé aucun grief au locataire (en ce sens Cass. 3e civ. 21-2-1990 : Bull. civ. III n° 60 ; CA Paris 1-10-1992 : Loyers et copr. 1993 comm. n° 42). D'autres décisions retiennent néanmoins la nullité du congé sans considérer l'existence ou l'absence d'un grief (Cass. 3e civ. 6-2-1991 : Bull. civ. III n° 51).

b. Un congé avec offre de vente notifié au locataire par le **mandataire du bailleur** doit, sous peine de nullité, comporter le nom ou la dénomination sociale du propriétaire (Cass. ass. plén. 13-2-1998 n° 95-10.378 : RJDA 5/98 n° 574).

c. Deux locataires sont recevables à poursuivre la réalisation forcée de la vente consécutive à un congé pour vente qui leur avait été notifié par une seule lettre recommandée alors même que l'acceptation de l'offre n'a été notifiée que par un seul des deux colocataires (Cass. 3e civ. 13-10-2010 n° 09-65.566 : RJDA 1/11 n° 22).

DURÉE DE VALIDITÉ DE L'OFFRE DE VENTE

L'offre de vente est valable pendant les deux premiers mois du délai de préavis. La jurisprudence a précisé que cette période de validité est décomptée par rapport au délai légal de préavis. Autrement dit, un congé pour vente notifié par anticipation vaut offre de vente jusqu'à la fin des deux premiers mois du délai légal de préavis, lequel ne commence à courir que six mois avant le terme du bail (Cass. 3e civ. 29-10-2008 n° 07-17.911 : RJDA 7/09 n° 612 ; Cass. 3e civ. 10-12-2008 n° 07-15.386 : RJDA 3/09 n° 190 ; Cass. 3e civ. 12-10-2011 n° 10-20.582 : RJDA 1/12 n° 24). Le bailleur ne peut pas, du fait d'un **congé prématuré,** modifier la période pendant laquelle la loi accorde au locataire le délai de réponse à l'offre de vente (Cass. 3e civ. 19-9-2006 n° 04-19.555 : AJDI 2006 p. 911 obs. V. Zalewski ; Cass. 3e civ. 29-10-2008 n° 07-17.911 : RJDA 7/09 n° 612). En outre, même si le locataire accepte l'offre de vente associée à un congé délivré prématurément, cela ne vaut pas renonciation au délai légal de réflexion de deux mois et le délai de réalisation de la vente ne peut pas commencer à courir à compter de la date d'envoi de la réponse (Cass. 3e civ. 13-10-2010 n° 09-65.566 : RJDA 1/11 n° 22). **64645**

Pendant la durée de validité de l'offre, celle-ci ne peut être ni rétractée ni modifiée sans le consentement du locataire (Cass. 3e civ. 19-5-2010 n° 09-13.474 : RJDA 8-9/10 n° 836).

> Précisions a. L'offre de vente ainsi que le délai d'acceptation que la loi accorde au locataire ne sont pas suspendus par une procédure de contestation du congé (Cass. 3e civ. 8-1-1997 : RJDA 2/97 n° 186).

b. Le congé pour vente n'a pas à préciser la date d'expiration du délai de deux mois accordé au locataire pour répondre à l'offre de vente (Cass. 3e civ. 12-10-2011 : RJDA 1/12 n° 24).

SANCTIONS EN CAS DE CONGÉ JUSTIFIÉ FRAUDULEUSEMENT

Outre les **sanctions civiles** encourues pour irrégularité du congé, le fait pour un bailleur de délivrer un congé justifié frauduleusement par sa décision de vendre le logement est puni d'une **amende pénale** maximale de 6 000 € pour une personne physique et de 30 000 € pour une personne morale. Le montant de l'amende est proportionné à la gravité des faits constatés. Le locataire peut se constituer partie civile et demander réparation de son préjudice (Loi 89-462 du 6-7-1989 art. 15, IV). **64650**

b. Décision du locataire face au congé valant offre de vente

64740 Face au congé valant offre de vente, le locataire a uniquement le **choix,** pendant le délai de validité de l'offre, entre se porter acquéreur du bien au prix proposé ou ne pas se porter acquéreur et perdre alors tout titre locatif.

Le locataire peut cependant choisir de contester le congé notifié s'il considère sa validité douteuse, tout en acceptant l'offre de vente faite sous réserve de la validité du congé. Il a ainsi été jugé que la stipulation d'une condition résolutoire tenant à l'appréciation judiciaire de la validité du congé (en l'occurrence validité mise en doute pour non-annexion au congé du règlement de copropriété et de l'état descriptif de division de l'immeuble) est indifférente à l'efficacité de l'acceptation de l'offre de vente (Cass. 3e civ. 17-10-2007 n° 06-12.533 : RJDA 1/08 n° 15).

Le locataire peut valablement **contester le congé** qui lui est délivré au motif d'un prix proposé excessif par rapport au prix du marché. Certains auteurs considèrent ainsi que le juge peut effectuer un **contrôle** a priori, autrement dit avant que la vente ait lieu et, le cas échéant, avant que le locataire ait quitté les lieux. Certaines décisions ont validé cette thèse (CA Versailles 12-7-1991 : Administrer 1991 p. 92 ; Cass. 3e civ. 15-3-2000 n° 98-14.372 : RJDA 5/00 n° 523). Une autre partie de la doctrine considère en revanche que le juge ne peut exercer qu'un contrôle a posteriori et qu'en cas de prix excessif proposé au locataire la sanction sera celle du droit de substitution du locataire (en ce sens CA Paris 28-5-1993 : Loyers et copr. 1993 comm. n° 328).

Nous pensons cependant qu'une voie médiane devrait s'imposer car, et ainsi que plusieurs décisions l'ont souligné, si la loi de 1989 n'institue pas un contrôle préalable de la sincérité du prix proposé et n'autorise donc pas le locataire à exiger un prix à dire d'expert, il n'en est pas moins vrai que l'application de la loi ne saurait échapper aux principes généraux du droit selon lesquels tout acte, quelle qu'en soit la nature, peut être annulé pour cause de manœuvres frauduleuses (CA Paris 16-11-1993 : Loyers et copr. 1994 comm. n° 224 ; CA Paris 6-7-1994 : Loyers et copr. 1994 comm. n° 457 ; CA Paris 10-2-2005 : Loyers et copr. 2005 comm. n° 173).

Sur les sanctions pénales encourues par le bailleur en cas de congé pour vendre frauduleux, voir n° 64650.

64742 Le délai accordé par la loi pour accepter l'offre de vente du bailleur n'interdit pas au locataire d'invoquer les irrégularités du congé au-delà de ce délai (Cass. 3e civ. 7-10-1998 : RJDA 12/98 n° 1339 ; Cass. 3e civ. 18-2-2003 : RJDA 5/03 n° 480), mais l'action en contestation du congé engagée pendant ce délai ne suspend pas le délai d'acceptation de l'offre de vente (Cass. 3e civ. 8-1-1997 : RJDA 2/97 n° 186).

NON-ACCEPTATION DE L'OFFRE DE VENTE

64745 Sauf exercice éventuel du second droit de préemption (nos 64885 s.), le locataire qui n'a pas accepté l'offre dans le délai légal est déchu du droit de se porter acquéreur mais également de tout droit locatif à l'expiration du contrat.

Le **délai** légal accordé au locataire pour se prononcer est égal aux deux premiers mois du délai de préavis. Ce délai de préavis peut être abrégé par décision expresse du locataire soit d'accepter l'offre, soit d'y renoncer (par exemple en intervenant à l'acte de cession au profit de l'acquéreur pressenti). Le silence du locataire pendant les deux premiers mois du délai de préavis équivaut à un refus d'acquérir aux conditions de vente proposées.

> **Précisions** **a.** Sur les effets d'un congé délivré par anticipation, voir n° 61595.
> **b.** L'offre de vente contenue dans le congé ne peut pas être **rétractée** par le bailleur pendant les deux premiers mois du délai de préavis (Cass. 3e civ. 19-5-2010 n° 09-13.474 : RJDA 8-9/10 n° 836).

ACCEPTATION DE L'OFFRE DE VENTE

64750 L'acceptation de l'offre n'est soumise à aucun **formalisme** légal. Le locataire doit seulement se ménager la **preuve** de son acceptation dans les deux mois de la réception de la lettre recommandée, de la signification de l'acte d'huissier ou de la remise en main propre contre récépissé ou émargement.

De même, l'acceptation n'est soumise à aucune formalité sacramentelle. Elle doit être donnée sans restriction ou condition autre que celle liée à la décision du locataire de recourir éventuellement à un prêt. En effet, dans ce dernier cas, l'acceptation du locataire peut valablement être conditionnée par l'obtention du prêt. La décision du locataire de recourir à un prêt doit figurer dans la réponse faite au bailleur.

L'acceptation de l'offre de vente a pour effet de **proroger** le **contrat de location** jusqu'à l'expiration du délai de réalisation de la vente. Si, à l'expiration de ce délai, la vente n'a pas été réalisée, l'acceptation de l'offre de vente est nulle de plein droit et le locataire est déchu de plein droit de tout titre d'occupation sauf cas particulier (n° 64745).

Sur l'effet d'une acceptation sous condition résolutoire tenant à l'appréciation judiciaire de la validité du congé, voir n° 64740.

RÉALISATION DE LA VENTE

Lorsque le locataire n'a pas fait état de son intention de recourir à un prêt, le **délai** de réalisation de l'acte de vente imparti au locataire est de deux mois à compter de la date d'envoi de la réponse au bailleur (délai préfix, non susceptible de prorogation ou d'interruption). Dans le cas contraire, le délai de réalisation de la vente est porté à quatre mois. Le bailleur ne peut pas abréger ces délais légaux car il priverait le locataire de son droit effectif de préemption (Cass. 3e civ. 1-2-2000 : RJDA 5/00 n° 522). **64755**

À défaut de réalisation de la vente dans le délai imparti, l'acceptation de l'offre est nulle de plein droit et le locataire est déchu de plein droit de tout titre d'occupation du local (Loi du 6-7-1989 art. 15, I-al. 4 ; Cass. 3e civ. 3-4-1996 : RJDA 7/96 n° 904).

Toutefois, la Cour de cassation a apporté un tempérament à ces dispositions en décidant que le locataire ne saurait supporter les conséquences de la non-réalisation de la vente dans le délai légal lorsque l'obstacle est imputable au seul bailleur (Cass. 3e civ. 8-4-1992 n° 90-20.002 : RJDA 6/92 n° 569 ; Cass. 3e civ. 8-11-1996 : RJDA 12/95 n° 1341). Par ailleurs, la Cour de cassation a jugé que le bailleur ne pouvait pas se prévaloir de la nullité s'il a laissé expirer le délai alors qu'il avait proposé de prendre en charge les démarches et les modalités de réalisation de la vente et d'avertir le locataire du jour où la signature de l'acte authentique serait possible (Cass. 3e civ. 11-6-1992 n° 90-14.881 : RJDA 8-9/92 n° 805).

La réalisation de la vente met **fin** au contrat de **location.** L'ancien locataire devient alors un propriétaire avec toutes les prérogatives et obligations attachées à la propriété. Il est donc libre de revendre le bien à son gré, même en faisant un profit substantiel, aucune disposition légale ne lui interdisant une telle opération (Cass. 3e civ. 16-10-1991 n° 89-20.260 : RJDA 11/91 n° 903 : en l'espèce, la cession avait précédé la régularisation de l'opération).

> **Précisions** Le droit de préemption ne bénéficiant qu'au locataire, ce dernier ne peut pas imposer la réalisation de la vente au bénéfice d'un tiers, fût-ce une société dont il serait associé (CA Paris 10-9-2009 : Loyers et copr. 2010 n° 4).

SECOND DROIT DE PRÉEMPTION

Lorsque le bailleur décide de vendre à un **prix ou** à des **conditions plus avantageux** que ceux initialement notifiés, le locataire dispose d'un second droit de préemption (Loi 89-462 du 6-7-1989 art. 15, II-al. 4 à 6). Ce droit de préemption subsidiaire du locataire ne peut s'exercer que si un congé pour vendre a été adressé au locataire par le vendeur pour mettre un terme au bail en vue de la vente (Cass. 3e civ. 20-9-2006 n° 05-14.898 : RJDA 12/06 n° 1209). L'exercice de ce droit n'est enfermé dans aucun délai, la seule **condition** étant que le propriétaire doit avoir décidé de vendre à des conditions ou à un prix plus avantageux pour l'acquéreur que ceux initialement proposés au locataire. Seule la nullité de la vente est encourue en cas de défaut de notification des nouvelles conditions de la vente mais la nullité du congé est encourue pour surélévation manifestement frauduleuse du prix (CA Paris 10-2-2005 : Loyers et copr. 2005 comm. n° 173). L'ouverture du droit de préemption au bénéfice du locataire ne dépend pas de sa capacité financière à l'exercer et la méconnaissance de ce droit, qu'il tient de la loi, suffit à rendre recevable son action en nullité de la vente (Cass. 3e civ. 14-11-2012 n° 11-22.433 : BPIM 1/13 inf. 85). Mais lorsque le congé délivré irrégulièrement est annulé, le droit de préemption est réputé n'être jamais né et le locataire ne peut donc pas se prévaloir de la privation de ce droit pour demander une indemnisation (Cass. 3e civ. 9-11-2011 n° 10-23.542 : BPIM 1/12 inf. 84). **64885**

La **seconde notification** peut être initiée soit par le propriétaire, soit, à défaut, par le notaire rédacteur de l'acte. Elle doit être effectuée à l'adresse indiquée à cet effet par le locataire au bailleur ou, à défaut d'une telle indication, à l'adresse des locaux dont la location avait été consentie. Elle doit également, à peine de nullité, reproduire les termes des cinq premiers alinéas de l'article 15, II de la loi du 6 juillet 1989. Cette seconde notification vaut offre de vente. Elle est valable pendant un mois à compter de sa réception. L'offre qui n'a pas été acceptée dans ce délai est caduque. Le silence du locataire équivaut à un refus.

Le locataire doit notifier sa réponse dans le délai d'un mois soit au bailleur, soit au notaire rédacteur de l'acte, à peine de ne pouvoir prouver, et donc faire valoir, son acceptation.

Sur la commission de l'agent immobilier indûment mise à la charge du locataire voir n° 64621, c.

Lorsque le locataire notifie son **acceptation,** il dispose, à compter de la date d'envoi de sa réponse au bailleur ou au notaire, d'un délai de deux mois pour la réalisation de l'acte de vente et, si dans sa réponse il notifie son intention de recourir à un prêt, l'acceptation par le locataire de l'offre de vente est subordonnée à l'obtention du prêt. Le délai de réalisation de la vente est alors porté à quatre mois. Si, à l'expiration de ce délai, la vente n'a pas été réalisée, l'acceptation de l'offre de vente est nulle de plein droit (voir n° 64745).

64890 **En cas de pluralité de locataires,** chacun d'eux a la faculté d'exercer ce droit de préemption. En cas de vente d'un immeuble servant à l'habitation de deux **époux,** chacun d'eux bénéficie d'un droit de préemption aux conditions fixées par le propriétaire. Le locataire conjoint, omis dans la procédure de notification du congé, est en droit de ne pas se prévaloir de l'inopposabilité du congé à son égard prévue dans son seul intérêt et d'user en revanche du droit de préemption ouvert au locataire (Cass. 3e civ. 16-10-1991 : Bull. civ. III n° 243). Cette solution nous paraît transposable pour la vente d'un immeuble servant d'habitation à deux **partenaires liés par un pacte civil de solidarité.**

C. Protection des locataires en cas de vente à la découpe

INTRODUCTION

65000 La vente à la découpe, dite aussi vente par lots, est une pratique qui consiste, pour le propriétaire d'un immeuble entier, à vendre celui-ci appartement par appartement. Cette vente à la découpe se fait parfois en deux temps. Dans un premier temps, le propriétaire vend l'immeuble en bloc à un investisseur puis, dans un second temps, celui-ci divise l'immeuble en lots puis les vend en ayant ou non réalisé des travaux. Les premières opérations de ce type ont été réalisées par des bailleurs institutionnels qui ont été amenés à signer, avec des organismes représentant les locataires, un premier accord (du 9 juin 1998) organisant un nouveau droit de préemption avec une information préalable renforcée des locataires. Cet accord collectif, initialement opposable à ses seuls signataires, a été rendu obligatoire à la plupart des bailleurs par le décret 99-628 du 22 juillet 1999 (JO 23 p. 10951).

Devant la multiplication de ce type d'opérations, les pouvoirs publics ont souhaité qu'il y ait une nouvelle concertation entre bailleurs et associations de locataires laquelle a donné lieu à l'accord du 16 mars 2005, lui-même rendu obligatoire aux mêmes bailleurs par le décret 2006-1366 du 10 novembre 2006 après modification de l'article 41 ter de la loi du 23 décembre 1986.

Parallèlement, Mme Aurillac déposait une proposition de loi le 9 février 2005, laquelle a donné lieu à la loi 2006-685 du 13 juin 2006, dite « loi Aurillac », relative au droit de préemption et à la protection des locataires en cas de vente d'un immeuble.

Enfin, à **Paris,** le maire a pris un arrêté le 21 avril 2005 imposant aux propriétaires envisageant de mettre en vente par lots plus de dix logements dans un même immeuble une information complète de la mairie par remise de l'ensemble des documents d'information devant être transmis aux locataires, ainsi qu'un état de la situation locative de chaque lot mis en vente. Ce texte pose le principe que cette obligation d'information s'applique également aux opérations en cours pour lesquels le propriétaire se serait limité à une information incomplète transmise avant l'arrêté municipal.

Alors que les deux accords collectifs étendus visent les projets de vente par lots de plus de dix logements dans un même immeuble, l'accord de 2005 précisant qu'il peut s'agir de logements libres ou occupés, la loi Aurillac vise les projets de vente, dans leur totalité et en une seule fois, des immeubles à usage d'habitation ou à usage mixte d'habitation et professionnel de plus de 5 logements.

1. VENTE PAR LOTS

COEXISTENCE DES ACCORDS COLLECTIFS

65010 Les deux accords collectifs de 1998 et 2005 ont le même objet, s'appliquent aux mêmes personnes (depuis leur extension par décret) et concernent les mêmes opérations (depuis l'interprétation du premier accord par la Cour de cassation). Pour autant, ils diffèrent sensiblement sur certains points. La question se pose donc de savoir comment ces deux textes s'orchestrent puisqu'aucun des deux n'a été dénoncé et/ou abrogé. On peut cependant légitimement penser que le second accord, sollicité pour parfaire le premier, complète ou se substitue à celui-ci. C'est la raison pour laquelle la procédure à suivre pour les projets de vente par lots de plus de dix logements dans un même immeuble seront étudiés tour à tour à la lumière de chacun de ces accords.

CHAMP D'APPLICATION DES ACCORDS COLLECTIFS

Opérations concernées Les opérations concernées par cette réglementation sont, aux termes de l'accord collectif du 9 juin 1998, « les ventes par lots de plus de dix logements dans un même immeuble » et, aux termes de l'accord collectif du 16 mars 2005, « les ventes par lots de plus de dix logements, libres ou occupés, dans un même immeuble ». 65040

Dès lors qu'un propriétaire envisage de vendre un ensemble immobilier qui comprend plus de dix logements, peu importe le nombre de congés à délivrer, l'accord collectif – en l'espèce celui du 9 juin 1998 – doit être appliqué (Cass. 3e civ. 5-5-2004 n° 03-11.224 : RJDA 8-9/04 n° 957).

La modification apportée au champ d'application de l'accord collectif par le texte du 16 mars 2005 entérine cette solution puisqu'il vise désormais les logements libres ou occupés.

Peu importe également le **régime locatif** auquel pourraient prétendre les locataires ou occupants des lots à mettre en vente. Qu'il s'agisse de locations régies par le droit commun du louage, par la loi du 1er septembre 1948 (CA Paris 31-5-2001 : GP 2002 p. 1074 ; CA Paris 15-3-2005 : Loyers et copr. 2005 comm. n° 134) ou par la loi du 6 juillet 1989, tous les logements susceptibles d'être vendus, libres ou occupés, devront être comptabilisés pour apprécier l'obligation de respecter la réglementation étudiée.

La mise en œuvre de ces accords n'implique pas davantage que les ventes soient simultanées ou programmées dans un délai limité (CA Paris 28-11-2006 n° 04-22282 : AJDI 2007 p. 138 ; CA Paris 6-12-2007 n° 05-19999 : AJDI 2008 p. 213). C'est ainsi que la procédure mise en place par ces accords doit s'appliquer quand bien même il s'est écoulé plusieurs années entre la dernière vente et la délivrance d'un nouveau congé (Cass. 3e civ. 18-1-2012 n° 11-30.003 : RJDA 6/12 n° 573).

En revanche, une question majeure reste sans réponse certaine : les accords collectifs de 1998 et 2005 s'appliquent-ils **en l'absence de** délivrance d'un **congé pour vente,** du seul fait de l'émission d'une offre de vente dans les prévisions de l'article 10, I de la loi du 31 décembre 1975 ? La rédaction des accords milite pour leur non-application. Mais les juges du fond divergent sur la réponse à y apporter. Si la quatrième chambre du pôle 4 de la cour d'appel de Paris a déclaré les accords applicables (CA Paris 5-4-2011 n° 07/04770), la troisième chambre du même pôle a rendu deux décisions contraires (contre l'application, CA Paris 25-6-2009 n° 07/05818 ; pour l'application, CA Paris 4-11-2010 n° 2008/23271 ; Ph. Pelletier et V. Busquet, Les règles propres à la vente d'immeubles d'habitation par lots s'appliquent-elles en l'absence de congé-vente ? : Defrénois 2011 n° 39207 p. 433). Toutefois, cette dernière a récemment jugé que les accords collectifs des 9 juin 1998 et 16 mars 2005 doivent s'appliquer aussi bien aux offres de vente qu'aux congés pour vendre dès lors qu'« il ne résulte pas du texte des accords que cette obligation (d'information) soit expressément limitée aux seuls cas où un congé pour vendre est délivré » (CA Paris 17-11-2011 n° 10/11589). Cette solution a été confirmée par la Cour de cassation. L'information incombant au propriétaire d'un immeuble vendu par lots prévue par l'accord collectif du 9 juin 1998 doit être fournie aux locataires dès l'offre de vente sans que le propriétaire puisse attendre le congé pour vendre pour s'en acquitter (Cass. 3e civ. 5-9-2012 n° 11-17.630 : BPIM 6/12 inf. 482, solution applicable à notre avis à l'accord collectif de 2005).

> Précisions a. Les dispositions de l'accord collectif du 9 juin 1998 ne sont pas applicables en cas de vente par adjudication volontaire ou forcée (Cass. 3e civ. 20-12-2018 n° 18-10.355 FS-PBI : BPIM 1/19 inf. 71).

b. Les accords ne sont pas applicables à un congé ayant entraîné la déchéance de plein droit du locataire de tout titre d'occupation à une date antérieure à son entrée en application (Cass. 3e civ. 24-3-2004 : RJDA 6/04 n° 685 ; Cass. 3e civ. 10-11-2004 n° 03-16.721 : RJDA 2/05 n° 107 ; Cass. 3e civ. 20-9-2006 n° 05-19.612 : RJDA 12/06 n° 1208).

c. Un congé délivré postérieurement à l'entrée en vigueur de la loi SRU comprenant l'offre de vente encourt la nullité, faute de répondre à l'exigence posée par cette loi de dissocier le congé de l'offre de vente (CA Paris 20-11-2003 : Rev. Loyers 2004 p. 413).

d. L'article 11-1 de la loi du 6 juillet 1989 est inapplicable dès lors qu'à la date de délivrance du congé, l'immeuble ne comportait que sept logements (Cass. 3e civ. 5-4-2006 n° 05-10.218 : RJDA 7/06 n° 757).

e. L'accord collectif du 9 juin 1998 est d'application immédiate aux opérations en cours pour les phases non encore réalisées. Ainsi, le locataire peut prétendre à l'applicabilité des dispositions de cet accord dès lors que le congé pour vendre a été notifié postérieurement à la loi SRU du 13 décembre 2000 et ce, bien que la notification du projet de vente ait été antérieure au décret ayant rendu l'accord obligatoire (Cass. 3e civ. 24-6-2009 nos 08-14.731 et 08-14.732 : RJDA 10/09 n° 829, 2e esp. ; Cass. 3e civ. 8-7-2009 n° 08-15.934 : RJDA 10/09 n° 830 ; dans le même sens, CA Paris 19-2-2008 n° 05-16156 : AJDI 2008 p. 394). Il n'a pas vocation à s'appliquer uniquement dans le cas d'un immeuble appartenant à un même propriétaire et faisant l'objet d'une première division en lots de copropriété : cet accord renvoie pour l'offre de vente aux modalités de forme de l'article 10 de la loi du 31 décembre 1975 mais pas à son champ d'application : il doit donc être respecté par un bailleur qui fait signifier un congé pour vente à plus de dix locataires d'appartements situés dans un même immeuble, fût-il placé dès sa construction sous le régime de la copropriété (Cass. 3e civ. 9-1-2008 no 06-18.856 : RJDA 4/08 no 389).

f. Les locataires qui entendent se prévaloir de l'accord collectif du 9 juin 1998 doivent justifier que l'immeuble concerné comporte plus de dix logements (Cass. 3e civ. 4-3-2009 no 08-10.977 : RJDA 6/09 no 527).

65045 **Bailleurs concernés** L'accord du 9 juin 1998 a été signé, pour les bailleurs, par la Fédération française des sociétés d'assurances (FFSA), par la Société centrale immobilière de la Caisse des dépôts (SCIC), par la Fédération des sociétés immobilières et foncières (FSIF) et, pour les organisations de locataires, par la Confédération nationale de logement (CNL), par la Confédération générale du logement (CGL), par la Confédération syndicale des familles (CSF), par la Confédération syndicale du cadre de vie (CSCV), par l'Association force ouvrière consommateurs (AFOC).

L'accord du 16 mars 2005 a été signé pour les bailleurs par la Fédération des sociétés d'économie mixte, Icade SA, l'Association des propriétaires sociaux, la Fédération française des sociétés immobilières et foncières, la Fédération française des sociétés d'assurances, et pour les locataires par la Confédération de la consommation, du logement et du cadre de vie et l'Association force ouvrière consommateurs.

Depuis l'entrée en vigueur de la loi SRU 2000-1208 du 13 décembre 2000, qui a modifié l'article 41 ter de la loi de 1986, les bailleurs concernés par les accords des 9 juin 1998 et 16 mars 2005 sont tout bailleur **personne morale** quelle qu'elle soit, à l'exception (Loi 86-1290 du 23-12-1986 art. 41 ter issu de loi SRU 2000-1208 du 13-12-2000) :

– des SCI constituées exclusivement entre époux, partenaires liés par un pacte civil de solidarité, concubins notoires au sens de l'article 515-8 du Code civil depuis au moins un an à compter de la date du congé et leurs alliés jusqu'au 4e degré inclus, lesquelles sont assimilées aux personnes physiques et relèvent d'un 3e secteur locatif ;

– des organismes d'HLM.

> Précisions Initialement, les accords n'étaient opposables qu'à leurs signataires. Suite à leur extension intervenue respectivement les 22 juillet 1999 et 10 novembre 2006, ces deux accords collectifs se sont appliqués :

– aux SEM, aux sociétés immobilières à participation majoritaire de la Caisse des dépôts et consignations, aux collectivités publiques, aux sociétés filiales d'un organisme collecteur de la contribution des employeurs à l'effort de construction et aux filiales de ces organismes autres que celles liées aux organismes d'HLM ;

– aux entreprises d'assurance, aux sociétés immobilières créées en application de l'ordonnance du 24 septembre 1958 relative aux sociétés immobilières conventionnées, aux sociétés immobilières d'investissements créées en application de la loi du 15 mars 1963 portant réforme de l'enregistrement, du timbre et de la fiscalité immobilière, aux établissements de crédit et aux filiales de ces organismes autres que celles mentionnées ci-dessus et celles liées aux organismes d'HLM.

RÉGLEMENTATION ISSUE DE L'ACCORD DU 9 JUIN 1998

65060 Les opérations réalisées dans le cadre de l'accord du 9 juin 1998 doivent impérativement respecter les étapes qui y sont prévues. En particulier, le respect des étapes préalables que sont la réunion d'information des locataires et l'envoi de la lettre de confirmation est essentiel à la validité de la suite de la procédure et à la vente qui s'ensuivra. C'est ainsi que la notification de l'offre de vente avant ces préalables entraîne la nullité de l'offre de vente, du congé pour vendre et en conséquence de la vente consentie à un tiers (Cass. 3e civ. 23-6-2010 nos 09-13.153 et 09-13.327 : RJDA 11/10 no 1050).

65061 **Information des locataires** Cette information consiste en une **réunion préalable** à laquelle sont invités les locataires et leurs associations. L'accord ne précise ni la forme de la convocation à la réunion préalable ni le délai de prévenance à respecter. Pour des raisons de preuve, la lettre recommandée semble s'imposer. Quant au délai, la 6e chambre B de la cour d'appel de Paris a jugé que dix jours entre la date d'envoi de la lettre et la date de la réunion étaient insuffisants (CA Paris 7-2-2008 no 06-20843 : Loyers et copr. 2008 comm. no 128). On notera néanmoins que la 6e chambre C de cette même cour a jugé valable une offre de vente faite aux locataires alors que la procédure de mise en vente avait été engagée au début de l'été et qu'il ne s'était écoulé qu'un délai de huit jours entre la convocation et la tenue de la réunion de l'information. Au cas particulier, elle a retenu que le bailleur avait, conformément à l'accord collectif du 9 juin 1998, respecté les exigences de calendrier de procédure et le contenu de l'information délivrée aux locataires et à l'association de locataires (CA Paris 21-3-2006 : Loyers et copr. 2006 comm. no 129).

Par ailleurs, si une association de locataires se crée avant la réunion d'information générale des locataires, la date de la réunion doit être éventuellement retardée pour que l'association y soit convoquée avec un délai de préavis suffisant (CA Paris 7-2-2008 précité). La Cour de cassation est allée plus loin en jugeant que, lorsque le bailleur est informé de la constitution, peu de temps après la réunion d'information, d'une association de locataires, le juge ne saurait rejeter la demande d'annulation de l'offre de vente sans rechercher si le bailleur était en mesure d'examiner avec ladite association les modalités de réalisation des diagnostics et bilans techniques conformément à l'article 2.2 de l'accord du 9 juin 1998 (Cass. 3e civ. 31-10-2012 no 11-19.876 : RJDA 3/13 no 205).

Le bailleur doit ensuite **confirmer par écrit** à chaque locataire les **modalités** envisagées pour la **vente** et compléter l'information générale par une information particulière destinée aux locataires susceptibles de se porter acquéreurs, en soulignant que cette information est donnée à titre indicatif et ne constitue pas une offre de vente. **65062**

L'information générale, qui doit être donnée au locataire dans un langage approprié, porte sur :
- les phases importantes de l'opération de vente et les droits respectifs des locataires et des propriétaires, tels que définis par la loi et l'accord collectif ;
- les règles générales de fonctionnement des copropriétés, ainsi que la nature et le niveau des charges particulières aux copropriétaires par rapport à ceux des charges locatives ;
- les conditions de crédit du moment, telles que connues et proposées par plusieurs établissements financiers, ainsi que la possibilité de recourir au prêt du 1 % logement ;
- les prix moyens au mètre carré au moment de la mise en vente avec, le cas échéant, les critères de différenciation des prix entre les logements et le ou les avantages éventuellement accordés aux locataires par rapport aux acquéreurs extérieurs, en particulier en fonction de l'ancienneté du locataire dans les lieux et de la durée du bail restant à courir ;
- les possibilités de relogement par le bailleur, par location ou accession, notamment dans son propre parc.

Le bailleur doit également mettre à la disposition des locataires, au plus tard avec l'offre de vente prévue à l'article 10 de la loi du 31 décembre 1975, les **diagnostics et bilans techniques** relatifs à l'immeuble. Ces diagnostics et bilans techniques doivent porter sur les éléments essentiels du bâti, les équipements communs et de sécurité susceptibles d'entraîner des dépenses importantes pour les futurs copropriétaires dans les années qui suivront la vente, et doivent renseigner sur le clos, le couvert, l'isolation thermique, les conduites et canalisations collectives, les équipements de chauffage collectif, les ascenseurs et la sécurité en matière d'incendie. À ces diagnostics et bilans doivent être joints la récapitulation des **travaux réalisés dans les parties communes** les cinq dernières années et les coûts exposés, ainsi que la liste des travaux qu'il serait souhaitable d'entreprendre à court et moyen terme.

Outre l'information générale et l'information sur l'état de l'immeuble et sur les travaux, le bailleur doit adresser au locataire l'**état descriptif de division** de l'immeuble pour les lots le concernant, ainsi qu'une fiche individuelle précisant le prix du logement. Enfin cette information doit être complétée par la mise à disposition, pour consultation, du futur **règlement de copropriété** et de l'ensemble des contrats de prestations de services liés à l'exploitation de l'immeuble.

> **Précisions** **a.** La remise d'un diagnostic ne répondant pas aux exigences de l'article 2.2 de l'accord collectif de 1998 peut faire encourir la nullité du congé et de l'offre de vente (CA Paris 3-7-2007 no 06-22579 : AJDI 2007 p. 927 ; CA Paris 26-3-2009 : Loyers et copr. 2009 comm. no 202 ; CA Paris 2-10-2012 no 09/23517). Il en est de même lorsque les modalités de réalisation des diagnostics et bilans techniques n'ont pas fait l'objet d'un examen par le bailleur et les associations de locataires et qu'au surplus, ces diagnostics et bilans techniques n'assurent pas l'information fiable, loyale et complète due au locataire (Cass. 3e civ. 20-2-2008 no 06-18.856 : RJDA 4/08 no 389 ; Cass. 3e civ. 5-9-2012 no 11-17.630 : Rev. Loyers 2012 p. 364).
> **b.** Le fait que l'état parasitaire joint à l'offre de vente ait été établi plus de six mois avant la formulation de cette vente ne constitue pas une irrégularité, l'état parasitaire devant être annexé soit à la promesse soit à l'acte authentique (Cass. 3e civ. 10-2-2015 no 13-27.103 : RJDA 4/15 no 247).

Aménagement de la procédure de congé Une fois la confirmation de vente faite par le bailleur à l'égard de chaque locataire, le bailleur doit respecter un délai de trois mois avant d'envoyer au locataire l'offre de vente prévue à l'article 10 de la loi du 31 décembre 1975. Sauf à justifier d'un préjudice que leur aurait causé la notification de l'offre de vente un jour trop tôt les locataires ne peuvent pas se prévaloir d'une irrégularité des offres de vente sur ce fondement (CA Paris 5-4-2011 no 07/04770). Une fois l'offre de vente notifiée, le **congé pour vente** peut être envoyé conformément aux dispositions de l'article 15 de la loi du 6 juillet 1989. **65065**

L'accord ne précise pas le **délai** à respecter **entre les deux notifications.** La cour d'appel de Paris a jugé qu'un congé délivré aussitôt après la réception de l'offre de vente faite au visa de la loi de 1975 était valide (CA Paris 21-9-2006 no 06-02801 : Rev. Loyers 2007 p. 380).

Dans le droit commun, cette combinaison des deux droits de préemption est écartée pour les opérations ne rentrant pas dans le champ d'application de cette réglementation. Il a ainsi été jugé que le bailleur ne commettait pas de fraude s'il ne mettait pas en œuvre le droit de préemption prévu par la loi du 31 décembre 1975 en ne retenant que celui de la loi de 1989 (Cass. 3e civ. 26-6-1996 : RJDA 10/96 no 1170 ; Cass. 3e civ. 2-10-1996 : RJDA 12/96 no 1450).

La combinaison de l'accord collectif de 1998 qui vise l'offre de vente régie par l'article 10 de la loi du 31 décembre 1975 et de la loi du 6 juillet 1989 qui dispose que, dans les cas de congés pour vente, l'offre de vente au profit du locataire est dissociée du congé, oblige à conclure à la nécessité de respecter la double notification sous le visa de la loi de 1975 puis celui de la loi de 1989 (Cass. 3e civ. 9-1-2008 no 06-18.856 : RJDA 4/08 no 389 ; Cass. 3e civ. 20-2-2008 no 06-21.122 : RJDA 5/08 no 500).

65070 Pour faciliter la réalisation de la vente ou les conditions de son départ, l'accord collectif prévoit que le locataire, dont la durée du bail restant à courir est inférieure à 30 mois à compter de la date de l'offre de vente prévue à l'article 10 de la loi du 31 décembre 1975, peut demander au bailleur une **prorogation du droit d'occupation** de son logement. L'accord prévoit que ce délai supplémentaire est accordé par le bailleur sur justification, les justifications semblant être la nécessité d'obtenir un prêt, de vendre un bien immobilier, un départ à la retraite, une mutation professionnelle, ainsi que toute autre circonstance dûment justifiée.

Le bailleur doit confirmer son accord par écrit au plus tard quatre mois avant la date d'expiration du bail.

65075 L'accord collectif prévoit également que le **locataire ne pouvant pas se porter acquéreur** de son logement peut proposer au bailleur, comme acquéreur, son conjoint ou concubin notoire vivant avec lui depuis au moins un an à la date de l'offre de vente, un ascendant ou un descendant.

Enfin, cet accord protège certaines catégories de locataires lorsque ceux-ci ne peuvent pas se porter acquéreurs. Il en est ainsi :

– du locataire qui justifie d'un revenu inférieur à 80 % du plafond de ressources PLI en vigueur : dans ce cas, le congé ne peut lui être délivré sans une proposition de relogement compatible avec ses besoins et situé, si cela est souhaité par le locataire et dans la mesure du possible pour le bailleur, dans une commune ou un quartier voisin du lieu de résidence du locataire ;

– du locataire qui ne peut déménager en raison de son âge supérieur à 70 ans, de son état de santé présentant un caractère de gravité reconnu, d'un handicap physique ou d'une dépendance psychologique établie, ou de sa situation dûment justifiée : dans ce cas, son bail doit être renouvelé.

APPORTS DE L'ACCORD DU 16 MARS 2005

65080 L'accord collectif du 16 mars 2005 diffère de celui du 9 juin 1998 sur les points suivants :

S'agissant de l'**information,** ce second accord précise que :

– lorsque l'opération est menée par un propriétaire unique, il est également procédé à l'affichage dans les parties communes des date, lieu et heure de la première réunion d'information ;

– concernant l'information générale, le bailleur doit également informer les locataires des dispositifs légaux et réglementaires destinés à protéger les locataires en difficulté, notamment en raison de leur âge ou de leurs ressources, ainsi que des dispositifs légaux et réglementaires destinés à faciliter les opérations pour les locataires ;

– s'agissant de l'information sur l'état de l'immeuble ou sur l'état des travaux, le propriétaire doit s'assurer que les diagnostics et bilans sont aisément lisibles, faute de quoi il peut demander une version simplifiée aux auteurs de ces documents.

Sur le fond, il semble vouloir imposer au bailleur de prévoir un ou des **avantages** pour le locataire, notamment sur le prix (pour une période de six mois), en particulier en fonction de l'ancienneté de ce dernier dans les lieux et de la durée du bail restant à courir. On relèvera effectivement que, dans l'accord précédent, il était question du ou des avantages « éventuellement accordés au locataire (pour une période de six mois) par rapport aux acquéreurs extérieurs, en particulier en fonction de l'ancienneté du locataire dans les lieux et de la durée du bail restant à courir ».

En outre, l'accord de 2005 prévoit que doivent être évoqués entre le bailleur et le locataire l'**état du logement** et la prise en charge par le bailleur des dépenses d'amélioration et des **travaux** qui ne relèvent pas des réparations locatives (art. 2.3), alors que ceci n'était qu'une éventualité dans le texte précédent.

Concernant les **mesures destinées à faciliter les opérations,** le dispositif relatif à la **prorogation du bail** est aménagé : la prorogation est de droit si le locataire occupe le logement depuis plus de six ans à la date de l'offre de vente prévue par l'article 10 de la loi du 31 décembre 1975, la durée de l'occupation résultant de la prorogation du bail étant calculée à raison d'un mois par année d'ancienneté ; le contrat est prorogé de plein droit jusqu'à la fin de l'année scolaire dès lors que le locataire a, à sa charge, des enfants scolarisés.

L'accord aménage également la **faculté de substitution** accordée au locataire pour acquérir le logement occupé. L'acquéreur peut être le conjoint, le partenaire avec lequel le locataire est lié par un Pacs ou son concubin vivant avec lui depuis au moins un an à la date de l'offre de vente, un ascendant ou un descendant, ainsi que ceux de son conjoint, partenaire lié par le Pacs ou concubin.

Il aménage enfin la **protection des personnes qui ne peuvent pas se porter acquéreurs** de leur logement. Sont désormais protégés et bénéficient du renouvellement de plein droit de leur bail :

– le locataire qui justifie d'un revenu inférieur à 100 % du plafond de ressources PLI (n° 24530), auquel il ne peut être délivré de congé sans qu'une proposition de relogement lui soit offerte dans les conditions mentionnées au 1er paragraphe du III de l'article 15 de la loi du 26 juillet 1989, l'accord précisant les conditions de relocation (art. 4.1, al. 2) ;

– le locataire qui ne peut déménager en raison de son état de santé présentant un caractère de gravité reconnu médicalement ;

– le locataire âgé de plus de 70 ans à la date d'expiration de son bail, qui n'est pas assujetti à l'impôt de solidarité sur la fortune ;

– le locataire titulaire soit d'une rente d'invalidité du travail correspondant à une incapacité au moins égale à 80 %, soit d'une allocation servie à toute personne dont l'infirmité entraîne au moins 80 % d'incapacité permanente.

SANCTIONS DU NON-RESPECT DES ACCORDS

Doctrine et jurisprudence étaient partagées sur la question des sanctions applicables au non-respect des accords collectifs alors qu'aucune sanction n'est prévue par l'**accord** collectif **du 9 juin 1998** et que l'**accord du 16 mars 2005** prévoit que seul le non-respect de certaines de ses dispositions (1.2, 3.2, 3.3, 4.1 à 4.4 relatives à la prorogation du bail, la définition des personnes susceptibles d'acquérir au lieu et place du locataire et les cas particuliers de protection pour les locataires n'entendant pas se porter acquéreur de leur logement) entraîne de plein droit la nullité du congé pour vente. Certaines décisions ont souligné, à propos de l'accord du 9 juin 1998, que le texte ne prévoyait aucune sanction en cas de non-respect de ses dispositions seule la loi du 31 décembre 1975 envisageant la nullité de la vente faite en violation des droits du locataire (TI Paris 21-10-2005, 8e arrondt. : Rev. Loyers 2006 p. 98 note V. Canu) ; d'autres admettaient l'annulation de l'offre de vente (CA Paris 15-3-2005 : Loyers et copr. 2005 comm. n° 134) et du congé pour vente (CA Paris 9-12-2004 et CA Paris 8-2-2005, cités dans Rev. Loyers 2006 p. 100 s. note V. Canu), sous réserve que le manquement allégué ait causé un grief au locataire ainsi que l'énonce l'article 114 du CPC (Cass. 3e civ. 25-6-2003 : Administrer 2005 n° 374 p. 41). 65100

Sans répondre au moyen selon lequel il n'y a pas de nullité sans texte, par deux arrêts successifs rendus à propos de congés notifiés avant l'entrée en vigueur de la loi 2006-685 du 13 juin 2006, la Cour de cassation a approuvé les cours d'appel d'avoir prononcé la nullité des congés et la nullité des offres de vente délivrés sans respecter l'accord collectif du 9 juin 1998 (Cass. 3e civ. 9-1-2008 n° 06-18.856 : RJDA 4/08 n° 389 ; Cass. 3e civ. 20-2-2008 n° 06-21.122 : RJDA 5/08 n° 500).

En outre, **depuis le 14 juin 2006,** lorsque les droits locatifs que peut revendiquer le locataire relèvent de la loi du 6 juillet 1989, le non-respect de l'une des obligations relatives au congé pour vente d'un accord conclu en application de l'article 41 ter de la loi du 23 décembre 1986, et rendu obligatoire par décret, donne lieu à l'annulation du congé (Loi du 6-7-1989 art. 15, II).

> **> Précisions** Le défaut d'information exigée par l'accord collectif du 9 juin 1998 emporte la nullité des congés pour vendre et des offres de vente notifiés aux locataires même si les offres de vente comportaient toutes les mentions obligatoires prévues par l'article 10 de la loi du 31 décembre 1975 (Cass. 3e civ. 20-2-2008, précité).
>
> Outre la nullité de l'offre de vente et du congé pour vendre, la cour d'appel de Paris a prononcé la nullité de la vente consentie à un tiers sur le fondement de l'article 10 de la loi du 31 décembre 1975 auquel l'accord collectif renvoie (Cass. 3e civ. 23-6-2010 n° 09-13.153 : RJDA 11/10 n° 1050).

2. VENTE DANS SA TOTALITÉ ET EN UNE SEULE FOIS D'UN IMMEUBLE DE PLUS DE 5 LOGEMENTS

65150 La loi 2006-685 du 13 juin 2006 a créé un **nouveau droit de préemption** lorsque le propriétaire d'un immeuble entend vendre, dans sa totalité et en une seule fois, son immeuble à usage d'habitation ou à usage mixte d'habitation et professionnel de plus de 5 logements et que l'acquéreur refuse de s'engager à proroger les contrats de bail à usage d'habitation en cours à la date de la conclusion de la vente afin de permettre à chaque locataire ou occupant de bonne foi de disposer du logement qu'il occupe pour une durée de six ans à compter de la signature de l'acte authentique de vente (Loi du 31-12-1975 art. 10-1).

CHAMP D'APPLICATION DU DROIT DE PRÉEMPTION

65152 Sont exclues du champ d'application de ce droit de préemption les cessions d'immeubles aux acquéreurs suivants :

– parents ou alliés jusqu'au 4e degré inclus ;

– organisme visé à l'article L 411-2 du Code de la construction et de l'habitation, c'est-à-dire les organismes d'HLM que sont les offices publics de l'habitat, les sociétés anonymes d'habitations à loyer modéré, les sociétés anonymes coopératives de production, les sociétés anonymes coopératives d'intérêt collectif d'habitations à loyer modéré et les fondations d'habitations à loyer modéré ;

– société d'économie mixte visée à l'article L 481-1 du même Code.

Il est également exclu pour les logements faisant l'objet de conventions d'aide personnalisée au logement, ainsi qu'en cas d'exercice de l'un des droits de préemption du titre I du livre II du Code de l'urbanisme (droit de préemption urbain, droit de préemption dans les zones d'aménagement différé et périmètres provisoires), lesquels peuvent être spécifiquement utilisés pour assurer le maintien dans les lieux des locataires (C. urb. art. L 210-2).

Le droit de préemption de l'article 10-1 est applicable aux cessions de la totalité des parts ou actions de sociétés lorsque ces parts ou actions portent attribution en propriété ou en jouissance à temps complet de chacun des logements d'un immeuble de plus de 5 logements, sauf lorsqu'elles interviennent entre parents ou alliés jusqu'au 4e degré inclus.

> **> Précisions** La cour d'appel de Paris a précisé que le droit de préemption créé par la loi 2006-685 du 13 juin 2006 n'est applicable qu'aux personnes physiques (CA Paris 2-02-2012 : Jurisdata n° 2012-001667). Cette solution rejoint celle adoptée par les tribunaux à propos du droit de préemption en cas de vente par lots, réglementée par la loi du 31 décembre 1975. Cette position est logique, qu'il y ait vente en bloc d'un immeuble ou vente par lots, l'objectif final étant d'assurer la protection des locataires qui occupent effectivement les lieux loués.

CONDITIONS POUR L'OUVERTURE DU DROIT DE PRÉEMPTION

65155 Les conditions nécessaires au possible exercice de ce droit de préemption sont les suivantes :

– il faut tout d'abord qu'il y ait une **vente** de l'immeuble. La loi précise que la cession de la totalité des parts ou actions de société, lorsque ces parts ou actions portent attribution en propriété ou en jouissance à temps complet de chacun des logements d'un immeuble de plus de 5 logements, est assimilable à la vente de l'immeuble. En revanche, qu'il s'agisse de la vente de l'immeuble ou de la totalité des parts ou actions susvisées, le droit de préemption ne peut être invoqué lorsque ces cessions interviennent entre parents ou alliés jusqu'au 4e degré inclus. Il est vraisemblable que la jurisprudence rendue sur le fondement de l'article 10, I de la loi du 31 décembre 1975 concourant à définir ce qu'il faut entendre par « vente » est transposable à l'interprétation de la notion de « vente » utilisée à l'article 10-1, I-A de la même loi ;

– à la différence de l'hypothèse envisagée par les accords collectifs étudiés ci-dessus, le droit de préemption organisé par l'article 10-1 impose que l'**immeuble** soit vendu dans sa totalité et en une seule fois.

La vente peut porter sur un immeuble à **usage** d'habitation ou à usage mixte d'habitation et professionnel. Il s'agit peut-être là d'une précision malheureuse car, s'il est évident que le droit de préemption n'est ouvert qu'au locataire ou occupant de bonne foi qui occupe le logement à usage d'habitation ou à usage mixte d'habitation et professionnel, il ne semble pas qu'il faille déduire de la précision du texte que tout immeuble dans lequel il existerait des lots à usage exclusivement professionnel ou à usage commercial serait exclu de la loi. Pour autant, cette précision pourrait être interprétée ainsi ;

– ce droit de préemption exige que l'immeuble objet de la vente compte plus de **5 logements.** Jugé que seuls doivent être pris en compte dans le calcul du nombre de logements rendant le droit de préemption applicable les logements susceptibles d'être offerts à la location présentant les caractéristiques de décence fixées par la loi, ce qui, par exemple, n'est pas le cas des chambres de service (Cass. 3e civ. 11-2-2016 n° 14-25.682 : BPIM 2/16 inf. 142) ;

– l'**acquéreur** de l'immeuble doit refuser de s'engager à proroger les contrats de bail à usage d'habitation en cours à la date de la conclusion de la vente pour une durée de six ans à compter de la signature de l'acte authentique de vente.

ATTENTION

L'opération de fusion-absorption de la société bailleresse ne peut être assimilée à une vente (CA Paris 2-2-2012 : Jurisdata n° 2012-001667).

PROROGATION DU CONTRAT DE BAIL

Si l'acquéreur prend cet engagement de prorogation, celui-ci doit être repris dans l'acte de vente, lequel doit contenir la liste des locataires concernés. La loi ne prévoit pas que cette prorogation doive donner lieu à un avenant au contrat de bail mais il sera plus opportun de procéder ainsi de telle sorte que chaque partie au contrat de bail connaisse la date exacte d'échéance du bail alors en cours. Cette date d'échéance sera celle du sixième anniversaire de la date de signature de l'acte authentique de vente de l'immeuble sur lequel porteront les baux. **65160**

En cas de refus, l'acquéreur pourra cependant se trouver confronté dans certaines hypothèses, à une prorogation du bail demandée par le locataire.

En effet, lorsqu'un congé pour vente, conforme aux dispositions de l'article 15 de la loi, leur est délivré moins de deux ans avant le terme du bail par le bailleur et que ce dernier relève d'un secteur locatif défini au quatrième ou cinquième alinéa de l'article 41 ter de la loi 86-1290 du 23 décembre 1986, dans le cadre d'une vente par lots de plus de 5 logements dans le même immeuble, l'article 11-1 de la loi du 6 juillet 1989 accorde aux titulaires d'un bail à usage d'habitation principale ou à usage mixte d'habitation principale et professionnel régi par la loi du 6 juillet 1989 une **prorogation** de droit du bail **sur simple demande du locataire,** afin de permettre à ce dernier, dans tous les cas, de disposer du logement qu'il occupe pendant une durée de deux ans à compter de la notification du congé pour vente.

Dans ce cas, la reconduction du bail est établie par écrit entre les parties au plus tard quatre mois avant l'expiration du bail en cours. À l'expiration de la durée fixée par les parties pour le bail reconduit, celui-ci est résilié de plein droit.

> Précisions **a.** Le fait que l'article 10-1 de la loi du 31 décembre 1975 ne mentionne que les contrats de bail à usage d'habitation au sujet de la prorogation des baux en cours et alors qu'il prend la peine de préciser que l'immeuble peut en outre être à usage mixte d'habitation et professionnel signifierait que l'acquéreur n'a pas à prendre d'engagement concernant les baux de ces locaux à usage mixte et à ne consentir qu'à la prorogation des baux d'habitation seuls. Toutefois, il est conseillé aux acquéreurs de proroger également les baux à usage mixte d'habitation et professionnel au regard de la sanction encourue, à savoir la nullité de la vente en bloc.

b. Bien que la loi ne vise la prorogation que des contrats de bail à usage d'habitation, on peut penser que le contrat de bail à usage mixte d'habitation et professionnel bénéficie de la même faculté de prorogation.

c. Les bailleurs concernés par cette prorogation de droit du bail sont : les sociétés d'économie mixte, les sociétés immobilières à participation majoritaire de la Caisse des dépôts et consignations, les collectivités publiques, les sociétés filiales d'un organisme collectant de la contribution des intérêts à l'effort de construction et les filiales de ces organismes, les organismes d'habitation à loyer modéré, les entreprises d'assurances, les établissements de crédit et les filiales de ces organismes et toutes personnes morales autres que celles précédemment désignées et autres que les organismes d'habitation à loyer modéré.

d. La cour d'appel de Paris a jugé qu'un organisme d'habitations à loyer modéré, acquéreur d'un immeuble soumis aux dispositions de l'article 10-1 de la loi du 31 décembre 1975 et ayant accepté de proroger pour six ans les baux en cours, est tenu de se conformer à la législation d'ordre public, en particulier aux articles L 353-1 à L 353-17 du Code de la construction et de l'habitation, et dès lors peut modifier le montant du loyer des contrats en cours et appliquer à certains locataires un supplément de loyer de solidarité (CA Paris 17-1-2012 : Jurisdata n° 2012-00694 ; CA Paris 27-3-2012 : Jurisdata n° 2012-007565).

e. Le fait pour le locataire d'avoir demandé la reconduction du bail ne fait pas obstacle à la recevabilité de sa requête de faire constater que l'offre de vente et le congé délivrés sont nuls (Cass. 3e civ. 18-1-2012 n° 11-10.389 : BPIM 2/12 inf. 169).

PROCÉDURE DE MISE EN ŒUVRE DU DROIT DE PRÉEMPTION

Lorsqu'il y a lieu de mettre en œuvre le droit de préemption organisé par l'article 10-1 de la loi du 31 décembre 1975, le **bailleur** doit faire connaître par lettre recommandée avec demande d'avis de réception à chacun des locataires ou occupants de bonne foi l'indication du prix et des conditions de la vente, dans sa totalité et en une seule fois, de l'immeuble ainsi que l'indication **65165** du prix et des conditions de la vente pour le local qu'il occupe. Cette double indication a pour objectif de permettre au locataire d'apprécier la normalité du prix qui lui est proposé pour le logement qu'il occupe.

Cette notification doit être accompagnée d'un projet de règlement de copropriété ainsi que des résultats du diagnostic technique portant constat de l'état apparent de la solidité du clos et du couvert et de celui de l'état des conduites et canalisations collectives ainsi que les équipements communs de sécurité.

Comme sous le régime de la loi du 6 juillet 1989, nonobstant les dispositions de l'article 1751 du Code civil, la notification est de plein droit opposable au conjoint du locataire ou occupant de bonne foi si son existence n'a pas été préalablement portée à la connaissance du bailleur. Elle vaut offre de vente au profit du locataire ou occupant de bonne foi.

65170 L'offre de vente est valable pendant une durée de quatre mois à compter de sa réception. Le **locataire** ou occupant de bonne foi qui accepte l'offre ainsi notifiée dispose, à compter de la date d'envoi de sa réponse au bailleur, d'un délai de deux mois pour la réalisation de l'acte de vente. Si, dans sa réponse, il notifie au bailleur son intention de recourir à un prêt, son acceptation de l'offre de vente est subordonnée à l'obtention du prêt. Dans ce cas, le délai de réalisation de l'opération est porté à quatre mois. Passé le délai de réalisation de l'acte de vente, l'acceptation de l'offre de vente est nulle de plein droit.

65175 **Lorsque,** en raison de la **vente d'au moins un logement** à un locataire ou à un occupant de bonne foi, l'immeuble fait l'objet d'une mise en copropriété et que le bailleur décide de vendre les lots occupés à des conditions ou à un prix plus avantageux à un tiers, le notaire doit, lorsque le propriétaire n'y a pas préalablement procédé, notifier au locataire ou occupant de bonne foi ces conditions et prix à peine de nullité de la vente. Cette notification vaut offre de vente à leur profit. Elle est valable pendant une durée d'un mois à compter de sa réception. L'offre qui n'a pas été acceptée pendant le délai d'un mois est caduque.

Le locataire ou occupant de bonne foi qui accepte l'offre ainsi notifiée dispose, à compter de la date d'envoi de sa réponse au propriétaire ou au notaire, d'un délai de deux mois pour la réalisation de l'acte de vente. Si, dans sa réponse, il notifie son intention de recourir à un prêt, l'acceptation par le locataire ou occupant de bonne foi de l'offre de vente est subordonnée à l'obtention du prêt et le délai de réalisation de la vente est porté à quatre mois. Si, à l'expiration de ce délai, la vente n'a pas été réalisée, l'acceptation de l'offre de vente est nulle de plein droit.

65180 La notification valant offre de vente doit également répondre à des **conditions de forme.** Ainsi, les dispositions de l'article 10-1, I-A de la loi du 31 décembre 1975 doivent être reproduites, à peine de nullité, dans chaque notification.

65185 La loi fait peser sur le propriétaire d'un immeuble à usage d'habitation ou à usage mixte d'habitation et professionnel de plus de 5 logements une **obligation d'information de la commune.** Lorsqu'il entend vendre cet immeuble dans sa totalité et en une seule fois, il doit **communiquer au maire** de la commune sur le territoire de laquelle est situé l'immeuble le prix et les conditions de la vente de l'immeuble afin qu'elle puisse, le cas échéant, exercer son droit de préemption pour maintenir les locataires dans les lieux. Lorsque l'immeuble est soumis à l'un des droits de préemption institués par les chapitres Ier et II du titre Ier du livre II du Code de l'urbanisme (droit de préemption urbain et droit de préemption dans les zones d'aménagement différé et périmètres provisoires), la déclaration préalable faite au titre de l'article L 213-2 du même Code vaut communication au maire.

Annexes

CONTRAT TYPE DE LOCATION OU DE COLOCATION DE LOGEMENT NU À USAGE D'HABITATION PRINCIPALE

Champ du contrat type : le présent contrat type de location est applicable aux locations et aux colocations de logement nu et qui constitue la résidence principale du preneur, à l'exception : **65300**
– des colocations formalisées par la conclusion de plusieurs contrats entre les colocataires et le bailleur ;
– des locations de logements faisant l'objet d'une convention passée en application de l'article L 831-1 ou de l'article L 321-8 du Code de la construction et de l'habitation ;
– des locations de logements appartenant à un organisme d'habitation à loyer modéré ne faisant pas l'objet d'une convention passée en application de l'article L 831-1 précité.
Modalités d'application du contrat type : le régime de droit commun en matière de baux d'habitation est défini principalement par la loi du 6 juillet 1989 modifiée. L'ensemble de ces dispositions étant d'ordre public, elles s'imposent aux parties qui, en principe, ne peuvent pas y renoncer.
En conséquence :
– le présent contrat type de location contient uniquement les clauses essentielles du contrat dont la législation et la réglementation en vigueur au jour de sa publication imposent la mention par les parties dans le contrat. Il appartient cependant aux parties de s'assurer des dispositions applicables au jour de la conclusion du contrat ;
– au-delà de ces clauses, les parties sont également soumises à l'ensemble des dispositions légales et réglementaires d'ordre public applicables aux baux d'habitation sans qu'il soit nécessaire de les faire figurer dans le contrat et qui sont rappelées utilement dans la notice d'information qui doit être jointe à chaque contrat ;
– les parties sont libres de prévoir dans le contrat d'autres clauses particulières, propres à chaque location, dans la mesure où celles-ci sont conformes aux dispositions législatives et réglementaires en vigueur. Les parties peuvent également convenir de l'utilisation de tout autre support pour établir leur contrat, dans le respect du présent contrat type.
Le contrat type de location ou de colocation contient les éléments suivants :

I. Désignation des parties

Le présent contrat est conclu entre les soussignés :
– [*nom et prénom, ou dénomination du bailleur/ domicile ou siège social/ qualité du bailleur* (personne physique, personne morale (1))/*adresse électronique* (facultatif)] (2) désigné(s) ci-après le bailleur ;
– le cas échéant, représenté par le mandataire :
– [*nom ou raison sociale et adresse du mandataire ainsi que l'activité exercée*] ;
– le cas échéant, [*numéro et lieu de délivrance de la carte professionnelle/ nom et adresse du garant*] (3) ;
– [*nom et prénom du ou des locataires ou, en cas de colocation, des colocataires, adresse électronique* (facultatif)] désigné(s) ci-après le locataire
Il a été convenu ce qui suit :

II. Objet du contrat

Le présent contrat a pour objet la location d'un logement ainsi déterminé :

A. Consistance du logement

– localisation du logement : [*exemples : adresse/ bâtiment/ étage/ porte/etc.*] ;
– identifiant fiscal du logement : [*Numéro Identifiant Fiscal du logement*] ;
– type d'habitat : [*immeuble collectif ou individuel*] ;
– régime juridique de l'immeuble : [*monopropriété ou copropriété*] ;
– période de construction : [*exemples : avant 1949, de 1949 à 1974, de 1975 à 1989, de 1989 à 2005, depuis 2005*] ;
– surface habitable : [...] m^2 ;
– nombre de pièces principales : [...] ;
– le cas échéant, autres parties du logement : [*exemples : grenier, comble aménagé ou non, terrasse, balcon, loggia, jardin, etc.*] ;

65300 (suite) – le cas échéant, éléments d'équipements du logement : [*exemples : cuisine équipée, détail des installations sanitaires, etc.*] ;
– modalité de production de chauffage : [*individuel ou collectif*] (4) ;
– modalité de production d'eau chaude sanitaire : [*individuelle ou collective*] (5) ;
– rappel : un logement décent doit respecter les critères minimaux de performance suivants :
a) En France métropolitaine :
i) À compter du 1er janvier 2025, le niveau de performance minimal du logement correspond à la classe F du DPE ;
ii) À compter du 1er janvier 2028, le niveau de performance minimal du logement correspond à la classe E du DPE ;
iii) À compter du 1er janvier 2034, le niveau de performance minimal du logement correspond à la classe D du DPE.
b) En Guadeloupe, en Martinique, en Guyane, à La Réunion et à Mayotte :
i) À compter du 1er janvier 2028, le niveau de performance minimal du logement correspond à la classe F du DPE ;
ii) À compter du 1er janvier 2031, le niveau de performance minimal du logement correspond à la classe E du DPE.
La consommation d'énergie finale et le niveau de performance du logement sont déterminés selon la méthode du diagnostic de performance énergétique mentionné à l'article L 126-26 du Code de la construction et de l'habitation.

B. Destination des locaux

Usage d'habitation ou usage mixte professionnel et d'habitation

C. Le cas échéant, **désignation des locaux et équipements accessoires de l'immeuble à usage privatif du locataire** : [*exemples : cave, parking, garage, etc.*]

D. Le cas échéant, **énumération des locaux, parties, équipements et accessoires de l'immeuble à usage commun** : [*Garage à vélos, ascenseur, espaces verts, aires et équipements de jeux, laverie, local poubelle, gardiennage, autres prestations et services collectifs, etc.*]

E. Le cas échéant, **équipement d'accès aux technologies de l'information et de la communication** : [*exemples : modalités de réception de la télévision dans l'immeuble, modalités de raccordement internet, etc.*]

III. Date de prise d'effet et durée du contrat

La durée du contrat et sa date de prise d'effet sont ainsi définies :

A. Date de prise d'effet du contrat

[...]

B. Durée du contrat

[*durée minimale de trois ou six ans selon la qualité du bailleur*] ou [*durée réduite et minimale d'un an lorsqu'un événement précis (6) le justifie*]

C. Le cas échéant, **événement et raison justifiant la durée réduite du contrat de location** : [...]

En l'absence de proposition de renouvellement du contrat, celui-ci est, à son terme, reconduit tacitement pour 3 ou 6 ans et dans les mêmes conditions. Le locataire peut mettre fin au bail à tout moment, après avoir donné congé. Le bailleur, quant à lui, peut mettre fin au bail à son échéance et après avoir donné congé, soit pour reprendre le logement en vue de l'occuper lui-même ou une personne de sa famille, soit pour le vendre, soit pour un motif sérieux et légitime.

IV. Conditions financières

Les parties conviennent des conditions financières suivantes :

A. Loyer

1° **Fixation du loyer initial** :

a) Montant du loyer mensuel : [...] (7) ;

b) Le cas échant, modalités particulières de fixation initiale du loyer applicables dans certaines zones tendues (8) :

– le loyer du logement objet du présent contrat est soumis au décret fixant annuellement le montant maximum d'évolution des loyers à la relocation : [*oui/non*] ;

– le loyer du logement objet du présent contrat est soumis au loyer de référence majoré fixé par arrêté préfectoral : [*oui/non*] ;

– montant du loyer de référence : [...] €/m²/montant du loyer de référence majoré : [...] €/m² ; **65300** (suite)

– le cas échéant, complément de loyer : [*si un complément de loyer est prévu, indiquer le montant du loyer de base, nécessairement égal au loyer de référence majoré, le montant du complément de loyer et les caractéristiques du logement justifiant le complément de loyer*] ;

c) Le cas échéant, informations relatives au loyer du dernier locataire : [*montant du dernier loyer acquitté par le précédent locataire, date de versement et date de la dernière révision du loyer*] (9).

2° **Le cas échéant, modalités de révision**

a) Date de révision : [...].

b) Date ou trimestre de référence de l'IRL : [...].

B. Charges récupérables

1. Modalité de règlement des charges récupérables : [provisions sur charges avec régularisation annuelle ou paiement périodique des charges sans provision/ En cas de colocation, les parties peuvent convenir de la récupération des charges par le bailleur sous la forme d'un forfait].

2. Le cas échéant, montant des provisions sur charges ou, en cas de colocation, du forfait de charge : [...].

3. Le cas échéant, en cas de colocation et si les parties en conviennent, modalités de révision du forfait de charges : [...] (10).

C. Le cas échéant, contribution pour le partage des économies de charges (11)

1. Montant et durée de la participation du locataire restant à courir au jour de la signature du contrat : [...].

2. Éléments propres à justifier les travaux réalisés donnant lieu à cette contribution : [...].

D. Le cas échéant, en cas de colocation souscription par le bailleur d'une assurance pour le compte des colocataires (12) : [*Oui/Non*]

1. Montant total annuel récupérable au titre de l'assurance pour compte des colocataires : [...] (13).

2. Montant récupérable par douzième : [...].

E. Modalités de paiement

– périodicité du paiement : [...] (14) ;

– paiement [à échoir/à terme échu] ;

– date ou période de paiement : [...] ;

– le cas échéant, lieu de paiement : [...] ;

– le cas échéant, montant total dû à la première échéance de paiement pour une période complète de location : [*détailler la somme des montants relatifs au loyer, aux charges récupérables, à la contribution pour le partage des économies de charges et, en cas de colocation, à l'assurance récupérable pour le compte des colocataires*].

F. Le cas échéant, exclusivement lors d'un renouvellement de contrat, modalités de réévaluation d'un loyer manifestement sous-évalué

1. Montant de la hausse ou de la baisse de loyer mensuelle : [...].

2. Modalité d'application annuelle de la hausse : [*par tiers ou par sixième selon la durée du contrat et le montant de la hausse de loyer*].

G. Dépenses énergétiques (pour information)

Montant estimé des dépenses annuelles d'énergie pour un usage standard de l'ensemble des usages énumérés dans le diagnostic de performance énergétique (chauffage, refroidissement, production d'eau chaude sanitaire, éclairage et auxiliaires de chauffage, de refroidissement, d'eau chaude sanitaire et de ventilation) mentionné à l'article L 126-26 du code de la construction et de l'habitation : [montant ou fourchette inscrit dans le diagnostic de performance énergétique] (estimation réalisée à partir des prix énergétiques de référence de l'année : [année de référence des prix énergétiques du diagnostic énergétique à l'origine de l'estimation]).

V. Travaux

A. Le cas échéant, montant et nature des travaux d'amélioration ou de mise en conformité avec les caractéristiques de décence effectués depuis la fin du dernier contrat de location ou depuis le dernier renouvellement : [...] (15).

B. Le cas échéant, majoration du loyer en cours de bail consécutive à des travaux d'amélioration entrepris par le bailleur : [*nature des travaux, modalités d'exécution, délai de réalisation ainsi que montant de la majoration du loyer*] (16).

65300 (suite) **C.** Le cas échéant, diminution de loyer en cours de bail consécutive à des travaux entrepris par le locataire : [*durée de cette diminution et, en cas de départ anticipé du locataire, modalités de son dédommagement sur justification des dépenses effectuées*].

VI. Garanties

Le cas échéant, montant du dépôt de garantie de l'exécution des obligations du locataire/garantie autonome : [inférieur ou égal à un mois de loyer hors charges].

VII. Le cas échéant, clause de solidarité

Modalités particulières des obligations en cas de pluralité de locataires : [clause prévoyant la solidarité des locataires et l'indivisibilité de leurs obligations en cas de pluralité de locataires].

VIII. Clause résolutoire de plein droit (16 bis)

Modalités de résiliation de plein droit du contrat : [clause de résiliation de plein droit du contrat de location pour un défaut de paiement du loyer ou des charges aux termes convenus, le non-versement du dépôt de garantie].

VIII bis. Le cas échéant, clause résolutoire

Modalités de résiliation de plein droit du contrat : [clause prévoyant la résiliation de plein droit du contrat de location pour la non-souscription d'une assurance des risques locatifs ou le non-respect de l'obligation d'user paisiblement des locaux loués, résultant de troubles de voisinage constatés par une décision de justice passée en force de chose jugée].

IX. Le cas échéant, honoraires de location (17)

A. Dispositions applicables

Il est rappelé les dispositions du I de l'article 5 (I) de la loi du 6 juillet 1989, alinéas 1 à 3 : « La rémunération des personnes mandatées pour se livrer ou prêter leur concours à l'entremise ou à la négociation d'une mise en location d'un logement, tel que défini aux articles 2 et 25-3, est à la charge exclusive du bailleur, à l'exception des honoraires liés aux prestations mentionnées aux deuxième et troisième alinéas du présent I.

Les honoraires des personnes mandatées pour effectuer la visite du preneur, constituer son dossier et rédiger un bail sont partagés entre le bailleur et le preneur. Le montant toutes taxes comprises imputé au preneur pour ces prestations ne peut excéder celui imputé au bailleur et demeure inférieur ou égal à un plafond par mètre carré de surface habitable de la chose louée fixé par voie réglementaire et révisable chaque année, dans des conditions définies par décret. Ces honoraires sont dus à la signature du bail.

Les honoraires des personnes mandatées pour réaliser un état des lieux sont partagés entre le bailleur et le preneur. Le montant toutes taxes comprises imputé au locataire pour cette prestation ne peut excéder celui imputé au bailleur et demeure inférieur ou égal à un plafond par mètre carré de surface habitable de la chose louée fixé par voie réglementaire et révisable chaque année, dans des conditions définies par décret. Ces honoraires sont dus à compter de la réalisation de la prestation. »

Plafonds applicables :

– montant du plafond des honoraires imputables aux locataires en matière de prestation de visite du preneur, de constitution de son dossier et de rédaction de bail : [...] €/m² de surface habitable ;

– montant du plafond des honoraires imputables aux locataires en matière d'établissement de l'état des lieux d'entrée : [...] €/m² de surface habitable.

B. Détail et répartition des honoraires

1. Honoraires à la charge du bailleur :

– prestations de visite du preneur, de constitution de son dossier et de rédaction de bail : [détail des prestations effectivement réalisées et montant des honoraires toutes taxes comprises dus à la signature du bail] ;

– le cas échéant, prestation de réalisation de l'état des lieux d'entrée : [montant des honoraires toutes taxes comprises dus à compter de la réalisation de la prestation] ;

– autres prestations : [détail des prestations et conditions de rémunération].

2. Honoraires à la charge du locataire : 65300 (suite)
– prestations de visite du preneur, de constitution de son dossier et de rédaction de bail : [détail des prestations effectivement réalisées et montant des honoraires toutes taxes comprises dus à la signature du bail] ;
– le cas échéant, prestation de réalisation de l'état des lieux d'entrée : [montant des honoraires toutes taxes comprises dus à compter de la réalisation de la prestation].

X. Autres conditions particulières

[*À définir par les parties*]

XI. Annexes

Sont annexées et jointes au contrat de location les pièces suivantes :

A. Le cas échéant, un **extrait du règlement** concernant la destination de l'immeuble, la jouissance et l'usage des parties privatives et communes, et précisant la quote-part afférente au lot loué dans chacune des catégories de charges ;

B. Un dossier de diagnostic technique comprenant :
– un diagnostic de performance énergétique ;
– un constat de risque d'exposition au plomb pour les immeubles construits avant le 1er janvier 1949 ;
– une copie d'un état mentionnant l'absence ou la présence de matériaux ou de produits de la construction contenant de l'amiante (18) ;
– un état de l'installation intérieure d'électricité et de gaz, dont l'objet est d'évaluer les risques pouvant porter atteinte à la sécurité des personnes (19) ;
– le cas échéant, un état des risques naturels et technologiques pour le zones couvertes par un plan de prévention des risques technologiques ou par un plan de prévention des risques naturels prévisibles, prescrit ou approuvé, ou dans des zones de sismicité (20) ;

C. Une **notice d'information** relative aux droits et obligations des locataires et des bailleurs ;

D. Un **état des lieux** (21) ;

E. Le cas échéant, une **autorisation préalable de mise en location** (22) ;

F. Le cas échéant, les **références aux loyers** habituellement constatés dans le voisinage pour des logements comparables (23).

Le [*date*], à [*lieu*],

Signature du bailleur [**ou de son mandataire, le cas échéant**]

Signature du locataire

(1) Préciser si la personne morale est une société civile constituée exclusivement entre parents et alliés jusqu'au quatrième degré inclus.

(2) À reproduire si pluralité de bailleurs.

(3) Mention obligatoire s'appliquant aux professionnels exerçant une activité mentionnée à l'article 1er de la loi 70-9 du 2 janvier 1970 réglementant les conditions d'exercice des activités relatives à certaines opérations portant sur les immeubles et les fonds de commerce.

(4) Si chauffage collectif, préciser les modalités de répartition de la consommation du locataire.

(5) En cas de production collective, préciser les modalités de répartition de la consommation du locataire.

(6) Limité aux événements précis qui justifient que le bailleur personne physique ait à reprendre le local pour des raisons professionnelles ou familiales.

(7) Lorsqu'un complément de loyer est appliqué, le loyer mensuel s'entend comme la somme du loyer de base et de ce complément.

(8) Zones d'urbanisation continue de plus de 50 000 habitants où il existe un déséquilibre marqué entre l'offre et la demande de logements, entraînant des difficultés sérieuses d'accès au logement sur l'ensemble du parc résidentiel telles que définies par décret.

(9) Mention obligatoire si le précédent locataire a quitté le logement moins de dix-huit mois avant la signature du bail.

(10) Si les parties conviennent d'un forfait de charges et de sa révision annuelle, ce forfait est révisé dans les mêmes conditions que le loyer principal.

(11) Art. 23-1 de la loi 89-462 du 6 juillet 1989.

(12) Au cours de l'exécution du contrat de location et dans les conditions prévues par la loi, les colocataires peuvent provoquer la résiliation de l'assurance souscrite par le bailleur pour leur compte.

(13) Correspond au montant de la prime d'assurance annuelle, éventuellement majoré dans la limite d'un montant fixé par décret en Conseil d'État.

(14) Paiement mensuel de droit à tout moment à la demande du locataire.

(15) Le cas échéant, préciser par ailleurs le montant des travaux d'amélioration effectués au cours des six derniers mois.

(16) Clause invalide pour les travaux de mise en conformité aux caractéristiques de décence.

(16 bis) Tous les contrats de bail d'habitation doivent désormais contenir une clause prévoyant la résiliation de plein droit du contrat de location pour défaut de paiement du loyer ou des charges aux termes convenus ou pour non-versement du dépôt de garantie. Cette clause ne produit effet que six semaines après un commandement de payer demeuré infructueux (Loi 89-462 du 6-7-1989 art. 24).

(17) À mentionner lorsque le contrat de location est conclu avec le concours d'une personne mandatée et rémunérée à cette fin.

(18) À compter de l'entrée en vigueur du décret d'application listant notamment les matériaux ou produits concernés.

(19) À compter de la date d'entrée en vigueur de cette disposition, prévue par décret.

(20) La liste des communes comprises dans ces zones est définie localement par arrêté préfectoral.

(21) L'état des lieux d'entrée est établi lors de la remise des clés, dont la date peut être ultérieure à celle de conclusion du contrat.

(22) Dispositif applicable dans certains territoires présentant une proportion importante d'habitat dégradé délimité localement par l'établissement public de coopération intercommunale compétent en matière d'habitat ou, à défaut, le conseil municipal (art. 92 de la loi 2014-366 du 24 mars 2014 pour l'accès au logement et un urbanisme rénové).

(23) Lorsque la détermination du montant du loyer est la conséquence d'une procédure liée au fait que le loyer précédemment appliqué était manifestement sous-évalué.

Le bailleur ou l'intermédiaire qui refuse d'établir un bail « loi de 89 » conforme au contrat type et de délivrer une quittance ou un reçu sera passible d'un an d'emprisonnement et de 20 000 € d'amende (Loi 89-462 du 6-7-1989 art. 3-4 créé par loi 2024-322 du 9-4-2024).

LISTE DES CHARGES RÉCUPÉRABLES SUR LE LOCATAIRE

Annexe du décret 87-713 du 26 août 1987 pris en application de l'article 18 de la loi 86-1290 du 23 décembre 1986 tendant à favoriser l'investissement locatif, l'accession à la propriété de logements sociaux et le développement de l'offre foncière et fixant la liste des charges récupérables

65310 **I. – Ascenseurs et monte-charge**

1. Dépenses d'électricité.

2. Dépenses d'exploitation, d'entretien courant, de menues réparations :

a. Exploitation :

– visite périodique, nettoyage et graissage des organes mécaniques ;

– examen semestriel des câbles et vérification annuelle des parachutes ;

– nettoyage annuel de la cuvette, du dessus de la cabine et de la machinerie ;

– dépannage ne nécessitant pas de réparations ou fourniture de pièces ;

– tenue d'un dossier par l'entreprise d'entretien mentionnant les visites techniques, incidents et faits importants touchant l'appareil.

b. Fournitures relatives à des produits ou à du petit matériel d'entretien (chiffons, graisses et huiles nécessaires) et aux lampes d'éclairage de la cabine.

c. Menues réparations :

– de la cabine (boutons d'envoi, paumelles de portes, contacts de portes, ferme-portes automatiques, coulisseaux de cabine, dispositif de sécurité de seuil et cellule photoélectrique) ;

– des paliers (ferme-portes mécaniques, électriques ou pneumatiques, serrures électromécaniques, contacts de porte et boutons d'appel) ;

– des balais du moteur et fusibles.

II. – Eau froide, eau chaude et chauffage collectif des locaux privatifs et des parties communes **65310** (suite)

1. Dépenses relatives :

À l'eau froide et chaude des locataires ou occupants du bâtiment ou de l'ensemble des bâtiments d'habitation concernés ;

À l'eau nécessaire à l'entretien courant des parties communes du ou desdits bâtiments, y compris la station d'épuration ;

À l'eau nécessaire à l'entretien courant des espaces extérieurs ;

Les dépenses relatives à la consommation d'eau incluent l'ensemble des taxes et redevances ainsi que les sommes dues au titre de la redevance d'assainissement, à l'exclusion de celles auxquelles le propriétaire est astreint en application de l'article L 35-5 du Code de la santé publique ;

Aux produits nécessaires à l'exploitation, à l'entretien et au traitement de l'eau ;

À l'électricité ;

Au combustible ou à la fourniture d'énergie, quelle que soit sa nature.

2. Dépenses d'exploitation, d'entretien courant et de menues réparations :

a. Exploitation et entretien courant :

– nettoyage des gicleurs, électrodes, filtres et clapets des brûleurs ;
– entretien courant et graissage des pompes de relais, jauges contrôleurs de niveau ainsi que des groupes moto-pompes et pompes de puisards ;
– graissage des vannes et robinets et réfection des presse-étoupes ;
– remplacement des ampoules des voyants lumineux et ampoules de chaufferie ;
– entretien et réglage des appareils de régulation automatique et de leurs annexes ;
– vérification et entretien des régulateurs de tirage ;
– réglage des vannes, robinets et tés ne comprenant pas l'équilibrage ;
– purge des points de chauffage ;
– frais de contrôles de combustion ;
– entretien des épurateurs de fumée ;
– opérations de mise en repos en fin de saison de chauffage, rinçage des corps de chauffe et tuyauteries, nettoyage de chaufferies, y compris leurs puisards et siphons, ramonage des chaudières, carneaux et cheminées ;
– conduite de chauffage ;
– frais de location d'entretien et de relevé des compteurs généraux et individuels ;
– entretien de l'adoucisseur, du détartreur d'eau, du surpresseur et du détendeur ;
– contrôles périodiques visant à éviter les fuites de fluide frigorigène des pompes à chaleur ;
– vérification, nettoyage et graissage des organes des pompes à chaleur ;
– nettoyage périodique de la face extérieure des capteurs solaires ;
– vérification, nettoyage et graissage des organes des capteurs solaires.

b. Menues réparations dans les parties communes ou sur des éléments d'usage commun :

– réparation de fuites sur raccords et joints ;
– remplacement des joints, clapets et presse-étoupes ;
– rodage des sièges de clapets ;
– menues réparations visant à remédier aux fuites de fluide frigorigène des pompes à chaleur ;
– recharge en fluide frigorigène des pompes à chaleur.

III. – Installations individuelles

Chauffage et production d'eau chaude, distribution d'eau dans les parties privatives :

1. Dépenses d'alimentation commune de combustible ;

2. Exploitation et entretien courant, menues réparations :

a. Exploitation et entretien courant :

– réglage de débit et température de l'eau chaude sanitaire ;
– vérification et réglage des appareils de commande, d'asservissement, de sécurité d'aquastat et de pompe ;
– dépannage ;
– contrôle des raccordements et de l'alimentation des chauffe-eau électriques, contrôle de l'intensité absorbée ;
– vérification de l'état des résistances, des thermostats, nettoyage ;
– réglage des thermostats et contrôle de la température d'eau ;
– contrôle et réfection d'étanchéité des raccordements eau froide-eau chaude ;
– contrôle des groupes de sécurité ;

65310 (suite) – rodage des sièges de clapets des robinets ;
– réglage des mécanismes de chasses d'eau.

b. Menues réparations :

– remplacement des bilames, pistons, membranes, boîtes à eau, allumage piézo-électrique, clapets et joints des appareils à gaz ;
– rinçage et nettoyage des corps de chauffe et tuyauteries ;
– remplacement des joints, clapets et presse-étoupes des robinets ;
– remplacement des joints, flotteurs et joints cloches des chasses d'eau.

IV. – Parties communes intérieures au bâtiment ou à l'ensemble des bâtiments d'habitation

1. Dépenses relatives :

À l'électricité ;

Aux fournitures consommables, notamment produits d'entretien, balais et petit matériel assimilé nécessaires à l'entretien de propreté, sel.

2. Exploitation et entretien courant, menues réparations :

a. Entretien de la minuterie, pose, dépose et entretien des tapis ;

b. Menues réparations des appareils d'entretien de propreté tels qu'aspirateur.

3. Entretien de propreté (frais de personnel).

V. – Espaces extérieurs au bâtiment ou à l'ensemble de bâtiments d'habitation (voies de circulation, aires de stationnement, abords et espaces verts, aires et équipements de jeux)

1. Dépenses relatives :

À l'électricité ;

À l'essence et huile ;

Aux fournitures consommables utilisées dans l'entretien courant : ampoules ou tubes d'éclairage, engrais, produits bactéricides et insecticides, produits tels que graines, fleurs, plants, plantes de remplacement, à l'exclusion de celles utilisées pour la réfection de massifs, plates-bandes ou haies.

2.

a. Exploitation et entretien courant

Opérations de coupe, désherbage, sarclage, ratissage, nettoyage et arrosage concernant :

– les allées, aires de stationnement et abords ;
– les espaces verts (pelouses, massifs, arbustes, haies, plates-bandes) ;
– les aires de jeux ;
– les bassins, fontaines, caniveaux, canalisations d'évacuation des eaux pluviales ;
– entretien du matériel horticole ;
– remplacement du sable des bacs et du petit matériel de jeux.

3. Peinture et menues réparations des bancs de jardins et des équipements de jeux et grillages

VI. – Hygiène

1. Dépenses de fournitures consommables

Sacs en plastique et en papier nécessaires à l'élimination des rejets ;

Produits relatifs à la désinsectisation et à la désinfection, y compris des colonnes sèches de vide-ordures.

2. Exploitation et entretien courant

Entretien et vidange des fosses d'aisances ;

Entretien des appareils de conditionnement des ordures.

3. Élimination des rejets (frais de personnel).

VII. – Équipements divers du bâtiment ou de l'ensemble de bâtiments d'habitation

1. La fourniture d'énergie nécessaire à la ventilation mécanique.

2. Exploitation et entretien courant

Ramonage des conduits de ventilation ;

Entretien de la ventilation mécanique ;

Entretien des dispositifs d'ouverture automatique ou codée et des interphones ;

Visites périodiques à l'exception des contrôles réglementaires de sécurité, nettoyage et graissage de l'appareillage fixe de manutention des nacelles de nettoyage des façades vitrées.

3. Divers

Abonnement des postes de téléphone à la disposition des locataires.

Impositions et redevances.

Droit de bail.

Taxe ou redevance d'enlèvement des ordures ménagères.

Taxe de balayage.

LISTE DES RÉPARATIONS AYANT LE CARACTÈRE DE RÉPARATIONS LOCATIVES

Annexe du décret 87-712 du 26 août 1987 pris en application de l'article 7 de la loi 86-1290 du 23 décembre 1986 tendant à favoriser l'investissement locatif, l'accession à la propriété de logements sociaux et le développement de l'offre foncière et relatif aux réparations locatives

I. – Parties extérieures dont le locataire a l'usage exclusif **65320**

a. Jardins privatifs :

Entretien courant, notamment des allées, pelouses, massifs, bassins et piscines ; taille, élagage, échenillage des arbres et arbustes ;

Remplacement des arbustes ; réparation et remplacement des installations mobiles d'arrosage.

b. Auvents, terrasses et marquises :

Enlèvement de la mousse et des autres végétaux.

c. Descentes d'eaux pluviales, chéneaux et gouttières :

Dégorgement des conduits.

II. – Ouvertures intérieures et extérieures

a. Sections ouvrantes telles que portes et fenêtres :

Graissage des gonds, paumelles et charnières ;

Menues réparations des boutons et poignées de portes, des gonds, crémones et espagnolettes ; remplacement notamment de boulons, clavettes et targettes.

b. Vitrages :

Réfection des mastics ;

Remplacement des vitres détériorées.

c. Dispositifs d'occultation de la lumière tels que stores et jalousies :

Graissage ;

Remplacement notamment de cordes, poulies ou de quelques lames.

d. Serrures et verrous de sécurité :

Graissage ;

Remplacement de petites pièces ainsi que des clés égarées ou détériorées.

e. Grilles :

Nettoyage et graissage ;

Remplacement notamment de boulons, clavettes, targettes.

III. – Parties intérieures

a. Plafonds, murs intérieurs et cloisons.

Maintien en état de propreté ;

Menus raccords de peintures et tapisseries ; remise en place ou remplacement de quelques éléments des matériaux de revêtement tels que faïence, mosaïque, matière plastique ; rebouchage des trous rendu assimilable à une réparation par le nombre, la dimension et l'emplacement de ceux-ci.

b. parquets, moquettes et autres revêtements de sol :

Encaustiquage et entretien courant de la vitrification ;

Remplacement de quelques lames de parquets et remise en état, pose de raccords de moquettes et autres revêtements de sol, notamment en cas de taches et de trous.

c. Placards et menuiseries telles que plinthes, baguettes et moulures :

Remplacement des tablettes et tasseaux de placard et réparation de leur dispositif de fermeture ; fixation de raccords et remplacement de pointes de menuiseries.

IV. – Installations de plomberie

a. Canalisations d'eau :

Dégorgement ;

Remplacement notamment de joints et de colliers.

b. Canalisations de gaz :

Entretien courant des robinets, siphons et ouvertures d'aération ;

Remplacement périodique des tuyaux souples de raccordement.

c. Fosses septiques, puisards et fosses d'aisances :

Vidange.

d. Chauffage, production d'eau chaude et robinetterie.

Remplacement des bilames, pistons, membranes, boîtes à eau, allumage piézo-électrique, clapets et joints des appareils à gaz ;

Rinçage et nettoyage des corps de chauffe et tuyauteries ;

65320 (suite) Remplacement des joints, clapets et presse-étoupes des robinets ;
Remplacement des joints, flotteurs et joints cloches des chasses d'eau.

e. Éviers et appareils sanitaires :
Nettoyage des dépôts de calcaire, remplacement des tuyaux flexibles de douches.

V. – Équipements d'installations d'électricité

Remplacement des interrupteurs, prises de courant, coupe-circuits et fusibles, des ampoules, tubes lumineux ; réparation ou remplacement des baguettes ou gaines de protection.

VI. – Autres équipements mentionnés au contrat de location

a. Entretien courant et menues réparations des appareils tels que réfrigérateurs, machines à laver le linge et la vaisselle, sèche-linge, hottes aspirantes, adoucisseurs, capteurs solaires, pompes à chaleur, appareils de conditionnement d'air, antennes individuelles de radio-diffusion et de télévision, meubles scellés, cheminées, glaces et miroirs.

b. Menues réparations nécessitées par la dépose des bourrelets ;

c. Graissage et remplacement des joints des vidoirs ;

d. Ramonage des conduits d'évacuation des fumées et des gaz et conduits de ventilation.

CHAPITRE 5

LOCATIONS EN MEUBLÉ

SOMMAIRE

SECTION 1

RÉGIME JURIDIQUE DES LOCATIONS EN MEUBLÉ

A. Locations meublées traditionnelles

1. PRINCIPES JURIDIQUES

65500 La **loi Alur** 2014-366 du 24 mars 2014 (art. 8) a inséré dans la loi 89-462 du 6 juillet 1989 un titre I bis relatif aux meublés loués à titre de résidence principale du locataire et qui est d'ordre public (Loi 89-462 du 6-7-1989 art. 25-3 à 25-11). La **loi Macron** 2015-990 du 6 août 2015 et la loi égalité et citoyenneté 2017-86 du 27 janvier 2017 (art. 146) apportent quelques retouches et précisions à ce dispositif (art. 82). Ces dispositions se surajoutent aux articles L 632-1 à 632-3 du Code de la construction et de l'habitation. La résidence principale s'entend de la définition donnée par l'article 2 de la loi Macron.

Les articles 1, 3, 3-2, 3-3, 4 (à l'exception du I), 5, 6, 6-2, 7, 7-1, 8, 8-1, 17, 18, 20-1, 21, 22, 22-1, 22-2, 24 et 24-1 de la **loi de 1989** régissant les locations nues sont applicables (Loi 89-462 du 6-7-1989 art. 25-3).

> **Précisions** **a.** Lorsque la location d'un local meublé constituant la résidence principale du preneur s'exerce dans un établissement recevant du public aux fins d'hébergement, celle-ci est soumise au titre I bis de la loi de 1989. Ne sont pas applicables à cette location les articles 3-2, 3-3, 18, 24-1, 25-4 et 25-11 de la même loi.
> **b.** Sont exclus de ces dispositions les logements-foyers, les logements faisant l'objet d'une convention avec l'État portant sur leurs conditions d'occupation et leurs modalités d'attribution, les logements attribués ou loués en raison de l'exercice d'une fonction ou de l'occupation d'un emploi, et les locations consenties aux travailleurs saisonniers (Loi 89-462 du 6-7-1989 art. 25-3 à 25-11).

65502 Un logement meublé est **défini par la loi** comme un logement décent équipé d'un mobilier en nombre et en qualité suffisants pour permettre au locataire d'y dormir, manger et vivre convenablement au regard des exigences de la vie courante (Loi 89-462 du 6-7-1989 art. 25-4). La liste des éléments que doit comporter ce **mobilier,** fixée par décret, est reproduite n° 65515.

Il doit être pourvu de chauffage, d'une alimentation en eau et de sanitaires (CCH art. L 632-1, II, al. 2).

DISTINCTION ENTRE LOUEUR EN MEUBLÉ PROFESSIONNEL ET LOUEUR EN MEUBLÉ NON PROFESSIONNEL

65505 Il existe trois définitions du loueur en meublé professionnel : une **définition juridique,** une définition **sociale** (n° 65905) et une définition **fiscale** (nos 65810 s.). Elles sont indépendantes les unes des autres.

Est juridiquement considéré comme exerçant la profession de loueur en meublé le bailleur qui loue habituellement plusieurs logements meublés, que la location s'accompagne ou non de prestations secondaires telles que location de linge, nettoyage des locaux, préparations culinaires (Loi 49-458 du 2-4-1949 art. 2, al. 1). Toutefois, est un loueur non professionnel celui qui loue (Loi 49-458 du 2-4-1949 art. 2, al. 2) :

- une ou plusieurs pièces de sa propre habitation (même isolées) ;
- moins de 4 pièces dont il a recouvré la disposition suite à la remise de celles-ci par le locataire ou par reprise afin de les réaffecter à l'habitation en application des articles 1 et 2 de la loi du 2 août 1954.

Ainsi, devient professionnel le bailleur qui loue de façon régulière et simultanée au moins deux logements distincts de sa propre habitation. Entrent dans la catégorie des locations professionnelles les hôtels non homologués et les pensions de famille.

CARACTÉRISTIQUES DU LOGEMENT MEUBLÉ TRADITIONNEL

65510 Les règles exposées ci-dessous sont applicables à tous les meublés traditionnels, que la location meublée constitue ou non la résidence principale du locataire.

La location meublée, dont le caractère doit être **apprécié au cas par cas,** est celle dont la présence de meubles et d'objets mobiliers dans les locaux loués au moment de la convention est telle que le locataire peut entrer dans les lieux loués et commencer à y vivre normalement avec ses seuls effets personnels. La suffisance du mobilier doit être appréciée au regard de l'importance des lieux loués (nombre de pièces, surface, etc.).

Les parties doivent s'entendre de **manière non équivoque** sur le caractère meublé de la location (Cass. ass. plén. 3-5-1956 : JCP G 1956 II n° 9345), qui doit apparaître clairement dans le bail lui-même, aussi bien de par son intitulé « Contrat de location meublée à usage d'habitation » que par l'insertion de certaines clauses spécifiques mettant à la charge du locataire l'entretien des meubles et des équipements mis à sa disposition dans le cadre de la location qui lui est consentie.

Un **inventaire** et un **état détaillé du mobilier** sont établis dans les mêmes formes et en autant d'exemplaires que de parties lors de la remise et de la restitution des clés. Ces documents, établis contradictoirement et amiablement, sont signés par les parties ou par un tiers mandaté par elles et joints au contrat de location. L'établissement de ces documents ne peut donner lieu à aucune autre facturation que celle liée à l'établissement de l'état des lieux (Loi 89-462 du 6-7-1989 art. 25-5). **65515**

Le décret 2015-981 du 31 juillet 2015 fixe la liste des éléments que doit comporter au minimum ce mobilier :

1° Literie comprenant couette ou couverture ;

2° Dispositif d'occultation des fenêtres dans les pièces destinées à être utilisées comme chambres à coucher ;

3° Plaques de cuisson ;

4° Four ou four à micro-ondes ;

5° Réfrigérateur et congélateur ou, au minimum, un réfrigérateur doté d'un compartiment permettant de disposer d'une température inférieure ou égale à – 6 °C ;

6° Vaisselle nécessaire à la prise des repas ;

7° Ustensiles de cuisine ;

8° Table et sièges ;

9° Étagères de rangement ;

10° Luminaires ;

11° Matériel d'entretien ménager adapté aux caractéristiques du logement.

En l'état du droit antérieur, il avait été jugé que, en l'absence de document annexé au bail décrivant les meubles garnissant les lieux et de procès-verbal de constat d'entrée dans les lieux, la location était soumise au régime des baux d'habitation de la loi du 6 juillet 1989 (CA Paris 20-3-2001 n° 99-3636), qu'un bail ne pouvait pas être qualifié de meublé lorsqu'il ne comportait pas d'inventaire contradictoire des meubles (CA Paris 24-4-2003 n° 00-22533 ; CA Paris 9-12-2004 n° 03-11005) ou lorsque l'inventaire des meubles n'était pas signé par le locataire (Cass. 3e civ. 9-2-2005 n° 03-15.128 : RJDA 5/05 n° 515). Cette jurisprudence est transposable aujourd'hui. Dans ce cas, le bail relèvera alors du titre I de la loi de 1989. Les clauses qui sont **réputées non écrites** dans un contrat de location vide à usage d'habitation le sont également dans un contrat de location meublée à usage de résidence principale, sous réserve d'une exception (Loi 89-462 du 6-7-1989 art. 4 sur renvoi art. 25-3, al. 2).

Les propriétaires de locaux meublés doivent louer un **logement décent** ne laissant pas apparaître de risques manifestes pouvant porter atteinte à la sécurité physique ou à la santé, répondant à un critère de performance énergétique minimale et doté des éléments le rendant conforme à l'usage d'habitation (Loi 89-462 du 6-7-1989 art. 6, al. 1 et 2 sur renvoi de art. 25-3, al. 2 ; n° 62005 s.). Si le logement ne présente pas les caractéristiques ainsi définies, le locataire peut demander sa mise en conformité au loueur sans qu'il soit porté atteinte à la validité du bail. À défaut d'accord entre les parties ou de réponse du loueur dans un délai de deux mois, la partie la plus diligente peut saisir pour avis la commission départementale de conciliation. Dans le même temps, l'une ou l'autre des parties peut saisir le juge, qui détermine la nature des travaux à effectuer et leur délai d'exécution. Il peut réduire le montant du loyer ou suspendre, avec ou sans consignation, son paiement et la durée du bail jusqu'à l'exécution des travaux. Le juge doit en outre transmettre au préfet le jugement ou l'ordonnance constatant l'indécence du logement (Loi 89-462 du 6-7-1989 art. 20-1). Depuis le 1er janvier 2025 en France métropolitaine, le logement est considéré comme « énergétiquement décent » s'il est au moins classé F. À compter du 1er janvier 2028, il devra au moins être classé E et à compter du 1er janvier 2034, il devra être au moins classé D (CCH art. L 173-1-1 ; Loi 89-462 du 6-7-1989 art. 6). En Guadeloupe, en Martinique, en Guyane, à La Réunion et à Mayotte, à compter du 1er janvier 2028, le logement sera considéré comme décent s'il est au moins classé F et à compter du 1er janvier 2031, il devra être au moins classé E (Décret 2002-120 du 30-1-2002 art. 3 bis modifié, applicable depuis le 1er janvier 2025). Les logements qui ne répondront pas à ces critères aux échéances fixées sont considérés comme non décents. Le Gouvernement a annoncé une modification dans le mode de calcul du DPE, qui entrera en **65520** vigueur le 1er janvier 2026 (Arrêté ATDL2519132A du 13-8-2025). Cette décision doit conduire à sortir environ 850 000 logements du statut de « passoire thermique » (étiquettes F et G).

> **Précisions** **a.** Un **décret** en Conseil d'État adapte les caractéristiques relatives aux conditions de décence aux locaux susceptibles d'être loués à usage de résidence principale dans les établissements recevant du public aux fins d'hébergement, dans le respect des textes pris en application de l'article L 1311-1 du Code de la santé publique (CCH art. L 632-1). Ne sont pas applicables à cette location les articles 3-2, 3-3, 18, 24-1, 25-4 et 25-11 de la Loi 89-462.
> **b.** Le critère de décence du logement tenant à la **performance énergétique** de celui-ci répond à l'objectif de valeur constitutionnelle qui permet à toute personne de disposer d'un logement décent ; celui tenant à sa performance en matière d'émissions de gaz à effet de serre répond à l'objectif de valeur constitutionnelle de protection de l'environnement (CE 21-12-2023 n° 488900 : BPIM 1/24 inf. 68).

65525 Un **dossier de diagnostic technique** (plomb, performance énergétique et risques technologiques et naturels) doit être annexé au bail de location meublée dans les conditions exposées nos 50640 s. (Loi 89-462 du 6-7-1989 art. 3-3 sur renvoi de l'article 25-3). Le dossier de diagnostic technique est complété à chaque changement de locataire par l'**état des risques** de moins de 6 mois (voir n° 50660), dans les zones mentionnées au I de l'article L 125-5 du Code de l'environnement. En l'absence de ce document, le locataire peut demander au juge de prononcer la résolution du contrat de bail ou une diminution du prix (Loi 89-462 du 6-7-1989 art. 3-3, al. 6).

> **Précisions** **a.** Toute **annonce immobilière** d'un logement devant faire l'objet d'un état des risques comprend une mention précisant le moyen d'accéder aux informations de cet état des risques (C. envir. art. L 125-5, II).
> **b.** En cas de mise en location de tout ou partie d'un immeuble, l'état des risques est fourni au potentiel locataire par le bailleur lors de la **première visite de l'immeuble,** si une telle visite a lieu (C. envir. art. L 125-5, II).
> **c.** Depuis le 1er janvier 2023, tous les propriétaires, occupants ou bailleurs, doivent établir, lors de la construction d'un logement ou à l'occasion de la réalisation de travaux de rénovation d'un logement existant destinés à améliorer sa performance énergétique, un « **carnet d'information du logement** » intégrant notamment le diagnostic de performance énergétique (CCH art. L 126-35-2 s. et R 126-32 s.). Il n'est pas prévu que ce carnet d'information soit transmis au locataire.

2. LOCATION MEUBLÉE À USAGE DE RÉSIDENCE PRINCIPALE

65530 Lorsqu'elle constitue la résidence principale du locataire, la location meublée est soumise, outre les règles exposées nos 65515 à 65525, aux **dispositions d'ordre public** du titre I bis de la **loi 89-462 du 6 juillet 1989** créé par l'article 8 de la loi 2014-366 du 24 mars 2014, ainsi qu'aux **dispositions protectrices** des **articles L 632-1 et suivants du CCH** qui instaurent un cadre impératif minimal (Cass. 3e civ. 6-4-2005 n° 04-11.374 : RJDA 8-9/05 n° 945 ; Cass. 3e civ. 15-10-2008 n° 07-13.294 : RJDA 1/09 n° 18) auquel les parties ne peuvent déroger même par une clause expresse stipulant qu'il ne s'agit pas d'une location à usage de résidence principale (Cass. 3e civ. 4-2-2009 n° 07-20.980 : RJDA 10/09 n° 815). Le surplus relève de la convention des parties et, à titre supplétif, des dispositions du Code civil.

LOCATION MEUBLÉE À USAGE DE RÉSIDENCE PRINCIPALE CONCERNÉE

65532 Les dispositions protectrices s'appliquent à toute location ou colocation meublée d'un local à usage d'habitation ou à usage mixte (professionnel et habitation) constituant la résidence principale du preneur, que le bailleur soit propriétaire d'un ou de plusieurs logements loués meublés, que la location s'accompagne ou non de prestations accessoires ou encore qu'il s'agisse de chambres de service, d'appartements, d'hôtels meublés (Cass. 3e civ. 4-11-2009 n° 08-17.381 : BPIM 1/10 inf. 22) ou de pensions de famille. La résidence principale s'entend comme d'un logement occupé au moins huit mois par an, sauf obligation professionnelle, raison de santé ou cas de force majeure, soit par le preneur ou son conjoint, soit par une personne à charge au sens du Code de la construction et de l'habitation. (Loi 89-462 du 6-7-1989 art. 2).

C'est au locataire qui invoque l'article L 632-1 du CCH qu'il appartient de prouver que le logement loué constitue sa résidence principale (Cass. 3e civ. 20-9-2006 n° 05-16.363 : RJDA 12/06 n° 1210).

> **Précisions** **a.** Ne sont pas concernés par ce régime les logements-foyers ni les logements faisant l'objet d'une convention avec l'État portant sur leurs conditions d'occupation et leurs modalités d'attribution, les hôtels sociaux acquis par les HLM pour héberger temporairement des personnes en difficulté (CCH art. L 632-3).
> **b.** Le meublé loué par un étudiant constitue nécessairement sa résidence principale (Cass. 3e civ. 5-2-2013 n° 12-12.954 : BPIM 2/13 inf. 153).

PERMIS DE LOUER PRÉALABLE À LA MISE EN LOCATION

La mise en location d'un logement par un bailleur peut être soumise à une **autorisation préalable** (CCH art. L 635-1, I) ou à une **déclaration consécutive à la signature** du contrat (CCH art. L 634-1, I) par l'organe délibérant de l'**EPCI** compétent en matière d'habitat ou, à défaut, le **conseil municipal.** Les zones soumises à autorisation sont situées sur les territoires présentant une proportion importante d'habitat dégradé tandis que celles soumises à déclaration peuvent être partout ailleurs. **65534**

Sont concernés les contrats de **locations nues ou meublées** de locaux à usage d'habitation qui constituent la résidence principale du preneur, à l'exclusion de leur reconduction ou de leur renouvellement ou de la conclusion d'un avenant à ce contrat (CCH art. R 634-1 et R 635-1).

Pour plus de détails sur l'obtention du permis de louer, voir nos 61150 et 61155.

Pour les règles de diffusion des annonces immobilières, voir no 61170.

CONTRAT DE LOCATION MEUBLÉE

Le bail doit être écrit (Loi 89-462 du 6-7-1989 art. 25-7 ; no 61220). Il doit respecter un **contrat type** issu du décret 2015-587 du 29 mai 2015 (reproduit no 65950). Le bail type contient les clauses essentielles et obligatoires qui doivent être insérées dans le contrat de location. Sont exclus les logements faisant l'objet d'une convention APL (HLM), les logements-foyers, les logements de fonction, la location saisonnière ou les colocations de logement meublé formalisées par la conclusion de plusieurs contrats entre les locataires et le bailleur, etc. En outre, doit être jointe au contrat une notice d'information qui précise les droits et obligations du bailleur et du locataire ainsi que les voies de conciliation et de recours qui leur sont ouvertes pour régler leurs litiges (Arrêté ETLL1511666A du 29-5-2015). **65536**

Depuis le 18 juin 2025, lorsque le logement est soumis à la **servitude d'usage à titre de résidence principale** instituée dans les zones délimitées par le plan local d'urbanisme, le contrat de bail doit comporter une **mention expresse** de l'obligation d'usage à titre de résidence principale pour le futur propriétaire ou le locataire (C. urb. art. L 151-14-1, al. 1 et 2 issus de loi 2025-541 du 16-6-2025). L'omission de la mention est sanctionnée par la nullité du contrat (C. urb. art. L 151-14-1, al. 3 dans sa rédaction issue de loi 2025-541 du 16-6-2025). Le maire peut mettre en demeure le propriétaire ou, le cas échéant, le locataire de régulariser la situation dans un délai qu'il fixe. Le maire peut assortir la mise en demeure d'une astreinte d'un montant ne pouvant dépasser 1 000 € par jour de retard, dans la limite de 100 000 € au total (C. urb. art. L 481-4 créé par loi 2024-1039 du 19-11-2024). À notre avis, cette mention obligatoire et sa sanction s'appliquent tant aux logements issus d'une construction neuve qu'aux locaux issus d'une transformation d'un bâtiment à un autre usage.

Le contrat de bail doit contenir, à titre d'information, une indication sur le montant des **dépenses théoriques** de l'ensemble des usages énumérés par le dossier de performance énergétique (Loi 89-462 du 6-7-1989 art. 3 ; voir no 65525). Sur les informations environnementales à indiquer en cas de location dans une zone à risques, voir no 50660.

ÉTAT DES LIEUX

Les modalités d'établissement de l'état des lieux ont été fixées par le décret 2016-382 du 30 mars 2016. À l'**entrée** comme à la **sortie** du logement, seuls sont visés les meubles ou les équipements mentionnés au contrat de location. Il peut être réalisé sous la **forme** d'un document unique ou de documents distincts ayant une présentation similaire, de façon à permettre la comparaison de l'état du logement constaté à l'entrée et à la sortie des lieux. **65538**

L'état des lieux, établi sur support papier ou sous forme électronique, est **remis** en main propre ou par mail à chacune des parties ou à leur mandataire au moment de sa signature. Il doit comporter **au moins les informations suivantes** :

À l'entrée et à la sortie du logement :

a) Le type d'état des lieux : d'entrée ou de sortie ;

b) Sa date d'établissement ;

c) La localisation du logement ;

d) Le nom ou la dénomination des parties et le domicile ou le siège social du bailleur ;

e) Le cas échéant, le nom ou la dénomination et le domicile ou le siège social des personnes mandatées pour réaliser l'état des lieux ;

f) Les relevés des compteurs individuels de consommation d'eau ou d'énergie ; le relevé concerne également les installations de chauffage ou d'eau chaude collective avec un comptage individuel (Loi 89-462 du 6-7-1989 art. 3-2) ;

g) Le détail et la destination des clés ou de tout autre moyen d'accès aux locaux à usage privatif ou commun ;

h) Pour chaque pièce et partie du logement, la description précise de l'état des revêtements des sols, murs et plafonds, des équipements et des éléments du logement. Il peut être complété d'observations ou de réserves et illustré d'images ;

i) La signature des parties ou des personnes mandatées pour réaliser l'état des lieux.

À la sortie du logement :

a) L'adresse du nouveau domicile ou du lieu d'hébergement du locataire ;

b) La date de réalisation de l'état des lieux d'entrée ;

c) Éventuellement, les évolutions de l'état de chaque pièce et partie du logement constatées depuis l'établissement de l'état des lieux d'entrée.

Un **droit de rectification** de l'état des lieux d'entrée est ouvert au locataire pendant 10 jours à compter de son établissement. Pendant le premier mois de la période de chauffe, le locataire peut demander que l'état des lieux soit complété par les indications relatives au bon fonctionnement des éléments de chauffage (Loi 89-462 du 6-7-1989 art. 3-2).

À **défaut d'état des lieux** ou de la remise d'un exemplaire de l'état des lieux à l'une des parties, la présomption selon laquelle le locataire est réputé avoir reçu les locaux en bon état de réparations locatives (C. civ. art. 1731) ne peut être invoquée par celle des parties qui a fait obstacle à l'établissement de l'état des lieux (Loi 89-462 du 6-7-1989 art. 3, al. 8).

Le bailleur qui n'a pas fait obstacle à l'établissement d'un état des lieux détaillé et complet lors de la signature du bail peut se prévaloir de la **présomption** de bon état des réparations locatives et le locataire, parti sans en aviser le propriétaire et sans l'informer de sa nouvelle adresse, ne peut invoquer le caractère non contradictoire du constat de commissaire de justice de sortie des lieux pour refuser de rembourser au bailleur les travaux nécessaires à leur remise en état (CA Agen 11-9-1995 : Loyers et copr. 1996 comm. n° 145). De même, un état des lieux établi par commissaire de justice après le départ des locataires, bien que non conforme dans ses conditions d'établissement aux dispositions de l'article 3 de la loi du 6 juillet 1989 89-462, peut être admis comme élément de preuve des dégradations affectant les lieux loués (Cass. 3e civ. 2-10-1996 : RJDA 12/96 n° 1448) ou de l'absence de dégradations (Cass. 3e civ. 16-7-1998 : RJDA 10/98 n° 1086). Par contre, un état des lieux de sortie établi par le bailleur, non contradictoirement de par son fait, sans recours à un commissaire de justice, ne peut faire la preuve de dégradations imputables au locataire (Cass. 3e civ. 16-11-2023 n° 22-19.422 FS-B : BPIM 1/24 inf. 67).

HONORAIRES LIÉS À LA MISE EN LOCATION MEUBLÉE

65540 En **principe,** les honoraires liés à la mise en location d'un logement sont à la charge exclusive du bailleur. Par **exception,** la prise en charge des prestations liées à l'organisation des visites, à la constitution du dossier, à la rédaction du bail et à l'établissement de l'état des lieux d'entrée, bénéficiant à l'ensemble des parties, est partagée entre le bailleur et le locataire. Le montant des honoraires payés par le locataire pour ces prestations ne peut excéder un plafond établi par mètre carré de surface habitable (Loi 89-462 du 6-7-1989 art. 5). Sont concernés les contrats de location meublée et les contrats de location nue.

Pour les prestations liées à la **visite,** à la **constitution du dossier** et à la **rédaction du bail,** le montant imputable au locataire ne peut excéder (Décret 2014-890 du 1-8-2014 art. 2) :

– **12 € par mètre carré** de surface habitable pour les logements situés en **zone très tendue.** Cette zone regroupe Paris et 76 communes de la petite couronne dont la liste est annexée à l'arrêté du ETLL1417102A du 1er août 2014 (JO 6 p. 13029) ;

– **10 € par mètre carré** de surface habitable pour les logements situés en **zone tendue,** c'est-à-dire dans les communes où s'applique la taxe sur les logements vacants (Décret 2013-392 du 10-5-2013 modifié), à l'exclusion des communes comprises dans les zones très tendues ;

– **8 € par mètre carré** de surface habitable pour les logements situés **en dehors des zones tendues et très tendues.**

Pour 2026, ces plafonds sont révisés le 1er janvier en fonction de la variation de l'indice de référence des loyers (IRL) constatée entre le 3e trimestre 2024 et le 3e trimestre 2025, et seulement si cette variation est positive (Arrêté ATDL2515648A du 17-7-2025). Pour la prestation d'**établissement de l'état des lieux d'entrée,** un plafonnement unique valant pour l'ensemble du territoire est appliqué. Il s'élève à 3 € par mètre carré de surface habitable. Ces frais sont dus au moment de la réalisation de la prestation (Loi 89-462 du 6-7-1989 art. 5 ; Décret 2014-890 du 1-8-2014). Sur la rémunération du commissaire de justice, voir n° 61320.

DURÉE DU CONTRAT DE BAIL MEUBLÉ

La location doit être consentie pour une **durée minimale** d'un an. Si l'une des parties ne donne pas congé dans les conditions visées nos 65582 s., le bail parvenu à son terme est reconduit tacitement pour une durée d'un an et dans les mêmes conditions. 65542

Cette durée minimale d'un an peut être réduite dans certains cas :

– lorsque la location meublée est consentie à un **étudiant,** la durée du contrat peut être ramenée à neuf mois pour la faire coïncider avec celle de l'année universitaire et la clause de reconduction tacite est inapplicable. Le locataire peut mettre fin au bail à tout moment. Le bailleur doit donner congé pour son échéance. Le bail prend alors fin au terme fixé dans le contrat (Loi 89-462 du 6-7-1989 art. 25-7, al. 4) ;

– lorsque le **loueur en meublé** est **titulaire d'un bail commercial** venant à expiration ou lorsqu'il envisage de cesser son activité, la durée du contrat peut être inférieure à un an. Le contrat doit alors mentionner les raisons et événements qui justifient la conclusion d'un contrat d'une durée inférieure à un an. Si le bail commercial est renouvelé ou si l'activité est poursuivie, la durée du contrat est alors portée à un an (CCH art. L 632-1, I, al. 2 et 3).

LOYER DU BAIL MEUBLÉ

Loyer du bail initial En **principe,** le loyer des nouvelles locations meublées (première location ou relocation avec changement de locataire) est fixé librement par les parties. 65545

Toutefois lorsqu'un logement de la classe de performance énergétique F ou G fait l'objet d'une nouvelle location, le loyer du nouveau contrat de location ne peut excéder le dernier loyer appliqué au précédent locataire (Loi 89-462 du 6-7-1989 art. 17, II).

Loyer encadré La loi **Élan** a mis en place un dispositif **expérimental applicable jusqu'au 24 novembre 2026** et uniquement dans **certains territoires** des zones tendues fixés par décret (Loi 2018-1021 du 23-11-2018 art. 140 modifié par loi 3DS 2022-217 du 21-2-2022 art. 85), et étendu aux territoires d'outre-mer jusqu'en 2030 (Loi 2025-534 du 13-6-2025). Ces dispositions concernent les logements meublés. Pour plus de précisions voir no 62410. 65550

Dans ces zones, les loyers de référence minoré et majoré sont déterminés à partir d'une majoration unitaire par mètre carré en référence aux loyers de référence s'appliquant aux locations nues (Loi 2018-1021 du 23-11-2018 art. 140, IV). Un éventuel **complément de loyer** est applicable (Loi 2018-1021 du 23-11-2018 art. 140, III-B sur les locations nues mais applicable aux locations meublées) et tient notamment compte des équipements et services associés au logement meublé (Loi 2018-1021 du 23-11-2018 art. 140, IV). Voir no 62410. Le loyer est fixé librement dans la limite du loyer de référence majoré.

Par ailleurs, dans les zones où le marché locatif est particulièrement tendu, un **encadrement par décret** est susceptible de s'appliquer lors des mises en location ou des relocations (Loi 89-462 du 6-7-1989 art. 18 sur renvoi de l'article 25-3). Ainsi, le décret 2017-1198 du 27 juillet 2017 tel que modifié par le décret 2025-652 du 15 juillet 2025 s'applique aux relocations meublées intervenues entre le 1er août 2025 et le 31 juillet 2026 (pour plus de précisons, voir no 62415).

Loyer révisé Lorsque le contrat prévoit la révision du loyer, les dispositions relatives à la révision du loyer nues sont applicables (nos 62420 s.). L'augmentation qui en résulte ne peut dépasser la variation de l'indice de référence des loyers publié par l'Insee (Loi 89-462 du 6-7-1989 art. 17-1, I sur renvoi de art. 25-9, al. 1). La révision de loyer ne pourra pas être appliquée pour les passoires thermiques, c'est-à-dire les logements de performance énergétique F ou G (Loi 89-462 du 6-7-1989 art. 17-1, III). 65555

Lorsque les parties sont convenues, par une clause expresse, de travaux d'amélioration du logement que le bailleur fera exécuter ou d'acquisition d'équipements par le bailleur en sus de l'équipement initial, le contrat de location ou un avenant à ce contrat peut fixer une majoration de loyer consécutive à ces opérations (Loi 89-462 du 6-7-1989 art. 25-9, al. 2 ; voir no 62480).

Loyer du bail renouvelé Les dispositions régissant le renouvellement du bail des locations nues s'appliquent aux locations meublées (nos 62440 s.). En l'absence de mise en œuvre d'une procédure de renouvellement exprès du bail diligentée par le bailleur, le bail se renouvelle par tacite reconduction aux conditions de prix antérieures, le loyer étant alors seulement révisé selon la variation de l'indice de référence des loyers. 65560

Lors du renouvellement du contrat, le loyer ne donne lieu à réévaluation que s'il est manifestement sous-évalué. Cette réévaluation est impossible dans les logements de la classe de performance énergétique F ou G (Loi 89-462 du 6-7-1989 art. 17-2). Dans ces communes, où l'encadrement légal Élan s'applique (voir no 62465), une action en diminution de loyer peut être engagée si le montant du loyer (hors complément) est supérieur au loyer de référence majoré.

Par ailleurs, un **encadrement par décret** est susceptible de s'appliquer. Ainsi, le décret 2017-1198 du 27 juillet 2017 tel que modifié par le décret 2025-652 du 15 juillet 2025 s'applique aux augmentations des loyers de locations meublées lors du renouvellement du bail intervenu entre le 1er août 2025 et le 31 juillet 2026 (voir n° 62470).

DÉPÔT DE GARANTIE

65565 Les dispositions relatives aux locations vides sont applicables (Loi 89-462 du 6-7-1989 art. 22 sur renvoi de art. 25-3, al. 2 ; nos 62700 s.), réserve faite du montant du dépôt de garantie qui, pour la location meublée, peut égaler 2 mois de loyer hors charges (Loi 89-462 du 6-7-1989 art. 25-6).

CHARGES LOCATIVES

65570 Elles sont récupérées par le bailleur au choix des parties et tel que prévu par le contrat de bail :

– soit dans les conditions prévues nos 62580 s. lorsqu'il s'agit de provisions pour charges ;

– soit sous la forme d'un forfait versé simultanément au loyer, dont le montant et la périodicité de versement sont définis dans le contrat et qui ne peut donner lieu à complément ou à régularisation ultérieure. Le montant du forfait de charges est fixé en fonction des montants exigibles par le bailleur en application des conditions prévues nos 62580 s. et peut être révisé chaque année aux mêmes conditions que le loyer principal. Ce montant ne peut pas être manifestement disproportionné au regard des charges dont le locataire ou, le cas échéant, le précédent locataire se serait acquitté (Loi 89-462 du 6-7-1989 art. 25-10).

MODIFICATIONS DES CONDITIONS DU BAIL MEUBLÉ

65575 Le bailleur qui souhaite modifier les conditions de la location à l'expiration du contrat doit en informer le locataire trois mois **avant l'échéance.** Si ce dernier accepte ces nouvelles conditions, le contrat est renouvelé pour un an (Loi 89-462 du 6-7-1989 art. 25-8, I, al. 2).

Aucune disposition ne prévoit ce qu'il advient si le locataire n'accepte pas les nouvelles conditions proposées par le bailleur : le bail ne sera-t-il pas renouvelé ou sera-t-il reconduit aux conditions antérieures ? En l'absence de texte, la jurisprudence devra trancher.

LOCATAIRES PROTÉGÉS

65580 Le bailleur ne peut s'opposer au renouvellement du contrat en donnant congé à l'égard de tout **locataire âgé de plus de 65 ans** et dont les ressources annuelles sont inférieures à un **plafond de ressources** en vigueur pour l'attribution des logements locatifs conventionnés, sans qu'un logement correspondant à ses besoins et à ses possibilités lui soit offert dans les limites géographiques prévues par la loi (Loi 48-1360 du 1-9-1948 art. 13 bis). Il en est de même lorsque le locataire a à sa charge une personne de plus de 65 ans vivant habituellement dans le logement et remplissant la condition de ressources précitée, et que le montant cumulé des ressources annuelles de l'ensemble des personnes vivant au foyer est inférieur au plafond de ressources susvisé. Pour plus d'informations voir n° 61540.

Toutefois, ces dispositions ne sont pas applicables lorsque le **bailleur** est **âgé de plus de 65 ans** ou si ses ressources annuelles sont inférieures au **plafond de ressources** mentionné ci-dessus.

> **Précisions** **a.** L'âge du locataire ou de la personne à sa charge et celui du bailleur sont appréciés à la date d'échéance du contrat. Le montant de leurs **ressources** respectives est apprécié à la date de notification du congé.
> **b.** Le détail des **références** à fournir par le bailleur figure à l'article 1 du décret 90-780 du 31 août 1990.
> **c.** Lorsque la détermination du montant d'un loyer manifestement sous-évalué est subordonnée à la présentation par le bailleur de **références** aux loyers habituellement constatés dans le voisinage pour des logements comparables, ces références sont jointes au contrat. Les références doivent porter non seulement sur des baux conclus récemment, mais également sur des baux conclus depuis plus de trois ans (Décret 90-780 du 31-8-1990 art. 1-1).

CONGÉ DONNÉ PAR LE BAILLEUR

65582 Le bailleur qui ne souhaite pas renouveler le contrat à son échéance doit en informer le locataire en respectant un préavis de trois mois et motiver son **refus de renouvellement** (Loi 89-462 du 6-7-1989 art. 25-8, I, al. 4) :

– soit par sa décision de reprendre le logement pour l'occuper lui-même ou pour un membre de sa famille, dont il doit justifier du caractère réel et sérieux ;

– soit par sa décision de vendre le logement ;

– soit par un motif légitime et sérieux, notamment l'inexécution par le locataire de l'une des obligations lui incombant.

Le congé doit être **notifié** par lettre recommandée avec demande d'avis de réception ou **signifié** par acte d'un commissaire de justice ou bien encore remis en main propre contre récépissé ou émargement. Le délai court à compter du jour de la réception de la lettre recommandée, de la signification de l'acte du commissaire de justice ou de la remise en main propre. À l'expiration du délai de préavis, le locataire est déchu de tout titre d'occupation du logement loué (Loi 89-462 du 6-7-1989 art. 25-8).

À peine de **nullité,** le congé doit indiquer le motif allégué et, en cas de **reprise,** les nom et adresse du bénéficiaire de la reprise ainsi que la nature du lien existant entre le bailleur et le bénéficiaire de la reprise qui ne peut être que le bailleur, son conjoint, le partenaire auquel il est lié par un Pacs enregistré à la date du congé, son concubin notoire depuis au moins un an à la date du congé, ses ascendants, descendants ou ceux de son conjoint, de son partenaire ou de son concubin notoire.

Depuis le 15 juin 2025, lorsqu'un locataire est lié à des activités de trafic de stupéfiants, qu'il trouble l'ordre public de manière grave et répétée et que son comportement ou toute activité qui, aux abords de son logement ou dans le même ensemble immobilier, porte atteinte aux équipements collectifs utilisés par les résidents, à la sécurité des personnes ou à leur liberté d'aller et venir, le préfet peut imposer au bailleur de saisir le juge directement aux fins de **résiliation du bail sans offre de relogement** (Loi 89-462 du 6-6-1989 art. 7, b créé par loi 2025-532 du 13-6-2025 ; CCH art. L 442-4-3 créé par loi 2025-532 du 13-6-2025). L'injonction précise les éléments de fait qui justifient la mise en œuvre de la procédure. Le bailleur doit faire connaître au préfet, dans un délai de 15 jours, la suite qu'il entend réserver à l'injonction. En cas de refus du bailleur, d'absence de réponse à l'expiration de ce délai ou lorsque, ayant accepté le principe de l'expulsion, le bailleur n'a pas saisi le juge à l'expiration d'un délai d'un mois à compter de sa réponse, le préfet peut se substituer à lui et saisir le juge aux fins de résiliation du bail.

> **Précisions** **a. Pendant le délai de préavis** (trois mois si le congé émane du bailleur), le locataire n'est redevable du loyer et des charges que pour le temps où il a occupé réellement les lieux si le congé a été notifié par le bailleur. Il est redevable du loyer et des charges relatifs à l'intégralité de la période couverte par le préavis si c'est lui qui a notifié le congé, sauf si le logement se trouve occupé avant la fin du préavis par un autre locataire en accord avec le bailleur.
> **b.** À peine d'irrecevabilité de la demande, l'**assignation** en résiliation est **notifiée** à la diligence de l'huissier **au préfet** du département au moins un mois avant l'audience (CCH art. L 632-1, al. 4).
> **c.** En cas de contestation, le juge peut, même d'office, vérifier la réalité du **motif du congé** et le respect des obligations du bailleur. Il peut notamment déclarer non valide le congé si la non-reconduction du bail n'apparaît pas justifiée par des éléments sérieux et légitimes.

Le fait pour un bailleur de délivrer un **congé justifié frauduleusement** par sa décision de reprendre ou de vendre le logement est puni d'une amende pénale dont le montant ne peut être supérieur à 6 000 € pour une personne physique et à 30 000 € pour une personne morale. Le montant de l'amende est proportionné à la gravité des faits constatés. Le locataire est recevable dans sa constitution de partie civile et dans la demande de réparation de son préjudice (Loi 89-462 du 6-7-1989 art. 25-8, III). **65585**

CONGÉ DONNÉ PAR LE LOCATAIRE

Le locataire peut résilier le contrat de location meublée à tout moment, sous réserve de respecter un **préavis** d'un mois, y compris lorsque la durée du bail est réduite à neuf mois (Loi 89-462 du 6-7-1989 art. 25-8, I, al. 1). Cette résiliation est possible dès la première année de location (Cass. 3e civ. 6-4-2005 n° 02-21.518 : RJDA 8-9/05 n° 945) et même en l'absence de contrat écrit (Cass. 3e civ. 15-10-2008 n° 07-13.294 : RJDA 01/09 n° 18). Le locataire doit apporter la preuve que l'appartement loué est bien sa résidence principale (Cass. 3e civ. 20-9-2006 n° 05-16.363 : RJDA 12/06 n° 1210). **65587**

CESSATION D'ACTIVITÉ DU BAILLEUR

Le bailleur, qu'il soit propriétaire ou gérant du fonds, doit informer les locataires titulaires d'un contrat régi par les dispositions de l'article L 632-1 du CCH de la cessation de son activité au moins 3 mois avant la date à laquelle celle-ci est prévue. **65589**

La cessation d'activité ne peut pas avoir lieu avant l'expiration des contrats en cours de validité ou avant le relogement des locataires, sauf cas de force majeure ou si le bailleur fait l'objet d'une procédure collective de sauvegarde ou de redressement judiciaire.

Si, en dépit de la cessation de l'activité du bailleur, les locaux conservent leur destination, le contrat de location meublée est tacitement reconduit.

Lorsque la cessation d'activité du bailleur est due à une opération d'urbanisme ou d'aménagement, il est mis fin aux contrats, mais les occupants doivent être relogés aux frais de l'opérateur dans les conditions prévues aux articles L 314-1 et L 314-2 du Code de l'urbanisme (CCH art. L 632-2).

COMMISSION DÉPARTEMENTALE DE CONCILIATION

65590 Elle est compétente pour l'examen des litiges relatifs aux logements meublés et résultant de l'application des dispositions relatives aux loyers, aux congés, à l'état des lieux et du mobilier, au dépôt de garantie, aux charges locatives, aux réparations et aux caractéristiques du logement (Loi 89-462 du 6-7-1989 art. 25-11).

3. BAIL MOBILITÉ

ENCADREMENT LÉGISLATIF

65595 Les logements meublés loués dans le cadre d'un bail mobilité sont régis par les articles 25-12 à 25-18 de la loi 89-462 du 6 juillet 1989.

Les articles 1er (droit au logement), 3-2 (état des lieux), 3-3 (diagnostic technique), 4 (clauses réputées non écrites), 5 (rémunération des intermédiaires), 6 (logement décent), 6-2 (consommation de chaleur, de froid et d'eau chaude sanitaire), 7 (obligations du locataire), 7-1 (prescription) et 8 (cession et sous-location), les I à IV de l'article 8-1 (colocation) et les articles 17 (prise en compte de la performance énergétique du logement pour la fixation du loyer ; disposition applicable à compter du 25 août 2022), 18 (encadrement des loyers par décret), 21 (quittance de loyer), 22-1 (cautionnement), 22-2 (documents pouvant être exigés du locataire), 25-4 (logement meublé décent) et 25-5 (inventaire et état détaillé du mobilier) de la **loi de 1989** régissant la location nue et la location meublée à usage de résidence principale sont applicables au bail mobilité.

> **Précisions** **a.** Ces dispositions ne s'appliquent ni aux logements-foyers ni aux logements faisant l'objet d'une convention avec l'État portant sur leurs conditions d'occupation et leurs modalités d'attribution (Loi 89-462 du 6-7-1989 art. 25-12 à 25-18).
> **b.** La commission départementale de conciliation n'est pas compétente pour l'examen des litiges portant sur un bail mobilité.

BÉNÉFICIAIRES DU BAIL MOBILITÉ

65597 Le bail mobilité **s'adresse** aux locataires qui, à la date de la prise d'effet du bail, sont en formation professionnelle, en études supérieures, en contrat d'apprentissage, en stage, en engagement volontaire dans le cadre d'un service civique, en mutation professionnelle ou en mission temporaire dans le cadre de leur activité professionnelle. La location de lits dans une chambre partagée pour une clientèle de passage n'est pas un bail mobilité mais une location saisonnière touristique devant respecter les règles du changement d'usage (CA Paris 1-2-2023 n° 22/10149 : BPIM 2/23 inf. 138).

CONTENU DU BAIL MOBILITÉ

65599 Le contrat de location est conclu pour une **durée minimale** d'un mois et **maximale** de dix mois, non renouvelable et non reconductible. Il peut néanmoins être modifié une fois par avenant sans que la durée totale du bail dépasse dix mois. Si, au terme du contrat, les parties concluent un nouveau bail portant sur le même logement meublé, ce nouveau bail est soumis aux dispositions des locations meublées à usage de résidences principales (Loi 89-462 du 6-7-1989 art. 25-14).

Le contrat doit être établi par **écrit** et **doit préciser** :

1° Le nom ou la dénomination du bailleur et son domicile ou son siège social ainsi que, le cas échéant, ceux de son mandataire ;

2° Le nom du locataire ;

3° La date de prise d'effet ;

4° La durée du contrat de location ;

5° La consistance, la destination ainsi que la surface habitable de la chose louée, définie par le Code de la construction et de l'habitation ;

6° La désignation des locaux et équipements d'usage privatif dont le locataire a la jouissance exclusive et, le cas échéant, l'énumération des parties, équipements et accessoires de l'immeuble qui font l'objet d'un usage commun, ainsi que des équipements d'accès aux technologies de l'information et de la communication ;

7° Le montant du loyer et ses modalités de paiement ;

8° Le motif justifiant le bénéfice du bail mobilité ;

9° Le montant et la date du versement du dernier loyer appliqué au précédent locataire, dès lors que ce dernier a quitté le logement moins de dix-huit mois avant la signature du bail ;

10° La nature et le montant des travaux effectués dans le logement depuis la fin du dernier contrat de location ;

11° Une mention informant le locataire de l'interdiction pour le bailleur d'exiger le versement d'un dépôt de garantie.

Le contrat doit en outre comporter une mention selon laquelle le contrat de location est un bail mobilité. À défaut de cette mention ou de l'une des informations prévues aux 4° ou 8°, le contrat de location est soumis aux dispositions des locations meublées à usage de résidences principales. Il ne peut pas contenir de clause de solidarité entre les colocataires ou leurs cautions.

Un dossier de **diagnostic technique** (plomb, performance énergétique et risques technologiques et naturels) doit être annexé au contrat de bail mobilité dans les conditions exposées nos 50640 s. (Loi 89-462 du 6-7-1989 art. 3-3). Le dossier de diagnostic technique est complété à chaque changement de locataire par l'état des risques, dans les zones mentionnées au I de l'article L 125-5 du Code de l'environnement (zones couvertes par un plan de prévention des risques technologiques ou par un plan de prévention des risques naturels prévisibles, prescrit ou approuvé, dans des zones de sismicité ou dans des zones à potentiel radon définies par voie réglementaire dans des zones susceptibles d'être atteintes par le recul de trait de côte). En l'absence de ce document, le locataire peut demander au juge la résolution du contrat ou une diminution du prix (Loi 89-462 du 6-7-1989 art. 3-3).

Immeuble en copropriété Lorsque l'immeuble est soumis au statut de la copropriété, le copropriétaire bailleur est tenu de communiquer au locataire les extraits du **règlement de copropriété** concernant la destination de l'immeuble, la jouissance et l'usage des parties privatives et communes, et précisant la quote-part afférente au lot loué dans chacune des catégories de charges. **65600**

DÉPÔT DE GARANTIE

Aucun dépôt de garantie ne peut être exigé par le bailleur pour un bail mobilité. **65605**

LOYER

Le loyer du bail mobilité est librement fixé, sauf dans les communes où l'encadrement légal Élan s'applique (voir n° 62410). L'encadrement par décret visé au n° 62415 est également applicable. **65610**

Pour les baux conclus, renouvelés ou tacitement reconduits depuis le 24 août 2022, lorsqu'un logement de la classe de performance énergétique F ou G fait l'objet d'une nouvelle location, aucune augmentation n'est possible (Loi 89-462 du 6-7-1989 art. 17, II applicable au bail mobilité).

Le loyer ne peut être révisé en cours de bail.

CHARGES

Les charges locatives accessoires au loyer principal du bail mobilité sont récupérées par le bailleur sous la forme d'un **forfait** versé simultanément au loyer, dont le montant et la périodicité de versement sont définis dans le contrat et qui ne peut donner lieu à complément ou à régularisation ultérieure. **65615**

Le montant du forfait de charges est fixé en fonction des montants exigibles par le bailleur en application de l'article 23 de la loi du 6 juillet 1989.

Ce montant ne peut pas être manifestement disproportionné au regard du dernier décompte par nature de charges rapporté à la périodicité de versement du forfait.

OBLIGATION EN CAS DE MUTATION

En cas de mutation à titre gratuit ou onéreux du logement, le nouveau bailleur est tenu de notifier au locataire son nom ou sa dénomination et son domicile ou son siège social ainsi que, le cas échéant, ceux de son mandataire. **65620**

CONGÉ

Le **locataire** peut résilier le bail mobilité à tout moment, sous réserve de respecter un délai de **préavis** d'un mois. **65625**

Le congé doit être notifié par lettre recommandée avec demande d'avis de réception ou signifié par acte d'huissier ou remis en main propre contre récépissé ou émargement. Le délai de préavis court à compter du jour de la réception de la lettre recommandée ou de la signification de l'acte d'huissier ou de la remise en main propre.

Le locataire est redevable du loyer et des charges relatifs à l'intégralité de la période couverte par le préavis, sauf si le logement se trouve occupé avant la fin du préavis par un autre locataire en accord avec le bailleur.

À l'expiration du délai de préavis, le locataire est déchu de tout titre d'occupation du logement loué.

Le **bailleur,** quant à lui, ne peut pas donner congé à son locataire en cours de bail.

4. AUTRES LOCATIONS MEUBLÉES TRADITIONNELLES

65630 La location meublée ne constituant pas la résidence principale du locataire est régie, sous réserve de respecter les règles exposées nos 65510 à 65525, par la seule **convention des parties** qui peuvent aménager et déterminer comme bon leur semble la durée de la location, le montant du loyer et les conditions de sa révision, les charges récupérables ainsi que les travaux mis à la charge du locataire. Les dispositions des articles 1708 à 1762 du Code civil, dont le lecteur trouvera un exposé détaillé nos 50005 s., s'appliquent à titre supplétif.

> Précisions a. Les parties peuvent, par accord exprès, soumettre un bail portant sur des locaux meublés au statut des baux d'habitation régis par la **loi** du 6 juillet **1989** (Cass. 3e civ. 21-9-2005 n° 04-15.063 : RJDA 12/06 n° 1210).

b. Certaines locations meublées peuvent encore relever de la **loi** 48-1360 du 1er septembre **1948** lorsqu'elles portent sur des locaux situés dans des immeubles entrant dans son champ d'application (catégories II B, II C, III A et III B). De telles locations échappent au régime juridique des locations meublées. La loi de 1948 peut également s'appliquer à une location meublée consentie en vertu d'un bail verbal si le locataire est entré dans les lieux avant le 23 décembre 1986 (Cass. 3e civ. 13-7-1999 n° 97-18.529 : Bull. civ. III n° 166). Depuis cette date en revanche, les locaux vacants meublés ne sont plus soumis à la loi de 1948 (Cass. 3e civ. 30-1-2002 n° 00-15.724 ; RJDA 4/02 n° 367).

c. Le **bail** peut être verbal ou écrit ; aucune condition de forme n'est exigée. Le recours à un acte authentique ou sous signature privée est préférable pour fixer les conditions de la location. Mais le bail peut également être constitué par un échange de lettres qui, si elles sont suffisamment précises, peuvent valoir contrat (CA Dijon 7-4-1992 : Rev. Huissiers 1993 p. 532). Si la location est verbale, il faut distinguer un bail meublé d'un hébergement à titre précaire et gratuit (Cass. 3e civ. 12-6-2001 n° 98-17.459).

B. Locations meublées saisonnières et touristiques

1. DÉFINITION

65635 Il existe plusieurs définitions de la location meublée saisonnière ou touristique.

La loi Hoguet indique que la location saisonnière est la location d'un immeuble conclue pour une durée maximale et non renouvelable de 90 jours consécutifs (Loi 70-9 du 2-1-1970 art. 1-1).

Le Code du tourisme fait référence, dans son article L 211-4, aux « locations meublées d'immeubles bâtis, dites locations saisonnières, telles que définies à l'article 1er-1 de la loi du 2 janvier 1970 », ce qui a pour effet de soumettre les agents de tourisme à la loi Hoguet. Par ailleurs, il définit les chambres d'hôtes comme des chambres meublées situées chez l'habitant en vue d'accueillir des touristes, à titre onéreux, pour une ou plusieurs nuitées, assorties de prestations (C. tourisme art. L 324-3).

Quant à l'article 2 de l'arrêté du 16 mai 1967 (BOSP n° 11 du 18-5-1967), il précise qu'il convient d'entendre par « locations saisonnières » les locations en meublé consenties à l'occasion de vacances quelle que soit la durée de la location ou quel que soit le mode de location intervenu.

2. QUALITÉ DU BAILLEUR

65640 La location en meublé saisonnière peut être le fait :

– de **loueurs professionnels** : particuliers louant habituellement chaque année pour la saison au moins 2 logements distincts de leur propre habitation ou professionnels de l'immobilier intervenant dans de telles locations ;

– de **loueurs non professionnels** : particuliers ne louant qu'un seul logement ou une ou plusieurs pièces de leur habitation.

Si le loueur du meublé est lui-même locataire du local, la **sous-location** ne devra pas être interdite par le bail principal (C. civ. art. 1717). Si la location principale relève de la loi du 6 juillet 1989 sur les baux d'habitation, le locataire principal devra au préalable obtenir l'accord écrit du bailleur, y compris sur le montant du loyer. En aucun cas le prix du loyer au mètre carré de surface habitable des locaux sous-loués ne pourra dépasser celui payé par le locataire principal. Ces règles s'appliquent que la location principale soit une location vide, une location meublée à usage de résidence principale ou un bail mobilité (Loi 89-462 du 6-7-1989 art. 8 sur renvoi de art. 25-3, al. 2 et art. 25-12, al. 3). À défaut, le locataire principal encourt la résiliation de son bail et peut être condamné à verser à son propriétaire l'intégralité des sommes perçues pour les sous-locations non autorisées (Cass. 3e civ. 12-9-2019 n° 18-20.727 FS-PBRI : BPIM 5/19 inf. 355).

> **Précisions** Les loueurs saisonniers de résidences de plaisance (résidences secondaires) doivent être considérés comme exerçant la profession de loueurs en meublé (CE 14-11-1973, Synd. intercommunal des loueurs saisonniers de résidences de plaisance c/ Préfet du Var, cité par J. Lafond et E. Mallet : J.-Cl. notarial fasc. 50 n° 64).

3. INTERVENTION D'UN INTERMÉDIAIRE

Les **agents immobiliers** et les **administrateurs de biens** peuvent intervenir dans la conclusion de contrats de locations saisonnières qui entrent dans le champ d'application de la loi Hoguet du 2 janvier 1970. Sur les conditions de leur intervention, voir n° 90100. **65645**

Les **professionnels du tourisme,** titulaires d'une licence ou d'une habilitation d'agents de tourisme ou, après publication du décret d'application de la loi sur le tourisme du 22 juillet 2009, immatriculés sur le registre des agents de voyages et autres opérateurs de la vente de voyages et de séjours, peuvent réaliser pour le compte d'autrui des locations meublées saisonnières. À ce titre, et à défaut d'exclusion expresse, ils sont soumis à l'article 8 de la loi Hoguet (C. tourisme art. L 211-4). Sur les conditions d'exercice de cette activité, voir n° 90120.

Tout intermédiaire qui, contre rémunération ou à titre gratuit, par entremise ou négociation ou mise à disposition d'une plateforme numérique, prête son concours à la mise en location d'un **meublé de tourisme** soumis **aux règles restrictives du changement d'usage** des locaux d'habitation doit rappeler au loueur les obligations applicables en matière d'autorisation et de déclaration (C. tourisme art. L 324-2-1). **65647**

Toute activité d'entremise ou de négociation ou d'activité de mise à disposition de services qui ne respecte pas la réglementation prévue à l'article L 651-2 est punie d'une amende civile de 100 000 € par local irrégulièrement transformé. L'amende est prononcée par le tribunal judiciaire, statuant selon la procédure accélérée au fond, sur assignation de la commune ou de l'Agence nationale de l'habitat (Anah). Les plateformes numériques sont écartées et ne sont pas considérées comme des intermédiaires dans ce cadre (CCH art. L 651-2-1 modifié par Loi 2024-1039 art. 5, I, 5°).

Le produit de l'amende sera intégralement versé à la commune dans laquelle est situé ce local (CCH art. L 651-2-1 modifié par Loi 2024-1039 art. 5, I-5°).

Avant toute publication en ligne de l'annonce de location, l'intermédiaire doit obtenir du loueur une **déclaration sur l'honneur** attestant du respect des obligations légales, précisant si le logement constitue ou non sa résidence principale et indiquant, le cas échéant, le numéro de déclaration du meublé. Ce numéro devra être mentionné sur les annonces relatives au local (C. tourisme art. L 324-2-1, I). Le non-respect de ces obligations est sanctionné d'une amende civile pouvant atteindre 12 500 € par meublé objet du manquement (C. tourisme art. L 324-2-1, III-al. 1). Les juges ont estimé qu'Airbnb joue un rôle actif d'éditeur, de nature à lui conférer une connaissance ou un contrôle des données. La plateforme est ainsi de plein droit responsable de la diffusion d'annonces illicites par les hôtes puisqu'elle a pour mission de surveiller les informations transmises par eux. Elle ne peut donc pas bénéficier de la responsabilité allégée des simples hébergeurs (CA Paris 3-1-2023 n° 20/08067, Sté Airbnb Ireland unlimited company : BPIM 1/23 inf. 60).

Dans les communes où la déclaration des meublés est soumise à enregistrement (et à compter du 20 mai 2026 dans toutes les communes), la **commune peut demander** à l'intermédiaire de lui transmettre l'adresse, le numéro de déclaration et le nombre de jours loués par son entremise pour chaque meublé, s'il en a connaissance, ainsi que le nom du loueur et le statut du meublé : résidence principale du loueur ou non (C. tourisme art. L 324-2-1, II-al. 1). Cette demande d'informations, formulée par voie électronique au plus tard le 31 décembre de l'année suivant la mise en location, ne peut intervenir qu'une fois par an. Les renseignements portent sur l'année en cours et l'année civile précédente, même si le meublé n'est plus offert à la location lors de la demande. La demande peut ne concerner que les meublés situés dans un périmètre donné de la commune (C. tourisme art. R 324-2 et R 324-3). Cette information doit permettre à la commune de vérifier que le **seuil des 120 jours** (ou des 90 jours) par an est respecté lorsque le meublé a été déclaré comme étant la résidence principale du loueur et, à défaut, d'engager la procédure de sanction à l'encontre du propriétaire qui n'a pas respecté la procédure de changement d'usage. L'intermédiaire dispose d'un mois pour transmettre les informations demandées par la commune (C. tourisme art. L 324-2-1, II-al. 1). Le non-respect de ces obligations est sanctionné d'une amende civile pouvant atteindre 50 000 € par meublé objet du manquement (C. tourisme art. L 324-2-1, III-al. 2).

4. QUALIFICATION DES LOCATIONS MEUBLÉES SAISONNIÈRES ET TOURISTIQUES

DURÉE DE LA LOCATION

65650 La durée de la location influe sur la qualification de location meublée saisonnière. En effet, la location meublée saisonnière ne peut pas être permanente. Il s'agit d'un type de location qui doit être conclue pour une **période d'activité déterminée** de l'année correspondant à une saison qui peut être plus ou moins longue.

Le développement des locations touristiques de courte durée à toutes périodes de l'année ou le bail mobilité destiné aux étudiants et personnes en mutation professionnelle ou en mission temporaire dans le cadre de leur activité professionnelle influent sur la définition traditionnelle de la location meublée saisonnière.

LOCATIONS DE VACANCES

65655 Pour les locations de vacances, la saison correspond à une **période touristique,** à l'occasion de vacances ou de congés dont la durée et la date varient selon l'endroit et les usages locaux. Les tribunaux tiennent compte de ces critères pour apprécier le caractère de la location meublée saisonnière.

À défaut de respecter ces critères, le bail peut être **requalifié** et se voir appliquer les règles d'ordre public du statut des baux d'habitation de la loi du 6 juillet 1989 (nos 61000 s.) ou les dispositions impératives des articles L 632-1 et suivants du Code de la construction et de l'habitation régissant les locations meublées occupées à titre de résidence principale (nos 65530 s.).

Ainsi, en raison de l'existence de deux saisons touristiques sur la Côte d'Azur, la location meublée consentie pour une période allant de septembre à mars – correspondant à la saison hivernale – constitue bien une location saisonnière conforme à l'usage local (Cass. 3e civ. 22-7-1987 : Bull. civ. III n° 150). Il en a été jugé de même pour une location saisonnière consentie à Canet-Plage pour la saison hivernale allant de novembre à avril (CA Montpellier 8-11-1988). En revanche, n'a pas le caractère de location meublée saisonnière un bail portant sur un local situé à Nice et consenti pour la période allant du 1er juin au 31 décembre de la même année (CA Aix-en-Provence 4-1-1999 : Loyers et copr. 2000 comm. n° 62).

CHAMBRES D'HÔTES

65660 Contrairement à ce qui avait été prévu, les chambres d'hôtes ne font pas encore l'objet d'un classement.

Tout au plus le législateur a-t-il **défini** ce mode d'hébergement afin d'éclairer le consommateur, de permettre une meilleure identification de ce produit et de faciliter l'application de certaines réglementations (Rép. Breton : AN 15-4-2008 n° 11700 p. 3244). Il s'agit de chambres meublées, donnant chacune accès à une salle d'eau et à un W.-C. conformes à la réglementation, situées chez l'habitant en vue d'accueillir des touristes (capacité maximale d'accueil de 15 personnes pour 5 chambres), à titre onéreux, pour une ou plusieurs nuitées avec fourniture du petit déjeuner et, au minimum, du linge de maison (C. tourisme art. L 324-3, D 324-13 et D 324-14).

La seule obligation incombant aux propriétaires, sanctionnée par une amende de 450 € (C. tourisme art. R 324-16), consiste en une **déclaration** préalable à la location auprès de la mairie du lieu de l'habitation par voie électronique, lettre recommandée ou dépôt en mairie et faisant l'objet d'un accusé de réception. Elle doit préciser l'identité du déclarant, l'identification du domicile de l'habitant, le nombre de chambres mises en location, le nombre maximal de personnes susceptibles d'être accueillies et la ou les périodes prévisionnelles de location. Tout changement concernant ces éléments d'information doit faire l'objet d'une nouvelle déclaration (C. tourisme art. D 324-15).

La **liste** des chambres d'hôtes est consultable en mairie (C. tourisme art. D 324-15).

RÉSIDENCES SECONDAIRES

65663 La **location** dite de plaisance qui procure une **résidence secondaire** au locataire peut être conclue à l'année ou pour une durée inférieure sans qu'il y ait nécessairement un lien avec les vacances. Mais dans ce cas, une occupation continue peut justifier une requalification du bail.

LOCATIONS POUR TRAVAILLEURS SAISONNIERS

Des locations meublées saisonnières peuvent être conclues au profit de **travailleurs saisonniers** qui ne sont pas logés par leur employeur, pour le temps d'un emploi qu'ils n'exercent qu'au cours d'une période de l'année. **65665**

LOCATIONS POUR ÉTUDIANTS

Les **étudiants** ayant besoin de se loger pendant l'« année universitaire » courant en règle générale sur une période de neuf mois (octobre à juin), la question s'est posée de savoir si ce type de location constituait ou non une location saisonnière. **65668**

L'article L 632-1 du Code de la construction et de l'habitation a tranché la question dans son principe en soumettant, à titre dérogatoire, à la législation impérative s'appliquant aux locations meublées traditionnelles constituant la résidence principale du locataire les locations meublées consenties à des étudiants (nos 65530 s.). Des logements meublés peuvent donc être loués pendant l'année universitaire à des étudiants qui bénéficient des dispositions impératives et protectrices prévues pour les contrats régis par les articles L 632-1 et suivants du CCH, puis à des touristes pendant la période de vacances estivales, dans le cadre de locations saisonnières.

5. MEUBLÉS DE TOURISME

DÉFINITION

Les **meublés de tourisme** sont des villas, appartements ou studios meublés, à l'usage exclusif du locataire, offerts à la location à une clientèle de passage qui y effectue un séjour caractérisé par une location à la journée, à la semaine ou au mois et qui n'y élit pas domicile (C. tourisme art. L 324-1-1, I). **65670**

Les Gîtes de France sont des meublés de tourisme situés en zones rurales.

LOCAUX CLASSÉS

Les meublés de tourisme sont classés en **catégories** matérialisées par un nombre d'étoiles croissant en fonction de critères déterminés par un tableau de classement élaboré par le groupement d'intérêt économique « Atout France, agence de développement touristique de la France » et homologué par arrêté (C. tourisme art. L 324-1 et D 324-2 ; Arrêté ECEI1018990A du 2-8-2010, annexe I modifié par arrêté PMEI12131082A du 24-11-2021). **65672**

La décision de classement est prise par l'organisme évaluateur qui a procédé à la visite de classement. Il la transmet au comité départemental du tourisme (C. tourisme art. L 324-1 et D 324-5).

Pour **obtenir le classement** de son meublé, le loueur ou son mandataire doit adresser sa demande à un organisme de son choix parmi les organismes accrédités ou agréés figurant sur la liste disponible gratuitement sur le site internet d'Atout France (C. tourisme art. L 324-1, al. 3 et D 324-5).

Après **visite des lieux,** l'organisme de classement dispose d'un mois pour remettre au loueur (ou à son mandataire) un certificat de visite comprenant un rapport de contrôle, une grille de contrôle et une proposition de classement. Le loueur (ou son mandataire) dispose alors de quinze jours pour refuser la proposition de décision de classement. À défaut, le classement est acquis pour une durée de cinq ans (C. tourisme art. D 324-4). La **décision de classement** indique le nom du loueur, l'adresse du meublé, sa capacité en nombre de personnes accueillies et la catégorie de classement (Arrêté du 2-8-2010 art. 6). La décision de classement doit être affichée de manière visible à l'intérieur du meublé. Un panonceau conforme à un modèle type peut signaler le classement du meublé (C. tourisme art. D 324-6 ; Arrêté ECOI2433202A du 13-2-2025).

Après une procédure contradictoire, le préfet peut prononcer la **radiation** de la liste des meublés de tourisme en cas de défaut ou insuffisance grave d'entretien du logement et de ses installations après avoir préalablement avisé et entendu l'exploitant. Il informe de sa décision « Atout France » (C. tourisme art. R 324-7 et R 324-8).

> **Précisions** **a.** L'organisme évaluateur, dont le niveau de certification correspond à un cahier des charges défini par arrêté (Arrêté du 6-12-2010 : JO du 11 p. 21694), doit établir le classement sur la base d'un guide de contrôle normalisé (Arrêté du 2-8-2010 et ann. I à III : JO 17 p. 15013).
> **b.** L'arrêté de classement doit être affiché à l'intérieur du meublé (C. tourisme art. D 324-6).
> **c.** La liste des meublés de tourisme est consultable en mairie.
> **d.** Une décision de classement en meublé de tourisme ne peut pas se substituer à l'autorisation de changement d'usage prévue à l'article L 631-7 du Code de la construction et de l'habitation (Cass. 3e civ. 27-6-2024 n° 23-13.131 FS-B : BPIM 4/24 inf. 277). Sur le changement d'usage voir n° 65695 s.

LOCAUX NON CLASSÉS

65674 Le classement n'est pas obligatoire pour pouvoir pratiquer la location saisonnière ou touristique. Les locaux non classés sont ceux qui sont généralement loués par des particuliers qui ne veulent pas se soumettre aux exigences de la procédure de classement.

6. LOCATION MEUBLÉE SAISONNIÈRE DE LA RÉSIDENCE PRINCIPALE

NOTION DE RÉSIDENCE PRINCIPALE

65675 La location saisonnière d'une résidence principale est **autorisée** (C. tourisme art. L 324-1-1). La notion de résidence principale s'entend du logement occupé au moins huit mois par an (CCH art. L 631-7-1 A, al. 5). Elle est appréciée souverainement par les juges du fond (Cass. 3e civ. 11-7-2024 n° 23-13.789 FS-B : BPIM 5/24 inf. 334). Ce critère est essentiel pour déterminer quel régime juridique est applicable à la location. L'affectation à la résidence principale résultera notamment de la production d'un avis d'imposition sur le revenu établi au nom du loueur mentionnant l'adresse du meublé de tourisme mis en location comme lieu d'imposition (C. tourisme art. L 324-1-1, III dans sa rédaction issue de la loi 2024-1039 du 19-11-2024).

Avant de proposer sa résidence principale à la location, le bailleur doit vérifier que le **règlement de copropriété** n'interdit pas la location meublée touristique (Loi 65-557 du 10-7-1965 art. 8-1-1). Par ailleurs, tout copropriétaire, ou éventuellement locataire autorisé, doit informer, depuis le 21 novembre 2024, le syndic que son lot fait l'objet d'un enregistrement en tant que meublé de tourisme (Loi 65-557 du 10-7-1965 art. 9-2).

L'accord du propriétaire est obligatoire si le logement saisonnier est la résidence principale du locataire qui va **sous-louer** à usage touristique. À défaut, le locataire principal encourt la résiliation de son bail et peut être condamné à verser à son propriétaire l'intégralité des sommes perçues pour les sous-locations non autorisées (Cass. 3e civ. 12-9-2019 n° 18-20.727 FS-PBRI : BPIM 5/19 inf. 355).

PROCÉDURE DE DÉCLARATION

65680 Il n'y a, en principe, ni autorisation à obtenir ni déclaration à effectuer (C. tourisme art. L 324-1-1, II). Toutefois, si le logement est situé dans une commune où le changement d'usage des locaux destinés à l'habitation est soumis à autorisation préalable (voir n° 65695 s.), la commune peut décider de soumettre ces locations à une **déclaration préalable** soumise à enregistrement (C. tourisme art. L 324-1-1, III). À compter du 20 mai 2026 ou à une date fixée par décret, toutes les résidences principales seront soumises à déclaration préalable assorti d'un numéro d'enregistrement.

Un **téléservice** d'enregistrement des meublés permet d'effectuer cette déclaration (C. tourisme art. D 324-1-1, II). Jusqu'au 20 mai 2026 (ou à une date fixée par décret), la déclaration est effectuée au moyen d'un formulaire spécifique téléchargeable sur Internet (formulaire Cerfa n° 14004*03 : www.entreprises.gouv.fr/files/files/directions_services/tourisme/hebergement/cerfa_14004.pdf).

À compter du 20 mai 2026 ou à une date fixée par décret, le téléservice national sera opéré par l'organisme public unique mentionné à l'article L 324-2-1.

La déclaration n'est obligatoire que si la totalité de la résidence principale est louée. Si une chambre (ou deux) est louée au sein de la résidence principale, il n'y a pas de déclaration préalable à effectuer.

Cette déclaration permet d'obtenir immédiatement un accusé de réception comprenant un numéro d'enregistrement. Ce numéro doit figurer sur toutes les annonces de location, notamment celles publiées en ligne. À réception de la déclaration complète, le téléservice délivrera sans délai un avis de réception électronique comprenant un numéro de déclaration.

Les **informations** à déclarer sont l'identité du propriétaire, son adresse postale et électronique, celle du logement donné en location, en précisant le bâtiment, l'escalier, l'étage, le numéro d'appartement ou le numéro d'identification figurant sur l'avis de taxe d'habitation, le nombre de pièces louées, le nombre de lits à disposition des locataires, la date et le niveau de classement pour un meublé de tourisme classé, et s'il s'agit de la résidence principale ou non (C. tourisme art. D 324-1-1, II). Tout changement concernant ces éléments entraîne le dépôt d'une nouvelle déclaration (C. tourisme art. D 324-1-1, III). Le loueur devra mettre à jour la déclaration en cas de tout changement et renouvellera sa déclaration à l'expiration d'un délai fixé par décret (C. tourisme art. L 324-1-1, III).

SANCTIONS

À **défaut de déclaration,** le loueur encourt une amende civile pouvant atteindre 5 000 € (C. tourisme art. L 324-1-1, V-al. 1). Il s'agit d'un montant maximal. Le tribunal judiciaire de Paris a pu, dans certaines décisions, réduire le montant de cette amende, par exemple à 500 € (TJ Paris 19-10-2021 n° 21/56167), à 800 € (TJ Paris 14-9-2022 n° 22/53530) ou encore à 200 € (TJ Paris 15-10-2021 n° 19/55280 ; voir X. Demeuzoy : BPIM 6/23 inf. 347). Cette amende ne méconnaît ni le principe de légalité des délits et des peines, ni la présomption d'innocence, ni le droit de se taire (Cass. 3e civ. QPC 26-1-2022 n° 21-40.026 FS-B : BPIM 2/22 n° 166 inf. 357). À compter du 20 mai 2026 (ou à une date définie par décret), toute personne qui ne se conformera pas au respect de cette déclaration sera passible d'une amende administrative et non plus civile qui passera de 5 000 à 10 000 € (C. tourisme art. L 324-1-1, V – al. 1). **65682**
Les plateformes intermédiaires de location (Airbnb, Abritel...) ont l'obligation de déconnecter chaque annonce qui ne contient pas de numéro d'enregistrement.

À compter du 20 mai 2026 (ou à une date définie par décret), la **commune,** qui constatera que les pièces justificatives ou informations fournies dans le cadre de l'enregistrement sont erronées ou incomplètes, pourra **suspendre le numéro d'enregistrement** et enjoindre aux plateformes de location de désactiver l'annonce (C. tourisme art. L 324-1-1, III bis modifié par loi 2024-1039 du 19-11-2024). Et toute personne qui effectuera de **fausses déclarations** dans le cadre de la déclaration préalable du meublé de tourisme prévue au III de l'article L 324-1-1 ou qui utilisera un faux numéro de déclaration sera passible d'une amende administrative prononcée par la commune, dont le montant ne pourra excéder 20 000 € (C. tourisme art. L 324-1-1, V dans sa rédaction issue de la loi 2024-1039 du 19-11-2024).

LIMITATION DE DURÉE

Dans les communes qui ont mis en œuvre la procédure d'enregistrement de la déclaration préalable, toute personne qui offre à la location un meublé de tourisme qui est déclaré comme sa résidence principale **ne peut pas le faire au-delà de 120 jours** au cours d'une même année civile, sauf obligation professionnelle, raison de santé ou cas de force majeure (C. tourisme art. L 324-1-1, IV). **65685**

Depuis le **1er janvier 2025,** le nombre maximal de nuitées peut être abaissé, dans la limite de **90 jours** par an, sur délibération motivée du conseil municipal dans les communes situées en zone tendue (C. tourisme art. L 324-1-1, IV dans sa rédaction issue de la loi 2024-1039 du 19-11-2024). Cette possibilité est offerte à toutes les communes à une date fixée par décret et au plus tard le 20 mai 2026 (C. tourisme art. L 324-1-1, IV dans sa rédaction issue de la loi 2024-1039 du 19-11-2024).

Le dépassement de ce seuil est sanctionné par une amende d'un montant maximal de 10 000 € par année civile de dépassement (C. tourisme art. L 324-1-1, V-al. 2). À compter d'une date fixée par décret ou au plus tard le 20 mai 2026, l'amende prévue en cas de dépassement de la limitation du nombre de jours de location d'une résidence principale en tant que meublé de tourisme passera de 10 000 à 15 000 € (C. tourisme art. L 324-1-1, V dans sa rédaction issue de la loi 2024-1039 du 19-11-2024).

Jusqu'au 31 décembre de l'année suivante, la commune peut demander au loueur **communication du nombre de jours de location.** Le loueur doit transmettre ces informations dans un délai d'un mois, en rappelant l'adresse du meublé et son numéro de déclaration (C. tourisme art. L 324-1-1, IV-al. 2).

En cas de **dépassement** ou de **refus** de transmettre à la commune, à sa demande, le décompte du nombre de nuitées louées, le loueur s'expose à une amende civile pouvant atteindre 10 000 € (C. tourisme art. L 324-1-1, V-al. 2) ; le tout sans préjudice, le cas échéant, des sanctions prévues pour un changement d'usage non autorisé (voir n° 65705). En outre, si la sous-location n'est pas autorisée par le bail, il a été jugé qu'en tant qu'éditeur et non que simple hébergeur, la société Airbnb joue un rôle actif dans la rédaction des annonces diffusées sur sa plateforme, elle est donc responsable des sous-locations illégales (CA Paris 3-1-2023 n° 20/08067, Sté Airbnb Ireland unlimited company : BPIM 1/23 inf. 60).

En cas de dépassement des 120 jours (ou du nombre qui pourrait être fixé par la commune dont dépend le logement) de la location de la résidence principale, il y a infraction à l'autorisation du changement d'usage lorsque ce régime est applicable dans la commune (voir n° 65695 s.).

Depuis le 21 novembre 2024, la commune peut demander au loueur de lui transmettre le nombre de jours au cours desquels le meublé a été loué, que celui-ci constitue ou non sa résidence principale (C. tourisme art. L 324-1-1, IV dans sa rédaction issue de la loi 2024-1039). Jusqu'à présent, cette demande ne pouvait concerner que les meublés constituant la résidence principale du loueur.

Depuis le 21 mai 2025 l'organisme centralisant les données devra informer les communes ou EPCI compétents du dépassement du nombre de jours de location, que le logement soit une résidence principale ou non. À l'occasion du dépassement de ces mêmes limites, l'intermédiaire ou la plateforme devront cesser de proposer le bien à la location (C. tourisme art. L 324-2-1, II, dans sa rédaction issue de la loi 2024-449 du 21-5-2024 art. 43,1° et art. 64, VI).

EXCEPTIONS À LA LIMITATION DE DURÉE

65687 Trois exceptions au dépassement des 120 jours ou des 90 jours sont légalement autorisées : obligation professionnelle, raison de santé ou cas de force majeure (C. tourisme art. L 324-1-1, IV).

La plus courante est l'**obligation professionnelle** qui est d'interprétation stricte. Le bailleur doit rapporter la preuve d'obligations professionnelles justifiant son absence durant au moins autant de jours que de nuitées louées lors de l'année civile concernée (CA Paris 29-9-2022 n° 21/20664 : BPIM 6/22 inf. 451 ; TJ Paris 24-5-2023 n° 22/58311 ; TJ Paris 10-1-2024 RG n° 22/57486 : BPIM 1/24 inf. 71). L'exception pour obligation professionnelle ne requiert toutefois pas la démonstration du caractère exceptionnel des absences professionnelles invoquées (TJ Paris 10-9-2021 n° 21/51221).

Concernant les **raisons de santé,** il a été jugé que cette exception justifie le dépassement du seuil légal pour une femme ayant prodigué assistance à son ex-compagnon, dont l'état de santé le rendait totalement dépendant, ce qui l'avait contrainte à s'éloigner de son domicile (TJ Paris 31-1-2022 n° 21/50521). L'exception pour raisons de santé est complexe à caractériser : les aménagements relatifs au motif médical ne doivent pas être antérieurs à l'année du dépassement. Le propriétaire qui parvient à prouver que son état de santé justifie un éloignement de sa résidence principale est tout de même condamné si le logement occupé à la place l'est en fait depuis de nombreuses années, donc bien avant que l'état de santé ne soit prouvé (TJ Paris 12-1-2022 n° 21/54175).

L'exception de la **force majeure** est, quant à elle, définie dans le cadre de ce contentieux comme une « situation dans laquelle le loueur ne peut physiquement occuper le bien donné en location en raison d'un évènement irrésistible et imprévisible » (TJ Paris 29-10-2021 n° 21/50509). Dans cette affaire, suivre son mari en déplacement n'a pas été considéré comme un cas de force majeure. À notre connaissance il n'y a pas eu de jurisprudence illustrant ce cas de force majeure.

7. LOCATION MEUBLÉE SAISONNIÈRE DE LA RÉSIDENCE SECONDAIRE

DÉCLARATION ET ENREGISTREMENT EN MAIRIE

65690 Toute personne (professionnel ou non) qui offre à la location un meublé de tourisme qui est sa résidence secondaire (classé ou non) doit en faire la déclaration préalable en mairie (C. tourisme art. L 324-1-1, II). À défaut, le loueur s'expose à une **amende** maximale de 450 € (C. tourisme art. R 324-1-2).

Cette déclaration est effectuée **par tout moyen** permettant d'en obtenir un accusé de réception (C. tourisme art. D 324-1-1, I). La déclaration précise l'identité et l'adresse du déclarant, l'adresse du meublé de tourisme, le nombre de pièces composant le meublé, le nombre de lits, la ou les périodes prévisionnelles de location et, le cas échéant, la date de la décision de classement et le niveau de classement des meublés de tourisme. Tout changement concernant les informations fournies doit faire l'objet d'une nouvelle déclaration. Dans les **grandes agglomérations,** la déclaration est effectuée par un téléservice d'enregistrement (voir n° 65680) qui se substitue à la procédure de déclaration préalable en mairie. Toute personne qui ne se conforme pas au respect de cette déclaration dans les grandes agglomérations encourt une amende de 5 000 € (C. tourisme art. L 324-1-1, V-al. 1).

À compter du 20 mai 2026 (ou à une date définie par décret), la déclaration du bien loué en meublé touristique assorti d'un numéro d'enregistrement unique sera **obligatoire** pour tous les propriétaires de meublés, qu'ils soient en résidence principale ou secondaire et quelle que soit la situation géographique du bien. Il faudra passer par un téléservice national qui sera mis en place à la date précitée (C. tourisme art. L 324-1-1, II dans sa rédaction issue de la loi 2024-1039). Voir n° 65680 s.

En cas de **fausses déclarations** dans le cadre de la déclaration préalable du meublé de tourisme prévue au III de l'article L 324-1-1 ou d'utilisation d'un faux numéro de déclaration la personne sera passible d'une amende administrative prononcée par la commune, dont le montant ne pourra excéder 20 000 € (C. tourisme art. L 324-1-1, V modifié par loi 2024-1039 du 19-11-2024 applicable à compter du 20 mai 2026 ou à une date définie par décret).

8. RÈGLES COMMUNES AUX LOCATIONS TOURISTIQUES SECONDAIRES ET PRINCIPALES

AUTORISATION DE CHANGEMENT D'USAGE

65695 Le fait de louer un local meublé destiné à l'habitation de manière répétée pour de courtes durées à une clientèle de passage qui n'y élit pas domicile constitue un **changement d'usage** au sens de l'article L 631-7 du CCH. Le changement d'usage d'un local d'habitation à un usage autre est soumis obligatoirement à **autorisation préalable** et éventuellement à compensation (c'est-à-dire la transformation concomitante en habitation de locaux ayant un autre usage). Ce sont les articles L 631-7 et L 651-2 du Code de la construction et de l'habitation qui encadrent le régime.

Jusqu'au 21 novembre 2024, ces dispositions s'appliquaient dans les communes de plus de 200 000 habitants et dans départements des Hauts-de-Seine, de Seine-Saint-Denis et du Val-de-Marne (CCH art. L 631-7, al. 1). Elles pouvaient être rendues applicables à d'autres communes sur décision de l'autorité compétente (CCH art. L 631-9).

Depuis le 21 novembre 2024, l'application automatique du régime d'autorisation du changement d'usage est supprimée.

Dans les **communes situées en zones tendues,** c'est-à-dire les communes où s'applique la taxe sur les logements vacants (CGI art. 232, I), le contrôle du changement d'usage des locaux d'habitation est instauré par la commune sur délibération (CCH art. L 631-7 dans sa rédaction issue de la loi 2024-1039).

Dans les **communes hors zones tendues,** le contrôle du changement d'usage peut désormais être mis en place sans passer par une autorisation préfectorale. Une délibération suffit, sous réserve qu'elle soit motivée par un déséquilibre entre l'offre et la demande de logements entraînant des difficultés sérieuses d'accès au logement sur l'ensemble du parc résidentiel existant (CCH art. L 631-9 dans sa rédaction issue de la loi 2024-1039).
Sur les sanctions en cas de non-respect de la réglementation voir n° 65705.

CHANGEMENT D'USAGE TEMPORAIRE

Jusqu'à présent, les communes pouvaient décider d'instaurer une procédure d'autorisation **65697**
temporaire du changement d'usage en vue de permettre à une personne physique de louer un local à usage d'habitation en meublé de tourisme, sans que cela le fasse changer de nature. Cette faculté est désormais ouverte aux **personnes morales** depuis le 21 novembre 2024 (CCH art. L 631-7-1 A, al. 1 dans sa rédaction issue de la loi 2024-1039).

De plus, les communes peuvent décider, **depuis le 21 novembre 2024,** sur tout ou partie de leur territoire, dans une ou plusieurs zones géographiques qu'elles délimitent, du nombre maximal d'autorisations temporaires qui peuvent être délivrées ou de la part maximale de locaux à usage d'habitation pouvant faire l'objet d'une autorisation temporaire de changement d'usage (CCH art. L 631-7-1 A dans sa rédaction issue de la Loi 2024-1039).

Ces **quotas** sur les nouvelles autorisations temporaires du changement d'usage de location meublées touristiques sont mis en place par délibération du conseil municipal (CCH art. L 631-7-1 A, al. 3 dans sa rédaction issue de la loi 2024-1039). Dans les zones concernées, aucune autorisation permanente de changement d'usage de locaux à usage d'habitation ne pourra être délivrée dans le but de louer un local à usage d'habitation en tant que meublé de tourisme sauf si elle est accordée contre une compensation. Il est précisé que toutes les autorisations temporaires seront délivrées pour une durée identique, inférieure à 5 ans.

> Précisions a. Les logements inclus dans les **résidences de tourisme** ne sont pas pris en compte pour le calcul des quotas dès lors qu'ils constituent des résidences principales en dehors des périodes de location touristique (CCH art. L 631-7-1 A, al. 4 issu de la loi 2024-1039).

b. Dans les **copropriétés,** le loueur qui fait la demande d'autorisation du changement d'usage temporaire en vue de la location meublée touristique de son bien doit attester, depuis le 21 novembre 2024, par une déclaration sur l'honneur que sa demande est conforme au règlement de copropriété (CCH art. L 631-1-7-1 A, al. 5 dans sa rédaction issue de la loi 2024-1039).

c. Une autorisation temporaire n'est pas nécessaire lorsque le logement loué meublé pour de courtes durées constitue la **résidence principale** du loueur, c'est-à-dire lorsque le loueur l'occupe au moins 8 mois par an (CCH art. L 631-7-1 A).

NOTION D'USAGE D'HABITATION

Les dispositions légales en matière de location touristique ne s'appliquent qu'aux biens à usage **65700**
d'habitation au 1er janvier 1970. Est à usage d'habitation tout local habité ou ayant vocation à l'être même s'il n'est pas occupé effectivement, notamment s'il est vacant ou lorsqu'il a fait l'objet d'un arrêté pris dans le cadre de la lutte contre l'habitat indigne (CCH art. L 631-7, al. 6 dans sa rédaction issue de la loi 2024-1039).

La **preuve** de l'usage d'habitation est simplifiée par la loi Le Meur, facilitant ainsi le travail de **65703**
celui ou celle qui doit démontrer un changement d'usage illicite (CCH art. L 631-7, al. 3 dans sa rédaction issue de la loi 2024-1039). Un local est réputé à usage d'habitation s'il était affecté à cet usage soit à une date comprise **entre le 1er janvier 1970 et le 31 décembre 1976** inclus, soit à n'importe quel moment au cours des 30 dernières années précédant la demande d'autorisation préalable

au changement d'usage ou la contestation de l'usage. Mais si une autorisation de changement d'usage a été accordée après le 1er janvier 1970 pour changer l'usage d'un local d'habitation, le local dont le changement d'usage a été autorisé et, dans le cas où cette autorisation a été accordée contre compensation, le local ayant servi à compensation sont réputés avoir l'usage résultant de l'autorisation (CCH art. L 631-7 dans sa rédaction issue de la loi 2024-1039).

S'agissant des locaux construits ou ayant fait l'objet de travaux **après le 1er janvier 1970,** ils sont réputés avoir l'usage pour lequel la construction ou les travaux ont été autorisés, sauf autorisation ultérieure de changement d'usage (CCH art. L 631-7, al. 3 et 4 dans leur rédaction issue de la loi 2024-1039). Toutefois, une autorisation d'urbanisme ayant pour conséquence de changer la destination de locaux à usage d'habitation « ne constitue un mode de preuve valable que si elle est accompagnée d'une autorisation de changement d'usage » (CCH art. L 631-7, al. 5 dans sa rédaction issue de la loi 2024-1039).

> **Précisions** Avant la loi Le Meur, les juges ont pris pour habitude d'établir une **hiérarchie des preuves** avec, à sa tête, la fiche foncière H2 : un document cadastral de recensement des immeubles et de détermination de la valeur locative cadastrale, en principe établi au cours de l'année 1970, lors de la dernière révision foncière nationale (voir X. Demeuzoy : BPIM 6/23 inf. 347). Les juges contrôlaient de manière très stricte la qualité des fiches H2 produites, et imposaient que la preuve de l'usage d'habitation au 1er janvier 1970 soit incontestablement établie par l'autorité de poursuite. Jusqu'à la loi Le Meur, les déclarations souscrites par les redevables de la contribution foncière remplies après le 1er janvier 1970 ne permettaient pas d'en établir cet usage, ni de le faire présumer. (Cass. 3e civ. 11-1-2024 n° 22-21.126 FS-B : BPIM 1/24 inf. 72 ; Cass. 3e civ. 7-9-2023 n° 22-18.101 F-PB : BPAT 6/23 inf. 269 ; Cass. 3e civ. 28-5-2020 n° 18-26.366 FS-PBI : BPIM 4/20 inf. 243). La Cour de cassation avait toutefois jugé que la mention, sur un formulaire H2, de l'occupation des lieux par une tierce personne dont le nom était cité, pour un loyer dont le montant au 1er janvier 1970 était indiqué (cette précision ne concernant pas les locations commerciales ou en meublé), suffit à établir l'usage d'habitation du bien au 1er janvier 1970 (Cass. 3e civ. 23-11-2022 n° 21-22.247 F-D). La loi Le Meur est venue supprimer la date de référence du 1er janvier 1970, pour la remplacer par deux périodes : du 1er janvier 1970 au 31 décembre 1976 et les trente dernières années. Cette disposition semble donc modifier la portée de la jurisprudence de la Cour de cassation précitée, en « élargissant » le 1er janvier 1970. En effet, la preuve peut désormais être apportée, non plus sur une seule journée, mais sur une période totale pouvant aller jusqu'à 37 ans (FAQ sur l'application dans le temps de la preuve de l'usage d'habitation, Min. aménagement du territoire Transition écologique, juin 2025).

SANCTIONS

65705 Le **non-respect** de la réglementation sur le changement d'usage peut exposer le bailleur saisonnier à une **amende civile** dont le montant peut atteindre 100 000 € par local irrégulièrement transformé et à un retour à usage d'habitation des locaux transformés sans autorisation, dans un délai fixé par le tribunal (CCH art. L 651-2 dans sa rédaction issue de la loi 2024-1039). Passé ce délai, une **astreinte** maximale de 1 000 € par jour et par mètre carré peut être prononcée jusqu'à ce que la situation soit régularisée (CCH art. L 651-2 ; CA Paris 24-5-2011 n° 10/23802 ; CA Paris 4-9-2012 n° 11/21971 : BRDA 2/13 inf. 14). L'amende civile est prononcée par le président du tribunal judiciaire statuant selon la procédure accélérée au fond (Ord. 2019-738 du 17-7-2019). L'amende civile est une punition et les textes qui l'instituent sont d'interprétation stricte (Cass. 3e civ. QPC 5-7-2018, n° 18-40.014 ; Cass. 3e civ. 9-11-2022 n° 21-20.464 FS-B : BPIM 6/22 inf. 450). La commune et l'Agence nationale de l'habitat (Anah) peuvent agir devant le juge statuant selon la procédure accélérée au fond, mais aussi, désormais, l'autorité organisatrice de l'habitat et l'EPCI compétent en matière d'urbanisme (CCH art. L 651-2 dans sa rédaction issue de la loi 2024-1039). Précisons que lorsqu'une amende civile prévue par l'article L 651-2 du CCH est sollicitée sur le fondement d'un changement d'usage illicite intervenu avant l'entrée en vigueur de la loi Le Meur, la détermination de l'usage d'habitation du local prévue par l'article L 631-7 du CCH doit s'effectuer à l'aune des critères de la loi ancienne, dès lors que la location illicite a cessé avant l'entrée en vigueur de la loi nouvelle (Cass. 3e civ. avis 10-4-2025 n° 25-70.002 PB : BPIM 3/25 inf. 170).

65706 L'amende est encourue par le **propriétaire** qui met lui-même son bien en location meublée pour de courtes durées sans solliciter, lorsqu'elle est requise, l'autorisation prévue par l'article L 631-7. L'amende est également encourue par le propriétaire qui consent un bail autorisant le locataire à le louer de manière temporaire à une clientèle de passage n'y élisant pas domicile (Cass. 3e civ. 12-7-2018 n° 17-20.654 FS-PBI : RJDA 10/18 n° 782) dès lors, en effet, qu'il incombe au bailleur d'obtenir l'autorisation de changement d'usage préalablement à la signature du bail lorsqu'elle est nécessaire. Le **locataire** qui sous-loue le local doit, quant à lui, s'assurer que l'autorisation a été obtenue car, dans le cas contraire, il enfreint lui aussi la réglementation et peut être condamné à l'amende civile (Cass. 3e civ. 15-2-2023 n° 22-10.187 FS-B, Sté Habitat parisien : BPIM 2/23 inf. 139).

Chaque personne est **condamnée individuellement** (Cass. 3e civ. 15-2-2023 n° 22-10.187 FS-B : BPIM 2/23 inf. 139). Les propriétaires indivis, ou les propriétaires et leur locataire, ne peuvent pas être condamnés ensemble, et pour le tout, au paiement de l'amende sanctionnant le défaut d'autorisation de changement d'usage requise en vue de la location touristique du logement (Cass. 3e civ. 11-7-2024 n° 22-24.020 FS-B ; Cass. 3e civ. 11-7-2024 n° 23-10.467 FS-B ; Cass. 3e civ. 11-7-2024 n° 23-13.789 FS-B, S. c/ Ville de Paris : BPIM 5/24 inf. 333).

Depuis le 21 novembre 2024, toute **activité d'entremise** ou **de négociation** ou d'activité **de mise à disposition de services** qui ne respecte pas la réglementation prévue à l'article L 651-2 est punie de la même amende civile. Les plateformes numériques sont écartées et ne sont pas considérées comme des intermédiaires dans ce cadre (CCH, art. L 651-2-1 dans sa rédaction issue de la loi 2024-1039). Avant la loi Le Meur, les gestionnaires chargés de la location touristique de logements, astreints à des obligations spécifiques en vertu du Code du tourisme, n'encouraient pas l'amende civile pour défaut de respect de la réglementation sur le changement d'usage (Cass. 3e civ. 9-11-2022 n° 21-20.464 FS-B : BPIM 6/22 inf. 450). **65708**

Le **produit de l'amende** sera intégralement versé à la commune dans laquelle est situé ce local (CCH art. L 651-2-1 dans sa rédaction issue de la loi 2024-1039). **65709**

EXIGENCES ÉNERGÉTIQUES

Dans les **communes concernées par l'autorisation du changement d'usage** temporaire (CCH art. L 631-7-1 A) ou définitive (CCH art. L 631-7), les meublés touristiques doivent présenter, un DPE compris entre les classes A et E pour obtenir cette autorisation. Autrement dit, le classement en F et G fait obstacle au changement d'usage. Cette obligation est donc plus sévère que dans le cadre de la location « traditionnelle » puisque seuls les logements G sont qualifiés d'indécents depuis le 1er janvier 2025. **65712**

À compter du **1er janvier 2034,** l'ensemble des logements proposés à la location, touristique ou non, devront présenter une classe énergétique comprise entre A et D (CCH art. L 631-10 dans sa rédaction issue de la loi 2024-1039). Cette obligation ne s'appliquera pas aux logements constituant la résidence principale du loueur.

Les meublés touristiques qui ne sont pas soumis à une autorisation préalable de changement d'usage ou l'ont déjà obtenue ne devront être en règle avec le calendrier de décence énergétique qu'à compter du 1er janvier 2034. À cette date, ils devront atteindre au moins la classe D, ce qui laisse 10 ans aux propriétaires pour effectuer, si nécessaire, les travaux de rénovation (C. tourisme art. L 324-2-2, al. 1 dans sa rédaction issue de la loi 2024-1039 du 19-11-2024).

Le **maire** pourra à tout moment demander au propriétaire d'un meublé de tourisme de lui transmettre dans un délai de 2 mois le diagnostic de performance énergétique en cours de validité prévu à l'article L 126- 26 du CCH sous peine d'une **astreinte administrative** de 100 € par jour, recouvrée au profit de la commune dans les conditions prévues par les dispositions relatives aux produits communaux (C. tourisme art. L 324-2-2, al. 2 dans sa rédaction issue de la loi 2024-1039 du 19-11-2024). **65715**

Le propriétaire qui louera ou maintiendra en location un meublé de tourisme ne respectant pas les niveaux de performance du logement décent se verra infliger une **amende administrative** dont le montant ne pourra excéder 5 000 € par local concerné, à compter du 1er janvier 2034 (C. tourisme art. L 324-2-2, al. 3 issu de la loi 2024-1039 du 19-11-2024). L'amende sera recouvrée, dans les conditions prévues par les dispositions relatives aux produits communaux, au bénéfice de la commune. Le propriétaire sera mis à même de présenter ses observations écrites, dans un délai d'un mois, sur le projet de sanction.

9. LOCATION MEUBLÉE SAISONNIÈRE D'UN LOCAL À USAGE COMMERCIAL

Jusqu'au 20 mai 2026, les communes en zone tendue ayant mis en place le système d'enregistrement des meublés peuvent instaurer une procédure d'autorisation de transformation pour louer des locaux à usage commercial (commerces de proximité, ateliers d'artisans, etc.) en locations meublées touristiques (C. tourisme art. L 324-1-1, IV bis dans sa rédaction antérieure à la loi 2024-1039 du 19-11-2024). **65720**

À compter du 20 mai 2026, ne seront plus seulement visés les « locaux à usage commercial » mais tout « local qui n'est pas à usage d'habitation », ce qui élargit la définition des locaux dont la location en tant que meublé de tourisme peut être soumise à autorisation.

Par ailleurs, le dispositif sera décorrélé de la procédure d'enregistrement et pourra être mis en place dans toutes les communes où le changement d'usage des locaux d'habitation sera soumis à autorisation préalable. En outre, l'autorisation de transformation ne tiendra plus lieu d'autorisation d'urbanisme (C. tourisme art. L 324-1-1, IV bis dans sa rédaction issue de la loi 2024-1039).

L'autorisation de louer est délivrée par le maire au regard des objectifs de protection de l'environnement urbain et d'équilibre entre emploi, habitat, commerce et services.

En cas de location sans autorisation, une amende civile de 25 000 € maximum est encourue (C. tourisme art. L 324-1-1, V-al. 3).

65722 **Deux procédures** coexistent depuis le 1er juillet 2021 selon qu'il y a ou non autorisation d'urbanisme (C. tourisme art. R 324-1-4 s. ; C. urb. art. R 425-32 ; Décret 2021-757 du 11-6-2021).

Les **locaux** à usage commercial **concernés** jusqu'au 20 mai 2026 sont ceux inclus dans des constructions dont la destination est le commerce et les activités de services, laquelle destination comprend des sous-destinations, notamment : artisanat et commerce de détail, restauration, hôtels et autres hébergements touristiques (C. urb. art. R 151-27, 3°). Pour les communes dont le plan local d'urbanisme (PLU) vise encore les 9 anciennes destinations (C. urb. art. R 123-9 dans sa rédaction antérieure au décret 2015-1783 du 28-12-2015), les locaux à usage commercial sont ceux inclus dans des constructions dont la destination est le commerce, l'hébergement hôtelier ou l'artisanat. La délibération du conseil municipal soumettant à autorisation ces locations meublées de courtes durées doit, après avoir analysé la situation particulière de la commune, préciser les principes de mise en œuvre des **objectifs de protection de l'environnement urbain** et d'**équilibre entre emploi, habitat, commerces et services,** ainsi que les critères utilisés pour délivrer l'autorisation. Ces derniers peuvent s'appliquer de manière différenciée sur l'ensemble de la commune en fonction de la situation particulière de certains quartiers ou zones (C. tourisme art. R 324-1-5). À ce titre, le règlement municipal soumettant à autorisation la location des locaux commerciaux en tant que meublés de tourisme doit satisfaire également aux exigences de prévisibilité résultant de la directive européenne services (CAA Paris 6-2-2025 n° 24PA00475, Association des commerçants accueillants : BPIM 3/25 inf. 17).

Il y a **deux procédures** alternatives, selon que la transformation d'un local commercial en meublé de tourisme est par ailleurs soumise, ou non, à une autorisation d'urbanisme.

Lorsque la location du local commercial en tant que meublé de tourisme ne comporte **pas de changement de destination** ou de sous-destination soumis à autorisation d'urbanisme (C. urb. art. R 421-14 et R 421-17), la demande d'autorisation est adressée au maire de la commune où le local est situé par tout moyen permettant l'obtention d'un accusé de réception (C. tourisme art. R 324-1-6, al. 1).

Cette demande doit indiquer l'identité (numéro Siret, qualité du signataire personne morale, adresse postale du domicile ou du siège social et adresse électronique du demandeur, le cas échéant, ceux du propriétaire du local) ; l'adresse du local en précisant s'il fait partie d'un immeuble comportant plusieurs locaux, le bâtiment, l'escalier, l'étage et le numéro du lot ; l'énoncé des modifications envisagées du local et les caractéristiques du bien mis en location, notamment le nombre maximal de personnes pouvant être accueillies (C. tourisme art. R 324-1-6, al. 2 à 6). La commune dispose d'un mois à compter de la réception de la demande pour demander les éléments manquants. Le demandeur dispose alors de 3 mois pour compléter sa demande (C. tourisme art. R 324-1-6, al. 7).

La notice du décret précise que, sauf disposition contraire, cette procédure instaurée par l'article R 324-1-6 du Code de tourisme est soumise aux règles générales du Code des relations entre le public et l'administration.

L'autorisation délivrée par le maire reproduit l'ensemble des éléments mentionnés dans la demande d'autorisation (C. tourisme art. R 324-1-6, al. 8). La mise en location doit avoir lieu dans les 3 ans de la délivrance de l'autorisation sous peine de caducité (C. tourisme art. R 324-1-6, al. 9).

Lorsque la location du local commercial en tant que meublé de tourisme comporte un **changement de destination** ou de sous-destination soumis à permis de construire ou un changement de destination relevant d'une déclaration préalable (C. urb. art. R 421-14 et R 421-17), l'autorisation de location tient lieu de permis de construire ou de décision de non-opposition à déclaration préalable si l'autorité compétente en matière d'autorisation d'urbanisme a donné son accord (C. tourisme art. R 324-1-7 ; C. urb. art. R 425-32). Pour simplifier les démarches des demandeurs et des collectivités, la demande est adressée, instruite et l'autorisation, délivrée et exécutée selon la procédure applicable aux autorisations d'urbanisme sous certaines réserves, notamment lorsque le maire de la commune où a été déposée la demande n'est pas l'autorité compétente en matière d'autorisations d'urbanisme (C. urb. art. R 425-32 ; C. tourisme art. R 324-1-7). Le Conseil d'État a précisé que les règles de location d'un local à usage commercial en tant que meublé de tourisme (C. tourisme art. L 324-1-1 s.) ne se cumulent pas avec celles relatives aux changements d'usage des locaux meublés d'habitation (CCH art. L 631-7 s. ; CE 26-6-2023 n° 458799).

Ainsi si la location de meublé de tourisme d'un local d'habitation, dans les communes concernées, nécessite l'obtention d'une autorisation au titre du changement d'usage (CCH art. L 631-7 s.), celle de la location d'un local commercial en tant que meublé de tourisme ne nécessite que l'obtention de l'autorisation préalable (C. tourisme art. L 324-1-1 s.).

10. CONTRÔLE DES LOCATIONS MEUBLÉES SAISONNIÈRES

La loi Le Meur du 19 novembre 2024 a renforcé le pouvoir des maires dans le contrôle du respect de la réglementation des logements meublés touristiques et saisonniers. À compter du 20 mai 2026 (ou à une date fixée par décret), la commune, qui constatera que les pièces justificatives ou informations fournies dans le cadre de l'enregistrement sont erronées ou incomplètes, pourra suspendre le numéro d'enregistrement et enjoindre aux plateformes de location de désactiver l'annonce (C. tourisme art. L 324-1-1, III bis nouveau ; Loi 2024-1039 art. 1, I-1° b). **65725**

Les **agents municipaux et départementaux** assermentés peuvent rechercher et constater les manquements aux diverses obligations mises à la charge des loueurs et des intermédiaires de locaux meublés situés sur le territoire relevant de leur service (CCH art. L 651-6 ; C. tourisme art. L 324-2-1, IV). Ces agents, nommés par le maire, tenus de prêter serment devant le juge du tribunal judiciaire et astreints au secret professionnel, peuvent, munis d'un ordre de mission personnel ainsi que d'une carte d'identité, visiter les locaux de huit heures à dix-neuf heures, la visite s'effectuant en la présence de l'occupant ou du gardien du local qui est tenu de laisser visiter sur présentation de l'ordre de mission.

Ils peuvent recevoir toute déclaration et se faire présenter par les propriétaires, locataires ou autres occupants des lieux toute pièce ou document établissant les conditions d'occupation des locaux visités. Depuis le 11 avril 2024, les syndics de copropriété ne peuvent plus opposer le secret professionnel aux demandes des agents municipaux et sont tenus de leur communiquer tous les renseignements nécessaires à l'accomplissement de leur mission de recherche et de contrôle (CCH art. L 651-7).

> **Précisions** À la suite d'une question prioritaire de constitutionnalité renvoyée au Conseil constitutionnel par la Cour de cassation (Cass. 3e civ. 17-1-2019 n° 18-40.040 FS-PBI : Bull. civ. III n° 524), la disposition prévoyant qu'en cas de carence de la part de l'occupant ou du gardien, l'agent assermenté pouvait, au besoin, se faire ouvrir les portes et visiter les lieux en présence du maire ou du commissaire de police, les portes devant être refermées dans les mêmes conditions, a été déclarée inconstitutionnelle (Cons. const. 5-4-2019 n° 2019-772 QPC). Le Conseil a en effet considéré qu'en prévoyant que les agents peuvent procéder à une telle visite, sans l'accord de l'occupant du local ou de son gardien, et sans y avoir été préalablement autorisés par le juge, le législateur a méconnu le principe d'inviolabilité du domicile. Cette disposition a donc été supprimée.

11. RELATIONS CONTRACTUELLES DANS LE CADRE D'UNE LOCATION MEUBLÉE SAISONNIÈRE

Les locations meublées saisonnières ne sont pas soumises à la loi du 1er septembre 1948 et sont exclues du champ d'application de la loi du 6 juillet 1989. Elles sont régies pour l'essentiel par les dispositions du Code civil (nos 50200 s.). **65730**

Il en va différemment des locations meublées saisonnières incluses dans un forfait touristique et constituant un élément de ce forfait qui ne sont pas concernées par les dispositions ci-dessous : elles sont seulement soumises aux dispositions des articles L 211-1 et suivants du Code du tourisme.

RÉSERVATION D'UNE LOCATION MEUBLÉE SAISONNIÈRE

Information préalable Toute offre de location saisonnière doit revêtir la forme écrite et contenir l'indication du prix demandé ainsi qu'un état descriptif des lieux (C. tourisme art. L 324-2, al. 1). **65735**
Cet **état descriptif** complet et précis conforme au modèle annexé à l'arrêté du 2 août 2010 doit être remis au candidat locataire qui en fait la demande. Les professionnels de la location peuvent fournir un document différent s'il comporte les mêmes informations que le modèle type reproduit ci-dessous n° 65952 (Arrêté ECEI1018990A du 2-8-2010 art. 8).

Outre des renseignements sur le propriétaire, ce document doit contenir la description des lieux loués et leur situation dans la localité, le mobilier et les équipements garnissant le logement, les modalités de prix et des conditions de la location.

L'indication du classement énergétique du local dans les annonces de mise en location n'est obligatoire que si un diagnostic de performance énergétique est obligatoire (nos 44625 s.).

Or, depuis le 21 novembre 2024, un DPE compris entre les classes A et E est obligatoire pour obtenir l'autorisation de changement d'usage dans les communes concernées par cette procédure. L'indication du classement énergétique est donc obligatoire pour la location des logements qui nécessitent une autorisation de changement d'usage. À partir du 1er janvier 2034, l'ensemble des logements proposés à la location, touristique ou non, devront présenter un DPE compris entre la classe A et D (CCH art. L 631-10 dans sa rédaction issue de la loi 2024-1039). L'indication du classement énergétique sur les annonces sera alors obligatoire pour ces logements.

Si le meublé proposé à la location est soumis à la procédure de la déclaration enregistrée, l'offre de location doit mentionner le numéro de cette déclaration et préciser si l'offre émane d'un particulier ou d'un loueur professionnel au sens fiscal du terme (C. tourisme art. L 324-2, al. 2).

65740 **Sanctions** Toute personne qui, à l'occasion d'une location saisonnière ou d'une offre de location saisonnière d'un local meublé d'habitation, fournit des **renseignements** manifestement **inexacts** sur la situation de l'immeuble, la consistance et l'état des lieux, les éléments de confort ou l'ameublement est punie d'une amende de 3 750 € portée à 7 500 € en cas de récidive (Décret 67-128 du 14-2-1967).

Par ailleurs, si la description des lieux loués est erronée et ne correspond pas à la réalité, le bailleur manque à son obligation de bonne foi et engage sa responsabilité contractuelle (CA Rennes 28-1-1999 n° 98-1177). Enfin, il a été jugé que le propriétaire qui omet d'informer le preneur de la proximité d'une voie de circulation se rend coupable d'une réticence dolosive de nature à entraîner la nullité du contrat (Cass. 3e civ. 12-7-2000 n° 98-19.289).

65742 **En cas de location à distance** et pour les **contrats conclus hors établissement,** les dispositions protectrices des articles L 221-18 à L 221-28 du Code de la consommation s'appliquent. Notamment, le consommateur disposera d'un délai de 14 jours pour exercer son **droit de rétractation** sans avoir à motiver sa décision et sans pénalités (C. consom. art. L 221-18). Lorsque le droit de rétractation est exercé, le professionnel est tenu de rembourser au consommateur la totalité des sommes versées dans les 14 jours à compter de la date à laquelle il est informé de la décision du consommateur de se rétracter, à peine de devoir verser un intérêt (C. consom. art. L 221-24).

65745 **Versement d'arrhes ou d'acomptes par le locataire** Dès la réservation, le propriétaire est en droit de demander au locataire le versement d'une certaine somme qui correspond à une partie du prix versée d'avance.

S'il s'agit d'arrhes (C. civ. art. 1590 ; C. consom. art. L 214-1), le futur « locataire » les perdra s'il se désiste et le propriétaire devra verser le double s'il renonce à louer.

Si le versement est qualifié d'acompte, le locataire qui annule sa réservation peut être tenu de verser l'intégralité du prix si le logement n'a pas pu être reloué.

Si le propriétaire renonce à louer, des dommages-intérêts peuvent lui être réclamés pour réparer le préjudice moral ou financier subi par le locataire.

65750 **Rémunération des intermédiaires** Lorsque le **contrat** est **conclu par un professionnel,** toute remise de fonds et tout versement sont réglementés par la loi Hoguet du 2 janvier 1970 et l'article 68 du décret du 20 juillet 1972.

Les versements ne peuvent être reçus par le mandataire plus de six mois avant le début de la location et le montant exigé ne peut excéder 25 % du montant du loyer.

Le propriétaire ou le bailleur doit être informé de ces versements dans les conditions prévues par le mandat le liant au professionnel.

Lorsque le contrat n'est **pas conclu par un professionnel,** les modalités de versement peuvent être librement négociées entre le bailleur et le locataire, mais il est d'usage de respecter les règles précitées.

CONTRAT DE LOCATION MEUBLÉE SAISONNIÈRE

65755 **Contenu du contrat** Tout contrat de location saisonnière doit revêtir la forme écrite et contenir l'indication du prix demandé ainsi qu'un état descriptif des lieux (C. tourisme art. L 324-2). Il doit être établi en deux exemplaires destinés à chacune des parties.

Le contrat, dont le lecteur trouvera un modèle au n° 65951, doit comporter les informations suivantes :

- identités du bailleur et du locataire ;
- informations précises concernant la situation et l'adresse des locaux loués ;
- le cas échéant, le numéro d'enregistrement de la déclaration du meublé ;

– durée de la location ;
– dates et heures d'arrivée et de départ ;
– prix de la location et montant des charges éventuelles ainsi que les modalités de leur paiement ;
– montant de l'avance à régler ;
– montant de la caution à payer et mode de restitution ;
– rémunération, le cas échéant, d'un intermédiaire.

Pièces annexes au contrat Le contrat de location saisonnière doit être accompagné d'un **état descriptif.** 65758

Il est préférable d'établir dès l'entrée dans les lieux un **état des lieux** ainsi qu'un **inventaire détaillé** du mobilier et des objets mis à la disposition du locataire dans les locaux loués ; ces deux documents devant être signés par les parties, datés et établis en double exemplaire. Un nouvel état des lieux et un nouvel inventaire seront établis en fin de séjour.

Depuis le 21 novembre 2024, les meublés touristiques situés dans les communes où la mise en location touristique est soumise à une autorisation de changement d'usage temporaire (CCH art. L 631-7-1 A) ou définitive (CCH art. L 631-7), doivent présenter un **DPE** compris entre les classes A et E pour obtenir cette autorisation. **À partir du 1er janvier 2034,** l'ensemble des logements proposés à la location touristique devront présenter une classe comprise entre A et D (CCH art. L 631-101 dans sa rédaction issue de la loi 2024-1039).

Les meublés touristiques qui ne sont pas soumis à une autorisation préalable de changement d'usage ou l'ont déjà obtenue ne devront être en règle avec le calendrier de décence énergétique qu'à compter du 1er janvier 2034. À cette date, ils devront atteindre au moins la classe D (C. tourisme art. L 324-2-2, al. 1 dans sa rédaction issue de la loi 2024-1039). Cette obligation ne s'appliquera pas aux logements constituant la résidence principale du loueur.

Doivent être annexés au bail les diagnostics **gaz et électricité** (pour les immeubles d'habitat collectif dont le permis de construire a été délivré avant 1975), les diagnostics **amiante et plomb** (Crep) pour les immeubles construits avant le 1er janvier 1949 (CSP art. L 1334-7) et un **état des risques** dans les zones mentionnées au I de l'article L 125-5 du Code de l'environnement (zones couvertes par un plan de prévention des risques technologiques ou par un plan de prévention des risques naturels prévisibles, prescrit ou approuvé, dans des zones de sismicité ou dans des zones à potentiel radon définies par voie réglementaire) (C. envir. art. L 125-5 ; voir n° 50660).

Depuis le 1er juin 2020, les locations touristiques ne sont plus concernées par l'obligation d'information relative aux zones de bruit d'un aéroport (C. urb. art. L 112-11, I-al. 6).

Tarifs des locations meublées saisonnières Les tarifs des locations saisonnières sont fixés librement. Le solde du **loyer** non payable d'avance peut être exigé lors de l'arrivée dans les lieux, au moment de la remise des clés. 65760

Les **charges** peuvent être soit comprises dans le prix, soit non comprises dans celui-ci ou encore être fixées de manière forfaitaire.

Le bailleur est en droit de demander un **dépôt de garantie** ou une **caution.** 65763

Lorsque la location saisonnière est conclue avec l'intervention d'un **intermédiaire,** le dépôt de garantie ne peut excéder 25 % du loyer si aucun acompte n'a été versé et ne peut être reçu plus de 6 mois à l'avance. Si la location a lieu entre particuliers, le montant du dépôt de garantie conseillé est du même montant.

Le dépôt de garantie doit être restitué au locataire lors de la sortie des lieux si aucune détérioration n'est constatée. En cas de détériorations ou s'il reste des charges à payer, le dépôt de garantie, déduction faite de ces frais, doit être restitué dans un délai raisonnable, le locataire pouvant demander la production de toutes pièces justificatives.

Clauses abusives ou illicites Dans les **contrats conclus entre professionnels et non-professionnels** ou consommateurs, sont abusives les clauses qui ont pour objet ou pour effet de créer, au détriment du non-professionnel ou du consommateur, un déséquilibre significatif entre les droits et obligations des parties au contrat (C. consom. art. L 212-1 et L 212-2). 65765

Un décret détermine une liste de clauses **présumées** abusives (C. consom. art. R 212-1) ; en cas de litige concernant un contrat comportant une telle clause, le professionnel doit apporter la preuve du caractère non abusif de la clause litigieuse.

Un autre décret détermine les types de clauses qui, eu égard à la gravité des atteintes qu'elles portent à l'équilibre du contrat, doivent être regardées, **de manière irréfragable,** comme abusives (C. consom. art. R 212-1).

65765 (suite) Ces dispositions sont applicables quels que soient la forme ou le support du contrat. Sans préjudice des règles d'interprétation prévues aux articles 1188, 1189, 1191 et 1192 du Code civil, le caractère abusif d'une clause s'apprécie en se référant, au moment de la conclusion du contrat, à toutes les circonstances qui entourent sa conclusion, de même qu'à toutes les autres clauses du contrat. Il s'apprécie également au regard de celles contenues dans un autre contrat lorsque la conclusion ou l'exécution de ces deux contrats dépendent juridiquement l'une de l'autre.

Les clauses abusives sont réputées non écrites.

L'appréciation du caractère abusif des clauses ne porte ni sur la définition de l'objet principal du contrat, ni sur l'adéquation de la rémunération au service offert pour autant que les clauses soient rédigées de façon claire et compréhensible.

Le contrat restera applicable dans toutes ses dispositions autres que celles jugées abusives s'il peut subsister sans lesdites clauses. Ces dispositions sont d'ordre public (C. consom. art. L 212-1).

Dans les contrats conclus entre professionnels et non-professionnels ou consommateurs, la présence d'une ou plusieurs clauses abusives est passible d'une amende de 3 000 € pour une personne physique et de 15 000 € pour une personne morale.

Ont été jugées comme abusives les clauses suivantes :

– la clause ne laissant au locataire qu'un délai trop bref de 24 heures pour dénoncer les anomalies qu'il a constatées à son arrivée dans les locaux (CA Paris 7-5-1998 : RJDA 8-9/98 n° 1058) ;

– la clause prévoyant un séjour de remplacement pour le locataire, avec interdiction d'annuler sa réservation dans un délai de sept jours dans le cas où le prestataire devrait modifier le séjour réservé du fait de circonstances extérieures (même arrêt) ;

– la clause disposant qu'en cas d'arrivée du locataire après 18 h 30, il y aura report de la prise de possession des lieux au prochain jour ouvrable à 9 heures avec application d'une facturation pour heures de retard en cas d'arrivée tardive de l'intéressé (même arrêt) ;

La clause visant à interdire la détention d'animaux familiers dans les locaux d'habitation donnés en location saisonnière a été jugée illicite (Cass. 1e civ. 3-2-2011 n° 08-14.402 : RJDA 5/11 n° 468). La loi de simplification du droit du 22 mars 2012 revient sur cette jurisprudence en précisant que cette clause est réputée non écrite sauf dans les contrats de location saisonnière de meublés de tourisme ; seule l'interdiction des chiens d'attaque est licite (Loi 70-598 du 9-7-1970).

Par ailleurs, la **Commission des clauses abusives** recommande (Recommandation 13-01 du 6-6-2013 : BOCCRF du 13-9-2013) que soient supprimées des contrats conclus entre professionnels et non-professionnels 43 clauses litigieuses ayant pour objets ou pour effets :

1° de laisser croire au locataire d'un logement meublé qui constitue son habitation principale qu'il ne bénéficie pas des dispositions des articles L 632-1 et suivants du CCH ;

2° d'exclure l'application des articles L 632-1 et suivants du CCH lorsque le logement loué constitue, en réalité, la résidence principale du locataire ;

3° d'imposer au consommateur, pour obtenir et conserver la location du bien, de renoncer au régime protecteur d'ordre public institué par les articles L 632-1 et suivants du CCH ;

4° de prévoir une durée de location contraire aux dispositions des articles L 632-1 et suivants du CCH ;

5° de prévoir, de manière générale, que seront à la charge du locataire l'ensemble des frais, droits et honoraires du bail ainsi que leur suite et conséquence, sans en indiquer précisément ni la nature ni le montant ;

6° de faire peser sur le locataire les frais et honoraires du mandataire du bailleur ;

7° de prévoir un supplément de rémunération pour la fourniture du mobilier et des équipements nécessaires à une habitation normale, par ailleurs incluse dans le loyer ;

8° de mettre à la charge du locataire, en sus du loyer, des impôts et taxes relatifs au bien loué, incombant au bailleur ;

9° d'imposer des frais supplémentaires au consommateur en fonction du mode de paiement qu'il choisit ;

10° de prévoir la faculté pour le bailleur de modifier unilatéralement, à tout moment, le prix et la nature des prestations prévues dans le contrat de bail ;

11° de restreindre le droit pour le locataire de recevoir ou héberger ses proches dans les lieux loués, même dans les conditions d'une occupation paisible ;

12° de porter atteinte à la jouissance paisible des lieux loués en prévoyant la possibilité pour le bailleur de vérifier ou de faire vérifier à tout moment les conditions d'occupation des locaux ;

13° de prévoir une pénalité rétroactive en cas de non-respect des conditions contractuelles d'occupation ;

14° d'empêcher le locataire de détenir des animaux domestiques dans les lieux loués dès lors que ceux-ci ne causent pas de dégâts et ne troublent pas la jouissance des autres occupants de l'immeuble ; **65765** (suite)

15° d'imposer des frais à un locataire alors qu'il n'a pas, au préalable, accepté de bénéficier du service de raccordement à une antenne collective ;

16° de limiter la jouissance paisible du locataire en l'obligeant à laisser visiter le bien loué par le gérant, ses préposés ou ses prestataires, soit sans nécessité, soit, en cas de nécessité, sans avertissement préalable, sauf urgence ;

17° de contraindre le locataire à laisser visiter son logement, en cas de congé ou de vente, pendant une durée excessive au regard des usages et du droit au respect de la vie privée ;

18° de prévoir que le bailleur pourra effectuer tous travaux dans les lieux loués, en toutes circonstances, sans limitation de durée et sans aucune indemnité ;

19° d'autoriser une délivrance seulement partielle du local loué, pour une durée indéterminée et sans diminution de loyer ;

20° de dispenser le bailleur de ses obligations de fourniture de chauffage et d'eau chaude ;

21° de faire peser sur le preneur des dépenses non locatives ;

22° de mettre à la charge du locataire divers travaux susceptibles d'incomber au bailleur ;

23° de soumettre la restitution du dépôt de garantie à la survenance d'un certain nombre d'événements dépendant de la volonté du bailleur ou de ses prestataires et sans stipulation d'une durée raisonnable ;

24° de stipuler qu'à défaut d'état des lieux d'entrée, le local est présumé loué neuf ;

25° de mettre à la charge du locataire des sommes forfaitaires pour chaque dégradation subie par le logement ;

26° de prévoir une faculté de résiliation du contrat par le bailleur pour des motifs autres que ceux limitativement prévus par les articles L 632-1 et L 632-2 du CCH ;

27° de prévoir la résiliation du bail de plein droit en cas d'inexécution, par le locataire, de l'une quelconque de ses obligations, même mineure ;

28° de prévoir une clause résolutoire de plein droit en cas de défaut de paiement d'une prestation étrangère à l'objet principal du contrat de location d'un logement meublé ;

29° de permettre au bailleur de résilier, ou non, le bail en cas de destruction totale ou partielle des locaux loués, en méconnaissance de l'article 1722 du Code civil ;

30° de prévoir la résiliation du contrat, par le locataire comme par le bailleur, dans des conditions contraires à l'article L 632-1 du CCH ;

31° de reporter, dans tous les cas, au dernier jour du mois, la date d'effet du congé donné par le locataire ;

32° d'imposer la rédaction d'un nouveau bail à l'expiration du contrat, alors qu'il est tacitement renouvelé par application de l'article L 632-1 du CCH ;

33° d'imposer au locataire résiliant son contrat de bail de manière anticipée, une indemnité de résiliation, quelle que soit sa forme, notamment un réajustement du montant des loyers ;

34° de prévoir que le bailleur ou son mandataire peut accepter ou refuser le congé régulièrement donné par le locataire ;

35° de faire peser sur le locataire une présomption de responsabilité dans la survenance des dégradations des parties communes ;

36° d'empêcher le locataire de faire valoir des causes de non-imputabilité des dégradations du logement loué ;

37° de faire bénéficier le bailleur d'une présomption d'exécution de ses obligations ;

38° de prévoir une pénalité en cas de retard dans le paiement du loyer, sans réciprocité en cas d'inexécution par le bailleur de ses obligations ;

39° de prévoir le versement d'une indemnité contractuelle supérieure au loyer en cas d'obtention d'un délai judiciaire pour libérer les lieux à l'expiration du bail ;

40° de prévoir contractuellement des indemnités sans lien avec le manquement reproché au locataire ;

41° de mettre à la charge du locataire, sans décision de justice, l'ensemble des frais de recouvrement des sommes impayées ;

42° de supprimer le droit à réparation du preneur en cas de manquement du bailleur à ses obligations ;

43° de prévoir que le locataire fait élection de domicile dans les lieux loués, même après la résiliation du contrat.

OBLIGATIONS DES PARTIES

65770 La plupart des dispositions concernant les obligations des parties en vigueur pour les locations meublées traditionnelles s'appliquent également aux locations meublées saisonnières.

Ne sont précisés ci-dessous que certains points particuliers liés à la spécificité des locations meublées saisonnières.

65775 **Obligations du bailleur** Le bailleur doit **délivrer le logement** loué au locataire, à la date convenue, tel qu'il est mentionné dans l'état descriptif.

Si tel n'est pas le cas, le locataire peut demander une diminution du prix ou l'annulation du contrat et s'adresser à la préfecture du département ou au tribunal d'instance du lieu de situation de l'immeuble loué.

Il a été jugé qu'un contrat de location meublée saisonnière ne peut être résolu au motif que le bailleur n'a pas rempli son obligation de délivrance pour n'avoir pas rendu accessible un chemin privé conduisant au chalet loué, de précédents locataires ayant pu accéder à ce chalet par ledit chemin malgré la présence de verglas (CA Aix-en-Provence 2-3-1995 n° 92-17541).

Les propriétaires de biens objet de locations meublées saisonnières doivent avoir équipé leurs **piscines** de plein air d'un **dispositif de sécurité normalisé** pour éviter le risque de noyade.

65777 **Obligations du locataire** Le locataire doit **prendre possession** des lieux à la date convenue et les libérer le dernier jour prévu au contrat.

Si le locataire ne se présente pas, le solde du prix fixé peut lui être réclamé par le bailleur.

S'il part avant la date prévue sans en avertir le bailleur, ce dernier peut lui réclamer le solde du loyer ou le conserver s'il a été payé d'avance.

Le locataire doit restituer les lieux dans l'état dans lesquels il les a pris.

65778 Le locataire doit **utiliser** les biens loués **raisonnablement** (C. civ. art. 1728).

Il n'est pas responsable de l'usure normale des objets mobiliers, mais doit remplacer ceux qu'il a détériorés.

Il est tenu pour responsable des dommages survenus du fait de sa négligence ainsi qu'en cas d'incendie ou de dégât des eaux.

La présomption de responsabilité de l'occupant en cas d'incendie prévue à l'article 1733 du Code civil s'applique même s'il s'agit d'une occupation temporaire ou précaire, et notamment en cas de location pour une durée de 15 jours d'un chalet meublé (Cass. 3e civ. 2-6-1977 n° 75-15.440).

Il est souhaitable, de ce fait, que le locataire souscrive une assurance.

SECTION 2

RÉGIME FISCAL DES LOCATIONS EN MEUBLÉ

65780 Les personnes qui donnent en location des locaux meublés sont normalement imposables à raison des revenus qu'elles retirent de cette activité ; elles relèvent également, en principe, de la contribution économique territoriale ; certaines d'entre elles sont exonérées de TVA. Le régime fiscal auquel elles sont soumises comporte un certain nombre de particularités. Ce sont ces aspects spécifiques que nous examinons ci-après.

A. Impôt sur les bénéfices

1. RÈGLES GÉNÉRALES

CHAMP D'APPLICATION

65785 Exercent une activité de location meublée les contribuables qui louent directement ou indirectement (par l'intermédiaire d'une société de personnes par exemple) des **locaux d'habitation meublés,** quelles que soient la qualité du locataire, la nature de son activité et les stipulations du bail.

Les locaux doivent comporter tous les **éléments mobiliers** indispensables à une occupation normale par le locataire (BOI-BIC-CHAMP-40-10 n° 1). Autrement dit, les meubles loués avec le local doivent être suffisants pour lui donner un minimum d'habitabilité (BOI-BIC-CHAMP-40-10 n° 10 ; CAA Paris 23-6-2016 n° 14PA05186 : RJF 11/16 n° 933).

La location peut revêtir un **caractère permanent** ou simplement **saisonnier.**

Locations meublées accompagnées de prestations de services Lorsque la location meublée s'accompagne de prestations de services annexes, la question se pose de savoir si elle conserve le caractère de location meublée (louage de biens) ou si elle s'apparente à un **louage de services.** Même si, dans les deux cas, les bénéfices sont imposables dans la catégorie des **BIC,** la qualification retenue n'est pas neutre fiscalement. **65786**

Une convention de louage de services permet la déduction de l'ensemble des **amortissements** pratiqués sur le bien loué (le propriétaire échappant à la limitation du droit à déduction des amortissements applicable aux loueurs en meublé : voir n° 65802).

Par ailleurs, les conditions à remplir pour pouvoir imputer sur son revenu global les **déficits** provenant de l'activité sont différentes selon qu'il s'agit d'une location meublée ou d'un louage de services : le loueur en meublé peut imputer sur son revenu global les déficits autres que ceux correspondant aux amortissements plafonnés (n° 65802) sous réserve qu'il exerce son activité de manière professionnelle (voir n°s 65810 s.) ; si l'activité est un louage de services, la déduction des déficits sur le revenu global est subordonnée à la condition que le contribuable participe à l'exploitation de manière personnelle, continue et directe.

En pratique, la question de savoir si l'activité constitue de la location meublée ou un contrat de louage de services se pose principalement pour des investissements réalisés dans les **résidences de tourisme, résidences pour étudiants** ou **pour personnes âgées.** **65787**

1. L'**administration,** reprenant les critères fixés en matière de TVA par l'article 261 D, 4°-b du CGI (dans sa version applicable jusqu'au 31 décembre 2023), pose comme principe que la location d'un logement meublé constitue un louage de services si elle comporte, outre l'hébergement, au moins trois des prestations suivantes : petit déjeuner, nettoyage régulier des locaux, fourniture de linge de maison, réception de la clientèle. Toutefois, l'activité conserve son caractère de location meublée si ces prestations sont fournies de manière accessoire (exemples : le nettoyage des locaux n'est effectué qu'à l'occasion du changement de locataire ; la réception des clients se limite à la remise des clés) (BOI-BIC-CHAMP-40-10 n° 20 ; cette instruction administrative, bien que datée du 5 février 2020 donc antérieure aux modifications du régime de TVA de la parahôtellerie – n° 65860 – visé par l'administration, nous semble toujours valable). Entrent en général dans cette catégorie les « bed and breakfast ».

2. La **jurisprudence** retient une position pragmatique : elle apprécie les circonstances de fait pour déterminer si la part des prestations de services qui accompagnent la mise à disposition du bien justifie ou non sa qualification comme un louage de services (voir notamment : CAA Bordeaux 18-1-2000 n° 97-157 : RJF 3/00 n° 333 ; CE 20-11-2017 n° 392740 : RJF 2/18 n° 155).

Lorsque le propriétaire des locaux **confie la gestion** de l'activité de prestations de services à un **professionnel,** la qualification de loueur en meublé sera retenue si le propriétaire procède, dans le cadre d'une convention dépourvue de toute ambiguïté juridique, à une location meublée de son bien au profit d'une structure qui prend en charge la gestion de l'ensemble immobilier (CE 28-7-2000 n° 201789 : RJF 11/00 n° 1208). L'administration exige en outre que le propriétaire ne soit pas associé aux résultats de son locataire exploitant (BOI-BIC-CHAMP-40-10 n° 20). **65788**

Dans certaines situations, la jurisprudence recherche quel est celui, du propriétaire ou de l'exploitant, qui **assume effectivement les risques de l'exploitation.** La reconnaissance de la qualité de loueur en meublé au propriétaire suppose qu'il ressorte des conventions conclues avec l'entreprise exploitant la résidence, et notamment de leurs modalités financières, que les services dont bénéficie la clientèle sont rendus par cette entreprise agissant **pour son propre compte** et non en qualité de **mandataire** (CAA Bordeaux 26-10-2006 n° 03-2275 : RJF 3/07 n° 249 ; CAA Marseille 12-10-1998 n° 97-544 : RJF 1/99 n° 9 confirmé par CE 28-7-2000 n° 201789 : RJF 11/00 n° 1208 ; CAA Bordeaux 23-11-2006 n° 04-1265 : RJF 3/07 n° 257 ; dans le même sens : CE 16-10-2009 n° 301235 : RJF 1/10 n° 6).

> Précisions L'administration a précisé que **la location à un exploitant de lots de copropriété** comprenant des parties privatives et des parties communes constituées, outre les dépendances habituelles (hall, parking, voie d'accès, etc.), d'espaces nécessaires à cette activité (salle de restauration, local pour le personnel, salle médicalisée, etc.) relève du régime fiscal de la location meublée lorsque :
– la location porte sur des locaux à usage d'habitation et ne s'accompagne d'aucune prestation annexe ;

– la location ne constitue pas pour le bailleur le moyen de participer à la gestion ou aux résultats de la société d'exploitation (les formules de rémunération du bailleur se référant ou combinant des données propres à l'activité, au chiffre d'affaires ou aux résultats de l'entreprise locataire peuvent constituer des moyens de participation à la gestion ou aux résultats) ;
– la location des parties communes est accessoire à la location meublée et ne donne lieu en elle-même à aucune rémunération. Cette condition est réputée satisfaite lorsque le niveau de loyer des parties privatives correspond au prix du marché (BOI-BIC-CHAMP-40-10 n° 30).

CATÉGORIE D'IMPOSITION

65789 La location meublée est considérée fiscalement comme une activité commerciale. Les revenus retirés de la location ou de la sous-location d'un logement meublé sont imposés à l'**impôt sur le revenu** dans la catégorie des bénéfices industriels et commerciaux (**BIC**) et non dans celle des revenus fonciers.

Si le propriétaire est une entreprise passible de l'**impôt sur les sociétés,** c'est cet impôt qui est applicable. Il en est de même si l'activité de location meublée est exercée par une société civile.

› Précisions Pour les BIC, le **prélèvement à la source** de l'impôt sur le revenu prend la forme d'un acompte, liquidé par l'administration d'après le montant des revenus imposés au titre de la dernière année pour laquelle l'impôt a été établi et prélevé sur le compte bancaire du contribuable, soit par douzièmes, soit, sur option, par quarts.

EXONÉRATIONS

65790 Les personnes qui louent ou sous-louent en meublé, jusqu'au 31 décembre 2026, une **partie** de leur **habitation principale** sont exonérées :

a. Pour la **totalité** des produits retirés de la location lorsque les pièces louées constituent pour le **locataire** en meublé sa **résidence principale** (ou sa résidence temporaire pour les travailleurs saisonniers) et que le prix de location est fixé dans des limites raisonnables (CGI art. 35 bis, I). Selon l'administration, cette condition est réputée remplie si le loyer annuel par mètre carré de surface habitable, charges non comprises, n'excède pas, en 2025, 213 € en Île-de-France et 157 € dans les autres régions. Ces plafonds sont réévalués chaque année en fonction de l'indice de référence des loyers du deuxième trimestre de l'année précédente (BOI-BIC-CHAMP-40-20 n° 160). Ces seuils n'ont toutefois, selon nous, qu'un caractère indicatif ;

b. À hauteur de **760 €** par an en ce qui concerne les produits de la location habituelle (à la journée, à la semaine ou au mois) à des personnes n'y élisant pas domicile (**chambres d'hôtes**) (CGI art. 35 bis, II).

La limite de 760 € s'entend taxes comprises. Doivent en outre être globalisées les recettes provenant de la location et celles provenant de prestations annexes : téléphone, petit déjeuner (BOI-BIC-CHAMP-40-20 n° 220). Si ces prestations présentaient un caractère substantiel, l'opération serait constitutive d'un louage de services n'ouvrant pas droit à l'exonération (CAA Nantes 11-4-2000 n° 97-663 : RJF 9-10/00 n° 1045).

Les deux exonérations peuvent parfois se **cumuler** : cas notamment des personnes qui louent en meublé (sous certaines conditions) une partie de leur résidence principale à des étudiants pendant l'année scolaire et au bénéfice de vacanciers pendant l'été.

RÉGIMES D'IMPOSITION

65795 Lorsque les produits sont imposables, le régime d'imposition (micro-BIC, auto-entrepreneur, régime réel simplifié ou régime réel normal) est déterminé d'après les critères de droit commun. Le régime applicable en N dépend du montant du chiffre d'affaires annuel hors taxe de l'année N – 1 ou, le cas échéant, de l'année N – 2. Nous en donnons ici les grandes lignes.

À compter de l'imposition des revenus de 2025, si les recettes de l'année N – 1 ou de l'année N – 2 n'excèdent pas 15 000 € (pour les meublés de tourisme non classés) ou 77 700 € (pour les meublés de tourisme classés au sens de l'article L 324-1 du Code du tourisme, les chambres d'hôtes au sens de l'article L 324-3 du même Code et les autres activités de location meublée), le bailleur relève pour l'impôt sur le revenu du régime dit « **micro-BIC** » (CGI art. 50-0, 1 modifié par loi 2024-1039 du 19-11-2024 art. 7).

Le régime micro-BIC a le mérite de la simplicité : le bailleur porte directement sur la déclaration complémentaire à sa déclaration annuelle des revenus le montant brut de ses recettes. Le revenu net imposable est calculé par l'administration en appliquant à ce montant un abattement forfaitaire pour frais de 30 % (pour les meublés de tourisme non classés) ou de 50 % (pour les meublés de tourisme classés au sens de l'article L 324-1 du Code du tourisme, les chambres d'hôtes au sens de l'article L 324-3 du même Code et les autres activités de location meublée). Cet abattement est réputé tenir compte de toutes les charges, y compris les cotisations sociales et les amortissements dits « linéaires » des biens affectés à l'exploitation ; il ne peut pas être inférieur à 305 €. Si chacun des membres du foyer fiscal loue en meublé des locaux dont il est propriétaire, le seuil de recettes peut jouer distinctement pour l'un et l'autre. Pour les locations saisonnières, ce seuil n'a pas à être réduit au prorata du temps.

Au-delà des seuils du régime micro-BIC, le bailleur relève d'un régime dit de « bénéfice réel », qui peut être soit le régime réel simplifié, soit le régime réel normal.

S'il relève du micro-BIC, le bailleur peut **opter** pour l'un ou l'autre des **régimes de bénéfice réel,** de préférence le régime simplifié, dont la limite supérieure d'application est de 840 000 € pour les activités consistant à fournir le logement. L'option pour le régime simplifié doit être exercée dans le délai de dépôt de la déclaration d'ensemble des revenus souscrite au titre de l'année précédant celle au titre de laquelle l'option s'applique. L'option est valable un an et reconduite tacitement chaque année civile pour un an (CGI art. 50-0, 4). L'option doit être formulée de manière expresse mais elle n'est soumise à aucun formalisme particulier. Elle peut être effectuée par un courriel via la messagerie sécurisée du compte fiscal du bailleur (BOI-BIC-DECLA-10-30 n° 70).

> **Précisions** **a.** Il n'est pas nécessaire d'être soumis au régime de la **franchise en base de TVA** pour être imposé selon le régime micro-BIC. Ce dernier s'applique au loueurs qui renoncent volontairement à la franchise en base de TVA en optant pour un régime réel de TVA (BOI-BIC-DECLA-10-10-10 n° 20). Inversement, l'option pour un régime réel d'imposition des bénéfices n'a pas d'incidence sur l'application de la franchise en base de TVA.
> **b.** En cas de **création d'entreprise,** à défaut d'option pour l'imposition selon un régime réel, le régime micro-BIC est applicable de plein droit au titre de l'année de création et de l'année suivante (BOI-BIC-DECLA-10-10-20 n° 35).
> **c.** En cas d'**abaissement des recettes** en deçà des seuils au titre d'une année N, en principe, le régime micro s'applique au titre de l'année N + 1. Toutefois, le bailleur qui souhaite rester imposable en N + 1 selon le régime réel peut exercer une option dans le délai de dépôt de la déclaration d'ensemble des revenus de l'année N + 1. Cette option est renouvelée par tacite reconduction pour l'année N + 2, sauf renonciation expresse.
> **d.** Les contribuables relevant du régime micro peuvent opter pour le **régime de l'auto-entrepreneur** (CGI art. 151-0) qui leur permet d'acquitter un versement forfaitaire libératoire de l'impôt sur le revenu, mensuel ou trimestriel, égal à 1,7 % du chiffre d'affaires hors taxe (1 % pour les meublés de tourisme classés et chambres d'hôtes) et de bénéficier du régime micro-social. Aucun taux n'est spécifiquement prévu pour l'activité de location de meublés de tourisme non classés.
> L'option pour ce régime est subordonnée à une condition de niveau de revenu : le montant des revenus nets du foyer fiscal de l'avant-dernière année ne doit pas excéder, pour une part de quotient familial, la limite supérieure de la deuxième tranche du barème de l'IR de l'année précédant celle au titre de laquelle l'option est exercée. Ainsi, pour les options exercées en 2025 au titre de 2026, les revenus de 2024 ne doivent pas excéder la limite de 29 315 €. Le projet de loi de finances pour 2026, présenté en Conseil des ministres le 14 octobre 2025, ne prévoyant aucune mesure portant sur le barème de l'IR, la limite de 29 315 € pourrait également concerner les options exercées en 2026 au titre de 2027. Cette limite est majorée de 50 % ou 25 % par demi-part ou par quart de part supplémentaire (le nombre de parts à retenir correspondant à la situation du foyer fiscal au titre de l'avant-dernière année).

Précisions intéressant les loueurs relevant d'un régime réel d'imposition 65800

Le résultat issu de la location meublée est déterminé dans les conditions de droit commun, après déduction des **charges** de l'exploitation prévues par l'article 39 du CGI, telles que les frais financiers supportés pour l'acquisition, les frais d'entretien et de réparation, les frais d'assurance, les impôts et taxes. Certaines règles intéressant particulièrement les loueurs en meublé sont examinées ci-après.

Le montant déductible de l'**amortissement des biens loués** par une **personne physique** est limité. Il ne peut pas excéder, au titre d'un même exercice, la différence entre le montant du loyer acquis et celui de l'ensemble des autres charges afférentes aux biens loués (CGI art. 39 C, II-2). 65802

Cette limitation s'applique lorsque le bien est loué par une **société de personnes** pour la détermination de la quote-part revenant aux associés personnes physiques.

En cas de **location de plusieurs biens,** la limitation n'est pas appliquée isolément pour chacun des biens loués mais en prenant en compte l'ensemble des loyers et des charges afférents à tous les biens amortissables loués. La fraction d'annuité d'amortissement dont la déduction se trouve, le cas échéant, écartée doit faire l'objet d'une répartition proportionnelle entre les biens pour lesquels la dotation aux amortissements excède le montant du loyer et des charges qui s'y rapportent (BOI-BIC-AMT-20-40-10-20 n° 100). Il en est de même lorsque le bien loué est décomposé, la fraction d'amortissement non admise en déduction étant répartie proportionnellement entre la structure et les composants.

La **perte du droit à déduction** des amortissements n'est que **provisoire** : la fraction d'amortissement exclue au titre d'un exercice peut être déduite du résultat des exercices suivants, en sus de l'annuité normale mais toujours dans le respect de la limitation (CGI art. 39 C, II-3).

Cette règle doit être combinée avec les obligations résultant de la durée de l'amortissement (CGI ann. II art. 30) et l'obligation d'un **amortissement minimal** (CGI art. 39 B) : les amortissements, calculés sur la durée normale d'utilisation du bien (et non sur la durée de location), doivent être constatés en comptabilité de sorte que, à la clôture de chaque exercice, la somme des amortissements comptabilisés ne soit pas inférieure au montant cumulé des amortissements calculés selon le mode linéaire ; cependant, seul le montant d'amortissement n'excédant pas la différence entre le loyer et les charges de l'ensemble des biens loués est déductible.

Lorsqu'un **bien cesse** d'être soumis à la **limitation** (par exemple s'il n'est plus donné en location), l'amortissement qui n'a pu être déduit selon les modalités prévues ci-dessus est déduit du bénéfice de l'exercice au cours duquel intervient cet événement. Si ce bénéfice n'est pas suffisant, l'excédent d'amortissement est reporté et déduit des bénéfices des exercices suivants.

En cas de **cession** du bien, l'amortissement non déduit majore la valeur nette comptable prise en compte pour le calcul de la plus-value ou de la moins-value de cession.

65805 S'agissant des propriétaires qui louent pendant une partie de l'année des locaux dont ils se réservent la jouissance pendant le reste de l'année (**locations saisonnières ou discontinues**), ils peuvent, lorsqu'ils sont imposables selon un régime réel, choisir d'inscrire ou non les locaux à l'actif. Cette inscription à l'actif s'entend de l'inscription de l'immeuble à l'actif du bilan de l'entreprise ou, pour les contribuables au régime simplifié dispensés de l'établissement d'un bilan (chiffre d'affaires inférieur à 176 000 € HT, pour l'année 2025), de sa mention sur le tableau des immobilisations et des amortissements (imprimé 2033 C-SD) joint à la déclaration BIC.

Lorsque les immeubles destinés à la location sont inscrits à l'actif mais non affectés à l'activité professionnelle de l'entreprise, le loueur en meublé ne peut déduire aucune charge de ses recettes imposables.

Lorsque les immeubles destinés à la location ne sont pas inscrits à l'actif, les charges de propriété et de gestion de l'immeuble sont déductibles au prorata de la durée effective de location (CE 8-11-1989 n° 63967 : RJF 1/90 n° 31 ; BOI-BIC-CHG-10-10-30 n° 30). C'est ainsi, par exemple, que les charges afférentes à un appartement meublé loué quinze semaines par an ne seront déductibles qu'à hauteur des 15/52e de leur montant. Corrélativement à la non-déduction des charges afférentes à la période pendant laquelle le propriétaire des locaux s'en réserve la jouissance, aucun avantage en nature ne doit être intégré dans les recettes.

2. DISTINCTION ENTRE LOUEURS PROFESSIONNELS ET LOUEURS NON PROFESSIONNELS

65810 La qualité de **loueur professionnel** est reconnue aux personnes qui remplissent les deux conditions suivantes, que nous détaillons ci-après (CGI art. 155, IV) :

– les recettes annuelles tirées de cette activité par l'ensemble des membres du foyer fiscal sont supérieures à 23 000 € ;

– ces recettes excèdent les revenus professionnels du foyer fiscal soumis à l'impôt sur le revenu.

Le **loueur non professionnel** est, par opposition, celui qui ne respecte pas l'une de ces conditions.

L'appréciation du caractère professionnel de l'activité de loueur en meublé est différente en matière d'imposition des revenus et d'**IFI** (voir n° 65900).

RECETTES ANNUELLES

65812 Pour l'appréciation des limites, les recettes brutes à comparer au montant de 23 000 € s'entendent du total des **loyers courus,** charges comprises, quel que soit le lieu de situation des immeubles (y compris pour les non-résidents), augmenté le cas échéant des **indemnités d'assurance** perçues en cas de défaillance du locataire. En revanche, les **subventions** éventuellement perçues pour l'acquisition du bien n'ont pas à être prises en compte (BOI-BIC-CHAMP-40-10 nos 110 et 115).

Le seuil de recettes s'apprécie en retenant le total des recettes réalisées par les membres d'un même **foyer fiscal.** Dans les **sociétés de personnes** ou groupements, on retient les recettes revenant à chaque associé au prorata de ses droits dans les bénéfices sociaux (CE 27-7-2006 n° 272397 : RJF 12/06 n° 1493 ; BOI-BIC-CHAMP-40-10 nos 130 et 140).

En cas de **commencement d'activité** en cours d'année, le montant des recettes doit être ajusté, prorata temporis, distinctement pour chaque immeuble loué, l'année de la mise en location.

Selon l'administration, le point de départ est fixé à la date d'acquisition ou d'achèvement de l'immeuble (BOI-BIC-CHAMP-40-10 n° 170). Mais le Conseil d'État considère que la date de début d'activité est celle de la signature du bail qui correspond à la première opération d'exploitation de l'entreprise (CE 5-10-2007 n° 293475 : RJF 12/07 n° 1378).

Le montant des recettes doit également être ajusté prorata temporis en cas de **cessation** totale de l'activité de location meublée en cours d'année. Dans ce cas, la comparaison avec les autres revenus professionnels du foyer fiscal devrait pouvoir être faite par rapport aux revenus de l'année précédente lorsque le contribuable ne peut fournir l'estimation exacte du montant de ses revenus jusqu'à la date de cessation.

REVENUS D'ACTIVITÉ DU FOYER FISCAL

Les recettes annuelles retirées de la location en meublé doivent excéder le total des revenus nets professionnels du foyer fiscal (avant déduction des charges du revenu global). Les revenus professionnels s'entendent des traitements et salaires, des pensions et rentes viagères, des bénéfices industriels et commerciaux autres que ceux tirés de la location en meublé, des bénéfices agricoles, des bénéfices non commerciaux et des revenus des gérants et associés mentionnés à l'article 62 du CGI. **65815**

La comparaison des recettes issues de la location meublée avec les revenus du foyer est effectuée en prenant en compte les **déficits** subis au titre de l'année considérée à hauteur de leur montant imputable sur le revenu global. En revanche, dès lors que le caractère prépondérant de l'activité de location meublée s'apprécie annuellement, les **déficits des années antérieures** ne peuvent être pris en compte (CE 24-10-2014 n° 375358 : RJF 1/15 n° 4 ; BOI-BIC-CHAMP-40-10 n° 160).

Pour les **non-résidents,** seuls les revenus du foyer fiscal imposables en France sont pris en compte (BOI-BIC-CHAMP-40-10 n° 165).

> **Précisions** Les **loyers inscrits au débit des comptes courants des associés** d'une SARL non soumise à l'IS, lorsque les associés louent eux-mêmes les logements de la société, ne peuvent pas être pris en compte dans les recettes de l'activité de location meublée, en l'absence de contrat de location, de décompte précis des périodes louées et de versement de la taxe de séjour (CAA Paris 9-11-2018 n° 18PA03047 ; CE (na) 3-6-2019 n° 426943 : RJF 8-9/19 n° 743).

3. RÈGLES SPÉCIFIQUES AUX LOUEURS PROFESSIONNELS

DÉFICITS

Les déficits retirés de l'activité de location meublée exercée à titre professionnel sont imputables sur le **revenu global** sans limitation, sous réserve que ces déficits ne proviennent pas d'amortissements exclus des charges déductibles (voir n° 65802). Si le revenu global de l'année ne permet pas l'imputation du déficit, l'excédent du déficit est reporté successivement sur le revenu global des années suivantes, jusqu'à la sixième année inclusivement (CGI art. 156, I). **65817**

Ces règles s'appliquent uniquement aux loueurs relevant d'un **régime réel d'imposition** (normal ou simplifié). L'imposition des revenus retirés de la location meublée selon le micro-BIC exclut la constatation d'un déficit d'exploitation.

Logement en l'état futur d'achèvement Les déficits non imputés provenant des **charges engagées avant le commencement de la location** (notamment les charges financières) peuvent être imputés par tiers sur le revenu global des trois premières années de location (CGI art. 156, I-1° ter). Cette mesure intéresse les investisseurs qui acquièrent un logement en l'état futur d'achèvement destiné à la location meublée : elle leur permet en particulier de déduire leurs frais d'emprunt sans attendre l'achèvement ou la livraison de l'immeuble. Toutefois, cette mesure est réservée par l'administration aux loueurs qui accèdent au statut de loueur professionnel dès le début de la location et conservent cette qualité pendant trois années (en ce sens, BOI-BIC-CHAMP-40-20 nos 350 à 390 ; BOI-BIC-DEF-20-20 nos 60 à 100). **65819**

EXEMPLE

M. Pierre achète en 2025 un logement en l'état futur d'achèvement. Il constate au titre des années 2025 et 2026 un déficit global de 30 000 €. Le logement est livré et loué meublé en 2027. L'activité présente un caractère professionnel dès cette année.
Le déficit de 30 000 € pourra s'imputer à hauteur de 10 000 € chaque année au titre des années 2027, 2028 et 2029.
Dans le cas où, en 2028, M. Pierre perd la qualité de loueur professionnel, il ne pourra pas imputer le déficit au titre de cette année. L'administration considère que cette perte est définitive, même s'il remplit de nouveau en 2029 les conditions d'accès au statut de loueur en meublé professionnel. La fraction des déficits n'ayant pu être imputée (20 000 €) suit alors le régime des déficits non professionnels.

PLUS-VALUES

65820 Les plus-values réalisées par les loueurs professionnels lors de la vente de l'immeuble loué sont soumises au régime des **plus-values professionnelles.** Les seuils de recettes à retenir pour les loueurs en meublé au regard de l'**exonération** prévue à l'article 151 septies du CGI sont ceux prévus pour les prestations de services. La plus-value est donc totalement exonérée, à condition que l'activité soit exercée depuis au moins cinq ans, lorsque les recettes tirées de la location n'excèdent pas le seuil de 90 000 € HT et bénéficie d'une exonération partielle si les recettes sont comprises entre 90 000 € HT et 126 000 € HT. Si l'une de ces conditions n'est pas satisfaite, elles sont soumises au régime des plus-values professionnelles à court ou à long terme.

> **Précisions** **a.** Les règles ci-dessus sont en principe applicables aux propriétaires de **meublés de tourisme** et **chambres d'hôtes.** Toutefois, ces activités peuvent ne pas relever du régime des locations meublées en raison des prestations annexes offertes (voir n° 65787). Dans ce cas, les plus-values réalisées sont totalement exonérées si les recettes n'excèdent pas 250 000 € HT et ouvrent droit à une exonération partielle si les recettes sont comprises entre 250 000 € HT et 350 000 € HT.
b. Pour le **décompte du délai de cinq ans** d'exploitation auquel est subordonnée l'exonération de la plus-value, le début d'activité correspond à la date de la signature du premier bail (CE 5-10-2007 n° 293474 : RJF 12/07 n° 1378).
c. Lorsque le **contribuable a alternativement la qualité de loueur professionnel et de loueur non professionnel** (en raison de la variation de ses recettes), la plus-value de cession de l'immeuble loué est soumise au régime d'imposition qui correspond au statut du contribuable l'année de la vente (plus-values professionnelles ou plus-values privées). Si le contribuable ne sait pas de quel statut il relèvera, il peut se placer sous le statut qui était le sien lors de l'année précédente ; le montant de l'impôt dû sera le cas échéant régularisé ultérieurement, sans pénalités ni intérêts de retard (BOI-BIC-CHAMP-40-20 n°s 460 et 470).

4. RÈGLES SPÉCIFIQUES AUX LOUEURS NON PROFESSIONNELS

DÉFICITS

65825 Les déficits constatés par les loueurs non professionnels ne sont imputables que sur les **revenus provenant d'une telle activité** au cours de celles des dix années suivantes pendant lesquelles l'activité n'est pas exercée à titre professionnel (CGI art. 156, I-1° ter). Autrement dit, un déficit subi au cours d'une année où l'activité de location meublée a été exercée à titre non professionnel est uniquement imputable sur des bénéfices générés par une activité de location meublée exercée à titre non professionnel.

Cette restriction n'a pas de portée pratique pour les contribuables qui relèvent du micro-BIC, ce régime excluant la possibilité de constater un déficit.

Lorsque le contribuable exerce **ultérieurement** son activité de **location meublée à titre professionnel,** les déficits qu'il a accumulés durant les années où il exerçait son activité à titre non professionnel ne peuvent être déduits ni de son revenu global, ni des bénéfices qu'il générerait par son activité de location meublée exercée à titre professionnel. Si, par la suite, l'activité est à nouveau exercée à titre non professionnel, les déficits antérieurs non professionnels constatés depuis moins de dix ans et non encore imputés pourront l'être sur les bénéfices constatés (BOI-BIC-CHAMP-40-20 n° 250).

PLUS-VALUES

65828 Les plus-values et moins-values réalisées par un loueur non professionnel relèvent du régime des **plus-values immobilières privées** (CGI art. 151 septies, VII). Il en résulte notamment qu'en cas de mutation à titre gratuit, la plus-value n'est pas imposable (BOI-BIC-CHAMP-40-20 n° 290).

Pour le calcul des plus-values de cession réalisées depuis le 15 février 2025, le **prix d'acquisition** du bien cédé doit être minoré du montant des amortissements déduits dans les conditions prévues n° 65802 pendant la période de location, à l'exception des amortissements constitutifs de dépenses de travaux prises en compte pour la détermination de l'impôt définies n° 85710 (CGI art. 150 VB modifié par loi 2025-127 du 14-2-2025 art. 84). Cette minoration ne s'applique pas aux biens situés dans :

– une résidence destinée à l'accueil exclusif des étudiants, des personnes de moins de 30 ans en formation ou en stage, des personnes titulaires d'un contrat de professionnalisation ou d'apprentissage, ou des personnes âgées de plus de 65 ans (CCH art. L 631-12 et L 631-13) ;

– dans un établissement social ou médico-social accueillant des personnes âgées ou des adultes handicapés, une résidence avec services pour ces mêmes personnes, un ensemble de logements affectés à l'accueil familial salarié de ces mêmes personnes, ou un établissement de santé délivrant des soins de longue durée.

RÉDUCTION D'IMPÔT POUR INVESTISSEMENT DANS UNE RÉSIDENCE AVEC SERVICES (RÉGIME CENSI-BOUVARD)

Une réduction d'impôt sur le revenu est accordée aux **personnes physiques** fiscalement domiciliées en France au sens de l'article 4 B du CGI qui ont acquis directement **au plus tard le 31 décembre 2022,** au sein de certaines structures, un **logement neuf** ou en l'état futur d'achèvement ou un logement **achevé** depuis **au moins quinze ans** ayant fait l'objet ou faisant l'objet de **travaux** de réhabilitation ou de rénovation, en vue de sa **location meublée** (CGI art. 199 sexvicies). La réduction d'impôt ne s'applique pas aux investissements réalisés par l'intermédiaire d'une société (BOI-IR-RICI-220-10-10 n° 370). **65830**

L'**achèvement** du logement ou des travaux de réhabilitation ou de rénovation doit être intervenu **au plus tard le 1er juillet 2025.** S'il s'agit d'un logement acquis en l'état futur d'achèvement après le 1er juillet 2021, il doit être achevé dans un délai de quatre ans à compter de l'acquisition.

La réduction d'impôt est réservée aux contribuables qui ont la qualité de **loueurs en meublé non professionnels** lors de l'acquisition du logement, même s'ils exercent par la suite cette activité à titre professionnel. Les revenus doivent être imposés dans la catégorie des **bénéfices industriels et commerciaux,** en tant que produits de location meublée, pendant toute la durée de l'engagement de location (BOI-IR-RICI-220-20 nos 190 et 200).

La réduction d'impôt est prise en compte pour le calcul du **plafonnement global des avantages fiscaux.**

L'investisseur doit prendre l'**engagement de louer le logement meublé,** pendant au moins neuf ans, à l'exploitant de l'établissement ou de la résidence dans lequel le logement est situé.

> Précisions a. La location doit **prendre effet dans le mois** qui suit la date d'achèvement de l'immeuble (ou de son acquisition si elle est postérieure) pour les logements acquis neufs ou en l'état futur d'achèvement, la date d'acquisition pour les logements neufs achevés depuis au moins quinze ans réhabilités et la date d'achèvement des travaux pour les logements achevés depuis au moins quinze ans et qui font l'objet de travaux de réhabilitation. En cas de **changement d'exploitant** au cours de la période couverte par l'engagement, le logement doit, en principe, être loué au nouvel exploitant (jusqu'au terme de la période) dans un délai d'un mois. Une période de vacance d'un an est toutefois admise dans certains cas de défaillance de l'exploitant précédent (liquidation judiciaire, résiliation ou cession du bail commercial, mise en œuvre de la clause de résiliation unilatérale) (BOI-IR-RICI-220-20 nos 40 à 130).

b. Les **logements situés dans une résidence de tourisme classée** peuvent être **occupés par leur propriétaire** sans que cela le prive du bénéfice de l'avantage fiscal. Cette occupation doit donner lieu au versement à l'exploitant de la résidence d'un loyer au moins égal à 75 % du prix public. Lorsque le règlement s'opère par compensation avec les loyers que l'exploitant doit pour sa part au propriétaire, la durée des séjours ne doit pas excéder huit semaines par an et ne pas entraîner une minoration du revenu foncier déclaré (BOI-IR-RICI-220-10-20 n° 110).

c. Le logement peut être acquis en **indivision.** Dans ce cas, chaque indivisaire bénéficie de la réduction d'impôt pour sa quote-part de la valeur d'acquisition du logement et l'engagement de location doit être pris conjointement par tous les coïndivisaires (BOI-IR-RICI-220-20 n° 5 ; BOI-IR-RICI-220-30 n° 40).

d. Quelle que soit la nature de l'investissement réalisé, la **date d'acquisition** du logement s'entend de la date de signature de l'acte authentique d'achat (BOI-IR-RICI-220-10-10 nos 50, 80, 140 et 200).

Investissements concernés Ouvrent droit à la réduction les acquisitions de **logements neufs** ou en l'état futur d'achèvement et de logements achevés depuis au moins quinze ans qui ont fait l'objet ou qui font l'objet de **travaux de réhabilitation** ou de rénovation. **65835**

Les travaux de réhabilitation ou de rénovation doivent permettre, après leur réalisation, de satisfaire à l'ensemble des **performances techniques** prévues à l'article 4 de l'arrêté BUDF0320070A du 19 décembre 2003, qu'ils soient réalisés avant ou après l'acquisition. Dans ce dernier cas, s'ils sont réalisés par le vendeur, un contrat de vente d'immeubles à rénover doit être conclu (CCH art. L 262-1).

Les logements doivent être situés dans l'un des établissements suivants :

– **établissement social ou médico-social** accueillant des **personnes âgées** (CASF art. L 312-1, I-6° : Ehpa, Ehpad, logements-foyers/résidences autonomie, petites unités de vie et unités pour personnes désorientées) ou des **adultes handicapés** (CASF art. L 312-1, I-7° : foyers de vie ou foyers occupationnels, foyers d'accueil médicalisés et maisons d'accueil spécialisées) ;

– **résidence avec services pour personnes âgées ou handicapées** ayant obtenu (au plus tard dans les douze mois de la mise en exploitation effective) l'**agrément** « **qualité** » visé à l'article L 7232-1 du Code du travail ou, pour les investissements réalisés depuis le 1er janvier 2019, l'autorisation prévue par l'article L 313-1 du CASF ;

– ensemble de logements affectés à l'**accueil familial salarié** de personnes âgées ou handicapées, géré par un groupement de coopération sociale ou médico-sociale (CASF art. L 444-1 à L 444-9) ;

– **résidence avec services pour étudiants.** Celle-ci doit être effectivement occupée par des étudiants et non seulement initialement affectée à cet usage (CAA Nantes 28-9-2017 n° 15NT02565 : RJF 2/18 n° 137). Elle doit l'être à hauteur de 70 % (pourcentage apprécié au cours du quatrième trimestre de chaque année de la période d'engagement de location) par des étudiants ou des apprentis munis d'un contrat de travail et proposer au moins trois des prestations suivantes : petit déjeuner, nettoyage régulier des locaux, fourniture de linge de maison, réception, même non personnalisée, de la clientèle (BOI-IR-RICI-220-10-20 n°s 120 à 150) ;

– **établissement de santé** (visé à l'article L 6143-5, I du Code de la santé publique) comportant un hébergement et dispensant des **soins de longue durée** à des personnes n'ayant pas leur autonomie de vie et dont l'état nécessite une surveillance médicale constante et des traitements d'entretien.

> **Précisions a.** Ouvrent également droit à la réduction d'impôt les acquisitions de logements situés dans des **résidences de tourisme classées** effectuées jusqu'au 31 décembre 2016, ou jusqu'au 31 mars 2017 à la condition qu'un engagement d'acquisition ait été pris au plus tard le 31 décembre 2016 (signature d'une promesse d'achat ou promesse synallagmatique de vente ou, pour les acquisitions en l'état futur d'achèvement, dépôt chez un notaire ou enregistrement d'un contrat préliminaire de réservation (Loi 2016-1917 du 29-12-2016 art. 69).
> **b.** Les logements dont la **propriété est démembrée** n'ouvrent pas droit à l'avantage fiscal. Une exception est toutefois admise en cas de **décès de l'un des membres d'un couple** soumis à imposition commune : le conjoint ou le partenaire survivant, attributaire du bien en pleine propriété ou titulaire de son usufruit, peut reprendre l'engagement de location à sa charge pour la période restant à courir et bénéficier de la réduction d'impôt dans les mêmes conditions et selon les mêmes modalités (BOI-IR-RICI-220-20 n° 10).

65840 **Modalités de calcul de la réduction d'impôt** La réduction d'impôt est calculée sur le **prix de revient** des logements, qui comprend le prix d'acquisition, les frais (honoraires de notaire, taxe de publicité foncière, etc.) et, pour les logements achevés depuis au moins quinze ans et faisant (ou ayant fait) l'objet de travaux de réhabilitation ou de rénovation, le montant des travaux. Ce prix est retenu dans la **limite** globale de 300 000 € par an (quel que soit le nombre de logements acquis).

Le **taux** de la réduction d'impôt varie selon la date des investissements.

Pour les investissements réalisés **depuis le 1er janvier 2012,** le taux est fixé à 11 % (sauf cas particulier visé précision c ci-après).

Pour les investissements réalisés **en 2011,** le taux de l'avantage fiscal s'élève à 18 % (20 % dans le cas particulier visé précision d ci-après).

Le taux est fixé à 25 % pour les **investissements réalisés en 2009 et 2010.**

> **Précisions a.** La **date d'acquisition** du logement à retenir pour l'appréciation du taux applicable s'entend de la date de signature de l'acte authentique d'achat (BOI-IR-RICI-220-30 n° 130).
> **b.** En contrepartie de la réduction d'impôt, les **amortissements** des immeubles ne sont admis en déduction que pour la fraction de leur prix de revient qui excède le montant retenu pour la réduction d'impôt, c'est-à-dire la fraction excédant 300 000 € (CGI art. 39 G). Si le contribuable devient loueur en meublé professionnel, la réduction d'impôt n'est pas remise en cause au titre des années antérieures à ce changement de qualité, mais la limitation des amortissements s'applique sur toute la période d'amortissement (BOI-BIC-CHAMP-40-20 n° 327).
> **c.** Pour les **acquisitions réalisées en 2012** qui résultent d'un **engagement** pris par le contribuable **au plus tard le 31 décembre 2011,** le taux de la réduction d'impôt reste fixé à 18 % (cas notamment des contrats de réservation enregistrés chez un notaire ou au service des impôts avant le 31 décembre 2011 et ayant donné lieu à un acte authentique au plus tard le 31 mars 2012).
> **d.** Pour les **investissements réalisés en 2011** qui résultent d'un **engagement** pris par le contribuable **avant le 31 décembre 2010,** la réduction d'impôt est calculée au taux de 20 % (cas notamment des contrats de réservation enregistrés chez un notaire ou au service des impôts avant le 31 décembre 2010 et ayant donné lieu à un acte authentique avant le 31 mars 2011).

65845 **Modalités d'imputation de la réduction d'impôt** La réduction d'impôt est **accordée au titre de l'année** d'achèvement du logement (ou de celle de son acquisition si elle est postérieure) pour les logements acquis neufs, en l'état futur d'achèvement ou réhabilités, ou de l'année d'achèvement des travaux de réhabilitation ou de rénovation pour les logements faisant l'objet de tels travaux.

La réduction d'impôt est **étalée** sur neuf ans, à raison de 1/9e de son montant chaque année. Si la fraction de la réduction d'impôt imputable au titre d'une année d'imposition excède l'impôt dû par le contribuable au titre de cette même année, le solde peut être imputé sur l'impôt sur le revenu dû au titre des années suivantes, jusqu'à la sixième année inclusivement. Les fractions ainsi reportées s'imputent en priorité en retenant d'abord les plus anciennes (BOI-IR-RICI-220-30 n° 320).

En cas de rupture de l'engagement de location ou de cession du logement pendant la période d'engagement de location, la réduction d'impôt pratiquée fait l'objet d'une **reprise** au titre de l'année de la rupture de l'engagement ou de la cession. Toutefois, aucune reprise n'est opérée lorsque la rupture de l'engagement de location ou la cession du logement résultent de l'invalidité, du licenciement ou du décès du contribuable ou de l'un des membres du couple soumis à imposition commune ou encore de l'expropriation pour cause d'utilité publique de l'établissement ou de la résidence dans laquelle se situe le logement.

> Précisions **a.** En cas de **modification du foyer fiscal** (mariage, divorce, rupture ou conclusion d'un Pacs, séparation, etc.) au cours de la période d'engagement de location, la réduction d'impôt est remise en cause sauf si le nouvel attributaire du bien (notamment l'ex-époux) demande, sous les mêmes conditions, la reprise du bénéfice de la réduction d'impôt pour la durée restant à courir. Il est toutefois admis que le bénéfice de la réduction d'impôt soit maintenu, pour la durée restant à courir, au profit des ex-époux qui conservent en indivision après leur divorce le bien acquis au cours de leur mariage (BOI-IR-RICI-220-20 n° 20).
b. Dans le cadre de la mise en œuvre du **prélèvement à la source,** les bénéficiaires de la réduction d'impôt perçoivent chaque année, au plus tard le 1er mars, un acompte de 60 % du montant de l'avantage fiscal de l'année précédente (CGI art. 1665 bis).

Obligations des investisseurs La déclaration d'ensemble des revenus de l'année au titre de laquelle le bénéfice de la réduction d'impôt est demandé pour la première fois doit comporter l'**engagement de location** (engagement souscrit directement dans la déclaration). Le contribuable doit, par ailleurs, joindre à cette déclaration (lorsqu'elle est souscrite sur support papier) la copie du bail et celle de l'acte authentique d'acquisition du logement. D'autres documents, spécifiques à la nature de l'investissement réalisé, doivent, le cas échéant, être produits, soit en même temps que la déclaration sur support papier, soit (s'ils ont été établis par des tiers) sur demande de l'administration. 65850

En cas de **changement d'exploitant** au cours de la période couverte par l'engagement de location, le contribuable doit joindre à sa déclaration des revenus de l'année au cours de laquelle ce changement intervient une copie du bail conclu avec le nouvel exploitant (CGI ann. III art. 46 AZA nonies).

B. Taxe sur la valeur ajoutée

LOCATIONS MEUBLÉES « CLASSIQUES »

La location en meublé (occasionnelle, permanente ou saisonnière) effectuée par un particulier est en principe **exonérée** de TVA (CGI art. 261 D, 4°) et il n'est pas possible d'opter pour le paiement de cette taxe. Les loueurs en question sont donc privés de la possibilité de déduire la TVA qu'ils ont supportée à raison du logement loué (prestations des agents immobiliers pour la gestion du bien, travaux, etc.). Il en est ainsi tout spécialement des particuliers qui louent en meublé, de manière occasionnelle ou permanente, une résidence secondaire, un logement touristique ou une partie de leur résidence principale, sans offrir a minima un ensemble de services (n° 65860). 65855

LOCATIONS « PARAHÔTELIÈRES »

Sont imposables à la TVA les particuliers qui fournissent un hébergement meublé dans des **conditions proches de l'hôtellerie.** Sont ainsi imposables à la TVA les prestations d'hébergement fournies dans le cadre de secteurs ayant une fonction similaire à l'hôtellerie (meublés de tourisme, auberges, résidences de tourisme, gîtes ruraux, chambres d'hôtes, etc.) qui remplissent les conditions suivantes (CGI art. 261 D, 4°-b) : 65860

– elles sont offertes au client pour une **durée n'excédant pas 30 nuitées** (sans préjudice de la possibilité, pour le loueur, de proposer au client de réserver sur une durée plus longue) (BOI-TVA-CHAMP-10-10-50-20 n° 40) ;

– elles comprennent, **en sus de l'hébergement,** au moins trois des **prestations annexes** suivantes :

• le petit déjeuner : celui-ci doit être proposé selon les usages professionnels, c'est-à-dire, au choix du prestataire d'hébergement, soit dans les chambres ou appartements, soit dans un local commun aménagé permettant la consommation sur place des denrées, situé dans l'immeuble ou l'ensemble immobilier (BOI-TVA-CHAMP-10-10-50-20 n° 70) ;

• le nettoyage régulier des locaux : cette condition est considérée comme remplie lorsque le nettoyage est effectué avant le début du séjour et qu'il est proposé au client de façon régulière pendant son séjour. Cette régularité est appréciée en fonction de la durée du séjour du client et des normes d'hygiène habituelles dans le secteur de l'hébergement. Un nettoyage hebdomadaire des locaux est ainsi considéré comme suffisant. En revanche, la simple mise à disposition du client du matériel servant au nettoyage ne suffit pas à remplir la condition relative au nettoyage des locaux (BOI-TVA-CHAMP-10-10-50-20 n° 80) ;

• la fourniture de linge de maison ;

• la réception, même non personnalisée, de la clientèle. Cette condition est considérée comme remplie lorsque les clients ont le choix entre un accueil physique avec remise des clés en main propre et un accueil par l'intermédiaire d'un dispositif de communication électronique, avec mise à disposition des clés via une boîte à clé. En revanche, la seule mise à disposition des clés via une boîte à clés sans alternative proposée avec un accueil physique ne constitue pas une réception, même non personnalisée, de la clientèle (BOI-TVA-CHAMP-10-10-50-20 n° 100).

Par ailleurs, un **lien** entre la fourniture de logement meublé et les prestations annexes doit être établi, ces dernières devant être fournies sur place, c'est-à-dire dans le local meublé ou dans l'immeuble ou l'ensemble immobilier où est situé le local meublé. L'exploitant qui fait appel à un tiers pour l'exécution de tout ou partie des prestations (traiteur, entreprise de nettoyage) est redevable de la TVA dès lors qu'il est seul responsable vis-à-vis des clients de la prestation fournie, ce qui implique qu'il agisse en son nom propre à leur égard (BOI-TVA-CHAMP-10-10-50-20 n° 30).

> Précisions a. Les **prestations d'hébergement** dans le secteur hôtelier ou parahôtelier qui **ne comprennent pas trois des prestations** mentionnées ci-dessus (et qui sont, donc, en principe exonérées : BOI-TVA-CHAMP-30-10-50 n° 120) devraient pouvoir être soumises à la TVA, sous réserve d'établir que ces prestations sont assimilables à des prestations d'hébergement hôtelier (en ce sens, voir CE avis 5-7-2023 n° 471877 : RJF 10/23 n° 709).
b. Les locations de **logements meublés à usage résidentiel** (dont la durée excède nécessairement un mois : BOI-TVA-CHAMP-10-10-50-20 n° 110) dans le cadre de secteurs autres que le secteur hôtelier ou parahôtelier (**résidences services, résidences étudiants, résidences seniors,** etc.) sont imposables à la TVA dès lors qu'elles sont assorties d'au moins trois des **prestations** suivantes : le petit-déjeuner, le nettoyage régulier des locaux, la fourniture de linge de maison et la réception, même non personnalisée, de la clientèle (CGI art. 261 D, 4°-b bis). En revanche, il n'est pas requis que le locataire fasse du logement sa résidence principale.

RÈGLES D'IMPOSITION

65865 Les locations en meublé taxables à la TVA sont **imposables en France,** comme les autres opérations d'hébergement, dès lors que les immeubles y sont situés, y compris donc si elles sont faites au profit de personnes ne résidant pas en France.

Les loueurs en meublé peuvent **déduire** dans les conditions de droit commun la taxe ayant grevé leurs acquisitions de biens et services. Autrement dit, ils peuvent soit imputer cette taxe, soit en demander le remboursement.

Les **obligations déclaratives** et **comptables** des loueurs en meublé sont, à titre général, les mêmes que celles des autres redevables de la TVA et dépendent du régime d'imposition dont ils relèvent.

Le **régime d'imposition** – régime simplifié ou réel normal – dépend du chiffre d'affaires annuel réalisé par le bailleur. Le régime simplifié est applicable en 2025 lorsque les recettes hors taxe de 2024 n'excèdent pas 840 000 € (ce seuil doit être actualisé au 1er janvier 2026) et que le montant de TVA exigible de 2024 n'a pas excédé 15 000 €. En 2025, le bailleur imposable de plein droit qui a réalisé en 2024 des recettes n'excédant pas 85 000 € peut relever de la franchise en base (CGI art. 293 B). Ce dispositif dispense le bailleur normalement imposable à la TVA de la déclaration et du paiement de la TVA. La franchise cesse de s'appliquer au bailleur dont les recettes hors taxe de 2025 dépassent 93 500 € : il devient redevable de la TVA pour les opérations effectuées à compter du premier jour du mois au cours duquel la limite est dépassée.

> Précisions a. Le **régime simplifié** sera **supprimé à compter du 1er janvier 2027.** À compter de cette date, les bailleurs ne relevant pas de la franchise en base seront soumis au régime réel normal de TVA et relèveront d'un régime déclaratif mensuel ou trimestriel. Le régime déclaratif trimestriel s'appliquera, sauf option contraire, aux bailleurs dont le chiffre d'affaires de l'année civile précédente, majoré des acquisitions taxables, n'excédera pas 1 M€ et celui de l'année en cours 1,1 M€ (Loi 2025-127 du 14-2-2025 art. 38).
b. La **taxe de séjour** est exclue de la base d'imposition à la TVA, mais pas la taxe de séjour forfaitaire due par les hôteliers et les logeurs (n° 65895) (BOI-TVA-BASE-10-10-20 n° 240).

c. L'article 25 du projet de loi de finances pour 2026, présenté en Conseil des ministres le 14 octobre 2025, prévoit d'**abaisser** à 37 500 € **la limite de la franchise en base** applicable aux locations en meublé **à compter du 1er janvier 2026**. Ainsi, en 2026, la franchise serait applicable aux bailleurs dont le chiffre d'affaires de 2025 n'a pas excédé 37 500 € et la franchise cesserait de s'appliquer aux bailleurs dont le chiffre d'affaires de 2026 dépasse la limite de 41 250 €.

Taux Les opérations de fourniture de **logement** faites par les loueurs en meublé bénéficient du taux intermédiaire de 10 %. Toutefois, la fourniture de logement dans les maisons de retraite, les établissements accueillant des personnes handicapées, les logements-foyers, les foyers de jeunes travailleurs, les centres de réadaptation professionnelle et les centres d'accueil, ainsi que dans certaines résidences hôtelières à vocation sociale, bénéficie du taux réduit de 5,5 %. **65870**

Les **services annexes** éventuellement facturés en sus doivent être imposés au taux qui leur est propre (à la différence des prestations incluses dans le prix de la location).

C. Autres impôts

COTISATION FONCIÈRE DES ENTREPRISES

La location en meublé constitue par nature une **activité professionnelle** passible de la cotisation foncière des entreprises (CFE) (et corrélativement, jusqu'en 2029, de la cotisation sur la valeur ajoutée des entreprises (CVAE) pour les redevables dont le chiffre d'affaires hors taxe est supérieur ou égal à 500 000 €). **65875**

Toutefois, la loi prévoit quatre cas d'**exonération** en faveur des loueurs qui louent leur **habitation personnelle** dans les conditions suivantes (CGI art. 1459) :

a. Personnes louant **accidentellement** en meublé (et sans aucun caractère périodique) une partie de leur habitation personnelle ;

b. Personnes louant ou sous-louant en meublé une partie de leur habitation principale (même à titre habituel), à condition que le prix de la location demeure fixé dans des limites raisonnables et que les pièces louées constituent **pour le locataire sa résidence principale** (il s'agit de la même exonération qu'en matière de BIC : voir nº 65790) ;

c. Personnes qui louent des locaux compris dans leur habitation personnelle et classés **« meublés de tourisme »** dans les conditions prévues par l'article L 324-1 du Code du tourisme ;

d. Personnes autres que celles visées ci-dessus qui louent ou sous-louent en meublé tout ou partie de leur habitation personnelle, par exemple, les propriétaires qui donnent en location leur résidence secondaire quelques semaines par an ou ceux qui louent des chambres d'hôtes dépendant de leur résidence personnelle (Rép. Prat : AN 16-4-2013 nº 8234).

> **Précisions a.** Les locaux compris dans l'**habitation personnelle**, principale ou secondaire, du contribuable ou qui constituent tout ou partie de celle-ci s'entendent des locaux dont il se réserve la jouissance ou la disposition en dehors des périodes de location saisonnière, le seul classement en chambres d'hôtes ne suffisant pas pour bénéficier de l'exonération (CE 9-10-2019 nº 417676 : RJF 1/20 nº 35 ; Rép. Prat : AN 16-4-2013 nº 8234).
> **b.** Dans les cas visés aux a et b ci-dessus, l'**exonération** s'applique **de plein droit** à la CFE comme à la CVAE. Dans les cas visés aux c et d, l'exonération de CFE s'applique **sauf délibération contraire des collectivités** bénéficiaires de la cotisation.
> **c.** En cas de **conventions en cascade**, chaque bailleur, propriétaire (qui loue en meublé) ou locataire (qui sous-loue) est imposable à la cotisation foncière des entreprises (BOI-IF-CFE-10-20-20-30 nº 22).
> **d.** La **CVAE** est **supprimée à compter de 2030** (Loi 2025-127 du 14-2-2025 art. 62). L'année 2029 sera donc la dernière année au titre de laquelle elle sera perçue. Toutefois, l'article 11 du projet de loi de finances pour 2026, présenté en Conseil des ministres le 14 octobre 2025, prévoit la suppression de la CVAE dès 2028.

TAXE D'HABITATION SUR LES RÉSIDENCES SECONDAIRES

Les propriétaires et principaux locataires ne sont pas redevables de la taxe d'habitation sur les résidences secondaires pour les locaux qu'ils louent ou sous-louent en meublé lorsque ces **locaux** ne constituent **pas leur habitation personnelle** et, étant **spécialement aménagés pour la location,** sont en principe imposables à la cotisation foncière des entreprises (CGI art. 1407). **65880**

Dans les autres cas, les propriétaires et principaux locataires qui louent ou sous-louent des locaux en meublé sont imposables à la taxe suivant les règles générales, c'est-à-dire lorsqu'ils **conservent la disposition ou la jouissance des locaux** et que ces derniers ne constituent pas leur habitation principale. Toutefois, les communes ont la faculté d'exonérer de la taxe, pour la totalité de la part leur revenant, les locaux classés « **meublés de tourisme** » au sens de l'article L 324-1 du Code du tourisme et les **chambres d'hôtes** au sens de l'article L 324-3 du même Code situés dans les **zones France ruralités revalorisation.**

> **Précisions a.** Le propriétaire ou le principal locataire qui donne en location ou en sous-location un local meublé une partie de l'année (**location saisonnière**) est imposable à la taxe d'habitation sur les résidences secondaires, même s'il est assujetti à la cotisation foncière des entreprises, dès lors qu'il entend, au 1er janvier de l'année d'imposition, se réserver la disposition du local, pour lui-même ou pour ses proches, l'autre partie de l'année (CE 2-7-2014 n° 369073 : RJF 10/14 n° 905).
> **b.** Les **locataires** ou sous-locataires de logements loués en meublé qu'ils **occupent de manière permanente** et exclusive à un autre titre que l'habitation principale, et dont ils conservent la disposition même pendant leurs absences, sont normalement imposables à la taxe d'habitation sur les résidences secondaires suivant les règles générales. Il en est ainsi alors même que le loueur est passible de la cotisation foncière des entreprises à raison de la location. Mais lorsque l'occupation n'est que **temporaire** ou en cas de séjours limités, aucune taxe d'habitation n'est due par les locataires.
> **c.** Pour bénéficier de l'exonération en faveur des locaux situés en **zones France ruralités revalorisation,** le redevable de la taxe doit produire au service des impôts, avant le 1er janvier de chaque année, une **déclaration** accompagnée de tous les éléments justifiant de l'affectation des locaux.
> **d.** Sur la **déclaration** que doivent souscrire les propriétaires de locaux affectés à l'habitation, voir n° 83800.

TAXE FONCIÈRE SUR LES PROPRIÉTÉS BÂTIES

65885 Les loueurs en meublé supportent en **principe** la taxe foncière sur les propriétés bâties dans les conditions habituelles.

Les communes et les établissements publics de coopération intercommunale peuvent, chacun pour la part qui lui revient, exonérer totalement de la taxe les **hôtels** (pour les locaux affectés exclusivement à une activité d'hébergement), les locaux classés « **meublés de tourisme** » au sens de l'article L 324-1 du Code du tourisme et les **chambres d'hôtes** au sens de l'article L 324-3 du même Code situés dans les **zones France ruralités revalorisation** (CGI art. 1383 E bis).

L'exonération est subordonnée à une **déclaration annuelle** (voir n° 65880, précision c).

CONTRIBUTION SUR LES REVENUS LOCATIFS

65890 Lorsqu'ils sont exonérés de TVA ou lorsqu'ils bénéficient de la franchise en base, les loueurs en meublé sont, en principe, redevables de la contribution sur les revenus locatifs s'il s'agit de **personnes morales** passibles de l'impôt sur les sociétés ou dont un membre au moins est soumis à l'impôt sur les sociétés et si les locaux sont situés dans des immeubles achevés depuis 15 ans au moins (CGI art. 234 nonies s. ; voir nos 80500 s.).

La contribution est **due** sur la totalité du loyer (y compris ce qui correspond au prix des meubles). Pour les **locations saisonnières,** ce sont les loyers stipulés pour la seule période de location (en faisant masse des différents contrats afférents au même logement) qui sont pris en compte pour apprécier si le seuil d'application de la contribution est ou non franchi.

Les locations effectivement **soumises à la TVA** sont exonérées de cette contribution.

TAXE DE SÉJOUR

65895 Sur délibération du conseil municipal, les locations meublées peuvent être soumises à une taxe de séjour dans les **communes** touristiques, les communes littorales ou de montagne et celles classées « stations de tourisme » (CGCT art. L 2333-26).

Sont soumises à la taxe les **personnes** qui ne sont pas domiciliées dans la commune (CGCT art. L 2333-29). Toutefois, bénéficient d'une exemption, notamment, les personnes mineures et les titulaires d'un contrat de travail saisonnier employés dans la commune (CGCT art. L 2333-31).

Les collectivités bénéficiaires peuvent lui préférer (soit de manière globale, soit selon les natures d'hébergement) une **taxe forfaitaire** due par les logeurs, hôteliers et propriétaires et assise sur la capacité d'accueil et le nombre de nuitées comprises à la fois dans la période d'ouverture de l'établissement et la période de perception (CGCT art. L 2333-41).

Le **tarif** des deux taxes – fixé par personne et par nuitée de séjour (pour la première), par unité de capacité d'accueil et par nuitée (pour la taxe forfaitaire) – ne peut être inférieur à 0,2 € ni excéder 4 € (hors taxe additionnelle départementale) ; il est arrêté par le conseil municipal conformément aux barèmes prévus aux articles L 2333-30 (taxe de séjour) et L 2333-41 (taxe forfaitaire) du CGCT.

Le montant total de la taxe forfaitaire peut être réduit, par application d'un abattement (entre 10 % et 80 %) afin de tenir compte de la durée de la période d'ouverture de l'établissement.

IMPÔT SUR LA FORTUNE IMMOBILIÈRE

Les locaux d'habitation loués meublés ou destinés à être loués meublés entrent dans le champ d'application de l'IFI. Ils peuvent toutefois être considérés comme des **actifs professionnels** exonérés d'IFI si le redevable **personne physique** réalise plus de 23 000 € de recettes annuelles et retire de cette activité plus de 50 % des revenus du foyer fiscal (CGI art. 975, V-1°). **65900**

L'appréciation du seuil de 50 % s'effectue par rapport à l'ensemble des **revenus professionnels** du foyer fiscal (TS, BIC, BNC, BA, revenus des gérants majoritaires visés à l'article 62 du CGI), retenus pour leur montant net après déduction des charges et abattements, à l'exclusion des revenus fonciers, des revenus mobiliers et des revenus taxables à un taux proportionnel, mais y compris le bénéfice net tiré de la location meublée auquel ils sont comparés (BOI-PAT-IFI-30-10-10-10 n° 60).

L'exonération des biens professionnels est également applicable lorsque l'activité de location meublée est exercée, sous certaines conditions, **au sein d'une société** dans laquelle le redevable exerce son activité professionnelle principale (société de personnes) ou la dirige (société soumise à l'impôt sur les sociétés) (voir n°s 82120 s.). Les immeubles (ou droits immobiliers) affectés à l'activité de location meublée de la société sont alors exonérés à hauteur de la participation du redevable dans cette société. Lorsque les immeubles appartiennent à la société, les titres détenus par le redevable sont exonérés à hauteur de la fraction de leur valeur représentative des immeubles en cause.

> **Précisions** **a.** L'activité de loueur en meublé doit être **exercée à titre principal.** Selon l'administration, lorsqu'un loueur en meublé professionnel exerce une activité salariée ou une autre profession à plein temps, l'activité de location ne peut pas, en général, être considérée comme la profession principale, même si elle procure des revenus supérieurs aux autres revenus de l'intéressé (BOI-PAT-IFI-30-10-10-30 n° 20).
> **b.** Le redevable peut également prétendre à l'exonération lorsque les **immeubles** affectés à la location meublée (que l'activité soit exercée en nom propre ou au sein d'une société) sont **détenus au travers d'une société** (une SCI, par exemple). Les parts ou actions représentatives de ces biens sont exonérées sous les mêmes conditions que les biens eux-mêmes.
> **c.** Pour apprécier le **seuil de 50 %,** il convient de retenir, non les recettes brutes tirées de l'activité de location meublée professionnelle, mais le bénéfice industriel et commercial net annuel dégagé par cette activité (Cass. com. 20-12-2023 n° 22-17.612 F-B : RJF 4/24 n° 339).

SECTION 3

RÉGIME SOCIAL DES LOCATIONS EN MEUBLÉ

A. Dispositions communes aux locations en meublé

DISTINCTION ENTRE LOUEUR PROFESSIONNEL ET NON PROFESSIONNEL

L'activité de location de logement meublé est considérée comme **professionnelle** lorsque les **recettes** tirées de cette activité par l'ensemble des membres du foyer fiscal **dépassent 23 000 €** (CGI art. 155, IV-2, 2°) et qu'une des deux conditions suivantes est remplie (CSS art. L 611-1, 6°) : **65905**

– ces locaux sont loués à une clientèle y effectuant un séjour à la journée, à la semaine ou au mois et n'y élisant pas domicile (autrement dit, location de **courte durée**) ;

– ces recettes excèdent les autres revenus d'activité du foyer fiscal, plus précisément ceux soumis à l'impôt sur le revenu dans la catégorie des traitements et salaires, des bénéfices industriels et commerciaux (en dehors de ceux tirés de l'activité de location meublée), des bénéfices non commerciaux et des revenus des gérants et associés (CGI art. 155, IV-2). Cette condition est applicable aux locations de **longue durée.**

Par opposition, celui qui ne répond pas à ces critères est un loueur **non professionnel.**

Sur le régime applicable aux **chambres d'hôtes,** voir n° 65935.

LOCATION VIA UN INTERMÉDIAIRE

65910 En principe, le propriétaire bailleur qui passe par une **plate-forme électronique** pour la location de son logement peut donner mandat à la plate-forme pour effectuer les démarches déclaratives de début d'activité (CSS art. L 613-6). Les micro-entrepreneurs et ceux ayant opté pour le régime des salariés (nº 65925) peuvent également déclarer les déclarations sociales et le paiement des cotisations et contributions sociales, qui sont précomptées par la plate-forme.

Il semble toutefois, qu'**en pratique,** cette disposition ne soit pas appliquée par les plates-formes.

> Précisions **a.** Les pouvoirs publics avaient indiqué en 2018 que l'obligation d'affiliation ne s'appliquait pas aux situations de mise en location par le biais d'une **agence professionnelle** bénéficiaire d'un mandat de gestion et soumise à la loi 70-9 du 2 janvier 1970, dite **loi Hoguet** (Rép. Pellois : AN 10-7-2018 nº 3619).
b. Le législateur a prévu de rendre **obligatoire le dispositif de précompte** des cotisations et contributions sociales (et, en cas d'option pour le versement libératoire, l'impôt sur le revenu) pour les loueurs de meublé ayant le statut de salarié ou ayant opté pour le régime des salariés (nº 65925). Cette obligation entrera en vigueur le 1er janvier 2026 pour les opérateurs de plate-forme **volontaires** (Loi 2025-199 du 28-2-2025 art. 28 : BPIM 3/25 inf. 172 ; Arrêté ECOS2514460A du 19-5-2025), et le 1er janvier 2027 pour tous (CSS art. L 613-6-1 issu de la loi 2023-1250 du 26-12-2023) : le loueur devra transmettre ses données d'identification à l'opérateur de plateforme, dans des conditions fixées par décret (à paraître).

B. Régime social applicable au loueur en meublé de longue durée professionnel

OBLIGATION D'AFFILIATION À LA SÉCURITÉ SOCIALE

65915 Lorsque les conditions visées nº 65905 sont remplies, le loueur en meublé de longue durée doit s'affilier au régime de sécurité sociale des travailleurs indépendants non agricoles. Il bénéficie du régime des indépendants de droit commun.

> Précisions Toutefois, jusqu'au 31 décembre 2025, il reste possible pour le loueur en meublé de longue durée non classé de bénéficier du régime social des micro-entrepreneurs (en cas de revenus compris entre 23 000 et 77 700 €) (BOSS communiqué du 4-9-2025 : BPIM 5/25 inf. 282).

RÉGIME APPLICABLE L'ANNÉE D'AFFILIATION

65920 Quel que soit le statut du propriétaire bailleur, les cotisations sont **assises** sur le montant des recettes (ou des revenus) supérieur à 23 000 € la première année, puis dès le premier euro les années suivantes (www.urssaf.fr). Ce seuil s'apprécie pour toutes les locations de logement meublé.

Les loueurs en meublé peuvent bénéficier de l'**aide à la création ou à la reprise d'entreprise** (Acre) s'ils en remplissent les conditions (CSS art. L 131-6-4 ; C. trav. art. L 5141-1).

> Précisions Contactée par nos soins, l'Urssaf caisse nationale précise que lors de la première année d'affiliation : le loueur en meublé cotise sur la base des recettes (ou des revenus) perçus postérieurement à son affiliation (en cours d'année), ce qui revient à opérer une déduction de 23 000 € sur le revenu annuel pour cette première année (et uniquement pour cette année).

C. Régime social applicable au loueur en meublé de courte durée professionnel

LOCATION SAISONNIÈRE

65925 Lorsque les conditions de l'activité professionnelle sont remplies, le bailleur doit s'affilier à la sécurité sociale, en principe au régime des **travailleurs indépendants** non agricoles, dans les mêmes conditions que pour les locations de longue durée (voir nº 65915).

Toutefois, si les recettes annuelles ne dépassent pas 77 700 € (montant 2025), le loueur en meublé de courte durée peut choisir d'être affilié au régime général des **salariés** (CSS art. L 311-3, 35º). L'option est exercée lors de l'affiliation via une interface dédiée sur le site www.urssaf.fr : https://ats.declaration.urssaf.fr/Application-ECOLAB-Inscription.

En cas d'option pour le régime général, l'**assiette** de calcul des cotisations et contributions sociales est constituée des recettes diminuées d'un abattement de 60 % (CSS art. L 311-3, 35º).

Signalons que l'Urssaf propose un **simulateur de cotisations** en ligne pour les loueurs de meublé de courte durée, touristique ou non, dont les recettes ne dépassent pas 77 700 € par an.

Sur le régime applicable la **première année** d'affiliation, voir n° 65920.

LOCATION DE MEUBLÉ DE TOURISME CLASSÉ

Le régime social des locations de courte durée de logement meublé de tourisme classé au sens de l'article L 324-1 du Code du tourisme est le même que pour les locations saisonnières de courte durée « classiques » (voir n° 65925), sous les réserves suivantes : **65930**

– le seuil maximum de recettes pour s'affilier en tant que **micro-entrepreneur** est de 77 700 € en 2025 ;

– en cas d'option pour le régime général des **salariés** (ouverte en deçà de 77 700 € de recettes), les cotisations et contributions sociales sont assises sur les recettes diminuées d'un abattement de 87 %.

Location de chambres d'hôtes **65935**

Les loueurs de chambres d'hôtes, définies à l'article L 324-3 du Code du tourisme et non situées sur une exploitation agricole, sont obligatoirement affiliés au régime des **travailleurs indépendants non agricoles** lorsque le revenu imposable annuel de l'activité est supérieur à 13 % du plafond annuel de la sécurité sociale, soit 6 123 € en 2025 (CSS art. L 611-1, 5° et D 611-1 ; Arrêté TSSS2429581A du 19-12-2024 : JO 29). Si les revenus sont inférieurs à 188 700 € jusqu'au 31 décembre 2025, puis s'ils sont inférieurs à 77 700 € à compter du 1er janvier 2026, ils peuvent s'affilier en tant que **micro-entrepreneurs** (Boss communiqué du 4-9-2025 : BPIM 5/25 inf. 282).

Il n'existe pas de possibilité de s'affilier au régime des salariés.

Les activités de locations de chambres d'hôtes situées sur une **exploitation agricole** relèvent du régime des non-salariés agricoles (C. rur. art. L 722-1, 1° et D 722-4).

Quel que soit le statut, les cotisations sont assises sur le montant des **revenus supérieur à 6 123 €** la première année, puis dès le premier euro les années suivantes (www.urssaf.fr).

En cas de **revenus inférieurs à 6 123 €,** il n'y a pas d'obligation d'affiliation à la sécurité sociale, mais les revenus sont soumis aux prélèvements sociaux au taux global de 17,2 %.

Les loueurs de chambres d'hôtes en début d'activité peuvent bénéficier de l'aide à la création ou à la reprise d'entreprise (Acre) s'ils en remplissent les conditions (CSS art. L 131-6-4 ; C. trav. art. L 5141-1).

D. Régime social applicable au loueur en meublé non professionnel

Les loueurs en meublé ne remplissant pas les conditions visées n° 65905 n'ont pas d'obligation d'**affiliation** à un régime de sécurité sociale. Leurs revenus sont assujettis aux prélèvements sociaux au titre des revenus du patrimoine et assimilés, soit un taux global de 17,2 % (CSG de 9,2 %, CRDS de 0,5 % et prélèvement de solidarité de 7,5 %). **65940**

Annexes

CONTRAT TYPE DE LOCATION OU DE COLOCATION DE LOGEMENT MEUBLÉ

65950 **Champ du contrat type** : Le présent contrat type de location est applicable aux locations et aux colocations de logement meublé et qui constitue la résidence principale du preneur, à l'exception :
– des colocations formalisées par la conclusion de plusieurs contrats entre les locataires et le bailleur ;
– des locations de logement appartenant à un organisme d'habitation à loyer modéré et faisant l'objet d'une convention passée en application de l'article L 351-2 du Code de la construction et de l'habitation.

Modalités d'application du contrat type : Le régime de droit commun en matière de baux d'habitation est défini principalement par la loi 89-462 du 6 juillet 1989 tendant à améliorer les rapports locatifs et portant modification de la loi 86-1290 du 23 décembre 1986. L'ensemble de ces dispositions étant d'ordre public, elles s'imposent aux parties qui, en principe, ne peuvent pas y renoncer.

En conséquence :
– le présent contrat type de location contient uniquement les clauses essentielles du contrat dont la législation et la réglementation en vigueur au jour de sa publication imposent la mention par les parties dans le contrat. Il appartient cependant aux parties de s'assurer des dispositions applicables au jour de la conclusion du contrat ;
– au-delà de ces clauses, les parties sont également soumises à l'ensemble des dispositions légales et réglementaires d'ordre public applicables aux baux d'habitation sans qu'il soit nécessaire de les faire figurer dans le contrat et qui sont rappelées utilement dans la notice d'information qui doit être jointe à chaque contrat ;
– les parties sont libres de prévoir dans le contrat d'autres clauses particulières, propres à chaque location, dans la mesure où celles-ci sont conformes aux dispositions législatives et réglementaires en vigueur. Les parties peuvent également convenir de l'utilisation de tout autre support pour établir leur contrat, dans le respect du présent contrat type.

Le contrat type de location ou de colocation contient les éléments suivants :

I. Désignation des parties

Le présent contrat est conclu entre les soussignés :
– [nom et prénom, ou dénomination du bailleur/domicile ou siège social/qualité du bailleur (personne physique, personne morale (1))/adresse électronique (facultatif)] (2) désigné(s) ci-après « le bailleur ».
– le cas échéant, représenté par le mandataire :
• [nom ou raison sociale et adresse du mandataire ainsi que l'activité exercée],
– le cas échéant [numéro et lieu de délivrance de la carte professionnelle/nom et adresse du garant] (3) ;
– [nom et prénom du ou des locataires ou, en cas de colocation, des colocataires, adresse électronique (facultatif)] désigné(s) ci-après « le locataire ».

Il a été convenu ce qui suit :

II. Objet du contrat

Le présent contrat a pour objet la location d'un logement ainsi déterminé :

A. Consistance du logement

– localisation du logement : [exemples : adresse/bâtiment/étage/porte, etc.] ;
– type d'habitat : [immeuble collectif ou individuel] ;
– régime juridique de l'immeuble : [monopropriété ou copropriété] ;
– période de construction : [exemples : avant 1949, de 1949 à 1974, de 1975 à 1989, de 1989 à 2005, depuis 2005] ;
– surface habitable : [...] m^2 ;
– nombre de pièces principales : [...] ;
– le cas échéant, autres parties du logement : [exemples : grenier, comble aménagé ou non, terrasse, balcon, loggia, jardin, etc.] ;
– le cas échéant, éléments d'équipement du logement : [exemples : cuisine équipée, détail des installations sanitaires, etc.] ;
– modalité de production de chauffage : [individuel ou collectif] (4) ;
– modalité de production d'eau chaude sanitaire : [individuelle ou collective] (5) ;
– le cas échéant, la consommation énergétique du logement, déterminée selon la méthode du diagnostic de performance énergétique mentionné à l'article L 126-26 du Code de la construction

et de l'habitation, ne doit pas excéder, à compter du 1er janvier 2028, le seuil fixé au I de l'article L 173-2 du même Code (5 bis). **65950** (suite)

B. Destination des locaux : [usage d'habitation ou usage mixte professionnel et d'habitation]

C. Le cas échéant, désignation des locaux et équipements accessoires de l'immeuble à usage privatif du locataire : [exemples : cave, parking, garage, etc.]

D. Le cas échéant, énumération des locaux, parties, équipements et accessoires de l'immeuble à usage commun : [garage à vélos, ascenseur, espaces verts, aires et équipements de jeux, laverie, local poubelle, gardiennage, autres prestations et services collectifs, etc.]

E. Le cas échéant, équipement d'accès aux technologies de l'information et de la communication : [exemples : modalités de réception de la télévision dans l'immeuble, modalités de raccordement internet, etc.]

III. Date de prise d'effet et durée du contrat

La durée du contrat et sa date de prise d'effet sont ainsi définies :

A. Date de prise d'effet du contrat : [...]

B. Durée du contrat : [durée minimale d'un an ou de neuf mois si la location est consentie à un étudiant]

À l'exception des locations consenties à un étudiant pour une durée de neuf mois, les contrats de location de logements meublés sont reconduits tacitement à leur terme pour une durée d'un an et dans les mêmes conditions. Le locataire peut mettre fin au bail à tout moment, après avoir donné congé. Le bailleur peut, quant à lui, mettre fin au bail à son échéance et après avoir donné congé, soit pour reprendre le logement en vue de l'occuper lui-même ou une personne de sa famille, soit pour le vendre, soit pour un motif sérieux et légitime.

Les contrats de locations meublées consenties à un étudiant pour une durée de neuf mois ne sont pas reconduits tacitement à leur terme et le locataire peut mettre fin au bail à tout moment, après avoir donné congé. Le bailleur peut, quant à lui, mettre fin au bail à son échéance et après avoir donné congé.

IV. Conditions financières

Les parties conviennent des conditions financières suivantes :

A. Loyer

1° Fixation du loyer initial :

a) Montant du loyer mensuel : [...] (6).

b) Le cas échéant, modalités particulières de fixation initiale du loyer applicables dans certaines zones tendues (7) :

– le loyer du logement objet du présent contrat est soumis au décret fixant annuellement le montant maximum d'évolution des loyers à la relocation : [Oui/Non] ;

– le loyer du logement objet du présent contrat est soumis au loyer de référence majoré fixé par arrêté préfectoral : [Oui/Non] ;

– montant du loyer de référence : [...] €/m^2 ;

– montant du loyer de référence majoré : [...] €/m^2 ;

– le cas échéant, complément de loyer : [si un complément de loyer est prévu, indiquer le montant du loyer de base, nécessairement égal au loyer de référence majoré, le montant du complément de loyer et les caractéristiques du logement justifiant le complément de loyer].

c) Le cas échéant, informations relatives au loyer du dernier locataire : [montant du dernier loyer acquitté par le précédent locataire, date de versement et de la dernière révision du loyer] (8).

2° Le cas échéant, modalités de révision :

a) Date de révision : [...].

b) Date ou trimestre de référence de l'IRL : [...].

B. Charges récupérables

1. Modalité de règlement des charges récupérables : [Provisions sur charges avec régularisation annuelle ou paiement périodique des charges sans provision ou récupération des charges par le bailleur sous la forme d'un forfait].

2. Le cas échéant, montant des provisions sur charges ou du forfait de charges [...].

3. Le cas échéant, modalités de révision du forfait de charges : [...] (9).

C. Le cas échéant, en cas de **colocation,** souscription par le bailleur d'une **assurance** pour le compte des colocataires (10) : [Oui/Non].

a) Montant total annuel récupérable au titre de l'assurance pour compte des colocataires : [...] (11).

b) Montant récupérable par douzième : [...].

D. Modalités de paiement

– périodicité du paiement : [...] (12) ;

– paiement [à échoir/à terme échu] ;

– date ou période de paiement : [...] ;

65950 (suite) – le cas échéant, lieu de paiement : [...] ;

– le cas échéant, montant total dû à la première échéance de paiement pour une période complète de location : [Détailler la somme des montants relatifs au loyer, aux charges récupérables, à la contribution pour le partage des économies de charges et, en cas de colocation, à l'assurance récupérable pour le compte des colocataires].

E. Le cas échéant, exclusivement lors d'un **renouvellement** de contrat, modalités de **réévaluation** d'un loyer manifestement sous-évalué.

1. Montant de la hausse ou de la baisse de loyer mensuelle : [...].

2. Modalité d'application annuelle de la hausse : [par tiers ou par sixième selon la durée du contrat et le montant de la hausse de loyer].

F. Dépenses énergétiques (pour information)

Montant estimé des dépenses annuelles d'énergie pour un usage standard de l'ensemble des usages énumérés dans le diagnostic de performance énergétique (chauffage, refroidissement, production d'eau chaude sanitaire, éclairage et auxiliaires de chauffage, de refroidissement, d'eau chaude sanitaire et de ventilation) mentionné à l'article L 126-26 du Code de la construction et de l'habitation : [montant ou fourchette inscrit dans le diagnostic de performance énergétique] (estimation réalisée à partir des prix énergétiques de référence de l'année : [année de référence des prix énergétiques du diagnostic énergétique à l'origine de l'estimation]).

V. Travaux

A. Le cas échéant, montant et nature des travaux d'amélioration ou de mise en conformité avec les caractéristiques de décence effectués depuis la fin du dernier contrat de location ou depuis le dernier renouvellement : [...] (13).

B. Le cas échéant, majoration du loyer en cours de bail consécutive à des travaux d'amélioration entrepris par le bailleur ou d'acquisitions d'équipements : [nature des travaux ou des équipements, modalités d'exécution, délai de réalisation ou d'acquisition ainsi que montant de la majoration du loyer] (14).

C. Le cas échéant, diminution de loyer en cours de bail consécutive à des travaux entrepris par le locataire : [durée de cette diminution et, en cas de départ anticipé du locataire, modalités de son dédommagement sur justification des dépenses effectuées].

VI. Garanties

Le cas échéant, montant du dépôt de garantie de l'exécution des obligations du locataire : [inférieur ou égal à deux mois de loyers hors charges].

VII. Le cas échéant, **clause de solidarité**

Modalités particulières des obligations en cas de pluralité de locataires : [clause prévoyant la solidarité des locataires et l'indivisibilité de leurs obligations en cas de pluralité de locataires].

VIII. Le cas échéant, **clause résolutoire**

Modalités de résiliation de plein droit du contrat : [clause prévoyant la résiliation de plein droit du contrat de location pour un défaut de paiement du loyer ou des charges aux termes convenus, le non-versement du dépôt de garantie, la non-souscription d'une assurance des risques locatifs ou le non-respect de l'obligation d'user paisiblement des locaux loués, résultant de troubles de voisinage constatés par une décision de justice passée en force de chose jugée].

IX. Le cas échéant, **honoraires de location** (15)

A. Dispositions applicables

Il est rappelé les dispositions du I de l'article 5 de la loi du 6 juillet 1989, alinéas 1 à 3 : La rémunération des personnes mandatées pour se livrer ou prêter leur concours à l'entremise ou à la négociation d'une mise en location d'un logement, tel que défini aux articles 2 et 25-3, est à la charge exclusive du bailleur, à l'exception des honoraires liés aux prestations mentionnées aux deuxième et troisième alinéas du présent I.

Les honoraires des personnes mandatées pour effectuer la visite du preneur, constituer son dossier et rédiger un bail sont partagés entre le bailleur et le preneur. Le montant toutes taxes comprises imputé au preneur pour ces prestations ne peut excéder celui imputé au bailleur et demeure inférieur ou égal à un plafond par mètre carré de surface habitable de la chose louée fixé par voie réglementaire et révisable chaque année, dans des conditions définies par décret. Ces honoraires sont dus à la signature du bail.

Les honoraires des personnes mandatées pour réaliser un état des lieux sont partagés entre le bailleur et le preneur. Le montant toutes taxes comprises imputé au locataire pour cette prestation ne peut excéder celui imputé au bailleur et demeure inférieur ou égal à un plafond par mètre carré de surface habitable de la chose louée fixé par voie réglementaire et révisable chaque année, dans des conditions définies par décret. Ces honoraires sont dus à compter de la réalisation de la prestation.

Plafonds applicables :

– montant du plafond des honoraires imputables aux locataires en matière de prestation de visite du preneur, de constitution de son dossier et de rédaction de bail : [...] €/m^2 de surface habitable ;

– montant du plafond des honoraires imputables aux locataires en matière d'établissement de l'état des lieux d'entrée : [...] €/m² de surface habitable. 65950 (suite)

B. Détail et répartition des honoraires

1. Honoraires **à la charge du bailleur** :

– prestations de visite du preneur, de constitution de son dossier et de rédaction de bail : [détail des prestations effectivement réalisées et montant des honoraires toutes taxes comprises dus à la signature du bail] ;

– le cas échéant, prestation de réalisation de l'état des lieux d'entrée : [montant des honoraires toutes taxes comprises dus à compter de la réalisation de la prestation] ;

– le cas échéant, autres prestations : [détail des prestations et conditions de rémunération].

2. Honoraires **à la charge du locataire** :

– prestations de visite du preneur, de constitution de son dossier et de rédaction de bail : [détail des prestations effectivement réalisées et montant des honoraires toutes taxes comprises dus à la signature du bail] ;

– le cas échéant, prestation de réalisation de l'état des lieux d'entrée : [montant des honoraires toutes taxes comprises dus à compter de la réalisation de la prestation].

X. Autres conditions particulières

[À définir par les parties]

XI. Annexes

Sont annexées et jointes au contrat de location les pièces suivantes :

A. Le cas échéant, un extrait du **règlement** concernant la destination de l'immeuble, la jouissance et l'usage des parties privatives et communes, et précisant la quote-part afférente au lot loué dans chacune des catégories de charges ;

B. Un dossier de **diagnostic technique** comprenant :

– un diagnostic de performance énergétique ;

– un constat de risque d'exposition au plomb pour les immeubles construits avant le 1er janvier 1949 ;

– le cas échéant, une copie d'un état mentionnant l'absence ou la présence de matériaux ou de produits de la construction contenant de l'amiante (16) ;

– le cas échéant, un état de l'installation intérieure d'électricité et de gaz, valable 6 ans, dont l'objet est d'évaluer les risques pouvant porter atteinte à la sécurité des personnes (17) ;

– le cas échéant, un état des risques naturels et technologiques pour les zones couvertes par un plan de prévention des risques technologiques ou par un plan de prévention des risques naturels prévisibles, prescrit ou approuvé, ou dans des zones de sismicité (18).

C. Une **notice d'information** relative aux droits et obligations des locataires et des bailleurs.

D. Un **état des lieux,** un inventaire et un état détaillé du mobilier (19).

E. Le cas échéant, une autorisation préalable de mise en location (20).

F. Le cas échéant, les références aux loyers habituellement constatés dans le voisinage pour des logements comparables (21).

Le [date], à [lieu],

Signature du bailleur [ou de son mandataire, le cas échéant]

Signature du locataire

(1) Préciser si la personne morale est une société civile constituée exclusivement entre parents et alliés jusqu'au quatrième degré inclus.

(2) À reproduire si pluralité de bailleurs.

(3) Mention obligatoire s'appliquant aux professionnels exerçant une activité mentionnée à l'article 1 de la loi 70-9 du 2 janvier 1970 réglementant les conditions d'exercice des activités relatives à certaines opérations portant sur les immeubles et les fonds de commerce.

(4) Si chauffage collectif, préciser les modalités de répartition de la consommation du locataire.

(5) En cas de production collective, préciser les modalités de répartition de la consommation du locataire.

(5 bis) Mention obligatoire s'appliquant aux logements dont la consommation énergétique, déterminée selon la méthode du diagnostic de performance énergétique mentionné à l'article L 126-26 du Code de la construction et de l'habitation, excède le seuil fixé au I de l'article L 173-2 du même Code.

(6) Lorsqu'un complément de loyer est appliqué, le loyer mensuel s'entend comme la somme du loyer de base et de ce complément.

(7) Zones d'urbanisation continue de plus de 50 000 habitants où il existe un déséquilibre marqué entre l'offre et la demande de logements, entraînant des difficultés sérieuses d'accès au logement sur l'ensemble du parc résidentiel telles que définies par décret.

(8) Mention obligatoire si le précédent locataire a quitté le logement moins de dix-huit mois avant la signature du bail.

(9) Si les parties conviennent d'un forfait de charges et de sa révision annuelle, ce forfait est révisé dans les mêmes conditions que le loyer principal.

(10) Au cours de l'exécution du contrat de location et dans les conditions prévues par la loi, les colocataires peuvent provoquer la résiliation de l'assurance souscrite par le bailleur pour leur compte.

(11) Correspond au montant de la prime d'assurance annuelle, éventuellement majoré dans la limite d'un montant fixé par décret en Conseil d'État.

(12) Paiement mensuel de droit à tout moment à la demande du locataire.

(13) Le cas échéant, préciser par ailleurs le montant des travaux d'amélioration effectués au cours des six derniers mois.

(14) Clause invalide pour les travaux de mise en conformité aux caractéristiques de décence.

(15) À mentionner lorsque le contrat de location est conclu avec le concours d'une personne mandatée et rémunérée à cette fin.

(16) À compter de l'entrée en vigueur du décret d'application listant notamment les matériaux ou produits concernés.

(17) À compter de la date d'entrée en vigueur de cette disposition, prévue par décret.

(18) La liste des communes comprises dans ces zones est définie localement par arrêté préfectoral.

(19) Ces documents sont établis lors de la remise des clés, dont la date peut être ultérieure à celle de conclusion du contrat.

(20) Dispositif applicable dans certains territoires présentant une proportion importante d'habitat dégradé délimité localement par l'établissement public de coopération intercommunale compétent en matière d'habitat ou, à défaut, le conseil municipal (art. 92 de la loi n° 2014-366 du 24-3-2014 pour l'accès au logement et un urbanisme rénové).

(21) Lorsque la détermination du montant du loyer est la conséquence d'une procédure liée au fait que le loyer précédemment appliqué était manifestement sous-évalué.

MODÈLE DE CONTRAT DE LOCATION MEUBLÉE SAISONNIÈRE

65951 **Entre les soussignés**

<<*Civilité*>> <<*Nom, Prénoms du Loueur*>>
Demeurant à <<*Adresse complète*>>,
Ci-après dénommé<<*(e)*>> « le Loueur ou Bailleur »
D'UNE PART,

Et

<<*Civilité*>> <<*Nom, Prénoms du Preneur*>>
Demeurant à <<*Adresse complète*>>
Ci-après dénommé<<*(e)*>> « le Preneur ou Locataire »
D'AUTRE PART,

Il a été convenu ce qui suit :

<<*Civilité*>> <<*Nom, Prénoms du Loueur*>> loue à
<<*Civilité*>> <<*Nom, Prénoms du Preneur*>>, à titre de location meublée saisonnière et sous les conditions générales et particulières ci-après convenues, les locaux meublés ci-après désignés.

Désignation

Dans un immeuble situé à <<*Adresse complète*>>, un appartement au <<*Numéro*>> étage, comprenant
Avec les meubles meublants et objets mobiliers qui s'y trouvent, tels que désignés, article par article, dans l'inventaire ci-annexé.

Durée

Cette location est consentie et acceptée pour une durée <<*Durée. Par exemple, de trois semaines (ou d'un mois)*>>, qui commencera à courir le <<*Date*>> à <<*Heure*>> heures pour se terminer de plein droit et sans formalité le <<*Date*>> à <<*Heure*>> heures.

Loyer 65951 (suite)

Cette location est consentie et acceptée moyennant un loyer fixé forfaitairement à < <*Montant*> > euros pour toute la période de location, toutes charges comprises, payé d'avance < <*Périodicité de paiement. Par exemple : ce jour (ou au plus tard lors de la remise des clés)*> >, par chèque, au loueur, qui le reconnaît, et en donne au Preneur bonne et valable quittance entière définitive, mais sous réserve de l'encaissement du chèque.

Dépôt de garantie

Le Preneur < <*Moment du versement. Par exemple : a versé (ou versera)*> > au Loueur lors de son entrée dans les lieux un dépôt de garantie d'un montant de< <*Montant*> > euros, non productif d'intérêt, pour répondre des dégradations qui pourraient être commises dans les lieux loués et pour couvrir le coût de ses consommations (gaz, électricité, eau, etc.).

Le dépôt de garantie sera restitué au Preneur < <*Modalités de restitution. Par exemple : en tout ou partie...*> > lors de la remise des clefs, après déduction des différentes consommations du Preneur et, le cas échéant, du montant du coût des dégradations causées à l'appartement comme aux éléments mobiliers qui s'y trouvent.

Conditions de la location

La présente location est consentie et acceptée sous les conditions ordinaires et de droit en pareille matière et, en outre, sous celles-ci après stipulées, que le Preneur s'oblige à exécuter sous peine de résiliation des présentes, si bon le semble au Bailleur, à savoir :

1° de prendre les lieux loués et les meubles meublants qui s'y trouvent, tels qu'ils figurent dans l'inventaire ci-annexé dans leur état actuel qu'il déclare bien connaître, sans pouvoir élever aucune déclamation ou contestation pour vétusté, mauvais fonctionnement des éléments d'équipement ou autres raisons ;

2° d'occuper les lieux, personnellement tant pour lui-même que pour sa famille et bourgeoisement ; le Preneur s'interdisant d'y exercer toute activité commerciale, artisanale ou professionnelle et de prêter ou sous-louer les lieux, sous quelque prétexte que ce soit, même à titre gratuit ; le Preneur reconnaissant que cette location ne lui a été consentie qu'à titre de résidence provisoire et de plaisance, condition sans laquelle le présent engagement n'aurait pas eu lieu ;

3° de s'assurer contre les risques locatifs, de vol, incendie, dégâts des eaux et les recours des voisins et de faire assurer le mobilier donné en location ;

4° de ne pouvoir se substituer quelque personne que ce soit, ni sous-louer même gratuitement les lieux loués, sauf accord écrit du Bailleur ;

5° de ne pas troubler la tranquillité de l'immeuble et du voisinage.

Le Loueur sera en droit de réclamer au Preneur à son départ :

a) la valeur totale, au prix de remplacement, des objets mobiliers et matériels cassés, fêlés ou ébréchés ou simplement détériorés et de ceux dont l'usure dépasserait la normale pour la durée de la location ;

b) le nettoyage des couvertures rendues sales et tachées ;

c) une indemnisation pour les détériorations de toute nature concernant les papiers, tentures, parquets, plafonds, tapis, ou moquettes, vitres, literie, etc.

Clause résolutoire

En cas d'inexécution de l'une quelconque des clauses du bail, et un mois après une sommation d'exécuter délivrée par acte d'huissier de justice, demeurée infructueuse, le présent bail sera résilié de plein droit, si bon le semble au Bailleur et sans formalité judiciaire. Si le Locataire se refuse à quitter les lieux, il suffira pour l'y contraindre d'une ordonnance de référé, exécutoire par provision et nonobstant appel.

Les frais de l'ordonnance de référé et de tous ceux qui en seraient la suite ou la conséquence seront à la charge exclusive du Locataire.

Faute par le Locataire de libérer les lieux à la date d'expiration du bail ou de sa résiliation, il s'engage dès à présent formellement et définitivement à verser au Bailleur, par jour de retard, une indemnité – stipulée à titre de dommages-intérêts fixés forfaitairement et non révisable – égale à 3 fois le montant journalier du loyer exigible à l'époque du départ.

Conditions particulières

< <*Indiquer les conditions particulières*> >

Élection de domicile

Pour l'exécution des présentes, les parties font élection de domicile :

– Le Loueur à < < *Lieu* > >

– Le Locataire à < < *Lieu* > >

et conviennent que le tribunal compétent sera celui de la circonscription dans laquelle se trouvent les lieux loués.

Signature des parties

Approuvant :

Lignes

Mots rayés nuls

Fait en < < *Nombre* > > exemplaires,

À < < *Ville* > >,

Le < < *Date* > >.

Le Preneur

Le Loueur

MEUBLÉ DE TOURISME CLASSÉ
ÉTAT DESCRIPTIF ET CONDITIONS DE LOCATION
(rayer les mentions inutiles, compléter, cocher)

65952 [Les agents immobiliers, les sociétés d'exploitation spécialisées ou toute personne morale légalement habilitée peuvent lui substituer un état descriptif en usage dans leur profession.]

I – Renseignements généraux

Adresse du meublé : ...

(Préciser, s'il y a lieu, le bâtiment, l'étage, le numéro)...

Code postal : ...Commune : ...

Catégorie de classement ☐ 1* ☐ 2* ☐ 3* ☐ 4* ☐ 5*

Arrêté préfectoral du : *JJ/MM/AAAA*

Nom et adresse du loueur ou de son mandataire : ...

Téléphone du loueur ou de son mandataire : ...

E-mail du loueur ou de son mandataire : ...

II – Principales caractéristiques du meublé

Nombre maximal de personnes susceptibles d'être logées : ...

S'agit-il d'une construction : ☐ neuve ☐ récente ☐ ancienne

S'agit-il :

☐ d'une maison ☐ indépendante ☐ avec jardin

☐ d'un studio ☐ d'un appartement...

S'il s'agit d'un studio ou d'un appartement, est-il situé dans un immeuble comportant plusieurs logements ☐ Oui ☐ Non

Si oui, combien : ...

S'agit-il de pièces situées :

☐ dans un appartement ☐ dans une villa

☐ occupées partiellement par le propriétaire ☐ par d'autres locataires

À quel étage le meublé est-il situé : ...

Le meublé est-il accessible aux personnes handicapées à mobilité réduite ☐ Oui ☐ Non

Dispose-t-il :

☐ du chauffage central ☐ de la climatisation ☐ d'un système de rafraîchissement d'air

Superficie totale du meublé...Nombre de pièces d'habitation...

Nombre de salles d'eau...

☐ Cuisine séparée ☐ Coin cuisine dans la pièce principale

☐ Existence d'une entrée

Le locataire a la jouissance : 65952 (suite)

☐ d'un jardin privatif ☐ d'un parc privatif ☐ d'une cour privative

☐ d'un garage privatif ☐ d'un emplacement de voiture à proximité privatif

☐ d'une terrasse d'une superficie de...avec vue [Sur mer, sur montagne, sur cour, sur rue...]...

☐ d'une loggia d'une superficie de... avec vue...

☐ d'un balcon d'une superficie de... avec vue...

III – Situation du meublé dans la localité

Le meublé est :

☐ isolé ☐ situé dans une ferme ☐ situé dans un hameau

☐ situé dans un village ☐ situé dans une ville

1°) Distance des principaux centres d'intérêt touristique (en kilomètres) :

Pistes de ski...Mer...Lac...

Plage la plus proche...Forêt la plus proche...

Rivière la plus proche... Port de plaisance le plus proche...

Centre-ville...

Autres centres d'intérêt (activités liées à la nature, etc.)...

2°) Distance des principaux services (en kilomètres) :

Gare SNCF...

Gare routière : ...Aéroport : ...

Médecin : ...Hôpital : ...

Centre commercial ou supermarché le plus proche : ...

Restaurant : ...Laverie : ...Épicerie : ...

Autres (préciser) : ...

3°) Éventuels inconvénients de voisinage :

Bruits : ...Odeurs : ...

IV – Description du meublé (plan éventuellement)

État d'entretien général : ...

1°) Agencement des pièces :

Pour chaque pièce d'habitation, préciser la surface, le nombre de fenêtres, le nombre de lits à une place, à deux places, leurs dimensions, le mobilier, l'exposition [nord, sud, est, ouest], et la vue (4), si les pièces sont ou non indépendantes.

Pièce de séjour : ...Chambre n° 1 : ...

Chambre n° 2 : ...Chambre n° 3 : ...

Chambre n° 4 : ...Etc. : ...

2°) Agencement de la cuisine :

☐ Évier avec eau froide et chaude ☐ Ventilation mécanique contrôlée ☐ Hotte aspirante

☐ Table de cuisson, nombre de feux : ...

Alimentation : ☐ gaz de ville ☐ bouteille de gaz ☐ électricité ☐ mixte

☐ Four ☐ Four à micro-ondes

☐ Réfrigérateur – Contenance : ... ☐ avec compartiment conservation

☐ Congélateur – Contenance : ...

☐ Lave-vaisselle

☐ Batterie de cuisine complète : ...

☐ Autocuiseur

Nombre de couverts complets non dépareillés : ...

Appareillage électroménager (mixeur, cafetière électrique...) : ...

Autres équipements : ...

65952 (suite) 3°) Équipements sanitaires :

Nombre de salles d'eau...

	Première salle d'eau	**Deuxième salle d'eau**
Nombre de lavabos		
Douche	☐ Oui ☐ Non	☐ Oui ☐ Non
Baignoire équipée d'une douche	☐ Oui ☐ Non	☐ Oui ☐ Non

Nombre de W.-C. intérieur(s) au meublé...

Nombre de W.-C. intérieur(s) au meublé et indépendant(s) de la salle d'eau...

4°) Équipements divers :

Téléphone dans le meublé : ☐ Oui ☐ Non Si oui, numéro : ....

Téléphone à proximité : ☐ Oui ☐ Non Si oui, distance : ....

Accès internet haut débit : ☐ Oui ☐ Non TV couleur : ☐ Oui ☐ Non

Lecteur DVD : ☐ Oui ☐ Non Chaîne hi-fi avec radio : ☐ Oui ☐ Non

Lave-linge électrique : ☐ Oui ☐ Non Si oui : ☐ Particulier ☐ Commun

Sèche-linge électrique : ☐ Oui ☐ Non Si oui : ☐ Particulier ☐ Commun

Étendoir à linge : ☐ Oui ☐ Non Si oui : ☐ Intérieur au logement ☐ Extérieur

Fer à repasser : ☐ Oui ☐ Non Planche à repasser : ☐ Oui ☐ Non

Sèche-cheveux électrique : ☐ Oui ☐ Non Aspirateur : ☐ Oui ☐ Non

Autres équipements : ...

Équipements de loisirs attachés au meublé : ...

Documentation pratique mise à disposition du locataire : ☐ Oui ☐ Non

Documentation touristique mise à disposition du locataire : ☐ Oui ☐ Non

Animaux domestiques acceptés : ☐ Oui ☐ Non

Service quotidien de blanchisserie : ☐ Oui ☐ Non

Service quotidien de ménage : ☐ Oui ☐ Non

5°) Modalités et prix de location :

(Partie à compléter uniquement dans les états descriptifs adressés aux candidats locataires).

Prix (commissions éventuelles comprises) :

Du : ...au : ...euros : ...

Du : ...au : ...euros : ...

Du : ...au : ...euros : ...

Taxe de séjour à acquitter sur place (éventuellement) : ...euros par jour et par personne.

Charges (eau, gaz, électricité, chauffage) :

☐ comprises ☐ non comprises : ... euros

Ménage en fin de séjour :

☐ compris ☐ non compris : ... euros

Quotidien

☐ compris ☐ non compris : ... euros

Autres suppléments ou services payants (préciser leur nature et leur prix) : ...

Arrhes ou acomptes : ...euros, payables le : ...

remboursables selon modalités contractuelles.

Solde : ...euros, payable le...selon modalités contractuelles.

Caution (éventuellement) : ...euros, remboursable aux conditions suivantes (deux mois au maximum après le départ du locataire)...

CHAPITRE 6

RÉGIMES LOCATIFS PARTICULIERS

SOMMAIRE

SECTION 1

CONTRAT DE COHABITATION INTERGÉNÉRATIONNELLE SOLIDAIRE

OBJET DU CONTRAT

Pour encadrer la pratique déjà existante de cohabitation intergénérationnelle non familiale ou amicale (ou colocation intergénérationnelle), il existe un **contrat spécifique,** régi par les **dispositions générales** du droit des contrats (C. civ. art. 1101 s.) et les **dispositions particulières** du CCH (CCH art. L 631-17 s.). Ce contrat est destiné à proposer un logement à un jeune, disposant généralement de faibles ressources, tout en permettant d'accompagner le vieillissement et de maintenir l'autonomie de la personne âgée occupante, par l'intermédiaire de structures ou associations régies par la loi 1901 (indépendantes et sans but lucratif) œuvrant à la promotion de la cohabitation intergénérationnelle solidaire qui assurent également un rôle de conseil auprès des parties. 66850

Une **charte** nationale relative à la cohabitation intergénérationnelle solidaire a été définie par arrêté pour fixer les objectifs que doivent partager les personnes âgées, les jeunes ainsi que les structures et associations encadrant le contrat (Arrêté LOGL1933774A du 13-1-2020). Il s'agit davantage d'une charte de bonne conduite qui doit permettre de rédiger un contrat satisfaisant pour les deux parties (par exemple, responsabilités, assurance, état des lieux, droits et obligations des parties).

BÉNÉFICIAIRES

Le contrat de cohabitation intergénérationnelle solidaire s'adresse aux personnes de 60 ans et plus qui souhaitent louer ou sous-louer une partie de leur logement, dont elles sont **propriétaires** ou locataires, à des jeunes de moins de 30 ans (apprentis, étudiants par exemple). 66852

Lorsque la personne âgée est **locataire** de son logement, elle doit avant tout informer son bailleur de son intention de sous-louer à une personne de moins de 30 ans dans le cadre d'un contrat de cohabitation intergénérationnelle solidaire. Le bailleur ne peut pas s'y opposer.

Il s'agit là d'une dérogation aux règles de droit commun des baux d'habitation, et notamment à la loi 89-462 du 6 juillet 1989 qui ne s'applique pas aux contrats de cohabitation intergénérationnelle.

> **Précisions** La loi Hoguet ne s'applique pas aux associations œuvrant à la promotion de la cohabitation intergénérationnelle solidaire (Loi 70-9 du 2-1-1970 art. 2).

« LOYER »

66856 En échange de son hébergement, le jeune s'engage à verser une **contrepartie financière** « modeste » (probablement autour d'une centaine d'euros par mois maximum). Il s'agit pour lui de contribuer aux charges liées au logement tout en rendant de **menus services** à la personne âgée (par exemple, une présence bienveillante dans le respect de la vie privée), sans but lucratif pour l'un ou pour l'autre et sans qu'il s'agisse d'une relation de travail. Ces menus services ne se substituent pas aux professionnels d'aide et de soins à domicile ; ainsi ils ne seront jamais des soins infirmiers et les activités qui s'y rattachent (toilette, délivrance et surveillance de prise de médicaments, etc.).

Le loyer est en principe imposé à l'impôt sur le revenu dans les conditions de droit commun (voir nos 65785 s. ; sur les conditions d'exonération, voir no 65790, a).

> **Précisions** Les locataires de logements appartenant à un organisme **HLM** ou qui bénéficient de l'**aide personnalisée au logement** peuvent sous-louer une partie de leur logement dans le cadre d'un contrat de cohabitation intergénérationnelle solidaire. Le montant de la contrepartie financière est alors calculé au prorata du loyer et des charges rapportés à la surface habitable du logement (CCH art. L 442-8-1).

DURÉE DU CONTRAT

66858 La durée du contrat est librement convenue entre les parties.

CONGÉ

66860 Celui qui décide de mettre fin au contrat doit respecter un **délai de préavis** d'un mois.

SECTION 2 RÉSIDENCES UNIVERSITAIRES

RÉGIME JURIDIQUE

66900 La loi Alur 2014-366 du 24 mars 2014 a créé un statut hybride pour la résidence universitaire définie comme étant un établissement destiné au logement collectif à titre de résidence principale dans des immeubles comportant à la fois des locaux privatifs, meublés ou non, et des locaux affectés à la vie collective. Cet établissement accueille des **étudiants,** des personnes de moins de trente ans en formation ou en stage et des personnes titulaires d'un contrat professionnel ou d'apprentissage (CCH art. L 631-12, I, al. 1).

> **Précisions** **a.** À titre exceptionnel, cet établissement peut accueillir des **enseignants** et des **chercheurs.**
> **b.** La résidence est éligible à l'**APL.** Certaines des dispositions de la loi 89-462 du 6 juillet 1989 ne sont pas applicables lorsque la résidence a fait l'objet d'une convention APL (Loi 89-462 du 6-7-1989 art. 40, VIII).
> **c.** Le contrat de location a une **durée** maximale d'un an. Il peut être renouvelé dès lors que l'occupant continue à remplir les conditions requises. L'occupant ne bénéficie pas du droit au maintien dans les lieux. Il ne peut ni céder le contrat de location, ni sous-louer le logement.

66910 **Charges** Les charges peuvent être récupérées par le bailleur sous la forme d'un forfait versé simultanément au loyer, dont le montant et la périodicité de versement sont définis au contrat et qui ne peut donner lieu à complément ou à régularisation ultérieure. Le montant du forfait de charges est fixé en fonction des montants exigibles par le bailleur en application de l'article 23 de la loi de 1989. Ce montant ne doit pas être manifestement disproportionné au regard des charges dont le locataire ou, le cas échéant, le précédent locataire se serait acquitté (CCH art. L 631-12).

RÉGIME FISCAL

Aucun régime spécial n'ayant été prévu pour l'imposition des revenus provenant des résidences universitaires, il convient de faire application des **règles générales** en fonction de la nature de l'investissement et des clauses des contrats régissant les relations entre le propriétaire-investisseur et le gestionnaire de la résidence. 66915

Ainsi, selon les cas, les revenus perçus par l'investisseur seront imposés soit dans la catégorie des revenus fonciers (logement loué nu), soit dans celle des bénéfices industriels et commerciaux (logement loué meublé), étant rappelé que les investissements réalisés jusqu'au 31 décembre 2022 dans des résidences pour étudiants comprenant des services peuvent ouvrir droit à une réduction d'impôt (régime Censi-Bouvard : nos 65830 s.).

SECTION 3 RÉSIDENCES DE TOURISME CLASSÉES

INTRODUCTION

Dans cette section, nous examinons brièvement le régime des **investissements locatifs** destinés à l'exploitation touristique relevant de la catégorie dite des « résidences de tourisme classées » et qui se distinguent de l'hôtellerie traditionnelle par une réglementation et une classification différentes. Leur statut légal, renforcé par la loi sur le tourisme 2009-888 du 22 juillet 2009 (JO 22 p. 12352), résulte des articles L 321-1 à L 321-4 du Code du tourisme, les modalités d'application étant précisées aux articles D 321-1 s. à R 321-9 du même Code. 67000

Ces établissements sont soumis aux règles de sécurité-incendie imposées pour les grands hôtels (Arrêté du 25-10-2011 : JO 4 p. 18570 ; Circ. INTE1230325C du 23-7-2012).

A. Régime juridique des résidences de tourisme classées

DÉFINITION DE LA RÉSIDENCE DE TOURISME CLASSÉE

La résidence de tourisme est un **établissement commercial d'hébergement** classé, faisant l'objet d'une exploitation permanente ou saisonnière. Elle est constituée d'un ou plusieurs bâtiments d'habitation individuels ou collectifs regroupant, en un ensemble homogène, des locaux d'habitation meublés et des locaux à usage collectif. Les locaux d'habitation meublés sont proposés à une clientèle touristique qui n'y élit pas domicile, pour une occupation à la journée, à la semaine ou au mois. Elle est dotée d'un minimum d'équipements et de services communs (C. tourisme art. D 321-1). Elle est gérée dans tous les cas par une seule personne physique ou morale (C. tourisme art. D 321-1). 67005

> Précisions a. Cette forme d'investissement locatif **se différencie de la formule improprement dénommée « multipropriété »** qui consiste à n'acquérir qu'un droit de jouissance, c'est-à-dire un droit de séjour limité, et où l'acheteur n'est pas directement propriétaire.

b. Ces résidences échappent à la réglementation de l'aménagement commercial (C. com. art. L 750-1 s.) et ne sont pas, de ce fait, soumises à **autorisation** préalable **d'exploitation** commerciale (Rép. Zimmermann : AN 26-3-2001 n° 54930). Bien qu'elles soient toutes deux à destination commerciale, les résidences de tourisme se différencient des résidences hôtelières qui, correspondant à une appellation commerciale (Cass. 3e civ. 7-4-2016 n° 15-11.342), sont des établissements d'hébergement non classés « tourisme » se situant en pratique dans une catégorie intermédiaire entre les hôtels classés et les résidences de tourisme et qui sont considérées à l'égard de la législation sur l'autorisation d'exploitation comme des établissements hôteliers (Rép. Mariani : AN 1-2-2005 n° 54633 ; Rép. Le Brethon : AN 9-5-2006 n° 87119). D'une manière générale, les résidences hôtelières ne font l'objet d'aucune réglementation spécifique, à l'exception des résidences hôtelières à vocation sociale (CCH art. L 631-11 ; Décret 2017-920 du 9-5-2017). S'agissant de l'objet même de la location, les locaux abritant une résidence hôtelière peuvent être sous-loués sans l'intervention du bailleur (Cass. 3e civ. 15-4-2015 n° 14-15.976, Sté de gestion hôtelière La Coupole c/ C. : BPIM 3/15 inf. 222).

c. Les copropriétaires qui n'ont pas donné la gestion de leurs lots à la société d'exploitation ne sont pas tenus des **charges** afférentes aux services et équipements spécifiques qui ne présentent pour eux aucune utilité objective (Cass. 3e civ. 18-2-2015 n° 13-27.104, Synd. cop. de la résidence Les terrasses du golf : BPIM 3/15 inf. 213).

CLASSEMENT DE LA RÉSIDENCE DE TOURISME

67020 L'État détermine les procédures de classement des résidences de tourisme (C. tourisme art. L 321-1). La résidence de tourisme est classée dans une catégorie en fonction de **critères** fixés par l'agence Atout France et homologués par l'arrêté ECOI1835708A du 10 avril 2019 applicable aux demandes de classement déposées depuis le 1er juillet 2019. Chaque **catégorie** de classement est exprimée par un nombre d'étoiles croissant avec le confort de l'établissement homologué. L'exploitant qui souhaite obtenir un classement doit présenter une demande auprès d'Atout France et produire un certificat de visite délivré par un organisme évaluateur accrédité figurant sur la liste disponible gratuitement sur le site internet d'Atout France. La visite doit être intervenue moins de 3 mois avant la transmission de la demande et le certificat doit être remis à l'exploitant, sous forme numérique, dans les 15 jours de la fin de la visite (C. tourisme art. D 321-4 et D 321-5 ; Arrêté ECOI1835708A du 10-4-2019). Sous réserve d'un avis favorable de l'organisme évaluateur, la décision de classement est prise pour 5 ans par Atout France dans le mois de la réception du dossier complet (C. tourisme art. L 321-1 et D 321-6). Afin de tenir compte de certaines situations qui empêchent les résidences de tourisme de déposer, dans les délais impartis, leur demande de renouvellement, la décision de classement est maintenue temporairement depuis le 1er janvier 2022 sous réserve que les exploitants aient lancé la démarche relative à la visite de contrôle de l'hébergement concerné, nécessaire au renouvellement de leur classement (C. tourisme art. D 321-6). Un panonceau conforme à un modèle type signale obligatoirement le classement de la résidence (C. tourisme art. D 321-7 ; Arrêté ECOI2433202A du 13-2-2025 : JO 4-3 texte n° 6).

Lorsqu'elle est saisie d'une réclamation faisant apparaître un **écart de conformité réel et sérieux** entre la résidence et son classement, l'agence Atout France adresse à l'exploitant une demande d'évaluation au regard des critères identifiés. À défaut de réponse dans le délai fixé ou en cas de non-conformité avérée, Atout France impose un délai à l'exploitant pour mettre en œuvre un plan d'actions, avec des mesures correctrices, suivi d'une contre-visite par un organisme évaluateur accrédité. Le certificat de contre-visite doit être transmis par voie électronique à Atout France dans le délai imposé. Le certificat porte sur les seuls critères de classement contestés et précise la catégorie dans laquelle l'établissement peut être classé. Si un changement de catégorie est nécessaire, Atout France dispose de 15 jours pour prendre la décision modificative de classement. À défaut de transmission du certificat de contre-visite dans les délais, la décision de classement est abrogée et une nouvelle demande de classement devra être présentée (C. tourisme art. D 321-7-1 ; Arrêté ECOI1835708A du 10-4-2019 art. 5). En l'absence de mise en conformité, le préfet procède à la radiation de la résidence de tourisme de la liste des établissements classés (C. tourisme art. R 321-8 et R 321-9). Les conditions de maintien et de délivrance du classement sont assouplies lorsque, après défaillance du gestionnaire d'une résidence en copropriété, les prestations additionnelles à l'hébergement sont reprises par une ou plusieurs entreprises. Les conditions assouplies de classement s'appliquent pour la durée de l'obligation de location restant à courir (C. tourisme art. D 321-2-1).

> Précisions Dès lors qu'un **équipement ou un service est partagé entre des hébergements touristiques,** il peut être pris en compte pour le classement de l'ensemble des hébergements concernés (Arrêté TMEI2137579A du 30-12-2021 : JO 14-1-2022 texte n° 42 applicable depuis le 1er avril 2022). Les critères doivent déjà exister dans chacun de leurs tableaux de classement respectifs et les hébergements doivent se situer dans un même bâtiment, à proximité ou au sein d'un même domaine.
Les équipements et services **concernés** sont listés dans l'arrêté précité.
Le partage des équipements et des services entre hébergements touristiques doit faire l'objet d'une **information claire et transparente** de la clientèle.

ORGANISATION DE LA RÉSIDENCE DE TOURISME CLASSÉE

67060 La résidence de tourisme peut être placée sous le **statut de copropriété** des immeubles bâtis fixé par la loi 65-557 du 10 juillet 1965 (nos 35000 s.) **ou** sous le régime des **sociétés d'attribution** d'immeubles en jouissance à temps partagé défini par la loi 86-18 du 6 janvier 1986 (Mémento Urbanisme-Construction nos 72300 s.), sous réserve que le règlement de copropriété ou le règlement intérieur (art. 8) prévoient expressément (C. tourisme art. D 321-2) :

– une destination et des conditions de jouissance des parties tant privatives que communes conformes au mode d'utilisation tel que défini ci-dessus pour ce type de classement et comportant une **obligation durable de location** d'au moins 70 % des chambres ou appartements meublés qui ne saurait être inférieure à neuf ans, les copropriétaires ou les associés des sociétés d'attribution pouvant bénéficier d'une réservation prioritaire (le seuil de 70 % est ramené à 55 % pour les résidences de tourisme exploitées depuis plus de 9 ans et dont le classement est arrivé à échéance ainsi que pour les établissements non classés exploités depuis plus de 9 ans répondant aux caractéristiques des résidences de tourisme classées) ;

– une gestion assurée dans les conditions visées n° 67065.

Ces montages juridico-financiers, qui se justifient essentiellement pour des raisons fiscales, recouvrent en pratique deux statuts juridiques et fiscaux différents, à savoir : **67061**

– celui de **loueur en meublé professionnel** (n° 65505) ou encore d'**exploitant hôtelier,** c'est-à-dire de fournisseur d'une prestation d'hébergement, qui revêtent tous deux un caractère commercial (directement ou par mandataire) ;

– celui de **loueur de locaux nus,** qui revêt un caractère civil.

Dans la première situation, l'investissement immobilier est réalisé soit par l'investisseur directement ou, dans le but – illusoire – d'éviter de courir le risque commercial, au travers d'une **structure écran** (EURL, SARL de famille, etc.), soit indirectement par l'acquisition de droits sociaux de SARL, de SNC ou de sociétés en participation préalablement constituées. Les meubles et le matériel d'exploitation sont soit achetés directement par les investisseurs, soit vendus avec le lot de copropriété.

Le plus souvent cette formule se caractérise :

– d'une part, par l'**acquisition en pleine propriété** d'un lot d'immeuble (soumis, en général, au régime de la copropriété) auprès d'un « promoteur » ;

– et, d'autre part, par la **location concomitante** de ce bien par bail de longue durée (en général 9 à 11 ans) **à une société de gestion hôtelière** ou parahôtelière qui offre le local à l'hébergement des touristes.

> **> Précisions** Selon le mode de commercialisation retenu, les dispositions des articles L 211-1 s., L 411-1 s. et D 411-1 s. du Code monétaire et financier sont susceptibles de s'appliquer, sauf à invoquer un des cas d'exclusion visés à l'article L 411-2 dudit Code.

COMMERCIALISATION DE LA RÉSIDENCE DE TOURISME CLASSÉE

Les **documents** de commercialisation doivent préciser l'identité du gestionnaire retenu pour gérer la résidence et mentionner explicitement l'existence du droit à indemnité d'éviction en cas de refus de renouvellement du bail commercial ainsi que les modalités générales de son calcul (C. tourisme art. L 321-4 et L 321-3). Ces dispositions ont été complétées par un arrêté du 23 décembre 2009 (JO 27 p. 22502). Les documents commerciaux doivent ainsi comporter des informations concernant : **67062**

– le **promoteur** de l'opération et le **gestionnaire** de la résidence (outre leur identité et leurs engagements respectifs vis-à-vis de l'investisseur, doivent être indiqués, pour le premier, son expérience professionnelle dans le domaine des résidences de tourisme et, pour le second, le nombre de résidences gérées) ;

– les **avantages,** notamment fiscaux et financiers, de l'investissement en résidence de tourisme et les conditions pour en bénéficier, notamment l'obligation impérative de classement de l'établissement en tant que résidence de tourisme ;

– les différents **statuts** possibles **de l'acquéreur-investisseur** ;

– le **projet** lui-même (la situation géographique précise de la résidence, ses modes de desserte et normes de construction, les modalités de gestion du bien comprenant l'état de la copropriété et le montant des charges, ainsi que les contraintes liées à l'agencement et à l'équipement des parties privatives).

Le document doit en outre préciser les caractéristiques principales du **bail** liant le propriétaire et l'exploitant, indiquer qu'il s'agit d'un bail commercial soumis, à ce titre, aux dispositions des articles L 145-1 et suivants du Code de commerce, et comporter la **mention** suivante : « Le bailleur peut refuser le renouvellement du bail conclu avec l'exploitant de la résidence de tourisme. Toutefois, il devra dans ce cas, sauf exceptions prévues aux articles L 145-17 et suivants du Code de commerce, payer à l'exploitant une **indemnité** dite **d'éviction** égale au préjudice causé par le défaut de renouvellement. Les modalités de calcul de cette indemnité sont fixées au deuxième alinéa de l'article L 145-14. »

> Précisions a. Lorsque le **produit est vendu avec l'assurance d'un profit financier,** l'investisseur, qui est tenu de contribuer aux dettes de la société en participation, peut introduire une action en nullité de la vente pour défaut de cause. S'agissant d'une nullité relative, l'action est soumise à la prescription quinquennale de l'article 1304 du Code civil (Cass. 3e civ. 29-3-2006 n° 05-16.032 : RJDA 11/06 n° 1106).

b. Pour redynamiser les **résidences de tourisme situées en zone de montagne,** la loi 3DS autorise l'exploitant à céder à titre gratuit son droit de préemption de locataire commercial (conféré par l'article L 145-46-1 du Code de commerce) à un établissement public y ayant vocation, à une société d'économie mixte, à une société publique locale ou à un opérateur agréé par l'État. Les biens acquis par le cessionnaire du droit devront être exploités en qualité de résidence de tourisme pendant au moins 9 ans (C. tourisme art. L 321-5).

GESTION DE LA RÉSIDENCE DE TOURISME CLASSÉE

67065 La gestion doit être assurée pour l'ensemble de la résidence par une **seule personne physique ou morale,** liée par un contrat de louage ou par un **mandat aux copropriétaires** ou associés des sociétés d'attribution (C. tourisme art. D 321-2, 2°). Par exception, lorsque le gestionnaire d'une résidence de tourisme en copropriété est défaillant et qu'un nouveau gestionnaire n'a pas pu être désigné, les copropriétaires détenant au moins 50 % des appartements de la résidence peuvent faire réaliser les prestations additionnelles à l'hébergement par une ou plusieurs entreprises, soit en contractant directement avec elles, soit en créant une entreprise qui contracte avec elles (CGI ann. III art. 46 AGG bis). Dans la plupart des cas, les relations entre les acquéreurs-investisseurs et le gestionnaire résultent d'un bail consenti à son profit pour l'exploitation de la résidence. Celui-ci est soumis au statut des baux commerciaux (C. com. art. L 145-1 s. ; nos 53500 s.), sous réserve de la durée qui ne peut pas être inférieure à neuf ans, le gestionnaire ne bénéficiant pas de la faculté de résiliation triennale prévue à l'article L 145-7 du Code de commerce (C. com. art. L 145-7-1). Ces dispositions, d'ordre public, s'appliquent aux baux en cours à la date d'entrée en vigueur de l'article L 145-7-1 du Code de commerce (Cass. 3e civ. 9-2-2017 n° 16-10.350 FS-PBI : BPIM 2/17 inf. 150). Toutefois, l'exclusion de la faculté de résiliation à l'expiration d'une période triennale n'est pas applicable aux baux commerciaux renouvelés entre le propriétaire et exploitant de résidences de tourisme (Cass. 3e civ. 7-9-2023 n° 21-14.279 FS-B : BPIM 5/23 inf. 333).

Il n'est pas toujours aisé de concilier le statut de la copropriété et celui des résidences de tourisme. Se pose la question de la frontière entre la mission du syndicat des copropriétaires, telle que prévue par la loi du 10 juillet 1965 régissant le statut de la copropriété, et celle de l'exploitant de la résidence. Le régime spécial des résidences de tourisme, qui impose une gestion unique de la résidence par l'exploitant, ne saurait autoriser qu'il soit dérogé aux dispositions de la loi du 10 juillet 1965 sur le statut de la copropriété. Ainsi, la Cour de cassation a précisé que dans une résidence de tourisme soumise au statut de la copropriété, c'est le syndicat des copropriétaires qui a qualité pour agir à l'encontre des constructeurs de l'immeuble en réparation des dommages affectant les parties communes (Cass. 3e civ. 22-5-2025 n° 23-19.544 FS-B : BPIM 4/25 inf. 221).

67066 Les relations entre les copropriétaires et le gestionnaire peuvent également être établies **dans le cadre d'un mandat** spécial (C. civ. art. 1987) précisant expressément le contenu de la mission d'exploitation de la résidence, conférée au mandataire commun. Celui-ci agira donc au nom de ses mandants dans ses rapports avec les tiers, en tant que gestionnaire unique. Ainsi, ce sont les mandants (l'ensemble des investisseurs regroupés en pratique au sein de la société en participation) qui seront directement responsables à l'égard des tiers de la gestion du mandataire. En effet, les mandants sont propriétaires des immeubles, des meubles, du matériel d'exploitation et même du fonds de commerce. Le mandataire n'est que le représentant de ses mandants, envers les tiers, dans la limite du pouvoir de représentation qu'ils ont conféré à leur mandataire (C. civ. art. 1998). Mais s'agissant d'un mandat de gestion, les mandants vont se trouver directement et solidairement responsables des dettes engagées en leur nom (voir P. Diener, Mandat d'exploitation et redressement judiciaire : JCP éd. N 1993 I p. 353).

67070 **Obligations du gestionnaire** L'exploitant de plusieurs résidences de tourisme doit tenir des **comptes d'exploitation** distincts pour chaque résidence. Il est tenu de les communiquer aux propriétaires qui en font la demande.

Il est en outre tenu de communiquer à l'ensemble des propriétaires, une fois par an, un **bilan** de l'année écoulée, précisant les taux de remplissage obtenus, les événements significatifs de l'année ainsi que le montant et l'évolution des principaux postes de dépenses et de recettes de la résidence (C. tourisme art. L 321-2).

> Précisions Le compte d'exploitation doit préciser les taux de remplissage obtenus, les événements significatifs de l'année, le montant et l'évolution des principaux postes de dépenses et de recettes de la résidence ainsi que le détail des charges variables (commissions, linge, ménage, énergie, etc.) et des charges fixes (frais de personnel, maintenance, location, taxes, etc.) ; il ne peut être constitué d'un simple extrait du bilan (Cass. 3e civ. 19-10-2017 n° 16-21.460 FS-PBI : BPIM 6/17 inf. 442).

SITUATION DE L'ACQUÉREUR-INVESTISSEUR

Dans le système locatif, le propriétaire perçoit les **loyers** et, dans la plupart des cas, a la possibilité de se « réserver » une période annuelle d'occupation (ce « droit de séjour » correspond à un loyer « en nature ») et peut se voir consentir parallèlement divers avantages : non-paiement des charges pendant la durée de la location, réduction sur le prix des services d'animation, de restauration, etc. Certaines sociétés proposent également des « bourses d'échange » d'appartements. **67075**

L'acquéreur ne supporte **aucune** des **charges d'entretien** et de fonctionnement incombant habituellement à un propriétaire tant pour les parties communes que pour les parties privatives, à l'exception parfois de celles correspondant à ses propres séjours. Bien souvent, il s'agit pour l'acquéreur-investisseur d'un achat avec jouissance différée au terme de laquelle il se retrouve dans la même situation que n'importe quel autre propriétaire immobilier.

La **reconversion** d'une résidence de tourisme classée **en immeuble** collectif **d'habitation privé** revêt en pratique de grandes difficultés au plan technique comme aux plans administratif et juridique. Il peut être opportun de prévoir dans le règlement de copropriété les dispositions qui s'appliqueront lorsque le bâtiment aura changé de destination.

L'acquéreur-investisseur bénéficie d'**avantages financiers immédiats** qui peuvent être importants. C'est ainsi qu'en règle générale un certain pourcentage du prix d'achat est versé par la société de gestion sous forme d'avance du montant du remboursement de la TVA sur le prix d'acquisition (n° 67120) et par le biais du paiement anticipé des loyers de toutes les années du bail (voir toutefois n° 67220 lorsque les loyers sont imposés comme revenus fonciers).

Les personnes physiques associées d'une société en nom collectif ou d'une EURL, membres d'une société en participation, relèvent du **régime social** des travailleurs indépendants. Les associés personnes physiques de la société en participation (ou pour les associés personnes physiques d'une SARL de famille, elle-même associée de la société en participation) n'ayant pas par ailleurs le statut de commerçant ne relèvent que s'ils participent effectivement de façon professionnelle à l'activité de la société (Cass. soc. 18-12-1997 n° 96-11.526 : RJS 2/98 n° 233 ; Cass. soc. 28-3-2002 n° 00-17.418 F-D : RJS 6/02 n° 746). Cette activité suppose d'être exercée régulièrement et personnellement et doit se traduire par une participation à l'exploitation (Cass. soc. 4-5-2000 n° 98-21.655 D : RJS 6/00 n° 728). **67080**

B. Régime fiscal des résidences de tourisme classées

1. TVA

ASSUJETTISSEMENT DES LOYERS

Les locations effectuées dans des résidences de tourisme classées font partie des **prestations d'hébergement relevant du secteur hôtelier** et sont soumises à la TVA dans les conditions prévues à l'article 261 D, 4°-b du CGI (conditions de durée de séjour et de cumul de prestations annexes) (voir n° 65860). **67100**

La location par l'acquéreur-investisseur est également taxable soit au titre de l'article 260 D du CGI (**locations indirectes**), soit au titre de l'article 261 D, 4°-c lorsque la location des locaux (nus ou meublés) est consentie par **bail** ou convention de toute nature **à l'exploitant taxable** de la résidence de tourisme.

RÈGLES D'IMPOSITION

Les investisseurs-acquéreurs suivent le même régime d'imposition que les autres loueurs en meublé. **67120**

La **base taxable** comprend :

– les loyers versés par les occupants ou l'avance de loyer consentie par la société de gestion ;

– et, éventuellement, la valeur du loyer « en nature » correspondant à l'utilisation par le propriétaire de ses « droits de séjour ».

Le **taux** applicable est le taux intermédiaire, soit 10 %.

En cas de **non-respect des conditions** prévues à l'article 261 D, 4°-b du CGI, les loyers sont replacés sous le régime d'exonération de TVA applicable aux locations meublées. Les investisseurs doivent alors, dans les conditions de droit commun, procéder aux **régularisations** globales prévues par l'article 207, III-1-4° et 5° de l'annexe II au CGI lorsqu'un bien cesse d'être utilisé à la réalisation d'opérations imposables ou d'opérations ouvrant droit à déduction. Toutefois, ces régularisations n'ont pas à être opérées si les propriétaires cèdent leur immeuble dans le cadre d'une opération considérée comme la transmission d'une universalité totale ou partielle de biens (voir nos 79900 s.).

> **Précisions** **a.** Le propriétaire est de droit dans le champ d'application de la **franchise en base** en 2025, si les **loyers** annuels perçus en 2024 **n'excèdent pas 85 000 €** (CGI art. 293 B, voir n° 65865). Toutefois, la franchise cesse de s'appliquer si les loyers hors taxe de 2025 dépassent 93 500 € : le propriétaire devient alors redevable de la TVA pour les opérations effectuées à compter du premier jour du mois au cours duquel la limite est dépassée.
> **b.** Le **taux** de 10 % s'applique uniquement à la prestation d'hébergement. Les **services annexes** facturés en sus sont imposés au taux qui leur est propre. Sont ainsi taxables au taux normal les prestations, telles que petit déjeuner, nettoyage quotidien des locaux, blanchissage, garage pour automobiles, proposées par les résidences de tourisme.

2. IMPÔT SUR LE REVENU

67200 Aucun régime spécial n'ayant été prévu pour l'imposition des revenus provenant des résidences de tourisme classées, il convient de faire application des **règles générales.** Le régime d'imposition applicable dépend de la nature de l'investissement et de son mode d'exploitation.

BÉNÉFICES INDUSTRIELS ET COMMERCIAUX

67205 Si le **logement** est **loué meublé** (cas général), les bénéfices relèvent de la catégorie des BIC et sont imposés selon les règles applicables aux loueurs en meublé : voir nos 65785 s.

Sur la question de savoir si la location d'un logement meublé accompagnée de prestations annexes constitue un louage de services ou une location meublée, qui intéresse particulièrement les propriétaires de logements dans une résidence de tourisme, voir nos 65787 s.

Il existe un autre cas – rare – d'imposition dans la catégorie des BIC : lorsque les locaux sont **loués nus** au gestionnaire de la résidence et que les loyers versés à l'investisseur sont fixés en fonction du chiffre d'affaires ou du bénéfice du gestionnaire.

> **Précisions** **a.** Les **loyers payés d'avance** (n° 67075) doivent être rattachés à l'exercice au cours duquel ils ont couru, indépendamment de la date d'échéance ou de celle du paiement.
> **b.** S'agissant du **mode d'amortissement,** le Conseil d'État a jugé que des appartements meublés situés dans une résidence de tourisme offrant des prestations de services accessoires peuvent être regardés comme des investissements hôteliers au sens de l'article 39 A, 2 du CGI, et donc être amortis selon le mode dégressif (CE 27-7-2005 n° 254562 : RJF 11/05 n° 1151).

REVENUS FONCIERS

67220 Lorsque la location porte sur des **logements nus,** même destinés à être loués meublés, à condition qu'elle ne présente pas un caractère commercial (voir n° 67205), l'imposition des revenus relève de la catégorie des revenus fonciers.

Les **loyers perçus d'avance** sont imposés au titre de l'année au cours de laquelle ils ont été effectivement encaissés sans pouvoir bénéficier du système du quotient applicable aux revenus exceptionnels. Ainsi, l'acquéreur qui reçoit en une seule fois le loyer de toutes les années du bail (n° 67075) subira une imposition aggravée du fait de la progressivité de l'impôt sur le revenu.

Selon la règle générale, les **déficits** ne peuvent être imputés sur le revenu global que dans certaines conditions et limites.

3. COTISATION FONCIÈRE DES ENTREPRISES

67230 Les **activités de location ou de sous-location d'immeubles nus à usage d'habitation** sont placées hors du champ de la CFE (CGI art. 1447, I). Elles consistent, pour le propriétaire ou le locataire d'un bien immobilier, à le louer ou le sous-louer nu à, respectivement, un preneur ou un sous-locataire dans le cadre d'un bail d'habitation (CE 4-5-2018 n° 402897 : RJF 7/18 n° 762). L'administration exige de plus qu'elles relèvent de la gestion d'un patrimoine privé (BOI-IF-CFE-10-20-30 n° 1).

Les **autres activités** de location ou de sous-location d'immeubles sont réputées exercées à titre professionnel et donc passibles de la CFE (CGI art. 1447, I). Tel est le cas d'une location consentie sous forme de bail commercial à l'exploitant d'un établissement d'hébergement (en ce sens, CE 4-5-2018 n° 402897 : RJF 7/18 n° 762). Néanmoins, la location ou sous-location d'immeubles nus à usage autre que l'habitation échappe à la CFE lorsque les recettes brutes hors taxe ou le chiffre d'affaires tirés de cette activité (le cas échéant ramenés à douze mois) n'atteignent pas 100 000 € au titre de la période de référence – soit, généralement, l'avant-dernière année précédant celle de l'imposition (CGI art. 1447, I). Pour plus de précisions sur les modalités d'imposition des entreprises à cet impôt, voir Mémento fiscal nos 43500 s. Sur la location en meublé, voir n° 65875.

SECTION 4 BAIL À RÉHABILITATION

INTRODUCTION

Dans le cadre de la mise en œuvre du droit au logement, la loi 90-449 du 31 mai 1990 a créé le bail à réhabilitation destiné à favoriser la **remise en état de logements vétustes** possédés par des propriétaires dépourvus des ressources nécessaires à leur amélioration et occupés par des personnes disposant elles-mêmes de faibles revenus. **67400**

Les dispositions juridiques de ce bail sont codifiées aux **articles L 252-1 à L 252-6 du Code de la construction et de l'habitation,** presque tous issus de la loi 2014-366 du 24 mars 2014, dite « loi Alur », qui lui a conféré un statut d'ordre public (CCH art. L 252-6). Le bail à réhabilitation a fait l'objet de la circulaire 91-09 du 28 janvier 1991 (BOMELT 5/1991) dont il est tenu compte dans les développements ci-après. Depuis la loi 2024-322 du 9 avril 2024 et son décret d'application 2025-618 du 7 juillet 2025, les propriétaires soumis à une obligation de travaux en application des articles L 511-1 à 511-3 du CCH peuvent conclure avec un organisme intéressé un bail à réhabilitation en vue de la rénovation du ou des logements concernés. Ce bail à réhabilitation vient remplacer l'obligation de travaux qui est faite au propriétaire.

Afin de favoriser la conclusion de tels baux, un certain nombre d'**incitations fiscales** ont été instituées au regard de l'impôt sur le revenu (nos 67700 s.), de la taxe de publicité foncière (n° 67740) et de la taxe foncière (n° 67760).

A. Régime juridique du bail à réhabilitation

1. CONCLUSION DU BAIL À RÉHABILITATION

CARACTÉRISTIQUES DU BAIL À RÉHABILITATION

Le bail à réhabilitation est le contrat par lequel un immeuble est loué à un preneur en vue de son **amélioration** par des travaux, de sa **location** à usage d'habitation notamment à des personnes défavorisées pendant la durée du bail et de sa **restitution** au propriétaire en bon état d'entretien. **67405**

Le bail à réhabilitation peut s'appliquer à un bâtiment individuel ou en copropriété comme à un logement isolé, voire à plusieurs lots de copropriété ; les locaux doivent être exclusivement destinés à l'habitation.

Le bail doit être **consenti** par ceux qui ont le droit d'aliéner et dans les mêmes conditions et la même forme que l'aliénation. Par suite, le bailleur doit être **propriétaire** de l'immeuble.

Le **bail** doit obligatoirement être **conclu avec les personnes morales suivantes** :
- organismes d'HLM ;
- sociétés d'économie mixte qui ont pour objet de construire ou de donner à bail des logements ;
- collectivités territoriales ;
- organismes de foncier solidaire ;
- organismes dont l'un des objets est de contribuer au logement des personnes défavorisées et qui sont agréés à cette fin par le représentant de l'État dans le département.

Le preneur est **tenu de louer** l'immeuble en vue de l'habitation aux **personnes défavorisées** dont les ressources n'excèdent pas les plafonds de ressources fixés par les règles générales du conventionnement : des contrats de location conformes aux dispositions applicables aux logements conventionnés doivent être passés (CCH art. L 252-1).

Si le bail porte sur un ou plusieurs lots de copropriété, le preneur est de droit le mandataire commun au regard de l'article 23 de la loi du 10 juillet 1965 (CCH art. L 252-1-1, al. 1).

67410 **Modalités du bail** Le bail à réhabilitation est conclu par **acte authentique,** pour une **durée** minimale de douze ans. Il ne peut pas faire l'objet d'une prorogation par tacite reconduction, la signature par les parties d'un avenant au bail étant nécessaire dans ce cas.

Le **bail prend effet** à la signature d'une convention conclue dans le cadre de l'article L 831-1 du CCH relatif à l'APL, dont la durée est identique à celle du bail.

Le **prix du bail** est laissé à l'appréciation des parties. Il peut n'être constitué que par l'apport en nature que constituent les travaux réalisés par le preneur, ou comprendre, en plus des travaux, le versement d'une somme en espèces.

OBLIGATIONS DU PRENEUR DU BAIL À RÉHABILITATION

67420 **Obligation de réaliser des travaux d'amélioration** La nature des travaux, leurs caractéristiques et le délai de leur exécution doivent être indiqués dans le contrat (CCH art. L 252-1, al. 2).

Pour l'exécution de ces travaux, il y aura lieu, selon leur nature, de se référer aux règles de l'art et aux obligations résultant de toutes autorisations administratives nécessaires. L'obligation de souscrire les assurances construction devra, le cas échéant, être remplie.

> **Précisions** **a.** Les parties pourront utilement se référer à la circulaire du 31 décembre 1982 sur la sécurité des personnes en cas de travaux de réhabilitation (JO 28-1-1983).
> **b.** Lorsque le preneur réalise des travaux prescrits par l'arrêté de mise en sécurité ou de traitement de l'insalubrité, il doit assurer, si nécessaire, l'hébergement des occupants (CCH art. L 511-13, L 521-1).
> **c.** Le preneur doit supporter les provisions prévues aux articles 14-1 et 14-2-1 de la loi du 10 juillet 1965.
> **d.** Quand il s'agit de voter sur des travaux dont le coût ne lui incombe pas définitivement, le preneur doit disposer d'un mandat exprès du bailleur (CCH art. L 252-1-1, al. 3).

67425 **Obligation d'entretien et de réparation** Cette obligation recouvre l'**entretien** de l'immeuble et les **réparations de toute nature** nécessaires afin que le bailleur puisse disposer, en fin de bail, d'un immeuble effectivement réhabilité dans les conditions du contrat.

67430 **Obligation de louer** Le preneur doit louer **à usage exclusif d'habitation,** mais jusqu'au terme du bail seulement, après réalisation des travaux de réhabilitation.

Les locataires du preneur sont des locataires et non des sous-locataires et bénéficient des dispositions applicables aux logements conventionnés, notamment en matière de fixation et d'évolution des loyers.

Cette ou ces locations sont consenties sans l'accord du propriétaire, aux risques et périls du preneur. Le ou les locataires successifs pourront bénéficier de l'APL pendant toute la durée du bail à réhabilitation.

> **Précisions** Le bail à réhabilitation portant sur un immeuble occupé n'emporte pas, par lui-même, novation des baux en cours, le preneur étant étranger aux contrats de location conclus par le propriétaire (Cass. 3e civ. 8-3-2006 no 05-11.662 : RJDA 6/06 no 632). Ces derniers bénéficient du régime juridique des logements conventionnés (CCH art. L 252-3, al. 2).

DROITS DU PRENEUR DU BAIL À RÉHABILITATION

67440 **Droit réel** Le preneur se voit consentir un **droit réel immobilier,** qui doit être publié au fichier immobilier du service chargé de la publicité foncière (nos 15010 s.). Il peut être hypothéqué et même saisi, dans les formes prévues pour la saisie immobilière (CCH art. L 252-2, al. 1).

Ce droit lui confère les droits et obligations du bailleur dans les conditions prévues au contrat de bail pendant toute la durée de celui-ci.

Le preneur est habilité à gérer l'immeuble pour son compte pendant toute la durée du bail sans être soumis aux dispositions de la loi « Hoguet » du 2 janvier 1970, à passer des contrats de location, à percevoir les loyers et à souscrire tous contrats nécessaires au financement des travaux prévus au bail.

67445 **Cessibilité** Ce droit est cessible, nonobstant toute convention contraire. Toutefois, la cession ne peut être consentie qu'à l'un des organismes visés no 67405, avec l'**accord** du bailleur. Elle doit porter sur la totalité de l'immeuble loué. Le cédant demeure **garant** de l'exécution du bail par le cessionnaire (CCH art. L 252-2, al. 2).

2. EXTINCTION DU BAIL À RÉHABILITATION

LIBRE DISPOSITION DE L'IMMEUBLE

Sauf accord exprès pour sa prorogation, le bail à réhabilitation **cesse de plein droit** à l'expiration de sa durée contractuelle. Le propriétaire retrouve alors la pleine propriété de son immeuble, sans que les droits, réels ou personnels, résultant du bail puissent lui être opposés, dès lors qu'il n'y aurait pas consenti formellement. L'immeuble doit être rendu libre de toute occupation (CCH art. L 252-4, II, al. 3). Le **conventionnement** de l'immeuble cesse également de plein droit à l'expiration du bail. 67520

BÉNÉFICE DES AMÉLIORATIONS

Les améliorations de l'immeuble réalisées par le preneur restent acquises au bailleur de plein droit et sans indemnité (CCH art. L 252-1, al. 3). 67525

SORT DES OCCUPANTS

Les occupants mis en place par le preneur n'ayant aucun lien de droit avec le bailleur, l'article L 252-4 du CCH a institué en leur faveur un **dispositif de protection** en trois étapes : 67530

– un an avant la date d'expiration du bail, le preneur rappelle au bailleur les dispositions ci-après ;

– six mois avant la date d'expiration du bail à réhabilitation, le bailleur peut, s'il est occupant, informer le preneur de son intention de prolonger le bail. Dans le même délai, le bailleur qui n'est pas occupant peut proposer au locataire un nouveau bail prenant effet au terme du bail à réhabilitation. La notification doit reproduire les dispositions de l'article L 252-5 du CCH ;

– à défaut d'un tel accord entre le propriétaire de l'immeuble et les occupants de celui-ci, le preneur du bail à réhabilitation est tenu, au plus tard trois mois avant l'expiration de ce dernier, d'offrir aux occupants qui remplissent les conditions de ressources fixées par décret un logement correspondant à leurs besoins et à leurs possibilités.

L'occupant qui n'a pas conclu de contrat de location ou accepté l'offre de relogement faite par le preneur est déchu de tout titre d'occupation sur le logement à l'expiration du bail à réhabilitation (CCH art. L 252-5).

B. Régime fiscal du bail à réhabilitation

IMPOSITION DES REVENUS AU TITRE DES REVENUS FONCIERS

Les **loyers et prestations de toute nature** qui constituent le prix du bail à réhabilitation ont le caractère de revenus fonciers (CGI art. 33 quinquies). 67700

Ainsi, lorsque l'immeuble qui fait l'objet d'un bail à réhabilitation conclu dans les conditions prévues aux articles L 252-1 à L 252-4 du CCH n'est pas inscrit à l'actif d'une entreprise industrielle, commerciale ou artisanale, d'une exploitation agricole ou d'une profession non commerciale, les revenus qui constituent le prix de ce bail sont imposés dans la catégorie des revenus fonciers, bien que le preneur ne soit pas l'occupant.

Il est rappelé que le prix du bail à réhabilitation est constitué par :

– le loyer éventuellement versé au bailleur, d'un montant normalement faible ;

– et/ou la valeur des améliorations réalisées par le preneur.

En **cours de bail,** les loyers et recettes au sens de l'article 29 du CGI perçus par le bailleur sont imposables en tant que revenus fonciers dans les conditions de droit commun.

Aménagements apportés par le preneur au cours du bail Le bail à réhabilitation est notamment caractérisé par l'engagement du preneur de réaliser des travaux d'amélioration qui, au terme normal du bail, reviennent gratuitement au bailleur. 67705

Or, la notion d'amélioration au sens du Code de la construction et de l'habitation peut recouvrir des travaux d'une nature différente de celle couramment admise en matière de revenus fonciers. Pour déterminer le régime fiscal des améliorations réalisées par le preneur, une distinction doit être faite entre les dépenses d'amélioration au sens de l'article 31, I-1°-b du CGI et les dépenses de construction, de reconstruction ou d'agrandissement.

Si les travaux constituent des **dépenses d'amélioration** au sens de la législation des revenus fonciers, le bailleur devra en principe :

– ajouter le prix de revient des travaux aux loyers de l'année au cours de laquelle intervient le terme normal du bail ;

– déduire ces mêmes sommes au titre des dépenses d'amélioration déductibles (voir n° 67715).

Cependant, s'il ne connaît pas exactement le montant de ces dépenses, il est admis qu'il ne les déclare ni en recettes ni en charges (BOI-RFPI-BASE-10-30 n° 280).

Si les travaux constituent des **dépenses de construction, de reconstruction ou d'agrandissement,** le revenu représenté par leur valeur n'est pas imposable (CGI art. 33 quinquies). Cette exonération, réservée aux contribuables imposés dans la catégorie des revenus fonciers (personne physique ou société non soumise à l'impôt sur les sociétés), ne s'applique qu'aux seuls travaux dont la réalisation est expressément prévue par le contrat.

> **Précisions** **a.** Le supplément de loyer résultant de la remise gratuite des améliorations effectuées par le preneur constitue un revenu foncier **imposable au titre de l'année où le propriétaire a la disposition de ces aménagements.** Le bail à réhabilitation ne comportant aucune clause de tacite reconduction, les dépenses en cause sont imposables, conformément à la jurisprudence du Conseil d'État (CE 12-2-1986 n° 41362 : RJF 4/86 n° 380), au titre de l'année d'expiration du bail initial, même si un nouveau bail est conclu avec le même locataire.
> **b.** La **plus-value de cession** de l'immeuble après expiration du bail à réhabilitation est imposable dans les conditions de droit commun. Pour le calcul de la plus-value, il n'y a pas lieu de tenir compte des dépenses d'amélioration réalisées par le preneur, car elles bénéficient au bailleur en fin de bail sans indemnité (Rép. Mancel : AN 23-12-1991 n° 45839 : solution non reprise dans Bofip mais qui conserve son intérêt).
> **c.** Constituent notamment des **travaux d'amélioration au sens du Code de la construction et de l'habitation** les travaux de mise en conformité du logement avec les normes minimales d'habitabilité. Parmi ces travaux peuvent figurer des travaux qui au sens de la législation des revenus fonciers ne sont pas considérés comme des dépenses d'amélioration, mais comme des dépenses de construction, d'agrandissement ou de reconstruction.

67710 **Charges déductibles du revenu brut** En **cours de bail,** les charges de la propriété déductibles pour la détermination du revenu net sont fixées conformément à l'article 31 du CGI.

Au cas particulier, la **taxe foncière** n'est pas déductible des revenus fonciers : en effet, elle est mise légalement à la charge du preneur.

67715 À l'**issue du bail,** il faut distinguer selon la nature des travaux.

Si les travaux réalisés par le preneur constituent des **dépenses d'amélioration,** les sommes correspondantes (imposables entre les mains du bailleur) peuvent être retranchées du revenu brut pour la détermination du revenu net.

Par mesure de simplification, l'administration admet que le propriétaire puisse, s'il n'en connaît pas exactement le montant, faire purement et simplement abstraction du montant de ces sommes tant en recettes qu'en dépenses (voir n° 67705).

Si les travaux constituent des **dépenses de construction, d'agrandissement ou de reconstruction,** la remise gratuite au terme normal du bail de ces travaux et équipements n'est pas imposable (voir n° 67705) et ces dépenses ne sont pas déductibles.

TAXE DE PUBLICITÉ FONCIÈRE

67740 Le bail à réhabilitation présente un caractère de droit réel immobilier et doit être soumis à la **formalité fusionnée** auprès du service de la publicité foncière (CGI art. 647, I). Cette formalité donne normalement lieu au paiement de la taxe de publicité foncière au taux global de 0,71498 % (prélèvement pour frais d'assiette et de recouvrement inclus) (CGI art. 742).

Toutefois, en vue de faciliter la conclusion de ces baux, les conseils départementaux peuvent, sur délibération, **exonérer** les baux à réhabilitation de la taxe de publicité foncière (CGI art. 1594 J). Cette exonération ne dispense pas de la publication de l'acte au fichier immobilier.

Pour la période allant jusqu'au 31 mai 2026, l'exonération s'applique dans les départements suivants : Aisne, Calvados, Charente-Maritime, Doubs, Essonne, Haute-Garonne, Landes, Haute-Loire, Loire-Atlantique, Lot, Lot-et-Garonne, Oise, Pas-de-Calais, Hautes-Pyrénées, Collectivité européenne d'Alsace, Saône-et-Loire, Var, Yonne et Hauts-de-Seine.

TAXE FONCIÈRE SUR LES PROPRIÉTÉS BÂTIES

67760 La taxe foncière sur les propriétés bâties est **établie** au nom du preneur à bail à réhabilitation (CGI art. 1400, II). Cette disposition est une dérogation au principe selon lequel le débiteur légal de la taxe foncière est le propriétaire de l'immeuble.

Les logements pris à bail depuis le 1er janvier 2005 sont toutefois **exonérés** de taxe foncière sur les propriétés bâties pendant toute la durée du bail (CGI art. 1384 B).

> **Précisions** **a.** Le titulaire du bail doit souscrire une **déclaration** avant le 1er janvier de la première année d'application de l'exonération. Si la déclaration est souscrite hors délai, l'exonération ne s'applique que pour la période restant à courir après le 31 décembre de l'année de la souscription (CGI ann. III art. 315, 315 bis et 315 ter).

b. Les communes et les établissements publics de coopération intercommunale à fiscalité propre peuvent, sur délibération, **supprimer l'exonération** lorsque les logements locatifs sociaux sur leur territoire représentent au moins 50 % des résidences principales. Dans ce cas, l'exonération continue de s'appliquer pour les logements pris à bail avant la date à laquelle la délibération a été prise.

SECTION 5

RÉGIME APPLICABLE AUX LOGEMENTS VACANTS

INTRODUCTION

En vue de garantir le droit à l'accès au logement des personnes défavorisées, la loi d'orientation 98-657 du 29 juillet 1998 (JO 31 p. 11679) relative à la lutte contre l'exclusion a mis en place une procédure originale de réquisition des logements vacants (n°s 68005 s.) accompagnée de l'institution d'une taxe sur les logements vacants tendant à réduire le nombre de logements inoccupés dans les grandes villes (n°s 68160 s.). **68000**

Cette procédure s'ajoute à une procédure déjà existante et dans laquelle le préfet peut réquisitionner des logements vacants ou insuffisamment occupés et les attribuer directement soit à des personnes dépourvues de logement ou logées dans des conditions manifestement insuffisantes, soit à des personnes expulsées de leur logement par décision judiciaire définitive (CCH art. L 641-1 s.). Cette procédure n'a vocation à s'appliquer que dans des situations exceptionnelles conduisant à une pénurie absolue de logements.

Il existe un dispositif visant à assurer la protection et la préservation de locaux vacants par occupation des locaux par des résidents temporaires, notamment à des fins de logement, d'hébergement, d'insertion et d'accompagnement social (Loi 2018-1021 du 23-11-2018 art. 29). **68002**

Sont agréés par l'État, pour leurs compétences à mener des travaux d'aménagement et à organiser l'occupation de bâtiments par des résidents temporaires, les organismes publics, les organismes privés ou les associations qui mettent en place un dispositif d'occupation temporaire de locaux en vue d'en assurer la protection et la préservation.

Les opérations conduites à ce titre font l'objet d'une convention entre le propriétaire et un organisme public ou privé ou une association qui s'engage à protéger et préserver les locaux mis à sa disposition et à les rendre au propriétaire, libres de toute occupation à l'échéance ou lors de la survenue d'un événement défini par la convention. L'organisme ou l'association peut loger des résidents temporaires dans les locaux mis à sa disposition. Les relations entre l'organisme et chaque résident sont régies par un **contrat de résidence temporaire** sui generis, dont la forme et les stipulations sont définies et encadrées par le décret 2019-497 du 22 mai 2019. Le contrat est conclu pour une durée minimale de 2 mois sans pouvoir excéder 18 mois et une redevance maximale de 200 € (75 € lorsqu'elle est appliquée aux personnes sans abri). La rupture du contrat ne peut advenir que pour un motif légitime et sérieux, notamment l'inexécution par le résident de l'une des obligations lui incombant ou le terme de la convention. À l'expiration de la convention, le résident est déchu de tout titre d'occupation sans pouvoir invoquer les dispositions de la loi 89-462 du 6 juillet 1989 (art. 2) ou celles du Code de la construction et de l'habitation protégeant les personnes logées en logement-foyer. Si le résident se maintient dans les lieux, l'organisme ou l'association ou le propriétaire peut faire constater l'occupation sans droit ni titre des lieux en vue de leur libération, selon la procédure de l'ordonnance sur requête (Loi 2018-1021 du 23-11-2018 art. 29).

A. Réquisition des logements vacants

Une procédure originale de réquisition a été créée par la loi d'orientation 98-657 du 29 juillet 1998 relative à la lutte contre l'exclusion (JO 31 p. 11679) en vue de garantir le droit au logement. Elle a été déclarée conforme à la Constitution (Cons. const. 29-7-1998 n° 98-403 DC). Elle est régie par les **articles L 642-1 à L 642-28 et R 642-1 à R 642-12 du CCH.** **68005**

Cette procédure est étendue, avec des spécificités, à l'hébergement d'urgence par la loi 2018-1021 du 23 novembre 2018 dite « **loi Élan** ».

PRINCIPES GÉNÉRAUX DU DISPOSITIF DE RÉQUISITION DES LOGEMENTS VACANTS

68010 Dans le cadre de ce dispositif, le **préfet** a la possibilité de réquisitionner certains locaux vacants dont la jouissance sera donnée à un « attributaire », à charge pour ce dernier de réaliser, le cas échéant, des travaux de mise aux normes minimales de confort et d'habitabilité et de les louer aux **bénéficiaires.** Il s'agit en principe des personnes ayant des ressources inférieures à 60 % de celles exigées pour l'attribution de logements HLM (CCH art. L 642-1, L 642-3, L 642-5 et D 642-11 ; CASF art. L 345-2-2).

Lorsque les locaux sont réquisitionnés pour assurer l'hébergement d'urgence de personnes sans-abri, des travaux peuvent être réalisés par l'attributaire afin de les accueillir dans des conditions conformes à la dignité de la personne humaine, garantissant la sécurité des biens et des personnes, et leur permettant de bénéficier du gîte, du couvert et de l'hygiène (CCH art. R 642-2).

Les **attributaires** de la réquisition peuvent être l'État, une collectivité territoriale, un organisme HLM, une société d'économie mixte ou un organisme ad hoc bénéficiant d'un agrément. Pour l'hébergement d'urgence, l'attributaire est un organisme conventionné par l'État à cette fin (CCH art. L 642-3).

Cette procédure crée donc des relations entre :
- d'une part, l'État et un attributaire qui a les fonctions de maître de l'ouvrage et de gestionnaire des locaux réquisitionnés ; une convention régit leurs rapports (CCH art. L 642-4) ;
- d'autre part, l'attributaire et le titulaire du droit d'usage sur les locaux (nos 68080 s.) ;
- enfin, l'attributaire et le bénéficiaire de la réquisition (nos 68120 s.).

La **durée de la réquisition** est en principe de un à six ans, mais elle pourra aller jusqu'à douze ans selon l'importance des travaux réalisés par l'attributaire. Pour l'hébergement d'urgence, la durée de réquisition est de deux ans mais peut aller jusqu'à quatre ans en cas de gros travaux (CCH art. L 642-1, al. 7).

68015 Le fait de dissimuler, par des manœuvres frauduleuses, la vacance de locaux ou de détériorer des locaux ayant fait l'objet d'une notification d'intention de réquisition est puni d'une **amende** de 15 000 € et d'un emprisonnement d'un an ; les personnes morales peuvent être déclarées pénalement responsables. Le tribunal peut également ordonner que les travaux de remise en état soient exécutés aux frais du condamné (CCH art. L 642-28).

LOCAUX POUVANT ÊTRE RÉQUISITIONNÉS

68040 Seuls sont susceptibles d'être réquisitionnés les locaux (CCH art. L 642-1, al. 1) :
- situés dans les **communes** où existent d'importants déséquilibres entre l'offre et la demande de logements au détriment de personnes à revenus modestes et de personnes défavorisées (c'est-à-dire les communes où s'applique la taxe sur les logements vacants, dont la liste est annexée au décret 2013-392 du 10-5-2013) ;
- sur lesquels une **personne morale** est titulaire d'un droit réel conférant l'usage des locaux (pleine propriété, usufruit, etc.) ;
- **vacants** depuis plus de douze mois.

Peuvent être réquisitionnés tant des **locaux** à **usage** d'habitation que ceux affectés à un tout autre usage. La loi a pris soin de préciser que ces derniers retrouveront, à l'expiration de la réquisition, leur affectation antérieure sur simple déclaration (CCH art. L 642-1, al. 8) qui doit être adressée au préfet par lettre recommandée AR (CCH art. R 642-3). La réglementation concernant la transformation des locaux d'habitation est donc expressément écartée.

> **Précisions** **a.** Sont **exclus du champ d'application** de la procédure de réquisition les locaux détenus par les sociétés civiles constituées entre parents et alliés jusqu'au 4e degré (CCH art. L 642-2).
> **b.** La **détermination des locaux vacants** incombe au préfet. Celui-ci bénéficie, pour leur recherche, du concours d'agents assermentés. Ces agents peuvent consulter les fichiers des organismes chargés de la distribution de l'eau, du gaz, de l'électricité, du téléphone, ainsi que ceux détenus par les professionnels de l'immobilier (CCH art. L 642-7). Les services fiscaux doivent aussi communiquer au préfet les informations nominatives dont ils disposent sur la vacance (CCH art. L 642-8). Il devrait s'agir en particulier du non-paiement de la taxe d'habitation (no 68165).

PROCÉDURE DE RÉQUISITION DES LOCAUX VACANTS

68060 Après avoir déterminé les biens susceptibles d'être réquisitionnés (no 68040), et au plus tard un mois avant le début de la réquisition, le **préfet** doit informer le maire de la commune d'implantation des locaux de son intention de **procéder à la réquisition** et doit recueillir l'avis de celui-ci (dans les quartiers prioritaires de la ville, l'accord du maire est requis ; cet accord est réputé favorable si le maire de la commune n'a pas fait connaître son opposition dans le délai de 2 mois à compter de la date de notification de la demande d'accord). Le préfet transmet ensuite au maire, à l'attributaire et aux bénéficiaires envisagés pour la réquisition les informations dont il dispose relatives à l'usage prévu pour chacun des locaux, la liste des éventuels attributaires et les caractéristiques des bénéficiaires envisagés pour la réquisition. Il doit enfin notifier au titulaire du droit d'usage son **intention de procéder à la réquisition** par lettre recommandée AR en indiquant les motifs et la durée de la réquisition envisagée. Cette notification doit être accompagnée du projet de convention qui devra être signée entre l'État et l'attributaire (CCH art. L 642-4 et L 642-9).

Ce projet doit indiquer (CCH art. R 642-4) la dénomination, la forme juridique et le siège du titulaire du droit d'usage, la désignation des locaux, la durée de la réquisition, la nature et le montant détaillé des travaux à réaliser, le montant mensuel de l'amortissement des travaux, les règles de calcul des frais de gestion lorsque la réquisition a pour objet d'assurer le logement des personnes ayant des ressources inférieures à 60 % de celles exigées pour l'attribution de logements HLM, la surface des locaux et le prix de base du loyer au mètre carré de surface habitable, le mode de calcul de l'indemnité mensuelle versée au titulaire du droit d'usage pendant la durée de la réquisition.

Le **titulaire du droit d'usage** sur les locaux dispose d'un délai de deux mois à compter de la **68065**
notification du projet de réquisition pour **faire connaître** au préfet (CCH art. L 642-10) :

– son accord ou son opposition ;

– son intention de mettre fin à la vacance dans un délai maximal de trois mois à compter de la notification ;

– son engagement d'effectuer les travaux pour mettre fin lui-même à la vacance. Un échéancier doit alors être soumis à l'approbation du préfet.

Lorsque le titulaire du droit d'usage s'est engagé à mettre fin à la vacance, le préfet peut lui demander de justifier de l'exécution de son engagement, faute de quoi le préfet pourra lui notifier l'arrêté de réquisition (CCH art. L 642-12).

La production de quittances de loyer devrait, à notre avis, être suffisante.

À compter de la réponse du titulaire du droit d'usage ou au plus tard quatre mois après la **68070**
notification de l'intention de réquisitionner, le **préfet** notifiera au titulaire sa **décision,** soit de procéder à la réquisition, soit d'abandonner la procédure, soit d'autoriser le titulaire à effectuer des travaux. Dans le premier cas, la décision devra être motivée : désigner l'attributaire et indiquer la durée de la réquisition (CCH art. L 642-11). Dans le dernier cas, le propriétaire aura 24 mois pour réaliser les travaux et mettre le bien en location (CCH art. L 642-10). Il devra justifier auprès du préfet de la réalisation des travaux ; à défaut, le logement pourra être réquisitionné (CCH art. L 642-12).

RELATIONS ENTRE LE TITULAIRE DU DROIT D'USAGE ET L'ATTRIBUTAIRE

Ces relations sont régies par les **articles 1714 à 1762 du Code civil** relatifs au louage **68080**
(CCH art. L 642-14) qui sont étudiés n°s 50480 s.

En outre, à compter de la prise de possession des lieux, l'attributaire doit verser au titulaire du **68085**
droit d'usage une **indemnité mensuelle** égale au montant du loyer, déduction faite de l'amortissement du montant des travaux de mise aux normes et des frais de gestion des locaux. Lorsque le montant de l'amortissement et des frais de gestion est supérieur au loyer, aucune somme ne peut être exigée du titulaire du droit d'usage. Cette règle s'applique aux locaux réquisitionnés pour l'hébergement d'urgence, à l'exception des frais de gestion (CCH art. L 642-15, al. 1 et 2).

Cette disposition appelle les remarques suivantes :

– les travaux sont amortis sur la durée totale de la réquisition. L'**amortissement** mensuel est égal au montant **des travaux** divisé par le nombre de mois de la réquisition (CCH art. R 642-9) ;

– les subventions éventuellement perçues par l'attributaire pour les travaux sont déduites de leur coût pour le calcul de l'amortissement lorsque la réquisition a pour objet d'assurer le logement de personnes ayant des ressources inférieures à 60 % de celles exigées pour l'attribution de logements HLM. Ces subventions peuvent être déduites, en tout ou partie, lorsque la réquisition a pour objet d'assurer l'hébergement d'urgence de personnes sans abri (CCH art. R 642-9) ;

– lorsque la réquisition a pour objet d'assurer le logement de personnes ayant des ressources inférieures à 60 % de celles exigées pour l'attribution de logements HLM, le montant des **frais de gestion** est fixé en tenant compte du coût réel de gestion de ces logements dans la limite de 8 % du montant des loyers perçus par l'attributaire (CCH art. R 642-9, al. 2).

68090 Le titulaire du droit d'usage peut éventuellement obtenir des tribunaux judiciaires une **indemnisation de l'État** en réparation du préjudice matériel, direct et certain, causé par la mise en œuvre de la réquisition (CCH art. L 642-16).

> **Précisions** Estimant que le respect du principe d'égalité devant les charges publiques ne saurait permettre d'exclure du droit à réparation un élément quelconque du préjudice indemnisable, le Conseil constitutionnel a jugé que cette disposition devait être interprétée comme permettant au juge d'allouer au titulaire du droit d'usage une **indemnité complémentaire** prenant en compte le coût des travaux, indirectement assumé par celui-ci, qui n'auront pas contribué à la valorisation de son bien lorsqu'il en retrouvera l'usage. Il pourra en être de même des frais de remise en état des lieux dans leur état initial lorsque l'intéressé souhaitera leur restituer leur affectation première (Cons. const. 29-7-1998 nº 98-403 DC : JO 31 p. 11710).

68095 Le titulaire du droit d'usage peut exercer un **droit de reprise** neuf ans après la prise d'effet de l'arrêté de réquisition à **condition,** d'une part, d'avoir donné un préavis d'un an à l'attributaire et, d'autre part, d'avoir indemnisé ce dernier du montant des travaux non amortis trois mois avant l'expiration de ce délai (CCH art. L 642-6 et L 642-18).

Le préavis doit être notifié par lettre recommandée AR (CCH art. R 642-10).

68100 La réquisition ne fera pas obstacle à la **transmission,** à titre onéreux ou gratuit, des lieux requis (CCH art. L 642-17).

> **Précisions** Afin que soit assurée l'information des acquéreurs éventuels sur l'existence de la réquisition dont fait l'objet un immeuble, le décret relatif à la publicité foncière devrait être complété (Avis Sén. nº 473 p. 34).

RELATIONS ENTRE L'ATTRIBUTAIRE ET LE BÉNÉFICIAIRE DE LA RÉQUISITION DES LOCAUX VACANTS

68120 Les relations entre l'attributaire et le bénéficiaire de la réquisition sont régies par la loi « Mermaz » du 6 juillet 1989 (nos 61000 s.), sous réserve des dispositions suivantes (CCH art. L 642-21 s.) :

- le bail doit être conclu pour une **durée** d'un an ou pour la durée de la réquisition restant à courir ;
- aucun **dépôt de garantie** ni cautionnement ne peut être exigé ;
- le **loyer** doit être déterminé en fonction d'un prix de base au mètre carré. Payable mensuellement à terme échu, il est révisé chaque année en fonction de la variation de l'indice de référence des loyers (IRL), publié trimestriellement par l'Insee.
- la **cession** et la **sous-location** sont prohibées ;
- le bénéficiaire peut donner **congé** à tout moment en donnant un préavis d'un mois.

68125 Trois mois avant l'**expiration du bail** intervenant avant la fin de la réquisition, le préfet peut proposer au bénéficiaire alors en place un autre logement correspondant à ses besoins et ses possibilités : sauf motif légitime et sérieux, le bénéficiaire est déchu de tout titre d'occupation au terme du contrat s'il n'accepte pas l'offre de relogement (CCH art. L 642-26, al. 1). À défaut d'offre de **relogement,** le contrat sera renouvelé pour un an ou pour la durée de réquisition restant à courir (CCH art. L 642-26, al. 2).

Si, trois mois avant la fin de la réquisition, un **bail** n'est pas **conclu** entre le titulaire du droit d'usage et le bénéficiaire, l'attributaire peut proposer la location d'un logement HLM sous condition de ressources ; à défaut, il appartient au préfet d'en proposer un (CCH art. L 642-27, al. 1). En tout état de cause, à l'expiration de la période de réquisition, le bénéficiaire qui n'aura pas conclu de bail ou accepté une offre de relogement sera déchu de tout titre d'occupation (CCH art. L 642-27, al. 2).

B. Taxe sur les logements vacants

68160 Cette taxe frappe les **logements habitables volontairement laissés inoccupés** depuis au moins un an au 1er janvier de l'année d'imposition situés dans certaines communes (CGI art. 232).

Elle est due par les personnes physiques ou morales qui ont la qualité de **propriétaire** du logement, d'**usufruitier** ou de **preneur** d'un **bail** à construction, d'un bail à réhabilitation ou d'un bail emphytéotique.

> **Précisions** L'établissement de la taxe au nom de **propriétaires en indivision** ne crée pas de présomption de solidarité de paiement à leur égard, l'obligation de payer qui incombe à chaque indivisaire restant limitée à hauteur de ses droits dans l'indivision (CE 23-6-2022 nº 449318 : RJF 10/22 nº 860).

LOGEMENTS CONCERNÉS

Pour donner lieu à paiement de la taxe, les logements doivent remplir les conditions ci-après : **68165**

– être situés dans des **communes** où il existe un déséquilibre marqué entre l'offre et la demande de logements (**zones dites « tendues »**), déterminées suivant des critères différents suivant qu'elles appartiennent ou non à des agglomérations de plus de 50 000 habitants. La liste détaillée des communes est précisée par le décret 2013-392 du 10 mai 2013 modifié par les décrets 2015-1284 du 13 octobre 2015 et 2023-822 du 25 août 2023 ;

– être **habitables** mais être **laissés inoccupés** depuis **au moins un an** au 1er janvier de l'année d'imposition. Cette vacance doit résulter de la volonté du propriétaire.

Ne donnent **pas lieu à versement de la taxe** :

– les logements **meublés** (**résidences secondaires**) soumis à la taxe d'habitation (BOI-IF-AUT-60 n° 80) ;

– les locaux dont la mise en état d'habitation nécessiterait des **travaux importants** (sur la nature des travaux, voir Précisions c et d, ci-après), étant précisé que l'importance des travaux ne s'apprécie pas au regard des capacités financières du propriétaire (CAA Nantes 24-12-2024 n° 24NT01840 : RJF 5/25 n° 403) ;

– les logements ayant vocation, dans un délai proche, à disparaître, ou à faire l'objet de travaux dans le cadre d'**opérations d'urbanisme,** de **réhabilitation** ou de **démolition** : à ce titre, l'administration admet qu'un délai d'un an peut être retenu (BOI-IF-AUT-60 n° 140) ;

– les **logements mis en location ou en vente** au prix du marché et ne trouvant pas preneur (BOI-IF-AUT-60 n° 140) : à cet égard, le contribuable peut apporter tous les éléments permettant de prouver qu'il a effectué toutes les démarches nécessaires pour vendre ou louer son logement (mise en vente du logement ou propositions de location dans plusieurs agences, adaptation du prix de vente ou de location aux conditions et évolutions du marché, etc.) ou que l'immeuble ne peut être occupé dans des conditions normales.

Jugé par ailleurs qu'un **logement dont la vente est en cours** de réalisation et dont la vacance au 1er janvier de l'année résulte du seul délai nécessaire entre la signature de la promesse de vente et la réalisation de cette promesse ne peut être assujetti à la taxe sur les logements vacants (TA Paris 24-10-2006 n° 00-734 : RJF 4/07 n° 517).

> Précisions a. Aucune taxe n'est due si les **logements** sont **occupés plus de 90 jours** consécutifs au cours de la période de référence (CGI art. 232, V).

La durée d'occupation peut être prouvée notamment par la déclaration de revenus fonciers, des quittances d'eau, d'électricité, de téléphone, etc.

b. La **durée de la vacance** s'apprécie au regard du même propriétaire ou redevable de la taxe. L'occupation momentanée (inférieure à 90 jours) au cours de l'année ne remet pas en cause le caractère vacant du logement, passible de la taxe, sauf si cette période d'occupation comprend le 1er janvier : dans ce cas, en effet, le logement devient imposable à la taxe d'habitation.

c. Échappe à la taxe un **logement qui n'est accessible que par le local commercial attenant** et qui ne peut être rendu habitable que moyennant des **travaux importants** estimés au tiers de la valeur du bien (TA Lille 9-3-2017 n° 1401258 : RJF 8-9/17 n° 821).

d. Selon l'administration, les **travaux importants** justifiant l'exonération de taxe sont ceux ayant pour objet :

– soit d'assurer la stabilité des murs, charpentes et toitures, planchers ou circulations intérieures (notamment, escaliers) ;

– soit l'installation dans un logement qui en est dépourvu ou, dans le cas contraire, la réfection complète de l'un ou l'autre des éléments suivants : équipement sanitaire élémentaire, chauffage, électricité, eau courante, ensemble des fenêtres et portes extérieures.

Les travaux doivent être d'importance, celle-ci pouvant être appréciée par la production de devis. À titre de règle pratique, cette condition est réputée remplie lorsque le montant des travaux nécessaires pour rendre le logement habitable excède 25 % de la valeur vénale du logement au 1er janvier de l'année d'imposition (BOI-IF-AUT-60 n° 60).

e. La taxe n'est pas due par les propriétaires de **logements occupés illégalement** par des personnes dont la justice a ordonné l'expulsion (squatteurs) (Rép. Bimbenet : Sén. 25-1-2001 n° 23104). Ainsi, n'est pas considéré comme vacant un logement occupé par un squatteur dont le propriétaire a demandé l'expulsion (TA Cergy-Pontoise 29-4-2010 n° 06-5708 : RJF 11/10 n° 1119).

CALCUL ET PAIEMENT DE LA TAXE

La taxe est calculée sur la **base** de la valeur locative foncière brute du logement et de ses dépendances au 1er janvier de l'année au titre de laquelle l'imposition est due. **68180**

Le **taux** d'imposition varie en fonction de la durée de vacance du bien. Ainsi, le taux est fixé à 17 % la première année d'imposition et à 34 % à compter de la deuxième.

68180 (suite) La taxe est **due** pour chaque logement vacant remplissant les conditions prévues par la loi. L'imposition est établie annuellement dans la commune de situation du logement. Sur les **obligations déclaratives,** voir n° 83800.

Le contrôle, le recouvrement, le contentieux, les garanties et les sanctions de la taxe sont régis comme en matière de taxe foncière sur les propriétés bâties. Il en découle notamment les règles suivantes : la taxe est **recouvrée** par voie de rôle par les comptables publics, les **réclamations** peuvent être introduites jusqu'au 31 décembre de l'année suivant celle de la mise en recouvrement du rôle auprès du service des finances publiques dont relève le bien, le **délai de reprise** de l'administration court jusqu'au 31 décembre de l'année suivant celle au titre de laquelle l'imposition est due et le contentieux relève de la compétence des juridictions administratives.

> **Précisions** Les **avis d'imposition de la taxe foncière** comportent, dans les communes où la taxe sur les logements vacants est exigible, un message rappelant les conditions d'assujettissement à cette taxe, afin de permettre aux personnes concernées d'indiquer de manière anticipée les éléments (caractère inhabitable du logement, caractère involontaire de la vacance) permettant d'éviter une imposition injustifiée.

TITRE VIII

Fiscalité

CHAPITRE 1

RÉDUCTIONS, CRÉDITS D'IMPÔT ET TVA SUR TRAVAUX

SOMMAIRE

PLAFONNEMENT GLOBAL DES NICHES FISCALES

Les contribuables qui engagent certaines dépenses liées au logement ou qui réalisent des investissements locatifs bénéficient, le cas échéant, de réductions ou de crédits d'impôt qui viennent diminuer leur impôt sur le revenu. Toutefois, le gain procuré par ces avantages fiscaux peut être limité par le mécanisme du plafonnement des niches fiscales. 75003

En matière d'impôt sur le revenu, l'avantage fiscal cumulé procuré par certains crédits d'impôt, réductions d'impôt et déductions est plafonné par foyer fiscal (quelle que soit sa composition) à **10 000 €** (CGI art. 200-0 A). Ce plafond est majoré de 8 000 € pour les réductions d'impôt liées aux investissements outre-mer (et notamment les investissements Duflot-Pinel outre-mer réalisés depuis le 1er septembre 2014) et aux souscriptions au capital de Sofica. En cas d'application la même année d'avantages relevant de plusieurs catégories, le total des avantages fiscaux hors outre-mer et Sofica, retenu dans la limite de 10 000 €, majoré des réductions d'impôt outre-mer et Sofica ne peut pas procurer une réduction de l'impôt supérieure à **18 000 €** (BOI-IR-LIQ-20-20-10-20 n° 200 et BOI-IR-LIQ-20-20-10-30 n° 110).

Les **avantages** fiscaux **soumis au plafonnement** sont ceux accordés en contrepartie d'un investissement ou du paiement d'une prestation dont bénéficie le contribuable (par exemple, réduction d'impôt pour investissement immobilier Duflot-Pinel-Denormandie). En revanche, sont **exclus** du calcul du plafonnement les avantages fiscaux liés à la situation personnelle du contribuable (avantages liés à une situation de dépendance ou de handicap, etc.) ou à la poursuite d'un objectif d'intérêt général (mécénat, dons aux associations, etc.).

Pour les associés des sociétés de personnes non soumises à l'impôt sur les sociétés, le plafonnement porte sur la quote-part des avantages fiscaux dont bénéficient les intéressés à proportion de leurs droits dans la société (BOI-IR-LIQ-20-20-10-10 n° 20).

Il faut noter que, depuis son entrée en vigueur au titre de l'imposition des revenus de 2013, le montant du plafonnement a été régulièrement modifié. Compte tenu des modalités d'**entrée en vigueur des plafonds successifs,** les avantages fiscaux dont bénéficie un contribuable au titre d'une même année d'imposition peuvent être soumis simultanément à différents plafonds (pour plus de précisions sur les modalités de calcul du plafonnement, voir notre Mémento fiscal nos 4840 s.).

Le calcul du plafonnement suppose une **double liquidation** par l'administration de l'impôt sur le revenu dû par le contribuable : le montant de l'impôt est d'abord calculé tous revenus et avantages fiscaux compris, puis en ne prenant pas en compte les avantages visés par le plafonnement. Si la différence entre les deux cotisations dépasse le plafond, la fraction excédentaire est ajoutée à l'imposition du contribuable (sous réserve des aménagements liés à l'application de plafonds différents au titre d'une même année d'imposition).

SECTION 1

DÉPENSES AFFÉRENTES À L'ÉQUIPEMENT DU LOGEMENT

75005 Les contribuables qui effectuent en 2025 certaines dépenses dans un logement bénéficient, sous certaines conditions, soit du crédit d'impôt en faveur de l'**aide aux personnes** (CGI art. 200 quater A), soit du crédit d'impôt pour l'installation de **systèmes de charge de véhicules électriques** (CGI art. 200 quater C).

Le crédit d'impôt en faveur de l'aide aux personnes ne s'applique qu'aux **logements** affectés à **l'habitation principale** du contribuable ou, pour le crédit d'impôt lié aux dépenses de protection contre les risques technologiques, de son locataire. L'habitation principale s'entend, d'une manière générale, du logement où résident habituellement et effectivement les membres du foyer fiscal et où se situe le centre de leurs intérêts professionnels et matériels (qu'il s'agisse d'une maison individuelle ou d'un appartement dans un immeuble collectif). Lorsque le ou les membres du foyer fiscal exercent une profession qui les oblige à de fréquents déplacements, l'habitation principale s'entend du logement où réside la famille en permanence. Les résidences secondaires sont exclues, même si elles ne constituent pas des immeubles de plaisance ou de villégiature, ainsi que les logements acquis pour l'habitation d'enfants même fiscalement à charge.

Le crédit d'impôt pour installation de systèmes de charge de véhicules électriques bénéficie aux contribuables domiciliés en France au sens de l'article 4 B du CGI, qu'ils soient propriétaires, locataires ou occupants à titre gratuit de leur logement et que celui-ci soit affecté à leur habitation principale ou à leur **résidence secondaire.** Toutefois, dans ce dernier cas, le crédit d'impôt ne s'applique qu'à raison de l'équipement d'une seule résidence secondaire par contribuable.

> **Précisions** **a.** Les **associés d'une société de personnes non soumise à l'impôt sur les sociétés** propriétaires du logement qu'ils occupent à titre d'habitation principale, qui payent effectivement de telles dépenses, bénéficient du crédit d'impôt en faveur de l'aide aux personnes (BOI-IR-RICI-290-10 n° 30). Il en est de même, pour le crédit d'impôt pour l'installation de systèmes de charge de véhicule électrique, pour les associés occupant le logement à titre d'habitation principale ou de résidence secondaire exclusive (BOI-IR-RICI-285 n°s 50 et 90). Pour les logements loués, le crédit d'impôt lié aux dépenses de protection contre les risques technologiques bénéficie aux associés personnes physiques d'une société de personnes non soumise à l'impôt sur les sociétés à hauteur de leur participation dans cette société correspondant au logement concerné (BOI-IR-RICI-290-10 n° 190).

b. Chacune des personnes qui vivent ensemble, sans être soumises à une imposition commune, dans un même logement (**concubins** notamment) peut prendre en compte la quote-part des dépenses afférentes à cette habitation qu'elle a effectivement supportée si les conditions légales sont remplies.

c. En cas de **changement de résidence principale ou secondaire,** le contribuable peut bénéficier d'un crédit d'impôt pour sa nouvelle résidence, même s'il a déjà bénéficié de cet avantage pour son ancienne résidence et même si le précédent propriétaire a déjà obtenu un crédit d'impôt pour le même logement (BOI-IR-RICI-285 n° 150 ; BOI-IR-RICI-290-20 n° 180).

d. Lorsqu'un immeuble n'est que **partiellement affecté à l'habitation principale** du contribuable (le surplus étant utilisé pour l'exercice de sa profession ou donné en location), seules les dépenses se rapportant à la fraction des locaux utilisée pour l'habitation principale peuvent ouvrir droit à crédit d'impôt.

e. Les fonctionnaires ou salariés occupant un **logement de fonction** sont considérés comme ayant dans ce logement leur habitation principale et ne peuvent donc pas, en principe, faire état de dépenses afférentes à un autre logement. Toutefois, lorsque le conjoint et les enfants du titulaire du logement de fonction résident effectivement et en permanence dans une autre habitation, cette dernière peut être considérée comme constituant l'habitation principale du foyer (BOI-IR-RICI-290-10 n° 400).

f. Les **propriétaires bailleurs** sont exclus du dispositif du crédit d'impôt pour l'installation de **systèmes de charge** de véhicule électrique (BOI-IR-RICI-285 n° 40). Il en est de même pour un propriétaire affectant sa résidence secondaire à la **location,** même **saisonnière** (BOI précité n° 130).

g. Dans les immeubles collectifs, les dépenses réalisées sur des **parties communes** qui font l'objet d'une occupation privative au profit d'une autre personne que le contribuable ou son locataire n'ouvrent pas droit au crédit d'impôt (BOI-IR-RICI-290-10 n° 420 et BOI-IR-RICI-285 n° 70).

A. Crédit d'impôt pour installation de systèmes de charge des véhicules électriques (CIBRE)

CONDITIONS POUR BÉNÉFICIER DU CRÉDIT D'IMPÔT

Les contribuables qui supportent, jusqu'au **31 décembre 2025,** des dépenses pour l'**acquisition** et la **pose** d'un système pilotable de charge pour véhicules électriques peuvent bénéficier, dans certaines conditions, d'un crédit d'impôt (CGI art. 200 quater C). 75150

Aucune condition de revenu n'est à respecter.

Les équipements acquis et installés doivent être conformes aux **caractéristiques techniques** fixées par l'article 18 ter A de l'annexe IV au CGI.

Les dépenses d'acquisition et de pose des systèmes de charge doivent être impérativement **facturées** par l'entreprise qui les fournit et les installe ou, pour la fourniture seule ou la fourniture et l'installation, recourt à une autre entreprise dans le cadre de la sous-traitance régie par la loi 1975-1334 du 31 décembre 1975 (CGI art. 200 quater C, 2).

Sur les immeubles ouvrant droit au crédit d'impôt, voir n° 75005. Pour un même logement, le **nombre de systèmes de charge** ouvrant droit au crédit d'impôt est limité à un seul pour une personne célibataire, divorcée ou veuve et à deux pour un couple soumis à imposition commune (CGI art. 200 quater C, 6). En pratique, une personne célibataire, divorcée ou veuve peut donc bénéficier du crédit d'impôt à raison de deux systèmes, soit un dans son habitation principale et un autre dans une résidence secondaire, et un couple imposé en commun peut bénéficier du crédit d'impôt à raison de quatre systèmes, soit deux dans l'habitation principale et deux dans une résidence secondaire.

MODALITÉS D'APPLICATION DU CRÉDIT D'IMPÔT

Montant du crédit d'impôt Le crédit d'impôt est **égal à** 75 % de la dépense éligible dans la limite de 500 € par système de charge (CGI art. 200 quater C, 4 et 5). La même dépense ne peut à la fois ouvrir droit au crédit d'impôt et à la déduction d'une charge pour la détermination d'un revenu catégoriel. 75155

Le crédit d'impôt **s'impute sur** le montant de l'impôt sur le revenu calculé au titre de l'année pendant laquelle la dépense éligible a été payée, après application, le cas échéant, de l'ensemble des réductions d'impôt dont bénéficie le contribuable, des autres crédits d'impôt et des prélèvements ou retenues non libératoires. Il est soumis au plafonnement global des avantages fiscaux (n° 75003). Si le crédit d'impôt excède l'impôt dû, cet excédent est restitué, sauf s'il est inférieur à 8 €.

Justificatifs Le contribuable doit être en mesure de présenter à l'administration fiscale, sur sa demande, une **facture,** autre que les factures d'acomptes, mentionnant, en plus des mentions obligatoires prévues en matière de TVA par l'article 289 du CGI, le lieu de réalisation des travaux, la nature, la désignation et le montant des travaux ainsi que, le cas échéant, les caractéristiques techniques des équipements installés. À défaut, le montant du crédit d'impôt injustifié est repris au titre de l'année d'imputation (CGI art. 200 quater C, 7). 75160

> **> Précisions** Lorsque des **contribuables non soumis à imposition commune** affectent un **même logement** à leur habitation et demandent à bénéficier du crédit d'impôt, la facture doit comporter, en plus des indications mentionnées ci-dessus, l'identité de chacune de ces personnes ainsi que, le cas échéant, la quote-part de la dépense payée par chacune d'elles. À défaut de mention de cette quote-part sur la facture, le montant du crédit d'impôt est réparti à parts égales entre elles (BOI-IR-RICI-285 n° 400).

Reprise du crédit d'impôt Si le bénéficiaire du crédit d'impôt est **remboursé, dans un délai de cinq ans,** de tout ou partie du montant des dépenses qui lui ont ouvert droit à l'avantage fiscal, il fait l'objet, au titre de l'année de remboursement et dans la limite du crédit d'impôt obtenu, d'une reprise égale à la différence entre le montant du crédit d'impôt initial et celui calculé sur les dépenses effectivement supportées. Aucune reprise n'est pratiquée lorsque le remboursement fait suite à un sinistre survenu après que les dépenses ont été payées (CGI art. 200 quater C, 9). 75165

B. Crédit d'impôt en faveur de l'aide aux personnes

75190 La réalisation de certaines dépenses destinées à aider les personnes les plus fragiles ouvre droit à crédit d'impôt (CGI art. 200 quater A).

L'immeuble dans lequel sont effectués les travaux ou auquel s'intègrent les équipements doit être **situé en France** (départements métropolitains et départements d'outre-mer). Il doit être **affecté à l'habitation principale** (n° 75005) du contribuable (ou, le cas échéant, de son locataire : n° 75220) dans les six mois de la date de paiement des dépenses (BOI-IR-RICI-290-10 n° 260).

> **Précisions** En cas de **changement de situation matrimoniale** du contribuable au cours de la période d'application du crédit d'impôt, celui-ci bénéficie d'un nouveau plafond spécifique pour chaque nature de dépenses réalisées, sous réserve que toutes les autres conditions soient par ailleurs remplies et quand bien même il ne changerait pas de résidence principale. En effet, le mariage, le divorce ou le décès de l'un des époux entraîne création d'un nouveau foyer fiscal (BOI-IR-RICI-290-20 n° 190).

ÉQUIPEMENTS PERMETTANT L'ADAPTATION DES LOGEMENTS À LA PERTE D'AUTONOMIE OU AU HANDICAP

75200 **Bénéficiaires du crédit d'impôt** Le crédit d'impôt bénéficie aux **propriétaires, locataires ou occupants à titre gratuit** de leur habitation principale (au sens défini n° 75005). Le crédit d'impôt est réservé aux foyers fiscaux dont l'un des membres est **en situation de perte d'autonomie ou de handicap,** quelle que soit la nature des équipements.

> **Précisions** Les personnes en **perte d'autonomie** s'entendent des personnes âgées de plus de 60 ans (Loi 2023-1322 du 29-12-2023 art. 71, III) dont l'état de dépendance entraîne le classement au sein des quatre premiers groupes iso-ressources (GIR). En pratique, sont visées les personnes éligibles à l'allocation personnalisée d'autonomie, même si elles ne bénéficient pas effectivement de cette prestation (BOI-IR-RICI-290-10 n° 60).
> Les personnes en situation de **handicap** s'entendent des personnes présentant un taux d'incapacité supérieur ou égal à 50 % déterminé par décision de la Commission des droits et de l'autonomie des personnes handicapées (CDAPH) (Loi 2023-1322 du 29-12-2023 art. 71, III). En pratique, sont visées les personnes pouvant bénéficier de l'allocation d'éducation de l'enfant handicapé (AEEH) ou de l'allocation aux adultes handicapées (AAH) ou encore de la carte « mobilité inclusion » avec un taux d'incapacité supérieur ou égal à 50 %.

75205 Le bénéfice de l'avantage fiscal est soumis à des **conditions de ressources** : il est réservé aux ménages dont les revenus annuels respectent certains seuils, planchers et plafonds. Pour 2025, les **seuils planchers** sont fixés aux montants suivants :

Nombre de personnes composant le ménage	Île-de-France (en €)	Autres régions (en €)
1	28 933	22 015
2	42 463	32 197
3	51 000	38 719
4	59 549	45 234
5	68 123	51 775
par personne supplémentaire	+ 8 568	+ 6 525

Le **plafond** est fixé à 31 394 € pour la première part de quotient familial, majoré de 9 301 € pour chacune des deux demi-parts suivantes et de 6 976 € pour chaque demi-part supplémentaire à compter de la troisième. Les majorations sont divisées par deux pour les quarts de part.

Les **revenus à prendre en compte** s'entendent du revenu fiscal de référence de l'avant-dernière année précédant celle du paiement de la dépense ou, lorsque ce revenu est supérieur ou égal au plafond ou inférieur ou égal au plancher, du revenu fiscal de référence de la dernière année précédant celle du paiement.

75210 **Dépenses ouvrant droit au crédit d'impôt** Seules les dépenses d'**adaptation des logements à la perte d'autonomie ou au handicap** ouvrent droit au crédit d'impôt. Sont visées les dépenses d'installation ou de remplacement des équipements suivants (CGI ann. IV art. 18 ter) : éviers et lavabos à hauteur réglable, éviers et lavabos fixes utilisables par les personnes à mobilité réduite, siphon déporté, sièges de douche muraux, cabines de douche intégrales pour personnes à mobilité réduite, bacs à douche extra-plats et portes de douche, receveurs de douche à carreler, pompes de relevage ou pompes d'aspiration des eaux pour receveur extra-plat, W.-C. surélevés, W.-C. suspendus avec bâti support, W.-C. équipés d'un système lavant et séchant, robinetteries pour personnes à mobilité réduite, mitigeurs thermostatiques, miroirs inclinables pour personnes à mobilité réduite, systèmes de commande comprenant un détecteur de mouvements, de signalisation ou d'alerte, dispositifs de fermeture, d'ouverture ou systèmes de commande des installations électriques, d'eau, de gaz et de chauffage, éclairages temporisés couplés à un détecteur de mouvements, système de motorisation de volets, de portes d'entrée et de garage, de portails, volets roulants électriques, appareils élévateurs verticaux comprenant une plate-forme aménagée en vue du transport d'une personne handicapée et élévateurs à déplacements inclinés spécialement conçus pour le déplacement d'une personne handicapée, mains-courantes, barres de maintien ou d'appui, poignées ou barres de tirage de porte adaptées, systèmes de transfert à demeure ou potences au plafond, rampes fixes, plans inclinés, mobiliers à hauteur réglable, revêtements podotactiles, nez de marche contrastés et antidérapants, revêtement de sol antidérapant, protections d'angles, garde-corps, portes ou fenêtres adaptées, inversion ou élargissement de portes, portes coulissantes, boucles magnétiques.

Le crédit d'impôt s'applique aux équipements :
– payés **jusqu'au 31 décembre 2025** dans le cadre de travaux réalisés dans un logement achevé ;
– intégrés à un logement acquis neuf jusqu'au 31 décembre 2025 ;
– intégrés à un logement acquis en l'état futur d'achèvement ou que le contribuable fait construire, achevé jusqu'au 31 décembre 2025.

Les équipements doivent être intégrés au logement par le constructeur ou le vendeur (pour un logement acquis neuf, en l'état futur d'achèvement ou que le contribuable fait construire) ou fournis par l'entreprise qui procède à leur **installation** (pour un logement déjà achevé). Lorsque les équipements s'intègrent aux parties communes, chacun des occupants de l'immeuble peut faire état de la quote-part correspondant au logement qu'il occupe à titre d'habitation principale pour les dépenses éligibles qu'il a effectivement payées (BOI-IR-RICI-290-10 n° 420). Les équipements n'ouvrent pas droit au crédit d'impôt s'ils sont fournis par le contribuable à l'entreprise qui réalise les travaux.

> Précisions La **condition de perte d'autonomie ou de handicap** s'apprécie :
– au 31 décembre de l'année du paiement de la dépense pour les dépenses réalisées dans un logement achevé ;
– à la date d'acquisition du logement pour les dépenses d'équipements intégrés à un logement acquis neuf ;
– à la date d'achèvement du logement pour les dépenses d'équipements intégrés à un logement acquis en l'état futur d'achèvement ou que le contribuable fait construire.
Toutefois, il est admis que le crédit d'impôt s'applique si le contribuable peut **justifier** :
– d'une part, à la date d'appréciation de la condition de perte d'autonomie ou de handicap, d'un accusé de réception délivré par l'instance compétente en charge de l'instruction de sa demande, pour lui ou un membre de son foyer fiscal, visant au classement dans l'un des groupes 1 à 4 de la grille mentionnée à l'article L 232-2 du CASF ou à la reconnaissance d'un taux d'incapacité supérieur ou égal à 50 % ;
– d'autre part, de l'obtention effective, à la suite de cette demande, d'un classement dans l'un des groupes 1 à 4 de la grille de l'article L 232-2 du CASF ou de la reconnaissance d'un taux d'incapacité supérieur ou égal à 50 % (BOI-IR-RICI-290-10 n° 90).

Modalités d'application du crédit d'impôt Le crédit d'impôt s'applique au titre de l'**année** de paiement des dépenses ou au titre de l'année d'achèvement du logement ou de son acquisition si elle est postérieure. En cas de paiement par l'intermédiaire d'un tiers (syndic de copropriété notamment), le fait générateur du crédit d'impôt est constitué non pas par le versement à ce tiers des appels de fonds par le contribuable mais par le paiement par ce tiers du montant des travaux à l'entreprise qui les a effectués. **75215**

Il est **égal à** 25 % du montant des dépenses et n'est pas pris en compte pour le calcul du **plafonnement global des avantages fiscaux.** Pour un même logement, le montant des dépenses prises en compte est **plafonné,** pour une **période** de cinq années consécutives, à la somme de 5 000 € pour une personne célibataire, veuve ou divorcée et de 10 000 € pour un couple marié ou lié par un Pacs, soumis à une imposition commune. Ce plafond est majoré de 400 € par personne à charge (200 € lorsqu'il s'agit d'un enfant réputé à charge égale de l'un et l'autre des parents).

Le **coût** des dépenses à retenir est le montant total TVA comprise du prix d'achat des matériaux et des frais de main-d'œuvre correspondant à la réalisation des travaux, tels qu'ils figurent sur la **facture** délivrée par l'entreprise ayant effectué les travaux ou sur l'**attestation** délivrée par le vendeur ou le constructeur du logement. Ne sont pas pris en compte les frais annexes comme les frais administratifs (frais de dossier) ou les frais financiers (intérêts d'emprunt notamment). Les factures doivent comporter les éléments d'identification des parties, l'adresse de réalisation des travaux, la nature des travaux (détaillés de manière précise et chiffrée en cas de travaux de natures différentes), la désignation et le prix unitaire des équipements ou des prestations et, le cas échéant, la date du paiement.

Si le contribuable a reçu une **prime ou** une **aide** pour la réalisation de ses travaux, elle vient en déduction du coût global des travaux pour le calcul du crédit d'impôt.

Le crédit d'impôt **s'impute sur** le montant de l'impôt sur le revenu calculé au titre de l'année pendant laquelle la dépense éligible a été payée, après application, le cas échéant, de l'ensemble des réductions d'impôt dont bénéficie le contribuable, des autres crédits d'impôt et des prélèvements ou retenues non libératoires. Si le crédit d'impôt excède l'impôt dû, cet excédent est restitué, sauf s'il est inférieur à 8 €.

Lorsque le bénéficiaire du crédit d'impôt est **remboursé,** dans un délai de cinq ans à compter de la date de leur paiement, de tout ou partie du montant **des dépenses** qui ont ouvert droit à cet avantage, il fait l'objet, au titre de l'année du remboursement, d'une reprise égale au montant de l'avantage fiscal accordé à raison de la somme qui a été remboursée dans la limite du crédit d'impôt obtenu. La reprise du crédit d'impôt n'est pas pratiquée lorsque le remboursement fait suite à un sinistre survenu après que les dépenses ont été payées ; l'administration admet également ne pas effectuer cette reprise lorsque le remboursement fait suite à un sinistre intervenu entre la date d'exécution des travaux et celle de leur paiement (BOI-IR-RICI-290-30 n° 110).

TRAVAUX DE PROTECTION CONTRE LES RISQUES TECHNOLOGIQUES

75220 **Dépenses ouvrant droit au crédit d'impôt** Le crédit d'impôt bénéficie aux **propriétaires** de logements situés en France qu'ils affectent à leur **habitation principale** (au sens défini n° 75005) ou qu'ils s'engagent à **louer** pendant cinq ans, à titre d'habitation principale, à des personnes autres que leur conjoint ou un membre de leur foyer fiscal.

Ouvrent droit au crédit d'impôt les dépenses de réalisation de travaux prescrits par un **plan de prévention** des risques technologiques (PPRT) et les dépenses de diagnostics préalables à la réalisation des travaux payées **jusqu'au 31 décembre 2026,** à condition que ces diagnostics préalables et ces travaux soient effectués par une entreprise et donnent lieu à l'établissement d'une facture. Les travaux ne peuvent être prescrits que sur des **constructions existantes** à la date d'approbation du plan. Les diagnostics préalables et les travaux doivent être réalisés dans un délai de onze ans à compter de l'approbation du PPRT ou, pour les plans approuvés avant 2016, avant le 1er janvier 2027 (C. envir. art. L 515-16-2, I et L 515-19, I).

75225 **Modalités d'application du crédit d'impôt** Le crédit d'impôt s'applique au titre de l'année de paiement des dépenses (sur les règles applicables en cas de paiement par un tiers : n° 75215). Il est **égal à** 40 % de leur montant et n'est pas pris en compte pour le calcul du **plafonnement global des avantages fiscaux.**

Pour la période du **1er janvier 2015 au 31 décembre 2026,** le montant des dépenses ne peut excéder, pour un même logement, la somme de 20 000 € quelle que soit la composition du foyer fiscal. Ce plafond est indépendant de celui visé n° 75215.

Le **coût** des dépenses à retenir est le montant total TVA comprise du prix d'achat des matériaux et des frais de main-d'œuvre correspondant à la réalisation des travaux et, le cas échéant, le coût du diagnostic préalable aux travaux, tels qu'ils figurent sur la facture délivrée par l'entreprise ayant effectué les travaux ou sur l'attestation délivrée par le vendeur ou le constructeur du logement (sur les mentions à indiquer sur les factures : n° 75215). Pour les dépenses payées par les propriétaires bailleurs, lorsqu'il s'agit d'une location meublée soumise à la TVA, la base du crédit d'impôt s'entend du montant hors taxe (BOI-IR-RICI-290-20 n° 70).

Si le contribuable a reçu une **prime ou** une **aide** pour la réalisation de ses travaux, elle vient en déduction du coût global des travaux pour le calcul du crédit d'impôt à l'exception du montant des participations versées par les exploitants des installations à risque et les collectivités territoriales.

Le crédit d'impôt **s'impute sur** le montant de l'impôt sur le revenu calculé au titre de l'année pendant laquelle la dépense éligible a été payée, après application, le cas échéant, de l'ensemble des réductions d'impôt dont bénéficie le contribuable, des autres crédits d'impôt et des prélèvements ou retenues non libératoires. Si le crédit d'impôt excède l'impôt dû, cet excédent est restitué, sauf s'il est inférieur à 8 €.

Les règles applicables en cas de **remboursement** du montant **des dépenses** dans les cinq ans de leur paiement sont celles exposées nº 75215, sous la réserve ci-après : les remboursements de dépenses au contribuable dans le délai de cinq ans qui résultent des participations versées par les exploitants des installations à risque et les collectivités territoriales n'entraînent pas de reprise du crédit d'impôt.

> **> Précisions** Les contribuables qui souscrivent leur **déclaration de revenus « papier »** sont dispensés de joindre les **justificatifs** établis par les tiers (factures, etc.). Cette dispense ne s'applique pas aux documents établis par les contribuables eux-mêmes. Le cas échéant, le contribuable qui souhaite bénéficier du crédit d'impôt lié aux travaux de protection contre les risques technologiques pour des **locaux loués** doit joindre à sa déclaration l'engagement de location requis (sur papier libre selon le modèle fourni par l'administration en annexe du document d'information nº 2041 GR).

SECTION 2

TVA SUR LES TRAVAUX DANS LES LOGEMENTS

La plupart des travaux que l'on fait faire dans des locaux d'habitation bénéficient du **taux intermédiaire** de TVA de 10 %. C'est donc à ce taux qu'ils doivent être facturés par les entrepreneurs et non pas au taux normal (CGI art. 279-0 bis). Toutefois, les travaux d'amélioration de la qualité énergétique des logements bénéficient, sous certaines conditions, du **taux réduit** de 5,5 %. Les taux de 10 % et de 5,5 % s'appliquent également aux livraisons à soi-même portant sur de tels travaux (CGI art. 278-0 B, III). **75400**

Le taux réduit de 5,5 % s'applique également à quelques biens et services de première nécessité, listés limitativement (cela vise notamment certains équipements pour handicapés).

Le **taux normal** de TVA est de 20 %.

En **Guadeloupe,** en **Martinique** et à **La Réunion,** le taux réduit est de 2,1 %, qu'il s'agisse de biens et services relevant du taux de 10 % ou du taux de 5,5 %. Le taux normal est de 8,5 %.

PERSONNES CONCERNÉES

Ce sont toutes les personnes qui font faire les travaux (y compris les personnes morales : sociétés civiles immobilières, associations, etc.). Il peut s'agir du propriétaire, occupant les locaux ou les donnant en location, aussi bien que du syndicat de copropriétaires, du locataire, de l'usufruitier ou de l'occupant à titre gratuit. **75405**

IMMEUBLES CONCERNÉS

Locaux d'habitation

Les travaux doivent porter sur des locaux à usage d'habitation **achevés depuis plus de deux ans** à la date de début des travaux. **75420**

Les maisons individuelles bénéficient du taux intermédiaire (ou réduit, le cas échéant) aussi bien que les appartements situés dans des immeubles collectifs. Il peut s'agir d'habitations principales ou secondaires, de locaux occupés ou vacants, nus ou meublés.

La date d'achèvement à considérer est celle à laquelle les conditions d'habitabilité ont été remplies ou celle à laquelle les locaux ont été occupés, même partiellement.

> **> Précisions a.** La condition d'ancienneté du logement n'est pas requise pour l'application, à compter du 1er octobre 2025, du taux réduit de 5,5 % à la fourniture et à l'installation de **panneaux photovoltaïques** (nº 75452).
> **b.** S'agissant des travaux portant sur les équipements communs des **lotissements,** il est admis que le délai de deux ans soit décompté à partir de la date d'achèvement de la première construction habitable du lotissement, hors maison témoin éventuelle (BOI-TVA-LIQ-30-20-90-10 nº 10).
> **c.** Le taux normal s'applique aux travaux portant sur des **locaux** à usage d'habitation **achevés depuis moins de deux ans** ou qui ont fait l'objet depuis moins de deux ans de travaux qui ont abouti à la production d'un immeuble

neuf. Bénéficient toutefois du taux intermédiaire les **travaux d'urgence** réalisés dans ces locaux (BOI-TVA-LIQ-30-20-90-30 n° 300). Il s'agit des travaux nécessaires pour maintenir ou rendre au logement une habitabilité normale (travaux de plomberie en cas de fuite, travaux de serrurerie en cas d'effraction, de perte de clés, réfection d'une toiture ou d'une façade suite à sinistre naturel, assèchement de locaux suite à dégâts des eaux, etc.), y compris lorsqu'ils sont réalisés dans le cadre d'un contrat d'abonnement (TA Orléans 30-12-2010 n° 07-4530 : RJF 7/11 n° 800).

75425 **Dépendances des locaux d'habitation** Les **dépendances usuelles** ouvrent droit au taux intermédiaire (ou réduit, le cas échéant) de TVA. C'est notamment le cas des loggias, balcons, terrasses, caves, garages privatifs. En revanche, les dépendances des bâtiments **hors normes** tels que les châteaux sont exclues (par exemple, chapelle, pigeonnier). Sont également exclus les bâtiments à usage agricole (exemples : écuries, granges, serres). Cela étant, il convient, le cas échéant, de qualifier la dépendance en fonction de son usage effectif ; ainsi, les travaux afférents à une ancienne grange, utilisée effectivement comme garage, peuvent bénéficier du taux réduit.

Pour les garages, c'est le taux normal qui s'applique lorsque les travaux sont à la charge d'une personne qui exploite ces emplacements à titre professionnel.

Le taux intermédiaire s'applique aussi aux travaux de **raccordement aux réseaux publics** facturés au propriétaire ou à l'occupant. Exemple : les travaux de raccordement au tout-à-l'égout, aux réseaux d'adduction d'eau, de gaz, d'électricité, de téléphone ainsi qu'aux réseaux câblés.

Par extension, on prend également en compte certaines **surfaces non bâties attenantes** à des locaux d'habitation (travaux de revêtement des voies d'accès principales à la maison d'habitation, construction et réfection d'un mur de clôture, etc.).

Sont exclues en revanche les **installations sportives** telles que piscines ou tennis et les **constructions de jardin** (serre, abri, etc.).

75428 **Établissements dont l'objet est l'hébergement de personnes physiques**
Le taux intermédiaire s'applique aux travaux portant sur les établissements d'hébergement suivants (BOI-TVA-LIQ-30-20-90-10 n° 110) :

– **établissements à vocation touristique** lorsqu'ils ne font pas l'objet d'une exploitation à titre commercial et sont **exonérés de TVA** (chambres d'hôte, gîtes ruraux, résidences de tourisme notamment) ;

– **établissements à caractère social ou médico-social,** indépendamment du caractère taxable ou non taxable de leur activité, lorsque la durée moyenne de séjour des personnes permet de considérer que l'activité d'hébergement constitue l'objet prépondérant de ces établissements (à titre de règle pratique, sont considérés comme entrant dans cette catégorie les établissements dont la durée moyenne de séjour est supérieure à un mois). Ces établissements sont éligibles au dispositif même lorsqu'ils comportent une unité de soins ou sont rattachés à un hôpital, dès lors que l'assistance médicale qu'ils fournissent constitue l'accessoire indispensable de l'activité d'hébergement de personnes âgées ou malades et ayant perdu leur autonomie (dans cette hypothèse, le taux intermédiaire ne s'applique pas aux travaux afférents aux parties communes à ces structures et à d'autres structures).

> **Précisions** Lorsqu'ils ne remplissent pas les conditions d'application du taux intermédiaire prévu par l'article 279-0 bis du CGI, les travaux portant sur des **logements sociaux à usage locatif** ou des structures d'**hébergement temporaire ou d'urgence** sont néanmoins susceptibles de bénéficier du taux réduit de 5,5 % ou du taux intermédiaire de 10 % dans le cadre d'un dispositif de livraison à soi-même (CGI art. 278 sexies et 278 sexies A).

75430 **Locaux affectés partiellement à l'habitation** Sont visés les locaux affectés pour partie à un usage d'habitation et pour partie à un usage professionnel, commercial, industriel, agricole ou administratif.

Si les locaux sont affectés à l'habitation pour **50 % au moins** de la superficie, l'ensemble des travaux relève du taux intermédiaire, ou du taux réduit le cas échéant, y compris si les travaux ne portent que sur la partie des locaux qui n'est pas affectée à l'habitation (BOI-TVA-LIQ-30-20-90-10 n° 200).

Si les locaux sont affectés pour **moins de 50 %** à l'habitation, seuls les travaux effectués dans les pièces affectées exclusivement à l'habitation bénéficient du taux intermédiaire (ou du taux réduit) de TVA (BOI précité n° 210).

> **Précisions** **a.** Les travaux réalisés dans les **parties communes des immeubles collectifs** qui comprennent au moins 50 % de locaux à usage d'habitation bénéficient en totalité du taux intermédiaire (ou réduit). La proportion de 50 % est appréciée par le syndic par rapport aux millièmes de copropriété (BOI précité n° 350).
> Pour les immeubles collectifs comprenant moins de 50 % de locaux à usage d'habitation, le taux intermédiaire (ou réduit) s'applique à proportion des locaux affectés à l'habitation.
> Ces règles s'appliquent aux travaux portant sur les **équipements communs des lotissements** (voirie, réseaux).
> **b.** Peuvent également bénéficier du taux intermédiaire (ou réduit) les travaux afférents aux locaux affectés à l'hébergement des établissements dont l'**activité d'hébergement** n'est que l'**accessoire d'une autre activité** : établissements scolaires avec internats, établissements d'éducation spéciale pour l'enfance et la jeunesse handicapée, casernes, etc. Les travaux réalisés dans les locaux de ces établissements affectés à titre principal à l'usage des personnes hébergées (cuisines, cantines, réfectoires, etc., à l'exclusion des équipements sportifs) bénéficient également du taux intermédiaire (BOI précité n°s 220 s.).

Locaux affectés exclusivement à un usage autre que l'habitation 75432

Les travaux portant sur des locaux exclusivement affectés à une activité professionnelle, commerciale, industrielle, agricole ou administrative sont soumis au taux normal.

En ce qui concerne les établissements d'hébergement, sont considérés comme exploités à titre commercial les établissements (autres que ceux visés n° 75428) dont la location ou l'exploitation n'est pas exonérée de TVA en application notamment des articles 261 D, 4° et 261, 7-1° du CGI (**hôtels** notamment) ; le taux normal s'applique aux travaux portant sur ces établissements même si l'exploitant bénéficie de la franchise en base de TVA (BOI-TVA-LIQ-30-20-90-10 n° 280).

Transformation en logement Le taux intermédiaire (ou le taux réduit) est applicable aux travaux qui ont pour objet d'affecter principalement à un usage d'habitation un **local précédemment affecté à un autre usage,** dès lors que l'immeuble est achevé depuis plus de deux ans et que la transformation ne peut pas le faire assimiler à un immeuble neuf (BOI-TVA-LIQ-30-20-90-10 n°s 460 s.). Exemple : transformation d'un cabinet d'architecte en appartement. La transformation en sens inverse n'ouvre pas droit au taux intermédiaire (ou réduit). 75435

TRAVAUX OUVRANT DROIT AU TAUX INTERMÉDIAIRE

Le taux intermédiaire de TVA s'applique aux travaux d'**amélioration,** de **transformation,** d'**aménagement** et d'**entretien** (voir n° 75520 le tableau listant les travaux les plus courants), ainsi qu'à la fourniture de **certains équipements** (voir toutefois les travaux et équipements bénéficiant du taux réduit mentionnés n° 75450). 75440

Il faut que ces travaux soient exécutés **par une entreprise** et **facturés directement** au client. On ne peut pas bénéficier du taux intermédiaire pour l'achat de fournitures utilisées dans des travaux que l'on fait soi-même.

Les sommes facturables au taux intermédiaire comprennent les **prestations de main-d'œuvre** et les **matières premières et fournitures** nécessaires à la réalisation des travaux (par exemple : ciment, briques, Placoplâtre, bois, laine de verre, tuiles ou ardoises, peinture, carrelage, parquet, moquette, papiers peints ou tissus, tuyaux, etc.). En revanche, le taux normal de TVA reste applicable aux matières premières et fournitures si elles sont directement achetées par le client.

Bénéficient du taux intermédiaire les **prestations d'études** (honoraires d'architecte notamment) réalisées par un prestataire qui assure également la maîtrise d'œuvre ou la réalisation des travaux éligibles y afférents.

> **Précisions** **a.** Les **travaux d'abattage, de tronçonnage, d'élagage et d'enlèvement des arbres** qui constituent le préalable nécessaire à des travaux d'entretien portant sur des locaux d'habitation achevés depuis plus de deux ans ou qui constituent des travaux d'urgence bénéficient du taux intermédiaire (BOI-TVA-LIQ-30-20-90-30 n° 40).
> **b.** Les travaux d'amélioration, de transformation, d'aménagement ou d'entretien portant sur les avancées de toit couvrant des surfaces attenantes à la construction existante (**pergola, auvent, marquise,** etc.), reposant ou non sur des piliers fixés au sol, bénéficient du taux intermédiaire s'ils n'ont pas pour effet de clore les surfaces concernées et ne portent pas sur du gros œuvre, ce qui implique notamment l'absence de fondations autres que celles strictement nécessaires au maintien des éventuels piliers ou à l'édification de murets sur lesquels ils reposeraient (BOI-TVA-LIQ-30-20-90-30 n° 15).
> **c.** Les travaux de rénovation ou d'entretien portant sur les **balcons, loggias, terrasses, vérandas, cours d'immeubles** et **emplacements de parking** non couverts, achevés depuis plus de deux ans, bénéficient du taux intermédiaire. Il en va de même des travaux de fermeture d'un balcon ou d'une loggia s'ils ne conduisent pas à une augmentation de plus de 10 % de

la surface de plancher des locaux d'habitation existants. En revanche, les travaux de construction et/ou d'extension de balcon, loggia, terrasse ou véranda ne bénéficient pas du taux intermédiaire, sauf lorsque la surface créée n'excède pas 9 m^2 (BOI-TVA-LIQ-30-20-90-30 n° 20).

d. La part privative des travaux de **raccordement aux réseaux publics** (électricité, gaz, assainissement, adduction d'eau, etc.) bénéficie du taux intermédiaire. Il en va de même des travaux d'**assainissement non collectif** (installation, mise aux normes et entretien des systèmes d'assainissement individuel), des travaux d'installation de captage d'eau (même si l'immeuble d'habitation desservi est par ailleurs raccordé au réseau d'eau public), des travaux d'évacuation et de récupération des eaux pluviales et des travaux de terrassement, de drainage et de creusement des tranchées (BOI-TVA-LIQ-30-20-90-30 nos 70 s.).

e. Les travaux d'**entretien,** de **désinfection** et de **dépannage** (y compris les contrats de maintenance ou d'entretien) bénéficient du taux intermédiaire, dans la mesure où ils portent sur des locaux ou des équipements éligibles à ce taux. Bénéficient également du taux intermédiaire les travaux de « **nettoyage** » nécessitant le recours à des équipements et à des techniques qui dépassent le stade de la simple opération de nettoyage courant et ont pour objet de contribuer au maintien et au bon fonctionnement d'un équipement (nettoyage des cuves à fioul, etc.).

Pour les contrats d'entretien d'installations de **chauffage collectif** comportant une **clause de « garantie totale »,** l'administration admet que la part de la redevance correspondant à l'éventuel remplacement d'appareils de chauffage relevant du taux normal soit fixée forfaitairement à 20 % du montant hors taxe du contrat (BOI-TVA-LIQ-30-20-90-30 n° 260).

f. En cas de **sous-traitance,** les travaux facturés par le sous-traitant à l'entrepreneur principal relèvent du taux normal. En cas de paiement effectué directement par le maître d'ouvrage (client) au sous-traitant, les sommes ainsi versées incluent une TVA au taux normal, mais elles ne peuvent excéder le montant du marché principal passé entre le client et l'entrepreneur principal ; ce dernier doit adresser au client une facture définitive soumise au taux intermédiaire (BOI-TVA-LIQ-30-20-90-40 nos 20 s.).

TRAVAUX OUVRANT DROIT AU TAUX RÉDUIT

75450 **Travaux d'amélioration de la qualité énergétique des logements** Il s'agit des travaux portant sur la pose, l'installation, l'adaptation ou l'entretien de matériaux, d'équipements, d'appareils ou systèmes ayant pour objet d'économiser l'énergie ou de recourir à de l'énergie produite à partir de sources renouvelables par l'amélioration (CGI art. 278-0 bis A) :

- de l'isolation thermique ;
- du chauffage et de la ventilation ;
- de la production d'eau chaude sanitaire.

> **Précisions a.** La nature et le contenu des prestations de rénovation énergétique ainsi que les **caractéristiques techniques** et les niveaux de performance des matériaux, équipements, appareils et systèmes ouvrant droit au taux réduit sont fixés par les articles 30-0 D à 30-0 D nonies de l'annexe IV au CGI, dans leur rédaction issue de l'arrêté BCPE2431738A du 4 décembre 2024.

b. Le taux réduit s'applique aux **livraisons à soi-même** portant sur les travaux susvisés dès lors que ces travaux répondent aux conditions fixées par l'article 278-0 bis A du CGI (CGI art. 278-0 B, III).

c. Le taux réduit bénéficie à la **fourniture des matériaux, équipements et appareils** susvisés lorsqu'ils sont fournis et facturés par le prestataire qui réalise les travaux.

d. L'article 278-0 bis A du CGI ne vise pas les **travaux induits qui sont indissociablement liés** aux prestations de rénovation énergétique (dépose des équipements antérieurs, remise en état des éléments de bâti directement affectés par les travaux, etc.). Ces travaux peuvent toutefois bénéficier du taux réduit s'ils constituent l'accessoire de prestations de rénovation énergétique et forment avec celles-ci une prestation complexe unique telle que définie à l'article 257 ter, II du CGI.

75452 **Travaux de fourniture et pose de panneaux photovoltaïques** Pour les opérations réalisées à compter du **1er octobre 2025,** le taux réduit de 5,5 % s'applique à la livraison et à l'installation, dans les logements d'équipements de production d'électricité utilisant l'énergie radiative du soleil d'une **puissance égale ou inférieure à 9 kWc** dont la conception et les caractéristiques répondent aux critères définis par l'article 30-0 E de l'annexe IV au CGI (CGI art. 278-0 bis, P issu de loi 2025-127 du 14-2-2025 art. 42), à savoir :

- le bilan carbone des modules est inférieur à 530 kgCO_2eq/kWc ;
- la quantité d'argent des cellules est inférieure à 14 mg/W ;
- la teneur de plomb des modules est inférieure à 0,1 % ;
- la teneur de cadmium des modules est inférieure à 0,01 % ;

– les équipements sont associés à un système gestionnaire d'énergie permettant de collecter en temps réel les données de production et de consommation et de piloter le comportement de consommation des équipements électriques pour maximiser la consommation électrique sur le lieu de production.

La livraison et l'installation de panneaux photovoltaïques dont la puissance excède 9 kWc ou qui ne respectent pas lesdits critères sont en principe soumises au taux normal.

> Précisions a. Le taux réduit s'applique aux livraisons et aux prestations susvisées quelle que soit l'**ancienneté du logement** dans lequel elles sont réalisées.
b. La **qualité des preneurs** auxquels lesdits travaux sont facturés et la **quantité d'électricité produite** sont sans incidence. Aucune **mention** n'a à être portée **sur le devis ou la facture** pour bénéficier du taux réduit.

Travaux portant sur des infrastructures de recharge pour véhicules électriques Le taux réduit de 5,5 % s'applique aux prestations de **pose,** d'**installation** et d'**entretien** d'infrastructures de recharge pour véhicules électriques qui répondent aux conditions suivantes (CGI art. 278-0 bis, N) : 75455

– les infrastructures de recharge sont installées dans des locaux à usage d'habitation et sont destinées aux résidents ;

– la configuration des infrastructures de recharge répond aux exigences techniques fixées par l'article 30-0 H, 2 de l'annexe IV au CGI ;

– les prestations sont réalisées par une personne répondant à des critères de qualification définis par le 3 de l'article 30-0 H précité.

> Précisions a. Le taux réduit s'applique aux livraisons et aux prestations susvisées quelle que soit l'**ancienneté du logement** dans lesquelles elles sont réalisées.
b. La **qualité des preneurs** auxquels lesdits travaux sont facturés est sans incidence. Aucune **mention** n'a à être portée **sur le devis ou la facture** pour bénéficier du taux réduit.

ÉQUIPEMENTS CONCERNÉS PAR LE TAUX INTERMÉDIAIRE OU RÉDUIT

Lorsqu'ils sont fournis et facturés par l'entreprise prestataire dans le cadre de la prestation de travaux, les équipements suivants sont soumis à la TVA au taux intermédiaire ou au taux réduit : 75458

– **équipements sanitaires** : baignoires, y compris baignoires à remous, bacs ou cabines de douche, saunas ou hammams (autres que prêts à poser) incorporés à une installation de douche, pare-douches, lavabos, éviers, bidets, W.-C., robinets, mitigeurs, mélangeurs, poignées et flexibles de douche, chasses d'eau ;

– **appareils de chauffage, de production d'eau chaude, ou de ventilation fixes** : chaudières individuelles (à l'exception, depuis le 1er mars 2025, des chaudières utilisant des combustibles fossiles : CGI art. 279-0 bis, 2 bis-c issu de loi 2025-127 du 14-2-2025 art. 32, I-5° et II), cuves à fioul, citernes à gaz, pompes à chaleur autres que air/air, installées dans une maison individuelle ou à l'intérieur d'un appartement situé dans un immeuble collectif achevé depuis plus de deux ans ; cheminées, inserts et foyers fermés, sorties de toit, accélérateur de cheminée pourvu d'un récupérateur de chaleur ; poêles à bois, à charbon ou au fioul, radiateurs et convecteurs ; chauffe-eau, ballons d'eau chaude, surpresseurs, adoucisseurs d'eau, osmoseurs ; ventilateurs, humidificateurs et déshumidificateurs, aérateurs et extracteurs, unités d'aspiration centralisée ;

– **équipements de production d'énergie renouvelable** à usage domestique ou appareils destinés à être alimentés en énergie renouvelable : microcentrales photovoltaïques, éoliennes, capteurs solaires. Depuis le 1er octobre 2025, le taux réduit de 5,5 % s'applique à la livraison et à l'installation de panneaux photovoltaïques d'une puissance inférieure à 9 kWc (n° 75452) ;

– **systèmes d'ouverture et de fermeture du logement** : portes (y compris blindées), portails ou barrières, poignées de porte ; fenêtres et fenêtres de toit, vitres et baies vitrées ; volets ou persiennes, stores extérieurs ou intérieurs incorporés au bâti et adaptés à la configuration des locaux ; dispositifs de motorisation sur ces équipements ; garde-corps et rambardes équipant les terrasses ou balcons du logement, rampes d'accès (par exemple, pour les personnes handicapées) ;

– **équipements de sécurité** incorporés au bâti ou aux ouvertures intérieures et extérieures des locaux : détecteurs de gaz et de fumée, portes coupe-feu, robinets d'incendie, paratonnerres et parafoudres ; serrures, verrous, grilles ou barres de protection des fenêtres ou volets, alarmes, digicodes, interphones, visiophones et caméras de surveillance ; éclairages de sécurité fixes, miroirs de sécurité fixés à la sortie des parkings ou des garages privés, groupes électrogènes fixes ;

– **équipements électriques et d'éclairage** incorporés au bâti : tableaux électriques, prises, câbles, interrupteurs, variateurs de lumière, disjoncteurs, éléments d'éclairage encastrés aux murs ou aux plafonds ;

– **équipements divers** : antennes de télévision fixées à l'immeuble et câblage, escaliers (sauf s'ils sont construits à l'occasion de travaux conduisant à augmenter de plus de 10 % la surface de plancher du logement), auvents et marquises destinés à abriter les portes d'entrée des locaux d'habitation et fixés au mur, avancées de toitures, gouttières, siphons, grilles de sol, caniveaux, boîtes aux lettres, plans de travail de cuisine, meubles situés sous les plans de travail et dont le fond est découpé pour les besoins des conduites d'alimentation, étagères, placards muraux et « dressings » spécialement adaptés à leur emplacement et solidement fixés à l'immeuble, miroirs encastrés au mur.

Si ces **biens** sont **achetés directement** par le contribuable, ils restent au taux normal, même s'ils sont installés par une entreprise qui facture les travaux de raccordement ou d'installation au taux intermédiaire ou au taux réduit.

TRAVAUX SOUMIS AU TAUX NORMAL

75460 **Nature des travaux concernés** C'est le taux normal qui s'applique aux travaux suivants :

– travaux portant sur des **immeubles achevés depuis moins de deux ans** ou qui ont fait l'objet depuis moins de deux ans de travaux qui ont abouti à la production d'un immeuble neuf ;

– travaux, réalisés sur une période de deux ans au plus, qui concourent à la **production d'un immeuble neuf** au sens de l'article 257, I-2-2° du CGI. Il s'agit notamment des travaux de surélévation ou rendant à l'état neuf soit la majorité des fondations, soit la majorité des éléments hors fondations déterminant la résistance et la rigidité de l'ouvrage, soit la majorité de la consistance des façades hors ravalement, soit au moins les deux tiers de chacun des éléments de second œuvre. Sont concernés également les travaux portant sur des immeubles qui ont fait l'objet de travaux achevés depuis moins de deux ans qui ont concouru à la production d'un immeuble neuf (BOI-TVA-LIQ-30-20-90-30 n° 350) ;

– travaux, réalisés sur une période de deux ans au plus, à l'issue desquels la **surface de plancher** des locaux existants est **augmentée de plus de 10 %.** Il est toutefois admis que soient soumis au taux intermédiaire, ou réduit le cas échéant, les travaux conduisant à une augmentation de la surface de plancher n'excédant pas 9 m² (cas notamment des travaux d'installation d'une chaudière ou d'un ascenseur rendant nécessaire la création d'une addition de construction) ;

– travaux de **nettoyage,** sauf lorsqu'ils sont préalables ou consécutifs à des travaux éligibles au taux intermédiaire ou réduit et que l'ensemble de l'opération est facturé par un même prestataire ;

– travaux d'aménagement et d'entretien des **espaces verts** ;

– travaux de **démolition** qui ne s'inscrivent pas dans le cadre de travaux éligibles au taux intermédiaire, ou au taux réduit le cas échéant (travaux de démolition totale suivie ou non de travaux de reconstruction).

75465 **Équipements soumis au taux normal** Sont soumis au taux normal :

– les **gros équipements** suivants fournis dans le cadre de travaux d'installation ou de remplacement du système de chauffage ou de climatisation, des ascenseurs ou de l'installation sanitaire : climatiseurs et pompes à chaleur air/air ; équipements collectifs de chauffage situés dans un immeuble comportant plusieurs locaux (chaudière utilisée comme mode de chauffage ou de production d'eau chaude, cuve à fioul, citerne à gaz et pompe à chaleur) ; ascenseurs (à l'exception de ceux conçus pour les handicapés qui bénéficient du taux intermédiaire) ; cabines hammam ou sauna prêtes à poser. Les travaux d'installation ou de remplacement des équipements en cause demeurent soumis au taux intermédiaire pour autant que toutes les conditions requises soient remplies (BOI-TVA-LIQ-30-20-90-20 n° 100) ;

– depuis le 1er octobre 2025, les **panneaux photovoltaïques** dont la puissance excède 9 kWc ou qui ne respectent pas certains critères (n° 75452) ;

– depuis le 1er mars 2025, les **chaudières** utilisant des **combustibles fossiles** (n° 75458) ;

– les **équipements ménagers ou mobiliers** : appareils ménagers ou électroménagers (réfrigérateur, congélateur, lave-vaisselle, lave-linge, hotte aspirante, cuisinière, plaque de cuisson, barbecue, etc.), matériels de téléphonie et audiovisuels (téléphone, télévision, magnétoscope, etc.), meubles préindustrialisés ou faits sur mesure qui ne sont pas incorporés dans le bâti et peuvent être retirés sans dommages (miroirs, éléments de bibliothèque, coffres-forts, etc.), lampes, matériels de chauffage mobiles (convecteurs mobiles), humidificateurs et déshumidificateurs mobiles, adoucisseurs d'eau mobiles, climatiseurs mobiles.

MODALITÉS D'APPLICATION DU TAUX INTERMÉDIAIRE OU RÉDUIT

Pour bénéficier du **taux intermédiaire,** le **client** doit **certifier**, sur le devis ou la facture, que l'immeuble est achevé depuis plus de deux ans, qu'il est affecté à un usage d'habitation et que les travaux ne concourent pas à une surélévation, à la production d'un immeuble neuf ou n'aboutissent pas à la création de surfaces significatives au sens du n° 75460, 1er et 2e tirets. L'administration fiscale admet toutefois que ces mentions ne figurent pas sur le devis ou la facture ne soit pas établie lorsque le **montant des travaux** pour réparation et entretien est **inférieur à 1 000 €** TTC, à condition que ces documents comportent les mentions suivantes : nom et adresse du client et de l'immeuble, nature des travaux et mention selon laquelle l'immeuble est achevé depuis plus de deux ans (BOI-TVA-LIQ-30-20-90-40 n° 90). 75500

Le client doit conserver l'ensemble des factures, devis ou notes émises par le prestataire, jusqu'au 31 décembre de la cinquième année suivant la réalisation des travaux.

Le **prestataire,** quant à lui, doit conserver le devis ou la facture certifiés à l'appui de sa comptabilité, le cas échéant sous forme électronique (BOI-TVA-LIQ-30-20-90-40 n° 100). Il doit également faire apparaître distinctement dans sa comptabilité et sur les factures la part des travaux relevant du taux intermédiaire et, le cas échéant, celle relevant du taux normal.

Pour bénéficier du **taux réduit** de 5,5 % sur les travaux d'amélioration de la qualité énergétique, il est nécessaire que le preneur certifie, en outre, sur le devis ou la facture (sauf dispense) que les travaux portent sur la pose, l'installation, l'adaptation ou l'entretien de matériaux, d'équipements, d'appareils ou de systèmes ayant pour objet d'économiser l'énergie ou de recourir à de l'énergie produite à partir de sources renouvelables par l'amélioration de l'isolation thermique, du chauffage et de la ventilation ou de la production d'eau chaude sanitaire.

Lorsque les mentions à porter sur la facture ou le devis sont manquantes, incomplètes ou inexactes, le taux normal s'applique à l'ensemble des travaux réalisés. Il en est de même lorsque la facture ou le devis n'a pas été conservé par le prestataire. Le preneur est solidairement tenu au paiement du complément de taxe si les mentions s'avèrent inexactes de son fait.

> **Précisions a.** Pour les **travaux sur parties communes,** lorsque des informations erronées sur l'affectation des différents lots de l'immeuble ont été communiquées au prestataire, le syndic (ou l'administrateur de biens) peut être recherché en paiement du complément de taxe si c'est lui-même qui a déterminé sous sa propre responsabilité la proportion de l'immeuble affectée à usage d'habitation ou s'il n'a pas fidèlement reporté les informations communiquées par les copropriétaires (BOI-TVA-LIQ-30-20-90-40 nos 240 s.).
> **b.** Si une entreprise de travaux effectue des **interventions multiples** de maintenance, d'entretien ou de réparation pour le compte d'un même opérateur, bailleur ou gestionnaire, l'administration admet, sous certaines conditions, que ce dernier remette à l'entreprise une attestation certifiant ces éléments et qui vaut pour l'année (BOI-TVA-LIQ-30-20-90-40 n° 105).

TABLEAU RÉCAPITULATIF

75520

Travaux ou équipements	Taux de TVA applicable	
	Taux normal	Taux intermédiaire ou réduit(1)
Amiante		
Désamiantage		X
Diagnostic	X	
Antennes de télévision (fixes)		
Fourniture et pose		X
Architectes		
Honoraires se rattachant à des travaux ouvrant droit au taux intermédiaire ou réduit et s'accompagnant de prestations de maîtrise d'œuvre		X
Ascenseurs		
Installation d'un ascenseur neuf (sauf si spécialement conçu pour les handicapés)	X	
Travaux nécessités par l'installation d'un ascenseur neuf (électricité, plomberie, réaménagement et peinture des locaux, etc.)		X
Entretien, rénovation, mise aux normes, etc.		X

75520
(suite)

Travaux ou équipements	Taux de TVA applicable	
	Taux normal	Taux intermédiaire ou réduit[1]
Balcons (ou loggias)		
Fermeture (si l'augmentation de la surface de plancher est inférieure ou égale à 10 %)		X
Autres travaux (réfection, remplacement des fermetures existantes, etc.)		X
Bornes de recharge pour véhicules électriques		
Pose, installation et entretien		X
Cave		
Creusement (sauf si l'augmentation de la surface de plancher est inférieure ou égale à 9 m²)	X	
Chauffage		
Installation ou remplacement dans une maison individuelle (ou chauffage individuel dans un immeuble collectif)[2]		X
Installation pour un usage commun dans un immeuble collectif	X	
Entretien, réparation, mise aux normes (immeubles collectifs et maisons individuelles)		X
Cheminée		
Pose, construction, mise en place d'insert, ramonage		X
Climatiseurs (appareils fixes)		
Fourniture	X	
Installation ou remplacement, entretien		X
Clôture		
Édification ou réparation d'un mur, pose d'un portail		X
Combles		
Aménagement sans surélévation de la toiture (si l'augmentation de la surface de plancher est inférieure ou égale à 10 %), création de « chiens-assis »		X
Aménagement avec surélévation	X	
Cuisines (hors équipements ménagers, même intégrés)		
Fourniture et pose d'une cuisine équipée dans le cadre d'un aménagement global (même les éléments préfabriqués), y compris travaux annexes (plomberie, électricité, etc.)		X
Fourniture et pose d'éléments autonomes fixés sommairement	X	
Démolition		
– totale	X	
– partielle pour les besoins de travaux ouvrant droit au taux intermédiaire		X
Électricité		
Installation et réfection d'équipements électriques		X
Escaliers		
Installation d'un escalier intérieur ou extérieur (voir toutefois n° 75460)		X
Fermetures (fenêtres et fenêtres de toit, portes y compris blindées, volets, stores extérieurs, etc.)		
Fourniture, pose, création		X
Fondations (d'une maison ou d'un immeuble)		
Reprise et stabilisation (voir toutefois n° 75460)		X
Fosses septiques		
Installation, mise aux normes, entretien (vidange, curage)		X

75520 (suite)

Travaux ou équipements	Taux de TVA applicable	
	Taux normal	Taux intermédiaire ou réduit(1)
Jardin		
Entretien et aménagement	X	
Arbres situés à proximité de l'habitation : travaux d'abattage, élagage, enlèvement (nécessaires à l'accès à l'habitation, à des travaux d'urgence ou à des travaux d'entretien sur les locaux d'habitation)		X
Installation d'un abri de jardin ou d'une serre	X	
Allées de jardin (aménagement, éclairages, etc.) :		
– voies d'accès principales à l'habitation		X
– autres voies	X	
Panneaux photovoltaïques		
Livraison et installation de panneaux d'une puissance inférieure ou égale à 9 kWc(3)		X
Piscine		
Installation (y compris des dispositifs de sécurité) ou entretien	X	
Ravalement de façades (y compris nettoyage préalable, dégraffitage, habillage et rejointoiement, isolation par l'extérieur, etc.)		X
Sanitaires		
Travaux d'installation et fournitures d'équipements (y compris jacuzzis)		X
Cabines sauna ou hammam prêtes à poser	X	
Sécurité		
Fourniture, pose et maintenance d'alarmes, digicodes, interphones, visiophones, caméras de surveillance		X
Abonnements à des services de télésurveillance	X	
Incendie :		
– portes coupe-feu, paratonnerres, détecteurs de fumée		X
– extincteurs	X	
Tennis		
Installation ou entretien d'un court	X	
Termites		
Traitement		X
Diagnostic	X	
Terrasse (maçonnée)		
Construction, extension	X	
Rénovation		X
Véranda		
Installation (sauf si l'augmentation de la surface de plancher est inférieure ou égale à 10 % et à 9 m²)	X	
Autres travaux (étanchéité, isolation, remplacement des fermetures existantes, etc.)		X
Vide-ordures		
Entretien, débouchage et désinfection		X
VMC (ventilation mécanique contrôlée)		
Installation, entretien et désinfection		X

(1) Le taux réduit s'applique, sous certaines conditions, aux dépenses d'amélioration de la qualité énergétique des logements et aux dépenses liées aux infrastructures de recharge pour véhicules électriques : nos 75450 s.
(2) À l'exception, depuis le 1er mars 2025, des chaudières utilisant des combustibles fossiles (no 75458).
(3) Pour les opérations réalisées depuis le 1er octobre 2025 (no 75452).

SECTION 3

INVESTISSEMENTS LOCATIFS

CHAMP DE L'ÉTUDE

75530 La réalisation d'investissements immobiliers locatifs est susceptible d'ouvrir droit à des **réductions d'impôt.** Ces réductions d'impôt sont prises en compte pour le plafonnement global des avantages fiscaux (nº 75003). Seules sont examinées ici en détail celles intéressant les investissements réalisés actuellement, c'est-à-dire le régime Duflot-Pinel-Denormandie et le dispositif Loc'Avantages. Il faut toutefois noter que les anciens régimes en faveur de l'investissement locatif (réduction d'impôt Scellier, etc.) ne concernent plus les investissements réalisés actuellement mais peuvent encore produire des effets ou imposer le respect d'engagements pris par les contribuables qui en ont bénéficié.

Sur la réduction d'impôt accordée aux **loueurs en meublé** qui ont investi dans des résidences avec services, voir nºs 65830 s.

Sur la réduction d'impôt accordée au titre des opérations de **restauration immobilière « Malraux »,** voir notre Mémento Urbanisme-Construction nºs 7150 s.

A. Investissements Duflot-Pinel-Denormandie

75535 Le régime Duflot-Pinel est un régime de faveur qui a permis aux acquéreurs (personnes physiques ou SCI) de **logements neufs** ou assimilés, destinés à la location, de bénéficier d'une **réduction d'impôt** sur le revenu. En contrepartie, l'investisseur a dû s'engager à louer le logement à un loyer ne dépassant pas un certain plafond, variable selon la localisation du logement, à des locataires remplissant certaines conditions de ressources (CGI art. 199 novovicies). Il en va de même de ceux qui ont souscrit des parts de SCPI servant à financer de tels investissements. Depuis le 1er janvier 2019, la réduction d'impôt s'applique également, par le dispositif dit « Denormandie », aux logements qui font ou ont fait l'objet de certains **travaux** et aux locaux affectés à un usage autre que l'habitation qui font l'objet d'une **transformation en logement.**

Ce régime s'applique aux **investissements réalisés, dans certaines zones géographiques, entre le 1er janvier 2013 et le 31 décembre 2024** pour les investissements Duflot-Pinel et entre le **1er janvier 2019 et le 31 décembre 2027** pour les investissements Denormandie (Loi 2024-322 du 9-4-2024 art. 42).

Les logements doivent être situés en **France** (métropole ou DOM) ou dans une **collectivité d'outre-mer.** Sur les particularités applicables aux investissements réalisés outre-mer, voir nºs 75582 s.

La réduction d'impôt accordée au titre du régime Duflot-Pinel-Denormandie est prise en compte pour le calcul du **plafonnement des avantages fiscaux** (voir nº 75003).

> **Précisions** La réduction d'impôt **Duflot** a été rebaptisée **Pinel** à l'occasion de l'assouplissement de certaines de ses conditions d'application par l'article 5 de la loi 2014-1654 du 29 décembre 2014. Les investissements réalisés du 1er janvier 2013 au 31 août 2014 relèvent du régime Duflot et les investissements réalisés du 1er septembre 2014 au 31 décembre 2024 relèvent du régime Pinel.

BÉNÉFICIAIRES

75537 Il s'agit des **particuliers** qui achètent un logement directement ou par l'intermédiaire de sociétés non soumises à l'impôt sur les sociétés (**associés de SCI** notamment). La réduction d'impôt bénéficie également aux personnes qui souscrivent des parts de sociétés civiles de placement immobilier (SCPI) lorsque le montant de la souscription sert à financer une telle acquisition. Ces personnes doivent en principe être fiscalement domiciliées en France et imposées à raison des revenus de l'immeuble dans la catégorie des **revenus fonciers.** Pour les investissements réalisés depuis le 1er janvier 2019, les contribuables qui cessent d'être domiciliés en France après la réalisation de l'investissement conservent le bénéfice de l'avantage fiscal pendant la durée de l'engagement de location.

L'investisseur ne peut **pas cumuler,** pour un même logement, la réduction d'impôt Duflot-Pinel-Denormandie et l'une des réductions d'impôt accordées au titre d'investissements réalisés en outre-mer, dans le cadre du régime Malraux ou de la réduction Loc'Avantages. La réduction Duflot-Pinel-Denormandie ne peut pas non plus se cumuler avec le prêt locatif social, le Borloo ancien ou la déduction Cosse.

> **Précisions** **a.** En cas de réalisation d'un investissement en **indivision,** chaque coïndivisaire peut bénéficier du régime à hauteur de sa quote-part, sous réserve du respect des engagements prévus (voir n° 75550, Précisions, d). Sur la situation des titulaires de **droits démembrés,** voir n° 42420.
> **b.** Les investisseurs qui bénéficient du régime Duflot-Pinel-Denormandie ne sont pas exclus du **micro-foncier.**
> **c.** L'administration a admis que la réduction d'impôt s'applique aux **résidents monégasques** assujettis en France à l'impôt sur le revenu en vertu de la convention franco-monégasque, ainsi qu'aux non-résidents dits « **non-résidents Schumacker** », qui tirent l'essentiel de leurs revenus de France et sont assimilés à des personnes fiscalement domiciliées en France (BOI-IR-RICI-360-10 n° 1 et BOI-IR-RICI-365-10 n° 1, par renvoi au BOI-IR-RICI-230-10-10 n° 20).
> **d.** Jugé que les dispositions de l'article 199 novovicies du CGI sont contraires à la **liberté de circulation des capitaux** en tant qu'elles limitent le bénéfice de la réduction d'impôt aux contribuables domiciliés en France (TA Montreuil 19-9-2024 n° 2214306 : RJF 1/25 n° 2). La cour administrative d'appel de Versailles a déjà retenu la même solution s'agissant de la réduction d'impôt Scellier (CAA Versailles 31-5-2018 n° 17VE00744 : RJF 1/19 n° 7).

INVESTISSEMENTS CONCERNÉS

La réduction d'impôt s'applique aux investissements **Duflot-Pinel** réalisés **du 1er janvier 2013 au 31 décembre 2024** et aux investissements **Denormandie** réalisés du **1er janvier 2019 au 31 décembre 2027.** 75539

L'investissement doit consister en l'achat d'un **logement neuf ou assimilé** respectant certaines conditions. Depuis le 1er janvier 2019, l'investissement peut concerner également des logements qui font ou ont fait l'objet de certains **travaux de rénovation** (pour les investissements réalisés jusqu'au 31 décembre 2019) **ou d'amélioration** (pour les investissements réalisés depuis le 1er janvier 2020) et certains locaux affectés à un usage autre que l'habitation qui font l'objet d'une **transformation en logement.** Ouvrent également droit à la réduction d'impôt les **souscriptions de parts de SCPI** dont 95 % du produit sert exclusivement à financer un des investissements mentionnés ci-dessus. Les souscriptions de parts de SCPI doivent être annuelles, c'est-à-dire qu'elles ne peuvent dépasser plus de douze mois. La souscription doit être intégralement investie dans les dix-huit mois qui suivent la clôture de celle-ci.

Les logements doivent faire partie d'un **immeuble urbain,** c'est-à-dire non intégré dans une exploitation agricole.

Les logements doivent être situés dans les communes classées dans certaines **zones géographiques** : voir n° 75543.

Au titre d'une même année, un contribuable ne peut bénéficier de la réduction d'impôt qu'au titre de l'acquisition, de la construction ou de la rénovation de **deux logements au plus,** limite qui s'apprécie au titre de l'année d'achèvement des logements. Pour l'application de cette règle, il y a lieu de prendre en compte à la fois les acquisitions et constructions bénéficiant du dispositif Pinel et les acquisitions bénéficiant du dispositif Denormandie (BOI-IR-RICI-365-30 n° 180). Toutefois, il peut cumuler au cours d'une même année une réduction d'impôt au titre de deux logements et une au titre de la souscription de parts de SCPI, étant précisé que l'avantage fiscal global est calculé dans ce cas dans la limite indiquée n° 75550. Le nombre de souscriptions de parts de SCPI n'est pas limité. La circonstance qu'une souscription soit affectée à l'acquisition de plus de deux logements ne fait pas obstacle au bénéfice de la réduction d'impôt (BOI-IR-RICI-360-30-20 n° 70).

> **Précisions** **a.** Les **souscriptions** de parts de SCPI doivent être réalisées **en numéraire.** Elles peuvent être effectuées lors de la constitution de la société ou à l'occasion d'une augmentation de capital.
> **b.** Les **monuments historiques** ne peuvent pas en principe ouvrir droit à la réduction d'impôt (CGI art. 199 novovicies, I-D). L'administration admet toutefois que les propriétaires de ces immeubles puissent bénéficier de la réduction d'impôt à condition de renoncer au régime fiscal de faveur des monuments historiques pendant toute la période d'engagement de location (BOI-IR-RICI-360-30-20 n° 200 et BOI-IR-RICI-365-30 n° 220).

Immeubles ouvrant droit à la réduction d'impôt Ouvrent droit à la réduction d'impôt les logements suivants : 75540

– les **logements acquis neufs** entre le 1er janvier 2013 et le 31 décembre 2024. Les logements neufs s'entendent de ceux qui n'ont jamais été habités ni utilisés sous quelque forme que ce soit (l'administration admet de considérer comme neufs les appartements témoins : BOI-IR-RICI-360-10-10 n° 30). La réduction d'impôt s'applique si l'acte authentique d'achat a été signé entre le 1er janvier 2013 et le 31 décembre 2024, quelle que soit la date de la promesse de vente, de la réservation ou de la demande de permis de construire (BOI-IR-RICI-360-10-10 nos 40 et 50). Pour les investissements

75540 (suite) réalisés depuis le 1er janvier 2021, les logements doivent être situés dans un bâtiment d'habitation collectif ;

– les **logements acquis en l'état futur d'achèvement** entre le 1er janvier 2013 et le 31 décembre 2024, sous réserve que l'achèvement du logement intervienne dans les 30 mois de la date de déclaration d'ouverture de chantier (régime Duflot) ou de la date de signature de l'acte authentique d'acquisition (régime Pinel). Pour les investissements réalisés depuis le 1er janvier 2021, les logements doivent être situés dans un bâtiment d'habitation collectif ;

– les **logements que l'investisseur fait construire** qui ont fait l'objet entre le 1er janvier 2013 et le 31 décembre 2024 d'une demande de permis de construire, sous réserve que la construction soit achevée dans les trente mois qui suivent l'obtention du permis de construire. La réduction d'impôt peut s'appliquer si le permis de construire a été déposé par une autre personne que l'acquéreur ou si le contribuable était déjà propriétaire du terrain sur lequel il fait construire le logement (BOI-IR-RICI-360-10-10 nos 470 et 480). Pour les constructions pour lesquelles une demande de permis de construire est déposée depuis le 1er janvier 2021, les logements doivent être situés dans un bâtiment d'habitation collectif ;

– les **logements acquis réhabilités** entre le 1er janvier 2013 et le 31 décembre 2024. Les travaux de réhabilitation s'entendent de ceux qui ont permis de donner au logement l'ensemble des caractéristiques d'un logement décent. Peu importe la date de réalisation des travaux de réhabilitation mais le logement ne doit pas avoir été utilisé ou occupé à quelque titre que ce soit depuis l'achèvement des travaux de réhabilitation (BOI-IR-RICI-360-10-10 n° 240) ;

– les **logements vétustes acquis** entre le 1er janvier 2013 et le 31 décembre 2024 **en vue d'une réhabilitation** par l'acquéreur ou le vendeur pour leur conférer des performances techniques voisines de celles des logements neufs, sous réserve que l'achèvement des travaux intervienne au plus tard le 31 décembre de la deuxième année qui suit celle de l'acquisition du logement. Lorsque les travaux de réhabilitation sont réalisés par le vendeur, un contrat de vente d'immeuble à rénover doit en principe être conclu (BOI-IR-RICI-360-10-10 n° 150 par renvoi au BOI-IR-RICI-230-10-30-10 n° 190) ;

– les **logements** acquis entre le 1er janvier 2013 et le 31 décembre 2024 et **qui font ou qui ont fait l'objet de travaux concourant à la production d'un immeuble neuf** au sens de la TVA. Si les travaux ont été réalisés avant l'acquisition, le logement ne doit pas avoir été habité ou utilisé à quelque titre que ce soit depuis l'achèvement des travaux (BOI-IR-RICI-360-10-10 n° 420). Si les travaux sont réalisés après l'acquisition, l'achèvement des travaux doit intervenir au plus tard le 31 décembre de la deuxième année qui suit l'acquisition ;

– les **locaux** affectés à un usage autre que l'habitation (locaux professionnels, bureaux, etc.) acquis entre le 1er janvier 2013 et le 31 décembre 2024 et qui font ou ont fait l'objet de travaux de **transformation en logement.** Pour les locaux destinés à être transformés après acquisition, l'achèvement des travaux de transformation doit intervenir au plus tard au 31 décembre de la deuxième année qui suit celle de cette acquisition ;

– les logements acquis entre le 1er janvier 2019 et le 31 décembre 2027 qui font ou ont fait l'objet de **travaux de rénovation** (investissements réalisés en 2019) ou d'amélioration (investissements réalisés depuis le 1-1-2020) définis par décret, ainsi que les locaux affectés à un usage autre que l'habitation que le contribuable acquiert entre le 1er janvier 2019 et le 31 décembre 2027 et qui font ou ont fait l'objet de travaux de **transformation en logement** (régime Denormandie). Le **montant des travaux,** facturés par une entreprise, doit représenter au moins 25 % du coût total de l'opération. En cas d'acquisition d'un logement en vue de sa rénovation ou amélioration ou de sa transformation en logement, les travaux doivent être achevés au plus tard le 31 décembre de la deuxième année qui suit celle de l'acquisition.

L'administration ajoute à cette liste les **logements inachevés** sous réserve que l'achèvement intervienne au plus tard le 31 décembre de la deuxième année suivant celle de l'acquisition (BOI-IR-RICI-360-10-10 nos 500 à 550).

> **Précisions** **a.** Le délai d'achèvement de trente mois prévu dans le cadre des ventes en l'état futur d'achèvement peut, le cas échéant, être prolongé d'un délai égal à celui durant lequel les travaux ont été interrompus à cause d'un cas de force majeure. Une telle mesure n'a pas de caractère automatique et nécessite un examen au cas par cas par l'administration (BOI-RES-000005 du 13-7-2018).

b. Les logements vétustes sont les logements qui ne satisfont pas aux caractéristiques de décence définies par le décret 2002-120 du 30 janvier 2002 (CGI ann. III art. 2 quindecies B, I). Les travaux de réhabilitation à réaliser par l'acquéreur s'entendent des travaux réalisés sur le logement et éventuellement sur les parties communes, qui permettent de donner au logement au moins six des performances techniques fixées par l'arrêté du 19 décembre 2003 (CGI ann. III art. 2 quindecies B, II).

c. La notion de **bâtiment d'habitation collectif** vise les logements collectifs groupés (horizontaux, superposés ou en bandes) dans un bâtiment ou un immeuble autre qu'individuel au sens de l'article L 231-1 du CCH. Pour être qualifié de collectif, le bâtiment (caractérisé par une unité de structure) doit comporter plus de deux logements. Ce n'est pas le cas des villas individuelles construites au sein d'une copropriété ou des villas construites de manière jumelée voire en bande (BOI-RES-000079 du 17-12-2020).

d. Pour le dispositif **Denormandie,** pour les investissements réalisés depuis le 1er janvier 2020, les **travaux d'amélioration** s'entendent de tous travaux, à l'exception de ceux portant sur des locaux ou des équipements d'agrément, ayant pour objet la création de surfaces habitables nouvelles ou de surfaces annexes, la modernisation, l'assainissement ou l'aménagement des surfaces habitables ou des surfaces annexes ainsi que les travaux destinés à réaliser des économies d'énergie pour l'ensemble de ces surfaces (BOI-IR-RICI-365-10 n° 40).

Performance énergétique des logements Les critères de performance énergétique à respecter diffèrent selon les logements faisant l'objet de l'investissement et selon le dispositif appliqué (CGI ann. III art. 46 AZA octies-0 A). **75541**

Les **logements** acquis **neufs** ou en l'état futur d'achèvement ou que le contribuable fait construire doivent bénéficier du label « BBC 2005 » (permis de construire déposé avant le 1er janvier 2013), respecter la réglementation thermique 2012 (permis de construire déposé entre le 1er janvier 2013 et le 31 décembre 2021) ou respecter la réglementation environnementale RT 2020 (permis de construire déposé depuis le 1er janvier 2022).

Les logements faisant l'objet des **travaux** prévus dans le cadre du dispositif **Duflot-Pinel** ou les logements acquis en l'**état futur d'achèvement** non soumis aux dispositions portant amélioration de la performance énergétique des bâtiments doivent bénéficier du label « HPE rénovation 2009 » ou « BBC rénovation 2009 » ou respecter les exigences de performance énergétique globale, définies par l'arrêté du 5 mars 2012, pour au moins deux des quatre catégories suivantes : isolation de la toiture ou des murs donnant sur l'extérieur, fenêtres, système de chauffage, système de production d'eau chaude sanitaire. Les logements qui respectent les exigences de l'un des deux niveaux du label « BBC Rénovation Résidentiel 2024 » justifient également du respect d'un niveau de performance énergétique globale suffisant (BOI-IR-RICI-360-10-30 n° 135). L'investisseur doit être en mesure de fournir à l'administration fiscale, sur sa demande, l'attestation délivrée par une personne ou un organisme de certification habilité permettant de justifier que le logement concerné respecte ces conditions.

Les logements faisant l'objet des **travaux** prévus dans le cadre du dispositif **Denormandie** doivent (Arrêté 26-3-2019 : JO 27 texte n° 67) :

– soit permettre de diminuer d'au moins 30 % pour les logements individuels (20 % pour les logements en habitat collectif) la consommation conventionnelle d'énergie primaire du bâtiment et d'atteindre une consommation conventionnelle d'énergie primaire après travaux inférieure à 331 kWh/m²/an ;

– soit respecter les exigences de performance énergétique globale définies par l'arrêté du 26 mars 2019 pour au moins deux des cinq catégories suivantes : isolation de la toiture, isolation des murs donnant sur l'extérieur, isolation des parois vitrées donnant sur l'extérieur, systèmes de chauffage, systèmes de production d'eau chaude sanitaire, et permettre d'atteindre une consommation conventionnelle d'énergie primaire après travaux inférieure à 331 kWh/m²/an.

L'investisseur doit pouvoir justifier du respect de ces conditions par la fourniture à l'administration fiscale d'une évaluation énergétique, réalisée par une personne ou un organisme habilité, indiquant la consommation du logement avant travaux et celle projetée après travaux, ainsi que des factures des travaux, indiquant leur nature, leur lieu de réalisation et les caractéristiques et critères de performance requis.

Localisation des logements Les logements doivent être situés en **France** (métropole ou DOM) ou dans une collectivité territoriale d'outre-mer (sur les spécificités des investissements **outre-mer,** voir nos 75580 s.). **75543**

S'agissant du dispositif **Duflot-Pinel,** les logements doivent être situés dans des communes classées dans des **zones géographiques** où le déséquilibre entre l'offre et la demande de logements locatifs est le plus marqué ou dans des communes dont le territoire est couvert par un contrat de redynamisation de site de défense (investissements réalisés depuis 2017) ou l'a été dans un délai de huit ans précédant l'investissement (investissements réalisés depuis 2018).

En pratique, le régime Duflot-Pinel s'applique, pour les **investissements réalisés jusqu'au 31 décembre 2017** dans les zones A bis, A et B1 et, sous réserve d'un agrément du préfet de région, dans les zones B2 et C (CGI ann. III art. 2 terdecies E). Pour les **investissements réalisés depuis le 1er janvier 2018,** les zones B2 et C sont exclues du dispositif. Le recentrage des zones s'applique également aux constructions de logements pour lesquelles une demande de permis de construire a été déposée avant le 1er janvier 2018 si l'acquisition a été réalisée jusqu'au 15 mars 2019 (Loi 2018-1317 du 28-12-2018 art. 187).

S'agissant du dispositif **Denormandie,** les logements doivent être situés dans des communes dont le besoin de réhabilitation de l'habitat du centre-ville est particulièrement marqué ou qui ont conclu une convention d'opération de revitalisation du territoire. Les logements peuvent être situés indifféremment en tout lieu sur le territoire des communes éligibles (dans le centre de ces communes pour les investissements réalisés en 2019). La liste des communes concernées est fixée par l'arrêté du 26 mars 2019 (JO 27 texte n° 66). Pour les investissements réalisés depuis le 11 avril 2024, le dispositif est étendu aux copropriétés en grave difficulté financière faisant l'objet d'une procédure judiciaire d'administration provisoire en application de l'article 29-1 de la loi 65-557 du 10 juillet 1965 et aux copropriétés incluses dans le périmètre d'une opération de requalification des copropriétés dégradées régie par les articles L 741-1 et L 741-2 du Code de la construction et de l'habitation (Loi 2024-322 du 9-4-2024 art. 42).

ENGAGEMENT DES INVESTISSEURS

75544 Le propriétaire du logement doit prendre l'engagement de le donner en **location nue** à titre d'**habitation principale** à une personne autre qu'un membre de son foyer fiscal. La location à un ascendant ou à un descendant est autorisée pour les investissements réalisés depuis le 1er janvier 2015.

Pour les investissements réalisés jusqu'au 31 août 2014 (régime Duflot), l'engagement de location devait être pris pour une **durée** fixe de neuf ans. Pour les investissements réalisés depuis le 1er septembre 2014 (régime Pinel et Denormandie), la durée minimale de l'engagement de location est fixée sur option irrévocable de l'investisseur à six ou neuf ans. À l'issue de cette période, l'engagement peut être prorogé de trois ans, renouvelables une fois en cas d'engagement initial de six ans. Sa durée maximale passe ainsi à douze ans. La prorogation doit être exercée au titre de l'année au cours de laquelle intervient le terme de la période de location concernée, initiale ou prorogée, par un nouvel engagement de location (BOI-IR-RICI-360-60 n° 270 et BOI-IR-RICI-365-30 n° 270). La location doit se poursuivre dans les mêmes conditions.

Lorsque le logement est la propriété d'une **société** non soumise à l'impôt sur les sociétés, l'engagement est pris par cette dernière. Pour les investissements réalisés jusqu'au 31 décembre 2014, le titulaire du bail doit être une personne autre qu'un des associés ou qu'un des membres du foyer fiscal, un ascendant ou un descendant de l'un des associés. Pour les investissements réalisés depuis le 1er janvier 2015, la location ne peut pas être conclue avec un associé ou un membre de son foyer fiscal mais elle peut l'être avec un ascendant ou un descendant.

Lorsque l'investissement consiste en la souscription de **parts de SCPI,** la société doit prendre l'engagement de louer le logement financé par la souscription, dans les mêmes conditions, à une personne autre qu'un associé de la SCPI ou un membre du foyer fiscal de l'un des associés. En revanche, la condition tenant à la location à une personne autre qu'un ascendant ou un descendant ne s'applique pas aux associés de SCPI, quels que soient la date de réalisation de l'investissement et le dispositif applicable (BOI-IR-RICI-360-20-10 nos 1 et 20 et BOI-IR-RICI-365-20 n° 30).

L'**associé** qui entend bénéficier de la réduction d'impôt doit en outre s'engager à conserver la totalité de ses titres jusqu'à l'expiration de la période couverte par l'engagement de location.

La location doit **prendre effet** dans les douze mois de l'acquisition ou de l'achèvement de la construction ou des travaux, selon le cas. Elle doit être effective et continue, ce qui exclut notamment les locations saisonnières.

En cas de **congé du locataire,** un délai de vacance d'un an est admis par l'administration, pour conclure un nouveau bail, sous réserve que le propriétaire fasse le nécessaire pour trouver un nouveau locataire (BOI-IR-RICI-360-20-20 n° 20). La réalisation de travaux de remise en l'état n'est pas exigée sauf s'ils sont indispensables à la remise en location du bien (CE 25-1-2017 n° 387034 : RJF 4/17 n° 333 ; rendue pour l'application de l'amortissement Périssol, cette solution est transposable au régime Duflot-Pinel-Denormandie).

> **Précisions a.** Les **locaux à usage mixte** peuvent ouvrir droit à l'avantage fiscal sous réserve que les trois quarts au moins de leur superficie soient affectés à l'habitation, le bénéfice de la mesure étant réservé à la seule fraction louée à usage d'habitation principale (BOI-IR-RICI-360-10-30 n° 1 et BOI-IR-RICI-365-10 n° 230 par renvoi au BOI-IR-RICI-230-10-30-20 n° 5).
> **b.** Le tribunal administratif de Versailles a jugé que la condition de location du logement à usage de **résidence principale** est remplie lorsqu'un des **colocataires** a fait du logement sa résidence principale conformément au bail, sans qu'il soit besoin d'examiner la situation des autres colocataires (TA Versailles 18-10-2019 n° 1605354 : RJF 10/20 n° 759). Cette solution rendue pour le régime Scellier, contraire à la doctrine administrative (BOI-IR-RICI-230-20-20 n° 100), nous paraît transposable au dispositif Duflot-Pinel-Denormandie.

c. La **durée de location** est calculée de date à date à compter de celle de la prise d'effet du bail initial (BOI-IR-RICI-360-20-20 n° 10 et BOI-IR-RICI-365-20 n° 40).

d. Lorsque la **vacance intervient moins de douze mois avant le terme de la période d'engagement de location,** l'administration admet, sous certaines conditions, de ne pas remettre en cause l'avantage fiscal (BOI-IR-RICI-360-20-20 n° 20 et BOI-IR-RICI-365-20 n° 40).

e. Un **logement** est **considéré comme achevé** dès lors qu'il est habitable. Des réserves émises lors de la livraison du logement qui ne font pas obstacle à l'habitabilité effective du logement n'ont pas pour effet de retarder le point de départ du délai de mise en location (en ce sens, CAA Douai 20-9-2010 n° 09-1637 : RJF 3/11 n° 311, solution rendue pour le régime Robien mais transposable au Duflot-Pinel-Denormandie).

f. Le régime Duflot-Pinel-Denormandie s'applique aux **locations déléguées** : le propriétaire du logement peut le louer à un organisme privé ou public (administrations, sociétés, associations, etc.) qui le donne en sous-location nue à usage d'habitation principale à une personne autre que le propriétaire, son conjoint, un membre de son foyer fiscal et, pour les investissements réalisés jusqu'au 31 décembre 2014, un de ses ascendants ou descendants, à la condition que cet organisme ne fournisse directement aucune prestation de nature hôtelière ou para-hôtelière au sens de l'article 261 D, 4°-b du CGI (sur cette notion, voir n° 65860). Si ces prestations sont fournies par une filiale de l'organisme, le régime reste applicable (BOI-IR-RICI-360-20-20 n° 130 et BOI-IR-RICI-365-20 n° 40 par renvoi au BOI-IR-RICI-230-20-20 n° 220).

g. Lorsqu'une même souscription de parts de **SCPI** est affectée à **plusieurs logements,** chacun d'entre eux doit faire l'objet d'un engagement de location de la part de la SCPI. Par ailleurs, la période d'engagement de conservation des parts expire au terme de celle couverte par l'engagement de location afférent au dernier des logements acquis au moyen de la souscription et mis en location par la société (BOI-IR-RICI-360-20-10 n°s 20 et 70 et BOI-IR-RICI-365-20 n° 30).

CONDITIONS TENANT AU LOYER ET AU LOCATAIRE

Plafonds de loyers Le propriétaire doit s'engager à ce que le montant du loyer ne soit pas supérieur à un plafond relevé chaque année. Ce plafond doit être respecté pendant toute la durée de l'engagement de location. Il varie selon la localisation du logement. **75546**

Les **plafonds pour 2025** sont les suivants.

Baux conclus en 2025	
Localisation du logement	Prix mensuels au mètre carré
Zone A bis	19,51 €
Zone A	14,49 €
Zone B1	11,68 €
Zone B2	10,15 €
Zone C	10,15 €

À ces plafonds de loyers, il est ensuite appliqué un **coefficient multiplicateur** calculé selon la formule suivante : 0,7 + 19/S, dans laquelle S est la surface du logement. Le coefficient ainsi obtenu est arrondi à la deuxième décimale la plus proche et ne peut excéder 1,2.

> Précisions a. La **surface à prendre en compte** correspond à la surface habitable augmentée, dans la limite de 8 m² par logement, de la moitié de la surface des annexes (BOI-IR-RICI-360-20-30 n° 30 et BOI-IR-RICI-365-20 n° 50 par renvoi au BOI-IR-RICI-230-20-20 n°s 320 à 380).

La **surface habitable** est la surface de plancher construite, après déduction des surfaces occupées par les murs, cloisons, marches et cages d'escalier, gaines, ébrasements de portes et de fenêtres.

Les surfaces des **annexes** sont les surfaces réservées à l'usage exclusif de l'occupant du logement et dont la hauteur sous plafond est au moins égale à 1,80 m. Elles comprennent les caves, les sous-sols, les remises, les ateliers, les séchoirs et celliers extérieurs au logement, les resserres, les combles et greniers aménageables, les balcons, les loggias et les vérandas et, dans la limite de 9 m², les terrasses accessibles en étage ou aménagées sur ouvrage enterré ou à moitié enterré.

La surface des emplacements de stationnement et des **garages** n'est pas prise en compte pour le calcul de la superficie servant à l'appréciation du plafond de loyer.

Pour les maisons individuelles, l'administration fixe forfaitairement à 12 m² la partie des annexes à usage de stationnement.

Le loyer à retenir pour apprécier le plafond par mètre carré s'entend en principe de la totalité du loyer, sans que l'on puisse en distraire une partie correspondant au garage ou à l'emplacement (à moins que celui-ci ne fasse l'objet d'un bail distinct).

b. Les **plafonds** de loyers peuvent être **réduits** par le représentant de l'État dans la région après avis du comité régional de l'habitat, afin d'être adaptés aux particularités des marchés locatifs locaux.

75547 **Plafonds de ressources des locataires** Les ressources du locataire ne doivent pas excéder un plafond relevé chaque année. Il varie en fonction de la zone dans laquelle le logement est donné en location.

Pour les **baux conclus en 2025,** les plafonds annuels de ressources sont les suivants (CGI ann. III art. 2 terdecies C). Ces plafonds, revalorisés tous les ans, doivent être respectés uniquement l'année de la **conclusion du bail** (bail initial ou en cas de changement de locataire). Un dépassement ultérieur n'a pas d'incidence (BOI-IR-RICI-360-20-30 n° 250 par renvoi au BOI-IR-RICI-230-40-10 n° 320).

Composition du foyer du locataire	Localisation du logement				
	Zone A bis	Zone A	Zone B1	Zone B2	Zone C
Personne seule	43 953 €	43 953 €	35 825 €	32 243 €	32 243 €
Couple	65 691 €	65 691 €	47 842 €	43 056 €	43 056 €
Personne seule ou couple ayant une personne à charge	86 112 €	78 963 €	57 531 €	51 778 €	51 778 €
Personne seule ou couple ayant deux personnes à charge	102 812 €	94 585 €	69 455 €	62 510 €	62 510 €
Personne seule ou couple ayant trois personnes à charge	122 326 €	111 971 €	81 705 €	73 535 €	73 535 €
Personne seule ou couple ayant quatre personnes à charge	137 649 €	126 001 €	92 080 €	82 873 €	82 873 €
Majoration par personne à charge supplémentaire à partir de la cinquième	+ 15 335 €	+ 14 039 €	+ 10 273 €	+ 9 243 €	+ 9 243 €

Sur le **zonage,** voir n° 75543.
Les ressources du locataire s'entendent du **revenu fiscal** de référence figurant sur l'avis d'imposition établi au titre des revenus de l'avant-dernière année précédant celle de la signature du contrat de location. Ainsi, pour les locations conclues en 2025, le revenu fiscal de référence à retenir est celui figurant sur l'avis d'imposition établi en 2024 au titre des revenus de 2023. Toutefois, il est possible de retenir le revenu de l'année 2024 s'il est inférieur, à condition que l'avis d'imposition soit produit lors de la signature du bail.
Lorsque le locataire est à la charge de ses parents ou rattaché à leur foyer fiscal, seules ses ressources personnelles doivent être retenues. On retient toutefois l'année précédant celle du contrat si c'est la première année d'imposition séparée du locataire.
La **composition du foyer** du locataire s'apprécie à la date de signature du bail.

MÉCANISME DE LA RÉDUCTION D'IMPÔT

75550 **Base de calcul** La réduction d'impôt est calculée sur le **prix de revient** du logement, retenu dans la **limite** de 5 500 € **par mètre carré** de surface habitable, sans pouvoir dépasser un **plafond** de **300 000 €** (CGI ann. III art. 46 AZA octies B). La limitation du prix de revient par mètre carré de surface habitable s'applique avant le plafond annuel de 300 000 €. Ce plafond n'est pas majoré si un même contribuable a réalisé deux investissements Duflot-Pinel-Denormandie la même année.

S'agissant des souscriptions de **parts de SCPI,** la réduction d'impôt est calculée sur 95 % du montant des versements pour les souscriptions effectuées jusqu'au 31 août 2014 (régime Duflot) et sur la totalité du montant des versements pour les souscriptions dont la date de clôture intervient à compter du 1er septembre 2014 (régime Pinel-Denormandie). Le montant des versements est retenu dans la limite de 300 000 € (le plafond de prix de revient par mètre carré de surface habitable ne s'applique pas aux souscriptions de parts de SCPI : BOI-IR-RICI-360-30-10 n° 180 et BOI-IR-RICI-365-30 n° 120).

Le montant total des dépenses retenu au titre, d'une part, de l'achat ou de la construction (directement ou par l'intermédiaire d'une société) de logements et, d'autre part, de la souscription de parts de SCPI ne peut excéder globalement 300 000 € par contribuable et pour une même année d'imposition. Pour l'appréciation de ce plafond, il y a lieu de prendre en compte à la fois les acquisitions, constructions et souscriptions bénéficiant du dispositif Pinel et les acquisitions et souscriptions bénéficiant du dispositif Denormandie (BOI-IR-RICI-365-30 n° 60).

> Précisions **a.** Le **prix de revient** du logement est constitué par le prix d'acquisition majoré des frais accessoires. Pour les immeubles construits, remis à neuf, transformés ou réhabilités, il faut prendre en compte le prix et les frais d'acquisition du terrain ou local, selon le cas, auxquels s'ajoute le montant des travaux.

b. Le montant des **frais et commissions** directs et indirects imputés, au titre d'une même acquisition de logement, par les intermédiaires de l'immobilier, est soumis à un plafonnement égal à 10 % du prix de revient (Décret 2019-1426 du 20-12-2019). Une estimation des frais et commissions effectivement imputés ainsi que leur part dans le prix de revient doivent être communiqués à l'acquéreur lors de la signature du contrat de réservation du logement. Le montant définitif des frais doit figurer dans l'acte authentique d'acquisition. Tout dépassement du plafond est sanctionné par une amende due par le vendeur cosignataire de l'acte authentique dont le montant ne peut excéder dix fois les frais excédant ce plafond.

c. Les dépenses de **travaux** retenues pour le calcul de la réduction d'impôt ne peuvent faire l'objet d'une déduction pour la détermination des **revenus fonciers.**

d. En cas d'**acquisition d'un logement par une SCI ou par une indivision,** chaque associé ou indivisaire bénéficie de la réduction d'impôt dans la limite de la quote-part du prix de revient du logement correspondant à ses droits dans la société ou l'indivision. Dans ce cas, le plafonnement s'effectue au niveau du logement (et non au niveau de chaque associé ou indivisaire).

En cas de **souscription de parts de SCPI par une indivision,** la réduction d'impôt est calculée pour chaque indivisaire sur le montant de la souscription dans la limite de sa quote-part indivise, retenu pour sa fraction limitée à 300 000 €.

Taux Le taux de la réduction d'impôt est de 18 % pour les investissements **Duflot.** 75552

Pour les investissements **Pinel,** les taux applicables, qui varient selon la durée initiale de l'engagement et la date de l'investissement, sont les suivants :

	Investissements réalisés jusqu'au 31/12/2022			Investissements réalisés en 2023			Investissements réalisés en 2024		
	Période initiale	1e prorogation triennale	2e prorogation triennale	Période initiale	1e prorogation triennale	2e prorogation triennale	Période initiale	1e prorogation triennale	2e prorogation triennale
Engagement initial de 6 ans	12 %	6 %	3 %	10,5 %	4,5 %	2,5 %	9 %	3 %	2 %
Engagement initial de 9 ans	18 %	3 %	N/A	15 %	2,5 %	N/A	12 %	2 %	N/A

ATTENTION

Les taux applicables en 2022 restent applicables aux investissements réalisés en 2023 et 2024 lorsqu'ils portent sur des logements dits « **Pinel +** » situés dans un quartier prioritaire de la ville ou qui respectent un niveau de qualité, en particulier en matière de performance énergétique et environnementale, supérieure à la réglementation, dont les critères sont définis par le décret 2022-384 du 17 mars 2022.

Les investissements **Denormandie** ne sont pas concernés par la réduction progressive des taux qui s'est appliquée aux investissements Pinel et restent soumis aux taux de 12 et 18 % pour les investissements réalisés depuis 2023.

Imputation et étalement de la réduction d'impôt La réduction d'impôt est **répartie,** par parts égales, sur neuf années pour les investissements réalisés jusqu'au 31 août 2014 (régime Duflot) et sur six ou neuf ans en fonction de la durée initiale de l'engagement de location pour les investissements réalisés depuis le 1er septembre 2014 (régime Pinel et Denormandie). 75555

Elle est **accordée au titre de l'année** d'achèvement du logement (ou des travaux de réhabilitation) ou de son acquisition si elle est postérieure, ou encore de la souscription des parts de SCPI. Elle est **imputée** sur l'impôt dû au titre de cette même année puis sur l'impôt dû au titre de chacune des huit années suivantes pour les investissements réalisés jusqu'au 31 août 2014 (régime Duflot) et des cinq ou huit années suivantes, en fonction de la durée initiale de l'engagement, pour les investissements réalisés depuis le 1er septembre 2014 (régime Pinel et Denormandie). En cas de prorogation de l'engagement, la réduction est imputée, par période triennale, à raison d'un tiers de son montant sur l'impôt dû au titre de l'année au cours de laquelle l'engagement est prorogé et des deux années suivantes.

Le **solde** de la réduction d'impôt qui, au titre d'une année d'imposition, excède l'impôt dû par le contribuable ne peut pas être imputé sur l'impôt sur le revenu dû au titre des années suivantes.

Dans le cadre du prélèvement à la source de l'impôt sur le revenu, un **acompte** de 60 % du montant de la réduction d'impôt obtenue l'année précédente au titre des dépenses de même nature est versé le 15 janvier de chaque année, le solde ou le trop-versé éventuel faisant l'objet d'une régularisation à partir de juillet.

OBLIGATIONS DÉCLARATIVES

75560 Les **personnes physiques** qui **déclarent** leurs revenus **en ligne** sont dispensées de produire l'ensemble des justificatifs des dépenses ouvrant droit à avantage fiscal. Elles doivent cependant les conserver et les tenir à la disposition de l'administration en cas de contrôle. Cette obligation vise, au titre de la déclaration des revenus de l'année d'achèvement du logement ou des travaux ou de son acquisition si elle est postérieure, ou en cas de prorogation d'un engagement de location, les documents suivants :

– une note annexe établie conformément au modèle administratif d'**engagement de location** mentionnant notamment l'adresse du logement concerné, sa date d'acquisition ou d'achèvement, sa surface, le montant du loyer mensuel, l'engagement de location et les modalités de calcul de la réduction d'impôt ;

– une copie du **bail** (document à joindre de nouveau en cas de changement de locataire au cours de la période d'engagement de location) ;

– une copie de l'**avis d'imposition ou de non-imposition des locataires** au titre de l'avant-dernière année précédant celle de la signature du bail (document à joindre de nouveau en cas de changement de locataire au cours de la période d'engagement de location) ;

– pour le bénéfice du Denormandie, une **note** récapitulant les **travaux réalisés** ainsi que leur montant. Cette note doit distinguer les travaux de rénovation, d'amélioration ou de transformation en logement éligibles à la réduction d'impôt des éventuels travaux ne répondant pas à cette définition. En cas d'acquisition d'un local en vue de sa transformation en logement, le contribuable doit fournir la copie de la déclaration d'achèvement des travaux accompagnée d'une pièce attestant de sa réception en mairie ainsi qu'une note précisant la nature de l'affectation précédente du local.

Selon la nature de l'investissement, certains **documents spécifiques** sont également visés (demande de permis de construire, déclaration d'ouverture de chantier, déclaration d'achèvement des travaux, etc.). Les contribuables ayant investi dans un **logement Pinel en Bretagne** doivent, en plus des obligations déclaratives générales, souscrire chaque année une déclaration complémentaire n° 2041-PB par logement comportant les éléments permettant d'identifier le logement donné en location, le niveau de ressources du locataire à la conclusion ou au renouvellement du bail ainsi que le montant des loyers perçus au cours de l'année (Décret 2021-289 du 15-3-2021). Lorsque le logement n'est pas loué au moment du dépôt de la déclaration n° 2041-PB, ils doivent adresser les mêmes informations en précisant les montants prévisionnels du loyer mensuel hors charges et des charges mensuelles et la date prévisionnelle de la première mise en location (BOI-IR-RICI-360-70 n° 220).

ATTENTION

Cette dispense de production des justificatifs s'applique aussi aux personnes physiques qui souscrivent une **déclaration de revenus « papier »** mais seulement pour les documents établis par des tiers (attestations, etc.). Elle ne s'applique pas aux documents établis par le contribuable lui-même (engagement de location ou de conservation des parts, etc.), qui doivent être joints à la déclaration de revenus de l'année de l'achèvement du logement ou de son acquisition si elle est postérieure, ou de l'année de prorogation de l'engagement le cas échéant (voir toutefois le jugement du tribunal administratif de Strasbourg qui a admis, à propos du régime Scellier, que l'engagement de location peut être envoyé à l'administration dans les douze mois qui suivent l'achèvement ou l'acquisition de l'immeuble : TA Strasbourg 11-5-2016 n° 1204318 : RJF 1/17 n° 6).

Lorsque le logement est la propriété d'une **société,** l'**engagement** de location est pris par cette dernière et elle est, en principe, tenue de joindre les documents mentionnés ci-dessus à sa déclaration de résultats de la première année d'application du régime (BOI-IR-RICI-360-50 nos 70 s. et BOI-IR-RICI-365-30 nos 240 s.) ou, si l'engagement de location est prorogé, à sa déclaration de résultats de l'année au cours de laquelle intervient cette prorogation (BOI-IR-RICI-360-60 n° 340 et BOI-IR-RICI-365-30 n° 270). Toutefois, les déclarations de résultats des SCI étant obligatoirement télétransmises, les documents dont la production est en principe obligatoire doivent être conservés et produits à l'administration fiscale sur demande de sa part.

Elle doit fournir chaque année à ses associés, au plus tard le deuxième jour ouvré suivant le 1er mai, une **attestation** précisant notamment l'identité de l'associé, le nombre de parts qu'il détient, l'adresse de l'immeuble, l'attestation que la location remplit les conditions de loyers et de ressources des locataires requises et le montant de la réduction d'impôt correspondant aux droits de l'associé. Les parts détenues par les associés doivent être inscrites sur un **compte ouvert au nom de chaque associé** dans la comptabilité de la société ou sur un registre spécial.

L'**associé** doit conserver l'attestation qui lui est fournie par la société, pour être en mesure de la présenter à l'administration en cas de contrôle. Il doit en outre, la première année, souscrire un **engagement de conservation de ses titres** jusqu'à l'expiration de la période couverte par l'engagement de location de la société (et le joindre à sa déclaration de revenus « papier », le cas échéant). En cas de prorogation de cet engagement, l'associé doit prendre un nouvel engagement de conservation des parts (et le joindre à sa déclaration de revenus « papier » de l'année de la prorogation, le cas échéant).

Il en va de même lorsque le logement est la propriété d'une **SCPI** (l'attestation annuelle fournie aux associés doit alors contenir des informations complémentaires relatives à l'affectation du produit de la souscription).

REMISE EN CAUSE DE L'AVANTAGE FISCAL

Le non-respect de l'une des conditions d'application du régime entraîne la remise en cause de la réduction d'impôt. **75562**

En cas de **non-respect des conditions initiales** du régime, l'impôt sur le revenu des années au titre desquelles la réduction d'impôt a été pratiquée est majoré du montant de cette réduction.

ATTENTION

L'acheteur d'un immeuble en l'état futur d'achèvement bénéficie, conformément aux dispositions du CCH, de modalités spécifiques de paiement du prix au fur et à mesure de l'avancement des travaux. Mais sur le plan fiscal, le Conseil d'État a jugé que la réduction d'impôt Scellier dont il a bénéficié lors de l'acquisition sur la base du prix total de l'immeuble, qui suppose un investissement effectif, peut être remise en cause à défaut de preuve du **paiement intégral du prix** à la fin de l'exécution des travaux. Cette solution nous semble transposable au dispositif Pinel (CE 21-12-2021 n° 453665 : RJF 3/22 n° 236).

En cas de **non-respect des conditions** au cours de la période d'engagement **de location,** l'impôt sur le revenu de l'année au cours de laquelle intervient l'événement entraînant la déchéance de l'avantage fiscal est majoré du montant total de la réduction d'impôt obtenue.

> Précisions a. Les **principaux cas** de remise en cause sont les suivants :

– non-respect de l'engagement de location du logement à usage d'habitation principale du locataire ou des conditions de mise en location (dépassement des plafonds de loyers ou de ressources autorisés, location à un membre du foyer fiscal, etc.) ;

– cession (vente, démembrement de propriété, etc.) du logement ou des parts au cours de la période d'engagement de location ou de conservation des parts ;

– apport en société du logement ou des parts au cours de la même période.

Dans certains cas, des exceptions à la remise en cause de la réduction d'impôt sont toutefois prévues en cas d'invalidité (classée en 2e ou 3e catégorie), de licenciement ou de décès de l'un des époux soumis à imposition commune.

Si un démembrement de propriété résulte du décès de l'un des membres du couple soumis à imposition commune, voir n° 42420.

b. La **modification du foyer fiscal** (mariage, divorce, etc.) entraîne la reprise de la réduction d'impôt sauf si le nouvel attributaire du bien reprend l'engagement de location ou si, en cas de divorce, les ex-époux conservent en indivision le bien acquis au cours de leur mariage (BOI-IR-RICI-360-20-10 n° 60 et BOI-IR-RICI-365-20 n° 30 par renvoi au BOI-IR-RICI-230-20-10 n° 20).

DUFLOT-PINEL-DENORMANDIE OUTRE-MER

La réduction d'impôt est applicable aux investissements réalisés en Guadeloupe, en Martinique, **75580**
à La Réunion, en Guyane, à Mayotte, à Saint-Barthélemy, à Saint-Martin, à Saint-Pierre-et-Miquelon, en Nouvelle-Calédonie, en Polynésie française et dans les îles Wallis-et-Futuna (CGI art. 199 novovicies, XIII). Les **particularités du régime** par rapport aux investissements en métropole portent sur les points suivants.

Performance énergétique des logements Sauf à **Mayotte,** les investissements **75582**
réalisés outre-mer doivent répondre à un niveau de performance énergétique globale fixé par décret (CGI ann. III art. 46 AZA octies-0 AA) applicable aux investissements pour lesquels une demande de permis de construire ou une déclaration préalable de travaux, selon le cas, a été déposée depuis le 8 juin 2013 pour les investissements réalisés en **Guadeloupe, Martinique,** à **La Réunion** et en **Guyane,** ou depuis le 18 août 2013 pour les investissements réalisés à **Saint-Martin, Saint-Pierre-et-Miquelon,** en **Nouvelle-Calédonie,** en **Polynésie française** et dans les îles **Wallis-et-Futuna.** Des critères particuliers sont prévus pour le bénéfice du dispositif « **Pinel +** » (n° 75586).

75583 **Plafonds de loyers et de ressources des locataires** Les **plafonds de loyers** mensuels sont fixés, pour les baux conclus en 2025, à :

– 12,02 € pour l'ensemble des départements d'outre-mer, Saint-Martin et Saint-Pierre-et-Miquelon ;

– 14,28 € en Nouvelle-Calédonie, Polynésie française et dans les îles Wallis-et-Futuna.

Il est fait application du coefficient multiplicateur mentionné n° 75546.

Les **plafonds de ressources du locataire** pour les baux conclus en 2025 sont fixés comme suit :

Composition du foyer du locataire	Lieu de situation du logement	
	DOM, Saint-Martin, Saint-Pierre-et-Miquelon	Polynésie française, Nouvelle-Calédonie, Wallis-et-Futuna
Personne seule	32 602 €	34 607 €
Couple	43 539 €	46 213 €
Personne seule ou couple ayant une personne à charge	52 358 €	55 573 €
Personne seule ou couple ayant deux personnes à charge	63 207 €	67 090 €
Personne seule ou couple ayant trois personnes à charge	74 354 €	78 921 €
Personne seule ou couple ayant quatre personnes à charge	83 795 €	88 943 €
Majoration par personne à charge supplémentaire à partir de la cinquième	+ 9 354 €	+ 9 928 €

Les conditions d'application du dispositif à Saint-Barthélemy n'ont pas été fixées.

75586 **Taux de la réduction d'impôt** Le taux de la réduction d'impôt est de 29 % pour les investissements **Duflot.**

Pour les investissements **Pinel,** les taux applicables, qui varient selon la durée initiale de l'engagement et la date de l'investissement, sont les suivants :

	Investissements réalisés jusqu'au 31/12/2022			Investissements réalisés en 2023			Investissements réalisés en 2024		
	Période initiale	1e prorogation triennale	2e prorogation triennale	Période initiale	1e prorogation triennale	2e prorogation triennale	Période initiale	1e prorogation triennale	2e prorogation triennale
Engagement initial de 6 ans	23 %	6 %	3 %	21,5 %	4,5 %	2,5 %	20 %	3 %	2 %
Engagement initial de 9 ans	29 %	3 %	N/A	26 %	2,5 %	N/A	23 %	2 %	N/A

ATTENTION

Les taux 2022 restent applicables aux investissements réalisés en 2023 et 2024 lorsqu'ils portent sur des logements situés dans un quartier prioritaire de la politique de la ville ou qui respectent un niveau de qualité, en particulier en matière de performance énergétique et environnementale, supérieur à la réglementation, dont les critères sont définis par le décret 2022-1691 du 28 décembre 2022 (dispositif **Pinel +**).

Les investissements **Denormandie** ne sont pas concernés par la réduction progressive des taux qui s'est appliquée aux investissements Pinel et restent soumis aux taux de 23 et 29 % pour les investissements réalisés depuis 2023.

La réduction d'impôt est prise en compte pour le calcul du **plafonnement global des avantages fiscaux,** avec l'application d'un plafond majoré pour les investissements outre-mer réalisés depuis le 1er septembre 2014.

> **Précisions** Lorsque, au titre d'une **même année,** le contribuable réalise un **investissement** afférent à un logement situé **en métropole et** un investissement afférent à un logement situé **en outre-mer,** la réduction d'impôt est déterminée en faisant prioritairement application du taux le plus élevé (BOI-IR-RICI-360-30-10 n° 240).

B. Dispositif Loc'Avantages

Les propriétaires de logements donnés en location dans le cadre d'une convention avec l'Agence nationale de l'habitat (**Anah**) peuvent, lorsque la **demande** de conventionnement a été enregistrée par l'Anah **entre le 1er mars 2022 et le 31 décembre 2027,** bénéficier d'une réduction d'impôt sur le revenu dont le taux varie selon que la convention est conclue dans le secteur intermédiaire ou dans le secteur social ou très social (CGI art. 199 tricies modifié par la loi 2025-127 du 14-2-2025 art. 88). Pour les demandes de conventionnement enregistrées par l'Anah jusqu'au 28 février 2022, les propriétaires relèvent du dispositif Cosse décrit n° 78100. 75600

BÉNÉFICIAIRES

La réduction d'impôt est réservée aux **personnes physiques,** fiscalement domiciliées en France. 75605
Le bénéficiaire peut détenir l'immeuble loué directement ou par l'intermédiaire d'une **société** non soumise à l'impôt sur les sociétés.

> Précisions Le dispositif est applicable lorsque les titres de la société propriétaire de l'immeuble sont eux-mêmes détenus par une société non soumise à l'impôt sur les sociétés dont l'activité revêt un caractère purement civil (**double niveau d'interposition**) (BOI-IR-RICI-400-10 n° 190).

IMMEUBLES ET LOGEMENTS CONCERNÉS

Ouvrent droit à la réduction les **logements, neufs ou anciens,** loués **nus** et affectés à l'**habitation principale** du locataire (et occupés au moins 8 mois par an : BOI-IR-RICI-400-20-20 n° 110). La location ne doit pas être **consentie à** un membre du foyer fiscal du contribuable, un ascendant ou descendant ou une personne occupant déjà le logement, sauf à l'occasion d'un renouvellement de bail ; lorsque l'immeuble est détenu par une société, la location ne peut pas être conclue au profit d'un associé ou d'un membre de son groupe familial. 75610

La réduction d'impôt est réservée aux logements donnés en location dans le cadre d'une **convention** conclue avec l'Anah soit dans le secteur intermédiaire (CCH art. L 321-4), soit dans le secteur social ou très social (CCH art. L 321-8).

La **durée** de la convention est de six ans. Le logement doit être loué pendant toute la durée de la convention. En outre, lorsque le logement est détenu par une société, les associés doivent conserver leurs parts pendant la même durée.

> Précisions **a.** Le dispositif est applicable aux logements donnés en mandat de gestion ou en location à un organisme d'**intermédiation locative** ou de **gestion locative sociale** public ou privé agréé et destinés à l'hébergement de personnes défavorisées. Le logement doit être occupé à titre de résidence principale et ne peut pas être loué au propriétaire du logement, aux membres de son foyer fiscal ou à ses descendants et ascendants. Cet organisme ne doit, par ailleurs, fournir aucune prestation hôtelière ou parahôtelière.
b. La réduction d'impôt est susceptible de s'appliquer aux logements loués nus situés dans des **résidences de retraite,** dans des maisons d'accueil pour personnes âgées dépendantes ou dans des **résidences pour étudiants** (BOI-IR-RICI-400-20-20 n° 130).
c. La réduction d'impôt est applicable aux immeubles détenus en **indivision.**
d. Les **immeubles historiques** et assimilés ne peuvent pas bénéficier du dispositif.
e. En cas de cession du logement ou démembrement du droit de propriété dû au **décès** de l'un des époux ou partenaires liés par un Pacs, soumis à imposition commune, le conjoint survivant, attributaire du bien ou titulaire de son usufruit, peut reprendre l'engagement de location à sa charge et bénéficier de la réduction d'impôt, dans les mêmes conditions et selon les mêmes modalités, pour la période restant à courir (BOI-IR-RICI-400-20-10 n° 90).

Performance énergétique des logements Le contribuable doit être en mesure de justifier (CGI ann. IV art. 18-0 bis E) : 75615

– pour les **logements disposant d'une évaluation énergétique** réalisée avant le 30 juin 2021 en cours de validité, d'une consommation conventionnelle en énergie primaire du logement inférieure à 331 kWh/m^2/an, évaluée sur les usages de l'énergie pour le chauffage, la production d'eau chaude sanitaire et le refroidissement ;
– pour les **autres logements,** d'un niveau de performance minimal correspondant à la classe E au sens de l'article L 173-1-1 du CCH.

> Précisions **a.** Les **justificatifs** (évaluation énergétique ou DPE) sont à produire sur simple demande de l'administration.
b. Pour les baux conclus ou renouvelés **à compter du 1er janvier 2028,** le contribuable devra justifier d'un niveau de performance minimal correspondant à la classe D au sens de l'article L 173-1-1 du CCH.
c. Pour l'application du dispositif en **Guadeloupe,** à la **Martinique,** en **Guyane,** à **La Réunion** et à **Mayotte,** le contribuable doit justifier que le logement respecte les exigences d'amélioration de la performance énergétique prévues par l'article 01 quater de l'annexe IV au CGI.

CONDITIONS DE LOCATION

75620 Pendant toute la durée de la location, le **loyer** et les **ressources du locataire** ne doivent pas excéder des **plafonds** fixés par décret en fonction de la **localisation du logement** et de son **affectation** à la location intermédiaire (Loc 1), sociale (Loc 2) ou très sociale (Loc 3). Ces plafonds sont appréciés au jour de la conclusion du bail. L'Anah ne peut pas imposer des loyers inférieurs, même en cas de forte tension sur le marché locatif local.

Aux plafonds de loyer (fixés par commune ou par arrondissement pour Paris, Lyon et Marseille) publiés chaque année par arrêté conjoint des ministres chargés du logement et de l'économie (Arrêté ATDL2433698A du 30-1-2025 pour les plafonds applicables en 2025), il est appliqué un coefficient multiplicateur calculé selon la formule suivante : 0,7 + 19/S, dans laquelle S est la surface du logement ; le coefficient ainsi obtenu est arrondi à la décimale la plus proche et ne peut excéder 1,2.

> **Précisions a.** Par dérogation aux règles d'encadrement des loyers applicables en zones tendues en cas de changement ou de renouvellement du bail, le propriétaire du logement peut, au **terme de la convention,** fixer librement le loyer (Loi 89-462 du 6-7-1989 art. 17, I modifié par l'article 67, III de la loi 2021-1900 du 30-12-2021).
b. Pour les logements situés à **Mayotte**, les **plafonds de loyers** sont directement fixés par l'article 2 terdecies H de l'annexe III au CGI et sont actualisés au 1er janvier de chaque année en fonction de l'indice de référence des loyers publiés par l'Insee pour le deuxième trimestre de l'année précédente. Pour **2025,** ils s'élèvent à 11,77 €/m² en Loc 1, 8,94 €/m² en Loc 2 et 6,97 €/m² en Loc 3.
c. Les ressources du locataire s'entendent du **revenu fiscal de référence** figurant sur l'avis d'impôt sur le revenu établi au titre de l'avant-dernière année précédant celle de la signature du contrat de location.

75625 **Plafonds de ressources pour la location intermédiaire (Loc 1)** Les plafonds annuels de ressources des locataires pour les baux conclus en **2025** dans le secteur de la location intermédiaire sont les suivants.

1. Pour les logements situés en **métropole**

Composition du foyer locataire	Zones			
	Zone A bis	Zone A	Zone B1	Zone B2 ou C
Personne seule	43 953 €	43 953 €	35 825 €	32 243 €
Couple	65 691 €	65 691 €	47 842 €	43 056 €
Personne seule ou couple ayant une personne à charge	86 112 €	78 963 €	57 531 €	51 778 €
Personne seule ou couple ayant deux personnes à charge	102 812 €	94 585 €	69 455 €	62 510 €
Personne seule ou couple ayant trois personnes à charge	122 326 €	111 971 €	81 705 €	73 535 €
Personne seule ou couple ayant quatre personnes à charge	137 649 €	126 001 €	92 080 €	82 873 €
Majoration par personne à charge à partir de la cinquième	+ 15 335 €	+ 14 039 €	+ 10 273 €	+ 9 243 €

2. Pour les logements situés en **Guadeloupe,** en **Guyane,** en **Martinique,** à **La Réunion** et à **Mayotte**

Composition du foyer locataire	Plafond de ressources
Personne seule	32 602 €
Couple	43 539 €
Personne seule ou couple ayant une personne à charge	52 358 €
Personne seule ou couple ayant deux personnes à charge	63 207 €
Personne seule ou couple ayant trois personnes à charge	74 354 €
Personne seule ou couple ayant quatre personnes à charge	83 795 €
Majoration par personne à charge à partir de la cinquième	+ 9 354 €

Plafonds de ressources pour la location sociale et très sociale (Loc 2 et Loc 3) **1.** Lorsque le logement est affecté à la **location sociale** (Loc 2) : 75630

Les plafonds annuels de ressources des locataires pour les baux conclus en **2025** sont les suivants :

Composition du foyer locataire	Zones					
	A bis	A métropole	A outre-mer(1)	B1 métropole	B1 outre-mer(1)	B2 ou C
Personne seule	32 177 €	32 177 €	32 309 €	26 227 €	26 333 €	23 604 €
Couple	48 093 €	48 093 €	48 290 €	35 026 €	35 168 €	31 523 €
Personne seule ou couple ayant une personne à charge	63 043 €	57 809 €	58 045 €	42 119 €	42 291 €	37 907 €
Personne seule ou couple ayant deux personnes à charge	75 270 €	69 247 €	69 528 €	50 849 €	51 056 €	45 764 €
Personne seule ou couple ayant trois personnes à charge	89 555 €	81 975 €	82 308 €	59 817 €	60 061 €	53 836 €
Personne seule ou couple ayant quatre personnes à charge	100 777 €	92 251 €	92 624 €	67 416 €	67 690 €	60 674 €
Majoration par personne à charge à partir de la cinquième	+ 11 230 €	+ 10 280 €	+ 10 322 €	+ 7 521 €	+ 7 553 €	+ 6 768 €
(1) Les communes de Guadeloupe, La Réunion, Martinique, Guyane et Mayotte sont classées en zones A ou B1.						

2. Lorsque le logement est affecté à la **location très sociale** (Loc 3) :

Les plafonds annuels de ressources des locataires pour les baux conclus en **2025** sont les suivants :

Composition du foyer locataire	Zones					
	A bis	A métropole	A outre-mer(1)	B1 métropole	B1 outre-mer(1)	B2 ou C
Personne seule	17 697 €	17 697 €	17 770 €	14 425 €	14 484 €	12 981 €
Couple	28 857 €	28 857 €	28 975 €	21 017 €	21 103 €	18 914 €
Personne seule ou couple ayant une personne à charge	37 827 €	34 686 €	34 828 €	25 272 €	25 376 €	22 744 €
Personne seule ou couple ayant deux personnes à charge	41 625 €	38 294 €	38 450 €	28 119 €	28 234 €	25 308 €
Personne seule ou couple ayant trois personnes à charge	49 257 €	45 089 €	45 273 €	32 902 €	33 036 €	29 611 €
Personne seule ou couple ayant quatre personnes à charge	55 428 €	50 738 €	50 945 €	37 078 €	37 230 €	33 371 €
Majoration par personne à charge à partir de la cinquième	+ 6 175 €	+ 5 653 €	+ 5 678 €	+ 4 135 €	+ 4 155 €	+ 3 721 €
(1) Les communes de Guadeloupe, La Réunion, Martinique, Guyane et Mayotte sont classées en zones A ou B1.						

MONTANT DE LA RÉDUCTION D'IMPÔT

La réduction d'impôt est **calculée sur** le montant des revenus bruts tirés de la location du logement conventionné. Lorsque le logement est détenu par une **société** ou une indivision, chaque associé ou indivisaire bénéficie de la réduction d'impôt dans la limite de sa quote-part dans les revenus bruts correspondant à ses droits dans la société ou dans l'indivision. 75635

Elle est calculée aux **taux** suivants, uniformisés pour tout le territoire :

Conventionnement	Location directe	Intermédiation locative
Secteur intermédiaire	15 %	20 %
Secteur social	35 %	40 %
Secteur très social	-	65 %

La réduction d'impôt s'applique **à compter** de la date de prise d'effet de la convention, qui correspond à la date de prise d'effet du premier bail conclu pour son application, au plus tôt dans les deux mois précédant la date d'enregistrement de la demande de conventionnement. La réduction s'applique **pendant toute la durée** de la convention et peut être maintenue à son échéance jusqu'à la date fixée pour le renouvellement ou la reconduction du bail, à condition que le même locataire reste en place et que toutes les conditions d'application de la réduction soient remplies.

La réduction d'impôt **s'impute sur** l'impôt dû au titre des revenus de chacune des années d'application du dispositif. En cas de transfert du domicile fiscal du contribuable hors de France pendant cette période, elle s'impute sur l'impôt avant imputation des prélèvements ou retenues non libératoires.

> **Précisions** **a.** Le bénéfice de la réduction d'impôt ne peut **pas** se **cumuler** pour un même logement avec un autre régime fiscal en faveur de l'investissement locatif. Aucune exclusion n'est toutefois prévue avec la réduction d'impôt applicable aux opérations de restauration immobilière Malraux. Il est par ailleurs incompatible avec l'application du micro-foncier.
> **b.** La réduction d'impôt est prise en compte pour la détermination du **plafonnement global des avantages fiscaux.**
> **c.** En cas de **congé du locataire,** un délai de vacance d'un an au maximum est admis pour conclure un nouveau bail (BOI-IR-RICI-400-20-20 n° 40).

OBLIGATIONS DÉCLARATIVES

75638 La déclaration des revenus (personnes physiques) et de résultats (société) de la première année d'application du régime doit être accompagnée de différents justificatifs (copie de la convention Anah signée, du bail, de l'avis d'imposition ou de non-imposition du locataire et, éventuellement, document faisant mention du montant du loyer payé par l'occupant du logement) ainsi que, le cas échéant, de l'engagement de conservation des parts.

Si le bien est détenu par l'intermédiaire d'une société non soumise à l'impôt sur les sociétés, celle-ci doit en outre délivrer chaque année à ses associés, au plus tard le deuxième jour ouvré suivant le 1er mai, une attestation (détaillant notamment le calcul de la réduction correspondant aux droits des associés) que l'associé doit joindre à sa déclaration de revenus. Un exemplaire de cette attestation doit également être joint par la société à sa déclaration de résultats.

> **Précisions** **a.** En cas de **changement de locataire** au cours de la période d'engagement de location, le contribuable doit joindre à l'appui de sa déclaration de revenus de l'année de signature du nouveau bail une copie de ce dernier et une copie de l'avis d'imposition ou de non-imposition du locataire. En cas de **renouvellement du bail,** seule la copie du bail renouvelé doit être produite.
> **b.** Sur les **assouplissements** apportés à l'obligation de joindre les **justificatifs** à la déclaration de revenus, voir n° 75560.

REMISE EN CAUSE DE LA RÉDUCTION D'IMPÔT

75640 Le **non-respect de l'engagement de location** au titre de la convention ou d'une des **conditions de mise en location** ou la **cession** du logement ou des parts sociales pendant la période d'engagement de location entraîne la remise en cause de l'avantage fiscal. La reprise est effectuée au titre de l'**année** de l'évènement entraînant la déchéance du régime.

Aucune réintégration n'est effectuée en cas d'**invalidité,** de **décès** ou de **licenciement** du contribuable ou de son conjoint soumis à imposition commune. Il en est de même en cas de mise à la **retraite** du contribuable (BOI-IR-RICI-400-40 n° 10).

La **modification du foyer fiscal** (mariage, divorce, conclusion ou rupture d'un Pacs, séparation, sortie du foyer fiscal d'une personne à charge) entraîne la reprise de la réduction d'impôt sauf si le nouvel attributaire du bien reprend l'engagement de location ou si, en cas de divorce, les ex-époux conservent en indivision le bien acquis au cours de leur mariage (BOI-IR-RICI-400-20-10 n° 100).

Le **transfert du domicile fiscal** du propriétaire hors de France pendant la période de location n'est pas un motif de remise en cause de la réduction d'impôt.

CHAPITRE 2 REVENUS FONCIERS

SOMMAIRE

GÉNÉRALITÉS

Les revenus fonciers constituent l'une des catégories de revenus passibles de l'**impôt sur le revenu.** 76500

Une fois déterminés suivant les règles exposées ci-après, les revenus fonciers sont totalisés avec les autres revenus du contribuable pour former le revenu global qui sera soumis à l'impôt sur le revenu selon le barème progressif.

> Précisions a. En tant que revenus du patrimoine, les revenus fonciers supportent aussi 17,2 % de **prélèvements sociaux** (CSG, CRDS et prélèvement de solidarité). À hauteur de 6,8 %, la CSG est déductible du revenu global imposable de l'année de son paiement (CGI art. 154 quinquies).

b. Les loyers retirés de locaux situés dans des immeubles achevés depuis plus de quinze ans appartenant à certaines personnes morales supportent, en plus de la taxation au titre de l'impôt sur le revenu ou de l'impôt sur les sociétés, une contribution dénommée « **contribution annuelle sur les revenus locatifs** » (CRL) (CGI art. 234 nonies et suivants). La CRL est due notamment par les sociétés passibles de l'impôt sur les sociétés et les sociétés de personnes dont un associé au moins est soumis à l'impôt sur les sociétés dans les conditions de droit commun (voir nos 80500 s.).

c. Les titulaires de revenus fonciers supportent le **prélèvement à la source** de l'impôt sur le revenu et des prélèvements sociaux sous forme d'acomptes mensuels ou trimestriels.

Pour un exposé d'ensemble du prélèvement à la source, voir Mémento fiscal nos 3740 s.

A. Champ d'application des revenus fonciers

REVENUS IMPOSABLES AU TITRE DES REVENUS FONCIERS

Sont imposables au titre des revenus fonciers non seulement les revenus des locations d'immeubles proprement dits mais également les revenus accessoires (CGI art. 14). 76505

Revenus des locations d'immeubles Les revenus fonciers sont pour l'essentiel ceux provenant de la location d'immeubles. Il peut s'agir de la location : 76510

– de **propriétés bâties,** telles que maisons, appartements, usines, magasins, bureaux, bâtiments ruraux, etc. ;

– de **propriétés non bâties** de toute nature, y compris les terrains occupés par des carrières, mines et tourbières, les étangs, les salines et marais salants.

Les revenus imposables dans la catégorie des revenus fonciers peuvent être réalisés directement par le contribuable (**personne physique**) ou par l'intermédiaire d'une **société** qui a pour objet de gérer et de donner en location un patrimoine immobilier (SCI en général) ou encore par le biais d'un fonds de placement immobilier (FPI). Sont ainsi imposables à raison de leurs revenus fonciers :

– les associés de sociétés immobilières non passibles de l'impôt sur les sociétés ;

– les associés de sociétés immobilières de copropriété dotées de la « transparence fiscale », quelle que soit la forme de ces sociétés et même s'il s'agit de sociétés de capitaux ;

– les particuliers détenteurs de parts de FPI à raison des produits encaissés par le fonds en provenance de ses actifs immobiliers.

Pour les immeubles appartenant à une **indivision,** chaque copropriétaire est personnellement imposable sur la part de revenu foncier correspondant à ses droits dans l'indivision.

76515 Les revenus des locations d'immeubles ne sont pas taxés dans la catégorie des revenus fonciers lorsque les **immeubles figurent à l'actif d'une entreprise** industrielle, commerciale ou artisanale ou d'une exploitation agricole ou sont affectés à l'exercice d'une profession non commerciale.

Dans ce cas, ils sont compris dans les bénéfices de l'activité professionnelle à laquelle ils se trouvent rattachés et sont imposés d'après les règles applicables à cette activité.

D'autres revenus de location relèvent également d'une catégorie différente des revenus fonciers. Ainsi, les produits de la location en **meublé** et de la location d'un **établissement industriel ou commercial** muni du mobilier ou du matériel nécessaire à son exploitation sont imposés en tant que bénéfices industriels et commerciaux (CGI art. 35, I-5° et 5° bis).

> Précisions a. Les profits provenant de la **sous-location** de locaux pris à bail sont par principe imposables comme bénéfices commerciaux s'il s'agit d'une sous-location **en meublé** et comme bénéfices non commerciaux dans le **cas contraire.** Ils n'entrent donc pas, en principe, dans la catégorie des revenus fonciers.

Toutefois, lorsqu'un **monument historique** classé ou inscrit fait l'objet d'un **bail emphytéotique** d'au moins 18 ans et qu'il est sous-loué par le preneur, les profits réalisés sont imposables dans la catégorie des revenus fonciers chez ce dernier, sauf si le propriétaire est une personne physique ou morale relevant du régime des bénéfices industriels et commerciaux (CGI art. 31-0 bis).

b. Quand un **même logement** fait l'objet d'une **location nue** et d'une **sous-location en meublé,** le propriétaire est imposé dans la catégorie des revenus fonciers et le locataire dans celle des BIC à raison de sa sous-location (Rép. Frassa : Sén. 9-3-2017 n° 23432).

76517 **Cas des garages** La location de boxes ou emplacements pour le garage de voitures relève (BOI-RFPI-CHAMP-10-30 n° 60) :

– des revenus fonciers, si elle ne s'accompagne d'aucun service ou prestation (autre qu'un simple gardiennage) ;

– des bénéfices commerciaux dans le cas contraire, c'est-à-dire si la location est assortie de certaines prestations (par exemple, lavage, entretien, distribution d'essence).

76520 **Revenus accessoires** Les revenus accessoires s'entendent des revenus de la location du **droit d'affichage** (panneaux, emplacements publicitaires), de toits pour les **antennes de téléphonie** mobile, du **droit de chasse ou de pêche,** de la concession du droit d'exploitation des **carrières** et biens assimilés (ardoisières, sablières, tourbières), des **redevances tréfoncières** ou autres recettes analogues ayant leur origine dans le droit de propriété ou d'usufruit.

> Précisions a. Les revenus accessoires tirés du droit de propriété sont imposables, selon le cas, dans la catégorie des bénéfices agricoles ou des bénéfices industriels et commerciaux lorsque les immeubles qui les produisent sont inscrits à l'actif d'une **exploitation agricole** ou d'une **entreprise industrielle, commerciale ou artisanale** relevant d'un régime de bénéfice réel. En revanche, les revenus accessoires sont imposables dans la catégorie des revenus fonciers lorsque l'entreprise ou l'exploitation relève du régime du micro-BIC ou du micro-BA ou lorsque, l'entreprise ou l'exploitation étant soumise à un régime de bénéfice réel, les immeubles sont maintenus dans le patrimoine privé du propriétaire. S'agissant des contribuables exerçant une **activité non commerciale** relevant du régime de la déclaration contrôlée, l'administration considère que les revenus accessoires doivent être inclus dans le bénéfice professionnel lorsque ces revenus se rapportent à des éléments qui font partie de l'actif professionnel (BOI-BIC-CHAMP-50 n° 170 et BOI-RFPI-CHAMP-10-30 n° 120).

b. Les produits tirés de la **location du droit de chasse** peuvent avoir le caractère de bénéfices industriels et commerciaux lorsque la location est assortie de prestations de services (fourniture du couvert et du gîte, par exemple) ou lorsque le bailleur se livre à la vente commerciale des animaux abattus (BOI-RFPI-CHAMP-10-30 n° 130).

c. Pour le cas particulier où le propriétaire se réserve la **jouissance du droit de chasse ou de pêche,** voir n° 78280.

EXONÉRATION DES LOGEMENTS DONT LE PROPRIÉTAIRE SE RÉSERVE LA JOUISSANCE

76540 Les contribuables qui se réservent la jouissance de logements dont ils sont propriétaires – qu'il s'agisse de **maisons individuelles** ou d'**appartements** situés dans des immeubles collectifs, d'**habitations principales** ou de **résidences secondaires** (immeubles de plaisance ou de villégiature, par exemple) – ne sont pas imposables à raison du revenu en nature correspondant à la disposition gratuite de ces logements (CGI art. 15, II).

Corrélativement, les intéressés ne peuvent pas, en principe, déduire de leur revenu imposable les **charges** afférentes à ces logements. Cependant, ils peuvent, sous certaines conditions, bénéficier d'un crédit d'impôt à raison de certaines charges (voir nos 75005 s.).

L'exonération porte non seulement sur le logement proprement dit, mais aussi sur les **dépendances** immédiates bâties et non bâties, telles que garages, jardins, etc.

Les **revenus accessoires** (location du droit d'affichage, par exemple) perçus par un propriétaire qui se réserve la jouissance de son logement ne sont pas couverts par l'exonération et doivent donc être imposés en tant que revenus fonciers.

ILLUSTRATIONS

Ont été considérés comme s'étant réservé la jouissance de l'immeuble :
– le propriétaire qui, sans y être tenu par un contrat régulier de location, met gratuitement un logement lui appartenant à la **disposition** de membres de sa **famille ou de tiers** et bénéficie donc de l'exonération ; corrélativement, il ne peut pas retrancher de son revenu imposable les charges correspondantes (BOI-RFPI-CHAMP-20-20 n° 50) ;
– le propriétaire qui loue l'immeuble à un membre de sa famille pour un **loyer dérisoire** (CAA Versailles 27-5-2020 n° 18VE04329) ou fictif (BOI-RFPI-CHAMP-20-20 n° 50) ;
– le contribuable qui ne justifie pas des **diligences exposées en vue de la remise en location** d'un logement qui était devenu inhabitable après un séisme (CE 15-11-1985 n° 45378 : RJF 1/86 n° 86).

En revanche, les propriétaires d'un immeuble qui ne peut pas être loué en raison des **malfaçons** l'affectant, malgré les diligences effectuées, ne sont pas considérés comme s'en étant réservé la jouissance. Ils peuvent donc déduire les charges y afférentes de leurs revenus fonciers (CAA Nancy 18-11-2021 n° 20NC00054 : BPIM 1/22 inf. 78).

Cas particuliers Les règles exposées n° 76540 s'appliquent également : 76545
– aux membres des **sociétés immobilières « transparentes »** lorsqu'ils se réservent la jouissance du logement correspondant à leurs actions ou parts ;
– aux **locataires-attributaires** des sociétés coopératives **d'HLM** et aux titulaires de certains contrats de **location-vente.**

S'agissant des sociétés civiles immobilières de location **non transparentes** (non passibles de l'impôt sur les sociétés), l'administration (BOI-RFPI-CHAMP-30-20 n° 170) et la jurisprudence dominante (notamment : CE 7-7-1982, n° 30975 : RJF 10/82 n° 944 ; CE 27-10-1999 n° 172940 : RJF 12/99 n° 1597) considèrent que c'est en fait la société qui se réserve la jouissance des logements occupés gratuitement par des associés. La société n'a donc pas à déclarer la valeur locative de ces locaux mais, en contrepartie, les charges afférentes au logement ne sont pas admises en déduction.

Pour les **sociétés de pluripropriété,** la valeur de l'avantage en nature consenti aux associés est prise en compte pour la détermination du résultat imposable à l'impôt sur les sociétés et constitue un revenu distribué. La valeur de cet avantage correspond à la différence entre le loyer qu'aurait pu percevoir la société si elle avait loué le bien et le montant des versements faits par l'associé pour les dépenses ne lui incombant pas en tant qu'utilisateur du bien, telles que les frais de gestion, d'entretien et de réparation. Entre les mains des associés personnes physiques, la valeur de l'avantage en nature est soumise à l'impôt sur le revenu. Ce régime concerne les avantages consentis jusqu'au 31 décembre 2026 (CGI art. 239 octies).

ATTENTION

La conclusion d'un bail entre une SCI et ses deux seuls associés constitue un **abus de droit** si ce bail n'a d'autre but que de permettre la déduction des charges afférentes à l'immeuble loué (Avis CADF/AC n° 5/2021 aff. nos 2021-12, 2021-13 et 2021-14).

TERRITORIALITÉ

76560
Les **personnes domiciliées** fiscalement **en France** sont imposables en principe sur l'ensemble de leurs revenus locatifs, qu'il s'agisse de revenus provenant d'immeubles situés en France ou d'immeubles situés à l'étranger. Toutefois, de nombreuses conventions internationales réservent le droit d'imposer les revenus locatifs à l'État sur le territoire duquel se trouve l'immeuble (l'existence des revenus ainsi exonérés en France peut cependant influencer le montant de l'impôt français lorsqu'il est fait application, pour le calcul de cet impôt, du système du « taux effectif »).

Les **personnes domiciliées hors de France** ne sont, quant à elles, soumises à l'impôt français que pour les revenus de leurs immeubles situés en France (voir nos 78360 s.).

> Précisions Lorsqu'il est pris en compte pour la détermination du revenu global imposable des **domiciliés,** le revenu net des **immeubles situés à l'étranger** ou dans les collectivités d'outre-mer est déterminé suivant les règles générales exposées n°s 76640 s.

B. Détermination du revenu imposable

GÉNÉRALITÉS

76640 La détermination des revenus imposables diffère selon le montant des recettes.

Les propriétaires dont les **revenus fonciers** bruts **ne dépassent pas 15 000 €,** soit la grande majorité, relèvent en principe d'un régime simplifié d'imposition (**micro-foncier**) qui consiste à appliquer aux recettes un abattement forfaitaire représentatif de l'ensemble des charges (voir n°s 77220 s.). Quand le **seuil de 15 000 € est dépassé** ou lorsque le propriétaire renonce à l'application du micro-foncier comme il en a la possibilité (sur l'intérêt d'opter pour le régime réel, voir n° 77265), les revenus imposables sont déterminés par différence entre les recettes encaissées et les frais et charges supportés. On parle alors de « **régime réel** » dans la mesure où l'on déduit les charges pour leur montant réel.

1. RÉGIME RÉEL D'IMPOSITION

PRINCIPE

76645 Dans le cadre du régime réel d'imposition, le revenu foncier imposable à l'impôt sur le revenu est égal, chaque année, à la différence entre le montant des recettes encaissées et le total des frais et charges acquittés, déterminés dans les conditions exposées ci-après (CGI art. 28).

a. Recettes

RECETTES À PRENDRE EN COMPTE

76650 Elles comprennent les recettes de toute nature perçues par le propriétaire (CGI art. 29). Il s'agit notamment :

– des loyers et fermages en principal (qu'ils soient perçus directement par le propriétaire ou par un mandataire) ;

– des revenus accessoires (voir n° 76520) ;

– des dépenses incombant au bailleur mises à la charge des locataires (voir n° 76700) ;

– de certaines recettes exceptionnelles (voir n° 76760) ;

– de la valeur des avantages en nature stipulés au bail.

76660 **Dépôts de garantie** Les dépôts de garantie versés par le locataire ne sont pas imposables au moment de leur **encaissement,** mais seulement lorsqu'ils ont été utilisés pour couvrir des loyers impayés ou des frais de remise en état des locaux après le départ du locataire (CE 8-5-1981 n° 19171 : RJF 7-8/81 n° 677 ; BOI-RFPI-BASE-10-10 n° 380).

Les règles applicables lors du **départ du locataire** dépendent alors de l'affectation donnée aux dépôts par le bailleur :

– les sommes restituées aux locataires en fin de bail sont normalement sans incidence sur la détermination du revenu foncier de l'année de remboursement (pas d'imposition et pas de déduction) ;

– les sommes conservées par le bailleur pour se couvrir de loyers impayés ou de charges locatives non remboursées par le locataire constituent des revenus imposables ;

– les sommes conservées pour financer des charges locatives ou des travaux de remise en état du logement doivent, en principe, être ajoutées aux recettes brutes puis déduites au titre des dépenses incombant normalement au locataire et acquittées par le propriétaire. Toutefois, le bailleur peut s'abstenir de cette double inscription si les sommes en cause sont identiques. Cette condition implique notamment que les charges locatives dont le propriétaire obtient le remboursement par le biais d'une retenue effectuée sur le dépôt de garantie n'aient pas déjà été déduites au titre d'une année antérieure (BOI-RFPI-BASE-10-10 n° 400 ; BOI-RFPI-BASE-20-40 n° 60).

76665 **Loyers perçus par compensation** Les loyers perçus par compensation constituent des recettes imposables au même titre que ceux effectivement encaissés. Ont été considérés comme des paiements par compensation la réduction de prix d'une construction accordée au propriétaire qui renonce à utiliser sa villa à l'issue des travaux de construction et la met contractuellement à la disposition du constructeur pour servir, pendant un certain délai, de

« villa témoin » (CE 23-6-1982 nº 23364 : RJF 8-9/82 nº 818), la diminution d'une rente viagère que le propriétaire est tenu de verser au locataire (CE 7-10-1985 nº 43202 : RJF 12/85 nº 1530), l'absence de remboursement par le propriétaire de dépenses de travaux effectués par le locataire en application du bail d'un montant supérieur aux loyers impayés (CE 30-11-1973 nº 86977 : Dupont 1974 p. 68) ou encore le remboursement par le locataire d'un emprunt souscrit par le propriétaire (TA Lyon 3-4-2012 nº 100323 : RJF 11/12 nº 1018).

Abandon de loyers Le régime fiscal applicable aux loyers abandonnés dépend de l'**intérêt économique** à renoncer à percevoir les loyers par le bailleur. **76670**

Si l'abandon présente un intérêt, le montant correspondant ne sera pas pris en compte dans les revenus imposables. Tel est le cas lorsque l'abandon de loyers permet de ne pas accroître les importantes difficultés de trésorerie du locataire et évite de supporter immédiatement les charges inhérentes à son éviction et à une nouvelle affectation des locaux (CE 29-5-1991 nºs 75021 et 75022 : RJF 7/91 nº 956) ou d'obtenir le départ du locataire insolvable (CE 1-6-1990 nº 68313 : RJF 8-9/90 nº 1030).

Il en est de même lorsqu'une SCI renonce à percevoir des loyers afin de ne pas accroître les difficultés de trésorerie existant au démarrage de l'activité de la société locataire (CE 9-5-1990 nº 71453 : RJF 7/90 nº 797).

En revanche, lorsque l'abandon de loyers ne présente pas d'intérêt, il a le caractère d'une libéralité ou d'un acte de disposition et le montant correspondant doit être retenu dans les recettes imposables (voir par exemple : CE CAPC 6-2-1995 nº 157674 : RJF 4/95 nº 477 ; CE 13-2-2013 nº 342085 : RJF 5/13 nº 506 ; CAA Paris 3-10-2019 nº 18PA00243 : RJF 3/20 nº 227).

Sur les conséquences de l'abandon de loyers par un usufruitier au profit du nu-propriétaire, voir nº 42430.

DATE DE PRISE EN COMPTE

Les recettes à retenir pour déterminer le revenu foncier sont celles qui ont été **effectivement encaissées** au cours de l'année de l'imposition, quelle que soit la période à laquelle elles se rapportent. **76680**

On doit donc faire état, non seulement des loyers perçus à leur échéance normale, mais aussi des encaissements se rapportant à des **loyers arriérés ou perçus d'avance.**

En revanche, les **loyers** venus à échéance en cours d'année et demeurés **impayés** par suite de la carence des locataires n'ont pas à être déclarés.

> Précisions a. S'agissant des **loyers arriérés,** le propriétaire peut, si les conditions requises sont remplies, demander l'application du **système du quotient** qui permet, sous **certaines conditions,** d'atténuer les effets de la progressivité de l'impôt (CGI art. 163-0 A).
b. Les loyers perçus par l'intermédiaire d'un **mandataire** doivent, dès leur perception par ce dernier, être considérés comme étant à la disposition du propriétaire, même si le mandataire ne lui a pas rendu compte correctement de ses actes (CE 4-12-1974 nº 87166 : RJF 2/75 nº 40).
c. Le revenu de substitution perçu dans le cadre d'un **contrat de garantie de loyers** est imposable au titre de l'année au cours de laquelle il est perçu (BOI-RFPI-BASE-10-10 nº 100).
d. En cas de **remboursement de loyers** au locataire, notamment en vertu d'une décision judiciaire, le montant des recettes afférent aux années de perception des sommes correspondantes n'est pas réduit (application du principe de l'annualité de l'impôt), mais les sommes restituées sont admises en déduction des recettes de l'année du reversement (BOI précité nº 160).
e. Les **loyers déclarés à tort** au cours d'une année n'ouvrent pas droit à une réduction de l'impôt établi au titre de l'année de perception effective des loyers (CE 7-12-1981 nº 24504 : RJF 2/82 nº 163), mais ils peuvent donner lieu à un dégrèvement de l'impôt afférent à l'année au cours de laquelle l'erreur a été commise.

DÉPENSES MISES À LA CHARGE DES LOCATAIRES

Au montant des recettes proprement dites, il convient d'ajouter les dépenses **incombant normalement au propriétaire** (exemples : réparations autres que réparations locatives, taxe foncière, etc.) mais dont le paiement est, par l'effet des conventions, mis à la charge des locataires. **76700**

Dans la mesure où elles ont pour le propriétaire le caractère de charges déductibles, ces sommes seront ultérieurement retranchées du revenu brut pour la détermination du revenu net. L'administration admet donc dans ce cas que le propriétaire, s'il le désire, fasse purement et simplement abstraction desdites sommes, tant en recettes qu'en dépenses (BOI-RFPI-BASE-10-20 nº 60).

CONSTRUCTIONS OU AMÉNAGEMENTS RÉALISÉS PAR LES LOCATAIRES

Les **avantages en nature** stipulés dans le contrat de location doivent normalement être pris en compte pour leur valeur réelle dans les recettes brutes. **76720**

Ce principe trouve notamment à s'appliquer lorsque le bail prévoit le transfert au propriétaire des constructions édifiées ou des aménagements réalisés par le locataire, qui ne constituent pas de simples travaux d'entretien ou des réparations de nature locative.

76725 **Conditions de l'imposition** L'avantage en nature correspondant au transfert au propriétaire des constructions et aménagements réalisés par le locataire n'est soumis à l'impôt que si les deux conditions suivantes sont réunies simultanément :

– les constructions et aménagements réalisés par le locataire reviennent **gratuitement** au propriétaire ;

– le retour gratuit au bailleur des constructions et aménagements est prévu par une **clause expresse du bail.**

À défaut d'une telle clause, la valeur des aménagements réalisés par le locataire ne présente pas le caractère d'un revenu imposable (CE 15-1-1975 n° 90302 : RJF 3/75 n° 119).

> **Précisions** Les dépenses de **travaux** qu'un **locataire assume volontairement,** sans y être contraint par les clauses du bail (cas notamment des travaux d'amélioration qu'il fait exécuter pour des raisons de convenance personnelle), ne constituent pas un élément du revenu du propriétaire, même si celui-ci a donné son assentiment préalable à l'exécution des travaux.

76730 **Date de l'imposition** Le supplément de loyer résultant de la remise gratuite de la construction édifiée par le locataire est imposable au titre de l'année durant laquelle le bailleur en a la disposition.

Il s'agit, **en règle générale,** de l'année au cours de laquelle le bail vient à être résilié ou renouvelé. Cela étant, si le contrat stipule expressément l'accession immédiate du bailleur à la propriété des travaux effectués par le locataire, l'avantage résultant de la réalisation de ces travaux est immédiatement imposable (CE 6-1-1993 n° 63844 : RJF 3/93 n° 363).

À défaut de stipulation contraire du contrat de bail, le revenu n'est perçu que le jour où le propriétaire recouvre, du fait de l'expiration du contrat, la disposition des locaux loués (CE 6-1-1993 n°s 69943, 69944 et 69945 : RJF 3/93 n° 364). Si une clause du bail prévoit que la location ne peut prendre fin que le 31 décembre d'une année N, le bailleur ne recouvre la libre disposition des locaux que le 1er janvier de l'année suivante : il n'est donc imposable sur la valeur des constructions qu'au titre de l'année N + 1 (CAA Lyon 20-1-1999 n° 95-21669 : RJF 5/99 n° 567).

En cas de **renouvellement du bail** initialement conclu par les parties, les travaux d'aménagement réalisés au cours de la période couverte par le contrat initial sont imposables au titre de l'année d'expiration de cette première période, bien que le contrat soit prorogé, sauf si le contrat prévoit expressément le report de l'accession au terme de la seconde période (CAA Bordeaux 27-9-2022 n° 20BX02423).

Toutefois, dans le cas où le bail est renouvelé par **tacite reconduction,** l'imposition intervient au moment où le bail n'est plus renouvelé tacitement. La date de l'imposition fait débat lorsqu'un **nouveau bail avec effet rétroactif** est conclu entre les parties. Pour la cour administrative d'appel de Paris, il s'agit de la date de conclusion du nouveau bail, les dispositions rétroactives de celui-ci n'ayant pas d'incidence (solution approuvée par le Conseil d'État : CE CAPC 6-2-1995 n° 157674 : RJF 4/95 n° 477). La cour administrative d'appel de Bordeaux a, au contraire, considéré qu'il fallait retenir la date de prise d'effet du nouveau bail (CAA Bordeaux 29-3-2007 n° 04-2168 : RJF 10/07 n° 1053).

En cas de **retour anticipé des constructions** dans le patrimoine du bailleur, propriétaire du sol, l'avantage en nature correspondant à la valorisation du sol est imposé au titre de l'année au cours de laquelle cette opération est réalisée (BOI-RFPI-BASE-10-30 n° 20).

La **vente au locataire** du terrain **en cours de bail** a les mêmes effets qu'une résiliation amiable du bail, impliquant la remise des aménagements au bailleur avant la cession. La valeur de cet avantage constitue donc un revenu foncier du bailleur (CE 28-7-2011 n° 330824 : RJF 11/11 n° 1155).

76735 **Base de l'imposition** L'avantage en nature à comprendre dans les recettes brutes est égal **en principe** à la valeur vénale des constructions transférées au bailleur, c'est-à-dire à leur valeur marchande réelle, ou, en cas de reconstruction, à la différence entre la valeur des constructions nouvelles et celle des parties démolies (CE 10-7-1981 n° 12865 : RJF 10/81 n° 876).

En cas de **retour anticipé des constructions** dans le patrimoine du bailleur, le revenu foncier imposable est estimé à la valeur vénale des constructions diminuée du montant de l'indemnité versée au locataire en contrepartie de la cession anticipée des droits qu'il détenait sur les constructions (Rép. Kaspereit : AN 9-8-1982 n° 754 ; solution non reprise au Bofip mais qui reste pertinente).

RECETTES EXCEPTIONNELLES

Les « recettes exceptionnelles » s'entendent des recettes qui ne sont pas susceptibles d'être perçues chaque année, telles que les droits d'entrée ou « pas-de-porte » ou encore les indemnités de résiliation de bail versées par les locataires. **76760**

Pour ce type de recettes, le propriétaire peut, si les conditions requises sont remplies, demander l'application du **système du quotient,** qui permet, sous certaines conditions, d'atténuer les effets de la progressivité de l'impôt (CGI art. 163-0 A).

> Précisions **a.** Dès lors qu'elles sont destinées à financer des charges déductibles, les subventions et indemnités (**subventions de l'Anah, indemnités d'assurance** versées en réparation des dommages subis par l'immeuble, etc.) doivent être comprises dans le revenu brut. Les subventions de l'Anah sont imposables au titre de l'année de conclusion du premier bail (TA Lyon 8-11-2016 n° 1401925 : RJF 3/17 n° 240). L'indemnité d'assurance versée pour couvrir des travaux de remise en état d'un immeuble sinistré doit être intégrée dans les revenus fonciers du propriétaire (TA Versailles 5-10-2006 n° 05-1958 : RJF 5/07 n° 565). En revanche, une indemnité versée en vue de la reconstruction d'un immeuble détruit n'est pas imposable dès lors que ces dépenses ne correspondent pas à des charges déductibles au sens de l'article 31 du CGI (CE 6-12-2013 n° 345518 : RJF 3/14 n° 249).

b. Les **droits d'entrée ou « pas-de-porte »** ne sont pas imposables lorsque le propriétaire peut démontrer que la somme perçue ne constitue pas un supplément de loyer mais représente la contrepartie de la dépréciation de la valeur des locaux. La preuve de cette dépréciation ne peut résulter du simple fait que le locataire a acquis de son côté un nouvel élément d'actif représenté par la « propriété commerciale » (CE 24-2-1978 n° 97347 : RJF 4/78 n° 160). Elle peut, en revanche, découler des stipulations du bail, notamment de sa durée (CE 29-9-1989 n° 68212 : RJF 11/89 n° 1230).

c. Les **plus-values réalisées sur la vente d'immeubles** n'ont pas à être comprises dans les revenus fonciers.

d. À moins qu'elle ne soit destinée à compenser une perte de recettes ou un accroissement des charges du bailleur, l'**indemnité de déspécialisation** du bail perçue par le propriétaire d'un local commercial ne constitue pas un revenu imposable sauf, le cas échéant, pour la fraction de l'indemnité qui excède le montant du préjudice subi (BOI-RFPI-BASE-10-20 n° 190).

e. L'**indemnité d'immobilisation** versée au promettant par le bénéficiaire d'une promesse unilatérale de vente constitue également un revenu imposable dès lors qu'elle constitue le prix de l'exclusivité consentie (CAA Douai 23-4-2019 n° 17DA00137 : RJF 8-9/19 n° 794).

LOCATIONS TAXABLES À LA TVA

Les bailleurs dont les loyers sont soumis à la TVA (de façon obligatoire ou sur option) doivent obligatoirement déclarer les recettes encaissées et les dépenses payées pour leur montant hors TVA (CGI art. 33 quater). **76780**

Il en résulte les conséquences suivantes pour le bailleur :

– les **recettes** brutes à déclarer par lui ne comprennent pas la TVA facturée aux locataires ni, le cas échéant, les remboursements de crédits de taxe reçus du Trésor ;

– les **dépenses** déductibles (en particulier, les travaux d'entretien et de réparation) doivent être déclarées pour leur montant hors TVA.

Les sommes effectivement payées au titre de la TVA ne peuvent pas être comprises parmi les impôts déductibles.

b. Frais et charges déductibles des revenus fonciers

DATE DE PRISE EN COMPTE

Principes Sont déductibles du revenu foncier les **charges effectivement acquittées** au cours de l'année de l'imposition, quelle que soit la date à laquelle la dette correspondante a pris naissance ou est venue à échéance, ou la date à laquelle ont été exécutés les travaux auxquels elles se rapportent. **76845**

Les dépenses payées au cours de l'année de l'imposition, mais se rapportant à des **années antérieures** (telles que travaux effectués au cours des années précédentes, etc.) ou, au contraire, aux années **suivantes** (intérêts payés d'avance, acomptes sur travaux, etc.), doivent donc être comprises dans les charges déductibles.

Sur les provisions pour **charges de copropriété,** voir le dispositif particulier examiné n°s 76980 s.

Lorsque des dépenses sont financées à l'aide d'un **emprunt** remboursable par annuités, elles doivent être retranchées, au fur et à mesure de leur règlement, des revenus de l'année de leur paiement aux entrepreneurs, même si ce paiement est effectué directement par l'organisme de crédit.

ATTENTION

Les **provisions pour dépenses futures** ne peuvent, par principe, être admises en déduction, dès lors qu'elles ne correspondent pas à des dépenses effectivement assumées (CE 12-7-1989 n° 69679 : RJF 10/89 n° 1136).

MONTANT DÉDUCTIBLE : PRINCIPES

76850 Le bailleur peut, en principe, déduire de ses recettes foncières le montant réel des **dépenses** qu'il a **effectivement supportées** pour l'acquisition ou la conservation de ces recettes (ce n'est, par exemple, pas le cas des dépenses réglées par une SCI dont le propriétaire de l'immeuble est associé : CAA Marseille 19-11-2019 n° 18MA03359 : BPIM 1/20 inf. 73).

Pour les dépenses grevées de **TVA** (cas notamment des travaux d'entretien, de réparation ou d'amélioration), voir n° 76780.

Si l'**immeuble** n'est que **partiellement loué,** les charges sont déductibles des revenus fonciers au prorata de la surface louée par rapport à la surface totale (CE 6-1-1986 n° 44472 : RJF 3/86 n° 288). Si l'immeuble est **destiné à la vente,** les dépenses engagées par le propriétaire ne sont pas déductibles (CAA Nancy 18-2-2021 n° 19NC03646).

ATTENTION

Le bailleur peut être invité par l'administration à **justifier** de la nature et du montant des dépenses déduites de son revenu brut foncier. Il a donc intérêt à conserver les documents (factures, plans, photographies, etc.) pouvant servir de preuves. Ces justificatifs peuvent être demandés tant au cours d'une procédure de contrôle qu'à l'occasion d'une réclamation (BOI-RFPI-BASE-20-30-30 n° 80).

LISTE INDICATIVE DES CHARGES DÉDUCTIBLES POUR LEUR MONTANT RÉEL

76857 Le Code général des impôts donne une liste des dépenses déductibles des revenus fonciers, étant précisé que les dépenses de construction, de reconstruction ou d'agrandissement en sont expressément exclues. Cette liste comprend (CGI art. 31) :

- les frais de gestion et de garde ;
- les dépenses de réparation et d'entretien ;
- les dépenses d'amélioration ;
- les dépenses acquittées pour le compte des locataires et restant définitivement à la charge des propriétaires ;
- les provisions pour charges de copropriété ;
- les primes d'assurance ;
- certaines impositions ;
- les intérêts des dettes.

Cette liste n'est pas limitative même si en pratique elle couvre la plupart des dépenses engagées par le propriétaire sur son immeuble. En effet, on peut se référer éventuellement au **principe général** posé par l'article 13 du CGI, qui prévoit la **déduction des « dépenses effectuées en vue de l'acquisition ou de la conservation du revenu ».** Mais si une dépense est expressément exclue des charges déductibles par l'article 31 du CGI (comme les dépenses de construction, de reconstruction ou d'agrandissement), le propriétaire ne peut pas se prévaloir de l'article 13 afin d'obtenir la déduction de sa dépense. La règle spéciale l'emporte sur la règle générale (CE (na) 30-12-2010 n° 335628 : RJF 5/11 n° 585 ; CE 15-2-2012 n° 323895 : RJF 5/12 n° 475).

Sont ainsi déductibles, notamment :

- les **indemnités d'éviction** et frais de relogement (voir n° 77000) ;
- les **dépenses de « mise en service »** d'un immeuble (mise en marche de la chaufferie, de l'ascenseur, etc.) nécessaires pour permettre l'entrée des locataires dans les appartements (CE 8-11-1978 n° 8603 : RJF 12/78 n° 545) ;
- la **redevance** versée par le propriétaire d'un immeuble construit sur **sol d'autrui** au propriétaire du terrain (CE 23-11-1963 n° 60577 : Dupont 1964 p. 74) ;
- les dépenses afférentes à l'acquisition, à l'entretien et au fonctionnement de **matériels de travaux d'entretien de jardins** classés ouverts au public exposées par une SCI exploitant lesdits jardins (CAA Nantes 13-10-2008 n° 07-911 : RJF 3/09 n° 218) ;
- les **frais de conseil** supportés **en vue de la résiliation du bail** afin de procéder à des travaux de rénovation dans le local loué (CAA Paris 5-11-2019 n° 18PA01654 : BPIM 1/20 inf. 86-26) ;
- les **frais d'avocat** exposés pour la défense du propriétaire d'un immeuble loué, dans un litige l'opposant aux propriétaires d'immeubles voisins (CAA Bordeaux 11-2-2021 n° 18BX04353).

> Précisions a. Dès lors que la déduction des charges s'opère pour un montant réel, une déduction au titre de l'**amortissement de l'immeuble** n'est pas autorisée en dehors des « anciens » régimes de faveur prévoyant spécialement une telle possibilité (notamment régimes Robien ou Borloo).

b. Dans le cadre de certains régimes de faveur, destinés à encourager l'investissement locatif (Cosse ancien, notamment), une **déduction spécifique** est applicable. Cette déduction est fixée forfaitairement : son taux varie d'un régime à l'autre. Elle n'est réputée couvrir aucune dépense particulière et s'ajoute à la déduction des frais et charges énumérés ci-dessus.

Une déduction spécifique de 40 % est par ailleurs admise par l'administration sur les redevances perçues par les propriétaires de terrains de **carrières** ou de sablières ou de tout autre gisement minéral pour tenir compte de l'épuisement irrémédiable de la substance du sol et du sous-sol donnés en location (BOI-RFPI-BASE-20-90 n° 40).

c. Les **immeubles vacants** n'étant pas productifs de revenus, les charges correspondantes ne sont pas, en principe, déductibles. Il en va différemment lorsqu'il s'agit d'immeubles destinés à la location. Dans cette hypothèse, le propriétaire peut déduire de ses autres revenus fonciers les charges foncières afférentes à ces immeubles ou, le cas échéant, constater un déficit foncier (CE 13-2-1974 n° 86174 : Dupont 1974 p. 205). Toutefois, pour que ces charges puissent ainsi être prises en compte, le propriétaire doit démontrer qu'il a tout fait pour parvenir à la location de l'immeuble et qu'il ne s'en était, à aucun moment, réservé la jouissance.

Jugé qu'un propriétaire empêché de louer un logement qui est toujours resté vacant en raison de malfaçons rendant l'immeuble inhabitable peut en déduire les charges (CAA Nancy 18-11-2021 n° 20NC00054 : BPIM 1/22 inf. 78).

d. Les **dépenses payées en vue de la constitution du capital** immobilier, telles que les frais d'acte et d'enregistrement, ne sont pas déductibles (CE 20-6-1969 n° 74924 : Dupont 1969 p. 351).

e. La part du prix d'acquisition relative aux dépenses de travaux (réalisés par le vendeur) dans le cadre d'un contrat de **vente d'immeubles à rénover** ne constitue pas, selon l'administration, une charge déductible des revenus fonciers (CE 17-10-2022 n° 460113 ; BOI-RFPI-BASE-20-30-30 n° 25).

FRAIS DE GESTION ET DE GARDE

Sont déductibles pour leur **montant effectif** (CGI art. 31, 1°-e), en particulier : **76860**

– les frais de **procédure,** notamment les dépenses occasionnées par un constat ou un procès avec un locataire mauvais payeur ou un entrepreneur, ou pour le règlement de litiges portant sur la propriété de l'immeuble loué ;

– les frais de gérance supportés par les bailleurs ayant recours aux services de **gérants d'immeubles** ou d'**administrateurs de biens,** les commissions versées à une **agence de location,** les **honoraires** versés à un tiers pour la rédaction des déclarations fiscales ou encore les sommes versées à un tiers pour la tenue de la comptabilité de ses immeubles. Il en est de même des cotisations versées à une **chambre syndicale** (ou une fédération de chambres syndicales) de propriétaires ou copropriétaires qui fournit des prestations personnalisées et individualisées. En revanche, le coût de l'abonnement à la revue éditée par cet organisme n'est pas déductible (Rép. Gaudin : Sén. 25-6-2009 n° 1937 ; solution non reprise au Bofip mais qui reste pertinente). Les **autres frais de gestion** (frais de correspondance, de déplacement et de téléphone, notamment) sont réputés couverts par un **forfait** fixé à 20 € par local ;

– les frais de **rémunération** (salaires en espèces, avantages en nature, charges sociales et fiscales) des **concierges** ou **gardiens** ; pour les immeubles en copropriété, les frais de rémunération des gardes et concierges (ainsi que les frais de gérance) sont normalement pris en compte dans la provision pour charges, déductible selon les modalités exposées nos 76980 s.

Il est précisé que lorsqu'elles incombent au propriétaire du fonds, les rémunérations, en espèces ou en nature, des **gardes-chasses** particuliers sont déductibles dès lors que les produits du droit de chasse sont compris dans les revenus accessoires ; il en est de même pour les gardes commissionnés par divers organismes, Saint-Hubert Club, par exemple, et des garde-pêche. En revanche, les exploitations forestières étant imposables forfaitairement au titre des bénéfices agricoles, les rémunérations des **gardes forestiers** ne sont pas déductibles, sauf si le même garde est à la fois garde forestier et garde-chasse ; dans ce dernier cas, une déduction totale est admise (BOI-RFPI-BASE-20-10 nos 30 et 40).

ATTENTION

Le **forfait de 20 €** est réputé couvrir l'ensemble des frais de gestion non déductibles pour leur montant réel. Dès lors, même si le montant réel de ces autres frais dépasse 20 €, le propriétaire ne peut pas, en principe, procéder à un complément de déduction (BOI-RFPI-BASE-20-10 n° 240).

DÉPENSES D'ENTRETIEN ET DE RÉPARATION

76900 Les dépenses d'entretien et de réparation sont en principe déductibles du revenu foncier quelle que soit l'affectation des locaux (commerciaux, logements, etc.).

Par « dépenses d'entretien et de réparation », il faut entendre, d'une manière générale, tous les **travaux ayant pour objet de maintenir ou de remettre l'immeuble en bon état** et d'en permettre un usage normal sans en modifier la consistance, l'agencement ou l'équipement initial (CGI art. 31, I-1°-a).

La déduction des dépenses de réparation et d'entretien porte non seulement sur le montant des travaux proprement dits, quel que soit leur coût, mais aussi sur celui des dépenses connexes comme les **honoraires** versés à l'architecte en contrepartie de l'établissement du devis et de la direction des travaux.

Si le propriétaire fait appel à des **salariés** pour l'exécution ou la surveillance de travaux de réparation ou d'entretien, les rémunérations correspondantes sont également déductibles. Il peut notamment justifier des dépenses par la production des factures des matériaux et des reçus de cotisations établis par l'Urssaf au vu des bordereaux récapitulatifs de cotisations déposés par l'employeur.

En ce qui concerne les **travaux effectués personnellement par le propriétaire,** les sommes correspondant à la valeur du travail ne viennent pas en déduction (CE 22-5-1992 n° 87731-89752 : RJF 7/92 n° 986), mais le coût des matériaux justifié par des factures est déductible des revenus fonciers.

Il n'est pas toujours facile de distinguer les dépenses d'entretien et de réparation des dépenses d'amélioration, distinction qui est sans importance pour les locaux d'habitation (les unes et les autres étant déductibles) mais qui a son intérêt pour les autres locaux.

Constituent par **exemple** des dépenses de réparation ou d'entretien (BOI-RFPI-BASE-20-30-10 n°s 40 et 50) :

– la remise en état du gros œuvre (toitures, façades...), travaux de ravalement, quelle que soit leur fréquence, crépissage des murs et réfection des peintures extérieures ;

– la réparation d'un mur de clôture ;

– la remise en état des canalisations, de l'installation électrique ;

– la réfection totale d'une évacuation des eaux usées ;

– la remise en état de l'installation de chauffage central (remplacement de chaudière, de canalisations, d'éléments de radiateur...) ;

– le remplacement d'un ascenseur vétuste (pour l'installation d'un ascenseur, voir n° 76922) ;

– la pose et la dépose de faux plafonds (CAA Douai 18-3-2010 n° 09-853 : RJF 10/10 n° 873) ;

– les dépenses supportées au titre de la réalisation d'études ou de diagnostics techniques préalables afférents aux logements loués ; tel est le cas des dépenses de recherche et d'analyse de la nocivité de l'amiante (les travaux d'enlèvement ou destinés à assurer son innocuité étant des dépenses d'amélioration : n° 76920, Précisions, d) ;

– les dépenses d'entretien ou de réparation nécessitées par la lutte contre les termites et autres insectes xylophages ;

– les dépenses de reconstruction d'un pont détruit à la suite d'une inondation et qui permet l'accès à la propriété ;

– les dépenses engagées pour la réalisation de travaux de débroussaillement.

Sur le cas des travaux d'entretien et de réparation réalisés **en même temps** que des **travaux d'amélioration non déductibles** ou des **travaux de reconstruction ou d'agrandissement** : voir n° 76940.

> Précisions a. Les dépenses de **remplacement d'équipements ménagers ou électroménagers** intégrés à une cuisine et installés en même temps que celle-ci peuvent être qualifiées de dépenses de réparation et d'entretien déductibles dès lors que la location comprenait dès l'origine ces équipements (TA Strasbourg 24-5-2005 n° 03-3009 : RJF 3/06 n° 262), mais l'administration refuse leur déduction considérant qu'il s'agit de dépenses d'investissement (BOI-RFPI-BASE-20-30-10 n° 70).

b. Les **frais de déplacement** engagés pour la réalisation de travaux d'entretien et de réparation sont déductibles pour leur montant réel en tant que dépenses d'entretien et de réparation (CAA Lyon 25-5-2010 n° 08-786 : RJF 12/10 n° 1172).

CAS PARTICULIER DES RÉPARATIONS LOCATIVES

76910 Lorsque, au lieu d'être supportées par le locataire auquel elles incombent normalement, les dépenses de réparations locatives (frais de réfection des peintures intérieures notamment) sont **prises en charge par le propriétaire,** elles ne peuvent, selon l'administration, être admises en déduction des revenus fonciers que dans les trois cas suivants (BOI-RFPI-BASE-20-30-20 n°s 50 à 70) :

– elles sont rendues nécessaires par la vétusté ou la force majeure ou encore un vice de construction ou une malfaçon : frais consécutifs à des travaux affectant le gros œuvre et dont la charge incombe au propriétaire (exemple : travaux de peinture effectués à la suite de la remise en état des conduits de fumée ou consécutifs à des désordres de la plomberie) ; travaux de réparation faisant suite à un cataclysme naturel (inondation, gelée...) ;

– les dépenses sont engagées, avant l'installation d'un locataire, en vue de faciliter la location. Ne répondent pas à cette condition des réparations locatives engagées en vue de faciliter la vente d'appartements (CAA Paris 10-10-1996 n° 95-744 : RJF 8-9/97 n° 796). La déduction est en outre subordonnée à la condition que la location puisse être considérée comme normale, compte tenu notamment des rapports personnels familiaux ou d'intérêts existant entre les parties ;

– les dépenses supportées pour le compte du locataire par le propriétaire ne lui ont pas été remboursées au 31 décembre de l'année du départ du locataire (voir n° 76960).

DÉPENSES D'AMÉLIORATION

Locaux ouvrant droit à déduction Les seules dépenses d'amélioration dont la déduction est autorisée sont en **principe** celles qui se rapportent à des **locaux d'habitation** (ou à leurs dépendances immédiates), sans distinguer suivant qu'il s'agit de locaux anciens ou de constructions récentes (CGI art. 31, I-1°-b). L'affectation à l'habitation s'apprécie lors de l'exécution des travaux. Le fait que des combles aient une hauteur sous plafond supérieure ou égale à 1,8 mètre ne permet pas de déduire qu'ils étaient habitables avant les travaux et que les travaux réalisés étaient des travaux d'amélioration (CE 28-9-2021 n° 439145 : RJF 12/21 n° 1113). **76920**

Par **exception,** les dépenses d'amélioration effectuées dans les **locaux professionnels et commerciaux** sont admises en déduction lorsqu'elles sont destinées à protéger ces locaux des effets de l'amiante ou à favoriser l'accueil des personnes handicapées (CGI art. 31, I-1°-b bis).

Pour les propriétés rurales, voir n° 78255.

> Précisions **a.** Les **immeubles à usage d'hôtel** sont considérés comme étant à usage d'habitation. En conséquence, sont déductibles, s'ils répondent à la définition des travaux d'amélioration, les travaux effectués dans le but de transformer un immeuble à usage d'hôtel en appartements destinés à la location nue (CE 29-3-1989 n°s 68330 et 91879 : RJF 5/89 n°s 573 et 574). Peu importe à cet égard que les appartements soient aménagés dans les anciennes chambres ou dans les parties collectives de l'ancien hôtel, tels le bar ou la réception (CE 19-11-2013 n° 360146 : RJF 2/14 n° 147).

b. Lorsque l'**immeuble** est, par sa conception, son aménagement et ses équipements, **destiné originellement à l'habitation,** son **occupation temporaire pour un autre usage** n'est pas de nature à elle seule à lui ôter cette destination en l'absence de travaux modifiant sa conception, son aménagement ou ses équipements (CE 20-6-1997 n° 137749 : RJF 8-9/97 n° 794 ; BOI-RFPI-BASE-20-30-20 n° 120).

c. Les travaux destinés à faciliter l'**accueil des handicapés** s'entendent des travaux d'accessibilité ou d'aménagement interne, tels que l'aménagement de bateaux pour franchir les trottoirs, la construction de rampes, la suppression de marches ou de seuils, l'amélioration des revêtements de sol, l'installation d'un ascenseur ou d'autres appareils permettant le transport de personnes handicapées, la modification des volets et fenêtres ou de la robinetterie et des divers systèmes de commande des installations électriques et autres (BOI-RFPI-BASE-20-30-20 n° 150).

d. Les dépenses d'amélioration destinées à protéger les locaux des effets de l'**amiante** s'entendent de l'ensemble des travaux d'enlèvement de l'amiante ou des matériaux contenant de l'amiante (flocage, calorifugeage ou faux plafonds) ou destinés à assurer son innocuité (confinements des matériaux contenant de l'amiante par fixation ou encoffrement) (BOI-RFPI-BASE-20-30-20 n° 160).

e. Les dépenses de travaux afférentes à des immeubles dont les revenus sont exonérés ou imposés dans une autre catégorie ne sont, bien entendu, pas déductibles. Il en est ainsi notamment des **immeubles utilisés** par leurs propriétaires **pour les besoins d'une exploitation** commerciale (CAA Bordeaux 15-5-1995 n° 91-318 : RJF 3/96 n° 338).

f. Sur la déduction des travaux réalisés sur les parties communes d'une **copropriété,** voir n°s 76980 s.

Définition des travaux d'amélioration déductibles Ces travaux s'entendent de ceux qui ont pour objet d'apporter à un local d'habitation un **équipement** ou un élément **de confort nouveau ou mieux adapté** aux conditions modernes de vie, sans modifier pour autant la structure de l'immeuble. Il peut s'agir par exemple de l'installation du chauffage central, de l'électricité, d'un ascenseur, d'une salle d'eau, du tout-à-l'égout, des portes dans les cabines d'ascenseur, d'une antenne collective de télévision (BOI-RFPI-BASE-20-30-10 n° 70). **76922**

S'agissant des dépenses relatives aux **cuisines aménagées et équipées,** l'administration admet la déduction au titre des dépenses d'amélioration des **dépenses d'installation** effectuées dans un logement qui en était dépourvu, y compris pour la part correspondant à l'acquisition d'équipements ménagers et électroménagers, sous réserve que la mise à disposition de ces éléments ait été expressément prévue dans le bail ou dans un avenant à celui-ci si ces dépenses sont réalisées en cours de bail (BOI-RFPI-BASE-20-30-10 n° 70). Le tribunal de

Dijon a admis la déduction de ces dépenses sans la subordonner à une mention spéciale dans le bail (TA Dijon 28-2-2006 n° 05-1265 : RJF 11/06 n° 1364). En revanche, les dépenses d'**acquisition isolée d'appareils ménagers ou électroménagers** engagées lors de la remise en état d'une cuisine aménagée existante ne constituent pas des travaux d'amélioration déductibles (CE 28-11-2007 n° 290510 : RJF 2/08 n° 148).

Les dépenses effectuées ne doivent pas correspondre à des **travaux de construction, reconstruction ou agrandissement.** Sur le cas des travaux d'amélioration afférents à des locaux d'habitation réalisés **en même temps** que des travaux d'agrandissement ou de construction : voir n° 76940.

ILLUSTRATIONS

En application de ces principes, ont été considérés comme des **dépenses déductibles** les travaux ayant pour objet :
– l'agrandissement des fenêtres et la pose de persiennes (CE 30-10-1964 n° 62287 : Dupont 1964 p. 814), notamment pour y placer des huisseries normalisées (CE 17-12-1976 n° 92159 : RJF 2/77 n° 93) ;
– la reprise des fondations de l'immeuble (CE 9-7-1969 nos 70852 et 73690 : Dupont 1969 p. 337) ;
– l'asphaltage du trottoir attenant à la propriété (CE 20-11-1968 n° 71753) ;
– l'installation d'un ascenseur (voir notamment : CAA Bordeaux 3-6-1997 n° 95-199 : RJF 4/98 n° 406) ;
– la réfection de l'installation électrique et l'aménagement de nouvelles installations sanitaires entraînant la remise en état (notamment réparation des plafonds, des planchers et de l'escalier) et la modernisation de deux appartements que comportait l'immeuble, mais sans accroissement du volume et de la surface habitable (CE 17-12-1976 n° 92159 précité ; CE 14-12-1977 n° 5010 : RJF 2/78 n° 49 ; dans le même sens : CE 3-5-1993 n° 97719 : RJF 6/93 n° 834) ;
– la réparation de la toiture d'un bâtiment, par remplacement d'une partie de la charpente, le ravalement de sa façade, l'ajout de balcons en fer forgé, la pose de dalles ainsi que la consolidation ou le changement de cloisons intérieures de manière à aménager des appartements dans les volumes existants ; ces travaux n'ont pas apporté de modification importante au gros œuvre et n'ont pas augmenté la surface des lieux (CE 29-3-1989 n° 91879 : RJF 5/89 n° 574) ;
– des modifications du cloisonnement interne d'un immeuble en vue de transformer des logements vétustes en appartements modernes sans modification notable du gros œuvre et sans augmentation du volume habitable (notamment : CE 21-10-1987 n° 52181 : RJF 12/87 n° 1237 ; CE 18-11-1987 nos 54141 et 58460 : RJF 1/88 n° 64 ; CE 7-12-1987 n° 82145 : RJF 2/88 n° 184 ; CE 20-4-1988 n° 86472 : RJF 6/88 n° 738 ; CAA Versailles 3-3-2020 n° 18VE03089 : BPIM 2/20 n° 156) ;
– la transformation de deux chambres mansardées en un appartement sans modification du gros œuvre et sans agrandissement (CE 3-5-2000 n° 194150 : RJF 12/00 n° 1402) ;
– la création d'un parking dans la cour d'un immeuble (CAA Bordeaux 11-4-2014 n° 12BX00978 : RJF 8-9/14 n° 803) ;
– la reprise des toitures et des charpentes, le nettoyage des façades et le remplacement des menuiseries d'un château du XVIe siècle, ainsi que le cloisonnement ayant conduit à la division du bâtiment existant en vingt-deux logements : solution rendue en matière de taxe foncière transposable aux revenus fonciers (CE 24-10-2014 n° 366857 : RJF 1/15 n° 32).

76925 **Exclusion des dépenses de construction, reconstruction ou agrandissement**

Alors même qu'elles seraient rendues nécessaires par la modernisation d'un immeuble ancien, les dépenses de construction, reconstruction et agrandissement ne peuvent être déduites pour la détermination du revenu net foncier ; il en est ainsi même si ces dépenses sont réalisées avec un objectif d'acquisition ou de conservation du revenu au sens de l'article 13 du CGI (CE (na) 30-12-2011 n° 335628 : RJF 5/11 n° 585).

Cette exclusion vise non seulement les travaux de construction proprement dits, mais également les équipements installés à cette occasion.

L'administration refuse la déduction des dépenses d'équipement qui sont réalisées postérieurement à la construction ou à la reconstruction d'un immeuble lorsqu'il apparaît que ces dépenses font partie, en réalité, du coût de réalisation du nouvel immeuble. Tel est le cas, par exemple, de l'installation d'un ascenseur ou d'une chaudière de chauffage central intervenant peu de temps après l'achèvement de l'immeuble et son affectation à l'habitation (BOI-RFPI-BASE-20-30-20 n° 250).

Sont **notamment** exclus les travaux comportant soit la **démolition complète** d'un immeuble **suivie** de sa **reconstruction,** soit des **modifications importantes** apportées **au gros œuvre** de locaux existants, soit encore des travaux ayant pour objet l'**aménagement à usage d'habitation** de locaux préalablement affectés à un autre usage ou qui constituaient des dépendances d'un local d'habitation sans être eux-mêmes habitables (combles, garages, remises...). Il peut s'agir également de travaux correspondant à une reconstruction complète après démolition intérieure d'une unité d'habitation suivie de la création d'aménagements neufs.

ILLUSTRATIONS 76930

N'ouvrent **pas droit à déduction** les dépenses consécutives à :
– la démolition complète d'un immeuble suivie de sa reconstruction (même si une partie des matériaux provenant de l'immeuble démoli a été réutilisée pour l'édification des façades des immeubles reconstruits afin de préserver le caractère et l'aspect architectural du site) (CE 27-2-1985 nos 43156 et 43157 : RJF 4/85 n° 579) ;
– la transformation en local d'habitation d'un immeuble précédemment affecté à un autre usage, industriel, commercial, agricole ou professionnel (exemple : transformation de bureaux en appartements ; aménagement d'anciennes annexes agricoles en nouvelles annexes utiles à l'habitation) ; ni les frais de transformation ni les dépenses d'équipement (chauffage, sanitaire, etc.) ne peuvent être déduits dès lors qu'il ne s'agit pas, dans ce cas, de frais visant à l'amélioration d'un local déjà affecté à l'habitation. Sur la transformation d'un hôtel en appartements, voir n° 76920 ;
– des travaux ayant conduit à un remaniement du mur de façade comportant notamment à chaque étage la modification de l'emplacement et de la fonction des ouvertures, pour transformer 18 chambres en 8 studios pourvus du confort moderne ; les travaux qui ont affecté le gros œuvre présentent le caractère de travaux de reconstruction (CE 7-12-1987 n° 58268 : RJF 2/88 n° 184) ;
– la redistribution complète de l'espace intérieur d'un immeuble d'habitation et le remplacement de la toiture existante par une terrasse (CE 18-11-1983 n° 35229 : RJF 1/84 n° 43) ;
– des travaux de réunion de quatre immeubles mitoyens en un seul, et la création dans les locaux de sept nouveaux logements, avec reconstruction d'un escalier, d'une aile, démolition et reconstruction des planchers et cloisons (CAA Nancy 9-7-1991 n° 1105 : RJF 11/91 n° 1393) ;
– l'aménagement de deux chambres dans le grenier d'un immeuble d'habitation, s'il n'est pas démontré que le grenier était habitable avant le début des travaux (CAA Nantes 15-11-2019 n° 18NT02995 : BPIM 1/20 inf. 74) ;
– des travaux de transformation d'un atelier d'artiste vétuste et non destiné à l'habitation, consistant en l'installation d'une cuisine, d'une salle de bains et de toilettes et aboutissant à la création d'un appartement (CAA Paris 13-2-2020 n° 18PA02688). Même solution pour des travaux de transformation d'une cabane de jardin en habitation (CAA Versailles 7-12-2021 n° 20VE00412 : BPIM 1/22 inf. 79).

Les travaux **d'agrandissement** s'entendent des travaux ayant pour effet d'accroître le volume ou la surface habitable de locaux existants (par exemple, surélévation). Ne sont pas déductibles les travaux correspondant à une **restructuration complète** après démolition intérieure d'une unité d'habitation, suivie de la création d'aménagements neufs. Il en est ainsi, notamment, lorsque des opérations de cette nature aboutissent à une augmentation du nombre d'unités de logement (en ce sens, CE 28-5-1980 n° 11405 : RJF 7/80 n° 597). Si la restructuration est totale et aboutit par conséquent à une transformation complète des locaux existants, les travaux doivent être assimilés à des travaux de reconstruction non déductibles, car ils dépassent la notion d'amélioration prévue par le législateur. 76935

Mais lorsque la restructuration est **partielle,** c'est-à-dire lorsqu'elle porte sur certaines parties de l'unité de logement, sur le déplacement de cloisons par exemple, notamment pour la création de salles d'eau ou d'équipement sanitaire, ces travaux doivent être regardés comme des dépenses d'amélioration.

Les travaux de restructuration interne peuvent s'apprécier en considérant isolément les différentes parties de l'immeuble. Par exemple, si les locaux d'habitation d'un étage ont été complètement redistribués alors qu'un autre n'a fait l'objet que d'une réfection partielle, il y a lieu de limiter la déduction au coût des travaux afférents aux locaux qui n'ont pas été reconstruits.

Cette analyse conduit à prendre en considération essentiellement la nature et l'importance des travaux effectués plutôt que le coût de ceux-ci pour déterminer s'il s'agit de dépenses de réparation, d'entretien ou d'amélioration ou, au contraire, de dépenses non déductibles.

La distinction à faire entre ces catégories de travaux constituant une question de fait, il convient d'examiner dans le détail la consistance des travaux effectués à l'aide de tous les renseignements utiles (devis, mémoires et factures établis par les entrepreneurs, rapport d'architecte avant et après travaux, etc.).

ILLUSTRATIONS 76937

N'ont **pas été admises en déduction** les dépenses consécutives notamment :
– à la transformation d'un étage d'un immeuble ancien, qui a nécessité la démolition et la reconstruction de deux murs principaux, de deux étages et des combles, les murs mitoyens et le rez-de-chaussée récemment réaménagé ayant pu, seuls, être conservés (CE 27-10-1971 n° 80173 : Dupont 1971 p. 425) ;

– à la démolition et à la réfection totale des toitures, des planchers, des plafonds, des modifications substantielles des ouvertures existantes ainsi que l'aménagement des locaux suivant une disposition totalement différente entraînant un déplacement de l'ensemble des cloisons et aboutissant à la création de 47 pièces d'habitation, dans des immeubles qui n'en comportaient auparavant que 26 (CE 17-12-1976 nos 99017 et 00787 : RJF 2/77 n° 93) ;
– aux travaux effectués dans une maison d'habitation qui ont consisté en une réfection complète des sols, des planchers et des plafonds, en la restructuration interne de l'habitation par augmentation de 4 à 6 du nombre de pièces, ayant entraîné le remaniement des cloisons intérieures et le percement d'un certain nombre d'ouvertures extérieures (CE 7-6-1978 n° 5822 : RJF 9/78 n° 363 ; dans le même sens, CE 5-3-2014 n° 362126 : RJF 11/14 n° 1011, relatif à des travaux de rénovation d'un ancien couvent comportant une modification importante du gros œuvre) ;
– à des travaux qui ont eu pour effet de transformer 3 bâtiments de ferme composés d'une écurie, d'une pièce d'habitation, d'un cellier surmonté d'un grenier ainsi que d'une porcherie, d'un débarras délabré et d'une écurie avec grenier en une vaste maison d'habitation de neuf pièces avec cuisine, trois salles d'eau et un garage, une seconde maison de quatre pièces avec cuisine, salle d'eau et dépendances et un local de trois pièces réparties sur deux niveaux (CE 30-5-1979 n° 9045 : RJF 7-8/79 n° 451) ;
– à des travaux qui ont consisté dans la construction d'un nouveau garage, l'aménagement d'une terrasse, la reconstruction intérieure complète de l'habitation ayant abouti à une transformation de l'immeuble au cours de laquelle la charpente, la toiture et l'escalier ont été entièrement refaits, l'ancien garage a été transformé en chambre et des ouvertures nouvelles ont été percées (CE 26-10-1979 n° 10875 : RJF 12/79 n° 717) ;
– aux travaux effectués dans deux appartements qui ont comporté, outre la réfection de la toiture et la modernisation des lieux par des équipements sanitaires et l'installation du chauffage central, leur transformation en dix studios individuels (CE 28-5-1980 n° 11405 précité) ;
– à des travaux ayant permis, par abaissement de la hauteur des anciens plafonds, l'aménagement du troisième étage en pièces habitables. Les travaux avaient consisté dans la réfection totale des sols, planchers, cloisons, escaliers, combles et dans la consolidation de la maçonnerie primitive par des injections de béton (CE 17-3-1982 n° 22707 : RJF 5/82 n° 484) ;
– à des travaux de transformation du grenier d'une maison en un appartement de 89,5 m^2 qui ont eu pour objet de créer un nouveau local d'habitation et d'accroître le volume et la surface habitable de la maison (CE 19-11-1984 n° 43724 : RJF 1/85 n° 77) ;
– à des travaux de transformation au rez-de-chaussée d'un garage en appartement et de création dans les combles d'un autre appartement (CAA Paris 11-2-1992 n° 815 : RJF 5/92 n° 676) ;
– à des travaux de transformation de combles en appartement doté du confort moderne. En revanche, les travaux d'aménagement des premier et deuxième étages antérieurement habités, ainsi que les travaux destinés à assurer l'habitabilité de l'ensemble de l'immeuble (notamment dépose de toiture, réparation d'éléments de charpente, réfection de l'installation électrique et sanitaire...) sont dissociables des travaux d'agrandissement effectués dans les combles et sont déductibles des revenus fonciers au titre des dépenses d'amélioration (CAA Nancy 13-3-1997 n° 85-1417 : RJF 3/98 n° 272).

76940 Exception pour les travaux dissociables de travaux non déductibles

Lorsque des **travaux de réparation ou d'entretien** ou des **travaux d'amélioration pour les immeubles d'habitation** sont effectués en même temps que des travaux de construction, reconstruction ou agrandissement d'un immeuble, ils ne sont déductibles qu'à la condition d'être dissociables de ces travaux (en ce sens, CE 27-3-1981 n° 23499 : RJF 6/81 n° 587 ; CE 1-7-1987 n° 44121 : RJF 10/87 n° 997 ; CE 30-4-1997 n° 152391 : RJF 6/97 n° 518 ; CE 9-7-2003 n° 230168 : RJF 11/03 n° 1265 ; CE 1-7-2021 n° 436551 : BPIM 5/21 inf. 354 et CE 3-3-2022 n° 447962 : BPIM 2/22 inf. 168 qui dissocient les travaux selon l'étage auquel ils sont réalisés dans l'immeuble).

Il en est de même pour les travaux de réparation et d'entretien effectués en même temps que des **travaux d'amélioration** portant sur des **immeubles affectés à un autre usage que l'habitation** (non déductibles en principe). Ont été considérés comme dissociables les travaux de réfection d'une façade et d'une toiture, mais non les travaux de reprise des planchers (CE CAPC 3-7-1996 n° 172193 : RJF 12/96 n° 1444). Bien qu'ayant le caractère de travaux de réparation ou d'amélioration, ne sont pas déductibles des travaux effectués à l'intérieur des appartements non dissociables de travaux de reconstruction réalisés dans les parties communes (CE 10-7-1996 n° 137789 : RJF 10/96 n° 1165). Mais si les travaux de restauration sur les parties communes, déductibles, et les travaux de transformation de lots à usage de bureaux en habitation, non déductibles, font l'objet de deux marchés de travaux distincts avec des contractants différents, ces travaux sont dissociables (CAA Lyon 31-3-2022 n° 20LY00495 : BPIM 3/22 inf. 250).

DÉPENSES ACQUITTÉES POUR LE COMPTE DES LOCATAIRES ET NON RÉCUPÉRÉES

76960 Sont **déductibles** du revenu foncier les dépenses supportées pour le compte du locataire par le propriétaire dont celui-ci n'a pu obtenir le remboursement au 31 décembre de l'**année du départ du locataire** (CGI art. 31, I-1°-a ter).

Parmi les dépenses concernées, citons :

– les fournitures ou services destinés à l'usage privé ou commun des locataires (consommation d'eau chaude et froide, frais de chauffage, d'éclairage, d'ascenseur, de tapis, de vidange, de ramonage, etc.) ;

– les taxes locatives (enlèvement des ordures ménagères, balayage, cotisation additionnelle à l'impôt foncier au profit du budget annexe des prestations sociales agricoles).

PROVISIONS POUR CHARGES DE COPROPRIÉTÉ

Sont **déductibles** les provisions qui correspondent aux dépenses prévues à l'article 14-1 de la loi 65-557 du 10 juillet 1965, à savoir les dépenses courantes de maintenance, de fonctionnement et d'administration des parties communes et équipements communs de l'immeuble (CGI art. 31, I-1°-a quater). **76980**

Ces provisions sont déduites du revenu foncier de l'année de leur versement et régularisées l'année suivante. C'est ainsi que les copropriétaires bailleurs déduisent de leur revenu foncier :

– le montant total des provisions pour charges supportées **au cours de l'année** (sans qu'il y ait lieu d'examiner l'utilisation effective de ces sommes ou leur affectation à des dépenses déductibles ou non) ;

– diminué de celui des provisions déduites l'**année précédente** correspondant à des charges non déductibles.

En pratique, les charges de copropriété déduites au titre d'une année N doivent être réintégrées dans les revenus de l'année N + 1 lorsqu'elles correspondent à des charges non déductibles (notamment celles récupérables sur les locataires). Le solde résultant de l'approbation des comptes de l'exercice précédent fait également l'objet d'une régularisation sous forme de réintégration dans le revenu foncier (solde positif) ou de déduction (solde négatif). **76985**

L'administration admet que lorsque le **propriétaire cesse de donner son bien en location,** les provisions pour charges fassent l'objet d'une régularisation prévisionnelle anticipée. Cette régularisation peut être effectuée en retenant la même proportion de charges déductibles constatée l'année précédente. Si après l'arrêté des comptes de la copropriété, ce montant se révèle inexact, le contribuable devra déposer une déclaration rectificative (BOI-RFPI-BASE-20-70 n°s 70 et 90).

INDEMNITÉS D'ÉVICTION, FRAIS DE RELOGEMENT

L'indemnité d'éviction est déductible des recettes brutes si, compte tenu des circonstances de fait, elle peut être regardée comme une **dépense faite en vue de l'acquisition ou la conservation du revenu.** Tel est le cas lorsque le propriétaire reprend la disposition de son immeuble en vue de le relouer dans de meilleures conditions (en ce sens, CE 20-10-1978 : RJF 12/78 n° 544) ou lorsque l'indemnité est versée à l'occasion de l'achat de l'immeuble suivi de travaux, opération qui permet une relocation avantageuse (CE 8-7-2005 n° 253291 : RJF 11/05 n° 1194 ; pour un exemple d'une indemnité ayant permis de relouer un local commercial à un loyer quatre fois supérieur à l'ancien, voir CAA Bordeaux 12-7-2006 n° 03-1773 : RJF 2/07 n° 161). **77000**

Les mêmes principes s'appliquent aux frais de relogement engagés par le propriétaire pour loger temporairement son locataire pendant la durée des travaux qu'il réalise sur l'immeuble loué si l'engagement de ces frais et leur montant résultent d'une gestion normale (BOI-RFPI-BASE-20-30-30 n° 130).

> Précisions a. L'indemnité d'éviction qui a pour objet de libérer les locaux en vue de les **relouer dans de meilleures conditions,** c'est-à-dire d'entraîner une augmentation du revenu tiré de l'immeuble, est déductible des revenus fonciers (CE 8-7-2005 n° 253291 : RJF 11/05 n° 1194). Le caractère déductible de l'indemnité d'éviction n'est pas conditionné par le **caractère déductible des travaux** dont l'éviction est le préalable (BOI-RFPI-BASE-20-30-30 n° 120).

b. L'indemnité d'éviction versée à un locataire en cas de résiliation ou de non-renouvellement du bail n'est pas déductible des recettes lorsqu'elle présente le caractère d'une **dépense personnelle ou d'une dépense engagée en vue de la réalisation d'un gain en capital.** Tel est le cas lorsque le propriétaire reprend les biens donnés en location pour son usage personnel, pour les vendre libres de toute location ou les démolir, ou encore pour dégager, après démolition, un terrain à bâtir sur lequel il consentira un bail à construction. Il en va différemment lorsque la reprise du bien loué a pour but la transformation de locaux commerciaux en logements (CE 29-3-1989 n° 81836 : RJF 5/89 n° 570 ; BOI-RFPI-BASE-20-20 n° 10).

c. Lorsque l'indemnité d'éviction est déductible, les **intérêts de l'emprunt** contracté pour la financer le sont également, quelle que soit l'importance des charges de cet emprunt (CE 3-7-2009 n° 293154 : RJF 11/09 n° 946 ; BOI-RFPI-BASE-20-20 n° 10).

PRIMES D'ASSURANCE

77040 Toutes les primes d'assurance afférentes aux immeubles loués sont déductibles : assurance du propriétaire non occupant (risque incendie, dégâts des eaux, etc.), assurance contre les risques de loyers impayés et de vacance ou de dégradation du logement, assurance attachée à la souscription d'un emprunt (garanties décès-invalidité, perte d'emploi, etc.) (CGI art. 31, I-1°-a bis ; BOI-RFPI-BASE-20-60 n° 40).

En pratique, seule est autorisée la déduction des primes couvrant les risques susceptibles d'affecter les immeubles ; il n'est donc pas tenu compte des **primes relatives au mobilier** (BOI-RFPI-BASE-20-60 n° 20).

INTÉRÊTS DES EMPRUNTS

77050 Le propriétaire peut déduire de son revenu brut le montant des intérêts des emprunts contractés (CGI art. 31, I-1°-d) :

– soit pour l'**acquisition,** la **construction,** la **réparation** ou l'**amélioration** de ses immeubles, y compris la fraction des intérêts qui se rapporte aux sommes utilisées pour le paiement des droits de mutation à titre onéreux (BOI-RFPI-BASE-20-80 n° 50) ; on notera que les intérêts d'un emprunt contracté pour l'amélioration d'un immeuble donné en location sont déductibles, quelle que soit l'affectation des locaux, alors que les dépenses d'amélioration ne sont en principe déductibles que lorsqu'elles sont relatives à des immeubles d'habitation ;

– soit encore pour la **conservation** de ces propriétés. Les emprunts sont réputés contractés pour la conservation des immeubles lorsque les fonds empruntés sont utilisés par le propriétaire pour couvrir des dépenses se rapportant directement à ses immeubles et qu'il ne pourrait se dispenser d'assumer sans perdre tout ou partie de ses droits de propriété. Tel est le cas des emprunts contractés pour le paiement de droits de mutation à titre gratuit (BOI-RFPI-BASE-20-80 n° 40).

La déduction peut porter non seulement sur les intérêts proprement dits, mais encore sur les **frais d'emprunt** : frais de constitution de dossier et frais d'inscriptions hypothécaires, y compris les honoraires du notaire correspondant au contrat de prêt ; frais ajoutés par les organismes de crédit au montant des intérêts ; commission d'engagement, agios et taxes ; primes du contrat d'assurance décès souscrit pour garantir le remboursement de l'emprunt.

> Précisions a. Les primes afférentes à un contrat d'**assurance décès** souscrit par le propriétaire en vue de garantir le remboursement d'un prêt destiné à l'achat d'un immeuble donné en location sont déductibles lorsqu'elles présentent le caractère d'un supplément d'intérêt ; il en est ainsi lorsque la souscription d'une police d'assurance a été imposée au propriétaire par une clause expresse du contrat de prêt.

En revanche, si le propriétaire souscrit une police d'assurance temporaire décès non prévue par le contrat de prêt, cette opération constitue un simple placement et n'ouvre aucun droit à déduction à son profit (BOI-RFPI-BASE-20-80 n° 200).

b. Si l'**immeuble** financé par emprunt n'est que **partiellement affecté à la location,** la fraction déductible des intérêts est évaluée, en principe, au prorata de la valeur de la surface louée par rapport à la valeur totale de l'immeuble. Toutefois, le contribuable peut déduire l'intégralité des intérêts s'il justifie de l'affectation exclusive de l'emprunt à la fraction de l'immeuble qui fait l'objet d'une location (CE 4-11-1992 n° 81658 : RJF 1/93 n° 60).

c. La déduction des intérêts d'emprunt est limitée aux **sommes payées au cours de l'année d'imposition** et **justifiées.** En particulier, il doit être justifié de l'affectation de l'emprunt à l'acquisition ou à la conservation du bien : ne répond pas à cette condition un emprunt souscrit par une SCI qui ne se rapporte pas à une opération individualisée (CAA Nantes 31-12-1991 n° 1382 : RJF 5/92 n° 675) ; il en est de même de la souscription d'un emprunt destiné à payer l'impôt sur la plus-value constatée lors du transfert dans le patrimoine privé de son propriétaire d'un immeuble locatif précédemment affecté à son exploitation commerciale (CAA Nantes 30-3-1995 n° 93-660 : RJF 7/95 n° 841).

d. Seuls sont déductibles les **frais hypothécaires** incombant à l'acheteur de l'immeuble. Les frais de mainlevée d'une hypothèque contractée par l'ancien propriétaire pris en charge par l'acheteur ne le sont pas (CAA Bordeaux 9-4-2009 n° 08-96 : RJF 10/09 n° 838).

e. L'associé d'une société de personnes peut déduire de ses revenus fonciers le montant des intérêts de l'emprunt contracté **par la société** pour financer le rachat des parts d'un autre associé (CE 9-6-2020 n°s 426339, 426342 et 426343 : RJF 8-9/20 n° 695). Cette solution contredit cependant la doctrine administrative (BOI-RFPI-BASE-20-80 n° 80).

77055 **Emprunts substitutifs** Lorsque le propriétaire souscrit un nouvel emprunt pour rembourser ou remplacer l'emprunt initial (emprunt substitutif), il peut déduire les **intérêts du nouvel emprunt** dans la **limite** des intérêts relatifs au capital restant dû figurant sur l'échéancier de l'emprunt initial (BOI-RFPI-BASE-20-80 n° 110).

Sont également déductibles les **indemnités de résiliation** anticipée et de renégociation du prêt ainsi que les **frais de souscription** du nouvel emprunt (CE 5-7-2010 n° 301044 : RJF 11/10 n° 1027).

L'administration subordonne la déduction à la condition que la résiliation de l'emprunt initial et la souscription du nouvel emprunt permettent de réduire la charge d'intérêts restant dus (BOI précité n° 220).

La déduction des intérêts d'un emprunt substitutif n'est possible que si le montant de cet emprunt est **intégralement consacré au remboursement,** même partiel, **de l'emprunt initial.** Tel n'est pas le cas d'un emprunt qui a servi en partie à couvrir des besoins de trésorerie (CE 1-2-2012 n° 336469 : RJF 4/12 n° 365).

> Précisions a. Pour être déductible, l'emprunt substitutif doit s'inscrire dans la **continuité de l'emprunt initial** et avoir le même objet (CAA Paris 8-2-2007 n° 05-2046 : RJF 6/07 n° 700). Tel n'est pas le cas d'un emprunt contracté par une SCI si, entre le remboursement de l'emprunt initial utilisé pour acquérir des biens donnés en location et le second emprunt, les besoins de financement de la société ont été assurés par le compte courant d'un associé que le nouvel emprunt a servi à rembourser (CAA Bordeaux 29-3-2007 n° 04-2168 : RJF 10/07 n° 1053).

b. **L'indemnité de résiliation anticipée** est déductible au titre des dépenses effectuées en vue de l'acquisition et de la conservation du revenu en vertu des dispositions générales de l'article 13, 1 du CGI. Elle n'est pas assimilable aux intérêts d'emprunt, déductibles en application de l'article 31, I-1°-d du CGI (CE 5-10-2007 n° 281658 : RJF 12/07 n° 1439). Il en résulte que cette indemnité devrait pouvoir être comprise dans le montant du **déficit imputable sur le revenu global,** l'article 156, I-3° du CGI autorisant l'imputation sur le revenu global, en principe dans la limite de 10 700 €, du déficit foncier résultant des charges autres que les intérêts d'emprunt. Notons toutefois que si l'administration admet la déduction des indemnités compensatoires, elle les assimile à des intérêts d'emprunt (BOI-RFPI-BASE-20-80 n° 220).

c. Les intérêts d'un **emprunt destiné au rachat d'avances en compte courant** consenties gratuitement par les associés d'une SCI et au remboursement d'emprunts souscrits par la société dans le but de **refinancer une opération de construction** menée par la société sont déductibles. Est sans incidence le fait que les comptes courants n'avaient pas donné lieu au versement d'intérêts (CE 28-3-2014 n°s 35816 et 35817 : RJF 6/14 n° 571).

IMPÔTS

Impôts déductibles Sont déductibles du revenu brut foncier les **impositions** perçues au profit des collectivités **locales,** de certains établissements publics et d'organismes divers à l'exception des taxes annuelles sur les bureaux, les locaux commerciaux, les locaux de stockage et les surfaces de stationnement en Île-de-France et en Provence-Côte d'Azur (CGI art. 31, I-1°-c). 77060

Il s'agit en fait de la **taxe foncière,** ainsi que des taxes annexes à cet impôt (taxe spéciale d'équipement de la région Île-de-France, etc.).

Sont également déductibles la **taxe annuelle sur les surfaces de stationnement en Île-de-France** et la **contribution sur les revenus locatifs** (CRL) (BOI-RFPI-BASE-20-50 n° 20).

Lorsque ces impôts ont fait l'objet d'une pénalité pour défaut ou retard de paiement, cette **pénalité** est également déductible (BOI-RFPI-BASE-20-50 n° 70).

> Précisions a. En principe, la déduction ne peut porter que sur les impôts payés au cours de l'année d'imposition. Toutefois, en raison des **retards pouvant affecter l'émission des impôts locaux,** les bailleurs sont autorisés à déduire la totalité des cotisations dues au titre de l'année d'imposition dès lors qu'ils ont reçu l'avis d'imposition correspondant au moment de la souscription de la déclaration des revenus fonciers (BOI-RFPI-BASE-20-50 n° 60).

b. La taxe foncière et les taxes annexes sont déductibles, même lorsqu'elles ont été **payées par le locataire en l'acquit du propriétaire,** puisque dans ce cas leur montant doit être ajouté aux recettes brutes (BOI-RFPI-BASE-20-50 n° 80).

Impôts non déductibles Ne peuvent pas être compris parmi les charges déductibles (BOI-RFPI-BASE-20-50 n°s 85 s.) : 77065

– les **taxes locatives** (taxe d'habitation, taxe d'enlèvement des ordures ménagères, taxe de balayage) dès lors qu'elles incombent normalement à l'occupant ;

– les **taxes d'urbanisme** (notamment taxe d'aménagement) considérées fiscalement comme un élément du prix de revient du terrain ou de la construction ;

– l'**impôt sur le revenu,** les **prélèvements sociaux,** la **TVA** éventuellement acquittée sur les loyers, les **droits d'enregistrement** ;

– la **taxe annuelle sur les** locaux à usage de **bureaux,** les locaux commerciaux, les locaux de stockage et les surfaces de stationnement **en Île-de-France et en Provence-Côte d'Azur.**

2. MICRO-FONCIER

CHAMP D'APPLICATION DU RÉGIME MICRO-FONCIER

77220 Les contribuables dont le **revenu** brut foncier **ne dépasse pas 15 000** € sont soumis de plein droit à un régime d'imposition simplifié (dit du « micro-foncier ») qui consiste à appliquer un abattement forfaitaire représentatif des charges et qui aboutit à n'imposer que 70 % des recettes. Ils peuvent toutefois opter pour le régime réel d'imposition des revenus fonciers exposé ci-dessus (CGI art. 32).

> **Précisions** Le **revenu brut** à prendre en compte pour apprécier le seuil de 15 000 € comprend les recettes de toutes natures perçues par le propriétaire telles que définies nos 76650 s.
> La limite de 15 000 € est appréciée annuellement en tenant compte des revenus fonciers de tous les membres du foyer fiscal. Mais elle n'a pas à être ajustée au prorata du temps de location lorsque la **location ne couvre pas la totalité de l'année civile** (BOI-RFPI-DECLA-10 n° 110). Si par exemple la location ne dure que six mois, la limite reste de 15 000 € : elle n'est pas ramenée à 7 500 €. La limite s'apprécie, le cas échéant, en tenant compte du montant des revenus fonciers correspondant aux droits du contribuable dans les bénéfices comptables des sociétés de personnes dont il est membre (SCI notamment) ou des fonds de placement immobilier (FPI) dont il est membre.

77225 **Régimes particuliers** Le régime du micro-foncier **ne s'applique pas** lorsque le contribuable ou l'un des membres de son foyer fiscal est propriétaire :

– de monuments historiques donnés en location ;

– de logements neufs au titre desquels est pratiquée la déduction au titre des amortissements Robien, Besson ou Périssol ;

– de logements au titre desquels le contribuable bénéficie des déductions spécifiques prévues dans le cadre des dispositifs Borloo neuf, Scellier intermédiaire, Robien ZRR, Scellier ZRR, Cosse ancien, Borloo ancien ;

– de logements au titre desquels est demandée la réduction d'impôt Loc'Avantages ;

– de parts de sociétés de personnes non transparentes (SCI, SCPI, notamment) qui donnent en location des immeubles nus lorsque leur détenteur n'est pas propriétaire d'un immeuble donné en location nue ou lorsque l'immeuble donné en location par la société est un immeuble visé ci-dessus ;

– de parts de FPI lorsque leur détenteur n'est pas propriétaire d'un immeuble donné en location nue ;

– de parts de SCPI qui font l'objet de la déduction au titre de l'amortissement Robien ou Borloo.

Cette liste est limitative. Il en résulte que le micro-foncier est **applicable** notamment aux contribuables bénéficiant des réductions d'impôt Duflot-Pinel, Denormandie, Scellier ou Malraux (sauf Scellier intermédiaire ou ZRR).

MODALITÉS D'IMPOSITION AU RÉGIME MICRO-FONCIER

77240 Le **revenu net** imposable est déterminé par l'administration en appliquant au revenu ainsi déclaré un **abattement** de 30 % représentatif de l'ensemble des charges de la propriété (aucune autre déduction ne peut être opérée sur le revenu brut).

> **Précisions** **a.** Les contribuables portent directement le montant de leur revenu brut sur leur **déclaration** d'ensemble des revenus n° 2042.
> **b.** Les **déficits fonciers constatés antérieurement** à l'application du régime et encore reportables au 1er janvier de la première année d'application peuvent continuer à s'imputer sur le revenu foncier dans les conditions de droit commun (voir n° 77360).
> **c.** Le revenu brut à déclarer comprend, le cas échéant, la **quote-part de revenu brut de la société** dont le contribuable est membre à proportion de ses droits dans les bénéfices comptables.

OPTION POUR LE RÉGIME RÉEL

77260 Il est possible de renoncer au micro-foncier et d'opter pour le régime réel d'imposition des revenus fonciers, qui permet de déduire des loyers le montant des charges réelles. Une fois exercée, l'option est globale et s'applique obligatoirement pour une **période** de trois ans durant laquelle elle est irrévocable. À l'issue de cette période, le contribuable peut renoncer, tous les ans, lors de la déclaration de ses revenus, à l'application du régime réel, à condition bien entendu de toujours remplir les conditions du micro-foncier (BOI-RFPI-DECLA-10 n° 250).

L'option s'applique à l'ensemble des revenus fonciers perçus par le **foyer fiscal.**

L'option **cesse** de produire ses **effets** au titre de l'année au cours de laquelle le revenu brut foncier excède 15 000 € (ou, seconde hypothèse, au titre de l'année au cours de laquelle survient une des causes d'exclusion du micro-foncier indiquées n° 77225). Le régime réel s'applique alors, non plus sur option, mais de plein droit. Le bailleur n'est plus lié par son option exercée pour le régime réel. Par conséquent, si ultérieurement le montant de ses revenus fonciers redescend au-dessous du seuil d'application du micro-foncier (ou si, dans la seconde hypothèse, la cause d'exclusion disparaît), le micro-foncier redevient applicable de manière automatique.

> **Précisions** **a.** L'option et la renonciation à l'option ne sont soumises à aucun **formalisme** particulier. L'option pour le régime réel résulte de la simple souscription de la déclaration n° 2044. Quant à la renonciation à l'option, elle résulte de l'absence de dépôt de déclaration n° 2044 et du report direct du montant des revenus bruts fonciers sur la déclaration d'ensemble des revenus n° 2042.
> **b.** L'option et la renonciation à l'option **prennent effet** à compter de l'imposition des revenus de l'année au titre de laquelle elles sont exercées. Les contribuables qui ont omis d'opter pour le régime réel peuvent toutefois **régulariser** leur option pendant le délai de réclamation qui prend fin le 31 décembre de la deuxième année suivant celle de la mise en recouvrement du rôle (CAA Marseille 4-2-2021 n° 19MA01186 : RJF 5/21 n° 494).
> **c.** Les contribuables ayant renoncé à l'option peuvent, dès l'année suivant celle de leur renonciation, exercer une **nouvelle option** pour le régime réel d'une durée de trois ans.

Intérêt de l'option Le régime du micro-foncier a l'avantage de la simplicité mais son application n'est pas forcément intéressante du point de vue financier quand les charges réelles sont importantes (notamment en cas de réalisation de **travaux importants** sur l'immeuble loué ou d'achat financé par un **emprunt**) et à plus forte raison quand un propriétaire constate des **déficits fonciers.** 77265

En effet, le micro-foncier n'autorise aucune autre déduction que l'abattement de 30 % alors que, dans le cadre du régime réel, on peut retrancher des loyers le montant exact de la plupart des dépenses. Un minimum de gestion prévisionnelle s'impose donc pour opérer le bon choix fiscal, une simulation sur trois ans étant nécessaire pour juger de l'opportunité de l'option. Dans une copropriété, la consultation du syndic sur la programmation des travaux à venir permettra d'orienter la décision.

ATTENTION

En cas de **vente de l'immeuble,** si l'abattement propre au micro-foncier n'a pas permis d'imputer la totalité des charges réelles, celles-ci sont néanmoins réputées déduites et ne viennent pas en augmentation du prix de revient pour le calcul de la plus-value imposable.

C. Imputation des déficits fonciers

PRINCIPES D'IMPUTATION DES DÉFICITS FONCIERS

Lorsque les opérations de détermination du revenu foncier font apparaître un résultat négatif, c'est-à-dire lorsque le montant des charges déductibles est supérieur à celui des recettes, le déficit ainsi constaté ne peut, en principe, être imputé que sur les revenus fonciers des dix années suivantes. 77360

Atténuant largement la portée de ce principe, la loi permet l'imputation sur le revenu global, avec ou sans limite, des déficits résultant de certaines dépenses (CGI art. 156, I-3°).

> **Précisions** **a.** L'imputation des déficits fonciers constatés au cours des années où les revenus sont imposés selon le **micro-foncier** n'est pas autorisée. En revanche, les déficits fonciers supportés avant l'application du micro-foncier demeurent imputables sur les revenus fonciers des dix années suivant leur constatation. Ils sont soustraits du revenu net foncier obtenu par application de l'abattement de 30 %. Pour bénéficier de cette imputation, il convient de porter le montant de ces déficits sur la déclaration n° 2042 à la ligne « Déficits antérieurs non encore imputés ».
> **b.** Tout **cumul** est impossible, pour un même logement ou une même souscription de titres, entre la réduction d'impôt pour **investissements outre-mer** et l'imputation d'un déficit foncier sur le revenu global. Mais l'administration limite cette interdiction à la période couverte par l'engagement de location du logement ou de conservation des titres prévue pour l'octroi de la réduction d'impôt, c'est-à-dire les cinq années postérieures à l'octroi de cette réduction (BOI-RFPI-BASE-30-20 n° 120).

RÉGIME GÉNÉRAL D'IMPUTATION DES DÉFICITS FONCIERS

Les déficits fonciers résultant de dépenses (déductibles des revenus fonciers) autres que les intérêts d'emprunt s'imputent **sur le revenu global** dans la **limite annuelle** de 10 700 €. Cette limite est portée à 15 300 € en cas d'application de l'amortissement Périssol ou de la déduction Cosse, lorsqu'un déficit foncier est constaté sur un immeuble relevant de ces régimes. 77365

Ce régime d'imputation n'est pas optionnel. Il s'applique automatiquement dès lors qu'un déficit foncier est dégagé au cours d'une année. En d'autres termes, il n'est pas possible de reporter un déficit foncier sur les revenus fonciers des années suivantes si l'imputation sur le revenu global de l'année de sa constatation n'a pas été épuisée (CAA Douai 7-10-2003 nº 01-927 : RJF 10/04 nº 961).

La limite de 10 700 € est appréciée par déclaration de revenus. Elle est globale pour tous les immeubles ou parts possédés par un même contribuable et les membres de son foyer fiscal.

Dans une société, cette limite est appréciée au niveau de la déclaration nº 2042 de chaque associé, et non pas au niveau de la déclaration de résultats de la société nº 2072-C ou nº 2071 (BOI-RFPI-BASE-30-20 nº 150).

La fraction du déficit supérieure à cette limite ainsi que celle correspondant aux intérêts d'emprunt ne sont imputables que **sur les revenus fonciers** des dix années suivantes.

Lorsque le **revenu global** du contribuable est **insuffisant** pour absorber le déficit foncier imputable (limité à 10 700 €), l'excédent du déficit est imputable dans les conditions de droit commun sur les revenus globaux des six années suivantes.

EXEMPLE

Soit un propriétaire qui a loué en 2025 un immeuble urbain et dont le revenu foncier est déterminé de la façon suivante :

Revenu brut	2 000 €
Intérêts d'emprunt	– 4 000 €
Autres charges	– 30 000 €
Déficit	– 32 000 €

Le revenu brut est réputé compenser d'abord les intérêts d'emprunt. Le déficit provient donc à hauteur de 2 000 € des intérêts d'emprunt et à hauteur de 30 000 € des autres charges.

a. Si le revenu global est supérieur ou égal à 10 700 €, le déficit provenant de dépenses autres que les intérêts d'emprunt (soit 30 000 €) est imputable sur le revenu global à hauteur de 10 700 € ; l'excédent, soit 19 300 €, s'ajoute aux 2 000 € (fraction relative aux intérêts d'emprunt) imputables sur les revenus fonciers des dix années suivantes (soit jusqu'en 2035).

b. Si le revenu global est inférieur à 10 700 € (par exemple, 8 000 €), le déficit qui n'a pu être imputé est alors imputable à hauteur de 2 700 € sur le revenu global des six années suivantes (soit jusqu'en 2031), le reliquat de 21 300 € demeurant imputable sur les revenus fonciers des dix années suivantes.

77375 **Remise en cause de l'imputation** L'imputation des déficits fonciers sur le revenu global n'est **définitivement acquise** que si le contribuable maintient l'**affectation de l'immeuble à la location nue** jusqu'au 31 décembre de la troisième année suivant celle au titre de laquelle l'imputation a été pratiquée. L'affectation de l'immeuble à la location meublée ou la réserve de jouissance du bien au profit de son propriétaire sont assimilées à des ruptures de la location (BOI-RFPI-BASE-30-20 nº 350).

Lorsque cette **condition** n'est **pas respectée,** le revenu global et les revenus fonciers des trois années qui précèdent l'année de cessation de la location sont reconstitués selon les modalités applicables en cas de non-imputation du déficit sur le revenu global (le contribuable se trouve ainsi replacé, pour les années en cause, dans la situation qui aurait été la sienne en l'absence d'application du dispositif d'imputation sur le revenu global) (BOI-RFPI-BASE-30-20 nº 370).

Aucune remise en cause n'est effectuée dans les cas suivants : **décès, invalidité** ou **perte d'emploi** du contribuable ou de son conjoint, **expropriation** pour cause d'utilité publique de l'immeuble productif du déficit.

Lorsque l'**immeuble appartient à une société,** l'imputation des déficits fonciers sur le revenu global d'un associé est subordonnée à la double condition d'affectation de l'immeuble à la location par la société pendant trois ans et de conservation des parts de la société par l'associé pendant le même délai.

77380 Lorsqu'un **immeuble cesse d'être donné en location** et ne peut plus bénéficier du régime dérogatoire permettant l'imputation des déficits fonciers sur le revenu global, les **déficits indûment imputés sur le revenu global** des trois années précédentes peuvent être imputés sur l'ensemble des revenus fonciers de l'année au cours de laquelle ils ont été réalisés et viennent augmenter le **déficit reportable** de cette année (CE 26-4-2017 nº 400441 : RJF 7/17 nº 659). Autrement dit, il est possible, dans cette hypothèse, de procéder à l'imputation du déficit foncier sur les **revenus fonciers des dix années suivantes produits par d'autres immeubles.** L'administration s'est ralliée à cette jurisprudence (BOI-RFPI-BASE-30-20 nº 370).

RÉGIMES PARTICULIERS

Dans certains cas prévus par la loi, les déficits fonciers sont **imputables sur le revenu global sans limitation de montant.** Il en est ainsi des déficits provenant des charges afférentes aux **immeubles historiques** productifs de revenus (le régime des monuments historiques est étudié dans notre Mémento Urbanisme-Construction). 77400

Travaux de rénovation énergétique La limite annuelle d'imputation du déficit foncier sur le revenu global est rehaussée, sans pouvoir excéder 21 400 € par an, à concurrence du montant des dépenses déductibles de travaux de rénovation énergétique permettant à un bien de passer d'une **classe énergétique** E, F ou G à une classe énergétique A, B, C ou D (CGI art. 156, I-3°-al. 4). Ce dispositif est applicable aux dépenses de rénovation énergétique pour lesquelles le contribuable justifie de l'acceptation d'un devis à compter du 5 novembre 2022 et qui sont payées entre le 1er janvier 2023 et le 31 décembre 2025. Il doit s'agir de dépenses afférentes aux travaux d'amélioration de la **performance énergétique globale des logements** susceptibles d'être financés par un éco-PTZ, y compris les dépenses éligibles à la prime de transition énergétique (« MaPrimeRénov' »). Les travaux de réhabilitation de systèmes d'assainissement non collectif et les travaux de pose d'une chaudière à très haute performance énergétique sont toutefois **exclus** (CGI ann. III art. 41 DO). 77410

Le contribuable doit fournir, à la demande de l'administration, les devis et factures justifiant du respect des dispositions définies à l'article D 319-16 du CCH (voir nos 22680 s.) et un diagnostic de performance énergétique établissant que le bien objet des dépenses respecte les niveaux de performance énergétique requis avant et après réalisation des travaux.

Si le contribuable ne justifie pas du nouveau classement de performance énergétique du bien **au plus tard le 31 décembre 2025,** le revenu foncier et le revenu global des années de déduction des dépenses de travaux sont, sans préjudice de la remise en cause visée n° 77375, reconstitués selon les modalités applicables en l'absence de rehaussement de la limite d'imputation.

> **Précisions** Le rehaussement du déficit foncier imputable sur le revenu global est **optionnel** et s'opère lors du dépôt de la déclaration n° 2044 au titre de l'année pour laquelle le déficit est constaté. En l'absence d'option, les règles d'imputation de droit commun sont applicables (BOI-RFPI-BASE-30-20 n° 300).

D. Obligations déclaratives et contrôle des revenus fonciers

DÉCLARATION DES REVENUS FONCIERS

Les contribuables relevant du **régime réel** d'imposition des revenus fonciers doivent faire figurer le détail du calcul de leur revenu net foncier sur une déclaration spécifique (n° 2044 ou n° 2044 spéciale) annexée à la déclaration d'ensemble des revenus n° 2042. Ils reportent ensuite ce résultat net sur la déclaration d'ensemble. 77440

Dans le cadre du régime du « **micro-foncier** », le montant du revenu brut foncier est directement porté sur la déclaration d'ensemble n° 2042.

> **Précisions** **a.** La déclaration n° **2044 spéciale** doit être souscrite par les propriétaires d'immeubles spéciaux (immeubles historiques, situés en secteur sauvegardé ou possédés en nue-propriété) ou les personnes qui ont réalisé un investissement ouvrant droit à la déduction au titre de l'amortissement Robien, Borloo, Périssol ou Besson. Cette déclaration doit être souscrite pour l'ensemble de leurs immeubles (spéciaux et autres). Si le propriétaire détient d'autres immeubles productifs de revenus fonciers, il doit déclarer l'ensemble de ses revenus fonciers sur une déclaration n° 2044 spéciale.
> **b.** Les **sociétés immobilières** doivent souscrire, chaque année au plus tard le deuxième jour ouvré suivant le 1er mai de chaque année, une déclaration de résultats sur un formulaire spécial n° 2072-C (sociétés immobilières de location) ou n° 2071 (sociétés dotées de la transparence fiscale).

Locations d'emplacements d'affichage Les **propriétaires** qui perçoivent des revenus provenant de la location d'emplacements d'affichage (sur un immeuble bâti ou non bâti) doivent normalement mentionner dans la déclaration n° 2044 (ou n° 2044 spéciale) les sommes correspondantes. 77450

Afin de permettre un meilleur contrôle de ces recettes, les **locataires** d'emplacements d'affichage sont tenus de produire de leur côté une déclaration spéciale indiquant les nom et adresse des bénéficiaires des redevances ainsi que le montant des sommes versées lorsqu'elles dépassent 76 € par an pour un même bénéficiaire (CGI art. 1649 B). Cette déclaration doit être établie sur le **formulaire nº 2061** fournie par l'administration (ou sur des bulletins individuels établis au nom de chaque bénéficiaire) et remise à la direction des services fiscaux du domicile ou du principal établissement du déclarant, avant le 1er mars de l'année suivant celle du paiement des redevances (CGI ann. III art. 344 GC).

La même obligation s'impose aux **syndics de copropriété** en cas de mise à la disposition des copropriétaires de leur quote-part des sommes perçues au titre de la location d'emplacements d'affichage.

N'ont pas à être déclarées sur l'imprimé nº 2061 les sommes déjà portées par les **sociétés** sur les déclarations nº 2071 (copropriétés transparentes) ou nº 2072-C (SCI) et celles versées à des **intermédiaires en publicité** et qui figurent dans les déclarations de salaires ou d'honoraires.

ATTENTION

Le **défaut** ou le **retard** de déclaration est sanctionné par les **pénalités** prévues à l'article 1729 B du CGI. Quant aux **omissions** ou **inexactitudes** relevées dans la déclaration, elles donnent lieu à l'application des pénalités prévues au même article.

CONTRÔLE DES REVENUS FONCIERS

77460 Le contrôle des revenus fonciers s'effectue suivant les règles de droit commun prévues en matière d'impôt sur le revenu. C'est ainsi que l'administration peut demander à un propriétaire de lui fournir dans un délai qui ne peut être inférieur à deux mois des **justifications** sur les éléments portés dans sa déclaration et qui servent à la détermination du revenu foncier imposable (LPF art. L 16).

L'intéressé qui ne répond pas dans ce délai ou ne fournit aucune réponse écrite encourt l'évaluation d'office de ses revenus fonciers. En revanche, s'il répond dans le délai mais que l'administration juge la réponse qui lui est adressée insuffisante, elle doit le **mettre en demeure** d'apporter des précisions complémentaires dans un délai de trente jours (LPF art. L 16 A). **À défaut de réponse** écrite dans ce nouveau délai ou en cas de réponse équivalant par son imprécision à un refus ou un défaut de réponse, les revenus fonciers peuvent être évalués d'office (LPF art. L 73, 3°).

En cas de revenus fonciers réalisés par l'intermédiaire d'une SCI, la demande de justifications ne peut pas être adressée à l'**associé de la SCI,** dès lors que ces justificatifs peuvent être exigés de la société dans le cadre d'un contrôle sur place de ses documents (CAA Paris 28-5-2013 nº 12PA03642 : RJF 11/13 nº 1031).

ATTENTION

Les **demandes** de justifications peuvent viser tous les éléments qui interviennent dans la détermination du revenu foncier imposable, aussi bien les recettes que la nature et le montant des dépenses portées en déduction. Pour pouvoir répondre utilement à de telles demandes, les propriétaires ont donc intérêt à **conserver les documents** (factures notamment) susceptibles de servir de moyens de preuve.

E. Régimes spéciaux et cas particuliers

77520 Sont regroupées ci-après les situations appelant des précisions particulières en matière de revenus fonciers.

Sur les investissements locatifs **Duflot-Pinel-Denormandie** ouvrant droit à une **réduction d'impôt,** voir nos 75530 s.

Sur les règles fiscales applicables en présence d'un immeuble dont le droit de propriété est **démembré,** voir nos 42430 s.

En ce qui concerne le régime applicable aux **immeubles historiques,** voir Mémento Urbanisme-Construction nos 5870 s.

1. COSSE ANCIEN

CARACTÉRISTIQUES GÉNÉRALES

78100 Le dispositif Cosse ancien ou Louer abordable permet aux propriétaires de logements donnés en location dans le cadre d'une **convention** conclue avec l'**Agence nationale de l'habitat** (Anah) depuis le 1er janvier 2017 et dont la demande a été enregistrée avant le 28 février 2022 de bénéficier d'une **déduction spécifique** dont le taux varie en fonction de la localisation géographique du bien et selon que la convention est conclue dans le secteur intermédiaire ou dans le secteur social ou très social (CGI art. 31, I-1°-o). Ce dispositif de déduction spécifique des revenus fonciers prend la forme d'une réduction d'impôt (dispositif Loc'Avantages) pour les conventions conclues depuis le 1er mars 2022 (voir nos 75600 s.). 78100 (suite)

Le tableau ci-après résume les conditions et les modalités d'application de ce régime.

<table>
<tr><td>Bénéficiaires</td><td colspan="3">Personnes physiques ou associés de sociétés non soumises à l'IS (SCI, SCPI, sociétés transparentes).</td></tr>
<tr><td>Logements concernés</td><td colspan="3">Logement neuf ou ancien.
Exclusion des immeubles historiques.
Localisation : Logement situé en zones A bis, A, B1 et B2 (voir n° 75543). Les logements situés en zone C ne bénéficient du dispositif que s'ils font l'objet d'une location « solidaire » ou, pour les conventions conclues depuis le 1er janvier 2018, si le conventionnement Anah est de type social ou très social et prévoit la réalisation de travaux d'amélioration.
Performance énergétique : Exclusion des logements classés F et G pour les conventions conclues depuis le 1er juillet 2020.
Lorsque le logement est situé dans un département d'outre-mer, il doit respecter au moins une amélioration de la performance énergétique suivante : travaux d'isolation thermique des toitures, des murs extérieurs, des parois vitrées et portes donnant sur l'extérieur, des planchers bas ; travaux d'installation, de régulation ou de remplacement de systèmes de chauffage ou de production d'eau chaude sanitaire performants.</td></tr>
<tr><td>Locations concernées</td><td colspan="3">Location nue à usage d'habitation principale du locataire.
Location « solidaire » : location ou mandat de gestion à un organisme d'intermédiation locative ou de gestion locative sociale public ou privé agréé en vue d'héberger à titre de résidence principale des personnes défavorisées (sans prestation hôtelière ou parahôtelière).</td></tr>
<tr><td>Conventions concernées</td><td colspan="3">Convention à loyer intermédiaire ou à loyer social ou très social conclue avec l'Anah (conforme aux conventions types téléchargeables sur le site www.anah.fr).
Durée : 6 ans ou 9 ans en cas de travaux subventionnés par l'Anah. Prolongations possibles par périodes de 3 ans, à condition que la prorogation de la convention soit intervenue au plus tard le 31 décembre 2023.</td></tr>
<tr><td>Engagements des bénéficiaires</td><td colspan="3">Engagement de location pendant toute la durée de la convention + éventuellement engagement de l'associé de conserver ses parts pendant la même durée.</td></tr>
<tr><td rowspan="2">Plafonds de loyers (par m², mensuel, charges non comprises)</td><td>Convention à loyer intermédiaire
Plafonds identiques à ceux fixés pour le bénéfice des dispositifs « Duflot », « Pinel » et « Denormandie » : voir n° 75546.
Pour les DOM, voir n° 75583.</td><td>Convention à loyer social
Pour 2025 :
Zone A bis : 13,64 €
Zone A : 10,49 €
Zone B1 : 9,04 €
Zone B2 : 8,67 €
Zone C : 8,05 €</td><td>Convention à loyer très social
Pour 2025 :
Zone A bis : 10,63 €
Zone A : 8,18 €
Zone B1 : 7,04 €
Zone B2 : 6,74 €
Zone C : 6,25 €</td></tr>
<tr><td colspan="3">La convention conclue avec l'Anah peut obliger le bailleur à fixer un loyer inférieur à ces plafonds.</td></tr>
<tr><td>Plafonds de ressources des locataires</td><td colspan="3">Convention à loyer intermédiaire : Plafonds identiques à ceux fixés pour le bénéfice des dispositifs « Duflot », « Pinel » et « Denormandie » : voir n° 75547.
Pour les DOM, voir n° 75583.
Convention à loyer social ou très social : Les plafonds, égaux à ceux fixés aux annexes I et II de l'arrêté pris en application de l'article R 441-1 du CCH (CGI ann. III art. 2 terdecies G), font l'objet d'une circulaire annuelle de mise à jour du ministère en charge du logement ou d'un arrêté de mise à jour modifiant l'arrêté du 29 juillet 1987 publié par le ministère du logement.</td></tr>
</table>

<table>
<tr><td>Location à un membre du foyer fiscal, un ascendant ou un descendant</td><td colspan="4">Interdite.</td></tr>
<tr><td>Location à un associé</td><td colspan="4">Interdite.
Est également interdite la location à un membre du foyer fiscal, un ascendant ou un descendant d'un associé.</td></tr>
<tr><td rowspan="6">Avantage fiscal</td><td colspan="4">Déduction spécifique</td></tr>
<tr><td></td><td>Secteur intermédiaire</td><td>Secteur social et très social</td><td>Location « solidaire » (quel que soit le conventionnement Anah)</td></tr>
<tr><td>Zone A bis / A / B1</td><td>30 %</td><td>70 %</td><td rowspan="3">85 %</td></tr>
<tr><td>Zone B2</td><td>15 %</td><td>50 %</td></tr>
<tr><td>Zone C</td><td>-</td><td>50 %</td></tr>
<tr><td colspan="4">S'applique pendant la période d'application de la convention (6 ou 9 ans) éventuellement prorogée. À l'échéance de la convention, la déduction continue à s'appliquer jusqu'à la date fixée pour le renouvellement ou la reconduction du bail, tant que le même locataire reste en place et que les conditions d'application du dispositif sont satisfaites.</td></tr>
<tr><td>Déficit foncier</td><td colspan="4">Voir n° 77365.</td></tr>
<tr><td>Articulation avec d'autres dispositifs</td><td colspan="4">Principe de non-cumul, pour un même logement, avec un autre régime fiscal prévu en faveur de l'investissement locatif.
Aucune exclusion n'est toutefois prévue avec la réduction d'impôt applicable aux opérations de restauration immobilière « Malraux ».</td></tr>
<tr><td>Remise en cause de l'avantage fiscal</td><td colspan="4">Événements entraînant une remise en cause : non-respect de l'engagement de location ou des conditions de mise en location ; cession du logement ou des parts sociales pendant la période d'engagement de location ou de conservation des parts. Pas de remise en cas d'invalidité, de licenciement ou de décès du contribuable (propriétaire ou associé) ou de son conjoint.
Conséquences : le revenu foncier des années au titre desquelles la déduction spécifique a été déduite est majoré du montant de cette déduction.
Lorsque l'événement entraînant la déchéance du régime intervient au cours d'une période prorogée d'engagement de location, seules les déductions pratiquées au cours des trois années concernées sont remises en cause.</td></tr>
</table>

2. PROPRIÉTÉS RURALES RELEVANT DES REVENUS FONCIERS

GÉNÉRALITÉS

78240 Les propriétés rurales dont les revenus sont imposables dans la catégorie des revenus fonciers s'entendent des propriétés composées exclusivement ou principalement de terrains non bâtis (exploitations agricoles, lacs, étangs...), à l'exclusion des terrains à bâtir.

En pratique, il s'agit principalement des exploitations agricoles données en location par **bail à ferme** dès lors que les revenus des terres données en métayage ainsi que ceux provenant des exploitations forestières relèvent des bénéfices agricoles.

Les **règles d'imposition** des revenus des propriétés rurales relevant des revenus fonciers sont en principe les mêmes que ceux des immeubles urbains. D'une manière générale, il y a donc lieu de se reporter aux développements ci-dessus sous réserve des **spécificités** données ci-après.

DÉTERMINATION DU REVENU FONCIER IMPOSABLE

78245 **Recettes** La définition des recettes est identique à celle donnée pour les propriétés urbaines. Ainsi, les recettes comprennent les sommes encaissées par le bailleur à quelque titre que ce soit (loyer ou fermage en principal y compris ceux afférents aux bâtiments ruraux, remboursement des charges, revenus exceptionnels) augmentées de la valeur des avantages en nature stipulés au bail. Toutefois, les sommes reçues par les bailleurs de biens ruraux au titre d'**avances sur les**

fermages pour les baux conclus à l'occasion de l'installation d'un jeune agriculteur bénéficiant de la dotation d'installation aux jeunes agriculteurs ou d'un prêt à moyen terme spécial peuvent bénéficier du système du quotient prévu pour les revenus exceptionnels.

Revenus accessoires Les revenus accessoires des propriétés rurales (produits de la location du **droit d'affichage** ou du **droit de chasse ou de pêche,** de la concession du droit d'**exploitation des carrières, redevances tréfoncières et autres** redevances analogues) doivent en principe être compris dans les revenus fonciers imposables, conformément à la règle générale exposée n° 76520. **78250**

Charges déductibles En sus des déductions communes à l'ensemble des propriétés, **les dépenses de restauration, d'amélioration ou de construction** suivantes sont déductibles (CGI art. 31, I-2°) : **78255**

– les dépenses d'amélioration afférentes aux propriétés bâties autres que les locaux d'habitation (bâtiment d'exploitation, terrains, etc.) à condition qu'il s'agisse de dépenses d'amélioration non rentables, c'est-à-dire non susceptibles d'entraîner un accroissement du fermage ;
– les dépenses d'amélioration afférentes aux propriétés non bâties effectivement supportées par le propriétaire ;
– les dépenses engagées pour la construction d'un nouveau bâtiment d'exploitation à condition que le nouveau bâtiment soit destiné à remplacer un bâtiment de même nature, vétuste ou inadapté aux techniques modernes de l'agriculture et que sa construction n'entraîne pas une augmentation effective du fermage ;
– les dépenses d'amélioration et de construction, qui s'incorporent aux bâtiments d'exploitation rurale et qui sont destinées à satisfaire aux obligations de mise aux normes prévues en matière de protection de l'environnement ;
– les dépenses de restauration et de gros entretien effectuées sur certains espaces naturels (« espaces Natura 2000 », parcs nationaux, réserves naturelles, sites classés, etc.) en vue de leur maintien en bon état écologique et paysager, à condition d'avoir reçu l'accord préalable de l'autorité administrative compétente.

ATTENTION

S'agissant des **impôts** afférents aux propriétés rurales, l'article L 415-3 du Code rural et de la pêche maritime prévoit que le preneur doit payer au bailleur une fraction du montant global des taxes foncières, cette fraction étant fixée à un cinquième lorsque les parties ne parviennent pas à un accord amiable. Seule est déductible par le bailleur la fraction supportée par lui, c'est-à-dire non remboursée par le preneur.

PROPRIÉTÉS RURALES DONT LE PROPRIÉTAIRE SE RÉSERVE LA JOUISSANCE

Le plus souvent, ces propriétés constituent : **78280**
– soit des exploitations agricoles que le propriétaire exploite en faire-valoir direct (ou en métayage) et dont l'imposition est établie au titre des bénéfices agricoles ;
– soit des propriétés affectées à l'habitation (principale ou secondaire) du propriétaire et qui sont de ce fait exonérées (n° 76540).

En ce qui concerne la situation (beaucoup moins courante) où le propriétaire se réserve la jouissance de propriétés rurales ne constituant pas une exploitation agricole et qui ne sont pas affectées à l'habitation, le propriétaire est imposable à ce titre dans la catégorie des **revenus fonciers.** Il peut s'agir notamment de terrains, lacs, étangs que le propriétaire se réserve pour la **pêche.**

Les propriétaires se réservant la jouissance du droit de **chasse** ne sont pas taxés. C'est le cas du propriétaire qui donne l'autorisation à des tiers de chasser sur son territoire à l'occasion de parties amicales de chasse qu'il organise lui-même (CE 24-12-2021 n° 446266 : RJF 3/22 n° 263).

> Précisions a. Le **revenu brut** de ces propriétés est constitué par la valeur locative correspondant au montant des loyers qu'elles pourraient produire si elles étaient données en location. Ce **loyer « fictif »** est évalué par comparaison avec des propriétés similaires faisant l'objet d'une location normale ou, à défaut, par appréciation directe. À défaut d'autres éléments d'appréciation conduisant à le fixer à un niveau différent, le loyer « fictif » doit, selon la jurisprudence du Conseil d'État (CE 3-11-1978 n° 3421 : RJF 12/78 n° 543), être évalué au montant des frais et charges courants de la propriété, y compris les frais de gestion et d'amortissement. À cette valeur locative s'ajoutent, si le propriétaire en perçoit effectivement, les **revenus accessoires.**

b. Les **charges déductibles** sont déterminées comme pour les propriétés données en location.

3. IMPOSITION DES PERSONNES NON DOMICILIÉES EN FRANCE

REVENUS FONCIERS TAXABLES

78360 Les contribuables domiciliés hors de France qui disposent de **revenus de source française** sont en principe imposables en France à raison de ces revenus (et d'eux seuls), quelle que soit leur nationalité (française ou étrangère).

Constituent notamment des revenus de source française les revenus d'immeubles situés en France ou de droits relatifs à ces immeubles (CGI art. 164 B, I-a).

Il s'agit, d'une part, des revenus provenant de la location d'**immeubles** situés en France et de tous les accessoires y afférents et, d'autre part, des revenus provenant des **droits immobiliers** détenus par le contribuable, tels que les droits indivis, la nue-propriété, l'usufruit ou les **droits mobiliers** (tels que les actions ou parts de sociétés immobilières).

La **base d'imposition** de ces revenus est déterminée selon les règles applicables aux revenus de même nature perçus par les personnes domiciliées en France. Ainsi, dès lors qu'ils répondent à la définition des revenus fonciers, ces revenus sont déterminés selon les modalités précisées nos 76640 s.

CALCUL DE L'IMPÔT

78365 Comme pour les personnes domiciliées en France, l'impôt dû par les contribuables non domiciliés est calculé en appliquant le barème progressif et le système du quotient familial, y compris les règles de plafonnement des effets de ce dernier, mais sans appliquer le mécanisme de décote (BOI-IR-DOMIC-10-20-10 n° 350).

En vertu d'une disposition particulière (CGI art. 197 A, a), l'impôt ainsi calculé ne peut être inférieur à 20 % du revenu net imposable (ou à 14,4 % pour les revenus ayant leur source dans les départements d'outre-mer). Lorsque la cotisation ainsi calculée n'excède pas 305 €, elle n'est pas perçue (BOI précité n° 370). Ces taux sont relevés respectivement à 30 et 20 % sur la fraction du revenu net imposable excédant la limite supérieure de la deuxième tranche de l'impôt sur le revenu.

Cependant, ce **taux minimum** n'est pas applicable si le contribuable justifie que le taux moyen qui résulterait de l'imposition en France de l'ensemble de ses revenus de sources française et étrangère serait inférieur à ce taux minimum. En pareil cas, c'est ce taux moyen qui est retenu pour le calcul de l'impôt exigible sur les seuls revenus de source française.

Lorsque les intéressés ont leur domicile fiscal dans un pays qui a conclu avec la France une **convention fiscale,** le taux minimum ne s'applique qu'aux seuls revenus effectivement imposables en France en vertu de cette convention.

ATTENTION

En général, les contribuables domiciliés hors de France ne peuvent pas bénéficier des **réductions ou crédits d'impôt** accordés pour des dépenses supportées au titre du patrimoine immobilier. Soumis au **prélèvement de solidarité** sur leurs revenus fonciers de source française, ils sont exonérés de **CSG** et de **CRDS,** à condition qu'ils relèvent du régime de sécurité sociale d'un autre État membre de l'Union européenne, de l'Espace économique européen, de la Suisse ou du Royaume-Uni.

OBLIGATIONS DÉCLARATIVES

78420 Comme l'ensemble des personnes passibles de l'impôt sur le revenu, les contribuables domiciliés hors de France qui disposent de revenus de source française doivent adresser, chaque année, au service des impôts des non-résidents une **déclaration** de leurs revenus.

Celle-ci doit **mentionner** les éléments nécessaires à l'établissement de leur imposition, c'est-à-dire :

- les renseignements relatifs à l'identité, la situation et les charges de famille du contribuable ;
- ses différents revenus de source française.

ATTENTION

La déclaration doit, quel que soit le lieu de résidence hors de France, être souscrite dans le même **délai** que celui octroyé aux contribuables domiciliés en France.

En **l'absence de déclaration,** les intéressés peuvent être taxés d'office après mise en demeure (LPF art. L 66 s.).

78430 Pour tous les contribuables n'ayant pas leur domicile fiscal en France, le **lieu d'imposition** est fixé au service des impôts des particuliers non résidents, TSA 10010, 10, rue du Centre, 93465 Noisy-le-Grand Cedex. Pour les contribuables fiscalement domiciliés à Monaco, la déclaration doit être déposée auprès du service des impôts de Menton, CS 10001, 7 rue Victor Hugo.

Les contribuables qui n'ont pas leur domicile fiscal en France mais qui y exercent des activités ou y possèdent des biens sont tenus, à la demande de l'administration, de **désigner un représentant** en France pour recevoir les communications relatives à l'assiette, au recouvrement et au contentieux de l'impôt dont ils sont redevables (CGI art. 164 D). Toutefois, cette règle ne s'applique pas aux résidents d'un État de l'Union européenne, de l'Islande ou de la Norvège. **78440**
La désignation doit être faite dans les 90 jours de la réception de la demande.
À défaut, l'administration a la faculté de taxer d'office les contribuables concernés (LPF art. L 72).

CHAPITRE 3

LOCATIONS TAXABLES À LA TVA

SOMMAIRE

APERÇU GÉNÉRAL

79000 Le régime de TVA applicable aux locations d'immeubles, qu'elles soient consenties par des sociétés civiles de location ou par des particuliers, dépend essentiellement de la nature des immeubles donnés à bail.

Les **immeubles loués nus** (terrains ou locaux) sont en principe exonérés de TVA mais l'option pour le paiement de la TVA peut être exercée pour ceux à usage professionnel.

Les locations d'**emplacements de stationnement** de véhicules, même non aménagés, sont en principe obligatoirement taxées à la TVA.

Les locations d'**immeubles aménagés,** terrains ou locaux, sont également en principe taxables à la TVA ; toutefois, dans la plupart des cas, les locations meublées à usage d'habitation échappent à l'imposition.

Enfin, les locations de **terres et bâtiments à usage agricole** (baux à ferme, en particulier) sont exonérées de TVA (CGI art. 261 D, 1°). Il en est ainsi même si les baux portent sur des biens équipés et même si le bailleur participe aux résultats de son locataire. Toutefois, les locations de terres et bâtiments agricoles peuvent, si le bailleur (personne physique ou morale) en décide ainsi, faire l'objet d'une option pour le paiement volontaire de la TVA, à condition que le preneur (fermier) soit lui-même redevable de la TVA, de plein droit ou sur option (CGI art. 260, 6°).

Après avoir précisé ces cas d'application de la TVA – obligatoire ou sur option – aux locations d'immeubles, nous exposerons les modalités et les conséquences de cette imposition à la TVA.

> **Précisions** **a.** Les locations taxées à la TVA (de plein droit ou sur option) sont exonérées de la **contribution sur les revenus locatifs** (qui en tout état de cause ne frappe que certaines sociétés civiles).
> **b.** Sur les conséquences en matière d'impôts directs (**revenus fonciers**) de la taxation à la TVA, voir n° 76780.
> **c.** Certains **assujettis** à la TVA établis en France peuvent constituer **un seul assujetti** au sens de l'article 256 A du CGI, pour une période obligatoire de trois années civiles, lorsqu'ils sont **liés entre eux sur les plans financier, économique et de l'organisation** (CGI art. 256 C). L'exercice de l'option pour la constitution d'un assujetti unique implique la création d'un nouvel assujetti : les membres de ce dernier perdent leur qualité d'assujetti et deviennent des secteurs d'activité distincts de l'assujetti unique aux fins de la TVA. Notamment, les opérations réalisées entre les membres sont alors traitées comme des opérations internes sans incidence pour l'application de la TVA, et l'assujetti unique est seul tenu de souscrire les déclarations de TVA au titre de toutes les opérations réalisées par l'ensemble de ses membres avec des tiers et d'acquitter la taxe correspondante. L'adhésion d'un assujetti à un assujetti unique ainsi que sa sortie (s'il reprend l'activité économique exercée jusqu'alors dans le secteur distinct de l'assujetti unique) sont traitées comme un transfert d'une universalité totale de biens au sens de l'article 257 bis du CGI (nos 79900 s.) et ne donnent lieu ni à taxation, ni à régularisation.

A. Immeubles loués nus (autres que les parkings)

Les locations d'immeubles nus sont, pour la plupart, exonérées de TVA. Une option est toutefois ouverte à certains bailleurs. **79005**

Sur les conséquences éventuelles de l'option du bailleur pour le régime de l'assujetti unique en matière de TVA, voir n° 79000, précision c.

1. LOCATIONS EXONÉRÉES

Posant un **principe** d'exonération, l'article 261 D, 2° du CGI exonère les locations de terrains non aménagés et de locaux nus autres que celles portant sur des emplacements de stationnement de véhicules. **79010**

Toutefois, certaines circonstances de fait rendent la location taxable à la TVA (situations dans lesquelles la location de l'immeuble est réputée commerciale). Ces **exceptions** au principe d'exonération visent les cas particuliers :

– de participation du bailleur aux résultats de l'entreprise locataire (cette participation devant s'entendre d'une association aux profits et aux aléas de l'exploitation du locataire) ;

– de locations constituant pour le bailleur le moyen de poursuivre, sous une autre forme, l'exploitation d'un actif commercial ;

– de locations constituant pour le bailleur un moyen d'accroître ses débouchés.

La **sous-location** de locaux nus entre dans le champ de l'exonération ouverte aux locaux nus (CE 16-11-2005 n° 257532 : RJF 2/06 n° 130 ; BOI-TVA-CHAMP-50-10 n° 20).

L'exonération prévue par l'article 261 D, 2° du CGI est indépendante de la qualité du locataire. Elle vise tout aussi bien les locaux à **usage d'habitation** et ceux à usage **commercial ou professionnel,** que les terrains à usage **industriel,** dès lors que ces locaux et terrains sont loués nus et non aménagés. **79015**

Une **option** est ouverte aux bailleurs de **locaux professionnels** : voir n°s 79080 s.

À noter que cette option entraîne l'obligation, pour le bailleur, de constituer des **secteurs distincts d'activité,** qui permettent de suivre, pour chaque immeuble, sa situation au regard de la TVA (voir n°s 79625 et 79630).

2. LOCATIONS NUES TAXÉES SUR OPTION DU BAILLEUR

Certaines des locations d'immeubles nus exonérées de la TVA en application de l'article 261 D, 2° du CGI peuvent être soumises volontairement à la TVA en application des dispositions de l'article 260, 2° du même Code. **79080**

IMMEUBLES CONCERNÉS PAR LA LOCATION TAXÉE SUR OPTION À LA TVA

L'option pour la TVA est ouverte en principe à toutes les personnes physiques ou morales (sociétés civiles, notamment) qui donnent en location des immeubles nus pour les **besoins de l'activité du locataire** (preneur) (CGI art. 260, 2°). **79085**

En pratique, l'option peut concerner :

– les immeubles à **usage commercial** : boutiques, magasins, etc. ;

– les immeubles à usage **industriel** : ateliers, usines, hangars, etc. ;

– les immeubles à usage **professionnel** : locaux affectés à l'exercice d'une profession médicale, cabinets d'architectes, bureaux d'études, laboratoires d'analyses, etc. ;

– les bureaux loués à des **administrations.**

Le fait que l'activité exercée par le preneur soit taxable (il s'agit alors, selon la terminologie propre à la TVA, d'un « **assujetti taxable** ») ou exonérée de TVA (il s'agit alors d'un « **assujetti non taxable** ») est sans incidence : le bailleur a le droit d'opter.

Le bailleur a même la possibilité d'opter lorsque l'activité exercée par le preneur n'emporte pas assujettissement à la TVA dudit preneur (il s'agit alors au sens strict d'un « non-assujetti »). Dans cette hypothèse de **« non-assujettissement » du preneur** (qui concerne pour l'essentiel des locaux loués à certains organismes sociaux ou services administratifs), et seulement dans cette hypothèse, le bail devra faire mention de l'option du bailleur.

L'**option** de l'article 260, 2° du CGI est **exclue** :

– pour les locaux destinés à un **usage agricole** : une option spécifique est prévue par une autre disposition du CGI (n° 79000) ;

– pour les locaux destinés à l'**habitation** (ou à tout autre besoin privé). L'interdiction d'opter lorsque les locaux loués sont destinés à l'habitation étant liée à la nature des locaux (locaux non pris à bail pour les besoins de l'activité), elle s'applique quelles que soient la qualité du preneur et sa situation au regard de la TVA. Les bailleurs ne peuvent donc pas exercer l'option pour des locaux d'habitation loués à une société de gestion immobilière dont l'activité consiste à sous-louer des locaux à des particuliers.

> Précisions a. L'option relative à un immeuble en **indivision** est – en raison de la nature juridique de l'indivision (entité distincte des membres qui la composent) – nécessairement globale. Elle est exercée, au nom de l'indivision, par le gérant ou, à défaut de gérant, par un coïndivisaire muni d'un mandat exprès. La ratification des indivisaires n'ayant pas donné leur consentement peut toutefois être implicite lorsqu'ils ont régulièrement acquitté au Trésor la TVA sur les loyers (CAA Paris 29-3-2007 n° 05-2104 : RJF 8-9/07 n° 904).
En cas de **démembrement de propriété** (usufruit, nue-propriété) d'un bien immobilier loué nu à usage commercial : voir n° 42620.
b. L'option exercée par les loueurs de locaux nus à usage professionnel couvre l'ensemble des **bâtiments nécessaires à l'exercice de l'activité du locataire.** Notamment, elle couvre l'ensemble des locaux affectés à des personnels exerçant des fonctions impliquant, par nature et au regard de l'activité exercée par le preneur, une résidence permanente sur les lieux mêmes du travail et, en particulier, le logement du personnel chargé de fonctions permanentes de surveillance ou de sécurité (CE 7-9-2009 n° 313138 : RJF 12/09 n° 1074 ; BOI-TVA-CHAMP-50-10 n° 200).
c. L'option est possible au titre d'un **local à usage mixte,** y compris lorsque l'usage professionnel n'est pas prépondérant (CE 2-7-1986 n° 54743 : RJF 10/86 n° 876), l'option couvrant dans ce cas tout le local. Par « local à usage mixte », on entend un local qui est à la fois et indissociablement professionnel et d'habitation. Ne présente pas ce caractère, par exemple, un local dans lequel certaines pièces sont affectées à l'habitation et d'autres à un usage professionnel (dans ce dernier cas, seules les pièces à usage professionnel sont couvertes par l'option).
d. En cas de conclusion d'un **bail unique** portant à la fois sur des locaux à **usage professionnel et** sur des locaux à usage **d'habitation,** l'option pour le paiement de la TVA ne peut porter que sur les seuls locaux professionnels, ce qui implique une ventilation, dans le bail, de la part de loyer afférente à chacun des locaux, ou, en l'absence d'une telle ventilation, que soit déterminée la quotité des loyers se rapportant aux locaux professionnels (Rép. Lasbordes : AN 23-3-1998 n° 4696, non reprise dans Bofip).

INTÉRÊT DE L'OPTION POUR LA TVA

79100 Le bailleur qui opte pour la TVA est placé, d'une manière générale, au regard des droits à déduction et des obligations dans la même situation que le bailleur taxé obligatoirement. En particulier, il peut, dans les conditions de droit commun, **déduire** de la **taxe** dont il est redevable celle **grevant ses investissements et frais d'exploitation.**

L'option pouvant être exercée même lorsque l'immeuble n'est pas encore achevé (CGI ann. II art. 193, al. 1), les bailleurs qui font procéder à la construction des locaux ont intérêt à **opter avant l'achèvement de l'immeuble** : en effet, cette option leur permettra d'effacer intégralement la TVA supportée par eux.

Il ne faut pas oublier enfin (et ce facteur est parfois loin d'être négligeable) que l'option entraîne l'exonération de la **taxe sur les salaires** et de la **contribution sur les revenus locatifs** (contribution qui n'est due, il est vrai, que par certains bailleurs).

PORTÉE DE L'OPTION POUR LA TVA

79120 Les personnes physiques ou morales qui donnent en location **plusieurs immeubles ou ensembles immobiliers** situés **en des lieux différents** doivent, si elles souhaitent opter pour leurs différents immeubles ou ensembles immobiliers, exercer leur option immeuble par immeuble, ou ensemble immobilier par ensemble immobilier (CGI ann. II art. 193, al. 2).

Dans les immeubles ou ensembles immobiliers comprenant **à la fois des locaux** nus donnés en location **ouvrant droit à l'option et d'autres locaux,** l'option ne s'étend pas à ces derniers mais elle s'applique globalement à l'ensemble des locaux de la première catégorie (CGI ann. II art. 193, al. 3).
L'option s'applique aux locaux possédés lors de l'option et s'étend aux **locaux acquis postérieurement** ayant la même destination. Toutefois, le Conseil d'État a jugé que ces dispositions ne s'opposent pas à ce qu'un bailleur puisse opter pour la soumission à la TVA de **certains seulement** des locaux éligibles à l'option (CE 9-9-2020 n° 439143 : RJF 12/20 n° 989). Lors de l'exercice de l'option, le bailleur peut donc décider de mentionner les locaux pour lesquels il entend soumettre les loyers à la TVA, ce choix s'appréciant **par opération de location,** c'est-à-dire pour un même contrat de bail. La désignation doit alors être effectuée de **façon expresse, précise et non équivoque** (Rép. Grau : AN 16-11-2021 n° 38389).

En cas de **location seulement partielle,** l'option couvre les locaux nus à usage professionnel non effectivement donnés en location mais dont le bailleur établit qu'il les **offre à la location.** Les conditions suivantes doivent être réunies :

– des mandats conclus par le bailleur (ou toute autre démarche qu'il a initiée) attestent des efforts déployés par lui dans la **recherche active des locataires** pour les locaux restés vacants ;

– ces locaux restés vacants au moment de la formulation de l'option représentent une **faible superficie du total** des locaux nus à usage professionnel de l'immeuble concerné.

Cette dernière condition, délicate d'appréciation, est réputée satisfaite si la **vacance de locaux** est justifiée par des **circonstances économiques indépendantes** de la volonté du bailleur (début d'activité, conjoncture du marché immobilier, sinistre, par exemple) (BOI-TVA-CHAMP-50-10 n° 170).

Lorsque ces conditions sont remplies, la taxe grevant les locaux restés vacants peut être déduite. De même, aucune régularisation de TVA n'est exigible lorsque, pendant la durée de l'option, il est constaté une vacance temporaire des locaux nus à usage professionnel justifiée par des circonstances économiques étrangères à la volonté du bailleur. Il en est ainsi, par exemple, en cas de changement de locataire pendant la période au cours de laquelle le bailleur effectue les diligences nécessaires à la recherche d'un nouveau locataire (BOI-TVA-CHAMP-50-10 n° 180).

Dans le même ordre d'idées, il a été jugé que l'arrêt temporaire de la perception des loyers ne constitue pas une cessation d'activité justifiant une régularisation de la taxe antérieurement déduite s'il s'explique par des motifs tels que la conjoncture économique ou les difficultés financières du locataire (CAA Lyon 23-2-2006 n° 00-2614 : RJF 10/06 n° 1180). Il en est de même dans le cas d'une société dont les immeubles sont restés vacants pendant plus de deux ans dès lors qu'elle prouve qu'elle a cherché à les louer (CJUE 28-2-2018 aff. 672/16 : RJF 5/18 n° 567).

> Précisions a. Par **« ensemble immobilier »,** on entend non seulement un groupe de bâtiments ayant fait l'objet d'un même plan de masse, d'un permis de construire unique ou d'un même programme de construction réalisé sur un terrain appartenant à une même société, mais également deux ou plusieurs immeubles construits sur un même terrain et destinés à l'exercice d'une seule et même activité par le preneur (BOI-TVA-CHAMP-50-10 n° 110).

b. Sur l'**indemnité compensatrice** de l'absence de loyers pendant la construction de l'immeuble versée par le promoteur, voir n° 79445.

c. Jugé à propos d'un bailleur exerçant **à la fois des activités de location et de sous-location** que l'option exercée au titre de locaux qu'il possède dans un immeuble ne couvre pas les locaux qu'il a pris ultérieurement en location dans le **même immeuble** et qu'il donne en sous-location. Cette activité de sous-location doit faire l'objet d'une option distincte qui ne peut pas résulter de la seule circonstance que les sous-loyers ont été soumis à la taxe (TA Versailles 23-9-2003 n° 01-1982 : RJF 1/04 n° 27).

d. S'agissant des **options en cours au 9 septembre 2020** pour lesquelles court la période d'option de neuf années civiles, les bailleurs qui avaient opté globalement pour l'ensemble des locaux éligibles d'un même immeuble sur le fondement de l'article 193, al. 3 de l'annexe II au CGI sont fondés, sous réserve d'en informer l'administration, à limiter la portée de cette option à certains des locaux éligibles, sans que cette limitation ait une incidence sur le décompte et le terme de cette période (Rép. Grau précitée).

CONSÉQUENCES SUR LES DÉDUCTIONS DE L'OPTION POUR LA TVA

Au regard du droit à déduction, chaque immeuble ou ensemble immobilier ayant fait l'objet d'une option constitue un **secteur d'activité distinct** (n° 79630). **79140**

Les loueurs qui ont exercé des options afférentes à plusieurs immeubles sont tenus de **suivre distinctement** les déductions propres à chaque immeuble. De même, les loueurs d'immeubles qui exercent d'autres activités passibles de la TVA sont tenus de séparer les deux catégories d'activités pour le calcul du droit à déduction.

La déduction (par imputation, ou, à défaut, par remboursement) de la taxe ayant grevé le prix de revient de l'immeuble peut être opérée dès la **date d'effet de l'option.**

> Précisions Lorsque l'immeuble ou l'ensemble d'immeubles regroupe à la fois des **locaux couverts par l'option** et des **locaux non couverts** par l'option, la TVA afférente à la construction ou à l'acquisition de l'immeuble ou de l'ensemble d'immeubles concerné n'est déductible qu'à concurrence de la surface des locaux effectivement couverts par l'option (BOI-TVA-CHAMP-50-10 n° 160). Même solution en cas de réparation (Rép. Zimmermann : AN 23-11-2010 n° 78147, non reprise dans Bofip).

MODALITÉS ET DURÉE DE L'OPTION POUR LA TVA

L'option initiale est **expresse.** Rappelons – car ceci est d'une grande importance pratique – **79160**
qu'elle doit être exercée **immeuble par immeuble** (voire même locaux par locaux : n° 79120).

L'option revêt en principe la forme d'une **déclaration écrite,** faite par **lettre simple** (formalisant l'intention de soumettre à la TVA l'activité de location) auprès du service des impôts territorialement compétent. En cas de **création d'activité,** l'option peut être exercée sur la

79160 (suite) déclaration d'existence déposée via le guichet unique électronique, à condition que celle-ci comporte des indications suffisamment précises pour identifier le ou les immeubles auxquels l'option se rapporte (CE 23-12-2011 n° 323189 : RJF 3/12 n° 236 ; BOI-TVA-CHAMP-50-10 n° 20).

L'option prend **effet** le premier jour du mois au cours duquel elle est formulée auprès du service des impôts (CGI ann. II art. 194).

L'option peut être **dénoncée** à partir du 1er janvier de la neuvième année civile qui suit celle au cours de laquelle elle a été exercée (ou l'immeuble achevé dans le cas d'une option exercée au titre d'un immeuble non encore achevé). La dénonciation prend effet à compter du premier jour du mois au cours duquel elle a été formulée auprès du service des impôts (CGI ann. II art. 194). L'option couvre donc obligatoirement une **période minimale** de huit années et un mois.

À défaut de dénonciation, l'option continue de produire ses effets tant qu'il n'y est pas mis fin.

L'option peut être exercée et produire ses effets alors même que **celui qui opte n'est pas encore propriétaire ou n'a pas encore la jouissance de l'immeuble** sur lequel porte l'option. L'option peut ainsi être formulée au stade des avant-contrats de vente, d'apport, de bail ou de crédit-bail ou même à la constitution d'une société ayant vocation à donner à bail un immeuble ; dans cette situation, l'immeuble affecté à l'activité locative doit être désigné dans la lettre d'option (BOI-TVA-CHAMP-50-10 n° 230). Dès lors que l'option est exprimée, le loueur peut exercer son droit à déduction.

Retenant une position moins restrictive que celle adoptée par le Conseil d'État (CE 13-1-2006 n° 253404 : RJF 4/06 n° 366 ; CE 21-12-2023 n° 474042 : RJF 3/24 n° 205), l'administration considère que la **validité de l'exercice de l'option** par les assujettis n'est **pas subordonnée** à ce que la déclaration d'option soit accompagnée d'un **bail,** d'une promesse de bail ou de tout document analogue (BOI-TVA-CHAMP-50-10 n° 210).

Lorsque l'option a été formulée en bonne et due forme, l'assujetti peut exercer son **droit à déduction** immédiatement même s'il n'a pas encore conclu de baux ou perçu de loyers dès lors qu'il peut être établi, par des éléments objectifs, qu'il offre des immeubles à la location (BOI-TVA-CHAMP-50-10 n° 170). Ne fournit pas de tels éléments une société civile qui, trois ans après une option, n'apporte aucun élément établissant la réalité d'un projet de construction puis de location de l'immeuble (objet de l'option) ou justifiant du retard des travaux (CAA Lyon 4-11-2014 n° 13LY02525 : RJF 4/15 n° 308 ; CE (na) 7-12-2015 n° 386964 : RJF 3/16 n° 232).

Exemples :

1. Une option formulée le 24 janvier 2025 a pris effet le 1er janvier 2025 et pourra être dénoncée à compter du 1er janvier 2034. Si l'option est dénoncée en janvier 2034, la dénonciation prendra effet à compter du 1er janvier 2034 (application de l'exonération à compter de cette date).

2. Une option exercée le 5 décembre 2025 prend effet le 1er décembre 2025 et pourra être dénoncée à compter du 1er janvier 2034. Si l'option est dénoncée en mars 2034, la dénonciation prendra effet à compter du 1er mars 2034 (application de l'exonération à compter de cette date).

3. Une option a été exercée en mars 2025 pour un immeuble non encore achevé ; celui-ci est achevé au cours de l'année 2026. L'option pourra être dénoncée à compter du 1er janvier 2035.

> **Précisions a.** Le **changement d'utilisation des locaux** est sans incidence sur la validité de l'option lorsqu'il s'agit d'un simple changement d'activité, par exemple lorsque le locataire assujetti change d'activité et devient un non-assujetti, même si le contrat de bail ne mentionne pas l'option du bailleur (BOI-TVA-CHAMP-50-10 n° 280).

En revanche, lorsque tout ou partie d'un immeuble loué à usage professionnel et ayant fait l'objet d'une option cesse d'être destiné aux besoins d'une telle activité, l'option cesse de plein droit de s'appliquer aux locaux qui ont changé de destination (par exemple, ceux désormais affectés à l'habitation), même si ce changement intervient au cours de la période couverte par l'option : dans ce cas, la dénonciation de l'option est obligatoire (CGI ann. II art. 194, al. 4) ; sur les régularisations à opérer, voir n° 79740.

b. Le **changement de locataire** n'affecte pas la validité de l'option sous réserve que le nouveau bail, s'il est conclu avec un preneur non assujetti, contienne bien la clause indiquant que l'option est exercée par le bailleur. Si le nouveau preneur non assujetti n'accepte pas l'option, celle-ci cesse ses effets de plein droit pour les locaux concernés (BOI-TVA-CHAMP-50-10 n° 300).

c. En cas de **renouvellement du bail sans changement de locataire,** l'option continue de produire ses effets jusqu'à son terme même si, le locataire étant non assujetti, le nouveau bail ne contient pas la clause requise pour l'exercice de l'option (BOI-TVA-CHAMP-50-10 n° 310).

d. En cas de **fusion** ou de **dissolution sans liquidation,** le bénéficiaire de ces opérations peut bénéficier du transfert de l'option formulée par le précédent détenteur (BOI-TVA-CHAMP-50-10 n° 240).

3. LOCATIONS CONSENTIES À UN PRIX TRÈS INFÉRIEUR À CELUI DU MARCHÉ

En principe, ces locations échappent à la TVA car, pour être imposables, les opérations doivent être effectuées à titre onéreux, c'est-à-dire comporter la fourniture par le bénéficiaire de la prestation d'une contrepartie, quelle qu'en soit la nature : ce principe vaut tout particulièrement dans le domaine locatif et, en pratique, pour les baux d'immeubles. **79200**

En effet, lorsque des locations sont consenties **entre des personnes liées** juridiquement ou économiquement, il arrive que le loyer soit fixé à un prix manifestement inférieur à celui du marché. Dans cette hypothèse (qui est celle d'un **acte anormal de gestion**), la location (qu'il s'agisse d'immeubles aménagés ou non) se trouve placée **hors du champ d'application de la TVA** ; d'où, notamment, le caractère inopérant de l'option qui aurait été exercée (qu'il s'agisse d'immeubles à usage professionnel ou de biens ruraux) et l'obligation de reverser :

- la totalité de la TVA déduite lorsque les loyers sont anormalement faibles depuis le début de l'activité ;
- une fraction de la TVA déduite l'année où les loyers fixés jusqu'alors à un niveau normal deviennent anormalement bas ; dans cette situation, la sortie de l'option est effective à compter du 1er janvier de l'année considérée.

ILLUSTRATIONS

Citons à titre d'exemples jurisprudentiels :
– pour un **loyer considéré comme normal** : TA Toulouse 2-10-2001 n° 97-3208 : RJF 1/02 n° 17, à propos d'un taux de rentabilité de 4,26 %, jugé pourtant faible en comparaison de celui constaté pour l'agglomération (compris entre 10 et 12 %); CAA Lyon 15-5-2007 n° 03-1267 : RJF 2/08 n° 134 à propos de la location d'une clinique équipée à 7,32 €/m² pour laquelle la cour a considéré qu'il s'agissait bien d'une activité économique autorisant la déduction de la TVA dès lors que les recettes locatives n'étaient pas insignifiantes; CAA Lyon 28-4-2016 n° 13LY01889 : RJF 8-9/16 n° 696, pour un taux de rentabilité de 2,94 % ne remettant pas en cause le caractère économique d'une location dès lors qu'il a assuré à la SCI propriétaire la perception de recettes qui n'étaient pas insignifiantes et qui présentaient un caractère de permanence; CAA Nantes 19-10-2017 n° 16NT01751 : RJF 2/18 n° 153, à propos d'emplacements de campings loués par une SCI à ses associés pour 2 €/m² hors charges et par an, soit 5 à 6 fois moins que dans d'autres campings des environs (mais qui offrent des prestations très supérieures), au motif que les recettes de la SCI ne sont pas symboliques et présentent un caractère de permanence;
– pour un **loyer considéré comme anormal** : TA Lyon 3-3-2003 n° 98-5583 : RJF 6/03 n° 705, à propos d'une mosquée dont la location n'assurait que 2,39 % de rentabilité au capital investi par une SCI.

B. Locations de parkings

PRINCIPE DE TAXATION À LA TVA

Les locations de parkings sont imposables de plein droit à la TVA (CGI art. 261 D, 2°). **79280**

Les personnes physiques ou morales, quel que soit leur statut juridique (collectivités locales, sociétés commerciales, sociétés civiles, garagistes, simples particuliers, etc.), qui donnent à bail de tels emplacements sont donc, en principe, tenues d'acquitter la TVA (sauf bénéfice éventuel de la franchise en base : n° 79810).

Sur les conséquences éventuelles de l'option du bailleur pour le régime de l'assujetti unique en matière de TVA, voir n° 79000, précision c.

> Précisions L'imposition est de règle (BOI-TVA-CHAMP-10-10-30 n° 150) :
– quelle que soit la **nature du véhicule** pour le stationnement duquel l'emplacement est loué (automobiles, bateaux, avions, caravanes, etc.);
– quels que soient les caractéristiques ou le **type de l'emplacement** loué (garages individuels, box, simples emplacements en sous-sol, en surélévation ou en surface);
– que cette location s'accompagne ou non de **prestations commerciales annexes** telles que le gardiennage et la mise à disposition d'installations permettant l'entretien, la réparation ou le ravitaillement en carburant des véhicules;
– quels que soient la **périodicité** de la location (à l'heure, à la journée, au mois) ou son mode de **rémunération** (parcmètres, loyer à la journée ou au mois).

EXCEPTION À LA TAXATION À LA TVA

79300 La **location d'un emplacement** pour le stationnement des véhicules échappe à l'imposition lorsqu'elle est étroitement **liée à la location non soumise à la TVA d'un local** destiné à un autre usage si les **conditions** suivantes sont réunies (BOI-TVA-CHAMP-10-10-30 n° 180) :

– l'emplacement et le local sont situés dans le même ensemble immobilier ;
– ils sont donnés en location par le même bailleur et pris en location par le même locataire ;
– l'emplacement constitue l'accessoire d'un local ne donnant pas lieu lui-même à imposition (local d'habitation nu ou loué en meublé, local professionnel nu n'ayant pas donné lieu à l'option pour la TVA), même si les baux et loyers sont distincts.

Cette exonération s'applique que la location principale soit exonérée de façon obligatoire (locaux d'habitation, la plupart des locaux meublés ou garnis à usage d'habitation) ou facultative (locaux nus professionnels pour lesquels l'option est possible mais n'a pas été exercée).

C. Locations de locaux aménagés ou meublés

79360 Toutes les locations d'immeubles (y compris les terrains de camping, par exemple) aménagés constituent des opérations de nature commerciale en principe taxables à la TVA sur le prix de location, même dans le cas où tous les autres éléments du fonds ne sont pas compris dans la location. Tel est le cas notamment des **locations de locaux à usage professionnel munis du mobilier,** du matériel ou des installations nécessaires à l'exercice de l'activité (BOI-TVA-CHAMP-10-10-50-30 n°s 40 et 50). L'existence du mobilier ou du matériel (de caractère mobilier ou immobilier) doit être appréciée au cas par cas. Les locaux ou terrains aménagés s'entendent des locaux ou terrains qui sont pourvus des aménagements nécessaires, c'est-à-dire de ceux sans lesquels l'exercice de l'activité à laquelle ils sont destinés ne serait pas possible (CE 26-12-2013 n° 360124 : RJF 3/14 n° 234).

Font assez largement **exception** les locations meublées à usage d'habitation (n° 65855) ainsi que les locations de biens ruraux visées à l'article 261 D, 1° du CGI (n° 79000).

Sur les conséquences éventuelles de l'option du bailleur pour le régime de l'assujetti unique en matière de TVA, voir n° 79000, précision c.

ILLUSTRATIONS

Sont notamment **imposables** à la TVA :
– les locations de **salles meublées à usage de réunion,** de salles de **cinéma** ou de salles de **spectacle** aménagées pour recevoir les spectateurs ou auditeurs, les locations de **courts de tennis** moyennant redevances horaires ou saisonnières (BOI-TVA-CHAMP-10-10-50-30 n° 60) ;
– les locations de locaux aménagés consenties par des membres de **professions libérales** à des confrères, et ce, conformément au principe de la commercialité de la fourniture des moyens nécessaires à l'exercice d'une profession libérale. Ainsi, une société civile constituée en vue de la location d'un **cabinet dentaire** muni de son matériel d'exploitation et fournissant à des praticiens l'ensemble des moyens nécessaires à l'exercice de leur profession est passible de la TVA (CE 26-7-1991 n° 81732 : RJF 10/91 n° 1210) ;
– les locations de **locaux nus** lorsqu'une **convention** conclue avec le preneur **met à sa disposition le mobilier et divers équipements nécessaires à l'exercice de son activité.** Ainsi, a été considérée comme ayant assuré en fait la location de locaux meublés une SCI qui louait des bureaux à usage commercial par des baux portant sur des locaux nus mais obligeait en même temps chaque preneur à passer une seconde convention avec une autre société (composée pour partie des mêmes associés), convention prévoyant pendant toute la durée d'occupation des lieux la mise à la disposition du preneur du mobilier et de certains services contre paiement de sommes fixées à 20 % du loyer (CE 25-3-1983 n° 30787 : RJF 6/83 n° 775 ; BOI-TVA-CHAMP-10-10-50-30 n° 60).

En revanche, est **exonérée** la location de locaux munis d'**équipements** et du matériel **nécessaires à une activité qui n'est pas celle du preneur** et dépourvus de ceux nécessaires à l'activité de ce dernier (CAA Lyon 23-10-2003 n° 98-407 : RJF 10/04 n° 981).

D. Modalités d'imposition des locations taxées à la TVA

79440 Lorsqu'ils sont taxables, de plein droit ou sur option, les loueurs sont tenus de respecter les différentes règles relatives à la TVA, règles que nous exposons brièvement ci-après en insistant sur les points susceptibles d'intéresser plus particulièrement ces personnes.

Sur les conséquences éventuelles de l'option du bailleur pour le régime de l'assujetti unique en matière de TVA, voir n° 79000, précision c.

1. BASE D'IMPOSITION DE LA TVA

Pour les locations taxées à la TVA, cette dernière doit être acquittée sur l'ensemble des sommes perçues en contrepartie du service rendu (CGI art. 266, 1-a). La TVA est donc due sur les **loyers et préloyers** ainsi que sur les sommes qui constituent pour les locataires des frais supplémentaires du loyer (tels que **droits d'entrée** ou **pas-de-porte**). **79445**

Selon l'administration, la TVA n'est exigible sur les **dépôts de garantie** et **cautionnements** versés par les locataires que si, et au moment où, survient la clause contractuelle de leur conservation par le bailleur (BOI-TVA-BASE-10-10-10 n° 20). Toutefois, il a été jugé que les dépôts de garantie appréhendés en fin de bail par le bailleur pour effectuer les travaux de remise en état, à la suite de dégradations commises par les locataires, n'ont pas pour effet de rémunérer le bailleur d'un élément de la prestation de location, même si le versement du dépôt de garantie est prévu contractuellement au bail, mais de le **dédommager** de l'**inexécution** par ses locataires de leur **obligation de restituer le bien** loué **en bon état** en fin de location ; par suite, ils ne peuvent être soumis à la TVA en application de l'article 256 du CGI (TA Versailles 23-9-2003 n° 01-1982 : RJF 1/04 n° 27). Selon nous, cette jurisprudence doit être approuvée même si elle a depuis été contredite par une autre juridiction (TA Paris 17-10-2006 n° 00-1614 : RJF 3/07 n° 265).

L'administration a eu l'occasion d'indiquer que les **indemnités compensatrices de l'absence de loyers versées par un constructeur** aux acquéreurs d'immeubles en l'état futur d'achèvement et destinés à la location doivent être considérées comme des recettes accessoires de l'activité de location et suivre le même régime de TVA que les loyers : ces indemnités sont à soumettre à la TVA si les opérations de location sont taxées de plein droit ou sur option. La TVA correspondante doit être facturée au promoteur qui peut la déduire dans les conditions de droit commun (Inst. 3 A-12-91, solution non reprise dans Bofip). Le Conseil d'État ne fait pas la même analyse et considère qu'un tel versement constitue seulement une réduction du prix d'acquisition et de la TVA y afférente (CE 5-1-1994 n° 73875 : RJF 3/94 n° 249 ; CE 28-9-2016 n° 393229 : RJF 12/16 n° 1074).

> Précisions a. Les **remboursements de charges locatives**, c'est-à-dire les charges qui incombent normalement au locataire (eau chaude, chauffage, réparations locatives, etc.) sont en principe taxables. Toutefois, l'administration admet que les propriétaires peuvent – bien qu'agissant en leur nom propre et sous réserve que les autres conditions fixées par l'article 267, II-2° du CGI (régime des débours) soient remplies – ne pas inclure dans leur base d'imposition les remboursements exacts des charges (autres qu'impôts et redevances) ayant véritablement un caractère locatif ainsi que les provisions pour charges régularisées au moins une fois par an (BOI-TVA-BASE-10-10-30 n° 250 à 320).

b. Les **charges incombant normalement au bailleur** (taxe foncière, grosses réparations et autres charges non récupérables, contribution sur les revenus locatifs) et mises à la charge du preneur s'analysent en un supplément de loyer soumis à la TVA (pour un exemple en matière de taxe foncière remboursée au propriétaire d'un local commercial par son locataire, Cass. com. 4-12-2007 n° 06-21.149 : RJF 4/08 n° 433).

c. L'indemnité d'occupation sans titre de locaux professionnels accordée au bailleur par le juge judiciaire au titre de l'occupation illégale par le preneur qui s'est maintenu dans les lieux après la résiliation du bail, même si son montant a été fixé à celui de l'ancien loyer, vise seulement à compenser le préjudice subi par le bailleur du fait de l'occupation sans titre des locaux et ne constitue pas la rémunération d'une prestation de services à titre onéreux. L'indemnité n'est donc pas soumise à la TVA (CE 30-5-2018 n° 402447 : RJF 8-9/18 n° 840).

2. FAIT GÉNÉRATEUR ET EXIGIBILITÉ DE LA TVA

Pour les locations d'immeubles – prestations donnant lieu à l'établissement de décomptes ou à des encaissements successifs –, le **fait générateur** de la taxe (qui se définit comme le fait par lequel sont réalisées les conditions légales nécessaires pour l'exigibilité de la taxe) est réputé intervenir lors de l'expiration des périodes auxquelles ces décomptes et ces encaissements se rapportent (CGI art. 269, 1-a bis). **79500**

Quant à l'**exigibilité** (définie comme le droit que le Trésor public peut faire valoir, à partir d'un moment donné, auprès du redevable pour obtenir le paiement de la taxe), elle intervient, en principe, lors de l'encaissement des acomptes, du prix ou de la rémunération.

Des deux notions – fait générateur et exigibilité –, c'est celle de l'exigibilité qui revêt, en pratique, la plus grande importance.

La date de l'**encaissement** détermine la période (mois, trimestre, etc.) au titre de laquelle le montant des locations imposables doit faire l'objet d'une **déclaration** avec paiement de l'impôt correspondant. Elle détermine en outre la date à partir de laquelle le **droit à déduction** prend naissance chez le locataire (CGI art. 271, I-2).

> **Précisions a.** En cas de **paiement du loyer par chèque,** la taxe n'est exigible, en principe, que lors de l'encaissement de ce chèque, soit directement, soit par inscription au compte.
> Cependant, en pratique, le bailleur qui reçoit un chèque en paiement acquitte généralement la taxe dès la remise du chèque par son client.
> Toutefois, le paiement n'est confirmé que lorsque le chèque est encaissé. Dès lors, si le chèque n'est pas provisionné, l'exigibilité doit être considérée comme n'étant pas effectivement intervenue et le redevable peut opérer l'imputation de la taxe acquittée lors de la remise du chèque (BOI-TVA-BASE-20-20 n° 40).
> **b.** Par dérogation, sur option du bailleur, l'exigibilité de la TVA peut intervenir au moment du **débit** (CGI art. 269, 2-c), c'est-à-dire à l'inscription de la somme correspondant au débit du compte client : le débit coïncide en pratique le plus souvent avec la facturation. L'option est globale et prend effet le premier jour du mois suivant celui au cours duquel elle a été exercée. Une telle option ne présente en pratique d'intérêt que si le bailleur réalise par ailleurs des livraisons de biens meubles corporels : la date d'exigibilité de la TVA pour les locations et les livraisons de biens sera alors identique, ce qui constitue pour lui une simplification administrative.

3. TAUX DE LA TVA

79560 Pour toutes les locations d'immeubles taxées à la TVA – **autres que les locations meublées** –, le taux de la TVA applicable, c'est-à-dire facturé par le bailleur, est le taux normal de 20 % (CGI art. 278).

Pour les locations **meublées** à usage d'habitation et les locations assimilées, le taux applicable est, en principe, le taux intermédiaire de 10 % (CGI art. 279, a). Par exception, pour certaines locations (maisons de retraite, logements-foyers, résidences hôtelières à vocation sociale, etc.), le taux applicable est le taux de 5,5 % (CGI art. 278-0 bis, C).

Ces taux s'appliquent à une **base hors taxe.**

4. DÉDUCTIONS DE TVA

PRINCIPES

79620 S'ils effectuent des locations effectivement, et à bon droit, taxées à la TVA, les bailleurs peuvent déduire de la taxe qu'ils acquittent au titre de ces locations tout ou partie de la **taxe qui grève l'ensemble des biens,** y compris les investissements (achat ou construction des **immeubles** loués), ou des **services** utilisés pour la réalisation de ces opérations taxables (CGI art. 271, I-1).

Sur les conséquences éventuelles de l'**option** pour le **régime de l'assujetti unique** sur les modalités de déduction de la TVA, voir n° 79000, précision c.

79625 **Constitution de secteurs distincts** L'exercice du droit à déduction de la TVA par les bailleurs peut entraîner, pour eux, l'obligation de constituer des secteurs distincts, c'est-à-dire de suivre, dans des **comptes distincts** pour chaque immeuble, toutes les opérations se rapportant à l'immeuble du secteur.

Il n'est pas nécessaire que plusieurs **comptabilités séparées** soient tenues : il suffit que les données comptables propres à chaque secteur (acquisitions, opérations taxables ou exonérées, cessions d'immobilisations, transferts, etc.) apparaissent dans la comptabilité du bailleur, complétée, le cas échéant, par des registres annexes, et que le bailleur soit en mesure de justifier les mentions portées sur ses déclarations.

De même, une seule **déclaration** de TVA est souscrite, sur laquelle sont regroupés les éléments propres à chaque secteur (notamment tous les droits à déduction, tous secteurs confondus).

79630 Doivent être constituées en secteurs distincts toutes les **locations** d'immeubles nus taxées à la **TVA sur option.** Chaque immeuble (ou ensemble immobilier) ayant fait l'objet d'une option constitue un secteur d'activité distinct (CGI ann. II art. 209, I-2°) ; lorsque l'option couvre une fraction d'immeuble, le secteur distinct est constitué par cette fraction d'immeuble. La sectorisation par immeuble (ou ensemble d'immeubles) a pour principale conséquence d'imposer le **calcul** des droits à déduction secteur par secteur. Une fois calculés séparément, secteur par secteur, les droits à déduction sont globalisés sur la **déclaration** unique.

L'obligation de constituer un secteur d'activité s'étend à tout redevable de la TVA qui, **en sus de son activité taxable,** loue un ou plusieurs immeubles ou ensembles d'immeubles dont la **location n'est pas taxée à la TVA.**

En revanche, lorsque le bailleur n'exerce **que des activités taxables à titre obligatoire,** il n'y a pas lieu de constituer des secteurs distincts (par exemple, location de parkings et de locaux professionnels aménagés) (BOI-TVA-DED-20-20 n° 30).

DATE DE LA DÉDUCTION DE TVA

La TVA est déductible lorsque la taxe facturée par le fournisseur de biens ou de services est devenue **exigible** chez ce fournisseur (nº 79500). 79660

Pour les **prestations de services** facturées au bailleur (cas, par exemple, des honoraires d'un conseil ou du syndic de copropriété), la taxe est en principe déductible au titre du mois au cours duquel il a effectué le règlement de la prestation (et non au titre du mois de la date de la facture). La TVA est toutefois déductible au titre du mois de la date de la facture si le prestataire a opté pour le paiement de la TVA d'après les « débits ».

Pour les **achats de biens meubles** corporels (constitutifs ou non d'une immobilisation), la TVA est déductible au titre du mois de l'achat ou de la livraison du bien (même en cas de vente assortie d'une clause de réserve de propriété). En cas de versement préalable d'un acompte portant sur une livraison de bien, la TVA devient exigible au moment de son encaissement, à concurrence du montant encaissé.

MONTANT DU DROIT À DÉDUCTION DE TVA

Le montant de TVA déductible est déterminé en fonction d'un **coefficient de déduction** propre à chaque bien ou service, qui est égal au produit de trois coefficients distincts : le coefficient d'assujettissement, le coefficient de taxation et le coefficient d'admission (CGI ann. II art. 205 et 206, I). 79665

Qu'il s'agisse d'immobilisations ou d'autres biens ou services, la déduction est effectuée en fonction de l'utilisation réelle du bien ou du service, et cela quelle que soit la qualité de l'exploitant : redevable intégral ou redevable partiel, assujetti partiel.

Il y a **assujettissement partiel** à la TVA lorsqu'un assujetti réalise des opérations dont certaines sont situées hors du champ d'application de la TVA et les autres dans le champ d'application de la taxe. Le **redevable partiel** est l'assujetti (effectuant ou non par ailleurs des opérations hors champ) qui réalise, à côté de ses opérations placées dans le champ d'application et ouvrant droit à déduction de TVA, des opérations dans le champ mais n'ouvrant pas droit à déduction.

> Précisions a. Les trois **coefficients** doivent être **arrondis** à la 2e décimale par excès et le coefficient de déduction qui en résulte est lui-même arrondi à la 2e décimale par excès (CGI ann. II art. 206, V-2).

b. Chaque **coefficient est provisoire** et doit être déterminé en fonction de l'utilisation du bien ou du service au moment de son achat ou de sa première utilisation. Il doit ensuite faire l'objet d'un calcul définitif avant le 25 avril de l'année suivante ou, pour les opérateurs qui deviennent redevables en cours d'année, avant le 31 décembre de l'année suivante (CGI ann. II art. 206, V-2), par rapport à l'utilisation réelle du bien ou du service sur la durée d'utilisation réelle, ce qui doit entraîner une régularisation de TVA (déduction complémentaire ou reversement) si le moindre écart est constaté entre le coefficient provisoire et le coefficient définitif.

c. Lorsqu'un **bien est utilisé pendant une durée inférieure à l'année civile,** il n'y a pas lieu d'appliquer un prorata temporis (BOI-TVA-DED-60-20-40 nº 30).

d. Le coefficient de déduction permet de déterminer à la fois les montants de TVA déductible initialement et, au travers de ses variations, les régularisations de taxe auxquelles l'assujetti peut être tenu. Il doit donc être déterminé, pour chaque bien et service grevé de TVA, même si l'assujetti est un **redevable intégral.**

Coefficient d'assujettissement Le coefficient d'assujettissement détermine la **proportion d'utilisation** du bien ou du service **pour des activités dites « imposables »,** c'est-à-dire entrant dans le champ d'application de la TVA. Il doit être calculé dès l'acquisition, l'importation ou la première utilisation d'un bien ou d'un service, en fonction de l'affectation à des opérations imposables, c'est-à-dire entrant dans le champ d'application de la TVA (qu'elles soient effectivement taxées ou exonérées) (CGI ann. II art. 206, II). 79666

Le coefficient **est égal** à 1 pour les redevables qui réalisent exclusivement des opérations imposables, même s'ils ne sont que des redevables partiels. Il en est de même pour les biens et services utilisés exclusivement pour les besoins d'opérations imposables par des assujettis partiels. En revanche, le coefficient est égal à 0 pour les biens ou services utilisés exclusivement pour la réalisation d'opérations situées hors du champ d'application de la TVA.

Si un bien ou un service est utilisé à la fois pour la réalisation d'opérations imposables et non imposables, le redevable doit déterminer sa proportion d'utilisation pour les opérations imposables ; cette proportion doit traduire correctement l'utilisation réelle de chaque bien ou service. Le coefficient déterminé pour chaque bien ou service acquis en vue d'une **utilisation mixte** est alors compris entre 0 et 1 (BOI-TVA-DED-20-10-10 nos 10 et 20). Le redevable peut également, sous sa responsabilité et sans avoir à en avertir l'administration, déterminer, pour l'ensemble des biens et services « mixtes », un coefficient unique par année civile (CGI ann. II art. 206, V-1-1°).

Pour calculer ce coefficient unique, les assujettis peuvent utiliser une **clef physique d'affectation** selon des critères tels que : temps d'utilisation des matériels, surfaces, salaires, nombre de salariés, recettes, etc. Enfin, sur autorisation de l'administration, valable pendant une année civile entière et renouvelable par tacite reconduction, le redevable peut déterminer son droit à déduction pour l'ensemble de ses **dépenses (mixtes ou non mixtes)** en appliquant une clé de répartition calculée en fonction de la quote-part des recettes taxables par rapport aux recettes totales ; autrement dit, toutes les dépenses des redevables qui appliqueraient cette dérogation seraient réputées mixtes (BOI-TVA-DED-20-10-10 n°s 30 et 40).

> Précisions **a.** Selon la législation française, l'**affectation à des opérations imposables d'un bien initialement** exclusivement affecté à des opérations **hors champ** n'ouvre aucun droit à déduction. Son coefficient d'assujettissement reste égal à 0 et le changement d'utilisation du bien ne peut donc pas donner lieu à une déduction complémentaire au titre des régularisations (CGI ann. II art. 207, III-4-2°-b). À noter toutefois la jurisprudence contraire de la CJUE qui a jugé que c'est l'acquisition d'un bien ou d'un service par un assujetti agissant en tant que tel qui détermine le mécanisme des déductions et régularisations et non pas l'utilisation qui peut en être faite initialement, qui ne détermine que l'étendue de la déduction initiale. Elle a, sur ce fondement, admis la déduction d'une part de la TVA liée à un bien affecté à une activité hors champ puis à une activité taxée (CJUE 25-7-2018 aff. 140/17 : RJF 12/18 n° 1303).
b. Sur les règles d'**arrondi** et le **caractère provisoire** du coefficient, voir n° 79665.

79667 **Coefficient de taxation** Le coefficient de taxation détermine la **proportion d'utilisation** du bien ou du service **à des activités ouvrant droit à déduction** (BOI-TVA-DED-20-10-20 n° 1). Il doit être calculé dès l'acquisition, l'importation ou la première utilisation d'un bien ou d'un service, en fonction de l'affectation à des opérations ouvrant droit à déduction. Aucune distinction n'est à faire entre les immobilisations et les autres biens ou services.

Le coefficient **est égal** à 1 pour les biens et services exclusivement utilisés pour des opérations ouvrant droit à déduction (par exemple, locations aménagées à usage professionnel) ; il est égal à 0 pour les biens et services utilisés exclusivement pour des opérations dans le champ d'application de la TVA mais n'ouvrant pas droit à déduction. Pour les biens ou services utilisés concurremment pour des opérations situées dans le champ d'application de la TVA mais dont certaines ouvrent droit à déduction et d'autres n'ouvrent pas droit à déduction, le coefficient est compris entre 0 et 1 et est déterminé de manière forfaitaire selon les modalités exposées n° 79668 (CGI ann. II art. 206, III).

Sur les règles d'**arrondi** et le **caractère provisoire** du coefficient, voir n° 79665.

79668 Le coefficient de taxation forfaitaire utilisé pour les **biens et services d'utilisation mixte** est égal au rapport entre (CGI ann. II art. 206, III-3) :

1. Au **numérateur,** le montant annuel du chiffre d'affaires afférent aux opérations ouvrant droit à déduction (opérations taxables et opérations assimilées), y compris les subventions directement liées à ces opérations ;

2. Au **dénominateur,** le montant annuel du chiffre d'affaires afférent à l'ensemble des opérations imposables, y compris les subventions directement liées à ces opérations. On doit donc retenir ici la totalité des recettes qui proviennent :

- des opérations ouvrant droit à déduction (c'est-à-dire des sommes figurant déjà au numérateur) ;
- et des opérations n'ouvrant pas droit à déduction.

Lorsque le redevable a constitué des **secteurs d'activité distincts,** le chiffre d'affaires à retenir pour le calcul du coefficient de taxation forfaitaire est celui du ou des secteurs pour lesquels le bien ou le service est utilisé (CGI ann. II art. 206, III-3-2°).

Le redevable peut, sous sa responsabilité et sans avoir à en avertir l'administration au préalable, retenir par année civile, pour l'ensemble des biens et services, un **coefficient unique** de taxation déterminé de manière forfaitaire (CGI ann. II art. 206, V-1-2°). Le coefficient de taxation forfaitaire, qui est en principe utilisé pour les seuls biens d'utilisation mixte, s'applique alors à l'**ensemble des biens et services** acquis par le redevable.

Le **chiffre d'affaires à retenir** pour le calcul du coefficient (numérateur et dénominateur) est celui correspondant aux opérations pour lesquelles l'exigibilité est intervenue (les opérations exonérées doivent être prises en compte à la date à laquelle l'exigibilité serait intervenue en cas de soumission à la TVA). Il s'entend tous frais et taxes compris, à l'exclusion de la TVA elle-même (BOI-TVA-DED-20-10-20 n° 50).

On ne doit pas retenir les sommes qui proviennent des **activités situées hors du champ d'application de la TVA,** notamment les indemnités d'assurances reçues à la suite d'un sinistre (BOI-TVA-DED-20-10-20 n° 140).

> **Précisions** Les sommes ci-après sont à **exclure** complètement pour le calcul du coefficient (c'est-à-dire qu'elles n'ont à figurer ni au numérateur ni au dénominateur) **même si** elles sont afférentes à des opérations situées **dans le champ d'application de la TVA** (liste non exhaustive) (BOI-TVA-DED-20-10-20 n° 150) :
– remboursements de débours perçus par un mandataire et non soumis à la TVA ;
– recettes non imposables encaissées pour le compte d'un tiers pour lui être reversées ;
– livraisons à soi-même de biens immobilisés soumises à la TVA ;
– cessions de biens d'investissement corporels ou incorporels, que ces cessions soient imposées ou exonérées de TVA ;
– produits financiers (intérêts des prêts ou placements) exonérés de TVA (et n'ouvrant pas droit à déduction) mais dans le champ d'application de la TVA, lorsque ces recettes ont la nature d'opérations financières accessoires (CGI ann. II art. 206, III-3-3°-b). Cette condition est remplie lorsque le produit des opérations financières exonérées présentant un lien avec l'activité principale du redevable nécessite une utilisation limitée au maximum à 10 % des biens et des services grevés de TVA qu'il a acquis (proportion appliquée à la valeur de l'acquisition par le redevable de chacun de ces biens et services pour déterminer leur valeur d'utilisation). À titre de règle pratique, l'administration admet que la condition liée à la très faible utilisation de biens et de services grevés de TVA prévue par l'article 206, III-3-3°-b de l'annexe II au CGI est réputée satisfaite lorsque le produit des opérations financières exonérées présentant un lien avec l'activité principale n'excède pas 5 % du montant du chiffre d'affaires total, toutes taxes comprises, de l'entité considérée (BOI-TVA-DED-20-10-20 n° 230) ;
– recettes immobilières exonérées de TVA (en pratique, c'est essentiellement le cas des locations de terres et bâtiments agricoles, des locations de terrains non aménagés et de locaux nus et des locations meublées à usage d'habitation) lorsqu'elles ont un caractère accessoire, apprécié sous les mêmes conditions que celles prévues pour les opérations financières (CGI ann. II art. 206, III-3-3°-b).

Coefficient d'admission Le coefficient d'admission prend en compte les éventuelles exclusions ou restrictions du droit à déduction. **79669**

Il **est égal** à 1 lorsque le bien ou le service ne fait l'objet d'aucune exclusion ou restriction du droit à déduction (CGI ann. II art. 206, IV-1).

Il est compris entre 0 et 1 lorsque le bien ou le service fait l'objet d'une restriction du droit à déduction : en pratique, cela concerne seulement certains produits pétroliers (CGI ann. II art. 206, IV-3).

Le coefficient d'admission est égal à 0 dans certains cas particuliers (CGI ann. II art. 206, IV-2). En pratique, cela aboutit à une exclusion du droit à déduction de la taxe grevant les dépenses correspondantes. Parmi les cas listés par le CGI, citons les biens fournis sans rémunération ou pour un prix trop bas, ou les biens et services utilisés à plus de 90 % à des fins étrangères à l'activité.

Sur les règles d'**arrondi** et le **caractère provisoire** du coefficient, voir n° 79665.

JUSTIFICATION DU DROIT À DÉDUCTION DE TVA

Pour procéder à la déduction de la taxe ayant grevé les biens et les services qu'ils utilisent pour leurs opérations de location imposables, les redevables doivent être en mesure d'en justifier. **79680**

Pour les **biens et services qu'ils acquièrent,** la taxe déductible est en principe celle qui figure sur les **factures d'achat** qu'ils détiennent, factures qui doivent être établies conformément aux dispositions de l'article 289 du CGI par des fournisseurs légalement autorisés à faire figurer cette taxe (CGI art. 271, II-1-a). Le redevable doit être en possession de la facture au moment où il opère la déduction de la taxe (CGI art. 271, II-2). Le Conseil d'État refuse également tout droit à déduction de la taxe en l'absence de facture (notamment, CE 20-4-1983 n° 29468 : RJF 6/83 n° 777), la production d'autres documents qui ne constituent pas des factures ne pouvant suppléer à cette absence. De même, selon la CJUE, l'exercice du droit à déduction est subordonné à la détention d'une facture établie conformément à l'article 226 de la directive TVA (CJUE 21-11-2018 aff. 664/16 : RJF 2/19 n° 237 ; CJUE 21-10-2021 aff. 80/20 : RJF 1/22 n° 107).

Les **décomptes de charges** établis par les **syndics** de copropriétés qui comportent le montant de la TVA acquittée pour le compte des copropriétaires permettent aux copropriétaires de déduire la TVA.

En ce qui concerne la taxe acquittée à l'occasion d'une **livraison à soi-même,** la justification du montant de la taxe déductible est apportée par la mention de l'opération sur les déclarations de TVA souscrites par le redevable lui-même en vue de son paiement (CGI art. 271, II-1-c).

> **Précisions** a. Selon l'**administration,** la seule **omission ou inexactitude de l'une des mentions obligatoires** devant figurer sur la facture n'entraîne pas nécessairement la remise en cause de la validité d'une facture pour l'exercice des droits à déduction dès lors que l'opération est justifiée dans sa réalité et qu'elle satisfait par ailleurs aux autres conditions posées pour l'exercice du droit à déduction. La facture doit, en tout état de cause, permettre de

justifier la naissance et l'exercice du droit à déduction par le client (BOI-TVA-DED-40-10-10 n° 55). De même, la **CJUE** a jugé que les autorités fiscales d'un État membre ne sauraient refuser le droit à déduction de la TVA pour la seule raison que l'assujetti détient une facture qui ne remplit pas les conditions requises par l'article 226 de la directive TVA, alors que ces autorités disposent de toutes les informations nécessaires pour vérifier que les conditions de fond relatives à l'exercice de ce droit sont satisfaites (CJUE 15-9-2016 aff. 516/14 et 518/14 : RJF 12/16 nos 1145 et 1146 ; CJUE ord. 24-5-2023 aff. 690/22 : RJF 10/23 n° 786). Ce n'est que si la violation des exigences formelles est telle qu'elle a pour effet d'empêcher d'apporter la preuve certaine que les **exigences de fond** ont été satisfaites que le droit à déduction peut être refusé. À cet égard, un document ne constitue pas une facture au sens de la directive TVA lorsqu'il est entaché de vices tels qu'ils privent l'administration fiscale des données nécessaires pour fonder le droit à déduction (CJUE 21-10-2021 aff. 80/20 : RJF 1/22 n° 107). Ainsi, l'indication du **fournisseur** sur la facture constitue une condition formelle du droit à déduction mais sa **qualité d'assujetti** relève des conditions matérielles de ce droit : si sa véritable identité fait défaut, le client doit établir cette qualité sur la base de preuves objectives (sauf si l'administration dispose déjà des données nécessaires à cet effet), sous peine de se voir refuser le droit à déduction pour cette facture (CJUE 11-11-2021 aff. 281/20 : RJF 2/22 n° 231 ; CJUE 9-12-2021 aff. 154/20 : RJF 4/22 n° 418) et ce, même en l'absence de fraude. Le **Conseil d'État** a jugé pour sa part que l'**absence du nom et de l'adresse du client** sur la facture, ou leur **caractère erroné,** n'empêche pas celui-ci de déduire la taxe s'y rapportant à condition qu'il apporte la preuve par tout moyen du règlement effectif par lui-même de cette facture pour les besoins de ses propres opérations imposables (CE 26-3-2012 n° 326333 : RJF 6/12 n° 589).

b. La taxe qui a grevé une **acquisition faite par un fondateur** dans l'intérêt d'une **société** non encore créée peut ouvrir droit à déduction pour la société si celle-ci a ratifié cet achat et si le fondateur n'a pas utilisé le bien acquis pour exercer lui-même une activité taxable (CE 30-4-1980 n° 15506 : RJF 6/80 n° 485 ; en ce sens également CJUE 1-3-2012 aff. 280/10 : RJF 5/12 n° 545).

c. Sur la déduction de la TVA en cas d'**acquisition d'un immeuble en démembrement** de propriété : voir n° 42605.

MODALITÉS DE RÉCUPÉRATION DE LA TVA DÉDUCTIBLE

79700 Les modalités de récupération de la TVA dépendent du régime d'imposition des redevables. Sur les conséquences de l'option pour le régime de l'assujetti unique, voir n° 79000, précision c.

a. Pour les redevables relevant du **régime réel normal,** la récupération de la TVA déductible s'opère en principe par voie d'**imputation** sur la taxe due au titre des locations taxées, l'excédent étant ensuite reporté pour imputation sur les déclarations ultérieures jusqu'à épuisement. Mais les crédits non imputables peuvent faire l'objet d'un **remboursement** direct.

Le remboursement est en principe **annuel** (montant minimum de 150 €), mais il peut être **trimestriel** ou **mensuel** (selon que le redevable souscrit des déclarations de chiffres d'affaires selon une périodicité trimestrielle ou mensuelle) dès lors que la demande de remboursement porte sur un montant minimum de 760 € (CGI ann. II art. 242-0 A et 242-0 C).

Le remboursement est accordé sur demande, formulée en principe sur un **formulaire spécial** n° 3519-SD (redevables relevant du régime réel normal), transmis obligatoirement par voie électronique, en même temps que la déclaration de TVA afférente aux opérations du mois ou du trimestre considéré. Pour un remboursement annuel, la demande doit être souscrite au titre de la déclaration de TVA du mois de décembre souscrite en janvier de l'année suivante. Pour accélérer l'instruction des demandes de remboursement, l'administration recommande d'utiliser un formulaire n° 3310-ter-SD destiné à justifier de la quotité des droits mentionnés sur la déclaration notamment dans le cas de bailleurs ayant constitué des secteurs distincts (BOI-TVA-DED-20-20 n° 170).

Dès le **dépôt de la demande** de remboursement, le crédit figurant sur la déclaration de TVA doit être diminué du montant du remboursement demandé. Lorsque le remboursement a été effectué, le crédit remboursé est définitivement annulé. Si le montant remboursé est égal à celui demandé, le redevable ne doit plus le faire figurer sur les déclarations de TVA suivantes ; mais si le montant remboursé est différent de celui demandé, il doit rectifier en conséquence la première déclaration de TVA suivant le remboursement (BOI-TVA-DED-50-20-10 n° 80).

b. Pour les redevables imposés selon les règles du **régime simplifié** d'imposition, les modalités particulières de remboursement sont les suivantes (CGI ann. II art. 242-0 C, I-2 et III, et 242 septies J).

Chaque année, ou chaque exercice, lors de la souscription de la **déclaration de régularisation** CA 12 ou CA 12 E, les redevables déterminent, pour la période écoulée, la TVA nette due ou le crédit de taxe non imputé. Ce crédit peut leur être remboursé en totalité à condition que la somme à rembourser soit au moins égale à 150 € (les éventuels excédents de versement d'acomptes, pour leur part, sont remboursables quel que soit leur montant). La **demande de remboursement** est formulée directement sur la déclaration de régularisation.

Les redevables peuvent, toutefois, demander un **remboursement semestriel** du crédit constitué par la **taxe déductible** ayant grevé l'acquisition de biens constituant des **immobilisations** lorsque son montant est au moins égal à 760 €. La demande est formulée, par voie électronique, sur le formulaire n° 3519-SD auquel doivent être joints la ou les factures ou les documents en tenant lieu qui mentionnent notamment la taxe déductible sur les immobilisations à l'origine du crédit. Pour les redevables qui souscrivent une déclaration annuelle en fonction de l'année civile, ce remboursement peut être demandé uniquement sur le relevé de l'acompte de juillet. Les remboursements ont un caractère provisionnel : ils donnent lieu à régularisation lors du dépôt de la déclaration CA 12 ou CA 12 E (BOI-TVA-DECLA-20-30-10-20 nos 280 s.).

> Précisions a. La taxe afférente aux **livraisons à soi-même d'immobilisations** ne peut pas faire l'objet de remboursements semestriels. Cette taxe est liquidée sur la déclaration de régularisation (BOI-TVA-DECLA-20-30-10-20 n° 290).
b. La **TVA déductible** afférente aux **immobilisations** peut également être imputée, dans le régime simplifié, sur le montant des acomptes dans les conditions exposées n° 79820.
c. Pour instruire les demandes de remboursement, l'administration dispose d'une **procédure spécifique de contrôle sur place** (sans que celle-ci constitue une vérification de comptabilité au sens de l'article L 13 du LPF) : après envoi d'un avis d'instruction sur place, l'administration peut procéder dans les locaux de l'assujetti à des constats matériels, consulter les livres ou documents comptables ainsi que les pièces justificatives afférentes à la demande de remboursement, et prendre dans certaines conditions copie de ces documents. En cas d'opposition du contribuable à l'instruction sur place, la demande de remboursement peut être rejetée pour défaut de justification. L'administration doit prendre sa décision dans le double délai de 4 mois à compter de la notification au contribuable de l'avis d'instruction sur place et de 60 jours à compter de la première intervention sur place. À défaut, la demande de remboursement est réputée acceptée (LPF art. L 198 A).
d. La remise en cause d'un **remboursement de crédit de taxe obtenu indûment** entraîne l'application d'une **amende** égale à 40 % des sommes restituées lorsque la mauvaise foi de l'intéressé est établie (on parle de manquement délibéré) ou à 80 % des sommes s'il s'est rendu coupable de manœuvres frauduleuses (CGI art. 1729).

DROIT À DÉDUCTION DES NOUVEAUX REDEVABLES DE LA TVA

Les bailleurs qui deviennent redevables de la TVA (soit obligatoirement, soit sur option) peuvent **79720**
bénéficier d'un droit à déduction :

– de la TVA ayant grevé les biens constituant des **immobilisations neuves** n'ayant pas encore commencé à être utilisés à la même date ;

– d'une fraction de la TVA ayant grevé les biens constituant des **immobilisations en cours d'utilisation** à cette date ;

– de la TVA ayant grevé les biens ne constituant pas des immobilisations et qu'ils détiennent en **stock** à la date à laquelle ils deviennent redevables.

Ce droit à déduction s'opère dans le cadre du régime des **régularisations.**

RÉGULARISATIONS DES DÉDUCTIONS DE TVA

Les **déductions** de TVA régulièrement opérées présentent en principe un caractère définitif. **79740**
Elles peuvent cependant être **remises en cause** dans certains cas, variables selon qu'il s'agit d'immobilisations ou d'autres biens ou services (CGI ann. II art. 207).

En ce qui concerne les **immobilisations,** il convient de distinguer **deux catégories de régularisations** : les régularisations dites « annuelles » qui tiennent compte de l'évolution de l'utilisation du bien immobilisé (utilisation pour la réalisation d'opérations ouvrant droit ou n'ouvrant pas droit à déduction) ; les régularisations dites « globales » qui sont déclenchées par la survenance de certains événements affectant le coefficient de déduction de l'immobilisation.

Les régularisations concernant les immobilisations, qu'elles soient annuelles ou globales, ne doivent être effectuées que pendant une certaine **période** dont la durée est de 20 ans pour les immeubles et de 5 ans pour les autres biens (CGI ann. II art. 207, II). La période de régularisation court à compter de l'année au cours de laquelle le bien a été acquis, importé, achevé, utilisé pour la première fois ou transféré entre secteurs d'activité distincts, ladite année étant comptée pour une année entière (BOI-TVA-DED-60-10 n° 20).

Chaque année, durant la période de régularisation, une **régularisation dite annuelle** de la taxe initialement déduite sur les **biens immobilisés** doit être opérée lorsque la différence entre le produit des coefficients d'assujettissement et de taxation de l'année, d'une part, et le produit des coefficients d'assujettissement et de taxation de référence, d'autre part, est supérieure, en valeur absolue, à un dixième (CGI ann. II art. 207, II-4).

La régularisation annuelle s'opère uniquement au vu de la variation de l'activité du bailleur.

La taxe initialement déduite sur les biens immobilisés doit également faire l'objet d'une régularisation lorsque certains **événements** affectant la situation du bien au regard du droit à déduction interviennent avant l'expiration de la période de régularisation au terme de laquelle la déduction présente un caractère définitif.

Les **régularisations** devant être effectuées lors de la survenance de ces événements en une seule fois sont **dites « globales »,** en ce sens qu'elles constituent la somme des régularisations annuelles qui devraient intervenir jusqu'au terme de la période de régularisation s'il était possible d'étaler ces régularisations annuelles jusque-là.

Les cas de régularisation globale sont les suivants (CGI ann. II art. 207, III-1) :

– cession ou apport en société non soumis à la TVA sur le prix total, la valeur totale ou la marge ;

– transfert d'immobilisations entre secteurs d'activité distincts ;

– cession ou apport d'un bien soumis à la TVA sur le prix total, la valeur totale ou la marge ;

– modification législative ou réglementaire des règles d'exclusion du droit à déduction ;

– biens cessant d'être utilisés pour la réalisation d'opérations ouvrant droit à déduction ;

– biens en cours d'utilisation venant à être utilisés pour la réalisation d'opérations ouvrant droit à déduction.

La régularisation globale doit être calculée et prise en compte même si la différence entre le produit des coefficients d'assujettissement et de taxation considérés pour les années restant à courir, d'une part, et le produit des coefficients d'assujettissement et de taxation de référence, d'autre part, est inférieure ou égale, en valeur absolue, à un dixième (BOI-TVA-DED-60-20-30 n° 10).

Sur les conséquences de la **transmission d'une universalité** lors de la cession d'un immeuble loué, voir nos 79900 s.

5. OBLIGATIONS INCOMBANT AUX BAILLEURS REDEVABLES DE LA TVA

79800 Que leurs locations soient taxées à la TVA sur option ou de plein droit, les loueurs d'immeubles sont tenus aux mêmes obligations que les autres redevables de la TVA.

OBLIGATIONS DÉCLARATIVES DES BAILLEURS À LA TVA

79805 En dehors de la **déclaration de création d'activité** prévue à l'article 286 du CGI (bulletin d'identification ou bulletin modificatif d'activité), à déposer en principe dans les 15 premiers jours du commencement de l'activité taxable, les obligations déclaratives des bailleurs dépendent du régime d'imposition sous lequel ils se trouvent placés, de plein droit ou sur option.

Insistons sur le fait que les **bailleurs qui souhaitent opter** pour le paiement de la TVA doivent adresser une déclaration en ce sens (voir n° 79160), tandis que les bailleurs imposables de plein droit doivent, le cas échéant, **renoncer** expressément **à la franchise** en base pour bénéficier de l'intégralité de leurs droits à déduction (n° 79810).

Ces **régimes d'imposition** – régime simplifié et réel normal – sont fonction du chiffre d'affaires annuel réalisé par le bailleur au titre de l'année civile précédente mais également du montant de la TVA exigible au titre de la même année (même si la date de clôture de son exercice ne coïncide pas avec l'année civile).

Pour l'application des règles relatives aux différents régimes d'imposition et notamment pour l'**appréciation des chiffres limites** annuels, les bailleurs doivent retenir l'ensemble des recettes qui proviennent de tous leurs immeubles et, le cas échéant, les ajuster au prorata du temps d'exploitation effective au cours de l'année civile.

Le **régime simplifié** est applicable en 2025 lorsque les **recettes hors taxe** réalisées au titre de 2024 n'excèdent pas :

– pour les locations autres que meublées, 254 000 € ;

– pour les locations meublées, 840 000 €.

Ces chiffres doivent être actualisés au 1er janvier 2026.

Les bailleurs dont la **TVA exigible** au titre de l'année civile précédente excède 15 000 € relèvent, en matière de TVA, du régime réel normal d'imposition (et non du régime simplifié), même si leur chiffre d'affaires n'excède pas les limites du régime simplifié (CGI art. 287, 3 bis).

À noter que s'il est d'une certaine ampleur, le **dépassement du seuil d'application** du régime simplifié fait passer le bailleur au réel normal dès le 1er jour de l'exercice en cours.

> **Précisions** Le **régime simplifié** sera **supprimé à compter du 1er janvier 2027.** À compter de cette date, les bailleurs ne relevant pas de la franchise en base seront soumis au régime réel normal de TVA et relèveront d'un régime déclaratif mensuel ou trimestriel. Le régime déclaratif trimestriel s'appliquera, sauf option contraire, aux bailleurs dont le chiffre d'affaires de l'année civile précédente, majoré des acquisitions taxables, n'excédera pas 1 M€ et celui de l'année en cours 1,1 M€ (Loi 2025-127 du 14-2-2025 art. 38).

Franchise en base L'**objet** de la franchise en base est de dispenser le fournisseur d'un bien ou service normalement taxable à la TVA de la déclaration et du paiement de la TVA (CGI art. 293 B). Les personnes qui en bénéficient ne peuvent pratiquer aucune déduction de TVA, ce qui est, en général, pénalisant d'un point de vue financier, ni faire apparaître la taxe sur leurs factures ou sur tout autre document en tenant lieu (CGI art. 293 E). 79810

Certaines **opérations** sont **exclues** de la franchise. Il en est ainsi de toutes les opérations taxées à la TVA sur option (locaux professionnels, principalement). Sont également exclues les opérations relevant de la TVA immobilière (CGI art. 293 C).

En 2025, la franchise est **applicable** aux bailleurs dont le **chiffre d'affaires** (hors TVA) de 2024 n'a pas excédé :

- pour les locations en meublé : 85 000 € ;
- pour les autres locations (locations de parkings, locations aménagées à usage professionnel notamment) : 37 500 €.

La franchise **cesse de s'appliquer** aux bailleurs dont le chiffre d'affaires (hors TVA) de 2025 dépasse la limite de 93 500 € (locations en meublé) ou de 41 250 € (autres locations) : ils deviennent redevables de la TVA pour les opérations effectuées à compter du premier jour du mois au cours duquel la limite est dépassée.

Les bénéficiaires de la franchise peuvent **opter pour le paiement de la TVA** ; cette option couvre obligatoirement une période de deux années, y compris celle au cours de laquelle elle est déclarée. Cette option est renouvelable pour la même durée par tacite reconduction, sauf dénonciation. Elle est reconduite de plein droit si les redevables ont bénéficié, au cours ou à l'issue de la période couverte par l'option, d'un remboursement de crédit de TVA (CGI art. 293 F). Les redevables qui exercent l'option relèvent du régime simplifié d'imposition ou, sur option, du régime réel normal (BOI-TVA-DECLA-40-10-20 n° 250). L'option pour le paiement de la TVA permet notamment aux intéressés de récupérer la TVA grevant leurs investissements et leur évite, le cas échéant, d'avoir à procéder aux régularisations qu'entraîne la perte de la qualité de redevable. Elle emporte aussi exonération de la contribution sur les revenus locatifs dont sont passibles certains bailleurs.

En 2025, la franchise s'applique de droit aux **nouveaux bailleurs,** pour leur première année d'activité, tant que les limites de 93 500 € ou 41 250 € (limites ajustées le cas échéant à proportion de la durée de l'année restant à courir à la date du début de l'activité : CGI art. 293 D, III) ne sont pas franchies. Il appartient aux nouveaux bailleurs qui ne souhaitent pas bénéficier de la franchise en base de l'indiquer au service des impôts lors du dépôt de la déclaration d'existence et d'identification (BOI-TVA-DECLA-40-10-20 n° 240).

> **Précisions** L'article 25 du projet de loi de finances pour 2026, présenté en Conseil des ministres le 14 octobre 2025, prévoit d'**abaisser** à **37 500 € la limite de la franchise en base** applicable aux locations en meublé **à compter du 1er janvier 2026**. Ainsi, en 2026, la franchise serait applicable aux bailleurs dont le chiffre d'affaires de 2025 n'a pas excédé 37 500 € et la franchise cesserait de s'appliquer aux bailleurs dont le chiffre d'affaires de 2026 dépasse la limite de 41 250 €.

Régime simplifié : principes Les bailleurs placés sous le régime simplifié d'imposition doivent transmettre par voie électronique une **déclaration annuelle** de régularisation (modèle **CA 12**) au plus tard le deuxième jour ouvré suivant le 1er mai de l'année qui suit celle au titre de laquelle elle est déposée (sauf régularisation par exercice), ou, pour les bailleurs dont l'exercice comptable ne coïncide pas avec l'année civile, ceux-ci doivent transmettre une déclaration (modèle CA12 E) dans les trois mois de la clôture de leur exercice. 79815

En cours d'année, ils n'ont pas de déclaration à déposer mais doivent verser deux **acomptes semestriels** en juillet (55 %) et en décembre (40 %). Ces acomptes sont calculés à partir de la taxe due au titre de l'année ou de l'exercice précédent, avant déduction de la TVA relative aux biens constituant des immobilisations. Un relevé d'acompte n° 3514-SD obligatoirement transmis par voie électronique accompagne le versement de chaque acompte effectué par télérèglement.

Le **complément d'impôt éventuellement exigible** est versé lors du dépôt de la déclaration annuelle (CGI art. 287, 3-al. 2).

Il y a **dispense du versement d'acomptes** lorsque la taxe due au titre de l'année ou de l'exercice précédent, avant déduction de la TVA relative aux biens constituant des immobilisations, est inférieure à 1 000 €. Dans ce cas, le montant total de l'impôt exigible est acquitté lors du dépôt de la déclaration annuelle (CGI art. 287, 3-al. 6).

> Précisions **a.** Lorsque la **période de référence** servant de base au calcul des acomptes est **inférieure à 12 mois,** les acomptes sont calculés à partir d'une taxe ajustée pour correspondre à une période de 12 mois (BOI-TVA-DECLA-20-20-30-20 n° 180).
b. En cas de **dépôt tardif** ou d'**absence** de dépôt de la **déclaration annuelle,** les acomptes antérieurs sont reconduits provisoirement, puis régularisés (droits et pénalités) lors du dépôt spontané de la déclaration ou en cas de taxation d'office (BOI-TVA-DECLA-20-20-30-20 n° 190).
c. Lorsqu'un **acompte** est acquitté **hors délai ou indûment minoré,** le montant mis à la charge du redevable est soumis à la majoration de 5 % et aux intérêts de retard dans les conditions de droit commun (CGI art. 1731, 1 et 1727).
d. Les **nouveaux redevables** sont autorisés, lors de leur première année d'imposition, à acquitter la TVA par acomptes semestriels dont ils déterminent eux-mêmes le montant mais dont chacun doit représenter au moins 80 % de l'impôt réellement dû pour le semestre correspondant. En cas de crédit de taxe au titre d'un semestre de la première période d'imposition, aucune somme n'est due au titre de l'acompte correspondant (ce crédit de taxe peut être imputé sur le ou les acomptes suivants ou faire l'objet d'un remboursement dans les conditions exposées n° 79700 lorsqu'il correspond à de la taxe déductible grevant l'acquisition d'immobilisations) (BOI-TVA-DECLA-20-20-30-20 n°s 200 s.).
Les **redevables nouvellement placés sous le régime simplifié** déterminent également eux-mêmes leurs acomptes. À titre de règle pratique, les anciens redevables au réel normal peuvent déterminer ces acomptes sur la base de la TVA due au titre de l'année ou de l'exercice précédent, avant déduction de la taxe grevant les immobilisations, telle qu'elle résulte des déclarations CA 3, sans se voir opposer « la règle des 80 % », à condition d'utiliser la même méthode pour les deux acomptes (BOI-TVA-DECLA-20-20-30-20 n° 220).

79820 **Régime simplifié : modulation des acomptes** Les acomptes peuvent faire l'objet de modulations **à la baisse** dans les conditions suivantes (CGI art. 287, 3 ; BOI-TVA-DECLA-20-20-30-20 n°s 250 s.).

1. Les redevables sont autorisés à **imputer le crédit de taxe et/ou l'excédent de versement** d'acomptes éventuels constatés sur la déclaration annuelle CA12/CA12 E, dont le remboursement n'a pas été sollicité, sur le ou les acomptes suivant le dépôt de ladite déclaration (cette possibilité d'imputation peut être combinée avec la modulation visée ci-après au 4.).

2. Les redevables peuvent, par ailleurs, **suspendre** le paiement du 2e acompte s'ils estiment que le montant de l'acompte déjà versé au titre de l'année ou de l'exercice est égal ou supérieur au montant de la taxe qui sera finalement due.

3. Ils peuvent également **diminuer** le montant du 2e acompte (ou du 1er acompte avant suspension dans le cas visé au 2. ci-dessus) si le paiement partiel effectué à ce titre représente le solde de la taxe dont ils estiment être débiteurs au titre de l'année ou de l'exercice.

4. Enfin, lorsqu'ils estiment que la taxe due à raison des opérations réalisées au cours d'un semestre, après imputation de la **taxe** déductible au titre des **immobilisations,** est inférieure d'au moins 10 % au montant de l'acompte correspondant, les redevables peuvent diminuer à due concurrence le montant de cet acompte ; si ces opérations ont été réalisées au cours d'une période inférieure à six mois, la modulation n'est admise que si la taxe réellement due est inférieure d'au moins 10 % à l'acompte réduit prorata temporis.

> Précisions **a.** La suspension ou la modulation des acomptes dont le redevable entend se prévaloir doit être mentionnée dans le **relevé accompagnant chaque versement.**
b. Lorsque la **taxe** déductible au titre des **immobilisations** n'est pas imputée sur l'acompte du semestre correspondant (ou ne peut l'être qu'en partie), son montant (ou le reliquat non imputable) peut faire l'objet d'une demande de remboursement dans les conditions exposées n° 79700. En revanche, le reliquat non imputable ne peut pas être reporté pour imputation sur les acomptes suivants (hormis le cas visé au 1. ci-dessus).
c. S'ils estiment que la taxe sera supérieure d'au moins 10 % à celle qui a servi de base aux acomptes, les redevables peuvent **modifier à la hausse** le montant de ces derniers.
d. En ce qui concerne les **sanctions** applicables lorsqu'un acompte a été indûment minoré, voir n° 79815, précision c.

79825 **Régime du réel normal** Les bailleurs relevant du régime du réel normal souscrivent chaque mois une déclaration modèle CA 3. Si la taxe due annuellement est inférieure à 4 000 €, ils peuvent souscrire leur déclaration par trimestre civil (CGI art. 287, 2).

AUTRES OBLIGATIONS DES BAILLEURS À LA TVA

Outre les obligations déclaratives que nous venons d'indiquer, les bailleurs taxés à la TVA (partiellement ou totalement) doivent tenir une **comptabilité** leur permettant de justifier la déclaration des opérations qu'ils réalisent ou un livre spécial (CGI art. 286, I-3°). 79840

La comptabilité doit être appuyée des **pièces justificatives.**

Pour ceux tenus à la constitution de **secteurs d'activité distincts** (nos 79625 s.), les opérations réalisées dans chaque secteur sont obligatoirement comptabilisées distinctement.

Les bénéficiaires de la **franchise en base** doivent tenir et présenter, sur demande du service des impôts, un registre des achats, ainsi qu'un livre-journal présentant le détail de leurs recettes professionnelles, appuyés des factures et de toutes autres pièces justificatives (CGI art. 286, II).

En matière de **facturation,** les bailleurs imposables à la TVA doivent respecter les règles exigées de l'ensemble des redevables, c'est-à-dire notamment : 79845

– délivrer obligatoirement (ou faire délivrer) une facture pour chaque prestation faite au profit d'un autre assujetti à la TVA, ou d'une personne morale non assujettie (CGI art. 289, I) ;

– porter (ou faire porter) sur chaque facture les mentions suivantes : la date et le numéro de la facture, le nom du prestataire et du client (ou désignation sociale), leur adresse (ou lieu du siège social), le numéro d'identification à la TVA du prestataire, la date de l'opération (en cas de facturation différée), la description des prestations, le prix unitaire hors taxe et le taux de TVA de chacune des prestations fournies, le montant de la TVA à payer, le montant total hors taxe et la taxe correspondante pour chaque taux.

Lorsque le bailleur bénéficie de la franchise en base et délivre une facture, celle-ci doit obligatoirement comporter la mention « TVA non applicable, art. 293 B du CGI ». Si le bailleur a opté pour le régime de l'assujetti unique (voir n° 79000, précision c), la facture doit porter la mention « Membre d'un assujetti unique ».

E. Cession d'immeuble locatif et transmission d'universalité

PRINCIPE DE LA TRANSMISSION D'UNIVERSALITÉ

Lors de la **transmission** à titre onéreux, à titre gratuit ou sous forme d'apport à une société d'une universalité totale ou partielle **de biens** effectuée **entre redevables de la TVA,** aucune livraison de biens ou prestation de services n'est réputée intervenir ; le bénéficiaire est réputé continuer la personne du cédant (CGI art. 257 bis). Ce régime a un caractère obligatoire. 79900

Il est admis que ce régime s'applique à la **transmission isolée** d'un immeuble locatif constituant le support d'une activité soumise à la TVA et intervenant entre deux bailleurs redevables de la TVA au titre de cette activité (n° 79935).

Sur les conséquences de l'**option pour le régime de l'assujetti unique,** notamment sur la qualité d'assujetti des membres et le traitement fiscal des opérations réalisées entre membres du groupe, voir nos 79000, précision c et 79925.

CONDITIONS D'APPLICATION DE L'ARTICLE 257 BIS DU CGI

Transmission Le régime de l'article 257 bis du CGI s'applique aux transmissions **à titre onéreux** (ventes, apports, etc.) comme aux transmissions **à titre gratuit** (donations et successions). Ces dernières peuvent avoir des incidences sur la TVA. Elles sont en effet susceptibles d'entraîner des régularisations de taxe (voir n° 79990). 79910

Qualité des parties Pour que la **transmission** ne soit pas taxée, il faut qu'elle ait lieu **entre deux redevables** de la taxe. 79925

L'administration a précisé que les parties doivent être toutes deux des « assujettis redevables de la TVA au titre de l'universalité transmise » (BOI-TVA-CHAMP-10-10-50-10 n° 40).

Rappelons que le **propriétaire** d'un immeuble locatif est passible de la TVA sur les loyers principalement au titre des opérations suivantes :

– location d'immeubles aménagés : locaux à usage professionnel munis de mobilier ou matériel, ainsi que terrains aménagés ;

– location d'emplacements de parkings (sauf si celle-ci est étroitement liée à la location d'un autre local elle-même exonérée) ;

– sur option, location de biens nus à usage professionnel pour les besoins de l'activité du preneur ; également, location de biens ruraux si le fermier est redevable de la TVA.

Quant à l'**acquéreur,** il aura automatiquement la qualité de redevable du seul fait de l'acquisition de l'immeuble grevé des baux en cours dans les cas où la taxation des loyers à la TVA est obligatoire. Dans les cas d'imposition sur option, il doit en principe formuler celle-ci auprès de l'administration fiscale pendant le processus d'acquisition. Toutefois, lorsque la cession constitue une transmission d'universalité, l'option exercée par le cédant au titre de l'immeuble exploité peut être transmise au cessionnaire dès lors que ce dernier entend poursuivre une telle activité soumise à la taxe (BOI-TVA-CHAMP-50-10 n° 240).

Précisons enfin que les parties doivent non seulement être soumises à la TVA au titre de l'immeuble cédé, mais également en être **redevables,** le cas échéant partiellement (BOI-TVA-CHAMP-10-10-50-10 n° 50). L'article 257 bis du CGI ne s'appliquera donc pas si l'une au moins des parties est soumise au régime de la **franchise en base.** Si ce régime était néanmoins appliqué dans ce cas, la responsabilité du notaire pourrait être retenue (CA Paris 22-2-2019 n° 17/10059 : SNH 9/19 inf. 1). Jugé en revanche que le notaire n'est pas responsable du préjudice découlant de la remise en cause de l'application de l'article 257 bis du CGI et du recouvrement de la taxe à l'encontre du vendeur car celui-ci trouve sa source dans l'inexécution par l'acquéreur de son **obligation** prévue au contrat **d'opter** pour l'assujettissement des loyers dans les délais légaux. En outre, le notaire a satisfait à son devoir d'information et de conseil en avertissant les parties des risques inhérents à l'acte, et l'exercice de l'option pour l'assujettissement à la TVA des loyers ne lui incombait pas, n'étant pas mandaté par l'acquéreur à cet effet (CA Montpellier 22-5-2020 n° 16/01365 : SNH 19/20 inf. 3). Selon le même raisonnement, le régime de l'article 257 bis du CGI ne s'appliquera pas si la transmission a lieu entre des parties (cédant, acquéreur et preneur) dont deux au moins ont **opté** pour le régime de l'**assujetti unique** et sont membres du même groupe TVA (n° 79000, précision c), ceux-ci n'étant plus alors considérés comme des assujettis distincts.

79935 **Objet de la transmission** La transmission doit porter sur une **universalité totale ou partielle de biens.**

L'administration a précisé que l'article 257 bis du CGI s'applique à la **transmission isolée** d'un immeuble locatif constituant le support d'une activité soumise à la TVA et intervenant entre deux bailleurs redevables de la TVA au titre de cette activité (BOI-TVA-CHAMP-10-10-50-10 n° 30 ; BOI-TVA-DED-60-20-10 n° 285). La jurisprudence a confirmé le principe de l'application du régime de l'article 257 bis du CGI à la cession isolée d'un immeuble locatif (voir, en dernier lieu, CAA Paris 21-3-2019 n° 18PA02009 : RJF 8-9/19 n° 773 ; CAA Versailles 25-2-2020 n° 18VE01521 : RJF 7/20 n° 590), tout en admettant que cet immeuble puisse ne pas constituer une immobilisation chez le vendeur (pour une acquisition par levée d'option d'un immeuble pris en crédit-bail suivie de sa revente aussitôt après avec continuation des sous-locations en cours, CE 23-11-2015 n°s 375054 et 375055 : RJF 2/16 n° 129 ; CAA Nancy 5-8-2016 n° 15NC02340 : RJF 2/17 n° 121). Cette solution, qui a été intégrée par l'administration fiscale dans sa doctrine (BOI-TVA-DED-60-20-10 n° 286), méritera néanmoins d'être confirmée car elle était peut-être fondée en l'espèce sur le fait que le cédant avait affecté l'immeuble à son activité de sous-location avant d'en devenir propriétaire.

Il en ressort que la cession de l'immeuble loué doit répondre à un impératif : celui de s'inscrire « dans une **logique de transmission d'entreprise** ». Cette dernière est révélée par l'intention des parties : d'une part, l'activité locative doit préexister à la cession chez le vendeur (mais la durée de la location avant la cession ne conditionne pas l'application de l'article 257 bis du CGI : CAA Versailles 25-2-2020 n° 18VE01521 : RJF 7/20 n° 590) ; d'autre part, l'acquéreur doit entendre exploiter l'universalité transmise (BOI-TVA-DED-60-20-10 n° 282). Autrement dit, il ne doit pas avoir pour objectif de liquider immédiatement l'activité concernée (BOI-TVA-CHAMP-10-10-50-10 n° 10). Une revente qui interviendrait le jour même caractériserait l'absence d'intention de l'acquéreur de continuer l'activité, quand bien même celle-ci serait poursuivie par le sous-acquéreur (pour un achat-revente par un marchand de biens : CAA Lyon 4-2-2021 n° 18LY04564 : BPIM 2/21 inf. 151). Une durée minimale d'exploitation subséquente par l'acquéreur est donc nécessaire. Matériellement, la poursuite de l'activité locative par l'acquéreur doit se traduire par « une reprise [...] du ou des baux en cours ». Toute latitude lui est laissée en revanche s'il souhaite renégocier ces baux en cours (BOI-TVA-IMM-10-10-10-40 n° 40).

79950 En cas de **pluralité d'immeubles locatifs,** l'article 257 bis du CGI peut jouer même si un seul immeuble est cédé et que le vendeur conserve d'autres immeubles affectés à une activité de location soumise à la TVA (BOI-TVA-DED-60-20-10 n° 285).

À l'inverse, la cession d'un **immeuble affecté seulement partiellement à une activité de location soumise à TVA** ne pourra pas bénéficier de ce régime si le surplus de l'immeuble ne fait pas l'objet d'une activité locative. L'administration considère en effet que l'immeuble cédé ne constitue pas dans son ensemble une partie d'entreprise susceptible d'être qualifiée d'universalité partielle (BOI-TVA-CHAMP-10-10-50-10 n° 30).

Il en irait différemment si le surplus de l'immeuble faisait l'objet d'une location (même non soumise à la TVA) ; il y a lieu de penser que, dans ce cas, l'article 257 bis du CGI trouverait à s'appliquer.

La cession d'un **immeuble provisoirement vacant** bénéficie de la non-taxation dès lors que le cédant est en mesure de démontrer qu'il recherche activement un locataire. La vacance des locaux cédés peut se justifier notamment par la conjoncture du marché immobilier, un changement de locataire, par des travaux ou à l'issue d'un sinistre, sans que l'intention de louer le bien en TVA n'ait été remise en cause (Rép. Gérard : AN 8-3-2016 n° 90962). En pratique, l'immeuble doit donc avoir déjà fait l'objet d'une location par le cédant et les éléments de preuve des démarches actives du bailleur devront être conservés avec soin. En outre, il est possible de **stipuler dans la cession** l'obligation pour le cessionnaire de remettre l'immeuble en location avant l'expiration du délai de reprise de l'administration fiscale en matière de TVA afin d'éviter une action en recouvrement contre le cédant soit de la TVA qui était normalement due sur la cession, soit de la régularisation de taxe qu'elle aurait dû générer. À défaut de relocation dans les délais, on pourra stipuler l'obligation pour le cessionnaire de rembourser ces sommes au cédant. Sans cette stipulation, le remboursement ne pourrait avoir lieu entre les parties et la responsabilité du rédacteur pourrait être retenue (Cass. 1e civ. 12-5-2016 n° 15-19.779 F-D : Sol. Not. 7/16 inf. 164).

> **Précisions** **a.** La cession par une société preneuse d'un bail à construction portant sur un **immeuble** dans lequel elle **exploite un hôtel-restaurant** de ses **droits au bail** au bénéfice d'une SCI qui donne ensuite l'immeuble à bail commercial (le fonds de commerce étant cédé à une autre société) peut-elle être regardée comme la transmission d'une universalité de biens au regard de l'article 257 bis du CGI ? La cour administrative d'appel de Nantes répond par la négative au motif que le cessionnaire ne poursuit pas la même activité que le cédant (CAA Nantes 21-4-2016 n° 14NT02617 : RJF 8-9/16 n° 701). Autrement dit, la cour de Nantes exige une **condition de continuité d'activité** qui ne résulte pas de la jurisprudence (notamment CJUE 27-11-2003 aff. 497/01 : RJF 2/04 n° 211) et qui est contraire à la doctrine administrative. L'administration exclut sans ambiguïté toute condition de continuité d'activité par le bénéficiaire de la transmission. Elle indique en effet que, si ce dernier est réputé continuer la personne du cédant en poursuivant l'exploitation de l'universalité transmise sous une forme ou une autre, il n'est toutefois pas exigé que celui-ci poursuive strictement la même activité que celle précédemment exercée par le cédant (BOI-TVA-CHAMP-10-10-50-10 n° 20). La solution retenue par la cour administrative d'appel de Nantes n'est pas évidente et devra être confirmée.
> **b.** Sur le cas particulier des cessions d'immeuble dans le cadre d'un contrat de **crédit-bail,** voir n° 29352.

EFFETS DE L'ARTICLE 257 BIS DU CGI

L'esprit du dispositif peut être résumé en une seule phrase énoncée par l'article 257 bis du CGI : **79970**
« Le bénéficiaire est réputé continuer la personne du cédant. » Le texte indique également qu'aucune livraison de biens n'est réputée intervenir. Autrement dit, la mutation est transparente au regard de la TVA.

Ce régime étant obligatoire, ces effets se produisent de plein droit. La non-taxation ne peut pas être évitée en optant pour soumettre volontairement la vente à la TVA.

L'article 257 bis du CGI n'emporte aucune conséquence sur le régime des droits de mutation à titre onéreux qui restent dus aux mêmes tarifs qu'en cas de soumission de la transmission à la TVA (BOI-ENR-DMTOI-10-40 nos 40 et 120).

La transmission d'universalité n'étant pas taxée lorsque l'article 257 bis du CGI s'applique, elle n'ouvre pas **droit à déduction** pour le cédant. Toutefois, la TVA grevant les frais d'intermédiation exposés par le cédant pour céder l'immeuble locatif (commission d'agence, frais de notaire et d'assistance d'une vente d'immeuble) peut être déduite par celui-ci au titre de ses frais généraux, même dans cette hypothèse (CAA Versailles 10-10-2017 n° 16VE00567 : RJF 6/18 n° 606 ; CAA Lyon 1-4-2021 n° 19LY00379 : RJF 8-9/21 n° 799). La circonstance que ces dépenses aient été ou non incorporées au prix de cession est sans incidence sur ce droit à déduction (CAA Paris 21-3-2019 n° 18PA02009 : RJF 8-9/19 n° 773).

Absence de TVA à titre principal Lorsque la vente de l'immeuble locatif constitue **79980**
une transmission d'universalité, le cédant qui aurait dû être redevable de la taxe n'a pas à acquitter la TVA en principe due sur la mutation.

Cette absence de taxe correspond à la situation des opérations qui, bien qu'entrant dans le champ d'application de la TVA, en sont exonérées. Pour cette raison, lorsqu'une livraison est exonérée de TVA, l'option pour la taxe n'est pas possible si le régime de l'article 257 bis du CGI s'applique (BOI-TVA-IMM-10-10-10-40 n° 50).

En pratique, puisque l'opération entre dans le champ de la TVA, elle doit être présentée comme telle. Elle conserve fiscalement la qualité de « vente soumise à la TVA » notamment au regard des droits d'enregistrement. Seul le paiement effectif de la TVA est évité.

79990 **Absence de régularisation** Dans les cas où la mutation aurait dû générer une régularisation en application de l'article 207 de l'annexe II au CGI (immeuble inscrit comptablement en immobilisation cédé avant l'expiration de la 19e année de détention sans que la cession ne soit soumise à la TVA sur le prix total, la TVA grevant le coût d'acquisition ayant été déduite), le cédant n'a pas à y procéder (CGI art. 257 bis, al. 3). S'ensuivent **trois conséquences.**

En premier lieu, si l'acquéreur doit opérer une régularisation lors de sa propre revente, ce sera le délai global de détention par le vendeur et l'acquéreur qui devra être pris en compte au regard du délai de 20 ans posé par l'article 207 de l'annexe II au CGI, comme si l'acquéreur avait été seul propriétaire depuis l'origine.

Corrélativement, la cession de l'immeuble ne fait pas démarrer un nouveau délai de détention de 20 ans imposé à l'acquéreur sous peine de régularisation (BOI-TVA-DED-60-20-10 n° 280). C'est le délai initial qui se poursuit.

Enfin, puisque la cession n'est pas un fait générateur de régularisation pour le cédant, elle ne réalise pas à proprement parler de transmission de droits à déduction au profit de l'acquéreur. Le vendeur n'a donc pas à remettre l'attestation prévue par l'article 207, III de l'annexe II au CGI.

80010 **Mode de calcul de la TVA sur la marge** Le bénéficiaire est réputé continuer la personne du cédant y compris pour l'application des régimes de TVA sur marge (CGI art. 257 bis, al. 3). Ainsi, pour savoir si le régime de TVA sur marge s'applique lors de la revente de l'immeuble par l'acquéreur, il y a lieu d'examiner si l'acquisition qui avait antérieurement été réalisée par le vendeur avait ouvert droit à déduction (BOI-TVA-IMM-10-20-10 n° 90). La mutation bénéficiant de l'article 257 bis du CGI n'est pas prise en compte à cet égard.

Par ailleurs, dans les cas où la TVA est assise sur la marge (voir nos 84975 s.), celle-ci doit être calculée en retenant comme deuxième terme de la différence le montant qui aurait été celui retenu par le cédant si celui-ci avait réalisé l'opération (BOI-TVA-IMM-10-20-10 n° 280). L'acquéreur devra donc calculer la marge depuis la date d'origine en globalisant les profits réalisés par son cédant et par lui-même.

OBLIGATIONS DÉCLARATIVES

80020 L'article 257 bis du CGI ne pose pas de condition de forme particulière pour l'**acte de cession.** Il n'y a donc pas en principe d'engagement formel à prendre pour bénéficier de l'absence de taxation.

Toutefois, l'acte notarié doit contenir toutes les informations nécessaires pour déterminer son régime fiscal. Il sera donc opportun de rappeler au paragraphe « Déclarations pour l'administration » que les conditions d'application de l'article 257 bis du CGI sont réunies.

À ce titre, il semble nécessaire, dans les cas d'imposition des loyers à la TVA sur option, que l'acte fasse état de l'option exercée par l'acquéreur de façon anticipée avant la vente, comme le permet l'administration (BOI-TVA-CHAMP-50-10 n° 230) ou qu'il mentionne clairement la volonté des parties de transmettre au cessionnaire l'option exercée par le cédant au titre de l'immeuble cédé (voir n° 79925). À défaut, l'acquéreur peut encore exercer l'option dans le délai légal de 15 jours suivant la vente.

Par ailleurs, pour s'affranchir de son **devoir d'information et de conseil,** le **notaire** devra avertir les parties des effets du régime de l'article 257 bis du CGI sur la présente mutation comme sur leurs opérations ultérieures (voir nos 79970 s.). L'acte portera ainsi ces informations à la connaissance des parties.

Une application erronée du régime de l'article 257 bis du CGI entraînant un redressement fiscal du vendeur sans recours possible contre l'acquéreur en l'absence de clause engagerait la responsabilité du notaire (Cass. 1e civ. 12-5-2016 n° 15-19.779 F-D : Solution Notaires 7/16 inf. 164). De même, engage sa responsabilité le notaire qui se trompe dans la rédaction de l'acte en ne visant pas correctement la qualité de redevable des parties ni le régime fiscal auquel la vente est soumise, entraînant ainsi une régularisation de TVA chez le vendeur alors que le régime de l'article 257 bis du CGI aurait pu s'appliquer (CA Colmar 25-6-2021 n° 19/03309 : BPIM 4/21 inf. 290). Précisons que, à l'inverse, si l'acte ne mentionne pas l'application du régime de l'article 257 bis alors que ses conditions sont réunies, l'administration est en droit de refuser la déduction par l'acquéreur de la TVA qui lui a été facturée à tort dans l'acte, celui-ci stipulant un prix TTC pour l'appartement vendu (CE (na) 16-11-2022 nos 462999 et 463000). En cas d'action en responsabilité contre le notaire, le juge judiciaire saisi doit transmettre à la juridiction administrative la question du champ d'application de l'article 257 bis du CGI dont dépend la solution du litige et surseoir à statuer jusqu'à la décision sur cette question (Cass. 1e civ. 20-3-2024 n° 22-23.305 F-D).

En ce qui concerne la **déclaration de la TVA** à l'administration, cette dernière prescrit de mentionner le montant hors taxe de la transmission réalisée sous le régime de l'article 257 bis du CGI sur la ligne « Autres opérations non imposables » de la déclaration CA3 souscrite au titre de la période au cours de laquelle celle-ci est réalisée. Cette obligation incombe non seulement au cédant mais également au bénéficiaire de la transmission (BOI-TVA-DECLA-20-30-20 n° 20). **80030**

APPLICATIONS PRATIQUES DU RÉGIME DE L'ARTICLE 257 BIS DU CGI

Vente de terrain non constructible La vente entre deux assujettis redevables d'un terrain non constructible, qui ne saurait donc être qualifié de terrain à bâtir, est en principe exonérée de TVA avec possibilité d'option pour l'application de la taxe sur le prix total. **80040**

Si cette vente remplit les conditions de l'article 257 bis du CGI, l'option pour la TVA est interdite (BOI-TVA-IMM-10-10-10-40 n° 50). Les droits de mutation à titre onéreux restent dus dans les conditions habituelles, c'est-à-dire au taux indiqué nos 84660 s.

Vente de terrain à bâtir La vente entre deux assujettis redevables d'un terrain à bâtir est en principe soumise à la TVA. La taxe est assise sur le prix total lorsque l'acquisition par le cédant lui avait ouvert droit à déduction, et sur la marge dans le cas contraire. **80045**

Si cette vente remplit les conditions de l'article 257 bis du CGI, le cédant n'a pas à verser la TVA. Deux situations sont possibles :

– soit **l'acquisition par le cédant lui avait ouvert droit à déduction** : la vente a lieu moyennant un prix qui doit être stipulé hors taxe dans l'acte. Les droits de mutation sont dus au taux réduit de 0,71498 % (CGI art. 1594 F quinquies) – sauf engagement de construire. L'application du régime de l'article 257 bis du CGI ne fait pas obstacle à ce tarif (BOI-ENR-DMTOI-10-40 n° 120). La revente ultérieure du terrain à bâtir par l'acquéreur subira la TVA sur le prix – sauf nouvelle application de l'article 257 bis du CGI – car l'acquisition par le précédent cédant lui avait ouvert droit à déduction (BOI-TVA-IMM-10-20-10 n° 90) ;

– soit l'acquisition par le cédant ne lui avait **pas ouvert droit à déduction** : la vente se présente comme une vente de droit commun soumise exclusivement aux droits de mutation. Le vendeur n'a pas à verser la TVA sur la marge. Les droits de mutation sont dus au taux indiqué nos 84660 s. sauf engagement de construire, auquel cas un droit fixe de 125 € est dû (CGI art. 1594-0 G). La revente ultérieure du terrain à bâtir par l'acquéreur subira la TVA sur la marge – sauf nouvelle application de l'article 257 bis du CGI – car l'acquisition par le précédent cédant ne lui avait pas ouvert droit à déduction (BOI-TVA-IMM-10-20-10 n° 90).

> **Précisions** Rappelons que **constitue un terrain à bâtir** le terrain sur lequel des constructions peuvent être autorisées en application d'un document d'urbanisme (CGI art. 257). Par suite, reçoivent cette qualification les terrains situés en zone constructible, quel que soit leur usage (exemples : terrains aménagés, emplacements de parking aérien).

Vente d'immeuble neuf La vente entre deux assujettis redevables d'un immeuble achevé depuis cinq ans au plus est en principe soumise à la TVA sur le prix total. **80050**

Si cette vente remplit les conditions de l'article 257 bis du CGI, le cédant n'a pas à verser la TVA. La vente a lieu moyennant un prix stipulé hors taxe dans l'acte. Les droits de mutation sont dus au taux réduit de 0,71498 % (CGI art. 1594 F quinquies) – sauf engagement de construire. L'application du régime de l'article 257 bis du CGI ne fait pas obstacle à ce tarif (BOI-ENR-DMTOI-10-40 n° 120).

Vente d'immeuble ancien La vente entre deux assujettis redevables d'un immeuble achevé depuis plus de cinq ans est en principe exonérée de TVA avec possibilité d'option pour l'application de la taxe. **80055**

Si cette vente remplit les conditions de l'article 257 bis du CGI, l'option pour la TVA est interdite (BOI-TVA-IMM-10-10-10-40 n° 50). Les droits de mutation à titre onéreux restent dus dans les conditions habituelles (taux normal du droit de vente d'immeuble) sauf engagement de revendre (CGI art. 1115) ou de construire (CGI art. 1594-0 G) pris par l'acquéreur (taux réduit : 0,71498 %).

Au cas où la cession de l'immeuble ancien a lieu avant l'expiration de la 19e année de détention par l'assujetti et que la TVA qui avait grevé son acquisition a déjà été déduite, le cédant n'a pas à procéder aux régularisations en principe dues en application de l'article 207 de l'annexe II au CGI (BOI-TVA-DED-60-20-10 n° 285). Les régularisations seront effectuées, le cas échéant, par le cessionnaire lors de sa propre revente, en décomptant le délai de régularisation comme s'il avait été propriétaire depuis l'acquisition par le cédant. **80056**

CAS PARTICULIER : APPLICATION DU RÉGIME DE L'ARTICLE 257 BIS DU CGI AUX MARCHANDS DE BIENS

80075 Le régime de l'article 257 bis du CGI s'applique également à la cession d'**immeubles inscrits en stock** réalisée par un marchand de biens à condition qu'il s'agisse de la transmission de l'**ensemble de son activité** de négociant en biens immobiliers au profit d'une personne qui poursuivra cette activité (BOI-TVA-DED-60-20-10 n° 285). Il en va ainsi même si l'immeuble compris dans l'ensemble du stock est assimilé à une immobilisation en raison de sa mise en location dans l'attente de sa revente (BOI-TVA-IMM-10-30 n° 360). Les règles particulières décrites nos 80040 à 80055 s'appliquent à cette cession de façon distributive selon la nature de chacun des immeubles composant le stock cédé, étant précisé que l'absence de régularisation (n° 80056) est ici sans objet car la cession d'immeubles inscrits en stock n'est, en tout état de cause, pas susceptible d'engendrer une régularisation.

Le cas de la **vente isolée** d'un immeuble du stock est plus incertain. En principe, l'article 257 bis du CGI ne devrait pas s'appliquer à une telle vente, quand bien même cet immeuble serait le support de baux soumis à la TVA dans l'attente de sa revente (BOI-TVA-DED-60-20-10 n° 285). Une telle vente entre dans le cadre de l'activité habituelle d'un marchand de biens. Elle ne correspond pas à la « transmission d'une universalité » au sens de l'article 257 bis du CGI et devrait être taxée dans les conditions de droit commun exposées nos 84900 s. Toutefois, la jurisprudence a accepté ponctuellement d'appliquer l'article 257 bis du CGI à une cession isolée réalisée par un marchand de biens (CAA Lyon 1-4-2021 n° 19LY00379 : RJF 8-9/21 n° 799). On peut penser que cette décision était justifiée par les circonstances particulières de l'espèce : l'immeuble, achevé en 2006, a fait l'objet de deux baux soumis à TVA conclus en 2007 et 2008, puis a été cédé en 2013 et 2014 à des acquéreurs poursuivant les activités locatives, de telle sorte que le marchand de biens semble s'être comporté en l'espèce davantage comme un propriétaire-bailleur classique que comme un marchand de biens, malgré l'inscription de l'immeuble en stock. La solution méritera néanmoins d'être confirmée par le Conseil d'État.

CHAPITRE 4

CONTRIBUTION SUR LES REVENUS LOCATIFS

SOMMAIRE

Les loyers relatifs à des immeubles achevés depuis quinze ans au moins appartenant à certaines personnes morales supportent, en plus de l'impôt sur le revenu ou de l'impôt sur les sociétés, une contribution dénommée contribution sur les revenus locatifs, connue en pratique sous l'abréviation de « CRL » (CGI art. 234 nonies). **80500**

CHAMP D'APPLICATION DE LA CRL

Personnes imposables La CRL est due uniquement par les **personnes morales** suivantes : personnes morales passibles de l'impôt sur les sociétés, organismes sans but lucratif, personnes morales non imposables et sociétés de personnes (et assimilées) dont un membre au moins est soumis à l'impôt sur les sociétés dans les conditions de droit commun (y compris si celui-ci n'est qu'usufruitier de ses parts : CE 24-10-2014 nos 378015 et 378039 : RJF 1/15 n° 26). **80502**

Les **personnes physiques** et les **sociétés de personnes** (et assimilées) dont aucun membre n'est soumis à l'impôt sur les sociétés dans les conditions de droit commun échappent, quant à elles, à cette contribution. Autrement dit, en pratique, les sociétés civiles immobilières de famille échappent le plus souvent à la CRL.

> **Précisions** **a.** Pour les sociétés et groupements relevant du régime des **sociétés de personnes,** la présence d'un seul membre assujetti à l'impôt sur les sociétés de droit commun conduit à l'assujettissement à la CRL de la société ou du groupement sur la totalité des loyers perçus, cette condition étant appréciée à la clôture de l'exercice.
> **b.** Les **associés de sociétés immobilières transparentes** au sens de l'article 1655 ter du CGI sont personnellement soumis à la CRL s'il s'agit de personnes morales assujetties.

Locations imposables La CRL s'applique aux revenus retirés de la **location** de locaux situés dans des **immeubles achevés depuis quinze ans au moins** au 1er janvier de l'année d'imposition. Ainsi, la CRL n'est exigible au titre de 2025 que si les locaux sont situés dans des immeubles achevés au plus tard le 31 décembre 2009. **80505**

Même achevés depuis plus de quinze ans, les immeubles ne donnent toutefois pas lieu à contribution s'ils ont subi depuis moins de quinze ans des **transformations** susceptibles de les assimiler à des constructions nouvelles.

> **Précisions** **a.** Un immeuble est considéré comme **achevé** lorsque l'état d'avancement des travaux en permet l'utilisation ou l'occupation effective (sur la notion d'achèvement, voir également les indications données en matière de taxe foncière sur les propriétés bâties n° 83040).
> **b.** Les **sous-locations** consenties par le locataire principal ne sont pas assujetties à la contribution (BOI-RFPI-CTRL-20-10 n° 180).
> **c.** Les revenus des conventions au titre desquelles la fourniture de **services de nature hôtelière** présente un **caractère accessoire** par rapport à la location du bien sont soumis à la contribution dans les conditions de droit commun. Il en est ainsi, notamment, des résidences pour étudiants ou jeunes travailleurs, des chambres d'hôtes, des gîtes ruraux et des maisons de retraite (BOI-RFPI-CTRL-20-10 n° 190).

80510 **Exonérations** Sont exonérés de la contribution notamment :

– les revenus tirés de la location dont le **montant,** par local, **n'excède pas** 1 830 € au cours de la période d'imposition à laquelle ils sont rattachés. Cette limite doit être ajustée prorata temporis lorsque la période d'imposition à la contribution est d'une durée supérieure ou inférieure à douze mois, mais pas lorsque la location est d'une durée inférieure à la période d'imposition (les recettes à prendre en compte sont celles définies n° 80540) ;

– les **revenus qui donnent lieu** au paiement effectif de la **TVA** soit de plein droit, soit sur option (les bénéficiaires de la franchise en base sont donc en principe assujettis à la CRL) ;

– les revenus des locations de logements ayant fait l'objet de **travaux de réhabilitation** financés à hauteur d'au moins 15 % de leur montant par une **subvention versée par l'Anah,** l'exonération s'appliquant pendant les quinze années suivant celle de l'achèvement des travaux ;

– les revenus des locations de **logements antérieurement vacants** pendant une durée d'au moins un an, lorsqu'ils sont loués dans le cadre d'une convention APL, l'exonération s'appliquant jusqu'au 31 décembre de la troisième année suivant celle de la conclusion du bail ;

– les revenus provenant de la location d'immeubles faisant partie de **villages de vacances** ou de **maisons familiales** de vacances agréés ;

– les revenus des locaux d'habitation qui font partie d'une **exploitation agricole** ou sont annexés à celle-ci (exonération étendue en pratique à l'ensemble des bâtiments ruraux) ;

– les revenus des **locations à vie ou à durée illimitée.**

> **Précisions** **a.** La partie du loyer afférente aux **locaux accessoires** (caves, garages, etc.) est couverte par la même limite annuelle d'exonération et fait, en principe, l'objet d'une même convention conclue entre le propriétaire et le preneur. Le fait que certaines locations fassent l'objet de conventions distinctes pour le logement et le garage est sans incidence sur la limite d'exonération qui s'apprécie de façon globale pour les conventions conclues entre le même bailleur et le même preneur, dès lors que la location d'un local annexe est étroitement liée à celle du logement principal, et ce, quelle que soit la durée des locations en cause (BOI-RFPI-CTRL-20-20 n° 20).
>
> **b.** Ne constituent pas des **travaux de réhabilitation** les travaux consistant notamment en la réalisation de l'isolation par l'extérieur des bâtiments, le ravalement des façades, l'étanchéité des murs, combles et caves et la révision des couvertures et zinguerie avec remplacement des gouttières. Ces travaux constituent des travaux d'entretien et de réparation qui n'affectent pas substantiellement le gros œuvre des bâtiments (TA Montreuil 31-3-2016 n°s 1409978 et 1504563 : RJF 10/16 n° 840).

CALCUL ET PAIEMENT DE LA CRL

80520 La contribution est calculée au **taux** de 2,50 % sur les recettes nettes perçues au titre de la location (CGI art. 234 quindecies), définies n° 80540.

Elle est, en principe, à la **charge du bailleur.** Toutefois, lorsqu'elle est due sur des **locaux commerciaux** situés dans des immeubles comportant, à concurrence de la moitié au moins de leur superficie totale, des locaux loués à usage d'habitation ou à l'exercice d'une profession, la taxe est, sauf convention contraire, supportée à concurrence de la moitié par le locataire (Loi 99-1172 du 30-12-1999 art. 12, P-I).

ASSIETTE DE LA CRL

80540 La contribution est assise sur le montant des **recettes nettes perçues** au titre de la location au cours de la période d'imposition, c'est-à-dire l'année civile ou l'exercice selon les redevables : voir n° 80560 (CGI art. 234 duodecies).

Les recettes nettes s'entendent du revenu brut tel qu'il est défini en matière de revenus fonciers. C'est ainsi que les recettes soumises à la CRL comprennent notamment, outre le loyer en principal, les recettes exceptionnelles comme les indemnités versées par le locataire (droit d'entrée ou « pas-de-porte » sauf application de la TVA ou des droits de mutation, indemnité de déspécialisation lorsqu'elle est destinée à compenser une perte de recettes ou un accroissement des charges du propriétaire, etc.), la valeur des avantages en nature stipulés au bail, les subventions, primes et indemnités destinées à financer des charges déductibles, les recettes accessoires.

> **Précisions** Les **contribuables** (titulaires de bénéfices industriels et commerciaux au régime réel d'imposition, sociétés passibles de l'IS, etc.) **comptabilisant les produits courus** doivent retraiter leurs écritures comptables pour déterminer l'assiette de la contribution.

PÉRIODE D'IMPOSITION DE LA CRL

Selon la qualité du redevable, la période d'imposition est l'année civile ou l'exercice. 80560

C'est ainsi que la CRL est calculée sur les revenus de location de l'**année civile** lorsque le redevable est une personne morale non passible de l'impôt sur les sociétés et ne relevant pas du régime des sociétés de personnes.

Elle est assise sur les revenus de l'**exercice** :

- pour les personnes morales assujetties à l'impôt sur les sociétés de plein droit ou sur option ;
- pour les sociétés relevant du régime des sociétés de personnes (et assimilés) ;
- pour les organismes sans but lucratif soumis à l'impôt sur les sociétés sur les revenus patrimoniaux qui ne se rattachent pas à leurs activités lucratives.

MODALITÉS D'IMPOSITION DE LA CRL

Les modalités d'imposition sont celles de l'impôt sur les sociétés pour l'ensemble des personnes morales (même pour celles non soumises à cet impôt). 80580

Sociétés ou groupements relevant du régime des sociétés de personnes 80590

Lorsqu'ils sont redevables de la CRL, les sociétés ou groupements relevant du régime des sociétés de personnes (et assimilés) doivent en principe acquitter spontanément la contribution au comptable de la DGFiP au plus tard à la **date** prévue pour le dépôt de leur déclaration de résultats (CGI art. 234 terdecies).

L'assiette de la contribution est portée sur la **déclaration** de résultat n° 2072-C (sociétés immobilières) ou sur la déclaration spécifique n° 2582 (autres sociétés et groupements).

Un **acompte provisionnel unique** doit être versé en principe au plus tard le 15 du dernier mois de l'exercice, au vu du formulaire n° 2581 (délai également applicable aux sociétés civiles immobilières, quelle que soit leur date de clôture). Cet acompte est égal à 2,5 % des recettes imposables à la contribution perçue au cours de l'exercice précédent.

> Précisions **a.** L'acompte n'est pas exigible lorsque son montant **n'excède pas 100 €** (CGI ann. III art. 379).

b. Le **montant de l'acompte** peut être **limité** dans les conditions exposées n° 80595, précision c.

c. La contribution est contrôlée et recouvrée sous les mêmes **garanties et sanctions que l'impôt** sur les sociétés.

d. Les **versements** de CRL **supérieurs à 50 000 €** doivent être effectués par virement (CGI art. 1681 quinquies, 4).

Personnes morales passibles de l'impôt sur les sociétés 80595

Pour les personnes morales passibles de l'impôt sur les sociétés (autres que les organismes sans but lucratif), l'assiette de la contribution est portée sur la **déclaration** de résultats n° 2065 (CGI art. 234 duodecies).

La contribution est **payée spontanément** au comptable de la DGFiP aux dates prévues pour le paiement du solde de l'impôt sur les sociétés, à l'appui du formulaire n° 2572.

Elle donne lieu au versement d'un **acompte provisionnel unique,** au plus tard à la date de paiement du dernier acompte d'impôt sur les sociétés. Cet acompte (porté sur le relevé n° 2571) est égal à 2,5 % des recettes imposables à la contribution perçues au cours de l'exercice précédent.

> Précisions **a.** Les **dates limites de versement** de la contribution et de l'acompte dépendent de la date de clôture de l'exercice.

b. L'**acompte** n'est pas exigible lorsque son montant **n'excède pas 100 €** (CGI ann. III art. 376).

c. Comme en matière d'impôt sur les sociétés, l'entreprise peut, sous sa responsabilité, **limiter le montant de l'acompte** versé si elle estime que la contribution dont elle sera finalement redevable sera inférieure à la somme due au titre de l'acompte. Si, au moment de la liquidation de la contribution, le montant de l'acompte versé s'avère inexact par rapport à celui qui aurait dû être versé, un intérêt de retard de 0,20 % par mois et une majoration de 5 % s'appliquent à l'insuffisance constatée.

d. Les **crédits d'impôt** de toute nature, de même que la créance née du **report en arrière** des déficits, ne sont **pas imputables** sur le montant de la contribution.

e. La contribution est contrôlée et recouvrée sous les mêmes **garanties** et **sanctions** que l'impôt sur les sociétés.

CHAPITRE 5

IMPÔT SUR LA FORTUNE IMMOBILIÈRE (IFI)

SOMMAIRE

L'IFI EN BREF

81000 L'IFI est un impôt annuel dû par les personnes physiques dont le patrimoine immobilier excède le **seuil** de 1 300 000 € **au 1er janvier.**

Il est, sous réserve de certaines exclusions et exonérations, assis sur la valeur nette du **patrimoine immobilier détenu directement ou indirectement** par le contribuable et les membres de son foyer fiscal. Il frappe non seulement les immeubles mais également – pour une fraction de leur valeur – les parts ou actions de sociétés détenant des immeubles ainsi que l'immobilier compris dans les unités de compte des contrats d'assurance-vie.

Les **actifs professionnels** sont toutefois, sous certaines conditions, totalement exonérés d'IFI. Une exonération partielle est par ailleurs prévue en faveur de certains biens ruraux ou forestiers qui ne peuvent pas bénéficier de l'exonération au titre des actifs professionnels.

SECTION 1

CHAMP D'APPLICATION DE L'IFI

A. Personnes imposables

PRINCIPES

81025 Seules les personnes physiques sont assujetties à l'IFI (CGI art. 964).

Les personnes morales ne le sont jamais. Mais les **actions et parts sociales** des sociétés sont, sauf exception, taxées à l'IFI à hauteur de leur composante immobilière entre les mains de leurs propriétaires personnes physiques.

IMPOSITION PAR FOYER

L'assiette de l'impôt se détermine au niveau du foyer fiscal dont la **composition** s'apprécie **au 1er janvier** de l'année d'imposition. 81030

Les **couples mariés,** quel que soit leur régime matrimonial, sont soumis à une imposition commune (CGI art. 964), sauf dans deux cas : lorsqu'ils sont séparés de biens et ne vivent pas sous le même toit ; lorsque, en instance de divorce ou de séparation de corps, ils ont été autorisés à avoir des domiciles séparés.

Font également l'objet d'une imposition commune :

– les personnes liées par un **Pacs** ;

– les personnes vivant en **concubinage** notoire, c'est-à-dire vivant en couple de façon stable et continue, sauf si elles sont mariées ou pacsées par ailleurs, auquel cas elles sont, en principe, imposées avec leur conjoint ou partenaire.

ATTENTION

Les biens appartenant aux **enfants mineurs** sont imposés avec ceux de leurs parents qui ont l'administration légale de leurs biens (CGI art. 965). Ils peuvent toutefois être répartis par moitié entre les deux parents lorsque ces derniers font l'objet d'une imposition séparée à l'IFI tout en exerçant conjointement l'autorité parentale (BOI-PAT-IFI-20-10 n° 150).

TERRITORIALITÉ

Personnes physiques domiciliées en France Les personnes physiques ayant leur domicile fiscal en France (quelle que soit leur nationalité) sont imposables à raison de l'ensemble de leurs **actifs immobiliers situés en France ou à l'étranger** : biens et droits immobiliers situés en France ou à l'étranger et parts ou actions de sociétés établies en France ou à l'étranger à hauteur de la valeur représentative de biens ou droits immobiliers détenus directement ou indirectement par ces sociétés ; ainsi, par exemple, les personnes fiscalement domiciliées en France sont imposables sur les parts de sociétés civiles étrangères à hauteur de leur composante immobilière, que celle-ci corresponde à des actifs immobiliers situés en France ou à l'étranger. 81040

Sous réserve de l'application de conventions internationales plus favorables, les contribuables domiciliés en France et propriétaires d'**immeubles situés à l'étranger** ou de **parts d'une société civile étrangère** peuvent imputer l'impôt sur la fortune acquitté à l'étranger à raison de ces biens sur l'IFI dû en France (CGI art. 980).

ATTENTION

Le **montant imputable** de l'impôt étranger est **limité** à la fraction de l'IFI acquitté au titre des biens et droits immobiliers situés hors de France (ou sur la valeur des parts et actions de sociétés établies en France ou hors de France à hauteur de la fraction représentative de ces mêmes biens). L'impôt sur la fortune payé à l'étranger qui ne se rattache pas à un actif effectivement imposé à l'IFI en France ne peut donc pas être imputé.

Les contribuables qui procèdent au **transfert de leur domicile fiscal en France** après avoir été fiscalement domiciliés pendant au moins cinq ans à l'étranger ne sont temporairement imposables à l'IFI qu'à raison de leurs actifs immobiliers situés en France. L'exonération des actifs situés à l'étranger s'applique au titre de chaque année au cours de laquelle le contribuable conserve son domicile fiscal en France mais seulement jusqu'au 31 décembre de la cinquième année qui suit celle de son installation en France. Ainsi, un contribuable qui transfère son domicile en France le 25 janvier 2025 bénéficie de l'exonération partielle jusqu'au 31 décembre 2030 (IFI 2026 à IFI 2030). 81042

Personnes physiques domiciliées hors de France Les personnes physiques dont le domicile fiscal est situé hors de France ne sont imposables qu'à raison de leurs **biens et droits immobiliers situés en France** et de leurs parts ou actions détenues dans des sociétés (françaises et étrangères) à hauteur de la fraction de leur valeur représentative de biens ou droits immobiliers situés en France. Autrement dit, les non-résidents sont imposables sur leurs parts de sociétés civiles françaises (et étrangères) à hauteur de la fraction de la valeur de ces parts ou actions qui est représentative de l'immobilier situé en France. 81045

Les biens immobiliers situés en France sont ceux qui ont une assiette matérielle en France ; les droits immobiliers situés en France sont ceux portant sur des immeubles situés en France.

ATTENTION

À l'exception de ceux qui sont domiciliés dans un État de l'Union européenne, en Islande ou en Norvège, les contribuables non domiciliés en France peuvent être invités à désigner, dans un délai de 90 jours, un **représentant en France,** habilité à recevoir les communications relatives à

l'assiette, au recouvrement et au contentieux de l'IFI dans les conditions prévues à l'article 164 D du CGI.
Le défaut de désignation d'un représentant en France par un non-résident entraîne la **taxation d'office** (LPF art. L 72 A).

81050 **Détermination du domicile fiscal** Sous réserve des conventions internationales, le domicile fiscal est celui défini par l'article 4 B du CGI pour l'application de l'impôt sur le revenu. Par analogie avec les règles applicables en la matière, les critères du domicile s'apprécient au regard de chacune des personnes composant le **foyer fiscal.** Ainsi, les biens immobiliers situés à l'étranger et appartenant au conjoint et aux enfants mineurs du contribuable ne sont soumis à l'IFI que pour autant que ceux-ci sont personnellement domiciliés en France (BOI-PAT-IFI-10-20-20 nº 100).

En revanche, à la différence des règles applicables en matière d'impôt sur le revenu, le domicile fiscal s'apprécie **au 1er janvier** de l'année d'imposition.

81055 **Incidence éventuelle des conventions internationales** Les questions liées à la détermination du domicile fiscal, au partage entre États du droit d'imposer et à l'élimination des risques de double imposition doivent en principe être résolues d'après les règles prévues par les conventions fiscales. Mais, à l'exception de la nouvelle **convention franco-belge** signée le 9 novembre 2021 (non encore entrée en vigueur), aucune convention signée par la France ne vise expressément l'IFI. Et si l'administration indique de façon quelque peu ambiguë que les principes guidant l'interprétation des dispositions des conventions fiscales utilisées pour les besoins de l'ancien impôt de solidarité sur la fortune (**ex-ISF**) sont repris en matière d'IFI, elle ajoute cependant qu'une convention applicable à l'ISF ne l'est pas nécessairement à l'IFI et qu'un **examen au cas par cas** des stipulations conventionnelles est nécessaire (BOI-PAT-IFI-10 nº 30).
Les conventions suivent généralement le modèle OCDE (art. 22) qui prévoit que la fortune constituée par des **biens immobiliers** est imposable dans les deux États. Diverses conventions (notamment avec l'Allemagne, l'Espagne, les États-Unis) permettent d'imposer les **parts de sociétés à prépondérance immobilière** selon le régime des biens immobiliers (pour leur fraction représentative de tels biens).

> Précisions a. L'administration a précisé que sont applicables à l'IFI : la **convention franco-luxembourgeoise** du 20 mars 2018 (BOI-INT-CVB-LUX-10 nº 280), la convention **franco-saoudienne** du 18 février 1982 (Rép. Joyandet : Sén. 19-7-2018 nº 3325), la convention **franco-américaine** du 31 août 1994 (BOI-INT-CVB-USA-10 nº 25) et la convention **franco-colombienne** du 25 juin 2015 (BOI-INT-CVB-COL nº 40).
b. En matière de **domicile fiscal,** le recours aux critères conventionnels de la résidence est admis même si la convention ne concerne que les impôts sur le revenu (BOI-INT-DG-20-20-80 nº 20).
c. Des résidents luxembourgeois ont été jugés imposables en France au titre de la détention de parts de SCI françaises au motif que des **parts de SCI** ayant leur siège social en France et propriétaires de biens immobiliers situés en France doivent être regardées comme des **biens immobiliers** au sens de la convention franco-luxembourgeoise (Cass. com. 2-4-2025 nº 23-14.568 F-D : RJF 7/25 nº 563, solution rendue pour l'application de l'ancienne convention franco-luxembourgeoise en matière d'ISF, mais qui, à notre avis, conserve sa valeur dans le cadre de la convention du 20 mars 2018 en vigueur et en matière d'IFI).

B. Actifs imposables

1. IMMOBILIER AU SENS LARGE

BIENS ET DROITS IMMOBILIERS

81100 Tous les biens et droits immobiliers appartenant au contribuable au 1er janvier de l'année d'imposition entrent dans le champ d'application de l'IFI (CGI art. 965, 1º). Sous réserve de certaines exonérations (voir nºs 82100 s.), sont ainsi imposables à l'IFI :

– tous les **immeubles bâtis** (à usage privé ou professionnel), **non bâtis** (terrains à bâtir, terres agricoles, bois et forêts, landes, etc.) ou **en cours de construction** ;

– tous les **droits réels** immobiliers (usufruit, droit d'usage, droit du preneur d'un bail à construction notamment).

> Précisions Toutes les **constructions fixées au sol** et qui présentent le caractère de véritables bâtiments sont concernées. Sont également taxables les constructions qui, bien que non fixées au sol, ne sont pas conçues de manière à pouvoir être déplacées. Au contraire, les constructions qui ne sont pas fixées au sol et qui peuvent être transportées facilement (cabines, kiosques, guérites, baraques foraines, etc.) ne sont pas imposables (BOI-PAT-IFI-20-20-10 nº 20).

Les constructions édifiées **sans permis de construire** sont imposables (BOI-PAT-IFI-20-20-10 nº 30).

Immobilier grevé d'un usufruit, d'un droit d'habitation ou d'un droit d'usage Les biens ou droits grevés d'un usufruit, d'un droit d'habitation ou d'un droit d'usage accordé à titre personnel sont compris dans le **patrimoine de l'usufruitier** ou du titulaire du droit pour leur **valeur en pleine propriété** (CGI art. 968, al. 1). La loi prévoit toutefois plusieurs exceptions à ce principe. Pour un exposé détaillé des particularités liées au démembrement de propriété, voir nos 42685 s. 81105

Immobilier faisant l'objet d'un contrat de crédit-bail ou de location-accession Les actifs immobiliers faisant l'objet d'un contrat de crédit-bail ou d'un contrat de location-accession sont compris dans le **patrimoine du preneur** ou de l'accédant pour leur valeur au 1er janvier de l'année d'imposition. Cette valeur est **réduite** du montant des loyers ou des redevances restant à courir jusqu'à l'expiration du bail ou jusqu'au terme prévu pour la levée de l'option, ainsi que du montant de l'option d'achat (CGI art. 971). Cette règle s'applique non seulement lorsque le preneur du contrat de crédit-bail est le contribuable lui-même mais également lorsqu'il s'agit d'une société dans laquelle le contribuable détient des parts ou actions. 81110

IMMOBILIER DÉTENU PAR UNE SOCIÉTÉ

Les parts ou actions des sociétés (établies en France ou à l'étranger) sont, en **principe,** imposables à hauteur de la fraction de leur valeur représentative de biens ou droits immobiliers (tels que définis nos 81100 s.) détenus directement ou indirectement par la société, quel que soit le nombre de niveaux d'interposition (CGI art. 965, 2º). Toutes les sociétés sont concernées, peu importe leur forme sociale, leur régime fiscal ou leur lieu d'établissement. Les parts de sociétés civiles détenant directement ou indirectement des immeubles sont ainsi susceptibles d'être taxées à l'IFI à hauteur de l'immobilier sous-jacent (sur la détermination de la fraction imposable des parts : nos 81480 s.). 81115

Cette règle connaît plusieurs **atténuations** d'une grande portée pratique (notamment, exclusion de l'immobilier compris dans certaines participations minoritaires : nº 81500 ; exclusion de l'immobilier que la société affecte à une activité opérationnelle : nos 81490 s. ; exonération de l'immobilier professionnel : nos 82105 s.).

ATTENTION

L'inclusion d'un bien immobilier détenu au travers d'une société dans l'assiette de l'IFI est une **question délicate et complexe** dépendant de nombreux facteurs (nature de l'activité exercée par la société, pourcentage de détention dans la société, affectation de l'immobilier à une activité professionnelle, etc.).

IMMOBILIER CONSTITUANT DES UNITÉS DE COMPTE DE CONTRATS D'ASSURANCE-VIE

L'IFI frappe la valeur de l'immobilier compris dans les unités de compte des **contrats d'assurance rachetables** et des bons ou contrats de capitalisation (CGI art. 972). Le contribuable est traité comme s'il était personnellement propriétaire des actifs immobiliers composant les unités de compte de son contrat. La valeur que le contribuable doit déclarer est, en principe, communiquée chaque année par l'assureur. 81120

Les **contrats non rachetables** ne sont pas taxables à l'IFI (BOI-PAT-IFI-20-20-30-30 nos 110 et 120).

ATTENTION

Durant la phase d'épargne, les **PER** ouverts sous la forme de **compte-titres** qui contiennent des actifs compris dans l'assiette de l'IFI sont imposables à l'IFI dans la limite de la fraction de la valeur correspondant à des actifs immobiliers imposables. Les **PER dits « assurantiels »** sont taxables uniquement si le contrat est rachetable. Selon l'administration, le contrat est réputé rachetable lorsque l'assuré a atteint l'âge requis pour demander la liquidation du plan ou lorsque survient un événement permettant le déblocage anticipé (Rép. Malhuret : Sén. 9-2-2023 nº 1956).

2. IMMOBILIER DONT LE CONTRIBUABLE EST PROPRIÉTAIRE

CONSISTANCE DU PATRIMOINE

L'IFI frappe la valeur des biens ou droits immobiliers ou des titres représentatifs de ces actifs appartenant au contribuable et aux membres de son foyer fiscal (CGI art. 965). La consistance du patrimoine s'apprécie **au 1er janvier** de l'année d'imposition. 81125

Les actifs immobiliers acquis sous **condition suspensive** (de l'obtention d'un prêt, notamment) n'ont pas à être déclarés par l'acheteur si la condition ne s'est pas réalisée au 1er janvier de l'année d'imposition. À l'inverse, les biens acquis sous **condition résolutoire** appartiennent à l'acquéreur tant que la condition ne s'est pas réalisée (BOI-PAT-IFI-20-20-40 nos 20 et 30).

81130 Les **variations** que le patrimoine peut subir **entre le 1er janvier et la date de la déclaration,** notamment par suite d'achats ou de ventes, ne sont pas prises en considération pour la détermination de la base d'imposition, sauf si l'événement ultérieur intervenu a un effet rétroactif (par exemple, annulation d'une vente ou partage de succession : BOI-PAT-IFI-10-10 nos 70 et 80). Dans ce cas, le contribuable doit souscrire une déclaration complémentaire ou rectificative (BOI-PAT-IFI-10-10 no 90).

ATTENTION

Lorsque l'événement modifiant rétroactivement la consistance du patrimoine – tel un partage – intervient **après le dépôt** de la **déclaration,** il y a lieu de rectifier celle-ci en conséquence. Si la nouvelle liquidation entraîne un supplément de droits, le contribuable doit acquitter le complément de droits exigibles; s'il apparaît que la perception a été excessive, le trop-perçu est restitué sur réclamation présentée dans le délai de réclamation.

PREUVE DE LA PROPRIÉTÉ DES BIENS

81135 Les règles de droit civil en matière de propriété s'appliquent à l'IFI, en particulier la théorie de l'**accession** et de la **propriété apparente.** Ainsi, l'administration est fondée à tenir pour véritable propriétaire d'un bien celui qui apparaît comme tel aux yeux des tiers (BOI-PAT-IFI-20-20-40 no 10).

SECTION 2 ASSIETTE DE L'IFI

ENJEUX

81300 Le contribuable doit déclarer chaque année ses actifs immobiliers taxables à l'IFI. Il doit donc évaluer les immeubles qui figurent dans son patrimoine (et dans celui des membres de son foyer fiscal) mais également ceux qu'il détient indirectement au travers de sociétés. L'**associé de société civile** déclare la valeur nette de ses parts à hauteur de leur composante immobilière.

La détermination de la valeur à déclarer est l'un des aspects les plus délicats de l'IFI. Les **règles d'évaluation des actifs immobiliers** étant celles applicables en matière de droits de mutation par décès, les biens imposables doivent être évalués d'après leur valeur vénale réelle.

La valeur des biens immobiliers imposables et le montant des dettes déductibles sont appréciés **au 1er janvier** de chaque année.

A. Évaluation des immeubles

1. ÉVALUATION À LA VALEUR VÉNALE

PRINCIPE

81305 Les immeubles doivent être évalués au 1er janvier de l'année d'imposition, en principe, d'après leur valeur vénale réelle. Cette valeur correspond au prix que le **jeu** normal **de l'offre et de la demande** permettrait au propriétaire de retirer de la vente d'un immeuble déterminé, à un moment donné (le 1er janvier de l'année d'imposition), compte tenu des données du marché, des particularités physiques, juridiques et économiques de cet immeuble, abstraction faite de toute valeur de convenance. Cette valeur exprime ainsi le prix qui serait stipulé dans une transaction se déroulant dans des conditions idéales. La valeur vénale est avant tout une valeur de marché.

FACTEURS JURIDIQUES INFLUENÇANT LA VALEUR VÉNALE

81310 Quel que soit le type de bien, sa valeur est influencée par les limitations ou **restrictions qui affectent le droit de propriété** du contribuable.

S'agissant de l'évaluation de **biens immobiliers atypiques** tels que des châteaux affectés de divers facteurs de dépréciation (classement ou inscription en tant que monuments historiques, indivision), la Cour de cassation considère qu'en l'absence de comparaison possible, faute d'un marché de biens intrinsèquement similaires, il convient de recourir à d'autres méthodes, notamment à celle de l'abattement (Cass. com. 12-2-2008 n° 07-10.242 F-PB : RJF 5/08 n° 613). Cette dernière consiste à appliquer une décote sur la valeur vénale d'immeubles similaires au bien à évaluer, géographiquement proches, mais non affectés des mêmes facteurs de dépréciation. Mais la seule circonstance que ces biens de prestige concernent un marché plus réduit que les biens ordinaires ne justifie pas une diminution de leur valeur vénale (CA Aix-en-Provence 18-1-2022 n° 19/01316 : BPIM 2/22 inf. 170).

ATTENTION

Il faut veiller à ne pas « décoter » jusqu'à **sous-évaluer** ses immeubles, en raison des **risques** que cela comporte. Cette sous-évaluation peut se retourner contre le contribuable s'il est exproprié car sa déclaration lui est alors opposable. Il en est de même lorsque l'administration exerce son droit de préemption pour les biens situés dans certains secteurs. Sans oublier, surtout, le risque d'un redressement fiscal.

Lorsque la **propriété** d'un immeuble est **indivise,** sa valeur vénale peut s'en trouver affectée. **81320**
Pour estimer la valeur vénale de biens indivis, l'administration doit se référer à des éléments de comparaison tirés de la cession de biens intrinsèquement similaires et spécialement de droits immobiliers indivis, dont la valeur propre ne se confond pas avec la fraction de la valeur totale correspondant aux droits indivis (Cass. com. 19-6-1990 n° 89-10.394 P : RJF 8-9/90 n° 1130). Peu importe que l'indivision procède de la loi (indivision successorale) ou de la convention des parties, telle une acquisition conjointe par deux concubins (Cass. com. 22-2-2000 n° 97-17.821 P : RJF 5/00 n° 721).

Pour être prise en compte, encore faut-il que l'indivision affecte la valeur vénale du bien. Tel n'est pas le cas d'une indivision sur une résidence principale détenue par des époux mariés sous le régime de la séparation de biens, dès lors que la cession par l'un des époux de sa quote-part est peu probable (Cass. com. 27-3-2019 n° 18-10.933 F-PB : RJF 11/19 n° 1094 ; solution rendue en matière d'ISF mais transposable à l'IFI).

Lorsque la **nue-propriété** d'un immeuble est **en indivision,** l'usufruitier qui est imposable sur la pleine propriété peut tenir compte de la perte de valeur vénale qui en résulte (Cass. com. 14-12-1999 n° 97-18.810 P : RJF 4/00 n° 572 ; Cass. com. 15-12-2009 n° 09-11.137 F-D : BPAT 1/10 inf. 36, rendue en matière de droits de donation mais transposable à l'IFI).

L'existence d'un **droit de retour,** ou d'une **interdiction d'aliéner,** stipulé à l'occasion d'une **81325**
donation a pour effet de restreindre le droit de propriété du donataire et affecte ainsi la valeur vénale du bien transmis. Il devrait être, à notre sens, légitime d'appliquer une décote sur la valeur vénale du bien, proportionnelle aux limitations apportées au droit de propriété du contribuable. Cet avis n'est toutefois pas partagé par l'administration, qui refuse l'application de toute décote (BOI-PAT-IFI-20-20-30-10 n° 50). Quant à la Cour de cassation, elle a jugé, sous l'empire de l'ISF, que la limite apportée par le donateur à la liberté d'aliéner un immeuble dont il se réserve l'usufruit n'affecte pas sa valeur vénale (Cass. com. 27-10-2009 n° 08-11.362 F-PB : RJF 2/10 n° 175). Malgré les réserves que suscite cette solution et la résistance de certaines cours d'appel, la Cour de cassation a réitéré sa position rigoureuse en matière de droits de donation (Cass. com. 11-9-2012 n° 11-21.234 F-D : RJF 12/12 n° 1168). Il est à craindre qu'elle la conserve pour l'application de l'IFI.

L'**occupation locative** d'un immeuble est un facteur de dépréciation. Les décotes pour **81330**
occupation déjà admises par l'administration fiscale et la jurisprudence en matière d'ISF trouvent également à s'appliquer en matière d'IFI. Les éléments à prendre en compte sont les conditions de location notamment la nature et la durée du bail. En pratique, une décote de 10 à 20 % peut être admise. Cette décote peut être diminuée ou augmentée en fonction des circonstances.

Sur l'évaluation de la valeur vénale d'un bien en cas de **démembrement de propriété** : voir **81335**
n° 42695.

D'**autres facteurs de dépréciation** peuvent affecter la valeur vénale d'un immeuble : l'obliga- **81340**
tion d'effectuer certains travaux (par exemple le ravalement prescrit par un arrêté municipal), le classement en tant que monument historique, la charge d'une servitude, les nuisances visuelles ou sonores affectant le bien (CA Chambéry 19-2-2013 n° 11/02916 à propos d'un immeuble situé à proximité d'une voie à grande circulation ; CA Aix-en-Provence 18-1-2022 n° 19/01316 : BPIM 2/22 inf. 170 à propos d'une villa d'exception située à proximité d'un hôtel), etc.

CONSEIL

Les immeubles classés ou inscrits au titre des **monuments historiques** se trouvent dans une situation particulière en raison, notamment, de leur nature spécifique, des charges souvent importantes qui les grèvent, du nombre limité des acquéreurs potentiels et des difficultés qui en découlent pour les vendre. L'administration invite à tenir compte des contraintes qui résultent, pour les propriétaires de tels biens, de leur ouverture plus ou moins fréquente au public et de leur utilisation à des fins d'animation collective dans un but essentiellement culturel (BOI-PAT-IFI-20-30-10 nº 100).

MÉTHODES D'ÉVALUATION

81345 **Évaluation par comparaison** La méthode par comparaison avec des éléments objectifs et pertinents doit en principe être retenue. Les **autres méthodes** (nº 81355) ne sont utilisées que lorsque les résultats obtenus par la méthode d'évaluation par comparaison ont besoin d'être confortés en raison notamment de la faiblesse de l'activité du marché local, étant précisé que la valeur vénale réelle d'un immeuble ne correspond pas à la seule moyenne arithmétique des résultats obtenus en appliquant différentes méthodes.

La comparaison peut être faite « **en bloc** » en retenant le prix global constaté sur le marché pour un immeuble identique. Mais le plus souvent, elle est opérée à partir de prix moyens unitaires : prix à l'hectare (terrains agricoles), au mètre carré (terrains à bâtir), au mètre carré de superficie bâtie, etc.

La méthode consiste, pour un immeuble donné, à se référer aux prix constatés dans un nombre suffisant de transactions portant sur des immeubles similaires, qui constituent ainsi des **termes de comparaison.** Pour évaluer un terrain à bâtir, par exemple, on s'efforcera de rechercher des ventes de terrains de superficie, dimensions et configuration comparables, pourvus des mêmes éléments de viabilité (alimentation en eau et électricité, existence d'un tout-à-l'égout, etc.) situés dans la même commune et soumis aux mêmes règles d'urbanisme.

81350 La **période de temps** à prendre en compte pour dégager les éléments de comparaison varie en fonction du marché, de son évolution, du nombre de ventes et de la diversité des immeubles. Plus le marché est actif, plus la période doit être courte (un semestre). Moins il est actif et plus elle sera longue (deux ou trois ans). Mais attention, les termes de comparaison retenus doivent, en principe, être antérieurs au 1er janvier de l'année d'imposition (Cass. com. 19-6-1990 nº 868 P : RJF 8-9/90 nº 1129). Une vente signée au mois de mai 2025 n'est donc pas, sauf circonstances exceptionnelles, un élément de comparaison valable pour évaluer un immeuble pour l'IFI 2025. Ce n'est qu'à titre exceptionnel que la Cour de cassation déroge à ce principe lorsqu'il n'existe aucun élément de comparaison antérieur (Cass. com. 16-4-2013 nº 12-16.266 : RJF 8-9/13 nº 879, rendu en matière de droits de succession mais transposable à l'IFI).

La **zone géographique** de référence sera fonction de la rareté relative de l'immeuble. L'évaluation d'un immeuble exceptionnel, par exemple, justifie d'élargir la comparaison au marché régional, voire national.

Tous les **types de ventes** doivent être retenus, qu'il s'agisse de cessions de gré à gré, d'adjudications, d'acquisitions publiques, etc. À condition bien sûr, pour les cessions de gré à gré, que la vente ait été opérée au prix du marché et non pour une valeur de convenance.

CONSEIL

Afin d'apprécier la valeur vénale de leurs biens, les particuliers peuvent consulter la base de données DVF (« **Demande de valeur foncière** » à l'adresse cadastre.data.gouv.fr/dvf ou app.dvf.etalab.gouv.fr), qui recense l'ensemble des ventes de biens (bâtis ou non) réalisées au cours des cinq dernières années. Les données proviennent des actes enregistrés chez les notaires et des informations du cadastre. Elles sont consultables de façon illimitée et aucune authentification n'est nécessaire, contrairement à la base de données « **Patrim** », accessible uniquement depuis l'espace personnel des contribuables sur le site impots.gouv.fr. Attention, le fait d'évaluer l'immeuble sur la base des informations communiquées par l'administration fiscale ne met pas à l'abri d'un redressement pour insuffisance d'évaluation.

Le **Conseil supérieur du notariat** (CSN) met également gratuitement à la disposition du public sur Internet des statistiques de prix concernant le marché immobilier de certaines communes (immobilier.notaires.fr). Le CSN peut également transmettre à tout demandeur, moyennant rémunération, des informations concernant les ventes réalisées sur un secteur et une période donnés.

81355 **Autres méthodes d'évaluation** Parmi de nombreux procédés, on retiendra :

– la méthode d'évaluation **par le revenu,** utilisable pour les immeubles donnés en location, et qui conduit à multiplier le loyer brut annuel par un taux de capitalisation. À titre indicatif, ce taux, qui est en général inversement proportionnel à la « classe » de l'immeuble, peut varier entre 3 et 9 % selon la conjoncture économique générale et locale, selon l'évolution des loyers et des prix de l'immobilier et selon les caractéristiques de l'immeuble. Le choix du taux pertinent est d'autant plus délicat qu'il est lourd de conséquences sur la valeur obtenue : ainsi, retenir un taux de 4 % plutôt qu'un taux de 3 % entraîne une différence d'évaluation de 25 % ;

– la méthode de l'évaluation **par réajustement d'une valeur antérieure,** qui calcule la valeur actuelle en partant du prix (ou de la valeur) constaté dans une transmission antérieure du même bien et en appliquant un coefficient de réajustement représentant l'évolution du marché dans l'intervalle.

CONSEIL

En pratique, en ce qui concerne les **immeubles déjà déclarés l'année précédente,** il est possible de procéder à des ajustements liés à l'évolution du marché, sauf à tenir compte des travaux qui ont pu valoriser le bien ou, en sens inverse, d'éléments qui l'ont dévalorisé.

2. BASES LÉGALES D'ÉVALUATION

IMMEUBLES DONT LE PROPRIÉTAIRE A L'USAGE

Ils doivent être évalués pour leur **valeur libre de toute occupation.** En d'autres termes, aucune décote ne peut, en principe, être pratiquée par le propriétaire de l'immeuble au titre de son occupation. **81400**

Par dérogation, la loi autorise un abattement de 30 % sur la valeur vénale réelle de la **résidence principale** (CGI art. 973). L'abattement s'applique aux parts de **sociétés civiles immobilières transparentes** (sociétés de l'article 1655 ter du CGI) de sorte que l'associé d'une telle société bénéficie de l'abattement s'il occupe le logement dont il est réputé être directement propriétaire à titre de résidence principale. Son application est, en revanche, en principe exclue lorsque le logement est détenu par l'intermédiaire d'une société civile **non transparente** telle une société civile de gestion ou d'investissement immobilier (BOI-PAT-IFI-20-30-20 n° 50 ; cette différence de traitement n'étant pas contraire aux principes d'égalité devant la loi et devant les charges publiques : Cons. const. 17-1-2020 n° 2019-820 QPC : RJF 4/20 n° 374) ; l'occupation effective du logement par les associés détenant la totalité des parts d'une telle SCI peut cependant justifier l'application d'une décote de 10 % sur la valeur des parts sociales (Cass. com. 13-1-2021 n° 19-14.256 F-D : RJF 4/21 n° 434 ; CA Montpellier 7-11-2023 n° 23/01048 : RJF 2/24 n° 180).

L'abattement sur la résidence principale bénéficie aux héritiers lorsqu'ils sont imposables sur la valeur d'un immeuble occupé par le **conjoint survivant** au titre de son **droit temporaire au logement** (BOI-PAT-IFI-20-30-20 n° 40). En pratique, l'abattement ne jouera qu'une seule fois compte tenu de la durée limitée (12 mois) de ce droit. Le même abattement s'applique également, à notre avis, en cas de droit temporaire au logement conféré au partenaire pacsé survivant.

Lorsque la valeur de l'immeuble est comprise respectivement dans le patrimoine de l'usufruitier et du nu-propriétaire conformément aux dispositions prévues à l'article 968, 1° à 3° du CGI, l'abattement bénéficie à celui ou ceux d'entre eux qui l'occupe à titre de **résidence principale,** sur la valeur de sa part dans l'immeuble (BOI précité n° 70).

ATTENTION

Les **époux** faisant l'objet d'une **imposition** distincte pour leurs revenus mais **commune** pour l'IFI ne peuvent désigner qu'un immeuble comme résidence principale. S'ils font l'objet d'**impositions séparées** à l'IFI, l'abattement de 30 % s'applique à la résidence principale de chacun d'eux.

ADJUDICATION PUBLIQUE

Les immeubles qui, **dans les deux années** qui ont précédé ou suivi le 1er janvier de l'année d'imposition, ont fait l'objet d'une adjudication publique ne peuvent pas être imposés sur une somme inférieure au prix d'adjudication augmenté des charges en capital, à moins que l'immeuble ait subi dans l'intervalle des transformations susceptibles d'en modifier la valeur. **81420**

L'administration admet que les transformations visées ne sont pas uniquement celles qui affectent la consistance matérielle de l'immeuble. Peuvent également être retenues celles qui affectent son utilisation ou encore la nature de son titre d'occupation (BOI-PAT-IFI-20-30-20 n° 90).

CONSEIL

Lorsque l'adjudication intervient **après le dépôt de la déclaration,** la liquidation de l'impôt doit être rectifiée pour en tenir compte. Si le prix d'adjudication est inférieur à l'estimation portée dans la déclaration, le contribuable peut demander la restitution du trop-perçu dans le délai de réclamation (BOI précité n° 100).

B. Évaluation des titres de sociétés détenant des immeubles

PRINCIPES D'ÉVALUATION DES TITRES DE SOCIÉTÉ

81440 Les actions et parts de sociétés sont imposables à hauteur de la seule **fraction** de leur valeur **représentative de biens ou droits immobiliers imposables** détenus directement ou indirectement par la société.

En pratique, le contribuable doit commencer par déterminer la valeur vénale de la société puis calculer le **coefficient immobilier** de celle-ci. L'application de ce coefficient à la valeur vénale globale de la société détermine la fraction imposable des titres à l'IFI, étant précisé que cette fraction imposable doit être éventuellement corrigée du fait de l'existence au passif de la société de dettes dont la loi interdit ou limite la prise en compte (n°s 81472 s.).

ATTENTION

Lorsqu'il existe au passif de la société des dettes dont la loi interdit la déduction, le contribuable sera imposé à l'IFI sur un **montant supérieur à la valeur vénale** de ses titres (voir n°s 81473 s.).

TOLÉRANCE POUR LE CONTRIBUABLE QUI IGNORE LA VALEUR TAXABLE DE SES TITRES

81445 Un **contribuable** de bonne foi **détenant** directement ou indirectement, seul ou avec les membres de son foyer fiscal, **au plus 10 % du capital** et des droits de vote d'une société propriétaire de biens immobiliers ne peut pas faire l'objet d'une proposition de rectification s'il prouve qu'il n'a pas pu disposer des informations nécessaires à l'estimation de la fraction taxable de la valeur de ses parts ou actions (CGI art. 965, 3°).

Cette **tolérance ne peut pas être invoquée par** les contribuables qui se réservent la jouissance des biens immobiliers en cause ou qui contrôlent la société qui détient les biens immobiliers de sorte qu'en pratique, l'associé d'une SCI occupant un immeuble détenu par la société ne peut pas en bénéficier.

CONSEIL

Le contribuable doit pouvoir apporter la **preuve** qu'il a cherché à se procurer les informations nécessaires auprès de la société. À cette fin, il est conseillé d'adresser une demande à la société par courrier recommandé avec avis de réception suffisamment en amont de la date de souscription de la déclaration. Ce courrier devrait constituer une preuve suffisante pour l'administration fiscale et permettre au contribuable de bénéficier de la tolérance.

1. VALEUR VÉNALE DE LA SOCIÉTÉ

TITRES COTÉS

81450 Lorsqu'elles sont imposables – ce qui est rare en pratique compte tenu de l'exonération des participations minoritaires (voir n° 81500) – les valeurs mobilières cotées sont évaluées selon le **dernier cours connu** ou selon la **moyenne des trente derniers cours** qui précèdent le 1er janvier de l'année d'imposition (CGI art. 973, I-al. 3). Ces dispositions étant impératives, aucun élément de nature à affecter les possibilités de vente des valeurs mobilières ne peut justifier l'application d'un abattement. Il en est ainsi notamment en cas d'existence d'un pacte d'actionnaires prévoyant un droit de préemption, de démembrement de propriété des titres, de titres provenant d'une donation assortie d'un droit de retour et d'une interdiction d'aliéner ou acquis dans le cadre d'un plan d'options de souscription ou d'achat d'actions (BOI-PAT-IFI-20-30-20 n° 160).

TITRES NON COTÉS

81455 **Primauté de la méthode par comparaison** En présence de parts ou actions de sociétés non cotées, l'appréciation de la valeur imposable se fait en tenant compte de tous les éléments dont l'ensemble permet d'obtenir un chiffre aussi proche que possible de celui qu'aurait entraîné le **jeu normal de l'offre et de la demande.**

La méthode par comparaison avec des transactions antérieures de titres de la même société doit être privilégiée lorsqu'elle est possible. Jugé par exemple que l'administration fiscale ne peut pas combiner différentes méthodes (en l'espèce, valeur de rendement, marge brute d'autofinancement et valeur mathématique) pour évaluer des titres d'une société donnés par un père à son fils lorsque ce fils a quelques mois auparavant acheté des titres à d'autres associés, aucune collusion sur le prix de vente n'étant soupçonnée. Les titres doivent donc être évalués par comparaison avec cette vente (Cass. com. 7-7-2009 n° 08-14.855 F-D : RJF 12/09 n° 1173, solution rendue en matière de droits de donation mais transposable à l'IFI).

Autres méthodes d'évaluation **À défaut de termes de comparaison** (situation qui peut se rencontrer dans les sociétés familiales très fermées), les méthodes utilisées pour l'évaluation des parts de sociétés civiles sont essentiellement : 81460

– la **valeur mathématique,** qui s'obtient en corrigeant la valeur comptable pour tenir compte de la valeur réelle des postes du bilan au 1er janvier de chaque année (notion d'actif net réévalué) ;

– la **valeur de rendement,** qui tient compte en particulier de la fraction du bénéfice social mis en distribution (dividende) ;

– la **valeur tirée de la marge brute d'autofinancement,** qui tient compte de la capacité de la société à réaliser son autofinancement.

ATTENTION

Une évaluation réaliste des parts (indispensable lorsqu'il n'existe pas de termes de comparaison) peut être obtenue par la **combinaison** de plusieurs de ces méthodes. Cette combinaison se fait selon des dosages complexes, voire incertains. Dans les sociétés civiles à vocation patrimoniale, la valorisation mathématique est toujours prise en compte, mais elle ne peut pas être le critère exclusif.

Facteurs de dépréciation La valeur vénale des parts de SCI dépend principalement de la valeur intrinsèque des immeubles figurant à l'actif. Une décote est souvent appliquée. Elle est d'autant plus élevée que la **participation** est **minoritaire** (Cass. com. 6-5-2003 n° 01-13.118 F-D : RJF 8-9/03 n° 1056 et Cass. com. 23-11-2010 n° 09-17.295 F-D : RJF 3/11 n° 382, ayant respectivement admis une décote de 15 % et de 20 %). 81465

La valeur vénale de la société peut parfois également être minorée afin de tenir compte de facteurs de dépréciation, telle l'existence d'une **indivision** (que celle-ci soit d'origine légale ou conventionnelle) ou d'une **clause d'agrément** de tous les associés pour la cession des parts de la SCI (Cass. com. 15-2-2023 n° 20-19.451 F-D : RJF 6/23 n° 507 ; sur renvoi les juges ont accepté une décote de 20 % sur la valeur vénale de parts sociales détenues en usufruit : 10 % au titre de l'occupation du bien et 10 % en raison d'une clause d'agrément qui affecte la liquidité des parts : CA Montpellier 7-11-2023 n° 23/01048 : RJF 2/24 n° 180).

Cas particuliers et solutions diverses L'évaluation des **parts de GFA** doit tenir compte des caractéristiques propres à ces parts et notamment du fait que leur cession est plus difficile que celle des terres qu'elles représentent, en l'état actuel du droit et des pratiques en matière de GFA. Sur l'exonération des parts, voir nos 82210 s. 81470

La valeur des parts de **sociétés civiles d'attribution** dotées de la transparence fiscale (sociétés immobilières de copropriété) est celle des immeubles à l'attribution desquels elles donnent vocation. En ce qui concerne l'application de l'abattement de 30 % sur la valeur vénale lorsque l'immeuble est occupé à titre de résidence principale, voir n° 81400.

La valeur à retenir pour les parts de **SCPI** est celle du prix d'exécution publié par la société de gestion.

RÈGLES ANTI-ABUS POUR L'ÉVALUATION DES TITRES

Dettes afférentes à un actif imposable La valeur vénale de la société à laquelle le coefficient immobilier (nos 81480 s.) est appliqué doit éventuellement être corrigée à raison de l'existence au passif de la société de dettes dont la loi interdit la prise en compte pour l'évaluation des titres du contribuable (CGI art. 973, II). Il s'agit des **dettes souscrites** (directement ou indirectement) **par la société auprès** du contribuable, des membres de son foyer fiscal ou de son cercle familial ou encore d'une société qu'il contrôle. Les dettes concernées sont celles contractées pour l'acquisition d'un actif imposable, qu'il s'agisse d'immeubles ou de parts ou d'actions. 81472

Sont notamment visées par cette règle les avances en compte courant faites par un associé.

Lorsque la dette figurant au passif de la société ne peut pas être déduite, l'associé se retrouve imposé sur une valeur de parts supérieure à leur valeur vénale réelle. En pratique, la **valeur vénale** de la société doit être **revalorisée** du montant de la dette non déductible. Il convient ensuite d'appliquer à cette valeur rectifiée le coefficient correspondant à la fraction imposable de l'actif de l'entreprise afin d'obtenir l'assiette imposable (BOI-PAT-IFI-20-30-30 nos 310 s.). 81473

La règle anti-abus a pour objet de corriger l'évaluation des parts ou actions détenues (directement ou indirectement) par le contribuable à l'origine de la créance litigieuse et est sans incidence sur l'évaluation des **titres détenus par les autres associés de la société** (BOI-PAT-IFI-20-30-30 nos 20 et 300).

81474 Deux **exceptions** permettent d'éviter l'exclusion des dettes citées ci-avant.

L'interdiction de déduire la dette ne joue pas lorsque le contribuable justifie que le prêt n'a pas été contracté dans un **objectif principalement fiscal.** L'administration considère que tel est le cas lorsque la dette a été souscrite avant la création de l'IFI au 1er janvier 2018, ou à une date nettement antérieure à celle à compter de laquelle le foyer fiscal est devenu redevable de cet impôt (BOI-PAT-IFI-20-30-30 n° 230).

La non-déductibilité ne trouve pas à s'appliquer si le contribuable justifie du **caractère normal des conditions du prêt,** notamment du respect du terme des échéances, du montant et du caractère effectif des remboursements (CGI art. 973, II in fine).

81476 **Dettes non afférentes à un actif imposable** La fraction de valeur taxable des parts et actions détenues par le redevable est déterminée sans tenir compte des dettes **contractées** (directement ou indirectement) **par la société** et qui ne sont pas afférentes à un actif imposable. La valeur imposable des parts ou actions déterminée consécutivement à la réintégration de ces dettes fait l'objet d'un **plafonnement** (CGI art. 973, IV). La valeur imposable des parts ou actions déterminée conformément à ce principe de non-déductibilité des dettes non afférentes à un actif imposable est ainsi limitée au plus faible des deux montants suivants (BOI-PAT-IFI-20-30-30 n° 280) :

– la valeur vénale des parts ou actions déterminée dans les conditions de droit commun ;

– la valeur vénale des actifs imposables de la société ou de l'organisme diminuée des dettes y afférentes qu'elle a contractées, à proportion de la fraction de capital de la société ou de l'organisme à laquelle les parts ou actions détenues donnent droit.

EXEMPLE

M. X est associé d'une société civile patrimoniale détenant un immeuble (5 M€) et des actifs financiers (5 M€). Le passif de la société s'établit comme suit : capital social (3 M€), emprunt contracté pour l'achat de l'immeuble (3 M€) et emprunts contractés pour l'achat des actifs financiers (4 M€).

La valeur vénale des parts correspondant à l'actif total diminué de toutes les dettes s'établit à 3 M€ (10 M€ – 7 M€). On suppose qu'aucune des dispositions anti-abus prévues à l'article 973, II et III du CGI ne s'applique.

Le ratio immobilier de la société correspondant à la valeur de l'immeuble rapportée à la valeur de l'actif total est de 0,5 (5 M€/10 M€).

Calcul de la valeur imposable des parts

Compte tenu de la règle d'exclusion des dettes afférentes à des actifs non imposables, seul l'emprunt contracté pour l'achat de l'immeuble peut être admis en déduction. L'actif net pris en compte s'établit ainsi à 7 M€ (10 M€ – 3 M€).

Compte tenu du ratio immobilier (0,5), la valeur imposable des parts est de 3,5 M€ (7 M€ × 0,5).

Plafonnement de la valeur imposable

La valeur imposable des parts (3,5 M€) est plafonnée à la plus faible des deux valeurs vénales, des titres de la société d'une part (3 M€) ou de l'actif immobilier de la société évalué comme s'il était détenu directement par M. X, retenue en proportion de ses droits au capital de la société (100 %) d'autre part.

La valeur imposable des parts est ainsi plafonnée à 2 M€ [soit (5 M€ – 3 M€) × 100 %].

La règle de plafonnement de la valeur imposable s'applique sans préjudice de l'application des **règles anti-abus** visées n° 81472 et des règles particulières visant les **prêts « in fine » ou sans terme** visées n° 81479.

> Précisions Le plafonnement s'applique même en l'**absence de dettes non afférentes à un actif imposable** (BOI-PAT-IFI-20-30-30 n° 280).

DETTES LIÉES AUX PRÊTS IN FINE OU AUX PRÊTS SANS TERME CONTRACTÉS PAR LA SOCIÉTÉ

81479 Pour la valorisation des parts ou actions de sociétés, les dettes correspondant aux prêts in fine et aux prêts ne prévoyant pas de terme contractés par la société, directement ou indirectement, pour l'achat d'un actif imposable sont **déductibles** chaque année **à hauteur** du montant défini n° 81585.

2. FRACTION IMPOSABLE DES PARTS

CALCUL DU COEFFICIENT IMMOBILIER DE LA SOCIÉTÉ

81480 Le coefficient immobilier de la société correspond au **rapport** entre :

– la valeur vénale réelle de l'immobilier imposable détenu directement ou indirectement par la société ;

– et la valeur vénale réelle de l'ensemble des actifs de la société.

L'administration donne quelques exemples chiffrés qui illustrent les modalités de calcul de la fraction imposable (BOI-PAT-IFI-20-20-20-10 nos 80 s.).

EXEMPLE

Une société vaut 150 000 € (valeur nette, passif déduit) incluant un immeuble de 40 000 €. La valeur vénale de l'ensemble des actifs s'élève à 200 000 €. La société est détenue par deux associés (50 % chacun).
Valeur des titres détenus par chaque associé : 50 % × 150 000 € = 75 000 €.
Coefficient immobilier de la société : 40 000 €/200 000 € = 0,2.
Valeur imposable des parts détenues par chaque associé (sauf exclusion ou exonération) : 75 000 € × 0,2 = 15 000 €.

Tous les biens immobiliers détenus par les filiales ou sous-filiales de la société dont le contribuable détient les parts sont pris en compte pour déterminer le coefficient immobilier, quel que soit le niveau de participation de la société dans les filiales et sous-filiales. Autrement dit, l'immobilier est retenu où qu'il se situe dans la **chaîne de participations.** Le coefficient immobilier est déterminé à chaque niveau d'interposition, en commençant par le niveau le plus bas et en remontant jusqu'à la société dont le contribuable détient les parts. **81485**

EXEMPLE

Une société A détient des immeubles et des titres d'une société B, propriétaire d'un immeuble. L'actif de la société A s'élève à 10 M€ dont 4 M€ d'actifs immobiliers et 2 M€ de titres B. Au passif, les dettes s'élèvent à 4 M€. La société A est détenue par deux associés (50 % chacun). On suppose que le coefficient immobilier de la société B (valeur de l'immeuble imposable détenu par B/valeur de l'actif total de B) est de 0,9.
Valeur des titres A détenus par chaque associé : 50 % × (10 M€ – 4 M€) = 3 M€.
Coefficient immobilier de A : [4 M€ + (2 M€ × 0,9)]/10 M€ = 0,58.
Valeur imposable des titres A détenus par chaque associé (sauf exclusion ou exonération) : 3 M€ × 0,58 = 1,74 M€.

Le coefficient est **communiqué** au contribuable sur sa demande **par la société** dont il détient les parts ou actions (CGI ann. III art. 313 BQ quater).

EXCLUSION DE L'IMMOBILIER AFFECTÉ À L'ACTIVITÉ OPÉRATIONNELLE

Immeubles exclus Il n'est pas tenu compte de l'immobilier affecté à l'activité opérationnelle de la société pour le calcul du coefficient immobilier visé n° 81480. Sont ainsi exclus du calcul (CGI art. 965, 2°-a et b) : **81490**

– les biens ou droits immobiliers détenus directement par la société dans laquelle le contribuable est associé ou par une filiale (peu importe le nombre de niveaux d'interposition) et affectés par la **société qui les détient** à sa propre activité opérationnelle ;
– les biens ou droits immobiliers détenus (directement ou indirectement) par une société opérationnelle dans laquelle le contribuable détient (directement ou indirectement) des parts ou actions et affectés à l'activité opérationnelle **d'une société du groupe,** à savoir :

a. la société dans laquelle le contribuable détient (directement ou indirectement) les titres ;
b. la société propriétaire des biens ;
c. ou, enfin, une société dans laquelle la société dont le contribuable possède (directement ou indirectement) des titres détient, directement ou par personne interposée, la majorité des droits de vote ou y exerce en fait le pouvoir de décision (société contrôlée par la société dans laquelle le contribuable détient ses titres).

> **Précisions** **a.** Lorsque les immeubles sont affectés par la société qui les détient à sa propre activité, il n'est pas exigé que la **société exerce à titre principal** une activité opérationnelle ni que l'immobilier soit affecté en totalité à cette activité (BOI-PAT-IFI-20-20-20-10 nos 170 et 180).
> **b.** En cas d'**affectation partielle** des biens à une activité opérationnelle, la valeur à retenir pour le calcul de la fraction imposable est calculée au prorata de la superficie de l'immeuble affectée à l'activité opérationnelle, sauf impossibilité de distinguer les surfaces affectées à une activité en particulier (BOI-PAT-IFI-20-20-20-10 nos 180, 230 et 280).

Caractère opérationnel de la société Une « société opérationnelle » s'entend d'une société dont l'activité est industrielle, commerciale, artisanale, agricole ou libérale. Une **société ayant pour activité la gestion de son propre patrimoine immobilier,** y compris lorsque son activité revêt un caractère industriel, commercial, artisanal, agricole ou libéral, n'est pas une société opérationnelle et ne peut pas bénéficier des exclusions visées à l'article 965 du CGI (CGI art. 966). Sont notamment exclues : les activités de location de locaux nus, quelle que soit l'affectation des locaux ; les activités de location de locaux meublés à usage d'habitation ; les activités de location d'établissements commerciaux ou industriels munis du mobilier ou du **81495**

matériel nécessaires à leur exploitation ; les activités de promotion et restauration de son patrimoine immobilier, consistant à faire effectuer des travaux sur ses immeubles.

Il en résulte qu'une participation dans une société civile exerçant une activité purement patrimoniale (simple mise à disposition des associés d'un immeuble ou exercice d'une activité de location meublée à usage d'habitation, par exemple) ne peut pas être exclue du champ de l'IFI sur le fondement de l'article 965, 2° du CGI. Les activités de location de locaux meublés à usage d'habitation peuvent toutefois dans certains cas être considérées comme commerciales pour l'application de l'exonération prévue à l'article 975, V du CGI (voir n° 82115).

Les sociétés ayant une activité de **marchand de biens** et celles réalisant des opérations de **promotion immobilière** exercent une activité industrielle ou commerciale.

Les sociétés **holdings animatrices** sont réputées exercer une activité commerciale pour l'application de l'article 965 du CGI (CGI art. 966). Leurs parts ou actions échappent à l'IFI à raison de la fraction de leur valeur correspondant à des immeubles que la société utilise pour les besoins de son activité de holding.

L'activité de la société doit être exclusivement opérationnelle mais l'administration fiscale admet que la société exerce des activités d'une autre nature sous réserve que l'**activité opérationnelle** soit **prépondérante.** La prépondérance s'apprécie au regard de la valeur des éléments de l'actif immobilisé et du chiffre d'affaires. L'activité opérationnelle est prépondérante lorsque la valeur vénale réelle des actifs affectés à l'activité opérationnelle et le montant du chiffre d'affaires y afférent représentent au moins 80 % respectivement de la valeur vénale réelle de l'ensemble des éléments de l'actif et du chiffre d'affaires total de l'entreprise (BOI-PAT-IFI-20-20-20-10 n° 220).

EXEMPLE

Un contribuable détient les titres d'une société commerciale A, qui détient elle-même des titres dans deux sociétés B et C qu'elle contrôle, ainsi que dans la société D, non contrôlée. Les biens immobiliers inscrits à l'actif de C et utilisés par A, B ou C pour leur propre activité opérationnelle sont hors du champ de l'IFI. Les biens détenus par D et utilisés par A (société commerciale dont le contribuable détient les titres) sont également hors champ. Mais les biens détenus par A, par B ou par C, et mis à la disposition de D sont inclus dans l'assiette de l'impôt, car A ne contrôle pas D (ils peuvent le cas échéant être exonérés au titre des actifs professionnels si le contribuable exerce son activité professionnelle principale ou des fonctions dirigeantes dans la société D : voir n°s 82105 s.).

EXCLUSION DES PARTICIPATIONS MINORITAIRES

81500 Par exception au principe selon lequel les parts et actions sont taxées à l'IFI à hauteur de leur composante immobilière, la loi prévoit que les participations inférieures à 10 % dans les **sociétés exerçant une activité opérationnelle** (voir n° 81495) échappent à l'IFI (CGI art. 965, 2°).

L'exclusion est d'**application générale** de sorte que le contribuable qui détient des parts ou actions de société doit en premier lieu vérifier s'il peut en bénéficier avant d'envisager les mécanismes d'exonération visés à l'article 975 du CGI (n°s 82100 s.).

L'exclusion concerne en premier lieu les parts ou actions de sociétés opérationnelles dont le contribuable détient, seul ou avec les membres de son foyer fiscal, moins de 10 % du capital et des droits de vote (CGI art. 965, 2°-al. 3).

Sont par ailleurs exclues du calcul de la fraction imposable visée n° 81480 les parts ou actions de sociétés opérationnelles détenues (directement ou indirectement) par la société dans laquelle le contribuable est associé, lorsque ce dernier détient indirectement (et, le cas échéant, directement) moins de 10 % du capital et des droits de vote de ces sociétés (CGI art. 965, 2°-al. 4).

Prenons l'**exemple** d'un associé qui détient 11 % dans une société opérationnelle A. A détient 85 % d'une société opérationnelle B qui détient un immeuble. La participation indirecte de l'associé dans la société B est de 9,35 %. Le coefficient immobilier de la société A est déterminé sans tenir compte de l'immeuble détenu par la société B.

ATTENTION

Même lorsque la société est opérationnelle, les **exclusions ne peuvent pas être invoquées** par l'associé qui se réserve la jouissance des biens immobiliers en cause ou qui contrôle la société qui détient les biens immobiliers (CGI art. 965, 2°-al. 5). Le contrôle s'apprécie au regard des droits détenus par le contribuable, seul ou conjointement avec son conjoint, partenaire de Pacs ou concubin notoire, leurs ascendants, descendants ou leurs frères et sœurs (BOI-PAT-IFI-20-20-20-20 n° 90). Ainsi, si M. X détient 9 % du capital et des droits de vote d'une société A, et que ses parents détiennent 42 % du capital et des droits de vote de la même société, M. X est imposable sur sa participation dans la société A, à hauteur de sa fraction représentative de l'immobilier imposable.

C. Déduction des dettes

RÈGLES GÉNÉRALES DE DÉDUCTION DES DETTES

Les dettes existantes au 1er janvier de l'année d'imposition, contractées par le contribuable (ou son conjoint ou ses enfants mineurs) et effectivement supportées par ce dernier, sont déductibles de la valeur des biens ou droits immobiliers et des parts ou actions imposables, le cas échéant à proportion de la fraction de leur valeur imposable (CGI art. 974, I). **81550**

Pour être déductibles, les dettes doivent être utilisées pour la réalisation des dépenses limitativement énumérées nos 81555 s. Elles doivent bien entendu être justifiées par tous modes de preuve compatibles avec la procédure écrite (BOI-PAT-IFI-20-40-10 n° 1).

Certaines dettes sont par ailleurs soumises à des modalités particulières d'imputation ; pour d'autres, la déduction est exclue par la loi afin d'empêcher l'associé de réduire anormalement son assiette taxable à l'IFI. Enfin, lorsque le patrimoine immobilier du contribuable est supérieur à 5 M€, le montant des dettes déductibles est plafonné.

ATTENTION

Les contribuables qui, **avant le 1er janvier 2018,** ont acquis des actifs immobiliers imposables à l'IFI en remploi d'une indemnité perçue en réparation d'un **dommage corporel lié à un accident ou à une maladie,** ou d'un préjudice moral ou économique du fait d'un dommage corporel causé à un proche, peuvent déduire le montant actualisé de l'indemnité de la valeur imposable des actifs immobiliers acquis en remploi (Rép. Goasguen : AN 18-9-2018 n° 8489 ; Rép. Lardet : AN 2-2-2021 n° 5891).

Pour la cour d'appel de Poitiers, cette tolérance administrative s'applique tant aux indemnités perçues sous forme de **capital** qu'à celles perçues sous forme de **rente.** Il appartient toutefois au contribuable de prouver que la rente a bien été employée pour l'achat, avant le 1er janvier 2018, de biens immobiliers imposables à l'IFI, faute de quoi l'administration est fondée à appliquer un prorata de déduction calculé en rapportant la valeur des biens immobiliers composant le patrimoine du contribuable à celle de son patrimoine global (CA Poitiers 4-1-2022 n° 20/01941 : RJF 12/22 n° 1084).

DÉFINITION DES DETTES DÉDUCTIBLES

Dépenses de réparation, d'entretien, d'amélioration et de construction **81555**

Les dépenses de **réparation** et d'**entretien** sont celles visant à maintenir ou à remettre un immeuble en bon état et d'en permettre un usage normal, conforme à sa destination, sans en modifier la consistance, l'agencement ou l'équipement initial (BOI-PAT-IFI-20-40-10 n° 190). Le propriétaire peut notamment déduire celles qu'il a réglées pour le compte du locataire et dont il n'a pas pu obtenir le remboursement au 31 décembre de l'année du départ du locataire.

Les dépenses d'**amélioration** sont celles qui ont pour objet d'apporter à un immeuble un équipement ou un élément de confort nouveau ou mieux adapté aux conditions modernes de vie, sans modifier la structure de l'immeuble (BOI précité n° 200).

Les dépenses de **construction, reconstruction** ou d'**agrandissement** s'entendent notamment de celles qui ont pour effet d'apporter une modification importante au gros œuvre de locaux existants, des travaux d'aménagement interne qui, par leur importance, équivalent à une reconstruction ou encore de ceux qui ont pour effet d'accroître le volume ou la surface habitable de locaux existants (BOI précité n° 200).

ATTENTION

Le **dépôt de garantie** reçu du locataire (à restituer au terme du bail, donc constitutif d'une dette pour le propriétaire) n'est pas déductible dès lors qu'il ne figure pas dans la liste des dettes déductibles (BOI-PAT-IFI-20-40-10 n° 30).

Dépenses d'acquisition Peuvent être portés au passif de l'IFI : le prix d'acquisition lui-même, les frais d'acquisition effectivement supportés tels que les frais d'acte et de déclaration (y compris les honoraires du notaire) ainsi que les droits d'enregistrement (BOI-PAT-IFI-20-40-10 n° 180). Ainsi, le contribuable qui a emprunté pour acheter des **biens ou droits immobiliers** peut déduire de son actif imposable le capital restant dû au 1er janvier de l'année d'imposition, les intérêts échus et non payés au 1er janvier et les intérêts courus au 1er janvier (BOI-PAT-IFI-20-40-10 n° 90). **81560**

Dans la même logique, le contribuable propriétaire de **parts ou actions** peut déduire le montant de l'emprunt qu'il a contracté pour acheter ses titres.

Dépenses liées aux impositions dues à raison de la propriété Parmi les dettes déductibles pour le calcul de l'IFI figurent les impositions dues à raison des immeubles, **81565**

autres que celles incombant à l'occupant dont le fait générateur se situe au plus tard le 1er janvier de l'année d'imposition et qui restent à payer à cette date.

Sont déductibles : les taxes foncières, la taxe sur les locaux vacants, les taxes annuelles sur les bureaux, les droits de mutation en instance de paiement au 1er janvier. En pratique, le contribuable ignorant souvent le montant dont il est redevable peut déduire le montant réglé l'année précédente et procéder ultérieurement à sa régularisation.

La taxe d'habitation, l'impôt sur le revenu (dû au titre des revenus fonciers ou des BIC) et les prélèvements sociaux ne sont pas déductibles.

CONSEIL

L'IFI lui-même est déductible. Pour en faciliter le calcul, il y a lieu de procéder ainsi (BOI-PAT-IFI-20-40-10 n° 80) :
– calculer l'IFI dû sur le montant net du patrimoine, sans tenir compte de l'IFI lui-même ;
– retrancher de ce résultat, le cas échéant, l'impôt sur la fortune acquitté hors de France ;
– ajouter le montant de l'IFI ainsi obtenu au passif déductible et effectuer un nouveau calcul de l'impôt pour obtenir l'IFI à payer.
Une fiche d'aide au calcul de l'IFI théorique se trouve à la fin de la notice n° 2042-IFI-NOT.

CONDITIONS DE DÉDUCTION DES DETTES

81570 La déductibilité est soumise aux conditions suivantes :
– la dette doit **exister au 1er janvier** de l'année d'imposition ;
– elle doit être **effectivement supportée** par le contribuable ou les autres membres du foyer fiscal ;
– l'existence, l'objet et le montant de la dette doivent pouvoir être **justifiés** (contrats de prêt, relevés bancaires, factures, etc.).

81575 La déduction est limitée à la **fraction** de la valeur imposable du bien auquel elle se rapporte. Ainsi, lorsque la dette est contractée pour acquérir des **parts d'une société** dont l'actif est composé à la fois de biens immobiliers taxables et de biens situés hors du champ de l'IFI (liquidités, par exemple), l'emprunt est déductible au prorata de la valeur imposable des parts sociales. De même, lorsqu'un emprunt est contracté pour l'acquisition de **bois et forêts exonérés** pour 75 % de leur valeur, la dette est déductible pour 25 % de son montant.

En revanche, une dette servant à financer une dépense affectée à un **actif totalement exonéré** ou non imposable n'est jamais déductible. Par exemple, pour les dettes qui se rapportent à des biens démembrés : voir n° 42697.

ATTENTION

S'agissant des dettes afférentes à la **résidence principale,** l'administration considère qu'elles sont déductibles dans la limite de la valeur imposable de la résidence principale, soit 70 % de sa valeur vénale réelle (BOI-PAT-IFI-20-40-10 n° 160).
Dans le cas, par exemple, d'un contribuable qui possède une résidence principale évaluée à 1 800 000 €, financée par un emprunt de 1 650 000 €, et qui paie 12 000 € de taxes foncières, la déduction est limitée à 1 260 000 €.

EXCLUSION DES EMPRUNTS FAMILIAUX

81580 La déduction de la dette est interdite si le contribuable souscrit un emprunt auprès d'un **membre de son foyer fiscal** (CGI art. 974, III-1°). L'administration assimile cette opération à un prêt à soi-même (BOI-PAT-IFI-20-40-30 n° 20). Peu importe que le prêt soit souscrit directement entre les personnes du même foyer fiscal ou indirectement par l'intermédiaire d'une ou plusieurs sociétés interposées. La dette est non déductible par principe, sans que le contribuable soit autorisé à démontrer le caractère éventuellement normal du prêt.

La déduction est également écartée pour les dettes suivantes (CGI art. 974, III-2° et 3°) :
– prêt contracté directement par le contribuable (ou un membre de son foyer fiscal) ou indirectement par l'intermédiaire d'une société auprès du **cercle familial** (enfant majeur, ascendant, frère ou sœur du couple) ;
– prêt contracté directement par le contribuable (ou un membre de son foyer fiscal) ou indirectement par l'intermédiaire d'une société auprès d'une **société qu'il contrôle** seul ou conjointement avec son groupe familial (conjoint, partenaire ou concubin notoire, leurs ascendants ou descendants ou leurs frères et sœurs).

Pour ces deux derniers types de prêts, la dette peut toutefois être déduite si le contribuable justifie du **caractère normal des conditions du prêt** (respect des échéances, montant et caractère effectif des remboursements, notamment).

PRÊTS IN FINE OU PRÊTS SANS TERME

Lorsque le contribuable contracte un prêt in fine ou un emprunt ne prévoyant pas de terme, le **montant** qu'il peut porter au passif de sa déclaration est **limité** : **81585**

– pour les emprunts **in fine,** à la somme des annuités théoriques restant à courir jusqu'au terme prévu. Ce montant est obtenu comme suit :

montant total de l'emprunt – (montant total de l'emprunt × nombre d'années écoulées depuis le versement du prêt / nombre total d'années de l'emprunt)

– pour les emprunts ne prévoyant **pas de terme,** au montant total de l'emprunt diminué d'une somme égale à un vingtième de ce montant par année écoulée depuis le début du versement du prêt (CGI art. 974, II).

Par simplification, l'administration admet que, pour ces calculs, les **fractions d'années** ne sont pas prises en compte (BOI-PAT-IFI-20-40-20 nos 20 et 40).

Ces règles particulières de déduction concernent les prêts contractés pour l'**acquisition de biens ou droits immobiliers** imposables mais également ceux contractés pour financer l'**acquisition de parts ou actions de sociétés.** Les emprunts contractés pour financer des **travaux** ne sont pas concernés.

Lorsque le prêt est contracté par la société, voir n° 81479.

EXEMPLE

Un contribuable finance l'acquisition d'un appartement par un emprunt in fine d'un montant de 250 000 € d'une durée de 10 ans à rembourser le 30 juin 2030. La dette qu'il peut porter au passif de l'IFI 2025 s'élève à :
250 000 € – (250 000 € × 6/10) = 100 000 €.

PLAFOND DE DÉDUCTION

Lorsque la **valeur du patrimoine taxable** est **supérieure à 5 M€** et que le montant des dettes excède 60 % de cette valeur, le montant des dettes excédant ce seuil n'est déductible qu'à hauteur de 50 % de cet excédent (CGI art. 974, IV). **81595**

Ce **plafond ne s'applique pas** aux dettes dont le contribuable justifie qu'elles n'ont pas été contractées dans un but principalement fiscal. Tel peut être le cas des dettes contractées avant le 1er janvier 2018 (BOI-PAT-IFI-20-30-30 n° 230).

EXEMPLE

M. X est propriétaire de biens immobiliers taxables d'une valeur brute de 8 M€, il a contracté des emprunts pour leur acquisition pour 5 M€, montant excédant 60 % de la valeur des biens (4,8 M€). L'excédent de 200 000 € n'est déductible qu'à hauteur de 50 %, soit 100 000 €. Le montant des dettes déductibles est limité à 4,9 M€.

SECTION 3 CALCUL DE L'IFI

TARIF APPLICABLE

Le **seuil** de taxation est fixé à 1 300 000 € (CGI art. 964). Les détenteurs d'un patrimoine immobilier net taxable inférieur ou égal à cette somme ne sont pas soumis à l'IFI. **82000**

Ceux dont le patrimoine excède 1 300 000 € sont imposés au **tarif** ci-après (CGI art. 977, 1).

Fraction de la valeur nette taxable du patrimoine immobilier		Tarif applicable
N'excédant pas	800 000 €	0 %
De	800 001 € à 1 300 000 €	0,50 %
De	1 300 001 € à 2 570 000 €	0,70 %
De	2 570 001 € à 5 000 000 €	1 %
De	5 000 001 € à 10 000 000 €	1,25 %
Supérieure à	10 000 000 €	1,50 %

Une **décote** est prévue pour les contribuables dont le patrimoine a une valeur nette taxable égale ou supérieure à 1 300 000 € et inférieure à 1 400 000 € : le montant de l'impôt calculé selon le barème est réduit d'une somme égale à [17 500 € - 1,25 % P] où P est la valeur nette taxable du patrimoine (CGI art. 977, 2).

EXEMPLE

Soit un patrimoine immobilier taxable dont la valeur nette est de 6 800 000 € au 1er janvier. L'IFI est liquidé comme suit :

– sur 800 000 € à 0 %	0 €
– sur 500 000 € à 0,50 %	2 500 €
– sur 1 270 000 € à 0,70 %	8 890 €
– sur 2 430 000 € à 1 %	24 300 €
– sur 1 800 000 € à 1,25 %	22 500 €
Total	58 190 €

RÉDUCTION D'IFI POUR DONS

82005 Les contribuables qui effectuent des dons au profit de certains **organismes d'intérêt général** qui agissent dans le domaine de la recherche, de l'enseignement supérieur ou de l'insertion (organismes limitativement énumérés par la loi) peuvent imputer, sur le montant de leur IFI, 75 % de leurs versements (en numéraire ou sous forme de dons en pleine propriété de titres de sociétés cotées). Le montant de l'avantage est **plafonné** à 50 000 € par an (CGI art. 978).

La **période** prise en compte pour le calcul de la réduction d'impôt concerne les dons effectués entre la date limite de dépôt de la déclaration de l'année précédant celle de l'imposition et la date limite de dépôt de la déclaration de l'année d'imposition.

CONSEIL

Les dons ayant donné lieu à réduction d'IFI ne peuvent pas ouvrir droit à un autre avantage fiscal (**impôt sur le revenu** notamment) sauf pour leur fraction qui excéderait 50 000 €. En pratique, compte tenu des taux respectifs de la réduction d'impôt sur le revenu et de la réduction d'IFI, les contribuables qui consentent des dons à des organismes d'intérêt général ont en principe intérêt à appliquer par priorité la réduction d'IFI.

PLAFONNEMENT DE L'IFI

82010 **Principes** Le montant de l'IFI est plafonné de sorte que le total formé par l'IFI et les impôts dus au titre des revenus de l'année précédente **ne dépasse pas** 75 % des revenus nets de l'année précédente (CGI art. 979). S'il y a dépassement, l'**excédent** vient en réduction de l'IFI à payer ; en aucun cas, il ne peut s'imputer sur l'impôt sur le revenu ou être restitué.

La réduction d'IFI résultant du plafonnement n'est pas limitée.

Les contribuables doivent calculer eux-mêmes le plafonnement éventuellement applicable à l'aide de l'**annexe 5 de la déclaration** n° 2042-IFI. Cette annexe permet de déterminer les deux éléments à comparer : le montant des impôts à prendre en compte et celui des revenus.

> **Précisions** Seuls les contribuables ayant leur **domicile fiscal en France** au 1er janvier de l'année peuvent en principe bénéficier du plafonnement. Les **non-résidents** peuvent toutefois en bénéficier lorsqu'ils perçoivent en France la totalité ou quasi-totalité de leurs revenus (BOI-PAT-IFI-40-30-10 n° 20).

82015 **Impôts à prendre en compte** Ce sont les impôts dus en France et à l'étranger au titre des revenus et produits de l'année précédant celle de l'exigibilité de l'IFI, calculés avant imputation des seuls crédits d'impôt représentatifs d'une imposition acquittée à l'étranger et des retenues non libératoires.

Au montant de l'**IFI,** retenu après imputation de l'éventuelle réduction pour dons, s'ajoutent donc l'**impôt sur le revenu** calculé non seulement d'après le barème progressif mais aussi à un taux proportionnel, les **prélèvements et contributions additionnels** (contribution exceptionnelle sur les hauts revenus et prélèvements sociaux) ainsi que les **prélèvements libératoires** de l'impôt sur le revenu. Il y a lieu également de tenir compte, notamment, de la taxe sur les métaux précieux, de la taxe sur les plus-values immobilières élevées et des taxes (communale et nationale) sur les cessions de terrains devenus constructibles (BOI-PAT-IFI-40-30-10 n° 140).

ATTENTION

Les revenus des personnes dont les biens n'entrent pas dans les bases de l'IFI du contribuable (en particulier, ceux d'**enfants majeurs rattachés**) ne sont pas retenus. En pareil cas, l'impôt sur le revenu global est réduit au prorata du revenu de ces personnes par rapport au revenu total.

Revenus servant au calcul du plafonnement Il s'agit de la somme algébrique des revenus (plus-values incluses) de l'année précédente réalisés **en France et à l'étranger,** y compris les revenus exonérés et les produits soumis à un prélèvement libératoire. Ces revenus ne doivent pas être nécessairement appréhendés par le contribuable pour être pris en compte pour le calcul du plafonnement. Ainsi, la plus-value réalisée par une SCI que les associés ont mis en réserve doit être prise en compte dans le calcul du plafonnement à raison des parts sociales détenues par l'associé (Cass. com. 28-3-2019 n° 17-23.671 FS-PB : RJF 10/19 n° 983). De même, les plus-values de cession de titres placées sur un PEE ouvert au nom du contribuable depuis plus de cinq ans sont retenues pour le calcul du plafonnement, dans la mesure où ces fonds demeurent disponibles (Cass. com. 27-1-2021 n° 18-22.113 F-D : RJF 5/21 n° 532). 82020

Les revenus et produits à retenir sont ceux des membres du **foyer fiscal** qui sont soumis à une imposition commune au titre de l'IFI (et non pas au titre de l'impôt sur le revenu).

Seuls peuvent être retranchés les **déficits** catégoriels constatés au cours de l'année précédente et dont l'imputation sur le revenu global est autorisée. Il s'agit, en pratique, des déficits constatés dans le cadre d'une activité professionnelle (BIC, BNC et BA) ; les déficits reportables sur les revenus de même nature des années suivantes sont, en revanche, pris en compte au titre de ces années.

Les revenus et plus-values sont déterminés sans considération des **seuils, réductions** ou **abattements** applicables en matière d'impôt sur le revenu, à l'exception de ceux représentatifs des frais professionnels (BOI-PAT-IFI-40-30-10 n° 170). C'est ainsi que les traitements et salaires sont à retenir après déduction de l'abattement de 10 % (ou des frais professionnels réels). En revanche, les pensions et rentes viagères à titre gratuit sont retenues avant déduction de l'abattement de 10 % et les dividendes avant application éventuelle de l'abattement de 40 %. De même, les plus-values immobilières et les plus-values sur valeurs mobilières correspondent à la différence entre prix de vente et prix de revient, sans tenir compte de l'application éventuelle d'abattements pour durée de détention.

L'appréciation du **total** des revenus s'effectue sans tenir compte, le cas échéant, des charges du revenu global, de l'abattement prévu en faveur des personnes âgées ou invalides et de l'abattement pour enfants mariés (ou chargés de famille) rattachés (BOI-PAT-IFI-40-30-10 n° 180).

> **Précisions** **a.** Les plus-values de cession de valeurs mobilières ou droits sociaux placées en **report** ou en **sursis d'imposition** sont prises en compte l'année de l'expiration du report ou du sursis (BOI-PAT-IFI-40-30-10 n° 190).
> **b.** Les **revenus des bons ou contrats de capitalisation** et placements de même nature (contrats d'assurance-vie, notamment) sont pris en compte l'année du dénouement ou du rachat (total ou partiel) du bon, contrat ou placement (BOI-PAT-IFI-40-30-10 n° 180).
> **c.** Le contribuable propriétaire d'un immeuble classé **monument historique** ne procurant pas de revenus ne peut déduire aucune charge foncière de ses revenus pour le calcul du plafonnement. Si cet immeuble produit des revenus, le déficit foncier peut être retenu sans limite pour le calcul du plafonnement de l'IFI mais uniquement au titre de l'année de sa réalisation. Le reliquat de déficit foncier qui pourrait exister en matière d'impôt sur le revenu n'a aucune incidence sur la détermination du plafonnement de l'IFI des années suivantes (BOI-RES-PAT-000020).
> **d.** Doivent être réintégrés dans les revenus à prendre en compte les **revenus distribués à une société** passible de l'IS **contrôlée par le contribuable** (au sens défini par l'article L 233-3 du Code de commerce), si l'existence de cette société (parfois appelée « cash box ») et le choix d'y recourir ont pour objet principal d'éluder tout ou partie de l'IFI en bénéficiant d'un avantage fiscal allant à l'encontre de l'objet ou de la finalité du plafonnement. Seule est réintégrée la part correspondant à une diminution artificielle des revenus retenus dans le calcul du plafonnement (CGI art. 979).

Modalités d'application du plafonnement Elles sont illustrées dans l'exemple ci-après. 82030

EXEMPLE

Soit un contribuable célibataire sans enfant à charge qui dispose au 1er janvier 2025 d'actifs nets imposables à l'IFI pour 8 000 000 €.

Revenus perçus en 2024

Soumis à l'impôt sur le revenu

– salaires nets de frais professionnels	50 000 €
– plus-value immobilière (résidence principale)	20 000 €
Total	70 000 €

Impôts à prendre en compte

a. IFI 2025	73 190 €
b. Impôt sur le revenu (revenus de 2024)	
– Net imposable : 50 000 €	
– Impôt (1 part) (montant théorique)	8 286 €
c. Prélèvements sociaux (montant théorique)	4 400 €

Application du plafonnement

a. Total des impôts à prendre en compte	
73 190 € + 8 286 € + 4 400 € =	85 876 €
b. Plafond (75 % des revenus)	
70 000 € × 75 % =	52 500 €
c. Réduction d'IFI	
85 876 € – 52 500 € =	33 376 €
d. IFI après plafonnement	39 814 €

SECTION 4

EXONÉRATIONS

GÉNÉRALITÉS

82100 Les actifs professionnels sont expressément exclus de l'assiette de l'IFI (CGI art. 975 et 976). Ces actifs peuvent être regroupés en trois catégories : les immeubles affectés à une exploitation individuelle, ceux affectés à l'activité d'une société dans laquelle le redevable exerce sa profession ou dont il est dirigeant et certains biens ruraux et forestiers.

Lorsqu'ils ne peuvent pas bénéficier de l'exonération au titre des actifs professionnels, les biens ruraux et forestiers peuvent, par ailleurs, éventuellement bénéficier d'une exonération partielle (CGI art. 976).

Ces exonérations n'ont vocation à jouer que lorsque les exclusions visées nos 81490 s. ne s'appliquent pas.

A. Actifs professionnels

1. IMMEUBLES AFFECTÉS À UNE EXPLOITATION INDIVIDUELLE

PRINCIPES

82105 Les biens ou droits immobiliers et les parts ou actions représentatives de ces mêmes biens ou droits sont exonérés à **condition** que ces éléments soient affectés à l'activité principale industrielle, commerciale, artisanale, agricole ou libérale du contribuable (CGI art. 975, I).

L'**exonération vise** les immeubles détenus directement par le contribuable et qu'il affecte à son activité professionnelle. Peuvent également bénéficier de l'exonération les titres que le contribuable possède dans une société pour la fraction de leur valeur représentative des immeubles que la société loue ou met à la disposition du contribuable pour l'exercice de son activité principale.

> **> Précisions** Les actifs professionnels s'entendent des actifs immobiliers qui, ayant un **lien de causalité directe** suffisant avec l'exploitation, sont utilisés effectivement pour les besoins de l'activité professionnelle ou ne pourraient être utilisés à un autre usage, qu'ils soient situés en France ou à l'étranger (BOI-PAT-IFI-30-10-10-40 n° 1).

CONDITIONS

82110 L'exonération est subordonnée au respect de trois conditions :

– les biens doivent être affectés à une **activité industrielle, commerciale, artisanale, agricole ou libérale.** D'une manière générale, il s'agit des activités professionnelles dont les résultats sont classés dans la catégorie des BIC, des BA ou des BNC ;

– l'activité doit être **exercée à titre principal.** En cas de pluralité d'activités, l'activité principale est celle qui constitue l'essentiel des activités économiques du contribuable, de son conjoint, de son partenaire de Pacs ou de son concubin notoire (compte tenu notamment du temps consacré à chaque activité, de l'importance des responsabilités, de la taille des exploitations) ou, si ce critère est inopérant, celle qui lui procure la plus grande part de revenus ;
– l'activité doit être **exercée par** le propriétaire des biens ou son conjoint, son partenaire avec qui il est lié par un Pacs, son concubin notoire ou encore ses enfants mineurs.

Les **activités civiles** ne sont pas visées par l'article 975 du CGI. En conséquence, les immeubles affectés à l'exercice d'une telle activité (**location nue,** par exemple) ne peuvent pas être exonérés. **82115**

Pour les besoins de l'exonération, l'exercice d'une activité de **location meublée** est une activité commerciale (CGI art. 975, V, par exception à la règle de l'article 966 du CGI selon laquelle la gestion de son propre patrimoine immobilier n'est pas une activité commerciale).

S'agissant de la location meublée de locaux d'habitation, les immeubles ne sont exonérés que sous les conditions suivantes : l'activité doit être exercée à titre principal et le propriétaire doit réaliser plus de 23 000 € de recettes annuelles et retirer de cette activité plus de 50 % de ses revenus professionnels. Ces conditions ne sont toutefois pas applicables si l'activité est exercée par une **société** (Rép. Roseren : AN 13-11-2018 n° 10782) : les locaux d'habitation loués meublés et exploités par une société dans laquelle le contribuable exerce son activité professionnelle principale sont exonérés d'IFI sous les seules conditions mentionnées nos 82120 s.

ATTENTION

Pour apprécier si la **condition de prépondérance des revenus** tirés de l'activité de location de meublés par rapport aux autres revenus pris en compte est remplie pour que les immeubles soient qualifiés de biens professionnels, il convient de retenir le **bénéfice commercial net** annuel dégagé par l'activité de location meublée et de le comparer avec le revenu professionnel net du foyer fiscal, y compris le bénéfice tiré de la location (BOI-PAT-IFI-30-10-10-10 n° 60), l'administration ajoute que, en présence d'une activité de loueur en meublés générant des recettes annuelles supérieures à 23 000 € mais dont le **résultat est déficitaire,** la condition de seuil de 50 % ne peut pas être considérée comme remplie (Rép. Vidal : AN 9-4-2024 n° 9897 : BPIM 4/24 inf. 280).

2. IMMEUBLES AFFECTÉS À L'ACTIVITÉ D'UNE SOCIÉTÉ

ASSOCIÉS DE SOCIÉTÉ DE PERSONNES SOUMISE À L'IMPÔT SUR LE REVENU

Les biens ou droits immobiliers et les parts ou actions représentatives de ces mêmes biens ou droits sont exonérés lorsque ces éléments sont affectés à l'**activité industrielle, commerciale, artisanale, agricole ou libérale** d'une société de personnes soumise à l'impôt sur le revenu (telles les sociétés civiles ou les SCP) dans laquelle le contribuable (ou son conjoint ou ses enfants mineurs) exerce effectivement **son activité principale** (CGI art. 975, II). L'exonération vise les immeubles qu'un associé détient et met à la disposition de la société dans laquelle il exerce son activité. L'exonération peut également porter sur les titres de la société à travers laquelle l'associé détient l'immeuble mis à disposition (hypothèse où l'associé ne détient pas directement l'immeuble mais via une société interposée entre lui et la société dans laquelle il exerce son activité). **82120**

L'**exonération** n'est que **partielle** : elle ne porte que sur la fraction de l'immeuble correspondant à la participation de l'associé dans la société. L'exonération ne joue pas lorsque l'associé met l'immeuble à la disposition d'une filiale de la société dans laquelle il exerce son activité.

> Précisions S'agissant de l'appréciation de la **nature de l'activité** et de la qualification d'activité principale, voir n° 82110.
Lorsque le redevable exerce son activité dans **plusieurs sociétés** de personnes, l'activité principale s'apprécie au regard de l'activité exercée dans l'ensemble des sociétés en cause lorsque ces sociétés ont des activités soit similaires, soit connexes et complémentaires.

DIRIGEANTS DE SOCIÉTÉ SOUMISE À L'IMPÔT SUR LES SOCIÉTÉS

Les immeubles que le contribuable ou son conjoint (ou partenaire de Pacs ou concubin) met à la disposition d'une société soumise à l'impôt sur les sociétés au sein de laquelle l'un ou l'autre occupe des fonctions de direction peuvent être exonérés sous **conditions** (CGI art. 975, III). L'exonération est **partielle** : elle porte sur la fraction de l'immeuble correspondant à la participation de l'associé dans la société. L'exonération joue que le dirigeant soit le **propriétaire direct** de l'immeuble ou qu'il détienne l'immeuble via une ou plusieurs **sociétés interposées.** Elle ne joue pas lorsque l'immeuble est mis à disposition d'une filiale (ou d'une sous-filiale) de la société au sein de laquelle le contribuable occupe des fonctions de direction. **82130**

82135 Les immeubles doivent être affectés à l'**activité** industrielle, commerciale, artisanale, agricole ou libérale de la société.

L'associé doit, en principe, détenir – directement (avec les membres de son groupe familial) ou indirectement (via une ou plusieurs sociétés, dans la limite d'un seul niveau d'interposition – ce qui exclut les sous-filiales) – **au moins 25 %** des droits de vote de la société (BOI-PAT-IFI-30-10-30-20 n°s 60 et 70). Ce seuil n'est toutefois pas exigé de l'associé de société civile ayant opté pour l'impôt sur les sociétés ni du contribuable dont le patrimoine est majoritairement constitué des titres de la société qu'il dirige.

Pour pouvoir bénéficier de l'exonération, le contribuable (ou son conjoint, partenaire pacsé ou concubin notoire ou l'un de leurs enfants mineurs : BOI-PAT-IFI-30-10-30-10 n° 180) doit exercer à titre principal dans la société une des **fonctions de direction** limitativement énumérées par la loi :

– gérants (dans les SARL) ;

– président du conseil d'administration, directeur général et directeurs généraux délégués, membres du directoire et président du conseil de surveillance (dans les sociétés anonymes) ;

– gérants commandités et président du conseil de surveillance (dans les sociétés en commandite par actions) ;

– président, directeur général et directeurs généraux délégués, membres du directoire et président du conseil de surveillance (dans les SAS) (BOI-PAT-IFI-30-10-30-10 n° 140).

Les **fonctions** exercées (par l'associé ou par son conjoint, partenaire pacsé ou concubin notoire ou l'un de leurs enfants mineurs : BOI-PAT-IFI-30-10-30-10 n° 180) doivent être **effectivement exercées** et donner lieu à une **rémunération normale** au regard des rémunérations du même type versées au titre de fonctions analogues dans l'entreprise ou dans des entreprises similaires établies en France. La rémunération doit, par ailleurs, représenter **plus de la moitié des revenus professionnels** du dirigeant.

Pour apprécier le caractère normal et prépondérant de la rémunération, les **revenus à prendre en compte** s'entendent des revenus soumis à l'impôt sur le revenu dans les catégories des traitements et salaires, BIC, BA, BNC et revenus des gérants et associés mentionnés à l'article 62 du CGI. Il est fait abstraction en revanche des revenus perçus sans rapport avec une activité professionnelle : revenus fonciers, revenus mobiliers, pensions de retraite, etc.

ATTENTION

Lorsque le contribuable possède des participations dans **plusieurs sociétés,** la condition relative à la rémunération s'apprécie différemment selon que des liens de similitude ou de connexité et de complémentarité existent ou non entre les différentes sociétés. Si les **activités** sont **similaires ou connexes et complémentaires,** le caractère normal et le niveau de rémunération sont appréciés au regard de l'ensemble des fonctions exercées dans les sociétés concernées. Dans le **cas contraire,** le contribuable doit avoir une rémunération normale dans chaque structure et le niveau de rémunération s'apprécie globalement (BOI-PAT-IFI-30-10-40 n° 90).

ACTIVITÉ DE LA SOCIÉTÉ

82150 L'activité exercée par la société, y compris lorsque celle-ci relève de l'impôt sur les sociétés, doit être de nature **industrielle, commerciale, artisanale, agricole ou libérale.** Sont notamment couvertes les sociétés qui exercent une activité de **marchand de biens,** d'**agent immobilier,** de **promoteur immobilier** ou de **lotisseur.** En revanche, tel n'est pas le cas, en principe, d'une société de gestion immobilière qui donne en location nue les immeubles dont elle est propriétaire (voir toutefois, ci-dessous, le cas des holdings animatrices). Sont, par ailleurs, expressément assimilées à des opérations commerciales pour l'application de l'exonération des biens professionnels l'activité de **loueur en meublé** de locaux d'habitation et l'activité de location d'établissements commerciaux ou industriels munis du mobilier ou du matériel nécessaires à l'exploitation. Les **titres de sociétés** immobilières peuvent être exonérés pour une fraction de leur valeur lorsque les immeubles possédés par cette société sont donnés en location à la société dans laquelle le contribuable exerce son activité professionnelle principale ou des fonctions de direction.

82155 L'activité des **sociétés holdings animatrices** de leur groupe est considérée comme une activité commerciale. Sont visées les sociétés holdings (y compris les holdings à forme civile) qui, outre la gestion d'un portefeuille de participations, participent activement à la conduite de la politique de leur groupe et au contrôle de leurs filiales et rendent, le cas échéant et à titre purement interne au groupe, des services spécifiques administratifs, juridiques, comptables, financiers ou immobiliers (CGI art. 966, II). L'exercice de ce rôle d'animation ne suppose pas nécessairement l'existence de structures importantes au sein de la holding (Cass. com. 27-9-2005 n° 03-20.665 FS-PB : RJF 1/06 n° 100), mais implique que les structures et moyens mis en place soient concrètement mis en œuvre (Cass. com.

3-3-2021 n° 19-22.397 FS-PR : RJF 1/22 n° 90). L'identité des dirigeants de la société mère et de la filiale est impropre, à elle seule, à caractériser le rôle d'animation (Cass. com. 19-11-1991 n° 89-19.474 P : RJF 2/92 n° 270).

Lorsque le contribuable donne en location ou met à la disposition de la holding animatrice des immeubles (ou droits immobiliers) qu'il détient en propre ou par société interposée, l'exonération des actifs professionnels s'applique à ces immeubles ou aux titres de sociétés interposés sous les conditions et limites visées nos 82130 s. Il faut, en particulier, que le contribuable (ou l'un des membres du foyer fiscal) exerce des fonctions de direction dans la société holding et que cette fonction donne lieu à une rémunération normale représentant plus de la moitié des revenus professionnels du dirigeant. Si les fonctions exercées par le contribuable dans la société holding ne sont pas (ou peu) rémunérées, l'exonération est néanmoins applicable si les conditions suivantes sont réunies (BOI-PAT-IFI-30-10-40 n° 160) :

– l'intéressé exerce simultanément des fonctions de direction dans une ou plusieurs filiales dont la société mère détient 50 % ou 25 % selon que cette dernière poursuit une activité industrielle ou commerciale propre ou limite son activité à l'animation de son groupe ;

– le montant cumulé des rémunérations qu'il perçoit dans ces sociétés et dans la holding représente plus de la moitié de ses revenus professionnels.

> Précisions a. Une société qui a pour **activité principale** l'animation de filiales au sein desquelles elle détient une participation majoritaire ne perd pas son statut de holding animatrice dans le cas où elle détient également une **participation minoritaire** dans une autre société, dont elle n'assure pas l'animation (Cass. com. 19-6-2019 nos 17-20.560 F-D et 17-20.559 F-D : RJF 11/19 n° 1093). En revanche, si la **valeur des filiales animées** est résiduelle par rapport à la valeur de l'ensemble des actifs de la société holding, cette dernière ne peut pas être qualifiée de holding animatrice (Cass. com. 11-10-2023 n° 21-24.760 F-D : RJF 2/24 n° 178).

b. Lorsque la société holding animatrice est soumise au régime des **sociétés de personnes,** l'exonération s'applique aux immeubles mis à sa disposition sous les conditions et limites visées n° 82120.

B. Biens ruraux et forestiers

BOIS, FORÊTS ET PARTS DE GROUPEMENTS FORESTIERS

Lorsqu'ils sont affectés à une activité professionnelle principale, de nature industrielle, **82200** commerciale, artisanale, agricole ou libérale (n° 82110), les bois, forêts et parts de groupements forestiers sont **totalement exonérés** d'IFI. Dans le cas contraire (par exemple parce que le locataire n'appartient pas au groupe familial du bailleur ou du détenteur de parts ou parce que le locataire n'utilise pas le bien dans le cadre de sa profession principale), ces biens bénéficient d'une **exonération partielle** à concurrence de 75 % de leur valeur **à condition de produire** à la demande de l'administration (CGI art. 976, I et II) :

– un certificat du directeur départemental des territoires (ou, dans les départements du littoral, du directeur départemental des territoires et de la mer) attestant que les biens présentent une garantie de gestion durable ;

– un bilan de mise en œuvre du document de gestion durable ;

– un engagement d'exploitation pendant 30 ans (l'engagement peut être établi sur papier libre ; un modèle est disponible sur le site impots.gouv.fr : imprimé n° 2042-NOT-BOIS, Cerfa n° 52213).

Pour bénéficier de l'exonération partielle, les **parts de groupements forestiers,** outre les conditions précédentes, doivent être détenues depuis au moins deux ans au 1er janvier de l'année d'imposition.

Les parts de **sociétés d'épargne forestière** ne bénéficient pas de l'exonération partielle d'IFI.

ATTENTION

Lors de la première **déclaration d'IFI** pour laquelle le bénéfice de l'exonération partielle est demandé, il y a lieu de cocher la case correspondante sur la déclaration d'IFI. Le certificat fourni et l'engagement pris pour bénéficier de l'exonération d'ISF restent valables au titre de l'IFI pour le temps restant à courir. Un nouveau certificat doit être produit tous les 10 ans ainsi qu'un bilan de la mise en œuvre du plan de gestion durable.

BIENS RURAUX ET PARTS DE GROUPEMENTS FONCIERS AGRICOLES (GFA)

Exonération totale Les biens ruraux donnés à bail à long terme ou à bail cessible et les **82210** parts de GFA non exploitants qui donnent leurs fonds à bail à long terme sont totalement exonérés lorsque les **conditions** suivantes sont remplies :

– le bail est consenti par le bailleur à certains membres de son groupe familial (conjoint/ partenaire de Pacs/concubin notoire, leurs ascendants ou descendants ou conjoints/

partenaires de Pacs/concubins notoires respectifs, leurs frères et sœurs) ou encore, s'agissant des GFA, au détenteur de parts (ou à un membre de son groupe familial) ;

– le preneur utilise le bien dans l'exercice de sa profession principale.

Les biens sont également totalement exonérés en cas de location (ou de mise à disposition du bien loué ou encore d'apport du droit au bail y afférent) à une société à objet principalement agricole contrôlée à plus de 50 % par les membres du groupe familial ou les détenteurs de parts, l'exonération n'étant alors applicable qu'à concurrence de la participation détenue dans la société par celles de ces personnes qui y exercent leur activité professionnelle principale.

Les parts de GFA doivent, en outre, être représentatives d'apports constitués par des immeubles ou des droits immobiliers à destination agricole.

82215 **Exonération partielle** Lorsque les conditions visées nº 82210 ne sont pas satisfaites (par exemple, parce que le locataire n'appartient pas au groupe familial du bailleur ou du détenteur de parts ou parce que le locataire n'utilise pas le bien dans le cadre de sa profession principale), les biens ou parts sont exonérés partiellement **à concurrence de** 75 % de leur valeur lorsque celle-ci n'excède pas 101 897 € et à concurrence de 50 % au-delà de cette limite. Pour que l'exonération s'applique, les descendants majeurs du preneur ne doivent pas être privés du droit au maintien du bail à leur profit.

Lorsqu'une personne détient **à la fois des parts de GFA et des biens ruraux** donnés à bail, la limite de 101 897 € doit s'apprécier distinctement pour chaque catégorie de biens.

La limite au-delà de laquelle l'exonération passe de 75 % à 50 % s'apprécie au 1er janvier de l'année d'imposition.

PARTS DE GROUPEMENTS FONCIERS RURAUX (GFR)

82230 Elles sont soumises au régime des parts de groupements forestiers pour leur fraction représentative de **biens de nature forestière** et au régime des parts de GFA pour leur fraction représentative de biens **de nature agricole.**

SECTION 5

DÉCLARATION, PAIEMENT, CONTRÔLE ET CONTENTIEUX

DÉCLARATION DU PATRIMOINE

82400 **Personnes tenues de déclarer** Les contribuables ayant un **patrimoine immobilier net taxable** au 1er janvier **supérieur à 1 300 000 €** sont tenus de souscrire une déclaration spécifique nº 2042-IFI annexée à la déclaration d'ensemble de leurs revenus (CGI art. 982), sur laquelle ils doivent faire figurer le détail et l'estimation des biens composant leur patrimoine (et, le cas échéant, des dettes y afférentes). Aucun **justificatif** (au titre de la réduction pour dons ou des dettes déductibles ; s'agissant de l'exonération des bois et forêts, voir toutefois nº 82200) ne doit en principe être joint à la déclaration mais le contribuable doit être en mesure de répondre aux éventuelles demandes de l'administration (BOI-PAT-IFI-50-10-20 nº 40).

Le **délai** pour déposer la déclaration d'IFI est le même que celui qui s'applique en matière d'impôt sur le revenu.

CONSEIL

Les associés dont le **patrimoine immobilier** net taxable est **inférieur ou égal à 1 300 000 €** ne sont pas imposables et n'ont donc rien à déclarer. Ces contribuables ont toutefois fortement intérêt à conserver dans leurs archives personnelles les éléments justifiant de leur non-imposition. Ils seront ainsi en mesure de répondre aux éventuelles demandes de renseignements de l'administration et de lui fournir un état détaillé de leurs biens.

82402 **Qualité du déclarant** Les **couples mariés ou pacsés** déposent une seule déclaration, signée des deux époux ou partenaires.

Les **concubins** notoires, soumis à une déclaration commune pour l'IFI mais à une déclaration séparée pour l'impôt sur le revenu, doivent déclarer l'ensemble de leurs biens sur une seule déclaration nº 2042-IFI qui sera déposée par l'un ou l'autre des concubins en même temps que sa déclaration de revenus. Le second concubin n'est pas tenu de cosigner la déclaration.

En cas de **décès du contribuable,** la déclaration est souscrite par les héritiers ou, si la succession n'est pas encore liquidée, par le notaire chargé de la succession mandaté à cet effet par les ayants droit (CGI art. 982, I-3 et 204, 2).

Informations fournies par la société Les sociétés dont le contribuable détient, seul ou avec les membres de son foyer, des parts ou actions dont tout ou partie de la valeur est imposable, sont tenues de lui **communiquer,** sur sa demande, dans un délai raisonnable, toutes **les informations nécessaires** pour remplir sa déclaration et en particulier la valeur vénale des parts ou actions et la fraction imposable de cette valeur. En cas de chaîne de participations, cette obligation s'applique à chaque niveau de la chaîne (CGI ann. III art. 313 BQ quater). 82405

ATTENTION

Si aucune **sanction** n'est prévue à l'encontre des sociétés qui manqueraient à leur devoir de communication envers leurs associés, il n'en va malheureusement pas de même des contribuables qui sous-estimeraient la valeur de leurs parts ou actions faute d'avoir reçu les informations appropriées. Ils encourent des pénalités (n° 82435) sauf s'ils peuvent bénéficier de la tolérance évoquée n° 81445.

PAIEMENT DE L'IMPÔT

L'IFI est recouvré par voie de rôle. Autrement dit, le contribuable reçoit un **avis d'imposition** (distinct de celui de l'impôt sur le revenu), qui indique notamment le montant de l'IFI à régler et la date limite de paiement. Il est, en principe, adressé en août et le paiement est en général fixé mi-septembre au plus tard. 82410

Lorsque son montant excède 300 €, l'IFI doit être réglé par **paiement en ligne** sur impots.gouv.fr) (CGI ann. III art. 382 F et BOI-PAT-IFI-50-20 n° 30). S'il excède 10 000 €, il peut être acquitté par remise d'œuvres d'art ou d'immeubles sous conditions (CGI ann. II art. 384 A à 384 A ter).

ATTENTION

Le **débiteur** de l'IFI est la personne qui souscrit la déclaration mais les époux et les partenaires liés par un Pacs sont solidaires pour le paiement (CGI art. 1723 ter-00 B). En cas de décès du contribuable, les cohéritiers (mais pas les légataires) sont également solidaires pour le paiement de l'IFI établi au nom de l'indivision successorale (CGI art. 1709).

CONTRÔLE DE L'IMPÔT

Demandes d'éclaircissements ou de justifications En vue du contrôle de l'impôt, l'administration peut demander des éclaircissements et des justifications au contribuable sur la composition de l'actif et du passif de son patrimoine (LPF art. L 23 A). Cette demande peut porter, par exemple, sur des **discordances** et **anomalies** décelées dans la déclaration (incohérences de valeurs, minoration de l'évaluation par rapport à l'année précédente, etc.). 82415

L'administration peut également exercer son **droit de communication** auprès des sociétés détenant des biens immobiliers afin d'obtenir des informations relatives à la détermination de la fraction imposable à l'IFI de leurs parts ou actions (CGI ann. III art. 313 BQ quater).

Rectification des omissions et insuffisances d'évaluation La **procédure de rectification contradictoire** s'applique en cas d'insuffisance d'évaluation, d'inexactitude, d'omission ou de dissimulation. Elle est également applicable en cas de défaut de réponse ou de réponse insuffisante à une demande d'éclaircissements ou de justifications (LPF art. L 55). 82420

La procédure débute par l'envoi au contribuable d'une proposition des rectifications envisagées. L'intéressé dispose d'un délai de 30 jours pour répondre (accepter ou contester les rectifications). Ce délai peut être porté à 60 jours si le contribuable en fait la demande avant l'expiration du délai initial de 30 jours (LPF art. L 57).

Taxation d'office pour défaut de déclaration À défaut de souscription de la déclaration d'IFI, la taxation d'office est encourue (LPF art. L 66). Cette procédure permet à l'administration fiscale d'établir directement l'imposition sans entendre l'intéressé. La première étape consiste en l'envoi d'un **courrier amiable.** Si à la suite de ce courrier le contribuable dépose sa déclaration, celle-ci est contrôlée selon la procédure contradictoire. En l'absence de réponse, l'administration adresse une **mise en demeure** de souscrire la déclaration dans un délai de 30 jours (BOI-PAT-IFI-60-10 n°s 110 s.). Si le contribuable ne dépose toujours pas de déclaration à la suite de la mise en demeure ou la dépose en dehors du délai imparti, l'administration peut le taxer d'office et lui appliquer l'intérêt de retard et une majoration de 40 %. Elle doit lui notifier les valeurs retenues pour les biens immobiliers qu'elle entend taxer au moins 30 jours avant la mise en recouvrement de l'IFI correspondant (LPF art. L 76). 82425

82430 **Délai pour contrôler l'IFI** L'administration fiscale ne peut exercer son contrôle que pendant un certain délai, appelé délai de prescription ou de reprise. Il est de six ans en cas d'**absence de déclaration,** d'**omission d'un bien** ou lorsque l'administration doit se livrer à des **recherches** (prescription longue). À titre d'exemple, le contribuable qui n'a pas souscrit de déclaration d'IFI en 2026 risque un redressement jusqu'au 31 décembre 2032.

Un délai de trois ans (prescription abrégée) est applicable lorsque l'exigibilité de l'IFI est suffisamment révélée par une **déclaration d'IFI complète** sans que l'administration ait besoin de procéder à des recherches ultérieures. La prescription courte s'applique notamment aux insuffisances d'évaluation.

PÉNALITÉS

82435 En cas de **défaut de déclaration** ou de **souscription tardive,** les droits dus sont majorés de 10 % et assortis d'un intérêt de retard de 0,20 % par mois (CGI art. 1727 et 1728). La majoration est portée à 40 % si la déclaration n'est pas déposée dans les 30 jours de la réception d'une mise en demeure. Si seul le **paiement** de l'IFI est **tardif,** seule une majoration de 10 % est encourue (CGI art. 1730).

L'**insuffisance d'évaluation** ne donne lieu à aucune sanction, pas même l'intérêt de retard, lorsqu'elle n'excède pas 10 % de la base d'imposition retenue après redressement (règle dite de la « tolérance du dixième »). Au-delà de cette limite de 10 %, le contribuable ne supporte que l'intérêt de retard de 0,20 % par mois. En cas de mauvaise foi établie par l'administration, l'intérêt de retard se cumule avec une majoration de 40 %, portée à 80 % si le contribuable s'est rendu coupable de manœuvres frauduleuses. Aucune sanction n'est applicable si le contribuable de bonne foi a porté dans sa déclaration une « mention expresse » appelant l'attention sur le point litigieux.

> **Précisions** Le contribuable de bonne foi qui, avant tout contrôle, rectifie spontanément une **insuffisance de déclaration** dans sa déclaration d'IFI et règle les droits correspondants bénéficie d'une réduction de moitié du montant dû au titre de l'**intérêt de retard,** soit un taux de 0,10 % par mois (CGI art. 1727, V). Le dépôt d'une déclaration rectificative d'IFI est considéré comme spontané lorsqu'il intervient **avant tout acte de l'administration,** c'est-à-dire avant réception d'une mise en demeure, d'une demande d'éclaircissements, de justifications ou de renseignements ou d'une proposition de rectification. Il peut également intervenir **après un acte de l'administration** qui porte sur un impôt différent, tel qu'un avis d'examen contradictoire de la situation fiscale personnelle (ESFP) (BOI-DAE-20-10 nos 20, 30, 100 et 110 ; BOI-CF-INF-10-30 nos 135 et 195).

CONTENTIEUX

82440 Le contentieux de l'IFI relève des juridictions de l'**ordre judiciaire** (CGI art. 981).

CHAPITRE 6

TAXE FONCIÈRE ET TAXE D'HABITATION

SOMMAIRE

CHAMP DE L'ÉTUDE

La possession d'un immeuble bâti entraîne l'imposition à la **taxe foncière sur les propriétés bâties** (souvent dénommée « impôt foncier »), établie au nom du propriétaire à la date du 1er janvier de l'année en cause. **83000**

Par ailleurs, la disposition d'une résidence secondaire, en qualité de propriétaire, de locataire ou d'occupant à titre gratuit, implique le paiement de la **taxe d'habitation.**

Les développements qui suivent donnent un aperçu de ces deux impôts perçus au profit des collectivités locales, qui font partie de la catégorie des **impôts locaux.**

SECTION 1

TAXE FONCIÈRE SUR LES PROPRIÉTÉS BÂTIES

1. PROPRIÉTÉS IMPOSABLES À LA TAXE FONCIÈRE

Sont par principe imposables les propriétés bâties (et biens assimilés) situées **en France.** **83005**
Les biens concernés sont les suivants (CGI art. 1380 et 1381) :

a. Constructions fixées au sol à perpétuelle demeure et présentant le caractère de véritables bâtiments, y compris les aménagements faisant corps avec eux (par exemple, une véranda ou une piscine – même si la piscine est en kit et semi-enterrée : CE 13-4-2016 n° 376959 : RJF 7/16 n° 627) et, en premier lieu, les immeubles d'habitation ;

b. Installations destinées à **abriter** des personnes ou des biens (exemples : ateliers, hangars, etc.) ou à **stocker** des produits (exemples : réservoirs, cuves, silos, trémies, gazomètres, etc.), à l'exclusion des matériels de stockage pouvant être déplacés sans faire appel à des moyens de levage exceptionnels. Sont également imposables les **ouvrages en maçonnerie** présentant le caractère de véritables constructions tels que, notamment, les cheminées d'usine, les réfrigérants atmosphériques, les formes de radoub, les ouvrages servant de support aux moyens matériels d'exploitation (à l'exclusion notamment des pylônes métalliques, des tours de craquage des raffineries et des biens de très faible dimension tels que les dés en béton dans lesquels sont fixés des pylônes) ;

c. Ouvrages d'art et voies de communication utilisés par les établissements industriels pour les besoins de leur exploitation, à l'exclusion des voies publiques ;

d. Bateaux utilisés en un point **fixe** et **aménagés** pour l'habitation, le commerce ou l'industrie (même s'ils sont seulement retenus par des amarres) ;

e. Sols des bâtiments de toute nature et **terrains** formant une **dépendance** indispensable et immédiate de ces constructions (cours, passages, emplacements de parking) ;

f. Terrains non cultivés employés à un **usage commercial ou industriel,** tels que chantiers, terrains occupés par des carrières, mines et tourbières faisant l'objet d'une exploitation industrielle, lieux de dépôt de marchandises et autres emplacements de même nature (sont toutefois exclus les terrains de golf) ;

g. Terrains sur lesquels sont édifiées des **installations industrielles** (outillage, etc.) elles-mêmes exonérées comme indiqué n° 83020 ;

h. Terrains, cultivés ou non, utilisés pour la **publicité** commerciale ou industrielle.

> **Précisions** Un **immeuble devenu impropre à toute utilisation** dans son ensemble ne peut plus être regardé comme une propriété bâtie soumise à la taxe foncière sur les propriétés bâties mais doit être assujetti à la taxe foncière sur les propriétés non bâties. Tel peut être le cas d'un immeuble **dégradé et en ruine** (CE 16-2-2015 n° 364676 : RJF 5/15 n° 410) ou encore, pendant la durée des travaux, d'un immeuble intégralement démoli avant reconstruction. Tel n'est, en revanche, pas le cas d'un immeuble inutilisable pendant la durée des travaux si ces travaux n'entraînent pas démolition complète ni ne portent atteinte au gros œuvre d'une manière telle qu'ils le rendent dans son ensemble impropre à toute utilisation (CE 16-2-2015 n° 369862 : RJF 5/15 n° 410 ; CE 3-2-2021 n° 434120 : RJF 4/21 n° 381).

2. PROPRIÉTÉS EXONÉRÉES DE TAXE FONCIÈRE

83010 La loi prévoit un certain nombre d'exonérations de taxe foncière sur les propriétés bâties, qui peuvent être **permanentes** ou **temporaires, totales ou partielles.** Certaines de ces exonérations s'appliquent **de plein droit,** c'est-à-dire sans intervention des collectivités bénéficiaires de la taxe.

D'autres exonérations dépendent d'une délibération (ou d'une absence d'opposition) de ces collectivités (**exonérations facultatives**). Depuis 2021, seules les communes et les établissements publics de coopération intercommunale (EPCI) à fiscalité propre bénéficient de la taxe foncière sur les propriétés bâties et **peuvent délibérer** en matière d'exonérations facultatives.

EXONÉRATIONS PERMANENTES DE TAXE FONCIÈRE

83020 Sont notamment exonérés **de plein droit** de la taxe foncière sur les propriétés bâties (CGI art. 1382) :

– les **propriétés publiques** (immeubles de l'État, des régions, des départements, des communes, des EPCI et de certains établissements et organismes publics) ainsi que les **immeubles** appartenant aux établissements publics scientifiques, d'enseignement et d'assistance ou à certains groupements de coopération sanitaire, lorsqu'ils sont **affectés à un service public** ou d'utilité générale et sont **non productifs de revenus.** L'exonération n'est pas remise en cause lorsque les immeubles servent de support à l'exercice d'une activité de production d'électricité photovoltaïque, que cette activité soit productive de revenus ou non ;

– les **édifices** affectés à l'**exercice public du culte** ;

– les bâtiments qui servent aux **exploitations rurales** : granges, écuries, greniers, caves, celliers, pressoirs, etc. Les propriétaires d'exploitations données en fermage bénéficient, au même titre que les propriétaires exploitants (ou anciens exploitants), de l'exonération accordée à ces bâtiments. L'exonération est maintenue lorsque les bâtiments ne sont plus utilisés pour un usage agricole mais ne sont pas affectés à un autre usage (en pratique, cette exception concerne les bâtiments qui ne trouvent pas preneur à la suite du départ en retraite de l'exploitant et restent ainsi inutilisés) ou encore lorsque les bâtiments servent de support à l'exercice d'une activité de production d'électricité photovoltaïque, que cette activité soit productive de revenus ou non. Par ailleurs, l'exercice d'une activité industrielle, commerciale ou non commerciale accessoire dans un bâtiment servant à l'exploitation rurale ne fait pas obstacle à l'exonération lorsque la moyenne des recettes tirées de l'activité accessoire au cours des trois années précédant celle de l'imposition n'excède pas 10 % de la moyenne des recettes totales réalisées dans le bâtiment au cours des mêmes années ;

– les **outillages et autres installations et moyens matériels d'exploitation** des établissements **industriels,** à l'exception des installations foncières et des ouvrages d'art et voies de communication (éléments visés respectivement n° 83005, b et c). L'exonération vise les outillages et autres installations et moyens matériels d'exploitation qui relèvent d'un établissement qualifié d'industriel (n° 83120) et qui sont spécifiquement adaptés aux activités susceptibles d'être exercées dans un tel établissement (CE 11-12-2020 n° 422418 : RJF 2/21 n° 159). Les terrains sur lesquels les biens concernés sont édifiés restent imposés à la taxe foncière sur les propriétés bâties (éléments visés n° 83005, g) ;

– les immobilisations destinées à la **production d'électricité d'origine photovoltaïque** ;

– les **installations** et bâtiments de toute nature affectés à la production, par un ou plusieurs exploitants agricoles, de biogaz, d'électricité et de chaleur par la **méthanisation** issue pour au moins 50 % de matières provenant de l'exploitation **agricole** ;

– les **mâts des éoliennes.**

> Précisions a. Peuvent être exonérés sur **décision des collectivités bénéficiaires** de la taxe foncière, chacune pour la part qui lui revient, notamment :

– les immeubles affectés aux activités médicales de certains **groupements de coopération sanitaire,** appartenant à des établissements assurant le service public hospitalier (CGI art. 1382 C) ;

– les locaux occupés par des **maisons de santé,** appartenant à une commune ou à un EPCI. Les collectivités délibérantes fixent le taux de l'exonération (25 %, 50 %, 75 % ou 100 %) et peuvent en limiter la durée (CGI art. 1382 C bis) ;

– les **hôtels** et autres locaux **meublés** destinés au **tourisme** situés dans les zones France ruralités revalorisation (CGI art. 1383 E bis) (voir n° 65885) ;

– à concurrence de 15 % ou de 30 % (taux pouvant être majorés dans certaines situations), les constructions affectées à l'habitation achevées avant la mise en place d'un **plan de prévention des risques technologiques** et situées dans le périmètre d'exposition aux risques prévu par le plan. Lorsqu'une construction remplit les conditions pour bénéficier de cette exonération et de l'exonération de 15 ans prévue à l'égard des logements à usage locatif acquis dans les zones France ruralités revalorisation et améliorés avec l'aide de l'Agence nationale de l'habitat (voir n° 83050, précision a), cette dernière exonération est applicable (CGI art. 1383 G) ;

– à concurrence de 25 % ou de 50 %, les habitations situées à moins de trois kilomètres d'une **installation classée Seveso** achevées avant la construction de l'installation (CGI art. 1383 G bis) ou situées dans les zones de danger délimitées par un **plan de prévention des risques miniers** achevées avant la mise en place de ce plan (CGI art. 1383 G ter) ;

– les **parties d'une installation hydroélectrique** destinées à la préservation de la biodiversité et de la continuité écologique (passes à poissons, par exemple) (CGI art. 1382 G).

b. L'exonération prévue pour les **immobilisations destinées à la production d'électricité d'origine photovoltaïque** ne s'applique pas aux supports d'immobilisations destinées à une telle production qui ont également un **autre usage,** tels que les immeubles à usage d'habitation (BOI-IF-TFB-10-50-30 n° 250).

EXONÉRATIONS TEMPORAIRES DE TAXE FONCIÈRE

Constructions nouvelles Les constructions nouvelles, reconstructions et additions de construction peuvent bénéficier d'une exonération de la taxe foncière sur les propriétés bâties **pendant deux ans** (CGI art. 1383). **83040**

L'exonération est en principe totale pour les **immeubles à usage d'habitation** (principale ou secondaire). Toutefois, la commune peut décider, pour la part de taxe qui lui revient, de limiter l'exonération à 40 %, 50 %, 60 %, 70 %, 80 % ou 90 % de la base imposable. L'EPCI peut, quant à lui, supprimer l'exonération pour la part qui lui revient. Dans les deux cas, la délibération (de limitation ou de suppression de l'exonération) peut viser soit l'ensemble des logements, soit seulement les logements autres que ceux financés au moyen de prêts aidés par l'État ou de prêts conventionnés.

En ce qui concerne les immeubles **autres que ceux à usage d'habitation,** l'exonération s'applique à hauteur de 40 % de la base imposable, à l'exclusion de la part de la taxe perçue au profit des EPCI.

L'**exonération court** à compter du 1er janvier de l'année suivant celle de l'achèvement de la construction. À cet égard, un immeuble est **considéré comme achevé** lorsque l'état d'avancement des travaux en permet l'utilisation effective, c'est-à-dire, d'une manière générale, quand le gros œuvre, la maçonnerie et la couverture étant entièrement terminés, les escaliers, parquets, portes extérieures et fenêtres posés, l'alimentation en eau et en électricité assurée et le branchement sur les réseaux extérieurs des eaux usées effectué, il ne reste plus à effectuer que des travaux d'aménagement (installation de chauffage et d'électricité, serrurerie, seconde couche de peinture, pose de papiers peints, etc.).

Pour les immeubles collectifs, la date d'achèvement doit être appréciée distinctement pour chaque logement (CAA Paris 21-11-1995 n° 94-1398 : RJF 8-9/96 n° 962).

Par ailleurs, un immeuble non destiné à l'habitation est regardé comme achevé dès lors qu'il peut être utilisé pour une activité industrielle ou commerciale quelconque, même s'il ne s'agit pas de celle à laquelle son propriétaire le destinait initialement (CE 16-2-2015 n° 371476 : RJF 5/15 n° 411).

La **preuve** de l'achèvement peut résulter de la production du certificat de conformité ou du récépissé de la déclaration d'achèvement des travaux ou, à défaut, de toute autre justification (BOI-IF-TFB-10-60-20 n° 10).

> Précisions **a.** L'exonération est subordonnée à la souscription, pour toute construction nouvelle, d'une **déclaration** dans les 90 jours de son achèvement (voir n° 83146).

b. Les **bâtiments anciens rénovés ou restaurés** peuvent bénéficier de l'exonération si la nature et l'importance des travaux dont ils ont fait l'objet permettent de considérer qu'il y a eu reconstruction ou addition de construction (BOI-IF-TFB-10-60-10 n° 70).

c. Un bien exploité au sein d'une **résidence de tourisme** pour être donné en location pour des séjours de courte durée ne constitue pas un immeuble d'habitation pour l'application de l'exonération (CE 24-10-2014 n° 376645 : RJF 1/15 n° 31).

d. Lorsqu'un immeuble remplit **à la fois** les conditions d'application de l'exonération de deux ans des **constructions nouvelles** et de celle de cinq ans des **logements neufs économes en énergie** visée à l'article 1383-0 B bis du CGI (voir n° 83042), l'exonération en faveur des constructions nouvelles prévaut, de sorte que l'exonération pour les logements neufs économes en énergie s'applique à compter de la troisième année qui suit celle de son achèvement et jusqu'au terme de la durée fixée par la commune (Rép. Lefèvre : AN 2-4-2024 n° 14465).

83042 **Logements économes en énergie** Les collectivités bénéficiaires peuvent, chacune pour la part qui lui revient, exonérer temporairement de la taxe foncière, à concurrence d'un taux compris entre 50 % et 100 %, les **logements achevés depuis plus de 10 ans** au 1er janvier de la première année au titre de laquelle l'exonération est applicable, qui ont fait l'objet, par le propriétaire, de dépenses de prestations de rénovation énergétique et d'équipements associés entrant dans le champ d'application du taux réduit de TVA sur les travaux de rénovation énergétique, autres que les prestations d'entretien, lorsque le montant total des dépenses payées au cours de l'année qui précède la première année d'application de l'exonération est supérieur à 10 000 € par logement ou lorsque le montant total des dépenses payées au cours des trois années qui précèdent la première année d'application de l'exonération est supérieur à 15 000 € par logement. L'exonération s'applique à compter de l'année qui suit celle du paiement du montant total des dépenses, pendant une durée de **trois ans** (CGI art. 1383-0 B modifié par l'article 143 de la loi 2023-1322 du 29-12-2023, applicable aux impositions établies depuis le 1er janvier 2025 sous réserve d'une délibération prise par les collectivités bénéficiaires au plus tard le 28 février 2025).

Les collectivités bénéficiaires peuvent également, chacune pour la part qui lui revient, exonérer de la taxe foncière, à concurrence d'un taux compris entre 50 % et 100 %, les **logements neufs** satisfaisant aux critères de performance énergétique globale et environnementale définis aux articles 310-0 H et 310-0 H bis de l'annexe II au CGI. L'exonération s'applique pour une durée de **cinq ans** à compter de l'année qui suit celle de l'achèvement de la construction (ou à compter de la troisième année suivant celle de l'achèvement lorsque le logement bénéficie de l'exonération temporaire des constructions nouvelles visée n° 83040) (CGI art. 1383-0 B bis).

> Précisions **a.** Les délibérations prises pour l'application de l'exonération des **logements anciens** prévue par l'article 1383-0 B du CGI dans sa **rédaction antérieure** à la loi 2023-1322 du 29 décembre 2023 (logements achevés avant le 1er janvier 1989 ayant fait l'objet de dépenses d'équipement entrant dans le champ de l'ancien crédit d'impôt sur le revenu pour la transition énergétique) ont cessé de produire leurs effets depuis le 1er janvier 2025 mais les logements bénéficiant de cette exonération demeurent exonérés pour la durée restant à courir. Par ailleurs, sous réserve que les collectivités aient institué l'exonération au titre de 2024 et 2025, les logements qui auraient pu bénéficier pour la première fois en 2025 de l'exonération, en application des dispositions antérieures, sont exonérés au titre des impositions de 2025 à 2027 (Loi précitée art. 143, II-C).

b. Pour l'application de l'exonération des **logements anciens,** sont prises en compte les **dépenses d'équipement** répondant aux critères définis dans le cadre du régime antérieur, payées jusqu'au 31 décembre 2024 ou pour lesquelles le contribuable justifie de l'acceptation d'un devis et du versement d'un acompte en 2024 et de leur paiement en 2025 (Loi précitée art. 143, II-D).

c. L'exonération portant sur les logements anciens est subordonnée à la souscription d'une **déclaration** avant le 1er janvier de la première année au titre de laquelle elle est applicable. Pour les impositions établies au titre de 2025, la déclaration pouvait être souscrite jusqu'au 31 mars 2025. S'agissant de l'exonération relative aux logements neufs, le propriétaire doit joindre à la déclaration prévue nº 83146 tous les éléments justifiant que la construction remplit les critères de performance énergétique globale et environnementale exigés.

d. Lorsque le logement remplit les conditions pour bénéficier de l'exonération visée à l'article 1383-0 B du CGI et de l'exonération de 15 ans prévue à l'égard des logements à usage locatif acquis dans les **zones France ruralités revalorisation** et améliorés avec l'aide de l'Agence nationale de l'habitat (voir nº 83050, précision a), cette dernière exonération est applicable. Toutefois, le bénéfice de l'exonération visée à l'article 1383-0 B du CGI peut être accordé à l'expiration de la période d'application de l'exonération de 15 ans pour la période restant éventuellement à courir (BOI-IF-TFB-10-180-10 nos 460 s.).

e. Pour le cas où un immeuble remplit à la fois les conditions d'application de l'exonération de deux ans des **constructions nouvelles** visée à l'article 1383 du CGI et de celle de cinq ans des logements neufs économes en énergie visée à l'article 1383-0 B bis du CGI : voir nº 83040, précision d.

Constructions de logements « sociaux » Les **constructions neuves** (ou assimilées) de logements « sociaux » affectés à l'**habitation principale** qui sont financées au moyen de prêts spéciaux ou de subventions sont susceptibles de bénéficier d'une exonération de longue durée. Dans le cadre des dispositifs actuels de financement du logement social, ouvrent droit à une telle exonération (CGI art. 1384-0 A et 1384 A) : **83045**

a. Les **logements à usage locatif** et les logements-foyers conventionnés visés à l'article L 831-1, 3° et 5° du Code de la construction et de l'habitation auxquels s'applique l'aide personnalisée au logement et qui sont financés à concurrence de plus de 50 % de leur coût (30 % s'il s'agit de droits immobiliers démembrés) à l'aide de **prêts réglementés** ; ces constructions appartiennent en général aux bailleurs sociaux – organismes d'HLM, sociétés d'économie mixte, collectivités publiques – ou, plus rarement, à d'autres bailleurs de logements conventionnés. La durée de l'exonération est au minimum de 15 ans (durée portée à 25 ans pour les logements bénéficiant d'une décision de subvention ou de prêt prise entre le 1er juillet 2004 et le 31 décembre 2026). L'exonération est de 20 ans pour les logements respectant certains critères de performance énergétique et environnementale (30 ans pour les logements bénéficiant d'une décision de subvention ou de prêt prise entre le 1er juillet 2004 et le 31 décembre 2026) ;

b. Les logements destinés à être occupés par les titulaires de contrats de **location-accession,** financés au moyen d'un prêt PSLA, ayant fait l'objet d'une convention et agréés par le préfet. L'exonération s'applique pendant 15 ans ;

c. Les logements **anciens réhabilités** faisant l'objet d'un contrat de **location-accession,** financés au moyen d'un prêt PSLA, ayant fait l'objet d'une convention et agréés par le préfet. L'exonération s'applique pendant 15 ans, sur délibération des collectivités bénéficiaires de la taxe ;

d. Les **logements à usage locatif** appartenant à l'**Association foncière logement** ou aux sociétés civiles immobilières dont cette association détient la majorité des parts lorsqu'ils sont financés à concurrence de plus de 50 % de leur coût par des subventions versées au titre de la participation des employeurs à l'effort de construction et qu'ils bénéficient du taux réduit de TVA. La durée d'exonération est de 15 ans (durée portée à 25 ans pour les logements faisant l'objet d'une décision d'octroi de subvention prise entre le 1er mars 2007 et le 31 décembre 2018) ;

e. Les **logements intermédiaires** réalisés dans certaines zones du territoire et répondant à certaines conditions de « **mixité** », **achevés avant le 1er janvier 2023** et qui ont bénéficié du taux intermédiaire de TVA, à condition que les logements soient loués dans les conditions de loyers et de ressources requises (conditions du régime d'investissement locatif « Duflot-Pinel »). La durée de l'exonération est de 20 ans.

Dans tous les cas, l'**exonération s'applique à compter** de l'année suivant celle de l'achèvement de la construction, tel que défini nº 83040 (ou de l'achèvement des travaux de réhabilitation). Elle est subordonnée à la souscription d'une **déclaration** dans les 90 jours de l'achèvement (nº 83146).

L'exonération de taxe foncière de **certains logements locatifs intermédiaires** a été remplacée, pour les logements **achevés depuis le 1er janvier 2023,** par l'octroi d'une **créance d'impôt sur les sociétés.** Ainsi, le montant de la taxe foncière portant sur ces logements mise en recouvrement au cours de l'exercice fait naître au profit de certaines personnes morales une créance d'impôt sur les sociétés non imposable d'égal montant. Sont concernés notamment les investisseurs institutionnels propriétaires ou usufruitiers de logements qui répondent aux conditions pour bénéficier du taux intermédiaire de TVA de 10 % en tant que destinataires de la livraison (CGI art. 220 Z septies).

> **Précisions** **a.** Les **reconstructions et additions de construction** sont assimilées à des constructions nouvelles et peuvent également bénéficier de l'exonération (BOI-IF-TFB-10-90-10 n° 50).
> **b.** Les logements financés grâce aux **anciens dispositifs de prêts aidés par l'État** bénéficiaient également d'exonérations de longue durée qui continuent à s'appliquer jusqu'au terme de la période prévue.
> **c.** Les logements construits ou acquis à l'aide des anciens **prêts à taux zéro** prévus aux articles D 317-1 s. du CCH sont exclus de l'exonération de longue durée. Cette exclusion ne concerne pas les logements financés par le biais d'un prêt à taux zéro mentionné aux articles L 31-10-1 s. du CCH (CE 3-2-2021 n° 429004 : RJF 4/21 n° 384).
> **d.** Les constructions neuves issues d'opérations de **démolition-reconstitution** d'un quartier en **renouvellement urbain** ne peuvent pas bénéficier d'une exonération de longue durée lorsque les immeubles auxquels elles se substituent, au sein du périmètre du même quartier prioritaire, ont bénéficié de l'une de ces exonérations et si le nombre total de logements locatifs sociaux représente sur le territoire de la commune au moins 50 % des résidences principales (CGI art. 1384 G).

83050 **Acquisitions de logements « sociaux » à usage locatif** Certains logements « sociaux » acquis à usage locatif bénéficient d'une exonération de plein droit de taxe foncière (CGI art. 1384 C).

Sont ainsi exonérés pendant une durée de 15 ans :

– les logements à usage locatif conventionnés, y compris les logements-foyers, visés à l'article L 831-1, 3° et 5° du Code de la construction et de l'habitation, acquis **avec le concours financier de l'État** ou avec une subvention de l'**Agence nationale pour la rénovation urbaine** (Anru). La durée de l'exonération est portée à 25 ans pour ceux de ces logements bénéficiant d'une décision de subvention ou de prêt prise entre le 1er juillet 2004 et le 31 décembre 2026, à l'exclusion des logements acquis depuis 2009 auprès des filiales de la Caisse des dépôts et consignations. L'exonération ne s'applique pas aux logements qui ont déjà bénéficié d'une exonération de longue durée prévue en faveur des logements sociaux ou assimilés (CGI art. 1384 A, 1384 B et 1384 C) ou de l'exonération prévue en faveur des logements issus de la transformation de bureaux (CGI art. 1384 F) ;

– les logements visés à l'article L 831-1, 4° du Code de la construction et de l'habitation acquis par des **organismes sans but lucratif** titulaires de l'agrément relatif à l'intermédiation locative et la gestion locative sociale prévu à l'article L 365-4 du même Code et **améliorés au moyen d'une aide financière de l'Agence nationale de l'habitat** (Anah), en vue de leur location ou attribution à titre temporaire à des personnes défavorisées. Le bénéfice de l'exonération est subordonné à la condition que la décision de subvention intervienne dans un délai de deux ans au plus à compter de l'année suivant celle de l'acquisition des logements par ces organismes. La durée de l'exonération est portée à 25 ans pour les logements bénéficiant d'une décision de subvention prise entre le 1er juillet 2004 et le 31 décembre 2026.

L'exonération s'applique à compter du 1er janvier de l'année suivant, selon le cas, celle de l'acquisition du logement ou celle de l'achèvement des travaux d'amélioration, à condition que le redevable ait **souscrit une déclaration n° 6666-D** avant cette date. Si la déclaration est souscrite hors délai, l'exonération ne s'applique que pour la période restant à courir après le 31 décembre de l'année de la souscription.

> **Précisions** **a.** Dans les **zones France ruralités revitalisation** et les zones France ruralités revitalisation « plus » définies par l'article 44 quindecies A, II, III et IV du CGI (et dans les zones de revitalisation rurale pour les délibérations prises avant le 1er juillet 2024), les collectivités bénéficiaires de la taxe foncière peuvent exonérer de taxe foncière sur les propriétés bâties, pour une durée de 15 ans, les **logements** visés à l'article L 831-1, 4° du CCH qui sont **acquis, en vue de leur location, par des personnes physiques puis améliorés** au moyen d'une aide financière de l'Agence nationale de l'habitat (CGI art. 1383 E).
> **b.** Les communes et les EPCI à fiscalité propre peuvent, sur délibération, supprimer l'exonération prévue par l'article 1384 C du CGI lorsque les **logements locatifs sociaux** sur leur territoire **représentent au moins 50 % des résidences principales.** Dans ce cas, l'exonération continue de s'appliquer pour les logements acquis avant la date de la délibération.

83052 **Rénovations de logements locatifs « sociaux »** Les logements locatifs qui ont fait l'objet, depuis le 1er janvier 2024, d'un **agrément** délivré par le représentant de l'État dans le département pour la réalisation d'une **opération unique de travaux de rénovation lourde** sont exonérés de la taxe foncière pendant 15 ans. La durée de l'exonération est portée à 25 ans lorsque la demande d'agrément est déposée avant le 1er janvier 2027 (CGI art. 1384 C bis).

Pour bénéficier de l'exonération, les logements doivent remplir les **conditions** cumulatives suivantes :

– être achevés depuis au moins 40 ans à la date de dépôt de la demande d'agrément ;

– constituer, depuis au moins 40 ans, des logements locatifs sociaux au sens de l'article 278 sexies, I-1° du CGI ou, sous réserve d'avoir été soit construits, soit améliorés, soit acquis et améliorés avec le concours financier de l'État, des logements appartenant à un organisme d'HLM ou gérés par un tel organisme ;

– avoir, avant travaux, un niveau de performance énergétique et environnementale correspondant aux classes E, F ou G au sens de l'article L 173-1-1 du CCH.

Les travaux de rénovation doivent permettre au bâtiment ou à la partie de bâtiment sur laquelle ils portent d'atteindre un **niveau de performance énergétique et environnementale** correspondant aux classes A ou B et de respecter les **critères** relatifs à la **sécurité d'usage,** à la **qualité sanitaire** et à l'**accessibilité** des bâtiments fixés respectivement par les dispositions du chapitre IV du titre III, du titre V et du titre VI du livre premier du CCH.

L'exonération s'applique **à compter** du 1er janvier de l'année suivant celle de l'achèvement des travaux de rénovation.

> Précisions a. Le respect des **critères de sécurité d'usage, de qualité sanitaire et d'accessibilité des bâtiments** n'est pas exigé en cas d'incompatibilité avec les contraintes architecturales ou patrimoniales pesant sur le bâtiment ou lorsque les travaux nécessaires au respect de ces critères font courir un risque sur l'intégrité du bâti (les conditions d'application de ces dérogations étant précisées par l'article 315 ter A, III de l'annexe III au CGI, issu de l'article 1 du décret 2024-1142 du 4-12-2024).

b. L'exonération est subordonnée à la souscription de la **déclaration** visée n° 83146, accompagnée de l'agrément, avant le 1er janvier de la première année au titre de laquelle l'exonération est applicable (CGI ann. III art. 315 ter A, V issu de l'article 1 du décret précité).

c. Les logements bénéficiant de l'exonération n'ouvrent pas droit au **dégrèvement** du quart des dépenses engagées au titre de certains **travaux d'économies d'énergie et de fluides** visé n° 83387.

Structures d'hébergement temporaire ou d'urgence Les locaux acquis, aménagés ou construits avec une **aide financière de l'État** en vue de la création de structures d'hébergement temporaire ou d'urgence faisant l'objet d'une **convention** signée avec l'État et destinées à des **personnes défavorisées** sont exonérés de taxe foncière pendant une durée de 15 ans (CGI art. 1384 D). La **durée** de l'exonération est portée à 25 ans lorsque l'opération est réalisée avec une aide de l'État décidée entre le 1er juillet 2005 et le 31 décembre 2026. L'exonération s'applique à compter de l'année suivant celle de l'achèvement des travaux d'aménagement ou celle de l'acquisition ou de la construction des locaux. **83055**

En ce qui concerne les **obligations déclaratives** du contribuable, voir n° 83050.

Certaines constructions neuves issues d'opérations de **démolition-reconstitution** sont exclues du bénéfice de cette exonération : voir n° 83045, précision d.

Baux à réhabilitation Les logements pris à **bail depuis le 1er janvier 2005** dans le cadre d'un bail à réhabilitation visé aux articles L 252-1 à L 252-4 du Code de la construction et de l'habitation sont exonérés de plein droit de taxe foncière pendant toute la durée du bail (CGI art. 1384 B). **83060**

Pour les logements pris à bail **avant le 1er janvier 2005,** l'exonération était subordonnée à une délibération de la collectivité intéressée, qui en fixait l'étendue et la durée.

Le titulaire du bail doit souscrire une **déclaration** avant le 1er janvier de la première année d'application de l'exonération. Si la déclaration est souscrite hors délai, l'exonération ne s'applique que pour la période restant à courir après le 31 décembre de l'année de la souscription.

> Précisions a. Les communes et les EPCI à fiscalité propre peuvent, sur délibération, supprimer l'exonération lorsque les **logements locatifs sociaux** sur leur territoire **représentent au moins 50 % des résidences principales.** Dans ce cas, l'exonération continue de s'appliquer pour les logements pris à bail avant la date de la délibération.

b. Certaines constructions neuves issues d'opérations de **démolition-reconstitution** sont exclues du bénéfice de cette exonération : voir n° 83045, précision d.

Logements issus de la transformation de bureaux Les collectivités bénéficiaires de la taxe foncière peuvent, chacune pour la part qui lui revient, exonérer totalement de taxe foncière pour une durée de cinq ans les **logements affectés à l'habitation principale** issus de la transformation de locaux à usage de bureaux (bureaux proprement dits et dépendances, à l'exclusion des locaux commerciaux, des locaux de stockage, des surfaces de stationnement et des locaux dans lesquels s'exerçait une activité de production ou de transformation) (CGI art. 1384 F). L'affectation à l'habitation principale doit intervenir au 1er janvier de l'année qui suit celle de la transformation du local (BOI-IF-TFB-10-200 n° 40). L'exonération s'applique **à compter** de cette date. **83062**

Le propriétaire doit souscrire une **déclaration** avant le 1er janvier de la première année d'application de l'exonération.

Certaines constructions neuves issues d'opérations de **démolition-reconstitution** sont exclues du bénéfice de cette exonération : voir n° 83045, précision d.

83065 **Autres exonérations temporaires de taxe foncière** **Sur délibération des collectivités bénéficiaires,** peuvent notamment être exonérés de taxe foncière :

– certaines **entreprises créées ou reprises,** au titre de la taxe foncière dont elles sont redevables pour les établissements qu'elles ont créés ou repris, pour une durée comprise entre deux et cinq ans à compter de l'année suivant celle de leur création ou de leur reprise (CGI art. 1383 A) ;

– les immeubles appartenant à de **jeunes entreprises innovantes** (ou à de jeunes entreprises de croissance) qui réalisent des projets de recherche et de développement ou à de **jeunes entreprises universitaires** qui ont pour activité principale la valorisation des travaux de recherche d'un établissement d'enseignement supérieur, pour une durée de sept ans (exonération réservée aux entreprises créées jusqu'au 31 décembre 2025) (CGI art. 1383 D) ;

– les immeubles situés dans les **zones de restructuration de la défense** et rattachés à un établissement remplissant les conditions requises pour bénéficier de l'exonération de cotisation foncière des entreprises (CFE) applicable dans ces zones, pour une durée de cinq ans (CGI art. 1383 I).

Sur délibération des collectivités bénéficiaires, les immeubles situés dans les **zones de revitalisation des centres-villes** et qui sont rattachés à un établissement remplissant les conditions requises pour bénéficier de l'exonération de CFE applicable dans ces zones peuvent être exonérés, partiellement ou totalement, de taxe foncière jusqu'en 2026 (CGI art. 1382 H).

Les immeubles situés dans les **bassins urbains à dynamiser** et rattachés à un établissement remplissant les conditions requises pour bénéficier de l'exonération de CFE applicable dans ces bassins peuvent bénéficier d'une exonération de taxe foncière d'une durée de sept ans, puis d'un abattement dégressif pendant trois ans. L'exonération s'applique de plein droit pour la moitié de la base d'imposition et sur délibération des collectivités bénéficiaires de la taxe pour l'autre moitié (CGI art. 1383 F).

Les immeubles situés dans les **zones de développement prioritaire** et rattachés à un établissement remplissant les conditions requises pour bénéficier de l'exonération de CFE applicable dans ces zones peuvent bénéficier d'une exonération de taxe foncière d'une durée de sept ans, puis d'un abattement dégressif pendant trois ans. L'exonération s'applique de plein droit pour la moitié de la base d'imposition et sur délibération des collectivités bénéficiaires de la taxe pour l'autre moitié (CGI art. 1383 J).

Sur délibération des collectivités bénéficiaires, les immeubles situés dans les **zones France ruralités revitalisation** (ZFRR) et les zones France ruralités revitalisation « plus » (ZFRR « + ») (définies par l'article 44 quindecies A, II, III et IV du CGI) et rattachés à un établissement remplissant les conditions requises pour bénéficier de l'exonération de CFE applicable dans ces zones peuvent bénéficier d'une exonération de taxe foncière pour une durée de cinq ans, puis d'un abattement dégressif pendant trois ans (CGI art. 1383 K).

Par ailleurs, **sauf délibération contraire** des collectivités bénéficiaires de la taxe foncière, peuvent bénéficier d'une exonération de taxe foncière d'une durée de cinq ans :

– les immeubles situés dans les **quartiers prioritaires de la politique de la ville** (QPPV) et rattachés, jusqu'au 31 décembre 2025, à un établissement remplissant les conditions pour bénéficier de l'exonération de CFE (CGI art. 1383 C ter modifié par loi 2025-127 du 14-2-2025 art. 100, I-2°) ;

– les immeubles situés dans un **bassin d'emploi à redynamiser** et rattachés, au plus tard le 31 décembre 2027, à un établissement qui remplit les conditions requises pour bénéficier de l'exonération de CFE (CGI art. 1383 H modifié par loi 2025-127 du 14-2-2025 art. 99, I-6°).

> **Précisions** L'article 12 du projet de loi de finances pour 2026, présenté en Conseil des ministres le 14 octobre 2025, prévoit que l'exonération de taxe foncière dont bénéficient les immeubles situés dans les **quartiers prioritaires de la politique de la ville** serait applicable aux immeubles rattachés, **entre le 1er janvier 2026 et le 31 décembre 2030**, à un établissement remplissant les conditions pour bénéficier de l'exonération de CFE.

EXONÉRATIONS ET DÉGRÈVEMENTS SPÉCIAUX DE TAXE FONCIÈRE

83080 Sur les exonérations et dégrèvements liés aux **revenus du propriétaire,** à la **vacance** ou à l'inexploitation de l'immeuble ou à la réalisation de certains **travaux sur les logements « sociaux »,** voir nos 83380 s.

3. CALCUL DE LA TAXE FONCIÈRE

La **base d'imposition** de la taxe foncière sur les propriétés bâties est constituée par la **valeur locative cadastrale** (ou revenu cadastral) de ces propriétés, diminuée d'un **abattement** forfaitaire de 50 % qui est destiné à tenir compte des frais de gestion, d'assurances, d'amortissement, d'entretien et de réparation (CGI art. 1388). 83100

Le **montant** de la taxe s'obtient en multipliant le revenu cadastral par les **taux** fixés par les collectivités bénéficiaires (communes et EPCI à fiscalité propre).

> Précisions a. À la taxe foncière elle-même s'ajoutent les **frais de gestion de la fiscalité locale.**

Par ailleurs, une **taxe additionnelle à la taxe foncière** sur les propriétés bâties est perçue au profit de la région **Île-de-France** (CGI art. 1599 quater D). Le taux de cette taxe est fixé chaque année en fonction des besoins budgétaires du conseil régional d'Île-de-France.

b. Un abattement supplémentaire de 30 % est applicable sur la valeur locative des logements locatifs à usage d'habitation principale des **organismes d'HLM** et des **sociétés d'économie mixte** ayant bénéficié d'une exonération de longue durée en faveur des constructions neuves ou acquises avant le 1er janvier 1998 avec le concours financier de l'État et situés dans un **quartier prioritaire de la politique de la ville,** à condition que ces organismes et sociétés aient signé un contrat de ville et une convention d'entretien et de gestion du parc (CGI art. 1388 bis). Par dérogation, pour l'application de l'abattement en France métropolitaine au titre de l'année **2025,** la convention d'entretien et de gestion du parc peut être signée au plus tard le 31 mars 2025 (Loi 2023-1322 du 29-12-2023 art. 73, XX, complété par l'article 114 de la loi 2025-127 du 14-2-2025).

c. Les collectivités bénéficiaires de la taxe foncière peuvent instituer un abattement de 30 % sur la valeur locative des **locaux d'habitation** (ou servant à l'exercice d'une activité salariée à domicile : BOI-IF-TFB-20-10-20-80 n° 40) situés dans des **immeubles collectifs et issus de la transformation de locaux industriels ou professionnels,** à condition que ces locaux soient localisés dans des communes comportant un ou plusieurs **quartiers prioritaires de la politique de la ville** (CGI art. 1518 A ter).

d. Les collectivités bénéficiaires de la taxe foncière peuvent instituer un abattement de 30 %, 40 %, 50 %, 60 %, 70 %, 80 %, 90 % ou 100 %, pendant la durée du bail, sur la base d'imposition des logements faisant l'objet d'un **bail réel solidaire** (CGI art. 1388 octies). Pour bénéficier de l'abattement, le redevable doit adresser au service des impôts dont dépend le bien, avant le 1er janvier de l'année suivant celle de la signature du bail réel solidaire, une **déclaration** comportant les éléments d'identification du bien, accompagnée d'une **copie du bail.**

e. Les collectivités bénéficiaires de la taxe foncière peuvent instituer un abattement de 50 % sur la base d'imposition des locaux situés dans le périmètre d'un **projet d'intérêt général** au sens de l'article L 102-1 du Code de l'urbanisme, justifié par la **pollution de l'environnement** (CGI art. 1388 quinquies B). Pour en bénéficier, le redevable doit adresser au service des impôts du lieu de situation des biens, avant le 1er janvier de la première année au titre de laquelle l'abattement est applicable, une **déclaration** comportant les éléments d'identification des biens concernés.

f. La base d'imposition des **logements** affectés exclusivement aux **salariés agricoles saisonniers** et aux **apprentis** est calculée au prorata de la durée d'utilisation (en nombre de jours) de ces logements par ces personnes l'année précédant celle au titre de laquelle l'imposition est établie (CGI art. 1388 quater).

g. Les collectivités bénéficiaires de la taxe foncière peuvent instituer un abattement pouvant varier de 1 % à 15 % sur la base d'imposition des **magasins et boutiques dont la surface principale est inférieure à 400 m²** et qui ne sont pas intégrés à un ensemble commercial (CGI art. 1388 quinquies C).

VALEUR LOCATIVE CADASTRALE

Les valeurs locatives cadastrales de base des propriétés bâties sont déterminées selon des **modalités** différentes suivant la nature et l'affectation des biens imposables (CGI art. 1494 à 1508). 83105

Tous les ans, les valeurs locatives de base sont **mises à jour** pour tenir compte, d'une part, des changements affectant les propriétés, d'autre part, de la revalorisation des évaluations. Les **constructions nouvelles** doivent être déclarées (n° 83140) afin que l'administration leur attribue une valeur locative cadastrale qu'elle détermine à partir des valeurs de base revalorisées (sous réserve du cas particulier des établissements industriels relevant de la méthode comptable).

Locaux d'habitation Il s'agit des locaux affectés à l'habitation ou servant à l'exercice d'une activité salariée à domicile. 83110

Qu'ils soient loués ou non, la valeur locative de ces locaux est déterminée par comparaison avec celle de **locaux de référence** choisis dans la commune pour chaque nature et catégorie de locaux (CGI art. 1496). La valeur locative des locaux de référence a elle-même été fixée en fonction du cours des loyers libres normaux, en tenant compte du caractère de l'immeuble, de la qualité de la construction, des éléments d'équipement ou de confort.

Les valeurs locatives de base résultent actuellement, en principe, de la **dernière révision générale des évaluations foncières** de 1974, effectuée sur la base des valeurs de 1970 et dont les résultats ont été actualisés une seule fois en 1980.

L'opération d'évaluation consiste essentiellement à :

– classer chaque local dans les diverses **catégories de constructions** représentées dans la commune ;

– calculer sa **surface pondérée** à partir de la surface réelle à laquelle sont appliqués des coefficients de pondération destinés à tenir compte de la situation et de l'entretien de l'immeuble, de l'importance relative des pièces, de l'existence d'ascenseurs, et qui est augmentée d'équivalences superficielles destinées à tenir compte de l'équipement (eau courante, gaz, électricité, chauffage central, baignoires, lavabos, etc.) ;

– appliquer à la surface pondérée totale ainsi déterminée le **tarif au mètre carré** correspondant au local de référence correspondant à la catégorie concernée.

> Précisions **a.** Pour les **locaux loués sous le régime de la loi du 1er septembre 1948,** la valeur locative à retenir pour la taxe foncière est plafonnée au montant du loyer réel au 1er janvier 1970 majoré d'un coefficient d'actualisation (CGI art. 1496, III). Ces coefficients sont fixés comme suit depuis le 1er janvier 1979 en ce qui concerne les diverses catégories de locaux visées par la loi du 1er septembre 1948 : II A : 2,83 ; II B : 2,49 ; II C : 2,14 ; III A : 1,93 ; III B : 1,75 ; IV : 1,00 ; loyer forfaitaire : 1,93.

b. Les **locaux** d'habitation **présentant un caractère exceptionnel** (tels que certains châteaux, monastères, maisons classées ou inscrites à l'inventaire des monuments historiques) sont évalués à ce titre selon les règles qui étaient applicables aux locaux commerciaux jusqu'en 2016, c'est-à-dire d'après les baux en cours au 1er janvier 1970, par comparaison ou par appréciation directe (application d'un taux d'intérêt à la valeur vénale estimée au 1er janvier 1970) (CGI art. 1497).

c. À compter de 2028, la valeur locative des locaux d'habitation (y compris ceux à caractère exceptionnel) sera déterminée selon une **nouvelle méthode,** fondée sur l'état du marché locatif (méthode tarifaire) ou par voie d'appréciation directe, à la date de référence du 1er janvier 2025. Sur les obligations déclaratives qui en résultent : voir n° 83175.

83115 **Locaux professionnels** Sont **concernés** les biens qui n'entrent ni dans la catégorie des locaux d'habitation et assimilés (n° 83110), ni dans celle des établissements industriels relevant de la méthode comptable (nos 83120 s.) : locaux à **usage commercial ou artisanal,** locaux **à usage professionnel spécialement aménagés** pour l'exercice d'une activité particulière (gymnases, par exemple), locaux servant à l'exercice d'une **activité professionnelle non commerciale** (professions libérales, par exemple), **établissements industriels ne relevant pas de la méthode comptable,** locaux occupés par les **administrations publiques,** les **associations,** les établissements d'**enseignement privé,** etc.

La valeur locative cadastrale des locaux professionnels est déterminée selon une **grille tarifaire** par mètre carré, fixée à partir des loyers moyens constatés dans chaque secteur d'évaluation par catégorie de propriétés à la date de référence du 1er janvier 2013 (CGI art. 1498). Si les loyers sont en nombre insuffisant ou ne peuvent pas être retenus (en raison, notamment, d'erreurs déclaratives ou de conditions particulières de location), les tarifs sont déterminés par comparaison avec les tarifs fixés pour d'autres locaux du même secteur d'évaluation ou de secteurs présentant des niveaux de loyers similaires.

Les tarifs peuvent être majorés ou minorés par application d'un **coefficient de localisation** destiné à tenir compte de la situation de la parcelle d'assise de la propriété au sein du secteur d'évaluation. Ils s'appliquent à la surface pondérée du local.

La méthode tarifaire n'est pas applicable aux propriétés présentant des **caractéristiques exceptionnelles.** La valeur locative de ces propriétés est déterminée en appliquant un taux de 8 % à la valeur vénale estimée au 1er janvier 2013 ou, pour celles créées après le 1er janvier 2017, au 1er janvier de l'année de leur création.

Les entreprises soumises à un **régime réel d'imposition** de leurs bénéfices doivent déclarer chaque année le montant du loyer des locaux dont elles sont **locataires** (CGI art. 1498 bis). Cette déclaration s'effectue dans le même délai que la déclaration de résultat, suivant la **procédure spécifique Decloyer.**

83120 **Établissements industriels** Revêtent un caractère industriel les bâtiments et terrains servant à l'exercice d'une **activité de fabrication ou de transformation** de biens corporels mobiliers qui nécessite d'importants **moyens techniques** ainsi que les bâtiments et terrains servant à l'exercice d'**autres activités** nécessitant d'importants moyens techniques (activité de stockage, par exemple) lorsque le rôle des installations techniques, matériels et outillages mis en œuvre est prépondérant (CGI art. 1500, I-A).

Toutefois, les biens des **entreprises artisanales,** même qualifiés d'industriels, sont exclus des règles d'évaluation des établissements industriels et sont évalués selon les règles prévues pour les locaux professionnels (n° 83115). Il en est de même des propriétés comprenant des installations souterraines de **stockage de déchets** non dangereux, à compter de l'année suivant celle de la fin de la phase d'enfouissement (CGI art. 1499-00 A).

Par ailleurs, lorsque la **valeur d'origine des installations techniques,** matériels et outillages présents sur place et détenus par l'exploitant ou le propriétaire pendant au moins six mois au cours de l'année précédant celle de l'imposition **n'excède pas 500 000 €,** les bâtiments et terrains affectés à une activité entrant dans le champ de la CFE ne peuvent pas être qualifiés d'industriels et sont également évalués comme des locaux professionnels (CGI art. 1500, I-B à D).

Pour les établissements industriels, deux méthodes d'évaluation différentes sont prévues (CGI art. 1499 et 1500) : **83125**

– une **méthode « comptable »,** qui s'applique lorsque les bâtiments et terrains industriels figurent à l'actif du bilan de leur propriétaire ou de leur exploitant et que celui-ci est soumis à l'impôt sur les bénéfices selon un régime réel ou lorsqu'ils figurent à l'actif du bilan d'une entreprise qui a pour activité principale la location de ces biens industriels. La valeur locative des établissements industriels relevant de cette méthode s'obtient en appliquant au prix de revient de leurs différents éléments, éventuellement revalorisé, des taux d'intérêt variables selon la date d'acquisition ;

– une **méthode « particulière »** qui évalue les établissements selon les règles applicables aux locaux professionnels (n° 83115), lorsque les conditions susvisées ne sont pas satisfaites ou lorsque les bâtiments et terrains industriels sont exclus de la méthode comptable (n° 83120).

> **Précisions** **a.** Lorsque le propriétaire ou l'exploitant de bâtiments et terrains industriels n'a pas, en **méconnaissance de ses obligations comptables,** inscrit ceux-ci à l'actif de son bilan, l'administration peut corriger cette omission et évaluer les biens en cause selon la méthode comptable (CE 24-2-2017 n° 394158 : RJF 5/17 n° 443).
> **b.** Sur le mécanisme de lissage applicable en cas de **variation importante de la valeur locative** due à un **changement de qualification ou d'affectation** d'un immeuble industriel ou professionnel : voir n° 83150.

CONSTATATION ANNUELLE DES CHANGEMENTS POUR LA MISE À JOUR DE LA VALEUR LOCATIVE

Les évaluations sont mises à jour chaque année en fonction des changements qui affectent les propriétés (CGI art. 1517). Les dispositions de l'article 1517, I-1 du CGI s'appliquent à l'ensemble des immobilisations, y compris les immobilisations industrielles évaluées selon la méthode comptable basée sur le prix de revient (CE 19-12-2019 n°s 408833-410375 : RJF 3/20 n° 234). **83140**

Les changements à prendre en considération sont rangés en différentes catégories :

a. Constructions nouvelles ;

b. Changements de consistance résultant de travaux ayant pour effet de modifier le volume ou la superficie d'une propriété préexistante (agrandissement, surélévation, démolition totale ou partielle, etc.) ;

c. Changements **d'affectation** ayant pour effet soit de rendre imposable une propriété précédemment exonérée (conversion d'un bâtiment rural en maison, par exemple), soit de la faire passer dans un groupe différent de celui qui avait été retenu lors de sa précédente évaluation (par exemple, logement transformé en magasin) ;

d. Changements **de caractéristiques physiques,** tels qu'adjonction d'équipements nouveaux (chauffage central, salle de bains, etc.), transformations intérieures, travaux de rénovation et de gros entretien (à l'exclusion des réparations courantes) ;

e. Changements **d'utilisation des locaux professionnels** ;

f. Changements **d'environnement** (rénovation urbaine, création d'espaces verts, création ou suppression d'installations voisines génératrices de nuisances, modification des conditions de desserte, etc.) ;

g. Changements **de nature à modifier la méthode d'évaluation** des locaux industriels (passage de la méthode d'évaluation des locaux professionnels à la méthode comptable et inversement).

Les **changements de caractéristiques physiques ou d'environnement** n'ont pas à être déclarés : ils sont **constatés d'office par l'administration** à partir d'informations de sources diverses (constatation sur place, déclaration de revenus du propriétaire faisant apparaître d'importantes dépenses d'amélioration, par exemple). **83145**

Les collectivités bénéficiaires de la taxe foncière peuvent **étaler sur trois ans** l'augmentation de la valeur locative des **locaux d'habitation** lorsque cette augmentation est supérieure à 30 % de la valeur locative de l'année précédant celle de la prise en compte de ces changements. Dans ce cas, l'augmentation est retenue à hauteur d'un tiers la première année, des deux tiers la deuxième année et en totalité à compter de la troisième année suivant celle de la constatation des changements (CGI art. 1517, I-1 ; BOI-IF-TFB-20-20-10-30 nos 1 s.).

83146 Les **autres changements** (constructions nouvelles, changements de consistance, changements d'affectation, changements d'utilisation des locaux professionnels et changements de méthode d'évaluation des locaux industriels) doivent être **déclarés par le propriétaire** (CGI art. 1406). Ce dernier doit également déclarer les changements de catégorie des locaux d'habitation et assimilés concernés par la révision des valeurs locatives (no 83110, précision c).

Les déclarations doivent être souscrites dans les 90 jours de la réalisation définitive du changement (achèvement de la construction, des travaux, etc.) auprès du service des impôts fonciers du lieu de situation des biens. Le bénéfice des **exonérations temporaires** de taxe foncière est subordonné à l'accomplissement de cette formalité : si la déclaration est souscrite hors délai, l'exonération s'applique pour la période restant éventuellement à courir après le 31 décembre de l'année suivante.

Les contribuables doivent déclarer les constructions nouvelles et certaines opérations d'aménagement via le service « Gérer mes biens immobiliers » dans leur espace personnel du site impots.gouv.fr.

Les personnes physiques qui ne peuvent effectuer la déclaration en ligne peuvent utiliser les **formulaires** suivants :

– pour les constructions nouvelles : modèles 6650-H1 pour les maisons individuelles, 6652-H2 pour les locaux d'habitation situés dans des immeubles collectifs et 6701-U pour les établissements industriels ;

– pour les changements de consistance ou d'affectation : modèle 6704-IL ;

– pour les locaux professionnels, les changements de consistance, d'affectation ou d'utilisation : modèle no 6660-REV.

Afin de procéder à la **mise à jour permanente de la valeur locative** des propriétés bâties, l'administration peut demander au contribuable de souscrire une déclaration (à déposer auprès du service susvisé dans les 30 jours suivant la réception de la demande).

> Précisions **a.** Les acquéreurs de **constructions nouvelles** (appartements ou maisons individuelles) devenus **propriétaires après l'achèvement** de la construction disposent d'un délai spécial de 90 jours à compter de l'acquisition pour souscrire la déclaration lorsque celle-ci n'a pas été faite par le constructeur dans les 90 jours de l'achèvement des travaux. Mais la période d'exonération reste calculée à partir de la date d'achèvement des travaux (BOI-IF-TFB-40 no 50).

b. En cas de **défaut de production** de la déclaration dans le délai requis, l'envoi par l'administration d'un courrier rappelant aux propriétaires leurs obligations ne rouvre pas le délai de déclaration : ainsi jugé à propos de la déclaration d'une construction nouvelle (CE 31-5-2017 no 402141 : RJF 10/17 no 951).

c. Le **défaut de production** de la déclaration entraîne l'application d'une amende de 150 €. Les **omissions** ou **inexactitudes** dans la déclaration sont sanctionnées par une amende de 15 € par omission ou inexactitude, avec un minimum de 60 € et un maximum de 150 € (CGI art. 1729 C). L'amende est recouvrée comme la taxe foncière (CGI art. 1754, III bis).

d. Les **omissions ou insuffisances d'évaluation** résultant du défaut ou de l'inexactitude de la déclaration peuvent être réparées à tout moment par l'administration par voie de rôles particuliers (voir no 83200).

83150 **Cas particuliers des établissements industriels** Un **mécanisme de lissage** s'applique **en cas de variation de plus de 30 %** de la valeur locative consécutive au **changement de méthode d'évaluation** d'un bâtiment ou terrain industriel ou au **changement d'affectation** d'un local industriel nouvellement affecté à une activité professionnelle ou inversement d'un local professionnel nouvellement affecté à un usage industriel (CGI art. 1518 A sexies). La variation doit excéder 30 % de la valeur locative calculée avant la prise en compte du changement et, le cas échéant, après application de l'abattement de 30 % applicable en matière de CFE aux immobilisations industrielles évaluées selon la méthode comptable, et après l'application des dispositifs de correction liés à la révision des évaluations des locaux professionnels.

La **variation** de la valeur locative est **retenue à hauteur** de 15 % la première année où le changement est pris en compte, puis respectivement à hauteur de 30 %, 45 %, 60 %, 75 % et 90 % les années suivantes. Elle est intégralement retenue à compter de la septième année.

Pour les **locaux bénéficiant du dispositif au 31 décembre 2020,** le lissage a dû être **recalculé** pour les années restant à courir en tenant compte de l'allégement de la valeur locative comptable intervenu en 2021.

Le mécanisme de lissage **cesse de s'appliquer** en cas de changement d'exploitant pour les impositions établies au titre de l'année qui suit la réalisation du changement. Il en est de même lorsque le bâtiment ou le terrain fait l'objet de l'un des changements soumis à déclaration. Toutefois, seul le bâtiment ou terrain concerné par l'un de ces changements sort du lissage (BOI-IF-TFB-20-20-10-35 n° 200).

ACTUALISATION PÉRIODIQUE DES ÉVALUATIONS DE VALEUR LOCATIVE

Locaux d'habitation et établissements industriels Entre deux révisions générales, les valeurs locatives des **locaux d'habitation** (y compris les locaux exceptionnels) font, en **principe,** l'objet d'une **actualisation triennale** (CGI art. 1518). **83160**

L'actualisation, destinée à tenir compte de l'évolution du marché locatif, doit s'effectuer à l'aide de coefficients représentatifs de cette évolution, fixés au niveau départemental, par nature ou catégorie de biens et par secteur géographique.

En pratique, la seule actualisation réalisée depuis la révision générale appliquée en 1974 (sur la base des valeurs de 1970) est intervenue en 1980, avec le 1er janvier 1978 pour date de référence.

Les actualisations triennales qui auraient dû intervenir ultérieurement ont été remplacées par les revalorisations forfaitaires annuelles visées n° 83165.

> **Précisions** Bien que l'actualisation triennale ne concerne pas en principe les **établissements industriels** évalués selon la **méthode comptable,** la valeur locative des sols, terrains et bâtiments industriels relevant de cette méthode et existant au 1er janvier 1978 a été majorée d'un tiers lors de l'actualisation de 1980.

Majorations forfaitaires annuelles Dans l'intervalle de deux actualisations, les valeurs locatives des locaux d'habitation (y compris les locaux exceptionnels) et des établissements industriels sont majorées chaque année par application de **coefficients** forfaitaires fixés au niveau national (CGI art. 1518 bis). Ces coefficients sont destinés à porter les valeurs locatives cadastrales au niveau des loyers constatés au 1er janvier de l'avant-dernière année précédant celle de l'imposition (date de référence). Ils s'appliquent aux valeurs locatives retenues pour l'établissement des impositions au titre de l'année précédant celle de l'imposition. **83165**

Ces coefficients sont indiqués dans le tableau I ci-après.

> **Précisions a.** Les coefficients se cumulent chaque année. Les **coefficients cumulés** applicables en 2025 à la valeur locative actualisée en 1980 sont récapitulés dans le tableau II.
> **b.** En ce qui concerne les **établissements industriels évalués selon la méthode comptable,** seules sont applicables les majorations forfaitaires dont la date de référence est postérieure à la date de construction ou d'acquisition des biens (BOI-IF-CFE-20-20-20-10 n° 30). Par exemple, en 2025, pour un établissement créé en 2010, on applique la majoration 2013 (date de référence : 1-1-2011) et les majorations ultérieures. Cela donne un coefficient cumulé de 1,290 (soit 1,018 × 1,009 × 1,009 × 1,01 × 1,004 × 1,012 × 1,022 × 1,012 × 1,002 × 1,034 × 1,071 × 1,039 × 1,017).

83165
(suite)

I. Coefficients annuels		
Années d'imposition	Propriétés bâties autres que les établissements industriels évalués selon la méthode comptable	Établissements industriels évalués selon la méthode comptable
1981	1,10	1,10
1982	1,11	1,11
1983	1,13	1,08
1984	1,12	1,10
1985	1,08	1,06
1986	1,08	1,06
1987	1,05	1,03
1988	1,03	1,01
1989	1,04	1,02
1990	1,01	1,00
1991	1,03	1,01
1992	1,01	1,00
1993	1,03	1,01
1994	1,03	1,01
1995	1,02	1,00
1996	1,01	1,00
1997	1,01	1,00
1998	1,011	1,00
1999	1,01	1,01
2000	1,01	1,01
2001	1,01	1,01
2002	1,01	1,01
2003	1,015	1,015
2004	1,015	1,015
2005	1,018	1,018
2006	1,018	1,018
2007	1,018	1,018
2008	1,016	1,016
2009	1,025	1,025
2010	1,012	1,012
2011	1,02	1,02
2012	1,018	1,018
2013	1,018	1,018
2014	1,009	1,009
2015	1,009	1,009
2016	1,01	1,01
2017	1,004	1,004
2018	1,012	1,012
2019	1,022	1,022
2020	1,012	1,012
2021	1,002	1,002
2022	1,034	1,034
2023	1,071	1,071
2024	1,039	1,039
2025	1,017	1,017

II. Coefficients cumulés applicables en 2025	
Propriétés bâties autres que les établissements industriels évalués selon la méthode comptable	3,795
Établissements industriels évalués selon la méthode comptable, acquis ou créés	
avant le 1-1-1979	2,844
en 1979	2,586
en 1980	2,330
en 1981	2,157
en 1982	1,961
en 1983	1,850
en 1984	1,745
en 1985	1,694
en 1986	1,678
en 1987 ou 1988	1,645
en 1989 ou 1990	1,628
en 1991	1,612
de 1992 à 1996	1,596
en 1997	1,581
en 1998	1,565
en 1999	1,549
en 2000	1,534
en 2001	1,511
en 2002	1,489
en 2003	1,463
en 2004	1,437
en 2005	1,411
en 2006	1,389
en 2007	1,355
en 2008	1,339
en 2009	1,313
en 2010	1,290
en 2011	1,267
en 2012	1,256
en 2013	1,244
en 2014	1,232
en 2015	1,227
en 2016	1,213
en 2017	1,187
en 2018	1,173
en 2019	1,170
en 2020	1,132
en 2021	1,057
en 2022	1,017
Après le 1-1-2023	pas de majoration

Locaux professionnels Afin de prévenir l'obsolescence des valeurs locatives foncières professionnelles, les évaluations foncières des locaux professionnels sont actualisées suivant un **dispositif spécifique** (CGI art. 1518 ter). 83170

L'actualisation des évaluations foncières des locaux professionnels s'articule en **quatre étapes** :

– la mise à jour annuelle des **tarifs sectoriels** : les tarifs sont mis à jour chaque année, en vue de l'établissement des impositions de l'année suivante, par application de coefficients d'évolution aux derniers tarifs publiés. Ces coefficients sont calculés, pour chaque catégorie et chaque secteur d'évaluation, à partir de l'évolution des loyers constatés chaque année dans les déclarations des locataires Decloyer (nº 83115), à condition que ces loyers soient suffisamment significatifs (CGI ann. II art. 334 A). Si tel n'est pas le cas, il est fait application de coefficients d'évolution départementaux, calculés à partir des loyers suffisamment significatifs constatés

pour les locaux professionnels relevant des catégories qui regroupent le plus grand nombre de locaux et qui, ensemble, représentent au total plus de la moitié des locaux du département ;
– la mise à jour annuelle des **valeurs locatives,** par application du nouveau tarif par mètre carré à la surface pondérée du local, ou s'agissant des propriétés présentant des caractéristiques exceptionnelles, par application du coefficient départemental visé ci-dessus ;
– la modification des **coefficients de localisation** affectés à chaque parcelle d'assise des propriétés par une commission locale (modification au cours des troisième et cinquième années qui suivent celle du renouvellement général des conseils municipaux) ;
– l'actualisation des **paramètres d'évaluation** : l'année qui suit le renouvellement général des conseils municipaux (soit tous les six ans), la délimitation des secteurs d'évaluation des locaux, les tarifs par mètre carré ainsi que la définition des parcelles auxquelles s'applique un coefficient de localisation (nº 83115) sont actualisés. Les résultats de cette actualisation sont pris en compte pour l'établissement des bases d'imposition de l'année suivante. Cette opération est réalisée successivement : une fois, à partir des données de loyers portées à la connaissance de l'administration par les déclarations annuelles Decloyer (nº 83115) (première actualisation réalisée en 2022), puis la fois suivante, soit six ans après l'actualisation mentionnée ci-avant, à partir des données issues d'une campagne déclarative générale auprès des propriétaires. Par exception, les résultats de la première actualisation réalisée en 2022 seront pris en compte pour l'établissement des bases d'imposition de l'année 2026 et non de l'année 2023. Les bases d'imposition de l'année 2023 ont été mises à jour dans les conditions de droit commun décrites nº 83165.

L'article 27 du projet de loi de finances pour 2026, présenté en Conseil des ministres le 14 octobre 2025, prévoit que les résultats de la première actualisation réalisée en 2022 seraient finalement pris en compte pour l'établissement des bases d'imposition de l'année de 2027 et non de celles de l'année 2026.

OBLIGATIONS DÉCLARATIVES POUR L'ÉVALUATION DES LOCAUX D'HABITATION

83175 À compter de 2028, la valeur locative des locaux d'habitation (y compris ceux à caractère exceptionnel) sera déterminée selon une **nouvelle méthode,** fondée sur l'état du marché locatif (méthode tarifaire) ou par voie d'appréciation directe, à la date de référence du 1er janvier 2025.

Dans ce cadre, les **propriétaires bailleurs** sont tenus de déclarer chaque année **avant le 1er juillet** les informations relatives à ces biens et au montant du loyer au 1er janvier de l'année de déclaration (CGI art. 1496 ter). Sauf pour les propriétaires qui n'ont pas d'accès à internet ou qui ne sont pas en mesure de souscrire la déclaration en ligne, cette déclaration doit être souscrite par voie électronique, via le service « Gérer mes biens immobiliers » du site impots.gouv.fr. Les sanctions visées au nº 83146, précision c sont applicables.

> Précisions L'article 27 du projet de loi de finances pour 2026, présenté en Conseil des ministres le 14 octobre 2025, prévoit de **reporter** de trois ans l'ensemble des échéances du calendrier de la **révision** des évaluations foncières des locaux d'habitation. Selon le calendrier proposé, les résultats de cette révision seraient pris en compte pour la première fois dans les bases d'imposition de 2031 avec comme date de référence, pour les nouvelles valeurs locatives, le 1er janvier 2028.

RÉCLAMATIONS CONTRE LES ÉVALUATIONS DE VALEUR LOCATIVE

83180 Le propriétaire qui conteste la valeur locative attribuée à son immeuble peut en demander la réduction sur justification, chaque année, dans le **délai de réclamation** prévu en matière d'impôts locaux, c'est-à-dire jusqu'au 31 décembre de l'année suivant celle de la mise en recouvrement du rôle (CGI art. 1507 et LPF art. R 196-2, a).

S'agissant des **locaux autres que les locaux professionnels,** les réclamations peuvent porter, par exemple, sur le classement de l'immeuble ou sur la détermination de sa surface. En revanche, le tarif communal d'évaluation a un caractère définitif et ne peut pas être contesté.

Pour les **locaux professionnels,** les réclamations peuvent porter, par exemple, sur le choix de la catégorie ou la répartition des surfaces. En revanche, les paramètres généraux d'évaluation, tels que la délimitation des secteurs d'évaluation ou le tarif applicable à la catégorie dont relève le local, ne peuvent pas être contestés dans le cadre d'une réclamation contre une évaluation individuelle.

> Précisions a. Les contribuables intéressés peuvent obtenir les **renseignements** nécessaires concernant l'établissement de leurs impositions en consultant les **documents cadastraux** à la mairie du lieu où sont situés les immeubles, au service des impôts fonciers ou sur internet (www.cadastre. gouv.fr). Ils peuvent également, sur simple demande au service des impôts fonciers, obtenir une copie de la **fiche de calcul** établie par l'administration et retraçant le détail des opérations qui aboutissent à la détermination de la valeur locative de la propriété.

b. Les rectifications apportées à la valeur locative cadastrale à la suite d'une réclamation portant sur la taxe foncière s'appliquent également à la **taxe d'habitation** sur les résidences secondaires et à la **cotisation foncière des entreprises,** et inversement, même si les impositions sont établies au nom de contribuables différents (propriétaire et occupant) (BOI-IF-TFB-50-10 n° 340).

RÉPARATION DES OMISSIONS OU INSUFFISANCES D'ÉVALUATION

Les omissions ou insuffisances d'évaluation consécutives à l'**absence de la déclaration** que doit fournir le propriétaire en cas de construction nouvelle ou de changements, ou résultant de l'**inexactitude** des renseignements fournis sur cette déclaration, peuvent être réparées à tout moment par l'administration par voie de rôles particuliers. Calculées d'après le taux en vigueur pour l'année en cours, les cotisations afférentes aux rehaussements sont multipliées par le nombre d'années écoulées depuis le 1er janvier de l'année suivant celle du changement, sans toutefois pouvoir être plus que quadruplées (CGI art. 1508 et LPF art. L 175). Elles peuvent être assorties d'une amende fiscale (n° 83146). **83200**

Le Conseil d'État a jugé que l'administration ne peut procéder à un rehaussement des bases d'imposition fondé sur le défaut ou l'inexactitude de la déclaration à la charge du contribuable qu'après avoir mis celui-ci en mesure de présenter ses observations. Les dispositions de l'article L 56 du LPF, en vertu desquelles la procédure de rectification contradictoire n'est pas applicable en matière d'impositions directes perçues au profit des collectivités locales, ne dispensent en effet pas du respect des obligations qui découlent du principe général des **droits de la défense.** Par conséquent, le redressement des bases de taxe foncière sur les propriétés bâties auquel l'administration a procédé, en l'absence de déclaration par le contribuable de constructions nouvelles, est irrégulier dès lors que l'intéressé n'a pas été mis à même de présenter ses observations (CE 29-6-2005 n° 271893 : RJF 10/05 n° 1038 ; CE 27-4-2011 n° 325651 : RJF 7/11 n° 817).

Les **omissions ou insuffisances imputables à l'administration** et constatées au titre d'une année donnée peuvent être réparées par voie de rôle supplémentaire jusqu'au 31 décembre de l'année suivante. Par exception à ce principe, l'administration dispose de deux années supplémentaires lorsque le redressement qu'elle envisage est consécutif à certains redressements d'impôt sur le revenu. Cet allongement du délai de reprise vise tous les cas dans lesquels le rehaussement sanctionne une rectification du revenu fiscal de référence ou est consécutif à la modification du nombre de personnes à charge ou à la remise en cause du quotient familial (LPF art. L 173). La possibilité donnée à l'administration de réparer les omissions ou insuffisances qui lui sont imputables s'étend à tous les éléments concourant à la détermination de la valeur locative d'un logement, y compris la catégorie de classement. **83205**

4. MODALITÉS D'IMPOSITION

PRINCIPES D'IMPOSITION À LA TAXE FONCIÈRE

La taxe foncière est établie au nom du **propriétaire** (personne physique ou morale) dans la commune où l'immeuble est situé. Elle est due par celui qui est propriétaire **au 1er janvier** de l'année d'imposition (CGI art. 1415). Le propriétaire est informé par un **avis d'imposition** (éventuellement dématérialisé) du montant à payer et des conditions d'exigibilité de la taxe. **83340**

En cas de **vente** de l'immeuble **après le 1er janvier** de l'année d'imposition, le vendeur ne peut pas obtenir la réduction de l'impôt au prorata du nombre de mois pendant lesquels il a été propriétaire. Mais rien n'empêche le vendeur et l'acquéreur de prévoir, dans l'acte de vente, le partage entre eux de cet impôt ; une telle convention n'est toutefois pas opposable à l'administration.

Lorsque la vente est **antérieure au 1er janvier** de l'année considérée, la taxe est due par l'acquéreur (propriétaire au 1er janvier). Si l'imposition est demeurée établie, à tort, au nom du vendeur, celui-ci peut en demander le dégrèvement par voie de réclamation adressée au service des impôts. Sous réserve de la publication préalable au fichier immobilier de l'acte (ou de la décision judiciaire) constatant le transfert de propriété de l'immeuble, le dégrèvement est automatiquement accordé. Parallèlement, une imposition est établie au nom de l'acquéreur, redevable légal de la taxe, conformément à l'article 1404 du CGI, au plus tard à la fin de l'année suivant celle du dégrèvement du vendeur (CE 2-12-2016 n° 399678 : RJF 3/17 n° 242). Le changement de débiteur peut également être effectué soit d'office par l'administration, soit sur réclamation de l'acquéreur.

> **Précisions** **a.** La taxe foncière doit être **payée dans le délai** porté sur l'avis d'imposition, sous peine d'une majoration de 10 %. Lorsque son montant excède 300 €, la taxe foncière doit être acquittée par **prélèvement** (mensuel ou à l'échéance) ou par **télérèglement** (paiement direct en ligne), sous peine d'une majoration de 0,2 %. Le système de **prélèvement mensuel** comporte dix prélèvements automatiques, égaux au dixième de l'impôt établi l'année précédente, opérés en principe le 15 de chaque mois de janvier à octobre, et suivis d'une régularisation lors de la mise en recouvrement du rôle (CGI art. 1681 ter).
> **b.** Les entreprises relevant de la **direction des grandes entreprises** peuvent opter pour le télérèglement centralisé de leurs taxes foncières.
> **c.** En cas d'**annulation ou de résolution d'une vente,** l'acquéreur reste débiteur de la taxe foncière tant que l'acte n'a pas été publié au fichier immobilier (CE 28-5-2014 n° 367471 : RJF 8-9/14 n° 810).

CAS PARTICULIERS D'IMPOSITION À LA TAXE FONCIÈRE

83345 **1.** Lorsque l'immeuble est grevé d'un **usufruit,** c'est l'usufruitier qui est redevable de la taxe foncière. Mais est seul imposable le propriétaire d'un immeuble sur lequel une autre personne est titulaire d'un droit d'habitation à vie sans en être ni usufruitière ni emphytéote (CE 25-7-1986 n° 41921 : RJF 11/86 n° 990).

2. Dans les **sociétés immobilières de copropriété** dotées de la « transparence fiscale », la taxe foncière est établie non pas globalement au nom de la société mais au nom de chaque associé pour la part qui lui revient (BOI-IF-TFB-10-20-10 n° 110).

3. Dans les **sociétés** d'attribution d'immeubles en jouissance à temps partagé (dites « de **pluripropriété** » ou « multipropriété »), la taxe foncière est établie au nom de la société (BOI-IF-TFB-10-20-10 n° 120).

4. En cas de **bail emphytéotique,** de **bail à construction,** de **bail à réhabilitation** prévu par l'article L 252-1 du Code de la construction et de l'habitation ou de **bail réel solidaire,** la taxe foncière est à la charge du preneur.

5. En cas de **vente à terme** d'immeuble, le vendeur reste le redevable légal de la taxe jusqu'au transfert de propriété (CE 2-7-1990 n° 51672 : RJF 10/90 n° 1216).

6. Lorsque l'immeuble fait l'objet d'une **autorisation d'occupation temporaire du domaine public** constitutive d'un droit réel, la taxe foncière est établie au nom du titulaire de cette autorisation.

7. La taxe foncière afférente à des **biens construits par le locataire** sur le terrain loué est due par le locataire jusqu'à l'expiration du bail, sauf clause de transfert immédiat de la propriété de ces biens au propriétaire de l'immeuble (CE 24-2-2017 n° 387972 : RJF 5/17 n° 439 ; CE 10-7-2017 n° 407733 : RJF 11/17 n° 1053).

8. En cas de **liquidation judiciaire,** le propriétaire, même s'il est dessaisi de l'administration et de la disposition de ses biens, reste redevable de la taxe foncière (CE 10-3-2017 n° 386251 : RJF 7/17 n° 697).

9. L'**occupant sans titre** du domaine public qui se maintient après résiliation de son autorisation d'occupation et qui continue d'exploiter les immeubles construits sur le domaine en dépit d'une demande de démolition de la part du propriétaire reste redevable de la taxe foncière sur les propriétés bâties due sur ces bâtiments (CE (na) 29-7-2020 n° 437151 : RJF 11/20 n° 910).

83350 En cas de **décès du redevable,** la taxe foncière est due, l'**année du décès,** par le redevable au titre de l'année entière et constitue une dette de sa succession. En pratique, elle sera réglée par les héritiers et/ou légataires.

Les **années suivantes,** tant que l'immeuble reste en indivision entre plusieurs héritiers et/ou légataires, l'administration établit généralement un seul avis d'imposition à la taxe foncière au nom de l'ancien propriétaire décédé, représenté collectivement par sa succession : les héritiers de... ou succession de... (BOI-IF-TFB-10-20-10 n° 40). Pour autant, chacun n'est redevable de la taxe que pour la part correspondant à ses droits indivis sur le bien (par exemple, un quart, un tiers, etc.). L'indivision ne crée pas de solidarité entre les coïndivisaires pour le paiement de la taxe foncière et l'administration ne peut donc pas poursuivre un seul des héritiers pour le paiement de la totalité de la taxe.

5. EXONÉRATIONS ET DÉGRÈVEMENTS SPÉCIAUX DE TAXE FONCIÈRE

EXONÉRATIONS ET DÉGRÈVEMENTS DE TAXE FONCIÈRE LIÉS AU REVENU

83380 **Personnes âgées ou invalides disposant de faibles revenus** Sont exonérés de la taxe foncière sur les propriétés bâties afférente à leur **habitation principale** :

– les **titulaires de l'allocation de solidarité aux personnes âgées** ou de l'**allocation supplémentaire d'invalidité** (CGI art. 1390) ;

– les **redevables âgés de plus de 75 ans** au 1er janvier de l'année de l'imposition dont le revenu fiscal de référence de l'année précédente n'excède pas la limite fixée par l'article 1417 du CGI visée n° 83380, précision a (CGI art. 1391) ;

– les **titulaires de l'allocation aux adultes handicapés** (AAH) dont le revenu fiscal de référence de l'année précédente n'excède pas la limite fixée par l'article 1417 du CGI visée n° 83380, précision a (BOI-IF-TFB-10-55-10 n° 40).

Lorsqu'ils ne sont pas exonérés, les **redevables âgés de plus de 65 ans** au 1er janvier de l'année d'imposition dont le revenu fiscal de référence de l'année précédente n'excède pas la limite fixée par l'article 1417 du CGI visée n° 83380, précision a bénéficient d'un **dégrèvement** de 100 € de la taxe afférente à leur habitation principale (CGI art. 1391 B).

Les personnes visées ci-dessus qui conservent la jouissance de leur ancienne habitation principale alors qu'elles résident durablement en **maison de retraite** ou dans un **établissement de soins de longue durée** peuvent bénéficier de ces allégements de taxe pour leur ancienne habitation principale dans les mêmes conditions (CGI art. 1391 B bis).

> Précisions **a.** Le **montant limite du revenu fiscal de référence** est fonction du nombre de parts de quotient familial. Il est, en principe, revalorisé chaque année. Pour la taxe foncière établie au titre de **2025,** ce montant (à comparer aux revenus de 2024) s'élève à 12 679 € pour la première part de quotient familial et à 3 386 € pour chaque demi-part supplémentaire (majoration divisée par deux pour les quarts de part) (CGI art. 1417, I). Ainsi, par exemple, un contribuable marié titulaire de l'AAH sans personne à charge (quotient familial : 2 parts) est exonéré de la taxe foncière en 2025 si les revenus du ménage n'excèdent pas 19 451 € au titre de 2024.

Le montant limite est porté à 16 064 € pour la première part de quotient familial pour l'application en 2025 de l'exonération de taxe foncière en faveur des redevables âgés de plus de 75 ans, si les intéressés ont bénéficié en 2014 du maintien exceptionnel d'une exonération de taxe d'habitation (CGI art. 1417, I bis). Ainsi, par exemple, un contribuable marié âgé de plus de 75 ans sans personne à charge (quotient familial : 2 parts) est exonéré de la taxe en 2025 si les revenus du ménage n'excèdent pas 22 836 € au titre de 2024.

b. L'exonération en faveur des **contribuables âgés de plus de 75 ans** s'étend à la taxe foncière afférente à la **résidence secondaire** (CE 20-10-2000 n° 205635 : RJF 1/01 n° 51).

c. Les contribuables qui **ne bénéficient plus de l'une des exonérations** visées ci-dessus demeurent exonérés la première et la deuxième année suivant la dernière année d'application de cette exonération, puis bénéficient, pour le calcul de la taxe due, d'un abattement sur la valeur locative de deux tiers la troisième année et d'un tiers la quatrième année (CGI art. 1390, II et 1391, II).

Plafonnement de la taxe foncière en fonction du revenu Lorsqu'ils ne sont pas exonérés, les contribuables dont le revenu fiscal de référence de l'année précédente n'excède pas la limite fixée par l'article 1417, II du CGI bénéficient, sur réclamation, du dégrèvement de la taxe foncière afférente à leur **habitation principale** pour sa **fraction excédant 50 %** de leurs **revenus** (CGI art. 1391 B ter). **83382**

Pour les impositions établies au titre de 2025, le dégrèvement est accordé aux contribuables dont le revenu fiscal de référence de 2024 n'excède pas la somme de 29 815 € pour la première part de quotient familial, majorée de 6 966 € pour la première demi-part supplémentaire et 5 484 € à compter de la deuxième demi-part (majorations divisées par deux pour les quarts de part). Ces montants sont, en principe, revalorisés chaque année.

Le plafonnement de la taxe foncière ne bénéficie pas aux personnes passibles de l'**impôt sur la fortune immobilière** (IFI) au titre de l'année précédente.

DÉGRÈVEMENT DE TAXE FONCIÈRE EN CAS DE VACANCE DE MAISON OU D'INEXPLOITATION D'IMMEUBLE

Les contribuables peuvent obtenir un dégrèvement de taxe foncière en cas de vacance d'un local d'habitation (maison ou appartement) normalement **destiné à la location** ou d'inexploitation d'un immeuble utilisé par le propriétaire lui-même **à usage commercial ou industriel,** à partir du premier jour du mois suivant celui du début de la vacance ou de l'inexploitation et jusqu'au dernier jour du mois au cours duquel la vacance ou l'inexploitation a pris fin. **83385**

Le dégrèvement est subordonné à la **triple condition** que la vacance ou l'inexploitation (CGI art. 1389, I) :

– soit indépendante de la volonté du propriétaire. Par dérogation, les organismes d'HLM et les sociétés d'économie mixte peuvent bénéficier, sous certaines conditions, du dégrèvement pour leurs logements sociaux à usage locatif laissés vacants en vue de leur démolition ou de travaux de mise aux normes minimales d'habitabilité subventionnés par l'État ;

– ait une durée de trois mois au moins ;

– et affecte soit la totalité de l'immeuble, soit une partie susceptible de location ou d'exploitation séparée.

Les **réclamations** visant à obtenir le dégrèvement doivent être présentées au plus tard le 31 décembre de l'année suivant celle au cours de laquelle la vacance ou l'inexploitation atteint la durée minimum exigée (trois mois).

> Précisions **a.** S'agissant des locaux d'habitation normalement destinés à la location, il n'est pas nécessaire que le **logement** ait été **effectivement loué antérieurement** à la période de vacance pour laquelle le dégrèvement de taxe foncière est demandé (CE 16-3-2016 n° 385771 : RJF 6/16 n° 534).

b. Le fait que l'immeuble à usage commercial ou industriel soit donné en **location-gérance** ne fait pas obstacle à ce que le propriétaire soit considéré comme utilisant lui-même l'immeuble (CE 26-7-2018 n° 409385 : RJF 11/18 n° 1120).

c. Une **résidence étudiante,** même lorsqu'elle **propose des services annexes,** est considérée comme une maison normalement destinée à la location susceptible de bénéficier du dégrèvement de taxe foncière pour vacance (CE 26-7-2018 n° 404237 : RJF 1/19 n° 46).

d. La vacance d'un **bien locatif mis en vente faute de locataire,** mais demeurant offert à la location, ouvre droit au dégrèvement de taxe foncière dès lors que le propriétaire justifie avoir poursuivi la recherche de nouveaux locataires pendant la période de mise en vente (CE 5-6-2020 n° 423066 : RJF 8-9/20 n° 699).

DÉGRÈVEMENTS DE TAXE FONCIÈRE EN FAVEUR DES PROPRIÉTAIRES DE LOGEMENTS « SOCIAUX »

83387 Les organismes d'HLM, les sociétés d'économie mixte ainsi que certains organismes d'aide au logement peuvent obtenir un dégrèvement sur leur cotisation de taxe foncière à raison :

– du montant des **dépenses engagées pour l'accessibilité** et l'adaptation des logements **aux handicapés** (CGI art. 1391 C) ;

– du montant des **travaux de protection des constructions** prescrits par un plan de prévention des risques technologiques (CGI art. 1391 D) ;

– du quart des dépenses engagées au titre de **travaux d'économies d'énergie et de fluides** bénéficiant du taux réduit de TVA (CGI art. 1391 E).

SECTION 2

TAXE D'HABITATION SUR LES RÉSIDENCES SECONDAIRES

83600 En 2023 et 2024, la taxe d'habitation ne portait plus que sur les résidences secondaires (à l'exclusion donc de la résidence principale) et autres locaux meublés non affectés à l'habitation principale. Depuis 2025, le champ d'application de la taxe est limité aux seules résidences secondaires. Par mesure de simplification, nous utilisons l'appellation « **taxe d'habitation** » dans les développements qui suivent.

Les **précisions administratives** et **solutions jurisprudentielles** rendues pour la taxe d'habitation en vigueur avant 2023 sont, selon nous, transposables à la taxe d'habitation sur les seules résidences secondaires lorsqu'elles ne concernent pas exclusivement l'application de la taxe à la résidence principale.

1. CHAMP D'APPLICATION DE LA TAXE D'HABITATION

PERSONNES IMPOSABLES À LA TAXE D'HABITATION

83605 La taxe d'habitation est due par toute personne physique ou morale ayant la **disposition ou la jouissance** de locaux imposables (tels que définis n° 83620), que ce soit en qualité de propriétaire, de locataire ou à tout autre titre (occupation gratuite, par exemple) (CGI art. 1408, I).

L'impôt est dû si le contribuable a la possibilité d'**occuper à tout moment** le local meublé, même si, en fait, il ne l'occupe pas effectivement (ou n'y fait que de brefs séjours).

Le contribuable occupant l'immeuble dont il est **propriétaire** est soumis à la fois à la taxe foncière, en tant que propriétaire, et à la taxe d'habitation s'il s'agit d'une résidence secondaire. Si l'immeuble est loué nu, c'est le **locataire** qui est assujetti à la taxe d'habitation s'il s'agit pour lui d'une résidence secondaire, le propriétaire étant soumis à la taxe foncière.

Pour les **logements vacants** depuis plus de deux ans (voir n° 83620, précision d), la taxe d'habitation est établie au nom du propriétaire, de l'usufruitier, de l'emphytéote ou du preneur à bail à construction ou à réhabilitation qui dispose du local depuis le début de la période de vacance.

> **Précisions** **a.** Cas particulier des **locations meublées** : voir n° 65880.
> **b.** Les sociétés d'attribution d'immeubles en jouissance à temps partagé (dites « de **pluripropriété** » ou « de multipropriété ») sont redevables de la taxe d'habitation afférente aux locaux attribués en jouissance à leurs membres.
> **c.** En cas d'**indivision,** la taxe d'habitation, si elle est due, est établie au nom de l'occupant du bien indivis (BOI-IF-TH-10-20-20 n° 160). Si le bien est inoccupé, en cas d'indivision successorale notamment, la taxe est établie au nom de l'indivision, mais l'obligation de payer incombant à chaque indivisaire ne peut excéder ses droits dans l'indivision, sauf si une solidarité expresse a été instituée entre les intéressés (CE 30-9-2019 n° 419384 : RJF 12/19 n° 1158).

LOCAUX IMPOSABLES À LA TAXE D'HABITATION

La taxe d'habitation est due pour tous les locaux meublés conformément à leur destination d'**habitation autre qu'à titre principal** (locaux d'habitation proprement dits et dépendances), y compris lorsqu'ils sont imposables à la cotisation foncière des entreprises, mais à l'**exclusion** de ceux qui font l'objet d'un **usage exclusivement professionnel** (CGI art. 1407, I modifié par loi 2025-127 du 14-2-2025 art. 110). **83620**

> **Précisions** **a.** Les locaux d'habitation doivent être pourvus d'un **ameublement** suffisant (même s'il est sommaire) pour en permettre l'occupation effective (CE 28-12-2012 n° 347252 : RJF 3/13 n° 306 ; CE 10-5-2019 n° 411898 : RJF 8-9/19 n° 811). Ils doivent être considérés dans leur ensemble, c'est-à-dire qu'il n'y a pas lieu de faire abstraction des pièces dégarnies de meubles et inhabitées dès lors qu'elles font partie intégrante de l'habitation et restent à la disposition exclusive du redevable. Il importe peu que le mobilier soit la propriété ou non de l'occupant (BOI-IF-TH-10-10-10 n° 70).
> **b.** Les **dépendances** d'une habitation s'entendent de tout local ou terrain qui, en raison de sa proximité par rapport à cette habitation, de son aménagement ou de sa destination, peut être considéré comme y étant rattaché même s'il n'est pas contigu à celle-ci (BOI-IF-TH-10-10-10 n° 160). Une imposition distincte est établie lorsque la dépendance est située à une adresse différente de celle du logement (BOI-IF-TH-20-20-20 n° 90).
> Les dépendances comprennent en particulier les **garages** et les **aires de stationnement** en plein air ou en sous-sol dont l'occupant a la disposition privative. Mais ceux-ci ne doivent pas être considérés comme des dépendances imposables lorsqu'ils sont très éloignés du logement. À titre de règle pratique, l'administration admet que l'imposition n'est pas exigible, en tout état de cause, lorsque la distance est supérieure à un kilomètre (BOI-IF-TH-10-10-10 n° 180).
> **c.** Les **caravanes** et les **maisons mobiles** ne sont pas imposables à la taxe d'habitation, quelles que soient les conditions de leur stationnement et de leur utilisation, dès lors qu'elles disposent en permanence de moyens de mobilité (CE 11-4-1986 n° 63824 : RJF 6/86 n° 609 ; CE 13-4-1988 n° 64547 : RJF 6/88 n° 746). En revanche, sont imposables les **baraquements** et **habitations légères** qui sont simplement posés sur le sol ou sur des supports de toute nature (BOI-IF-TH-10-10-10 n°s 50 et 60).
> **d.** Bien que non meublés, les **logements vacants** depuis plus de deux ans au 1er janvier de l'année d'imposition (autres que certains logements « sociaux ») peuvent, sur délibération des communes et, sous certaines conditions, des EPCI, être soumis à la taxe d'habitation dans les communes dans lesquelles la taxe sur les logements vacants (n°s 68160 s.) n'est pas applicable (CGI art. 1407 bis). La vacance s'apprécie comme pour la taxe sur les logements vacants.
> **e.** Un **second logement occupé pour raison professionnelle** est imposable à la taxe d'habitation, même pour le titulaire d'un logement de fonction (Rép. Midy : AN 18-7-2023 n° 4715 ; Rép. Paul : Sén. 20-7-2023 n° 7716). En revanche, les **logements des étudiants** ne sont pas soumis à la taxe, dès lors qu'ils sont occupés à titre de résidence principale, indépendamment du rattachement de ces étudiants au foyer fiscal de leurs parents et des aides sur critères sociaux qu'ils peuvent percevoir (Rép. Grangier : AN 9-1-2024 n° 7826).

EXONÉRATIONS DE TAXE D'HABITATION

Les locaux exonérés de plein droit de la taxe d'habitation sont (CGI art. 1407, II et III) : **83640**

– les locaux destinés à l'**hébergement** ou au **logement à titre temporaire des personnes en difficulté** gérés soit par des personnes publiques soit par des organismes privés conventionnés, agréés, autorisés ou déclarés (Loi 2025-127 du 14-2-2025 art. 110) ;

– les locaux destinés au **logement des élèves** dans les écoles et pensionnats ;

– les locaux affectés au **logement des étudiants** dans les résidences universitaires lorsque la gestion de ces locaux est assurée par un Crous ou par un organisme en subordonnant la disposition à des conditions financières et d'occupation analogues.

En ce qui concerne l'**exonération** des personnes qui résident en maison de retraite et le **dégrèvement spécial** accordé aux non-résidents appelés à rentrer d'urgence en France, voir nos 83880 s.

2. CALCUL DE LA TAXE D'HABITATION

83700 La **base d'imposition** à la taxe d'habitation est constituée par la **valeur locative cadastrale** des locaux et de leurs dépendances (CGI art. 1409 s.).

Le **montant** de la taxe d'habitation s'obtient en multipliant la base d'imposition par les **taux** fixés par les conseils municipaux et les organes délibérants des établissements publics de coopération intercommunale (EPCI) à fiscalité propre.

Dans certaines zones, la part de la taxe d'habitation sur les résidences secondaires revenant à la commune peut être **majorée** (n° 83750).

> **Précisions a.** La **valeur locative** servant de base à la taxe d'habitation est, en principe, la même que celle retenue pour l'établissement de la **taxe foncière** sur les propriétés bâties (nos 83100 s.) ; toutefois, la limitation prévue pour les locaux à loyers réglementés (n° 83110, précision a), l'abattement forfaitaire pour frais de 50 % (n° 83100) et, le cas échéant, les abattements spéciaux visés n° 83100, précisions b, d et e ne sont pas applicables en matière de taxe d'habitation.
> **b.** À la taxe d'habitation elle-même (majorée ou non) s'ajoutent les **frais de gestion de la fiscalité locale**.

MAJORATION FACULTATIVE DE LA TAXE D'HABITATION POUR LES RÉSIDENCES SECONDAIRES

83750 Les communes dans lesquelles s'applique la taxe sur les logements vacants visés n° 68165 peuvent voter une majoration **de 5 % à 60 %** de la part de taxe d'habitation sur les résidences secondaires leur revenant au titre des **logements meublés** (CGI art. 1407 ter).

Toutefois, peuvent bénéficier d'un **dégrèvement** de la majoration :

– les personnes contraintes de résider dans un lieu distinct de leur habitation principale pour **raisons professionnelles** ;

– les personnes hébergées durablement dans une **maison de retraite** ou un **établissement de soins de longue durée** et qui bénéficient pour leur ancienne résidence principale, en application de l'article 1414 B du CGI, de l'exonération décrite n° 83880 ;

– plus généralement, les personnes qui, pour une **cause étrangère à leur volonté,** ne peuvent affecter le logement à un usage d'habitation principale. Tel est le cas, notamment, des logements destinés à faire l'objet de travaux de réhabilitation ou de démolition dans un délai d'un an et des logements mis en location ou en vente au prix du marché et ne trouvant pas preneur ou acquéreur (BOI-IF-TH-70 n° 250).

Le dégrèvement est accordé sur **réclamation contentieuse** à présenter au plus tard le 31 décembre de l'année suivant celle de la mise en recouvrement du rôle.

> **Précisions** La **qualité du propriétaire du logement** est indifférente. Celui-ci peut être une personne publique ou privée, morale ou physique. Ainsi, les logements meublés détenus par une personne morale sont susceptibles d'être soumis à la majoration de taxe lorsqu'ils ne sont pas affectés à l'habitation principale et à condition de ne pas être occupés par une personne morale (Rép. Cherki : AN 24-1-2017 n° 94515).

3. OBLIGATIONS DÉCLARATIVES

83800 Les **propriétaires** de locaux affectés à l'habitation sont tenus de déclarer (CGI art. 1418 modifié par loi 2025-127 du 14-2-2025 art. 115) :

– la nature de l'occupation de ces locaux (résidence principale ou secondaire, logement vacant), s'ils s'en réservent la jouissance, ou s'ils sont occupés par des tiers ;

– les caractéristiques des locaux ;

– le mode d'occupation, et le type de location le cas échéant ;

– les dates de début et de fin d'occupation ;

– l'identité du ou des occupants des locaux ;

– les éléments d'identification du gestionnaire de location, le cas échéant ;

– le motif de vacance du local, le cas échéant.

La déclaration doit, en principe, être effectuée **avant le 1er juillet** de chaque année. Les propriétaires en sont toutefois dispensés si aucun changement dans les informations transmises n'est intervenu depuis la dernière déclaration.

La déclaration doit, en principe, être **souscrite** par voie électronique, via le service « Gérer mes biens immobiliers » du site impots.gouv.fr, accessible dans l'espace personnel du propriétaire (CGI ann. III art. 322 A). Elle peut toutefois être établie sur un formulaire n° 1208-OD-SD (disponible sur le site impots.gouv.fr) lorsque le propriétaire n'a pas accès à internet ou n'est pas en mesure de souscrire sa déclaration en ligne.

En cas de **vente,** l'obligation déclarative concerne le contribuable propriétaire du bien au 1er janvier de l'année de la déclaration. En cas d'**indivision,** une seule déclaration est attendue par bien. En cas de **démembrement** de propriété, la déclaration incombe à l'usufruitier.

Le **défaut de déclaration,** ainsi que l'**omission** ou l'**inexactitude** des renseignements fournis, sont passibles d'une amende fiscale de 150 € par local. L'amende n'est toutefois pas due en cas d'application pour les mêmes faits d'une autre amende ou majoration plus élevée (CGI art. 1770 terdecies). Le recouvrement et le contentieux de cette amende suivent les règles applicables en matière de taxes foncières (CGI art. 1754, III bis).

La déclaration des propriétaires sert à l'établissement et au contrôle de la **taxe d'habitation** ainsi que de la **taxe sur les logements vacants** visée nos 68160 s.

Les **occupants de résidences secondaires** qui ne sont pas propriétaires de celle-ci, qu'ils en soient **locataires ou occupants à titre gratuit** doivent pour leur part déclarer, sur leur déclaration de revenus, les informations d'identification de ces locaux (adresse) ainsi que celles du propriétaire.

4. ÉTABLISSEMENT ET PAIEMENT DE LA TAXE D'HABITATION

La taxe d'habitation est due dans la **commune** où sont situés les locaux imposables. Elle est établie, pour l'année entière, d'après la situation existant au **1er janvier** de l'année d'imposition (CGI art. 1415). Les **changements** qui interviennent en cours d'année (déménagement, modification des locaux occupés) n'ont donc aucune incidence sur l'imposition de l'année en cause. **83820**

Le redevable est informé par un **avis d'imposition** (éventuellement dématérialisé) du montant à payer et des conditions d'exigibilité de la taxe.

La taxe d'habitation doit être **payée dans le délai** porté sur l'avis d'imposition, sous peine d'une majoration de 10 % (CGI art. 1730). Lorsque son montant excède 300 €, la taxe d'habitation doit être acquittée par **prélèvement** (mensuel ou à l'échéance) ou par **téléréglement** (paiement direct en ligne), sous peine d'une majoration de 0,2 % (CGI art. 1681 sexies, 2). Le système de **prélèvement mensuel** comporte dix prélèvements automatiques, égaux au dixième de l'impôt établi l'année précédente, opérés en principe le 15 de chaque mois de janvier à octobre, et suivis d'une régularisation lors de la mise en recouvrement du rôle (CGI art. 1681 ter).

Lorsque la taxe d'habitation est établie, au titre d'une année, au nom d'une personne qui a **quitté le local avant le 1er janvier,** la cotisation fait l'objet d'un dégrèvement, d'office ou sur réclamation de l'intéressé. Parallèlement, une imposition est établie au nom du **nouvel occupant** en fonction de sa propre situation de famille (CGI art. 1413, II).

> Précisions a. Par dérogation à la règle ci-dessus, la cotisation de taxe d'habitation peut être mise à la charge du propriétaire de l'immeuble si celui-ci est une **personne morale** et n'a pas souscrit, dans les délais, la déclaration de mutation de jouissance à laquelle il est tenu. Le montant de cette imposition est égal à celui de la cotisation établie à tort. Le propriétaire ainsi mis en cause peut ensuite demander le remboursement de l'imposition au **nouvel occupant** mais à concurrence seulement de la somme que celui-ci aurait dû payer s'il avait été normalement imposé (CGI art. 1413, II).

b. Les propriétaires – ou les principaux locataires – peuvent être tenus d'acquitter la **taxe d'habitation due** par les **locataires ou sous-locataires qui ont quitté les lieux** (CGI art. 1686). Ces personnes – sauf les logeurs en garni – dégagent toutefois leur responsabilité en informant le comptable public du déménagement de leurs locataires (voir n° 62080). En outre, la responsabilité du propriétaire ne peut pas être engagée si la taxe d'habitation est mise en recouvrement après le déménagement du locataire, y compris pour les locations meublées pour étudiants prenant fin le 30 juin ou le 31 juillet (Rép. Favennec : AN 7-1-2014 n° 14462).

c. La mensualisation de la **taxe d'habitation recouvrée sur les logements vacants** (n° 83620, précision d) n'est pas possible.

d. La **majoration de 10 %** prévue par l'article 1730 du CGI s'applique notamment aux cotisations de taxe recouvrées par voie d'avis de mise en recouvrement, lorsque ces sommes n'ont pas été acquittées dans les 45 jours suivant la date de notification de l'avis. Sont visées en pratique les impositions dues à l'issue d'un contrôle fiscal.

CONTRÔLE ET RÉCLAMATIONS EN MATIÈRE DE TAXE D'HABITATION

83825 Les **omissions ou insuffisances d'imposition** imputables à l'administration peuvent être réparées par voie de rôle supplémentaire jusqu'au 31 décembre de l'année suivante.

De leur côté, les contribuables qui s'estiment imposés à tort ou surtaxés peuvent présenter une **réclamation** jusqu'au 31 décembre de l'année suivant celle de la mise en recouvrement de la taxe.

5. EXONÉRATION ET DÉGRÈVEMENT SPÉCIAUX DE TAXE D'HABITATION

EXONÉRATION DES PERSONNES QUI RÉSIDENT EN MAISON DE RETRAITE

83880 Les personnes qui conservent la jouissance de leur **ancienne résidence principale** alors qu'elles résident durablement en maison de retraite ou dans un établissement de soins de longue durée bénéficient d'une exonération de la taxe d'habitation afférente à cette ancienne résidence (CGI art. 1414 B, I). L'exonération est accordée à compter de l'année qui suit celle de l'hébergement dans les établissements concernés.

DÉGRÈVEMENT DES NON-RÉSIDENTS APPELÉS À RENTRER D'URGENCE EN FRANCE

83885 Les personnes domiciliées hors de France qui reviennent en France à la suite d'un **appel à quitter leur zone de résidence** ou d'une **opération de retour collectif** décidé par le ministre des affaires étrangères ou le chef de la mission diplomatique bénéficient d'un dégrèvement de la taxe d'habitation afférente au logement qui constituait leur résidence principale à la date de leur expatriation (CGI art. 1414 A). La liste des appels et opérations concernés est fixée chaque année par arrêté. Le dégrèvement s'applique au titre de l'année du retour en France, sur réclamation contentieuse.

CHAPITRE 7

IMPÔTS ET DROITS LIÉS À LA VENTE DE L'IMMEUBLE BÂTI

SOMMAIRE

CHAMP DE L'ÉTUDE

Toutes les ventes d'immeubles bâtis entrent dans le champ d'application des **droits d'enregistrement.** Certaines ventes relèvent également de la **TVA.** Dans ce cas, la vente donne généralement lieu à des droits d'enregistrement réduits. **84500**

Lors de la revente d'un immeuble, le vendeur peut être taxé à raison de la **plus-value immobilière** réalisée à cette occasion (taxation forfaitaire au titre de l'impôt sur le revenu à laquelle s'ajoutent les prélèvements sociaux ainsi qu'une taxe supplémentaire si la plus-value dépasse un certain montant).

SECTION 1

DROITS D'ENREGISTREMENT ET TVA

ARTICULATION ENTRE LES DROITS D'ENREGISTREMENT ET LA TVA

84505 À titre liminaire, il est insisté sur le fait que les **livraisons d'immeubles (bâtis ou non bâtis)** passibles de la TVA entrent également par nature dans le champ d'application des droits d'enregistrement (CGI art. 683). Sur l'articulation entre TVA et droits d'enregistrement, voir le tableau récapitulatif reproduit n° 85390.

FORMALITÉS ET FRAIS RÉSULTANT DE LA VENTE D'UN IMMEUBLE

84510 Quel que soit le régime fiscal applicable à la vente (droits d'enregistrement et/ou TVA), les actes sont soumis aux formalités d'enregistrement et de publicité foncière. Cette **double obligation** est le plus souvent effectuée en une seule fois au service de la publicité foncière (formalité dite fusionnée).

Le **délai** imparti au notaire pour effectuer la formalité fusionnée est d'un mois à compter de la date de l'acte (CGI art. 647).

Lors de la publication au service de la publicité foncière, ces actes sont soumis à la **contribution de sécurité immobilière.**

Les actes rédigés ou reçus par des **notaires** donnent lieu au paiement d'honoraires.

I. VENTES D'IMMEUBLES RELEVANT DES DROITS D'ENREGISTREMENT

1. RÈGLES GÉNÉRALES DU DROIT DE VENTE D'IMMEUBLES

CONVENTIONS ET BIENS IMPOSABLES AU DROIT DE VENTE D'IMMEUBLES

84520 Le droit de vente s'applique aux mutations à titre onéreux telles que les **ventes** proprement dites, adjudications, transactions, rétrocessions, soultes d'échange, soultes de partage (autres que de successions ou de communautés conjugales et assimilés). Il ne s'applique pas, en revanche, aux échanges (qui font l'objet d'un régime particulier).

Sont imposables les mutations à titre onéreux ayant pour objet des immeubles tels qu'ils sont définis par le Code civil. Sont ainsi visés les **immeubles** par nature (terrains, constructions, etc.), par destination (matériel affecté à l'exploitation d'un fonds agricole ou industriel, etc.), par l'objet auquel ils s'appliquent (usufruit d'immeubles, droit d'usage ou d'habitation, hypothèques, etc.) ou encore par détermination de la loi (cas de certaines indemnités attachées à des immeubles).

Le droit de vente d'immeubles est également susceptible de s'appliquer à certaines cessions de **droits sociaux** (voir n° 85350).

En ce qui concerne le cas des **ventes simultanées de meubles et d'immeubles,** voir n° 84580.

> **Précisions** Seules les ventes d'**immeubles situés en France** sont en principe imposables. Lorsque la vente est constatée par un **acte passé à l'étranger,** elle doit être déclarée dans le mois de l'entrée en possession et donne ouverture au droit de vente d'immeubles dans les conditions de droit commun (CGI art. 638 et 662 ; BOI-ENR-DMTOI-10-10-10 n° 330). Les ventes d'**immeubles situés à l'étranger** constatées par un **acte passé en France** sont soumises à un droit unique de 5 % lorsque l'acte est assujetti à la formalité en raison de sa forme (acte notarié essentiellement) (CGI art. 714 ; BOI-ENR-DMTOI-10-10-10 n° 340). Le droit de 5 % n'est dû que sous réserve de l'application des **conventions internationales.**

CONDITIONS D'EXIGIBILITÉ DU DROIT DE VENTE D'IMMEUBLES

84540 Pour que le droit de vente d'immeubles soit exigible, il faut que la convention soit parfaite et produise des effets certains et actuels.

a. Vente parfaite : une vente est parfaite lorsqu'il y a accord réciproque entre le vendeur et l'acheteur sur un immeuble ou un droit immobilier moyennant un prix déterminé ou déterminable.

Il s'ensuit notamment que, faute d'accord réciproque entre les parties, les **promesses unilatérales de vente** ne donnent ouverture lors de leur enregistrement qu'au droit fixe des actes innomés (125 €) prévu par l'article 680 du CGI.

b. Vente certaine et actuelle : le droit de vente d'immeubles ne peut être perçu tant qu'il existe une incertitude sur la réalisation de la mutation.

Ainsi, en cas de vente sous **condition suspensive** (condition qui affecte l'existence même du contrat, par exemple l'obtention d'un prêt), la convention est enregistrée au droit fixe des actes innomés, le droit proportionnel de vente d'immeubles ne devenant exigible que lors de la réalisation de la condition.

À l'inverse, en cas de vente sous **condition résolutoire** (condition qui ne s'oppose pas au transfert de la propriété), le droit de vente d'immeubles est immédiatement exigible. En cas de réalisation de la condition, le contrat de vente est anéanti et la résolution est taxée au droit fixe des actes innomés (Rép. Gérard : AN 2-6-2015 n° 7691) ou à la TVA – toutes conditions d'assujettissement étant remplies par ailleurs – si elle porte sur un immeuble neuf (Cass. com. 20-1-2015 n° 13-27.454 F-PB : RJF 5/15 n° 413) mais, sauf en cas de résolution légale ou fondée sur un cas de force majeure, l'impôt ne peut pas être restitué (CGI art. 1961, al. 1).

ASSIETTE DU DROIT DE VENTE D'IMMEUBLES

Le droit de vente d'immeubles est en principe liquidé sur le **prix exprimé dans l'acte,** majoré de toutes les charges en capital ainsi que toutes les indemnités stipulées au profit du cédant à quelque titre et pour quelque cause que ce soit (CGI art. 683, I-al. 2). **84560**

Si le prix exprimé dans l'acte est **inférieur à la valeur vénale** de l'immeuble, l'administration peut calculer les droits sur cette valeur vénale (LPF art. L 17). En conséquence, c'est la valeur de l'immeuble à la date de l'acte qui doit servir d'assiette, et non le prix anciennement convenu lorsque l'acte constate une vente régularisée tardivement (CA Paris 4-12-2017 n° 15/21631).

> **Précisions** En cas de **diminution du prix** obtenue à la suite d'une action en réduction fondée sur la **loi Carrez,** la fraction des droits afférente à la diminution du prix obtenue est restituée à l'acquéreur, sur réclamation (Rép. Carrez : AN 14-3-2006 n° 85746 ; solution non reprise au Bofip).

Prix exprimé dans l'acte Le prix est généralement constitué par une **somme d'argent** payable **comptant.** Dans ce cas, les droits sont assis sur le prix exprimé dans l'acte (sous réserve du contrôle de la valeur vénale du bien). **84565**

Si le prix est **payable à terme,** les intérêts ne sont pas taxables, sauf cas particulier où ils seraient dus avant l'entrée en jouissance de l'acheteur (il s'agit alors d'une charge augmentative du prix de vente) (BOI-ENR-DMTOI-10-10-20-10 n° 20).

Les intérêts ne sont pas non plus imposables si le prix est **payable par annuités,** à condition que l'acte de vente ventile clairement le prix en capital et les intérêts dus à raison de l'échelonnement du paiement. À défaut, l'administration liquide le droit de vente sur le total des annuités, intérêts compris (BOI-ENR-DMTOI-10-10-20-10 n° 70).

> **Précisions** **a.** Lorsque le prix consiste en une **rente viagère,** l'impôt est calculé sur le capital de la rente exprimé dans l'acte ou déterminé par une déclaration estimative des parties (BOI-ENR-DMTOI-10-10-20-10 n° 60).
> **b.** Si le prix stipulé à terme est assorti d'une **clause d'indexation,** il convient d'opérer la distinction suivante (BOI-ENR-DMTOI-10-10-20-10 n°s 80 s.) :
> – le prix est définitif : l'impôt est liquidé définitivement sur le prix stipulé dans l'acte ou sur l'estimation faite par les parties (cas où l'indexation a seulement pour effet de faire varier l'expression monétaire du prix à chaque échéance) ;
> – la détermination du montant du prix dépend d'événements ultérieurs : l'impôt est liquidé provisoirement sur l'évaluation faite par les parties.
> **c.** Le prix de vente d'un immeuble peut consister en **biens de toute nature** : dans ce cas, l'impôt est liquidé sur la valeur de ces biens. Si le prix est représenté par des objets mobiliers, l'impôt est liquidé sur la valeur de ces biens déterminée par une déclaration estimative (sous réserve du contrôle de la valeur vénale de l'immeuble vendu) (BOI-ENR-DMTOI-10-10-20-10 n°s 40 s.). Si le prix de vente consiste en **créances,** l'impôt est calculé par l'administration sur le capital nominal de la créance (BOI-ENR-DMTOI-10-10-20-10 n° 50). Cette règle est à notre avis infondée : c'est la valeur réelle de la créance qui doit servir d'assiette au droit de mutation.
> **d.** Sur les opérations soumises à la **TVA,** voir n° 85215.

Charges augmentatives du prix Les charges augmentatives du prix s'entendent des prestations supplémentaires incombant au vendeur et imposées à l'acquéreur. **84570**

Tel peut être le cas :

– des **frais de vente** ;

– de certains **impôts,** par exemple, la **taxe foncière** pour la **période antérieure à l'entrée en jouissance** dans les locaux ; en revanche, l'engagement pris par l'acheteur d'un immeuble d'acquitter la taxe foncière pour la **période postérieure à l'entrée en jouissance** ne constitue pas une charge augmentative du prix au regard des droits d'enregistrement (BOI-ENR-DMTOI-10-10-20-20 n° 220) ;

– des **travaux** de remise en état de l'immeuble ;

– du **reliquat du prêt immobilier** contracté par le vendeur et repris par l'acquéreur (Rép. Reynès : AN 7-3-2017 n° 98694).

En pratique, la charge augmentative du prix la plus fréquemment stipulée résulte de l'**entrée en jouissance de l'acquéreur retardée** au-delà de la signature de l'acte authentique. Cette réserve de jouissance doit faire l'objet d'une évaluation distincte pour le calcul des droits. Il n'est pas possible de préciser que le prix de la vente a été fixé « réserve de jouissance comprise » (BOI-ENR-DMTOI-10-10-20-20 n° 300).

84575 En ce qui concerne l'incidence de la **commission de l'agent immobilier** sur l'assiette des droits d'enregistrement, il y a lieu de distinguer les situations suivantes :

– le mandat conclu avec l'agent immobilier prévoit que la commission est **à la charge de l'acquéreur et c'est lui qui la verse** : la commission ne s'ajoute pas au prix de vente et ne supporte pas les droits de vente (Cass. com. 12-12-1995 n° 94-10.791 D : RJF 3/96 n° 383 ; BOI-ENR-DMTOI-10-10-20-20 n° 30). Il en est ainsi que le mandant soit le vendeur ou l'acquéreur ;

– le mandat prévoit que la commission est **à la charge du vendeur,** mais c'est l'**acquéreur** qui **la verse** : elle augmente le prix et est soumise aux droits d'enregistrement (BOI-ENR-DMTOI-10-10-20-20 n° 40) ;

– le mandat prévoit que la commission est **à la charge du vendeur** et c'est bien **lui qui la verse** : elle n'est pas soumise en tant que telle aux droits d'enregistrement, mais il y a comme une illusion, le vendeur ayant tenu compte de cette commission pour fixer son prix de vente. Au travers du prix de vente, la valeur de la commission supporte donc, de fait, les droits d'enregistrement.

En **pratique,** les deux dernières situations sont à éviter.

L'assujettissement à la TVA de la commission ne s'oppose pas à son inclusion dans l'assiette des droits de mutation car ces deux impôts n'ont pas le même objet (Rép. Reynès : AN 7-3-2017 n° 98694).

84580 **Vente simultanée de meubles et d'immeubles** Dans ce cas, l'acte doit stipuler un prix particulier pour les meubles, avec leur désignation article par article. À défaut, le droit de vente d'immeubles est dû sur la totalité du prix (CGI art. 735).

84585 **Vente de la nue-propriété ou de l'usufruit** Sur les modalités spécifiques de détermination de l'assiette taxable en cas de vente de droits démembrés de biens immeubles, voir n° 42650 s.

84590 **Vente « contrat en mains »** En cas de vente « contrat en mains », c'est-à-dire lorsque le vendeur se charge de tous les frais qu'entraîne la transmission de l'immeuble vendu, les droits sont liquidés en déduisant du prix les frais et loyaux coûts du contrat. Les honoraires de négociation versés au notaire sont déductibles du prix au même titre que les honoraires de rédaction.

En pratique, l'assiette des droits peut être déterminée en appliquant la formule : $Y \times 100/T + 100$, dans laquelle Y représente le prix stipulé après déduction des frais autres que l'impôt de mutation et T le taux de l'impôt (BOI-ENR-DMTOI-10-10-20-30 n° 10).

STRUCTURE DU DROIT DE VENTE D'IMMEUBLES

84600 Les ventes d'immeubles donnent ouverture à un droit qui se décompose de la manière suivante :

– un **droit** proportionnel perçu **au profit du département** dont le taux est susceptible de varier selon la nature et le lieu de situation de l'immeuble (n° 84660 s.) ;

– une **taxe** additionnelle égale à 1,20 % perçue **au profit de la commune** ou d'un fonds de péréquation départemental (CGI art. 1584 et 1595 bis). Cette taxe n'est cependant pas due lorsque la vente bénéficie d'un régime de faveur (droit départemental réduit à 0,70 % : voir n° 84720) ;

– un **prélèvement** perçu **au profit de l'État,** au titre des frais d'assiette et de recouvrement (FAR) du droit départemental. Ce prélèvement est calculé sur le montant de ce droit (et non sur la base imposable). Son taux est fixé à 2,37 % lorsque le droit départemental est dû au taux de droit commun, et à 2,14 % lorsque le droit départemental est réduit à 0,70 % (CGI art. 1647, V-a).

À ces droits s'ajoute, le cas échéant, une taxe additionnelle sur la **cession de bureaux,** locaux commerciaux et de stockage situés dans la **région Île-de-France** (voir n° 84745).

EXEMPLE

Un appartement situé à Paris est vendu, le 1er octobre 2025, 400 000 €.
Montant des droits exigibles :
– droit départemental : 400 000 € × 5,00 % = 20 000 €
– taxe communale : 400 000 € × 1,20 % = 4 800 €
– prélèvement pour frais d'assiette : 20 000 € × 2,37 % = 474 €
– Total : 25 274 €

PAIEMENT DU DROIT DE VENTE D'IMMEUBLES

Le droit de vente d'immeubles doit en principe être intégralement payé avant l'accomplissement de la formalité de publicité foncière. Sauf convention contraire, il est **supporté par** l'acquéreur (CGI art. 1701 et 1712 ; C. civ. art. 1593). 84605

2. RÉGIME DE DROIT COMMUN DU DROIT DE VENTE D'IMMEUBLES

TAUX DU DROIT DE VENTE D'IMMEUBLES

Dispositions permanentes Dans le régime de droit commun, le taux global de taxation **est fixé** en principe à 5,09006 % : droit départemental de 3,80 % (CGI art. 1594 D) auquel s'ajoutent la taxe communale de 1,20 % et le prélèvement de 2,37 % pour frais d'assiette et de recouvrement calculé sur le montant du droit départemental. Toutefois, les conseils départementaux ont la faculté de **modifier** chaque année le taux du droit départemental en le fixant **dans une fourchette située entre** 1,20 % et 4,50 % (CGI art. 1594 D et 1594 E). En principe les délibérations prennent **effet** au 1er juin jusqu'au 31 mai de l'année suivante. Lorsque ce taux est fixé à 4,50 %, il en ressort un taux global de taxation de 5,80665 % compte tenu des impositions additionnelles (n° 84600). Ce taux s'élève à 6,40665 % lorsqu'est également exigible la taxe de 0,6 % sur les bureaux, locaux commerciaux et locaux de stockage en Île-de-France (n° 84745). 84660

Ce taux s'applique sans condition particulière à toutes les ventes d'immeubles (ventes d'**immeubles d'habitation,** ventes d'**immeubles professionnels,** ventes de **terrains,** etc.) ne relevant pas de la TVA ou d'un régime plus favorable.

> **Précisions** **a.** En pratique, la faculté de **diminuer le taux** du droit départemental est rarement utilisée. Aucun département n'a voté la réduction de ce taux pour la période du 1er juin 2025 au 31 mai 2026.
> **b.** En présence d'un **avant-contrat** (ou **promesse unilatérale de vente**) signé avant la date d'entrée en vigueur de la délibération, il convient de retenir la date de signature de l'acte authentique et non celle de l'avant-contrat pour appliquer le taux des droits de mutation à titre onéreux (BOI-ENR-DMTOI-10-20 n° 105).
> **c.** La très grande majorité des départements a fait usage de la faculté d'augmenter le taux du droit départemental. La **liste des départements** ayant modifié les taux en vigueur et la date d'effet de leurs délibérations sont publiées et actualisées sur le site www.impots.gouv.fr > Partenaires > Notaires et géomètres experts > Droits d'enregistrement.

Augmentation temporaire du taux de droit commun Les conseils départementaux peuvent relever le taux du droit départemental prévu par l'article 1594 D du CGI (n° 84660) au-delà de 4,50 %, sans que ce taux excède 5 %, pour les actes passés et les conventions conclues **entre le 1er avril 2025 et le 31 mars 2028** (Loi 2025-127 du 14-2-2025 art. 116, II). Compte tenu des impositions additionnelles, il en ressort un taux global de taxation de 6,3185 %. 84665

Ces dispositions ne s'appliquent pas lorsque le bien acquis constitue pour l'acquéreur une première propriété au sens de l'article L 31-10-3, I du Code de la construction et de l'habitation et qu'il est destiné à l'usage de sa résidence principale.

La **liste des départements** ayant modifié les taux en vigueur et la date d'effet de leurs délibérations sont publiées et actualisées sur le site www.impots.gouv.fr > Partenaire > Notaires, Géomètres-Experts > Droits d'enregistrement.

> **Précisions** **a.** Les **primo-accédants** à la propriété au sens de l'article L 31-10-3 du Code de la construction et de l'habitation sont les personnes physiques n'ayant pas été propriétaires de leur résidence principale ou n'ayant pas acquis les droits réels immobiliers de leur résidence principale dans le cadre d'un bail réel solidaire au cours des deux dernières années. Pour eux, le taux maximum est donc celui fixé au n° 84660.
> **b.** Compte tenu de la **date de notification de la délibération** du conseil départemental aux services fiscaux, la hausse du taux du droit départemental s'applique aux actes passés et aux conventions conclues (Loi 2025-127 du 14-2-2025 art. 116, III) :
> – à compter du premier jour du deuxième mois suivant la notification de la délibération si elle intervient au plus tard le 15 avril 2025

ou entre le 1er décembre 2025 et le 15 avril 2026 ;
– à compter du 1er janvier 2026 si la délibération est notifiée entre le 16 avril 2025 et le 30 novembre 2025 ;
– à compter du 1er janvier 2027 si la délibération est notifiée entre le 16 avril 2026 et le 30 novembre 2026 ;
– à compter du 1er janvier 2028 si la délibération est notifiée entre le 16 avril 2027 et le 30 novembre 2027.

S'agissant des délibérations notifiées entre le 1er décembre 2026 et le 15 avril 2027, le texte de loi omet l'hypothèse. Logiquement dans ce cas, le nouveau taux devrait s'appliquer aux actes passés et conventions conclues à compter du premier jour du deuxième mois suivant la notification.

c. À compter du **1er avril 2028,** le taux du droit départemental est celui qui était en vigueur le 31 janvier 2025 (Loi 2025-127 du 14-2-2025 art. 116, IV).

3. VENTES BÉNÉFICIANT D'UN RÉGIME SPÉCIAL DE DROITS D'ENREGISTREMENT

84720 Certaines ventes bénéficient, sous certaines conditions, d'un régime spécial se traduisant :
– soit par l'application d'un **abattement** sur l'assiette des droits (nos 84725 s.) ;
– soit par l'application d'une **taxe additionnelle** (n° 84745) ;
– soit par l'application d'un **taux réduit** non modulable de 0,70 % auquel s'ajoute le prélèvement de 2,14 % (mais non la taxe communale), d'où un taux global de 0,71498 %.

Le taux réduit s'applique notamment :
– aux achats d'immeubles donnant lieu au paiement de la TVA sur le prix (nos 84900 s.) ;
– aux acquisitions d'immeubles ruraux par les fermiers (CGI art. 1594 F quinquies, D) ;
– aux acquisitions d'immeubles destinés à être exploités par de jeunes agriculteurs dans les **zones France ruralités revitalisation** (CGI art. 1594 F quinquies, E) ;
– aux acquisitions d'immeubles par les sociétés de crédit-bail en vue d'en concéder immédiatement la jouissance au vendeur (conventions dénommées « cession-bail » ou « lease-back ») : voir n° 29960 ;
– aux acquisitions d'immeubles par lots (« ventes à la découpe ») (n° 64001).

VENTES D'IMMEUBLES D'HABITATION BÉNÉFICIANT D'UN ABATTEMENT

84725 **Immeubles d'habitation et garages** Les **conseils départementaux** peuvent instituer chaque année un abattement compris entre 7 600 € et 46 000 €, fixé par tranche de 7 600 €, sur l'assiette du droit départemental dû sur les ventes d'immeubles d'habitation et de garage. Cet abattement peut être réservé aux opérations portant sur des immeubles situés dans les zones de revitalisation rurale ou, à compter du 1er juillet 2024, dans les **zones France ruralités revitalisation** (Loi 2023-1322 du 29-12-2023 art. 73) (CGI art. 1594 F ter). En principe, les délibérations prennent **effet** au 1er juin jusqu'au 31 mai de l'année suivante.

L'application de cet abattement (une fois voté) est subordonnée à l'**engagement de l'acheteur** :
– s'agissant des immeubles (ou fractions d'immeubles), de ne pas les affecter à un usage autre que l'habitation pendant une durée minimale de trois ans à compter de la date de l'acte ;
– s'agissant des terrains ou locaux à usage de garage, de ne pas les affecter à une exploitation à caractère commercial ou professionnel pendant la même durée.

L'engagement de l'acheteur est généralement pris **dans l'acte d'acquisition,** qui doit alors comporter une déclaration expresse à cet effet. Si l'engagement n'est pas mentionné dans l'acte, il peut être pris ultérieurement **par acte complémentaire** (soumis au droit fixe de 125 €), au vu duquel les droits perçus en trop sont restitués. Le point de départ du délai de trois ans reste fixé au jour de l'acquisition de l'immeuble (BOI-ENR-DMTOI-10-30 n° 100).

En cas de **non-respect de l'engagement,** l'acquéreur est tenu d'acquitter le complément de droit dont il avait été dispensé ainsi que l'intérêt de retard de 0,20 % par mois (CGI art. 1840 G ter, I ; CGI art. 1727).

> **Précisions** Pour la **période allant jusqu'au 31 mai 2026,** un seul département applique un abattement : le Calvados (46 000 €). Dans les départements concernés, l'abattement ne s'applique que dans les zones susvisées.

84730 **Logements acquis neufs entre le 1er juin 1993 et le 31 décembre 1994** La **première cession à titre onéreux** d'immeubles acquis neufs ou – sous réserve d'avoir été achevés avant le 1er juillet 1994 – en l'état futur d'achèvement par acte authentique signé entre le 1er juin 1993 et le 31 décembre 1994 bénéficie d'un abattement de 91 000 € sur l'assiette du droit de vente d'immeubles (CGI art. 1055 bis).

Entre autres **conditions,** l'immeuble cédé doit avoir été exclusivement affecté à l'habitation principale pendant au moins cinq ans et l'acquéreur doit prendre l'engagement de ne pas affecter l'immeuble à un autre usage que l'habitation (principale ou secondaire) pendant une durée minimale de trois ans.

Le non-respect de cet engagement entraîne l'exigibilité du complément de droit dont l'acquéreur avait été dispensé, plus l'intérêt de retard de 0,20 % par mois (CGI art. 1840 G ter, I ; CGI art. 1727).

> **Précisions** La première **mutation à titre gratuit** de ces mêmes immeubles est également susceptible de bénéficier d'un avantage fiscal (abattement de 46 000 € par part) (CGI art. 793, 2-4° et 793 ter). Mais il n'est pas possible de **cumuler** pour un même logement ces deux avantages. L'abattement de 91 000 € est en revanche cumulable avec celui que les conseils départementaux ont la faculté d'instituer sur l'assiette du droit départemental (voir n° 84725).

TAXE ADDITIONNELLE AUX DROITS D'ENREGISTREMENT SUR LES VENTES D'IMMEUBLES À USAGE DE BUREAUX, LOCAUX COMMERCIAUX OU DE STOCKAGE EN ÎLE-DE-FRANCE

Il est perçu au profit de la région Île-de-France une **taxe additionnelle** aux droits d'enregistrement ou à la taxe de publicité foncière exigible sur les mutations à titre onéreux de locaux à usage de bureaux, de locaux commerciaux et de locaux de stockage (CGI art. 1599 sexies). **84745**

Les **locaux** à usage de bureaux s'entendent d'une part des bureaux proprement dits et de leurs dépendances immédiates et indispensables destinés à l'exercice d'une activité, de quelque nature que ce soit, par des personnes physiques ou morales privées, ou utilisés par l'État, les collectivités territoriales, les établissements ou organismes publics et les organismes professionnels, et, d'autre part, des locaux professionnels destinés à l'exercice d'activités libérales ou utilisés par des associations ou organismes privés poursuivant ou non un but lucratif (CGI art. 231 ter, III-1°).

Les locaux commerciaux s'entendent des locaux destinés à l'exercice d'une activité de commerce de détail ou de gros et de prestations de services à caractère commercial ou artisanal ainsi que de leurs réserves attenantes couvertes ou non et des emplacements attenants affectés en permanence à ces activités de vente ou de prestations de services (CGI art. 231 ter, III-2°).

Les locaux de stockage s'entendent des locaux ou aires couvertes destinés à l'entreposage de produits, de marchandises ou de biens et qui ne sont pas intégrés topographiquement à un établissement de production (CGI art. 231 ter, III-3°).

La taxe **ne s'applique pas** aux cessions portant sur des immeubles neufs au sens de l'article 257, I-2-2° du CGI lorsqu'elles sont soumises de plein droit à la TVA – cession par un assujetti agissant en tant que tel – (CGI art. 1599 sexies).

Par ailleurs, elle ne s'applique pas (BOI-ENR-DG-60-10-20 n° 110) :

– aux mutations exonérées de droits d'enregistrement ou de taxe de publicité foncière ;

– aux mutations d'immeubles sis hors de la région d'Île-de-France, y compris lorsque les actes translatifs de ces propriétés sont soumis à la formalité de l'enregistrement en Île-de-France ;

– aux opérations qui ne constituent pas une vente ou une opération assimilée (échanges purs et simples, partages purs et simples, partages de successions ou de communautés ou indivisions conjugales bénéficiant du régime de faveur de l'article 750, II du CGI, apports purs et simples en société passibles du droit fixe).

Le **taux** de la taxe additionnelle est de 0,60 %.

La taxe est **assise, recouvrée** et **contrôlée** selon les mêmes procédures et sous les mêmes sanctions, garanties, sûretés et privilèges que les droits et taxes auxquels elle s'ajoute.

> **Précisions** **a.** En application de la doctrine de l'administration fiscale précitée, il y a lieu de considérer que les **ventes assorties d'un engagement de construire** sont exonérées de taxe (n° 85270).
> C'est également le cas pour les cessions dans lesquelles l'acquéreur prend l'**engagement de revendre** prévu à l'article 1115 du CGI (Rép. Fasquelle : AN 6-12-2016 n° 95848).
> **b.** **L'usage du local** s'apprécie au jour de la vente (BOI-ENR-DG-60-10-20 n° 100).

4. EXONÉRATIONS DU DROIT DE VENTE D'IMMEUBLES

Les exonérations s'appliquent soit de plein droit, soit sur décision du conseil départemental. **84780**

EXONÉRATIONS DE PLEIN DROIT DU DROIT DE VENTE D'IMMEUBLES

Sont exonérées du droit de vente d'immeubles, notamment : **84785**

– les acquisitions d'immeubles relevant de la **TVA avec engagement de construire** (voir n° 85270) ;

– les acquisitions et cessions par les **Safer** (CGI art. 1028 bis s.) ;

– les acquisitions par les **communes** ou syndicats de communes, les **départements,** les **régions,** les établissements publics communaux, départementaux ou régionaux, les établissements publics fonciers et les établissements publics d'aménagement agissant pour le compte d'une collectivité locale (CGI art. 1042, I ; BOI-ENR-DMTOI-10-80-10 n° 150) ;

– les acquisitions d'immeubles par les collectivités publiques réalisées dans certaines **zones d'urbanisme** particulières, ou en vertu de certains droits de préemption publics (CGI art. 1594-0 G, B).

> **Précisions** Certaines de ces opérations supportent néanmoins un **droit de mutation à taux réduit** (opérations réalisées par les Safer) **ou** un **droit fixe** (ventes en TVA avec engagement de construire, acquisitions des collectivités publiques dans certaines zones d'urbanisme).

EXONÉRATIONS FACULTATIVES DU DROIT DE VENTE D'IMMEUBLES

84800 Sur décision du conseil départemental, sont notamment exonérés :

– les **cessions de logements à leurs locataires par les organismes d'HLM** ou par les sociétés d'économie mixte (CGI art. 1594 G) ;

– les **rachats par les organismes d'HLM ou les sociétés d'économie mixte d'immeubles d'habitation acquis à l'aide** de prêts aidés par l'État (**PAP**) entre le 1er juillet 1981 et le 31 décembre 1984 par des accédants qui ne peuvent pas honorer leurs échéances, sous réserve que ceux-ci soient maintenus dans les lieux (CGI art. 1594 H) ;

– les **acquisitions** de résidence principale par les **primo-accédants,** qui peuvent faire l'objet d'une réduction de taux ou d'une exonération (CGI art. 1594 F septies).

La liste des départements ayant institué une exonération facultative de droits d'enregistrement peut être consultée sur www.impots.gouv.fr > Partenaires > Notaires et géomètres experts > Droits d'enregistrement.

II. VENTES D'IMMEUBLES RELEVANT DE LA TVA

A. Régime de la TVA

NOTION D'ASSUJETTI À LA TVA

84900 **Incidences** La qualité d'assujetti ou non à la TVA des parties à l'acte est essentielle pour déterminer :

– le régime de la mutation au regard de la TVA, qui dépend de la qualité du cédant ;

– et le régime de la mutation au regard des droits de mutation à titre onéreux, qui dépend de la qualité de l'acquéreur.

84911 **Définition légale** Sont assujetties à la TVA les personnes qui effectuent **de manière indépendante,** quels que soient leur statut juridique, leur situation au regard des autres impôts et la forme ou la nature de leur intervention, une des **activités économiques** suivantes : toutes activités de producteur, de commerçant, de prestataire de services, y compris les activités extractives, agricoles et celles des professions libérales ou assimilées (CGI art. 256 A).

Cette catégorie recouvre donc à la fois :

– les opérateurs qui sont assujettis du fait de leur activité économique autre qu'immobilière, appelés à effectuer des opérations immobilières ponctuelles ;

– et les entreprises ayant une activité économique principalement immobilière, autrement dit les professionnels de l'immobilier, parmi lesquels les promoteurs et les personnes autrefois dénommées « marchands de biens ».

Sur le régime spécifique des **marchands de biens,** voir nos 87020 s.

84912 **Faisceau d'indices** L'application de ces principes au secteur immobilier conduit à considérer qu'une personne qui se comporte comme un investisseur professionnel en effectuant des opérations dans le cadre d'un objectif d'entreprise ou dans un but commercial mène une activité économique (BOI-TVA-IMM-10-10-10-10 n° 40). Par suite, une telle personne doit se faire enregistrer comme assujetti.

À cet égard, on pourra continuer à employer la méthode du faisceau d'indices **déjà** classiquement **utilisée** pour la requalification de cessions réputées privées en opérations de **marchands**

de biens : là où les critères d'importance et d'habitude ne suffisent pas à caractériser une activité économique, on pourra considérer celle-ci comme bien établie lorsqu'en outre le cédant se trouve engager des dépenses d'aménagement significatives, et a fortiori lorsque ces dernières sont prépondérantes dans la valeur des cessions réalisées (BOI-TVA-IMM-10-10-10-10 n° 70).

L'**encaissement de loyers** ne suffit pas à caractériser une opération économique par nature imposable à la TVA, alors même que le propriétaire en tire des revenus à caractère permanent. Un propriétaire bailleur est présumé être un investisseur privé (en ce sens : BOI-TVA-IMM-10-10-10-10 n° 50).

Ainsi, un **particulier qui cède des terrains** qu'il a recueillis par succession ou donation, ou encore qu'il a acquis pour son usage privé est présumé ne pas réaliser une activité économique. Le fait que, préalablement à la cession, l'intéressé procède au lotissement parcellaire du terrain pour en tirer un meilleur prix global n'est pas, à soi seul, de nature à remettre en cause cette présomption, non plus que le nombre de parcelles vendues, la durée sur laquelle s'étaleront les opérations ou l'importance des recettes qu'il en tire au regard de ses autres ressources. En revanche, cette présomption pourra être renversée lorsque le cédant entre dans une **démarche active de commercialisation foncière,** acquérant les biens en dehors d'une pure démarche patrimoniale ou mobilisant des moyens qui le placent en concurrence avec les professionnels (BOI-TVA-IMM-10-10-10-10 n° 60). **84913**

ILLUSTRATIONS

Dans un arrêt rendu à titre préjudiciel pour l'application de la TVA en Pologne, la **Cour de justice de l'Union européenne** a adopté des critères similaires à ceux retenus par l'administration française pour définir les cessions de terrains imposables à la TVA réalisées par un particulier. Elle a ainsi jugé qu'une personne physique ayant exercé une activité agricole sur un fonds de terre requalifié, à la suite d'une modification des plans d'aménagement du territoire intervenue pour des raisons indépendantes de sa volonté, en terrain destiné à la construction ne doit pas être considérée comme assujettie à la TVA lorsqu'elle entreprend de vendre ledit fonds de terre, si ces ventes s'inscrivent dans le cadre de la gestion du patrimoine privé de cette personne. Si, en revanche, cette personne entreprend, en vue de la réalisation desdites ventes, des démarches actives de commercialisation foncière en mobilisant des moyens similaires à ceux déployés par un producteur, un commerçant ou un prestataire de services, cette personne doit être considérée comme exerçant une activité économique et doit, par conséquent, être considérée comme assujettie à la TVA (CJUE 15-9-2011 aff. 180/10 et 181/10 : RJF 12/11 n° 1406).

De même, la Cour de justice de l'Union européenne considère que l'opération par laquelle une personne se voit adjuger un immeuble saisi dans le cadre d'une procédure d'exécution forcée (engagée en vue du recouvrement d'un prêt précédemment octroyé) et procède ensuite à la vente de cet immeuble ne constitue pas, en soi, une activité économique lorsque cette opération relève du simple exercice du droit de propriété ainsi que de la bonne gestion du patrimoine privé. Le particulier ne saurait donc, au titre de cette opération, être considéré comme un assujetti (CJUE 20-1-2021 aff. 655/19 : RJF 4/21 n° 441).

La **jurisprudence administrative** met en œuvre les mêmes critères en jugeant qu'un particulier qui vend des terrains à bâtir après d'importants travaux de viabilisation entreprend des démarches actives de commercialisation foncière et doit être assujetti à la TVA, même en l'absence d'utilisation de moyens de vente similaires à ceux d'un professionnel (CE 9-6-2020 n° 432596 : BPIM 4/20 n° 283 dans une espèce où les travaux de viabilisation représentent plus de 40 % du prix de vente et un montant unitaire de plus de 30 000 € par parcelle ; CAA Bordeaux 17-12-2021 n° 19BX03783 : BPIM 1/22 inf. 76 dans une espèce où le délai séparant l'acquisition et les reventes est bref – deux ans – le terrain a été revendu en 41 lots, et le montant des travaux de viabilisation représente 30 % à 39 % du prix de vente pour chacun des acquéreurs ; CAA Toulouse 8-2-2024 n° 22TL20793 : BPIM 6/24 inf. 374, dans une espèce où les travaux de transformation du bâtiment en habitation représentaient 70,55 % du prix de cession et où la SCI venderesse ne justifiait pas de difficultés financières qui l'auraient contrainte à céder ce bien).

Relèvent également de démarches actives de commercialisation foncière celles entreprises dans le cadre d'une **opération d'aménagement d'un terrain à bâtir** d'une **ampleur** telle qu'elles ne sauraient relever de la simple gestion d'un patrimoine privé (CE 9-12-2022 n° 459206 : BPIM 2/23 inf. 141 ; en l'espèce un couple avait acquis un terrain initialement classé en zone non constructible. Ce terrain a ensuite été classé en zone à urbaniser à long terme. Afin d'obtenir un permis d'aménager, subordonné à la création de pistes cyclables, de chemins piétonniers et à l'édification d'un bassin de rétention, les époux avaient procédé à l'acquisition d'un terrain mitoyen. Ce permis leur avait été ensuite accordé, suivi de l'autorisation de diviser le terrain en lots. Les intéressés avaient alors vendu les terrains à une société de promotion immobilière).

Assujetti agissant en tant que tel Sont soumises à la TVA les livraisons de biens effectuées à titre onéreux par un assujetti agissant en tant que tel (CGI art. 256). **84918**

Ainsi, il ne suffit pas que l'opération soit réalisée par un assujetti pour entrer dans le champ de la TVA. Encore faut-il que l'assujetti l'effectue **dans le cadre de son entreprise** et en se comportant comme un professionnel **à la recherche du profit.** Jugé à ce propos qu'une société civile de location immobilière doit soumettre à la TVA la revente d'un terrain à bâtir initialement acheté pour édifier un immeuble industriel destiné à la mise en location, projet que la SCI n'a pu finaliser. En effet, cette dernière n'a pas agi dans un cadre purement patrimonial ni dans le simple exercice de son droit de propriété mais dans le cadre de son activité économique de loueur professionnel de bâtiments industriels, laquelle peut impliquer la revente d'un élément de son actif (CAA Nancy 15-10-2020 n° 19NC03382 : BPIM 6/20 inf. 447-6). De la même manière, une SCI, assujettie à la TVA au titre de son activité de location de biens immobiliers, qui acquiert 7 terrains à bâtir, en revend 5 et construit sur les 2 derniers un immeuble qu'elle donne en location, doit être regardée comme s'étant livrée non à la gestion de son patrimoine mais à l'activité économique pour laquelle elle est assujettie, et ce quand bien même les 5 parcelles seraient cédées parce qu'il est impossible d'y construire un bien à donner en location (CE 21-12-2022 n° 459476 : BPIM 2/23 inf. 142).

Si la cession d'un **actif inscrit au bilan** est présumée être une opération économique réalisée en tant que telle, il en ira différemment si elle est le fait d'une entreprise qui vise seulement à mieux tirer parti d'un bien devenu étranger à son activité économique.

Ainsi, un agriculteur qui vend des **terrains** de son patrimoine foncier (**non inscrits au bilan**) agit en tant qu'assujetti s'il réalise sur ces terrains des travaux significatifs, par exemple de viabilisation, et met en œuvre des moyens de commercialisation avérés (publicité, démarchage) (BOI-TVA-IMM-10-10-10-10 n° 90).

À l'inverse, dès lors que l'assujetti a agi en tant que tel en construisant sur les terrains acquis puis en les revendant, la revente des parcelles doit être soumise à la TVA quand bien même les terrains auraient été **inscrits dans son patrimoine privé** (CJUE 9-7-2015 aff. 331/14 : RJF 11/15 n° 977).

84919 **Personnes publiques** L'ensemble des critères exposés ci-avant (nos 84911 à 84918) appliqués aux personnes morales de droit public conduisent à considérer que celles-ci ne sont pas assujetties à la TVA lorsque leur intervention sur le marché n'entraîne pas de **distorsion dans les conditions de la concurrence** (CGI art. 256 B).

Par suite, les livraisons d'immeubles réalisées à titre onéreux par les personnes publiques ne sont en principe pas imposables à la TVA. Il en va ainsi lorsque les cessions s'inscrivent purement dans le cadre de la gestion du patrimoine de la personne publique cédante. Ainsi, la collectivité sera fondée à ne pas soumettre à la TVA les livraisons de terrain à bâtir lorsque la délibération par laquelle il est décidé de procéder à l'aliénation fait apparaître que celle-ci relève du seul exercice de la propriété, sans autre motivation que celle de réemployer autrement au service de ses missions la valeur de son actif (BOI-TVA-IMM-10-10-10-10 n° 140).

Il en ira différemment si les **méthodes employées** (et notamment la motivation des actes en cause) font apparaître la volonté pour la personne publique de valoriser son activité et de répondre aux besoins des acquéreurs comme pourrait le faire un **intervenant privé** (BOI-TVA-IMM-10-10-10-10 n° 120). Dans ce cas, la personne publique cédante se comporte en assujetti à la TVA et doit se soumettre aux obligations déclaratives de tout assujetti habituel (CGI art. 286 s.).

Ainsi, s'agissant spécialement des **opérations de lotissement,** la collectivité publique est présumée se comporter en assujetti. En effet, la collectivité qui réalise un lotissement exerce une activité économique pour laquelle elle est considérée comme entrant nécessairement en concurrence avec les opérateurs privés qui réalisent des opérations de même nature au sens de l'article 256 B du CGI. Elle est par conséquent assujettie à la TVA à raison de cette opération et les cessions de terrains à bâtir qu'elle réalise dans ce cadre sont donc soumises de plein droit à la TVA. Le fait que la collectivité vende le terrain à prix coûtant en ne répercutant dans son prix que les seules dépenses engagées pour la viabilisation du terrain (sans par conséquent réaliser le moindre bénéfice sur l'opération) n'est pas de nature à modifier l'analyse (Rép. Nicolin : AN 29-1-2013 n° 2948). Cette position doit toutefois être nuancée dans certains cas : ainsi jugé que lorsque la cession d'une parcelle par une commune est assortie d'une convention de partenariat imposant des engagements particuliers au cessionnaire, la collectivité locale, qui agit alors en tant qu'autorité publique dans le cadre de ses politiques démographique et urbanistique, n'exerce pas son activité dans les mêmes conditions juridiques qu'un opérateur économique privé (TA Amiens 2-2-2017 n° 1403846 : RJF 7/17 n° 673).

84922 **Régime optionnel de l'assujetti unique** Les assujettis qui sont étroitement liés sur les plans financier, économique et de l'organisation peuvent demander à constituer un assujetti unique, ou « groupe TVA » pour une période minimale de 3 années civiles. Sous ce régime, totalement optionnel, chaque membre de l'assujetti unique perd sa qualité d'assujetti pour constituer un secteur d'activité distinct de l'assujetti unique (CGI art. 256 C).

Ainsi, les livraisons de biens et les prestations de services intervenant **entre les membres** de l'assujetti unique constituent des opérations internes à un même assujetti, étrangères au système de la TVA (BOI-TVA-AU-30 n° 1).

Il s'ensuit que les cessions d'immeubles réalisées entre deux membres d'un même assujetti unique constituent, quel qu'en soit l'objet, des opérations non taxables à la TVA. L'option pour soumettre ces opérations à la TVA n'est pas possible.

En revanche, les opérations réalisées **entre un membre de l'assujetti unique et un tiers** obéissent aux règles de droit commun, étant précisé que le redevable de la TVA est l'assujetti unique pour l'ensemble des opérations réalisées par ses membres.

La constitution et l'existence d'un assujetti unique en matière de TVA sont sans incidence sur les **autres impôts,** taxes, droits et prélèvements de toute nature dont sont redevables ses membres (CGI art. 256 C, 7).

Sur les conditions particulières d'application du régime de **non-taxation à la TVA** prévu par l'article 257 bis du CGI à la **cession d'un immeuble locatif** en présence d'un assujetti unique, voir n° 79925.

1. OPÉRATIONS DES ASSUJETTIS HABITUELS À LA TVA

a. Champ d'application

OPÉRATIONS TAXABLES DE PLEIN DROIT À LA TVA

Sont soumises de plein droit à la TVA les livraisons des biens mentionnés ci-après n° 84930 s. effectuées à titre onéreux par les assujettis (CGI art. 256, I) et qui ne sont pas exonérées en vertu d'une disposition particulière (voir n° 84950). **84925**

MUTATIONS CONCERNÉES PAR LA TAXATION DE PLEIN DROIT À LA TVA

La livraison du bien s'entend du **transfert du pouvoir de disposer du bien** comme un propriétaire (CGI art. 256, II-1°). Ce terme générique recouvre donc l'ensemble des mutations à titre onéreux : vente, expropriation, adjudication, échange, apport en société, fusion, scission, apport partiel d'actif. La **résolution** d'une vente ne constitue pas une nouvelle livraison taxable et n'entre pas dans le champ de la TVA. À l'inverse, elle donne droit à la restitution de la taxe versée sur la vente résolue (CGI art. 272). Lorsque la résolution procède de l'exercice d'une **faculté de rachat,** le retour du bien vendu ne doit pas être regardé comme une livraison de biens au sens de l'article 256 du CGI, mais comme une prestation de services taxable sur la somme correspondant à la différence entre le prix de rachat et le prix de vente (CE 7-10-2021 n° 430136 : BPIM 6/21 inf. 408). Par suite, cette somme est taxable pour l'acquéreur assujetti même si le rachat porte sur un immeuble exonéré comme étant achevé depuis plus de 5 ans. Par ailleurs, il a été jugé que, lorsque la vente d'un terrain à bâtir est résolue et que l'acquéreur y a édifié un immeuble entre-temps, la restitution du terrain emporte cession de la construction neuve et entre le cas échéant dans le champ de la TVA (Cass. com. 20-1-2015 n° 13-27.454 F-PB : RJF 5/15 n° 413). Cette solution s'explique par le fait que la résolution porte sur un bien différent du bien initialement vendu et que le transfert du surplus (le bâti) ne saurait être gratuit. Dès lors, il a vocation à être taxé à la TVA (JP Garçon, Defrénois 2015 p. 934). **84928**

Les opérations effectuées **à titre onéreux** s'entendent de celles qui comportent la fourniture par l'acquéreur d'une contrepartie, quelle qu'en soit la nature (somme d'argent, bien livré ou service rendu, etc.) ou la valeur. Il en résulte notamment que les livraisons sont imposables à la TVA même si elles sont effectuées « à prix coûtant » (BOI-TVA-IMM-10-10 n° 20 renvoyant à BOI-TVA-CHAMP-10-10-40-10 n° 60).

BIENS DONT LA MUTATION EST TAXABLE À LA TVA

L'article 257 du CGI ne définit pas les biens immobiliers dont la mutation est taxable à la TVA. **84930**
Il en résulte que toutes les livraisons de biens immobiliers par un assujetti habituel sont taxables (BOI-TVA-IMM-10-10 n° 10), à l'exception de celles expressément exonérées (voir n° 84950). Sont donc taxables les opérations portant sur :

- les terrains à bâtir ;
- les immeubles neufs (voir n° 84932) ;
- certains droits assimilés aux immeubles auxquels ils se rapportent (voir n° 84940).

Immeubles neufs Sont considérés comme immeubles neufs les **immeubles** qui ne sont **pas achevés depuis plus de cinq années,** qu'ils résultent d'une **construction nouvelle** ou de **84932**

travaux portant sur des immeubles existants qui ont consisté en une **surélévation** ou qui ont **rendu à l'état neuf** (CGI art. 257, I-2-2°) :

a) soit la majorité des fondations ;

b) soit la majorité des éléments hors fondations déterminant la résistance et la rigidité de l'ouvrage ;

c) soit la majorité de la consistance des façades hors ravalement ;

d) soit l'ensemble des éléments de second œuvre suivants, à hauteur d'au moins 2/3 chacun (CGI ann. II art. 245 A) :

1° les planchers ne déterminant pas la résistance ou la rigidité de l'ouvrage,

2° les huisseries extérieures,

3° les cloisons intérieures,

4° les installations sanitaires et de plomberie,

5° les installations électriques,

6° et, pour les opérations réalisées en métropole, le système de chauffage.

> **Précisions** L'achèvement s'entend du dépôt de la déclaration attestant l'achèvement et la conformité des travaux mentionnée à l'article L 462-1 du Code de l'urbanisme qui doit être fait lorsque l'état d'avancement des travaux est tel qu'il permet une utilisation effective du bâtiment selon sa destination (CGI ann. II art. 244 ; CGI ann. III art. 266 bis, I ; BOI-TVA-IMM-10-20-20 n° 40).
> La date d'achèvement est une question de fait. Pour apprécier cette date, la jurisprudence fait prévaloir le critère matériel de l'**achèvement effectif.** Ainsi, la date d'achèvement des travaux mentionnée dans la Daact, et antérieure à la date de dépôt de cette déclaration en mairie, prévaut en principe et sauf preuve contraire sur celle-ci (CE (na) 14-4-2022 n° 457246 : RJF 7/22 n° 633). De même, à défaut de dépôt en mairie de la déclaration d'achèvement des travaux prévue par le Code de l'urbanisme, la date de l'achèvement peut résulter de la déclaration spéciale de l'article 244 de l'annexe II au CGI déposée au service des impôts (CE 8-2-2019 n° 410807 : RJF 5/19 n° 432).

84940 **Droits assimilés aux immeubles** Sont assimilés à des biens corporels et suivent le régime du bien immeuble auquel ils se rapportent (CGI art. 257, I-1) :

1° les **droits réels immobiliers,** à l'exception des locations résultant de baux qui confèrent un droit de jouissance ;

2° les **droits relatifs aux promesses de vente** ;

3° les **parts d'intérêts** et **actions** dont la **possession** assure en droit ou en fait l'attribution en propriété ou en jouissance d'un bien **immeuble** ou d'une fraction d'un bien immeuble (voir n°s 85350 s.) ;

4° les droits au titre d'un contrat de **fiducie** représentatifs d'un bien immeuble.

> **Précisions** **a.** Sont visés parmi les **droits réels immobiliers** : la nue-propriété, l'usufruit, les droits indivis, le droit de superficie, les servitudes, etc. Par suite, la constitution comme la cession de tels droits relatifs à un immeuble neuf sont soumises au même régime de TVA que la cession de l'immeuble lui-même. En revanche, l'extinction de tels droits n'est pas imposable dès lors qu'elle s'effectue sans contrepartie (BOI-TVA-IMM-10-10-20 n° 80).
> **b.** Seule la cession d'un **bail à construction,** d'un **bail emphytéotique,** d'un **bail réel immobilier** ou d'un **bail réel solidaire** est soumise au régime fiscal de la cession de l'immeuble sous-jacent. La conclusion d'un tel contrat, tout comme les loyers susceptibles d'être stipulés tout au long du contrat, est en principe exonérée de TVA, avec possibilité de soumission à la taxe sur option (BOI-TVA-IMM-10-10-20 n° 90).
> **c.** Sont visés les droits dont est titulaire le **bénéficiaire de la promesse de vente.** La loi ne distingue pas selon le type de promesse (synallagmatique ou unilatérale), ce qui amène en principe à considérer que les deux sont concernés. En pratique, est surtout visée ici la cession des droits du preneur d'un **crédit-bail immobilier,** qui emporte cession du bénéfice de la promesse de vente.
> **d.** Selon l'administration, l'assimilation des droits réels immobiliers à l'immeuble auquel ils se rapportent concerne notamment le droit de superficie (BOI-TVA-IMM-10-10-20 n° 80). Suivant cette doctrine, la cession du **lot de volume non bâti** est traitée comme celle de l'immeuble qui en est le support (terrain à bâtir, immeuble neuf ou immeuble de plus de cinq ans selon la nature de l'immeuble inférieur) et non pas comme la cession d'un terrain à bâtir à part entière.
> Quant au **volume une fois construit,** il doit être qualifié d'immeuble bâti (neuf ou ancien selon sa date d'achèvement), malgré la subsistance de droits à construire résiduels (BOI-TVA-IMM-10-10-10-40 n° 30) (n° 84951).

84945 **Cession simultanée d'immeubles soumis et non soumis à la TVA** Lorsqu'une cession porte simultanément sur des biens de natures différentes (un terrain et un immeuble bâti, un immeuble neuf et un immeuble ancien, etc.), l'**acte** doit faire apparaître une **ventilation**

du prix de vente. Ceci est nécessaire dès lors que des régimes fiscaux différents s'appliquent, soit que seul l'un des biens est soumis à la TVA, soit que les deux y sont soumis mais sur des assiettes différentes, l'un sur le prix et l'autre sur la marge. Dans ce cas, l'administration exige que l'acte reflète clairement la **qualification de chaque partie de bien vendu.** Le cas échéant, une **division parcellaire** préalable à la mutation sera nécessaire pour pouvoir distinguer le terrain de la partie bâtie (BOI-TVA-IMM-10-10-10-40 n° 10). Sur cette question, voir n° 84978.

OPÉRATIONS EXONÉRÉES DE TVA

Immeuble achevé depuis plus de cinq ans Les livraisons d'immeubles achevés depuis plus de cinq ans sont exonérées de TVA (CGI art. 261, 5-2°). **84950**

Les assujettis peuvent néanmoins opter pour l'application de la taxe à ces opérations (n° 84960).

Immeuble bâti destiné à être démoli Un immeuble ne saurait être qualifié de terrain à bâtir au sens de la TVA du seul fait que l'acquéreur se destine à y réaliser une construction, avec ou sans démolition du bâti existant car les intentions de l'acquéreur sont tenues pour indifférentes dans la qualification du bien. Par suite, un immeuble bâti doit être considéré comme un **immeuble neuf ou** un **immeuble ancien** en fonction de la date d'achèvement du bâti existant. **84951**

Il en va ainsi quand bien même des **droits à construire résiduels** (notamment par surélévation) seraient attachés à l'immeuble bâti (BOI-TVA-IMM-10-10-10-40 n° 30).

> **Précisions** **a.** Il en ira en revanche différemment si l'immeuble n'est plus en état d'être utilisé en tant que tel sauf à y réaliser des travaux rendant l'immeuble neuf. Si son état le rend **impropre à un quelconque usage,** et s'il est situé en zone constructible, l'immeuble bâti doit être assimilé à un terrain à bâtir (BOI-TVA-IMM-10-10-10-20 n° 120). Sont visés par l'administration : la **ruine** résultant d'une démolition plus ou moins avancée, le bâtiment rendu inutilisable par suite de son état durable d'**abandon,** l'immeuble frappé d'un **arrêté de péril,** l'immeuble **inachevé,** etc.
> **b.** Il s'ensuit l'absence de régime fiscal uniforme pour la **vente d'immeuble à rénover** : celle-ci sera considérée soit comme une vente de terrain à bâtir, soit comme une vente d'immeuble bâti – neuf ou ancien – selon l'état du bâti existant au moment de la vente et sa date d'achèvement.
> **c.** La législation française se réfère à des critères de constructibilité purement objectifs pour définir la notion de terrain à bâtir. Cette analyse semble cependant en contradiction avec l'esprit des dispositions européennes qui prescrivent de tenir compte des intentions des parties pour déterminer la qualification d'une opération au regard des règles applicables en matière de TVA. Ainsi, le juge européen considère que constitue un terrain à bâtir un **terrain vendu nu après démolition par le vendeur** du bâtiment qui s'y trouvait, même lorsque, à la date de la livraison, les travaux d'aménagement du terrain n'avaient pas été réalisés dès lors qu'il résulte des circonstances, et notamment de l'intention des parties étayée par des éléments objectifs, que le terrain était destiné à être bâti (CJUE 17-1-2013 aff. 543/11 : RJF 4/13 n° 450). En revanche, la livraison d'un terrain supportant, à la date de cette livraison, un bâtiment ne peut être qualifiée de livraison d'un « terrain à bâtir » même si l'intention des parties était que le bâtiment soit totalement ou partiellement démoli après la vente pour faire place à un nouveau bâtiment lorsque le bâtiment pouvait encore faire l'objet d'un usage effectif à la date de la cession et qu'aucune des parties en présence n'était chargée de sa démolition réalisée in fine par un tiers (CJUE 4-9-2019 aff. 71/18 : RJF 11/19 n° 1106).

OPÉRATIONS TAXABLES SUR OPTION À LA TVA

Les personnes assujetties réalisant des livraisons de biens exonérés visées au n° 84950 peuvent, sur leur demande, soumettre ces livraisons à la TVA (CGI art. 260, 5° bis). **84960**

Une telle option peut présenter un **intérêt** lorsque l'opération, bien que ne portant pas sur un terrain à bâtir ou sur un immeuble neuf, concourt à la production d'immeuble ou lorsque le vendeur est en mesure de faire valoir des droits à déduction (exemple : vente d'un immeuble achevé après rénovation ne répondant pas aux critères de la rénovation lourde définis n° 84932).

Il pourra également s'agir, pour le cédant, d'éviter un reversement de TVA quand celui-ci est dû (voir n° 85025). En outre, en cas d'interposition entre le cédant et l'acquéreur final d'un marchand de biens auquel ne peuvent être transférés de droits à déduction (les immeubles sont pour lui des stocks et non des immobilisations ; voir n° 85025), l'option formulée par le premier vendeur puis, dans un deuxième temps, par le marchand de biens permet d'éviter que le montant de la régularisation acquitté par le premier ne soit répercuté dans le prix proposé à l'acquéreur final.

> **Précisions** **a.** Dans l'hypothèse des **immeubles achevés depuis plus de cinq ans pour lesquels le vendeur opte** pour l'assujettissement à la TVA, la taxe sera calculée sur la marge si l'acquisition n'avait pas ouvert droit à déduction (voir n° 84975).

b. L'option doit être **exprimée dans l'acte** constatant la mutation. En cas de pluralité d'immeubles soumis à des régimes fiscaux différents (droits d'enregistrement et TVA, TVA sur le prix et TVA sur la marge), l'option doit être exprimée **distinctement** pour chaque immeuble, fraction d'immeuble ou droit immobilier (CGI ann. II art. 201 quater). L'expression de l'option détermine par ailleurs l'exercice des droits à déduction (voir n° 85020).

TERRITORIALITÉ DES OPÉRATIONS SUR IMMEUBLES IMPOSABLES À LA TVA

84965 Le lieu des opérations concourant à la production ou à la livraison d'immeubles taxables à la TVA se situe en France lorsqu'elles portent sur des **immeubles situés en France** (CGI art. 258, II).

b. Assiette de la TVA

TAXATION À LA TVA SUR LE PRIX

84970 L'assiette de la TVA est en principe constituée par le **prix de vente hors taxe** de l'immeuble, augmenté des charges (CGI art. 266, 2-b). Comme en matière de droits d'enregistrement (n° 85215), les prestations supplémentaires que le vendeur impose à l'acheteur entrent dans la base d'imposition. Mais, contrairement à la règle applicable en matière de droits d'enregistrement, la refacturation par le vendeur à l'acquéreur de la **taxe foncière** correspondant à la période postérieure à l'entrée en jouissance constitue une charge augmentative de prix pour la TVA (Décision de rescrit 20-1-2009 n° 2009/01 E et FI ; BOI-TVA-IMM-10-20-10 n° 150).

En cas d'**insuffisance du prix,** l'administration ne peut asseoir la TVA sur la valeur vénale de l'immeuble, sauf si elle prouve la fraude ou l'évasion fiscale (BOI-TVA-IMM-10-20-10 n° 190). La substitution de base d'imposition est donc exceptionnelle en matière de TVA.

Si le **prix** est **payable à terme ou par annuités,** les intérêts correspondant au crédit consenti à l'acheteur pour une période postérieure à la vente ne sont pas taxables à la TVA, sous réserve que l'acte de vente ventile clairement le prix en capital et le montant des intérêts. En revanche, les intérêts réclamés, le cas échéant, au titre d'une période antérieure à la vente sont taxables à la TVA (BOI-TVA-BASE-10-10-10 nos 130 s.).

> Précisions a. L'évasion fiscale permettant à l'administration de substituer la **valeur vénale** de l'immeuble au prix déclaré est établie lorsqu'une importante minoration de prix est associée à des relations d'intérêt entre les parties (CE (na) 25-6-2007 n° 292864 : RJF 12/07 n° 1405).

b. Lorsque le prix des biens est mentionné sans précision particulière dans l'acte, l'administration considère que les parties ont entendu énoncer un **prix « taxe comprise »** (BOI-TVA-IMM-10-20-10 n° 130). Il en va ainsi en particulier lorsque le vendeur est une société civile immobilière, sans qu'il y ait lieu d'appliquer l'usage constant entre commerçants selon lequel les prix s'entendent hors taxe sauf convention contraire (Cass. com. 21-3-2018 n° 17-12.744 F-D : RJF 8-9/18 n° 846).

c. En cas de **vente « contrat en mains »,** et contrairement à la règle appliquée en matière de droits d'enregistrement (n° 84590), la TVA est assise sur l'intégralité du prix convenu, sans déduction des frais du contrat que les parties conviennent de mettre à la charge du vendeur (en ce sens, notamment CAA Lyon 6-7-1993 n° 92-463 : RJF 10/93 n° 1295).

TAXATION À LA TVA SUR LA MARGE

84975 **Première condition d'application de la TVA sur marge : absence d'ouverture du droit à déduction lors de l'achat du bien revendu** La livraison d'un **immeuble achevé depuis plus de cinq ans,** lorsqu'elle est soumise à la TVA sur option (voir n° 84960), est taxable sur la marge si l'acquisition par le cédant n'a pas ouvert droit à déduction de la TVA (CGI art. 268).

Selon la **jurisprudence européenne et française,** le régime de la marge s'applique à des livraisons de terrains à bâtir (raisonnement transposable selon nous à l'hypothèse d'achat-revente d'un immeuble bâti achevé depuis plus de cinq ans) :

- lorsque leur acquisition a été soumise à la TVA, sans que l'assujetti qui les revend ait eu le droit de déduire cette taxe ;
- ou lorsque leur acquisition n'a pas été soumise à la TVA alors que le prix auquel l'assujetti-revendeur a acquis ces biens incorpore un montant de TVA qui a été acquitté en amont par le vendeur initial. En dehors de cette hypothèse, le régime de la TVA sur marge ne s'applique pas à des livraisons de terrains à bâtir dont l'acquisition initiale n'a pas été soumise à la TVA, soit qu'elle se trouve en dehors de son champ d'application, soit qu'elle s'en trouve exonérée (CJUE 30-9-2021 aff. 299/20 : BPIM 6/21 inf. 409 ; CE 12-5-2022 n° 416727 : BPIM 4/22 inf. 333, rendus dans le cadre du régime de TVA immobilière applicable avant le 11-3-2010 mais transposables au régime actuel).

L'**administration,** quant à elle, considère que n'ont pas ouvert droit à déduction (BOI-TVA-IMM-10-20-10 nos 30 s.) :

- l'acquisition réalisée auprès de personnes non assujetties ;

– l'acquisition réalisée auprès de personnes assujetties qui n'ont pas agi en tant que telles ;
– l'acquisition réalisée auprès de personnes assujetties lorsque la livraison de l'immeuble était exonérée (immeuble de plus de cinq ans) et que l'option pour l'assujettissement n'a pas été formulée ;
– l'acquisition réalisée sans que le montant de la taxe déductible ait été mentionné dans l'acte ni dans tout autre document valant facture ;
– l'acquisition réalisée par une personne qui aurait acquis l'immeuble pour la réalisation exclusive d'opérations non imposables, de telle sorte que le coefficient d'assujettissement de l'article 206 de l'annexe II au CGI était nul au moment de l'acquisition. À cet égard, seule compte l'affectation initiale du bien. En revanche, la circonstance que le coefficient de taxation ait été nul lors de l'acquisition est sans incidence (BOI-TVA-IMM-10-20-10 n° 40). La jurisprudence européenne amène toutefois à nuancer cette hypothèse : la CJUE admet en effet un droit à régularisation de TVA par déduction complémentaire pour un assujetti ayant acquis un bien d'investissement immobilier qui, dans un premier temps, a été utilisé pour des activités non taxées sans que la possibilité de l'utiliser ultérieurement à des activités taxées ait été expressément exclue, puis a été affecté à des activités taxées (CJUE 25-7-2018 aff. 140/17 : RJF 12/18 n° 1304). En suivant ce raisonnement, l'acquisition réalisée par une personne qui aurait acquis l'immeuble pour la réalisation exclusive d'opérations non imposables pourrait néanmoins être considérée comme ayant ouvert droit à déduction si cet immeuble était par la suite affecté par elle à la réalisation d'opérations imposables.

L'administration considère également qu'est réputée ne pas avoir ouvert droit à déduction l'acquisition réalisée avant le 11 mars 2010 qui aurait fait l'objet d'un engagement de construire et d'une autoliquidation de la TVA (hypothèse de l'acquisition d'un terrain à bâtir ou assimilé lorsque le redevable de la taxe était l'acquéreur) (BOI-TVA-IMM-10-20-10 n° 30, Remarque). Cette position est confirmée par la jurisprudence (CAA Lyon 4-6-2020 n° 18LY03464 : BPIM 6/20 inf. 447-7).

En revanche, l'administration considère comme **ayant ouvert droit à déduction** : 84976
– l'acquisition qui a ouvert un droit à déduction, ne serait-ce que partiel (BOI-TVA-IMM-10-20-10 n° 40) ;
– l'acquisition à l'occasion de laquelle le cédant a bénéficié d'un transfert de droits à déduction en application de l'article 207, III-3 de l'annexe II au CGI (BOI-TVA-IMM-10-20-10 n° 70) ;
– l'acquisition soumise à la TVA sur la marge, à condition que la TVA liquidée sur la marge ait été mentionnée dans l'acte d'acquisition ou dans tout document valant facture (BOI-TVA-IMM-10-20-10 n° 50) ;
– l'acquisition avant le 31 décembre 2012 auprès d'une personne non assujettie d'un immeuble précédemment acquis comme immeuble à construire et cédé dans les cinq ans de son achèvement (BOI-TVA-IMM-10-20-10 n° 30).

Certaines **origines de propriété particulières** ne permettent pas de déterminer si l'acquisition 84977
a ouvert droit à déduction.

Il en va ainsi par exemple si le cédant n'est pas en mesure d'établir dans quelles conditions il est entré en possession de tout ou partie du bien (ex. : parcelle issue de **remembrement, origine** de propriété très ancienne et **inconnue,** etc.). Dans ce cas, il y a lieu de soumettre l'ensemble de la cession à la TVA sur le prix total (BOI-TVA-IMM-10-20-10 n° 80).

Lorsque l'acquisition de l'immeuble s'est faite dans le cadre d'une **transmission d'universalité** (CGI art. 257 bis ; voir n° 85030), il y a lieu de se référer au régime de l'acquisition antérieure à celle réalisée par le bénéficiaire de la transmission non taxée pour déterminer si l'acquisition avait ouvert droit à déduction (BOI-TVA-IMM-10-20-10 n° 90). En effet, la cession d'immeuble qui remplit les conditions d'une transmission d'universalité est considérée comme transparente au regard de la TVA.

Par ailleurs, la circonstance qu'un bien immobilier figure comptablement en stock ou à l'actif immobilisé de l'assujetti est dépourvue d'incidence sur l'application du régime de taxation sur la marge (Rép. Grau : AN 27-4-2021 n° 35554).

Seconde condition d'application du régime de la TVA sur marge : identité de qualification juridique entre le bien acquis et le bien revendu 84978

Selon l'**administration fiscale,** il n'y a lieu de rechercher le régime de l'acquisition aux fins de déterminer la base d'imposition que pour les seules livraisons d'immeubles acquis et revendus en gardant la même qualification (BOI-TVA-IMM-10-20-10 n° 20). L'administration précise à ce sujet que la mise en œuvre de la TVA sur la marge suppose nécessairement que le **bien revendu** soit **identique au bien acquis** quant à sa **qualification juridique** car appliquer le régime de la marge dans d'autres cas aboutirait à le permettre dans le cadre d'opérations autres que des opérations d'achat-revente. Ainsi, dans le cas d'un lot revendu comme terrain à bâtir ayant été acquis comme terrain d'assiette d'un immeuble bâti et, comme tel, assimilé à ce dernier, l'identité entre le bien acquis et le bien revendu n'est pas vérifiée. La revente doit être soumise à la TVA sur le prix de vente total (Rép. Vogel : Sén. 17-5-2018 n° 4171 ; Rép. Falorni : AN 24-9-2019 n° 1835 ; Rép. Bazin : AN 29-9-2020 n° 30676 ; Rép. Vialay : AN 2-3-2021 n° 35380).

Cette analyse est également celle retenue par le **Conseil d'État** : ce dernier considère que l'article 392 de la directive européenne du 28 novembre 2006, dont l'article 268 du CGI assure la transposition, impose que ces règles de calcul dérogatoires de la TVA s'appliquent aux opérations de cession de terrains à bâtir qui ont été acquis en vue de leur revente et ne s'appliquent donc pas à une cession de terrains à bâtir qui, lors de leur acquisition, avaient le caractère d'un terrain bâti (CE 27-3-2020 n° 428234 : RJF 6/20 n° 524 repris sous BOI-TVA-IMM-10-20-10 n° 20 ; CE 1-7-2020 n° 431641 : RJF 10/20 n° 776 ; CE 30-11-2020 n° 440137 : BPIM 1/21 inf. 80). Par suite ne relève pas de la TVA sur la marge la cession d'un bien acquis en état d'immeuble bâti – la parcelle supportant un chalet – et revendu, après démolition, comme terrain à bâtir grevé d'un immeuble hors d'eau et hors d'air mais non habitable (CE 16-7-2020 n° 435464 : RJF 11/20 n° 877).

Autrement dit, ne sont, le cas échéant, taxables à la TVA sur marge que les reventes d'**immeubles n'ayant pas changé de consistance** depuis leur acquisition, tels que les terrains à bâtir ayant été préalablement acquis comme terrains nus ou les immeubles achevés depuis plus de 5 ans ayant été préalablement acquis comme immeubles déjà bâtis.

La Cour de justice de l'Union européenne confirme qu'il y a lieu d'exclure l'application du régime de TVA sur la marge à la livraison de terrains à bâtir lorsque ces terrains acquis bâtis sont devenus, entre le moment de leur acquisition et celui de leur revente par l'assujetti, des terrains à bâtir (CJUE ord. 10-2-2022 aff. 191/21 : RJF 5/22 n° 516).

En revanche, elle se montre plus exigeante que la doctrine administrative en la matière puisqu'elle exclut l'application du régime de taxation sur la marge à des livraisons de terrains à bâtir lorsque ces terrains acquis non bâtis sont devenus, entre le moment de leur acquisition et celui de leur revente par l'assujetti, des terrains à bâtir. En particulier sont exclus du régime de la TVA sur marge les terrains acquis non bâtis qui ne répondent pas à la définition d'un terrain à bâtir telle que donnée par les États membres (à savoir un terrain destiné à supporter un édifice) (CJUE 30-9-2021 aff. 299/20 précité).

S'agissant des **opérations en cours,** l'administration précise que le contribuable de bonne foi conserve le droit de se prévaloir de la doctrine administrative française (publiée au Bofip sous la référence BOI-TVA-IMM-10-20-10), même contraire à l'arrêt de la CJUE, tant que cette doctrine administrative n'a pas été remise à jour. Une fois que l'administration aura mis à jour ses commentaires, l'assujetti qui vendrait un bien immobilier postérieurement pourra continuer à se prévaloir de la doctrine antérieure si son acquisition est intervenue ou a fait l'objet d'un compromis de vente antérieurement à cette publication (Rép. Grau : AN 1-2-2022 n° 42486).

84980 Les opérations qui font intervenir une **division** entre l'achat et la revente reçoivent le traitement suivant.

D'après l'administration, la TVA ne pourra pas s'appliquer sur la marge lors de la revente d'un terrain à bâtir issu de la division d'un immeuble bâti sauf si la division parcellaire était antérieure à l'acte d'acquisition initial au moyen d'un document d'arpentage établi pour les besoins de la cession permettant d'identifier les différentes parcelles dans l'acte ou d'un permis d'aménager faisant apparaître de manière précise les divisions envisagées obtenu préalablement à l'acquisition (Rép. Bussereau : AN 20-9-2016 n° 96679).

Ainsi relèvent de la TVA sur marge les cessions de terrains à bâtir ayant fait l'objet, entre l'achat et la revente, d'une division en lots et de travaux d'aménagement et de viabilisation (installation de réseaux desservant lesdits terrains tels que réseaux de gaz ou d'électricité) (CJUE 30-9-2021 aff. 299/20 précité ; CJUE ord. 10-2-2022 aff. 191/21 précité ; CE 12-5-2022 n° 416727 précité ; CE (na) 13-5-2022 n° 440619 : BPIM 5/22 inf. 388). Pour que le régime de la TVA sur marge s'applique, il y a lieu de rechercher dans les actes d'acquisition si les terrains à bâtir ont été acquis en cette qualité, distinctement des terrains contigus supportant des constructions (CE 11-10-2022 n° 464561 : BPIM 6/22 inf. 460 ; CE 18-1-2024 n° 475616 : RJF 4/24 n° 293 ; CE 8-7-2024 n° 489982 : RJF 10/24 n° 662). Ceci suppose, outre une division cadastrale, une ventilation du prix de vente entre les parties bâtie et non bâtie (CAA Bordeaux 25-6-2024 n° 22BX02641 : BPIM 6/24 inf. 375). Est sans incidence la circonstance que les terrains vendus étaient déjà constructibles au moment de leur acquisition et que les lotissements avaient été acceptés par un arrêté antérieur à cette acquisition (CE (na) 14-4-2022 n° 446855 : RJF 7/22 n° 632). Ces derniers éléments paraissent nécessaires mais non suffisants pour caractériser des terrains à bâtir car tant que ceux-ci ne sont pas identifiés comme tels dans l'acte notarié d'acquisition, il ne s'agit que d'un projet de division.

En revanche, ne relève pas de la TVA sur marge l'opération portant sur l'acquisition de 7 parcelles contiguës, qualifiées d'immeuble bâti en raison de la présence d'un bâtiment sur l'une d'elles, revendues séparément en qualité de terrains à bâtir, et dont les délimitations cadastrales n'ont pas changé depuis l'acquisition (CE (na) 2-4-2024 n° 466644 : RJF 6/24 n° 438). Dans cette affaire, la rédaction de la clause fiscale de l'acte semble avoir prévalu sur la désignation et la consistance réelle des biens, ce qui réduit la portée de l'arrêt.

Calcul de la marge La marge est constituée par la **différence entre** (CGI art. 268) : 84985

1° d'une part, le prix exprimé et les charges qui s'y ajoutent ;

2° d'autre part, les sommes que le cédant a versées, à quelque titre que ce soit, pour l'acquisition de l'immeuble.

Ainsi, la marge est déterminée par la différence entre, d'une part, toutes les sommes et charges dues auprès du cédant par le cessionnaire, **diminuées de la TVA afférente à la marge** elle-même et, d'autre part, le prix d'achat supporté par l'assujetti-revendeur. Par suite, le « prix exprimé » s'entend de la différence entre le montant payé au cédant par le cessionnaire ou, pour tout ou partie, par un tiers et le montant de la TVA afférente à la marge résultant de ce prix. Pour déterminer la base d'imposition qui est réputée toutes taxes comprises (TTC), il y a donc lieu de procéder à un **calcul « en dedans »** selon la formule suivante (BOI-TVA-IMM-10-20-10 n°s 240 s.) :

$$\text{Marge taxable} = \frac{\text{(montant payé par le cessionnaire + charges augmentatives - prix d'achat)}}{\text{(100 + taux applicable à l'opération) / 100}}$$

> Précisions a. Le **second terme de la différence** (qui correspond au prix d'achat et aux charges qui s'y ajoutent) ne comprend que les dépenses sur lesquelles **aucun droit à déduction n'a pu être exercé.** Les frais et honoraires exposés à l'occasion de l'acquisition ne sont pas à inclure dans le prix d'achat dès lors qu'ils sont grevés de TVA et que cette taxe est déductible dans les conditions de droit commun (BOI-TVA-IMM-10-20-10 n° 270). Ainsi, si des droits à déduction ouverts au moment de l'acquisition n'ont pas été exercés à l'époque, ils ne pourront pas être inclus dans le second terme de calcul de la marge. Ils ne pourront être pris en compte que par la voie d'une rectification par le contribuable des déclarations de TVA qu'il a déposées si le délai de reprise est encore ouvert.

b. La marge ainsi calculée peut se révéler **nulle ou négative.** La base d'imposition sera alors prise pour zéro (BOI-TVA-IMM-10-20-10 n° 300).

c. Taux d'imposition à la TVA

TAUX DE TVA DE DROIT COMMUN

Le taux en principe applicable aux ventes d'immeubles est le taux normal de 20 % (CGI art. 278). 84990

Si le **prix** est fixé **taxe comprise,** il convient d'appliquer à ce prix le coefficient de conversion de 0,833 pour obtenir le prix hors taxe. Si la TVA est exigible sur la marge, ce coefficient s'applique uniquement à la marge.

> Précisions a. En Corse, le taux normal applicable aux livraisons d'immeubles est de 10 %, soit un coefficient de conversion de 0,909 (CGI art. 297, I-1-5°-a).

b. Dans les **DOM** (excepté Mayotte et la Guyane où la TVA n'est pas applicable), le taux de droit commun, applicable notamment aux opérations immobilières, s'établit à 8,5 %. Par suite, le coefficient de conversion à utiliser pour obtenir le prix hors taxe à partir du prix taxe comprise est de 0,921 (CGI art. 296, 1°-b).

TAUX RÉDUIT DE TVA DE 5,5 %

Relèvent du taux réduit de 5,5 % (CGI art. 278 sexies et 278 sexies-0 A) : 84991

– les livraisons de logements locatifs sociaux neufs financés par un prêt locatif aidé d'intégration (**PLA-I**) et pour lesquelles le destinataire de l'opération est bénéficiaire des aides ou prêts ouvrant droit à l'aide personnalisée au logement (CGI art. 278 sexies, II-A-1°) ;

– les livraisons de logements locatifs sociaux neufs financés par un prêt locatif à usage social (**PLUS**) lorsqu'ils sont situés dans un quartier prioritaire de la politique de la ville (QPPV) y compris partiellement, lorsque ces logements font l'objet d'une convention de renouvellement urbain, ou lorsqu'ils sont situés en dehors de ces quartiers et soit font l'objet d'une convention de renouvellement urbain, soit sont intégrés dans un ensemble immobilier pour lequel la proportion de logements relevant d'une telle convention, parmi l'ensemble des logements locatifs sociaux financés par un PLA-I ou un PLUS, est au moins égale à 50 %. En outre, le destinataire de l'opération doit être bénéficiaire des aides ou prêts ouvrant droit à l'aide personnalisée au logement (CGI art. 278 sexies, II-A-2°) ;

84991 (suite) – les cessions de **droits immobiliers démembrés** afférents à l'une des deux catégories de logements ci-dessus lorsque l'usufruitier bénéficie du prêt réglementé et a conclu la convention conditionnant l'application de l'aide personnalisée au logement (CGI art. 278 sexies, II-B-1° et 278 sexies-0 A, al. 3) ;

– les livraisons de locaux dans le cadre d'une **acquisition-amélioration** (acquisition des locaux financée par un prêt réglementé ou mise à disposition des locaux dans le cadre d'un bail emphytéotique consenti par l'État, une collectivité territoriale ou un groupement de collectivités territoriales, suivie de travaux d'amélioration, de transformation ou d'aménagement financés par un prêt réglementé) financée par un PLA-I, un PLUS ou un prêt locatif social (PLS), sous réserve pour ce dernier prêt que les travaux consistent en une transformation en logements locatifs sociaux de locaux à usage autre que d'habitation (CGI art. 278 sexies, II-B-2°) ;

– les livraisons de logements dans le cadre de l'acquisition-amélioration financées par un PLA-I, PLUS ou PLS (sous réserve, pour ce dernier prêt, de la condition de transformation visée au tiret ci-dessus) et réalisées dans le cadre d'une **vente d'immeuble à rénover** prévue par l'article L 262-1 du CCH (CGI art. 278 sexies, II-B-2° in fine) ;

– les livraisons de logements destinés à être occupés par des titulaires de **contrats de location-accession** faisant l'objet d'une convention et agréés par le préfet (CGI art. 278 sexies, III-1°) ;

– les livraisons de logements neufs à usage de résidence principale destinés à des personnes dont les ressources n'excèdent pas les plafonds prévus à l'article L 411-2 du CCH et situés dans (ou à proximité) des quartiers faisant l'objet d'une **convention de rénovation urbaine** ou des **quartiers prioritaires de la politique de la ville** (QPPV) qui font l'objet d'un contrat de ville. Le prix de vente ou de construction desdits logements ne doit pas excéder les plafonds prévus pour les livraisons de logements destinés à une opération de location-accession agréée visée à l'article 278 sexies, III-1° du CGI (CGI art. 278 sexies, III-2°) ;

– les **apports d'immeubles sociaux neufs** faits par les organismes d'HLM **aux SCI d'accession progressive à la propriété** (CGI art. 278 sexies, III-3°) ;

– certaines opérations intervenant dans le cadre d'un **bail réel solidaire** (CGI art. 278 sexies, III-4°) : voir n° 14910 ;

– les livraisons de locaux directement destinés ou mis à la disposition des **structures d'hébergement temporaire ou d'urgence** faisant l'objet d'une convention entre le propriétaire (ou le gestionnaire) des locaux et le préfet (CGI art. 278 sexies, IV-1°) ;

– les livraisons de locaux aux établissements mentionnés à l'article L 312-1, I-1° , 6° et 7° du CASF et à l'article L 633-1 du CCH, agissant sans but lucratif et dont la gestion est désintéressée, lorsqu'ils hébergent à titre permanent ou temporaire respectivement des **mineurs** ou des **majeurs de moins de 21 ans** relevant des articles L 221-1, L 222-3 et L 222-5 du CASF, des personnes **âgées,** remplissant les critères d'accession au prêt prévus à l'article R 331-1 du CCH, des **personnes handicapées,** ou des **jeunes travailleurs** auxquels s'applique l'aide personnalisée au logement, et que ces locaux font l'objet d'une convention entre le propriétaire (ou le gestionnaire des locaux) et le préfet. Il en est de même des livraisons de locaux aux établissements mentionnés à l'article L 312-1, I-2° du CASF agissant sans but lucratif et dont la gestion est désintéressée pour la seule partie des locaux dédiée à l'hébergement, lorsqu'ils hébergent à titre permanent ou temporaire des mineurs ou de jeunes adultes handicapés (CGI art. 278 sexies, IV-2°).

En cas de fixation d'un **prix taxe comprise,** on applique à ce prix le coefficient de 0,947 pour obtenir le prix hors taxe.

> **Précisions a.** La liste des **quartiers prioritaires de la politique de la ville** (QPPV) est définie par le décret 2023-1314 du 28 décembre 2023 et, pour les départements et collectivités d'outre-mer, par le décret 2024-1212 du 27 décembre 2024.
>
> S'agissant des livraisons et des livraisons à soi-même (LASM) de certains logements sociaux situés dans des **QPPV qui ne répondent plus à cette définition depuis le 1er janvier 2024** et qui ont fait l'objet d'une convention de renouvellement urbain conclue au plus tard le 31 décembre 2023, ainsi que de certaines opérations d'accession sociale à la propriété de logements, situés dans ces mêmes quartiers, l'application du taux réduit aux opérations passées ou engagées est temporairement maintenue dans le cadre du zonage tel que défini jusqu'au 31 décembre 2023. Il en va de même pour les LASM de travaux d'amélioration, de transformation, d'aménagement, d'entretien ou de démolition de ces logements. Ce dispositif s'applique aux logements locatifs sociaux (CGI art. 278 sexies, II-A-2°-a) faisant l'objet d'une demande d'aide de l'État ou de prêt réglementé au plus tard le 31 décembre 2026 à laquelle l'administration a donné une suite favorable, aux logements faisant l'objet d'un contrat d'accession à la propriété (CGI art. 278 sexies, III-2°) pour lesquels la demande de permis de construire est déposée au plus tard à cette même date, la condition tenant à la conclusion d'un contrat

de ville étant, dans ce dernier cas, appréciée au 31 décembre 2024, et aux travaux portant sur des logements situés dans d'anciens QPPV engagés au plus tard à cette même date (CGI art. 278 sexies B issu de loi 2023-1322 du 29-12-2023 art. 86).

b. Pour les livraisons de logements situés dans les QPPV ou dans les quartiers faisant l'objet d'une **convention de rénovation urbaine** (CGI art. 278 sexies, III-2°), l'immeuble doit être :

– soit **situé** dans ces quartiers ou à moins de 300 mètres de la limite de ceux-ci ;

– soit intégré à un ensemble immobilier partiellement situé à moins de 300 mètres et entièrement situé à moins de 500 mètres de la limite d'un QPPV faisant l'objet d'un contrat de ville et d'une convention de renouvellement urbain.

c. Les **structures d'hébergement temporaire ou d'urgence** sont les suivantes (CGI art. 278 sexies, IV-1°) :

– les centres d'hébergement et d'insertion sociale de l'article L 312-1, I-8° du CASF ;

– les structures dénommées « lits halte soins santé », ou « lits d'accueil médicalisés » et les appartements de coordination thérapeutique mentionnés à l'article L 312-1, I-9° du CASF ;

– les centres d'hébergement d'urgence déclarés conformément à l'article L 322-1 du CASF, destinés aux personnes sans domicile.

d. Pour les livraisons de locaux aux **établissements** qui hébergent des **personnes handicapées,** le taux réduit s'applique aussi aux livraisons des locaux d'hébergement des personnels accompagnants au sein de ces établissements (Rép. Saint-Paul : AN 11-4-2023 n° 5202).

e. Lorsque les **conditions d'application du taux réduit cessent** d'être remplies dans un délai de 15 ans (ramené à 10 ans dans certains cas, notamment en cas d'acquisition par des personnes physiques dans le cadre d'un contrat de location-accession ou d'accession à la propriété), un complément de TVA (égal à la différence entre le taux normal et le taux réduit) doit en principe être versé, assorti de l'intérêt de retard (CGI art. 284, II). Toutefois, le complément d'impôt n'est pas dû lorsque les conditions cessent d'être remplies à la suite de la vente à leurs occupants de logements sociaux neufs apportés par les organismes de HLM aux SCI d'accession progressive à la propriété mentionnés à l'article 278 sexies, III-3° du CGI.

Pour ces dernières livraisons ainsi que pour les livraisons de logements dans le cadre d'un contrat de location-accession (mentionnés à l'article 278 sexies, III-1° du CGI), le complément d'impôt dû est diminué d'un dixième par année de détention au-delà de la cinquième année. Toutefois, lorsque le logement a été acquis par des personnes physiques dans le cadre d'un contrat de location-accession ou lorsqu'il s'agit d'un logement situé dans un QPPV ou dans un quartier faisant l'objet d'une **convention de rénovation urbaine** (mentionnés à l'article 278 sexies, III-1° et 2° du CGI), il est diminué d'un dixième par année de détention à compter de la première année. Le **droit de reprise** de l'administration s'exerce jusqu'à la fin de la troisième année suivant celle au cours de laquelle les conditions cessent d'être remplies (LPF art. L 176, al. 4).

f. Le taux applicable aux **premières livraisons** des logements, terrains et locaux mentionnés à l'article 278 sexies, II à IV du CGI est maintenu pour les livraisons (ou livraisons à soi-même) portant sur les mêmes biens qui leur sont **postérieures** (CGI art. 278 sexies-0 A, al. 4).

TAUX INTERMÉDIAIRE DE TVA DE 10 %

Livraisons de logements locatifs du secteur intermédiaire Relèvent du taux intermédiaire de 10 % (coefficient de conversion : 0,909) les livraisons de **logements locatifs** remplissant les conditions suivantes (CGI art. 279-0 bis A) : 84992

– les logements ou, en cas de démembrement de propriété, l'usufruit doivent être **livrés** à une personne morale ;

– la livraison porte sur des **logements** issus soit d'une opération de **construction nouvelle,** soit d'une opération de transformation en logements neufs de locaux affectés à un usage autre que l'habitation, soit d'une opération d'acquisition-amélioration de bâtiments ou parties de bâtiments à usage résidentiel conduisant à une amélioration de la performance énergétique ;

– l'opération de construction a fait l'objet d'une **information** auprès de l'administration (CCH art. L 302-16-1) ;

– les logements construits doivent être **situés en zone classée A ou B1,** ou sur le territoire de communes de réindustrialisation où sont réalisés des projets d'intérêt national majeur au sens de l'article L 300-6-2, I du Code de l'urbanisme, ou dans le périmètre d'une grande opération d'urbanisme comportant la transformation d'une zone d'activité économique, d'une opération programmée d'amélioration de l'habitat ou d'une opération de requalification de copropriétés dégradées, ou sur le territoire de communes qui ont conclu un contrat de projet partenarial d'aménagement ou une convention d'opération de revitalisation de territoire ;

– les logements doivent être intégrés dans un **ensemble immobilier** comprenant au minimum un **nombre de 25 % de logements sociaux** tels que définis à l'article 278 sexies, I-1° du CGI. Toutefois, cette condition ne s'applique pas lorsque l'ensemble immobilier est situé soit dans les quartiers prioritaires de la politique de la ville, soit dans une commune comptant déjà plus de 25 % de logements locatifs sociaux ;

– les logements doivent être destinés à être loués à des **personnes physiques** dont les **ressources** à la date de conclusion du bail ne dépassent pas les plafonds fixés par le décret prévu à l'article 199 novovicies, III-al. 1 du CGI (décret d'application du dispositif Pinel) ;

– le **loyer mensuel** ne dépasse pas les plafonds prévus à l'article 199 novovicies, III du CGI.

> Précisions a. L'obligation d'**information** auprès de l'administration est exigée du dépôt de la demande de permis de construire (ou en cas de Véfa, de l'acquisition) jusqu'à l'expiration de la durée au cours de laquelle un complément de taxe est susceptible d'être dû dès lors que les conditions d'application du taux de 10 % cessent d'être remplies. Le non-respect de cette obligation est sanctionné par des amendes allant de 500 € à 1 500 €, lesquelles doivent s'apprécier pour chaque ensemble immobilier (CCH art. L 302-16-2). Les modalités pratiques de cette information (personnes concernées, informations à transmettre, date limite de dépôt, etc.), qui doit en principe être réalisée de manière dématérialisée, sont détaillées aux articles D 302-31 s. du CCH.

b. Le redevable doit pouvoir **justifier,** sur demande de l'administration, du respect de la condition de **25 % de logements sociaux** en produisant soit la déclaration d'achèvement des travaux, soit la déclaration d'ouverture de chantier. Dans ce dernier cas, les logements sociaux doivent être achevés en nombre suffisant au plus tard six mois avant l'expiration du délai de reprise de la TVA (en principe à la fin de la troisième année suivant celle au cours de laquelle la taxe est devenue exigible) (BOI-TVA-IMM-30 n° 60).

c. Pour les logements situés sur le territoire de communes de réindustrialisation où sont réalisés des projets d'intérêt national majeur au sens de l'article L 300-6-2, I du Code de l'urbanisme, ou dans le périmètre d'une grande opération d'urbanisme comportant la transformation d'une zone d'activité économique, d'une opération programmée d'amélioration de l'habitat ou d'une opération de requalification de copropriétés dégradées, ou sur le territoire de communes qui ont conclu un contrat de projet partenarial d'aménagement ou une convention d'opération de revitalisation de territoire, les **dispositions transitoires** suivantes sont prévues (Loi 2023-1322 du 29-12-2023 art. 71, XI). La **condition de situation géographique** des immeubles est appréciée au 31 décembre 2024 pour les logements qui remplissent les conditions suivantes :

– une demande de permis de construire a été déposée au plus tard le 3 octobre 2023 ;

– l'ouverture du chantier est intervenue avant le 31 décembre 2024.

d. Lorsque la **condition de location cesse d'être remplie** dans un délai de 20 ans, un complément de TVA (égal à la différence entre le taux normal et le taux réduit) doit en principe être versé, assorti de l'intérêt de retard, sauf si cette cessation résulte, à compter de la 11e année, de la cession du logement. Jusqu'à la 16e année qui suit le fait générateur de l'opération de construction, les cessions ne peuvent porter sur plus de 50 % des logements (CGI art. 284, II bis).

En cas de **démembrement de propriété,** dans l'hypothèse où l'**extinction de l'usufruit** intervient avant la 16e année qui suit le fait générateur de l'opération, tant l'usufruitier que le nu-propriétaire sont tenus au versement du complément d'impôt résultant de la différence entre le taux intermédiaire et le taux normal, sans application à ce calcul d'un éventuel dispositif de décote qui tiendrait compte du nombre d'années écoulées au cours de la convention d'usufruit. Cependant, le nu-propriétaire et l'usufruitier sont dispensés du paiement du complément de taxe dès lors que, à l'occasion de cette extinction, le nu-propriétaire qui obtient la pleine et entière propriété du bien poursuit l'activité locative à laquelle l'usufruitier affectait auparavant l'immeuble dans les conditions prévues par l'article 279-0 bis A du CGI. De la même manière, la cession par le nu-propriétaire de son droit de nue-propriété reste sans incidence sur le taux de la TVA qui lui a été appliqué lors de la constitution de la nue-propriété dès lors que l'usufruitier poursuit l'activité locative dans les conditions prévues par l'article précité (Rép. Louwagie : AN 11-4-2023 n° 378).

Le **droit de reprise** de l'administration s'exerce jusqu'à la fin de la troisième année suivant celle au cours de laquelle les conditions cessent d'être remplies (LPF art. L 176, al. 4).

84994 **Livraisons de logements locatifs sociaux et assimilés** Relèvent également du taux intermédiaire de 10 % (CGI art. 278 sexies et 278 sexies-0 A) :

– les livraisons de **logements locatifs sociaux neufs** (autres que ceux visés n° 84991) pour lesquels le bénéficiaire a conclu une convention APL (CGI art. 278 sexies, II-A-3°). Sont également concernées ces mêmes livraisons lorsque le destinataire est l'Association Foncière Logement (AFL) dès lors que celle-ci a conclu, pour le logement livré, la convention prévue à l'article L 831-1, 4° du CCH (CGI art. 278 sexies, II-A in fine) ;

– les cessions de **droits immobiliers démembrés** afférents aux logements ci-dessus lorsque l'usufruitier bénéficie du prêt réglementé et a conclu la convention conditionnant l'application de l'APL (CGI art. 278 sexies, II-B-1° et 278 sexies-0 A, al. 3) ;

– les livraisons de **logements à usage locatif autres que sociaux** destinés à être occupés par des ménages dont le total des ressources n'excède pas celui prévu à l'article 279-0 bis A, I-1° du CGI. Pour les logements situés dans un **quartier faisant l'objet d'une convention de rénovation urbaine** ou d'une **convention de renouvellement urbain,** ou entièrement situés à moins de 300 mètres de la limite de ces quartiers, le destinataire du terrain est l'Association Foncière Logement (AFL) ou des sociétés civiles immobilières dont cette association détient la majorité des parts. Pour les logements situés sur des terrains octroyés au titre des droits de **réservation portant sur des logements locatifs** de l'article L 313-3 du CCH, le destinataire du terrain est un organisme réalisant, en substitution de l'AFL, des opérations immobilières qui relèvent d'une convention de rénovation urbaine (CGI art. 278 sexies, II-C) ;

– les livraisons de **terrains à bâtir** destinés à la construction de locaux faisant l'objet d'une opération taxable au taux réduit de 5,5 % (n° 84991) ou 10 %, autres que les livraisons à un OFS, lorsque l'acquéreur atteste de cette destination dans l'acte de vente (CGI art. 278 sexies, V).

> Précisions **a.** Lorsque les **conditions d'application du taux intermédiaire cessent d'être remplies** dans un délai de 15 ans (ramené à 10 dans certaines situations), un complément de TVA (égal à la différence entre le taux normal et le taux intermédiaire) doit en principe être versé, assorti de l'intérêt de retard (CGI art. 284, II). Le **droit de reprise** de l'administration s'exerce jusqu'à la fin de la troisième année suivant celle au cours de laquelle les conditions cessent d'être remplies (LPF art. L 176, al. 4). Toutefois, dès lors que la convention APL conclue avec l'État est transférée de plein droit aux propriétaires successifs, la vente de l'immeuble ne constitue pas un événement rendant exigible le versement du différentiel de taux de TVA (BOI-RES-TVA-000004).

b. Le taux applicable aux premières **livraisons** des logements, terrains et locaux mentionnés à l'article 278 sexies, II à IV du CGI est maintenu pour les livraisons (ou livraisons à soi-même) portant sur les mêmes biens qui leur sont **postérieures** (CGI art. 278 sexies-0 A, al. 4).

d. Modalités d'imposition à la TVA

FAIT GÉNÉRATEUR ET EXIGIBILITÉ DE LA TVA

Principe Conformément au droit commun de la TVA, le fait générateur se produit en principe au moment où la **livraison** est effectuée (CGI art. 269, 1-a) et la taxe est exigible à la même date. Toutefois, en cas de versement préalable d'**acomptes,** la TVA est exigible lors de l'encaissement de l'acompte, à concurrence du montant encaissé (CGI art. 269, 2-a). **85000**

La livraison s'entend du transfert du pouvoir de disposer du bien corporel comme un propriétaire (CGI art. 256, II-1°), indépendamment du fait qu'un acte ait été ou non établi et présenté à la formalité (BOI-TVA-IMM-10-20-20 n° 1).

Quelle que soit la date d'exigibilité de la taxe, l'acte constatant une mutation immobilière doit faire l'objet de la double **formalité** ou de la formalité fusionnée dans les conditions et **délais** de droit commun (voir n° 84510).

Cas particuliers En ce qui concerne les **ventes d'immeubles à construire** (Véfa et vente à terme), la taxe est exigible lors de chaque versement des sommes correspondant aux différentes échéances prévues par le contrat en fonction de l'avancement des travaux (CGI art. 269, 2-a bis). **85004**

Mais pour les Véfa conventionnelles, ainsi que les ventes d'immeuble à rénover, c'est la règle de droit commun qui s'applique (n° 85000). En vertu de cette règle, la taxe est exigible au moment de l'encaissement de chaque acompte, à concurrence du montant encaissé. Le fait générateur intervient lors de la réception des travaux à l'issue desquels l'immeuble est considéré comme achevé, ainsi qu'en atteste la déclaration de l'article L 462-1 du Code de l'urbanisme (Rép. Louwagie : AN 13-9-2022 n° 96). Par suite, le solde de la TVA devient exigible à la date de cette réception, quelle que soit l'époque de versement de la dernière tranche de prix.

Selon l'administration, en cas de **dation en paiement,** dès lors que la livraison des locaux remis en dation relève d'un contrat portant sur un immeuble à construire, l'exigibilité de la taxe due à ce titre intervient lors de la **livraison du terrain qui en constitue la contrepartie** (BOI-TVA-IMM-10-20-20 n° 30). En ce sens également, il a été jugé que l'acte de dation en paiement par lequel une SCI s'était engagée à livrer à un particulier une série de lots identifiés avec précision au sein d'un immeuble à construire sur le terrain à bâtir cédé le même jour par ledit particulier, qui ne renvoyait à aucun acte de vente ultérieur et ne prévoyait aucune condition suspensive, constatait l'accord sur la chose et le prix à cette date ; que cet acte avait le caractère, non d'une promesse de vente mais d'une cession, le **paiement** à la SCI **du prix des lots à construire** par le bénéficiaire étant **effectué par compensation avec le prix du terrain à bâtir** cédé par celui-ci le même jour ; que, dans ces conditions, en application des dispositions de l'article 269 du CGI, le fait générateur de la TVA due à raison de cette opération s'était produit à la date de l'acte de dation et non à la date de livraison des locaux (CE (na) 13-3-2017 n° 402393 : RJF 6/17 n° 544, solution rendue sous le régime en vigueur avant la loi du 9 mars 2010, mais qui nous semble conserver sa valeur ; dans le même sens depuis la loi du 9 mars 2010, TA Nice 30-6-2022 n° 1903192 : BPIM 1/23 inf. 68).

Cette solution ne devrait toutefois pas, à notre avis, s'appliquer si les parties au contrat ont prévu que le **prix de vente** ne sera **réputé payé qu'après achèvement des constructions.** Selon nous, il y a lieu dans ce cas de faire application des règles de droit commun : la TVA est exigible au moment du transfert du pouvoir de disposer de la chose comme un propriétaire, c'est-à-dire, s'agissant de la remise de locaux, à la date de leur achèvement. Il faut effectivement noter, au plan civil, la difficulté qui résulte du fait que lorsqu'un contrat a pour objet le transfert de la propriété d'un immeuble à construire à usage d'habitation ou à usage mixte professionnel et d'habitation et prévoit que l'acquéreur devra effectuer des versements avant l'achèvement de cet immeuble, ce contrat doit obligatoirement revêtir la forme d'une vente en l'état futur d'achèvement, ou celle d'une vente à terme (CCH art. L 261-10). En ce cas, le prix ne peut être payé que selon un certain échelonnement et ne peut pas être intégralement payé d'avance. Or, dans le cas d'une vente de terrain rémunérée par la remise de locaux à construire, le vendeur du terrain, qui se présente dans la plupart des hypothèses comme un acquéreur des locaux à construire, peut être considéré comme les ayant intégralement payés d'avance en remettant au vendeur son terrain. Il existe ainsi un risque d'annulation du contrat, les règles ci-dessus étant d'ordre public. Dès lors, et pour éviter cet écueil, des modalités particulières de paiement peuvent être mises en place consistant à différer le paiement après l'achèvement, et à différer par la même occasion le fait générateur et l'exigibilité de la TVA.

REDEVABLE DE LA TVA

85008 Le redevable de la taxe est **en principe** la personne qui réalise l'opération imposable (CGI art. 283, 1-al. 1), c'est-à-dire celle qui effectue la livraison, autrement dit le cédant. Cette règle s'applique à toutes les opérations, qu'elles portent sur des immeubles, des fractions d'immeuble ou des droits sociaux.

Si le cédant est membre d'un assujetti unique (n° 84922), le redevable est l'assujetti unique (CGI art. 256 C). L'assujetti unique est lié par les engagements pris à l'acte par le cédant. Sur cette question, voir Gaëtan Berger-Picq, Alexandra L'Herminé et Muriel Suquet-Cozic, Dossier Groupe TVA et transactions immobilières : SNH 21/23 inf. 11 à 14.

Par **exception,** la taxe est due par l'acquéreur qui agit en tant qu'assujetti et dispose d'un numéro d'identification à la TVA en France lorsque le cédant, lui-même assujetti, n'est pas établi en France (CGI art. 283, 1-al. 2).

DÉCLARATION ET PAIEMENT DE LA TVA

85010 Les assujettis doivent utiliser des **déclarations** CA3, c'est-à-dire les déclarations habituellement utilisées pour toutes les opérations relevant de la TVA selon le régime réel normal.

L'opération est portée sur la déclaration CA3 établie au titre du mois au cours duquel elle est intervenue (ou au titre du trimestre si la **taxe exigible** annuellement est inférieure à 4 000 €). Les formulaires mentionnent l'ensemble des opérations effectuées au cours de la période considérée et font état, globalement, des droits à déduction ouverts pendant la même période.

Si le cédant est membre d'un assujetti unique (n° 84922), l'opération (en dehors de la situation où l'acquéreur est membre du même assujetti unique que le cédant) est portée sur la déclaration déposée par l'assujetti unique (CGI art. 256 C, III-2).

La déclaration de TVA doit être souscrite par voie électronique (**télédéclaration**) et la taxe doit être acquittée par la même voie (**télérèglement**).

> **› Précisions** Les opérations immobilières sont exclues des modalités simplifiées de liquidation de la TVA (CGI ann. II art. 204 quater). Mais les redevables relevant du **régime simplifié** au titre d'autres opérations mentionnent les livraisons d'immeubles sur le relevé **CA12** (en ce sens, BOI-TVA-IMM-10-20-30 n° 40).

DROITS À DÉDUCTION DE LA TVA

85015 **Généralités** Le régime des déductions sur les opérations immobilières obéit aux règles de droit commun de la TVA.

La TVA qui a grevé les éléments du prix d'une opération imposable est déductible de la taxe applicable à cette opération (CGI art. 271). Autrement dit, la **taxe acquittée** par l'assujetti agissant en tant que tel sur l'acquisition de l'immeuble, ainsi que sur les prestations de services effectuées ultérieurement sur l'immeuble, est déductible de la **taxe collectée** lors de sa revente (en pratique toutefois, la déduction est exercée immédiatement sans attendre la revente : voir n° 85020).

Le droit à déduction est subordonné à l'existence d'un **lien direct et immédiat** entre l'opération d'amont – dont la déduction de TVA est envisagée – et l'opération d'aval ouvrant droit à déduction. À défaut d'un tel lien, un droit à déduction peut néanmoins être reconnu si les dépenses font partie des **frais généraux** de l'entreprise (CJUE 8-6-2000 aff. 98/98 : RJF 9-10/00 n° 1187 ; BOI-TVA-IMM-10-30 n° 90 ; CAA Versailles 10-10-2017 n° 16VE00567 : RJF 6/18 n° 606 ; CAA Paris 21-3-2019 n° 18PA02009 : RJF 8-9/19 n° 773).

La taxe grevant les dépenses de commercialisation de divers immeubles est intégralement déductible par l'assujetti promoteur immobilier même si la vente desdits biens profite également à un tiers lorsque, d'une part, il existe un lien direct et immédiat entre ces dépenses et l'activité économique de l'assujetti et, d'autre part, l'avantage pour le tiers est accessoire par rapport aux besoins de l'entreprise de l'assujetti (CJUE 1-10-2020 aff. 405/19 : RJF 12/20 n° 1061). Sur le cas où la livraison bénéficie de l'absence de taxation de l'article 257 bis du CGI, voir n° 79970.

L'utilisation qui est faite des biens (ou des services), ou qui est envisagée pour eux, ne détermine que l'**étendue des droits à déduction** et des éventuelles régularisations (CJUE 11-7-1991 aff. 97/90 : RJF 10/91 n° 1325 ; CE 5-7-2023 n° 469778 : RJF 10/23 n° 713). Cette étendue est définie par le coefficient de déduction, qui est le produit des coefficients d'assujettissement, de taxation et d'admission (CGI ann. II art. 205 et 206).

> **Précisions** La TVA grevant les **honoraires d'intermédiaires** à l'occasion d'une **vente d'immeubles non soumise à la taxe** est déductible dès lors que les dépenses concernées se rattachent partiellement à l'activité économique taxable du vendeur, que ce dernier ne les a pas incluses dans le prix de vente et que la cession ne présente pas de caractère patrimonial (CAA Versailles 9-5-2017 n° 16VE00662 : RJF 10/17 n° 932).

TVA grevant l'acquisition de l'immeuble Si l'immeuble est **immobilisé,** la taxe est déductible dans la proportion de son utilisation à des opérations ouvrant droit à déduction. 85016

Si l'immeuble est comptabilisé en **stock** comme destiné à la revente, la taxe est déductible si la revente est soumise à la TVA. Il en va ainsi pour les terrains à bâtir et les immeubles neufs qui entrent dans le champ de la taxe de plein droit. Il en va de même pour la cession des terrains non à bâtir et des immeubles achevés depuis plus de cinq ans pour lesquels la taxe peut être déduite une fois effectivement exercée l'option pour l'assujettissement de l'opération à la TVA (BOI-TVA-IMM-10-30 n° 80 ; CE 27-11-2020 n° 426091 : BPIM 1/21 inf. 83 ; CE 9-6-2021 n° 429498). Néanmoins, la mise en location de l'immeuble dans l'attente de sa revente est susceptible d'avoir des incidences sur ces droits à déduction (voir nos 87090 s.).

> **Précisions** Le fait que la TVA acquittée sur l'acquisition ait été liquidée sur la marge est sans incidence sur les droits à déduction. La **TVA sur marge** est déductible dans les conditions de droit commun par l'acquéreur de l'immeuble dès lors que les conditions de déduction sont remplies (BOI-TVA-IMM-10-30 n° 60). Ceci supposera notamment que l'acte de vente valant facture mentionne le montant de la TVA liquidée sur la marge (voir n° 85019).

TVA grevant le coût de construction de l'immeuble et les travaux d'amélioration ou de transformation En pratique, cette taxe peut toujours être déduite car la livraison de l'immeuble sera imposable à la TVA soit de plein droit (immeuble neuf cédé dans les cinq ans de l'achèvement), soit sur option du cédant (immeuble de plus de cinq ans). 85017

TVA grevant la livraison à soi-même Si l'immeuble est **immobilisé,** la taxe est déductible dans la proportion de son utilisation à des opérations ouvrant droit à déduction. 85018

Si l'immeuble est comptabilisé en **stock** comme destiné à la revente, la taxe est intégralement déductible. Néanmoins, sa mise en location dans l'attente de sa revente est susceptible d'avoir des incidences sur ces droits à déduction (voir n° 87095).

Condition du droit à déduction La TVA acquittée sur les opérations d'amont n'est déductible que par l'assujetti qui l'a lui-même **supportée.** Sur l'application de cette condition en cas d'**acquisition démembrée** d'un immeuble, voir n° 42605. 85019

Par ailleurs, la TVA acquittée sur les opérations d'amont ne peut être déduite que si elle **figure sur la facture** établie conformément aux dispositions de l'article 289 du CGI (CGI art. 271, II). À ce sujet, l'acte notarié comportant les mentions légales exigées par l'article 289 vaut facturation (CE 2-7-1986 n° 49492 : RJF 10/86 n° 883 ; CE 24-11-1986 n° 50200 : RJF 1/87 n° 30 ; solutions rendues sous le régime antérieur qui paraissent conserver toute leur portée depuis la réforme du 9 mars 2010).

Ce principe vaut notamment pour la déduction par l'acquéreur de la **TVA sur marge** acquittée lors de l'acquisition : celle-ci n'est déductible que si l'**acte de vente** mentionne le montant de la taxe et comporte l'ensemble des mentions requises par l'article 242 nonies A de l'annexe II au CGI (BOI-TVA-IMM-10-30 n° 60). Pour satisfaire aux exigences de cet article, l'acte authentique de vente doit faire apparaître la marge hors taxe réalisée par le vendeur et le taux de la taxe appliqué à cette marge. À défaut, l'administration est fondée à refuser la déduction de la taxe par l'acquéreur. La production d'une **attestation du vendeur** précisant ces éléments postérieurement à la notification de redressement n'est pas suffisante (CAA Lyon 5-4-2012 n° 11-1863 : RJF 8-9/12 n° 810).

> **Précisions** **a.** La **solution** de la **cour administrative d'appel de Lyon** (n° 11LY01863), analysée ci-dessus, est **rigoureuse** et devra être confirmée. On peut la comparer avec un arrêt du Conseil d'État (CE 26-3-2012 n° 326333 : RJF 6/12 n° 589) qui, en cas d'absence du nom complet et de l'adresse du client sur la facture (ou de leur caractère erroné), admet la déduction de la taxe par celui-ci s'il apporte la preuve par tout moyen du règlement effectif par lui-même de cette facture pour les besoins de ses propres opérations imposables.
> **b.** Lorsque l'une des parties est membre d'un **assujetti unique** (n° 84922), la facture (donc l'acte notarié) doit mentionner en particulier :
> – le nom complet, l'adresse et le numéro d'identification TVA de l'assujetti unique (BOI-TVA-AU-50 n° 40) ;
> – le nom complet, l'adresse et le numéro d'identification TVA de la société membre de l'assujetti unique partie à l'acte ainsi que la mention « Membre d'un assujetti unique » (CGI ann. II art. 242 nonies A, 5° bis).
> Il est également recommandé de faire figurer dans l'acte les coordonnées du service des impôts dont dépend l'assujetti unique.

85020 **Exercice du droit à déduction** Le droit à déduction prend naissance lorsque la TVA déductible devient exigible chez le redevable. La déduction est opérée par **imputation** sur la taxe due par le redevable au titre du mois pendant lequel le droit à déduction a pris naissance (CGI art. 271, I). Toutefois, en ce qui concerne l'**immeuble achevé depuis plus de cinq ans,** la vente de celui-ci est en principe exonérée de TVA. Elle n'est imposable qu'en cas d'exercice de l'option prévue à l'article 260, 5° bis du CGI. Par suite, la taxe grevant l'acquisition d'un immeuble ancien n'est pas déductible tant que l'option de soumettre la revente de l'immeuble à la TVA n'a pas été effectivement exercée, alors même que l'acquéreur aurait pris un engagement de revendre dans l'acte d'acquisition. Il ne peut donc pas se prévaloir d'un droit à déduction avant l'exercice de l'option, c'est-à-dire avant la revente, pour obtenir le remboursement d'un crédit de taxe (CE 27-11-2020 n° 426091 : BPIM 1/21 inf. 83 ; BOI-TVA-IMM-10-30 n° 80 ; CE 9-6-2021 n° 429498). Il en va différemment si l'immeuble en stock a fait l'objet d'une location dans l'attente de sa revente (voir n°s 87090 s.).

Le montant de la taxe déductible doit être mentionné **sur la déclaration de TVA** (CGI ann. II art. 208). En principe, ce montant figure sur la déclaration souscrite au titre du mois pendant lequel le droit à déduction a pris naissance, ou à défaut sur toute déclaration ultérieure souscrite avant le 31 décembre de la deuxième année qui suit celle du mois en cause.

85025 **Régularisations** Lorsqu'un **immeuble** affecté à une activité soumise à la TVA constitue une **immobilisation** pour son propriétaire assujetti, des régularisations de taxe doivent être opérées dans deux catégories de cas :

– lorsque l'**immeuble cesse d'être utilisé pour l'activité soumise à la TVA,** par exemple lorsqu'il est cédé ou apporté sans que cette opération soit taxée sur le prix total ou sur la marge (CGI ann. II art. 207, III-1-1°) ; la régularisation prend alors la forme d'un **reversement** au Trésor d'un prorata de la taxe antérieurement déduite ; ce prorata est égal à 1/20e par année restant à courir jusqu'à l'expiration du délai de 20 ans débuté lors de l'affectation du bien à l'activité, qui correspond le plus souvent à souvent à son acquisition. Dans ce cas, et si le bien cédé constitue également une immobilisation pour l'acquéreur, celui-ci se voit automatiquement transmettre les droits à déduction inutilisés par le vendeur correspondant au reversement qu'il a dû effectuer. Pour ce faire, le vendeur est tenu de délivrer à l'acquéreur de l'immeuble une attestation mentionnant ces droits à déduction (CGI ann. II art. 207, III-3) ;

– lorsque l'immeuble, **initialement affecté en totalité ou en partie à une activité non soumise à la TVA,** se trouve affecté dans une proportion plus importante à une activité entrant dans le champ de la taxe, par exemple lorsqu'il est cédé ou apporté et que cette opération est taxée sur le prix total sans que l'acquisition initiale ait ouvert droit à déduction (CGI ann. II art. 207, III-1-2°) ; la régularisation a alors lieu sous forme de **déduction complémentaire** de la taxe qui n'avait pas été antérieurement déduite.

Pour éviter d'avoir à effectuer une régularisation par reversement de taxe, le vendeur peut faire usage de la faculté de soumettre l'opération à la **TVA sur option,** lorsque celle-ci est autorisée (voir n° 84960).

La régularisation de la taxe initialement déduite ne doit être opérée que pendant une certaine **période,** fixée à 20 ans pour les immeubles immobilisés (CGI ann. II art. 207, II-3). Le point de départ du délai de régularisation se situe (BOI-TVA-DED-60-20-10 n°s 150 et 155) :

– lorsque l'assujetti est tenu de constater une livraison à soi-même : à la date à laquelle la taxe devient exigible du fait de cette livraison ;

– lorsque l'assujetti n'a pas à constater de livraison à soi-même : à la date du dépôt en mairie de la déclaration d'achèvement et de conformité des travaux ;
– pour les immeubles inscrits en stock : à la date à laquelle l'immeuble est assimilé à une immobilisation.

EXEMPLE

En 2019, un commerçant acquiert un immeuble neuf pour les besoins de son commerce. L'acquisition est soumise à la TVA. En 2025, soit au bout de six ans, il transfère son commerce et cède ce local. L'immeuble a été achevé il y a plus de cinq ans. La revente n'est en principe pas soumise à la TVA et le cédant n'opte pas pour l'imposition. Le commerçant doit reverser à l'État 14/20e de la taxe ayant grevé l'acquisition de l'immeuble qu'il avait intégralement déduite en 2019.

ABSENCE DE TAXATION EN CAS DE TRANSMISSION D'UNIVERSALITÉ

Lors de la transmission à titre onéreux, à titre gratuit ou sous forme d'apport à une société d'une universalité totale ou partielle de biens effectuée entre redevables, aucune livraison de biens ou prestation de services n'est réputée intervenir ; le cessionnaire est réputé continuer la personne du cédant (CGI art. 257 bis). Sur ce régime **obligatoire,** voir nos 79900 s. **85030**

2. OPÉRATIONS DES NON-ASSUJETTIS

OPÉRATIONS HORS DU CHAMP DE LA TVA

Les livraisons d'immeubles bâtis ou non bâtis (terrains à bâtir ou non constructibles) effectuées par une personne qui n'intervient pas en tant qu'assujetti sont hors du champ d'application de la TVA, quelle que soit la qualité de l'acquéreur. **85100**

Sont incluses dans cette catégorie les opérations réalisées par les assujettis n'agissant pas en tant que tels.

Ainsi, ne sont pas taxables à la TVA, lorsqu'elles sont réalisées par des non-assujettis ou par des assujettis n'agissant pas en tant que tels :
– les livraisons de terrains nus ;
– les livraisons de terrains à bâtir ;
– les livraisons d'immeubles neufs dans les cinq ans de leur achèvement ;
– les livraisons d'immeubles achevés depuis plus de cinq ans.

En revanche, **entrent dans le champ de la TVA,** même lorsqu'elles sont réalisées par des non-assujettis, certaines livraisons à soi-même de logements sociaux.

> **Précisions** Il ne faut pas confondre non-assujetti et particulier car certains particuliers sont assujettis à la TVA. Ainsi, la **vente d'immeuble neuf par un particulier** est soumise à la TVA lorsque l'immeuble vendu est le support d'une activité locative imposable à la TVA, car le vendeur est précisément un assujetti au titre de cette activité.

ABSENCE D'OPTION

Il n'existe pas pour les non-assujettis de faculté d'option, comme il en est prévu pour les assujettis (voir no 84960). L'exclusion du champ de la TVA est donc intangible. **85110**

ABSENCE DE DROIT À DÉDUCTION

Les opérations réalisées par les non-assujettis étant hors du champ de la TVA, le régime des déductions ne s'applique pas. En conséquence, la TVA grevant le coût de ces immeubles (acquisition, frais, travaux, etc.) n'est pas déductible à l'occasion de la revente, même lorsqu'il s'agit d'un immeuble neuf. **85120**

B. Régime des droits de mutation à titre onéreux sur les opérations relevant de la TVA

1. DISPOSITIONS COMMUNES AUX ACQUÉREURS ASSUJETTIS ET NON ASSUJETTIS À LA TVA

INDÉPENDANCE DE LA TVA ET DES DROITS DE MUTATION

Les mutations d'immeubles qui entrent dans le champ de la TVA, de plein droit ou sur option, entrent également par nature dans le champ des droits de mutation à titre onéreux d'immeubles, **85200** de sorte qu'une telle mutation donne lieu cumulativement à la TVA et aux droits de mutation dans des conditions propres à chaque imposition.

En matière de droits de mutation à titre onéreux, le régime est déterminé par la qualité de l'acquéreur au regard de la TVA (sur la qualification d'assujetti, voir nos 84900 s.).

DROIT DE VENTE AU TAUX NORMAL

85205 Les mutations à titre onéreux d'immeubles sont en principe soumises au droit de vente au **taux de droit commun** indiqué n° 84660.

Sont notamment soumises à ce régime (BOI-ENR-DMTOI-10-40 n° 40) :

- les acquisitions d'immeubles bâtis (neufs ou non) réalisées auprès d'un non-assujetti,
- les acquisitions d'immeubles achevés depuis plus de cinq ans réalisées auprès d'un assujetti, quand bien même le cédant aurait opté pour la taxation de la mutation à la TVA et quelle qu'en soit l'assiette.

> Précisions a. Il résulte de l'indépendance de la TVA et des droits de mutation que certaines ventes peuvent subir une **double taxation** en supportant à la fois la TVA sur le prix de vente et les droits de mutation au taux plein. Sont concernées, à condition qu'elles soient réalisées par un vendeur assujetti ayant opté pour soumettre cette vente à la TVA : les ventes d'immeubles de plus de cinq ans lorsque l'acquisition avait ouvert droit à déduction pour le vendeur et les ventes de terrains non à bâtir. Dans ces hypothèses, l'option pour la TVA peut présenter un **intérêt** lorsque l'opération, bien que ne portant pas sur un terrain à bâtir ou sur un immeuble neuf, est de nature à remettre en cause la TVA antérieurement déduite : vente d'un immeuble ancien sur lequel le vendeur a seulement engagé des travaux de rénovation lourde (BOI-TVA-IMM-10-10-10-30 n° 10) ; vente d'un immeuble acquis auprès d'un assujetti et ayant fait l'objet de travaux d'aménagement qui ne conduisent pas à la production d'un immeuble neuf (BOI-TVA-IMM-10-10-10-30 n° 50) ; vente entre deux assujettis d'un immeuble ancien pour lesquels le bien constitue une immobilisation (BOI-TVA-IMM-10-30 n° 390). Dans tous les cas, l'option permettra d'éviter une rémanence de taxe régularisable chez le cédant.

b. Sur les ventes de droit commun bénéficiant d'un **tarif de faveur,** voir n° 84720.

c. Le cas échéant, la vente supporte également la **taxe** additionnelle sur les **cessions de bureaux,** locaux commerciaux et de stockage situés dans la **région Île-de-France** (n° 84745).

DROIT DE VENTE AU TAUX RÉDUIT

85210 Les mutations à titre onéreux d'immeubles achevés depuis cinq ans au plus peuvent toutefois bénéficier **de plein droit** du **taux réduit de 0,71498 %** à condition d'être taxables à la TVA sur le prix de vente (CGI art. 1594 F quinquies, A).

Tel est le cas si le vendeur de l'immeuble neuf est un assujetti habituel (BOI-ENR-DMTOI-10-40 n° 110).

Le taux global de 0,71498 % se décompose comme suit :

– droit départemental :	0,70 %
– prélèvement pour frais d'assiette et de recouvrement (2,14 % du droit départemental) :	0,01498 %

> Précisions a. Les ventes qui ne bénéficient pas de plein droit de ce tarif (vente d'immeuble neuf cédé par un non-assujetti ne l'ayant pas acquis comme immeuble à construire ; vente d'immeuble de plus de cinq ans) peuvent néanmoins être soumises à un tarif identique sous condition d'**engagement de revendre** de l'acquéreur lorsqu'il s'agit d'un assujetti (voir nos 87105 s.).

b. La vente qui entre dans le champ de la TVA mais qui n'est **pas taxée** en vertu de l'article 257 bis du CGI (voir n° 85030) bénéficie néanmoins du taux réduit de l'article 1594 F quinquies (BOI-ENR-DMTOI-10-40 n° 120).

c. Les ventes de terrains à bâtir et d'immeubles neufs soumises à ce tarif sont exonérées de **taxe** additionnelle sur les **cessions de bureaux,** locaux commerciaux et de stockage situés dans la **région Île-de-France** (CGI art. 1599 sexies).

d. Un doute existe dans le cas où la cession du terrain à bâtir ou de l'immeuble achevé depuis 5 ans au plus intervient entre deux membres d'un même **assujetti unique** car une telle cession ne supporte pas de TVA (voir n° 84922). Dans l'attente d'une modification législative, ou d'une tolérance par l'administration fiscale, il y a lieu de penser qu'une telle cession doit être soumise aux droits de mutation au tarif de droit commun.

ASSIETTE DES DROITS DE MUTATION À TITRE ONÉREUX SUR LES VENTES D'IMMEUBLES

85215 En principe, les droits de mutation à titre onéreux – ou la taxe de publicité foncière en tenant lieu – sont liquidés sur le prix exprimé en y ajoutant toutes les charges en capital ainsi que toutes les indemnités stipulées au profit du cédant à quelque titre et pour quelque cause que ce soit (CGI art. 683).

Pour l'application de ces dispositions, la notion de prix exprimé s'entend du **prix hors TVA** lorsque le montant de la TVA due par le cédant est **mentionné distinctement** dans l'acte translatif de propriété, que la mutation soit soumise à la TVA sur le prix total ou sur la marge. Si la TVA n'a pas été mentionnée distinctement, la liquidation des droits doit être effectuée sur le prix payé par l'acquéreur incluant la TVA (BOI-ENR-DMTOI-10-10-20-20 n° 210), autrement dit sur le prix TTC.

> Précisions La **contribution de sécurité immobilière** est calculée sur les sommes énoncées (CGI art. 881 K), c'est-à-dire sur le prix TTC (Rép. Granet : AN 11-10-1972 n° 21112, solution prise pour le salaire du conservateur des hypothèques et non reprise au Bofip, mais qui nous semble rester pertinente pour la contribution qui le remplace), quand bien même l'acte mentionnerait distinctement le montant de la TVA.

2. RÉGIMES DE FAVEUR POUR LES ACQUÉREURS ASSUJETTIS À LA TVA

ENGAGEMENT DE REVENDRE

Les acquisitions d'immeubles réalisées par des assujettis habituels au sens du n° 84911 bénéficient d'un tarif réduit de droits de mutation quand l'acquéreur prend l'engagement de revendre l'immeuble dans un délai de cinq ans (CGI art. 1115) : voir nos 87105 s. **85250**

ATTENTION

Ce régime ne profitant qu'aux assujettis habituels, l'administration rappelle que l'acquéreur qui entend en bénéficier doit avoir souscrit la **déclaration d'existence** prévue par l'article 286 du CGI comme tout assujetti de droit commun (BOI-ENR-DMTOI-10-50 n° 1).

ENGAGEMENT DE CONSTRUIRE

Sont exonérées de droits d'enregistrement ou de taxe de publicité foncière, mais subissent un droit ou une taxe fixe de 125 € (CGI art. 691 bis), les acquisitions d'immeubles réalisées par les assujettis habituels lorsque l'acte d'acquisition contient l'engagement, pris par l'acquéreur, d'effectuer dans un délai de quatre ans les travaux conduisant à la production d'un immeuble neuf au sens du n° 84932 ou nécessaires pour terminer un immeuble inachevé (CGI art. 1594-0 G, A-I). **85270**

ATTENTION

Ce régime ne profitant qu'aux assujettis habituels, l'administration rappelle que l'acquéreur qui entend en bénéficier doit avoir souscrit la **déclaration d'existence** prévue par l'article 286 du CGI comme tout assujetti de droit commun (BOI-ENR-DMTOI-10-40 n° 150).

Opérations concernées Le dispositif sous condition d'engagement de construire n'est pas expressément réservé aux mutations taxables à la TVA. Les conditions tiennent ici uniquement au projet de l'acquéreur. Le **régime de l'opération au regard de la TVA** – notamment quant à son assiette – est donc indifférent. **85272**

Dans tous les cas, l'acquéreur doit être un assujetti à la TVA, seul habilité à souscrire un tel engagement.

Sont exonérées du droit fixe de 125 € les acquisitions d'immeubles bâtis assorties d'un engagement de construire réalisées par les **organismes HLM** (BOI-ENR-DMTOI-10-90-20 n° 10).

Biens concernés par l'engagement de construire La loi ne subordonne pas ce régime de faveur à un engagement de construire à proprement parler, mais à un engagement d'effectuer des travaux répondant aux prescriptions légales. Par suite, le dispositif n'est pas réservé à l'acquisition des terrains à bâtir (BOI-ENR-DMTOI-10-40 n° 280) mais concerne **tous les immeubles,** bâtis comme non bâtis, terrains nus qualifiés de terrains à bâtir ou pas, ou encore immeubles inachevés. **85274**

De la même manière, on peut penser que rien n'interdit la souscription d'un engagement de construire lors de l'acquisition d'un immeuble neuf, par exemple en raison de sinistres ou de malfaçons nécessitant une **reconstruction,** ou encore en vue de **surélever** l'immeuble neuf (en ce sens Inst. 3 A-3-10 n° 7, deuxième exemple note 2, solution non reprise au Bofip mais qui nous semble toujours applicable).

Engagement de construire et condition de superficie L'exonération est limitée à une certaine superficie. Celle-ci dépend de la nature du bien acquis sous l'engagement de construire (CGI art. 1594-0 G, A-III ; CGI ann. III art. 266 bis, II ; BOI-ENR-DMTOI-10-40 nos 190 s.) : **85276**

– pour les terrains destinés à la construction de **maisons individuelles,** l'exonération n'est applicable qu'à concurrence de 2 500 m^2 par maison ou de la superficie minimale exigée par la réglementation sur le permis de construire si elle est supérieure ;

– pour les terrains destinés à la construction d'**immeubles collectifs,** l'exonération profite entièrement aux emprises occupées par les constructions elles-mêmes ainsi que par les cours et dépendances ;

– pour les terrains destinés à la construction d'**immeubles non affectés à l'habitation pour les trois quarts** au moins de leur superficie totale, l'exonération est applicable dans la limite des surfaces occupées par les constructions à édifier et par les dépendances nécessaires à l'exploitation, notamment : voies d'accès, cours, aires de stationnement, terrains nécessaires à l'entrepôt des biens qui font l'objet de l'exploitation. Le caractère de dépendance est également reconnu aux pelouses et jardins sous réserve que la superficie du terrain affecté à un tel usage soit en rapport avec l'importance des constructions ;

– pour les **bâtiments** existants **destinés à une surélévation,** l'exonération est applicable à la proportion du prix d'acquisition suivante :

$$\frac{\text{Surface de plancher de la construction réalisée en surélévation}}{\text{Surface de plancher de la construction réalisée en surélévation + surface du bâti existant}}$$

– pour l'acquisition du seul **droit de surélévation,** l'exonération est applicable à la proportion du prix d'acquisition suivante :

$$\frac{\text{Surface de plancher de la construction construite}}{\text{Superficie de l'emprise du bâtiment qui la supporte}}$$

– pour les **bâtiments** existants que l'**acquéreur s'engage à remettre à neuf,** l'exonération s'applique à l'ensemble du bâtiment qui fait l'objet de la rénovation ;

– pour les **constructions inachevées** que l'acquéreur s'engage à achever, l'exonération s'applique à l'ensemble de l'immeuble à condition que l'acquéreur dépose à l'administration lors de l'achèvement la déclaration spéciale de l'article 244 de l'annexe II au CGI (voir n° 85282).

> Précisions a. Pour l'application de ces dispositions, l'administration assimile aux terrains nus les **terrains** qui sont, au moment de leur acquisition, **recouverts de bâtiments destinés à être démolis** (en ce sens : BOI-ENR-DMTOI-10-40 n° 200).

b. Lorsque l'engagement de construire porte sur la construction de maisons individuelles et que la **superficie** du terrain acquis **excède** celle pour laquelle l'exonération est applicable, l'exonération est réduite à proportion de la surface du terrain qui excède par maison construite 2 500 mètres carrés, ou de la superficie minimale exigée par la réglementation de l'urbanisme si elle est supérieure (BOI-ENR-DMTOI-10-40 n° 210).

c. Le **prix correspondant au surplus** du terrain ou de l'immeuble bâti est soumis au droit de vente dans les conditions de droit commun (sauf application du régime des achats en vue de la revente : n°s 87105 s.).

85278 **Forme de l'engagement de construire** L'engagement d'exécuter les travaux dans le délai de quatre ans doit être pris **dans l'acte d'acquisition** (CGI art. 1594-0 G, A-I).

L'administration admet toutefois que l'engagement puisse être pris dans un **acte complémentaire** présenté au service des impôts du lieu de situation de l'immeuble en charge de l'enregistrement. En pareil cas, la restitution des droits de mutation perçus initialement peut être effectuée sur demande formulée dans les limites du délai de réclamation prévu par l'article R 196-1 du LPF (BOI-ENR-DMTOI-10-40 n° 270). Ce délai expire le 31 décembre de la deuxième année suivant celle de la date de versement initial des droits de mutation à titre onéreux, et non suivant celle du dépôt de l'acte complémentaire contenant l'engagement de construire (Cass. com. 9-2-2022 n° 20-11.964 F-D : BPIM 2/22 inf. 173).

Cet engagement doit **préciser l'objet et la consistance des travaux** sur lesquels il porte (CGI ann. III art. 266 bis, III). L'administration a apporté les précisions suivantes (BOI-ENR-DMTOI-10-40 n° 260) :

– au titre de l'objet, il conviendra d'indiquer si les travaux prévus consistent en une construction nouvelle, en une surélévation à partir d'un immeuble existant ou à rendre celui-ci à l'état neuf, ou encore à terminer un immeuble inachevé ;

– au titre de la consistance, l'engagement comportera les indications nécessaires pour apprécier dans quelle proportion l'exonération est susceptible de s'appliquer lorsqu'il n'est pas prévu que le terrain ou l'immeuble bâti qui fait l'objet de l'acquisition soient entièrement destinés à la construction prévue (voir n° 85276).

CONSEIL

Il ressort de ces précisions administratives que les **indications** à porter dans l'acte peuvent être assez **succinctes.** En pratique, il est recommandé de fournir des informations réduites au minimum sur le projet prévu, afin de conserver un maximum de latitude dans la réalisation des travaux.

Engagement de construire et justification de l'exécution des travaux 85282
L'exonération est subordonnée au fait que l'acquéreur justifie de l'exécution des travaux à l'expiration du délai de quatre ans – sauf hypothèses de prolongation du délai ou de reprise ou substitution d'engagement (CGI art. 1594-0 G, A-II).

Cette justification résulte (CGI ann. III art. 266 bis, I) :

– dans les cas où une livraison à soi-même doit être effectuée, du dépôt de la déclaration spéciale n° 940-SD imposée dans le mois de l'achèvement par l'article 244 de l'annexe II au CGI. La déclaration spéciale n° 940-SD est disponible sur le site www.impots.gouv.fr ;

– dans les autres cas, du dépôt en mairie de la déclaration attestant de l'achèvement des travaux et de la conformité des travaux de construction ou d'aménagement au permis délivré ou à la déclaration préalable, mentionnée à l'article L 462-1 du Code de l'urbanisme.

L'exonération est acquise dès lors que l'acquéreur assujetti prend l'engagement d'effectuer les travaux de remise à neuf de l'immeuble dans un délai de quatre ans à compter de l'acte d'acquisition, cette exonération ne pouvant être remise en cause qu'à défaut de justification de leur réalisation à l'expiration de ce délai. Est tenu pour indifférent à cet égard le fait que les travaux aient été réalisés, non par l'acquéreur de l'usufruit de l'immeuble ayant souscrit l'engagement, mais par le locataire auquel cet usufruitier avait donné l'immeuble à bail (Cass. com. 29-1-2020 n° 17-26.018 F-D : RJF 6/20 n° 561) ou par un sous-acquéreur de l'immeuble. Toutefois, il est nécessaire que le sous-acquéreur réalisant les travaux ait la qualité d'assujetti à la TVA et reprenne l'engagement de construire (Cass. com. 7-5-2025 n° 24-11.771 : RJF 8-9/25 n° 875 ; Cass. com. 28-5-2025 n° 24-13.572 : RJF 8-9/25 n° 676).

Inexécution de l'engagement de construire Lorsque l'engagement de construire 85284
n'est pas respecté, l'acquéreur est redevable des **droits** dont il a été dispensé, liquidés d'après les tarifs en vigueur au jour de l'acquisition de l'immeuble sur lequel portait l'engagement, ainsi que du complément de frais d'assiette, de recouvrement, de dégrèvement et de non-valeur qui en résultent (BOI-ENR-DMTOI-10-40 n° 440). L'acquéreur est ainsi redevable du complément de droits liquidés en application du tarif de droit commun (n° 85205) ou du tarif applicable aux opérations soumises à la TVA (n° 85210) selon que l'acquisition remplit ou non les conditions de ce tarif de faveur.

L'**intérêt de retard** de 0,20 % par mois prévu à l'article 1727 du CGI est décompté du premier jour du mois suivant la date d'expiration du délai légal de présentation de l'acte d'acquisition à la formalité (ou suivant, s'il y a lieu, la date à laquelle l'engagement dont il s'agit a été substitué à un engagement de revendre) et doit être versé comme le principal dans le mois suivant l'expiration du délai imparti. Dans le cas où l'acquisition est affectée d'une condition suspensive, le point de départ du décompte des intérêts de retard est la date de la réalisation de la condition suspensive (BOI-ENR-DMTOI-10-40 n° 450).

> **Précisions** **a.** Dans le cas où l'engagement doit être abandonné du fait que des **constructions ne sont plus autorisées** par suite d'une modification des documents d'urbanisme, il est admis que les droits soient liquidés sur la base de la valeur vénale du bien telle qu'elle résulte de cette modification et que l'intérêt de retard soit décompté du premier jour du mois suivant la date d'effet de celle-ci (BOI-ENR-DMTOI-10-40 n° 460).
> **b.** Lorsque, à l'échéance du délai, l'engagement de construire n'est respecté que pour une **fraction de l'immeuble** sur lequel il portait, l'acquéreur est redevable à due concurrence des droits dont il a été dispensé, ainsi que des frais et intérêts de retard qui en résultent (BOI-ENR-DMTOI-10-40 n° 470).
> **c.** La **prescription du droit de reprise** de l'administration court à compter de l'expiration du délai imparti à l'acquéreur pour justifier de l'exécution des travaux (Cass. com. 3-12-2002 n° 01-02.822 : RJF 3/03 n° 380). Le délai de reprise est, en principe, le délai de six ans fixé à l'article L 186 du LPF. Il s'applique notamment lorsque le contribuable n'a, à l'expiration du délai de 4 ans, ni adressé de déclaration de travaux à l'administration fiscale, ni justifié d'aucune démarche auprès de cette dernière pour l'aviser de leur non-achèvement, et qu'il est resté silencieux jusqu'au dépôt d'une déclaration d'achèvement des travaux postérieurement au délai imparti (Cass. com. 7-7-2020 n° 18-10.525 : RJF 11/20 n° 959). C'est cependant la prescription abrégée de l'article L 180 du LPF qui s'applique lorsque l'administration a refusé une demande de prorogation de délai pour construire (Cass. com. 15-7-1992 n° 90-15.980 : RJF 11/92 n° 1583).

Prolongation du délai de l'engagement de construire Une prolongation 85286
annuelle renouvelable du délai de quatre ans peut être accordée par le directeur des finances publiques du lieu de situation des immeubles (CGI art. 1594-0 G, IV).

La **demande** doit être formulée **au plus tard** dans le mois qui suit l'expiration du délai précédemment imparti. Elle doit être adressée **par pli recommandé** avec demande d'avis de réception postale, être **motivée** et préciser la consistance des travaux prévus dans l'engagement primitif sur lesquels porte la prorogation demandée ainsi que le montant des droits dont l'exonération est subordonnée à leur exécution (CGI ann. III art. 266 bis, III).

La demande de **renouvellement** de la prorogation doit être formulée dans les mêmes conditions (BOI-ENR-DMTOI-10-40 n° 330).

85287 L'administration peut refuser cette prolongation en notifiant un **refus motivé dans les deux mois** de la réception de la demande. **À défaut,** la demande de prolongation est réputée acceptée (CGI art. 1594-0 G, IV).

La motivation d'un tel refus, qui est susceptible d'être soumise au contrôle du juge, peut être **fondée** notamment sur la circonstance que le demandeur n'est pas en situation à court et moyen termes de mener à bien son engagement, voire qu'il y a expressément renoncé, ou encore qu'il apparaît définitivement acquis que ni la construction envisagée ni aucune autre de nature à satisfaire les prescriptions du I de l'article 1594-0 G n'est en mesure d'aboutir au regard de l'évolution des contraintes d'urbanisme, d'environnement ou de sécurité (BOI-ENR-DMTOI-10-40 n° 340).

85290 **Reprise de l'engagement de construire** En cas de **cession** de l'immeuble **au profit d'un assujetti habituel,** l'engagement de travaux peut être repris par l'acquéreur auquel s'impose alors le délai imparti au cédant (CGI art. 1594-0 G, II).

Cette faculté ne vaut que pour autant que le délai de quatre ans n'ait pas été touché par la **forclusion** (BOI-ENR-DMTOI-10-40 n° 350).

Cette reprise doit être **formalisée** dans l'acte d'acquisition qui doit mentionner la date et le numéro d'enregistrement et de publication de l'acte antérieur dans lequel le cédant s'était lui-même engagé à construire (BOI-ENR-DMTOI-10-40 n° 370).

> Précisions **a.** Parallèlement, l'acquéreur devra prendre **son propre engagement de construire** s'il entend que son acquisition bénéficie du régime de faveur de l'article 1594-0 G du CGI (BOI-ENR-DMTOI-10-40 n° 350). En effet, la reprise de l'engagement souscrit par le vendeur ne vise qu'à éviter à celui-ci un redressement de droits sur son acquisition, mais n'ouvre pas droit par elle-même au régime de faveur pour l'acquéreur.

Lorsque **l'acquéreur reprend l'engagement** de construire du cédant **et prend son propre engagement,** il est tenu par les délais afférents à ces deux engagements.

b. L'administration admet, en cas d'**inexécution** par l'acquéreur de l'engagement de travaux repris du vendeur et pour éviter qu'il ait à supporter de multiples impositions, qu'il soit libéré conjointement des autres engagements si ceux-ci portent sur le même immeuble et dans une même proportion d'exonération (BOI-ENR-DMTOI-10-40 n° 390). Le redevable n'aurait ainsi qu'à acquitter les droits dont il a lui-même été dispensé (en raison de son propre engagement de construire) ainsi que les intérêts depuis l'acquisition initiale, à l'exclusion des compléments de droits afférents aux acquisitions antérieures.

c. L'**engagement** de construire du cédant peut être utilement **repris par une collectivité publique** visée à l'article 1042 du CGI (collectivité territoriale notamment) **ou par une société d'économie mixte** à participation publique majoritaire bénéficiant du même régime qui n'auront pas à souscrire d'engagement pour leur propre compte du fait de l'exonération de droits d'enregistrement dont elles bénéficient pour leurs acquisitions immobilières (BOI-ENR-DMTOI-10-40 n° 360).

85295 **Substitution d'engagement** Lorsqu'un acquéreur a repris l'**engagement de construire** du cédant dans les conditions du n° 85290, il peut, dans la limite de cinq années à compter de la date de l'engagement initial, y substituer l'**engagement de revendre** du n° 85250 qui est alors réputé avoir pris effet à compter de cette même date (CGI art. 1594-0 G, II-al. 2). Ainsi, si le repreneur de l'engagement de travaux cède dans les cinq ans le bien grevé de l'engagement à un acquéreur qui ne reprend pas son engagement, il pourra y substituer un engagement de revendre qui prendra effet à la date de souscription de l'engagement initial.

Cette substitution prend la forme d'un **acte complémentaire** à l'acte de mutation comportant l'engagement de construire auquel se substitue le nouvel engagement. Cet acte précise l'objet et la consistance des travaux auxquels il est renoncé ainsi que la valeur de l'acquisition pour laquelle est sollicité le bénéfice des dispositions de l'article 1115 du CGI (engagement de revendre) (CGI ann. III art. 266 bis, VI). Il donne lieu au paiement du droit proportionnel de 0,71498 % assorti de l'intérêt de retard décompté du premier jour du mois suivant la date d'expiration du délai légal de présentation à la formalité de l'acte qui fait l'objet de la substitution (BOI-ENR-DMTOI-10-40 n° 510).

Pour procéder à une substitution d'engagement après l'expiration du **délai de quatre ans pour construire,** l'acquéreur doit avoir obtenu une **prorogation** de ce délai (BOI-ENR-DMTOI-10-40 n° 490).

III. CESSIONS DE DROITS SOCIAUX REPRÉSENTATIFS D'IMMEUBLES

RÉGIME DE TVA APPLICABLE AUX CESSIONS DE DROITS SOCIAUX REPRÉSENTATIFS D'IMMEUBLES

Champ d'application Les parts d'intérêts et actions dont la possession assure en droit ou en fait l'**attribution en propriété** ou **en jouissance** d'un bien immeuble ou d'une fraction d'un bien immeuble font partie des droits qui sont fiscalement assimilés à des biens corporels et qui suivent le régime de TVA de l'immeuble auquel ils se rapportent (CGI art. 257, I-1-3°). **85350**

Relèvent ainsi de la TVA les livraisons de droits sociaux suivantes, à condition qu'elles soient réalisées par des **assujettis agissant en tant que tels** :

– les livraisons intervenues au cours de la construction de l'immeuble, comme portant sur un terrain à bâtir (BOI-TVA-IMM-10-10-20 n° 140) ;

– les livraisons intervenues moins de cinq ans après l'achèvement de l'immeuble ;

– sur option du cédant, les livraisons intervenues au-delà des cinq ans de l'achèvement.

Dans les **autres situations,** la cession des droits sociaux est soumise aux droits d'enregistrement (n° 85365).

> **Précisions** **a.** Au même titre, l'article 257 du CGI soumet au régime de TVA de l'immeuble sous-jacent les **droits réels immobiliers** et les droits relatifs aux **promesses de vente** (voir n° 84940).
> **b.** Sont concernées par ce régime les cessions de droits sociaux de **sociétés immobilières d'attribution** (sur ces sociétés, voir Mémento Urbanisme-Construction n°s 67300 s.). Sont également taxables à la TVA, suivant le régime applicable à l'immeuble sous-jacent, les cessions par un assujetti habituel de droits sociaux donnant vocation à la jouissance d'emplacements aménagés édifiés par un concessionnaire sur les dépendances du domaine public, comme les emplacements de **stationnement** ou les emplacements pour **mouillage de bateaux** (dénommés « anneaux ») (BOI-TVA-IMM-10-10-20 n°s 150 s.).
> **c.** Le régime de TVA s'applique même si les statuts se bornent à poser le principe d'une affectation ultérieure des locaux aux droits sociaux, sans contenir une affectation précise desdits locaux à des groupes déterminés de parts ou d'actions (BOI-TVA-IMM-10-10-20 n° 130). Bénéficient ainsi de ce régime les **cessions** de parts réalisées **avant établissement d'un état descriptif de division** de l'immeuble.
> **d.** La TVA est susceptible de s'appliquer **quelle que soit la destination des immeubles** représentés par les droits sociaux faisant l'objet de la mutation (BOI-TVA-IMM-10-10-20 n° 140).

Assiette de la TVA En application du droit commun (voir n° 84970), l'assiette de la taxe est en principe constituée par le prix de vente des titres. Toutefois, l'assiette peut être constituée par la marge lorsque les conditions suivantes sont réunies (BOI-TVA-IMM-10-20-10 n° 320) : **85355**

– le cédant est un assujetti ;

– les titres sont représentatifs d'un terrain à bâtir ou, si l'option est exercée, d'un immeuble de plus de cinq ans ;

– l'acquisition des titres n'a pas ouvert droit à déduction pour le cédant (n°s 84975 s.).

> **Précisions** Dans le cas où les titres n'ont pas été acquis mais **reçus en contrepartie des apports en nature** effectués par le cédant et que, l'apport n'ayant pas ouvert droit à déduction, la cession est imposable sur la marge, il y a lieu de calculer la marge de la manière suivante (BOI-TVA-IMM-10-20-10 n° 310) :
> – si les titres sont représentatifs d'un terrain à bâtir, la marge est constituée par la différence entre le prix de cession et la valeur nominale des titres, réputée égale aux prix d'achat du même terrain à proportion du quantum de titres ;
> – si les titres sont représentatifs d'un immeuble de plus de cinq ans, la marge est constituée par la différence à due proportion entre le prix de cession des titres et leur valeur nominale, réputée égale au prix de l'immeuble bâti apporté par le cédant.

Modalités d'imposition à la TVA Le **taux** de la TVA est celui applicable aux ventes d'immeubles (voir n°s 84990 s.). Mais les cessions de droits sociaux n'entrent pas dans le champ de la taxe additionnelle sur les cessions de bureaux et locaux commerciaux en Île-de-France (n° 84745). **85360**

Le **fait générateur** se produit à la livraison des parts ou actions. La taxe est **exigible** à la même date (voir n° 85000).

Le **redevable** de la taxe est dans tous les cas le vendeur (voir n° 85008).

La **déclaration** et le **paiement** se font pour les assujettis habituels sur leurs déclarations de TVA (voir n° 85010).

Lorsqu'elles donnent lieu au paiement de la TVA, les cessions de droits sociaux donnant vocation à l'attribution d'immeubles en propriété ou en jouissance ne sont soumises qu'à un **droit fixe d'enregistrement** de 125 € (CGI art. 730).

DROITS D'ENREGISTREMENT APPLICABLES AUX CESSIONS DE DROITS SOCIAUX REPRÉSENTATIFS D'IMMEUBLES

85365 Le droit de vente d'immeubles est susceptible de s'appliquer aux cessions de titres de sociétés immobilières d'attribution, dotées de la « **transparence fiscale** » en matière de droits d'enregistrement : dans ces sociétés, les associés sont traités comme s'ils étaient directement propriétaires des locaux auxquels donnent vocation leurs droits sociaux.

Relèvent des droits d'enregistrement et non de la TVA les cessions de titres de sociétés transparentes lorsque ces titres :

– sont représentatifs d'un immeuble achevé depuis plus de cinq ans et que le vendeur soit est un assujetti habituel et n'opte pas pour leur taxation à la TVA, soit n'est pas assujetti ;

– ou sont représentatifs d'un immeuble neuf (y compris s'il a été acquis comme immeuble à construire : n° 85004) et que le vendeur est un non-assujetti à la TVA.

Lorsqu'elles relèvent des droits proportionnels d'enregistrement, les ventes de titres de sociétés transparentes sont soumises au même régime que les ventes d'immeubles (CGI art. 728 et 729) : voir n°s 84520 s.

La transparence fiscale ne concerne pas la **formalité de l'enregistrement.** Les ventes de titres de sociétés d'attribution échappent à la publicité foncière et sont seulement soumises à l'obligation d'enregistrement au service des finances publiques dans le mois de l'acte ou, à défaut d'acte, dans le mois de la vente (BOI-ENR-DMTOM-40-20 n° 120). L'enregistrement est effectué au service des finances publiques de la résidence du notaire si la vente est constatée par acte notarié et, à défaut, à celui du domicile de l'un des associés. Si la cession n'est pas constatée par un acte, et qu'elle donne lieu au paiement de la TVA (voir n° 85360), elle peut aussi être déclarée en ligne sur le site www.impots.gouv.fr sous certaines conditions.

> Précisions a. Les **actes** et **déclarations** ayant pour objet une cession de participations dans une personne morale à prépondérance immobilière **doivent indiquer** expressément si (CGI art. 726, III-B) :

1° Cette personne morale est une société mentionnée à l'article 1655 ter du CGI ;

2° Les participations cédées confèrent au cessionnaire, direct ou indirect, le droit à la jouissance d'immeubles ou de fractions d'immeubles au sens de l'article 728 du CGI ;

3° Le cessionnaire a acquitté ou s'engage à acquitter, directement ou indirectement, des dettes contractées auprès du cédant par cette personne morale, en précisant, le cas échéant, leur montant.

À cet égard, il est précisé que la **cession d'une partie seulement des participations** dans une personne morale à prépondérance immobilière est susceptible de conférer à l'acquéreur le droit à la jouissance d'immeubles dont elle est propriétaire (BOI-ENR-DMTOM-40-10-20 n° 320).

Le **cessionnaire** est **indirect** lorsque les participations cédées sont acquises par l'intermédiaire d'une personne morale, qu'elle soit ou non à prépondérance immobilière (BOI-ENR-DMTOM-40-10-20 n° 320).

Les **dettes visées** sont celles dont la personne morale est débitrice envers le cédant, telles que comptes courant d'associé ou dettes dont le cédant s'est porté garant par cautionnement (BOI-ENR-DMTOM-40-10-20 n° 330).

Le texte ne prévoit pas de **sanction** particulière à ces obligations déclaratives. L'administration indique que l'absence de mention spécifique dans l'acte ou la déclaration équivaut à déclarer que la cession ne relève pas, pour le cessionnaire, de l'une des situations visées ci-dessus (BOI-ENR-DMTOM-40-10-20 n° 300).

b. La **télédéclaration** des cessions de droits sociaux et le **télépaiement** associé peuvent être effectués en ligne par les particuliers comme par les professionnels sur leur espace sur le site impots.gouv.fr. Il était prévu que cette modalité devienne obligatoire à compter du **1er juillet 2025**, mais le décret 2020-772 du 24 juin 2020 qui l'instaurait a été abrogé (Décret 2025-561 du 30-5-2025). Un décret fixant une nouvelle date d'entrée en vigueur est attendu fin 2025.

c. Le régime de transparence fiscale en matière de droits d'enregistrement s'applique également :

– aux actions ou **parts de sociétés concessionnaires de ports de plaisance** donnant vocation à la jouissance d'un anneau d'amarrage (Cass. com. 15-3-1994 n°s 92-13.371 P et 92-13.894 D : RJF 5/94 n° 654 ; BOI-ENR-DMTOM-40-30 n° 60) ;

– et aux actions ou parts de sociétés d'attribution d'immeubles en jouissance à temps partagé (**sociétés de pluripropriété**) (BOI-ENR-DMTOM-40-30 n° 90).

85390 **ANNEXE – Tableau récapitulatif des règles applicables en TVA et droits d'enregistrement**

Sont récapitulées dans le tableau ci-après les règles applicables aux opérations immobilières à titre onéreux en matière de TVA et de droits d'enregistrement (hors situations particulières liées à la présence d'un assujetti unique).

CEDANT	Immeuble cédé	Acquéreur : Non assujetti à la TVA – TVA	Acquéreur : Non assujetti à la TVA – DMTO	Acquéreur : Assujetti à la TVA – TVA	Acquéreur : Assujetti à la TVA – DMTO
Non assujetti à la TVA	**Terrain non constructible**				Taux normal sauf engagement de revendre (CGI art. 1115)
Non assujetti à la TVA	**Terrain à bâtir**	Hors du champ de la TVA	Taux normal	Hors du champ de la TVA	Taux normal sauf : – engagement de revendre (art. 1115) – engagement de construire : droit fixe de 125 € (CGI art. 1594-0 G)
Non assujetti à la TVA	**Immeuble achevé depuis plus de cinq ans**				
Non assujetti à la TVA	**Immeuble achevé depuis moins de cinq ans**	Hors du champ de la TVA	Taux normal	Hors du champ de la TVA	Taux normal sauf : – engagement de revendre (CGI art. 1115) – engagement de construire : droit fixe de 125 € (CGI art. 1594-0 G)
Assujetti à la TVA	**Terrain non constructible**	Exonération (CGI art. 261, 5-1°) Taxable sur le prix total si option (CGI art. 260, 5° bis)	Taux normal	Exonération (CGI art. 261, 5-1°) Taxable sur le prix total si option (CGI art. 260, 5° bis)	Taux normal sauf engagement de revendre (CGI art. 1115)
Assujetti à la TVA	**Terrain à bâtir**	– Taxation sur le prix total si déduction lors de l'acquisition par le cédant – Taxation sur la marge si pas de déduction lors de l'acquisition initiale et si la condition d'identité juridique entre le bien acquis et revendu est remplie	– Taux normal si TVA sur la marge – Taux réduit (CGI art. 1594 F quinquies) si TVA sur prix total	– Taxation sur le prix total si déduction lors de l'acquisition par le cédant – Taxation sur la marge si pas de déduction lors de l'acquisition initiale et si la condition d'identité juridique entre le bien acquis et revendu est remplie	Taux réduit (CGI art. 1594 F quinquies) si TVA sur prix total sauf engagement de construire : droit fixe de 125 € (CGI art. 1594-0 G) Taux normal si TVA sur la marge sauf : – engagement de revendre (CGI art. 1115) – engagement de construire : droit fixe de 125 € (CGI art. 1594-0 G)
Assujetti à la TVA	**Immeuble achevé depuis plus de cinq ans**	Exonération (CGI art. 261, 5-2°) Taxable si option (CGI art. 260, 5° bis) : – sur le prix total, si l'acquisition avait ouvert droit à déduction – sur la marge si le bien n'avait pas ouvert droit à déduction lors de l'acquisition (CGI art. 268) et si la condition d'identité juridique entre le bien acquis et revendu est remplie	Taux normal (y compris si TVA sur le prix total)	Exonération (CGI art. 261, 5-2°) Taxable si option (CGI art. 260, 5° bis) : – sur le prix total, si l'acquisition avait ouvert droit à déduction – sur la marge si le bien n'avait pas ouvert droit à déduction lors de l'acquisition (CGI art. 268) et si la condition d'identité juridique entre le bien acquis et revendu est remplie	Taux normal, quel que soit le régime TVA, sauf : – engagement de revendre (CGI art. 1115) – engagement de construire : droit fixe de 125 € (CGI art. 1594-0 G)
Assujetti à la TVA	**Immeuble achevé depuis moins de cinq ans**	Taxable sur le prix total	Taux réduit (CGI art. 1594 F quinquies)	Taxable sur le prix total	Taux réduit (CGI art. 1594 F quinquies) sauf engagement de construire : droit fixe de 125 € (CGI art. 1594-0 G)

SECTION 2

PLUS-VALUES IMMOBILIÈRES

EN BREF

85400 La plus-value réalisée à l'occasion de la vente d'un bien immobilier par un particulier dans le cadre de la gestion de son patrimoine privé est soumise à l'**impôt sur le revenu** au taux de 19 %. En tant que revenu de placement, la plus-value supporte également 17,2 % de **prélèvements sociaux** (CSG, CRDS et prélèvement de solidarité). La plus-value est donc soumise à un **prélèvement global** de 36,2 %, sauf si elle bénéficie d'une **exonération** à raison de telle ou telle disposition particulière (ce qui est fréquemment le cas).

La plus-value est **déclarée** et l'impôt est **payé** lors de la mutation, le plus souvent par l'intermédiaire d'un notaire.

Certaines **plus-values excédant 50 000 €** supportent, en plus de l'impôt sur le revenu, une taxe spéciale (nos 86690 s.).

Les cessions de **terrains nus devenus constructibles** peuvent être soumises à des taxes qui se cumulent avec l'imposition de la plus-value.

A. Champ d'application de l'imposition des plus-values immobilières

PERSONNES IMPOSABLES

85410 Le régime des plus-values immobilières privées s'applique aux plus-values réalisées par des **personnes physiques** ou par des **sociétés de personnes** relevant de l'impôt sur le revenu, pour la fraction de plus-value revenant aux associés personnes physiques (CGI art. 150 U). En pratique, les sociétés de personnes concernées par ce régime sont essentiellement les sociétés civiles immobilières (autres que celles passibles de l'impôt sur les sociétés) qui sont amenées occasionnellement à vendre les immeubles qu'elles possèdent.

ATTENTION

Ce régime ne s'applique pas aux **profits tirés d'une activité professionnelle** imposables au titre des bénéfices industriels et commerciaux (profits des marchands de biens, profits de construction habituels), des bénéfices agricoles ou des bénéfices non commerciaux, ni aux plus-values consécutives à la cession de **biens figurant à l'actif d'une entreprise** ou affectés à l'exercice d'une profession, qui relèvent en principe du régime des plus-values professionnelles.

OPÉRATIONS IMPOSABLES

85420 **Cession à titre onéreux** Seules sont imposables les plus-values réalisées à l'occasion d'une cession à titre onéreux. Il s'agit donc notamment :

- des **ventes** quels qu'en soient la forme, le caractère et les modalités de paiement du prix (qui peut consister notamment en une rente viagère) ;
- des **échanges** même sans soulte ;
- des **partages** autres que ceux mentionnés ci-dessous, dans la limite des soultes ;
- des **apports** en société (voir nos 86400 s.).

En revanche, les **mutations à titre gratuit** (donations ou successions) ne créent pas de plus-value imposable.

> **Précisions** L'administration considère que l'**attribution d'un bien propre en paiement d'une prestation compensatoire** en capital constitue, pour l'ex-époux débiteur, une cession à titre onéreux imposable. Corrélativement, en cas de cession ultérieure du bien, la plus-value réalisée par l'attributaire est déterminée à partir de la valeur vénale du bien au jour de l'attribution (BOI-RFPI-PVI-10-30 n° 20).

85422 **Partage** Ne constituent pas des mutations à titre onéreux dans la limite des soultes les **partages** de biens reçus par **succession,** de biens acquis par des **époux** (quel que soit leur régime matrimonial) avant ou pendant le mariage ou acquis par des partenaires d'un **Pacs** avant ou pendant le pacte (ou par des concubins : BOI-RFPI-PVI-10-40-100 n° 40). Ces partages ne sont pas imposables dès lors qu'ils interviennent entre les membres originaires de l'indivision, leur conjoint, des ascendants, des descendants ou des ayants droit à titre universel de l'un ou plusieurs d'entre eux. Il en est de même des partages de biens indivis issus d'une **donation-partage** (CGI art. 150 U, IV). Ces règles sont transposables aux **licitations** réalisées dans les mêmes conditions (BOI précité n° 70).

Pour les modalités particulières de détermination du prix d'acquisition lors de la revente de l'immeuble attribué, voir n° 85960.

Inscription d'un bien à l'actif L'inscription d'un bien à l'actif d'une entreprise individuelle ne constitue pas une mutation imposable (BOI-RFPI-PVI-10-30 n° 80) ; mais, en cas de vente ultérieure, la valeur d'inscription est retenue pour le calcul de la plus-value « privée ». Celle-ci correspond à la plus-value acquise par le bien au cours de la période pendant laquelle il a figuré dans le patrimoine privé du contribuable. **85424**

Expropriation Les expropriations pour cause d'**utilité publique** constituent des cessions à titre onéreux. Le prix de cession à retenir pour le calcul de la plus-value est constitué par l'indemnité principale d'expropriation, à l'exclusion de celles qui ne sont pas représentatives de la valeur de cession des biens expropriés (CGI ann. II art. 74 SC). Mais une exonération sous condition de remploi est prévue par la loi (voir n° 86680). **85430**

BIENS IMPOSABLES

Sont visés l'ensemble des **immeubles bâtis ou non bâtis** (constructions ou terrains) ainsi que les **droits immobiliers** (usufruit, nue-propriété, servitudes, droit de surélévation, bail emphytéotique, etc.). **85440**

D'une manière générale, il n'est tenu compte ni de l'origine des biens vendus – ceux-ci ont pu être achetés ou reçus en héritage (ou par donation) –, ni de leur affectation ou de leur destination.

Il est précisé que la première cession à titre onéreux de l'**usufruit temporaire** d'un bien immobilier relève du régime particulier d'imposition exposé n°s 42502 s.

TERRITORIALITÉ

La plupart des **conventions fiscales internationales** conclues par la France prévoient que les plus-values réalisées lors de la cession d'immeubles sont imposables, en vertu d'un droit exclusif ou non, dans l'État où les immeubles sont situés. Dès lors : **85460**

– un **résident de France** n'est, sauf exception, pas imposable en France en cas de cession d'un immeuble situé dans un pays ayant conclu une convention avec la France ; en revanche, en l'absence de convention, il est en principe imposable en France ;

– un **non-résident** est en général imposable en France lors de la cession d'un bien immobilier situé en France (pour les règles particulières applicables dans ce cas, voir n°s 86475 s.).

B. Exonérations

Le champ d'application de l'imposition des plus-values immobilières se trouve sensiblement réduit par un certain nombre d'exonérations dont la liste figure dans le tableau ci-après, avec les références aux commentaires correspondants. **85520**

Nature des exonérations	N°s
Bien détenu depuis plus de 22 (exonération d'impôt sur le revenu) ou 30 ans (exonération d'impôt sur le revenu et de prélèvements sociaux)	85525
Résidence principale et dépendances	85530 s.
Logement possédé en France par un non-résident	86492 s.
Logement autre que la résidence principale (exonération sous condition de remploi) ...	85550 s.
Expropriations (exonération sous condition de remploi)	86680
Remembrements	85560
Ventes dont le prix n'excède pas 15 000 €	85580
Retraités ou invalides disposant de faibles revenus	85600 s.
Immeubles sinistrés	85620
Cession d'un droit de surélévation (régime temporaire)	85630
Immeuble destiné au logement social ou intermédiaire (régime temporaire)	85640
Partage d'indivision conjugale ou de succession et assimilés	85422

BIENS DÉTENUS DEPUIS PLUS DE 22 OU 30 ANS

85525 La plus-value résultant de la vente d'un immeuble échappe à l'impôt sur le revenu et aux prélèvements sociaux s'il est détenu depuis plus de 30 ans (**exonération totale**). Entre 23 et 30 ans de détention, la plus-value échappe totalement à l'impôt sur le revenu mais pas aux prélèvements sociaux (**exonération partielle**). L'exonération totale est donc acquise à partir de la trente et unième année de détention. L'exonération partielle (soumission aux prélèvements sociaux uniquement) est acquise à partir de la vingt-troisième année. Cette exonération résulte de l'application de l'abattement pour durée de détention examiné n°s 85800 s.

RÉSIDENCE PRINCIPALE

85530 **Résidence habituelle et effective du cédant : principes** Quel que soit le **type de logement** (maison individuelle ou appartement), la plus-value réalisée lors de la cession d'une résidence principale est exonérée (CGI art. 150 U, II-1°).

85531 Pour que la plus-value bénéficie de l'exonération, le vendeur doit justifier d'une **occupation effective et habituelle** de l'immeuble **au jour de la vente.** Cette condition est explicitée n° 85541.

L'occupation **temporaire** d'un logement n'est pas suffisante pour qu'il ait le caractère d'une résidence principale (BOI-RFPI-PVI-10-40-10 n° 40). L'exonération est ainsi **refusée** aux contribuables ayant occupé successivement pendant quatre et sept mois, puis vendu deux maisons (CAA Nantes 29-10-2018 n° 17NT01410). Les juges ont cependant **admis** à plusieurs reprises l'application de l'exonération lors de la cession d'un immeuble occupé brièvement par son propriétaire (CAA Douai 4-12-2019 n° 18DA00503 : BPIM 1/20 inf. 79 à propos d'un immeuble occupé six mois ; CAA Lyon 19-8-2021 n° 19LY01666 : BPIM 5/21 inf. 360 à propos d'un immeuble occupé seulement quatre mois).

85533 Si l'on est titulaire d'un **logement de fonction,** l'exonération de la résidence principale est applicable à la vente de l'habitation occupée en permanence par le conjoint et les enfants (BOI-RFPI-PVI-10-40-10 n° 60).

85534 L'immeuble doit en principe constituer la résidence habituelle du contribuable lui-même. N'ouvrent donc pas droit à l'exonération les **immeubles donnés en location** et les immeubles **occupés gratuitement** par des membres de la famille du contribuable ou des tiers.

85535 Lorsque la cession porte sur un immeuble dont la **nue-propriété** et l'**usufruit** appartiennent **à des personnes différentes** et que le logement constitue la résidence principale du seul usufruitier, seule la quote-part de plus-value correspondant aux droits de l'usufruitier peut bénéficier de l'exonération.

85536 L'exonération s'applique quels que soient les **motifs de la cession,** le **montant de la plus-value** et l'**affectation future du bien cédé,** y compris si l'immeuble est destiné à être démoli en vue de l'édification de nouvelles constructions. Si la démolition est réalisée par le cédant avant la cession de l'immeuble, il ne peut plus bénéficier de l'exonération (CAA Lyon 16-6-2005 n° 99-937 : RJF 1/06 n° 40).

85541 **Condition d'occupation au jour de la cession** La condition d'occupation au moment de la vente est appliquée avec souplesse. Lorsque le logement a été occupé comme résidence principale jusqu'à sa mise en vente mais se trouve vacant à la date effective de la vente, l'**administration fiscale** applique l'exonération si la vente intervient dans un délai normal, qu'elle fixe à un an dans un contexte économique non particulier. Néanmoins, elle précise qu'aucun délai maximum ne peut être fixé a priori et que l'appréciation du **délai normal de vente** est une question de fait qui résulte de l'ensemble des circonstances de l'opération, et notamment des conditions locales du marché immobilier, des caractéristiques particulières du bien cédé et des diligences exposées par le contribuable pour la mise en vente de ce bien (annonces dans la presse, démarches auprès d'agences immobilières, etc.) (BOI-RFPI-PVI-10-40-10 n° 190).

De son côté, le **Conseil d'État** précise que le délai normal de vente s'apprécie en fonction des diligences accomplies par le cédant pour vendre au plus vite compte tenu des motifs de la cession, des caractéristiques de l'immeuble et du contexte économique et réglementaire local (CE 7-5-2014 n° 356328 : RJF 8-9/14 n° 805). Il a ainsi jugé que l'exonération était applicable à une vente réalisée 29 mois après le départ du propriétaire car la révision du plan d'occupation des sols en cours avait eu pour effet de ralentir l'opération (CE 6-10-2010 n° 308051 : RJF 1/11 n° 45 ; solution confirmée par la juridiction de renvoi : CAA Versailles 16-12-2011 n° 10VE03388 : RJF 5/12 n° 476). L'exonération s'applique également à une vente réalisée 22 mois après le départ du propriétaire lorsque ce dernier a confié un mandat à une agence immobilière (CAA Paris 3-5-2017 n° 16PA03412 : BPIM 3/17 inf. 246) ou encore lorsqu'il a consenti de nombreuses baisses de prix dans un contexte de baisse du marché immobilier (CAA Douai 17-3-2022 n° 19DA01635 : BPIM 3/22 inf. 253).

En pratique, la nature de la résidence (principale ou secondaire) est en général évidente (en raison notamment du lieu de travail, de l'école des enfants, etc.) mais des hésitations peuvent se présenter pour les personnes qui disposent de **plusieurs résidences** et les occupent chacune de manière régulière. Dans ce cas, il faut être à même de justifier de l'occupation habituelle et effective du logement vendu pour prétendre à l'exonération.

> **Précisions** **a.** En cas de **divorce** ou de **séparation,** l'exonération bénéficie à celui qui a quitté le logement si les conditions suivantes sont réunies : le logement constituait la résidence principale du couple au moment du divorce ou de la séparation ; il a été occupé par l'ex-époux ou l'ex-concubin jusqu'à sa mise en vente, et la cession intervient dans les délais normaux de vente. Le bénéfice de l'exonération n'est subordonné à aucun délai particulier entre la séparation et la mise en vente (BOI précité nos 250 s.).

L'exonération s'applique aux immeubles **en construction** cédés par des époux en instance de divorce ou des concubins (pacsés ou non) qui se séparent dès lors que le logement était destiné à leur résidence principale et que ceux-ci n'étaient pas propriétaires du logement occupé pendant la construction (BOI précité nos 230 s.). Elle s'applique, sous les mêmes conditions, aux immeubles en construction cédés à la suite d'une **mutation professionnelle** ou pour cause d'**invalidité,** ainsi qu'à la suite du **décès du conjoint** (BOI précité nos 300 s.).

b. Un immeuble ne perd pas sa qualité de résidence principale du seul fait que le propriétaire a été contraint de libérer les lieux en raison d'un **sinistre** d'ampleur ayant rendu l'occupation de l'immeuble manifestement impossible, dès lors que le bien constituait la résidence principale du propriétaire au jour du sinistre et que celui-ci a accompli les diligences nécessaires pour faire reconstruire l'immeuble dans les meilleurs délais et pour mener à bien sa cession dès l'achèvement des travaux (BOI précité n° 195).

c. Le fait que l'administration, pour taxer la plus-value de cession d'une résidence principale, ait persisté à soutenir, malgré les éléments fournis, que le délai de 27 mois entre le déménagement pour mutation professionnelle et la vente était trop long et résultait de la volonté des contribuables d'optimiser les conditions de la vente, le délai de vente s'expliquant par le fait que les acheteurs potentiels avaient préféré attendre la signature du nouveau plan d'occupation des sols projeté par la commune, engage la **responsabilité de l'État** (TA Besançon 18-12-2015 n° 1400721 : RJF 4/16 n° 375 ; jugement rendu dans l'affaire soumise au Conseil d'État dans l'arrêt du 6-10-2010 précité).

Preuve de l'occupation Il est d'autant plus facile de prouver l'occupation d'un immeuble que l'on a considéré clairement ce logement comme résidence principale, par exemple en demandant à bénéficier des avantages liés à l'habitation principale, en matière d'impôt sur le revenu notamment (crédits d'impôt pour charges). Les **juges** se montrent pragmatiques sur ce point. Ainsi jugé que le vendeur justifie qu'il occupe une villa à titre de résidence principale dès lors qu'il produit l'attestation d'un notaire indiquant qu'il y a établi sa résidence principale, des attestations similaires des maires successifs de la commune, des factures d'électricité et de téléphone ainsi que des factures d'assurance multirisque-habitation mentionnant que la villa est à usage d'habitation principale (CE 10-4-2015 n° 367015 : RJF 7/15 n° 598). **85542**

De manière générale, les juges analysent les **consommations** d'eau, de gaz ou d'électricité eu égard à la composition du foyer familial occupant l'immeuble pour déterminer la nature de cette occupation, ou encore l'**adresse mentionnée** sur les déclarations d'impôt sur le revenu des cédants (CAA Paris 3-11-2021 n° 20PA01929 : BPIM 6/21 inf. 411). En revanche, la taxe foncière relative à l'immeuble ou un contrat d'assurance habitation sont des éléments insuffisants à établir une occupation effective de l'immeuble (CAA Douai 17-7-2020 n° 18DA01579). Pour d'autres exemples de situations dans lesquelles la preuve d'une occupation habituelle n'a pas été apportée : CE 23-10-2013 n° 361233 : RJF 1/14 n° 41 ; CAA Lyon 9-1-2014 n° 13LY01383, confirmé par CE (na) 25-2-2015 n° 376019 : RJF 11/15 n° 915 ; CAA Douai 13-1-2022 n° 19DA02649 : BPIM 2/22 inf. 172.

Cas des dépendances L'exonération profite également aux dépendances **immédiates et nécessaires** de la résidence principale cédées en même temps que cette dernière (CGI art. 150 U, II-3°). **85543**
Les dépendances s'entendent des bâtiments annexes tels que les garages (situés à moins d'un kilomètre), les remises, les aires de stationnement, les passages, les cours, et plus généralement l'ensemble du terrain entourant la résidence qui n'est pas vendu comme terrain à bâtir. L'administration admet que les dépendances puissent être cédées à un **acquéreur distinct** de celui de la résidence principale. Les cessions sont alors réputées faites simultanément lorsqu'elles interviennent dans un délai normal (BOI-RFPI-PVI-10-40-10 n° 390).

Les **juges du fond** apprécient le caractère nécessaire des dépendances pour admettre ou écarter le bénéfice de l'exonération (CAA Douai 2-10-2012 n° 11DA01143 : RJF 2/13 n° 168).

ATTENTION

La plus-value réalisée lors de la vente d'un **terrain à bâtir**, même concomitante à celle de la résidence principale, est **imposable** car il ne peut pas être considéré comme une dépendance immédiate et nécessaire (BOI-RFPI-PVI-10-40-10 n° 340). Est considéré comme un terrain à bâtir le terrain acquis en vue d'y édifier des constructions susceptibles d'entrer dans le champ d'application de la TVA, même si la vente du terrain n'y a pas été soumise (CE 8-4-2022 n° 447694 : RJF 6/22 n° 550).

85544 **Incidence de la location** La location d'une **fraction** de son habitation principale **à titre habituel** ou la location **saisonnière de la totalité** de son bien pourrait, à notre avis, empêcher le contribuable de bénéficier d'une exonération totale de la plus-value, qui serait limitée à la surface ou à la période d'occupation effective de l'immeuble à titre de résidence principale.

CONSEIL

Il est plus prudent dans ce contexte de **cesser toute location** et de réaffecter entièrement l'immeuble à son habitation principale « pour une durée suffisamment significative » avant la mise en vente pour prétendre à une exonération totale (Rép. Moudenc : AN 2-7-2013 n° 23625).

85545 **Vente sous condition suspensive** Lorsque la vente est assortie d'une condition suspensive, c'est à la **date** de réalisation de la condition qu'il faut se placer pour apprécier si l'immeuble est affecté à l'habitation principale (CE 24-11-2017 n° 396209 : RJF 2/18 n° 172).

LOGEMENT AUTRE QUE LA RÉSIDENCE PRINCIPALE

85550 Les plus-values réalisées au titre de la **première cession** d'un logement autre que la résidence principale sont exonérées à la **double condition** que le cédant n'ait pas été propriétaire de sa résidence principale, directement ou par personne interposée, au cours des quatre années précédant la cession et qu'il remploie le prix de cession dans l'acquisition ou la construction d'un logement qu'il affecte, dès son achèvement ou son acquisition si elle est postérieure, à son habitation principale (CGI art. 150 U, II-1° bis).

L'exonération s'étend aux **dépendances** immédiates et nécessaires du logement au sens indiqué n° 85543 cédées simultanément avec celui-ci.

Cette exonération a un caractère facultatif. Elle s'applique **sur demande** par la mention de sa nature et de son fondement dans l'**acte de vente.** Celui-ci doit indiquer, pour chaque bénéficiaire de l'exonération, son identité, ses droits sur le prix de cession, la fraction destinée au remploi, le montant de la plus-value exonérée (CGI ann. III art. 41 duovicies-0 H). Les juges du fond ne parviennent pas à s'accorder quant à la portée des **mentions obligatoires** à faire figurer dans l'acte de cession, certains y voyant une condition indispensable pour l'application de l'exonération (CAA Douai 23-4-2019 n° 17DA01449 : RJF 8-9/19 n° 795 ; CAA Paris 22-9-2021 n° 19DA01643 : BPIM 6/21 inf. 415), d'autres admettant d'accorder la restitution de l'impôt par voie de réclamation lorsque les autres conditions sont remplies (CAA Marseille 3-2-2023 n° 20MA01299 : RJF 5/23 n° 375).

L'exonération s'applique uniquement à la **première cession** réalisée par le contribuable, soit une seule fois pour un même contribuable. Pour l'appréciation de cette condition, seules sont prises en considération les cessions intervenues **depuis le 1er février 2012.** L'exonération est applicable même si antérieurement à la cession en cause le cédant a vendu un ou plusieurs logements qui, faute de remplir les conditions d'application de l'exonération ou faute pour l'intéressé d'avoir demandé l'exonération à raison desdits logements, n'ont pas ouvert droit à l'exonération.

En cas de **remploi partiel,** l'exonération est limitée à la fraction du prix de cession qui est utilisée. Si le contribuable remploie une **somme supérieure** à celle prévue dans l'acte, il dispose d'un délai de réclamation de deux ans pour obtenir la restitution de l'impôt payé en trop. Ce délai de réclamation court à compter de la date de la cession et non de celle du remploi (TA Cergy-Pontoise 29-3-2019 n° 1611578 : RJF 2/20 n° 135).

EXEMPLE

Un contribuable cède un immeuble au prix de 300 000 € et remplit les conditions pour bénéficier de l'exonération d'impôt sur la plus-value. Il réalise à cette occasion une plus-value de 100 000 €. S'il acquiert sa nouvelle résidence principale pour 150 000 €, soit 50 % du prix de cession perçu, il bénéficie de l'exonération à hauteur de 50 000 €, soit 50 % de la plus-value réalisée. S'il acquiert un immeuble d'une valeur de 400 000 €, sa plus-value est totalement exonérée.

85551 **Bénéficiaires** L'exonération est subordonnée à la condition que le vendeur, personne physique ou associé personne physique d'une société de personnes relevant de l'impôt sur le revenu (SCI notamment), n'ait **pas été,** directement ou par personne interposée, **propriétaire de sa résidence principale** au cours des quatre années précédant la cession.

La détention d'un droit démembré (**usufruit, nue-propriété**) ou d'un **droit indivis** sur un immeuble d'habitation affecté à la résidence principale du cédant prive ce dernier du bénéfice de l'exonération (BOI-RFPI-PVI-10-40-30 n° 40 ; CE 15-7-2021 n° 453490 : RJF 11/21 n° 1025).

En cas de **pluralité de cédants,** le respect des conditions d'application et le bénéfice de l'exonération s'apprécient distinctement par cédant personne physique : chaque coïndivisaire en cas d'indivision, chacun des époux en cas de cession d'un bien commun, chaque associé en cas de cession d'un logement par une société ou un groupement (BOI-RFPI-PVI-10-40-30 n°s 380 à 410).

Afin de tenir compte, notamment, de la situation des **contribuables** qui demandent le bénéfice de l'exonération et **qui acquièrent leur future résidence principale,** notamment au moyen d'un prêt-relais, **avant d'avoir cédé le logement** entrant dans le champ de l'exonération, l'administration admet d'appliquer l'exonération à condition que (BOI précité n° 70) :

- la mise en vente du logement soit antérieure à l'acquisition de l'habitation principale ;
- la cession du logement intervienne dans un délai normal après l'acquisition du logement affecté à la résidence principale. À cet égard, un délai de 21 mois est jugé excessif lorsqu'il est justifié par la volonté des cédants de vendre l'immeuble libre (CAA Versailles 25-1-2022 n° 20VE02271 : BPIM 2/22 inf. 174) ;
- le prix de cession du logement soit effectivement remployé à l'acquisition ou la construction de la résidence principale, remploi justifié, par exemple, par le remboursement anticipé de l'emprunt contracté pour l'acquisition ou la construction de la résidence principale ou en remboursement d'un prêt-relais.

ATTENTION

L'impôt sur la plus-value payé lors de la vente d'un logement autre que la résidence principale ne peut pas être restitué au motif qu'à la date de cette vente le cédant n'était **en réalité pas propriétaire de sa résidence principale,** son achat ayant été ultérieurement annulé par le juge (CAA Lyon 1-6-2017 n° 16LY01951 : RJF 10/17 n° 948).

Logements concernés L'exonération ne s'applique qu'aux plus-values réalisées lors de la vente d'un logement. N'ouvrent donc pas droit à l'exonération les plus-values résultant de la vente de terrains à bâtir, de locaux à usage professionnel, industriel, commercial ou artisanal ou de parts de sociétés immobilières. Toutefois, il est admis que lorsque le bien cédé est affecté pour partie à usage d'habitation et pour partie à usage professionnel (locaux à **usage mixte**), l'exonération s'applique à la fraction de la plus-value afférente à la cession de la partie à usage d'habitation (BOI-RFPI-PVI-10-40-30 n° 90). **85552**

Modalités du remploi Le vendeur doit remployer le prix de cession dans l'acquisition ou la construction d'un logement, dans un **délai** de 24 mois à compter de la cession du logement, calculé de date à date. **85553**

En cas d'acquisition d'un **logement achevé,** ce délai court depuis la date de l'acte notarié de cession du logement exonéré jusqu'à la date de l'acte authentique d'acquisition du nouveau logement.

En cas de **construction** de la nouvelle résidence principale, le contribuable doit justifier, dans le délai de 24 mois de la signature de l'acte authentique constatant l'acquisition du terrain, du dépôt d'une demande de permis de construire et de l'engagement de l'opération de construction : conclusion d'un contrat d'architecte chiffré, d'un contrat de construction d'une maison individuelle, d'un devis, etc. (BOI-RFPI-PVI-10-40-30 n° 310).

Pour apprécier le montant du remploi, il n'est pas tenu compte des **remboursements d'emprunts** afférents au logement cédé. Dès lors, l'exonération pourra être totale si le remploi porte sur un logement dont le prix d'acquisition est au moins égal au prix de cession du logement pour lequel le contribuable a demandé le bénéfice de l'exonération, sans qu'il soit tenu compte, le cas échéant, pour effectuer cette comparaison, du remboursement du crédit en cours sur le logement cédé ni de la souscription d'un nouvel emprunt pour l'acquisition de la résidence principale (Rép. Fromantin : AN 11-6-2013 n° 20830).

EXEMPLE

M. Gaston cède un immeuble pour un prix de 250 000 €, pour lequel il doit rembourser un solde d'emprunt de 50 000 €. S'il acquiert un immeuble d'une valeur de 200 000 €, il bénéficie d'une exonération à hauteur de 80 %. S'il acquiert un immeuble d'une valeur de 300 000 €, l'exonération est totale, sans qu'il soit tenu compte du montant de l'emprunt remboursé.

Objet du remploi Le remploi doit porter sur un **logement** détenu **en pleine propriété.** Il ne peut pas consister en l'acquisition de parts de sociétés (SCI notamment) ou de droits relatifs à un immeuble (notamment, usufruit ou nue-propriété). L'apport du prix de cession à une **85555**

société n'ouvre pas droit non plus à l'exonération. Toutefois, il peut porter sur des parts de sociétés transparentes (au sens de l'article 1655 ter du CGI) ou sur des droits indivis détenus en pleine propriété.

Le remploi peut consister en l'acquisition d'un logement **neuf** (logement achevé ou en Vefa), d'un logement **ancien,** d'un logement en l'état futur de rénovation (**VIR**) ou en la **construction** d'un logement. Il peut s'agir également d'un immeuble destiné à être **transformé en logement.** Dans ce dernier cas, les travaux de transformation doivent être réalisés concomitamment à l'acquisition du local et achevés dans les 24 mois de l'acquisition.

Pour les acquisitions de **logements achevés,** il est admis que le remploi porte sur les **travaux** qui doivent y être effectués, dès lors que ces travaux sont réalisés par une entreprise concomitamment à l'acquisition du logement. Sont considérés comme tels les travaux qui sont achevés et payés dans les douze mois qui suivent la date de la signature de l'acte authentique d'acquisition du logement (BOI-RFPI-PVI-10-40-30 n° 250).

L'**affectation à la résidence principale** doit en principe intervenir dès l'acquisition du logement ou dès l'achèvement de la construction. Par exception, en cas d'**acquisition** d'un **logement suivie de travaux,** il est admis que l'affectation à la résidence principale soit différée, au maximum de douze mois, après l'acquisition du logement. Il en est de même en cas d'acquisition d'un immeuble transformé en logement avec un différé de 24 mois maximum (BOI précité n° 323). Aucune durée minimale de conservation et d'affectation à l'habitation principale n'est en revanche exigée (BOI précité n° 327).

REMEMBREMENTS

85560 Les plus-values d'échange réalisées dans le cadre d'opérations de remembrements **urbains ou ruraux** ou d'opérations assimilées sont exonérées à condition que ces opérations soient effectuées conformément à la réglementation (CGI art. 150 U, II-5°).

ATTENTION

L'exonération de la plus-value n'est pas définitive puisque, en cas de **revente du bien remembré** ou **échangé,** la plus-value réalisée à cette occasion est calculée en considérant fictivement que l'immeuble cédé a été acquis au même prix (ou pour la même valeur vénale), à la même date et selon le même mode que l'immeuble qui avait été apporté en échange au remembrement. Ce n'est que lorsque cette date remonte à plus de 22 ans ou 30 ans que la plus-value est exonérée partiellement ou totalement (voir n° 85525).

VENTES N'EXCÉDANT PAS 15 000 €

85580 Les plus-values réalisées lors de la cession d'immeubles, de parties d'immeubles ou de droits relatifs à ces biens sont exonérées si leur prix de cession est inférieur ou égal à 15 000 € (CGI art. 150 U, II-6°). L'**appréciation de ce plafond** s'effectue par bien et non pas annuellement.

En cas de cession d'un bien en **indivision,** ce seuil s'apprécie au regard de la part de chaque indivisaire. Il en est de même en cas de cession d'un bien acquis en tontine (BOI-RFPI-PVI-10-40-70 n° 90).

En cas de cession d'un **immeuble par des époux,** le seuil de 15 000 € s'apprécie au regard de la quote-part de chaque époux (BOI précité n° 100). Autrement dit, dans la situation la plus fréquente où la part respective des époux est de 50 %, la vente est exonérée si le prix de cession n'excède pas 30 000 €.

En cas de cession isolée de l'**usufruit** ou de la **nue-propriété** ou de cession conjointe, le seuil s'apprécie par rapport à la valeur de la pleine propriété du bien. Lorsque l'usufruit (ou la nue-propriété) est détenu en indivision, le seuil s'apprécie par rapport à la valeur en pleine propriété de chaque quote-part indivise (BOI précité n° 40).

En pratique, cette exonération est surtout susceptible de s'appliquer aux ventes portant sur des garages, des parkings, des terrains ou des locaux de petite surface. **Attention,** le prix de vente de plusieurs parcelles de terre contiguës ou lots à un même acquéreur s'apprécie globalement (BOI précité n° 80 ; CE 15-11-2019 n° 421337 : RJF 2/20 n° 137 confirmé sur renvoi par CAA Paris 20-7-2021 n° 19PA03813).

EXEMPLE

En juillet 2025, M. et Mme Louis vendent au prix de 20 000 € un box dans un parking, acquis en 2017 pour un montant de 15 000 €. Le prix de cession du box étant inférieur à 30 000 €, la plus-value est exonérée.

La même année, au mois de septembre, M. Louis cède un terrain pour un montant de 35 000 €, détenu en indivision avec son frère depuis le décès de leur mère, en 2015. La quote-part indivise de M. Louis sur ce terrain est de 40 %, celle du frère de 60 %. M. Louis est de nouveau exonéré sur la plus-value éventuellement constatée, puisque le prix de cession correspondant à sa quote-part indivise (35 000 € × 40 % = 14 000 €) est inférieur au seuil de 15 000 €.

En revanche, son frère est imposable, le prix de cession correspondant à sa quote-part (35 000 € × 60 % = 21 000 €) étant supérieur à ce seuil.
S'il cède concomitamment un terrain contigu au même acquéreur, pour lequel il reçoit une quote-part de prix supérieure à 1 000 €, les deux cessions seront soumises à imposition de la plus-value.

RETRAITÉS OU INVALIDES DISPOSANT DE FAIBLES REVENUS

Exonération générale Les titulaires d'une pension de retraite, d'une carte d'invalidité ou d'une carte « mobilité inclusion » portant la mention « invalidité » échappent à la taxation des plus-values immobilières à la double condition que, au titre de l'avant-dernière année précédant celle de la cession (CGI art. 150 U, III) : **85600**

– ils ne soient pas passibles de l'**impôt sur la fortune immobilière (IFI).** Les personnes passibles de l'IFI s'entendent des personnes propriétaires d'un patrimoine imposable d'une valeur nette supérieure à 1,3 M€ au titre de l'**avant-dernière année précédant celle de la cession** (BOI-RFPI-PVI-10-40-90 n° 85) ;

– que leur **revenu** fiscal de référence soit inférieur à un certain seuil. Pour les cessions réalisées en 2025, ce seuil est fixé à 12 455 € pour la première part de quotient familial, majoré de 3 326 € pour chaque demi-part supplémentaire, la situation de famille s'appréciant à la date de la cession.

L'exonération s'applique même si c'est le **conjoint** du cédant, soumis à imposition commune, qui est titulaire d'une pension de vieillesse, de la carte d'invalidité ou de la carte mobilité-inclusion mention « invalidité ».

Le conjoint survivant qui perçoit une **pension de réversion** peut également bénéficier de l'exonération (BOI précité n° 50).

Lorsque le cédant est un **handicapé** rattaché au foyer fiscal de ses parents, l'administration admet que seuls ses revenus soient pris en compte pour apprécier la condition relative au niveau du revenu fiscal de référence (BOI précité n° 140).

Exonération de l'ancienne résidence principale La plus-value réalisée par les **personnes âgées** hébergées **en maison de retraite** (Ehpa, Ehpad, logement-foyer, petite unité de vie ou unité pour personnes désorientées) ou les personnes adultes **handicapées** placées en **foyer d'accueil** (foyer de vie, foyer d'accueil médicalisé ou maison d'accueil spécialisée) lors de la cession de leur ancienne résidence principale est exonérée à condition (CGI art. 150 U, II-1° ter) : **85605**

– qu'au titre de l'avant-dernière année précédant celle de la cession, le cédant ne soit pas passible de l'**IFI** et que son **revenu** fiscal de référence ne dépasse pas un seuil fixé, pour les cessions réalisées en 2025, à 29 288 € pour la première part de quotient familial majoré de 6 843 € pour la première demi-part et de 5 387 € pour chaque demi-part supplémentaire ;

– que l'immeuble n'ait fait l'objet d'**aucune occupation** depuis l'entrée de son propriétaire dans l'établissement (mais l'exonération s'applique lorsque le logement est resté occupé par un membre du foyer fiscal du cédant ou son concubin : BOI-RFPI-PVI-10-40-20 n° 90) ;

– que la **cession** intervienne dans un **délai** inférieur à deux ans **suivant l'entrée dans l'établissement.** Ce délai est décompté à partir de la date à laquelle le vendeur est entré dans l'établissement spécialisé, même si le logement vendu n'était plus occupé par lui à titre de résidence principale à cette date, par exemple s'il a été hébergé chez des proches ou hospitalisé dans l'intervalle (BOI précité n°s 200 s.).

IMMEUBLES SINISTRÉS

En cas de revente d'un immeuble sinistré (incendie, inondations…), le montant de l'**indemnité d'assurance** perçue à la suite du sinistre n'a pas à être ajouté au prix de vente pour le calcul de la plus-value (CGI art. 150 VA, II). **85620**

ATTENTION

Si des **travaux de remise en état** réalisés sur des immeubles sinistrés sont **financés par une indemnité d'assurance** perçue à la suite du sinistre, le montant des travaux financés par cette indemnité ne peut pas être pris en compte pour le calcul de la plus-value ultérieure (CAA Paris 4-4-1997 n° 93-1073 : RJF 10/97 n° 930).

CESSION D'UN DROIT DE SURÉLÉVATION

La plus-value réalisée au titre de la cession, **jusqu'au 31 décembre 2026,** d'un droit de surélévation est exonérée à condition que l'acquéreur (personne physique ou personne morale) prenne l'**engagement** de réaliser et d'achever des **locaux destinés exclusivement à l'habitation** dans un délai de quatre ans à compter de la date de son acquisition (CGI art. 150 U, II-9°, modifié **85630** par loi 2025-127 du 14-2-2025 art. 85). La mention du bénéfice de l'exonération dans l'acte authentique constatant le transfert de propriété vaut engagement de l'acheteur (BOI-RFPI-PVI-10-40-40 n° 110). En cas de **fusion de sociétés,** l'engagement souscrit par l'absorbée n'est pas rompu si l'absorbante le reprend dans l'acte de fusion.

La réalisation d'un local d'habitation s'entend de la **création d'un logement neuf** au sens des articles R 111-1 à R 192-4 du Code de la construction et de l'habitation (CCH). Il peut s'agir d'une unité d'habitation distincte des locaux existants ou de l'agrandissement par adjonction de pièces supplémentaires à un logement existant. L'exonération ne s'applique pas lorsque les locaux réalisés sont des locaux à usage mixte.

Le logement est **achevé** lorsque l'état d'avancement des travaux de construction est tel qu'il est habitable (BOI précité n° 100).

ATTENTION

En cas de **manquement à son engagement,** l'acquéreur est redevable d'une **amende** égale à 25 % de la valeur de cession du droit de surélévation sauf notamment en cas de licenciement, de mise à la retraite à l'initiative de l'employeur, d'invalidité de 2e ou 3e catégorie, de décès du contribuable ou de l'un des époux soumis à imposition commune. En revanche, l'exonération reste acquise au cédant.

IMMEUBLE DESTINÉ AU LOGEMENT SOCIAL OU INTERMÉDIAIRE

85640 Sont exonérées les plus-values réalisées **jusqu'au 31 décembre 2025** (CGI art. 150 U, II-7° et 8°) lors de la **cession** d'immeubles **à un organisme chargé du logement social** (organisme HLM, société d'économie mixte gérant des logements sociaux, Association foncière logement, SCI dont cette association détient la majorité des parts pour les logements visés à l'article L 831-1, 4° du CCH, organisme bénéficiant de l'agrément relatif à la maîtrise d'ouvrage prévu à l'article L 365-2 du CCH et organisme de foncier solidaire) ou **à tout autre cessionnaire qui s'engage** personnellement, dans un délai respectivement de dix ou quatre ans à compter de la date d'acquisition, par une mention portée dans l'acte d'acquisition :

– à la **construction,** le cas échéant à la démolition des constructions existantes suivie d'une reconstruction, ou à la **réhabilitation** des constructions existantes et à l'achèvement d'un ou de plusieurs bâtiments d'habitation collectifs dont le gabarit est au moins égal à 75 % du gabarit maximal autorisé en application du plan local d'urbanisme ou d'un document en tenant lieu ;

– et à l'**affectation,** dès leur achèvement, d'un prorata de la surface habitable des logements ainsi réalisés ou réhabilités, à du **logement social,** à du logement faisant l'objet d'un **bail réel solidaire** ou, si les immeubles sont situés pour tout ou partie de leur surface en **zones A, A bis ou B1,** à du **logement locatif intermédiaire.**

L'exonération s'applique au **prorata de la surface** habitable des logements sociaux ou intermédiaires construits par rapport à la surface totale des constructions du programme immobilier. Elle est totale pour les organismes chargés du logement social lorsque le prorata dépasse 80 % (BOI-RFPI-PVI-10-40-110 n° 250).

L'exonération s'applique également lorsque l'immeuble est vendu jusqu'à la même date **à une collectivité territoriale,** à un établissement public de coopération intercommunale (EPCI) ou à un établissement public foncier de l'État (EPF) en vue de sa **rétrocession** à un organisme en charge du logement social dans le délai d'un an (trois ans en cas de rétrocession par un EPF) à compter de son acquisition et qui doit prendre l'engagement de construire dans l'acte de rétrocession. L'exonération n'est pas applicable aux cessions réalisées au profit des collectivités territoriales en vue de la constitution de leur propre patrimoine immobilier, même s'il est affecté à des logements sociaux (BOI précité n° 420). En cas de **non-respect de l'engagement de revente,** le cessionnaire est tenu de reverser à l'État le montant de l'impôt dû au titre de la plus-value initialement exonérée (BOI précité n° 520).

En cas de **fusion de sociétés,** les engagements souscrits par la société absorbée ne sont pas rompus lorsque la société absorbante les reprend dans l'acte de fusion. En cas d'**acquisitions successives,** les engagements souscrits par le cessionnaire ne sont pas rompus lorsque le nouvel acquéreur s'engage, dans l'acte d'acquisition, à se substituer au cédant pour le respect des engagements pris par celui-ci dans le délai restant à courir. Lorsque le premier cessionnaire est un organisme en charge du logement social, la reprise des engagements n'est possible que si le nouvel acquéreur est lui-même un organisme chargé du logement social.

En cas de **manquement à ses engagements,** le cessionnaire (la société absorbante, le cessionnaire successif ou le bénéficiaire d'une rétrocession) est redevable d'une amende égale à 10 % du prix d'acquisition, mais l'exonération partielle de la plus-value reste acquise au cédant (BOI précité n° 290).

Ces dispositions ne s'appliquent pas à la création de logements sociaux ou à l'affectation de surfaces à de tels logements dans les **quartiers faisant l'objet d'un projet de renouvellement urbain** au titre du NPNRU.

> Précisions a. Les **logements sociaux** objet de l'engagement de construire visés à l'article L 831-1 du CCH correspondent aux logements à usage locatif et aux logements-foyers conventionnés ouvrant droit à l'APL, ainsi que les logements occupés par des titulaires de contrats de location-accession. Les **logements intermédiaires** sont définis à l'article L 302-16 du CCH.

b. Lorsque les biens ou les droits sont situés dans une commune où le **quota de logements sociaux** prévu à l'article L 302-5 du CCH n'est pas respecté, le cessionnaire s'engage également à ce que la part de surface habitable de logements sociaux représente un **seuil minimal de 25 %** de la surface totale des constructions du programme immobilier.

C. Détermination de la plus-value de cession d'un immeuble

GÉNÉRALITÉS

La plus-value, calculée par différence entre le prix de cession et le prix d'acquisition, est, pour les cessions portant sur des immeubles détenus depuis plus de cinq ans, réduite d'un abattement pour durée de détention (nos 85800 s.). **85680**

Les plus-values réalisées sur la vente de certains biens immobiliers ouvrent droit en outre à un abattement exceptionnel (nos 85823 s.).

Les cessions d'immeubles entraînant la réalisation d'une moins-value sont examinées nos 85860 s.

Un exemple chiffré illustrant notamment les modalités de détermination de la plus-value figure no 86320.

1. ÉLÉMENTS DE CALCUL DE LA PLUS-VALUE

PRINCIPE

La plus-value imposable est en principe égale à la différence entre le prix de cession et le prix d'acquisition de l'immeuble (CGI art. 150 V). **85685**

PRIX DE CESSION

Le prix de cession s'entend du prix stipulé à l'acte, augmenté, le cas échéant, des charges en capital et indemnités stipulées au profit du cédant et diminué des **frais de cession** suivants effectivement supportés par ce dernier : commission de vente, frais de mainlevée d'hypothèque, certifications et diagnostics obligatoires (termites, amiante, etc.), honoraires d'architecte, indemnité d'éviction versée au locataire et TVA acquittée par le vendeur (CGI art. 150 VA). Cette **liste** est **limitative** (CGI ann. III art. 41 duovicies H). Ainsi, l'indemnité de rendement versée par le vendeur afin de compenser un manque à gagner résultant d'une diminution temporaire des loyers perçus sur l'immeuble vendu n'est pas déductible du prix de cession (CAA Douai 2-6-2021 no 21DA00829). **85690**

Le prix stipulé à l'acte fait foi, même en cas d'**insuffisance d'évaluation.** En revanche, lorsqu'une **dissimulation** de prix est établie, le prix porté dans l'acte peut être corrigé en conséquence par l'administration.

> Précisions a. La **valeur du mobilier** n'est pas prise en compte pour la détermination de la plus-value immobilière imposable à condition que son existence et sa valeur vénale soient justifiées (production de factures, inventaire de commissaires de justice, etc.) (BOI-RFPI-PVI-20-10-10 no 10).

b. En cas d'**échange,** le prix de cession à retenir correspond à la valeur vénale réelle des biens reçus en contrepartie du bien cédé, majorée éventuellement du montant de la soulte reçue ou diminuée du montant de la soulte payée. Cette valeur doit tenir compte, le cas échéant, des insuffisances relevées pour la liquidation des droits de mutation.

c. Lors de la **cession d'un terrain contre remise d'immeubles à construire,** le prix de cession servant au calcul de la plus-value est le prix mentionné dans l'acte de vente du terrain sauf, pour l'administration, à prouver une dissimulation du prix réellement convenu entre les parties. Une telle preuve est apportée lorsqu'elle établit qu'il existe une disproportion manifeste entre la valeur des droits représentatifs des locaux à construire, estimés à la date de l'acte de cession du terrain, et le prix mentionné dans l'acte (BOI précité no 160).

PRIX D'ACQUISITION

Acquisition à titre onéreux En cas d'acquisition à titre onéreux, le prix d'acquisition correspond au **prix effectivement versé lors de l'achat** du bien tel qu'il a été stipulé dans l'acte, augmenté des charges et indemnités stipulées au profit du cédant (si une dissimulation du prix est établie, le prix porté dans l'acte doit être majoré du montant de cette dissimulation) (CGI art. 150 VB). **85700**

Le prix d'acquisition est majoré forfaitairement de 7,5 % pour tenir compte des **frais d'acquisition.** Le vendeur peut toutefois choisir de substituer à ce forfait le montant réel des frais suivants, dûment justifiés : frais de contrat (notamment honoraires du notaire et commissions d'intermédiaires), droits d'enregistrement ou TVA.

Si l'acquisition a été soumise à la **TVA,** le forfait de frais de 7,5 % est calculé sur le prix TVA incluse lorsque le redevable légal de la TVA était le vendeur ou si la TVA a été mise à la charge de l'acquéreur. Il est appliqué sur le prix hors taxe lorsque le redevable légal de la TVA était l'acquéreur ou si la TVA a été mise à la charge du vendeur (BOI-RFPI-PVI-20-10-20-20 n° 70).

En cas de cession d'un **bien construit par le cédant sur un terrain lui appartenant,** le forfait de 7,5 % pour frais d'acquisition est calculé uniquement sur le prix d'acquisition du terrain et le forfait de 15 % pour travaux est, lui, calculé sur le prix d'acquisition du terrain et le coût des travaux de construction réalisés avant l'achèvement du bien (BOI précité n° 400).

Le prix d'acquisition peut être majoré des dépenses de **travaux** définies n° 85710.

Aucune **autre dépense,** par exemple les intérêts d'emprunt contractés pour l'acquisition ou la réparation de l'immeuble, ne peut être prise en compte.

> **Précisions a.** Dans le cas (exceptionnel) où le **prix** d'acquisition n'est **pas stipulé dans l'acte,** la plus-value sera calculée à partir de la valeur vénale réelle à la date d'entrée dans le patrimoine du cédant d'après une déclaration détaillée des parties.
> **b.** Si le bien a été acquis dans le cadre d'une **vente d'immeubles à rénover,** le prix d'acquisition comprend à la fois le prix de l'existant et celui des travaux.
> **c.** La somme prévue dans un **protocole transactionnel** destinée à **éviter une action en rescision pour lésion** du vendeur initial ne constitue pas un supplément du prix d'acquisition à prendre en compte pour le calcul de la plus-value imposable (CAA Marseille 24-3-2016 n° 14MA03578 : RJF 6/16 n° 529). Il en va différemment du complément versé par l'acheteur au vendeur **après une action en rescision** (CE 9-11-2015 n° 371571 : RJF 2/16 n° 145).
> **d.** Sur les modalités de calcul de la plus-value réalisée par un **loueur en meublé non professionnel,** voir n° 65828.

85705 **Acquisition par donation ou succession** En cas d'acquisition par succession ou donation, le prix d'acquisition s'entend de la **valeur retenue pour la liquidation des droits** de succession ou de donation (CGI art. 150 VB, I). Si cette valeur fait l'objet d'une **rectification** par l'administration, même après la cession du bien, la plus-value est calculée à partir de cette valeur rectifiée (CE 27-11-2019 n° 418379 : RJF 2/20 n° 134).

La valeur ainsi définie est majorée des **frais d'acquisition,** qui sont retenus pour leur montant **réel et justifié.** Ces frais s'entendent exclusivement des frais d'acte ou de déclaration (tels que les honoraires de notaire ou les frais de publicité foncière y compris ceux afférents à un partage), ainsi que des droits de succession ou de donation à proportion de leur valeur représentative des biens cédés. Mais les **droits de donation** ne peuvent pas être pris en compte lorsque le **donateur** les a pris à sa charge (BOI-RFPI-PVI-20-10-20-20 n° 90).

Prenons l'**exemple** d'un contribuable qui reçoit par succession 300 000 € dont 200 000 € correspondant à une maison. On suppose que 60 000 € de droits de succession ont été payés au total. Lors de la vente de la maison, le prix d'acquisition est majoré pour le calcul de la plus-value de : (200 000 € × 60 000 €)/300 000 € = 40 000 €.

Le prix d'acquisition peut aussi être majoré des dépenses de **travaux** définies n° 85710. Aucune **autre dépense** ne peut être prise en compte.

> **Précisions a.** Lorsque la vente porte sur un immeuble acquis par succession qui constituait la **résidence principale du défunt** et de sa famille et qui a ouvert droit à l'abattement de 20 % prévu à l'article 764 bis du CGI pour le calcul des droits de succession, la valeur à retenir pour le calcul de la plus-value est la valeur du bien libre de toute occupation diminuée de cet abattement. Le fait que le cédant ait bénéficié d'une exonération ou d'abattements autres est en revanche sans incidence.
> **b.** En cas d'acquisition par donation avec **prise en charge par le donataire des dettes** contractées par le donateur pour acquérir le bien transmis, il convient de retenir la valeur du bien avant imputation des dettes admises en déduction de l'assiette des droits de donation (BOI-ENR-DMTG-20-30-10 n° 290).
> **c. À défaut de valeur retenue pour la détermination des droits de mutation à titre gratuit,** le cédant doit déterminer la valeur vénale réelle du bien à la date d'entrée dans son patrimoine. Lorsque la succession n'a pas donné lieu à imposition (ou n'était pas imposable en France), l'administration permet de retenir la valeur qui figure dans l'attestation immobilière à condition qu'elle corresponde à la valeur du bien au jour de l'ouverture de la succession (BOI-RFPI-PVI-20-10-20-10 n° 30).

85710 **Dépenses de travaux** Les dépenses de construction, reconstruction, agrandissement et amélioration peuvent être ajoutées au prix d'acquisition pour leur **montant réel** lorsqu'elles n'ont pas déjà été prises en compte pour le calcul de l'impôt sur le revenu et qu'elles ne présentent pas le caractère de dépenses locatives (peintures, papiers peints, moquettes...). Les travaux d'entretien et de réparation sont exclus. Les travaux doivent avoir été réalisés par une entreprise depuis l'achèvement de l'immeuble, ou son acquisition si elle est postérieure.

Seules les dépenses effectivement supportées et justifiées par le cédant peuvent être retenues pour le calcul de la plus-value (BOI-RFPI-PVI-20-10-20-20 nos 330 et 340). Les **factures** ne peuvent être prises en compte que si elles mentionnent l'adresse de l'immeuble cédé (CAA Douai 4-12-2019 n° 18DA00417) et ont fait l'objet d'un paiement effectif par le cédant (CAA Marseille 30-1-2020 n° 18MA02033 : BPIM 2/20 inf. 168-7).

En cas de cession d'un **immeuble donné en location,** les dépenses d'amélioration ayant engendré un déficit foncier qui n'a pu être intégralement imputé peuvent être prises en compte, à due concurrence, pour le calcul de la plus-value (BOI-RFPI-PVI-20-10-20-20 n° 270).

En revanche, les dépenses de travaux exposées au cours d'une année couverte par le **micro-foncier,** réputées prises en compte pour l'impôt sur le revenu, sont sans effet sur le prix d'acquisition.

Lorsque le logement a été placé sous les régimes d'**amortissement** Robien, Besson ou Périssol, le montant des dépenses de reconstruction, d'agrandissement ou d'amélioration effectuées **après la première mise en location** du logement et déduites au titre de l'amortissement ne peut pas non plus venir en augmentation du prix d'acquisition. Ces dépenses sont admises en majoration du prix d'acquisition lorsqu'elles sont réalisées **avant la première mise en location** du logement et déduites au titre de l'amortissement (BOI précité n° 260) ; il en va de même pour les dépenses prises en compte pour le calcul des réductions d'impôt Scellier, Censi-Bouvard et Demessine (BOI précité n° 265). Cette disposition paraît transposable au dispositif Duflot-Pinel-Denormandie.

Lorsque l'**immeuble** est **cédé plus de cinq ans après son acquisition** (après son achèvement en cas de construction par le cédant), le contribuable qui ne peut justifier de ces dépenses peut les évaluer **forfaitairement à 15 %** du prix d'acquisition.

Le fait que certaines dépenses aient déjà été prises en compte pour l'assiette de l'impôt sur le revenu est sans incidence (BOI précité n° 390). En pratique, le vendeur a donc intérêt à demander l'application du forfait dans tous les cas où il ne peut justifier de dépenses réelles supérieures à 15 % du prix d'acquisition. Mais selon le Conseil d'État, le forfait de 15 % doit être **écarté** si le cédant ne démontre pas qu'il a effectivement engagé des travaux dans l'immeuble (CE 25-3-2019 n° 422943 : RJF 10/19 n° 919).

Cette majoration forfaitaire du prix d'acquisition ne concerne que les seuls **immeubles bâtis** (CGI art. 150 VB, II-4°) et ne peut donc pas être appliquée en cas de cession d'un terrain.

> **Précisions a.** Les **frais de démolition** d'un bâtiment vétuste exposés pour vendre l'immeuble comme terrain à bâtir s'ajoutent au prix d'acquisition (BOI précité n° 180). Il en est de même des frais engagés dans le cadre d'une opération de démolition-reconstruction même si la construction est inachevée et le terrain désigné dans l'acte comme un terrain à bâtir (CE 30-6-2016 n° 375547 : RJF 11/16 n° 966).
> **b.** Un **indivisaire** est réputé avoir supporté à proportion de ses droits les dépenses de travaux même si, en pratique, elles ont été réglées par un autre indivisaire (CAA Versailles 29-9-2006 n° 04-1874 : RJF 2/07 n° 163).
> **c.** L'administration refuse de prendre en compte le coût des **matériaux achetés directement par le contribuable** puis posés par une entreprise (BOI précité n° 220). Cette doctrine a été validée par le Conseil d'État (CE 12-10-2018 nos 419294 et 421677 : RJF 1/19 n° 41 ; dans le même sens CAA Marseille 31-3-2022 n° 19MA02901 : BPIM 3/22 inf. 254).

Frais de voirie, réseaux et distribution Qu'ils soient ou non imposés par les 85715
collectivités locales, les frais de voirie, réseaux et distribution viennent en augmentation du prix d'acquisition pour le calcul des plus-values sur **terrains à bâtir** (CGI art. 150 VB, II-5°). Peut, en particulier, être retenu l'ensemble des frais d'aménagement et de viabilisation engagés dans le cadre d'une opération de **lotissement** même s'ils ne sont pas imposés par les collectivités territoriales (BOI-RFPI-PVI-20-10-20-20 n° 410).

2. ABATTEMENTS

PRINCIPES

Lorsque la vente porte sur un immeuble détenu depuis plus de cinq ans, la plus-value est réduite 85750
d'un **abattement pour durée de détention** qui a pour effet de réduire le montant de la plus-value imposable de manière d'autant plus importante que la durée de détention est longue (nos 85800 s.).

À titre temporaire, des **abattements exceptionnels** s'appliquent à certaines plus-values après prise en compte, le cas échéant, de l'abattement pour durée de détention (nos 85823 s.).

ABATTEMENT POUR DURÉE DE DÉTENTION

85800 L'abattement pour durée de détention s'applique aux cessions d'**immeubles détenus depuis plus de cinq ans** (CGI art. 150 VC, I). Il s'applique à la plus-value elle-même et non pas au prix d'acquisition du bien et se calcule par période de douze mois, en faisant abstraction des fractions d'années.

Le **délai** de détention **court** depuis la date d'acquisition (soit, en principe, la date de la promesse de vente valant vente ou de l'acte notarié pour les achats et les donations et la date du décès pour les immeubles reçus en héritage) jusqu'à la date de cession. La date de cession étant également celle du fait générateur de l'imposition, il convient de se reporter n° 86160.

Le **taux** et la **cadence de l'abattement** pour durée de détention diffèrent pour la détermination de l'assiette imposable des plus-values immobilières à l'impôt sur le revenu et aux prélèvements sociaux (CGI art. 150 VC, I ; CSS art. L 136-7, VI).

Pour un **exemple** d'application de l'abattement, voir n° 86320.

85810 **Impôt sur le revenu** Pour la détermination du montant imposable à l'impôt sur le revenu des plus-values immobilières, l'abattement pour durée de détention est de :

- 6 % pour chaque année de détention au-delà de la cinquième et jusqu'à la vingt et unième ;
- 4 % au titre de la vingt-deuxième année de détention.

Par le jeu de l'abattement, l'**exonération** d'impôt sur le revenu est donc **acquise** au-delà d'un délai de détention de vingt-deux ans. Par exemple, une plus-value réalisée le 1er septembre 2025 est exonérée d'impôt sur le revenu si l'immeuble a été acquis avant le 1er septembre 2003.

85815 **Prélèvements sociaux** Pour la détermination du montant imposable aux prélèvements sociaux des plus-values immobilières, l'abattement pour durée de détention est de :

- 1,65 % pour chaque année de détention au-delà de la cinquième et jusqu'à la vingt et unième ;
- 1,60 % pour la vingt-deuxième année de détention ;
- 9 % pour chaque année au-delà de la vingt-deuxième.

Par le jeu de l'abattement, l'**exonération** des prélèvements sociaux est **acquise** au-delà d'un délai de détention de trente ans.

Entre vingt-trois et trente ans de détention, les plus-values ne sont ainsi soumises qu'aux prélèvements sociaux.

85820 **Tableau récapitulatif** Le tableau ci-après donne les **taux d'abattement applicables,** compte tenu de la durée de détention du bien, pour la détermination du montant imposable de la plus-value à l'impôt sur le revenu et aux prélèvements sociaux.

Durée de détention	Impôt sur le revenu (19 %)	Prélèvements sociaux (17,2 %)	Durée de détention	Impôt sur le revenu (19 %)	Prélèvements sociaux (17,2 %)
	Taux de l'abattement	Taux de l'abattement		Taux de l'abattement	Taux de l'abattement
Moins de 6 ans	0 %	0 %	Entre		
Entre			18 et 19 ans	78 %	21,45 %
6 et 7 ans	6 %	1,65 %	19 et 20 ans	84 %	23,10 %
7 et 8 ans	12 %	3,30 %	20 et 21 ans	90 %	24,75 %
8 et 9 ans	18 %	4,95 %	21 et 22 ans	96 %	26,40 %
9 et 10 ans	24 %	6,60 %	22 et 23 ans	Exonération	28 %
10 et 11 ans	30 %	8,25 %	23 et 24 ans	Exonération	37 %
11 et 12 ans	36 %	9,90 %	24 et 25 ans	Exonération	46 %
12 et 13 ans	42 %	11,55 %	25 et 26 ans	Exonération	55 %
13 et 14 ans	48 %	13,20 %	26 et 27 ans	Exonération	64 %
14 et 15 ans	54 %	14,85 %	27 et 28 ans	Exonération	73 %
15 et 16 ans	60 %	16,50 %	28 et 29 ans	Exonération	82 %
16 et 17 ans	66 %	18,15 %	29 et 30 ans	Exonération	91 %
17 et 18 ans	72 %	19,80 %	Plus de 30 ans	Exonération	Exonération

ABATTEMENTS TEMPORAIRES EXCEPTIONNELS

Ventes réalisées dans le périmètre d'opérations d'aménagement complexes ou en zones tendues Un abattement exceptionnel est susceptible de s'appliquer aux plus-values réalisées lors de la cession (CGI art. 150 VE) : 85823

– d'**immeubles bâtis** ou de droits relatifs à ces biens, situés pour tout ou partie de leur surface dans le périmètre d'une **opération de revitalisation du territoire,** d'une **grande opération d'urbanisme** ou d'une **opération d'intérêt national** ;

– de **terrains à bâtir** ou de **biens immobiliers bâtis** ou de droits relatifs à ces biens, situés pour tout ou partie de leur surface dans des communes classées en **zones A, A bis ou B1.**

L'abattement n'est pas applicable aux biens ou droits situés en Corse (CGI art. 150 VE, VI issu de loi 2025-127 du 14-2-2025 art. 86, I applicable aux plus-values de cession réalisées depuis le 16-2-2025).

L'abattement s'applique sous réserve du respect des **conditions** suivantes :

– la cession doit être précédée d'une promesse unilatérale ou synallagmatique de vente, signée et ayant acquis date certaine entre le 1er janvier 2024 et le 31 décembre 2025 ;

– la cession doit être réalisée au plus tard le 31 décembre de la deuxième année suivant celle au cours de laquelle la promesse a acquis date certaine (soit au plus tard le 31 décembre 2027) ;

– l'acquéreur doit s'engager par une mention portée dans l'acte authentique d'acquisition à la construction, le cas échéant à la démolition des constructions existantes suivie d'une reconstruction, ou à la réhabilitation complète des constructions existantes et à l'achèvement, dans un délai de quatre ans à compter de la date d'acquisition, d'un ou de plusieurs bâtiments d'habitation collectifs dont le gabarit est au moins égal à 75 % du gabarit maximal autorisé tel qu'il résulte de l'application des règles du plan local d'urbanisme ou d'un document en tenant lieu. Le gabarit correspond à l'ensemble des plans verticaux, horizontaux ou obliques constituant la forme extérieure de la construction.

ATTENTION

L'abattement ne s'applique pas aux **cessions entre personnes liées** : vente entre conjoints, concubins pacsés ou non, vente au profit d'une SCI dont le cédant, son conjoint, son partenaire pacsé ou son concubin, un ascendant ou un descendant de l'une de ces personnes est un associé ou le devient à l'occasion de la cession.

Le **taux** de l'abattement exceptionnel est en principe fixé à : 85825

– **75 %** pour les cessions d'immeubles bâtis dans le périmètre des opérations d'aménagement complexes ou d'envergure nationale ;

– **60 %** pour les cessions de terrains à bâtir ou d'immeubles bâtis situés dans des communes classées en zones A, A bis ou B1.

Ces taux sont portés à **85 %** lorsque le cessionnaire s'engage à ce que la surface habitable des logements ainsi réalisés soit affectée, dès leur achèvement, pour au moins 50 % de la surface totale des constructions du programme immobilier à du logement social, à du logement faisant l'objet d'un bail réel solidaire ou à du logement intermédiaire. Lorsque les biens immobiliers sont situés dans des communes qui n'atteignent pas le quota de logements sociaux prévus à l'article L 302-5 du CCH, la réalisation de logements intermédiaires n'ouvre droit au taux majoré que si l'acquéreur s'engage à affecter un minimum de 25 % de la surface habitable des logements construits à des logements sociaux.

Cet abattement est appliqué après prise en compte, le cas échéant, de l'abattement pour durée de détention.

ATTENTION

Le taux de 85 % ne s'applique pas à la création de **logements sociaux** ou à l'affectation de surfaces à de tels logements pour les biens situés au sein des quartiers faisant l'objet d'une convention dans le cadre du nouveau programme national de renouvellement urbain (**NPNRU**). Seule la production de logements intermédiaires y est encouragée.

En cas de **manquement de l'acquéreur à ses engagements** de démolir et de construire dans les quatre ans de son acquisition, ou de réaliser au moins 50 % de logements sociaux ou intermédiaires, celui-ci est redevable d'une amende d'un montant égal à 10 % du prix de cession mentionné dans l'acte.

> Précisions a. En cas d'**acquisitions successives** ou de **fusion de sociétés,** les engagements souscrits par le cessionnaire ne sont pas rompus lorsque le nouvel acquéreur s'engage, dans l'acte authentique d'acquisition, à se substituer au cédant pour le respect des engagements pris dans le délai restant à courir. En cas de non-respect des engagements, l'amende est due par le nouvel acquéreur.

b. Les plus-values réalisées par les contribuables **non domiciliés** fiscalement en France peuvent bénéficier de l'abattement (BOI-RFPI-PVI-20-20 n° 220).

85827 Le tableau ci-après donne le **taux global d'abattement** (cumulé avec l'abattement pour durée de détention) applicable en fonction de la durée de détention du bien.

Durée de détention	Impôt sur le revenu			Prélèvements sociaux		
	Taux global d'abattement			Taux global d'abattement		
	Abattement 60 %	Abattement 75 %	Abattement 85 %	Abattement 60 %	Abattement 75 %	Abattement 85 %
Moins de 6 ans	60 %	75 %	85 %	60 %	75 %	85 %
Entre						
6 et 7 ans	62,4 %	76,5 %	85,9 %	60,66 %	75,413 %	85,2475 %
7 et 8 ans	64,8 %	78 %	86,8 %	61,32 %	75,825 %	85,495 %
8 et 9 ans	67,2 %	79,5 %	87,7 %	61,98 %	76,238 %	85,7425 %
9 et 10 ans	69,6 %	81 %	88,6 %	62,64 %	76,65 %	85,99 %
10 et 11 ans	72 %	82,5 %	89,5 %	63,3 %	77,063 %	86,2375 %
11 et 12 ans	74,4 %	84 %	90,4 %	63,96 %	77,475 %	86,485 %
12 et 13 ans	76,8 %	85,5 %	91,3 %	64,62 %	77,888 %	86,7325 %
13 et 14 ans	79,2 %	87 %	92,2 %	65,28 %	78,3 %	86,98 %
14 et 15 ans	81,6 %	88,5 %	93,1 %	65,94 %	78,713 %	87,2275 %
15 et 16 ans	84 %	90 %	94 %	66,6 %	79,125 %	87,475 %
16 et 17 ans	86,4 %	91,5 %	94,9 %	67,26 %	79,538 %	87,7225 %
17 et 18 ans	88,8 %	93 %	95,8 %	67,92 %	79,95 %	87,97 %
18 et 19 ans	91,2 %	94,5 %	96,7 %	68,58 %	80,363 %	88,2175 %
19 et 20 ans	93,6 %	96 %	97,6 %	69,24 %	80,775 %	88,465 %
20 et 21 ans	96 %	97,5 %	98,5 %	69,9 %	81,188 %	88,7125 %
21 et 22 ans	98,4 %	99 %	99,4 %	70,56 %	81,60 %	88,96 %
22 et 23 ans	Exonération	Exonération	Exonération	71,2 %	82 %	89,2 %
23 et 24 ans	Exonération	Exonération	Exonération	74,8 %	84,25 %	90,55 %
24 et 25 ans	Exonération	Exonération	Exonération	78,4 %	86,5 %	91,9 %
25 et 26 ans	Exonération	Exonération	Exonération	82 %	88,75 %	93,25 %
26 et 27 ans	Exonération	Exonération	Exonération	85,6 %	91 %	94,6 %
27 et 28 ans	Exonération	Exonération	Exonération	89,2 %	93,25 %	95,95 %
28 et 29 ans	Exonération	Exonération	Exonération	92,8 %	95,5 %	97,3 %
29 et 30 ans	Exonération	Exonération	Exonération	96,4 %	97,75 %	98,65 %
Plus de 30 ans	Exonération	Exonération	Exonération	Exonération	Exonération	Exonération

85830 **Opérations de démolition-construction dans le cadre d'une opération d'aménagement Loi Élan** Les plus-values de cession de **biens immobiliers bâtis** ou de droits relatifs à ces biens, situés pour tout ou partie de leur surface dans le périmètre d'une **opération de revitalisation du territoire** ou d'une **grande opération d'urbanisme,** bénéficient d'un abattement exceptionnel (CGI art. 150 VE dans sa version antérieure au 1-1-2024). Les cessions de terrains à bâtir ne bénéficient pas de cet abattement. L'administration précise cependant qu'un bien immobilier bâti peut s'entendre de celui dont l'état des constructions le rend impropre à un quelconque usage (ruine résultant d'une démolition plus ou moins avancée, bâtiment rendu inutilisable par suite de son état durable d'abandon, immeuble frappé d'un arrêté de péril, chantier inabouti, etc.), nonobstant le fait qu'il soit assimilé à un terrain à bâtir au sens de l'article 257 du CGI (BOI-RFPI-PVI-20-20 n° 200).

Les **conditions** suivantes doivent être remplies :

– la cession doit avoir été précédée d'une promesse unilatérale ou synallagmatique de vente, signée et ayant acquis date certaine entre le 1er janvier 2021 et le 31 décembre 2023 ;

– la cession doit être réalisée au plus tard le 31 décembre de la deuxième année suivant celle au cours de laquelle la promesse a acquis date certaine (soit au plus tard le 31 décembre 2025) ;

– l'acheteur doit s'engager, par une mention dans l'acte authentique d'acquisition, à démolir la ou les constructions existantes et à construire, dans un délai de quatre ans à compter de la date d'acquisition, un ou plusieurs bâtiments d'habitation collectifs dont le gabarit est au moins égal à 75 % du gabarit maximal autorisé tel qu'il résulte de l'application des règles du plan local d'urbanisme ou d'un document d'urbanisme en tenant lieu. Le gabarit correspond à l'ensemble des plans verticaux, horizontaux ou obliques constituant la forme extérieure de la construction.

Le **non-respect** de l'engagement de construire entraîne l'application d'une amende d'un montant égal à 10 % du prix de cession de l'immeuble mentionné dans l'acte.

ATTENTION

L'abattement ne s'applique pas aux **cessions entre personnes liées,** notamment aux cessions réalisées au profit d'une SCI dont le cédant, son conjoint, son partenaire pacsé ou son concubin, un ascendant ou un descendant de l'une de ces personnes est un associé de la société ou le devient à l'occasion de la cession.

Le **taux** de l'abattement exceptionnel est en principe de **70 %.** 85835

Il est toutefois porté à **85 %** si l'acquéreur s'engage à ce que, dans le programme immobilier à construire, les logements sociaux et intermédiaires représentent au moins 50 % de la surface totale des constructions.

En cas de **manquement de l'acquéreur à cet engagement,** le cessionnaire est, sauf cas de force majeure, redevable d'une amende égale à 10 % du prix d'acquisition.

Le tableau ci-après donne le **taux global d'abattement** (cumulé avec l'abattement pour durée de détention) applicable en fonction de la durée de détention du bien. 85837

Durée de détention	Impôt sur le revenu		Prélèvements sociaux	
	Taux global d'abattement		Taux global d'abattement	
	Abattement de 70 %	Abattement de 85 %	Abattement de 70 %	Abattement de 85 %
Moins de 6 ans	70 %	85 %	70 %	85 %
Entre 6 et 7 ans	71,8 %	85,9 %	70,495 %	85,2475 %
Entre 7 et 8 ans	73,6 %	86,8 %	70,99 %	85,495 %
Entre 8 et 9 ans	75,4 %	87,7 %	71,485 %	85,7425 %
Entre 9 et 10 ans	77,2 %	88,6 %	71,98 %	85,99 %
Entre 10 et 11 ans	79 %	89,5 %	72,475 %	86,2375 %
Entre 11 et 12 ans	80,8 %	90,4 %	72,97 %	86,485 %
Entre 12 et 13 ans	82,6 %	91,3 %	73,465 %	86,7325 %
Entre 13 et 14 ans	84,4 %	92,2 %	73,96 %	86,98 %
Entre 14 et 15 ans	86,2 %	93,1 %	74,455 %	87,2275 %
Entre 15 et 16 ans	88 %	94 %	74,95 %	87,475 %
Entre 16 et 17 ans	89,8 %	94,9 %	75,445 %	87,7225 %
Entre 17 et 18 ans	91,6 %	95,8 %	75,94 %	87,97 %
Entre 18 et 19 ans	93,4 %	96,7 %	76,435 %	88,2175 %
Entre 19 et 20 ans	95,2 %	97,6 %	76,93 %	88,465 %
Entre 20 et 21 ans	97 %	98,5 %	77,425 %	88,7125 %
Entre 21 et 22 ans	98,8 %	99,4 %	77,92 %	88,96 %
Entre 22 et 23 ans	Exonération	Exonération	78,4 %	89,2 %
Entre 23 et 24 ans	Exonération	Exonération	81,1 %	90,55 %
Entre 24 et 25 ans	Exonération	Exonération	83,8 %	91,9 %
Entre 25 et 26 ans	Exonération	Exonération	86,5 %	93,25 %
Entre 26 et 27 ans	Exonération	Exonération	89,2 %	94,6 %
Entre 27 et 28 ans	Exonération	Exonération	91,9 %	95,95 %
Entre 28 et 29 ans	Exonération	Exonération	94,6 %	97,3 %
Entre 29 et 30 ans	Exonération	Exonération	97,3 %	98,65 %
Plus de 30 ans	Exonération	Exonération	Exonération	Exonération

3. MOINS-VALUES

PRINCIPE

En principe, il n'y a pas de compensation fiscale entre les plus-values immobilières et les pertes, ou moins-values, de même nature. Lorsqu'une opération immobilière dégage une moins-value, celle-ci n'est imputable ni sur des plus-values de même nature ni sur le revenu global (CGI art. 150 VD, I). 85860

EXCEPTION POUR LA VENTE EN BLOC D'UN IMMEUBLE ACQUIS PAR FRACTIONS SUCCESSIVES

En cas de vente en bloc d'un immeuble acquis par fractions successives, les moins-values (réduites de l'abattement pour durée de détention au-delà de la cinquième année) peuvent 85862 s'imputer sur les plus-values à condition que la vente soit constatée dans le même acte et intervienne entre les mêmes parties (CGI art. 150 VD, II). Une compensation est ainsi opérée entre les plus-values et les moins-values dégagées pour les différentes fractions. Ceci concerne notamment la cession en bloc d'un appartement provenant de la fusion de deux appartements acquis à des dates différentes ou d'immeubles que le vendeur a construits ou fait construire sur un terrain dont il était déjà propriétaire.

Il convient dans cette hypothèse de déterminer de manière distincte la **plus-value** et la **moins-value brutes,** diminuées de l'abattement pour durée de détention, afférentes à chacune des fractions puis de compenser les résultats. Si cette **compensation** fait apparaître une plus-value, une déclaration distincte est souscrite pour chaque fraction et la plus-value imposable globale est portée sur une déclaration récapitulative. Si le résultat est négatif, aucune déclaration n'est à souscrire.

4. CAS PARTICULIERS

DÉMEMBREMENT DE PROPRIÉTÉ

85920 Les règles particulières applicables aux cessions d'immeuble dont la propriété est démembrée sont exposées nos 42500 s.

IMMEUBLE CÉDÉ OU ACQUIS MOYENNANT RENTE VIAGÈRE

85940 En cas de **vente moyennant rente viagère,** le prix de cession à retenir est la valeur en capital de la rente à l'exclusion des intérêts (CGI art. 150 VA, I). Cette valeur est augmentée, le cas échéant, de la fraction du prix payée comptant. La plus-value est donc calculée à partir du prix fixé dans l'acte de vente et converti en rente.

En cas de **revente d'un bien acquis moyennant rente viagère,** le prix de cession à retenir s'entend du prix stipulé dans l'acte (y compris, s'il y a lieu, la fraction du prix représentant le montant des arrérages restant à courir). Le prix d'acquisition est, en principe, la valeur en capital de la rente (majorée, le cas échéant, de la fraction du prix d'acquisition payée comptant). Toutefois, il est possible aussi de retenir comme prix d'acquisition le total suivant (BOI-RFPI-PVI-20-10-20-10 n° 80) :

– si la revente intervient avant le décès du crédirentier : annuités versées + capital représentatif de la rente à la date de la revente + fraction du prix payée comptant (le cas échéant) ;

– si la revente intervient après le décès du crédirentier : annuités versées + fraction du prix payée comptant (le cas échéant).

Même si les modalités de règlement du prix sont particulières, la plus-value est taxée, dans tous les cas, l'année de la cession.

IMMEUBLE ATTRIBUÉ LORS D'UN PARTAGE OU D'UNE LICITATION

85960 En cas de cession d'un immeuble attribué, dans les conditions visées n° 85422, lors d'un **partage de succession, d'une communauté conjugale, d'une indivision entre époux** (née avant ou pendant le mariage), **entre partenaires d'un Pacs** (avant ou pendant le pacte) **ou entre concubins** ou d'une indivision issue d'une **donation-partage,** la durée de détention court de la date d'ouverture de la succession, de la donation ou de l'acquisition du bien en commun, et la plus-value doit être calculée à partir de la valeur du bien à cette date telle qu'elle a été retenue pour la liquidation des droits d'enregistrement, sans tenir compte de la soulte éventuellement versée ou reçue lors du partage.

Il convient également de retenir cette date pour le calcul de la plus-value réalisée lors de la vente d'un immeuble attribué au descendant d'un membre originaire de l'indivision pour la quote-part d'immeuble reçue lors de la licitation faisant cesser l'indivision (CE 9-9-2020 n° 436712 : RJF 12/20 n° 1006).

En cas de revente d'un immeuble attribué, à charge de soulte, lors d'un **partage autre** que ceux visés ci-dessus, la plus-value est déterminée en tenant compte de deux fractions distinctes (BOI-RFPI-PVI-20-10-20-10 n° 280) :

– la fraction relative aux droits originaires du cédant est déterminée à partir de la valeur de la quote-part détenue par le cédant lors de son entrée dans l'indivision et la durée de détention court à compter de la date d'entrée du bien en indivision ;

– la fraction relative à la part acquise lors du partage est déterminée à partir du montant de la soulte versée et la durée de détention court à compter de la date de l'acte de partage.

ATTENTION

En présence d'un partage portant sur plusieurs biens indivis, il est possible que des **soultes se compensent** et que l'attributaire de l'immeuble ne verse pas une somme correspondant à la valeur de la fraction du bien reçue à l'occasion du partage. Dans cette hypothèse, le partage ne serait, à notre avis, translatif qu'à hauteur de la soulte, ce qui suppose de déterminer la quote-part du bien correspondant à cette soulte. Seul le **surplus** bénéficierait de l'effet déclaratif du partage.

PROFITS DE CONSTRUCTION OCCASIONNELS

Lorsqu'ils présentent un caractère occasionnel, les profits résultant de la vente d'un **immeuble que le cédant a construit ou fait construire** sur un terrain dont il était antérieurement propriétaire relèvent du régime des plus-values des particuliers. **85980**

La plus-value imposable est, selon l'administration, déterminée en distinguant la fraction de la plus-value afférente au terrain et celle afférente à la construction.

Le **prix de cession** doit ainsi être ventilé entre la part relative au terrain et celle relative à la construction.

Le **prix d'acquisition du terrain** est égal au prix d'acquisition stipulé dans l'acte d'acquisition ou de la valeur retenue pour la liquidation des droits de succession ou de donation. Le délai de détention se calcule à partir de cette acquisition (BOI-RFPI-PVI-20-10-20-10 n° 110).

Le prix d'acquisition de la **construction** est égal au coût des travaux de construction, qui comprend notamment les frais d'architecte et les factures des entrepreneurs (BOI précité). Si le cédant n'est pas en possession de ces factures, le prix d'acquisition de la construction est nul (CAA Lyon 30-3-2022 n° 20LY02224 : BPIM 3/22 inf. 255).

La **durée de détention** est calculée à partir de la date du début d'exécution de ces travaux (BOI-RFPI-PVI-20-20 n° 40). Lorsque le début des travaux remonte à plus de cinq ans, l'abattement pour durée de détention est applicable.

> **Précisions a.** Lorsque les **travaux** ne sont **pas réalisés par une entreprise,** leur coût s'entend du prix d'achat des matériaux utilisés et, le cas échéant, du coût de la main-d'œuvre employée, à l'exclusion du travail personnel du contribuable (BOI-RFPI-PVI-20-10-20-10 n° 110).
> **b.** Les **travaux réalisés après l'achèvement** de l'immeuble viennent en augmentation du coût initial dans les conditions exposées n° 85710. Pour l'application du **forfait** de 15 %, le délai de cinq ans s'apprécie à compter de la **date d'achèvement** de l'immeuble construit.

VENTE D'UN TERRAIN SUPPORTANT UNE CONSTRUCTION ÉDIFIÉE PAR LE LOCATAIRE

En cas de vente d'un terrain supportant une construction édifiée par le locataire et revenue au bailleur en fin de bail (bail à construction ou bail ordinaire), la plus-value imposable est déterminée en distinguant la fraction de plus-value afférente au terrain et celle afférente à la construction. Le **prix de cession** doit ainsi être ventilé entre la part relative au terrain et celle relative à la construction. **86000**

Le **prix d'acquisition du terrain** s'entend du prix effectivement payé pour son acquisition ou de la valeur retenue pour la liquidation des droits de succession ou de donation. Le prix d'acquisition des **constructions** s'entend de leur prix de revient ou, si le transfert de propriété s'effectue moyennant le versement d'une indemnité au preneur, du montant de celle-ci, sauf si le prix de revient des constructions est supérieur (BOI-RFPI-PVI-20-10-20-10 n° 170). Ce prix ne peut pas correspondre à la valeur vénale des constructions le jour où le bailleur en est devenu propriétaire (CAA Lyon 21-10-2021 n° 19LY0413 : BPIM 6/21 inf. 410).

Le **délai de détention** se calcule (BOI-RFPI-PVI-20-20 n° 40) :

– pour le terrain, à partir de la date effective d'acquisition par le bailleur ;

– pour les constructions, à partir de la date d'expiration du bail ou de sa résiliation anticipée même si l'accession se réalise au fur et à mesure de la construction.

VENTE D'UN TERRAIN DIVISÉ EN LOTS

Sur les profits occasionnels réalisés lors de la vente d'un terrain divisé en lots, voir Mémento Urbanisme-Construction n°s 28510 s. **86020**

D. Modalités d'imposition

ANNÉE D'IMPOSITION

Le fait générateur de l'imposition est constitué par la cession à titre onéreux de l'immeuble. **86160**

En pratique, la plus-value est donc généralement taxée à la **date de l'acte notarié** constatant la vente (ou la promesse synallagmatique de vente), quelles que soient les modalités de paiement du prix (au comptant ou non).

Lorsque la vente ou la promesse de vente est assortie d'une **condition suspensive** qui affecte l'existence même du contrat (obtention d'un prêt bancaire par exemple), le fait générateur est constitué par la date de réalisation de la condition (CGI ann. II art. 74 SA).

En présence d'une **promesse synallagmatique,** qui vaut vente, la cession est réputée avoir lieu lors de la signature de la promesse ou, en présence d'une condition suspensive, à la date de l'acte constatant la réalisation de la condition (BOI-RFPI-PVI-30-10 n° 50). Le Conseil d'État a jugé, en opposant à l'administration sa propre doctrine, que « la date de la cession, constituant le fait générateur de la plus-value, n'est subordonnée à **aucune formalité d'enregistrement** ou d'acte authentique et peut résulter de la signature d'une promesse synallagmatique (sauf si elle comporte une condition suspensive : obtention d'un prêt notamment), dès lors que la date de cette dernière ne fait l'objet d'aucune contestation » (CE 4-6-2012 nos 33214 et 33215 : RJF 10/12 n° 939). La cession est également réputée avoir lieu à la date de signature de la promesse qui révèle suffisamment le consentement réciproque des deux parties, sans que les stipulations de l'acte authentique ultérieur puissent remettre en cause cette date de transfert de propriété (CE 29-12-2020 nos 428306, 428309, 428313 et 428315 : RJF 3/21 n° 279). Toutefois, lorsque la promesse prévoit que l'acheteur deviendra propriétaire à la date de l'acte authentique, ce qui est souvent le cas en pratique, c'est à cette date qu'il faut se placer pour calculer l'impôt sur la plus-value (CAA Bordeaux 10-7-2014 n° 13BX00494 : RJF 12/14 n° 1106).

Si la **vente** est **annulée, résolue ou rescindée,** le vendeur peut obtenir une restitution partielle ou totale de l'impôt payé à raison de la plus-value, en présentant une réclamation avant le 31 décembre de la deuxième année suivant la date de l'annulation, de la résolution ou de la rescision (BOI-RFPI-PVI-10-30 n° 30).

Sur les conséquences de l'exercice du rachat dans le cadre d'une vente avec faculté de rachat ou **vente à réméré,** voir n° 14685.

ATTENTION

En cas de **rescision** d'une vente pour **lésion,** lorsqu'un **complément de prix** est versé par l'acquéreur pour conserver l'immeuble, le complément de plus-value en résultant pour le vendeur est imposable au titre de l'année de la cession et non au titre de l'année au cours de laquelle le complément de prix a été perçu (CE 9-11-2015 n° 371571 : RJF 2/16 n° 145).

CALCUL DE L'IMPÔT

86180 Les plus-values sont soumises à l'**impôt sur le revenu** au taux de 19 % (CGI art. 200 B). Compte tenu des **prélèvements sociaux** (CSG, CRDS et prélèvement de solidarité), le taux global s'élève à 36,2 %.

En plus de ces impositions, les plus-values excédant 50 000 € supportent une « **surtaxe** » dans certains cas : voir nos 86690 s.

86185 **Ventes de peuplements et terrains forestiers** Pour ces ventes, l'impôt, calculé au taux de 19 %, est diminué d'un **abattement** réservé aux personnes physiques de 10 € par année de détention et par hectare cédé représentatif du forfait forestier (CGI art. 150 VF, III). Cet abattement est applicable non seulement aux ventes portant sur le peuplement forestier (c'est-à-dire sur les arbres plantés), mais également aux ventes portant sur le terrain et les arbres (BOI-RFPI-PVI-30-30-10 n° 60). Il n'y a pas d'abattement sur les prélèvements sociaux. Lorsque le **peuplement** forestier cédé a été **acquis par fractions successives,** la quote-part détenue depuis plus de trente ans et ne donnant pas lieu à imposition n'est pas retenue pour le calcul de l'abattement (CE 26-1-2021 n° 429576 : RJF 4/21 n° 376).

E. Obligations déclaratives et de paiement

DÉCLARATION ET PAIEMENT

86240 L'impôt afférent à la **plus-value taxable** est déclaré sur l'**imprimé n° 2048-IMM** (pour les immeubles autres que des terrains à bâtir) ou sur l'imprimé n° **2048-TAB** (pour les terrains à bâtir), disponibles uniquement sur le site impots.gouv.fr. La déclaration est signée par le cédant ou par son mandataire (le mandat doit alors figurer dans l'acte ou être joint à la déclaration). Elle doit être souscrite, accompagnée du paiement de l'impôt, au service de la publicité foncière dans le mois qui suit la date de l'acte notarié et préalablement à la formalité de publicité foncière.

En pratique, c'est **généralement** le **notaire** chargé de la vente qui effectue la déclaration, calcule l'impôt et procède au paiement pour le compte du vendeur. Il prélève sur le prix versé par l'acheteur le montant de l'impôt afférent à la plus-value.

La déclaration et le paiement de l'impôt sont adressés au **service des impôts** dont relève le domicile du vendeur, dans le mois de l'acte, dans les **cas suivants** (CGI art. 150 VG et 150 VH) :

– lorsque l'impôt n'a pas pu être acquitté par le notaire en raison de la présence de **créanciers détenteurs de garanties primant le privilège du Trésor** (cas des créanciers qui bénéficient d'une hypothèque sur l'immeuble) ; c'est le vendeur qui doit alors régler l'impôt dû ;

– lorsque la **cession** est constatée **au profit d'une collectivité publique,** l'impôt étant versé dans ce cas par le notaire dès la mise à disposition des fonds par la collectivité publique.

Le service des impôts est également destinataire de la déclaration lorsque le transfert de propriété est constaté par une **ordonnance judiciaire** ou par un acte passé en la **forme administrative** (cas de certaines expropriations).

Lorsque la plus-value est **exonérée** (par exemple, cession d'une résidence principale) ou exemptée d'imposition (immeuble détenu depuis plus de 30 ans) ou lorsque l'opération se solde par une **moins-value,** aucune déclaration ne doit être déposée.

Le montant net imposable de la plus-value doit être reporté par le cédant sur sa **déclaration de revenus n° 2042-C.** Il en est de même du montant de la plus-value exonérée sous condition de remploi du prix de cession d'un logement autre que l'habitation principale visée n° 85550 (CGI art. 170, 1).

> **Précisions** **a.** Pour les cessions de biens situés en **Alsace-Moselle,** la déclaration est remise lors de la présentation à l'enregistrement.
> **b.** L'**absence de déclaration** ou le **défaut de paiement** entraînent le refus du dépôt ou de la formalité de l'enregistrement.
> Le défaut ou le retard de déclaration sont par ailleurs susceptibles d'entraîner une taxation d'office (LPF art. L 66, 1°).
> **c.** Les **pièces justificatives** afférentes aux **frais et charges** venant en diminution du prix de cession ou en majoration du prix d'acquisition ne sont pas à joindre à la déclaration mais doivent être fournies par le contribuable sur demande de l'administration (CGI ann. II art. 74 SI).
> L'administration peut, par ailleurs, demander au contribuable des **justifications** sur les éléments servant de base au calcul de la plus-value (LPF art. L 16, al. 2). À défaut de réponse ou en cas de réponse insuffisante, la plus-value peut être **évaluée d'office** (LPF art. L 73, 5°).
> **d.** **L'intérêt de retard** est calculé à compter du premier jour du mois suivant celui au cours duquel l'impôt devait être acquitté jusqu'au dernier jour du mois du paiement (CGI art. 1727 IV, 1).
> **e.** Le **vendeur qui se prévaut d'une exonération après paiement** de l'impôt sur la plus-value doit déposer une réclamation auprès du service des impôts du lieu de situation de l'immeuble. Il n'est pas tenu de déposer un acte notarié rectificatif auprès du service de la publicité foncière (Rép. Longuet : Sén. 20-4-2006 n° 21199 ; solution non reprise au Bofip mais qui reste pertinente).
> Mais une telle réclamation peut être inefficace lorsque l'application de l'exonération est subordonnée à l'existence de mentions dans l'acte de cession (voir n° 85550).

MENTIONS DEVANT FIGURER DANS LES ACTES DE VENTE

Pour tout acte constatant la cession de biens imposables, l'accomplissement de la **formalité de l'enregistrement** est subordonné à l'indication, dans l'acte de vente, notamment, de l'adresse du service des impôts dont le vendeur dépend pour la déclaration de ses revenus, du prix de cession de chacun des biens, du prix d'acquisition ou, en cas d'acquisition à titre gratuit, du nom et de l'adresse du précédent propriétaire et éventuellement de la date de son décès et, en cas de dispense de déclaration, de la nature et du fondement de l'exonération ou de l'absence de taxation (CGI art. 150 VG, III et CGI ann. II art. 74 SJ). **86260**

F. Exemple

Un particulier vend le 20 février 2025 une résidence secondaire acquise le 1er octobre 2013. **86320**
Aucune exonération n'est applicable. Le cédant ne peut profiter d'aucun des abattements exceptionnels. Le prix de vente est de 120 000 € et le prix d'achat de 60 000 €. Les travaux suivants ont été réalisés : réfection du système électrique l'année de l'acquisition (4 000 €) et changement de la chaudière l'année suivante (1 200 €).

a. Calcul de la plus-value

Prix de cession	120 000 €
Prix d'acquisition	60 000 €
Frais d'acquisition (forfait de 7,5 %)	4 500 €
Majoration du prix d'acquisition pour travaux (forfait de 15 %, plus intéressant que les frais réels)	9 000 €

Prix d'acquisition corrigé	73 500 €
Plus-value	46 500 €
Abattement pour durée de détention applicable en matière d'impôt sur le revenu : 46 500 € × 36 %	16 740 €
Plus-value imposable à l'impôt sur le revenu	29 760 €
Abattement pour durée de détention applicable en matière de prélèvements sociaux 46 500 € × 9,90 %	4 604 €
Plus-value imposable aux prélèvements sociaux	41 896 €
b. Calcul de l'impôt	
Impôt sur le revenu afférent à la plus-value	29 760 € × 19 % = 5 654 €
Prélèvements sociaux	41 896 € × 17,2 % = 7 206 €
Imposition globale	12 860 €

G. Cas particuliers

1. OPÉRATIONS CONCERNANT LES SOCIÉTÉS

GÉNÉRALITÉS

86400 Le régime d'imposition des plus-values immobilières privées s'applique à certaines opérations concernant les sociétés, étant précisé que la société en tant que telle est visée par ce régime à différents titres. Ainsi, la société peut être le cédant direct d'un immeuble (vente) ou en être le bénéficiaire (apport) ou encore être l'objet même de l'opération en tant qu'entité immobilière (cession de titres).

L'application du régime des plus-values privées nécessite toutefois des adaptations. Ce sont ces **modalités particulières** d'application qui sont examinées ci-après, sachant que les règles générales exposées ci-avant s'appliquent chaque fois qu'une disposition spécifique (ou la nature même de l'opération) ne s'y oppose pas.

Les **sociétés immobilières** représentant l'essentiel des sociétés concernées, nous emploierons par commodité l'abréviation SCI (au sens de société civile immobilière relevant de l'impôt sur le revenu au titre des revenus fonciers) pour désigner l'ensemble des sociétés entrant dans le champ d'application du régime des plus-values immobilières, même si l'article 150 U du CGI vise en fait toutes les sociétés de personnes relevant de l'impôt sur le revenu (autres que celles dont l'activité relève des BIC, des BA ou des BNC).

Certaines sociétés immobilières sont réputées dotées de la **transparence fiscale.** Cela signifie qu'elles n'ont pas de personnalité distincte de celle de leurs membres qui sont donc considérés comme les propriétaires directs des immeubles de la société. Lorsqu'une telle société est composée de personnes physiques ou de SCI (au sens ci-dessus), les opérations réalisées par la société relèvent donc du régime des plus-values immobilières des particuliers.

En raison des incidences de la transparence ou non de la société sur l'application du régime des plus-values immobilières, nous étudierons successivement les opérations concernant les sociétés transparentes et celles relatives à des sociétés non transparentes.

ATTENTION

Une société civile qui n'a **pas été immatriculée au 1er novembre 2002** a perdu sa personnalité morale à la même date. L'immeuble dont elle était propriétaire a été transféré dans le patrimoine de son associé unique. Dès lors, la vente ultérieure de l'immeuble est réputée faite directement par l'associé et la durée de détention de l'immeuble est décomptée à partir du 1er novembre 2002 (CE 1-4-2019 n° 423158 : RJF 8-9/19 n° 796).

a. Sociétés transparentes

APPORT D'UN IMMEUBLE À UNE SOCIÉTÉ

86405 Lorsqu'un immeuble est apporté à une société transparente par une personne physique ou une SCI, le transfert de propriété résultant de l'apport (et dégageant une plus-value imposable) porte uniquement sur la **fraction de l'immeuble** correspondant aux droits acquis sur celui-ci par les coassociés de l'apporteur (BOI-RFPI-PVI-10-30 n° 200).

EXEMPLE

Si l'immeuble représente 30 % de la valeur des apports (les autres associés effectuant des apports en numéraire), la plus-value est calculée par différence entre 70 % de la valeur d'apport de l'immeuble et 70 % de sa valeur d'acquisition. Les 30 % non imposés sont en effet demeurés dans le patrimoine de l'apporteur.

DISSOLUTION

La dissolution d'une société transparente ne constitue pas en principe une opération susceptible 86410
de dégager une plus-value imposable (BOI-RFPI-PVI-10-30 n° 240).

Lors de la **revente d'un immeuble attribué** à la suite d'une dissolution, le prix de revient servant au calcul de la plus-value imposable correspond au prix d'acquisition des parts sociales par le cédant et la date d'acquisition à retenir pour le calcul des délais de détention est celle à laquelle le cédant est devenu propriétaire des parts.

CESSION DE DROITS SOCIAUX

La cession de droits sociaux d'une société transparente est considérée porter directement sur 86415
les immeubles représentés par ces titres. Cette vente relève donc du régime des plus-values immobilières (BOI-RFPI-PVI-10-30 n° 250).

Les porteurs de parts de ces sociétés peuvent bénéficier lors de la cession de leurs parts de l'ensemble des **exonérations** examinées nos 85520 s.

b. Sociétés non transparentes

APPORT D'UN IMMEUBLE À UNE SOCIÉTÉ

L'apport d'un immeuble par une personne physique ou une SCI à une société non transparente 86440
– quels que soient la forme et le régime d'imposition de cette dernière – constitue une opération imposable. Pour le calcul de la plus-value réalisée par l'apporteur, le **prix de cession** à retenir est égal à la valeur réelle des titres reçus en contrepartie de l'apport (BOI-RFPI-PVI-10-30 n° 100).

VENTE D'UN IMMEUBLE PAR LA SOCIÉTÉ

Le régime d'imposition des plus-values immobilières s'applique aux cessions d'immeubles 86445
réalisées occasionnellement par les SCI relevant de l'IR dont les **associés** directs ou indirects sont des **personnes physiques.**

La plus-value ainsi réalisée est déterminée au niveau de la société (c'est-à-dire en fonction de la date et des prix d'acquisition et de vente du bien par la société), mais elle est **imposable au nom de chaque associé présent à la date de cession** de l'immeuble au prorata de ses droits sociaux. En pratique, l'impôt est versé par la société, ce versement étant libératoire pour les associés, lors du dépôt de la déclaration 2048-IMM signée par le gérant ou par son mandataire (CGI art. 150 VF, II). Chaque associé doit reporter sur sa déclaration n° 2042-C la quote-part lui revenant de la plus-value nette imposable.

> **Précisions a.** Dans le cas où la SCI réalise des **opérations habituelles d'achat-revente** d'immeubles, les profits correspondants sont soumis aux règles des BIC.
> **b.** À l'exception de l'exonération générale prévue en faveur des retraités et invalides de condition modeste, les **exonérations** étudiées nos 85520 s. sont en principe applicables aux plus-values réalisées par l'intermédiaire d'une SCI.
> Lorsqu'un logement est mis en droit ou en fait à la **disposition gratuite** d'un associé, ce dernier peut bénéficier, en cas de cession de l'immeuble par la société, de l'exonération de la **résidence principale** au prorata de sa participation. Le versement d'un loyer à la société y fait donc obstacle.

DISSOLUTION OU RETRAIT D'UN ASSOCIÉ

Du fait de la transformation de l'actif social en indivision, la **dissolution** d'une SCI équivaut, 86450
du point de vue fiscal, à une cession à titre onéreux susceptible de dégager une plus-value imposable au nom de chaque associé au prorata de ses droits sociaux. Ce n'est toutefois qu'à la date de la publication de la clôture de la liquidation que cette plus-value doit être imposée (sauf en cas de cession d'éléments d'actif à un tiers en cours de liquidation) (BOI-RFPI-PVI-10-30 n° 110).

Le **retrait** d'un associé en cours d'exploitation accompagné de l'attribution d'éléments du patrimoine social de la société constitue également une cession à titre onéreux donnant lieu à imposition de la plus-value.

La plus-value est **calculée** par différence entre la valeur vénale des biens à la date de la publication de la clôture de la liquidation ou, en cas de retrait, la valeur vénale des biens attribués et leur prix d'acquisition (ou la valeur d'apport) par la société. Cependant, afin d'éviter une double taxation partielle de la plus-value pour les associés ayant acquis (à titre onéreux) les parts en cours de société, la fraction de la plus-value imposable à leur nom est calculée par rapport à la valeur des biens au jour de l'acquisition des parts, et non par rapport à leur prix d'achat par la société. Cette mesure de tolérance ne s'applique pas lorsque les parts ont été acquises par donation ou succession (BOI-RFPI-PVI-20-10-20-10 n° 420).

ATTENTION

En cas de **revente d'un immeuble attribué lors de la dissolution (ou du retrait d'un associé** en cours de société), le bien est en principe réputé avoir été acquis à la date de la clôture de la liquidation (ou de retrait) pour la valeur réelle qu'il comportait à cette date.

CESSIONS DE TITRES DE SOCIÉTÉS À PRÉPONDÉRANCE IMMOBILIÈRE

86455 **Régime d'imposition** Les plus-values de cessions occasionnelles de titres de sociétés dont l'actif est principalement constitué d'immeubles sont soumises :

– au régime d'imposition des plus-values immobilières si la **société relève de l'impôt sur le revenu** (CGI art. 150 UB) ;

– au régime des plus-values de cession de valeurs mobilières et droits sociaux (prévu aux articles 150-0 A et suivants du CGI) si la **société est soumise à l'impôt sur les sociétés.**

> Précisions a. Lorsque les **cessions** de sociétés à prépondérance immobilière sont suffisamment **fréquentes et importantes** pour présenter un caractère professionnel, les profits qui en résultent sont soumis au régime des BIC dans les mêmes conditions que ceux des marchands de biens.

b. La première cession de l'**usufruit temporaire de titres** de sociétés à prépondérance immobilière est soumise au régime particulier exposé n°s 42502 s.

86456 **Appréciation de la prépondérance immobilière** Une société est à prépondérance immobilière lorsque son actif est, à la clôture de chacun des **trois exercices qui précèdent la cession,** constitué pour plus de 50 % de sa valeur réelle par des immeubles bâtis ou non bâtis (ou des droits portant sur ces biens). Si la société dont les droits sociaux sont cédés n'a pas encore clos son troisième exercice, la composition de l'actif est appréciée à la clôture du ou des seuls exercices clos ou, à défaut, à la date de la cession (CGI art. 150 UB, I).

Les **immeubles affectés par une société à sa propre exploitation** industrielle, commerciale, agricole ou à l'exercice d'une profession non commerciale ne doivent pas être pris en compte pour l'appréciation du pourcentage de 50 %.

La proportion de 50 % s'apprécie en fonction de la **valeur** réelle des éléments d'actifs. Il convient de comparer la valeur vénale des immeubles situés en France ou à l'étranger non affectés à la propre exploitation de la société avec la valeur vénale de la totalité des éléments d'actifs : si ce rapport excède 50 % à la clôture des trois exercices, la société concernée est à prépondérance immobilière. Si à la clôture de l'un quelconque de ces trois exercices, le rapport est inférieur à 50 %, la société n'est pas à prépondérance immobilière et la cession des titres relève du régime des plus-values de cession de valeurs mobilières. Le rapport existant à la date de cession des titres est sans incidence sur le régime d'imposition applicable (BOI-RFPI-SPI-10-20 n°s 70 et 80).

Sauf cas exceptionnels, les **sociétés civiles** immobilières dont les immeubles sont affectés à une activité civile **de location** répondent à cette définition, et la cession de leurs parts relève de ce régime d'imposition.

ATTENTION

Les immeubles constituant le **stock immobilier** d'une société de construction-vente ou d'une société de marchands de biens ne sont pas considérés comme étant affectés à l'exploitation et doivent donc être retenus pour l'appréciation du pourcentage de 50 % (CE 13-7-2006 n° 276362 : RJF 12/06 n° 1544).

Ne doivent pas en revanche être pris en compte pour l'appréciation de ce pourcentage :

– les immeubles dans lesquels est exploité un fonds de commerce donné en **location-gérance** (Rép. Kert : AN 22-11-1993 n° 1368 non reprise au Bofip mais qui reste pertinente) ;

– les droits détenus dans le cadre d'un contrat de **crédit-bail** immobilier dans la mesure où ils constituent des droits de nature mobilière tant que la société n'acquiert pas la propriété de l'immeuble (BOI-RFPI-SPI-10-20 n° 60) ;

– les **encours de production immobilisés,** constitués des frais engagés en vue d'un projet de construction (frais de géomètre-expert, dépenses d'expertises techniques, etc.) (CAA Versailles 7-5-2024 n° 22VE00164 : RJF 10/24 n° 658).

86457 **Cessions imposables** Seules sont imposables les cessions à titre onéreux : ventes, apports en société, échanges (avec, pour ces derniers, le bénéfice d'un sursis). Les cessions de parts de sociétés à prépondérance immobilière ne sont **exonérées** que dans deux cas :

– lorsque les titres sont détenus depuis plus de 22 ans (exonération de l'impôt sur le revenu) ou 30 ans (exonération de l'impôt sur le revenu et des prélèvements sociaux), par le jeu de l'abattement pour durée de détention : voir n° 85800 ;

– lorsqu'il s'agit des titres d'une société qui met gratuitement un logement à la disposition de l'associé cédant, à titre de résidence principale. Dans ce cas, la plus-value est exonérée à proportion de la valeur du logement occupé par l'associé (et de ses dépendances immédiates et nécessaires) par rapport à la valeur globale de l'actif social (BOI-RFPI-SPI-10-20 n° 160).

Les autres exonérations applicables aux cessions d'immeubles ne sont pas applicables aux cessions de titres de sociétés à prépondérance immobilière.

Calcul de la plus-value La plus-value est calculée selon les règles exposées nos 85680 s., sous réserve des précisions données ci-après. 86460

La plus-value est calculée par différence entre le prix de cession et le prix d'acquisition des titres (ou la valeur retenue pour l'assiette des droits d'enregistrement en cas d'acquisition à titre gratuit).

Le **prix d'acquisition** à retenir correspond en principe au montant de la contrepartie que le titulaire des titres a dû fournir pour en acquérir la propriété. Il doit faire l'objet d'ajustements afin d'éviter une double prise en compte des bénéfices et des déficits sociaux qui ont déjà été taxés entre les mains du cédant ou déduits de ses revenus (CE 9-3-2005 n° 248825 : RJF 6/05 n° 564 ; CE 8-11-2017 n° 389990 : RJF 2/18 n° 173 ; BOI-RFPI-SPI-20 n° 30).

Les **frais d'acquisition** ne peuvent être pris en compte que pour leur montant réel.

Lorsque les titres sont détenus depuis plus de cinq ans, le montant de la plus-value est ensuite diminué de l'**abattement pour durée de détention** visé nos 85800 s. Le délai de détention est calculé à compter de la date exacte d'acquisition des titres et, selon l'administration, à défaut de pouvoir justifier de la date d'acquisition, le contribuable est réputé avoir acquis les titres depuis moins de cinq ans (BOI précité n° 40).

> **Précisions a.** Lorsqu'un associé d'une société à prépondérance immobilière cède en même temps que ses parts le **solde créditeur du compte courant** qu'il a dans la société, le montant de ce solde ne doit pas être pris en compte pour le calcul de la plus-value.
> **b.** Lorsque les **titres** ont été **acquis à des dates différentes** et que la date d'acquisition des titres cédés ne peut être déterminée, il convient de répartir le nombre de titres cédés au cours d'une même année au prorata du nombre de titres de même nature acquis aux diverses dates d'acquisition (BOI précité n° 40).
> En cas de **cession en bloc,** à un ou plusieurs acquéreurs, de tout ou partie **des parts d'une même société** acquises par fractions successives, les moins-values constatées sur certaines parts, éventuellement réduites de l'abattement pour durée de détention, s'imputent sur les plus-values réalisées sur les autres parts (BOI précité n° 90).
> **c.** Le montant des **travaux réalisés sur les immeubles** détenus par la SCI ne peut pas être retenu en majoration du prix d'acquisition des titres cédés (CAA Paris 31-3-2021 n° 20PA01456 : RJF 8-9/21 n° 816).

Modalités d'imposition Les plus-values de cession de parts de sociétés à prépondérance immobilière sont soumises à l'impôt sur le revenu au taux de 19 % auquel s'ajoutent les prélèvements sociaux pour les cédants personnes physiques (CSG, CRDS et prélèvement de solidarité) et, le cas échéant, la taxe sur les plus-values élevées (voir nos 86690 s.). 86465

Lorsque la cession porte sur des titres de sociétés ou de groupements qui détiennent des **peuplements forestiers,** l'impôt sur le revenu est diminué d'un abattement de 10 € par année de détention et par hectare de ces peuplements (CGI art. 150 VF, III). Il n'y a pas d'abattement sur les prélèvements sociaux.

86470 L'impôt afférent à la plus-value est déclaré sur l'imprimé n° 2048-M (disponible sur le site impots.gouv.fr). Cette **déclaration,** signée par le cédant ou par son mandataire, doit être souscrite en double exemplaire, accompagnée du paiement de l'impôt, au service des impôts des entreprises (SIE) territorialement compétent (selon le cas : SIE de la résidence du notaire s'il s'agit d'un acte notarié, SIE du domicile de l'une des parties s'il s'agit d'un acte sous signature privée ou SIE du domicile du vendeur dans les autres cas) dans le mois de la cession (CGI art. 150 VG).

Aucune déclaration n'est à souscrire en l'absence de plus-value imposable.

En cas d'absence de réponse ou de réponse insuffisante à une **demande de justifications,** la plus-value imposable peut être évaluée d'office (LPF art. L 16, al. 2 et L 73, 5°). Le **défaut** ou le **retard de déclaration** sont, quant à eux, susceptibles d'entraîner une taxation d'office (LPF art. L 66, 1°).

> **Précisions a.** En cas d'**échange de titres** de sociétés à prépondérance immobilière dans le cadre d'une fusion, d'une scission ou d'un apport à une autre société (passible de l'IS), les contribuables bénéficient d'un sursis d'imposition de la plus-value (CGI art. 150 UB, II). La plus-value n'est pas imposable au titre de l'année d'échange (sauf cas d'échange avec soulte si celle-ci excède 10 % de la valeur nominale des titres reçus). Lors de la cession ultérieure des titres, la plus-value est calculée par référence au prix d'acquisition des titres

remis à l'échange et imposée selon le régime des plus-values immobilières si les titres se rapportent lors de la cession à une société à prépondérance immobilière ou selon le régime des plus-values de cession de valeurs mobilières dans le cas contraire (BOI-RFPI-SPI-10-30 n° 60).

Pour les **échanges réalisés avant le 1er janvier 2000**, les plus-values restent soumises au régime du report. À l'expiration du report, la plus-value est imposable suivant le régime des plus-values immobilières ou celui des plus-values de cession de valeurs mobilières selon que les titres se rapportent ou non à la date de cession à une société à prépondérance immobilière (BOI précité n° 110).

b. La **télédéclaration** des c**essions de droits sociaux non constatées par un acte** et le **télépaiement** associé peuvent être effectués en ligne par les particuliers comme les professionnels sur leur espace sur le site www.impots.gouv.fr. Il était prévu que cette modalité de déclaration devienne obligatoire à compter du 1er juillet 2025 mais le décret 2020-772 du 24 juin 2020 qui l'instaurait a été abrogé (Décret 2025-561 du 30-5-2025). Un décret fixant une nouvelle date d'entrée en vigueur est attendu fin 2025.

2. IMMEUBLE DÉTENU PAR UN NON-RÉSIDENT

GÉNÉRALITÉS

86475 En application de l'article 244 bis A du CGI, et sous réserve des conventions fiscales signées par la France, les plus-values immobilières réalisées en France, à titre occasionnel, par des contribuables qui ne sont pas fiscalement domiciliés en France sont soumises à un **prélèvement spécifique.** La loi française reprend ainsi le principe général selon lequel les plus-values réalisées lors de la cession d'un immeuble situé dans un État sont imposables dans cet État. La France, en tant qu'État de situation de l'immeuble, considère, comme la plupart des autres pays, qu'il lui appartient d'imposer « en premier » une plus-value immobilière réalisée par un non-résident (la situation de ce dernier dans son État de résidence dépend, comme dans la situation inverse d'un résident de France réalisant une plus-value immobilière hors de France, à la fois du droit interne de cet État et de la convention fiscale éventuellement signée avec la France).

Le **champ de l'étude** se limite à la vente « classique » d'un immeuble (ou de droits relatifs à un immeuble) détenu par une personne physique non résidente soit directement, soit par l'intermédiaire d'une société civile immobilière (française). Ne sont donc pas étudiées certaines autres opérations qui peuvent être soumises au prélèvement de l'article 244 bis A du CGI, notamment, les cessions portant sur les titres de sociétés à prépondérance immobilière.

CHAMP D'APPLICATION DU PRÉLÈVEMENT

86480 Le prélèvement s'applique (CGI art. 244 bis A, I) :

- aux **personnes physiques** fiscalement domiciliées hors de France ;
- aux **personnes morales** ou organismes dont le siège social est situé **à l'étranger,** quelle que soit leur forme et quel que soit le lieu de résidence des associés ;
- aux **sociétés de personnes françaises** et sociétés ou groupements assimilés, relevant des articles 8 à 8 ter du CGI, au prorata des droits sociaux détenus par leurs associés non résidents ;
- et aux fonds de placement immobilier (**FPI**) au prorata des parts détenues par des non-résidents.

86485 Le **prélèvement frappe** notamment les profits provenant de la cession à titre onéreux d'immeubles bâtis ou non bâtis situés en France, à l'exclusion toutefois des immeubles affectés à une exploitation professionnelle en France, et des droits portant sur ces biens (usufruit, nue-propriété, servitudes, droit de surélévation, mitoyenneté, bail emphytéotique, etc.). La première cession à titre onéreux de l'**usufruit temporaire** d'un bien immobilier relève du régime particulier d'imposition prévu à l'article 13, 5 du CGI : nos 42502 s.

EXONÉRATIONS

86490 **Exonérations générales** Les **non-résidents relevant de l'impôt sur le revenu** bénéficient, en cas de cession d'immeubles, des mêmes exonérations que les résidents, à l'exception de l'exonération de la première cession d'un logement lorsque le cédant n'est pas propriétaire de sa résidence principale et celle de l'ancienne habitation principale des résidents d'un établissement social ou médico-social de condition modeste (CGI art. 244 bis A, II-1° et CGI art. 150 U, II-1° ter).

L'exonération générale prévue en faveur des **retraités ou invalides de condition modeste** est en principe réservée aux ressortissants des États de l'Espace économique européen (Union européenne, Islande, Norvège et Liechtenstein) (CGI art. 244 bis A, II-2°), mais l'administration admet de l'appliquer également aux ressortissants d'un État tiers qui peuvent invoquer une clause de non-discrimination ou qui sont dans une situation identique à celle où un ressortissant français pourrait prétendre à cette exonération (BOI-RFPI-PVINR-10-10 n° 90).

Les **sociétés étrangères en liquidation judiciaire** peuvent, sous certaines conditions, être exonérées du prélèvement (CGI art. 119 quinquies).

Exonérations spécifiques aux non-résidents Les non-résidents peuvent bénéficier d'une exonération s'ils cèdent leur **ancienne résidence principale en France,** sous réserve du respect des conditions suivantes (CGI art. 244 bis A, I-1-al. 4) : 86492

– le cédant doit avoir transféré sa résidence vers un État membre de l'Union européenne ou dans un État ou un territoire ayant conclu avec la France une convention d'assistance administrative en vue de lutter contre la fraude et l'évasion fiscales et une convention d'assistance mutuelle en matière de recouvrement d'impôts. L'État ou le territoire du lieu d'installation ne doit pas être non coopératif au sens de l'article 238-0 A du CGI ;

– la cession doit être réalisée au plus tard le 31 décembre de l'année suivant celle du transfert par le cédant de son domicile fiscal hors de France ;

– l'ancienne résidence principale de l'expatrié ne doit pas être mise à la disposition d'un tiers, à titre gratuit ou onéreux, entre le départ de France et la cession.

L'exonération s'applique aux **dépendances immédiates et nécessaires** de l'immeuble à condition qu'elles soient cédées simultanément.

ATTENTION

L'**exonération** de l'ancienne résidence principale en France des non-résidents **ne s'applique pas** si l'expatrié a déjà bénéficié de l'exonération partielle de la plus-value sur la cession d'un logement en France par les non-résidents prévue par l'article 150 U, II-2° du CGI (n° 86495).

Une exonération particulière (CGI art. 150 U, II-2°) est par ailleurs prévue en faveur des personnes physiques, non résidentes, ressortissantes d'un État de l'Espace économique européen (ou d'un autre État si elles peuvent invoquer le bénéfice d'une clause de non-discrimination : BOI-RFPI-PVINR-10-20 n° 270) qui cèdent un **logement situé en France.** Cette exonération s'applique, dans la limite d'une seule résidence par contribuable, à la double condition que : 86495

– le cédant ait été fiscalement domicilié en France de manière continue pendant au moins deux ans à un moment quelconque avant la cession ;

– la cession soit réalisée au plus tard le 31 décembre de la dixième année suivant celle du transfert par le cédant de son domicile fiscal hors de France ou qu'elle porte sur un bien dont le cédant a la libre disposition au moins depuis le 1er janvier de l'année précédant celle de la cession, sans condition de délai.

Elle est limitée à la **fraction de la plus-value** nette imposable qui n'excède pas **150 000 €,** le surplus étant imposable. Ce plafond s'apprécie après prise en compte, le cas échéant, de l'abattement pour durée de détention (et de l'abattement temporaire exceptionnel). L'exonération s'applique également aux dépendances immédiates et nécessaires de la résidence (voir définition n° 85543).

> Précisions a. Il est fait abstraction pour l'application de ce dispositif des cessions qui ont bénéficié d'une **autre exonération** (y compris celle liée à la durée de la détention) ou qui n'ont dégagé **aucune plus-value,** à l'exception de celles qui ont bénéficié de l'exonération au titre de l'ancienne résidence principale située en France (BOI-RFPI-PVINR-10-20 nos 380 s.). En revanche, les non-résidents qui ont bénéficié du **régime dans sa rédaction antérieure** à l'article 28 de la loi 2013-1278 du 29 décembre 2013 (applicable entre 2006 et 2013) ou qui auraient pu prétendre au bénéfice de cette exonération dans sa nouvelle rédaction lors d'une précédente cession ne peuvent pas bénéficier de l'exonération.

b. En cas de **cession par des époux,** même communs en biens, par des partenaires pacsés ou des concubins, l'exonération de plus-value à hauteur de 150 000 € s'applique sur la quote-part de plus-value revenant à chacun des époux (BOI précité n° 420).

c. La **justification de la domiciliation** continue **en France** pendant au moins deux ans peut être apportée par tout moyen, notamment par la production des avis d'imposition des deux années concernées. Le cédant peut se prévaloir des années au titre desquelles il était, en tant qu'enfant mineur, rattaché au foyer fiscal de ses parents eux-mêmes domiciliés en France (BOI précité n° 290).

d. Si l'exonération est soumise à la condition que le cédant ait eu la libre disposition du bien depuis le 1er janvier de l'année précédant la cession, la **location saisonnière** d'une partie de l'immeuble pendant cette période n'exclut pas nécessairement l'application de l'exonération (CE 29-11-2023 n° 466283 : RJF 2/24 n° 135).

CALCUL DE LA PLUS-VALUE

Cédant assujetti à l'impôt sur le revenu Lorsque le cédant est assujetti à l'impôt sur le revenu (**personne physique ou société de personnes**), la plus-value est en principe 86500 déterminée dans les mêmes conditions que pour les personnes domiciliées en France. Le prix de cession est diminué des honoraires de représentation fiscale éventuellement supportés par le cédant (BOI-RFPI-PVINR-20-10 n° 30).

86502 **Cédant passible de l'impôt sur les sociétés (IS)** Lorsque le cédant est une **personne morale** ou un organisme passible de l'IS, les règles de détermination de la plus-value diffèrent selon le lieu de sa résidence :

a. S'il est **résident d'un État membre de l'UE** ou partie à l'accord sur **l'Espace économique européen,** ayant conclu avec la France une convention d'assistance administrative en vue de lutter contre la fraude et l'évasion fiscales et qui n'est pas non coopératif, la plus-value est déterminée selon les mêmes règles d'assiette que pour les personnes morales résidentes de France soumises à l'IS.

b. Dans le **cas contraire,** la plus-value est déterminée par différence entre le prix de cession du bien et son prix d'acquisition, diminué, pour les immeubles bâtis, d'une somme égale à 2 % de son montant par année entière de détention. L'administration a précisé que le prix d'acquisition s'entend ici du prix effectivement payé, majoré, le cas échéant, des seules dépenses de construction, reconstruction ou agrandissement qui présentent le caractère d'immobilisation par nature, à condition qu'elles aient été effectivement supportées par la société, que leurs montant et paiement soient justifiés (production des factures et des justificatifs des règlements) et qu'elles n'aient pas déjà été déduites pour la détermination du revenu imposable (BOI-RFPI-PVINR-20-10 n° 70).

TAUX DU PRÉLÈVEMENT

86504 Le taux du prélèvement est fixé à 19 % (CGI art. 244 bis A, III bis) :

– pour les **personnes physiques,** les associés personnes physiques de sociétés de personnes et les porteurs de parts d'un FPI, quel que soit leur lieu de résidence (Espace économique européen ou État tiers) ;

– pour les **personnes morales** résidentes d'un État **membre de l'UE** ou partie à l'accord sur l'**Espace économique européen** pour les opérations qui bénéficieraient de ce taux si elles étaient réalisées par une personne morale résidente de France (en particulier en application du dispositif prévu à l'article 210 F du CGI).

Le taux est égal au taux dit « normal » de l'impôt sur les sociétés dans les **autres cas,** soit 25 %.

ATTENTION

Outre le prélèvement, les plus-values réalisées (directement ou indirectement) par les non-résidents personnes physiques supportent le **prélèvement de solidarité** de 7,5 % à condition qu'ils relèvent d'un régime de sécurité sociale au sein de l'EEE, de la Suisse ou du Royaume-Uni et qu'ils ne soient pas à la charge d'un régime obligatoire de sécurité sociale français. S'y ajoutent, le cas échéant, pour les non-résidents relevant de l'impôt sur le revenu (personnes physiques ou sociétés de personnes), la **surtaxe sur les plus-values excédant 50 000 €** (nos 86690 s.) et les **taxes sur les cessions de terrains devenus constructibles.**

PAIEMENT ET OBLIGATIONS DÉCLARATIVES

86506 Le prélèvement est acquitté au moment de l'accomplissement de la formalité de l'enregistrement ou, à défaut, dans le mois de la cession, au vu de la **déclaration** n° 2048-IMM (immeuble autre qu'un terrain à bâtir), n° 2048-TAB (terrain à bâtir) ou n° 2048-M (parts de sociétés à prépondérance immobilière). Les personnes physiques sont toutefois dispensées de déclaration lorsque la plus-value est exonérée en raison de la durée de détention du bien ou d'un prix de cession inférieur ou égal à 15 000 € ou parce que le bien était la résidence principale du cédant à la date du transfert de son domicile fiscal hors de France.

En ce qui concerne les **mentions** à porter dans les **actes de vente,** voir n° 86260.

86508 Le cédant est en principe tenu de désigner sur la déclaration un **représentant établi en France** et accrédité par l'administration fiscale. L'accréditation est accordée aux personnes remplissant les **conditions** suivantes (CGI art. 244 bis A, IV) :

– la personne physique, ou l'ensemble des dirigeants d'une personne morale, ne doit pas avoir commis d'infractions graves ou répétées aux dispositions fiscales, ni avoir fait l'objet des sanctions prévues en cas de comblement de passif, de faillite personnelle ou d'interdiction de diriger, gérer, administrer ou contrôler soit toute entreprise commerciale, artisanale ou agricole et toute personne morale, soit seulement une ou plusieurs de celles-ci au cours des trois années qui précèdent, ni faire l'objet d'une mesure d'interdiction en cours d'exécution prévue par l'article L 653-8 du Code de commerce ;

– elle doit respecter ses obligations déclaratives et de paiement ainsi que celles qui lui incombent au titre des personnes qu'elle représente ;

– elle doit disposer de garanties permettant d'assurer le respect des obligations résultant de sa qualité de représentant.

Le représentant peut être soit une banque, soit l'acheteur, soit encore un simple particulier agréé par l'administration, soit enfin un organisme ayant reçu une habilitation générale (un notaire ou un avocat ne peuvent pas remplir cette fonction : BOI-RFPI-PVINR-30-20 n° 120). Il s'engage à remplir les formalités et à acquitter le prélèvement pour le compte du non-domicilié (CGI ann. II art. 171 quater).

L'obligation de désigner un représentant ne s'applique toutefois pas lorsque le cédant est domicilié, établi ou constitué dans un État de l'**Union européenne,** en **Islande** ou en **Norvège.** Lorsque le cédant est une société de personnes, française ou européenne (dont le siège est situé dans un État de l'Union européenne, en Islande ou en Norvège), l'obligation s'apprécie au regard de la situation de chacun des associés.

L'administration **dispense** les personnes physiques domiciliées hors des États européens ci-dessus de désigner un représentant fiscal si le **prix de cession** est **inférieur ou égal à 150 000 €** (BOI-RFPI-PVINR-30-20 n°s 180 à 210). Cette dispense vaut également pour les personnes physiques associées de sociétés de personnes françaises ou européennes assimilées (ou membres de FPI). Dans ce cas, le seuil de 150 000 € s'apprécie en faisant la somme des quotes-parts correspondant aux droits de l'ensemble des associés ou membres non résidents européens (personnes physiques ou morales) (BOI précité n° 200). La dispense s'applique également, quel que soit le prix de cession, si la plus-value est totalement **exonérée pour durée de détention ou pour cession de l'ancienne résidence principale** en France (BOI précité n°s 220 et 225).

CARACTÈRE LIBÉRATOIRE OU IMPUTATION DU PRÉLÈVEMENT

Le prélèvement est libératoire de l'**impôt sur le revenu** (CGI art. 244 bis A, V). **86510**

Lorsque le cédant est assujetti à l'**impôt sur les sociétés,** le prélèvement est imputable sur cet impôt. L'excédent est restitué (sur réclamation) aux personnes morales résidentes d'un État de l'Union européenne ou d'un État ou territoire ayant conclu avec la France une convention fiscale contenant une clause d'assistance administrative en matière d'échange de renseignements et de lutte contre la fraude et l'évasion fiscales (sauf s'il s'agit d'États non coopératifs).

SANCTIONS

Les infractions commises en matière de prélèvement entraînent la perception d'une amende fiscale égale à 25 % du montant des droits éludés (CGI art. 1761, 1). **86512**

3. EXPROPRIATIONS

PRINCIPES

L'expropriation pour cause d'utilité publique étant assimilée à une **cession à titre onéreux,** la plus-value réalisée dans le cadre d'une procédure d'expropriation est en principe taxable suivant les règles générales. Toutefois, en raison du caractère forcé de la cession, des modalités d'imposition spécifiques sont prévues. **86640**

La plus-value peut même être totalement exonérée en cas de **remploi** de l'indemnité d'expropriation dans l'achat d'un bien immobilier.

> **Précisions** Les règles exposées ci-après s'appliquent en principe uniquement aux plus-values réalisées à la suite d'une **déclaration d'utilité publique** prononcée en vertu des articles L 121-1 et suivants du Code de l'expropriation pour cause d'utilité publique (ou en vertu des articles L 511-2 s. du même Code relatifs à la suppression de l'habitat insalubre), sans distinguer suivant que le transfert de propriété s'opère en cours de procédure par voie d'accord amiable ou en vertu d'une ordonnance du juge de l'expropriation.

PRIX DE CESSION

Le prix de cession à retenir pour la détermination de la plus-value est constitué par l'**indemnité principale d'expropriation,** allouée en espèces ou en nature, à l'exclusion des indemnités accessoires non représentatives de la valeur des biens cédés (par exemple : indemnités de remploi, pour frais de déménagement, pour perte de loyer, pour trouble de jouissance, pour récoltes non levées, etc.). Les **acomptes** perçus en application de l'article L 323-3 du Code de l'expropriation pour cause d'utilité publique sont rattachés à l'indemnité dont ils constituent un élément (CGI ann II art. 74 SC). **86645**

DÉCLARATION ET PAIEMENT DE L'IMPÔT

En cas d'expropriation constatée par une **ordonnance judiciaire,** la déclaration n° 2048-IMM est déposée et l'impôt acquitté par le contribuable au service des impôts de son domicile dans le mois qui suit le versement du prix de cession (CGI art. 150 VG, II-2° et 150 VH, I). **86660**

En cas d'expropriation constatée par un **acte passé en la forme administrative,** la déclaration est remise à la collectivité publique cessionnaire préalablement à la formalité de publicité foncière (CGI art. 150 VG, II-1°). L'impôt est alors payé au service des impôts du domicile du cédant, par le comptable public assignataire, sur le prix dû au vendeur au vu de la déclaration transmise à la collectivité publique (CGI art. 150 VH, III-1°).

EXONÉRATION SOUS CONDITION DE REMPLOI

86680 La plus-value est totalement exonérée si le cédant procède au remploi intégral de l'indemnité principale dans l'**achat** d'un ou plusieurs immeubles (CGI art. 150 U, II-4°). Cette condition est réputée satisfaite si 90 % de l'indemnité est effectivement utilisée (BOI-RFPI-PVI-10-40-60 n° 80). Le remploi doit être effectué dans un **délai** d'un an à compter de la date de perception de l'indemnité (ou de son solde en cas de paiement fractionné).

L'exonération peut être accordée lorsque l'indemnité est utilisée en vue de la **construction,** la **reconstruction** ou l'**agrandissement** d'un immeuble. Le contribuable doit alors être en mesure de justifier, dans les 12 mois du paiement de l'indemnité, de la propriété du terrain destiné à servir d'assise à l'opération, de la conclusion d'un contrat d'architecte et d'engagements pris à l'égard des entrepreneurs. En revanche, l'exonération est refusée si l'indemnité est affectée à de simples **dépenses d'amélioration** (BOI précité n° 150).

L'**affectation du bien acheté en remploi** peut être différente de celle du bien exproprié ; l'exonération est ainsi accordée en cas d'achat d'un immeuble bâti en remplacement d'un terrain nu (et inversement), ou en cas d'achat d'un immeuble à usage professionnel en remplacement d'un immeuble d'habitation. L'indemnité peut aussi être remployée dans l'achat de droits relatifs à des immeubles (nue-propriété, usufruit, droits indivis) mais pas dans l'achat de parts ou actions de sociétés ou groupements même si l'actif est exclusivement composé d'immeubles (SCPI, GFA, SII, etc.) (BOI précité n°s 140 et 150).

> **Précisions** **a.** Le bien acquis en remploi peut être **situé en France** ou dans un autre État de l'**Espace économique européen** (BOI précité n° 110).
> **b.** L'exonération s'applique également lorsque le contribuable exerce son droit de **délaissement,** sous certaines conditions (BOI précité n°s 55 et 57) et aux cessions de **biens exposés à un risque naturel** majeur réalisées dans le cadre de la procédure d'acquisition amiable mentionnée à l'article L 561-3, I du Code de l'environnement (BOI précité n° 200).

H. Taxe sur les plus-values immobilières élevées

OPÉRATIONS ET PERSONNES IMPOSABLES

86690 Une taxe spéciale s'applique sur les plus-values de cession d'immeubles ou de droits immobiliers (usufruit, nue-propriété, titres de sociétés immobilières, etc.), **autres que les terrains à bâtir,** imposables à l'impôt sur le revenu ou au prélèvement dû par les non-résidents, dont le montant est supérieur à 50 000 €. Cette taxe s'applique aux cessions réalisées par les **personnes physiques** ou les **sociétés** et groupements **relevant de l'impôt sur le revenu** (SCI notamment) (CGI art. 1609 nonies G).

Les **terrains à bâtir** exclus du champ d'application de la taxe s'entendent des terrains à bâtir au sens de la TVA sur les opérations immobilières, définis à l'article 257, I-2-1° du CGI (BOI-RFPI-TPVIE-10 n° 120).

EXONÉRATIONS

86691 La taxe ne s'applique pas aux plus-values bénéficiant d'une **exonération** d'impôt sur le revenu ou du prélèvement dû par les non-résidents. Le bénéfice de ces exonérations s'apprécie au niveau du cédant, qu'il s'agisse d'une personne physique ou d'une société (BOI-RFPI-TPVIE-10 n° 280).

Toutefois, l'administration admet que les exonérations liées à la cession de la **résidence principale** (CGI art. 150 U, II-1°, 1° ter et 3°) ou à la **cession d'un logement en vue de l'acquisition de celle-ci** (CGI art. 150 U, II-1° bis) s'apprécient au niveau des **associés** personnes physiques des sociétés de personnes et s'appliquent à la plus-value soumise à la taxe réalisée par la société, au prorata des droits détenus par les associés qui bénéficient de ces exonérations (BOI précité n° 290).

CALCUL DE LA TAXE

86692 La taxe est due dès lors que le montant de la **plus-value nette imposable** est supérieur à **50 000 €.** Elle est calculée sur le montant de cette plus-value, déterminé dans les conditions de droit commun.

Le **seuil** de 50 000 € s'apprécie donc après prise en compte de l'abattement pour durée de détention et, le cas échéant, de la fraction de la plus-value exonérée en cas de remploi partiel du prix de vente du logement dans l'achat d'une résidence principale ou en cas de cessions réalisées au profit de la construction de logements sociaux ou intermédiaires (BOI-RFPI-TPVIE-20 n° 20). Il convient également, toujours le cas échéant, de tenir compte des abattements temporaires exceptionnels (BOI précité n° 15).

> Précisions **a.** En cas de cession par une **société,** le seuil de 50 000 € et l'assiette de la taxe s'apprécient en principe au niveau de la société mais il est admis de ne pas tenir compte de la quote-part de plus-value revenant à des associés soumis à l'IS ni de celle revenant aux associés personnes physiques bénéficiant d'une exonération liée à la cession de la résidence principale ou à la cession d'un logement en vue de l'acquisition de celle-ci (BOI-RFPI-TPVIE-20 n° 60).
b. En cas de **pluralité de cédants** (indivisaires, concubins, couple lié par un Pacs ou couple marié cédant un bien de communauté), le seuil de 50 000 € et l'assiette de la taxe s'apprécient séparément au regard de la quote-part de plus-value revenant à chacun des cédants (BOI précité nos 30 à 50).

Les plus-values imposables sont soumises à la taxe sur leur montant total, selon le **barème** suivant : **86693**

Montant de la plus-value imposable	Montant de la taxe
De 50 001 à 60 000 €	2 % PV – [(60 000 – PV) × 1/20]
De 60 001 à 100 000 €	2 % PV
De 100 001 à 110 000 €	3 % PV – [(110 000 – PV) × 1/10]
De 110 001 à 150 000 €	3 % PV
De 150 001 à 160 000 €	4 % PV – [(160 000 – PV × 15/100]
De 160 001 à 200 000 €	4 % PV
De 200 001 à 210 000 €	5 % PV – [(210 000 – PV) × 20/100]
De 210 001 à 250 000 €	5 % PV
De 250 001 à 260 000 €	6 % PV – [(260 000 – PV) × 25/100]
Supérieur à 260 000 €	6 % PV
PV = montant de la plus-value imposable	

La taxe peut être **majorée** sur décision du Gouvernement dans les zones soumises à la surspéculation immobilière **en Corse,** déterminées par le président de l'office foncier de la Corse et adoptées par l'Assemblée de Corse après consultation des communes concernées et du préfet (Loi 2022-1726 du 30-12-2022 art. 28). Si cette majoration est instaurée, le tarif de la taxe est multiplié par cinq.

Ainsi, le **taux global d'imposition** d'une plus-value supérieure à 260 000 € peut s'élever à 42,20 % (19 % au titre de l'impôt sur le revenu, 17,20 % au titre des prélèvements sociaux et 6 % au titre de la taxe), voire 66,20 % dans les zones concernées par la majoration de la taxe.

EXEMPLE

Un couple marié vend un appartement (bien de communauté) pour un montant de 212 000 €. Le bien a été acquis depuis moins de cinq ans pour 80 000 € et aucuns travaux n'y a été réalisé. Le montant forfaitaire des frais d'acquisition s'élève à 6 000 € (80 000 × 7,5 %).
Plus-value brute : 212 000 – 86 000 = 126 000 €.
Eu égard à la durée de détention du bien, l'abattement pour durée de détention ne s'applique pas.
Plus-value nette : 126 000 €.
Quote-part de plus-value revenant à chaque époux : 63 000 €.
La plus-value nette imposable, appréciée au niveau de la quote-part du bien revenant à chaque époux, étant supérieure à 50 000 €, la taxe sur les plus-values immobilières élevées s'applique.
S'agissant d'un couple marié et d'un bien de communauté, la taxe est calculée comme suit :
Taux applicable à chaque quote-part : 63 000 € × 2 % = 1 260 €.
Taxe due par le couple : 1 260 € × 2 = 2 520 €.

PAIEMENT ET DÉCLARATION

La taxe due par le cédant est **exigible** lors de la cession. Elle est **acquittée** lors du dépôt de la déclaration n° 2048-IMM ou n° 2048-M, sous la responsabilité, le cas échéant, du représentant fiscal accrédité par le cédant non résident. **86695**

Elle est **contrôlée** sous les mêmes garanties et sanctions qu'en matière d'impôt sur le revenu.

CHAPITRE 8

RÉGIME FISCAL DES MARCHANDS DE BIENS

SOMMAIRE

I. DÉFINITION DES MARCHANDS DE BIENS ET ASSIMILÉS

DÉFINITION DES MARCHANDS DE BIENS EN MATIÈRE D'IMPÔT SUR LE REVENU

86900 Sont désignées par l'expression « marchands de biens et assimilés » les personnes taxées à l'impôt sur le revenu au titre des bénéfices industriels et commerciaux (BIC) en vertu de l'article 35, I-1°, I-2° et I-4° du CGI, à savoir :

– les marchands de biens, c'est-à-dire les personnes qui, **habituellement, achètent** en leur nom **en vue de les revendre** des immeubles, des fonds de commerce, des actions ou parts de sociétés immobilières ou qui, habituellement, souscrivent en vue de les revendre des actions ou parts de ces sociétés ;

– les personnes se livrant à des opérations d'**intermédiaire** pour l'achat, la souscription ou la vente de ces mêmes biens, à titre habituel ou occasionnel (agents immobiliers, administrateurs de biens, etc.) ;

– les personnes qui, **titulaires d'une promesse unilatérale de vente** portant sur un immeuble, vendent cet immeuble par fractions ou par lots.

Ces personnes ont pour point commun d'être imposées à l'impôt sur le revenu au titre des BIC (ou à l'impôt sur les sociétés). Cependant, les marchands de biens et les intermédiaires sont soumis à des **régimes fiscaux** distincts ; les titulaires d'une promesse unilatérale de vente sont soumis, quant à eux, au régime des marchands de biens ou à celui des intermédiaires, selon qu'ils interviennent en cette première ou seconde qualité.

Nous n'examinons pas ci-après le cas particulier des **profits de construction** réalisés par les personnes qui, à titre habituel, achètent des biens immeubles en vue d'édifier un ou plusieurs bâtiments et de les vendre en bloc ou par locaux (CGI art. 35, I-1° bis).

DÉFINITION DES MARCHANDS DE BIENS EN MATIÈRE DE TVA ET DE DROITS D'ENREGISTREMENT

86902 La loi 2010-237 du 9 mars 2010 qui a réformé le régime de la TVA applicable aux opérations immobilières a supprimé le statut spécifique des marchands de biens au regard de cette taxe et des droits d'enregistrement : depuis lors, le régime est fondé sur la distinction entre les opérations réalisées par un assujetti agissant en tant que tel dans le cadre de son activité économique et les autres opérations. Sur les **critères** employés par l'administration en matière de TVA **pour qualifier un opérateur d'assujetti,** voir nos 84900 s.

Les critères de définition des marchands de biens dégagés par la jurisprudence et la doctrine administrative conservent toutefois leur pertinence au regard des opérations réalisées depuis la réforme, dans la mesure où l'administration continue – s'agissant des personnes non assujetties par ailleurs à la TVA – à employer la méthode du faisceau d'indices classiquement utilisée pour la requalification de cessions réputées privées en opérations de marchands de biens (BOI-TVA-IMM-10-10-10-10 n° 70). Ainsi, les critères d'importance et d'habitude des opérations et d'engagement de dépenses d'aménagement significatives, voire prépondérantes, permettent de détecter l'investisseur professionnel tenu aux obligations de tout assujetti habituel à la TVA.

> **Précisions** Les marchands de biens sont tenus aux obligations de droit commun des assujettis à la TVA. L'administration rappelle notamment que les personnes qui entendent bénéficier de l'un des régimes de faveur sous condition d'engagement au regard des droits d'enregistrement (nos 85250 s.) doivent avoir effectué la **déclaration d'existence** prévue par l'article 286 du CGI comme tout assujetti (BOI-ENR-DMTOI-10-40 n° 150 et BOI-ENR-DMTOI-10-50 n° 1).

A. Critères de la qualité de marchand de biens

PRINCIPES

Aux termes de l'article 35, I-1° du CGI, dès lors que les opérations d'achat ou de souscription portent sur des immeubles, fonds de commerce ou titres de sociétés immobilières, les critères de la qualité de marchand de biens sont au nombre de deux : **86905**

- ces opérations doivent avoir un **caractère habituel** ;
- et elles doivent être effectuées avec l'intention de revendre, c'est-à-dire avec une **intention spéculative.**

Pour l'application du régime fiscal des marchands de biens, il n'est pas nécessaire que l'activité de marchand de biens soit exercée à titre professionnel ni même à titre principal (BOI-BIC-CHAMP-20-10-10 n° 30). C'est ainsi que la qualité fiscale de marchand de biens peut être reconnue à de simples particuliers exerçant une **profession** autre que celle de marchand de biens (BOI-BIC-CHAMP-20-10-30 n° 10). Toutefois, les opérations effectuées par des marchands de biens professionnels sont présumées se rattacher à leur activité commerciale, dans les conditions exposées ci-après. **86907**

MARCHANDS DE BIENS PROFESSIONNELS

Pour un marchand de biens professionnel, toute transaction immobilière est **présumée** faite dans le cadre de son **activité commerciale,** même s'il s'agit d'une opération effectuée après cessation de son activité. **86910**

Le marchand de biens est toutefois autorisé à apporter la **preuve contraire** en démontrant que les biens vendus n'étaient pas compris dans le stock immobilier sur lequel porte son négoce (BOI-BIC-CHAMP-20-10-30 n° 10).

Notons que pas plus que le contribuable (CE plén. 25-7-1975 n° 89522 : RJF 10/75 n° 455 ; CE sect. 6-4-2007 n° 269402 : RJF 6/07 n° 720), l'administration ne peut invoquer l'**absence d'inscription d'un bien à l'actif** de l'entreprise de marchand de biens pour faire échec à la présomption de commercialité (CE 14-12-2007 nos 262695, 262696 et 277835 : RJF 3/08 n° 264).

ILLUSTRATIONS

Apporte la preuve que les immeubles vendus ne l'ont pas été dans le cadre de son activité commerciale le marchand de biens qui établit soit que ces **immeubles** avaient été **acquis pour satisfaire des besoins personnels ou familiaux,** et de ce fait que leur vente relève de la simple gestion de son patrimoine personnel, soit que les immeubles en cause constituent sa **résidence principale** (CE 17-5-1995 n° 133008 : RJF 7/95 n° 818 ; BOI-BIC-CHAMP-20-10-10 n° 60 et BOI-BIC-CHAMP-20-10-30 n° 20).
À cet égard, caractérisent l'usage à titre de résidence principale d'un logement l'acquisition et l'occupation d'un appartement conformément à cet usage durant l'année précédant sa revente pour des motifs purement personnels, même si ce logement était offert à la vente avec les autres appartements de l'immeuble (CAA Nancy 3-4-2003 n° 99NC00143 : RJF 8-9/03 n° 947).
Jugé que l'acquisition d'une propriété n'a pas été réalisée dans le cadre de l'activité professionnelle d'un marchand de biens dans les circonstances de fait suivantes, postérieures à l'acquisition (CE 27-2-2006 n° 257964 : RJF 5/06 n° 649) :
– le marchand de biens y avait élu **résidence secondaire** immédiatement après l'achat ;
– la nature d'une partie des **travaux** qu'il y avait réalisés révélait une **utilisation personnelle** ;
– un an et demi après sa cessation d'activité, la propriété figurait toujours dans son **patrimoine privé** ;

– le marchand de biens n'avait **pas eu recours à la publicité** pour la vendre ;
– le marchand de biens était soumis à la **taxe d'habitation** à raison de son occupation personnelle des lieux.

En revanche, la vente d'un immeuble, qu'après avoir utilisé en qualité de **résidence secondaire,** un marchand de biens a **transféré** dans son **patrimoine professionnel** à la suite d'un sinistre rendant l'immeuble inhabitable et pour lequel, dans le cadre de son activité, il a déposé une demande de permis de construire, doit être rattachée à l'activité de marchand de biens exercée, nonobstant la circonstance que le contribuable n'avait pas la qualité de marchand de biens lors de l'acquisition de l'immeuble, que celui-ci n'avait pas été initialement acquis pour être revendu et qu'il n'avait pas été porté en stock dans sa comptabilité, laquelle était, en tout état de cause, dépourvue de valeur probante (CE 6-4-2007 n° 269402 : RJF 6/07 n° 720).

Jugé qu'un contribuable n'a pas la qualité de marchand de biens dès lors que le **nombre d'opérations** qu'il a effectuées depuis la date de déclaration d'exercice de cette activité est **insuffisant pour caractériser l'exercice effectif de l'activité** définie par l'article 35, I-1° du CGI comme consistant à acheter « habituellement » des immeubles en vue de les revendre (CE 4-8-2006 n° 276555 : RJF 11/06 n° 1413). Dans l'espèce jugée, le contribuable avait, dans les cinq années suivant le début de son activité, revendu la majeure partie d'un immeuble à un acquéreur unique et acheté trois maisons dont une seule avait été revendue.

Le régime fiscal des marchands de biens a également été refusé à un contribuable qui s'était régulièrement déclaré comme marchand de biens professionnel avant sa cessation d'activité motivée par la dégradation du contexte économique, au motif qu'ayant réalisé **un seul achat-revente** d'immeuble avant sa cessation d'activité, il ne justifiait pas de la condition d'habitude caractérisant les opérations relevant des BIC (CAA Bordeaux 8-12-2003 n° 00-2333 : RJF 2/05 n° 110).

Sauf preuve contraire, l'acquisition par un marchand de biens de **parts d'une SCI de construction-vente** ayant le projet de construire et de vendre 500 logements constitue une opération réalisée dans le cadre de son activité professionnelle (CAA Lyon 8-11-1995 n° 92-510 : RJF 1/96 n° 6 ; BOI-BIC-CHAMP-20-10-30 n° 20).

MARCHANDS DE BIENS NON PROFESSIONNELS

86915 Lorsqu'il ne s'agit pas de professionnels du commerce des biens, les critères d'habitude et d'intention spéculative caractérisant la qualité fiscale de marchand de biens s'apprécient en fonction des circonstances de fait.

Selon la jurisprudence, la **condition d'habitude** s'apprécie en fonction de la nature, du nombre, de la fréquence et de l'importance des opérations réalisées par le contribuable. Mais l'achat d'un seul immeuble en bloc suivi de sa division et de sa revente par lots suffit à caractériser la condition d'habitude (CE 12-6-1992 n°s 67758 et 67759 : RJF 8-9/92 n° 1109, pour un immeuble divisé en 46 lots dont 26 avaient été revendus sur 20 ans ; CE 25-4-2003 n° 205099 : RJF 7/03 n° 837, pour la revente de 23 lots dans un même immeuble ; CE 20-5-2016 n° 380515 : RJF 8-9/16 n° 695). En sens contraire pour l'achat d'un terrain revendu en « seulement deux lots » : CAA Lyon 17-3-2011 n° 10-846 : RJF 8-9/11 n° 926 et CE 13-7-2011 n° 311178 : RJF 12/11 n° 1273.

Quant à l'**intention spéculative,** elle s'apprécie au moment de l'achat (et non au moment de la revente), notamment en fonction du délai séparant les achats des reventes, de l'importance des profits réalisés et de la situation géographique des immeubles. Un court délai séparant l'acquisition de la revente est une circonstance de nature à caractériser l'intention de revendre (BOI-BIC-CHAMP-20-10-10 n° 60). Inversement, la longueur du délai entre la date d'acquisition initiale d'un immeuble, loué ensuite pendant 10 ans avant d'être démoli et remplacé par deux autres immeubles, et la revente des deux immeubles par appartements 13 ans après l'acquisition initiale de l'immeuble ne permet pas de tenir pour établie la réalité d'une intention spéculative au moment de l'acquisition (CE 22-12-2021 n° 451005 : RJF 4/22 n° 329). L'intention spéculative **ne se présume pas du seul fait du caractère habituel** des opérations d'achat et de revente (CE 2-6-2006 n° 266507 : RJF 8-9/06 n° 983).

ILLUSTRATIONS

Ne sont **pas constitutifs d'une activité de marchand de biens** :
– l'opération qui consiste à acheter en une seule fois un ensemble d'immeubles et à les revendre en bloc, dès lors qu'elle ne présente pas un caractère habituel (CE 28-5-1980 n° 16695 : RJF 7-8/80 n° 583) ;
– l'achat de 2 immeubles suivi de seulement 3 reventes d'appartements 15 ans plus tard (CE 6-12-1952 n° 94419) ;
– la revente en 1957 et 1958 d'un immeuble construit sur une parcelle de terrain acquise avant 1943 et d'un second immeuble construit sur une parcelle acquise en mars 1948, ces deux cessions n'ayant été précédées d'aucune autre pendant les 15 années antérieures (CE 2-2-1972 n° 75616 : Dupont 1972 p. 142 et 143) ;
– sauf abus de droit, les acquisitions et cessions successives d'immeubles affectés à la résidence principale du contribuable dès lors que les plus-values y afférentes sont exonérées au titre des plus-values privées (CE 14-6-2023 n° 461960 : RJF 10/23 n° 693 ; CAA Bordeaux 18-12-2024 n° 22BX02982 : RJF 7/25 n° 518).

Jugé que n'a pas la qualité de marchand de biens le contribuable qui, en 15 ans, a procédé à 23 acquisitions d'immeubles ou de parts de sociétés civiles immobilières et a effectué seulement 2 opérations de revente dont l'une à caractère familial (CAA Nancy 9-7-1991 n° 91-107 : RJF 11/91 n° 1339 ; confirmé par CE (na) 22-9-1993 n° 129365 : RJF 11/93 n° 1416). Au cas particulier, le contribuable, accessoirement à son activité de dirigeant de société, s'était attribué la qualité de marchand de biens qu'il revendiquait.
Jugé en revanche qu'exerce une **activité de marchand de biens** :
– celui qui achète un terrain en 1946 et le revend en 1956, achète un terrain en 1955 et le revend en 1957, achète un droit au bail en 1957 et le revend en 1959, et achète un terrain en 1959 (CE 25-2-1966 n° 66959) ;
– un médecin qui, sur une période de 4 ans, achète 5 immeubles et en revend 11 (CE 22-7-1977 n° 2611 : RJF 10/77 n° 526) ;
– le contribuable qui achète et revend 6 appartements en 2 ans (CE 14-10-1987 n° 51781 : RJF 12/87 n° 1198) ;
– celui qui procède en 4 ans à la vente fractionnée – à raison d'une à trois ventes par an – d'immeubles qu'il a acquis antérieurement à cette période ou au cours de celle-ci (CE 13-6-1979 n° 10962 : RJF 7-8/79 n° 409 ; BOI-BIC-CHAMP-20-10-30 n° 10) ;
– en raison de la multiplicité et du rythme des transactions, celui qui, au cours des années 1964, 1965 et 1966, a cédé les parts d'une société civile immobilière et les actions d'une société anonyme « transparente » (CE 1-2-1978 n° 1358 : RJF 3/78 n° 108).
La jurisprudence donne encore de très nombreux exemples comparables et il faut noter que la qualité de marchand de biens peut être retenue :
– en considération d'opérations effectuées au cours d'années couvertes par la prescription ;
– même si les opérations qui la caractérisent n'affectent qu'une faible partie du patrimoine de l'intéressé ;
– et même si ces opérations ne dégagent pas de profits, voire se soldent par des pertes.

CAS DES SOCIÉTÉS

Appréciation de la qualité de marchand de biens Doctrine administrative et jurisprudence s'accordent à considérer que le seul fait que les **statuts d'une société ne mentionnent pas dans l'objet social** l'achat et la vente de biens n'est pas de nature à écarter l'application du régime fiscal des marchands de biens si les circonstances propres à l'opération réalisée par la société démontrent l'habitude et l'intention spéculative (CE 7-11-1962 n° 51514 ; BOI-BIC-CHAMP-20-10-10 n° 90 ; BOI-BIC-CHAMP-20-10-20-20 n° 10). L'intention spéculative ne se présume pas du seul fait du caractère habituel des opérations d'achat-revente ; cette intention doit être recherchée dans l'objet social prévu par les statuts ou dans l'activité réelle de la société (CE 2-6-2006 n° 266507 : RJF 8-9/06 n° 983). **86920**

Lorsque les **statuts de la société prévoient la réalisation d'opérations d'achat-revente,** l'administration considère que le caractère habituel et l'intention spéculative peuvent être présumés : c'est seulement dans l'hypothèse où l'activité réelle de la société ne correspond pas aux statuts que la présomption résultant de ces derniers doit être écartée (BOI-BIC-CHAMP-20-10-10 n° 90). La jurisprudence considère pour sa part que la seule référence à l'objet social ne permet pas de considérer que les opérations sont réalisées à titre habituel : le Conseil d'État a ainsi jugé que commet une erreur de droit la cour administrative d'appel qui fonde une imposition au titre de l'article 35, I-1° du CGI sur le seul motif que la vente d'un ensemble immobilier était réalisée par une société dont l'objet était celui de marchand de biens, sans rechercher si la condition d'habitude prévue par cet article était remplie (CE sect. 20-11-1992 n° 114667 : RJF 1/93 n° 139).

Par ailleurs, lorsque les **associés** de la société sont eux-mêmes des **marchands de biens,** la société peut être considérée comme l'instrument ou l'écran grâce auquel les associés jouant un rôle prépondérant ou bénéficiant principalement des activités de la société exercent cette activité. Dès lors, une opération sociale, même isolée, peut relever du régime des marchands de biens (CE 25-7-1980 n° 12091 : RJF 11/80 n° 859). Mais la condition d'habitude n'est remplie eu égard à l'activité des associés que si ceux-ci se sont livrés personnellement à titre habituel à des opérations d'achat-revente en l'état d'immeubles (CGI art. 35, I-1°) ; la condition n'est pas remplie si les associés se sont livrés à une activité de construction-vente (CGI art. 35, I-1° bis ; CE sect. 6-11-1992 n° 72708 : RJF 12/92 n° 1631 ; CE 23-6-1993 n° 69587 : RJF 8-9/93 n° 1133 ; CE 31-3-1995 n° 117483 : RJF 5/95 n° 567).

ILLUSTRATIONS

Une **société civile immobilière** doit être regardée comme ayant procédé de **manière habituelle** à des opérations d'achat et de revente de biens immobiliers dès lors que, créée en 1975, elle a acheté immédiatement 17 appartements dans le même immeuble, pris en 1978 deux autres lots ainsi que des locaux commerciaux, et qu'elle a cédé de manière échelonnée 16 appartements entre 1983 et 1997, ainsi qu'en 1983 et 1987 deux lots acquis en 1978. Toutefois, l'**intention spéculative** de la SCI, qui **s'apprécie à la date** à laquelle elle a acquis les immeubles ultérieurement revendus, n'est **pas caractérisée** dès lors que :
– les immeubles ont été loués jusqu'à leur revente conformément à l'objet social de la société ;

86920 (suite) – les premières ventes n'ont été réalisées que 8 ans après leur acquisition, d'ailleurs financée par un emprunt à long terme, en raison de difficultés de trésorerie ;
– 6 des cessions ne sont intervenues que plus de 20 ans après l'acquisition de lots cédés, les immeubles ultérieurement acquis par la SCI étant toujours en location.
La circonstance que les **associés initiaux** de la SCI **ont cédé** partie des parts en 1987, puis la totalité en 1992, **à un marchand de biens,** est sans incidence sur l'appréciation de l'existence de l'intention spéculative de la SCI (CE 2-6-2006 n° 266507 : RJF 8-9/06 n° 983).
Une **société civile immobilière** est regardée comme ayant procédé de **manière habituelle** et dans une **intention spéculative** à des opérations d'achat et de revente de biens immobiliers dès lors que, depuis sa création, elle a acheté une quinzaine d'immeubles qu'elle a revendus pour onze d'entre eux, dans un court délai, sans jamais avoir procédé à leur location, alors que tel était son objet social. La circonstance que les produits tirés de cette activité n'ont représenté qu'une partie du chiffre d'affaires réalisé par la société ne fait pas obstacle à la qualification de marchand de biens. En revanche, l'intention spéculative n'est **pas caractérisée pour l'une des opérations,** qui doit être distinguée des autres, dès lors que la vente a été réalisée plus de six ans après son acquisition, et que le bien a été mis en location pendant toute la durée de sa détention. Ce bien doit par conséquent être considéré comme une immobilisation utilisée par la SCI pour les besoins de son activité de location et non comme un élément de stock de son activité de marchand de biens (CAA Douai 7-10-2010 n° 08-1049 : RJF 2/11 n° 136).
Le caractère habituel des opérations et l'intention spéculative d'une SCI ont été reconnus dans les circonstances suivantes. La SCI a acquis en mai 2008 un terrain dont elle a cédé 41 % de la surface un mois plus tard. En octobre 2008, elle a donné à son gérant l'autorisation de signer des contrats de réservation et de vente en l'état futur d'achèvement de cinq parcelles dans le cadre de la réalisation d'une zone commerciale, en précisant les surfaces et les prix de vente. En juillet 2010, elle a finalement divisé en dix lots la surface restante du terrain, deux étant vendus le jour de leur création, six autres dans les trois mois. La société soutient qu'à la date de l'acquisition du terrain, elle n'avait qu'une **intention locative** et non spéculative. Les juges relèvent que si des mandats de location ont été donnés, le premier, de courte durée, arrivait à échéance avant la livraison de l'ensemble commercial et ne portait pas sur le terrain acquis en mai 2008, et le second, également de courte durée, était confié à une société dont certains associés avaient des parts dans la SCI. Ils relèvent par ailleurs que si deux lots ont été loués, ils l'ont été peu de temps avant leur cession et au bénéfice de sociétés représentées par un membre de la famille du gérant de la SCI, sans que les activités projetées n'aient été précisées. Compte tenu du nombre et des modalités des opérations immobilières réalisées, les juges estiment établis leur caractère habituel et l'intention spéculative ayant animé la SCI : celle-ci avait, **même si non exclusivement, l'intention de procéder à une revente** à la date d'acquisition du terrain (CAA Nantes 7-12-2017 n° 16NT00225 : RJF 4/18 n° 351).
Une SCI qui a **acquis un terrain** puis a procédé à la **vente de 17 lots, deux immeubles et deux maisons** relève du régime des marchands de biens, la circonstance qu'il se soit écoulé un délai de quatre ans entre l'acquisition du terrain et la première vente n'étant pas de nature à retirer son **caractère spéculatif à l'opération** dès lors que l'intention spéculative découle, d'une part, des statuts de la société et, d'autre part, du bref délai entre l'acquisition du terrain et les démarches accomplies afin d'obtenir un certificat d'urbanisme puis une autorisation de lotir (CE (na) 9-12-2022 n° 463698 : RJF 3/23 n° 175).
Une société, créée en 1978 pour exercer une activité de marchand de biens, n'exerce plus une telle activité au titre des exercices vérifiés des années 1997 à 1999 dès lors qu'elle n'a procédé à **aucun achat** ni entrepris **aucune démarche commerciale pendant neuf ans** (entre 1989 et 1998) et où les **deux immeubles acquis auparavant,** en 1987 et 1988, ont été revendus en 1998 respectivement à des voisins et à une société civile immobilière créée à cet effet et détenue par les mêmes associés que la société cédante (CE 5-2-2014 n° 345436 : RJF 4/14 n° 355).
Une SCI qui cède six immeubles construits par elle sur un **terrain acquis dix ans auparavant** tout en ne réalisant **aucun bénéfice** sur cinq des six lots vendus n'exerce pas une activité de marchand de biens, l'existence d'une intention spéculative au jour de l'acquisition du terrain n'étant pas établie (CAA Paris 5-7-2019 n° 17PA22522 : BPIM 4/19 inf. 306).
Jugé que doivent être regardés comme ayant été acquis dans le cadre de l'activité de marchand de biens exercée par une **société de fait** et non dans le cadre de la gestion du patrimoine privé des associés les lots d'un immeuble qui n'ont pas donné lieu à occupation personnelle et qui ont été revendus dans les mêmes conditions que les autres lots du même immeuble inscrits dans les stocks de la société, alors même que ces lots, dont l'acquisition a donné lieu au paiement des droits d'enregistrement, ont été affectés au patrimoine privé des associés et ont produit des revenus fonciers déclarés par eux (CE 13-10-1999 n°s 188114 à 188116 : RJF 12/99 n°s 1503 et 1523). À noter que les juges n'ont pas été sensibles au fait que l'ensemble immobilier avait été revendu par la société 11 ans après son achat. Pourtant, la durée de l'exploitation locative est un indice dans le sens d'une activité patrimoniale privée (CE 6-6-1984 n° 38206 : RJF 8-9/84 n° 986).
Présente le caractère d'une société immobilière dont la cession des parts relève de l'article 35, I-1° du CGI une **SNC constituée uniquement de marchands de biens** professionnels et qui a pour

objet de réaliser des opérations d'acquisition, de rénovation, de vente et de location d'immeubles (CAA Bordeaux 30-4-1996 n° 94BX00667 : RJF 10/96 n° 1135 rendu définitif par CE (na) 29-12-1997 n° 1800942 : RJF 3/98 n° 223). La circonstance qu'au cours d'une année **aucune opération de revente n'ait été réalisée par une SCI** ne suffit pas à écarter la qualification de marchand de biens (CE 18-3-2020 n° 425443 : RJF 6/20 n° 515). Le Conseil d'État apprécie le plus souvent le **caractère habituel** de l'activité de marchand de biens **sur plusieurs années,** peu important le fait qu'aucune revente n'ait été réalisée au cours d'une année donnée.

Conséquences de la qualification Les profits d'une **société commerciale de personnes** qui effectue des opérations relevant de l'activité de marchand de biens sont soumis à l'impôt sur le revenu, au titre des BIC, au nom de chacun des associés. **86925**

Une **société civile** qui effectue des opérations relevant de l'activité de marchand de biens est passible de l'impôt sur les sociétés en application de l'article 206, 2 du CGI.

Les dispositions de l'article 35, I-1° du CGI relatives aux marchands de biens ne sont en revanche pas applicables aux **personnes morales assujetties à l'IS** (CE 18-6-1986 n° 42666 : RJF 8-9/86 n° 758 ; CAA Paris 2-11-1994 n° 92-571 : RJF 2/95 n° 148). On notera toutefois que, s'appuyant sur des arrêts antérieurs, l'administration considère que si les dispositions de l'article 35, I-1° du CGI sont sans effet sur le principe même de l'imposition des sociétés passibles de l'impôt sur les sociétés, elles peuvent entraîner l'application du régime fiscal des bénéfices d'exploitation (gains sur des éléments de stocks) – au lieu et place du régime des plus-values d'actif immobilisé – aux gains provenant de cessions d'éléments de l'actif, lorsque ces opérations sont considérées comme présentant un caractère habituel et spéculatif (BOI-BIC-CHAMP-20-10-30 n° 70 ; BOI-BIC-CHAMP-20-10-10 n°s 100 et 230).

REMARQUES

a. L'expression « **achat en vue de la revente** » englobe tous les modes d'acquisition à titre onéreux, y compris les apports en société et les échanges. Les transmissions à titre gratuit sont en principe exclusives de la notion de « marchand de biens » (voir cependant ci-après d) – sous réserve du droit, pour l'administration, de considérer que les donations lui sont inopposables (CGI art. 35, III). **86930**

b. L'**intention spéculative** doit être **recherchée à la date** d'acquisition des immeubles ultérieurement revendus, et non à la date de leur cession (en ce sens notamment, CE 2-6-2006 n° 266507 : RJF 8-9/06 n° 983 ; CE 19-11-2008 n° 291040 : RJF 2/09 n° 107). Jugé qu'en cas de vente d'immeubles acquis en crédit-bail, l'intention spéculative, qui conditionne la qualité de marchand de biens du cédant, s'apprécie à la date de levée de l'option d'achat (TA Paris 13-12-2010 nos 07-4132 et 07-4134 : RJF 7/11 n° 796).

c. L'activité de marchand de biens n'est pas exclusive de toute **autre activité professionnelle.** Toute personne remplissant les critères définis ci-dessus est « marchand de biens », quelle que soit sa qualité professionnelle par ailleurs – et même si cette qualité lui interdit, en principe, le commerce des biens (BOI-BIC-CHAMP-20-10-30 n° 10).

d. Lorsque l'**héritier ou le donataire d'un marchand de biens** continue à exercer la profession de son auteur ou du donateur, la vente des immeubles reçus par succession ou donation relève du régime des marchands de biens (BOI-BIC-CHAMP-20-10-30 nos 30 et 40).

e. Lorsqu'un **contribuable crée lui-même l'apparence de la qualité de marchand de biens,** l'administration est fondée à établir l'impôt conformément à ces apparences sans rechercher si les critères légaux de l'activité de marchand de biens prescrits par l'article 35, I-1° du CGI sont remplis (CE 28-11-2014 n° 370566 : RJF 4/15 n° 332). En l'espèce, le contribuable avait acquis des immeubles en qualité de marchand de biens, n'avait jamais cessé de souscrire ses déclarations de résultats à raison de cette activité, avait demandé au service des impôts de garder son inscription le temps nécessaire à la réalisation des stocks immobiliers même après sa radiation du registre du commerce, s'était toujours prévalu de cette qualité jusqu'au contrôle fiscal et avait imputé chaque année les déficits provenant de cette activité sur son revenu global.

B. Personnes se livrant à des opérations d'intermédiaire

NOTION D'INTERMÉDIAIRE

L'article 35, I-2° du CGI vise les intermédiaires pour l'achat, la souscription ou la vente d'immeubles, de fonds de commerce ou de titres de sociétés immobilières. **86940**

Les intermédiaires, au sens de l'article 35, I-2° du CGI, s'entendent des personnes qui jouent un rôle actif dans la réalisation des affaires par le **rapprochement** soit des acheteurs et des **86945** vendeurs, soit des souscripteurs et des sociétés émettrices d'actions ou de parts. Cette définition englobe aussi bien les **mandataires** qui concluent les opérations au nom de leurs clients que les **courtiers** qui, sans intervenir dans la conclusion des contrats, se bornent à rapprocher les vendeurs et les acheteurs. Il n'y a pas non plus à distinguer suivant que l'intermédiaire exige un mandat exclusif ou que l'autorisation de vendre ou d'acheter est donnée simultanément à plusieurs personnes, ni suivant que le propriétaire prend ou non un engagement ferme de vendre (BOI-BIC-CHAMP-20-20-10 n° 10).

ILLUSTRATIONS

La jurisprudence a reconnu la qualité d'intermédiaire aux contribuables qui se sont entremis dans les situations suivantes :

– contribuable chargé de **rechercher des acquéreurs pour le compte de divers propriétaires désireux de vendre** leurs biens ou fonds ; le Conseil d'État a rejeté l'objection tirée de ce que les procurations données à l'intéressé faisaient état de la qualité de mandataire (CE 20-3-1959 n° 35924 cité par BOI-BIC-CHAMP-20-20-10 n° 20 ; dans le même sens : CE 7-3-1966 n° 60520 : Dupont 1966 p. 227 cité par BOI-BIC-CHAMP-20-20-10 n° 40 et CE 5-7-1978 n° 5058 cité par BOI-BIC-CHAMP-20-20-10 n° 100, rendu à propos d'un notaire ayant reçu d'une société civile immobilière des sommes qualifiées de « rémunérations de mandat ») ;

– **société civile s'entremettant** en vue du **placement des parts** des sociétés civiles immobilières qu'elle administre ; cette société est réputée se livrer à des opérations visées à l'article 35, I-2° et devient donc passible de l'impôt sur les sociétés (CE 25-7-1980 n° 16503 : RJF 11/80 n° 857) ;

– société en participation formée entre trois personnes physiques en vue de se livrer à l'activité d'**agent immobilier** qui s'est vu confier par une commune et la société chargée par cette dernière d'aménager une zone industrielle sur son territoire, la mission d'**acheter et** de **revendre** les terrains compris dans cette zone moyennant une commission proportionnelle au montant des transactions ; relèvent de même des BIC les revenus de l'année durant laquelle la société s'est bornée à exécuter diverses **études** concernant le projet d'aménagement dès lors que ces études ont impliqué un ensemble de **démarches** auprès des autorités et des services administratifs qui ne peuvent pas être distinguées de celles qu'accomplissent éventuellement les agents d'affaires (CE 1-7-1983 n°s 33085 et 33086 : RJF 10/83 n° 1103) ;

– **expert agricole et foncier,** qui fait également profession de rechercher ou de **mettre en rapport des personnes désireuses d'acheter ou de vendre** des biens immobiliers (CE 2-6-1986 n° 40211 : RJF 8-9/86 n° 751).

En revanche, n'est pas réputé s'être livré à des actes d'intermédiaire un contribuable qui avait acquis, tant pour son compte qu'en qualité de mandataire de deux personnes, des **terrains destinés à la construction de maisons d'habitation** qu'il a fait édifier par un entrepreneur de son choix et qui avait obtenu, non une rémunération, mais, tout comme les mandants, un **rabais sur le prix de la construction.** Sont, à cet égard, sans incidence la circonstance que les fonds afférents à la construction aient transité sur le compte bancaire de l'intéressé et le fait que les maisons aient été ultérieurement vendues (CE 25-11-1968 n° 73284 cité par BOI-BIC-CHAMP-20-20-10 n° 80).

86955 **Intermédiaires occasionnels** Le Conseil d'État a jugé que les profits des intermédiaires pour l'achat ou la vente des immeubles ou des fonds de commerce sont de **nature commerciale** même si les intéressés ne se livrent pas à des opérations immobilières d'une façon habituelle (CE 11-1-1937 n° 39034 : Dupont 1937 p. 195). La même solution est applicable aux personnes qui font office d'intermédiaires dans les transactions portant sur des actions ou parts de sociétés immobilières (CE 6-12-1961 n° 50662 : Dupont 1962 n° 2, p. 128).

De la même façon, l'administration estime que la **profession principale** exercée par une personne ne s'oppose nullement à ce que celle-ci soit considérée comme exerçant celle d'intermédiaire. Tel est le cas, notamment, des **commissaires de justice** (ex-huissiers) qui réalisent des opérations de gestion immobilière, des **architectes** qui effectuent des opérations de gérant d'immeubles, ou des **agents généraux d'assurances** se livrant à des opérations de courtage. Ces personnes sont imposables, même si l'acte d'intermédiaire qu'elles accomplissent revêt un caractère occasionnel (BOI-BIC-CHAMP-20-20-10 n° 100).

C. Titulaires d'une promesse unilatérale de vente

86965 Relèvent de l'impôt sur le revenu dans la catégorie des BIC les profits réalisés par les personnes bénéficiaires d'une promesse unilatérale de vente **portant sur un immeuble** qui est **vendu par fractions ou par lots** à la diligence de ces personnes (CGI art. 35, I-4°).

86970 Le **mécanisme des transactions** visées par l'article 35, I-4° du CGI est généralement le suivant : un marchand de biens ou un intermédiaire, qui ne désire pas s'engager dans un achat ferme, se fait consentir par le propriétaire d'un immeuble, à son profit ou au profit de personnes qu'il substituera dans ses droits, une promesse unilatérale de vente moyennant un prix déterminé qui, lorsqu'il s'agit d'un immeuble collectif destiné à être revendu par appartements, fait l'objet d'une répartition entre les différents lots.

Lorsqu'un acheteur a été trouvé pour l'immeuble ou un appartement, **deux opérations** sont réalisées **simultanément** :

– le bénéficiaire de la promesse cède au client le bénéfice de la promesse de vente, en ce qui concerne l'immeuble ou l'appartement, pour un prix qui constitue sa rémunération ;

– le propriétaire vend directement l'immeuble ou l'appartement au client moyennant le prix fixé dans la promesse de vente.

Le bénéficiaire de la promesse se borne à acheter ferme, le cas échéant, les lots pour lesquels il n'a pas été trouvé d'acquéreur.

Le **résultat net de l'opération,** déterminé par la différence entre le prix de cession de la promesse de vente – éventuellement augmenté des autres avantages stipulés au profit du cédant – et l'ensemble des dépenses exposées pour la réalisation de l'opération, est compris dans les revenus imposables au nom de l'intéressé au titre des BIC (BOI-BIC-CHAMP-20-10-40 n°s 190 et 200).

Ce résultat est imposable, selon le cas, entre les mains du marchand de biens ou de l'intermédiaire, selon les modalités qui leur sont propres.

> **Précisions** **a.** Les cessions de promesses de vente effectuées à titre onéreux par un **professionnel de l'immobilier** sont nulles (voir n° 2320).
> **b.** Dans le cas de transactions réalisées par des **personnes n'ayant pas la qualité de marchand de biens,** s'il n'y a pas revente par lots, l'article 35, I-4° du CGI ne devrait pas s'appliquer. En effet, la cession d'une promesse de vente sur un immeuble, opération isolée, ne tombe ni sous la qualification d'activité de marchand de biens par suite du défaut de la condition d'habitude, ni sous celle d'intermédiaire dès lors que l'intéressé a agi pour son propre compte.
> Jugé toutefois qu'un contribuable qui, possédant une option pour l'achat d'un terrain, perçoit la différence entre le prix stipulé et le prix auquel le terrain est vendu à un tiers à la suite de ses démarches est imposable au titre de l'article 35, I-2° du CGI à raison de ce profit comme ayant agi en qualité d'intermédiaire. En effet, la somme perçue présentait pour l'intéressé le caractère non d'un gain en capital correspondant à une augmentation de valeur de son droit d'option mais celui d'une rémunération de son activité **d'intermédiaire** dans l'opération de vente susvisée (CE 22-4-1966 n° 65178 : Dupont 1966 p. 339 ; BOI-BIC-CHAMP-20-20-10 n° 50).

II. IMPOSITION DES MARCHANDS DE BIENS

A. Imposition des bénéfices

PRINCIPES

Les marchands de biens sont imposables à l'impôt sur le revenu dans la catégorie des **BIC** (pour les sociétés, voir n° 86925). Ils sont donc soumis aux mêmes règles que tous les commerçants, en ce qui concerne l'établissement de l'impôt. 86990

Le bénéfice imposable afférent à l'activité des marchands de biens doit être déterminé en prenant en compte les **résultats d'ensemble** des opérations de toute nature qu'ils ont effectuées, c'est-à-dire non seulement les profits ou pertes provenant de la **revente des immeubles,** parts ou actions de sociétés immobilières, ou fonds de commerce, mais également le bénéfice net procuré par l'**exploitation des immeubles,** notamment par voie de location, durant la période comprise entre l'achat et la revente des immeubles.

Conformément aux règles de rattachement des créances (CGI art. 38, 2 bis), les produits correspondant à des créances sur la clientèle ou à des versements reçus à l'avance en paiement des prix (**acomptes**) sont à rattacher à l'exercice au cours duquel intervient la livraison du bien. En matière immobilière, la **livraison** s'entend de la remise des clefs s'il s'agit d'un bâtiment ou des titres de propriété (C. civ. art. 1605).

Les **profits** (ou les pertes) **réalisés sur la vente des immeubles** sont calculés par différence entre le prix de cession, d'une part, et le prix d'achat augmenté des autres dépenses afférentes à l'opération, d'autre part.

Le **prix de vente** est, en principe, celui qui a été stipulé au profit du cédant, augmenté de toutes les charges et indemnités revenant à ce dernier (CGI ann. II art. 74-0 B) ; les frais, notamment d'intermédiaire, supportés à l'occasion de la vente peuvent être déduits du prix de vente (BOI-BIC-CHAMP-20-10-40 n° 90).

Le **prix de revient** correspond au prix effectivement payé lors de l'achat – ou à la valeur qui en tient lieu – majoré éventuellement de toutes charges et indemnités augmentatives du prix et des frais et impenses engagés.

Sont examinés ci-après les profits réalisés par les marchands de biens à l'occasion d'**opérations** d'achat-revente, mais non **de construction.**

QUALIFICATION FISCALE DES IMMEUBLES ACQUIS PAR LES MARCHANDS DE BIENS

86995 Les immeubles et droits mobiliers ou immobiliers qui s'y rapportent, les fonds de commerce et les actions ou parts de sociétés immobilières acquis en vue de la revente par un marchand de biens constituent des éléments de **stock** et non des éléments de l'actif immobilisé (CE 4-7-1979 n° 5511 : RJF 10/79 n° 568 ; CE 19-11-1984 n° 35491 : RJF 1/85 n° 123 ; BOI-BIC-CHAMP-20-10-10 n° 220).

Dès lors, les immeubles ne peuvent pas faire l'objet d'**amortissements,** même s'ils sont donnés en location en attendant de les revendre (CE 6-11-1985 n° 45389 : RJF 12/85 n° 1504-a). Dans ce dernier cas, les revenus provenant de la **location** des immeubles sont imposables dans la catégorie des BIC (et non dans celle des revenus fonciers ni dans celle des bénéfices agricoles pour le cas des produits tirés de l'exploitation d'un domaine agricole).

En revanche, la constatation de **provisions pour dépréciation** est possible dans les conditions de droit commun.

Les **frais et dépenses** afférents à ces immeubles valorisent le stock, puisqu'ils en augmentent le coût réel au sens de l'article 38 nonies de l'annexe III au CGI. À ce titre, doit être considérée comme un élément du coût de revient du stock, et non comme une charge d'exploitation, l'**indemnité d'éviction** acquittée par le marchand de biens pour un immeuble dont il est propriétaire et qu'il destine à la revente (CE 28-3-2012 n° 318830 : RJF 6/12 n° 566).

Par ailleurs, les **profits réalisés lors de leur vente** ne peuvent pas bénéficier du régime fiscal des plus-values sur éléments de l'actif immobilisé ; ils font partie des résultats imposables dans les conditions et au taux de droit commun.

> **Précisions** **a.** Du fait que les immeubles détenus par un marchand de biens constituent des stocks, les **dépenses** y afférentes ne peuvent être **admises en déduction** du bénéfice imposable que si, corrélativement, il est tenu compte, pour l'évaluation de ces stocks, de l'incidence des travaux dont ils ont fait l'objet. Ainsi, le bénéfice imposable ne se trouve réellement affecté par des travaux effectués sur un immeuble que si ce dernier a été vendu au cours de l'exercice même de constatation des travaux et ne figurait donc plus en stock à la clôture de l'exercice (CAA Paris 6-3-1990 n° 89PA01386 : RJF 6/90 n° 663).
> **b.** Pour l'application de l'article 38 nonies de l'annexe III au CGI, les immeubles détenus en stock par un marchand de biens sur lesquels des **travaux** ont été effectués doivent être considérés comme des produits finis. Les dépenses supportées pour le **ravalement** de ces immeubles constituent un élément de leur coût de revient et ce, même si elles revêtent un caractère obligatoire (CAA Paris 10-2-2000 n° 97PA03383 : RJF 5/00 n° 605 rendu définitif par CE (na) 14-3-2001 n° 220274 : RJF 12/01 n° 1492).
> **c.** Une société exerçant une activité de marchand de biens, qui a pris la décision de gestion de transférer des immeubles inscrits en stock à son actif immobilisé et en a informé l'administration, perd son droit à l'exonération des **droits de mutation** dont elle avait précédemment bénéficié en application de l'article 1115 du CGI (n°s 87105 s.) et peut **provisionner** l'imposition future en résultant (CE 25-3-2013 n° 355608 : RJF 6/13 n° 587).
> **d.** Une décote sur la valeur des immeubles ou une provision pour dépréciation de stocks ne peuvent être pratiquées pour **travaux obligatoires de rénovation énergétique** à réaliser (CAA Lyon 6-6-2024 n° 22LY02064 : RJF 1/25 n° 7).

87000 **Immeuble durablement affecté à la location** Lorsqu'un immeuble initialement acquis en vue de la revente est par la suite durablement affecté à la location, l'entreprise exerçant l'activité de marchand de biens et de gestionnaire de patrimoine immobilier doit transférer ce bien d'un compte de stock à un compte d'immobilisation, susceptible d'**amortissement.** En pareil cas, la base d'amortissement est constituée, conformément aux dispositions de l'article 38 quinquies de l'annexe III au CGI, par la valeur pour laquelle la construction avait été inscrite dans les stocks de l'entreprise et non par la valeur nette comptable qu'elle avait à la date du changement d'affectation ; l'entreprise doit en outre reprendre, le cas échéant, la **provision pour dépréciation** qui a pu être constituée (BOI-BIC-CHG-20-20-10 n° 10).

L'opération est en outre susceptible d'entraîner une régularisation de **TVA** : voir n° 87095.

MODALITÉS D'IMPOSITION DES MARCHANDS DE BIENS

Régime d'imposition Les marchands de biens sont expressément exclus du régime **micro-BIC** (CGI art. 50-0, 2-e). Ils peuvent bénéficier du régime simplifié d'imposition (**RSI**) en matière d'impôt sur le revenu ou d'impôt sur les sociétés si leur chiffre d'affaires hors taxe réalisé l'année précédente n'excède pas une limite fixée à 840 000 € (CIBS art. L 162-4 sur renvoi de CGI art. 302 septies A bis). Ils peuvent toutefois renoncer à ce régime en optant pour le régime **réel normal.** 87005

> **Précisions** **a.** En cas d'**activité mixte** « marchand de biens » et « intermédiaire », les limites du régime simplifié, soit 840 000 € HT (pour les ventes) et 254 000 € HT (pour l'activité de prestataire de services), s'apprécient de la façon suivante : d'une part, le chiffre d'affaires global de l'année précédente ne doit pas dépasser 840 000 € HT et, d'autre part, le chiffre d'affaires afférent à l'activité d'intermédiaire ne doit pas dépasser 254 000 € HT.
b. Les **limites d'application du RSI** sont actualisées tous les trois ans. La prochaine révision triennale prendra effet à compter du 1er janvier 2026.

Règles particulières d'imposition **a.** Lorsqu'ils sont réalisés par des **personnes** 87010
physiques ou morales (quelle que soit leur forme) **sans domicile ou établissement en France,** les profits des marchands de biens (déterminés dans les mêmes conditions que les profits réalisés en France : nos 86990 s.) sont en principe soumis à un **prélèvement** au taux de 25 % (CGI art. 244 bis). Le taux du prélèvement est porté à 75 % lorsque les profits sont réalisés par des personnes ou organismes domiciliés, établis ou constitués dans un État ou territoire non coopératif (ETNC) autre que ceux figurant sur la liste « noire » de l'Union européenne (décision du Conseil du 5 décembre 2017) au motif qu'ils ne respectent pas certains critères tels que la transparence fiscale, l'absence de mesures fiscales préférentielles potentiellement dommageables et la mise en œuvre du projet « Beps » (CGI art. 238-0 A, 2 bis-2°) ; le taux majoré ne s'applique pas si le marchand de biens apporte la preuve que les opérations auxquelles correspondent ces profits ont principalement un objet et un effet autres que de permettre leur localisation dans un ETNC.

Le prélèvement est recouvré, lors de l'enregistrement de l'acte de cession, au vu d'une déclaration spéciale n° 3005-SD. Il est libératoire de l'impôt sur le revenu et s'impute sur l'IS.

Le prélèvement n'est pas exigible sur la part des profits d'une société de personnes française revenant à ses associés non résidents (BOI-BIC-CHAMP-20-10-40 n° 270).

Les personnes domiciliées dans un État de l'Union européenne, en Islande, en Norvège ou au Liechtenstein et qui tirent l'essentiel de leurs revenus de France peuvent, sous certaines conditions, demander à être imposées selon les règles applicables aux personnes fiscalement domiciliées en France (non-résidents dits « Schumacker »). Lorsque tel est le cas, le prélèvement prévu à l'article 244 bis du CGI n'est pas applicable (BOI-IR-DOMIC-40 n° 120).

b. Lorsqu'ils sont réalisés en dehors d'une activité professionnelle, les profits des marchands de biens peuvent être considérés comme des **revenus exceptionnels** et bénéficier du système du quotient prévu à l'article 163-0 A du CGI (BOI-BIC-CHAMP-20-10-40 n° 380). Ce système vise à atténuer les effets de la progressivité de l'impôt et consiste à calculer l'impôt correspondant au revenu exceptionnel en ajoutant le quart de ce revenu au revenu net global « courant » de l'année de sa réalisation et en multipliant par quatre la cotisation supplémentaire ainsi obtenue.

c. Les **activités** de marchand de biens (et d'intermédiaire immobilier) **exercées à titre professionnel** constituent des activités commerciales par nature au sens de l'article 34 du CGI dès lors qu'elles sont mentionnées à l'article L 110-1 du Code de commerce ; elles sont admises à ce titre au régime d'exonération et d'allégement d'impôt prévu par l'article 44 sexies du CGI en faveur des **entreprises nouvelles** (CAA Paris 22-11-2002 n° 99-3902 : RJF 3/03 n° 266) et, par suite, à ceux des articles 1383 A et 1464 B du CGI si elles en remplissent les conditions (BOI-BIC-CHAMP-80-10-10-10 n° 390). De la même façon, sous réserve de remplir les conditions posées par les textes, les marchands de biens (et les agents immobiliers) exerçant leur activité à titre professionnel sont susceptibles de bénéficier des dispositifs prévus en faveur des entreprises créées en **zones** franches urbaines-territoires entrepreneurs, en zones France ruralités revitalisation, dans les bassins d'emploi à redynamiser ou dans les bassins urbains à dynamiser (dispositifs visés respectivement par les articles 44 octies A, 44 quindecies A, 44 duodecies et 44 sexdecies du CGI). Ils peuvent également bénéficier du dispositif en faveur des zones de développement prioritaire (CGI art. 44 septdecies et 1383 J).

> **Précisions** **a.** La **restructuration d'activités** (exclue du dispositif d'exonération des entreprises nouvelles) implique notamment que la société créée exerce une activité identique, au moins en partie, à celle exercée par la société préexistante. La jurisprudence apprécie strictement cette condition. Il a ainsi été jugé que l'activité de lotisseur est différente de celle de

marchand de biens (CE 2-2-1996 n° 145845 : RJF 3/96 n° 284) et que celle de promoteur immobilier est distincte de celle d'agent immobilier (CE 18-3-2005 n° 255622 : RJF 6/05 n° 538).

b. Tout **acte de cession** d'un bien immobilier ou assimilé réalisé par un marchand de biens (ou intermédiaire immobilier ou titulaire d'une promesse unilatérale de vente portant sur un immeuble) doit comporter les **mentions** suivantes à consigner au pied de l'acte (CGI ann. II art. 3) :
– lieu du domicile réel du cédant, ou, s'il s'agit d'une société, adresse du siège social ;
– le cas échéant, lieu de l'établissement possédé en France par le cédant ;
– adresse du service des impôts dont le cédant dépend pour la déclaration de ses revenus ou bénéfices.

B. Taxe sur la valeur ajoutée

PRINCIPES GÉNÉRAUX

87020 Les opérations immobilières réalisées par les marchands de biens relèvent, comme celles de tout **assujetti agissant en tant que tel** dans le cadre de son activité économique, des règles générales de la TVA, dans les conditions indiquées n°s 84925 s.

Nous envisagerons ci-après l'application de ces règles aux **opérations des marchands de biens les plus courantes** (n°s 87030 s.).

> Précisions a. Les **achats** effectués par les assujettis habituels **avec engagement de revendre** bénéficient d'un régime privilégié en matière de **droits d'enregistrement** (n°s 87105 s.).

b. Les marchands de biens sont exclus du régime simplifié d'imposition (**RSI**) en matière de TVA (CGI ann. II art. 204 quater), mais non en matière de bénéfices professionnels (n° 87005).

c. Sur les **mentions à porter sur l'acte de vente** d'un immeuble par un marchand de biens pour permettre l'exercice des droits à déduction par l'acquéreur, voir n° 85019, l'arrêt de la cour administrative d'appel de Lyon n° 11LY01863 du 5 avril 2012.

d. Jugé que l'**indemnité versée par une banque** à un marchand de biens en cas de **perte sur la revente du bien acquis aux enchères** est imposable à la TVA. En effet, cette somme est en lien direct avec la prestation fournie et constitue la contrepartie des prestations individualisées rendues par le marchand de biens à la banque, à l'occasion de chaque opération, en la garantissant de tout risque économique (CE 24-4-2012 n° 342026 : RJF 7/12 n° 691).

e. Sur les mutations entre assujettis à la TVA s'inscrivant dans le cadre de la **transmission d'une universalité totale ou partielle de biens** bénéficiant d'une **absence de TVA** en vertu de l'article 257 bis du CGI, voir n° 80075.

f. Sur la question de l'application de la **TVA sur marge** en cas de **changement physique** ou de **qualification juridique de l'immeuble**, notamment de division, entre l'achat et la revente, voir n°s 84978 s.

ACQUISITION-REVENTE DE TERRAIN À BÂTIR

87030 **a.** Si le terrain à bâtir est **acquis** par le marchand de biens **auprès d'un assujetti** à la TVA et que son acquisition par le cédant lui **a ouvert droit à déduction,** l'acquisition par le marchand de biens est soumise à la TVA sur le prix total. Les droits de mutation sont dus au taux réduit de 0,71498 % (CGI art. 1594 F quinquies, A), sauf bénéfice du droit fixe de 125 € en cas d'engagement de construire (CGI art. 1594-0 G, A).

La **revente** du terrain par le marchand de biens est soumise à la TVA sur le prix total et subit des droits de mutation au taux réduit de 0,71498 % (CGI art. 1594 F quinquies, A), sauf bénéfice du droit fixe de 125 € en cas d'engagement de construire si l'acquéreur est assujetti à la TVA (CGI art. 1594-0 G, A).

b. Si le terrain à bâtir est **acquis auprès d'un assujetti** et que son acquisition par le cédant ne lui a **pas ouvert droit à déduction,** l'acquisition par le marchand de biens est soumise à la TVA sur la marge (CGI art. 268). Les droits de mutation sont alors dus au taux de droit commun (n°s 84660 s.), sauf engagement de revendre ouvrant droit au taux réduit de 0,71498 % (CGI art. 1115) ou engagement de construire ouvrant droit au droit fixe de 125 € (CGI art. 1594-0 G, A).

La **revente** du terrain par le marchand de biens est soumise au même régime qu'au a. ci-dessus.

c. Si le terrain à bâtir est **acquis auprès d'un non-assujetti,** l'acquisition par le marchand de biens n'est pas soumise à la TVA. Les droits de mutation sont alors dus au taux de droit commun (n°s 84660 s.), sauf engagement de revendre ouvrant droit au taux réduit de 0,71498 % (CGI art. 1115) ou engagement de construire ouvrant droit au droit fixe de 125 € (CGI art. 1594-0 G, A).

La **revente** du terrain par le marchand de biens est soumise à la TVA sur la marge (CGI art. 268). Les droits de mutation sont alors dus au taux de droit commun (n°s 84660 s.), sauf engagement de revendre (taux réduit de 0,71498 % ; CGI art. 1115) ou engagement de construire (droit fixe de 125 € ; CGI art. 1594-0 G, A) si l'acquéreur est un assujetti.

> Précisions **a.** Sont **considérés comme terrains à bâtir** pour l'application de la TVA les terrains sur lesquels des constructions peuvent être autorisées en application d'un plan local d'urbanisme, d'un autre document d'urbanisme en tenant lieu, d'une carte communale ou de l'article L 111-3 du Code de l'urbanisme (CGI art. 257, I-2-1°). Sont essentiellement visés les terrains classés, au moment de la livraison, dans les zones urbaines, les zones ouvertes immédiatement à l'urbanisation des zones à urbaniser et les périmètres constructibles des zones naturelles et forestières d'un plan local d'urbanisme.
b. Si l'**engagement de revendre** pris par le marchand de biens fait suite à un premier engagement de revendre pris par son vendeur assujetti à la TVA, le délai imparti au premier acquéreur s'impose à chacun des **acquéreurs successifs** (voir n° 87120).

ACQUISITION DE TERRAIN NON À BÂTIR PUIS REVENTE DE TERRAIN À BÂTIR

L'hypothèse visée ici est celle de l'acquisition par un marchand de biens d'un terrain non constructible qu'il projette de pouvoir revendre comme terrain à bâtir à court terme grâce au classement escompté du terrain en zone constructible dans cet intervalle (voir n° 87030, précision a). **87035**

a. L'**acquisition** du terrain non à bâtir par le marchand de biens **auprès d'un assujetti** est en principe exonérée de TVA, mais le cédant peut soumettre cette vente à la taxe sur option (CGI art. 261, 5-1° et 260, 5° bis). La taxe est alors due sur le prix total. Dans les deux cas (option ou non pour la TVA), les droits de mutation sont dus au taux de droit commun (nos 84660 s.), sauf engagement de revendre ouvrant droit au taux réduit de 0,71498 % (CGI art. 1115).

La **revente** par le marchand de biens du terrain devenu terrain à bâtir est soumise à la TVA, sur la marge si l'acquisition n'a pas été soumise à la TVA (CGI art. 268) et sur le prix total si l'option a été exercée lors de l'acquisition. Lorsque la revente est soumise à la TVA sur la marge, les droits de mutation sont dus au taux de droit commun (nos 84660 s.), sauf engagement de revendre ouvrant droit au taux réduit de 0,71498 % (CGI art. 1115) ou engagement de construire ouvrant droit au droit fixe de 125 € (CGI art. 1594-0 G, A) si l'acquéreur est un assujetti, étant précisé que le délai de revente pris par le marchand de biens s'impose à l'acquéreur. Lorsque la revente est soumise à la TVA sur le prix total, les droits de mutation sont dus au taux réduit de 0,71498 % (CGI art. 1594 F quinquies, A), sauf engagement de construire ouvrant droit au droit fixe de 125 € (CGI art. 1594-0 G, A) si l'acquéreur est un assujetti.

b. L'**acquisition** du terrain non à bâtir par le marchand de biens **auprès d'un non-assujetti** est placée hors du champ de la TVA. Les droits de mutation sont dus au taux de droit commun (nos 84660 s.), sauf engagement de revendre ouvrant droit au taux réduit de 0,71498 % (CGI art. 1115).

La **revente** par le marchand de biens du terrain devenu terrain à bâtir est soumise à la TVA sur la marge puisque l'acquisition dudit terrain ne lui a pas ouvert droit à déduction (CGI art. 268). Les droits de mutation sont alors dus au taux de droit commun (nos 84660 s.), sauf engagement de revendre ouvrant droit au taux réduit de 0,71498 % (CGI art. 1115) ou engagement de construire ouvrant droit au droit fixe de 125 € (CGI art. 1594-0 G, A) si l'acquéreur est un assujetti, étant précisé que le délai de revente pris par le marchand de biens s'impose à l'acquéreur.

> Précisions La jurisprudence de la Cour de justice de l'Union européenne exclut l'application de la TVA sur la marge lors de la **revente d'un terrain à bâtir acquis** en qualité de **terrain non à bâtir** (hypothèse a. ci-dessus). Sur cette jurisprudence et l'opposabilité de la doctrine administrative aux opérations en cours dans l'attente de sa mise à jour, voir n° 84978.

ACQUISITION-REVENTE D'UN IMMEUBLE NEUF

a. Si l'immeuble neuf est **acquis** par le marchand de biens **auprès d'un assujetti** à la TVA, l'opération est soumise à la TVA sur le prix total et assortie des droits de mutation au taux réduit de 0,71498 % (CGI art. 1594 F quinquies, A). **87040**

La **revente** de l'immeuble neuf par le marchand de biens suit le même régime, que l'acquéreur soit assujetti ou non à la taxe.

b. Si l'immeuble neuf est **acquis auprès d'un non-assujetti,** l'acquisition est hors du champ de la TVA. Elle subit les droits de mutation au taux de droit commun (nos 84660 s.), sauf engagement de revendre pris par le marchand de biens ouvrant droit au taux réduit de 0,71498 % (CGI art. 1115).

La **revente** de l'immeuble neuf par le marchand de biens est soumise au même régime qu'au a. ci-dessus.

Sur la **notion d'immeuble neuf,** voir n° 84932.

ACQUISITION-REVENTE D'UN IMMEUBLE ANCIEN

a. L'**acquisition** de l'immeuble ancien **auprès d'un assujetti** est en principe **exonérée** de TVA (CGI art. 261, 5-2°). Elle subit les droits de mutation au taux de droit commun (nos 84660 s.), **87045**

sauf engagement de revendre ouvrant droit au taux réduit de 0,71498 % (CGI art. 1115) ou engagement de construire ouvrant au droit fixe de 125 € (CGI art. 1594-0 G, A).

La **revente** de l'immeuble par le **marchand de biens** qui **n'opte pas** pour la TVA relève du même régime, étant précisé que les engagements de construire ou de revendre ne sont ouverts qu'aux assujettis à la TVA et que le délai imparti au premier acquéreur pour revendre ou construire s'impose aux suivants.

Si le marchand de biens **opte** pour l'assujettissement de la revente à la TVA (CGI art. 260, 5° bis), la taxe est due sur la marge puisque l'acquisition de l'immeuble n'a pas ouvert droit à déduction (CGI art. 268) ; les droits de mutation sont dus au taux de droit commun (n°s 84660 s.), sauf engagement de revendre ou de construire (voir ci-dessus).

b. Si le marchand de biens acquiert l'immeuble ancien **auprès d'un assujetti qui soumet la vente à la TVA sur option,** la taxe est due sur le prix total si l'acquisition par le vendeur lui avait ouvert droit à déduction, et sur la marge dans le cas contraire (CGI art. 268).

Dans les deux cas, les droits de mutation sont dus au tarif décrit au a. ci-dessus.

La **revente** de l'immeuble ancien par le marchand de biens est en principe exonérée de TVA (CGI art. 261, 5-2°), mais il peut la soumettre à la taxe sur option (CGI art. 260, 5° bis). La taxe est alors due sur le prix total puisque son acquisition, soumise à la taxe sur option, lui a en principe ouvert droit à déduction. Les droits de mutation à titre onéreux sont ceux exposés au a. ci-dessus (revente avec option pour la TVA).

c. Si le marchand de biens acquiert l'immeuble ancien **auprès d'un non-assujetti,** l'acquisition est hors du champ de la TVA. Les droits de mutation sont dus au tarif décrit au a. ci-dessus.

La **revente** de l'immeuble par le marchand de biens obéit aux règles décrites au a. ci-dessus (revente), qui diffèrent selon que l'option pour la TVA est ou non exercée.

ACQUISITION D'UN IMMEUBLE NEUF PUIS REVENTE D'UN IMMEUBLE ANCIEN

87050 L'hypothèse visée ici est celle de l'acquisition par un marchand de biens d'un immeuble dans les cinq ans de son achèvement, conservé et revendu au-delà des cinq ans de son achèvement.

a. Si l'immeuble neuf est **acquis** par le marchand de biens **auprès d'un assujetti** à la TVA, l'acquisition est soumise à la TVA sur le prix total et assortie de droits de mutation au taux réduit de 0,71498 % (CGI art. 1594 F quinquies, A).

La **revente** par le marchand de biens de l'immeuble devenu ancien est exonérée de **TVA** (CGI art. 261, 5-2°), mais le marchand de biens peut la soumettre à ladite taxe sur **option** (CGI art. 260, 5° bis). La taxe est alors liquidée sur le prix total, l'acquisition lui ayant ouvert droit à déduction. Que le marchand de biens opte ou non pour la TVA, les droits de mutation sont dus au taux de droit commun (n°s 84660 s.), sauf engagement de revendre ouvrant droit au taux réduit de 0,71498 % (CGI art. 1115) ou engagement de construire ouvrant droit au droit fixe de 125 € (CGI art. 1594-0 G, A) si l'acquéreur est un assujetti, étant précisé que le délai imparti au premier acquéreur pour revendre ou construire s'impose aux suivants.

b. Si l'immeuble neuf est acquis **auprès d'un non-assujetti,** l'acquisition est hors du champ de la TVA. Elle subit les droits de mutation au taux de droit commun (n°s 84660 s.), sauf engagement de revendre ouvrant droit au taux réduit de 0,71498 % pris par le marchand de biens (CGI art. 1115).

La **revente** par le marchand de biens de l'immeuble devenu ancien est exonérée de **TVA** (CGI art. 261, 5-2°), mais le marchand de biens peut la soumettre à ladite taxe sur **option** (CGI art. 260, 5° bis). Dans ce cas, la taxe est liquidée sur la marge, l'acquisition par le marchand de biens ne lui ayant pas ouvert droit à déduction (CGI art. 268). Les droits de mutation sont dus dans les mêmes conditions que dans le cas du a. ci-dessus (revente).

Est considéré comme **immeuble ancien** celui qui est achevé depuis plus de cinq ans.

MISE EN LOCATION DES IMMEUBLES EN STOCK

87090 **Loyers** Conformément à la jurisprudence du Conseil d'État (CE 9-11-1977 n° 99721 : RJF 12/77 n° 647) à laquelle l'administration s'est ralliée (BOI-TVA-CHAMP-30-10-50 n° 30), les marchands de biens qui donnent en location « nue » des immeubles en instance de vente (stock immobilier) ne sont pas passibles, en raison de leur seule qualité, de la TVA sur les loyers perçus.

Les opérations de location de **locaux nus** entrent dans le champ d'application de l'article 256 du CGI, mais sont exonérées en vertu des dispositions de l'article 261 D, 2° du même Code. Les locations de garages étroitement liées à celles d'un appartement dont la location n'est pas soumise à la TVA échappent elles-mêmes à l'imposition.

Lorsque la location porte, notamment, sur des **locaux nus à usage industriel, commercial ou professionnel,** le marchand de biens a la faculté d'opter pour le paiement de la TVA sur les loyers, en application de l'article 260, 2° du CGI (voir nos 79085 s.).

Constructions neuves Il s'agit ici des immeubles achetés neufs ou en l'état futur d'achèvement par les marchands de biens. Lorsque l'acquisition a été soumise à la TVA de plein droit, le marchand de biens, comme tout assujetti habituel, a déduit immédiatement la TVA afférente à cette acquisition. En application des principes généraux relatifs à la TVA, cette déduction n'est autorisée que si l'immeuble est destiné à une opération d'aval ouvrant droit à déduction (voir n° 85015). À défaut, l'assujetti doit procéder à des **régularisations de taxe** en application de l'article 207 de l'annexe II au CGI. **87095**

En principe, un immeuble conservé en stock parce qu'il a vocation à être cédé à plus ou moins court terme doit être considéré comme utilisé en vue de l'activité économique du marchand de biens (en ce sens : BOI-TVA-IMM-10-30 n° 310). Il n'y a donc pas lieu, en principe, de remettre en cause les déductions de TVA opérées par le marchand de biens sur cette acquisition.

Il peut toutefois en aller différemment si, dans l'intervalle qui sépare l'acquisition de la revente, le marchand de biens met l'immeuble en location car cela consiste à l'affecter – même temporairement – à une activité autre que la revente. À cet égard, tout dépend du régime de TVA auquel est soumise la location (voir nos 79000 s.). Par suite, il y a lieu d'effectuer les distinctions suivantes :

a. Si l'immeuble est utilisé à une activité ou une **opération située hors du champ de la TVA,** il y a lieu de procéder sans délai à une régularisation par reversement de la taxe déduite lors de l'acquisition (CGI ann. II art. 207, VI-2°). Si cette affectation ne concerne qu'une fraction de l'immeuble, cette dernière doit faire l'objet d'une livraison à soi-même (Lasm) au titre des biens affectés à des besoins autres que ceux de l'entreprise (CGI art. 257, II-1-1°) ;

b. Si l'immeuble est utilisé à une **opération imposable et ouvrant droit à déduction** (location soumise à la TVA par exemple), la déduction d'amont demeure acquise. Toutefois, si cette utilisation se poursuit plus d'un an au-delà du 31 décembre de la deuxième année suivant celle de l'achèvement, l'immeuble est assimilé à une immobilisation pour l'application des régularisations annuelles (n° 79740) et globales (n° 85025) dues en cas de cession (CGI ann. II art. 207, IV-3). Il en va ainsi même en cas de locaux partiellement vacants dès lors que l'assujetti est en mesure de démontrer qu'il procède à la recherche active de locataires (Rép. Grau : AN 31-12-2019 n° 24298). Il en est de même lorsque le propriétaire est amené à mettre l'immeuble à la disposition gratuite d'occupants (associations, artistes, personnes morales de droit public, etc.) prenant à leur charge tout ou partie des charges dites « locatives » car une telle utilisation de l'immeuble opérée à des fins non étrangères à l'entreprise constitue bien une opération relevant d'une activité économique (Rép. Louwagie : AN 15-11-2022 n° 380). Cette assimilation est définitive et constitue le point de départ de la période de régularisation. Une régularisation, par reversement d'une fraction de la TVA antérieurement déduite, sera ainsi à effectuer par exemple en cas de cession de l'immeuble non soumise à la TVA (de plein droit ou sur option) ;

c. Enfin, lorsque l'immeuble (ou la fraction d'immeuble) est utilisé pour une activité ou une **opération placée dans le champ de la TVA mais qui n'ouvre pas droit à déduction** (par exemple une location exonérée), cette affectation entraîne l'obligation de procéder à une livraison à soi-même de l'immeuble (CGI art. 257, II-1-3°) sans déduction possible de la taxe grevant l'immeuble et non encore déduite le cas échéant.

> **Précisions** **a.** **La régularisation prévue au a. ci-dessus** (CGI ann. II art. 207, VI-2°) consiste dans le reversement de l'intégralité de la taxe dont la déduction avait été opérée. Ce reversement doit être effectué avant le 25 du mois qui suit l'évènement qui le motive.
> **b.** La loi 2014-1545 du 20 décembre 2014 a supprimé un certain nombre de cas de livraisons à soi-même (Lasm).
> Pour les **immeubles achevés avant le 22 décembre 2014**, les **assujettis** à la TVA **ayant construit ou fait construire** sur un terrain à bâtir ou sur un immeuble existant dont ils disposent un immeuble neuf au sens donné n° 84932 doivent procéder à une livraison à soi-même de cet immeuble lorsque celui-ci n'a pas été vendu dans les deux ans qui suivent son achèvement (CGI ancien art. 257, I-3-1°-a). Pour l'application de cette disposition, et alors que le fait générateur comme l'exigibilité de la taxe sont fixés à la date de l'achèvement (CGI art. 269, 1-d et 2-a), il est laissé à l'assujetti un délai allant jusqu'au 31 décembre de la deuxième année suivant celle de l'achèvement pour déclarer et liquider la taxe exigible au titre de cette Lasm (CGI art. 270, II). Ainsi, jusqu'au 31 décembre de l'année N + 2 suivant l'achèvement, l'immeuble est nécessairement affecté à une activité imposable à la TVA puisque soit il fera l'objet d'une vente entrant dans le champ de la taxe, soit il fera l'objet d'une Lasm. Par suite, l'usage effectif de l'immeuble avant cette date importe peu

aux yeux de l'administration (il ne peut en tout état de cause fonder une régularisation compte tenu de l'issue de l'opération qui sera taxable dans tous les cas) qui ne tient compte que de l'usage de l'immeuble au-delà du 31 décembre de l'année N + 2 (BOI-TVA-IMM-10-30 n° 330).
Pour les **immeubles achevés depuis le 22 décembre 2014,** l'assujetti placé dans la même situation n'est tenu de procéder à une Lasm que s'il n'est pas déducteur intégral de TVA (CGI art. 257, II-1-2°). Comme avant la réforme, il dispose alors d'un délai allant jusqu'au 31 décembre de l'année N + 2 suivant l'achèvement pour déclarer et liquider cette Lasm (CGI art. 270, II). En revanche, lorsque l'assujetti est un déducteur intégral de TVA, l'absence de vente de l'immeuble neuf dans les deux ans de l'achèvement n'est pas un fait générateur de Lasm.

87097 **Immeubles achevés depuis plus de cinq ans** Lorsque le marchand de biens a acquis un immeuble achevé depuis plus de cinq ans qu'il **met en location** dans l'attente de sa revente, le droit à déduction diffère selon le régime de la location au regard de la TVA (voir nos 79000 s.). Il y a lieu d'effectuer les distinctions suivantes :

a. Si la location est **exonérée de TVA,** la mise en location de l'immeuble dans l'attente de sa revente n'a pas d'incidence. Les droits à déduction (en cas de travaux par exemple) pourront être exercés, le cas échéant, au moment de la revente de l'immeuble, si le marchand de biens opte pour soumettre celle-ci à la TVA (voir n° 87045). À défaut, la TVA grevant ces frais n'est pas déductible.

b. Si la location est **soumise** à la TVA et qu'elle dure suffisamment longtemps pour que l'immeuble – acquis initialement en stock – soit assimilé à une immobilisation (voir n° 87095, b.), cette assimilation ouvre le droit de déduire la TVA ayant grevé l'acquisition. Il en va ainsi que l'immeuble ancien ait été acquis en exonération de TVA, avec remise par le cédant d'une attestation de l'article 207 de l'annexe II du CGI, ou que l'acquisition ait été soumise à la taxe sur option du cédant en vertu de l'article 260, 5° du CGI (Rép. Louwagie : AN 27-6-2023 n° 5633). Par suite, cette taxe peut être déduite dès le moment de l'assimilation de l'immeuble à une immobilisation. En revanche, si le marchand de biens a effectué sur cet immeuble des travaux ne concourant pas à la production d'un immeuble neuf, la TVA grevant ces frais ne pourra être déduite que lors de la revente, à condition que le marchand de biens opte pour soumettre celle-ci à la taxe.

C. Droits d'enregistrement (régime spécial des acquisitions avec engagement de revendre)

PRÉSENTATION DU RÉGIME SPÉCIAL

87105 Les **acquisitions d'immeubles réalisées par les assujettis** à la TVA agissant en tant que tels dans le cadre de leur activité économique (nos 84911 et 84918) sont exonérées des droits et taxes de mutation quand l'acquéreur prend l'engagement de revendre l'immeuble dans un délai de cinq ans (CGI art. 1115).

Toutefois, ces mutations supportent selon le cas un droit d'enregistrement ou une taxe de publicité foncière au taux réduit global de 0,71498 % (CGI art. 1020). La ventilation de ce taux global est la même que celle décrite au n° 85210. Sur l'assiette taxable, voir n° 85215.

L'article 1115 du CGI précise qu'en cas de **mutations successives** entre assujettis, le délai imparti au premier s'impose à chacun des autres (le bien doit donc être revendu avant le terme de ce délai à un non-assujetti ou à un assujetti prenant un engagement de construire ou encore à un assujetti ne prenant aucun engagement).

> **Précisions** **a.** Autrefois réservé aux marchands de biens, le dispositif profite depuis la loi du 9 mars 2010 portant réforme de la TVA immobilière à l'ensemble des assujettis à la TVA agissant en tant que tels dans le cadre de leur activité immobilière. Cependant, seuls les professionnels menant une activité de **négoce immobilier** sont concernés en pratique dès lors que l'acquéreur doit avoir l'intention de revendre l'immeuble dès son acquisition.
> **b.** Le cas échéant, la mutation supporte en sus la taxe additionnelle sur les **cessions de locaux commerciaux et de stockage en Île-de-France** (n° 84745).

OPÉRATIONS ET BIENS CONCERNÉS PAR LE RÉGIME SPÉCIAL DES ACQUISITIONS AVEC ENGAGEMENT DE REVENDRE

87110 Comme le régime de faveur sous condition d'engagement de construire (nos 85270 s.), le dispositif sous condition d'engagement de revendre n'est pas expressément réservé aux mutations taxables à la TVA. Le **régime de TVA applicable à l'opération** est indifférent. Les conditions portent uniquement sur l'acquéreur (voir n° 87105). Il pourra donc s'agir aussi bien de mutations exclues du champ de la TVA que de mutations qui y seraient soumises, qu'elles soient taxées sur le prix de vente ou sur la marge.

L'article 1115 du CGI ne comporte pas non plus de condition relative au **type d'immeubles.** L'exonération s'applique ainsi théoriquement aux acquisitions de terrains nus, à bâtir ou non, comme d'immeubles bâtis, neufs ou anciens.

Toutefois, **en pratique,** le marchand de biens n'a aucun **intérêt à souscrire l'engagement** de revendre lorsque son acquisition bénéficie de plein droit du taux réduit de 0,71498 % accordé par l'article 1594 F quinquies, A du CGI. Il en ira ainsi pour l'acquisition auprès d'un assujetti à la TVA d'un terrain à bâtir lorsque l'acquisition initiale dudit terrain a ouvert droit à déduction de la TVA ou d'un immeuble neuf (BOI-ENR-DMTOI-10-50 n° 10). En pratique, l'engagement de revendre ne sera donc pris que pour l'acquisition réalisée auprès d'un assujetti :
- de terrains non qualifiés de terrains à bâtir ;
- de terrains à bâtir lorsque la TVA est assise sur la marge ;
- d'immeubles bâtis de plus de cinq ans que l'option pour la TVA ait été exercée ou non et, en cas d'exercice de l'option, quelle que soit l'assiette de la taxe.

L'engagement de revendre présentera également un intérêt pour l'acquisition de tous types d'immeubles auprès d'un non-assujetti.

Notons que le dispositif profite sous les mêmes conditions aux opérations portant sur des **fonds de commerce** ou des **actions ou parts** de sociétés immobilières, mais dans ces cas, l'exonération est intégrale (aucun taux réduit n'est dû).

FORME DE L'ENGAGEMENT DE REVENDRE

L'acte d'acquisition doit comporter la déclaration que les biens acquis sont destinés à la revente **87115**
(BOI-ENR-DMTOI-10-50 n° 30).

> **Précisions** Il a été jugé, sous l'ancien régime de la TVA immobilière, qu'un marchand de biens n'était pas autorisé à se placer **a posteriori** sous ce régime de faveur dont il n'avait pas demandé l'application dans l'acte même (CA Paris 4-7-2008 n° 06-12089 : RJF 3/09 n° 288). On peut s'attendre à ce que la jurisprudence maintienne cette position adoptée alors que la rédaction de l'ancien article 1115 du CGI semblait plus permissive.

DÉLAI DE REVENTE

L'acquéreur doit prendre l'engagement de revendre le bien acquis dans un délai de cinq ans **87120**
(CGI art. 1115).

En cas d'**acquisitions successives** par des assujettis habituels, le délai imparti au premier acquéreur s'impose à chacune de ces personnes (voir nos 87105 et 87125).

> **Précisions** Lorsque la **revente a lieu par lots et déclenche le droit de préemption** de l'article 10 de la loi 75-1351 du 31 décembre 1975 ou de l'article 15 de la loi 89-462 du 6 juillet 1989 (**ventes dites « à la découpe »**), le délai de revente est réduit à deux ans. Comme pour le délai de cinq ans, ce délai court à compter de l'acquisition de l'immeuble, quelle que soit la date des notifications adressées aux locataires (Cass. com. 14-2-2024 n° 22-17.541 FS-B : RJF 5/24 n° 415). Le délai de deux ans est applicable dès lors que les lots concernés sont occupés par un locataire ou un occupant de bonne foi à la date d'expiration de ce délai (Cass. com. 9-10-2024 n° 22-20.175 F-B : BPIM 1/25 inf. 4). Par suite, ce délai réduit ne s'applique pas si le bail a pris fin depuis l'acquisition par le marchand de biens et que les lots sont revendus par lui libres de toute occupation ; le délai de revente est alors le délai de droit commun de cinq ans (Cass. com. 7-7-2015 n° 13-23.366 : RJF 11/15 n° 965).

INEXÉCUTION DE L'ENGAGEMENT DE REVENDRE DANS LE DÉLAI IMPARTI

Lorsqu'à l'échéance du délai de cinq ans, l'engagement de revendre n'est pas respecté, **87125**
l'acquéreur est redevable des **droits** dont il a été dispensé, liquidés d'après les tarifs en vigueur au jour de l'acquisition du bien en cause, ainsi que du complément de frais d'assiette, de recouvrement, de dégrèvement et de non-valeur qui en résultent (CGI art. 1840 G ter, I).

L'**intérêt de retard** prévu à l'article 1727 du CGI est décompté du premier jour du mois suivant la date d'expiration du délai légal de présentation de l'acte d'acquisition à la formalité (BOI-ENR-DMTOI-10-50 n° 110), c'est-à-dire à compter du premier jour suivant le mois au cours duquel les droits auraient dû être acquittés (Cass. com. 6-11-2024 n° 23-11.616 F-B : RJF 2/25 n° 162).

L'intérêt de retard doit être versé comme le principal dans le mois suivant l'expiration du délai imparti (BOI-ENR-DMTOI-10-50 n° 110).

En cas de **mutations successives entre assujettis,** c'est celui qui se trouve propriétaire de l'immeuble à l'expiration du délai de cinq ans décompté à compter de la première acquisition qui a donné lieu à l'application des dispositions de l'article 1115 du CGI qui est tenu d'acquitter le complément de taxe, frais et intérêt de retard sur la valeur de sa propre acquisition dès lors que lui-même s'est placé sous le bénéfice de ces dispositions (BOI-ENR-DMTOI-10-50 n° 50).

L'article L 247 du LPF autorise l'administration à accorder au marchand de biens des **remises gracieuses** d'amendes fiscales ou de majorations d'impôts, mais pas des droits de mutation en principal mis à sa charge à la suite de la perte de ce régime de faveur (CE 24-6-2015 n° 368593 : RJF 10/15 n° 833).

> Précisions **a.** Dans le cas où l'acquisition est affectée d'une **condition suspensive,** le point de départ du délai de cinq ans est la date de la réalisation de la condition suspensive (BOI-ENR-DMTOI-10-50 n° 110).

b. Lorsqu'à l'échéance du délai de cinq ans, l'engagement de revendre n'est respecté que pour une **fraction du bien** sur lequel il portait, l'acquéreur est redevable des droits dont il a été dispensé, ainsi que des frais et intérêts de retard qui en résultent, à hauteur de la différence entre le prix auquel il avait acquis le bien et le prix auquel a été vendue la fraction du bien pour laquelle l'engagement a été respecté. Cette solution s'applique par parcelle ou lot lorsque leur prix d'acquisition a été distingué dans l'acte (BOI-ENR-DMTOI-10-50 n° 110).

c. L'acquéreur assujetti empêché de revendre dans le délai légal peut invoquer la **force majeure** afin d'obtenir une dispense de régularisation : il doit être en mesure d'établir qu'à raison d'une circonstance présentant les caractères d'extériorité et d'imprévisibilité, il a été dans l'impossibilité insurmontable de vendre pendant toute la durée de son obligation (BOI-ENR-DMTOI-10-50 n° 70).

d. L'**apport pur et simple** en société n'est pas considéré comme une vente pour apprécier si la condition de revente dans le délai légal est remplie. Il en est de même en cas de **transfert dans un patrimoine fiduciaire** (CGI art. 1115, al. 3).

e. La **donation** du bien avant l'expiration du délai légal entraîne la déchéance du régime de faveur (BOI-ENR-DMTOI-10-50 n° 80).

f. Jugé que la **dissolution sans liquidation d'une SCI** entraîne la déchéance immédiate du régime de faveur de l'article 1115 du CGI sous lequel s'était placée une SNC qui en avait acquis les parts sociales, lesquelles, distinctes de l'immeuble qu'elles représentent, n'existaient plus (Cass. com. 14-5-2013 n° 12-17.596 : RJF 8-9/13 n° 876). Pour la Haute Juridiction, il était sans incidence que l'immeuble ayant constitué l'actif de la SCI se soit retrouvé dans le patrimoine de la SNC, puisque l'engagement de revente ne portait pas sur cet immeuble mais sur les parts de la SCI. Rendue pour l'application de l'article 1115 du CGI dans sa rédaction antérieure à la loi 2010-237 du 9 mars 2010, la solution (reprise au BOI-ENR-DMTOI-10-50 n° 80) conserve son intérêt pour l'application du régime issu de cette loi. De la même manière, la déchéance du régime de faveur est encourue dès lors que la société dont les titres sont acquis sous engagement de revente cède son unique bien immobilier, lui faisant perdre ainsi sa nature de **société à prépondérance immobilière,** laquelle doit être maintenue pendant toute la durée de l'engagement. Cette déchéance est encourue dès la cession de l'immeuble, sans avoir à attendre l'expiration du délai de cinq ans (Cass. com. 24-11-2021 n° 19-17.281 FS-D : RJF 3/22 n° 311).

g. La **prescription du droit de reprise** de l'administration court à compter de l'expiration du délai imparti pour revendre (Cass. com. 31-10-2006 n° 1171 F-D : RJF 4/07 n° 509).

h. La **régularité** de la **procédure de redressement** fondée sur la déchéance du régime de faveur des marchands de biens pour absence de revente dans le délai légal suppose seulement que l'avis de vérification porte sur la période d'exigibilité des droits rappelés (Cass. com. 3-5-2012 n° 11-14.820 : RJF 8-9/12 n° 790 ; BOI-ENR-DMTOI-10-50 n° 105).

i. En cas d'acquisition d'un terrain assortie de l'engagement de revendre, suivie de l'établissement d'un état descriptif de **division en volumes,** la déchéance du régime de faveur est encourue si seuls deux des trois volumes créés ont été revendus dans le délai légal imparti car les cessions des volumes à construire, ne comportant pas de parties communes indivises, ne comprenaient pas le terrain d'assiette qui est demeuré la propriété de la société marchand de biens (Cass. com. 9-6-2021 n° 18-17.773 concernant un litige en Nouvelle-Calédonie mais qui nous paraît transposable au régime de droit commun).

j. Pour les **acquisitions réalisées jusqu'au 10 mars 2010,** le délai de revente était de quatre ans (CGI art. 1115 dans sa rédaction antérieure à la loi 2010-237 du 9-3-2010). La loi du 9 mars 2010, qui a porté ce délai de quatre à cinq ans, n'a pas eu pour effet de modifier le délai de quatre ans applicable aux acquisitions antérieures dont les conditions d'imposition doivent être appréciées à la date du fait générateur de l'impôt (Cass. com. 7-5-2025 n° 23-23.850 et n° 23-23.851). Il en découle que le **délai de prescription** de l'administration a débuté à l'expiration du délai de quatre ans initialement imparti pour revendre. Cette jurisprudence interdit à l'administration de se prévaloir de sa propre doctrine selon laquelle les assujettis ayant pris un engagement de revendre avant le 11 mars 2010 et dont le délai n'était pas échu à cette date bénéficient d'un délai de cinq années à compter de l'acquisition initiale pour revendre (BOI-ENR-DMTOI-10-50 n° 50). Cette doctrine ne peut être invoquée que par le contribuable.

PROLONGATION DU DÉLAI DE REVENTE

87130 Pour les **immeubles situés en zone d'aménagement concerté** (ZAC), une prolongation annuelle renouvelable du délai de cinq ans peut être accordée par le directeur départemental ou régional des finances publiques du lieu de la situation des immeubles lorsque l'acquéreur est la personne chargée de l'aménagement ou de l'équipement de la ZAC (CGI art. 1594-0 G, A-IV bis).

En pratique, cette disposition dérogatoire peut trouver à s'appliquer aux terrains, voire aux constructions destinées à être démolies, que l'aménageur de zone a acquis dans les emprises qu'il prévoit de rétrocéder sans y réaliser lui-même de travaux qui l'auraient conduit à prendre un engagement de construire tel que prévu n°s 85270 s. De telles prorogations annuelles peuvent être notamment accordées en raison des retards pris dans la commercialisation de la ZAC du fait de difficultés administratives ou techniques, ainsi que des délais nécessaires à l'appropriation de l'ensemble du foncier de la zone qui peut conditionner la rétrocession des emprises en cause (BOI-ENR-DMTOI-10-50 n° 60).

La **demande** de prorogation doit être **formulée** au plus tard dans le mois qui suit l'expiration du délai précédemment imparti. Elle doit être adressée par **pli recommandé** avec demande d'avis de réception, être **motivée** et préciser la consistance des immeubles sur lesquels porte la prorogation demandée ainsi que le montant des droits dont l'exonération est subordonnée à leur revente (CGI ann. III art. 266 bis, IV). **87131**

SUBSTITUTION D'ENGAGEMENT

Lorsque l'acquéreur avait pris l'engagement de revendre, il peut y substituer avant son échéance un engagement de construire (n°s 85270 s.). Celui-ci prend effet à compter de la date à laquelle il est souscrit auprès de l'administration et vaut accomplissement de l'engagement de revendre (CGI art. 1594-0 G, A II-al. 3). La substitution d'engagement fait donc démarrer ici un **nouveau délai** qui ne se superpose pas à l'ancien. **87135**

Formellement, la substitution résulte de l'envoi au service des impôts par **pli recommandé** avec demande d'avis de réception d'une déclaration faisant référence à la date et au numéro d'enregistrement et de publication de l'acte de mutation comportant l'engagement de revendre auquel se substitue le nouvel engagement. La déclaration précise **l'objet et la consistance des travaux** prévus par cet engagement ainsi que le montant des droits dont l'exonération est subordonnée à leur exécution (CGI ann. III art. 266 bis, V). **87136**

III. IMPOSITION DES INTERMÉDIAIRES IMMOBILIERS

A. Imposition des bénéfices

PRINCIPES

Les bénéfices réalisés par les intermédiaires immobiliers sont soumis à l'impôt sur le revenu dans la **catégorie des BIC** (CGI art. 35, I-2°). **87165**

En ce qui concerne le cas particulier des **transactions** portant **sur** le bénéfice d'une **promesse de vente,** voir n°s 86965 s.

ASSIETTE ET FAIT GÉNÉRATEUR DE L'IMPOSITION DES BÉNÉFICES DES INTERMÉDIAIRES IMMOBILIERS

Les entreprises qui ont pour objet principal l'exercice d'une activité d'intermédiaire ou de mandataire pour le compte d'autrui, moyennant le versement de courtages, de commissions, d'intérêts, d'agios ou autres rémunérations pour prix des services rendus doivent en règle générale comprendre, dans leurs profits imposables d'un exercice déterminé, les sommes effectivement encaissées ou la valeur des biens ou services reçus en paiement, ainsi que les créances acquises au cours dudit exercice (BOI-BIC-CHAMP-20-20-30 n° 1). **87170**

Par « **sommes effectivement encaissées** ou valeur des biens ou services reçus en paiement », il faut entendre le prix des prestations fournies, compte tenu des rémunérations indirectes, tels les avantages en nature consentis dans certains cas par les clients (BOI-BIC-CHAMP-20-20-30 n° 10).

Sous réserve des stipulations particulières du contrat, il convient de se référer aux règles du droit civil et, le cas échéant, aux usages de la profession pour apprécier la date à laquelle une **créance** peut être **réputée acquise** à l'entreprise, c'est-à-dire définitive dans son principe et dans son montant.

Les prestataires de services doivent, en principe, faire état à la clôture de chaque exercice, de toutes les créances acquises correspondant aux prestations fournies au cours dudit exercice, quelles que soient, par ailleurs, la date de leur exigibilité et l'époque effective de leur recouvrement (BOI-BIC-CHAMP-20-20-30 n° 20).

Indiquons ici que les fournitures de services ne sont génératrices d'un produit imposable qu'au titre de l'exercice au cours duquel intervient l'**achèvement des prestations** (CGI art. 38, 2 bis).

MODALITÉS D'IMPOSITION DES BÉNÉFICES DES INTERMÉDIAIRES IMMOBILIERS

87175 Les bénéfices des intermédiaires immobiliers sont déterminés suivant les règles générales applicables aux bénéfices industriels et commerciaux.

Le **régime d'imposition** de ces intermédiaires est en tout point semblable à celui des marchands de biens (nos 87005 s.). Il sera donc simplement indiqué :

– que les intermédiaires sont exclus du régime du micro-BIC (CGI art. 50-0, 2-e) ;

– qu'ils sont placés – sauf option pour le régime du bénéfice réel – sous le régime simplifié d'imposition (RSI) à condition que leur chiffre d'affaires hors taxe global de l'année précédente ne dépasse pas une limite fixée à 254 000 € (en ce qui concerne le cas particulier des intermédiaires ayant également une **activité de marchand de biens,** voir n° 87005, précision a).

Par ailleurs, les profits réalisés par les **intermédiaires non domiciliés en France** à l'occasion d'opérations d'entremise sont passibles du prélèvement visé à l'article 244 bis du CGI (voir n° 87010, a).

En ce qui concerne l'exonération des bénéfices réalisés par les **nouvelles entreprises** d'agent immobilier ou les entreprises établies dans **certaines zones du territoire,** voir n° 87010, c.

OBLIGATIONS DES INTERMÉDIAIRES IMMOBILIERS

87180 Les intermédiaires sont tenus, comme tout assujetti à la TVA, d'effectuer une **déclaration d'existence** dans les 15 jours de leur commencement d'activité (CGI art. 286).

Sur les **mentions** à faire figurer dans les actes de cession, voir n° 87010, précision b.

B. Taxe sur la valeur ajoutée

PRINCIPES GÉNÉRAUX

87190 Sont passibles de la TVA, en leur qualité de prestations de services et en application du droit commun, les opérations d'entremise effectuées par les intermédiaires immobiliers (CGI art. 256).

Ces opérations d'intermédiaire sont soumises au **régime général** de la TVA et non aux règles propres à la TVA sur les opérations immobilières.

En toute hypothèse, ne sont imposables en France que les prestations se rattachant à un **immeuble situé en France** (CGI art. 259 A, 2°).

> **Précisions** La **commission perçue par l'agent immobilier** pour son intermédiation dans une vente d'immeuble ne peut, en l'absence de dédit du contrat de prestation de services l'unissant à ses clients, être regardée comme des arrhes. Elle doit donc être soumise à la TVA, même si elle a été perçue avant la conclusion définitive de la vente, en violation de la loi « Hoguet » (CE 23-11-2015 n° 375764 : RJF 2/16 n° 124).

MODALITÉS D'IMPOSITION À LA TVA DES INTERMÉDIAIRES IMMOBILIERS

87195 Les intermédiaires sont passibles de la TVA sur le **montant brut des commissions** qu'ils perçoivent, sans déduction des rémunérations qu'ils peuvent allouer à d'autres personnes.

Le **fait générateur** est normalement constitué par la réalisation de la transaction (CGI art. 269, 1-a).

La **taxe** est **exigible** lors de l'encaissement de la rémunération ou, le cas échéant, des acomptes de cette dernière (CGI art. 269, 2-c) ou, sur option, d'après les débits.

Le **taux** applicable aux opérations considérées est le taux normal de 20 %. Dans les DOM, le taux applicable est de 8,5 %.

Le régime général des **déductions** est applicable aux intermédiaires. Ces derniers peuvent donc imputer sur la taxe dont ils sont redevables celle qui leur a été facturée à l'occasion de l'acquisition des biens et services utilisés pour l'exercice de leur activité.

Sauf option pour le régime réel normal, les intermédiaires sont placés sous le **régime** du « réel simplifié » (RSI), sous réserve que leur chiffre d'affaires hors taxe n'excède pas la limite mentionnée ci-avant n° 87175 et, selon l'administration, qu'ils n'exercent pas concurremment avec leurs opérations d'intermédiaire des activités de marchand de biens ou de lotisseur (BOI-BIC-CHAMP-20-20-30 n° 40).

Les intermédiaires souscrivent leurs **déclarations** de chiffre d'affaires au service des finances publiques du lieu de leur résidence.

Sur les **obligations** des intermédiaires, voir ci-avant n° 87180.

CHAPITRE 9

TAXES ANNUELLES SUR LES BUREAUX EN ÎLE-DE-FRANCE ET EN PROVENCE-CÔTE D'AZUR

SOMMAIRE

CHAMP DE L'ÉTUDE

Les propriétaires de locaux à usage de bureaux, locaux commerciaux, locaux de stockage et surfaces de stationnement (ainsi que les titulaires de droits réels portant sur de tels locaux et surfaces) sont redevables d'une taxe annuelle lorsque ces **locaux** sont **situés** soit dans la **région Île-de-France** (nos 87505 s.), soit dans les **départements des Bouches-du-Rhône,** du **Var** et des **Alpes-Maritimes** (nos 87850 s.). 87500

Pour les surfaces de **stationnement** situées dans la région **Île-de-France,** une **taxe additionnelle** s'ajoute éventuellement à cette taxe (CGI art. 1599 quater C).

> **> Précisions** Une taxe est exigible sur la **construction** dans la région Île-de-France de locaux à usage de bureaux, de locaux commerciaux ou de locaux de stockage ainsi que sur la **transformation** en de tels locaux de locaux précédemment affectés à un autre usage (voir Mémento Urbanisme-Construction nos 20050 s.).

I. TAXE ANNUELLE SUR LES BUREAUX EN ÎLE-DE-FRANCE

A. Champ d'application de la taxe annuelle sur les bureaux en Île-de-France

TERRITOIRE CONCERNÉ

Pour être passibles de la taxe, les locaux et surfaces de stationnement doivent être situés dans la **région Île-de-France** telle qu'elle est définie par l'article 231 ter, I du CGI, c'est-à-dire à Paris 87505 et dans les départements de l'Essonne, des Hauts-de-Seine, de la Seine-et-Marne, de la Seine-Saint-Denis, du Val-de-Marne, du Val-d'Oise et des Yvelines.

Lorsque les locaux ou les surfaces de stationnement sont situés dans le ressort géographique de l'un de ces départements et d'un **département limitrophe** ne relevant pas de la région Île-de-France, la taxe n'est due que pour la fraction des surfaces situées en Île-de-France (BOI-IF-AUT-50 n° 1).

BIENS CONCERNÉS PAR LA TAXE ANNUELLE SUR LES BUREAUX EN ÎLE-DE-FRANCE

87520 Sont taxables les **immeubles** ou les parties d'immeuble affectés à l'usage de bureaux, à une activité professionnelle, à une activité de commerce ou de stockage, ainsi que les **aires,** couvertes ou non couvertes, destinées au stationnement des véhicules (CGI art. 231 ter).

La taxe peut donc concerner (BOI-IF-AUT-50 n° 10) :

– soit un immeuble dans son **ensemble,** dès l'instant où il est affecté en totalité à un tel usage ;

– soit une partie d'immeuble formant une **unité autonome** affectée à cet usage (exemples : appartement affecté exclusivement et en totalité à l'exercice d'une activité libérale dans un immeuble d'habitation ; bureaux dépendant d'un établissement industriel ; locaux commerciaux situés en rez-de-chaussée d'un immeuble d'habitation ou de bureaux) ;

– soit seulement les **pièces** comprises dans une unité autonome principalement affectée à un autre usage (exemple : pièces à usage de bureaux dans un appartement utilisé par ailleurs pour l'habitation). Compte tenu des seuils d'imposition, cette hypothèse vise uniquement les bureaux ou locaux assimilés.

> Précisions a. La taxe s'applique, en principe, à des **bâtiments.** Toutefois, elle est également applicable à certaines **surfaces couvertes ou non** qui constituent, par la loi, des locaux commerciaux, des locaux de stockage ou des surfaces de stationnement (BOI-IF-AUT-50 n° 10).

b. L'**utilisation effective** des locaux au 1er janvier de l'année d'imposition est le seul critère à prendre en compte pour déterminer les conditions de leur imposition à la taxe. La qualification figurant au bail est sans incidence (CE 24-4-2019 n° 417792 : RJF 7/19 n° 670). Il en résulte que des locaux appartenant à une société A, pris à bail par une société B, qui les met à disposition d'une société C qui les utilise pour y réaliser des prestations de formation professionnelle, sont des locaux commerciaux au sens de l'article 231 ter du CGI (BOI-IF-AUT-50-10-10 n° 70).

c. La taxe est due même si les **locaux** sont **vacants** (BOI-IF-AUT-50 n° 20).

87525 **Locaux à usage de bureaux** Sont taxables les locaux à usage de bureaux qui s'entendent des **bureaux proprement dits** et de leurs **dépendances immédiates et indispensables** destinés à l'exercice d'une activité, de quelque nature que ce soit, par des personnes physiques ou morales privées, ou utilisés par l'État, les collectivités territoriales, les établissements ou organismes publics et les organismes professionnels (CGI art. 231 ter, III-1°). Les bureaux proprement dits recouvrent les pièces normalement utilisées à usage de bureaux (BOI-IF-AUT-50-10-10 n° 10) :

– par toutes les **entreprises,** les membres des professions libérales et les autres organismes (organismes professionnels, par exemple) ou associations, à but lucratif ou non, pour l'exercice d'activités de direction, d'administration, de secrétariat, d'information, de conseil, d'études, d'ingénierie, d'informatique, de gestion, d'assurance, etc. ;

– par les **administrations publiques.** Il s'agit des locaux que l'État, les collectivités territoriales, les établissements ou organismes publics utilisent pour l'exercice de leurs missions administratives.

> Précisions a. Les **dépendances** immédiates et indispensables s'entendent, en particulier, des salles de réunion, de photocopie ou de reprographie, de saisie informatique, de documentation, des rangements ou archivages de proximité, des vestiaires du personnel, des fumoirs ainsi que des couloirs et dégagements et des locaux sanitaires, mais pas des locaux techniques (salles de traitement informatique notamment) (BOI-IF-AUT-50-10-10 nos 30 et 40).

b. Sont assimilés à des bureaux les **locaux professionnels** destinés à l'exercice d'**activités libérales** (CGI art. 231 ter, III-1°) du type cabinets médicaux, d'architecte, d'avocat, de vétérinaire, de conseil ainsi que leurs annexes (salles d'attente par exemple) (BOI-IF-AUT-50-10-10 n° 50).

c. Les locaux compris dans un ensemble immobilier de bureaux et mis à la disposition des **comités sociaux et économiques** et des représentants du personnel sont imposables (BOI-IF-AUT-50-10-10 n° 10).

d. Les **locaux d'archivage** situés en sous-sol d'un immeuble constituent des dépendances immédiates et indispensables des bureaux et non pas des locaux de stockage. Il en est ainsi même si ces locaux d'archives ne sont pas immédiatement attenants ou contigus aux bureaux (CAA Paris 11-2-2020 n° 18PA00959 rendu définitif par CE (na) 15-3-2021 n° 440696 : RJF 6/21 n° 600 ; CAA Paris 11-2-2020 n° 18PA00958 rendu définitif par CE (na) 15-3-2021 n° 440697 : RJF 6/21 n° 600).

e. Des **locaux** à usage de bureaux, devenus **vacants sans** qu'une **déclaration de**

changement d'affectation n'ait été souscrite, restent imposables. Peu importe leur affectation au regard du Code de la construction et de l'habitation (CAA Paris 10-12-2020 n° 19PA04113 rendu définitif par CE (na) 13-7-2021 n° 449594 : RJF 11/21 n° 1026).

f. Les **locaux utilisés par des associations** sont en principe imposables comme bureaux, à l'exception de ceux qu'elles utilisent pour exercer, à titre lucratif, des activités de commerce ou de prestations de services et qui sont destinés à accueillir la clientèle, lesquels locaux sont imposables comme locaux commerciaux (CE QPC 23-9-2022 n° 452256 : RJF 12/22 n° 1045, solution rendue pour l'application de la taxe pour création de bureaux en Île-de-France mais transposable à la taxe annuelle).

Locaux commerciaux Les locaux commerciaux s'entendent des locaux destinés à l'exercice d'une activité de commerce de détail ou de gros et de prestations de services à caractère commercial ou artisanal et de leurs réserves attenantes couvertes ou non et des emplacements attenants affectés en permanence à ces activités de vente ou de prestations de services (CGI art. 231 ter, III-2°). Il s'agit donc des **magasins, agences commerciales, ateliers** (locaux d'une agence bancaire auxquels le public a accès, locaux à usage de réparation automobile, hôtels, restaurants, etc.). **87530**

> Précisions a. Les **surfaces indissociables** de l'activité de vente ou de prestations de services sont également imposables. Il en est ainsi notamment des emplacements des caisses de paiement et des halls d'accueil (BOI-IF-AUT-50-10-10 n°s 90 et 120).

En revanche, sont exclus du champ d'application de la taxe les **locaux auxquels le public n'a normalement pas accès** (exemples : ateliers, locaux de blanchisserie, cuisines de restaurant, etc.) (BOI-IF-AUT-50-10-10 n°s 100 et 130).

b. Les **installations temporaires de vente** sont exclues du champ d'application de la taxe (BOI-IF-AUT-50-10-10 n° 170).

c. Pour être qualifiés de **réserves attenantes,** les locaux doivent à la fois se situer à proximité immédiate des locaux commerciaux et contribuer directement à l'activité commerciale qui y est déployée (CE 19-4-2022 n° 443039 : RJF 10/22 n° 854 ; solution rendue pour l'ancienne redevance pour création de bureaux mais transposable à la taxe qui lui a succédé ainsi qu'à la taxe annuelle sur les bureaux).

d. Des locaux affectés à une activité de **mise à disposition d'espaces de « coworking »** doivent être qualifiés de bureaux dès lors que les prestations de services fournies par la société exploitante en complément de la mise à disposition des espaces de travail revêtent un caractère accessoire (CAA Paris 15-3-2024 n° 23PA00132 : RJF 7/24 n° 535).

Locaux de stockage Les locaux de stockage s'entendent des locaux ou aires couvertes destinés à l'entreposage de produits, de marchandises ou de biens et qui ne sont pas intégrés topographiquement à un établissement de production (CGI art. 231 ter, III-3°). **87535**

> Précisions a. Les **parcs d'exposition** et les locaux à usage principal de **congrès** sont assimilés aux locaux de stockage (CGI art. 231 ter, VI bis).

b. Sont exclus du champ d'application de la taxe les **locaux de stockage intégrés** topographiquement **à une unité de fabrication** ou de production (BOI-IF-AUT-50-10-10 n° 220). Il s'agit, par exemple, des entrepôts de matières premières situés dans l'enceinte d'une usine de transformation ou des locaux de stockage des produits finis destinés à la vente situés sur le site de production, à la même adresse. Cette disposition a pour effet d'exclure du champ de la taxe les locaux dans lesquels sont placés, dans l'attente de leur expédition pour la commercialisation, les produits fabriqués au sein de l'usine de fabrication.

En revanche, sont taxables les locaux constituant des **unités de conditionnement ou de reconditionnement** de produits ou de marchandises (BOI-IF-AUT-50-10-10 n° 210).

c. Les **endroits non couverts** (terrains) utilisés pour le stockage des marchandises ou des biens ne sont pas taxables.

d. Les locaux hébergeant des serveurs informatiques (« **data center** »), qui ne constituent pas des locaux de stockage, ne sont pas taxables (CE 11-10-2022 n° 463134 : RJF 1/23 n° 28).

Surfaces de stationnement Les surfaces de stationnement s'entendent des locaux ou aires, couvertes ou non couvertes, destinés au stationnement des véhicules et qui font l'objet d'une exploitation commerciale ou sont annexés à des locaux à usage de bureaux, à des locaux commerciaux ou à des locaux de stockage sans être intégrés topographiquement à un établissement de production (CGI art. 231 ter, III-4° ; BOI-IF-AUT-50-10-10 n°s 250 s.). **87540**

> Précisions a. Par surfaces de stationnement **faisant l'objet d'une exploitation commerciale** on entend, d'une manière générale, tous les locaux ou aires, hors voirie publique, destinés au stationnement et dans lesquels est exercée une activité d'exploitation commerciale de parcs de stationnement (parcs publics de stationnement, garages commerciaux, etc.), quelles que soient les modalités de gestion ou d'exploitation. Sont ainsi taxables les surfaces de stationnement exploitées par des personnes privées ou publiques. En revanche, les voies de circulation et les rampes d'accès aux emplacements de stationnement ne sont pas taxables (BOI-IF-AUT-50-10-10 n° 325).

b. Une surface de stationnement est **considérée comme annexée** à des locaux taxables si elle fait partie du même groupement topographique que ces locaux ou si, bien que non intégrée à un groupement topographique comprenant des locaux taxables, elle est mise à la disposition, gratuitement ou non, des utilisateurs (entreprises, administrations, personnels, clients, fournisseurs, etc.) de locaux taxables situés à proximité immédiate (BOI-IF-AUT-50-10-10 n° 300).

c. Les dépendances immédiates et indissociables des surfaces de stationnement telles les **voies de circulation internes** desservant les emplacements de stationnement ne sont pas taxables (CE 20-10-2021 n° 448562 : RJF 1/22 n° 38). Les surfaces de stationnement taxables doivent donc s'entendre des seuls emplacements de stationnement des véhicules et non des accès nécessairement requis pour accéder à ces emplacements. Ainsi, n'entrent pas dans le champ de la taxe les voies de circulation et les **rampes d'accès** aux emplacements de stationnement, peu important à cet égard qu'elles constituent ou non des **parties communes** (BOI-IF-AUT-50-10-10 n° 270).

d. Ne sont pas considérées comme des surfaces de stationnement les **aires réservées aux livraisons** ainsi que celles réservées aux **véhicules d'urgence** en intervention (BOI-IF-AUT-50-10-10 n° 280).

e. Le stationnement se distingue de l'exposition, du garage, de l'entreposage ou du stockage effectués par certains professionnels pour l'exercice d'une activité commerciale autre que celle d'exploitation commerciale de locaux ou aires destinés au stationnement des véhicules. Ainsi, par exemple, les locaux ou emplacements dépendant de garages et utilisés par les **professionnels de l'automobile** où sont garés les véhicules neufs ou d'occasion en attente d'être vendus et/ou les véhicules en réparation ne sont pas taxables en tant que surfaces de stationnement mais en tant que locaux commerciaux (BOI-IF-AUT-50-10-10 n° 260).

f. Une **surface de stationnement** peut être considérée comme annexée à des locaux taxables même si elle **n'appartient pas à la personne propriétaire de ces locaux.** Dans ce cas, le redevable de la taxe sur la surface de stationnement (le propriétaire de cette surface) est différent du redevable de la taxe sur les locaux (BOI-IF-AUT-50-10-10 n° 310).

g. Un **parking public souterrain et payant** situé à proximité d'un centre commercial contribue directement à l'activité déployée par ce centre commercial et doit être soumis à la taxe annuelle sur les bureaux bien qu'il ait été **mis en location-gérance** auprès d'une autre société (CE 8-11-2024 n° 491159 : RJF 2/25 n° 112).

LOCAUX EXONÉRÉS DE LA TAXE ANNUELLE SUR LES BUREAUX EN ÎLE-DE-FRANCE

87560 Les exonérations sont liées soit à la situation des locaux, soit à leur nature, soit à la qualité de leurs utilisateurs.

87565 **Zones prioritaires** Les locaux à usage de bureaux, les locaux commerciaux, les locaux de stockage et les surfaces de stationnement sont exonérés lorsqu'ils sont situés en **zone franche urbaine (ZFU)-territoire entrepreneur** (CGI art. 231 ter, V-1°). S'agissant des surfaces de stationnement, l'exonération s'applique même lorsque les locaux taxables auxquels les surfaces de stationnement situées en ZFU-territoire entrepreneur sont annexées ne sont pas eux-mêmes situés dans cette zone (BOI-IF-AUT-50-10-20 n° 30).

> **Précisions** **a.** Les ZFU-territoires entrepreneurs, qui correspondent à des quartiers de plus de 8 500 ou 10 000 habitants particulièrement défavorisés, comprennent **trois catégories de zones.**
La première est composée des ZFU instituées par la loi 96-987 du 14 novembre 1996 (ZFU dites « de première génération »), dont la liste figure au I de l'annexe à cette loi. La délimitation précise de ces zones a été opérée par les décrets 96-1154 et 96-1155 du 26 décembre 1996 modifiés.
La deuxième catégorie comprend les ZFU créées par la loi 2003-710 du 1er août 2003 (ZFU dites « de deuxième génération »). La liste de ces zones est donnée au I bis de l'annexe à la loi du 14 novembre 1996 et leur délimitation précise a été opérée par le décret 2004-219 du 12 mars 2004 modifié.
La troisième catégorie comprend les ZFU créées par la loi 2006-396 du 31 mars 2006 (ZFU dites « de troisième génération »). La liste de ces zones est fixée par le décret 2006-930 du 28 juillet 2006 et leur délimitation précise a été opérée par le décret 2006-1623 du 19 décembre 2006 modifié.
Les **plans** des ZFU peuvent être consultés sur internet (sig.ville.gouv.fr/atlas/ZFU).
b. L'article 12, I-G du projet de loi de finances pour 2026, présenté en Conseil des ministres le 14 octobre 2025, prévoit la **suppression de l'exonération** de la taxe annuelle sur les bureaux en faveur des locaux situés en ZFU-territoire entrepreneur **à compter du 1er janvier 2026.**

87570 **Fondations et associations d'utilité publique** Les locaux et les surfaces de stationnement qui appartiennent à des fondations ou à des associations reconnues d'utilité publique et dans lesquels ces fondations ou associations exercent leur activité sont exonérés (CGI art. 231 ter, V-2°).

> **Précisions** Les **locaux** et les surfaces de stationnement qui appartiennent aux fondations et associations reconnues d'utilité publique mais **non utilisés** par celles-ci pour l'exercice de leur

activité, notamment les locaux et les surfaces de stationnement donnés en location ou mis à la disposition de tiers, ne sont pas exonérés. De même, les locaux et les surfaces de stationnement que les fondations et associations reconnues d'utilité publique utilisent dans le cadre de leur activité mais **dont elles ne sont pas propriétaires** ne sont pas exonérés (BOI-IF-AUT-50-10-20 n° 50).

Locaux de dimension réduite Seuls les locaux d'une certaine importance sont taxables. Sont exonérés de la taxe (CGI art. 231 ter, V-3°) : 87575

- les locaux à usage de **bureaux** d'une superficie inférieure à 100 m² ;
- les locaux **commerciaux** d'une superficie inférieure à 2 500 m² ;
- les locaux de **stockage** d'une superficie inférieure à 5 000 m² ;
- les surfaces de **stationnement** inférieures à 500 m².

> Précisions a. Pour l'appréciation du **caractère immédiat, attenant ou annexé** des dépendances, réserves et surfaces de stationnement, du bénéfice des **exonérations liées à la superficie** et pour l'application du **tarif**, il est tenu compte de tous les locaux de même nature, hors parties communes, que le contribuable possède à une même adresse ou, en cas de pluralité d'adresses, dans un même groupement topographique (CGI art. 231 ter, IV).
Les **parties communes** à exclure de ce calcul s'entendent des surfaces affectées à l'usage ou à l'utilité de tous les occupants de ces locaux ou de plusieurs d'entre eux alors même qu'elles seraient la propriété d'une seule et même personne (CE 27-5-2020 n° 433004 : RJF 8-9/20 n° 696). Ne constituent toutefois pas des parties communes exclues de la taxation des surfaces louées à un seul locataire même en cas de sous-location à plusieurs personnes (CAA Paris 11-2-2020 n° 18PA00959 rendu définitif par CE (na) 15-3-2021 n° 440696 : RJF 6/21 n° 600 ; CAA Paris 11-2-2020 n° 18PA00958 rendu définitif par CE (na) 15-3-2021 n° 440697 : RJF 6/21 n° 600).
Pour l'appréciation du **caractère annexé des surfaces de stationnement,** il est également tenu compte des surfaces qui, bien que non intégrées à un groupement topographique comprenant des locaux taxables, sont mises à la disposition, gratuitement ou non, des utilisateurs de locaux taxables situés à proximité immédiate (BOI-IF-AUT-50-10-10 n° 300). L'usage de ces aires doit en outre contribuer directement à l'activité déployée dans les locaux principaux (CE 20-10-2021 n° 448562 : RJF 1/22 n° 38).
b. Les **surfaces de stationnement d'au moins 500 m²** sont imposables même si les locaux auxquels elles sont **annexées sont exonérés** en raison de leur surface (BOI-IF-AUT-50-10-20 n° 200).

Locaux spécialement aménagés Sont exonérés les locaux spécialement aménagés pour l'**archivage administratif** et pour l'exercice d'**activités de recherche** ou à caractère **sanitaire, social, éducatif ou culturel** (CGI art. 231 ter, V-2° bis A). À ce titre, sont donc exonérés, par exemple, les auditoriums, théâtres, salles de sport, salles de classe, laboratoires radiologiques, cinémas, établissements hospitaliers, etc. (BOI-IF-AUT-50-10-20 nos 80 s.). 87580

> Précisions a. Bénéficient de l'exonération les **locaux inoccupés** d'une ancienne clinique auparavant réservés au cabinet de radiologie, au bloc opératoire et aux consultations ainsi qu'au secrétariat médical et comportant des **aménagements** et des équipements **spécifiques** : la circonstance qu'ils n'étaient plus affectés à cet usage n'est pas de nature à leur faire perdre le bénéfice de l'exonération dès lors qu'ils avaient conservé ces aménagements (CAA Versailles 27-3-2007 n° 05-2132 : RJF 10/07 n° 1056).
b. Les locaux spécialement aménagés pour l'exercice d'activités à caractère éducatif, comme les salles de cours, sont exonérés, sans qu'il soit nécessaire que ces **locaux soient exclusivement adaptés,** par leur conception même, à cet exercice (BOI-IF-AUT-50-10-20 n° 120).

Locaux vacants qui font l'objet d'un engagement de transformation en logements Sont exonérés, lorsqu'ils sont vacants au 1er janvier de l'année d'imposition, les locaux à usage de bureaux, les locaux commerciaux et les locaux de stockage que le redevable s'engage à transformer en logements et pour lesquels une déclaration préalable ou une demande de permis de construire a été déposée au cours de l'année civile précédant la déclaration de la taxe (CGI art. 231 ter, V bis issu de l'article 111, I-1° de la loi 2025-127 du 14-2-2025). Cette exonération est applicable **depuis le 1er janvier 2025** aux opérations de transformation pour lesquelles la délivrance de l'autorisation d'urbanisme intervient depuis cette date. Le redevable doit prendre l'**engagement de transformer** les locaux dans un **délai de quatre ans** à compter de la délivrance de l'autorisation d'urbanisme. 87582

> Précisions a. L'engagement est **réputé respecté** lorsque l'achèvement des travaux de transformation ou de construction intervient avant l'expiration du délai de quatre ans, étant précisé que la **date d'achèvement des travaux** est celle figurant sur la déclaration prévue par l'article L 462-1 du Code de l'urbanisme. Le **non-respect** par le redevable de son **engagement** entraîne, sauf circonstances exceptionnelles indépendantes de sa volonté, l'exigibilité de la taxe due en l'absence d'exonération ainsi que l'application d'une majoration égale à 25 % du montant de la taxe.
b. Les **surfaces de stationnement** ne sont pas considérées comme des locaux et sont donc exclues de l'exonération (BOI-IF-AUT-50-10-20 n° 220).

87585 **Exonérations diverses** Sont également exonérés :
– les locaux de stockage des **sociétés coopératives agricoles** ou de leurs unions (CGI art. 231 ter, V-4°) ;
– les locaux où s'exerce une **activité de production ou de transformation** et les locaux intégrés dans une **exploitation agricole** (BOI-IF-AUT-50-10-20 nos 10 et 20) ;
– les locaux administratifs et les surfaces de stationnement des **établissements d'enseignement** du premier et du second degré (écoles maternelles et primaires, collèges et lycées), qu'ils soient publics ou privés sous contrat passé avec l'État (CGI art. 231 ter, V-2° bis) ;
– les **locaux et aires des parcs relais** qui s'entendent des parcs de stationnement assurant la liaison vers différents réseaux de transport en commun et dont la vocation exclusive est de faciliter l'accès des voyageurs à ces réseaux, ainsi que les places de stationnement annexées aux bureaux, locaux commerciaux ou de stockage qui sont utilisées en tant que parc relais (CGI art. 231 ter, V-5°) ;
– les emplacements attenants aux locaux commerciaux taxables et aménagés pour l'exercice d'**activités sportives** (CGI art. 231 ter, V-6°).

B. Calcul de la taxe annuelle sur les bureaux en Île-de-France

RÈGLES GÉNÉRALES

87680 Le montant de la taxe est égal au **produit** de la superficie des locaux et/ou surfaces de stationnement, exprimée en mètres carrés, par un tarif unitaire. Les **tarifs** varient selon la nature des locaux et selon leur situation géographique (CGI art. 231 ter). Ils sont actualisés chaque année au 1er janvier en fonction de la prévision de l'indice des prix à la consommation hors tabac retenue dans le projet de loi de finances de l'année.

DÉTERMINATION DE LA SUPERFICIE À PRENDRE EN COMPTE POUR LA TAXE ANNUELLE SUR LES BUREAUX EN ÎLE-DE-FRANCE

87685 La **surface à prendre en compte** est la somme (arrondie au mètre carré inférieur) des surfaces réelles de chaque niveau de la construction mesurées au plancher entre murs ou séparations. Pour les réserves attenantes non couvertes et les emplacements attenants affectés à la vente ou à la réalisation de prestations de services de nature commerciale ou artisanale, la surface à retenir est celle déterminée par le périmètre total, délimité matériellement au sol. Pour les aires de stockage couvertes, la surface à prendre en compte est la surface projetée couverte (BOI-IF-AUT-50-20 n° 102).
Ne sont **pas retenues** dans le calcul de la surface (BOI-IF-AUT-50-20 n° 105) :
– les voies de circulation pour piétons auxquelles le public a librement accès (passages couverts, galeries marchandes des centres commerciaux, salles des pas perdus des gares, etc.). L'accès doit notamment être gratuit ;
– les dépendances ou annexes revêtant le caractère de parties communes d'immeubles à occupants multiples. Ces surfaces sont exclues même lorsque l'immeuble, dans son ensemble, appartient à un même propriétaire.

> **Précisions** La formulation retenue par l'administration pour la définition de la superficie imposable est identique à celle de l'article 324 M de l'annexe III au CGI relatif au calcul de la **surface pondérée totale en matière de taxe foncière** sur les propriétés bâties. En conséquence, il semble possible d'utiliser la surface déclarée pour la taxe foncière comme base de calcul de la taxe annuelle sur les locaux situés en Île-de-France, à condition d'en exclure les correctifs propres à la taxe foncière et, le cas échéant, les surfaces correspondant aux locaux placés hors du champ d'application ou exonérés de la taxe étudiée ici.
En l'**absence de données sur la surface réelle** (cas, par exemple, de locaux neufs), il y aura lieu de mesurer la surface des locaux (mesures effectuées au sol entre murs ou séparations).
Si l'on se réfère toujours aux règles suivies en matière de taxe foncière sur les propriétés bâties, la superficie imposable doit comprendre :
– la superficie des espaces tels que bow-windows, alcôves, volumes de rangement ouverts sur lesdits éléments ;
– celle occupée par les diverses installations : appareils sanitaires, éviers, placards en saillie des murs et cloisons, appareils de chauffage, cheminées, etc. ;
– et celle des éléments de décor : colonnes, pilastres, etc.
En revanche, ne doivent pas être retenues dans cette surface les superficies occupées par :
– les embrasures des portes et des fenêtres ;
– les espaces occupés par des conduits de fumée et de ventilation ;
– les placards de rangement en renfoncement de faible superficie ;
– les emmarchements et trémies d'escaliers (BOI-IF-TFB-20-10-20-50 n° 140).

Dépendances et annexes Les surfaces des dépendances et annexes doivent être rattachées à la catégorie de locaux prédominante lorsqu'elles sont **situées au sein d'un même ensemble,** qu'elles sont à **usage mixte** (par exemple, couloirs desservant des bureaux et des locaux commerciaux) et qu'elles ne constituent **pas des parties communes** (BOI-IF-AUT-50-20 n° 108). 87690

EXEMPLE

Couloirs desservant concomitamment des bureaux d'une superficie propre de 200 m² et des locaux commerciaux d'une superficie intrinsèque de 3 000 m² : la superficie de ces voies de circulation est ajoutée à celle des locaux commerciaux.

TARIFS DE LA TAXE ANNUELLE SUR LES BUREAUX EN ÎLE-DE-FRANCE

Les tarifs de la taxe varient selon la nature des locaux et selon la zone géographique à l'intérieur de laquelle ils sont situés. Il convient de distinguer quatre zones : 87700

– **zone 1** : 1er, 2e, 7e, 8e, 9e, 10e, 15e, 16e et 17e arrondissements de Paris et communes de Boulogne-Billancourt, Courbevoie, Issy-les-Moulineaux, Levallois-Perret, Neuilly-sur-Seine et Puteaux ;

– **zone 2** : arrondissements de Paris et communes du département des Hauts-de-Seine autres que ceux de la zone 1 ;

– **zone 3** : autres communes de l'unité urbaine de Paris telle que délimitée par l'arrêté EFIE1238702A du 31 décembre 2012 modifié en dernier lieu par l'arrêté ECOE2429677A du 28 novembre 2024 ;

– **zone 4** : autres communes de la région Île-de-France.

Au 1er janvier 2025, les tarifs par mètre carré sont les suivants (CGI art. 231 ter, VI-2 modifié par décret 2025-54 du 17-6-2025) :

Lieu de situation des immeubles	Zone 1	Zone 2 (1)	Zone 3 (1)	Zone 4
Locaux à usage de bureaux Tarif normal Tarif réduit (2)	 25,77 € 12,81 €	 21,70 € 10,79 €	 11,87 € 7,15 €	 5,74 € 5,19 €
Locaux commerciaux	8,84 €		4,60 €	2,35 €
Locaux de stockage	4,62 €		2,35 €	1,21 €
Surfaces de stationnement (3)	2,92 €		1,58 €	0,83 €

(1) Les communes de la zone 2 éligibles, l'année précédant celle de l'imposition, à la fois à la dotation de solidarité urbaine et de cohésion sociale (DSU) et au bénéfice du fonds de solidarité des communes d'Île-de-France (FSRIF) bénéficient d'une réduction de 10 %. Les communes de la zone 3 éligibles, l'année précédant celle de l'imposition, à la fois à la DSU et au FSRIF relèvent du tarif de la zone 4.
(2) Bureaux possédés par l'État, les collectivités territoriales, les organismes ou les établissements publics sans caractère industriel ou commercial, les organismes consulaires et professionnels ainsi que les associations ou organismes privés sans but lucratif à caractère sanitaire, social, éducatif, sportif ou culturel et dans lesquels ils exercent leur activité.
(3) Avec la **taxe additionnelle sur les surfaces de stationnement** (n° 87810), les **tarifs totaux** sont les suivants :
- Zones 1 et 2 : 7,90 € ;
- Zone 3 : 4,47 € ;
- Zone 4 : 2,30 €.

C. Fait générateur et redevable de la taxe annuelle sur les bureaux en Île-de-France

RÈGLES GÉNÉRALES

La taxe est due par les personnes qui, **au 1er janvier** de l'année d'imposition, sont **propriétaires** des locaux imposables. Sont également taxables les **titulaires de droits réels** sur les locaux. 87760

En cas de démembrement de propriété, l'**usufruitier** est le redevable légal de la taxe.

Sont également taxables le **preneur d'un bail à construction,** l'**emphytéote** ou le **titulaire d'une autorisation d'occupation temporaire du domaine public** constitutive d'un droit réel (CGI art. 231 ter, II).

La taxe est due pour l'année entière, même en cas de **cession** ou de **changement d'affectation** des locaux **en cours d'année** (BOI-IF-AUT-50-20 n° 1).

Lorsque des biens sont en **indivision,** l'imposition à la taxe est établie collectivement au nom des indivisaires (BOI-IF-AUT-50-20 n° 40).

LOCAUX EN LOCATION

87765 Lorsque les locaux sont loués, les parties peuvent convenir entre elles que l'impôt sera supporté par le locataire. Mais ces **conventions particulières** ne sont pas opposables à l'administration fiscale qui ne connaît, en tout état de cause, que le débiteur légal de l'impôt. La validité d'une telle convention du point de vue des rapports contractuels doit être examinée au regard de la législation des baux commerciaux ou professionnels (Rép. Marcus : AN 29-10-1990 n° 33032 non reprise dans Bofip).

Le **caractère récupérable** ou non de la taxe **sur le locataire** dépend donc, en définitive, des termes mêmes du contrat de bail et de l'existence ou non dans ce contrat d'une clause pouvant être interprétée comme une prise en charge par le locataire de ladite taxe.

> Précisions **a.** La cour d'appel de Paris a estimé que la **clause afférente aux obligations du preneur** et ainsi rédigée « payer ses impôts personnels et mobiliers, la taxe professionnelle et tout nouvel impôt, ou taxe, relatif aux lieux loués, de supporter leur augmentation de telle sorte que le bailleur ne soit jamais inquiété... » ne permet pas au bailleur de faire supporter au locataire la charge de la taxe, dès lors qu'elle ne porte que sur les impôts et taxes dont le locataire est le redevable légal. Seule permettrait la récupération de la taxe la clause mettant expressément à la charge du locataire « tout nouvel impôt ou taxe afférent aux lieux loués dont le bailleur viendrait à être le redevable légal » (CA Paris 21-11-1995 n° 93-27475).

b. Selon nous, le montant de la **refacturation de la taxe** constitue pour le locataire un supplément de loyer déductible de son résultat imposable. En contrepartie, cette refacturation est imposable pour le propriétaire.

D. Déclaration et paiement de la taxe annuelle sur les bureaux en Île-de-France

OBLIGATIONS DES REDEVABLES DE LA TAXE

87780 Les redevables sont tenus de déposer spontanément une **déclaration** n° 6705-B-SD accompagnée du **paiement** de l'impôt, avant le 1er mars (sauf report de délai) de chaque année, auprès du comptable public du lieu de situation des biens imposables.

> Précisions **a.** En ce qui concerne les **formulaires de déclaration,** les personnes qui ont procédé à une déclaration une année N reçoivent une déclaration n° 6705-B-SD préidentifiée l'année N + 1 à l'adresse indiquée sur leur précédente déclaration.

Les nouveaux redevables doivent se procurer une déclaration n° 6705-B-SD sur le site www.impots.gouv.fr.

b. Lorsqu'un redevable possède **plusieurs biens taxables** dans le ressort géographique d'un même comptable, il dépose une déclaration accompagnée du paiement correspondant pour l'ensemble de ces biens (BOI-IF-AUT-50-20 n° 120).

c. Pour les entreprises qui relèvent de la **DGE** (Direction des grandes entreprises), en cas d'option pour le paiement des taxes foncières auprès de la DGE, les déclarations de taxe annuelle sur les bureaux et de taxe additionnelle sur les surfaces de stationnement en Île-de-France sont souscrites auprès de ce même service.

SANCTIONS EN CAS DE NON-RESPECT DES OBLIGATIONS PAR LES REDEVABLES DE LA TAXE

87785 En cas d'**insuffisance de déclaration,** seul l'intérêt de retard de l'article 1727 du CGI est dû en l'absence de manquement délibéré. À cet intérêt s'ajoute une majoration de 40 % en cas de manquement délibéré, ou de 80 % en cas de manœuvres frauduleuses.

L'**absence de déclaration** donne lieu, de son côté, au paiement de l'intérêt de retard de l'article 1727 du CGI auquel s'ajoute une majoration de 10 %, portée à 40 % si le document n'a pas été déposé dans les 30 jours de la réception d'une mise en demeure et à 80 % en cas d'exercice d'activité occulte.

Le **paiement tardif** de la taxe donne lieu :

- à l'application de l'intérêt de retard de l'article 1727 du CGI ;
- et à une majoration de 5 % des sommes dont le versement a été différé.

E. Non-déductibilité de la taxe annuelle sur les bureaux en Île-de-France

La taxe annuelle sur les bureaux en Île-de-France n'est pas déductible des **résultats imposables des entreprises** (qu'elles relèvent de l'impôt sur les sociétés, des bénéfices industriels et commerciaux ou des bénéfices non commerciaux) (CGI art. 39, 1-4° et 231 ter, IX). 87800
La taxe est également exclue des impositions déductibles des **revenus fonciers** (CGI art. 31, I-1°-c).

F. Taxe additionnelle sur les surfaces de stationnement en Île-de-France

Les personnes qui, au titre des emplacements de stationnement visés n° 87540, ont acquitté la taxe annuelle sur les bureaux en Île-de-France sont redevables d'une taxe annuelle additionnelle (CGI art. 1599 quater C). Les **surfaces de stationnement taxables** et celles **exonérées** sont identiques à celles prévues en matière de taxe annuelle sur les bureaux en Île-de-France. 87810
Des **tarifs** au mètre carré s'appliquent aux surfaces de stationnement taxables. Ils varient selon la situation géographique des surfaces de stationnement suivant leur situation en **zone 1** (Paris et communes des Hauts-de-Seine), en **zone 2** (autres communes de l'unité urbaine de Paris telle que délimitée par l'arrêté EFIE1238702A du 31 décembre 2012 modifié en dernier lieu par l'arrêté ECOE2429677A du 28 novembre 2024) ou en **zone 3** (autres communes de la région Île-de-France). Ces tarifs sont actualisés chaque année au 1er janvier en fonction de la prévision de l'indice des prix à la consommation hors tabac retenue dans le projet de loi de finances.
Au 1er janvier 2025, les **tarifs** au mètre carré de la taxe additionnelle sont fixés à : 4,98 € pour la zone 1 ; 2,89 € pour la zone 2 ; 1,47 € pour la zone 3 (les tarifs totaux, incluant la taxe annuelle principale frappant les surfaces de stationnement, sont donnés au n° 87700).
Les modalités de **déclaration** (au moyen d'une déclaration n° 6705 TS-SD) et de **paiement** sont identiques à celles en vigueur pour la taxe sur les bureaux en Île-de-France.
Contrairement à la taxe annuelle principale, la taxe additionnelle est **déductible** des revenus fonciers (BOI-RFPI-BASE-20-50 n° 20) et des revenus imposables des entreprises en matière d'impôt sur les sociétés, de bénéfices industriels et commerciaux et de bénéfices non commerciaux (BOI-IF-AUT-140 n° 20).

> **Précisions** Lorsque les surfaces de stationnement sont, pour partie, **comprises dans des zones relevant de tarifs différents,** les tarifs sont appliqués en proportion de la superficie comprise dans chaque zone. Lorsqu'elles sont situées à la fois dans le ressort géographique de l'un des départements de la région Île-de-France et d'un département limitrophe ne relevant pas de la région Île-de-France, la taxe n'est due que pour la fraction des surfaces situées en Île-de-France (BOI-IF-AUT-140 n° 100).

II. TAXE ANNUELLE SUR LES BUREAUX EN PROVENCE-CÔTE D'AZUR

CHAMP D'APPLICATION DE LA TAXE ANNUELLE SUR LES BUREAUX EN PROVENCE-CÔTE D'AZUR

La taxe est due sur les locaux à usage de **bureaux,** les **locaux commerciaux,** les **locaux de stockage** et les **surfaces de stationnement** visés nos 87520 à 87540 lorsqu'ils se situent dans les départements des Bouches-du-Rhône, du Var et des Alpes-Maritimes (CGI art. 231 quater). 87850
Sont **exonérés** de la taxe :
– les locaux et surfaces de stationnement visés nos 87565 à 87585 ;
– les locaux à usage de bureaux, les locaux commerciaux, les locaux de stockage et les surfaces de stationnement situés dans des quartiers prioritaires de la politique de la ville (QPPV) ou dans des zones de revitalisation des centres-villes (ZRCV).
Comme pour la taxe annuelle sur les bureaux en Île-de-France, sont **redevables** de la taxe annuelle sur les bureaux en Provence-Côte d'Azur les personnes privées ou publiques qui sont propriétaires de locaux imposables ou titulaires d'un droit réel portant sur de tels locaux (voir n° 87760).

> Précisions Les surfaces de stationnement situées en QPPV ou ZRCV et annexées à des locaux taxables non situés dans ces zones sont exonérées. En revanche, les surfaces de stationnement non situées dans ces zones et annexées à des locaux taxables qui s'y trouvent sont imposables (BOI-IF-AUT-50-10-20 n° 35). Lorsque les **surfaces** de stationnement sont, **pour partie,** situées en QPPV ou ZRCV, l'exonération est appliquée à la partie située dans la zone (BOI-IF-AUT-50-10-20 n° 35).

CALCUL DE LA TAXE ANNUELLE SUR LES BUREAUX EN PROVENCE-CÔTE D'AZUR

87855 Le montant de la taxe est égal au produit de la superficie, exprimée en mètres carrés, des locaux taxables visés n° 87850 par un **tarif** unitaire variable en fonction de la nature du local.

Au 1er janvier 2025, les tarifs tels que fixés par l'administration dans le formulaire n° 6705 B-SD sont les suivants :

- pour les locaux à usage de bureaux : 0,99 € ;
- pour les locaux commerciaux : 0,41 € ;
- pour les locaux de stockage : 0,22 € ;
- pour les surfaces de stationnement : 0,15 €.

Ces tarifs sont **actualisés** chaque année au 1er janvier en fonction de la prévision de l'indice des prix à la consommation hors tabac retenue dans la loi de finances de l'année.

Pour le **calcul de la superficie,** il est tenu compte de tous les locaux de même nature, hors parties communes, qu'une personne privée ou publique possède à une même adresse ou, en cas de pluralité d'adresses, dans un même groupement topographique (voir nos 87575, précision a et 87685).

DÉCLARATION ET PAIEMENT DE LA TAXE ANNUELLE SUR LES BUREAUX EN PROVENCE-CÔTE D'AZUR

87860 La taxe doit être acquittée **avant le 1er mars** de chaque année auprès du comptable public du lieu de situation des locaux. Le paiement est accompagné du dépôt d'une déclaration n° 6705-B-SD qui concerne les deux taxes annuelles sur les bureaux en Île-de-France et en Provence-Côte d'Azur (voir n° 87780).

INCIDENCE DE LA TAXE ANNUELLE SUR LES BUREAUX EN PROVENCE-CÔTE D'AZUR SUR LES RÉSULTATS IMPOSABLES

87865 La taxe n'est **pas déductible** des revenus fonciers (CGI art. 31, I-1°-c) ou des bénéfices professionnels (CGI art. 39, 1-4°).

CHAPITRE 10

TAXE ANNUELLE DE 3 % SUR LES IMMEUBLES DÉTENUS PAR CERTAINES ENTITÉS JURIDIQUES

SOMMAIRE

PRINCIPE

Les personnes morales ainsi que certaines **entités à prépondérance immobilière** sont soumises à une taxe annuelle de 3 % sur la valeur des biens ou droits immobiliers qu'elles détiennent en France, sous réserve, notamment, de diverses **exonérations fondées sur la révélation du nom des associés** desdites personnes morales. **88000**

A. Champ d'application de la taxe de 3 %

La taxe instituée à l'article 990 D du CGI concerne en principe toutes les **entités juridiques françaises ou étrangères,** qu'il s'agisse de personnes morales (sociétés notamment), organismes, fiducies ou institutions comparables (trusts, fonds d'investissement), qui, directement ou par entité interposée, possèdent **un ou plusieurs immeubles en France** (ou des droits réels portant sur ces biens). **88010**

> Précisions Est considérée comme une **entité interposée** toute entité juridique qui détient une participation, quelles qu'en soient la forme et la quotité, dans une autre personne morale, organisme, fiducie ou institution comparable propriétaire de biens ou droits immobiliers situés en France (interposition simple) ou qui détient une participation dans une troisième personne morale, organisme, fiducie ou institution comparable, elle-même propriétaire des biens ou droits, ou interposée dans une chaîne de participations (interposition multiple), quel que soit le nombre d'entités juridiques interposées.

Lorsqu'un immeuble situé en France appartient à une entité qui constitue le premier maillon d'une **chaîne de participations,** les entités redevables de la taxe sont les entités non exonérées qui constituent le maillon le plus proche de l'immeuble. Lorsque ce dernier est une entité exonérée, il convient de remonter à l'échelon supérieur pour taxer, éventuellement au prorata de ses droits dans la ou les entités interposées, l'entité non exonérée.

ENTITÉS EXONÉRÉES DE LA TAXE DE 3 %

Échappent à la taxe de 3 % (CGI art. 990 E) : **88015**

a. Les entités juridiques (personnes morales, organismes et fiducies ou institutions comparables) dont les **immeubles** situés en France représentent **moins de 50 % des actifs français** détenus directement ou indirectement. Pour calculer la limite de 50 %, on ne retient pas les immeubles affectés par ces entités (ou les entités interposées) à leur propre activité professionnelle autre qu'immobilière ou à celle d'une entité juridique avec laquelle elles ont un lien de dépendance au sens de l'article 39, 12 du CGI. Ne sont ainsi pas retenus au numérateur du rapport les immeubles loués à des entités opérationnelles du même groupe. Par ailleurs, les immeubles des marchands de biens et des promoteurs immobiliers sont pris en compte pour déterminer la prépondérance immobilière mais ne sont pas soumis à la taxe (voir ci-après n° 88020) ;

b. Les **entités** juridiques **cotées** dont les actions, parts et autres droits font l'objet de négociations significatives et régulières sur un marché réglementé ainsi que les personnes morales dont ces entités détiennent directement ou indirectement la totalité du capital social ;
c. À condition d'avoir leur **siège en France,** dans un État de l'**Union européenne,** dans un pays ou territoire ayant conclu avec la France une **convention fiscale d'assistance administrative** en vue de lutter contre la fraude et l'évasion fiscales ou dans un État ayant conclu avec la France un traité comportant une **clause d'égalité de traitement** :
– les entités juridiques dont la **quote-part** du ou des immeubles situés en France ou des droits réels détenus directement ou indirectement portant sur ces biens est **inférieure à 100 000 € ou à 5 %** de la valeur vénale desdits biens ou droits (l'administration apprécie ces seuils bien par bien : BOI-PAT-TPC-20-20 n° 180),
– les entités juridiques qui prennent, dans les deux mois suivant la date d'acquisition de l'immeuble ou de la participation, l'**engagement de communiquer à l'administration,** sur sa demande, certaines informations concernant le ou les immeubles et les actionnaires, associés ou autres membres détenant plus de 1 % des actions, parts ou autres droits. Les entités juridiques qui ont leur siège en France, ou qui y exercent leur activité dans un ou plusieurs établissements, doivent déposer cet engagement au service des impôts du lieu de leur principal établissement. Pour les autres entités, le dépôt doit être effectué au service des impôts compétent pour leurs obligations déclaratives relatives aux impôts autres que les impôts locaux et taxes assimilées ; en l'absence de telles obligations déclaratives, c'est le service des impôts des entreprises étrangères de la direction des impôts des non-résidents qui est compétent (CGI ann. III art. 313-0 BR bis). Les sociétés qui souscrivent chaque année une déclaration n° 2072-SD (**sociétés immobilières de location**) ou une déclaration n° 2038-SD (**sociétés de « multipropriété »**) n'ont pas à produire cet engagement. Il en va de même des **sociétés civiles immobilières non transparentes** qui se bornent à mettre des logements à la **disposition gratuite de leurs associés** et sont dispensées sous certaines conditions de souscrire la déclaration n° 2072-SD (BOI-PAT-TPC-20-20 n° 380),
– les entités juridiques qui souscrivent chaque année une **déclaration n° 2746-SD.** Cette déclaration doit parvenir à l'administration au plus tard le 15 mai (sur les modalités de souscription de la déclaration, voir n° 88025). En cas de défaut de déclaration, l'administration fiscale accorde néanmoins l'exonération aux entités qui la souscrivent dans le délai de mise en demeure de régulariser leur situation ; cette mesure de tolérance ne s'applique qu'une seule fois, à savoir à la première demande de régularisation et pour l'ensemble des années non prescrites (BOI-PAT-TPC-30 n° 20 ; Cass. com. 4-11-2020 n° 18-11.771 : RJF 7/21 n° 766). La déclaration doit indiquer le lieu de situation des immeubles, leur consistance et leur valeur vénale au 1er janvier ainsi que l'identité des actionnaires, associés ou autres membres détenant plus de 1 % des actions, parts ou autres droits et le nombre d'actions, parts ou autres droits détenus par chacun. L'exonération est proportionnelle au nombre de titres pour lesquels l'identité et l'adresse du détenteur ont été révélées,
– les sociétés de placement à prépondérance immobilière à capital variable (**Sppicav**) et les fonds de placement immobilier (**FPI**) non constitués sous la forme d'organismes professionnels de placement collectif immobilier et les organismes étrangers équivalents,
– les entités gérant des **régimes de retraite** (et leurs groupements) et les **groupements reconnus d'utilité publique** ou dont la gestion est désintéressée, dont l'activité ou le financement justifie la propriété des immeubles ou droits immobiliers ;
d. Les **organisations internationales,** les **États** souverains, leurs subdivisions politiques et territoriales et les personnes morales, organismes, fiducies (ou institutions comparables) qu'ils contrôlent majoritairement.

B. Calcul et paiement de la taxe de 3 %

88020 La taxe est assise, au **taux** de 3 %, sur la **valeur** vénale des **immeubles** ou droits immobiliers possédés au 1er janvier de l'année d'imposition, à l'**exception** des biens régulièrement inscrits dans les stocks des personnes morales exerçant la profession de **marchand de biens** ou de **promoteur-constructeur** (CGI art. 990 F).
Les **dettes,** en particulier les emprunts contractés pour l'acquisition des immeubles, ne sont pas déductibles de l'assiette de la taxe (BOI-PAT-TPC-10-30 n° 40).

88025 Les redevables doivent souscrire, chaque année au plus tard le 15 mai, une **déclaration** n° 2746-SD obligatoirement transmise par voie électronique (CGI art. 1649 quater B quater, XII).

Le **paiement** de la taxe doit être effectué au moment du dépôt de la déclaration, obligatoirement par télérèglement (CGI art. 1681 septies, 7 bis). **88025** (suite)

La taxe est recouvrée suivant les règles, **sanctions** et garanties applicables aux droits d'enregistrement. **À défaut de déclaration** dans les 30 jours d'une mise en demeure préalable, l'entité juridique encourt la taxation d'office.

La taxe n'est libératoire ni de l'**impôt sur les sociétés** ni de l'**impôt sur le revenu,** ces impôts demeurant exigibles dans les conditions de droit commun ; elle n'est en outre pas déductible pour l'assiette de ces impôts (CGI art. 990 G).

> Précisions **a.** Toute **entité juridique interposée** entre le ou les débiteurs de la taxe et les immeubles ou droits immobiliers est solidairement responsable du paiement de la taxe.
b. Les **entités étrangères** redevables qui ne sont pas établies dans l'Union européenne, en Islande ou en Norvège peuvent être invitées par le service des impôts à désigner un **représentant en France.** En cas de cession d'un immeuble, le représentant en France est responsable du paiement de la taxe restant due à cette date.
c. Le **formulaire papier** doit être utilisé pour les déclarations rectificatives ou souscrites à des fins de régularisation au titre d'années antérieures à 2021.

TITRE IX

Agents immobiliers

NOTION D'AGENT IMMOBILIER

L'agent immobilier est l'**intermédiaire professionnel rémunéré** qui met en relation des acheteurs et des **vendeurs** de biens immeubles ou qui négocie entre les parties la location de ces immeubles. Il est encore désigné couramment par les termes « agent d'affaires », « courtier d'immeubles », « intermédiaire », etc. **90000**

Très souvent, cette activité s'accompagne de celle de mandataire en vente de fonds de commerce et, éventuellement, de celle de gestion et administration d'immeubles, évaluation d'immeubles, etc.

DISTINCTION AVEC L'ACTIVITÉ DE MARCHAND DE BIENS

L'activité d'agent immobilier ne doit pas être confondue avec celle de marchand de biens : si tous deux sont des **commerçants** en vertu de l'article L 110-1, 2° et 3° du Code de commerce, l'agent immobilier intervient comme mandataire pour le compte d'autrui et est rémunéré par des honoraires (« commission » avant le décret 2016-1392 du 17 octobre 2016), tandis que le marchand de biens achète et revend pour son propre compte, et est rémunéré par le bénéfice qu'il réalise sur cette opération de revente. En principe, le marchand de biens n'est pas assujetti aux dispositions de la loi Hoguet du 2 janvier 1970 (Cass. 1e civ. 10-1-1979 n° 77-12.320 : Bull. civ. I n° 17) dès lors qu'il ne prête pas son concours d'une manière habituelle (n° 90125) à des opérations portant sur les biens d'autrui (voir par exemple, Cass. 1e civ. 27-11-2001 n° 99-14.005 : Bull. civ. I n° 289, BPIM 1/02 inf. 81, marchand de biens n'ayant réalisé qu'une seule opération d'entremise). **90020**

> **Précisions** Si un **marchand de biens, titulaire d'une promesse de vente,** se substitue une tierce personne moyennant le versement d'une somme d'argent, pendant la période de validité de la promesse, il réalise une opération d'intermédiaire et tombe sous le coup des dispositions de la loi du 2 janvier 1970, dès lors qu'il ne s'agit pas d'une opération isolée (en ce sens, CA Paris 30-10-1989 : D. 1989 IR p. 317).
>
> Est frappée d'une nullité d'ordre public toute **cession à titre onéreux** des droits conférés par une promesse de vente portant sur un immeuble lorsque cette cession est consentie par un professionnel de l'immobilier (Loi 93-122 du 29-1-1993 art. 52). Les agents immobiliers sont considérés comme des professionnels de l'immobilier en raison des moyens dont ils disposent et de leur connaissance du marché.

RÉGLEMENTATION APPLICABLE AUX AGENTS IMMOBILIERS

90040 L'activité d'agent immobilier est strictement réglementée par la **loi Hoguet** (Loi 70-9 du 2-1-1970) et son décret d'application (Décret 72-678 du 20-7-1972), tous deux modifiés à plusieurs reprises. Ce cadre contraignant est d'**ordre public.** Il s'impose à toute personne qui se livre à l'activité d'agent immobilier, sous peine, en cas d'inobservation, de se voir appliquer des sanctions civiles, pénales et/ou administratives.

Le **titre** d'« agent immobilier » (et celui de « syndic de copropriété » ou d'« administrateur de biens ») fait l'objet d'une protection. Est punie de 6 mois d'emprisonnement et 7 500 € d'amende toute utilisation de cette dénomination sans être titulaire de la carte professionnelle (Loi 70-9 du 2-1-1970 art. 14, a-bis-A).

Un **fichier automatisé** des professionnels soumis à la loi Hoguet a été mis en place (Décret 2015-703 du 19-6-2015 ; https://www.cci.fr/ressources/formalites-en-ligne/fichier-des-professionnels-de-limmobilier) ainsi qu'un **Code de déontologie** (Décret 2015-1090 du 28-8-2015). La violation des dispositions contenues dans ce Code n'est toutefois assortie d'aucune sanction (voir n° 91126). La **formation continue** des professionnels de l'immobilier a été réglementée (Décret 2016-173 du 18-2-2016).

90042 L'agent immobilier est également tenu de toutes les obligations des **commerçants.** Il doit être immatriculé au registre du commerce et des sociétés (C. com. art. L 123-1). Le greffier doit vérifier que le professionnel est bien titulaire de la carte professionnelle requise pour exercer (voir n° 90640) lors de son inscription au RCS (Avis CCRCS n° 2012-035 du 26-9-2012). L'agent immobilier est propriétaire d'un fonds de commerce qu'il peut céder et il peut faire l'objet d'une procédure collective d'apurement du passif.

L'agent immobilier est enfin soumis à des dispositions spécifiques, telles que celles mettant à sa charge des obligations en matière de lutte contre le **blanchiment** de capitaux (n° 91130) ou en matière de **locations meublées de tourisme** (n° 65647).

> **Précisions** Ne sont pas soumises à la réglementation propre au secteur du tourisme les personnes titulaires d'une carte professionnelle délivrée en application de la loi du 2 janvier 1970 qui, **à titre accessoire** :
> – élaborent et vendent ou offrent à la vente des **services de voyages** portant sur le transport, le **logement**, la location d'un véhicule ou d'autres services de voyages qu'elles ne produisent pas elles-mêmes ;
> – facilitent aux voyageurs l'achat de **prestations de voyages liées** au sens de l'article L 211-2 du Code du tourisme.
> Pour la réalisation de telles opérations, elles doivent cependant souscrire une assurance garantissant les conséquences pécuniaires de la responsabilité professionnelle et une garantie financière permettant le remboursement des fonds déposés (C. tourisme art. L 211-1, V-4°).

CHAPITRE 1

CHAMP D'APPLICATION DE LA LOI DU 2 JANVIER 1970

SOMMAIRE

A. Champ d'application au regard des actes

La loi du 2 janvier 1970 est applicable aux personnes, de quelque nationalité qu'elles soient, qui, de **manière habituelle,** prêtent leur concours aux **opérations** ci-après portant **sur** le **bien d'autrui** (Loi 70-9 du 2-1-1970 art. 1, 1° à 9°). 90100

1. L'achat, la vente, l'échange, la location ou sous-location, saisonnière ou non, en nu ou en meublé et la recherche d'immeubles bâtis ou non bâtis, ce qui implique les « chasseurs de biens » qui effectuent une prestation de recherche de biens immobiliers pour le compte d'un prestataire de services moyennant rémunération.

Étant précisé que constitue une location saisonnière au sens de la loi Hoguet la location d'un immeuble conclue pour une durée maximale et non renouvelable de 90 jours consécutifs (Loi 70-9 du 2-1-1970 art. 1-1, 2°). Les versements accompagnant une réservation ne peuvent intervenir plus de 6 mois avant la remise des clés ni excéder 25 % du montant total du loyer et le solde ne peut être exigé qu'un mois, au plus tôt, avant l'entrée dans les lieux (Décret 72-678 du 20-7-1972 art. 68). Sur l'exercice par une agence de voyages de l'activité de location saisonnière, voir n° 90120.

2. L'achat, la vente ou la location-gérance de fonds de commerce.

La cession d'un **droit au bail,** pris comme élément essentiel ou seul élément subsistant d'un fonds de commerce, entre dans le champ d'application de la loi du 2 janvier 1970 (Cass. crim. 25-3-1991 : RJDA 6/91 n° 525). Cette décision fait ainsi échec aux tentatives de « découpage » du fonds de commerce opéré en vue d'échapper à la réglementation.

La cession de la **totalité** ou de la majorité **des actions d'une société commerciale** ne constitue pas une vente de fonds de commerce. Par suite, une personne apportant son concours à une telle opération n'est pas soumise à la loi du 2 janvier 1970 (Cass. com. 22-1-1991 : RJDA 5/91 n° 397 ; Cass. 1e civ. 6-12-1994 : RJDA 2/95 n° 158). La Cour de cassation a appliqué le même raisonnement à la vente des actions d'une société dont le seul actif était un immeuble (Cass. 1e civ. 27-11-2008 n° 06-16.688 : RJDA 4/09 n° 349). De même, échappe au statut le mandat de gestion d'un fonds de commerce hôtelier qui ne consiste pas en de simples locations saisonnières, mais qui porte également sur des prestations de repas, fourniture de linge, nettoyage des locaux loués, etc. (Cass. 1e civ. 6-12-2017 n° 16-20.509 F-D).

3. La cession d'un cheptel mort ou vif. 90105

4. La souscription, l'achat, la vente d'actions ou de parts de sociétés immobilières ou de sociétés d'habitat participatif donnant vocation à une attribution de locaux en jouissance ou en propriété.

5. L'achat, la vente de **parts sociales non négociables** lorsque l'actif comprend un immeuble ou un fonds de commerce. Les sociétés commerciales par la forme qui ont un objet civil, telles les SARL d'expertise comptable, ne sont pas titulaires d'un fonds de commerce. La négociation de leurs parts par un intermédiaire ne relève donc pas de la loi Hoguet (Cass. com. 27-6-2018 n° 16-23.848 F-D : BRDA 17/18 inf. 3).

6. La gestion immobilière.

7. La vente de listes ou de fichiers relatifs à l'achat, la vente, la location ou sous-location en nu ou en meublé d'immeubles bâtis ou non bâtis ou à la vente de fonds de commerce, à l'exclusion des publications par voie de presse. Les publications effectuées sur Internet ont été assimilées aux publications par voie de presse et sont donc exclues du champ d'application de la loi Hoguet (CA Dijon 19-2-2009 n° 08-592 : RJDA 8-9/09 n° 716).

Les modalités d'exercice de l'activité de **marchands de listes** sont précisées dans le décret du 20 juillet 1972 et l'arrêté du 16 avril 1996 (JO 24 p. 6217). Les marchands de listes doivent notamment constituer une garantie financière (CE 16-11-1998, SA Mil'im : BPIM 1/99 inf. 91) et être titulaires d'une carte professionnelle spécifique portant la mention « Marchand de listes » (Décret 72-678 du 20-7-1972 art. 1, 4°).

La commission des **clauses abusives** a établi une liste des clauses à proscrire dans les contrats de vente de listes, notamment celles permettant de proposer des biens sans rapport nécessaire avec le bien recherché par le consommateur (Recommandation 2002-01 : BOCC du 26-2-2002 p. 135).

8. La conclusion de tout contrat de jouissance d'immeuble à temps partagé (Mémento Urbanisme-Construction n°s 72300 s.).

9. L'exercice des fonctions de syndic de copropriété dans le cadre de la loi 65-557 du 10 juillet 1965 fixant le statut de la copropriété des immeubles bâtis.

B. Champ d'application au regard des personnes

PERSONNES SOUMISES À LA LOI HOGUET

90120 La réglementation s'applique que l'activité soit exercée par une personne physique ou par une personne morale. Bien qu'elle vise essentiellement les **agents immobiliers,** sont également principalement concernés les **syndics** de copropriété, les **administrateurs de biens** spécialisés dans la gestion immobilière et les « **chasseurs de biens** ».

Par ailleurs, l'exercice par les **agences de voyages** d'une activité accessoire de location saisonnière de meublés est régi par l'article 8 de la loi Hoguet (C. tourisme art. L 211-4). Est considérée comme une location saisonnière la location d'un immeuble conclue pour une durée maximale et non renouvelable de 90 jours consécutifs (Loi 70-9 du 2-1-1970 art. 1-1, 2°).

> **Précisions** Les **agences de voyages** peuvent exercer l'activité accessoire de location saisonnière sans avoir à justifier de la carte professionnelle « Gestion », mais elles doivent souscrire une garantie financière permettant le remboursement des fonds, effets ou valeurs déposés et une assurance garantissant les conséquences pécuniaires de leur responsabilité civile professionnelle qu'elles encourent du fait de cette activité (Loi 70-9 du 2-1-1970 art. 8).

90125 **Caractère habituel de l'activité** La loi 70-9 du 2 janvier 1970 s'applique aux personnes physiques ou morales qui exercent d'une manière habituelle l'activité d'agent immobilier (Loi 70-9 du 2-1-1970 art. 1). La loi Hoguet prend en considération le caractère habituel des activités et non la **profession** de l'intermédiaire. Ainsi, la réalisation d'une seule opération par une société entre sa création et sa liquidation ne caractérise pas une activité habituelle alors même que son objet social est celui de « marchand de biens – intermédiaire en immobilier » (Cass. 1e civ. 27-11-2001 n° 99-14.005 F-P : BPIM 1/02 inf. 81). N'est également pas soumise au respect de la loi Hoguet une société qui n'exerce pas à titre habituel l'activité d'agent immobilier (Cass. 1e civ. 1-6-2022 n° 20-17.451 F-D) ou une société dont l'activité se limite à la promotion immobilière et qui s'est entremise à titre occasionnel pour négocier la cession d'un terrain (Cass. 1e civ. 25-4-1984 n° 82-15.914 : Bull. civ. I n° 132). Au contraire, une société de conseil en patrimoine qui propose à la vente les lots de deux ensembles immobiliers et recueille les engagements d'achat exerce à titre habituel une activité d'entremise (Cass. 1e civ. 15-5-2007 n° 06-17.957).

L'**habitude** naît dès le deuxième acte (Cass. crim. 2-11-1978 : Bull. crim. n° 292). Il s'ensuit que l'acte isolé n'entre pas dans le champ d'application de la réglementation.

> **Précisions** **a.** Au plan pénal, la **notion d'habitude,** qui représente un élément constitutif de l'infraction, est soumise au **contrôle du juge** pénal. En matière civile, on peut penser que le juge dispose également d'un pouvoir souverain de qualification, sauf contrôle de dénaturation.
> **b.** Un agent immobilier ne peut pas exercer à titre habituel une activité d'intermédiaire consistant à rapprocher des particuliers souhaitant conclure des opérations de **prêts hypothécaires** (Rép. Durr : AN 25-8-1986 p. 2802 ; Cass. crim. 22-2-1990 : Bull. crim. n° 88).

Participation à l'opération La loi Hoguet ne s'applique qu'aux personnes qui détiennent le **mandat initial** (mandat de vente, par exemple). La **qualité** des participants est indifférente. Peu importe la profession du propriétaire des biens, la loi Hoguet n'établissant aucune distinction en fonction de la profession du mandant. La loi s'applique, que le mandant soit un particulier ou un professionnel de l'immobilier (Cass. 1e civ. 17-12-1991 n° 90-11.935 : Bull. civ. I n° 351 ; Cass. 1e civ. 23-1-2019 n° 18-11.677 F-PB, mandant et mandataire tous deux professionnels de l'immobilier). Elle s'applique aux opérations effectuées par un professionnel de l'immobilier pour le compte de promoteurs, que ceux-ci soient ou non propriétaires des biens immobiliers en cause (Cass. 1e civ. 1-7-2020 n° 19-15.009 F-D : BPIM 5/20 inf. 356). 90130

Échappe **en revanche** au statut le professionnel qui agit en application d'un **sous-mandat** donné par le mandataire initial (Cass. 1e civ. 7-2-1995 n° 93-14.158 : Bull. civ. I n° 68 ; Cass. 1e civ. 30-4-2014 n° 13-13.391 F-D ; Cass. 1e civ. 9-1-2019 n° 17-27.841 F-PB, mandat partiellement délégué par un notaire à un agent immobilier ; dans un sens contraire, Cass. 1e civ. 3-3-1998 n° 96-15.300 : Bull. civ. I n° 91).

Les dispositions de la loi Hoguet ne sont pas applicables non plus aux **conventions de rémunération** conclues **entre agents immobiliers** (Cass. 1e civ. 3-1-1996 n° 93-21.281 : Bull. civ. I n° 1) ou entre l'agent immobilier détenteur du mandat initial et un négociant (Cass. 1e civ. 13-5-1997 n° 95-10.755 : Bull. civ. I n° 152, agent commercial en l'espèce ; Cass. 1e civ. 28-1-2003 n° 00-21.758 : Bull. civ. I n° 20, marchand de biens en l'espèce). Pour le négociant mandaté pour commercialiser un programme immobilier, voir n° 90165.

PERSONNES NON SOUMISES À LA LOI HOGUET

Ne sont pas soumis à la loi du 2 janvier 1970 : 90140

– les **opérateurs occasionnels** (Cass. 1e civ. 25-4-1984 n° 82-15.914 : Bull. civ. I n° 132). Il n'est en effet pas interdit, même pour un professionnel de l'immobilier, de percevoir une commission d'intermédiaire pour autant que l'opération d'entremise à laquelle il apporte son concours présente un caractère occasionnel. Il s'agit alors de la rémunération d'un service rendu. Il a cependant été jugé que le gérant d'une SCI assurant la gestion d'appartements à titre professionnel et onéreux est visé par le texte, même s'il possède des droits indivis dans l'immeuble géré (Cass. crim. 20-12-1976 n° 76-90.612 : Bull. crim. n° 372) ;

– le **journal** qui se contente de prendre des espaces pour annonces immobilières sans faire aucune démarche en vue de rapprocher des vendeurs et des acheteurs (CA Paris 9-12-1992 : Administrer août-sept. 1993 p. 33) ou de diffuser sur Internet des annonces immobilières entre particuliers moyennant rémunération, sans intervenir dans les relations entre les auteurs des annonces et les personnes intéressées (CA Dijon 9-2-2009 n° 08-592, ch. corr. : BPIM 3/09 inf. 252) ;

– la personne qui réalise des **études de marché** dont l'objet est de prospecter et de négocier des sites commerciaux pour aider la société du mandant à se développer (Cass. 1e civ. 16-7-1998 n° 96-15.535 : Bull civ. I n° 244) ;

– l'**association** qui, agissant en qualité de mandataire de commerçants locataires d'un centre commercial, se borne à percevoir des sommes dues aux mandants et à les répartir en exécution des mandats individuels spéciaux reçus à cette fin (Cass. 1e civ. 23-9-2020 n° 18-25.347 F-D).

De même, ne sont pas visés par la loi Hoguet, notamment (Loi 70-9 du 2-1-1970 art. 2 ; Décret 72-678 du 20-7-1972 art. 95 ; Décret 2022-949 du 29-6-2022 art. 67) : 90145

– les personnes ou leur conjoint intervenant à titre **non professionnel** dans des opérations concernant des biens sur lesquels elles ont des droits indivis, ou des droits réels divis. En revanche, relève de la loi Hoguet la personne qui gère des biens immobiliers à titre professionnel appartenant d'une part à une personne physique, d'autre part à des sociétés civiles immobilières pour lesquelles elle a agi comme mandataire et qui ne se confondent pas avec elle, même si elle est porteuse de parts dans ces sociétés (Cass. crim. 5-12-2017 n° 16-84.962 F-D) ;

– les personnes agissant **pour le compte** de leur conjoint, de successibles ou de personnes protégées (majeures ou mineures) ;

– les représentants légaux ou statutaires des **sociétés d'attribution** pour les premières cessions de droits sociaux ;

– les titulaires d'une licence d'**agent de voyages** pour la conclusion de tout contrat de jouissance d'immeuble à temps partagé ;

– les associations œuvrant à la promotion de la cohabitation intergénérationnelle solidaire définie à l'article L 118-1 du Code de l'action sociale et des familles et aux articles L 631-17 à L 631-19 du Code de la construction et de l'habitation ;

– les **notaires, avocats, commissaires de justice** (anciennement huissiers de justice), **géomètres experts** autorisés à gérer les immeubles ;

– les **administrateurs judiciaires** dans le cadre de leurs règles professionnelles ;

– les sociétés **filiales de sociétés nationales** ou d'entreprises publiques gérant exclusivement les immeubles de celles-ci ;

– les **organismes collecteurs du « 1 % construction »** gérant les immeubles qu'ils ont construits ;

– les **sociétés d'économie mixte** dont 35 % du capital appartient à l'État ou à une collectivité publique pour toutes les activités relevant de la loi Hoguet ;

– les **Safer** pour toutes les activités relevant de la loi Hoguet ;

– les SA coopératives d'**HLM** de location-attribution et les organismes d'HLM pour la gestion des immeubles appartenant à d'autres organismes HLM, à des collectivités publiques, à des SEM, à des organismes à but non lucratif et à des sociétés civiles coopératives de construction, et pour l'exercice par ces entités des fonctions de syndic de copropriété ;

– les **architectes,** les agréés en architecture et les sociétés d'architecture, inscrits à l'ordre, pour l'exercice des activités de gestion immobilière.

> Précisions a. Bien que la profession d'**avoué** n'existe plus (la loi 2011-94 du 25-1-2011 ayant fusionné les professions d'avocat et d'avoué depuis le 1-1-2012), l'article 95 du décret 72-678 du 20 juillet 1972 mentionne toujours les avoués parmi les professionnels qui ne sont pas visés par la réglementation applicable à l'activité d'agent immobilier.

Un **clerc de notaire** peut exercer l'activité d'agent immobilier pour son propre compte et hors de l'étude notariale. Il ne le peut pas pour le compte de son employeur (Rép. Dupré : AN 7-5-2001 p. 2729).

b. Les **commissaires de justice** peuvent exercer à titre accessoire l'activité d'intermédiaires immobiliers avec une double limite : l'entremise ne peut porter que sur la vente des biens immobiliers dont ils sont déjà administrateurs et ils doivent au préalable informer leur chambre régionale et le procureur général près la cour d'appel du ressort de leur office (Décret 2021-1625 du 10-12-2021 art. 29). Étant soumis à des règles de déontologie propres (Décret 2023-1296 du 28-12-2023), ils ne sont pas assujettis à la loi Hoguet du 2 janvier 1970 (Décret 72-678 du 20-7-1972 art. 95). Ils ont néanmoins l'obligation de détenir un mandat écrit aux fins de rechercher un acquéreur, le mettre en relation avec son mandant et négocier les termes de la transaction immobilière (C. com. art. R 444-3 annexe 4-9, I-2°-h). Lorsqu'ils exercent l'activité d'intermédiation, ils peuvent mentionner leur expertise professionnelle (Décret 2021-1625 susvisé art. 30, dernier al. interdisant aux commissaires de justice de faire état de leur qualité professionnelle, supprimé par l'art. 11 du décret 2024-673 du 3-7-2024).

ACTIVITÉS VOISINES

90160 La nuance est souvent délicate à opérer entre l'activité de l'agent immobilier et diverses activités approchantes.

Un « **promoteur** », par exemple, peut tomber sous le coup de la loi s'il réalise des opérations visées par celle-ci. Mais l'activité de promotion est exclue du domaine d'application de la loi (Déb. AN 12-12-1969).

Le **mandataire** d'une entreprise de fabrication de « pavillons individualisés », qui fait souscrire des marchés de travaux pour le compte de cette entreprise, n'est pas visé. Il en est de même de l'**agent commercial** qui « place » des contrats de louage d'ouvrage ou de construction de maisons individuelles. Mais est concerné celui qui, ayant « procuré le terrain », conclut ensuite un contrat de vente d'immeuble à construire (voir n° 90165).

Un **courtier** régulièrement inscrit au registre du commerce se livrant à une activité d'intermédiaire en rapprochant le propriétaire d'un bien immobilier et un constructeur en vue de la conclusion d'un contrat de louage d'ouvrage ne relève d'aucune réglementation spécifique (Rép. Valleix : AN 3-7-1995 n° 24607).

Un **apporteur d'affaires** n'échappe au statut que s'il a été mandaté par un tiers à l'acte de vente. Dès lors qu'il agit pour l'une des parties à la vente, il est soumis aux dispositions de la loi Hoguet. Ainsi, un apporteur d'affaires qui ne détient pas de mandat écrit ne peut réclamer aucune commission ou rémunération à une partie à la vente d'un immeuble, fût-elle marchand de biens (Cass. 1e civ. 16-5-2012 n° 11-18.596 ; rapprocher Cass. 1e civ. 28-4-2011 n° 10-14.258 : Bull. civ. I n° 75, RJDA 11/11 n° 901).

Un **conseil foncier,** dont les fonctions consistent à indiquer les immeubles susceptibles de donner lieu à des opérations de promotion immobilière, mettre en relation les parties, donner son avis sur l'intérêt de l'opération, régler les problèmes particuliers et suivre éventuellement les négociations si son intervention est sollicitée, exerce une activité soumise aux dispositions de la loi du 2 janvier 1970 (Cass. 3e civ. 25-4-1990 : Loyers et copr. 1990 n° 303).

Un **conseil en immobilier d'entreprise** ne relève pas de la loi Hoguet s'il n'a pas d'activité d'entremise (Rép. Tron : AN 20-7-2004 n° 32201). En revanche, dès lors que l'offre de mission consiste en une recherche immobilière, la négociation et la contractualisation, que la proposition de contrat prévoit le versement d'un honoraire assis sur la performance de négociation et que la société effectue la visite de divers locaux et transmet à son mandant un bail négocié, la mission doit être considérée comme entrant dans le champ de la loi Hoguet (Cass. 1e civ. 12-11-2020 n° 19-14.782 F-D).

Pour le **marchand de biens,** voir n° 90020.

Un agent commercial mandaté par une personne qui n'est pas titulaire de la carte professionnelle, pour commercialiser un programme immobilier que le mandant construit, n'est pas assujetti à la loi Hoguet. L'agent commercial n'a donc pas à détenir la carte professionnelle d'agent immobilier puisque sa mission ne porte que sur les **biens appartenant au mandant.** Dès lors que l'agent commercial n'agit qu'en qualité de mandataire, il ne peut se voir opposer la loi du 2 janvier 1970 par le mandant pour soutenir qu'il exerce l'activité d'agent immobilier dans des conditions illicites (Cass. 1e civ. 31-10-1989 n° 88-13.784 : Bull. civ. I n° 333 ; Cass. 1e civ. 20-2-2001 n° 98-22.830 : Constr.-urb. 2002 n° 94). De même, une SCI ne peut pas se prévaloir de la loi du 2 janvier 1970 à l'égard d'une société à qui elle a confié une mission de conception, d'assistance et de commercialisation d'un programme immobilier construit par elle (Cass. 1e civ. 1-12-1993 n° 91-17.746 : Bull. civ. I n° 349). **90165**

En revanche, dès lors que le mandataire se voit confier des opérations d'entremise, consistant par exemple à rechercher des biens immobiliers que le promoteur pourrait **acquérir pour réaliser ses programmes et revendre après réalisation** desdits programmes, il ne peut exercer ce mandat que si le mandant pour lequel il intervient détient la carte professionnelle (Cass. 1e civ. 28-4-2011 n° 10-14.258 : Bull. civ. I n° 75, RJDA 11/11 n° 901 ; Cass. 1e civ. 17-3-2016 n° 14-21.738 F-PB : BPIM 3/16 inf. 223) ou s'il a été habilité par son mandant titulaire de la carte professionnelle (Cass. 1e civ. avis 28-4-2011 n° 10-30.087).

CHAPITRE 2

CONDITIONS D'EXERCICE DE L'ACTIVITÉ D'AGENT IMMOBILIER

SOMMAIRE

A. Aptitude professionnelle

PERSONNES DEVANT JUSTIFIER DE LEUR APTITUDE

90200 Pour être agent immobilier, il faut justifier d'une aptitude professionnelle. Celle-ci conditionne la délivrance de la carte professionnelle nécessaire pour l'exercice de l'activité d'agent immobilier. Lorsque le **demandeur de la carte** exerce à titre individuel, c'est lui qui doit justifier de ses compétences professionnelles. Lorsque l'activité est exercée par l'intermédiaire d'une personne morale, c'est le représentant légal ou statutaire de cette dernière qui doit remplir les conditions de compétence exigées (Loi 70-9 du 2-1-1970 art. 3).

Doivent également justifier de leur aptitude personnelle les personnes, gérants, mandataires ou salariés qui, sans être titulaires de la carte professionnelle, assument la **direction de l'entreprise,** d'un établissement, d'une succursale, d'une agence ou d'un bureau. Pour ces personnes, la durée d'activité exigée est réduite de moitié (Décret 72-678 du 20-7-1972 art. 16).

> **Précisions** Les architectes, les agréés en architecture et les sociétés d'architecture inscrits à l'ordre sont dispensés de produire les justifications de leur aptitude professionnelle pour l'exercice d'une activité de gestion immobilière (Décret 72-678 du 20-7-1972 art. 95, dernier al.).

DIPLÔMES SUFFISANTS

90205 La première façon de justifier d'une aptitude professionnelle suffisante est la présentation de l'un des **diplômes ci-après** (Décret 72-678 du 20-7-1972 art. 11) :

– un diplôme délivré par l'État ou au nom de l'État, d'un niveau égal ou supérieur à 3 années d'études supérieures après le baccalauréat et sanctionnant des études juridiques, économiques ou commerciales ;

– un diplôme ou un titre inscrit au répertoire national des certifications professionnelles d'un niveau équivalent (niveau II, c'est-à-dire bac + 3) et sanctionnant des études de même nature ;

– le brevet de technicien supérieur professions immobilières ;

– un diplôme de l'institut d'études économiques et juridiques appliquées à la construction et à l'habitation.

CUMUL D'UN DIPLÔME ET D'UNE EXPÉRIENCE

90210 Justifient aussi d'une aptitude professionnelle suffisante les personnes qui remplissent cumulativement les deux conditions suivantes (Décret 72-678 du 20-7-1972 art. 12) :

– être titulaire soit du **baccalauréat,** soit d'un diplôme ou d'un titre inscrit au répertoire national des certifications professionnelles d'un niveau équivalent (niveau IV) et sanctionnant des études juridiques, économiques ou commerciales ;

– avoir occupé pendant au moins 3 ans un **emploi** subordonné se rattachant à une activité soumise à la loi Hoguet et correspondant à la mention demandée sur la carte.

> Précisions Le titre d'**expert immobilier** n'est ni un titre protégé ni un diplôme pouvant être pris en considération au regard des articles 11 et 12 du décret du 20 juillet 1972 (Rép. Vivien : AN 29-8-1994 n° 12888).

EXPÉRIENCE PROFESSIONNELLE SUFFISANTE

À défaut des diplômes visés ci-dessus, l'aptitude professionnelle peut résulter de l'exercice d'un **emploi subordonné** se rattachant à une activité soumise à la loi Hoguet pendant une **durée** d'au moins 10 ans. Cette durée est réduite à 4 ans lorsque le demandeur de la carte professionnelle a exercé soit un emploi de cadre au titre duquel il était affilié comme tel auprès d'une institution de retraite complémentaire, soit un emploi public de catégorie A ou de niveau équivalent (Décret 72-678 du 20-7-1972 art. 14 ; pour une illustration, voir CE 18-3-1996 n° 147411, refusant la délivrance de la carte à une personne ayant été président-directeur général puis directeur général d'une société anonyme exploitant un cabinet immobilier pendant une durée inférieure à 4 ans). **90240**

Il faut que l'emploi dont le demandeur se prévaut **corresponde « à la mention demandée »** (Décret 72-678 du 20-7-1972 art. 12). Une circulaire précise qu'il doit exister une corrélation absolue entre l'emploi occupé et la mention demandée (Circ. de la Direction des affaires civiles et du Sceau du 16-10-2008 n° JUSC0822823C). Le demandeur qui entend voir apposer les deux mentions « **transaction et gestion** » doit justifier d'une expérience acquise pour chacune de ces deux activités. À défaut, il ne peut prétendre voir apposer sur sa carte la mention que de l'une d'entre elles seulement (Circ. de la Direction des affaires civiles et du Sceau du 22-2-2006 n° JUSC0620119C).

Il semblerait qu'afin de faciliter la formation au sein d'une entreprise familiale, il ne soit pas nécessaire que l'emploi soit **rémunéré ou salarié,** dès lors que les conditions légales sont remplies par ailleurs (Rép. Bachelet : AN 23-5-1994 n° 7467).

> Précisions L'expression « **emploi subordonné** » comprend à la fois les emplois privés et publics, mais exclut du champ d'application de la réglementation l'expérience acquise par les négociateurs **non salariés** (Circ. de la Direction des affaires civiles et du Sceau du 6-1-2006 n° JUSK0620002C).

APPRÉCIATION DE LA DURÉE D'EMPLOI

Les durées d'occupation mentionnées aux articles 12 et 14 du décret (n°s 90210 et 90240) s'entendent d'un emploi à **temps complet** et si l'emploi n'a été occupé qu'à **temps partiel,** la durée totale doit être équivalente à un temps plein ; il importe peu que cette occupation ait été continue ou non (Décret 72-678 du 20-7-1972 art. 15). La période d'emploi peut donc avoir été interrompue (CE 8-6-1998 n° 170322 : Lebon T. p. 1146). **90245**

TABLEAU RÉCAPITULATIF DES DIPLÔMES ET/OU EMPLOIS REQUIS

90250

Décret 72-678 art.	Diplôme	Emploi subordonné se rattachant à une activité soumise à la loi Hoguet
11	Diplôme de niveau bac + 3 dans le domaine juridique, économique ou commercial	–
11	BTS professions immobilières	–
11	Diplôme de l'institut d'études économiques et juridiques appliquées à la construction et à l'habitation	–
12	BAC ou équivalent BAC sanctionnant des études juridiques, économiques ou commerciales	+ 3 ans
14	–	10 ans
14	–	4 ans si emploi en qualité de cadre ou de fonctionnaire de catégorie A

RESSORTISSANTS EUROPÉENS

Obtention de la carte professionnelle Les ressortissants des États membres de l'Union européenne (UE) ou de l'Espace économique européen (EEE) peuvent obtenir la carte professionnelle afin d'exercer en France l'activité d'agent immobilier, sans avoir à remplir les conditions énoncées n°s 90205 s. Pour cela, ils doivent **justifier** d'une attestation de compétence ou d'un titre de formation européen qui diffère selon que l'accès à l'activité pour laquelle ils sollicitent la carte est ou non réglementé par l'État dont ils sont ressortissants (Décret 72-678 du 20-7-1972 art. 16-1) : **90260**

– si l'accès est réglementé, ils doivent seulement justifier d'une attestation de compétence ou d'un titre de formation leur permettant l'accès à l'activité concernée ;

– si l'accès n'est pas réglementé, ils doivent justifier, non seulement d'une attestation de compétence ou d'un titre de formation européen attestant de leur préparation à l'exercice de tout ou partie de l'activité pour laquelle ils sollicitent la carte, mais également de l'exercice à temps plein de l'activité pendant au moins un an au cours des 10 années précédentes, ou pendant une période équivalente en cas d'exercice à temps partiel, dans un état membre de l'UE ou partie à l'accord EEE qui ne réglemente pas l'activité. L'expérience d'un an n'est cependant pas exigée si le titre certifie une formation préparant spécifiquement à l'exercice de l'activité.

Dans tous les cas, une **connaissance suffisante du français** est exigée (Décret 72-678 du 20-7-1972 art. 16-3). Cette connaissance est établie par la production de diplômes ou titres justifiant que le candidat a suivi un enseignement à cette fin ; elle peut également résulter d'attestations établissant qu'il en a acquis la connaissance par l'usage (Arrêté 24-12-2009 : JO 6-1-2010 p. 332).

La **procédure de délivrance de la carte** professionnelle est alignée sur celle applicable aux demandeurs ayant acquis une qualification en France (Décret 72-678 du 20-7-1972 art. 16-5).

> **Précisions** **a.** La **liberté d'établissement** n'interdit pas à une réglementation nationale de réserver certaines activités immobilières aux personnes exerçant la profession d'agent immobilier (CJCE 25-6-1992, aff. C-147/91, Ferrer-Laderer : Rec. I-4097).
> **b.** Un État membre peut **sanctionner pénalement** l'exercice d'une profession réglementée par un ressortissant d'un État membre ne remplissant pas les conditions exigées par le premier État (CJCE 7-5-1992, aff. C-104/91, Colegio Oficial de Agentes de la Propiedad Inmobiliaria : Rec. I-3003).
> **c.** Toutes les exigences de la loi du 2 janvier 1970 s'imposent aux **agents immobiliers monégasques** qui exercent leur activité en France (Rép. Beck : AN 14-4-1997 n° 47493 min. justice).

90265 **Exercice temporaire ou occasionnel de l'activité** Tout ressortissant légalement établi dans un État membre de l'Union européenne (UE) ou de l'Espace économique européen (EEE) peut exercer en France, de façon temporaire ou occasionnelle, l'une des activités mentionnées n° 90100, à condition d'en avoir fait la **déclaration préalable** (Loi 70-9 du 2-1-1970 art. 8-1). Toutefois, lorsque l'activité concernée ou la formation y conduisant n'est pas réglementée dans l'État dans lequel il est établi, le prestataire doit l'avoir exercée dans un ou plusieurs États membres ou parties pendant au moins un an à temps plein ou une durée équivalente à temps partiel, au cours des 10 années qui précèdent la prestation (Loi 70-9 du 2-1-1970 art. 8-1 ; Décret 72-678 du 20-7-1972 art. 16-6).

La déclaration préalable doit être faite, par lettre recommandée avec demande d'avis de réception ou par voie électronique, au président de la chambre de commerce et d'industrie ou de la chambre départementale d'Île-de-France dans le **ressort** de laquelle le prestataire se déplace la première fois en France afin de fournir ses services (Décret 72-678 du 20-7-1972 art. 16-6).

Elle doit être **accompagnée des documents** suivants (Décret 72-678 du 20-7-1972 art. 16-6) :

– une attestation certifiant que l'intéressé est légalement établi dans un État membre ou de l'EEE et n'encourt pas d'interdiction d'exercer ;

– la preuve que l'intéressé a exercé l'activité pendant au moins une année au cours des 10 dernières années (si l'État membre dans lequel il est établi ne réglemente pas cette activité) ;

– la justification de la nationalité de l'intéressé ;

– la justification d'une assurance contre les conséquences pécuniaires de la responsabilité civile professionnelle ;

– la justification d'une garantie financière permettant le remboursement des fonds, effets ou valeurs déposés par les clients et spécialement affectée à celui-ci, sauf si l'intéressé a effectué la déclaration sur l'honneur visée ci-dessous ;

– le cas échéant, une déclaration sur l'honneur qu'il n'est reçu ni détenu, directement ou indirectement, par l'intéressé, à l'occasion de l'opération pour laquelle la déclaration est faite, d'autres fonds, effets ou valeurs que ceux représentatifs de sa rémunération ou de ses honoraires.

Le déclarant doit fournir au président de la chambre de commerce et d'industrie les documents relatifs aux **changements** matériels relatifs à sa situation établie par ces documents (Décret 72-678 du 20-7-1972 art. 16-6).

> **Précisions** **a.** Le législateur n'a pas défini ce qu'il entend par « **activité temporaire ou occasionnelle** » ; on peut se demander comment articuler cette disposition avec la position de la Cour de cassation selon laquelle le caractère habituel de l'activité naît dès le deuxième acte (voir n° 90125). À notre avis, cette expression n'a de sens que si elle se comprend comme visant une activité exercée « pendant un temps donné », par opposition à une activité exercée par un agent installé définitivement en France.
> **b.** Si plus d'un an après sa première déclaration, le prestataire souhaite se **déplacer à nouveau** pour fournir des services de façon temporaire et occasionnelle, il doit en faire la déclaration préalable selon les modalités énoncées ci-dessus en joignant, le cas échéant, tout document relatif à un changement de situation intervenu depuis sa précédente déclaration (Décret 72-678 du 20-7-1972 art. 16-6, dernier al.).

Carte professionnelle européenne Il existe une procédure alternative de reconnaissance des qualifications professionnelles, plus rapide et plus simple : la carte professionnelle européenne (CPE). Il s'agit d'une **procédure électronique** permettant aux professionnels ressortissants d'un pays membre de l'UE ou de l'EEE de prouver qu'ils satisfont à toutes les conditions nécessaires pour exercer de façon temporaire et occasionnelle ou de manière permanente leur activité en France (Ord. 2016-1809 du 22-12-2016 art. 1). Les agents immobiliers ont donc le choix entre ce dispositif et les procédures de déclaration préalable ou de reconnaissance des qualifications professionnelles susvisées (nos 90260 et 90265). 90270

La procédure est la suivante (Décret 72-678 du 20-7-1972 art. 16-11 et 16-12) : CCI France transmet les demandes de CPE des ressortissants souhaitant **s'établir en France** aux chambres de commerce et d'industrie chargées d'instruire ces demandes. Un arrêté recense les pièces justificatives à fournir à l'appui de la demande de carte (Arrêté ECOI1730191A du 16-11-2017). En l'absence de décision dans les 2 mois de la réception de la demande (éventuellement prorogé de 2 semaines), la CPE est automatiquement délivrée.

Pour l'**exercice temporaire ou occasionnel** de l'activité en France, la demande de carte doit être adressée à l'autorité compétente de l'État membre d'origine accompagnée des documents justificatifs mentionnés à l'article 16-6, 1° à 6° du décret 72-678 du 20 juillet 1972.

> **Précisions** CCI France coordonne les **alertes** émises par les autorités compétentes des autres États membres ou parties à l'accord sur l'Espace économique européen qui portent sur l'identité du professionnel reconnu coupable par la justice sur leur territoire d'avoir présenté de **fausses preuves** à l'appui d'une demande de reconnaissance de ses **qualifications professionnelles.** Elle les transmet dans les meilleurs délais aux chambres de commerce et d'industrie compétentes (Décret 72-678 du 20-7-1972 art. 16-13, II).

B. Garantie financière

OBLIGATION D'UNE GARANTIE FINANCIÈRE

La délivrance de la carte professionnelle à une personne physique ou morale, préalable indispensable à l'exercice des activités visées n° 90100, est soumise à la justification d'une garantie financière permettant le **remboursement** des **fonds, effets ou valeurs déposés,** et spécialement affectée à ce dernier (Loi 70-9 du 2-1-1970 art. 3, 2° ; Décret 72-678 du 20-7-1972 art. 3, I-2°). L'objectif est de protéger les clients de tout détournement des fonds qu'ils confient à l'agent immobilier. 90320

Une telle garantie est seulement facultative pour le professionnel qui **déclare sur l'honneur** son **intention de ne détenir aucun fonds,** effet ou valeur autres que ceux représentatifs de sa rémunération ou de ses honoraires (Loi 70-9 du 2-1-1970 art. 3, 2° ; Décret 72-678 du 20-7-1972 art. 3, I-6° et 80,4°). La carte professionnelle délivrée porte alors les mentions « Non-détention de fonds » et « Absence de garantie financière » (Décret 72-678 du 20-7-1972 art. 1, dernier al.). Et tous les documents, contrats, correspondances et publicités commerciales émanant de l'agent immobilier doivent alors indiquer, en caractères très apparents, que, pour l'activité concernée par la dispense, l'agent ne doit recevoir ni détenir d'autres fonds, effets ou valeurs que ceux représentatifs de sa rémunération ou de ses honoraires ; la même indication doit être portée sur une affiche apposée en évidence dans la vitrine ou sur le panneau publicitaire extérieur (Décret 72-678 du 20-7-1972 art. 94).

L'agent immobilier qui fait une déclaration de son intention de ne détenir aucun fonds est dispensé d'ouvrir un compte spécialement affecté aux versements provenant des tiers. Il demeure néanmoins tenu d'ouvrir un carnet de reçus et un registre-répertoire (Circ. de la Direction des affaires civiles et du Sceau du 16-10-2008 n° JUSC0822823C).

MODES DE GARANTIE FINANCIÈRE

Peuvent **fournir la garantie** financière les entreprises d'assurance, les établissements de crédit et les sociétés de financement agréés en France, dans la Principauté de Monaco ou dans un autre État membre de l'Union européenne ou partie à l'accord sur l'Espace économique européen (Décret 72-678 du 20-7-1972 art. 22). Seuls les garants financiers ayant mis en place des procédures de contrôle internes, au moyen d'un référentiel et de modèles de suivi des risques, sont habilités à délivrer la garantie financière (Loi 70-9 du 2-1-1970 art. 3, 2°). 90325

La garantie financière doit être matérialisée par un **engagement écrit** fourni par une entreprise d'assurance spécialement agréée, un établissement de crédit, une société de financement ou une institution mentionnée à l'article L 518-1 du Code monétaire et financier, c'est-à-dire le Trésor public, la Banque de France, La Poste et la Caisse des dépôts et consignations notamment (Loi 70-9 du 2-1-1970 art. 3, al. 8). L'engagement écrit doit fixer les conditions générales de la garantie et préciser notamment : son montant, sa durée, les conditions de rémunération du garant, les modalités du contrôle qu'il exerce ainsi que les contre-garanties éventuelles qu'il exige (Décret 72-678 du 20-7-1972 art. 22-1).

La garantie financière peut aussi résulter d'une **consignation** qui est déposée à un compte ouvert par la Caisse des dépôts et consignations au nom de l'agent immobilier. Ce compte, spécialement affecté aux fins spécifiées par la loi du 2 janvier 1970, doit comprendre deux sous-comptes : l'un exclusivement affecté au remboursement ou à la restitution des versements et remises (le montant de la consignation déposée à ce sous-compte doit toujours être au moins égal au montant de la garantie) ; l'autre exclusivement affecté au paiement de l'administrateur et des publications prévus en cas de cessation de garantie (Décret 72-678 du 20-7-1972 art. 23).

ATTENTION

Le titulaire de la carte professionnelle ne peut placer l'ensemble de ses activités que sous **un seul mode de garantie,** même si elles relèvent de catégories différentes, transaction/gestion par exemple (Décret 72-678 du 20-7-1972 art. 27).

MONTANT DE LA GARANTIE FINANCIÈRE

90340 Le montant de la garantie doit être **au moins égal** au montant maximal des sommes dont le titulaire de la carte demeure à tout moment redevable sur les versements et remises qui lui ont été faits à l'occasion des opérations relevant de l'application de la loi Hoguet ; sauf cas particuliers justifiés, le montant de la garantie ne peut pas être inférieur au montant maximal des sommes détenues au cours de la précédente période de garantie (Décret 72-678 du 20-7-1972 art. 29) ou que le titulaire de la carte envisage de détenir (Décret 72-678 du 20-7-1972 art. 28).

En tout état de cause, le montant de la garantie doit être au moins égal à la somme de **110 000 €** (Décret 72-678 du 20-7-1972 art. 30). Ce montant est néanmoins abaissé à **30 000 €** pour les deux premières années d'exercice, sauf pour les personnes morales dont l'un des représentants légaux ou statutaires a déjà été soumis aux dispositions de la loi du 2 janvier 1970 (Décret 72-678 du 20-7-1972 art. 32).

Lorsqu'un agent immobilier se livre à une **double activité de transaction et de gestion immobilières,** la garantie financière est calculée distinctement pour chacune des deux activités (Décret 72-678 du 20-7-1972 art. 26).

90345 Le montant de la garantie est **révisé** à la fin de chaque période annuelle ou lors de circonstances exceptionnelles survenues en cours d'année (Décret 72-678 du 20-7-1972 art. 31). S'agissant de la garantie fournie aux agents immobiliers débutants, elle est révisable à la hausse trimestriellement pendant la première année, et semestriellement pendant la seconde (Décret 72-678 du 20-7-1972 art. 33).

ATTESTATION DE GARANTIE FINANCIÈRE

90360 L'organisme garant doit remettre à l'agent immobilier une attestation de garantie (Décret 72-678 du 20-7-1972 art. 37).

Lorsque la garantie financière résulte d'une consignation déposée à la Caisse des dépôts et consignations (n° 90325), l'attestation ne peut être délivrée que sur production d'un relevé établi par un expert-comptable ou un comptable agréé indiquant (Décret 72-678 du 20-7-1972 art. 38) :

– pour les personnes morales demandant la **carte** portant la mention « **Transactions** sur immeubles et fonds de commerce », le montant maximal des fonds reçus à ce titre au cours de l'année précédente et le chiffre d'affaires réalisé au cours de cette même année ;

– pour les personnes demandant la carte portant la mention « **Gestion immobilière** », le montant total des fonds reçus et le montant maximal des fonds détenus au cours de ce même exercice.

Le **registre-répertoire** (n° 90965), le **compte bancaire spécial** (n° 90980) et le **registre des mandats** (n° 91020) doivent être présentés à cette occasion.

> **Précisions** L'agent immobilier doit déclarer tout **changement** dans l'**identité de son garant ou de son assureur** de responsabilité civile à la chambre de commerce et d'industrie ; il lui est délivré une nouvelle carte mise à jour valable pour la durée restant à courir de celle-ci. En outre, la chambre de commerce et d'industrie doit être informée des **avenants à la garantie financière ou à l'assurance** contre les conséquences pécuniaires de la responsabilité civile professionnelle (Décret 72-678 du 20-7-1972 art. 6, I et III).

CONTRÔLE DE LA GARANTIE FINANCIÈRE

90380 Les **établissements garants** sont tenus de mettre en place un **dispositif de contrôle interne** sur les fonds, effets ou valeurs qu'ils garantissent (Loi 70-9 du 2-1-1970 art. 3, 2°). Ce dispositif doit être doté de moyens humains suffisants, adapté au volume des fonds, effets ou valeurs garantis et inclure des procédures de contrôles sur pièces et, en tant que de besoin, sur place (Décret 72-678 du 20-7-1972 art. 38-1). À défaut d'exercer leur mission de contrôle, les établissements garants peuvent être tenus responsables du préjudice causé aux tiers en cas de détournement de fonds par l'agent immobilier (Cass. com. 25-1-1984 n° 82-15.680 : Bull. civ. IV n° 40 ; Cass. 1e civ. 7-3-1995 n° 93-13.887 : Bull. civ. I n° 109).

Les agents immobiliers sont tenus de **transmettre annuellement** à leurs garants financiers leurs comptes annuels ainsi que les documents permettant de vérifier la conformité des garanties financières octroyées (Décret 72-678 du 20-7-1972 art. 38-2).

Pour **exercer leur mission de contrôle,** les garants peuvent à tout moment se faire remettre par l'agent immobilier les pièces qu'ils estiment nécessaires à la vérification de la suffisance de la garantie. Ils peuvent notamment exiger du titulaire de la carte « Transactions » le registre-répertoire, les carnets de reçus, le registre des mandats ou les actes sous signature privée qu'il reçoit et par le titulaire de la carte « Gestion immobilière », le livre de caisse, les livres de banques, le registre des mandats, les actes sous signature privée, les relevés des comptes bancaires (Décret 72-678 du 20-7-1972 art. 86). Le président de la chambre de commerce et d'industrie territoriale peut, de la même manière, se faire communiquer ces documents. Ce contrôle impose aux garants de prendre toutes les mesures nécessaires, notamment de retirer la garantie, lorsque les documents comptables qui leur sont présentés ne permettent pas de connaître la situation financière de l'agent immobilier ou révèlent de graves anomalies de gestion (Cass. 1e civ. 7-3-1995 n° 93-13.887 : Bull. civ. I n° 109).

S'ils constatent une **insuffisance de garantie,** les garants doivent en aviser sans délai le président de la chambre de commerce et d'industrie après une mise en demeure de régulariser restée vaine (Décret 72-678 du 20-7-1972 art. 86, al. 5). Si l'insuffisance persiste, l'autorité compétente est en droit de demander la restitution de la carte.

L'établissement garant doit **vérifier à chaque renouvellement de la garantie** que le montant de celle-ci est au minimum égal aux sommes détenues par l'agent immobilier au cours de l'exercice précédent. À défaut, il engage sa responsabilité à l'égard des clients qui subissent un préjudice de ce fait et leur doit réparation (Cass. 1e civ. 27-11-1990 n° 89-10.628 : Bull. civ. I n° 271).

MISE EN JEU DE LA GARANTIE FINANCIÈRE

Cas général La garantie financière couvre toute créance ayant pour origine un versement effectué dans le cadre d'une opération visée n° 90100. Elle joue sur la seule **justification** : **90400**

– que la créance est certaine, liquide et exigible ;

– et que l'agent immobilier est défaillant, sans que le garant puisse exiger du créancier qu'il agisse préalablement contre l'agent immobilier aux fins de recouvrement (Décret 72-678 du 20-7-1972 art. 39, al. 1 ; trois arrêts, Cass. 3e civ. 13-7-2023 nos 22-14.535 FS-B, 22-14.540 F-D et 22-14.549 F-D, défaillance due à des fautes de gestion).

La défaillance de l'agent immobilier peut résulter d'une sommation de payer suivie de refus ou demeurée sans effet pendant un délai d'un mois après signification de la sommation (Décret 72-678 du 20-7-1972 art. 39, al. 3).

Peu importe que le créancier ne soit pas client de l'agent immobilier garanti (Cass. 1e civ. 3-4-2007 n° 05-20.949). Peu importe également que le créancier ait depuis été subrogé par un tiers. Ainsi, le notaire, qui reçoit de l'agent immobilier des chèques sans provision en paiement d'un acompte sur le prix de vente, peut valablement mettre en œuvre à son profit la garantie financière dont cet agent était titulaire (Cass. 1e civ. 21-10-2003 n° 00-14.659 FS-P : Bull. civ. I n° 200).

En cas d'**instance en justice,** le demandeur doit aviser le consignataire ou le garant de l'assignation par lettre recommandée avec demande d'avis de réception (Décret 72-678 du 20-7-1972 art. 39, al. 2). Si le garant conteste l'existence des conditions d'ouverture du droit au paiement ou le montant de la créance, le créancier peut assigner directement le garant devant la juridiction compétente (Décret 72-678 du 20-7-1972 art. 39, dernier al.).

Le **paiement** par le garant doit avoir lieu dans les **3 mois** qui suivent la réception de la demande écrite accompagnée des justificatifs (Décret 72-678 du 20-7-1972 art. 42). Si le garant tarde à payer, il est redevable d'intérêts moratoires au taux légal à compter de la date à laquelle il est mis en demeure de payer (Cass. 1e civ. 16-10-2008 n° 06-16.066 FS-PB : Bull. civ. I n° 224).

> **› Précisions** Le fait que la garantie financière joue sur les seules justifications que la créance soit certaine, liquide et exigible et que l'agent immobilier garanti soit défaillant ne déroge pas au **droit** de tout créancier **de se voir attribuer une provision** lorsque l'existence de l'obligation de son débiteur n'est pas sérieusement contestable (Cass. 1e civ. 10-11-2021 n° 20-14.367 F-D).

Agent immobilier faisant l'objet d'une procédure collective Si l'agent immobilier fait l'objet d'une procédure collective pendant le délai de 3 mois suivant la réception de la demande de paiement par le garant, « le règlement des créances peut être différé jusqu'au dépôt de l'état des créances au greffe du tribunal dans les conditions des articles R 624-8 à R 624-11 du Code de commerce (Décret 72-678 du 20-7-1972 art. 42, dernier al.). **90405**

Mais l'ouverture de la procédure ne fait pas obstacle à la récupération par le bénéficiaire, **directement auprès de l'agent immobilier,** de la somme qui lui a été déposée en qualité de séquestre conventionnel au titre d'un dépôt de garantie sans avoir à subir le concours des autres créanciers du séquestre (Cass. com. 13-11-2001 n° 97-16.652 FS-P : RJDA 3/02 n° 250 ; Cass. com. 23-9-2020 n° 19-15.122 F-PB : RJDA 12/20 n° 655). Elle ne fait pas obstacle non plus à la restitution des loyers qui ont été versés à l'administrateur de biens au titre du mandat de gestion que lui a confié le propriétaire (Cass. com. 15-2-2011 n° 10-10.056 F-PB : RJDA 6/11 n° 556, décision confirmée par trois arrêts rendus le même jour sous les nos 10-10.507 F-D, 10-10.072 F-D et 10-10.078 F-D). Le client peut donc demander directement à l'agent immobilier en liquidation la restitution des fonds déposés ou des loyers sans avoir à déclarer sa créance. Il dispose également d'une **action directe à l'encontre du garant,** même s'il n'a pas déclaré sa créance à la procédure (Cass. ass. plén. 4-6-1999 n° 96-18.094 P : Bull. civ. ass. plén. n° 4, RJDA 1/00 n° 56).

Si le client de l'agent immobilier a **déclaré sa créance** au passif de la procédure collective de l'agent immobilier, cela ne l'empêche pas d'agir contre le garant financier, l'admission de la créance au passif n'exonérant pas le garant de sa garantie (Cass. com. 18-1-2017 n° 15-16.531 FS-PB : BPIM 2/17 inf. 168). Et la créance ainsi déclarée ne peut pas être rejetée au motif que les fonds recueillis par l'agent immobilier demeurent étrangers au patrimoine de l'agence immobilière sur les comptes de laquelle ils ne font que transiter et ne figurent pas au passif de son patrimoine (Cass. com. 19-9-2018 n° 17-16.603 F-D).

CESSATION DE LA GARANTIE FINANCIÈRE

90420 **Causes de la cessation de la garantie** La garantie cesse dans les **cas** suivants (Décret 72-678 du 20-7-1972 art. 44) :

- démission de l'adhérent d'une société de caution mutuelle ;
- dénonciation du contrat de garantie ;
- expiration de ce contrat ;
- fermeture de l'établissement garanti, décès ou cessation d'activité de la personne garantie ou mise en location-gérance du fonds.

90422 **Publicité de la cessation de la garantie** Pour que la cessation de la garantie soit opposable aux clients, l'établissement garant doit faire publier un **avis dans un quotidien** paraissant dans le département où est situé le siège ou le principal établissement de l'entreprise garantie ainsi que, le cas échéant, dans le ou les départements où sont situés les établissements, succursales, agences ou bureaux qui dépendent de celle-ci. Cet avis doit mentionner le délai de production des créances (3 mois) ainsi que son point de départ (date de la publicité). Lorsque la cessation de garantie s'accompagne d'un changement de garant, l'avis précise, le cas échéant, que le nouveau garant reprend les engagements de son prédécesseur (Décret 72-678 du 20-7-1972 art. 44, al. 3). Ce n'est qu'après l'expiration d'un délai de 3 jours francs suivant la publication de cet avis que la cessation de la garantie prend effet (Décret 72-678 du 20-7-1972 art. 44, al. 4). La Cour de cassation a précisé que le garant est soumis aux dispositions d'ordre public déterminant les conditions de cessation de la garantie ; il reste donc tenu envers les clients de l'agent immobilier tant que ces formalités ne sont pas effectuées, et ce, même après l'expiration de la période contractuelle de garantie (Cass. 1e civ. 13-11-1997 n° 95-21.696 : Bull. civ. I n° 304).

En cas de **décès,** la garantie peut être exceptionnellement prorogée, jusqu'à un an maximum, si la gestion est assumée par une autre personne titulaire de la carte professionnelle (Décret 72-678 du 20-7-1972 art. 44, dernier al.).

90425 En cas de cessation de la garantie, le garant doit en aviser immédiatement, par **lettre recommandée AR,** les personnes qui ont fait des versements depuis moins de 10 ans et dont les noms et adresses figurent sur le registre-répertoire, ainsi que celles qui ont donné mandat de gérer leurs immeubles et dont les coordonnées figurent sur le registre des mandats. Lorsque le titulaire de la carte est un syndic de copropriété ou un gérant de société, le garant informe également, dans les mêmes conditions, le président ou, à défaut, les membres du conseil syndical ou du conseil de surveillance. Dans tous les cas, la lettre mentionne le délai de production des créances (3 mois) ainsi que son point de départ (Décret 72-678 du 20-7-1972 art. 45, al. 1). Si la cessation de garantie s'accompagne d'un changement de garant, l'avis précise que le nouveau garant s'est engagé à reprendre, avec tous ses effets, la garantie du précédent garant ; ce dernier est alors **dispensé** de la formalité de notification aux créanciers (Décret 72-678 du 20-7-1972 art. 45, al. 2). Lorsque la cessation de la garantie financière n'est pas concomitante au changement de garant, l'ancien garant, dont la garantie a cessé 3 jours francs suivant la publication de l'avis, n'est pas tenu à une nouvelle formalité de publication s'il est informé par la suite du changement de garant (Cass. 1e civ. 16-3-2022 n° 20-22.408 F-B : BPIM 3/22 inf. 256).

À compter de la réception de la lettre recommandée, les clients qui ont fait un versement ou une remise de fonds à l'agent immobilier avant la date de la cessation de la garantie ont 3 mois pour produire leur créance au garant afin de demeurer bénéficiaires de la garantie. Les personnes qui ne sont pas inscrites sur le registre, et qui n'ont donc pas été informées de la cessation de la garantie, ont 3 mois à compter de la publication de l'avis dans les journaux (Décret 72-678 du 20-7-1972 art. 45, dernier al.).

Les mesures d'information prévues par les textes (publication et lettre recommandée) ne font **courir le délai de 3 mois** qu'à l'unique condition qu'elles mentionnent le délai de 3 mois ouvert aux créanciers pour produire leur créance (Décret 72-678 du 20-7-1972 art. 45, dernier al.). Il résulte de ces différentes dispositions que la **garantie cesse** de produire effets soit 3 jours francs après la publication de l'avis pour les clients qui ont effectué des versements après à la cessation de la garantie, soit 3 mois après la publication de l'avis ou la réception de la lettre recommandée pour les clients qui ont effectué des versements avant à la cessation de garantie.

Le consignataire ou le garant doit informer immédiatement de la cessation de la garantie ou de la modification de son montant le président de la **chambre de commerce et d'industrie** ainsi que l'établissement bancaire dans lequel est ouvert l'un des comptes visés n° 90980 (Décret 72-678 du 20-7-1972 art. 48).

C. Assurance de responsabilité civile

OBLIGATION D'ASSURANCE

90480 Les agents immobiliers doivent être assurés contre les conséquences pécuniaires de la responsabilité civile qu'ils peuvent encourir en raison de leurs activités (Loi 70-9 du 2-1-1970 art. 3, 3°). Ils doivent être en mesure d'en justifier à tout moment pour chaque établissement, succursale, agence ou bureau (Décret 72-678 du 20-7-1972 art. 49).

Un **justificatif de l'assurance** professionnelle doit être remis lors des demandes de délivrance ou de renouvellement de carte professionnelle. Les documents justificatifs doivent être conformes, selon les cas, aux modèles figurant aux annexes II et IV de l'arrêté du 1er septembre 1972 (JO 13).

L'entreprise d'assurance doit porter sans délai à la connaissance du président de la chambre de commerce et d'industrie toute **suspension de garantie,** dénonciation de la tacite reconduction ou résiliation du contrat d'assurance (Décret 72-678 du 20-7-1972 art. 50).

90485 Le **contrat d'assurance** doit comporter des conditions et garanties conformes ou au moins égales à celles qui sont définies, selon les cas, par les clauses figurant aux annexes I et III de l'arrêté du 1er septembre 1972 et spécifier que, en cas de non-concordance entre leurs termes et ceux de l'arrêté précité, l'assuré bénéficie de celles de ces dispositions qui lui sont le plus favorables (Décret 72-678 du 20-7-1972 art. 49 ; Arrêté du 1-9-1972 art. 1 modifié).

La **limite de garantie** ne peut pas être inférieure à 75 000 € par an pour un assuré donné ; les **franchises** ne peuvent excéder 10 % (Arrêté du 1-9-1972 art. 2 modifié). Ainsi, une société d'assurance de responsabilité civile professionnelle ne peut pas invoquer une franchise de 15 250 € pour une garantie due à hauteur de 27 005 € (Cass. 1e civ. 2-10-2013 n° 12-20.504 FS-PB : Bull. civ. I n° 194).

A été jugée valable la clause selon laquelle la garantie s'applique exclusivement en cas de responsabilité relative à des dommages portés à la connaissance de l'assuré pendant la **période de garantie,** celle-ci étant étendue à tous dommages connus de l'assuré pendant un certain délai après l'expiration du contrat et ayant leur fait générateur pendant la période de validité du contrat (Cass. 1e civ. 23-6-1993 n° 91-18.749 : Bull. civ. I n° 227).

Les contrats doivent comporter une clause de tacite **reconduction** annuelle (Arrêté du 1-9-1972 art. 3).

ÉTENDUE DE L'ASSURANCE

90487 L'assurance ne couvre que les **fautes non intentionnelles.** Ainsi l'assureur n'est pas tenu de garantir la non-représentation de fonds résultant d'une faute intentionnelle de l'agent immobilier (CA Paris 2e ch. A 5-2-2002 n° 2000/09117 : AJDI 2002 p. 407 obs. S. Porcheron). Les juges du fond peuvent souverainement considérer que la négligence inacceptable de l'agent immobilier, qui s'est abstenu d'exercer son devoir de conseil, a été commise avec la simple conscience qu'il faisait courir un risque aux acheteurs et exclure le caractère intentionnel ou dolosif du manquement ; l'assureur est alors tenu de garantir les conséquences de la responsabilité civile de son assuré (Cass. 2e civ. 12-1-2017 n° 16-10.042 F-D).

90489 L'assureur ne doit sa garantie que dans la limite où la responsabilité de l'agent immobilier est engagée au cours ou à l'occasion des **activités déclarées** lors de la souscription du contrat d'assurance.

La Cour de cassation a rendu des décisions contradictoires quant à l'**appréciation** de l'étendue de l'activité déclarée par l'agent immobilier bénéficiant des garanties. Pour la deuxième chambre civile, ne sont couvertes par la garantie que les activités expressément déclarées dans la police d'assurance. Ainsi les dommages causés par les **conseils en investissement** ou en défiscalisation donnés à l'occasion d'une transaction immobilière conclue par l'intermédiaire de l'agent immobilier ne sont pas garantis par l'assurance professionnelle, dès lors que sa responsabilité a été engagée au titre d'une prestation de conseil en investissement non expressément couverte par la police, qui excédait la seule activité d'agent immobilier déclarée (Cass. 2e civ. 5-10-2017 n° 16-21.457 F-D). Au contraire, la première chambre civile considère que, à défaut de conditions particulières limitant la garantie ou de clause d'exclusion, le contrat d'assurance qui garantit l'activité de transaction immobilière couvre l'activité accessoire de prestation de conseil en investissement patrimonial ou en défiscalisation exercée à l'occasion d'une vente immobilière (Cass. 1e civ. 14-11-2018 n° 16-23.730 FS-PBRI : BPIM 6/18 inf. 448 ; Cass. 1e civ. 14-11-2018 n° 16-24.168 FS-D).

En l'état de cette incertitude, il est **conseillé** aux agents immobiliers qui offrent une prestation de conseil en investissement de souscrire une garantie couvrant cette activité spécifique.

MISE EN ŒUVRE DE L'ASSURANCE

90490 La mise en œuvre de la garantie est subordonnée à une **réclamation** amiable ou judiciaire faite à l'assuré dans le délai réglementairement limité, au titre des garanties minimales obligatoires, à 12 mois après l'expiration du contrat (Cass. 1e civ. 2-7-1996 n° 94-12.892 : Bull. civ. I n° 279).

Les **déchéances de garantie** motivées par un manquement de l'agent immobilier commis postérieurement au sinistre ne sont pas opposables aux victimes ou à leurs ayants droit (Arrêté du 1-9-1972 ann. I art. 4).

En cas de condamnation de l'agent immobilier à raison de sa responsabilité, l'assureur ne peut **contester sa garantie** qu'au regard des stipulations de la police et ne peut pas opposer à la victime l'absence de garantie découlant de la nullité du mandat de gestion (Cass. 1e civ. 29-10-2014 n° 13-23.506 F-PB : Bull. civ. I n° 177).

D. Incapacités d'exercer l'activité d'agent immobilier

90560 Sous peine de sanctions pénales (n° 90720), nul ne peut, d'une manière habituelle, se livrer ou prêter son concours, même à titre accessoire, aux opérations portant sur des biens d'autrui visées au n° 90100 s'il a fait l'objet, **depuis moins de 10 ans,** de l'une des **condamnations** définitives ci-après (Loi 70-9 du 2-1-1970 art. 9).

1. Condamnation pour crime.

2. Condamnation à au moins 3 mois d'emprisonnement pour :

- vol, chantage, escroquerie, détournements, organisation de l'insolvabilité (C. pén. art. 311-1 s.) ;
- recel et infractions assimilées (C. pén. art. 321-1 s.) ;
- blanchiment (C. pén. art. 324-1 s.) ;
- corruption active ou passive, trafic d'influence, soustraction ou détournement de biens ;
- faux, falsification de titres ou autres valeurs fiduciaires émises par l'autorité publique, falsification des marques de l'autorité ;
- participation à une association de malfaiteurs ;
- trafic de stupéfiants ;
- atteinte à la dignité de la personne (proxénétisme) (C. pén. art. 225-5 s.) ;
- atteinte aux conditions de travail (C. pén. art. 225-13 s.) ;
- infraction à la législation sur les sociétés commerciales (C. com. art. L 241-1 s.) ;
- banqueroute ;
- usure ;
- infraction à la prohibition des loteries ;
- infraction à la réglementation des jeux d'argent et de hasard et casinos (Code de la sécurité intérieure art. L 324-1 à L 324-4, L 324-10 et L 324-12 à L 324-14) ;
- infraction à la réglementation des relations financières avec l'étranger ;

– fraude fiscale ;

– infraction aux règles régissant les sociétés d'attribution et coopératives de construction ou au contrat de promotion immobilière (CCH art. L 241-1 et L 241-2), la vente d'immeuble à construire ou à rénover (CCH art. L 263-1), les primes à la construction (CCH art. L 311-6) et les obligations d'assurance construction (C. ass. art. L 243-3) ;

– fausse information en matière d'appellation d'origine ou d'appellation contrôlée (C. consom. art. L 115-16 devenu L 431-2, L 453-1, L 453-9 et L 453-10), de label agricole (C. consom. art. L 115-24 devenu L 432-6 et L 453-6) ;

– fausse certification de produits (C. consom. art. L 115-30 devenu L 433-9 et L 453-8) ;

– pratique commerciale trompeuse (C. consom. art. L 121-6 devenu L 132-2 et L 132-3) ;

– infraction aux dispositions relatives aux contrats conclus à distance (C. consom. art. L 121-28 devenu L 222-6) ;

– obtention d'engagements au comptant ou à crédit par visite à domicile de personnes non averties (C. consom. art. L 122-8 devenu L 121-8, L 132-13, L 132-14 et L 132-15), par démarchage téléphonique ou convocation (C. consom. art. L 122-9 et L 122-10 devenus L 121-9 et L 121-10) ;

– tromperie sur la qualité des marchandises, leur quantité ou leur utilisation (C. consom. art. L 213-1 à L 213-5 devenus notamment L 413-1 s., L 441-1 et L 441-2) ;

– falsification de conformité de produits et de services, comme l'indication de faux nom de fabricant de produit (C. consom. art. L 217-1 devenu L 413-4 et L 413-5), altération ou modification de signature et autres signes d'identification de produits (C. consom. art. L 217-2 devenu L 413-6 et L 451-11), indication de fausse origine, française ou étrangère (C. consom. art. L 217-6 devenu L 413-8 et L 451-13) ;

– obstacle aux fonctions des agents de la DGCCRF (C. consom. art. L 217-10 devenu L 512-4 et L 531-1) ;

– démarchage bancaire ou financier et réception de valeurs en conséquence (C. mon. fin. art. L 353-2) ;

– travail clandestin, activité commerciale ou de services clandestine (C. trav. art. L 324-9 et L 324-10 devenus L 8221-1, L 8221-3 et L 8221-5 et L 362-3 devenu L 8224-1 et L 8224-2) ;

– atteinte aux systèmes de traitement automatisé de données (C. pén. art. 323-1 s.) ;

– discriminations de toute nature (C. pén. art. 225-1 s.). Rappelons que le Code de déontologie issu du décret 2015-1090 du 28 août 2015 impose à l'agent immobilier de veiller à ne commettre aucune des discriminations mentionnées à l'article 225-1 du Code pénal (C. déont. art. 3). La violation du Code de déontologie n'est toutefois assortie d'aucune sanction.

3. Destitution des fonctions d'officiers publics ou ministériels.

4. L'incapacité d'exercer s'applique également à toute **personne morale** dont les associés ou actionnaires détenant au moins 25 % des parts ou des droits de vote ont fait l'objet d'une condamnation irrévocable depuis moins de 10 ans pour les infractions ci-dessus visées par l'article 9 de la loi Hoguet (Loi 70-9 du 2-1-1970 art. 10, d).

Sont en outre **incapables** d'exercer l'activité d'agent immobilier (Loi 70-9 du 2-1-1970 art. 10) : **90565**

– les personnes frappées de faillite personnelle ou d'une interdiction de diriger, gérer, administrer une entreprise commerciale ;

– les administrateurs ou mandataires judiciaires au redressement et à la liquidation judiciaires des entreprises radiés (C. com. art. L 811-12 et L 812-9) ;

– les professionnels libéraux ayant fait l'objet d'une mesure d'interdiction d'exercer d'au moins 6 mois.

L'**interdiction d'exercer** s'entend directement ou sous couvert d'un tiers, même à titre **90570**
d'employé, fût-ce de l'acquéreur du fonds exploité par l'intéressé avant son interdiction (Loi 70-9 du 2-1-1970 art. 12).

L'activité doit cesser dans le délai d'**un mois** à compter de la décision définitive d'interdiction dûment notifiée, cette dernière pouvant réduire la durée de l'incapacité (Loi 70-9 du 2-1-1970 art. 13).

La transgression de l'incapacité est pénalement sanctionnée (Loi 70-9 du 2-1-1970 art. 15) ; voir n° 90720.

> Précisions **a.** Le Conseil national des greffiers des tribunaux de commerce est autorisé à mettre en œuvre un **fichier national automatisé des interdits de gérer** (C. com. art. L 128-1). Ce fichier peut être consulté notamment par les greffiers des tribunaux de commerce et des tribunaux civils statuant en matière commerciale, les magistrats, les personnels des chambres de métiers et de l'artisanat (C. com. art. L 128-2).

b. En cas de **condamnation** prononcée par une **juridiction étrangère** et passée en force de chose jugée pour une infraction constituant, selon la loi française, un crime ou l'un des délits mentionnés à l'article 9 de la loi Hoguet, le tribunal correctionnel du domicile du condamné, à la requête du ministère public, déclare, après constatation de la régularité et de la légalité de la condamnation et l'intéressé dûment appelé en chambre du conseil, qu'il y a lieu d'appliquer l'incapacité d'exercer. En cas d'**interdiction d'exercer** prononcée par une juridiction étrangère, cette incapacité s'applique à toute personne non réhabilitée, quand le jugement a été déclaré exécutoire en France. La demande d'exequatur peut être, à cette fin seulement, formée par le ministère public devant le tribunal judiciaire du domicile du condamné (Loi 70-9 du 2-1-1970 art. 11).

E. Carte professionnelle

OBLIGATION DE DÉTENIR UNE CARTE PROFESSIONNELLE

90640 Les activités visées à l'article 1 de la loi du 2 janvier 1970 (n° 90100) ne peuvent être exercées que par les **personnes physiques ou morales** titulaires d'une carte professionnelle **délivrée par** le président de la chambre de commerce et d'industrie territoriale (ou, dans les circonscriptions où il n'en existe pas, par le président de la chambre de commerce et d'industrie de région), précisant les opérations qu'elles peuvent accomplir (Loi 70-9 du 2-1-1970 art. 3, al. 1). En Corse, à partir du 1er janvier 2026, les cartes professionnelles seront délivrées par le président du conseil d'administration de l'établissement public du commerce et de l'industrie de Corse (Loi 70-9 du 2-1-1970 art. 3, al. 1 modifié par la loi 2025-640 du 15-7-2025).

La présentation de la carte peut être exigée par tout intéressé à l'occasion des opérations de négoce, entremise, remise de fonds, conventions relevant du champ d'application de la loi du 2 janvier 1970 (Décret 72-678 du 20-7-1972 art. 10).

Pour obtenir cette carte, il faut **justifier** de son aptitude professionnelle (nos 90205 s.), le cas échéant, d'une garantie financière (nos 90320 s.), être assuré pour sa responsabilité civile professionnelle (nos 90480 s.) et ne pas être frappé d'incapacité ou interdiction d'exercer (nos 90560 s.).

Pour les personnes morales, l'aptitude professionnelle et l'incapacité d'exercer s'apprécient en la personne de leurs représentants légaux, y compris lorsque ces représentants, non titulaires de la carte, dirigent une société sous le contrôle d'un titulaire de la carte (Rép. Bécot : Sén. 12-11-1998 n° 10118).

ATTENTION

L'agent immobilier qui **exerce** la profession **sans carte** professionnelle **et utilise le titre d'agent immobilier** sans être titulaire de la carte s'expose à des sanctions pénales (voir n° 90720). En outre, la jurisprudence considère que l'agent immobilier qui exécute un mandat de vente sans être titulaire de la carte ne peut prétendre au versement d'aucune rémunération (n° 91350).

UNE CARTE PROFESSIONNELLE UNIQUE

90645 **Types de cartes professionnelles** La carte professionnelle est unique et porte, selon les activités exercées par le professionnel, la ou les mentions suivantes (Décret 72-678 du 20-7-1972 art. 1) :

– **« Transactions sur immeubles et fonds de commerce »,** lorsque l'agent prête son intermédiaire à des opérations d'achat, vente, recherche, échange ou location d'immeubles bâtis ou non ;

– **« Gestion immobilière »,** lorsque l'agent exerce une activité liée à l'administration d'un immeuble (gérant d'immeubles, administrateur de biens). Est considérée comme relevant de l'activité de gestion immobilière la location ou la sous-location, saisonnière ou non, en nu ou en meublé, d'immeubles bâtis ou non bâtis lorsqu'elle constitue l'accessoire d'un mandat de gestion (Loi 70-9 du 2-1-1970 art. 1-1, 1°) ;

– « **Syndic de copropriété** » ;

– « **Marchand de listes** » ; par exception au principe de la carte unique, le marchand de listes qui exerce en outre des activités de gestion immobilière et/ou de transactions doit détenir deux cartes, l'une mentionnant « Marchand de listes », l'autre portant la ou les mentions correspondant aux activités supplémentaires ;

– **« Prestations touristiques »,** en cas d'exercice à titre accessoire d'activités touristiques.

> **Précisions** **a.** La mention supplémentaire « Prestations de services » est apposée sur la carte professionnelle délivrée aux **personnes** physiques ou morales qui ne sont **pas établies en France** et qui ne sont pas ressortissants d'un État européen (Décret 72-678 du 20-7-1972 art. 1, al. 8).
> **b.** La carte délivrée à l'agent immobilier qui a déclaré sur l'honneur ne détenir aucun fonds à l'occasion de ses opérations porte la mention supplémentaire « **Non-détention de fonds** » et, le cas échéant, « **Absence de garantie financière** » (Décret 72-678 du 20-7-1972 art. 1, al. 9).
> **c.** Un arrêté fixe le contenu des informations devant **figurer sur la carte** professionnelle (Arrêté EINI1508978A du 19-6-2015 : JO 21 p. 10246).

Demande de carte professionnelle La demande doit être **présentée** au président de la chambre de commerce et d'industrie territoriale ou, dans les circonscriptions où il n'en existe pas, au président de la chambre de commerce et d'industrie de région (Loi 70-9 du 2-1-1970 art. 3, al. 1 ; Décret 72-678 du 20-7-1972 art. 5). La chambre compétente est celle dans le ressort de laquelle se trouve le siège du demandeur si elle est présentée par une personne morale, ou celui de son principal établissement si elle est présentée par une personne physique. Pour la Corse, voir n° 90640. 90650

Les personnes physiques ou morales qui n'ont en France aucun établissement, succursale, agence ou bureau adressent leur demande au président de la chambre de commerce et d'industrie départementale de Paris.

La demande doit être faite au moyen de l'**imprimé Cerfa** n° 15312*03 et être déposée contre décharge ou adressée par lettre recommandée avec demande d'avis de réception ou par voie électronique (Décret 72-678 du 20-7-1972 art. 5, I). Elle est **accompagnée** (Décret 72-678 du 20-7-1972 art. 3 et 4) :

- de la justification de l'aptitude professionnelle (nos 90205 s.) ;
- de l'attestation de garantie financière (n° 90360) ou, le cas échéant, d'une déclaration sur l'honneur attestant qu'à l'occasion des activités pour lesquelles l'intéressé demande l'attribution de la carte, il ne reçoit ni ne détient aucun fonds, effets, valeurs autres que ceux représentatifs de sa rémunération ou de ses honoraires (n° 90320) ;
- de l'attestation d'assurance de responsabilité civile (n° 90480) ;
- du numéro unique d'identification si la personne est immatriculée au RCS ou double de la demande si elle doit y être immatriculée ;
- de l'attestation d'ouverture d'un compte spécialement affecté aux versements et remises provenant de tiers (n° 90980) ;
- s'il y a lieu, de la liste des établissements secondaires.

Le président de la chambre de commerce et d'industrie demande un bulletin n° 2 au **casier judiciaire** national afin de vérifier que le demandeur n'est pas frappé de l'une des incapacités ou interdictions d'exercer définies au titre II de la loi (Décret 72-678 du 20-7-1972 art. 3, II).

Doit également être joint à la demande de carte le **paiement** du coût de la formalité, soit 160 € (Décret 72-678 du 20-7-1972 art. 5, I ; Arrêté ECOI2003306A du 10-2-2020 : JO 14 texte n° 20). L'instruction de la demande de carte professionnelle suffit à générer l'obligation au paiement de la rémunération. En cas de rejet d'un dossier (pièces manquantes non fournies dans le délai imparti, par exemple), il n'est donc pas procédé au remboursement de la somme versée. L'agent immobilier doit de nouveau payer pour l'instruction d'une nouvelle demande de carte.

> **Précisions** **a.** Si la **demande** est **incomplète,** la chambre de commerce et d'industrie notifie par tout moyen au demandeur la liste des pièces manquantes dans un délai de 15 jours à compter de la réception de la demande. Les pièces complémentaires sont déposées contre décharge ou adressées par lettre recommandée avec demande d'avis de réception ou par voie électronique. La demande est caduque si le dossier n'est pas complété dans le délai de 2 mois à compter de cette notification (Décret 72-678 du 20-7-1972 art. 5, III).
> **b.** Des dispositions particulières sont prévues pour les ressortissants **étrangers** et pour les demandeurs qui ont acquis l'aptitude professionnelle dont ils se prévalent à l'étranger (Décret 72-678 du 20-7-1972 art. 3, II).

Délivrance de la carte professionnelle La carte est **délivrée par** le président de la chambre de commerce et d'industrie. Si ce dernier exerce lui-même une activité soumise à la loi Hoguet, la carte est délivrée par un des vice-présidents (Loi 70-9 du 2-1-1970 art. 3, al. 1). Le silence gardé pendant 2 mois par le président de la chambre de commerce et d'industrie vaut décision de rejet (Décret 2014-1292 du 23-10-2014 art. 1 et ann.). Pour la Corse, voir n° 90640. 90660

La carte est **numérotée** (Décret 72-678 du 20-7-1972 art. 5, III-dernier al.). Elle **mentionne** : les activités exercées, l'identité de son titulaire et l'adresse de l'établissement principal (personne physique), l'identité des représentants légaux ou statutaires du titulaire de la carte (personne morale), la dénomination, la forme sociale et l'adresse du siège de la personne morale, l'identité du président et le nom de la chambre de commerce et d'industrie territoriale ou départementale délivrant la carte, les dates de début et de fin de validité de la carte, le numéro unique d'identification de l'entreprise (Arrêté EINI1508978A du 19-6-2015).

Inscription au fichier informatisé CCI France établit et tient à jour un fichier automatisé des personnes **titulaires de la carte** professionnelle (Loi 70-9 du 2-1-1970 art. 3, al. 2). La nature des informations recueillies dans ce fichier et les modalités de leur conservation et de leur transmission aux tiers sont précisées par décret (Décret 2015-703 du 19-6-2015). 90665

L'**accès aux informations** figurant sur le fichier se fait par l'intermédiaire d'un site public gratuit mis en œuvre par CCI France (https://www.cci.fr/Ressources et documentations/Vos formal ités en ligne/Fichier des professionnels de l'immobilier). Les magistrats peuvent obtenir communication de l'ensemble des données et des informations ; les tiers ont accès librement et à titre gratuit aux données à caractère personnel et informations contenues dans le fichier, à l'exception de celles relatives à la date et au lieu de naissance, à la nationalité et aux décisions d'interdiction temporaire ou définitive d'exercer (Décret 2015-703 du 19-6-2015 art. 4 et 5).

DURÉE DE VALIDITÉ DE LA CARTE PROFESSIONNELLE

90682 **Durée initiale et renouvellement** La carte professionnelle est **valable** 3 ans (Décret 72-678 du 20-7-1972 art. 80, al. 1). Elle est **renouvelée** sur présentation à la chambre de commerce et d'industrie compétente d'une demande écrite à l'aide du modèle Cerfa n° 15312*03. La demande de renouvellement est déposée contre décharge ou adressée par lettre recommandée avec demande d'avis de réception ou par voie électronique. Elle est présentée 2 mois avant la date d'expiration de la carte (Décret 72-678 du 20-7-1972 art. 80).

Sont joints à cette demande :

- l'attestation de garantie financière (n° 90360) ou la déclaration sur l'honneur qu'il n'est reçu ni détenu, directement ou indirectement, par le demandeur, d'autres fonds, effets ou valeurs que ceux représentatifs de sa rémunération ou de ses honoraires (n° 90320) ;
- une attestation d'assurance responsabilité civile professionnelle (n° 90480) ;
- la justification du respect de l'obligation de formation professionnelle continue (n° 90700) ;
- le coût de la formalité, soit 130 € (Arrêté ECOI2003306A du 10-2-2020 : JO 14 texte n° 20).

La nouvelle carte est délivrée sur remise de l'ancienne pour une **durée** de 3 ans.

90684 **Restitution de la carte professionnelle** Lorsque l'une des **conditions nécessaires à l'obtention de la carte** disparaît (condamnation, perte de la garantie financière ou dénonciation de l'assurance de responsabilité civile, par exemple), son détenteur doit la restituer immédiatement à l'autorité qui l'a délivrée. Il est tenu, ainsi que toute personne qui en serait porteur, de la remettre sur simple réquisition d'un agent de l'autorité publique ou sur demande du président de la chambre de commerce et d'industrie compétente (Décret 72-678 du 20-7-1972 art. 7).

Les données et informations relatives au détenteur de la carte sont radiées du **fichier automatisé** des personnes titulaires de la carte professionnelle (n° 90665) ; la radiation est notifiée à la personne radiée par tout moyen permettant d'obtenir un accusé de réception. Les informations relatives aux personnes qui n'exercent plus d'activités de transaction, de syndic, de gestion immobilière ou de marchand de listes sont conservées pendant un an (Décret 2015-703 du 19-6-2015 art. 7).

CHANGEMENT DANS LA SITUATION DU DÉTENTEUR DE LA CARTE PROFESSIONNELLE

90688 Le titulaire de la carte professionnelle doit avertir sans délai la chambre de commerce et d'industrie compétente de tout changement d'adresse de son siège ou de son principal établissement et de tout changement de dénomination ou de forme de la personne morale, de l'identité du ou des représentants légaux ou statutaires et de l'identité du garant ou de l'assureur de la responsabilité civile professionnelle (Décret 72-678 du 20-7-1972 art. 6, I). Les changements ainsi notifiés donnent lieu à la délivrance d'une **carte professionnelle mise à jour,** valable pour la durée restant à courir de celle-ci. Cette formalité donne lieu au paiement d'une somme de 68 € (Arrêté ECOI2003306A du 10-2-2020 : JO 14 texte n° 20).

Toute adjonction d'une **nouvelle mention d'activité** sur une carte coûte 160 € (Arrêté ECOI2003306A du 10-2-2020 : JO 14 texte n° 20).

Le détenteur de la carte professionnelle informe également la chambre de commerce et d'industrie de tout **avenant à la garantie financière ou à l'assurance** de responsabilité en utilisant le modèle Cerfa n° 15312*03 et fournit les justificatifs requis (Décret 72-678 du 20-7-1972 art. 6, III).

Lorsque l'agent immobilier dépose la **déclaration sur l'honneur de ne détenir aucun fonds,** effet ou valeur autres que ceux représentatifs de sa rémunération ou de ses honoraires, il lui est délivré, sur remise de son ancienne carte, une nouvelle carte portant la mention « Non-détention de fonds » (Décret 72-678 du 20-7-1972 art. 6, II).

F. Formation continue

PROFESSIONNELS SOUMIS À L'OBLIGATION DE FORMATION CONTINUE

Les agents immobiliers **sont soumis** à une obligation de formation continue tout au long de l'exercice de leur activité (Loi 70-9 du 2-1-1970 art. 3-1, al. 1 ; Décret 2016-173 du 18-2-2016). Le renouvellement de leur carte professionnelle est subordonné à la justification de cette obligation. Lorsqu'il s'agit de personnes morales, cette obligation pèse sur leurs représentants légaux et statutaires. L'obligation de formation continue pèse également sur les personnes qui assurent la direction d'un établissement, d'une succursale, d'une agence ou d'un bureau ainsi que sur les personnes, salariées ou non, habilitées par le titulaire de la carte professionnelle. **90700**

Échappent à cette obligation les ressortissants d'États membres de l'Union européenne ou d'États parties à l'Espace économique européen qui exercent leur activité de façon temporaire et occasionnelle en France.

> **> Précisions** Une réponse de la ministre de la justice rappelle que la **vérification de l'accomplissement de l'obligation** de formation continue par les agents immobiliers incombe à la chambre de commerce et d'industrie lors du renouvellement de la carte. Elle ajoute que, faute pour la loi Alur d'avoir prévu une procédure de vérification du respect de l'obligation par les professionnels non titulaires de la carte, c'est aux agents immobiliers de s'assurer de la compétence de leurs collaborateurs et directeurs d'établissement (Rép. Gallerneau : AN 11-6-2019 p. 5362).

MODALITÉS DE LA FORMATION CONTINUE

La **durée** de la formation continue est de 14 heures par an ou de 42 heures au cours de 3 années consécutives d'exercice (Décret 2016-173 du 18-2-2016 art. 2). Au cours de ces 3 années consécutives d'exercice, la formation continue inclut au moins 2 heures portant sur la non-discrimination à l'accès au logement et au moins 2 heures portant sur les autres règles déontologiques (Décret 2016-173 du 18-2-2016 art. 3, dernier al.). **90710**

Les **activités validées** au titre de l'obligation de formation continue doivent avoir trait aux domaines juridique, économique, commercial, à la déontologie ainsi qu'aux domaines techniques relatifs à la construction, l'habitation, l'urbanisme, la transition énergétique et doivent avoir un lien direct avec l'activité professionnelle exercée ; elles comprennent (Décret 2016-173 du 18-2-2016 art. 3) :

- la participation aux actions de formation concourant au développement des compétences visées au 1° de l'article L 6313-1 du Code du travail ;
- l'assistance à des colloques sous convention (C. trav. art. L 6353-1) dans la limite de 2 heures par an ;
- l'enseignement, dans la limite de 3 heures par an.

Les formations doivent être accomplies auprès d'un organisme de formation habilité (Décret 2016-173 du 18-2-2016 art. 4). Ces organismes délivrent une **attestation** mentionnant les objectifs, le contenu, la durée et la date de réalisation de la formation. Lorsqu'il s'agit d'un colloque, ce document atteste de la présence du professionnel à la manifestation (Décret 2016-173 du 18-2-2016 art. 5). Pour le contrôle de l'accomplissement effectif de l'obligation de formation continue, les justificatifs doivent être transmis, selon le cas (Décret 2016-173 du 18-2-2016 art. 6) :

- au président de la chambre de commerce et d'industrie, après chaque formation ou au plus tard au moment de la demande de renouvellement de la carte professionnelle ;
- au titulaire de la carte professionnelle qui assure la direction de l'établissement, la succursale, l'agence ou le bureau ou qui a habilité le candidat.

À partir du 10 juillet 2027 au plus tard, les agents immobiliers devront suivre une formation portant sur leurs **obligations en matière de lutte contre le blanchiment** des capitaux et le financement du terrorisme dans des conditions qui seront définies par décret (n° 91130).

> **> Précisions** L'article 4 du **Code de déontologie** issu du décret 2015-1090 du 28 août 2015 précise que les agents immobiliers doivent posséder les connaissances théoriques et pratiques nécessaires à l'exercice de leurs activités. Ils doivent notamment se tenir informés des évolutions législatives et réglementaires et de la situation des marchés sur lesquels ils interviennent et s'astreindre au respect de leurs obligations en matière de formation continue. À défaut d'avoir les compétences requises, ils doivent soit refuser la mission, soit faire appel à une personne qualifiée dont ils auront vérifié le professionnalisme, tout en informant le client de cette prestation externalisée.

G. Sanctions du non-respect de la loi Hoguet

SANCTIONS PÉNALES

90720 Le non-respect de la réglementation de la profession est passible de l'une des **peines** visées ci-après. Ces sanctions s'appliquent lorsque les biens sont situés en France ou si la clientèle est française, ou encore si le paiement est effectué en France (Rép. Raoult : AN 4-3-1991 n° 32882).

1. 6 mois d'emprisonnement et 7 500 € d'amende pour les faits suivants (Loi 70-9 du 2-1-1970 art. 14 et 17) :

– exercer la profession, même à titre accessoire, sans être titulaire de la carte professionnelle ou après l'avoir restituée ou en ayant omis de la restituer après mise en demeure de la restituer (nos 90640 s.) ;

– utiliser la dénomination d'agent immobilier, de syndic de copropriété ou d'administrateur de biens sans être titulaire de la carte professionnelle ;

– diriger une agence, un bureau, un établissement ou une succursale sans avoir effectué la déclaration préalable d'activité (n° 90900) ;

– pour le représentant légal d'une personne morale, participer à des opérations visées au n° 90100 sans justifier de son aptitude professionnelle (nos 90205 s.) et en étant frappé d'une incapacité ou d'une interdiction d'exercer (nos 90560 s.) ;

– pour un agent immobilier, ne pas délivrer à ses clients les informations sur les liens de nature capitalistique ou juridique qu'il a avec les entreprises dont il propose les services (n° 91089) ;

– opérer pour le compte du titulaire d'une carte sans y avoir été habilité (n° 90905) ;

– faire obstacle aux contrôles des agents publics en refusant de leur communiquer les documents comptables et les mandats (n° 91795).

2. 5 ans d'emprisonnement et 375 500 € d'amende en cas d'exercice d'une activité professionnelle en violation d'une incapacité visée au n° 90560 (Loi 70-9 du 2-1-1970 art. 15).

3. 2 ans d'emprisonnement et 30 000 € d'amende pour le fait (Loi 70-9 du 2-1-1970 art. 16) :

– de recevoir ou de détenir, à quelque titre et de quelque manière que ce soit, à l'occasion d'opérations visées au n° 90100, des sommes d'argent, biens, effets ou valeurs quelconques en violation des règles relatives à l'obtention de la carte professionnelle (n° 90640), à celles relatives à la tenue des registres (n° 91020) et à la délivrance des reçus (n° 90965) ;

– d'exiger ou d'accepter des sommes d'argent, biens, effets, ou valeurs quelconques en violation des dispositions de l'article 6 de la loi Hoguet, c'est-à-dire sans rédaction préalable d'un mandat (n° 91202) et, pour les marchands de listes, avant d'avoir effectivement fourni les listes ou les fichiers (n° 91230).

4. 1 500 € d'amende, le fait pour un agent commercial d'effectuer une publicité sans respecter l'obligation de mentionner son statut d'agent commercial (n° 91087) ou de ne pas mentionner son statut d'agent commercial dans les mandats de vente ou de recherche et les documents d'une transaction immobilière à laquelle il participe (Loi 70-9 du 2-1-1970 art. 17-2).

90725 Les **personnes morales** peuvent être déclarées pénalement responsables des infractions 1 à 3 recensées au n° 90720 et commises pour leur compte par leurs organes et représentants. Les peines encourues par les personnes morales sont les suivantes (Loi 70-9 du 2-1-1970 art. 18) :

– l'amende, au maximum le quintuple de celle applicable aux personnes physiques ;

– la dissolution, l'interdiction d'exercer, le placement sous surveillance judiciaire, la fermeture définitive ou temporaire, l'exclusion des marchés publics, l'interdiction de procéder à une offre au public de titres financiers ou de faire admettre ses titres financiers aux négociations sur un marché réglementé, l'interdiction d'émettre des chèques (sauf certifiés) et d'utiliser des cartes de paiement, la confiscation et l'affichage ou la diffusion des décisions prononcées (C. pén. art. 131-39).

SANCTIONS ADMINISTRATIVES

90730 Les agents de la Direction générale de la concurrence, de la consommation et de la répression des fraudes (**DGCCRF**) sont habilités à enquêter auprès des professionnels de l'immobilier soumis à la loi Hoguet, afin de rechercher les **infractions ou manquements** aux dispositions réglementant les **conditions d'exercice** de leur activité (voir n° 91795).

Lorsqu'ils constatent un manquement ou une infraction aux articles 14 à 18 de la loi, ils peuvent, après une procédure contradictoire, **enjoindre** au professionnel de se conformer à ses obligations en lui impartissant un délai raisonnable et de cesser tout agissement illicite ou de supprimer toute clause illicite ou interdite (C. consom. art. L 521-1). Cette injonction peut faire l'objet d'une publicité aux frais du professionnel (C. consom. art. L 521-2). La DGCCRF a la possibilité d'assortir les injonctions de mise en conformité et de publicité d'une astreinte (C. consom. art. L 521-1 et L 521-2 modifié par la loi 2025-594 du 30-6-2025). Les agents de la DGCCRF peuvent également prononcer des **amendes** administratives (C. consom. art. L 522-1 s.).

La DGCCRF est également habilitée à prononcer une amende administrative n'excédant pas 15 000 € à l'encontre de tout professionnel de l'immobilier (75 000 € pour une personne morale), dans le cas de la **mise en location** aux fins d'habitation de **locaux frappés d'un arrêté de mise en sécurité ou de traitement de l'insalubrité** pris en application de l'article L 511-11 du Code de la construction et de l'habitation comportant une interdiction temporaire ou définitive d'habiter (Loi 70-9 du 2-1-1970 art. 17-1). **90740**

CHAPITRE 3

EXERCICE DE L'ACTIVITÉ D'AGENT IMMOBILIER

SOMMAIRE

A. Obligations de l'agent immobilier

1. DÉCLARATION PRÉALABLE D'ACTIVITÉ

MODALITÉS DE LA DÉCLARATION PRÉALABLE D'ACTIVITÉ

90900 Une déclaration préalable d'activité doit être souscrite à la chambre de commerce et d'industrie du lieu de situation de chaque établissement, succursale, agence ou bureau ; cette obligation n'est **pas applicable** aux services de gestion implantés dans les ensembles immobiliers qui ne disposent d'aucune autonomie administrative et financière (Loi 70-9 du 2-1-1970 art. 3, dernier al. ; Décret 72-678 du 20-7-1972 art. 8).

La déclaration doit être **effectuée par** la personne qui assure la direction de la structure. Cette personne doit satisfaire aux conditions d'aptitude professionnelle avec une durée d'activité réduite de moitié et de formation continue exposées respectivement nos 90205 s. et 90700 s. et ne pas être frappée d'une des incapacités ou interdictions d'exercer étudiées nos 90560 s. (Loi 70-9 du 2-1-1970 art. 3, dernier al. et 3-1 ; Décret 72-678 du 20-7-1972 art. 8 et 16). On notera que les négociateurs non salariés habilités par le titulaire de la carte professionnelle à négocier, s'entremettre ou s'engager pour son compte ne peuvent pas assurer la direction d'un établissement, d'une succursale, d'une agence ou d'un bureau (Loi 70-9 du 2-1-1970 art. 4, 3°).

La déclaration doit être **effectuée sur** l'imprimé Cerfa n° 15312*03. Les informations à transmettre varient selon que le demandeur est une personne physique (état civil, profession, domicile et lieu d'activité) ou une personne morale (dénomination, forme juridique, siège, objet et état civil, domicile et profession du représentant). Doivent être également précisés la chambre de commerce et d'industrie ayant délivré la carte professionnelle ainsi que le numéro de celle-ci. La déclaration doit être accompagnée du règlement de la formalité, soit 96 € (Arrêté ECOI2003306A du 10-2-2020).

RÉCÉPISSÉ DE LA DÉCLARATION PRÉALABLE D'ACTIVITÉ

Un récépissé de la déclaration est donné à l'intéressé lorsque tout a été vérifié. Toute modification (changement d'adresse, de gérant, etc.) doit être déclarée. Si les conditions d'exercice de la profession ne sont plus remplies, le récépissé de déclaration doit être **restitué** au président de la chambre de commerce et d'industrie compétente (Décret 72-678 du 20-7-1972 art. 8). 90902

La **présentation** du récépissé peut être exigée par tout intéressé à l'occasion des opérations de négociation, entremise, remise de fonds, conventions relevant du champ d'application de la loi du 2 janvier 1970 (Décret 72-678 du 20-7-1972 art. 10).

2. HABILITATION DES NÉGOCIATEURS IMMOBILIERS

DÉLIVRANCE DE L'HABILITATION

Attestation d'habilitation Le titulaire de la carte professionnelle doit habiliter les personnes physiques, salariées ou non, qui sont amenées à **négocier, s'entremettre ou s'engager pour son compte** (Loi 70-9 du 2-1-1970 art. 4). Les négociateurs salariés exercent leur activité dans des conditions faisant apparaître un lien de subordination, tandis que les négociateurs non salariés ont le statut d'agent commercial et sont liés au titulaire de la carte par un contrat de mandat (nos 90920 s.). 90905

La **demande** d'attestation d'habilitation doit être effectuée sur l'imprimé Cerfa nº 15315*02. Elle donne lieu au paiement d'une somme de 55 € (Arrêté ECOI2003306A du 10-2-2020).

L'agent immobilier **remet** aux personnes qui négocient, s'entremettent ou s'engagent pour son compte l'attestation d'habilitation visée par le président de la chambre de commerce et d'industrie (Décret 72-678 du 20-7-1972 art. 9). Celle-ci précise, notamment, les dates de début et de fin de sa validité, l'identité, la qualité et l'étendue des pouvoirs du négociateur (Décret 72-678 du 20-7-1972 art. 9, al. 1 ; Arrêté EINI1508978A du 19-6-2015 art. 3). Le Code de déontologie (nº 91124) exige que l'étendue des pouvoirs confiés au négociateur soit précisée avec clarté et exhaustivité. Toute modification dans les énonciations de l'attestation de négociateur donne lieu à délivrance d'un nouveau document sur remise de l'ancien (Décret 72-678 du 20-7-1972 art. 9, al. 6).

Le détenteur de l'attestation d'habilitation est tenu de la **restituer** au titulaire de la carte professionnelle qui la lui a délivrée, dans les vingt-quatre heures de la demande qui lui en est faite par lettre recommandée AR. En cas de non-restitution, le titulaire de la carte professionnelle doit en aviser aussitôt le procureur de la République et le président de la chambre de commerce et d'industrie (Décret 72-678 du 20-7-1972 art. 9, al. 3 et 5).

L'attestation doit être **retirée** sur simple demande de la chambre de commerce et d'industrie compétente ou du procureur de la République (Décret 72-678 du 20-7-1972 art. 9, al. 4).

> **Précisions a.** Toute personne peut **exiger la présentation** de l'attestation d'habilitation à l'occasion des opérations de négoce, entremise, remise de fonds, conventions relevant du champ d'application de la loi du 2 janvier 1970 (Décret 72-678 du 20-7-1972 art. 10).
> **b.** Il a été jugé que l'attestation d'habilitation qui donne au négociateur salarié le **pouvoir de recevoir des fonds ainsi que l'engagement des parties** recouvre les plus larges pouvoirs et autorise en conséquence son bénéficiaire à signer les mandats de vente pour le compte de l'agent immobilier (Cass. 1e civ. 3-11-2016 nº 15-23.234 FS-PB : BPIM 6/16 inf. 420).

Conditions de l'habilitation En principe, seules les **personnes physiques** peuvent être habilitées à négocier ou à démarcher pour le compte du titulaire de la carte professionnelle d'agent immobilier (Décret 72-678 du 20-7-1972 art. 9, al. 1). Le Conseil d'État s'est prononcé dans ce sens (CE 9-6-2006 nº 262639 : JCP G 2006 II nº 10161). La chambre commerciale de la Cour de cassation considère au contraire que l'agent immobilier a la possibilité d'habiliter une personne morale dès lors que celle-ci est elle-même titulaire de la carte professionnelle (Cass. com. 17-5-2023 nº 21-23.533 FS-B : BPIM 4/23 inf. 281 ; solution confirmée par trois arrêts, Cass. com. 10-1-2024 nos 22-21.940 F-D, 21-21.942 F-D et 22-23.037 F-D : BPIM 2/24 inf. 143). Quant à la première chambre civile de la Cour de cassation, elle estime que l'attestation ne peut pas être délivrée à une personne morale si celle-ci n'est pas titulaire de la carte professionnelle d'agent immobilier (Cass. 1e civ. 8-2-2005 nº 02-10.643 F-D). Dans un arrêt plus récent, la première chambre civile a admis que, lorsqu'un mandat d'agent commercial est confié à une personne physique, celle-ci peut, sous réserve que le mandat le prévoie, se substituer une personne morale si cette dernière est titulaire de la carte professionnelle (Cass. 1e civ. 3-2-2021 nº 19-21.403 FS-P). Cette divergence d'interprétation mériterait une clarification législative. 90907

Selon une réponse ministérielle, un négociateur indépendant qui exerce son activité sous le statut d'EIRL fait partie des personnes qui peuvent être habilitées (Rép. Domergue : AN 21-12-2010 nº 87875).

ATTENTION

Pour pouvoir être habilité, le collaborateur ne doit pas être frappé d'une **incapacité ou interdiction d'exercer** (nos 90560 s.). Ces dispositions ont un caractère impératif, que le négociateur soit salarié ou agent commercial inscrit en tant que tel au registre des agents commerciaux (Circ. de la Direction des affaires civiles et du Sceau du 16-10-2008 n° NOR : JUSC0822823C). Pour vérifier que le demandeur n'est pas frappé d'une des incapacités ou interdictions d'exercer, le président de la chambre de commerce et d'industrie compétente demande un bulletin n° 2 de l'intéressé au casier judiciaire national (Décret 72-678 du 20-7-1972 art. 3, II sur renvoi de l'art. 9, al. 2).

90910 La loi Alur du 24 mars 2014 a prévu que les personnes désirant être habilitées devaient justifier d'une **compétence professionnelle** dans des conditions définies par décret en Conseil d'État (Loi 70-9 du 2-1-1970 art. 4 modifié). Près de 11 ans plus tard, ce décret n'ayant pas encore été publié, aucune compétence particulière n'est actuellement exigée des personnes habilitées. Saisi par la Fédération nationale de l'immobilier, le Conseil d'État a enjoint au Premier ministre de publier le décret fixant la formation initiale des collaborateurs des agents immobiliers dans un délai de 6 mois à compter de la notification de sa décision (CE 25-2-2025 n° 492640, Fédération nationale de l'immobilier : BPIM 2/25 inf. 112). Afin de sécuriser la situation des personnes disposant de l'habilitation à la date d'entrée en vigueur du décret à paraître, la loi 2008-1021 du 23 novembre 2008 a modifié l'article 4 de la loi Hoguet et prévu que ces personnes seraient réputées justifier de cette compétence professionnelle (Loi 70-9 du 2-1-1970 art. 4, dernier al.).

L'article 5 du Code de déontologie applicable aux agents immobiliers précise que lorsqu'il habilite un négociateur, le titulaire de la carte doit veiller à ce que cette personne remplisse toutes les conditions fixées par la loi et les règlements et qu'elle présente toutes les compétences et les qualifications nécessaires au bon accomplissement de sa mission.

Les personnes habilitées sont soumises à la même obligation de **formation continue** que les titulaires de la carte professionnelle (Loi 70-9 du 2-1-1970 art. 3-1 ; Décret 2016-173 du 18-2-2016 art. 1, 3°) ; voir nos 90700 s.

ATTENTION

Le fait de négocier, s'entremettre ou prendre des engagements pour le compte du titulaire d'une carte professionnelle sans y avoir été habilité est passible de **sanctions pénales** : 6 mois d'emprisonnement et 7 500 € d'amende (Loi 70-9 du 2-1-1970 art. 14, dernier al.). Il fait également perdre tout droit à **rémunération** (Cass. 1e civ. 5-4-2012 n° 11-15.569 F-PBI : Bull. civ. I n° 81) ou à **indemnisation** (Cass. 3e civ. 11-5-2023 n° 22-11.842 F-D).

HABILITATION D'UN AGENT COMMERCIAL

90920 **Conditions d'application du statut d'agent commercial** Les personnes habilitées qui ne sont **pas salariées** relèvent du régime des agents commerciaux visé aux articles L 134-1 à L 134-17 du Code de commerce (Loi 70-9 du 2-1-1970 art. 4). Ce sont des mandataires indépendants chargés de négocier et, éventuellement, de conclure des contrats au nom et pour le compte de leur mandant (Cass. com. 15-1-2008 n° 06-14.698 FS-PB : RJDA 4/08 n° 396). Les conditions de leur rémunération par l'agent immobilier sont encadrées par les dispositions visées aux articles L 134-6 à L 134-10 du Code de commerce.

Le statut d'agent commercial est applicable aux négociateurs immobiliers **personnes physiques ou personnes morales.** L'application du statut d'agent commercial ne dépend ni de la volonté exprimée par les parties dans le contrat ni de la dénomination qu'elles ont donnée à leur convention, mais des conditions dans lesquelles l'activité est effectivement exercée (Cass. com. 19-10-2022 n° 21-21.378 F-D : RJDA 1/23 n° 20). La Cour de cassation a réaffirmé la solution lorsque la personne habilitée est une personne morale titulaire de la carte professionnelle (Cass. com. 17-5-2023 n° 21-23.533 FS-B : BPIM 4/23 inf. 281). Le mandataire immobilier peut donc être une personne morale qui bénéficie alors du statut protecteur des agents commerciaux (trois arrêts, Cass. com. 10-1-2024 nos 22-21.940 F-D, 22-23.037 F-D et 22-21.942 F-D : BPIM 2/24 inf. 143).

90925 **Régime du statut d'agent commercial** Le statut des agents commerciaux est le suivant :

– ils doivent être **immatriculés** sur le registre spécial des agents commerciaux tenu au greffe du tribunal de commerce dans le ressort duquel ils sont domiciliés (C. com. art. R 134-6, al. 1) ;

– ils n'ont pas à être titulaires de la carte professionnelle d'agent immobilier, mais doivent justifier de l'**attestation d'habilitation** professionnelle (n° 90905) délivrée par leur mandant, titulaire de la carte professionnelle (Avis Cass. 1e civ. 28-4-2011 n° 10-30.087 FS-PB : BPIM 3/11 inf. 256).

Ils ne peuvent exercer, en qualité d'agent commercial, des activités de prospection immobilière pour le compte du mandant que si ce dernier est titulaire de la carte professionnelle d'agent immobilier (voir n° 90165) ;

– les dispositions de la loi Hoguet relatives à l'**incapacité d'exercer** des activités d'entremise et de gestion des immeubles et fonds de commerce leur sont applicables (Loi 70-9 du 2-1-1970 art. 4) ;

– ils ne sont pas soumis à l'obligation de solliciter la **garantie financière** imposée au titulaire de la carte professionnelle puisque l'article 4, 1° de la loi Hoguet leur interdit de recevoir ou détenir des sommes d'argent, des biens, des effets ou des valeurs ou d'en disposer à l'occasion des opérations de prospection immobilière qu'ils réalisent (Avis Cass. 1e civ. 28-4-2011 n° 10-30.087 FS-PB précité). Mais ils doivent contracter une **assurance en responsabilité civile** professionnelle contre les conséquences pécuniaires de leur responsabilité civile professionnelle et en justifier à tout moment (Loi 70-9 du 2-1-1970 art. 4 ; Décret 72-678 du 20-7-1972 art. 49). Un arrêté fixe les conditions minimales de ce contrat et détermine la forme du justificatif d'assurance devant être remis au président de la chambre de commerce et d'industrie compétente lors de la demande de délivrance ou de renouvellement de la carte professionnelle ou du visa de l'attestation d'habilitation (Arrêté du 1-9-1972 modifié) ;

– il leur est interdit de donner des **consultations juridiques,** de rédiger des actes sous signature privée, à l'exception de mandats conclus au profit du titulaire de la carte professionnelle (Loi 70-9 du 2-1-1970 art. 4, 2°) ;

– ils ne peuvent pas assurer la **direction** d'un établissement, d'une succursale, d'une agence ou d'un bureau (Loi 70-9 du 2-1-1970 art. 4, 3°).

> Précisions **a.** Même qualifié par les parties de « **mandat d'agent commercial** », un contrat conclu entre une agence immobilière et un mandataire peut ne pas être soumis au statut des agents commerciaux s'il est établi que le mandataire **exerce en réalité l'activité d'agent immobilier.** Tel est le cas si le mandataire négocie des ventes pour le compte de l'agent immobilier, perçoit des commissions sur les ventes et les locations et procède lui-même aux négociations conduisant à la signature des actes (Cass. 1e civ. 17-2-2011 n° 10-13.980 F-PBI : Bull. civ. I n° 28).
b. Le **Code de déontologie** applicable aux professionnels soumis à la loi Hoguet prévoit que le titulaire de la carte professionnelle doit veiller à ce que le collaborateur habilité non salarié soit inscrit sur le registre spécial des agents commerciaux et ait souscrit une assurance contre les conséquences pécuniaires de sa responsabilité civile (C. déont. art. 5).

3. RÉCEPTION ET DÉTENTION DE FONDS

MANIEMENT DES FONDS

La réception des versements ou remises faits par les clients à l'agent immobilier est **strictement réglementée.** Elle est interdite aux agents immobiliers qui déclarent dans leur demande de carte professionnelle ne vouloir recevoir aucun fonds, effet ou valeur (Loi 70-9 du 2-1-1970 art. 3, 2°). Pour les autres, la possibilité de recevoir des fonds dépend de la rédaction du mandat qu'ils ont reçu. **90960**

Ainsi, le **titulaire** de la **carte** portant la mention « **Transactions** » n'est autorisé à recevoir ou à détenir des fonds, biens, effets ou valeurs, à quelque titre que ce soit, ou à en disposer que dans la mesure et selon les modalités stipulées dans le mandat (Décret 72-678 du 20-7-1972 art. 76 ; Cass. 1e civ. 3-2-1993 n° 90-10.103 : Bull. civ. I n° 46). À défaut d'une telle clause, le mandat n'est pas nul, mais l'agent immobilier n'est pas autorisé à recevoir des fonds relatifs à l'opération. Ainsi, le versement au notaire, par l'agent immobilier, des fonds qu'il a lui-même prêtés au bénéficiaire d'une promesse de vente pour payer l'indemnité d'immobilisation est illicite s'il ne détient pas de mandat l'y autorisant ; le versement étant illicite mais pas immoral, l'agent immobilier est néanmoins en droit d'obtenir la restitution de la somme qu'il a prêtée (Cass. 1e civ. 26-9-2018 n° 16-25.184 FS-PB : BPIM 6/18 inf. 450, l'agent immobilier ne détenait qu'un mandat de vente du promettant).

L'agent immobilier n'a pas le droit non plus de recevoir, même occasionnellement, des sommes liées à des opérations de location, tels que loyers, charges, indemnités d'occupation, cautionnement, prestations, avances sur travaux (Décret 72-678 du 20-7-1972 art. 54).

Quant au **titulaire** de la **carte** portant la mention « **Gestion** », il peut recevoir de tels versements s'il détient un mandat écrit l'y autorisant, celui-ci n'étant toutefois pas nécessaire si l'intéressé représente la personne morale qu'il administre (syndicat de copropriétaires, société, association) (Décret 72-678 du 20-7-1972 art. 64). En outre, il peut, à titre occasionnel et sous certaines conditions, recevoir des fonds provenant d'autres opérations, même d'une vente (Décret 72-678 du 20-7-1972 art. 69).

RÉCEPTION DES FONDS

90965 **Reçu et registre-répertoire** Tous les versements et remises ne constituant **ni une rémunération ni des honoraires** donnent lieu à la délivrance d'un reçu conforme au modèle fixé par arrêté du 1er septembre 1972 (JO 28 p. 10224). Un double de ce reçu est conservé dans le carnet de reçus ; le garant peut en exiger un exemplaire (Décret 72-678 du 20-7-1972 art. 52). Le reçu peut être établi par voie électronique dans les conditions prescrites par les articles 1365 et suivants du Code civil (Décret 72-678 du 20-7-1972 art. 53).

Les versements ou remises ne constituant ni une rémunération ni des honoraires doivent également être immédiatement mentionnés sur un **registre-répertoire** relié et coté sans discontinuité, et conforme au modèle fixé par l'arrêté du 1er septembre 1972 susvisé ; le garant peut à tout moment en demander communication (Décret 72-678 du 20-7-1972 art. 51, dernier al.). Le registre-répertoire peut être établi par voie électronique dans les conditions prescrites par les articles 1366 et suivants du Code civil (Décret 72-678 du 20-7-1972 art. 53).

ATTENTION

Les titulaires de la carte « Transactions » ou « Marchand de listes » ayant **déclaré ne recevoir aucun fonds en dehors de leurs honoraires** sont quand même tenus à l'ouverture d'un registre-répertoire et d'un carnet de reçus (Circ. de la Direction des affaires civiles et du Sceau NOR : JUSC0822823C du 16-10-2008 : BO min. justice 2008/6 n° 24).

90980 **Compte bancaire** L'agent immobilier garanti par un établissement de crédit ou une entreprise d'assurance doit ouvrir à son nom dans une banque un **compte spécialement affecté** aux versements et remises provenant de tiers, mais sur lequel ne transitent pas les sommes représentatives des rémunérations ou honoraires. Il ne peut être ouvert qu'un seul compte de cette nature (Décret 72-678 du 20-7-1972 art. 55). Il ne s'agit pas d'un compte bloqué, mais d'un compte à affectation spéciale et utilisation exclusive.

Tous les **versements** doivent obligatoirement être faits par chèques à l'ordre de l'établissement de crédit où le compte est ouvert, par virements, par mandats à l'ordre de cet établissement ou par carte de paiement (Décret 72-678 du 20-7-1972 art. 56). Cette liste est limitative.

Les **retraits des fonds** ne peuvent être faits que par virement, délivrance d'un chèque barré ou, s'il s'agit de valeurs ou d'effets, récépissé de retrait (Décret 72-678 du 20-7-1972 art. 57). En cas de cessation de la garantie, l'établissement de crédit qui tient le compte doit s'opposer à tout retrait qui ne serait pas avalisé par le garant (Décret 72-678 du 20-7-1972 art. 58).

> Précisions a. Le dépôt de garantie exigible lors du contrat préliminaire à une **vente d'immeuble à construire** est déposé à un compte ouvert au nom du déposant (le réservataire). Dès lors, il ne s'agit pas d'un versement à l'agent immobilier. En conséquence, il n'y a pas lieu de le verser sur le compte spécial de ce dernier (Rép. Sanglier : Sén. 6-9-1977 p. 2174).
b. Les titulaires de la carte « Transactions » ou « Marchand de listes » ayant déclaré sur l'honneur ne recevoir aucun fonds en dehors de leurs honoraires sont **dispensés d'ouvrir un compte spécial** (voir n° 90320).

4. TENUE D'UN REGISTRE DES MANDATS

91020 L'agent immobilier doit inscrire tous les mandats qu'il reçoit, par **ordre chronologique,** sur un **registre unique coté sans discontinuité** qui peut être tenu sous forme électronique dans les conditions prescrites par les articles 1366 et suivants du Code civil. Le modèle de registre est défini par un arrêté du 15 septembre 1972. Les mandats sont numérotés et leur numéro doit figurer sur l'exemplaire remis au mandant (Décret 72-678 du 20-7-1972 art. 65 et 72).

Il a été jugé que l'agent immobilier qui tient un registre non paginé (Cass. 1e civ. 15-5-2015 n° 14-15.993 F-D) ou qui tient un registre pour les mandats de vente et un autre pour les mandats de recherche (Cass. 1e civ. 10-12-2014 n° 13-24.352 F-PB : BPIM 1/15 inf. 83) contrevient à l'obligation de tenue d'un registre unique coté sans discontinuité. De même, la formalité d'enregistrement des mandats par ordre chronologique sur le registre des mandats doit être considérée comme n'ayant pas pu être régulièrement accomplie lorsque le mandat est dépourvu de date certaine, ce qui est le cas du mandat retourné par l'agence au mandant par courrier simple (Cass. 1e civ. 28-9-2016 n° 15-19.313 F-PB : BPIM 6/16 inf. 421). En revanche, le mandat signé par le mandant à la date de l'inscription du mandat au registre des mandats n'est pas dépourvu de date certaine même s'il n'est pas encore signé par le mandataire, cet enregistrement valant acceptation du mandat par ce dernier (Cass. 3e civ. 21-11-2024 n° 22-22.925 F-D).

91030 Le **non-respect des règles** de forme de tenue du registre des mandats est **sanctionné par** la nullité du **mandat,** ce qui fait perdre à l'agent immobilier son droit à **commission**

(Cass. 1e civ. 16-10-2001 n° 99-16.920 : BPIM 1/02 inf. 82, nullité du mandat pour défaut d'indication de son numéro d'inscription sur le registre des mandats) ainsi que le droit de demander des **dommages-intérêts** pour une vente non réalisée alors que l'agent avait trouvé un acquéreur aux conditions requises par le vendeur (Cass. 1e civ. 3-2-2004 n° 01-17.763 FS-PB : BPIM 2/04 inf. 132). Pour plus de précisions sur les effets et la nature de la nullité du mandat, voir n° 91201.

5. INFORMATION DU CONSOMMATEUR

INFORMATION PRÉCONTRACTUELLE

Si le client est un consommateur au sens du Code de la consommation, l'agent immobilier doit, **avant la conclusion d'un mandat,** lui communiquer un certain nombre d'informations, notamment : les caractéristiques essentielles du bien ou du service proposé, le prix du service, les modalités de paiement et d'exécution de la prestation, les fonctionnalités du contenu numérique ou la possibilité de recourir à un médiateur de la consommation, le nom (ou la dénomination sociale), l'adresse de l'établissement et du siège social, le numéro de téléphone et l'adresse électronique (C. consom. art. L 111-1 et R 111-1). Pour rappel, le **consommateur** est une « personne physique qui agit à des fins qui n'entrent pas dans le cadre de son activité commerciale, industrielle, artisanale, libérale ou agricole » (C. consom. art. liminaire). **91075**

MENTIONS SUR LES DOCUMENTS PROFESSIONNELS

L'agent immobilier doit faire figurer certaines indications sur tous les documents, **contrats** et **correspondances** à usage professionnel. **91080**

Outre certaines mentions requises par le droit des sociétés (forme sociale, capital social, mention RCS, numéro d'identification), doivent être indiqués le numéro et le lieu de délivrance de la carte professionnelle, le nom de l'entreprise et l'activité exercée ainsi que, le cas échéant, le nom et l'adresse du garant. Ces indications ne doivent être accompagnées d'aucune mention pouvant faire croire à une assermentation, inscription, commission, accréditement ou agrément, ou encore habilitation (Décret 72-678 du 20-7-1972 art. 92).

Si l'agent immobilier a déclaré sur l'honneur ne pas recevoir de fonds à l'occasion de ses opérations en dehors de ses honoraires, il doit l'indiquer de façon très apparente (Décret 72-678 du 20-7-1972 art. 94).

En cas d'utilisation d'un **support électronique,** l'agent immobilier doit porter les mentions suivantes : ses nom et prénoms s'il s'agit d'une personne physique ou sa raison sociale s'il s'agit d'une personne morale, son adresse d'établissement, de courrier électronique et ses coordonnées téléphoniques, le numéro de son inscription au registre du commerce et des sociétés ou au répertoire des métiers, son capital social et l'adresse de son siège social, son numéro individuel d'identification à la TVA, si son activité est soumise à autorisation, le nom et l'adresse de l'autorité ayant délivré celle-ci, la référence aux règles professionnelles applicables, son titre professionnel, l'État membre dans lequel il a été octroyé ainsi que le nom de l'ordre ou de l'organisme professionnel auprès duquel il est inscrit (Loi 2004-575 du 21-6-2004 art. 19).

AFFICHAGE DANS L'AGENCE ET PUBLICATION SUR INTERNET

Mentions professionnelles Dans les locaux de réception de la clientèle doit être **apposée en évidence** une affiche indiquant le numéro de la carte professionnelle ainsi que, le cas échéant, le montant de la garantie, le nom et l'adresse du garant (Décret 72-678 du 20-7-1972 art. 93). **91083**

Si l'agent immobilier a déclaré sur l'honneur ne **pas recevoir de fonds** à l'occasion de ses opérations en dehors de ses honoraires, une affiche spéciale doit en porter mention en caractères très apparents (Décret 72-678 du 20-7-1972 art. 94).

Pour les titulaires de la **carte** portant la mention « **Transactions** » ou « **marchand de listes** », il doit aussi être indiqué l'établissement bancaire et le numéro du compte où doivent être effectués les versements ainsi que les modes obligatoires des versements ; doivent également être reproduites les dispositions de l'alinéa 1 de l'article 52 précisant que tous les versements doivent donner lieu à un reçu et qu'un double du reçu est conservé dans un carnet de reçus (Décret 72-678 du 20-7-1972 art. 93, dernier al.).

Affichage des prix Les prix maximums toutes taxes comprises effectivement pratiqués, avec l'indication du redevable du paiement de la rémunération pour chaque prestation, doivent également figurer sur le **site internet** des professionnels et être **affichés de façon visible et lisible** (Arrêté ECFC1638733A du 10-1-2017 art. 2) : **91085**

– à l'entrée des établissements recevant de la clientèle ;

– depuis l'extérieur sur la vitrine des établissements dans le même format et au même emplacement que celui normalement alloué aux annonces de vente ou de location ;

– sur chaque vitrine publicitaire située hors de l'établissement.

Lorsque ces prix sont fixés en fonction de la valeur du bien vendu ou du montant du loyer, l'affichage doit indiquer le ou les montants prélevés, en précisant, le cas échéant, les tranches de prix maximums correspondantes, et faire apparaître tous les éléments permettant de calculer les prix maximums. Le cas échéant, une mention intelligible et figurant en caractères très apparents précise le caractère cumulatif des tranches entre elles (Arrêté ECFC1638733A du 10-1-2017 art. 2).

L'arrêté du 10 janvier 2017 ne s'applique pas aux personnes physiques ou morales qui interviennent en tant que **simples supports des annonces** immobilières (Arrêté ECFC1638733A du 10-1-2017 art. 1).

Tout **manquement à l'obligation** générale **d'information** des consommateurs sur les prix est sanctionné par une amende administrative pouvant atteindre 3 000 € pour une personne physique et 15 000 € pour une personne morale (C. consom. art. L 131-5, al. 1).

CONSEIL

Pour se prémunir contre le risque d'amende, l'agent immobilier peut demander à la DGCCRF un **avis sur la conformité de l'affichage** de ses prix à la réglementation en vigueur (rescrit). La demande doit être faite à l'aide du formulaire Cerfa n° 15787*01 (https://www.service-public.gouv.fr/particuliers/vosdroits/R66158) auquel doit être jointe une photo de l'affichage des prix. Les documents doivent être envoyés à la Direction régionale de l'économie, de l'emploi, du travail et des solidarités (DREETS) de laquelle dépend le siège de l'activité de l'agent immobilier (Arrêté ECOC1710921A du 9-8-2017). Cette dernière a deux mois à compter de la réception du dossier complet pour se prononcer (C. consom. art. R 112-3). À défaut de réponse écrite, la demande est considérée comme rejetée.

PUBLICITÉS COMMERCIALES

91086 **Mention du prix** Toute publicité effectuée par un agent immobilier relative à la **vente** d'un bien immobilier, quel que soit le support utilisé, doit comporter (Loi 70-9 du 2-1-1970 art. 6-1 ; Arrêté ECFC1638733A du 10-1-2017 art. 3) :

– le prix de vente du bien comprenant obligatoirement les honoraires du professionnel lorsqu'ils sont à la charge de l'acquéreur ; le prix doit être exprimé à la fois honoraires inclus (en gros caractères) et honoraires exclus (en caractères plus petits). Le prix ne peut en aucun cas inclure la part des honoraires à la charge du vendeur ;

– le montant toutes taxes comprises (TTC) des honoraires de l'agent immobilier à la charge de l'acquéreur exprimé en pourcentage du prix de vente précédé de la mention « Honoraires » ;

– l'indication de celui du vendeur ou de l'acquéreur à qui incombe le paiement des honoraires à l'issue de la réalisation de la transaction. La DGCCRF considère que la pratique répandue consistant à annoncer les honoraires à la charge du vendeur pour ensuite les transférer à l'acquéreur est prohibée et est susceptible de constituer une pratique commerciale douteuse.

Toute publicité relative à la **location ou la sous-location,** quel que soit le support utilisé, doit comporter (Loi 70-9 du 2-1-1970 art. 6-1 ; Arrêté ECFC1638733A du 10-1-2017 art. 4 modifié) :

– le montant TTC des honoraires de l'agent immobilier mis à la charge du locataire, suivi ou précédé de la mention « honoraires charge locataire » pouvant être abréviée en « HCL » sur les supports physiques ;

– le montant du loyer mensuel, augmenté le cas échéant du complément de loyer et des charges récupérables, suivi de la mention « par mois » et, s'il y a lieu, de la mention « charges comprises ». Celles-ci peuvent respectivement être abréviées en « /mois » et « CC » sur les supports physiques ;

– la commune et l'arrondissement dans lesquels se situe le bien, sa surface habitable au sens de l'article R 111-2 du Code de la construction et de l'habitation (article R 156-1 du Code de la construction et de l'habitation suite à l'abrogation de l'article R 111-2), le montant et les modalités de règlement des charges récupérables, le montant du dépôt de garantie, le montant TTC des honoraires à la charge du locataire dus au titre de la réalisation de l'état des lieux, le cas échéant, le caractère meublé de la location et, pour les biens situés dans les villes où s'applique le plafonnement du loyer, le montant du loyer de référence majoré précédé de la mention « loyer de référence majoré (loyer de base à ne pas dépasser) », le montant du loyer de base précédé de la mention « loyer de base » et, le cas échéant, le montant du complément de loyer exigé, précédé de la mention « complément de loyer ». Ces montants sont précédés de la mention « zone soumise à encadrement des loyers ». La taille des caractères du montant du loyer mensuel est plus importante que celle du loyer de référence majoré, du loyer de base et du complément de loyer.

Si l'agent immobilier a déclaré sur l'honneur **ne recevoir aucun fonds** à l'occasion de ses opérations en dehors de ses honoraires, il doit l'indiquer dans les publicités commerciales (Décret 72-678 du 20-7-1972 art. 94).

Mention du statut du collaborateur Les publicités relatives à la vente ou à la location proposées par des **personnes non salariées habilitées** par un agent immobilier titulaire de la carte professionnelle doivent, en outre, mentionner que ces personnes exercent sous le statut d'agent commercial (Loi 70-9 du 2-1-1970 art. 6-2). Le non-respect de cette obligation est sanctionné par une amende prévue à l'article 131-13 du Code pénal de 1 500 € pouvant être portée à 3 000 € en cas de récidive (Loi 70-9 du 2-1-1970 art. 17-2). **91087**

Autres mentions obligatoires L'annonce relative à la **vente** d'un lot ou d'une fraction de **lot de copropriété** doit contenir un certain nombre de mentions fixées par l'article L 721-1 du Code de la construction et de l'habitation (voir n° 37040). **91088**

Toute annonce de **vente ou** de **location** publiée dans la presse ou sur Internet ou affichée dans les locaux de l'agence immobilière doit faire apparaître le **classement du bien** au regard de sa **performance énergétique** et de sa performance en matière d'émissions de gaz à effet de serre et, pour les biens immobiliers à usage d'habitation, le montant des dépenses théoriques de l'ensemble des usages énumérés dans le diagnostic de performance énergétique (CCH art. L 126-33, I). L'obligation de mentionner le classement du bien vendu ne s'applique pas aux ventes d'immeubles à construire (CCH art. R 126-25). Tout manquement par un professionnel à l'obligation d'information est passible d'une amende administrative. Les annonces immobilières des biens classés F ou G (« passoires thermiques ») doivent indiquer : « Logement à consommation énergétique excessive : classe F/ classe G » (Arrêté LOGL2135032A du 22-12-2021) ; sur cette question, voir n°s 44625 s.

Toute annonce de **vente ou** de **location** d'un bien immobilier devant faire l'objet d'un état des **risques naturels et technologiques** doit, conformément à l'article L 125-5, I du Code de l'environnement, comporter une mention précisant que : « les informations sur les risques auxquels ce bien est exposé sont disponibles sur le site Géorisques : www.georisques.gouv.fr » (C. envir. art. L 125-5, I bis-al. 1 et R 125-25, I). En outre, si la vente porte sur un terrain concerné par l'obligation légale de **débroussaillement,** une fiche d'information (disponible sur le site www.georisques.gouv.fr) doit être produite dès l'annonce immobilière (C. envir. art. R 125-23).

LIENS DE NATURE JURIDIQUE OU CAPITALISTIQUE

Lorsque les agents immobiliers proposent à leurs clients les **services d'une entreprise,** ils sont tenus de les informer, avant la conclusion de tout contrat, des éventuels liens directs de nature capitalistique ou des liens de nature juridique qu'ils ont avec cette entreprise. Cette obligation d'information s'applique également lorsque les agents immobiliers proposent à leurs clients les services d'un **établissement bancaire** ou d'une **société financière** (Loi 70-9 du 2-1-1970 art. 4-1). Cette obligation est rappelée par le Code de déontologie applicable aux agents immobiliers (C. déont. art. 9, 5°). L'information doit être effectuée dans un écrit présenté de manière lisible et compréhensible qui doit être adressé au client en même temps que la proposition de services. La preuve de la délivrance de cette information peut être faite par tout moyen (Décret 72-678 du 20-7-1972 art. 95-2). **91089**

Les personnes **visées par cette obligation** sont non seulement les agents immobiliers titulaires de la carte (ou leurs représentants légaux ou statutaires), mais également les établissements, succursales, agences, bureaux et les personnes habilitées intervenant pour les clients (Loi 70-9 du 2-1-1970 art. 4-1). Pour permettre aux agents immobiliers de remplir leur obligation, la loi impose aux personnes habilitées et aux dirigeants des établissements, succursales, agence ou bureau de les informer des éventuels liens qu'ils ont avec une entreprise dont les titulaires de la carte proposent les services à leurs clients.

Tout **manquement à l'obligation d'information** est passible, pour le titulaire de la carte professionnelle, de 6 mois d'emprisonnement et 7 500 € d'amende (Loi 70-9 du 2-1-1970 art. 14, d).

6. CONSERVATION DES DOCUMENTS PROFESSIONNELS

Les titulaires de la **carte** portant la mention « **Transactions** » doivent conserver pendant au moins 10 ans : le registre-répertoire, les carnets de reçus et l'état spécial de mise en service de ces carnets, les mandats et le registre des mandats, les conventions, les relevés des comptes garantis et les copies des avis de versements faits au propriétaire (Décret 72-678 du 20-7-1972 art. 72 et 86). **91100**

Pour les titulaires de la carte portant la mention « **Gestion immobilière** », l'obligation de conservation décennale porte sur le livre de caisse, les livres de banques, le registre des mandats, les conventions, les relevés des comptes bancaires et les copies des documents constatant les redditions de comptes (Décret 72-678 du 20-7-1972 art. 86).

> Précisions Les articles 6 de la loi du 2 janvier 1970, 72 et 86 du décret du 20 juillet 1972 imposent à l'agent immobilier de conserver un original de la convention pendant 10 ans. Par dérogation aux dispositions de l'article 2004 du Code civil, l'agent immobilier ne peut donc pas être contraint de **restituer au client** l'exemplaire du **mandat** qu'il détient pendant le délai de 10 ans en cas de **révocation de celui-ci.** Le client peut seulement exiger que la mention de la révocation soit apposée sur l'exemplaire du mandat (Cass. 1e civ. 19-2-2002 no 99-15.606 FS-P : BPIM 2/02 inf. 149).

7. CONFIDENTIALITÉ, PROTECTION DES DONNÉES ET DÉONTOLOGIE

SECRET PROFESSIONNEL

91120 Les agents immobiliers sont tenus au respect de la confidentialité des données dont ils ont connaissance dans l'exercice de leurs activités (Loi 70-9 du 2-1-1970 art. 4-3). Cette obligation **ne fait pas obstacle,** toutefois, à la divulgation de certaines informations, telles que l'obligation de déclaration de soupçon en matière de blanchiment (voir no 91130), le signalement d'un habitat manifestement indigne ou la communication aux copropriétaires de tout élément nécessaire au bon fonctionnement du syndicat (Loi 70-9 du 2-1-1970 art. 4-3). Le Code de déontologie précise que les agents immobiliers ne sont pas tenus à l'obligation de confidentialité lorsque des dispositions légales ou réglementaires les obligent ou les autorisent à les communiquer, notamment lorsqu'ils sont tenus de témoigner en justice, lorsque les personnes intéressées les délient de cette obligation et dans l'exercice de leur défense en matière judiciaire ou disciplinaire (C. déont. art. 7).

La loi Hoguet ne prévoit aucune **sanction,** mais le manquement à l'obligation de confidentialité est susceptible de sanctions pénales (C. pén. art. 226-13), voire civiles s'il en résulte un préjudice.

PROTECTION DES DONNÉES PERSONNELLES

91122 **Respect du RGPD** La loi Informatique et libertés du 6 janvier 1978 et le décret du 29 mai 2019 imposent aux professionnels de l'Union européenne des obligations en matière de protection des données à caractère personnel des **personnes physiques** (Loi 78-17 du 6-1-1978 modifiée ; Décret 2019-536 du 29-5-2019).

Ils doivent **se mettre en conformité** avec le règlement général sur la protection des données (RGPD) et organiser un système de protection des données personnelles, ce qui suppose notamment de :

– respecter les grands principes du règlement lors de la collecte, du traitement et de la conservation des données personnelles : définition des objectifs du fichier, collecte des données strictement nécessaires à la réalisation de cet objectif, suppression des données une fois l'objectif poursuivi atteint, sécurisation et confidentialité des données collectées, mise en place d'un droit d'accès aux données collectées et de rectification pour les personnes concernées ;

– désigner un « délégué à la protection des données personnelles » indépendant chargé de les informer et les conseiller sur la réglementation en vigueur et de s'assurer du respect de celle-ci ;

– mettre en place un registre répertoriant les traitements des données personnelles de chaque client, salarié ou prestataire.

> Précisions L'**obligation de supprimer les données,** une fois l'objectif poursuivi atteint, pose un problème d'articulation avec l'**impératif contraire de conserver les données,** par exemple en raison des obligations antiblanchiment (no 91130) ou le temps de la prescription en cas d'action pénale ou civile engagée contre l'agent immobilier (nos 91680 s.). Le Conseil d'État a précisé que la durée de conservation des données ne doit pas excéder celle nécessaire à la réalisation de la finalité du traitement sans qu'aucune solution d'archivage intermédiaire, qui permette de conserver les données nécessaires à la gestion d'un éventuel contentieux, ne soit mise en place (CE 4-11-2020 no 433311). Une fois l'objectif poursuivi (le mandat terminé), il convient donc de mettre en place une solution d'archivage intermédiaire dans lequel les données et les accès sont limités à ce qui est nécessaire au respect de l'obligation de conservation.

91123 **Sanctions** Le manquement aux obligations en matière de protection des données peut conduire à un **rappel** à l'agent immobilier de ses **obligations légales** ou à des sanctions **administratives** prononcées par la Cnil (avertissement, mise en demeure, limitation temporaire ou définitive du traitement, suspension des flux de données, injonction d'avoir à satisfaire aux demandes d'exercice des droits des personnes ou à la rectification, la limitation ou l'effacement des données). Les amendes administratives peuvent s'élever, selon la catégorie de l'infraction, de 10 à 20 millions d'euros, ou, dans le cas d'une entreprise, de 2 à 4 % du chiffre d'affaires annuel mondial, le montant le plus élevé étant retenu (Loi 78-17 du 6-1-1978 art. 20).

ILLUSTRATIONS

La Cnil a condamné une société spécialisée dans la promotion immobilière, l'achat, la vente, la location et la gestion immobilière à une amende administrative de 400 000 € pour ne pas avoir mis en œuvre les mesures techniques et organisationnelles appropriées afin de garantir la sécurité des données personnelles traitées (Cnil délib. n° 2019-005 du 28-5-2019). En l'espèce, l'accès aux documents conservés par la société traduisait une conception défectueuse du site, caractérisée par l'absence de mise en place d'une procédure d'authentification des utilisateurs. La simple modification d'une valeur dans l'adresse URL permettait à toute personne de télécharger les documents personnels concernant des tiers. En outre, la société conservait en base active les données à caractère personnel des candidats n'ayant pas accédé à la location pour une durée excédant dans des proportions importantes celle nécessaire à la réalisation de la finalité du traitement, à savoir l'attribution de logements, sans qu'aucune solution d'archivage intermédiaire n'ait été mise en place.

DÉONTOLOGIE

Code de déontologie La loi Alur du 24 mars 2014 et le décret du 28 août 2015 ont mis en place un Code de déontologie **définissant les obligations de probité,** de **moralité** et de **compétence** applicables aux professionnels de l'immobilier soumis à la loi Hoguet, autrement dit aux agents immobiliers, syndics de copropriété, administrateurs de biens et marchands de listes (Loi 70-9 du 2-1-1970 art. 13-1 ; Décret 2015-1090 du 28-8-2015). **91124**

Le Code de déontologie **impose** aux agents immobiliers de respecter l'**éthique professionnelle** en exerçant leur profession avec conscience, dignité, loyauté, sincérité et probité (art. 2). Ils sont tenus, notamment :

– d'agir dans le strict **respect** des **lois,** des **règlements** et du **Code de déontologie** (art. 3). Ils s'obligent à ne commettre aucune discrimination, à veiller au respect des règles sur le blanchiment et aux dispositions de la loi relative à l'informatique, aux fichiers et aux libertés, à refuser leur concours à l'élaboration d'actes frauduleux ;

– à une obligation de **compétence** et doivent s'assurer que les collaborateurs qu'ils habilitent à négocier, s'entremettre ou s'engager pour leur compte et les directeurs d'établissement qu'ils nomment remplissent les compétences et les qualifications nécessaires au bon accomplissement de leur mission. À défaut d'avoir les compétences requises, ils doivent refuser la mission ou faire appel à une personne qualifiée dont ils auront vérifié le professionnalisme, tout en informant le client de l'externalisation de la prestation (art. 4) ;

– d'assurer la **direction effective** de leur entreprise et de leurs établissements, sous réserve de leur faculté de nommer des directeurs d'établissement (art. 5) ;

– à une obligation de **transparence** leur imposant de donner une information exacte, intelligible et complète de leurs activités professionnelles. Par exemple, lorsqu'ils sont sollicités pour établir un avis de valeur, ils doivent informer leur client que cet avis ne constitue pas une expertise (art. 6) ;

– à la **confidentialité** et doivent veiller à ce que leurs collaborateurs et directeurs d'établissement agissent avec la même prudence et la même discrétion. Le Code énumère toutefois un certain nombre de dispenses à cette obligation : autorisation légale ou réglementaire, autorisation des personnes intéressées, exercice de leur défense en matière judiciaire ou disciplinaire (art. 7) ;

– de **promouvoir les intérêts légitimes de leurs mandants** dans le respect des droits et intérêts des autres parties aux opérations pour lesquelles ils ont été mandatés. Ils s'obligent notamment à assurer une parfaite information des parties, à ce que les actes sous signature privée qu'ils rédigent expriment les accords intervenus entre les parties, à faire preuve de prudence en veillant à ne pas mettre en péril la situation de leurs mandants et des autres parties (art. 8) ;

– à **ne pas se trouver en conflit d'intérêts** avec leurs mandants ou avec les autres parties. Ils s'obligent, entre autres : à ne pas acquérir, en partie ou en totalité, ni faire acquérir par un proche ou un organisme quelconque dans lequel ils détiendraient une participation, un bien immobilier pour lequel un mandat leur a été confié, sauf à informer leur mandant de leur projet ; à ne pas accepter d'évaluer un bien dans lequel ils possèdent ou envisagent d'acquérir des intérêts, sauf à en faire état dans leur avis de valeur (art. 9) ;

– d'entretenir avec leurs confrères des rapports de **confraternité,** dans le cadre d'une concurrence libre, saine et loyale. Ils doivent s'abstenir de toutes paroles ou actions blessantes ou malveillantes, de toutes démarches ou manœuvres susceptibles de leur nuire, de les dénigrer ou de les discréditer (art. 10) ;

– de s'efforcer de **résoudre à l'amiable les litiges** qui surviennent avec leurs mandants, les autres parties intéressées aux opérations pour lesquelles ils ont été mandatés ou leurs confrères (art. 11).

91126 **Manquements au Code de déontologie** La violation du Code de déontologie n'est assortie d'aucune **sanction** disciplinaire, pénale ou administrative, ce qui en réduit considérablement la portée pratique.

La loi Élan 2018-1021 du 23 novembre 2018 a créé une « commission de contrôle des activités de transaction et de gestion immobilières » au sein du Conseil national de la transaction et de la gestion immobilières (CNTGI) chargée « d'instruire les cas de pratiques abusives » portés à sa connaissance (Loi 70-9 du 2-1-1970 art. 13-3). Mais dans la mesure où l'article 13-3 de la loi Hoguet renvoie à l'article 8-3 de ladite loi, ce sont uniquement les infractions ou manquements visés par ce texte qui sont susceptibles de donner lieu à instruction par la commission de contrôle (voir n° 91790). Les manquements au Code de déontologie n'étant pas mentionnés par ce texte, ils ne pourront pas, à notre sens, donner lieu à des poursuites administratives. Il s'agit là de l'application du principe de légalité des délits et des peines qui s'applique aux sanctions administratives et aux sanctions pénales (C. pén. art. 111-3).

Le manquement au Code de déontologie peut cependant aider à caractériser les éléments constitutifs d'une infraction pénale ou administrative ou constituer une faute engageant la responsabilité civile du professionnel.

> **Précisions** La loi 2017-86 du 27 janvier 2017 avait prévu que, tout manquement aux lois, aux règlements et au Code de déontologie ou toute négligence grave commis par les professionnels dans l'exercice de leurs activités devait les exposer à des **sanctions disciplinaires** (avertissement, blâme, interdiction temporaire ou définitive d'exercer) prononcées par le CNTGI (Loi 70-9 art. 13-1, 13-4 et 13-4-1 dans leur rédaction issue de la loi 2017-86 du 27-1-2017). Mais en raison d'un problème de financement, la loi Élan du 23 novembre 2018 a redéfini les missions du CNTGI et supprimé sa fonction disciplinaire (Loi 70-9 du 2-1-1970 art. 13-1 à 13-3 issus de la loi Élan 2018-1021 du 23-11-2018), faisant disparaître du même coup les sanctions mises en place.

8. LUTTE CONTRE LE BLANCHIMENT DE CAPITAUX ET L'HABITAT INDIGNE

LUTTE ANTIBLANCHIMENT

91130 **Obligations résultant du dispositif antiblanchiment** Les agents immobiliers sont tenus de participer à la lutte contre le blanchiment des capitaux et le financement du terrorisme (Loi 70-9 du 2-1-1970 art. 8-2 ; C. mon. fin. art. L 561-2, 8°). Le Code de déontologie applicable aux agents immobiliers rappelle cette obligation (C. déont. art. 3, 2°). Toutes les **activités visées** par la loi Hoguet sont concernées, à l'exception des activités de gestion immobilière, de syndic de copropriété, de location lorsque le loyer mensuel est inférieur à 10 000 €, de cession de cheptel et de vente de fichiers relatifs à l'achat, la vente ou la location.

Au titre de cette obligation, les agents immobiliers doivent **vérifier l'identité des clients.** Ils doivent également **rassembler et conserver des informations** sur l'objet et la nature de la relation d'affaires qu'ils entretiennent avec leurs clients (C. mon. fin. art. L 561-5 s. et R 561-12). Parmi ces informations, des éléments sur l'origine des fonds doivent être recueillis, quel que soit le risque de blanchiment supposé, quel que soit donc le profil de la clientèle, et ce alors même que le professionnel ne disposerait pas de compte séquestre et ne manipulerait pas de fonds au cours des transactions (CNS déc. 12-11-2019 n° 2018-19 : BPIM 1/20 inf. 82).

S'ils savent, soupçonnent ou ont de bonnes raisons de soupçonner que des sommes proviennent d'une infraction passible d'une peine privative de liberté supérieure à un an (ce qui englobe le vol, l'escroquerie, l'abus de confiance, l'abus de faiblesse, l'abus de biens sociaux, la banqueroute, la contrefaçon, la corruption, le favoritisme, etc.) ou participent au financement du terrorisme, les agents immobiliers doivent communiquer à Tracfin une **déclaration de soupçon** (C. mon. fin. art. L 561-15 s.). La déclaration s'impose dès lors que les soupçons portent sur des sommes provenant de toute infraction passible d'au moins un an de prison et non pas seulement sur le blanchiment de ces sommes (Avis CE 23-1-2025 n° 408941 : BPIM 2/25 inf. 113).

La déclaration doit être effectuée via le portail Ermes mis en ligne sur le site internet de Tracfin (www.tracfin.finances.gouv.fr). Toutefois, en cas d'urgence ou d'indisponibilité de la plateforme, elle peut être adressée par courrier (Arrêté EFIZ1234360A du 6-6-2013 modifié par l'arrêté ECOZ2406527A du 23-1-2025).

Les agents immobiliers doivent aussi définir et mettre en place des **dispositifs d'identification et d'évaluation des risques** de blanchiment des capitaux et de financement du terrorisme auxquels ils sont exposés ainsi qu'une politique adaptée à ces risques. Ils doivent élaborer une classification des risques (C. mon. fin. art. L 561-4-1). La DGCCRF a publié une analyse sectorielle des risques de blanchiment dans le secteur immobilier qui permet aux professionnels de mieux répondre à leurs obligations (Rapport DGCCRF du 28-9-2023 : BPIM 6/23 inf. 394).

Ils sont tenus également de mettre en œuvre un dispositif de **contrôle interne** adapté à leur taille, à la nature, à la complexité et au volume de leurs activités et doté de moyens humains suffisants (C. mon. fin. art. R 561-38). Lorsque la taille des établissements et leur activité le justifient, un contrôle interne périodique réalisé par des personnes dédiées, de manière indépendante à l'égard des personnes, entités et services qu'elles contrôlent, doit être réalisé. À notre avis, les réseaux d'agences immobilières sont concernés par cette obligation.

> **Précisions** a. La DGCCRF et Tracfin ont édité, le 6 novembre 2018, un **guide** afin d'informer les professionnels de l'immobilier de leurs obligations en matière de lutte contre le blanchiment (www.economie.gouv.fr/tracfin/lignes-directrices).
> **b.** Les agents immobiliers devront suivre une **formation** portant sur leurs obligations en matière de lutte contre le blanchiment des capitaux et le financement du terrorisme dans des conditions et à partir d'une date qui seront définies par décret et au plus tard le 10 juillet 2027 (C. mon. fin. art. L 561-34, al. 4 issu de la loi 2025-532 du 13-6-2025 art. 4, V-7° et loi 2025-532 du 13-6-2025 art. 4, V-7°).

Sanctions disciplinaires et administratives Les **manquements aux obligations de vigilance ou de déclaration de soupçon** sont susceptibles d'entraîner des sanctions disciplinaires et administratives. Lorsque, par suite, soit d'un grave défaut de vigilance, soit d'une carence dans l'organisation de ses procédures internes de contrôle, le professionnel omet de procéder à l'une des obligations de déclaration ou de vigilance posées en matière de lutte contre le blanchiment, l'autorité de contrôle dont il relève engage une procédure sur le fondement des règlements professionnels ou administratifs et en avise le procureur de la République (C. mon. fin. art. L 561-36, I-14° et L 561-36, II). Pour les agents immobiliers et les syndics de copropriété, le contrôle est exercé par les agents de la DGCCRF dont les pouvoirs de contrôle et d'injonction sont, depuis le 2 juillet 2025, fixés par le Code de la consommation et non plus par le Code de commerce (C. mon. fin. art. L 561-36-2 modifié par la loi 2025-594 du 30-6-2025 sur renvoi de l'art. L 561-36, I-14° ; C. mon. fin. art. L 561-36-2, II-al. 1 modifié par la loi 2025-594 du 30-6-2025 et C. consom. art. L 511-5). 91135

La **Commission nationale des sanctions** (CNS) est chargée de sanctionner les manquements des professionnels qui lui sont signalés par les agents de la DGCCRF (C. mon. fin. art. L 561-38). Elle peut prononcer (C. mon. fin. art. L 561-40) :

- un avertissement ;
- un blâme ;
- une interdiction temporaire d'exercice de l'activité ou d'exercice de responsabilités dirigeantes au sein d'une personne morale exerçant cette activité pour une durée n'excédant pas 5 ans. Cette sanction peut être assortie du sursis ;
- un retrait d'agrément ou de la carte professionnelle.

À la place ou en sus de ces sanctions, la CNS peut prononcer une sanction pécuniaire dont le montant ne peut être supérieur à cinq millions d'euros ou, lorsque l'avantage retiré du manquement peut être déterminé, au double de ce dernier.

Les décisions de sanction sont, en principe, rendues publiques et peuvent mettre à la charge de la personne sanctionnée tout ou partie des frais occasionnés par les mesures de contrôle (C. mon. fin. art. L 561-40, III-dernier al.).

> **Précisions** **a.** La **Commission nationale des sanctions** a condamné à plusieurs reprises des agences immobilières qui ne se sont pas strictement conformées à la législation anti-blanchiment. A par exemple ainsi été condamné l'agent immobilier :
> – qui n'a pas mis en place de systèmes d'évaluation et de gestion des risques de blanchiment des capitaux et de financement du terrorisme, alors même que ces vérifications étaient également réalisées par le notaire et par la banque (CNS déc. 9-6-2022 n° 2021-02) ;
> – qui n'a pas vérifié le bénéficiaire effectif des personnes morales par le contrôle des statuts et s'est contenté d'un extrait Kbis (CNS déc. 13-5-2022 n° 2020-09) ;
> – qui n'a pas établi une cartographie complète des risques propres à l'agence (CNS déc. 11-4-2022 n° 2020-12 ; CNS déc. 13-5-2022 n° 2020-09).

b. L'administration fiscale peut demander communication des documents et informations détenus par les personnes assujetties à des obligations de vigilance en matière de lutte contre le blanchiment de capitaux et le financement du terrorisme (LPF art. L 88). Le refus de communication est sanctionné par une amende de 10 000 € (CGI art. 1734).

91136 **Sanctions pénales** Des sanctions pénales sont encourues en cas de manquement à certaines obligations spécifiques. Ainsi, le fait de **porter à la connaissance de toute personne l'existence de la déclaration de soupçon** ou de donner des informations sur les suites qui lui ont été réservées (C. mon. fin. art. L 561-18) ou encore de divulguer à quiconque l'exercice par le service Tracfin de son droit de communication (C. mon. fin. art. L 561-26) est puni d'une peine d'amende de 22 500 € (C. mon. fin. art. L 574-1).

Le **manquement à l'obligation de déclaration de soupçon** ne fait pas encourir de sanction pénale. Mais la Cour de cassation considère que le fait d'avoir sciemment méconnu ses obligations en matière de lutte contre le blanchiment peut conforter la preuve d'une participation consciente à l'infraction de blanchiment aggravé (Cass. crim. 19-6-2024 n° 22.808 FS-B : BRDA 17/24 inf. 24, condamnation d'une banque pour mise à disposition d'un compte et exécution d'ordres de virement malgré des alertes d'opérations frauduleuses). Il a aussi été jugé que le fait de s'affranchir sciemment des obligations anti-blanchiment, et donc du coût qu'elles représentent pour une entreprise, crée un avantage concurrentiel indu et constitue une concurrence déloyale (Cass. com. 27-9-2023 n° 21-21.995 F-B : RJDA 1/24 n° 58).

LUTTE CONTRE L'HABITAT INSALUBRE

91137 Les agents immobiliers (de même que les administrateurs de biens et les syndics) ont une **obligation de signalement** au procureur de la République des faits susceptibles de constituer des infractions prévues aux articles 225-14 du Code pénal et L 511-22 du Code de la construction et de l'habitation relevant des procédures de lutte contre l'habitat indigne et les marchands de sommeil (Loi 70-9 du 2-1-1970 art. 8-2-1). Ces textes visent :

– le fait de soumettre une personne, en abusant de sa vulnérabilité ou de sa situation de dépendance, à des conditions de travail ou d'hébergement incompatibles avec la dignité humaine ;

– le refus délibéré et sans motif légitime d'exécuter les travaux et mesures prescrits en application du nouveau chapitre du Code de la construction et de l'habitation ;

– le fait de ne pas déférer à une mise en demeure du préfet concernant des locaux mis à disposition aux fins d'habitation dans des conditions qui conduisent manifestement à leur suroccupation ;

– le fait de dégrader, détériorer, détruire des locaux ou de les rendre impropres à l'habitation de quelque façon que ce soit dans le but d'en faire partir les occupants lorsque ces locaux sont visés par un arrêté de mise en sécurité ou de traitement de l'insalubrité ;

– le fait, de mauvaise foi, de ne pas respecter une interdiction d'habiter ou d'accéder aux lieux.

B. Conventions conclues avec un agent immobilier

1. CONCLUSION DU MANDAT

TEXTES APPLICABLES AU MANDAT

91200 **Droit commun** Le mandat donné aux agents immobiliers obéit tout d'abord aux **règles du contrat** : capacité, consentement et contenu licite et certain (C. civ. art. 1128 s.). Ainsi, un mandat donné dans un contexte de pressions graves ou réitérées ou de techniques propres à altérer le jugement des mandants peut être frappé de nullité pour insanité d'esprit des mandants (Cass. 1e civ. 13-4-2016 n° 15-17.587 F-D, pressions exercées par un tiers au mandataire).

Le mandat confié à un agent immobilier obéit aussi aux **règles générales du mandat** (C. civ. art. 1984 s.).

Il est également soumis à des **règles spécifiques.** Par exemple, le mandat pour vendre un bien appartenant à des époux mariés sous le régime de la communauté doit être donné par les deux époux si le mandataire se voit confier le pouvoir d'aliéner le bien (C. civ. art. 1424). Il peut au contraire être donné par l'un seulement d'entre eux s'il s'agit d'un simple mandat de recherche (Cass. 1e civ. 20-11-2013 n° 12-26.128 F-PB : BPIM 1/14 inf. 73 ; Cass. 1e civ. 12-12-2018 n° 17-14.009 F-D).

De même, un époux ne pouvant disposer du logement de la famille seul (C. civ. art. 215), le mandat de vente exclusif contenant promesse de porte-fort donné par un seul des époux est nul et l'agence immobilière est privée de tout droit à rémunération (Cass. 1e civ. 28-11-2006 n° 05-17.757 F-D).

> **Précisions** Les **personnes publiques** peuvent donner à un agent immobilier mandat de vendre un bien qui relève de leur domaine privé (CAA Marseille 19-12-2016 n° 15MA02421). Elles peuvent aussi donner mandat de vendre un bien de leur domaine public, alors même que ce bien ne peut pas être cédé sans avoir été déclassé au préalable, à condition que le mandat n'emporte pas aliénation (CE 18-7-2023 n° 465200). Le mandat doit, en principe, donner lieu à une procédure préalable de publicité et de mise en concurrence. Toutefois l'absence d'une telle procédure n'emporte pas nécessairement la nullité du contrat (CAA Marseille 3-7-2023 n° 21MA03662).

Loi Hoguet Le mandat donné à un agent immobilier est surtout soumis aux règles exorbitantes du droit commun imposées par la loi Hoguet du 2 janvier 1970 et son décret d'application du 20 juillet 1972. **91201**

Ces règles ont un caractère d'ordre public. Tout mandat conclu en **violation de ces dispositions impératives** est nul. Opérant un revirement de jurisprudence, la chambre mixte de la Cour de cassation a jugé en 2017 que le **non-respect des règles de forme** imposées par la loi Hoguet et son décret d'application en matière de mandat était sanctionné par une **nullité** relative qui ne pouvait être invoquée que par le mandant de l'agent immobilier (Cass. mixte 24-2-2017 n° 15-20.411 PBRI : BPIM 2/17 inf. 166, à propos d'un mandat de vente). Jusque-là, la Cour de cassation considérait qu'il s'agissait d'une nullité absolue qui pouvait être invoquée par toute personne y ayant un intérêt (Cass. 3e civ. 8-4-2009 n° 07-21.610 FS-PB : Bull. civ. III n° 80 ; Cass. 1e civ. 18-12-2014 n° 13-25.095 F-D), notamment le locataire tiers au contrat (Cass. 1e civ. 18-10-2005 n° 02-16.046 F-PB : Bull. civ. I n° 363). Cette nullité excluait toute possibilité de confirmation du mandat (Cass. 1e civ. 2-12-2015 n° 14-17.211 F-PB : Bull. civ. I n° 306) ou ratification ultérieure de la gestion (Cass. 1e civ. 22-3-2012 n° 11-13.000 F-PBI : Bull. civ. I n° 72).

Dans son arrêt de 2017, la chambre mixte a justifié ce revirement par l'évolution du droit des obligations suite à l'ordonnance 2016-131 du 10 février 2016. Désormais, la nullité est absolue lorsque la règle violée a pour objet la sauvegarde d'un intérêt général, tandis qu'elle est relative lorsque la règle violée a pour objet la sauvegarde d'un intérêt privé (C. civ. art. 1179). Les conditions de forme du mandat imposées par la loi Hoguet visant la seule protection du mandant dans ses rapports avec le mandataire, elles ont pour objectif la protection d'un intérêt privé ; leur méconnaissance doit donc être sanctionnée par une nullité relative (et non plus absolue) qui ne peut être invoquée que par le mandant.

La première chambre civile de la Cour de cassation s'est prononcée dans le même sens et en a tiré les conséquences : les règles de forme imposées par la loi Hoguet visant la seule protection de l'intérêt privé du mandant dans ses rapports avec l'agent immobilier, leur méconnaissance doit être sanctionnée par une nullité relative ne pouvant être invoquée que par le mandant, laquelle nullité peut être couverte par la ratification ultérieure des actes de gestion (Cass. 1e civ. 20-9-2017 n° 16-12.906 FS-PB : BPIM 5/17 inf. 375, à propos d'un mandat de gestion locative).

On notera **toutefois** que, dans un **arrêt du 11 septembre 2025,** la Cour de cassation a jugé que l'absence de mention sur le mandat du lieu de délivrance de la carte professionnelle imposée par l'article 92 du décret du 20 juillet 1972 n'affectait pas, à elle seule, la validité du mandat dès lors que le mandataire (l'agent immobilier) était titulaire, à la date de celui-ci, d'une carte professionnelle régulièrement délivrée (Cass. 3e civ. 11-9-2025 n° 23-17.579 FS-B : BPIM 5/25 inf. 239). La Cour de cassation précise dans sa décision que, pour autant, l'agent immobilier n'a pas droit à sa commission si la vente est conclue après l'expiration de la clause du mandat lui interdisant de traiter directement avec le propriétaire.

NÉCESSITÉ D'UN MANDAT PRÉALABLE

Forme du mandat Un agent immobilier titulaire de la carte portant la mention « Transactions » ne peut participer à une négociation que s'il détient un mandat préalable (Décret 72-678 du 20-7-1972 art. 72 ; Cass. 1e civ. 17-12-1991 n° 90-11.935 PFR : Bull. civ. I n° 351 ; Cass. 1e civ. 2-10-2007 n° 05-18.706 FS-PB : Bull. civ. I n° 312). Ce mandat doit être rédigé par **écrit** (Loi 70-9 du 2-1-1970 art. 6), alors même que le client est un professionnel de l'immobilier (Cass. 1e civ. 26-5-1993 n° 91-16.523). Il doit être établi en autant d'exemplaires originaux qu'il y a de parties (C. civ. art. 1375). La prorogation du mandat doit également être établie par écrit. **91202**

Il a été jugé que **ne constituent pas un mandat écrit** : une simple lettre du vendeur adressée à l'agent immobilier (Cass. 1e civ. 8-4-2010 n° 09-12.007 F-D : BPIM 3/10 inf. 264), un bon de commission, ou un « bon de visite » (Cass. 1e civ. 6-10-1993 n° 91-18.231 PFR : RJDA 2/94 n° 204 ; Cass. com. 23-9-2014 n° 13-11.595 F-D : BPIM 6/14 inf. 427) ou des stipulations d'une promesse de vente (Cass. 1e civ. 27-1-1987 n° 85-15.233 : Bull. civ. I n° 22).

Le **sous-mandat** donné par le mandataire initial à un autre professionnel de l'immobilier échappe en revanche aux conditions de la loi Hoguet et de son décret d'application (Cass. 1e civ. 7-2-1995 nº 93-14.158 P : Bull. civ. I nº 68 ; Cass. 1e civ. 9-1-2019 nº 17-27.841 F-PB : BPIM 1/19 inf. 79, mandat partiellement délégué par un notaire à un agent immobilier).

> Précisions a. Le mandat n'est pas nécessaire pour la recherche de biens ou la publicité et même la visite des immeubles, dès lors qu'il n'y a pas intervention dans la rencontre des parties et donc pas d'« **entremise** » effective. En revanche, lorsqu'il fait visiter les locaux à un éventuel acquéreur, l'agent immobilier commence à négocier et doit donc être titulaire d'un mandat (Cass. 1e civ. 2-10-2007 nº 05-18.706 FS-PB : Bull. civ. I nº 312).
b. L'agent immobilier qui a commis une **faute à l'égard d'un tiers au mandat** ne peut pas se prévaloir du défaut de mandat écrit pour échapper à sa responsabilité délictuelle (Cass. 1e civ. 28-10-2010 nº 09-70.109 F-PBI : RJDA 2/11 nº 112).

91203 **Preuve du mandat** Les dispositions de la loi Hoguet étant d'ordre public, la preuve du mandat ne peut être rapportée que par **écrit** (Cass. 1e civ. 20-12-2000 nº 98-19.648 FS-P : BPIM 2/01 inf. 163 ; Cass. 1e civ. 5-6-2008 nº 04-16.368 FS-PBRI : RJDA 3/09 nº 212, 1e esp.) et est soumise aux exigences de l'article 1359 du Code civil. Le mandat ne peut donc pas être prouvé par témoins contre son contenu (Cass. 3e civ. 12-4-2012 nº 10-28.637 FS-PB : BPIM 3/12 inf. 278, rendu sur le fondement de l'ancien art. 1341 du C. civ. mais transposable). L'agent immobilier doit produire l'original et non une simple copie carbone (CA Colmar 4-11-1980 : RDI 1984 p. 70).
La preuve de l'existence et de l'étendue du mandat ne pouvant être rapportée que par écrit, il ne peut pas être retenu qu'un **mandat tacite** aurait succédé à un mandat écrit après le décès du mandant (Cass. 1e civ. 20-1-1993 nº 91-10.894 : Bull. civ. I nº 25).
La première chambre civile de la Cour de cassation a refusé également de valider le **mandat apparent** auquel avait pu croire le candidat à l'achat ou à la location d'un immeuble (Cass. 1e civ. 5-6-2008 nº 04-16.368 précité ; Cass. 1e civ. 2-12-2015 nº 14-17.211 F-PB : Bull. civ. I nº 306, à propos d'un mandat de gestion), contrairement à la troisième chambre civile (Cass. 3e civ. 25-5-2005 nº 03-19.411 FS-PB : Bull. civ. III nº 117).

91204 La première chambre civile a jugé aussi que la **ratification** de l'acte ne pouvait pas tenir en échec la règle impérative de l'exigence d'un écrit pour rapporter la preuve de l'existence et de l'étendue du mandat (Cass. 1e civ. 2-12-2015 nº 14-17.211 F-PB : Bull. civ. I nº 306, à propos d'un mandat de gestion). Mais, elle est revenue sur cette jurisprudence en décidant que le mandat de gestion locative conclu avec un agent immobilier, mais non établi par écrit, était affecté d'une nullité relative (et non plus absolue) susceptible d'être couverte par la ratification ultérieure des actes de gestion accomplis sans mandat (Cass. 1e civ. 20-9-2017 nº 16-12.906 FS-PB : BPIM 5/17 inf. 375). La première chambre civile justifie sa décision par l'évolution du droit des obligations résultant de l'ordonnance 2016-131 du 10 février 2016 selon laquelle la nullité est absolue lorsque la règle violée a pour objet la sauvegarde d'un intérêt général, tandis qu'elle est relative lorsque la règle violée a pour objet la sauvegarde d'un intérêt privé (C. civ. art. 1179). Les conditions de forme du mandat imposées par la loi Hoguet visant la seule protection du mandant dans ses rapports avec l'agent immobilier, elles ont pour objectif la protection d'un intérêt privé. Leur méconnaissance doit donc être sanctionnée par une nullité relative, laquelle peut être couverte par la confirmation (C. civ. art. 1179 et 1181). Attention toutefois, l'agent immobilier qui ne soutient pas devant les juges du fond que la nullité de son mandat serait relative et aurait été couverte par la ratification ultérieure de ses actes n'est plus recevable à le faire devant la Cour de cassation (Cass. 1e civ. 9-9-2020 nº 19-17.925 F-D).

MENTIONS OBLIGATOIRES DU MANDAT

91205 **Liste des mentions obligatoires** Outre les **noms** du **mandant et** du **mandataire,** le mandat donné à un agent immobilier doit **indiquer aussi** (Loi 70-9 du 2-1-1970 art. 6 et 7 ; Décret 72-678 du 20-7-1972 art. 72 et 73) :

– son objet (nº 91209) et la mention expresse de son étendue lorsque le mandat comporte l'autorisation de s'engager pour une opération déterminée (nº 91211) ;
– en présence d'une clause d'exclusivité, d'une clause pénale ou d'une clause de garantie de rémunération, les mentions énumérées nºs 91215 s. ;
– sa durée (nºs 91220 s.) ;
– le numéro d'inscription sur le registre des mandats, celui-ci devant être reporté sur celui des exemplaires du mandat qui reste en la possession du mandant ;
– les conditions dans lesquelles l'agent immobilier est habilité à recevoir, verser ou à remettre des fonds (nºs 90960 s.) ;
– les modalités de la reddition des comptes ;

– les conditions de détermination de la rémunération de l'agent immobilier, ainsi que l'indication de la personne qui en aura la charge (n°s 91361 s.) ;

– les moyens que l'agent immobilier compte employer pour diffuser auprès du public les annonces commerciales afférentes à l'exécution du mandat.

En l'**absence de l'une de ces mentions,** le mandat est entaché de nullité et l'agent immobilier ne peut pas prétendre au paiement de ses honoraires. Il en va ainsi, par exemple, lorsque le mandat n'a pas de date certaine et empêche ainsi l'accomplissement régulier de son enregistrement chronologique au registre des mandats (Cass. 1e civ. 28-9-2016 n° 15-19.313 F-PB : BPIM 6/16 inf. 421), ne comporte pas le numéro d'enregistrement à ce registre (Cass. 1e civ. 16-10-2001 n° 99-16.920 F-P : BPIM 1/02 inf. 82 ; Cass. 1e civ. 16-1-2004 n° 02-10.301 F-D), ne mentionne pas le nom et la qualité de l'agent commercial habilité par l'agent immobilier (Cass. 1e civ. 12-11-2020 n° 19-14.025 FS-PB : BPIM 1/21 inf. 84), n'énumère pas les actions que le mandataire s'engage à réaliser (Cass. 1e civ. 9-9-2020 n° 19-17.925 F-D) ou ne précise pas les modalités de reddition des comptes par l'agent immobilier au mandant (Cass. 1e civ. 13-12-2012 n° 11-11.533 F-D : BPIM 2/13 inf. 160).

La Cour de cassation a rappelé dans un arrêt récent que la loi Hoguet et son décret d'application **91206**
du 20 juillet 1972 prévoient que l'agent immobilier doit détenir une **carte professionnelle** dont les **numéro et lieu de délivrance** doivent figurer sur le mandat (Loi 70-9 du 2-1-1970 art. 3 et 6, I ; Décret 72-678 du 20-7-1972 art. 92). Dans sa décision, elle précise que l'objectif de ces dispositions est d'assurer la compétence et la moralité des agents immobiliers et de protéger le mandant (Cass. 1e civ. 12-11-2020 n° 19-14.112). Elle en déduit que l'absence de mention sur le mandat du lieu de délivrance de la carte professionnelle n'affecte pas, à elle seule, la validité du mandat dès lors que le mandataire est titulaire, à la date de celui-ci, d'une carte professionnelle régulièrement délivrée (Cass. 3e civ. 11-9-2025 n° 23-17.579 FS-B : BPIM 5/25 inf. 239).

Objet du mandat Le mandat doit préciser son objet (Décret 72-678 du 20-7-1972 art. 72). Il doit **91209**
indiquer s'il s'agit d'un mandat de **vendre ou louer** et désigner précisément le **bien concerné.**

À défaut, le mandat est frappé de **nullité.** Ainsi, sont nuls comme dépourvus d'objet certain le mandat de vente portant sur un terrain d'une certaine superficie à détacher d'une parcelle, sans qu'on sache exactement où, ni sur quelle partie de la parcelle il sera détaché, ou encore le mandat de vente portant sur des immeubles désignés de manière imprécise, sans aucune référence cadastrale ni indication sur les conditions de leur desserte et de leur surface réelle après division (Cass. 1e civ. 19-12-2013 n° 12-26.459 FS-PB : BPIM 1/14 inf. 74). En revanche, est dépourvu d'ambiguïté et porte bien sur l'intégralité de la villa le mandat de vente qui mentionne la consistance du bien comme « l'ensemble de la villa » et reproduit les références cadastrales de la parcelle, dès lors que la promesse fait état de la libre occupation des deux étages de l'immeuble suite à la signification du départ des locataires des deux appartements concernés, ce qui traduit la volonté non équivoque du mandant de vendre l'ensemble de la parcelle (Cass. 3e civ. 19-9-2024 n° 23-10.585 F-D).

Le non-respect de l'objet du mandat fait également perdre à l'agent immobilier tout **droit à rémunération.** Ainsi, l'agent immobilier qui participe à la vente d'un bien alors qu'il a reçu mandat de rechercher un locataire pour le bien en question perd tout droit à commission, l'opération ne pouvant être réputée conclue par son entremise (Cass. 1e civ. 15-5-2002 n° 00-14.107). En revanche, lorsque le mandat stipule que les biens pourront « être acquis et/ou indifféremment par achat des actifs en nom ou reprise des parts ou d'actions de sociétés », il convient de considérer qu'il a pour objet tant l'acquisition directe d'un fonds de commerce que l'acquisition indirecte par l'achat des titres d'une société propriétaire du fonds de sorte que l'agent immobilier ne saurait être débouté de sa demande d'indemnité au seul motif que le mandat de recherche porte sur un fonds de commerce et non sur des parts de société (Cass. com. 3-5-2016 n° 14-23.857 F-D).

Pouvoirs de l'agent immobilier Le mandat doit préciser l'**étendue** des pouvoirs de **91211**
l'agent immobilier car elle détermine les actes qu'il peut réaliser au nom de son client.

Sauf clause expresse en ce sens, le mandat donné à l'agent immobilier n'emporte pas **pouvoir d'engager le client** (Décret 72-678 du 20-7-1972 art. 72, al. 4). La Cour de cassation rappelle avec constance ce principe (Cass. 3e civ. 12-4-2012 n° 10-28.637 FS-PB : BPIM 3/12 inf. 278 ; Cass. 1e civ. 12-12-2018 n° 17-14.009 F-D). Le mandat donné à l'agent immobilier est un mandat d'entremise consistant en la recherche de clients et la négociation, qui ne lui permet pas d'engager son mandant pour l'opération envisagée, à moins qu'une clause du mandat l'y autorise expressément (Cass. 1e civ. 5-2-2020 n° 18-26.808 F-D), qu'il contienne ou non une clause d'exclusivité (Cass. 1e civ. 3-1-1985 n° 83-13.560 : Bull. civ. I n° 1).

Il ne confère donc à l'agent immobilier ni le pouvoir d'aliéner le bien ni celui de représenter le mandant, de sorte qu'il ne vaut pas offre de vente susceptible d'engager le mandant (Cass. 1e civ. 6-3-1996 n° 93-19.262 P : Bull. civ. I n° 114 ; Cass. 3e civ. 12-2-2008 n° 06-21.709 F-D : RJDA 7/08 n° 777).

ILLUSTRATIONS

Constitue seulement un mandat d'entremise le mandat qui autorise un agent immobilier « à établir tous actes sous seing privé aux clauses et conditions nécessaires à l'accomplissement de l'opération, recueillir la signature de l'acquéreur et recevoir et détenir à cette occasion toutes sommes, tous fonds, effets ou valeurs relatifs à la vente, à concurrence de 10 % », en l'absence de clause expresse donnant pouvoir à l'agent immobilier de le représenter pour conclure la vente (Cass. 1e civ. 6-3-1996 n° 93-19.262 P : Bull. civ. I n° 114).
Le mandat de vendre n'autorise pas l'agent immobilier à déclarer une créance à l'occasion d'un redressement judiciaire (Cass. com. 15-10-1991 n° 90-11.657 : Bull. civ. IV n° 297) ni à faire effectuer les diagnostics techniques prévus par la loi (Cass. 3e civ. 8-6-2010 n° 09-16.331 F-D : RJDA 11/10 n° 1069).
Le mandat de « mettre en vente et vendre » un logement loué n'autorise pas l'agent immobilier à donner congé aux fins de vente au locataire dès lors qu'il ne contient pas expressément la mission de donner congé (Cass. 3e civ. 12-7-2006 n° 04-19.815 : RJDA 1/07 n° 35).
Un mandat de gestion limité à la perception des loyers n'est pas un mandat d'administration générale avec pouvoir d'assurer l'entretien et la sauvegarde des lieux loués (CA Paris 6-12-1989 : D. 1990 IR p. 5).

91215 **Clause d'exclusivité** Le mandat peut comporter une clause d'exclusivité au profit de l'agent immobilier. Le mandat exclusif **interdit au client** de faire appel à un autre professionnel pour vendre son bien ou de le vendre par lui-même. Seul l'agent immobilier peut vendre l'immeuble qu'il a mandat de vendre.

Le mandant qui conclut la vente avec un tiers sans l'intervention de l'agent immobilier pendant la période d'exclusivité au cours de laquelle le mandat n'est pas révocable doit à l'agent immobilier l'indemnité forfaitaire prévue au contrat en raison de la faute qui a privé le mandataire de sa rémunération (Cass. 1e civ. 29-1-2002 n° 99-17.423). De même, le mandant qui conclut un mandat de vente alors qu'il a déjà signé un mandat exclusif avec une autre agence doit l'indemnité prévue par la clause pénale, même si aucune vente n'a été réalisée par l'entremise de la seconde agence (Cass. 1e civ. 2-10-2013 n° 12-22.343 F-D : BPIM 6/13 inf. 436).

Dès lors qu'il est établi que les mandants ont violé la clause d'exclusivité les liant à l'agent immobilier, le juge ne peut pas refuser de mettre en œuvre la clause pénale qui, sanction du manquement d'une partie à ses obligations, s'applique du seul fait de cette inexécution (Cass. 3e civ. 16-11-2022 n° 21-22.400 F-D).

CONSEIL

Le client peut octroyer un mandat exclusif à l'agent immobilier et **se réserver la possibilité de trouver un acquéreur** par lui-même. Mais il faut impérativement apporter cette précision dans le mandat. Dans ce cas, le client ne peut pas faire appel à un autre professionnel de l'immobilier, mais peut vendre son bien, au moyen d'annonces entre particuliers par exemple.

91216 La clause d'exclusivité ne peut recevoir application que si elle résulte d'une **stipulation expresse** dans le mandat dont un exemplaire doit être remis au mandant. Elle doit en outre être mentionnée en **caractères très apparents** (Décret 72-678 du 20-7-1972 art. 78, al. 1), sous peine de nullité de la clause (Cass. 1e civ. 17-1-2018 n° 16-26.099 F-D : BPIM 2/18 inf. 166). Sur les conditions de lisibilité de la clause, voir n° 91217 l'interprétation faite en matière de clause pénale.
La **remise du mandat** au mandant doit intervenir dès sa signature sous peine de nullité, non pas de la clause d'exclusivité, mais du mandat dans son entier (Cass. 1e civ. 25-2-2010 n° 08-14.787 FS-PBI : RJDA 5/10 n° 487). C'est à l'agent immobilier de rapporter la preuve qu'il a satisfait à son obligation de remise d'un exemplaire du mandat au mandant (Cass. 1e civ. 16-6-2021 n° 19-24.526 F-D).

Lorsqu'il comporte une clause d'exclusivité, le **mandat doit mentionner** :

– à peine de nullité, sa durée de validité (Loi 70-9 du 2-1-1970 art. 7). Le mandat exclusif sera, jusqu'à cette date, irrévocable (Cass. 1e civ. 11-2-1975 n° 73-14.797 : Bull. civ. I n° 58), sauf exception (voir nos 91280 et 91290) ;

– dans l'hypothèse où il est conclu avec un client n'agissant pas dans le cadre de ses activités professionnelles (consommateur), qu'il peut être dénoncé à tout moment passé un délai de 3 mois lorsqu'il porte sur l'une des opérations visées aux 1° et 4° de l'article 1 de la loi Hoguet (voir n° 91225) ;

– les actions que l'agent immobilier s'engage à réaliser pour exécuter la prestation qui lui a été confiée ainsi que les modalités et la périodicité selon lesquelles il rendra compte au mandant des actions effectuées pour son compte (Loi 70-9 du 2-1-1970 art. 6, I-al. 6).

Clause pénale ou clause de garantie de rémunération Le mandat peut être assorti d'une clause pénale par laquelle le mandant s'engage à verser une somme à l'agent immobilier en cas d'inexécution de son obligation principale ou d'une clause de paiement automatique de rémunération en vertu de laquelle des honoraires seront dus même si l'opération est conclue sans les soins de l'agent immobilier. 91217

Pour être valable, cette clause doit être **expresse** et mentionnée en **caractères très apparents** et ne doit pas prévoir le paiement d'une somme supérieure au montant des honoraires prévus dans le mandat pour l'opération à réaliser ; en outre, un exemplaire du mandat doit être **remis au client** (Loi 70-9 du 2-1-1970 art. 6, I-al. 9 ; Décret 72-678 du 20-7-1972 art. 78, al. 1). Cette remise doit intervenir dès la signature du mandat sous peine de nullité, non pas de la clause d'exclusivité, mais du mandat dans son entier (Cass. 1e civ. 25-2-2010 n° 08-14.787 FS-PBI : RJDA 5/10 n° 487). C'est à l'intermédiaire de rapporter la preuve de cette remise (Cass. 1e civ. 16-6-2021 n° 19-24.526 F-D).

Il a été jugé que même si elle est parfaitement lisible, la clause pénale écrite en petits caractères est inapplicable, faute d'être mentionnée en caractères très apparents comme l'exigent la loi Hoguet et son décret d'application (Cass. 1e civ. 17-1-2018 n° 16-26.099 F-D : BPIM 2/18 inf. 166). La clause pénale n'est pas valable non plus lorsqu'elle est rédigée dans les mêmes caractères que ceux de l'ensemble des conditions générales et que seul le titre du paragraphe est écrit en caractères gras et grands caractères (Cass. 1e civ. 5-3-2015 n° 14-13.062 F-D).

Le **mandat** assorti d'une clause pénale doit **mentionner** que passé un délai de 3 mois, il peut être dénoncé à tout moment par chacune des parties, à charge par celle qui entend y mettre fin d'en aviser l'autre 15 jours au moins à l'avance par lettre recommandée avec demande d'avis de réception. Cette clause doit apparaître dans l'acte en caractères très apparents sous peine de nullité du mandat (Cass. 1e civ. 29-5-2013 n° 12-19.281 F-D : BPIM 4/13 inf. 300). Cette mention doit figurer également dans le mandat assorti d'une clause de garantie de rémunération de l'agent immobilier (Cass. 1e civ. 3-11-2016 n° 15-23.534 F-PB : BPIM 6/16 inf. 422).

> **Précisions** En cas de **non-respect de la clause d'exclusivité,** l'agent immobilier peut agir en paiement de la somme visée au titre de la clause pénale. Mais le moyen de défense soulevé par le mandant, tiré de la nullité du mandat faute de mentionner les nom et adresse du garant, constitue une contestation sérieuse au sens de l'article 809, alinéa 2 du Code de procédure civile qui fait obstacle à l'**octroi, par le juge du référé,** de la **provision** demandée par l'agent immobilier au titre de la clause pénale (Cass. 1e civ. 6-7-2016 n° 15-18.763 FS-PB : Bull. civ. I n° 1562).

Durée du mandat Le mandat doit être obligatoirement **limité dans le temps** (Loi 70-9 du 2-1-1970 art. 7). Cette obligation, de portée générale, s'applique à tous les mandats, qu'ils soient assortis ou non d'une clause d'exclusivité (Cass. 1e civ. 6-12-1994 n° 92-15.370 : Bull. civ. I n° 356). S'il n'est pas limité dans le temps, le mandat est entaché de nullité et l'agent immobilier ne peut pas percevoir d'honoraires, même s'il a joué un rôle déterminant dans la vente. 91220

Depuis le revirement de jurisprudence opéré par la chambre mixte de la Cour de cassation dans son arrêt du 24 février 2017, confirmé par la première chambre civile de la Cour de cassation dans un arrêt du 20 septembre 2017 (voir n° 91201), on peut penser que la méconnaissance de l'obligation de limiter dans le temps le mandat est sanctionnée par une nullité relative ne pouvant être invoquée que par le mandant puisque cette règle vise la seule protection de son intérêt privé (et non la protection d'un intérêt général). Pour rappel, la jurisprudence antérieure considérait qu'il s'agissait d'une nullité absolue pouvant être invoquée par toute personne y ayant intérêt (Cass. 1e civ. 18-10-2005 n° 02-16.046 F-PB : Bull. civ. I n° 363).

La **clause de reconduction tacite** insérée dans un mandat n'est licite que si elle est limitée dans le temps. À défaut, la jurisprudence considère qu'elle confère au mandat un caractère illimité qui le frappe de nullité. Ainsi, la clause de tacite reconduction par périodes de 3 mois sans date butoir est illicite et entache le mandat de nullité (Cass. 1e civ. 5-5-1982 n° 81-11.028 : Bull. civ. I n° 159 ; Cass. 1e civ. 18-10-2005 n° 02-16.046 F-PB : Bull. civ. I n° 363, à propos d'un mandat renouvelable par périodes d'un an). Il en va de même de la clause de reconduction tacite qui prévoit que passé le délai de 3 mois suivant sa signature, le mandat se poursuit par tacite reconduction pour une durée de 3 mois en 3 mois, alors que passé ce délai, la dénonciation doit être possible à tout moment (Cass. 1e civ. 29-5-2013 n° 12-15.220 F-D : BPIM 5/13 inf. 361 ; Cass. 1e civ. 3-11-2016 n° 15-23.534 F-PB). En revanche, la clause qui n'autorise qu'un seul renouvellement par tacite reconduction d'un mandat exclusif pour une période de 3 mois et en limite les effets à une année a été jugée licite (Cass. 1e civ. 9-5-1990 n° 89-12.103 P : Bull. civ. I n° 95). 91225

Un arrêt a cependant jugé que le mandat assorti d'une clause de tacite reconduction est valable pour sa période initiale (qui est à durée limitée) et n'est nul que dans ses périodes de renouvellement tacite indéfini (notamment, Cass. 1e civ. 8-10-1986 n° 85-10.371 : Bull. civ. I n° 235). La promesse signée pendant la première période autorise donc légitimement l'agent immobilier à percevoir ses honoraires.

Les mandats conclus avec des clients n'agissant pas dans le cadre de leur activité professionnelle (consommateurs) qui contiennent une clause de reconduction tacite doivent **mentionner** de « manière lisible et visible » les **modalités de leur non-reconduction** telles qu'elles sont prévues par l'article L 215-1 du Code de la consommation (Loi 70-9 du 2-1-1970 art. 7, 1° qui vise l'ancien art. L 136-1, al. 1 et 2 du C. consom.). Selon, ce texte, le professionnel doit informer le client par écrit, par lettre nominative ou courrier électronique dédié, au plus tôt 3 mois et au plus tard un mois avant le terme de la période autorisant le rejet de la reconduction, de la possibilité de ne pas reconduire le contrat. Cette information doit être délivrée dans des termes clairs et compréhensibles et mentionner, dans un encadré apparent, la date limite de résiliation. Si l'agent immobilier omet de réaliser cette formalité, son client peut mettre gratuitement un terme au contrat à tout moment à compter de la date de reconduction.

91226 Si le mandat comporte une **clause d'exclusivité** et porte sur une opération visée aux 1° et 4° de l'article 1 de la loi Hoguet (ce qui inclut notamment la vente et la location d'immeubles ou de fonds de commerce : voir n° 90100), il doit rappeler en caractères très apparents la clause d'exclusivité et la mention selon laquelle passé un délai de 3 mois suivant sa signature, le mandat peut être dénoncé à tout moment à charge pour celui qui entend y mettre fin d'en aviser l'autre partie 15 jours au moins à l'avance par lettre recommandée avec avis de réception (Loi 70-9 du 2-1-1970 art. 7, 2°). La clause doit apparaître en caractères très apparents sous peine de nullité du mandat (Cass. 1e civ. 29-5-2013 n° 12-19.281 F-D : BPIM 4/13 inf. 300 ; Cass. 1e civ. 3-11-2016 n° 15-23.534 F-PB : BPIM 6/16 inf. 422).

Toutefois, ces dispositions ne s'appliquent pas, notamment lorsque le mandat est donné en vue de vendre un immeuble par lots ou de souscrire ou de procéder à la première cession de parts ou actions d'une société d'attribution. Dans ces deux derniers cas, le mandat doit cependant indiquer les modalités de sa dénonciation avant exécution s'il porte sur un immeuble déjà achevé (Décret 72-678 du 20-7-1972 art. 78, al. 3).

La faculté de révocation avec préavis de 15 jours ne constitue pas une limitation dans le temps des effets du mandat, mais seulement un mode de dénonciation (jurisprudence constante).

91227 Le **mandat prend fin** à son terme. Il prend fin aussi par la révocation du mandataire possible à tout moment, par la renonciation exprimée par le mandataire (voir nos 91280 s.), par la mort naturelle (à moins dans ce dernier cas que l'agent immobilier ait été dans l'ignorance du décès), par la tutelle ou la déconfiture du mandant ou du mandataire (C. civ. art. 2003). Mais si le mandataire ignore la mort du mandant ou l'une des autres causes qui font cesser le mandat, ce qu'il a fait dans cette ignorance est valide (C. civ. art. 2008).

Le mandat prend fin également par son accomplissement. L'agent immobilier doit, dans le délai stipulé et, en tout cas dans les 8 jours de l'opération, informer son mandant de l'accomplissement du mandat de vendre ou d'acheter. Il doit également remettre à son mandant une copie de la quittance ou du reçu délivré. L'information de l'accomplissement du mandat et la remise de la quittance sont faites par lettre recommandée avec demande d'avis de réception ou par tout autre écrit remis contre récépissé ou émargement (Décret 72-678 du 20-7-1972 art. 77).

En revanche, la **fin du mandat ne résulte pas** de la mise en liquidation judiciaire de l'agent immobilier ; dans cette hypothèse, la fin du mandat obéit au régime des contrats en cours lorsqu'il a été conclu et n'a pas été exécuté avant le jugement de liquidation judiciaire et ne peut être résilié que selon les modalités de l'article L 641-11-1, III et IV du Code de commerce (Cass. com. 28-6-2017 n° 15-17.394 FS-PBI : BPIM 5/17 inf. 376).

91229 **Mandat conclu à distance ou hors établissement** Certains contrats immobiliers sont exclus du champ d'application de la **réglementation protégeant le consommateur** en cas de contrat conclu à distance ou hors établissement. Cette exclusion vise « les contrats portant sur la création, l'acquisition ou le transfert de biens immobiliers ou de droits sur des biens immobiliers, la construction d'immeubles neufs, la transformation importante d'immeubles existants ou la location d'un logement à des fins résidentielles » (C. consom. art. L 221-2, 12°). La question qui se pose, au regard de l'article L 221-2, 12° du Code de la consommation, est de savoir si le mandat donné à l'agent immobilier peut être ainsi qualifié (sur cette question, voir BPIM 1/15 inf. 3).

Selon la **DGCCRF,** l'exclusion de l'article L 221-2, 12° ne vise pas les mandats donnés à un agent immobilier, lesquels sont soumis aux dispositions du Code de la consommation en matière de contrats conclus hors établissement (www.economie.gouv.fr/dgccrf/ les-fiches-pratiques-et-les-faq/lagent-immobilier-les-regles-qui-encadrent-la-profession). Le mandat conclu en dehors de l'établissement commercial (domicile, lieu de travail du consommateur, etc.) est donc soumis aux obligations suivantes : obligation précontractuelle d'information (C. consom. art. L 221-5 et L 221-8), délai de rétractation de 14 jours (C. consom. art. L 221-18 s.), fourniture d'un exemplaire daté et signé du contrat et du formulaire type permettant l'exercice du droit de rétractation et de l'avis d'information type justifiant de la fourniture des informations relatives au droit de rétractation (C. consom. art. L 221-9 et R 221-3), interdiction de recevoir tout paiement pendant 7 jours à compter de la conclusion du contrat (C. consom. art. L 221-10).

ATTENTION

Les **manquements aux obligations** du Code de la consommation évoquées ci-dessus exposent le professionnel, selon le cas, à des amendes administratives (C. consom. art. L 242-10), à des sanctions pénales : amende, emprisonnement et peines complémentaires (C. consom. art. L 242-5 à L 242-8 ; C. pén. art. 131-38), ainsi qu'à la nullité du mandat conclu hors établissement (C. consom. art. L 242-1). En outre, lorsque l'information relative au droit de rétractation n'a pas été fournie, le délai de rétractation est prolongé de 12 mois à compter de l'expiration du délai de rétractation initial. Étant précisé que, si la fourniture de cette information intervient pendant cette prolongation, le délai de rétractation expire 14 jours à compter du jour où le consommateur a reçu cette information (C. consom. art. L 221-20).

Mandat donné à un marchand de listes Les marchands de listes doivent souscrire **avec leurs clients** (les acheteurs de listes) une **convention écrite précisant** les caractéristiques du bien recherché, l'ensemble des obligations professionnelles qui incombent au professionnel, la nature de la prestation promise au client et le montant de la rémunération incombant à ce dernier (Loi 70-9 du 1-2-1970 art. 6, II). La convention doit indiquer également son objet, sa durée, les conditions de remboursement partiel ou total de la rémunération lorsque la prestation fournie au client n'est pas conforme à la nature promise dans ladite convention et rappelle l'interdiction pour le professionnel de recevoir quelque somme que ce soit avant d'avoir rempli son obligation de fournir effectivement les listes ou fichiers. La clause relative au remboursement doit mentionner que le client qui prétend au remboursement sera tenu d'informer le marchand de listes par écrit remis contre signature ou par lettre recommandée. Le marchand de listes aura 15 jours pour procéder au remboursement ou motiver son refus par écrit. Le remboursement devra intervenir en une fois et sans frais (Décret 72-678 du 20-7-1972 art. 79-2). Un original de la convention doit être remis au client. 91230

Les mandats conclus **entre un marchand de listes et le propriétaire** d'un bien inscrit sur une liste ou un fichier doivent comprendre une clause d'exclusivité d'une durée limitée aux termes de laquelle le propriétaire s'engage, d'une part à ne pas confier la location ou la vente de son bien à un autre professionnel de l'immobilier, d'autre part à ne pas publier d'annonce par voie de presse (Loi 70-9 du 2-1-1970 art. 6, I-dernier al.). Ces mesures visent à éviter que les marchands de listes vendent des listes de biens qui ne sont plus disponibles sur le marché ou en inadéquation avec la recherche du client.

ATTENTION

Toutes les conventions conclues par un marchand de listes (avec les acheteurs de listes ou avec les propriétaires des biens inscrits sur une liste) doivent faire figurer expressément l'**obligation de remboursement** à laquelle est tenu le professionnel **en cas de mandats successifs,** passés en qualité de marchand de listes puis d'agent immobilier (Décret 72-678 du 20-7-1972 art. 79-3, dernier al.).

CLAUSES ABUSIVES

Après examen des contrats de mandat de vente, de location ou de recherche d'un bien immobilier, la **Commission des clauses abusives** a recommandé que soient éliminées de ces contrats les clauses qui ont pour effet (Recommandation 03-02 : BOCCRF du 12-3-2004) : 91235

– de ne pas limiter dans le temps les effets du contrat, notamment en prévoyant une **durée** indéfiniment renouvelable par tacite reconduction ;

– d'imposer au consommateur, en matière de **calcul de la superficie** de biens immobiliers constitués sous forme d'un ou plusieurs lots ou fractions de lots de copropriété, des obligations non prévues par la loi, sans offrir d'alternative et en laissant croire qu'elles en résultent : tel est notamment le cas de celles qui imposent de faire procéder à ce calcul avant la promesse de vente ou d'achat, ou d'y faire procéder par un professionnel couvert par une assurance de responsabilité, et le cas échéant, de demander à cet homme de l'art une confirmation de ce calcul dans un délai bref ;

– d'interdire au mandant, à peine d'avoir à verser une indemnité, de **traiter sans le concours du mandataire,** directement ou indirectement **avec un acquéreur** ayant été présenté par lui ou ayant visité les locaux avec lui, sans que le mandat limite raisonnablement la durée de cette interdiction.

91237 La **Cour de cassation** a déclaré abusive la clause donnant à l'agent immobilier le pouvoir d'engager des **frais administratifs** potentiellement élevés pour réclamer tous actes, pièces et certificats nécessaires au dossier, sans en informer préalablement le mandant (Cass. 1e civ. 2-10-2007 n° 06-14.238 F-D : RJDA 2/08 n° 196). En revanche, la clause interdisant de traiter directement avec une personne présentée par l'agent immobilier pendant la durée du mandat et dans les 24 mois suivant son expiration a été jugée légale (même arrêt).

ENREGISTREMENT DU MANDAT

91245 Les mandats sous signature privée donnés aux agents immobiliers n'ont pas à être enregistrés. S'ils sont présentés volontairement à la formalité, ils supportent un droit fixe de 25 € (CGI art. 846 bis).

2. EXÉCUTION DU MANDAT

91260 L'agent immobilier est tenu d'exécuter sa mission dans le respect des **règles du mandat de droit commun** (C. civ. art. 1991 s.) ; voir Mémento Droit commercial Mémento Droit commercial nos 23035 s.

Il doit informer le mandant dans les 8 jours de la **réalisation de l'opération** d'achat ou de vente, par lettre recommandée avec demande d'avis de réception ou par tout autre écrit remis contre récépissé ou émargement. Le mandant doit recevoir copie du reçu ou de la quittance délivrés (Décret 72-678 du 20-7-1972 art. 77).

INTERDICTION D'ACQUÉRIR LES BIENS MIS EN VENTE

91265 **Principe** Il est interdit à un mandataire d'acquérir le bien qu'il est chargé de vendre, sous peine de nullité, même si la vente se fait au prix indiqué par le mandant (C. civ. art. 1596). Les **agents immobiliers** ont donc interdiction de se porter acquéreurs des biens pour lesquels ils ont reçu mandat de vendre. La nullité est encourue alors même que l'agent immobilier invoquerait la nullité de son mandat (Cass. 1e civ. 1-12-1987 n° 86-12.546).

L'interdiction ne s'applique pas au **négociateur salarié** de l'agence qui achète le bien pour lui-même, à titre personnel, et non pour le compte de son employeur (Cass. 1e civ. 18-6-2014 n° 13-18.010 F-D : BPIM 4/14 inf. 293), et qui n'a pas été chargé de traiter la vente du bien concerné au sein de l'agence (Cass. 3e civ. 15-10-2015 n° 13-28.255 F-D : BPIM 6/15 inf. 397).

L'interdiction d'acquérir les biens mis en vente s'applique aux acquisitions par **personne interposée.** Ainsi, une société dont le gérant est également celui de l'agence immobilière à laquelle a été confié le mandat ne peut pas se porter acquéreur de l'immeuble objet du mandat (en ce sens, notamment, Cass. 1e civ. 27-1-1987 n° 84-16.113 : Bull. civ. I n° 32 ; Cass. 3e civ. 2-7-2008 n° 07-15.509 FS-PB : RJDA 3/09 n° 197). En revanche, il a été jugé que l'interposition n'est pas établie (l'acquisition est donc valable) lorsque l'acquéreur a un siège distinct de celui de l'agence immobilière titulaire du mandat, même s'il a un établissement secondaire à la même adresse que celle-ci et a le même dirigeant (Cass. 3e civ. 18-5-2017 n° 16-14.972 FS-D : BPIM 4/17 inf. 311). Les juges du fond ont l'obligation de rechercher si le mandataire ne s'est pas porté acquéreur du bien vendu par personne morale interposée (Cass. 3e civ. 2-7-2008 n° 07-15.509 FS-PB susvisé) ou par personne physique interposée, tels les parents du mandataire, lequel est leur héritier (Cass. 3e civ. 16-5-2019 n° 18-17.772 F-D).

> **Précisions** L'article 9 du **Code de déontologie** (n° 91124) rappelle l'interdiction faite aux agents immobiliers d'acquérir un bien immobilier pour lequel un mandat leur a été confié, en précisant que cette disposition s'applique « sauf à informer leur mandant de leur projet ». Cette rédaction va dans le sens de la jurisprudence selon laquelle le mandataire peut acquérir le bien pour lequel il a reçu mandat, dès lors qu'il le fait en toute transparence.

91267 **Sanction** La **nullité** visée à l'article 1596 du Code civil, qui sanctionne l'interdiction faite aux mandataires d'acquérir les biens qu'ils sont chargés de vendre, est une nullité relative (Cass. 1e civ. 29-11-1988 n° 87-10.011 : Bull. civ. I n° 341). Elle se prescrit par 5 ans (C. civ. art. 2224) à compter de l'acte litigieux ou de la découverte de la simulation en cas d'interposition de personne.

Seul le mandant peut valablement **renoncer à l'invoquer** (C. civ. art. 1181 s.). Pour être valable, la renonciation doit comporter à la fois la connaissance du vice affectant l'acte concerné par la nullité et l'intention de le réparer (Cass. 3e civ. 2-7-2008 n° 07-15.509 FS-PB : RJDA 3/09 n° 197). Ainsi l'acquisition par le mandataire des biens qu'il est chargé de vendre est valable à condition que le mandant renonce de manière non équivoque à la nullité de principe de cet acte (CA Paris 21-1-2010 n° 09/11936, ch. 5-9 : RJDA 6/10 n° 619). En l'espèce, il s'agissait de la nullité d'une vente de parts de société, mais la solution est à notre avis transposable à la vente d'un bien immobilier.

DEVOIR DE CONSEIL DE L'AGENT IMMOBILIER

En sa qualité de professionnel de l'immobilier, l'agent immobilier est investi d'un devoir de conseil très largement apprécié par les tribunaux. Il doit renseigner et conseiller son mandant, tant au niveau du mandat lui-même qu'au niveau de la valeur du bien à vendre ou à acquérir, sur la réglementation qui l'entoure, etc. Sur l'**étendue de cette responsabilité,** voir n°s 91680 s. **91270**

3. DÉNONCIATION DU MANDAT

MANDAT AVEC CLAUSE D'EXCLUSIVITÉ, CLAUSE PÉNALE OU CLAUSE DE GARANTIE DE RÉMUNÉRATION

Passé un délai de **3 mois** après la signature, le mandat assorti d'une clause d'exclusivité, d'une clause pénale ou qui comporte une clause garantissant des honoraires à l'agent immobilier même si l'opération est conclue sans son intermédiaire peut être dénoncé à tout moment par chacune des parties, à charge pour chacune d'elles d'en aviser l'autre 15 jours à l'avance (Décret 72-678 du 20-7-1972 art. 78, al. 2). Toutefois, cette disposition ne s'applique pas lorsque le mandat est donné en vue de vendre un immeuble par lots, de souscrire ou de procéder à la première cession de parts ou actions d'une société d'attribution, ou de louer, par fractions, un même ensemble commercial. Dans ces trois derniers cas, le mandat doit cependant indiquer les modalités de sa dénonciation avant exécution s'il porte sur un immeuble déjà achevé (Décret 72-678 du 20-7-1972 art. 78, dernier al.). **91280**

La révocation peut n'être que **partielle** et être limitée à la seule clause d'exclusivité ; pour être efficace, la révocation n'a pas besoin d'être acceptée par l'agent immobilier (Cass. 1e civ. 25-2-2010 n° 08-22.066 F-PBI : RJDA 5/10 n° 501).

La révocation du mandat **prend effet** du jour où le mandataire en a connaissance par réception d'une lettre recommandée AR.

Le mandat exclusif ne peut interdire au mandant de **vendre directement** le bien **après l'expiration du mandat** que si des diligences ont été accomplies par l'agent pendant la durée du mandat (CA Lyon 9-4-1999 : Bull. inf. C. cass. 1999 n° 1294).

MANDAT NE CONTENANT PAS DE CLAUSE D'EXCLUSIVITÉ

Le mandat donné à un agent immobilier n'étant pas un mandat d'intérêt commun, il peut être **révoqué unilatéralement** (C. civ. art. 2004). Mais l'abus du droit de révocation peut, le cas échéant, donner lieu à dommages-intérêts (Cass. 1e civ. 14-3-1984 n° 83-10.897 : Bull. civ. I n° 92). **91285**

La révocation doit être faite **dans les termes prévus** au contrat et ne peut pas résulter de simples faits, tels que la reprise des clefs de l'immeuble (TGI Nantes 6-10-1983 : JCP éd. G 1984 II n° 20308). En tout état de cause, les parties peuvent valablement décider d'écarter cette faculté de révocation (CA Paris 8-7-1994 : D. 1994 IR p. 223).

MANDAT CONTENANT UNE CLAUSE D'IRRÉVOCABILITÉ

Le mandat, même stipulé irrévocable, ne prive pas le mandant du **droit de renoncer** à l'opération. La révocation produit alors tous ses effets, sous réserve de la responsabilité éventuelle du mandant envers le mandataire. Cette solution vaut que le mandat soit exclusif (Cass. 1e civ. 30-5-2006 n° 04-18.972 F-PB : RJDA 3/07 n° 260 ; Cass. 1e civ. 5-7-2006 n° 05-12.418 F-D) ou non (Cass. 1e civ. 5-2-2002 n° 99-20.895 FS-P : RJDA 7/02 n° 760). **91290**

C. Rémunération de l'agent immobilier

1. CONDITIONS DE LA RÉMUNÉRATION

Le droit à rémunération de l'agent immobilier est subordonné au respect des dispositions de la loi Hoguet et de ses décrets d'application. Ainsi, l'agent immobilier qui exerce sans **carte professionnelle** ne peut pas prétendre au versement de ses honoraires (Cass. 1e civ. 15-5-2007 n° 06-17.957 F-D ; Cass. 1e civ. 5-4-2012 n° 11-15.569 F-PBI : BPIM 3/12 inf. 277). **91350**

Le droit à rémunération suppose **également** un mandat régulier, que celui-ci précise le montant de la rémunération et celui qui en aura la charge, une participation effective de l'agent immobilier à l'opération et la constatation de la vente dans un acte écrit devenu définitif.

CONSEIL

La **cession** d'un **fonds de commerce** n'emportant pas, sauf exceptions prévues par la loi, la cession des contrats liés à l'exploitation de ce fonds, la cession d'un fonds de commerce d'agent immobilier n'emporte pas cession des **mandats confiés au professionnel** (Cass. com. 28-6-2017 nº 15-17.394 FS-PBI : BPIM 5/17 inf. 376) ; le cessionnaire du fonds ne peut donc pas prétendre au paiement des honoraires dus en vertu d'un mandat de recherche consenti au cédant avant la cession du fonds. Les mandats liés à l'exploitation d'un fonds de commerce d'agent immobilier sont cessibles, mais pour que la cession soit valable, le cessionnaire du fonds devra prendre soin de recueillir l'accord des mandants.

MANDAT RÉGULIER

91355 **Nécessité d'un mandat préalable** Pour prétendre à rémunération, l'agent immobilier doit détenir un mandat écrit régulier délivré à cet effet par l'une des parties préalablement à son intervention (Cass. 1e civ. 22-5-1991 nº 90-10.182). Sur les **conditions de validité** du mandat, voir nºs 91200 s.

La question se pose de savoir si l'agent immobilier peut valablement détenir **deux mandats** pour une même opération, **l'un du vendeur et l'autre de l'acquéreur,** et ainsi prétendre à une double rémunération.

L'article 1161 du Code civil (applicable aux mandats conclus depuis le 1er octobre 2018) pose une limite à la possibilité de détenir deux mandats. Il prévoit qu'en matière de représentation des **personnes physiques,** le représentant ne peut pas agir pour le compte de plusieurs parties au contrat en opposition d'intérêts. L'acte accompli au mépris de cette règle est nul, à moins que la loi ne l'autorise ou que le représenté ne l'ait autorisé ou ratifié. Pour les personnes physiques, le double mandat n'est donc possible qu'en l'absence de conflit d'intérêts. En présence d'un tel conflit, le double mandat reste possible mais nécessite une autorisation ou une ratification par les deux parties. À notre sens, vendeur et acquéreur ne sont pas nécessairement en opposition d'intérêts. Toutefois, la jurisprudence ne s'étant pas prononcée, pour éviter tout risque de contestation et de nullité, il paraît plus prudent d'appliquer le principe de la transparence et d'obtenir l'autorisation préalable des parties. En outre, même en l'absence d'une telle autorisation, la ratification nous paraît toujours possible, par exemple par un simple rappel du droit à rémunération de l'agent immobilier dans l'acte de vente.

Pour les **personnes morales,** la pratique du double mandat est en revanche possible.

91357 **Conséquences de l'absence ou de l'irrégularité du mandat** Il résulte de la combinaison de l'article 6 de la loi du 2 janvier 1970 et des articles 72 et 73 du décret du 20 juillet 1972 que l'agent immobilier ne peut réclamer une **rémunération** que si préalablement à toute négociation ou engagement, il détient un mandat écrit délivré à cet effet par l'une des parties (Cass. 1e civ. 22-5-1991 nº 90-10.182).

En l'absence de mandat, l'agent immobilier est privé de tout droit à rémunération (par exemple, Cass. 1e civ. 2-10-2007 nº 05-18.706 FS-PB : Bull. civ. I nº 312, agent immobilier ayant fait visiter des locaux et commencé à négocier sans détenir un mandat de recherche d'un locataire ; Cass. 1e civ. 18-12-2014 nº 13-25.095 F-D, mandat signé après l'intervention du mandataire ; Cass. 1e civ. 22-1-2020 nº 19-10.853 F-D). Des conséquences identiques sont attachées au mandat irrégulier entaché de nullité (pour des illustrations, voir nº 91205).

91358 D'une manière très générale, la Cour de cassation considère que « l'agent immobilier dont le mandat est nul ne peut percevoir, directement ou indirectement, aucune rémunération au titre de ses activités de recherche, démarche, publicité ou entremise » ; la nullité du mandat lui fait non seulement perdre tout droit à rémunération, mais également tout **droit à indemnisation** (Cass. 1e civ. 9-9-2020 nº 19-17.925 F-D). S'agissant d'une règle d'ordre public, l'agent immobilier ne peut pas prétendre au paiement d'une indemnité compensatrice de sa perte de rémunération **sous couvert d'un autre fondement,** tels :

– la gestion d'affaires (Cass. 1e civ. 19-7-1988 nº 86-19.158 : Bull. civ. I nº 241 ; Cass. 1e civ. 22-3-2012 nº 11-13.000 F-PBI : BPIM 3/12 inf. 279) ; dans une précédente affaire, la Cour de cassation avait semblé admettre le droit pour l'agent immobilier d'exiger le versement d'une indemnité sur le seul fondement de la gestion d'affaires (Cass. 1e civ. 28-6-1988 nº 87-12.104 : Bull. civ. I nº 210) ;

– l'enrichissement injustifié (Cass. 1e civ. 18-6-2014 nº 13-13.553 F-PBI : BPIM 4/14 inf. 294 ; Cass. 1e civ. 31-1-2018 nº 17-10.340 F-D : BPIM 2/18 inf. 167) ;

– la réparation d'un préjudice (Cass. 1e civ. 3-2-2004 nº 01-17.763 FS-PB : BPIM 2/04 inf. 132 ; Cass. 1e civ. 8-12-2021 nº 20-11.024 F-D), l'agent immobilier ne pouvant ni demander ni recevoir, directement ou indirectement, aucune somme à titre de rémunération ou de réparation en dehors des indications portées dans le mandat (Cass. 1e civ. 28-11-2000 nº 97-18.684 F-P : Bull. civ. I nº 303) ;

– la perte de chance de recevoir le paiement de sa commission (Cass. 1e civ. 8-3-2012 no 11-14.234 F-PBI : Bull. civ. I no 47) ou l'obligation naturelle, car cela reviendrait à faire échec aux règles impératives légales (Cass. 1e civ. 6-1-2011 no 09-71.243 F-PBI : RJDA 5/11 no 398).

L'agent immobilier ne peut pas non plus prétendre au **remboursement de frais** indispensables au démarrage de sa mission (Cass. 1e civ. 6-4-2016 no 15-13.950 F-D).

La nullité du mandat peut **empêcher la réalisation du contrat principal** objet du mandat. Ainsi, le propriétaire d'un bien n'est pas engagé par l'offre de vente transmise au candidat acquéreur par un agent immobilier muni d'un mandat irrégulier et la vente n'est donc pas conclue (Cass. 3e civ. 8-4-2009 no 07-21.610 FS-PB : Bull. civ. III no 80). **91359**

La nullité du mandat permet aussi d'obtenir la **nullité d'une transaction** négociée entre l'agent immobilier et le vendeur pour indemniser l'agent immobilier privé de sa commission suite au refus fautif du vendeur de signer le compromis de vente. La Cour de cassation a considéré que l'erreur du vendeur, qui ne connaissait pas l'irrégularité du mandat, fût-elle de droit, affectait l'objet de la contestation et justifiait l'annulation de la transaction (Cass. 1e civ. 17-6-2010 no 09-14.144 P-FBI : BPIM 5/10 inf. 423).

Convention postérieure à l'opération En l'absence de mandat régulier, la Cour de cassation admet que l'agent immobilier puisse percevoir une rémunération si, par une convention ultérieure, l'une des parties **s'engage à rémunérer ses services.** Une telle convention n'est valable qu'à deux conditions : elle est postérieure à l'opération régulièrement conclue (Cass. 1e civ. 3-2-1993 no 90-10.103 : Bull. civ. I no 46 ; Cass. 1e civ. 13-3-2007 no 05-12.270 F-PB : RJDA 2/08 no 124) et la vente est intervenue **entre les parties rapprochées** par l'agent immobilier (Cass. 1e civ. 6-1-2011 no 09-71.243 F-PBI : RJDA 5/11 no 398). **91360**

La somme due à l'agent immobilier est limitée au montant que le client s'est engagé à payer après la vente, quand bien même ce montant serait inférieur à la rémunération initialement prévue dans le mandat irrégulier (Cass. 1e civ. 16-3-2022 no 18-21.694 F-D).

Le seul fait de régler la commission après la signature de l'acte authentique de vente est considéré comme une convention ultérieure à la signature de l'acte authentique. Le règlement effectué est donc valable en dépit de l'irrégularité du mandat (Cass. 1e civ. 6-3-2001 no 98-16.826 FS-P). La ratification ne vaut toutefois que pour l'acte ayant donné lieu à facturation et ne permet pas de ratifier d'autres actes accomplis postérieurement par le mandataire, quand bien même ils s'inscriraient dans le cadre d'un même mandat originel et d'une même opération immobilière (Cass. 1e civ. 19-1-2022 no 20-14.534 F-D). En tout état de cause, le paiement volontaire de la commission pour reconnaissance du service rendu ne peut pas donner lieu à répétition (Cass. 1e civ. 20-7-1976 no 75-10.029 : Bull. civ. I no 274 ; Cass. 1e civ. 8-12-2021 no 20-11.025 F-D), dès lors que ce paiement n'est pas dû à l'ignorance du payeur du droit qu'il a de ne pas payer, mais traduit la décision prise volontairement de récompenser pécuniairement la contribution apportée à la conclusion de l'affaire.

En revanche, la demande en paiement de l'agent immobilier doit être rejetée s'il est établi que la reconnaissance d'honoraires est intervenue avant l'engagement des parties, même si le client a signé une reconnaissance d'honoraires en qualifiant l'opération comme réalisée et en remettant un chèque à l'agent immobilier en paiement des honoraires (Cass. 1e civ. 27-6-2006 no 04-20.710 F-D). Il en va de même lorsque le client s'est reconnu redevable de la commission en signant le bon de commission avant la signature de l'acte de vente (Cass. 1e civ. 10-7-2014 no 13-13.455 F-D).

MANDAT FIXANT LE MONTANT ET LA CHARGE DE LA RÉMUNÉRATION

Principe Les conditions de la détermination de la rémunération de l'agent immobilier, dite « honoraires », ainsi que la partie qui en a la charge – ou les modalités du partage de cette charge s'il y a lieu – doivent être portées **impérativement** dans le mandat et dans l'engagement des parties à l'opération. Il en est de même des honoraires de rédaction d'acte et de séquestre (Loi 70-9 du 2-1-1970 art. 6, I-al. 4 et 8). L'engagement des parties peut être l'acte de vente ou tout autre document préparatoire à la vente, telle que la promesse ou le contrat de réservation (Cass. 1e civ. 24-11-2021 no 19-23.693 F-D). **91361**

À défaut pour le mandat de fixer le montant et la charge de la rémunération, l'agent immobilier est privé de tout droit à rémunération. Il ne peut en effet recevoir aucune rémunération ou somme quelconque d'une personne autre que celles mentionnées dans le mandat et dans l'engagement des parties (Décret 72-678 du 20-7-1972 art. 73, al. 3 ; pour des illustrations, Cass. 1e civ. 8-3-2012 no 11-10.871 F-PB : Bull. civ. I no 46 ; Cass. 1e civ. 17-1-2018 no 14-14.304 F-D ; Cass. 1e civ. 22-1-2020 no 19-10.853 F-D).

Montant de la rémunération Ne satisfait pas à l'obligation d'indiquer dans le mandat les conditions de détermination de la rémunération imposée par l'article 6, I de la loi Hoguet **91362**

la simple **référence** à un prétendu **tarif légal** (Cass. 1e civ. 19-7-1988 n° 87-11.703 : Bull. civ. I n° 242 ; Cass. 1e civ. 24-5-1989 n° 88-10.126 : Bull. civ. I n° 208) ou à un **barème par tranche affiché** en agence (Cass. 1e civ. 30-11-2016 n° 15-24.024 F-D). De même, ne répond pas à ces exigences la clause d'un mandat prévoyant que la commission serait fixée **selon le prix** d'acquisition, lequel était compris dans une certaine fourchette (Cass. 1e civ. 9-11-1999 n° 97-11.898 : Bull. civ. I n° 292).

L'agent immobilier ne peut prétendre qu'à la rémunération prévue dans le mandat. Si le mandat prévoit un prix de 80 € le mètre carré et une commission de 6 % du prix réellement perçu par le vendeur sans en préciser le montant, l'agent immobilier ne peut prétendre qu'à une rémunération calculée sur le prix effectivement perçu par le vendeur (Cass. 1e civ. 16-3-2022 n° 20-17.028 F-D : BPIM 3/22 inf. 257).

Lorsque le mandat comporte une **clause d'exclusivité,** une **clause pénale** ou une clause aux termes de laquelle des honoraires sont dus par le mandant même si l'opération est conclue sans les soins de l'intermédiaire, ces honoraires ne peuvent pas excéder le montant des honoraires prévus dans le mandat pour l'opération à réaliser (Loi 70-9 du 2-1-1970 art. 6, I-al. 9 ; Décret 72-678 du 20-7-1972 art. 78, al. 1).

91363 **Charge de la rémunération** Le mandat doit préciser si la rémunération est à la charge **exclusive** de l'une des parties à l'opération ou si elle est **partagée.** Dans ce dernier cas, les conditions et modalités de ce partage sont indiquées dans le mandat et reprises dans l'engagement des parties (Décret 72-678 du 20-7-1972 art. 73, al. 2).

L'agent immobilier ne peut recevoir aucune rémunération de la part d'une **personne** autre que celle(s) mentionnée(s) comme **en ayant la charge dans le mandat** et l'engagement des parties (promesse de vente, vente) (Décret 72-678 du 20-7-1972 art. 73, al. 3). Cette personne est nécessairement l'une des parties à la vente (Cass. 3e civ. 16-9-2021 n° 20-13.776 F-D). Aucune rémunération n'est donc due :

– si l'acte de vente ou la promesse ne mentionne pas la partie supportant la charge de la commission (Cass. 1e civ. 24-11-2021 n° 19-23.693 F-D) ;

– si l'acte de vente ou la promesse ne contient aucune mention relative à la commission, quand bien même le mandat donné par le vendeur et le bon de visite signé par l'acquéreur stipuleraient que la commission est à la charge de l'acquéreur (Cass. 1e civ. 3-4-2002 n° 99-20.206 FS-PB : Bull. civ. I n° 103) ou que le mandat stipule que les honoraires seront à la charge du seul mandant (Cass. 1e civ. 27-5-1997 n° 95-13.608 PB : Bull. civ. I n° 168) ;

– en cas de discordance entre les mentions du mandat et celles de l'engagement des parties (Cass. 1e civ. 21-2-2006 n° 04-14.538 F-D : AJDI 2006 p. 485 ; Cass. 1e civ. 24-4-2013 n° 11-26.876 F-PBI : BPIM 3/13 inf. 229). En revanche, en aucun cas, les textes n'imposent que l'acquéreur ait signé un mandat mettant à sa charge les honoraires de négociation. Dès lors, l'acquéreur peut être contraint de payer les honoraires mis à sa charge par l'acte constatant l'engagement des parties et le mandat de vente qu'il n'a pas signé (Cass. 1e civ. 2-10-2013 n° 12-22.761 F-D : BPIM 6/13 inf. 437).

La **désignation** du débiteur des honoraires doit être **expresse** ; tel n'est pas le cas lorsque le mandat mentionne seulement un prix de vente « commission comprise » et que l'offre d'achat, effectuée à un prix « honoraires d'agence inclus », a été acceptée pour un prix « net vendeur » (Cass. 1e civ. 13-3-2007 n° 05-12.270 F-PB : Bull. civ. I n° 101). En revanche, la clause indiquant que les honoraires seront payés par la remise d'un ordre irrévocable de virement par le mandant correspondant aux honoraires dus au mandataire suffit à déterminer qui est le débiteur de la rémunération (Cass. 1e civ. 24-11-2021 n° 19-23.693 F-D).

Sur l'assimilation (ou non) des honoraires de l'intermédiaire à une **charge augmentative du prix** de vente, passible comme telle des droits d'enregistrement, voir n° 84575.

CONSTATATION DE LA VENTE DANS UN ACTE ÉCRIT

91365 Aucune somme d'argent ou rémunération quelconque n'est due avant que l'opération recherchée effectivement conclue ait été constatée dans un seul **acte** écrit **contenant l'engagement des parties** (Loi 70-9 du 2-7-1970 art. 6, I-al. 8 ; Décret 72-678 du 20-7-1972 art. 73, dernier al. ; Cass. 1e civ. 3-5-1979 n° 77-14.857 : Bull. civ. I n° 126, frais de publicité en l'espèce ; Cass. 1e civ. 16-11-2016 n° 15-22.010 F-PB : BPIM 1/17 inf. 67, honoraires). Cette disposition est d'ordre public et sanctionnée pénalement (Loi du 2-7-1970 art. 16, 2° ; n° 90720). Les mandants ne peuvent donc pas être condamnés au paiement des honoraires prévus au mandat, quand bien même l'agent immobilier aurait préparé les promesses de vente et exécuté ses obligations contractuelles (Cass. 1e civ. 12-9-2019 n° 18-20.638 F-D).

L'exigence de l'écrit unique ne concerne pas le mandat, mais la convention des parties (Cass. 1e civ. 3-4-2002 n° 99-20.206 FS-PB : Bull civ. I n° 103). Cet écrit ne peut pas résulter du seul rapprochement de mandats réciproques de l'acheteur et du vendeur (Cass. 1e civ. 27-1-1981 n° 79-15.587 : Bull. civ. I n° 27) ou d'un mandat de vente et d'un bon de visite signé par l'acheteur (Cass. 1e civ. 3-4-2002 n° 99-20.206 FS-PB : Bull. civ. I n° 103). Cette exigence condamne, par exemple, la méthode consistant pour l'agent immobilier à établir deux documents séparés, l'un constatant la promesse unilatérale de vente par le promettant, l'autre la promesse unilatérale d'achat par « l'acquéreur » ou encore la levée de l'option par le bénéficiaire, ou celle de l'échange de lettres.

L'acte écrit auquel la loi Hoguet subordonne le droit à rémunération de l'agent immobilier n'est pas nécessairement un **acte authentique.** Ainsi, l'acquéreur qui refuse de réitérer la vente par acte authentique peut être tenu au paiement des honoraires s'il est constaté que le compromis de vente sous signature privée vaut vente parfaite par suite de la levée des conditions suspensives (Cass. 1e civ. 2-10-2013 n° 12-20.520 F-D). Même solution lorsque le juge retient que la promesse synallagmatique de vente constitue un accord définitif sur la chose et sur le prix (Cass. 1e civ. 10-10-2018 n° 16-21.044 F-D). **91367**

De la même manière, lorsque dans l'acte sous signature privée les parties n'ont pas entendu faire de la signature de l'acte authentique une condition de la vente mais l'ont, au contraire, considérée comme une simple formalité destinée à en retarder les effets, le refus par l'une des parties de signer l'acte authentique ne peut être assimilé à l'exercice d'une faculté de dédit et la vente doit être regardée comme effectivement conclue au sens des dispositions de la loi de 1970 (Cass. 1e civ. 9-12-2010 n° 09-71.205 FS-PBI : Bull. civ. I n° 253). La perfection de la vente serait cependant sans effet et l'agent immobilier n'aurait donc aucun droit à rémunération, si la réitération en la forme authentique était impossible (Cass. 3e civ. 18-11-2009 n° 08-20.194 FS-PB : Bull. civ. III n° 259). En l'espèce, les parties avaient renoncé à réitérer la vente car le juge des tutelles n'avait pas consenti à ce que l'une des venderesses occupante quitte les lieux.

En revanche, une promesse unilatérale de vente qui ne comporte pas l'engagement du bénéficiaire d'acquérir n'ouvre pas droit, à elle seule, à des honoraires au profit de l'agence (Cass. 3e civ. 8-2-2023 n° 21-25.521 FS-D).

ATTENTION

En cas de refus de poursuivre la vente par l'une des parties, le **procès-verbal de difficulté** dressé par le notaire ne peut constituer l'écrit ouvrant droit à rémunération car il n'opère aucun transfert. L'agent immobilier n'aura donc en principe droit qu'à des dommages-intérêts s'il prouve la faute de la personne qui a refusé de poursuivre la vente (Cass. 1e civ. 1-12-1987 n° 84-17.276 : Bull. civ. I n° 313).

À **défaut d'acte écrit** constatant le transfert de propriété, la **clause contractuelle** selon laquelle la rémunération resterait due intégralement au mandataire en cas de refus par l'une des parties de régulariser la vente par acte authentique est dépourvue d'effet (Cass. 1e civ. 24-10-2006 n° 05-12.026 F-D ; Cass. 1e civ. 16-11-2016 n° 15-22.010 F-PB : BPIM 1/17 inf. 67 ; Cass. 1e civ. 14-12-2016 n° 15-25.352 F-D ; Cass. 1e civ. 1-7-2020 n° 19-14.381 F-D : BPIM 5/20 inf. 357). **91369**

Lorsque le mandataire n'a pas obtenu le **consentement de tous les propriétaires** du bien vendu, la vente est nulle et il n'a aucun droit à rémunération : pour un mandat donné uniquement par le mari en violation de l'article 215 du Code civil (Cass. 1e civ. 28-11-2006 n° 05-17.757 F-D) ou par certains des indivisaires seulement (Cass. 3e civ. 11-10-2006 n° 05-17.435 FS-D).

Lorsque la vente est déclarée parfaite par **décision de justice,** le droit aux honoraires prend naissance à compter de cette décision, laquelle constitue l'acte écrit visé par l'article 6 de la loi précitée (Cass. 1e civ. 24-9-2002 n° 00-21.964 : Bull. civ. I n° 213).

En présence d'un vice caché, dès lors que l'acquéreur a opté pour la réalisation de la vente en dépit de l'existence de ce vice et que la réalisation de la vente a été judiciairement ordonnée et effectivement conclue, les juges peuvent considérer que la commission de l'agent immobilier, mise à la charge de l'acquéreur par le mandat, est due (Cass. 3e civ. 7-11-2019 n° 18-20.966 F-D).

PARTICIPATION EFFECTIVE À L'OPÉRATION

Opération conclue avec le concours de l'agence Dans tous les cas, l'intermédiaire ne peut prétendre à ses honoraires que si l'opération a été menée à bonne fin par ses soins (Cass. 1e civ. 21-7-1970 n° 69-11.367 : Bull. civ. I n° 243). Sur la possibilité d'écarter cette règle au moyen d'une clause d'exclusivité ou d'une clause pénale insérée dans le mandat, voir n° 91374. **91370**

En principe, le fait générateur qui ouvre droit aux honoraires ou à indemnisation de l'agent immobilier réside dans la **présentation du bien** à un acquéreur en période de validité du contrat. Généralement, la mise en relation suffit. Ainsi, l'agent immobilier qui ne fait que présenter l'acquéreur au vendeur est considéré comme ayant effectivement réalisé la vente et a droit à la commission convenue, même s'il n'assiste pas à la signature du contrat de réservation (Cass. 1e civ. 13-6-1984 n° 82-16.316 : Bull. civ. I n° 192). Ce principe selon lequel la mise en relation suffit s'applique même après l'expiration du mandat (voir n° 91371). Voir cependant n° 91372 en cas de pluralité d'agences.

Lorsque le mandat porte sur un bien déterminé convoité par le mandant, le mandat recouvre non pas la présentation d'un bien à vendre mais la **négociation de l'opération immobilière,** de sorte que l'agent immobilier peut prétendre à ses honoraires si son intervention a été déterminante dans le rapprochement des parties (Cass. 1e civ. 29-5-2013 n° 12-17.172 F-PB : BPIM 4/13 inf. 301).
Le bon de visite signé par l'acheteur, qui ne peut pas tenir lieu de mandat (n° 91202), constitue pour l'agent immobilier un moyen de **preuve** de l'accomplissement de sa mission (Cass. 1e civ. 14-11-2000 n° 98-10.629 F-P : Bull. civ. I n° 288). La preuve par témoins est en revanche exclue en ce domaine (CA Paris 21-6-1988 : Ann. loyers 1992 p. 228).

ILLUSTRATIONS

Aucune commission ou indemnité n'est due à l'agent immobilier qui :
– ne démontre pas avoir accompli les diligences qui auraient permis la conclusion de la vente d'un seul des immeubles présentés dans le mandat de recherche (Cass. 1e civ. 3-5-2018 n° 17-10.989 F-D) ;
– qui s'est contenté d'envoyer l'offre de vente au locataire d'un appartement, celle-ci ne pouvant être assimilée à la présentation d'un acquéreur qui seule ouvre droit à commission (Cass. 1e civ. 14-6-1988 n° 86-17.557 : Bull. civ. I n° 183).

91371 **Présentation de l'acquéreur pendant la durée du mandat** Pour pouvoir prétendre à ses honoraires, l'agent immobilier doit avoir **fait visiter le bien** pendant la période de validité du mandat. La signature de l'acte authentique peut n'intervenir que plusieurs mois après l'exécution par l'agent immobilier de sa mission, parfois même après expiration de son mandat. En pareil cas, l'agent immobilier ne perd pas son droit à rémunération dès lors qu'il a trouvé l'acquéreur pendant la période de validité du mandat (Cass. 1e civ. 8-10-1996 n° 94-18.025 ; Cass. 1e civ. 15-5-2002 n° 00-14.897). En revanche, si les recherches de l'agent immobilier n'ont abouti qu'après l'expiration du mandat, il est considéré comme ayant agi sans mandat et perd tout droit à rémunération (Cass. 1e civ. 6-11-2002 n° 99-13.122). C'est à lui de prouver que le bien a été présenté à l'acquéreur avant l'expiration du mandat (Cass. 1e civ. 3-2-1998 n° 96-10.264 P : Bull. civ. I n° 38).

Le droit à rémunération pour toute **vente conclue au-delà de la validité du mandat** fait souvent l'objet d'une **clause** par laquelle le vendeur s'interdit de vendre à tout acquéreur qui lui aura été présenté par l'agent immobilier pendant la durée du mandat (Cass. com. 21-11-2006 n° 05-18.207 F-D). Cette clause pourrait sembler inutile dès lors que les juridictions considèrent ce principe comme résultant de l'article 6 de la loi 70-9 du 2 janvier 1970 (Cass. 1e civ. 14-11-2000 n° 98-10.629 F-P : Bull. civ. I n° 288). Cependant, l'existence de cette clause facilite la mise en œuvre de la clause pénale du mandat en ce qu'elle permet de ne pas avoir à établir la fraude du vendeur (Cass. 1e civ. 23-1-2019 n° 18-10.549 F-D). Elle permet à l'agent immobilier de remplir son devoir d'information à l'égard de son mandant et éventuellement de consacrer sa mauvaise foi, celui-ci ne pouvant pas affirmer ne pas savoir qu'il lui était fait interdiction de contracter avec un acquéreur présenté par l'agent immobilier.

La commission des clauses abusives invite à une **limitation dans le temps** de cette clause (voir n° 91235). La Cour de cassation considère que la clause d'un mandat de recherche qui interdit au mandant de traiter directement ou indirectement avec un vendeur présenté par l'agence pendant sa durée et les 18 mois suivant sa résiliation ou son expiration ne constitue pas une durée excessive (Cass. 1e civ. 29-5-2013 n° 12-17.172 F-PB : BPIM 4/13 inf. 301).

91372 **Pluralité d'agences** Lorsque le vendeur a confié des **mandats non exclusifs** (n° 91374) à plusieurs agents immobiliers, seul celui par l'entremise duquel l'opération a été définitivement conclue a **droit aux honoraires,** même si l'acquéreur a été précédemment présenté au vendeur par un autre agent immobilier (Cass. 1e civ. 16-10-1984 n° 82-12.823 : Bull. civ. I n° 259 ; Cass. 1e civ. 15-2-2000 n° 97-19.429 P : Bull. civ. I n° 46 ; Cass. 1e civ. 25-11-2010 n° 08-12.432 F-PBI : BPIM 1/11 inf. 83, mandat de recherche ; Cass. 3e civ. 16-10-2013 n° 12-23.383 F-D : BPIM 6/13 inf. 438 ; Cass. 1e civ. 15-1-2015 n° 13-25.955 F-D : BPIM 2/15 inf. 147).

L'agent évincé peut seulement obtenir des **dommages-intérêts,** s'il prouve la **faute** du vendeur qui l'aurait privé de la réalisation de la vente (mêmes arrêts) ou la collusion frauduleuse entre le vendeur et l'acquéreur (Cass. 1e civ. 8-4-2010 n° 09-14.597 F-PB : BPIM 3/10 n° 265). Par un attendu très général, la Cour de cassation a affirmé que « n'est pas fautif le fait, pour l'acquéreur non lié contractuellement à l'agent immobilier par l'intermédiaire duquel il a visité le bien, d'adresser une **nouvelle offre** d'achat aux vendeurs **par l'intermédiaire d'un autre agent immobilier** également mandaté par ces derniers » (Cass. 1e civ. 6-4-2016 n° 15-14.631 F-PB : BPIM 3/16 inf. 224). Ce principe s'applique que l'agent immobilier soit titulaire d'un mandat de vente ou de recherche (Cass. 1e civ. 25-11-2010 n° 08-12.432 F-PBI précité). Il a été jugé aussi qu'il n'y a pas faute lorsque le vendeur, qui a connu l'acquéreur grâce à une première agence, poursuit les négociations avec le même acquéreur par l'entremise d'une seconde agence qui a accepté de baisser sa commission (Cass. 3e civ. 16-10-2013 n° 12-23.383 F-D : BPIM 6/13 inf. 438). La clause qui interdit au mandant de traiter directement avec un acquéreur présenté par le mandataire ne lui interdit donc pas de traiter, à des conditions différentes, par l'intermédiaire d'une autre agence qui parvient à faire baisser le prix de vente et accepte de diminuer le montant de sa commission.

Si les juges constatent que **deux agences immobilières ont participé à la vente** effectivement conclue, sans qu'il ne soit démontré que l'activité de l'une ait été plus essentielle et déterminante que celle de l'autre, ils peuvent décider que la **commission** doit être **partagée** par moitié entre les deux agences (Cass. 3e civ. 11-5-2022 no 21-15.943 F-D).

Vente conclue directement entre les parties Lorsque la vente se traite directement entre les parties alors que l'**agent immobilier a fait visiter** l'immeuble **pendant la durée de son mandat,** l'opération est réputée conclue par son entremise si bien que l'agent a droit à sa commission, sauf à tenir compte du prix de vente réel de l'immeuble et des circonstances ou des fautes de l'agent (Cass. 1e civ. 8-7-1994 no 92-14.346 PF : RJDA 12/94 no 1360 ; Cass. 1e civ. 14-11-2000 no 98-10.629 F-P : BPIM 2/01 inf. 164 ; Cass. 3e civ. 11-9-2025 no 23-17.579 FS-B : BPIM 5/25 inf. 239). 91373

En revanche, la constatation d'une **collusion frauduleuse** entre les parties en vue d'éluder les honoraires de l'agent immobilier ne donne pas droit au paiement de ses honoraires, mais à l'allocation de dommages-intérêts (Cass. 3e civ. 8-6-2010 no 09-14.949 F-PB : RJDA 10/10 no 932 ; Cass. 1e civ. 7-10-2020 no 18-12.205 F-D). Il en va de même en cas de manœuvres frauduleuses de l'acquéreur, et ce, même s'il n'est pas débiteur de la commission (Cass. ass. plén. 9-5-2008 no 07-12.449 PBRI : BPIM 3/08 no 266 ; Cass. 1e civ. 18-12-2014 no 13-23.178 F-D). L'agent immobilier qui invoque les manœuvres frauduleuses doit détenir un mandat régulier car, à défaut, il ne peut prétendre à aucune rémunération ni indemnité, sur quelque fondement que ce soit (nos 91357 s.).

On notera que la jurisprudence s'avère très sévère envers le professionnel. Il a été jugé que le seul fait d'agir dans le sens exclusif de ses propres intérêts ne suffisant pas à caractériser une faute ou une fraude aux droits d'un tiers, rien n'interdit aux acquéreurs d'entrer directement en contact avec les mandants pour leur proposer une nouvelle offre, serait-ce dans le but de payer un prix moindre, notamment du fait de l'absence de commission d'agence (Cass. 1e civ. 6-12-2017 no 16-15.249 FS-D). Ainsi, s'agissant du mandant, l'arrêt ajoute qu'aucune faute ne peut lui être imputée s'il ignorait, lorsqu'il a conclu l'acte de vente, qu'il contractait avec des acquéreurs ayant visité les locaux et formulé une première offre d'achat par l'entremise de l'agent immobilier et si la preuve d'une collusion entre les parties à la vente n'est pas rapportée. Dans le même sens, il a été jugé que l'agent immobilier ne peut prétendre à aucune rémunération quand la vente est signée à des conditions différentes de celles prévues dans son mandat de recherche (prix en baisse, hauteur des constructions et surface habitable hors œuvre nette réduites), même si elle intervient entre les mêmes parties et sur le même bien (Cass. 3e civ. 1-3-2023 no 21-25.117 F-D).

Clause d'exclusivité ou clause pénale Le principe en vertu duquel l'agent immobilier doit avoir contribué à l'opération pour avoir droit à rémunération n'est pas d'ordre public. Le mandat de vente peut donc prévoir que l'agent immobilier aura droit à ses **honoraires même si l'opération** s'est **réalisée sans son intermédiaire.** Tel est le cas en présence d'une clause d'exclusivité ou d'une clause pénale aux termes de laquelle des honoraires seront dus à l'agent, même si l'opération est conclue sans ses soins (Loi 70-9 du 2-1-1970 art. 6, I-al. 9). 91374

Pour être valable, cette clause doit être expresse et mentionnée en caractères très apparents (voir no 91217). En outre, elle ne doit pas prévoir le paiement d'une somme supérieure au montant des honoraires stipulés dans le mandat pour l'opération à réaliser (Décret 72-678 du 20-7-1972 art. 78, al. 1).

ILLUSTRATIONS

Il a été jugé que le mandant qui conclut un mandat de vente, alors qu'il a signé 6 jours plus tôt un mandat exclusif de 3 mois avec une autre agence lui interdisant de négocier directement ou indirectement la vente, contrevient à l'interdiction qui lui est faite de négocier indirectement la vente de son bien et, est redevable de l'indemnité prévue à titre de clause pénale sans que l'agence ait à justifier de la perte de son droit à rémunération (Cass. 1e civ. 2-10-2013 no 12-22.343 F-D : BPIM 6/13 inf. 436).

OPÉRATION EFFECTIVEMENT CONCLUE

Principe Pour que l'agent immobilier ait droit à sa rémunération, l'affaire doit être définitivement conclue (Loi 70-9 du 2-1-1970 art. 6, I-al. 8 ; Décret 72-678 du 20-7-1972 art. 73, al. 3). Avant la signature d'un acte translatif, l'agent immobilier ne peut en effet percevoir aucun bien, effet, valeur, somme d'argent, représentatif d'honoraires, de frais de recherche, de démarche, de publicité ou d'entremise quelconque (voir no 91365). 91380

Il n'est fait exception à cette règle que lorsque le mandant agit dans le cadre de ses **activités professionnelles.** L'interdiction faite à l'agent immobilier de percevoir une quelconque rémunération avant que l'opération soit effectivement conclue s'est révélée particulièrement inadaptée aux opérations portant sur de l'immobilier d'entreprise. En effet, de telles opérations sont loin de se résumer à une simple prestation d'entremise et peuvent recouvrir différents types d'activités s'étalant sur plusieurs années (études d'implantation de site, missions de conception, d'assistance et de commercialisation, études de marché...). Il s'agit de tâches longues, souvent coûteuses et complexes qui peuvent justifier une rémunération avant la conclusion de la transaction. C'est pourquoi, lorsque le mandant agit dans le cadre de ses activités professionnelles, une **clause du mandat** peut autoriser l'agent immobilier à percevoir tout ou partie de sa rémunération avant que l'opération ait été effectivement conclue et constatée (Loi 70-9 du 2-1-1970 art. 6, I-al. 10). Cette clause doit (Décret 72-678 du 20-7-1972 art. 78-1) :

– préciser les frais exposés par l'agent immobilier et les honoraires auxquels il peut prétendre pour ses diligences préalables à la conclusion de l'opération ;
– décrire les modalités de calcul et de paiement des sommes ainsi dues ;
– être mentionnée sur le mandat en caractères très apparents.

> **Précisions** La Cour de cassation a refusé de renvoyer au Conseil constitutionnel une **question prioritaire de constitutionnalité** portant sur l'interdiction pour l'agent immobilier de percevoir une quelconque rémunération en l'absence de conclusion effective de l'opération projetée, quelle qu'en soit la raison. La Cour de cassation considère que cette interdiction est fondée sur le motif d'intérêt général tenant à la nécessaire réglementation des pratiques des professionnels soumis à la loi Hoguet afin d'assurer l'information, la protection et la liberté contractuelle de leurs clients (Cass. 3e civ. QPC 7-7-2022 n° 21-25.661 FS-B : BPIM 5/22 inf. 389).

91381 **Refus du mandant de réaliser l'opération** Le refus du mandant de réaliser l'opération avec une **personne** qui lui a été **présentée par l'agent immobilier** prive ce dernier de son droit à rémunération. En effet, sauf clause expresse du mandat lui donnant le pouvoir de représenter le vendeur pour conclure la vente, l'agent immobilier ne peut pas engager son mandant pour l'opération envisagée (Décret 72-678 du 20-7-1972 art. 72 ; voir n° 91211). En outre, la vente n'ayant pas été conclue, l'article 6, I de la loi Hoguet lui interdit de percevoir quelque somme que ce soit (n° 91365). Peu importe que le vendeur ait accepté dans un premier temps l'offre d'acquisition qui lui a été transmise par l'agent immobilier puis qu'il se soit rétracté le lendemain (Cass. 1e civ. 25-11-2020 n° 19-18.144 F-D). L'agent immobilier est privé de son droit à rémunération, même en présence d'une **clause pénale** prévoyant que la rémunération du mandataire restera due intégralement en cas de refus par l'une des parties de régulariser la vente par acte authentique (Cass. 1e civ. 16-11-2016 n° 15-22.010 F-PB : BPIM 1/17 inf. 67 ; Cass. 1e civ. 14-12-2016 n° 15-25.352 F-D ; Cass. 1e civ. 1-7-2020 n° 19-14.381 F-D : BPIM 5/20 inf. 357 ; Cass. 1e civ. 15-6-2022 n° 20-22.047 F-D).

L'agent immobilier a seulement droit à des **dommages-intérêts** s'il prouve une faute de son mandant qui l'aurait empêché de réaliser la vente (Cass. 1e civ. 1-12-1987 n° 84-17.276 : Bull. civ. I n° 313 ; Cass. 1e civ. 28-6-2012 n° 10-20.492 F-PBI : BPIM 4/12 inf. 365). Il a été jugé que le refus du mandant de réaliser la vente avec les acquéreurs présentés par l'agence n'est pas, en soi, constitutif d'une faute pouvant justifier sa condamnation au paiement de dommages-intérêts (Cass. 1e civ. 3-5-2018 n° 17-16.657 F-D : BPIM 3/18 inf. 234 ; Cass. 1e civ. 1-7-2020 n° 19-14.381 F-D susvisé), sauf s'il est établi que le mandant a conclu la vente en privant le mandataire de sa rémunération (Cass. 1e civ. 28-6-2012 n° 10-20.492 F-PBI susvisé ; Cass. 1e civ. 8-9-2021 n° 20-12.171 F-D ; Cass. 1e civ. 16-10-2022 n° 20-18.266 F-D). La preuve d'une faute n'est pas rapportée si les vendeurs ont informé rapidement l'agent immobilier qu'ils ont trouvé un acquéreur (Cass. 1e civ. 16-5-2012 n° 11-17.792).

91382 Lorsque la **faute du mandant** est établie, l'**évaluation du préjudice** subi par l'agent immobilier relève de la libre appréciation des juges du fond. Ces derniers peuvent limiter celle-ci à la perte de chance de trouver un acquéreur. La troisième chambre civile considère que les juges peuvent valablement considérer que l'agent immobilier qui a perdu une chance d'être rémunéré par le fait des vendeurs a subi un préjudice équivalent à 100 % du montant de la commission (Cass. 3e civ. 11-2-2014 n° 12-28.542 F-D). La première chambre civile semble plus stricte, rappelant régulièrement que la réparation d'une perte de chance doit être mesurée à la chance perdue et ne peut pas être égale à l'avantage qu'aurait procuré cette chance si elle s'était réalisée (Cass. 1e civ. 29-5-2013 n° 12-19.390 F-D). Un arrêt précise qu'un agent immobilier ne peut pas se voir octroyer une indemnité égale au montant de sa commission, dès lors que les juges constatent l'existence d'un aléa à la réalisation de l'opération lié, par exemple, à l'obtention du prêt par les acquéreurs (Cass. 1e civ. 28-1-2010 n° 09-10.352 : RJDA 5/10 n° 488).

Les juges ne peuvent pas relever d'office le moyen tiré de la perte de chance pour diminuer le montant demandé par l'agent immobilier sans avoir au préalable invité les parties à présenter leurs observations (Cass. 1e civ. 24-4-2013 n° 12-19.309 ; Cass. 1e civ. 12-10-2016 n° 15-20.320 F-D).

> Précisions La Cour de cassation a refusé de renvoyer au Conseil constitutionnel une **question prioritaire de constitutionnalité** portant sur l'article 6 de la loi Hoguet en ce qu'il exclut que soit regardé comme fautif le refus du mandant de conclure la vente sans aucune raison. Elle considère qu'il ne porte pas atteinte au principe de responsabilité. Dans la mesure où le mandat est un contrat d'entremise, l'agent immobilier ne dispose pas du pouvoir d'engager son client, de sorte que ce dernier est libre de conclure ou non l'opération ; son seul refus ne peut pas être constitutif d'une faute susceptible d'engager sa responsabilité (Cass. 3e civ. QPC 7-7-2022 n° 21-25.661 FS-B : BPIM 5/22 inf. 389).

Échec de la vente du fait de l'acquéreur Si la non-réalisation de la vente est imputable au candidat acquéreur, l'agent immobilier n'a pas droit à ses honoraires, mais il peut obtenir de l'intéressé des **dommages-intérêts** s'il prouve une faute de ce dernier (Cass. 3e civ. 10-10-2007 n° 06-16.223 : RJDA 3/08 n° 255 ; Cass. 1e civ. 25-11-2010 n° 08-12.432 : Bull. civ. I n° 241, preuve non rapportée en l'espèce). **91383**
Il a été jugé qu'est constitutif d'une faute le fait pour l'acquéreur de n'avoir entrepris aucune démarche pour obtenir son prêt (Cass. 3e civ. 11-3-2009 n° 07-20.509 FS-PB : Bull. civ. III n° 60) ou de ne pas avoir sollicité dans le délai requis un prêt conforme aux caractéristiques de la promesse de vente (Cass. 1e civ. 12-10-2016 n° 15-20.320 F-D ; Cass. 3e civ. 14-12-2017 n° 16-14.615 F-D) ou bien encore d'avoir empêché la réalisation de la condition suspensive d'obtention d'un prêt par son comportement (voir n° 91386). En revanche, la Cour de cassation considère que, n'est pas constitutif d'une faute le fait pour l'acquéreur engagé par une promesse synallagmatique de vente, de ne pas avoir sollicité la réalisation forcée de la vente pensant que le propriétaire avait renoncé à l'opération (Cass. 3e civ. 8-6-2023 n° 22-13.331 F-D) ou de ne pas avoir prévenu l'agent immobilier de la non-obtention de son prêt (Cass. 1e civ. 23-9-2020 n° 19-11.824 F-D).

L'**évaluation du préjudice** subi par l'agent immobilier relève de la libre appréciation des juges du fond. Ces derniers peuvent limiter l'indemnisation à la perte de chance de trouver un acquéreur. Pour la première chambre civile, la réparation de la perte de chance doit être mesurée à la chance perdue et ne peut pas être égale à l'avantage qu'aurait procuré cette chance si elle s'était réalisée (Cass. 1e civ. 14-11-2019 n° 18-23.915 F-D).

Condition suspensive Lorsque l'acte écrit contenant l'**engagement des parties** comporte une condition suspensive, l'opération ne peut pas être considérée comme effectivement conclue tant que la condition n'est pas réalisée (Décret 72-678 du 20-7-1972 art. 74). En cas de non-réalisation de la condition (non-obtention d'un prêt par l'acquéreur par exemple) les honoraires ne sont pas dus. **91385**

En cas de **non-obtention d'un prêt** par la **faute de l'acquéreur,** le vendeur peut invoquer l'article 1304-3 du Code civil selon lequel la condition est réputée accomplie lorsque c'est le débiteur, obligé sous cette condition, qui en a empêché l'accomplissement. Mais alors, l'agent immobilier n'a pas droit au paiement de ses **honoraires** car la vente n'est pas « effectivement conclue », mais légalement réputée parfaite en application de l'article 1304-3. Il en va ainsi, même si la non-obtention du prêt est due à une faute de l'acquéreur (Cass. 3e civ. 19-5-1999 : RJDA 8-9/99 n° 905 ; Cass. 3e civ. 11-3-2009 n° 07-20.509 : RJDA 8-9/09 n° 718 ; Cass. 1e civ. 4-2-2015 n° 13-27.312 F-D : BPIM 2/15 inf. 148). **91386**

L'agent immobilier ne peut pas prétendre non plus au paiement d'une indemnité compensatrice de sa perte de rémunération sous couvert de l'application d'une **clause pénale** insérée dans le mandat (Cass. 1e civ. 27-11-2013 n° 12-13.897 FS-PB : Bull. civ. I n° 230) ou dans la promesse (Cass. 3e civ. 9-7-2014 n° 13-19.061 FS-PB : BPIM 5/14 inf. 354).

Il peut seulement obtenir **réparation du préjudice subi** sur le fondement de la responsabilité extracontractuelle, s'il parvient à prouver une faute imputable à l'acquéreur (Cass. 1e civ. 13-12-2012 n° 11-13.295 F-D : BPIM 1/13 inf. 88, faute non retenue en l'espèce ; Cass. 3e civ. 14-12-2017 n° 16-14.615 F-D, faute retenue en l'espèce ; Cass. 3e civ. 8-2-2023 n° 21-25.521 FS-D, faute non retenue en l'espèce). Ne caractérise pas une faute imputable à l'acquéreur la cour d'appel qui énonce qu'il n'a plus donné suite après des explications embarrassées et a ainsi fait preuve d'une légèreté blâmable à l'égard de l'agent immobilier, tout en constatant que sa demande de prêt avait été refusée et qu'il n'avait pas l'obligation d'en informer ce dernier (Cass. 1e civ. 23-9-2020 n° 19-11.824 F-D).

L'agent immobilier n'est pas non plus en droit de réclamer le versement de ses honoraires lorsque la **demande de prêt** a été faite **après l'expiration du délai** prévu dans un acte passé en vue d'une vente immobilière contenant une condition suspensive d'obtention d'un prêt ; en effet, une telle demande ne proroge pas cette condition et le maintien du projet de vente entre les parties s'effectue en dehors des conditions de l'acte initial prévoyant la commission (Cass. 3e civ. 24-5-1989 n° 87-18.919 : Bull. civ. III n° 119).

En revanche, il a été jugé que la cession consentie au bénéficiaire d'un **droit de préférence** donne droit à la commission malgré la défaillance de la condition suspensive de non-exercice du droit de préférence (Cass. 1e civ. 7-7-1998 : Contrats, conc. consom. 1998 n° 157).

91387 **Faculté de dédit** Lorsque l'acte écrit contenant l'engagement des parties comporte une clause de dédit, l'opération ne peut être regardée comme effectivement conclue tant que la faculté de dédit subsiste (Décret 72-678 du 20-7-1972 art. 74). S'il y a dédit et que la convention ne se réalise pas, la **commission** n'est pas due (Cass. 1e civ. 17-11-1993 n° 91-18.773 PF : RJDA 3/94 n° 328 ; Cass. 1e civ. 29-11-2005 n° 02-16.862 F-D). Toute clause prévoyant que la commission serait due par la partie défaillante en cas de non-réalisation de la vente est nulle (Cass. 1e civ. 19-12-1983 n° 82-14.097 : Bull. civ. I n° 305).

La clause de dédit insérée dans une promesse de contrat est celle qui permet à une partie de **se libérer de son engagement** moyennant le paiement d'une somme convenue. Les juges du fond apprécient souverainement si les stipulations qui leur sont soumises s'analysent, ou non, comme une faculté de dédit (Cass. 3e civ. 15-12-1976 n° 75-12.518 : Bull. civ. III n° 468). La clause doit être explicite.

ILLUSTRATIONS

La clause de dédit **n'est pas explicite** lorsque la clause prévoyant le versement d'une somme à titre d'« arrhes » ne précise pas que le promettant peut se départir de sa promesse de vendre en restituant le double de cette somme (Cass. 3e civ. 3-4-1973 n° 71-14.562 : Bull. civ. III n° 257).

En revanche, **s'analyse en une clause de dédit** la clause qui offre au bénéficiaire la faculté de ne pas exécuter son engagement d'acquérir pour une cause quelconque, en abandonnant la somme convenue au promettant, sans que celui-ci puisse le contraindre à signer l'acte authentique (Cass. 1e civ. 17-11-1993 n° 91-18.773 PF : RJDA 3/94 n° 328 ; Cass. 3e civ. 22-5-2012 n° 11-12.236 F-D).

De même, dans un cas où le bénéficiaire d'une promesse de vente avait versé au promettant une somme à titre de « dépôt de garantie » et s'était engagé à lui verser une indemnité en cas de refus de réalisation de la vente par acte authentique, il a été jugé que la clause prévoyant ce dépôt aménageait une faculté de dédit dont les parties avaient usé puisqu'elles avaient mis fin à leur convention avant la signature de l'acte authentique : le promettant en renonçant à l'exécution de la décision judiciaire condamnant le bénéficiaire à régulariser la vente et ce dernier en abandonnant le montant du dépôt de garantie (Cass. 1e civ. 18-3-1997 n° 95-16.135 PB : RJDA 6/97 n° 755).

91390 **Inexécution de l'opération** Un agent immobilier est en droit d'obtenir paiement de ses honoraires dès lors que l'opération a été définitivement conclue, même si elle n'a pas ensuite été exécutée (Cass. 3e civ. 6-11-1996 n° 94-16.786 PB : Bull. civ. III n° 212).

Le droit aux honoraires demeure également acquis en cas de :

– mise en jeu d'une **condition résolutoire** (Cass. 1e civ. 17-2-1998 n° 95-21.751 P : Bull. civ. I n° 60) ;

– **résolution de la vente** pour vice caché en application de l'article 1644 du Code civil si l'agent immobilier n'a commis aucune faute. En pareil cas, c'est le vendeur qui supporte seul la charge des honoraires et qui doit restituer son montant à l'acheteur victime (Cass. 3e civ. 4-3-2014 n° 12-25.801 F-D : BPIM 3/14 inf. 191) ;

– réalisation de la vente ordonnée judiciairement et effectivement conclue, mais résolue ensuite pour défaut de paiement du prix par la négligence de l'acquéreur qui n'a ni fait proroger l'offre de prêt devenue caduque ni sollicité un nouveau prêt lui permettant de payer le prix (Cass. 3e civ. 7-11-2019 n° 18-20.966 F-D).

Lorsque la **vente** est **annulée,** l'agent immobilier perd, en revanche, le droit à sa rémunération car l'opération ne peut plus être considérée comme « effectivement » conclue (Cass. 1e civ. 20-3-2007 n° 06-12.770 F-D : RJDA 7/08 n° 783).

> **Précisions** En ce qui concerne les **marchands de listes,** aucune somme d'argent ou rémunération de quelque nature que ce soit ne leur est due ou ne peut être exigée par eux, préalablement à la parfaite exécution de leur obligation de fournir effectivement des listes ou des fichiers, que cette exécution soit instantanée ou successive (Loi 70-9 du 2-1-1970 art. 6, II).

91400 **Droit de préemption** En cas de préemption par un tiers, l'agent immobilier a droit à ses honoraires, même si la vente est finalement conclue avec un **tiers** qui **se substitue à l'acquéreur** qu'il a trouvé (Cass. 1e civ. 7-7-1998 n° 96-17.784 PB : Bull. civ. I n° 235, tiers qui se substitue à l'acquéreur en usant de son droit de préférence ; Cass. 1e civ. 9-3-1999 n° 96-21.259 P : Bull. civ. I n° 79, commune qui se substitue à l'acquéreur en exerçant son droit de préemption ; Cass. 1e civ. 26-3-1996 n° 93-17.574 : RJDA 10/96 n° 1255 ; Cass. 3e civ. 19-7-2000 n° 98-21.855 : RJDA 12/00 n° 1082, indivisaire se substituant à l'acquéreur évincé).

S'agissant du droit de préemption de la **commune** (ou, par délégation, de **l'établissement public foncier**), dès lors que le montant de la rémunération est inscrit sur la déclaration d'intention d'aliéner (DIA) et dans l'engagement des parties, le titulaire du droit de préemption doit en effectuer le paiement (Cass. 3e civ. 26-9-2007 n° 06-17.337 FS-PB : RJDA 1/08 n° 21 ; Cass. 1e civ. 25-11-2020 n° 16-22.616 F-D : BPIM 1/21 inf. 85 ; Cass. 3e civ. 2-5-2024 n° 23-12.918 F-D ; Cass. 3e civ. 19-12-2024 n° 23-12.985 F-D). Peu importe que l'exercice du droit de préemption ait eu lieu avant la levée de l'option du bénéficiaire de la promesse unilatérale de vente (Cass. 3e civ. 12-5-2021 n° 19-25.226 FS-P : BPIM 4/21 inf. 247). Si le prix du bien préempté est judiciairement diminué par le juge de l'expropriation, le montant de la commission reste calculé sur la base du prix qui figure dans la DIA (Cass. 3e civ. 2-5-2024 n° 23-12.918 F-D). Si le montant de la commission ne figure pas dans la DIA, aucune rémunération n'est due à l'agent immobilier, qui peut néanmoins obtenir la condamnation du notaire fautif au paiement de sa commission sous forme de dommages-intérêts (Cass. 1e civ. 26-3-1996 n° 94-14.381).

Lorsqu'il s'agit du droit de préemption du **preneur rural,** les honoraires dus à l'intermédiaire doivent être indiqués dans la notification du projet de vente (Cass. 3e civ. 24-6-2015 n° 14-18.684 FS-PB : BPIM 4/15 inf. 267). La solution est identique pour le droit de préemption de la **Safer** (Cass. 3e civ. 23-6-1977 : JCP G II n° 18804).

Mais, lorsque le droit de préemption s'analyse en un **droit d'acquisition prioritaire** qui doit s'exercer avant même qu'un acquéreur ne soit recherché, l'agent immobilier n'a pas droit à ses honoraires puisqu'il n'a fourni aucune prestation d'entremise entre le vendeur et l'acheteur, titulaire d'un droit de préemption. Ainsi, s'agissant du droit de préemption du **locataire d'un bail d'habitation** (Loi 89-462 du 6-7-1989 art. 15, II), les frais d'intermédiaire ne sont pas dus et ne peuvent pas être inclus dans l'offre de vente faite au locataire (Cass. 3e civ. 17-12-2008 n° 07-15.943 FS-PBI : RJDA 7/09 n° 613 ; Cass. 3e civ. 3-7-2013 n° 12-19.442 FS-PB : RJDA 11/13 n° 882). Cette jurisprudence s'applique au locataire qui a refusé l'offre initiale, mais qui a exercé son droit de préemption subsidiaire en acceptant la seconde offre à des conditions ou à un prix plus avantageux qui lui a été notifiée par le notaire (Cass. 3e civ. 1-3-2023 n° 21-22.073 FS-B : BPIM 2/23 inf. 137).

La solution est identique pour le locataire d'un **bail commercial** (C. com. art. L 145-46-1, al. 1), qui peut donc refuser de payer les frais d'agence lorsqu'il exerce son droit de préemption (Cass. 3e civ. 28-6-2018 n° 17-14.605 FS-PBI : BPIM 4/18 inf. 297). En revanche, lorsqu'il ne s'agit pas de mettre en œuvre le droit de préférence légal qui confère au locataire un droit d'acquisition prioritaire, mais un droit de préférence conventionnel, qui a pour effet de mettre en place un mécanisme de substitution du locataire dans les droits de l'acquéreur évincé, alors le locataire est tenu de payer la totalité du prix convenu avec cet acquéreur, y compris la commission de l'agent immobilier (Cass. 3e civ. 28-9-2022 n° 21-18.007 F-D : BPIM 6/22 inf. 444).

> **Précisions** Le **juge de l'expropriation** est compétent pour déterminer, en fonction des indications figurant dans l'engagement des parties et dans la déclaration d'intention d'aliéner, si l'organisme qui exerce son **droit de préemption** est tenu, en ce qu'il est substitué à l'acquéreur, de prendre en charge la rémunération de l'intermédiaire immobilier. En revanche, il ne l'est pas pour réduire ou supprimer cette rémunération en considération des fautes que celui-ci aurait commises dans l'exécution de sa mission (Cass. 3e civ. 14-12-2017 n° 16-20.150 F-PBI : BPIM 1/18 inf. 20).

ABSENCE DE DROIT AUX HONORAIRES

Aucune rémunération n'est due à l'agent immobilier : **91420**

– en l'absence d'un mandat régulier et de l'intervention réelle de l'agent immobilier. Pour des illustrations de mandats irréguliers, voir n° 91205 ;

– en l'absence de carte professionnelle (n° 91350) ;

– pour une affaire conclue après expiration du mandat ;

– en l'absence de l'écrit unique qui conclut l'opération ;

– en l'absence de conclusion d'une opération définitive ;

– en présence d'une condition suspensive ou d'une clause de dédit, tant que la condition n'est pas réalisée ou que la faculté de dédit subsiste (voir nos 91385 s.).

En **conséquence** :

– est nulle la clause selon laquelle vendeur et acquéreur seront solidairement tenus du versement de la commission en cas de résiliation amiable de la vente (CA Paris 14-9-1989 : D. 1989 IR p. 259 ; Cass. 1e civ. 28-3-2000 n° 97-12.737 : Bull. civ. I n° 100) ;

– la commission versée avant réalisation de la condition suspensive doit être restituée (Cass. 1e civ. 14-6-1988 n° 87-10.797 : Bull. civ. I n° 184). En cas de vente liée à l'obtention d'un prêt, voir n° 91386 ;

– la vente ne s'étant pas réalisée faute de paiement du prix par l'acheteur, l'engagement de celui-ci de payer une somme à l'agent immobilier en raison de sa défaillance est nul (Cass. 1e civ. 7-6-1988 n° 87-10.611 : Bull. civ. I n° 170) ;

– la clause de paiement de l'agent immobilier malgré la non-réalisation de la condition suspensive est sans valeur (Cass. 1e civ. 11-7-1988 n° 86-17.148 : Bull. civ. I n° 232) ;

– est sans effet la clause d'une promesse de vente selon laquelle, en cas de refus par l'une des parties de régulariser par acte authentique la vente, hors le cas de non-réalisation d'une condition suspensive, la rémunération de l'agent immobilier reste due intégralement (Cass. 1e civ. 24-10-2006 nº 05-12.026 F-D) ;

– est nulle la clause qui prévoit que la rémunération de l'agent immobilier devrait être versée en cas de non-réalisation de la vente, par celle des parties qui renoncerait à l'opération (Cass. com. 13-2-1990 nº 87-16.957 D : BRDA 8/1990 p. 23) ;

– lorsque, faute d'avoir obtenu un prêt, une vente ne s'est pas réalisée, la conclusion cinq ans plus tard de la vente entre les mêmes parties correspond à une opération différente ; en conséquence, l'agent immobilier qui avait obtenu la signature de la promesse initiale ne peut pas prétendre au paiement d'une commission (Cass. 1e civ. 17-9-2003 nº 01-17.968 F-D : BPIM 6/03 inf. 386) ;

– n'a pas droit à sa commission l'agent immobilier qui a outrepassé son mandat en louant un appartement à des conditions différentes de celles prévues dans le mandat (CA Bordeaux 26-1-2006 nº 04-5344, 1e ch. A, Sté Immo Conseil).

2. MONTANT DE LA RÉMUNÉRATION

91500 Les conditions de détermination de la rémunération doivent faire l'objet d'un **affichage** à l'entrée de l'établissement de façon visible et lisible pour la clientèle (voir nº 91085). Elles doivent en toutes circonstances être précisées dans le **mandat** (nºs 91361 s.).

En principe, les honoraires des agents immobiliers, tant en matière de vente que de location d'immeubles, sont **fixés librement** par accord des parties (C. com. art. L 410-2).

Toutefois, dans le cas où le mandat comporte une **clause d'exclusivité,** une **clause pénale** ou une clause aux termes de laquelle des honoraires seront dus par le mandant même si l'opération est conclue sans les soins de l'intermédiaire, les honoraires concernés ne peuvent pas excéder le montant des honoraires prévus dans le mandat pour l'opération à réaliser (Loi 70-9 du 2-1-1970 art. 6, I-al. 9 ; Décret 72-678 du 20-7-1972 art. 78, al. 1).

Si une rémunération **forfaitaire** a été prévue, elle peut être modifiée si le prix de vente retenu par l'engagement des parties est finalement différent de celui prévu dans le mandat (Décret 72-678 du 20-7-1972 art. 75).

Lorsque la rémunération prévue par le mandat est **excessive,** les juges du fond ont le pouvoir souverain de la réduire, par exemple lorsque la mission n'a été effectuée que partiellement (Cass. 1e civ. 2-6-1993 nº 91-10.578 P : Bull. civ. I nº 198) ou lorsque la rémunération initialement prévue est excessive par rapport au service effectivement rendu et au but finalement atteint (CA Rouen 15-5-1997 : BPIM 6/97 inf. 416). L'ouverture du droit à rémunération de l'agent immobilier dans les conditions fixées de manière impérative par l'article 6, I de la loi du 2 janvier 1970 ne fait donc pas obstacle au pouvoir que le juge tient de l'article 1999 du Code civil de réduire, voire de supprimer cette rémunération, en considération des fautes que l'intermédiaire a commises dans l'exécution de sa mission (Cass. 1e civ. 14-1-2016 nº 14-26.474 F-PB : BPIM 2/16 inf. 147). En revanche, les juges du fond ne peuvent pas, en raison des fautes commises par l'agent immobilier, à la fois réduire sa commission et le condamner à payer des dommages et intérêts à l'acquéreur (Cass. 1e civ. 9-5-2019 nº 18-17.944 F-D).

> **Précisions** **a.** Les frais et commissions directs et indirects versés par le promoteur ou le vendeur aux intermédiaires vendeurs de **biens immobiliers neufs** ouvrant droit à la réduction d'impôt **Pinel** ou **Denormandie** sont **plafonnés** (CGI art. 199 novovicies, X bis). Le plafond est fixé à 10 % du prix de revient d'acquisition du logement (constitué du prix d'acquisition du logement augmenté du prix des travaux), dans la limite d'un plafond par mètre carré de surface habitable (Décret 2019-1426 du 20-12-2019). Ces frais et commissions doivent être communiqués à l'acquéreur et figurer dans l'avant-contrat et l'acte de vente. Tout dépassement est passible d'une amende administrative due par le vendeur cosignataire de l'acte authentique dont le montant ne peut excéder 10 fois les frais excédant le plafond (CGI art. 199 novovicies, X bis).
> **b.** Sur la rémunération de l'agent immobilier en cas d'établissement ou de renouvellement d'un **bail d'habitation** relevant de la loi du 6 juillet 1989, voir nº 61300.

3. PAIEMENT DE LA RÉMUNÉRATION

91560 L'agent immobilier doit **percevoir** sa **rémunération sans délai** une fois constatée par acte authentique l'opération conclue par son intermédiaire (Décret 72-678 du 20-7-1972 art. 73, dernier al.). Cette disposition ne s'applique qu'aux actes qui doivent être passés en la forme authentique ; elle n'a pas pour effet de soumettre à ce formalisme les contrats qui peuvent être conclus sous signature privée, tels que les baux commerciaux de moins de 12 ans (Rép. Boyce : AN 2-5-2006 nº 84402).

L'agent immobilier ne bénéficie pas de privilège pour **garantir le paiement** de sa rémunération et ne possède pas de droit de rétention.

En principe, la **prescription** de son droit à rémunération est de 5 ans (C. civ. art. 2224 ; C. com. art. L 110-4). Mais si l'agent immobilier agit contre un client qui peut se prévaloir de la qualité de **consommateur,** la prescription est fixée à 2 ans (C. consom. art. L 218-2). Rappelons que seules les personnes physiques qui agissent à des fins qui n'entrent pas dans le cadre de leur activité commerciale, industrielle, artisanale, libérale ou agricole peuvent se prévaloir des dispositions du Code de la consommation (C. consom. art. liminaire). Une SCI ne peut donc pas être regardée comme étant un consommateur au sens de l'article L 218-2 du Code de la consommation (par exemple, Cass. 2e civ. 3-9-2015 n° 14-18.287 F-PB : Bull. civ. II n° 193). La prescription de l'action en paiement de la commission engagée contre une SCI sera donc de 5 ans et non de 2 ans, quand bien même les associés sont des personnes physiques.

> **Précisions** Les **règles de calcul** des délais de procédure prévues par les articles 641 et 642 du Code de procédure civile ne s'appliquent pas aux **délais de prescription.** Les règles de calcul des délais de prescription relèvent des articles 2228 et 2229 du Code civil, selon lesquels la prescription « se compte par jours, et non par heures », et est acquise « lorsque le dernier jour du terme est accompli ». Ainsi, le délai de prescription d'une action en paiement des honoraires d'agence qui commence à courir le 19 juin 2008 expire le 18 juin 2013 à 24 heures et non le lendemain (Cass. 1e civ. 12-12-2018 n° 17-25.697 FS-PBI : BPIM 1/19 inf. 80).

D. Responsabilité de l'agent immobilier

1. RESPONSABILITÉ CIVILE PROFESSIONNELLE DE L'AGENT IMMOBILIER

RÉGIME DE LA RESPONSABILITÉ DE L'AGENT IMMOBILIER

Conditions de la mise en œuvre de la responsabilité La responsabilité civile professionnelle de l'agent immobilier s'apprécie à la fois au regard de sa qualité de mandataire (C. civ. art. 1984 s.) et au regard de la loi du 2 janvier 1970 et du décret du 20 juillet 1972 qui réglementent la profession. Elle est de nature **contractuelle** à l'égard de ses clients (C. civ. art. 1231-1) et **extracontractuelle** à l'égard des autres parties (C. civ. art. 1240 ; Cass. 1e civ. 16-12-1992 n° 90-18.151 : Bull. civ. I n° 316 ; Cass. 1e civ. 30-9-2010 n° 09-69.129 P-F : RJDA 12/10 n° 1149). La Cour de cassation considère également que le tiers à un contrat peut invoquer, sur le fondement de la responsabilité extracontractuelle, un manquement contractuel dès lors que ce manquement lui a causé un dommage (Cass. ass. plén. 13-1-2020 n° 17-19.963 FS-PBI : RJDA 4/20 n° 198). 91680

Conformément au droit commun, le demandeur à l'action en responsabilité doit rapporter la preuve d'une **faute** commise par l'agent immobilier. Il peut s'agir d'une faute, même d'**ignorance** ou de **négligence,** un manquement au **devoir de vérification** (nos 91685 s.), de **conseil** ou d'**information** de l'agent immobilier.

La responsabilité de l'agent immobilier n'est pas **effacée** par les fautes du notaire qui a concouru à la réalisation du dommage (Cass. 1e civ. 16-12-1992 n° 90-18.151 : Bull. civ. I n° 316 ; Cass. 3e civ. 25-1-1994 : Rev. Loyers 1994 p. 241).

Prescription de l'action en responsabilité L'action principale en responsabilité se prescrit par 5 ans en matière civile comme en matière commerciale (C. civ. art. 2224 ; C. com. art. L 110-4). Le **délai court à compter** du jour où la victime a connu ou aurait dû connaître les faits lui permettant d'exercer l'action (C. civ. art. 2224), c'est-à-dire à compter du jour où elle a connu ou aurait dû connaître le dommage, le fait générateur de responsabilité et son auteur, ainsi que le lien de causalité entre le dommage et le fait générateur (Cass. ch. mixte 19-7-2024 n° 20-23.527 BR ; Cass. ch. mixte 19-7-2024 n° 22-18.729 BR : RJDA 12/24 n° 681 ; Cass. 3e civ. 25-9-2025 n° 24-12.956 F-D). 91683

La connaissance des faits permettant à la victime d'exercer l'action peut intervenir longtemps après l'intervention de l'agent immobilier, lorsque le préjudice et la faute commise ne se révèlent que tardivement. Par exemple, dans une opération d'investissement locatif avec défiscalisation comportant un emprunt prévoyant un remboursement du capital différé de 10 ans, le point de départ de l'action en responsabilité contre l'agent immobilier pour manquement à son obligation d'information est le jour où l'acquéreur a appris qu'il serait dans l'impossibilité de revendre le bien à un prix lui permettant de rembourser le capital emprunté (Cass. 3e civ. 1-2-2024 n° 22-13.446 FS-B : RJDA 4/24 n° 264).

Lorsque l'**action principale en responsabilité** tend à l'indemnisation d'un préjudice né de la reconnaissance d'un droit contesté au profit d'un tiers, seule la **décision juridictionnelle**

devenue irrévocable établissant ce droit constitue le point de départ de la prescription car il met l'intéressé en mesure d'exercer l'action en réparation du préjudice qui en résulte (Cass. 1e civ. 27-11-2024 n° 22-24.536 F-D ; Cass. 3e civ. 11-7-2024 n° 22-24.548 F-D). Ainsi, l'action en responsabilité pour manquement au devoir d'information fiscale engagée par les acquéreurs d'un bien aux fins de défiscalisation ne commence pas à courir tant que le sort des réclamations contentieuses adressées à l'administration fiscale n'est pas définitivement connu.

En matière d'**action récursoire,** le point de départ du délai de prescription diffère : la prescription applicable au recours d'une personne assignée en responsabilité, contre un tiers qu'elle estime coauteur du dommage, a pour point de départ l'assignation qui lui été délivrée par son créancier, même en référé, si elle est accompagnée d'une demande de reconnaissance d'un droit (Cass. ch. mixte 19-7-2024 n° 22-18.729 BR : RJDA 12/24 n° 681, 2e espèce).

DEVOIR DE VÉRIFICATION DE L'AGENT IMMOBILIER

91685 **Vérifications juridiques** La responsabilité est plus grande lorsque l'agent immobilier agit en qualité de **rédacteur d'actes.** Il est alors responsable, en cas de non-respect des conditions de forme des actes, des formalités subséquentes (enregistrement, privilège du vendeur de fonds de commerce, etc.) et de la sécurité des parties (qualités d'un vendeur, état juridique d'un immeuble, etc.).

L'intermédiaire professionnel qui prête son concours à la rédaction d'un acte après avoir été mandaté par l'une des parties est tenu de s'assurer que se trouvent réunies toutes les conditions nécessaires à l'**efficacité juridique de la convention,** même à l'égard de l'autre partie (Cass. 1e civ. 25-11-1997 n° 96-12.325 P : Bull. civ. I n° 321). Il doit ainsi attirer l'attention du locataire sur l'existence de procédures en cours (Cass. 3e civ. 25-3-2014 n° 13-16.181 F-D) ou sur l'irrégularité de la clause régissant la forme du congé d'un bail commercial (Cass. 3e civ. 13-1-1999 n° 96-22.241 PF : RJDA 3/99 n° 263). La présence d'un juriste aux côtés du locataire n'est pas de nature à affranchir l'agent immobilier de son obligation (Cass. 1e civ. 13-11-1997 n° 95-20.123 P : Bull. civ. I n° 308). S'il omet de réclamer au vendeur son titre de propriété avant la signature de la promesse de vente, ce qui lui aurait permis d'informer l'acquéreur de l'existence de travaux anti-mérule, il commet une faute qui engage sa responsabilité (Cass. 1e civ. 14-11-2019 n° 18-21.971 F-PBI : BPIM 6/19 inf. 439).

L'agent immobilier doit également vérifier la **capacité des parties.** Si, aux termes de la promesse, le vendeur déclare être retraité, avoir la capacité d'aliéner les biens et ne pas être en liquidation des biens, règlement judiciaire ou cessation des paiements, l'agent immobilier rédacteur est tenu de vérifier, par toutes investigations utiles, spécialement lorsqu'il existe une publicité légale aisément accessible (Infogreffe et Bodacc), les déclarations faites par son mandant, promettant, et qui, par leur nature ou leur portée juridique, conditionnent la validité ou l'efficacité de l'acte qu'il dresse (Cass. 1e civ. 16-10-2013 n° 12-24.267 F-D : Defrénois 2014 p. 67 note Vauvillé).

91687 **Vérification des caractéristiques du bien** L'agent immobilier, en sa qualité de professionnel mandataire du vendeur, doit connaître les **caractéristiques essentielles** du bien vendu, telles que le type et la date de la construction et les mentionner dans la promesse de vente (Cass. 3e civ. 16-3-2023 n° 21-25.082 F-D). Il doit vérifier la **consistance matérielle et juridique des biens** qu'il vend, en s'informant par exemple sur la cause de la discordance entre le descriptif des lots, même conforme au plan annexé au règlement de copropriété, et une configuration des lieux complexe, qui lui avait fait présumer que la cave litigieuse était incluse dans l'objet de la vente (Cass. 1e civ. 11-9-2013 n° 12-23.087 F-D : BPIM 6/13 inf. 440).

En revanche, l'agent immobilier n'est pas tenu d'informer les **parties** de **ce qu'elles savent déjà** (Cass. 3e civ. 7-11-2019 n° 18-21.473 F-D, connaissance de la présence d'humidité et de moisissures ; Cass. 1e civ. 16-3-2022 n° 20-22.341 F-D, connaissance de l'état de vétusté de l'immeuble).

S'agissant des vices **apparents,** l'agent immobilier peut être tenu à une obligation d'information à l'égard de l'acquéreur (voir n° 91695). Il n'est pas tenu, en revanche, d'identifier des **vices** cachés **non détectables** (voir n° 91695).

91688 L'agent immobilier n'est pas tenu d'informer les clients de **ce qu'il ne peut pas savoir.** Ainsi, même s'il a pu constater la présence de fissures, il n'a pas à alerter l'acquéreur d'un désordre structurel, dès lors que celui-ci n'a été décelé ni par les diagnostiqueurs immobiliers ni par le bureau d'études mandaté par l'acquéreur (Cass. 3e civ. 21-12-2023 n° 22-21.518 F-D). Il ne peut pas lui être reproché non plus de n'avoir pas prévu la crise économique qui toucherait le secteur des résidences hôtelières (Cass. 3e civ. 8-7-2021 n° 20-11.806 F-D). Si l'acquéreur ne l'a pas avisé de l'existence de son projet de modification du bien, l'agent immobilier n'a pas à l'informer de l'impossibilité de changer la destination de l'immeuble (Cass. 1e civ. 29-3-2017 n° 15-50.102 F-PB : BPIM 3/17 inf. 250) ou de l'impossibilité d'extension des pièces du rez-de-chaussée (Cass. 3e civ. 13-7-2022 n° 20-21.293 F-D).

S'il résulte du compromis que l'agent immobilier n'était tenu de délivrer que des informations relatives aux projets d'urbanisme, il ne commet pas de faute en n'informant pas l'acquéreur d'un projet d'implantation d'éoliennes (Cass. 3e civ. 29-6-2017 n° 16-19.337 F-D : BPIM 5/17 inf. 377). De même, la mention dans l'annonce immobilière de la possibilité d'implantation d'une piscine ne présume pas de la taille ni de l'implantation de celle-ci sur le terrain ; dès lors, la responsabilité de l'agent immobilier ne peut pas être engagée si la possibilité de réaliser une piscine n'est précisée ni dans le mandat ni dans le compromis et si les plans d'implantation dressés révèlent la possibilité matérielle de réaliser une piscine plus petite (Cass. 1e civ. 5-7-2017 n° 16-13.630 F-D : BPIM 5/17 inf. 377).

Nature de l'obligation de vérification de l'agent immobilier L'obligation de l'agent immobilier est une **obligation de moyen.** La survenance d'un cas de force majeure peut l'exonérer de toute responsabilité. Il en est de même dès lors qu'il apporte la preuve de l'impossibilité de remplir sa mission. Cette obligation s'apprécie en fonction des circonstances. Sa responsabilité relève, en chaque occasion, de l'examen du cas d'espèce et des circonstances particulières rencontrées. **91690**

Le titulaire d'un mandat de location ne peut pas être condamné au remboursement du dépôt de garantie qu'il a remis au propriétaire (Cass. 1e civ. 16-6-1992 n° 91-10.811 D) ni à celui des loyers impayés (CA Paris 19-7-2006 n° 04-15875 : Loyers et copr. 2006 comm. n° 191, condamnant néanmoins l'agent immobilier à réparer la perte d'une chance). L'agent immobilier est responsable des dommages dus à son manque de conseil et d'information, notamment sur les prescriptions légales (CA Versailles 21-1-2005 n° 03-03862 : BPIM 6/05 inf. 440), même celles promulguées pendant l'exécution de son mandat dès lors qu'elles sont susceptibles de modifier les conditions de l'opération immobilière (Cass. 1e civ. 21-6-2005 n° 02-18.898 F-D : AJDI 2005 p. 932, il s'agissait en l'espèce de la loi Carrez). De même, il a été jugé que le rédacteur d'un acte n'est pas dispensé de son devoir de conseil par les compétences personnelles de son client (Cass. 1e civ. 7-7-1998 : RJDA 1/99 n° 8) ou par le fait que celui-ci soit assisté d'un conseil (Cass. 1e civ. 4-5-2012 n° 11-16.328 F-D).

ILLUSTRATIONS

Illustrations dans le domaine de la transaction immobilière Lorsque l'agent immobilier intervient dans des opérations d'achat, de vente, de recherche, d'échange ou de location d'immeubles, sa **responsabilité** peut être **engagée** dans les cas suivants : **91695**

– s'il tente de réaliser une opération lucrative au détriment de son mandant, en achetant le bien pour le revendre ensuite à une société dont il connaît de longue date l'intérêt pour le local (Cass. 1e civ. 24-3-2021 n° 19-22.206 F-D) ;

– s'il ne vérifie pas la **capacité des parties** (CA Marseille 24-8-1984 : Ann. loyers 1985 p. 1309, mandat accepté du mari seul pour vendre un bien de communauté), la **qualité** de propriétaire du vendeur (CA Versailles 27-1-1989 : Gaz. Pal. 1989 som. p. 308 ; CA Dijon 12-2-1998 : Bull. inf. C. cass. 1998/481 p. 17) et la **solvabilité** de l'acheteur (Cass. 1e civ. 19-1-1988 n° 86-11.829 : Bull. civ. I n° 9 ; Cass. 1e civ. 28-1-1992 n° 90-17.016 ; Cass. 1e civ. 11-12-2019 n° 18-24.381 F-PBI) ou du locataire (Cass. 1e civ. 28-3-1984 n° 82-16.915 : Bull. civ. I n° 118 ; Cass. 3e civ. 19-3-2009 n° 06.20-983 : RJDA 8-9/09 n° 702 ; Cass. 1e civ. 4-5-2012 n° 10-28.313 F-D) ;

– s'il n'informe pas l'acheteur des **vices** apparents **affectant l'immeuble** (Cass. 1e civ. 18-4-1989 n° 87-12.053 : Bull. civ. I n° 150, existence d'insectes ayant attaqué la charpente et le plancher du grenier ; Cass. 1e civ. 16-12-1992 n° 90-18.051 : Bull. civ. I n° 316 ; Cass. 3e civ. 8-4-2009 n° 07-21.910 FS-PB : RJDA 8-9/09 n° 719, existence de fissures résultant d'une catastrophe naturelle ; Cass. 3e civ. 21-12-2023 n° 22-20.045 F-D, traces d'infiltrations laissant soupçonner un défaut d'étanchéité de la toiture). Mais sa responsabilité ne peut pas être engagée si le vice est caché et s'il n'est pas démontré qu'il en avait connaissance (Cass. 1e civ. 20-12-2000 n° 98-20.765 : Bull. civ. I n° 335, présence d'insectes xylophages ; Cass. 1e civ. 16-1-2007 n° 04-12.908 F-PB : Bull. civ. I n° 15, désordres affectant la charpente ; Cass. 3e civ. 8-4-2014 n° 09-72.747 F-D : BPIM 3/14 inf. 215, présence de mérule) ;

– s'il n'informe pas l'acquéreur sur la raison d'une **discordance** entre les **actes et** la **configuration des lieux** (Cass. 1e civ. 11-9-2013 n° 12-23.087 F-D : BPIM 6/13 inf. 440) ;

– s'il n'informe pas son client sur les **risques financiers de l'opération envisagée** et ne le conseille pas sur les moyens de les éviter (Cass. 1e civ. 15-7-1999 n° 97-18.984 : Bull. civ. I n° 231, projet de vente et d'achat concomitant d'un bien) ;

– s'il effectue une opération incompatible avec les **règles d'urbanisme** (Cass. 1e civ. 5-1-1985 n° 83-13.560 : Bull. civ. I n° 1, vente d'un terrain inconstructible en vue de la construction) ;

– s'il n'attire pas l'attention des acquéreurs sur le fait qu'un certificat d'urbanisme non opérationnel est un document purement informatif qui ne permet pas de vérifier la **constructibilité** du terrain au regard du plan local d'urbanisme (Cass. 3e civ. 26-10-2022 n° 21-21.213 F-D) ;

91695 (suite) – s'il ne vérifie pas que le vendeur-constructeur d'un immeuble a souscrit une **assurance dommages-ouvrage** ou s'il n'a pas mentionné son absence (CA Paris 20-9-1996 : D. 1996 IR p. 221 ; CA Paris 31-10-2002 : Constr.-urb. 2003 n° 75) ;

– s'il omet d'informer l'acquéreur de l'existence d'une **servitude** affectant l'usage normalement attendu ou annoncé du bien immobilier acheté (Cass. 1e civ. 14-1-2016 n° 14-26.474 F-PB : Bull. civ. I n° 10) ;

– s'il ne vérifie pas la **situation hypothécaire du bien** ; il doit lever l'état hypothécaire « quel que soit le temps que cela puisse prendre » (CA Paris 8-11-1989 : D. 1989 IR p. 317 ; voir cependant en sens contraire en matière de bail : Cass. 1e civ. 18-6-1996 n° 93-20.685 : Bull. civ. I n° 253 ; CA Versailles 25-6-1993, X c/ Crédit Lyonnais) ;

– s'il ne vérifie pas la sincérité au moins apparente de la **signature** figurant sur l'avis de réception de la lettre recommandée adressée aux acquéreurs pour purger leur droit de rétractation (Cass. 3e civ. 21-3-2019 n° 18-10.772 FS-PBI : BPIM 2/19 inf. 124). Un arrêt plus ancien avait jugé au contraire que l'agent immobilier n'avait pas à vérifier la régularité des signatures (Cass. 3e civ. 10-3-2016 n° 15-12.375 F-D : BPIM 3/16 inf. 189) ;

– s'il préconise des modalités de **paiement** constituant en réalité un pacte sur succession future (CA Paris 24-6-1988 : D. 1988 IR p. 229) ;

– s'il n'informe pas le vendeur d'un lot de copropriété des prescriptions légales existant en matière de **mesurage** du bien (CA Versailles 21-1-2005 n° 03-03862 : BPIM 6/05 inf. 440) ;

– s'il ne se renseigne pas sur les conditions de départ d'un **locataire** dont la présence dans le bien à vendre lui a été révélée (CA Lyon 1-7-2004 : Constr.-urb. 2004 n° 197) ;

– s'il ne supplée pas à l'**inexpérience du mandant** et n'attire pas son attention sur les conséquences de la signature d'un bail de 6 ans ne respectant pas la réglementation (CA Paris 7-4-1993 : Administrer janvier 1994 p. 54) ;

– s'il fait conclure à son mandant un bail « 3 quinquies » sans s'être assuré au préalable que l'appartement en cause pouvait légalement être loué au prix demandé par le propriétaire et sans vérifier si le procès-verbal de constat des lieux était complet (TGI Paris 10-11-1988 : Gaz. Pal. 1989 som. p. 293) ;

– s'il ne s'assure pas du consentement du bailleur lors de la cession d'un **bail commercial** (Cass. 1e civ. 17-1-1995 n° 92-21.193 : Bull. civ. I n° 29) ;

– s'il **ne met pas en garde le bailleur** sur le fait que l'engagement de la société locataire qu'il a trouvée n'est ni ferme ni définitif **et** s'il n'effectue **aucune diligence pour obtenir l'autorisation** de la maison mère, pas même à l'approche de la date envisagée pour l'entrée dans les lieux (Cass. 3e civ. 23-5-2019 n° 18-12.561 F-D) ;

– s'il ne vérifie pas si l'**immeuble** qu'il est chargé de vendre ou de louer peut être affecté à l'**usage** auquel l'acheteur ou le locataire le destine (pour une vente, Cass. 1e civ. 26-3-1996 n° 94-12.228 F-D : RJDA 12/96 n° 1518 ; Cass. 1e civ. 29-11-2005 n° 02-15.021 F-D : BPIM 1/06 n° 83, combles aménagés alors que la résistance du plancher était insuffisante). Peu importe que l'agent immobilier ait renvoyé expressément aux notaires la responsabilité d'édicter les clauses et conditions nécessaires à l'accomplissement de la transaction (Cass. 1e civ. 10-10-2018 n° 16-16.548 FS-PB, proposition à la location de locaux dans une zone urbaine interdisant l'activité souhaitée par le locataire) ;

– s'il n'attire pas l'attention de l'acquéreur d'un café-restaurant sur les difficultés que sa **nationalité** peut entraîner pour faire transférer la licence IV de débit de boissons à son nom (Cass. com. 18-2-1997 n° 94-21.555 F-D : BPIM 2/97 inf. 164) ;

– s'il n'avise pas un acquéreur de l'**incidence fiscale** des travaux qu'il envisage (CA Paris 14-10-1999 : BPIM 2/00 inf. 142, non-application du taux réduit d'enregistrement) ;

– s'il s'entremet habituellement dans des **opérations immobilières de placement** et omet d'informer et de conseiller l'acquéreur éventuel sur les caractéristiques de l'investissement proposé et le risque de non-perception des loyers (Cass. 1e civ. 2-10-2013 n° 12-20.504 FS-PB : BPIM 6/13 inf. 435). Les juges doivent rechercher si l'agent immobilier n'a pas méconnu ses obligations d'information et de conseil en n'alertant pas l'acquéreur sur les risques de l'opération projetée, notamment en cas de défaillance de l'exploitant et de non-perception des loyers (Cass. 3e civ. 21-9-2022 nos 20-21.043 F-D et 20-21.044 F-D ; Cass. 3e civ. 16-3-2023 n° 21-25.984 F-D, risque de défaillance de l'exploitant et de non-perception des loyers ; Cass. 1e civ. 24-3-2021 n° 19-19.988 F-D, risque tenant aux aléas de la construction et du marché locatif et à l'incidence de ces éléments sur le bénéfice fiscal attendu). Mais ils n'ont pas à rechercher quelle aurait été la décision prise par les acquéreurs s'ils avaient été correctement informés (Cass. 3e civ. 14-1-2021 n° 19-24.881 FS-P).

Parmi les nombreuses hypothèses de responsabilité retenues par les tribunaux, on peut **encore citer** : une menace d'expropriation non révélée ; l'absence d'information sur les difficultés de viabilisation du terrain ou sur sa situation dans un lotissement.

Illustrations dans le domaine de la gestion locative La **responsabilité** de l'agent immobilier qui intervient dans le domaine de la gestion locative (activité liée à l'administration d'un immeuble) peut être engagée : 91697

– s'il ne vérifie pas l'approvisionnement des chèques et tarde à informer le bailleur du **non-paiement des loyers** (Cass. 1e civ. 11-2-1992 n° 90-16.976 D) ou s'il ne poursuit pas le locataire qui ne paie pas son loyer (CA Versailles 2-4-1993 : Administrer janvier 1994 p. 54) ;

– s'il **laisse se dégrader les lieux** loués, le mauvais entretien ayant causé des dommages à l'immeuble voisin (CA Paris 8-12-1995 : Gaz. Pal. 1996 som. p. 120, qui atténue la responsabilité de l'agent immobilier en raison de la connaissance qu'avait le bailleur de la situation), ou s'il ne vérifie pas l'accomplissement par un locataire de ses obligations, en particulier la souscription d'une **assurance** couvrant les dommages pouvant résulter de l'occupation des locaux loués (Cass. 2e civ. 4-10-1995 n° 93-11.287 PF : RJDA 12/95 n° 1480 ; Cass. 2e civ. 13-10-2005 n° 04-16.139 FS-PB : BPIM 2/06 n° 155 ; CA Paris 10-12-2009 n° 08-12973 : BPIM 3/10 inf. 263) ;

– s'il **baisse** inconsidérément **le loyer** sans avertir son mandant (CA Paris 17-9-2000 : RJDA 1/00 n° 5) ou s'il **donne congé** au locataire sans s'être assuré de détenir un mandat exprès de son mandant et des intentions de ce dernier dont il connaissait dès l'origine la volonté de vendre le bien (CA Versailles 19-1-2001 : BPIM 2/01 inf. 165) ;

– s'il offre au locataire de renouveler le bail avec un loyer plafonné alors que le bailleur l'avait prévenu qu'il voulait demander le déplafonnement du loyer (CA Paris 18-9-2002 : AJDI 2002 p. 881) ;

– s'il n'attire pas l'attention du bailleur sur l'établissement des **charges** récupérables auprès du locataire (Cass. 3e civ. 18-5-2010 n° 09-14.614 F-D : RJDA 8-9/10 n° 822).

LIMITES À LA RESPONSABILITÉ DE L'AGENT IMMOBILIER

L'agent immobilier **n'est pas tenu** de décrire avec précision le bien qu'il vend ; en particulier, il n'est pas responsable de la supercherie du vendeur quant au caractère faussement privatif d'une véranda (CA Versailles 23-3-1989 : Gaz. Pal. 1989 som. p. 507). De même, il n'a l'obligation de vérifier ni l'étendue exacte des droits attachés aux biens qu'il vend (CA Versailles 18-3-1988 : JCP éd. N 1989 II p. 101, W.-C. communs et non privatifs) ni la surface des locaux à usage de bureaux indiquée par le vendeur (Cass. 3e civ. 4-11-2009 n° 08-15.804 FS-D : RJDA 4/10 n° 348). Il n'est pas non plus responsable de l'erreur sur le copropriétaire indivis de l'immeuble (CA Versailles 26-1-1988 : Rev. Loyers 1988 p. 381). Il n'est pas tenu de lever un état hypothécaire avant de conclure un bail, et peut donc ignorer l'existence d'une saisie (Cass. 1e civ. 18-6-1996 n° 93-20.685 : Bull. civ. I n° 253 ; CA Versailles 25-6-1993, X c/ Crédit Lyonnais). N'étant pas tenu à des obligations d'un conseil juridique ou financier ni investi d'une mission d'expert, il n'a pas à vérifier l'existence d'une stricte concordance du classement d'un hôtel avec la réglementation se rapportant à ce classement (Cass. com. 13-5-1997 n° 94-19.614 D : RJDA 8-9/97 n° 1029) ou à vérifier la conformité de travaux entrepris par les vendeurs aux prescriptions d'un permis de construire dont il ignorait l'existence, ni, en l'absence d'éléments faisant apparaître une difficulté sur ce point, à s'assurer que l'implantation des ouvrages répondait aux règlements d'urbanisme (Cass. 1e civ. 25-11-2015 n° 14-22.102 FS-PB : Bull. civ. I n° 293). 91700

Ce n'est que s'il a des raisons de **soupçonner l'existence d'un risque** que des **vérifications supplémentaires** peuvent s'imposer à lui. Ainsi, commet un manquement à ses obligations l'agent immobilier qui mentionne dans la promesse de vente que les acquéreurs ont pris connaissance d'un sinistre relatif à des fissures sans solliciter du vendeur plus d'informations et de justificatifs (Cass. 3e civ. 14-12-2017 n° 16-24.170 FS-PBI : BPIM 1/18 inf. 84) ou qui ne procède pas à un minimum de recherches sur la consistance exacte des biens vendus, alors que l'apparence des lieux l'imposait et qu'il n'a pas pu accéder à toutes les pièces (Cass. 3e civ. 8-2-2018 n° 15-28.524 F-D).

MISE EN ŒUVRE DE LA RESPONSABILITÉ DE L'AGENT IMMOBILIER

La **saisine préalable du conciliateur** prévue dans l'acte authentique de vente n'est pas une condition de recevabilité de l'action directe en indemnisation engagée par les acquéreurs contre l'agent immobilier et l'assureur de ce dernier (Cass. 1e civ. 14-3-2018 n° 17-14.440 F-D). 91710

Le **préjudice** peut se limiter à la perte d'une chance d'obtenir un gain. Ainsi, peut être indemnisé le préjudice constitué par la perte de chance de négocier une baisse de prix ou de renoncer à une acquisition. Tel est le cas des acquéreurs qui, s'ils avaient eu connaissance du caractère illégal des constructions réalisées et de l'inconstructibilité attachée au bien, auraient pu renoncer à l'acquérir ou l'obtenir à un prix plus bas (Cass. 1e civ. 2-2-2022 n° 20-18.388 F-D). Dès lors que les juges du fond relèvent l'existence d'une faute et d'un préjudice consécutif à cette faute résidant dans la perte d'une chance, ils ne peuvent pas refuser d'indemniser la victime de cette perte de chance au seul motif qu'elle a demandé une réparation intégrale de ce dommage (Cass. 1e civ. 6-10-2021 n° 20-13.526 F-D). Ils doivent évaluer le montant du préjudice et fixer le coefficient de perte de chance à hauteur de la chance perdue (Cass. 1e civ. 14-11-2024 n° 23-11.319 F-D).

L'agent immobilier peut être **condamné in solidum** avec le responsable à réparer le préjudice subi par la victime. Par exemple, l'agent immobilier peut être condamné in solidum avec le vendeur à réparer le préjudice subi par les acheteurs, s'il connaissait la situation obérée du locataire occupant le bien vendu (CA Rouen 27-3-2014 n° 13-02290, ch. de proximité) ou avec le diagnostiqueur s'il ne pouvait ignorer que le bien contenait de l'amiante (Cass. 3e civ. 16-3-2023 n° 21-25.082 F-D).

L'agent immobilier peut également être condamné à **garantir le responsable** des condamnations prononcées contre lui. Pour que sa responsabilité soit engagée, il faut, conformément au droit commun, que soit rapportée la preuve d'une faute, d'un préjudice et d'un lien de causalité entre la faute et le dommage allégué. Il a été jugé que la restitution du prix à laquelle le vendeur a été condamné sur le fondement de la garantie des vices cachés ne constitue pas, par elle-même, un préjudice indemnisable, de sorte que le vendeur ne peut pas appeler en garantie l'agent immobilier (Cass. 3e civ. 29-3-2018 n° 17-13.157 F-D : BPIM 3/18 inf. 204), sauf si le vendeur s'avère insolvable (Cass. 1e civ. 28-6-2023 n° 21-21.181 FS-B : BPIM 4/23 inf. 282). La solution est identique en matière de bail. La nullité du bail ayant pour conséquence de remettre les parties dans l'état où elles se trouvaient avant la signature du bail, l'agent immobilier ne peut pas être tenu des restitutions qui ne sont que la conséquence de la remise en l'état antérieure. En conséquence, il ne peut pas être tenu de garantir les bailleurs de leur condamnation à restituer au locataire les dépenses de travaux engagées par ce dernier dont il n'est pas soutenu qu'elles n'auraient pas été nécessaires ou utiles au bien (Cass. 3e civ. 28-3-2019 n° 17-14.484 F-D).

91714 Si le **mandant** est seul **à l'origine de son propre préjudice,** la responsabilité de l'agent immobilier ne saurait être engagée. Tel est le cas de la mandante qui résilie les mandats de gestion pour remettre en vente le bien qu'elle a acquis et se place elle-même dans l'incapacité d'acquitter les échéances du prêt immobilier et de bénéficier des avantages fiscaux liés à son acquisition. Sa faute étant la cause exclusive de son préjudice, l'absence de mise en garde par l'agent immobilier sur les risques spécifiques de l'opération en cas de non-location prolongée ne se trouve pas à l'origine du dommage allégué (Cass. 1e civ. 10-10-2018 n° 16-26.192 F-D).

De même, si les **acquéreurs,** après avoir été **informés** de l'existence d'une servitude non aedificandi par le notaire, ont poursuivi la vente avec empressement, les juges du fond peuvent considérer qu'ils ne justifient d'aucun préjudice résultant de la faute de l'agent immobilier qui s'est abstenu de les alerter de l'existence de cette servitude (Cass. 1e civ. 16-3-2022 n° 20-20.334 F-D).

La partie qui s'est rendue **coupable d'un dol** ne saurait être intégralement garantie par l'agent immobilier ayant failli à son devoir d'information et de conseil des condamnations prononcées au bénéfice de la victime (Cass. 1e civ. 15-12-2011 n° 10-17.691 F-D).

Le demandeur à l'action en responsabilité peut se voir condamné à payer des dommages et intérêts si l'agent immobilier parvient à prouver que cette action constitue un **abus du droit d'agir en justice.** Toutefois, le préjudice invoqué par le vendeur, qui consiste dans le fait d'avoir dû subir les tracas et les aléas d'une procédure judiciaire, ne caractérise pas suffisamment la faute ayant fait dégénérer en abus le droit de l'agent immobilier d'agir en justice (Cass. 3e civ. 11-7-2024 n° 22-24.430 F-D).

2. RESPONSABILITÉ PÉNALE DE L'AGENT IMMOBILIER

91740 En cas d'infraction, la responsabilité pénale de l'agent immobilier et celle de la personne morale qu'il dirige (C. pén. art. 121-2) peuvent être engagées. La responsabilité pénale de l'agent immobilier a, notamment, pour base légale :

– les articles 14 à 18 de la loi du 2 janvier 1970 (nos 90720 s.) ;

– les articles 314-1 et 314-2 du Code pénal qui sanctionnent l'**abus de confiance** : 5 ans d'emprisonnement et 375 000 € d'amende, ces peines pouvant être portées à 7 ans d'emprisonnement et 750 000 € d'amende. Les personnes morales peuvent aussi être déclarées responsables pénalement (amende fixée au quintuple de celle prévue pour les personnes physiques), étant entendu que cela n'exclut pas la responsabilité des personnes physiques auteurs ou complices des mêmes faits (C. pén. art. 121-2 et 314-12) ;

– les articles 225-1 et 225-2 du Code pénal sur le fondement desquels l'agent peut être condamné pour **pratique discriminatoire** à 3 ans d'emprisonnement et 45 000 € d'amende s'il refuse de fournir un bien ou un service à des personnes sur le fondement de leur origine, de leur sexe, de leur situation de famille, de leur grossesse, de leur apparence physique, de la particulière vulnérabilité résultant de leur situation économique, apparente ou connue de son auteur, de leur patronyme, de leur lieu de résidence, de leur état de santé, de leur perte d'autonomie, de leur handicap, de leurs caractéristiques génétiques, de leurs mœurs, de leur orientation sexuelle, de leur identité de genre, de leur âge, de leurs opinions politiques, de leurs activités syndicales, de leur qualité de lanceur d'alerte, de facilitateur ou de personne en lien avec un lanceur d'alerte, de leur capacité à s'exprimer dans une langue autre que le français, de leur appartenance ou de leur non-appartenance, vraie ou supposée, à une ethnie, une Nation, une prétendue race ou à une religion déterminée. L'interdiction de la discrimination s'applique aussi bien lors de la location d'un bien immobilier que lors de sa vente (Rép. Morel-A-L'Huissier : AN 12-9-2006 n° 95496). La preuve d'une discrimination peut résulter de la pratique du « testing » (C. pén. art. 225-3-1).

Par ailleurs, lorsqu'il participe à des opérations d'achat ou de vente de biens immobiliers, l'agent immobilier doit être particulièrement vigilant sur l'origine des sommes et les caractéristiques de ces opérations (Loi 70-9 du 2-1-1970 art. 8-2). Il doit ainsi effectuer auprès du service « Tracfin » une **déclaration de soupçon** en cas de doute sur l'origine des sommes affectées à l'opération (C. mon. fin. art. L 561-15 s.). Il doit s'abstenir d'informer les parties qu'il procède à une telle déclaration et des suites qui lui ont été réservées, sous peine d'être condamné à une amende de 22 500 € (C. mon. fin. art. L 561-18 et L 574-1).

En outre, l'agent immobilier qui facilite la justification mensongère de l'origine des biens ou des revenus de l'auteur d'un crime ou d'un délit ayant procuré à celui-ci un profit direct ou indirect commet le délit de **blanchiment** (C. pén. art. 324-1). La participation consciente à une opération immobilière ayant pour objet ou pour effet de contribuer au blanchiment de sommes d'origine délictueuse expose l'agent immobilier aux sanctions prévues en pareil cas, à savoir 5 ans d'emprisonnement et 375 000 € d'amende.

> **Précisions** **a.** Des peines **complémentaires** peuvent être prononcées en cas d'**abus de confiance** tant à l'encontre des personnes physiques que des personnes morales (C. pén. art. 314-10 et 314-12).
> **b.** Est coupable de **publicité mensongère** l'agent immobilier qui fait paraître une annonce pour la vente d'une maison et qui ne signale pas l'existence d'un projet de construction voisine susceptible d'affecter les qualités substantielles de la propriété (Cass. crim. 18-4-1991 n° 90-83.635 D : RJDA 7/91 n° 651).
> **c.** L'agent immobilier qui a loué un logement en indiquant au locataire une surface supérieure à la surface réelle ne peut pas être condamné pour **tromperie** (C. consom. art. L 441-1 et L 454-1) car ce délit est inapplicable à la location d'un bien immobilier (Cass. crim. 13-1-2009 n° 08-84.069 F-PF : RJDA 8-9/09 n° 787).

E. Contrôle de l'activité d'agent immobilier

1. CONSEIL NATIONAL DE LA TRANSACTION ET DE LA GESTION IMMOBILIÈRES (CNTGI)

MISSIONS DU CNTGI

91765 Afin d'offrir davantage de **garanties aux consommateurs,** la loi Alur du 24 mars 2014 a renforcé l'encadrement et le contrôle de l'activité des professionnels de l'immobilier soumis à la loi Hoguet. Elle a créé le Conseil national de la transaction et de la gestion immobilières (CNTGI), organisme représentatif des professionnels de l'immobilier soumis à la loi Hoguet.

Outre la mission de veiller au maintien et à la promotion des **principes de moralité, de probité et de compétence** des professionnels soumis à la loi Hoguet, le CNTGI a vocation à faire des **propositions** au ministre de la justice et aux ministres chargés de la consommation et du logement sur les règles relatives aux conditions d'accès et d'exercice des activités soumises à la loi Hoguet et au Code de déontologie (Loi 70-9 du 2-1-1970 art. 13-1).

Il est **consulté pour avis** sur les projets de lois ou règlements relatifs aux conditions d'accès et d'exercice des activités soumises à la loi Hoguet ainsi que sur l'ensemble des projets de textes législatifs et réglementaires relatifs à la copropriété (Loi 70-9 du 2-1-1970 art. 13-1, al. 3).

> **Précisions** La loi Élan du 23 novembre 2018 a redéfini les missions du CNTGI et fait disparaître du même coup la **procédure disciplinaire** des agents immobiliers dont il avait été chargé par la loi 2017-86 du 27 janvier 2017 (voir Précisions n° 91126).

COMPOSITION ET FONCTIONNEMENT DU CNTGI

91780 Le CNTGI **comprend** un collège de **16 personnes,** dont le président, nommées par arrêté conjoint du garde des Sceaux, du ministre du logement et du ministre de la consommation (Loi 70-9 du 2-1-1970 art. 13-2) : 7 membres représentant les professionnels de l'immobilier titulaires de la carte professionnelle, 5 représentants des consommateurs choisis parmi les associations de défense des consommateurs et 3 personnalités qualifiées dans le domaine de l'immobilier ou du droit des copropriétés. Le président ne peut pas être une personne faisant partie de l'un des trois groupes précédents. Ces personnes sont nommées pour une durée de 3 ans renouvelable, y compris depuis le 7 mai 2025, le président (Décret 2019-298 du 10-4-2019 art. 1 modifié par le décret 2025-404 du 5-5-2025). Auparavant le mandat du président ne pouvait être renouvelé qu'une fois.

Le CNTGI doit établir un règlement intérieur fixant les modalités de son **organisation** et de son **fonctionnement** soumis à l'approbation du garde des Sceaux (Décret 2019-298 du 10-4-2019 art. 4). Il se réunit au moins une fois par an (Décret 2019-298 du 10-4-2019 art. 2). Les représentants du ministre de la justice et des ministres chargés du logement et de la consommation **assistent** de droit **aux réunions** du conseil (Loi 70-9 du 2-1-1970 art. 13-2, dernier al.).

Le CNTGI établit chaque année un **rapport d'activité** (Loi 70-9 du 2-1-1970 art. 13-1, dernier al. ; Décret 2019-298 du 10-4-2019 art. 6).

91790 **Commission de contrôle des activités de transaction et de gestion immobilières** Le CNTGI comprend en son sein une « commission de contrôle des activités de transaction et de gestion immobilières ». Elle est chargée d'**instruire les cas de pratiques abusives** commis par les professionnels soumis à la loi Hoguet portés à la connaissance du conseil et d'adresser à ce dernier son rapport pour avis (Loi 70-9 du 2-1-1970 art. 13-3).

Les **pratiques abusives** qui doivent donner lieu à instruction par la commission **s'entendent** des infractions ou des manquements mentionnés à l'article 8-3, I de la loi Hoguet (Décret 2019-298 du 10-4-2019 art. 10). Ce sont donc vraisemblablement uniquement les infractions ou manquements visés par ce texte (manquements mentionnés aux articles L 511-5 à L 511-7 du Code de la consommation). Il s'agira, par exemple, des pratiques commerciales interdites ou réglementées ou des manquements aux conditions d'exercice des activités d'entremise et de gestion fixées par la loi Hoguet visés à l'article L 511-7, 17°. En revanche, dans la mesure où les manquements au Code de déontologie ne sont pas visés par l'article 8-3, I de la loi Hoguet, ils ne pourront pas, à notre sens, donner lieu à des poursuites administratives (voir n° 91126).

Si un membre de la commission de contrôle se trouve dans une situation de **conflit d'intérêts** dans une affaire qu'il est amené à connaître, il doit informer sans délai le président de la commission et s'abstenir de siéger (Décret 2019-298 du 10-4-2019 art. 11, I). Par ailleurs, toute personne sollicitée pour être entendue dans le cadre d'une instruction peut demander la récusation de l'un des membres de la commission s'il existe une raison sérieuse de douter de son impartialité. Le cas échéant, la demande de récusation indique, à peine d'irrecevabilité, les motifs de la récusation et est accompagnée des pièces de nature à la justifier (Décret 2019-298 du 10-4-2019 art. 11, II).

Une fois l'affaire instruite, la commission de contrôle adresse son rapport pour avis au CNTGI. Le président du CNTGI propose à la délibération du conseil la **transmission du rapport** à l'autorité administrative chargée de la concurrence et de la consommation (Loi 70-9 du 2-1-1970 art. 13-3). Si un membre du conseil se trouve dans une situation de conflit d'intérêts dans une affaire instruite par la commission de contrôle et sur laquelle il est amené à délibérer, il doit informer sans délai le président et s'abstenir de siéger (Décret 2019-298 du 10-4-2019 art. 12).

Si une décision de transmission est prise, le CNTGI transmet à la Direction générale de la concurrence, de la consommation et de la répression des fraudes (DGCCRF) le rapport, qui doit être établi selon un format défini par arrêté du ministre chargé de la consommation (à paraître) et accompagné de tous les documents ayant permis à la commission de contrôle d'instruire le cas de pratique abusive (Décret 2019-298 du 10-4-2019 art. 13).

> **Précisions** La commission de contrôle est **composée** de : 5 représentants des personnes titulaires de la carte professionnelle et 5 représentants des consommateurs choisis parmi les associations agréées de défense des consommateurs œuvrant dans le domaine du logement. Ils sont nommés par arrêté conjoint du ministre de la justice et des ministres chargés du logement et de la consommation pour une durée de 3 ans renouvelable (Loi 70-9 du 2-1-1970 art. 13-3 ; Décret 2019-298 du 10-4-2019 art. 7, al. 1). Le président de la commission est désigné parmi ses membres par le président du CNTGI pour une durée d'un an non renouvelable (Loi 70-9 du 2-1-1970 art. 13-3 ; Décret 2019-298 du 10-4-2019 art. 7, al. 2).

2. CONTRÔLE PAR LA DGCCRF

91795 Les agents de la DGCCRF (Direction générale de la concurrence, de la consommation et de la répression des fraudes) sont **habilités à enquêter** auprès des professionnels de l'immobilier soumis à la loi Hoguet, afin de vérifier qu'ils respectent les dispositions des articles 14 à 18 de la loi réglementant les conditions d'exercice de leur activité (C. consom. art. L 511-7, 17°). Sur les sanctions pouvant être prononcées, voir n° 90730.

Ils disposent des **pouvoirs** les plus étendus (C. consom. art. L 512-1 à L 512-22-1, L 512-51 à L 512-65). Ils peuvent accéder à tous les lieux ou moyens de transport à usage professionnel, demander la communication de documents professionnels et en prendre copie, recueillir sur convocation ou sur place les renseignements et justifications utiles, demander à l'autorité dont ils dépendent de désigner un expert pour procéder à toute expertise contradictoire nécessaire. Ils peuvent également, à la demande de la Commission européenne ou du ministre de l'économie et sous le contrôle du juge des libertés et de la détention, procéder à des perquisitions et saisies et à la pose de scellés sur des locaux commerciaux ou sur des supports d'information. **91795** (suite)

Le fait de **faire obstacle** à l'exercice des fonctions des agents habilités est puni d'une peine d'emprisonnement de 2 ans et d'une amende de 300 000 €, pouvant être portée à 10 % du chiffre d'affaires moyen annuel, calculé sur les trois derniers chiffres d'affaires annuels connus à la date des faits (C. consom. art. L 512-4 et L 531-1). Des peines complémentaires d'interdiction d'exercice d'une durée maximale de 5 ans peuvent également être prononcées (C. consom. art. L 531-2).

CHAPITRE 4

STATUT SOCIAL DES NÉGOCIATEURS IMMOBILIERS

PROTECTION SOCIALE DES NÉGOCIATEURS IMMOBILIERS

91900 La dénomination de « négociateur immobilier » recouvre **diverses catégories** d'intermédiaires exerçant une activité apparemment similaire dans des conditions juridiques très différentes.

91902 **Négociateurs immobiliers salariés** Les négociateurs immobiliers peuvent se voir reconnaître le statut de **VRP** statutaires s'ils en remplissent les conditions (C. trav. art. L 7311-1 s. ; Cass. soc. 27-10-1999 n° 97-41.935 D ; CCN 9-9-1988 annexe IV art. 1 ; IDCC n° 1527). Le négociateur VRP représente son employeur auprès de la clientèle, exerce sa profession à titre exclusif et constant, prospecte la clientèle en vue de passer des commandes. Il ne réalise pas d'opérations commerciales pour son compte personnel. Son employeur lui attribue un secteur géographique et/ou une clientèle déterminés, sans que ce secteur ou cette clientèle soient nécessairement exclusifs. Le négociateur VRP bénéficie par définition d'une grande autonomie dans l'organisation de son activité. Il peut être employé à titre exclusif ou, au contraire, travailler pour plusieurs employeurs.

Dans le cas contraire, ils peuvent avoir la qualité de **représentant salarié non statutaire** dans la mesure où ils exercent leur activité dans des conditions faisant apparaître un lien de subordination. Tel est le cas notamment des négociateurs travaillant dans des agences immobilières ou dans le cadre d'un service organisé au profit de sociétés immobilières, astreints à des horaires, qui reçoivent des instructions précises et doivent rendre compte de toutes les opérations conclues (Cass. soc. 21-11-1991 n° 89-21.880 D : RJS 1/92 n° 67 ; Cass. soc. 10-12-2008 n° 07-43.117 F-D : RJDA 5/09 n° 423). Il en est de même d'un agent immobilier non inscrit au registre des agents commerciaux et devant être assujetti au régime général de sécurité sociale, chargé de représenter l'agence et de prospecter une clientèle de particuliers afin de recueillir des mandats de vente, disposant d'un matériel mis à sa disposition par la société, payé à la commission mais bénéficiant néanmoins d'une rémunération fixe minimum telle que prévue par la convention collective de l'immobilier (Cass. soc. 4-6-2008 n° 06-46.226 F-D).

Le contrat de travail peut être à durée déterminée ou indéterminée, à temps plein ou partiel. L'activité de négociateur immobilier peut également être exercée dans le cadre d'un contrat de travail temporaire ou de portage salarial. Sur ce dernier point, voir « Transaction immobilière et portage salarial : un ménage possible », F. Morel : BPIM 5/22 inf. 338.

Dans les deux hypothèses (VRP ou non VRP), ils ont la qualité de salarié et doivent donc être **affiliés** à ce titre au régime général de la sécurité sociale.

Sur la convention collective applicable, voir n° 91910.

91905 **Négociateurs immobiliers indépendants** En l'absence de lien de subordination, les négociateurs immobiliers sont des **mandataires indépendants** et doivent être **affiliés** au régime de la sécurité sociale des travailleurs indépendants.

Ont ainsi été reconnus comme représentants mandataires les négociateurs chargés de prospecter avec une grande liberté d'action en vue de la vente de maisons individuelles pour le compte d'un constructeur ou en vue de la vente de produits immobiliers, sans être astreints à rendre compte de leurs démarches et rémunérés à la commission (Cass. soc. 16-12-1981 n° 80-10.726 ; Cass. soc. 22-3-1990 n° 87-15.958 : RJS 6/90 n° 523). De même pour un négociateur immobilier ne démontrant ni avoir été soumis à l'autorité et au contrôle de la société immobilière, ni avoir dû respecter les horaires et l'organisation de l'agence, ne disposant ni d'un poste de travail personnel au sein de celle-ci, ni d'une carte de visite au nom de l'agence (CA Paris 21-3-2008 n° 06-10066).

Attention : le négociateur bénéficiant du statut de travailleur indépendant doit exercer son activité dans des conditions excluant tout lien de subordination. À défaut, la relation pourra être requalifiée en contrat de travail et l'employeur reconnu coupable de travail dissimulé.

ILLUSTRATIONS

La relation de travail a été **requalifiée en contrat de travail** lorsque les négociateurs effectuaient des prestations en faveur de l'agence immobilière dans les conditions suivantes :
– absence de clientèle propre et distincte de celle de la société, présence régulière et constante des négociateurs dans les locaux et sous le contrôle hiérarchique de la société, utilisation du matériel, des marchandises et de l'aménagement mis à disposition par celle-ci, travail à titre exclusif pour l'agence qui fixe seule les tarifications et commissions, absence de prise de risque et de carte professionnelle (Cass. 2e civ. 26-11-2020 n° 19-24.303 F-D) ;
– l'activité du négociateur était intégrée à celle de la société dont il était dépendant économiquement, l'intéressé avait l'obligation de centraliser les mandats de vente et d'achat pour permettre à la société de contrôler que les transactions respectent les termes des mandats qui lui ont été confiés, il était tenu de respecter la présentation argumentaire, documentaire, publicitaire et vestimentaire de la société, des objectifs lui étaient assignés, dont la réalisation était contrôlée par le biais de comptes-rendus hebdomadaires et mensuels d'activité, ce dont il ressortait que le négociateur exerçait son activité au sein d'un service organisé par la société qui en déterminait unilatéralement les conditions (Cass. soc. 20-1-2021 n° 19-17.719 F-D).

SYNTHÈSE DE LA CONVENTION COLLECTIVE DE L'IMMOBILIER

Les **négociateurs salariés** relèvent exclusivement de la Convention collective nationale de l'immobilier du 9 septembre 1988, étendue en 1989 et révisée en dernier lieu par l'avenant du 2 décembre 2019 étendu par l'arrêté MTRT2118962A du 2 juillet 2021. **91910**

L'accord national interprofessionnel (ANI) du 3 octobre 1975 relatif aux VRP n'est pas applicable aux négociateurs, même s'ils ont ce statut (CE 17-1-1986 n° 55717 ; Cass. soc. 30-9-2020 n° 18-18.266 FS-PB : RJS 12/20 n° 631).

Nous résumons ci-après les principales dispositions de la convention collective, notamment de l'annexe IV **applicable** aux négociateurs immobiliers à titre exclusif et rémunérés principalement à la commission (sur l'application volontaire de ces dispositions à un négociateur VRP non exclusif, voir Cass. soc. 18-9-2019 n° 17-31.633 F-D : BPIM 6/19 n° 440).

Sauf précision contraire, les dispositions indiquées ci-dessous s'appliquent à tous les négociateurs, qu'ils relèvent ou non du statut prévu par l'annexe IV.

	Négociateur non VRP	Négociateur VRP
Période d'essai (CCN art. 13, annexe IV art. 3)	3 mois Renouvellement : oui, pour la même durée	3 mois Renouvellement inclus
	Délai de prévenance en cas de rupture : identique aux délais légaux (C. trav. art. L 1221-25 et L 1221-26).	
Indemnités de rupture (CCN art. 33 et 34)	Licenciement et mise à la retraite : à partir de 8 mois d'ancienneté 1/4 mois de salaire jusqu'à 10 ans + 1/3 pour les années au-delà de 10 ans. Départ à la retraite : 0,6 mois de salaire à partir de 5 ans ; 0,8 mois à partir de 7 ans ; 1 mois à partir de 9 ans ; 1,2 mois à partir de 11 ans ; 1,4 mois à partir de 13 ans ; 1,6 mois à partir de 15 ans ; 1,8 mois à partir de 17 ans ; 2,1 mois à partir de 19 ans ; 2,4 mois à partir de 21 ans ; 2,7 mois à partir de 23 ans ; 3 mois à partir de 25 ans ; 3,3 mois à partir de 27 ans ; 3,6 mois à partir de 29 ans ; 3,9 mois à partir de 31 ans ; 4,2 mois à partir de 33 ans ; 4,5 mois au-delà de 35 ans.	
Préavis(1) Démission et départ à la retraite (CCN art. 32 et 34.1, annexe IV art. 8)	**Non-cadre** Ancienneté < 2 ans : 1 mois Ancienneté ⩾ 2 ans : 2 mois **Cadre** 3 mois	**Non-cadre**(1) Ancienneté < 1 an : 1 mois Ancienneté ⩾ 1 an et < 2 ans : 2 mois Ancienneté ⩾ 2 ans : 3 mois **Cadre** Ancienneté < 1 an : 1 mois Ancienneté ⩾ 1 an et < 2 ans : 2 mois Ancienneté ⩾ 2 ans : 3 mois

91910 (suite)

	Négociateur non VRP	Négociateur VRP
Licenciement et mise à la retraite (CCN art. 32 et 34.2, annexe IV art. 8)	**Non-cadre** Ancienneté < 2 ans : 1 mois Ancienneté ⩾ 2 ans : 2 mois **Cadre** 3 mois	**Non-cadre**(1) Ancienneté < 1 an : 1 mois Ancienneté ⩾ 1 an et < 2 ans : 2 mois Ancienneté ⩾ 2 ans : 3 mois **Cadre** 3 mois
Principaux congés exceptionnels (jours ouvrables sauf exception) (CCN art. 22 ; C. trav. art. L 3142-4)	**Mariage** Salarié : 6 jours (2) Enfant, ascendant, frère, sœur : 1 jour **Décès** Enfant : 14 jours lorsque l'enfant ou la personne à charge effective et permanente du salarié a moins de 25 ans ou lorsque l'enfant est lui-même parent ; 12 jours dans les autres cas. S'y ajoute le congé de deuil de 8 jours ouvrables, dans les conditions légales (C. trav. art. L 3142-1-1 et D 3142-1-1), en cas de décès d'un enfant âgé de moins de 25 ans ou d'une personne de moins de 25 ans à la charge effective et permanente du salarié. Conjoint, partenaire de Pacs, concubin, ascendant, frère, sœur, beau-parent : 3 jours Beau-frère, belle-sœur : 1 jour **Naissance ou adoption** 3 jours **Cérémonie religieuse concernant 1 enfant** 1 jour **Annonce de la survenue d'un handicap, d'une pathologie chronique ou d'un cancer chez un enfant** 5 jours	
Maladie et AT (indemnisation) (CCN art. 24)	Condition d'**ancienneté** : 1 an (condition supprimée en cas d'AT)	
	Délai de **carence** : Sans	
	Durée et montant d'**indemnisation** 90 % du salaire brut(3) pendant : – 30 jours (puis maintien de 2/3 du salaire pendant 30 jours) après 1 et jusqu'à 3 ans de présence ; – 90 jours après 3 et jusqu'à 8 ans de présence ; – 110 jours après 8 et jusqu'à 13 ans de présence ; – 120 jours après 13 et jusqu'à 18 ans de présence ; – 130 jours après 18 et jusqu'à 23 ans de présence ; – 170 jours après 23 et jusqu'à 33 ans de présence ; – 190 jours après 33 ans de présence. Durées appréciées sur 12 mois, les périodes de maladie professionnelle et d'AT n'entrant pas dans le calcul des droits à indemnisation pour maladie. Ensuite, prise en charge par le régime de prévoyance.	

91910 (suite)

	Négociateur non VRP	**Négociateur VRP**
Primes/Éléments salariaux	Prime d'**ancienneté** (CCN art. 36, annexe IV art. 5) **13e mois** (CCN art. 38, annexe IV art. 5)(4) Prime **médaille du travail** (CCN art. 39) Droit de suite(5) : en cas de cessation du contrat de travail, le négociateur (VRP ou non) bénéficie d'un droit de suite sur les commissions qu'il aurait perçues si le contrat n'avait pas expiré, dès lors que ces commissions résultent d'affaires qui sont la suite et la conséquence du travail effectué par le négociateur quand il était salarié et que ces affaires ont été réalisées dans la durée contractuelle du droit de suite, soit au moins 6 mois (Annexe IV art. 10). Possibilité d'inclure l'indemnité de congés payés dans la rémunération à condition que le contrat mentionne le taux de commission et sa majoration pour les congés payés (Annexe IV art. 7).(5)	

(1) Y compris négociateur VRP multi-employeurs (CCN art. 32).
(2) Applicable également en cas de conclusion de Pacs (CCN art. 22).
(3) Les salariés rémunérés en tout ou partie à la commission peuvent obtenir soit le maintien de leur salaire global brut mensuel, soit le maintien du seul salaire minimum brut mensuel conventionnel avec le bénéfice des commissions échues, sous réserve d'accord entre les parties. L'employeur ne peut pas déduire ce montant des commissions dues au titre des avances sur commission, le maintien de rémunération ayant un caractère indemnitaire.
(4) Pour les salariés rémunérés à la commission, le contrat de travail peut inclure le 13e mois dans la rémunération. Dans ce cas, le salarié doit être assuré de percevoir dans l'année le salaire minimum brut annuel ou, pour les négociateurs sous statut non cadre, 13 fois le salaire minimum brut mensuel.
(5) Applicable aux négociateurs sous statut.

Table alphabétique

Utilisation de la table

Les chiffres renvoient aux paragraphes. La mention « s. » signifie que l'étude de la question se prolonge sur le ou les numéros suivants.

Pour diriger les recherches, les références sont accompagnées, lorsque c'est utile, soit d'une mention explicite, soit d'une abréviation désignant le document, l'organisme, le régime ou l'impôt dont il est question. On trouvera ci-dessous le sens de ces abréviations.

AL	Action Logement (ex-1 % logement)
Anah	Agence nationale de l'habitat
APL	Aide personnalisée au logement
BIC	Bénéfices industriels et commerciaux
Bxciv	Bail du Code civil
Bxcom	Bail commercial
Bxhab	Bail d'habitation
CEL	Compte épargne-logement
CET	Contribution économique territoriale
CRL	Contribution sur les revenus locatifs
DPE	Diagnostic de performance énergétique
DPU	Droit de préemption urbain
Enr	Droits d'enregistrement
Fonc	Revenus fonciers
IR	Impôt sur le revenu
IS	Impôt sur les sociétés
IFI	Impôt sur la fortune immobilière
PAS	Prêt à l'accession sociale
PC	Prêt conventionné
PCL	Prêt conventionné locatif
PEL	Plan épargne-logement
PLA-I	Prêt pour le logement locatif aidé intermédiaire
PLI	Prêt locatif intermédiaire
PLS	Prêt locatif social
PLUS	Prêt locatif à usage social
PRUAM	Prêt pour le renouvellement urbain aménagement
PSLA	Prêt social de location-accession
PTZ	Prêt à taux zéro
PV	Plus-values
PV immo	Plus-values immobilières
RCS	Registre du commerce et des sociétés
RSI	Régime simplifié d'imposition

A

C

L

M

P

S

T

Z

Achevé d'imprimer
novembre 2025
Photocomposition
par MAURY IMPRIMEUR S.A.
45330 MANCHECOURT – LE MALESHERBOIS

Dépôt légal : Novembre 2025

Certifié PEFC
Ce produit est issu de forêts gérées durablement et de sources contrôlées
PEFC
PEFC/04-31-0658
www.pefc.de

36893-704 (I) - THI 39 g - MY(LC)
Achevé d´imprimer en novembre 2025 sur les presses de C.H.BECK
Dépôt légal : novembre 2025
Imprimé en Allemagne